Geipel

Handbuch der Beweiswürdigung

Handbuch der Beweiswürdigung

4. Auflage 2026

von

Dr. Andreas Geipel,
Rechtsanwalt, München

ZAP

Zitiervorschlag:
Geipel, Handbuch der Beweiswürdigung, § 1 Rn 1

Hinweis
Die Ausführungen in diesem Werk wurden mit Sorgfalt und nach bestem Wissen erstellt. Sie stellen jedoch lediglich Arbeitshilfen und Anregungen für die Lösung typischer Fallgestaltungen dar. Die Eigenverantwortung für die Formulierung von Verträgen, Verfügungen und Schriftsätzen trägt der Benutzer. Herausgeber, Autoren und Verlag übernehmen keinerlei Haftung für die Richtigkeit und Vollständigkeit der in diesem Buch enthaltenen Ausführungen.

Anregungen und Kritik zu diesem Werk senden Sie bitte an

service@zap-verlag.de

Autor und Verlag freuen sich auf Ihre Rückmeldung.

www.zap-verlag.de

Satz: PMGi Agentur für intelligente Medien GmbH, Hamm
Druck: Druckerei C.H. Beck, Nördlingen
Umschlaggestaltung: gentura, Holger Neumann, Bochum
ISBN 978-3-7508-0004-5

Bibliografische Information der Deutschen Nationalbibliothek
Die Deutsche Nationalbibliothek verzeichnet diese Publikation in der Deutschen Nationalbibliografie; detaillierte bibliografische Daten sind im Internet abrufbar über http://dnb.d-nb.de.

Einleitung

Das Werk liegt nunmehr in 4. Auflage vor. Es behandelt die Beweiswürdigung im Erkenntnis- und Rechtsmittelverfahren. Dies ist ein schöner Erfolg und zeigt zugleich, welchen hohen Stellenwert die Beweiswürdigung in der Praxis besitzt.

Die jetzige Darstellung beruht auf über 30 Jahren forensischer Tätigkeit als Rechtsanwalt, darunter einer mehrjährigen Mitarbeit in einer BGH-Kanzlei. Hieraus resultiert ein Einblick sowohl in das zivilrechtliche Rechtsmittelsystem als auch in das strafrechtliche Revisionsrecht.

Aus den Erfahrungen beider Rechtsgebiete sind mir eklatante Wertungswidersprüche zwischen Zivil- und Strafprozess noch deutlicher bewusst geworden als im Jahr der Erstauflage 2008. Insbesondere erscheint die Annahme unzutreffend, das sogenannte Rekonstruktionsverbot, mit dem die Strafsenate Angriffe auf die tatrichterliche Beweiswürdigung abblocken, folge aus der „Ordnung des Revisionsverfahrens“. Demgegenüber kommt es im zivilprozessualen Revisionsrecht – wenn auch in engen Grenzen – durchaus zu einer Rekonstruktion der Hauptverhandlung. Der Gehörsverstoß gemäß Art. 103 Abs. 1 GG ist dort der zentrale Aufhebungsgrund der Nichtzulassungsbeschwerde geworden.

Demgegenüber ist die Feststellung eines Gehörsverstoßes durch die Strafsenate in der Praxis nahezu ausgeschlossen. Dies führt zu dem Ergebnis, dass Art. 103 Abs. 1 GG im Zivilverfahren einen effektiven verfahrensrechtlichen Schutz gewährleistet, während er dem Angeklagten im Strafverfahren faktisch nur eingeschränkt zur Verfügung steht.

Da ich bereits in der 1. Auflage ein defizitäres Rechtsmittelkontrollsystem diagnostiziert und eine stärkere Objektivierung der Beweiswürdigung gefordert hatte, konnte ich diese Überlegungen in der vorliegenden Auflage weiter vertiefen. Mein Ansatz besteht insbesondere darin, den Tatrichter zu verpflichten, seine Erwägungen nicht hinter rhetorischen Floskeln zu verbergen, sondern expressis verbis zwischen Beweisring und Beweiskette zu unterscheiden und im Fall des Beweisrings die Überlegungen in das Theorem von Bayes einzustellen. Dieser Ansatz ist in der Wissenschaft bestätigt, wird jedoch in der Praxis weitgehend ignoriert.

Die früheren Richter des Bundesgerichtshofs *Fischer* und *Krehl* haben der Rechtsprechung eine „bornierte Hemmung“ attestiert, allgemein anerkannte Erkenntnisse der Kommunikationswissenschaft zur Kenntnis zu nehmen.

Anders als in früheren Auflagen habe ich daher darauf verzichtet, den Mordfall *Walter Sedlmayr* darzustellen und anhand dieses Beispiels zu zeigen, zu welchen unterschiedlichen Ergebnissen eine *bayesianisch* strukturierte Beweiswürdigung führen würde.

Vor dem Hintergrund dieser strukturellen Defizite habe ich gleichwohl versucht, dem Praktiker eine Handreichung zu geben, mit welchen Mitteln eine Beweiswürdigung angegriffen werden kann und welche tatsächlichen wie rechtlichen Gesichtspunkte dabei von Bedeutung sind.

Die Möglichkeiten, Beweiswürdigungen erfolgreich anzugreifen, haben sich im Strafprozess bei unveränderter Gesetzeslage im Vergleich zu vor 30 oder 40 Jahren erheblich verschlechtert. Ursache hierfür ist insbesondere, dass der Bundesgerichtshof das Beweismaß der objektiv hohen Wahrscheinlichkeit nur noch selten ausdrücklich heranzieht. Die Literatur hat diese Entwicklung bislang nicht hinreichend aufgearbeitet und suggeriert teilweise weiterhin die praktische Relevanz dieses Beweismaßes.

Rechtlich haben sich die Grundsätze indes nicht geändert; verändert hat sich allein ihre praktische Handhabung. Diese Grundsätze werden in älteren Auflagen von Standardwerken teilweise klarer herausgearbeitet als in neueren, weshalb ich auf diese weiterhin Bezug nehme.

Ein wesentlicher Unterschied zu den Vorauflagen besteht darin, dass ich meine Auffassung zur Bedeutung der Aussagepsychologie in der forensischen Praxis revidiert habe.

Während ich in früheren Auflagen von dieser Methode überzeugt war, hat sich meine Einschätzung inzwischen grundlegend verändert. Ob sie bei Kindern einen hinreichenden Beweiswert entfalten kann, vermag ich nicht abschließend zu beurteilen; insoweit fehlt mir ausreichende eigene empirische Erfahrung, wobei ich derzeit bezweifle, dass die Methode bei Kindern überhaupt einen wissenschaftlich validen Beweiswert erbringen kann. Bei Kindern mag es sicher markante Evidenzfälle geben, die sich dann aber auch ohne Einsatz eines Aussagepsychologen lösen lassen.

Bei Jugendlichen und Erwachsenen halte ich die aussagepsychologische Analyse im gerichtlichen Verfahren jedenfalls dann für nicht mehr sinnvoll einsetzbar, wenn sie mehr leisten soll als die Feststellung möglicher suggestiver Beeinflussungen der Aussageperson.

Die kriterienorientierte Aussageanalyse ist weltweit kaum so verbreitet wie in Deutschland. Der internationalen Kritik stimme ich – wie in dieser Auflage dargestellt – inzwischen zu, wonach die Methode grundsätzlich nicht als gerichtliches Beweismittel geeignet ist, insbesondere nicht bei Einholung nur eines einzigen Sachverständigengutachtens, was den Regelfall darstellt.

Vor diesem Hintergrund bleibt zu hoffen, dass sich Tatrichter wieder stärker auf ihre originäre Aufgabe konzentrieren, statt diese auf Sachverständige zu verlagern, und insbesondere Gutachten kritisch würdigen sowie deren begrenzten Beweiswert, insbesondere im Bereich der Aussagepsychologie, erkennen. Dass eine Methode mit einer Trefferquote von lediglich etwa 70 % wie bei der Aussagepsychologie gleichwohl regelmäßig als Grundlage einer Verurteilung dient, weil ihr der Tatrichter praktisch immer folgt, stellt ein Paradoxon der Rechtspraxis dar, das weniger durch methodische als durch rhetorische Mechanismen getragen wird.

Schließlich bleibt zu hoffen, dass sich auch Revisionsrichter ihrer Verantwortung sowohl gegenüber den Parteien im Zivilverfahren als auch gegenüber dem Angeklagten im Strafverfahren bewusst werden. Während im Zivilprozess insoweit keine verfassungsrechtlich bedenklichen Defizite bestehen, gilt dies für das Strafverfahren nicht.

Abschließend bleibt zu hoffen, dass sich auch Rechtsanwälte ihrer Verantwortung für das Recht und vor allem für das Wohl ihrer Mandanten bewusst bleiben. Dies setzt Widerspruch in der Sache dort voraus, wo er geboten ist, schließt jedoch persönliche Angriffe aus.

In diesem Sinne versteht sich das Werk als Beitrag zur Fortentwicklung der Beweiswürdigungslehre und Handreichung für die Praxis.

München, im Mai 2026 — Dr. Andreas Geipel

Inhaltsübersicht

Literaturverzeichnis

Ainsworth, Psychology and policing in a changing world, 1995

ders., Psychology, Law and Eyewitness Testimony, 1998

Albert, Traktat über kritische Vernunft, 5. Aufl., 1991

Albrecht, Überzeugungsbildung und Sachverständigenbeweis in der neueren strafrechtlichen Judikatur zur freien Beweiswürdigung (§ 261StPO), NStZ 1983, S. 486 ff.

Allgaier, Über die Beweiskraft im Recht unter besonderer Berücksichtigung von Kybernetik, Statistik und Wahrscheinlichkeit, MDR 1986, S. 626 ff.

Allport/Postman, The psychology of rumor, 1947

Alsberg, Der Beweisantrag im Strafprozess, 8. Aufl., 2021

Alsberg, Justizirrtum und Wiederaufnahme, in: Taschke (Hrsg.), Ausgewählte Schriften, 1992

Altavilla, Forensische Psychologie, Band II, Bohne/Sax (Hrsg.), Die Psychologie der Strafprozeßbeteiligten, 1955

Altenhain/Dietmaier/May, Die Praxis der Absprachen in Strafverfahren, 2013

Altenhain/Hagemeier/Haimerl, Die Vorschläge zur gesetzlichen Regelung von Urteilsabsprachen im Lichte aktueller rechtstatsächlicher Erkenntnisse, NStZ 2007, S. 71 ff.

Alternativkommentar zur ZPO, (Gesamtherausgeber Dr. h.c. Rudolf Wassermann), 1987

Arkes/Faust/Guilmette/Hart, Eliminating the Hindsight Bias, Journal of Applied Psychology 1988, S. 305 ff.

Arntzen, Psychologie der Zeugenaussage, System der Glaubwürdigkeitsmerkmale, 5. Aufl., 2011

ders., Psychologie der Zeugenaussage: Psychologie der Zeugenvernehmung, unter Mitw. von E. Michaelis-Arntzen, 3. Aufl., 2008

Artkämper, Fehlerquellen bei Gegenüberstellungen und anderen (Wahl) Identifizierungsmaßnahmen, StRR 2007, S. 210 ff.

Bachmann, Der Zeugen- und Sachverständigenvorschuß, DRiZ, 1984, S. 401 ff.

Ball, The moment of Truth: Probability Theory and Standards of Proof, in: Roady/Covington (Hrsg.), Essays on Procedure and Evidence, S. 84 ff.

Balzer, Beweisaufnahme und Beweiswürdigung im Zivilprozess, 2001

ders., Das Urteil im Zivilprozess, 2003

Bar-Hillel, The base Rate fallacy in Probability Judgements, Acta Psychologica 1979, S. 211

Baron/Hershey, Outcome Bias in Decision Evaluations, Journal of Personality and Social Psychology 1989, S. 569–579

Barton, Die Revisionsrechtsprechung des BGH in Strafsachen, 1999

ders., Einführung in die Strafverteidigung, 2007

ders., Fragwürdigkeit des Zeugenbeweises, S. 23 ff. in: Barton (Hrsg.), Redlich aber falsch, 1995

ders., Die erweiterte Revision in der Rechtsprechung des Bundesgerichtshofes, S. 333, 350 in: FS Fezer, 2008

Bauer, Gerichtsschutz als Verfassungsgarantie, 1973

Baumbach/Lauterbach/Albers/Hartmann, Kommentar zur ZPO, 84. Aufl., 2026

Baumgärtel, Beweislastpraxis im Privatrecht, 1996

ders., Zwei wichtige Entscheidungen zu Ausforschungsbeweis und Behauptung ins Blaue hinein, MDR 1995, S. 987 f.

Baumgärtel/Laumen/Prütting, Handbuch der Beweislast – Grundlagen, 5. Aufl., 2023, (zit: Baumgärtel/Bearbeiter)

Bayerlein, Praxishandbuch Sachverständigenrecht, 6. Aufl., 2021

Becker, Abschied vom 5. (Berliner) Strafsenat, Berliner Anwaltsblatt 1997, S. 350

Beck'scher Kompakt-Kommentar GG, 4. Aufl., 2026

BeckOK, Becksche Online-Kommentierung, zitiert nach: Rechtsgebiet-Verfasser

Bedau/Radelet, Miscarriages of Justice in Potentially Capital Cases, Stanford Law Review, 1987, S. 21

Bender, H.-U., Merkmalskombinationen in Aussagen, Theorie und Empirie zum Beweiswert beim Zusammentreffen von Glaubwürdigkeitskriterien, 1987

Bender, R., Das Beweismaß, in: Grunsky/Stürner/Walter/Wolf (Hrsg.), Festschrift für Fritz Baur 1981, S. 247 ff.

ders., Der Irrtum ist der größte Feind der Wahrheitsfindung vor Gericht, StV 1982, S. 484 ff.

ders., Die „lebendige Erinnerung“ und der „gewordene Sachverhalt“ in der Zeugenaussage, StV 1984, S. 127 ff.

Bender, R./Nack, Grundzüge einer allgemeinen Beweislehre, DRiZ, 1980, S. 121 ff.

Bender, R./Nack/Treuer, Tatsachenfeststellung vor Gericht, 6. Aufl., 2025

Bender/Schuhmacher, Erfolgsbarrieren vor Gericht (Reform der Justizreform), 1980

Bendler, Anmerkung zu BGH 1 StR 735/81, StV 1982, S. 255 f.

Berka, Konstitutionalisierung des Ehrenschutzrechts in: Urteilsverfassungsbeschwerde zum Bundesverfassungsgericht (Hrsg. Harald Bogs), 1999, S. 29 ff.

Beulke/Swoboda, Strafprozessrecht, 17. Aufl., 2025

ders., Der Umfang und die Grenzen erlaubter Strafverteidigertätigkeit, JR 1994, S. 116 ff.

ders., Zum Umfang der Beweiskraft rechtskräftiger Strafurteile in Zivilverfahren in: Festschrift für Friedrich-Christian Schroeder, 2006, S. 663 ff.

Beulke/Swoboda, Zur Verletzung des Fair-trial-Grundsatzes bei Absprachen im Strafprozess, JZ 2005, S. 67 ff.

Beulke/Witzigmann, Anm. zu BGH, 1 StR 323/08, StV 2009, S. 394 ff.

Bierbrauer/Klinger, Verfahrensgerechtigkeit, S. 507 ff. in; Handbuch der Rechtspsychologie (Hrsg. Renate Volbert und Max Steller), 2008.

Bieri/Virgilio, Der Streit um das kopernikanische Weltsystem im 17. Jahrhundert: Galileo Galileis Akkommodationstheorie und ihre historischen Hintergründe, 2007

Bingham of Cornhill, Lord Chief Justice of England and Wales, Vorwort von Analysing Witness Testimony, Anthony Heaton-Armstrong, Eric Shepherd, David Wolchover (Ed.), 1999

Blank, Wie kann der Einfluß falscher Zusatzinformationen in Zeugenbefragungen minimiert werden, in: Greuel/Fabian/Stadler (Hrsg.), Psychologie der Zeugenaussage, 1997, S. 177 ff.

Blanton/Pelham/DeHart/Carvallo, Overconfidence as Dissonance Reduction, Journal of Experimental Social Psychology 2001, S. 373 ff.

Boakes, Complaints of sexual misconduct, in Analysing Witness Testimony, Anthony Heaton-Armstrong, Eric Shepherd, David Wolchover (Ed.), 1999, S. 108 ff.

Boetticher, Anforderungen an Glaubhaftigkeitsgutachten, in: Barton (Hrsg.), Verfahrensgerechtigkeit und Zeugenbeweis, S. 55 f., 2002

Börstinghaus, Kündigung von Wohnraummietverträgen, ZAP Fach 4, S. 111 ff.

Boghossian, Fear of Knowledge, 2006

Bolding, Aspects of the Burden of Proof, in: Schmidt (Hrsg.), Scandinavian Studies in Law 4 (1960), S. 11 ff.

Bortz, Statistik für Human- und Sozialwissenschaftler, 7. Aufl., 2010

Bossi, Halbgötter in Schwarz, 2005

Bourmistrov-Jüttner, Subjektive Wahrscheinlichkeitstheorie und rationale Entscheidungstheorie in Anwendung auf die Rechtspraxis, Diss. 1987

Box, Facial Expressions: Pyramidal and Extrapyramidal Contributions

Brandon/Davies, Wrongful Imprisonment, 1973

Brinkmann, Die Verwertbarkeit rechtswidrig erlangter Beweise, AcP 2006, S. 746 ff.

Brose, Substantiierungslast im Zivilprozess, MDR 2008, S. 1315 ff.

Broß, Untersuchungshaft im Rechtsstaat in: Strafverteidigung im Rechtsstaat (hrsg. von der Arbeitsgemeinschaft Strafrecht), 2009, S. 962 ff.,

Bruns, Zivilprozeßrecht, 1968

ders., Beweiswert, Zeitschrift für Zivilprozess (ZZP) 91 (1978), S. 64 ff.

ders., Gespräche unter 4 Augen im Zivil- und Arbeitsgerichtsprozess, MDR 2010, S. 417 ff.

Brüssow/Gatzweiler/Krekeler/Mehle, Strafverteidigung in der Praxis, 4. Aufl., 2007

Büchter/Henn, Elementare Stochastik, 2. Aufl., 2007

Budde, Anmerkung zu AG Unna, StrVert. 1982, S. 110

Bull/Clifford, Earwitness testimony, in: Heaton-Armstrong/Shepherd/Wolchover (Editors), Analysing Witness Testimony, 1999, S. 194 ff.

Bung, Zweites Opferrechtsreformgesetz: Vom Opferschutz zur Opferermächtigung, StV 2009, S. 430 ff.

Burgheim/Friese, Sexualdelinquenz und Falschbezichtigung: Eine vergleichende Analyse realer und vorgetäuschter Sexualdelikte, 2006

ders., Sexualdelinquenz und Falschbezichtigung, 2006

Burhoff, Handbuch der strafrechtlichen Hauptverhandlung, 11. Aufl., 2024

ders., Handbuch für das strafrechtliche Ermittlungsverfahren, 10. Aufl., 2024

ders., Verfahrenstipps und Hinweise für Strafverteidiger II/2006, ZAP Fach 22, S. 441 ff.

Bürkle, Richterliche Alltagstheorien im Bereich des Zivilrechts, 1984, S. 166.

Burmann/Heß, Das Kreuz mit der Halswirbelsäule, NZV 2008, S. 481 ff.

Buß/Honert, Die prozesstaktische Zession, JZ 1997, S. 694 ff.

Busse/Volbert, Glaubwürdigkeitsgutachten in Strafverfahren wegen sexuellen Missbrauchs, in: Greuel/Fabian/Stadler (Hrsg.), Psychologie der Zeugenaussage, Ergebnisse der rechtspsychologischen Forschung, 1997, S. 131 ff.

Chab, Beweis und Beweislast im Regressprozess, AnwBl 2007, S. 81 ff.

Champod/Tironi, Probabilités au procès penal – risques et solutions, Schweizerische Zeitschrift für Strafrecht 1994, S. 195 ff.

Christianson, On emotional stress and memory, in: Greuel/Fabian/Stadler (Hrsg.), Psychologie der Zeugenaussage, Ergebnisse der rechtspsychologischen Forschung, 1997, S. 40 ff.

Clark, Symptoms of Cultural Pathologies: A Hypothesis, in: Sandole/van der Merwe, Conflict Resolution Theory and Practice, 1993, S. 44 ff.

Clark/Stephenson, Getting heads together: police collaborative testimony, in: Heaton-Armstrong/Shepherd/Wolchover (Editors), Analysing Witness Testimony, 1999, S. 207 ff.

Cohen, Human Memory in the real world, in: Heaton-Armstrong/Shepherd/Wolchover (Editors), Analysing Witness Testimony, 1999, S. 3 ff.

Costanzo/Leo, Research and Expert Testimony on Interrogations and Confessions, Expert Psychological Testimony for the courts, 2007, S. 69 ff.

Crumm, Trunkenheitsfahrt: Vorsatz oder Fahrlässigkeit, SVR 2006, S. 292 ff.

Dahs, Handbuch des Strafverteidigers, 8. Aufl., 2015

ders., Verwertungsverbote bei unzulässiger Beschlagnahme von Tagebuchaufzeichnungen, Verteidigungsunterlagen sowie unzulässiger Gesprächsaufzeichnungen und Blutprobe, Schriftenreiche AG Strafrecht, 1988

Dahs/Nourouzi, Die Revision im Strafprozes, 10. Aufl., 2026

Dallinger, Aus der Rechtsprechung des BGH in Strafsachen, MDR 1970, S. 197

Dannert, Beweiserleichterungen im Verkehrshaftpflichtrecht, zfs 2005, S. 5 ff. (Teil I), S. 64 ff. (Teil II), S. 115 ff. (Teil III)

Deckers, Glaubwürdigkeit kindlicher Aussagen, NJW 1999, S. 1365 ff.

ders., Verteidigung in Verfahren wegen sexuellen Mißbrauchs, in: Brüssow/Gatzweiler/Krekeler/Mehle, Strafverteidigung in der Praxis, 4. Aufl., 2007

ders., Der betreute Zeuge, in: Barton (Hrsg.), Verfahrensgerechtigkeit und Zeugenbeweis, 2002, S. 102

ders., Glaubhaftigkeitsprüfung, S. 89 ff. in: Die Erhebung von Zeugenaussagen im Strafprozess (Hrsg. Deckers/Köhnken), 2007

ders., 25 Jahre Strafverteidigung im Gegenwind, AnwBl., 2009, S. 241 ff.

Deffenbacher, Eyewitness Accuracy and Confidence: Can we Infer Anything about their Relationship?, Law and Human Behavior 1980, S. 243 ff.

Dencker, Geständnis im Strafprozeß, ZStW 102 (1990) S. 51 ff. (69)

Denny, Der Kronzeuge unter besonderer Berücksichtigung der Erfahrungen mit Kronzeugen in Nordirland, ZStW 103 (1991) S. 271 ff.

DePaulo, Cues to Deception, Psychological Bulletin, 2003, Vol. 129, No: 1, S. 74 ff.

Deppenkemper, Beweiswürdigung als Mittel prozessualer Wahrheitserkenntnis, 2004

Descartes, Principia Philosophiae, original von 1644, online verfügbar unter *www.zeno.org/philosophie/M/Descartes,+Ren%C3%A9/Prinzipien+der+Philosophie*

Dettenborn, Täter, Opfer, Zeuge, 1988

Dettenborn/Fröhlich/Szewczyk, Forensische Psychologie, 2. Aufl., 1989

Deubner, Die Verfassungsbeschwerde wegen Verletzung des Anspruchs auf rechtliches Gehör im Zivilprozeß, NJW 1980, S. 263 ff.

ders., Anmerkung zu 1 BvR 903/85, NJW 1987, S. 2736

Deusinger, Einstellung zum Gesetz und zu Zeugenaussagen, in: Greuel/Fabian/Stadler (Hrsg.), Psychologie der Zeugenaussage, Ergebnisse der rechtspsychologischen Forschung, 1997, S. 271 ff.

Deutsch, Das Organisationsverschulden des Krankenhausträgers, NJW 2000, S. 1745 ff.

Diehl, Anm. zu BGH VI ZR 58/06, zfs. 2008, S. 441 f.

ders., Anmerkung zu BGH, VIII ZR 314/07, zfs, 2009, S. 689 f.

ders., Aktuelle Probleme des Schmerzensgeldes im Verkehrsrecht, zfs 2007, S. 10 ff.

Dillingham, Dissecting Pinocchio – How to Detect Deception in Business, Life, and Love, 2008

Dimitrius/Mazzarella, Reading people, 1998

Döhring, Die Erforschung des Sachverhalts im Prozeß, 1963

Dötsch, Auslandszeugen im Zivilprozess, MDR 2011, S. 269 ff.

Dorsey, Psychology of Ethics, Detroit: Center of Health Education, 1974

Doukoff, Die zivilrechtliche Berufung nach neuem Recht, 2. Aufl., 2002

ders., Zivilrechtliche Berufung, 7. Aufl., 2023

ders., Schmerzensgeld und Haushaltsführungsschaden, Seminarskript Münchener Anwalts Seminare vom 5.12.2009

ders., Die Rechtsprechung des OLG München in Verkehrsunfallsachen, Skript zum Vortrag vom 11.11.2008 vor der Arbeitsgruppe Verkehrsrecht im Münchner Anwaltsverein

Dubben/Beck-Bornholdt, Mit an Wahrscheinlichkeit grenzender Sicherheit. Logisches Denken und Zufall, 2005

Ede/Shepherd, Active defence: A solicitor's guide to police and defence investigation and prosecution and defence disclosure in criminal cases, London: The Law Society, 1997

Edelbacher/Herrnstadt, Sie haben das Recht zu schweigen, 2011

Ehlers, „Zwar ist Justitia blind...", Psychologie Heute, April 2004, S. 62 ff.

Ehrenfeld, What's in your face, Are microexpressions the key to better security?, in: Newsweek International, Juni 2003

Eichele/Klinge, Das Beweisbuch für den Anwalt, 1997

Eicker, Die Prinzipien der „materiellen Wahrheit" und der „freien Beweiswürdigung" im Strafprozeß, 2001

Eilers, Psychische Schäden als Unfallfolgen, zfs 2009, S. 248 ff.

Einmahl, Zeugenirrtum und Beweismaß im Zivilprozeß, NJW 2001, S. 469 ff.

Eisenberg, Beweisrecht der StPO, 10. Aufl., 2017

ders., Sachlich-rechtliche Beweisprobleme der Aussagewürdigung beim Vorwurf des Inzests, JR 2004, S. 358

Eisenberg/Zötsch, Der Zeugenbeweis im Strafverfahren – Tendenzen in der höchstrichterlichen Rechtsprechung, NJW 2003, S. 3676 ff.

Ekelöf, Beweiswert, in: Grunsky/Stürner/Walter/Wolf (Hrsg.), Festschrift für Fritz Baur, 1981, S. 343 ff.

ders., Beweiswürdigung, Beweislast und Beweis des ersten Anscheins, ZZP 75, S. 294 ff.

ders., Free Evaluation of Evidence, in Scandinavian Studies in Law 8 (1964), S. 47 ff.

Ekman, Telling lies, 2001

Ekman/O'Sullivan/Frank, A Few Can Catch A Liar, Psycholgical Science, 1999, Vol. 10, No. 3, S. 1 ff.

Ekman/O'Sullivan, Who can catch a liar?, American Psychologist, Vol. 46, No. 9, S. 913 ff.

Ekman/Friesen, The facial action coding system, Palo Alto, Consulting Psychologists Press, 1978

ders., Unmasking the face, 2003

Embacher, Von Graphen, Genen und dem WWW, online Skriptum, Der Bayes'sche Satz der Wahrscheinlichkeitsrechnung

Englich/Mussweiler, Sentencing under Uncertainty: Anchoring Effects in the Courtromm, Journal of Applied Social Psychology, 2001, S. 1535 ff.

Erb, Zur Aushöhlung des Notwehrrechts durch lebensfremde tatrichterlich Unterstellungen, NStZ 2011, S. 186 ff.

Eschelbach, Feststellungen, in: Festschrift für Gunter Widmaier zum 70. Geburtstag, 2008

ders., Zur Frage der Zulässigkeit der rückwirkenden Verlängerung der Sicherheitsverwahrung – Anmerkung zum Urt. des EGMR v. 17.12.2009 – 19359/04, NJW 2010, S. 2499 f.

ders., Gehör vor Gericht, GA 2004, S. 228 ff.

ders., Absprachenpraxis versus Wiederaufnahme des Verfahrens, HRRS 2008, S. 190 ff.

ders., Anklageschrift, Eröffnungsbeschluss und Urteil als Angriffspunkt der Verteidigung, Rdn. 66 in: Handbuch für den Strafverteidiger (Hrsg. Bockemühl), 4. Aufl., 2009

ders., Vorbereitung und Erhebung der öffentlichen Klage, Rdn. 19, in: Vordermayer/von Heintschel-Heinegg, Handbuch für den Staatsanwalt, 3. Aufl., 2008

ders., Wiederaufnahmefragen in: Festschrift für Stöckel zum 70. Geburtstag, S.199 ff., 2010

Eschelbach/Geipel, Parteianhörung – Die Verwertung im Rahmen der Beweiswürdigung (§ 141 vs. § 286 ZPO), MDR 2012, S. 198 ff.

ders., Beweis- und Zurechnungsfragen bei der Verletzung des Körpers oder der Gesundheit durch Verkehrsunfälle mit Blick auf HWS-Distorsionen, NZV 2010, S. 481 ff.

Eschelbach/Geipel/Weiler, Anhörungsrügen, StV 2010, S. 325 ff.

Esplin/Boychuk/Raskin, A field validity study of Criteria-Based-Content Analysis of children's statments in sexual abuse cases, Paper presented at the NATO Advanced Study Institute on Credibility Assessment, 1988

Essler, Induktive Logik, 1970

Fabian/Greuel/Stadler, Möglichkeit und Grenzen aussagepsychologischer Glaubwürdigkeitsbegutachtung, StV 1996, S. 346 ff.

dies., Fallbezogene wirklichkeitsnahe Experimente zur Psychologie der Zeugenaussage, in: Greuel/Fabian/Stadler (Hrsg.), Psychologie der Zeugenaussage, S. 23 ff., 1997

Fahl, Ärger mit einer unwiderleglichen Beweisregel, DAR 1996, S. 393 ff.

Fairley/Mosteller, A Conversation about Collins, University of Chicago Law Review 41 (1973/1974), S. 242 ff.

Fasching, Lehrbuch des österreichischen Zivilprozessrechts, 1990

Fellner, Tatsachenfeststellung in der ersten Instanz – Bedeutung für das Berufungsverfahren und die Korrekturmöglichkeiten, MDR 2003, S. 721 ff.

Fezer, Pragmatismus und Formalismus in der revisionsrechtlichen Rechtsprechung, Festschrift für Hanack, S. 331 ff., 1999

ders., Tatrichterlicher Erkenntnisprozeß – Freiheit der Beweiswürdigung, StV 1995, S. 95 ff.

ders., Die erweiterte Revision – Legitimierung der Rechtswirklichkeit: Inhaltsanalyse eines Jahrgangs unveröffentlichter Entscheidungen des Bundesgerichtshofes in Strafsachen, 1974

ders., Strafprozeßrecht, 1995

ders., Möglichkeiten einer Reform der Revision in Strafsachen, 1975

ders., Rechtsprechung des Bundesgerichtshofes zum Strafverfahrensrecht, JZ 1996, S. 655 ff.

Fife-Schaw, The influence of witness appearance and demeanour on witness credibility, in: Heaton-Armstrong/Shepherd/Wolchover (Editors), Analysing Witness Testimony, S. 253 ff., 1999

Filangieri, System der Gesetzgebung, deutsche Übersetzung, Dritter Band, 1786

Fincke, Die Gewissheit als hochgradige Wahrscheinlichkeit, GA 1973, S. 266 ff.

Finkelstein/Fairley, A Bayesian Approach to Identification Evidence, Harvard Law Review 83 (1970), S. 489 ff.

dies., „A Comment on Trial by Mathematics", Harvard Law Review 84 (1971), S. 1801 ff.

Fischer, Glaubwürdigkeitsbeurteilung und Beweiswürdigung, NStZ 1994, S. 1 ff.

Fischhoff, For Those Condemned to Study the Past: Heuristics and Biases in Hindsight, in: Kahnemann/Slovic/Tversky (Hrsg.), Judgement Under Uncertainty: Heuristics and Biases, 1982, S. 335

Förschler/Steinle, Der Zivilprozess, 8. Aufl., 2020

Foerste, Der parteiische Zeuge im Zivilprozeß, NJW 2001, S. 321 ff.

ders., Anmerkung zu BGH (JZ 2003, S. 1109), JZ 2003, S. 1111, 1113

ders., Lauschzeugen im Zivilprozess, NJW 2004, S. 262 f.

Forster, Haushaltsführungsschaden, Der Verkehrsanwalt, 2009, S. 48 f.

Foth, Tatgericht, Revisionsgericht – wer würdigt die Beweise, DRiZ 1997, S. 201 ff.

Frank/Ekman, The Ability to Detect Deceit Generalizes Across Different Types of High-Stake Lies, Journal of Personality and Social Psychology, 1997, Vol. 72, No. 6, S. 1429 ff.

Freyschmidt/Krumm, Verteidigung in Straßenverkehrssachen, 12. Aufl., 2024

Freudenberg, Der naturwissenschaftliche Wahrscheinlichkeitsbegriff und seine Anwendung in der Rechtsprechung, in Versicherungsmedizin und Versicherungsrecht, Festgabe für Hans Göbbels, 1964, S. 51

Freund, Normative Probleme der Tatsachenfeststellung, 1987

Friedrichsen, O., O.u. – Offensichtlich unbegründet, Legal Tribune Online

ders., Aussage gegen Aussage, Legal Tribune online, im Internet am 23.10.2010 eingesehen unter: http://www.lto.de/de/html/nachrichten/1367/Aussage-gegen-Aussage/

Friend/Vinson, Leaning Over Backwards: Jurors' Responses to Defendants' Attractiveness, Journal of Communication 1974, S. 124–129

Frohn, Substantiierungspflicht der Parteien und richterliche Hinweispflicht nach § 139 ZPO, JuS 1996, 243 ff.

Fucik/Hartl/Schlosser/, (Hrsg.), Handbuch des Verkehrsunfalls 2. Teil, 3. Aufl., 2019

Füllgrabe, Irrtum und Lüge, 1995

Fumerton, Metaepistemology and Skepticism, 1995

Gadenne/Oswald, Entstehung und Veränderung von Bestätigungstendenzen beim Testen von Hypothesen, Zeitschrift für experimentelle und angewandte Psychologie 1986, S. 360 ff.

Gaier, Der Prozessstoff des Berufungsverfahrens, NJW 2004, S. 110 ff.

Geerds, Revision bei Verstoß gegen Denkgesetze oder Erfahrungssätze?, in: Baumann/Tiedemann (Hrsg.), Festschrift für Karl Peters, 1974, S. 267 ff.

Gehrlein, Erste Erfahrungen mit der reformierten ZPO – Erstinstanzliches Verfahren und Berufung, MDR 2003, S. 421 ff.

Geigel, Der Haftpflichtprozess, 29. Aufl., 2024

Geiger, Die Rolle des Richters unter den gegenwärtigen Bedingungen unserer freiheitlich-rechtsstaatlichen Demokratie, DRiZ 1982, S. 321 ff.

Geipel, Modernisierung der Justiz?, ZRP 2003, S. 426

ders., Die (wiederholte) Wiedererkennung an Hand eines Lichtbildes, DAR, 2005, S. 476 ff.

ders., Ist freie Beweiswürdigung willkürliche Beweiswürdigung?, StraFO 2005, S. 135 ff.

ders., Die Wiederholung einer Beweisaufnahme nach neuem Berufungsrecht, AnwBl 2005, S. 346 f.

ders., Die geheimen contra legem Regeln im ordentlichen Prozess, AnwBl 2006, S. 784 ff.

ders., Der Vollbeweis durch das Unwahrscheinliche, zfs 2007, S. 363 ff.

ders., Die Verteidigung bei Straftaten gegen die sexuelle Selbstbestimmung, StV 2008, S. 271 ff.

ders., Die Revisionsbegründungsfrist und Nachbesserungsmöglichkeiten – oder: „Der Angeklagte haftet für seinen Anwalt“, StraFO 2011, S. 9 ff.

ders., Der überlegene Zivilprozess und die bedeutungslose Tatsache, ZAP Fach 13, S. 1777 ff.

Geipel/Nill, Erkenntnisse der Wirtschaftswissenschaften als Taktik der Vergleichsverhandlungen, zfs 2007, S. 6 ff.

dies., Die Problematik der Beurteilung der Zeugenaussage im ordentlichen Verfahren – oder praxisrelevante Irrtümer, DRiZ, 2007, S. 250 ff.

Geipel/Geisler/Nill, Präklusion versus Prozesstaktik, ZAP Fach 13, S. 1407 ff.

Geipel/Nill/Aalberts, Der Indizien- und Anscheinsbeweis in der Prozesspraxis, ZAP Fach 13, Seite 1503 ff.

Geipel/Nill/Shultz, Die Analyse der Zeugenaussage im ordentlichen Verfahren, ZAP Fach 13, S. 1449 ff.

Geipel/Oberndorfer, Die anwaltliche Taktik der Erhöhung des richterlichen Begründungsaufwandes – Teil 2: Lösungsvorschläge vs. Richtermacht, ZAP Fach 22, S. 583 ff.

Geipel/Pavlicek, Die Lügenerkennung im ordentlichen Verfahren – oder die Microexpression der Furcht, DRiZ, 2007, S. 235 f.

Geipel/Spies, Verteidigungshinweise zum Umgang mit anthropologischen Vergleichsgutachten, StRR 2007, S. 216 ff.

Geisler, Zurückweisung von Angriffs- und Verteidigungsmittel, AnwBl 2006, S. 524 ff.

Georgii, Stochastik, 5. Aufl., 2015

Gerhard, Die Krise der freien Beweiswürdigung im Zivilprozess oder über die Schwierigkeit, einem Zeugen nicht zu glauben, MDR 1986, S. 630 ff.

Gerjuoy, The Relevance of Probability Theory to Problems of Relevance, Jurimetrics Journal 18 (1977), S. 1

Geuther, Hohe Hürden, DRiZ 2000, S. 286

Ginsburg, Why do we Smile?, im Internet eingesehen am 27.4.2007 unter *http://serendip.brynmawr.edu/exchange/node/49*

Gniech/Stadler, Die Wahlgegenüberstellung – Methodische Probleme des kriminalistischen Wiedererkennungsexperiments, StV 1981, S. 565 ff.

Gordon/Fleisher, Effective Interviewing & Interrogation Techniques, 2002

Gorphe, La critique du tèmoignage, 1924

Gössel, Quo vadis, Strafverfahren, S. 495 ff. in: Festschrift für Gerhard Fezer zum 70. Geburtstag, 2008

Gottwald/Treuer, Verhandeln und Vergleichen im Zivilprozess, 2. Aufl., 2005

Gottwald, Schadenszurechnung und Schadensschätzung: zum Ermessen des Richters im Schadensrecht und im Schadensersatzprozess, 1979

Graf, StPO, 5. Aufl., 2025

Gräns, Das Risiko materiell fehlerhafter Urteile, 2002

Greger, Beweis und Wahrscheinlichkeit, 1978

ders., Ein Zeuge ist kein Zeuge, NZV 1988, S. 13

ders., Tatsachenfeststellung durch das Berufungsgericht – ein Menetekel aus Karlsruhe, NJW 2003, S. 2882 f.

Gremmer, Der unsubstanziierte Vortrag – ein Phantomproblem?, MDR 2007, S. 1172 ff.

ders., Wechselhafter und widersprüchlicher Vortrag einer Partei, MDR 2010, S. 245 ff.

Greuel, Suggestibilität und Aussagezuverlässigkeit, in: Greuel/Fabian/Stadler (Hrsg), Psychologie der Zeugenaussage, 1997, S. 211 ff.

dies., Wirklichkeit – Erinnerung – Aussage, 2001

Greuel/Offe/Fabian/Wetzels/Fabian/Offe/Stadler, Glaubhaftigkeit der Zeugenaussage, Theorie und Praxis der forensisch-psychologischen Begutachtung, 1998

Grimm, Die Meinungsfreiheit in der Rechtsprechung des Bundesverfassungsgerichts, NJW 1995, S. 1697 ff.

Grüneberg, Bürgerliches Gesetzbuch: BGB, 85. Aufl., 2026

Grützmann, Literaturbesprechung von: Die Beweislast auf der Grundlage des Bürgerlichen Gesetzbuchs und der Zivilprozeßordnung, AcP 1925, S. 122 ff.

Gudjonsson, Testimony from persons with mental disorder, in: Heaton-Armstrong/Shepherd,/Wolchover (Editors), Analysing Witness Testimony, 1999, S. 62 ff.

ders., The Psychology of Interrogations and Confessions, 2003

Guldener, Beweiswürdigung und Beweislast nach schweizerischem Zivilprozessrecht, 1955

Haase/Sachs, Strafrechtliche und ordnungswidrigkeitsrechtliche Einordnung von Drogenfahrten nach Konsum von Haschisch, Amphetaminen, Kokain oder Heroin (= Drogen nach der Anlage zu § 24a StVG) – Tabellarische Übersicht im Anschluss an die Ausführungen in der NZV 2008, 221 ff., NZV 2011, S. 584 ff.

Habermas, Technik und Wissenschaft als Ideologie, 1969

Habermas/Luhmann, Theorie der Gesellschaft oder Sozialtechnologie, 1990

Habscheid, Beweislast und Beweismaß, in: Prütting (Hrsg.), Festschrift für Baumgärtel, 1990, S. 119 ff.

Habschick, Erfolgreich Vernehmen, 2006

Haddenhorst, Die Einwirkung der Verfahrensrüge auf die tatsächlichen Feststellungen im Strafverfahren: eine Untersuchung anhand der höchstrichterlichen Rechtsprechung eines Jahres, 1971

Hagenloch, Wahrscheinlichkeitsermittlung beim Indizienbeweis aus revisionsrechtlicher Sicht, DRiZ 1990, S. 392 ff.

Hahn, Die gesamten Materialien zu den Reichs-Justizgesetzen, 2. Band: Materialien zur Civilprozeßordnung, hrsg. von Eduard Stegemann, 1881

Hamm, Zur Revisibilität der Beweiswürdigung in den Fällen „Aussage gegen Aussage“, StraFO 2000, S. 253 ff.

ders., Die Verteidigungsschrift im Verfahren bis zur Hauptverhandlung, StV 1982, S. 490 ff.

ders., Interview am 2.12.2004 von Sabine Rückert (DIE ZEIT), abrufbar unter: http://www.zeit.de/2004/50/Laura_Interview?page=2.

Hamm/Hassemer/Pauly, Beweisantragsrecht, 3. Aufl., 2019

Hamm/Lohberger, (Hrsg.), Beck'sches Formularbuch für den Strafverteidiger, 6. Aufl., 2018

Hammerstein, Das Geständnis und sein Wert – Lippenbekenntnisse in der Strafzumessung, StV 2007, S. 48 ff.

Hanack, Zum Verfahrensausgang nach erfolgreicher Revision in: Jescheck/Vogler (Hrsg.), Festschrift für Herbert Tröndle, 1989, S. 495 ff.

Hansens, Anmerkung zu BGH VIII ZB 114/07, zfs 2009, S. 284 f.

Harley/Carlsen/Loftus, The „saw-it-all-along" effect: Demonstrations of Visual Hindsight Bias, Journal of Experimental Psychology: Learning, Memory and Cognition 2004, S. 960 ff.

Hartley/Karinch, How to spot a Liar, Franklin Lakes: Career Press, 2005

Hastie/Schadke/Payne, Juror Judgements in Civil Cases: Hindsight Effects on Judgements of Liability for Punitive Damages, Law and Human Behavior, 1999, S. 567 ff.

Hauenschild, Strategien des Anwalts beim zivilgerichtlichen Vergleich, AnwBl 1998, S. 252 f.

Hawkins/Hastie, Hindsight: Biased Judgements of Past Events After the Outcomes Are Known, Psychological Bulletin 1990, S. 311 ff.

Heaton-Armstrong/Wolchover, Recording witness statements, in: Heaton-Armstrong/Shepherd/Wolchover (Editors), Analysing Witness Testimony, S. 222 ff., 1999

Heescher, Untersuchungen zum Merkmal der freien Überzeugung in § 286 ZPO und § 261 StPO – Versuch einer Neubestimmung, Diss., 1974

Hellmiß, Interpretation und Einbeziehung von kriminaltechnischen Gutachten in die Urteilsfindung – Gedanken über ein grundsätzliches Problem und Vorschläge für eine Vorgehensweise, NStZ 1992, S. 24 ff.

Hellwig, Psychologie und Vernehmungstechnik bei Tatbestandsermittlungen, 4. Aufl., 1951

Herdegen, Die revisionsrechtliche Kontrolle der Beweiswürdigung, in: ders., Beweisantragsrecht, Beweiswürdigung, strafprozessuale Revision, 1995, S. 126

ders., Die Überprüfung der tatsächlichen Feststellungen durch das Revisionsgericht auf Grund der Sachrüge, StV 1992, S. 527 ff., auch abgedruckt in: ders., Beweisantragsrecht, Beweiswürdigung, strafprozessuale Revision, 1995, S. 140 ff.

ders., Die Überprüfung der tatsächlichen Feststellungen durch das Revisionsgericht aufgrund einer Verfahrensrüge, StV 1992, S. 590 ff., auch abgedruckt in: ders., Beweisantragsrecht, Beweiswürdigung, strafprozessuale Revision, 1995, S. 161 ff.

ders., Die strafprozessualen Beweiswürdigungstheorien des Bundesgerichtshofs, in: Ebert/Riess/Roxin/Wahle (Hrsg.), Festschrift für Hanack zum 70. Geburtstag, 1999

ders., Strafrichterliche Aufklärungspflicht und Beweiswürdigung, NJW 2003, S. 3513 ff.

ders., Bemerkungen zur Beweiswürdigung, NStZ 1987, S. 193 ff.

Hermanutz/Litzcke, Vernehmung in Theorie und Praxis, 3. Aufl., 2012

Hermanutz/Litzcke/Kroll, Polizeiliche Vernehmung und Glaubhaftigkeit, 4. Aufl., 2018

Hess, Anm. zu BGH I ZB 17/06, Juris Praxis Report 10/2007, S. 203 f.

Hettler, Wahre und falsche Zeugenaussagen, 2012

Hetzer, Wahrheitsfindung im Strafprozeß, 1982

Hirschberger, Kleine Philosophiegeschichte, 1987

Höcherl, Die richterliche Überzeugung, in: Wasserburg/Haddenhorst (Hrsg.), Festschrift für Karl Peters, 1984, S. 17 ff.

Hoffmann, Der Anscheinsbeweis aus Anlaß von Trunkenheitsfahrten im Schadensersatzrecht, NZV 1997, S. 57 ff.

Hofmann, Sexueller Missbrauch von Kindern und Jugendlichen im Auge des Betrachters, 2006

Hohlweck, Die Beweiswürdigung: Beurteilung von Zeugenaussagen, JuS 2002, S. 1207 ff.

Holzhaider, Hilfe der Korpsgeist, SZ vom 22./23.6.2013, S. 4.

ders., „Augsburger Puppenkiste“, SZ vom 20.1.2011, S. 3

Hommers, Die Aussagepsychologische Kriteriologie unter kovarianzstatistischer und psychometrischer Perspektive, in: Greuel/Fabian/Stadler (Hrsg.), Psychologie der Zeugenaussage, Ergebnisse der rechtspsychologischen Forschung, 1997, S. 97 ff.

Hoyer, Beweiswürdigungsfreiheit und „in dubio pro reo“, ZStW 105 (1993), S. 523 ff.

Huber/Payne/Puto, Adding Asymetrically Dominated Alternatives: Violations of Regularity and the Similarity Hypothesis, Journal of Consumer Research 1982, S. 90 ff.

Huber, Das Beweismaß im Zivilprozeß, 1983

ders., Das Strafurteil, 3. Aufl., 2016

Hummel, Das Blutgruppengutachten, seine Bedeutung vor Gericht, NJW 1981, S. 605

Hunt, Marketing Theory: The Philosophy of Marketing Science, Homeland, IL: Richard Iwring, 1983

Inbau/Reid/Buckle, Criminal Interrogation and Confessions, 2001

Isay, Rechtsnorm und Entscheidung, 1929

Jäckel, Das Beweisrecht der ZPO, 3. Aufl., 2020

Jacobi, Der Prozeß im Decretum Gratiani und bei den ältesten Dekretisten SZ (kan. Abt.) 34, (1913)

Jaeger, Entwicklung der Rechtsprechung zum HWS-Schleudertrauma, VersR 2006, S. 1611 ff.

ders., Neue Rechtsprechung zum HWS-Schleudertrauma, ZAP Nr. 23 vom 26.11.2008, S. 1305 ff.

Jagusch, Die Revision in Strafsachen – ausreichende Rechtsgarantie?, NJW 1971, S. 2009 ff.

ders., Lehren eines Mordprozesses, NJW 1971, S. 2198 ff.

Jahn/Krehl/Löffelmann, Die Verfassungsbeschwerde in Strafsachen, 2016

Jähnke, Über die Befugnis des Revisionsgerichts zur Nachprüfung der tatrichterlichen Beweiswürdigung, Festschrift für Hanack, 1999, S. 355 ff.

Jansen, Zeuge und Aussagepsychologie, 3. Aufl., 2021

Jansen/Kluck, Unter Kontrolle: Aussagepsychologische Gutachten, Praxis der Rechtspsychologie, Sonderheft 1 – Glaubhaftigkeitsbegutachtung – 2000, S. 89 ff.

Jarass/Pieroth, GG, 19. Aufl., 2026

Jarcke, Bemerkungen über die Lehre vom unvollständigen Beweis, vornehmlich in Bezug auf die außerordentlichen Straftaten, Neues Archiv des Criminalrechts, 8. Band (1826), S. 97 ff.

Jaspers, Der philosophische Glaube angesichts der Offenbarung, 1962

Jerouschek, Wie frei ist die freie Beweiswürdigung?, GA 1992, S. 493 ff.

Jungermann/Pfister/Fischer, Die Psychologie der Entscheidung, 4. Aufl., 2017

Junker, Beweisantragsrecht im Strafprozess, 2007

Kagehiro/Taylor/Laufer/Harlandt, Hindsight Bias and Third Party Consentors to Warrantless Police Searches, Law and Human Behavior 1991, S. 305 ff.

Kahneman, Schnelles Denken, Langsames Denken, 2025

Kahneman/Tversky, Subjective probability: A judgement of Representativeness, Cognitive Psychologiy 1972, S. 430 ff.

Kahneman/Tversky, On the Psychology of Prediction, Psychological Review 1973, S. 237 ff.

Kamin/Rachlinski, Ex Post not Ex ante: Determining Liability in Hindsight, Law and Human Behavior 1995, S. 89 ff.

Kant, Kritik der reinen Vernunft, 1956

Kaplan, Decision Theory and the Factfinding Process, Stanford Law Review (1968), S. 1065 ff.

Karlsruher Kommentar, Strafprozessordnung, 9. Aufl., 2023

Kaser, Das römische Zivilprozeßrecht, 1966, S. 278 (zitiert ZPR)

Kathodus, The Effects of Audit Quality and Consequence Severity on Juror Evaluations od Auditor Responsibility for Plaintiff Losses, The Accounting Review 2000, S. 327 ff.

Katzenmeier, Arzthaftung, 2002

Kaufmann, Freie Beweiswürdigung im Bundesprivatrecht und in ausgewählten Zivilprozessordnungen, Diss. 1986

Kegel, Der Individualanscheinsbeweis und die Verteilung der Beweislast, in: Biedenkopf/Coing/Mestmäcker (Hrsg.), Festschrift für Heinrich Kronstein zum 70. Geburtstag, 1967, S. 321 ff.

Keller, Ch., Der genetische Fingerabdruck, 2006

Keller, R., Verwissenschaftlichung versus Rationalität der Beweiswürdigung, GA 1999, S.255 ff.

Kempf, Gesetzliche Regelung von Absprachen im Strafverfahren? oder: Soll Informelles formalisiert werden?, StV 2009, S. 269 ff.

Kessal-Wulf, Beweislastprobleme im Deckungsprozeß, ZAP Fach 9, S. 767 ff.

Kessler, Entwicklung und Reliabilitätsstudie des FEEL-Tests (Facially Expressed Emotion Labelling), Diss., 2001

Kiethe, Zulässigkeit bei Beweisantritten auf Grundlage einer zivilrechtlichen Vermutungsbasis, MDR 2003, S. 1325 ff.

Kirchhoff, Von der Schwierigkeit, Zeugen zu glauben, MDR 1999, S. 1473 ff.

ders., Richter als Zeugen – Bericht über ein Wahrnehmungsexperiment, MDR 2001, S.661 ff.

ders., Der Verkehrsunfall im Zivilprozeß – Hinweise zur Verbesserung der Zeugenvernehmung, MDR 2000, S. 186 ff.

ders., Zur Würdigung von Zeugenaussagen, MDR 2001, S. 791 ff.

Kleine-Cosack, Verfassungsbeschwerden und Menschenrechtsbeschwerden, 3. Aufl., 2014

Knauss, Der „Zwang" zur gütlichen Einigung – Für eine Reform des § 278 ZPO, ZRP 2009, S. 206 ff.

Knights, Changing spaces: The Disruptive Impact of a New Epistemological Location for the Study of Management, Academy of Management Review, 1992, Vol. 17 No. 3

Knußmann, Zur Wahrscheinlichkeitsaussage im morphologischen Gutachten, NStZ 1991, S. 175 ff.

Koch/Rüßmann, Juristische Begründungslehre, 1982

Koehler, The Influence of Prior Beliefs on Scientific Judgements of Evidence Quality, Organizational Behavior and Human Decision Making Process 1993, S. 28 ff.

Köhnken, Zum Beweiswert von Identifizierungen durch Augenzeugen – Eine methodische Analyse, Forensia 1984, S. 1 ff.

ders., Personenidentifizierung, in: Steller/Volbert (Hrsg.), Psychologie im Strafverfahren, S. 63 ff., 1997

ders., Interview am 3.4.2008 von Sabine Rückert (DIE ZEIT), abrufbar unter: http://www.zeit.de/2008/15/Interview-Koehnken

Köller/Nissen/Rieß/Sadorf, Probabilistische Schlussfolgerungen in Schriftgutachten, 2004

König, Die Verteidigung in der Hauptverhandlung in: Ziegert (Hrsg.), Grundlagen der Strafverteidigung, S. 155 ff., 2000, zitiert: König in Ziegert (Hrsg.), Grundlagen der Strafverteidigung

Körner, Die Glaubwürdigkeit und die Strafbarkeit von V-Personen – die Strafbarkeit der provozierten Tat, StV 1982, S. 382

Konecni/Ebbesen, The Mythology of Legal Decision Making, International Journal of Law and Psychiatry 1984, S. 5 ff.

Kollhosser, Der Anscheinsbeweis in der höchstrichterlichen Rechtsprechung – Entwicklung und allg. Bedeutung, Diss., 1964

Kornstein, A Bayesian Model of Harmless Error, Journal of Legal Studies, 5, S. 121 ff.

Kranenpohl, Hinter dem Schleier des Beratungsgeheimnisses, 2010

Krause, Grenzen richterlicher Beweiswürdigung im Strafprozeß, in: Baumann/Tiedemann (Hrsg.), Festschrift für Karl Peters, 1974, S. 323 ff.

Krauthan, Psychologisches Grundwissen für die Polizei, 5. Aufl., 2014

Krech/Crutchfield, Grundlagen der Psychologie, Bd. 1, 1971 (übersetzt von H.W. Wendt und D.M. Ewert)

Krekeler, Psychologie des Strafverfahrens, StraFO 2001, 329 ff.

ders., Der befangene Richter, NJW 1981, S. 1633 ff.

Kriz, Subjektive Wahrscheinlichkeiten und Entscheidungen, 1982

ders., Methodenkritik empirischer Sozialforschung, 1981

Kroitzsch, Wegfall der Begründungspflicht – Wandel der Staatsform der Bundesrepublik, NJW 1994, S. 1032 ff.

Krüger/Rauscher, Münchener Kommentar zur ZPO, 7. Aufl., 2026

Krumbholz, Rechtsfragen zum manipulierten Unfall, DAR 2004, S. 67 ff.

Krumm, Arbeitshilfe: Nachtrunkbehauptung, SVR 2006, S. 212 ff.

Kühne, Strafprozeßlehre, 4. Aufl., 1993

ders., Strafprozeßrecht, 9. Aufl., 2015

Kühne/Kluck, Sexueller Mißbrauch – forensisch- psychologische und psychodiagnostische Aspekte, FamRZ 1995, S. 981 ff.

Küper, Die Richteridee der Strafprozeßordnung und ihre geschichtlichen Grundlagen, 1967

ders., Historische Bemerkungen zur „Freien Beweiswürdigung" im Strafprozeß, in: Wasserburg/Haddenhorst (Hrsg.), Festschrift für Karl Peters, 1984, S. 23 ff.

Küppersbusch, Ersatzansprüche bei Personenschaden, 14. Aufl., 2024

Kummer, Grundriss des Zivilprozessrechts, 4. Aufl., 1984

Kunkel, Untersuchungen zur Entwicklung des römischen Kriminalverfahrens in vorsullanischer Zeit, 1962

Kunz, Tatbeweis jenseits eines vernünftigen Zweifels, ZStW 2009, S. 572 ff.

Lamprecht, Fragwürdige Schweigepflicht, ZRP 2010, S. 117 ff.

ders., Lesarten für Rechtsbeugung, NJW 1994, S. 562 ff.

Landau, Der Lügendetektor im Strafprozess, S. 42 ff. in: Sonderheft für Gerhard Schäfer zum 65. Geburtstag, 2002.

Lange, Zum Umfang der Substantiierungspflicht im Zivilprozeß, DRiZ 1985, S. 247 ff.

ders., Parteianhörung und Parteivernehmung, NJW 2002, S. 476

ders., Zurückweisung verspäteten Vorbringens im Vorbereitungstermin, NJW 1986, S. 3043 ff.

ders., Bestreiten mit Nichtwissen, NJW 1990, S. 3233 f.

Laplace, Théorie analytique des probabilités (1812), 3. Aufl., 1820

Laumen, Die „Beweiserleichterungen bis zur Beweislastumkehr" – Ein beweisrechtliches Phänomen, NJW 2002, S. 3739 ff.

Leipold, Beweismaß und Beweislast im Zivilprozeß, 1985

ders., Prozeßförderungspflicht der Parteien und richterliche Verantwortung, ZZP 93. Band, 1980, S. 237 ff.

ders., Auf der Suche nach dem richtigen Maß bei der Zurückweisung verspäteten Vorbringens, ZZP 97. Band, 1984, S. 395 ff.

Leipold/Kuhn, Das Mandat in Verkehrsstrafsachen, 2002

Lemcke, Das HWS-Schleudertrauma aus juristischer Sicht, NZV 1996, S. 337 ff.

Lenckner, Mitbeschuldigter und Zeuge, in: Baumann/Tiedemann (Hrsg.), Festschrift für Karl Peters, 1974, S. 333 ff.

Lennon, Feminist Epistemology as Local Epistemology. Proceedings of the Aristotelian Society, Supplementary Volume 71 (1997), S. 37

Lepa, Beweiserleichterungen im Haftpflichtrecht, NZV 1992, S. 129 ff.

ders., Typische Probleme im Haftpflichtprozess, 2007

ders., Die Beweiswürdigung – ihr Verhältnis zur Beweislasterteilung und ihre Regeln, DRiZ 1966, S. 112 ff.

ders., Beweislast und Beweiswürdigung im Haftpflichtprozeß, Schriftenreihe der Arbeitsgermeinschaft des Deutschen Anwaltsvereins, 1988

Lerche, Dunklere und hellere Seiten des Anspruchs auf rechtliches Gehör, S. 1283 ff. in: Festschrift für Heldrich, 2005

Lersch, Aufbau der Person, 1964

Leß, Zur Stellung des Staatsanwalts, JR 1951, S. 193 ff.

Leu/Werner, Der Einzelne und die Gruppe im juristischen Entscheidungsprozeß, in: Bender (Hrsg.), Tatsachenforschung in der Justiz, 1971, S. 132 ff.

Lieberman, Never be lied to again, 1998

Lindell, Skafragor och Rättsfragor, 1987

Lisetti/Schiano, Automatic Facial Expressions Interpretation: Where Human-Computer Interaction, Artificial Intelligence and Cognitive Science Intersect, in: Pragmatics and Cognition (special Issue on Facial Information Processing: A Multidisciplinary Perspective) Vol. 8 (1). 2000, S. 195–235

Littmann/Szewczyk, Zu einigen Kriterien und Ergebnissen forensisch-psychologischer Glaubwürdigkeitsbegutachtung von sexuell missbrauchten Kindern und Jugendlichen in Forensia 1983, S. 55 ff.

Litzke/Hermanutz/Klossek, Nonverbale Warnsignale – Glaubhaftigkeitsdiagnostik & Glaubwürdigkeitsattribution in: Nachrichtendienstpsychologie 4, Beiträge zur inneren Sicherheit, Fachhochschule des Bundes für öffentliche Verwaltung, S. 5 ff.

Loftus, Eyewitness Testimony, Harvard University Press, 1996

Lorenz, Sachmangel und Beweislastumkehr im Verbrauchsgüterkauf – Zur Reichweite der Vermutungsregel in § 476 BGB, NJW 2004, S. 3020 ff.

Löwe/Rosenberg, Die Strafprozessordnung und das Gerichtsverfassungsgesetz, Großkommentar, 27. Aufl., 2021

Lüderssen, Die strafrechtsgestaltende Kraft des Beweisrechts, ZStW 1985 (1973), S. 288 ff.

Lyon/Slovic, Dominance of Accuracy Information and Neglect of Base-rate in Probability Estimates, Acta Psychologica 1976, S. 287 ff.

Maaß, Anwaltstätigkeit im Beweisverfahren der Zivilprozessordnung, 2002

Maassen, Beweismaßprobleme im Schadensersatzprozeß, Diss., 1975

Mackay/Colman/Thornton, The Admissibility of expert psychological and psychiatric testimony, in: Heaton-Armstrong/Shepherd/Wolchover (Editors), Analysing Witness Testimony, 1999, S. 321–334

Maier, Aussage gegen Aussage und freie Beweiswürdigung, NStZ 2005, S. 246 ff.

Maisch, Forensisch-psychologische Aspekte von Verstößen gegen § 136a StPO im Ermittlungsverfahren, StV 1990, S. 314 ff.

Malek, Verteidigung in der Hauptverhandlung, 5. Aufl., 2017

Martis, Aktuelle Entwicklung im Arzthaftungsrecht, MDR 2009, S. 1082 ff.

Maul, Aussage gegen Aussage, StraFO 2000, S. 257 ff.

Maunz/Dürig, Grundgesetz, 76. EL

Maunz/Schmidt-Bleibtreu/Klein/Bethge, Kommentar zum BVerfGG, 65. Aufl., 2025

McKenzie/Dunk, Identification parades: psychological and practical realities, in: Heaton-Armstrong/Shepherd/Wolchover (Editors), Analysing Witness Testimony, 1999, S. 178 ff.

Mertlins, Subtstantiierung im Zivilprozess, NJ 2009, S. 441 ff.

Meurer, Beweis und Beweisregel im deutschen Strafpozeß, in: Herzberg (Hrsg.), Festschrift für Dietrich Oehler zum 70. Geburtstag, 1985, S. 357 ff.

Meyer-Goßner, Theorie ohne Praxis und Praxis ohne Theorie im Strafverfahren, ZRP 2000, S. 345 ff.

Meyer-Goßner/Appl, Die Urteile in Strafsachen, 30. Aufl., 2021

Meyer-Mews, Die „in dubio contra reo" Rechtsprechung bei Aussage gegen Aussage Delikten, NJW 2000, S. 916 ff.

Meyke, Die Funktion der Zeugenaussage im Zivilprozeß, NJW 1989, S. 2032 ff.

ders., Die erfolgreiche Berufung im Zivilverfahren, 2000

ders., Darlegen und Beweisen im Zivilprozess, 1998

Michaelis-Arntzen, Else, Die Vergewaltigung aus kriminologischer, viktimologischer und aussagepsychologischer Sicht, 2. Aufl., 1994

Michel/Bruns, Der Schriftsatz des Anwalts im Zivilprozess, 7. Aufl., 2022

Milne/Bull, Psychologie der Vernehmung, 2003

Mittermaier, Die Lehre vom Beweis im deutschen Strafprozeß, 1834

Mönkemöller, Psychologie und Psychopathologie der Aussage, 1930

Motsch, Vom rechtsgenügenden Beweis, 1983

Müller, C.F., Furchtbare Juristen, 1989

ders., Aktuelle Fragen des Haftungsrechts, zfs 2005, S. 54 ff.

ders., Grundprinzipien und Gestaltungsspielräume beim Schadensersatz, zfs 2009, S. 62 ff.

Müller, I., Furchtbare Juristen, Lizenzausgabe, 1989

Müller, J., Parteien als Zeugen, 1992

München, Das kanonische Gerichtsverfahren und Strafrecht, Bd. I, Köln, 1865

Münstermann, Beweislast für falsche Angaben im Antragsformular, Versicherung und Recht kompakt 2006, S. 8 f.

Musielak, Die Grundlagen der Beweislast im Zivilprozeß, 1975

ders., Das Överviktsprincip – Zum Verhältnis von richterlicher Überzeugung und Wahrscheinlichkeit, in: Lüderitz/Schröder (Hrsg.), Festschrift für G. Kegel, 1977, S. 458 ff.

ders., Musielak, ZPO, 7. Aufl., 2009

Musielak/Stadler, Grundfragen des Beweisrechts, 1984

dies., Grundfragen des Beweisrechts, JuS 1979, S. 721 ff.

Musielak/Voit, Kommentar zur ZPO, 23. Aufl., 2026

Nack, Indizienbeweisführung und Denkgesetze, NJW 1983, S. 1035 ff.

ders., Der Indizienbeweis, MDR 1986, S. 366 ff.

ders., Verteidigung bei der Glaubwürdigkeitsbeurteilung von Aussagen, StV 1994, S. 555 ff.

ders., Aufhebungspraxis der Strafsenate des BGH, NStZ 1997, S. 153 ff.

ders., Revisibilität der Beweiswürdigung, StV 2002, S. 510 ff. (Teil 1) und S. 558 ff. (Teil 2)

ders., Beweislehre, Kriminalistik, 2005, S. 466 f.

ders., Wiedergabe und Protokollierung von Zeugenaussagen, in: Barton (Hrsg.), Redlich aber falsch, 1995, S. 68 ff.

ders., Aussagebeurteilung und Beweiswürdigung, S. 219–299, in: Ziegert (Hrsg.), Grundlagen der Strafverteidigung, 2000

ders., Bedingter Vorsatz beim Gefährdungsschaden – ein „doppelter Konjunktiv"?, StraFO 2008, S. 277 f.

Nagler, Vernehmungspsychologie: Warum Personen sich bei der Vernehmung nicht an das erinnern können, was sie wissen, StV 1983, S. 211 ff.

Nance, Conquering Deception, Irvin-Benham, 2004

Nassal, Verfassungsgerichtliche Lawinensprengung? – Das BVerfG und die Berufungs-Beschlusszurückweisung, NJW 2008, S. 3390 ff.

Navarro, What Every Body Is Saying, 2008

Nell, Wahrscheinlichkeitsurteile in juristischen Entscheidungen, 1983

Neuhaus, Der Abbau von Bürgerrechten im Strafverfahren seit 1989, ZAP Sonderheft zum 20-jährigen Jubiläum, S. 54

ders., Revision, § 13–114 in: Brüssow/Gatzweiler/Krekeler/Mehle, Strafverteidigung in der Praxis, 4. Aufl., 2007

ders., Kriminaltechnik, § 29 in: Brüssow/Gatzweiler/Krekeler/Mehle, Strafverteidigung in der Praxis, 4. Aufl., 2007

Niehaus, Merkmalsorientierte Inhaltsanalyse in: Handbuch der Rechtspsychologie, 2008, S. 311 ff.

Niemitz, Zur Methodik der anthropologisch-biometrischen Begutachtung einzelner Tatfotos und Videoaufzeichnungen, NZV 2006, S. 130 ff.

Nietzsche, Die fröhliche Wissenschaft, 1966

Nill, Die interkulturelle Gültigkeit von Managementmethoden aus wissenschaftstheoretischer Perspektive. in: Hinterhuber, Die Herausforderungen der Zukunft meistern, 1995

Nobili, Il Principio del libero convincimento del giudice, 1974

Nobis, Beweisverwertungsverbot bei Weitergabe eines Lichtbildes durch die Meldebehörde, DAR 2002, S. 299 ff.

Nöldeke, Zum Wiedererkennen des Tatverdächtigen bei Gegenüberstellungen und Bildvorlage, NStZ 1982, S. 193 f.

Nonn, Die Beweiswürdigung im Zivilprozess: Unter besonderer Berücksichtigung des Kantons Basel-Landschaft, 1996

Oberheim, Der Anwalt im Berufungsverfahren, 2003

Oberheim/Siebert, Berufung im Zivilprozess, 8. Aufl., 2026

Odenthal, Die Gegenüberstellung im Strafverfahren, 3. Aufl., 2002

Olshausen, Gegenbeweis und Beweis des Gegenteils, Jus 1995, S. 664 ff.

Ostendorf, Der Missbrauch von Opfern zum Zwecke der Strafverschärfung, HRRS 2009, S. 158 ff.

Oswald, Urteile über den Repräsentativitätsheurismus, Archiv für Psychologie 1986, S. 113 ff.

dies., Laienpsychologische Beurteilung der Glaubwürdigkeit, in: Barton (Hrsg.), Verfahrensgerechtigkeit und Zeugenbeweis, 2002, S. 181 ff.

dies., Richterliche Urteilsbildung, in: Steller/Volbert (Hrsg.), Psychologie im Strafverfahren, 1997, S. 248 ff.

Otte, „Wenn der Schein trügt" – zum zivil-, verfahrens- und kollisionsrechtlichen Umgang mit der sog. „Aufenthaltsehe" in Deutschland und Europa; Jus 2000, S. 148 ff.

Paeffgen, Ermessen und Kontrolle, in: Wasserburg/Haddenhorst (Hrsg.), Festschrift für Karl Peters, 1984, S. 61 ff.

ders., Art. 103 II GG, namentlich das Bestimmtheitsgebot und komplementäre Rechtssätze in der Entwicklung, StraFO 2007, S. 442 ff.

Panhuysen, Die Untersuchung des Zeugen auf seine Glaubwürdigkeit, 1964

Pantle, Die Praxis des Zivilprozesses, 4. Aufl., 2007

ders., Die Pflicht des Berufungsgerichts zur Wiederholung einer erstinstanzlich durchgeführten Beweisaufnahme, NJW 1987, S. 3160 ff.

Peters, Literaturbericht: Walter Gerhard, Freie Beweiswürdigung, ZStW 94, S. 1003 ff.

ders., Fehlerquellen im Strafprozeß, 2. Band, Systematische Untersuchungen und Folgerungen, 1972

ders., Strafprozeß, Lehrbuch, 4. Aufl., 1985

ders., Gutachten zum 46. Juristentag, 1966

ders., Anmerkung zu BGH – 2 StR 301/86, StV 1987, S. 375 ff.

ders., Die Beweislast, MDR 1949, S. 66 ff.

Petig/Rensen, Arzthaftung – Die Bedeutung des Aufklärungsformulars im Prozess, MDR 2012, S. 877 ff.

Pezdek, Expert Testimony on Eyewitness Memory and Identification, in: Costanzo/Krauss/Pezdek (Editors), Expert Psychological Testimony for the courts, 2007, S. 99 ff.

Pfeiffer, Kommentar zur Strafprozessordnung, 5. Aufl., 2005

Pfeiffer/Miebach, Aus der Rechtsprechung des Bundesgerichtshofs in Strafsachen zum Verfahrensrecht, NStZ 1985, S. 494 ff.

dies., Aus der Rechtsprechung des BGH in Strafsachen zum Verfahrensrecht, NStZ 1987, S. 219 ff.

Pfister, Die Prüfung der Glaubhaftigkeit einer Zeugenaussage durch das Gericht, in: Die Erhebung von Zeugenaussagen im Strafprozess – Juristische, aussagepsychologische und psychiatrische Aspekte (Hrsg. Deckers/Köhnken), 2007, S. 60

Pohle, Zur Beweislast im internationalen Recht, in: von Caemmerer/Nikisch/Zweigert (Hrsg.), Festschrift für Hans Dölle, Band II, 1963, S. 317 ff.

ders., Literaturbesprechung: Die Beweislast auf der Grundlage des Bürgerlichen Gesetzbuchs und der Zivilrozeßordnung, 3. Aufl., AcP 155 (1956), S. 165 ff.

Polyzogopoulos, Parteianhörung und Parteivernehmung in ihrem gegenseitigen Verhältnis – Ein Beitrag zur Kritik der herrschenden Lehre unter besonderer Berücksichtigung der gerichtlichen Praxis, 1976

Popper, Logik der Forschung, 11. Aufl., 2005

ders., Objective Knowledge: An Evolutionary Approach, Clarendon Press, 1972

Prechtel, Erfolgreiche Taktik im Zivilprozess, 2002, zitiert: Prechtel, Erfolgreiche Taktik im Zivilprozess

ders., Erfolgreiche Taktik im Zivilprozess, 3. Aufl., 2006

ders., Entkräftung eines Sachverständigengutachtens, ZAP Fach 13, S. 1489 ff.

ders., Anträge auf Schriftsatznachlass, ZAP vom 15.10.2008, S. 1165 ff.

ders., Entkräftung eines Sachverständigengutachtens, ZAP vom 27.3.2008, S. 361 ff.

Prechtel/Oberheim, Erfolgreiche Taktik im Zivilprozess, 7. Aufl., 2017

Prölss/Martin, Kommentar zum VVG, 32. Aufl., 2024

Prüfer, Aussagebewertung in Strafsachen, 1986

ders., Der Realitätsgehalt unbeständiger Aussagen im Strafprozeß, DRiZ 1977, S. 41 ff.

ders., Sachverhaltsermittlung durch Spurenauswertung und Zeugenbefragung am Beispiel des Schwurgerichtsprozesses – Chancen, Fehler und Versäumnisse der Verteidigung, StV 1993, S.602 ff.

Prütting, Gegenwartsprobleme der Beweislast, 1983

Prütting/Gehrlein/Bearbeiter, ZPO-Kommentar, 17. Aufl., 2025

Pukall, Der Zivilprozeß in der Praxis, 7. Aufl., 2013

Putzke, Ein Rüffel für den Staatsanwalt, ZAP Kolumne, ZAP Nr. 22 vom 12.11.2008, S. 1227 f.

Putzke/Scheinfeld, Entlastungsbeweis: polygraphische Untersuchung, StraFO 2010, S. 58 ff.

Putzke/Scheinfeld/Klein/Undeutsch, Polygraphische Untersuchungen im Strafprozess, ZStW 121 (2009), S. 607 ff.

Radelet/Lofquist/Bedeau, Prisoners released from death rows since 1970 because of doubts about their guilt, Thomas M.Cooley Law Review, 13, 1996, S. 907 ff.

Raeschke-Kessler, Die Rechtsmittelreform im Zivilprozess von 2001 – ein Fortschritt?, AnwBl 6/2004, S. 321 ff.

Ranft, Strafprozessrecht, 3. Aufl., 2005

Rechberger, Maß für Maß im Zivilprozess? Ein Beitrag zur Beweismaßdiskussion, in: Prütting (Hrsg.), Festschrift für Gottfried Baumgärtel, 1990, S. 471 ff.

ders., Der Anscheinsbeweis in der österreichischen Judikatur, ÖJZ 1972, S. 425 ff.

ders., Die Überprüfung von Erfahrungssätzen in der Revisionsinstanz, ÖJZ 1974, S. 113 ff.

Reichart, Revision und Verfassungsbeschwerde in Strafsachen, 2007

Reinecke, Die Krise der freien Beweiswürdigung im Zivilprozeß, oder über die Schwierigkeit, einem Zeugen nicht zu glauben, MDR 1986, S. 630 ff.

ders., Ende der Beifahrerrechtsprechung?, MDR 1989, S. 114 ff.

ders., Die Information des Zeugen über das Beweisthema, MDR 1990, S. 1061 ff.

Reinelt, Kurzer Prozess, ZAP Kolumne, ZAP, 2010, S. 1083 f.

ders., Die unendliche Geschichte – § 522 Abs. 2 ZPO, ZRP 2009, S. 203 ff.

ders., Richterliche Selbst-Präjudikation, ZAP-Kolumne, ZAP vom 25.2.2009, S. 211 f.

Reinking, Die Rechtsprechung des BGH zur Beweislastumkehr beim Autokauf, DAR 2006, S. 601 ff.

Rensen, § 139 ZPO n.F. – Stärkung der ersten Instanz oder alles bei Alten, AnwBl 2002, S. 633

Richter, Grenzen anwaltlicher Interessenvertretung im Ermittlungsverfahren, NJW 1981, S. 1820

Riedl, Kultur – Spätzündung der Evolution?, 1987

Rieß, Zur Revisibilität der freien tatrichterlichen Überzeugung, GA 1978, S. 256 ff.

ders., Revision, § 13 Rdn. 1–27 und 115–264 in: Brüssow/Gatzweiler/Krekeler/Mehle, Strafverteidigung in der Praxis, 4. Aufl., 2007

Rimmelspacher, Die Berufungsgründe im reformierten Zivilprozess, NJW 2002, S. 1897 ff.

Rinsche, Prozesstaktik, 4. Aufl., 1999

Rixecker, Zu Risiken und Nebenwirkungen fragen Sie Ihre Zivilprozessordnung, in: Arbeitsgemeinschaft Verkehrsrecht des Deutschen Anwaltvereins, Festschrift zum 25-jährigen Bestehen, 2004, S. 268 ff.

Rohloff/Ruhländer, Entwicklungsmöglichkeiten in der polizeilichen Vernehmungspraxis, Kriminalistik 2004, S. 518

Rommé, Anmerkung zu BGH VI ZR 232/88, NZV 1989, S. 469 f.

Rorty, Philosophy and the Mirror of Nature, Princeton: University Press, 1981

Rosenberg, Die Beweislast, 1965

Rosenstiel, Grundlagen der Organisationspsychologie, 1980

Roxin, Strafverfahrensrecht, 25. Aufl., 1998

Roxin/Schünemann, Strafverfahrensrecht, 30. Aufl., 2022

Rückert, Unrecht im Namen des Volkes – Ein Justizirrtum und seine Folgen (Zeitgeschichte), 2007

Rüßmann, Physiologische und psychologische Streiflichter zum Zeugenbeweis, in: Broda (Hrsg.), Festschrift für Rudolf Wassermann, 1985, S. 806

ders., Fragen der Umsetzung und Handhabung von Glaubwürdigkeitskriterien, in: Greuel/Fabian/Stadler (Hrsg.), Psychologie der Zeugenaussage, 1997, S. 151 ff.

Rumpf, Gesetz und Richter. Versuch einer Methodik der Rechtsanwendung, 1906

Salditt, Der Griff nach dem Vorurteil – Frühe Genugtuung und Schlichtung als strafprozessuales Reformprogramm, StV 2002, S. 273 ff.

Sander, Zur Beweiswürdigung, vor allem bei Aussage gegen Aussage, StV 2000, S. 45 ff.

Sänger, Handkommentar ZPO, 10. Aufl., 2023

Sarstedt, Beweisregeln im Strafprozeß, Berliner Festschrift für Ernst E. Hirsch, 1968, S. 171 ff.

Sarstedt/Hamm, Die Revision in Strafsachen, 6. Aufl., 1998

Satzger/Schluckebier/Widmaier, Kommentar StPO, 6. Aufl., 2026

dies., Kommentar StGB, 6. Aufl., 2024

Schade, Der Zeitraum von der Erstaussage bis zur Hauptverhandlung als psychologischer Prozeß – Folgerungen für die Glaubwürdigkeitsbegutachtung am Beispiel der Wormser Prozesse über sexuellen Kindesmissbrauch, StV 2000, S. 165 ff.

Schäfer, Die Praxis des Strafverfahrens, 7. Aufl., 2024

ders., Freie Beweiswürdigung und revisionsrechtliche Kontrolle, StV 1995, S. 147 ff.

ders., Die Abgrenzung der Verfahrensrüge von der Sachrüge, Festschrift für Riess, S. 477 ff., 2002

Schärtl, Beweislastverteilung im Arzthaftungsprozess, NJW 2014, S. 3601 ff.

Scheinfeld, Haftfortdauerentscheidung und Rechtsbeugung, GA 2010, S. 684 ff.

Schellhammer, Zivilprozeß, 16. Aufl., 2020

Schlaich/Korioth, Das Bundesverfassungsgericht, 13. Aufl., 2025

Schlothauer, Unvollständige und unzutreffende tatrichterliche Feststellungen, StV 1992, S. 133 ff.

ders., Das falsche Geständnis – ein Prozeßbericht, StV 1981, S. 39 ff.

ders., Strafprozessuale Fragen der Glaubwürdigkeitsbegutachtung von Zeugen durch psychologische Sachverständige, in: Greuel/Fabian/Stadler (Hrsg.), Psychologie der Zeugenaussage, 1997, S. 143 ff.

Schmidt, Grundsätze der freien richterlichen Beweiswürdigung im Strafprozeßrecht, 1994

ders., Außer Dienst, 2008

Schmidt/Hieber, Der strafprozessuale Vergleich – eine illegale Kungelei?, StV 1986, S. 355

Schmitt, B., Die richterliche Beweiswürdigung im Strafprozeß, Kriminalwissenschaftliche Abhandlungen Bd. 28, 1992

Schmitt, B./Köhler, Strafprozessordnung: StPO, 69. Aufl., 2026

Schmitt, M., Schönheit und Talent: Untersuchungen zum Verschwinden des Halo-Effekts, Zeitschrift für experimentelle und angewandte Psychologie 1992, S. 475 ff.

Schmitz, Vernehmung als Aushandeln der Wirklichkeit, in: Kube/Störzer/Brugger (Hrsg.), Wissenschaftliche Kriminalistik, Bd. 1, BKA Forschungsreihe, Bd. 16, S. 353–378

Schnabl, Die Kombination von Anhörungsrüge und Befangenheitsablehnung, ZAP vom 3.9.2008, S. 971 ff.

Schneider, Beweis und Beweiswürdigung, 5. Aufl., 1994

ders., Die Gerichte und die Abwehrmechanismen, AnwBl 2004, S. 333 ff.

ders., Die mißglückte ZPO-Reform, NJW 2001, S. 3756 f.

ders., Praxis der neuen ZPO, 2003

ders., Die Klage im Zivilprozeß, 2000

ders., Die Beweiswürdigung im Zivilprozeß, MDR 1966, S. 385 ff.

ders., Buchbesprechung, Prozesstaktik, MDR 1987, S. 725

ders., Tendenzen und Kontroversen in der Rechtsprechung, MDR 2000, S. 189 ff.

ders., Tendenzen und Kontroversen in der Rechtsprechung, MDR 2000, S. 747 ff.

ders., Das Geständnis im Zivilprozeß, MDR 1991, S. 297 ff.

ders., Die Ablehnung von Beweisanträgen im Zivilprozeß unter besonderer Berücksichtigung der höchstrichterlichen Rechtsprechung, ZZP 76 (1963), S.173 ff.

ders., Prozeßtaktischer Einsatz der Widerklage, MDR 1998, S. 21 ff.

ders., Neue Rechtsprechung zur Erlassfalle, MDR 2000, S. 857 ff.

ders., Unzulässige Ablehnung eines Beweisantrages, Anmerkung zu OLG München v. 19.11.1999; 23 U4502/99, MDR 2000, S. 1395 ff.

ders., Zivilprozessuales Beweisrecht: Grundlagen und Fehlerquellen, 2008

ders., Verspätungsrecht im Berufungsverfahren, NJW 2003, S. 1434 ff.

ders., ZAP Kolumne, ZAP Nr. 6 vom 12.3.2008

ders., Fälle aus der Prozesspraxis, ZAP Fach 13, S. 1509 ff.

ders., ZAP Kolumne, ZAP Nr. 14 vom 16.7.2008, S. 747

ders., Wartepflichten bei der Zeugenvernehmung, MDR 1998, S. 1205 ff.

ders., Besprechung von Rinsche, Prozesstaktik, 1. Aufl., MDR 1987, S. 725 ff.

ders., Der Niedergang des Rechtsstaates in: FS für Christian Richter II, 2006, S. 465 ff.

ders., Verzögerungsrecht, MDR 1986, S.896 ff.

ders., Verhandlung über das Beweisergebnis, MDR 2001, S. 781 f.

ders., Fälle aus der Prozesspraxis, ZAP Nr. 12 vom 16.6.2010, S. 591 ff. (= Fach 13, S. 1629 ff.)

ders., ZAP-Buch-Report, ZAP Nr. 24 vom 9.12.2009, S. 1295 ff.

ders., Gehörsrüge des § 321a ZPO – Anhörungsrüge, Ausnahmeberufung, Ausnahmebeschwerde, Willkürverbot, MDR 2006, S. 969 ff.

ders., Beweislast und Beweiswürdigung im Zivilprozeß, DRiZ 1966, S. 281 ff.

ders., Über Denkfehler – Teil I, MDR, 1962, S.868 ff.

ders., Über Denkfehler – Teil II, MDR, 1962, S. 951 ff.

ders., ZAP-Kolumne, ZAP Nr. 15 vom 30.7.2008

ders., Fälle aus der Prozesspraxis, ZAP Nr. 3 vom 28.1.2009, S. 131 ff.

Schneider/Thiel, Beweisrecht der ZPO, 2008

Schneider/van den Hövel, Richterliche Arbeitstechnik, 6. Aufl., 2021

Schöneborn, Strafprozessuale Wiederaufnahmepolitik, eine funktionalistisch angelegte Aktenanalyse gescheiterter Wiederaufnahmeverfahren, 1980

Scholderer, Rechtsbeugung im demokratischen Rechtsstaat, 1993

Scholz, Kennzeichen und Prozesse einer nicht glaubhaften Aussage, Recht und Psychiatrie 2003, S. 76 ff.

Schöler, Die isolierte Drittwiderklage als legitimes Instrument der Prozesstaktik, MDR 2011, S. 522 ff.

Schopenhauer, Parerga und Paralipomena II, 1977

ders., Die Welt als Wille und Vorstellung, 1986

Schreiber, Theorie des Beweiswertes für Beweismittel im Zivilprozeß, 1968

Schroeder/Schoenke, Strafprozeßrecht, 31. Aufl., 2025

Schroer, Das Dominanzgefälle in polizeilichen Beschuldigtenvernehmungen, Kriminalistik 2004, S. 523 ff.

Schuhmann/Kramer, Die Berufung in Zivilsachen, 9. Aufl., 2022

Schuller/Jenkins, Expert Evidence Pertaining to Battered Women: Limitations and Reconceptualizations, in: Costanzo/Krauss/Pezdek (Editors), Expert Psychological Testimony for the courts, S. 203–225, 2007

Schultze-Zeu, Das Vorliegen eines einfachen Befunderhebungsfehlers und die Beweislastumkehr hinsichtlich der Kausalität, VersR 2008, S. 898 ff.

Schulz, Sachverhaltsfeststellung und Beweistheorie, 1985

Schulz-Hardt/Köhnken, PdR Sonderheft 1, 2000, S. 60 ff.

Schumann, Der Handel mit Gerechtigkeit, 1977

Schünemann, Grundfragen der Revision im Strafrecht, JA 1982, S. 123 ff.

ders., Kognition, Einstellung und Vorurteil bei der Rechtsfindung, in: Lampe (Hrsg.), Beiträge zur Rechtsanthropologie 1985, S. 68 ff.

ders., Der deutsche Strafprozeß im Spannungsfeld zwischen Zeugenschutz und materieller Wahrheit, StV 1998, S. 391 ff.

ders., Der Richter im Strafverfahren als manipulierter Dritter? Zur empirischen Bestätigung von Perseveranz- und Schulterschlußeffekt, StV 2000, S. 159 ff.

ders., Zeugenbeweis auf dünnem Eis, in: Eser/Meyer-Goßner (Hrsg.), Festschrift für Lutz Meyer-Goßner zum 65. Geburtstag, 2001, S. 385 ff.

ders., Richterbezogene Attitüdenforschung und der Indikator des qualifizierten Begründungsfehlers, FS Mehle, 2009, S. 613 ff.

ders., Zur Entstehung des deutschen „plea bargaining“, S. 1177 ff. in: Festschrift für Heldrich, 2005

Schwackenberg, Die neue ZPO: Ziel erreicht – Ziel verfehlt?, AnwBl 2004, S. 1

Schweizer, Kognitive Täuschungen vor Gericht, Diss., 2005

Schwenn, Fehlurteile und ihre Ursachen – die Wiederaufnahme im Verfahren wegen sexuellen Missbrauchs, StV 2010, S. 705 ff.

Schwindel, Das non liquet in der Tatfrage, ungedruckte Münchner Dissertation

Schwinge, Der Kampf um die Schwurgerichte bis zur Frankfurter Nationalversammlung, 1926

Seutemann, Die Anforderungen an den Sachvortrag der Parteien – Leitfaden zur Beurteilung von Darlegungslasten, MDR, 1997, S. 615 ff.

Shepherd/Milne, Full and faithful: ensuring quality practice and integrity of outcome in witness interviews, in: Heaton-Armstrong/Shepherd/Wolchover (Editors), Analysing Witness Testimony, 1999, S. 124–145

Siegmann/Feldstein, (Hrsg.), Multichannel integrations of nonverbal behavior, Hillsdale, NJ 1985, S. 129 ff.

Simon, Untersuchungen zum Justinianischen Zivilprozeß, 1969

ders., Gesetzesauslegung im Strafrecht, 2005

Simon/Mahan, Quantifying Burdens of Proof, Law and Society Review (1971), S. 319 ff.

Sommer, Lebenserfahrung, Gedanken über ein Kriterium richterlicher Lebenserfahrung, in: Hanack/Riess/Hilger/Mehle/Widmaier (Hrsg.), Festschrift für Peter Ries, S. 585 ff., 2002

Spendel, Rechtsbeugung durch Rechtsprechung, 1984

Sporer, Realitätskriterien und forensische Glaubwürdigkeitskriterien im Vergleich: Validitätsprüfung anhand selbsterlebter und erfundener Geschichten, in: Greuel/Fabian/Stadler (Hrsg.), Psychologie der Zeugenaussage, 1997, S. 71 ff.

Sporer/Köhnken, Nonverbale Indikatoren von Täuschung S. 353 ff. in: Handbuch der Rechtspsychologie, (Hrsg. Renate Volbert und Max Steller), 2008

Stackmann, Die erfolgversprechende Berufungsschrift in Zivilsachen, NJW 2003, S. 169 ff.

ders., Richterliche Selbstkontrolle und Verfahrenswirklichkeit im Zivilprozess, Jus 2005, S. 495 ff.

ders., Die Neugestaltung des Berufungs- und Beschwerdeverfahrens in Zivilsachen durch das Zivilprozessreformgesetz, NJW 2002, S. 781 ff.

Stadler, Realitätskriterien und Wirklichkeitskriterien, in: Greuel/Fabian/Stadler (Hrsg.), Psychologie der Zeugenaussage, Ergebnisse der rechtspsychologischen Forschung, 1997, S. 59 ff.

Stadler/Fabian, Experimentalpsychologische Forschung und strafrechtliche Praxis, S. 73 ff., in: Steller/Volbert (Hrsg.), Psychologie im Strafverfahren, 1997

Standards, für die anthropologische Identifikation lebender Personen auf Grund von Bilddokumenten, NStZ 1999, S. 230 ff.

Stankiewitz, Keiner will schuld sein, 2006

Steffen/Pauge, Arzthaftungsrecht, Köln: RWS-Verl. Kommunikationsforum, 2012

Stegmüller, Probleme und Resultate der Wissenschaftstheorie und analytischen Philosophie, Band I, 1969, Band IV (1.und 2. Halbband), 1973

Stein, Das private Wissen des Richters: Untersuchungen zum Beweisrecht beider Prozesse, 2001

Stein/Jonas, Kommentar zur ZPO, 24. Aufl., 2024

Steinke, Der Beweiswert forensischer Gutachten, NStZ 1994, S. 16 ff.

Steller, Psychologische Diagnostik – Menschenkenntnis oder angewandte Wissenschaft? in: Kröber/Steller (Hrsg.), Psychologische Begutachtung im Strafverfahren, 2000, S. 1 ff.

Steller/Köhnken, criteria based statment analysis, in: Raskin (Hrsg.), Psychological methods in criminal investigation and evidence, 1989, S. 217 ff.

Steller/Volbert, Glaubwürdigkeitsbegutachtung S. 12 ff. in: Steller/Volbert (Hrsg.), Psychologie im Strafverfahren, 1997

Stern, Der Geständniswiderruf als forensisches Erkenntnisproblem, StV 1990, S. 563 ff.

Stimpfig, Prüfkriterien für den Aussagewert beim Zeugenbeweis, MDR 1995, S. 451 ff.

Stöber, Neues Berufungsvorbringen nach erstinstanzlicher Verletzung der richterlichen Hinweispflicht, NJW 2005, S. 3601 ff.

ders., Neues Berufungsvorbringen nach erstinstanzlicher Verletzung der richterlichen Hinweispflicht, NJW 2005, S. 3601 ff.

Strate, Freie Beweiswürdigung und gebundene Beweiserhebung, in: Hanack/Riess/Hilger/Mehle/Widmaier (Hrsg.), Festschrift für Peter Riess, 2002, S. 611 ff.

ders., Der Mordfall Weimar Kraft und Gefahren des Sachbeweises, im Internet eingesehen am 12.1.2005 unter *http//www.strate.net*

Suhlig, Stefan, Psychologie der Zeugenaussage – Fehlerfaktoren, Suggestion und Methoden der Verbesserung, im Internet eingesehen am 5.3.2005 unter: *http://www.gabnet.com/psy/suhling1.htm*

Taroni/Mangin/Bär, Die Interpretation des Beweiswertes von DNA- Untersuchungen in sachverständigen Gutachten, Schweizerische Zeitschrift für Strafrecht 1999, S. 439 ff.

Täschner, Zur Beurteilung der Wahrnehmungsfähigkeit und Aussagetüchtigkeit bei Drogenabhängigen, NJW 1987, S. 2911 ff.

Tempel/Seyderhelm/Graßnack/Kosziol, Materielles Recht im Zivilprozeß, 6. Aufl., 2014

Thomas/Putzo, Kommentar zur ZPO, 47. Aufl., 2026

Thompson/Cole, Psychological Aspects of Forensic Identification Evidence, in: Costanzo/Krauss/Pezdek, (Editors), Expert Psychological Testimony for the courts, 2007, S. 33 ff.

Trankell, Der Realitätsgehalt von Zeugenaussagen, 1971

Tribe, Trial by Mathematics: Precision and Ritual in the Legal Process, Havard Law Review 84 (1971), S. 1329 ff.

Tschadek, Der Beweis, 1958

Tschadek, Der Beweis. Eine Betrachtung über Beweismittel und Beweiswürdigung, 1958

Tübinger Kommentar Strafgesetzbuch: StGB, 31. Aufl., 2025

Tversky/Kahneman, Causal schemes in judgements under uncertainty, in: Fishbein (Hrsg.), Progress in social psychology, S. 49 ff., 1980

dies., Judgement under Uncertainty: Heuristics and Biases, Science 1974, S. 1124 ff.

Ufer/Ufer, Die Verständigung im Strafverfahren, S. 45–56, in: Ziegert (Hrsg.), Grundlagen der Strafverteidigung, 2000

dies., Die Strafverteidigung des in U-Haft befindlichen Beschuldigten, in: Ziegert (Hrsg.), Grundlagen der Strafverteidigung, S. 121 ff., 2000

Ulrich, Transformation der ökonomischen Vernunft, 1987

Undeutsch, Handbuch der forensischen Psychologie, 11. Band, 1967

van den Hövel, Richterliche Arbeitstechnik, 6. Aufl., 2021

van Duyne, Simple Decision Making, in: Pennington/Lloyd-Bostock, The Psychology of Sentencing, 1987, S. 143 ff.

Vock, Tödliche Kindesmisshandlung (durch physische Gewalteinwirkung) in der Bundesrepublik Deutschland im Zeitraum 1.1.1985 bis 2.10.1990 – Ergebnisse einer multizentrischen Studie, Archiv für Kriminologie 1999, S. 73 ff.

Vogelsang, Die Bedeutung erfolgreicher Verfahrensrügen für das nachfolgende tatrichterliche Urteil: Eine rechtstatsächliche Untersuchung der Urteile, 2001

Volbert, Verbesserungen durch Videovernehmungen, in: Barton (Hrsg.), Verfahrensgerechtigkeit und Zeugenbeweis, 2002, S. 158

dies., Suggestibilität kindlicher Zeugen, in: Steller/Volbert (Hrsg.), Psycholgie des Strafverfahrens, 1997, S. 40 ff.

Volk, NStZ 1983, S. 423 f. Anmerkung zu BGH NStZ 1983, S. 422 f.

ders., Grundkurs StPO, 2005

Voltaire, Essai sur les Probabilités en Fait de Justice (1772), in: Oeuvres complètes vol. 27 Politique et Légalisation tome II, 1819, S. 427 ff.

Völzmann, Die Bindungswirkung von Strafurteilen im Zivilprozess, Diss., 2006

von Globig, Versuch einer Theorie der Wahrscheinlichkeit zur Gründung des historischen und gerichtlichen Beweises, 1806

von Hippel, Urteilsanmerkung, JR 1993, S. 124 f.

von Kirchmann, Die Wertlosigkeit der Jurisprudenz als Wissenschaft, Ein Vortrag gehalten in der Juristischen Gesellschaft zu Berlin 1848, Nachdruck, Libelli Bd. 34, 1956 und 1960

von Mises, Wahrscheinlichkeit, Statistik, und Wahrheit, Einführung in die neuere Wahrscheinlichkeitslehre und ihre Anwendung, 4. Aufl., 1972

von Münch/Kunig, Kommentar zum GG, 8. Aufl., 2025

von Nitzsch, Prospect Theory und Käuferverhalten, Die Betriebswirtschaft 1998, S. 622 ff.

von Rosenstiel/Nerdinger, Grundlagen der Organisationspsychologie, 7. Aufl., 2011

von Savigny, Über Schwurgerichte und Beweistheorie im Strafprozesse, GA 6 (1958), S. 469 ff.

von Scanzoni, Richterliche Überzeugung, NJW 1951, S. 222

Vrij, Detecting Lies and Deceit, 2004

Vrij/Lochun, Neuro-Linguistic Programming and the Police: Worthwhile or not?, Journal of Police and Criminal Psychology, 1997, S. 25 ff.

Wachsmuth/Schreiber, Sicherheit und Wahrscheinlichkeit – juristische und ärztliche Aspekte, NJW 1982, S. 2094 ff.

Wagstaff, Hypnotically induced testimony, in: Heaton-Armstrong/Shepherd/Wolchover (Editors), Analysing Witness Testimony, S. 162 ff., 1999

Wahl, Prüfung der Verletzung rechtlichen Gehörs durch das Revisionsgericht, 73 f. in: Sonderheft für Gerhard Schäfer zum 65. Geburtstag, 2002.

Walder/Hansjakob/Gundlach/Straub, Kriminalistisches Denken, 12. Aufl., 2023

Walter, Freie Beweiswürdigung, 1979

Walters, The Truth About Lying, 2000

Wasserburg, Rezension: Geipel, Handbuch der Beweiswürdigung, GA 2009, S. 556 ff.

Wasserburg/Eschelbach, Die Wiederaufnahme des Verfahrens propter nova als Rechtsschutzmittel, GA 2003, S. 335 ff.

Wegener, Die Entwicklung der experimentellen Aussagepsychologie, in: Greuel/Fabian/Stadler (Hrsg.), Psychologie der Zeugenaussage, 1997, S. 13 ff.

Weiler, Grundlagen und Grenzen des polizeilichen Einsatzes von Vertrauenspersonen im Strafverfahren, 2001

Weimar, Psychologische Strukturen richterlicher Entscheidung, 1969

Weitnauer, Wahrscheinlichkeit und Tatsachenfeststellung, Karlsruher Forum 1966, S. 3 ff.

Welcke, Der Haustyrannenmord im deutschen Straftatsystem, ZRP 2004, S. 15 ff.

Wellerhaus/Wolf, Glaubhaftigkeit kindlicher Zeugenaussagen, Psychomed 1, 20 ff., 1992

Welp, Strafurteile als Beweismittel im Strafprozess, in: Festschrift für Egon C.F. Müller, 2008, S. 765 ff.

Wendler, Wie ähnlich war der Unfall? Die Überprüfung von Aussagen auf Glaubhaftigkeit und Irrtumsfreiheit, in: Homburger Tage 2002, 2003

ders., Die Vernehmung der Auskunftsperson, S. 188 ff. in: Die Erhebung von Zeugenaussagen im Strafprozess (Hrsg. Deckers/Köhnken), 2007

Wendler/Hoffmann, Technik und Taktik der Befragung im Gerichtsverfahren, 2009

Wendt, Beweis und Beweismittel, AcP 63 (1880), S. 254 ff.

Wenger, Institutionen des römischen Zivilprozeßrechts, 1925

Weser, Verkehrssicherung: Kein Kinderspiel, NJW 2008, S. 3761 ff.

Wessels/Beulke, Strafrecht – Allgemeiner Teil, 54. Aufl., 2024

Wessing/Biesgen, Der 1. Strafsenat des BGH und das Steuerstrafrecht, NJW 2010, S. 2689 ff.

Wetzels, Psychologische Glaubwürdigkeitsbegutachtung im Zivilverfahren: Ergebnisse einer Sachverständigenbefragung, Rundbrief der Sektion Forensische und Kriminalpsychologie im BDP (2), S. 13–19

Whinch, The idea of social Science, 1958

Whipple, The obtaining of information: psychology of observation and report, Psychological Bulletin 15, S. 217–248

ders., The observer as a reporter: a survey of the „psychology of testimony", Psychological Bulletin 6, S. 153–170

Widemann, Würdigung der Aussagen von Fahrern und Insassen von unfallbeteiligten Kraftfahrzeugen im Lichte der Rechtsprechung und Literatur, DAR 2006, S. 355 f.

Widmaier, Münchener Anwalts Handbuch, 2006 (zitiert Widmaier/Autor, MAH)

ders., Quo Vadis, Revision? Revision, wohin gehst Du?, StraFO 2010, S. 310 ff.

Wieczorek, Kommentar zur ZPO, 2. Aufl. bearbeitet von Wieczorek, fortgeführt von Rößler und Schütze, 5 Bände, 1975–1988

Wielke, Verkehrsunfall: Würdigung „falscher" Zeugenaussagen, DAR 2002, S. 551 ff.

Wilhelm, „Verdeckte Gesetzesverstöße" in der Revision: Zur Reversibilität der fehlerhaften oder unvollständigen Mitteilung der Ergebnisse der Beweisaufnahme in der Urteilsschrift, ZStW 117 (2005), S. 143 ff.

Wilhelm J., Gutachten zur Dissertation: „Die Notwendigkeit der Objektivierung der Beweiswürdigung und Vorschläge zu ihrer Durchführung"

Winkler, Anmerkung zu BGH, 3 StR 373/07 in Juris Praxisreport 8 + 9/2008, S. 181 f.

Wittgenstein, On Certainty, übersetzt von Denis Paul und G. Anscombe, 1975

Wittreck, Anwälte als Richter über Richter?, NJW 2004, S. 3011 ff.

Wohlers, Generelle Kausalität als Problem richterlicher Überzeugungsbildung, JuS 1995, S. 1019 ff.

Wolford/Newman Miller/Wig, Searching for Patterns in Random Sequences, Canadian Journal of Experimental Psychology, 2004, vol.58, Diss. 4

Zerbe, Die Einlassung des Beklagen auf die Klage aus anwaltlicher Sicht, 1998

Ziegert, Die prozessuale Wahlfeststellung, StV 1996, S. 279 ff.

ders., (Hrsg.), Grundlagen der Strafverteidigung, 2000

ders., Die Entdeckung der Wahrheit, in: FS für Volk zum 65. Geburtstag, 2009, S. 901, 904

Zimmermann, Klage, Gutachten und Urteil, 21. Aufl., 2019

Zöller, Kommentar zur ZPO, 36. Aufl., 2026

Zöller, Kommentar zur ZPO, 29. Aufl., 2012

Zopfs, Der Beweis des Versicherungsfalles, VersR, 1993, S. 140 ff.

Zuck, Die Zurückweisung der Berufung durch Beschluss, NJW 2010, S. 1860 ff.

ders., Anwalt oder Gericht – wer sichert das rechtliche Gehör?, AnwBl. 2006, S. 773 ff.

ders., Die Grundrechtsrüge im Zivilprozess, 2008

ders., Rechtsstaatswidrige Begründungsmängel in der Rechtsprechung des BGH, NJW 2008, S. 479 ff.

Zuckermann/DePaulo/Rosenthal, Verbal and nonverbal communication of deception, in: Berkowitz (Editor), Advances in experimental social psychology, 1981, S. 378 ff.

Zweig, Your Money and Your Brain, 2007

Abkürzungsverzeichnis

a.A.	anderer Ansicht
a.a.O.	am angegeben Ort
a.E.	am Ende
Abs.	Absatz
AG	Amtsgericht
allg.	allgemein/e/er
amtl.	amtlich/e/es
Anm.	Anmerkung
AnwBl	Anwaltsblatt
Art.	Artikel
Aufl.	Auflage
Az.	Aktenzeichen
BAK	Blutalkoholkonzentration
BayObLG	Bayerisches Oberstes Landesgericht
Bd.	Band
BGB	Bürgerliches Gesetzbuch
BGH	Bundesgerichtshof
BGHR	Sammlung der BGH-Rechtsprechung in Zivil- und Strafsachen
BGHSt	Sammlung der Entscheidungen des BGH in Strafsachen
BGHZ	Entscheidungssammlung des Bundesgerichtshofes in Zivilsachen
BSHG	Bundessozialhilfegesetz
bspw.	beispielsweise.
BVerfG	Bundesverfassungsgericht
BVerfGE	Entscheidungssammlung des Bundesverfassunsggerichts
BVerwG	Bundesverwaltungsgericht
bzgl.	bezüglich
bzw.	beziehungsweise
ca.	circa
CCC	Constitutio Criminalis Carolina
d.h.	das heißt
DAR	Deutsches Autorecht (Zs.)
ders.	derselbe
dies.	dieselbe
DRiZ	Deutsche Richterzeitung (Zs.)

Einl.	Einleitung
entspr.	entsprechend/e
etc.	et cetera
f.	folgende
ff.	fortfolgende
FN	Fußnote
GA	Goltdammers Archiv für Strafrecht (Zs.)
GBA	Generalbundesanwalt
gem.	gemäß
ggf.	gegebenenfalls
grunds.	grundsätzlich
h.A.	herrschende Ansicht
h.L.	herrschende Lehre
h.M.	herrschende Meinung
Hrsg.	Herausgeber
i.d.R.	in der Regel
i.S.v.	im Sinne von
i.V.m.	in Verbindung mit
Insb.	insbesondere
JA	Juristische Arbeitsblätter (Zs.)
JR	Juristische Rundschau (Zs.)
JuS	Juristische Schulung (Zs.)
JW	Juristische Wochenschrift (Zs.)
JZ	Juristenzeitung (Zs.)
Kfz	Kraftfahrzeug
KK	Kurzkommentar bzw. Kriminalkommissar
KOK	Kriminaloberkommissar
krit.	kritisch
KV	Klägervertreter
LG	Landgericht
lt.	laut
m	Meter
m.	mit
m.E.	meines Erachtens
m.w.N.	mit weiteren Nachweisen
MDR	Monatsschrift für Deutsches Recht (Zs.)

n.v.	nicht veröffentlicht
NJW	Neue Juristische Wochenschrift (Zs.)
NJW-RR	NJW-Rechtsprechungs-Report Zivilrecht
Nr.	Nummer
NStZ	Neue Zeitschrift für Strafrecht
NZV	Neue Zeitschrift für Verkehrsrecht
o.g.	oben genannt
obj.	objektiv
ÖJZ	Österreichische Juristenzeitung
OLG	Oberlandesgericht
OLGR	Schnelldienst zur Zivilrechtsprechung der Oberlandesgerichte
PHM	Polizeihauptmeister
POM	Polizeiobermeister
PrKO	Preußische Kriminalordnung
Prot.	Protokoll
Rdn	Randnummer (interner Verweis)
RG	Reichsgericht
RGSt	Entscheidungen des Reichsgerichts in Strafsachen
RGZ	Sammlung der Entscheidungen des Reichsgerichts in Zivilsachen
Rn	Randnummer (externer Verweis)
s.	siehe
S.	Seite
s.o.	siehe oben
s.u.	siehe unten
sog.	sogenannt/e/er/es
StGB	Strafgesetzbuch
StPO	Strafprozessordnung
str.	streitig
StraFO	Strafverteidiger-Forum (Zs.)
StV	Strafverteidiger
StV	Strafverteidiger (Zs.)
subj.	subjektiv
SZ	Süddeutsche Zeitung
u.	und
u.a.	unter anderem
u.E.	unseres Erachtens
u.U.	unter Umständen

U-Haft	Untersuchungshaft
usw.	und so weiter
v.	vom
v.a.	vor allem
Verf.	Verfasser
VersR	Versicherungsrecht (Zs.)
vgl.	vergleiche
vs.	versus
VVG	Gesetz über den Versicherungsvertrag
WM	Wertpapiermitteilungen (Zs.)
z.B.	zum Beispiel
z.T.	zum Teil
ZAP	Zeitschrift für die Anwaltspraxis
zfs	Zeitschrift für Schadensrecht
ZPO	Zivilprozessordnung
ZRP	Zeitschrift für Rechtspolitik
Zs.	Zeitschrift
ZStW	Zeitschrift für die gesamte Strafrechtswissenschaft
zust.	zustimmend/e/er
ZZP	Zeitschrift für Zivilprozess

Teil I: Die Notwendigkeit der Objektivierung der Beweiswürdigung und Vorschläge zu ihrer Durchführung

§ 1 Einleitung

In allen veröffentlichten Kommentar- und Literaturmeinungen, die jeweils wieder Rechtsprechung zitieren, herrscht Einigkeit, dass die Beweiswürdigung vollständig und geschlossen, d.h. erschöpfend[1] sowie widerspruchsfrei sein müsse,[2] keine Lücken aufweisen dürfe,[3] ferner nicht gegen gesicherte wissenschaftliche Erkenntnisse,[4] Regeln der Logik[5] und gesicherte Erfahrungssätze[6] verstoßen dürfe.[7] Im Bereich des Zivilrechts kann eine nicht erschöpfende bzw. lückenhafte Beweiswürdigung relativ einfach, nämlich durch Rückgriff auf die Akte nachgewiesen werden. Dass nur die Urteilsurkunde, nicht aber der Akteninhalt, wie bei der strafprozessualen Sachrüge, Prüfungsmaßstab ist, gilt im Zivilprozess nicht. Das Übergehen wichtiger Umstände kann im Zivilprozess als Verstoß gegen § 286 ZPO bzw. Art. 103 Abs. 1 GG gerügt werden, was freilich eine zugelassene Revision voraussetzt (entweder durch das Tatgericht oder aufgrund der Nichtzulassungsbeschwerde). 1

Anhand dieser Parameter müsste die **Erfolgsaussicht** eines revisionsrechtlichen Angriffs gegen die Beweiswürdigung relativ sicher beurteilt werden können. Die **praktische Rechtswirklichkeit** sieht jedoch anders aus: „Für den Revisionsführer ist es in den meisten Fällen völlig ungewiss, ob das Revisionsgericht sein die Feststellungen betreffendes Gravamen formelmäßig erledigen oder als Beschreibung eines Rechtsfehlers ansehen wird, die, wenn sie zutrifft, nur an der Hürde des Beruhens scheitern kann."[8] Der in der strafprozessualen Praxis geäußerte Befund, dass **Angriffe** gegen die **Beweiswürdigung** nahezu **aussichtslos** sind,[9] wird statis- 2

1 Vgl. z.B. BGHSt 35, S. 316.

2 Vgl. z.B. BGH, StraFo 1997, S. 140.

3 Vgl. z.B. BGH, NStZ 1985, S. 184.

4 Vgl. KK zur StPO, 9. Aufl., Tieman, § 261 Rn 49, 56.

5 Vgl. KK zur StPO, 9. Aufl., Tieman, § 261 Rn 50 f.

6 Vgl. KK zur StPO, 9. Aufl., Tieman, § 261 Rn 52 ff.

7 Vgl. für den Bereich des Strafrechts z.B. Dahs/Dahs, Die Revision im Strafprozess, 6. Aufl., Rn 410 ff. u. für den Bereich des Zivilrechts Musielak/Voit, ZPO, § 546 Rn 9 f.

8 Herdegen, Die Überprüfung der tatsächlichen Feststellungen durch das Revisionsgericht aufgrund der Sachrüge, S. 140, in Beweisantragsrecht, Beweiswürdigung, strafprozessuale Revision.

9 Vgl. Nack, Verteidigung bei der Glaubwürdigkeitsbeurteilung von Aussagen, StV 1994, S. 555 ff. (Angriffe gegen die Beweiswürdigung im Allgemeinen u. gegen die Glaubwürdigkeit eines Belastungszeugen im Besonderen) u. *ders.*, Aufhebungspraxis der Strafsenate des BGH, NStZ 1997, S. 153 ff.

tisch bestätigt. Selbst eine Auswertung von 658 elaborierten Rügen eines Revisionsrechtsspezialisten ergibt, dass die Erfolgsquote je 0 % beträgt, sofern Denkverstöße (42-mal gerügt mit 0 % Erfolg), Verstöße gegen Erfahrungssätze (8-mal gerügt mit 0 % Erfolg) und Bewertungswidersprüche (46-mal gerügt mit 0 % Erfolg) gerügt werden und lediglich 13 % beträgt, sofern lückenhafte Feststellungen (48-mal gerügt, 6-mal erfolgreich) gerügt werden.[10] Dies sind zwar Daten aus einer älteren Untersuchung, allerdings ist nicht anzunehmen, dass eine aktuellere Untersuchung wesentlich andere Daten ergeben würde, denn die zugrundeliegenden Rechtsnormen und Maßstäbe sind dieselben. Ist der Angriff auf die Beweiswürdigung aber nahezu aussichtslos, so haben Verteidiger zwischenzeitlich versucht, das Beweisergebnis wenigstens vor bewussten und unbewussten Verfälschungen zu sichern und der wahrgenommenen Willkür des erkennenden Gerichts zu entziehen. Gleichwohl war auch dieses Unterfangen aussichtslos. Insbes. soll folgende Fallgestaltung keine Verletzung des § 265 StPO und des **Fair-Trial-**Grundsatzes darstellen: „Nach der Vernehmung einer Zeugin gaben sie [die Verteidiger] eine umfangreiche, schriftlich fixierte Erklärung ab, in der sie niederlegten, was die Zeugin nach ihrer Auffassung bekundet hatte, verbunden mit der Aufforderung an das Gericht, ihnen Hinweis zu erteilen, wenn sie nach dessen Ansicht irren sollten. Das Gericht gab keinen Hinweis. Es verurteilte. Und stützte sein Urteil auf angebliche Bekundungen der Zeugin, die denen, die sie nach Auffassung der Verteidigung gemacht hatte, in wesentlichen Punkten widersprachen."[11] In dem Bemühen, ein Beweisergebnis festzuschreiben und vor Verfälschung zu schützen, soll es ferner unzulässig sein, einen Beweisantrag dergestalt zu stellen, dass zum Beweis, dass Zeuge A dies und Zeuge B jenes bekundet hatte, die Tonbandmitschnitte der jeweiligen Aussagen in Augenschein zu nehmen sind.[12] D.h. „die Herrschaft des Tatrichters über die Tatsachen ist für den Verteidiger nach derzeit geltendem Recht unbezwingbar".[13]

3 In der strafrechtlichen Praxis gibt es daher ein großes Bedürfnis, die Beweiswürdigung objektiver zu gestalten und vor Verfälschungen zu schützen. Weiter gibt es eine **Diskrepanz** zwischen **Schein** (Beweiswürdigung darf nicht widersprüchlich und muss vollständig etc. sein) und **Sein** (Angriffe mit diesen Begründungen sind regelmäßig aussichtslos). Das heißt, es gilt nach wie vor die von Bender/Nack bereits 1980 festgestellte Diskrepanz zwischen Schein und Sein, der zufolge das Revisionsgericht für sich in Einzelfällen in Anspruch nimmt, die richtige Anwendung der Beweisgrundsätze zu kontrollieren, aber andererseits die **Beweisgrundsätze**

10 Vgl. Barton, Die Revisionsrechtsprechung des BGH in Strafsachen, S. 145.

11 König, Die Verteidigung in der Hauptverhandlung, in Ziegert (Hrsg.), Grundlagen der Strafverteidigung, S. 155, 212.

12 Vgl. BGHR StPO § 244 Abs. 3 Satz 1 Unzulässigkeit 7 u. 12.

13 König, Die Verteidigung in der Hauptverhandlung, in Ziegert (Hrsg.), Grundlagen der Strafverteidigung, S. 155, 213.

noch **nicht explizit (verlässlich) formuliert** wurden.[14] Es wurde bereits 1978 von Rieß festgestellt, dass die Revisionsrechtsprechung sich „verschleiernder Scheinbegründungen bedient"[15] und **beunruhigende Rechtsunsicherheit** darüber besteht, in welchem Umfang tatsächliche Feststellungen revisibel sind,[16] auch wenn scheinbar eindeutige Programmsätze hierzu bestehen.

Damit ist es an der Zeit, ein **objektives System** der Beweiswürdigung zu schaffen. **4**

14 Vgl. Bender/Nack, Grundzüge einer allgemeinen Beweislehre, DRiZ 1980, S. 121.

15 Rieß, Zur Revisibilität der freien tatrichterlichen Überzeugung, GA 1978, S. 256, 261.

16 Vgl. Rieß, Zur Revisibilität der freien tatrichterlichen Überzeugung, GA 1978, S. 256, 273.

§ 2 Die Geschichte der freien Beweiswürdigung

Inhalt

A. Der römische Prozess

I. Vorklassische Periode

Die älteste Siedlung Roms entstand um das 8. Jahrhundert v. Chr. (traditionell 753 v. Chr., Sage von Romulus und Remus). 1

Über den Strafprozess der **vorklassischen Zeit** (bis 6. Jahrhundert v. Chr.) ist wenig 2 bekannt. Es wird vermutet, dass nur schwere Sakraldelikte und der perduellio vor die Strafgerichte kamen und die sonstigen Delikte dem Prinzip der privaten Vergeltung folgten und damit vor die Zivilgerichte gehörten.[1] Bei den **Zivilverfahren** (Legisaktionenprozess) herrschte eine **Zweiteilung**. Bei dem ersten Schritt, dem Verfahren in iure, wurde vor dem Prätor oder einem anderen staatlichen Beamten geklärt, ob in den XII-Tafeln oder späteren Volksgesetzen die Voraussetzungen für eine Rechtsschutzgewährung vorlagen.[2] War dies der Fall, wurde die actio erteilt[3] und der Streitgegenstand und der zuständige Richter bestimmt.[4] Der zuständige

1 Vgl. Kunkel, Untersuchungen zur Entwicklung des römischen Kriminalverfahrens in vorsullanischer Zeit, S. 43, 132.

2 Vgl. Kaser, Das römische Zivilprozessrecht, S. 26 ff.

3 Vgl. Kaser, Das römische Zivilprozessrecht, S. 57.

4 Vgl. Huber, Das Beweismaß im Zivilprozess, S. 52 f.

Richter, d.h. ein mit richterlichen Aufgaben betrauter Privatmann,[5] erhob im Verfahren apud iudicem über die bereits festgelegten Behauptungen Beweis und sprach das Urteil.[6] Für die Würdigung der einzelnen Beweismittel gab es anfangs feste Regeln, die nach und nach entfielen. Am Ende der Periode gab es nur noch **wenige Beweisregeln**, z.B. dass der Besitzer einer Sache als Dieb galt, wenn er bei einer Haussuchung vor Zeugen im Besitz derselben angetroffen wurde.[7]

II. Klassische Periode

3 Jedenfalls für den **klassischen römischen Prozess** (ca. 6. Jahrhundert v. Chr. bis ca. Mitte des 3. Jahrhunderts n. Chr.) kann für den Zivil- und Strafprozess konstatiert werden, dass bereits dort der **Richter frei** war zu entscheiden, welchen Beweiswert er welchem Beweismittel zubilligte (freie richterliche Beweiswürdigung).[8] Im Zivilprozess (Formularprozess) wurde die Zweiteilung der vorklassischen Zeit beibehalten. Im Unterschied hierzu konnte der Prätor aber kraft neuen Sachverhalts und Ermessens auch einen Anspruch zulassen, der nicht im Gesetz enthalten war.[9] Die Zulassung durch den Prätor durch Erteilung der formula legte auch hier den Richter und den Streitgegenstand verbindlich fest. Der genaue Wortlaut der Formel wurde vom Kläger vorgeschlagen, der hierzu auf gebräuchliche Muster zurückgreifen konnte.[10] Auch damals war der Zeuge das wichtigste Beweismittel. Der **Zeuge vom Hörensagen** war aber **nicht erlaubt**.[11] Schriftliche außergerichtliche Bekundungen eines Zeugen wurden als weniger glaubwürdig erachtet.[12] Sklaven konnten keine tauglichen Zeugen sein, wohl aber eine Sklavenaussage, die durch Folter erhärtet wurde.[13] Für den Zivilprozess ist umstritten, nicht aber für den Strafprozess, ob Unmündige und gewisse Ehrlose Zeugen sein konnten. Jedenfalls im Strafverfahren gab es nur einen kleinen Kreis potenzieller Zeugen (keine Aszendenten und Deszendenten, patronus und filius).[14] **Wesentlich** für den Ausgang eines Prozesses war in dieser Zeit die **Rhetorik**.[15] Das galt auch für den Strafprozess, in dem die Geschworenenbank das Urteil fällte. In dem hier interessierenden Aspekt der Beweiswürdigung gab es keinen wesentlichen Unterschied zwischen dem Zivil- und Straf-

5 Vgl. Wenger, Institutionen des römischen Zivilprozessrechts, S. 55 ff.
6 Vgl. Walter, Freie Beweiswürdigung, S. 8 m.w.N.
7 Vgl. Kaser, Das römische Zivilprozessrecht, S. 83.
8 Vgl. Kaser, Das römische Zivilprozessrecht, S. 278.
9 Vgl. Kaser, Das römische Zivilprozessrecht, S. 107, 177 f.
10 Vgl. Musielak, Die Grundlagen der Beweislast im Zivilprozess, S. 193.
11 Vgl. Wenger, Institutionen des römischen Zivilprozessrechts, S. 188.
12 Vgl. Kaser, Das römische Zivilprozessrecht, S. 283.
13 Vgl. Kaser, Das römische Zivilprozessrecht, S. 282.
14 Vgl. Simon, Untersuchungen zum Justinianischen Zivilprozess, S. 243.
15 Vgl. Wenger, Institutionen des römischen Zivilprozessrechts, S. 185.

prozess.[16] Im Strafprozess hatte der Prätor oder ein Magistrat den Vorsitz. Diesem oblag lediglich die Verhandlungsleitung und Verkündung des Urteils, das von der Geschworenenbank gefällt wurde.[17] Die Geschworenen hatten allerdings keine Begründung des Votums abzugeben.[18]

III. Nachklassische Periode

Parteilichkeit und **Willkür**, Missbrauch und Bestechlichkeit führten allmählich zur **Rückkehr fester Beweisregeln.**[19] Im Gegensatz zur freien Beweiswürdigung wurde von Konstantin 334 n. Chr. bindend festgelegt, dass lediglich **ein Zeuge kein ausreichendes Beweismittel** ist („unus testis nullus testis").[20] Dementsprechend war für die Beweisführung ein gewisses **Quorum von Zeugen** nötig (mindestens zwei, maximal fünf). Die Erfüllung des Quorums war jedoch nur eine notwendige, keine hinreichende Bedingung der Beweisführung. Der Richter war nach wie vor noch frei, die Aussage und Glaubwürdigkeit der Zeugen zu würdigen.[21] Die Urteile im Zivilprozess (Kognitionsprozess) sprachen Magistrate oder kaiserliche Beamte.[22] Die Freiheit des Richters wurde zudem (nach und nach) dergestalt eingeschränkt, dass Zulässigkeit und Beweiswert einzelner Beweismittel geregelt wurden. Wurde einer Partei durch den Richter der **Eid** auferlegt oder auf Antrag der einen Partei mit Zustimmung des Richters zugeschoben oder zurückgeschoben, so **galt** das **Beweisthema** als **bewiesen**, wenn der Eid geleistet war.[23] Der Urkundenbeweis hatte höheren Wert als der Zeugenbeweis, d.h., bei Echtheit der Urkunde war widersprechender Zeugenbeweis unbeachtlich.[24] Misslang der Echtheitsbeweis der Urkunde, so hatte der Zeugenbeweis wieder höheres Gewicht.[25] Auch in der nachklassischen Periode gab es hinsichtlich der Beweiswürdigung noch keinen gravierenden Unterschied zum Zivilprozess. Das mag daran liegen, dass der Zivilprozess die Rechtsbeziehungen untereinander wesentlich mehr bestimmte als der Strafprozess, da viele Delikte vor den Zivilgerichten mit dem Ziel der Sühne in Geld oder Überstellung des Täters zur persönlichen Rache geführt werden mussten.[26] 4

16 Vgl. Walter, Freie Beweiswürdigung, S. 20 f.

17 Vgl. Walter, Freie Beweiswürdigung, S. 19 m.w.N.

18 Vgl. Walter, Freie Beweiswürdigung, S. 21 Fn 114.

19 Vgl. Bender, Merkmalskombinationen in Aussagen, S. 13.

20 Vgl. Walter, Freie Beweiswürdigung, S. 15, strittig ist, ob diese Regel auch im Strafverfahren galt, vgl. Simon, Untersuchungen zum Justinianischen Zivilprozess, S. 251 Fn 25.

21 Vgl. Simon, Untersuchungen zum Justinianischen Zivilprozess, S. 254.

22 Vgl. Kaser, Das römische Zivilprozessrecht, S. 339.

23 Vgl. Kaser, Das römische Zivilprozessrecht, S. 489, vgl. auch Wenger, Institutionen des römischen Zivilprozessrechts, S. 288.

24 Vgl. Simon, Untersuchungen zum Justinianischen Zivilprozess, S. 269.

25 Vgl. Simon, Untersuchungen zum Justinianischen Zivilprozess, S. 269.

26 Vgl. Walter, Freie Beweiswürdigung, S. 18.

5 Es herrschte in **nachklassischer Zeit** im Zivil- und Strafprozess zwar **keine freie Beweiswürdigung** mehr, von einer **legalen Beweistheorie** kann aber **noch nicht** gesprochen werden.

B. Der italienisch-kanonische Prozess

6 Um 400 n. Chr. war Rom bereits eine christliche Stadt und es entwickelte sich auf der Grundlage der von kirchlichen Organen erlassenen Gesetze eine eigene Jurisdiktion der Kirche.[27] Ihr unterfielen in personaler Hinsicht die Kleriker und in sachlicher Hinsicht die Taten mit geistlichem Bezug (z.B. Ehebruch oder Meineid in Strafsachen oder Ehestreitigkeiten in Zivilsachen).[28] Die Abgrenzung der weltlichen von der geistlichen Gerichtsbarkeit erfolgte weniger durch feste Rechtssätze, sondern mehr durch die jeweiligen Machtverhältnisse. Diesen Machtverhältnissen entsprechend erfolgte eine Ausdehnung der kirchlichen Zuständigkeiten und Einflussnahme auf die weltlichen Verfahrensgestaltungen. Nachdem die Langobarden in Oberitalien (Eroberung der Lombardei 568) durch ihre germanischen Einflüsse einen weltlichen germanisch-romanischen Mischprozess eingeführt hatten, entwickelte sich so der **italienisch-kanonische Prozess**, der aus germanischen, romanischen und kanonischen Elementen bestand.[29] Dieser war bemüht, den Prozessstoff durch Durchnormierung (**legale Beweistheorie**) schrittweise zu bewältigen und logische Irrtümer zu vermeiden.[30] Der Strafprozess unterschied sich nicht grundlegend von dem Zivilprozess, sondern lehnte sich an diesen an. Ein wesentlicher Unterschied bestand darin, dass in Zivilsachen die Folter gegenüber Zeugen nicht statthaft war, wohl aber in Strafsachen.[31] Zur **vollen Beweisführung** waren stets die übereinstimmenden Aussagen **zweier beeideter volltauglicher Zeugen** (oder zweier Sachverständiger[32]) nötig.[33] Zum Zeugnis unfähig waren aber diejenigen (testes suspecti), die zu den Parteien oder zur Sache in einer Beziehung standen und (abstrakt) deren Unvoreingenommenheit nicht gewährleistet (z.B. Ehegatten, Verwandte, abhängige Hausgenossen und im Strafprozess zusätzlich ernstliche Feinde)

27 Vgl. Bender, Merkmalskombinationen in Aussagen, S. 14.

28 Vgl. Walter, Freie Beweiswürdigung, S. 22 f.

29 Vgl. Walter, Freie Beweiswürdigung, S. 23.

30 Vgl. Walter, Freie Beweiswürdigung, S. 24.

31 Vgl. Jacobi, Der Prozess im Decretum Gratiani und bei den ältesten Dekretisten SZ (kann. Abt.) 34, (1913), S. 304, zitiert nach Walter, Freie Beweiswürdigung, S. 29 Fn 58.

32 Vgl. München, Das kanonische Gerichtsverfahren und Strafrecht, Bd. I zitiert nach Walter, Freie Beweiswürdigung, S. 31 Fn 75.

33 Vgl. Jacobi, Der Prozess im Decretum Gratiani und bei den ältesten Dekretisten SZ (kann. Abt.) 34, (1913), S. 306, zitiert nach Walter, Freie Beweiswürdigung, S. 30 Fn 64.

war.[34] Öffentliche Urkunden erbrachten vollen Beweis, nicht jedoch Privaturkunden.[35] War ein Gegenstand ein Notorium, so erübrigte sich jede Beweisführung und musste als rechtlich gewiss betrachtet werden. Zwar fehlen auch heute noch Definitionen, die das Notorium näher eingrenzen, jedoch führte der richterliche Augenschein zum Notorium, ebenso wie ein Geständnis. Im Strafprozess konnten bestimmte Strafen nur auf ein Geständnis hin verhängt werden, das notfalls unter Folter erzielt werden konnte. Zwar sollte die Folter nur bei Indizien anwendbar sein und das Geständnis in freiem Zustand wiederholt werden müssen, gleichwohl ließ sich Missbrauch nicht verhindern.[36] Ebensowenig konnte angezweifelt werden, dass jemand ein Delikt begangen hatte, sofern in einem Gerichtsverfahren Beweis erbracht oder durch richterliches Urteil so erkannt worden war.[37] Das **wesentliche Anliegen** dieser Epoche war, die **Beweiswürdigung** der **Subjektivität** und **Willkür** des Richters **zu entziehen**. Das geschah dadurch, dass der **Beweiswert** einzelner Indizien **festgelegt** wurde. Dieser Beweiswert ergab sich v.a. aus den sog. Praesumtiones, d.h. angeblichen Gesetzmäßigkeiten und Erfahrungssätzen, z.B. dass jemand mehr um seine eigenen Angelegenheiten besorgt ist als um fremde. Die Praesumtiones ähnelten somit dem heutigen Anscheinsbeweis, wurden aber teilweise inflationär gehandhabt.[38] Diese Praesumtiones konnten widerlegbare oder unwiderlegbare Vermutungen nach sich ziehen oder auch nur einen Teil des vollen Beweises erbringen. War nur ein Teil des vollen Beweises erbracht, wurde bestimmt, wie der zum vollen Beweis fehlende Teil aufgefüllt werden konnte. Bei sich widersprechenden Zeugenaussagen wurde die Empfehlung gegeben, der Aussage in folgender Reihenfolge zu glauben: „dem Älteren [mehr] als dem Jüngeren, dem Höheren [mehr] als dem Niedrigen, dem Adligen [mehr] als dem Nichtadligen, dem Mann [mehr] als der Frau, dem Wahrheitsliebenden [mehr] als dem Lügenhaften, dem Reichen [mehr] als dem Armen“.[39] Waren die **Beweismittel erschöpft**, spielte der **Eid** die entscheidende Rolle. D.h., nach dem Ermessen des Richters konnte sich eine Partei von dem Verdacht durch Eid reinigen oder die andere Partei konnte durch Eid den geforderten Beweis erbringen.[40] Straf- und Zivilprozess differierten im Bereich der Beweismittel und Beweiswürdigung nur gering voneinander.[41]

34 Vgl. Jacobi, Der Prozess im Decretum Gratiani und bei den ältesten Dekretisten SZ (kann. Abt.) 34, (1913), S. 302, zitiert nach Walter, Freie Beweiswürdigung, S. 30 Fn 72.

35 Vgl. Walter, Freie Beweiswürdigung, S. 31.

36 Vgl. Walter, Freie Beweiswürdigung, S. 33.

37 Vgl. Walter, Freie Beweiswürdigung, S. 32 m.w.N.

38 Vgl. Walter, Freie Beweiswürdigung, S. 34 f. m.w.N.

39 Walter, Freie Beweiswürdigung, S. 38.

40 Vgl. Walter, Freie Beweiswürdigung, S. 36.

41 Vgl. Walter, Freie Beweiswürdigung, S. 29.

C. Der gemeine deutsche Prozess

I. Zum Zivilprozess

7 Im 14. und 15. Jahrhundert wurde der **römisch-kanonische Prozess** in Deutschland für den Zivilprozess eingeführt. 1495 bestimmte die Kammergerichtsordnung (KGO), dass das RG nach gemeinem (d.h. römisch-kanonischen) Recht zu entscheiden habe. Auch in den Landesgesetzen setzte sich das römisch-kanonische Beweisrecht durch. Landesprozesse und Reichsprozesse bestanden zwar formal nebeneinander, wurden aber derart ähnlich, dass für beide von dem „**gemeinen Prozess**" gesprochen werden kann. Bis gegen Ende des 18. Jahrhunderts war die Existenz **legaler Beweistheorien** eine **Selbstverständlichkeit**.[42] Die mathematische Fixierung von vollem, halbem, viertel usw. Beweis wurde – als der natürlichen Logik widersprechend – aufgegeben und stattdessen von vollständigem bzw. unvollständigem Beweis gesprochen. Die Beweistheorien gaben nicht nur an, wann ein voller Beweis geführt wurde, sondern auch, mit welchen Beweismitteln ein noch nicht voller Beweis (unvollständiger Beweis) zum vollen aufgefüllt werden konnte. War der **Beweis unvollständig**, so konnte er durch **Eid** zum vollen aufgefüllt werden. Dem Ermessen des Richters oblag es dann, entweder dem Beklagten den Reinigungseid (sich durch Eid von dem Vorwurf zu reinigen) oder dem Kläger den Erfüllungseid (durch Eid die Behauptung zu erfüllen) aufzuerlegen. Auch bei den Vermutungen (Praesumtiones, s.o. § 2 Rdn 6) setzte sich die Erkenntnis durch, dass eine Vermutung nie vollen Beweis erbringen konnte. Daher dürfte auch der Anscheinsbeweis des heutigen Rechts zutreffend eine Beweismaßreduzierung sein. Können aber Vermutungen und damit auch die Summe von Vermutungen nie logisch vollen Beweis erbringen, so war damit wieder das Ermessen des Richters gefordert zu entscheiden, ob durch den Beweis mittels Schlussfolgerung voller oder unvollständiger Beweis geführt wurde. D.h., seit Ende des 18. Jahrhunderts versuchte die **Prozessrechtswissenschaft, legale Beweistheorien** mehr und mehr **zurückzudrängen** und stattdessen das an die Regeln der Logik und Erfahrung gebundene **Ermessen des Richters** zu setzen.[43]

II. Zum Strafprozess

8 Der **Inquisitionsprozess** des 14. und 15. Jahrhunderts entwickelte sich zu einem reinen **Willkürverfahren**, in dem der Richter die Strafverfolgung, Anklageerhebung, Ermittlung und Verurteilung übernahm. In diesem System gab es **kein offizielles Beweissystem**. D.h., es galt die **freie Beweiswürdigung** und die Wahrheitsermittlung stand offiziell im Vordergrund. Dementsprechend ging das Bestreben des Richters dahin, ein Geständnis zu erhalten. Auch wenn das Geständnis theoretisch

42 Vgl. Walter, Freie Beweiswürdigung, S. 76 m.w.N.

43 Vgl. Walter, Freie Beweiswürdigung, S. 79–81.

auf seine Glaubwürdigkeit untersucht werden sollte, erfolgte dies in der Praxis nicht. Mehr noch: Durch die Anwendung der Folter konnte nahezu jedes Geständnis erzielt werden, sodass das Bestreben nach Wahrheitsermittlung ad absurdum geführt wurde.[44] Auch im Strafverfahren setzte sich romanisch-kanonisches Recht durch, d.h., dieses wurde für den deutschen Strafprozess übernommen (rezipiert). Tatsächlich handelte es sich aber weniger um eine Rechtsübernahme, sondern um eine Rechtsweiterentwicklung. Hierauf beruht die Constitutio Criminalis Carolina (CCC) oder Peinliche Gerichtsordnung Kaiser Karls V. (PGO) von 1532. Anlass dieser Kodifikation waren die **zahlreichen Klagen über Willkür**.[45] Dementsprechend war die **Verurteilung** an **gesetzliche Beweisregeln** gebunden und setzte zwei volltaugliche Zeugen (Art. 67) oder ein Geständnis (Art. 22) voraus. Keine volltauglichen Zeugen waren „,unbekannte Zeugen' (Art. 63), ,belohnte Zeugen' (Art. 64), Zeugen, die ,von Fremdem hören sagen würden' (Art. 65).“[46] Das **Hauptziel** des Verfahrens war somit das **Geständnis**, das immer noch **durch Folter** erzielt werden konnte. Die Zulässigkeit der Folter setzte jedoch derart schwere Indizien voraus, dass der Betroffene nach heutigem Recht ohnehin als überführt gegolten hätte (Art. 23, 24 CCC und Beobachtung durch einen Zeugen). Gleichwohl wurden die Voraussetzungen der Folter oft nicht eingehalten. Die Richter und Schöffen waren nicht zwingend Juristen, daher kannten sie oft die in der PGO enthaltenen Verweise auf „kayserliche Rechte“ nicht, sodass in schwierigen oder zweifelhaften Fällen die Akten an einen Oberhof oder eine juristische Fakultät zur Gutachtenerstellung versandt werden mussten, das dann nach Rückkunft als Urteil verlesen wurde. Aus der PGO entwickelte sich der **gemeine deutsche Strafprozess**, der in den Gesetzen Österreichs (1803), Preußens (1805) und Bayerns (1813) kodifiziert wurde und in dem **strenge Beweisregeln** beibehalten wurden. Gelang der Vollbeweis jedoch nicht, verblieben Zweifel an der Unschuld, so konnte bei hochwahrscheinlicher Schuld (lediglich das Geständnis fehlte) eine mildere Strafe als sog. **Verdachtsstrafe** oder ein **Freispruch unter Vorbehalt** jederzeitiger erneuter Anklage erfolgen.[47] Die Zulässigkeit der Verdachtsstrafe war hoch umstritten und führte dazu, dass die legale Beweistheorie ad absurdum geführt wurde: „Der Richter darf nach der Beweistheorie nur dasjenige als gewiss ansehen was durch die vom Gesetz bezeichneten Beweismittel hergestellt ist. [...] Der Gesetzgeber erklärt, dass er einem Zeugen nicht traue, und fordert zwei Zeugen; mit einem Federstrich aber zerstört er, durch Zulassung der Verdachtsstrafe, dieses Gebäude und vernichtet die Grundsätze, von denen er ausging.“[48] Das unleugbare und gegen die legale Beweis-

44 Vgl. Schmidt, Grundsätze der freien richterlichen Beweiswürdigung im Strafprozess, S. 22.

45 Vgl. Roxin, Strafverfahrensrecht, 21. Aufl., S. 425.

46 Sarstedt, Beweisregeln im Strafprozess, Berliner Festschrift für Ernst E. Hirsch, S. 171.

47 Vgl. Roxin, Strafverfahrensrecht, 21. Aufl., S. 426 f.

48 Mittermaier, Die Lehre vom Beweis im deutschen Strafprozesse nach der Fortbildung durch Gerichtsgebrauch und deutsche Gesetzbücher in Vergleichung mit den Ansichten des englischen und französischen Strafverfahrens, S. 495 f., zitiert nach Walter, Freie Beweiswürdigung, S. 63 Fn 15.

theorie gerichtete Bedürfnis der Verdachtsstrafe war, auch diejenigen zu verurteilen, die man nach bestem Wissen und Gewissen für schuldig hielt, aber den Beweis nicht mit den erforderlichen Beweismitteln führen konnte. Umgekehrt wurde gegen die legale Beweistheorie eingewandt, dass diese auch dann zu einer Verurteilung führen müsse, obwohl zwar das erforderliche Beweismittel (z.B. zwei Zeugen) vorliegen würde, aber gleichwohl Zweifel an der Schuld verblieben. Dadurch entwickelt sich die **negative Beweistheorie**, der zufolge eine Verurteilung nur dann erfolgen könne, wenn **die Bedingungen erfüllt** seien und **zusätzlich** die **persönliche Gewissheit des Richters** vorliege. Die negative Beweistheorie diente folglich dem Schutz des Angeklagten.[49] Der Italiener Filangieri entwickelte diese Theorie, da seiner Meinung nach einerseits der Angeklagte vor der Subjektivität des Richters geschützt werden müsse, andererseits aber für eine Verurteilung auch eine moralische Gewissheit notwendig sei. Es sei „unumgänglich notwendig, dass die Gesetzgebungskunst ein Mäßigungsmittel für diese Autorität erfinde, das diesen so gefährlichen Unordnungen vorzubeugen im Stande ist. Dasjenige, was ich vorschlage, scheint mir das einfachste: Es besteht darin, die moralische Gewissheit des Richters mit der vom Gesetzgeber vorgeschriebenen Norm, nämlich mit dem gesetzlichen Kriterium zu vereinbaren."[50] Gegen die negative Beweistheorie wurde eingewandt, dass es nicht zu einer Verurteilung kommen könne, wenn zwar volle subjektive Gewissheit des Richters vorliege, aber gleichwohl das erforderliche, vorgegebene Beweismaß nicht erreicht sei. Weiter wurde eingewandt, dass die Theorie in sich unschlüssig sei, da einerseits ein vermeintlich richtiges Beweismaß vorgegeben, aber andererseits der Richter zum Misstrauen in dieses Beweismaß angehalten wurde.[51]

D. Der reformierte Prozess

9 Montesquieu hatte in Frankreich **englische Prozesse** als **Vorbilder** gepriesen, bei denen eine zwölfköpfige **Jury** zu entscheiden hatte, ob die Tat bewiesen war. Das wurde in Frankreich im Zuge der Revolution (1789) übernommen, um so die „schreckliche richterliche Gewalt" zu beseitigen.[52] Obwohl Robespierre sich für die negative Beweistheorie einsetzte, „man muss das Vertrauen, das man den legalen Beweisen schuldet, mit dem vereinigen, das die intime Überzeugung des Richters verdient",[53] wurde dies abgelehnt, da man dann schlechte Richter statt gute Geschworene schaffen würde. Mangels Rechtskenntnissen wurden **gesetzliche Be-**

49 Vgl. Walter, Freie Beweiswürdigung, S. 65.

50 Filangieri, System der Gesetzgebung, Deutsche Übersetzung, Dritter Bd., S. 272, zitiert nach Walter, Freie Beweiswürdigung, S. 66.

51 Vgl. Schmidt, Grundsätze der freien richterlichen Beweiswürdigung im Strafprozess, S. 52.

52 Vgl. Küper, Die Richteridee der Strafprozessordnung und ihre geschichtlichen Grundlagen, S. 44 ff. u. 169 ff.

53 Nobili, Il Principio del libero convincimento del giudice, zitiert nach Walter, Freie Beweiswürdigung, S. 68 Fn 44.

weisregeln als **unvereinbar** mit dem **Geschworenenprinzip** verstanden.[54] Dementsprechend hatten die Geschworenen in Frankreich nur nach ihrer „intime conviction“ zu entscheiden. Bei den **Geschworenen** glaubte man die **Unvoreingenommenheit** vorfinden zu können, die rechtsgelehrten Richtern im Inquisitionsprozess fehlte.[55] In Deutschland war bis in die dreißiger Jahre des 19. Jahrhunderts **völlig unbestritten**, dass man **beamteten Richtern** zur Vermeidung von Willkür **nicht gestatten** könne, nur **nach ihrer freien Überzeugung** zu entscheiden, sondern allenfalls Geschworenen.[56] V.a. Feuerbach polemisierte gegen die freie Beweiswürdigung, auch für den Fall, dass die freie Überzeugung im Urteil begründet werden musste, da die Entscheidungsgründe aus der Luft gegriffen und je nach Bedarf zurechtgemacht werden würden.[57] Dementsprechend stellte sich primär nicht die Frage, ob die freie Beweiswürdigung auch in Deutschland einzuführen sei, sondern ob Schwurgerichte eingeführt werden sollten.[58] Die freie Beweiswürdigung setzte sich dann v.a. aufgrund der Ausführungen von Savignys durch: „So wird hierbei keineswegs davon ausgegangen, dass den Richtern gleich Geschworenen die Entscheidung über Schuld und Nichtschuld ohne eine äußere Rechenschaft und ohne Verantwortlichkeit nach bloß individueller Überzeugung überlassen werden soll, im Gegenteil wird dabei die Motivierung des Erkenntnisses durch Entscheidungsgründe und die Prüfung durch den Appellationsrichter als wesentlich und unerlässlich recht eigentlich vorausgesetzt.“[59] Weiter wurde davon ausgegangen, dass die **freie Überzeugung** kein schlichtes Meinen sei, sondern sich **rational** durch **Abwägen** der erheblichen Punkte **gewinnen ließe**. „Sie [die freie Überzeugung als Ergebnis der freien Beweiswürdigung] kann namentlich nicht in der Überzeugung selbst liegen, sonst hätte der Mensch bei sich und bei Andern nur zu untersuchen, ob er oder ob der Andere überzeugt sei [...]. Das Prüfen und Abwägen dieser Gründe ist aber ein Geschäft des Verstandes.“[60] „Wir glauben, Wahrheit gefunden zu haben, wenn wir unsere Vorstellungen von dem in Frage stehenden Gegenstande übereinstimmend mit dem Gegenstande ansehen [...] in der Wahrheit [liegt] selbst eine Kraft, mit welcher sie einen notwendigen Eindruck auf alle Menschen macht, und daß es gewisse Wege der Erforschung gibt, welche auf jeden Menschen den nämlichen Eindruck

54 Vgl. cc, iS. 23, 27.

55 Vgl. Küper, Historische Bemerkungen zu „Freien Beweiswürdigung“ im Strafprozess, in Festschrift für Karl Peters, S. 23, 26.

56 Vgl. Küper, Historische Bemerkungen zu „Freien Beweiswürdigung“ im Strafprozess, in Festschrift für Karl Peters, S. 23, 31.

57 Vgl. Schwinge, Der Kampf um die Schwurgerichte bis zur Frankfurter Nationalversammlung, S. 85.

58 Vgl. Walter, Freie Beweiswürdigung, S. 69.

59 Von Savigny, Über Schwurgerichte und Beweistheorie im Strafprozesse, GA 1958, S. 469, 485, zitiert nach Walter, Freie Beweiswürdigung, S. 73.

60 Jarcke, Bemerkungen über die Lehre vom unvollständigen Beweis, vornehmlich in Bezug auf die außerordentlichen Straftaten, Neues Archiv des Criminalrechts, 8. Bd. (1826), S. 100 f., zitiert nach Walter, Freie Beweiswürdigung, S. 72 Fn 68, 69.

machen und ihm gleichsam unwiderstehlich die Überzeugung aufdrängen, dass eine gewisse Tatsache wahr sei."[61] Insgesamt erfolgte eine Anerkennung der **subjektiven Überzeugungsbildung** als eines **rationalen Denkvorgangs**, der auch bei den Geschworenen Fuß gefasst hatte, sodass die zwangsläufige Verbindung der freien Beweiswürdigung mit Geschworenengerichten gelockert wurde.[62] Auch **freie Beweiswürdigung** sollte **nicht** dem **Belieben** des jeweiligen **Richters** überlassen werden.[63]

10 Die Verordnung vom 17.7.1846 für das KG und Kriminalgericht zu Berlin mit ihrer Postulierung der freien Beweiswürdigung wurde bald Allgemeingut in allen Ländern:

> *„Die bestehenden gesetzlichen Vorschriften über das Verfahren bei der Aufnahme der Beweise, insbesondere auch darüber, welche Personen als Zeugen vernommen und vereidet werden dürfen, bleiben ferner maßgebend. Dagegen treten die bisherigen positiven Regeln über die Wirkung der Beweise außer Anwendung. Der erkennende Richter hat fortan unter genauer Prüfung aller Beweise für die Anklage und Verteidigung nach seiner freien, aus dem Inbegriff der vor ihm erfolgten Verhandlung geschöpften Überzeugung zu entscheiden, ob der Angeklagte schuldig oder nicht schuldig sei. Er ist aber verpflichtet, die Gründe, welche ihn dabei geleitet haben, in dem Urteile anzugeben."*[64]

11 Der Grundsatz der **freien Beweiswürdigung** galt nunmehr **für beamtete Richter**, noch **bevor** das **Geschworenengericht** in die preußische Gerichtsverfassung eingeführt wurde (1849).[65]

12 Aufgrund der Umwälzungen im Strafverfahren erfolgte dann in dritter Lesung am 21.12.1876 der § **259 der Civilprozeßordnung** mit folgendem Wortlaut: „Das Gericht hat unter Berücksichtigung des gesamten Inhalts der Verhandlung und des Ergebnisses einer etwaigen Beweisaufnahme nach freier Überzeugung zu entscheiden, ob eine tatsächliche Behauptung für wahr oder nicht wahr zu erachten sei. In dem Urteil sind die Gründe anzugeben, welche für die richterliche Überzeugung leitend gewesen sind."[66] Am 1.2.1877 wurde auch im Strafprozess Rechtseinheit hergestellt

61 Mittermaier, Die Lehre vom Beweis im deutschen Strafprozesse nach der Fortbildung durch Gerichtsgebrauch und deutsche Gesetzbücher in Vergleichung mit den Ansichten des englischen und französischen Strafverfahrens, S. 65 f., zitiert nach Walter, Freie Beweiswürdigung, S. 73 Fn 73, 74.

62 Vgl. Schmidt, Grundsätze der freien richterlichen Beweiswürdigung im Strafprozess, S. 52.

63 Vgl. Geerds, Revision bei Verstoß gegen Denkgesetze oder Erfahrungssätze? In Festschrift für Karl Peters, S. 267, 274 m.w.N.

64 Walter, Freie Beweiswürdigung, S. 74.

65 Vgl. Küper, Historische Bemerkungen zu „Freien Beweiswürdigung" im Strafprozess, in Festschrift für Karl Peters, S. 23, 32; vgl. auch Schmidt, Grundsätze der freien richterlichen Beweiswürdigung im Strafprozess, S. 55.

66 Walter, Freie Beweiswürdigung, S. 84.

und die neue Reichsstrafprozessordnung verkündet, die am 1.10.1879 in Kraft trat. Der dortige § **260 RStPO** lautete:

> *„Über das Ergebnis der Beweisaufnahme entscheidet das Gericht nach seiner freien, aus dem Inbegriff der Verhandlung geschöpften Überzeugung.“*[67]

Verwunderlich ist, wie schnell auch **in Deutschland Richtern** die Möglichkeit der **freien Beweiswürdigung** in § 259 Civilprozeßordnung bzw. in der Verordnung vom 17.7.1846 und § 260 RStPO **eingeräumt** wurde, obwohl man dies ohne Machtmissbrauch **einige Jahre zuvor allenfalls Geschworenen** zutraute. Teilweise wurde dies als politisch motivierte Übernahme französischen Rechts zu erklären versucht.[68] Tatsächlich dürfte dies jedoch durch eine andere Auslegung des Begriffs „freie Beweiswürdigung“ zu erklären sein. Mit dem **damaligen Verständnis** des Begriffs „freie Beweiswürdigung“ habe der **Gesetzgeber** einen „**Mittelweg**“ zwischen **legaler Beweistheorie** und Geschworenengerichten mit **intime conviction** eingeschlagen.[69] Jarcke hatte 1825 darauf hingewiesen, dass Wahrheit im Anschluss an Kant in der Übereinstimmung des urteilenden Subjekts mit dem erkannten Objekt liege. Nach Jarcke liege die prozessuale Wahrheit weder in der Sache selbst noch in der Überzeugung des urteilenden Subjekts allein. Eine Garantie, dass das Fürwahrhalten mit der Wahrheit übereinstimme, könnten nur die Gründe liefern, die eine Frage der Logik und der richtigen Schlussfolgerung, folglich ein Geschäft der Reflexion und des Verstandes seien. Dieses geistige Geschäft der Reflexion und Schlussfolgerung könne daher bei Geschworenen kein anderes als bei beamteten Richtern sein.[70] 13

Dieser Lehre schloss sich sodann Mittermaier 1834 an, dem zufolge Überzeugung nur dann vorliegen könne, wenn diese auf völlig befriedigenden Gründen beruhe, deren wir uns bewusst seien.[71] Dementsprechend wurde es damals als **Irrtum** verstanden, wenn **Geschworene nach** einem **Totaleindruck** ohne klare Vorstellungen **urteilen** würden.[72] Damit hatte die Schwurgerichtsidee den irrationalen Einschlag des Totaleindrucks verloren, sodass eine Übertragung der so verstandenen freien Beweiswürdigung auf rechtsgelehrte Richter denkbar erschien.[73] Andererseits änderte sich auch das Verständnis der gesetzlichen Beweistheorie. Nachdem Wahrheit

67 Vgl. Schmidt, Grundsätze der freien richterlichen Beweiswürdigung im Strafprozess, S. 56.

68 Vgl. Küper, Historische Bemerkungen zu „Freien Beweiswürdigung“ im Strafprozess, in Festschrift für Karl Peters, S. 23, 32.

69 Vgl. Küper, Historische Bemerkungen zu „Freien Beweiswürdigung“ im Strafprozess, in Festschrift für Karl Peters, S. 23, 33 m.w.N.

70 Vgl. Jarcke, Bemerkungen über die Lehre vom unvollständigen Beweis, vornehmlich in Bezug auf die außerordentlichen Straftaten, Neues Archiv des Criminalrechts, 8. Bd, S. 97 ff.

71 Vgl. Mittermaier, Die Lehre vom Beweis im deutschen Strafprozess, S. 63 ff., 69 ff.

72 Vgl. Küper, Historische Bemerkungen zu „Freien Beweiswürdigung“ im Strafprozess, in Festschrift für Karl Peters, S. 23, 35 m.w.N.

73 Vgl. Küper, Historische Bemerkungen zu „Freien Beweiswürdigung“ im Strafprozess, in Festschrift für Karl Peters, S. 23, 36.

in der Übereinstimmung des urteilenden Subjekts mit dem zu beurteilenden Objekt liege, könne auf die Überzeugung des Subjekts nicht verzichtet werden. **Gesetzliche Beweisregeln** seien nur ins positive Recht projizierte Denkgesetze als innere Maßstäbe zuverlässiger Überzeugung und **jeder** sachgemäßen **Überzeugungsbildung immanent**. Zudem sei der Mensch verpflichtet, die Wahrheit anzunehmen, wo hinreichende Erkenntnisgründe vorhanden sind, dass die erlangte Kenntnis mit der Wahrheit übereinstimme.[74] D.h., der **Erfahrungsgehalt**, der den gesetzlichen Beweisregeln zugrunde lag, wurde als das aufgefasst, was jeder besonnene und gewissenhafte Richter ohnehin beachten würde.[75] Aus den Materialien zur CPO kann man Folgendes entnehmen:

> *„Diese sehr freie Stellung kann dem deutschen Richter im Vertrauen auf dessen Bildung, Integrität und unabhängige Stellung unbedenklich gewährt werden. Um eine sorgfältige Abwägung der Gründe, welche für die Überzeugung des Richters leitend sind, zu sichern, ist angeordnet, dass in dem Urteil diese Gründe anzugeben seien [...] übrigens darf [...] nicht übersehen werden, dass mit der Verwerfung einer gesetzlichen Beweisregel die Regel selbst noch nicht beseitigt, sondern nur in ihrer rechtlichen Bedeutung verändert wird, indem die [vormaligen] gesetzlichen Vorschriften den Charakter goldener Erfahrungssätze annehmen."*[76]

14 Damit näherte sich die gesetzliche Beweistheorie der **negativen Beweistheorie** von Filangieri (s.o. § 2 Rdn 8) an. Beweisregeln geben dem Richter Erfahrungssätze vor, die er ohnehin beachtet, aber gleichwohl ist er nicht zur Verurteilung verpflichtet, wenn er nicht vom Sachverhalt überzeugt ist und begründbare Zweifel hat. Die Schwäche der negativen Beweistheorie wurde überwunden, denn nunmehr konnte der Richter auch dann verurteilen, wenn der Tatnachweis nach Reflexion und Schlussfolgerung offensichtlich war, aber eine solche Beweisregel aufgrund der Vielschichtigkeit des menschlichen Lebens noch nicht positiv ausformuliert wurde. Durch diese Ausrichtung auf die persönliche Überzeugung war das **Prinzip** der **freien Beweiswürdigung** der **gesetzlichen Beweistheorie angenähert**, sodass **kein struktureller Gegensatz**, sondern nur noch ein **Gradunterschied** empfunden wurde.[77] D.h., die **freie Beweiswürdigung** wurde schlussendlich so interpretiert, dass es auf die persönliche Überzeugung ankam, diese jedoch trotz Befreiung von gesetzlichen Beweisregeln ein **Produkt der Reflexion** und keine Freiheit von intersubjekti-

74 Vgl. Küper, Historische Bemerkungen zu „Freien Beweiswürdigung" im Strafprozess, in Festschrift für Karl Peters, S. 23, 37.

75 Vgl. Küper, Historische Bemerkungen zu „Freien Beweiswürdigung" im Strafprozess, in Festschrift für Karl Peters, S. 23, 38.

76 Hahn, Materialien zur CPO, S. 275 f.

77 Vgl. Küper, Historische Bemerkungen zu „Freien Beweiswürdigung" im Strafprozess, in Festschrift für Karl Peters, S. 23, 39 ff. m.w.N.

ven Regeln des Denkens und der Erfahrung war. Die **positiven Beweisregeln** hatte jeder besonnene Richter immanent (ohnehin) mit zu berücksichtigen.

Hinweis 15

Wenn gesetzlichen Beweisregeln heute kritisch gegenübergestanden wird, ist das nur bedingt richtig. „Bei der Abwertung gesetzlicher Beweisregeln wird verkannt, dass es sich bei ihnen nicht um willkürliche Regelungen handelt, sondern um die Ergebnisse psychologischer Einsichten von Jahrhunderten."[78] Der Wert von früheren Beweisregeln sollte daher nicht unterschätzt werden.[79]

Die wesentlichen Garantien der **Zuverlässigkeit** der Beweiswürdigung wurden in dem Institut der Entscheidungsgründe und der Überprüfung des Urteils durch ein **Rechtsmittel** gesehen. Bemerkenswert bleibt dann lediglich, weshalb diese Garantien so schwach ausgeprägt waren und eine genaue Erörterung der Beweiswürdigung und ihrer Grundlagen nicht ausdrücklich vorgeschrieben wurde (vgl. § 267 StPO) und ein durchgehend auf die Tatfrage bezogenes Überprüfungssystem fehlte.[80] Aus **heutiger Sicht** wurde „der Wille zur Wahrheit", „der logische Geist" und „die Lebenserfahrung" des Tatrichters offensichtlich mit **zu großem Optimismus** versehen.[81] 16

E. Der germanisch-altdeutsche Prozess

Der gemeine Prozess entwickelte sich ab dem 14. bzw. 15. Jahrhundert durch die Aufnahme des römisch-kanonischen Rechts. Bis zu diesem Zeitpunkt haben sich germanische Grundsätze entwickelt. Bis zum Mittelalter gab es kein allgemein gültiges Strafverfahrensrecht. Entgegen der römischen Auffassung, wo im Zivilprozess schlichtes Leugnen des Klageanspruchs und Beweisfälligkeit für den Beklagten ausreichte, verstanden die **Germanen** die Klage als einen Vorwurf und damit als eine persönliche Beschuldigung gegen den Beklagten, von der er sich reinigen musste. Hierfür standen dem Beklagten der **Eid**, das **Gottesurteil** und der **Zweikampf** zur Verfügung.[82] **Zufallszeugen**, die eigene sinnliche Wahrnehmungen machen sollten, waren ursprünglich völlig unbekannt.[83] Erst im Hoch- und Spätmittelalter konnten „Schreimannen" über eigene Wahrnehmungen bekunden und es bestand die Mög- 17

78 Schneider, Beweislast und Beweiswürdigung im Zivilprozess, DRiZ 1966, S. 281, 285.

79 Vgl. Schneider, Beweislast und Beweiswürdigung im Zivilprozess, DRiZ 1966, S. 281, 285 m.w.N.

80 Vgl. Küper, Historische Bemerkungen zu „Freien Beweiswürdigung" im Strafprozess, in Festschrift für Karl Peters, S. 23, 44.

81 Vgl. Küper, Historische Bemerkungen zu „Freien Beweiswürdigung" im Strafprozess, in Festschrift für Karl Peters, S. 23, 46 m.w.N.

82 Vgl. Walter, Freie Beweiswürdigung, S. 43 f.

83 Vgl. Schmidt, Grundsätze der freien richterlichen Beweiswürdigung im Strafprozess, S. 11 f. m.w.N.

lichkeit der Einführung von Alibizeugen.[84] Dem Sinne nach war der **Eid eine Selbstverfluchung** für den Fall, dass die **im Eid bekundeten Tatsachen nicht der Wahrheit entsprächen**.[85] **Oft** wurde verlangt, dass der Eid durch **Eideshelfer verstärkt** wurde. Diese Eideshelfer waren meist Sippengenossen und beeideten nicht das Beweisthema, sondern ihre Überzeugung von dem Charakter der Partei, d.h., ob deren Eid „rein" sei. Das Institut des Eides dürfte in der damaligen Zeit durchaus zufriedenstellende Ergebnisse erzielt haben, denn solange der Glaube an die Selbstverfluchung vorhanden ist, ist die Gefahr des Meineides gering. Dadurch, dass zusätzliche Eideshelfer benötigt wurden, die das Schicksal des Hauptschwörers teilten, war eine zusätzliche Sicherung für die Funktionalität des Eides gegeben, denn je zweifelhafter der Haupteid, desto geringer die Wahrscheinlichkeit, Eideshelfer zu finden.[86] Es kam hinzu, dass der Eid zum Zweikampf führen würde, wenn der prozessuale Gegner seinerseits den Eid anfechten würde. Der Vorwurf der Eidesschelte war noch ehrverletzender als der Klagevorwurf, sodass die Entscheidung nicht mehr dem Eid, sondern dem Zweikampf überlassen werden musste.[87] Hier konnte nach damaliger Vorstellung der Rechtsbrecher nicht siegen, auch wenn er überlegen erschien, da er als Verbrecher unehrenhaft sowie körperlich und geistig minderwertig war und sich ferner gegen die natürliche Ordnung gestellt und gegen Gottheiten verstoßen hatte.[88] Konnte der Beweis nicht durch Eid/Zweikampf erbracht werden (z.B. mangels Eidesberechtigung), so verblieb die Möglichkeit des Gottesurteils. Bei dem Gottesurteil wurden aber keine Wunder vom Probanden erwartet, sondern nur erkundet, ob er sich im Einklang mit der Natur und den Gottheiten befand. Würde der Proband z.B. einen Gegenstand aus einem kochenden Kessel fischen, so wäre das Gottesurteil zu seinen Gunsten ausgefallen, wenn sich ein normaler Heilungsprozess an der Hand zeigen würde.[89] Einen Zeugenbeweis im heutigen Sinne mit individueller Bewertung der Glaubwürdigkeit und Glaubhaftigkeit gab es nicht. Zeugen waren entweder gekorene Zeugen, die von den Parteien zum streitgegenständlichen Vorgang bewusst als Zeugen mitgebracht wurden und dann über eigene Wahrnehmungen berichteten, oder Nachbar- oder Gemeindezeugen, die über örtliche Verhältnisse aussagten.[90] Gleichwohl erfolgte keine individuelle Würdigung, sondern eine rein formale. Auch der Eid des Zeugen konnte gescholten werden und führte dann ebenfalls zum Zweikampf.[91] Zusammenfassend kann für den altdeutschen Prozess der Frühzeit gesagt werden, dass die Beweismit-

84 Vgl. Schmidt, Grundsätze der Freien richterlichen Beweiswürdigung im Strafprozess, S. 19 m.w.N.
85 Vgl. Musielak, Die Grundlagen der Beweislast im Zivilprozess, S. 211 m.w.N.
86 Vgl. Musielak, Die Grundlagen der Beweislast im Zivilprozess, S. 212.
87 Vgl. Musielak, Die Grundlagen der Beweislast im Zivilprozess, S. 213.
88 Vgl. Bender, Merkmalskombinationen in Aussagen, S. 22.
89 Vgl. Bender, Merkmalskombinationen in Aussagen, S. 22.
90 Vgl. Walter, Freie Beweiswürdigung, S. 45.
91 Vgl. Musielak, Die Grundlagen der Beweislast im Zivilprozess, S. 215.

tel irrational waren, eine Beweiswürdigung durch den Richter nicht stattfand, aber gleichwohl praktikable Ergebnisse erzielt wurden.[92] Dieser Prozess konnte solange funktionieren, als er in sich schlüssig war, d.h., solange die Parteien an die Selbstverfluchung durch den Meineid und Chancenlosigkeit des Rechtsbrechers im Zweikampf oder Gottesurteil glaubten. Karl der Große führte zwischen 770 und 780 eine Reform des Gerichtswesens durch[93] und hatte bereits im Jahre 809 Anlass, seinen Untertanen aufzuerlegen, dass jeder an die Gerechtigkeit der Gottesurteile glauben müsste.[94] Von den Eideshelfern war ein bestimmter Teil vom Gegner zu wählen.[95] Als **neues Beweismittel** kam die **Urkunde** hinzu und der Kläger wurde ebenfalls zum Beweis zugelassen. Wurde die **Echtheit** der Urkunde gerügt, so wurde dieser Streit häufig durch Zweikampf entschieden. Widersprachen sich die Urkunden, ohne dass die Echtheit bestritten wurde, so galt die ältere. Diese Form des Prozesses hatte sich im Wesentlichen bis zur Rezeption des römisch-kanonischen Rechts gehalten. Gleichwohl gab es auch einen Wandel. Die Eideshelfer bekundeten mehr und mehr eigene Wahrnehmungen und nicht nur den Eid der Hauptpartei[96] (durch die Formel: „der Eid des X sei rein und nicht mein"[97]). Da der Kläger nun Beweismittel benennen konnte, wurde der Fall widersprechender Zeugenaussagen ursprünglich durch Gottesurteil oder Zweikampf entschieden, später (die Kirche verbot im 4. Laterankonzil 1215 den Zweikampf und die Mitwirkung von Geistlichen bei Gottesurteilen[98]) durch Schöffenurteil, die mehr und mehr von Beweisregeln entbunden wurden.[99] Gegen Ende des 15. Jahrhunderts war die ungebundene Beweiswürdigung wieder allgemein anerkannt.[100] Durch die **Rezeption** und die dortigen festen Beweisregeln wurde dann wieder der Pendelschlag ins andere Extrem geführt.[101]

Der **Strafprozess** spaltete sich im 13. Jahrhundert und war ein **reiner Inquisitionsprozess**, der mit der CCC 1532 seinen Abschluss fand. Infolge des steigenden und sogar um sich greifenden Berufsverbrechertums ab dem 11. Jahrhundert ergab sich ein Bedürfnis nach Bekämpfung desselben.[102] Der Richter wurde Kläger und Urteiler in einer Person und übernahm die Strafverfolgung von Amts wegen. Der auf handhafter („frischer") Tat Betroffene wurde gebunden, vor Gericht gebracht und 18

92 Vgl. Musielak, Die Grundlagen der Beweislast im Zivilprozess, S. 216 m.w.N.; vgl. auch Bender, Merkmalskombinationen in Aussagen, S. 24.
93 Vgl. Walter, Freie Beweiswürdigung, S. 47.
94 Vgl. Musielak, Die Grundlagen der Beweislast im Zivilprozess, S. 228.
95 Vgl. Musielak, Die Grundlagen der Beweislast im Zivilprozess, S. 223.
96 Vgl. Musielak, Die Grundlagen der Beweislast im Zivilprozess, S. 233.
97 Walter, Freie Beweiswürdigung, S. 48.
98 Vgl. Musielak, Die Grundlagen der Beweislast im Zivilprozess, S. 234.
99 Vgl. Walter, Freie Beweiswürdigung, S. 49.
100 Vgl. Walter, Freie Beweiswürdigung, S. 51.
101 Vgl. Bender, Merkmalskombinationen in Aussagen, S. 28.
102 Vgl. Bender, Merkmalskombinationen in Aussagen, S. 29.

war dort wehrlos. Aus dem Handhaftverfahren entwickelte sich das Verfahren gegen „landschädliche Leute". Geriet jemand in den Verdacht, landschädlich zu sein, so wurde diesem der **Reinigungseid** auferlegt. Da damit die **Bemühungen der Staatsmacht** zur **Strafverfolgung ad absurdum** geführt werden konnten, war dieser Reinigungseid des Angeklagten, ebenso wie **bindende Beweisregeln** und die damit verbundenen Schwierigkeiten einer Verurteilung, bald **verschwunden**. **Wesentliches Beweismittel** wurde dann das **Geständnis**, das auch durch **Folter** erreicht werden konnte. Legte der Angeklagte ein Geständnis ab, waren weitere Ermittlungen nicht mehr notwendig. **Der Prozess war damit eine Farce**. Leugnete der Angeklagte sein durch Folter erpresstes Geständnis, erfolgte die Verurteilung gleichwohl durch Zeugnis der Schöffen, die der Folter beiwohnten. Von einer **eigentlichen Beweiswürdigung kann somit nicht gesprochen** werden, „es wird einfach drauflos gefoltert."[103]

F. Ergebnis

19 Es ist ein frappierender (sinuskurvenartiger[104]) Wechsel zwischen freier und gebundener Beweiswürdigung festzustellen. Jede bisherige freie Beweiswürdigung hat zu Willkür und damit wieder zu legalen Beweistheorien geführt. Legale Beweistheorien wiederum haben angesichts der Vielschichtigkeiten des menschlichen Lebens zu Unzulänglichkeiten und wiederum zur freien Beweiswürdigung geführt.

20 Zeitweilig hat das Misstrauen in die Fähigkeit des Richters dazu geführt, jenem bindende Anweisungen zu erteilen, während zu anderen Zeiten die mit der Freiheit der individuellen Anschauungen verbundenen Gefahren für geringer erachtet wurden als die Festlegung schematischer Regeln.[105] Bei Einführung der freien Beweiswürdigung ging man davon aus, dass eine rationale Grundlage für eine Verurteilung bestehen müsse.[106] Eine Verurteilung aufgrund der Aussage nur eines Zeugen (Aussage gegen Aussage) und der Meinung nur eines Tatrichters, obwohl andere Tatrichter gezweifelt hätten, wäre damals undenkbar gewesen.[107] Der große Prozessualist Stein wies 1893 darauf hin, dass die erfahrungsmäßige Unvollkommenheit

103 Walter, Freie Beweiswürdigung, S. 56

104 Vgl. Walter, Freie Beweiswürdigung, S. 84.

105 Vgl. Stein, Das private Wissen des Richters, S. 40.

106 Vgl. Krause, Grenzen richterlicher Beweiswürdigung im Strafprozess, In Festschrift für Karl Peters, S. 323, 329 m.w.N.; vgl. auch Geerds, Revision bei Verstoß gegen Denkgesetze oder Erfahrungssätze? In Festschrift für Karl Peters, S. 267, 274 m.w.N.

107 Vgl. Schmidt, Grundsätze der freien richterlichen Beweiswürdigung im Strafprozess, S. 64; vgl. Herdegen, Die Überprüfung der tatsächlichen Feststellungen durch das Revisionsgericht aufgrund der Sachrüge, StV 1992, S. 527, 529; vgl. Fezer, Tatrichterlicher Erkenntnisprozess – Freiheit der Beweiswürdigung, StV 1995, S. 95.

der menschlichen Sinneswahrnehmung verhindere, dass jemals das Ergebnis der Wahrnehmung des Einzelnen unbedingten Glauben verdienen würde.[108]

108 Vgl. Stein, Das private Wissen des Richters, S. 2.

§ 3 Die Notwendigkeit der Objektivierung der freien Beweiswürdigung

Inhalt

A. Überprüfungsmöglichkeit aufgrund des „Faktors Mensch"

1 Richter sind Menschen und machen daher, wie alle Menschen, Fehler. Daher kann jedes Urteil falsch und muss damit anfechtbar sein.[1] Tschadek stellte bereits 1958 fest, dass der Grundsatz, dass vier Augen mehr als zwei sähen, auch für Gerichtshöfe gelte. Nach seiner mehr als 20-jährigen Tätigkeit als praktischer Jurist war er der Auffassung, die Möglichkeit einer **Überprüfung der Beweiswürdigung** sei eine **berechtigte Forderung**.[2] Das ist eine Selbstverständlichkeit und bedarf keiner näheren Begründung und wurde bei Einführung der freien Beweiswürdigung auch vorausgesetzt („Prüfung durch den Appellationsrichter" s.o. § 2 Rdn 9). Würde man jedoch eine Begründung suchen, so könnte man auch hier auf ein **statistisches Ergebnis** zurückgreifen. 1992 und 1993 wurden insgesamt 92 Fälle vom BGH aufgrund eines Verfahrensfehlers aufgehoben und zurückverwiesen. Das neue Urteil fiel in 67 % der Fälle besser aus als das alte. In 32,61 % der Fälle jedoch aufgrund von neuen Feststellungen, die keinen Bezug zum Aufhebungsgrund hatten. Dieses Ergebnis mag auf den ersten Blick überraschen, da man davon ausgehen kann, dass Verfahrensfehler die materielle Richtigkeit des Urteils weniger tangieren als sachlich-rechtliche Fehler.[3] Auf den zweiten Blick **belegt** dies jedoch schlicht die **allgemeine Fehleranfälligkeit** der Tatsachenfeststellung nur **einer Instanz**. Das sollte sich von selbst verstehen.

Das unabweisbare **Bedürfnis nach Überprüfung** ergibt sich auch statistisch aus älteren Untersuchungen, die feststellten, dass gegen mehr als 40 % der landgerichtlichen Urteile Revision eingelegt wurde,[4] wobei die Angeklagtenrevisionen ca. 95 % hiervon ausmachten.[5] In mehr als 54 % hiervon wurde speziell die Sachrüge erhoben, die sich in den meisten Fällen gegen die tatrichterlichen Feststellungen wendete.[6] Auch relative Verfahrensrügen wurden in ca. 50 % der Revisionen erhoben,[7] wobei die Vielzahl möglicher Verfahrensrügen statistisch keine Bedeutung hatte, sondern sich die Rügen auf die Aufklärungsrügen und das Beweisantragsrecht[8] – also wieder auf die Tatsachenfeststellung – bezogen. Es ist nicht anzunehmen, dass neuere Untersuchungen ein grundlegend anderes Bild vermitteln würden. Egon Schneider hatte 1986 in einem zivilprozessualen Aufsatz ausgeführt: „Hauptursache aller falschen Urteile ist mangelhafte Sachverhaltsaufklärung. Auch die exakteste Subsumtion ist nichts wert, wenn sie auf einen Sachverhalt bezogen

1 Vgl. Bossi, Halbgötter in Schwarz, S. 12, 136.
2 Vgl. Tschadek, Der Beweis, S. 58 f.
3 Vgl. Barton, Die Revisionsrechtsprechung des BGH in Strafsachen, S. 59.
4 Vgl. Barton, Die Revisionsrechtsprechung des BGH in Strafsachen, S. 44.
5 Vgl. Barton, Die Revisionsrechtsprechung des BGH in Strafsachen, S. 45.
6 Vgl. Nack, Verteidigung bei der Glaubwürdigkeitsbeurteilung von Aussagen, StV 1994, S. 555 ff.
7 Vgl. Barton, Die Revisionsrechtsprechung des BGH in Strafsachen, S. 112.
8 Vgl. Barton, Die Revisionsrechtsprechung des BGH in Strafsachen, S. 116.

wird, der sich (so) nicht ereignet hat.“[9] Das gilt selbstverständlich auch im Strafprozess. Fischer stimmt dem zu, wenn er – für den Strafprozess – meint, dass in der Beweiswürdigung ein außerordentlich hohes Fehlerpotential liege, aber auch ein noch höheres Rationalitätspotential. Für den Angeklagten bedenklich wird es aber, wenn Fischer zugleich meint, dass die Beweiswürdigung nicht bei allen Richtern zum selben Ergebnis führen müsse oder auch nur könne.[10]

Richterliches Erkennen und Würdigen beruht auf dem Suchen, Auswählen, Außerachtlassen und Systematisieren von Informationen. In der forensischen Psychologie ist unbestritten, dass dies von personenspezifischen Tendenzen in der Erkenntnis- und Bewertungsfähigkeit des jeweiligen Richters abhängt.[11] In der **juristischen Literatur** wurde mitgeteilt, dass die **Beweiswürdigung fast immer so oder anders ausgehen kann.**[12] Kann es aber fast immer so oder anders ausgehen, so ist **dem Verurteilten nicht vermittelbar**, weshalb **in seinem Fall** (bei nur einer Tatsacheninstanz) **die Beweiswürdigung so**, d.h., zu seinen Lasten ausgegangen ist. Sowjetische Untersuchungen legen nahe, dass personenabhängige Bewertungen nicht ohne Folgen für die Qualität der Rechtsprechung sind und zu fehlerhaften Urteilen führen.[13] Wer davon ausgeht, dass eine Notwendigkeit der umfassenden Überprüfung der Beweiswürdigung nicht nötig ist, sei auf folgende amerikanische Studie verwiesen: Es ergaben sich 350 Fälle, bei denen die Schuld „beyond reasonable doubt“ (also dem deutschen Strengbeweismaß entsprechend) feststand, dies jedoch nachweisbar falsch war. Nur fünf dieser Fälle wurden durch das übergeordnete Gericht korrigiert. Zum Zeitpunkt des Erscheinens der Studie waren 23 unschuldige Personen bereits hingerichtet worden.[14] Der mögliche Verweis auf denkbare rechtsstaatliche Defizite im amerikanischen Gerichtssystem kann kaum zur Beruhigung dienen, denn es wäre eine durch nichts belegte Vermutung, dass das US-System fehleranfälliger ist als das deutsche Gerichtssystem. Auch bezüglich dem deutschen Bildungssystem wurde lange Zeit angenommen, dass es eines der besten der Welt sei. Die 1. PISA-Studie 2000 hatte allerdings zu Betroffenheit und Ernüchterung geführt, denn anders als nach dem Selbstverständnis zu vermuten, lagen die deutschen Ergebnisse keineswegs in der Spitzengruppe, sondern im Mittelfeld (auch aktuell ca. Platz 15 von 35 OECD-Staaten).

Eine Untersuchung von 110 Inhaftierten in den USA, die mittlerweile ihre Unschuld per DNA-Test nachgewiesen hatten, ergab, dass 2/3 hiervon aufgrund fehler- 2

9 Schneider, Die Ausschaltung des § 139 ZPO, NJW 1986, S. 971.

10 Vgl. Fischer, Im Recht, S. 322, 324.

11 Vgl. Dettenborn/Fröhlich/Szewczyk, Forensische Psychologie, 2. Aufl., S. 41 m.w.N.

12 Vgl. Greger, Tatsachenfeststellung durch das Berufungsgericht – ein Menetekel aus Karlsruhe, NJW 2003, S. 2882 f.

13 Vgl. Dettenborn/Fröhlich/Szewczyk, Forensische Psychologie, 2. Aufl., S. 42, 43 m.w.N.

14 Vgl. Bedau/Radelet, Miscarriages of Justice in Potentially Capital Cases, S. 21–90, zitiert nach Schweizer, Kognitive Täuschungen vor Gericht, Dissertation Universität Zürich, S. 266 Fn 1249.

hafter Zeugenaussagen verurteilt wurden.[15] Das ist insofern besorgniserregend, als vor dem BGH revisionsrechtliche Angriffe gegen eine für falsch gehaltene Glaubwürdigkeitsbeurteilung a priori regelmäßig aussichtslos sind.[16] Auch hier könnte der Verweis auf unterschiedliche Rechtssysteme nicht zur Beruhigung dienen, denn dass deutsche Richter Zeugenaussagen besser als amerikanische Richter/Geschworene beurteilen, wäre wiederum eine durch nichts belegte Vermutung. Möglicherweise wäre sogar das Gegenteil richtig. Diese Erkenntnis hatte jedenfalls eine Zeit lang in den USA zu einem Rückgang der Todesstrafe geführt.[17]

B. Historische Gesetzmäßigkeit der Entartung der freien Beweiswürdigung

3 Für eine Einschränkung der freien Beweiswürdigung oder Modifikation derselben gäbe es kein Bedürfnis, wenn die freie Beweiswürdigung – so wie sie heute verstanden wird – nach wie vor zufriedenstellende Ergebnisse lieferte. Es dürfte in der Natur der Sache und menschlichen Psyche liegen, dass jedes neue System, das zur Überwindung der Fehler des bisherigen Systems eingeführt wurde, anfänglich besser als das alte, abgeschaffte System funktioniert.[18] Zur Erinnerung: Bei Einführung der freien Beweiswürdigung galten die alten Beweisregeln als ohnehin zu beachtende Vorsichtsregeln.

4 Angesichts des o.g. historischen Ergebnisses kann aber fast schon von einer **historischen Gesetzmäßigkeit** gesprochen werden, dass **freie Beweiswürdigung** früher oder später wieder **zu Willkür** führt und **durch legale Beweistheorien ersetzt** werden wird. So bereits Sarstedt im Jahre 1968: „Wer gewöhnt ist, das Recht, ganz besonders das Verfahrensrecht als einen Gegenstand geschichtlicher Entwicklung zu betrachten, würde sich sehr wundern, wenn das Pendel dieser Entwicklung irgendwann einmal bei einem so extremen Ausschlag [freie Beweiswürdigung] stehen bliebe. [...] Sie [Beweisregeln] wachsen langsam als das Ergebnis einer natürlichen, einer nicht aufzuhaltenden Entwicklung. Gewiss ist sie auch noch nicht abgeschlossen."[19] Selbst wenn es keine historische Gesetzmäßigkeit darstellt, dass freie Beweiswürdigung früher oder später entartet und zu Willkür führt, handelt es sich um eine in der menschlichen Psyche liegende Regelmäßigkeit, dass **unkontrollierte Macht zu Machtmissbrauch führt** (Ausnahmen mögen die Regel bestätigen).

15 Vgl. „For 110 inmates freed by DNA tests, true freedom remains elusive", Artikel der Associated Press v. 22.5.2002, http://www.deathpenaltyinfo.org/node/529.

16 Vgl. Nack, Verteidigung bei der Glaubwürdigkeitsbeurteilung von Aussagen, StV 1994, S. 555.

17 Vgl. hierzu „Die Freiheit des James Calvin Tillman", SZ Nr. 161/2006, S. 12 (Autor Christian Wernicke).

18 Ebenso Rieß, Zur Revisibilität der freien tatrichterlichen Überzeugung, GA 1978, S. 256, 262 m.w.N.

19 Sarstedt, Beweisregeln im Strafprozess, Berliner Festschrift für Ernst E. Hirsch, S. 171 ff., 172 f.

Hierzu braucht nur auf die Sondergerichte ab 1938/1939 verwiesen zu werden, die durch drei Berufsrichter in erster und letzter Instanz – also unkontrollierte Machtausübung – entschieden. Dort wurden Todesurteile in inflationärem Ausmaß gefällt. Und das selbst bei Delikten, bei denen nach den Nürnberger Rassegesetzen gar keine Todesstrafe vorgesehen war. Aber nach der Volksschädlingsverordnung konnte nach und nach jede Bagatelle mit der Todesstrafe belegt werden. Selbst wenn die Tat, wegen derer die Todesstrafe verhängt wurde, gar nicht erwiesen war (Fall Leo Katzenberger: bestrittener Geschlechtsverkehr eines Juden mit einer Deutschen nachts und damit angeblich unter Ausnutzung der wegen des Krieges aufgezwungenen Verdunkelung).[20] 5

C. Schleichender Prozess bis zum Umkehrpunkt

Wann genau der Punkt zur Abschaffung des gegenwärtigen Systems und dessen Ersetzung durch ein gegenläufiges erreicht ist (Umkehrpunkt), der das Pendel wieder ins andere Extrem umschlagen lässt, hängt von der Leidensfähigkeit und Toleranz der **Rechtsgenossen** ab. Fest steht, dass der jeweilige **Umkehrpunkt** nicht durch ein isoliertes Ereignis erreicht wird, sondern sich **schleichend entwickelt**. Je ungerechter das Rechtssystem ist und je weniger Vertrauen die Rechtsgenossen in dieses haben, desto eher wird der Umkehrpunkt erreicht. **Auffallend** ist bereits, dass bis in die 70er Jahre auf die **subjektive**, sogar irrationale Komponente der Beweiswürdigung, die sich einer **Nachprüfung entzieht**, abgehoben wurde.[21] Ende der 70er und Anfang der 80er Jahre fand – als Gegensatz hierzu – das Bemühen, die **Beweiswürdigung nachvollziehbarer** zu machen, einen vorläufigen Höhepunkt.[22] Es entwickelten sich sog. **objektive Theorien**, die expressis verbis in der einen oder anderen Form einen Zwang in der Beweiswürdigung zur Beachtung von Wahrscheinlichkeitsüberlegungen forderten. Im Gegensatz hierzu wurden zwar auch noch sog. **subjektive Theorien** (v.a. von Greger) vertreten, die die subjektive Überzeugung des Richters betonten. Auch Greger erkannte zwar die Relevanz von Wahrscheinlichkeitsüberlegungen, jedoch blieb dessen konkretes Verhältnis zu Wahrscheinlich- 6

20 Vgl. Bossi, Halbgötter in Schwarz, S. 210 ff., 216.

21 Vgl. Jerouschek, Wie frei ist die Freie Beweiswürdigung, GA 1992, S. 493 ff., 504.

22 Vgl. z.B. Bender, Das Beweismaß, in: Festschrift für Fritz Baur, S. 247 ff.; vgl. auch Bruns, Beweiswert, ZZP 1978, S. 64 ff., vgl. auch Ekelöf, Beweiswert, in: Festschrift für Fritz Baur, Walter, S. 343 ff.; vgl. auch Gottwald, Schadenszurechnung und Schadensschätzung, S. 186 ff.; vgl. auch Greger, Beweis und Wahrscheinlichkeit,; vgl. auch Huber, Das Beweismaß im Zivilprozess, vgl. auch, Leipold, Beweismaß und Beweislast im Zivilprozess, vgl. auch Maassen, Beweismaßprobleme im Schadensersatzprozess, vgl. auch Motsch, Vom rechtsgenügenden Beweis, vgl. auch Musielak, Die Grundlagen der Beweislast im Zivilprozess; vgl. auch Musielak/Stadler, Grundfragen des Beweisrechts, vgl. auch Prütting, Gegenwartsprobleme der Beweislast, vgl. auch Walter, Freie Beweiswürdigung.

keitsüberlegungen diffus.[23] Zwar ist die Diskussion um das Beweismaß als solches im Wesentlichen verstummt. Gleichwohl wurden vereinzelt immer wieder kritische Stimmen erhoben.[24] Mittlerweile wurde auch eine **empirische Untersuchung** der BGH-Rechtsprechung von 1981 bis 1996 in Strafsachen vorgelegt, aus der sich die Irrationalität und Unüberprüfbarkeit der tatrichterlichen Beweiswürdigung entnehmen lässt.[25] Es dürfte zutreffend bereits **h.A. der Literatur** sein, „dass auch die **freie richterliche Beweiswürdigung eine nachvollziehbare logische Operation** darstellt, die sich nicht durch die persönliche Gewissheit des Richters definiert".[26] Die tatsächliche Rechtspraxis dürfte allerdings nach wie vor primär auf die subjektive Überzeugung, statt auf Wahrscheinlichkeitsüberlegen, abzielen. D.h., Urteilsaufhebungen, weil das Beweismaß der objektiv hohen Wahrscheinlichkeit nicht erreicht sei, sind kaum ersichtlich. Mittels Textbausteinen von Seiten der Bundesanwaltschaft auf die Revision des Angeklagten, die die subjektive Theorie und das (grds.) alleinige Abstellen auf die eigene richterliche Überzeugung wiedergeben, werden die Masse der Fälle als „offensichtlich unbegründet" ohne nähere gerichtliche Begründung erledigt.

D. Bestandsaufnahme der aktuellen Rechtswirklichkeit

7 In der **Rechtswirklichkeit** haben sich mittlerweile **bestimmte Grundsätze** entwickelt, die – wären sie **bei Einführung der freien Beweiswürdigung bekannt** gewesen – wohl **zur Ablehnung** der freien Beweiswürdigung geführt hätten.

I. Zur Kontrolle durch das übergeordnete Gericht

8 Hatte von Savigny bei Einführung der freien Beweiswürdigung noch gefordert (vgl. § 2 Rdn 9), dass „dabei die Motivierung des Erkenntnisses durch Entscheidungs-

23 Einerseits soll die Wahrscheinlichkeit Grundlage (Hilfsmittel, Komponente) der Überzeugung sein, bzw. Wahrscheinlichkeit in das Vorfeld richterlicher Überzeugungsbildung gehören, so vgl. Greger, Beweis und Wahrscheinlichkeit, S. 85 m.w.N., vgl. auch BGH, VersR 1957, S. 248 „Grundlage für die Gewinnung richterlicher Überzeugung"; vgl. auch RGZ 95, S. 249; RGZ 98, S. 58, 60, vgl. auch BGH, NJW 1966, S. 1263 „berücksichtigen darf"). Andererseits sollen Wahrscheinlichkeitserwägungen in diesem Vorfeld zwar mitschwingen können, aber nicht müssen, so vgl. Greger, Beweis und Wahrscheinlichkeit, S. 105.

24 Vgl. Geipel, Ist Freie Beweiswürdigung willkürliche Beweiswürdigung, StraFo 2005, S. 135 ff.; vgl. auch Sommer, Lebenserfahrung, Gedanken über ein Kriterium richterlicher Lebenserfahrung, in Festschrift für Peter Ries, S. 585 ff.; vgl. Jerouschek, Wie frei ist die Freie Beweiswürdigung, GA 1992, S. 493 ff., 504.

25 Vgl. Barton, Die Revisionsrechtsprechung des BGH in Strafsachen, vgl. auch Schmidt, Grundsätze der freien richterlichen Beweiswürdigung im Strafprozessrechtrecht.

26 Sommer, Lebenserfahrung, Gedanken über ein Kriterium richterlicher Lebenserfahrung, in Festschrift für Peter Ries, S. 585, 600.

gründe und die Prüfung durch den Appellationsrichter als wesentlich und unerlässlich recht eigentlich vorausgesetzt [wird]",[27] so muss jetzt **konstatiert werden**, dass **eben diese „unerlässliche" Prüfung durch den „Appellationsrichter" nicht mehr stattfindet.**

1. Zur strafrechtlichen Revision

a) Untersuchung von Wiederaufnahmeverfahren

Schon 1972 hatte Peters aufgrund einer Auswertung von Wiederaufnahmeverfahren dokumentiert, „daß in der Strafrechtspflege der BRD **fehlerhafte und ungewisse Urteile in beachtenswerter Häufigkeit** [Hervorhebung durch Verfasser] vorkommen. Das Problem fehlerhafter und ungewisser Urteile aufgrund ungenügender Sachverhaltsfeststellungen ist auch noch ein Problem unserer Tage."[28] Besonders den Zeugenbeweis sieht Peters kritisch: „Je mehr eine Zeit auf den Personalbeweis ausgerichtet ist, desto mehr unterliegt die Sachverhaltsfeststellung den Gefahren des Zeugenbeweises."[29] Folgerichtig kommt Peters 1985 zu dem Ergebnis: Die freie Beweiswürdigung ist entartet. „Die Verwendung dieses Begriffs [freie Beweiswürdigung] führt zu Missverständnissen. So wie er sich entwickelt hat, ist der Grundsatz der freien Beweiswürdigung für die Wahrheitsfindung gefährlich. Er eröffnet dem Irrationalen, der Beliebigkeit und dem Unkontrollierbaren Tür und Tor."[30] Die bei Einführung der freien Beweiswürdigung von Jarcke und Mittermaier geäußerte Annahme, dass das Ergebnis der freien Beweiswürdigung nur nach einer rationalen Reflexion gefunden werden würde, die allen einleuchtet und somit auch das Ergebnis erleuchtet (s.o. § 2 Rdn 13), scheint zu idealistisch gedacht gewesen zu sein und kann in der aktuellen Rechtswirklichkeit nicht bestätigt werden. Hatte nicht gerade der BGH diese Annahme ad absurdum geführt, indem er in den Grundsatzentscheidungen zur freien Beweiswürdigung (BGHSt 10, S. 208 ff. und BGHZ 53, S. 245 ff.) ausführte, dass es bis auf Denkgesetze und wissenschaftliche Erkenntnis, allein auf die eigene Erkenntnis des Tatrichters ankomme, der auch dann verurteilen dürfe, „wenn andere zweifeln oder eine andere Auffassung erlangt haben würden"[31]? 9

b) Untersuchung über das Schicksal eingelegter Revisionen

Barton hat bei seiner Auswertung von 67.070 Revisionen aus den Jahren 1981 bis 1996 ein ernüchterndes und **erschreckendes Ergebnis** festgestellt. 10

27 Von Savigny, Über Schwurgerichte und Beweistheorie im Strafprozesse, GA 1958, S. 469, 485, zitiert nach Walter, Freie Beweiswürdigung, S. 73.

28 Peters, Fehlerquellen im Strafprozess, 2. Bd. systematische Untersuchungen u. Folgerungen, S. 1.

29 Peters, Fehlerquellen im Strafprozess, 2. Bd. systematische Untersuchungen u. Folgerungen, S. 3.

30 Peters, Strafprozess (Lehrbuch), 4. Aufl., S. 298 f.

31 BGHZ 53, S. 245, 256.

11 Die **Erfolgsaussicht** einer Revision ist **nicht prognostizierbar**, aber die statistische Wahrscheinlichkeit der Aufhebung hängt von den irrationalen Umständen

- der Senatszuständigkeit,
- der Person des Senatsvorsitzenden,
- dem Landgerichtsbezirk,
- der Stellung des Revisionsführers (mit der geringsten Erfolgsquote für Angeklagtenrevisionen),
- dem Antrag des GBA,
- dem Sozialstatus des Angeklagten und
- dem Einlassungsverhalten des Angeklagten (je schweigender oder voll leugnender, desto höher die Erfolgsquote)

ab.[32] Die seit der Einführung der freien Beweiswürdigung **geltende These**, dass **freie Beweiswürdigung nichts mit Irrationalität** zu tun habe, kann daher **nicht mehr bestätigt** werden. Überhaupt ergibt sich aus dieser Studie, dass die Erfolgsaussicht von eingelegten Angeklagten-Revisionen verschwindend gering ist. Dieser Befund ist keineswegs ungewöhnlich, sondern wird durch weitere Auswertungen bestätigt. Fischer hatte die beim BGH entschiedenen Revisionen der Jahre 2008–2012 ausgewertet und eine außerordentlich hohe Spreizung der Verwerfungen als „offensichtlich unbegründet" gem. § 349 Abs. 2 StPO zwischen 93 % (**1. Strafsenat**) und 73 % (**3. Strafsenat**) festgestellt, die durch Zufall gar nicht und in der Sache nur schwer zu erklären sei. Das gelte auch für die Spreizung der Aufhebungsquote (bei Komplettaufhebungen gem. § 349 Abs. 4 StPO) zwischen 0,9 % und 5,7 %, also um das Sechsfache. Eklatant seien auch die Unterschiede in den Anteilen der Teilaufhebungen gem. § 349 Abs. 2 und § 349 Abs. 4 StPO (kombiniert), denn im Bezirk des **3. Strafsenats** hatte man als Angeklagter eine um das dreieinhalbfache höhere Chance als im Bezirk des **1. Strafsenats**, dass die eigene Revision zumindest einen Teilerfolg hat; in den Bezirken der übrigen **Senate** war die Chance immerhin noch um deutlich mehr als das Doppelte höher.[33] Weil dies ein Ergebnis ist, das rechtsstaatlich kaum vertretbar ist, erfolgen auch hier Versuche der Beschwichtigung, d.h. der Abwehr des Ergebnisses durch Rationalisierung.[34] So wie Ergebnisse von amerikanischen Untersuchung wegen des vermeintlich besseren deutschen Justizsystems als irrelevant abgekanzelt werden, wird vermutet, dass sich die o.g. Spreizung durch die *Qualität* der aus den jeweiligen Zuständigkeits-Bezirken stammenden Gerichtsentscheidungen erklärt, was faktisch bedeutet, dass baden-württembergische und bayerische Gerichtsverfahren und Urteile im Durchschnitt um das Dreifa-

32 Vgl. Barton, Die Revisionsrechtsprechung des BGH in Strafsachen, S. 282 f.

33 Vgl. Fischer, Der Einfluss des Berichterstatters auf die Ergebnisse strafrechtlicher Revisionsverfahren, NStZ 2013, S. 425, 428.

34 Vgl. Bender/Häcker/Schwarz, Tatsachenfeststellung vor Gericht, 6. Aufl., Rn 207 f.

che „besser" sein sollen als solche aus Nordrhein-Westfalen oder Niedersachsen.[35] „Eine solche Theorie ist weder beweisbar noch nahe liegend. Ihr widerspricht vor allem, dass sich nach dem *Wechsel* von Zuständigkeiten zwischen einzelnen *Strafsenaten* die oben genannten Quoten alsbald auch in den jeweils neu übernommenen Bezirken eingestellt haben, und zwar in *beide* Richtungen. Es sind somit nicht die *Landgerichte*, die die Quote der erfolgreichen Revisionen bestimmen, sondern die *BGH-Senate*. Daher erscheint die Annahme plausibel, dass Differenzierungen auch innerhalb der *Senate* von der personalen Zusammensetzung des jeweils entscheidenden Gremiums und von innersenatlichen Zuständigkeiten abhängig sind."[36]

Scharbius hat in ihrer Auswertung und Recherche (in den Datensammlungen BGH-Nack, Juris, Jurion) festgestellt, dass es bis zum Jahr 2014 nur 207 (veröffentlichte) Entscheidungen des BGH gibt, in denen die Schlagworte „Aussage gegen Aussage" bzw. „Aussage-gegen-Aussage" vorkommen, und zwar jeweils nur ein einziges Mal in den Jahren 1961, 1982, 1987. Erst ab dem Jahr 1991 bis 2014 kommen die Begriffe in jedem Jahrgang vor, und zwar mindesten 2-mal pro Jahr und höchstens 18-mal (in den Jahren 2003 und 2005). In den Jahren 1997 (10-mal), 2000 (10-mal), 2002 (17-mal) 2008 (14-mal), 2012 (13-mal) und 2014 (14-mal) war die Anzahl der so gesuchten Entscheidungen zweistellig, sonst einstellig bzw. gar nicht vorhanden.[37] 12

Wenn sich in den Jahren bis Ende 2014 durch diese Auswertung 128 erfolgreiche Revisionen aufgrund fehlerhafter Beweiswürdigungen feststellen haben lassen,[38] belegt dies ein rechtsstaatliches Feigenblatt, statt ein von Art. 19 Abs. 4 GG gebotenes „effektives Rechtsmittel". 13

Der BGH ist am 1.10.1950 gegründet worden. Wenn sich bis Ende 2014, also in 64 Jahren nur 128 erfolgreiche Revisionen in einer heiklen, fehleranfälligen, schwierigen Beweiskonstellation nachweisen lassen, bedeutet dies, dass der BGH im Schnitt nur zwei (fehlerhafte) Beweiswürdigungen pro Jahr in dieser Konstellation beanstandet hat. Dass tatsächlich so wenige „Fehler" in diesem Bereich passieren, verträgt sich nicht mit der unbestreitbaren Ausgangsprämisse der heiklen, fehleranfälligen, schwierigen Beweiskonstellation in Aussage-gegen-Aussage-Fällen.

Im Jahr 2013 hat es z.B. weder im Einzugsbereich des 1. Senats noch des 2. Senats noch des 3. Senats noch des 4. Senats eine vom BGH beanstandete (fehlerhafte) Beweiswürdigung in der Aussage-gegen-Aussage-Konstellation gegeben, sondern

35 Vgl. Fischer, Der Einfluss des Berichterstatters auf die Ergebnisse strafrechtlicher Revisionsverfahren, NStZ 2013, S. 425, 428.

36 Fischer, Der Einfluss des Berichterstatters auf die Ergebnisse strafrechtlicher Revisionsverfahren, NStZ 2013, S. 425, 428.

37 Vgl. Scharbius, „Aussage gegen Aussage" in der Rechtsprechung des Bundesgerichtshofs in Strafsachen, S. 338 ff.

38 Vgl. Scharbius, „Aussage gegen Aussage" in der Rechtsprechung des Bundesgerichtshofs in Strafsachen, S. 345.

lediglich zwei im Zuständigkeitsbereich des 5. Senats. Im Jahr 2004 waren nur zwei vor dem 4. Senat erfolgreich und im Jahr 2006 nur eine einzige, wiederum vor dem 4. Senat.[39]

14 Der Umkehrschluss, dass so viele tatrichterliche Beweiswürdigungen in dieser Konstellation „richtig" waren bzw. revisionsrechtlich nicht beanstandet und deswegen nicht aufgehoben wurden, ist weder für einen Rechtstheoretiker noch -praktiker vorstellbar. Es führt daher kein Weg daran vorbei, das Rechtsmittel der strafprozessualen Revision als ineffektiv, d.h. verfassungswidrig zu bezeichnen (Art. 19 Abs. 4 GG). Es ist daher zu optimistisch, wenn als – unbestreitbarer – Konsens angenommen wird, dass die Revision nur „bedingt" geeignet ist, die tatrichterliche Beweiswürdigung zu kontrollieren,[40] denn tatsächlich ist sie dies (fast) gar nicht. Der seit Jahrzehnten verteidigte Zustand der inhaltlichen Nicht-Dokumentation der Hauptverhandlungen vor dem LG, sollte zwar durch die Ampel-Regierung gebrochen werden, ist aber aktuell wieder in weite Ferne gerückt.

15 Der verständige Betrachter muss daher eine erhebliche Diskrepanz von Schein und Sein feststellen, denn das rechtstatsächliche Ergebnis ist mit wohlklingenden Programmsätzen zur Beweiswürdigung und deren Kontrolle durch das Revisionsgericht nicht in Einklang zu bringen.

Selbst wenn man annehmen wollte, dass es weitere erfolgreiche Revisionen in dieser Konstellation in dem untersuchten Zeitraum gegeben hat, die sich lediglich nicht durch die Suchworte nachweisen haben lassen oder gänzlich unveröffentlicht sind, vor allem, weil sich die sog. „Kriterien der Rechtsprechung" erst in den 1980er Jahren (1987) entwickelt haben,[41] ist dies jedenfalls seit den 2000er Jahren und der Praxis, erfolgreiche Revisionen auch tatsächlich zu veröffentlichen, nicht mehr möglich.

Das heißt: Auch bei Annahme einer Dunkelziffer erfolgreicher Revisionen bleibt die Erfolgsquote unvorstellbar niedrig.

c) Auswertung bei Angriffen gegen die Beweiswürdigung

16 Nack hat bei seiner Auswertung von ca. 3.500 Revisionen des Jahres 1992 festgestellt, dass in den meisten die Beweiswürdigung angegriffen wurde, aber dies nur in 50 Fällen erfolgreich war.[42] Der hohe Angriff gegen die Beweiswürdigung impliziert eine Unzufriedenheit der Verurteilten und damit korrespondierend eine Anzahl an Fehlurteilen, die es geben muss, und damit weiter zusammenhängend eine

39 Vgl. Scharbius, „Aussage gegen Aussage" in der Rechtsprechung des Bundesgerichtshofs in Strafsachen, S. 345 f.

40 Vgl. Scharbius, „Aussage gegen Aussage" in der Rechtsprechung des Bundesgerichtshofs in Strafsachen, S. 36.

41 Vgl. Scharbius, „Aussage gegen Aussage" in der Rechtsprechung des Bundesgerichtshofs in Strafsachen, S. 338 m.w.N.

42 Vgl. Nack, Verteidigung bei der Glaubwürdigkeitsbeurteilung von Aussagen, StV 1994, S. 555 ff.

hohe Bereitschaft der Verurteilenden, fehlerhafte Verurteilungen zu akzeptieren (s.u. § 5).[43] Nach der o.g. Auswertung von Nack gibt es faktisch aber **keine reale Chance, die Beweiswürdigung** des Tatrichters **anzugreifen.**[44] Mit Einführung der freien Beweiswürdigung kann von Savignys Forderung einer Prüfung durch das „Appellationsgericht" daher ebenfalls nicht mehr bestätigt werden. Es ist nichts ersichtlich, dass sich dieser Befund von 1992 mittlerweile grundlegend verändert hatte. Die sog. „erweiterte Revision", mit der der BGH ein Mittel gefunden hatte, um auf die tatrichterliche Beweiswürdigung zuzugreifen, war damals bereits lange etabliert.

2. Zur zivilrechtlichen Berufung

Auch bei der **zivilrechtlichen Berufung** fand jedenfalls in dem großen Bereich der Beurteilung der Glaubwürdigkeit eines Zeugen **keine wirkliche Kontrolle** – losgelöst von Verfahrensfehlern – mehr statt, sondern das Berufungsgericht wiederholte (vor der ZPO-Reform) die Beweisaufnahme nur dann, wenn es dies wollte, weil es die persönliche Glaubwürdigkeit[45] anders beurteilen[46] oder den Bekundungen eine andere Tragweite oder ein anderes Gewicht als die 1. Instanz geben wollte[47] oder auch, weil es Erklärungen unter Würdigung von Zeugenaussagen anders auslegen[48] oder protokollierte Aussagen anders verstehen wollte.[49] Das war naturgemäß selten der Fall, sodass nach Berichten aus der Praxis generell **die Fehlerprüfung das Berufungsverfahren beherrschte.**[50] Im weit überwiegenden Bereich der Fehlerkontrolle griff das Berufungsgericht nur dann in die Beweiswürdigung ein, wenn diese rechtsfehlerhaft im Sinne von § 546 ZPO war, d.h. die Beweiswürdigung widersprüchlich oder nicht vollständig war, gegen Denkgesetze oder Erfahrungssätze verstieß.[51] 17

Grenzt man nun die Fälle aus, in denen das Berufungsgericht aufgrund neuer Angriffs- und Verteidigungsmittel zu einem anderen Ergebnis gekommen ist, so könnte der unbefangene Betrachter vermuten, dass die Erfolgsquote einer zivilrechtlichen 18

43 Vgl. Gräns, Das Risiko materiell fehlerhafter Urteile, S. 110.

44 Vgl. Nack, Verteidigung bei der Glaubwürdigkeitsbeurteilung von Aussagen, StV 1994, S. 555 ff.

45 Die Glaubhaftigkeit der Aussage (also Umstände die weder von der Urteilsfähigkeit, dem Erinnerungsvermögen oder der Wahrheitsliebe des Zeugen noch von der Vollständigkeit und Widerspruchsfreiheit der Aussage abhängen) kann das Berufungsgericht auch ohne nochmalige Vernehmung beurteilen, vgl. BGH, MDR 1998, S. 793.

46 Vgl. BGH, NJW 1984, S. 2629.

47 Vgl. BGH, MDR 1998, S. 793, 794.

48 Vgl. BGH, NJW 1996, S. 663.

49 Vgl. BGH, NJW 1998, S. 385; 1999, S. 2972.

50 Vgl. Stackmann, Die Neugestaltung des Berufungs- und Beschwerdeverfahrens in Zivilsachen durch das Zivilprozessreformgesetz, NJW 2002, S. 781 ff.

51 Vgl. Geipel, Die Wiederholung einer Beweisaufnahme nach neuem Berufungsrecht, AnwBl 2005, S. 346 f.

Berufung zwar höher, aber nicht signifikant höher ist als die Erfolgsquote einer strafrechtlichen Revision.

19 Dies deshalb, da einerseits die Rechtsfehler, die das Berufungsgericht auch zu prüfen hat (Rechtsfehler im Sinne des § 546 ZPO), den revisiblen Rechtsfehlern des Strafrechts entsprechen und andererseits für das zivilrechtliche Berufungsverfahren seltene Fälle übrigbleiben, in denen das Berufungsgericht den Sachverhalt anders beurteilen will.

20 Im Einzelnen:

Zivilrechtliche Berufungen hatten aber – jedenfalls vor der ZPO-Reform und im Gegensatz zur strafprozessualen Revision – eine beachtliche Erfolgsquote. Völlig unbegründete oder unzulässige Berufungen machen vor den OLG nur 49,5 % (im Jahr 1997) bzw. 50,1 % (im Jahr 1998) und vor den LG nur 55,1 % (im Jahr 1997) bzw. 56,5 % (im Jahr 1998) aus.[52] Demgegenüber sind 85 % aller strafrechtlichen Revisionen ein vollständiger Misserfolg.[53]

21 Der Auswertung von Rimmelspacher für ab dem 8.6.1998 abgeschlossene 1027 OLG-Berufungsverfahren und 1019 LG-Berufungsverfahren lässt sich Folgendes entnehmen:[54]

52 Vgl. Rimmelspacher, Rechtstatsächliche Untersuchung zur Funktion und Ausgestaltung des Berufungsverfahrens im Zivilprozess, I/5.

53 Vgl. Barton, Die Revisionsrechtsprechung des BGH in Strafsachen, S. 60.

54 Vgl. Rimmelspacher, Untersuchung, II/2, II/4, a.a.O.

22

Schwerpunkte des Angriffs	Zahl und %-Anteil vor dem OLG	Zahl und %-Anteil vor dem LG	Erfolgsquote – bezogen auf die jeweilige Rüge
a) materiell-rechtlich[a)] b) als alleinige Rüge c) in Kombination mit Rüge der Tatsachenfeststellung d) in Kombination mit Rüge verfahrensfehlerhafter Tatsachenfeststellung e) in Kombination mit beiden vorgenannten Rügen f) in Kombination mit diffusem Angriff auf Sachverhaltsfeststellung g) in Kombination mit falschen Tatsachenfeststellung und weiteren Rügen	a) 702 bzw. 68,4 % aller Berufungen b) 322 bzw. 31,4 % c) 159 bzw. 15,5 % d) 41 bzw. 4,0 % e) 7 bzw. 0,7 % f) 47 bzw. 4,6 % g) 62 bzw. 6,06 % Ergebnis: In 30,86 % aller Berufungen wird neben der materiellen Rüge die Sachverhaltsfeststellung angegriffen.	a) 643 bzw. 63,1 % aller Berufungen b) 338 bzw. 33,2 % c) 137 bzw. 13,4 % d) 25 bzw. 2,5 % e) 8 bzw. 0,8 % f) 39 bzw. 3,8 % g) 37 bzw. 3,6 % Ergebnis: In 24,1 % aller Berufungen vor dem LG wird neben der materiellen Rüge die Sachverhaltsfeststellung angegriffen.	a) 32,76 %, mit Vergleichen in 2. Instanz aber 59,25 % (OLG) und 25,34 % bzw. mit Vergleichen 44,16 % (LG) b) 30,74 % bzw. bei Einschluss von Vergleichen in 2. Instanz 55,27 % (OLG) c) und 26,03 % bzw. bei Einschluss von Vergleichen in 2. Instanz 41,12 % (LG) c-g) 34,47 % bzw. bei Einschluss von Vergleichen in 2. Instanz 62,63 % (OLG) und 24,59 % bzw. bei Einschluss von Vergleichen in 2. Instanz 47,54 % (LG)

Schwerpunkte des Angriffs	**Zahl und %-Anteil vor dem OLG**	**Zahl und %-Anteil vor dem LG**	**Erfolgsquote – bezogen auf die jeweilige Rüge**
a) Verfahrensfehler insgesamt[b)] b) ausschließlich diese Rüge[c)] c) als falsche Tatsachenfeststellung[d)]	a) 154 bzw. 15,0 % aller Berufungen b) 3,2 % aller Berufungen c) 11,4 % aller Berufungen Ergebnis: In 117 Fällen oder 75,97 % aller formellen Angriffe wird zusätzlich die Sachverhaltsfeststellung angegriffen.	a) 134 bzw. 13,2 % aller Berufungen b) 4,7 % aller Berufungen c) 9,8 % aller Berufungen Ergebnis: In 99 Fällen oder 73,88 % aller formellen Angriffe wird zusätzlich die Sachverhaltsfeststellung angegriffen.	a) 41,5 % (OLG) bzw. 32,1 % (LG)[e)] b) unbekannt c) unbekannt
a) Feststellungsrüge, d.h. Angriff auf die Tatsachenfeststellung[f)] b) ausschließlich diese Rüge[g)]	a) 408 bzw. 39,7 % aller Berufungen b) 153 bzw. 14,9 % aller Berufungen	a) 403 bzw. 39,5 % aller Berufungen b) 185 bzw.18,2 % aller Berufungen	a) 5,15 % (OLG) bzw. 6,69 % (LG)[h)] b) 20,91 %[i)] bzw. bei Einschluss von Vergleichen in 2. Instanz 41,83 % (OLG)[j)] und 31,35 % bzw. bei Einschluss von Vergleichen in 2. Instanz 45,94 % (LG)[k)]

Erläuterungen:

a) Vgl. Rimmelspacher, Untersuchung, V/1, V/2 ff., a.a.O.

b) Vgl. Rimmelspacher, Untersuchung, III/1 ff., a.a.O.

c) Vgl. Rimmelspacher, Untersuchung, II/4, a.a.O.

d) Vgl. Rimmelspacher, Untersuchung, III/7, a.a.O.

e) Vgl. Rimmelspacher, Untersuchung, III/10, a.a.O.

f) In den meisten Fällen der Angriff, dass die Beweiswürdigung anders hätte ausfallen müssen, vgl. Rimmelspacher, Untersuchung, IV/1 ff., a.a.O.

g) Vgl. Rimmelspacher, Untersuchung, III/7, a.a.O.

h) Vgl. Rimmelspacher, Untersuchung, IV/8, a.a.O.

i) Rimmelspacher, Untersuchung, IV/8, führt aus, dass das Berufungsgericht aber nur in 4,6 % der Fälle aufgrund der erneuten Feststellung zu einem anderen Ergebnis gekommen sei.

j) Vgl. Rimmelspacher, Untersuchung, IV/4,7, a.a.O.

k) Vgl. Rimmelspacher, Untersuchung, IV/5,8, a.a.O.

Es lässt sich daher festhalten, dass in weit mehr als 40 % aller Berufungen die **Sachverhaltsfeststellungen** (also v.a. die Beweiswürdigungen) angegriffen werden.[55]

Auffallend ist weiter, dass eine zivilrechtliche Berufung im Gegensatz zur strafprozessualen Revision mit einem sehr hohen Prozentsatz zum Erfolg des Rechtsmittelführers führt.

	Revision Strafrecht	**Berufung ZivilR Zählkartenstatistik 1997** [a)]	**Berufung ZivilR Zählkartenstatistik 1998** [b)]	**Daten Rimmelspacher** [c)]
Erfolgsquote – bezogen auf die eingelegten Rechtsmittel insgesamt	seit 1992 immer **unter** 15 %[d)]	**höher** als 48,3 % (OLG) bzw. 42 % (LG), da für Rechtsmittelführer günstige Vergleiche noch nicht berücksichtigt	**höher** als 48,1 % (OLG) bzw. 40,8 % (LG), da für Rechtsmittelführer günstige Vergleiche noch nicht berücksichtigt	**50,9 %** (OLG) **41,3 %** (LG) inklusive günstiger Vergleiche für Rechtsmittelführer

Erläuterungen:

a) Vgl. Rimmelspacher, Untersuchung, I/5, a.a.O.

b) Vgl. Rimmelspacher, Untersuchung, I/5, a.a.O.

c) Vgl. Rimmelspacher, Untersuchung, XI/6, a.a.O.

d) Vgl. Barton, Die Revisionsrechtsprechung des BGH in Strafsachen, S. 60.

■ **Ergebnis:** 23

Die **Erfolgsquoten von strafrechtlichen Revisionen und zivilrechtlichen Berufungen unterschieden sich signifikant.**

■ **Erklärungsansatz:** 24

Das könnte daran liegen, dass die **zivilrechtliche Berufung** im Gegensatz zur strafprozessualen Revision keine reine Rechtskontrollinstanz ist, sondern **auch noch eine 2. Tatsacheninstanz** darstellt. Damit könnte es in der Natur der Sache liegen, dass die Erfolgsaussichten unterschiedlich sind, wenn im einen Fall nur Rechtsfehler

55 Vgl. Rimmelspacher, Untersuchung, II/4, a.a.O.

	zivilrechtliche Berufung	strafrechtliche Revision
Erfolgsquote materiell-rechtliche Rüge – bezogen auf die Anzahl der Rügen	insgesamt materielle Rüge 32,76 %, mit Vergleichen in 2. Instanz aber 59,25 % (OLG) und 25,34 % bzw. 41,12 % (LG) mit Vergleichen ausschließlich materielle Rüge 30,74 % bzw. bei Einschluss von Vergleichen in 2. Instanz 55,27 % (OLG) und 26,03 % bzw. bei Einschluss von Vergleichen in 2. Instanz 44,16 % (LG) mit Angriffen auf die Tatsachenfeststellung 34,47 % bzw. bei Einschluss von Vergleichen in 2. Instanz 62,63 % (OLG) und 24,59 % bzw. bei Einschluss von Vergleichen in 2. Instanz 47,54 % (LG).	ca. 9 %[a)]

Erläuterung:

a) Vgl. Nack, Aufhebungspraxis der Strafsenate des BGH, NStZ 1997, S. 153 ff., 159, 4.803 Rügen mit 444 Erfolgen.

52 Auch hier ist **augenfällig**, dass die **geringe Erfolgsaussicht der strafrechtlichen Revisionsanwälte nicht erklärt werden kann**. Entweder sind diese per se Dilettanten oder haben keinen Zugang zur Literatur, oder es gibt **mehr materiell-rechtliche Fehler, die nicht zugesprochen werden**. Auch hier kommt ersichtlich nur die 2. Alternative in Betracht.

d) Ergebnis

53 Es gibt bei den in der zivilrechtlichen Berufungspraxis vorherrschenden Punkten (Verfahrensfehler, Beweiswürdigung, materiell-rechtliche Fehler) wesentlich mehr zuerkannte Fehler als bei den Beurteilungen von strafrechtlichen Revisionen. Das gilt auch dann, wenn man die Möglichkeit der Einführung neuer Angriffs- und Verteidigungsmittel in der zivilrechtlichen Berufung berücksichtigt. Wegen des Rotationsprinzips in der Justiz und der gleichen Ausbildung ist ausgeschlossen, dass die erstinstanzlichen Zivilrichter qualitativ schlechter sind als die Strafrichter. Ebenso kann angenommen werden, dass die Qualität der Berufungsanwälte und Revisionsanwälte gleich ist. Wenn die Qualität der Richter und der Rechtsmittelführer jedoch gleich ist, so kann die **unterschiedliche Erfolgsquote** spezieller Rügen nur dadurch erklärt werden, dass in dem einen Bereich (Strafrecht) tatsächlich so gut wie nicht,

in dem anderen Bereich (Zivilrecht) jedoch schärfer kontrolliert wird. Folgerichtig wurde bereits nachgewiesen, dass der Maßstab der strafprozessualen Revisionsprüfung und der dortigen angeblich revisiblen Rechtsfehler nicht ernst gemeint ist, sondern lediglich aus Leerformeln besteht.[78] Der Befund von Barton, dass in der strafrechtlichen Revision **kryptische Regeln** gelten, die von den Richtern flexibel zu Recht gemacht werden (s.u. § 4 Rdn 16 ff.), kann somit durch einen Vergleich mit zivilrechtlichen Berufungsergebnissen (bereinigt um die Tatsache der neuen Angriffs- und Verteidigungsmittel) nur bestätigt werden. Jüngere Untersuchungen stehen insofern nicht zur Verfügung. Es ist allerdings auch kein Anhaltspunkt ersichtlich, dass sich die zugrundeliegenden Fragen wesentlich verändert hätten.

4. Weitere Versuche der Abschätzung einer Fehlurteilsquote

Ein plausibles Bild einer Mindestfehlerquote dürften auch die Fälle liefern, in de- 54
nen das OLG die zivilprozessuale Revision nicht zugelassen hat, d.h., von der eigenen revisionsrechtlichen Richtigkeit der Entscheidung ausgegangen ist, aber dennoch ein Fehler vorhanden war. Sachlich hatte der BGH z.B. im Jahre 2006 über 1854 Fälle entschieden, wovon 349 Fälle (= 18,82 %) zu einer Revisionszulassung führten, wovon wiederum ca. 80 % erfolgreich waren.[79] Im Jahre 2009 änderte der BGH die Nichtzulassungsentscheidung der Oberlandesgerichte in 15,5 % der Fälle ab, wobei die so zugelassenen Revisionen dann im Ergebnis auch zu ca. 83 % erfolgreich waren.[80] Das offenbart eine Fehlurteilsquote von ca. 14 %, die nach oben zu korrigieren wäre, wenn auf den grundsätzlich irrevisiblen, aber fehlerträchtigen Bereich der Tatsachenfeststellung und Würdigung zugegriffen werden könnte und würde. Diese Quote würde aber nur für die überprüften Fälle gelten und nichts über die gar nicht in dieses Stadium der Überprüfung (Nichtzulassungsbeschwerde, Revision) gelangten Fälle aussagen. Plausibel dürfte sein, im Zivilverfahren eine allgemeine Fehlerquote von ca. 33 % abzuschätzen. Betrachtet man nämlich die Urteile, die aufgrund einer von den Berufungsgerichten zugelassenen Revision vor den BGH gelangen, so ergibt sich – über die Jahre konstant – eine Quote von ca. 1/3 von Berufungsurteilen, die keinen Bestand haben.[81] Wenn aber im revisionsrechtlich überprüften und überprüfbaren Bereich eine Fehlerquote von 1/3 angenommen werden kann, dann liegt es nahe, diese Fehlerquote auf den nicht überprüften oder überprüfbaren Bereich zu erstrecken.[82] Umgekehrt gewendet: Warum sollten gera-

78 Vgl. Geipel, Ist Freie Beweiswürdigung willkürliche Beweiswürdigung, StraFo 2005, S. 135, 138.

79 Vgl. Nassal, Verfassungsgerichtliche Lawinensprengung? – das BVerfG und die Berufungsbeschlusszurückweisung, NJW 2008, S. 3390, 3392.

80 Vgl. der im Internet auf der Homepage des BGH veröffentlichte Tätigkeitsbericht der „Statistik Zivilsenate" für das Jahr 2009, S. 28 f.

81 Vgl. Winter, Die Nichtzulassungsbeschwerde – ein Scheinrechtsmittel, NJW 2016, S. 922 f.

82 Vgl. Geipel in Miebach/Hohmann, Die Wiederaufnahme in Strafsachen, Kap. A Rn 82 ff. m.w.N.

de im überprüfbaren Bereich mehr Fehler als im unüberprüfbaren Bereich geschehen? Noch einmal anders gewendet: Nichts spricht für die Annahme, dass im überprüften und überprüfbaren Bereich mehr Fehler geschehen als im nicht überprüften oder überprüfbaren Bereich.

55 Ebenso können Untersuchungen hinsichtlich der Bedeutung erfolgreicher strafprozessualer Verfahrensrügen, die zur Zurückverweisung führen und das Schicksal der nachfolgenden tatrichterlichen Urteile einen weiteren Versuch der Abschätzung einer Mindestfehlerquote bieten. Die Grundannahme in diesem Versuch der Abschätzung besteht in Folgendem: Wenn ein rein formeller Fehler vorliegt, z.B. das Urteil wurde einen Tag zu spät abgesetzt, gem. § 275 StPO und deswegen das Verfahren zurückverwiesen wird, dürfte sich an dem materiellen Ergebnis des neuen Verfahrens nichts ändern.[83] Diese Grundannahme bedarf jedoch der Korrektur. Zu denken wäre daran, dass sich Änderungen (Verringerungen) in der Strafhöhe ergeben, da die nunmehr längere Verfahrensdauer zugunsten des Angeklagten kompensiert werden könnte. Ebenso ist daran zu denken, dass der Verfahrensfehler, der zur Aufhebung führte, gerade im revisiblen Bereich der Tatsachenfeststellung erging, so dass der Fehler von der Rechtskontrolle ohnehin entdeckt worden wäre.

56 Insofern liegen drei Untersuchungen vor. Eine von Haddenhorst,[84] der 76 Verfahren des Jahres 1964 und eine von Vogelsang,[85] der 87 Verfahren aus den Jahren 1992 und 1993 ausgewertet hat, sowie eine von Hanack.

57 Bereits Haddenhorst stellte in den auf Angeklagtenrevisionen zurückverwiesenen Fällen eine Freispruchsquote von 13 % und eine Einstellungsquote von 7,2 % fest. Als Gründe der nunmehr abweichenden Feststellungen nannte er vor allem eine andere Würdigung desselben Beweismittels, neue Zeugenbeweise aufgrund eingehenderer Beweisaufnahme und Entlastungen durch Tatbeteiligte, die nunmehr als Zeugen gehört wurden sowie Gutachten zur Schuldfähigkeit.[86] Eine weitere Aufklärung ist nicht möglich, und doch offenbart der formelle Fehler, der zur Aufhebung und Zurückverweisung führte, dass die erste Verurteilungsgrundlage in einer großen Anzahl an Fällen nicht hinreichend zuverlässig war. Auch zur Qualität der Einstellungen kann nur gemutmaßt werden. Es dürfte jedenfalls aktueller Prozessbeobachtung entsprechen, dass Einstellungen (nach einer BGH-Aufhebung) nur dann erfolgen, wenn die Sache „so oder so" ausgehen kann, oder keinen weiteren Aufwand mehr lohnt, bzw. die mögliche Schuld des Angeklagten nur noch gering ist. Wenn die Sache aber „so oder so" ausgehen kann, ist die erste Verurteilung ein Fehlurteil, weil sie dann auf **unzureichender Urteilsgrundlage** beruht. Aus der Ver

83 Vgl. Vogelsang, Die Bedeutung erfolgreicher Verfahrensrügen für das nachfolgende tatrichterliche Urteil, S. 33.

84 Vgl. Haddenhorst, Die Einwirkung der Verfahrensrüge auf die tatsächlichen Feststellungen.

85 Vgl. Vogelsang, Die Bedeutung erfolgreicher Verfahrensrügen für das nachfolgende tatrichterliche Urteil.

86 Vgl. Haddenhorst, Die Einwirkung der Verfahrensrüge auf die tatsächlichen Feststellungen, S. 114.

fassung ergibt sich, dass das zentrale Anliegen des Strafprozesses die **Ermittlung des wahren Sachverhalts** ist.[87] Aus dem Schuldgrundsatz folgt, dass dem Angeklagten Tat und Schuld prozessordnungsgemäß nachgewiesen werden müssen und der Angeklagte bis dahin als unschuldig gilt.[88] Verurteilungen aufgrund einer Instanz, die man „so oder so" sehen kann, müssten sich demnach verbieten.

Vogelsang hat diese Ergebnisse im Wesentlichen reproduziert. In 10 von 87 Verfah- 58
ren(= 11,49 %) ist es in dem zurückgewiesenen Verfahren zu einem Freispruch undin weiteren sechs Verfahren (= 6,89 %) zu einer Einstellung gekommen.[89] In 10,54 % (17 von 87 Fällen) wurde zudem im neuen Verfahren eine Bewährungsstrafe statt einer Vollzugsstrafe verhängt.[90]

In 54 der untersuchten 87 Fälle (= 62,06 %) kam es entweder zu einem Freispruch, 59
zu einer Bewährungsstrafe statt einer Vollzugsstrafe oder einer sonstigen für den Angeklagten günstigen Veränderung im Strafmaß.[91] Wiederum in 30 dieser 87 Fälle (= 34,48 %) kam es zu einer Veränderung der Tatsachenfeststellungen.[92] In 24 Fällen ist es zu einer Veränderung im Strafmaß gekommen, wobei sich die Tatsachenfeststellungen nicht geändert haben. Unklar blieb hier in den meisten Fällen, woran dies lag.[93] Denkbar ist, dass in gewissen Fällen durch einen Deal mit ggf. „taktischem" Geständnis eine Verhandlungslösung erreicht wurde, die auch der Angeklagte akzeptieren konnte. Dass sich dann das Urteilsergebnis von der materiellen Wahrheit entfernt haben dürfte, liegt auf der Hand. In den 20 Fällen,[94] in denen es zu einer Veränderung der Tatsachenfeststellung und einer Veränderung im Strafmaß kam, bestand in elf Fällen keine Kausalität mit dem Verfahrensfehler.[95] Von den zehn Fällen, die mit einem Freispruch endeten, bestand in sieben Fällen keine Kausalität zwischen dem Freispruch und dem Verfahrensmangel.[96] Das bedeutet,

87 Vgl. nur in letzter Zeit: BVerfG, Urt. v. 19.3.2013 – 2 BvR 2628/10 u.a. = NJW 2013, S. 1058; BVerfG, Beschl. v. 6.10.2009 – 2 BvR 2580/08, StV 2010, S. 113; BVerfG, Beschl. v. 15.1.2009 – 2 BvR 2044/07, NJW 2009, 1469 ff.; bereits zuvor: BVerfGE 57, S. 250 ff.

88 Vgl. BVerfG, 2 BvR 2628/10 u.a. = NJW 2013, 1058, S. 1058, 1060 m.w.N.

89 Vgl. Vogelsang, Die Bedeutung erfolgreicher Verfahrensrügenfür das nachfolgende tatrichterliche Urteil, S. 82, 86.

90 Vgl. Vogelsang, Die Bedeutung erfolgreicher Verfahrensrügen für das nachfolgende tatrichterliche Urteil, S. 94.

91 Vgl. Vogelsang, Die Bedeutung erfolgreicher Verfahrensrügen für das nachfolgende tatrichterliche Urteil, S. 95.

92 Vgl. Vogelsang, Die Bedeutung erfolgreicher Verfahrensrügen für das nachfolgende tatrichterliche Urteil, S. 97.

93 Vgl. Vogelsang, Die Bedeutung erfolgreicher Verfahrensrügen für das nachfolgende tatrichterliche Urteil, S. 98.

94 30 Fälle insgesamt, bei 10 erfolgte ohnehin ein Freispruch.

95 Vgl. Vogelsang, Die Bedeutung erfolgreicher Verfahrensrügen für das nachfolgende tatrichterliche Urteil, S. 104.

96 Vgl. Vogelsang, Die Bedeutung erfolgreicher Verfahrensrügen für das nachfolgende tatrichterliche Urteil, S. 120.

dass in 18 von 87 Fällen (= 20,68 %) ein zufällig vorhandener Verfahrensfehler zu einem hiervon losgelösten, aber für den Angeklagten günstigeren Ergebnis aufgrund anderer Tatsachenfeststellung geführt hat. Das legt eine Mindestfehlerquote von 20,68 % nahe. Hinzu kommen wohl noch einige der eingestellten Fälle, bei denen aber nicht aufklärbar ist, inwiefern die Angeklagten dem Freispruch näher als der Verurteilung waren. Zu einer Verschlechterung kam es in 3 % der Fälle.[97]

60 Sowohl nach der Studie von Haddenhorst als auch der Studie von Vogelsang kam es nach einer erfolgreichen Verfahrensrüge in mehr als 60 % der Fälle zu einer Verbesserung des Angeklagten (Einstellung, Freispruch oder im Strafmaß).[98] Da eine große Anzahl an Fällen verbleibt, in denen einerseits der Grund der Verbesserung (z.B. „taktisches" Geständnis) nicht nachvollzogen werden kann und andererseits in nicht wenigen Fällen die abweichende Beurteilung mit dem revisiblen Fehler in keinem Kausalzusammenhang stand, ist das Problem des Fehlurteils auch zahlenmäßig keinesfalls mehr vernachlässigbar.

61 Hanack hat in einer rechtstatsächlichen Untersuchung das Schicksal von 122 Strafverfahren, deren Revisionen beim BGH ganz oder teilweise erfolgreich waren, durchgeführt. Obwohl Hanack seiner Untersuchung aufgrund der geringen Fallzahl keine statistische Relevanz zuspricht,[99] lässt sich doch eine Tendenz ableiten. Für die Zwecke der Abschätzung einer Mindestfehlerquote sollen nur die Fälle herangezogen werden, in denen der Aufhebungsgrund mit der geänderten Beurteilung nach neuer Hauptverhandlung nichts zu tun hat. Die Auswertung von 100 Urteilen (nach Zurückverweisung) ergab, dass in 15 Fällen die ursprüngliche Aufhebung aufgrund eines Verfahrensfehlers erfolgte. Blendet man die mitgeteilten ursprünglichen Verstöße gegen das Beweisantragsrecht und Beweisverwertungsverbote aus, verbleiben zehn Fälle, von denen zu vermuten ist, dass der ursprüngliche Verfahrensmangel nichts mit der Tatsachenfeststellung/Beweiswürdigung/Strafzumessung zu tun hat. Dennoch kam es (losgelöst vom Aufhebungsgrund) in mindestens vier Fällen zu erheblich geänderten Strafen und in mindestens weiteren vier Fällen zu beträchtlichen Änderungen im Schuldspruch. Hanack weist einen weiteren Fall nach, in dem die Aufhebung zwar wegen der Sachrüge erfolgte, das neue Ergebnis aber mit dem ursprünglich festgestellten Beanstandungsgrund nichts zu tun hat.[100] Das legt eine **Mindestfehlerquote** von 4 + 4 + 1 = 9 (= **9 %**) nahe.[101]

97 Vgl. Vogelsang, Die Bedeutung erfolgreicher Verfahrensrügen für das nachfolgende tatrichterliche Urteil, S. 133.

98 Vgl. Vogelsang, Die Bedeutung erfolgreicher Verfahrensrügen für das nachfolgende tatrichterliche Urteil, S. 138.

99 Vgl. Hanack, Zum Verfahrensausgang nach erfolgreicher Revision, S. 495 f. in FS Tröndle (1989).

100 Vgl. Hanack, Zum Verfahrensausgang nach erfolgreicher Revision, S. 495, 507 in FS Tröndle (1989).

101 Vgl. Hanack, Zum Verfahrensausgang nach erfolgreicher Revision, S. 495, 506 f. in FS Tröndle (1989).

Im Bereich der **Sexualdelikte** ergab eine deutsche Untersuchung von Burgheim/Friese eine **Falschbezichtigungsquote von 19,6 %**.[102] Der deutsche Psychologe Köhnken teilt mit, dass bei den von ihm begutachteten, bereits problematisch eingeschätzten Fällen eine Falschbezichtigungsquote von 30–40 % anzunehmen sei.[103] Nach Einschätzung von Hamm dürfte im Bereich der Aussage gegen Aussage-Situationen (v.a. bei Sexualdelikten) die Dunkelziffer der Fehlurteile am größten sein, da das Opfer faktisch (meist einziger) Zeuge in eigener Sache ist.[104] Zutreffend weist auch Eschelbach darauf hin, dass die Zahl der Falschbezichtigungen größer sein dürfte als gemeinhin zu vermuten ist.[105] 62

Ein Parallelproblem ergibt sich zur Sicherungsverwahrung. Die Frage, wie viele falsch eingeschätzte „Positive" zu Unrecht in Sicherungsverwahrung gehalten werden, kann nur geschätzt werden. Hier gehen die Schätzungen von 40 bzw. 55 % aus, teils sogar von noch höheren Falscheinschätzungen. 63

Hinweis 64

Die Frage, welche Fehlerquote ein Rechtsstaat in Kauf nehmen kann und darf, ist in Deutschland bisher nicht gestellt worden.[106] Im Deutschen Bundestag wurde durch das BMJ im Einvernehmen mit den Landesjustizverwaltungen davon abgesehen, den Ertrag von Wiederaufnahmeverfahren offiziell zu bilanzieren. Das wurde damit begründet, dass sonst eine Beunruhigung der Bevölkerung und Verärgerung der Richterschaft drohen könnte (Deutscher Bundestag, 4. Wahlperiode, 14. Sitzung vom 14.2.1962 S. 408). Die Untersuchung von Karl Peters (Fehlerquellen im Strafprozess, Bände 1–3, 1972–1974) anhand von Wiederaufnahmeverfahren belegt aber, dass Fehlurteile in „beachtenswerter Häufigkeit" vorkommen.

Die relativ geringen Erfolgsquoten von Revisionen (im Zivilrecht und erst recht im Strafrecht) und von Verfassungsbeschwerden suggerieren eine weitgehende Fehlurteilsabsenz. Die Statistik des Misserfolgs des Beschwerdeführers könnte als Kehrseite eine Statistik des Erfolgs des Justizsystems sein. Diese Annahme ist aber trügerisch.[107] Zum einen ist die strafrechtliche Revision weitgehend ineffektiv, weil sie den fehlerträchtigsten Bereich der Tatsachenfeststellung und Würdigung weitgehend ausblendet, zum anderen scheitern viele strafprozessualen Revisionsrügen oder Verfassungsbeschwerden bereits in der Zulässigkeitsstation.[108] 65

102 Vgl. Burgheim/Friese, Sexualdelinquenz und Falschbezichtigung, S. 23.

103 Vgl. Interview mit Prof. Dr. Köhnken, http://www.zeit.de/2008/15/Interview-Koehnken.

104 Vgl. Interview mit Prof. Dr. Hamm, http://www.zeit.de/2004/50/Laura_Interview?page=2.

105 Vgl. Eschelbach in Satzger/Schluckebier/Widmaier, StGB, § 46a Rn 13 ff.

106 Vgl. Eschelbach, Anmerkung zu EGMR, Urt. v. 17.12.2009 – 19359/04, NJW 2010, S. 2499 f.

107 Anders aber Schlaich/Korioth, Das Bundesverfassungsgericht, 8. Aufl., Rn 195.

108 Vgl. Reichart, Revision und Verfassungsbeschwerde in Strafsachen, S. 1 f., 36 und Eschelbach/Geipel/Weiler, Anhörungsrügen, StV 2010, S. 325, 332.

66 Daraus folgt, dass wichtige Fragen verfassungsrechtlich oft unentschieden geblieben sind, weil die Verfassungsbeschwerden bereits unzulässig waren.[109]

67 Ein Befund aus dem Zivilverfahren legt nahe, dass die Fehlerentdeckung weitgehend von der Kontrolldichte abhängt. In Zivilverfahren mussten ursprünglich alle anhängigen Revisionsverfahren aufgrund mündlicher Verhandlung durch Urteil entschieden werden. Im Jahre 1975 wurde die Annahmerevision eingeführt. Das BVerfG billigte mit Beschl. v. 28.2.1979 die Nichtbegründung bzw. nur formelhafte Begründung eines Nichtannahmebeschlusses. Dort heißt es: „Die Tatsache, dass der Beschluss nicht weiter begründet worden ist, erschwert zwar die Nachvollziehung der Entscheidung durch den Beschwerdeführer und mag für diesen unbefriedigend sein; sie stellt jedoch keinen Verfassungsverstoß dar."[110] „Waren es im Jahre 1980 noch 863 Verfahren, die durch Urteil entschieden wurden[111] – bei 781 Nichtannahmebeschlüssen –, so verringerte sich die Zahl der Urteile innerhalb von zehn Jahren (1990) auf nur noch 759 Urteile,[112] während sich die Zahl der Nichtannahmebeschlüsse auf 1657 erhöhte. Im Jahre 1993 wurden nur 617 Revisionsverfahren durch Urteil erledigt, während 1406 Nichtannahmebeschlüsse ergingen. Von den im Jahre 1990 ergangenen Revisionsurteilen waren 73 % Leitsatzurteile (537 Revisionsurteile mit 779 Leitsätzen) und nur 27 % Urteile ohne Leitsatz (198 Revisionsurteile). Die Verringerung der Zahl der Urteile und Steigerung der Nichtannahmebeschlüsse um mehr als das Doppelte wirkt sich auch auf die Erfolgsquote der Revisionsverfahren aus. Während im Jahre 1965 – vor Einführung der Annahmerevision im Jahre 1975 – die Quote der erfolgreichen Revisionen 28,6 % betragen hat,[113] ist sie bis zum Jahre 1991 auf 18,5 % gesunken. Es liegt auf der Hand, dass eine solche Steigerung der Fehlerfreiheit von Berufungsurteilen kaum möglich ist."[114] Dieser besorgniserregende Befund aus dem Zivilverfahren hat sich weiter verdichtet: Der I. Zivilsenat hat z.B. im Jahr 2014 auf die Nichtzulassungsbeschwerde hin die Revision in 20 % der Fälle zugelassen, während der XI. Zivilsenat dies im selben Zeitraum nur in 2,7 % der Fälle getan hat. Durch eine unterschiedliche Qualität der vorangehenden Berufungsentscheidungen lässt sich dies kaum erklären. In den Jahren 2005–2011 ergab sich vor dem BGH für die Nichtzulassungsbeschwerde eine Erfolgsquote von ca. 12 %. Nachdem die Eingangszahlen durch die nunmehrige Möglichkeit auch Beschlussverwerfungen nach § 522 Abs. 2 ZPO mit der Nichtzulassungsbeschwerde anzugreifen, gestiegen sind, ist die Erfolgsquote der Nichtzulas-

109 Vgl. Widmaier/Eschelbach, MAH, Strafverteidigung, § 28 Rn 16 mit zahlreichen Beispielen.

110 BVerfGE 54, S. 287, 289.

111 Im Original folgende Fußnote: Insoweit sind Revisionen und Patentnichtigkeitsverfahren zusammengefasst.

112 Im Original folgende Fußnote: Revisionen und Berufungen.

113 Im Original folgende Fußnote: BT-Dr 10/5317, S. 428.

114 Kroitzsch, Wegfall der Begründungspflicht – Wandel der Staatsform der Bundesrepublik, NJW 1994, S. 1032, 1034.

sungsbeschwerde stetig gesunken, nämlich auf 9,5 % (2012), 8 % (2013), 6,5 % (2014) und 7,1 % (2015). Das ist paradox, denn die Urteile werden i.d.R. sorgfältiger begründet als die zurückweisenden Beschlüsse. Das bedeutet: Obwohl mehr weniger sorgfältig begründete Entscheidungen vor den BGH gelangt sind, ist die Erfolgsquote paradoxerweise nicht gestiegen, sondern gesunken. Das indiziert einen flexiblen Umgang mit Zulässigkeitskriterien, die restriktiv gehandhabt werden und intransparent sind, so dass die Nichtzulassungsbeschwerde nur noch als Scheinrechtsmittel bezeichnet wird.[115] Nach Ansicht von Waclawik ist der Spielraum des BGH in Zivilsachen bei der Revisionszulassung „nicht zuverlässig abschätzbar und immens".[116]

Hinweis 68

„Obwohl Menschen wissen, dass sie fehlbar sind, sind sie in vielen Fällen dennoch nicht bereit, diese Fehlbarkeit zu akzeptieren... Und es gibt in verschiedenen Berufsständen den Korpsgeist, der vermeintliche Nestbeschmutzer mit Ächtung und Ausschluss bestraft. Das findet sich vor allem dort, wo die handelnden Personen nicht als Individuum, sondern als Funktionsträger angesehen werden und auch angesehen werden wollen.... Dass Richter und Chefärzte Fehler begehen, ist im System und im Selbstbild, das Richter- und Ärzteschaft von sich kultivieren, nicht vorgesehen. Dabei weiß jeder, der es wissen will, dass die Geschichte der Medizin und der Justiz auch eine Geschichte der Kunstfehler und der Justizirrtümer ist. ... Fehlleistungen in der Justiz werden in keiner Statistik geführt, weil sie außer von den Betroffenen von niemandem registriert werden. Nur die allerwenigsten Fälle werden bekannt. Der Fall Hetzel – ein 27-jähriger Metzger, der 14 Jahre unschuldig in Haft saß, weil ein Gutachter auf einem unscharfen Schwarz-Weiß-Foto am Hals einer toten Frau Abdruckspuren eines Kälberstricks zu sehen glaubte. In Wirklichkeit war die Frau an einer Luftembolie gestorben. Der Fall Horst Arnold – ein Lehrer, der von einer Kollegin der Vergewaltigung bezichtigt wird, wandert für fünf Jahre ins Gefängnis, weil das Gericht die offensichtlichen Widersprüche und Ungereimtheiten in der Aussage des angeblichen Opfers ignoriert. Der Fall Mollath – ein Richter lässt eine falsche Urkunde als Beweismittel zu, er ignoriert entlastende Zeugenaussagen, und der Delinquent wird auf unbestimmte Zeit in die Psychiatrie verbannt. Der Fall Franz Einhell – Richter halten es für angemessen und verhältnismäßig, dass ein Mann seit 18 Jahren in der Psychiatrie festgehalten wird, weil man nicht ausschließen kann, dass er in Freiheit irgendwann einmal wieder seinen Penis vorzeigt.... Es gibt Berufsgruppen, beispielsweise in der Luftfahrt, in denen ausdrücklich zum Eingeständnis eigener Fehler ermuntert wird. Das dient der Sicherheit der Passagiere, aber es dient auch dem Ansehen des Flugpersonals. In

115 Vgl. Winter, Die Nichtzulassungsbeschwerde – ein Scheinrechtsmittel, NJW 2016, S. 922 ff.
116 Waclawik, Aufruhr im Auenland: Was wird aus der Nichtzulassungsbeschwerde, NJW 2016, S. 1639 f.

der Justiz und in der Medizin dagegen gibt es zu viele, die glauben, sie brächten ihren Berufsstand in Verruf, wenn sie zugäben, dass ihnen, wie allen Menschen, Fehler unterlaufen. Das Gegenteil ist der Fall.“[117]

II. Unprognostizierbarkeit des Rechtsmittels und Illusionen der Gültigkeit

69 Wenn jedoch die strafprozessuale Revision (faktisch) in weiten Bereichen aus Leerformeln besteht, so liegt auf der Hand, dass das Ergebnis unprognostizierbar ist. Der frühere Vorsitzende des BGH Herdegen hat mitgeteilt, dass der BGH mit miteinander nicht zu vereinbarenden Beweiswürdigungstheorien arbeitet,[118] und führt aus: „Für den Revisionsführer ist es in den meisten Fällen völlig ungewiss, ob das Revisionsgericht sein die Feststellungen betreffendes Gravamen formelmäßig erledigen oder als Beschreibung eines Rechtsfehlers ansehen wird, die, wenn sie zutrifft, nur an der Hürde des Beruhens scheitern kann.“[119] Auch hier hat sich die **Unprognostizierbarkeit schleichend entwickelt**.[120] Auch der BGH-Richter a.D. Herbert Foth teilt mit, dass sich eine Hypertrophie der Urteilsgründe gebildet hätte, aber keine revisionsrechtlich auch nur einigermaßen bestimmbare Grenze oder ein zuverlässiger Maßstab.[121] Krause teilte bereits 1974 mit, dass niemand sagen könne, wo genau die Grenzen der Eingriffsmöglichkeiten in die tatrichterliche Beweiswürdigung lägen.[122] Jedenfalls wird man feststellen dürfen, dass sich die Revisionsgerichte einen gewissen Dispositionsraum für ergebnisbezogene Willensentscheidungen getroffen und reserviert haben. Dies führt zu der kuriosen und auf Dauer nicht akzeptablen Situation, dass die Rechtsprechung der Revisionsgerichte zwar Klarheit schaffen soll, tatsächlich aber, wie jeder Revisionspraktiker weiß, die Erfolgsaussichten der konkreten Revision nur sehr eingeschränkt berechenbar sind. Allzu oft wird an die bange Feststellung erinnert, die Lewis Caroll seine Heldin Alice im Wunderland einmal treffen lässt: Das muss der Wald sein, in dem nichts einen Namen hat.[123]

117 Holzhaider, Hilfe der Korpsgeist, SZ vom 22./23.6.2013 – S. 4.

118 Vgl. Herdegen, Strafrichterliche Aufklärungspflicht und Beweiswürdigung, NJW 2003, S. 3513 f.

119 Herdegen, Die Überprüfung der tatsächlichen Feststellungen durch das Revisionsgericht aufgrund der Sachrüge, S. 140, in Beweisantragsrecht, Beweiswürdigung, strafprozessuale Revision, ebenso Barton, Die Revisionsrechtsprechung des BGH in Strafsachen, S. 1 Fn 1, m.w.N.

120 Vgl. Barton, Die Revisionsrechtsprechung des BGH in Strafsachen, S. 1 Fn 1, mit Verweis auf Aufsätze aus früheren Jahren.

121 Vgl. Foth, Tatgericht, Revisionsgericht – wer würdigt die Beweise?, DRiZ 1997, S. 201, 207.

122 Vgl. Krause, Grenzen richterlicher Beweiswürdigung im Strafprozess, In Festschrift für Karl Peters, S. 323, 331.

123 Vgl. Neuhaus, Revision, in Brüssow/Gatzweiler/Krekeler/Mehle/Pauly, Strafverteidigung in der Praxis, 4. Aufl. § 13 Rn 31.

Für die zivilrechtliche Berufung kann kein ähnlich vernichtendes Urteil ausgestellt werden, aber gleichwohl herrscht jedenfalls im wichtigsten Bereich der Zeugenbeurteilung Unprognostizierbarkeit, da der Berufungsführer kaum vorhersehen kann, wann das Berufungsgericht die Glaubwürdigkeit anders beurteilen will. Damit besteht im Zivilprozess keine volle 2. Instanz, aber durchaus ein effektives Rechtsmittel. Das 2. Rechtsmittel bei Strafverfahren, die beim LG beginnen, ist hingegen ineffektiv. **70**

Die Aufhebungsquoten durch Rechtsmittelgerichte sind insgesamt sowohl im Zivil- als auch im Strafprozess zu niedrig, denn selbst im Zivilverfahren greifen wahrnehmungsverzerrende Umstände nicht zu Gunsten der materiellen Richtigkeit, sondern zu Gunsten des Ersturteils. Die Statistik des Misserfolgs des Rechtsmittelführers ist damit nicht die Kehrseite des Erfolgs des Systems, sondern zum Teil der nicht ausreichenden Kontrolle.

Gleichwohl wird die Nichtbeanstandung oder Nichtaufhebung durch die übergeordnete Instanz als Beleg der Richtigkeit gesehen, was die **Illusion der Gültigkeit** erzeugt. Richtig ist nur Folgendes:

„Das Feedback, das unterinstanzliche Richter zu ihren Tatsachenfeststellungen erhalten, erlaubt es ihnen daher möglicherweise, eine gute Intuition zu entwickeln, wie sie Beweise würdigen müssen, *damit die Rechtsmittelinstanz die Beweiswürdigung als richtig akzeptiert*, aber nicht, wie sie Beweise würdigen müssen, *damit die für wahr erachteten Tatsachenbehauptungen mit der Wirklichkeit übereinstimmen.*“[124] Das ist nicht nur „möglicherweise“ so, sondern tatsächlich. Damit erklären sich justizinterne Fortbildungen von Richtern der Rechtsmittelgerichte, in denen unterrichtet wird, worauf diese Wert legen. Derartige Fortbildungsveranstaltungen müssen nicht schlecht sein, allerdings stellen sie eine „bösartige Lernumgebung“ dar, wenn sie sich auf reine Darstellungsanforderungen (unter Aufrechterhaltung des sog. Rekontruktionsverbotes) beschränken.

In der angelsächsischen Wissenschaft wurde seit Jahrzehnten die Terminologie des **benign** und **malign neglect** eingeführt, die jedenfalls in der (deutschen) Medizinwissenschaft übernommen wurde, in der Rechtswissenschaft allerdings nicht. Eine Ausnahme stellt das Werk von *Schweizer*, Beweiswürdigung und Beweismaß, von 2015 dar. Schweizer hat Recht, wenn er meint, dass die Lernumgebung des Tatrichters für die Beweiswürdigung „bösartig“ sei, da eine Rückmeldung selten, zeitlich verzögert und ambivalent wäre, so dass kein Grund für die Annahme ersichtlich sei, dass Richter eine (besonders) gute Intuition für die Beweiswürdigung entwickeln würden, und zwar weder aufgrund ihrer Ausbildung noch aufgrund ihrer Erfahrung.[125]

124 Schweizer, Beweiswürdigung und Beweismaß, S. 269.

125 Vgl. Schweizer, Beweiswürdigung und Beweismaß, S. 70 m.w.N.

III. Entwicklung von Verfahrensgrundsätzen contra legem

1. Berichte aus der Praxis

71 Das **Fehlen von Regeln zur Beweiswürdigung** hat in der **Praxis** dazu geführt, dass sich bestimmte **Verfahrensregeln contra legem** entwickelt haben. Es wurde berichtet, dass der In-dubio-pro-reo-Grundsatz faktisch nicht mehr gilt, da sich der Richter bei Anklagezulassung – bedingt durch die Struktur des deutschen Strafprozesses – ein Vorurteil von der Schuld des Angeklagten machen muss, von dem er aufgrund unbewusst einsetzender psychologischer Gesetzmäßigkeiten erst dann abweicht, wenn nicht nur Zweifel geweckt wurden, sondern vielmehr das Gegenteil bewiesen ist.[126] Weiter wurde berichtet, dass sich eine In-dubio-contra-reum-Rechtsprechung herausgebildet habe.[127] Ebenso wurde berichtet, dass oft bei dem Phänomen des „**Wiedererkennens des Angeklagten in der Hauptverhandlung**" gegen wissenschaftliche Erkenntnisse zulasten des Angeklagten verstoßen werde.[128] Schlussendlich wurde von einer **geheimen Beweisregel** berichtet, einem **Zeugen grds. zu glauben**.[129]

2. Technik der revisionssicheren Urteilsbegründung im LG-Strafprozess (v.a. durch Verschweigen relevanter Umstände)

72 „Die Ergebnisse der Beweisaufnahme sind daher einzig und allein in der späteren Urteilsbegründung zu finden. Die aber wird vom Gericht, zumeist vom Vorsitzenden Richter [tatsächlich der Berichterstatter] verfasst. Dieser entscheidet also letztlich, wie welche Aussagen wiedergegeben werden oder welche eventuell ganz unter den Tisch fallen. Resultat: A.E. passt das Ergebnis der Beweisaufnahme immer genau zum gefällten Urteil. Mögliche Fehlinterpretationen, Verdrehungen oder gar bewusste Verfälschungen lassen sich später kaum noch feststellen, geschweige denn korrigieren [...]. Zumal die meisten Richter bei der Formulierung ihrer Urteilsbegründung – mithin der einzigen Grundlage für späteren Widerspruch – äußerst geschickt vorgehen, potenzielle Einwände des Strafverteidigers antizipieren und elegant jede Hürde nehmen, die Anhaltspunkt für einen erfolgreichen Einspruch liefern könnte. Das Ziel eines Richters ist das ‚revisionssichere' Urteil – auch wenn es womöglich ein Fehlurteil ist."[130] „Was Juristen schelmisch das ‚Dichtschreiben'

126 Vgl. Schünemann, Der Richter im Strafverfahren als manipulierter Dritter? Zur empirischen Bestätigung von Perseveranz- und Schulterschlusseffekt, StV 2000, S. 159, 163.

127 Vgl. Meyer-Mews, Die „in dubio contra reo" Rechtsprechung bei Aussage – gegen Aussage Delikten, NJW 2000, S. 916 ff.; vgl. auch Deckers, Verteidigung in Verfahren wegen sexuellen Missbrauchs, in Brüssow/Krekeler/Mehle, Strafverteidigung in der Praxis, 1998, Rn 1.

128 Vgl. Geipel, Die (wiederholte) Wiedererkennung an Hand eines Lichtbildes, DAR 2005, S. 476 ff.

129 Vgl. Reinecke, Die Krise der Freien Beweiswürdigung im Zivilprozess, oder über die Schwierigkeit, einem Zeugen nicht zu glauben, MDR 1986, S. 630 ff.

130 Bossi, Halbgötter in Schwarz, S. 21.

von Urteilen nennen, umfasst deshalb zwei Künste: wesentliche Tatsachen, Indizien und Aussagen ausführlich und detailgenau zu schildern und auszuwerten, kontroverse und zweifelhafte Punkte dagegen nach Möglichkeit zu umgehen.“[131]

Widmaier teilt zutreffend Folgendes mit: 73

„Wenn das Gericht den Angeklagten verurteilt, wird es nicht selten geneigt sein, die dem Schuldspruch zuwiderlaufenden Tatsachen und Beweisergebnisse in den schriftlichen Urteilsgründen an den Rand zu drücken oder gar nicht erst anzusprechen. Das ermöglicht eine sich entschieden und stringent lesende Urteilsbegründung ohne Wenn und Aber: also den Prototyp des ‚revisionssicheren' Urteils. Ein solches Urteil weist keine inneren Widersprüche und Brüche auf; es hinterlässt – aus sich selbst heraus[132] – keine offenen Fragen von Gewicht.“[133] 74

„Was stört, fliegt raus“, dürfte eine unter erfahrenen Urteilsverfassern bekannte Weisheit sein.[134] Das Ausblenden von dem intendierten Urteil entgegenstehenden Tatsachen führt zu einer Unkenntnis der Rechtskontrollinstanz, der Allgemeinheit und des Gesetzgebers über die grundsätzliche Fehlerbehaftetheit von Urteilen nur einer Instanz. 75

Bereits vor mehr als 100 Jahren teilte Alsberg zu diesem unbefriedigenden Zustand mit: „In der Praxis der Strafkammern ist ungemein eingebürgert der Brauch, im Urteil nur das eingehend zu erörtern, was zur Rechtfertigung der Verurteilung dient. Daß ein Urteil ein vollkommen abgeschlossenes objektives Verhandlungsbild biete, in dem auch nicht eines der in der Verhandlung zur Sprache gebrachten Momente fehlt, gehört zu den größten Seltenheiten. Und doch ist nur auf dieser Grundlage eine wirklich gerechte Nachprüfung der Frage, ob das Verhandlungsergebnis die Verurteilung rechtfertigt, möglich ... Kommen doch sogar – jeder Praktiker weiß davon zu erzählen – Fälle vor, in denen die tatsächlichen Festestellungen, um das Urteil ‚revisionssicher' zu machen, ‚frisiert' werden.“[135] 76

Das wird zwanglos durch den statistischen Befund belegt, dass die Aufhebungschancen in der Revision umso höher sind, je ausführlicher sich das Urteil mit der Sachverhaltsdarstellung und Beweiswürdigung beschäftigt.[136] Das führt zu dem Paradoxon, dass Lücken von dem Revisionsgericht umso leichter ausgemacht werden, je ausführlicher das Urteil ist, was wiederum dazu führt, dass sachlich richtige Urteile aufgehoben werden, während falsche kürzere Urteile unbeanstandet, da die echten 77

131 Bossi, Halbgötter in Schwarz, S. 97.

132 Im Original folgende Fußnote: Für die sachlich-rechtliche Überprüfung kommt es allein hierauf an.

133 Widmaier/Widmaier, MAH, Strafverteidigung, 1. Aufl., § 9 Rn 163.

134 Vgl. Graf/StPO/Eschelbach, 1. Aufl., § 261 Rn 9 m.w.N.

135 Alsberg, Justizirrtum und Wiederaufnahme, S. 37 ff.

136 Vgl. Barton, Die Revisionsrechtsprechung des BGH in Strafsachen, S. 91.

Schwächen verdeckt bleiben.[137] Die (mittlerweile ältere, aber sachlich immer noch zutreffende) Begutachtung eines der bekanntesten deutschen Revisionsrechtsspezialisten, Gunter Widmaier,[138] zu den Erfolgsaussichten einer konkreten Revision, kann auf die allermeisten erstinstanzlichen LG-Urteile verallgemeinert werden: „Insgesamt befindet sich das Urteil vollständig im Schutzbereich der ‚Revisionssicherheit'. Es müsste ein Wunder geschehen, wenn der 3. Strafsenat des BGH hier eingreifen würde. Solange es keine erweiterte Revisionsrüge gibt, die – jedenfalls in gewissen Grenzen – die Überprüfung auch der Beweiswürdigung und der Sachverhaltsfeststellungen ermöglicht, ist in einem Fall wie diesem schlechterdings nichts zu erreichen. Mir ist klar, dass diese Rechtslage in höchstem Maße unbefriedigend ist. Sie läuft darauf hinaus, dass gerade in den besonders schwierigen und gravierenden Fällen eine Überprüfung der richterlichen Beweiswürdigung praktisch nicht möglich ist. Anderes gilt nur, wenn das Gericht plumpe und handgreifliche Fehler gemacht hat [...] doch in rein rechtstechnischer Hinsicht versteht dieses Gericht sein Handwerk."[139] Ein erfahrener Vorsitzender wird daher jedes Urteil, sofern nicht zu widerlegende Fakten, die keiner Interpretation zugänglich sind, somit v.a. im Bereich widersprechender Zeugenaussagen, revisionssicher formulieren können.[140] „Dort [in den Gründen] werden die Inhalte aller Zeugenaussagen dann so referiert, dass sie zum Urteilsspruch passen – und zwar als wären sie in Stein gemeißelt."[141] Die Revision hat also im Bereich der Beweiswürdigung nur dann Aussicht auf Erfolg, „wenn ein Gericht auf gut Deutsch zu blöd war, ein wasserdichtes Urteil zu fällen."[142] Aus der Praxis wird daher zutreffend berichtet, dass sich in **den Urteilsgründen nicht objektiv die Bewertung** der einzelnen Tatsachen befindet, sondern die Darstellung, wie der Sachverhalt möglichst schlüssig und damit revisionssicher ist.[143] Es kann daher festgehalten werden, dass die **Beweiswürdigung für gewissenhafte Verteidiger zu Alpträumen, Angst und Schrecken führt**. „Richter behaupten, eine Zeugin habe dies und das gesagt. Ich [der Verteidiger] weiß, dass das Gegenteil der Fall war. Trotzdem bleiben die Urteilsgründe die heilige Schrift und als solche unumstößlich."[144] Auch hierzu hat der BGH-Richter a.D. Eberhard Foth noch vorsichtig und wohlwollend mitgeteilt, dass man manchmal den Eindruck gewinnen könne, die **schriftliche Begründung des Urteils sei die wesentliche Arbeit des Tatrichters und nicht mehr die Urteilsfindung**.[145] Grundsätzlich ist die Revisionsrüge unzulässig, wenn

137 Vgl. Schmitt, Die richterliche Beweiswürdigung im Strafprozess, S. 508 m.w.N.
138 Der 2012 verstorben ist.
139 Widmaier, Gunter, zitiert nach Bossi, S. 113.
140 Vgl. Bossi, Halbgötter in Schwarz, S. 110.
141 Bossi, Halbgötter in Schwarz, S. 45.
142 Bossi, Halbgötter in Schwarz, S. 80.
143 Vgl. Krekeler, Psychologie des Strafverfahrens, StraFo 2001, 329 ff.
144 Bossi, Halbgötter in Schwarz, S. 67.
145 Vgl. Foth, Tatgericht, Revisionsgericht – wer würdigt die Beweise?, DRiZ 1997, S. 201, 206.

- der Inhalt einer Zeugenaussage im Urteil in ihr Gegenteil verkehrt wurde[146] und
- der Inhalt einer Zeugenaussage trotz Beweiserheblichkeit übergangen wurde,[147]

sofern der Mangel nicht aus den Urteilsgründen ersichtlich war.[148]

Zwar hat es Fortschritte in der Rechtsprechung gegeben, so dass folgendes Zitat in dieser Absolutheit nicht mehr zutreffend ist, wobei die zulässigen Ausnahmen freilich marginal bleiben: „Was in ihm [tatrichterliches Urteil] über das Ergebnis der Verhandlung zur Schuld- und Straffrage festgehalten ist, bindet das Revisionsgericht. Darüber ist kein Gegenbeweis zulässig (§ 337 StPO)“.[149] 78

Damit ist die aktuelle Rechtslage unbefriedigend, die wie folgt umschrieben werden kann: 79

„Eine Rüge, § 261 StPO sei verletzt, weil Zeugen in der Hauptverhandlung etwas anderesbekundet hätten als im Urteil festgestellt, ist unzulässig. Der Nachweis fürdiese Behauptung könnte vom Revisionsgericht nur durch eine ihmgrundsätzlich verwehrte Rekonstruktion der Beweisaufnahme des Tatrichtersgeführt werden (Hürxthal in KK 3. Aufl. § 261 Rn 53). Allerdings ist in derRechtsprechung des BGH anerkannt, dass die Rüge, § 261 StPO sei verletzt,durchgreifen kann, wenn ohne Rekonstruktion der Beweisaufnahme alleinaufgrund der Aktenlage der Nachweis geführt werden kann, dass die im Urteilgetroffenen Feststellungen nicht durch die in der Hauptverhandlung benutztenBeweismittel gewonnen werden konnten (Hürxthal a.a.O. Rn 52). Der BGH hatdies angenommen, wenn der Wortlaut einer in der Hauptverhandlung verlesenenUrkunde im Urteil unrichtig wiedergegeben worden ist (BGH MDR 1976, 989; BGHStV 1983, 321; BGH NStZ 1987, 18; vgl. BGHSt 29, 18, 21; für Fälle derwörtlichen Protokollierung einer Aussage vgl. BGHSt 38, 14, 16 f.).“[150] 80

Auch ist es in engen Grenzen möglich, die Bindung des Revisionsgerichts an die tatrichterlichen Feststellungen und Würdigungen durch die Aufklärungsrüge, ggf. die alternative Rüge, das Beweismaß der hohen Wahrscheinlichkeit und die (verfahrensrechtliche) Darstellungsrüge aufzulösen, aber gleichwohl stellt dies – seit Jahrzehnten bekannt – immer noch keinen ausreichenden Rechtsschutz gegen Fehlurteile dar. Nachdem die StPO seit der Kaiserzeit als das am wenigsten geglückte 81

146 Ausnahmen können bestehen, wenn eine Urkunde in der Verhandlung wörtlich verlesen wurde (vgl. BGH, MDR 1976, S. 989, BGH; StV 1983, S. 321, BGH, NStZ 1987, S. 18) oder eine Aussage wörtlich protokolliert wurde (vgl. BGH, JZ 1992, S. 106).

147 In diesem Bereich stellt sich die umstrittene Frage nach Zulässigkeit der alternativen Rüge. Diese ist unzulässig, vgl. BGH, NJW 1992, S. 2840 f. bzw. teilweise wird sie als zulässig erachtet, vgl. z.B. BGHSt 43, S. 212, 215 f.

148 Vgl. Schäfer, Freie Beweiswürdigung und revisionsrechtliche Kontrolle, StV 1995, S. 149, 154 m.w.N.

149 BGHSt 21, S. 149.

150 BGHSt 43, S. 212, 213 f.

Reichsjustizgesetz galt, kam es 1964 zu einer **kleinen Strafprozessreform**, die „klein" genannt wurde, da eine große Reform ja noch kommen sollte und vorangetrieben wurde. Anfang der 70er Jahre des letzten Jahrhunderts standen Reformvorschläge von der Strafrechtskommission des Deutschen Richterbundes, des Strafrechtsausschuss der Bundesrechtsanwaltskammer und einer Arbeitsgruppe des Bundes und der Länder zur Verfügung.[151] Diese „große" Reform ist jedoch in unerreichbare Ferne gerückt. Stattdessen hat – jedenfalls in den letzten 20 Jahren – ein ständiger Abbau von Bürger- und Verteidigungsrechten stattgefunden.[152] Dieser Befund von Neuhaus aus dem Jahre 2009 ist bis in die heutige Zeit zu verlängern. Vor allem durch den Ausbau von sog. Opferrechten und einer Opferzentrierung im Strafverfahren und Beschränkungen von Rechtsmittelmöglichkeiten, die als Effizienzstärkung ohne Qualitätsverlust verklausuliert werden, und immer strenger gewordenen Anforderungen an strafprozessuale Verfahrensrügen sind Bürger- und Verteidigungsrechte weiter eingeschränkt worden. Fischer wies 2016 darauf hin, dass vor allem im Sexualstrafrecht seit den 1990er Jahren insbesondere von feministischer Seite Rechtsschutzlücken behauptet wurden, z.B., dass jährlich mehrere zehntausend Fälle schwerer Straftaten nicht hätten geahndet werden können, was freilich absurd war.[153] „*Raum* gab *Fischer* Recht, dass es zumeist darum gehe, aufgrund politischer Vorgaben vermeintliche Missstände im Strafrecht zu beseitigen. Dies sei auch seine Erfahrung als Mitglied in einem externen Ausschuss, der sich unter anderem mit der Gesetzgebung im Bereich des Sexualstrafrechts beschäftige. Sein Eindruck sei gewesen, es habe einen politischen Auftrag gegeben, dass etwas geändert werden müsse, weil es Missstände gebe. *Raum* führte weiter aus, in dem Ausschuss sei von einer Frau, die der Strafbarkeit des nicht-konsensualen Sexualkontakts skeptisch gegenüberstehe, die Frage aufgeworfen worden, wie der Fall zu beurteilen sei, dass sich eine Ehefrau ihrem Ehemann sexuell nähere, während dieser die Sportschau ansehen wolle. In dem Ausschuss habe daraufhin nur betretenes Schweigen geherrscht. *Raum* wies zudem darauf hin, dass auf der strafprozessualen Ebene derzeit das Bemühen erkennbar sei, die Zeugen aus der konfrontativen Befragung herauszunehmen, die Glaubhaftigkeit möglichst nicht zu überprüfen und die Zeugen vor Gericht überhaupt nicht erscheinen zu lassen, sondern ‚im Hinterzimmer' per Videokonferenz zuzuschalten […] Nach Ansicht *Bartons* gebe es in der Gesellschaft zwei unterschiedliche Diskurse über das Strafrecht. Neben dem juristischen Fachdiskurs gebe es einen politisch-publizistischen Diskurs, der zu einem Verstärkungskreislauf führe, von feministischer Seite befeuert werde und auf die Gleichsetzung von Verdacht und Gewissheit hinauslaufe. Ihn beunruhige, dass sich

151 Die entsprechenden Entwürfe sind z.B. bei Fezer abgedruckt, vgl. Fezer, Möglichkeiten einer Reform der Revision in Strafsachen, S. 301 ff.

152 Vgl. Neuhaus, Der Abbau von Bürgerrechten im Strafverfahren seit 1989, ZAP Sonderheft zum 20-jährigen Jubiläum, S. 54.

153 Vgl. Schmidt, Diskussionsbeiträge, S. 295, 322 in: Fischer/Hoven (Hrsg.), Verdacht.

der vernünftige Diskurs nicht durchsetze und auch der Diskurs im Rechtsausschuss des Bundestages nur noch formell der Legitimation diene."[154]

Hinweis 82

Die Schieflage des Strafprozesses und das Verschweigen relevanter Umstände in den Gründen einer gerichtlichen Entscheidung sind nicht auf tatrichterliche Urteile auf Landgerichtsebene beschränkt, sondern ein in allen Instanzen anzutreffendes Phänomen. Auch die Haftfortdauerentscheidungen der Oberlandesgerichte nach § 121 Abs. 2 StPO zwingen zu dem psychologisch kaum möglichen Spagat, einerseits die Unschuldsvermutung zu befolgen, aber andererseits den dringenden Tatverdacht für die Haftfortdauer zu bejahen. Dass der Ausweg aus dem Dilemma nicht in der Abschaffung der Untersuchungshaft liegt, sondern in der – verfassungsrechtlich geforderten- erhöhten Anforderung an die Begründungstiefe, ist angesichts der Bedeutung des Grundrechts aus Art. 2 Abs. 2 Satz 2 und 3 GG, i.V.m. Art. 104 GG plausibel. Gleichwohl wird in der Praxis hiergegen vielfach verstoßen,[155] so dass ein Richter des Bundesverfassungsgerichts mitteilen muss, dass die rechtsstaatlichen Anforderungen an die Begründung und Aufrechterhaltung der Untersuchungshaft teilweise nicht mehr in dem gebotenen Maße im Blickfeld der Entscheidungsträger stehen.[156]

Auch der **In-dubio-pro-reo-Grundsatz hilft dem Angeklagten nicht**. „Die Entscheidungsregel ‚in dubio pro reo' ist nicht schon dann verletzt, wenn der Richter nicht zweifelte, obwohl er hätte zweifeln müssen, sondern erst dann, wenn er verurteilte, obwohl er zweifelte."[157] Die Verurteilung trotz eigener Zweifel müsste er in der Urteilsurkunde auch zu erkennen geben. 83

Aus der Praxis wird deswegen zu Recht von einem „Freibrief der Neuzeit" berichtet: 84

> *„Ein kluger Richter schreibe in sein Urteil, was er wolle, doch vermerke er weise, dass er nicht zweifle."*[158]

Nunmehr soll die Rüge zulässig sein, wenn das wirkliche Beweisergebnis mit den Mitteln des Revisionsrechts ohne Weiteres feststellbar ist.[159] Das ist es in weiten 85

154 Schmidt, Diskussionsbeiträge, S. 295, 324 f.in: Fischer/Hoven (Hrsg.), Verdacht.

155 Vgl. BVerfG, StV 1998, S. 557 f.; 1999, S. 40, 328 f.; 2006, S. 248 ff., 251 ff.; 2007, S. 254, 366 ff., 369; 2008, S. 198 ff., 421 ff.; 2009, S. 479; NJW 2000, S. 1401 f.

156 Vgl. Broß, Untersuchungshaft im Rechtsstaat in: Strafverteidigung im Rechtsstaat (hrsg. von der Arbeitsgemeinschaft Strafrecht), S. 962; vgl. umfassend Scheinfeld, Haftfortdauerentscheidung und Rechtsbeugung, GA 2010, S. 684 ff.

157 BVerfG, NJW 2003, S. 2444, 2446.

158 Döhmer, Freie Beweiswürdigung oder Begründungsmangel!?, S. 1, www.kanzlei-doehmer.de/beweis16.htm.

159 Vgl. Schäfer, Freie Beweiswürdigung und revisionsrechtliche Kontrolle, StV 1995, S. 149, 155, m.w.N.

Fällen mangels Wortprotokoll aber eben nicht.[160] Insbes. im **kritischen Bereich der Zeugenaussage** stellt nicht nur Bossi das **Phänomen der falschen Wiedergabe von Zeugenaussagen im Urteil fest**, sondern auch noch andere Praktiker. „Jeder Verteidiger [...] hat, je größer seine Berufserfahrung ist, in umso mehr Urteilen gelesen, daß Zeugen Tatsachen bekundet hätten, von denen nie die Rede war, oder solche gar, die dem diametral widersprachen, was nach Auffassung des Verteidigers wirklich ausgesagt wurde."[161] Ebenso Döhmer: „Erfahrene Verteidiger wissen, welche Tore sich auf dieser Basis öffnen. Ein Zeuge wird vernommen. Er sagt „A" aus. Gericht und Staatsanwaltschaft beharren darauf, dass der Zeuge „B" gesagt habe. Im Urteil findet sich nur der angeblich vom Zeugen bekundete Sachverhalt „B" wieder. All das ist für die Verteidigung, da vor den Landgerichten kein Wortprotokoll geführt wird, mit der Revision nicht angreifbar."[162] Da es eben **kein Wortprotokoll** gibt, sondern nur Mitschriften des Berichterstatters, **liegen Unvollständigkeiten und Missverständnisse** zwischen dem Aussagenden und dem Richterkollegium **auf der Hand**.[163] In der psychologischen Wissenschaft ist anerkannt, „dass es seltene Ausnahmefälle geben mag, in denen man begründet auf eine Tonbandprotokollierung verzichten muss. In derartigen Fällen ist es dann aber unumgänglich, dass während der Exploration die Fragen und Antworten wörtlich mitgeschrieben werden [...], ein nachträglich gefertigtes Gedächtnisprotokoll [reicht] für eine wissenschaftlich fundierte Glaubhaftigkeitsbegutachtung der Aussage nicht aus."[164] Die Tatsache, dass sich weder eine Tonbandprotokollierung noch eine Videoaufnahme bei der Zeugenbefragung durchgesetzt hat, liegt weniger an fehlenden technischen Möglichkeiten, sondern an der bewussten Vermeidung einer Kontrollierbarkeit.[165]

3. Überbewertung des Geständnisses und Hinwirkung auf ein Geständnis

86 Wie im Inquisitionsprozess kommt dem **Geständnis** (mag es richtig sein oder falsch sein) gegenwärtig erneut in vielen Fällen der **entscheidende Beweiswert** zu. Im Fall eines Geständnisses kommt es immer noch nur noch zu einer **schlichten Bestätigungsvernehmung**, d.h., der Richter lässt sich das vorgerichtlich abgegebene (oder

160 Die Forderung nach einem Wortprotokoll ist Jahrzehnte alt. Als zu Beginn der 70er Jahre des letzten Jahrhunderts die strafrechtliche Revision gesetzlich erweitert werden sollte, wurde die Einführung eines Wortprotokolls dingend empfohlen, Vgl. Fezer, Möglichkeiten einer Reform der Revision in Strafsachen, S. 198 ff.

161 König, Die Verteidigung in der Hauptverhandlung in Ziegert (Hrsg), Grundlagen der Strafverteidigung, S. 211.

162 Döhmer, Freie Beweiswürdigung oder Begründungsmangel!?, S. 4, www.kanzlei-doehmer.de/beweis16.htm.

163 Vgl. Schmitt, Die richterliche Beweiswürdigung im Strafprozess, S. 328.

164 Greuel, Offe, Fabian, Wetzels, Fabian, Offe, und Stadler, Glaubhaftigkeit der Zeugenaussage, Theorie und Praxis der forensisch-psychologischen Begutachtung, S. 68.

165 Vgl. Jansen, Zeuge und Aussagepsychologie, Rn 225.

per Deal angekündigte) Geständnis nur noch einmal schlicht bestätigen. Freilich wird ein Gericht nicht sehenden Auges ein falsches Geständnis akzeptieren, aber die benötigte Disziplin und Kraft, um das Geständnis sinnvoll zu überprüfen, fehlt dem gesamten Justizsystem in nicht wenigen Fällen. Das ist psychologisch verständlich, weil der Angeklagte eben keinem a priori unbefangenen Tatrichter gegenübersteht, sondern einem durch Aktenkenntnis manipulierten, was die Fairness des gesamten deutschen Strafprozesses in Frage stellt. Ein markantes Beispiel zeigt der Fall Kaufmann. Der Schauspieler Günther Kaufmann legt ein Geständnis ab, seinen Steuerberater getötet zu haben. Kaufmann wird daraufhin zu 15 Jahren Gefängnis verurteilt statt lebenslänglich. Nach fast drei Jahren wird Kaufmann aus der Haft entlassen, nachdem drei andere Männer die Tat gestanden haben. Kaufmann hatte das Geständnis mit den Worten eingeleitet, „Sie kriegen jetzt ein Geständnis von jemanden, der es nicht war." Nach Meinung des ermittelnden Beamten wären solche Distanzierungen aber nicht ungewöhnlich. Obwohl der ermittelnde Beamte im Wiederaufnahmeverfahren einräumte, „die Vernehmung liest sich, als berichte er [Kaufmann] von einer Tat, von der er sehr wenig weiß" und Kaufmann im Verlauf der Vernehmung kein Detail des Tatortes erklären konnte,[166] war das LG München trotzdem von der Schuld Kaufmanns ohne jeden Zweifel überzeugt.

Gerade das Geständnis ist eine Quelle vieler Fehlurteile[167] und die Warnungen vor falschen Geständnissen sind zahlreich und zeitlos.[168] Die **Dunkelziffer** der falschen Geständnisse dürfte durch die Praxis des Deals[169] um ein Vielfaches gestiegen sein. Obwohl der BGH fordert, dass sich der Richter von der Richtigkeit des Geständnisses überzeugen muss und es nicht genügt, dass das **Geständnis** lediglich unwiderlegt sei,[170] kommt die Praxis diesem Erfordernis manchmal nur durch **Leer- oder Beschwörformeln** nach.[171] Obwohl ein glaubhaftes Geständnis Umstände beinhalten muss, die nur der Täter wissen kann[172] und solche Umstände gem. § 45 Abs. 2 Satz 2 RiStBV aktenkundig gemacht werden müssen, geht die Praxis hierüber in diversen Fällen sorglos hinweg.[173] Auch in dem Fall des BGH 5 StR 579/03 hatte ein Angeklagter vor dem LG München I ein „glaubhaftes Geständnis" abgelegt, das vom

166 Vgl. SZ v. 19.1.2005, S. 38 „Chefermittler im Verhör" (Autor Hans Holzhaider).

167 Vgl. Peters, Fehlerquellen im Strafprozess, 2. Bd., S. 5 ff.

168 Vgl. Hellwig, Psychologie und Vernehmungstechnik bei Tatbestandsermittlungen, 4. Aufl., 1951, S. 71 m.w.N.

169 = „Kuhhandel", „Tuschelverfahren", „Deal aus Mauschelhausen" so wörtlich Steffen Ufer und Florian Ufer in Ziegert (Hrsg.), Grundlagen der Strafverteidigung, S. 45.

170 Vgl. BGH, 2 StR 249/92, n.v.

171 Z.B. die schlichte Feststellung das Geständnis sei glaubhaft, ohne Angabe aufgrund welcher Beweismittel und Umstände man von der Glaubhaftigkeit überzeugt ist, vgl. OLG Hamm, StV 2000, S. 187 f.; KG, StV 2000, S. 188.

172 Vgl. Bender/Nack, Tatsachenfeststellung vor Gericht, 2. Aufl., Rn 730.

173 Üblicherweise nur ein sog. „schlankes Geständnis", vgl. Beulke/Swoboda, Zur Verletzung des Fair-Trial-Grundsatzes bei Absprachen im Strafprozess, JZ 2005, S. 67, 71.

Gericht nicht weiter überprüft wurde. Ebenso befremdet die Tatsache, dass das Gericht davor mitgeteilt hatte, im Fall eines Geständnisses mit Schadenswiedergutmachung **zwei Jahre auf Bewährung** zu verhängen, **anderenfalls sechs Jahre**. Dies bezeichnete der BGH als „**rechtsstaatlich nicht mehr hinnehmbares Verhalten**." In diesem Fall konnte allerdings durch dienstliche Erklärung des Richters nachgewiesen werden, dass die vorherige Strafandrohung, „nur noch als massives Druckmittel zur Erwirkung eines verfahrensverkürzenden Geständnisses verstanden werden [konnte]". Auf die Qualität des Geständnisses kommt es somit contra legem oft nicht an. Gleichwohl sind derartige Drucksituationen (richtiges oder falsches Geständnis gegen Bewährung oder massive Strafreduzierung) durch den Deal alltäglich. Beulke/Swoboda halten fest, dass der Geist der Fairness, der durch die StPO etabliert werden sollte, nur noch ein fernes Ziel sei.[174]

87 Drucksituationen sind lange Zeit durch Anrufe des Vorsitzenden kurz vorVerhandlungsbeginn beim Verteidiger mit Bekanntgabe der Straferwartung nach„vorläufiger Bewertung" für den Fall einer nicht-geständigen Einlassungentstanden. Die Üblichkeit derartiger Anrufe ergab sich u.a. aus dem vomBVerfG für sein Urt. v. 19.3.2013 (2 BvR 2628/10, 2883/10 und 2155/11)eingeholten Gutachten von Altenhain zur Absprachenpraxis. „So wurde einemProjektmitarbeiter am Rande der Befragung von einem Strafrichtervorgehalten, dass die Fragen zum Teil an der Praxis vorbeigingen, weil sienicht die nach seinem Bekunden häufigen Fälle aufgriffen, in denen lediglichvor Beginn der Hauptverhandlung ein Telefongespräch zwischen Richter undVerteidiger über das Strafmaß und den Umfang der Beweisaufnahme erfolge, dieBeweislage aus ihrer Sicht eindeutig sei und beide Seiten wüssten, was derübliche ‚Tarif' für die angeklagte Tat sei. Während dieser Strafrichtersolche Gespräche offenbar noch nicht als (informelle) Absprache auffasst, mögen die daran beteiligten Verteidiger dies anders sehen."[175] In der neueren Rechtspraxis dürfte die Zahl derartigerDrucksituationen allerdings (erheblich) zurückgegangen sein.

88 *Hinweis*

Rügt der Verteidiger die Anwendung der **Sanktionsschere** und wird die Anwendung derselben von den Richtern bestritten, muss der Verteidiger mit einem Strafverfahren wegen (versuchter) Strafvereitelung rechnen.

89 In einer bemerkenswerten Entscheidung des 1. Strafsenats des BGH standen sich die Aussage des Verteidigers und die dienstlichen Erklärungen der beiden Berufsrichter hinsichtlich der Anwendung der Sanktionsschere gegenüber. Ohne dass weitere Umstände vorgelegen hätten, ging der 1. Strafsenat von einem „unwahren Vor-

174 Vgl. Beulke/Swoboda, Zur Verletzung des Fair-Trial-Grundsatzes bei Absprachen im Strafprozess, JZ 2005, S. 67, 75.

175 Altenhain/Dietmaier/May, Die Praxis der Absprachen im Strafprozess, S. 35 f.

bringen des Verteidigers" aus.[176] Gegen den Verteidiger wurde ein Ermittlungsverfahren wegen (versuchter) Strafvereitelung eingeleitet. Die seriöse Tagespresse hat den Fall wie folgt kommentiert: „Somit stand also Aussage gegen Aussage – die der beiden Richter gegen die des Rechtsanwalts. Für den 1. Strafsenat des BGH lag der Fall damit, ohne dass er weitere Nachforschungen angestellt hätte, auf der Hand. Anwalt L. habe gelogen [...]".[177] Das gegen den Verteidiger eingeleitete Strafverfahren wegen Strafvereitelung antizipiert ein Kommentator wie folgt: „Zwar gibt es durchaus einige Umstände, die das Gericht stutzig machen könnten. Man wird den verurteilten Drogenhändler [...] kommen lassen, der bezeugen kann, dass sein Verteidiger ihm damals von dem beabsichtigten Deal erzählt hat. Ein Gerichtsreporter wird gehört werden, der berichtet hatte, dass im Falle eines vollen Geständnisses eine Strafe von weniger als fünf Jahren ‚im Raum gestanden' habe [das soll die vorgetragene Sanktionsschere gewesen sein, tatsächlich wurden im Urteil bei **weniger** nachgewiesenen Delikten eine weit höhere Strafe, nämlich 8,5 Jahre verhängt]. Und es wird auch zur Sprache kommen, dass sich der BGH nur ein halbes Jahr ehe der Rechtsanwalt L. seinen Revisionsantrag stellte, mit einem ähnlich gelagerten Fall zu befassen hatte. Auch da hatten die Anwälte eines in Augsburg verurteilten Drogendealers vorgetragen, dass ihnen vom Gericht für den Fall eines Geständnisses eine deutlich mildere Strafe in Aussicht gestellt wurde, und auch da hatten beide Richter vehement bestritten, dass es so ein Angebot gegeben habe. Es waren, ein seltsamer Zufall, dieselben Richter [...]. Erfahrungsgemäß ist es für einen Angeklagten nahezu unmöglich, sich gegen die Aussagen von zwei einfachen Streifenpolizisten durchzusetzen. Um sich über die Aussage von zwei Amtskollegen desselben Gerichts hinwegzusetzen, bräuchte ein Richter schon ein weit überdurchschnittliches Maß an Unabhängigkeit und Selbstbewusstsein."[178]

Hinzu kommt, dass der massive Strafnachlass, der durch das Geständnis in Aussicht 90
gestellt wird, in der Praxis oft damit begründet wird, dass dem Opfer eine belastende Aussage erspart wird. Ob es wirklich um das Opfer geht, ist in vielen Fällen zweifelhaft. Der Prototyp des Zeugen, dem eine angeblich belastende Aussage erspart werden soll, ist der der vergewaltigten Frau oder noch besser, der des sexuell missbrauchten Kindes. „Für das Auftreten von verfahrensverursachten langfristigen Schädigungen gibt es jedoch keine Anhaltspunkte."[179] Neuere Studien belegen zudem, dass die Belastungseinschätzung durch die Vernehmung von Opferzeugen nur geringfügig höher ist als die Belastungseinschätzung von sonstigen Zeugen und sogar ein Verzicht auf die Aussage dem Verarbeitungsprozess mehr im Wege stehen

176 Vgl. BGH, 1 StR 104/08.

177 SZ vom 20.1.2011, S. 3 „Augsburger Puppenkiste" (Autor: Hans Holzhaider).

178 SZ vom 20.1.2011, S. 3 „Augsburger Puppenkiste" (Autor: Hans Holzhaider).

179 Volbert, Verbesserungen durch Videovernehmungen, S. 158, in: Verfahrensgerechtigkeit und Zeugenbeweis, Stephan Barton, (Hrsg).

wurde, aber dieser Nachweis mangels Wortprotokolls nicht geführt werden kann? Derartige Fälle sind in der Praxis nicht selten.[193] Ist es nicht extrem unfair, willkürlich und in einem Rechtstaat nicht hinnehmbar, dieses Ergebnis selbst dann aufrecht zu erhalten, wenn der Urteilsinhalt dem Inhaltsprotokoll,[194] dienstlichen Äußerungen von Richtern[195] oder den Aufzeichnungen anderer Verfahrensbeteiligter, die als Anlage zu einem Antrag auf wörtliche Protokollierung gelangt sind,[196] widerspricht? Ist es nicht willkürlich oder eine grobe Selbstüberschätzung des Gerichts, wenn dieses bei mehreren widersprechenden Sachverständigengutachten eines davon als richtig anerkennt? Wie kann das Gericht mangels Sachkenntnis ein Sachverständigengutachten einholen, sich dann aber bei widersprechenden Gutachten für eines davon entscheiden? Zutreffend stellt Kühne fest, dass die Lernfähigkeit des Richters übermenschlich sein müsste, wenn er sich nach Lektüre eines Gutachtens mit einem hiervon abweichenden Gutachten diskutiv auseinandersetzen könnte.[197]

96 Ein besonders eindrucksvolles Beispiel für die **Unprognostizierbarkeit der Revisionsrechtsprechung** bietet die Entscheidung des BVerfG 2 BvR 656/99, in der festgestellt wurde, dass die **Revisionsgerichte den Zugang zu ihnen mit Gründen erschweren würden, die aus Sachgründen nicht zu rechtfertigen seien**. Damit sei das Rechtstaatsprinzip i.V.m. Art. 2 Abs. 2 GG verletzt.[198] Im Sachverhalt ging es darum, dass der Revisionsführer rügte, er sei aufgrund eines Urkundeninhalts verurteilt worden, der nicht in die Hauptverhandlung eingeführt wurde, mithin weder verlesen noch durch Vorhalt oder sonst eingeführt worden sei. Die Revision wurde vom 3. Strafsenat verworfen, weil in der Revisionsbegründung nicht die Ladung und das Ladungsthema mitgeteilt worden seien. In einer Stellungnahme an das BVerfG schließen sich die übrigen Senate dieser Ansicht an. Das BVerfG teilt mit, dass die Revisionsbegründung, dass die Urkunde weder verlesen noch in sonst zulässiger Weise in die Hauptverhandlung eingeführt wurde, z.B. durch Vorhalt oder Einlassung, ausreichend sei. Der vom BGH vermissten Mitteilung der Ladung und des Ladungsthemas komme kein über den Revisionsvortrag hinausgehender Bedeutungsgehalt zu.

97 *„Bei dieser Sachlage war es für die Beschwerdeführer auch bei Anwendung der von ihnen bei der Abfassung verfahrensrechtlicher Revisionsrügen anzuwen-*

193 Vgl. Bossi, Halbgötter in Schwarz, S. 67, vgl. auch König, Die Verteidigung in der Hauptverhandlung, in Ziegert (Hrsg), Grundlagen der Strafverteidigung, S. 211.

194 Vgl. BGH, NJW 1966, S. 63.

195 Vgl. BGHSt 21, S. 149, 151.

196 Vgl. BGH, NStZ 1990, S. 35.

197 Vgl. Kühne, Strafprozesslehre, Rn 517.

198 Vgl. BVerfG 2 BvR 656/99; 2 BvR 657/99; 2 BvR 683/99; jeweils n.v.

denden Sorgfalt nicht vorhersehbar, dass es dem BGH für die Zulässigkeit der Rüge auf die Ladungsverfügungen ankommen werde. Der BGH hat damit den Zugang zum Revisionsgericht in unzumutbarer Weise beschränkt und das Rechtsmittel der Revision für die Beschwerdeführer leer laufen lassen."[199]

V. Verlust des Vertrauens in die Rechtsprechung

Der Satz, dass Recht haben nicht gleichbedeutend mit Recht bekommen ist, dürfte 98
mittlerweile fast jedem Bürger bekannt sein. Motsch hat bereits 1983 eine tiefgreifende Entfremdung von Justiz und Bevölkerung ausgemacht und eine grundlegende Erneuerung der Beweislehre gefordert.[200] Geschehen ist seitdem wenig, bis auf eine Opferzentrierung, die mit der Unschuldsvermutung kollidiert, und der Abbau von Bürger- und Verteidigerrechten (s.o.). Die Freispruchsquote in Bayern betrug im Jahr 2023 z.B. nur 1,8 %.[201] Auch aus anderen Bundesländern werden seit Jahrzehnten notorisch geringe Freispruchsquoten berichtet. Barton hält 2016 fest: „Diese Gewissheit [der niedrigen Freispruchsquote, der notorischen Erfolglosigkeit der Revision, von Klageerzwingungsverfahren oder von Wiederaufnahmeanträgen] besteht aber offenbar derzeit primär bei Rechtstatsachenforschern oder eingeweihten Praktikern; der Bevölkerung und den Rechtsschutz suchenden Bürgern fehlt sie. Ginge deren Ungewissheit verloren, wäre das für die Strafrechtspflege misslich, weil das zu einem Vertrauensverlust und wohl auch zu verändertem Prozessverhalten führen könnte."[202]

VI. Ergebnis der aktuellen Rechtswirklichkeit

Es muss daher konstatiert werden, dass die **Sicherungen bei Einführung der freien** 99
Beweiswürdigung (Kontrolle durch das „Appellationsgericht") nicht mehr bestehen und die Annahme des Abwägens, das allen einleuchtet, von der Rechtsprechung selbst ad absurdum geführt wurde. Ein Rechtmittel gegen das Ergebnis freier Beweiswürdigung ist

- in der strafprozessualen Revision fast nie erfolgreich, so dass Bedenken an der Vereinbarkeit mit Art. 19 Abs. 4 GG (effektives Rechtsmittel) bestehen
- in der zivilrechtlichen Berufung deutlich erfolgreicher und trotz Beschränkungen sinnvoll.

Beide Rechtsmittel sind in concreto unprognostizierbar. 100

199 BVerfG 2 BvR 656/99; 2 BvR 657/99; 2 BvR 683/99.

200 Vgl. Motsch, Vom rechtsgenügenden Beweis, S. 33 f.

201 Im Internet eingesehen am 6.9.2025 unter: https://www.statistik.bayern.de/presse/mitteilungen/2025/pm020/index.html.

202 Barton, Absorption von Ungewissheit, S. 19, 28 in Fischer/Hoven (Hrsg.), Verdacht.

101 So wie die freie Beweiswürdigung sich entwickelt hat, ist ein Rückschritt in die klassische Periode des römischen Rechts festzustellen. Die **Erfolgswahrscheinlichkeit** der strafprozessualen Revision hängt nun aber nicht mehr von der Rhetorik des Prozessbevollmächtigten ab, sondern stattdessen von der **Rhetorik des Urteilsverfassers** („Urteil revisionssicher schreiben" s.o. § 3 Rdn 72). Weiter ist möglicherweise ein unbefriedigenderer Zustand als in der germanischen Vorzeit zu konstatieren. Die irrationalen Beweismittel der germanischen Vorzeit (Eid, Zweikampf und Gottesurteil) lieferten brauchbare Ergebnisse aufgrund der systemimmanenten Logik. **Die Beweiswürdigung heutzutage kann so gut wie immer so oder anders ausgehen.**[203] Die Erfolgsparameter einer jetzigen Revision hängen weitgehend von irrationalen Umständen und damit vom Zufall ab, z.B. vom rhetorischen Geschick des Vorsitzenden, von der Senatszuständigkeit, von der Person des Senatsvorsitzenden, etc. (s.o. § 3 Rdn 10 ff.).

102 Der Befund von Peters aus dem Jahr 1985, dass die freie Beweiswürdigung entartet ist, kann in der Praxis nur bestätigt werden. Auch Hoyer führt 1993 aus, dass es zu „Exzessen der freien Überzeugungsbildung" gekommen ist.[204]

103 Die **freie Beweiswürdigung** ist theoretisch, da sie ja gedacht war, ungerechte Urteile zu verhindern, ein **hohes Gut**. Umso **erforderlicher** ist es dann, ein **Sicherungssystem einzubauen**, damit die freie Beweiswürdigung nicht ihrerseits entartet und – der historischen Gesetzmäßigkeit folgend – wieder vollends abgeschafft wird bzw. die freie Beweiswürdigung als das zu begreifen, als das sie ursprünglich gedacht war, nämlich rationale Abwägung, die allen einleuchtet und Kontrolle durch das übergeordnete Gericht.

104 Um praktische Lösungsvorschläge auszuarbeiten, ist es nötig, die gegenwärtigen Unzulänglichkeiten im Rahmen der freien Beweiswürdigung näher zu analysieren.

Hinweis

Auch wenn die o.g. und nachfolgenden Daten mittlerweile veraltet sind, hat sich an dem grundlegenden Befund nichts geändert. Jeder Praktiker wird bestätigen, dass die strafprozessuale Revision nach wie vor notorisch erfolglos ist und zivilrechtliche Berufungen eine weitaus höhere Erfolgsquote haben, insbesondere dass es ein erhebliches Bedürfnis gibt, tatrichterliche Beweiswürdigungen des Landgerichts anzugreifen, was im Zivilrecht möglich ist, im Strafrecht allerdings (nahezu) nicht. Da die Beweiswürdigung von Richtern des Landgerichts im Zivil- wie im Strafprozess nach denselben Grundsätzen praktiziert wird, muss vermutet werden, dass die im Zivilprozess im Bereich der Beweiswürdigung ge-

203 Vgl. Greger, Tatsachenfeststellung durch das Berufungsgericht – ein Menetekel aus Karlsruhe, NJW 2003, S. 2882 f.

204 Hoyer, Beweiswürdigungsfreiheit und „in dubio pro reo", ZStW 1993, S. 523 ff., 532.

machten Fehler oder Unzulänglichkeiten auch im Strafverfahren vorkommen. In dem einen Fall ist der Umstand korrigierbar, im anderen Fall nicht. Das offenbart eine zu schließende Rechtsschutzlücke.

§ 4 Die Revisionsrechtsprechung des BGH in Strafsachen in den Jahren 1981 bis 1996

Inhalt

A. Geschäftsanfall

Der **Geschäftsanfall** ist seit Gründung des BGH **relativ konstant** geblieben (in den 50er Jahren 3.062 jährliche Neueingänge, in den 60er Jahren 2.987, von 1971 bis 1980 3.363, in den 80er Jahren 3.543, von 1991 bis 1996 bei 3.576 jährlich).[1] Auch für andere Jahre ergeben sich regelmäßig Eingangszahlen zwischen 3.000–3.500 und können in den Tätigkeitsberichten des BGH nachgelesen werden. 1

Eine rechtstatsächliche Forschung findet in Deutschland nur in geringem Ausmaß statt. Eine bemerkenswerte Ausnahme stellt die Auswertung von Barton zur Revisionsrechtsprechung des BGH in Strafsachen für die Jahre 1981 bis 1996 dar. Die entsprechenden Ergebnisse geben immer noch einen erstklassigen Einblick in die Rechtswirklichkeit und werden in der Tendenz durch die Arbeiten von Fischer und dem Einfluss des Berichterstatters auf das Ergebnis[2] und Scharbius zur Analyse der Aussage-gegen-Aussage-Konstellation[3] bestätigt. Da in der Gegenwart kein grundlegend anderes Ergebnis zu erwarten ist, sollen die Ergebnisse im Einzelnen dargestellt werden. Die Analyse von Barton kann daher (immer noch) als Beispiel pars pro toto dienen.

1 Vgl. Barton, Die Revisionsrechtsprechung des BGH in Strafsachen, S. 41.

2 Vgl. Fischer, Der Einfluss des Berichterstatters auf die Ergebnisse strafrechtlicher Revisionsverfahren, NStZ 2013, S. 425 ff.

3 Vgl. Scharbius, „Aussage gegen Aussage" in der Rechtsprechung des Bundesgerichtshofs in Strafsachen, 2016.

B. Die Urteilsquote

2 Die **Anzahl der BGH-Urteile ist drastisch zurückgegangen**. In den 50er Jahren wurden bis zu 1.781 Revisionen durch Urteil entschieden. Barton hat eine Urteilsquote von 6,6 % ermittelt. Auch hier ist ein schleichender Rückgang zu beobachten (zwischen 1951 und 1960 38,2 %, zwischen 1961 und 1979 25 %, zwischen 1971 und 1980 10,3 %, zwischen 1981 und 1990 8,1 %, zwischen 1991 und 1996 6,6 %).[4] Insgesamt erhält der Revisionsführer nur in ca. 20 % der Fälle eine mit Gründen versehene Entscheidung. „In rund vier von fünf Fällen ergeht eine Zurückweisung der Revision [i.d.R. durch nicht begründeten Beschluss gem. § 349 Abs. 2 StPO], ohne dass der Beschwerdeführer vom BGH irgendein Wort zu seinem Vorbringen erfährt."[5] Mittlerweile dürfte die Urteilsquote noch geringer geworden sein, d.h., von 2007 bis 2012 wurden ca. 5 % der Fälle durch Urteil entschieden.[6]

3 Der Grund des Rückganges der begründeten Entscheidungen bei annähernd gleichem Eingang dürfte weniger in der Arbeitsökonomie der Richter liegen als in der zunehmenden Komplexität und Schwere der Delikte der einzelnen Fälle. Damit tritt jedoch das **Paradoxon** auf, dass selbst **bei schwersten Delikten** (von den 1994 eingelegten Revisionen bezogen sich 15 % auf Sexualdelikte und 14 % auf Tötungsdelikte[7]) **der Revisionsführer oft keinerlei Begründung erhält**.

C. Die Erfolgsquote

4 **Obwohl die Revisionsbegründungen immer professioneller angefertigt werden**, geht die **Erfolgsquote** (in den Jahren zwischen 1981 und 1996 zwischen 13 und 18 %) **zurück** und liegt seit 1992 immer unter 15 %.[8] Zwischen den einzelnen Senaten gab es große Unterschiede. „In dem gleichen Jahr, in dem beim 2. Senat fast jede vierte Revision erfolgreich war, war dies beim 5. Senat nicht einmal jede vierzehnte. Die Chance eines Revisionserfolgs war damit beim 2. Senat in jenem Jahr mehr als dreimal so groß wie beim 5. Strafsenat."[9] Seit 1990 gleichen sich die Senate jedoch an. Ähnliches kann über die Person des Senatsvorsitzenden gesagt werden. Gab es bei dem Senat, der unter Vorsitz von Herdegen geführt wurde, während dessen Vorsitz für Angeklagte hohe Erfolgsquoten, so hat sich dieser Senat den anderen Senaten seit Wechsel des Vorsitzenden angeglichen. Ähnliches gilt für den 5. Senat, bei dem sich seit Weggang des Vorsitzenden Herrmann eine höhere Erfolgs-

4 Vgl. Barton, Die Revisionsrechtsprechung des BGH in Strafsachen, S. 48.
5 Barton, Die Revisionsrechtsprechung des BGH in Strafsachen, S. 48.
6 Vgl. Fischer, Der Einfluss des Berichterstatters auf die Ergebnisse strafrechtlicher Revisionsverfahren, NStZ 2013, S. 425, 427.
7 Vgl. Barton, Die Revisionsrechtsprechung des BGH in Strafsachen, S. 72.
8 Vgl. Barton, Die Revisionsrechtsprechung des BGH in Strafsachen, S. 60.
9 Barton, Die Revisionsrechtsprechung des BGH in Strafsachen, S. 65.

quote eingestellt hat.[10] Die Aufhebungsquote ist statistisch auch innerhalb der Bundesländer, und insb. innerhalb verschiedener LG-Bezirke unterschiedlich.[11] Die Angleichung der Senate seit 1990 ist allerdings nicht stets und immer zu beobachten. Fischer hat z.B. für die Jahre 2007–2012 gerade keine Angleichung, sondern eine statistisch und sachlich kaum erklärliche Spreizung festgestellt.[12] Der 1. Strafsenat hatte längere Jahre den Spitznamen „Oliver-Kahn-Senat", denn er würde auch unhaltbare Urteile halten, so dass Angeklagtenrevisionen statistisch noch erfolgloser als bei den anderen Senaten waren.[13]

Die statistische Erfolgswahrscheinlichkeit einer erfolgreichen Revision steigt ferner, wenn der Angeklagte schweigt[14] und nicht vorbestraft ist.[15] Die Erfolgswahrscheinlichkeit fällt, wenn der GBA einen Antrag auf Verwerfung stellt.[16]

D. Die Prognostizierbarkeit

Der Berliner Revisionsrechtsspezialist Robert Jungfer teilte mit, dass seit 1995 nicht nur die Erfolgsquote von Revisionen ständig abnimmt, sondern dass er trotz seiner Routine und seines Spezialwissens nicht mehr in der Lage sei, realistische Prognosen über den Ausgang eines Revisionsverfahrens zu stellen. Seine Antwort hierauf bestehe darin, keine Revisionsmandate mehr zu übernehmen.[17] Barton hat nach seiner Studie von mehr als 67.000 Revisionen die Ausgangsthese seiner Studie, nämlich die fehlende Berechenbarkeit und Unprognostizierbarkeit der Revisionsrechtsprechung bestätigt gefunden und zudem herausgearbeitet, dass einerseits flexibel und andererseits nach revisionsfremden Kriterien entschieden wird.[18] „Und wenn das alles nichts hilft, dann ist dem Leser vielleicht ein Trost, dass auch dem Verfasser (Sarstedt), der drei Jahre Mitglied eines Strafsenats beim Oberlandesgericht, 26 Jahre Mitglied eines Strafsenats beim Bundesgerichtshof, davon mehr als 21 Jahre als Vorsitzender, und 24 Jahre Mitglied des Großen Strafsenats gewesen ist, Revisionen durch Beschluss als offensichtlich unbegründet verworfen worden sind, von denen er das nicht einmal für möglich gehalten hätte. Gelegentlich ist ihm 5

10 Vgl. Barton, Die Revisionsrechtsprechung des BGH in Strafsachen, S. 204 f.

11 Vgl. Barton, Die Revisionsrechtsprechung des BGH in Strafsachen, S. 94 ff.

12 Vgl. Fischer, Der Einfluss des Berichterstatters auf die Ergebnisse strafrechtlicher Revisionsverfahren, NStZ 2013, S. 425 ff.

13 Vgl. z.B. Fischer, Kann schon mal passieren, im Internet eingesehen am 18.5.2025 unter: https://www.spiegel.de/panorama/justiz/bundesgerichtshof-fehlerkultur-in-der-hoechsten-rechtsprechung-ist-wichtig-a-1235261.html.

14 Vgl. Barton, Die Revisionsrechtsprechung des BGH in Strafsachen, S. 93.

15 Vgl. Barton, Die Revisionsrechtsprechung des BGH in Strafsachen, S. 88 f.

16 Vgl. Barton, Die Revisionsrechtsprechung des BGH in Strafsachen, S. 198.

17 Vgl. Barton, Die Revisionsrechtsprechung des BGH in Strafsachen, S. 133.

18 Vgl. Barton, Die Revisionsrechtsprechung des BGH in Strafsachen, S. 235.

nur die Vermutung zurückgeblieben, dass Begründungen für diese Entscheidung sich eben nicht hätten schreiben lassen.“[19]

6 *Alsberg* bereits vor 100 Jahren: „Die Rechtsprechung des Reichsgerichts ist so oft völlig unberechenbar. Selbst derjenige, dem die Revision keine ‚Geheimlehre'[20] ist, kann nur selten die Aufhebung eines Urteils in der Revisionsinstanz mit Sicherheit voraussagen.“[21]

E. Keine Kontrolle im Bereich der freien Beweiswürdigung

7 Im praktisch wichtigsten Bereich, nämlich der **Kontrolle der Beweiswürdigung**, können die Senate „**doppeltes Spiel**“ betreiben.[22] Einerseits können die Senate in die Beweiswürdigung eingreifen, mit den Begründungen, dass die erforderliche persönliche Gewissheit des Richters objektive Grundlagen voraussetzt, die aus rationalen Gründen den Schluss erlauben, dass das festgestellte Geschehen mit hoher Wahrscheinlichkeit mit der Wirklichkeit übereinstimmt,[23] dass es zu keiner Verurteilung kommen darf, wenn rationale Gründe (intersubjektiv vermittelbare und einsichtige) nicht den Schluss gestatten, dass die Zeugenaussage mit dem tatsächlichen Geschehen in hohem Maße wahrscheinlich ist,[24] dass für eine Verurteilung das erforderliche Beweismaß der hohen Wahrscheinlichkeit erreicht sein muss,[25] dass sich die Schlussfolgerungen nicht so sehr von der festgestellten Tatsachengrundlage entfernen dürfen, „dass sie letztlich bloße Vermutungen sind, die nicht mehr als einen – wenn auch schwerwiegenden – Verdacht begründen.“[26] Andererseits können sich die Senate jederzeit auf die Festlegung zurückziehen, dass die Beweiswürdigung ureigenste Sache des Tatrichters – und damit nicht revisibel – sei.

19 Sarstedt/Hamm, Die Revision in Strafsachen, 5. Aufl., Rn 463, zitiert nach Barton, Die Revisionsrechtsprechung des BGH in Strafsachen, Fn 486.

20 Im Original folgendes Zitat: So nennt sie Dr. Martin Drucker in seinem Vortrag über ‚Die Verteidigung nach dem Entwurf der Strafprozessordnung, Leipzig 1909, S. 11, und er fügt hinzu, dass ‚die Strafsenate am Reichsgericht wohl täglich konstatieren, wie selten unter den Rechtsanwälten die Revisionsingenieure sind'. Diese Meinung entspricht durchaus den Tatsachen. Die Aufhebung der Urteile in der Revisionsinstanz hängt in der Regel lediglich davon ab, dass einerseits der Richter nicht mit dem nötigen Geschick die juristisch gefährlichen Klippen umschifft, und andererseits der Verteidiger die Revisionsrügen mit einer besonders der Praxis des Reichsgerichts angepassten Geschicklichkeit aufbaut. Die erheblichsten Angriffspunkte können, wenn sie nicht richtig ausgenutzt werden, bedeutungslos bleiben. Wer möchte wohl einen Rechtszustand, bei dem die Aufhebung eines vielleicht völlig ungerechten Urteils von derartigen Zufälligkeiten abhängt, als einen idealen bezeichnen?

21 Alsberg, Justizirrtum und Wiederaufnahme, S. 44.

22 Vgl. Barton, Die Revisionsrechtsprechung des BGH in Strafsachen, S. 217.

23 Vgl. BGH, StV 1995, S. 453.

24 Vgl. BGH, NStZ 1988, S. 236, 237.

25 Vgl. BGH, NStZ 1988, S. 236, 237.

26 BGH, NStZ 1987, S. 473, 474.

Schlussendlich greifen die Senate, wenn sie wollen, auch mit Scheinbegründungen in die Beweiswürdigung ein, dass irgendein Widerspruch vorliegen würde.[27]

Zwar beträgt die Erfolgsquote des Rechtsmittels der Revision statistisch ca. 15 % (s.o.), jedoch sind hierin auch schlichte Rechtsfolgenaufhebungen enthalten. Die Erfolgsquote wegen Verletzung sachlichen Rechts macht zwar statistisch immer noch den größten Teil der Revisionserfolge aus (bei den einzelnen Senaten zwischen 4,9 % und 11,8 %, mittlerweile glichen sie sich auf ca. 7 % an),[28] jedoch ist **die Erfolgsquote gegen eine falsche Beweiswürdigung verschwindend gering**. Folgerichtig ergab eine Aktenanalyse,[29] bestehend aus 176 Stichproben von Verfahren vor dem 2., 3. und 4. Senat für das Jahr 1994, allen von nordrhein-westfälischen Staatsanwaltschaften erhobenen Revisionen zwischen 1992 und 1994 und sämtliche vom Revisionsspezialisten Jungfer erhobene Revisionen aus den Jahren 1975 bis 1994 folgenden Befund: Die Erfolgswahrscheinlichkeit der Rüge von Bewertungswidersprüchen betrug 0 %, ebenso wie die Rüge des Denkverstoßes, der Verletzung des § 261 StPO und des Verstoßes gegen Erfahrungssätze.[30] Bei den Verfahrensrügen ergab die Aktenanalyse weiter, dass auch die Aufklärungsrüge eine verschwindend geringe Erfolgswahrscheinlichkeit hatte (bei dem Revisionsspezialisten Jungfer 2-mal von 79 Rügen erfolgreich, von der Staatsanwaltschaft 19-mal gerügt, 2-mal erfolgreich, sonst 37-mal gerügt mit keinem Erfolg). Verstöße gegen das Beweisantragsrecht wurden von der Staatsanwaltschaft 11-mal gerügt, davon einmal erfolgreich, von Jungfer 83-mal, davon 8-mal erfolgreich und in den sonstigen Revisionen 25-mal gerügt, jeweils ohne Erfolg.[31] Der Befund von Nack, dass ein **Angriff gegen die Beweiswürdigung a priori so gut wie aussichtslos ist**, wurde damit bestätigt und ist nicht nur auf die Glaubwürdigkeit eines Belastungszeugen anwendbar,[32] sondern auf die gesamte Beweiswürdigung und die Verfahrensvorschriften, die der Beweiswürdigung und Tatsachenfeststellung dienen. Dieses Ergebnis wiederum bedeutet, dass die Beweiswürdigung grds. nicht überprüft wird und die Formeln, dass die Beweiswürdigung nicht gegen Denkgesetze verstoßen dürfe, nicht widersprüchlich sein dürfe, etc. lediglich Leerformeln darstellen. Wäre es anders, so müssten sich die Revisionsführer ständig irren, die Tatrichter jedoch (nahezu) immer Recht haben, was bei unterstellt gleichem Intellekt und Ausbildung nicht sein kann.[33] **Folgerichtig** konnte sich auch **keine allgemeine Systematik** zulässiger Rechtsangriffe gegen das Urteil und Gefahrenquellen der tatrichterlichen Entscheidung durchset- 8

27 Vgl. Schmidt, Grundsätze der freien richterlichen Beweiswürdigung im Strafprozess, S. 222, 246.
28 Vgl. Barton, Die Revisionsrechtsprechung des BGH in Strafsachen, S. 65, 67.
29 Vgl. Barton, Die Revisionsrechtsprechung des BGH in Strafsachen, S. 27.
30 Vgl. Barton, Die Revisionsrechtsprechung des BGH in Strafsachen, S. 145.
31 Vgl. Barton, Die Revisionsrechtsprechung des BGH in Strafsachen, S. 145.
32 Nack, Verteidigung bei der Glaubwürdigkeitsbeurteilung von Aussagen, StV 1994, S. 555 ff.
33 Vgl. Geipel, Ist Freie Beweiswürdigung willkürliche Beweiswürdigung, StraFo 2005, S. 135, 138.

zen.[34] Es kann somit **konstatiert** werden, dass die revisionsrichterliche Befugnis, mit der in die Beweiswürdigung des Tatrichters eingegriffen wird, „höchst diffus ausfällt."[35] „Und es kann nicht wundernehmen, wenn, wie dies aus revisionsrichterlichen Kreisen kolportiert wird, erfahrene Revisionsrichter sich berühmen, jedes tatrichterliche Urteil wegen Feststellungsmängel kassieren zu können,[36] zumal die Definitionsmacht darüber, wann die Kautelen für eine revisionssichere Überzeugungsbildung eingehalten sind, ausschließlich beim Revisionsgericht[37] liegt."[38]

9 **Wissenschaftstheoretisch** wird dieses Ergebnis auch durch die Untersuchung von Schulz gestützt. Die **Beweiswürdigung** kann (im Strafprozess) **nur durch die dokumentierten Urteilsgründe angegriffen** werden, sei es, dass diese selbst einen Rechtsfehler enthalten, oder dass diese mit anderem revisiblem Prozessstoff nicht zu vereinbaren sind. Der Tatrichter ist von der Rechtsprechung gehalten, alle wesentlichen Umstände, die seine Überzeugung beeinflusst haben, anzugeben und die vollständige Beweiswürdigung zu dokumentieren. Bereits das ist nicht einzuhalten, da die konkrete Beweiswürdigung immer auch von unbewussten Umständen und Mechanismen beeinflusst wird. **Daher ist jedwede Dokumentation durch den Urteilsverfasser immer unvollständig**.[39] Im nicht-dokumentierten Teil können Regelverstöße und/oder Regeleinhaltungen verborgen sein.

10 Eine Möglichkeit, dieses Problem zu handhaben besteht darin, es schlicht zu leugnen und mit der Fiktion zu arbeiten, die Dokumentation sei lückenlos. Dann aber wird nicht mehr die Überzeugungsbildung kontrolliert, sondern nur die Dokumentation.[40] Fälle, in denen es zu Fehlern in der Dokumentation kommt, d.h., das Tatgericht das Urteil nicht revisionssicher schreiben kann, sind naturgemäß selten.

11 Bei der Sachrüge, mit der die Beweiswürdigung theoretisch angegriffen werden könnte, wird nur an eine allenfalls begrenzte Dokumentation der **Beweisergebnisse** in den Urteilsgründen angeknüpft, d.h., ob diese den – aus den Gründen ersichtlichen – Beweisstoff *lückenlos* ausgeschöpft hat, keine *Widersprüche* oder Verstöße gegen die *Denkgesetze* oder existierende *Erfahrungssätze* aufweist, weshalb die Revision als Kontrollmittel nicht endgültig leisten kann, was sie für eine Möglichkeit der effektiven Kontrolle leisten müsste.[41] Die Kontrolle bleibt ineffektiv, auch

34 Vgl. Dahs/Dahs, Die Revision im Strafprozess, 6. Aufl., Rn 396.

35 Jerouschek, Wie frei ist die Freie Beweiswürdigung, GA 1992, S. 493, 508.

36 Im Original folgende Fußnote: vgl. die Auflistung bei Rieß, GA 1978, S. 257, 259.

37 Im Original folgende Fußnote: Niemöller; StV 1984, S. 431 ff. (436).

38 Jerouschek, Wie frei ist die Freie Beweiswürdigung, GA 1992, S. 493, 511.

39 Ebenso Lersch, Aufbau der Person, S. 443, zitiert nach Weimar, Psychologische Strukturen richterlicher Entscheidung, S. 6.

40 Vgl. Schulz, Sachverhaltsfeststellung und Beweistheorie, S. 66 f.

41 Vgl. BeckOK StPO/Eschelbach StPO § 261 Rn 75.

wenn – wiederum an Hand der Dokumentation – die Plausibilität bzw. Tragfähigkeit der objektiven Grundlagen geprüft werden sollte.[42]

Daraus folgt, dass der Kontrollbereich verschwindend gering ist und erneut **nicht die Beweiswürdigung, sondern nur die Dokumentation überprüft** wird. 12

Lassen die Urteilsgründe ein Beweiswürdigungsgebot vermissen (z.B. die Mitberücksichtigung der freundschaftlichen/feindschaftlichen Beziehung des Zeugen zum Angeklagten), so sagt die Lücke nichts darüber aus, ob tatsächlich gegen das Gebot verstoßen wurde. Das Gebot kann durchaus berücksichtigt, nur nicht dokumentiert worden sein. In diesem Fall würde die Kontrolle der Dokumentation freilich zu Gunsten des Revisionsführers wirken.

Will man auch auf den nicht-dokumentierten Teil zugreifen, so müsste eine Regel 13
aufgestellt werden, ab wann von der Nichtdokumentation auf die tatsächliche Nichtvornahme geschlossen werden darf. Ginge man davon aus, dass alles, was nicht dokumentiert wurde, tatsächlich nicht vorgenommen wurde, so würde damit die Lebenswirklichkeit auf den Kopf gestellt und eine beträchtliche Zahl an Nichtverstößen wie tatsächliche Verstöße behandelt. Geht man im Gegensatz dazu davon aus, dass alles, was nicht dokumentiert wurde, gleichwohl (möglicherweise) doch stattgefunden hat, so wird ein tatsächlicher Verstoß nicht mehr kontrollierbar.[43]

- Geht man davon aus, dass der Tatrichter die Urteilsgründe nicht beliebig auswählt, sondern danach, ob sie seine Feststellungen tragen, so müsste man bei einem Fehlen in der Dokumentation davon ausgehen, dass der betreffende Vorgang (wahrscheinlich) nicht stattgefunden hat. Das wiederum wäre kontrafaktisch zur Lebenswirklichkeit, denn diese zeigt, dass umso weniger explizit erwähnt wird, je selbstverständlicher der Vorgang für den Beweisführenden ist.[44] Gleiches gilt für periphere Begründungsteile. Je entfernter die Einwände gegen die eigene Argumentation sind, desto weniger werden diese angeführt.
- Da niemand die ausdrückliche Mitberücksichtigung von Selbstverständlichem oder vollständige Mitberücksichtigung von Fernliegendem verlangt, kann es in der Kontrolle nur um die dazwischen liegende Kategorie gehen. Was jedoch selbstverständlich, peripher oder dazwischen liegt, kann nicht logisch oder theoretisch erklärt werden, sondern nur über eine normativ-ethisch postulierte Begründungssituation. D.h., der Erfahrungssatz, „wenn der zwischen selbstverständlich und peripher liegende Umstand X nicht erwähnt wurde, dann wurde er nicht berücksichtigt," kann sich nur aus der Begründungserwartung der Kontrollperson und deren Erwartung, der Tatrichter werde sich hieran orientieren, ergeben.[45] „Konstanz der Anforderungen an den Begründungsinhalt lässt sich

42 Vgl. BeckOK StPO/Eschelbach StPO § 261 Rn 75.
43 Vgl. Schulz, Sachverhaltsfeststellung und Beweistheorie, S. 67–69.
44 Vgl. Schulz, Sachverhaltsfeststellung und Beweistheorie, S. 71.
45 Vgl. Schulz, Sachverhaltsfeststellung und Beweistheorie, S. 73.

nur dann als psychisch-empirisches Phänomen beschreiben oder postulieren, sofern es sich um eine einzelne individuell bestimmte Kontrollperson handelt. Je größer die Anzahl, je höher die Fluktuationsrate und je unterschiedlicher das Rekrutierungsmilieu der Individuen innerhalb einer Institution Kontrollperson, desto mehr löst sich die inhaltliche Begründungserwartung von einem empirisch identifizierbaren psychischen Substrat."[46]

14 Daraus folgt, dass eine Regel, ab wann aus nicht Erwähntem auf Nicht-stattgefundenes geschlossen werden kann, nicht aufgestellt werden kann, sondern von der Begründungserwartung der konkreten Kontrollperson abhängt.[47] D.h. aber erneut, dass nicht mehr die Beweiswürdigung überprüft wird, ob Beweiswürdigungsgebote oder -verbote eingehalten wurden, sondern nur, ob deren Dokumentation gemessen an der Begründungserwartung der Kontrollperson lückenhaft sind.[48] Es wird also nur die Fähigkeit der Urteilsverfasser kontrolliert, ein Urteil lege artis zu begründen.[49] Auch aus diesem wissenschaftstheoretischen Befund von Schulz ergibt sich somit keine Kontrolle im Bereich der Beweiswürdigung, sondern bestenfalls eine Kontrolle der Dokumentation, die von den nicht vorhersehbaren Begründungserwartungen des konkreten Revisionsrichters abhängt.

15 Auch im Bereich des **Beweisantragsrechts** hängt die Kontrolle oft nur von den schriftlich wiedergegebenen Gründen ab, ohne Gewähr dafür, dass diese schriftlichen Gründe auch die tatsächlich ausschlaggebenden waren. Konkret wurden vorgebracht, dass es durch **Beschluss-Rhetorik** möglich sei, z.B. eine Videovernehmung eines Zeugen im Ausland zu unterlaufen,[50] oder das Verbot, die Geeignetheit eines Beweismittels vom bisherigen Stand der Beweisaufnahme abhängig zu machen, nicht effektiv überprüft werden kann.[51]

F. Ergebnis der Revisionsrechtsprechung des BGH in Strafsachen

16 **In die freie Beweiswürdigung wird fast nie eingegriffen.** Die hinter vorgehaltener Hand verbreitete Weisheit, dass der BGH Mittel und Wege habe, jedes Urteil aufzuheben, ein Urteil jedoch nur dann aufhebe, wenn er will,[52] ist bestätigt. Damit

46 Schulz, Sachverhaltsfeststellung und Beweistheorie, S. 74.

47 Vgl. Schulz, Sachverhaltsfeststellung und Beweistheorie, S. 73.

48 Vgl. Schulz, Sachverhaltsfeststellung und Beweistheorie, S. 75.

49 Vgl. Schünemann, Grundfragen der Revision im Strafrecht, JA 1982, S. 123 ff., 126, vgl. auch Paeffgen, Ermessen und Kontrolle. Probleme einer Begriffsanleihe in Bezug auf die Revisibilität von Tatsachen, in: Festgabe für Karl Peters, hrsg. von Klaus Wasserburg u. Wilhelm Haddenhorst, S. 61 ff., 79, wonach, „allenfalls Berufsanfänger oder völlig überlastete Richter [...] noch Fehler machen".

50 Vgl. Hamm/Hassemer/Pauly, Beweisantragsrecht, 2. Aufl., Rn 309 m.w.N.

51 Vgl. Hamm/Hassemer/Pauly, Beweisantragsrecht, 2. Aufl., Rn 263.

52 Vgl. Barton, Die Revisionsrechtsprechung des BGH in Strafsachen, S. 7.

wurde der Befund von Fezer aus dem Jahr 1974 abermals bestätigt, demzufolge, der BGH Urteile jederzeit aufhebt, wenn er mit den tatsächlichen Feststellungen nicht einverstanden ist.[53] Ob der **BGH das Urteil aufheben will**, hängt davon ab, ob das **Urteil auf den ersten Blick richtig erscheint**. Ob es **tatsächlich richtig ist**, kann vom Revisionsgericht praktisch nie, und ob es einen revisiblen Fehler enthält – jedenfalls in elaborierten Verteidigerrevisionen – nur **nach** genauer **Prüfung und Senatsberatung** festgestellt werden. Die **Senatsberatung** ist i.d.R. knapp und **hängt weniger von rechtlichen, als von persönlichen und zufälligen Umständen ab**.[54] Barton stellt hierzu fest: „Ein ehemaliger Bundesrichter hat das [...] so zum Ausdruck gebracht: Man könne noch so viele ‚heilige Schwüre' anbringen, dass auch bei kurzen Beratungszeiten nichts Relevantes übersehen werde; das ändere nichts daran, dass bei einer längeren Beratung doch mehr gesehen werde."[55] Scheinbar steuern die Erwartungen der BGH-Richter die Wahrnehmung und Prüfung der Urteile. Das lässt sich zwanglos mit der Feststellung der statistischen Erheblichkeit der Vorstrafen des Angeklagten, dessen Aussageverhalten, des LG-Bezirks und des Antrags des GBA in Einklang bringen. Die Prüfung hängt somit davon ab, welche Kompetenz und Fehlerträchtigkeit man dem Vorsitzenden des Tatgerichts zutraut (daher regionale Unterschiede),[56] ob man dem Angeklagten die Tat überhaupt zutraut (daher Relevanz von Vorstrafen, Geständnis oder Teilgeständnis oder Schweigen) und wie die Richtigkeit des Urteils vom GBA bewertet wird. Die **hohe Übereinstimmung zwischen Entscheidung und GBA-Antrag** ergibt sich aus einer Kombination zweier Effekte: Einerseits wegen der **hohen Kompetenz des GBA**, der bestens damit vertraut ist, wie die Senate entscheiden, und andererseits wegen des **Schulterschlusseffekts zwischen GBA und Richter**. Die hohe Kompetenz des GBA steht dem Schulterschlusseffekt nicht entgegen, sondern verstärkt diesen. Die Bundesrichter gehen bewusst oder unbewusst davon aus, dass der GBA unparteiisch und an objektiver Wahrheit und Gerechtigkeit interessiert sei, daher die Sache ordentlich prüfe und gute Arbeit leiste, sodass ein Schulterschluss mit dem so vermeintlich hochkompetenten Urteil des GBA erfolgt.[57] D.h., man prüft einerseits weniger selbst, da man hohes Vertrauen in die Richtigkeit des GBA-Urteils hat und stellt sich andererseits selten gegen die Entscheidung der kompetenten Stelle, d.h., übernimmt unbewusst die Wahrnehmung des GBA, sodass hohe Übereinstimmung zwischen GBA-Antrag und Entscheidung besteht (Abweichung nur in jedem neun-

53 Vgl. Fezer, Die erweiterte Revision – Legitimierung der Rechtswirklichkeit, S. 21, 26, 42, 55.

54 Vgl. Barton, Die Revisionsrechtsprechung des BGH in Strafsachen, S. 187f., 191 ff.

55 Barton, Die Revisionsrechtsprechung des BGH in Strafsachen, S. 193.

56 Vgl. Barton, Die Revisionsrechtsprechung des BGH in Strafsachen, S. 100 f.

57 Vgl. Barton, Die Revisionsrechtsprechung des BGH in Strafsachen, S. 207.

ten Fall).[58] Fischer hat diese Ergebnisse für den Einfluss des Vorsitzenden, der Senatszusammensetzung und des Berichterstatters im Prinzip bestätigt:

„Zu erinnern ist hier zum einen an die Selbst-Darstellungen einzelner Senate in der Vergangenheit: Wer sich selbst als Senat beschreibt, der ‚alles hält', oder entsprechende Fremdbeschreibungen geschmeichelt zur Kenntnis nimmt, will die Botschaft verbreiten, auf Grund der personellen Zusammensetzung und der inhaltlichen Übereinstimmung des Senats oder jedenfalls einer sicheren Mehrheit gelange dieser Senat regelmäßig zu bestimmten, nämlich verurteilungs-freundlichen und Beschuldigten-unfreundlichen Ergebnissen. Gleich, was von einer solchen (Selbst-)Darstellung zu halten ist, widerspräche dies, wenn es stimmte, jedenfalls der ‚Theorie' vom ‚Ausgleich'. Dasselbe gilt von der oft verbreiteten These, die Person des oder der Senats-Vorsitzenden bestimme – mittels welcher Kraft auch immer – die „Tendenz" und damit die Erfolgswahrscheinlichkeit von Revisionen. […] Daran ist vermutlich Wahres, wenngleich es ein wenig schmeichelhaftes Bild von Bundesrichtern in ihrem 50. bis 60. Lebensjahr zeichnet. Befördert wird es durch eine entsprechende Attitüde von Senatsvorsitzenden in der Außen-Darstellung, die – etwa bei Vorträgen – ankündigen, was sie „ihren" Senat angeblich demnächst entscheiden zu lassen beabsichtigen. […] Die Erhebung [von Fischer für die Jahre 2007–2012] zeigt im Hinblick auf die große Mehrzahl der Verfahren, die durch Beschluss entschieden werden, eine signifikant unterschiedliche Verteilung der Ergebnisse auf die einzelnen Berichterstatter, auch über lange Zeiträume hinweg. Man kann insoweit keinesfalls von zufälligen Differenzierungen sprechen. Wichtigstes Ergebnis der Untersuchung ist: Die Person des Berichterstatters hat einen statistisch nachweisbaren, deutlichen Einfluss auf das Ergebnis des Revisionsverfahrens, wenn im Beschlussverfahren entschieden wird. Für die Urteilsverfahren lässt sich dies – schon wegen der geringen Anzahl der Verfahren – nicht gleichermaßen belegen."[59]

17 Die **Erfolgsaussicht** hängt somit nicht zwingend von einem Rechtsfehler, sondern wesentlich von zufälligen Komponenten, z.B. dem Berichterstatter, dessen Tat- und Täterstereotyp und informellen Gründen ab. Oder anders formuliert, der BGH hebt Urteile losgelöst von einem Rechtsfehler auf, wenn er (in concreto der Berichterstatter) die Feststellungen nicht für richtig hält.[60] Diese informellen Gründe wären, „a) noch nicht entschiedenes Rechtsproblem, wenn auch fernliegend, eignet sich für amtliche Sammlung, b) Urteil scheint falsch zu sein, könnte auch die Schwiegermutter gewesen sein, c) krasser formeller Rechtsfehler, auch nach neuer, geläuterter Rechtsauffassung nicht hinnehmbar, deutlicher Konnex zu zweifelhaf-

58 Vgl. Barton, Die Revisionsrechtsprechung des BGH in Strafsachen, S. 198.

59 Fischer, Der Einfluss des Berichterstatters auf die Ergebnisse strafrechtlicher Revisionsverfahren, NStZ 2013, S. 425, 426, 431.

60 Vgl. Fezer, Die erweiterte Revision – Legitimierung der Rechtswirklichkeit, S. 44.

tem Ergebnis (im Übrigen: neuer Kammervorsitzender, muss zu Anfang ein bisschen erzogen werden)."[61] **Der tatsächliche Rechtsschutz ist daher gering**. Es ist unbestreitbar, dass dem Leser zwar zum Trost gereicht, **dass auch Sarstedt die Erfolgsaussicht einer Revision nicht mehr beurteilen kann**, gleichwohl hilft dies der Rechtsfortentwicklung nicht weiter. Vielmehr stellt sich die Frage an die Prozessbevollmächtigten, „ob sie an einem ‚Spiel' teilnehmen wollen, dessen Regeln durch die Schiedsrichter [die Richter] flexibel [ergo zurechtgemacht] gehandhabt werden."[62] Auch hier hat Barton die Feststellungen von Fezer aus dem Jahr 1974 bestätigt gefunden, der zufolge der BGH bei Urteilsbestätigungen Grundsätze formuliert, die er bei Urteilsaufhebungen selbst nicht anwendet und damit „doppeltes Spiel" betreibt.[63] „Die für die **Strafrechtswissenschaft** wichtigste Konsequenz sollte sein, dass man nicht weiter davon ausgehen darf, in der BGH-Rechtsprechung funktioniere alles so, wie es im Gesetz steht."[64] Schmitt hält nach seiner Analyse fest, dass die Revisionsgerichte vage und widersprüchliche Vorgaben an die Tatgerichte geben, sodass von einem praktisch handhabbaren Fundament keine Rede sein könne.[65] Es gibt somit einen großen Teil der Fälle, die nicht ausschließlich nach den geltenden Rechtsregeln gelöst werden (sog. Routinefälle) und einen kleinen Teil der Fälle, die sehr wohl (nur) nach geltendem Recht gelöst werden (sog. Demonstrationsfälle). Veröffentlichungen beziehen sich auf Demonstrationsfälle, sodass der falsche Eindruck entsteht, die Masse der nicht veröffentlichen Fälle würden nach den gleichen Kriterien wie die veröffentlichen Fälle entschieden. Hierauf hat Schumann bereits 1977 hingewiesen.[66] Soweit ersichtlich hat sich hieran – trotz der o.g. älteren Daten – nichts geändert.

61 Becker, Abschied vom 5. (Berliner) Strafsenat; Berliner Anwaltsblatt 1997, S. 350, zitiert nach Barton, Die Revisionsrechtsprechung des BGH in Strafsachen, Fn 487.

62 Barton, Die Revisionsrechtsprechung des BGH in Strafsachen, S. 283.

63 Vgl. Fezer, Die erweiterte Revision – Legitimierung der Rechtswirklichkeit, S. 52.

64 Barton, Die Revisionsrechtsprechung des BGH in Strafsachen, S. 284 f.

65 Vgl. Schmitt, Die richterliche Beweiswürdigung im Strafprozess, S. 78 f.

66 Vgl. Schumann, Der Handel mit Gerechtigkeit, S. 272, zitiert nach Barton, Die Revisionsrechtsprechung des BGH in Strafsachen, Fn 329.

§ 5 Konsequenzen in der Praxis oder Kern des Problems

Inhalt

A. Zur Einräumung eigener Fehler oder Anerkennung systembedingter Fehler

1 Die Anzahl der Fehlurteile ist mangels Forschung und Forschungswillen hierzu unbekannt (s.o. § 3 Rdn 53 ff.). Die Tatsache, dass es hierzu keine Forschung gibt, folgt der von dem Nobelpreisträger Kahneman beschriebenen Regel für Urteilsverzerrungen, d.h., dem von ihm sog. WYSIATI-Phänomen (What You See Is All There Is = Nur was man gerade weiß, zählt).[1]

2 Diese Regel besagt, dass nur die Informationen, die man gerade hat, relevant sind, und man nicht mehr Informationen will, die vielleicht die Geschichte verderben.[2]

3 Auch die Tatsache, dass in jüngerer Zeit nur durch Zufall aufgedeckte, eklatante Fehlurteile (Bauer Rupp, Harry Wörz, Manfred Genditzki, Horst Arnold, Gustl Mollath) bekannt wurden, wird bemerkenswerterweise nicht zum Anlass genommen, das System auf Schwachstellen zu untersuchen, sondern diese Fehlurteile werden als Einzelfälle abgetan, obwohl sie pars pro toto stehen.[3] Zutreffend weist Fischer darauf hin, dass es sich hier (Bauer Rupp) um einen maximalen Skandal der Strafjustiz handele, der bis heute zur skurrilen Fußnote herunterdefiniert werde, ohne das Menetekel zu erkennen, dass sich in ihm offenbare.[4]

4 Es ist bekannt, dass z.B. Investmentmanager, die ihren Lebensunterhalt damit verdienen, sich gründlich mit einem bestimmten Sachgebiet zu beschäftigen, jedenfalls zum Teil schlechtere Ergebnisse als Dartpfeile werfende Affen erzielen.[5] Ob die

1 Vgl. Kahneman, Schnelles Denken, Langsames Denken, S. 112 ff.
2 Vgl. Kahneman, Schnelles Denken, Langsames Denken, S. 116.
3 Vgl. SSW/StPO/Eschelbach, § 136 Rn 62.
4 Vgl. Fischer, Im Recht, S. 317.
5 Vgl. Kahneman, Schnelles Denken, Langsames Denken, S. 271.

Analyse von Tetlock hinsichtlich der Widerwilligkeit von Experten in der Einräumung eigener Fehler nur für die von ihm untersuchten Berater/Kommentatoren für politische und ökonomische Trends gilt, oder auf Juristen übertragbar ist, möge der Leser selbst entscheiden. Die von Tetlock untersuchten Experten gaben Fehler nur widerwillig zu und hatten jede Menge Ausreden parat, wenn sie gezwungen waren, einen Fehler zuzugeben, z.B. dass man sich zwar geirrt hätte, aber aus richtigen Gründen, ein unvorhersehbares Ereignis dazwischen gekommen sei, nur der Zeitpunkt falsch sei, etc.[6]

5 Wer die (viel zu strenge) Praxis der Wiederaufnahmegerichte kennt, kommt nicht umhin, zu bestätigen, dass die Justiz „kratzt und beißt", um ein Fehlurteil nicht zu offenbaren.[7] Das offenbart eine nicht existente Fehlerkultur in der Justiz.

B. Zur Prognostizierbarkeit gerichtlicher Entscheidungen und das leere Blatt

6 **Unprognostizierbarkeit ist gleichbedeutend mit Willkür** und mit dem Rechtsstaatsprinzip nicht zu vereinbaren: „Die Prophezeiung, wie ein Gericht sich verhalten wird, und nichts anderes und Anspruchsvolleres ist es, was wir unter Recht verstehen."[8] Auch gegen die Aussage des amerikanischen Richters Oliver Wendell Holmes, nach der Recht nichts anderes als die richtige Voraussicht dessen sei, was die Gerichte sagen werden,[9] lässt sich wenig einwenden.

7 Obwohl die Klagen aus der Praxis und Wissenschaft zahlreich sind und der Rechtsstaat sich damit unbestreitbar in der Krise befindet, sind Konsequenzen in der Praxis bisher ausgeblieben. Das ist umso unverständlicher, als ein Blick auf die Geschichte gezeigt hat, dass die Entartung und Willkür der freien Beweiswürdigung früher oder später wieder zu einer legalen Beweistheorie führen wird. Wer die Vorteile der freien Beweiswürdigung beibehalten will, muss Sicherungssysteme zur Vermeidung von Willkür einführen.

8 **Barton** hat vorgeschlagen, die Revision als reine Rechtsbeschwerdeinstanz beizubehalten, aber jede Revision (100 %) nach den geltenden Rechtsregeln zu entscheiden. **Begründungslos ergehende Entscheidungen seien bei ausgeführten Revisionsrügen rechtsstaatlich nicht hinnehmbar.**[10] „Zu den Problemen, die im Bereich der Revision auch bedrücken, gehört nicht zuletzt die Frage nach der Stellung und

6 Vgl. Kahneman, Schnelles Denken, Langsames Denken, S. 272.

7 Vgl. Rückert, Unrecht im Namen des Volkes, S. 209.

8 Cardozo, Lebendiges Recht, S. 30 in Herdegen, Tatgericht und Revisionsgericht – insbesondere die Kontrolle verfahrensrechtlicher Entscheidungen, S. 68, in: Beweisantragsrecht, Beweiswürdigung, strafprozessuale Revision.

9 The Path of Law, Harvard Law Review, Vol X (1897), p. 40, zitiert nach Rüthers, Die unbegrenzte Auslegung, 6. Aufl., S. 7.

10 Vgl. Barton, Die Revisionsrechtsprechung des BGH in Strafsachen, S. 287 f.

den Rechten des Angeklagten im Revisionsverfahren. Insoweit ist nicht nur die große Zahl von Beschlussverwerfungen ohne Begründung gemäß § 349 Abs. 2 kritisch [...], weil sie für die Befriedungsfunktion und Überzeugungskraft der letztinstanzlichen Entscheidung ohne Zweifel erhebliche negative Auswirkungen hat.“[11]

Hinweis 9

Das Phänomen der begründungslosen Entscheidung ist nicht auf das Strafrecht beschränkt. Ursprünglich hatte das Bundesverfassungsgericht (BVerfGE 50, S. 125) den BGH aufgehoben, weil der BGH einen zivilprozessualen Nichtannahmebeschluss nicht begründet hatte. Danach erfolgte zum alten Recht folgender Zusatz: „Gemäß § 554b Abs. I ZPO in der Auslegung durch das Bundesverfassungsgericht“. Das wiederum akzeptierte das Bundesverfassungsgericht.

Auch in BVerfGE 71, 122, 135 f. wurde mitgeteilt: „Insoweit kommt dem Verwal- 10
tungsgerichtshof auch nicht zugute, dass die verfassungsrechtliche Begründungspflicht für solche Gerichtsentscheidungen, die mit ordentlichen Rechtsbehelfen nicht mehr angreifbar sind, nach der Rechtsprechung des Bundesverfassungsgerichts weniger weit geht (vgl. BVerfGE 50, 287 [289 f.]). Denn hieraus folgt keine Lockerung des materiell-verfassungsrechtlichen Maßstabes des Willkürverbots, an dem sich auch jede Gerichtsentscheidung messen lassen muss (vgl. auch BVerfGE 50, 287 [289]). Dieser aus Art. 3 Abs. 1 GG gewonnene Maßstab (BVerfGE 58, 163 [167 f.]) verlangt mit Rücksicht auf die verfassungsrechtliche Gebundenheit des Richters an Gesetz und Recht (Art. 20 Abs. 3 GG) eine Begründung auch der letztinstanzlichen Entscheidung jedenfalls dann und insoweit als von dem eindeutigen Wortlaut einer Rechtsnorm abgewichen werden soll und der Grund hierfür sich nicht schon eindeutig aus den Beteiligten bekannten oder für sie ohne weiteres erkennbaren Besonderheiten des Falles ergibt.“

Das Bundesverfassungsgericht erlässt freilich oft ebenfalls unbegründete Beschlüs- 11
se, wenn es die Verfassungsbeschwerde nicht annehmen will. Kritische Stimmen, die diese Praxis als verfassungswidrig bezeichnen, mehren sich.[12] Nach diesseitigem Verständnis ist die Ansicht von Hamm/Hassemer/Pauly zum Beweisantragsrecht verallgemeinerbar: „Eine Rechtsordnung, die dem Beschuldigten eines Strafverfahrens kraft ihres rechtsstaatlichen Anspruchs das Recht zugesteht, durch eigene Anträge auf die Entscheidung des Gerichts Einfluss zu nehmen, muss zugleich einen Begründungsanspruch für ablehnende Entscheidungen enthalten.“[13]

Zuck geht im Zivilprozess davon aus, dass die Nichtbegründung einer letztinstanzli- 12
chen Entscheidung gegen den allg. Justizgewährungsanspruch verstößt, denn damit läuft einerseits der Rechtsbehelf der Anhörungsrüge leer und andererseits das

11 LR-StPO/Hanack, 25. Aufl., Vor § 333 Rn 13.

12 Vgl. Schneider, ZAP-Kolumne, ZAP Nr. 15 vom 30.7.2008 m.w.N.

13 Hamm/Hassemer/Pauly, Beweisantragsrecht, 2. Aufl., Rn 186.

Recht zur Verfassungsbeschwerde.[14] Bedauerlicherweise sind auch **Leerlaufketten** zu beobachten (Nichtbegründung der letztinstanzlichen Entscheidung, faktische Nichtbegründung der Anhörungsrüge, Nichtannahme der Verfassungsbeschwerde ohne inhaltliche Begründung, gem. § 93d BVerfGG).[15]

13 Entgegen der Praxis müsste Folgendes gelten:

14 Wenn von Verfassungs wegen eine Anhörungsrügenmöglichkeit geboten ist und wenn dieser Sonderrechtsbehelf nach dem Prinzip des effektiven Rechtsschutzes auch wirkungsvoll sein muss, so führt kein Weg an der Notwendigkeit einer Begründung aller letztinstanzlichen Gerichtsentscheidungen vorbei.

15 Für das Strafverfahren würde das etwa bedeuten, dass Beschlüsse nach § 349 Abs. 2 StPO bei Meidung einer Gehörsverletzung nicht ohne (substantielle) Begründung erfolgen dürften, zumal § 34 StPO eine Begründung fordert und das geläufige Weglassen einer Begründung also contra legem scriptam praktiziert wird. Eine Formelbegründung („...weil die Nachprüfung des Urteils anhand der Revisionsbegründung keinen Rechtsfehler zum Nachteil des Beschwerdeführers ergeben hat ...") wäre danach unzureichend. Auch die Begründung des Verwerfungsantrages der Staatsanwaltschaft bei dem Revisionsgericht wäre nicht ohne weiteres aufgrund einer stillschweigenden Bezugnahme des Revisionsgerichts hierauf als Begründungssurrogat ausreichend, dies jedenfalls dann, wenn der Beschwerdeführer darauf repliziert hat und die Staatsanwaltschaft danach keine Äußerung mehr abgegeben hat.[16]

16 Zuzustimmen ist Barton, dass begründungslos ergehende Entscheidungen rechtsstaatswidrig sind. Dass die Revisionsinstanz 100 % der Fälle nach den geltenden Rechtsregeln entscheiden soll, ist eine Selbstverständlichkeit. Das Hauptproblem, nämlich die Willkür in der Beweiswürdigung und die jederzeitige Möglichkeit, ein Urteil revisionssicher zu schreiben, ist damit aber nicht gelöst. **Bossi** forderte gegen Ende seines Berufslebens eine umfassende zweite Tatsacheninstanz, denn seine 50-jährige Berufserfahrung habe ihm gezeigt, dass eine Instanz (auch wenn sie sich aus fünf Berufsrichter zusammensetzt, die aber meist unter dem Einfluss des Vorsitzenden stehen) oft irren kann. Die Wahrscheinlichkeit, dass eine zweite volle Tatsacheninstanz den nämlichen Fehler noch einmal begehe, sei viel unwahrscheinlicher. Das ist eine seit Jahrzehnten erhobene und berechtigte Forderung. Gleichwohl führt Bossi aus, dass gegen die Einführung einer vollen zweiten Tatsacheninstanz eine 150-jährige Tradition steht. Dementsprechend verbleibe als Alternative die Einfüh-

14 Vgl. Zuck, Rechtsstaatswidrige Begründungsmängel in der Rechtsprechung des BGH, NJW 2008, S. 479, 480 f.

15 Vgl. Zuck, Rechtsstaatswidrige Begründungsmängel in der Rechtsprechung des BGH, NJW 2008, S. 479.

16 Vgl. Eschelbach/Geipel/Weiler, Anhörungsrügen, StV 2010, S. 325 ff.; bereits davor Eschelbach, Gehör vor Gericht, GA 2004, S. 228, 243.

rung eines weiteren Revisionsgrundes, nämlich der **Verstoß gegen die allgemeine Lebenserfahrung** und die Einführung eines **Wortprotokolls.**[17] Zuzustimmen ist Bossi unbedingt in der Forderung nach einem Wortprotokoll. Auch Fezer hält nach seiner Analyse die Einführung des Wortprotokolls für unbedingt erforderlich.[18] Schmitt stellt fest, dass ohne Wortprotokoll für das Urteil bedenkliche Fehlerquellen nicht vermieden werden können (scheinbar unwichtige Einzelheiten, die für die Aussageanalyse wichtig wären, bleiben unerkennbar, Widersprüche werden eingeebnet, schlichte Bejahungen eines Vorhalts werden als Indiz für die Richtigkeit der Aussage gewertet, oftmals keine Erinnerung, ob der Umstand aus den Akten oder der Verhandlung bekannt ist).[19] Bereits 1931 forderte der Landgerichtsdirektor in Leipzig, Curt Leonhardt, der einer der ersten Juristen war, der sich mit der Bedeutung der psychologischen Beweisführung beschäftigte, „daß der Vernehmende die Auskunftsperson zur Wiederholung ihres Berichtes zum Zwecke der Niederschrift auffordert und hierbei deren Schilderung immer Satz- oder Halbsatzweise auffängt, und so dem Urkundsbeamten oder der Schreibkraft das wörtliche Nachschreiben oder Nachstenographieren ermöglicht.“[20]

Der Revisionsgrund des Verstoßes gegen die allgemeine Lebenserfahrung scheint 17
dagegen zu unbestimmt und ungenau. Letztendlich reduziert sich das Urteil dann auf die Lebenserfahrung des Revisionsgerichts und damit – wie bisher – auf die Tat- und Täterstereotype des Berichterstatters. Auch eine Erhöhung der Anforderung an die Urteilsgründe würde zwar die Stolpersteine, über die das Urteil fallen kann, erhöhen, aber eine wirkliche Kontrolle der Feststellungen wäre damit immer noch nicht gewährleistet.[21]

De lege ferenda muss die tatrichterliche Beweiswürdigung überprüfbar werden. 18
Max Alsberg analysiert bereits 1930: „Auf keinem Rechtsgebiet ragt ein einzelnes Problem so hervor, wie auf dem Gebiet des Strafprozesses das Beweisproblem. Es ist schlechterdings das Zentralproblem des Strafprozesses und als prozessuales Problem zugleich ein einzigartiges [...] Dass die hier wichtigste Aufgabe für eine dem Leben dienende Strafprozessdoktrin liegt, blieb auffälligerweise unbemerkt.“[22]

17 Vgl. Bossi, Halbgötter in Schwarz, S. 275 ff.

18 Vgl. Fezer, Pragmatismus und Formalismus in der revisionsrechtlichen Rechtsprechung, Festschrift für Hanack, S. 331.

19 Vgl. Schmitt, Die richterliche Beweiswürdigung im Strafprozess, S. 433 ff., 451.

20 Leonhardt, Psychologische Beweisführung, Archiv fuer Kriminologie, 1931, S. 203, 208.

21 Vgl. Paeffgen, Ermessen und Kontrolle, in: Festschrift für Karl Peters, S. 61, 85.

22 Alsberg, im Vorwort zur ersten Auflage des später von Nüse u. Meyer (heute von Dallmeyer/Güntge/Tsambikakis fortgeführt) fortgeführten Werks, „Der Beweisantrag im Strafprozess“, so abgedr. in: Alsberg/Nüse/Meyer, Der Beweisantrag im Strafprozess, 5. Aufl., S. VII.

te Möglichkeiten" eine Verurteilung hindern würden.[33] Genau **diese Worthülsen** seien aber **beliebig manipulierbar**, wie sich am Beispiel des Selbstbedienungstankens ohne Bezahlung ergäbe. Hier sei es – wie bei den meisten Fällen – so, dass jeweils beide Alternativen zutreffen können, d.h., die Möglichkeit des Vergessens der Bezahlung als in jedem Fall denkbare, also vom Einzelfall losgelöste (abstrakte), damit nur theoretische oder entfernte Möglichkeit aufzufassen, als auch als konkrete Möglichkeit, d.h., konkreten Zweifel, da die Möglichkeit des Vergessens ohne weitere Anhaltspunkte auch in dem zu beurteilenden Fall besteht. Eine Differenzierung sei daher nur nach dem Mehr oder Weniger des Abstrakten oder Konkreten möglich und damit beliebig manipulierbar.[34] Die Verurteilung im Einzelfall hängt allein davon ab, ob der Tatrichter nach seiner **Gemütsverfassung**, d.h., seinem persönlichen Glauben und Meinen, die empirisch verbleibenden Zweifel gefühlsmäßig überwunden hat oder nicht, und ungeklärt bleibt, um welche Zweifel es sich handelt.[35]

31 Hinzu kommt Folgendes:

Das materielle Strafrecht bestimmt, dass die Rechtsfolge Strafe nur dann eintritt, wenn der Angeklagte die vorgeworfene Tat wirklich begangen hat. **Die Erkenntnis der Wahrheit ist zwar das erklärte Ziel der Tatsachenfeststellung, aber gleichwohl unerreichbar**. „Der philosophische Zweifel und der Zweifel aufgrund der Möglichkeit einer jederzeitigen Revision unseres gesicherten Erfahrungswissens sind weder empirisch noch sonst auf rationale Weise behebbar."[36] Dementsprechend erscheinen Abstriche von dem Ideal der Wahrheitsfeststellung bei den tatsächlichen Feststellungen als selbstverständlich. Da die Strafgesetze Strafe nur dann vorsehen, wenn deren tatsächliche Voraussetzungen gegeben sind, **ist jedes Zurückbleiben hinter dem Ideal der Feststellung der Wahrheit mit einem Risiko eines Fehlurteils verbunden**. Somit wird **bei jeder Tatsachenfeststellung** und Verurteilung ein Fehlurteil und **damit eine Verurteilung Unschuldiger in Kauf genommen**. Die bewusste Inkaufnahme der Verurteilung Unschuldiger **bedarf aber der Legitimation**.[37] Der Rechtseingriff darf also nicht vom Zufallsprinzip der Person und von der Gemütsverfassung des jeweiligen Richters abhängen.[38] „Wer für das erstaunliche Phänomen, daß etwas bewiesen wird [die Tat durch die Tatsachenfeststellung], obwohl es strenggenommen gar nicht beweisbar ist, in Rechtsprechung und Literatur eine Begründung und Rechtfertigung erwartet, wird enttäuscht."[39]

33 Vgl. Freund, Normative Probleme der Tatsachenfeststellung, S. 48 m.w.N.

34 Vgl. Freund, Normative Probleme der Tatsachenfeststellung, S. 48 f.

35 Vgl. Freund, Normative Probleme der Tatsachenfeststellung, S. 52.

36 Freund, Normative Probleme der Tatsachenfeststellung, S. 7.

37 Vgl. Freund, Normative Probleme der Tatsachenfeststellung, S. 1.

38 Vgl. Freund, Normative Probleme der Tatsachenfeststellung, S. 53.

39 Freund, Normative Probleme der Tatsachenfeststellung, S. 6.

„Dabei ist das Grundproblem der Amtsermittlung, den entsprechenden Verdacht bzw. die entsprechende Überzeugung hinsichtlich derjenigen (wahren oder falschen) Tatsachen zu konstatieren, die die jeweilige amtierende Einzelperson (oder Institutionen) ‚glauben' will, kaum erforscht."[40] 32

C. Konsequenzen für die Justizbelastung

Die Justiz ist ständig um die eigene Arbeitsentlastung besorgt. Nachdem in einem Rechtsstaat die wirksame und effektive Rechtspflege geschuldet ist, müssten auch ausreichende finanzielle und personelle Ressourcen zur Verfügung gestellt werden. Tatsächlich ist dies nicht so und die Justiz leidet unter Sparzwängen. Permanente Beschneidungen von Rechtsmitteln oder Erhöhungen der Zulässigkeitsanforderungen an Rechtsmittel, um diese faktisch zur Arbeitsentlastung als unzulässig verwerfen zu können, führen nicht immer zu einer wirklichen Arbeitsentlastung. Als die ZPO-Reform zum 1.1.2002 mit Beschränkungen des Rechtsschutzes eingeführt wurde, war z.B. im Jahre 2003 ein Anstieg der Verfassungsbeschwerden zu verzeichnen.[41] D.h., die eingetretene Arbeitsentlastung wird in anderen Verfahren zum Teil kompensiert. Schlussendlich schuldet der Rechtsstaat dem Bürger primär eine faire Justiz. Die größtmögliche Gewähr eines materiell richtigen Urteils sollte daher oberstes Gebot sein. 33

Aufgrund (oft) zu hoher und jedenfalls gestiegener Zulässigkeitsanforderungen in der strafrechtlichen Revision und Verfassungsbeschwerde, die durchaus im Hinblick auf Gemeinschaftsrecht kritisch gesehen werden können und müssen,[42] werden die Begründungsschriften immer umfangreicher und erreichen oft mehrere hundert Seiten. „Es stellt sich wirklich die Frage, ob das Gros der Verteidiger, wie es die Verwerfungspraxis der Revisionsgerichte nahe legt, wirklich unfähig sind, die Erfolgsaussicht des Rechtsmittels realistisch einzuschätzen oder ob nicht doch der Vorwurf gerechtfertigt ist, die Revisionsverwerfung nach § 349 Abs. 2 StPO diene in erster Linie der Prozessökonomie."[43] Die gleiche Frage wird man sich bei den gegenwärtig herrschenden Zulässigkeitsanforderungen bei der Verfassungsbeschwerde stellen können. Zu Beginn seiner Rechtsprechung ging das BVerfG von nicht strengen Formvorschriften aus.[44] Bemerkenswert ist jedenfalls, dass in den ersten 26 Bänden der amtlichen Entscheidungssammlung des BVerfG kein einziger Fall ersichtlich ist, 34

40 Eisenberg, Vernehmung und Aussage (insbesondere) im Strafverfahren aus empirischer Sicht, JZ 1984, S. 912.

41 Vgl. Stackmann, Richterliche Selbstkontrolle und Verfahrenswirklichkeit im Zivilprozess, Jus 2005, S. 495, 497.

42 Vgl. Reichart, Revision und Verfassungsbeschwerde in Strafsachen, S. 51 f. m.w.N.

43 Reichart, Revision und Verfassungsbeschwerde in Strafsachen, S. 44.

44 Vgl. BVerfGE 1, S. 433, 436 f.

in dem die Verfassungsbeschwerde aufgrund nicht ordnungsgemäßer Begründung gescheitert ist.[45]

35 Der Arbeitsentlastung wäre – losgelöst vom Einzelfall – im Ergebnis mehr gedient, wenn in der Revision/Verfassungsbeschwerde ein schlanker Schriftsatz ggf. mit der Bitte um Hinweis gem. § 139 ZPO analog und eine Möglichkeit der Nachbesserung außerhalb der Monatsfrist möglich wäre. Freilich dürfte dies nicht dazu führen, weitere Rügen nachzuschieben, sondern nur bereits erhoben Rügen zu ergänzen. Als Beispiel soll die Inbegriffsrüge des § 261 StPO dienen. Der Revisionsführer rügt, dass eine im Urteil verwertete Urkunde in der Hauptverhandlung nicht verlesen wurde. In seiner Erwiderung teilt der GBA (zutreffend) mit, dass die Rüge unzulässig sei, denn es fehle der Vortrag, „dass der Prozessstoff auch sonst nicht zulässig in die Hauptverhandlung eingeführt worden sei (z.B. Selbstleseverfahren, Vorhalt, Sachvortrag eines Prozessbeteiligten)". Warum dieser fehlende textbausteinartige Zusatz zu einer schon erhobenen Rüge, von der alle Beteiligte erkennen, was der Grund der Beanstandung ist, nicht nachbesserbar sein soll, erschließt sich nicht.[46]

36 Die hier vertretene These kann durch einen Vergleich mit dem Zivilprozess bestätigt werden: Als der BGH in einer inzwischen revidierten Entscheidung ausführte, dass Hinweis auf Unsubstantiiertheit oder mangelnde Schlüssigkeit gem. § 139 ZPO nicht nötig seien, wenn beide Parteien anwaltschaftlich vertreten wären,[47] führte dies stante pede zur anwaltlichen[48] und richterlichen Empfehlung,[49] Schriftsätze aufzublähen und lieber zu viel als zu wenig zu schreiben („Die Gerichte bekommen damit zurück, was sie provozieren"[50]). Auch in der strafprozessualen Revision gilt die Empfehlung, lieber zu viel als zu wenig zu schreiben und Revisionsbegründungen von mehr als 900 Seiten wurden beobachtet.

37 Der Arbeitsentlastung wäre auch dann mehr gedient, wenn eine wirklich effektive Kontrolle durch die strafgerichtliche Revisionsinstanz erfolgen würde. Wäre das so, würden sich viele Anhörungsrügen/Verfassungsbeschwerden von selbst erledigen.[51]

38 *Hinweis*

Ein Richter des BVerfG teilt mit: Wenn ich sehe, was heute für ein Aufwand getrieben wird: Dass dies nicht vorliegt, dass das nicht tragend war usw., damit das Rechtsmittel scheitert. Das ist dem Rechtsstaat nicht förderlich, weil sich da viele Menschen – nicht zu Unrecht – düpiert und vorgeführt fühlen. Das finde ich

45 Vgl. Reichart, Revision und Verfassungsbeschwerde in Strafsachen, S. 124.

46 Vgl. Geipel, Die Revisionsbegründungsfrist und Nachbesserungsmöglichkeiten oder: Der Angeklagte haftet für seinen Anwalt, StraFo 2011, S. 9 ff.

47 Vgl. BGH, MDR 1984, S. 485.

48 Vgl. Rinsche, Prozesstaktik, 1. Aufl., Rn 98 ff.

49 Vgl. Schneider, Besprechung von Rinsche, Prozesstaktik, 1. Aufl., MDR 1987, S. 725.

50 Schneider, Besprechung von Rinsche, Prozesstaktik, 1. Aufl., MDR 1987, S. 725.

51 Vgl. Eschelbach/Geipel/Weiler, Anhörungsrügen, StV 2010, S. 325 ff.

für einen Rechtsstaat nicht richtig [...] Ich würde die Gerichtsbarkeiten darunter wieder ausbauen und würde von den hohen Voraussetzungen für Rechtsmittel wieder weggehen [...] Dadurch entsteht jetzt unnötiger Druck auf die VerfB."[52]

Von Widmaier, einem jahrzehntelangen Kenner des strafprozessualen Revisionsrechts erfahren wir: „Es ist erstaunlich zu sehen, welche Phantasie (und welchen Fleiß beim eigentlich revisionsfremden Durcharbeiten der Akten) die Sachbearbeiter der Bundesanwaltschaft entwickeln, um ein feinsinniges Detail präsentieren zu können, das die Revision noch unbedingt hätte vortragen müssen, was sie – mit der Folge der Unzulässigkeit der Verfahrensrüge – aber nicht vorgetragen habe. Wenn ich an die ersten zwanzig Jahre meiner Revisionstätigkeit denke, so muss ich feststellen, dass eine ganze Reihe erfolgreicher (und in meiner Erinnerung besonders schöner) Verfahrensrügen nach heutigen Maßstäben an § 344 Abs. 2 S. 2 StPO scheitern würde."[53]

Ziegert teilt mit: „Wenn die Wahrheit überhaupt im Blick des Revisionsgerichts liegt, so nur in äußerst limitierter Form, wobei der Bundesgerichtshof an dieser Limitierung, die nur zum Teil durch die Rechtsnatur des Revisionsverfahrens vorgegeben ist, engagiert mitwirkt. Dies belegt das Mantra vom Verbot der Rekonstruktion der Hauptverhandlung [...] Der Revisionsführer muss zur Kenntnis nehmen, dass das Revisionsgericht die Wahrheit nicht entdeckt, um seinen Rügen zum Erfolg zu verhelfen, sondern um den Bestand des Urteils zu sichern."[54]

Auch in der Revision und Verfassungsbeschwerde werden in der Mehrzahl der Fälle 39
die Tatsachenfeststellungen und Beweiswürdigungen angegriffen.[55] Woran liegt das? Offenbar an dem dringenden Bedürfnis, die Beweiswürdigung einer Kontrolle zuzuführen.

Durch die o.g. Nichtprognostizierbarkeit, Nichtbegründungspraxis und daraus ent- 40
stehenden Leerlaufketten wird ein immer weiter gehender Rechtsmittelzug geradezu herausgefordert. Je subjektiver eine Entscheidung, desto schwerer kann sie der Betroffene akzeptieren.[56]

Das Bestreben ein Rechtsmittel einzulegen, hängt weniger vom tatsächlichen Aus- 41
gang des Verfahrens ab, sondern mehr von der Wahrnehmung, fair behandelt worden zu sein (sog. **Verfahrensgerechtigkeit**).[57] Der Verfasser hat es fast immer erlebt, dass Angeklagte oder auch unterlegene Parteien im Zivilprozess ein für sie nachteiliges Urteil akzeptieren, wenn sie das Gefühl haben, der Richter konnte nicht anders entscheiden oder hat fair entschieden. Anders aber, wer subjektiv kei-

52 Kranenpohl, Hinter dem Schleier des Beratungsgeheimnisses, S. 113.

53 Widmaier, Quo Vadis, Revision? Revision, wohin gehst Du?, StraFo 2010, S. 310, 315.

54 Ziegert, Die Entdeckung der Wahrheit, in FS für Volk zum 65. Geburtstag, S. 901, 902, 903 f.

55 Vgl. Reichart, Revision und Verfassungsbeschwerde in Strafsachen, S. 158.

56 Vgl. Reichart, Revision und Verfassungsbeschwerde in Strafsachen, S. 41 m.w.N.

57 Vgl. Bierbrauer/Klinger, Verfahrensgerechtigkeit, S. 507 ff. in Handbuch der Rechtspsychologie.

ne Verfahrensgerechtigkeit wahrnimmt: „Der Beschwerdeführer, der sich durch die Instanzen streitet, fühlt sich im Recht. Dieses Recht will er auch bekommen, egal von welchem Gericht. Der Beschwerdeführer würde auch noch weitere Rechtsbehelfe in Anspruch nehmen, wenn es sie denn gäbe. Nicht selten führt der nächste Weg zum EuGH/EGMR."[58]

42 Die Subjektivität einer gerichtlichen Entscheidung und die Nichtwahrnehmung von tatsächlicher Verfahrensgerechtigkeit führt dazu, dass ein nachteiliges Urteil gerade nicht akzeptiert werden kann, sondern bis zuletzt darum gerungen wird.

43 Nur durch Leerlaufketten durch Nichtbegründung ist folgender Befund verständlich:

„Tatsächlich stimmen die hauptsächlich erhobenen Rügen in Revision und Verfassungsbeschwerde deswegen weitgehend überein, weil im Anschluss an die erfolglose Revision, häufig mit wortgleicher Begründung Verfassungsbeschwerde erhoben wird. Nicht wenige Verfassungsbeschwerden sind nichts weiter als umgestellte Revisionsschriften [...]"[59]

44 Anders formuliert:

Leider wird die Verfassungsbeschwerde heute oft gewissermaßen als Fortsetzung des fachgerichtlichen Ausgangsverfahrens (miss)verstanden. In erster Linie werden – im Revisionsverfahren und anschließend im Verfassungsbeschwerdeverfahren – die Aufklärung des Sachverhalts durch die Gerichte, die Beweiswürdigung und überhaupt die Handhabung des Beweisrechts [...] beanstandet."[60]

45 „Sie [begründungslose Entscheidungen] entlasten zwar die entscheidende Instanz [in diesem Fall], provozieren aber die Anrufung der nächsten. [...] Sie vernachlässigen die edukatorische Funktion von Entscheidungen. [...] Das führt zur ewigen Wiederkehr des Gleichen. Wie sollen Instanzanwälte und Mandanten sich auf die ‚judicial correctness' einrichten können, wenn sie über sie nicht belehrt werden? [...] Würde das Gericht sich aber seiner Gesamtverantwortung für die Gewährung effektiven Rechtschutzes bewusst sein, müsste es erkennen, welche Bedeutung aussagekräftige Begründungen für die Rechtsschutzreihen insgesamt haben. Sie dienen damit dem Schutz vor überflüssigen Rechtsmitteln."[61]

46 *Hinweis*

Von einem anderen Richter des BVerfG erfahren wir, dass für eine Befriedigungsfunktion entscheidend sei, dass gerade derjenige, der unterliegt, sich jedenfalls in der Sachverhaltsdarstellung und Begründung einer Entscheidung

58 Reichart, Revision und Verfassungsbeschwerde, S. 210.

59 Reichart, Revision und Verfassungsbeschwerde in Strafsachen, S. 162.

60 Reichart, Revision und Verfassungsbeschwerde in Strafsachen, S. 196.

61 Zuck, Anwalt oder Gericht- wer sichert das rechtliche Gehör?, AnwBl. 2006, S. 773, 775, 779.

wiederfinden müsse, damit er nicht auf die Idee komme, seine Argumente seien übersehen worden.[62]

Die aktuelle Rechtsprechung übersieht, dass durch Richterrecht im Einzelfall ggf. gerechtfertigte Einschränkungen des Rechtsschutzes sehr schnell ein Eigenleben entwickeln und als Verabsolutierung auf andere – im Einzelfall nicht mehr gerechtfertigte – Sachverhalte durchschlagen. So wird z.B. das strafprozessuale Widerspruchserfordernis inzwischen inflationär gehandhabt, das Konnexitätserfordernis, mit dem bei einem Beweisantrag die Spreu vom Weizen getrennt werden sollte, ist zu einem Instrument der oft unsachgemäßen Einschränkung des Beweisantragsrechts geworden und die Möglichkeit der Rügeverkümmerung wurde u.a. mit einer nicht existenten – und in keinem Fall nachgewiesenen – Änderung des anwaltlichen Ethos begründet.[63] Die Fristenlösung für Beweisanträge war in dem Ausgangsfall, in dem bereits zwei Jahre verhandelt und mehr als 320 Beweisanträge gestellt waren, sicher sachgemäß und für extrem gelagerte Fälle vom BGH gebilligt.[64] Gleichwohl wurden nicht mehr Extremfälle, sondern Normalfälle (ab dem zehnten Hauptverhandlungstag) erfasst,[65] was mit dem am 24.8.2017 in Kraft getretenen Gesetz zur effektiveren und praxistauglicheren Ausgestaltung des Strafverfahrens vom 17.8.2017 noch einmal verschärft wurde, und zwar kann mittlerweile der Vorsitzende nach Abschluss der Beweisaufnahme von Amts wegen eine angemessene Frist zur Stellung weiterer Beweisanträge festsetzen und nach Fristablauf gestellte Anträge können im Urteil beschieden werden, es sei denn, ihre Stellung war vor Fristablauf nicht möglich (§ 244 Abs. 6 StPO). 47

62 Vgl. Kranenpohl, Hinter dem Schleier des Beratungsgeheimnisses, S. 322.

63 Vgl. Widmaier, Quo Vadis, Revision? Revision, wohin gehst Du?, StraFo 2010, S. 310 ff.

64 Vgl. BGH, NJW 2005, S. 2466 f.

65 Vgl. BGH, NJW 2009, S. 605 ff. und BVerfG, NJW 2010, S. 592 ff.

§ 6 Das erforderliche Beweismaß nach dem gegenwärtigen Stand der Rechtsprechung und Literatur

Inhalt

A. Vorbemerkung

1 § 286 Abs. 1 Satz 1 ZPO und § 261 StPO sind hinsichtlich der Frage der Beweiswürdigung identisch. Das Gericht muss jeweils nach seiner freien Überzeugung nach dem Inhalt der Verhandlung und des Ergebnisses der Beweisaufnahme (§ 286 Abs. 1 Satz 2 ZPO) bzw. aus dem Inbegriff der aus der Verhandlung geschöpften Überzeugung entscheiden (§ 261 StPO).[1] Der Grundsatz der sog. **freien Beweiswürdigung** ist überdies ein zentrales Prinzip des Beweisrechts in allen deutschen Verfahrensordnungen (vgl. § 108 Abs. 1 VwGO, § 128 Abs. 1 SGG, § 96 Abs. 1 FGO, §§ 46 Abs. 2, 84 ArbGG, § 30 Abs. 1 BVerfGG).[2]

2 Erstaunlicherweise wurde die Diskussion in der zivilrechtlichen Wissenschaft intensiver diskutiert als in der strafrechtlichen. Da § 286 Abs. 1 Satz 1 ZPO und § 261 StPO inhaltlich identisch sind, existiert theoretisch in beiden Verfahrensordnungen nur ein Einheitsbeweismaß,[3] obwohl die Praxis oft – bewusst oder unbewusst – ein umso höheres Beweismaß anlegt, je mehr „auf dem Spiel steht".[4] Folglich sind die zivilrechtlichen Ergebnisse auf das Strafrecht übertragbar und umgekehrt. Zur Terminologie ist anzumerken, dass ein Beweis gem. § 286 ZPO als **Vollbeweis** oder **Strengbeweis** bezeichnet wird. Es handelt sich deswegen um einen **Vollbeweis**, da im Zivilrecht in bestimmten Konstellationen auch geringere Anforderungen zur Erbringung des erforderlichen Beweises ausreichen, z.B. Glaubhaftmachung im Sinne von § 294 ZPO (hierfür reicht die überwiegende Wahrscheinlichkeit[5]) oder die Beweismaßreduzierung des § 287 ZPO.[6]

3 Da es dem Richter nur gestattet ist, zu einer Überzeugung im Sinne von § 286 ZPO nur dann zu kommen, wenn die von der ZPO gestatteten Beweismittel in dem von der ZPO gestatteten Beweisverfahren genutzt werden, spricht man im Rahmen von § 286 ZPO auch vom **Strengbeweismaß**.[7]

4 Der Strengbeweis bedeutet in der ZPO die Beweisführung mit den in den §§ 355–484 ZPO genannten Beweismittel nach den dort genannten Voraussetzungen.[8]

5 Für den Bereich der StPO gilt das Strengbeweisverfahren (d.h. Feststellung mit den in der StPO vorgesehenen Mitteln nach dem in der StPO vorgesehenen Verfahren) nur für die Feststellung der Schuld- und Rechtsfolgentatsachen in der Hauptver-

1 Vgl. Bender/Nack/Treuer, Tatsachenfeststellung vor Gericht, 4. Aufl., Rn 525.

2 Vgl. Prütting/Gehrlein/Laumen, ZPO, § 286 Rn 1.

3 So auch BGH, NJW 2005, S. 2322, 2326.

4 Vgl. Bender/Nack, Tatsachenfeststellung vor Gericht, 2. Aufl., Rn 373; 4. Aufl., Rn 527.

5 Vgl. BGH, NJW 2003, 3558 m.w.N.; dies kann ggf. auch in Form eines **Telefaxes** erfolgen (BGH, Urt. v. 16.4.2002 – KZR 5/01; BayObLG, Urt. v. 23.2.1995 – 5 StRR 79/94).

6 Vgl. BGH, NJW 2002, S. 128 f. und NJW-RR 2006, S. 1238 f.

7 Vgl. Baumgärtel/Laumen, Handbuch der Beweislast, Grundlagen, § 2 Rn 8 ff.

8 Vgl. Zöller, ZPO, 29. Aufl., Vor § 284 Rn 7.

handlung. Sonstige Beweiserhebungen können im Freibeweisverfahren erfolgen.[9] Die freie Beweiswürdigung statt formaler Beweisregeln soll im Zivilprozess die Ermittlung der wahren Sachlage erleichtern, wobei der Zivilrichter bei der Erfüllung seiner Aufgabe kontrollierbar sein muss.[10] Im Strafprozess ist die Ermittlung des wahren Sachverhalts sogar von Verfassungs wegen geboten.[11]

B. Abgrenzung Beweismaß und Beweiswürdigung

Die **Frage des Beweismaßes**[12] ist die praktisch wichtigste Frage bei der Beweiswürdigung[13] und legt als Rechtssatz fest, was zu prüfen ist, um einen Beweis als gelungen anzusehen.[14] D.h. das Beweismaß legt **abstrakt** fest, welches Kriterium für die Überzeugungsbildung des Richters zu erfüllen ist. Das ist die Unterscheidung von Rechts- und Tatsachenfrage. Die tatbestandlichen Voraussetzungen legen als Rechtssatz (Rechtsfrage) fest, was an Tatsachen vorgetragen und bewiesen werden muss (Tatsachenfrage),[15] um zu einem **rechtsgenügenden Beweis** zu kommen. 6

Die **konkrete Beweiswürdigung** bestimmt dann, **ob dieses Kriterium vorliegt oder nicht**.[16] D.h., „die Beweiswürdigung befasst sich mit der Frage, ob im konkreten Einzelfall eine bestimmte Behauptung als bewiesen angesehen werden kann."[17] Das Beweismaß teilt abstrakt mit, wann ein Beweis gelungen ist, während die konkrete Beweiswürdigung mitteilt, ob der Beweis im Einzelfall gelungen ist.[18] Somit handelt es sich **um zwei voneinander zu trennende Fragen**. Die Frage nach Beweislastnormen (im Strafprozess stellt der Grundsatz „in dubio pro reo" eine Entscheidungs-, keine Beweisregel dar) stellt sich erst nach der Beweiswürdigung.[19] Im Fall der Bestimmung des Beweismaßes handelt es sich um eine Rechtsfrage, während die Beweiswürdigung eine Tatfrage betrifft.[20] Die Frage ist für die Revisibilität von Bedeutung.[21] Da in der Revision die Verletzung von Denkgesetzen und Erfah- 7

9 Vgl. Meyer-Goßner, Komm. Zur StPO 51. Aufl., § 244 Rn 6 f. m.w.N.

10 Vgl. Polyzogopoulos, Parteianhörung und Parteivernehmung in ihrem gegenseitigen Verhältnis, S. 21 m.w.N.

11 Vgl. BVerfGE 57, S. 250, 275.

12 Greger bevorzugt den Begriff des Beweiskriteriums statt des Beweismaßes, da er den Eindruck eines objektiven Maßstabes vermeiden will – vgl. Greger, Beweis und Wahrscheinlichkeit, S. 2 Fn 2.

13 Vgl. Baumgärtel, Beweislastpraxis im Privatrecht, S. 44.

14 Vgl. Rommé, Der Anscheinsbeweis im Gefüge von Beweiswürdigung und Beweislast, S. 53.

15 Vgl. Frohn, Rechtliches Gehör und richterliche Entscheidung, S. 127 m.w.N.

16 Vgl. Baumgärtel, Beweislastpraxis im Privatrecht, S. 44, der dieses Kriterium bereits einleitend als Quantum der Wahrscheinlichkeit definiert, vgl. auch Nell, Wahrscheinlichkeitsurteile in juristischen Entscheidungen, S. 99.

17 Rommé, Der Anscheinsbeweis im Gefüge von Beweiswürdigung und Beweislast, S. 53.

18 Vgl. Prütting/Gehrlein/Laumen, ZPO, § 286 Rn 3.

19 Vgl. Baumgärtel/Laumen, Handbuch der Beweislast, Grundlagen, § 4 Rn 1.

20 Vgl. Huber, Das Beweismaß im Zivilprozess, S. 119.

21 Vgl. Musielak, Die Grundlagen der Beweislast im Zivilrecht, S. 460.

keit gewinnt, aus diesen den Induktionsschluss auf den zu erweisenden Obersatz zu ziehen oder eben nicht.[36]

13 Immer aber gilt: „Auch wenn hundert Einzelfälle mit einem Apparat von eben so vielen und mehr Zeugen erwiesen sind, ist die Grundlage, die damit dem Richter geliefert wird, mager und dürftig."[37] Das aber stellt die Frage, ob dieser Prozess objektiviert werden kann, z.B. durch Berücksichtigung der Wahrscheinlichkeit.

C. Berücksichtigung der Wahrscheinlichkeit

I. Allgemeines

14 **Teilweise** wird vertreten, dass durch das **Beweismaß bestimmt wird, welcher Grad an Gewissheit (= Wahrscheinlichkeit)** für die Überzeugungsbildung des Gerichts vorliegen muss.[38] **Teilweise wird vertreten, dass es auf die Wahrscheinlichkeit nicht ankommen** soll, sondern das **entscheidende Kriterium nur die persönliche Überzeugung des Gerichts ist (subjektive Theorie)**.[39] Als subjektive Theorien werden diejenigen bezeichnet, die der persönlichen Überzeugung des Richters das entscheidende Gewicht beimessen.[40] Diese Autoren akzeptieren zwar, dass die Erkenntnis absoluter Wahrheit dem Menschen verschlossen ist, weisen aber darauf hin, dass die persönliche Überzeugung, d.h. die subjektive Gewissheit in den Vordergrund zu stellen und auch zu erreichen ist.[41] In reiner Form wird diese subjektive Theorie von niemandem vertreten,[42] denn in jedem Fall bestünde eine Bindung an die Denk-, Natur- und Erfahrungsgesetze.[43] Demgegenüber stehen Theorien, die sich von der Subjektivität des Richters lösen und das zu erlangende Beweismaß objektiv feststellen wollen. Die extremste Auffassung hierzu wäre, dass der Richter die objektive Wahrheit festzustellen habe.[44] Diese Auffassung wurde v.a. in der sozialistischen Rechtslehre vertreten,[45] ist tatsächlich aber undurchführbar, da es nur ein (i.d.R. nicht zu erreichendes) Ideal darstellt, in einem Gerichtsverfahren die ob-

36 Vgl. Stein, Das private Wissen des Richters, S. 53.

37 Stein, Das private Wissen des Richters, S. 53.

38 Vgl. Baumgärtel, Beweislastpraxis im Privatrecht, S. 44.

39 Vgl. Baumgärtel, Beweislastpraxis im Privatrecht, S. 28, Greger, Beweis und Wahrscheinlichkeit, S. 115, Döhring, Die Erforschung des Sachverhalts im Prozess, S. 465, 467.

40 Vgl. Baumgärtel, Beweislastpraxis im Privatrecht, S. 28.

41 Vgl. Alsberg, Urteilsanmerkung, JW 1929, S. 862; 1930, S. 761; Ehrenzweig, Die „Freie Überzeugung" des Richters, JW 1929, S. 85; von Scanzoni, Darf der Strafrichter trotz Zweifel schuldig sprechen?, JW 1928, S. 2181.

42 Vgl. Baumgärtel, Beweislastpraxis im Privatrecht, S. 28.

43 Vgl. Greger, Beweis und Wahrscheinlichkeit, S. 121.

44 Vgl. Baumgärtel, Beweislastpraxis im Privatrecht, S. 31.

45 Vgl. Greger, Beweis und Wahrscheinlichkeit, S. 93 m.w.N.

jektive Wahrheit festzustellen.[46] Andere Auffassungen[47] versuchen allein auf die **objektive Wahrscheinlichkeit** abzustellen. Hiergegen ist jedoch einzuwenden, dass die objektive Wahrscheinlichkeit i.d.R. nie genau festgestellt werden kann. Die Vertreter der objektiven Lehre räumen dies ein und führen aus, es reiche „eine relativ grobe und ungenaue Schätzung".[48] Bereits die **Schätzung** als solche und die **Beschaffung des Grundlagenmaterials für die Schätzung** sind aber stark von der Subjektivität des Beurteilers abhängig, sodass de facto von einer rein objektiven Theorie keine Rede sein kann.[49]

II. Auffassungen einiger Autoren

Üblicherweise werden die verschiedenen Ansichten in subjektive und objektive Theorien eingeteilt. Trotz dieser allgemeinen Ausführungen erscheint ein näherer Blick auf die verschiedenen Ansichten und einzelne Autoren angezeigt, da **oft Konfusion** darüber herrscht, **welcher Autor welcher Theorie zuzuordnen ist**. Walter z.B. fasst Musielak als Vertreter der objektiven Theorie (in concreto dem Überwiegensprinzip[50]) auf,[51] obwohl Musielak einen hohen Wahrscheinlichkeitswert fordert, wie sich durch die Formulierungen, „mit an Sicherheit grenzender Wahrscheinlichkeit" oder „jeden vernünftigen Zweifel ausschließenden Grad von Wahrscheinlichkeit" ergibt.[52] Auch Prütting meint, Musielak sei ein Vertreter des Überwiegensprinzips,[53] während Greger meint, Musielak sei ein Vertreter der subjektiven Beweismaßtheorie.[54] Da es **die subjektive oder objektive Theorie schlechthin nicht gibt**, sondern beide in mehreren Varianten auftreten, ist m.E. diese **Zweiteilung und Grenzziehung** völlig aufzugeben.[55] 15

1. Auffassung Schmidts

Schmidt geht davon aus, „dass dem Urteilsspruch eine subjektive innere Zustimmung zu dem festgestellten Sachverhalt in der Form des Nichtbezweifelns zugrunde 16

46 Vgl. Greger, Beweis und Wahrscheinlichkeit, S. 94.

47 Vgl. z.B. Ekelöf, Beweiswürdigung, Beweislast und Beweis des ersten Anscheins, ZZP 1962, S. 289.

48 Maasen, Beweisprobleme im Schadensersatzprozess, S. 7.

49 Vgl. Greger, Beweis und Wahrscheinlichkeit, S. 102, 103.

50 Nach dem nach dem Regelbeweismaß der überwiegenden Wahrscheinlichkeit zu entscheiden sei.

51 Vgl. Walter, Freie Beweiswürdigung, S. 161.

52 Vgl. Musielak, Die Grundlagen der Beweislast im Zivilprozess, S. 116.

53 Vgl. Prütting, Gegenwartsproblem der Beweislast, § 8 IV.2.

54 Vgl. Greger, Beweis und Wahrscheinlichkeit, S. 92.

55 A.A. Huber, Das Beweismaß im Zivilprozess, S. 69, demzufolge, „jede Variante, die auf ein subjektives Werturteil des Richters abzielt und sei es nur als das letztlich ausschlaggebende Element gehört zur subjektiven und jede, die das gerade ausschließen will, gehört zur Beweismaßtheorie." Da m.E. aber immer ein subjektives Werturteil (abgesehen vom naturwissenschaftlichen Beweis bei Abstammungsgutachten) und sei es auch nur zur Abschätzung der Wahrscheinlichkeit nötig ist, ist die Unterscheidung gleichwohl aufzugeben.

liegen muss, die sich aus der Umsetzung objektiver Kriterien heraus bildet, welche wiederum nach subjektiven Kriterien beurteilt werden."[56] Als objektive Kriterien lehnt Schmidt sodann die Wahrscheinlichkeit ab und begründet dies jeweils mit den Schwächen der verschiedenen Wahrscheinlichkeitsbegriffe.[57] Objektives Kriterium sei vielmehr die Nachvollziehbarkeit durch andere Richter. Eine Entscheidung sei dann nachvollziehbar, wenn sie andere Richter akzeptieren können. Das wiederum bedeute, dass objektive Urteilsgrundlage nur das sei, was in den Urteilsgründen vermittelbar sei. Das gelte insb. auch für den kritischen Bereich der Glaubwürdigkeitsbeurteilung eines Zeugen. Aufgrund der Schwere des Eingriffs einer strafrechtlichen Verurteilung, sei es eine notwendige, aber noch keine hinreichende Bedingung, dass andere Richter die Entscheidung akzeptieren können, denn akzeptiert werden kann auch, für was es ggf. nur ein leichtes Überwiegen der Gründe gebe.[58] Für eine Verurteilung müsse hinzukommen, dass der festgestellte Sachverhalt evident sei. Das sei er dann, wenn der Sachverhalt auf alle möglichen konkreten Gegentatsachen im Sinne einer Antithese untersucht wurde, gleichwohl die ursprüngliche These aufrechterhalten bleibt. Dann sei dieses Ergebnis des dialektischen Prozesses augenscheinlich, folglich evident.[59]

17 Schmidt ist zuzustimmen, dass eine Verurteilung objektive Kriterien voraussetzt, die nur subjektiv festgestellt werden können. **Richtig ist weiterhin, dass die Nachvollziehbarkeit alleine keine ausreichende Objektivierung darstellt**, da es dann auch zu einer Verurteilung kommen könnte, wenn der Angeklagte nach Meinung des nachvollziehenden Richters nur mit einer Wahrscheinlichkeit von 51 %, d.h. einer nur geringfügig überwiegenden Wahrscheinlichkeit, der Täter ist. Unrecht hat Schmidt aber, wenn sie den Begriff der Evidenz von der Wahrscheinlichkeit lösen möchte. Die Evidenz sei nach Schmidt nicht bloß ein subjektives Wahrheitsgefühl, sondern eine objektive Wesens-Sachlage, eine vollkommene Deckungssynthese zwischen einer Behauptung und ihrer Bestätigung, sodass nur noch der festgestellte Sachverhalt die Tat unmittelbar darlegen könne.[60] Wenn Schmidt daher zugesteht, dass der Richter die Wahrheit nie sicher feststellen kann,[61] vielmehr nur an diese glauben, folglich nur für wahr halten kann,[62] so handelt es sich bei der Evidenz der Sache nach nur um eine (sehr) hohe Wahrscheinlichkeit im Sinne eines auf das praktische Leben bezogenen Wahrscheinlichkeitsbegriff. D.h., nach dem umgangssprachlichen Wahrscheinlichkeitsbegriff, sprechen einleuchtende Gründe für die

56 Schmidt, Grundsätze der Freien richterlichen Beweiswürdigung im Strafprozess, S. 133.
57 Vgl. Schmidt, Grundsätze der freien richterlichen Beweiswürdigung im Strafprozess, S. 134 ff.
58 Vgl. Schmidt, Grundsätze der freien richterlichen Beweiswürdigung im Strafprozess, S. 143 ff.
59 Vgl. Schmidt, Grundsätze der freien richterlichen Beweiswürdigung im Strafprozess, S. 143 ff.
60 Vgl. Schmidt, Grundsätze der freien richterlichen Beweiswürdigung im Strafprozess, S. 151 ff.
61 Vgl. Schmidt, Grundsätze der freien richterlichen Beweiswürdigung im Strafprozess, S. 126.
62 Vgl. Schmidt, Grundsätze der freien richterlichen Beweiswürdigung im Strafprozess, S. 128.

Aussage, aber es wird keine Gewähr übernommen.[63] **Folgerichtig gesteht Schmidt zu, dass dieser Wahrscheinlichkeitsbegriff grds. für die Beweiswürdigung geeignet sei,**[64] gleichwohl **lehnt sie ihn wieder ab, um nicht falsche Vorstellungen von der Objektivität zu vermitteln.**[65] Es ist nicht richtig, dass eine Wahrscheinlichkeitsfeststellung eine falsche Vorspiegelung von Objektivität erzielen würde, da die Verwendung eines jedweden Wahrscheinlichkeitsbegriffs und Feststellung eines solchen unter der Prämisse der subjektiven Einschätzung steht.

2. Auffassung Freunds

Freund stellt zutreffend fest, dass die gängige Unterscheidung zwischen vernünftigen und unvernünftigen, konkreten oder abstrakten Zweifeln etc. vom Belieben des Tatrichters abhängt.[66] Da materielle Wahrheit nie erreichbar sei, beinhalte jedes Urteil das Risiko einer Fehlverurteilung. Diese bewusste Inkaufnahme der Verurteilung Unschuldiger bedürfe aus verfassungsrechtlichen Gründen der Legitimation.[67] Eine Verurteilung sei daher nur dann möglich, wenn diese dem Schuldprinzip, der Geeignetheit, Erforderlichkeit und Verhältnismäßigkeit entspreche.[68] Das nach erschöpfter Beweisaufnahme letztendlich verbleibende Fehlverurteilungsrisiko ist nur dann dem Angeklagten aufzubürden, wenn der Angeklagte darauf verzichtet, obwohl es ihm möglich und zumutbar wäre, entweder bestimmte entlastende Umstände vorzubringen oder Anhaltspunkte für die Unmöglichkeit eines solchen Vortrags darzutun.[69] Damit wäre es letztendlich vom Angeklagten zu verantworten, dass kein eindeutiges Beweisergebnis besteht, sodass dieser auch zu Recht das Risiko eines Fehlurteils trägt.[70] In der Praxis würde sich der Angeklagte seinen Fähigkeiten entsprechend darum bemühen, **Alternativerklärungen** zu liefern. Zu einer Verurteilung könne man nach Freund nur dann kommen, wenn es gelänge, dessen Behauptungen als Lügen zu entlarven.[71] Zuzustimmen ist Freund darin, dass es der Legitimation für ein immanentes Fehlurteilsrisiko bedarf und es nicht vom Zufall der Gemütsverfassung oder der Person des Richters abhängen darf, ob ein Angeklagter verurteilt wird oder nicht.[72] Gleichwohl ist das Problem durch Freunds Forderung nach der Entlarvung der Behauptungen des Angeklagten als Lüge oder Unzumutbarkeit des Vortrags entlastender Umstände nicht gelöst. 18

63 Vgl. Schmidt, Grundsätze der freien richterlichen Beweiswürdigung im Strafprozess, S. 120.
64 Vgl. Schmidt, Grundsätze der freien richterlichen Beweiswürdigung im Strafprozess, S. 128, 143, 249.
65 Vgl. Schmidt, Grundsätze der freien richterlichen Beweiswürdigung im Strafprozess, S. 143.
66 Vgl. Freund, Normative Probleme der Tatsachenfeststellung, S. 48 f.
67 Vgl. Freund, Normative Probleme der Tatsachenfeststellung, S. 1.
68 Vgl. Freund, Normative Probleme der Tatsachenfeststellung, S. 72.
69 Vgl. Freund, Normative Probleme der Tatsachenfeststellung, S. 104.
70 Vgl. Freund, Normative Probleme der Tatsachenfeststellung, S. 136.
71 Vgl. Freund, Normative Probleme der Tatsachenfeststellung, S. 118.
72 Vgl. Freund, Normative Probleme der Tatsachenfeststellung, S. 48, 53.

Ob eine Behauptung eine Lüge darstellt oder nicht, steht auch fast nie als unumstößliche Wahrheit fest, sondern jeweils nur mit mehr oder weniger großer **Wahrscheinlichkeit**. Damit bleibt nach wie vor ungeklärt, welches konkrete Risiko dem Angeklagten aufgebürdet wird, d.h. wie und mit welcher Wahrscheinlichkeit die Lüge des Angeklagten festgestellt werden soll.

3. Auffassung Herdegens

19 Herdegen ist der Auffassung, dass auf ein persönliches Überzeugtsein des Richters nicht verzichtet werden kann, da der Richter das Urteil zu verantworten habe. **Die persönliche Überzeugung sei jedoch kein hinreichendes Kriterium, da die Person im Ganzen ein irrationaler Faktor sei, deren Wahrnehmungen von ihren persönlichen Erfahrungen, Vorurteilen und Wünschen abhänge.**[73] „Nicht selten, viel zu häufig sogar, stoßen wir in Urteilen auf ‚Überzeugtsein' ohne argumentative Grundlage, auf ‚Entkräftung' von Indizien durch ‚Wortzauber', [...] auf ‚Problembewältigung' durch Verwendung vager oder unpassender Begriffe oder durch die Wahl einer falschen Abstraktionsebene."[74] Da die Erkennung der Wahrheit als absolut sicheren Wissens dem Menschen regelmäßig verschlossen ist, ist die tatrichterliche Erkenntnis regelmäßig ein Wahrscheinlichkeitsurteil. Das Wahrscheinlichkeitsurteil müsse zur hohen Wahrscheinlichkeit gelangen, da einerseits einfache Wahrscheinlichkeit zu gering sei, als dass es das Risiko von Fehlurteilen begrenze und andererseits **an Sicherheit grenzende Wahrscheinlichkeit praktisch nicht festgestellt werden könne**. Diese Abstufungen der Wahrscheinlichkeit würden durch den Grad des rationalen Argumentierens bestimmt. Das wäre eine Begründung, die jedermann einleuchtet, sofern er den erforderlichen Sachverstand besitzt. Damit sei das Beweisergebnis intersubjektiv diskutierbar, was ausschließe, dass das Nicht-Mitgeteilte oder Nicht-Mitteilbare zum Nachteil des Angeklagten verwendet werde.[75] „Rational-kritische Argumentation muss dem empirisch-theoretischen Wissensstand genügen, der Lebenserfahrung Rechnung tragen, anerkannte Wertungsgrundsätze beachten."[76] Herdegen ist in seiner Ansicht zuzustimmen. Ungeklärt bleibt jedoch noch, wann von einer hohen Wahrscheinlichkeit auszugehen sei. Das erkennt Herdegen auch selbst, der seinen Begriff der hochgradigen Wahrscheinlichkeit für ein Explikandum hält, für das ein exakteres Explikat noch nicht gefunden sei.[77]

73 Vgl. Herdegen, Bemerkungen zur Beweiswürdigung, NStZ, 1987, S. 193, 197.
74 Herdegen, Bemerkungen zur Beweiswürdigung, NStZ 1987, S. 193, 197.
75 Vgl. Herdegen, Bemerkungen zur Beweiswürdigung, NStZ 1987, S. 193, 198.
76 Herdegen, Bemerkungen zur Beweiswürdigung, NStZ 1987, S. 193, 198.
77 Vgl. Herdegen, Bemerkungen zur Beweiswürdigung, NStZ, 1987, S. 193, 199.

4. Auffassung Schmitts

Schmitt hält fest, dass Rechtsprechung und Wissenschaft ein widersprüchliches und diffuses Bild gäben. Das wiederum hätte fatale Konsequenzen. 20

Es sei der **Rechtssicherheit, Legitimation und Gerechtigkeit** in hohem Maße abträglich, wenn exakte Kriterien fehlten. Daher könne von einer annähernd einheitlichen Praxis nicht die Rede sein.[78] Der **Bestand oder die Aufhebung eines Urteils** in der Revisionsinstanz sei **kaum noch berechenbar**, da die Revisionsinstanz z.B. einen erheblichen Spielraum hätte, „andere naheliegende Möglichkeiten"[79] im Urteil zu vermissen.[80] Die **angeblich lückenhaften Feststellungen** des Erstgerichts seien darüber hinaus **zum Vehikel** geworden, Verstöße gegen Denkgesetze und Erfahrungssätze aufzudecken. Die Lückenhaftigkeit ergäbe sich v.a. daraus, dass das Urteil einen nach der Erfahrung des jeweiligen Revisionsrichters naheliegenden anderen Sachverhalt gerade nicht erörtert, oder ein dieser Erfahrung widersprechendes Ergebnis nicht oder nicht ausreichend begründet.[81] Eingriffe der Revisionsgerichte erfolgten mit vagen Kriterien, die uneinheitlich gehandhabt würden.[82] Dementsprechend gäbe es eine kaum noch zu überschauende Zahl von sich z.T. widersprechenden Urteilen.[83] Eine **effektive Kontrolle** eines verurteilenden Strafurteils sei jedoch **ein Gebot der Rechtsstaatlichkeit**.[84] 21

Insb. sei das Verhältnis des **Indizienbeweises** völlig ungeklärt. **Eine** von der Rechtsprechung angeblich geforderte **lückenlose Darstellung** aller wesentlichen Umstände könne nie vorliegen, da „man immer etwas vermissen könne."[85] Hinzu käme, dass es bisher nicht gelungen sei, die **Kriterien für ein Zusammenwirken mehrerer Indizien** auszuarbeiten.[86] Ebenso gäbe es keine Kriterien, wann eine Feststellung beweisrelevant bzw. unzureichend ausgeschöpft sei.[87] Die Revisionsgerichte würden sich nahezu jeden gewünschten Zugriff auf das tatrichterliche Urteil ermöglichen, indem sie ohne hinreichend bestimmte Kriterien Maß und Inhalt der Beweiswürdigung bestimmen würden.[88] 22

78 Vgl. Schmitt, Die richterliche Beweiswürdigung im Strafprozess, S. 389.
79 Die im Urteil zu erörtern sind, vgl. BGH, StV 1982, S. 60.
80 Vgl. Schmitt, Die richterliche Beweiswürdigung im Strafprozess, S. 388.
81 Vgl. Schmitt, Die richterliche Beweiswürdigung im Strafprozess, S. 401 f.
82 Vgl. Schmitt, Die richterliche Beweiswürdigung im Strafprozess, S. 481.
83 Vgl. Schmitt, Die richterliche Beweiswürdigung im Strafprozess, S. 375.
84 Vgl. Schmitt, Die richterliche Beweiswürdigung im Strafprozess, S. 484 m.w.N.
85 Vgl. Schmitt, Die richterliche Beweiswürdigung im Strafprozess, S. 403.
86 Vgl. Schmitt, Die richterliche Beweiswürdigung im Strafprozess, S. 212 f.
87 Vgl. Schmitt, Die richterliche Beweiswürdigung im Strafprozess, S. 377.
88 Vgl. Schmitt, Die richterliche Beweiswürdigung im Strafprozess, S. 403.

23 Schmitt hält fest, dass sich die zur Kontrolle der freien Beweiswürdigung entwickelten Begriffe wie „Rationalität", „Plausibilität" und „Diskutierbarkeit" einer exakten Definition entzögen und daher ungeeignet seien.[89]

Ebenso lehnt Schmitt eine arithmetische Berechnung von Beweisergebnissen ab, da diese nie exakt seien, somit von der Subjektivität des Betrachters abhingen und dessen Anspruch an eine an objektiven Maßstäben orientierten Überzeugung desavouiere.[90]

24 Die persönliche Gewissheit des Tatrichters sei zwar eine notwendige, aber keine hinreichende Bedingung tatrichterlicher Überzeugung.[91]

25 Schmitt schlägt daher vor, die Beweiswürdigung als pflichtgemäße Beweiswürdigung zu verstehen, bei der der Tatrichter ein gebundenes Ermessen ausüben müsse. D.h. die Erkenntnisse zur Ermessensausübung aus dem öffentlichen Recht müssten auf die tatrichterliche Beweiswürdigung übertragen werden.[92] Demnach gäbe es Ermessensfehlgebrauch, Ermessensmissbrauch und Ermessensreduzierungen.[93]

26 Ein **Ermessensfehlgebrauch** wäre dann gegeben, wenn die möglichen Fehlerquellen aus kriminalistischer Sicht nicht vermieden worden sind. Folgerichtig stellt Schmitt ohne Anspruch auf Vollständigkeit Erfahrungssätze der Aussagepsychologie und Kriminalistik auf, die der Tatrichter zur Vermeidung eines Ermessensfehlers beachten müsse. Als Beispiel möglicher und zu vermeidender Fehlerquellen führt er u.a. das unkritische Bewerten eines Geständnisses,[94] unkritisches Bewerten der Belastung durch Mitbeschuldigte[95] (v.a. der nicht existente Erfahrungssatz, dass der geständige Mitangeklagte grds. glaubwürdiger als der Angeklagte sei[96]), dessen Angaben alleine nach Schmitt i.d.R. nicht für eine Verurteilung ausreichen sollten,[97] **unkritisches Bewerten von Zeugenaussagen**[98] (insb. das in der Praxis häufig positive Bewerten einer schlichten Bejahung auf einen Vorhalt[99]) sowie Nichtdurchführung einer sorgfältigen Aussageanalyse[100] auf. Psychologische und aussagepsychologische Erkenntnisse seien zwar empirisch nur begrenzt verifizierbar, aber Beob-

89 Vgl. Schmitt, Die richterliche Beweiswürdigung im Strafprozess, S. 411.

90 Vgl. Schmitt, Die richterliche Beweiswürdigung im Strafprozess, S. 409, 475.

91 Vgl. Schmitt, Die richterliche Beweiswürdigung im Strafprozess, S. 405.

92 Vgl. Schmitt, Die richterliche Beweiswürdigung im Strafprozess, S. 412 f.

93 Vgl. Schmitt, Die richterliche Beweiswürdigung im Strafprozess, S. 417.

94 Vgl. Schmitt, Die richterliche Beweiswürdigung im Strafprozess, S. 436 ff.

95 Vgl. Schmitt, Die richterliche Beweiswürdigung im Strafprozess, S. 443.

96 Vgl. Schmitt, Die richterliche Beweiswürdigung im Strafprozess, S. 445.

97 Vgl. Schmitt, Die richterliche Beweiswürdigung im Strafprozess, S. 445 m. Hinweis auf § 398 PrKO von 1805.

98 Vgl. Schmitt, Die richterliche Beweiswürdigung im Strafprozess, S. 446 ff.

99 Vgl. Schmitt, Die richterliche Beweiswürdigung im Strafprozess, S. 447.

100 Vgl. Schmitt, Die richterliche Beweiswürdigung im Strafprozess, S. 450.

achtungen einer Vielzahl gleichgelagerter Fälle und damit von besonderem Wert.[101] Zutreffend hält Schmitt fest, dass **alle** Beweise, bis auf direkte Beweisfeststellungen durch den Richter (z.B. Augenschein einer Urkunde oder einer schweren Folge gem. § 224 StGB), **Indizienbeweise** seien und für jedes einzelne Indiz die Beweiskraft, d.h., der Wahrscheinlichkeitsgrad ermittelt werden muss.[102] Sodann sei aus Sicherheitsgründen eine Wahrscheinlichkeitsstufe niedriger anzunehmen, als nach sorgfältiger Prüfung plausibel erscheint.[103]

Eine **Ermessensüberschreitung** durch den Tatrichter liegt dann vor, **wenn der Tatrichter** in Wahrheit gebunden ist, dies aber verkannt hat und **seine persönliche Überzeugung zu früh hat einsetzen lassen**. Das wäre dann gegeben, wenn er gegen die Erfahrungssätze der Kriminalistik verstoßen hat, d.h., diese falsch bewertet hat (z.B. einen Erfahrungssatz verkannt oder mit einem falschen Beweiswert angesetzt).[104] 27

Eine **Ermessensunterschreitung** liegt dann vor, wenn der Tatrichter sich schon gebunden sieht, obwohl er noch ein Ermessen hat. Das wäre dann der Fall, wenn er einen möglichen Schluss als zwingend ansieht oder annimmt, ein möglicher Schluss sei nicht möglich. Gleiches gelte, wenn er einen nicht bestehenden Erfahrungssatz annehme.[105] 28

Ein **Ermessensmissbrauch** liegt dann vor, wenn der Tatrichter das Urteil auf unzureichende Grundlagen stützt. Das wäre dann der Fall, wenn die Beweisaufnahme lückenhaft war, d.h., Beweise nicht erhoben oder nicht erschöpfend gewürdigt wurden.[106] 29

Dem Revisionsgericht müsse überdies möglich sein, auf den Akteninhalt und den abweichenden Inhalt von Protokollen zuzugreifen, anderenfalls käme es wesentlich auf die Formulierungskünste des Urteilsverfassers an.[107] Würden in den Akten oder im Protokoll Umstände auftauchen, die der Tatrichter nicht behandelt hat, so habe der Tatrichter sein Ermessen verletzt, denn dann habe er diese entweder übersehen oder irrig keinen Beweiswert zugeordnet.[108] 30

Schmitts Analyse der Rechtsprechung zur Widersprüchlichkeit und Beliebigkeit ist zuzustimmen. Ebenso ist der Sache nach dessen Einteilung in Ermessensfehler, Ermessenreduktion und Ermessensmissbrauch zuzustimmen. Gleichwohl bleibt auch Schmitt auf halben Weg stehen, wenn er einerseits eine Bewertung von Indizien 31

101 Vgl. Schmitt, Die richterliche Beweiswürdigung im Strafprozess, S. 540.

102 Vgl. Schmitt, Die richterliche Beweiswürdigung im Strafprozess, S. 472 f.

103 Vgl. Schmitt, Die richterliche Beweiswürdigung im Strafprozess, S. 476.

104 Vgl. Schmitt, Die richterliche Beweiswürdigung im Strafprozess, S. 527 f.

105 Vgl. Schmitt, Die richterliche Beweiswürdigung im Strafprozess, S. 529 f.

106 Vgl. Schmitt, Die richterliche Beweiswürdigung im Strafprozess, S. 531 f.

107 Vgl. Schmitt, Die richterliche Beweiswürdigung im Strafprozess, S. 508, 513, 516.

108 Vgl. Schmitt, Die richterliche Beweiswürdigung im Strafprozess, S. 533.

nach Wahrscheinlichkeitsstufen vorgibt, andererseits aber keinen konkreten Wert, der für eine Verurteilung erreicht sein muss. Dessen Ablehnung mathematischer Operationen mangels Exaktheit erscheint widersprüchlich zu seiner eigenen Festlegung von Indizien nach Wahrscheinlichkeitsstufen.

5. Weitere strafrechtliche Autoren

32 **Von Scanzoni** stellt ausdrücklich klar, dass es nicht auf das Bewusstsein von dem Erkennen höchstmöglicher Wahrscheinlichkeit ankommt, sondern auf eine tiefe innerste Erfülltheit und Durchdrungenheit.[109]

33 **Fincke** führt an, dass die zur Verurteilung erforderliche Gewissheit das Bewusstsein einer an Sicherheit grenzenden Wahrscheinlichkeit und individuelle Nichtbezweiflung sei.[110] **Das Normalurteil stelle keinen Gegensatz zur Wahrscheinlichkeit dar, sondern impliziere diese**, da es auf Induktionen beruhe.[111] Seiner Meinung nach würde das gewichtigste Argument gegen das Kriterium der Wahrscheinlichkeit darin liegen, dass der Richter damit zur Laxheit erzogen werden könne, da er sich dann mit weniger als der Gewissheit begnügen würde. Dieses Argument sei aber nicht zutreffend. Vielmehr sei das Gegenteil richtig, nämlich, dass der Richter es mit den Induktionen durch einen offenen Verzicht auf die Wahrscheinlichkeit nicht mehr so genau nähme und sich mit einem Gewissheitsgefühl zufrieden gäbe, indem Vorurteilselemente unentdeckt blieben.[112] Die Entartungen der freien Beweiswürdigung (s.o.) scheinen Fincke recht zu geben.

34 **Rieß** teilt mit, dass die freie Beweiswürdigung eine mitteilbare und intersubjektiv nachvollziehbare Komponente enthalte,[113] und zwar die hochgradige Wahrscheinlichkeit überkreuzt mit subjektiver Nichtbezweiflung.[114]

35 **Albrecht** stellt fest, dass es im Strafprozess aufgrund des verfassungsrechtlichen Gerechtigkeitsgebots um dieses Ziel der höchstmöglichen Annäherung an die Wirklichkeit gehen muss und sich zur Erreichung dieses Ziels v.a. die Tatgerichte schwer täten.[115] Die richterliche Überzeugung beruhe auf zwei Komponenten, nämlich der objektiven Komponente der Wahrscheinlichkeitsebene und der subjektiven Komponente der individuellen Nichtbezweiflung.[116] Weiter stellt Albrecht fest, dass in

109 Vgl. von Scanzoni, Richterliche Überzeugung, NJW 1951, S. 222.
110 Vgl. Fincke, Die Gewissheit als hochgradige Wahrscheinlichkeit, GA 1973, S. 266, 272.
111 Vgl. Fincke, Die Gewissheit als hochgradige Wahrscheinlichkeit, GA 1973, S. 266, 269.
112 Vgl. Fincke, Die Gewissheit als hochgradige Wahrscheinlichkeit, GA 1973, S. 266 f.
113 Vgl. Rieß, Zur Revisibilität der Freien tatrichterlichen Überzeugung, GA 1978, S. 256, 271.
114 Vgl. Rieß, Zur Revisibilität der Freien tatrichterlichen Überzeugung, GA 1978, S. 256, 277.
115 Vgl. Albrecht, Überzeugungsbildung und Sachverständigenbeweis (§ 261 StPO), NStZ 1983, S. 486 f.
116 Vgl. Albrecht, Überzeugungsbildung und Sachverständigenbeweis (§ 261 StPO), NStZ 1983, S. 486, 488.

der Komponente der „subjektiven Gewissheit" erhebliche Gefahren lägen.[117] Daher müsse die Wahrscheinlichkeitsebene ständig beachtet und geprüft werden.[118]

Sander geht ebenfalls davon aus, dass die persönliche Gewissheit des Richters notwendige, aber keinesfalls hinreichende Bedingung eines Schuldspruchs sei. Die Grundentscheidung BGHSt 10, S. 208 sei daher missverständlich. Hinzukommen müsse noch, dass die richterliche Überzeugung intersubjektiv vermittelbar und einsichtig sei. Das wiederum würde nicht bedeuten, dass jeder Leser des Urteils dieses für richtig halten müsse, sondern nur, dass die festgestellten Tatsachen die Schlüsse des Urteils tragen würden.[119] 36

Volk hält zutreffend eine Trennung in Beweismaß und Beweiserhebung zur Erzielung eines Beweisergebnisses (Beweiswürdigung) fest. Nicht zutreffend ist aber, dass das Beweismaß die Wahrheit sei.[120] Zutreffend erkennt Volk, dass jedes empirische Beweisverfahren nur zu Wahrscheinlichkeiten führt. Daher gäbe es einen mit empirischen Mitteln nicht zu überbrückenden Abstand zwischen objektiver Wahrheit und bloßer Wahrscheinlichkeit. Für den Richter sei daher wahr, wovon er sich überzeugt habe.[121] Volk lässt damit offen, wie für den Richter ein Sachverhalt wahr sein kann, wenn er weiß, dass der Sachverhalt nur wahrscheinlich ist. Zutreffend führt Volk weiter aus, dass die subjektive Überzeugung des Richters ein objektives Fundament brauche, die sich nur auf eine hohe Wahrscheinlichkeit des festgestellten Sachverhalts gründen kann.[122] Das sei dann der Fall, wenn andere das Urteil nachvollziehen könnten.[123] Der Sache nach kann daher die Ansicht von Volk als Wahrscheinlichkeitsüberzeugungstheorie verstanden werden, wobei freilich dessen Beweismaß der Wahrheit hierzu inkonsequent bliebe. 37

Ranft geht von der erforderlichen höchstpersönlichen Gewissheit aus.[124] Das Urteil müsse aber auf Akzeptanz stoßen und andere müssten die Beweiswürdigung nachvollziehen können.[125] Offen bleibt aber, nach welchen Kriterien andere die Beweiswürdigung nachvollziehen können müssen. Jedenfalls für die Erfolgsdelikte stellt Ranft fest, **dass vom Richter nicht mehr verlangt werden könne als ein an Sicherheit grenzendes Wahrscheinlichkeitsurteil**.[126] 38

117 Vgl. Albrecht, Überzeugungsbildung und Sachverständigenbeweis (§ 261 StPO), NStZ 1983, S. 486, 488.

118 Vgl. Albrecht, Überzeugungsbildung und Sachverständigenbeweis (§ 261 StPO), NStZ 1983, S. 486, 490.

119 Vgl. Sander, Zur Beweiswürdigung, v.a. bei Aussage gegen Aussage, StV 2000, S. 45 f.

120 Vgl. Volk, Grundkurs StPO, 4. Aufl., S. 226.

121 Vgl. Volk, Grundkurs StPO, 4. Aufl., S. 288.

122 Vgl. Volk, Grundkurs StPO, 4. Aufl., S. 289.

123 Vgl. Volk, Grundkurs StPO, 4. Aufl., S. 289.

124 Vgl. Ranft, Strafprozessrecht, 3. Aufl., Rn 1622.

125 Vgl. Ranft, Strafprozessrecht, 3. Aufl., Rn 1631.

126 Vgl. Ranft, Strafprozessrecht, 3. Aufl, Rn 1638.

39 **Schroeder** geht von der persönlichen Gewissheit des Richters aus und erkennt, dass dies als Freibrief für die Willkür angesehen werden könnte.[127] Nach Schroeder verlange aber der BGH, dass die festgestellten Tatsachen mit hoher Wahrscheinlichkeit vorliegen würden.[128] Dieses Urteil Schroeders trifft nur auf einen Teil der BGH-Rechtsprechung zu, wie noch zu zeigen sein wird.

40 **Beulke** geht davon aus, dass die persönliche Gewissheit des Tatrichters für eine Verurteilung notwendig, aber auch genügend sei.[129] Zutreffend führt Beulke aus, dass der Menschheit absolut sicheres Wissen über den Tathergang wesensimmanent verschlossen bleibe.

41 **Fezer** stellt klar, dass die Annahme, dass der Richter einen subjektiv-persönlichen Freiraum besitze, der lediglich durch Bindungen und Ausnahmen eingeschränkt werde, nicht mehr aufrecht erhalten werden könne.[130] Die Überzeugungsbildung sei nur dann rechtlich einwandfrei, wenn alle maßgeblichen naturwissenschaftlichen, kriminalistischen oder auf allgemeiner Lebenserfahrung beruhenden anderen Deutungen berücksichtigt und mit rationalen Gründen ausgeschlossen seien.[131] Der Richter brauche damit nach wie vor ein subjektives Gewissheitserlebnis, aber auch einen objektiv-rationalen Unterbau.[132] Fezer begründet dies zutreffend damit, dass der historische Gesetzgeber bei Einführung der freien Beweiswürdigung zwar keine Beweisregeln mehr aufstellen, aber ein Urteilen auf einem subjektiv-irrationalen Eindruck auch nicht zulassen wollte. Vielmehr sei der Gesetzgeber und die Wissenschaft damals davon ausgegangen, dass der Richter die Erfahrungsregeln aus der Kriminalistik und Wissenschaft weiterhin zu berücksichtigen habe.[133] Fezer stellt aber nicht klar, wie hoch oder stark dessen objektiv-rationaler Unterbau vorliegen muss.

42 **Peters** geht vom Grundsatz der objektiv-subjektiven Beweiswürdigung aus, der den Begriff der freien Beweiswürdigung ersetze. **Der Begriff der freien Beweiswürdigung hätte nämlich dem Irrationalen, der Beliebigkeit und Unkontrollierbarkeit Tür und Tor geöffnet.**[134] Die Nachvollziehbarkeit der Beweiswürdigung sei kein ausreichendes Kriterium für die Objektivierung, da die Objektivierung dann einerseits von der Zufälligkeit der Zusammensetzung des prüfenden Gerichts und andererseits wiederum von dessen subjektivem Maßstab abhänge. Peters trägt vor, dass die Beweiserhebung an allgemein gültige Maßstäbe gebunden sei und mehr als ein

127 Vgl. Schroeder, Strafprozessrecht, 3. Aufl., Rn 279.
128 Vgl. Schroeder, Strafprozessrecht, 3. Aufl., Rn 280.
129 Vgl. Beulke, Strafprozessrecht, 8. Aufl., S. 292.
130 Vgl. Fezer, Strafprozessrecht, § 17 Rn 20.
131 Vgl. Fezer, Strafprozessrecht, § 17 Rn 22.
132 Vgl. Fezer, Strafprozessrecht, § 17 Rn 23.
133 Vgl. Fezer, Strafprozessrecht, § 17 Rn 21.
134 Vgl. Peters, Strafprozess, Lehrbuch, 4. Aufl., S. 298.

Für-Wahrscheinlich-Halten sein müsse.[135] Dementsprechend müsse die Beweiskraft jedes einzelnen Beweiselements anhand allgemeiner kriminalistischer und wissenschaftlicher Erkenntnis und Erfahrung geprüft werden. Sodann müssten die so bewerteten Einzelumstände zu einem „Beweisbündel" zusammengefasst werden.[136] Damit könne ein gewichtiger Fehler in der bisherigen Praxis der Beweiswürdigung, die Beweisanpassung vermieden werden. D.h., es werde verhindert, dass Einzelumstände, die keinen (ausreichenden) Beweiswert hätten oder genauso gut in die andere Richtung gedeutet werden könnten, zulasten des Angeklagten angepasst werden.[137] Dieses objektive Fundament müsse nach Peters dann so gefestigt sein, dass es mehr als ein Wahrscheinlichkeitsurteil sei und der Beurteilende den Vorgang für sicher hält.[138] Peters ist unbedingt darin zuzustimmen, dass jedes einzelne Beweiselement mit einem Beweiswert versehen werden und sodann das gesamte „Beweisbündel" bewertet werden muss. Er übersieht jedoch, dass sowohl eine Einzelbewertung als auch eine Gesamtbewertung nur dann möglich ist, wenn jeweils ein numerischer Wert zugeordnet wird. Ohne numerische Bewertung kann (jedenfalls nicht objektivierbar) bewertet werden, ob z.B. fünf Beweiselemente, die mit jeweils überwiegender Wahrscheinlichkeit auf die Tatbegehung hindeuten, als „Beweisbündel" zu einem über einem Wahrscheinlichkeitsurteil liegenden Für-Sicher-Halten führen. Peters übersieht weiter, dass niemand etwas für sicher halten kann, von dem er weiß, dass es kraft menschlicher Unzulänglichkeit nur wahrscheinlich ist.

Kühne geht davon aus, dass es der heutigen h.M. entspräche, dass der Tatrichter die an Sicherheit grenzende Wahrscheinlichkeit feststellen müsse. Der festgestellte Sachverhalt müsse mit derart hoher Wahrscheinlichkeit übereinstimmen, dass er mehr als ein Verdacht sei.[139] Kühne lässt das Problem, wann ein Sachverhalt mehr als ein Verdacht ist, damit völlig ungelöst. 43

Roxin hält fest, dass der Angeklagte vor Fehleinschätzungen des Richters geschützt werden müsse. Daher müsse mindestens eine hohe objektive Wahrscheinlichkeit mit subjektiver Überzeugung des Tatrichters einhergehen.[140] Roxin lässt aber ungeklärt, wie die „objektiv hohe Wahrscheinlichkeit" festgestellt werden soll und wie hoch genau diese sein muss. Zuzustimmen ist Roxin aber in dessen Festlegung, dass eine Objektivierung auch deshalb nötig sei, da anderenfalls der in dubio Grundsatz unterlaufen würde. Dieser Grundsatz würde seine Schutzwirkung einbüßen, wenn 44

135 Vgl. Peters, Strafprozess, Lehrbuch, 4. Aufl., S. 300.
136 Vgl. Peters, Strafprozess, Lehrbuch, 4. Aufl., S. 301.
137 Vgl. Peters, Strafprozess, Lehrbuch, 4. Aufl., S. 302.
138 Vgl. Peters, Strafprozess, Lehrbuch, 4. Aufl., S. 302.
139 Vgl. Kühne, Strafprozessrecht, 6. Aufl., S. 483 f.
140 Vgl. Roxin, Strafverfahrensrecht, 25. Aufl., § 15 Rn 13.

der Richter auch bei geringer Wahrscheinlichkeit überzeugt ist und überzeugt sein darf.[141]

45 **Hürxthal** trägt einerseits vor, dass die subjektive Gewissheit des Richters von der objektiven Wahrheit erforderlich sei. Selbst ein sehr hohes Maß an Wahrscheinlichkeit könne diese notwendige Überzeugung nicht ersetzen.[142] Andererseits zitiert Hürxthal aber unkommentiert Entscheidungen, die das Beweismaß der hohen Wahrscheinlichkeit festlegen[143] oder Entscheidungen, die ausführen, dass sich die Schlussfolgerungen nicht so sehr von einer Tatsachengrundlage entfernen dürfen, dass sie nicht mehr als Vermutungen sind.[144] Dieser Widerspruch wird von Hürxthal nicht aufgelöst. Weiter stellt Hürxthal einerseits fest, dass der Tatrichter die Erfahrungssätze des täglichen Lebens beachten müsse,[145] aber andererseits sei die allgemeine Lebenserfahrung kein revisionsrechtlicher Maßstab.[146] Zutreffend legt aber auch **Hürxthal** fest, dass der Tatrichter jedes Beweismittel mit seinem Wert würdigen und auf der Grundlage des gesamten Beweisergebnisses entscheiden muss.[147]

46 Auch **Pfeiffer** stellt fest, dass ein hohes Maß an Wahrscheinlichkeit nicht ausreiche, sondern die subjektive Gewissheit erforderlich sei. Diese wiederum würde objektive Grundlagen voraussetzen, dass die festgestellte Tatsache mit hoher Wahrscheinlichkeit mit der Wirklichkeit übereinstimmt und die gezogenen Folgerungen mehr als einen Verdacht darstellten.[148] Offen bleibt aber auch hier, ab wann eine Folgerung mehr als ein Verdacht ist. Ungeklärt bleibt bei Pfeiffer, dass die Revision einerseits nicht darauf gestützt werden kann, dass die vom Tatrichter getroffenen Feststellungen lebensfremd erscheinen,[149] aber andererseits der Verstoß gegen die Lebenserfahrung mit der Sachrüge angegriffen werden könne.[150]

47 **Gollwitzer** betont, dass der Tatrichter aufgrund objektiver, rational einleuchtender, nachvollziehbarer Erwägungen sein Urteil gewinnen und subjektiv von einer zumindest hohen Wahrscheinlichkeit überzeugt sein müsse.[151] Bei der Beweiswürdigung handle es sich somit um einen Vorgang, bei dem sich subjektive Elemente wie

141 Vgl. Roxin, Strafverfahrensrecht, 25. Aufl., § 15 Rn 15.

142 Vgl. Hürxthal in Karlsruher Kommentar zur Strafprozessordnung, 3. Aufl., § 261 Rn 1.

143 Vgl. Hürxthal in Karlsruher Kommentar zur Strafprozessordnung, 3. Aufl., § 261 Rn 4.

144 Vgl. Hürxthal in Karlsruher Kommentar zur Strafprozessordnung, 3. Aufl., § 261 Rn 45.

145 Vgl. Hürxthal in Karlsruher Kommentar zur Strafprozessordnung, 3. Aufl., § 261 Rn 45.

146 Vgl. Hürxthal in Karlsruher Kommentar zur Strafprozessordnung, 3. Aufl., § 261 Rn 48.

147 Vgl. Hürxthal in Karlsruher Kommentar zur Strafprozessordnung, 3. Aufl., § 261 Rn 28 f.

148 Vgl. Pfeiffer, Kommentar zur Strafprozessordnung, 5. Aufl., § 261 Rn 2.

149 Vgl. Pfeiffer, Kommentar zur Strafprozessordnung, 5. Aufl., § 261 Rn 20 am Anfang.

150 Vgl. Pfeiffer, Kommentar zur Strafprozessordnung, 5. Aufl., § 261 Rn 20 Mitte.

151 Vgl. Gollwitzer in Löwe-Rosenberg, Die Strafprozessordnung und das Gerichtsverfassungsgesetz, Großkommentar, 25. Aufl., § 261 Rn 7.

das Gefühl, aber auch Wahrscheinlichkeitserwägungen verbinden würden.[152] Weiter stellt Gollwitzer fest, dass die an Sicherheit grenzende Wahrscheinlichkeit nicht ausreiche, sondern die subjektive Gewissheit des Richters hinzukommen müsse.[153] Wer von der Unzulänglichkeit menschlichen Erkenntnisvermögens weiß, kann nie von Sicherheit ausgehen, sondern immer nur von Wahrscheinlichkeiten. Zutreffend erkennt Gollwitzer, dass eine Beweiswürdigung, der es an dem objektiven Unterbau der hohen Wahrscheinlichkeit ermangelt, willkürlich und damit rechtsfehlerhaft wäre.[154] Insb. sei bei der Beweiswürdigung auch Erfahrungswissen aus der Lebenskenntnis zu beachten.[155] Erfahrungssätze seien folglich auch dann zu beachten, wenn sie keine zwingenden Schlüsse liefern würden, sondern nur Wahrscheinlichkeitsaussagen.[156] Eine Bindung würde aber auch beim naturwissenschaftlichen Beweis bestehen, dessen Ergebnis nur aus Wahrscheinlichkeitsrechnungen besteht.[157] Auch zum Indizienbeweis führt Gollwitzer aus, dass einerseits jedes Indiz bewertet werden müsse und andererseits eine Gesamtschau notwendig sei. Das Ergebnis sei rechtsfehlerhaft, wenn auch nur die Tragfähigkeit eines Indizes verkannt werde.[158] Weiter müsse das Gericht erkennen, dass Indizien mitunter nur einen sehr geringen Beweiswert hätten und der Beweiswert des einzelnen Indizes nicht überschätzt werden dürfe.[159] Gollwitzers theoretischen Ausführungen ist im Prinzip zuzustimmen. Gleichwohl bleibt praktisch immer noch unklar, wann „hohe Wahrscheinlichkeit“ besteht und wie die Indizien bewertet werden und ob und wie diese Bewertung im Urteil offengelegt werden muss.

Meyer-Goßner stellt ebenfalls fest, dass Freiheit der Beweiswürdigung nicht bedeu- 48
te, dass es keiner rational-objektiven Grundlage bedürfe, sondern der Schuldspruch die objektiv hohe Wahrscheinlichkeit voraussetze, die mehr als einen Verdacht darstelle.[160] Unklar bleibt aber auch hier, wann dies der Fall ist.

152 Vgl. Gollwitzer in Löwe-Rosenberg, Die Strafprozessordnung und das Gerichtsverfassungsgesetz, Großkommentar, 25. Aufl., § 261 Rn 7.

153 Vgl. Gollwitzer in Löwe-Rosenberg, Die Strafprozessordnung und das Gerichtsverfassungsgesetz, Großkommentar, 25. Aufl., § 261 Rn 9.

154 Vgl. Löwe-Rosenberg, Die Strafprozessordnung und das Gerichtsverfassungsgesetz, Großkommentar, 25. Aufl., § 261 Rn 13.

155 Vgl. Löwe-Rosenberg, Die Strafprozessordnung und das Gerichtsverfassungsgesetz, Großkommentar, 25. Aufl., § 261 Rn 42 m. Verweis auf BGHSt 17, S. 385.

156 Vgl. Löwe-Rosenberg, Die Strafprozessordnung und das Gerichtsverfassungsgesetz, Großkommentar, 25. Aufl., § 261 Rn 47.

157 Vgl. Löwe-Rosenberg, Die Strafprozessordnung und das Gerichtsverfassungsgesetz, Großkommentar, 25. Aufl., § 261 Rn 54.

158 Vgl. Löwe-Rosenberg, Die Strafprozessordnung und das Gerichtsverfassungsgesetz, Großkommentar, 25. Aufl., § 261 Rn 61.

159 Vgl. Löwe-Rosenberg, Die Strafprozessordnung und das Gerichtsverfassungsgesetz, Großkommentar, 25. Aufl., § 261 Rn 62.

160 Vgl. Meyer-Goßner, Kleinknecht/Meyer-Goßner, Kommentar zur Strafprozessordnung, 48. Aufl., § 261 Rn 2.

49 O.g. Autoren ist gemeinsam, dass sie den Angeklagten vor reinem Meinen, Glauben und vor Willkür schützen wollen und der Sache nach im Prinzip eine Objektivierung der Beweiswürdigung fordern. Gleichwohl bleiben **auch diese Autoren „auf halbem Weg“ stehen, da nur wiederum beliebig ausfüllbare Worthülsen vorgegeben werden** („festgestellte Schlüsse müssen Urteil tragen“, „Beachtung und Prüfung der Wahrscheinlichkeitsebene“, „Überkreuzung der hochgradigen Wahrscheinlichkeit mit subjektiver Nichtbezweiflung“, „tiefe innerste Erfülltheit“, etc.).

50 In der **Strafrechtswissenschaft** wird m.E. nicht immer dogmatisch korrekt zwischen **Beweismaß und Beweiswürdigung** getrennt, während diese Trennung in der zivilrechtlichen Wissenschaft i.d.R. exakt durchgeführt wird. Daher ist ein Blick auf die dortigen Autoren angezeigt. Die zivilrechtliche Betrachtung ist auch deshalb angezeigt, um das dortige Verständnis der freien Beweiswürdigung in § 286 ZPO zu erfassen. Ergäbe sich nämlich ein anderes Verständnis der freien Beweiswürdigung in § 286 ZPO, müsste dies auch Auswirkungen auf das strafrechtliche Verständnis haben, da derselbe Begriff, „freie Überzeugung“ verwendet wird.

6. Auffassung Döhrings

51 **Döhring betont die strenge Trennung von Beweismaß und Beweiswürdigung.**[161] Weiter geht er davon aus, dass „volle Sicherheit“ erforderlich und der Wahrscheinlichkeitsbegriff hierfür wenig geeignet sei.[162] Stattdessen soll volle Sicherheit dann vorliegen, „wenn die Tatsachenfeststellung so fest gegründet ist, dass bei einem besonnen, lebenserfahrenen und gewissenhaften Beurteiler beachtliche Gegengründe nicht mehr vorhanden sind.“[163] Döhring geht davon aus, dass das Wahrscheinlichkeitsdenken zwar von einiger Wichtigkeit[164] und des Weiteren ein starker objektiver Befund nötig sei, aber das entscheidende Gewicht das „Ja aus der Tiefe der Persönlichkeit“ sei.[165] Insofern sollten auch leise Zweifel beachtlich sein.[166] Der Begriff der vollen Sicherheit soll jedoch einen höheren Grad an Gewissheit liefern, als die hohe Wahrscheinlichkeit.[167] Außerdem soll ein gestaffeltes Beweismaß gelten: In Strafsachen soll für den Schuldbeweis eine besonders hohe Sicherheitsstufe gelten,[168] während in Zivilsachen nicht höchste, sondern nur eine sehr hohe Sicherheit des Beweisergebnisses nötig sein soll.[169] In strafrechtlichen Bagatellverfahren soll

161 Vgl. Döhring, Die Erforschung des Sachverhalts im Prozess, S. 446.
162 Vgl. Döhring, Die Erforschung des Sachverhalts im Prozess, S. 447 f.
163 Döhring, Die Erforschung des Sachverhalts im Prozess, S. 449.
164 Vgl. Döhring, Die Erforschung des Sachverhalts im Prozess, S. 448.
165 Vgl. Döhring, Die Erforschung des Sachverhalts im Prozess, S. 465.
166 Vgl. Döhring, Die Erforschung des Sachverhalts im Prozess, S. 467.
167 Vgl. Döhring, Die Erforschung des Sachverhalts im Prozess, S. 450.
168 Vgl. Döhring, Die Erforschung des Sachverhalts im Prozess, S. 450.
169 Vgl. Döhring, Die Erforschung des Sachverhalts im Prozess, S. 451.

von den Höchstanforderungen jedoch wieder ein Abstrich gemacht werden,[170] während im Zivilprozess eine Beweismaßsteigerung eintreten soll, wenn das Gewicht der Sache für den Betroffenen ähnlich wie in einem Strafverfahren ist.[171]

Den Anscheinsbeweis begreift Döhring nicht als Herabsetzung des Beweismaßes, sondern nur als eine Vereinfachung des Nachweisverfahrens.[172] Gegen die Ansicht von Döhring ist m.E. einzuwenden, dass unklar bleibt, wann „die Tatsachenfeststellung so fest gegründet ist, dass bei einem besonnenen, lebenserfahrenen und gewissenhaften Beurteiler beachtliche Gegengründe nicht mehr vorhanden sind."[173] Weiter bleibt sodann unklar, wann das „Ja aus der Tiefe der Persönlichkeit" erreicht ist bzw. wie dies zu erreichen ist, zumal ein Wahrscheinlichkeitsdenken nur von einiger Wichtigkeit sei.[174] 52

7. Auffassung Hubers

Huber ist der Auffassung, dass eine rein objektive Beweismaßtheorie notwendig sei, die auf einen konkret zu erzielenden Wahrscheinlichkeitswert abstellt, der sich in der Regel nur grob abschätzen lasse.[175] Zwar gibt Huber keine Prozentangabe zum Regelbeweismaß vor, sondern lediglich eine Skala und führt aus, dass das Regelbeweismaß die hohe Wahrscheinlichkeit sei.[176] Über der hohen Wahrscheinlichkeit stünde die Sicherheit (kleiner oder gleich 100 %, aber größer als hoch wahrscheinlich). Die hohe Wahrscheinlichkeit wiederum sei näher an der Sicherheit als sehr wahrscheinlich, wobei sehr wahrscheinlich ihrerseits näher an der Sicherheit sei als die „überwiegende Wahrscheinlichkeit", wobei die überwiegende Wahrscheinlichkeit größer als 50 % sei.[177] 53

Huber begründet seine Ansicht im Wesentlichen damit, dass sich mit seinem Regelbeweismaß der hohen Wahrscheinlichkeit einerseits weitere Beweismaßerhöhungen, die er im Fall des § 1591 Abs. 1 Satz 2 BGB, im Entlastungsbeweis des § 831 BGB und im Fall der auf § 826 BGB gestützten Klagen gegen rechtskräftige Urteile sieht, vereinbaren und sich andererseits auch Beweismaßreduzierungen in Einklang bringen lassen würden.[178] Diese Beweismaßreduzierungen befürwortet Huber immer, wenn es sich um einen Sachverhalt handelt, der seiner Natur nach einer dem Regelbeweismaß genügenden Aufklärung nicht oder nur schwer zugänglich ist, sodass ohne Beweismaßreduzierung die materiell-rechtliche Anspruchsnorm leer lie- 54

170 Vgl. Döhring, Die Erforschung des Sachverhalts im Prozess, S. 451.
171 Vgl. Döhring, Die Erforschung des Sachverhalts im Prozess, S. 452.
172 Vgl. Döhring, Die Erforschung des Sachverhalts im Prozess, S. 460.
173 Döhring, Die Erforschung des Sachverhalts im Prozess, S. 449.
174 Vgl. Döhring, Die Erforschung des Sachverhalts im Prozess, S. 465.
175 Vgl. Huber, Das Beweismaß im Zivilprozess, S. 150.
176 Vgl. Huber, Das Beweismaß im Zivilprozess, S. 114.
177 Vgl. Huber, Das Beweismaß im Zivilprozess, S. 115.
178 Vgl. Huber, Das Beweismaß im Zivilprozess, S. 142 f.

fe, bzw. die materielle Gerechtigkeit eine Beweismaßreduzierung erfordern würde.[179] Der § 287 ZPO sei darüber hinaus ein gesetzlich geregelter Fall der Beweismaßreduzierung.[180] Auch Fälle der Beweiserleichterungen (v.a. bei der Arzthaftung) bis hin zur Umkehr der Beweislast ließen sich in sein System einfügen.[181] Der Anscheinsbeweis der Kausalität (im Gegensatz zum Anscheinsbeweis des Verschuldens) würde sehr häufig auf eine Beweismaßreduzierung hinauslaufen.[182] Daher bliebe nur seine Forderung nach einer rein objektiven Beweismaßtheorie übrig, denn subjektive Beweismaßtheorien, die auf die persönliche Gewissheit des Richters von der Wahrheit abstellten, würden einen Mangeltatbestand darstellen.[183] Da subjektive Theorien nicht bloß subjektives Meinen, Glauben oder Belieben darstellten, sondern selbst objektive Elemente eingreifen ließen, bliebe einerseits die Gewichtung zueinander ungeklärt.[184] Andererseits träten subjektive Theorien in Widerspruch zur Rechtsprechung beim naturwissenschaftlichen Beweis, nach der bei einem bestimmten naturwissenschaftlichen Ergebnis kein Raum für subjektive Erwägungen mehr sei.[185] Entscheidend sei darüber hinaus – wie erwähnt –, dass mit subjektiven Theorien weder Beweismaßerhöhungen noch Beweismaßreduzierungen erklärbar seien.[186] „Das ‚Für-wahr-Erachten' des § 286 Abs. 1 Satz 1 ZPO ist somit aber seiner Rechtsnatur und seinem Charakter nach ein Urteil über Wahrscheinlichkeiten."[187] Huber geht also davon aus, dass das erforderliche (Regel-) Beweismaß die hohe Wahrscheinlichkeit ist und sich die Überzeugung des § 286 Abs. 1 Satz 1 ZPO darauf bezieht, dass der für die Tatsachenfeststellung erforderliche Wahrscheinlichkeitsgrad erreicht ist (**Wahrscheinlichkeitsüberzeugungstheorie**).[188]

55 Der Ansicht von Huber ist m.E. zuzustimmen, **da die Wahrscheinlichkeit nicht allgemeingültig festgestellt werden kann**, sondern nur insofern, als man von einer bestimmten Wahrscheinlichkeit überzeugt sein kann (da diese in der Regel **nur auf Plausibilitätsniveau geschätzt werden kann**). Als Manko erweist sich m.E. aber, dass kein Prozentsatz angegeben wird, von dem der Richter überzeugt sein muss. Damit wird nach wie vor nur eine Leerformel durch eine andere ersetzt. Es besteht m.E. kein Unterschied, ob man dem Richter vorgibt, er müsse eine so hohe Wahrscheinlichkeit von der Übereinstimmung des Sachverhalts mit der Wirklichkeit ge-

179 Vgl. Huber, Das Beweismaß im Zivilprozess, S. 136.
180 Vgl. Huber, Das Beweismaß im Zivilprozess, S. 137.
181 Vgl. Huber, Das Beweismaß im Zivilprozess, S. 140.
182 Vgl. Huber, Das Beweismaß im Zivilprozess, S. 135.
183 Vgl. Huber, Das Beweismaß im Zivilprozess, S. 102.
184 Vgl. Huber, Das Beweismaß im Zivilprozess, S. 102.
185 Vgl. Huber, Das Beweismaß im Zivilprozess, S. 103.
186 Vgl. Huber, Das Beweismaß im Zivilprozess, S. 103.
187 Vgl. Huber, Das Beweismaß im Zivilprozess, S. 120.
188 Vgl. Huber, Das Beweismaß im Zivilprozess, S. 118.

winnen, dass jede andere Beurteilung nur ein theoretischer Zweifel ist, oder die Tatsachenfeststellung müsse so fest begründet sein, dass bei einem besonnenen Betrachter gewichtige Gegengründe nicht mehr vorhanden sind oder ob der Richter überzeugt sein muss, dass der zugrunde gelegte Sachverhalt mit der Wirklichkeit „hoch wahrscheinlich" übereinstimmt. In dem einen wie dem anderen Fall kann der außenstehende Betrachter keine – auch nicht ansatzweise – verlässliche Ex-ante-Prognose aufstellen.

8. Auffassung Gregers

Greger ist der Ansicht, dass in Ermangelung anderer Alternativen die Überzeugung von der Wahrheit das entscheidende Kriterium sei.[189] Er begründet dies damit, dass objektive Theorien praktisch nicht zu erhalten seien,[190] da die objektive Wahrscheinlichkeit i.d.R. nicht rechnerisch feststellbar sei[191] und selbst bei einer Schätzung diese wiederum von subjektiven Einflüssen abhängig sei,[192] sodass keineswegs Vorherbestimmbarkeit und Nachprüfbarkeit gewährleistet sei, sondern Genauigkeit und Unanfechtbarkeit lediglich vorgetäuscht würden.[193] Hinzu käme noch, dass bereits die Beschaffung der Grundlage der Schätzung, die Auswahl der Beweismittel, die Gestaltung der Beweisaufnahme und die Würdigung der Aussagekraft der einzelnen Beweismittel unvermeidbar subjektiven Einflüssen unterworfen sei.[194] Daher sei jede objektive Theorie von der Individualität des Beurteilers abhängig, sodass fraglich sei, worin der Unterschied zur subjektiven Theorie bestünde, die diesen Einfluss ausdrücklich anerkenne.[195] Ausgehend vom Wortlaut des § 286 Abs. 1 Satz 1 ZPO sei daher die Überzeugung von der Wahrheit entscheidend.[196] Bei dem Merkmal der Überzeugung sei maßgeblich, dass es sich hier um den Zustand eines Subjektes handeln würde.[197] Dies wiederum bedeute, „dass verschiedene Subjekte hinsichtlich ein und derselben Frage (etwa der Wahrheit einer Aussage, des Vorliegens einer Tatsache) auch verschiedene Überzeugungen haben können."[198] Zwar sei dem Menschen die letztgültige Feststellung, ob eine Aussage wahr ist oder nicht, verschlossen,[199] aber gleichwohl könne der Richter von der Wahrheit einer Tatsache überzeugt sein, denn die Überzeugung bedeute, dass eine 56

189 Vgl. Greger, Beweis und Wahrscheinlichkeit, S. 114.
190 Vgl. Greger, Beweis und Wahrscheinlichkeit, S. 113.
191 Vgl. Greger, Beweis und Wahrscheinlichkeit, S. 102.
192 Vgl. Greger, Beweis und Wahrscheinlichkeit, S. 102.
193 Vgl. Greger, Beweis und Wahrscheinlichkeit, S. 102 m.w.N.
194 Vgl. Greger, Beweis und Wahrscheinlichkeit, S. 102 f.
195 Vgl. Greger, Beweis und Wahrscheinlichkeit, S. 103.
196 Vgl. Greger, Beweis und Wahrscheinlichkeit, S. 104.
197 Vgl. Greger, Beweis und Wahrscheinlichkeit, S. 16 m.w.N.
198 Greger, Beweis und Wahrscheinlichkeit, S. 16.
199 Vgl. Greger, Beweis und Wahrscheinlichkeit, S. 34.

Person aufgrund objektiver Gründe ohne Verstoß gegen Denk-, Natur- und Erfahrungsgesetze eine Tatsache als für sie gültig anerkenne.[200]

57 Mit dem Prinzip der freien Beweiswürdigung gem. § 286 Abs. 2 ZPO sei es überdies unvermeidbar, den Richter zur Überzeugung der Wahrheit zu zwingen, sobald eine bestimmte Wahrscheinlichkeit festgestellt sei.[201] Daher käme als Beweismaß weder das Erreichen einer Wahrscheinlichkeit (die objektiv in der Regel nicht festgestellt werden könne) noch die Feststellung der Wahrheit (die dem Menschen verschlossen ist) noch die Überzeugung vom Vorliegen einer Wahrscheinlichkeit (da mit dem Wortlaut des § 286 Abs. 1 Satz 1 ZPO nicht vereinbar) in Betracht, sodass einzig und allein die Überzeugung von der Wahrheit verbliebe.[202]

58 Zwar erkennt Greger, dass die Überzeugung als solche keine Grade haben kann,[203] aber gleichwohl sei sein Kriterium der Überzeugung von der Wahrheit auch mit den Beweiserleichterungen in Einklang zu bringen. Dies deshalb, da die Beweiserleichterungen des § 287 ZPO lediglich für die haftungsausfüllende Kausalität[204] gelte und daher keine Beweismaßnorm sei, sondern zugleich materielles Recht enthalte.[205] Gleiches gelte für § 252 BGB, der anordne, dass der wahrscheinliche Gewinn zu ersetzen sei.[206] Somit handle es sich nur um den Vorgang der Schadensermittlung, nicht aber um einen Beweis in dem Sinne, als dass ein Tatbestandsmerkmal festgestellt werden müsse.[207] D.h., nach Greger fällt die Bestimmung des rechnerischen Schadens unter das Schätzungsermessen des § 287 ZPO, sodass es bei dieser Vorschrift – da ausdrückliches Schätzungsermessen – nicht mehr auf die Überzeugung von der Wahrheit ankommen kann. **Da er § 287 ZPO auch materiell-rechtlich interpretiere, komme es nicht zu einem Widerspruch mit seinem sonstigen Beweiskriterium**. Gleiches würde dann gelten, wenn bereits die Tatbestandsvoraussetzung der materiellen Norm nur eine Wahrscheinlichkeit eines Schadens (z.B. § 252 BGB oder im Fall des § 844 Abs. 2 BGB, wenn nicht ein konkreter Unterhaltsanspruch entzogen wurde, sondern wenn die spätere Entstehung eines solchen wahrscheinlich ist) fordert. In diesem Fall würde sich die Feststellung der Wahrscheinlichkeit nicht auf den Beweis beziehen, sondern auf den materiell-rechtlichen

200 Vgl. Greger, Beweis und Wahrscheinlichkeit, S. 23.

201 Vgl. Greger, Beweis und Wahrscheinlichkeit, S. 104.

202 Vgl. Greger, Beweis und Wahrscheinlichkeit, S. 113.

203 Vgl. Greger, Beweis und Wahrscheinlichkeit, S. 20 m.w.N.

204 Wobei Greger, bei haftungsbegründender Kausalität von Rechtsbeeinträchtigung, bei haftungsausfüllender Kausalität von Schädigung sprechen will – vgl. Greger, Beweis und Wahrscheinlichkeit, S. 125.

205 Vgl. Greger, Beweis und Wahrscheinlichkeit, S. 132 m.w.N.

206 Vgl. Greger, Beweis und Wahrscheinlichkeit, S. 134 f.

207 Vgl. Greger, Beweis und Wahrscheinlichkeit, S. 136.

Tatbestand,[208] sodass sich auch dieser Fall mit seinem Beweiskriterium in Einklang bringen lassen würde.

Auch **Beweiserleichterungen** zur Feststellung der Kausalität, die teils über den Anscheinsbeweis, teils über die (systemwidrige) Anwendung des § 287 ZPO und teils über Beweislastumkehrungen bewerkstelligt werden[209] sieht Greger nicht im Widerspruch zu seinem System. Er löst diese Fälle dergestalt, dass den Fällen, in denen es zu diesen Beweiserleichterungen kommt, gemeinsam ist, dass es nach der Lebenserfahrung wahrscheinlich sei, dass Kausalität bestünde und eine Erleichterung des Kausalitätsbeweises erforderlich sei, somit infolgedessen in diesen Fällen in den Tatbestand der Haftungsnorm hineininterpretiert werden müsse, dass eine Haftung bereits dann bestehe, sofern die Kausalität wahrscheinlich sei.[210] Das entscheidende Beweiskriterium sei dann nach wie vor die Überzeugung von der Wahrheit, nämlich die Überzeugung von der Wahrheit des Satzes, es sei nach der Lebenserfahrung anzunehmen, d.h., wahrscheinlich, dass die Schädigung durch das streitgegenständliche Verhalten hervorgerufen wurde.[211] Gleiches gelte dann, wenn die Beweiserleichterung nicht zum Beweis der Kausalität bestehe, sondern die Pflichtwidrigkeit als solche bewiesen werden soll, d.h., das Verhalten als solches in Streit ist.[212] D.h., auch dann **müsse in den Tatbestand der materiell-rechtlichen Norm hineininterpretiert werden**, dass eine Haftung auch dann bestehe, wenn, „ein Verhalten, welches die typische Gefahr einer Pflichtwidrigkeit in sich trägt, die infolge Fehlens gegenteiliger Anhaltspunkte[213] die wahrscheinliche Ursache des eingetretenen Schadens ist.“[214] Somit könne an seinem Beweiskriterium der Überzeugung von der Wahrheit festgehalten werden, d.h., der Beweis ist immer dann und nur dann geführt, wenn der Richter von der Wahrheit der streitgegenständlichen Behauptung des Vorliegens des Tatbestandmerkmals überzeugt ist, wobei die zu beweisende streitgegenständliche Behauptung durchaus auch nur die Wahrscheinlichkeit eines bestimmten Erfolges, einer Pflichtwidrigkeit oder eines Schadens sein könne.[215] Nach Greger hängt der Ausgang eines Prozesses damit zu einem guten Teil von der Person des Richters und damit vom Zufall ab, jedoch sei dies systemimmanent,[216] zumal menschliches Urteilen, das von subjektiven Urteilen losgelöst ist, nicht vorstellbar sei.[217] 59

208 Vgl. Greger, Beweis und Wahrscheinlichkeit, S. 148.

209 Vgl. Greger, Beweis und Wahrscheinlichkeit, S. 160.

210 Vgl. Greger, Beweis und Wahrscheinlichkeit, S. 183.

211 Vgl. Greger, Beweis und Wahrscheinlichkeit, S. 182.

212 Vgl. Greger, Beweis und Wahrscheinlichkeit, S. 184.

213 Im Original folgende Fußnote: „Hierin liegt das Moment, welches bei beweisrechtlicher Betrachtung des 'Anscheinsbeweises' als 'Gegenbeweis' angesehen wird.“.

214 Vgl. Greger, Beweis und Wahrscheinlichkeit, S. 192.

215 Vgl. Greger, Beweis und Wahrscheinlichkeit, S. 201.

216 Vgl. Greger, Beweis und Wahrscheinlichkeit, S. 27.

217 Vgl. Greger, Beweis und Wahrscheinlichkeit, S. 26.

60 Richtig ist an der Auffassung Gregers, dass menschliches Urteilen losgelöst von subjektiven Einflüssen in der Tat nicht vorstellbar ist. Zuzustimmen ist Greger dahingehend, dass die Gestaltung der Beweisaufnahme und die Würdigung der Aussagekraft der einzelnen Beweismittel unvermeidbar subjektiven Einflüssen unterworfen ist[218] und somit jede objektive Theorie von der Individualität des Beurteilers abhängig ist. Mit Gregers Auffassung lässt sich eine Widerspruchsfreiheit bei der Beweismaßreduzierung jedoch nur dann erreichen, wenn man die Wahrscheinlichkeit als meist ungeschriebenes[219] Tatbestandsmerkmal der materiellen Norm interpretiert. Damit ist das Problem aber nicht gelöst, sondern nur verschoben. D.h., auch Greger kann ersichtlich nicht ohne Abschätzung der Wahrscheinlichkeit auskommen, nur wird die Abschätzung derselben in die jeweilige materielle Norm verlagert. Welcher Grad an Wahrscheinlichkeit in den jeweiligen materiellen Normen vorliegen muss, ist ebenfalls ungeklärt. Auch von den Fällen der Beweismaßreduzierung abgesehen, erkennt Greger einerseits an, dass der Richter selbstverständlich die Wahrscheinlichkeit einer Fallgestaltung bei der Überzeugungsbildung berücksichtigen darf,[220] ja sogar, dass die Wahrscheinlichkeit Grundlage (Hilfsmittel, Komponente) der Überzeugung sei bzw. Wahrscheinlichkeit in das Vorfeld richterlicher Überzeugungsbildung gehöre, dieses Vorfeld jedoch nicht Gegenstand seiner Untersuchung sei.[221] Andererseits führt Greger aus, dass Wahrscheinlichkeitserwägungen in diesem Vorfeld zwar mitschwingen können, aber nicht müssen.[222] Auch sein Beweismaß der Überzeugung von der Wahrheit lasse keinesfalls eine rational nicht nachprüfbare Gefühlsentscheidung des Richters zu.[223] Ebenso könne nicht jedes beliebige Meinen oder Glauben als Überzeugung angesehen werden, denn Überzeugung müsse auf objektiven Gründen beruhen.[224] Gregers Auffassung ist m.E. aus folgenden Gründen abzulehnen:

- Greger führt einerseits aus, dass objektive Gründe für die Überzeugung des Richters vorliegen müssen, unterlässt andererseits aber Ausführungen über die objektiven Gründe außerhalb der Wahrscheinlichkeit.
- Greger deckt das Verhältnis seines „Vorfeldes richterlicher Überzeugungsbildung“, in dem er Raum für Wahrscheinlichkeitserwägungen sieht, und richterlicher Überzeugungsbildung, in der kein Raum für Wahrscheinlichkeitserwägungen sei, nicht auf.
- Ungeklärt bleibt, weshalb Wahrscheinlichkeitserwägungen in diesem Vorfeld zwar mitschwingen können, aber nicht müssen. Damit steht diese Auffassung

218 Vgl. Greger, Beweis und Wahrscheinlichkeit, S. 102, 103.
219 Ausnahme z.B. § 252 BGB „[…] mit Wahrscheinlichkeit […]“.
220 Vgl. Greger, Beweis und Wahrscheinlichkeit, S. 71 unter Hinweis auf BGH, NJW 1966, S. 1263.
221 Vgl. Greger, Beweis und Wahrscheinlichkeit, S. 85.
222 Vgl. Greger, Beweis und Wahrscheinlichkeit, S. 85.
223 Vgl. Greger, Beweis und Wahrscheinlichkeit, S. 6.
224 Vgl. Greger, Beweis und Wahrscheinlichkeit, S. 16.

auch in Widerspruch zu den Entscheidungen des BGH, NJW 1987, S. 2296; 1991, S. 2961 und NJW-RR 1989, S. 1223. Zwar drückt der BGH dort nur aus, dass eine Wahrscheinlichkeit von 99,85 % den Richter nur „grundsätzlich" zur Überzeugung zwinge, jedoch gilt dies tatsächlich immer. Wenn die Ausnahmen von dem Grundsatz nämlich greifen würden, so würde sich der Ausgangsfall so verändern, dass die Wahrscheinlichkeit durch Veränderung der Grundlage des Wahrscheinlichkeitsurteils nach unten zu korrigieren wäre.[225]

Da jedenfalls in den Fällen der Beweismaßreduzierung eine **Verlagerung von Wahrscheinlichkeitserwägungen in den Tatbestand der materiellen Norm erfolgt**, aber **ungeklärt ist, welche konkrete Wahrscheinlichkeit** in der jeweiligen materiellen Norm **zu erreichen ist**, bedeutet Gregers Auffassung für die konkrete Rechtsfindung nur eine Arbeitsverlagerung, aber keine Erleichterung oder bessere Vorhersehbarkeit oder Objektivierbarkeit. 61

Die These von Greger, der zufolge der Richter keine Zweifel mehr habe, wenn er zu einer Überzeugung gefunden habe, aber gleichwohl Zweifel objektiv möglich bleiben,[226] ist widersprüchlich. Wie kann jemand subjektiv keinen Zweifel mehr haben, aber gleichwohl wissen, dass objektiv Zweifel möglich sind? Das würde die Anmaßung bedeuten, sein eigenes Wissen über das gesammelte objektive Wissen zu stellen. Nicht zuzustimmen ist weiter, dass es nicht gerechtfertigt sei, das vom Richter gefundene Ergebnis als bloße Wahrscheinlichkeit zu titulieren.[227] Insb. stellt Greger nicht dar, was das Ergebnis anderes als ein intuitiver Wahrscheinlichkeitsschluss sein soll.

9. Auffassung Musielaks

Musielak ist der Auffassung, dass jeder Beweis ein Wahrscheinlichkeitsbeweis sei.[228] Ausgehend von verschiedenen Entscheidungen der Rechtsprechung, insb. des BGH, die immer wieder betonen, dass es auf die subjektive Gewissheit ankomme[229] und der Erkenntnis, dass die Entscheidung der Tatfrage aufgrund eines rein subjektiven Vorganges zu Willkür und Belieben des einzelnen Richters führen würde, was ganz überwiegend abgelehnt würde,[230] müsse sich die ungebundene Freiheit des Richters mit objektiven Grenzen der Entscheidung vereinbaren lassen.[231] Die Lösung bestünde darin, „[...] den Richter ohne Bindung an gesetzliche Beweisregeln und nur seinem Gewissen unterworfen die Entscheidung treffen zu lassen, 62

225 Vgl. Bender, Merkmalskombinationen in Aussagen, S. 103.
226 Vgl. Greger, Beweis und Wahrscheinlichkeit, S. 78.
227 So aber Greger, Beweis und Wahrscheinlichkeit, S. 78.
228 Vgl. Musielak, Die Grundlagen der Beweislast im Zivilprozess, S. 120.
229 Vgl. Musielak, Die Grundlagen der Beweislast im Zivilprozess, S. 108.
230 Vgl. Musielak, Die Grundlagen der Beweislast im Zivilprozess, S. 109.
231 Vgl. Musielak, Die Grundlagen der Beweislast im Zivilprozess, S. 109.

ob die zum Beweis erforderliche Wahrscheinlichkeit erreicht ist, das Maß dieser Wahrscheinlichkeit aber ihm als objektive Größe vorzugeben."[232] Einen konkreten, in Zahlen zu erreichenden Wahrscheinlichkeitsgrad gibt Musielak nicht vor, da auch das konkrete Ergebnis des Wahrscheinlichkeitskalküls lediglich in einer wenig genauen Aussage bestehe.[233] Dennoch sei ein hoher Wahrscheinlichkeitswert zu fordern, wie sich durch die Formulierungen „mit an Sicherheit grenzender Wahrscheinlichkeit" oder „jeden vernünftigen Zweifel ausschließenden Grad von Wahrscheinlichkeit" ergäbe.[234] Auch Beweismaßreduzierungen, die in bestimmten Fällen zur Durchsetzung materiellen Rechts zwingend geboten seien,[235] würden sich in seine Theorie einfügen lassen. Dies deshalb, da der Begriff der Überzeugung des § 286 ZPO im Sinne des Prozessrechts auszulegen sei.[236] Das hieße, die Wahrscheinlichkeit würde das Objekt darstellen, auf das sich die Überzeugung beziehen müsse; „Überzeugung von der ‚Wahrheit' im Sinne des Prozessrechts ist Überzeugung von der Wahrscheinlichkeit eines bestimmten Grades. Welcher Grad als ‚Wahrheit' gilt, wird durch einen Rechtssatz[237] angeordnet."[238]

63 „Erkennt der Richter, dass im Einzelfall dieses Quantum durch die ihm vorgelegten Beweise erreicht ist, hat er die durch § 286 Abs. 1 Satz 1 ZPO gebotene Überzeugung von der ‚Wahrheit' einer tatsächlichen Behauptung gewonnen."[239] Musielaks Lösung kann daher als Lehre von der **Wahrscheinlichkeitsüberzeugung** als allgemeines Beweismaß angesehen werden.[240]

10. Auffassung Walters

64 Walter geht davon aus, dass die Überzeugung von der Wahrheit das allgemeine Beweismaß sei.[241] Diese Überzeugung von der Wahrheit stünde aber unter dem Vorbehalt der menschlichen Einsichtsfähigkeit.[242] Folglich wäre die Überzeugung von der Wahrheit mit der Überzeugung von der an Sicherheit grenzenden Wahrscheinlichkeit identisch.[243] Aus dem Gesetz ergäbe sich, dass nicht die absolute Wahrheit festgestellt werden soll, da dies aufgrund der Unzulänglichkeit menschlicher Erkenntnis nicht möglich sei, sondern nur die Feststellung, ob eine Tatsache für wahr

232 Musielak, Die Grundlagen der Beweislast im Zivilprozess, S. 110.
233 Vgl. Musielak, Die Grundlagen der Beweislast im Zivilprozess, S. 113.
234 Vgl. Musielak, Die Grundlagen der Beweislast im Zivilprozess, S. 116.
235 Vgl. Musielak, Die Grundlagen der Beweislast im Zivilprozess, S. 117.
236 Vgl. Musielak, Die Grundlagen der Beweislast im Zivilprozess, S. 117.
237 Im Original folgende Fußnote: Mezger, S. 161; anders Kralik, ÖJZ 1954, S. 157.
238 Musielak, Die Grundlagen der Beweislast im Zivilprozess, S. 119.
239 Musielak/Stadler, Grundfragen des Beweisrechts, Rn 149.
240 Vgl. Greger, Beweis und Wahrscheinlichkeit, S. 92.
241 Vgl. Walter, Freie Beweiswürdigung, S. 259.
242 Vgl. Walter, Freie Beweiswürdigung, S. 150.
243 Vgl. Walter, Freie Beweiswürdigung, S. 150.

zu erachten sei.[244] Der Begriff „erachten“ würde überdies bedeuten, dass nicht bloß subjektives Meinen und Denken entscheidend sein könne, sondern objektive Komponenten erforderlich seien, die zu einer Rationalität und Diskutierbarkeit führen würden, auch wenn ein gewisser subjektiver Rückstand verbliebe, der rational nicht zu erklären sei.[245]

Dieses Beweismaß des § 286 ZPO und der inhaltlich entsprechenden Normen der anderen Verfahrensordnungen sei jedoch nicht für alle Verfahren und alle Konstellationen gleich, sondern müsse teleologisch reduziert werden, da die Verfahrensordnungen dem Zweck dienten, den für die Durchsetzung des materiellen Rechts erforderlichen Sachverhalt festzustellen.[246] Dies bedeute, dass **in Ausnahmefällen das Beweismaß variabel sei und abgesenkt werden könne**,[247] wenn sich das aus höherwertigen Rechtsprinzipien (z.B. Rechtsstaatsprinzip für strafrechtliche Verurteilungen, Sozialstaatsprinzip) oder aus der Intention des Gesetzgebers ergäbe (z.B. § 1 Abs. 2 BSHG).[248] **Bei der Feststellung der hypothetischen Kausalität und bei sonstigen Fällen, die ihrer Natur nach schwer aufzuklären seien**, das materielle Recht aber erkennen lasse, dass diese Beweisschwierigkeit nicht zulasten des Betroffenen gehen soll, **sei ebenfalls eine Beweismaßreduktion auf die überwiegende Wahrscheinlichkeit angezeigt**.[249] Auch **Verstöße gegen gegenüber Dritten bestehenden Pflichten könnten** zu beweisrechtlichen Sanktionen führen, die zur Absenkung des Beweismaßes **auf die überwiegende Wahrscheinlichkeit oder sogar zur Beweislastumkehr führen** könnten.[250] 65

Die Lehren, die für das Regelbeweismaß das Vorliegen einer überwiegenden Wahrscheinlichkeit fordern, lehnt Walter ab. Er erachtet diese als sowohl dem Gesetzeswortlaut, als auch der Gesetzessystematik entgegenstehend.[251] Walter sieht den Widerspruch zur Gesetzessystematik darin, dass man dem Gesetz bei Zugrundelegung der überwiegenden Wahrscheinlichkeit als Regelbeweismaß des § 286 ZPO Sinnlosigkeit vorwerfen müsste, wenn es einerseits die Formulierung in § 286 ZPO von der „Überzeugung von der Wahrheit“ und andererseits Begriffe wie „hinreichende Aussicht auf Erfolg“, „Glaubhaftmachung“ etc. gebraucht.[252] Dem ist zuzustimmen. Würde „Überzeugung von der Wahrheit“ das Vorliegen einer überwiegenden Wahrscheinlichkeit bedeuten, wäre die unter diesem Beweismaß liegenden Anforderungen der „hinreichenden Aussicht auf Erfolg“ des § 114 ZPO, der „Glaubhaft- 66

244 Vgl. Walter, Freie Beweiswürdigung, S. 152.
245 Vgl. Walter, Freie Beweiswürdigung, S. 152.
246 Vgl. Walter, Freie Beweiswürdigung, S. 259.
247 Vgl. Walter, Freie Beweiswürdigung, S. 259.
248 Vgl. Walter, Freie Beweiswürdigung, S. 155.
249 Vgl. Walter, Freie Beweiswürdigung, S. 198, 217.
250 Vgl. Walter, Freie Beweiswürdigung, S. 260.
251 Vgl. Walter, Freie Beweiswürdigung, S. 174.
252 Vgl. Walter, Freie Beweiswürdigung, S. 174.

machung" des § 236 Abs. 2 ZPO, des „hinreichend geklärt" des § 331a ZPO nicht mehr verständlich. Weiter lehnt Walter Auffassungen ab, die sich an dem „vernünftigen Durchschnittsmenschen", dem „Durchschnittsrichter" oder dem „vernünftigen" oder „einsichtigen" Richter orientieren (sog. Drittkontrollmodelle), da davon auszugehen sei, dass der **beste Richter als Maßstab** dient und **nicht der Durchschnittsrichter**.[253] Dem ist zuzustimmen. Für gesetzeswidrig hält Walter die sog. neo-positive Variante, der zufolge der Richter Tatsachen dann feststellen muss, wenn jeder andere, verständige und lebenserfahrene Richter die Tatsache als bewiesen ansähe, da es auf die eigene Überzeugung des Richters ankäme, auch wenn andere zweifeln oder eine andere Auffassung erlangt haben würden.[254] Dementsprechend hält Walter auch die sog. neo-negative Variante für unzulässig, der zufolge ein Urteil nur dann gerechtfertigt sei, wenn es nicht nur vom aburteilenden Richter als zwingend angesehen werden muss, sondern auch von einem außenstehenden Richter.[255]

67 Zutreffend lehnt Walter somit die überwiegende Wahrscheinlichkeit als Regelbeweismaß ab. Er fordert stattdessen im Regelfall die Überzeugung von der Wahrheit, wobei diese Überzeugung von der Wahrheit mit der an Sicherheit grenzenden Wahrscheinlichkeit identisch sei. Walter stellt somit folgende Gleichung auf: **Überzeugung der an Sicherheit grenzenden Wahrscheinlichkeit = Überzeugung von der Wahrheit**. Diese Gleichung ist in dieser Verallgemeinerung falsch. Zwar ist es richtig, dass im Leben immer nur Wahrscheinlichkeiten erreichbar sind,[256] sodass jede Überzeugung von der Wahrheit (unbewusst) tatsächlich immer nur eine Überzeugung von Wahrscheinlichkeiten sein kann. Das erkennt auch Walter, indem er ausführt, dass der Wahrheit in diesem Sinne immanent sei, dass es sich um eine „bereinigte Wahrheit"[257] handle, die unter dem Vorbehalt der menschlichen Erkenntnis stehe,[258] d.h., sich ihrer Mangelhaftigkeit bewusst sei.[259] Gleichwohl kann in einem ordentlichen Prozess nicht die dergestalt bereinigte Wahrheit verstanden werden, sondern allenfalls eine Wahrheit im prozessualen Sinn. Ein Rechtssystem, in dem privates Wissen des Richters i.d.R. nicht verwertbar ist, Präklusionsvorschriften gelten und der Richter nur in Ausnahmefällen Sachverständigengutachten einholt und sich in der überwiegenden Anzahl der Fälle die eigene Sachkunde zur Beurteilung zutrauen darf, ist hinsichtlich der Feststellung der tatsächlichen Wahrheit

253 Vgl. Walter, Freie Beweiswürdigung, S. 167.
254 Vgl. Walter, Freie Beweiswürdigung, S. 167 m. Hinweis auf BGHZ 53, S. 245, 256.
255 Vgl. Walter, Freie Beweiswürdigung, S. 169.
256 Vgl. Huber, Das Beweismaß im Zivilprozess, S. 117.
257 Vgl. Walter, Freie Beweiswürdigung, S. 157.
258 Vgl. Walter, Freie Beweiswürdigung, S. 150.
259 Vgl. Walter, Freie Beweiswürdigung, S. 152.

mit gravierenden Unsicherheiten belastet,[260] sodass nicht mehr von Wahrheit gesprochen werden sollte. Folglich ist o.g. Gleichung nicht zuzustimmen.

Im Ergebnis zutreffend lehnt Walter jede Form des Drittkontrollmodells ab, da m.E. nicht festgestellt werden kann, welches Urteil und welche zugrunde liegenden Feststellungen zwingend sind oder auch von einem Dritten getroffen werden würden. Im Übrigen wäre damit die Frage des Beweismaßes nicht gelöst, **da nicht geklärt ist, welchen Maßstab der Richter anlegen soll**, um ggf. zu einem Urteil gezwungen zu sein. D.h., **Drittkontrollmodelle lösen die Frage nicht**, auf was sich die richterliche Überzeugung beziehen muss. Wann sieht ein lebenserfahrener oder Durchschnittsrichter eine Tatsache als bewiesen an bzw. wann erscheint ein Urteil einem außenstehenden Richter als zwingend? Wenn er von der Wahrheit überzeugt ist, wenn er von der überwiegenden Wahrscheinlichkeit überzeugt ist, wenn er von einem anderen Wahrscheinlichkeitsgrad überzeugt ist oder wenn er schlicht und losgelöst von einem Wahrscheinlichkeitsgrad überzeugt ist? 68

Uneingeschränkt zuzustimmen ist Walter aber, dass das Wesentliche die **Begründungspflicht** ist. Nicht richtig ist m.E. aber die Aussage, „eine Urteilsbegründung, die sich eingehend damit auseinandersetzt, warum zwar dem einen, nicht aber dem anderen Zeugen geglaubt wird, erfüllt ihren Zweck mindestens ebenso gut wie eine solche, die Wahrscheinlichkeiten diskursiv abwägt."[261] **Damit steht und fällt das Urteil mit den rhetorischen Fähigkeiten des Urteilsverfassers**. Offengelassen wird von Walter, ob eine eingehende und umfassende Begründung nicht auch – wie m.E. schon – darzulegen hat, von welchem Beweismaß ausgegangen wird und erst dann folgend, ob und warum dieses erreicht bzw. nicht erreicht ist. 69

11. Auffassung Rommés

Rommé geht davon aus, dass subjektive Theorien, die als Beweismaß die Überzeugung von der Wahrheit fordern, zwischen Beweismaß und Beweiswürdigung nicht unterscheiden, denn die Überzeugung könne nur dort ihren Platz haben, „ob im Einzelfall eine bestimmte Behauptung als bewiesen angesehen werden kann,"[262] folglich einen Fall der Beweiswürdigung betreffen. Infolgedessen seien Beweismaßerhöhungen nicht zu erklären, denn mehr als die Überzeugung, die ja dann Regelbeweismaß ist, könne es nicht mehr geben.[263] Objektive Beweismaßtheorien würden zwar nach Rommé die Unterscheidung zwischen Beweismaß und Beweiswürdigung theoretisch beibehalten, sich im praktischen Ergebnis jedoch der subjektiven Theorie angleichen. Dies deshalb, da die Wahrscheinlichkeit fast nie exakt festgestellt werden könne, sodass die subjektive Auffassung des Richters den Ausschlag 70

260 Vgl. auch Rommé, Der Anscheinsbeweis im Gefüge von Beweiswürdigung und Beweislast, S. 70.

261 Walter, Freie Beweiswürdigung, S. 189.

262 Vgl. Rommé, Der Anscheinsbeweis im Gefüge von Beweiswürdigung und Beweislast, S. 66.

263 Vgl. Rommé, Der Anscheinsbeweis im Gefüge von Beweiswürdigung und Beweislast, S. 66.

geben müsse.[264] Rommé geht davon aus, dass vor dem historischen Hintergrund zwar nur die objektive Beweismaßtheorie zutreffend sein kann, da nur diese die Trennung zwischen Beweismaß und Beweiswürdigung befolgen würde, aber andererseits die richterliche Tätigkeit zur Abwesenheit eines einheitlichen Beweismaßes führen würde.[265]

71 Daraus ergäbe sich: „Nach wie vor ist er [der entscheidende Richter] aufgerufen, über das Gelingen bzw. Misslingen des Beweises zu entscheiden."[266] Die persönliche Gewissheit sei aber nicht erforderlich, denn der Wahrheitsbegriff des § 286 ZPO sei auf das Prozessgeschehen und die Person des erkennenden Richters zu relativieren.[267] **Bereits die Präklusionsvorschriften, der Verhandlungsgrundsatz und die Zugrundelegung von Unstreitigem führen dazu, dass sich der Richter keine persönliche Gewissheit von einer streitigen Tatsache verschaffen könne.**[268] Rommé geht sodann zu einer Definition der Begriffe „Wahrheit" und „freier Überzeugung" über. „‚Wahrheit' im Sinne von § 286 Abs. 1 Satz 1 ZPO ist danach zu verstehen als Übereinstimmung einer Aussage mit ihrem durch die Regeln der ZPO für die Sachverhaltsfeststellung bestimmten Gegenstand [...] Es erübrigt sich deshalb, den zum Beweis erforderlichen Wahrscheinlichkeitsgrad näher dahin zu bestimmen, dass er an Sicherheit grenzen müsse [...] Denn zu einer Qualifikation wie: ‚Dieser Sachverhalt ist mit an Sicherheit grenzender Wahrscheinlichkeit wahr' gelangt man nur, wenn man einen außerprozessualen Maßstab an den Beweis anlegt."[269] „‚Freie Überzeugung' ist vielmehr zu verstehen als die mit der Bewertung der Beweise einhergehende Stellungnahme in dem Sinne, dass das Niveau der prozessualen Wahrheit erreicht ist oder nicht, ohne dabei gesetzlichen Bindungen zu unterliegen, die die Art und Weise der Beweiswürdigung betreffen".[270]

72 **Das Niveau der prozessualen Wahrheit, das zu erreichen sei, würde aber nicht abstrakt festliegen, sondern sei variabel** (variable Beweismaßtheorie), sodass § 286 Abs. 1 Satz 1 ZPO lediglich die Entscheidungsbefugnis dafür beinhalte, „was im konkreten Fall als Wahrheit zu gelten hat".[271] Rommé begründet dies v.a. damit, dass bei Geltung der legalen Beweistheorie die Wahrheit dann erreicht wäre, wenn bestimmte Beweisregeln erfüllt seien. Das hieße, auf der einen Seite einer bildlichen Gleichung stünde die Wahrheit und auf der anderen Seite der Gleichung stünden die Beweisregeln. Folglich sei die Wahrheit von den Beweisregeln abhängig. Die

264 Vgl. Rommé, Der Anscheinsbeweis im Gefüge von Beweiswürdigung und Beweislast, S. 68 unter Hinweis auf Musielak, Die Grundlagen der Beweislast im Zivilprozess, S. 113.

265 Vgl. Rommé, Der Anscheinsbeweis im Gefüge von Beweiswürdigung und Beweislast, S. 69.

266 Rommé, Der Anscheinsbeweis im Gefüge von Beweiswürdigung und Beweislast, S. 69.

267 Vgl. Rommé, Der Anscheinsbeweis im Gefüge von Beweiswürdigung und Beweislast, S. 77.

268 Vgl. Rommé, Der Anscheinsbeweis im Gefüge von Beweiswürdigung und Beweislast, S. 70.

269 Rommé, Der Anscheinsbeweis im Gefüge von Beweiswürdigung und Beweislast, S. 77.

270 Rommé, Der Anscheinsbeweis im Gefüge von Beweiswürdigung und Beweislast, S. 78.

271 Rommé, Der Anscheinsbeweis im Gefüge von Beweiswürdigung und Beweislast, S. 89.

Abschaffung der legalen Beweistheorie und Einführung der freien Überzeugung habe nicht die Abhängigkeit als solche beseitigt, sondern lediglich auf einer Seite der Gleichung „feste Beweisregeln“ durch „freie Überzeugung“ ersetzt.[272] Das sei ohnehin klar, wenn es um die (einzig mögliche) Beweiswürdigung von wissenschaftlichen Erkenntnissen, Denk- und Naturgesetzen ginge, sodass nichts anderes gelte, wenn keine gesicherten wissenschaftlichen Erkenntnisse existierten.[273] **Vor richterlicher Willkür wäre man durch die Bindung an Denk-, Natur- und Erfahrungsgesetze sowie durch die Begründungspflicht geschützt.**[274] Rommé hält einerseits Überlegungen, „ab welcher Grenze eine Behauptung als wahr anzusehen ist [...] zwecklos“,[275] führt jedoch andererseits aus, dass sich das Beweismaß in jedem Einzelfall danach richte, „was dem Richter vor dem Informationshintergrund des Falles als 'hoch wahrscheinlich' etc. erscheint“.[276]

Rommé begründet seine Ansicht weiter damit, dass die objektiven Theorien, die ein generell-abstraktes Beweismaß vorgeben, in der Praxis nicht exakt festgestellt werden können, sondern ebenfalls von der Information des konkreten Falles und der Person des Urteilenden abhingen, sodass die abstrakte Festlegung unpraktikabel sei. Die zwingende Schlussfolgerung sei daher, da es ein Beweismaß geben müsse, dass dieses in jedem Einzelfall neu zu bestimmen sei.[277] 73

Rommés Ansicht ist m.E. abzulehnen. Wenn Rommé schon die abstrakte Festlegung eines Beweismaßes für unpraktikabel hält, so ist seine Festlegung des variablen Beweismaßes doch mindestens genauso unpraktikabel. Denn selbst wenn das Beweismaß in jedem Einzelfall neu zu bestimmen ist, so bleibt unklar, in welchem Einzelfall welches Beweismaß zu bestimmen ist. D.h., Rommés variables Beweismaß ist in Wirklichkeit ebenfalls ein (von ihm abgelehntes) abstraktes Beweismaß, denn es wird lediglich abstrakt vorgegeben, in jedem Einzelfall das Beweismaß (wie?) selbst zu bestimmen, ohne konkrete Vorgaben zu machen. Folglich ist Rommés Schlussfolgerung keinesfalls zwingend. Auch die bildliche Gleichung ist nicht zutreffend. Durch das Bildnis der Gleichung verfälscht Rommé den Gedankenprozess. Die Gleichung beim naturwissenschaftlichen Beweis (den Rommé verallgemeinern will) lautet nicht, Wahrheit = naturwissenschaftlicher Beweis, sondern richtigerweise: Wahrheit = naturwissenschaftlicher Beweis, wenn dieser größer/gleich 99,80 %iger Wahrscheinlichkeit ist.[278] Verallgemeinert bedeutet die richtige Gleichung somit nur: Wahrheit (im prozessualen Sinne, d.h. aus dem Inbegriff der 74

272 Vgl. Rommé, Der Anscheinsbeweis im Gefüge von Beweiswürdigung und Beweislast, S. 86.

273 Vgl. Rommé, Der Anscheinsbeweis im Gefüge von Beweiswürdigung und Beweislast, S. 87 m. Hinweis auf Walter, Freie Beweiswürdigung, S. 322.

274 Vgl. Rommé, Der Anscheinsbeweis im Gefüge von Beweiswürdigung und Beweislast, S. 90.

275 Rommé, Der Anscheinsbeweis im Gefüge von Beweiswürdigung und Beweislast, S. 87 f.

276 Rommé, Der Anscheinsbeweis im Gefüge von Beweiswürdigung und Beweislast, S. 89.

277 Vgl. Rommé, Der Anscheinsbeweis im Gefüge von Beweiswürdigung und Beweislast, S. 88.

278 Vgl. BGHZ 61, S. 171.

Entscheidung getroffen zu haben. Dieser Vorgang geschieht weitgehend unbewusst, so dass dem Urteiler nach abgeschlossener Kohärenzbildung das Bewusstsein dafür fehlt, dass andere vernünftige Menschen zu einem gegenteiligen Schluss kommen können, weil die Beweislage alles andere als eindeutig ist. Haben die während des Entscheidungsfindungsprozesses ablaufenden Kohärenzverschiebungen erst einmal ein gewisses Ausmaß erreicht, sind sie schwerlich rückgängig zu machen; d.h. neue Beweismittel werden so interpretiert, dass sie zur sich abzeichnenden kohärenten Darstellung passen, und nur außerordentlich starke Beweismittel führen dazu, dass einem neuen Gesamtbild der Vorzug gegeben wird.“[334]

Das könne vermieden werden, wenn die Anfangswahrscheinlichkeit für die einzelne Hypothese und die Beweiskraft der einzelnen Beweismittel gem. der Bayes-Regel ermittelt und zu einem Gesamtergebnis geführt würden.[335]

89 Völlig zutreffend meint Schweizer:

„*Der Beklagte kann sich darauf beschränken, die einzelnen Behauptungen des Klägers einfach zu bestreiten, respektive, im Strafverfahren vollständig zu schweigen. Raten kann man ihm dazu vor dem Hintergrund der psychologischen Forschung sicherlich nicht, aber eine normative Theorie, die sanktioniert, dass ein Beklagter, der sich auf einfaches Bestreiten beschränkt, praktisch immer verliert, ist mit dem geltenden Recht nicht zu vereinbaren.*“[336]

Insgesamt geht Schweizer für den Zivilprozess davon aus, dass das zu erreichende Beweismaß bei einer überwiegenden Überzeugung liegen sollte;[337] allerdings sollte der Ausdruck „überwiegende Wahrscheinlichkeit“ nicht benutzt werden, da es sich nicht um ein objektives Beweismaß handele. Der Richter würde demnach eine Tatsachenbehauptung für wahr erachten, wenn er davon übereugt wäre, dass diese eher wahr als falsch sei.[338] Würden hierfür mehrere Indizien benötigt, könnte dies auch dazu führen, dass jedes einzelne Indiz mit einem höheren Überzeugungsgrad vorliegen müsse, um insgesamt zu der Überzeugung zu gelangen, dass alle anspruchsbegründenden Tatstachenbehauptung mit mehr als 50 %iger Überzeugung wahr seien.[339] Dieser Fall läge dann vor, wenn eine sog. Beweiskette vorliege, d.h., die jeweiligen Tatsachen gleichzeitig vorliegen müssten, um zu einer Haftung zu gelangen, denn dann würde die sog. Produktregel anwendbar sein.

90 Dieses Beweismaß der überwiegenden Überzeugung rechtfertigt Schweizer aus einer Gegenüberstellung der Fehlerkosten: Ist das zu erreichende Beweismaß zu

334 Schweizer, Beweiswürdigung und Beweismaß, S. 319.
335 Vgl. Schweizer, Beweiswürdigung und Beweismaß, S. 319.
336 Schweizer, Beweiswürdigung und Beweismaß, S. 348.
337 Vgl. Schweizer, Beweiswürdigung und Beweismaß, S. 486 f.
338 Vgl. Schweizer, Beweiswürdigung und Beweismaß, S. 489.
339 Vgl. Schweizer, Beweiswürdigung und Beweismaß, S. 489.

hoch, gibt es umso mehr falsche negative Entscheidungen, also materiell ungerechtfertigte Klageabweisungen. Ist es zu niedrig, gibt es umso mehr falsche positive Entscheidungen, also materiell ungerechtfertigte Klagestattgaben. In beiden Fällen führt somit ein zu hohes Beweismaß zu Fehlern, ebenso wie ein zu niedriges, so dass die geringsten Fehlerkosten bei einer Überzeugung größer als 50 % entstünden.[340] Im Strafprozess müsse freilich trotz desselben Begriffs der „Überzeugung" in § 261 StPO ein höheres Beweismaß gelten, wobei ein höheres Beweismaß als in Zivilsachen „seit langem anerkannt sei".[341]

Anhand einer empirischen Untersuchung stellt Schweizer dar, dass die – entweder numerisch oder intutitiv angenommenen – 90 % (für den Zivilprozess) oder noch mehr (99 % für den Strafprozess) als das zu erreichende Beweismaß praktisch ohnehin nicht eingehalten würden und man derartige Annahmen „getrost als Selbsttäuschung" bezeichen könnte,[342] und man in Zivilsachen eher an eine Grenze der 63 %igen Wahrscheinlichkeit komme.[343] 91

Schweizer ist mit seiner Beschreibung der Rechtswirklichkeit in jedem Fall zuzustimmen, ebenso in dessen Forderung nach einer gedanklichen Orientierung an den Grundsätzen der Wahrscheinlickeitsrechnung. Dass diese einfacher über „Netze" als über „Formeln" gelingt, ist nicht unbedingt so.

Nicht zuzustimmen ist Schweizer hingegen bei seinem Regelbeweismaß der „überwiegenden Überzeugung" (für den Zivilprozess). Ein derart geringes Beweismaß lässt sich bereits begrifflich nicht mehr mit einem „Beweis" vereinbaren. Dass aber nur derjenige einen Prozess gewinnen kann, der seine Position auch beweisen kann, entspricht jedenfalls in Deutschland elementaren Gerechtigkeitsvorstellungen. Dass sich die Praxis in vielen Fällen hiervon (unbewusst) löst, v.a. durch psychologische Phänomene, sollte nicht dazu führen, dass sich das Recht der Praxis anpasst, sondern die Praxis sollte sich nach wie vor an das Recht anpassen. 92

17. Auffassung Effer-Uhes

Auch **Effer-Uhe** geht davon aus, dass die Beweiswürdigung intuitiv erfolgt, d.h., nach dem Prinzip narrativer Kohärenz, in dem der Tatrichter auf Basis der vorliegenden Beweismittel eine stimmige Geschichte konstruieren würde. Dies allerdings begründe die Gefahr, dass die Beweismittel der Geschichte angepasst würden, statt die Geschichte den Beweismitteln.[344] Ferner zeigt Effer-Uhe an Hand eines eindrucksvollen Versuchs, der sich an dem Ausgangsfall des LG Düsseldorf – XVIII 17/96 S – orientiert, dass eine rein intuitive Bewertung von mehreren Indizien und 93

340 Vgl. Schweizer, Beweiswürdigung und Beweismaß, S. 443 ff.

341 Vgl. Schweizer, Beweiswürdigung und Beweismaß, S. 543 f. m.w.N.

342 Vgl. Schweizer, Beweiswürdigung und Beweismaß, S. 582 ff., 590 ff. m.w.N.

343 Vgl. Schweizer, Beweiswürdigung und Beweismaß, S. 594.

344 Vgl. Effer-Uhe, Würdigung einer Vielzahl von Indizien, NJW 2025, S. 2530, 2535.

deren Zusammenwirken zu einer großen Fehlurteilsquote führt. D.h., es kam im Versuch zu hälftigen Freisprüchen bzw. hälftigen Verurteilungen, obwohl eine Darstellung der verschiedenen Indizien an Hand eines Wahrscheinlichkeitsbaumes zu einer praktischen Gewissheit der Tatbegehung führe.[345] Der Grund, warum es nicht reihenweise zu skandalösen Fehlurteilen komme, liege nicht an der guten Intuition der Tatrichter, sondern in der Tatsache, dass in der Praxis entweder weniger oder noch eindeutigere Indizien zu würdigen wären als in dem Beispielsfall.[346]

Durch den Einsatz eines Wahrscheinlichkeitsbaumes mit Festlegung von numerischen Werten komme es – entgegen einer Kritik – nicht zu einer Scheingewissheit, sondern zu einer Rationalisierung. Zudem sei der jeweils einzelne Richter frei, den Indizwert des jeweiligen Indizes zu versehen, aber in einer Gesamtbetrachtung würden sich die Endergebnisse dennoch annähern.[347] Effer-Uhe greift zudem ein bereits von Schweizer verwendetes Beispiel auf, dass die Schätzung der Größe einer Wohnung ebenfalls von Schätzer zu Schätzer abweichen könnte, aber derjeinge bessere Ergebnisse erziele, der die Große jedes Zimmers für sich schätze und dann erst eine Endschätzung vornimmt, als auf diesen Zwischenschritt zu verzichten.[348]

94 Effer-Uhe ist in jedem Fall zuzustimmen, dass der Einsatz eines wahrscheinlichkeitstheoretischen Hilfsmittels, sei es einer Formel oder eines Bayes-Netzes oder eines Wahrscheinlichkeitsbauemes mindestens als Hilfsmittel zu fordern und dies in jedem Fall einer intuitiven Beweiswürdigung überlegen ist.

95 Zu optimistisch ist Effer-Uhe in der Annahme, dass es nicht reihenweise zu skandalösen Fehlurteilen komme, weil entweder weniger oder beweiskräftigere Indizien vorhanden wären. Die Anzahl der Fehlurteile ist unbekannt und in der tatsächlichen Praxis liegen unendlich viele Fälle vor, die gerade nicht aufgrund eindeutiger Indizien beurteilt werden, sondern so oder so gesehen werden können. Das aber sollte vermieden werden und diese Beobachtung aus der Praxis würde das Anliegen von Effer-Uhe sogar bekräftigen.

III. Auffassung der Rechtsprechung

96 Ebenso wenig erscheint es gegenwärtig sinnvoll, die Rechtsprechung im Sinne der objektiven oder subjektiven Beweismaßtheorie einordnen zu wollen. Dies liegt einerseits daran, **dass die Rechtsprechung selbst kein einheitliches oder systematisches Bild bietet** und andererseits daran, dass verschiedene Autoren dasselbe Urteil, z.B. bereits die Ausgangsentscheidung RGZ 15, S. 338, als Beleg für die subjek-

345 Vgl. Effer-Uhe, Würdigung einer Vielzahl von Indizien, NJW 2025, S. 2530, 2534.

346 Vgl. Effer-Uhe, Würdigung einer Vielzahl von Indizien, NJW 2025, S. 2530, 2535.

347 Vgl. Effer-Uhe, Würdigung einer Vielzahl von Indizien, NJW 2025, S. 2530, 2535.

348 Vgl. Effer-Uhe, Würdigung einer Vielzahl von Indizien, NJW 2025, S. 2530, 2535 mit Verweis auf Schweizer, Beweiswürdigung und Beweismaß, S. 129.

tive Theorie benutzen,[349] während andere Autoren dasselbe Urteil als Beleg für die objektive Theorie verwenden.[350] Nach Auffassung einiger Autoren hat der BGH der „Wahrscheinlichkeitsrechtsprechung des Reichsgerichts" eine Absage erteilt,[351] während andere Autoren meinen, eine solche Rechtsprechung habe es nie gegeben, es handle sich nur um Formulierungsschwächen.[352] Wieder andere Autoren gehen davon aus, dass jedenfalls die BGH-Rechtsprechung der Sache nach ausdrücke, dass Wahrscheinlichkeit objektiv zu verstehen sei und als solche nicht alleinige Grundlage der Entscheidung sein könne.[353] Wieder andere gehen davon aus, dass eine „bedenkliche Konfusion" bestehe.[354]

Daher erscheint es angezeigt, **die wegweisenden Urteile als solche zu analysieren**, statt eine Systematik der Rechtsprechung – die es nicht gibt – erstellen zu wollen.

1. Die Rechtsprechung des RG

a) RGSt 61, S. 202, 206 teilte uns bereits mit, „wie es allgemein im Verkehr ist, so muss auch der Richter sich mit einem so hohen Grad an Wahrscheinlichkeit begnügen, wie er bei möglichst erschöpfender und gewissenhafter Erkenntnis entsteht. Ein solcher Grad von Wahrscheinlichkeit gilt als Wahrheit, und das Bewusstsein des Erkennenden von dem Vorliegen einer so ermittelten hohen Wahrscheinlichkeit als die Überzeugung von der Wahrheit." 97

Der Entscheidung ist hinschlich der Tatsache, **dass bestenfalls ein gewisser Grad an Wahrscheinlichkeit zu erreichen ist**, nichts hinzuzufügen und wurde bereits zuvor von RGZ 15, S. 338, 339 vertreten: 98

> *„Deswegen gilt im praktischen Leben der hohe Grad von Wahrscheinlichkeit, welcher bei möglichst erschöpfender und gewissenhafter Anwendung der vorhandenen Mittel und Erkenntnisse entsteht, als Wahrheit und das Bewusstsein des Erkennenden von dem Vorliegen einer so ermittelten hohen Wahrscheinlichkeit, als die Überzeugung von der Wahrheit."* 99

RGSt 66, S. 163 teilt weiter mit, dass es **nichts anderes sagt als die beiden o.g. Entscheidungen:** Gleichwohl legt RGSt 66, S. 163 zusätzlich dar, dass, „auch dem Richter deshalb die Findung absoluter Gewissheit verschlossen [ist]; auch er vermag sich nur aufgrund der Abwägung der Für und Wider zu einer für sein richterliches Gewissen gültigen, also subjektiven oder relativen Wahrheit, nämlich zur richtigen Überzeugung durchzuringen." 100

349 So z.B. Greger, Beweis und Wahrscheinlichkeit, S. 69.

350 So z.B. Maassen, Beweismaßprobleme im Schadensersatzprozess, S. 33.

351 Vgl. Walter, Freie Beweiswürdigung, S. 98 f., 109 f.

352 Vgl. Greger, Beweis und Wahrscheinlichkeit, S. 70.

353 Vgl. Nell, Wahrscheinlichkeitsurteile in juristischen Entscheidungen, S. 96.

354 Schöneborn, Strafprozessuale Wiederaufnahmepolitik, eine funktionalistisch angelegte Aktenanalyse gescheiterter Wiederaufnahmeverfahren, S. 83.

101 Auch dieser Entscheidung ist nichts hinzuzufügen, **auch ein noch so hoher Grad an Wahrscheinlichkeit kann noch nicht objektive Wahrheit**, sondern bestenfalls relative Wahrheit sein. Gleichwohl kann den o.g. Entscheidungen entnommen werden, dass der Richter nicht absolute Wahrheit suchen muss, da er diese nicht erreichen kann, sondern **mithilfe von Wahrscheinlichkeitsüberlegungen nur relative Wahrheit**.

102 Sofern vertreten wird, dass die beiden Entscheidungen miteinander unvereinbar seien, da in RGSt 61, S. 202, die ermittelte Wahrscheinlichkeit zur Überzeugung des Tatrichters führe, während nach RGSt 66, S. 163 allein die richterliche Überzeugung ausreiche,[355] so ist dies nicht richtig.[356]

103 b) Das RG führte am 1.12.1909 aus, dass, „allerdings zu solcher Feststellung keine bloße Wahrscheinlichkeit genügte, sondern nur eine Gewissheit, hierunter ist jedoch nicht eine objektive, von niemandem anzuzweifelnde Gewissheit, sondern nur eine volle subjektive Überzeugung des zur Feststellung der Tatsache berufenen Richters zu verstehen.“[357]

104 Unklar bleibt aber, wie eine volle subjektive Überzeugung erreicht werden soll, wenn einerseits objektive Wahrheit nicht festgestellt werden kann und bloße Wahrscheinlichkeit nicht ausreicht. Die Entscheidung kann daher m.E. nicht als Abkehr von der Wahrscheinlichkeitsrechtsprechung oder Beschränkung auf Kausalitätsfragen verstanden werden,[358] sondern nur als Bestätigung der Wahrscheinlichkeitsüberzeugungstheorie. D.h., der Richter muss subjektiv voll von der für eine Verurteilung notwendigen Wahrscheinlichkeit überzeugt sein.

105 Ähnliches sagt RGZ 98, S. 58, 60:

> *„[D]enn die Feststellung einer bloßen, wenn auch hohen Wahrscheinlichkeit für einen ursächlichen Zusammenhang zwischen einer Handlung und einem schädigendem Erfolg kann nicht die richterliche Feststellung dieses Ursachenzusammenhanges selbst darstellen oder ersetzen, und niemals kann materiellrechtlich eine bloß wahrscheinliche Schadenszufügung schon eine Schadensersatzverpflichtung begründen. Vielmehr kann die Wahrscheinlichkeit, wie in dem Urteil des Senats vom 10.4.1919 VI 31/19 RGZ, Bd. 95, S. 249 dargelegt ist, immer nur das prozessrechtliche Hilfsmittel sein, die tatsächliche Schadenszufügung als erwiesen anzunehmen und festzustellen.“*

355 Vgl. Walter, Freie Beweiswürdigung, 92 ff., 100.
356 Ebenso, Schmidt, Grundsätze der freien richterlichen Beweiswürdigung im Strafprozess, S. 82.
357 Vgl. RG Gruch, 54, S. 668, zitiert nach Walter, Freie Beweiswürdigung, S. 90 Fn 15.
358 So aber Walter, Freie Beweiswürdigung, S. 92 ff.

Dies wurde dann in RGZ 162, S. 223, 229 f. wie folgt weitergeführt:[359] 106

> *„Der Richter muss sich vielmehr mit einem so hohen Grade von Wahrscheinlichkeit begnügen, wie er bei möglichst erschöpfender und gewissenhafter Anwendung der vorhandenen Mittel der Erkenntnis entsteht. Ein solcher, für das praktische Leben brauchbarer Grad von Wahrscheinlichkeit gilt als Wahrheit und das Bewusstsein von dem Vorliegen einer so ermittelten hohen Wahrscheinlichkeit als die Überzeugung von der Wahrheit."* 107

Zuvor hatte bereits RGZ 102, S. 316, 321 ausgeführt, „dass bei Ermittlung von Zusammenhängen, deren Feststellung im Sinne unbedingter Wahrheit sich dem menschlichen Erkennen entzieht, ein der Gewissheit nahe kommender Grad von Wahrscheinlichkeit genügen muss, um den Beweis als erbracht anzusehen." 108

c) RGSt 15, S. 151, 153 hatte bereits am 20.12.1886 mitgeteilt: 109

> *„[L]iegt [...] ein an Gewissheit angrenzender Grad von Wahrscheinlichkeit vor, [...] so ist damit der Beweis geliefert."*

Das **entscheidende Kriterium der Wahrscheinlichkeit** wurde auch in RGSt 51, S. 127, RGSt 58, S. 130 und RGSt. 66, S. 163 f. festgehalten. Ebenso wurde in JW 1935, S. 543 festgehalten, dass **ein Beweis für die objektive Wahrheit kaum je zu erbringen sei, sodass die Feststellung einer an Sicherheit grenzenden Wahrscheinlichkeit für die richterliche Überzeugung genüge**. Sofern in RGSt 66, S. 163, 165 festgehalten wurde, dass die Kennzeichnung als höchstmögliche Wahrscheinlichkeit begrifflich schief und ungenau sei, so bezieht sich dies m.E. nur darauf, dass die bloße Wahrscheinlichkeit nicht ausreicht, sondern zusätzlich das Bewusstsein des Vorliegens einer für eine Verurteilung erforderlichen Wahrscheinlichkeit notwendig ist. 110

d) Die Rechtsprechung des RG kann daher dergestalt interpretiert werden, dass einerseits Gewissheit nicht zu erreichen ist, aber andererseits eine bloße (auch hohe) Wahrscheinlichkeit ebenfalls nicht für eine Verurteilung ausreichend ist. Hinzukommen muss weiter eine Überzeugung des Richters.[360] Diese Überzeugung kann sich sinnvollerweise nur auf das Vorliegen einer Wahrscheinlichkeit beziehen.[361] Dem- 111

359 Und von RGZ 163, S. 321 wieder bestätigt.

360 Vgl. ebenso Schmidt, Grundsätze der freien richterlichen Beweiswürdigung im Strafprozess, S. 84 ff., die die Rechtsprechung des RG als Bewusstsein einer nur erreichbaren hohen Wahrscheinlichkeit **und** inneren zust. Stellungnahme analysiert, dann jedoch diese Rechtsprechung als subjektive Theorie interpretiert (S. 89), da es entscheidend auf die innere Stellungnahme ankäme u. die Formulierungen der Wahrscheinlichkeit nur verwendet wurden, um abstrakte Zweifel auszuschießen. Der Analyse von Schmidt ist zuzustimmen, nicht jedoch deren Interpretation. Aus den zitierten Entscheidungen ergibt sich m.E., dass das Vorhandensein einer Wahrscheinlichkeit mindestens gleichwertig neben der zust. Stellungnahme vorliegen muss.

361 Vgl. Huber, Das Beweismaß im Zivilprozess, S. 60; vgl. auch Musielak, Die Grundlagen der Beweislast im Zivilprozess, S. 109; vgl. auch Walter, Freie Beweiswürdigung, S. 91, a.A. Greger, Beweis und Wahrscheinlichkeit, S. 69.

entsprechend führt RGZ 95, S. 249 f. aus: „[...] die Feststellung einer Wahrscheinlichkeit [...] kann nur Grundlage für [...] die Gewinnung der richterlichen Überzeugung [...] abgeben."

2. Die Rechtsprechung des BGH

112 a) BGH, GA 1954, S. 152 sagt:

> *„Für die Verurteilung ist notwendig, aber auch genügend, dass der Sachverhalt für den Tatrichter zweifelsfrei feststeht; diese persönliche Gewissheit ist allein entscheidend. Denn das Wesen der freien Beweiswürdigung besteht nicht nur in der Freiheit von gesetzlichen Beweisregeln, sondern auch in der Freiheit der Erschließung bei der Beantwortung der Schuldfrage gegenüber objektiv an sich möglichen Zweifeln."*

113 **Bemerkenswert** ist, **dass der Tatrichter verurteilen darf, obwohl objektiv Zweifel möglich sein dürfen**. Unklar ist, wie hoch die „objektive an sich möglichen Zweifel" sein dürfen, um einer Verurteilung nicht entgegenzustehen. Unerklärlich bleibt, wie für den Tatrichter ein Sachverhalt zweifelsfrei feststehen kann, trotz einer notwendigerweise nur lückenhaften Urteilsbasis. Damit wird das zweifelsfreie Feststehen für den Tatrichter zu einer reinen Fiktion.[362] Schmidt analysiert die frühe BGH-Rechtsprechung dergestalt, dass es bei der Festlegung der Zweifel gerade nicht auf die Betrachtungsweise eines besonnenen Beurteilers ankommt, sondern allein auf den Tatrichter.[363] Bemerkenswert ist weiter, dass höchstmögliche Wahrscheinlichkeit der Richtigkeit nicht zu einer Überzeugung zwingt.[364] Ähnliches hatte bereits BGH, NJW 1951, S. 325 ausgesprochen,

114
> *„Die richterliche Überzeugung von der Schuld des Angeklagten braucht nicht das Ergebnis zwingender Schlüsse aus den einzelnen Beweistatsachen zu sein. Auch Erwägungen, die denkgesetzlich oder nach der allgemeinen Lebenserfahrung nur möglich sind, vermögen die richterliche Überzeugung vom Tathergang zu stützen. Es gibt keine Norm dafür, welche Überzeugung der Richter bei einem bestimmten objektiven Beweisergebnis haben müsse oder dürfe oder nicht haben dürfe."*

115 **Diese Entscheidung ist insofern überwunden, als im naturwissenschaftlichen Bereich für bestimmte objektive Beweisergebnisse bereits geklärt ist, dass der Richter dann schon zu einer bestimmten Schlussfolgerung gezwungen ist.** „Von gesicherten Tatsachenfeststellungen ausgehende statistische Wahrscheinlichkeitsrechnungen gehören zu den Mitteln der logischen Schlußfolgerung, welche dem Tatrichter grundsätzlich ebenso offenstehen wie andere mathematische Methoden.

362 Vgl. Freund, Normative Probleme der Tatsachenfeststellung, S. 47 m.w.N.

363 Vgl. Schmidt, Grundsätze der freien richterlichen Beweiswürdigung im Strafprozess, S. 91 m.w.N., dort Fn 7.

364 Vgl. BGH, GA 1954, S. 153.

Das hat die Rechtsprechung vielfach anerkannt. So kann im Zivilprozeß der Beweis der Vaterschaft mit Hilfe einer biostatistischen Wahrscheinlichkeitsrechnung geführt werden, welche sich auf die bei den Beteiligten vorhandenen Blutmerkmale stützt [m.w.N.]. Ebenso ist im Strafverfahren anerkannt, daß der Richter ein erbkundliches Gutachten nicht als unbrauchbares Erkenntnismittel ablehnen darf, weil es auch auf Grundsätzen der Wahrscheinlichkeitsrechnung beruht [m.w.N.]. Statistische Berechnungen sind ferner in die Bestimmung der Grenze der allgemeinen Fahruntüchtigkeit eingeflossen [m.w.N.] und haben maßgebendes Gewicht für die Rückrechnung der Blutalkoholkonzentration aus einer Blutprobe oder aus einer festgestellten Trinkmenge auf den Tatzeitwert [m.w.N.].“[365]

Auch im Strafprozess kann bei Serienstraftaten die Feststellung der Schadenshöhe mit einer statistischen Hochrechnung quantitativ erfassbar sein, wenn gesichert ist, daß der Täter sein Verhalten über den untersuchten Zeitraum hinweg gleichmäßig beibehalten hat oder wenn Veränderungen zuverlässigen Eingang in die Rechnung finden.[366] Ebenso sind beim Eingehungsbetrug oft Wahrscheinlichkeiten des Risikos bzw. Verlustes des Vermögens relevant.[367]

BGH, NJW 1951, S. 325 war aber nur die Begründung für BGH, NJW 1951, S. 122, **116**
in der ausgeführt wurde, „dass die richterliche Überzeugung [...] nicht auf einem unmittelbar einsichtigen Denken beruht.“ Diese extrem subjektivistische Theorie spielt immer wieder eine große Rolle, obgleich sie immer wieder korrigiert oder aufgegeben wurde.[368] Auch in BGH, DRiZ 1962, S. 169 f. und 1967, S. 239 wurde die subjektive Seite der Überzeugensbildung als wesentliche Komponente ausgemacht. BGH, DRiZ 1969, S. 53 teilte noch mit, „denn der Tatrichter hat nicht einen mehr oder weniger hohen Grad von Wahrscheinlichkeit festzustellen.“

Aus BGHZ 53, S. 255 ff. (Anastasia) erfahren wir: **117**

> *„Denn nach § 286 ZPO muss der Richter aufgrund der Beweisaufnahme entscheiden, ob er eine Behauptung für wahr oder unwahr hält, er darf sich also gerade nicht mit einer bloßen Wahrscheinlichkeit beruhigen. Im Übrigen stellt § 286 ZPO nur darauf ab, ob der Richter selbst die Überzeugung von der Wahrheit einer Behauptung gewonnen hat. Diese persönliche Gewissheit ist für die Entscheidung notwendig, und allein der Tatrichter hat ohne Bindung an gesetzliche Beweisregeln und nur seinem Gewissen unterworfen die Entscheidung zu treffen, ob er die an sich möglichen Zweifel überwinden und sich von einem bestimmten Sachverhalt als wahr überzeugen kann. Eine von allen Zweifeln freie*

365 BGHSt. 36, 320, 325.

366 Vgl. BGHSt. 36, 320 ff.; vgl. auch zur Zulässigkeit der Schätzung des Schadensumfangs im Strafprozess BGHSt. 40, S. 374 ff.

367 Vgl. BGH, NJW 2012, S. 2370 ff.

368 Vgl. Herdegen, Die strafprozessualen Beweiswürdigungstheorien des Bundesgerichtshofs, in Festschrift für Hanack, S. 311, 315.

Überzeugung setzt das Gesetz dabei nicht voraus. Auf diese eigene Überzeugung des entscheidenden Richters kommt es an, auch wenn andere zweifeln oder eine andere Auffassung haben würden. Der Richter darf und muss sich aber in tatsächlich zweifelhaften Fällen mit einem für das praktische Leben brauchbaren Grad von Gewissheit begnügen, der den Zweifeln Schweigen gebietet, ohne sie völlig auszuschließen.“

118 **Nach dieser Entscheidung kommt es auf die Wahrscheinlichkeit nicht primär an**, sondern auf die persönliche Gewissheit, ob sich der Richter von einem Sachverhalt als wahr überzeugen kann und die an sich möglichen Zweifel überwindet.[369] Wie der Richter aber Gewissheit erhalten kann, wenn er weiß, dass Zweifel bleiben, bleibt unklar. Unklar bleibt weiterhin, weshalb es kein Wahrscheinlichkeitsurteil darstellt, wenn ein Sachverhalt zugrunde gelegt wird, bei dem andere zweifeln würden und diese Zweifel lediglich für sich selbst innerlich überwunden wurden. Diese Entscheidung ist für den unbefangenen Beobachter und v.a. für die Betroffenen unbegreiflich.[370] Damit wird gerade der gewissenhaft und gründlich arbeitende Richter, der von der Unzulänglichkeit des menschlichen Wissens weiß, entweder immer zum Freispruch gezwungen, oder aber zu der unwahren Behauptung im Urteil, er sei zweifelsfrei überzeugt.[371]

119 Aus der Anastasia Entscheidung BGHZ 53, S. 255 ff. erfahren wir aber auch,

„Das wird allerdings vielfach ungenau so ausgedrückt, dass das Gericht sich mit einer an Sicherheit grenzenden Wahrscheinlichkeit begnügen dürfe; das ist falsch, falls damit von der Erlangung einer eigenen Überzeugung des Richters von der Wahrheit abgesehen werden sollte (vgl. BGHZ, DRiZ 1967, S. 239; 1969, 53).“[372]

120 Es scheint, als ob der BGH mit seiner in der Anastasia Entscheidung gefundenen Ablehnung der Wahrscheinlichkeit als entscheidendes Kriterium erkannt hat, dass er zu weit gegangen ist und es zwar auf die eigene Überzeugung ankomme, gleichwohl die Wahrscheinlichkeit mindestens Hilfsmittel sein solle, um zu einer Überzeugung zu gelangen.[373] Dementsprechend wird die Anastasia Entscheidung dergestalt interpretiert, dass sich der BGH nicht gegen den Begriff der an Sicherheit grenzen-

369 Im Bereich des **Verkehrszivilrechts** werden meist mögliche Zweifel verbleiben, denn die erholten unfallanalytischen Gutachten kommen in nicht wenigen Fällen zu dem Ergebnis, dass aus technischer Sicht sowohl die Unfallschilderung des Klägers als auch des Beklagten möglich ist. Das schließt aber nicht aus, einer Unfallschilderung zu folgen, die ohne weiteres mit objektiven Sachbefunden zu vereinbaren ist, mit der Gegenschilderung aber nur bei Vorliegen von – nicht vorgetragenen – Besonderheiten (vgl. LG München I, Az.: 19 O 7377/07).

370 Vgl. Wachsmuth/Schreiber, Sicherheit und Wahrscheinlichkeit – juristische und ärztliche Aspekte, NJW 1982, S. 2094 ff.; vgl. auch Motsch, Vom rechtsgenügenden Beweis, S. 1.

371 Vgl. Freund, Normative Probleme der Tatsachenfeststellung, S. 47.

372 BHGZ, 53, S. 256.

373 Vgl. Baumgärtel, Beweislastpraxis im Privatrecht, Rn 41.

den Wahrscheinlichkeit gewandt, sondern lediglich betont habe, dass neben der an Sicherheit grenzenden Wahrscheinlichkeit zusätzlich die Überzeugung des Richters von derselben hinzutreten müsse.[374] Andere Autoren interpretieren die Entscheidung dergestalt, dass die Wahrscheinlichkeit nicht entscheidend sei, sondern die reine Überzeugung des Richters.[375] Aus der Entscheidung wird man m.E. auch entnehmen können, dass der BGH von höheren Anforderungen an die richterliche Überzeugung ausgeht als dies bei einem bloßen Wahrscheinlichkeitsurteil der Fall wäre („*er darf sich also gerade nicht mit einer bloßen Wahrscheinlichkeit beruhigen*"), so dass noch ein Mehr hinzukommen muss. Das wird mustergültig durch die **Pistazieneisentscheidung** belegt, die mitteilt, dass eine objektiv hohe Wahrscheinlichkeit bestehen muss und freilich eine subjektive richterliche Überzeugung hinzukommen muss.[376]

BGHSt 10, S. 208, 211 teilt uns wiederum mit, 121

> *„dass der Richter objektiv mögliche Zweifel subjektiv überwunden haben müsse, um zu einer Überzeugung und damit zu einer Verurteilung zu kommen. Dessen persönliche Gewissheit sei für eine Verurteilung notwendig, aber auch genügend".*

Diese Entscheidung wird regelmäßig dahin gehend interpretiert, dass die subjektive Komponente der Beweiswürdigung das entscheidende Kriterium sei. „Aber wie anders kann ein Richter objektiv möglich bleibende Zweifel überwinden, als dadurch, dass er vor ihnen die Augen verschließt?"[377] Nachdem schon immer Einigkeit bestand, dass Beweiswürdigung mehr sein muss als bloßes Meinen und Dafürhalten, da Überzeugung auf objektiven Gründen beruhen muss,[378] und ein reines Augenverschließen somit nicht möglich ist, **kann die Entscheidung m.E. nur bedeuten, die Zweifel mit derart geringer Wahrscheinlichkeit der Richtigkeit zu versehen, dass es gerechtfertigt ist, sie nicht mehr zu beachten**. Nachdem wir aus der Entscheidung aber weiter erfahren, „dass es für die Beantwortung der Schuldfrage allein darauf ankommt, ob der Tatrichter die Überzeugung von einem bestimmten Sachverhalt erlangt hat oder nicht" bzw. eine Überzeugung „auch bei höchstmöglicher Wahrscheinlichkeit ihrer Richtigkeit nicht gefordert werden" könne, **wird auch diese Entscheidung als Beleg für die subjektive Theorie angesehen. Übersehen wird dann aber, dass der BGH dementsprechend nicht in freisprechende Urteile eingreifen dürfte**, wo der Richter eben nicht von der Schuld des Angeklagten trotz erdrückender Verdachtsmomente überzeugt war. Ebenso hätte 122

374 Vgl. Huber, Das Beweismaß in Zivilsachen, S. 65 m.w.N.

375 Vgl. Greger, Beweis und Wahrscheinlichkeit, S. 73; vgl. auch Bender, Das Beweismaß, Festschrift für Fritz Baur, S. 248.

376 Vgl. BGH, NJW 1999, S. 1562, 1564.

377 Hoyer, Beweiswürdigungsfreiheit und „in dubio pro reo", ZStW 1993, S. 523, 532.

378 Vgl. bereits von Savigny, Über Schwurgerichte und Beweistheorie im Strafprozesse, GA 1858, S. 469 ff., 484, vgl. auch Greger, Beweis und Wahrscheinlichkeit, S. 16.

der BGH dann folgerichtig nie in verurteilende Urteile eingreifen dürfen, die nicht mehr als einen Verdacht hervorgerufen haben. **Diese Konsequenz hat der BGH selbst aber nie gezogen, und damit – nach einer mittlerweile wieder veralteten Ansicht – die subjektivistische Theorie de facto weitgehend preisgegeben.**[379] Darüber hinaus wäre dann das Begründungserfordernis völlig leer laufend. Auch VRiBGH a.D. Schäfer teilt mit, dass bei dieser Entscheidung nicht übersehen werden darf, dass diese auf eine Revision der Staatsanwaltschaft erging und die Wendung, es komme allein auf die Überzeugung des Tatrichters an, nur besage, dass ohne diese Überzeugung eine Verurteilung nicht erfolgen kann. Auf S. 212 der Entscheidung befasse sich der BGH dann auch in dieser Entscheidung mit den objektiven Grundlagen der Überzeugungsbildung.[380] „Sie [Überzeugung] genügt aber nicht für eine Verurteilung. Maßgeblich ist hier, ob die Überzeugung eine tragfähige *tatsächliche Grundlage* hat."[381]

123 b) Einen objektiveren Fokus, wieder mehr die Wahrscheinlichkeit als persönliche Überzeugung betonend, haben diverse andere BGH-Entscheidungen.

124 Nach BGH, NJW 1951, S. 70 f. „genügt ein so hoher Grad an Wahrscheinlichkeit, dass er nach der Lebenserfahrung der Gewissheit gleich zu achten ist."

125 Ähnliches ergab sich aus BGHZ 7, S. 116, 120, der zufolge, „sich der Richter mit einem für das praktische Leben brauchbaren Grad an Gewissheit zu begnügen hat".

126 Aus BGH, VersR 1954, S. 495 ergab sich, „mit einem so hohen Grad von Wahrscheinlichkeit [...], dass er zur Bildung einer richterlichen Überzeugung ausreicht." Aus BGHZ 18, S. 311, 318 erfahren wir, „ob der [...] Sachverhalt mit einem jeden vernünftigen Zweifel ausschließenden Grad von Wahrscheinlichkeit wahr ist oder nicht." BGH, VersR 1956, S. 194 betonte, „mit einem so hohen Grad von Wahrscheinlichkeit, dass sie eine für das praktische Leben brauchbare Gewissheit begründet". Ähnliches teilte uns BGH, VersR 1956, S. 696 f. mit, „ein so hoher Grad von Wahrscheinlichkeit, dass er nach der Lebenserfahrung praktisch der Gewissheit gleichkommt." Ebenso ergab sich aus BGH, NJW 1960, S. 777, 779, „das Gericht hat sich mit einem so hohen Grad von Wahrscheinlichkeit zu begnügen, dass kein vernünftiger, die Lebensverhältnisse klar überschauender Mensch mehr an der Wahrheit zweifelt." Auch BGH, NJW 1973, S. 2249 teilt uns mit, **dass zum vollen Beweis eine an Sicherheit grenzende Wahrscheinlichkeit verlangt werde**. Aus BGH, MDR 1951, S. 274 (bei Dallinger) erfahren wir, „es muss für die richterliche Überzeugung eine der gewöhnlichen Lebenserfahrung entsprechende Wahrscheinlichkeit dafür gegeben sein." Auch in BGH, MDR 1953, S. 20 (bei Dallinger) kam es

379 Vgl. Herdegen, Die strafprozessualen Beweiswürdigungstheorien des Bundesgerichtshofs, in Festschrift für Hanack, S. 311, 321 ff. m.w.N.

380 Vgl. Schäfer, Freie Beweiswürdigung und revisionsrechtliche Kontrolle, StV 1995, S. 147 ff.

381 Schäfer, Freie Beweiswürdigung und revisionsrechtliche Kontrolle, StV 1995, S. 147, 149.

auf „eine an Gewissheit grenzende Wahrscheinlichkeit“ an. Gleiches gilt für BGH, NJW 1954, S. 1047 f., NJW 1955, S. 1487 und MDR 1956, S. 144 (bei Dallinger). Aus BGHSt 11, S. 1, 5 erfahren wir, dass beachtliche Zweifel vorliegen, „wenn sie die für den Schuldspruch erforderliche Überzeugung von der an Gewissheit grenzende Wahrscheinlichkeit des Gegenteils vernünftigerweise ausschließen.“

c) BGHSt 25, S. 365, 367 führt aus: **127**

> *„Tatsächliche Schlüsse, die er (der Richter) aus Beweisanzeichen zieht, müssen möglich, brauchen aber nicht zwingend sein“.*

Dieses Urteil wird immer wieder zitiert, aber m.E. in falschem Zusammenhang. **In der Entscheidung geht es um Schlussfolgerungen aus Indizien, die logischerweise nie zwingend sind, sondern immer nur mit einer mehr oder weniger großen Wahrscheinlichkeit möglich**. Insofern drückt die Entscheidung Selbstverständliches aus. Gleichwohl wird die Entscheidung immer wieder als Beleg der weitgehenden Ungebundenheit des Tatrichters bei der Beweiswürdigung genommen. **128**

d) Aus BGH, NJW-RR 1994, S. 567 lässt sich entnehmen, „daß ein so hoher Grad an Wahrscheinlichkeit bestehen muss, dass er den Zweifeln Schweigen gebietet, ohne sie völlig auszuschließen.“ **129**

Damit kommt es eben schon auf die Wahrscheinlichkeit an.

e) Auch aus anderen Entscheidungen kann die Relevanz der Wahrscheinlichkeit entnommen werden. So heißt es auch ausdrücklich bei OLG Köln, MDR 1981, S. 765: **130**

> *„Das Beweismaß-Verhältnis des § 294 Abs. 1 ZPO zu § 286 Abs. 1 S. 1 ZPO muss bei der Beweiswürdigung beachtet werden. Der Grundsatz der freien Beweiswürdigung gestattet es dem Richter nicht, die unterschiedlichen Wahrscheinlichkeitsgrade beider Vorschriften zu ignorieren.“*

Aus BGH, NStZ 1982, S. 478 kann entnommen werden, dass eine Verurteilung keinen Bestand hat, wenn der Angeklagte nur mit „hoher Wahrscheinlichkeit “ der Täter ist, aber die Festlegung „mit größter Wahrscheinlichkeit“ oder „mit sehr hoher Wahrscheinlichkeit ebenfalls“ möglich wäre. **131**

Ausdrücklich ist in BGH, NStZ 1990, S. 402, von dem „Beweismaß der hohen Wahrscheinlichkeit, auf der die für die Entscheidung notwendige Überzeugung des Tatrichters aufbauen muss“, die Rede. Ebenso ergibt sich dieses Beweismaß aus einer Fülle an Entscheidungen, die jeweils ausführen, dass die Tatsachengrundlage den Schluss erlauben muss, „dass das festgestellte Geschehen mit hoher Wahrscheinlichkeit mit der Wirklichkeit übereinstimmt.“[382] **132**

382 BGH, StV 1995, S. 453; vgl. auch BGH, MDR 1989, S. 371; BGH, NStZ 1990, S. 402; BGH, NStZ 1990, S. 603; BGH, StV 1990, S. 533, 534; BGH, StV 1991, S. 452; BGH, StV 1988, S. 190.

133 f) Diverse Entscheidungen **im Zivilrecht** gehen von einem für das praktische Leben brauchbaren Grad an Gewissheit aus, wobei unklar bleibt, was dieser Grad exakt bedeutet und wann er vorliegt. „Die nach § 286 ZPO erforderliche Überzeugung des Richters erfordert keine absolute oder unumstößliche Gewissheit und auch keine ‚*an Sicherheit grenzende Wahrscheinlichkeit*', sondern nur einen für das praktische Leben brauchbaren Grad von Gewissheit, der Zweifeln Schweigen gebietet (st. Rspr., vgl. BGHZ 53, 245, 256; BGH, Urt. v. 18.4.1977 – VIII 286/75 – VersR 1977, 721 und Senatsurteil vom 9.5.1989 – VI ZR 268/88 – VersR 1989, 758, 759)."[383] D.h., geringe Zweifel, selbst wenn sie von einem Sachverständigen bestätigt werden, hindern eine Verurteilung nicht, denn es ist nicht der Ausschluss letzter Zweifel erforderlich, sondern ein für das praktische Leben brauchbarer Grad an Gewissheit.[384]

134 Der BGH drückt sich insofern deutlich aus: „Für die Anlegung eines **zu strengen** [Hervorheb.d.d.Verf.] Beweismaßes spricht auch, dass das BerGer. nicht nur [...], sondern ausdrücklich auch die Beweiswürdigung des LG billigt, welches für den Kausalitätsbeweis eine ‚mit an Sicherheit grenzende Wahrscheinlichkeit' verlangt hat. Damit hat das BerGer., wie die Revision mit Recht geltend macht, für den Nachweis der Ursächlichkeit hinsichtlich des Folgeschadens ein Beweismaß verlangt, das **noch nicht einmal** [Hervorheb.d.d.Verf.] von dem strengen Maßstab des § 286 ZPO vorausgesetzt wird."[385]

135 *Hinweis*

Ein zu strenges und gegen § 286 ZPO verstoßendes Beweismaß kommt in der Praxis oft einerseits dann vor, wenn ein Sachverständiger einen Kausalverlauf (z.B. Unfallverlauf) aufklären soll, aber – nachdem er selbst kein Tatzeuge war – „in seiner Funktion als Techniker nicht einen anderen Ablauf vollständig (100 %ig) ausschließen [kann]. Dies hindert das Gericht dann aber nicht [...] einen bestimmten Hergang als bewiesen anzusehen."[386] Allgemein kommt dieser Verstoß dann vor, wenn argumentiert wird, „man könne eine bestimmte Tatsache nicht ausschließen". Doukoff, der (frühere) Vorsitzende des OLG München teilt hierzu mit Recht mit, dass diese Argumentation bereits vom Ansatz her zum Scheitern verurteilt sei.[387] Zimmermann geißelt diese Argumentation in seiner Anleitung zur richterlichen Urteilstechnik als „abwegig".[388] Dem ist zu-

383 BGH, Urt. v. 28.1.2003 – VI ZR 139/02- = NJW 2003, S. 1116 ff.; OLG München 10 U 3622/99 mit Nichtannahmebeschluss des BGH VI ZR 29/97; BGH, Urt. v. 14.1.1993 – IX ZR 238/91- = NJW 1993, S. 935 ff.; OLG München 10 U 5684/08; vgl. auch BGH, Urt. v. 8.7.2008 – VI ZR 274/07 = NJW 2008, S. 2845; BGH, Urt. v. 3.6.2008 – VI ZR 235/07 = NJW-RR 2008, S. 1380.

384 Vgl. BGH, Urt. v. 26.10.1993 – VI ZR 155/92 = NJW 1994, S. 801 f.

385 BGH, Urt. v. 3.6.2008 – VI ZR 235/07 = NJW-RR 2008, S. 1381.

386 Praxishinweis Heß, NJW-Spezial 2010, S. 489 f.

387 Vgl. Doukoff, Mandatshandbuch – Zivilrechtliche Berufung, 5. Aufl., Rn 450.

388 Vgl. Zimmermann, Klage, Gutachten und Urteil, 19. Aufl., Rn 184.

zustimmen. Diese Problematik wird oft in Verkehrsunfallsachen virulent: „[...] die Anforderungen an den Nachweis des äußeren Schadensereignisses [dürfen] nicht überspannt werden: Häufig nehmen Unfallbeteiligte gerade bei geringfügigen Beschädigungen von einer polizeilichen Unfallaufnahme Abstand. Sind die Fahrzeuge noch fahrbereit und wurden keine Verkehrseinrichtungen beschädigt, wird es im Rahmen der forensischen Rechtsverfolgung nahezu unmöglich sein, den Nachweis des Schadensereignisses durch objektive Beweismittel zu erhärten."[389]

g) Die aus dem **Pistazieneisfall** bekannte Formel der notwendigen objektiv hohen Wahrscheinlichkeit, gepaart mit der subjektiven richterlichen Überzeugung,[390] wird auch im Zivilprozess vertreten: „Das Berufungsgericht hält für klärungsbedürftig, wo die Grenze des vernünftigen Zweifels bei Vorgängen und Umständen im Zusammenhang mit dem menschlichen Organismus nach § 286 ZPO zu ziehen ist, insbesondere, welche Anforderungen für den Grad an Gewissheit hierbei bei Anwendung (auch) des Ausschlussprinzips gelten. Diese Frage lässt sich allerdings abstrakt nicht beantworten. Sie betrifft die dem Tatrichter obliegende und von den Umständen des jeweiligen Einzelfalles abhängende Überzeugungsbildung. Es handelt sich um die primär dem Tatrichter als Tatfrage obliegende Fragestellung, ob der Beweis im konkreten Fall geführt wurde. Ob die erreichte Beweisstärke im gegebenen Fall ausreicht, um den Beweis als erbracht anzusehen, ist nicht nur objektiv nach einem bestimmten (hohen) Wahrscheinlichkeitsgrad messbar.[391] Dazu bedarf es stets der subjektiven persönlichen Entscheidung des Tatrichters, der allerdings nachprüfbare objektive Tatsachen zugrunde liegen müssen. Der Richter ist nicht berechtigt, nach Beliebigkeit zu urteilen. Vielmehr muss er die objektiven Gegebenheiten, d.h., sowohl die Beweisergebnisse als auch den gesamten Inhalt der Verhandlungen zugrunde legen. Auch hat er bei der Beurteilung die allgemeinen Erfahrungssätze sowie die Natur- und Denkgesetze zu beachten. Objektive Wahrscheinlichkeitserwägungen können dabei eine sachgerechte Grundlage und ein Hilfsmittel für die Überzeugungsbildung sein.[392] „Ob die erreichte Beweisstärke im gegebenen Fall ausreicht, um den Beweis als erbracht anzusehen, ist nicht nur objektiv nach einem bestimmten (hohen) Wahrscheinlichkeitsgrad messbar [m.w.N.]. Dazu bedarf es stets der subjektiven persönlichen Entscheidung des Tatrichters, der allerdings 136

389 OLG Saarbrücken, NJW-RR 2012, S. 356.

390 BGH, Urt. vom 19.1.1999 – 1 StR 171/98 = NJW 1999, S. 1562, 1564: „... eine objektiv hohe Wahrscheinlichkeit der Tatbegehung durch die Angekl., die aber nach der Rechtsprechung des **BGH** Voraussetzung für eine Verurteilung wäre [m.w.N.] und nicht allein durch die, für die Verurteilung freilich zusätzlich erforderliche, subjektive richterliche Überzeugung ersetzt werden kann."

391 Im Original folgende Fußnote: Vgl. Stein/Jonas/Leipold, ZPO, 22. Aufl., § 286 Rn 3 Fn 5; Musielak, Die Grundlagen der Beweislast im Zivilprozess, 1975, S. 109 ff.

392 Im Original folgende Fußnote: Katzenmeier, Arzthaftung, 2002, § 8 IV 2d; Stein/Jonas/Leipold a.a.O.; Musielak/Stadler, Grundfragen des Beweisrechts, 1984, § 8.

nachprüfbare objektive Tatsachen zugrunde liegen müssen. Der Richter ist nicht berechtigt, nach Beliebigkeit zu urteilen. Vielmehr muss er die objektiven Gegebenheiten, d.h. sowohl die Beweisergebnisse als auch den gesamten Inhalt der Verhandlungen, zugrunde legen. Auch hat er bei der Beurteilung die allgemeinen Erfahrungssätze sowie die Natur- und Denkgesetze zu beachten. Objektive Wahrscheinlichkeitserwägungen können dabei eine sachgerechte Grundlage und ein Hilfsmittel für die Überzeugungsbildung sein [m.w.N.]. Auf dieser Grundlage hat der Richter zu prüfen, ob er als erfahrener und gewissenhafter Beurteiler von der Wahrheit oder Unwahrheit einer Tatsachenbehauptung auszugehen hat. Da die erreichte Beweisstärke nicht objektiv messbar ist, ergänzt zwar stets die subjektive persönliche Entscheidung den Prozess der Überzeugungsbildung. Doch ist dafür maßgebend die Rolle des Richters und nicht die Bildung der persönlichen Überzeugung der privaten Person [...] Zutreffend hat es seiner Überzeugungsbildung dabei zugrunde gelegt, dass es dafür keiner absoluten oder unumstößlichen Gewissheit im Sinne des wissenschaftlichen Nachweises, sondern nur eines für das praktische Leben brauchbaren Grades von Gewissheit bedarf, der Zweifeln Schweigen gebietet, ohne sie völlig auszuschließen [m.w.N.].“[393]

137 h) Mittlerweile dürfte das BVerfG **für den Strafprozess** das Beweismaß der hohen Wahrscheinlichkeit anerkannt haben. Das BVerfG unterstellt dem BGH, dass dieser fordere, „dass der Schuldspruch auf einer tragfähigen Beweisgrundlage aufbaut, die die objektiv hohe Wahrscheinlichkeit der Richtigkeit des Beweisergebnisses ergibt.“[394] Das BVerfG unterstellt dem BGH in dieser Entscheidung eine ausdrücklich Abkehr der subjektiven Theorie: „Die Anforderungen des Bundesgerichtshofs an die Beweiswürdigung haben sich – mit der Folge einer wirksameren Sicherung der Grundrechte des Beschuldigten, auch der Unschuldsvermutung (vgl. hierzu BVerfGE 74, 358, 370 ff.) – stark verändert [...] Während die frühere Rechtsprechung Schlussfolgerungen des Tatgerichts, die nach der Lebenserfahrung möglich sind, genügen ließ (vgl. BGHSt 10, 208, 209; 36, 1, 14; Herdegen, in: Festschrift für Hanack 1999, S. 311, 313 ff.), wird nunmehr vorausgesetzt, dass der Schuldspruch auf einer tragfähigen Beweisgrundlage aufbaut, die die objektiv hohe Wahrscheinlichkeit der Richtigkeit des Beweisergebnisses ergibt [...].“[395]

138 Zwar ist diese Aussage über den Stand der BGH-Rechtsprechung zu wohlwollend,[396] aber gleichwohl hat das BVerfG ein Tat- und Revisionsurteil aufgehoben, das diesem Kriterium nicht entsprach. Herdegen ist zuzustimmen, dass das BVerfG das Beweismaß der hohen Wahrscheinlichkeit anerkannt habe,[397] allerdings sind

393 BGH, Urt. vom 16.4.2013 – VI ZR 44/12 = NJW 2014, S. 71 f.

394 BVerfG, NJW 2003, S. 2444 f. und BVerfG, AnwBl. 2008, S. 258 ff. = 2 BvR 2067/07.

395 BVerfG, NJW 2003, S. 2444 f. und BVerfG, AnwBl. 2008, S. 258 ff. = 2 BvR 2067/07.

396 So zu Recht Herdegen, Strafrichterliche Aufklärungspflicht und Beweiswürdigung, NJW 2003, S. 3513 f.

397 Vgl. Herdegen, Strafrichterliche Aufklärungspflicht und Beweiswürdigung, NJW 2003, S. 3513, 3516.

weitergehende Kosequenzen praktisch nicht eingetreten. Auch die Verfassungsbeschwerde gegen verurteilende Strafgerichtsurteile ist bei Einforderung dieses Beweismaßes notorisch erfolglos.

Hinweis 139

Die Rechtsprechung hat noch nicht definiert, wann nur ein ggf. schwerwiegender Verdacht vorliegt, der nicht zur Verurteilung ausreicht, und wann eine ausreichende Tatsachengrundlage vorhanden ist.[398] Deppenkemper ist der Ansicht, dass die tatrichterliche Beweiswürdigung trotz des Kriteriums der hohen Wahrscheinlichkeit oder der Wertung vermeintlicher Erfahrungssätze als materielles Recht, mangels Konkretisierbarkeit ins Belieben der Revisionsgerichte gestellt sei.[399] Das ist im Ergebnis bedenklich, aber tatsächlich zutreffend, denn Begründungen, dass und warum die hohe Wahrscheinlichkeit erreicht oder nicht erreicht ist, werden in revisionsgerichtlichen Entscheidungen nicht gegeben.[400] Wer den Grad der (zu erreichenden) Wahrscheinlichkeit nicht bestimmt, kann dazu eigentlich gar keine Aussage machen.[401]

IV. Fazit und Begriffe der Wahrscheinlichkeit

Die Rechtsprechung bietet kein einheitliches Bild. Obwohl jedenfalls die BGH-Rechtsprechung uneinheitlich, verwirrend und unprognostizierbar ist, dürfte der Vorwurf, der BGH verschleiere bewusst sein methodisches Vorgehen, um zu dem von ihm gewünschten Ergebnis zu gelangen,[402] nicht richtig sein. Richtig ist aber – so der frühere VRiBGH Herdegen –, dass der BGH mit miteinander nicht zu vereinbarenden Beweiswürdigungstheorien arbeitet.[403] Das befremdet. 140

Darüber hinaus dürfte die historische Gesetzmäßigkeit des Wechselspiels[404] zwischen freier und gebundener Beweiswürdigung bzw. von jeweiligen Pendelschlägen ins Extrem durch den Blick auf die Rechtsprechung bestätigt worden sein. Die ältere Rechtsprechung des RG war um Objektivität und um Beachtung der Wahrscheinlichkeit bemüht. Die Rechtsprechung des BGH war lange Zeit von dem Bemühen um lediglich subjektive Gewissheit geprägt,[405] während seit den 80 Jahren 141

398 Deppenkemper, Beweiswürdigung als Mittel prozessualer Wahrheitserkenntnis, S. 413,

399 Deppenkemper, Beweiswürdigung als Mittel prozessualer Wahrheitserkenntnis, S. 435 ff.

400 Vgl. Graf/StPO/Eschelbach, § 261 Rn 32.

401 Vgl. Graf/StPO/Eschelbach, § 261 Rn 18.2.

402 Vgl. Jähnke, Über die Befugnis des Revisionsgerichts zur Nachprüfung der tatrichterlichen Beweiswürdigung, Festschrift für Hanack, S. 355, 359 m.w.N.

403 Vgl. Herdegen, Strafrichterliche Aufklärungspflicht und Beweiswürdigung, NJW 2003, S. 3513 f.

404 Vgl. Sarstedt, Beweisregeln im Strafprozess, Berliner Festschrift für Ernst E. Hirsch, S. 171 ff.; vgl. auch Walter, Freie Beweiswürdigung, S. 84, vgl. auch Bender, Merkmalskombinationen in Aussagen, S. 28.

405 Vgl. Walter, Freie Beweiswürdigung, S. 109.

des letzten Jahrhunderts die Rationalisierbarkeit und intersubjektive Diskutierbarkeit, folglich Objektivierung, in den Vordergrund gerückt ist, scheint es seit Ende des letzten Jahrhunderts wieder vermehrt auf die eigene Erkenntnis des Tatrichters anzukommen.[406]

142 Dementsprechend teilt Richter am BGH *Boetticher* mit: „Sie [richterliche Tatsachenfeststellung] lässt sich – wie von vielen mit dem Polygraphen erhofft – nicht durch eine Maschine oder einen scheinbar unangreifbaren objektiven Test ersetzen. Der entscheidungserhebliche Sachverhalt, der zur Verurteilung oder zum Freispruch führt, ist häufig hinter Indizien verborgen, die scheinbar nur in eine Richtung weisen. Es ist aber allein Sache des Tatrichters, sich in die eine oder andere Richtung zu entscheiden, wenn die Sache ‚auf der Kippe' steht. Der Richter muss sich einen Ruck geben. Dies enthält sicher auch ein Willenselement, wenn der Richter darlegt: ‚Ich glaube dem Zeugen' oder ‚Ich bin von dem Gutachten überzeugt'."[407]

143 *Hinweis*

Nach der hier vertretenen Auffassung kann es nur einen „Ruck" in Richtung Freispruch geben, wenn die Sache „auf der Kippe" steht. Jede andere Sicht lässt sich m.E. mit der Unschuldsvermutung und dem Wesen des in dubio-Grundsatzes nicht vereinbaren, auch wenn letzterer nur eine Entscheidungs- und keine Beweisregel ist. Wenn der „Ruck" in die eine wie die andere Richtung gehen kann, liegt die Gefahr des Fehlurteils auf der Hand. Dann ist aber die Argumentation von Freund zutreffend, dass die bewusste Inkaufnahme der Verurteilung Unschuldiger der verfassungsrechtlichen Legitimation bedarf.[408]

144 Eben diese verfassungsrechtliche Legitimation ist nicht gegeben, wenn sich der Richter in die eine, wie die andere Richtung einen „Ruck" geben kann.

145 Die Gefahr eines richterlichen Irrtums, aufgrund dessen Unschuldige langjährige Gefängnisstrafen absitzen müssen, ist nicht zu bestreiten. Spektakuläre Fehlurteile werfen aber immer wieder die Frage auf, ob der subjektive und deshalb auch fehleranfällige Prozess der Wahrheitsfindung nicht objektiviert und optimiert werden kann.[409] Richter am BGH Boetticher fügt einschränkend hinzu: „Dennoch: Je sorgfältiger und methodischer die Datensammlung erfolgt, je rationaler und transparenter die Methoden der Analyse der gesammelten Erkenntnisse sind, umso näher

406 Vgl. z.B. BGH, 1 StR 284/04 n.v.

407 Boetticher, Das Urteil über die Einführung von Mindeststandards in aussagepsychologischen Gutachten und seine Wirkungen, in: Festschrift für Gerhard Schäfer zum 65. Geburtstag am 18.10.2002, S. 18.

408 Vgl. Freund, Normative Probleme der Tatsachenfeststellung, S. 1.

409 Landau, Der Lügendetektor im Strafprozess, in: Festschrift für Gerhard Schäfer zum 65. Geburtstag am 18.10.2002, S. 42.

kommt der Tatrichter dem Ziel der Verfahrensgerechtigkeit sowohl gegenüber dem Beschuldigten als auch gegenüber dem Opferzeugen."[410]

Aus jüngerer Vergangenheit kann vom BGH auch Folgendes vernommen werden: 146

> *„Solches [keine vollständige Ausschöpfung der Beweise] kann indes nicht Gegenstand einer Aufklärungsrüge sein, weil sich das Revisionsgericht nicht über das Verbot der Rekonstruktion der Beweisaufnahme hinwegsetzen darf (vgl. BGHSt 43, 212, 214; BGH NJW 2003, 150, 152, insoweit in BGHSt 48, 34 nicht abgedruckt). Nur auf der Grundlage der Kenntnis der vollständigen Aussage der Zeuginnen in der Hauptverhandlung ließe sich beurteilen, ob das von der Revision als sachgerecht erachtete Aufklärungsbegehren erfüllt worden ist. Die Erlangung einer solchen Kenntnis ist indes nach den verfahrensrechtlichen Strukturprinzipien – jenseits von Protokollierungen gemäß § 273 Abs. 3 Satz 1 StPO – ausgeschlossen. Das Tatgericht ist nämlich zur umfassenden Dokumentation der Beweisaufnahme im Urteil nicht verpflichtet (vgl. BGHSt 15, 347, 348; BGH NStZ 2007, 720), sondern lediglich zur Darstellung seiner – wenn auch rational zu begründenden und tatsachengestützten (vgl. BGH, Urt. v. 18.9.2008–5 StR 224/08 Rn 16) – Beweisführung (vgl. Meyer-Goßner, StPO 51. Aufl. § 267 Rn 12a) […].“*[411]

Aus einer anderen Entscheidung aus demselben Jahr (2008) erfahren wir aber erneut: 147

> *„Der Bundesgerichtshof hat wiederholt entschieden, dass ein für den Angeklagten ungünstiger Sachverhalt nicht festgestellt werden darf, wenn Umstände vorliegen oder auch nur als nicht widerlegbar zugunsten des Angeklagten angenommen werden müssen, die bei objektiver Betrachtung zu vernünftigen Zweifeln an der Zuverlässigkeit der den Angeklagten belastenden Beweismittel führen […].“*[412]

Diese beiden Entscheidungen desselben Senats aus demselben Jahr (2008) offenbaren erneut die grundlegende Unzulänglichkeit der revisionsrechtlichen Kontrolle, d.h. eine Rechtsschutzlücke an zentraler Stelle des Strafprozesses. Es ist in den meisten Fällen revisionsrechtlich unmöglich, exakt die Umstände, die bei objektiver Betrachtung zu vernünftigen Zweifeln an der Zuverlässigkeit der Urteilsgrundlage führen, als revisiblen Rechtsfehler einzuführen.[413] 148

Bemerkenswert ist auch der Widerspruch zwischen Entscheidungen innerhalb derselben Epoche. BGH, NJW 1951, S. 70 f. bemühte sich um eine Objektivierung und 149

410 Boetticher, Das Urteil über die Einführung von Mindeststandards in aussagepsychologischen Gutachten und seine Wirkungen, in: Festschrift für Gerhard Schäfer zum 65. Geburtstag am 18.10.2002, S. 18.

411 BGH 5 StR 412/08.

412 BGH 5 StR 491/08.

413 Vgl. Graf/StPO/Eschelbach, § 261 Rn 61 ff.

betonte den hohen Grad an Wahrscheinlichkeit, während BGH, NJW 1951, S. 122 **die Subjektivität betonte und auf die Spitze** mit der Formulierung **trieb**, „dass die richterliche Überzeugung [...] nicht auf einem unmittelbar einsichtigen Denken beruht.“ Auf den Widerspruch zwischen Entscheidungen derselben Epoche weist auch Neuhaus hin.[414]

150 Weder in der Literatur noch in der Rechtsprechung herrscht Einigkeit, von welcher Theorie auszugehen oder welche Systematik zugrundezulegen ist. Für jedes gewollte Ergebnis hinsichtlich der Beweiswürdigung des Tatgerichts wird sich eine Entscheidung oder Lehrmeinung finden lassen, die diese stützt oder widerlegt. Es ist daher nicht mehr verwunderlich, dass die Rechtsprechung immer noch kein systematisches oder prognostizierbares System der Beweiswürdigung und Kontrolle hervorgebracht hat, da es für die Rechtsprechung unbestreitbar Charme hat, auf jeden Einzelfall flexibel[415] zu reagieren. Dies entspricht dem Befund des früheren Vorsitzenden des BGH Herdegen, demzufolge der BGH mit nicht miteinander zu vereinbarenden Beweismaßen praktiziert.[416] Ebenso stellt der frühere BGH-Richter Schäfer fest, „die in langer Rechtsprechungstradition gewachsene Kontrolldichte entbehrt derzeit noch eines in der Begründung einheitlichen Konzepts.“[417] Das gilt selbst bis in die jüngste Zeit, wenn der BGH – wenn er ein Urteil nicht aufheben will – sogar noch betont, dass es nicht darauf ankomme, dass das Revisionsgericht die Beweise anders gewürdigt hätte und dies selbst dann gelte, wenn die tatrichterliche Feststellung „lebensfremd erscheinen mag“.[418]

151 Dass die **flexible Reaktion von Stereotypen aus der Perspektive des jeweiligen Revisionsrichters** abhängt, die Becker herausgearbeitet[419] und Barton empirisch bestätigt hat,[420] liegt damit auf der Hand.

152 Unerklärlich ist, weshalb die Rechtswissenschaft dieses unkontrollierbare und unprognostizierbare System noch nicht erschlossen hat.

153 Darüber hinaus wird sowohl von der Rechtsprechung als auch in der Wissenschaft der Begriff der Wahrscheinlichkeit verwendet. Unklar bleibt in den meisten Fällen

414 Vgl. Neuhaus, Revision, in: Brüssow/Gatzweiler/Krekeler/Mehle/Pauly, Strafverteidigung in der Praxis, 4. Aufl. § 13 Rn 72 m.w.N.

415 Vgl. Barton, Die Revisionsrechtsprechung des BGH in Strafsachen, S. 283.

416 Vgl. Herdegen, Strafrichterliche Aufklärungspflicht und Beweiswürdigung, NJW 2003, S. 3513 f.

417 Vgl. Schäfer G., Freie Beweiswürdigung und revisionsrechtliche Kontrolle, StV 1995, S. 147, 149.

418 Vgl. BGH, NStZ-RR 2003, S. 371.

419 Becker, Abschied vom 5. (Berliner) Strafsenat; Berliner Anwaltsblatt 1997, S. 350, zitiert nach Barton, Die Revisionsrechtsprechung des BGH in Strafsachen, Fn 487.

420 Vgl. Barton, Die Revisionsrechtsprechung des BGH in Strafsachen, S. 282 f.

jedoch, wie der Wahrscheinlichkeitsbegriff überhaupt zu definieren ist.[421] Meist wird die Wahrscheinlichkeit sogar als „objektiv" bezeichnet,[422] obwohl dieselben Autoren den subjektiven Einfluss nicht verbergen.[423] Der zivilprozessualen Kommentierung von Prütting/Gehrlein/Laumen können wir entnehmen, dass es ganz h.M. sein soll, dass das Ziel der Würdigung eine Kombination von subjektiven und objektiven Komponenten sein müsse, um der materiellen Wahrheit möglichst nahe zu kommen. Ausdrücklich teilen Prütting/Gehrlein/Laumen mit: „Die Basis, um zu einer der Wahrheit möglichst nahe kommenden Sachverhaltsfeststellung zu gelangen, bietet dabei die Wahrscheinlichkeit eines Geschehens."[424] Weiter teilen Prütting/Gehrlein/Laumen einerseits mit, dass die Frage, wie hoch der Wahrscheinlichkeitswert sein müsse, eine Frage des Beweismaßes sei. Aber gleichzeitig versäumen es Prütting/Gehrlein/Laumen einen konkreten Wahrscheinlichkeitswert vorzugeben, sondern bescheiden sich mit der These, dass dieser sehr hoch sein muss.[425]

Hinweis 154

Dem Befund der Nobelpreisträger Kahneman/Tversky ist nichts hinzuzufügen: „Wir fragten uns, wie es Menschen fertigbringen, Wahrscheinlichkeitsurteile abzugeben, ohne genau zu wissen, was Wahrscheinlichkeit bedeutet. Wir gelangten zu dem Schluss, dass Menschen diese unmögliche Aufgabe irgendwie vereinfachen müssen, und wir nahmen uns vor, herauszufinden, wie sie das tun. Unsere Antwort lautete, dass Menschen, wenn sie aufgefordert werden, die Wahrscheinlichkeit von etwas einzuschätzen, tatsächlich etwas anderes beurteilen, aber glauben, sie hätten die Wahrscheinlichkeit beurteilt."[426]

Wenn die Beweiswürdigung notwendig auch immer zu einem Teil subjektiv ist, gilt 155
es, Folgendes in Erinnerung zu rufen: „Die Fehlerquelle, die darin liegt, dass Beweisempfänger ein sterblicher, dem Irrtum unterworfener Mensch, kein allwissender Gott ist, lässt sich nicht ausschalten, solange man nicht überhaupt auf den modernen, logischen Beweis verzichten und zur Erfüllung von blossen Beweisformen

421 Vgl. Huber, Das Beweismaß im Zivilprozess, S. 78; vgl. auch Maasen, Beweisprobleme im Schadensersatzprozess, S. 6 Fn 5 „objektive Maßstäbe"; vgl. auch Musielak, Die Grundlagen der Beweislast im Zivilrecht, S. 112, „[Wahrscheinlichkeitsaussage] lasse sich immer nur bezüglich einer statistischen Masse, eines Kollektives [machen]"; vgl. auch Weitnauer, Wahrscheinlichkeit und Tatsachenfeststellung, Karlsruher Forum, S. 3, 10, „streng an der objektiven Wahrscheinlichkeitstheorie festhält".

422 Vgl. Nell, Wahrscheinlichkeitsurteile in juristischen Entscheidungen, S. 74.

423 Vgl. Musielak, Die Grundlagen der Beweislast im Zivilrecht, S. 113, „bei der vorzunehmenden Bewertung der Beweise [gibt] die subjektive Auffassung des Richters den Ausschlag"; vgl. auch Maasen, Beweisprobleme im Schadensersatzprozess, S. 7, „relativ grobe und ungenaue Schätzung [ist notwendig]"; vgl. auch Weitnauer, Karlsruher Forum, S. 3, 14, „daß die große relative Häufigkeit [...] geeignet ist, den Schluß nahezulegen".

424 Prütting/Gehrlein/Laumen, ZPO, § 286 Rn 3.

425 Vgl. Prütting/Gehrlein/Laumen, ZPO, § 286 Rn 3, 20.

426 Kahneman, Schnelles Denken, Langsames Denken, S. 128.

zurückkehren will, wie sie das ältere Recht aufstellte – aus Abneigung dagegen den freien Mann dem Urtheile von Seinesgleichen zu unterwerfen, also aus dem Streben nach Ausschaltung des individuellen Ergebnisses bei der Beweiswürdigung wie etwa noch heutzutage ausserhalb des Prozesses die formelle Versicherung ‚auf Ehrenwort' jede Wahrheitsprüfung abschneidet. Wir stehen heut im Strafprozess völlig, im Civilprozess annähernd auf dem entgegengesetzten Standpunkt, und der Ausspruch unseres Richters, dass er, trotz der Möglichkeit von Zweifel und Irrthum, von der Wahrheit eines Satzes oder einer Tatsache überzeugt sei, bezeichnet nicht nur das Mindestmass dessen, was der Beweis erreichen muss, sondern zugleich auch sein höchstes und letztes Ziel."[427] Das bedeutet aber auch, dass die früheren Beweisregeln nach den Motiven der Civilprozessordnung als „goldene Erfahrungssätze" beachtet werden sollten, denn diese Beweisregeln stellen anstelle der individuellen Erfahrung und Ansicht des Richters gewisse Durchschnittserfahrungen über den Wert der jeweiligen Beweismittel dar.[428]

1. Wissenschaftliche Wahrscheinlichkeitslehre

156 Der **objektive** (relative, mathematische, statistische, frequentistische) **Wahrscheinlichkeitsbegriff wird als Grenzwert der relativen Häufigkeit verstanden**, mit der ein bestimmter Einzelfall in einer unendlichen Abfolge gleicher Situationen vorkommt.[429] Es handelt sich um einen Wert, der sich messen, mathematisch herleiten und unabhängig von der Person des Bewertenden bestimmen lässt.[430] Die Feststellung der objektiven Wahrscheinlichkeit kann nicht Ziel der richterlichen Beweiswürdigung sein, weil es die objektive Wahrscheinlichkeit eines zu beurteilenden Einzelfalls nicht gibt.[431] Eine Ausnahme mag bei Vorliegen von bestimmten wissenschaftlichen Beweismitteln (z.B. DNA-Gutachten) gegeben sein.

2. Subjektiv-mathematische Wahrscheinlichkeitstheorie

157 Hiernach ist der **Grad der Wahrscheinlichkeit mit dem Einsatz, den eine streng rational handelnde Person** aufgrund ihrer Erfahrung und Kenntnisse **für das Vorliegen einer bestimmten Tatsache zu wetten bereit sei**, identisch.[432]

427 Stein, Das private Wissen des Richters, S. 31.
428 Vgl. Stein, Das private Wissen des Richters, S. 33.
429 Vgl. z.B. Popper, Logik der Forschung, 6. Aufl., S. 107, 111.
430 Vgl. Berg-Winters, Der Anscheinsbeweis im Arzthaftungsrecht, S. 34 m.w.N.
431 Vgl. Schweizer, Beweiswürdigung und Beweismaß, S. 45.
432 Vgl. Stegmüller, Probleme und Resultate der Wissenschaftstheorie und analytischen Philosophie, Bd. IV/1, S. 111.

3. Subjektiver Wahrscheinlichkeitsbegriff

Mit diesem Begriff wird eine **subjektive Bewertung** verstanden, d.h. ein auf dem eigenen Wissen basierender Bericht über den **Grad des persönlichen Glaubens** an eine Hypothese,[433] d.h. der Grad der Überzeugung einer Person vom Vorliegen eines Merkmals. Es handelt sich also um einen „Überzeugungsgrad", der nur im Geiste des Betrachters existiert.[434] Diese Einschätzung lässt sich in Zahlen ausdrücken und kann Grundlage einer Wahrscheinlichkeitsrechnung sein. Das Ergebnis hängt von den Informationen und persönlichen Erfahrungen des Bewertenden ab.[435] In diesem Sinne handelt es sich um eine Alltags- oder Erfahrungswahrscheinlichkeit, also eine reine Verwendung eines Begriffs im Alltag. Mit diesem wird 158

- ein Wissensdefizit des Sprechenden,
- aber kein individuelles Defizit, sondern ein verallgemeinertes bezeichnet,
- das Abstufungen ermöglicht (z.B. von „höchstwahrscheinlich" zu „unwahrscheinlich").[436]

4. Logischer Wahrscheinlichkeitsbegriff

Nach diesem wird die **Wahrscheinlichkeit als Grad der Bestätigung einer Hypothese aufgrund feststehender Erfahrungsgegebenheiten verstanden.**[437] D.h., aufgrund feststehenden Tatsachenmaterials wird ein Schluss für die Richtigkeit einer Hypothese getroffen. Es wird damit nicht auf die Häufigkeit eines Merkmals Bezug genommen, sondern auf die nach einem induktiven Schluss logische Relation. Anders als beim subjektiven Wahrscheinlichkeitsbegriff setzt dieser einen von der Person des Bewertenden unabhängigen Erfahrungssatz und Erfahrungswissen voraus, was praktisch (fast) nicht vorkommt, so dass dieser Begriff in der Wissenschaftstheorie keine Rolle mehr spielt.[438] 159

5. Klassischer Wahrscheinlichkeitsbegriff

Der **klassische Wahrscheinlichkeitsbegriff** ist definiert als, „der Quotient aus der Anzahl der dem Ereignis günstigen Fälle durch die Gesamtzahl aller gleichmöglichen [!!] Fälle."[439] Soll die Wahrscheinlichkeit eines noch nicht geborenen Kindes mit männlich oder weiblich angeben werden, so liegt es nahe, 0,5 = 50 % anzuset- 160

433 Vgl. Weitnauer, Wahrscheinlichkeit und Tatsachenfeststellung, Karlsruher Forum, S. 3.

434 Vgl. Schweizer, Beweiswürdigung und Beweismaß, S. 104.

435 Vgl. Berg-Winters, Der Anscheinsbeweis im Arzthaftungsrecht, S. 35 f. m.w.N.

436 Vgl. Schweizer, Beweiswürdigung und Beweismaß, S. 97 f.

437 Vgl. Essler, Induktive Logik, S. 68.

438 Vgl. Berg-Winters, Der Anscheinsbeweis im Arzthaftungsrecht, S. 37 m.w.N.

439 Laplace, Théorie analytiques des Probabilités, Paris 1820; zitiert nach von Mises, Wahrscheinlichkeit, Statistik, und Wahrheit, Einführung in die neuere Wahrscheinlichkeitslehre und ihre Anwendung, 4. Aufl., S. 77.

Beweismaßtheorie nicht geben kann, denn subjektive, innere Überzeugung kann nicht begründet werden, sodass sie nicht das maßgebliche Kriterium der richterlichen Beweiswürdigung sein kann.[5]

2 Diese **Ablehnung der subjektiven Theorie geschieht zu Recht**. „In keinem Bereich wissenschaftlicher Theorie oder wissenschaftlicher Praxis reicht es aus, dass der Behauptende seine mit einem Geltungsanspruch verknüpfte Behauptung auf seine Überzeugung stützt. Für den Richter kann es keine Ausnahme geben."[6] Hinzu kommt, dass die subjektive Theorie zu Widersprüchen führt. Indem die subjektive Theorie einerseits festlegt, dass es nur auf die subjektive Überzeugung ankommt, diese andererseits aber beschränkt, indem theoretische, fernliegende oder abstrakte Zweifel unbeachtlich seien,[7] kann keine klare Trennung zwischen Zweifeln, die eine richterliche Überzeugung hindern und solchen, die einer Überzeugung nicht entgegenstehen, erkannt werden. „Die in der Gegenwart herrschende, auf der intuitiven Überzeugung des Tatsachenfeststellers basierende Lehre des Beweismaßes und der Beweiswürdigung gibt keine ausreichenden Werkzeuge für eine intersubjektive Kontrolle der Schlussfolgerung. Richter und Schöffen sind unkritisch gegen sich selbst, weil die intuitive Überzeugung letztendlich persönlich ist."[8] **Damit führt die subjektive Theorie zu beliebigen Ergebnissen**[9] **und wäre willkürlich**[10] **und das Begründungserfordernis** des § 286 Abs. 1 Satz 2 ZPO und § 267 Abs. 1 StPO **leer laufend**. Vielmehr bedeutet die Begründungspflicht nichts anderes, als dass der Richter darlegen muss, aufgrund welcher Erfahrungssätze er zu seiner Überzeugung oder Nichtüberzeugung gelangt ist.[11] Solche Erfahrungssätze wären die persönliche Lebenserfahrung, das Spezialwissen des Richters und durchschnittlicher Erfahrungs- und Wissensschatz verständiger Menschen unseres Lebenskreises.[12] Lebenserfahrung ist nichts anderes als induktiv gewonnenes Wissen ohne wissenschaftliche Präzisierung.[13] **Die Schlüsse aus Erfahrungssätzen stellen aber regel-**

5 Rechberger, Maß für Maß im Zivilprozess? Ein Beitrag zur Beweismaßdiskussion, S. 471, 475, 476 in Festschrift für Gottfried Baumgärtel, hrsg. von Prütting, ebenso Sarstedt, Beweisregeln im Strafprozess, Berliner Festschrift für Ernst E. Hirsch, S. 171, 174: „Ende der ganz freien Beweiswürdigung" und Wohlers, Generelle Kausalität als Problem richterlicher Überzeugungsbildung, JuS 1995, S. 1019, 1022: „sie allein vermag eine Verurteilung nicht zu tragen".

6 Herdegen, Die Beweiswürdigungstheorien des Bundesgerichtshofs, in Festschrift für Hanack, S. 326.

7 Vgl. z.B. BGH, 2 StR 372/00 n.V., BGH, 3 StR276/01, n.V., BGH, 4 StR 241/96 n.V., BGH, NStZ-RR 1999, S. 332.

8 Vgl. Gräns, Das Risiko materiell fehlerhafter Urteile, S. 25.

9 Vgl. Eicker, Die Prinzipien der „materiellen Wahrheit" und der „Freien Beweiswürdigung" im Strafprozess, S. 53 f. m.w.N.

10 Vgl. Baumgärtel, Beweislastpraxis im Privatrecht, Rn 41.

11 Rechberger, Maß für Maß im Zivilprozess? Ein Beitrag zur Beweismaßdiskussion, S. 471, 476, 477 in Festschrift für Gottfried Baumgärtel, hrsg. von Prütting.

12 Vgl. Fasching, Lehrbuch des österreichischen Zivilprozessrechts, Rn 814.

13 Vgl. Ekelöf, Free Evaluation of Evidence, in Scandinavian Studies in Law 8 (1964), S. 54, zitiert nach Motsch, Vom rechtsgenügenden Beweis, S. 53.

mäßig nur Wahrscheinlichkeitsurteile dar.[14] „Da es im Strafprozess immer um einen ganzen Tatsachenkomplex geht, ist der Fall, daß auch nur der objektive Tatbestand durch einen oder mehrere zwingende Erfahrungssätze empirisch nachgewiesen werden kann, kaum vorstellbar."[15] Selbst wenn man nur mit zwingenden Erfahrungssätzen arbeitete, würde die Anwendung des zwingenden Erfahrungssatzes davon abhängen, dass dessen Voraussetzungen tatsächlich gegeben sind. Genau diese Feststellung der tatsächlichen Voraussetzungen ist aber eben nicht absolut sicher möglich, sondern nur mit mehr oder weniger großer Wahrscheinlichkeit. Damit führt selbst die Anwendung von sicher feststehenden Erfahrungssätzen nur zu einer Feststellung mit Wahrscheinlichkeitscharakter.[16] Oder anders gewendet: Überzeugung kann nur dem höchstmöglichen Grad subjektiver Wahrscheinlichkeit, nämlich der Vorstellung, sich im Rahmen des Möglichen ein Bild von der Wahrheit gemacht zu haben, entsprechen.[17]

Es kann daher festgehalten werden, dass die (geschätzte) Wahrscheinlichkeit das wesentliche Kriterium ist, um zur Überzeugung zu gelangen. „Das Beweismaß der hohen Wahrscheinlichkeit soll sicherstellen, dass die Annahmen des Tatgerichts über das, was der Fall war (‚Rekonstruktion' des Tatgeschehens) und das, was der Fall ist (fortdauernde Auswirkungen der Tat, Einstellungen, Dispositionen, Eigenschaften des Täters) und der darauf gestützte Urteilsspruch intersubjektiv akzeptabel sind, rationaler, sachkundiger Kritik standzuhalten vermögen."[18] „Wahrheit und Wahrscheinlichkeit schließen sich nicht aus, sie befinden sich auf unterschiedlichen gedanklichen Ebenen. Wahrheit ist absolut, auch ein unwahrscheinliches Ereignis kann wahr sein. Die Wahrscheinlichkeit gibt an, bis zu welchem Grad man glaubt, sich der Wahrheit genähert zu haben. Wer vom Vorliegen einer Tatsache überzeugt ist, denkt, im Rahmen des Menschenmöglichen die Wahrheit erkannt zu haben, sich ihr so weit wie möglich genähert zu haben. Die Überzeugung von der Wahrheit ist nichts anders als die größtmögliche subjektive Wahrscheinlichkeit, den wahren Sachverhalt erkannt zu haben. Nur insofern ist jeder Beweis ein Wahrscheinlichkeitsbeweis".[19, 20] 3

Das ist für die Anhänger der **objektiven Theorie** ohnehin selbstverständlich. Aber auch die Anhänger der **subjektiven Theorie** kommen oft zu dem gleichen Ergebnis, denn selbst Greger führt für die subjektive Theorie aus: „Dass der Richter die 4

14 Rechberger, Maß für Maß im Zivilprozess? Ein Beitrag zur Beweismaßdiskussion, S. 471, 477 in Festschrift für Gottfried Baumgartel, hrsg. von Prütting.

15 Freund, Normative Probleme der Tatsachenfeststellung, S. 17.

16 Vgl. Freund, Normative Probleme der Tatsachenfeststellung, S. 17 f.

17 Vgl. Berg-Winters, Der Anscheinsbeweis im Arzthaftungsrecht, S. 184 f.

18 Herdegen, Die strafprozessualen Beweiswürdigungstheorien des Bundesgerichtshofs, in Festschrift für Hanack, S. 326.

19 Im Original folgende Fußnote: Brüggemeier, Prinzipien des Haftungsrechts [1999], S. 229.

20 Berg-Winters, Der Anscheinsbeweis im Arzthaftungsrecht, S. 110.

Wahrscheinlichkeit einer Fallgestaltung bei der Überzeugungsbildung „berücksichtigen" darf, wie BGH, NJW 1966, 1263 ausführt, ist wohl selbstverständlich."[21] Ebenso wird bei den Anhängern der subjektiven Theorie anerkannt, „dass der entscheidende Vorgang, das Abwägen der Wahrscheinlichkeit, im Inneren des Richters stattfindet [...]"[22]

5 Auch die **extreme objektive Theorie**, die vom Richter die Feststellung der objektiven Wahrheit verlangt, ist abzulehnen, da diese verkennt, dass die objektive Wahrheit in einer Beweisaufnahme (mit den dortigen Verfahrensgrundsätzen, der Beschränktheit des Prozessgegenstandes, der Unzulänglichkeit menschlichen Erkenntnisvermögens)[23] nicht festgestellt werden kann.[24] Auch sonstige objektive Ansätze, die nur das Vorliegen einer bestimmten Wahrscheinlichkeit fordern, scheitern daran, dass diese objektiv fast nie festgestellt werden kann. Nahezu jede Beweisaufnahme erfordert eine Wahrnehmung und Bewertung der Beweismittel. Diese geschieht immer durch das Prisma der eigenen Erfahrungen, sodass jede Beweisbewertung und Beweiswürdigung immer relativ ist.[25] Erklärt man somit das Vorliegen einer bestimmten Wahrscheinlichkeit als das allein entscheidende Kriterium, so wird damit eine Scheinobjektivität vorgetäuscht.[26] Um das unvermeidbare subjektive Element und damit eben keine Scheinobjektivität, anzuerkennen, kann nur die Überzeugung von einer Wahrscheinlichkeit das entscheidende Kriterium in Verbindung mit dem Eingeständnis der (nur) subjektiven Schätzung der angenommenen Wahrscheinlichkeit sein.

6 Ein schlichtes Zurückziehen auf die Überzeugung des Tatrichters, der, von der übergeordneten Instanz unbehelligt, verurteilen darf, auch wenn andere Tatrichter gezweifelt und freigesprochen hätten, ist für den tatsächlich Verurteilten blanker Hohn und in einem Rechtsstaat inakzeptabel. Daher darf der Tatrichter nur nach objektiven Kriterien, die intersubjektiv vermittelbar und einsichtig sind, verurteilen. Das einzige hierfür zur Verfügung stehende Kriterium ist die Einschätzung der Wahrscheinlichkeit des Übereinstimmens des im Urteil zugrunde gelegten Sachverhalts mit der Wirklichkeit. Dies auch deshalb, da die Wahrscheinlichkeit das einzig feststellbare ist,[27] auch wenn diese meist nur grob geschätzt werden kann. „Letztlich hat es der Richter bei jedem Beweis bloß mit Wahrscheinlichkeiten zu tun."[28] „Die

21 Greger, Beweis und Wahrscheinlichkeit, S. 71.
22 Greger, Beweis und Wahrscheinlichkeit, S. 79.
23 Vgl. Schmidt, Grundsätze der Freien richterlichen Beweiswürdigung im Strafprozess, S. 126.
24 Vgl. Baumgärtel, Beweislastpraxis im Privatrecht, Rn 43.
25 Vgl. Schmidt, Grundsätze der Freien richterlichen Beweiswürdigung im Strafprozess, S. 122.
26 Vgl. Schmidt, Grundsätze der Freien richterlichen Beweiswürdigung im Strafprozess, S. 123.
27 Vgl. Kegel, Der Individualanscheinsbeweis und die Verteilung nach überwiegender Wahrscheinlichkeit, S. 312 ff. in Festschrift für Kronstein; zu beachten ist aber, dass die Wahrscheinlichkeit in der Regel nicht exakt ermittelt werden kann, sondern nur auf Plausibilitätsniveau.
28 Rechberger, Der Anscheinsbeweis in der österreichischen Judikatur, ÖJZ 1972, S. 425, 426.

subjektive Überzeugung des Richters kann objektiv immer nur Wahrscheinlichkeit bedeuten."[29] „Nach 75 Jahren freier Beweiswürdigung kann nicht zweifelhaft sein, dass volle Überzeugung des Richters infolge der Unzulänglichkeit des menschlichen Erkenntnisvermögens nur eine möglichst hohe Wahrscheinlichkeitsbasis bedeutet."[30] Folglich sind subjektive Beweiswürdigungstheorien gedanklich ungereimt, denn niemand kann subjektiv für wahr halten, was in der Regel nur auf plausible Beweiswerteinschätzungen und Sachverhaltsannahmen gestützt werden kann.[31]

„Alles Erkennen", so schreibt Wendt,[32] „gebe nichts als Wahrscheinlichkeit, und 7
auch der Richter mache daher beiseiner Überzeugungsbildung nichts anderes als einenWahrscheinlichkeitsschluss.[33, 34] **Da die Wahrscheinlichkeit in der Regel nicht objektiv festgestellt werden kann** (Ausnahme: naturwissenschaftliche Beweise bei Abstammungsgutachten), kommt als maßgebliches Kriterium nur dieÜberzeugung von der Wahrscheinlichkeit des Übereinstimmens des festgestellten mit dem wirklichen Sachverhalt in Betracht. Interessanterweise geht Boldingsogar davon aus, dass die Berücksichtigung der Wahrscheinlichkeit bei der legalen Beweistheorie nicht berücksichtigt werden müsse, sondern der freien Beweiswürdigung immanent sei. Der Richter müsse sich nämlich bei der Feststellung strittiger Tatsachen wissenschaftlicher Methoden und des gesunden Menschenverstandes bedienen. Bei Benutzung des gesunden Menschenverstandes und wissenschaftlicher Argumentation ergäbe sich aber die Notwendigkeit der Berücksichtigung von Wahrscheinlichkeitsfragen.[35] Zutreffend führte bereits Voltaire im Jahr 1772 aus, „dieses Studium der Wahrscheinlichkeiten ist die Naturwissenschaft der Richter."[36] Die Wahrscheinlichkeitsüberzeugungstheorie Hubers oder Musielaks ist daher im Ausgangspunkt zutreffend.

Ohne dies so auszusprechen, ergibt sich dies wohl auch aus einem Teil der Recht- 8
sprechung. Es gibt eine Fülle von der Revisionsinstanz aufgehobener, freisprechender Urteile, die die (Schein-)Begründung verwenden, der Tatrichter habe möglicherweise verkannt, dass nur theoretische, abstrakte Zweifel an einer Verurteilung hindern, obwohl dies so von den Tatrichtern weder formuliert wurde noch wahr-

29 Rechberger, Der Anscheinsbeweis in der österreichischen Judikatur, ÖJZ 1972, S. 425, 432.

30 Rechberger, Die Überprüfung von Erfahrungssätzen in der Revisionsinstanz, ÖJZ 1974, S. 113, 117.

31 Vgl. Herdegen, Die strafprozessualen Beweiswürdigungstheorien des Bundesgerichtshofs, in Festschrift für Hanack S. 311, 328.

32 Im Original folgende Fußnote: vgl. Wendt, Beweis und Beweismittel, AcP 63 (1880), S. 254.

33 Im Original folgende Fußnote: „Eine Gleichsetzung von hochgradiger Wahrscheinlichkeit und Überzeugung findet sich auch bereits 1806 bei von Globig [Hanns Ernst, Versuch einer Theorie der Wahrscheinlichkeit zur Gründung des historischen und gerichtlichen Beweises, Regensburg 1806], S. 5.

34 Greger, Beweis und Wahrscheinlichkeit, S. 82/83.

35 Vgl. Bolding, Aspects of the Burden of Proof in: Scandinavian Studies in Law 4 (1960), S. 12–17, hrsg. von Folke Schmidt, zitiert nach Motsch, Vom rechtsgenügenden Beweis, S. 46.

36 Voltaire: Essai sur les Probabilités en Fait de Justice (1772), in Oeuvres complètes vol. 27 Politique et Légalisation tome II S. 427–460, zitiert nach Motsch, Vom rechtsgenügenden Beweis, S. 101.

scheinlich war.[37] Wahrer Grund der Aufhebungen ist vielmehr, dass die Sachverhalte von derart hoher Wahrscheinlichkeit waren, dass diese für verständige Betrachter nahezu gewiss gewesen waren.[38] Freilich könnte sich aus einem anderen Teil der Rechtsprechung anderes ergeben. Das liegt an der **Unprognostizierbarkeit**, **Unkontrollierbarkeit** und **Unsystematik** der Rechtsprechung bzw. der auch in der Rechtsprechung bestätigten Gesetzmäßigkeit der Pendelschläge ins Extrem (s.o. § 2 Rdn 19). Fest steht aber jedenfalls: „Ein hoher Grad von Wahrscheinlichkeit kann nicht als Wahrheit gelten und die Meinung des Richters, dass seine Gründe diesem Beweismaß genügen, kann nicht mit Wahrheitsbewusstsein gleichgesetzt werden."[39] „Absolute Gewissheit gibt es nicht und kann es nicht geben, und der Prozess kann sie nicht fordern. Im Rechtssinn ist daher ein Beweis bereits erbracht, wenn der Richter sich überzeugt hat, wenn also ein so hoher Grad an Wahrscheinlichkeit besteht, dass vernünftigerweise mit der Möglichkeit des Gegenteils nicht zu rechnen ist."[40]

9 Auch in der schweizerischen Zivilrechtsdogmatik scheint sich die Erkenntnis von der Überzeugung von der Wahrscheinlichkeit durchgesetzt zu haben. „Die richterliche Überzeugung braucht […] keine Gewissheit zu sein. Mit Gewissheit lassen sich Tatsachen, insbesondere solche der Vergangenheit oder der Zukunft, praktisch kaum feststellen. Die richterliche Überzeugung darf sich auf eine Wahrscheinlichkeit stützen, die zwar objektiv den Zweifel nicht ausschließt, ihn aber subjektiv, nach Ansicht des Gerichts, als unbegründet erscheinen lässt. […] Der Richter braucht nicht überzeugt zu sein, dass seine Annahme unter allen Umständen richtig sein müsse, es genügt, wenn er zu dem Ergebnis gelangt, dass sie nach den konkreten Umständen die am ehesten vertretbare sei."[41]

10 Hinzu kommt, wie Nell nachgewiesen hat, dass Wahrscheinlichkeitsurteile der juristischen Entscheidungsfindung ohnehin immanent sind.

- Im **öffentlichen Recht** wird unter dem Begriff der Gefahr jedenfalls die **Wahrscheinlichkeit eines Schadenseintritts** verstanden.[42] Gleiches gilt z.B. für die Ungeeignetheit im Sinne des § 4 Abs. 1 StVG.[43]
- Im **Strafrecht** wird für die Festlegung der **abstrakten und konkreten Gefährdungsdelikte** ein **Wahrscheinlichkeitsurteil** benötigt.[44]

37 Vgl. Rieß, Zur Revisibilität der Freien tatrichterlichen Überzeugung, GA 1978, S. 256, 261 m.w.N.
38 Vgl. Rieß, Zur Revisibilität der Freien tatrichterlichen Überzeugung, GA 1978, S. 256, 272.
39 Herdegen, Die strafprozessualen Beweiswürdigungstheorien des Bundesgerichtshofs in Festschrift für Hanack, S. 311, 313.
40 Kummer, Grundriss des Zivilprozessrechts, S. 135, zitiert nach Schweizer, Kognitive Täuschungen vor Gericht, Dissertation Universität Zürich, S. 143 Fn 714.
41 Guldener, Beweiswürdigung und Beweislast nach schweizerischem Zivilprozessrecht, S. 6 f., zitiert nach Schweizer, Kognitive Täuschungen vor Gericht, Dissertation Universität Zürich, S. 143 Fn 713.
42 Vgl. Nell, Wahrscheinlichkeitsurteile in juristischen Entscheidungen, S. 61 m.w.N. Fn 1, S. 124, 126.
43 Vgl. Nell, Wahrscheinlichkeitsurteile in juristischen Entscheidungen, S. 123 m.w.N.
44 Vgl. Nell, Wahrscheinlichkeitsurteile in juristischen Entscheidungen, S. 65 ff.

- Ein **Unterlassen** ist nur dann strafbar, wenn die rechtlich geforderte Handlung mit an Sicherheit grenzender Wahrscheinlichkeit den rechtlichen Erfolg verhindert hätte. Das wird vor allem im Arztstrafrecht bedeutsam: „Einem Arzt, der eine gebotene Behandlung pflichtwidrig nicht veranlaßt, ist der Tod des Patienten nur anzulasten, wenn der Patient bei pflichtgemäßem Handeln den Todeszeitpunkt mit an Sicherheit grenzender Wahrscheinlichkeit überlebt hätte. Ist ein Überleben nach dem Stand der wissenschaftlichen Erkenntnisse nur möglich oder (in hohem Maße) wahrscheinlich, kann der verbleibende Zweifel nicht mit Erwägungen ausgeräumt werden, die diese Erkenntnisse unberührt lassen.“[45]
- Im **Zivilrecht** kann Kausalität nach der **Adäquanztheorie** dann nicht bejaht werden, wenn der Erfolgseintritt **außerhalb jeglicher Wahrscheinlichkeit** lag.[46] Der Anwendungsbereich des **Anscheinsbeweises** kann nicht festgestellt werden, ohne ein **Wahrscheinlichkeitsurteil** abzugeben.[47] Ein weiteres Wahrscheinlichkeitsurteil wird in § 252 S. 2 BGB ausdrücklich gefordert. Auch § 294 ZPO (Glaubhaftmachung) und § 287 ZPO („überwiegende Wahrscheinlichkeit“[48]) erfordern nach h.A. einen gewissen – unterhalb § 286 ZPO – liegenden Grad an Wahrscheinlichkeit.[49] Zum Beweismaß des § 294 ZPO erfahren wir Folgendes: „Danach genügt ein geringerer Grad der richterlichen Überzeugungsbildung; die Behauptung ist glaubhaft gemacht, sofern eine überwiegende Wahrscheinlichkeit dafür besteht, dass sie zutrifft (BGHZ 156, 139, 141 f; BGH, Beschl. v. 5.5.1976 – IV ZB 49/75, VersR 1976, 928; v. 15.6.1994 – IV ZB 6/94, NJW 1994, 2898). In diesen Fällen tritt an die Stelle des Vollbeweises eine Wahrscheinlichkeitsfeststellung (Zöller/Greger, ZPO 26. Aufl. § 294 Rn 1).“[50]
- Auch die **Notstandsvorschriften**[51] oder der **Fahrlässigkeitsbegriff**[52] des Zivil- und Strafrechts verlangen eine Prognose und damit ein **Wahrscheinlichkeitsurteil.**
- Selbst bei dem praktisch wichtigsten, aber unzuverlässigsten[53] Beweismittel (Zeugenbeweis) kann es nur um eine Wahrscheinlichkeitsschätzung gehen. Es entspricht dem Stand der aussagepsychologischen Wissenschaft, dass aussagepsychologische Gutachten als Output nur **Wahrscheinlichkeitsaussagen** liefern, die im Input von **subjektiven Schätzungen** abhängen. „Aussagepsychologisch gesicherte Personalbeweise liefern keine absoluten Sicherheiten, sondern

45 BGH, NStZ 1987, S. 2940 (Leitsatz).
46 Vgl. Nell, Wahrscheinlichkeitsurteile in juristischen Entscheidungen, S. 68 m.w.N. Fn 25.
47 Vgl. Nell, Wahrscheinlichkeitsurteile in juristischen Entscheidungen, S. 70 ff., 97 ff.
48 Vgl. Baumgärtel/Prütting, Handbuch der Beweislast, Grundlagen, § 9 Rn 16 m.w.N.
49 Vgl. auch BGH, NJW 2004, S. 777 f. zu § 287 ZPO: „Je nach Lage des Einzelfalls, eine höhere oder deutlich höhere Wahrscheinlichkeit“.
50 BGH, IX ZB 60/06.
51 Vgl. Nell, Wahrscheinlichkeitsurteile in juristischen Entscheidungen, S. 181.
52 Vgl. Nell, Wahrscheinlichkeitsurteile in juristischen Entscheidungen, S. 182 f.
53 Vgl. Kühne, Der Beweiswert von Zeugenaussagen, NStZ 1985, S. 252, 254 m.w.N.

nur Wahrscheinlichkeiten und oftmals auch Quantitäten über das Vorliegen einer glaubhaften Aussage."[54] Das zeigt sich bereits daran, dass verschiedene Sachverständige hinsichtlich des Vorliegens oder Nicht-Vorliegens eines aussagepsychologischen Merkmals unterschiedlicher Meinung sein können.[55]

- Bei allen **Prognoseentscheidungen** kommt es auf ein Wahrscheinlichkeitsurteil an.[56] Die Unterbringung in einem psychiatrischen Krankenhaus nach § 63 StGB kommt nur in Betracht, wenn „**eine Wahrscheinlichkeit höheren Grades**" dafür besteht, dass von dem Täter infolge seines Zustandes erhebliche rechtswidrige Taten zu erwarten sind und er deshalb für die Allgemeinheit gefährlich ist.[57] Auch bei der Sicherungsverwahrung ist gem. § 66 Abs. 1 S. 1 Nr. 4 StGB eine **bestehende bestimmte Wahrscheinlichkeit**, dass von dem Täter wegen seines Hanges weitere erhebliche rechtswidrige Taten ernsthaft zu erwarten sind, die eine erhebliche Störung des Rechtsfriedens darstellen, und er deshalb für die Allgemeinheit gefährlich ist, nötig.[58]
- Hamm/Hassemer/Pauly stellen klar, dass Entscheidungen unter Unwissenheit nur **Wahrscheinlichkeitsurteile** darstellten.[59] Eine Entscheidung unter Nichtwissen, d.h., eine Entscheidung, was für wahr zu erachten sei, wird vom Gesetz in § 286 ZPO geradezu gefordert, mithin qua definitionem ein Wahrscheinlichkeitsurteil. Das muss dann aber für die inhaltlich identische Vorschrift des § 261 StPO auch gelten.
- Im Verfassungsprozessrecht muss der Beschwerdeführer im Falle der Verfassungsbeschwerde gegen ein Gesetz die eigene und gegenwärtige Betroffenheit in seinen Grundrechten mit **einiger Wahrscheinlichkeit** bereits in der Zulässigkeitsstation darlegen.[60]
- Im Steuerrecht sind Kosten eines Zivilprozesses als außergewöhnliche Belastungen anzuerkennen, wenn aufgrund einer ex ante Prognose der Erfolg der Klage mindestens ebenso **wahrscheinlich** wie ein Misserfolg ist.[61] Besteuerungsgrundlagen werden gem. § 162 AO geschätzt: „Die Schätzung ist ein Verfahren, mit Hilfe von Wahrscheinlichkeitsüberlegungen die Besteuerungsgrundlagen zu ermitteln, wenn eine sichere Feststellung trotz des Bemühens um eine Aufklärung nicht möglich ist [m.w.N.]. Die so ermittelte Besteuerungsgrundlage enthält einen Unsicherheitsbereich, der vom Wahrscheinlichkeitsgrad der Schätzung ab-

54 Scholz, Wie können nicht glaubhafte Zeugenaussagen entstehen, NStZ 2001, S. 572, 579.

55 Vgl. Köhnken, Fehlerquellen aussagepsychologischen Gutachten, S. 18 in: Die Erhebung von Zeugenaussagen im Strafprozess (Hrsg. Deckers/Köhnken).

56 Vgl. Meyer-Goßner, Komm. zur StPO, 51. Aufl., § 261, Rn 27.

57 Vgl. BVerfG, Beschl. v. 8.12.2011 – 2 BvR 2181/11 = NJW 2012, S. 513 ff.

58 Vgl. Stree/Kinzing in: Schönke/Schröder, StGB, 29. Aufl., § 66 Rn 39 m.w.N.

59 Vgl. Hamm/Hassemer/Pauly, Beweisantragsrecht, 2. Aufl., Rn 154 m.w.N.

60 Vgl. Maunz/Schmidt-Bleibtreu/Klein/Bethge, Kommentar zum BVerfGG, Stand. 34. EL., § 90, Rn 376 m.w.N.

61 Vgl. BFH, VI R 42/10 mit einer Änderung der bisherigen Rechtsprechung.

hängig ist. Die Wahrscheinlichkeit, daß eine Schätzung zutreffend ist, wird um so größer sein, je umfangreicher der zugrunde gelegte gewisse Sachverhalt (Ausgangssachverhalt) ist und je zuverlässiger die angewandte Schätzungsmethode ist."[62]

- Auch im Asylrecht hat das BVerfG Wahrscheinlichkeitsmaßstäbe entwickelt.[63]
- Es kann daher Folgendes festgehalten werden:
  - Objektive Wahrheit oder objektive Wahrscheinlichkeit kann nicht festgestellt werden und scheidet daher als alleiniges Kriterium des Beweismaßes aus. Der Tatrichter, der die Verwirklichung des Tatbestands beurteilen soll, hat die Tat nicht selbst beobachtet. Selbst wenn er das hätte, könnte das intersubjektiv nicht nachgeprüft und als verifiziert anerkannt werden. Der Tatrichter kann seine Hypothese, der Angeklagte X hat den Tatbestand Y verwirklicht, weder verifizieren noch falsifizieren. Er kann durch andere Beweismittel nur induktiv ableiten,[64] dass ihm seine Hypothese glaubwürdig, plausibel, wahrscheinlich, etc. erscheint. **Rational-wissenschaftlich kann daher weder eine volle Überzeugung, dass der Sachverhalt wahr ist, noch die Wahrheit als solche oder eine objektive Wahrscheinlichkeit festgestellt werden.**[65]
  - **Die schlichte Überzeugung des Tatrichters von der Schuld oder Unschuld** des Angeklagten scheidet als alleiniges Kriterium ebenfalls aus.
  - **Erforderlich ist die subjektive Überzeugung vom Vorliegen einer Wahrscheinlichkeit** (Wahrscheinlichkeitsüberzeugungstheorie). Insofern ebenso Gollwitzer: „**Überzeugt** ist er [der Tatrichter] aber erst, wenn er die unter Beachtung dieser Grundsätze [= aufgrund objektivierbarer, rational einleuchtender, nachvollziehbarere Erwägungen] gewonnene Erkenntnis von einer zumindest hohen Wahrscheinlichkeit des Geschehens auch subjektiv **für zutreffend**[66] **hält**."[67] „Die Überzeugung des Richters muss sich auf von ihm für erwiesen erachtete konkrete Tatsachen gründen, die seine Würdigung der einzelnen Beweisgründe und insgesamt den daraus gefolgerten Tathergang

62 BFH, Urt. v. 26.4.1983 – VIII R 38/82 = wistra 1983, S. 264 ff.

63 Vgl. Benda/Klein, Verfassungsprozessrecht, 3. Aufl., Rn 316 m.w.N.

64 Alle induktiven Schlüsse sind aber Wahrscheinlichkeitsschlüsse, vgl. Bourmistrov-Jüttner; Subjektive Wahrscheinlichkeitstheorie und rationale Entscheidungstheorie in Anwendung auf die Rechtspraxis, Dissertation München, S. 56 f.

65 Vgl. Bourmistrov-Jüttner; Subjektive Wahrscheinlichkeitstheorie und rationale Entscheidungstheorie in Anwendung auf die Rechtspraxis, Dissertation München, S. X, XI.

66 Im Original folgende Fußnote: Anm.: Im Sinne von wirklich geschehen, vgl. Peters, FS Gmür, S. 316 (Überzeugung, daß realer Vorgang der Außenwelt stattgefunden hat). Zum Wahrheitsbegriff im Strafprozess Einl. G 43 ff.; Krauß, FS Schaffstein, S. 411; Lampe, FS Pfeiffer, S. 367; Rieß, GA 1978 257; Schmidt, JuS 1973 204; van der Venn, FS Schaffstein, S. 411; vgl. ferner Fezer, StV 1995 95; Herdegen, FS Hanack, S. 312; 318; Küper, FS Peters, S. 45; Peters FS Gmür 312; Volk (Wahrheit) 8; AK-Maiwald 10; HK-Julius 1; KK-Engelhardt 14; Kleinknecht/Meyer-Goßner 1; KMR-Stuckenberg 19, 20; SK-Schlüchter 53.

67 LR-StPO/Gollwitzer, 25. Aufl., § 261 Rn 7.

auch objektiv mit hinreichender Sicherheit logisch nachvollziehbar belegen. Nur dann ist dargetan, dass die so gewonnene Überzeugung mehr ist als nur eine nicht objektiv verifizierte bloße **Vermutung**."[68] Wenn die richterliche Überzeugung dem rationalen Unterbau einer objektiv hohen Wahrscheinlichkeit des Tatgeschehens ermangelt, ist sie willkürlich, fehlerhaft und lediglich ein nicht ausreichender Verdacht.[69] Das ist notwendig, um die Unschuldsvermutung zu widerlegen.[70] Auch Kunz vertritt als Maßstab die Prognose der voraussichtlichen Wahrscheinlichkeit der Überzeugung.[71] Im praktischen Ergebnis nähert sich die Wahrscheinlichkeitsüberzeugungstheorie den Theorien an, die nur das Vorliegen einer Wahrscheinlichkeit fordern. Es ist im praktischen Leben nicht denkbar, dass der Tatrichter die Beweise erhebt und bewertet und damit zu einem Wahrscheinlichkeitsurteil gelangt, gleichwohl von diesem selbst gefundenen Ergebnis nicht überzeugt ist. Ist er tatsächlich nicht überzeugt, so wird er seine Bewertung überprüfen und, falls er einen Fehler gemacht hat, die Wahrscheinlichkeitsfeststellung auf dasjenige Maß führen, von dem er wieder überzeugt ist oder, falls er keinen Fehler gemacht hat, dann doch überzeugt sein. „Das Erfordernis der Überzeugung dient also der Aufdeckung nur scheinbarer Beweise bzw. der Initiierung der Fehlersuche."[72]

- **Der Widerstand gegen Wahrscheinlichkeitsurteile ist aufzugeben**, da diese der Rechtsprechung ohnehin immanent sind. Im Übrigen entspricht es seit der Aufklärung dem Selbstverständnis der Wissenschaft, dass stets nur Wahrscheinlichkeitsurteile möglich sind.[73]
- Kunz weist zutreffend auf Folgendes hin: „Bei numerischen wie umgangssprachlichen Bezeichnungen handelt es sich um Synonyme, welche dasselbe bedeuten: Nur die Formulierung des Entscheidungskriteriums ändert sich, das Kriterium bleibt dasselbe [...] Die Zuordnung der umgangssprachlichen Formel ‚Sicherheit jenseits eines vernünftigen Zweifels' zu dem Standard einer der Verurteilung genügenden Wahrheitswahrscheinlichkeit ist ebenso gut möglich wie die Zuordnung eines verlangten Prozentwertes an Sicherheit."[74]

II. Verwendung eines kombinierten Wahrscheinlichkeitsbegriffes

11 In einer um Objektivität bemühten Rechtsprechung kann in der Regel weder der **objektive Wahrscheinlichkeitsbegriff** (s.o. § 6 Rdn 156) zugrunde gelegt werden,

68 LR-StPO/Gollwitzer, 25. Aufl., § 261 Rn 13.
69 Vgl. LR-StPO/Gollwitzer, 25. Aufl., § 261 Rn 13.
70 Vgl. LR-StPO/Gollwitzer, 25. Aufl., § 261 Rn 1.
71 Kunz, Tatbeweis jenseits eines vernünftigen Zweifels, ZStW 2009, S. 572, 592.
72 Schulz, Sachverhaltsfeststellung und Beweistheorie, S. 88.
73 Vgl. Motsch, Vom rechtsgenügenden Beweis, S. 18 f.
74 Kunz, Tatbeweis jenseits eines vernünftigen Zweifels, ZStW 2009, S. 572, 604.

da jeder zu beurteilende Fall singulär ist und keine unendliche Abfolge desselben Falles erzeugt werden kann (auch die Anhänger des objektiven Wahrscheinlichkeitsbegriffes räumen ein, dass damit keine Aussage über einen oder den nächsten Einzelfall gemacht werden kann[75]), noch kann der **subjektive Wahrscheinlichkeitsbegriff** (s.o. § 6 Rdn 158) zugrunde gelegt werden, da es auf die subjektive Bewertung eben nicht mehr entscheidend ankommen soll. Darüber hinaus lässt sich gegen den subjektiven Wahrscheinlichkeitsbegriff dasselbe einwenden wie gegen den objektiven Wahrscheinlichkeitsbegriff. Auch beim subjektiven Wahrscheinlichkeitsbegriff kann keine Aussage über den nächsten oder konkreten Einzelfall gemacht werden, denn dieser folgt aus der vom Beobachter wahrgenommenen Häufigkeit vorangegangener Fälle.[76] Auch der **subjektiv mathematische Wahrscheinlichkeitsbegriff** (s.o. § 6 Rdn 157) kann nicht verwendet werden, da der **hypothetische Wetteinsatz** eben nicht von den subjektiven Kenntnissen der hypothetisch wettenden Person abhängen soll oder, anders ausgedrückt, der Grad des tatsächlichen Glaubens bleibt unbefriedigend,[77] auch wenn der Betroffene auf diesen Glauben eine Wette stützen würde. Hinzu kommt, dass der hypothetische Wetteinsatz nicht bestimmt werden kann und die hypothetische Wette von persönlichen Kriterien wie Risikobereitschaft und irrationalen Gesichtspunkten (z.B. Vertrauen auf eigenes Glück) abhinge. Auch der **logische Wahrscheinlichkeitsbegriff** (s.o. § 6 Rdn 159) kann nicht verwendet werden, da es – im Bemühen um Objektivität – nicht auf den subjektiven Schluss des jeweils erkennenden Richters vom feststehenden Tatsachenmaterial auf die Richtigkeit einer Hypothese ankommen kann. Ein anderes Problem des logischen Wahrscheinlichkeitsbegriffes liegt darin, dass damit nur Bestätigungen einer Hypothese vermittelt werden. Das kann an folgendem Beispiel von Nell gezeigt werden: Es besteht die Hypothese, dass A Eigentümer eines Autos ist. Man weiß als bekannte Tatsachen, dass A einen Führerschein hat und jeder Dritte Führerscheininhaber Eigentümer eines Autos ist. Dann beträgt die logische Wahrscheinlichkeit für die Bestätigung der These $^{1}/_{3}$ = 33,33 %. Besteht jedoch anderes Tatsachenwissen, nämlich, dass A ein Monatseinkommen von mehr als 6.000 DM hat und dass von zwanzig Personen mit einem Monatseinkommen von 6.000 DM 19 Eigentümer eines Autos sind, so bestünde nun eine logische Wahrscheinlichkeit der Bestätigung der These von $^{19}/_{20}$.[78] Das bedeutet „je nach zugrunde liegender Information nimmt die [logische] Wahrscheinlichkeit verschiedene Werte an,“[79] da Wahrscheinlichkeiten der Bestätigung nur im Hinblick auf die vorliegenden Tatsachen bezeichnet werden können. Der logische Wahrscheinlichkeitsbegriff

75 Das soll sinnlos sein, vgl. von Mises, Wahrscheinlichkeit, Statistik, und Wahrheit, Einführung in die neuere Wahrscheinlichkeitslehre und ihre Anwendung, S. 20.

76 Vgl. Nell, Wahrscheinlichkeitsurteile in juristischen Entscheidungen, S. 35.

77 Vgl. Nell, Wahrscheinlichkeitsurteile in juristischen Entscheidungen, S. 47.

78 Vgl. Nell, Wahrscheinlichkeitsurteile in juristischen Entscheidungen, S. 29.

79 Schmidt, Grundsätze der Freien richterlichen Beweiswürdigung im Strafprozess, S. 114, vgl. Nell, Wahrscheinlichkeitsurteile in juristischen Entscheidungen, S. 30.

ist somit ausschließlich ein relativer (bedingter, konditionaler). Gleichwohl existiert ein gemeinsamer Kern der verschiedenen Wahrscheinlichkeitsbegriffe.

Es kommt bei der Einschätzung der Wahrscheinlichkeit des Einzelfalls nicht auf den Einzelfall, sondern auf eine Vielzahl von Fällen an. Nur bei einer Vielzahl an Fällen kann im Sinne der objektiven Wahrscheinlichkeit eine Aussage, oder im Sinne der logischen Wahrscheinlichkeit ein Schluss für die Richtigkeit einer Hypothese getroffen werden. Aber auch die subjektive Bewertung oder der subjektive Wetteinsatz kann nur aufgrund eines Vergleiches mit anderen Fällen geschlossen werden.

12 **Der gemeinsame Kern** kann daher wie folgt beschrieben werden: „aufgrund eines objektiv gesicherten Basismaterials, das die Feststellung über die Häufigkeit einer bestimmten Erscheinung innerhalb eines Kollektivs gestattet, wird ein Schluss auf die Richtigkeit einer Hypothese über die Häufigkeit dieser Erscheinung im konkreten Fall gezogen."[80]

13 Daraus folgt, dass **der zu beurteilende Fall gedanklich vervielfältigt und mit anderen ähnlichen Fällen verglichen werden muss**. So verstanden handelt es sich um „induktive Wahrscheinlichkeit".[81] Er kann nicht unendlich vervielfältigt werden, da die Beurteilung irgendwann einmal abgeschlossen sein muss. Es kommt daher auf die Einschätzung an, in wie vielen von gedachten 100 Fällen mit all den relevanten Besonderheiten dieses Falls sich der Fall aufgrund eines Vergleiches mit anderen ähnlichen Fällen so ereignet hat, wie er im zu prüfenden Sachverhalt unterstellt wird. **Hinzukommen muss aber weiter die Übereinstimmung innerhalb des entsprechenden Fachkreises**, denn, wer die freie Beweiswürdigung einerseits **objektivieren** will, „kann nicht zugleich auf der anderen Seite dem Richter anheim geben, welchen Wahrscheinlichkeitssatz er als objektiv richtig ansehen will."[82]

14 Es ist daher folgender **kombinierter Wahrscheinlichkeitsbegriff** zugrunde zu legen:

15 Ein Sachverhalt ist wahrscheinlich, wenn die relevanten Fachkreise per den Denkgesetzen entsprechender Schlussfolgerung und Erfahrungssätzen aus den vorliegenden Tatsachen davon ausgehen, dass dieser Sachverhalt in 100 gedachten Fällen, mit allen typischen Besonderheiten dieses Falls, mindestens 51-mal mit der Wirklichkeit übereinstimmt. Nachdem dieser Wert von den bekannten Tatsachen ausgeht, kann dieser bei Vorliegen neuer Tatsachen neu berechnet werden. Der vorhergehende Wert war dann nicht falsch, sondern ging von einer anderen Tatsachengrundlage aus.[83]

80 Musielak, Das Överviktsprincip – Zum Verhältnis von richterlicher Überzeugung und Wahrscheinlichkeit, in: Festschrift für Kegel, S. 458.

81 So Herdegen, Die strafprozessualen Beweiswürdigungstheorien des Bundesgerichtshofs, in Festschrift für Hanack, S. 311, 327.

82 Hoyer, Beweiswürdigungsfreiheit und „in dubio pro reo", ZStW 1993, S. 542.

83 Vgl. Schweizer, Kognitive Täuschungen vor Gericht, Dissertation Universität Zürich, S. 141.

B. Festlegung eines konkreten Beweismaßes

I. Festlegung eines konkreten Wahrscheinlichkeitswerts

Gleichwohl ist sowohl die **Wahrscheinlichkeitsüberzeugungstheorie** als solche als auch der kombinierte Wahrscheinlichkeitsbegriff noch nicht komplett. In dem die Wahrscheinlichkeitsüberzeugungstheorie darauf verzichtet, einen konkreten Wahrscheinlichkeitswert vorzugeben, sondern den zu erreichenden Wert lediglich als „hoch wahrscheinlich" etc. bezeichnet, bleibt die Wahrscheinlichkeitsüberzeugungstheorie zu unpräzise, als dass sie praktisch angewandt werden könnte. Ebenso sind die Entscheidungen des BGH, die auf die „hohe Wahrscheinlichkeit" abstellen, zu unpräzise.[84] Ist ein Sachverhalt hoch wahrscheinlich (was nach bestimmten Entscheidungen ausreicht), wenn er mit 75 %iger Wahrscheinlichkeit, mit 85 %iger oder erst mit 99 %iger Wahrscheinlichkeit feststeht? Die Antwort auf die Frage hängt nach wie vor vom Belieben des Antwortenden ab. Auch der oben entwickelte kombinierte Wahrscheinlichkeitsbegriff legt bisher nur dar, dass ein Sachverhalt wahrscheinlich ist, wenn er mindestens 51-mal in gedachten 100 Fällen vorkommt, nicht aber, wie oft in den 100 gedachten Fällen die Schlussfolgerung der Richtigkeit erfolgen muss, um zu einer Verurteilung zu kommen. Da es auf einen für das praktische Leben brauchbaren Grad an Gewissheit ankommt, bedeutet das, dass umso höhere Anforderungen an die Wahrscheinlichkeit zu stellen sind, da es der Beweisführer selbst in der Hand hat, im praktischen Leben einen höheren Grad an Wahrscheinlichkeit nachzuweisen. Wer sich also auf den **Zugang eines Briefes** beruft, kann dies nicht durch Absenden des Briefes nachweisen.[85] Dies auch dann nicht, wenn die Verlustquote von Briefen nur 0,0008 % betragen würde.[86] 16

Hinweis 17

Würde man das Absenden eines Briefes zum Beweis des Zugangs genügen lassen und dem Adressaten des Briefes den Nachweis des Nichtzugangs aufbürden, würde man den Adressaten einen faktisch nicht zu führenden Negativbeweis

84 Ebenso, Hoyer, Beweiswürdigungsfreiheit und „in dubio pro reo", ZStW 1993, S. 523, 539, das erkennt wohl auch Herdegen, selbst an: „ein Explikandum für das ein exakteres Explikat noch nicht gefunden worden ist," so Herdegen, in Beweisantragsrecht, Beweiswürdigung, strafprozessuale Revision, S. 123.

85 So zu Recht: BGH, BGHZ 24, S. 308 ff.

86 Schneider, Die Klage im Zivilprozess, Rn 61 teilt diese Quote mit u. kritisiert, dass es insofern keinen Anscheinsbeweis gibt. Dem ist m.E. **nicht zuzustimmen**. Die o.g. Fehlerquote ergibt sich aus den der Post als verloren gemeldeten Briefen. Die meisten Postkunden melden einen verloren gegangenen Brief aber nicht. Folglich ist die Dunkelziffer hinsichtlich der verloren gegangen Briefe immens hoch u. damit stimmen o.g. Verlustquote u. Prozentzahl nicht mehr. Die persönliche anwaltliche Erfahrung des Autors m. dem Posteingang ist überdies, dass es eine Fülle an Briefen gibt, die falsch zugestellt werden oder schlicht verloren gehen. Selbst von den Gerichten werden oft Briefe falsch zugestellt, z.B. an die eigene Partei statt an den Gegner, oder schlichte Irrläufer aus einem völlig anderen, unbekannten Verfahren.

aufbürden. Das ist weder interessengerecht noch lässt sich dies mit der Rechtsprechung zu dem analogen Problem der Erfüllung einer Geldschuld vereinbaren.[87]

18 Fraglich ist, auf welches Beweismaß abzustellen ist, wenn die Wahrscheinlichkeit nicht naturwissenschaftlich exakt – wie bei Abstammungsgutachten – ermittelt, sondern nur geschätzt werden kann. Hierbei kann es sich eben nur um eine Schätzung, d.h. Bewertung der vorgetragenen Tatsachen mit den Erkenntnissen des Erfahrungswissens, handeln.[88] Üblicherweise werden daher keine Prozentzahlen mehr genannt, sondern behauptet, der Beweis sei nur dann geführt, wenn

- jeder vernünftige Zweifel ausgeschlossen ist,[89]
- mit an Sicherheit grenzende Wahrscheinlichkeit vorliegt,[90]
- das Gericht zu der persönlichen Gewissheit gelangt ist, dass eine Tatsache mit derart hoher Wahrscheinlichkeit festzustellen ist, dass Zweifeln Schweigen geboten ist, ohne sie völlig auszuschließen.[91]

„Wird dieser Gewissheitsgrad nicht erreicht, dann steht die zu beweisende Behauptung nicht fest."[92]

19 **Teilweise wird auch vertreten, dass eine sehr hohe Wahrscheinlichkeit ausreicht**,[93] ohne freilich genau darzustellen, ob eine sehr hohe Wahrscheinlichkeit mit der an Sicherheit grenzenden Wahrscheinlichkeit gleichzusetzen ist. **Überhaupt ungeklärt ist in der deutschen Rechtsprechung und Literatur, wann eine Wahrscheinlichkeit numerisch so groß ist, dass sie an Sicherheit grenzt.**[94] Das soll nach der österreichischen Literatur dann der Fall sein, „wenn nur wenige Promille zur Hundertprozentgrenze fehlen".[95] Wenn allerdings nur einige Promille zur Hundertprozentgrenze fehlen dürfen, um die geforderte, an Sicherheit grenzende Wahrscheinlichkeit zu erreichen, so würde dies mit der Forderung nach dem für das praktische Leben brauchbaren Grad an Gewissheit[96] kollidieren. Synonym verstanden werden muss aber eine mit an Sicherheit grenzende Wahrscheinlichkeit mit der ei-

87 Vgl. Baumgärtel/Laumen, Handbuch der Beweislast, Grundlagen, § 15 Rn 9.
88 Vgl. Musielak/Stadler, Grundfragen des Beweisrechts, S. 70.
89 Vgl. BGH, VersR 1959, S. 632.
90 Vgl. Schneider, Beweis und Beweiswürdigung, Rn 65.
91 Vgl. OLG Celle, 11 U 19/98, OLGR Celle 1999, S. 109.
92 Schneider, Beweis und Beweiswürdigung, Rn 65.
93 Vgl. Baumgärtel, Beweislastpraxis im Privatrecht, S. 53.
94 Vgl. Allgaier, Probabilitas und Jus, Über die Beweiskraft im Recht unter besonderer Berücksichtigung von Kybernetik, Statistik und Wahrscheinlichkeit, MDR 1986, S. 626 ff.
95 Fasching, Lehrbuch des österreichischen Zivilprozessrechts, Rn 815.
96 Vgl. BGH, NJW 1993, S. 935.

nen vernünftigen Zweifel ausschließenden Überzeugung.[97] Diese Begriffe sind im Lichte der aufgestellten Forderung nach dem für das praktische Leben brauchbaren Grad an Gewissheit zu interpretieren.

Konkreter, subsumtionsfähiger und intersubjektiv diskutabel wird damit nur ein konkret vorgegebener Wert. Auch Kunz ist dieser Ansicht: „Darum [unterschiedliche Interpretation verbaler Begriffe] erscheint der Versuch lohnend, das Ausmaß der zu fordernden Wahrscheinlichkeit, dass der Tatvorwurf der Wahrheit entspricht, numerisch und damit exakt auszudrücken.“[98] 20

Es ist daher als Regelbeweismaß einerseits von einer an Sicherheit grenzenden Wahrscheinlichkeit auszugehen. Nur dann ist es gerechtfertigt, von einem Sachverhalt überzeugt zu sein, d.h., nur dann ist Zweifeln Schweigen geboten. Das ist auch insofern gerecht, als „man von der Partei, die ein subjektives Recht geltend macht, den vollen Nachweis ihres Rechts verlangen muss und dass es gerecht ist, ihr den Prozesserfolg infolge der Beweislast zu versagen, wenn dieser Nachweis zur Überzeugung des Richters nicht gelingt [...], wobei wir wieder bei der Formel angelangt sind, dass voller Nachweis die Vermittlung einer mit an Sicherheit grenzender Wahrscheinlichkeit bedeutet, jedenfalls in einem Prozess vor deutschen und schweizer Gerichten.“[99] Andererseits kann dies in der Regel nicht eine Prozentzahl bedeuten, der nur wenige Promille zur Hundertprozentgrenze fehlen, da diese im praktischen Leben (fast) nie zu erreichen sein dürfte. Gleiches gilt für den Strafprozess, da hier der Staat seinen staatlichen Strafanspruch (quasi im Sinne eines subjektiven Rechts des Staates) geltend macht. Das erforderliche Beweismaß ist also an die Erfordernisse des Lebens und der Notwendigkeit, unter Unsicherheit zu entscheiden, anzupassen. 21

Welchen konkreten Wert man fordert, hängt davon ab, welchen Anspruch man an das Rechtssystem hat. Möchte man keinen Unschuldigen zu Unrecht verurteilen, so muss man eine gegen 100 % gehende Überzeugung der Richtigkeit der Wahrscheinlichkeit des festgestellten mit dem wirklichen Sachverhalt fordern. Akzeptiert man, dass jeder zweite Verurteilte zu Unrecht verurteilt wird, so kann man sich mit einem Wert von 50 % begnügen. Je höher man die Anforderungen an die Überzeugung der Wahrscheinlichkeit der Richtigkeit des festgestellten mit dem wirklichen Sachverhalt stellt, desto mehr tatsächliche Täter werden nicht verurteilt, da die Indizien dann umso eher nicht ausreichen, um zu einer derart starken Über- 22

97 Vgl. Allgaier, Probabilitas und Jus, Über die Beweiskraft im Recht unter besonderer Berücksichtigung von Kybernetik, Statistik und Wahrscheinlichkeit, MDR 1986, S. 627.

98 Kunz, Tatbeweis jenseits eines vernünftigen Zweifels, ZStW 2009, S. 572, 595.

99 Habscheid, Beweislast und Beweismaß, S. 119, in Festschrift für Baumgärtel.

zeugung zu kommen. Fordert man eine absolute Sicherheit, d.h. 100 %ige Überzeugung[100] der Wahrscheinlichkeit des Übereinstimmens des festgestellten Sachverhaltes mit dem wirklichen, so gilt Folgendes:

> *„So wenig [...] der Mensch überhaupt sich durch [...] abstrakte Irrtumsmöglichkeit vom praktischen Handeln abhalten lassen darf, wenn er nicht untergehen will, so wenig darf sich auch ein Richter, wenn nicht die Gerechtigkeit Schaden leiden soll, auf die Unmöglichkeit einer absoluten Wahrheitserkenntnis zurückziehen.“*[101]

23 Es sind daher die Freiheitsinteressen derjenigen, die nicht zu Unrecht verurteilt werden wollen, mit dem Interesse an einer wirkungsvollen Strafrechtspflege, in der tatsächliche Straftäter auch tatsächlich verurteilt werden, gegeneinander abzuwägen.

> *„Damit ‚die Gerechtigkeit' ihren Lauf nehmen kann, müssen Straftäter nach Möglichkeit verurteilt werden, auch wenn dabei ‚im Eifer des Gefechts' einmal ein Unschuldiger mitverurteilt werden sollte.“*[102]

24 **Für den Bereich des Strafrechts** dürfte Übereinstimmung darin bestehen, dass (außerhalb von Bagatellfällen) der konkrete Wahrscheinlichkeitswert **nicht unter 95 % liegen darf (**ein Beweismaß von 100 % wäre zwar wünschenswert, ist aber wegen nie zu vermeidender Irrtumsmöglichkeiten nicht zu erreichen).[103] Sei es, dass man diesen Wert intuitiv fordert (von 100 Verurteilten dürfen maximal fünf zu Unrecht verurteilt sein) oder sei es, dass dieser rechtswissenschaftlich begründet wird. **Hoyer geht von einem zu erreichenden Wert von 96 % aus. Er begründet dies anhand einer Formel von Condorcet aus dem Jahr 1785**, der zufolge der erforderliche Verdachtsgrad (P) der Quotient aus dem Freiheitsinteresse des Individuums (FI) und der Summe aus Freiheitsinteresse des einzelnen (FI) und Sicherheitsinteresse der Allgemeinheit (SI) sei. Das Freiheitsinteresse des Individuums übersteige das Sicherheitsinteresse der Allgemeinheit im Verhältnis 22,5 zu 1. Dies ergäbe sich daraus, dass die Maximalstrafe durch aktives Handeln lebenslange Haft betrage. Durch Unterlassen könne sich (bei fehlender Garantenstellung) maximal eine Haftstrafe von einem Jahr ergeben (§ 323c StGB). Eine einjährige Freiheitsstrafe könne nach acht Monaten, also nach $^2/_3$ zur Bewährung ausgesetzt werden, eine lebenslange Freiheitsstrafe aber erst nach 15 Jahren. Damit wiege es im Verhältnis zur Unterlassung 22,5-mal so schwer ($^2/_3$ Jahre: 15 Jahre = $^2/_{45}$ – $^1/_{22,5}$), wenn die Rechtsordnung durch aktives Handeln beeinträchtigt wird. Da Hoyer dem Strafrecht eine innere Konsistenz seiner Wertung unterstellt, kommt er zu dem

100 100 % sind nie erreichbar, da Zweifel, auch der entfernteste immer bleiben. Vieles, was der Menschheit als Gewissheit erschien, war es oft doch nicht.

101 BGH, NJW 1951, S. 83.

102 Hoyer, Beweiswürdigungsfreiheit und „in dubio pro reo“, ZStW 1993, S. 523, 537.

103 Vgl. Kunz, Tatbeweis jenseits eines vernünftigen Zweifels, ZStW 2009, S. 572, 594.

Schluss, dass das Sicherheitsinteresse der Allgemeinheit mit 1 zu bewerten sei und das Freiheitsinteresse des Individuums mit 22,5. In die Formel von Condorcet eingesetzt ergäbe sich damit:[104]

$$P = \frac{FI}{FI + SI} = \frac{22,5}{22,5 + 1} = 0,9574 \approx 96\%$$

Hinweis 25

In den U.S.A. haben weder Bundesgerichte noch die dortige Wissenschaft Bedenken, das zu erreichende Beweismaß numerisch zu quantifizieren.[105]

Des Weiteren kann das konkrete Beweismaß aus den Entscheidungen entnommen werden, in denen sich der BGH mit dem naturwissenschaftlichen Beweis[106] beschäftigt. 26

In der **medizinischen Wissenschaft** ist allgemein anerkannt, dass bei einer Vaterschaftswahrscheinlichkeit von 99,8 % eine Vaterschaft praktisch erwiesen ist, obwohl dies in 1000 Fällen bedeutet, dass 2-mal dem falschen Mann eine Vaterschaft unterstellt wurde.[107] Die Rechtsprechung teilt dem Tatrichter mit, er könne daher ab einer Vaterschaftswahrscheinlichkeit von 99 % in der Regel von der Vaterschaft überzeugt sein.[108] Bei einer Wahrscheinlichkeit zwischen 95 und 99 % käme es auf die Umstände des Einzelfalles an und man könne nur noch dann von der Vaterschaft ausgehen, wenn noch andere für die Vaterschaft sprechende Indizien hinzukämen. **Sei die Vaterschaftswahrscheinlichkeit kleiner als 95 %, müssten schwerwiegende Zweifel an der Vaterschaft bestehen.**[109] Gleichwohl führt der BGH aus, dass dies dem Tatrichter allenfalls[110] Anhaltspunkte geben kann, aber selbst bei einer durch Abstammungsgutachten ausgewiesenen Wahrscheinlichkeit von 99 % und darüber könne der Tatrichter nicht von einer Vaterschaft ausgehen, wenn „aufgrund anderer durchschlagender Beweismittel schwerwiegende Zweifel an der Vaterschaft verbleiben."[111] Der BGH ändert hier den Fall ab,[112] um nicht der Wahrscheinlichkeit das größte Gewicht bei der Entscheidungsfindung beizumessen, sondern der subjektiven Überzeugung. Gibt es nämlich aufgrund anderer durchschlagender Beweismittel schwerwiegende Zweifel an der Vaterschaft, so kann die Wahrscheinlichkeit des Gutachtens nicht mehr bei 99 % und darüber lie- 27

104 Vgl. Hoyer, Beweiswürdigungsfreiheit und „in dubio pro reo", ZStW 1993, S. 523, 540 f.
105 Vgl. Kunz, Tatbeweis jenseits eines vernünftigen Zweifels, ZStW 2009, S. 572, 601 f. m.w.N.
106 Vgl. hierzu auch BGH, NStZ 1982, S. 478 bei Schriftsachverständigengutachten.
107 Vgl. BGH, BGHZ 61, S. 171.
108 Obwohl hier schon einem Mann in hundert Fällen fälschlich die Vaterschaft unterstellt wurde.
109 Vgl. BGH, NJW 1973, S. 1924, 1926.
110 Warum nicht „jedenfalls"?
111 BGH, NJW 1973, S. 1926.
112 Vgl. Bender, Merkmalskombinationen in Aussagen, S. 103.

gen, sondern nur darunter, denn dann ändert sich die Gutachtensgrundlage und somit das Gutachtensergebnis.[113] Richtig verstanden hat der BGH somit in o.g. Fall nur ausgedrückt, dass eine Wahrscheinlichkeit unter 99 % (im Fall eines naturwissenschaftlichen Beweises) den Richter nicht zur Überzeugung zwingen muss. Geklärt ist auch, dass eine Wahrscheinlichkeit von jedenfalls 99,85 % den Richter zur subjektiven Überzeugung zwingt.[114]

28 **Es lässt sich festhalten, dass zu einer Verurteilung eine Wahrscheinlichkeit der Richtigkeit des festgestellten mit dem wahren Sachverhalt von mindestens 95 % notwendig ist** (anderenfalls bestehen „schwerwiegende Zweifel"). Dementsprechend hatte bereits das RG festgestellt, dass bei einer Wahrscheinlichkeit zwischen 84 % und 91 % Zweifel an der Kausalität nach der Rechtsprechung des RG gerechtfertigt sind.[115] Ob der zu einer Verurteilung erforderliche Wahrscheinlichkeitswert abstrakt bei 95 % belassen werden kann, d.h., auch als hinreichend angenommen werden kann, oder auf die 99,8 % des naturwissenschaftlichen Beweises erhöht und verallgemeinert werden muss, hängt von den Nachweismethoden der Festlegung der Wahrscheinlichkeit und der Bedeutung der Sache ab. Zu beachten ist, dass eine Wahrscheinlichkeit von 99,8 % allenfalls bei wenigen naturwissenschaftlichen Bereichen festgestellt werden kann. **Da die Festlegung eines Beweismaßes unter der Prämisse steht, dass ein für das praktische Leben brauchbarer Grad an Gewissheit vorliegen muss, eine Wahrscheinlichkeit von 99,8 % aber praktisch fast nie zu erreichen sein wird, scheiden 99,8 % als allgemeines Beweismaß aus.** Eine Wahrscheinlichkeit von 99,8 % würde eben bedeuten, dass von 1000 Verurteil-

113 Hummel, Das Blutgruppengutachten; seine Bedeutung vor Gericht, NJW 1981, S. 605, 608.

114 Zwar drückt der BGH in den Entscheidungen NJW 1987, S. 2296, NJW 1991, S. 2961 und NJW-RR 1989, S. 1223 nur aus, dass dies „grundsätzlich" der Fall sei, jedoch gilt dies immer. Wenn die Ausnahmen von dem Grundsatz nämlich greifen würden, so würde sich der Ausgangsfall so verändern, dass die Wahrscheinlichkeit durch Veränderung der Grundlage des Wahrscheinlichkeitsurteils nach unten zu korrigieren sei, vgl. Bender, Merkmalskombinationen in Aussagen, S. 103; anders aber die Entscheidung BGH, NJW 1992, S. 2976 f., in der selbst eine Wahrscheinlichkeit von 99,986 % nicht zur Verurteilung reichte. Zwar wurde das Urteil aus formalen Gründen aufgehoben. Das LG habe eine falsche Rechenformel, nämlich Subtraktion statt dem Theorem von Bayes angewandt. Nach dem Theorem von Bayes hätte sich die Endwahrscheinlichkeit von 99,986 % aber nur bei einer Anfangswahrscheinlichkeit von 50 % ergeben, die das LG nicht mitteilte oder anwandte. Dass der BGH dieses Urteil aufhob, ist aus formellen Gründen richtig, jedoch stellt sich die Beruhensfrage. Hätte das LG nämlich diese Anfangswahrscheinlichkeit verwendet oder offengelegt, wäre diese entweder indifferent (50 %) oder für den Angeklagten noch ungünstiger (keine Reihenuntersuchung, sondern Bezichtigung des Angeklagten durch das Opfer) gewesen. Daher ist es de facto richtig, dass der BGH ein Urteil trotz Wahrscheinlichkeit von 99,986 % aufgehoben hat, so Hamm, Zur Revisibilität der Beweiswürdigung in den Fällen „Aussage gegen Aussage", StraFo 2000, S. 253; Naheliegender dürfte aber sein, dass der BGH den Wahrscheinlichkeitswert von 99,986 % bezweifelte, weil die Häufigkeitsverteilung der Merkmale in der ethnischen Population des Angeklagten nicht bekannt war, vgl. hierzu auch von Hippel, Urteilsanmerkung, JR 1993, S. 124 f.; vgl. auch Nack, Revisibilität der Beweiswürdigung, StV 2002, S. 558, 564.

115 Vgl. RGSt 75, S. 372.

ten 998 zu Recht verurteilt werden. Eine derartige Gewissheit sprengt die Bandbreite dessen, was im praktischen Leben feststellbar ist. Der Tatrichter muss sich jedoch mit einem für das praktische Leben brauchbaren Grad an Gewissheit begnügen.[116] Die Grund- und verfahrensrechtlichen Garantien sollten umso wirkungsvoller ausgestaltet sein, je mehr auf dem Spiel steht, d.h., je gravierender der Eingriff in die Rechte des Einzelnen sein kann.[117]

Geht es um Kapitalverbrechen, die mit lebenslanger Freiheitsstrafe bedroht sind, kommt m.E. nur ein Beweismaß von 99 % in Betracht.[118] In diesem Zusammenhang ist interessant, dass wenn Menschenleben von der Verlässlichkeit einer Messmethode abhängen, die DIN 1319 einen Vertrauensbereich von 99,73 % verlangt und in der Luftfahrt eine noch höhere Sicherheitsquote praktiziert wird.[119] Ein Beweismaß von 95 % würde bedeuten, dass von 100 zu lebenslanger Haft Verurteilte fünf zu Unrecht einsitzen. Das ist mit dem Freiheitsinteresse der aktuell zu Unrecht Verurteilten oder der übrigen Bevölkerung, die potenziell ebenfalls zu Unrecht verurteilt werden könnte, nicht zu vereinbaren. Das diesseits festgelegte Beweismaß von 99 % würde bedeuten, dass von 100 Verurteilten nur 1 zu Unrecht verurteilt wurde. Die Anforderungen an eine Verurteilung sind damit zwar sehr hoch, aber wohl noch nicht so hoch, als dass Schuldige nicht mehr verurteilt werden können. Bei der schwersten aller Strafen ist somit (nahezu) absolute Gewissheit zu fordern, somit 99 %.[120] 29

Geht es **nur um sonstige Straftaten**, wiegt das Freiheitsinteresse der tatsächlich oder potenziell zu Unrecht Verurteilten nicht mehr ganz so schwer, sodass es bei dem (Regel-) Beweismaß von mindestens 95 % verbleiben kann. 30

Teilweise wird vertreten, dass selbst bei einem Zivilprozess ein Regelbeweismaß von mehr als 99 % bestehen müsse, denn selbst eine Wahrscheinlichkeit von 99 % läge an der Grenze des im Rechtsverkehr und für das Rechtsempfinden Vertretbaren. Hierzu ein Beispiel: 31

„A besitzt ein goldenes Zigarettenetui der Art, die gerade in Mode ist. Auf einer Gesellschaft kommt es ihm abhanden. Bei der Nachforschung nach dem Täter wird ein solches bei B gefunden. B behauptet, sich auch ein solches in einem Kaufhaus 32

116 Vgl. BGH, NJW 1993, S. 935.

117 Vgl. Deckers, 25 Jahre Strafverteidigung im Gegenwind, AnwBl. 2009, S. 241, 247.

118 Vgl. hierzu „eine an Sicherheit grenzende Wahrscheinlichkeit", Walter, Freie Beweiswürdigung, S. 190 und Peters, Literaturbericht: Walter, Freie Beweiswürdigung, ZStW 1994, S. 1003, 1006.

119 Vgl. De Vries, Einführung in die Kriminalistik für die Strafrechtspraxis, Rn 301.

120 Schneider, Beweis und Beweiswürdigung, Rn 69 „[…] je nach der angewandten naturwissenschaftlichen Beweismethode – im Bereich von 99 %iger Sicherheit liegen. Durch solche Grenzwert-Feststellungen wird der individuelle Überzeugungsfaktor praktisch ausgeschaltet."; Teilweise werden als „Überzeugung von der Wahrheit" auch mehr als 99,8 % als Beispiel genannt, vgl. z.B. Bender, Das Beweismaß in Festschrift für Fritz Baur, S. 258, vgl. auch, Prütting, Gegenwartsprobleme der Beweislast, S. 74 ff.

gekauft zu haben. Da im Kaufhaus keine Rechnung ausgestellt wird und die Kunden persönlich nicht bekannt sind, lässt sich ein Nachweis selten führen. Es sei unstreitig, dass die Wahrscheinlichkeit, dass sich auf dieser Gesellschaft zwei Besitzer mit einem solchen Etui befinden, gleich 1 % sei. Dann wäre bei Fehlen weiterer Beweismittel die Wahrscheinlichkeit der Behauptung des A, B habe sein Etui gestohlen, 99 %. Im Prozess würde A mit einem solchen Schadensersatzanspruch gegen B durchdringen. Eine solche Regelung müsste zu einer starken Beunruhigung der Rechtsgemeinschaft führen."[121] Das ist freilich nur ein theoretisches Beispiel von Schreiber, denn eine solche Wahrscheinlichkeit wird sich in der Realität nicht ermitteln lassen.

33 **Jedenfalls sollte es m.E. als Regelbeweismaß bei einer Wahrscheinlichkeit von mindestens 95 % verbleiben.**[122] Eine nur 90 %ige Wahrscheinlichkeit für einen zivilrechtlichen Kausalverlauf kann keine Überzeugung im Sinne des § 286 ZPO begründen.[123]

34 Verlangt man im Regelfall ein höheres Beweismaß als die hier vorgeschlagenen 95%, wären die Anforderungen an eine Verurteilung dergestalt hoch, dass es nur noch selten zu Verurteilungen kommen könnte und so das Sicherheitsinteresse der Bevölkerung beeinträchtigt werden würde.

35 **Geht es nur um Ordnungswidrigkeiten, so kann man sich mit einer Wahrscheinlichkeit von 90 % begnügen.** Es wäre nicht gerechtfertigt, eine ebenso hohe Wahrscheinlichkeit wie bei Straftaten zu verlangen. Eine ebenso hohe Wahrscheinlichkeit könnte nur mit ebenso hohem Aufwand erreicht werden, sodass es im Bereich der Ordnungswidrigkeiten zur Vermeidung der Verschleuderung der Ressource „Recht", gerechtfertigt ist, eine geringere Wahrscheinlichkeit der Richtigkeit des festgestellten mit dem wirklichen Sachverhalt, d.h. eine geringe Sicherheit der Richtigkeit des festgestellten Sachverhalts und damit einen geringen Aufwand zur Feststellung zugrunde zu legen. Der Sache nach dürfte das der Rechtsprechung entsprechen, die zwar nicht expressis verbis das Beweismaß absenkt, sondern nur die Anforderungen an die Urteilsgründe.[124]

36 **Die Angabe einer Prozentzahl ist m.E. nicht überflüssig, auch wenn die Prozentzahl in der Praxis regelmäßig nicht genau bestimmt, sondern nur auf Plausibilitätsniveau geschätzt werden kann.** Dies deshalb nicht, da die als Alternative zur Verfügung stehenden Begriffe wie „hohe Wahrscheinlichkeit", „an Sicherheit grenzende Wahrscheinlichkeit", „sehr hohe Wahrscheinlichkeit" etc. noch ungenauer

121 Schreiber, Theorie des Beweiswertes für Beweismittel im Zivilpozeß, S. 15.

122 Ebenso für den Bereich des Zivilrechts 95–99 % als Vollbeweis, vgl. Prölls/Martin, Kommentar zum VVG 24. Aufl., § 49 Anm. 3a.

123 Vgl. den Fall BGH, NJW 2004, S. 777 f., in dem ein Sachverständiger das Risiko, dass sich der Erfolg auch ohne die konkrete Handlung ereignet hätte, mit mindestens 10 % angibt.

124 Vgl. BayObLG, zfs 2003, S. 97; OLG Hamm, zfs 2000, S. 270 f.

und schwerer fassbar sind.[125] Auch wenn in der Beweiswürdigung (mit Ausnahme gewisser naturwissenschaftlicher Gutachten) nie exakt festgestellt werden kann, ob eine Beweisstärke mit der erforderlichen Prozentzahl erreicht wurde, ist die Angabe einer Prozentzahl für die zu erreichende Beweisstärke deshalb nützlich, weil sich der Richter plastisch verdeutlichen kann, ob und wann die erforderliche Beweisstärke erreicht wird. Gibt man dem Richter somit vor, er müsse überzeugt sein, dass der von ihm festgestellte Sachverhalt mit 95 %iger Sicherheit mit der Wirklichkeit übereinstimmen, so führt dies m.E. dazu, dass sich der Richter gedanklich umfassender mit der Beweiswürdigung beschäftigen muss und damit höhere Gewähr, dass der Beweiswert richtig eingeschätzt wird, als wenn man einen abstrakten Rechtsbegriff der „sehr hohen Wahrscheinlichkeit" oder „hohen Wahrscheinlichkeit" etc. vorgibt, ohne festzulegen, was genau „hoch" oder „sehr hoch" etc. ist.[126] Wer den Grad der zu erreichenden Wahrscheinlichkeit nicht vorgibt, kann zu der Frage, ob der Grad (das nach diversen BGH-Entscheidungen anzuwendende Beweismaß der hohen Wahrscheinlichkeit) tatsächlich erreicht ist, faktisch keine Angaben machen.[127] Obwohl der BGH das Beweismaß der hohen Wahrscheinlichkeit in einer Vielzahl an Entscheidungen vorgegeben hat,[128] findet sich eine abschließende Begründung dafür, dass und warum diese Wahrscheinlichkeit im Einzelfall erreicht sein soll oder eben auch nicht, in den einzelnen Entscheidungen regelmäßig nicht.[129]

125 Vgl. Jerouschek, Wie frei ist die freie Beweiswürdigung, GA 1992, S. 493, 510, vgl. auch Hoyer, Beweiswürdigungsfreiheit und „in dubio pro reo, ZStW 1993, S. 523, 539.

126 Scheinbar ebenso Döhring, Erich, Die Erforschung des Sachverhalts im Prozess, Duncker & Humblot, Berlin, 1963, S. 363/364: „Der Wahrscheinlichkeitsgrad muss jeweils klargestellt werden." Anderseits ist Döhring auf S. 463, 464 aber der Ansicht, in der endgültigen Beweiswürdigung sei der Einfluss emotionaler Kräfte völlig legitim und es „müsse neben einem starken objektiven Befund noch das Ja aus der Tiefe der Persönlichkeit hinzukommen".

127 Vgl. Graf/StPO/Eschelbach, § 261 Rn 18.2.

128 Vgl. BGH, NStZ 1997, S. 377 = 2 StR 534/96, vgl. auch BGHR StPO § 261 Identifizierung 6 und Vermutung 11, vgl. auch BGH, StV 1992, S. 6 = 2 StR 17/91, vgl. auch BGHR StPO § 261 Überzeugungsbildung 7 = 2 StR 551/87, vgl. BGH, StV 1990, S. 534 = NStZ 1990, S. 603 = BGHR StPO § 261 Mitangeklagte 1 = 2 StR 324/99, vgl. auch BGH, StV 1990, S. 99 = 2 StR 182/89, vgl. BGH, StV 1988, S. 190 = NStZ 1988, S. 236 = MDR 1988, S. 425 = BGHR StPO § 261 Überzeugungsbildung 7 = 2 StR 551/87, vgl. auch BGH, NJW 1980, S. 2423 f., vgl. auch BGH, NStZ 1982, S. 478 f. = 1 StR 371/82, vgl. auch BGH NJW 1999, S. 1562, 1564 = 1 StR 171/98 = Pistazieneisfall, die tatrichterlichen Feststellungen dürfen auch nicht nur ein Verdacht sein, vgl. BGH, NStZ 1982, S. 478 = 4 StR 183/82, vgl. auch BGH; NStZ 1981, S. 33 = 3 StR 204/80, vgl. auch BGH, StV 2000, S. 67 = 2 StR 373/99, vgl. auch BGHR StPO § 261 Überzeugungsbildung 26 und Vermutung 11, vgl. auch BGH, NStZ 1997, S. 377 = 2 StR 534/96, vgl. auch BGHR StPO § 261 Identifizierung 6, vgl. auch BGH, NStZ 1990, S. 501 = 3 StR 448/89, vgl. auch BGH, NStZ 1986, S. 373 = 2 StR 115/86, vgl. auch BGH, NStZ 1982, S. 478 = 4 StR 183/82, vgl. auch BGH, NStZ 1981, S. 33 = 3 Str 204/80, vgl. auch BGH, StV 2001, S. 440 0 5 StR 20/00, vgl. auch BGH, StV 1999, S. 7 = 1 StR 306/98, vgl. auch BGH, StV 1994, S. 580 = 3 StR 225/94, vgl. auch BGH, NStZ 1984, S. 180 = 4 StR 375/83, vgl. BGH, NStZ 1983, S. 277 = 1 StR 823/82.

129 Vgl. Graf/StPO/Eschelbach, § 261 Rn 32.

II. Ermittlung des Wahrscheinlichkeitswerts

37 **Unstrittig** dürfte nach allen gegenwärtig vertretenen Ansichten sein, dass in **jedem Fall gedanklich immer die Wahrscheinlichkeit des zu beurteilenden Sachverhaltes ermittelt werden muss** (sei es als entscheidendes Kriterium oder sei es nur als Hilfsmittel für eine rein subjektive Überzeugung). **Überwiegend wird vertreten, die Wahrscheinlichkeit nur verbal auszudrücken** (außerordentlich wahrscheinlich, hoch wahrscheinlich, überwiegend wahrscheinlich, mit an Sicherheit grenzender Wahrscheinlichkeit, etc.), da exakte Werte ohnehin nicht ermittelt werden können, sondern nur auf subjektiven Schätzungen beruhen, folglich durch Zahlenwerte eine Scheingenauigkeit vorgetäuscht wird. Überdies können benachbarte numerische Wahrscheinlichkeitswerte gleich empfunden werden, sodass ohnehin nur in gröberen Stufen differenziert werden kann.[130] Beide Einwände sind nicht durchgreifend. Zum Einwand der Scheingenauigkeit ist zu sagen, dass dieser Einwand nur auf den ersten Blick zutrifft. Auf den zweiten Blick trifft er nicht zu, da **der konkret in Zahlen festgelegte Wahrscheinlichkeitswert** unter der Prämisse der subjektiven Überzeugung von dieser Wahrscheinlichkeit steht (Wahrscheinlichkeitsüberzeugungstheorie), mithin die subjektive Komponente offengelegt ist und damit keine Scheingenauigkeit vorgetäuscht wird,[131] oder anders ausgedrückt, „man darf sich diese Genauigkeit eben nicht vorspiegeln lassen."[132] Zur Verdeutlichung soll hier ein von Nell verwendetes Beispiel angeführt werden. Wer die Länge eines Grundstücks auf 40 Meter und die Breite auf 30 Meter schätzt, wird die Fläche des Grundstücks auf 1.200 Quadratmeter schätzen (Länge × Breite = Fläche). Es ist selbstverständlich, dass das Endergebnis auch nur eine Schätzung darstellt und noch schlechter ist als die geschätzten Einzelwerte. Gleichwohl ist dies kein Grund, die Formel Länge x Breite = Fläche zu bezweifeln oder auf die Bekanntgabe der geschätzten Einzellängen zu verzichten. Nur dadurch wird eine innere Konsistenz sichtbar, das Ergebnis diskutierbar und ein (sonst gar nicht bemerkter) Widerspruch vermeidbar.[133] Richtig ist weiterhin, dass benachbarte Wahrscheinlichkeiten gleich empfunden werden können und nur eine Differenzierung in gröberen Stufen möglich ist. Gleichwohl trifft dies bei einer nur verbalen Einschätzung ebenso zu. Der numerische Wahrscheinlichkeitswert ist somit nur ein Kristallisationspunkt, nämlich der mittlere Punkt mehrerer nach der subjektiven Einschätzung infrage kommender benachbar-

130 Vgl. Schmidt, Grundsätze der Freien richterlichen Beweiswürdigung im Strafprozessrecht, S. 139 f. m.w.N.

131 Ebenso vgl. Nell, Wahrscheinlichkeitsurteile in juristischen Entscheidungen, S. 108 f. u. Bourmistrov-Jüttner, Subjektive Wahrscheinlichkeitstheorie und rationale Entscheidungstheorie in Anwendung auf die Rechtspraxis, Dissertation München, S. 1.

132 Nell, Wahrscheinlichkeitsurteile in juristischen Entscheidungen, S. 158.

133 Vgl. Nell, Wahrscheinlichkeitsurteile in juristischen Entscheidungen, S. 159.

ter Wahrscheinlichkeiten. Da klar hervorgeht, dass er nur ein Schätzwert ist, kann auch keine erhöhte Exaktheit behauptet werden.[134]

Bei der verbalen Einschätzung kommt aber als Manko darüber hinaus hinzu, dass zuerst ein Definitionsstreit geführt werden müsste, was jeweils „hoch wahrscheinlich", „mit an Sicherheit grenzender Wahrscheinlichkeit", etc. bedeutet, sodass letztendlich im Definitionsstadium doch wieder konkrete Zahlenwerte genannt werden müssten. 38

Entscheidend kommt hinzu, dass **nach allen in Literatur und Rechtsprechung vertretenen Ansichten der Tatrichter alle Indizien einzeln und in deren Gesamtheit betrachten muss**. Eine rationale Betrachtung in der Gesamtheit, die sich vom bloßen Raten, Meinen und Glauben abhebt, das selbst nach Anhängern der subjektiven Theorie nicht Gegenstand der freien Beweiswürdigung sein kann,[135] ist aber nur möglich, wenn den jeweiligen Indizien ein konkreter Zahlenwert zugeordnet wird. 39

Nimmt man als Beispiel einen Fall an, in dem es 15 Indizien gibt, die sowohl bei Nichttätern als auch bei Tätern vorliegen, jedoch geringfügig öfter bei dem Täter vorhanden sind, so gäbe es, in sprachlicher Form ausgedrückt, 15 Indizien, die mit jeweils geringfügig überwiegender Wahrscheinlichkeit auf den Angeklagten als Täter hindeuten. Reichen hier diese 15 Indizien aus, um den Angeklagten als Täter zu verurteilen? Die Entscheidung ist damit ein reines Raten, Glauben oder Meinen geworden, solange man sich nicht an einer Kontrollüberlegung anhand der Grundsätze der Wahrscheinlichkeitsrechnung verdeutlicht, wie sich die Endwahrscheinlichkeit (Zusammenspiel aller Indizien) bei 15 schwach auf die Täterschaft hindeutenden Indizien ändert. Diese Kontrollüberlegung kann aber nur durchgeführt werden, wenn dem einzelnen Indiz ein konkreter Zahlenwert zugeschrieben wird. Dann liegt es aber nahe, diese Überlegung nicht mehr als Kontrollüberlegung zu bezeichnen, sondern als entscheidende Überlegung. 40

Schmidt lehnt eine numerische Zuordnung von Beweiswerten ab und begründet dies anhand der Methode von Schreiber, die ihrer Meinung nach nicht berücksichtigt, dass einzelne Beweismittel in unterschiedlicher Art und Weise auf andere Beweismittel Einfluss nehmen.[136] Schmidt hat Recht, wenn sie die Methode von Schreiber ablehnt (s.u. § 9 Rdn 119). Sie hat allerdings Unrecht, wenn sie annimmt, dass in einer Berechnung nicht berücksichtigt werden könnte, dass einzelne Beweismittel auf andere Einfluss nehmen könnten. Der Einwand ist deshalb unzutreffend, da jedem Beweismittel nicht ex ante ein Beweiswert zugeordnet werden muss, sondern ex post bei Anstellung der Gesamtbetrachtung, wie das bei dem Theorem von Bayes geschieht (erst **nach der Beweisaufnahme** schreibt der Tatrichter dem Be- 41

134 Vgl. Köller/Nissen/Rieß/Sadorf, Probabilistische Schlussfolgerungen in Schriftgutachten, S. 12 f.

135 Vgl. Greger, Beweis und Wahrscheinlichkeit, S. 16.

136 Vgl. Schmidt, Grundsätze der Freien richterlichen Beweiswürdigung im Strafprozess, S. 140.

weismittel einen **individuellen und konkreten Wert** zu). Bedauerlicherweise führt Schmidt ihre Überlegungen auch nicht an Hand des Theorems von Bayes durch. Weiter hat Schmidt Recht, wenn sie ausführt, dass die Addition der achtel, viertel, halben Beweise etc. innerhalb der positiven Beweistheorie in richterlichen Urteilen (z.B. zwei volle taugliche Zeugen liefern vollen Beweis) unhaltbar ist,[137] jedoch geht es nicht um eine Addition von ex ante festliegenden Beweiswerten, sondern um eine Gesamtschau von ex post festzulegenden Beweiswerten. Sind die zwei Zeugen im Sinne der Carolina tauglich, so bedeutet dies nicht, wie bei der positiven Beweistheorie, dass dann voller Beweis geführt ist, sondern auch zwei volle Zeugen lassen nach der hier vertretenen Ansicht dem Richter die Freiheit, jeder Zeugenaussage z.B. nur eine Wahrscheinlichkeit der Richtigkeit von z.B. 20 % zuzuschreiben. Damit wäre nach wie vor der Beweis nicht geführt.

42 Falsch ist die Folgerung von Schmidt, dass sich bei einer Einzelzuschreibung von Beweiswerten ein Endwert errechnen lassen könnte, der dem Wert des Gesamtverfahrens nicht zukommt.[138] Wer einen Endwert nicht akzeptiert, der sich gemäß den logischen Prinzipien der Wahrscheinlichkeitsrechnung ergibt, verstößt gegen Denkgesetze. Ergibt eine Berechnung einen Endwert, der in einer sprachlichen Einschätzung als unvertretbar erscheint, so wird der Richter seine Einzelbeweiswerte auf deren Richtigkeit überprüfen. Hat er einen Fehler gemacht, so wird der Fehler dann auch im Endergebnis korrigiert. Hat er keinen Fehler gemacht, so wird er das Endergebnis doch als richtig hinnehmen und hiervon überzeugt sein. Die verbal-numerische Zuordnung zwingt somit zur Reflexion, ob man auch wirklich meint, was man sagt,[139] d.h., ob z.B. die sprachliche Festlegung der „an Sicherheit grenzenden Wahrscheinlichkeit" zu hoch oder zu niedrig gegriffen war.[140]

43 Daher muss der Richter eine konkrete **Prozentzahl** nennen und schätzen, da mit den sonstigen Begriffen der „hohen Wahrscheinlichkeit", „an Sicherheit grenzende Wahrscheinlichkeit", „sehr hohe Wahrscheinlichkeit" etc. keine intersubjektive Diskutierbarkeit geschaffen wird. Zuvor müsste jeweils ein Definitionsstreit gelöst werden, was „hoch wahrscheinlich" etc. bedeutet. Ist ein Definitionsstreit aber immanent und unvermeidbar, so liegt es nahe, diesen vorab durch ein konkretes Beweismaß – wie oben erfolgt – zu lösen. Zutreffend stellt auch Nell fest: „Das hat seine Ursache darin, […] dass es aber andererseits nicht möglich ist, Wahrscheinlichkeitsurteile verbal hinreichend differenziert zu formulieren. Begriffe wie ‚sehr wahrscheinlich' oder ‚nicht bloß theoretisch möglich' sind aber von so unzulänglicher Aussagekraft, dass für die kontrollierende Instanz der Grad des Wahrscheinlichkeitsurteils, das sich tatsächlich in der Entscheidung niedergeschlagen hat, nicht isoliert erkennbar ist. Das beste Beispiel dafür ist der besonders gebräuchliche Begriff

137 Vgl. Schmidt, Grundsätze der Freien richterlichen Beweiswürdigung im Strafprozess, S. 140 f.

138 Vgl. Schmidt, Grundsätze der Freien richterlichen Beweiswürdigung im Strafprozess, S. 140.

139 Vgl. Köller/Nissen/Rieß/Sadorf, Probabilistische Schlussfolgerungen in Schriftgutachten, S. 67.

140 Vgl. Köller/Nissen/Rieß/Sadorf, Probabilistische Schlussfolgerungen in Schriftgutachten, S. 64.

der ‚hinreichenden Wahrscheinlichkeit', in dem die beiden hier unterschiedenen Ebenen untrennbar verwoben sind: es drückt nicht einmal mehr vage aus, wie hoch der Wahrscheinlichkeitsgrad ist, sondern nur, dass er jedenfalls so hoch ist, wie er sein soll."[141]

Gerade die Nichtfestlegung oder Nichtzuordnung von numerischen Werten verhindert eine intersubjektive Diskutierbarkeit und damit Kontrollier- und Prognostizierbarkeit. Unter einer „weiten Strecke" verstehen verschiedene Personen unterschiedliches. Besser ist es deshalb, die Strecke in Metern oder Kilometern zu schätzen.[142] „Verbale Umschreibungen allein würden aufgrund interindividuell unterschiedlicher Sprachempfindung zu Missverständnissen führen, so dass eine [numerische] Vereinheitlichung der Bedeutung verbaler Begriffe zwingend nötig ist."[143] Das zeigen **die verschiedenen Begriffsverwendungen der juristischen Literatur**: 44

Huber geht von einer Skala ohne numerische Festlegung aus und siedelt zwischen dem Wert 1 = 100 % und 0,5 = 50 % folgende Beweiswerte an: „sicher", „hoch wahrscheinlich", „sehr wahrscheinlich", „überwiegend wahrscheinlich."[144] 45

Ekelöf geht ebenfalls von einer Skala ohne numerische Festlegung aus und verwendet in einer Skala unterhalb der „Existenz des Tatbestandes" Begriffe wie „glaubhaft", „vermutlich", „erwiesen", „offenbar".[145] 46

Musielak vermeidet einerseits ebenfalls eine numerische Festlegung und geht von Begriffen wie „an Sicherheit grenzende, große und überwiegende Wahrscheinlichkeit" aus.[146] Andererseits führt Musielak aber aus, dass die geschätzten Wahrscheinlichkeiten einer völlig unkontrollierten Ermessensentscheidung vorzuziehen seien.[147] 47

Bender hingegen legt sich numerisch fest und versteht die Überzeugung von der Wahrheit größer als 99,8 %, die hohe Wahrscheinlichkeit größer als 75 %, die überwiegende Wahrscheinlichkeit größer als 50 % und die geringe Wahrscheinlichkeit größer als 25 %.[148] 48

Die forensisch verwandte wissenschaftliche Literatur wiederum hat eine andere Begriffsverwendung. 49

141 Nell, Wahrscheinlichkeitsurteile in juristischen Entscheidungen, S. 224.

142 Vgl. Köller/Nissen/Rieß/Sadorf, Probabilistische Schlussfolgerungen in Schriftgutachten, S. 66.

143 Köller/Nissen/Rieß/Sadorf, Probabilistische Schlussfolgerungen in Schriftgutachten, S. 58 f.

144 Vgl. Huber, Das Beweismaß in Zivilsachen, S. 115.

145 Vgl. Ekelöf, Beweiswert, S. 352.

146 Vgl. Musielak, Die Grundlagen der Beweislast im Zivilprozess, S. 113.

147 Vgl. Musielak, Das Överviktsprincip: Zum Verhältnis von richterlicher Überzeugung und Wahrscheinlichkeit, in: Festschrift für Kegel, S. 455 ff., 461.

148 Vgl. Bender, Das Beweismaß, in: Festschrift für Fritz Baur, S. 258.

Schriftgutachten [a)]	**Abstammungsgutachten** [b)]	**Anthropologische Vergleichsgutachten – keine konkreten Werte –**
An Sicherheit grenzende Wahrscheinlichkeit größer/gleich 99,99 %	Vaterschaft praktisch erwiesen ab 99,8 %	Identität praktisch erwiesen
Sehr hohe Wahrscheinlichkeit größer/gleich 99 %	Vaterschaft höchst wahrscheinlich zwischen 99,0 % und 99,7 %	Identität höchst wahrscheinlich
Hohe Wahrscheinlichkeit größer/gleich 95 %	Vaterschaft sehr wahrscheinlich zwischen 95 % und 98,9 %	Identität hoch wahrscheinlich
Überwiegende Wahrscheinlichkeit größer/gleich 90 %	Vaterschaft wahrscheinlich zwischen 90 % und 94 %	Identität wahrscheinlich
Leicht überwiegende Wahrscheinlichkeit größer/gleich 75 %	Vaterschaft unentschieden bei Wahrscheinlichkeit unter 90 %	Identität nicht entscheidbar; sowie weitere Abstufungen zur Nichtidentität

Erläuterungen:

a) Vgl. Köller/Nissen/Rieß/Sadorf, Probabilistische Schlussfolgerungen in Schriftgutachten, S. 71.

b) Vgl. Allgaier, Über die Beweiskraft im Recht unter besonderer Berücksichtigung von Kybernetik, Statistik und Wahrscheinlichkeit, MDR 1986, S. 626.

50 *Hinweis*

Bei Schriftgutachten, anthropologischen Vergleichsgutachten und aussagepsychologischen Gutachten kommen verschiedene Beurteiler nicht immer zu demselben Ergebnis (sog. Inter-Rater-Reliabilität), d.h., tatsächlich besteht eine erhebliche Bandbreite. Derartige Gutachten sind damit weit subjektiver als das Wort „Gutachten“ verspricht. Die Gefahr der Fehlbeurteilung ist damit evident. Strafprozessuale Beweisanträge auf Einholung eines weiteren Gutachtens werden dennoch regelmäßig abgelehnt.[149]

51 Nachdem auch in der Rechtsprechung Wahrscheinlichkeitsbegriffe verwendet werden, aber nie expressis verbis klargestellt wird, wann z.B. eine Wahrscheinlichkeit numerisch so groß ist,[150] dass sie an Sicherheit grenzt, sind Missverständnisse, Unkontrollier- und Unprognostizierbarkeit vorprogrammiert.

149 Vgl. BGHSt 10, S. 116, 119; BGH, NJW 1953, S. 477 Nr. 12; vgl. auch Dahs/Dahs, die Revision im Strafprozess, 7. Aufl., Rn 348.

150 Vgl. Allgaier, Über die Beweiskraft im Recht unter besonderer Berücksichtigung von Kybernetik, Statistik und Wahrscheinlichkeit, MDR 1986, S. 626.

Das dürfte im gesamten Bereich des Sachverständigenbeweises allgemein anerkannt sein. So können 99 % Wahrscheinlichkeit bei der Begutachtung von Schadensfolgen viel sein, bei der Feststellung der Vaterschaft aber wenig. Daher gilt im Bereich des Sachverständigenbeweises allgemein, dass selbst weitgespannte Rahmen aussagekräftiger sind als die unbestimmten Wahrscheinlichkeitsbegriffe des allgemeinen Sprachgebrauchs.[151] 52

Darüber hinaus zeigen zahlreiche Studien, dass bei einer nicht numerischen Festlegung zwei Personen zwar meinen können, vom gleichen Sachverhalt (hier Beweismaß) zu reden, während ein völlig unterschiedliches Verständnis besteht. Studien, die den englischen Begriff „**beyond reasonable doubt**" verwenden, werden prozentual als zwischen 51 % und 92 % bewertet. Auch der einfachere Begriff „**preponderance of evidence**" kann in verschiedenen Studien als zwischen 51 % und 82 % liegend aufgefasst werden. Selbst wenn keine numerischen Werte abgefragt, sondern indirekte Abfragemethoden gewählt werden, ergibt sich, dass es für eine Verurteilung oft weniger braucht, als die urteilende Person auf Nachfrage einzuräumen bereit gewesen wäre.[152] Auch „highly probable" und „almost certain" bedeuten für Wissenschaftler etwas anderes als für Juristen und Polizeibeamte.[153] Aus finnisch-schwedischen Untersuchungen ist bekannt, dass „wahrscheinlich" zwischen 0 und 90 % und „offenbar" zwischen 50 und 100 % bedeuten kann.[154] „Die Überprüfbarkeit setzt voraus, dass die Erkenntnis auf eine Weise systematisiert ist, dass es möglich ist, der Schlussfolgerungskette durchaus zu folgen und dass sie wiederholt werden kann."[155] Wenn daher nur Worthülsen vorgegeben werden, so kann der konkrete Beweiswürdigungsvorgang eben nicht mehr nachvollzogen werden. Führen drei hoch belastende und ein entlastendes Indiz zu einer Verurteilung oder nicht? Wer kann diese Frage nachvollziehen, wenn er nicht weiß, wie hoch belastend und wie hoch oder schwach entlastend die Indizien vom Tatrichter eingeschätzt wurden? Aus psychologischen Untersuchungen ergibt sich, dass sowohl die Wirkung mehrerer gemeinsamer Beweise als auch die Wirkung von Gegenbeweisen unterschätzt wird.[156] Die Erkenntnis, dass verschiedene Personen unter identischen Begriffen Unterschiedliches verstehen können, ist besorgniserregend. Es werden damit die grundlegenden philosophischen Regeln einer Diskussion (zwischen einerseits Tatrichter und andererseits Revisionsgericht und Angeklagtem) verletzt.[157] Darüber hinaus legen Erkenntnisse der Rechtspsychologie nahe, dass der Tatrichter, der „in- 53

151 Vgl. Bayerlein in: Praxishandbuch Sachverständigenrecht, 4. Aufl., § 28 Rn 7 f.
152 Vgl. Schweizer, Kognitive Täuschungen vor Gericht, Dissertation Universität Zürich, S. 158 ff. m.w.N.
153 Vgl. Robertson/Vignaux, Interpreting evidence, S. 56.
154 Vgl. Gräns, Das Risiko materiell fehlerhafter Urteile, S. 163.
155 Gräns, Das Risiko materiell fehlerhafter Urteile, S. 118.
156 Vgl. Gräns, Das Risiko materiell fehlerhafter Urteile, S. 160 m.w.N.
157 Vgl. Gräns, Das Risiko materiell fehlerhafter Urteile, S. 164 m.w.N.

tuitiv" (z.B. aufgrund seiner Vorkenntnis der Akten) überzeugt ist, das allgemeine Beweismaß unbewusst herabsetzt, um seiner Überzeugung recht zu geben.[158]

54 Eine Autorengruppe des Bundeskriminalamtes meinte bereits 2004 ausgehend von der zur Aussageanalyse veröffentlichen Grundsatzentscheidung des BGH von 1999 (BGHSt 45, S. 164 ff.):

> *„Verbale Umschreibungen lassen immer einen nicht unerheblichen Interpretationsspielraum sowohl auf Seiten des Absenders (Sachverständiger) als auch des Adressaten (Auftraggeber). Eine Zuordnung von zahlenmäßigen Angaben, seien sich auch nur geschätzt, vermittelt gleichwohl eine bessere Orientierung, welche die Kommunikation zwischen beiden Seiten auf eine relativ identische Basis stellt. […] Verbale Umschreibungen allein würden aufgrund interindividuell unterschiedlichen Sprachempfindungen zu Missverständnissen führen, so dass eine Vereinheitlichung verbaler Begriffe zwingend notwendig ist. […]. Wenn auch die vorliegende Ausarbeitung vordergründig die forensische Handschriftenexpertise zum Gegenstand hat, so zeichnet sich gleichwohl eine Übertragungsmöglichkeit des modelhaften Vorgehens bei der Begutachtung wie auch der Verbalkategorien der Wahrscheinlichkeitsausprägungen mit ihren numerischen Definitionen auf verschiedene Disziplinen der Sachverständigentätigkeit ab."*[159]

Methodische Konsequenzen wurden bisher weder für die Sachverständigentätigkeit im Allgemeinen noch die richterliche Beweiswürdigung gezogen. Folgende Aussage von Gräns ist daher immer noch richtig: „Das bedeutet aber auch, dass es misslungen ist, durch die traditionelle Normenauslegung und ihre Methoden das Verständnis und ihre Anwendung dieser Normen zu beherrschen und zu steuern […]. Das subjektiv-kognitive Beweismaß ist insbesondere im Hinblick auf dessen eigentliche Bedeutung als Stellungnahme zu der akzeptablen Fehlermarge in einzelnen Fällen untauglich."[160]

III. Zwingende Konsequenz bei Erreichung des erforderlichen Wahrscheinlichkeitswerts

55 Des Weiteren ist die Frage damit noch nicht gelöst, ob der Richter bei einer seiner Auffassung nach vorliegenden bestimmten Wahrscheinlichkeit zu einer bestimmten Überzeugung gezwungen sein muss, oder lediglich so entscheiden kann. Tatsächlich ist der Richter bei der Wahrscheinlichkeit, die das Beweismaß erreicht, zu der entsprechenden Überzeugung und damit auch der entsprechenden Entscheidung gezwungen. Das Problem ist aber ein Scheinproblem, denn die eigene Festlegung ei-

158 Vgl. Gräns, Das Risiko materiell fehlerhafter Urteile, S. 241.

159 Köller/Nissen/Rieß/Sadorf, Probabilistische Schlussfolgerungen in Schriftgutachten, S. 57 ff.

160 Gräns, Das Risiko materiell fehlerhafter Urteile, S. 258.

ner bestimmten Wahrscheinlichkeit führt gedanklich zu einer Überzeugung derselben. **Es ist nicht denkbar, dass ein Individuum von einer selbst geschätzten Wahrscheinlichkeit ausgeht, aber von seinem eigenen Ergebnis nicht überzeugt ist** (s.o. § 7 Rdn 40). Wird so das Beweismaß erreicht, ist der Richter auch zu der entsprechenden Entscheidung gezwungen, denn nur so führt er dann den Gesetzesbefehl aus.

Die Bindung des Richters an das in der Norm liegende Beweismaß ergibt sich aus Art. 20 Abs. 3 GG. Folgerichtig können freisprechende Urteile von der Revisionsinstanz aufgehoben werden, weil „der Tatrichter die Anforderungen an eine für eine Verurteilung erforderliche Gewissheit überspannt habe" bzw. verurteilende Urteile ebenfalls aufgehoben werden, weil der Sachverhalt so wenig wahrscheinlich war, dass er nur noch einen Verdacht darstellte. D.h., ist ein Sachverhalt derart unwahrscheinlich, dass das Beweismaß nicht erreicht wird und ist der Tatrichter hiervon überzeugt, so ist der Angeklagte freizusprechen. Ist der Sachverhalt derart wahrscheinlich, dass das erforderliche Beweismaß erreicht ist und ist der Tatrichter hiervon überzeugt, so ist der Tatrichter zu einer Verurteilung gezwungen. Ob das Beweismaß erreicht ist oder nicht, ist eine Rechts- keine Tatsachenfrage. 56

IV. Zusammenfassung zum Beweismaß

Eine Wahrscheinlichkeit von mindestens 99,85 % zwingt den Richter zur Verurteilung. Aber auch bei einer Wahrscheinlichkeit von 99 % kann und muss der Richter i.d.R. eine lebenslange Freiheitsstrafe verhängen. Hat es der Beweisführer (also auch die Staatsgewalt, in concreto Staatsanwaltschaft) „im praktischen Leben" jedoch in der Hand, eine höhere Wahrscheinlichkeit festzuhalten und beweisbar zu machen, so muss und darf der Richter nur dann zu einer Verurteilung kommen, wenn diese höhere Wahrscheinlichkeit erreicht ist. In anderen Straffällen muss es sich mindestens um eine sehr hohe Wahrscheinlichkeit handeln. Als Schätzgröße sollte man auch hier 95 %ige Wahrscheinlichkeit der Richtigkeit gleichsetzen. Bei Ordnungswidrigkeiten kann man sich mit einer Schatzgröße von 90 % begnügen. Von dem jeweiligen Wahrscheinlichkeitswert muss der Richter überzeugt sein. 57

§ 8 Die Feststellung des Beweismaßes (weiter eigene Auffassung)

Inhalt

A. Berücksichtigung der Grundsätze der Wahrscheinlichkeitsrechnung?

I. Forderung des Regelbeweismaßes und Übereinstimmung der Einschätzung in dem relevanten Fachkreis

Hat man einerseits festgelegt, dass der Richter nur dann zu einer Verurteilung kommen kann, wenn er aus dem zur Verfügung stehenden Tatsachenmaterial per logischer Schlussfolgerung die Überzeugung gewinnt, dass der im Urteil zugrunde gelegte Sachverhalt mit einer Wahrscheinlichkeit von jedenfalls 95 % (beim Regelbeweismaß) mit der Wirklichkeit übereinstimmt, so ist damit nur eine vermeintliche Objektivität gewährleistet. Zu diesem Beweismaß kann der Richter nämlich nur kommen, wenn er höchst subjektive Beweiswerteinschätzungen vornimmt. Die Objektivität einer Wertaussage (hier Ergebnis der geschätzten Wahrscheinlichkeits- 1 werte) kann auch durch Zustimmung oder Konsens einer Gruppe von Menschen hervorgerufen werden.[1] Eine subjektive Aussage, deren objektive Richtigkeit praktisch nicht festgestellt werden kann, wird zuletzt dann dadurch richtig, wenn andere zu den gleichen Schlussfolgerungen gekommen wären, wenn sie demselben Entscheidungsprozess folgten.[2]

2 **Im Sinne einer Objektivierung ist die subjektive Einschätzung eines Wahrscheinlichkeitswerts damit nicht hinreichend, sondern nur dann, wenn** darüber Übereinstimmung in den relevanten Fachkreisen besteht.

3 Dass Übereinstimmung in den relevanten Fachkreisen besteht, wird der Richter immer immanent annehmen.

4 Ob jedoch wirklich Übereinstimmung in den relevanten Fachkreisen besteht, könnte nur dadurch ermittelt werden, dass der zu beurteilende Fall mit all seinen Besonderheiten anderen Richtern zur Beurteilung vorgelegt wird. Damit würde jedoch jeder Prozess vervielfacht werden und eine Strafrechtspflege de facto unmöglich gemacht.

5 Tatsächlich ist daher so vorzugehen wie bei der Ausfüllung unbestimmter Rechtsbegriffe. Der Tatrichter legt im Urteil dar, aufgrund welcher Überlegungen er zu welcher Wahrscheinlichkeitsbewertung gekommen ist und versieht dies ausdrücklich oder stillschweigend mit der Bemerkung, dass andere Tatrichter zu demselben Ergebnis gelangt wären. Das dürfte jedem Urteil immanent sein. Kein Tatrichter wird in einer Strafsache sein Urteil dergestalt auffassen, dass andere Tatrichter zu einem anderen Ergebnis gelangt wären.

6 Da das übergeordnete Revisionsgericht nicht nur den konkreten Tatrichter beurteilt, sondern eine Fülle an Tatrichtern, stellt das Revisionsgericht – mit den Mitteln des Revisionsrechts – selbst fest, ob die ermittelten Wahrscheinlichkeitswerte zutreffend sind und andere Tatrichter zu demselben Ergebnis gelangt wären. Freilich wird damit die Subjektivität des Tatrichters durch die Subjektivität des Revisionsrichters ersetzt. Nachdem richterliches Urteilen jedoch nie ohne subjektiven Einfluss möglich ist, bietet diese Methode durch den umfassenderen Überblick der Revisionsrichter gleichwohl größere Gewähr der Richtigkeit und Vermeidung von Fehlurteilen. Damit nähert sich diese Methode der Methode an, die bei der Bestimmung unbestimmter Rechtsbegriffe vorgenommen wird. Auch hier werden keine empirischen Untersuchungen durchgeführt, was z.B. „gegen das Anstandsgefühl aller billig und gerecht Denkenden verstößt", was „eine besonders verwerfliche Gesinnung darstellt", etc., sondern das Revisionsgericht beurteilt die Frage nach eigener Einschätzung kraft umfassenderen Überblicks.

1 Vgl. Gräns, Das Risiko materiell fehlerhafter Urteile, S. 29 m. Verweis auf die Philosophen Perelman u. Habermas.

2 Vgl. Gräns, Das Risiko materiell fehlerhafter Urteile, S. 31 m.w.N.

Diese Auffassung nähert sich damit der **pragmatischen Wahrheitstheorie (Konsen-** 7 **sustheorie)** an. Hiernach ist eine Aussage wahr, wenn alle kompetenten Subjekte der zugrunde liegenden Behauptung zustimmen können.[3]

II. Darstellung gemäß den Grundsätzen der Wahrscheinlichkeitsrechnung

Fraglich bleibt, wie der konkrete Wahrscheinlichkeitswert ermittelt und im Urteil 8 dargestellt werden kann.

Wenn auch in der Rechtsprechung gefordert wird, dass das festgestellte Geschehen 9 mit dem tatsächlichen Geschehen in hohem Maße wahrscheinlich sein muss,[4] oder dass für eine Verurteilung das erforderliche Beweismaß der hohen Wahrscheinlichkeit erreicht sein muss,[5] so folgt daraus m.E. zwingend, dass die Beweiswürdigung gemäß den Grundsätzen der Wahrscheinlichkeitsrechnung zu erfolgen hat und sämtliche Indizien dementsprechend im Urteil dargelegt und gewürdigt werden müssen. **Diese Forderung wurde von der h.A. bisher jedoch noch nicht gezogen.** Das ist insofern bemerkenswert, als die wahrscheinlichkeitstheoretischen Modelle die Logik der Schlussfolgerungen bilden[6] und bei der Beweiswürdigung gegen die Gesetze der Logik nach allen Ansichten nicht verstoßen werden darf. Wenn gegen diese Gesetze der Logik nicht verstoßen werden darf, dann müsste die h.A. folgerichtig geradezu fordern, dass die Beweiswürdigung nach diesen Grundsätzen erfolgen muss. „Gibt man namentlich zu, dass es in der Tat bei jeder Beweiswürdigungssituation um Wahrscheinlichkeitswerte verschiedener Beweise geht, dann muss man auch dafür Sorge tragen, dass die Logik der Wahrscheinlichkeitsrechnung festgehalten wird.“[7]

Zwar haben die **Exzesse der freien Beweiswürdigung den BGH seit Beginn der** 10 **80er Jahre dazu veranlasst, die Beweiswürdigung zu objektivieren**, indem ausgesprochen wurde,

- dass die Beweiswürdigung auf einer tragfähigen, verstandesmäßig einsichtigen Tatsachengrundlage beruhen muss, d.h., der Angeklagte darf nicht verurteilt werden, wenn Umstände vorliegen oder als unwiderlegbar zu seinen Gunsten unterstellt werden müssen, „die aus rationalen Gründen dem Schluss entgegen-

3 Vgl. Bourmistrov-Jüttner, Subjektive Wahrscheinlichkeitstheorie und rationale Entscheidungstheorie in Anwendung auf die Rechtspraxis, Dissertation München, S. VII.

4 Vgl. BGH, NStZ 1988, 236, 237.

5 Vgl. BGH, NStZ 1988, 236, 237.

6 Vgl. Gräns, Das Risiko materiell fehlerhafter Urteile, S. 25.

7 Gräns, Das Risiko materiell fehlerhafter Urteile, S. 119.

stehen, dass die Zeugenaussage mit hoher Wahrscheinlichkeit das tatsächliche Geschehen wiedergibt,"[8]

- das Revisionsgericht nur an solche Schlussfolgerungen des Tatrichters gebunden sei, wenn deren Bewertung mehr als eine bloße Vermutung,[9] also mehr als ein schwerwiegender Verdacht ist,[10] und:
- „Bei der Würdigung der vorliegenden Beweise ist weiter darauf zu achten, dass die Urteilsgründe (§ 286 Abs. 1 S. 2 ZPO) frei von bloßen Vermutungen und unsicheren Gefühlen, objektiv und logisch nachprüfbar sein müssen."[11]

11 Gleichwohl ist der BGH im Bemühen um Objektivierung auf halbem Weg stehen geblieben, da seine Forderung nach einer „hohen Wahrscheinlichkeit"[12] zu unpräzise ist, als dass sie verlässlich angewandt werden könnte.[13]

12 **Andererseits hat der BGH anerkannt, dass der Tatrichter die Regeln der Wahrscheinlichkeitsberechnung beachten muss:** „Bedenken ergeben sich auch nicht daraus, dass sich das LG zur Ermittlung der Schadenshöhe, mithin des Schuldumfangs mathematisch-statistischer Methoden bedient hat. [...] Von gesicherten Tatsachenfeststellungen ausgehende statistische Wahrscheinlichkeitsrechnungen gehören zu den Mitteln der logischen Schlussfolgerung, welche dem Tatrichter grundsätzlich ebenso offen stehen wie andere mathematische Methoden. Das hat die Rechtsprechung vielfach anerkannt. So kann im Zivilprozess der Beweis der Vaterschaft mithilfe einer biostatistischen Wahrscheinlichkeitsrechnung geführt werden, welche sich auf die bei den Beteiligten vorhandenen Blutmerkmale stützt (BGHZ 61, 165, 172; BGH, NJW 1987, 2286). Ebenso ist im Strafverfahren anerkannt, dass der Richter ein erbkundliches Gutachten nicht als unbrauchbares Erkenntnismittel ablehnen darf, weil es auch auf Grundsätzen der Wahrscheinlichkeitsrechnung beruht (BGHSt 5, 34, 35). Statistische Berechnungen sind ferner in die Bestimmung der Grenze der allgemeinen Fahruntüchtigkeit eingeflossen (BGHSt 21, 157, 160 = MDR 1967, 227) und haben maßgebendes Gewicht für die Rückrechnung der Blutalkoholkonzentration aus einer Blutprobe oder aus einer festgestellten Trinkmenge auf den Tatzeitwert (Gerchow u.a., Blutalkohol, 1985, 77)."[14]

8 BGH, NStZ 1990, 402, vgl. auch BGH, NStZ 1990, 603, StV 1988, 190, vgl. BGH, StV 1992, 6 = 2 StR 17/91, vgl. BGHR StPO § 261 Überzeugungsbildung 7.

9 Vgl. BGH, NStZ 1986, 478, vgl. BGHR StPO § 261 Identifizierung 6, vgl. auch BGH, NJW 1982, 2882 f., vgl. auch BGH, NStZ 1997, 377 = 2 StR 534/96, vgl. auch BGH, NStZ 1986, 373 = 2 StR 115/86, vgl. auch BGH, NStZ 1981, 33 = 3 StR 204/80.

10 Vgl. BGH, NStZ 1981, 33; BGH, NStZ 1987, 473 f.; BGH, NStZ 1990, 501.

11 BGH, Urt. v. 27.5.1982 – III ZR 201/80 = NJW 1982, 2874 f.

12 BGH, MDR 1989, 371; BGH, NStZ 1990, 402; BGH, NStZ 1990, 603; BGH, StV 1990, 533, 534; BGH, StV 1991, 452.

13 Hoyer, Beweiswürdigungsfreiheit und „in dubio pro reo", ZStW 1993, 539.

14 BGH, MDR 1990, 354, 355.

Ausdrücklich hält der BGH fest, „[...] Im Rahmen der Würdigung von Indizien wird der Tatrichter allerdings die unangefochtenen logischen und mathematischen Regeln der Wahrscheinlichkeitsrechnung nicht verletzten dürfen.“[15] Weiter stellt der BGH klar, dass bei den Besonderheiten des Vaterschaftsbeweises mit seinen Wahrscheinlichkeitsurteilen nach dem Anwendungsfall des Bayesschen Theorems, der Essen-Möller Formel, derselbe Maßstab wie sonst bei der richterlichen Überzeugung gilt.[16] 13

Gleichwohl bleibt die Rechtsprechung auch hier wieder auf halbem Weg stehen, da sie den Tatrichter nicht zwingt, seine Würdigung expressis verbis nach den Grundsätzen der Wahrscheinlichkeitsrechnung durchzuführen oder darzulegen. 14

Mehr noch: Die Rechtsprechung sagt andererseits, freilich, ohne dies zu bemerken, dass der Richter die logischen und mathematischen Regeln der Wahrscheinlichkeitsrechnung sehr wohl verletzten darf.[17] Nach den Grundsätzen der Wahrscheinlichkeitsrechnung hängt die Endwahrscheinlichkeit der festzustellenden Tatsache (= Tatbegehung des Angeklagten) von den jeweiligen Einzelwahrscheinlichkeiten aller Indizien ab. Diese Indizien liegen nie absolut fest, sondern nur mit mehr oder weniger großer Wahrscheinlichkeit (s.u.). Die Tatsache als solche gibt es also nicht.[18] Gibt es aber die Tatsache als solche nicht, so gibt es auch die Nicht-Tatsache (hier: Gegenteil der Beweistatsache) als solche nicht. D.h. in concreto, auch das Gegenteil der Beweistatsache gibt es nicht als Tatsache, sondern nur als mehr oder weniger große Wahrscheinlichkeit. **Gibt** es aber nun **die Beweistatsache als auch das Gegenteil der Beweistatsache jeweils nur als Wahrscheinlichkeiten, so ist es denkfehlerhaft, die eine Möglichkeit völlig auszuschließen und nicht zu beachten, statt sie – wie richtig – mit einem dementsprechend geringen Beweiswert zu versehen**. Gleichwohl soll das Ergebnis immer noch logisch sein und keine Verletzung der Denkgesetze darstellen. Dieses Problem wird vor allem bei ausgeklammerten entlastenden oder fehlenden Indizien, die im Falle der Tatbegehung öfter vorhanden sind als fehlen, relevant. 15

> *Beispiel* 16
>
> Der Angeklagte X. wird nur aufgrund einer Aussage des Zeugen Y. verurteilt. Die zehn Alibiaussagen A.–J. glaubt der Tatrichter nicht. D.h., die zehn Alibiaussagen sind nach Meinung des Tatrichters höchstwahrscheinlich unrichtig, folglich berücksichtigt er sie gar nicht, da er den Schluss aus den Alibiaussagen in Übereinstimmung mit der Rechtsprechung nicht ziehen will. Die Endwahrscheinlichkeit des Anklagevorwurfs bemisst sich dann für diesen Tatrichter nur

15 BGH, NZV 1989, 468, 469.

16 BGH, NZV 1989, 468, 469.

17 Vgl. z.B. BGH, BGHZ 7, 116 oder BGH, StV 2001, 95, wonach der Tatrichter Beweismittel nicht berücksichtigen muss, wenn er den nur möglichen Schluss aus dem Beweismittel nicht ziehen will.

18 Vgl. Bender/Nack, Tatsachenfeststellung vor Gericht, 2. Aufl., Rn 13.

nach der Wahrscheinlichkeit, wie wahrscheinlich der Tatrichter die Richtigkeit der Belastungsaussage einschätzt. Das können (intuitiv) z.B. 97 % sein. Das ist aber falsch. Die logischen Grundsätze der Wahrscheinlichkeitsrechnung, die der Richter einerseits nicht verletzen darf, die aber tagtäglich verletzt werden, geben vor, dass sich der Gesamtbeweiswert (angeblich 97 % aufgrund dieser angenommenen Wahrscheinlichkeit der Richtigkeit der Belastungsaussage) reduziert, da die Alibiaussagen als entlastende Indizien nicht völlig ignoriert werden können, sondern nur mit dementsprechend geringem Beweiswert (z.B. intuitiv zu 99 % falsch, also nur 1 %ige Wahrscheinlichkeit der Richtigkeit) berücksichtigt werden müssen. Es leuchtet bereits in diesem Stadium ein, dass die Endwahrscheinlichkeit differiert, wenn nur ein Indiz mit einer Belastungswahrscheinlichkeit der Richtigkeit von 97 % berücksichtigt wird, oder wenn dieses belastende Indiz mit zehn weiteren Indiziden mit einer Entlastungswahrscheinlichkeit von jeweils 1 % kombiniert wird, wie es die Grundsätze der Wahrscheinlichkeitsrechnung fordern (s. hierzu weiter unten zum Theorem von Bayes). Die Möglichkeit, dass der Tatrichter aus bestimmten Indizien Schlüsse nicht ziehen will, die Indizien daher nicht berücksichtigt, verletzt daher die Denkgesetze. Der Denkprozess des Tatrichters wird daher auf ein Ja/Nein reduziert, was eben nicht richtig sein kann,[19] weil jedes Indiz nur mit mehr oder weniger großer Wahrscheinlichkeit feststeht. Auch der beste Tatrichter wird sich bei seiner Verwerfung der Alibizeugen (Nein-Alternative) in einem von 100, einem von 1.000 oder einem von 1.000.000 Fällen irren. Wer diese Irrtumsmöglichkeit aber berücksichtigt, kommt zu einem anderen Endwert, als wenn die Irrtumsmöglichkeit zwar theoretisch möglich, aber praktisch mit „ausgeschlossen" (= Nein) bewertet wird. „Die Motivation für das Denken in der Ja-Nein-Alternative ist leicht zu erklären: Dies vereinfacht nämlich nicht nur die Entscheidungsbildung, sondern suggeriert darüber hinaus Sicherheit, Allgemeingültigkeit, Unanfechtbarkeit, usw. Doch das hat natürlich seinen Preis: Die Urteilsbildung wird vergröbert, weil die Risiken einer Fehlentscheidung nicht adäquat oder überhaupt nicht bei der Entscheidungsbildung berücksichtigt werden; und sie wird nicht im Sinne der rationalen Wahl der besten und gerechtesten Maßnahme begriffen, denn diese Wahl ist durch die Entscheidung für einen bestimmten Sachverhalt (Tatbestand) bereits vorentschieden. Eine solche Haltung scheint nicht mehr zeitangemessen zu sein […]."[20] Scheinbar ebenso Strate: „Kann es richtig sein, dass ein Tatrichter Indiztatsachen als unerheblich solle abtun dürfen, wenn sie selbst für den Fall ihres Erwiesenseins die Entscheidung nicht beeinflussen können, weil sie nur mögliche, nicht aber zwingende Schlüsse zulassen und das Gericht in freier Beweiswürdigung den möglichen Schluss nicht ziehen will, weil es ihn im Hinblick

19 Vgl. Gräns, Das Risiko materiell fehlerhafter Urteile, S. 182 m.w.N.

20 Bourmistrov-Jüttner, Subjektive Wahrscheinlichkeitstheorie und rationale Entscheidungstheorie in Anwendung auf die Rechtspraxis, Dissertation München, S. 59.

auf die gesamte Beweislage für falsch hält[21]?"[22] „Aus wahrscheinlichkeitstheoretischer Sicht verletzt der Richter in diesem Fall die methodologische Forderung, nach der das gesamte für den Fall relevante Datum – und dazu gehören auch die vom Richter ausgeschlossenen empirischen Befunde – bei der Beurteilung des Sachverhalts berücksichtigt werden muss."[23]

Hinweis 17

Zu welch gravierenden Justizirrtümern es kommen kann, wenn entlastende Beweismittel nicht mit einem (ggf.) geringen Beweiswert beachtet, sondern als irrelevant, da angeblich widerlegt, erachtet werden, hat Rückert journalistisch nachgewiesen.[24] Die Praxis führt dies z.B. durch die Formulierung durch: „Die [Entlastungs]-Zeugin X. sei erkennbar bemüht gewesen, den Angeklagten zu entlasten. Deshalb misst ihr die Kammer kaum Gewicht bei. [Das „kaum" oder „wenig" wird nicht quantifiziert, so dass die Aussage im Ergebnis unter den Tisch fällt und „kaum" oder „wenig" de facto Null bedeutet].

Aus der ständigen Rechtsprechung des BGH (vgl. bereits NStZ 1981, S. 488 oder 18
1 StR 104/99 n.V.) lässt sich entnehmen, dass der Tatrichter nicht verpflichtet ist, alle als beweiserheblich in Betracht kommenden Umstände ausdrücklich abzuhandeln.[25] Nach der Rechtsprechung würde das die **Befürchtung begründen, dass das Tatgericht davon ausging, eine breite Darstellung könne eine eigene Würdigung ersetzen.**[26] Bereits das stellt **einen Verstoß gegen die logischen Grundsätze der Wahrscheinlichkeitsrechnung dar, denn jedes einzelne Indiz beeinträchtigt die Gesamtendwahrscheinlichkeit**. Wie der Richter daher nicht verpflichtet sein kann, alle als beweiserheblich in Betracht kommenden Umstände ausdrücklich zu behandeln, er aber gleichwohl zu einer erschöpfenden Würdigung kommen soll, bleibt unerfindlich.

Die Rechtsprechung versucht die **Quadratur des Kreises**. Einerseits muss der Tat- 19
richter die Beweise erschöpfend würdigen. „Die an sich auf Beibringung des Verfahrensstoffs zur Hauptverhandlung gerichtete Aufklärungspflicht setzt sich notwendig in der Würdigungspflicht des gesamten beigebrachten Verfahrensstoffs fort (**Ausschöpfungsgebot**), denn ohne die Pflicht zur ernsthaften Einbeziehung in die Beweiswürdigung verlöre die Beibringung des Verfahrensstoffs ihren Sinn. Alle Be-

21 Im Original Fußnote u. Verweis auf BGH NStE Nr. 128 zu § 244 StPO.

22 Strate, Freie Beweiswürdigung und gebundene Beweiserhebung, in: Festschrift für Peter Riess, S. 611, 616.

23 Bourmistrov-Jüttner, Subjektive Wahrscheinlichkeitstheorie und rationale Entscheidungstheorie in Anwendung auf die Rechtspraxis, Dissertation München, S. 70.

24 Vgl. zu dieser Problematik Rückert, Unrecht im Namen des Volkers, S. 55.

25 Vgl. auch Kleinknecht/Meyer-Goßner, Komm. zur StPO, 48. Aufl., § 267 Rn 12.

26 Vgl. z.B. BGH, NStZ 1985, 184 oder BGH, NStZ 1996, 326.

weiserhebungsvorgänge und alle Beweisergebnisse sind erschöpfend zu würdigen […].“[27] Alle in die Hauptverhandlung eingeführten und erörterten Umstände sind – sofern kein Beweisverwertungsverbot besteht – mit ihrem Beweiswert gegeneinander in einer Gesamtschau abzuwägen.[28] Insbesondere dürfen Beweismittel nicht von vorneherein deshalb ausgeschlossen werden, weil sie keinen zwingenden Schluss liefern.[29] Ob der Tatrichter eine erschöpfende Beweiswürdigung vorgenommen hat, lässt sich nur dann erkennen, wenn er seine Beweiswürdigung auch im Urteil erschöpfend darstellt. Die Rechtsprechung geht davon aus, dass die Darstellung im Urteil lückenlos sein muss. D.h., der Tatrichter muss angeben, was für seine Überzeugungsbildung maßgebend war.[30] Maßgebend kann aber wiederum nur die erschöpfende Würdigung sein.

20 Oder anders ausgedrückt:

Nachdem der Tatrichter die Beweise ohnehin erschöpfend würdigen muss, kann er dies auch gleich in den Urteilsgründen dokumentieren. Die von der Rechtsprechung angenommene Aufspaltung in einerseits gewürdigte und dokumentierte Umstände und andererseits (angeblich) gewürdigte, aber nicht dokumentierte Umstände öffnet der Beliebigkeit Tür und Tor.

21 Die Formel der Rechtsprechung und Literatur, der zufolge der Tatrichter nicht alle Beweisergebnisse darlegen und würdigen müsse, sondern nur die wesentlichen, inklusive einer umfassenden Gesamtwürdigung,[31] stellt lediglich eine Leerformel dar, bei der eine Verletzung der Denkgesetze vorprogrammiert ist. Darüber hinaus bleibt immer nur das wesentlich, was aus der Retrospektive des Revisionsgerichts diesem als wesentlich erscheint. „Problematisch ist weiter die **mangelnde Abgrenzbarkeit** und damit **Berechenbarkeit**, die mit der revisionsgerichtlichen Kontrolle von Schlüssigkeit und Überzeugungskraft der tatsächlichen Feststellungen und ihrer Würdigung anhand der schriftlichen Urteilsgründe notwendig verbunden ist […]. Denn sie hängt nicht nur in der bedenklichsten Weise vom Geschick der tatrichterlichen Darstellung ab […]. Abhängig ist sie vor allem auch von den Anforderungen, die das Revisionsgericht selbst stellt. Diese Anforderungen aber sind – unbeschadet der verbalen Anerkennung der freien richterlichen Überzeugung – bei der Vielgestaltigkeit der Lebenssachverhalte und ihres Beweises jedenfalls in kritischeren Fällen, so etwa beim Indizienbeweis oder der Feststellung innerer Tatsachen, in ihren Möglichkeiten nahezu unerschöpflich und nicht logisch begrenzbar. Die Revisionsgerichte haben zwar gewisse typische Zugriffskriterien entwickelt; aber diese sind, insbesondere wohl bei der Prüfung auf mögliche Lücken, ihrer Natur nach

27 LR-StPO/Gollwitzer, 25. Aufl., § 261 Rn 14.
28 Vgl. LR-StPO/Gollwitzer, 25. Aufl., § 261 Rn 56 m.w.N.
29 Vgl. LR-StPO/Gollwitzer, 25. Aufl., § 261 Rn 56 m.w.N.
30 Vgl. LR-StPO/Gollwitzer, 25. Aufl., § 261 Rn 58.
31 Vgl. z.B. LR-Gollwitzer, Komm. zur StPO, 25. Aufl., § 261 Rn 59.

vage genug, eröffnen jedenfalls einen weiten Spielraum, in dem das Revisionsgericht eingreifen oder nicht eingreifen kann. Auf die Folgen und den Preis, der damit für die Berechenbarkeit, Klarheit und Einheitlichkeit des Revisionsrechts verbunden ist, ist schon hingewiesen worden […].“[32]

> *Beispiel* 22
>
> Das LG München I hat den Angeklagten wegen Vergewaltigung verurteilt, obwohl lediglich Aussage gegen Aussage stand (hier Vergewaltigung, dort einvernehmlicher Versöhnungssex) und die Geschädigte vom Angeklagten nach der angeblichen Tat nach Hause begleitet wurde und sich vier Tage nach der Tat in einer Diskothek von einem anderen Mann hat „aufreißen lassen“. Obwohl der gemeinsame Heimweg[33] und die intime Beziehung zu einem neuen Mann[34] nach den Erkenntnissen der Viktimologie atypisch für eine wirkliche Vergewaltigung – vier Tage früher – war, dies dem erkennenden Gericht auch mitgeteilt wurde, führte das LG aus, „dass dies allenfalls Rückschlüsse auf den Lebenswandel der Geschädigten zulasse, den zu bewerten nicht Aufgabe des Gerichts sei.“[35] Auch die Tatsache, dass die Geschädigte bereits zuvor mehrfach andere Männer der Vergewaltigung bezichtigt hatte, wurde trotz Beweisantrages nicht aufgeklärt, denn aus der Urteilsbegründung ergab sich, „es kann dahingestellt bleiben, ob und dass die Geschädigte E. wem auch immer gegenüber behauptete, von fremden Männern vergewaltigt worden zu sein.“

Das LG hatte also in keiner Weise eine umfassende Gesamtwürdigung aller wesentlicher Indizien, d.h., aller für und gegen den Angeklagten sprechenden Indizien vorgenommen. 23

- Das mehrfache Bezichtigen fremder Männer blieb dahingestellt. Das ist insofern bemerkenswert, als der BGH an anderer Stelle entschieden hat, dass ein Beweisantrag, der zum Ziel hat, darzulegen, dass die Geschädigte unwahre einschlägige Beschuldigungen gegen weitere Personen erhoben hat, nicht wegen „Ungeeignetheit“ abgelehnt werden kann.[36] In einer anderen Entscheidung teilt der BGH mit, dass für eine umfassende Beweiswürdigung auch die Kehrseite zu prüfen ist: „Steht – wie im vorliegenden Fall – Aussage gegen Aussage, so ist das Gericht zudem gehalten, alle Umstände, die die Entscheidung zu beeinflussen

32 LR-StPO/Hanack, 25. Aufl., § 337 Rn 130.

33 Vgl. Michaelis-Arntzen, Else – Die Vergewaltigung aus kriminologischer, viktimologischer und aussagepsychologischer Sicht, 2. Aufl., S. 32.

34 Vgl. Michaelis-Arntzen, Else – Die Vergewaltigung aus kriminologischer, viktimologischer und aussagepsychologischer Sicht, 2. Aufl., S. 27, 38.

35 Vgl. LG München I, 2 KLs 246 Js 222329/03 n.V.

36 Vgl. BGH, StV 1995, 5 f., vgl. auch BGH, StV 1993, 3 f.

geeignet sind, in seine Überlegungen einzubeziehen.[37] Der neue Tatrichter wird deshalb auch den Arzt, demgegenüber K. eine Vergewaltigung ihrer Schwester durch den Angekl. behauptet haben soll, sowie die Schwester selbst zu jenem angeblichen Vorfall zu vernehmen haben."[38]

- Die Berücksichtigung der Erkenntnisse der Viktimologie des gemeinsamen Heimwegs und des Eingehens einer neuen Beziehung nur wenige Tage nach der Tat als entlastende Indizien fand ebenfalls nicht statt.

24 Der BGH teilte zu diesem Fall mit:

> *„Im Übrigen ist die Beweiswürdigung allein Sache des Tatrichters. […] Insbesondere hat das Landgericht die von der Revision als Indizien angeführten Umstände, das Heimbegleiten der Geschädigten durch den Angeklagten nach der Tat, […] ebenso berücksichtigt wie die Aufnahme einer neuen Beziehung durch die Geschädigte zu einem anderen Mann nur wenige Tage nach der Tat. Die Strafkammer musste hieraus nicht, wie die Revision glaubt, Schlussfolgerungen dahin ziehen, dass die Angaben der Geschädigten zum Tatgeschehen unglaubhaft sind."*[39]

25 Auch mit dieser Begründung ist einmal mehr dargestellt, dass der in dubio pro reo Grundsatz auf den Kopf gestellt ist. Es ist selbstverständlich richtig, dass das LG hieraus nicht Schlussfolgerungen dahin ziehen musste, dass die Angaben der Geschädigten zum Tatgeschehen unglaubhaft sind.

26 Der Angeklagte muss jedoch nicht die Unrichtigkeit der Anklage beweisen, denn dies wird lediglich contra legem so gehandhabt.[40]

27 Das LG hätte aber die Schlussfolgerung ziehen müssen, dass Indizien nach dem Stand der viktimologischen Forschung, die gegen eine Vergewaltigung sprechen, vorliegen, und ein wesentliches Indiz zugunsten des Angeklagten (Bezichtigung anderer Männer) schlicht übergangen wurde. Dies hätte erkannt werden und als entlastendes Indiz bewertet und zusammen mit entlastenden Indizien zu einem Gesamtbeweiswert zusammengefügt werden müssen, statt diese entlastenden Indizien auszublenden, weil sich hieraus kein zwinger Schluss ergibt.

28 **Dieses Beispiel zeigt, dass auch die Forderung nach Erkennen und Würdigung aller Umstände eine Leerformel ist**, denn wer eindeutige viktimologische Forschungsergebnisse offensichtlich übergeht, kann diese auch nicht würdigen.

37 St. Rspr.; vgl. BGHR StPO § 261 Beweiswürdigung 1; Kleinknecht/Meyer-Goßner a.a.O. § 261 Rn 11).

38 BGH, StV 1995, 6.

39 BGH, 1 Str 284/04 n.V.

40 Vgl. Schünemann, Der Richter im Strafverfahren als manipulierter Dritter? Zur empirischen Bestätigung von Perseveranz- und Schulterschlusseffekt, StV 2000, 159, 163.

Das LG hatte aber mitgeteilt, 29

> *„Angesichts der widersprechenden Angaben des Angeklagten und der Geschädigten zum Verlauf des Abends vom 9.8.2003 und den dem Angeklagten zur Last gelegten Taten war die Glaubwürdigkeit der Geschädigten E. kritisch zu prüfen. Diese Notwendigkeit hat sich die Kammer in jeder Phase der Sachverhaltsaufklärung und der Entscheidungsfindung eindringlich vergegenwärtigt."*
> *So oder ähnlich lauten eine Fülle an Entscheidungen in Aussage-gegen-Aussage-Konstellationen. Damit wird in nicht wenigen Fällen die kritische Prüfung durch schlichte Versicherung dieser kritischen Prüfung ersetzt.*

Der Befund von Sommer ist daher richtig, dass sich die revisionsrechtliche Kontrolle auf die schlichte Versicherung des Tatrichters beschränkt, die geforderte besondere Aufmerksamkeit eingehalten zu haben.[41] 30

Eine gerechte, korrekte, unparteiische und intersubjektiv diskutabel und überprüfbare Entscheidungsfindung ist nur dann möglich, wenn die richterliche Entscheidung rekonstruiert werden kann.[42] Das kann sie nur dann, wenn die **gesamte Beweiswürdigung** im Urteil offengelegt wird. Die Rechtsprechung wendet sich gegen eine umfassende Darlegung der Würdigung mit dem Argument, dass die Urteilsgründe den Verlauf der Hauptverhandlung nicht dokumentieren sollen. Das ist richtig, hat aber mit der diesseitigen Forderung nach Darlegung der vollständigen Würdigung nichts zu tun. Eine Dokumentation ist etwas anderes als eine Würdigung. Soweit ersichtlich wurden breite tatrichterliche Darstellungen der Beweiswürdigung nur dann beanstandet, wenn lediglich eine Wiedergabe erfolgte, aber eben keine Würdigung. 31

> *Beispiel* 32
>
> „[...] Der Senat weist erneut daraufhin, dass die bloße schematische Aneinanderreihung des Inhalts der Aussagen der Angekl. und der vernommenen Zeugen überflüssig ist (BGH, Urt. v. 9.4.1984 – 4 StR 399/84). Im Urteil ist vielmehr eine Gesamtwürdigung aller in der Hauptverhandlung festgestellten Tatsachen vorzunehmen (BGH, MDR 1974, 548). Sie kann durch die bloße Wiedergabe des Inhalts der Aussagen nicht ersetzt werden. Aufgabe des Tatrichters ist es, im Rahmen der Beweiswürdigung eine Begründung dafür zu geben, auf welchem Weg er zu den Feststellungen gelangt ist, die Grundlage der Verurteilung geworden sind. Er ist deshalb gehalten, die in der Hauptverhandlung verwendeten Beweismittel im Urteil erschöpfend zu würdigen, soweit sich aus ihnen bestimmte Schlüsse zugunsten oder zuungunsten des Angekl. herleiten lassen. Diesem Erfordernis wird durch eine ungewöhnlich ausladende Darstellung der Aussagen

41 Vgl. Sommer, Lebenserfahrung, Gedanken über ein Kriterium richterlicher Lebenserfahrung, in Festschrift für Peter Ries, 2002, S. 585, 599.

42 Vgl. Bourmistrov-Jüttner, Subjektive Wahrscheinlichkeitstheorie und rationale Entscheidungstheorie in Anwendung auf die Rechtspraxis, Dissertation München, S. 1.

der Angekl. und der Zeugen im Ermittlungsverfahren und in der Hauptverhandlung bis hin zu ersichtlich unwesentlichen Einzelheiten nicht genügt (vgl. BGH, Beschl. v. 24.8.1984 – 5 StR 542/84). Der Senat hat daher geprüft, ob die Besorgnis begründet ist, die StrK sei rechtsirrtümlich davon ausgegangen, eine überaus breite Darstellung erhobener Beweise könne eine eigenverantwortliche Würdigung ersetzen.“[43]

33 Dieser Entscheidung ist zuzustimmen. Eine Berichterstattung kann die Würdigung nicht ersetzen. Diese oder inhaltlich ähnlich gelagerte Entscheidungen können aber nicht zum Argument genommen werden, auf die Würdigung eines **jeden** Beweismittels im Urteil zu verzichten.

34 Die Sollvorschrift des § 267 Abs. I Satz 2 StPO dürfte **richtergewohnheitsrechtlich** in eine Mussvorschrift umgewandelt worden sein.[44] Sinn und Zweck einer Begründungspflicht ist vor allem:[45]

- Dem Angeklagten und anderen Verfahrensbeteiligten muss aufgezeigt werden, aufgrund welcher sachlichen Erwägungen das Gericht zu seinem Urteil gelangt ist. Der Angeklagte soll damit von der **Richtigkeit** und **Gerechtigkeit** des Urteils überzeugt werden.[46]
- Damit soll dem Rechtsstaatsgebot (Art. 20 Abs. 3 GG) entsprechend, eine willkürfreie Entscheidung belegt werden.
- Für einen staatlichen Eingriff (Verurteilung) müssen die rational einleuchtenden Gründe hierfür, die die **Unschuldsvermutung** widerlegen, dargestellt werden.
- Gibt es ein Rechtsmittel gegen die Entscheidung, muss die Entscheidung auch begründet werden. Andernfalls ist jede Anfechtungsmöglichkeit leerlaufend, wenn der Beschwerdeführer – mangels Begründung – nicht weiß, aus welchem Grund er ggf. die Entscheidung anfechten muss oder soll.
- Die Begründungspflicht soll zugleich der Eigenkontrolle des Richters dienen.[47]
- Die Urteilsgründe sollen dem Revisionsgericht die sachlich-rechtliche Nachprüfung des Urteils ermöglichen.[48]

35 Ob sich diese Begründungsanforderungen aus dem Anspruch auf rechtliches Gehör (Art. 103 Abs. 1 GG) ergeben, ist noch nicht abschließend geklärt. Aus dem Gebot eines fairen Verfahrens (Art. 6 Abs. 1 MRK) lässt sich die oben dargestellte Begründungspflicht jedenfalls ableiten.

43 BGH, NStZ 1984, 184.
44 Vgl. LR-StPO/Gollwitzer, 25. Aufl., § 267 Rn 48 ff. m.w.N.
45 Vgl. LR-StPO/Gollwitzer, 25. Aufl., § 267 Rn 1 ff. m.w.N.
46 Vgl. LR-StPO/Gollwitzer, 25. Aufl., § 267 Rn 5.
47 Vgl. LR-StPO/Gollwitzer, 25. Aufl., § 267 Rn 5 m.w.N.
48 Vgl. LR-StPO/Gollwitzer, 25. Aufl., § 267 Rn 6 m.w.N.

Folgende Befunde können festgehalten werden: 36

- **Befund 1:** 37

„Die Revision ist im Bereich der Kontrolle der Beweiswürdigung ein gänzlich ineffektives Rechtsmittel, so lange das Postulat vom ‚Verbot der Rekonstruktion der Hauptverhandlung' aufrechterhalten wird.[49] Die höchstrichterliche Annahme der Vermutung der Vollständigkeit und Richtigkeit der Urteilsgründe stimmt mit der Realität nicht überein. In einer nicht unerheblichen Zahl aller Fälle läuft die Revision leer, weil ‚störende' Sachverhalte im Urteil schlicht weggelassen werden.[50] Tatrichter wissen zumindest auch, dass sie die Revision leer laufen lassen können, wenn sie störende Aspekte im Urteilstext so weglassen, dass aus der Urteilslektüre alleine eine Lücke nicht erkennbar wird. Es wäre also eher absurd anzunehmen, dass dieses Wissen, wie man ein Urteil unangreifbar, ‚revisionssicher' schreibt, nicht auch genutzt wird.[51] Tatsächlich ist das bei genauer Betrachtung sogar zunehmend zu beobachten und es dürfte in ‚streitigen' Fällen eher die Regel als die Ausnahme sein."[52] „[…] Tatrichter [können sich] bisher beim ‚Frisieren' der Urteilsgründe[53] oder einer ‚Wahrheitsverdrehung'[54] verstecken; das ist freilich ein rechtsstaatlicher Skandal, welcher dringend bekämpft werden muss, wenn die beständige anwaltliche Klage nach der Urteilslektüre, man habe in der Hauptverhandlung wohl den ‚falschen Film' gesehen, auch nur zum Teil berechtigt ist […]."[55]

- **Befund 2:** 38

Welchen Inhalt eine Zeugenaussage hat und wie sie zu verstehen ist, entscheidet im deutschen Recht alleine der Tatrichter.[56] Er entscheidet dies – bei Anklagen zum

49 Im Original folgende Fußnote: Exemplarisch OLG Hamm Beschl. v. 10.8.2005 – 3 Ss 224/04: „Der Revisionsführer kann seine Rüge nicht auf die Behauptung stützen, das Tatgericht habe sich nicht mit der Aussage einer Beweisperson auseinandergesetzt, wenn sich diese Aussage nicht aus dem Urteil selbst ergibt. Es ist insoweit allein Sache des Tatrichters, die Ergebnisse der Beweisaufnahme festzustellen und zu würdigen; der dafür bestimmte Platz ist das Urteil. Dies gilt selbst dann, wenn der wesentliche Inhalt einer Aussage, deren Würdigung der Revisionsführer beanstandet, nach § 273 Abs. 2 StPO in das Protokoll der Hauptverhandlung aufgenommen worden ist."

50 Im Original folgende Fußnote: *Eschelbach*, FS Widmaier, 2008, S. 127, 133 ff.; *Geipel*, Die Notwendigkeit der Objektivierung der Beweiswürdigung und Vorschläge zu ihrer Durchführung, S. 40 ff.

51 Im Original folgende Fußnote: Vgl. *Wahl*, NJW-Sonderheft für G. Schäfer, 2002, S. 72, 73.

52 Eschelbach, Anklageschrift, Eröffnungsbeschluss und Urteil als Angriffspunkt der Verteidigung, Rn 55a, in: Handbuch für den Strafverteidiger (Hrsg. Bockemühl), 4. Aufl.

53 Im Original folgende Fußnote: *Alsberg*, Justizirrtum und Wiederaufnahme, 1913, S. 39.

54 Im Original folgende Fußnote: *Sabine Rückert*, Unrecht im Namen des Volkes, 2007, S. 152.

55 Eschelbach, Anklageschrift, Eröffnungsbeschluss und Urteil als Angriffspunkt der Verteidigung, Rn 66 in Handbuch für den Strafverteidiger (Hrsg. Bockemühl), 4. Aufl. Die Annahme, im falschen Film gewesen zu sein, ist ein häufig geäußertes Verteidigererleben, vgl. hierzu Neuhaus, Revision, in Brüssow/Gatzweiler/Krekeler/Mehle/Pauly, Strafverteidigung in der Praxis, 4. Aufl. § 13 Rn 28, vgl. auch Schlothauer, StV 1992, S. 133, 138.

56 Vgl. LR-StPO/Gollwitzer, 25. Aufl., § 261 Rn 82.

LG – erst- und letztverbindlich[57] im Urteil,[58] auch wenn zwischen der Urteilsfällung und Zeugenaussage ggf. mehrere Wochen/Monate/Jahre liegen. Er entscheidet – mangels Wortprotokoll – an Hand seiner eigenen stichpunktartigen Aufzeichnungen, wobei er bei Anfertigung seiner Stichpunkte in nicht wenigen Fällen noch gar nicht wissen konnte, welches weitere Schicksal die Hauptverhandlung nehmen und welcher Umstand aus der Retrospektive besonders wichtig werden wird. Ein Gegenbeweis hiergegen durch eidesstattliche Versicherungen sämtlicher Zuhörer im Sitzungssaal, der Mitschriften von Parlamentsstenografen, oder von der Verteidigung gefertigten Tonband-/Videoaufzeichnungen oder – lange vor Urteilsfällung – zu Protokoll gegeben Erklärungen der Verteidigung wird nicht zugelassen.[59]

39 ■ **Befund 3:**

Die o.g. Zwecke der Begründung einer Entscheidung und das Anerkenntnis der Rechtsprechung nach einer vollständigen lückenlosen Würdigung würden geradezu erfordern, dass sich das Gericht in den Urteilsgründen mit **jedem** Beweismittel **argumentativ auseinandersetzt**. Um dies jedoch zu vermeiden, behilft sich die Rechtsprechung mit einer reinen Fiktion.

40 Diese Fiktion lautet: Aus dem Schweigen der Urteilsgründe könne **nicht** geschlossen werden, dass das Beweismittel nicht gewürdigt worden sei.[60]

41 Diese Fiktion ist niemals empirisch überprüft worden. Sie steht im krassen Gegensatz zu der Erfahrung von Verteidigern, bei Urteilslektüre im „falschen Film“ gewe-

57 Die Rechtsprechung hat sich gewandelt. Sie lässt einen Gegenbeweis nun zu, wenn dieser mit den „Mitteln des Revisionsrechts“ zu führen ist. Das wird freilich nur selten vorkommen.

58 Vgl. BGHSt 15, S. 347 ff.; BGHSt 17, S. 351 ff.; BGHSt 21, S. 149 ff., der auch heute noch verwandte Textbaustein lautet: „Das Ergebnis der Aussage eines Zeugen, wie überhaupt das Ergebnis der Hauptverhandlung, festzustellen und zu würdigen, ist allein Sache des Tatrichters; der dafür bestimmte Ort ist das Urteil. Was in ihm über das Ergebnis der Verhandlung zur Schuld- und Straffrage festgehalten ist, bindet das Revisionsgericht. Darüber ist kein Gegenbeweis zulässig [...].“

59 Vgl. z.B. BGHSt 15, S. 347 ff. bereits mit dem Leitsatz: „Der Grundsatz des § 261 StPO verbietet ausnahmslos, Aufzeichnungen, die ein Prozessbeteiligter über die Vernehmung eines Zeugen in der Hauptverhandlung abweichend von den tatrichterlichen Feststellungen gemacht hat, zu deren Widerlegung im Revisionsverfahren heranzuziehen. Sie können daher der Nachprüfung durch den Revisionsrichter auch nicht zum Beweise dafür zugänglich gemacht werden, daß der Tatrichter für seine Feststellungen nicht allein die Bekundungen einer Verhörsperson, sondern unzulässigerweise den Inhalt der von dieser aufgenommenen und ihr vorgehaltenen Niederschrift verwertet habe.“ Vgl. auch BGHSt 21, S. 149, 151: „Das Ergebnis der Aussage eines Zeugen, wie überhaupt das Ergebnis der Hauptverhandlung, festzustellen und zu würdigen, ist allein Sache des Tatrichters; der dafür bestimmte Ort ist das Urteil. Was in ihm über das Ergebnis der Verhandlung zur Schuld- und Straffrage festgehalten ist, bindet das Revisionsgericht. Darüber ist kein Gegenbeweis zulässig [...].“

60 Vgl. LR-StPO/Gollwitzer, 25. Aufl., § 261 Rn 176 m.w.N., § 267 Rn 1, 2 m.w.N., vgl. BGH, NJW 1951, 325, 533, vgl. auch Fezer, Möglichkeiten einer Reform der Revision in Strafsachen, S. 19.

sen zu sein[61] und zu Erkenntnissen der menschlichen Wahrnehmung und Erinnerung.

Das ist besonders bedenklich, zumal neuere Forschungsergebnisse zur „**Verfahrensgerechtigkeit**“ nahelegen, dass für Angeklagte weniger das Ergebnis wichtig ist, als vielmehr die Wahrnehmung, „fair“ behandelt worden zu sein.[62] Gerechte Verfahren sind damit für die Streitbeilegung und Akzeptanz einer „negativen“ Entscheidung zwingend.[63] Eine unvollständige/unrichtige/verzerrte/nicht völlig offen gelegte Beweiswürdigung ist per se unfair und kann der Befriedigungsfunktion einer gerichtlichen Entscheidung nicht dienen. 42

B. Interne Berücksichtigung dieser Grundsätze

I. Allgemeines

Huber, ein Vertreter der Wahrscheinlichkeitsüberzeugungstheorie, will den Tatrichter anleiten, (intern) zwischen Beweisring und Beweiskette zu unterscheiden[64] und sich (selbst) Rechenschaft darüber abzulegen, welcher Schluss nach der Lebenserfahrung aus welchem Indiz gezogen werden kann und wie beweiskräftig (also der Sache nach die abstrakte Beweiskraft, s.u. § 9 Rdn 79 ff.) er ist.[65] 43

Auch Huber bleibt damit auf halbem Wege stehen. Wenn der Tatrichter sich nur intern Gedanken darüber machen muss, ob ein Fall der Beweiskette oder des Beweisrings vorliegt, kann der Denkfehler, d.h. die Verwechslung von Beweisring und Beweiskette, von der übergeordneten Instanz nicht mehr nachvollzogen oder überprüft werden. Folglich sind und bleiben die Urteile so willkürlich wie davor. „Die Schlussfolgerungen des Richters sind dann – und nur dann – objektiv hinreichend fundiert, wenn und soweit der Richter in der Lage ist, seine Schlussfolgerungen in einer Art und Weise zu begründen, die einen als vernünftig, d.h. rationalen Argu- 44

61 Vgl. nur z.B. Widmaier/Widmaier, MAH, Strafverteidigung, § 9 Rn 104, vgl. auch Eschelbach, Anklageschrift, Eröffnungsbeschluss und Urteil als Angriffspunkt der Verteidigung, Rn 100 in Handbuch für den Strafverteidiger (Hrsg. Bockemühl), 6. Aufl.; vgl. auch Junker, Beweisantragsrecht im Strafprozess, Rn 196, vgl. auch, Neuhaus, Revision, in Brüssow/Gatzweiler/Krekeler/Mehle/Pauly, Strafverteidigung in der Praxis, 4. Aufl. § 13 Rn 28, vgl. auch Schlothauer, StV 1992, S. 133, 138, Wahl, Prüfung der Verletzung rechtlichen Gehörs durch das Revisionsgericht, 73 f. in Festschrift für Gerhard Schäfer zum 65. Geburtstag, vgl. auch Jagusch, Die Revision in Strafsachen – ausreichende Rechtsgarantie?, NJW 1971, 2009, 2010, vgl. Ziegert, Die Entdeckung der Wahrheit, in FS für Volk zum 65. Geburtstag, S. 901, 904.

62 Vgl. Bierbauer/Klinger, Verfahrensgerechtigkeit, S. 507, 514 in Handbuch der Rechtspsychologie (Hrsg.: Steller/Volbert).

63 Vgl. Bierbauer/Klinger, Verfahrensgerechtigkeit, S. 507, 516 in Handbuch der Rechtspsychologie (Hrsg.: Steller/Volbert).

64 Vgl. Huber, Das Strafurteil, 2. Aufl., Rn 99, während Huber, in der 1. Auflage noch den Beweisring als Indizienreihe bezeichnete, vgl. Huber, Das Strafurteil, Rn 72.

65 Vgl. Huber, Das Strafurteil, Rn 72.

menten zugänglich gedachten Argumentationspartner dazu zwingt, diese Schlussfolgerung als plausibel zu akzeptieren."[66] Kann ohnehin – auch bei naturwissenschaftlichen Erfahrungssätzen – nur die Wahrscheinlichkeit festgestellt werden[67] (s.o. § 7 Rdn 7), ist es nur konsequent, die Schlussfolgerungen zu den Wahrscheinlichkeitsvermutungen dergestalt offen zu legen, dass sie auf Plausibilität diskutiert (und damit überprüft) werden können.

45 Hinzu kommt, dass die deutsche Rechtsprechung und Rechtswissenschaft übertragbare Erkenntnisse der **Rechtswissenschaften anderer Länder, Wirtschaftswissenschaften, Soziologie und Psychologie** weitgehend ignoriert und/oder leugnet. In den USA erkannten die sog. **Rechtsrealisten** (legal realists) bereits in den 20er und 30er Jahren des 20. Jahrhunderts, **dass Gerichte auch aufgrund irrelevanter Fakten entscheiden würden**.[68] Das sei systemimmanent, da es kein logisches Argument gäbe, entweder einen Analogieschluss oder einen e-contrario-Schluss zu ziehen. Es könne kein allgemeines Prinzip oder eine logische Regel aufgestellt werden, ob ein abstraktes Gesetz oder ein Präzedenzfall weit auszulegen sei, sodass auch der zu beurteilende Fall darunter fällt (ggf. auch mittels Analogie), oder eng, sodass der zu beurteilende Fall eben nicht darunter fällt.[69] Die Bewegung der Rechtsrealisten war jedoch faktisch nach dem Zweiten Weltkrieg auch in den USA beendet. Das lag vorwiegend daran, dass nur Kritik am bestehenden System, aber keine Lösungsansätze geäußert wurden.[70] In den USA wurde die Forschung jedoch jedenfalls seit den 60er Jahren des vergangenen Jahrhunderts insoweit weiter geführt, als Versuche gemacht wurden, das Recht nun ökonomisch zu analysieren und dementsprechend weiterzuentwickeln (sog. **Ökonomische Analyse des Rechts**). Dementsprechend sei eine Rechtsnorm gut, wenn sie den gesellschaftlichen Wohlstand erhöhe. Das Wissen um wirtschaftliches Entscheidungsverhalten würde sich auf rechtliches Entscheidungsverhalten übertragen lassen, wenn rechtliche Sanktionen als verteuerte Preise gegenüber anderen Verhaltensweisen aufgefasst werden könnten. Daher würde der Mensch auch auf rechtliche Situationen wie ein homo oeconomicus, also rational und nutzenmaximierend reagieren.[71] Den Kritikern an der Ökonomischen Analyse des Rechts ist zuzugeben, dass der gesellschaftliche Nutzen kaum abgewogen und erfasst[72] und der von der Ökonomischen Analyse des Rechts vorausgesetzte **homo oeconomicus** nicht für alle Menschen vorausgesetzt werden kann.[73]

66 Wohlers, Generelle Kausalität als Problem richterlicher Überzeugungsbildung, JuS 1995, 1019, 1024.
67 Vgl. Wohlers, Generelle Kausalität als Problem richterlicher Überzeugungsbildung, JuS 1995, 1019, 1023.
68 Vgl. Schweizer, Kognitive Täuschungen vor Gericht, Dissertation Zürich, S. 6 m.w.N.
69 Vgl. Schweizer, Kognitive Täuschungen vor Gericht, Dissertation Zürich, S. 5 m.w.N.
70 Vgl. Schweizer, Kognitive Täuschungen vor Gericht, Dissertation Zürich, S. 8.
71 Vgl. Schweizer, Kognitive Täuschungen vor Gericht, Dissertation Zürich, S. 10 m.w.N.
72 Vgl. Schweizer, Kognitive Täuschungen vor Gericht, Dissertation Zürich, S. 22 m.w.N.
73 Vgl. Schweizer, Kognitive Täuschungen vor Gericht, Dissertation Zürich, S. 23 ff. m.w.N.

Gleichwohl haben Ökonomen mit ihren Prognosen auch Erfolge erzielt,[74] sodass deren Ergebnisse von der Rechtswissenschaft nicht weiter vernachlässigt werden können. In deutsche Standardwerke sind entsprechende Erkenntnisse aber immer noch nicht eingegangen.

Selbst Erkenntnisse von Nobelpreisträgern wurden ignoriert. Kahneman und Tversky konnten in ihren Forschungen zum Thema „Entscheiden unter Unsicherheit" (also der typischen Situation, in der sich der Richter befindet) nachweisen, dass Menschen sog. **Urteilsheuristiken**, d.h., einfache Faustregeln anwenden.[75] Das ist mittlerweile auch ausdrücklich für richterliche Entscheidungen anhand zahlreicher Studien nachgewiesen worden.[76] Diese wiederum führen nicht zu zufälligen, sondern systematischen Verzerrungen des Urteils.[77] 46

Bestätigt werden diese Ergebnisse durch die Untersuchung von Barton. Ergebnis dieser Untersuchung war, dass die Erfolgsquote der eingelegten Revisionen auch von irrationalen Umständen abhing, wie z.B. dem Sozialstatus des Angeklagten – s.o. § 3 Rdn 9 ff.). Damit ist der Sozialstatus des Angeklagten eine erste Urteilsheuristik. Hinzu kommen die sonstigen aus der Psychologie und Wirtschaftswissenschaft bekannten Wahrnehmungsverzerrungen. Führt dies aber zu **systematischen Verzerrungen des Urteils** (s.o. § 8 Rdn 5 ff.), so bedarf es keiner weiteren Begründung, dass die Beweiswürdigung objektiviert werden muss. 47

II. Selektive Wahrnehmung

Auch aus der Tatsache der selektiven Wahrnehmung (§ 22 Rdn 1 ff.) **folgt, dass die interne Berücksichtigung – von welchen Grundsätzen auch immer – nicht genügen kann**, denn die interne Berücksichtigung ist in hohem Maße fehleranfällig und unobjektiv. Diese Unobjektivität der selektiven Wahrnehmung kann im Bereich des Zivilrechts z.B. durch die ZPO-Reform 2002 beobachtet werden. Durch die Abschaffung der Wertrevision (§ 546 ZPO a.F.) lässt sich beobachten, dass Berufungsgerichte die Revision viel zu selten und fast nur noch in Ausnahmefällen zulassen. Das ist insofern nachvollziehbar, als der Berufungsrichter sein Urteil ja richtig hält. Hält er es für richtig, hat er grds. keinen Anlass sein Urteil der Überprüfung durch das Revisionsgericht zu stellen.[78] Insofern (Zulassung) ist der Berufungsrich- 48

74 Vgl. Schweizer, Kognitive Täuschungen vor Gericht, Dissertation Zürich, S. 23 m.w.N.

75 Vgl. Tversky/Kahneman; Judgement under Uncertainty: Heuristics and Biases, Science 1974, S. 1124 bis 1131, zitiert nach Schweizer, Kognitive Täuschungen vor Gericht, Dissertation Zürich, S. 1 Fn 8; Kahneman erhielt für seine Arbeiten 2002 den Nobelpreis für Wirtschaftswissenschaften. Tversky verstarb 1996. Der Nobelpreis wird nicht posthum verliehen.

76 Vgl. Konecni/Ebbesen; The Mythology of Legal Decision Making, International Journal of Law and Psychiatry 1984, S. 5–18, zitiert nach Schweizer, Kognitive Täuschungen vor Gericht, Dissertation Zürich, S. 46 Fn 259, 262.

77 Vgl. Schweizer, Kognitive Täuschungen vor Gericht, Dissertation Zürich, S. 2.

78 Vgl. Reinelt, Richterliche Selbst-Präjudikation, ZAP-Kolumne, ZAP vom 25.2.2009, S. 212.

ter Richter in eigener Sache. Das hat in Zivilsachen zu einem – den psychologischen Gesetzmäßigkeiten entsprechenden und vorhersehbaren – Rückgang von Revisionen geführt.[79] Auch wenn ein Revisionszulassungsgrund besteht, wird dieser i.d.R. nicht zur Zulassung genutzt, sondern muss (zu) oft erst durch die Nichtzulassungsbeschwerde erkämpft werden. Besonders markant – und eine Quelle von großer Ungerechtigkeit – war, dass gegen Beschlüsse gem. § 522 Abs. 2 ZPO, mit denen die Berufung zurückgewiesen wurde, die Nichtzulassungsbeschwerde seit 2001 ausgeschlossen war. Der Gesetzgeber hat erst ca. zehn Jahre später diesen Mangel behoben (§ 522 Abs. 3 ZPO).

49 *Hinweis*

Das Phänomen der selektiven Wahrnehmung erkennt der BGH auch an, freilich ohne Konsequenzen zugunsten des Angeklagten zu ziehen:

„Die Erfahrung lehrt, dass bei längeren und schwierigen Verhandlungen nicht alle Gerichtspersonen und Prozessbeteiligten jeder Einzelheit folgen können […].“[80]

50 Bereits 1848 hatte von Kirchmann darauf hingewiesen, dass sowohl die individual- als auch die gruppendynamischen Gegebenheiten im Gerichtssaal und Beratungszimmer größte Aufmerksamkeit benötigten.[81] Ebenso hatte Rumpf zu Beginn des letzten Jahrhunderts mitgeteilt, dass keine Klarheit über die psychischen Faktoren bei der Rechtsanwendung herrsche.[82] 1929 stellte Isay fest, dass immer noch keine Besserung eingetreten sei.[83] Auch heute gilt, dass keine vollständige Klarheit über die einer richterlichen Entscheidung zugrundeliegenden Denkvorgänge und sie begleitende psychische Phänomene vorliegt.[84] **Die Alltagserfahrung ergibt, dass in nicht wenigen Fällen Richter und Verteidigung den Inhalt einer Verhandlung völlig unterschiedlich wahrnehmen und wiedergeben.**[85] Erkenntnisse der Wahrnehmungspsychologie legen die Vermutung nahe, dass der Mensch ca. 11 Millionen Sinneswahrnehmungen pro Sekunde macht. Dies überschreitet die Verarbeitungskapa-

79 Vgl. hierzu den Tätigkeitsbericht des BGH für das Jahr 2008 unter http://www.bundesgerichtshof.de/.

80 BGHSt 2, S. 14, 15, dort handelte es sich um einen schlafenden Schöffen. Der Rüge wurde der Erfolg versagt, da nicht nachgewiesen war, dass der Schöffe während eines nicht unerheblichen Zeitraums schlief, vgl. auch BGHSt 11, 74, 77.

81 Vgl. von Kirchmann, Die Wertlosigkeit der Jurisprudenz als Wissenschaft, Ein Vortrag gehalten in der Juristischen Gesellschaft zu Berlin 1848, Nachdruck, Libelli Bd. 34, Darmstadt 1956 u. 1960, S. 18 f.; zitiert nach Motsch, Vom rechtsgenügenden Beweis, S. 35.

82 Vgl. Rumpf, Gesetz und Richter. Versuch einer Methodik der Rechtsanwendung (Berlin 1906), S. 3; zitiert nach Weimar, psychologische Strukturen richterlicher Entscheidung, S. 1.

83 Vgl. Isay, Rechtsnorm und Entscheidung (Berlin 1929), S. 4; zitiert nach Weimar, psychologische Strukturen richterlicher Entscheidung, S. 1.

84 Vgl. Weimar; psychologische Strukturen richterlicher Entscheidung, S. 1.

85 Vgl. Schünemann, Der Richter im Strafverfahren als manipulierter Dritter? Zur empirischen Bestätigung von Perseveranz- und Schulterschlusseffekt, StV 2000, S. 163.

zität des menschlichen Gehirns, sodass bei der Wahrnehmung unbewusst selektiert werden muss.[86] Oder anders formuliert: Die menschliche Netzhaut kann zwischen 10^8 und 10^9 bits/Sekunde auffassen. Das menschliche Ohr kann bis zu 40.000 bits/ Sekunde auffassen. Ein bit ist die kleinstmögliche Maßeinheit für den Informationsgehalt, also die Informationsmenge, die zwischen zwei Möglichkeiten eine Ja-Nein-Entscheidung enthält. In das (höchste) Bewusstsein gelangen allerdings nur 16 bits/ Sekunde.[87]

„Jede Erkenntnis macht Einschnitte, fasst zusammen, lässt für ‚unwesentlich' Gehaltenes beiseite, kurz, wählt einen nur kleinen Teil des Wahrgenommenen aus."[88] Es gilt selbstverständlich auch für Richter, „dass richterliche Gehirne den gleichen kapazitiven Beschränkungen unterliegen wie diejenigen der restlichen Bevölkerung, weshalb es nicht weiter überraschend sei, dass Richter eine begrenzte Anzahl an Informationen verarbeiten, bei ihren Entscheidungen[89]".[90] **51**

Hinweis **52**

„Insgesamt kann in diesem Bereich [nicht vollständige Ausschöpfung des Beweismaterials] eine kleine Unvollständigkeit im Material bewirken, dass die gesamte Beweisaufnahme ‚in die falsche Richtung läuft'."[91]

„Auch die Erinnerung an das selbst erlebte Verhandlungsgeschehen ist daher schon nach kurzer Zeit keine authentische Reproduktion. Trotzdem existiert keine offizielle Aufzeichnung der Inhalte von Äußerungen in der Hauptverhandlung, weil alleine für Zwecke der revisionsgerichtlichen Verfahrenskontrolle nur ein Formalienprotokoll geführt wird. Die zeitweilige Führung von Inhaltsprotokollen, weil diese auch für ein Wiederaufnahmeverfahren von Bedeutung sein können, blieb ein rechtshistorisches Intermezzo.[92] Seither wird durch die Nichtaufzeichnung der Aussageinhalte in der Hauptverhandlung vor dem LG in Strafsachen aus der psychologischen Perspektive gleichsam eine Beweisvereitelung betrieben. Beim Abruf der durch Aktenkenntnis und den Erwartungshorizont nachhaltig beeinflussten individuellen Erinnerungen der Richter[93] entsteht ein Bild, das schon mit der Sicht aller **53**

86 Einmal, Zeugenirrtum und Beweismaß im Zivilprozess, NJW 2001, 468 ff.

87 Vgl. Fucik/Hartl/Schlosse/Wielke (Hrsg.)., Handbuch des Verkehrsunfalls, 2. Teil, Rn 93, 103.

88 Weimar; psychologische Strukturen richterlicher Entscheidung, S. 31.

89 Im Original Zitatverweis auf Konecni/Ebbesen, The Mythology of Legal Decision Making, International Journal of Law and Psychiatry 1984, S. 5–18, 15 u. Van Duyne, Simple Decision Making, in: Donald C. Pennington/Sally Lloyd-Bostock, The Psychology of Sentencing, S. 143–156, 151.

90 Schweizer, Kognitive Täuschungen vor Gericht, Dissertation Zürich, S. 47.

91 Fezer, Möglichkeiten einer Reform der Revision in Strafsachen, 45.

92 Im Original folgendes Zitat: *Leitner* in: Michaelke/Köberer/Pauly/Kirsch (Hrsg.), Hamm-FS, 2008, 405 (415).

93 Im Original folgendes Zitat: Dabei sind nach den Experimenten von *Schünemann* StV 2000, 159 ff. drei Gruppen zu unterscheiden, die aktenkundigen Berufsrichter, die nicht aktenkundigen Beisitzer und die Laienrichter.

anderen Verhandlungsteilnehmer im Detail nicht übereinstimmt und im schlimmsten Fall das Gegenteil dessen ausdrückt, was Andere wahrgenommen haben. So kommt es auch zur ‚Wahrheitsverdrehung'[94] oder ‚Verfälschung des Sachverhalts'.[95,96]

54 Der Selektionsprozess wiederum erfolgt nach psychischen Gesetzmäßigkeiten:

1. Selektion aufgrund des Vorurteils oder der Erwartung

55 Der Nobelpreisträger Kahneman teilt uns mit:

„Unsere politischen Präferenzen bestimmen, welche Argumente, wir überzeugend finden. Wenn man die gegenwärtige Gesundheitspolitik befürwortet, glaubt man, dass sie einen großen Nutzen hat und dass ihre Kosten besser beherrschbar sind als die Kosten der Alternativen [...] Ihre emotionale Einstellung zu Dingen wie bestrahltem Essen, rotem Fleisch, Kernkraft, Tätowierungen oder Motorrädern bestimmt Ihre Ansichten zu deren Nutzen und Risiken. Wenn Sie eine Abneigung gegen eines dieser Dinge haben, glauben Sie voraussichtlich, dass seine Risiken hoch und sein Nutzen marginal ist."[97]

Warum sollte dieses (menschliche) Verhalten in juristischen Kontexten anders sein?! Das bedeutet aber als Kehrseite auch:

„Die Kenntnis der tendenziell belastenden Ermittlungsakte [Anm. d. Verf.: durch einseitige Verdachtshypothesen, Dramatisierungen, Überführungseifer und negative Charakterisierungen des Beschuldigten[98]] führt den Richter dazu, auch nach einer ambivalenten Hauptverhandlung, die eigentlich einen Freispruch nahe legt, durchgehend zu verurteilen."[99] Dieses Ergebnis Schünemans steht mit den Erkenntnissen der Wahrnehmungslehre in Einklang.

Hat ein Richter eine Anklage zugelassen, so hat er sich ein gesetzlich zwingendes Vorurteil der wahrscheinlichen Verurteilung gegen den Angeklagten geschaffen, gem. § 203 StPO.

94 Im Original folgendes Zitat: *Rückert* (Fn 49) S. 152.

95 Im Original folgendes Zitat: BGHSt 43, 212 (216).

96 Eschelbach, Wiederaufnahmefragen in Festschrift für Stöckel zum 70. Geburtstag, S. 199, 208 f.

97 Kahneman, Schnelles Denken, langsames Denken, S. 134.

98 Vgl. Schlothauer, Strafprozessuale Fragen der Glaubwürdigkeitsbegutachtung von Zeugen durch psychologische Sachverständige, S. 143, in Psychologie der Zeugenaussage.

99 Schünemann, Der Richter im Strafverfahren als manipulierter Dritter? Zur empirischen Bestätigung von Perseveranz- und Schulterschlußeffekt, StV 2000, S. 161, ähnl. auch Schmitt, Die richterliche Beweiswürdigung im Strafprozess, S. 432 m.w.N.

Hinweis 56

Bezeichnenderweise war in der RStPO ursprünglich eine teilweise personale Trennung von eröffnendem und erkennendem Gericht vorgesehen, gem. § 23 Abs. 3 RStPO 1877.

Hat der Richter aber ein **Vorurteil oder eine Erwartung** (der Angeklagte ist schuldig), **so folgt psychologisch unbewusst eine Wahrnehmungsverzerrung**, „weil sie [die Richter] nur die ihnen bereits aus der Ermittlungsakte bekannten (‚redundanten') belastenden Informationen apperzipierten und später erinnerten."[100] Aus dem Perseveranz-Effekt ergibt sich weiter, dass Wahrnehmungen, die eine schon zuvor für richtig gehaltene Hypothese (= Vorurteil, Vorerwartung) bestätigen, in der Gewichtigkeit überschätzt und entgegengesetzte Informationen unterschätzt werden. **Faszinierend ist, dass diese Erkenntnis bereits von Laplace 1813 formuliert wurde:** „Unsere Leidenschaften, unsere Vorurteile und die h.M. sind dadurch, dass sie die ihnen günstigen Wahrscheinlichkeiten übertreiben und die entgegengesetzten vermindern, reichliche Quellen gefährlicher Täuschungen."[101] Hinzu kommt, dass unbewusst vorwiegend nach bestätigenden Wahrnehmungen oder leicht zu widerlegenden widersprechenden und damit doch wieder bestätigenden Wahrnehmungen gesucht wird (Überschätzung) und andere Informationen (ganz oder teilweise) gar nicht wahrgenommen (Unterschätzung) werden.[102] Aber auch Erkenntnisse der **Sozial- und Lernpsychologie** bestätigen, dass der Erstinformation besondere Bedeutung zukommt. Die Erstinformation prägt sich besser ein und hat bei der eigenen Entscheidungsfindung größeres Gewicht. Damit ist nicht mehr zu leugnen, dass der Richter mit einer Voreingenommenheit, d.h. **Schuldhypothese** zulasten des Angeklagten, in die Verhandlung eintritt.[103] Das Richterbild der deutschen Strafprozessordnung von einem über den Dingen stehenden, ausschließlich nach objektiven Kriterien urteilenden Richter, entspricht nicht mehr dem heutigen Kenntnisstand der Psychologie.[104] Nach 20-jähriger Berufstätigkeit stellte Tschadek fest: „Es liegt in der menschlichen Natur begründet, daß auch ein guter Richter, der einen Akt studiert hat, sich noch vor der Hauptverhandlung ein Bild über den zu führenden Prozeß macht und daß er versucht, seine bereits aus dem Aktenstudium gewonnene Meinung durch das Prozessergebnis zu erhärten. Nur allzu leicht werden in einer solchen Stimmung Behauptungen eines Beschuldigten oder Aussagen von Zeugen als unglaubwürdig abgetan, um nicht eine mühsam aufgebaute Beweis- 57

100 Schünemann, Der Richter im Strafverfahren als manipulierter Dritter? Zur empirischen Bestätigung von Perseveranz- und Schulterschlusseffekt, StV 2000, 161.

101 Laplace, Théorie analytique des probabilités, 3. Aufl., S. 123 f.; zitiert nach Motsch, Vom rechtsgenügenden Beweis, S. 126.

102 Vgl. Schünemann, Der Richter im Strafverfahren als manipulierter Dritter? Zur empirischen Bestätigung von Perseveranz- und Schulterschlusseffekt, StV 2000, 160 m.w.N., für dieses Phänomen.

103 Vgl. Krekeler, Psychologie des Strafverfahrens, StraFo 2001, 329 ff.

104 Vgl. Schmitt, Die richterliche Beweiswürdigung im Strafprozess, S. 427 f.

kette zu zerstören."[105] Ein Richter mit 35 Berufsjahren meint: „[…] in den letzten Jahren habe ich mir immer wieder gesagt: So ein kleines bisschen an das Gute im Menschen glauben musst Du schon noch. Sonst schreibt man auf jeden Aktendeckel gleich ‚schuldig' und das darf nicht sein."[106]

58 Der Rechtsanwalt beim BGH (Prof. Dr. Reinelt) nimmt an, dass eine chinesische Weisheit, der zufolge es nicht darauf ankäme, wie die Dinge seien, sondern mit welchen Augen sie betrachtet würden, in vielen Bereichen der Justiz festzustellen sei. Würde ein zivilgerichtliches Berufungsgericht, das Zeugen vor Eingang der Berufungserwiderung geladen hat, diese wieder abladen, wenn sich durch die Erwiderung ergäbe, dass die Zeugeneinvernahme überflüssig ist? Würde der BGH, nachdem er auf die Nichtzulassungsbeschwerde die Revision zugelassen hätte, noch bevor die gegnerische Erwiderung hierauf eingeht, die Revision zurückweisen, wenn sich aus der Erwiderung ergäbe, dass die Zulassung fehlerhaft war? Reinelt bezweifelt zu Recht, dass in solchen Fällen durchwegs mit richtigen Ergebnissen gerechnet werden könnte.[107] „[…] Es ist eine gängige Erkenntnis der Psychologie, dass jemand einen eingeschlagenen Weg, für den er unter Umständen bereits großen Aufwand betrieben hat, als den richtigen zu verteidigen geneigt ist und das durch selektive Rezeption bestätigt. Wer gibt schon gerne zu, dass er vorschnell gehandelt und entschieden hat […]?"[108]

2. Wahrnehmungsverarbeitung durch Ergänzung in Richtung des Vorurteils oder der Erwartung

59 Nachdem jeder Mensch, auch jeder Richter, in der Beweisaufnahme nur einen Bruchteil der in jedem Augenblick einströmenden Umweltsignale wahrnehmen und darüber hinaus auch nur einen Teil davon verarbeiten kann,[109] werden diese Bruchstücke psychologisch unterbewusst in einen sinnvollen Handlungsablauf eingebettet.[110] „Die Wahrnehmung unterscheidet sich von der Empfindung dadurch, dass wir die sinnlichen Eindrücke geistig verarbeiten, ihnen einen Sinn beilegen. Unser Gehirn wäre innerhalb kürzester Zeit rettungslos überlastet – wir würden, durchdrehen' – wenn wir nicht (fast) alles, was im Gehirn ankommt, unverzüglich, einordnen', es in das ‚richtige Kästchen' tun könnten".[111] Die Zwischenräume der unvollständigen oder selektiven Wahrnehmung werden gedanklich unbewusst dergestalt mit Details ausgefüllt, dass sie eine logisch folgerichtige Ereignisabfolge bilden (= lo-

105 Tschadek, Der Beweis, S. 59.

106 Geld und Gier fressen Hirn, Interview mit Werner Gröschel, SZ vom 21.7.2023, S. 17.

107 Vgl. Reinelt, Richterliche Selbst-Präjudikation, ZAP-Kolumne, ZAP vom 25.2.2009, S. 211.

108 Reinelt, Richterliche Selbst-Präjudikation, ZAP-Kolumne, ZAP vom 25.2.2009, S. 211.

109 Vgl. Bürkle, Richterliche Alltagstheorien im Bereich des Zivilrechts, S. 103 m.w.N.

110 Vgl. Bender/Nack, Tatsachenfeststellung vor Gericht, 2. Aufl., Rn 58.

111 Vgl. Bender/Nack, Tatsachenfeststellung vor Gericht, 2. Aufl., Rn 58.

gischer Ergänzungsmechanismus).[112] D.h. die Ergänzung erfolgt durch Ausfüllungen[113] und Schlussfolgerungen."[114] Gleiches ergibt sich aus dem **Erklärungsansatz der kognitiven Dissonanz. D.h., jeder Mensch erstrebt ein Gleichgewicht in seinem kognitiven System, folglich Widerspruchsfreiheit zwischen Wissen und Meinungen**, sodass beim Auftreten kognitiver Dissonanzen (Widersprüche) diese unbewusst reduziert und aufgelöst werden, um wieder Konsonanz (Widerspruchsfreiheit) herzustellen.[115] Hinzu kommen die für tatrichterliche Urteile besonders gefährlichen Analogieschlüsse. Der Richter zieht aus seiner Selbstbeobachtung Schlüsse auf das Verhalten anderer Personen. Der Fehler liegt darin, dass der Richter nicht eine mit dem Angeklagten in der konkreten Situation vergleichbare Person wählt, sondern sein eigenes Ich. Damit projiziert er seine eigene, als normal empfundene Person auf den Angeklagten, der aber unter ganz anderen Voraussetzungen handelte. Daher werden Behauptungen des Angeklagten oft als „nicht nachvollziehbar" abgewertet, obwohl sie doch wahr sind.[116] Hinzu kommt, dass der Strafrichter mit den Angaben des Beschuldigten meist negative Erfahrungen gemacht hat, weil er häufig einem lügenden Angeklagten gegenüberstand, sodass er – als Folge eines Lernprozesses – dessen Angaben von vornherein misstraut. „Es ist bekannt, dass wir die Umwelt aufgrund von Stereotypen beurteilen; so werden oft schon Urteile über Gruppen gefällt [...]. Diese Urteile sind aber wieder ausschlaggebend für die Beurteilung der Gruppenmitglieder, denen man dann begegnet."[117] **Auch hieraus entwickelt sich die Grundtendenz, die Angaben eines Angeklagten vorschnell als „Schutzbehauptung" abzukanzeln.**[118] Auch das entspricht der Alltagserfahrung, dass der Richter tendenziell auch hinter wahren, entlastenden Angaben des Beschuldigten eine Lüge vermutet.[119] **Damit wird der vermeintliche Widerspruch zum Vorurteil des Richters aufgelöst und Konsonanz hergestellt.**[120] „Die Verarbeitung der Dissonanz läuft meist unbewusst ab. Es werden nicht systematisch die Pro- und Kontraargumente abgewogen, bis man zu einem Urteil gelangt, sondern viele dieser Prozesse laufen unbemerkt und nebenbei ab."[121] Jede

112 Vgl. Trankell, Der Realitätsgehalt von Zeugenaussagen, S. 17; vgl. auch Einmahl, Zeugenirrtum und Beweismaß im Zivilprozess, NJW 2001, S. 469, 472.

113 Vgl. Bender/Nack, Tatsachenfeststellung vor Gericht, 2. Aufl., Rn 60.

114 Vgl. Bender/Nack, Tatsachenfeststellung vor Gericht, 2. Aufl., Rn 62.

115 Schünemann, Der Richter im Strafverfahren als manipulierter Dritter? Zur empirischen Bestätigung von Perseveranz- und Schulterschlußeffekt, StV 2000, S. 160, vgl. auch Schweizer, Kognitive Täuschungen vor Gericht, Universität Zürich, S. 182 m.w.N.

116 Vgl. Schmitt, Die richterliche Beweiswürdigung im Strafprozess, S. 430 f.

117 Kriz, Subjektive Wahrscheinlichkeiten und Entscheidungen, S. 46.

118 Vgl. Schmitt, Die richterliche Beweiswürdigung im Strafprozess, S. 441.

119 Vgl. Schmitt, Die richterliche Beweiswürdigung im Strafprozess, S. 354 m.w.N.

120 Vgl. Krauthan, Psychologisches Grundwissen für die Polizei, 4. Aufl., S. 111.

121 Vgl. Krauthan, Psychologisches Grundwissen für die Polizei, 4. Aufl., S. 112.

(richterliche) Wahrnehmung ist damit ein individuelles Produkt der inneren (psychischen) und äußeren (durch die Umwelt gegebenen) Situationen.[122]

60 Auch aus dem Phänomen der self-fullfilling prophecy ergibt sich, **dass die Wahrnehmungen hinsichtlich der Umstände zur Beurteilung einer anderen Person die unbewusste Tendenz haben, die eigene Erwartung selbst zu bestätigen**:[123] „Wenn er nach dem, was ihm gerüchteweise zu Ohren [Schuld des Angeklagten durch die Ermittlungsakte] gekommen ist, den Beschuldigten bereits zu Dreiviertel für überführt hält, wird er vielfach keine Bedenken haben, das, was von seinen Wahrnehmungen irgendwie der Umdeutung fähig ist, in diesem Sinne auszulegen."[124]

61 Ist die Staatsanwaltschaft von der Schuld des Angeklagten überzeugt (durch Anklageerhebung), so tritt in der Beweisaufnahme und -würdigung weiter zulasten des Angeklagten der sog. Schulterschlusseffekt auf, der besagt, „wenn der Staatsanwalt in einer ambivalenten Beurteilungssituation eine zweifelhafte Entscheidung trifft, wird diese anschließend vom Richter in der Regel nicht korrigiert, sondern fortgesetzt."[125]

62 **Die Erklärung hierfür liegt in weiteren wahrnehmungspsychologischen Phänomenen.** Der Richter folgt allein schon deswegen eher dem Staatsanwalt, der durch seine Stellung und Repräsentanz eines Behördenapparates eine hohe Kompetenz widerspiegelt (sog. **Mitläufereffekt**,[126] der umso höher ist, je mehr Kompetenz der zu folgenden Person beigemessen wird[127]). Freilich gibt es auch den Richter, der sich der staatsanwaltschaftlichen Erwartung widersetzt. Das Phänomen ist keine Kritik an einzelnen Richtern, sondern an einem wahrnehmungsverzerrenden System, das durch gemeinsame Büro- und Dienstgebäude, gemeinsame Kantinen etc. und vor allem durch die Laufbahnverquickung von richterlichem und staatsanwaltschaftlichem Berufsleben die Quelle zum unbewussten Schulterschuss- und Mitläufereffekt darstellt.

Durch die vorgefertigte Anklageschrift ist bereits die Erwartung ausgesprochen, das Verfahren zu eröffnen und den Angeklagten zu verurteilen. Das wiederum führt zu dem sog. **Pygmalioneffekt**,[128] sodass sich der unbewusst Beeinflusste **(der Richter) mit seiner Wahrnehmung der Erwartung anpasst**. „Der Pygmalioneffekt ist eine der größten Gefahren für die Wahrheitsfindung bei Gericht."[129]

122 Vgl. Weimar; psychologische Strukturen richterlicher Entscheidung, S. 7.

123 Vgl. Trankell, Der Realitätsgehalt von Zeugenaussagen, S. 18.

124 Döhring, Erich, Die Erforschung des Sachverhalts im Prozess, Duncker & Humblot, Berlin, 1963, S. 141.

125 Schünemann, Der Richter im Strafverfahren als manipulierter Dritter? Zur empirischen Bestätigung von Perseveranz- und Schulterschlußeffekt, StV 2000, S. 162.

126 Vgl. Bender/Nack, Tatsachenfeststellung vor Gericht, 2. Aufl., Rn 103.

127 Vgl. Bender/Nack, Tatsachenfeststellung vor Gericht, 2. Aufl., Rn 107.

128 Vgl. Bender/Nack, Tatsachenfeststellung vor Gericht, 2. Aufl., Rn 106.

129 Bender/Nack, Tatsachenfeststellung vor Gericht, 2. Aufl., Rn 106.

Diese psychologischen Phänomene ziehen sich durch die gesamte Struktur des deutschen Strafverfahrens.[130] Die Richterschaft unterzeichnet oftmals ungelesen von der Staatsanwaltschaft bereits vorformulierte Durchsuchungsbeschlüsse, Strafbefehle etc. Aus zwei exemplarischen Originalakten kann wie folgt zitiert werden: 63

„Bei der Anfertigung des Strafbefehls habe ich [Staatsanwalt X] versehentlich den Aufkleber A. erwischt, statt den des B., gegen den der Strafbefehl ergehen sollte. Das Verfahren gegen A. wurde nach § 170 II StPO eingestellt. Dieser ‚Fehlgriff' blieb in der Folge unentdeckt, die Richterin erließ den Strafbefehl [ungelesen] offenbar ohne dies zu bemerken." 64

In einem anderen Verfahren hatte eine anonyme Strafanzeige mit folgendem Wortlaut zum Erlass eines Durchsuchungsbeschlusses ohne weitere Indizien geführt: „In der Familie R.M. und E.M., wohnhaft in P. oder in M., wird Haschisch gekauft oder verkauft. Beide sind tätig bei der Fa. X. Ankauf und Verkauf findet u.a. statt im Schrebergarten der Familie M. am X-See."[131]

Zutreffend teilt Kempf mit, dass es dem Richter zu leicht fällt, auf dem Formular schlicht das Kreuz an der richtigen Stelle zu setzen.[132] *Auch Hamm hat diese Praxis kritisiert: „Dass über Zwangsmaßnahmen nur der Richter entscheiden darf, ist leider keine Absicherung dagegen, dass unschlüssige Entscheidungen ergehen, nachdem es zur gängigen Praxis geworden ist, dass Haftbefehle und Durchsuchungsbefehle in umfangreichen und schwierigen Sachen von der Staatsanwaltschaft vorformuliert und dem Richter zur Unterschrift vorgelegt werden, der nicht selten um so bereitwilliger unterschreibt, je weniger er eine Chance sieht, in der Eile den Sachverhalt zu erfassen, was oft nur nach einem mehrtägigen Studium umfangreicher Akten möglich wäre."*[133]

Nur durch diese Praxis des gänzlich oder nahezu ungelesenen Unterzeichnens von der Staatsanwaltschaft vorgefertigter Dokumente dürfte sich die ungewöhnlich deutliche Form („grob unverhältnismäßig und willkürlich"), mit der das BVerfG im- 65

130 Nachdem auch der Staatsanwalt zuerst sein Plädoyer hält, tritt ein sog. Ankereffekt ein. D.h., der Richter sucht unbewusst nach Informationen, die nach Beweisaufnahme die von der Staatsanwaltschaft gegebene Erstinformation (zum Beweisergebnis und Strafmaß) bestätigen. Diese Orientierung erfolgt unbewusst u. ist bei Berufsanfängern genauso ausgeprägt, wie bei erfahrenen Vorsitzenden. Zudem wird der Schuldspruch maßgeblich von der Kenntnis der Vorstrafen beeinflusst (vgl. Ehlers, „Zwar ist Justitia blind [...]", Psychologie Heute, April 2004, S. 62 f.).

131 Vgl. AG München, Az.: II Gs 4814/10.

132 Vgl. Kempf, Gesetzliche Regelung von Absprachen im Strafverfahren? Oder: Soll Informelles formalisiert werden?, StV 2009, S. 269, 273.

133 Hamm, Die Verteidigungsschrift im Verfahren bis zur Hauptverhandlung, StV 1982, S. 490, 492.

mer wieder Durchsuchungsbeschlüsse aufgehoben hat, und weiter aufhebt, erklären lassen.[134] Dass die Praxis anonymen Anzeigen nicht mit der nötigen kritischen Prüfung entgegentritt, ist eine Tatsache, die zu einer deutlichen Rechtsprechung durch das BVerfG geführt hat:

> *„Bei der Begründung des für eine Durchsuchung erforderlichen, auf konkreten Tatsachen beruhenden Anfangsverdachts sind Angaben anonymer Hinweisgeber als Verdachtsquelle nicht generell ausgeschlossen; als Grundlage für eine stark in Grundrechtspositionen eingreifende Zwangsmaßnahme wie eine Durchsuchung kann eine anonyme Aussage aber nur genügen, wenn sie von beträchtlicher sachlicher Qualität ist oder mit ihr zusammen schlüssiges Tatsachenmaterial vorgelegt wurde.“*[135]

66 „Auch Leistungsverweigerung, etwa durch den „unwilligen Richter“, der die Rechtsschutzfunktion beim Richtervorbehalt ganz ablehnt oder als Ermittlungsrichter[136] die ihm von der Staatsanwaltschaft oder der Steuerfahndung vorformulierten Beschlussentwürfe unbesehen unterzeichnet[137] und damit den Richtervorbehalt zur Farce werden lässt, oder auch durch das Strafkammermitglied, das einen Eröffnungsbeschluss ohne vorherige Beratung im Umlaufverfahren ‚blind' unterschreibt, zumal wenn es nach § 76 Abs. 2 GVG an der Hauptverhandlung nicht mehr mitwirkt, oder der Richter, der sich als Vorsitzender oder Berichterstatter ohne vorherige Aktenlektüre in eine Hauptverhandlung begibt,[138] gehören zur neuen Rechtstatsachenlage.“[139]

67 Ebenso kommen Terminabsprachen bereits vor dem Eröffnungsbeschluss vor, woraus mindestens indiziell zu erkennen ist, dass die Eröffnungsentscheidung nicht ernst genommen wird. In vielen Fällen wird die Verdachtshypothese der Staatsanwaltschaft nicht getestet, sei es durch richterliche Alternativhypothesen oder die Nullhypothese.[140] „Alle verfügbaren Indizien sprechen zumindest dafür, dass eine umfassende richterliche Verdachtskontrolle im Zwischenverfahren anhand eines

134 Vgl. BVerfG, AnwBl 2006, S. 848 f. BVerfG, NJW 2007, S. 1444 f.; BVerfG, AnwBl 2006, 850 f., vgl. auch „Grob willkürlich“, SZ v. 11.10.2006, S. 5 (Autor Helmut Kerscher); BVerfG, NJW 2011, S. 2275. Ein identisches Problem stellt sich bei Haftfortdauerentscheidungen (vgl. umfassend Scheinfeld, Haftfortdauerentscheidung und Rechtsbeugung, GA 2010, S. 684 ff.) oder Freiheitsentziehungen zum Zwecke der Identitätsfeststellungen (vgl. BVerfG, 1 BvR 47/05).

135 BVerfG, Beschl. vom 14.7.2016 – 2 BvR 2474/14.

136 Im Original folgendes Zitat: Die Ursache liegt auf der Hand, wird aber andernorts nicht zur Kenntnis genommen: Das ermittlungsrichterliche Arbeitspensum verlangt Unmögliches, wenn rund 5.000 Gs-Sachen ein Jahresarbeitspensum bilden.

137 Im Original folgendes Zitat: Hüls, ZIS 2009, 160 (164 ff.).

138 Im Original folgendes Zitat: Fischer http://www.bundestag.de/ausschuesse/a06/anhoerungen/49_Deal/04_Stellungnahmen/Stellungnahme_Fischer.pdf, S. 5 f.; s.a. Eschelbach in: Kempf/Jansen/Müller (Hrsg.), Richter II-FS, 2006, S. 113 (116 ff.).

139 Eschelbach, Wiederaufnahmefragen in Festschrift für Stöckel zum 70. Geburtstag, S. 199, 201.

140 Vgl. Beck-OK/StPO-Eschelbach, § 257b, Rn 2.

vollständigen und wahrheitsgemäßen Aktenbestandes jedenfalls in umfangreichen Verfahren eher die Ausnahme als die Regel ist."[141]

Das ist insofern mehr als bedenklich, als Peters nachgewiesen hatte, dass sich Fehler und Mängel im Ermittlungsverfahren in der Hauptverhandlung i.d.R. nicht mehr korrigieren lassen.[142] 68

Ob der **Richtervorbehalt** angesichts der zu bewältigenden Pensen (es lassen sich Pensen von mehr als 5.000 Fälle pro Jahr und Ermittlungsrichter finden) noch seinen wahren Zweck erfüllt, ist in der Rechtswirklichkeit fraglich. Es gibt zahlreiche Studien, die belegen, dass die dem Richtervorbehalt zugedachte Kontrollfunktion vielfach versagt. Ermittlungsrichter, die nach den Pensenvorgaben der Justizverwaltung zwischen 4.500 und 5.000 Beschlüsse der vorliegenden Art prüfen müssen, wenn sie ein Jahrespensum erfüllen wollen, können nicht mehr leisten als eine Schlüssigkeitsprüfung. Die verfassungsrechtliche Vorgabe einer eigenverantwortlichen richterlichen Prüfung vor Anordnung einer Durchsuchung und Beschlagnahme[143] bleibt dann mehrheitlich unerfüllt.[144] Ermittlungsrichter sind anerkanntermaßen strukturell überlastet.[145] Sie stehen unter einem extremen Zeit- und Entscheidungsdruck. Sie können sich nur punktuell mit der Sache befassen und sie erhalten nur gefilterte Informationen, weil dem Beschuldigten bis zum Erlass des Durchsuchungsbeschlusses, der zur Vermeidung eines Beweisverlusts überraschend vollzogen werden soll, typischerweise kein rechtliches Gehör gewährt wurde. Sie können dadurch in besonderer Weise den in der Rechtspsychologie bekannten Perseveranz-, Inertia- und Schulterschlusseffekten erliegen.[146] Schon der Anfangsverdacht kann auf kognitiver Dissonanz beruhen.[147] Überlastete oder überforderte Ermittlungsrichter neigen dazu, den Weg des geringsten Widerstandes zu gehen, um den übermäßigen Arbeitspensen zumindest formal gerecht zu werden. 69

> *Hinweis* 70
>
> Die Justiz ist überlastet. Diese Überlastung kollidiert faktisch mit verfassungsrechtlichen Rechten der jeweils Betroffenen, nämlich dem Richtervorbehalt und dem Grundsatz des rechtlichen Gehörs vor Gericht.

„Bei der Justiz hat der Akzent [des Art. 103 Abs. 1 GG] auf der sachlichen Qualität zu liegen. Die Maßstäbe der Normalität sind hier folglich hoch gesetzt. Verfahrens- 71

141 Eschelbach, Absprachenpraxis versus Wiederaufnahme des Verfahrens, HRRS 2008, S. 190, 195.

142 Vgl. Peters, Fehlerquellen im Strafprozess, 2. Bd., S. 195.

143 Vgl. BVerfG, NJW 2009, S. 2422, 2423.

144 Vgl. Putzke, Der Richtervorbehalt als Garantie der Unschuldsvermutung, StraFo 2016, S. 1 ff. m.w.N.

145 Vgl. Paeffgen/Wasserburg, Geheimnisse des Systems der Kontrolle. Gedanken zu Gründen und Folgen des Beschlusses des BVerfG vom 23.5.2012 – 2 BvR 610,625/12, GA 2012, S. 535, 550.

146 Vgl. Schünemann, Der Richter im Strafverfahren als manipulierter Dritter?, StV 2000, S. 159 ff.

147 Vgl. Singelnstein, Confirmation Bias – Die Bestätigungsneigung als kognitive Verzerrung bei polizeilichen Ermittlungen im Strafverfahren, StV 2016, S. 830, 823 ff.

zuschnitt, Gerichtsorganisation, Geschäftsverteilung und Arbeitspensen müssen so gefasst sein, dass eine gründliche und gleichmäßige Gehörpraxis möglich bleibt."[148] Das BVerfG teilt mit: „Es ist seine [des Gesetzgebers] Aufgabe, im Rahmen des Zumutbaren alle Maßnahmen zu treffen, die geeignet und nötig sind, einer Überlastung der Gerichte vorzubeugen und ihr dort, wo sie eintritt, rechtzeitig abzuhelfen. Er hat die dafür erforderlichen – personellen wie sächlichen – Mittel aufzubringen, bereitzustellen und einzusetzen. Diese Aufgabe folgt aus der staatlichen Pflicht zur Justizgewährung, die Bestandteil des in Art. 20 Abs. 3 GG verankerten Rechtsstaatsprinzips ist."[149] Die zu oft faktischen Nichtprüfungen und routinemäßigen Eröffnungsbeschlüsse führen zu gewichtigen und kaum auszugleichenden Nachteilen für den Angeklagten.[150] Damit wird gleichzeitig Art. 19 Abs. 4 GG als Grundrecht auf Individualrechtsschutz tangiert. „Der Richter darf sich nicht als bloßer Kontrolleur missverstehen; er hat Rechtsschutzinstanz zu bleiben."[151]

72 Dem **Richtervorbehalt** kommt theoretisch eine präventive Rechtsschutzfunktion zu.[152] Das BVerfG geht von Folgendem aus: „Der Richtervorbehalt zielt auf eine vorbeugende Kontrolle der Maßnahme durch eine unabhängige und neutrale Instanz ab (BVerfGE 57, 346 [355 f.] = NJW 1981, 2111; BVerfGE 76, 83 [91] = NJW 1987, 2499). Das Grundgesetz geht davon aus, dass Richter aufgrund ihrer persönlichen und sachlichen Unabhängigkeit und ihrer strikten Unterwerfung unter das Gesetz (Art. 97 GG) die Rechte der Betroffenen im Einzelfall am besten und sichersten wahren können (BVerfGE 77, 1 [51] = NJW 1988, 890). Im strafrechtlichen Ermittlungsverfahren, das die StA in eigener Verantwortung führt (§§ 158 ff. StPO), ist der Richter – entsprechend der Trennung von Anklagebehörde und Gericht im deutschen Strafprozess – unbeteiligter Dritter, der nur auf Antrag der StA tätig wird (§ 162 StPO). Bei Maßnahmen wie der Durchsuchung oder auch dem Haftbefehl, die in der Regel ohne vorherige Anhörung des Betroffenen ergehen, soll seine Einschaltung insbesondere auch für eine gebührende Berücksichtigung der Interessen der Beteiligten sorgen (BVerfGE 9, 89 [97] = NJW 1959, 427). Der Richter muss die beabsichtigte Maßnahme eigenverantwortlich prüfen; er muss dafür Sorge tragen, dass die sich aus der Verfassung und dem einfachen Recht ergebenden Voraussetzungen der Durchsuchung genau beachtet werden (BVerfGE 9, 89 [97] = NJW 1959, 427; BVerfGE 57, 346 [355 f.] = NJW 1981, 2111)."[153]

148 Schmidt-Aßmann, in Maunz/Dürig, GG, 53. Aufl., GG, Art. 103 Rn 18.

149 BVerfGE 36, S. 264, 275.

150 Vgl. Eschelbach, Gehör vor Gericht, GA 2004, 228, 238 ff.

151 Schmidt-Aßmann, in Maunz/Dürig, GG, 53. Aufl., GG, Art. 19 Rn 9.

152 Vgl. Eschelbach, Vorbereitung und Erhebung der öffentlichen Klage, Rn 19 m.w.N. in Vordermayer/von Heintschel-Heinegg, Handbuch für den Staatsanwalt, 3. Aufl.

153 BVerfG, NJW 2001, 1121 f.

In der Rechtswirklichkeit ist aber faktisch das Gegenteil zu beobachten. Die folgenden Ausführungen Meyer-Goßners aus dem Jahre 2000 sind aktuell immer noch (ggf. mehr denn je) zutreffend:[154] 73

„Die Rechtswirklichkeit zeigt denn auch überdeutlich, was ein solcher Richtervorbehalt nützt, nämlich so gut wie gar nichts: Beispielsweise wurde im Jahre 1992 in Baden-Württemberg 562 mal eine Telefonüberwachung angeordnet; nur in einem einzigen Fall wurde der Antrag zunächst zurückgewiesen, die Entscheidung aber im Beschwerdeweg aufgehoben und die Anordnung erlassen.[155] In Bremen war 1996 bei etwa 150 solcher Anordnungen keine Ablehnung zu registrieren.[156] Nach *Lorenzen* wird hier nur ‚ein formaler Akt zelebriert'.[157] Selbst bei dem schwersten Eingriff, den die StPO im Ermittlungsverfahren vorsieht – bei der Anordnung der Untersuchungshaft – funktioniert die richterliche Kontrolle ersichtlich nicht richtig. *Sarstedt* – der langjährige Vorsitzende des 5. Strafsenats des BGH – hat berichtet, dass er als junger Richter einen älteren Kollegen befragt habe, was man eigentlich tun müsse, wenn man einen beantragten Haftbefehl **nicht** erlässt? Aus dem Gesetz ergäbe sich dazu ja nichts. Der Kollege habe ihn nachdenklich angeschaut und dann erwidert: ‚Das weiß ich auch nicht. Aber machen Sie sich keine Sorgen; denn der Fall kommt gar nicht vor. Man erlässt doch immer den Haftbefehl! Die Leute können ja Haftbeschwerde einlegen'.[158]"[159] 74

Aus der Praxis wird berichtet, „dass [...] der Verteidiger den völligen Zusammenbruch der Anklage konstatieren zu können glaubt, während beim Richter noch nicht einmal ein Zweifel zu erkennen ist; und das dadurch der Rechtsgrundsatz ‚in dubio pro reo' de facto gewissermaßen auf den Kopf gestellt wird, weil der Verteidiger die Unrichtigkeit der Anklage beweisen muss, wenn er wirklich einen Freispruch erreichen will."[160] Aus der Praxis wird daher berichtet, dass „die Würfel für die Hauptverhandlung" in der Regel bereits vor deren Beginn gefallen sind[161] und 75

154 Vgl. Roxin/Schünemann, Strafverfahrensrecht, 27. Aufl., § 29, Rn 25 m.w.N.

155 Im Original folgende Fußnote: nach Thommes, StV 1997, 660.

156 Im Original folgende Fußnote: Asbrock, ZRP 1998, 17, 18.

157 Im Original folgende Fußnote: SchlHA 1999, 29, 30.

158 Im Original folgende Fußnote: Sarstedt, StV 1981, 42.

159 Meyer-Goßner, Theorie ohne Praxis und Praxis ohne Theorie im Strafverfahren, ZRP 2000, S. 345, 348.

160 Schünemann, Der Richter im Strafverfahren als manipulierter Dritter? Zur empirischen Bestätigung von Perseveranz- und Schulterschlusseffekt, StV 2000, S. 163.

161 Vgl. Schünemann, Der deutsche Strafprozess im Spannungsfeld zwischen Zeugenschutz und materieller Wahrheit, StV 1998, S. 391, 394, 395.

der in dubio pro reo Grundsatz de facto durch in dubio contra reum ersetzt wurde.[162] Es genügt für die Verteidigung in vielen Fällen nicht mehr, nur Zweifel an der Version der Anklage zu erzeugen, sondern es müsste ein plausibler Alternativtäter präsentiert werden. Das ist in den meisten Fällen unmöglich, steht aber mit den Erkenntnissen der Psychologie in Einklang. „Auch bei stärkster konträrer Information bleibt die anfängliche Hypothese [der Schuld des Angeklagten] immer noch die stärkste Hypothese; erst der deutliche Hinweis auf eine alternative Erklärung vermag den Effekt (weitgehend) zum Verschwinden zu bringen.[163]"[164] Die o.g. Behauptung des BVerfG, dass der Richter – entsprechend der Trennung von Anklagebehörde und Gericht im deutschen Strafprozess – unbeteiligter Dritter ist, ist damit eine reine Fiktion, die mit der rechtspsychologischen Verfahrenswirklichkeit nicht übereinstimmt.

76 Damit einhergehend ist **die Erkenntnis aus der Praxis, dass sich der Richter in der Regel an der Straferwartung der Staatsanwaltschaft orientiert**, d.h., der Strafantrag der Staatsanwaltschaft stellt die Obergrenze dar und wird in den meisten Fällen geringfügig unterschritten. Die konkret verhängte Strafe hängt zu einem großen Teil von dem Antrag des Staatsanwaltes ab. In einem Experiment wurde dies u.a. von Englich/Mussweiler nachgewiesen, in dem bei identischem Sachverhalt die Staatsanwaltschaft in einer Alternative eine Freiheitsstrafe von zwölf Monaten und in einer anderen Alternative eine Freiheitsstrafe von 34 Monaten forderte.[165]

77 Damit ist das unbewusste Rollenspiel des „härteren Staatsanwalts" und „milderen Richters" eingeführt, das dem Angeklagten ermöglicht, ein Urteil des „milderen Richters" zu akzeptieren.[166] Dieser Befund aus der Praxis lässt sich mit dem statistischen Befund in Einklang bringen, dass die Freispruchsquote immer geringer wird (von 8 % im Jahr 1958 auf 2,7 % im Jahr 1996).[167] Auch werden von der Verteidigung Einstellungen nach §§ 153, 153a ff. StPO selbst dann akzeptiert werden, wenn eigentlich ein Freispruch näher liegt. Dies sogar dann, wenn die Glaubwürdigkeit

162 Vgl. Schünemann, Der Richter im Strafverfahren als manipulierter Dritter? Zur empirischen Bestätigung von Perseveranz- und Schulterschlusseffekt, StV 2000, S. 163, vgl. Meyer-Mews, Die „in dubio contra reo" Rechtsprechung bei Aussage gegen Aussage Delikten, NJW 2000, S. 916 f., Deckers, Rüdiger, Verteidigung in Verfahren wegen sexuellen Missbrauchs, in Brüssow/Krekeler/Mehle, Strafverteidigung in der Praxis, 1998, Rn 1.

163 Im Original Zitatverweis auf: Gadenne/Oswald; Entstehung und Veränderung von Bestätigungstendenzen beim Testen von Hypothesen, Zeitschrift für experimentelle und angewandte Psychologie 1986, S. 360 bis 374.

164 Schweizer, Kognitive Täuschungen vor Gericht, Universität Zürich, S. 186 f.

165 Vgl. Englich/Mussweiler, Sentencing under Uncertainty: Anchoring Effects in the Courtromm, Journal of Applied Social Psychology, 2001, S. 1535 ff.

166 Vgl. Krekeler, Psychologie des Strafverfahrens, StraFo 2001, 329 ff.

167 Vgl. Schünemann, Der deutsche Strafprozess im Spannungsfeld von Zeugenschutz und materieller Wahrheit, StV 1998, S. 391, 395 Fn 29 m.w.N.

des einzigen Belastungszeugen nach einem Glaubwürdigkeitsgutachten suspekt ist.[168] **Erfahrene Verteidiger nehmen daher den Spatz in der Hand (Einstellungen nach §§ 153 ff. StPO), statt der Taube auf dem Dach (Freispruch)**, da in den meisten Fällen die Gefahr verbleibt, dass der Vorsitzende das Urteil doch anders fällt und revisionssicher schreibt (s.o. § 3 Rdn 72 ff.). Die Einstellung statt einem Urteil muss nicht per se „schlecht" sein, denn immerhin „erkauft" sich der Angeklagte damit die Rechtssicherheit, dass auch gegen ein freisprechendes Urteil kein Rechtsmittel der Staatsanwaltschaft erfolgt. Unter diesem Gesichtspunkt erscheint diese Praxis insgesamt verständlich.

Auch Untersuchungen aus der sozialistischen Rechtspraxis ergaben erschreckende **78** Konsequenzen: „Aus der Analyse von 1800 fehlerhaften Urteilen in Strafsachen ergab sich, dass 52,7 % der Fehler auf mangelnde Objektivität und einseitige oder unvollständige Untersuchungen zurückzuführen waren. 32,5 % bezogen sich auf Nichtübereinstimmung gerichtlicher Schlussfolgerungen mit dem tatsächlichen Sachverhalt, 14,8 % auf erhebliche Verletzungen einer Prozessnorm, wobei beide Gruppen eng verknüpft waren mit der ersten Gruppe an Fehlern."[169]

Empirische Untersuchungen, in denen ein Teil der Probanden verurteilt, aber ein **79** anderer Teil der Probanden denselben Fall gänzlich anders beurteilt, bestätigen, dass das Urteil von Faktoren abhängt, die mit dem Fall nichts zu tun haben (Bildung, Alter, Einstellung, Hintergrundinformationen etc.).[170] **Allein die Kenntnis von Vorstrafen kann zu einer Verurteilung in ähnlichen Fällen führen, obwohl ein Unbescholtener nicht verurteilt worden wäre.** Teilt man den Probanden jedoch mit, die Vorstrafe nicht gegen den Angeklagten zu werten, so sinkt die Verurteilungsquote rapide. D.h., die Probanden versuchen den Einfluss der Vorstrafe zu verhindern, fallen hierbei aber in das andere Extrem und begünstigen unsachgemäß den Täter, um sicher zu stellen, dass die Vorstrafe nicht wirkt.[171]

168 Vgl. Detlef Busse u. Renate Volbert, Glaubwürdigkeitsgutachten in Strafverfahren wegen sexuellen Mißbrauchs in Psychologie der Zeugenaussage, Ergebnisse der rechtspsychologischen Forschung, S. 131 ff.

169 Dettenborn/Fröhlich/Szewczyk, Forensische Psychologie, 2. Aufl., S. 42 m.w.N.

170 Vgl. Bourmistrov-Jüttner; Subjektive Wahrscheinlichkeitstheorie und rationale Entscheidungstheorie in Anwendung auf die Rechtspraxis, Dissertation München, S. 156, 161.

171 Vgl. Bourmistrov-Jüttner; Subjektive Wahrscheinlichkeitstheorie und rationale Entscheidungstheorie in Anwendung auf die Rechtspraxis, Dissertation München, S. 162 m. Verweis auf Sir R. Eggleston, Probabilities and Proof, Melbourne Univ. Law Review (1963), S. 180 bis 211.

III. Denken in Assoziationen

80 **Aus der psychologischen Forschung ist bekannt, dass der Mensch oft zu Trugschlüssen neigt, wenn er bedingte Wahrscheinlichkeiten[172] schätzen soll.**[173] Das kann an folgenden Beispielsfällen gezeigt werden:

81 *Beispiel 1: Das „Ziegenproblem“*

In einer amerikanischen Spielshow soll ein Kandidat eines von drei verschlossenen Toren auswählen. Hinter einem der Tore verbirgt sich ein Gewinn, hinter den beiden anderen Nieten (Ziegen). Nachdem der Kandidat ein Tor gewählt hatte, blieb dies verschlossen und der Moderator öffnete ein anderes Tor, hinter dem sich eine Niete (Ziege) befand. Es verblieben somit zwei ungeöffnete Tore. Der Moderator bot daraufhin dem Kandidaten an, das gewählte Tor zu wechseln, wenn der Kandidat dies gutheißen würde. Die meisten Personen gehen davon aus, dass es keinen Unterschied macht, ob der Kandidat das Tor wechselt oder nicht. Der Kandidat wisse schließlich nicht, hinter welchem der verbleibenden Tore der Gewinn sei. Er könne somit genauso gut hinter dem zuerst gewählten Tor sein, wie hinter dem Tor, auf das gewechselt wird.

Das ist zwar naheliegend, aber trotzdem falsch. Der Kandidat sollte immer wechseln. Damit erhöht er die Chance des Gewinns von $1/3$ auf $2/3$.

Das wird durch folgende grafische Darstellung klar.

Tor A (Ziege) Tor B (Ziege) Tor C (Auto) Kandidat wählt A	Der Moderator kann dem Kandidaten nur Tor B zeigen. Durch einen Wechsel von A auf C gewinnt er.
Tor A (Ziege) Tor B (Ziege) Tor C (Auto) Kandidat wählt B	Der Moderator kann dem Kandidaten nur Tor A zeigen. Durch einen Wechsel von B auf C gewinnt er.
Tor A (Ziege) Tor B (Ziege) Tor C (Auto) Kandidat wählt C	Der Moderator kann dem Kandidaten entweder Tor A oder Tor B zeigen. Durch einen Wechsel von C verliert er.

Fazit: Wenn der Kandidat immer wechselt, gewinnt er in zwei von drei Fällen. Wechselt er nicht, hat er nur eine Gewinnchance von $1/3$.

172 Also die Wahrscheinlichkeit für ein Ereignis X unter der Bedingung, dass Y vorliegt.

173 Weitere Forschungsergebnisse legen nahe, dass der Mensch subjektiv auch nicht-bedingte, objektive Wahrscheinlichkeiten nicht mehr beurteilen kann, wenn die objektive Wahrscheinlichkeit komplex ist, sich also nicht an Hand selbst beobachteter relativer Häufigkeiten abschätzen lässt, vgl. Kriz, Subjektive Wahrscheinlichkeiten und Entscheidungen, S. 112, 116. Diese Frage braucht hier nicht vertieft werden, da in einem juristischen Sachverhalt die bedingte Wahrscheinlichkeit, also die Wahrscheinlichkeit der Tat, unter der Voraussetzung des Vorliegens der Beweismittel Y beurteilt werden muss.

Beispiel 2: Das „Taxi-Problem“

In der Stadt M. gibt es nur zwei Taxifirmen. Die A-Firma fährt nur mit Mercedes-Taxen und stellt 15 % der Taxen, während die B-Firma nur mit BMW-Taxen fährt und 85 % der Taxen in M. stellt. Es kommt zu einem Unfall mit einem Taxi und Fahrerflucht. Ein Zeuge sagt aus, das flüchtende Taxi sei ein Mercedes gewesen. Aufgrund einer wahrnehmungspsychologischen Untersuchung ist von dem Zeugen bekannt, dass die Zeugenaussage relativ zuverlässig ist und der Zeuge in 80 % der Fälle einen Mercedes zutreffend identifiziert, sich aber in 20 % der Fälle täuscht.[174] Wie hoch ist die Wahrscheinlichkeit, dass es sich bei dem fliehenden Taxi um einen Mercedes gehandelt hat? Die meisten Leser würden 80 % ansetzen.[175] Auch das wäre naheliegend, aber falsch.[176]

Über das Theorem von Bayes kann der korrekte Wert sowohl beim Taxi-Problem als auch beim Ziegenproblem ermittelt werden (s. hierzu unten § 9 Rdn 89 ff.).

In der psychologischen Forschung wurde nachgewiesen, dass Personen Wahrscheinlichkeiten in dem Ausmaß beurteilen, in dem es in den wesentlichen Eigenschaften einer Grundgesamtheit ähnlich ist.[177] **Wenn assoziativ gedacht werden muss statt komparativ,[178] sind Denkfehler nicht zu vermeiden. Derartige Denkfehler durch assoziatives Denken statt komparativen Denkens kommen in mehreren Ausprägungen vor**, d.h., die A-priori-Wahrscheinlichkeit wird gar nicht bzw. allenfalls in (viel zu) geringem Ausmaß beachtet (sog. base-rate neglect).[179] Wird die A-priori-Wahrscheinlichkeit doch beachtet, so verhalten sich Probanden trotz hinzukommender Indizien äußerst konservativ und unterschätzen die Endwahrscheinlichkeit. Das bedeutet, die Probanden halten solange wie möglich an ihrer ursprünglichen

174 Damit wäre die Zeugenaussage relativ zuverlässig, vgl. hierzu auch Bender/Nack, Tatsachenfeststellung vor Gericht, 2. Aufl., Rn 424, die von einer regelmäßigen Ausgangswahrscheinlichkeit von 50 % ausgehen.

175 Vgl. Tversky/Kahneman, Causal schemes in judgements under uncertainty, in: Martin Fishbein (Hrsg.), Progress in social psychology, S. 49, 72; vgl. auch Lyon/Slovic, Dominance of Accuracy Information and Neglect of Base-rate in Probability Estimates, Acta Psychologica 1976, S. 287 bis 298; vgl. auch Bar-Hillel, The base Rate fallacy in Probability Judgements, Acta Psychologica 1979, S. 211 bis 230, 220.

176 Der Fall ist dem Beispiel in der Dissertation von Schweizer, Kognitive Täuschungen vor Gericht, Universität Zürich, S. 124 nachgebildet.

177 Vgl. Oswald, Urteile über den Repräsentativitätsheurismus, Archiv für Psychologie, 1986, S. 113 bis 125, 114 ff., vgl. auch Kahneman/Tversky, Subjective probability: A judgement of Representativeness, Cognitive Psychology 1972, S. 430 bis 454, 431, vgl. auch Kahneman/Tversky, On the Psychology of Prediction, Psychological Review 1973, S. 237 bis 251.

178 Schweizer, Kognitive Täuschungen vor Gericht, Dissertation Universität Zürich, S. 129.

179 Vgl. zum Ganzen mit umfangreichen Literaturhinweisen: Schweizer, Kognitive Täuschungen vor Gericht, Dissertation Universität Zürich, S. 124 ff.

Anfangseinschätzung fest und ignorieren hinzukommende Indizien (sog. „conservatism-effect").[180]

82 **Andererseits wird das Vorkommen des Indizes bei der Nicht-Haupttatsache nicht beachtet**. In Prozessen wegen Kindesmissbrauchs gehen Experten oft davon aus, dass Rötungen der Genitalien, Nägelbeissen, Kopfschmerzen und Verstopfung auf der Basis ihrer Erfahrungen Indizien für einen Missbrauch seien. Das stimmt, wenn man beachtet, dass Experten hauptsächlich missbrauchte Kinder begutachten. Das ist aber falsch, wenn – wie tatsächlich – derartige Symptome (nahezu) genauso häufig bei nicht-missbrauchten Kindern vorkommen[181] (bzw. keinen spezifischen Symptomcharakter haben[182]). Das dementsprechende Beweisergebnisse daher falsch sind, kann an der diesbezüglichen Kritik an Schreibers Auffassung nachgewiesen werden (s.u. § 9 Rdn 11 ff.). „Ironischerweise versuchen solche Pseudo-Experten häufig, ihre angeblichen Sachkenntnisse durch die Behauptung zu belegen, dass fast alle Kinder, die sie behandeln, tatsächlich missbraucht worden seien. Wird diese Aussage ernst genommen, sollte sie automatisch dazu führen, ihnen jeden Sachverstand bezüglich der für das Gericht zentralen Frage, nämlich ob das Kind missbraucht wurde oder nicht, abzusprechen."[183] **Der oft unbemerkt vorkommende Denkfehler liegt also darin, das Typische beweiskräftig anzusehen, obwohl es auch nahezu genauso oft bei Nichttätern vorkommt.**[184] **Oft wird auch der umgekehrte Fehler gemacht.**[185] **Es wäre falsch, untypisches als unwahrscheinlich zu bewerten.** Ist es so, dass nur ein tausendstel der Männer, die ihre Frau schlagen, diese auch umbringen, so bedeutet dies mitnichten ein entlastendes Indiz von 99,9%. Tatsächlich wäre es vernünftig, einen schlagenden Ehemann als Hauptverdächtigen eines Mordes an der Frau anzusehen, denn unter den Nicht-schlagenden Ehemännern ist die Quote der Mörder (hoffentlich, aber vermutlich) noch viel seltener. Es kommt also nicht auf absolute Zahlen an, sondern auf das Verhältnis bei Vorliegen des Indizes zur Anzahl bei Vorliegen des Nichtindizes (s. § 9 Rdn 79 ff.).

180 Vgl. Kriz, Subjektive Wahrscheinlichkeiten und Entscheidungen, S. 31.

181 Zum Ganzen mit umfangreichen Literaturhinweisen: Schweizer, Kognitive Täuschungen vor Gericht, Dissertation Universität Zürich, S. 133; vgl. auch Kühne/Kluck, Sexueller Mißbrauch – forensisch – psychologische und psychodiagnostische Aspekte, FamRZ 1995, S. 981, S. 985.

182 Vgl. Widmaier/Köhnken, MAH, § 62 Rn 12 f. derartige Symptome können auch bei anderen belastenden Ereignissen eintreten, z.B. Trennung der Eltern, Überforderung in der Schule, etc. Es gibt kein Syndrom des sexuellen Missbrauchs. All die vermeintlichen Hinweise sind unspezifisch und können ihre Genese in alternativen Erklärungen finden.

183 Dawes, zitiert in Poole/Lindsay, Assessing the accuracy of young children's reports: Lessons from the Investigation of Child Sexual Abuse, Applied & Preventive Psychology, 1998, S. 21, zitiert nach Schweizer, Kognitive Täuschungen vor Gericht, Dissertation Universität Zürich, S. 134.

184 Vgl. Schweizer, Kognitive Täuschungen vor Gericht, Dissertation Universität Zürich, S. 133.

185 Sogar von Harvard Professoren, vgl. hierzu Schweizer, Kognitive Täuschungen vor Gericht, Dissertation Universität Zürich, S. 137 m.w.N.

D.h.:

„1) Wie viele Ehefrauenmörder (Haupttatsache) haben zuvor ihre Ehefrau geschlagen (Indiz)?

2) Wie viele Ehemänner, die ihre Frau nicht töten (Nicht-Haupttatsache), schlagen ihre Ehefrau?

3) Wer schlägt seine Ehefrau häufiger? Mörder oder Nicht-Nicht-Mörder?

[…] Es leuchtet wohl ein, dass Ehefrauenmörder (Haupttatsache) ihre Frauen häufiger schlagen als Ehemänner die ihre Frauen nicht töten (Nicht-Haupttatsache).“[186]

IV. Zusammenfassung

Da die o.g. **wahrnehmungsverzerrenden Phänomene** unbewusst ablaufen, der sich auch die unparteiischste richterliche Instanz nicht entziehen kann,[187] ist die reine interne Berücksichtigung von Indizien, Zusammenfassung und Bewertung von Beweisergebnissen nicht ausreichend. Der Richter hat unbewusste Verarbeitungsprozesse nicht in der Hand.[188] Bemerkenswert ist hierzu, dass Testprobanden, an denen die Wirksamkeit der o.g. psychologischen Phänomene überprüft wurden, mit einer Mehrheit von 2/3 meinten, dass deren Bewertungen nicht von ihren Einstellungen abhingen, bzw. 85 % meinten, dass ihre Bewertungen nicht von ihren Einstellungen beeinflusst sein sollten. Auch die Untersuchung von Kriz bestätigt, dass ein Unterschied zwischen dem, wonach entschieden wird, und dem, wonach man sich zu entscheiden glaubt, besteht.[189] Mittlerweile ist sich die psychologische Wissenschaft einig, dass o.g. Wahrnehmungsverzerrungen real und robust[190] sind.[191] Wer das Ausgangsmaterial nur einseitig würdigen kann, wird auch in den Urteilsgründen nur eine einseitige Sicht produzieren können. Daher reicht es nicht, dem Tatrichter mehr oder weniger zu überlassen, welche Indizien er überhaupt in den Gründen aufführt. Die Rechtsprechung, die den Tatrichter verpflichtet, die wesentlichen Gesichtspunkte für seine Überzeugungsbildung im Urteil nachvollziehbar darzulegen,[192] hat bisher keine Gewähr gegen falsche, aber revisionssichere Urteile geboten. Der Praktiker Bossi teilte mit, dass die vom Tatrichter fälschlich aufgeführten, aber jederzeit revisionssicher zu formulierenden Urteilsgründe der Albtraum eines 83

186 Bender/Häcker/Schwarz, Tatsachenfeststellung vor Gericht, 6. Aufl., Rn 643.

187 Vgl. Nonn, Die Beweiswürdigung im Zivilprozess unter besonderer Berücksichtigung des Kantons Basel Land, S. 7.

188 Vgl. Schulz, Sachverhaltsfeststellung und Beweistheorie, S. 47 m.w.N.

189 Vgl. Kriz, Subjektive Wahrscheinlichkeiten und Entscheidungen, S. 93.

190 Sofern Studien den gegenteiligen „recency-effekt“ herausarbeiten, handelt es sich um ein Gedächtnisphänomen, vgl. Schweizer, Kognitive Täuschungen vor Gericht, Universität Zürich, S. 189 m.w.N.

191 Vgl. Schweizer, Kognitive Täuschungen vor Gericht, Universität Zürich, S. 178 ff. m.w.N.

192 Vgl. BGH, NJW 1991, 1894 = MDR 1991, 993.

Verteidigers seien.[193] Der Vorsitzende des BGH Herdegen, teilt mit, dass er Dutzende Fälle kennt, die Zweifel an der Schuld des Angeklagten ließen, aber von der Revision nicht beanstandet wurden.[194] Der erfahrene Vorsitzende Richter am BGH (21 Jahre) Sarstedt führt aus, dass Revisionen ohne Begründung durch Beschluss als offensichtlich unbegründet verworfen worden sind, von denen er das nicht einmal für möglich gehalten hätte und ihm nur die Vermutung blieb, dass Begründungen für diese Entscheidung sich eben nicht hätten schreiben lassen.[195] Krekeler hält fest, dass die These vom unbefangenen Richter, der seine Entscheidung allein aufgrund der Hauptverhandlung trifft, nicht aufrecht erhalten werden kann und stattdessen mit einem klaren Nein beantwortet werden muss.[196]

84 Daher muss das Gericht jedes Indiz, das für Schuld oder Unschuld relevant sein könnte, im Urteil offen darlegen und gemäß den Grundsätzen der Wahrscheinlichkeitsrechnung erwägen.

85 **Auch das BVerfG hat offensichtlich Exzesse der freien Beweiswürdigung ausgemacht**, und festgelegt, dass das Tat- und Revisionsgericht auch die Gründe, die gegen die mögliche Täterschaft sprechen, wahrzunehmen, aufzuklären und zu erwägen habe und sich nicht so weit von der Unschuldsvermutung entfernen dürfe, als dass der rationale Charakter der Entscheidung verloren geht und keine tragfähige Grundlage mehr für die mit einem Schuldspruch einhergehende Freiheitseinziehung sein kann.[197] Hieraus folgert Herdegen zu Recht, „dass als tragfähige Grundlage für die Sachverhaltsannahmen und die Beweiswert-Einschätzungen nur noch eine intersubjektiv akzeptable, sehr plausible Begründung angesehen werden kann."[198]

86 Ob alles Wesentliche wahrgenommen und erwogen wurde, kann nur dann festgestellt werden, wenn das Gericht jedes einzelne Indiz für Schuld oder Unschuld offen im Urteil darlegt und gemäß den Grundsätzen der Wahrscheinlichkeitsrechnung würdigt. „Nur wenn die der Bewertung der Indizien zugrundegelegten Erfahrungssätze [Zuordnung eines geschätzten Wahrscheinlichkeitswerts auf Plausibilitätsniveau] offengelegt werden, ist eine rationale Argumentation und eine intersubjektive Diskutierbarkeit gegeben,"[199] die nach einem Teil der Rechtsprechung Voraussetzung einer Verurteilung ist.[200]

193 Vgl. Bossi, Halbgötter in Schwarz, S. 67, 110.

194 Vgl. Herdegen, Die revisionsrechtliche Kontrolle der Beweiswürdigung, S. 126, in Beweisantragsrecht, Beweiswürdigung, strafprozessuale Revision.

195 Vgl. Sarstedt/Hamm, Die Revision in Strafsachen, 5. Aufl., Rn 463, zitiert nach, Barton, Die Revisionsrechtsprechung des BGH in Strafsachen, Fn 486.

196 Vgl. Krekeler, Der befangene Richter, NJW 1981, 1633, 1636.

197 Vgl. BVerfG, StV 2003, 593, 595.

198 Herdegen, Strafrichterliche Aufklärungspflicht und Beweiswürdigung, NJW 2003, 3513, 3516.

199 Bender/Nack, Tatsachenfeststellung vor Gericht, 2. Aufl., Rn 392.

200 Vgl. Bender/Nack, Tatsachenfeststellung vor Gericht, 2. Aufl., Rn 363.

C. Einwände gegen eine Verwissenschaftlichung im Strafprozess

Als Einwand, dass die Beweiswürdigung im Strafprozess nicht verwissenschaftlicht werden darf, insb. die Beweiswürdigung nicht nach den Grundsätzen der Wahrscheinlichkeitsrechnung durchgeführt werden darf, wird regelmäßig angeführt, dass die Beweiskraft der jeweiligen Indizien bzw. die jeweiligen Wahrscheinlichkeitswerte meist nicht empirisch exakt festgestellt, sondern nur auf Plausibilitätsniveau geschätzt werden können. Der Einwand als solcher ist richtig, führt aber nicht weiter. **Selbst wenn die jeweiligen Wahrscheinlichkeitswerte nur auf Plausibilitätsniveau geschätzt werden können**, ist dies der einzige Weg, der übergeordneten Instanz den rationalen Charakter der Entscheidung darzulegen und andererseits die geforderte Übereinstimmung der jeweiligen Fachkreise zu erzielen. Hinzu kommt, dass der BGH anerkennt, dass es auch dann zur Wahrheitsfindung beitragen kann, wenn selbst ein Sachverständiger keine sicheren und eindeutigen Schlüsse ziehen kann, sondern nur mehr oder weniger wahrscheinliche Schlussfolgerungen.[201] Weiter wird gegen eine Berücksichtigung der **Grundsätze der Wahrscheinlichkeitsrechnung** angeführt, dass damit eine manipulierbare Scheingenauigkeit herbeigeführt wird. So sagt der BGH, „andererseits besteht die Gefahr, dass bei wie häufig ungesicherter empirischer Grundlage für die Annahme sog. Anfangswahrscheinlichkeiten ein solches Verfahren zu überdies manipulierbaren Scheingewissheiten führen kann."[202] Auch dieser Einwand ist richtig, gleichwohl aber leerlaufend. Erst durch die Offenlegung der geschätzten und zugeordneten Wahrscheinlichkeitswerte entsteht eine intersubjektive Diskutierbarkeit, die die Beweiswürdigung objektivierbar und damit die **Manipulierbarkeit** in Grenzen halten soll. Eben genau dadurch entsteht die vom BGH an anderer Stelle geforderte intersubjektiv vermittelbare und einsichtige Grundlage der Beweiswürdigung.[203] 87

Hinweis 88

Im gesamten Bereich des Sachverständigenbeweises wird die Angabe von Wahrscheinlichkeiten oder Wahrscheinlichkeitsgraden nicht etwa als „Scheingewissheit" aufgefasst, sondern gerade umgekehrt als Offenlegung mangelnder Gewissheit und Eingrenzung der Unsicherheit.[204]

Schlussendlich wird sogar vertreten, dass sich aus dem Gesetz ergäbe, dass eine **Verwissenschaftlichung** und **größtmögliche Rationalität** bei der Beweiswürdigung abzulehnen sei. Dies ergäbe sich z.B. aus den Regeln über die Beweiserhebung, die 89

201 Vgl. BGH, NJW 1995, 2930, 2932.

202 BGH, NZV 1989, 468, 469.

203 Vgl. BGH, StV 1988, S 190; vgl. auch BGH, MDR 1989, 371.

204 Vgl. Bayerlein in: Praxishandbuch Sachverständigenrecht, 4. Aufl., § 28 Rn 7.; Baer (für psychiatrisch-psychologische Gutachten) in: Praxishandbuch Sachverständigenrecht, 4. Aufl., § 53 Rn 79.

analog der Regeln der Beweiswürdigung gefasst seien.[205] Da der wissenschaftlich nicht qualifizierte Richter gem. § 244 Abs. 4 StPO entscheide, ob wissenschaftliche Sachkunde beizuziehen oder ein weiterer Sachverständiger zuzuziehen sei, oder ob ein weiterer Sachverständiger überlegene Forschungsmittel und Sachkunde habe, ergäbe sich aus dem Gesetz eine Absage an das Gebot größtmöglicher Rationalität. Anderenfalls könnte diese Fragen nicht der wissenschaftlich unqualifizierte Richter entscheiden.[206] Die Frage, ob die Rechtstreue der Bevölkerung bei Gewährung einer Bewährungsstrafe gem. § 56 Abs. 3 StGB gefährdet wäre oder wie die Strafe auf das Leben des Täters wirkt, gem. § 46 StGB, entscheidet abermals der Richter und nicht ein demoskopischer oder psychologischer Sachverständiger.[207] Der Einwand ist richtig, dass diesbezüglich nicht der Richter entscheiden dürfe, wenn es um größtmögliche Objektivität und Rationalität ginge. Gleichwohl handelt es sich m.E. hierbei nicht um eine Grundsatzentscheidung der Ablehnung der größtmöglichen Objektivität und Rationalität, sondern um eine Entscheidung der StPO zugunsten der **Verfahrensbeschleunigung**. Bei meiner Forderung nach Würdigung gemäß den Grundsätzen der Wahrscheinlichkeitsrechnung (s.u. § 9 Rdn 48 ff.) wird darüber hinaus nicht gefordert, dass diese mit größtmöglicher Objektivität und Rationalisierbarkeit durchgeführt wird, da auch nach der diesseits vertretenen Auffassung eine Schätzung des Richters ausreicht und auch nach der diesseitigen Auffassung demoskopische Gutachten nicht eingeholt werden müssen. Auch die diesseits vertretene Auffassung wägt somit zwischen Objektivität und Rationalität einerseits und Verfahrensbeschleunigung andererseits ab. Daher ist es nicht zutreffend, dass sich gesetzesimmanent eine Ablehnung der Beweiswürdigung gemäß den Grundsätzen der Wahrscheinlichkeitsrechnung ergibt.

D. Gründe für eine Verwissenschaftlichung im Strafprozess

I. Allgemeiner Vorzug der Wissenschaft versus Intuition

90 Wenn die Beweiswürdigung mehr sein muss als ein subjektives Wollen und Meinen (selbst nach Anhängern der sog. subjektiven Theorie[208]), so muss der Richter ohnehin (**intern**) die jeweilige Beweiskraft eines Indizes **intuitiv** abwägen. „Sie [die freie Überzeugung als Ergebnis der freien Beweiswürdigung] kann namentlich nicht in der Überzeugung selbst liegen, sonst hätte der Mensch bei sich und bei Andern nur zu untersuchen, ob er oder ob der Andere Überzeugt sey […]. Das Prüfen und Ab-

205 Vgl. Keller, Verwissenschaftlichung versus Rationalität der Beweiswürdigung, GA 1999, 255, 261.
206 Vgl. Keller, Verwissenschaftlichung versus Rationalität der Beweiswürdigung, GA 1999, 255, 261.
207 Vgl. Keller, Verwissenschaftlichung versus Rationalität der Beweiswürdigung, GA 1999, 255, 262f.
208 Vgl. Greger, Beweis und Wahrscheinlichkeit, S. 16.

wägen dieser Gründe ist aber ein Geschäft des Verstandes."[209] Das aber wiederum heißt der Sache nach nichts anderes, als die Beweiskraft bzw. die Wahrscheinlichkeit intuitiv festzulegen. Ist das Prüfen und Abwägen kein Geschäft des Verstandes, wäre die Sachverhaltsfeststellung willkürlich.[210] Auch das Begründungserfordernis des § 286 Abs. 1 Satz 2 ZPO, ebenso wie die Norm des § 267 Abs. 1 Satz 1 und 2 StPO wären damit ad absurdum geführt.

Aus dem Begründungserfordernis ergibt sich somit der Zwang, sofern die Begründung nicht Selbstzweck sein soll, die Begründung so darzulegen, dass sie intersubjektiv diskutierbar wird. Das wird sie aber nur, wenn die zugrunde gelegten Wahrscheinlichkeiten ausgewiesen werden, denn „alles Erkennen", so schreibt Wendt,[211] „gebe nichts als Wahrscheinlichkeit, und auch der Richter mache daher bei seiner Überzeugungsbildung nichts anderes als einen Wahrscheinlichkeitsschluss.[212]"[213] 91

Nachdem einerseits die rein interne Begründung und die interne Abwägung der intuitiven Wahrscheinlichkeitswerte, 92

- durch die Wahrnehmungsverzerrungen verfälscht wird und für die Wahrheitsfindung gefährlich ist (s.o. § 8 Rdn 48 ff.)

und andererseits

- ein gesetzliches Begründungserfordernis besteht,

spricht nichts dagegen, dem Richter aufzuerlegen, seine intuitive Abschätzung der jeweiligen Wahrscheinlichkeitswerte von belastenden Indizien und möglichen Zweifeln (entlastenden Indizien) offen darzulegen. Mehr noch: Wird über menschliche Schicksale entschieden, so gilt: „Wo aber Wissenschaft möglich ist, werden wir sie immer der intuitiven Kennerschaft vorziehen."[214] Es ist schwer verständlich, dass z.B. bei **Personaleinstellungen** häufig Psychologen tätig sind, bei gerichtlichen Entscheidungen mit schwersten Konsequenzen selbst die Glaubwürdigkeit des einzigen Belastungszeugen in minder zuverlässiger Weise intuitiv durch den Richter statt durch einen Glaubwürdigkeitspsychologen geprüft wird.[215] Hinzu kommt, dass eine Verwissenschaftlichung Berechenbarkeit schafft. „Die Prophezeiung, wie

209 Jarcke, Bemerkungen über die Lehre vom unvollständigen Beweis, vornehmlich in Bezug auf die außerordentlichen Straftaten, Neues Archiv des Criminalrechts, 8. Bd. (1826), S. 100 f., zitiert nach Walter, Freie Beweiswürdigung, S. 72 Fn 68, 69.

210 Vgl. Baumgärtel, Beweislastpraxis im Privatrecht, Rn 41.

211 Im Original Fußnote m. folgendem Text: [Otto Wendt, Beweis und Beweismittel], AcP 63 (1880), 254.

212 Im Original Fußnote m. folgendem Text: Eine Gleichsetzung von hochgradiger Wahrscheinlichkeit u. Überzeugung findet sich bereits 1806 bei von Globig, [Hanns Ernst, Versuch einer Theorie der Wahrscheinlichkeit zur Gründung des historischen u. gerichtlichen Beweises, Regensburg 1806] S. 5.

213 Greger, Beweis und Wahrscheinlichkeit, S. 82/83.

214 Jaspers, Der philosophische Glaube angesichts der Offenbarung, S. 95.

215 Vgl. Keller, Verwissenschaftlichung versus Rationalität der Beweiswürdigung, GA 1999, 255, 266.

ein Gericht sich verhalten wird, und nichts anderes und Anspruchsvolleres ist es, was wir unter Recht verstehen."[216] Das ergibt sich ohne Weiteres aus einem dem rationalen Denken verpflichteten Rechtsystem.[217] **Zu einer guten Rechtsprechung gehört, das Ergebnis durch diskursives Denken soweit wie möglich zu kontrollieren.**[218] „Und schließlich: da wissenschaftliche Erkenntnisse prinzipiell intersubjektive Gültigkeit beanspruchen, kann der Richter seine Tatsachenfeststellungen auch nicht auf ‚Offenbarungen', ‚gnadenhafte Eingebungen' oder dergleichen stützen."[219]

II. Ohnehin bestehende Einschränkungen der Beweiswürdigung

93 Oben wurde die fast schon historische Gesetzmäßigkeit herausgearbeitet,[220] dass freie Beweiswürdigung früher oder später wieder durch gesetzliche Beweisregeln ersetzt wird. Weiter wurde herausgearbeitet, dass sich der Übergang schleichend vollzieht. Auch diese beiden Befunde werden in der Rechtswirklichkeit bestätigt. Sarstedt stellte bereits im Jahre 1968 fest: „Vielmehr kommen diese Beweisregeln, wie so vieles Bedeutende auf dem Gebiet des Rechts, fast unbemerkt, Schritt für Schritt, von Fall zu Fall, wie einer, der viel Zeit hat, und in mancherlei Verkleidungen. Sie wachsen langsam als das Ergebnis einer natürlichen, einer nicht aufzuhaltenden Entwicklung. Gewiss ist sie auch noch nicht abgeschlossen."[221] Krause stellte 1974 fest, dass ein vielfältiges Geflecht an Beweismittel- und Beweisverwertungsverboten bestünde, die der Sache nach eine Art negativer Beweistheorie sei[222] und das Pendel von nahezu schrankenloser Freiheit wieder zurückschlagen würde.[223] Hetzer stellte 1982 fest, „dass für den zur freien Beweiswürdigung verpflichteten Richter Entscheidungsbedingungen gelten, welche den Charakter einer Beweisregel haben. Deren Merkmal ist, dass der Richter sich um eine empirische Bestätigungsmöglichkeit nicht zu bemühen braucht."[224] Höcherl teilt 1984 mit, dass wir

216 Cardozo, Lebendiges Recht, 1949, S. 30 zitiert nach Herdegen, Tatgericht und Revisionsgericht – insbesondere die Kontrolle verfahrensrechtlicher Entscheidungen, S. 68, in Beweisantragsrecht, Beweiswürdigung, strafprozessuale Revision.

217 Vgl. Jerouschek, Wie frei ist die Freie Beweiswürdigung, GA 1992, 493, 513, m.w.N.

218 Vgl. Ekelöf, Beweiswürdigung, Beweislast und Beweis des ersten Anscheins, ZZP (1962), S. 295.

219 Krause, Grenzen richterlicher Beweiswürdigung im Strafprozess, In Festschrift für Karl Peters, S. 323, 328.

220 Wohl ebenso, „die richterlich geschaffene Nachprüfbarkeit der tatrichterlichen Beweiswürdigung [...] war zwangslaufig" – Jahnke, Über die Befugnis des Revisionsgerichts zur Nachprüfung der tatrichterlichen Beweiswürdigung, Festschrift für Hanack, 1999, S. 355, 366 f.

221 Sarstedt, Beweisregeln im Strafprozess, Berliner Festschrift für Ernst E. Hirsch, S. 171, 173.

222 Vgl. Krause, Grenzen richterlicher Beweiswürdigung im Strafprozess, in Festschrift für Karl Peters, S. 323, 329.

223 Krause, Grenzen richterlicher Beweiswürdigung im Strafprozess, in Festschrift für Karl Peters, S. 323, 332.

224 Hetzer, Wahrheitsfindung im Strafprozess, S. 234.

auch heute nicht ohne Beweisregeln auskommen würden, uns aber scheuen würden, das offen zuzugeben.[225] Die freie Beweiswürdigung wird einerseits rechtlich auch dadurch eingeschränkt, dass bestimmte Normen die Zuziehung eines Sachverständigen gesetzlich vorschreiben (z.B. §§ 68b FGG, 70 e FGG, § 3 Abs. 2 Satz 2 BRAGO, § 14 Abs. 2 RVG) und andererseits faktisch, als mit dem Ergebnis des Gutachtens die Würfel i.d.R. gefallen sind.[226]

Gesetzliche Beweisregeln[227] gibt es einerseits in § 274 StPO für die Beweiskraft des Protokolls und in § 190 StGB und **richterrechtlich für bestimmte Fallkonstellationen**. 94

- Geklärt ist, dass freie Beweiswürdigung nicht gegen die gesicherten Erkenntnisse der Naturwissenschaften oder Denkgesetze verstoßen darf.[228]
- Geklärt ist weiter, dass eine richterrechtliche Beweisregel dergestalt besteht, dass ein Autofahrer mit einer BAK von 1,1 Promille absolut fahruntüchtig ist. Auch hier ist für eine andere freie Beweiswürdigung des Tatrichters kein Platz, auch wenn der Angeklagte noch so alkoholgewöhnt ist. Die Rechtsprechung selbst hat damit ihren Grundsatz der persönlichen Gewissheit aufgegeben.[229] Gleiches gilt für die Feststellung, dass bei einer BAK von unter 2,0 Promille die Zurechnungsfähigkeit weder beeinträchtigt noch erheblich vermindert ist. Das BayObLG teilt ausdrücklich mit, dass es sich hier um eine Beweisregel handle. Eben weil es sich nur um eine Beweisregel und nicht um ein Tatbestandsmerkmal handle, könne diese auch rückwirkend verändert werden (Herabsetzung von 1,3 Promille auf 1,1 Promille), ohne gegen Art. 103 Abs. 2 GG zu verstoßen.[230]
- Verkehrsgeschwindigkeitsmessungen sind zuverlässig, wenn die bis dato bekannten Voraussetzungen für Fehlmessungen vermieden sind.[231]

225 Vgl. Höcherl, Die richterliche Überzeugung, in Festschrift für Peters, Karl, S. 17, 19.

226 Vgl. Schneider, Beweis und Beweiswürdigung, Rn 1491 ff.; Prechtel/Oberheim, Erfolgreiche Taktik im Zivilprozess, 4. Aufl., Rn 1365.

227 Fezer, Rechtsprechung des Bundesgerichtshofes zum Strafverfahrensrecht, JZ 1996, S. 655, 660 spricht von informellen Beweisregeln: „Die Überzeugungsbildung hat sich an einer Fülle von informellen Beweisregeln auszurichten, an die der Tatrichter zwar nicht gebunden ist, die er aber – dem Revisionsgericht erkennbar (!) – in seinem Würdigungsvorgang berücksichtigen muss (vgl. i.e. Fezer, StV 1995, 95, 97 m.w.N.).“

228 Meist wird hierzu allerdings vertreten, dass es sich insofern nicht um Einschränkungen der Beweiswürdigung handelt, sondern um immanente Grenzen, vgl. z.B. Walter, Freie Beweiswürdigung, S. 322 u. Meurer, Beweis und Beweisregel im deutschen Strafprozess, Festschrift für Dietrich Oehler zum 70. Geburtstag, S. 357, 375.

229 Vgl. Schmidt, Grundsätze der Freien richterlichen Beweiswürdigung im Strafprozessrechtrecht, S. 156 m.w.N.; vgl. auch Fahl, Ärger m. einer unwiderleglichen Beweisregel, DAR 1996, S. 393 f.; vgl. auch BGHSt 10, 10, 265, 266 ff.; vgl. auch BGHSt 31, 42, 44.

230 Vgl. BayObLG, NJW 1990, 2833 f.

231 Vgl. Sarstedt, Beweisregeln im Strafprozess, Berliner Festschrift für Ernst E. Hirsch, S. 171, 177 m.w.N.

- Das anfängliche oder vollständige Schweigen des Angeklagten darf nicht als Indiz gegen ihn verwertet werden.[232] Gleiches gilt für den aussageverweigerungsberechtigten Zeugen.[233] „Überdies können die Gründe, weshalb ein Angeklagter schweigt, so vielschichtig sein, dass sich auch deshalb ein sicherer Schluss auf seine Schuld nicht ziehen lassen würde. Deshalb darf das Gericht auch den Motiven für ein Schweigen, mögen sie noch so gegen ihn sprechen, nicht nachgehen [...].“[234] Dem vollständigen Schweigen steht es gleich, wenn man pauschal behauptet, man sei unschuldig, man sei zwar Halter, aber nicht Fahrer oder man habe die Tat nicht begangen.[235] Der BGH formuliert zutreffend: „Dass das Schweigen dem Gericht unverständlich erscheint, ist dabei ohne Bedeutung (vgl. BGH, Urt. v. 23.11.1976 – 5 StR 567/76; BGHR StPO § 261 Aussageverhalten 2 [= StV 1987, 188]).“[236]
- Aus der Haltereigenschaft darf nicht auf die Fahrereigenschaft geschlossen werden.[237]
- „Solange jemand wegen einer ihm vorgeworfenen Handlung nicht rechtskräftig verurteilt worden ist, hat er vor dem Gesetz als unschuldig zu gelten [...]. Es geht daher nicht an, die bloße Tatsache, dass gegen den Bekl. ein Strafverfahren stattgefunden hat, bei zivilrechtlichen Beweisüberlegungen zum Nachteil des Bekl. ausschlagen zu lassen.“[238]
- Sofern ein Anscheinsbeweis im Zivilrecht greift, liegt ebenfalls eine Einschränkung der richterlichen Beweiswürdigung vor. Der Tatrichter hat von dem Sachverhalt auszugehen, losgelöst von seiner eigenen Überzeugung, für die der Anscheinsbeweis streitet.[239]

95 **In diesen Fällen ist für eine eigene Überzeugung gar kein Platz mehr.** Weiter hat der Tatrichter in schwierigen Beurteilungssituationen[240] bei kindlichen oder psychisch auffälligen Zeugen ein Glaubwürdigkeitsgutachten einzuholen. In der Sprache der Carolina würde dies die Beweisregel darstellen, dass „das Kind oder der psychisch Auffällige in schwierigen Beurteilungssituationen kein ‚genügsamer' Zeuge ist“.[241]

232 Vgl. Schmitt, Die richterliche Beweiswürdigung im Strafprozess, S. 193 m.w.N.

233 Vgl. Schmitt, Die richterliche Beweiswürdigung im Strafprozess, S. 195 m.w.N.

234 Vgl. KK-zur StPO/Schoreit, 5. Aufl., § 261 StPO Rn 39.

235 Vgl. KK-zur StPO/Schoreit, 5. Aufl., § 261 StPO Rn 39.

236 BGH, StV 1992, 97 = 1 StR 622/91.

237 Vgl. BGHSt 25, 365.

238 BGH, MDR 1990, 542.

239 Das ist natürlich dann anders, wenn die Voraussetzungen des Anscheinsbeweis (Typizität) nicht vorliegen oder ein Gegenbeweis geführt wurde.

240 Unklar ist, wann die Kompetenz des Tatrichters zur Aussagebeurteilung überschritten ist u. wann er noch die nötige Sachkunde hat. Einen Überblick über die Einzelfallentscheidungen gibt Jansen, Zeuge und Aussagepsychologie, Rn 73 ff.

241 Vgl. Sarstedt, Beweisregeln im Strafprozess, Berliner Festschrift für Ernst E. Hirsch, S. 171, 182.

Kein Tatrichter darf die zur Verurteilung erforderliche Gewissheit haben, wenn die von ihm gezogene Schlussfolgerung quasi in der Luft hängt und nur eine bloße Vermutung darstellt.[242] 96

Bemerkenswert ist der o.g. Befund von Sarstedt aus dem Jahr 1968, dass Beweisregeln in mancherlei Verkleidung kommen würden. Ist es nicht doch eine Beweisregel statt einer Selbstverständlichkeit (so BGH), dass der Tatrichter bei mehreren Möglichkeiten, die gleichermaßen in Betracht kommen, die Gründe angeben muss, die es gestatten, einer der Möglichkeiten den Vorzug zu geben?[243] 97

Ist es nicht weiter doch eine Beweisregel[244] statt eines Beweiswürdigungsgrundsatzes (so Maier[245]), dass der Tatrichter alle Umstände erkannt und lückenlos erwogen haben muss, wenn 98

- Aussage gegen Aussage steht,[246] es insb. einer Aussageanalyse, v.a. bei Aussagewechsel im Hinblick auf die Aussageentstehung und die Verflechtung origineller Details gerade mit Handlungen des Belasteten bedarf,[247] ebenso wenn vor Beginn der Ermittlungen „private Befragungen" erfolgt sind oder familiäre Auseinandersetzungen bestehen[248] oder es um sexuellen Missbrauch von Kindern geht[249] oder der Belastungszeuge in der Hauptverhandlung seine Vorwürfe nicht mehr aufrecht erhält[250] oder wenn es nahe liegt, dass sich ein Mitangeklagter durch die belastende Aussage selbst entlasten will.[251] Die besondere Konstellation Aussage gegen Aussage gilt auch, wenn sich Angaben des Betroffenen mit Angaben eines Zeugen und dessen Beifahrer gegenüberstehen.[252] In der

242 Vgl. Fezer, Tatrichterlicher Erkenntnisprozess-Freiheit der Beweiswürdigung, StV 1995, 95, 100.

243 Vgl. BGH, StV 1982, 59, 60.

244 „Grundsätze, welche die Qualität klassischer Beweisregeln erreichen oder ihnen nahe kommen," vgl. Jähnke, Über die Befugnis des Revisionsgerichts zur Nachprüfung der tatrichterlichen Beweiswürdigung, Festschrift für Hanack, S. 355, 356; ebenso spricht der BGH „von strengen Anforderungen an die Beweiswürdigung" – vgl. BGH, StV 2004, 59 f.; geht es aber um die Beweiswürdigung, so geht es eben nicht mehr um die Darstellung. Folglich handelt es sich sehr wohl um Beweisregeln. Ebenso Hamm, Zur Revisibilität der Beweiswürdigung in Fällen von Aussage gegen Aussage, StraFo 2000, 253, 255 ff., wohl ebenso für ausgewählte Fälle Maul, Aussage gegen Aussage, StraFo 2000, 257, 259: „In diesen Fällen muß das Tatgericht [...] außerhalb der Zeugenaussage liegende Gründe haben [...] [also doch eine Beweisregel, d.h. ein solcher Zeuge ist kein „genügsamer Zeuge" in der Sprache der Carolina]".

245 Vgl. Maier, Aussage gegen Aussage und Freie Beweiswürdigung, NStZ 2005, 246, 249.

246 Vgl. BGH, StV 1993, 176; BGH, NStZ 2000, 496; BGH, NStZ-RR 1999, 108; auch in Bußgeldsachen: BayObLG, zfs 2003, 97; BayObLG VersR 2003, 1454.

247 Vgl. BGH, StV 2000, 243 f.; ThürOLG, StV 1998, 118 f.

248 Vgl. BGH, NStZ 2000, 496 f.; BGH, NStZ 2002, 656.

249 Vgl. BGH NStZ 1999, 45; BGH, StV 1994, 227; BGH, StV 1995, 6 f.; BGH, StV 1998, 116.

250 Vgl. BGH StV 1998, 250 f.; BGH, StV 1990, 533 f.; BGH, StV 1990, 534; BGH, StV 1990, 440; BGH, StV 1990, 439 f.

251 Vgl. BGH, StV 1991, 452.

252 Vgl. BayObLG, zfs 2003, 97 f.

Konstellation Aussage gegen Aussage genügt es überdies nicht, nur die Motive für eine Falschbelastung zu prüfen.[253] Darüber hinaus sind alle früheren relevanten Aussagen mitsamt ihrer Entwicklung im Urteil darzulegen, da anderenfalls der Tatrichter nicht belegt hat, dass er alle Umstände berücksichtigt hat.[254]

- der Angeklagte durch Angaben eines Mitangeklagten[255] oder dessen Angehörige überführt werden soll,[256]
- der Angeklagte von einem Zeugen in dem Bestreben selbst eine Strafmilderung zu erhalten, belastet wird,[257]
- eine widerlegte Einlassung oder das Scheitern eines Alibis nicht zur Grundlage einer dem Angeklagten ungünstigen Sachverhaltsfeststellung gemacht werden kann.[258] Das gilt erst recht, wenn der Angeklagte gar kein Alibi vorgibt, sondern schlicht behauptet, nicht mehr zu wissen, wo er zum Tatzeitpunkt gewesen sei.[259] Ebenso gilt dies, wenn sich der Angeklagte zwar einlässt, aber weigert, Zeugen zu benennen,[260] oder sich erst **spät einlässt**,[261]

253 Vgl. OLG Frankfurt am Main, zfs 2003, 469 f.

254 Vgl. OLG Frankfurt am Main, zfs 2003, 469 f.

255 Vgl. BGH, NStZ-RR 2002, 146; BGH, BGHStV 2000, 243 f.; BGH, StV 2000, 599 f.

256 Vgl. BGH, StV 1991, 457, vgl. auch Schäfer, Freie Beweiswürdigung und revisionsrechtliche Kontrolle, StV 1995, 147, 152 m.w.N.

257 Vgl. BGH, NStZ-RR 2002, 146 f.; BGH, StV 2004, 578 f.; BGH, NStZ-RR 2003, 245.

258 Vgl. OLG Hamm, zfs 2003, 257 f.; BGH, StV 1986, 369, 371: „Insoweit lassen falsche Angaben, mit denen der Angeklagte sich zu entlasten sucht, regelmäßig keine tragfähigen Schlüsse darauf zu, was sich wirklich ereignet hat"; ebenso BGH, NStZ 1997, 96; und BGH, StV 1982, 158 f.: „aus einem fehlgeschlagenen Alibibeweis lässt sich nichts ‚für eine Täterschaft des Angeklagten' herleiten"; vgl. auch BGH, StV 1985, 356 f., und BGH, StV 1985, 401: „Lügen, mit denen er sich verteidigen darf [...] lassen sich nur mit Vorsicht als Beweisanzeichen für strafrechtliche Schuld verwerten, weil auch ein Unschuldiger vor Gericht Zuflucht zur Lüge nehmen kann und ein solches Verhalten nicht ohne weiteres tragfähige Rückschlüsse darauf gestattet, was sich in Wirklichkeit ereignet hat," ebenso BGH, NStZ 1983, 422 f.; vgl. zur widerlegten Einlassung auch BGH, NStZ-RR 2003, 369 f., in der Praxis führt der gescheiterte Alibibeweis nach Peters, (Fehlerquellen im Strafprozess, 2. Bd., S. 31) aber wenigstens unterbewusst immer wieder zu einem weiteren negativen Moment in der Beweislage gegen den Beschuldigten.

259 Vgl. BGH, StV 1995, 510.

260 Vgl. OLG Düsseldorf, StV 1990, 442.

261 Vgl. BGH, BGHSt 20, S. 281, Schäfer, Freie Beweiswürdigung und revisionsrechtliche Kontrolle, StV 1995, 147, 151, psychologisch wird die späte Antragstellung aber jedenfalls unbewusst zu Lasten des Angeklagten wirken. Der BGH hatte entsprechende nachteilige Schlüsse zu Lasten des Angeklagten sogar gebilligt, vgl. BGHR StPO § 261 Überzeugungsbildung 10. Diese Rechtsprechung wurde später dahingehend eingeschränkt, dass nachteilige Schlüsse nur dann möglich seien, wenn unverfängliche Erklärungsmöglichkeiten ausgeschlossen wären, vgl. BGH, NStZ 2002, 161. Hamm/Hassemer/Pauly wenden sich insgesamt dagegen, dass aus zulässigem Verteidigungsverhalten nachteilige Schlüsse möglich sind, vgl. Hamm/Hassemer/Pauly, Beweisantragsrecht, 2. Aufl., Rn 143, 473.

- dem wiederholten Wiedererkennen allenfalls ein eingeschränkter Beweiswert zukommt,[262]
- aus einer richtigen Beobachtung zum Tatgeschehen auf die Täterperson geschlossen werden soll,
- er sich auf nachvollziehbare[263] Gründe stützen können muss, wenn er einem Zeugen glauben will, der in anderem Zusammenhang vor Gericht vorsätzlich die Unwahrheit bekundet hat,[264] oder der sich in der Hauptverhandlung nicht mehr zweifelsfrei erinnern kann und seine früheren Angaben relativiert[265] oder teilweise widersprüchliche Angaben macht und frühere Aussagen korrigiert,[266]
- Indizien außerhalb der Aussage vorliegen müssen, wenn der einzige Belastungszeuge in einem wesentlichen Detail bewusst falsch ausgesagt hat,[267] oder der Belastungszeuge in anderem Zusammenhang schon vor Gericht die Unwahrheit gesagt hat,[268]
- es einer besonders eingehenden Begründung bedarf, wenn das Gericht einem Zeugen teilweise glauben will, teilweise nicht,[269]
- die Häufung der jeweils für sich noch erklärbaren Fragwürdigkeiten in einer belastenden Zeugenaussage zu durchgreifenden Zweifeln Anlass geben kann.[270]
- ein Zeuge vom Hörensagen für die tatrichterliche Beweiswürdigung nicht ausreichend ist, sondern es zusätzlicher außerhalb der Aussage liegender wichtiger Beweisanzeichen bedarf.[271] Ebenso bei Verkürzungen der Beweisgrundlage

262 Vgl. LG Gera, StV 2000, 610, 611; BGH, NStZ 1996, 350 f.; LG Münster, zfs 2003, 152 f.; OLG Köln, StV 2000, 607 f.; BGH, StV 2004, 58; BGH, NStZ 2003, 493 f.; OLG Düsseldorf, zfs 1994, 265 f.; BGH 3 StR 430/02 n.V.

263 Vgl. BGH, StV 1998, 117.

264 Vgl. BGH, StV 1999, 80 f.

265 Vgl. BGH, StV 2003, 542.

266 Vgl. BGH, StV 2003, 542 f.; vgl. auch BGH, NJW 1998, 3788 ff.

267 Vgl. BGH, StV 2004, 59 f.; BGH, StV 1999, 304; BGH, StV 1985, 92; vgl. auch BGH NJW 1999, 802, 804: „Allein auf Angaben des einzigen Belastungszeugen, dessen Aussage in einem wesentlichen Detail als bewußt falsch anzusehen ist, kann eine Verurteilung nicht gestützt werden".

268 Vgl. BGH, StV 1991, 405.

269 Vgl. BGH, NStZ-RR 2003, 332 f.

270 Vgl. BGH, StV 1996, 582 f.

271 Vgl. BGH, NStZ-RR 2002, 176; BGH, NStZ 1994, 502; BGH, NStZ 2002, 656.

durch Maßnahmen der Exekutive (Sperrung von Beweismaterial oder Zeugen),[272] oder wenn es auf die Aussage eines V-Mannes ankommt,[273]

- einer positiven Identifizierung bei einer Gegenüberstellung nur eingeschränkter Beweiswert zukommt, wenn die Gegenüberstellung nicht lege artis erfolgte.[274] Dies gilt auch bei Stimmenvergleichen,[275]
- der Tatrichter den Aussagen eines Zeugen auch nicht im Ansatz höheres Gewicht beimessen darf als den Angaben des Angeklagten,[276]

272 Vgl. BGH, NJW 2004, 1259 ff.

273 Sei es, weil die Exekutive die Identität nicht aufdeckt oder sei es, weil die Persönlichkeit von V-Leuten häufig sehr problematisch ist, vgl. Schäfer, Freie Beweiswürdigung und revisionsrechtliche Kontrolle, StV 1995, 147, 152 m.w.N.

274 Vgl. BGH, 4 StR 317/93 n.V.

275 Vgl. BGH, NStZ 194, 597 f.

276 „Den tatsächlichen Beweiswert von Aussagen bestimmen nicht die verfahrensrechtliche Stellung der Auskunftspersonen, sondern deren persönlicher Gesamteindruck, die Art und Weise ihrer Bekundung, die innere Wahrscheinlichkeit ihrer Schilderung und zahlreiche andere Umstände, die vollständig aufzuzählen nicht möglich ist" (BGHSt 18, 238, 241), ebenso BGHSt 26, 56, 62: „Für die Beweiswürdigung macht es jedoch keinen Unterschied, ob jemand als Mitbeschuldigter oder als Zeuge vernommen ist. Entscheidend ist die Beurteilung des inneren Wertes seiner Aussage (vgl. Loewe/Rosenberg 22. Aufl. Anm. 46 vor § 48 StPO)", vgl. auch BGH, NStZ 2004, 635 f.; OLG Karlsruhe, Urt. v. 14.11.1997 – 10 U 169/97 = NJW-RR 1998, 789 (es erschiene willkürlich, den Aussagewert aus formalen prozessualen Gründen – einerseits Zeuge, andererseits Partei – von vornherein unterschiedlich zu gewichten; EGMR, Urt. v. 27.10.1993 – 37/1992/382/460 = NJW 1995, 1413 ff. (Zur Waffengleichheit im Prozess); beachte aber: ist der Zeuge auch noch Nebenkläger so stellt sich die Frage, weshalb es im Strafrecht gestattet ist, von dem elementaren Rechtssatz, dass derjenige, der einem anderen etwas vorwerfe, dieses beweisen können müsse u. zwar nicht nur dadurch, dass er es selbst behauptet, abzuweichen, vgl. Hamm, Zur Revisibilität der Beweiswürdigung in Fällen von Aussage gegen Aussage, StraFo 2000, 253, 255; Die Prozessrolle, ob Zeuge oder Angeklagter, hängt oft nur vom Zufall ab, vgl. BGH, StV 1997, 172; gleichwohl ist in der Praxis immer wieder zu beobachten, dass die Zeugenaussage wesentlich mehr gilt als die Angeklagtenaussage, vgl. Peters, Gutachten zum 46. Juristentag, 137; das gilt sogar dann, wenn ein Mitbeschuldigter durch Verfahrenstrennung zum Zeugen getauscht wurde, vgl. Lenckner, Mitbeschuldigter und Zeuge, In Festschrift für Karl Peters, S. 332, 338. Die Problematik stellt sich in besonderer Hinsicht bei dem sog. Opferzeugen und dem Problem der Nebenklage. Zutreffend führt Bung, Zweites Opferrechtsreformgesetz: Vom Opferschutz zur Opferermächtigung, StV 2009, 430, 432 aus: „Der Strafprozess ist einzig und allein durch

- die feststehende Beteiligung eines Angeklagten an einer Tat keinen Rückschluss auf eine Mitwirkung bei vorangegangen Taten ermöglicht,[277]
- ein Sachverständigengutachten mit einem darin abgegebenen Wahrscheinlichkeitsurteil unterhalb dem nach der Terminologie des Gutachtens auch möglichen höheren Wahrscheinlichkeitsurteil bleibt („hoher Wahrscheinlichkeit“ statt „mit größter Wahrscheinlichkeit“),[278]
- Beamte ihren Eindruck schildern,[279]
- aus der allgemeinen Glaubwürdigkeit auf die spezielle Glaubwürdigkeit geschlossen werden soll,[280]
- einer DNA-Analyse alleiniger Beweiswert zukommen soll.[281]
- Nicht als erwiesen angesehene weitere gewichtige Beschuldigungen dürfen nicht als unbedeutendes Randgeschehen behandelt werden.[282]
- Es darf grds. nicht zulasten des Angeklagten gewertet werden, wenn dieser einen Entlastungsbeweis erst a.E. der Beweisaufnahme antritt.[283] Die Praxis verfährt jedoch oft anders, wie Hamm zutreffend feststellt: „Es gehört geradezu zum informellen Programm der Strafgerichte, in strikter Anwendung des § 246 Abs. 1 StPO z.B. einen erst in der Hauptverhandlung gestellten Beweisantrag zwar nicht als verspätet vorgebracht zurückzuweisen, aber die Tatsache, dass er nicht früher gestellt worden ist, bei der Beweiswürdigung zu Ungunsten des Angeklagten zu berücksichtigen. Dass so etwas gewiss nicht in die schriftlichen Urteilsgründe geschrieben wird, aber eben doch bei der Entscheidungsfindung

das Unternehmen des Nachweises legitimiert, dass es überhaupt einen Täter gab und dass es *dieser* Täter war (genauer: dass *dieser da* der Täter war). Die elementare Gerechtigkeit [...] besteht in der Unschuldsvermutung [...].Spiegelbildlich muss man also begründen können, dass das Opfer einer Straftat bereits eine Verfolgerrolle in Anspruch nehmen darf, noch bevor erwiesen ist, daß es überhaupt ein Opfer gab [...]. Dass [...] ist nur auf der Grundlage eines normativen Vorschusses möglich, den man als moralischen Kredit [für das sog. Opfer] bezeichnen kann.“ Dieser normative Kreditvorschuss ist problematisch, weil Falschbezichtigungen (gutgläubige oder bösgläubige) immer wieder vorkommen und diese nicht immer, sondern nur zu einem unbekannten Prozentsatz als Falschbezichtigungen erkannt werden. **Hinweis:** Erkenntnistheoretisch und psychologisch sind Zeugenaussagen und Parteiaussagen dasselbe. Sie unterscheiden sich nur durch die Interessenlage der Aussagenden (Klein, Vorlesungen über die Praxis des Zivilprozesses, S. 368, zitiert nach: Polyzogopoulos, Parteianhörung und Parteivernehmung in ihrem gegenseitigen Verhältnis, S. 64).

277 Vgl. OLG Zweibrücken, StV 1985, 358 f.

278 Vgl. BGH, NStZ 1982, 478.

279 Vgl. BGH, StV 1993, 509 f.: „wegen der Verwurzelung derartiger Eindrücke in subjektiven Vorstellungen des Beobachters und wegen der Unschärfe der Aussage selbst, kaum Beweiswert.“.

280 Vgl. BGH, StV 1994, 64.

281 Kommt als alleiniger Beweis regelmäßig nicht in Betracht, vgl. BGH, NJW 1993, 74; vgl. auch Schäfer, Freie Beweiswürdigung und revisionsrechtliche Kontrolle, StV 1995, 149, 153. Das kann mittlerweile durch die fortschreitende Technik und Analysemöglichkeiten ggf. nicht mehr gelten. Es wird also auf die konkrete Beweiskraft des Gutachtens ankommen.

282 Vgl. BGH, StV 1998, 469 f.; BGH, StV 1996, 582.

283 Vgl. BGH, NStZ 2002, S. 161, allerdings darf berücksichtigt werden, dass der Entlastungszeuge seine Aussage ggf. auf das bisherige Beweisergebnis einrichten konnte, vgl. auch BGH, 3 StR 302/01 n.V.

eine Rolle spielen kann, sollte vom Verteidiger vorausgesehen und berücksichtigt werden […].“[284] Manchmal teilt ein Tatgericht aber dennoch mit: „Die Kammer ist nämlich davon überzeugt: Träfen die unter Beweis gestellten Behauptungen tatsächlich zu, so wären sie vom Angeklagten beziehungsweise dem Verteidiger durch einen Beweisantrag früher in das Verfahren eingeführt worden“. Dass dies der revisionsrechtlichen Aufhebung wegen Verstoßes gegen das nemo tenetur Prinzip unterfällt, ist gewiss.[285] Mit einer kritischen Würdigung der Zeugenaussage als solcher muss der Angeklagte aber in Fällen der spät eingeführten Entlastung in jedem Fall rechnen.[286]

- Auch die Zahlung einer Geldauflage, um eine Einstellung nach § 153a StPO zu erreichen, darf nicht als Schuldindiz gewertet werden.[287]
- Aus der Unglaubwürdigkeit eines Zeugen darf nicht auf die Unglaubwürdigkeit der Partei geschlossen werden,[288] aber ein Wechsel im Parteivorbringen darf und muss natürlich bewertet werden.[289]

99 *Hinweis*

In der Praxis ist immer wieder die erstmals in der Verhandlung gemachte Nachtrunkbehauptung relevant. Aus zulässigem Verteidigungsverhalten (Schweigen oder auch Äußern erst kurz vor Schluss der Beweisaufnahme) kann kein Schluss zu Lasten des Angeklagten gezogen werden. Dessen Nachtrunkbehauptung darf deshalb nicht als leere Ausrede abgetan werden.[290]

- Die Weigerung bei einer zur Überführung des Angeklagten durchzuführenden Speichelprobe aktiv mitzuwirken, darf nicht zulasten des Angeklagten gewertet werden.[291]
- Auch die Weigerung eines schweigenden Angeklagten, einen Zeugen vom Zeugnisverweigerungsrecht zu entbinden, kann nicht zu seinen Lasten gewertet werden.[292] Das ist aber anders, wenn der Angeklagte nur teilweise schweigt und einen Zeugen zu einer von ihm selbst aufgestellten Entlastungsbehauptung nicht entbindet.[293]

284 Hamm, Die Verteidigungsschrift im Verfahren bis zur Hauptverhandlung, StV 1982, 490 f.

285 Vgl. BGH, StraFo 2010, 70 f. = 3 StR 80/09.

286 Vgl. BGH, StV 1982, 255 f. mit Anmerkung Bendler; das gilt auch im Zivilrecht, wo das verspätete Auftreten ggf. unverständlich ist, vgl. KG, Urt. v. 11.3.2009 – 12 U 78/08: „ein derartiger Zusammenhang [des nachträglichen Auftauchens des Zeugen] ist zwar für sich genommen nicht ausgeschlossen, erscheint aber ausgesprochen unwahrscheinlich.“

287 Vgl. BGH, Urt. v. 16.10.1996 – IV ZR 154/95 = NJW-RR 1997, 152 ff.

288 Vgl. BGH, Urt. v. 4.11.1998 – IV ZR 302–97 = NJW-RR 1999, 246 f.

289 Vgl. BGH, Urt. v. 12.12.2001 – X ZR 141/00 = NJW 2002, 1276 f.

290 Vgl. KK-zur StPO/Schoreit, 5. Aufl., § 261 StPO Rn 39.

291 Vgl. BGH, NStZ 2004, 392 f.

292 Vgl. BGH, StV 2000, 234 f.

293 Vgl. BGH, NJW 1966, 209.

- Die Beweiswürdigung muss sich i.d.R. zu Angaben von Mitangeklagten im Haupt- und Ermittlungsverhalten äußern. Das gilt auch dann, wenn eine Prozesstrennung erfolgte.[294]
- Kommt es aufgrund einer Sperrerklärung der Exekutive dazu, dass bestimmte Beweismittel nicht zur Verfügung stehen, ist diese Beschränkung der Verteidigungsmöglichkeiten in der Beweiswürdigung zu beachten. Müsste der Beweis aufgrund der allg. Aufklärungspflicht oder aufgrund eines Beweisantrages erhoben werden, ist die Unmöglichkeit der Beweiserhebung durch eine **besonders vorsichtige Beweiswürdigung** und ggf. die Anwendung des in dubio Grundsatzes auszugleichen.[295] Wirkt die Sperrerklärung so weit, dass nicht einmal ein Zeugnis vom Hörensagen möglich ist, sondern das gesperrte Beweismittel der Verteidigung völlig entzogen ist, so führt dies entgegen einer weit verbreiteten Ansicht nicht dazu, das Beweisziel als wahr zu unterstellen.[296] Der Tatrichter müsse jedoch die potentielle Möglichkeit, dass das gesperrte Beweismittel den Angeklagten entlastet hätte, in seine Überlegung einbeziehen. Diese Möglichkeit muss er dem sonstigen Beweisergebnis gegenüberstellen und prüfen, ob das potentiell entlastende Beweisergebnis unter Anwendung des Zweifelssatzes durch die sonstigen Beweismittel so weit entkräftet ist, dass er immer noch die volle Überzeugung von der Schuld des Angeklagten gewinnen kann.[297] Anders formuliert: Ist das **Konfrontationsrecht** des **Angeklagten** aus der Justiz zuzurechnenden Gründen nicht gewährt, kann eine Verurteilung nur dann auf eine vom Angeklagten nicht hinterfragte Zeugenaussage gestützt werden, wenn diese Bekundungen durch andere wichtige Gesichtspunkte außerhalb der Aussage bestätigt werden.[298]
- Die Identifizierung durch eine **Stimmfalle**, die im Falle der verbotenen (heimlichen) Aufnahme auf einem Tonbandgerät bereits gegen Art. 1, 2 GG verstößt,[299] oder durch eine **Hörfalle** (der Zeuge erhält Gelegenheit einer Unterredung des Beschuldigten nur mitzuhören) ist kein zur Verurteilung ausreichendes Beweismittel.[300]

Ob es sich bei o.g. Fällen nur um **Beweiswürdigungsgrundsätze** handelt oder um **Beweisregeln**, ist m.E. nur ein Definitionsstreit. Tatsächlich ist damit die freie Beweiswürdigung (zu Recht) eingeschränkt. Jeder o.g. Beweiswürdigungsgrundsatz kann als Beweisregel ausformuliert werden, z.B.: „Einem Belastungszeugen darf 100

294 Vgl. BGH, wistra 2008, 22.
295 Vgl. BGHSt 49, 112, vgl. auch BGH, NStZ 2000, 265 ff., vgl. auch BVerfG, NStZ 2000, 151 ff.
296 Vgl. BGHSt 49, 112, 122 m.w.N.
297 Vgl. BGHSt 49, 112, 123 f.
298 Vgl. BVerfG, NJW 2007, 204, 206; BGH, Beschl. vom 29.11.2006–1 StR 493/06; BeckRS 2006, 14788.
299 Vgl. BGHSt 34, 39 ff.
300 Vgl. BGHSt 40, 66 ff.

nicht schon deswegen geglaubt werden, weil er auch sich selbst belastet hat; denn es ist möglich, dass er in den Genuss von Strafmilderung oder andere Vorteile [...] kommen wollte.“[301]

101 Darüber hinaus ist bereits

- der **numerus clausus der Beweismittel** oder die (sachlich falsche) Festlegung, dass bestimmte Beweismittel vollkommen untauglich sind (z.B. Lügendetektor) oder rechtswidrig erlangte Beweismittel ggf. nicht verwertet werden dürfen, eine Beschränkung der freien Beweiswürdigung. Der Richter kann sich dann eben nicht mehr auf der von ihm gewollten Basis sein Urteil bilden, sondern auf einer vorgegebenen und damit verkürzten Urteilsgrundlage.[302] Nach Urs Kaufmann würde danach sogar das Recht der Parteien auf Beweis verletzt sein, wenn eine Partei nicht alles beweisen könnte, weil die Rechtsordnung das im konkreten Fall zur Verfügung stehende Beweismittel nicht kenne.[303]
- Verwertungsverbote führen zu einer Einschränkung der freien Beweiswürdigung. Frühere Verurteilungen, dürfen im Anwendungsbereich der §§ 51, 66 BZRG weder als Indizien für die Frage des Schuldspruchs noch für die Strafzumessung verwertet werden. Eine Ausnahme besteht zugunsten des Angeklagten, wenn sich dieser selbst auf die frühere Verurteilung beruft.[304]

E. Offenlegung gemäß den Grundsätzen der Wahrscheinlichkeitsrechnung

102 Ist klargestellt, dass

- die Überzeugung von der Wahrscheinlichkeit für einen bestimmten Sachverhalt entscheidend ist und
- eine rein interne Berücksichtigung ungenügend ist,

so ergibt sich,

- eine Offenlegung und Bewertung der relevanten Indizien im Urteil gemäß den Grundsätzen der Wahrscheinlichkeitsrechnung.

Nur durch eine Offenlegung kann

- das von den Nobelpreisträgern Kahneman/Tversky beschriebene Phänomen, dass Menschen Wahrscheinlichkeiten beurteilen, ohne genau zu wissen, was Wahrscheinlichkeit bedeutet,[305] vermieden werden.

301 Fezer, Tatrichterlicher Erkenntnisprozess-Freiheit der Beweiswürdigung, StV 1995, 95, 98.

302 Vgl. Nonn, Die Beweiswürdigung im Zivilprozess unter besonderer Berücksichtigung des Kantons Basel Land, S. 54 m.w.N.

303 Vgl. Kaufmann, Freie Beweiswürdigung im Bundesprivatrecht und in ausgewählten Zivilprozessordnungen, S. 45, zitiert nach, Nonn, Die Beweiswürdigung im Zivilprozess unter besonderer Berücksichtigung des Kantons Basel Land, S. 57.

304 Vgl. Meyer-Goßner, Komm. zur StPO, 51. Aufl., § 261 Rn 14 m.w.N.

305 Kahneman, Schnelles Denken, Langsames Denken, S. 128.

Nur durch eine Offenlegung ergibt sich darüber hinaus 103

- eine ausformulierte rationale Überzeugungsbildung mit intersubjektiver Diskutierbarkeit. „Erst die Einsicht in die eigene Subjektivität führt zur Intersubjektivität, also zur Objektivität der Juristen." Zutreffend hat Condorcet bereits 1785 auf die Notwendigkeit der Wahrscheinlichkeitsberechnung statt des subjektiven Eindrucks hingewiesen: „Es gebe wohl niemanden, der nicht an sich selbst beobachten könne, wie sich seine Ansichten über gewisse Dinge im Laufe seines Lebens änderten, ohne daß dafür andere Ursachen als der mehr oder weniger große Eindruck dieser Dinge anzuführen seien. Auch hier könne uns die Wahrscheinlichkeitsrechnung aus der Versklavung seitens unserer Eindrücke befreien. Gerade diesem Gesichtspunkt komme hervorragende Bedeutung zu, da wir [...] über Interessen anderer Menschen zu entscheiden hätten." Auch Laplace bezweifelte 1813 zu Recht, dass die vernünftige Einsicht alleine ausreiche, um sich gegen die vielfältigen irrationalen Antriebe durchzusetzen. Rüßmann stellt fest, dass Darstellungspflichten stärker disziplinieren als jeder moralische Appell.
- Wer die Wahrheit erreichen will, muss sich an der Wahrscheinlichkeit orientieren. „Zum Höchstmaß an wahren Entscheidungen gelangen wir nur, wenn wir uns im Zweifel an die Wahrscheinlichkeit halten". Die Entscheidung nach Wahrscheinlichkeit ist das Prinzip, das ein Minimum an Fehlentscheidungen gewährleistet.
- „Die Methode setzt namentlich eine sorgfältige Analyse eines jeden Beweises voraus, und durch Berücksichtigung der Formeln kann der Entscheidende die Haltbarkeit seiner eigenen Schlussfolgerungen überprüfen. Zu behaupten, dass die Formeln irgendeine unberechtigte Kontrolle über die Beweiswürdigung nehmen würden, heißt zu behaupten, dass man nicht bereit ist, die Rationalität und die logische Haltbarkeit seiner Würdigung zu überprüfen." Nur durch eine Offenlegung und numerische Zuordnung von Wahrscheinlichkeitswerten kann ein Vergleich zwischen dem zu erreichenden Beweismaß und dem tatsächlich erzielten Beweisergebnis erfolgen. Eine Beweiswürdigung gemäß den Grundsätzen der Wahrscheinlichkeitsrechnung erfordert jedoch eine **wissenschaftsstrategische Vorentscheidung**. Die mathematische Disziplin der Wahrscheinlichkeitstheorie ist axiomatisch aufgebaut und macht keine empirischen Aussagen oder beansprucht dies. Überträgt man semantische Wendung, z.B., dass ein bestimmter Sachverhalt mit einer sehr hohen dafür bestehenden Wahrscheinlichkeit zutrifft, dann bedeutet dies nicht, dass damit der mathematische Wahrscheinlichkeitsbegriff mit all seinen Konsequenzen angemessen repräsentiert wird. Der mathematische Wahrscheinlichkeitsbegriff geht von einer unendlichen Abfolge gleicher Situationen aus, die für forensisch relevante Sachverhalte fast nie zu erreichen ist. Bereits ein anderer Experimentator wird eine etwas andere Ver-

suchsreihe wählen und damit etwas andere Schätzwerte erhalten.[306] Gleichwohl würden sich die Werte nach dem Gesetz der „großen Zahlen" annähern.[307] Die im täglichen Leben für die Jurisprudenz relevanten Fälle sind in der Regel nicht wiederholbar oder nicht oft genug wiederholbar, sodass ein mathematischer/wissenschaftlicher Wahrscheinlichkeitsbegriff a priori ausscheidet (s.o. § 6 Rdn 156 ff.).[308]

104 Empirisch gültige Aussagen über reale Sachverhalte können mittels der Wahrscheinlichkeitstheorie nur dann gemacht werden, wenn die dort verwendeten Inputdaten, also die gesetzten Axiome, mit der Realität übereinstimmen und damit empirisch verifizierbar sind. Stimmen die Inputdaten, die sich weder aus dem Modell noch aus der Wahrscheinlichkeitstheorie als solcher entnehmen lassen, nicht mit der Wirklichkeit überein, sind die mittels der Wahrscheinlichkeitstheorie erlangten Ergebnisse empirisch irrelevant.

105 Die Wahrscheinlichkeit 2-mal hintereinander eine sechs zu würfeln, lässt sich bspw. im Modell leicht ermitteln: $^1/_6 \times {}^1/_6 = {}^1/_{36}$ oder 2,77 %. Dieses mit Hilfe der Wahrscheinlichkeitstheorie errechnete Ergebnis ist aber in einem realen Würfelspiel nur relevant, wenn die im Modell verwendeten Inputdaten (die gesetzten Axiome) auch der Realität entsprechen. Die im Modell vorausgesetzten Axiome sind: Der Würfel hat genau sechs Zahlen und ist so gut gearbeitet, dass jede Zahl die gleiche Eintrittswahrscheinlichkeit hat.[309] Je weniger die realen Bedingungen den gesetzten Axiomen entsprechen (Würfel ist nicht ganz symmetrisch mit der Folge unterschiedlicher Eintrittswahrscheinlichkeiten etc.), desto weniger gilt die Aussage, in einem Würfelspiel eine Chance von 2,77 % zu haben, 2-mal hintereinander eine sechs zu würfeln. Beim Würfelspiel sind die gesetzten Axiome durch wiederholtes Würfeln leicht zu überprüfen. Wird mit gleichem Würfel 6.000-mal hintereinander gewürfelt und jede Zahl ist etwa 1.000-mal gefallen, so können die im Modell gesetzten Axiome als empirisch verifiziert gelten und Aussagen aus dem Modell sind dann mit hoher Sicherheit auf die Realität übertragbar.

106 Für forensisch bedeutsame Sachverhalte ist es nur in wenigen Fällen möglich, die verwendeten Inputdaten empirisch zu verifizieren, da sich diese (ungleich dem Würfelspiel) nicht beliebig wiederholen lassen. Die Festlegung der Inputdaten beruht daher typischerweise auf einer induktiven und oftmals subjektiven Vorgehensweise. Gemäß dem o.g. induktiven Wahrscheinlichkeitsbegriff wird der singuläre Fall mit all seinen Einzelheiten gedanklich 100-fach vervielfältigt und subjektiv geschätzt, in wie vielen Fällen sich der Fall so ereignet hat, wie man es vermutet (s.o. § 7

306 Vgl. Büchter/Henn, Elementare Stochastik, 2. Aufl., S. 178.

307 Vgl. Büchter/Henn, Elementare Stochastik, 2. Aufl., S. 174, 177.

308 Vgl. Büchter/Henn, Elementare Stochastik, 2. Aufl., S. 174, 180.

309 Wobei man nie beweisen kann, dass eine solche Laplace-Annahme zutrifft, vgl. Büchter/Henn, Elementare Stochastik, 2. Aufl., S. 167, 169.

Rdn 13 ff.). Soll, um ein Beispiel von Karl Popper aufzugreifen, die Wahrscheinlichkeit, in einem Stadtpark auf einen schwarzen Schwan zu treffen als Inputdatum für ein Modell der Wahrscheinlichkeitstheorie verwendet werden, so würde man gemäß der induktiven Vorgehensweise aus der gemachten Erfahrung, bisher nur weiße Schwäne gesehen zu haben, schließen, dass die Wahrscheinlichkeit, in einem Stadtpark auf einen schwarzen Schwan zu treffen, extrem gering oder nahezu null ist.[310] Der so ermittelte Wert bildet damit nicht genau die Realität ab und beruht letztlich auf einer subjektiven, auf Erfahrungswerten beruhenden Schätzung.

Auch wenn die Wahrscheinlichkeiten in den meisten Fällen derzeit nicht exakt angegeben werden können, so bedeutet dies nicht, dass damit auch der Denkprozess, der der Wahrscheinlichkeitsrechnung zugrunde liegt, nicht berücksichtigt werden muss. Vielmehr ist das Gegenteil richtig und die Beweiswürdigung sollte diesem Denkprozess entsprechen. Unter Berücksichtigung dieser **wissenschaftsstrategischen Vorentscheidung** werden aus mathematischen Deduktionen Sätze über die Wirklichkeit. 107

Dementsprechend führt der ehemalige Vorsitzende des BGH Armin Nack aus: 108

> *„dass man über die Häufigkeitsverteilungen in der Regel keine seriösen – und schon gar keine empirisch abgesicherten Aussagen – machen kann […]. Das ist sicher richtig. Nur: […] Wenn man nichts über Häufigkeiten weiß und sie nicht einmal abschätzen kann, dann kann man logischerweise auch nicht entscheiden, ob ein Indiz belastend, oder entlastend ist […]. Wer die richtigen Fragen stellt, weiß wenigstens worüber man streitet. Nämlich über unterschiedliche Annahmen zur Häufigkeitsverteilung und dass ermöglicht eine rationalere Beweisführung.“*[311]

> *„Diese Festlegung der Wahrscheinlichkeitsverteilung ist kein Problem der mathematischen Wahrscheinlichkeitstheorie, sondern das (oft kompliziertere) Problem, wie man die Realität in einem mathematischen Modell beschreiben kann […]. Mit Hilfe der Mathematik erhält man also mathematische Resultate, die ihrerseits wieder in der Realität gedeutet werden müssen und dort Aussagen darstellen, die sich als sinnvoll oder nicht sinnvoll erweisen.“*[312] 109

Nach dem Prinzip der **stochastischen Modellbildung** kann die Übertragung eines empirischen Sachverhalts auf ein mathematisches Modell und die Übertragung des mathematischen Ergebnisses auf den empirischen Sachverhalt wie folgt dargestellt werden (Büchter/Henn, a.a.O. S. 199): 110

310 Vgl. Popper, Objective Knowledge: An Evolutionary Approach, S. 82.

311 Nack, Beweislehre, Kriminalistik, 2005, S. 467.

312 Büchter/Henn, Elementare Stochastik, 2. Aufl., S. 198 f.

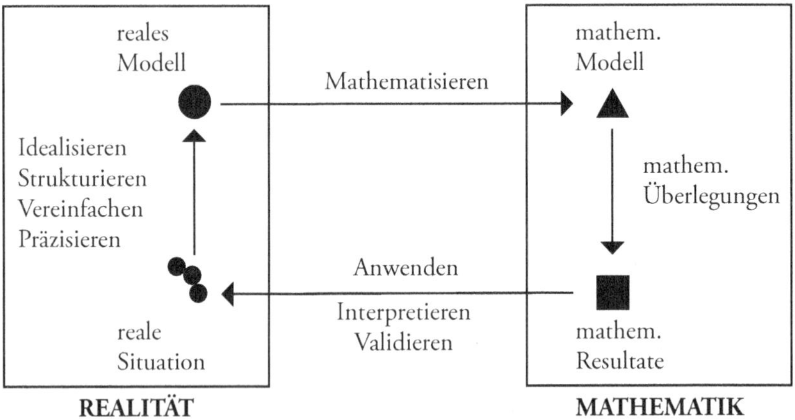

111 Forensisch relevante Wahrscheinlichkeitsaussagen stellen in der Regel Vermutungen dar. Vermutungen, die sich nicht bewährt haben, werden (vom Vermutenden oder vom Überprüfenden) in der Regel verworfen, revidiert oder durch bessere ersetzt.[313] Das setzt aber eine Offenlegung der Vermutung (= Wahrscheinlichkeitsaussage) voraus.

313 Vgl. Büchter/Henn, Elementare Stochastik, 2. Aufl., S. 180.

§ 9 Der offenzulegende Denkprozess im Konkreten (weiter eigene Auffassung)

Inhalt

A. Vorbemerkung

1 Hat man festgelegt, dass die Beweismittel gemäß den Grundsätzen der Wahrscheinlichkeitsrechnung im Urteil offen gelegt werden müssen, so ist **noch nicht klar, wie die Grundsätze der Wahrscheinlichkeitsrechnung auf juristische Sachverhaltsbeurteilung übertragen werden können**.

B. Unterscheidung direkter Beweis versus indirekter Beweis (Indizienbeweis)

2 Nach der h.A. der Rechtsprechung und der Literatur ist der **Indizienbeweis ein mittelbarer Beweis**. Aus der Anastasia-Entscheidung kann Folgendes entnommen werden:

> *„Der unmittelbare Beweis hat tatsächliche Behauptungen zum Gegenstand, die unmittelbar und direkt ein gesetzliches Tatbestandsmerkmal als vorhanden ergeben sollen; der Indizienbeweis bezieht sich auf andere, tatbestandsfremde Tatsachen, also Hilfstatsachen, die erst durch ihr Zusammenwirken mit anderen Tatsachen den Schluss auf das Vorliegen des Tatbestandsmerkmals selbst rechtfertigen sollen. [...] Ein Indizienbeweis ist überzeugungskräftig, wenn andere Schlüsse aus den Indiztatsachen ernstlich nicht in Betracht kommen.“*[1]

3 In der o.g. Anastasia-Entscheidung formuliert der BGH weiter:

> *„Hauptstück des Indizienbeweises ist also nicht die eigentliche Indiztatsache, sondern der daran anknüpfende weitere Denkprozess, kraft dessen auf das Gegebensein der rechtserheblichen weiteren Tatsache geschlossen wird.“*[2]

1 Vgl. BGH, BGHZ 53, 245, 260.
2 BGH, BGHZ 53, S. 245, 260, 261.

Wie der „daran anknüpfende weitere **Denkprozess**" **auszusehen hat**, **ist im Wesentlichen ungeklärt**,[3] bis auf die lapidare Feststellung in derselben Entscheidung, 4

> *„[...] reicht dann nicht aus und ist also unerheblich, wenn das Indiz für sich allein und im Zusammenhang mit den weiteren Indizien sowie dem sonstigen Sachverhalt für den Richter nach seiner Lebenserfahrung nicht den ausreichend sicheren Schluss auf die beweisbedürftige Haupttatsache zulässt."*[4]

Das ist insofern bemerkenswert, als der Denkprozess das Kernstück des Indizienprozesses ist.[5] 5

Entscheidend ist nach der Anastasia-Entscheidung ein tatsächliches Merkmal, das mit einer Erfahrungsregel so in Verbindung gebracht wird, dass sich daraus eine Schlussfolgerung vom Vorliegen der Indizientatsache auf das Gegebensein der Haupttatsache ableiten lässt.[6] 6

Tatsächlich handelt es sich bei nahezu jedem Beweis um einen mittelbaren Beweis.[7] Das kann am Beispiel einer Zeugenaussage dargestellt werden. Teilweise wird vertreten, dass die Bekundung eines Augenzeugen ein direktes, d.h. unmittelbares Beweismittel und folglich kein Indiz sei.[8] Demgegenüber steht eine andere Auffassung, die vorträgt, dass auch die Bekundungen eines Zeugen nur ein mittelbares Beweismittel seien, da auch der Zeuge dem Richter keine direkte Sinneswahrnehmung verschafft, sondern der Richter aufgrund der Bekundungen des Zeugen mittelbar auf einen Sachverhalt schließt.[9] Die Frage, ob es sich beim Zeugenbeweis um einen Indizienbeweis handelt oder nicht, ist m.E. auch nicht davon abhängig, wie man den direkten Beweis bzw. den Indizienbeweis definiert. Definiert man den direkten Beweis dergestalt, dass es darauf ankommt, dass der Richter selbst eine direkte Sinneswahrnehmung machen muss, damit es sich um einen direkten Beweis handelt, so ist der Zeugenbeweis in jedem Fall ein Indizienbeweis. Aber selbst wenn man die Definition der noch h.A., die zwar einerseits den Augenzeugenbeweis als direkten Beweis behandelt, aber andererseits den direkten Beweis dergestalt definiert, dass es sich dann um einen direkten Beweis handelt, wenn der 7

3 Vgl. Bender, Merkmalskombinationen in Aussagen, S. 106; vgl. auch Bender/Nack, Tatsachenfeststellung vor Gericht, 2. Aufl., Rn 385.

4 BGH, BGHZ 53, 245, 261.

5 Vgl. Baumgärtel/Laumen, Handbuch der Beweislast, Grundlagen, § 13 Rn 19.

6 Vgl. Döhring, Die Erforschung des Sachverhalts im Prozess, S. 333.

7 So zu Recht BGH, BGHZ 61, 165, 168.

8 Vgl. Roxin, Strafverfahrensrecht, 23. Aufl., § 24 C I.

9 Vgl. Bender, Merkmalskombinationen in Aussagen, S. 105; vgl. Döhring, Die Erforschung des Sachverhalts im Prozess, S. 20 m.w.N.; vgl. auch Freudenberg, Der naturwissenschaftliche Wahrscheinlichkeitsbegriff und seine Anwendung in der Rechtsprechung, in Versicherungsmedizin und Versicherungsrecht, Festgabe für Hans Göbbels, S. 51, 56; vgl. auch Bruns, Beweiswert, Zeitschrift für Zivilprozess 1978, S. 64, 68; vgl. auch Hamm, Die Revision in Strafsachen, 6. Aufl., Rn 833; vgl. auch Freund, Normative Probleme der Tatsachenfeststellung, S. 4 m.w.N.

Beweis auf Tatsachen gerichtet wird, die zum gesetzlichen Tatbestand der anzuwendenden Norm gehören und um einen Indizienbeweis, wenn der Beweis auf tatbestandsfremde Tatsachen gerichtet wird, aus denen der Schluss auf das (Nicht-) Vorliegen des Tatbestandsmerkmals gezogen werden soll,[10] d.h. auf Tatsachen, die einen Schluss auf die unmittelbar erhebliche Tatsache zulassen,[11] so **handelt es sich beim Zeugnis eines Augenzeugen entgegen der noch h.A. ebenfalls um einen Indizienbeweis**. Denn streng genommen wird auch dann der Beweis auf eine tatbestandsfremde Tatsache, nämlich nur auf die konkrete Wahrnehmung des Augenzeugen gerichtet, aus der der Richter mittelbar auf das Vorliegen bzw. Nichtvorliegen eines Tatbestandsmerkmals schließen soll. D.h., **zwischen die Überzeugung des Gerichts schiebt sich eine vermittelnde Instanz**.[12] „Oft hat zudem der Zeuge seinerseits keineswegs eine unmittelbare, sondern nur eine abgeleitete Sachkunde,[13] woraus sich ein weiteres Moment der Indirektheit ergibt. Aber auch wenn er den rechtserheblichen Vorgang selbst wahrgenommen, z.B. mit eigenen Augen gesehen hat, dass der Beschuldigte den A schlug, ist seine Bekundung letzten Endes nur ein Indiz dafür, dass es sich in der Tat so verhielt. Im Grunde ist also auch der Personalbeweis nur eine indirekte Beweisart.“[14]

8 **Somit ist der Auffassung zuzustimmen, dass der Zeugenbeweis ein Indizienbeweis ist.** Die Bekundung eines Zeugen von einer bestimmten Tatsache bedeutet somit nur ein Indiz für das tatsächliche Vorliegen eines Tatbestandsmerkmals. Entscheidend ist, dass sich hier ein Mensch als Nachrichtenträger mit seiner individuellen Persönlichkeit und mit dem von ihm geformten Bericht über den festzustellenden Vorgang als Medium dazwischenschiebt, der das von ihm entworfene Bild durch seine Besonderheiten beeinflusst und möglicherweise verfälscht.[15] „Zeugen können sich irren und Zeugen können bewusst die Unwahrheit sagen. Die Aussage eines Zeugen hat demnach nur eine bestimmte Wahrscheinlichkeit dafür, dass sie mit dem bekundeten Sachverhalt übereinstimmt.“[16] Gleichwohl zieht die noch h.A. diese Folgerung nicht, sondern behandelt den Bericht des Augenzeugen als direkten Beweis.[17] Es ist aber zutreffend, dass nahezu jeder Beweis, auch der eines Augenzeugen, ein mittelbarer Beweis ist.[18]

10 Vgl. Thomas/Putzo, Komm. zur ZPO, 28. Aufl., Vorbem. zu § 284 Rn 10.
11 Vgl. Roxin, Strafverfahrensrecht, 23. Aufl. § 15 C II b cc.
12 Vgl. Schulz, Sachverhaltsfeststellung und Beweistheorie, S. 103.
13 Anm. des Verfassers: vgl. nur das Phänomen der Ausfüllung u. Schlussfolgerung.
14 Döhring, Die Erforschung des Sachverhalts im Prozess, S. 20.
15 Vgl. Döhring, Die Erforschung des Sachverhalts im Prozess, S. 20, 21.
16 Schreiber, Theorie des Beweiswerts für Beweismittel im Zivilpozeß, S. 17.
17 Vgl. Bender, Merkmalskombinationen in Aussagen, S. 105.
18 Vgl. Nack, Der Indizienbeweis, MDR 1986, 366 f.

C. Beweisführung mit nur einem Indiz oder Festlegung der abstrakten Beweiskraft

Auf S. 260 der o.g. Anastasia-Entscheidung geht der BGH davon aus, dass die Indiztatsache **nur** (!) mit anderen Tatsachen den Schluss auf das Vorliegen des Tatbestandsmerkmals rechtfertigen kann. Auf S. 261 geht der BGH davon aus, dass das Indiz **allein** (!) und im Zusammenhang mit den weiteren Indizien den ausreichend sicheren Schluss auf die Haupttatsache zulassen kann. 9

Man könnte daher geneigt sein, aus dem Wort „allein" auf S. 261 der Anastasia-Entscheidung einen Indizienbeweis auch mit nur einem Indiz als führbar zu halten. 10

> *Fiktives Beispiel* 11
>
> Nach einer Geiselnahme wird bei einem Verdächtigen Lösegeld gefunden. Weitere Indizien gibt es (scheinbar) nicht. Würde man nur mit diesem Indiz (Auffinden des Lösegeldes) den Beweis führen wollen, so würde man jedoch einen Denkfehler begehen.

Richtig ist nämlich die Formulierung auf S. 260 der Anastasia-Entscheidung, dass die Indiztatsache **nur mit anderen Tatsachen zusammen** den Schluss auf das Tatbestandsmerkmal rechtfertigen kann. 12

Das einzelne Indiz bedeutet nämlich wenig, wenn man nicht als mindestens zweites und drittes Indiz weiß, wie oft das Indiz bei der zu beweisenden Haupttatsache vorkommt und wie oft das Indiz auch bei der Nichthaupttatsache vorkommt. Dieses zweite und dritte Wissen sind streng genommen keine weiteren Indizien, sondern nur weitere Kenntnisse, um den Beweiswert eines Indizes richtig einzuordnen. 13

Kann in o.g. Beispiel der Lebenserfahrung nach noch niemand anderes mit dem Lösegeld in Berührung gekommen sein (z.B. Festnahme unmittelbar nach der Geldübergabe), so kommt das Indiz immer bei der Haupttatsache (2. Indiz) und nie bei der Nichthaupttatsache (3. Indiz) vor. Würden bereits eine Fülle anderer Personen mit dem Lösegeld in Berührung gekommen sein, könnte damit der Indizienbeweis allein nicht geführt werden.[19] 14

Daraus folgt, dass, selbst wenn – oberflächlich betrachtet – nur ein Indiz (Auffinden des Lösegeldes) vorhanden ist, als 2. bzw. 3. Umstand die Kenntnis (= Tatsache) hinzukommen muss, wie oft das Indiz bei der Haupttatsache und wie oft das Indiz bei der Nichthaupttatsache vorkommt (s.u. § 9 Rdn 79 ff.). 15

19 Vgl. Bender, Merkmalskombinationen in Aussagen, S. 144, der ausführt, dass in dem Oetker Entführungsfall die Strafkammer die zutreffende Überlegung angestellt habe, dass der Besitz von Lösegeld allein die Täterschaft nicht einmal nahelegen könnte.

16 Die Anastasia-Entscheidung ist daher dergestalt zu interpretieren,[20] dass zwar auch ein Indiz ausreichen kann, sofern jedenfalls die Tatsache der Kenntnis, wie oft das Indiz bei der Haupttatsache vorkommt und wie oft das Indiz bei der Nichthaupttatsache vorliegt, hinzukommen muss.

17 Dies ist freilich ein Denkgesetz.

18 **Um keinen Denkfehler zu begehen, muss man naturgemäß wissen, ob das Indiz belastend** (im Sinne, dass das Indiz für das Vorhandensein des Tatbestandsmerkmals spricht) **oder entlastend** (im Sinne, dass das Indiz gegen das Vorhandensein des Tatbestandsmerkmals spricht) **ist**, denn nur bei in diesem Sinne belastenden Indizien ist der ausreichend sichere Schluss auf die beweisbedürftige Haupttatsache abstrakt möglich. Das kann man aber nur wissen, wenn man wie folgt fragt:

19
1. „Wenn die Haupttatsache gegeben ist: In wie vielen Fällen tritt das Indiz auf?“[21]
2. „Wenn die Haupttatsache nicht gegeben ist, in wie vielen Fällen tritt dann das Indiz auf?“[22]
3. „Ist der Prozentsatz des Indizes im Fall 1 höher als im Fall 2?“[23]

20 Nur wenn der Prozentsatz im Fall 1 größer ist als im Fall 2, ist das Indiz belastend, bzw. im umgekehrten Fall entlastend.[24] „Je größer die Asymmetrie, desto stärker die Beweiskraft. Dass man so fragen muss, kann man als Denkgesetz bezeichnen.“[25] Damit ist die **abstrakte Beweiskraft des Indizes (= Indizwert)** festgelegt.[26]

21 **Ergebnis:**

Ein Indiz kann dann zur Beweisführung ausreichen, wenn man weiß, mit welchem Prozentsatz das Indiz bei der Haupttatsache vorkommt bzw. mit welchem Prozentsatz das Indiz bei der Nichthaupttatsache vorkommt. Nach dem ehemaligen BGH-Richter Schäfer gilt: „Bei Indizien ist sehr genau zu unterscheiden, welche Tatsache als Indiz mit welchem Beweiswert in Betracht kommt.“[27] Praktisch reicht diese Kenntnis bei nur einem Indiz für eine Verurteilung meist nicht, denn ein einziges Indiz bzw. dessen Beweiskraft ist i.d.R. angreif- und widerlegbar[28] bzw. liegt i.d.R. nicht mit ausreichender Beweisstärke (Beweiskraft) vor (Ausn: ggf. moderne DNA-Gutachten). Welche Beweiskraft vorliegen muss, ist wiederum eine Frage des Beweismaßes.

20 Die Anastasia-Entscheidung hat mehr Verwirrung als Klärung ausgelöst, vgl. Huber, Das Beweismaß in Zivilsachen, S. 69 ff.

21 Nack, Indizienbeweisführung und Denkgesetze, NJW 1983, 1035, 1036.

22 Nack, Indizienbeweisführung und Denkgesetze, NJW 1983, 1035, 1036.

23 Allgaier, Probabilitas und Jus, Über die Beweiskraft im Recht unter besonderer Berücksichtigung von Kybernetik, Statistik und Wahrscheinlichkeit, MDR 1986, S. 626, 629.

24 Vgl. Nack, Indizienbeweisführung und Denkgesetze, NJW 1983, 1035, 1036.

25 Nack, Indizienbeweisführung und Denkgesetze, NJW 1983, 1035, 1036.

26 Vgl. Bender/Nack, Tatsachenfeststellung vor Gericht, 2. Aufl., Rn 405.

27 Vgl. Schäfer, Freie Beweiswürdigung und revisionsrechtliche Kontrolle, StV 1995, 147, 150.

28 Vgl. Meixner, Der Indizienbeweis, S. 26.

Die **abstrakte Beweiskraft** eines Indizes ist nicht nur bei einem Indiz mit der o.g. Schätzung/Kenntnis festzulegen, sondern auch bei jedem einzelnen von mehreren Indizien. 22

D. Berücksichtigung von nur feststehenden Indizien

Unklarheit herrscht, ob nur solche Tatsachen (aus denen die Folgerungen gezogen werden) berücksichtigt werden dürfen, die sicher (d.h. zur Überzeugung des Gerichts) feststehen.[29] 23

Die h.A. in Literatur und Rechtsprechung geht davon aus, dass nur solche Indiztatsachen berücksichtigt werden dürfen, die vollständig bewiesen sind.[30] 24

Der theoretische Einwand, dass es die Tatsache an sich nicht gibt, sondern das, was wir als Tatsache wahrnehmen, lediglich ein Urteil (eine Folgerung) aus den ohnehin nur selektiv wahrgenommenen[31] Einzelheiten ist und folglich in jeder Tatsachenfeststellung immer ein Schluss steckt, somit keine Tatsache absolut sicher ist,[32] soll hier unberücksichtigt bleiben. Für die Fälle der Rechtswissenschaft und Rechtsprechung muss eine natürliche Betrachtung, ob eine Tatsache gegeben ist oder nur wahrscheinlich vorliegt, ausreichen; dies auch deshalb, um einen einheitlichen Sprachgebrauch zu gewährleisten. Soweit ersichtlich, wurde in der Rechtsprechung noch nicht die Folgerung gezogen bzw. die Sprache dergestalt verwendet, dass die Wahrheit oder das Vorliegen einer Tatsache nur ein Grenzwert ist, der mit dem höchsten Grad an Wahrscheinlichkeit identisch ist.[33] Wer erklärt, dass es nur wahrscheinlich sei, dass alle Menschen sterblich sind, weil es in allen bisher beobachteten Fällen so war, aber man aus den bisherigen Fällen noch nichts mit Sicherheit für die übrigen Fälle weiß, da es in der Geschichte der Wissenschaft mehrmals vorgekommen ist, dass neue Beobachtungen zur Revision alter Wahrheiten führten,[34] macht sich lächerlich.[35] 25

Daher ist für die Zwecke der Rechtswissenschaft und Rechtsprechung davon auszugehen, dass es einerseits Tatsachen gibt, die feststehen können oder nicht, und anderseits Umstände, die nur wahrscheinlich vorliegen oder nicht. Der Gradmesser, 26

29 Vgl. z.B. Döhring, Die Erforschung des Sachverhalts im Prozess, S. 338, vgl. auch Meyer-Goßner, Komm. zur StPO, 51. Aufl., § 261 Rn 2 m.w.N.

30 Vgl.BGH, BGHSt 36, 286, 290, Schellhammer, Zivilprozessrecht, S. 655; vgl. BGH, BGHSt 35, 308, 316; vgl. auch BGH, StV 1985, 48; vgl. auch Schäfer, Freie Beweiswürdigung und revisionsrechtliche Kontrolle, StV 1995, 147, 150; vgl. auch Baumgärtel/Laumen, Handbuch der Beweislast, Grundlagen, § 13 Rn 29 f. m.w.N.

31 Da jede Wahrnehmung selektiv ist, vgl. Bender/Nack, Tatsachenfeststellung vor Gericht, 2. Aufl., Rn 21.

32 Vgl. Bender/Nack, Tatsachenfeststellung vor Gericht, 2. Aufl., Rn 434.

33 Vgl. Ekelöf, Beweiswürdigung, Beweislast und Beweis des ersten Anscheins, ZZP Bd. 75, S. 289, 292.

34 Vgl. Ekelöf, Beweiswürdigung, Beweislast und Beweis des ersten Anscheins, ZZP Bd. 75, S. 289, 291.

35 Vgl. Ekelöf, Beweiswürdigung, Beweislast und Beweis des ersten Anscheins, ZZP Bd. 75, S. 289, 292.

ob eine Tatsache vorliegt oder ein Umstand nur wahrscheinlich vorliegt, ist die natürliche Betrachtungsweise bzw. der natürliche Sprachgebrauch. Anders wären die Urteile der herrschenden Rechtsprechung und Ausführungen der h.L., die für den Indizschluss fordern, dass dieser nur von sicher feststehenden Tatsachen gezogen werden kann, nicht mehr verständlich und in sich bereits widersprüchlich.

Das bedeutet:

> *„Dabei verlangt die richterliche Tätigkeit für die urteilsmäßige Anwendung der abstrakten Rechtsfolge des materiellen Rechts auf den konkreten Sachverhalt, dass – falls es auf Tatsachen und nicht auf eine widerlegliche Vermutung ankommt –, nur solche Tatsachen für die Subsumtion herangezogen werden, die mit jedem vernünftigen Zweifel ausschließenden Gewissheit bestehen. Diese Überzeugungsgewissheit hat sich das Gericht grundsätzlich ohne Bindung an Beweisregeln zu verschaffen.“*[36]

27 **Richtig verstanden bedeutet die h.A., der zufolge nur sicher feststehende Indiztatsachen berücksichtigt werden, aber nur, dass das Ausgangsindiz, aus dem entweder auf die Haupttatsache geschlossen wird oder von welchem auf ein weiteres Indiz (und ggf. von diesem wiederum auf ein weiteres Indiz usw.) geschlossen wird, feststehen muss**. Für den Fall der Zeugenaussage bedeutet dies z.B., dass die Aussage als solche sicher feststehen muss, d.h., dass der Zeuge überhaupt eine Aussage mit einem bestimmten Inhalt gemacht hat. Hieraus können dann nur mögliche Schlüsse auf die Vollständigkeit und Richtigkeit der Wahrnehmung, hieraus nur mögliche Schlüsse auf die Vollständigkeit und Richtigkeit der Erinnerung, hieraus nur mögliche Schlüsse auf die Vollständigkeit und Richtigkeit der Wiedergabe, hieraus nur mögliche Schlüsse auf die Vollständigkeit und Richtigkeit der Aufnahme durch den Richter gezogen werden und insgesamt ein nur möglicher Schluss, ob der Zeuge lügt oder nicht. Weitere Umstände, die die o.g. Schlüsse u.a. ermöglichen, sind dann die Kriterien der Aussageanalyse bzw. der richterlichen Bewertungskriterien für die Aussage.

28 Falsch war daher, dass das OLG Stuttgart am 11.12.1984, Az.: 1 Ss (25) 764/84 eine Verurteilung eines Vergewaltigers aufgehoben hat mit der Ausführung, dass zwar vom Vergewaltiger Spermaspuren und Haare am Tatort gesichert wurden, diese aber laut Sachverständigen nur mit 94 %iger bzw. 96 %iger Sicherheit vom Angeklagten stammten und folglich diese Indizien nicht sicher feststünden.[37] Die Indiztatsache war entgegen der Ansicht des OLG Stuttgarts nicht unsicher, denn die Indiztatsache, an die angeknüpft wird, ist hier nicht die Berechnung des Sachverständigen, sondern die vorgefundenen Haare und die vorgefundenen Spermaspuren als solche. Diese stehen fest und sind eben nicht unsicher. Die Frage, die sich bei diesen Indizien daher gedanklich stellt ist, wie wahrscheinlich es ist, dass am Tatort Haare,

36 BVerwG, Beschl. v. 16.1.20106 – 8 B 81/05.

37 Vgl. Nack, Der Indizienbeweis, MDR 1986, 366, 370.

die mit 94 %iger Wahrscheinlichkeit zum Angeklagten passen und Sperma, das mit 96 %iger Sicherheit zum Angeklagten passt, gefunden werden. Wie bereits oben ausgeführt wurde, kann der Indizienbeweis auch durch das Zusammenwirken mehrerer Indizien (hier Haare und Spermaspuren), die isoliert für sich zwar den Beweis (der Täterschaft) nicht hinreichend sicher führen können, aber alle Indizien zusammen die zu beweisende Tatsache (hier Täterschaft) praktisch erweisen (weil die Wahrscheinlichkeit, dass sich gerade diese Indizienkombination auch bei einem Nichttäter findet, als minimal erachtet wird – s.u. § 9 Rdn 101 ff.)[38] als sicher geführt gelten. Die Begründung des OLG Stuttgart war damit in jedem Fall falsch. Ob auch das Ergebnis falsch war, hängt davon ab, welcher Gesamtbeweiswert sich aus beiden Indizien zusammen ergibt. Beide Indizien können aber nur dann als „zwei" Indizien bewertet werden, wenn sie statistisch unabhängig voneinander sind. D.h.: Die Merkmalswahrscheinlichkeit der Haare darf die Merkmalswahrscheinlichkeit des Spermas nur zufällig beeinflussen. Andernfalls läge insgesamt nur ein Indiz vor.

Richtig ist die Ansicht der herrschenden Rechtsprechung und Literatur, dass die Indizien sicher feststehen müssen,[39] der Schluss aus dem Indiz aber nur möglich sein muss.[40] 29

Würde man nämlich auch Indiztatsachen berücksichtigen, die nicht sicher feststehen, sondern nur wahrscheinlich (mit welcher Wahrscheinlichkeit?) vorliegen, könnte man die Beweiserhebung bzw. -würdigung nie abschließen, da sich denkgesetzlich jeweils ein weiteres Indiz suchen und finden lassen würde, das mit dementsprechend hoch (oder gering) geschätzter Wahrscheinlichkeit vorliegt und auch noch berücksichtigt werden müsste.[41] Auch die Gegenansicht, der zufolge auch nur wahrscheinlich feststehende Tatsachen berücksichtigt werden dürfen, erkennt dieses Problem, will dieses jedoch über die sog. Uninformiertheit lösen, d.h. Indizien, über die man nichts weiß, bleiben außer Betracht.[42] Die ungeklärte Frage ist nur, wann man von Indizien nichts weiß, denn theoretisch gibt es unendlich viele weitere Indizien. Ab wann soll man den Denkprozess abbrechen, um bewusst keine Kenntnis von weiteren (wahrscheinlichen) Indizien zu haben? 30

Bereits hierdurch wird die Gegenansicht inkonsequent, denn wer ausführt, dass es ohnehin keine sicheren Tatsachen (sondern nur wahrscheinliche) gibt, und daraus folgert, dass auch nur wahrscheinlich feststehende Tatsachen berücksichtigt werden müssen, kann nicht mehr folgern, dass es Indizien gibt, über die man nichts weiß. 31

38 Vgl. auch BGH, NStZ 1991, 596 m.w.N.; vgl. auch BGH, NStZ 1983, 133 f.; BGH, NStZ 1987, 220 bei Pfeiffer/Miebach, Aus der Rechtsprechung des BGH in Strafsachen zum Verfahrensrecht, NStZ 1987, 219 ff. m.w.N.

39 Vgl. hierzu auch Volk, NStZ 1983, 423 f. Anm. zu BGH, NStZ 1983, 422 f.

40 Vgl. Schellhammer, Zivilprozessrecht, S. 655.

41 Daher folgt die Berücksichtigung von nur feststehenden Indizien einem Denkgesetz, anders Volk, der dies als Beweisregel auffassen will, vgl. Volk, NStZ 1983, 423 f. Anm. zu BGH, NStZ 1983, 422 f.

42 Vgl. Bender/Nack, Tatsachenfeststellung vor Gericht, 2. Aufl., Rn 442.

Konsequenterweise kann es diesen Fall dann auch nicht geben, sondern nur den Fall, dass man bewusst einen Denkprozess abbricht und bewusst weitere theoretisch denkbare (also nur wahrscheinliche) Indizien nicht mehr berücksichtigt.

32 Im praktischen Ergebnis kommen beide Ansichten oft zum gleichen Ergebnis. Hält man am Postulat der sicher feststehenden Einsatztatsache fest, so beginnt die Beweisführung, indem das Indiz auf die sicher feststehende Einsatztatsache[43] vorverlagert[44] wird. Dadurch entsteht eine Indizkette,[45] für die die Regeln der Beweiskette gelten (s.u. § 9 Rdn 160 ff.). Oftmals ist dann aber das Indiz infolge zu zahlreicher, unsicherer Schlussfolgerungen nicht mehr beweiskräftig genug.[46] Ebenso ist das Indiz oft zu unsicher und unbrauchbar, wenn der Schluss bereits bei einem nur wahrscheinlich feststehenden Indiz beginnen sollte.

33 *Hinweis*

Die herrschende Rechtsprechung geht davon aus, dass ein sachlich-rechtlicher Mangel, nämlich ein Verstoß gegen Denkgesetze, vorliegen würde, wenn aus Unbewiesenem Schlussfolgerungen gezogen würden.[47]

E. Der Gegenbeweis mithilfe von Indizien

34 Oft ist es so, dass der Beweisführer die von ihm zu beweisende Tatsache entweder direkt oder mithilfe von Indizien beweisen will. Der nicht beweisbelastete Gegner oder Angeklagte ist in der Praxis de facto oft genötigt, einen Gegenbeweis zu führen, d.h., er braucht lediglich die Überzeugung des Gerichts von der Wahrheit der beweisbedürftigen Tatsache zu erschüttern.[48] Das ist insofern auch sachgerecht, als der Angeklagte Prozesssubjekt ist und einer Aufklärung oft näher steht als die Verfolgungsorgane. Verfahrensrechtlich wird dies durch das Beweisantragsrecht abgesichert. Auch diese Erschütterung könnte mithilfe von Indizien, die gegen das Vorliegen der Haupttatsache sprechen, erfolgen.[49]

35 Obwohl der Gegenbeweisführer nichts beweisen (Alibi oder seine Unschuld), sondern nur den Hauptbeweis (nicht de jure, aber de facto) erschüttern muss, kann auch der Gegenbeweisführer die Erschütterung nur mit Indizien führen, die sicher

43 Vgl. Nack, Der Indizienbeweis, MDR 1986, 366, 370.
44 Vgl. Bender, Merkmalskombinationen in Aussagen, S. 111.
45 Vgl. Bender, Merkmalskombinationen in Aussagen, S. 110.
46 Vgl. Bender, Merkmalskombinationen in Aussagen, S. 111.
47 Vgl. OGHSt 1, 165 f., OLG Köln, NJW 1953, 638; BayOblG, JR 1972, 112.
48 Vgl. BGH, NJW 1983, 1740.
49 Vgl. Baumgärtel, Beweislastpraxis im Privatrecht, S. 192.

feststehen. Dem entspricht die h.A. in Rechtsprechung[50] und Literatur.[51] Im Bereich des Zivilrechts könnte man davon sprechen, dass der Gegenbeweisführer die Beweislast für die Gegenbeweisindiztatsache trägt.[52] Dieser h.A. ist zuzustimmen. Sofern vertreten wird, dass auch nur wahrscheinlich feststehende Indiztatsachen zum Gegenbeweis ausreichen,[53] oder dass im Strafrecht **entlastende Indizien auch dann zu berücksichtigen seien, wenn sie nur wahrscheinlich vorliegen,[54] ist dem nicht zuzustimmen**.

Beispiel 36

An einem Tatort werden Blutspuren gefunden, die mit 96 %iger Wahrscheinlichkeit mit dem Blut des Angeklagten identisch sind. Bei dem konkreten Delikt hätten aber deliktstypisch auch Fußabdrücke des Angeklagten gefunden werden müssen. Tatsächlich wurden mehrere Fußabdrücke gefunden, aber keine des Angeklagten. In der Hauptverhandlung erklärt der ermittelnde Beamte, dass man u.U. nicht gründlich genug nach Fußspuren gesucht habe. Nachdem der Tatort nun verändert sei, könne dieser Umstand auch nicht mehr korrigiert werden. D.h., es ist hier nicht sicher, dass Fußspuren des Angeklagten nicht vorhanden waren, sondern nur wahrscheinlich. Gleichwohl muss dieser Umstand als sog. fehlendes Indiz berücksichtigt werden und reduziert die Wahrscheinlichkeit, dass der Angeklagte der Täter ist.

Man kommt auch hier zu einem richtigen Ergebnis, wenn man am Postulat der sicher feststehenden Indiztatsache festhält: nämlich dann, wenn man die zu beurteilende Indiztatsache verschiebt. Hier ist es zwar nicht sicher, sondern nur wahrscheinlich, dass Fußspuren des Angeklagten nicht vorhanden waren, aber sicher ist, dass keine gefunden wurden (aus welchen Gründen auch immer). Folglich ist diese sicher feststehende Tatsache zugrunde zu legen und hinsichtlich des Beweiswerts ein Abschlag zu machen, um die Unsicherheit, dass nicht gründlich gesucht wurde etc., zu berücksichtigen. Gleiches besagt der Beispielsfall BGHR StPO § 261 Beweiswürdigung 1. 37

50 Vgl. BGH, WM 1966, 491, 492; für den Bereich des Strafrechts: BGH, BGHSt 34, 29, 34 oder BGH, NStZ 2002, 48: „Auch bei entlastenden Angaben des Angekl. hat der Tatrichter sich eine Überzeugung von Richtigkeit oder Unrichtigkeit aufgrund des gesamten Beweisergebnisses der Beweisaufnahme zu bilden. Er darf solche Angaben, deren Wahrheitsgehalt fraglich ist, nicht ohne weiteres als unwiderlegt hinnehmen und seiner Entscheidung zugrunde legen, wenn für deren Richtigkeit keine zureichenden Anhaltspunkte bestehen."

51 Vgl. Rosenberg, Die Beweislast, S. 194.

52 Vgl. Baumgärtel, Beweislastpraxis im Privatrecht, S. 192.

53 Vgl. z.B. Kollhosser, Der Anscheinsbeweis in der höchstrichterlichen Rechtsprechung – Entwicklung und allg. Bedeutung, S. 112, u. Ekelöf, Beweiswürdigung, Beweislast und Beweis des ersten Anscheins, ZZP 75, 289, 301.

54 Vgl. Bender/Nack, Tatsachenfeststellung vor Gericht, 2. Aufl., Rn 443.

38 *Beispiel*

Ein der Vergewaltigung Beschuldigter teilt zu einer angeblich im Wald stattgefundenen Vergewaltigung mit, dass er zuvor einvernehmlich Geschlechtsverkehr mit der Anzeigeerstatterin in seinem Bett hatte. Im Bett wird ein Scheidensekret gefunden, das nicht von der Lebensgefährtin des Anzeigeerstatters stammt, sondern von einer fremden Person. Die Häufigkeit der Ausscheidereigenschaft liegt jedoch bei 30 %. Auch jetzt ist nicht sicher, dass das Sekret von der Anzeigeerstatterin stammt, sicher ist jedoch, dass ein Scheidensekret vorliegt, das von der Anzeigeerstatterin stammen kann. Hinzu kommt ein weiteres feststehendes Indiz, nämlich die Aussage des Beschuldigten, der erst die Untersuchung veranlasste und das Ergebnis der Untersuchung nicht vorweg wissen konnte. Damit kommt diesen beiden Indizien erheblicher entlastender Beweiswert zu.[55]

39 Nachdem beim Gegenbeweis darüber hinaus kein eigenständiger Beweis geführt, sondern der Hauptbeweis nur erschüttert werden muss, ist es noch weniger angebracht, hier nur wahrscheinlich feststehende Tatsachen zu berücksichtigen. Da fast alles mehr oder weniger wahrscheinlich sein kann, würde man die Führung des Hauptbeweises de facto wesentlich erschweren, wenn nicht gar unmöglich machen, wenn man hinsichtlich des Gegenbeweises nur wahrscheinlich feststehende Tatsachen berücksichtigen würde. Sofern ersichtlich, wurden abweichende Meinungen im Zivilprozess zum Gegenbeweis auch nur dann geäußert, wenn der Hauptbeweis durch den Anscheinsbeweis geführt wurde.[56] Der Kritik hieran ist insofern zuzustimmen, als dort Umstände vorgelegen haben, die möglicherweise zu einem atypischen Fall und damit zur Nichtanwendbarkeit des Anscheinsbeweises geführt haben können. Dies kann jedoch im Rahmen dieser Arbeit nicht vertieft werden.

40 Auch im Bereich des Zivilrechts verbleibt es dabei, dass sowohl Indizien, mithilfe derer die Haupttatsache bewiesen werden soll, als auch Indizien, mithilfe derer der Hauptbeweis erschüttert werden soll, sicher feststehen müssen.[57]

41 Daher ist es richtig, nur feststehende Tatsachen, sowohl für den Hauptbeweis, als auch für den Gegenbeweis zu berücksichtigen. Steht die Tatsache nur wahrscheinlich fest, so ist die Einsatztatsache sowohl für den Hauptbeweis, als auch für den Gegenbeweis ggf. vorzuverlegen, bis eine sicher feststehende Tatsache gefunden wurde.

55 Vgl. Schäfer, Freie Beweiswürdigung und revisionsrechtliche Kontrolle, StV 1995, 147, 150.

56 Vgl. BGH, BGHZ 6, S. 169 u. Kritik hieran von Ekelöf, Beweiswürdigung, Beweislast und Beweis des ersten Anscheins, ZZP 75, 289, 301.

57 Vgl. Döhring, Die Erforschung des Sachverhaltes im Prozess, S. 338; vgl. auch BGH, WM 1966, 491, 492.

Je weiter die **Einsatztatsache** vorverlegt wird, desto geringer wird jedoch der (Gegen-)Beweiswert, da dann umso mehr Unsicherheiten gemäß der Produktregel eingeflossen sind (s.u. § 9 Rdn 160 ff. zur Beweiskette).[58] 42

Der Gegenbeweis ist bereits dann geglückt, wenn nicht etwa das Gegenteil bewiesen worden ist, sondern wenn die Überzeugung des Gerichts von der Haupttatsache erschüttert ist.[59] D.h., der Schluss der Gegenbeweisindiztatsache auf das Nichtvorliegen der Haupttatsache muss ebenfalls nicht zwingend sein, sondern nur dergestalt hinreichend wahrscheinlich, dass das Gericht im Rahmen einer Gesamtschau nicht mehr zu der Überzeugung kommt, dass die Haupttatsache mit hinreichender Wahrscheinlichkeit (s.o. § 7 Rdn 16 ff. zum Regelbeweismaß) vorliegt. Folglich kann für den Wahrscheinlichkeitsgrad, mit dem die Gegenbeweisindiztatsache auf das Nichtvorliegen der Hauptsache vorliegen muss, um hinreichend zu sein, keine konkrete Quantifizierung angegeben werden. Dies hängt davon ab, wie überzeugend und hinreichend wahrscheinlich die Hauptindizien auf die Haupttatsache hindeuten. Je überzeugender und wahrscheinlicher die Hauptindizien das Vorliegen der Haupttatsache machen, desto wahrscheinlicher muss das Gegenbeweisindiz auf die Nichthaupttatsache hindeuten, um Zweifel an der Überzeugung des Gerichts säen zu können. 43

F. Berücksichtigung nur möglicher Schlüsse aus dem Indiz

Aus der sicher feststehenden Tatsache braucht der Schluss auf das Vorliegen der Haupttatsache nur möglich, nicht aber zwingend zu sein.[60] Wäre es anders, würde sich die Frage der Erhöhung der Wahrscheinlichkeit bei mehreren voneinander unabhängigen Indizien nicht mehr stellen. Denn wenn der Indizschluss zwingend sein muss – wie nicht –, genügt ein Indiz. Eine Erhöhung der Wahrscheinlichkeit durch andere belastende Indizien kann es bei einem ohnehin zwingenden Schluss nicht mehr geben, denn mehr als ein zwingender Schluss ist nicht erreichbar. M.E. ist es überdies unmöglich, von Indizien einen zwingenden Schluss auf die Haupttatsache zu fordern, denn derartige Fälle dürften in der Praxis nicht vorkommen. Der An- 44

58 Bei einem non liquet hinsichtlich einer entlastenden Indiztatsache ist diese nicht zugunsten des Angeklagten zu unterstellen, sondern mit der entsprechenden Vorverlagerung bis zur sicher feststehenden Tatsache in die Gesamtwürdigung einzubeziehen, vgl. BeckOK/StPO-Eschelbach, § 261 Rn 45 m.w.N.

59 Vgl. BGH, MDR 1978, 914.

60 H.M. vgl. Bender/Nack, Tatsachenfeststellung vor Gericht, 2. Aufl., Rn 447; vgl. auch BGH, MDR 1974, S. 415.

sicht, dass die Schlussfolgerung aufgrund der Indiztatsache zwingend sein muss,[61] ist daher nicht zuzustimmen. Der BGH teilt mit: „Im Übrigen *fordert auch die Lehre vom mittelbaren Beweis nicht*, dass der Schluss von den Hilfstatsachen auf die zu beweisende Tatsache zwingend sein müsse. Er muss nur *denkgesetzlich möglich* sein und darf allgemeingültige Erfahrungssätze nicht außer Acht lassen.“[62]

G. Beweismaß beim Indizienbeweis

45 Selbstverständlich ist, dass durch den Indizienbeweis das Regelbeweismaß nicht herabgesetzt wird,[63] der mittelbare Beweis kein anderer als der unmittelbare ist.[64] Die Indizien müssen ebenso wie der direkte Beweis den gleichen Grad an Wahrscheinlichkeit erreichen, um den Richter von dem Vorliegen der zu beweisenden Tatsache zu überzeugen. D.h. der Indizienbeweis ist dann überzeugungskräftig, wenn aufgrund der Indizien das erforderliche Beweismaß erreicht ist und der Richter hiervon überzeugt ist und insofern Übereinstimmung in den Fachkreisen besteht.[65]

H. Der offenzulegende Denkprozess im Konkreten

I. Allgemeines

46 Fest steht weiter, dass der Tatrichter bei der Würdigung von Indizien alle Umstände berücksichtigen muss und nicht gegen Denk- oder Erfahrungssätze verstoßen darf.[66] Wie dieser Denkprozess in concreto auszusehen hat, ist aber nicht vorgege-

61 So offenbar Baumgärtel, Beweislastpraxis im Privatrecht, S. 192 unter Verweis auf Nack, Der Indizienbeweis, MDR 1986, S. 370. M.E. missversteht Baumgärtel jedoch Nack. Nack plädiert in, Der Indizienbeweis, MDR 1986, S. 370 lediglich dafür, bei entlastenden Indizien eine feststehende Ausgangstatsache zugrunde zu legen u. sodann dieses entlastende Indiz zu berücksichtigen, wenn es den Beweis der entscheidungserheblichen Tatsache mindert (also der Schluss ebenfalls nur möglich ist). Auch in Baumgärtel/Laumen, Handbuch der Beweislast, Grundlagen, § 13 Rn 17, 42 wird vertreten, dass Schlüsse aus Indizien zwingend sein müssten.

62 BGH 4 StR 518/69 in Fezer, Die erweiterte Revision – Legitimierung der Rechtswirklichkeit?, S. 156, 158.

63 Ob der Anscheinsbeweis ein Unterfall des Indizienbeweises ist u. es dort schon zu einer Beweismaßreduzierung kommt, braucht hier nicht entschieden zu werden.

64 Vgl. Nack, Der Indizienbeweis, MDR 1986, S. 366 f. m.w.N.

65 Ähnl. Schneider, Beweis und Beweiswürdigung, 5. Aufl., Rn 65: „mit an Sicherheit grenzender Wahrscheinlichkeit andere Schlüsse nicht in Betracht kommen“; vgl. auch BGH, VersR 1959, S. 632: „jeder vernünftige Zweifel (zugunsten anderer Schlüsse) ausgeschlossen ist“; vgl. OLG Celle, 11 U 19/98, OLGR Celle 1999, S. 109: „das Gericht zu der persönlichen Gewissheit gelangt ist, dass eine Tatsache mit derart hoher Wahrscheinlichkeit festzustellen ist, dass Zweifeln (hinsichtlich anderer Schlüsse) Schweigen geboten ist, ohne sie völlig auszuschließen.“.

66 Vgl. BGH, NJW 1993, S. 935, 938.

ben und auch nicht geklärt. Das erstaunt, denn die Beweisführung durch Indizien ist heute sowohl im Strafprozess als auch im Zivilprozess an der Tagesordnung.[67]

Verwirrung herrscht, wann der Schluss des Richters auf die beweisbedürftige Haupttatsache mit der für eine Verurteilung erforderliche Gewissheit zulässig ist, wenn der Schluss nur möglich, aber nicht zwingend ist. Das ist erneut die Frage nach dem Beweismaß. Würde man ausschließlich auf die subjektive Lebenserfahrung des erkennenden Richters abzielen, so liefe das Begründungserfordernis des § 286 Abs. 1 Satz 2 ZPO und § 267 StPO völlig leer und die Beweiswürdigung wäre willkürlich, ja sogar grotesk, wenn ein Richter sein Urteil auf unhaltbare Annahmen stützt, weil er z.B. infolge seiner unbefangenen und unkomplizierten Lebensanschauung zur Leichtgläubigkeit neigt. Daher ist allgemein anerkannt, dass es objektive Grenzen für die richterliche Tatsachenentscheidung gibt.[68] Deshalb wird man den Satz, dass die Würdigung nicht gegen Denk- oder Erfahrungssätze verstoßen darf,[69] hinsichtlich der Denkgesetze nur so verstehen können, dass nicht gegen die allgemeinen Gesetze der Logik und im speziellen gegen die unangefochtenen logischen und mathematischen Regeln der Wahrscheinlichkeitsrechnung verstoßen werden darf.[70] Von dem früheren Vorsitzenden des BGH Schäfer erfahren wir: 47

> *„Die nach § 261 StPO erforderliche richterliche Überzeugung vom Vorliegen eines bestimmten Sachverhalts setzt aber objektive Grundlagen voraus. Diese müssen aus rationalen Gründen den Schluss erlauben, dass das festgestellte Geschehen mit hoher Wahrscheinlichkeit mit der Wirklichkeit übereinstimmt.[71] Der Weg zu den Feststellungen dieser objektiven Grundlagen folgt allgemeinen Denkgesetzen. Dazu bedarf es der Feststellung von Indizien und ihres Beweiswerts und einer Reihe von Schlüssen aus diesen Indizien. Die Schlussfolgerungen müssen mit den Gesetzen der Logik, den Erfahrungssätzen des täglichen Lebens und den Erkenntnissen der Wissenschaft übereinstimmen[72] […].“*[73]

Schäfer spricht ausdrücklich von einer Feststellung des Beweiswerts von Indizien und von Schlüssen aus diesen Indizien. Ein Beweisstück ist nur dann relevant, wenn es unsere Wahrscheinlichkeitsbeurteilung von der zu beweisenden Tatsache in irgendeiner Form beeinflussen kann.[74] Das Beweisstück ist ideal, wenn es immer bei der Tatsache vorliegt, die wir beweisen wollen und niemals, wenn die zu beweisende 48

67 So bereits 1951 Meixner, Der Indizienbeweis, S. 25.

68 Vgl. Musielak/Stadler, Grundfragen des Beweisrechts, S. 63, 64.

69 Vgl. BGH, NJW 1993, S. 935, 938.

70 Vgl. BGH, NZV 1989, S. 468, 469.

71 Im Original folgende Fußnote: Dies ist inzwischen gesicherte Rechtsprechung des Bundesgerichtshofs, vgl. nur NJW 1999, 1562 (*Pistazieneis*).

72 Im Original folgende Fußnote: BGH Urt. v. 7.3.1996 – 1 StR 707/95, insoweit in NStZ 1996, 383 und StV 1996, 362 nicht abgedruckt.

73 Schäfer, Die Abgrenzung der Verfahrensrüge von der Sachrüge, Festschrift für Riess, S. 480 ff.

74 So die ausdrückliche Rule 401 der US Federal Rules of Evidence.

Tatsache nicht vorliegt. Ein Beweisstück ist sinnlos, wenn es bei der zu beweisenden Tatache genauso häufig vorkommt, wie wenn die zu beweisende Tatache nicht vorliegt. Das Beweisstück ist „typisch", wenn es häufiger bei der zu beweisenden Tatsache vorkommt als wenn diese Tatsache nicht vorliegt. Unsere Wahrscheinlichkeitsbeurteilung sollte eine auf Informationen basierende rationale Maßeinheit des Grades unserer Überzeugung in das Zutreffen einer Hypothese (die zu beweisende Sache) sein.[75] Ein Modell hierfür liefert das Theorem von Bayes.

II. Das Theorem von Bayes

49 Der Denkprozess bei der richterlichen Beweiswürdigung muss sich mit der Frage beschäftigen, wie der Nachweis ausreichender Wahrscheinlichkeit für eine Tatsache, die durch den Richter nicht direkt beobachtbar ist, durch Einbeziehung von beobachtbaren Indizien geführt werden kann. Diese Indizien können von anderen Personen beobachtet worden sein (Zeugen, Sachverständige) oder ggf. durch den Richter selbst (Urkunden, Augenschein).

50 Der Tatrichter beginnt die Hauptverhandlung mit der Einschätzung einer Wahrscheinlichkeit, woher auch immer die Informationen hierfür stammen mögen (z.B. aus dem Akteninhalt), für die zu beweisende Hypothese (meist die Täterschaft des Angeklagten). Im Laufe der Hauptverhandlung erhält der Tatrichter weitere Informationen (Indizien) und prüft deren Beweiswert. D.h., der Tatrichter prüft, ob und welche Überzeugungskraft das jeweilige Indiz unter der Voraussetzung (Bedingung) hat, dass die zu beweisende Hypothese (Täterschaft) schon eingetreten ist. Weiter wird der Tatrichter prüfen, ob und welche Beweiskraft das Indiz unter der Voraussetzung hat, dass die zu beweisende Hypothese nicht eingetreten ist, d.h., z.B. der Angeklagte nicht der Täter ist.[76]

51 *Beispiel*

In einem Erpressungsfall hält der Tatrichter anfänglich den Ausgang der Hauptverhandlung für offen. Die zu beweisende Hypothese der Täterschaft des Angeklagten bewertet er intuitiv mit 50 % (= 0,5). Nunmehr erfährt er, dass in der Wohnung des Angeklagten das vollständige Lösegeld gefunden wurde (Indiz). Der Tatrichter wird nun einerseits prüfen, ob und welche Erklärungen es für den Lösegeldfund gibt, wenn der Angeklagte der Täter ist und ob und welche Erklärungen es für den Lösegeldfund gibt, wenn der Angeklagte nicht der Täter ist, der Angeklagte also nur „zufällig" in den Besitz des Lösegeldes kam. Der Richter wird also im Sinne des subjektiven Wahrscheinlichkeitsbegriffs (s.o. § 6 Rdn 158) schätzen, für wie wahrscheinlich er die Täterschaft des Angeklagten unter der Bedingung des Lösegeldfunds hält.

75 Vgl. Robertson/Vignaux, Interpreting Evidence, S. 11 ff.
76 Vgl. Büchter/Henn, Elementare Stochastik, 2. Aufl., S. 221.

Der Richter bewertet damit **bedingte Wahrscheinlichkeiten**, also Wahrscheinlichkeiten unter der Bedingung/Voraussetzung, dass ein anderes Ereignis bereits eingetreten ist,[77] und revidiert damit seine ursprüngliche Wahrscheinlichkeitseinschätzung.

Der presbyterianische Geistliche Thomas Bayes (1702–1761) nannte die ursprüng- 52
liche Wahrscheinlichkeit für die zu beweisende Hypothese (Ursache, Haupttatsache) **A-priori-Wahrscheinlichkeit**. Die neu hinzugekommenen Informationen führen nun zu einer Neubewertung der A-priori-Wahrscheinlichkeit und wurden von Bayes **A-posteriori-Wahrscheinlichkeit** genannt.[78]

Dieser Denkprozess kann mathematisch durch das Theorem von Bayes dargestellt 53
werden. Es gilt als mathematische Trivialität und ist als solches unbestritten.[79]

Es sei: 54

$P(A)$	=	die Wahrscheinlichkeit des Eintretens von A.
$P(B)$	=	die Wahrscheinlichkeit des Eintretens von B.
$P(A\|B)$	=	die Wahrscheinlichkeit des Eintretens von A, wenn B schon eingetreten ist.
$P(B\|A)$	=	die Wahrscheinlichkeit des Eintretens von B, wenn A schon eingetreten ist.
$A \cap B$	=	Schnittmenge von A und B, d.h. das Ereignis, das durch das Eintreten von A und B gekennzeichnet ist.
A^C	=	das Komplement (die Negation von A, sprich „non A“).
$A \cap B$	=	Vereinigungsmenge von A und B.
$\cap$	=	Vereinigungsmengensymbol.
$\cap$	=	Schnittmengensymbol

Das Theorem von Bayes ist unmittelbare Konsequenz der Definition der bedingten 55
Wahrscheinlichkeit. Diese lautet, wenn A und B zwei Ereignisse (Aussagen über Sachverhalte) gegeben sind, und mit P die Wahrscheinlichkeitsmessung beschrieben wird:

$$P(A|B) = \frac{P(A \cap B)}{P(B)} \quad \text{(Gleichung 1)}$$

$$P(B|A) = \frac{P(A \cap B)}{P(A)} \quad \text{(Gleichung 2)}$$

Diese Gleichungen definieren die bedingte Wahrscheinlichkeit für das Eintreten 56
von A unter der Bedingung des Vorliegens von B, bzw. das Eintreten von B unter der Bedingung des Vorliegens von A.

77 Vgl. Bortz, Statistik für Human- und Sozialwissenschaftler, 6. Aufl., S. 54.

78 Vgl. Büchter/Henn, Elementare Stochastik, 2. Aufl., S. 221 f.

79 Vgl. Nell, Wahrscheinlichkeitsurteile in juristischen Entscheidungen, S. 51 m.w.N.

57 Die Gleichungen folgen aus dem Laplace-Ansatz,[80] demzufolge bei einem Zufallsexperiment mit endlicher Ergebnismenge und bei dem alle möglichen Ergebnisse gleichberechtigt sind, die Wahrscheinlichkeit (P) für das Eintreten des Ereignisses E

$$P(E) = \frac{\textit{Anzahl der günstigen, zutreffenden Elemente von E}}{\textit{Anzahl der möglichen Elemente}}$$

beträgt.[81]

58 Der entsprechende Ansatz kann grafisch wie folgt veranschaulicht werden,[82] wobei A und B die jeweiligen Mengen für die Ereignisse A bzw. B darstellen und die **Schnittmenge** die Ereignismenge darstellt, die durch das Einteten des Ereignisses von A **und** von B gekennzeichnet ist.

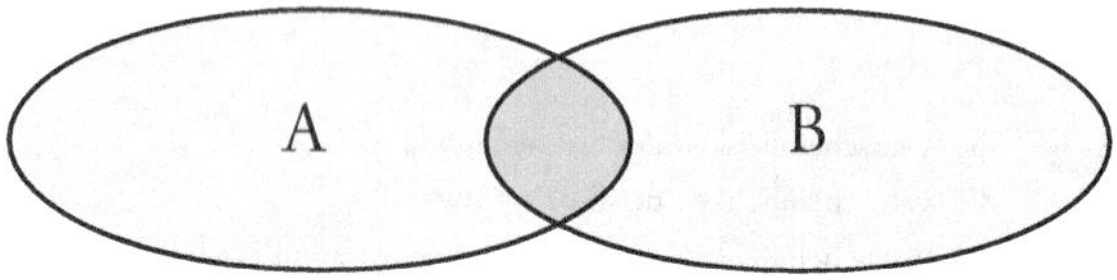

Abbildung 2: Schnittmenge

59 Die beiden Bedingungen (1) und (2) ergeben zusammen

$$\frac{P(A|B)}{P(B|A)} = \frac{\frac{P(A \cap B)}{P(B)}}{\frac{P(A \cap B)}{P(A)}} = \frac{P(A)}{P(B)}$$

sodass

$$P(A|B) = \frac{P(B \cap A)}{P(B)} = \textbf{\textit{Theorem von Bayes}} \quad \text{(Gleichung 3)}$$

oder anders formuliert

$$P(A|B) = \frac{P(B|A)}{P(B)} \cdot P(A) \quad \text{(Gleichung 4)}$$

60 Interpretiert man die bedingte Wahrscheinlichkeit P‘(A\B) als die Wahrscheinlichkeit für A, nachdem man sich bereits vergewissert hat, dass B zutrifft, so folgt aus der Gleichung (4) eine Aussage über die Wahrscheinlichkeitsrevision für A, die man vornehmen **muss**, wenn man erfährt, dass B zutrifft. **D.h., die A-priori-Wahrscheinlichkeit P(A) wird zur A-posteriori-Wahrscheinlichkeit P(A\B) revidiert**.

80 Vgl. Büchter/Henn, Elementare Stochastik, 2. Aufl., S. 202.
81 Vgl. Büchter/Henn, Elementare Stochastik, 2. Aufl., S. 167 f.
82 Vgl. Büchter/Henn, Elementare Stochastik, 2. Aufl., S. 202.

Liegt die Information über P(B) nicht direkt vor, so kann diese aus anderen Informationen induziert werden: Aus der Zerlegung 61

$$B = (B \cap A) \cup (B \cap A^C)$$

folgt durch 2-malige Verwendung der Definition der bedingten Wahrscheinlichkeit

$$P(B) = P(B \cap A) + P(B \cap A^C)$$
$$= P(B|A) \cdot P(A) + P(B|A^C) \cdot P(A^C)$$

$$= P(B|A) \cdot P(A) + P(B|A^C) \cdot (1 - P(A)) \quad \text{(Gleichung 5)}$$

woraus insgesamt

$$P(A|B) = \frac{P(B|A) \cdot P(A)}{P(B|A) \cdot P(A) + P(B|A^C) \cdot (1 - P(A))} \quad \text{(Gleichung 6)}$$

bzw.

$$P(A|B) = \frac{P(B|A)}{P(B|A) \cdot P(A) + P(B|A^C) \cdot (1 - P(A))} \cdot P(A) \quad \text{(Gleichung 7)}$$

folgt.

„Die Bayes'sche Regel ist das mathematische Analogon des Zusammenhangs zwischen der Wahrscheinlichkeit, die ich einem Ereignis subjektiv zubillige, und dem Lernen aus Erfahrung [Indizien, die ich Kraft meiner Erfahrung bewerte]. "[83]

Auf juristische Sachverhalte „umgeschrieben" lautet diese Formel wie folgt.[84] 62

A-posteriori-Wahrscheinlichkeit =	A-priori-Wahrscheinlichkeit, dass Haupttatsache vorliegt	×	Wahrscheinlichkeit, dass Indiz bei der Haupttatsache vorliegt
	(A-priori-Wahrscheinlichkeit, dass die Haupttatsache vorliegt × Wahrscheinlichkeit, dass Indiz bei der Haupttatsache vorliegt)	+	(A-priori-Wahrscheinlichkeit, dass die Haupttatsache nicht vorliegt × Wahrscheinlichkeit, dass Indiz bei der Nichthaupttatsache vorliegt)

Mathematiker unterstellen, dass die **Beweiswürdigung** gemäß den Grundsätzen des Theorems von Bayes „eine sehr lebensrelevante Anwendung der Bayes'schen Regel" sei[85] und Juristen das Überprüfen von Hypothesen anhand neuer Indizien, bei 63

83 Büchter/Henn, Elementare Stochastik, 2. Aufl., S. 222.

84 Vgl. Bender/Nack, Tatsachenfeststellung vor Gericht, 2. Aufl., Rn 401.

85 Vgl. Büchter/Henn, Elementare Stochastik, 2. Aufl., S. 229.

der die Bayes'sche Regel hilfreich sein könne, als Beweiswürdigung auffassten.[86] Das ist theoretisch richtig, für die praktische richterliche Tätigkeit aber zu wohlwollend. Tatsächlich machen sich zu wenige Richter derart komplizierte (logische) Gedanken, sondern gehen mehr oder weniger intuitiv vor.

64 Tatsächlich drückt der BGH aus, dass das Theorem von Bayes nicht einmal zur **Kontrolle eines Beweisergebnisses** nötig ist, denn damit würde allenfalls eine Scheingenauigkeit vorgetäuscht,[87] aber gleichwohl ist das Theorem von Bayes – wie noch zu zeigen sein wird – die einzige Möglichkeit (neben den auf denselben Gedanken beruhenden Bayesschen Netzen oder Wahrscheinlichkeits-/Entscheidungsbäumen), den anderen Forderungen der Rechtsprechung (solange diese nicht nur Worthülsen bleiben sollen) nachzukommen und auch darzulegen, dass

- der Richter im Rahmen der Würdigung von Indizien die unangefochtenen logischen und mathematischen Regeln der Wahrscheinlichkeitsrechnung nicht verletzen darf,[88]
- das Beweisergebnis intersubjektiv diskutabel sein muss,[89]
- alle wesentlichen Umstände (Indizien) beachtet werden müssen,[90]
- das Beweismaß der hohen Wahrscheinlichkeit erreicht sein muss.[91]

65 Erstaunlicherweise lehnt die Rechtsprechung zwar das Theorem von Bayes ab, zeigt jedoch keinen anderen Weg auf, wie o.g. Forderungen befolgt werden können, sondern bleibt völlig unprognostizierbar, widersprüchlich und dem Belieben der Revisionsgerichte vorbehalten (s.o. § 6 Rdn 112 ff.). Überdies bleibt die Rechtsprechung und Wissenschaft die Antwort schuldig, welche Bedeutung sie semantischen Wendungen, in denen der Wahrscheinlichkeitsbegriff erscheint, zuordnen will (s.o. § 6 Rdn 97 ff.). Es ist nicht falsch, wenn man animmt, dass die freie Beweiswürdigung „häufig das begriffliche Alibi [liefert], um die Diskussion über die Techniken der Beweiswürdigung zu beenden, statt sie – wie es erforderlich gewesen wäre – auf neuer Basis mit noch engagierterenm kritischen Bewusstsein wieder zu eröffnen.“[92]

86 Vgl. Büchter/Henn, Elementare Stochastik, 2. Aufl., S. 222.

87 Vgl. BGH, NZV 1989, S. 468, 469, anders die vereinzelt geblieben Entscheidung OLG Hamm, MDR 1991, S. 160.

88 Vgl. BGH, NZV 1989, S. 468, 469.

89 Vgl. BGH, StV 1988, S. 190; BGH, MDR 1989, S. 371; vgl. auch Bender/Nack, Tatsachenfeststellung vor Gericht, Rn 363, 392.

90 Vgl. BGH, BGHSt 14, S. 162, 164; vgl. auch BGHR StPO § 261 Beweiswürdigung 2.

91 Vgl. BGH, NStZ 1990, S. 402; vgl. BGH, NStZ 1988, S. 236; vgl. BGH, StV 1993, S. 510; vgl. auch Schäfer, Freie Beweiswürdigung und revisionsrechtliche Kontrolle, StV 1995, S. 147, 149 m.w.N.

92 Nobili, Die freie richterliche Überzeugungsbildung, Reformdiskussikon und Gesetzgebung in Italien, Frankreich und Deutschland seit dem Ausgang des 18. Jahrhunderts, S. 8 f., vgl. auch Schweizer, Beweiswürdigung und Beweismaß, S. 2.

Aus der schweizerischen Rechtsdogmatik wird man folgende Aussage problemlos auf die deutsche Dogmatik und Rechtsprechung übertragen können: 66

„Je unwahrscheinlicher die Tatsachenbehauptung einer Partei, desto höhere Anforderungen darf das Gericht an den Beweis der behaupteten Tatsachen stellen.“[93] 67

Damit ist jedoch genau das Prinzip des Theorems von Bayes angesprochen,[94] dessen Regeln auch dann gelten, wenn die Wahrscheinlichkeiten über relative Häufigkeiten nur geschätzt wurden (s.o. § 7 Rdn 37 ff.).[95]

Die Interpretation bedingter Wahrscheinlichkeiten ermöglicht die Nachvollziehung der Einschätzung des Tatrichters, bevor er die in der Hauptverhandlung präsentierten Beweise bewertet hat (A-priori-Wahrscheinlichkeit) und dessen Einschätzung, nachdem er über das Eintreten der Indizien informiert wurde (A-posteriori-Wahrscheinlichkeit).[96]

Zum Theorem von Bayes im Einzelnen:

1. Ermittlung der Ausgangswahrscheinlichkeit (A-priori-Wahrscheinlichkeit)

Dass die **A-priori-Wahrscheinlichkeit** berücksichtigt werden muss, ergibt sich einerseits aus o.g. Formel von selbst und andererseits aus folgendem eindrucksvollen Beispiel von Bender/Nack:[97] 68

Beispiel 69

Angenommen der Alcotest (Pusten in ein Röhrchen, das sich bei vorher genossenem Alkohol der zu testenden Person verfärbt) ist nicht ganz zuverlässig. D.h., bei 100 Alkoholisierten, die in das Röhrchen pusten, verfärbt sich das Röhrchen 95-mal. Daraus folgt, dass es sich 5-mal von 100-mal zu Unrecht nicht verfärbt. D.h., die Zuverlässigkeit liegt bei 95 % (= 0,95). Hinzu kommt aber ein weiterer Fehler, nämlich der, dass sich das Röhrchen auch bei 1 von 100 (= 1 % = 0,01) nüchternen Fahrern verfärbt, also einmal zu Unrecht und 99-mal zu Recht nicht. Werden nun 100 Autofahrer, bei denen sich das Röhrchen verfärbt hat, in einen Bus geladen, um zur Blutprobe gebracht zu werden, so könnte man geneigt sein, die Wahrscheinlichkeit, dass in dem Bus tatsächliche Alkoholsünder sind, mit 95 % anzugeben. Das ist aber nicht richtig, denn das lässt die A-priori-Wahr-

93 Guldener, Beweiswürdigung und Beweislast nach schweizerischem Zivilprozessrecht, 3. Aufl., S. 322, zitiert nach Schweizer, Kognitive Täuschungen vor Gericht, Dissertation Universität Zürich, S. 144 Fn 722 m.w.N.

94 Vgl. Schweizer, Kognitive Täuschungen vor Gericht, Dissertation Universität Zürich, S. 145.

95 Vgl. Bortz, Statistik für Human- und Sozialwissenschaftler, 6. Aufl., S. 55.

96 Vgl. Georgii, Stochastik, 2. Aufl., S. 53.

97 Vgl. Bender/Nack, Tatsachenfeststellung vor Gericht, 2. Aufl., Rn 418 f.

scheinlichkeit völlig außer Betracht. Es leuchtet ein, dass der Anteil der Nüchternen, die in dem Bus sitzen, aber bei denen sich das Röhrchen irrtümlich verfärbt hat, umso geringer ist, je weniger tatsächlich Nüchterne kontrolliert wurden und der Anteil der tatsächlich Betrunkenen umso größer ist, je mehr tatsächlich Betrunkene kontrolliert wurden. Erfolgt die Kontrolle um 10.00 Uhr morgens, so kann (für die Zwecke des Beispieles von Bender/Nack) davon ausgegangen werden, dass nur 1 von 1.000 Autofahrern alkoholisiert ist. D.h., die A-priori-Wahrscheinlichkeit auf einen Alkoholisierten zu stoßen, beträgt 1 zu 1.000 (= 0,1 % = 0,001). Aufgrund o.g. Formel des Theorems von Bayes bedeutet dies: Die A-posteriori-Wahrscheinlichkeit, nach der Kontrolle tatsächlich einen Alkoholisierten erwischt zu haben, beträgt:

$$\frac{0{,}001 \cdot 0{,}95}{(0{,}001 \cdot 0{,}95) + (0{,}999 \cdot 0{,}01)} = \frac{0{,}00095}{0{,}01094} = 0{,}086 = \text{ ca. 9\% und eben nicht 95\%}$$

Das bedeutet, dass in dem Bus – entgegen der intuitiven Annahme – nur 9 % alkoholisiert, aber 91 % nüchtern (unschuldig) sein dürften.

Erfolgt die Kontrolle beim Oktoberfest, so kann (für die Zwecke des Beispieles von Bender/Nack) davon ausgegangen werden, dass jeder 10. Autofahrer alkoholisiert ist. D.h., die A-priori-Wahrscheinlichkeit auf einen Alkoholisierten zu stoßen, beträgt 10 zu 100 (= 10 % = 0,1). Aufgrund o.g. Formel des Theorem von Bayes bedeutet dies: Die A-posteriori-Wahrscheinlichkeit, nach der Kontrolle tatsächlich einen Alkoholisierten erwischt zu haben, beträgt

$$\frac{0{,}1 \cdot 0{,}95}{(0{,}1 \cdot 0{,}95) + (0{,}9 \cdot 0{,}01)} = \frac{0{,}095}{0{,}104} = 0{,}91 = 91\%$$

70 Das Beispiel zeigt, dass die **A-posteriori-Wahrscheinlichkeit** hinsichtlich des Vorliegens eines Umstandes beim Hinzutreten eines Indizes wesentlich von der **A-priori-Wahrscheinlichkeit** abhängt. Hieraus ergibt sich als zwingende Folgerung, dass die A-priori-Wahrscheinlichkeit **vor dem Hinzutreten der Indizien zu berücksichtigen** ist. Hierbei spielt keine Rolle, dass die A-priori-Wahrscheinlichkeit i.d.R. nicht konkret oder empirisch abgesichert angegeben werden kann, denn es ist im Rahmen des Denkprozesses **die erforderliche Überlegung (= Schätzung) auf Plausibilitätsniveau anzustellen**.[98]

71 Die Wichtigkeit der A-priori-Wahrscheinlichkeit zeigt sich auch in dem oben dargestellten „Taxi-Problem“ (s. oben § 8 Rdn 81 ff.). In die Bayes‘sche Formel eingesetzt ergibt sich hinsichtlich des Taxi-Problems somit:

$$(0{,}15 \cdot 0{,}8) \div \left[(0{,}15 \cdot 0{,}8) + (0{,}85 \cdot 0{,}2)\right] = 0{,}41 = 0{,}41\%$$

98 Vgl. Nack, Der Indizienbeweis, MDR 1986, S. 366, 368.

Würde die A-priori-Wahrscheinlichkeit allerdings 50 % betragen, so ergäben sich in der Tat die intuitiv geschätzten 80 %, also ein signifikant anderes Ergebnis. Diese fehlerhafte Intuition ist keineswegs auf „normale Staatsbürger" beschränkt, sondern wirkt ebenso stark bei Richtern. Nach einer entsprechenden exemplarischen Untersuchung von Mark Schweizer an Richtern aus der Schweiz begingen nur 8,8 % diesen intuitiven Fehler nicht. Amerikanische Richter können derartige Fragen jedoch zu 40 % richtig beantworten. Das wird daran liegen, dass diese bereits im Studium mit den entsprechenden Grundsätzen des Theorems von Bayes vertraut gemacht wurden.[99] Folglich kann die schweizerische Quote auch als repräsentativ für die deutsche Richterschaft übernommen werden. 72

Die A-priori-Wahrscheinlichkeit der Täterschaft könnte von der Größe der Population abhängig gemacht werden. Damit würde es nahe liegen, die Anzahl der Weltbevölkerung als Bezugsgröße heranzuziehen. Das hätte zur Folge, dass die A-priori-Wahrscheinlichkeit 1 zu ca. 6 Milliarden betragen würde.[100] Da man aber nicht a priori alle Menschen der Welt als gleichverdächtig bezeichnen kann, führt dieser Weg in die Irre.[101] De facto verbleibt damit i.d.R. nur die Möglichkeit, die A-priori-Wahrscheinlichkeit durch die Anzahl der Hypothesen der zu beweisenden Frage zu definieren.[102] Im Strafrecht stehen sich (vor der Beweisaufnahme) damit meist die Hypothese, dass der Angeklagte der Täter ist und die Alternativthese, dass der Angeklagte nicht der Täter ist, gegenüber. Damit ist die A-priori-Wahrscheinlichkeit für jede Hypothese bei Gleichbehandlung der Hypothesen, wenn nichts anderes bekannt ist, 0,5 = 50 %.[103] Die A-priori-Wahrscheinlichkeit muss aber nicht zwingend 0,5 betragen, sondern kann darunter liegen, z.B. bei einem Drittel, wenn die Tat nur von einem Täter begangen wurde, aber drei a priori gleichermaßen Verdächtige feststehen. Hierzu ein Beispiel:[104] 73

99 Vgl. Schweizer, Kognitive Täuschungen vor Gericht, Dissertation Universität Zürich, S. 162 f.

100 Vgl. Köller/Nissen/Rieß/Sadorf, Probabilistische Schlussfolgerungen in Schriftgutachten, S. 25.

101 Vgl. Köller/Nissen/Rieß/Sadorf, Probabilistische Schlussfolgerungen in Schriftgutachten, S. 27.

102 Vgl. Köller/Nissen/Rieß/Sadorf, Probabilistische Schlussfolgerungen in Schriftgutachten, S. 25, 29.

103 Vgl. Köller/Nissen/Rieß/Sadorf, Probabilistische Schlussfolgerungen in Schriftgutachten, S. 25, aus einem Schreiben des Vorsitzenden Richters am BGH, Nack, v. 5.6.2006 an den Verfasser lässt sich entnehmen, dass Nack eine Anfangswahrscheinlichkeit von 50 % als „in den meisten Fällen unrealistisch und mit der Unschuldsvermutung kaum vereinbar" betrachtet. Denkbar ist auch, dass die A-priori-Wahrscheinlichkeit bei reinen Zufallskontrollen (z.B. jede zehnte Person wird nach Drogen durchsucht, per Zufallsgenerator wird der Steuerpflichtige für eine Steuerprüfung ermittelt) durch Daten aus der Vergangenheit vorliegt u. damit i.d.R. weit unter 50 % liegt. Geht es z.B. um die Frage eines Mordes, bei dem die Leiche nicht gefunden wird, ist nicht einmal sicher, dass überhaupt ein Mord stattgefunden hat, sodass diese Ungewissheit durch Reduzierung der Anfangswahrscheinlichkeit auszugleichen ist. Fehlurteile kommen darüber hinaus besonders bei **Personenidentifizierungen** u. Fällen m. **großer Publicity** vor (vgl. hierzu Gudjonsson, The Psychology of Interrogations and Confessions, S. 158 ff.). Die daraus resultierende erhöhte Fehlurteilswahrscheinlichkeit ist durch Reduzierung der Anfangswahrscheinlichkeit auszugleichen.

104 Vgl. Steinke, Der Beweiswert forensischer Gutachten, NStZ 1994, S. 16 ff. m.w.N.

74 *Beispiel*

Drei Männer begehen einen Einbruch. Sie werden vom Hausbesitzer überrascht. Im weiteren Verlauf erschlägt ein Einbrecher den Hausbesitzer. Blutspuren dieses Einbrechers ergeben die Blutgruppe B. Wenig später wird ein Einbrecher gefasst. Auch dieser hat Blutgruppe B. Diese Blutgruppe kommt – für die Zwecke dieses Beispiels – allerdings bei 13 % der Bevölkerung vor.

75 Die A-priori-Wahrscheinlichkeit, dass die Haupttatsache vorliegt, d.h., dass der gefasste Einbrecher der Mörder ist, beträgt somit $^{1}/_{3}$.

Die A-priori-Wahrscheinlichkeit, dass die Haupttatsache **nicht** vorliegt, d.h., dass der gefasste Einbrecher **nicht** der Mörder ist, beträgt somit $^{2}/_{3}$.

Die Wahrscheinlichkeit, dass das Indiz bei der Haupttatsache vorliegt, d.h., dass der Täter Blutgruppe B hat, beträgt 1.

Die Wahrscheinlichkeit, dass das Indiz bei der Nicht-Haupttatsache vorliegt, d.h., dass der Blutgruppe B bei einem Nichttäter vorliegt, beträgt 0,13.

Durch Einsatz dieser Werte in das Bayessche Theorem ergibt sich nun die a-posteriori Wahrscheinlichkeit, dass der Gefasste der Mörder war von 79,4 %.

76 **Die A-priori-Wahrscheinlichkeit ist somit die persönliche rationale Meinung des Beurteilers vor Betrachtung der noch zu würdigenden Indizien.**[105] Nachdem es sich um die Ausgangsmeinung des Richters vor Würdigung der weiteren Indizien handelt, **kommt eine höhere A-priori-Wahrscheinlichkeit als 0,5 grds. nicht in Betracht**.[106] Eine solche höhere A-priori-Wahrscheinlichkeit könnte nur dann in Betracht kommen, wenn bereits Indizien zulasten des Angeklagten gewertet wurden. Das aber soll erst in den folgenden Schritten geschehen. D.h., die A-priori-Wahrscheinlichkeit ist das (juristisch zulässige) Vorurteil[107] des Richters (losgelöst von den weiteren und noch zu würdigenden Indizien). Auch damit ist die unvermeidbare Subjektivität, die richterliches Wirken und Würdigen hat, anerkannt.[108] Diese Subjektivität und damit verbundene richtige oder falsche Einschätzung der A-priori-Wahrscheinlichkeit wird umso irrelevanter, je mehr Indizien vorliegen (s.u. § 9 Rdn 143 ff.).

105 Vgl. Köller/Nissen/Rieß/Sadorf, Probabilistische Schlussfolgerungen in Schriftgutachten, S. 26.

106 Kaplan, Decision Theory and the Factfinding Process, Stanford Law Review (1968), S. 1065, 1085.

107 Bei lege artis Beweiswürdigung also i.d.R., dass der Angeklagte genauso gut der Täter sein kann wie nicht (fifty-fifty), der Richter also ergebnisoffen in die Hauptverhandlung und Beweisaufnahme eintritt.

108 Vgl. Nell, Wahrscheinlichkeitsurteile in juristischen Entscheidungen, S. 54.

2. Ermittlung der abstrakten Beweiskraft des Indizes (Likelihood-Quotien)

Weiter hängt die A-posteriori-Wahrscheinlichkeit von der Wahrscheinlichkeit ab, wie oft das Indiz bei der Haupttatsache und wie oft das Indiz bei der Nichthaupttatsache vorkommt. Ein Indiz ist ideal, wenn es immer bei der Tatsache vorliegt, die wir beweisen wollen und niemals in einer anderen Konstellation (Merksatz: Wo Rauch ist, ist auch Feuer?). Ein Indiz ist typisch, wenn es immer bei der Tatsache vorliegt, die wir beweisen wollen, aber ggf. auch, wenn die zu beweisende Tatsache nicht vorliegt bzw. wenn das Indiz nicht notwendigerweise bei der zu beweisenden Tatsache vorliegt (Beispiel: Wolken als Beweis für Regen).[109] Das Verhältnis des Vorkommens des Indizies bei der Haupttatsache zu dem Vorkommen, falls die Haupttatsache nicht vorliegt, **wird als abstrakte Beweiskraft (= Indizwert) des Indizes bezeichnet** und ergibt sich aus dem Quotienten (sog. **Likelihood-Quotient**) der Fälle, in denen das Indiz bei der Haupttatsache vorkommt mit den Fällen, bei denen das Indiz bei der Nichthaupttatsache vorkommt.[110] In o.g. Beispielsfall kommt das Indiz (hier Verfärbung des Röhrchens) für die Haupttatsache (hier Trunkenheit) 95-mal bei 100 Betrunkenen vor (95 % = 0,95), aber nur einmal bei 100 (1 % = 0,01) für die Nichthauptsache (hier Nüchterne). Somit beträgt die abstrakte Beweiskraft 95 bzw. der Quotient beträgt 0,95 : 0,01 = 95. Die abstrakte Beweiskraft deutet umso mehr auf die zu beweisende Tatsache hin, je höher diese ist. Ist die abstrakte Beweiskraft 1, so deutet das Indiz nicht mehr auf die zu beweisende Tatsache und ist die abstrakte Beweiskraft kleiner als 1, so deutet das Indiz auf das Gegenteil der zu beweisenden Tatsache (s.u.). 77

Um Indizien richtig zu würdigen, bedarf es für den Denkprozess somit einerseits die Einschätzung der A-priori-Wahrscheinlichkeit und anderseits die Einschätzung der abstrakten Beweiskraft, D.h., das Wissen, wie hoch die Wahrscheinlichkeit (P) ist, dass das Indiz (B) bei der Haupttatsache (A) vorliegt (=P(B\A)) und wie hoch die Wahrscheinlichkeit (P) ist, dass das Indiz (B) bei der Nicht-Haupttatsache (A^C) vorliegt (P(B\A^C)). 78

Der Likelihood-Quotient (L) ist durch 79

$$L(A|B) = \frac{P(B|A)}{P(B|A^C)}$$

das Verhältnis der Wahrscheinlichkeiten für das Eintreten von B, wenn A vorliegt, zur Wahrscheinlichkeit für das Eintreten von B, obwohl A nicht vorliegt, gegeben.

109 Vgl. Robertson/Vignaux, Interpreting Evidence, S. 11 ff.

110 Vgl. hierzu Nack, Indizienbeweisführung und Denkgesetze, NJW 1983, S. 1035, 1036; vgl. auch Bender/Nack, Tatsachenfeststellung vor Gericht, 2. Aufl., Rn 405.

80 **Um die abstrakte Beweiskraft zu ermitteln ist im Rahmen des Denkprozesses nach Folgendem zu fragen** (s.o. § 9 Rdn 79):

1. „Wenn die Haupttatsache gegeben ist: In wie vielen Fällen tritt das Indiz auf?“[111]
2. „Wenn die Haupttatsache nicht gegeben ist, in wie vielen Fällen tritt dann das Indiz auf?“[112]
3. „Ist der Prozentsatz des Indizes im Fall (1) höher als im Fall (2)?“[113]

In der angelsächsischen Literatur wird vorgeschlagen, die abstrakte Beweiskraft wie folgt zu klassifizieren:[114]

Likelihood-Quotient	Beweiskraft
1–33	schwach
34–100	mittelmäßig
101–330	gut
331–1000	stark
Mehr als 1000	sehr stark

81 **Wird die abstrakte Beweiskraft eines Indizes gedanklich anders – als oben dargestellt – ermittelt, liegt ein Verstoß gegen ein Denkgesetz vor.**[115] Die amerikanische Federal Rule of Evidence 401 verbietet es ausdrücklich, einen irrelevanten Beweis oder Beweis ohne hinreichenden logischen Grund vorzulegen.[116] Ob der Beweis irrelevant oder ohne logischen Grund ist, kann nur nach o.g. Trias ermittelt werden.

Hinweis

Bereits die Auswahl der Vergleichsgruppe für das Vorliegen des Indizes, wenn die Nicht-Haupttatsache vorliegt, kann kritisch und problematisch sein. Ist im Falle eines Anzeichens für sexuellen Missbrauch das angeblich missbrauchte Kind mit einem Kind dieser Altersgruppe zu vergleichen oder mit einem Stiefkind oder einem Kind in einer Tageseinrichtung, etc.?[117]

Psychologen und Psychiater haben die Tendenz, den Missbrauchsfall zu beobachten und auszuwerten, statt den Normalfall. Damit ist der Basisraten- oder Prävalenzfeh-

111 Nack, Indizienbeweisführung und Denkgesetze, NJW 1983, S. 1035, 1036.

112 Nack, Indizienbeweisführung und Denkgesetze, NJW 1983, S. 1035, 1036.

113 Allgaier, Probabilitas und Jus, Über die Beweiskraft im Recht unter besonderer Berücksichtigung von Kybernetik, Statistik und Wahrscheinlichkeit, MDR 1986, S. 626, 629.

114 Vgl. Robertson/Vignaux, Interpreting Evidence, S. 57.

115 Vgl. Nack, Indizienbeweisführung und Denkgesetze, NJW 1983, S. 1035, 1036.

116 Vgl. Gräns, Das Risiko materiell fehlerhafter Urteile, S. 121.

117 Vgl. Robertson/Vignaux, Interpreting Evidence, S. 48 und S. 105 ff. für den Fall des Auffindens von Glasspuren am Tatort und der Kleidung des Verdächtigen.

ler angesprochen, d.h., die Verteilung des in Frage stehenden Verhaltens nicht über die Grundgesamtheit, sondern nur in einer selektiven Gruppe. Deswegen hat es in Neuseeland 1989 eine Gesetzgebung gegeben, die es Psychologen/Psychiatern verbietet, Aussagen zur Konsistenz oder Inkonsistenz eines beobachteten Verhaltens mit sexuellem Missbrauch zu machen.[118] Deutlich aus dem Standardwerk von Robertson/Vignaux: „Many psychologists having been brought up on classical statistics, will discuss the probability of the signs occuring by chance, or in the general population. As mentioned above, this is not appopriate. Allegations of child abuse are likely to come from families which are dysfunctional; in fact, they frequently accompany family break-ups and custody disputes. The correct alternative hypothesis in such cases would be that the child was a non-abused child from a severely stressful family background."[119] Der (Irr-)Glaube, dass das Kind missbraucht wurde, kann so stark werden, dass sogar die Verneinung des Verdachts durch das Kind zum Beleg des Missbrauchs wird, weil der Missbrauch dann so gravierend gewesen sein muss, dass er fortan von dem Kind verdrängt wird.[120] „Der Vorsitzende des Deutschen Familiengerichtstages gab vor einigen Jahren die erschreckende Zahl bekannt, dass in jedem zweiten Nachscheidungskonflikt ein Partner des sexuellen Missbrauchs verdächtigt wurde. Nun kann man nicht behaupten, dass diese 50 Prozent alle aus dem bewussten Willen heraus ausgesagt haben, dem Expartner schaden zu wollen, wenngleich solche Fälle dabei sein mögen. Nein, diejenigen, die das anzeigen, glauben es zum Teil wirklich. Und hört man das nicht überall? Er war ein so netter Nachbar und völlig unauffällig, so ein lieber Vater. Nein, das hätte keiner von uns gedacht. Sind das nicht die Schlimmsten, denen man überhaupt nichts anmerkt? Und benimmt er sich nicht manchmal merkwürdig? Wenn wir wollen, dass sich jemand merkwürdig benimmt, finden wir auch Anzeichen, die genau das belegen."[121] Selbst das Hüpfen eines fünfjährigen Mädchens auf einem Gummiball kann als koitusähnliches Reiten aufgefasst werden.[122]

Die abstrakte Beweiskraft, d.h., der Zähler und der Nenner des Likelihood-Quotienten tauchen ebenso im Zähler bzw. Zähler und Nenner des Theorems von Bayes auf, sodass das Theorem auch noch durch 82

$$P(A|B) = \frac{L(A|B)}{L(A|B) \cdot P(A) + (1 - P(A))} \cdot P(A) \quad \text{(Gleichung 8)}$$

formuliert werden kann.

118 Vgl. Robertson/Vignaux, Interpreting Evidence, S. 48.

119 Robertson/Vignaux, Interpreting Evidence, S. 181.

120 Vgl. Robertson/Vignaux, Interpreting Evidence, S. 182 m.w.N.

121 Steller, Nichts als die Wahrheit, S. 40.

122 Der Verdacht gegen den Vater konnte erst nach zwei Jahren entkräftet werden. Es bedurfte intensiver psychologischer Hilfe, das entfremdete Kind und die Eltern wieder zusammenzuführen, vgl. Steller, Nichts als die Wahrheit, S. 137 ff.

83 Ein Beispiel aus NJW 1982, S. 2447 soll zeigen, dass die (abstrakte) Beweiskraft eines Indizes erst durch o.g. Relationen ermittelt werden kann. Denkfehlerhaft ist es daher, bei der Beweiswürdigung gedanklich auf der 1. Stufe stehen zu bleiben.

84 *Beispiel*

Die Klägerin erkrankt nach dem Genuss von Muscheln in der Gaststätte der Beklagten an Hepatitis A und behauptet, die Muscheln seien mit Erregern von Hepatitis A verseucht gewesen. Zum Beweis führt sie aus, dass 30 weitere Personen, die in der Gaststätte der Beklagten ebenfalls Muscheln in der fraglichen Zeit verzehrt hätten, ebenfalls an Hepatitis A erkrankt seien. Ein Anscheinsbeweis komme hier nicht in Betracht, da es eine Vielzahl an Möglichkeiten gäbe, sich mit Hepatitis A zu infizieren. Das OLG Düsseldorf hat angenommen, dem Indiz der Parallelerkrankungen komme kein entscheidender Beweiswert zu, denn wenn in der Gaststätte der Beklagten wirklich infizierte Muscheln verabreicht worden wären, so hätte es zu einem epidemieartigen Anstieg an Hepatitis A-Erkrankungen kommen müssen, nicht aber zu nur 30 Parallelerkrankungen. Das OLG Düsseldorf beantwortet somit nur die o.g. Frage (1) und folgert offensichtlich sogar, dass die Muscheln der Beklagten nicht verseucht gewesen sein können. Das ist ein Verstoß gegen Denkgesetze, denn es wird übersehen, dass dann, wenn die Haupttatsache nicht gegeben ist (keine verseuchte Muscheln), es zu gar keinen Erkrankungen an Hepatitis A unter den Gästen der fraglichen Zeit kommt (bzw. nur zu so vielen Erkrankungen, wie der allgemeinen Erkrankungsrate der Bevölkerung entspricht). Das OLG Düsseldorf übersieht somit, dass die Häufung an Hepatitis A Fällen in der Gaststätte der Beklagten gegenüber dem allgemeinen Infektionsrisiko selbstverständlich ein belastendes Indiz ist. Stattdessen kommt das OLG Düsseldorf offensichtlich zu dem gegenteiligen (denkfehlerhaften) Schluss, dass in der Gaststätte keine verseuchten Muscheln verabreicht worden sein konnten, da anderenfalls eine Epidemie hätte ausbrechen müssen. Der BGH hob das Urteil auf und beanstandete die Schlussfolgerung des OLG Düsseldorf. Freilich ausdrücklich ebenfalls nur auf der Basis der Frage (1). Laut BGH kann die relativ geringe Zahl der Parallelerkrankungen auch darin ihre Ursache haben, dass der Kochvorgang in der überwiegenden Zahl die Viren abtötet, aber nicht in jedem Fall.[123] Anzunehmen ist jedoch, dass der BGH die Häufung der Erkrankungen in der Gaststätte der Beklagten gegenüber dem allg. Infektionsrisiko stillschweigend mitgedacht hat, d.h., die Frage (2), wie oft eine Erkrankung unter den Gästen der Beklagten erfolgt wäre, wenn die Muscheln nicht verseucht gewesen wären,[124] denn der

123 Vgl. BGH, NJW 1982, S. 2447, 2448.

124 Vgl. Nack, Indizienbeweisführung und Denkgesetze, NJW 1983, S. 1035, 1036.

BGH verwies zurück und forderte eine sachverständige Beratung für das OLG,[125] d.h., die Häufung der Fälle in der Gaststätte der Beklagten ist dementsprechend schon ein belastendes Indiz und steht daher auch nicht gleichrangig neben einer Vielzahl anderer Infektionsmöglichkeiten.[126]

Es kann festgehalten werden, dass es denkfehlerhaft ist, den Beweiswert eines Indizes allein anhand der absoluten Zahl der Fälle, in denen das Indiz vorliegt, zu messen. Der Beweiswert kann nur dann richtig gewürdigt werden, wenn o.g. Relation berücksichtigt wird. Nachdem im Fall richterlichen Urteilens die Tendenz besteht, sich darauf zu konzentrieren, wie gut die Beweismittel eine Hypothese stützen und dabei zu vergessen, wie gut die gleichen Beweismittel mit dem Gegenteil in Einklang gebracht werden können,[127] bietet das Theorem von Bayes einen Sicherungsmechanismus gegen diese Beweiswürdigungsverzerrung. 85

Neutrale Indizien, die genauso oft bei der Haupttatsache wie bei der Nichthaupttatsache vorkommen, deren abstrakte Beweiskraft (Likelihood-Quotient) somit 1 ist, **verändern die A-posteriori-Wahrscheinlichkeit bei Einsatz in das Theorem von Bayes nicht und können deswegen unberücksichtigt bleiben**. Das gilt aber nicht schlechthin, sondern nur im Verhältnis **eines** Indizes mit **einer** Haupttatsache. Das hinzukommende (neutrale) Indiz (B_2) darf das ursprüngliche Indiz (B_1) auch nicht beeinflussen. D.h., die Wahrscheinlichkeit (P) mit der das neutrale Indiz (B_2) bei der Haupttatsache (A) vorkommt, entspricht der Wahrscheinlichkeit, mit der das neutrale Indiz (B_2) bei Vorliegen des ursprünglichen Indizes (B_1) vorkommt. **Damit das Indiz tatsächlich neutral und damit irrelevant ist, müssen die Indizien stochastisch unabhängig sein**. Es muss also gelten: 86

$$P(B_1 \cap B_2|A) = P(B_1|A) \cdot P(B_2|A)$$
und
$$P(B_2|B_1) = P(B_2|A)$$

wobei

P	=	die Wahrscheinlichkeit des Eintretens von.
B1∩B2	=	Schnittmenge von B_1 und B_2.
|	=	unter der Bedingung.
A	=	Hauptsache.
B_1	=	Indiz 1.
B_2	=	Indiz 2 (hier neutrales Indiz).

125 Vgl. BGH, NJW 1982, S. 2447, 2448.

126 Vgl. Nack, Indizienbeweisführung und Denkgesetze, NJW 1983, S. 1035, 1036.

127 Vgl. Schweizer, Kognitive Täuschungen vor Gericht, Universität Zürich, S. 187 m.w.N.

87 *Beispiel*

Liegt eine A-priori-Wahrscheinlichkeit von 80 % für das Vorliegen der Haupttatsache vor, somit eine A-priori-Wahrscheinlichkeit, dass die Haupttatsache nicht gegeben ist von 20 % und ein Indiz, dass bei der Haupttatsache mit 30 % vorkommt, bei der Nichthaupttatsache mit 5 %, so ergibt sich folgende A-posteriori-Wahrscheinlichkeit:

$$\frac{0{,}8 \cdot 0{,}3}{(0{,}8 \cdot 0{,}3) + (0{,}2 \cdot 0{,}05)} = 0{,}96 = 96\%$$

Kommt nun ein **neutrales Indiz** (das genauso oft bei der Haupttatsache, wie bei der Nichthaupttatsache vorliegt – z.B. mit 30 % – und zu dem ersten Indiz stochastisch unabhängig ist) hinzu, so ergibt sich folgende A-posteriori-Wahrscheinlichkeit:

$$\frac{0{,}8 \cdot 0{,}3 \cdot 0{,}3}{(0{,}8 \cdot 0{,}3 \cdot 0{,}3) + (0{,}2 \cdot 0{,}05 \cdot 0{,}3)} = 0{,}96 = 96\%$$

88 *Hinweis*

In nicht wenigen Fällen wird der Umstand, dass ein Zeuge etwas nicht bestätigte, als Belastungsindiz verwendet. Meist wird sich die Nichtbestätigung eines Zeugen jedoch als beweisneutraler Umstand einstellen, denn der Zeuge hat das Beweisthema auch nicht dementiert.[128] Die Bestätigung oder Nichtbestätigung hängt wesentlich von der Wahrnehmung des Zeugen ab, die wiederum von einer Fülle an Umständen abhängt. Wenn der Zeuge etwas nicht wahrgenommen hat, was er im Falle des Zutreffens des Beweistemas wahrgenommen haben müsste, kann dies als fehlendes Indiz freilich sowohl – je nach Beweisthema – ent- oder belastend wirken.

89 Auch das Ziegenproblem kann mittels des Bayes-Theorems gelöst werden: Die A-priori-Wahrscheinlichkeit, den Gewinn zu treffen, betrug ⅓. Das Bayes Theorem drückt **bedingte Wahrscheinlichkeiten** aus. D.h., es wird die Wahrscheinlichkeit (P) des Eintretens eines Ereignisses A unter der Bedingung (\), dass ein anderes Ereignis B früher eingetreten ist, ausgedrückt. In mathematischen Termen ausgedrückt lautet dies somit: P (A\B), **also die Wahrscheinlichkeit von A unter der Voraussetzung von B.**[129] Für das Ziegenproblem bedeutet dies Folgendes:

- Die zu beweisende Haupttatsache ist, dass der Gewinn hinter Tor C ist.
- Das Indiz ist, dass der Moderator Tor B geöffnet hat.

128 Vgl. Niemöller, Die strafrichterliche Beweiswürdigung in der neueren Rechtsprechung des Bundesgerichtshofs, StV 1984, S. 431, 434.

129 Vgl. http://de.wikipedia.org/wiki/Bedingte_Wahrscheinlichkeit.

Hat der Kandidat das Tor A (ungeöffnet) gewählt, der Moderator dann das Tor B (Niete) geöffnet, so beträgt die Wahrscheinlichkeit, dass der Gewinn hinter Tor C ist:[130] 90

$$P(G_C|M_B) = \frac{P(M_B \cap G_C)}{P(M_B)} =$$

$$\frac{P(M_B|G_C)P(G_C)}{P(M_B|G_A)P(G_A) + P(M_B|G_B)P(G_B) + P(M_B|G_C)P(G_C)} =$$

$$\frac{1 \cdot \frac{1}{3}}{\frac{1}{2} \cdot \frac{1}{3} + 0 \cdot \frac{1}{3} + 1 \cdot \frac{1}{3}} = \frac{\frac{1}{3}}{\frac{1}{6} + 0 + \frac{1}{3}} = \frac{2}{3}$$

Wobei: 91

M_B = Indiz Moderator öffnet Tor B (Niete).

G_C = Gewinn hinter Tor C (Haupttatsache).

G_A = Gewinn hinter Tor A.

G_B = Gewinn hinter Tor B.

Für die bekannte Bayes'sche Formel gilt es Folgendes zu sehen: 92

Der unbefangene Leser wird unschwer erkennen, dass die A-priori-Wahrscheinlichkeit, dass der Gewinn hinter Tor C ist, $^1/_3$ beträgt.

Schwierig wird schon Folgendes: Der Kandidat hat A gewählt. 93

Die Wahrscheinlichkeit des Indizes (Öffnen des Tores B durch den Moderator) unter der Bedingung, dass der Gewinn hinter C ist, beträgt 100 %. Der Moderator hat keine andere Wahl, als Tor B zu öffnen, nachdem Tor A gewählt wurde. 94

Also A-priori-Wahrscheinlichkeit, dass Gewinn hinter C = $^1/_3$ und Wahrscheinlichkeit, dass Indiz (Öffnen des Tores B) bei der Haupttatsache (Gewinn hinter C) vorliegt = 100 % = 1. 95

Noch schwieriger wird es bei der Berücksichtigung der Wahrscheinlichkeit des Indizes (Öffnen des Tores B durch den Moderator) bei der Nichthaupttatsache (Gewinn nicht hinter Tor C, also Gewinn hinter B oder A). Es gilt zu sehen, dass sich der **Term im Nenner der „juristisch vereinfachten" Formel** (s.o. § 9 Rdn 64 = A-priori-Wahrscheinlichkeit, dass Haupttatsache nicht vorliegt × Wahrscheinlichkeit, dass Indiz bei der Nichthaupttatsache vorliegt) hier aus der 96

Summe von

(Wahrscheinlichkeit, dass der Moderator Tor B öffnet, wenn Gewinn hinter A × A-priori-Wahrscheinlichkeit, dass Gewinn hinter Tor A)

130 Übernommen von http://de.wikipedia.org/wiki/Ziegenproblem.

plus

(Wahrscheinlichkeit, dass Moderator Tor B öffnet, wenn Gewinn hinter Tor B × A-priori-Wahrscheinlichkeit, dass Gewinn hinter Tor B)

zusammensetzt. Da ein Fall aber nicht vorkommen kann, somit die Wahrscheinlichkeit 0 beträgt, wenn der Gewinn hinter Tor B ist und der Moderator Tor B öffnet, ist dieser Teil mit 0 zu bewerten. Daraus folgt, dass die Wahrscheinlichkeit, dass das Indiz bei der Nichthaupttatsache vorliegt und der A-priori-Wahrscheinlichkeit der Nichthaupttatsache nur $^1/_6$ beträgt. D.h., der Kandidat sollte wechseln, nachdem das Tor geöffnet wurde. Die Gewinnwahrscheinlichkeit erhöht sich von a priori $^1/_3$ auf a posteriori $^2/_3$.

97 Eine nahe liegende Verallgemeinerung liegt vor, wenn es nicht nur auf das Zutreffen oder Nichtzutreffen eines Ereignisses A unter der Bedingung B ankommt, sondern wenn es zu A mehrere (sich untereinander ausschließende) Alternativen A_1, … A_n gibt; dann wird Gleichung 6 zu:

$$P(A|B) = \frac{P(B|A)\ P(A)}{P(B|A) \cdot P(A) + \sum_{i=1}^{n} P(B|A_i) \cdot P(A_i)}$$

wobei:

$$\sum_{i=1}^{n} = \text{Summation über n Alternativen}$$

P = Wahrscheinlichkeit von.

\ = bei Vorliegen von, d.h. unter der Bedingung von.

98 In der wissenschaftlichen Literatur wird das Ziegenproblem oft als Beispiel dafür herangezogen, dass der menschliche Verstand zu Trugschlüssen neigt, wenn es um das Schätzen von Wahrscheinlichkeiten geht.[131]

III. Beweisring

99 **Das Denkmodell des Theorems von Bayes gilt, wenn sich die verschiedenen Indizien wie ein Ring um die zu beweisende Tatsache legen** (sog. Beweisring). Der Fall des **Beweisrings** ist dann gegeben, wenn die entsprechenden **Indizien unmittelbar auf die Haupttatsache hindeuten**.[132]

131 Vgl. http://de.wikipedia.org/wiki/Ziegenproblem.

132 Vgl. Bender/Nack, Tatsachenfeststellung vor Gericht, 2. Aufl., Rn 428.

Theoretisch muss nicht unbedingt ein Beweisring mit mehreren Indizien vorliegen, denn es kann auch ein einziges Indiz mit ausreichender Beweiskraft ausreichen (vgl. § 9 Rdn 12 ff.). Praktisch reicht ein einzelnes Indiz jedoch nur selten.[133] 100

Die entsprechende Überlegung kann grafisch wie folgt dargestellt werden:

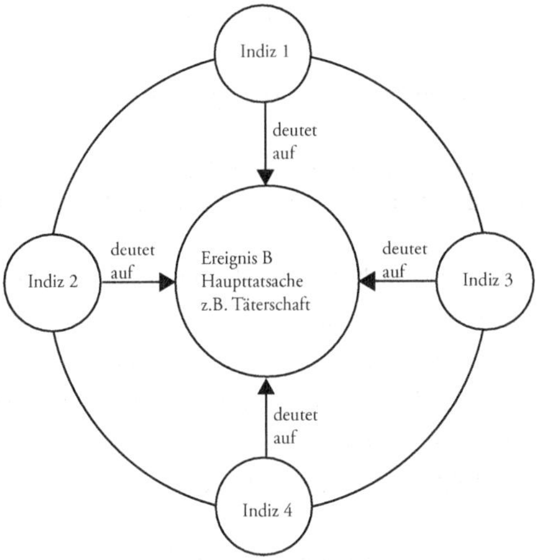

Abbildung 3: „Beweisring", vgl. auch Bender/Nack, Tatsachenfeststellung vor Gericht, 2. Aufl., Rn 428

Wahrscheinlichkeitstheoretisch soll mit dem Beweisring die (bedingte) Wahrscheinlichkeit des Eintretens eines Ereignisses B (z.B. Täterschaft) beschrieben werden, wenn andere Ereignisse (Indizien) schon eingetreten sind (Bedingungen).[134] Oder anders formuliert: **Es soll die Wahrscheinlichkeit für das Eintreten eines Ereignisses B beschrieben werden, nachdem man sich bereits vergewissert hat, dass andere Ereignisse (Indizien) vorliegen.** 101

Mit o.g. Formel des Theorems von Bayes als Denkmodell für bedingte Wahrscheinlichkeiten lassen sich auch **mehrere Indizien** würdigen. Dies würde in der Form erfolgen, dass die Überlegung (Berechnung) für ein Indiz ausgeführt wird und hierdurch die A-posteriori-Wahrscheinlichkeit beim Vorliegen dieses Indizes ermittelt wird. Sodann wird diese A-posteriori-Wahrscheinlichkeit in der Berechnung für das 2. Indiz mit derselben Formel als A-priori-Wahrscheinlichkeit eingesetzt und eine neue A-posteriori-Wahrscheinlichkeit beim Vorliegen des 2. Indizes ermittelt; das gilt auf jeder weiteren Stufe entsprechend und bringt die intellektuelle Kapazität 102

133 Vgl. Meixner, Der Indizienbeweis, S. 26.

134 Vgl. Büchter/Henn, Elementare Stochastik, 2. Aufl., S. 201; vgl. Bender/Nack, Tatsachenfeststellung vor Gericht, 2. Aufl., Rn 402.

schnell an ihre Grenzen.[135] Tatsächlich kann man die bedingte Wahrscheinlichkeit eines Ereignisses **H** unter **n** bedingenden Ereignissen (Indizien = I) ohne größere Rechnung wie folgt bestimmen:[136]

$$P(H|I_1,I_2 \ldots I_n) = \frac{P(H) \cdot P(I_1|H) \cdot P(I_2|H) \ldots \cdot P(I_n|H)}{P(H) \cdot P(I_1|H) \cdot P(I_2|H) \ldots \cdot P(I_n|H) + P(nH) \cdot P(I_1|nH) \cdot P(I_2|nH) \ldots \cdot P(I_n|nH)}$$

wobei:

P(H) = **A-priori-Wahrscheinlichkeit** = Anfangswahrscheinlichkeit der Haupttatsache.

$P(H \backslash I_1, I_2, \ldots I_n)$ = **A-posteriori-Wahrscheinlichkeit** = A-priori-Wahrscheinlichkeit unter der Bedingung, dass Indiz 1, Indiz 2, … Indiz n vorliegt = Endwahrscheinlichkeit.

P(nH)) =A-priori-Wahrscheinlichkeit, dass Haupttatsache nicht vorliegt.

$P(I_1 \backslash H)$ = Wahrscheinlichkeit, dass Indiz 1 bei Haupttatsache vorliegt.

$P(I_1 \backslash nH)$ = Wahrscheinlichkeit, dass Indiz 1 bei Nichthaupttatsache vorliegt.

$P(I_2 \backslash H)$ = Wahrscheinlichkeit, dass Indiz 2 bei Haupttatsache vorliegt.

$P(I_2 \backslash nH)$ = Wahrscheinlichkeit, dass Indiz 2 bei Nichthaupttatsache vorliegt.

$P(I_n \backslash H)$ = Wahrscheinlichkeit, dass Indiz **n** (= Anzahl der Indizien) bei Haupttatsache vorliegt.

$P(I_n \backslash nH)$ = Wahrscheinlichkeit, dass Indiz **n** bei Nichthaupttatsache vorliegt.

103 Nach diesem Modell erhöhen mehrere belastende Indizien (abstrakte Beweiskraft größer als 1, s.o. § 9 Rdn 79 ff.) die A-posteriori-Wahrscheinlichkeit.[137]

104 Man könnte geneigt sein, zu dem gegenteiligen (falschen) Schluss zu kommen. Das OLG Düsseldorf[138] hob ein Urteil auf, in dem das LG einen alkoholisierten Fahrer freigesprochen hatte, der eine BAK von 1,7 ‰ aufwies (Indiz 1). Als deliktstypische Fahrfehler, aus denen auf die absolute Fahruntüchtigkeit geschlossen werden sollte, kamen in Betracht, dass der Angeklagte ohne Licht fuhr (Indiz 2), nicht den vorhandenen Radweg benutzte (Indiz 3) und mitten auf der Straße fuhr (Indiz 4). Das LG meinte (zutreffend), dass jeder dieser Fahrfehler einem Nüchternen auch passieren könne und (folgerte falsch) wenn jedes dieser Indizien einzeln nichts besage, so könne auch die Summe nichts besagen, gemäß der in einem Lied verkörperten Weisheit: driemoal null es null, bleev null (3-mal null ist null, bleibt null).[139] Das OLG hob das Urteil des LG Düsseldorf wegen Verstoßes gegen Denkgesetze auf. „Auch wenn es keine Fahrfehler gebe, die nicht auch nüchternen Fahrern unterlau-

135 Vgl. Bender/Nack, Tatsachenfeststellung vor Gericht, 2. Aufl., Rn 402.

136 Vgl. Bender/Nack, Tatsachenfeststellung vor Gericht, 2. Aufl., Rn 402.

137 Vgl. Bender/Nack, Tatsachenfeststellung vor Gericht, 2. Aufl., Rn 427.

138 Vgl. OLG Düsseldorf, VM 1977, S. 29.

139 Vgl. Nack, Der Indizienbeweis, MDR 1986, S. 366, 369.

fen könnten, so könne doch gerade die Häufung von kleinen, für sich allein nicht ausreichenden Auffälligkeiten die Annahme alkoholbedingter Fahruntüchtigkeit nahelegen [...], weil sie bei nüchternen Fahrern seltener vorkommen."[140] Ob die o.g. BAK-Konzentration einen Übermittlungsfehler darstellt, nachdem der BGH die **Grenze von 1,1 ‰ Blutalkoholkonzentration (BAK)** als Schwelle für die **absolute Fahruntüchtigkeit bei Kraftfahrzeugführern** bereits 1969 einführte, ist diesseits nicht bekannt. Schlussendlich spielt dies für den zugrundeliegenden Gedanken keine Rolle.

Hierzu ein weiteres ***Beispiel*** aus dem *Oetker-Entführungsfall*:[141] **105**

Hier kam das LG München II[142] zu Recht (wie sich durch ein späteres wahres Geständnis herausstellte) zu einer Verurteilung u.a. aufgrund folgender Indizien:

- „Tatsächlicher Besitz von (registriertem) Lösegeld
- Besitz eines Pritschenwagens mit nachträglich angebrachter Vertiefung, in die der Lösegeldkoffer hineinpasste
- (angeblicher) Ankauf des bei der Aussetzung von Richard Oetker benutzten Pkw
- Besitz eines VW-Kastenwagens, der als Entführungsfahrzeug in Betracht kam."[143]

> *„So hat die Strafkammer die (zutreffende) Überlegung angestellt, dass jedes dieser Hauptindizien für sich zwar die Täterschaft von Dieter Zlof nicht einmal nahe legen könne (= nicht überwiegend wahrscheinlich machen könne), alle Indizien zusammen aber die Täterschaft praktisch erweisen (weil die Wahrscheinlichkeit, dass sich gerade diese Indizienkombination auch bei einem Nichttäter finden könne, als minimal erachtet wurde)."*[144] **106**

In einem **Mordprozess** könnte es folgende Indizien geben:

- Der Angeklagter ist im Besitz der Tatwaffe.
- Blut des Opfers ist an der Kleidung des Angeklagten.
- Der Angeklagte hat ein Mordmotiv.
- Ein Zeuge gibt an, den Angeklagten bei der Tat beobachtet zu haben.[145]

140 Nack, Der Indizienbeweis, MDR 1986, S. 366, 369.

141 Vgl. BGH, NJW 1981, S. 2267.

142 Vgl. LG München II, 5 Kls 11 Js 1941/79 n.v. u. BGH, NJW 1981, S. 2267.

143 Bender, Merkmalskombinationen in Aussagen, S. 143.

144 Bender, Merkmalskombinationen in Aussagen, S. 144.

145 Vgl. Loddenkemper, Revisibilität tatrichterlicher Zeugenbeurteilungen, S. 44 f.

107 Das Gericht folgerte daher richtig, dass zwangsläufig eine Vielzahl von Personen mit dem Lösegeld in Berührung gekommen ist,[146] aber **dieses Indiz (Besitz von Lösegeld) mit den anderen Indizien zusammen praktisch in keinem anderen Fall vorkäme, wenn der Angeklagte nicht der Täter wäre.**[147]

108 Es ist nicht entscheidend, dass man gegen jedes einzelne Indiz Einwendungen erheben kann oder jedes einzelne Indiz nur schwach belastend wirkt, sondern vielmehr, dass Indizien in einer genügend großen Zahl vorhanden sind, und sich diese so in ein Gesamtbild ohne Widersprüche einfügen, dass jeder Einsichtige sagen kann: „Das alles zusammen kann kein Zufall mehr sein."[148]

109 **Aus dem Theorem von Bayes folgt, dass das Auftreten mehrerer belastender Indizien** (abstrakte Beweiskraft größer als 1, s.o. § 9 Rdn 79 ff.) **die A-posteriori-Wahrscheinlichkeit erhöht.** Das gilt aber **nur, wenn die Indizien unabhängig voneinander** vorliegen.

110 Zwei Ereignisse (A, B) sind **stochastisch unabhängig**, wenn die Wahrscheinlichkeit (P) des Eintretens von B von der Information, dass A eingetreten ist, nicht beeinflusst wird.[149]

$$P(B) = P(B|A) \; und \; P(A) = P(A|B) \; falls \; P(A), \; P(B) = 0$$

111 Liegt hingegen ein Indiz vor, bei dem naturgemäß ein weiteres Indiz (mehr als nach dem Zufallsprinzip zu erwarten) vorliegt, so erbringt das weiter vorliegende Indiz nicht mehr sehr viel an zusätzlichem Beweis.[150] Ein Beispiel wäre eine bereits gemachte Aussage, z.B. die (elaborierte) Erklärung, eine inkriminierte Handlung nicht begangen zu haben. Erfolgt später eine weitere Vernehmung, in der abermals (elaboriert) bestritten wird, die inkriminierte Handlung begangen zu haben, wäre es kein Fehler, die Aussagen einzeln zu analysieren, allerdings dürfen die beiden Aussagen dann nicht als zwei Indizien bewertet werden, denn das erstmalige Bestreiten führt regelmäßig zu einem nochmaligen Bestreiten.[151]

112 Ist im Oetker-Fall der Pritschenwagen ein Indiz (z.B. weil Spuren eines Pritschenwagens am Tatort gesichert wurden), so ist es ein zusätzlich belastendes Indiz, wenn in dem Pritschenwagen des Angeklagten eine nachträglich angebrachte Vertiefung, in die der Geldkoffer hineinpasste, vorgefunden wird. Würde jedoch der Hersteller selbst die Pritschenwägen nachträglich zurückgerufen und fast in jeden Pritschenwagen (da die meisten Käufer der Rückrufaktion gefolgt wären) eine nachträglich

146 Vgl. Bender, Merkmalskombinationen in Aussagen, S. 113.

147 Vgl. Bender, Merkmalskombinationen in Aussagen, S. 143.

148 Vgl. Meixner, Der Indizienbeweis, S. 26 f.

149 Vgl. Büchter/Henn, Elementare Stochastik, 2. Aufl., S. 205; vgl. auch Georgii, Stochastik, 2. Aufl., S. 63.

150 Vgl. Nack, Der Indizienbeweis, MDR 1986, S. 366, 369.

151 Vgl. Schweizer, Beweiswürdigung und Beweismaß, S. 150 f.

angebrachte Vertiefung, in die ein Geldkoffer hineinpasst, angebracht haben, so wäre dies eben kein zusätzliches Indiz mehr, das auf die Haupttatsache hindeutet. Dementsprechend sollten Indizien, bei denen zu vermuten ist, dass sie voneinander abhängen, in einer Indizfamilie zusammengefasst und wie **ein** Indiz behandelt werden.[152]

Ein interessantes Beispiel liefert der Fall BGH 5 StR 453/94: **113**

In ein Postfach werden zwei Drogensendungen gesandt und ein (vermutlich) drittes Testschreiben, um zu sehen, ob die vorangegangenen Sendungen angekommen sind. Das Landgericht hält den Postfachinhaber für den Besteller und Empfänger der Sendung. „Die Beweiswürdigung des *LG* baut auf dem feststehenden Indiz auf, dass der Angekl. der Inhaber des Postfaches 4... war und dass die Briefe übereinstimmend an dieses Postfach adressiert waren. Der aus diesem Indiz gezogene Schluss, dass der Inhaber des Postfaches auch Besteller der Luftpostbriefe und damit Täter der Einfuhr sein müsse, ist zwar möglich, mehr aber nicht. Der Zusammenhang der tatrichterlichen Beweiswürdigung ergibt, dass das *LG* die Tragfähigkeit des Indizes überschätzt hat. Es wird damit den von der Rspr. geforderten objektiven Grundlagen für die Voraussetzungen der richterlichen Überzeugungsbildung nicht gerecht. Hier müssten weitere belastende Indizien hinzukommen; solche hat das *LG* aber nicht zuverlässig festgestellt. Ersichtlich schließt das *LG* aus den ‚im Zusammenhang' stehenden ‚Erwägungen' auf ein weiteres Indiz, nämlich, dass andere Personen als gewollte Empfänger ausscheiden. Dies wäre ein zusätzliches Indiz von erheblichem Gewicht, das zusammen mit dem Indiz ‚Inhaber des Postfaches' die Überzeugung von der Täterschaft des Angekl. rechtsfehlerfrei begründen könnte. Indessen beruht das weitere Indiz seinerseits nicht auf tragfähigen Schlussfolgerungen: Der Ausschluss der Zeugen J und Si als Empfänger mag trotz unscharfer Formulierungen noch hinzunehmen sein. Die Möglichkeit eines Irrläufers infolge falscher Postfachnummer kann indes nicht allein mit der Überlegung ausgeschlossen werden, dass der Absender dann die Postfachnummer dreimal falsch geschrieben haben müsste. Dabei wird übersehen, dass dem Absender eine falsch übermittelte Postfachnummer als Vorlage gedient haben kann, was erklären würde, dass alle drei Briefe dieselbe Postfachnummer trugen. Zwar könnte gegen die Möglichkeit einer falschen Vorlage sprechen, dass die dritte Sendung wegen des zeitlichen Ablaufs ein Test war, bei dem geprüft werden sollte, ob Briefe ohne Btm ankommen. Doch können auch aus der Existenz einer dritten Sendung keine Schlüsse gegen den Angekl. gezogen werden. Selbst wenn diese Sendung, wie das *LG* annimmt und was auch naheliegt, als Kontrollsendung von der Person veranlasst wurde, für die die beiden ersten Briefe bestimmt waren, spricht dies nur dann gegen den Angekl., wenn auch dabei ein Fehler bei der Bezeichnung des Postfachs, wie er bei den ersten beiden Briefen denkbar ist, ausgeschlossen werden

152 Vgl. Bender/Nack, Tatsachenfeststellung vor Gericht, 2. Aufl., Rn 411.

kann. Dafür ist nichts ersichtlich. Damit ist das zweite Indiz ‚kein anderer Empfänger' nicht zuverlässig bewiesen, so dass der allein auf das erste Indiz ‚Inhaber des Postfaches' gegründete Verdacht nicht weiter verstärkt wird."[153]

114 Das LG hat den Fehler begangen, dass es offensichtlich annahm, dass nur der richtige Besteller drei Mal eine Sendung desselben Absenders erhält und die Wahrscheinlichkeit, dass ein Unbeteiligter drei Mal dieselbe dann fehlerhafte Sendung erhalten würde, gering sei.

115 Mit anderen Worten: Die Indizien aus der mehrmaligen Sendung in dasselbe Postfach sind statistisch nicht voneinander unabhängig, denn wenn einmal ein Fehler bei der Adressierung vorliegt, setzt sich dieser in allen weiteren Sendungen als Folgefehler fort.

116 Ein weiteres Beispiel zeigt der Fall des plötzlichen Kindstodes:

Frau X gebiert ein Kind. Knappe drei Monate später ist das Kind an plötzlichem Kindstod verstorben. Ein Jahr später gebiert sie ein weiteres Kind. Auch dieses Kind stirbt wenige Monate nach der Geburt. Nun beginnt eine Untersuchung gegen Frau X mit sachverständiger Beratung durch das Gericht. Für die Wahrscheinlichkeit des plötzlichen Kindstodes gibt es verschiedenen bekannte Parameter: (Raucher in der Familie, ein arbeitsloses Elternteil, Mutter unter 26 Jahren), so dass die Wahrscheinlichkeit, dass in der Familie von Frau X, bei der die bekannten Risikoparameter fehlten, ein plötzlicher Kindstod eintritt, 1 : 8.543 beträgt. Die Wahrscheinlichkeit, dass in einer Familie zweimal hintereinander ein plötzlicher Kindstod eintritt wäre demnach das Produkt dieser Regel = $(^1/_{8543}) \times (^1/_{8543})$ = 1 zu 73.000.000. Bei dieser geringen Wahrscheinlichkeit für ein zufälliges Ereignis müsse daher von einem Tötungsdelikt zu Lasten der Kinder ausgegangen werden.[154]

Tatsächlich ist der Multiplikationsansatz und die aus dem Beweisring bekannte Tatsache, dass mehrere Indizien sich wie ein Ring um die zu beweisende Tatsache legen, nur dann richtig, wenn die Indizien unabhängig voneinander sind. Wenn es aber bekannte Risikofaktoren gibt, kann es auch unbekannte Risikofaktoren geben, so dass es in einer Familie, in der dieser Risikofaktor vorherrscht, überproportional häufig zu plötzlichem Kindstod und damit auch überproportional häufig zu doppeltem plötzlichem Kindstod führen kann. Tatsächlich sind mittlerweile folgende Risikofaktoren bekannt:[155]

- Alter der Mutter,
- eine früher bereits eingetretene lebensbedrohende Krise,
- ein am plötzlichen Kindstod verstorbenes Geschwisterkind,
- eine Frühgeburt vor der 33. SSW oder ein sehr niedriges Geburtsgewicht,

153 BGH, StV 1995, S. 453 f.

154 Vgl. zu diesem Fall: Colmez/Schneps, Wahrscheinlich Mord, S. 13 ff.

155 Vgl. Vennemann/D. Fischer/Findeisen (2003), Kindstodinzidenz im internationalen Vergleich, Monatsschrift für Kinderheilkunde, 151, S. 510–513.

- Drogenkonsum der Mutter,
- Passivrauchen sowohl während der Schwangerschaft als auch nach der Geburt,
- Überwärmung,
- Schlafen in Bauchlage,[156]
- Zudecken des Kopfes oder ungenügende Luftzirkulation,
- Verzicht auf Stillen,
- die Bettumrandung (Nestchen),
- Schlafen im eigenen Zimmer, aber möglicherweise auch Schlafen im Bett der Eltern.[157]

Wichtig ist, dass sich mehrere Indizien nur dann „wie ein Ring" um die zu beweisende Tatsache legen, wenn diese statistisch unabhängig voneinander sind. Sobald ein Indiz, wenn es vorliegt, überzufällig häufig ein anderes Indiz nach sich zieht, sind die Indizien nicht mehr statistisch unabhängig, sondern abhängig und daher „wie ein einziges Indiz" zu behandeln. Im Beispielsfall erhöht das Indiz „plötzlicher Kindstod" das Vorkommen eines weiteren „plötzlichen Kindstodes", so dass der Multiplikationsansatz unzulässig ist.

Wichtig ist, dass auch seltene Ereignisse zufällig eintreten. Bei einem Lottogewinn wird ebenfalls nicht rückblickend spekuliert, dass die Wahrscheinlichkeit zu gering wäre, als dass es sich um einen wirklichen Lottogewinn handeln könnte und es deswegen inkriminiertes Geld sein müsse.[158]

> *Hinweis*
>
> Einen markanten Fall der Abhängigkeit der Indizien bieten Aussagen von Zeugen, die ihre Aussage oder Schilderungen über das gemeinsame Erleben miteinander besprochen haben oder deren Darstellung von denselben Umständen verzerrt worden sein kann (z.B. Presse- und Fernsehbericht über das Ereignis).[159]

156 Vgl. Madea, Rechtsmedizin, 3. Aufl. S. 131 m.w.N.

157 Vgl. Robert Carpenter, Cliona McGarvey, Edwin A Mitchell, David M Tappin, Mechtild M Vennemann, M Smuk, JR Carpenter. Bed sharing when parents do not smoke: is there a risk of SIDS? An individual level analysis of five major case-control studies; im Internet einsehbar (Juni 2016) unter: http://bmjopen.bmj.com/content/3/5/e002299 und Nigel Hawkes, Sharing a bed with your baby increases the risk of sudden infant death syndrome; im Internet einsehbar (Juni 2016) unter: http://www.bmj.com/content/346/bmj.f3296.

158 Vgl. Colmez/Schneps, Wahrscheinlich Mord, S. 34, 180.

159 Vgl. Schweizer, Beweiswürdigung und Beweismass, S. 94, der sodann auch noch auf weitere Feinheiten der „bedingten Unabhängigkeit" hinweist; vgl. auch Berg-Winters, Der Anscheinsbeweis im Arzthaftungsrecht, S. 59 m.w.N.

1. Die Auffassung Schreibers

117 Schreiber stellt den Denkprozess bei der Würdigung/Bewertung mehrerer Indizien wie folgt dar.[160]

118 Der Beweiswert (b) eines Beweismittels ist die Wahrscheinlichkeit der Wahrheit, die wiederum das Verhältnis der wahren Fälle (w) zur Anzahl der gesamten Fälle, also der wahren und falschen (w + f), darstellt.

$$somit\ b = \frac{w}{w+f}$$

119 Der Gesamtbeweiswert (b_g) mehrerer Beweismittel ist das Produkt der Einzelbeweiswerte (b_1, b_2, ... b_n). Da so der Beweiswert für jedes einzelne Beweismittel (b_1, b_2 ...) definiert ist, gilt:

$$b_g = b_1 \cdot b_2 \ldots \cdot b_n$$

Vgl. Schreiber, Theorie des Beweiswerts für Beweismittel im Zivilpozeß, S. 25 bis 28

120 Aufgelöst ergibt sich somit,

$$b_1 = \frac{w_1}{w_1 + f_1}$$

$$b_2 = \frac{w_2}{w_2 + f_2}$$

$$b_n = \frac{w_n}{w_n + f_n}$$

121 Geht es um mehrere Beweismittel, die die Beweisbehauptung **bestätigen**, so gilt nach Schreiber Folgendes:

122 Da beim Beweisring beide (bzw. n) Beweismittel gegeben sind, in der beide (bzw. n) Beweismittel die Tatsache beweisen, so ist die Wahrscheinlichkeit der Wahrheit das Verhältnis des Produkts der Anzahl der Fälle, in denen beide Beweismittel bestätigen, zu dem Produkt der Anzahl der gesamten Fälle.

$$somit\ b_g = \frac{w_1 \cdot w_2 \cdot \ldots w_n}{(w_1 + f_1) \cdot (w_2 + f_2) \cdot \ldots (w_n + f_n)}$$

123 Schreiber geht sodann davon aus, dass bei jeweils bestätigenden Beweismitteln nur diese (n) zusammen wahr oder zusammen falsch sein können, sodass die Kombination $w_1 \cdot f_2$ *und* $w_2 \cdot f_1$ nicht möglich bzw. 0 ist.

160 Vgl. Schreiber, Theorie des Beweiswerts für Beweismittel im Zivilpozeß, S. 25 bis 28 u. 29 bis 34.

Ist $w_1 \cdot f_2 = 0$ und $w_2 \cdot f_1 = 0$

so erhält er

$$b_g = \frac{w_1 \cdot w_2}{w_1 \cdot w_2 + f_1 \cdot f_2}$$

Multipliziert man den Zähler und Nenner mit dem Faktor $(w_1 + f_1) \cdot (w_2 + f_2)$, da 124
man die Anzahl der wahren und falschen Aussagen nicht kennt, sondern nur die (geschätzte) Wahrscheinlichkeit, um den Gesamtbeweiswert in Abhängigkeit der Einzelwahrscheinlichkeiten auszudrücken, so ergibt sich:

$$b_g = \frac{\frac{w_1 \cdot w_2}{(w_1 + f_1) + (w_2 + f_2)}}{\frac{w_1 \cdot w_2}{(w_1 + f_1) \cdot (w_2 + f_2)} + \frac{f_1 \cdot f_2}{(w_1 + f_1) \cdot (w_2 + f_2)}}$$

Da $\frac{f}{w + f} = 1 - \frac{w}{w + f}$

ist

$$b_g = \frac{\frac{w_1 \cdot w_2}{(w_1 + f_1) + (w_2 + f_2)}}{\frac{w_1 \cdot w_2}{(w_1 + f_1) \cdot (w_2 + f_2)} + (1 - \frac{w_1}{w_1 + f_1}) \cdot (1 - \frac{w_2}{w_2 + f_2})}$$

Da der Beweiswert eines Beweismittels

$$b_i = \frac{wi}{wi + f1} \text{ ist,}$$

folgt als Gesamtbeweiswert (b_g)

$$b_g = \frac{b_1 \cdot b_2}{b_1 \cdot b_2 + (1 - b_1) \cdot (1 - b_2)}$$

bei n Beweismitteln

$$b_g = \frac{b_1 \cdot b_2 \cdot \ldots b_n}{b_1 \cdot b_2 \cdot \ldots b_n + (1 - b_1) \cdot (1 - b_2) \cdot \ldots (1 - b_n)}$$

125 In einer Werteskala errechnet, ergäbe sich gemäß Schreiber (Theorie des Beweiswerts für Beweismittel im Zivilpozeß, Springer-Verlag, Berlin, Heidelberg, New York, 1968, S. 33) bei zwei Beweismitteln (b_1 und b_2) bei den jeweiligen Einzelbeweiswerten (in %) b_1 (Skala vertikal) und b_2 (Skala horizontal) von

b_1/b_2	0	10	20	30	40	50	60	70	80	90	100
0	0	0	0	0	0	0	0	0	0	0	50
10	0	1,2	2,7	4,5	6,9	10	14,3	20,6	30,8	50	100
20	0	2,7	5,9	9,7	14,3	20	27,3	36,8	50	69,2	100
30	0	4,5	9,7	15,5	22,2	30	39,1	50	63,2	79,4	100
40	0	6,9	14,3	22,2	30,8	40	50	60,9	72,7	85,7	100
50	0	10	20	30	40	50	60	70	80	90	100
60	0	14,3	27,3	39,1	50	60	69,2	77,8	85,7	93,1	100
70	0	20,6	36,8	50	60,9	70	77,8	84,5	90,3	95,5	100
80	0	30,8	50	63,2	72,7	80	85,7	90,3	94,1	97,3	100
90	0	50	69,2	79,4	85,7	90	93,1	95,5	97,3	98,8	100
100	50	100	100	100	100	100	100	100	100	100	100

der jeweilige Schnittpunkt als Gesamtbeweiswert (jeweils in %).

126 Da es die Kombination 0 und 100 (d.h., ein Beweismittel hat den isolierten Beweiswert 0) qua definitionem (mehrere bestätigende Indizien; ein Indiz mit dem Beweiswert 0 ist aber kein bestätigendes Indiz) nicht geben kann, wurde der Beweiswert 50 % eingesetzt, um eine brauchbare Maßzahl zuzuordnen, wenn beide Werte an-

näherungsweise vorkommen sollten, die sich dann aber eben neutralisieren, d.h., der Gesamtbeweiswert genauso wahrscheinlich wie unwahrscheinlich ist, somit 50 %.

Soll dieses Definitionsdefizit ausgeräumt werden und es folglich nicht nur bestäti- 127
gende Indizien mit einem bestätigenden Beweiswert (b_b) geben, sondern bestätigende und **widersprechende** Indizien mit einem widersprechenden Beweiswert (b_w), so ergäbe sich gemäß Schreiber hierfür bei zwei Beweismitteln die folgende Formel (die auf n bestätigende und m widersprechende Beweismittel erweiterbar wäre):[161]

$$b_g = \frac{b_b(1-b_w)}{b_b(1-b_w)+b_w(1-b_b)}$$

In einer Werteskala errechnet ergäben sich gemäß Schreiber (Theorie des Beweis- 128
werts für Beweismittel im Zivilpozeß, Springer-Verlag, Berlin, Heidelberg, New York, 1968, S. 38) bei zwei Beweismitteln, wovon eines einen isoliert bestätigenden Beweiswert b_b (Skala vertikal) und eines einen widersprechenden Beweiswert b_w (Skala horizontal) bei den jeweiligen Einzelbeweiswerten (in %) von

129

b_b/b_w	100	90	80	70	60	50	40	30	20	10	0
0	0	0	0	0	0	0	0	0	0	0	50
10	0	1,2	2,7	4,5	6,9	10	14,3	20,6	30,8	50	100
20	0	2,7,	5,9	9,7	14,3	20	27,3	36,8	50	69,2	100
30	0	4,5	9,7	15,5	22,2	30	39,1	50	63,2	79,4	100
40	0	6,9	14,3	22,2	30,8	40	50	60,9	72,7	85,7	100
50	0	10	20	30	40	50	60	70	80	90	100
60	0	14,3	27,3	39,1	50	60	69,2	77,8	85,7	93,1	100
70	0	20,6	36,8	50	60,9	70	77,8	84,5	90,3	95,5	100
80	0	30,8	50	63,2	72,7	80	85,7	90,3	94,1	97,3	100
90	0	50	69,2	79,4	85,7	90	93,1	95,5	97,3	98,8	100
100	50	100	100	100	100	100	100	100	100	100	100

der jeweilige Schnittpunkt als Gesamtbeweiswert (jeweils in %).

Diese Skala bräuchte es nicht mehr unbedingt, da man mit der zuvor genannten 130
Werteskala für bestätigende Beweismittel (b_1/b_2) auskommen könnte. Ein Beweismittel (b_2) das zu 10 % bestätigend ist, ist zwingend zu 90 % widersprechend (b_w), denn der Einzelbeweiswert wurde definiert als das Verhältnis der wahren Fälle zu den gesamten Fällen. Wenn ein Ereignis somit in 10 % der wahren Fälle zutrifft, so trifft es damit in 90 % der nicht wahren Fälle zu, folglich hat ein zu 10 % bestätigen-

161 Vgl. Schreiber, Theorie des Beweiswertes für Beweismittel im Zivilpozeß, S. 38.

der Beweiswert b_2 einen zu 90 % widersprechenden Beweiswert (b_w). D.h., eine Kombination des bestätigenden Beweiswerts von 10 % mit dem widersprechenden Beweiswert von 90 %, hätte somit einen Gesamtbeweiswert der Schnittstelle von 10 % (b_1) und 10 % (b_2), da 10 % bestätigend (b_1 oder b_2) = 90 % widersprechend (b_w) = 1,2 %.

131 In der zuerst genannten Werteskala müsste dann statt des widersprechenden Beweiswerts b_w der bestätigende Einzelbeweiswert mit $b_b = 1 - b_w$ eingesetzt werden, sodass das Ergebnis nach wie vor aus der zuerst genannten Werteskala ablesbar bliebe.[162] Gleichwohl hat Schreiber, aus Vereinfachungsgründen, noch die zuletzt abgedruckte Werteskala für bestätigende (b_b) und widersprechende Beweismittel (b_w) abgedruckt.

132 Diese Auffassung lässt aber unberücksichtigt, dass ein Indiz nicht erst dann beweiskräftig ist, wenn das Indiz bei der Haupttatsache vorkommt, sondern nur dann, wenn das Indiz signifikant öfter bei der Haupttatsache auftritt als bei der Nichthaupttatsache (abstrakte Beweiskraft s.o. § 9 Rdn 79 ff.). Gibt es zwei Indizien, von denen eines (b_1) z.B. mit 98 %iger Wahrscheinlichkeit in wahren Fällen vorliegt (z.B. Bettnässen eines Kindes bei vorangegangenem Missbrauch des Kindes), aber z.B. auch in 97 % der falschen Fälle (also Bettnässen eines Kindes, ohne vorangegangenen Missbrauch[163]) und ein weiteres Indiz (b_2), das in 97 % der wahren Fälle vorliegt, aber auch in 96 % der falschen Fälle, so ist der Gesamtbeweiswert (b_g) gering, obwohl die Formel zu einem hohen Einzel- und Gesamtbeweiswert führt.

$$b_1 = \frac{98}{100} = 0{,}98 = 98\%; \; b_2 = \frac{97}{100} = 0{,}97 = 97\% =$$

$$bg = \frac{b_1 \cdot b_2}{b_1 \cdot b_2 + (1 - b_1) \cdot (1 - b_2)} = \frac{0{,}98 \cdot 0{,}97}{0{,}98 \cdot 0{,}97 + (1 - 0{,}98) \cdot (1 - 0{,}97)} = 0{,}99936 = 99{,}94\%$$

Daher ist die Auffassung von Schreiber abzulehnen.[164]

2. Die Auffassung Ekelöfs

133 Ekelöf geht bei mehreren zusammenwirkenden Beweismitteln, die unabhängig voneinander sind[165] und jedes für sich die strittige Tatsache mit einem gewissen Beweiswert beweisen, davon aus, dass für die Wahrscheinlichkeit, dass die streitige Tatsache jedenfalls von einem Beweismittel bewiesen wird, die Beweisstärke der

162 Vgl. Schreiber, Theorie des Beweiswerts für Beweismittel im Zivilprozess, S. 39.

163 Vgl. hierzu noch einmal Schweizer, Kognitive Täuschungen vor Gericht, Dissertation Universität /Zürich, S. 133.

164 Ebenso, Bourmistrov-Jüttner, Subjektive Wahrscheinlichkeitstheorie und rationale Entscheidungstheorie in Anwendung auf die Rechtspraxis, Dissertation München, S. 111.

165 Vgl. Ekelöf, Beweiswürdigung, Beweislast und Beweis des ersten Anscheins, ZZP 75, S. 294 u. derselbe, Beweiswert, in Festschrift für Baur, S. 354.

einzelnen Beweise entscheidend ist.[166] Gibt es zwei Beweismittel von einer Beweisstärke von jeweils $^3/_4$ (b_1 und b_2), so betrage die Endbeweisstärke $^{15}/_{16}$. Von 16 Fällen würde das eine Beweismittel ohnehin in zwölf Fällen eine wahre Aussage liefern (= $^3/_4$). Folglich verblieben vier noch nicht geklärte Fälle. In diesen vier Fällen würde aber das andere Beweismittel wiederum in $^3/_4$ der Fälle eine wahre Aussage treffen. Folglich sei der Beweis von den verbleibenden vier Fällen in drei Fällen durch das andere Beweismittel als wahr erwiesen. Damit war nur noch ein Fall der gedanklich 16 Ausgangsfälle nicht bewiesen, sodass sich durch das Zusammentreffen zweier Beweismittel mit einem isolierten Beweiswert von je $^3/_4$ eine Endwahrscheinlichkeit (b_g) von $^{15}/_{16}$ ergäbe.[167] In eine Formel gebracht – wobei Ekelöf keine Formel für seine Berechnung angibt – ergäbe sich sodann vermutlich (mangels Angabe von Ekelöf) Folgendes (jeweils in Prozent):

$$b_g = b_1 + b_2(1 - b_1) = 3/4 + 3/4(1 - 3/4) = 15/16 = 93{,}75\%$$

bzw. bei n Beweismitteln:

$$b_g = b_1 + b_2(1 - b_1) + b_3(1 - b_1 - b_2) + b_4(1 - b_1 - b_2 - b_3) + b_n(1 - b_1 - b_2 - b_3 - \ldots b_n)$$

D.h., nur zwei Beweismittel mit einer isolierten Beweiskraft von $^3/_4$ = 75 % hätten eine gesamte Beweiskraft von $^{15}/_{16}$ = 93,75 %, während zehn Beweismittel von nur jeweils 10 % isolierter Beweiskraft nur eine Endwahrscheinlichkeit von 55 % erbringen könnten.[168]

Auch Ekelöf geht bei der Beweisstärke des Indizes davon aus, wie oft dieses in wahren Aussagen vorliegt, ohne zu beachten, dass das Indiz ggf. wenig aussagekräftig ist, wenn es nahezu gleich oft bei der Haupttatsache wie auch der Nichthaupttatsache vorkommt. Daher ist auch die Auffassung von Ekelöf abzulehnen. Ekelöf hat sich am Additionstheorem der Wahrscheinlichkeitsrechnung orientiert. Dieses besagt: 134

> *„Die Wahrscheinlichkeit, dass bei einem Zufallsexperiment mit den Ereignissen A, B, C, D […] wenigstens eines der beiden Ereignisse A oder D zutrifft, ergibt sich aus der Summe der Wahrscheinlichkeiten für A und D abzüglich der der Wahrscheinlichkeiten dafür, dass beide Ereignisse vorliegen.“*[169]

166 Vgl. Ekelöf, Beweiswürdigung, Beweislast und Beweis des ersten Anscheins, ZZP 75, S. 294.

167 Vgl. Ekelöf, Beweiswürdigung, Beweislast und Beweis des ersten Anscheins, ZZP 75, S. 294 u. derselbe, Beweiswert, in Festschrift für Baur, S. 353.

168 Vgl. Ekelöf, Beweiswürdigung, Beweislast und Beweis des ersten Anscheins, ZZP 75, S. 294.

169 Bortz, Statistik für Human- und Sozialwissenschaftler, 6. Aufl., S. 54.

135 Nach dem Ansatz von Ekelöf kann nur die Wahrscheinlichkeit, dass die Haupttatsache von mindestens einem Beweismittel bewiesen wird, ermittelt werden, nicht aber die Wahrscheinlichkeit für das Vorliegen der Haupttatsache bei Vorliegen beider Beweismittel.[170] Daher ist auch die Auffassung von Ekelöf abzulehnen.

3. Fazit und Folgerung

136 Gegen das **Theorem von Bayes** bestehen keine methodischen oder logischen Einwände, um dieses (mindestens) als für die Beweiswürdigung zu verwendendes Denkmodell zu nutzen. **Nach diesem Denkmodell**

- **erhöhen mehrere belastende Indizien** (abstrakte Beweiskraft größer als 1, s.o. § 9 Rdn 79 ff.) **den Gesamtbeweiswert**. Der Gesamtwert der Erhöhung kann nur dann geschätzt werden, wenn jedem Indiz ein geschätzter, in Zahlen ausgedrückter Wahrscheinlichkeitswert zugeordnet wird. Zu welchem Endergebnis man kommt, wenn mehrere Indizien nur sprachlich mit etwas überwiegender Wahrscheinlichkeit für die Täterschaft gedeutet werden, kann nicht abgeschätzt, sondern nur geraten werden;
- **verändern belastende und entlastende Indizien**, d.h. bestätigende und widersprechende Indizien **den Gesamtbeweiswert ebenfalls**. Das genaue Ausmaß der Veränderung des Gesamtbeweiswerts ist bei nur sprachlicher Klassifizierung ebenfalls nicht abschätzbar. Auch dieses Ausmaß der Veränderung kann nur dann annäherungsweise abgeschätzt werden, wenn den einzelnen Indizien ein geschätzter numerischer Beweiswert zugeordnet wird.

137 Als Folgerung ergibt sich daraus, die Notwendigkeit einer Darlegung aller be- und[171] entlastenden Indizien im Urteil mit einer zahlenmäßig zugeschätzten abstrakten Beweiskraft und A-priori-Wahrscheinlichkeit und dementsprechender Einsatz in das Theorem von Bayes.

138 Nach Ansicht von Nell wird bei der Entscheidungsfindung ohnehin intuitiv so verfahren.[172] Diese Ansicht erscheint zu wohlwollend, denn anderenfalls könnte es nicht sein, dass die Beweiswürdigung zu den trübsten Kapiteln der deutschen Rechtsprechung gehört,[173] dass Exzesse der freien Beweiswürdigung,[174] ein flexi-

170 Vgl. Bourmistrov-Jüttner, Subjektive Wahrscheinlichkeitstheorie und rationale Entscheidungstheorie in Anwendung auf die Rechtspraxis, Dissertation München, S. 90 f.

171 Nell, Wahrscheinlichkeitsurteile in juristischen Entscheidungen, S. 154.

172 Vgl. Nell, Wahrscheinlichkeitsurteile in juristischen Entscheidungen, S. 52.

173 Vgl. Schneider, Praxis der neuen ZPO, 2. Aufl., Rn 750.

174 Vgl. Hoyer, Beweiswürdigung und „in dubio pro reo", ZStW 1993, S. 523, 532.

bles Spiel in der Beweiswürdigung[175] und eine In-dubio-contra-reum-Rechtsprechung zu beklagen sind.[176] „In der Rechtsprechung werden Abwägungen in der Regel so vorgenommen, dass die in Betracht kommenden Gesichtspunkte genannt, möglicherweise noch als mehr oder weniger ins Gewicht fallend bezeichnet werden, dann aber mit einer Formel wie ‚Aus alledem ergibt sich? [...] [Ergebnis X] festgestellt wird." Damit ist weder eine Quantifizierung des Abwägungsprozesses ersichtlich noch, welcher Gesichtspunkt in welchem Maße die Entscheidung beeinflusst hat.[177] Selbst wenn Nells Annahme zutreffend sein sollte, so spricht nichts dagegen, den Richter die Grundsätze nicht nur intuitiv, sondern offen anwenden zu lassen. Genauso, wie es bei Einführung der freien Beweiswürdigung verlangt wurde, „so wird hierbei keineswegs davon ausgegangen, daß den Richtern [...] ohne eine äußere Rechenschaft und ohne Verantwortlichkeit nach bloß individueller Überzeugung überlassen werden soll, im Gegenteil wird dabei die Motivierung des Erkenntnisses durch Entscheidungsgründe und die Prüfung durch den Appellationsrichter als wesentlich und unerlässlich recht eigentlich vorausgesetzt."[178] In der amerikanischen Literatur wurde die Frage der Anwendbarkeit des Theorems von Bayes ausführlich diskutiert. Dagegen wurden nicht etwa die Ungültigkeit oder grds. Ungeeignetheit eingewendet,[179] sondern im Wesentlichen

- Fehlerquellen bei der praktischen Anwendung,[180]
- eine Mathematisierung und damit ein Verlust an Menschlichkeit.[181]

Gewiss sind Fehlerquellen bei der praktischen Anwendung ein ernstzunehmendes Argument. Fehlerquellen sind beim menschlichen Handeln und insb. Rechtsprechung durch Menschen unvermeidbar (diese können aber minimiert werden, s.u. in **139**

175 Vgl. Barton, Revisionsrechtsprechung des BGH in Strafsachen, S. 284, 285; vgl. auch Fezer, Die erweiterte Revision, S. 44.

176 Vgl. Schünemann, Der Richter im Strafverfahren als manipulierter Dritter? Zur empirischen Bestätigung von Perseveranz- und Schulterschlußeffekt, StV 2000, S. 163; vgl. Meyer-Mews, Die „in dubio contra reo" Rechtsprechung bei Aussage gegen Aussage Delikten, NJW 2000, S. 916 f.; vgl. auch Deckers, Verteidigung in Verfahren wegen sexuellen Missbrauchs, in Brüssow/Krekeler/Mehle, Strafverteidigung in der Praxis, 1998, Rn 1.

177 Vgl. Nell, Wahrscheinlichkeitsurteile in juristischen Entscheidungen, S. 154.

178 Von Savigny, Über Schwurgerichte und Beweistheorie im Strafprozesse, GA 1958, S. 469, 485, zitiert nach Walter, Freie Beweiswürdigung, S. 73.

179 Vgl. Tribe, Havard Law Review 84 (1971) S. 1329, 1330 Fn 2, Kornstein, Journal of Legal Studies, 5 (1976) S. 121 ff., beide zitiert nach Nell, Wahrscheinlichkeitsurteile in juristischen Entscheidungen, S. 53 Fn 67. Rüßmann in Koch/Rüßmann, Juristische Begründungslehre, S. 324 f. meint, das Theorem von Bayes durch sein Urnenbeispiel zu diskreditieren, indem das Theorem eine hohe Wahrscheinlichkeit für ein unmögliches Ereignis anzeige. Das ist falsch, denn Rüßmann errechnet m.E. die (unmögliche) Wahrscheinlichkeit für das Vorliegen des Elements A u. B bei Vorliegen von C, statt die (hohe) Wahrscheinlichkeit des Vorliegens des Elements A bei Vorliegen der Elemente B u. C.

180 Tribe, Havard Law Review 84 (1971) S. 1329, 1358 ff., Gerjuoy, Jurimetrics Journal 18 (1977), S. 1, 23 ff., beide zitiert nach Nell, Wahrscheinlichkeitsurteile in juristischen Entscheidungen, S. 53 Fn 65.

181 Tribe, Havard Law Review 84 (1971) S. 1329, 1375, zitiert nach Nell, Wahrscheinlichkeitsurteile in juristischen Entscheidungen, S. 53 Fn 66.

diesem Werk § 9 Rdn 217 ff.). Die Frage ist also nicht, ob es bei Anwendung des Theorems von Bayes Fehlerquellen gibt oder geben kann, sondern ob es weniger oder mehr Fehlerquellen als das derzeitige Beweiswürdigungssystem beinhaltet. Daher wiegt das Argument umso weniger, als das derzeitige System der freien Beweiswürdigung noch mehr Fehlerquellen befürchten lässt („trübstes Kapitel", „Exzesse", „in dubio contra reum", etc. s.u. § 14). Der Einwand wiegt auch deshalb wenig, da nach der diesseits vertretenen Auffassung die geschätzten Wahrscheinlichkeits- und Zahlenwerte offengelegt werden müssen, sodass das übergeordnete Gericht genau diese prüfen kann, sodass Fehler eben tunlichst vermieden bzw. jedenfalls entdeckt werden.

140 Auch der Einwand der **Mathematisierung** und **fehlenden Menschlichkeit** wiegt umso weniger, als eben diese Menschlichkeit zu dem rechtsstaatlich untragbaren Zustand[182] geführt hat, dass A. von Richter X. verurteilt wird, obwohl Richter Y., Z. und R. freigesprochen hätten, denn nach freier Beweiswürdigung kommt es (immer noch)[183] allein auf die eigene Erkenntnis des Tatrichters an, der dann verurteilen dürfe, „auch wenn andere zweifeln oder eine andere Auffassung erlangt haben würden."[184] **Das soll nach dieser Rechtsprechung selbst dann gelten, wenn sogar ein „Idealrichter" zu einer anderen Auffassung gelangt sei.**[185] „Die Beschränkung auf die lediglich subjektive Überzeugung der Richterin oder des Richters ist angesichts der enormen Bedeutung des Beweises für die Rechtsverwirklichung nicht haltbar."[186] Heescher teilt mit: „M.E. muss das Merkmal der freien Überzeugung in folgender Weise verstanden werden. Der Richter darf und muss Tatsachen dann feststellen, wenn jeder andere lebenserfahrene verständige Richter die Tatsachen als bewiesen ansähe. Dies führt zu einer fiktiven Beweiswürdigung [...] Der Richter muss vielmehr bei der Tatsachenfeststellung möglichst weit von seiner persönlichen Einstellung absehen und versuchen festzustellen, wie jeder andere verständige Richter den Sachverhalt beurteilt hätte [...]."[187]

141 Die **Anwendung und Offenlegung des Theorems von Bayes** bietet daher eine **größere Richtigkeitsgewähr**[188] und nach Nell zutreffend einen **Ansatzpunkt für eine**

182 Vgl. Geipel, Ist Freie Beweiswürdigung willkürliche Beweiswürdigung, StraFo 2005, S. 135, 139.

183 Je nachdem welches Beweismaß oder welche Theorie das Revisionsgericht im konkreten Fall vertreten will (s.o.).

184 BGH, BGHZ 53, S. 245, 256; vgl. auch die sog. Grundentscheidung BGH, BGHSt 10, 208.

185 Vgl. Schmitt, Die richterliche Beweiswürdigung im Strafprozess, S. 203 m. Hinweis auf BGH, BGHSt 10, S. 209 f.

186 Nonn, Die Beweiswürdigung im Zivilprozess unter besonderer Berücksichtigung des Kantons Basel Land, S. 4.

187 Heescher, Untersuchungen zum Merkmal der freien Überzeugung in § 286 ZPO und § 261 StPO – Versuch einer Neubestimmung, S. 65.

188 So insb. Finkelstein/Fairley, Harvard Law Review 83 (1970), S. 489 ff.; dies., Harvard Law Review 84 (1971), S. 1801 ff., Fairley/Mosteller, University of Chicago Law Review 41 (1973/1974), S. 242 ff., zitiert jeweils nach Nell, Wahrscheinlichkeitsurteile in juristischen Entscheidungen, S. 53 Fn 64.

Intersubjektivierung und damit **Normativierung.**[189] „Dabei nähern sich die Wahrscheinlichkeitsurteile von Personen, die von verschiedenen subjektiven Wahrscheinlichkeiten ausgehen, desto stärker einander an, je mehr übereinstimmende und je aussagekräftigere Erfahrungen sie machen. [...] Zwei Gutachter A und B gehen an die Ermittlung der Vaterschaftswahrscheinlichkeit mit sehr unterschiedlichen Vorurteilen heran; A legt eine A-priori-Wahrscheinlichkeit von 0,5 zugrunde, B eine solche von 0,2. Wenn nun beim Präsumptivvater ein auch beim Kind vorhandenes Merkmal festgestellt wird, das bei 97 % aller Väter von Kindern mit diesem Merkmal, aber ansonsten nur bei 10 % aller Männer auftritt, so beträgt nach Anwendung des Bayes-Theorems für Gutachter A die A-posteriori-Wahrscheinlichkeit 0,91; für Gutachter B 0,71. Werden zwei weitere, voneinander unabhängige Merkmale gefunden, für die die gleiche Häufigkeitsverteilung gilt, so steigen die A-posteriori-Wahrscheinlichkeiten für A auf 0,9989, für B auf 0,9956."[190]

Die Werte aus dem Beispiel von Nell ergeben sich durch einfachen Einsatz in die Formel: 142

Ein Merkmal:

$$Gutachter\ A: \frac{(0{,}5 \cdot 0{,}97)}{(0{,}5 \cdot 0{,}97) + (0{,}5 \cdot 0{,}10)} = 0{,}91 = 91\%$$

$$Gutachter\ B: \frac{(0{,}2 \cdot 0{,}97)}{(0{,}2 \cdot 0{,}97) + (0{,}8 \cdot 0{,}10)} = 0{,}71 = 71\%$$

Drei Merkmale:

$$Gutachter\ A: \frac{(0{,}5 \cdot 0{,}97 \cdot 0{,}97 \cdot 0{,}97)}{(0{,}5 \cdot 0{,}97 \cdot 0{,}97 \cdot 0{,}97) + (0{,}5 \cdot 0{,}10 \cdot 0{,}10 \cdot 0{,}10)} = 0{,}9989 = 99{,}890\%;$$

$$Gutachter\ B: \frac{(0{,}2 \cdot 0{,}97 \cdot 0{,}97 \cdot 0{,}97)}{(0{,}2 \cdot 0{,}97 \cdot 0{,}97 \cdot 0{,}97) + (0{,}8 \cdot 0{,}10 \cdot 0{,}10 \cdot 0{,}10)} = 0{,}9956 = 99{,}56\%$$

Mit anderen Worten: 143

Das Dilemma bei der willkürlich (da durch Vorurteil) angenommenen A-priori-Wahrscheinlichkeit wird durch die Wahrscheinlichkeitsrechnung nicht gelöst, aber abgeschwächt. Je mehr Indizien vorliegen, umso weniger kommt es auf die A-priori-Wahrscheinlichkeit an.[191]

189 So Nell, Wahrscheinlichkeitsurteile in juristischen Entscheidungen, S. 54.

190 Nell, Wahrscheinlichkeitsurteile in juristischen Entscheidungen, S. 56.

191 Vgl. Embacher, Von Graphen, Genen und dem WWW, online Skriptum, Der Bayes'sche Satz der Wahrscheinlichkeitsrechnung, http://homepage.univie.ac.at/franz.embacher/Lehre/aussermathAnw/Bayes.html.

144 Zutreffend formuliert Nell: „[D]ie normative Wirkung des Bayes-Theorems liegt darin, dass er [der Richter] gezwungen wird, dieses Vorurteil [a-priori-Wahrscheinlichkeit] offenzulegen [nebst seiner Einschätzung der Indizien] und der Kritik auszusetzen oder – wenn er zu einem solchen Vorurteil gar nicht stehen will – sein Ergebnis zu korrigieren".[192] Zwar lehnt Hetzer den Einsatz von Wahrscheinlichkeitskategorien ab, gleichwohl erkennt er, „Wahrscheinlichkeitsbegriffe sind nicht völlig nutzlos. Sie könnten Teil eines Kontrollverfahrens sein, das der Richter dann betreibt, wenn er jedem einzelnen Beweismittel unabhängig von den anderen nach seiner subjektiven Einschätzung einen bestimmten Beweiswert zuordnet [...]. Der Vorteil solch einer intersubjektiven Bewertung liegt in der breiten, auf mehrere Personen aufbauenden Erfahrungsbasis. Nur so kann eine Gewähr für die annähernd zutreffende Festlegung des Wahrscheinlichkeitswertes geboten werden. [...] Der Richter wäre nicht nur von außen kontrolliert. Aufgrund der notwendigen Selbstkontrolle seiner Überzeugungsbildung kann eine Transparenz dieses Vorgangs hergestellt werden. Kontrolle steht grundsätzlich nicht im Gegensatz zur Freiheit der Beweiswürdigung."[193] Die entsprechenden Formeln beschränken daher nicht die Beweiswürdigung, sondern bilden das logische und rationale Fundament[194] und helfen dem Richter, seine eigene Logik und seine Schlussfolgerungen kritisch zu überprüfen.[195]

145 Auch in der **Schweiz** haben sich **forensisch tätige Wissenschaftler geäußert**:

> *„Das Bayes-Theorem findet im Strafprozess eine ideale Anwendung. Es erlaubt auf verlässliche Weise die Häufigkeiten und Wahrscheinlichkeiten zu berücksichtigen und die flagranten Fehler, die auf die Intuition zurückzuführen sind, zu vermeiden."*[196]

146 **Allgemein kann festgehalten werden, dass die meisten deutschsprachigen Autoren, die sich mit der Problematik befasst haben, eine Anwendung des Bayes-Theorems befürworten**, wenn auch nicht als konkrete Rechenoperation mit konkreten Werten, sondern als Denkmodell.[197]

147 In angelsächsischen und angloamerikanischen Rechtskreisen werden mathematisch-probabilistische Methoden als Anleitung zur Beweiswürdigung empfohlen.[198]

192 Nell, Wahrscheinlichkeitsurteile in juristischen Entscheidungen, S. 57.

193 Hetzer, Wahrheitsfindung im Strafprozess, S. 238.

194 Vgl. Gräns, Das Risiko materiell fehlerhafter Urteile, S. 144.

195 Vgl. Gräns, Das Risiko materiell fehlerhafter Urteile, S. 139.

196 Champod/Tironi, Probabilités au procès penal – risques et solutions, Schweizerische Zeitschrift für Strafrecht, 1994, S. 195 ff., 213, zitiert nach Schweizer, Kognitive Täuschungen vor Gericht, Dissertation Universität Zürich, S. 150 Fn 748.

197 Vgl. Schweizer, Kognitive Täuschungen vor Gericht, Dissertation Universität Zürich, S. 150.

198 Vgl. Kunz, Tatbeweis jenseits eines vernünftigen Zweifels, ZStW 2009, S. 572f, dort Fn 7 m.w.N.

Nach der hier vertretenen Auffassung ist die Anwendung des Theorems von Bayes mit konkreten Werten und Berechnungen offenzulegen, statt nur als Denkmodell.[199] Anderenfalls könnte die revisionsrechtliche Kontrolle es schlicht dabei bewenden lassen, dass der Tatrichter versichert, das Theorem von Bayes als Denkmodell beachtet zu haben. Der Befund von Sommer, dass sich die revisionsrechtliche Kontrolle gegenwärtig auf die schlichte Versicherung des Tatrichters beschränke, die geforderte besondere Aufmerksamkeit eingehalten zu haben,[200] wäre damit lediglich auf die Versicherung der gedanklichen Anwendung des Theorems erweiterbar, ohne dass ein Gewinn erzielt worden wäre. 148

Daher hat es dabei zu verbleiben, dass konkrete Wahrscheinlichkeitswerte zugeordnet werden, da nur so eine intersubjektive Diskutierbarkeit und rationale Lösung ermöglicht wird.[201] 149

Diese **Forderung** wird mit **Ergebnissen empirischer Studien** abgerundet. 150

In einem Experiment[202] wurde Probanden ein Fall geschildert. Die eine Gruppe wurde gebeten, zuerst ein Schuldig/Unschuldig-Urteil und sodann ein Wahrscheinlichkeitsurteil für die Schuld abzugeben. Die zweite Gruppe wurde hingegen gebeten, zuerst ein Wahrscheinlichkeitsurteil über die Schuld abzugeben und erst dann das Urteil zu fällen.

Es zeigte sich, dass die Studentengruppe, die zuerst ein Wahrscheinlichkeitsurteil abgeben sollte, nur zu 9 % verurteilte, während 20 % aus dieser Studentengruppe verurteilten, wenn sie zuerst eine Schuldig/Unschuldig-Entscheidung zu treffen hatten. In einer Kontrollgruppe mit Geschworenen betrugen die Werte 38 % zu 51 %. Als Ergebnis lässt sich damit festhalten, dass die Übersetzung des subjektiven Gefühls in Wahrscheinlichkeitswerte einen Grad zur Vorsicht auslöst, der sich zugunsten des Angeklagten auswirkt.[203] 151

4. Darstellung des Oetker-Falles gemäß dem Theorem von Bayes

Richard Oetker wurde entführt und gegen Zahlung von Lösegeld freigelassen. 152

Die zu beweisende Haupttatsache ist die Täterschaft von Dieter Zlof.

Das erste Indiz ist, dass Zlof registriertes Lösegeld besitzt.

Das zweite Indiz ist, dass Zlof einen Pritschenwagen besitzt, in dem eine nachträgliche Vertiefung angebracht wurde, in die der Geldkoffer passt.

199 Vgl. Schweizer, Kognitive Täuschungen vor Gericht, Dissertation Universität Zürich, S. 150.

200 Vgl. Sommer, Lebenserfahrung, Gedanken über ein Kriterium richterlicher Lebenserfahrung, in Festschrift für Peter Ries, 2002, S. 585, 599.

201 So m. Recht schon Bourmistrov-Jüttner, Subjektive Wahrscheinlichkeitstheorie und rationale Entscheidungstheorie in Anwendung auf die Rechtspraxis, Dissertation München, S. 48 f., 195.

202 Simon/Mahan, Quantifying Burdens of Proof, Law and Society Review (1971), S. 319 ff.

203 Vgl. Bourmistrov-Jüttner, Subjektive Wahrscheinlichkeitstheorie und rationale Entscheidungstheorie in Anwendung auf die Rechtspraxis, Dissertation München, S. 152.

Das dritte Indiz ist, dass Zlof einen VW-Kastenwagen besitzt, der als Entführungsfahrzeug in Betracht kommt.

Das vierte Indiz ist, dass Zlof einen Pkw angekauft haben soll, der bei der Aussetzung von Richard Oetker benutzt wurde.

a) Festlegung der A-priori-Wahrscheinlichkeit

153 Die Ausgangswahrscheinlichkeit (A-priori-Wahrscheinlichkeit) muss festgelegt werden, bevor die Indizien gewürdigt werden. Weiß man a priori nichts über den Täter, was eine Täterschaft nahe legen könnte, so ist eine Täterschaft genauso wahrscheinlich wie unwahrscheinlich, folglich mit 50 % anzusetzen (s.o. § 9 Rdn 179 ff.). Theoretisch denkbar wäre auch eine höhere Ausganswahrscheinlichkeit anzunehmen, z.B. bei erfolgten Drohungen, aber im Lichte der Unschuldsvermutung sollte davon abgesehen werden.

b) Festlegung der abstrakten Beweiskraft

154 **Indiz 1** (Besitz von registriertem Lösegeld):

Mit dem Lösegeld konnten durch den Geldkreislauf eine Fülle an Personen in Berührung gekommen sein.

Ist die Hauptsache (Täterschaft) gegeben, so tritt das Indiz (Lösegeld) in geschätzt 99 %[204] der Fälle auf. Ist die Hauptsache (Täterschaft) nicht gegeben, so tritt das Indiz (Lösegeld) in geschätzt allenfalls 1 %[205] der Fälle auf.

155 **Indiz 2** (Besitz eines Pritschenwagens mit nachträglicher Vertiefung, in die der Geldkoffer passt):

Ist die Hauptsache (Täterschaft) gegeben, so tritt das Indiz in geschätzt 75 %[206] der Fälle auf. Ist die Hauptsache (Täterschaft) nicht gegeben, so tritt das Indiz in geschätzt allenfalls 3 %[207] der Fälle auf.

156 **Indiz 3** (Besitz eines VW-Kastenwagens, der als Entführungsfahrzeug in Betracht kommt) und **Indiz 4** (angeblicher Ankauf des bei der Aussetzung von Richard Oetker benutzten Pkw) wird nicht gewertet, da diese Indizien nicht sicher feststehen. Es ist unklar, ob ein VW Kastenwagen als Entführungsfahrzeug in Betracht kommt und weiter unklar, ob Zlof den zur Aussetzung benutzten Pkw angekauft hat. Freilich könnte sich ggf. auch hier ein weiter vorverlagertes sicheres Indiz finden lassen, z.B., dass Zlof derartige Wägen besichtigt hatte.

204 Nicht jeder Täter ist noch im Besitz des Lösegeldes.

205 Durch den Geldkreislauf haben auch andere Personen Teile des Lösgeldes in Besitz.

206 Nicht jeder Täter m. einem Pritschenwagen bringt nachträglich eine geldkoffergroße Vertiefung an.

207 Auch andere Personen bringen nachträglich Vertiefungen in ihren Pritschenwägen an, in die ggf. ein Geldkoffer passt.

c) Auflösung in das Theorem von Bayes

$$\frac{0{,}5 \cdot 0{,}99 \cdot 0{,}75}{(0{,}5 \cdot 0{,}99 \cdot 0{,}75) + (0{,}5 \cdot 0{,}01 \cdot 0{,}03)} = 0{,}9995 = 99{,}95\%$$ 157

Selbst bei einer A-priori-Wahrscheinlichkeit von 10% ergäbe sich:

$$\frac{0{,}1 \cdot 0{,}99 \cdot 0{,}75}{(0{,}1 \cdot 0{,}99 \cdot 0{,}75) + (0{,}9 \cdot 0{,}01 \cdot 0{,}03)} = 0{,}9963 = 99{,}63\%$$

Die Formel für das Theorem findet sich oben in § 9 Rdn 63.

Auch dieses Beispiel zeigt, dass die problematische Festlegung der A-priori-Wahrscheinlichkeit umso irrelevanter wird, je mehr beweiskräftige (s.o. „abstrakte Beweiskraft") Indizien vorliegen.

IV. Die Beweiskette

Das LG Düsseldorf („driemoal null es null, bleev null") hat auf einen Fall des Be- 158
weisrings den für den Fall der **Beweiskette** zutreffenden Gedanken angewendet. „Stehen die Indizien nämlich in einem Stufenverhältnis – das Indiz 1. Stufe wird durch ein Indiz der 2. Stufe bewiesen usw. –, so nimmt die Beweiskraft des Schlusses auf die Haupttatsache ab."[208]

Die Beweiskette gilt dann, wenn die einzelnen Indizien in einer hierarchischen Ord- 159
nung einander vor- und nachgeordnet sind.[209]

Das Gleiche gilt, wenn nicht ein Indiz ein anderes Indiz beweisen soll, sondern auch 160
dann, wenn aus einem Indiz auf ein anderes Indiz geschlossen (also nicht notwendigerweise bewiesen) und aus dem letzten Indiz der Beweis (Schluss) für die Haupttatsache erbracht werden soll.

208 Nack, Der Indizienbeweis, MDR 1986, S. 366, 369.

209 Vgl. Bender/Nack, Tatsachenfeststellung vor Gericht, 2. Aufl., Rn 432.

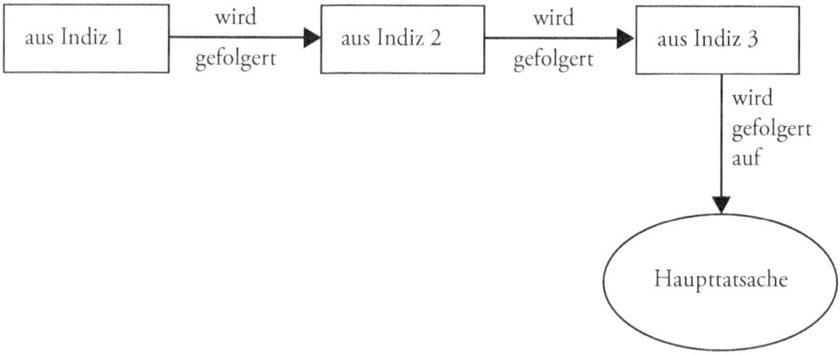

Abbildung 4: „Beweiskette“; vgl. Bender/Nack, Tatsachenfeststellung vor Gericht, 2. Aufl., Rn 432

161 Der **Unterschied zum Beweisring** liegt darin, dass bei der **Beweiskette die jeweiligen Indizien einander zwingend voraussetzen, um den Beweis gedanklich führen zu können**. D.h., der Beweis wird nicht geführt, weil es viele isolierte Indizien gibt, die jeweils für sich den Beweis der zu beweisenden Haupttatsache (abhängig von ihrem Beweiswert) erbringen könnten, sondern weil von einem Indiz auf ein anderes Indiz, von diesem auf ein drittes Indiz usw. und erst vom letzten Indiz auf die Haupttatsache geschlossen wird. Die Beweiskette liegt damit dann vor, wenn – losgelöst von der abstrakten Beweiskraft – sowohl Indiz 1 als auch die weiteren Indizien vorliegen **müssen**, um den Beweis zu führen.[210]

162 Bei dem Beweisring hingegen schließt man bereits aus den jeweiligen Indizien **unmittelbar** auf die Haupttatsache und kommt anhand der verschiedenen isolierten Schlüsse zu einer höheren Gesamtendwahrscheinlichkeit. D.h., mehr belastende Indizien (abstrakte Beweiskraft größer als 1) erhöhen die A-posteriori-Wahrscheinlichkeit im Beweisring, während bei der Beweiskette die Gesamtwahrscheinlichkeit abnimmt, je mehr Indizien in der Kette sind, da sich die einzelnen Unsicherheiten multiplizieren.

163 **Gleiches gilt, wenn nicht notwendigerweise von einem Indiz auf ein anderes geschlossen wird, sondern schlicht mehrere Umstände kumulativ notwendig sind, um den Beweis zu erbringen.** D.h., der Beweis auch dann nicht geführt werden kann, wenn nur ein Indiz, auch mit noch so hohem Beweiswert, nicht ausreicht. Es sind also mehrere Indizien kumulativ notwendig, z.B. mehrere Zeugen machen Aussagen, die nur zusammengenommen die Behauptung bestätigen (sich also auf ver-

210 Vgl. Gräns, Das Risiko materiell fehlerhafter Urteile, S. 150.

schiedene Beweisthemen beziehen), oder Gutachten, die sich auf verschiedene Fragen beziehen, aber beide zum Beweis erforderlich sind.[211]

Grafisch kann dies wie folgt dargestellt werden:

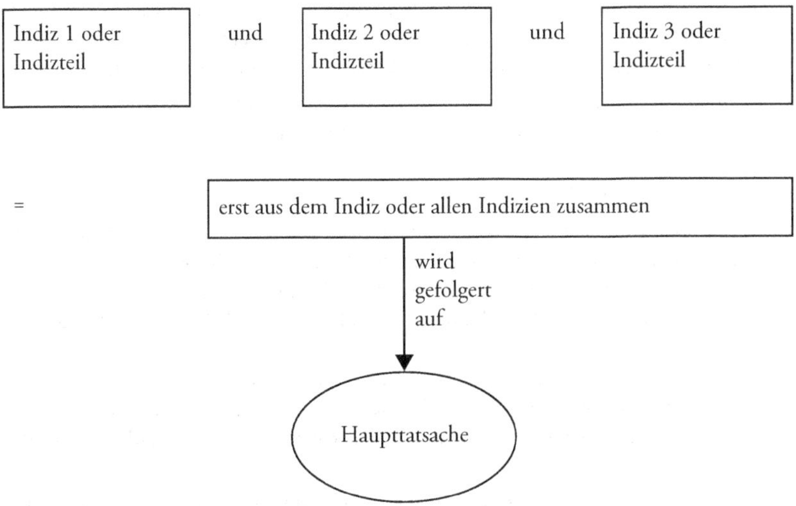

Abbildung 5: „Beweiskette“

Bei der Beweiskette wird die Wahrscheinlichkeit des Eintretens eines Ereignisses 164
(Haupttatsache) als die Wahrscheinlichkeit des gemeinsamen Eintretens von vorverlagerten Ereignissen (Indizien) interpretiert. In diesem Fall ist der Gesamtbeweiswert (Wahrscheinlichkeit des gemeinsamen Eintretens der Indizien) das Ergebnis der Multiplikation (**Produktregel**) der einzelnen Beweiswerte (Wahrscheinlichkeiten) der jeweiligen Indizien.[212]

Beispiel 165

Ergibt ein Sachverständigengutachten (Indiz 2), dass ein Unfall zu 90 % mit einem bestimmten Kfz verursacht wurde und besteht die Wahrscheinlichkeit zu 50 % (Indiz 1), dass der Beschuldigte das vermutete Kfz benutzt hat (es soll eine weitere zum Hausstand des Verdächtigen gehörende Person geben, die das Kfz ebenso gut benutzt haben kann), so beträgt die Endwahrscheinlichkeit, dass der Beschuldigte der Unfallverursacher ist,

$0{,}5 \cdot 0{,}9 = 0{,}45 = 45\ \%$ (Produktregel)

211 Vgl. Schreiber, Theorie des Beweiswerts für Beweismittel im Zivilprozess, S. 27.

212 Vgl. Ekelöf, Beweiswert in Festschrift für Baur, S. 352.

Die Endwahrscheinlichkeit kann nicht 50 % betragen (obwohl nur zwei Fahrer in Betracht kommen), sondern muss darunter liegen, denn es ist eben nicht sicher, dass der Unfall überhaupt mit dem gegenständlichen Kfz verursacht wurde.

Selbst wenn sicher wäre, dass der Unfall mit einem bestimmten Kfz verursacht wurde (100 %), so wäre damit immer noch nicht der Schluss gerechtfertigt, dass der Beschuldigte der Täter ist, denn es kamen zwei Fahrer in Betracht.

Folglich multiplizieren sich die einzelnen Unsicherheiten. Denkgesetzlich richtig ist daher, dass die Kette nie stärker sein kann als das schwächste Glied.[213]

Weiteres Beispiel:[214]

Eine Frau wird überfahren vorgefunden. Später wird das Tatfahrzeug ermittelt. Wurde die Frau von einem Unbekannten, der Fahrerflucht begangen hat, überfahren, oder von ihrem Ehemann ermordet, der die Frau überfuhr und sodann die Fahrerflucht eines Unbekannten vorgetäuscht hat? Als Indizien sind bekannt:

- Das Fahrzeug hatte im Bodenbereich Kontakt mit dem Opfer.
- Der Ehemann hat das Fahrzeug bei der Autovermietung angemietet.
- Im Laderaum des Fahrzeugs finden sich Faserspuren der Kleidung des Opfers.

Hier legen sich die Indizien nicht wie ein Ring um die zu beweisende Tatsache, sondern es werden alle Indizien benötigt, um einen Rückschluss ziehen zu können. Die Mehrzahl der Indizien kann daher die Überzeugungskraft nicht erhöhen, sondern muss insgesamt wie ein einziges Indiz behandelt werden, denn die Indizien sind gleichgeordnet.

166 Rupert Schreiber legt dies anschaulich wie folgt dar:[215]

Der Beweiswert (b) wird definiert als die Wahrscheinlichkeit der Aussage, die das Verhältnis der wahren Aussage (w) zur Anzahl der gesamten Aussagen, also wahren und falschen (w + f) ist,

$$\text{Somit } b = \frac{w}{w+f}$$

167 Da in der Beweiskette beide Beweismittel (b_1, b_2) gegeben sein müssen, ist die Wahrscheinlichkeit der Wahrheit (b_g) das Verhältnis der Anzahl der Fälle, in denen

213 Vgl. Bender/Nack, Tatsachenfeststellung vor Gericht, 2. Aufl., Rn 433.
214 Vgl. De Vries, Einführung in die Kriminalistik für die Strafrechtspraxis, Rn 286.
215 Vgl. Schreiber, Theorie des Beweiswerts für Beweismittel im Zivilprozess, S. 25 bis 27.

beide Beweismittel bestätigen, zu der Anzahl der Fälle in denen eines der beiden oder beide Beweismittel widersprechen.

$$b_g = \frac{w_1 \cdot w_2}{(w_1 + f_1) \cdot (w_2 + f_2)}$$

Da so der Beweiswert für jedes einzelne Beweismittel (b_1, b_2) definiert ist, gilt:

$$b_1 = \frac{w_1}{w_1 + f_1}; \ b_2 = \frac{w_2}{w_2 + f_2}; \ b_n = \frac{w_n}{w_n + f_n}$$

Aufgelöst ergibt sich somit eben die Produktregel,

da Gesamtbeiwert $b_g = b_1 \cdot b_2 \ldots \cdot b_n$.

Diese Überlegungen können wahrscheinlichkeitstheoretisch wie folgt verallgemeinert werden: 168

> *„Haben zwei Ereignisse A und B in einem Zufallsexperiment die Wahrscheinlichkeiten p(A) und p(B), so ergibt sich für die Wahrscheinlichkeit, dass beide Ereignisse gemeinsam eintreten, das Produkt der Wahrscheinlichkeiten $p(A) \cdot p(B|A)$ bzw. $p(B) \cdot p(A|B)$.“*[216]

Diese Überlegung bleibt auch dann zutreffend, wenn die Wahrscheinlichkeiten nicht in einem Zufallsexperiment ermittelt, sondern über relative Häufigkeiten geschätzt wurden (s.o. § 8 Rdn 102 ff.).[217] 169

Sind die Ereignisse A und B **stochastisch voneinander unabhängig** (s.o. § 9 Rdn 112 ff.) so ist p(B\A) = p(B) bzw. p(A\B) = p(A), sodass für die Produktregel gilt:[218]

$$p(A \cap B) = p(A) \cdot p(B)$$

Dies hat folgende Konsequenzen für den Denkprozess: 170

Hat ein Indiz den Beweiswert 0, so beträgt der gesamte Beweiswert 0.

Im Übrigen ist der Gesamtbeweiswert stets niedriger als jeder oder gleich dem Einzelbeweiswert. Der Gesamtbeweiswert nimmt mit zunehmenden Indizien ab.[219] Folgerichtig stellt der BGH das Gebot **äußerster Vorsicht** bei der Beweiswürdigung 171

216 Bortz, Statistik für Human- und Sozialwissenschaftler, 6. Aufl., S. 56.

217 Vgl. Bortz, Statistik für Human- und Sozialwissenschaftler, 6. Aufl., S. 55.

218 Vgl. Bortz, Statistik für Human- und Sozialwissenschaftler, 6. Aufl., S. 56.

219 So bereits Laplace, für das Beispiel, wenn sich eine Aussage über eine Kette von unzuverlässigen Zeugen fortpflanzt, Laplace, Théorie analytique des probabilités (1812), 3. Aufl., Paris, 1820, S. 97, zitiert nach Motsch, Vom rechtsgenügenden Beweis, S. 127.

auf, wenn die Zahl der Zwischenglieder in der Beweisführung wächst.[220] „Je größer die Zahl der Zwischenglieder, desto geringer ist der Beweiswert der Aussage."[221] Es reicht in den Urteilsgründen z.B. nicht aus, einen Anhaltspunkt für ein Komplott oder eine Intrige gegen den Angeklagten auszuschließen, sondern vielmehr ist die Gefahr von Irrtümern in einer oder mehreren der verschiedenen Zwischenstationen darzulegen und auszuschließen.[222]

172 Richtig ist also, dass bei Ereignissen (Indizien), die zusammen vorliegen müssen, um den zu beweisenden Schluss zu ermöglichen, die Produktregel als Denkmodel angewandt werden muss[223] und der Gesamtbeweiswert umso geringer wird, je mehr Indizien vorhanden sind.

V. Die Formel des Theorem von Bayes am Beispiel der Richtigkeit einer Zeugenaussage

1. Allgemeines

173 Die hier vertretene Auffassung der Anwendung des Theorems von Bayes wäre ungeeignet, wenn sie nicht in der für den Angeklagten problematischsten und am willkürlichsten erscheinenden Beweissituation „Aussage gegen Aussage" angewandt werden könnte. Auch die Zeugenaussage ist nur ein Indiz[224] in der Ermittlung des wahren Sachverhalts.

174 Für das Theorem von Bayes ist aber immer eine A-priori-Wahrscheinlichkeit für das Vorliegen der zu beweisenden Haupttatsache (ohne Berücksichtigung der nachfolgenden Indizien) anzusetzen.[225]

175 In der **wissenschaftlichen Aussageforschung ist anerkannt, dass die Glaubhaftigkeit einer Aussage nur dann beurteilt werden kann**, wenn:

- die **Aussagetüchtigkeit**, die zur Erstattung der konkreten Aussage nötig ist, berücksichtigt wurde, d.h., insb. die kognitiven Grundvoraussetzungen der Aussageperson (v.a. Beobachtungs-, Erinnerungs- und Ausdrucksvermögen) für die zutreffende Wahrnehmung und Wiedergabe des gegenständlichen Ereignisses abgewogen wurden,
- die **Aussagequalität**, d.h., die Aussagekriterien berücksichtigt wurden,

220 Vgl. BGHSt 34, S. 15.

221 BGHSt 17, S. 382, 385.

222 Vgl. BGHSt 34, S. 15, 19 f.

223 Vgl. Bender/Nack, Tatsachenfeststellung vor Gericht, 2. Aufl., Rn 432; vgl. auch Ekelöf, Beweiswert in Festschrift für Baur, S. 345.

224 Vgl. Döhring, Die Erforschung des Sachverhalts im Prozess, S. 20, 21; vgl. auch Schreiber, Theorie des Beweiswerts für Beweismittel im Zivilprozess, S. 17; vgl. auch Bender, Merkmalskombinationen in Aussagen, S. 105, 119; vgl. auch Bender/Nack, Tatsachenfeststellung vor Gericht, 2. Aufl., Rn 383; vgl. auch Nack, Der Indizienbeweis, MDR 1986, S. 366, 367.

225 Vgl. Bender/Nack, Tatsachenfeststellung vor Gericht, 2. Aufl., Rn 417.

- die **Aussagevalidität**, d.h., die potenziellen Störfaktoren, die Zweifel an der Zuverlässigkeit der Aussage hervorrufen können, abgewogen wurden.[226]

In der Zeugenaussage ist die Aussagetüchtigkeit im Rahmen der A-priori-Wahrscheinlichkeit, dass eine richtige Aussage vorliegt, d.h., „die Wahrscheinlichkeit, dass die Angaben des Zeugen über die inkriminierten Handlungen aus aussagepsychologischer Sicht mit (sehr) hoher Wahrscheinlichkeit wahr sind,“[227] zu berücksichtigen. 176

2. Ermittlung der A-priori-Wahrscheinlichkeit

D.h., gedanklich ist von einer **A-priori-Wahrscheinlichkeit** der subjektiven Wahrheit (der gutgläubige Irrtum bleibt möglich) der Aussage auszugehen,[228] wobei es sich naturgemäß nur um eine Schätzung handeln kann.[229] Man kann diese A-priori-Wahrscheinlichkeit als „innere Wahrscheinlichkeit“ bezeichnen,[230] die der Tatrichter beachten muss.[231] 177

Es ist Folgendes a priori abzuschätzen: 178

Wie häufig kommt die Haupttatsache (subjektive Wahrheit) der Aussage bei vergleichbaren Zeugen in der vergleichbaren Situation vor? Die A-priori-Wahrscheinlichkeit ist demgemäß i.d.R. hoch, denn in der Gerichtspraxis ist nicht die Lüge eines Zeugen die Regel, sondern allenfalls der Irrtum. „Jedenfalls die direkten motivisch bedingten Lügen scheinen im forensischen Bereich keine solch große Rolle zu spielen, wie offenbar noch immer seitens vieler Juristen/innen angenommen wird.“[232] Daher spricht a priori eine hohe Wahrscheinlichkeit für die subjektiv wahre Aussage. **Diese A-priori-Wahrscheinlichkeit ist ggf. u.U. nach unten zu korrigieren, gemäß den Erkenntnissen der allgemeinen Glaubwürdigkeit.** Die allgemeine Glaubwürdigkeit ist aber nicht abstrakt zu betrachten, sondern in Zusammenhang mit der konkreten Prozesssituation und dem konkreten Streitgegenstand. Einem notorischen Betrüger wird man a priori als Zeugen einer Wirtshausschlägerei dieselbe A-priori-Wahrscheinlichkeit einer subjektiv wahren Aussage zubilligen müssen wie einem untadeligen Bankkaufmann. Anders wäre dies, wenn der Zeuge in anderem Zusammenhang als Zeuge die Unwahrheit vor Gericht bekundet hat,[233] v.a. dann, wenn dies ohne erkennbares Motiv geschehen ist. Die allgemeine Glaub-

226 Greuel/Offe/Fabian/Wetzels/Fabian/Offe/Stadler, Glaubhaftigkeit der Zeugenaussage, S. 49.

227 Vgl. Greuel/Offe/Fabian/Wetzels/Fabian/Offe/Stadler, Glaubhaftigkeit der Zeugenaussage, S. 49.

228 Vgl. Bender/Nack, Tatsachenfeststellung vor Gericht, 2. Aufl., Rn 454.

229 Vgl. Bender/Nack, Tatsachenfeststellung vor Gericht, 2. Aufl., Rn 420.

230 Vgl. Schweizer, Beweiswürdigung und Beweismaß, S. 167.

231 Vgl. BGH, NJW 1995, S. 966 f.

232 Wendler, Wie ähnlich war der Unfall?, S. 82.

233 Vgl. BGH, 1 StR 557/01 n.v., ebenso Trankell, Der Realitätsgehalt von Zeugenaussagen, S. 98: „darf nicht vernachlässigt werden.“

würdigkeit wird daher nur in seltenen Fällen zur Reduzierung der A-priori-Wahrscheinlichkeit einer subjektiv wahren Aussage führen.

179 Als Richtwert könnte man m.E. grds. eine geschätzte Wahrscheinlichkeit der subjektiv wahren Aussage von ca. 90 % zugrundelegen.[234]

Faktoren, die diese A-priori-Wahrscheinlichkeit nach unten korrigieren, wären in jedem Fall,

- ob die Zeugen, die **eng familiär mit der Partei**, zu deren Gunsten sie aussagen sollen, **verbunden** sind,
- ob die Zeugen, die mit der Partei, zu deren Gunsten sie aussagen sollen, **befreundet sind**,
- ob zwischen dem Zeugen und der Partei, zu deren Gunsten sie aussagen sollen, sonstige **Sympathie oder mit dem Gegner Antipathie besteht**,
- ob der Zeuge ein **sonstiges Motiv für eine subjektiv falsche Aussage** hat, z.B. finanziell an einer unwahren Aussage partizipiert oder von der Partei, zu deren Gunsten er aussagt, abhängt,
- ob der **Zeuge bereits eine Aussage gemacht** hatte.

180 Dementsprechend gibt es aber auch Umstände, die die **A-priori-Wahrscheinlichkeit nach oben korrigieren**, z.B.:

- ein **aufgespürter Zeuge**,
- ein nur **zufällig anwesender Zeuge**,
- ein am **Geschehen interessierter Zeuge**.

181 Bei der Ermittlung der A-priori-Wahrscheinlichkeit einer subjektiv wahren Aussage leuchtet es ein, dass die A-priori-Wahrscheinlichkeit der Zeugenaussage einer Ehefrau für die subjektive Wahrheit nicht gleich sein kann der A-priori-Wahrscheinlichkeit einer Aussage eines völlig unbeteiligten Zeugen.

182 Nicht richtig ist, dass in der Schätzung der A-priori-Wahrscheinlichkeit Irrtumsmöglichkeiten[235] berücksichtigt werden sollten, denn die Irrtumsmöglichkeit bezieht sich auf eine richtige versus falsche Aussage. Im gegenwärtigen Stadium geht es aber nur um eine subjektiv wahre versus subjektiv unwahre Aussage. D.h., der Irrtum bleibt vorbehalten. Erst in einem späteren Stadium ist das Endergebnis einer richtigen oder falschen Aussage zu ermitteln (s.u. § 9 Rdn 201 ff.).

234 A.A. Bender/Nack, Tatsachenfeststellung vor Gericht, 2. Aufl., Rn 424, die von einer regelmäßigen Ausgangswahrscheinlichkeit von 50 % ausgehen. Zwar ist es sicher richtig, dass ungefähr die Hälfte der Zeugenaussagen unzuverlässig sind, jedoch bezieht sich die Unzuverlässigkeit nicht auf die Frage der subjektiv wahren Aussage, sondern auf den gesamten Beweiswert der Aussage. Im gegenwärtigen Stadium geht es aber nur um die subjektive Wahrheit einer Aussage als notwendige Bedingung einer überzeugenden Aussage. In diesem Stadium ist es daher verfehlt, eine A-priori-Größe einzugeben, die allenfalls als Ex-post-Größe richtig ist. Die Untersuchung von Undeutsch legt eine Mindestlügenquote von 5 % nahe, die von Arntzen eine von 6 %. Ergebnisse der Ostberliner Charité gehen von 33 % aus (vgl. Dettenborn/Fröhlich/Szewczyk, Forensische Psychologie, 2. Aufl., S. 332).

235 So aber Bender/Nack, Tatsachenfeststellung vor Gericht, 2. Aufl., Rn 454.

3. Weitere Indizien oder Berücksichtigung der Aussagepsychologie

Die **Aussagequalität**, d.h., die Aussagekriterien wären sodann weitere Indizien,[236] die die A-priori-Wahrscheinlichkeit einer subjektiv wahren Aussage entweder erhöhen oder erniedrigen. Aussagekriterien können nie die Übereinstimmung der Aussage mit der objektiven Realität indizieren, sondern nur die Übereinstimmung mit der subjektiven Erlebniswelt.[237] D.h., es kann damit bestenfalls eine subjektiv wahre Aussage (besser) erkannt werden, nicht aber eine Lüge oder ein Irrtum. Die Aussageanalyse ist keine Methode der Lügendetektion. 183

Nach dem herrschenden **Kenntnisstand der Aussageanalyse bilden die sog. Realitätskriterien Indizien für die subjektive Wahrheit der Aussage.**[238] Die genaue abstrakte Beweiskraft, d.h., die Kenntnis, wie oft das jeweilige Kriterium bei der Haupttatsache (subjektiv wahre Aussage) bzw. bei der Nichthaupttatsache (subjektiv unwahre Aussage) vorkommt, ist trotz jahrzehntelanger Forschung nicht bekannt[239] und wird vermutlich auch niemals angegeben werden können. 184

Gleichwohl herrscht bei den verschiedenen Autoren hinsichtlich der Realitätskriterien im Wesentlichen Übereinstimmung,[240] auch wenn die Diskussion in den letzten Jahren in Bewegung gekommen ist, und nicht mehr alle Realkennzeichen valide sind. Hinsichtlich der Fantasiesignale ist der Forschungsstand defizitär. Zum einen ist die Terminologie uneinheitlich und lediglich Bender/Nack bringen expressis verbis Kriterien für eine unwahre Aussage, jedoch ergeben sich Fantasiekriterien im Wesentlichen aus dem Gegenstück[241] oder Fehlen[242] der Realitätskriterien, die schon von anderen Autoren berichtet wurden, sodass auch dahingehend im Wesentlichen Übereinstimmung mit anderen Autoren besteht, sofern sich diese überhaupt mit Fantasiekriterien befassen. D.h., die Fantasiekriterien sind lediglich Praxisbeobachtungen, keine empirisch abgesicherten Kriterien. Fantasiesignale wurden freilich auch schon von anderen Autoren berichtet, ohne allerdings diese Beobachtungen als Kriterien zu bezeichnen.[243] **Die These, dass zwischen den Katalogen der relevanten Aussageeigenarten eine weitgehende Übereinstimmung der Literatur besteht,**[244] **ist daher nicht mehr ganz richtig, soll aber erst weiter hinten kritisch hin-** 185

236 Vgl. Stadler, Realitätskriterien und Wirklichkeitskriterien, in Psychologie der Zeugenaussage, S. 59.

237 Vgl. Fabian/Greuel/Luise/Stadler, Möglichkeiten und Grenzen aussagepsychologischer Glaubwürdigkeitsbegutachtung, StV 1996, S. 347.

238 Vgl. Bender/Nack, Tatsachenfeststellung vor Gericht, 2. Aufl., Rn 231.

239 Abgesehen von der Pilotstudie von Bender, Merkmalskombinationen in Aussagen, S. 151 ff. Die Ergebnisse dieser Pilotstudie von Bender, sind aber nicht repräsentativ genug (nur 23 Fälle).

240 Vgl. Bender, Merkmalskombinationen in Aussagen, S. 44.

241 Vgl. Trankell, Der Realitätsgehalt von Zeugenaussagen, S. 130.

242 Vgl. Arntzen, Psychologie der Zeugenaussage: System der Glaubwürdigkeitsmerkmale, 3. Aufl., S. 111.

243 Vgl. Undeutsch, Handbuch der forensischen Psychologie, 11. Bd., S. 117, 118, 119, 124/125.

244 Vgl. Bender, Merkmalskombinationen in Aussagen, S. 83.

terfragt werden (s.u. § 24 Die Aussageanalyse). Es soll damit (hier) unterstellt werden, dass jedes Realitätskriterium öfter bei subjektiv wahren Aussagen vorkommt als bei subjektiv unwahren, was noch der h.A. enspricht, sodass jedes Realitätskriterium im Sinne der zu beweisenden Haupttatsache belastend wirkt und die Wahrscheinlichkeit des Vorliegens einer subjektiv wahren Aussage erhöht. Dieses Ergebnis legen auch die wenigen sonstigen Validitätsüberprüfungen nahe,[245] allerdings mit unklarem Beweiswert (tatsächlich sind empirisch nur einige Realkennzeichen abgesichert – s.u. § 24 Die Aussageanalyse). Umgekehrt kann gefolgert werden, dass die Fantasiesignale öfter bei subjektiv unwahren Aussagen vorkommen als bei wahren, sodass die Fantasiesignale für die zu beweisende Haupttatsache (subjektiv wahre Aussage) entlastend wirken, d.h., die Wahrscheinlichkeit des Vorliegens einer subjektiv wahren Aussage erniedrigen, sofern die Fantasiesignale als Praxisbeobachtungen akzeptiert werden.

186 **In der Rechtsprechung ist anerkannt, dass die Grundsätze der Aussageanalyse (Aussagepsychologie) berücksichtigt werden müssen.**

187 Einerseits kann eingewendet werden, dass die Grundsätze der Aussagepsychologie in einem Gerichtsverfahren überhaupt keine Berücksichtigung finden können, denn deren Erkenntnisse sind naturgemäß weniger exakt als naturwissenschaftliche Ergebnisse. Das wäre aber falsch, denn **die Aussagepsychologie ist die wissenschaftliche Erkenntnis zum Personalbeweis.**[246] „Denn Psychologie ist – u.a. – wissenschaftlich begründete und darum methodisch gesicherte Menschenkenntnis, die der aus Begabung und Erfahrung günstigstenfalls resultierenden Menschenkenntnis des Richters (wie überhaupt eines jeden Einzelmenschen) um ein Vielfaches überlegen ist (Metzger 1942).“[247] „Warum die Wahrheit schlecht oder mittelmäßig erforschen, wenn es mittels wissenschaftlicher Methoden auch besser geht?“[248] „Trotz der nur beschränkten Analysemöglichkeiten einer Aussage im Gerichtssaal liegt in der Beobachtung dessen, was die Aussagepsychologie bei ihren besseren Analysemöglichkeiten in einer großen Zahl an Fällen [...] an Glaubwürdigkeitskriterien herausgearbeitet hat, auch für den Richter die einzige Chance zu einer differenzierten Urteilsbildung, die unter Einschluss unseres Wissens über ungesteuerte Verfälschungen durchaus häufiger als heute üblich zu dem Ergebnis führen könnte, dass diese oder jene Aussage zur Überzeugungsbildung nicht ausreicht.“[249] **Folgerichtig geht die Rechtsprechung, sogar die des BVerfG, von der Berücksichtigung und**

245 Vgl. Eisenberg, Beweisrecht der StPO. 4. Aufl. Rn 1445.

246 Vgl. Bender, Merkmalskombinationen in Aussagen, S. 1.

247 Vgl. Undeutsch, Handbuch der forensischen Psychologie, 11. Bd., S. 48, 49 m.w.N.

248 Fischer, Glaubwürdigkeitsbeurteilung und Beweiswürdigung, NStZ 1994, S. 1, 3.

249 Vgl. Rüssmann, Physiologische und psychologische Streiflichter zum Zeugenbeweis, S. 806, in Festschrift für Rudolf Wassermann.

Verbindlichkeit der Grundsätze der Aussagepsychologie aus.[250] **Allerdings wurde der Wert der Aussagepsychologie von der Rechtsprechung bisher überschätzt (s.u. § 24 Die Aussageanalyse).**

Die Formel des Theorems von Bayes besagt für den Fall der Zeugenaussage Folgendes:[251] 188

- Die zu beweisende Haupttatsache ist die subjektive Wahrheit der Aussage des Zeugen.
- Das erste Indiz (I1) ist das Aussagekriterium X.
- Das zweite Indiz (I2) ist das Aussagekriterium Y.
- Das dritte Indiz (I3) ist das Aussagekriterium Z.
- usw.

$$P(H|I_1,I_2\ldots I_n)=\frac{P(H)\cdot P(I_1|H)\cdot P(I_2|H)\ldots\cdot P(I_n|H)}{P(H)\cdot P(I_1|H)\cdot P(I_2|H)\ldots\cdot P(I_n|H)+P(nH)\cdot P(I_1|nH)\cdot P(I_2|nH)\ldots\cdot P(I_n|nH)}$$

Wobei: 189

P(H) = Anfangswahrscheinlichkeit der Haupttatsache = **a-priori-Wahrscheinlichkeit**

$P(H\backslash I_1, I_2, \ldots I_n)$ = a-priori-Wahrscheinlichkeit unter der Bedingung, dass Indiz 1, Indiz 2, ... Indiz n vorliegt = Endwahrscheinlichkeit = **a-posteriori-**Wahrscheinlichkeit.

P(nH) = A-priori-Wahrscheinlichkeit, dass Nichthaupttatsache vorliegt.

$P(I_1\backslash H)$ = Wahrscheinlichkeit, dass Indiz 1 bei Haupttatsache vorliegt.

$P(I_1\backslash nH)$ = Wahrscheinlichkeit, dass Indiz 1 bei Nichthaupttatsache vorliegt.

$P(I_2\backslash H)$ = Wahrscheinlichkeit, dass Indiz 2 bei Haupttatsache vorliegt.

$P(I_2\backslash nH)$ = Wahrscheinlichkeit, dass Indiz 2 bei Nichthaupttatsache vorliegt.

250 Vgl. BGH, 1 StR 553/01, vgl. z.B. auch Kassationshof des Schweizerischen Bundesgerichts Az.: 6p.45/2002: „Bei der Abklärung des Wahrheitsgehaltes von Zeugenaussagen hat sich die sogenannte Aussageanalyse weitgehend durchgesetzt.“ – http://www.polyreg.ch/bgeunpub/Jahr_2002/Entscheide_6P_2002/6P.45__2002.html; vgl. auch Schäfer, Praxis des Strafverfahrens, Rn 938; vgl. auch BVerfG, StV 2003, S. 593, 595: „die Beweiswürdigung [...] keinen Beweisregeln unterworfen [...] [gleichwohl] hat die obergerichtliche Rspr. aus den wissenschaftlichen, insb. den kriminalistischen, forensischen und aussagepsychologischen [**sic!**] Untersuchungen gewonnenen Erfahrungsregeln, Grundsätze für die Beweiswürdigung und ihre Darlegung in den Urteilsgründen entwickelt.“; vgl. auch, Fezer, Tatrichterlicher Erkenntnisprozess – Freiheit der Beweiswürdigung, StV 1995, S. 95, 98: „Beachtet der Tatrichter etwa eine Erfahrungsregel der Aussagepsychologie nicht, ist seine Beweiswürdigung – wie die Revisionsgerichte jetzt ständig formulieren – ‚rechtlich nicht einwandfrei‘ oder ‚nicht frei von Rechtsfehlern‘ (vgl. z.B. BGH, StV 1991, S. 452 – die Wertung der Glaubwürdigkeit des Mitangeklagten betreffend – ‚Diese Beweiswürdigung hält rechtlicher Überprüfung nicht stand‘). Auf den pauschalen, ‚glaubwürdigen Eindruck‘ kann sich der Tatrichter ohne Rechtsverstoß also nicht mehr zurückziehen (vgl. BGH, StV 1993, S. 235).“

251 Vgl. Bender/Nack, Tatsachenfeststellung vor Gericht, 2. Aufl., Rn 402.

$P(I_n\backslash H)$ = Wahrscheinlichkeit, dass Indiz **n** (= Anzahl der Indizien) bei Haupttatsache vorliegt.

$P(I_n\backslash nH)$ = Wahrscheinlichkeit, dass Indiz **n** bei Nichthaupttatsache vorliegt.

190 *Hinweis*

Das OLG Stuttgart geht abstrakt methodisch ebenso vor: „Zum gleichen Ergebnis [Anwendung der Nullhypothese] gelangt man, wenn man bei der Bewertung von Aussagen von einer *neutralen Anfangswahrscheinlichkeit* für deren Zuverlässigkeit ausgeht und sodann überprüft, ob anhand von Qualitätsmerkmalen, so genannten Realkennzeichen oder Realitätskriterien, eine (ausreichend) hohe Wahrscheinlichkeit für die Zuverlässigkeit der Aussage erreicht werden kann. Ist das der Fall, so kann grundsätzlich von ‚subjektiver Wahrheit' ausgegangen werden. Es ist nun festzustellen, ob diese Erinnerungen durch Irrtümer verfälscht sind. Die Auskunftsperson muss die Geschehnisse zutreffend wahrgenommen haben (keine Wahrnehmungsfehler), und es muss sich um *echte* Erinnerungen handeln (d.h. die Auskunftsperson meint nicht nur, sich zu erinnern), die durch den Zeitablauf nicht verändert worden sind (keine Erinnerungsfehler)."[252]

191 In der Formel des Theorems von Bayes eingesetzt, bedeutet dies bei folgenden Ausgangsschätzungen, wobei vorausgesetzt wird, dass die einzelnen Realitätskriterien statistisch voneinander unabhängig sind, wozu es kaum Forschung gibt.

- A-priori-Wahrscheinlichkeit einer subjektiv wahren Aussage von 90 %,
- ein schwaches Realitätskriterium, das zu 55 % in subjektiv wahren Aussagen vorkommt (I1\H) und zu 45 % in subjektiv unwahren (I1\nH),
- ein weiteres schwaches Realitätskriterium, das zu 60 % in subjektiv wahren Aussagen vorkommt (I2\H) und zu 40 % in subjektiv unwahren (I2\nH),
- ein weiteres schwaches Realitätskriterium, das zu 65 % in subjektiv wahren Aussagen vorkommt (I3\H) und zu 45 % in subjektiv unwahren (I3\nH):

$$\frac{0{,}9 \cdot 0{,}55 \cdot 0{,}6 \cdot 0{,}65}{(0{,}9 \cdot 0{,}55 \cdot 0{,}6 \cdot 0{,}65) + (0{,}10 \cdot 0{,}45 \cdot 0{,}4 \cdot 0{,}45)} = 0{,}9574 = 95{,}97\%$$

192 Hieraus ergibt sich, dass bei einem „unverdächtigen" Zeugen und infolgedessen unterstellter A-priori-Wahrscheinlichkeit von 90 % für dessen subjektiv wahre Aussage drei schwach ausgeprägte Realitätskriterien zu einer für eine Zeugenaussage beachtlich hohen A-posteriori-Wahrscheinlichkeit einer subjektiv wahren Aussage führen (ca. 95 %). Sollten zusätzliche Fantasiesignale hinzukommen, so müssten zur Kompensation wieder dementsprechend weitere Realitätskriterien hinzukommen.

In der übrigen Praxis wird bereits intuitiv ähnlich verfahren.

252 OLG Stuttgart, NJW 2006, S. 3506.

Nach Arntzen müssen als Faustregel drei eindeutige Realitätskriterien[253] festgestellt werden, um eine subjektiv wahre Aussage unterstellen zu können.[254] International werden z.B. sieben bzw. fünf Kriterien als unbedingt notwendig erachtet,[255] sofern die kriterienorientierte Aussageanalyse überhaupt als gerichtlich verwertbares Beweismittel anerkannt wird. 193

Wenn die A-priori-Wahrscheinlichkeit aber anders beurteilt werden muss, so ergeben sich hieraus nach o.g. Formel des Theorems von Bayes zwangsläufig höhere Forderungen an die Aussagekriterien, die erfüllt sein müssen, um den Richter zu überzeugen. Problematisch ist der Anfangswert der A-priori-Wahrscheinlichkeit einer subjektiv wahren Aussage von 90 %, der ggf. bei neutralen Aussagepersonen gerechtfertigt sein kann, nicht aber in den forensisch relevanten Fällen der Aussage-gegen-Aussage-Situation. 194

Hier kann zur Wahrung der Unschuldsvermutung nur eine A-priori-Wahrscheinlichkeit einer subjektiv wahren Aussage von 50 % angenommen werden.

Dann würden die o.g. angenommenen drei Realitätskriterien nur noch eine errechnete Endwahrscheinlichkeit von ca. 72,6 % ergeben.

Geht man – wie die neueren Forschungsergebnisse nahelegen – davon aus, dass maximal sieben Realitätskriterien validiert sind und in einem relevanten Fall jedes einzelne dieser sieben vorkommt, und zwar mit einer geschätzten Wahrscheinlichkeit von jeweils 60 % in subjektiv wahren Aussagen und 40 % in subjektiv unwahren Aussagen, und es überhaupt keine gegen die subjektive Wahrheit sprechenden Kriterien gäbe, könnte man bei einer Anfangswahrscheinlichkeit von 50 % eine Endwahrscheinlichkeit von 94 % errechnen, wenn man diese Werte in die o.g. Formel einträgt.

Bender/Nack verwenden in ihrer „Modellrechnung" allerdings keine Einzelkriterien, weil deren Beweiswert unbekannt ist, sondern Zweierkombinationen bzw. Dreierkombinationen von Globalkriterien (z.B. Detaillierung allgemein, Homogenität, Konstanz), denen sie einen Beweiswert aufgrund einer Pilotstudie von 53 mit Sicherheit richtigen und 42 mit Sicherheit falschen Aussagen zuordneten und diesen dann in das Theorem von Bayes einsetzten.[256]

Hinweis

Derartige Berechnungen sollen lediglich auf den Umstand hinweisen, dass man im Modell alles berechnen kann, je nachdem, welche Werte man annimmt, es

253 Ungeklärt ist aber, ob es sich um Hauptkriterien oder auch um Unterpunkte eines Kriteriums handeln kann, ebenso Bender, Merkmalskombinationen in Aussagen, S. 71.

254 Vgl. Arntzen, Psychologie der Zeugenaussage: System der Glaubwürdigkeitsmerkmale, 3. Aufl., S. 22, ebenso Bender/Nack, Tatsachenfeststellung vor Gericht, 2. Aufl., Rn 455.

255 Vgl. Vrij, Detecting Lies and Deceit, 2. Aufl., S. 232 m.w.N.

256 Vgl. Bender/Nack, Tatsachenfeststellung vor Gericht, 2. Aufl., Rn 462 ff.

aber immer eine Schätzung bleibt. Es ist also richtig, dass sich verschiedene Experten bei der Beurteilung einer Zeugenaussage nie völlig darüber einig sein werden, wie hoch die (subjektive) Wahrscheinlichkeit ist, dass der Zeuge die Wahrheit sagt.[257] Das bedeutet aber gerade nicht, dass die Methode sinnlos geworden ist, denn es geht nicht um eine Übereinstimmung aller Beobachter,[258] sondern um ein Hilfsmittel, um plausible von unplausiblen Bewertungen zu unterscheiden, eigene Fehlannahmen zu erkennen und die eigene Überzeugung intersubjektiv diskutierbar zu machen. „Nur weil das Verständnis mathematischer Formeln für Juristen (den Schreibenden eingeschlossen) zeitraubend und schwierig ist, bedeutet das nicht, dass aus ihnen kein Erkenntnisgewinn folgen kann.“[259]

195 D.h., ein Zeuge, bei dem a priori von einer hohen Wahrscheinlichkeit im Sinne einer subjektiv wahren Aussage ausgegangen werden kann, muss dementsprechend weniger Realitätskriterien der Aussageanalyse erfüllen, um den Richter zu überzeugen, während sich der Richter bei einer a priori als unzuverlässig eingestuften Aussage nur dann von der subjektiven Wahrheit der Aussage überzeugen können wird, wenn die Aussage dementsprechend überzeugend ist, d.h., dementsprechend viele bzw. gewichtige Realitätskriterien aufweisen kann.[260]

196 D.h., um gedacht zu einer sehr hohen A-posteriori-Wahrscheinlichkeit für eine subjektiv wahre Aussage zu kommen, müssen bei einer gedacht niedrigen A-priori-Wahrscheinlichkeit der subjektiven Wahrheit einer Aussage (weil der Zeuge z.B. im Lager der Partei steht etc.) umso mehr Indizien für die subjektive Wahrheit der Aussage (Realitätskriterien bzw. Kriterienkombinationen) hinzukommen.[261] Auch das dürfte der Sache nach, aber ohne mathematische Berechnungen, rein intuitiv in der Praxis unbewusst von vielen Richtern beherzigt werden.[262] Andererseits ent-

257 Vgl. Schweizer, Beweiswürdigung und Beweismaß, S. 154 m.w.N.

258 Vgl. Schweizer, Beweiswürdigung und Beweismaß, S. 154.

259 Schweizer, Beweiswürdigung und Beweismaß, S. 155.

260 Vgl. Wendler, Wie ähnlich war der Unfall?, S. 77.

261 Ebenso Arntzen, Vernehmungspsychologie: Psychologie der Zeugenvernehmung, 2. Aufl., S. 80: „Aber die Ansprüche, die an die Aussage und die Ausprägung von Glaubwürdigkeitsmerkmalen gestellt werden müssen, sind bei solchem negativem Aussageumfeld [Motivfeld] ebenso wie bei der allgemein wenig zuverlässigen Zeugenpersönlichkeit zu erhöhen.“.

262 Vgl. Rüßmann, Fragen der Umsetzung und Handhabung von Glaubwürdigkeitskriterien, in Psychologie der Zeugenaussage, S. 151 ff., 156; vgl. auch als Beleg aus der Praxis: AG München, 343 C 33061/02 n.v. „Aus den überzeugenden Feststellungen im vorgenannten [unfallanalytischen] Gutachten ergibt sich, dass nicht festgestellt werden kann, welches Fahrzeug einen Spurwechsel vornahm bzw. seine Spur unsauber fuhr. […] Das Ergebnis dieses Gutachtens wird auch nicht durch die Bekundungen des Zeugen R. in Frage gestellt. Zum einen ist dieser als Koch Arbeitskollege im Restaurant des Beklagten zu 2) [also der Sache nach die Berücksichtigung der Anfangswahrscheinlichkeit]. […] Überdies erscheint nicht nachvollziehbar warum er zunächst an der Unfallstelle vorbeifuhr und erst anschließend über Handy den Beklagten anrief, um zu erfahren, ob alles in Ordnung ist [also der Sache nach ebenfalls die Berücksichtigung der Anfangswahrscheinlichkeit].“.

spricht **die Wechselwirkung von umso höherer Aussagequalität je suspekter die Aussagetüchtigkeit und -validität dem methodischen Vorgehen bei Glaubwürdigkeitsgutachten**.[263]

Das Vorfinden eines einzelnen Aussagekriteriums hat durchschnittlich nur wenig über dem Zufallsniveau liegende Bedeutung.[264] Fehlen Realitätskriterien, so kann nicht unbedingt auf eine bewusst unwahre Aussage geschlossen werden,[265] denn oft, „war das Geschehen eben wirklich so unspektakulär, oder es gibt sonstige Gründe für die karge Aussage. [...] In obigem Fall bliebe es dann einfach dabei, dass die neutrale Anfangswahrscheinlichkeit [...] nicht ausreichend erhöht werden kann."[266] 197

Die wenigen vorliegenden Untersuchungen bestätigen, dass die Zeugenaussage in ihre einzelnen Elemente (= die gefundenen Aussagekriterien) aufgeteilt werden sollte. Dann kann zwischen den einzelnen Beurteilern eine umso höhere Übereinstimmung hergestellt werden, d.h., ein Ignorieren oder eine Übergewichtung der Erwartung entsprechender Indizien wird umso mehr vermieden, je mehr die einzelnen Elemente der Aussage aufgeteilt werden.[267] 198

4. Übertragung der Grundsätze der Beweiskette

Ist damit die subjektive Wahrheit der Zeugenaussage dargestellt und bewertet, so ist damit noch keine Gewähr dafür gegeben, dass die Zeugenaussage auch richtig ist. Mit den **Kriterien der Aussagepsychologie lässt sich nie die Übereinstimmung mit der objektiven Realität bewerten, sondern nur die Übereinstimmung mit der subjektiven Erlebniswirklichkeit des Aussagenden (d.h. vorbehaltlich dessen Irrtum)**.[268] Der Beweiswert der Zeugenaussage hängt auch davon ab, 199

- dass der Zeuge richtig beobachtet hat,
- dass die Beobachtung richtig im Gedächtnis gespeichert und erinnert wurde,
- dass der Zeuge sich richtig ausgedrückt hat und
- dass der Richter den Zeugen richtig verstanden hat.[269]

Oder kürzer: „Die Aussage eines Menschen über ein Erlebnis ist davon abhängig, ob er das Erlebnis richtig wahrgenommen hat; ob das Ereignis richtig in seiner Erin- 200

263 Vgl. Greuel, Suggestibilität und Aussagezuverlässigkeit, in Psychologie der Zeugenaussage, S. 211 ff., 219.

264 Vgl. BGH, NJW 1999, S. 2746, 2748; vgl. auch Bender, Merkmalskombinationen in Aussagen, S. 172.

265 Vgl. BGH, NJW 1999, S. 2748.

266 Wendler, Wie ähnlich war der Unfall?, S. 77.

267 Vgl. Schweizer, Kognitive Täuschungen vor Gericht, Dissertation Universität Zürich, S. 155 m.w.N.

268 Vgl. Fabian/Greuel/Stadler, Möglichkeiten und Grenzen aussagepsychologischer Glaubwürdigkeitsbegutachtung, StV 1996, S. 346.

269 Vgl. Nack, Der Indizienbeweis, MDR 1986, S. 366, 369.

nerung haften geblieben ist, und ob er imstande ist, seine Erinnerung anderen richtig mitzuteilen."[270]

201 D.h., aufgrund der (geschätzten) Wahrscheinlichkeit der richtigen Wahrnehmung schließt der Richter auf die (geschätzte) Wahrscheinlichkeit der richtigen Erinnerung, und hieraus auf die (geschätzte) Wahrscheinlichkeit der richtigen Wiedergabe, und hieraus auf die (geschätzte) Wahrscheinlichkeit der richtigen Aufnahme durch den Richter. Es handelt sich somit um eine Beweiskette in der sich die potenziellen Unsicherheiten gemäß der Produktregel multiplizieren.[271]

202 Es leuchtet ein, dass bei Zeugen z.B. eines Turbulenzgeschehens die Irrtumsanfälligkeit besonders groß ist,[272] somit die Wahrscheinlichkeit für das Vorliegen einer nicht nur subjektiv wahren, sondern auch objektiv richtigen Aussage geringer ist.

203 Gemäß der **Produktregel** wird der gesamte Beweiswert einer Aussage nicht nur durch die Wahrscheinlichkeit des Vorliegens einer subjektiv wahren Aussage bestimmt, sondern (per Produkt) jedenfalls auch noch durch das Vorliegen der Wahrscheinlichkeit, dass kein Irrtum vorliegt. Diese Kette kann nie stärker sein als das schwächste Glied.

204 Gleiches gilt bei Aussagen einer Ehefrau zugunsten ihres Ehemannes, da davon auszugehen ist, dass Ehefrauen öfters zugunsten ihres Ehemannes die Unrichtigkeit (unbewusst) durch Wahrnehmungs-/Erinnerungsfehler bekunden. Gleiches gilt für den Beifahrer, der sich überproportional häufig unbewusst mit dem eigenen Fahrer solidarisiert.[273] „Besonders große Gefahren für eine wahrheitsgemäße Aussage muss man dort in Rechnung stellen, wo Freunde oder solche Personen begünstigt werden, denen der Aussagende sich freundlich erweisen möchte (z.B. Arbeitgeber, Vorgesetzte, Kollegen, Verwandte). Erhöhte Aufmerksamkeit ist auch dort geboten, wo die Nachteile einer Aussage Personen betreffen, denen gegenüber der Aussagende negativ eingestellt ist, sei es aufgrund einer individuellen Ablehnung, sei es aufgrund gruppenbedingter Vorurteile."[274]

205 **Unbewusst haben dies viele Richter schon getan, z.B. bei der Beifahrer- oder Angehörigenrechtsprechung**, d.h., einem Beifahrer oder Angehörigen nicht zu glauben, wenn nicht objektive Anhaltspunkte für die Richtigkeit der Aussage vorhanden sind oder bei der Zugrundelegung der allgemeinen Glaubwürdigkeit.[275] Das ist

270 Hellwig, Psychologie und Vernehmungstechnik, 4. Aufl., S. 91.

271 Vgl. Ekelöf, Beweiswert, in Festschrift für Baur, S. 352 u. Nack, Der Indizienbeweis, MDR 1986, S. 366, 369; vgl. auch Bruns, Beweiswert, ZZP 1978, S. 64, 68.

272 Vgl. Arntzen, Psychologie der Zeugenaussage: System der Glaubwürdigkeitsmerkmale, 3. Aufl., S. 34.

273 Vgl. AG München, 342 C 19827/01 n.v., „ist in Betracht zu ziehen"; vgl. Pantle, Die Praxis des Zivilprozesses, 2. Aufl., Rn 450.

274 Vgl. Rüssmann, Physiologische und psychologische Streiflichter zum Zeugenbeweis, S. 804, in Festschrift für Rudolf Wassermann.

275 Vgl. BGH, NJW 1988, S. 566, 567.

freilich eine Beweisregel, die es nicht gibt. Eine Beifahrer- oder Angehörigenaussage muss daher wie jede andere Aussage konkret dahingehend überprüft werden, ob sie den Tatrichter – rational nachvollziebar – überzeugt oder nicht.

In all diesen Fällen ist überdies zu berücksichtigen, dass bei Angehörigen, Freunden, Verwandten, wirtschaftlich am Prozessergebnis interessierten Zeugen etc. nicht nur die erhöhte Gefahr der unbewussten Wahrnehmungs- und Erinnerungsfehler vorliegt, sondern auch die höhere Gefahr der subjektiv unwahren Aussage (Lüge) als bei anderen Zeugen. Folglich sind auf dieser Ebene nur die Elemente gedanklich zu berücksichtigen, die zu **unbewussten** Fehlern führen, während die Elemente, die zur Wahrscheinlichkeit einer subjektiv unwahren Aussage (Lüge) führen, bereits bei der A-priori-Wahrscheinlichkeit zu berücksichtigen sind. Eine scharfe Grenzziehung wird freilich nicht möglich sein, aber es soll das Bewusstsein dafür betont werden, dass es im Rahmen des Gedankenprozesses im Ergebnis zu einer doppelten Berücksichtigung kommen kann, denn diese Umstände können auf beiden Ebenen (subjektiv wahr und Irrtum) vorkommen. Es soll damit das Bewusstsein dafür gestärkt werden, dass persönliche Verbundenheit sowohl die Lügenwahrscheinlichkeit als auch die Irrtumswahrscheinlichkeit erhöht. 206

Beachtet werden muss weiter, dass sich anhand der Aussageanalyse Rückschlüsse auf die Wahrscheinlichkeit eines Wahrnehmungs- oder Erinnerungsfehlers ergeben können. Werden z.B. viele Details berichtet, so ist die Annahme einer nur flüchtigen und damit potenziell fehlerbehafteten Wahrnehmung eher fernliegend. 207

5. Zusammenfassung des Beweisrings und der Beweiskette zum Zeugenbeweis

Denkgesetzlich setzt sich die Beweiswürdigung einer Zeugenaussage aus dem Theorem von Bayes und den Aussagekriterien zusammen, um die Wahrscheinlichkeit einer subjektiv wahren Aussage zu ermitteln und gemäß der Produktregel aus dem Produkt der potenziellen Irrtumsmöglichkeiten: 208

209

1. Wahrscheinlichkeit der subjektiv wahren Aussage (= Haupttatsache), d.h. gem. dem Theorem von Bayes:		
a-priori-Wahrscheinlichkeit (allg. Glaubwürdigkeit, Motiv, das potentiell zur Lüge führt), dass Haupttatsache (= subjektiv wahre Aussage) vorliegt	×	Produkt der jeweiligen Wahrscheinlichkeiten der Indizien (= Kriterien der Aussagepsychologie) bei der Haupttatsache
(Produkt aus a-priori-Wahrscheinlichkeit, dass Haupttatsache vorliegt und jeweiligen Wahrscheinlichkeiten, dass die jeweiligen Indizien (= Kriterien der Aussagepsychologie) bei der Haupttatsache vorliegen)	+	(Produkt aus a-priori-Wahrscheinlichkeit, dass Haupttatsache nicht vorliegt und jeweiligen Wahrscheinlichkeiten, dass die Indizien (= Kriterien der Aussagepsychologie) bei der jeweiligen Nichthaupttatsache vorliegen)

2. Dieses Ergebnis der subjektiv wahren Aussage muss gem. der Produktregel multipliziert werden
× Wahrscheinlichkeit, dass Zeuge richtig beobachtet hat,
× Wahrscheinlichkeit, dass Zeuge richtig im Gedächtnis gespeichert hat (Erinnerung),
× Wahrscheinlichkeit, dass der Zeuge sich richtig ausgedrückt hat,
× Wahrscheinlichkeit, dass der Richter den Zeugen richtig verstanden hat,
um die a-posteriori-Wahrscheinlichkeit einer nicht nur subjektiv wahren Aussage, sondern auch objektiv richtigen Aussage zu ermitteln.

VI. Forderung nach einem Wortprotokoll oder Schaffung eines öffentlich bestellten und vereidigten Gerichtsdokumentators

210 Da (noch) weitgehend Einigkeit darüber herrscht, dass die Aussagekriterien die bestmögliche Gewähr bieten,[276] die Zuverlässigkeit der Aussage zu beurteilen und diese Kriterien im Bemühen um Objektivität nach der Rechtsprechung angewandt werden müssen (s.o. § 9 Rdn 185 ff.), bleibt das Bemühen um Objektivität auf „halbem Weg" stehen, indem die Forderung nach einem Wortprotokoll noch nicht erfüllt wurde. An dieser Forderung ändert sich nichts, wenn man annehmen wollte, dass die intuitive Beurteilung von Zeugenaussagen durch den Tatrichter genausogute oder vielleicht sogar bessere Ergebnisse wie die Aussageanalyse liefert. Auch dann braucht der Tatrichter zur Vermeidung seiner eigenen Wahrnehmungsverzerrung ein Wortprotokoll.

211 Nahezu **jeder Verteidiger wird Fälle kennen, in denen der Zeuge etwas anderes gesagt hat, als im Urteil wiedergegeben wurde**. Auch das ist eine durch das Phänomen der selektiven Wahrnehmung bedingte Gesetzmäßigkeit und nicht zu vermeiden. Zutreffend weist Schwenn darauf hin, dass der über seine Notizen gebeugte Vorsitzende oder Berichterstatter eine vermeidbare Variante des blinden Richters sei und zudem ungeklärt wäre, wie sich diese Praxis mit dem Gebot der Würdigung des Inbegriffs der gesamten Hauptverhandlung (einschließlich des nonverbalen Inhalts) vereinbaren lasse.[277]

212 Zwar wird nicht jede Verteidigerbehauptung richtig sein, dass der Zeuge anderes bekundet habe als im Urteil geschrieben, da auch Verteidiger dem Phänomen der selektiven Wahrnehmung unterliegen, aber ebenso wenig wird jede Richterbehauptung, dass der Zeuge genau das bekundet habe, was im Urteil steht, richtig sein. Das Phänomen der selektiven Wahrnehmung kann daher nur durch ein Wortprotokoll gelöst werden. Durch die fehlende wörtliche Protokollierung ist dem Angeklagten

276 Der Polygraph hat allerdings eine bessere Trefferquote.

277 Vgl. Schwenn, Fehlurteile und ihre Ursachen- die Wiederaufnahme im Verfahren wegen sexuellen Missbrauchs, StV 2010, S. 705 f.

oft ein Mittel genommen, seine Unschuld nachzuweisen. Es muss daher bestätigt werden, dass eine nicht stenografierte Zeugenaussage die schändlichste Justizlüge und das Todesurteil für den Zeugenbeweis ist.[278] Bemerkenswerterweise erkennt der BGH in anderem Zusammenhang die Flüchtigkeit des Wortes und die daraus resultierende Gefahr des Missverständnisses auch an.[279] Nach dem aktuellen Stand der Technik wird sogar eine Videodokumentation gefordert.[280] Das hätte den Vorteil, dass weder eine zusätzliche Protokollkraft in der Verhandlung benötigt würde noch ein Mitglied des Gerichts seine Aufmerksamkeit mit der Protokollierung belasten müsste. Dem ist zuzustimmen. Das Einschalten einer auf ein Stativ gestellten Videokamera zu Verhandlungsbeginn und Abschalten bei Verhandlungsende verursacht weder einen personellen noch finanziell nennenswerten Aufwand. Das Anfertigen von Ton- und Filmaufnahmen für justizinterne Zwecke ist zulässig, gem. Nr. 129 III RiStBV. Es ist nicht nötig, dass die Aufnahme vom Justizpersonal durchgeführt wird. Lediglich der Missbrauch muss ausgeschlossen sein. Die Genehmigung hängt jedoch von dem Vorsitzenden ab.[281]

Bemerkenswerterweise hält Bayerlein für den Sachverständigenbeweis fest, was aber auf jede Auskunftsperson verallgemeinerbar ist: „Da [im Strafprozess] nichts diktiert, vorgelesen und genehmigt wird, kann dem Sachverständigen kein Vorwurf gemacht werden, wenn das Protokoll etwas anderes enthält, als er gesagt hat."[282] Oder anders: „Das gesprochene Wort ist flüchtig und nicht gegen Missdeutungen und nachträgliche Entstellungen gefeit".[283] **213**

Sollte de lege ferenda kein Wort- oder Videoprotokoll aus – welchen Gründen auch immer – eingeführt werden, so ist die Möglichkeit zu schaffen, dass der Angeklagte aus eigenen Mitteln (die im Fall des Freispruchs von der Staatskasse ersetzt werden.[284]) einen (als Beruf zu schaffenden) öffentlich bestellten und vereidigten Gerichtsdokumentator an der Verhandlung teilhaben lässt. Dieser nimmt die vollständige Verhandlung auf Video auf und übergibt das Videoband und eine schriftliche Abschrift dem Gericht als Anlage zu dem Protokoll. Rügt der Revisionsführer einen Widerspruch zwischen den Urteilsgründen und dieser Anlage, hat das Revisionsgericht diese Anlage auf den vermeintlichen Widerspruch, der genau bezeichnet sein muss, zu untersuchen. Damit wäre ohne nennenswerte Belastung der Staatskas- **214**

278 Vgl. Altavilla, Forensische Psychologie, Bd. II, Die Psychologie der Strafprozessbeteiligten, S. 207 m.w.N.; vgl. hierzu auch Jansen, Zeuge und Aussagepsychologie, Rn 243.

279 Vgl. BGH, NStZ-RR 2003, S. 147.

280 Vgl. Hermanutz/Litzcke, Vernehmung in Theorie und Praxis, S. 31.

281 Vgl. Meyer-Goßner, Komm zur StPO, 51. Aufl., § 169 GVG Rn 11 f.

282 Vgl. Bayerlein in: Praxishandbuch Sachverständigenrecht, 4. Aufl., § 18 Rn 60.

283 Vgl. Bayerlein in: Praxishandbuch Sachverständigenrecht, 4. Aufl., § 30 Rn 4.

284 Gegenwärtig ist dies nicht so: In dem Fall Monika Bötticher hatte die Verteidigung Zeugenaussagen mitstenographieren lassen u. einem Glaubwürdigkeitssachverständigen (Prof. Steller) vorlegen lassen. Das BVerfG hatte in NJW 2003, S. 1443 entschieden, dass diese Kosten nicht erstattungsfähig sind.

se die schändlichste Justizlüge (nicht protokollierte Zeugenaussage) und die größte Gefahr der Wahrheitsfindung (unbewusste Wahrnehmungsverzerrungen) beseitigt. Gleichzeitig wäre damit eine Annäherung an andere Staaten, für die das Wortprotokoll ohnehin selbstverständlich ist, geschaffen.

VII. Hinweise zur praktischen Handhabung des Theorems von Bayes und Fehlervermeidung

215 Gegen die konkrete Anwendung des Theorems von Bayes wurden Fehlerquellen bei der Anwendung eingewendet. Der Einwand ist richtig und falsch zugleich. Jedes Verfahren beinhaltet Fehlerquellen. Durch eine Schulung können Fehlerquellen aber vermieden/verringert werden.[285] Durch die diesseits geforderte Offenlegung der Werte können Fehler zudem erkannt und von der Kontrollinstanz korrigiert werden.

1. Fehlerquelle: Summe der Anfangswahrscheinlichkeiten

216 Die Summe der Anfangswahrscheinlichkeit der zu beweisenden Tatsache und die Anfangswahrscheinlichkeit des Gegenteils der zu beweisenden Tatsache beträgt **immer** 100 %.

2. Fehlerquelle: Verwechslung der bedingten Wahrscheinlichkeiten

217 Die als Endergebnis der Beweiswürdigung gesuchte und berechnete A-posteriori-Wahrscheinlichkeit ist P(A\B), also die Wahrscheinlichkeit von A (die zu beweisende Tatsache, z.B. Täterschaft), bei Vorliegen von B (des Indizes), während beim vorliegenden Indiz die Wahrscheinlichkeit P(B\A) angenommen (i.d.R. geschätzt) wird, also die Wahrscheinlichkeit des Indizes, wenn die zu beweisende Tatsache vorliegt.

3. Fehlerquelle: Die Wahrscheinlichkeit P(B\A)

218 Die Wahrscheinlichkeit P(B\A) kann durchaus 1 = 100 % betragen, nämlich dann, wenn das Indiz immer, d.h., sicher bei der zu beweisenden (konkreten) Tatsache vorliegt.

219 *Beispiel 1*

Drei Personen brechen im Haus des X. ein. X wird wach und verwickelt einen Einbrecher in einen Kampf, während dem der X. getötet wird. Am Tatort wird die Blutgruppe des Täters mit 0 nachgewiesen. Später wird einer der drei Einbrecher, der Y. durch den Tipp eines V-Mannes gefasst. Dieser hat Blutgruppe

285 Vgl. Geipel/Oberndorfer, Die anwaltliche Taktik der Erhöhung des richterlichen Begründungsaufwandes – Teil 2: Lösungsvorschläge vs. Richtermacht, ZAP Fach 22, S. 583 ff.

0. In der Bevölkerung ist diese Blutgruppe jedoch mit 41 % vertreten. Die Wahrscheinlichkeit P(B\A), d.h., des Vorliegens der Blutgruppe 0 wenn Y. der Täter war, beträgt 1 = 100 %. Die Wahrscheinlichkeit P(A\B), dass Y. aber überhaupt der Täter war, wenn nur dieses Indiz vorliegt beträgt (0,33 × 1) : [(0,33 × 1) + (0,66 × 0,41)] = 0,54 = 54 %.

Wesentlich häufiger ist jedoch der Fall, dass das Indiz nicht immer bei der zu beweisenden (konkreten) Tatsache vorliegt, sondern nur oft, d.h., jedenfalls öfter als wenn das Gegenteil der zu beweisenden Tatsache vorliegt.

Beispiel 2 220

Aufgrund eines Hinweises eines V-Mannes wird Z. als Verdächtiger einer Entführung festgenommen. Man findet sehr viel Lösegeld bei ihm (mehrere Tausend EUR). Das ist ein sehr starkes, aber kein zwingendes Indiz. Einerseits wird der Entführer meist (z.B. geschätzt in ca. 95 % der Fälle) Lösegeld bei sich haben, aber nicht unbedingt. Andererseits kann auch ein Unbeteiligter Lösegeld haben, wenn es in den Geldkreislauf geflossen ist. D.h., P(B\A) beträgt hier nicht 1 = 100 %, sondern geschätzt 95 %, während (P(B\A^C), also die Wahrscheinlichkeit, dass ein Unbeteiligter Lösegeld hat, gering ist, geschätzt allenfalls 1 %. In das Theorem eingesetzt ergäbe sich folgender Wert: (0,5 × 0,95) : [(0,5 × 0,95) + (0,5 × 0,001)] = 0,9989 = 99,89 %.

Beispiel 3 221

Ebenso kann der Fall vorkommen, dass das Indiz als solches mit einer Unsicherheit versehen ist. Gehen z.B. neun Zeugen davon aus, dass das Entführungsfahrzeug ein VW-Golf war, während ein Zeuge meinte, es war ein Ford Fiesta, so wäre es wiederum ein belastendes Indiz, wenn der Festgenommene, ebenfalls einen VW-Golf hätte. Der Richter muss sich allerdings entscheiden, ob er nun als sicher von einem VW-Golf ausgeht oder nicht. D.h., P(B\A) beträgt hier nicht 90 %, da sich auch diese neun Zeugen irren können, so dass der Wert nach unten zu korrigieren ist, also z.B. nur 70 %. Wenn der Festgenommene nicht der Täter wäre, würde (P(B\A^C) nur den Wert betragen, der dem Anteil der VW Golf an den zugelassenen Pkw‘s entspricht, also z.B. 10 %/(für die Zwecke des Beispiels, der genaue Wert könnte ermittelt werden). In das Theorem eingesetzt ergeben sich folgende Werte: (0,5 × 0,7) : [(0,5 × 0,7) + (0,5 × 0,1)] = 0,875 = 87,5 %.

4. Fehlerquelle: Die Summe der Wahrscheinlichkeit P(B\A) und P(B\AC)

Hier dürften die meisten Fehler passieren, denn intuitiv wäre man geneigt, die Summe P(B\A) und P(B\A^C) auf 100 % zu schätzen. Das ist falsch. Die Wahrscheinlich- 222 keiten P(B\A) und P(B\A^C) korrespondieren in keinster Art und Weise, wie die obigen Beispiele zeigen.

Insgesamt kann jeder Anwender der Methode einem Irrtum bei der Anwendung unterliegen. Das ist aber nicht schädlich, sondern förderlich, denn gerade durch die Offenlegung der Methode ermöglicht der Anwender eine Korrektur.

§ 10 Zusammenfassung der bisherigen Ergebnisse

1. Die **freie Beweiswürdigung führt in einer beträchtlichen Anzahl zu willkürlichen Ergebnissen und ist damit entartet**. Eine historische Betrachtung zeigt, dass eine freie Beweiswürdigung zu Willkür und damit im Endergebnis wieder zu einer legalen Beweistheorie führen wird. **Diverse Beweisregeln wurden im Laufe der letzten Jahrzehnte schleichend eingeführt.** 1
2. **Eine Kontrolle der freien Beweiswürdigung findet beim Revisionsgericht de facto nicht statt. Es gibt** eine kleine Anzahl an Fällen, die nach geltenden Rechtsregeln behandelt werden (**Demonstrationsfälle**) **und** eine weit überwiegende Anzahl an Fällen, die **contra legem** oder praeter legem beurteilt werden (**Routinefälle**).
3. **Ob, wann und wie ein Revisionsgericht in die Beweiswürdigung des Tatgerichts eingreift, ist nicht vorhersehbar.** Die **Revisionsrechtsprechung** ist **verwirrend, wirr** und **widersprüchlich**. Teilweise wird sogar vertreten, dass der BGH sein methodisches Vorgehen bewusst verschleiere. Das **BVerfG** hat mittlerweile **festgestellt, dass der BGH mitunter den Zugang zu einer sachlichrechtlichen Revisionsentscheidung erschwere, was mit Sachgründen nicht zu vereinbaren** und folglich **verfassungswidrig** sei.[1]
4. Aus dem **aktuellen Stand der psychologischen Forschung** ergibt sich, dass **der Angeklagte keinem objektiven, unparteiischen Richter gegenübersteht**, **sondern einem voreingenommenen**. Psychologisch unbewusst einsetzende und unvermeidbare Phänomene bewirken, dass Beweiserhebungen in der Hauptverhandlung zulasten des Angeklagten wahrgenommen und zulasten des Angeklagten interpretiert werden. Da es kein Wortprotokoll gibt, kann der Angeklagte diesen Umstand weder in der Tatsachen-, noch in der Revisionsinstanz deutlich machen.
5. **Um den Angeklagten** vor dem unvermeidbaren psychologischen Phänomen der Wahrnehmungsverzerrung zu seinen Lasten **zu schützen, ist daher ein Wortprotokoll einzuführen**. Sei es durch einen Protokollführer durch den zu schaffenden Beruf des Gerichtsdokumentators oder durch eine Video- oder Tonaufzeichnung.
6. Das Tatgericht hat nach dem gegenwärtigen Stand der Rechtsprechung alle relevanten be- und entlastenden Indizien „umfassend“ zu würdigen. **Eine „umfassende“ Würdigung allein anhand der Intuition oder Zuordnung von Beweiswerten nach verbalen Grundsätzen führt jedoch nur zu einem Raten, Meinen und Glauben.**

1 Vgl. BVerfG, NStZ 2005, S. 522.

7. Daher hat das Tatgericht jedes ent- und belastende Indiz mit einem numerischen Wahrscheinlichkeitswert zu versehen und gemäß den Grundsätzen der Wahrscheinlichkeitsrechnung als geltendes Denkgesetz zu bewerten. **Sämtliche Indizien sind mit ihrem numerisch geschätzten Beweiswert daher im Fall eines Beweisrings in das Theorem von Bayes einzusetzen und im Fall der Beweiskette gemäß der Produktregel zu ermitteln. Dieses Ergebnis ist in nicht wenigen Fällen fundamental anders als eine intuitive Betrachtung.** Im Fall einer Zeugenaussage ist zuerst die Wahrscheinlichkeit einer subjektiv wahren Aussage gemäß dem Theorem von Bayes zu ermitteln und sodann mit den Wahrscheinlichkeiten eines Irrtums bzw. Nicht-Irrtums zu multiplizieren, um den Gesamtbeweiswert der Zeugenaussage zu ermitteln.
8. Für eine **Verurteilung muss** nach o.g. Regeln eine **Wahrscheinlichkeit der Tatbegehung von 95 % bestehen**. Geht es aber um eine **Bagatelle, so genügt eine Wahrscheinlichkeit von 90 %**. Geht es um eine **lebenslange Freiheitsstrafe, so genügt nur eine Wahrscheinlichkeit von 99 % (variables Beweismaß)**. Von dem jeweiligen Wahrscheinlichkeitswert muss einerseits der Richter subjektiv überzeugt sein und andererseits hinsichtlich des Wertes Übereinstimmung in den relevanten Fachkreisen bestehen. Diese Übereinstimmung wird vom Revisionsgericht kraft umfassenderen Überblicks festgestellt.

§ 11 Überprüfung der gefundenen Ergebnisse an einem realen Beispielsfall

Inhalt

A. Vorbemerkung

Nach der hier vorgetragenen Ansicht unterscheidet sich eine Beweiswürdigung bei numerischer Zuordnung von Wahrscheinlichkeitswerten und Anwendung von Grundsätzen der Wahrscheinlichkeitsrechnung oft fundamental von einer intuitiven Beweiswürdigung. Ob das tatsächlich zutrifft, soll an einem realen Beispielsfall überprüft werden. 1

Die 19-jährige Zeugin E. ist geschieden und Mutter eines nicht-ehelichen Kindes aus der Beziehung zu F. Gleichwohl verlässt sie F., der das Kind in seiner Obhut behält und zieht in das Frauenhaus. Im Sommer lernt sie den Asylanten M. kennen und hat mit ihm im Verlauf eines Monats mehrmals einvernehmlichen Geschlechtsverkehr. Gelegentlich übernachtet sie in dessen Asylbewerberunterkunft. Den Kontakt zu F. hält die Zeugin aufrecht. Aus (vom Gericht nicht aufgeklärten) Gründen schlägt sie dieser (F.) am 8.8.2003, wovon sie M. per SMS berichtet. Am 9.8.2003 gegen 18.00 Uhr besucht sie M. in dessen Asylbewerberunterkunft und gerät mit diesem in Streit. Laut M. ging es bei dem Streit darum, dass E. dem M. eröffnet habe, einen anderen Mann in der Türkei heiraten zu wollen, was M. nicht verstehen konnte, da sie doch mit ihm zusammen sei. Laut E. ging es bei dem Streit darum, dass E. zu ihren Eltern in ca. 60 km Entfernung ziehen wollte. Unstrittig schlägt M. die E. im Laufe des Streits, wobei E. einen Riss des Trommelfells erleidet. Im weiteren Verlauf des Abends kommt es zum Geschlechtsverkehr und M. begleitet auf Wunsch der E. diese um 23.00 Uhr nach Hause. Die Asylbewerberunterkunft ist am 2

Ostbahnhof in München, das Frauenhaus der E. ist am Hauptbahnhof in München gelegen. Die Entfernung zwischen beiden Orten beträgt fünf U- oder S-Bahnstationen. E. lässt gegen Mittenacht die Polizei rufen, da sie im Frauenhaus offenbarte, von M. vergewaltigt worden zu sein. Bei der Vergewaltigungsversion bleibt sie auch gegenüber den herbeigerufenen Polizeibeamten. Diese veranlassen in derselben Nacht die Verhaftung von M. M. bestreitet weder die handgreifliche Auseinandersetzung noch den Geschlechtsverkehr, jedoch handelte es sich laut M. um einvernehmlichen Versöhnungssex. In der rechtsmedizinischen Untersuchung wurden nur Spuren gefunden, die die körperliche Auseinandersetzung bestätigen, jedoch keine vergewaltigungsspezifischen Spuren. Von der Zeugin E. wird bekannt, dass diese acht Monate vor der angeblichen Vergewaltigung ein Video ihres früheren Lebensgefährten F. gesehen hatte, in dem dieser eine andere Frau mit einem Messerstich in den Hals tötete und sich sodann sexuell an der Leiche verging. Die Zeugin E. hatte F. wegen dieser Tat noch zum Zeitpunkt der angeblichen Vergewaltigung durch M. gedeckt, da sie einerseits froh war, dass die andere Frau getötet wurde, da sie in dieser kein Zufallsopfer, sondern eine vermeintliche Rivalin mutmaßte und andererseits von F. (angeblich) mit ihrer Tötung und Tötung des Kindes bedroht wurde. Weiter ist von der Zeugin E. bekannt, dass diese angeblich bereits mehrfach andere Männer der Vergewaltigung bezichtigt hatte. Wenige Tage nach der behaupteten Vergewaltigung durch M. ging die Geschädigte E. nach eigener Aussage eine neue Beziehung zu einem anderen Mann ein. Ca. einen Monat nach Eingehung dieser neuen Beziehung offenbart sie ihr Wissen hinsichtlich F.s und dessen Tötung und Schändung einer anderen Frau der Polizei gegenüber, sodass dieser in Haft genommen wird. Das Gericht lässt trotz entsprechender Beweisanträge unaufgeklärt, ob diese Bezichtigung anderer Männer der Vergewaltigung zu Recht oder zu Unrecht erfolgte. Die Tatsache, dass die Geschädigte sich über die Tötung und Schändung einer nur gemutmaßten Rivalin freut, den Täter ca. neun Monate lang deckt, das gemeinsame Kind in der alleinigen Obhut des Mörders belässt, bezeichnet das Gericht als dissozial, aber nicht psychisch auffällig und sieht hierin folglich keinen Grund, ein beantragtes Glaubwürdigkeitsgutachten einzuholen. Der Angeklagte M. wird wegen Vergewaltigung zum Nachteil der E. verurteilt.

B. Die polizeiliche Vernehmung der Geschädigten

3 In ihrer polizeilichen Vernehmung gab E. an, dass M. schon während des verbalen Streits ein Messer geholt habe, sich damit zwei Mal leicht an den Hals geritzt habe, um ihr zu zeigen, wie scharf das Messer sei und sodann das Messer gegen den Hals der E. hielt und ihr drohte, ihr gesundes Auge auszustechen (E. hatte eine Augenprothese, da sie sich selbst als Kind das Auge mit einem Messer ausgestochen hatte). Sodann habe M. das Messer auf den Tisch gelegt und E. sei es daraufhin gelungen, das Messer aus dem Fenster zu werfen. Nach einer weiteren körperlichen Auseinandersetzung in einem Nachbarzimmer, in das E. gelaufen war, als M. seinerseits in

dieses Zimmer gegangen war, schilderte E. die eigentliche Vergewaltigung gegenüber der Polizei wie folgt:

„Für kurze Zeit hat er dann von mir abgelassen und sich sogar entschuldigt und behauptet, er würde mir nichts tun, wenn ich in sein Zimmer käme. Ich wollte nicht und er sagte, er zähle noch bis zehn. Dann zerrte er mich eben, wie o.g. gesagt, in sein Zimmer. Als wir dort waren, hat er die Türe zugesperrt und ich müsste mich auf das Sofa setzen. Er trank dann wieder und machte die Musik sehr laut. Er begann, mich am Hals abzuschlecken. Das tat er auch im Gesicht. Ich weinte und schrie, aber er schlug mich dann nur noch mehr. Er machte meinen BH auf und roch ca. 15 Min. daran. Dann sollte ich mich ausziehen. Als ich mich weigerte, nahm er wieder ein Messer und sagte, er zähle noch einmal bis zehn, sonst steche er mir in den Bauch. Aus Angst tat ich es dann. Dann schleckte er mich beinahe am ganzen Körper ab und wollte mich auch im Genitalbereich schlecken, was ich verhindern konnte. Er drückte mich auf die Couch in Liegeposition und plötzlich hatte er die Hose offen und drang in meine Scheide ein. Er bewegte sich in mir, wollte dann aber, dass ich seinen Penis in den Mund nehme. Er hörte dann kurz auf, warf mich auf den Boden, so dass ich vor ihm knien musste und ich musste ihn dann wieder mit dem Mund befriedigen, bis er kam. Kurz vorher nahm er seinen Penis jedoch aus meinem Mund, warf mich auf den Boden, drückte meine Beine auseinander und drang wieder in meine Scheide ein. Er sagte, er wolle mir ein Kind machen. Dann wollte er, dass ich nach oben gehe und ich tat dies aus Angst, da er während der ganzen Zeit das Messer in der Hand hielt. Als ich merkte, dass er kam, ging ich schnell von ihm herunter und er hatte seinen Samenerguss auf dem Teppich und es spritzte an die Wand. Dann musste ich mich anziehen und er wollte, dass ich mich auf das Sofa setze und ihn umarme. Er hat geweint. Er brachte mich dann nach Hause und drohte mir, meine Familie und mein Kind umzubringen, wenn ich die Wahrheit jemandem sagen würde. Ich solle dann sagen, es seien fremde Männer im Park gewesen. Das war gegen 23.00 Uhr. Er trug bei der Tat eine hellblaue Jeans, ein beiges Hemd, eine lilafarbene gemusterte Badehose. Außerdem an der rechten Hand einen großen goldenen Ring. Ich trug einen BH, eine Unterhose und ein blaues Sommerkleid. Ich habe nichts getrunken, obwohl er das immer wieder wollte. Er trank in meiner Anwesenheit eine Flasche Whiskey, war aber vorher schon betrunken." 4

C. Die gerichtliche Schilderung der Geschädigten

Das Gericht ging im Urteil von folgendem, von der Geschädigten angeblich in der Hauptverhandlung bekundeten Sachverhalt aus: 5

„Die Zeugin E. gab an, […] Nachdem der Angeklagte sich sichtbar wieder beruhigt und gesagt habe, dass er ihr nichts mehr tun werde, sei sie mit ihm in sein Zimmer zurückgekehrt. Etwa 15 Minuten später habe er dann die Zimmertüre

verschlossen. Er habe sie am Gesicht und Hals abgeschleckt und ihren BH aufgemacht und daran gerochen. Es sei dann wieder zum Streit gekommen. Der Angeklagte, der dann wieder ein Messer in der Hand gehabt habe, habe ihr eine Ohrfeige versetzt und verlangt, dass sie mit ihm schlafen solle. Sie habe das abgelehnt. Er habe gesagt, wenn sie es nicht mache, werde er sie umbringen. Sie habe sich daraufhin freiwillig aus Angst ausgezogen, da er noch immer das Messer in der Hand hielt. Der Angeklagte habe sie dann auf der Couch abgeschleckt. Sie habe ihn dann oral befriedigen müssen, danach sei er in sie eingedrungen und hätte seinen Spaß gehabt. Als er in sie eingedrungen sei, tat das weh. Danach habe sich das Geschehen auf den Teppich verlagert und es sei erneut erst zu einem Oralverkehr, dann wieder zu einem Vaginalverkehr, zuletzt auch im Stehen gekommen. Auch diesmal habe sie Schmerzen empfunden, als er mit seinem Glied in ihre Scheide eindrang. Verletzungen im Genitalbereich habe sie nicht erlitten, lediglich blaue Flecken an den Beinen, da der Angeklagte ihr die Beine gewaltsam auseinander drückte. Zum Samenerguss sei der Angeklagte außerhalb ihres Körpers gekommen. Danach sei er ruhig gewesen. Ob er das Messer während der ganzen Zeit in der Hand hielt, wisse sie nicht mehr. Sie habe ihn dann gebeten, sie heim zu bringen, und ihm versprochen, mit dem Kind zu ihm zu kommen und für immer bei ihm zu bleiben. Er habe sie fest gedrückt. Sie habe ihm gesagt, dass sie auf dem Ohr nicht mehr höre und er habe gesagt, dass ihm das Leid tue. Er habe sie aufgefordert, anzugeben, dass sie in einem Park vergewaltigt worden sei, wenn jemand sie fragen sollte. Er habe auch gedroht, ihrem Kind etwas anzutun, wenn sie etwas sage. Als sie gegangen sei, sei die Flasche Whisky leer gewesen, bei ihrem Eintreffen halb voll. Im Frauenhaus habe sie aus Angst vor dem Angeklagten und weil sie dessen Drohungen ernst genommen habe, erst nichts erzählen wollen, sich dann aber von einer Angestellten überreden lassen, den Notarzt und die Polizei zu rufen. Nach seiner Verhaftung habe sie seinen Chef, den Herrn YK. angerufen und diesen gefragt, ob es gut gewesen sei, dass sie ihn wegen der Vergewaltigung angezeigt habe. Dies deshalb, weil sie den Angeklagten doch geliebt habe und sich deshalb nicht sicher gewesen sei, ob sie richtig gehandelt hatte. Dieser habe dann geraten, die Anzeige zurückzunehmen, weil es sonst noch mehr Ärger gebe. Sie sei sich auch unsicher gewesen, ob ihr eine „richtige Vergewaltigung" widerfahren war, da sie doch alles über sich ergehen ließ. Nach dem Vorfall sei sie einige Zeit sehr ängstlich gewesen, habe nur noch geheult und sich mehrfach täglich geduscht. Sie mache jetzt auch eine Gesprächstherapie.

Die Zeugin E. gab weiter an, es treffe zu, dass sie dem Angeklagten am 8.8.2003 per SMS mitteilte, ihr Ex-Freund F. habe ihr eine ‚Watschn' gegeben."

D. Ein abgelehnter Beweisantrag der Verteidigung

In der Hauptverhandlung hatte die Verteidigung u.a. folgenden Beweisantrag auf Einholung eines bio-mechanischen Sachverständigengutachten gestellt, zum Beweis der Tatsache, dass die der Zeugin vorgehaltene vorgerichtliche Tatschilderung und von der Zeugin auf Vorhalt bestätigte Tatschilderung, wegen des Fehlens von Schnittverletzungen an den Händen und Armen aus bio-mechanischer Sicht nicht nur unwahrscheinlich ist, wie der hierzu befragte Sachverständige der Rechtsmedizin meinte, sondern gänzlich unmöglich. 6

Das Gericht hatte diesen Beweisantrag mit der Begründung zurückgewiesen, dass dieser für die Entscheidung ohne Bedeutung sei. **Verteidigung und Gericht würden nämlich von zwei völlig verschiedenen Sachverhaltsvarianten ausgehen**. 7

Die Verteidigung würde – ausgehend von der ersten Einlassung der Geschädigten bei der Polizei – annehmen, dass der Angeklagte das Messer während der gesamten vieraktigen Gewaltanwendung in der Hand gehalten habe. 8

Die Kammer würde hingegen davon ausgehen, dass das Messer nur bei Beginn der sexuellen Gewaltanwendung, nämlich dem mit dem Messer erzwungenen ersten Oralverkehr auf dem Sofa in der Hand gehalten wurde. Die Geschädigte habe (angeblich) in der Hauptverhandlung angegeben, das Messer nur zu Beginn der Gewaltanwendung gesehen zu haben. Nach Meinung der Verteidigung war dies eben nicht so. 9

Fazit: 10

Die oben beschriebene Standardsituation, dass Verteidigung und Gericht einen Sachverhalt völlig unterschiedlich auffassen, ist auch hier eingetreten.[1]

Das ist in diesem Fall – wie oft – **besonders tragisch**. Ob die Zeugin nun vorgegeben hat, das Messer nur zu Beginn gesehen zu haben, oder **ob der Angeklagte das Messer die ganze Zeit in der Hand gehalten hat, ist von entscheidender Bedeutung**, denn **im zweiten Fall wäre die Zeugenaussage durch ein Sachverständigengutachten vielleicht widerlegbar**. Das Gutachten wurde nie eingeholt, so dass über dessen Ergebnis nur spekuliert werden kann. 11

Dem Angeklagten ist durch die fehlende wörtliche Protokollierung (vielleicht) ein Mittel genommen, seine Unschuld zu beweisen. Auch dieser Fall belegt, dass die nicht stenographierte Zeugenaussage eine „schändliche Justizlüge“[2] ist und bleibt. 12

1 Vgl. König, Die Verteidigung in der Hauptverhandlung in Ziegert (Hrsg.), Grundlagen der Strafverteidigung, S. 211.

2 Altavilla, Forensische Psychologie, Bd. II, Die Psychologie der Strafprozessbeteiligten, S. 207 m.w.N.

E. Das angefochtene Urteil

13 Das angefochtene Urteil soll in den relevanten Auszügen im Original wiedergegeben werden.

„Landgericht München I

[...]

Im Namen des Volkes

I. Der Angeklagte ist schuldig der Vergewaltigung sowie der Körperverletzung in vier Fällen, hiervon mit Bedrohung in zwei Fällen, des weiteren der Bedrohung und der versuchten Nötigung.

II. Er wird deswegen zur Gesamtfreiheitsstrafe von acht Jahren, sechs Monaten verurteilt.

III. Der Angeklagte trägt die Kosten des Verfahrens und seine notwendigen Auslagen sowie die notwendigen Auslagen der Nebenklägerin.

[...]

Der Angeklagte lernte die seinerzeit 19-jährige Zeugin E., die geschieden und Mutter eines nicht-ehelichen Kindes aus der Beziehung mit F. ist, am 9.7.2003 am S-Bahnhof Riem kennen. Die beiden fanden Gefallen aneinander und wurden ein Paar. In der Folge waren sie fast täglich zusammen und hatten auch einvernehmlichen Geschlechtsverkehr, und zwar sowohl vaginalen als auch oralen. Auch über Heirat wurde zwischen beiden schon gesprochen. Bisweilen übernachtete die Zeugin E. auch im Zimmer des Angeklagten in der Asylbewerberunterkunft in der Orleanstr. in München. Dieses Zimmer teilte sich der Angeklagte mit dem Zeugen AAO., der E. und den Angeklagten jedoch allein ließ, wann immer E. den Angeklagten in der Orleansstr. in München besuchte.

Etwa eine Woche vor der Tat erschien die Zeugin E. mit einigen Minuten Verspätung zu einer Verabredung im Zimmer des Angeklagten in der o.g. Asylbewerberunterkunft, woraufhin ihr der unter Alkoholeinfluss stehende Angeklagte Vorhaltungen machte und ihr eine Ohrfeige versetzte (dieser Vorfall ist nicht Gegenstand des Verfahrens).

Am 8.8.2003 versetzte der Ex-Freund F. der Zeugin E. eine Ohrfeige, was sie dem Angeklagten auch per SMS mitteilte. Zu diesem hatte die Geschädigte E. nach wie vor Kontakt, da F. die Obhut über das gemeinsame Kind ausübte.

Am Abend des 8.8.2003 rauchte der Angeklagte 3 Haschischjoints, einen weiteren Joint konsumierte er am Morgen des 9.8.2003.

Am 9.8.2003 erschien die Geschädigte E. gegen 18.20 Uhr wiederum mit Verspätung in dem Zimmer des Angeklagten in der Asylbewerberunterkunft in der Orleansstr. in München. Angeklagter und Geschädigte waren auf 18.00 Uhr verabredet gewesen. Der Angeklagte hatte zuvor mit seinem ebenfalls anwesen-

den Mitbewohner, dem Zeugen AAO., bereits eine Flasche Whisky geöffnet und davon einige Gläser vermischt mit Cola oder Apfelsaft getrunken.

Den Genuss von Whisky gemischt mit Coca Cola oder Apfelsaft und Eis setzte der Angeklagte während der unten geschilderten Ereignisse fort, wobei die genaue Gesamttrinkmenge nicht mehr feststellbar war.

1. *Einige Zeit, nachdem der Zeuge AAO. die beiden – wie schon bei früheren Gelegenheiten – allein gelassen hatte, eröffnete die Geschädigte E. dem Angeklagten, dass sie ihn verlassen werde und zu ihren Eltern nach Dingolfing zurückkehren werde, sobald diese aus dem Urlaub zurück seien. Der Angeklagte begann daraufhin, zunächst zu weinen, und dann der Geschädigten Vorwürfe zu machen. Plötzlich versetzte er der Geschädigten E. eine Ohrfeige mit der flachen Hand auf die linke Wange und eine weitere auf die rechte Wange, wodurch diese Schmerzen empfand. Hierfür hatte die Geschädigte dem Angeklagten – abgesehen von der Ankündigung, sich von ihm trennen zu wollen – keinerlei Veranlassung gegeben.*
2. *Der Angeklagte begann dann, geraume Zeit im Zimmer auf und ab zu gehen, wobei er sich zunehmend in Erregung steigerte. Er schlug mit den Fäusten gegen die Schränke und schrie die Geschädigte an, er werde ihren Vater, ihre Mutter, die Frau seines Chefs und letztlich auch die Geschädigte, weil er alle türkischen Frauen hasse, ficken. Er warf ihr vor, sein Leben kaputt gemacht zu haben und wetterte heftig gegen sie. Dies ging mehrere Minuten so vonstatten, wobei nähere zeitliche Feststellungen nicht möglich waren.*

   Als die Geschädigte seine verbalen Attacken unterbrach und etwas entgegnen wollte, schlug ihr der Angeklagte – wiederum ohne rechtfertigenden oder entschuldigenden Grund – sofort wieder ins Gesicht und drohte ihr, sie umzubringen. Diese Drohung nahm die Geschädigte E. sehr ernst. Dann setzte er sich auf die Beine der auf der Couch sitzenden Zeugin E. und schlug ihr mit seiner Faust derart auf das linke Ohr, dass sie eine Trommelfellruptur erlitt und auf dieser Seite nichts mehr hören konnte. Wenn die Geschädigte aufstehen wollte, stieß der Angeklagte sie jeweils wieder zurück und fuhr fort, sie damit zu bedrohen, dass er sie umbringe. Auch diese Drohungen nahm die Geschädigte sehr ernst.

   Die Geschädigte musste sich infolge der Verletzung einer Operation am linken Ohr unterziehen. Das Hörvermögen ist noch heute um 10 Dezibel auf dem linken Ohr vermindert.
3. *Der Angeklagte ließ sodann nach dem Schlag auf das linke Ohr von der Geschädigten E. ab. Die Situation beruhigte sich. Nach einiger Zeit jedoch, wobei nähere zeitliche Feststellungen nicht getroffen werden konnten, stand der Angeklagte wieder auf, holte ein Küchenmesser mit einer Klingenlänge von 11,5 cm aus dem Schrank, ritzte sich damit 2 × leicht die Haut an seinem Hals und sagte zur Geschädigten, er wolle ihr hierdurch zeigen, wie scharf*

dieses Messer ist. Sodann hielt er dieses Messer, ohne Verletzungsabsicht, flach an den Hals der Geschädigten und drohte dabei, ihr damit in das gesunde Auge zu stechen. Die Geschädigte ist infolge einer Verletzung, die sie sich als Kind mit einem Messer versehentlich selbst zugefügt hat, auf dem linken Auge blind, was dem Angeklagten auch bekannt war. Auch diese Drohung nahm die Geschädigte ernst. Dies erkannte der Angeklagte – wie zuvor auch schon – und beabsichtigte es, denn es ging ihm darum, E. wegen der angekündigten Trennung von ihm zu verängstigen.

Als der Angeklagte danach das Messer auf den im Raum befindlichen Tisch warf, packte es die Geschädigte und warf es aus dem geöffneten Fenster. Dieses Messer wurde später von der Polizei in der Wiese vor dem Fenster aufgefunden.

Der Angeklagte holte sich daraufhin ein anderes Küchenmesser mit einer Klingenlänge von 9,5 cm und drohte der Geschädigten nunmehr, ihr damit den Kopf abzuschneiden und ihn aus dem Fenster zu werfen. Dazu kniete er wieder auf den Beinen der Geschädigten, zerrte ihr an den Haaren den Kopf zurück und hielt ihr das Messer an den Hals. Die Geschädigte empfand das Zerren an den Haaren, verbunden mit dem Zurückziehen des Kopfes als sehr schmerzhaft.

4. *Die Situation beruhigte sich wieder. Als der Angeklagte das Zimmer verließ, um bei seinem Flurnachbarn NAK., der ein Zimmer schräg gegenüber dem Zimmer des Angeklagten bewohnte, Eis für seinen Whiskey zu holen, flüchtete sich die Geschädigte in das Zimmer des Zeugen NAK., der bemerkte, dass der Angeklagte unter Alkoholeinfluss stand. NAK. bemerkte auch, dass es zwischen dem Angeklagten und E. zum Streit gekommen war. Indessen sprach der Zeuge NAK. äußerst schlecht Deutsch und nicht Türkisch, so dass E. mit ihm nicht kommunizieren konnte. NAK. versuchte, den auch auf ihn sehr erregt wirkenden Angeklagten zu beruhigen, was ihm zunächst nicht gelang. Der Angeklagte packte die Geschädigte mit einer Hand am Hals und zog sie zu Boden. Dann trat er auf die am Boden Liegende mit den Füßen ein und traf sie am Kopf und am Rücken, wodurch diese Schmerzen empfand. NAK. ging nicht dazwischen, da er der Auffassung war, dass die körperliche Auseinandersetzung eine Sache zwischen dem Angeklagten und der Geschädigten sei und ihn nichts anginge. Nach einiger Zeit beruhigte sich der Angeklagte jedoch und forderte die Geschädigte auf, mit ihm wieder zurück in sein Zimmer zu kommen. Die Geschädigte glaubte schließlich den Worten des Angeklagten, dass er ihr nichts mehr antun werde, zumal sich dieser ersichtlich wieder beruhigt hatte, und kehrte freiwillig mit diesem in sein Zimmer zurück.*
5. *Nachdem wiederum einige Zeit, etwa 10–15 Minuten vergangen waren, verschloss der Angeklagte zunächst seine Zimmertüre und forderte dann die Geschädigte E. auf, sich auf das Sofa zu setzen. Dort begann er, diese am*

Hals und im Gesicht abzuschlecken, öffnete ihren BH und roch daran. Als die Geschädigte weinte und schrie, schlug er sie erneut. Dann forderte er sie auf, sich auszuziehen. Als diese sich weigerte, nahm er wiederum das Messer und sagte, er zähle bis 10, dann steche er ihr in den Bauch. Die Geschädigte entkleidete sich daraufhin aus Angst, dass der Angeklagte, dessen aggressive Gewalt sie an dem Abend schon häufiger verspürt hatte, seine Drohung wahrmachen werde. Sodann schleckte er sie erneut am ganzen Körper ab und zwang die Geschädigte weiterhin unter Vorhaltung des Messers, ihn oral zu befriedigen. Noch bevor der Angeklagte zum Samenerguss kam, drückte er die weiterhin auf der Couch sitzende Geschädigte dort in eine Liegeposition und drang mit seinem Glied in deren Scheide ein, was dieser Schmerzen verursachte. Er bewegte sich einige Zeit in ihr und warf sie dann auf den Boden, wo sie vor ihm zu knien kam und ihn erneut mit dem Mund befriedigen musste. Das Messer hielt der Angeklagte zu dieser Zeit nicht mehr in der Hand. Dieses hatte er zu einem nicht mehr genau feststellbaren Zeitpunkt zwischen dem ersten Oral- und dem Vaginalverkehr zwischen die Couch und einen daneben stehenden Sessel geschoben. Kurz vor dem Samenerguss nahm der Angeklagte seinen Penis aus dem Mund der Geschädigten E., warf sie auf den Boden, drückte ihr die Beine auseinander und drang wiederum mit seinem Penis in ihre Scheide ein. Auch diesmal empfand die Geschädigte hierbei Schmerzen. Dann befahl der Angeklagte der Geschädigten einen Positionswechsel, dem diese immer noch unter dem Eindruck der Bedrohung mit dem Messer stehend, widerstandslos nachkam. Sodann übten beide den Geschlechtsverkehr im Stehen aus, wobei der Angeklagte hinter der Geschädigten stand. Kurz vor dem Samenerguss trennten sie sich und der Angeklagte ergoss seinen Samen außerhalb der Geschädigten.

6. *Nachdem sich beide wieder angezogen hatten (in der Zwischenzeit war es kurz vor 23.00 Uhr geworden), forderte der Angeklagte die Geschädigte auf, sich auf das Sofa zu setzen und ihn zu umarmen. Die Geschädigte bat den Angeklagten dann darum, sie nach Hause zum Frauenhaus „K." in der K-Straße in München zu begleiten. Auch versprach sie ihm, mit ihrem Kind zu ihm zurückzukehren und für immer bei ihm zu bleiben. Dies tat sie jedoch nur, um ihn von weiteren Misshandlungen abzuhalten.*

   Gegen 23.00 Uhr brachte der Angeklagte die Geschädigte E. in ihre damalige Unterkunft im Frauenhaus in der K-Straße in München. Auf dem Weg dorthin wollte sich die Geschädigte E. mehrmals vor vorbeifahrende Autos werfen, wurde vom Angeklagten jedoch jeweils zurückgehalten. Abschließend drohte der Angeklagte der Geschädigten, dass er ihre Familie und ihr Kind umbringen werde, wenn sie jemandem die Wahrheit über die Vorfälle am 9.8.2003 in seinem Zimmer sagen würde. Er forderte sie auf, stattdessen bei Nachfragen anzugeben, dass sie von fremden Männern in einem Park vergewaltigt worden sei.

Nach ihrer Rückkehr offenbarte sich die Geschädigte E. jedoch einer Betreuerin des Frauenhauses, der Zeugin Ne., die sie dazu überreden konnte, aufgrund anhaltender Kopf- und Unterleibsschmerzen, den Notarzt und dann die Polizei zu verständigen.

Aufgrund eines von der Polizei in Auftrag gegebenen Telefonats zwischen der Geschädigten E. und dem Angeklagten konnte dieser am 10.8.2003 gegen 1.55 Uhr bei einem fingierten Treffen am Orleansplatz in München festgenommen werden.

Der Angeklagte hatte bei einer am 10.8.2003 um 3.36 Uhr durchgeführten Blutentnahme einer BAK von 0,02 Promille. Ein toxikologisches Gutachten ergab, daß der Angeklagte längere Zeit vor der Blutentnahme Cannabis zu sich genommen hatte.

Der Angeklagte stand damit zum Tatzeitpunkt unter Alkoholeinfluss, war jedoch weder in seiner Schuldfähigkeit eingeschränkt, noch war diese aufgehoben.

Strafantrag seitens der Geschädigten E. wurde form- und fristgerecht gestellt.

Nach der Verhaftung des Angeklagten teilte die Geschädigte dem Chef des Angeklagten, dem Zeugen YK. bei einem Telefonat mit, dass sie diesen wegen Vergewaltigung angezeigt habe und erkundigte sich, ob sie sich richtig verhalten hätte.

Die Geschädigte befindet sich seit Anfang des Jahres 2004 in einer Gesprächstherapie bei Frau UMo.

Der festgestellte Sachverhalt beruht im Wesentlichen auf den glaubwürdigen Angaben der Zeugin E., die durch die Aussagen der Zeugen POK Ki., POM Schw., POM Sch., PHM Pl., KK Fa., Ne., Fo. und YK. bestätigt werden.

Der Angeklagte hat sich zur Sache nicht eingelassen. Angesichts der widersprechenden Angaben des Angeklagten und der Geschädigten zum Verlauf des Abends vom 9.8.2003 und den dem Angeklagten zur Last gelegten Taten war die Glaubwürdigkeit der Geschädigten E. kritisch zu prüfen. Diese Notwendigkeit hat sich die Kammer in jeder Phase der Sachverhaltsaufklärung und der Entscheidungsfindung eindringlich vergegenwärtigt.

In seinem letzten Wort räumte er jedoch pauschal ein, die Geschädigte am 9.8.2003 abends geschlagen zu haben und erklärte, dass ihm das Leid tue.

Die Angaben zur Vorgeschichte der Tat, also dem Beginn und Verlauf der Beziehung zwischen dem Angeklagten und der Geschädigten, beruhen auf den Bekundungen der Zeugin E., die in Übereinstimmung mit den Angaben des Angeklagten in seiner polizeilichen Beschuldigtenvernehmung vom 10.8.2003 stehen. Die Kammer hat diese Angaben durch die Vernehmung des Zeugen KK Pf., der den Angeklagten nach ordnungsgemäßer Belehrung nach § 136 StPO unter Zuhilfenahme eines Dolmetschers im Polizeipräsidium München vernommen hat, in die Verhandlung eingeführt.

Der Zeuge KK Pf. gab weiter an, der Angeklagte habe eingeräumt, dass er am 9.8.2003 der Geschädigten mit der flachen Hand ins Gesicht schlug und ihr einen Tritt mit dem rechten Fuß gegen den Oberschenkel versetzte. Auch habe er sie an der Oberbekleidung gepackt und aufgefordert, nicht so laut zu reden. Dies alles, weil die Geschädigte ihn provoziert habe, indem sie ihm mitteilte, dass sie vielleicht irgendwann in die Türkei zurückkehren und dort heiraten wolle. Danach habe man sich aber wieder versöhnt, und sie habe ihm versprochen, bei ihm zu bleiben. Es sei dann zu einem einvernehmlichen Oral- und Vaginalverkehr gekommen, auch habe er sie vorher abgeschleckt. Zum Samenerguss sei er außerhalb ihres Körpers gekommen. Mit einem Messer habe er sie nicht bedroht, woher die Verletzungen der Geschädigten rührten, sei ihm nicht bekannt.

Die Zeugin E. gab an, dass der Angeklagte betrunken gewesen sei, als sie gegen 18.20 Uhr mit einigen Minuten Verspätung bei diesem erschien. Als sie dem Angeklagten eröffnet habe, sie werde ihn verlassen, habe er begonnen zu weinen und gesagt, dass sie seine Gefühle verletze. Dann habe er ihr mit der flachen Hand links und rechts eine Ohrfeige versetzt. Daran anschließend habe er nach kurzer Beruhigung zu toben begonnen und geschrien, dass er ihren Vater, ihre Mutter, die Frau seines Chefs und alle türkischen Frauen ficken werde und sie sein Leben kaputt gemacht habe. Später, als sie auf der Couch saß, habe er sich auf ihre Beine gesetzt und ihr einen Faustschlag aufs linke Ohr versetzt, so dass sie nichts mehr gehört habe. Er habe auch mehrfach gedroht, er werde sie umbringen. Der Angeklagte habe dann ein Fleischmesser geholt und sich das Messer an den Hals gehalten. Dann habe er ihr dieses flach an den Hals gehalten. Bei ihm habe sich daraufhin eine Rötung gezeigt, bei ihr nicht. Das habe nicht weh getan. Sie habe dann zu weinen begonnen und den Angeklagten gebeten, ihr nichts zu tun. Der Angeklagte habe ihr dann gedroht, ihr mit dem Messer in das gesunde Auge zu stechen. Auf dem linken Auge sehe sie nicht, da sie sich als Kind versehentlich ein Messer in dieses gestochen habe. Als der Angeklagte das Messer auf den Tisch gelegt habe, habe sie es genommen und aus dem geöffneten Fenster geworfen. Der Angeklagte habe daraufhin ein zweites Messer geholt und ihr gedroht, den Kopf abzuschneiden. Auch habe er ihren Kopf durch Zerren an den Haaren zurückgezogen und ihr das Messer wiederum an den Hals gehalten. Später sei sie in das Zimmer gegenüber gegangen und habe dem dort wohnenden Freund des Angeklagten gesagt, dass dieser sie umbringen wolle. Der Freund habe dann zu dem Angeklagten gesagt, er solle sie loslassen, da sie Angst vor ihm habe. Sie habe sich hinter dem Mann versteckt. Der Angeklagte habe sie dann mit einer Hand am Hals gepackt und zu Boden gezogen. Er habe ihr mehrere Fußtritte gegen den Kopf und die Schulter versetzt und sie aufgefordert, wieder in sein Zimmer zu gehen. Welche Schuhe der Angeklagte getragen habe, sei ihr nicht mehr erinnerlich. Sie habe anschließend Kopfschmerzen und blaue Flecken am Körper gehabt. Der Aufenthalt in dem Zimmer des Freundes habe etwa 20 Minuten gedauert. Nachdem der Angeklagte sich sichtbar wieder beruhigt und gesagt habe, dass er ihr nichts mehr tun werde, sei sie mit ihm in sein Zimmer zurückgekehrt. Etwa 15 Minuten später habe er dann die Zimmertüre verschlossen. Er habe sie am Gesicht und Hals abgeschleckt und ihren BH aufgemacht und daran gerochen. Es sei dann wieder zum Streit gekommen. Der Angeklagte, der dann wieder ein Messer in der Hand gehabt habe, habe ihr eine Ohrfeige versetzt und verlangt, dass sie mit ihm schlafen solle. Sie habe das abgelehnt. Er habe gesagt, wenn sie es nicht mache, werde er sie umbringen. Sie habe sich daraufhin freiwillig aus Angst ausgezogen, da er noch immer das Messer in der Hand hielt. Der Angeklagte habe sie dann auf der Couch abgeschleckt. Sie habe ihn dann oral befriedigen müssen, danach sei er in sie eingedrungen und hätte seinen Spaß gehabt. Als er in sie eingedrungen sei, tat das weh. Danach habe sich das Geschehen auf den Teppich verlagert und es sei erneut erst zu einem Oralverkehr, dann wieder zu einem Vaginalverkehr, zuletzt auch im Stehen gekommen. Auch diesmal habe sie Schmerzen empfunden, als er mit seinem Glied in ihre Scheide eindrang. Verletzungen im Genitalbereich habe sie nicht erlitten, lediglich blaue Flecken an den Beinen, da der Angeklagte ihr die Beine gewaltsam auseinander drückte. Zum Samenerguss sei der Angeklagte außerhalb ihres Körpers gekommen. Danach sei er ruhig gewesen. Ob er das Messer während der ganzen Zeit in der Hand hielt, wisse sie nicht mehr. Sie habe ihn dann gebeten, sie heim zu bringen, und ihm versprochen, mit dem Kind zu ihm zu kommen und für immer bei ihm zu bleiben. Er habe sie fest gedrückt. Sie habe ihm gesagt, dass sie auf dem Ohr nicht mehr höre und er habe gesagt, dass ihm das Leid tue. Er habe sie aufgefordert, anzugeben, dass sie in einem Park vergewaltigt worden sei, wenn jemand sie fragen sollte. Er habe auch gedroht, ihrem Kind etwas anzutun, wenn sie etwas sage. Als sie gegangen sei, sei die Flasche Whisky leer gewesen, bei ihrem Eintreffen halb voll. Im Frauenhaus habe sie aus Angst vor dem Angeklagten und weil sie dessen Drohungen ernst genommen habe, erst nichts erzählen wollen, sich dann aber von einer Angestellten überreden lassen, den Notarzt und die Polizei zu rufen. Nach seiner Verhaftung habe sie seinen Chef, den Herrn YK. angerufen und diesen gefragt, ob es gut gewesen sei, dass sie ihn wegen der Vergewaltigung angezeigt habe. Dies deshalb, weil sie den Angeklagten doch geliebt habe und sich deshalb nicht sicher gewesen sei, ob sie richtig gehandelt hatte. Dieser habe dann geraten, die Anzeige zurückzunehmen, weil es sonst noch mehr Ärger gebe. Sie sei sich auch unsicher gewesen, ob ihr eine „richtige Vergewaltigung" widerfahren war, da sie doch alles über sich ergehen ließ. Nach dem Vorfall sei sie einige Zeit sehr ängstlich gewesen, habe nur noch geheult und sich mehrfach täglich geduscht. Sie mache jetzt auch eine Gesprächstherapie.

Die Zeugin E. gab weiter an, es treffe zu, dass sie dem Angeklagten am 8.8.2003 per SMS mitteilte, ihr Ex-Freund F. habe ihr eine ‚Watschn' gegeben.

Dies wird bestätigt durch die in den Akten befindliche Ablichtung des Handy-Displays und der dort abgebildeten SMS, die in Augenschein genommen wurde.

Das Gericht ist jedoch davon überzeugt, dass die Angaben der Zeugin E. der Wahrheit entsprechen und sie den Angeklagten nicht zu Unrecht einer Bedrohung, einer versuchten Nötigung und Vergewaltigung bezichtigt hat.

Hierzu ist festzuhalten: Die Aussage der Zeugin E. war auch im inhaltlichen Vergleich mit ihren Angaben vor der Polizei konstant und nachvollziehbar. Sie hat in ihrer Zeugeneinvernahme keinerlei Belastungseifer gezeigt, sich vielmehr nach Kräften bemüht, das anzugeben, was ihr noch in Erinnerung war. Sie hat dabei auch ausdrücklich gekennzeichnet, wenn sie sich eines Details nicht mehr sicher war. Sie reagierte auf Vorhalte differenziert und bestätigte nicht alles blind, was ihr vorgehalten wurde. Dadurch zeigte sie die erforderliche Kritikfähigkeit auch zu sich selbst und zu ihren früher getätigten Aussagen. Auffallend war auch, dass die Geschädigte, als sie auf ihre Gefühle für oder gegen den Angeklagten und darauf zu sprechen kam, wie sie mit den Vorfällen vom 9.8.2003 umgeht, zu dem Angeklagten hinsah und sich mit ihm auch optisch auseinander setzte.

Für die Kammer war auch kein Motiv für eine zu Unrecht erhobene Anzeige erkennbar. In der Tatsache, dass die Geschädigte sich von dem Angeklagten trennen wollte, ist jedenfalls ein solches nicht zu sehen. Hier einen einvernehmlich stattgefundenen Geschlechtsverkehr als Vergewaltigung zu deklarieren, macht keinen Sinn, da insoweit bereits die Anzeige wegen der Körperverletzungen den gleichen Zweck, nämlich die Festnahme und Verurteilung des Angeklagten erfüllt hätte. Der Unterschied in der Straferwartung war der Zeugin mit Sicherheit weder bekannt noch bewusst. Rache für die erlittenen körperlichen Misshandlungen schließt die Kammer aus. Die Zeugin E. differenzierte nämlich durchaus zwischen ‚Watschn', die sie in ihrer laienhaften Wertung nicht als körperliche Misshandlung wertete und dem Angeklagten auch nicht sonderlich anlastete, und den Vorfällen mit sexuellem Hintergrund. Hier war sie sich auch in ihrer Aussage vor der Kammer nicht sicher, ob das eine ‚richtige Vergewaltigung' war, da sie ohne unmittelbaren physischen Zwang an den sexuellen Vorgängen mitwirkte. Bei dieser Sachlage erscheint es wenig wahrscheinlich bis ausgeschlossen, dass, die glaubhaft vorgetragenen Wertungen der Zeugin zugrunde gelegt, diese sie dazu veranlasst haben könnten, den Angeklagten zu Unrecht zu belasten und um seine Freiheit zu bringen. Zudem spricht auch der psychische Zustand der Geschädigten E. nach der Tat eindeutig dafür, dass hier nicht nur körperliche Misshandlungen stattgefunden haben, sowie die Tatsache, dass sie nach dem Geschlechtsverkehr, entgegen ihrer sonstigen Gewohnheit nicht beim Angeklagten übernachtete, sondern sich von diesem nach Hause begleiten ließ.

Ganz entscheidend für die Kammer bei ihrer Überzeugungsbildung war darüber hinaus, dass die Aussage auch in sich schlüssig ist und durch äußere Beweistatsachen und weitere Zeugenaussagen erhärtet und bestätigt wird, so dass sich damit auch gewichtige Umstände außerhalb der Tat finden, die den Tatvorwurf erhärten und die spezielle Glaubwürdigkeit der Geschädigten E. stützen.

Zwar können diese Zeugen keine Angaben zu den Vorfällen im Zimmer des Angeklagten und damit insbesondere zur Vergewaltigung und der Bedrohung mit dem Messer machen, da sie hierbei nicht anwesend waren, sie bestätigen aber die Schilderung der Geschädigten im übrigen und runden damit das Bild ab, so durch die Beschreibung des Zustandes der Geschädigten nach der Tat und der näheren Umstände der Anzeigenerstattung.

So gab der Zeuge POK Ki., der in der Nacht vom 9.8.2003 auf den 10.8.2003 der zuständige polizeiliche Einsatzleiter war, an, dass die Geschädigte einen verängstigten und verunsicherten Eindruck machte, tränenüberströmt und „durch den Wind" war. Er habe den Eindruck gehabt, dass sich die Geschädigte im Frauenhaus offenbart hatte und dann zur Anzeigeerstattung überredet worden sei. Auf Fragen habe sie aber bereitwillig Auskunft gegeben, auch wenn es ihr sichtlich unangenehm gewesen war, dass sich zeitweise bis zu 6 Leute in dem Raum aufhielten, in dem die erforderliche Erstbefragung stattfand. Die ihnen von der Geschädigten offenbarten Informationen seien konkret gewesen, wobei er darauf achtete, dass diese von ihr selbst kamen und ihr nicht von dritter Stelle in den Mund gelegt wurden. Was die Geschädigte sagte, sei auch im Zusammenhang schlüssig gewesen. Der Zeuge POK Ki. führte weiter aus, dass er zu keiner Zeit den Eindruck hatte, die Geschädigte belastete jemanden zu Unrecht oder das, was sie erzählte, treffe nicht zu. Andernfalls hätte er nicht die entsprechenden Fahndungsmaßnahmen eingeleitet und den zur Festnahme führenden Anruf der Geschädigten beim Angeklagten initiiert. Zu diesem Anruf gab er weiter an, die Geschädigte habe von der Notwendigkeit dieses Anrufs, der zu einem „Schein-Treffen" mit dem Angeklagten führte, erst überzeugt werden müssen, letztlich aber die Notwendigkeit eingesehen.

Der Zeuge Ki. machte auf die Kammer einen sehr erfahrenen und kompetenten Eindruck, an seiner Glaubwürdigkeit bestehen keine Zweifel. Der Zeuge war nach seinem Bekunden nicht zum ersten Mal mit der Situation einer Vergewaltigung konfrontiert.

Der Zeuge POM Sch., der bei der informatorischen Erstbefragung der Geschädigten E. zeitweilig im Raum war, gab an, dass diese leicht aufgewühlt, aber trotz allem gefasst gewirkt habe. Sie sei einer Befragung zugänglich gewesen, habe aber auf ihn den Eindruck gemacht, dass ihr etwas passiert sei, was sie mitgenommen hatte.

Der Zeuge POM Schw. legte dar, dass bei dem Eintreffen der Polizei die Geschädigte, eine dieser Trost spendende Freundin und weitere Damen anwesend waren. Die Geschädigte sei ansprechbar und gefasst gewesen und habe den Sachverhalt schlüssig und nachvollziehbar wiedergeben können. Er erinnerte sich weiter daran, dass die Geschädigte weinte.

Der Zeuge PHM Pl. erklärte, dass er bei seinem Eintreffen in dem Frauenhaus ‚XY' die Geschädigte und eine befreundete Mitbewohnerin sah. Beide seien in einem desolaten, aufgewühlten und aufgeregten Zustand gewesen.

Auch die Zeugen Sch., Schw. und Pl. waren um eine detailgetreue und ausführliche Schilderung der Vorfälle aus ihrer Sicht bemüht. Die Kammer hat an der Glaubwürdigkeit ihrer Angaben keine Zweifel.

Die Zeugin KOK'in We., die die Geschädigte E. im Rahmen ihres Dienstes bei dem Kriminaldauerdienst des Polizeipräsidiums München nach Belehrung als Zeugin vernommen hat, gab an, Frau E. sei auffallend ruhig, fast schon zu ruhig gewesen. Die eigentliche Vernehmung habe sie sehr kurz gehalten, da die Geschädigte völlig überfordert, weil psychisch und physisch erschöpft gewesen sei. Sie sei im Gesicht und am Ohr rot gewesen und habe auch im Bereich des Schlüsselbeins und Schulterblatts Rötungen gehabt. Auf dem linken Ohr habe sie erkennbar nichts gehört, auch habe sie über starke Schmerzen im Unterleib sowie über Kopfschmerzen und Schmerzen am Genick geklagt. Vorherrschend sei bei der Geschädigten nicht die Bestrafung des Täters, sondern die Angst um ihren Sohn gewesen, nachdem der Täter mehrfach damit gedroht hatte, diesen und auch sie selbst umzubringen. Die Geschädigte habe auf sie den Eindruck gemacht, dass sie von sich aus nicht zur Polizei gegangen wäre, sondern dazu erst überredet worden war. Während der Vernehmung habe sie durch Nachfragen Details herausgearbeitet. Das Grundgerüst des Vorfalls sei aber vorhanden und logisch strukturiert gewesen. Sehr schwierig sei es bei der Schilderung der Szene in dem Nachbarzimmer gewesen, da sei es hier chronologisch kreuz und quer gegangen war, so dass sie wegen des völlig erschöpften Zustandes der Geschädigten es letztlich aufgab, diesbezüglich weiter nachzuhaken. Die Zeugin We. führte weiter aus, dass die Angaben der Geschädigten schlüssig gewesen seien, auch habe diese Details berichtet, die mit Sicherheit nicht erfunden waren. Sie habe den Eindruck gehabt, dass die Geschädigte unter Schock stand und noch gar nicht richtig realisiert hatte, was passiert war. Auch habe die Geschädigte keinen Belastungseifer gezeigt oder sei geltungssüchtig, aggressiv oder übertrieben gewesen. Sie habe mit erfundenen Vergewaltigungsschilderungen hinreichend Erfahrung aufgrund ihrer langjährigen Tätigkeit beim Kriminaldauerdienst. Frauen, welche jemanden zu Unrecht sexueller Gewaltanwendung bezichtigen, hätten in aller Regel „eine fertige Geschichte" parat, die sie mit allem Nachdruck zu Protokoll gäben. So sei es bei Frau E. eben nicht gewesen. Bei der Schilderung der sexuellen Details habe sich die Geschädigte zudem sehr schwer getan, insoweit sei es ihr ersichtlich schwer gefallen, darüber zu sprechen. Dies sei ein weiterer Punkt, der nach ihrer Einschätzung und Erfahrung für die Glaubwürdigkeit einer Zeugin und gegen eine Falschbelastung spreche.

Die Zeugin We. machte auf die Kammer einen sehr ruhigen und erfahrenen Eindruck, zumal sie seit Jahren bei dem Kriminaldauerdienst des Polizeipräsidiums München arbeitet. Dort aber ist sie als weibliche Kriminalbeamtin häufig mit sexueller Gewalt und ihren Opfern konfrontiert, bevor dann nach einer Erstvernehmung der Dauerdienst die Sachbearbeitung an das zuständige Fachkommissariat abgibt. Sie sagte ohne Belastungseifer aus und gab dem Gericht keinen Anlass, an der Richtigkeit ihrer Aussage zu zweifeln.

Die Zeugin Ne., die eine Berufsausbildung als Krankenschwester hat und am Tattag im Frauenhaus in der K-Straße als Betreuerin arbeitete, gab an, die Geschädigte sei am 9.8.2003 auf sie zugekommen und habe darum gebeten, mit ihr allein zu reden. Die Geschädigte sei sehr verängstigt gewesen und habe ihr erzählt, dass der Angeklagte sie in dem Asylbewerberheim geschlagen, getreten, mit einem Messer bedroht und zum Sex gezwungen habe. Sie habe auch gesagt, sie habe sich selbst ausgezogen. Die Geschädigte sei deswegen sehr unsicher gewesen, wie dieses Verhalten im Rahmen sexueller Gewaltanwendung zu werten sei. Die Zeugin Ne. habe daraufhin der Geschädigten erklärt, dass dies ja nicht freiwillig war, wenn es unter Bedrohung mit einem Messer geschehe. Von der Vergewaltigung selbst habe die Geschädigte nicht viel berichtet. Sie habe aber auch erzählt, dass da noch andere Personen waren, die ihr aber nicht geholfen hätten. Die Geschädigte habe Verletzungen am Hals gehabt und ihr diese gezeigt. Die Geschädigte habe ihr auch erzählt, dass der Angeklagte sie nach Hause begleitet hatte. Aus diesem Grund hatte die Geschädigte auch Angst, dass dieser sich weiterhin vor dem Frauenhaus aufhalte, um zu überprüfen, ob etwas passieren würde. Sie habe dann andere Frauen gebeten, draußen nachzuschauen, ob der Angeklagte noch da war. Vorrangig bei der Geschädigten sei die Angst um ihren Sohn gewesen. Deswegen habe sie auch den Vater des Kindes angerufen und diesen aufgefordert, das Haus nicht zu verlassen. Die Zeugin gab an, dass sie der Geschädigten E. dann gesagt habe, sie würde jetzt gerne die Polizei verständigen. Von sich aus hätte E. die Polizei nicht verständigt. Auch habe sie einen Sanitäter gerufen, da die Geschädigte über Kopf- und Unterleibsschmerzen klagte. Erst nach dem Besuch der Sanitäter sei die Polizei gekommen. Die Zeugin Fo. sei zeitlich nach der Geschädigten ins Heim zurückgekommen, wohl erst, als der Notarztwagen bereits wieder weg war, jedenfalls aber noch vor dem Eintreffen der Polizei.

Die Angaben der Zeugin Ne., die einen glaubwürdigen Eindruck hinterließ, ohne Belastungseifer zur Sache aussagte, und kein persönliches Interesse am Ausgang des Verfahrens hat, war eine der ersten Zeugen vom Hörensagen, die von den Vorfällen am Abend des 9.8.2003 Kenntnis erlangte, wenn nicht sogar die erste Zeugin überhaupt. Ihrer Aussage kommt daher besondere Bedeutung zu. Der Zeugin Ne. sind aufgrund ihrer Tätigkeit als Betreuerin im Frauenhaus traumatisierte Frauen, auch solche, die Opfer sexueller Gewalt geworden sind, nicht neu. Sie hat berufliche Erfahrung damit. Zudem erkennt sie als ausgebildete Krankenschwester Schocksituationen.

Letztlich werden ihre Angaben auch durch das ärztliche Attest Dr. A. bestätigt, der im Zuge des Notarzteinsatzes die Geschädigte untersuchte und sein Attest am 10.8.2003 um 0.30 Uhr ausstellte. Die Polizei wurde nach den Angaben des Zeugen Sch. zwischen 0.30 und 1.00 Uhr gerufen und traf nach den Aussagen des Zeugen Ki. im Frauenhaus um 0.52 Uhr ein, wobei zu diesem Zeitpunkt die Zeugen POM Schw. und POM Sch. bereits anwesend waren.

Die Zeugin Fo. gab an, eine Bekannte der Geschädigten E. gewesen zu sein und seinerzeit ebenfalls im Frauenhaus gewohnt zu haben. Ferner bekundete sie, sie sei an dem Abend des 9.8.2003 mit einer Freundin beim Griechen gewesen und habe dort mindestens 3 Gläser Rotwein getrunken. Sie sei völlig betrunken gewesen, als sie von der Geschädigten einen Anruf bekam, mit der Bitte, sofort ins Frauenhaus zu kommen. Sie meinte, sich erinnern zu können, dass bei ihrem Eintreffen die Polizei bereits anwesend gewesen war. Möglicherweise sei diese auch erst kurz nach ihr eingetroffen. An diesem Tag habe sie mit der Geschädigten selbst nicht mehr über die Sache gesprochen. Sie habe diese aber auf das Polizeirevier begleitet und dort mitbekommen, dass der Angeklagte die Geschädigte gezwungen hatte, mit ihm zu schlafen. Die Geschädigte sei sehr aufgelöst gewesen an diesem Abend. Die Zeugin führte weiter aus, die Geschädigte E. habe ihr am nächsten Tag erzählt, der Angeklagte habe sie, die Geschädigte, auf dem Nachhauseweg immer wieder von der Straße heruntergezogen, weil sie sich immer vor die Autos schmeißen wollte.

Die Zeugin Fo. erinnerte sich auch an ein Telefonat mit dem Zeugen Ga., das sie in Anwesenheit der Geschädigten und einer weiteren männlichen Person vor dem Frauenhaus führte. Dieses Telefonat habe vor dem 9.8.2003 stattgefunden, da sie an diesem Tag mit der Geschädigten nicht zusammen gewesen sei, sondern diese ihren Freund besuchen wollte.

Im übrigen führte die Zeugin Fo. aus, die Geschädigte habe sich in Widersprüche verwickelt. Nähere oder detaillierte Angaben dazu konnte die Zeugin Fo. jedoch auch aufgrund drängender Nachfrage nicht machen. Sie erklärte jedoch, die Geschädigte habe sich bereits kurze Zeit später von einem anderen Mann in der Disco aufreißen lassen und sei mit diesem ins Bett gegangen. Ein solches

Verhalten sei nach ihrer Meinung untypisch für ein Vergewaltigungsopfer. Deswegen glaube sie E. nicht mehr.

Die Zeugin Fo. war aus für das Gericht nicht nachvollziehbaren Gründen während ihrer gesamten Vernehmung höchst aggressiv. Ihre Angaben waren von einem unübersehbaren Belastungseifer gegenüber der Geschädigten E. geprägt. Woher dieser rührt und was die Zeugin so unverhohlen aggressiv und negativ in ihrer Einstellung gegenüber der Geschädigten machte, war nicht zu eruieren. Im Kern bestätigt sie jedoch die Angaben der Zeugen Ne., POK Ki., POM Schw. und POM Sch. hinsichtlich des zeitlichen Ablaufs der Anzeigenerstattung und auch zum Zustand der Geschädigten an diesem Abend. Soweit es um behauptete Widersprüche geht, blieben die Angaben der Zeugin inhaltslos, ohne jede Substanz. In ihrem Eifer, alles Negative über das sonstige Leben der Geschädigten E. dem Gericht zu berichten, erläuterte die Zeugin Fo. jedoch ungewollt ein wesentliches Detail der Ereignisse auf dem Weg von der Orleansstraße zum Frauenhaus, daß nämlich die Geschädigte sich mit Suizidgedanken trug und von deren Umsetzung durch den Angeklagten abgehalten wurde. Auch dies belegt eindringlich den psychischen Ausnahmezustand, in dem sich die Geschädigte E. nach den tatgegenständlichen Vorfällen befunden hat.

Der unter Zuhilfenahme eines Dolmetschers vernommene Zeuge NAK. gab an, dass der Angeklagte das Mädchen, das sich zu dieser Zeit in seinem Zimmer befand, aus diesem heraus mit Gewalt zurück zu dem Zimmer des Angeklagten schubste. Hierbei habe es sich schon um ein starkes Schubsen gehandelt. Ob dem Angeklagten dabei auch die Hand ausgerutscht sei, wisse er nicht mehr sicher. Mit der Hand habe er etwas gemacht, entweder habe er die Geschädigte mit der Faust geschlagen oder mit der Hand geschubst. Er sagte weiter aus, dass es einen Streit zwischen dem Angeklagten und der Geschädigten gab, wobei die Hand des Angeklagten im Spiel gewesen war. Ob dieser die Geschädigte nun geschubst oder ihr eine Ohrfeige gab, wisse er nicht. Ob das Mädchen gestürzt sei, wisse er auch nicht. Ob die Füße des Angeklagten im Spiel gewesen waren, könne er nicht mit 100 %iger Sicherheit sagen. Zu Angabe von näheren Details war der Zeuge nicht zu bewegen.

Der Zeuge NAK., dem seine Vernehmung sichtlich unangenehm war, und der erst nach eindringlichem Nachfragen und unter Hinweis auf seine Wahrheitspflicht eingestand, dass es sich bei dem Zusammentreffen zwischen ihm, dem Angeklagten und der Geschädigten in und vor seinem Zimmer eben nicht um einen harmlosen Besuch mit dem allgemeinen Ziel des Angeklagten, Eis für seine alkoholischen Mix-Getränke zu erhalten, gehandelt hatte, hinterließ bei der Kammer den Eindruck, dass er sich soweit irgend möglich aus der Sache heraushalten wolle. Er begann während seiner Befragung stark zu schwitzen und vermied es, die Verfahrensbeteiligten und den Angeklagten anzusehen. Sein Verhalten lässt sich ersichtlich damit erklären, dass er der festen Überzeugung war und ist, dass aufgrund der Tatsache, dass zwischen Angeklagtem und Geschädigter eine Beziehung bestand und dieser sie heiraten wollte, auftretende Streitigkeiten, gleich welcher Art und Intensität, von diesen selbst geregelt werden müssen, ohne Einmischung von außen.

Dies zeigt auch seine polizeiliche Vernehmung vom 12.8.2003, in der er abweichend von seiner richterlichen Vernehmung vor der Kammer nur angab, außer dem Wunsch nach Eis und lauter Musik keine Besonderheiten wahrgenommen zu haben. Auf diesbezügliche Frage erklärte er nur, dass ihm damals im Unterschied zur Befragung ein halbes Jahr danach Misshandlungen oder gewaltsames Schubsen nicht mehr erinnerlich gewesen seien.

Die Kammer ist insoweit der festen Überzeugung, dass der Zeuge NAK. absichtlich die Geschehnisse in und vor seinem Zimmer verharmlost und nur unvollständig wiedergegeben hat. Aufgrund seines Verhaltens in der öffentlichen Sitzung der Kammer vom 5.2.2004 und seiner erkennbaren Grundeinstellung, wonach die Geschädigte vor Gericht für sich selber reden kann und der Angeklagte ihm auf Frage nach dem Grund der Auseinandersetzung gesagte hatte, das sei eine Sache nur zwischen ihnen beiden, dem Angeklagten und der Geschädigten, und er, NAK., sich heraushalten soll, war von diesem Zeugen auch unter Eid eine weitergehende Aussage zur Sache nicht zu erwarten.

Bestätigt wird mit dieser Aussage, dass es, so wie von der Geschädigten E. angegeben, in und vor dem Zimmer des Zeugen NAK. eine verbale Auseinandersetzung gab und der Angeklagte sie dabei auch tätlich angegriffen hat. Weiterhin auch, dass der Zeuge NAK. jedenfalls der Geschädigten nicht zu Hilfe kam, was auch die Zeugin Ne. von der Geschädigten bereits erfahren hatte.

Die Angaben der Geschädigten werden auch durch die Auffindung der beiden bei der Tat verwendeten Küchenmesser, deren Länge – wie durch das Vermessen festgestellt – 9,5 cm und 11,5 cm betrug, und die der Angeklagte im Rahmen der Hauptverhandlung als sein Eigentum anerkannte, gestützt.

Der Zeuge KK Fa., Beamter des Erkennungsdienstes im Polizeipräsidium München, gab an, dass das größere der beiden Messer nach den genauen Angaben der Geschädigten in der Wiese vor dem Container gefunden worden sei. Das kleinere habe man beim Vorrutschen des Sessels zwischen diesem und der Couch entdeckt. Die Messer habe er dann mehrere Tage später mit der Bitte um Untersuchung auf Fingerspuren erhalten. Er habe sie dann bedampfen lassen, brauchbare Fingerabdrücke seien aber nicht gefunden worden. Dies sei jedoch ohne Bedeutung, da man hierbei berücksichtigen müsse, dass das eine Messer über Nacht im Gras lag und damit der Nässe ausgesetzt gewesen sein dürfte. Zudem sei auch die große Hitze Anfang August 2003 ein nicht zu vernachlässigender Umstand. Dass keine verwertbaren Fingerspuren an den Messern gesichert werden konnten, bedeutet nach Aussage des Zeugen Fa. nicht, dass niemand sie in der Hand hielt. Der Zeuge schließt auch nicht aus, dass die Finger-

spuren am zuletzt gebrauchten Messer schon dadurch verwischten, dass der Angeklagte es zwischen Sessel und Couch schob.

Diese Feststellungen des Erkennungsbeamten Fa. erscheinen auch der Kammer überzeugend und nachvollziehbar. Sie sprechen nicht gegen die Angaben der Geschädigten. Es leuchtet jedem verständigen Betrachter ein, dass allein durch das Verstecken oder Hineindrücken des Messers zwischen Couch und Sessel die daran befindlichen Fingerabdrücke verwischt werden, so dass sich später keine verwertbaren Fingerspuren mehr entdecken lassen. Berücksichtigt man hinsichtlich des erstgebrauchten Messers die Morgenfeuchte des Grases, sowie hinsichtlich beider Messer die hochsommerlichen Temperaturen in- und außerhalb des Raumes und die Tatsache, dass zwischen der Sicherstellung der Messer und deren Bedampfung mehrere Tage vergingen, erklärt sich zwanglos das Fehlen verwertbarer Fingerspuren. Jedenfalls kann daraus nicht geschlossen werden, dass die Messer nicht – wie von der Geschädigten dargestellt – eingesetzt wurden. Jedoch belegt das Auffinden der beiden Messer an den von der Geschädigten geschilderten Plätzen als ein weiteres Indiz die Richtigkeit der von der Geschädigten gemachten Angaben.

Der Zeuge KK Fa. erklärte weiter, dass man aufgrund der Angaben der Geschädigten und des Angeklagten bezüglich des Samenergusses außerhalb des Körpers auch den Raum verdunkelt und mit einer UV-Lampe nach Spermaspuren abgeleuchtet habe. Diese Spurensuche sei allerdings negativ verlaufen.

Hieraus lassen sich jedoch keine Rückschlüsse ziehen. Die Geschädigte und der Angeklagte gaben nämlich übereinstimmend an, dass der Angeklagte seinen Samen außerhalb des Körpers der Zeugin E. verspritzte. Dass später die Spurensuche diese übereinstimmenden Angaben kriminaltechnisch nicht bestätigte, kann mannigfaltige Gründe haben. Bedeutung hat der negative Befund der Kriminaltechnik für das Verfahren nicht.

Anders verhält es sich jedoch mit den gutachterlichen Ausführungen des Rechtsmediziners Dr. Bed. Der Sachverständige Dr. Bed., der die Geschädigte noch in der Nacht des 10.8.2003 körperlich untersucht hat, gab im Rahmen seines Gutachtens an, dass er bei der Geschädigten Einblutungen an den Ohren und Prellmarken feststellte, die sich als Folge von Schlägen darstellten. Am Hals habe er eine leichte schräge Verfärbung festgestellt, die durch einen Kratzer oder eine Schürfung mit einem Messer verursacht sein könnte. Am rechten Oberarm habe sie Haltegriff- und Druckverletzungen gehabt. Weiterhin habe sie am rechten Schlüsselbein eine streifige blaurötliche Einblutung gehabt sowie am rechten Oberschenkel eine Schürfverletzung, die durch einen Tritt verursacht worden sein kann. Die Geschädigte habe über Druckschmerzen am Oberschenkel geklagt und von einer Vertaubung des linken Ohrs berichtet. Letztere sei die Folge eines Knalltraumas durch einen Faustschlag auf das Ohr gewesen. Verletzungen im Genitalbereich habe er nicht aufgefunden. Solche seien auch nicht zwangsläufig zu erwarten gewesen und ihr Fehlen spräche nicht gegen erzwungenen Geschlechtsverkehr, zumal, wenn das Opfer den erzwungenen Geschlechtsverkehr passiv und gegenwehrlos über sich ergehen ließ. Die festgestellten Verletzungen seien frisch gewesen und mit den Angaben der Geschädigten zu den erlittenen Misshandlungen und zu Tatzeit in Einklang zu bringen gewesen.

Auch die verlesenen Kurzgutachten des Dr. med. Pei. (Bl. 24) und Dr. med. Gall. (Bl. 268) und der Poliklinik für Hals-, Nasen- und Ohrenkranke der Universität München (Anlage zum Protokoll vom 5.2.2004) bestätigen die Trommelfellruptur im linken Ohr der Geschädigten sowie eine Kehlkopfkontusion und eine Schädelprellung aufgrund der am 9.8.2003 erlittenen Misshandlungen.

Damit werden die Angaben der Geschädigten zu ihren Verletzungen und zur Tatzeit durch die Aussagen der Zeuginnen KOK'in We. und Ne. sowie den Sachverständigen Dr. Bed. eindrucksvoll bestätigt. Für die Kammer bestand demnach kein Zweifel daran mehr, daß der Angeklagte die Geschädigte am Abend des 9.8.2003 körperlich in der von dieser geschilderten Art und Weise misshandelte. Dass Verletzungen im Genitalbereich nicht festgestellt werden konnten, spricht nicht dagegen, dass eine Vergewaltigung stattgefunden hatte. Nach den Schilderungen der Geschädigten, wonach diese unter dem Eindruck der Bedrohung mit dem Messer, der vorangegangenen körperlichen Misshandlungen, sowie der Tatsache, dass der Angeklagte das Zimmer verschlossen und ihr damit einen Fluchtweg abgeschnitten hat, die sexuellen Handlungen widerstandslos über sich ergehen ließ, waren derartige Verletzungen nicht zu erwarten. Im übrigen klagte die Geschädigte nach den Angaben der Zeuginnen Ne. und We. sowie des Sachverständigen Dr. Bed. über heftige Unterleibsschmerzen und Druckschmerzen im Oberschenkelinnenbereich. Beides spricht eindeutig dafür, dass der unstreitig erfolgte Geschlechtsverkehr gerade nicht freiwillig, sondern gegen den Willen der Geschädigten erfolgte. Die Druckschmerzen an den Oberschenkeln erklären sich – so der Sachverständige Dr. Bed. – als Folge des Auseinanderzwingens der Oberschenkel. Dass sich dort noch keine Verfärbungen im Sinne von Einblutungen in das Fettgewebe der Schenkel zeigten, erläuterte der Sachverständige Dr. Bed. für die Kammer nachvollziehbar damit, dass Hämatome dieser Art sich erst später visuell darstellten. Seine eigene Untersuchung der Geschädigten sei zeitlich noch zu nahe an der Tat gewesen.

Die Aussage des Zeugen Ga., der angab, dass er sich absolut und hundertprozentig sicher sei, er habe am 9.8.2003 gegen 22.00 Uhr mit der Geschädigten E. bei gleichzeitiger Anwesenheit des Angeklagten und der Zeugin Fo. vor dem Frauenhaus telefoniert, wird durch die Aussage der Zeuginnen Fo. und Ne. eindeutig widerlegt. Die Zeugin Fo. führte insoweit aus, dass sie an dem fraglichen Abend mit einer anderen Freundin beim Griechen gewesen sei, als sie einen An-

ruf von der Geschädigten bekam. Daraufhin sei sie sofort auf schnellstem Weg in die K-Straße 51 gelaufen, wo sie die aufgelöste Geschädigte E. und weitere Personen, darunter möglicherweise auch bereits Polizeibeamte antraf. Von einem Telefonat zwischen der Geschädigten und Ga. an diesem Abend berichtete sie nichts, verlagerte vielmehr ein solches Gespräch, wenn es denn überhaupt stattfand, zeitlich vor den 9.8.2003. Die Richtigkeit dieser Aussage insoweit ergibt sich auch daraus, dass die Zeugin Ne. bestätigte, die Zeugin Fo. sei erst nach der Geschädigten zurück ins Frauenhaus gekommen.

Damit steht zur Überzeugung der Kammer zweifelsfrei fest, dass das vom Zeugen Ga. geschilderte Telefonat jedenfalls nicht am 9.8.2003 stattgefunden hat.

Die Kammer unterstellt dem Zeugen Ga. nicht, dass dieser das Gericht bewusst mit der Unwahrheit bediente und damit eine vorsätzliche falsche uneidliche Aussage beging, auch wenn seine Angaben erkennbar dadurch gekennzeichnet waren, den Angeklagten zu entlasten. Indessen kann nicht ausgeschlossen werden, dass gerade in der Absicht des Zeugen, dem Angeklagten, der mit ihm in der JVA Stadelheim längere Zeit auf einem Flur lag, einen Gefallen zu tun und diesem beizustehen, jedoch der Hintergrund dafür zu sehen ist, dass sich der Zeuge Ga. so sehr auf ein bestimmtes Datum fixierte und auch auf eindringliche Nachfrage des Gerichts hiervon nicht abrückte, sondern sich vielmehr erst recht darauf versteifte, das fragliche Telefonat habe exakt an diesem 9.8.2003 abends um 22.00 Uhr stattgefunden.

Die Angaben des unter Zuhilfenahme eines Dolmetschers vernommenen Zeugen YK. stehen nur auf den ersten Blick in Widerspruch zu denen der Geschädigten E. Dieser Widerspruch ist nur scheinbar. Die Aussage des Zeugen YK. macht deswegen die Geschädigte nicht unglaubwürdig.

Der Zeuge gab an, die Geschädigte habe ihn am 10.8.2003 angerufen und erzählt, sie habe mit dem Angeklagten einen Streit gehabt und dieser habe sie geschlagen. Sie habe den Polizeibeamten auch erzählt, der Angeklagte habe sie vergewaltigt. Frau E. habe von ihm wissen wollen, was sie tun solle. Der Zeuge führte weiter aus, er habe der Geschädigten E. gesagt, sie solle der Polizei die Wahrheit sagen.

Der Zeuge zog aus dem Gespräch mit der Geschädigten für sich den Rückschluss, die Vergewaltigung habe überhaupt nicht stattgefunden und E. habe den Angeklagten zu Unrecht einer solchen Tat bei der Polizei bezichtigt. Dies ergaben Nachfragen seitens der Kammer. Der Zeuge YK. wusste zwar den Wortlaut des Gesprächs nicht mehr zu erinnern, meinte aber, E. habe im Zusammenhang mit der Polizei gesagt, sie habe den Angeklagten ‚sogar' wegen Vergewaltigung angezeigt. Aus dem Wörtchen ‚sogar' ergaben sich die entsprechenden Schlussfolgerungen des Zeugen. Auf Nachfrage erklärte er jedoch, die Zeugin E. habe nie ausdrücklich gesagt, sie habe den Angeklagten zu Unrecht der Vergewaltigung bezichtigt oder gegenüber der Polizei eine solche erfunden. Bei der Würdigung der Aussage kann nicht übersehen werden, dass der Angeklagte dem Zeugen YK. gut bekannt ist, auch einige Zeit bei ihm gewohnt und er diesem eine solche Tat einfach nicht zutraut. Zudem klang bei dem Zeugen an, dass er – wie auch seine Ehefrau (dazu noch unten) – nicht gut auf E. zu sprechen ist. Dies rührt zum einen daher, dass er den Angeklagten und die Geschädigte einmal während der Arbeit in einer Besenkammer erwischte, als sie sexuell miteinander verkehrten. Zum anderen scheint der Zeuge YK. von einem schlechten Leumund der Geschädigten überzeugt zu sein, auch wenn er sich dazu nicht weiter äußern wollte.

Damit steht durch die Aussage des Zeugen YK. zur Überzeugung des Gerichts lediglich fest, dass die Geschädigte diesen anrief, ihm berichtete, der Angeklagte habe sie geschlagen und sie diesen bei der Polizei auch wegen Vergewaltigung angezeigt habe. Nicht mehr und nicht weniger. Weitere, den Angeklagten entlastende oder die Aussage der Geschädigten in Zweifel ziehende Anhaltspunkte lassen sich aus den Angaben von YK. nicht gewinnen. Dass die Geschädigte YK. am 10.8.2003 anrief, gibt im Grunde auch nicht Veranlassung, an diesem Ergebnis etwas zu ändern. Die Geschädigte kannte YK. als Arbeitgeber des Angeklagten und verständigte ihn in dieser Eigenschaft von der Verhaftung. Weiteren Bedeutungsgehalt kann der Mitteilung und ihrem Inhalt nicht zugemessen werden.

Die Angaben der Zeugin AK., die den Anruf der Geschädigten an dem Sonntagnachmittag des 10.8.2003 nur entgegennahm und das anschließende Telefonat zwischen ihrem Mann und dieser über Lautsprecher mitgehört haben will, wurden vom Gericht bei der Urteilsfindung gem. § 245 Abs. 1 S. 1 letzt. Alternative StPO nicht berücksichtigt. Der Verwertung der Aussage der Zeugin AK. steht ein Verwertungsverbot entgegen. Der Verwertung steht zum einen § 201 StGB entgegen. Zum anderen würde einer Verwertung der Aussage der Zeugin AK., soweit es nicht die Entgegennahme des Anrufs und Weitergabe des Hörers an den Zeugen YK. betrifft, das verfassungsrechtlich gewährleistete Recht am geschützten Wort als Teil des allgemeinen Persönlichkeitsrechts nach Art. 2 I i.V.m. Art. 1 I GG der Geschädigten E. verletzen. Insoweit besteht auch Schutz davor, dass ein Kommunikationspartner ohne Kenntnis des anderen eine dritte Person als Zuhörer in das Gespräch miteinbezieht oder die unmittelbare Kommunikationsteilhabe durch einen Dritten gestattet (BVerfG in NJW 2002, 3621). Die Zeugin E. wollte nur mit YK. sprechen. Dass das mit ihm gewechselte nicht öffentlich gesprochene Wort über den Telefonlautsprecher auch von der Ehefrau des Zeugen, der Zeugin AK., mitgehört wurde, war ihr nicht bekannt. Jedenfalls wurde sie – so übereinstimmend AK. und YK. – nicht darauf hingewiesen, dass nunmehr das nicht öffentlich gesprochene Wort in den Raum dergestalt übertragen werde, dass AK. es mithören konnte. Da E. nichts von der

Übertragung des nicht öffentlichen Wortes wusste, war sie auch nicht mit dem Mithören des Telefonats durch die Ehefrau einverstanden. Eine ausdrückliche Einwilligung hierzu hat sie nicht erklärt. Von einer konkludenten Einwilligung kann ebenfalls nicht ausgegangen werden. So rechtfertigt das bloße faktische Verbreitetsein von Mithöreinrichtungen an Telefongeräten nicht den Schluss auf deren allgemeine Nutzung zum Mithören durch Dritte. Dies gilt auch, wenn ein Gespräch zunächst von einer anderen Person entgegengenommen und dann an den maßgebenden Gesprächspartner weitergereicht wird (BVerfG in NJW 2002, 3623). Besondere Umstände des Falles, die das Mithören ausnahmsweise rechtfertigen, sind nicht erkennbar (vgl. dazu m.w.N. Meyer-Goßner, StPO, 46. Aufl. 2003, Einl. Rn 56 b m.w.N.).

So hat der Zeuge YK. ausdrücklich erklärt, dass sich seine Ehefrau während des Telefonats leise verhalten habe und damit der Zeugin E. nicht bereits aufgrund von unmittelbaren Reaktionen der Zeugin AK. sich der Verdacht aufdrängen musste, dass diese das Gespräch mithört. Vorliegend überwiegt auch nicht das öffentliche Interesse an einer möglichst vollständigen Wahrheitsfindung im Strafprozess das allgemeine Persönlichkeitsrecht der Geschädigten E., da hier bereits der Zeuge YK. als Beweismittel zur Verfügung stand und es somit eines weiteren Beweismittels nicht bedurfte.

Selbst wenn die Geschädigte E. hier, wie nicht, einer Verwertung der Aussage der Zeugin AK. zugestimmt hätte, würde auch deren Aussage nichts an der Beurteilung der Glaubwürdigkeit der Geschädigten durch die Kammer ändern. Auch die Zeugin AK. hat nur ihre Schlussfolgerungen aus den telefonischen Angaben der Zeugin E. gezogen, konnte aber ebenso wenig wie ihr Mann bekunden, dass die Geschädigte angab, dass sie hier aus Verärgerung oder aus sonstigen Gründen den Angeklagten zu Unrecht einer Vergewaltigung bezichtigt hatte.

Die Zeugin Ri. gab an, sie kenne die Geschädigte unter dem Namen „Ebru". Sie habe im August 2003 wie die Geschädigte im Frauenhaus in der K-Straße gewohnt. Die Geschädigte habe ihr zwischen dem 11.8.2003 und 14.8.2003 erzählt, dass sie von einem unbekannten Mann in einem Park in der Nähe des Frauenhauses vergewaltigt worden sei. Zunächst habe sie ihr dies geglaubt, später nicht mehr, dies, weil sich die Geschädigte mehrmals widersprochen habe. So habe sie ihr, ohne dass die Zeugin dies auch nur annähernd zeitlich einordnen konnte, später erzählt, dass die Vergewaltigung in einem Haus oder einer Wohnung stattgefunden habe. Weitere Widersprüche konnte die Zeugin nicht offen legen. Die Geschädigte habe ihr auch erzählt, dass wegen dieser Vergewaltigung die Polizei da gewesen sei und auch die Zeugin Fo. bei dem Gespräch mit der Polizei anwesend gewesen wäre. Von einem Messer habe sie nichts erzählt.

Die Kammer schenkt der Aussage der Zeugin Ri. keinen Glauben. Die Zeugin hat zu Punkten, die ihre eigene Glaubwürdigkeit betreffen, unwahre Angaben gemacht. Die Zeugin wurde gefragt, ob sie im August 2003 Drogen nahm und Alkohol- und Medikamentenmissbrauch betrieb. Die Zeugin verneinte diese Frage. Erst auf Vorhalt ihrer eigenen Zeugenaussagen im Verfahren der Staatsanwaltschaft München I (Gz: 246 UJs 719526/03) vom 14.8.2003 und vom 18.11.2003 sowie der toxikologischen Untersuchung vom 4.9.2003 (Blut- und Urinprobe vom 14.8.2003) gestand die Zeugin zu, entsprechende Probleme zu haben. Auch die weitere Frage, ob die Zeugin im zeitlichen Zusammenhang mit dem August 2003 in psychiatrischer Behandlung war, beantwortete die Zeugin negativ. Wiederum erst auf Vorhalt des polizeilichen Vermerks vom 17.9.2003 (im genannten Verfahren der Staatsanwaltschaft München I) räumte die Zeugin ein, am 9.9.2003 zuerst in die Psychiatrische Klinik Nussbaumstrasse und dann in das Bezirkskrankenhaus Haar zwangsweise eingewiesen worden zu sein.

Darüber hinaus hält die Kammer die Aussage der Zeugin Ri. auch aus anderen Gründen für unglaubwürdig. Diese war, wie sie selbst einräumen musste, im Sommer 2003 wegen Alkohol-, Drogen- und Medikamentensucht in der Psychiatrischen Klinik in der Nussbaumstrasse und im Bezirkskrankenhaus Haar. Es stellt sich damit zwangsläufig die Frage, inwieweit und woran sich die Zeugin im Einzelnen noch erinnern kann und ob dieses Erinnerungsvermögen getrübt ist. Hierbei kann der Gegenstand des Verfahrens 246 UJs 719526/03 nicht außer Acht gelassen werden. Am 14.8.2003 zeigte die Zeugin an, durch einen Unbekannten im weiteren Umfeld des Hauptbahnhofes München Opfer eines Notzuchtverbrechens geworden zu sein. Dieses Verfahren wurde letztlich eingestellt, da die Zeugin Ri. zum Teil widersprüchliche Angaben machte, zum Teil ihre Mithilfe verweigerte und im übrigen auch keinerlei äußere Tatsachen oder sonstige Beweismittel vorhanden waren, die ihre Angaben bestätigt hätten. Inwieweit hier damit eine Vermischung von Erlebtem, Gehörtem und Erfundenen stattgefunden hat, war für die Kammer nicht zu eruieren. Angesichts der psychischen Auffälligkeiten der Zeugin Ri. bestehen damit gegen deren Aussagetüchtigkeit und Aussageinhalt gravierende Bedenken.

Die Kammer hält diese Zeugin jedenfalls nicht für geeignet, die Glaubwürdigkeit der Geschädigten E. zu erschüttern. Selbst, wenn man davon ausgeht, daß die Geschädigte der Zeugin Ri. tatsächlich zunächst erzählt haben sollte, dass sie von einem fremden Mann in einem Park vergewaltigt worden sei, so entspricht das dem, zu was die Geschädigte E., nach deren eigenen Angaben, vom Angeklagten angehalten wurde zu erzählen, um ihren Zustand am Abend des 9.8.2003 zu erklären. Dass E. der Ri. jemals aber eingestand, sie habe die Vergewaltigung zu ihrem eigenen Nachteil erfunden, konnte selbst die Zeugin Ri. nicht bekunden.

Betreffend die allgemeine Glaubwürdigkeit der Geschädigten E. ist festzuhalten, dass es sich bei ihr um eine gesunde junge Frau handelt, an deren Aussagefähigkeit und -tüchtigkeit die Kammer keine Veranlassung zu zweifeln sah. Es mag sein, dass E. im Dezember 2002 bei ihrem damaligen Freund F. ein Videoband betrachtete, das wiedergab, wie F. eine Frau Wu. mittels eines Messers tötete, und sich an deren Leiche verging. Dass sie dieses Geschehene auf den Angeklagten projizierte und ihn deshalb zu Unrecht der Vergewaltigung bezichtigte, erschließt sich nicht und drängt sich auch nicht auf. Tatsächliche Anhaltspunkte hierfür haben sich für die Kammer – wie die Gesamtschau der vorangegangenen Überlegungen auch zeigen – nicht ergeben. Beide Lebenssachverhalte sind zudem zu unterschiedlich. Auch können die zeitlichen Umstände nicht außer Acht gelassen werden. Zwischen dem Erleben des Videobandes und der angeblichen Projektion auf den Angeklagten liegen immerhin 8 Monate. Äußerungen, die die Geschädigte im Zusammenhang mit der Tat des F. getätigt hat, etwa, dass sie Freude über das Ableben von Frau Wu., in der sie zu Recht oder zu Unrecht eine Rivalin bezüglich F. sah, empfand, lassen sich allenfalls als dissoziales Verhalten qualifizieren, nicht aber auch auf eine tiefgreifende Bewusstseinsstörung bei der Geschädigten schließen. Dies hat der Sachverständige Dr. H. im Übrigen nicht anders gesehen. Zudem hat E. zu allem im Zusammenhang mit F. Stellung genommen und auch Fragen der Verteidigung und des Sachverständigen beantwortet. Damit stellte sie unter Beweis, dass sie in der Lage ist, zwischen den beiden Sachverhalten zu differenzieren.

Dies gilt auch insoweit, als die Geschädigte bei den Zeuginnen Fo. und Ri. unter dem Namen „Ebru" bekannt war und diese den richtigen Namen der Geschädigten erst aus der Zeitung erfahren haben wollen. Fakt ist, dass jedenfalls der Zeugin Ne. der Name der Geschädigten bekannt war und auch die Anzeigenerstattung unter ihrem richtigen Namen erfolgt ist. Alles andere liegt im Bereich des Spekulativen, lässt aber nach Auffassung der Kammer jedenfalls keine Rückschlüsse auf die Glaubwürdigkeit der Zeugin E. zu oder gibt dieser Anlass für die Erholung eines ausführlichen, psychiatrischen, psychologischen oder aussagepsychologischen Gutachtens der Zeugin.

Nichts anderes gilt für den Umstand, dass die Geschädigte von sich aus sowohl eingeräumt hat, einen neuen Freund zu haben, als auch diesen bereits im August 2003 kennengelernt zu haben. Dass die Zeugin damit bereits einige Tage nach der Verhaftung des Angeklagten eine neue oder andere Beziehung zu Männern aufnahm, spricht nicht per se gegen ihre Glaubwürdigkeit, sondern lässt allenfalls Rückschlüsse auf ihren Lebenswandel zu, den zu bewerten nicht Aufgabe des Gerichts ist.

Die Kammer sieht sich in der Einschätzung der allgemeinen Glaubwürdigkeit der Geschädigten E. auch durch die sachverständige Zeugin UMo. bestätigt.

Diese gab an, dass die Geschädigte E. im Frühjahr/Sommer 2003 und seit Januar 2004 wieder eine Gesprächstherapie (Verhaltenstherapie) bei ihr durchführt.

Die Geschädigte habe sie erstmals im Mai 2003 aufgesucht und damals nur ein konkretes Thema gehabt, nämlich, ihre Angst, allein in den Waschkeller zu gehen. Sie habe damals noch bei ihrem früheren Freund gewohnt und im Waschkeller immer Angst gehabt, dass jemand hinter ihr stehen und ihr etwas antun könne. Die Zeugin UMo. meinte, sich erinnern zu können, dass die Geschädigte ihr auch erzählt habe, dass sie von einem Stiefbruder oder Onkel sexuell missbraucht worden sei und deshalb Angst habe, nach Hause zu gehen. Dies habe die Geschädigte damals aber nicht weiter thematisieren wollen. Die Geschädigte habe sie damals etwa 10 Mal in unregelmäßigen Abständen aufgesucht. Die Ängstlichkeit habe sich wohl verloren, wohl auch, weil sie dann bei ihrem Freund ausgezogen und ins Frauenhaus gezogen war.

Im Januar 2004 sei die Geschädigte E. wieder bei ihr erschienen mit einer Überweisung ihres Hausarztes und dessen Diagnose einer posttraumatischen Belastungsstörung. Bei dem ersten Gespräch habe die Geschädigte ihr Kind dabei gehabt und ihr nur erzählt, dass sie eine Therapie benötige, da sie mit allem nicht fertig werde und alles so furchtbar sei. Ihr früherer Freund sei in einen Mordfall verwickelt, das Ganze sei auch groß durch die Presse gegangen und dann sei sie auch noch vergewaltigt worden. Sie schlafe schlecht, sei schreckhaft, ängstlich bei Geräuschen in der Wohnung und leide an Konzentrationsstörungen. Mehr habe E. bisher nicht berichtet. Die Anwesenheit des Kindes in der Therapie habe sehr gestört. Zur Zeit befindet sich Therapeut und Proband noch in der Phase 5 der probatorischen Gespräche und sie, die Therapeutin, lasse die Geschädigte im wesentlichen reden und über die jeweils drängenden Probleme berichten. Details über die Vergewaltigung habe ihr die Geschädigte bisher nicht geschildert, davon nur kurz sachlich und emotional distanziert erzählt. Klar erkennbar sei für sie aber gewesen, dass es sich um einen neuen Vorfall, also um eine erst nach ihren letzten Besuchen (die nach ihrer Erinnerung bis Juli 2003 dauerten) statt gefundene Vergewaltigung handelte und dass es sich bei dem Täter der Vergewaltigung und dem Mörder (von Frau Wu.) um zwei verschiedene Personen handele.

An der Diagnose einer posttraumatischen Belastungsstörung habe sie eigentlich keine Zweifel auf dem Hintergrund der Verstrickung in den Mordfall und der erlittenen Vergewaltigung in Verbindung mit den beklagten Alpträumen und Schlafstörungen.

Sonstige psychische oder psychopathologischen Auffälligkeiten oder Affektstörungen habe sie bei der Geschädigten nicht festgestellt.

Eine Neigung zu Unehrlichkeit oder Übertreibung, zum Erfinden von Geschichten, eine zu rege Phantasie oder ein übersteigertes Geltungsbedürfnis habe sie bei der Geschädigten nicht beobachtet, diese spreche nur über Dinge, die ihr wichtig sind. Ihr Wortschatz sei zudem nicht sehr groß.

Auch diese Zeugin bestätigt die hier verfahrenserheblichen Angaben der Geschädigten, soweit sie von dieser davon in Kenntnis gesetzt wurde.

Die Kammer teilt mit der Zeugin UMo. den Eindruck, dass die Geschädigte nicht zu Übertreibungen oder zum Erfinden von Lügengeschichten neigt. Sie hält diese voll umfänglich für glaubwürdig und sieht sich hierin auch durch die Ausführungen des Sachverständigen Dr. H. im Termin vom 6.2. und 13.2.2004 bestätigt.

Der Sachverständige Dr. H. gab an, dass er aufgrund seiner Beobachtungen in der Hauptverhandlung und aufgrund seiner Fragen an die Geschädigte bei der Zeugin E. keine formalen Denkstörungen, affektiven Auffälligkeiten oder psychopathologischen Störungen habe feststellen können. Diese habe sich klar zu den angeklagten Taten geäußert, in Widersprüche habe sie sich nicht verwickelt.

Die Schilderung ihres Zustandes nach der Tat – Rückzug, vermehrtes Waschen – zeige das Vorliegen einer diskreten passageren posttraumatischen Belastungsstörung, was nunmehr auch von der Zeugin UMo. bestätigt werde. Dass die Geschädigte E. der Zeugin UMo. noch keine Details über die Vergewaltigung erzählt habe, verwundere nicht, da es gerade im therapeutischen Bereich oftmals länger dauere, bis sich der Proband öffne.

Der Sachverständige Dr. H., Arzt für Psychiatrie und Psychotherapie, hat sein Gutachten aufgrund seines persönlichen Eindrucks von der Geschädigten in der Hauptverhandlung sowie unter weiterer Berücksichtigung der Angaben der übrigen Zeugen erstattet.

Er ist dem Gericht als sehr kompetenter und erfahrener Gerichtsgutachter bekannt, an seinen Ausführungen bestehen keine Zweifel. Die Kammer sah keine Veranlassung, zusätzlich hierzu noch eine tiefergreifende psychiatrische Untersuchung der Geschädigten oder ein aussagepsychologisches Gutachten in Auftrag zu geben. Diese hält der Sachverständige Dr. H. nicht für veranlasst, da er keine entsprechenden Anlasstatsachen hat feststellen können. Dem schließt sich die Kammer an, da der Sachverständige über die erforderliche Sachkunde verfügt und sich ein Bild von der Geschädigten hat machen können. Die Kammer hat sich zudem einen eigenen Eindruck von der Geschädigten machen können und gemacht und deren Aussage umfassend gewürdigt. Der Inanspruchnahme weiterer sachverständiger Hilfe bedurfte es damit nicht mehr.

Damit steht zur Überzeugung der Kammer fest, dass der Angeklagte die Geschädigte E. nicht nur geschlagen, sondern auch mehrfach bedroht, auch mittels eines Messers, und diese unter Vorhaltung eines Messers gezwungen hat, ihn zweimal oral zu befriedigen und mit ihm zweimal den Geschlechtsverkehr auszuüben.

Die Kammer sah abschließend keine Veranlassung von Amts wegen weitere Beweiserhebungen zu tätigen oder Sachverständige zu beauftragen. Insoweit kann auf die Ausführungen in den Gerichtsbeschlüssen vom 13.2.2004 Bezug genommen werden. Darüber hinaus waren auch sonst keine Anhaltspunkte oder Anknüpfungstatsachen erkennbar, die die Glaubwürdigkeit der Zeugin E. an sich zu erschüttern geeignet gewesen wären. Was den ersten Ehemann der Geschädigten E. betrifft, so war ganz allgemein nur die Rede davon, dass dieser wesentlich älter war und sie eine unschöne Ehe hatte. Dass dieser ihr körperlich oder sexuell Gewalt angetan habe, wurde von der Geschädigten nicht behauptet, sondern nur von der Verteidigung in den Raum gestellt. Was die Tatsache anbelangt, dass die Zeugin UMo. angab, dass die Geschädigte ihr gegenüber bei den Gesprächen im Frühjahr 2003 erwähnt habe, dass sie früher von einem Stiefbruder oder Onkel missbraucht worden sei, ist nicht ersichtlich, ob dies zutreffend war oder nicht, sowie ob dies zu einer Anzeigenerstattung führte oder nicht. Die Kammer sah insoweit keine Veranlassung weiterer Beweisermittlungen durchzuführen, da in diesem Zusammenhang jegliche Anhaltspunkte dafür fehlten, dass dies Einfluss auf das Aussageverhalten der Geschädigten E. genommen haben könnte, dergestalt, dass hier eine Vermischung, Verlagerung oder Verfälschung des tatgegenständlichen Sachverhaltes erfolgt wäre.

Hierin sieht sie sich auch durch die Angaben und Einschätzungen des Sachverständigen Dr. H. sowie der sachverständigen Zeugin UMo. bestätigt.

Es folgen Ausführungen zu den persönlichen Verhältnissen und Strafzumessungs- 14
erwägungen.

F. Die Analyse der Wahrnehmungsfehler der vorhandenen Indizien

I. Vorbemerkung

In dem Ausgangsfall hat das Gericht im Urteil ausgeführt, dass es sich um eine **Kon-** 15
stellation Aussage gegen Aussage handele und **die Glaubwürdigkeit der Zeugin kritisch zu prüfen war**, wobei „sich die Kammer [angeblich] in jeder Phase der Sachverhaltsaufklärung und Entscheidungsfindung [dies] eindringlich vergegenwärtigt hat". Darüber hinaus ging das Gericht davon aus, „dass die Aussage der Zeugin durch weitere Zeugenaussagen erhärtet und bestätigt wurde." Dass es sich hier nur

um eine für die Beweiswürdigung typische Leerformel[3] gehandelt hat, ergibt sich aus Folgendem:[4]

II. Die einzelnen Wahrnehmungsverzerrungen

16 1. Zuerst führte das Gericht aus, „dass die Aussage der Zeugin E. im inhaltlichen Vergleich mit ihren Angaben vor der Polizei konstant und nachvollziehbar war". **Der Widerspruch zur polizeilichen Aussage wurde also gemäß dem o.g. Phänomen der kognitiven Dissonanz unterbewertet** bzw. im Urteil gar nicht mehr bewertet und erwähnt bzw. nicht mehr wahrgenommen. Das ist insofern bemerkenswert, als **die Frage, wann das Messer in der Hand gehalten und wann und wohin es abgelegt wurde, eine Abweichung im Kerngeschehen** darstellt,[5] die ein **Indiz gegen die Glaubwürdigkeit** der Zeugin E. begründet, welches vom Gericht nur aufgrund der eigenen Wahrnehmungsverzerrung nicht mehr gesehen wird.

2. Das Urteil führt aus, „die Geschädigte bat den Angeklagten dann [nach der Vergewaltigung] darum, sie nach Hause zum Frauenhaus „K." in der K.-straße in München zu begleiten". Hierbei bewertet und erwähnt die Kammer nicht, dass das gemeinsame Heimbegleiten bei einer Vergewaltigung eher ungewöhnlich ist, es sei denn, die Abgelegenheit des Tatortes sowie die späte Stunde führen hierzu.[6] Im Sachverhalt handelte es sich aber um die Millionenstadt München, wobei die angebliche Tat am Ostbahnhof geschah und das Frauenhaus am Hauptbahnhof war. Die Entfernung zwischen beiden Plätzen beträgt fünf U- bzw. S-Bahnstationen. **Gemäß dem Phänomen der kognitiven Dissonanz** und der Wahrnehmung entsprechend dem Vorurteil, dass der Angeklagte der Täter ist, unterbewertet bzw. **bewertet die Kammer auch hier nicht** bzw. nimmt nicht wahr, dass es sich folglich um ein Indiz gegen die behauptete Vergewaltigung handelt. Dieser Punkt zeigt, wie stark die oben ausgeführten psychologischen Phänomene wirken, denn die Verteidigung hatte auf diesen Punkt in der Haupt-

3 Vgl. Reinecke, Die Krise der freien Beweiswürdigung im Zivilprozess, oder über die Schwierigkeit, einem Zeugen nicht zu glauben, MDR 1986, S. 632; vgl. Fischer, Glaubwürdigkeitsbeurteilung und Beweiswürdigung, NStZ 1994, S. 1, 5.

4 Hinzuweisen ist noch, dass derartige Leerformel unzulässig sind (so BGH, MDR 2000, S. 323), u. sowohl die fehlende als auch die mangelhafte Begründung einer Beweiswürdigung gegen § 286 Abs. 1 Satz 2 ZPO verstoßen (vgl. Wieczorek, Komm. zur ZPO, 2. Aufl. § 286 Anm. D III) u. damit auch gegen § 267 Abs. 1 StPO. Gleichwohl sind Fälle die zur Aufhebung dieser Floskel führen selten u. werden für den Bereich des Zivilrechts sogar als „revisionssicher" bezeichnet (vgl. Reinecke, Die Krise der freien Beweiswürdigung im Zivilprozess, oder über die Schwierigkeit, einem Zeugen nicht zu glauben, MDR 1986, S. 632).

5 Vgl. BGH 4 StR 511/98 = StV 1999, S. 136.

6 Vgl. Michaelis/Arntzen – Die Vergewaltigung aus kriminologischer, viktimologischer und aussagepsychologischer Sicht, 2. Aufl., S. 32.

verhandlung mit Angabe der Fundstelle bei Michaelis-Arntzen zwei Mal hingewiesen. Gleichwohl wurde dies scheinbar nicht mehr wahrgenommen.

3. Stattdessen setzten sich die wahrnehmungsverzerrenden Phänomene wie folgt fort: Zulasten des Angeklagten wertet die Kammer nämlich einerseits, „[...] dass sie [die Zeugin] nach dem Geschlechtsverkehr entgegen ihrer sonstigen Gewohnheit nicht beim Angeklagten übernachtete, sondern sich von diesem nach Hause begleiten ließ“. Das gemeinsame Heimbegleiten ist aber kein Indiz für die Vergewaltigung, sondern dagegen! (s.o. § 8 Rdn 22 ff.). Darüber hinaus liegt insofern ein Widerspruch vor, als das LG an anderer Stelle ausführte, „in der Folge waren sie fast täglich zusammen und hatten auch einvernehmlichen Geschlechtsverkehr und zwar sowohl vaginalen, als auch oralen. Auch über Heirat wurde zwischen beiden schon gesprochen. Bisweilen übernachtete die Zeugin E. auch im Zimmer des Angeklagten in der Asylbewerberunterkunft“. Es ist also bei unverzerrter Wahrnehmung – alleine schon aus dem Urteil entnehmbar – nicht richtig, dass die Geschädigte entgegen ihren Gewohnheiten nicht beim Angeklagten übernachtete, sondern vielmehr übernachtete die Angeklagte nur bisweilen beim Angeklagten. Tatsächlich hatte die Zeugin auch nicht angegeben, entgegen ihren sonstigen Gewohnheiten nicht beim Angeklagten übernachtet zu haben, sondern nur mitgeteilt, dass sie ab und zu **beim** Angeklagten übernachtete. **Das hat das LG zwar richtig wahrgenommen** und **wiedergegeben**, aber in der konkreten Beweiswürdigung sodann eine **Uminterpretation** (= Beweisanpassung[7]) **vorgenommen** und **„bisweilen“ zu „entgegen der sonstigen Gewohnheit“ uminterpretiert** und somit erneut den Sachverhalt verzerrt gewürdigt, um die A-priori-Erwartung (der Angeklagte ist der Täter) zu erfüllen.

4. **Das LG ging einerseits davon aus, dass in den Aussagen der Zeugin E. unauffällige Konstanz herrschte.** Darüber hinaus ging das LG davon aus, dass die Zeugin E. der Mitbewohnerin aus dem Frauenhaus (Zeugin Fo.) offenbarte, dass sich die Geschädigte auf dem Weg von der Orleanstrasse zum Frauenhaus mit Suizidgedanken trug, und sich mehrmals vor fahrende Autos werfen wollte, hierbei aber jeweils vom Angeklagten abgehalten wurde. Es bedarf keiner weiteren Begründung, dass diese Suizidversuche, wenn sie denn wirklich passiert wären, ein gewichtiges Indiz für die (tatsächliche) Vergewaltigung wären. Das LG wertet diesen Umstand daher als belastendes Indiz, weil es in die A-priori-Erwartung, dass der Angeklagte Täter der Vergewaltigung war, passt. Tatsächlich ist dieser Umstand jedoch kein belastendes Indiz, sondern vielmehr ein entlastendes Indiz. Dies ist deshalb ein entlastendes Indiz, da die Geschädigte selbst diesen Umstand weder in der polizeilichen Einvernahme noch in der gerichtlichen Einvernahme offenbarte. Somit liegt in den verschiedenen Schilderungen der Zeugin E. (einerseits gegenüber Polizei bzw. Gericht und andererseits ge-

7 Vgl. Peters, Strafprozess, Lehrbuch, 4. Aufl., S. 302.

genüber der Zeugin Fo.) **eine relevante Abweichung** vor, die erklärungsbedürftig wäre. Auch die Geschädigte E. musste – wenn es denn wirklich passiert wäre – den mehrmaligen Suizidversuch und das mehrmalige versuchte Werfen vor fahrende Autos und das mehrmalige Zurückhalten durch den Angeklagten als zentral auffassen.[8] Tatsächlich hätte das LG somit berücksichtigen müssen, dass diese divergierenden Schilderungen nicht für Konstanz sprechen, sondern eine Inkonstanz offenbaren.[9] Hierzu war das LG aber scheinbar nicht mehr in der Lage, da gemäß der selektiven Informationssuche und dem Perseveranz-Effekt (Überbewertung der bestätigenden Informationen und Unterbewertung der widersprechenden) die eigene Wahrnehmung bereits verzerrt war. All dies, obwohl **das LG den Umstand der Suizidversuche einerseits selbst als „wesentliches Detail" auffasste** (welches „ungewollt" von der Zeugin Fo. berichtet wurde), **aber andererseits die Abweichung der Schilderungen in einem dann nach eigener Einschätzung „wesentlichen Detail" nicht mehr wahrnimmt**.

5. Das LG hat den **psychischen Zustand der Geschädigten E. nach der Tat** „als eindeutig dafür sprechend angesehen, „dass nicht nur körperliche Misshandlungen stattgefunden haben, sondern auch der erzwungene Geschlechtsverkehr." Der psychische Zustand der Geschädigten nach der Tat wird sodann durch die Aussagen und Eindrücke der zum Frauenhaus gerufenen Polizeibeamten ausgeführt. Wesentlich dort sei, dass die Geschädigte lt. POK Ki. „einen verängstigten und verunsicherten Eindruck machte, tränenüberströmt war", lt. POM Sch. „die Geschädigte leicht aufgewühlt, aber trotz allem gefasst", lt. POM Schw. sei die Geschädigte „ansprechbar und gefasst gewesen" und lt. PHM Pl. seien die Geschädigte und eine befreundete Mitbewohnerin „beide in einem desolaten, aufgewühlten und aufgeregten Zustand gewesen". Das Gericht wertet diese Umstände gemäß der selektiven Informationssuche und dem Perseveranz-Effekt als belastende Indizien und **erkennt und erörtert daher für o.g. Phänomene folgerichtig nicht die naheliegende Möglichkeit, dass dieser Zustand einerseits nur gespielt sein konnte und andererseits auch dann gegeben sein kann, wenn die Zeugin E. zu Unrecht eine Polizeimaschinerie mit falscher Verdächtigung anwirft**. Dass der geschilderte psychische Zustand nichts mit der Vergewaltigung zu tun haben muss, verkennt das LG, obwohl andere Alternativen naheliegend sind, denn lt. PHM Pl. **sei die Geschädigte und eine Mitbewohnerin, beide! in einem desolaten, aufgewühlten und aufgeregten Zustand gewesen**. Die befreundete Mitbewohnerin ist aber unstrittig in keinem Fall vergewaltigt worden. Das LG schreibt damit dem psychischen Zustand der Geschädigten eine Beweisbedeutung zu, die dieser nicht hat, da er unstrittig auch bei nicht beteiligten und nicht vergewaltigten Personen zu beobachten war (eben selektive Informationssuche, Perseveranz-Effekt).

8 Vgl. Bender/Nack, Tatsachenfeststellung vor Gericht, 2. Aufl., Rn 290.

9 Vgl. Bender/Nack, Tatsachenfeststellung vor Gericht, 2. Aufl., Rn 294.

6. **Weiter hat sich das LG auf die Einschätzung** der KOK'in We. **gestützt**, die die offizielle Vernehmung im Kommissariat in derselben Nacht durchführte. Die Aussage der KOK'in We. fasst das LG dergestalt zusammen, dass die Zeugin KOK'in We. bei deren Vernehmung der Zeugin E. „erst durch Nachfragen Details herausarbeiten konnte und das Grundgerüst des Vorfalls aber vorhanden und logisch strukturiert gewesen war und die Geschädigte auch Details berichtet habe, die mit Sicherheit nicht erfunden waren. Sie (KOK'in We.) habe den Eindruck gehabt, dass die Geschädigte unter Schock stand und noch gar nicht richtig realisiert habe, was passiert war. Auch habe die Geschädigte keinen Belastungseifer gezeigt oder sei geltungssüchtig, aggressiv oder übertrieben gewesen. Sie habe mit erfundenen Vergewaltigungen hinreichend Erfahrung aufgrund ihrer langjährigen Tätigkeit beim Kriminaldauerdienst. Frauen, welche jemanden zu Unrecht sexueller Gewaltanwendung bezichtigen, hätten in aller Regel ‚eine fertige Geschichte' parat, die sie mit allem Nachdruck zu Protokoll gäben. So sei es bei E. eben nicht gewesen. Bei der Schilderung der sexuellen Details habe sich die Geschädigte zudem schwer getan, insoweit sei es ihr ersichtlich schwer gefallen, darüber zu sprechen. Dies sei ein weiterer Punkt, der nach ihrer Erfahrung und Einschätzung und Erfahrung für die Glaubwürdigkeit einer Zeugin und gegen eine Falschbelastung spreche." Gleichwohl wurde weder im Urteil noch in der Zeugenvernehmung durch KOK'in We. bekannt gegeben, welche Details herausgearbeitet werden mussten, welches Grundgerüst vorhanden war und welche Details mit Sicherheit nicht erfunden waren oder bei welchen sexuellen Details sich die Geschädigte schwer getan habe. D.h., die gerichtliche Vernehmung der KOK'in We. ist – wie meist – **zur reinen Bestätigungsvernehmung** geworden.[10] In der Gerichtspraxis ist oft, – wenn nicht meist – zu beobachten, dass „[...] eine primäre Aussage die nachfolgenden völlig wertlos macht, da der Richter nur danach trachtet, diese mit der ersten in Übereinstimmung zu bringen, sofern sie nicht mit anderen Prozessergebnissen, denen er mehr Glauben schenkt, in Widerspruch steht [...]. Man braucht nur ein Verhandlungsprotokoll zu lesen und zu sehen, dass es sich auf den Vermerk beschränkt, der Zeuge wiederholt seine frühere protokollierte Aussage [...]."[11] Gleiches gilt dann, wenn von dem zu vernehmenden Polizeibeamten zwar keine direkte Aussage im Sinne einer Vernehmungsaussage vorliegt, sondern nur eine implizite Aussage im Zuge von dessen Einschätzung der Lage. Auch hier tritt der Schulterschlusseffekt, bedingt durch das wahrnehmungspsychologische Phänomen der Gruppenkonformität,[12] d.h. v.a. des Mitläufereffekts auf, der begünstigt wird durch die Kompetenz, die dem Beamten vom Gericht zugeschrieben wird. Genau diese psychologischen Phänomene offenbart das Gericht, ohne sich dieser bewusst

10 Vgl. Bender/Nack, Tatsachenfeststellung vor Gericht, 2. Aufl., Rn 670, 890.

11 Altavilla, Forensische Psychologie, Bd. II, Die Psychologie der Strafprozessbeteiligten, S. 206 f.

12 Vgl. Bender/Nack, Tatsachenfeststellung vor Gericht, 2. Aufl., Rn 108.

zu sein, in dem es weiter ausführt: „Die Zeugin KOK'in We. machte auf die Kammer einen sehr ruhigen und erfahrenen Eindruck, zumal sie seit Jahren bei dem Kriminaldauerdienst des Polizeipräsidiums München arbeitet. Dort aber ist sie als weibliche Kriminalbeamtin häufig mit sexueller Gewalt und ihren Opfern konfrontiert, bevor dann nach einer Erstvernehmung der Dauerdienst die Sachbearbeitung an das zuständige Fachkommissariat übergibt. Sie sagte ohne Belastungseifer aus und gab dem Gericht keinen Anlass an der Richtigkeit ihrer Aussage zu zweifeln." Das Gericht erhebt damit die vermeintliche Kompetenz der Zeugin KOK'in We. zum entscheidenden Kriterium, ohne sich dessen bewusst zu sein. Dies gipfelte in dem konkreten Fall sogar darin, dass die Zeugin KOK'in We. in der Hauptverhandlung angab, dass die Geschichte dergestalt detailarm war, dass die Geschädigte eigentlich nachvernommen hätte werden müssen,[13] wozu es aber nicht mehr kam. Dass es hierzu nicht mehr kam, erklärt sich daraus, dass sich gerade erfahrene Beamte oft sehr frühzeitig auf ein bestimmtes Tatgeschehen festlegen und dieses dann auch nicht mehr verifizieren.[14] Dies gipfelte in diesem Fall nicht nur darin, dass die Geschädigte nicht mehr nachvernommen wurde, sondern, dass die in derselben Nacht vom Angeklagten angegebene Behauptung, auf dem Nachhauseweg habe man ein McDonald's-Restaurant aufgesucht, gar nicht mehr überprüft wurde und die Fingerabdrücke des vermeintlichen Tatmessers nicht untersucht wurden. Hätte die Geschädigte nämlich auf dem Nachhauseweg tatsächlich ein McDonald's-Restaurant aufgesucht, so wäre dies ein erhebliches Indiz gegen eine wirkliche Vergewaltigung.[15]

Gemäß den wirkenden Phänomenen des Schulterschlusseffekts, der Gruppenkonformität, der selektiven Informationssuche und des Perseveranz-Effekts hat das LG auch nicht mehr wahrgenommen, dass es der Geschichte (laut KOK'in We.) an Detailreichtum mangelte, sodass einerseits die Grundvoraussetzung einer glaubwürdigen Aussage nicht gegeben war[16] und andererseits nicht die logische Strukturierung einer Aussage ein Glaubwürdigkeitsmerkmal ist, sondern vielmehr das **Umkehrkriterium** (Inversionskriterium) ein Glaubwürdigkeitsmerkmal ist.[17] Der Grund hierfür liegt darin, dass primitive Menschen gern bei dem Punkt beginnen, der ihr besonderes Interesse geweckt hat oder ihnen besonders wichtig erscheint[18] In dieser Sache kommt hinzu, dass die Kammer die

13 Mangels wörtlichen Protokolls kann dieser Umstand natürlich auch nicht nachgewiesen werden, sodass sich erneut die Forderung der wörtlichen Protokollierung stellt.

14 Vgl. Bender/Nack, Tatsachenfeststellung vor Gericht, 2. Aufl., Rn 106, 892.

15 Vgl. Michaelis-Arntzen, Die Vergewaltigung aus kriminologischer, viktimologischer und aussagepsychologischer Sicht, 2. Aufl., S. 32/33.

16 Vgl. Arntzen, Psychologie der Zeugenaussage, System der Glaubwürdigkeitsmerkmale, 3. Aufl., S. 27.

17 Vgl. Bender/Nack, Tatsachenfeststellung vor Gericht, 2. Aufl., Rn 281.

18 Vgl. Bender/Nack, Tatsachenfeststellung vor Gericht, 2. Aufl., Rn 281.

Geschädigte E. für dergestalt primitiv gehalten hat, dass diese „Watschn" nicht als körperliche Misshandlung auffasst, die unterschiedliche Straferwartung zwischen Vergewaltigung und Körperverletzung angeblich nicht kennt, oder die geschilderte Tat angeblich nicht als richtige Vergewaltigung begreift und laut Zeugin UMo. nur über einen „nicht sehr großen Wortschatz verfügt." Bei dieser intellektuellen Strukturierung der Geschädigten wäre also vielmehr das Inversionskriterium[19] Realitätsmerkmal, aber nicht umgekehrt. Das LG erkennt und erörtert somit auch nicht, dass nicht etwa ein Grundgerüst Indiz für eine wahrheitsgemäße Aussage ist, sondern nur eine detailreiche Aussage.[20]

7. Eine Freundin der Geschädigten und Mitbewohnerin aus dem Frauenhaus (Zeugin Fo.) gab an, **dass sich die Geschädigte bereits kurze Zeit später von einem anderen Mann in der Disco habe „aufreißen" lassen und mit diesem ins Bett gegangen sei**, weshalb die Zeugin Fo. der Geschädigten E. nicht mehr glaube, da ein solches Verhalten untypisch für ein Vergewaltigungsopfer sei. Die Geschädigte selbst gab an, bereits im August 2003 einige Tage nach der Verhaftung des Angeklagten eine neue oder andere Beziehung zu Männern aufgenommen zu haben. Insofern führt die Kammer aus, dass „dies nicht per se gegen ihre Glaubwürdigkeit spreche, sondern allenfalls Rückschlüsse auf den Lebenswandel zulasse, den zu bewerten nicht Aufgabe des Gerichts sei." Auch bei der Bewertung dieses Indizes treten die wahrnehmungsverzerrenden Faktoren zutage. Das „Aufreißen-lassen" in einer Disco einige Tage nach der angeblichen Vergewaltigung und/oder das Eingehen einer neuen Beziehung einige Tage nach einer Vergewaltigung lässt nicht nur – wie das LG wahrnimmt – Rückschlüsse auf einen nicht zu bewertenden Lebenswandel der Geschädigten zu, sondern **ist ein Kriterium gegen das Vorhandensein einer Vergewaltigung**! Häufiges Nachtat-Verhalten von wirklichen Vergewaltigungsopfern wäre nämlich, „betonte Zurückhaltung und Gehemmtheit dem befreundeten Partner gegenüber (‚ich hatte kein Vertrauen zu Männern mehr')"[21] bzw. „dies manifestierte sich zumeist in einer ablehnenden Haltung gegenüber allen männlichen Personen des näheren und weiteren Bekanntenkreises."[22]

   Das **LG erkennt und erörtert somit auch hier ein wesentliches Indiz gegen die Glaubwürdigkeit nicht**, da dies mit dem eigenen Vorurteil unvereinbar wäre. Stattdessen wird kein Widerspruch zum eigenen Vorurteil gesehen, sondern dieser vermieden und kognitive Konsonanz, d.h., Widerspruchsfreiheit hergestellt

19 Vgl. Bender/Nack, Tatsachenfeststellung vor Gericht, 2. Aufl., Rn 281.

20 Vgl. Bender/Nack, Tatsachenfeststellung vor Gericht, 2. Aufl., Rn 234 ff.

21 Michaelis-Arntzen, Die Vergewaltigung aus kriminologischer, viktimologischer und aussagepsychologischer Sicht, 2. Aufl., S. 27.

22 Michaelis-Arntzen, Die Vergewaltigung aus kriminologischer, viktimologischer und aussagepsychologischer Sicht, 2. Aufl., S. 38.

wird, in dem das Indiz nur einem (nicht zu bewertenden) Lebenswandel, nicht aber einem (schon zu bewertenden) Nachtatverhalten zugeschrieben wird.

8. Eine weitere Freundin und Mitbewohnerin, die Zeugin Ri., hat in der Hauptverhandlung ausgeführt, dass die Geschädigte E. der Zeugin Ri. zunächst (aber nachdem die Geschädigte die Tat bereits den Polizeibeamten gegenüber geschildert hatte) erklärt habe, sie sei von einem fremden Mann in einem Park vergewaltigt worden. Das LG lässt diesen Punkt dahin stehen und führt aus, dass auch dies kein Indiz gegen die Vergewaltigung durch den Angeklagten sei, da dies dem entsprechen würde, was der Angeklagte der Geschädigten angeblich vorgegeben habe, zu erzählen. Auch hier wird ein Widerspruch zum eigenen Vorurteil vermieden, indem eine scheinbar logische Erklärung für den vermeintlichen Widerspruch gesucht wird. Gleichwohl handelt es sich hier nur um Scheinlogik aus der unzutreffenden Perspektive des Voreingenommenen. Die Wiedergabe der angeblich von dem Angeklagten vorgegebenen Geschichte macht nämlich keinen Sinn mehr, nachdem die Geschädigte E. nach Rückkehr in das Frauenhaus bereits die Polizei hat rufen lassen und dort den vermeintlich wahren Sachverhalt bereits geschildert hat. Auch hier treten die wahrnehmungsverzerrenden Phänomene besonders hervor. Darüber hinaus verkennt das Gericht, dass die Vorgabe, zu erzählen, die Geschädigte sei in einem Park von fremden Männern vergewaltigt worden, von Anfang an keinen Sinn macht. Die Geschädigte hatte keine vergewaltigungsspezifischen Verletzungen. Dritte Personen hätten lediglich aufgrund der „blauen Flecken etc." auf **Körperverletzungen** schließen können. Dementsprechend hätte es für den Angeklagten nur Sinn gemacht, die Geschädigte anzuhalten, auf Nachfrage vorzugeben, sie sei in einem Park von fremden Männern überfallen, verprügelt etc. worden, nicht aber ungefragt eine Vergewaltigung ins Spiel zu bringen. Durch das ungefragte und für ihn nutzlose Offenbaren einer Vergewaltigung, wirft der Täter eine Polizeimaschinerie an, die er nicht wollen kann. Gleichwohl erkennt das Gericht auch diesen Umstand nicht mehr, da sich auch dies nicht in kognitive Konsonanz und Widerspruchsfreiheit bringen lassen würde.

9. Des Weiteren führt das LG als belastende Indizien aus, die Geschädigte sei – nach eigener Aussage – einige Zeit nach dem Vorfall **sehr ängstlich** gewesen, habe nur **geheult** und sich **mehrfach täglich geduscht** etc. Auch hier wird wiederum kognitive Konsonanz hergestellt. D.h., das Gericht nimmt nicht wahr, dass die Möglichkeit besteht, dass dies nur vorgegeben wurde (Überbewertung bestätigender Informationen, Unterbewertung widersprechender Informationen), denn das Urteil erkennt nicht, dass sich dies mit den Angaben der Zeugin Fo., der zufolge sich die Geschädigte einige Tage danach in der Disco hat aufreißen lassen, nur schwer vereinbaren lässt. Gleiches gilt zu der Tatsache, dass die Geschädigte selbst angegeben hatte, einige Tage nach der Verhaftung bereits eine neue oder andere Beziehung zu Männern aufgenommen zu haben. Das wären

Umstände gewesen, die in einer Gesamtbeweiswürdigung entlastend wirken hätten müssen, statt diese durch Rhetorik auszublenden.

10. Gleiches gilt aus demselben Grund zu der Tatsache, dass die Geschädigte E. angegeben habe, **Unterleibsschmerzen** verspürt zu haben oder **blaue Flecke** oder **Druckschmerzen** an den Beinen gehabt zu haben. Dies insb. auch deshalb, da der medizinische Sachverständige Dr. Bed. angab, diese blauen Flecken oder sonstigen vergewaltigungsspezifischen Verletzungen nicht gesehen zu haben. Zwar sei dies auch nicht ungewöhnlich, denn derartige Verletzungen könnten sich auch erst später zeigen. Die Behauptung von Unterleibsschmerzen (was einer objektiven Verifizierung nicht zugänglich ist) und die Behauptung von blauen Flecken zwischen den Beinen (die weder bestätigt, noch widerlegt ist) stellt somit weder ein Indiz für, noch ein Indiz gegen die behauptete Vergewaltigung dar. Was sollte eine Frau, die nur vorgibt, vergewaltigt worden zu sein, denn auch sonst anderes sagen? Dass es vom LG aber belastend bewertet wird, kann eben wiederum nur durch das Phänomen der subjektiven und selektiven Wahrnehmung und Theorie der kognitiven Dissonanz erklärt werden.
11. Ein mit der Begutachtung des Angeklagten (nicht der Geschädigten!) beauftragter Psychiater (Dr. H.) bestätigte, dass das geschilderte Verhalten nach der Tat – Rückzug, vermehrtes Waschen, etc. – das Vorliegen einer diskreten **posttraumatischen Belastungsstörung** zeige, die sich mit einer Vergewaltigung vereinbaren lasse. Auch hier wird der oben geschilderte Fehler fortgesetzt und nicht berücksichtigt, dass eben dieser behauptete Rückzug und behauptetes Waschen einerseits nur behauptet wurde und andererseits mit dem Eingehen einer neuen Beziehung einige Tage danach und dem „Aufreißen lassen" in einer Disco kurze Zeit nach der angeblichen Vergewaltigung nicht kompatibel ist. Dadurch entsteht ein weiterer wechselseitiger Schulterschlusseffekt zwischen Gericht und Psychiater.
12. Die Zeugin AK. hatte per Lautsprechereinrichtung ein Telefonat der Geschädigten mit dem Ehemann der Zeugin mitgehört. Das Gericht führt sodann aus, dass einerseits die Aussage der Zeugin AK. unverwertbar sei, da die Geschädigte nicht darüber informiert worden sei, dass das Telefonat per Lautsprecheinrichtung mitgehört werden würde[23] und andererseits die Geschädigte nicht ausdrücklich eingeräumt habe, den Angeklagten aus Verärgerung oder aus sonstigen Gründen zu Unrecht einer Vergewaltigung bezichtigt zu haben, sondern es sich hierbei nur um eine Schlussfolgerung der Zeugin AK. gehandelt habe, die diese aus verschiedenen Äußerungen der Geschädigten in dem Telefonat entnommen habe. Nach Meinung der Verteidigung sagte die Zeugin AK., dass die Geschädigte E. in dem Telefonat sehr wohl unmittelbar eingeräumt habe, den Angeklagten nur aus Verärgerung wegen der Körperverletzung angezeigt zu ha-

23 Ob hier wirklich ein Verwertungsverbot besteht – wie m.E. nicht – kann für die Zwecke dieser Arbeit dahinstehen, vgl. Hamm/Hassemer/Pauly, Beweisantragsrecht, Rn 200.

ben. **Bereits dieser Umstand zeigt, wie wichtig eine wörtliche Protokollierung wäre. Der Streit oder die Ungewissheit, ob der Gesprächspartner etwas direkt eingeräumt hat, oder ob es sich nur um Schlussfolgerungen des Gegenübers handelt, liegt in der Natur der Sache.** Denn der Zeuge wird meist (sinnloserweise) nach dem genauen Wortlaut gefragt. Tatsächlich kann aber regelmäßig kein Zeuge den genauen Wortlaut wiedergeben, sofern es sich nicht um ein druckreifes Zitat gehandelt hat.[24] Zwar kann ein Zeuge sinngemäß wiedergeben, was sein Gegenüber gesagt hat, aber gemäß dem Prinzip der selektiven Informationssuche und dem **Perseveranz-Effekt** wird die Unfähigkeit der wörtlichen Wiedergabe, entweder – je nach Erwartung und Vorurteil – als Beleg der Richtigkeit der Zeugenaussage, da eben kein Zeuge den genauen Wortlaut wiedergeben kann, oder – wie im Ausgangsfall – als irrelevante Schlussfolgerung gewertet.

13. Der Ehemann der Zeugin AK., der Zeuge YK., der das Telefonat mit der Geschädigten führte, gab an (nach Meinung der Verteidigung), dass die Zeugin ihm gegenüber eingeräumt hatte, den Angeklagten zu Unrecht der Vergewaltigung bezichtigt zu haben. Auch hier besteht eine durch wörtliche Protokollierung zu verhindernde Meinungsverschiedenheit zwischen Verteidigung und Gericht. Jedenfalls führt das Gericht aus: „Der Zeuge gab an, die Geschädigte habe ihn am 10.8.2003 angerufen und erzählt, sie habe mit dem Angeklagten einen Streit gehabt und dieser habe sie geschlagen. Sie habe den Polizeibeamten auch erzählt, der Angeklagte habe sie vergewaltigt. Die Geschädigte habe von ihm wissen wollen, was sie tun solle [...]. Der Zeuge wusste zwar den Wortlaut des Gesprächs [natürlich] nicht mehr zu erinnern, meinte aber, die Geschädigte habe im Zusammenhang mit der Polizei gesagt, sie habe den Angeklagten ‚sogar' wegen Vergewaltigung angezeigt. Aus dem Wörtchen ‚sogar' ergaben sich die entsprechenden Schlussfolgerungen des Zeugen. Auf Nachfrage erklärte er jedoch, die Zeugin E. habe nie ausdrücklich gesagt, sie habe den Angeklagten zu Unrecht der Vergewaltigung bezichtigt oder gegenüber der Polizei eine solche erfunden [...]. Damit steht durch die Aussage zur Überzeugung des Gerichts lediglich fest, dass die Geschädigte diesen anrief, ihm berichtet, der Angeklagte habe sie geschlagen und sie diesen bei der Polizei auch wegen Vergewaltigung angezeigt habe. Nicht mehr und nicht weniger. Weitere, den Angeklagten entlastende oder die Aussage der Geschädigten in Zweifel ziehende Anhaltspunkte lassen sich aus den Angaben von YK. nicht gewinnen." Auch hier ist das Phänomen der selektiven Informationssuche und der kognitiven Dissonanz zu erkennen. Die nach Meinung des Gerichts nur Schlussfolgerung des Zeugen YK. wird unterbewertet. Auch über den Umstand, dass der Zeuge angegeben hatte, die Geschädigte habe ihn angerufen (warum?) und gefragt, was sie nach Anzeigeerstat-

24 Vgl. Bender/Nack, Tatsachenfeststellung vor Gericht, 2. Aufl., Rn 57, vgl. auch Bürkle, Richterliche Alltagstheorien im Bereich des Zivilrechts, S. 100.

tung tun solle (warum?) geht das Urteil hinweg und stellt kognitive Konsonanz her, indem es ausführt: „Dass die Geschädigte YK. am 10.8.2003 anrief, gibt im Grunde auch nicht Veranlassung, an diesem Ergebnis etwas zu ändern. Die Geschädigte kannte YK. als Arbeitgeber des Angeklagten und verständigte ihn in dieser Eigenschaft von seiner Verhaftung [das ist eine reine Schlussfolgerung des Gerichts gemäß dem logischen Ergänzungsmechanismus und der Theorie der kognitiven Dissonanz, um zu der gewünschten Widerspruchsfreiheit zu kommen; der Zeuge YK., ebenso wie die Geschädigte, hatten doch angegeben, die Geschädigte habe deswegen angerufen, weil sie wissen wolle, was sie tun solle, nachdem sie den Angeklagten angezeigt hatte, nicht etwa, um YK. von der Verhaftung seines Arbeitnehmers zu informieren]. Weiteren Bedeutungsgehalt kann der Mitteilung und ihrem Inhalt nicht zugemessen werden.“

14. Als **belastendes Indiz hatte das LG auch den Auffindungsort der Messer angeführt**. Die Wahrnehmungsverzerrung wird auch hier besonders deutlich. Das Gericht führte aus: „Jedoch belegt das Auffinden der beiden Messer an den von der Geschädigten geschilderten Plätzen als ein weiteres Indiz die Richtigkeit der von der Geschädigten gemachten Angaben.“ Auch das ist eine reine Wahrnehmungsverzerrung. Die Geschädigte hatte mit keiner Silbe, auch nach dem Urteil nicht, weder in ihrer polizeilichen Vernehmung noch in ihrer gerichtlichen Vernehmung, irgendetwas hinsichtlich des Auffindungsorts des zweiten Messers erwähnt.

a) Zum ersten Messer:

Weiter wird gemäß der selektiven Informationssuche und der kognitiven Dissonanz nicht mehr wahrgenommen, dass der Angeklagte in seiner Schilderung gegenüber der Polizei angegeben hat, dass die Geschädigte das erste Messer, das zur Zubereitung von Nahrung auf dem Tisch lag, selbst aus dem Fenster geworfen habe. In der polizeilichen Vernehmung wurde der Angeklagte wie folgt vernommen:

15. Frage:

Haben Sie Frau E. mit einem Messer bedroht?

Antwort:

Nein, habe ich nicht.

Frage:

Wie erklären Sie sich das Vorhandensein eines Messers zwischen Sessel und Couch aus Ihrem Besitz?

Antwort:

Ich habe mit diesem Messer Fleisch und anderes auf dem Tisch geschnitten. Das Messer legte ich danach auf den Tisch. Wie das Messer zwischen Couch und Sessel gekommen ist, weiß ich nicht.

Frage:

Wie erklären Sie sich, dass sich ein Messer aus Ihrem Besitz außerhalb des Zimmers im Gras befand?

Antwort:
Das Messer hatte E. aus dem Fenster geschmissen. Sie hatte Angst, weil sie meinte, dass ich betrunken wäre. Sie hatte Angst vor dem Messer. Sie wollte das Messer nicht auf dem Tisch haben.

Hinzu kommt, dass die Angabe des Angeklagten, die Geschädigte habe das erste Messer aus dem Fenster geworfen, als man sich gestritten hatte, weil sie Angst vor Messern habe, in der Retrospektive nicht per se unplausibel ist. Diese Angst vor Messern kann daher rühren, dass sich die Geschädigte E. einerseits selbst mit einem Messer das linke Auge ausgestochen hatte und andererseits die Geschädigte E. ein Videoband gesehen hatte, in dem ihr Lebensgefährte Michael F. eine andere Frau mit einem Messerstich in den Hals getötet hatte. Dass die Geschädigte E. Angst vor Messern hat, zumal dann, wenn sie sich mit ihrem angetrunkenen Freund, der mit dem Messer zur Nahrungszubereitung im Rahmen eines Streits hantiert, ist nachvollziehbar. Aus dem Auffindeort des Messers im Gras kann daher nichts abgleitet werden. Der Umstand ist ambivalent, er verträgt sich mit der Schilderung der Geschädigten und der Schilderung des Angeklagten. Auch diese Ambivalenz wird im Sinne der kognitiven Konsonanz bzw. Dissonanz von der Wahrnehmung ausgeblendet.

b) Zum zweiten Messer:

Das LG sieht daher nicht mehr, dass das zweite Messer von der Geschädigten selbst (um den Angeklagten zu kompromittieren) oder von einem vorhergehenden „Saufgelage" ggf. auch von dem Mitbewohner des Angeklagten dort abgelegt sein konnte oder aufgrund irgendeines Versehens zwischen Couch und Sessel gerutscht sein kann. Das Phänomen, dass Gegenstände in der Wohnung plötzlich irgendwo gefunden werden, wo man sie nie vermutet hätte, ist jedermann bekannt.

Da die Geschädigte selbst keine Wahrnehmung hatte, wie das Messer zwischen Couch und Sessel gelangt sein soll, der Angeklagte aber ebenfalls keine unmittelbar einsichtige Erklärung liefern konnte, handelt es sich **isoliert** durchaus um ein belastendes Indiz. Allerdings kommt nun ein entlastendes Indiz hinzu.

Die Wahrnehmungsverzerrung aufgrund des Vorurteils (der Angeklagte ist der Täter) wird nicht nur daraus ersichtlich, dass das Gericht eindeutig falsch schlussfolgert, die Geschädigte hätte Angaben zum Auffindungsort beider Messer gemacht, sondern auch noch daraus, dass das Gericht dem Nichtvorhandensein von Fingerabdrücken ebenfalls keine Indizwirkung zugunsten des Angeklagten beimisst. Hierzu verzerrt das Gericht den Sachverhalt dergestalt, als es im Urteil ausführt, „die Messer habe er [KK Fa.] dann mehrere Tage später mit der Bitte um Untersuchung auf Fingerspuren erhalten." Das gilt umso mehr, als die Fingerabdrücke auf den Messern nicht von Amts wegen gesichert wurden, sondern der Angeklagte dies aus der U-haft am 25.8.2003 beantragen musste. Der Angeklagte tat dies wohl in der Hoffnung, dass sich dann die Fingerabdrücke von E. (auf dem zweiten Messer) finden würden, sodass er hätte nachweisen können, dass die Fingerabdrücke der Geschädigten selbst auf dem Messer vorhanden waren. Tatsächlich war aber nun zu viel Zeit vergangen, sodass am 11.9.2003 (also ein Monat, nicht mehrere Tage), als dem Antrag nachgegangen wurde, gar kein verwertbarer Fingerabdruck mehr gefunden wurde. Wäre der Angeklagte der Täter, hätte er – oberflächlich betrachtet – nicht von sich aus beantragt, die Fingerabdrücke auch des Messers zwischen Couch und Sessel zu prüfen, denn dann hätten nur seine eigenen Fingerabdrücke vorhanden sein können. Es handelt sich hier um das sog. Verflechtungsangebot, das nach der h.A. für die subjektive Wahrheit spricht. Tatsächlich ist der Beweiswert eines reinen Verflechtungsangebots gering, aber dem belastenden Umstand, dass das Messer zwischen Sessel und Couch war, stehen nur wiederum entlastende Umstände gegenüber, nämlich die fehlenden Fingerabdrücke und das Verflechtungsangebot des Angeklagten.

Auch das erörtert und sieht das Gericht gemäß dem Prinzip der **selektiven Informationssuche** und **kognitiven Dissonanz** nicht, sondern legt nur pauschal dar, dass der Auffindungsort der Messer ein Indiz gegen den Angeklagten sei und schlussfolgert, dass die Geschädigte beide Auffindungsorte benannt habe. Aus dieser verzerrten Wahrnehmung wird auch ausgeblendet, dass die Geschädigte sogar – lt. Urteil – ausdrücklich angegeben hat, nicht mehr zu wissen, wann das Messer aus der Hand gelegt wurde (dieses also gar nicht gesehen hat und somit den Auffindungsort des zweiten Messers gar nicht hätte benennen können).

16. Weiter führt das Gericht aus, dass **kein Motiv der Geschädigten ersichtlich sei, den Angeklagten zu Unrecht der Vergewaltigung zu bezichtigen**, und auch die Tatsache, dass sich die Geschädigte vom Angeklagten trennen wollte, kein Motiv sei. Die Kammer verkennt, dass die Geschädigte noch zu ihrem früheren Lebensgefährten F. Kontakt hatte und diesen einen Tag vor der angeblichen Vergewaltigung aufgesucht hatte, wobei sie dieser schlug. Weiter verkennt die Kammer, dass die Geschädigte angab, nunmehr einen (dritten) Freund zu haben, bzw. einige Tage nach der Vergewaltigung eine Beziehung zu diesem aufgenommen zu haben. **Wenn die Geschädigte somit Kontakt zu mehreren Männern hat, so liegt ein mögliches Motiv der Falschaussage mit falscher Bezichtigung der Vergewaltigung vor.**

> *„Grund zur Selbstrechtfertigung nach einem sexuellen Erlebnis, das sich nicht verbergen lässt [hier wegen der Körperverletzung], gibt bei vielen jungen Frauen das Verhältnis zum eigenen Partner, dem Ehemann, Freund, Lebensgefährten, der vermutlich nur ein gewaltsames Vorkommnis, nicht aber ein auch nur halbwegs freiwilliges Hineingeraten in eine amouröse Situation mit einem anderen Mann verzeihen könnte.“*[25]

25 Michaelis-Arntzen, Die Vergewaltigung aus kriminologischer, viktimologischer und aussagepsychologischer Sicht, 2. Aufl., S. 52.

Die Kammer hat dieses mögliche Motiv nicht beachtet und erörtert und sieht daher das mögliche Motiv der falschen Bezichtigung nicht, zumal die eigene Wahrnehmung eben durch die bereits angesprochenen Phänomene verzerrt ist. Dieser Wahrnehmungsverzerrung entsprechend führt die Kammer weiter aus, dass Rache wegen der erlittenen Körperverletzung als Motiv ausscheidet, da die Geschädigte den Unterschied in der Straferwartung angeblich nicht kennt. Diese Aussage verstößt gegen die allgemeine Lebenserfahrung. Es dürfte keine Frau (erst recht nicht im Frauenhaus) geben, die diesen Unterschied nicht kennt. Auch die Freundin der Geschädigten (Ri.), die als Zeugin vernommen wurde, hatte laut Urteil ihrerseits vorgegeben, ebenfalls auch einmal Opfer eines Notzuchtdelikts geworden zu sein. Selbst wenn dem aber so wäre, so ist die These des angeblich fehlenden Motivs der Kammer widersprüchlich und unlogisch. Die Kammer führt nämlich aus, dass die Zeugin E. „Watschn" nicht als körperliche Misshandlungen auffasst und dem Angeklagten diese nicht sonderlich anlastete. Die Zeugin E. würde zwischen der körperlichen Misshandlung und Fällen mit sexuellem Hintergrund differenzieren. Wenn dem aber so ist, und die Zeugin sich vom Angeklagten trennen wollte, so gibt es eben schon das mögliche Motiv, den Angeklagten wegen Vergewaltigung aus dem Weg zu räumen. Eine Anzeige (nur) wegen Körperverletzung würde ja dann nach der eigenen Logik der Geschädigten keinen Sinn machen, da sie die körperliche Misshandlung bzw. „Watschn" ja gerade nicht als Misshandlung auffasst. Folglich bleibt als denkbares Motiv eine Anzeige wegen Vergewaltigung. **Die Kammer sieht daher in jedem Fall naheliegende Motive der Falschbezichtigung nicht**, sondern versucht, den Sachverhalt so aufzufassen, dass kognitive Dissonanz vermieden wird.

17. Darüber hinaus hat die Kammer als weiteres angeblich belastendes Indiz angesehen, dass die Bedienstete des Frauenhauses, die Zeugin Ne., den Eindruck hatte, dass die Geschädigte nicht von sich aus zur Polizei gegangen wäre, sondern bei dieser vielmehr die Angst um das eigene Kind im Vordergrund stand und es der Geschädigten auch bei ihrer polizeilichen Vernehmung weniger um die Bestrafung des Täters gegangen sei, sondern die Sorge um das eigene Kind vorherrschte. Auch insofern ist die Wahrnehmung gestört, als das Urteil nicht erkennt und erörtert, dass die Zeugin selbst ihr eigenes Kind bei dem Mörder F. gelassen hat und in das Frauenhaus (ohne Kind) gezogen ist, obwohl dieser (F.) laut Geschädigter mit ihrer und der ihres Kindes Tötung gedroht hatte. All das, obwohl sie zu diesem Zeitpunkt das Video der Mordtat des F. bereits gesehen hatte. Auch hier werden belastende Umstände selektiv gesucht, bzw. überbewertet und entlastende Umstände unterbewertet. Welche Mutter hat einerseits Angst um das Leben ihres Kindes, aber lässt es andererseits bei einem Mörder und zieht ohne Kind in das Frauenhaus?
18. **Auch hat die Kammer als belastende Indizien erachtet, dass die Therapeutin der Geschädigten nicht den Eindruck gehabt habe, die Geschädigte habe eine**

Neigung zur Unehrlichkeit oder Übertreibung, zum Erfinden von Geschichten, eine zu rege Fantasie oder ein übersteigertes Geltungsbedürfnis. Die Geschädigte habe die Therapeutin im Mai 2003 bis Juli 2003 ca. 10-mal aufgesucht und damals Angst gehabt, alleine in den Keller zu gehen, da jemand hinter ihr stehen und ihr etwas antun könne. Bei diesen Besuchen habe die Geschädigte auch von einem Onkel oder Stiefbruder erzählt, der sie sexuell missbraucht habe. Dann sei die Geschädigte erst wieder im Januar 2004 gekommen, da die Geschädigte unter einer posttraumatischen Belastungsstörung leide. Hierbei befänden sich Therapeut und Geschädigte derzeit in der Phase der fünf probatorischen Gespräche. Auch hier wird ein belastendes Indiz (Eindruck der Therapeutin) überbewertet, obwohl dieser Eindruck nach nur ca. zehn Besuchen kein taugliches Kriterium sein dürfte und ein mögliches entlastendes Indiz unterbewertet, d.h., gar nicht aufgeklärt oder beachtet. Das LG hat es nämlich dahingestellt bleiben lassen, ob der Onkel oder Stiefbruder die Geschädigte sexuell missbraucht haben, wie von dieser gegenüber der Therapeutin behauptet, oder es sich hierbei um eine falsche Bezichtigung gehandelt hatte. Weiter hat es die Kammer dahingestellt bleiben lassen, dass die Geschädigte bereits mehrfach gegenüber diversen Personen (Eltern ihres früheren Lebensgefährten, Lehrern) behauptet hatte, mehrfach vergewaltigt worden zu sein. Insofern führte das Gericht zur Ablehnung eines entsprechenden Beweisantrages aus: „Es kann dahingestellt bleiben, ob und dass die Geschädigte wem auch immer gegenüber behauptet, von anderen Männern vergewaltigt worden zu sein." Dass dies dahingestellt bleiben konnte, verwundert, denn wenn es wahr wäre, hätte eine Verurteilung des Angeklagten nur erfolgen können, wenn die Schilderung der Geschädigten durch gewichtige objektive außerhalb der Aussage liegende Gründe gestützt worden wäre.

19. Ein weiteres entlastendes Indiz nimmt das Gericht ebenfalls nicht mehr wahr. In der polizeilichen Vernehmung hatte die Geschädigte angegeben, „schließlich holte er ein Messer aus dem Schrank, schnitt sich zweimal leicht an seinen Hals [...]" und in der Hauptverhandlung bekundete sie, „der Angeklagte habe dann ein Fleischmesser geholt und sich das Messer an den Hals gehalten. Dann habe er ihr dieses flach an den Hals gehalten. Bei ihm habe sich daraufhin eine Rötung gezeigt, bei ihr nicht." Bei dem Angeklagten konnten aber nach dem in den Akten befindlichen Untersuchungsbericht keinerlei Verletzungen festgestellt werden.

20. Noch ein entlastendes Indiz schließt die Kammer aus, wodurch scheinbar wiederum weder isoliert noch insgesamt ein Zweifel der Kammer an der Vergewaltigungsversion hervorgerufen werden kann. Der Zeuge Ga. hatte angegeben, am Tatabend mit der Geschädigten über Handy telefoniert zu haben, als sich diese mit dem Angeklagten bei der Verabschiedung vor dem Frauenhaus befand. Der Zeuge Ga. habe seine Freundin, die Zeugin Fo., angerufen, die während des Gesprächs den Hörer kurzzeitig an die Geschädigte abgab, die später den Hörer an

die Zeugin Fo. zur weiteren Gesprächsführung zurückreichte. Die Geschädigte sei hierbei guter Dinge gewesen. Die Kammer geht jedoch davon aus, dass das Gespräch zeitlich (mindestens ein Tag) davor stattgefunden habe, da dies die Erinnerung der Zeugin Fo. war (die angegeben hatte, am Tatabend völlig betrunken gewesen zu sein) und die Zeugin Fo. nach Aussage der Leiterin des Frauenhauses (Zeugin Ne.) am fraglichen Abend zeitlich nach der Geschädigten E. in das Frauenhaus kam. Indem hier der Aussage der Zeugin Fo., die das Gespräch inhaltlich bestätigte, zeitlich aber um mindestens einen Tag vorverlagerte, ohne ersichtlichen Grund der Vorrang eingeräumt wird, wird wieder ein Widerspruch zur Erwartung, dass der Angeklagte der Täter sei, vermieden. Hierzu wird auch der Umstand der Bekundungen der Zeugin Ne. hinsichtlich des zeitlichen Eintreffens als Beleg für die Richtigkeit des Schlusses gewertet, obwohl sich die Bekundungen der Zeugin Ne. sowohl mit den Angaben der Zeugin Fo., als auch ebenso gut mit den Bekundungen des Zeugen Ga. vereinbaren lassen. Der Umstand, dass die Zeugin Fo. nach der Geschädigten eintraf, ergibt sich nämlich – bei Zugrundelegung der Aussage des Zeugen Ga. – bereits daraus, dass die Geschädigte den Hörer wieder an die Zeugin Fo. zurückreichte, damit diese wieder mit Ga. telefonieren könnte. D.h., auch bei Zugrundelegung der Aussage Ga. und Ne. bleibt die Zeugin Fo. vor dem Frauenhaus und telefoniert weiter, während die Geschädigte das Gespräch bereits beendet hatte und in das Frauenhaus gehen konnte. Dieser Umstand wird von der richterlichen Wahrnehmung, eben der Theorie von der kognitiven Dissonanz und dem Vorurteil entsprechend, unterbewertet bzw. gar nicht mehr wahrgenommen.

21. Als weiteres potenziell entlastendes Indiz verkennt die richterliche Wahrnehmung erneut, dass ein Widerspruch insofern besteht, als die Geschädigte sich dem Verlangen des Angeklagten, Alkohol zu trinken, scheinbar problemlos widersetzen konnte, aber offenkundig unfähig war, signifikanten (in Verletzungs- oder Kampfspuren mündenden) Widerstand hinsichtlich der Vergewaltigung zu leisten. Selbstverständlich wäre hier zu beachten, dass die Geschädigte zur angeblichen Vergewaltigung mit einem Messer bestimmt wurde, aber andererseits hat der Angeklagte die Geschädigte davor unstrittig geschlagen und soll bereits vor der Vergewaltigung ein Messer mehrfach zur Bedrohung benutzt haben, **sodass eine Diskrepanz verbleibt, wie die unterschiedliche Widerstandsleistung erklärt werden kann**. Auch hier wird diese Diskrepanz nicht mehr wahrgenommen, da dies nicht dem Vorurteil entsprechen und zur kognitiven Dissonanz führen würde.

22. Lediglich der Vollständigkeit halber (ohne diesem Indiz unten einen Beweiswert zuzuordnen) sei auch noch angemerkt, dass sich der Perseveranz-Effekt und der Schulterschlusseffekt mit der staatsanwaltschaftlichen Anklage bzw. die wahrnehmungsverzerrende Voreinstellung gegen den Angeklagten auch noch daraus ergibt, dass folgendes Indiz gar nicht mehr wahrgenommen wird: Der Angeklagte hatte die Geschädigte bereits unstrittig geschlagen. Laut Geschädigter soll er

sie aber zudem mit dem Tode und mit den Messern bedroht haben. „Als der Angeklagte das Zimmer verließ, um bei seinem Flurnachbarn NAK., der ein Zimmer schräg gegenüber dem Zimmer des Angeklagten bewohnte, Eis für seinen Whiskey zu holen, flüchtete die Geschädigte in das Zimmer des Zeugen NAK." Das LG sieht nicht, dass es sicher ungewöhnlich ist (wenn man geschlagen wird, aber erst recht, wenn man mit dem Tode unter Einsatz zweier Messer bedroht wurde), nicht aus der **Unterkunft insgesamt zu flüchten** versuchen, **sondern in** exakt **das Zimmer** flüchtet, in das der Angeklagte selbst gegangen ist, um Eis für Whiskey zu holen.

§ 12 Die konkrete Beweiswürdigung gemäß den Grundsätzen der Wahrscheinlichkeitsberechnung

Inhalt

A. Die Würdigung der Belastungsaussage

I. Die Abschätzung der A-priori-Wahrscheinlichkeit, dass eine subjektiv wahre Aussage vorliegt (Theorem von Bayes)

1. Ermittlung der A-priori-Wahrscheinlichkeit

1 Die **A-priori-Wahrscheinlichkeit einer Lüge hängt** zum großen Teil von Faktoren, die einen **Wahrnehmungs- und/oder Erinnerungsfehler (Irrtum) hervorrufen können und** andererseits von dem **potenziellen Motiv der Aussageperson für eine Lüge** ab. D.h., von deren allgemeiner Glaubwürdigkeit und sonstigen persönlichen Umständen, wobei Überschneidungen möglich sind. Ist über eine Aussage und die Person des Zeugen nichts bekannt, d.h., kann die Aussage a priori gleichermaßen wahr wie unwahr sein, so sind 90 % für die Wahrscheinlichkeit einer subjektiv wahren Aussage (keine Lüge) anzusetzen. Es kann auf Plausibilitätsniveau geschätzt werden, dass 90 % aller Zeugen subjektiv die Wahrheit sagen und nicht lügen.[1]

2. Allgemeine Glaubwürdigkeit

2 Die **allgemeine Glaubwürdigkeit** einer Person, d.h., deren Stellung, deren Leumund, deren Vorleben, deren Charakter (Verlogenheit), die Frage, ob jemand be-

1 A.A. Bender/Nack, Tatsachenfeststellung vor Gericht, 2. Aufl., Rn 424, die von einer regelmäßigen Ausgangswahrscheinlichkeit von 50 % ausgehen. Zwar ist es sicher richtig, dass ungefähr die Hälfte der Zeugenaussagen unzuverlässig ist, jedoch bezieht sich die Unzuverlässigkeit nicht auf die Frage der subjektiv wahren Aussage, sondern auf den gesamten Beweiswert der Aussage. Im gegenwärtigen Stadium geht es aber nur um die subjektive Wahrheit einer Aussage als notwendige Bedingung einer überzeugenden Aussage. In diesem Stadium ist es daher verfehlt, eine A-priori-Größe einzugeben, die allenfalls als Ex-post-Größe richtig ist. Nach einer empirischen Untersuchung stimmen 73 % der Erwachsenen in der BRD u. 85 % der Polizeibeamten theoretisch zu, dass man vor Gericht immer die Wahrheit zu sagen habe, egal welche Folgen dies habe (vgl. Deusinger, Einstellung zum Gesetz und zu Zeugenaussagen, in Psychologie der Zeugenaussage, S. 271 ff., 276). Auch von denjenigen, die dieser Aussage in dieser Allgemeinheit nicht zustimmen, werden die meisten in der konkreten Situation doch wieder die Wahrheit sagen.

reits in früheren Zeiten falsch ausgesagt hat, spielt in der modernen Aussagepsychologie **nur noch eine untergeordnete Rolle**.[2] „Es kann ein Mensch im allgemeinen wahrheitsliebend sein, im konkreten Fall aber sieht er sich veranlasst, die Unwahrheit zu sagen. Es kann auch umgekehrt jemand recht verlogen sein, im konkreten Fall aber sieht er sich veranlasst, die Wahrheit zu sagen. Es können auch Teile der Aussage wahr, andere unwahr sein usw. [...]“[3] Gleichwohl kann bei der Beurteilung der Glaubwürdigkeit einer Aussage nicht außer Betracht gelassen werden, ob ein Zeuge in anderem Zusammenhang die Unwahrheit vor Gericht bekundet hat,[4] sodass dieser Umstand im Rahmen der Abschätzung der Wahrscheinlichkeit, dass im konkreten Fall keine Lüge vorliegt, ggf. durch Abschlag der a priori mit 90 % anzusetzenden Wahrscheinlichkeit, berücksichtigt werden kann.

3. Potenzielles Motiv für eine Lüge

Auch die **potenziellen Motive** für eine wahre Aussage oder für eine Lüge spielen in der Beurteilung der Glaubwürdigkeit einer Aussage **keine dominierende Rolle**. Entscheidend ist immer die konkrete Aussagequalität. Gleichwohl sind die potenziellen Motive für eine wahre bzw. unwahre Aussage nicht ganz zu vernachlässigen. „Im Alltagsleben machen wir die Beurteilung von Angaben anderer u.a. davon abhängig, ob wir Gründe dafür erkennen können, dass unser Gegenüber uns täuschen könnte. Wenn wir annehmen, dass die Angaben persönlichen Interessen dienen, bleiben wir eher skeptisch.“[5] 3

Dieses „skeptisch bleiben“ heißt der Sache nach nichts anderes, als dass **umso höhere Anforderungen an die Qualität der Aussage zu stellen sind**, um von der Glaubhaftigkeit der Aussage ausgehen zu können, **je mehr potenzielle Gründe für eine unwahre Aussage vorhanden sind**. 4

Bender/Nack formulieren daher zutreffend: 5

> *„Verwerten Sie deshalb die – sowieso in der Regel nur vermutbaren – Motive niemals allein oder vorrangig, sondern nur zusammen mit anderen Glaubwürdigkeitskriterien. Nur so können Sie sich die Überzeugung verschaffen, ob ein vorhandenes Motiv bis zur Lüge ‚durchgeschlagen‘ hat.“*[6]

2 Wohl h.M. in der Rspr., vgl. BGH, 1 StR 553/01 n.v., u. Literatur, vgl. Bender/Nack, Tatsachenfeststellung vor Gericht, 2. Aufl., S. 69 ebenso Arntzen, Psychologie der Zeugenaussage, System der Glaubwürdigkeitsmerkmale, 3. Aufl., S. 21, der die Unterscheidung zwischen allg. u. spezieller Glaubwürdigkeit aufgegeben hat, vgl. auch Undeutsch, Handbuch der forensischen Psychologie, 11. Bd., S. 51, 52 m.w.N., vgl. auch Trankell, Der Realitätsgehalt von Zeugenaussagen, S. 98: „Allgemeine Urteile über die Glaubwürdigkeit einer Person können daher außerordentlich gefährlich sein [...].“.

3 Undeutsch, Handbuch der forensischen Psychologie, 11. Bd., S. 52.

4 Vgl. BGH, 1 StR 557/01 n.v., ebenso Trankell, Der Realitätsgehalt von Zeugenaussagen, S. 98: „darf nicht vernachlässigt werden“.

5 Greuel/Offe/Fabian/Wetzels/Fabian/Offe/Stadler, Glaubhaftigkeit der Zeugenaussage, S. 169.

6 Bender/Nack, Tatsachenfeststellung vor Gericht, 2. Aufl., Rn 181.

6 D.h., losgelöst von der Schwierigkeit, die jeweiligen Motive des Zeugen festzustellen, „wobei der Betreffende selbst über seine Motivation oft nicht vollständig Auskunft geben kann,“[7] kann ein vermutetes Motiv zur wahren Aussage (z.B. der Zeuge ist mit keiner Partei verwandt oder befreundet, er hat kein eigenes Interesse[8]) oder ein vermutetes Motiv zur Falschaussage (z.B. das Bedürfnis des Zeugen, einer ihm nahestehenden Person helfen zu wollen,[9] Gruppenvorurteile,[10] Gruppenzwang und Gruppengeist,[11] Geltungsbedürfnis,[12] Vergeltungsverlangen[13] oder auch die Berücksichtigung der Folgen, die die Aussage mittelbar oder unmittelbar für den Zeugen hat[14]) nur über eine Abschätzung der A-priori-Wahrscheinlichkeit einer subjektiv wahren Aussage erfolgen. D.h.: **Entweder durch Erhöhung oder Verringerung der a priori anzusetzenden Wahrscheinlichkeit**. Hierbei ist zu beachten, dass **Motive nicht bewusst sein müssen**, um Handlungen anregen zu können,[15] sodass es **immer nur um die vermuteten Motive gehen kann**, die die A-priori-Wahrscheinlichkeit verringern oder erhöhen. Zu berücksichtigen sind insb. (vermutete)

- Emotional-affektive Einstellungen des Zeugen und seiner Umgebung zu den von der Aussage betroffenen Personen.“[16]
- „Sonstige zwischenmenschliche Bezüge des Zeugen.“[17]
- „Vom Zeugen vorhersehbare Folgen der Aussage.“[18]

7 **Wenn somit die A-priori-Wahrscheinlichkeit für das Vorliegen einer wahren Aussage aufgrund der vermuteten Motivation des Zeugen sinkt**, so ergibt sich bereits aus dem Gedankenmodell des Theorems von Bayes, **dass dann umso mehr Realitätskriterien, oder umso qualitativ höher zu bewertende Realitätskriterien vorhanden sein müssen**, um von der Glaubhaftigkeit der Aussage ausgehen zu können.

7 Greuel/Offe/Fabian/Wetzels/Fabian/Offe/Stadler, Glaubhaftigkeit der Zeugenaussage, S. 170.
8 Vgl. Bender/Nack, Tatsachenfeststellung vor Gericht, 2. Aufl., Rn 181.
9 Vgl. Bender/Nack, Tatsachenfeststellung vor Gericht, 2. Aufl., Rn 184.
10 Vgl. Bender/Nack, Tatsachenfeststellung vor Gericht, 2. Aufl., Rn 186.
11 Vgl. Schneider, Praxis der neuen ZPO, 2. Aufl., Rn 35: „Mitglieder einer Gruppe nehmen typischerweise **Gruppenmeinungen** so wahr, als seien es weitgehend **ihre eigenen Meinungen**. Das einzelne Gruppenmitglied tendiert daher dazu, sich einem einmütigen Gruppenurteil zu beugen, selbst wenn die Gruppe im Irrtum ist. Je höher der Rang eines Mitgliedes innerhalb einer Gruppe ist, umso gewichtiger ist seine Meinung und umso einflussreicher ist dieses Mitglied.“ Die Gruppenmeinung bzw. der Mitläufereffekt ist auch der Grund, warum in Verfahren wegen Körperverletzungen auf dem Fußballfeld alle „Roten“ ein Foul, nachdem der Ball längst weg war, u. alle „Blauen“ einen Kampf um den Ball bezeugen, sodass man ohne Aussage des Schiedsrichters den Vorfall nicht aufklären kann – vgl. Bender/Nack, Tatsachenfeststellung vor Gericht, 2. Aufl., Rn 109.
12 Vgl. Bender/Nack, Tatsachenfeststellung vor Gericht, 2. Aufl., Rn 189.
13 Vgl. Bender/Nack, Tatsachenfeststellung vor Gericht, 2. Aufl., Rn 190.
14 Vgl. Bender/Nack, Tatsachenfeststellung vor Gericht, 2. Aufl., Rn 188.
15 Vgl. Greuel/Offe/Fabian/Wetzels/Fabian/Offe/Stadler, Glaubhaftigkeit der Zeugenaussage, S. 169.
16 Arntzen, Psychologie der Zeugenaussage, System der Glaubwürdigkeitsmerkmale, 3. Aufl., S. 87.
17 Arntzen, Psychologie der Zeugenaussage, System der Glaubwürdigkeitsmerkmale, 3. Aufl., S. 89.
18 Arntzen, Psychologie der Zeugenaussage, System der Glaubwürdigkeitsmerkmale, 3. Aufl., S. 94.

Diese **Folgerung aus dem Gedankenmodell** des Theorems von Bayes **entspricht** im Ergebnis auch **dem Stand der aussagepsychologischen Wissenschaft**, die ausführt, „dass andererseits beim Auffinden eigennütziger Motive die Aussage in anderen Merkmalen eine höhere Qualität aufweisen muss, um als glaubwürdig gelten zu können,“[19] bzw. dass umso höhere Anforderungen an die Qualität der Aussage zu stellen sind, sofern diese überzeugen soll, je verdächtiger die Motivlage (zugunsten einer Partei oder zum Nachteil der anderen) und charakterliche Qualität der Aussageperson ist.[20] Ebenso ist in der aussagepsychologischen Wissenschaft der Fall denkbar, „dass bei hochwertiger Qualität der Aussage [Aussagequalität durch Aussagekriterien] [...] aufgrund massiver validitätsmindernder Rahmenbedingungen [hohe Irrtumswahrscheinlichkeit] die Zuverlässigkeit der Aussage nicht belegt werden kann.“[21] Umgekehrt bedeutet dies auch, dass bei neutraler A-priori-Wahrscheinlichkeit beim Fehlen von Realitätskriterien eine Zeugenaussage nicht überzeugen kann.[22]

Im Ausgangsfall war über die Geschädigte E. bekannt, dass diese bereits mehrfach andere Personen der Vergewaltigung bezichtigt hatte. Es ist daher denkbar, dass bei der Zeugin ein Motiv zur Selbstdarstellung durch erfundene Vergewaltigungsschilderungen vorliegen könnte, oder auch, dass eine Besonderheit im Erleben und Verhalten der Zeugin dergestalt existiert, „dass diese Zeugin generell in ihrer Wahrnehmungsorganisation[23] zu solchen Attributionsmustern neigte, nach denen sie sich vorschnell als einer Person und/oder Situation hilflos ausgeliefert und entsprechend bedroht fühlte, auch wenn dies objektiv nicht zwingend der Fall war.“[24] Darüber hinaus war bekannt, dass diese psychisch insofern auffällig war, als diese vor dem angeblichen Vergewaltigungsfall bereits in psychologischer Behandlung war, sich über die Tötung und Schändung einer gemutmaßten Rivalin gefreut und den Mörder gedeckt hatte. Weiter war bekannt, dass diese noch Kontakt zu ihrem früheren Lebensgefährten, dem Mörder, aufrecht erhielt und folglich ein Motiv für eine Lüge hatte, um eine sexuelle Situation mit einem anderen Mann ihrem früheren Lebensgefährten gegenüber erklären zu können, sodass die Aussage a priori wegen dieser Umstände eher unzuverlässig als zuverlässig ist. Folglich muss die A-priori- 8

19 Greuel/Offe/Fabian/Wetzels/Fabian/Offe/Stadler, Glaubhaftigkeit der Zeugenaussage, S. 175.

20 Vgl. Undeutsch, Handbuch der forensischen Psychologie, 11. Bd., S. 159.

21 Greuel/Offe/Fabian/Wetzels/Fabian/Offe/Stadler, Glaubhaftigkeit der Zeugenaussage, S. 166.

22 Vgl. Wendler, Axel, Wie ähnlich war der Unfall?, S. 69, 77.

23 Anm. d. Verf.: Dann hätte dieser Punkt streng genommen bei der Berücksichtigung der Wahrscheinlichkeit, dass kein Irrtum vorliegt, berücksichtigt werden müssen. Das zeigt, dass eine scharfe Trennung nicht möglich ist, sondern vielmehr Überschneidungen vorliegen können. Da insofern jedoch die Produktregel gilt, spielt es im Ergebnis keine Rolle, wo der Umstand berücksichtigt wird.

24 Greuel/Offe/Fabian/Wetzels/Fabian/Offe/Stadler, Glaubhaftigkeit der Zeugenaussage, S. 168.

Wahrscheinlichkeit (losgelöst von der Frage des Irrtums) unter 50 % betragen, somit z.B. 40 %. Damit ist die A-priori-Wahrscheinlichkeit des Vorliegens der Nichthaupttatsache somit 60 % P(nH).[25]

II. Einsatz der Aussagekriterien in das Theorem von Bayes

1. Allgemeines

9 Die Wahrscheinlichkeit, dass keine Lüge[26] vorliegt, kann durch das Vorhandensein der sog. **Realitätskriterien**[27] und durch das Vorhandensein bzw. Nichtvorhandensein von sog. **Lügen- oder Fantasiesignalen** (Aussagequalität) **abgeschätzt werden.**[28] Zwar gibt es mittlerweile einige Studien, die versucht haben, den jeweiligen Kriterien einen bestimmten Beweiswert oder Indikatorgröße zuzuschreiben,[29] jedoch sind die Ergebnisse noch zu ungenau, als dass einzelnen Kriterien ein konkreter Wert zugeschrieben werden könnte. Gleichwohl werden die jeweiligen Realitätskriterien hinsichtlich ihres Charakters vom BGH als grds. überprüft angesehen,[30] was nicht mehr ganz richtig ist, hier aber (noch) dahingestellt bleiben soll (s.u. § 24 Die Aussageanalyse), denn die h.A. geht jedenfalls noch von der empirischen Überprüfung der Realkennzeichen insgesamt aus. Je mehr Realitätskriterien vorliegen, desto höher wird die Wahrscheinlichkeit für das Vorliegen einer wahren Aussage. Nicht überprüft, sondern lediglich Praxisbeobachtungen stellen die sog. Lügensignale dar. Auch hier gilt, je mehr Lügensignale vorliegen, desto geringer wird die Wahrscheinlichkeit für das Vorliegen einer wahren Aussage. Die jeweiligen Merkmale legen sich somit wie ein Ring um die zu beweisende Haupttatsache (wahre Aussage), sodass die jeweiligen Kriterien als Indizien in das Theorem von Bayes eingesetzt werden können. Es ist davon auszugehen, dass die Kriterien im Wesentlichen voneinander unabhängig sind[31] und so den Einsatz in das Theorem von Bayes freimachen. Die statistische Unabhängigkeit der einzelnen Realkennzeichen ist allerdings nicht erforscht. Die konkrete Wahrscheinlichkeit des jeweiligen Merkmals

25 Die Anfangswahrscheinlichkeit für das Vorliegen der Haupttatsache u. des Vorliegens der Nichthaupttatsache beträgt oft 100 % (§ 9 Rdn 208 ff.). Die Summe der Wahrscheinlichkeit des Vorkommens des Indizes bei der Haupttatsache u. der Nichthaupttatsache braucht ebenfalls nicht 100 % betragen.

26 Vgl. Greuel/Offe/Fabian/Wetzels/Fabian/Offe/Stadler, Glaubhaftigkeit der Zeugenaussage, S. 9, die den Begriff „Realkennzeichen" statt „Realitätskriterium" bevorzugen, um darzustellen, dass es sich um, „so etwas wie eine objektiv ‚wahre', d.h. mit der Realität zum gegebenen Zeitpunkt übereinstimmende *Aussagemöglichkeit* [handelt]."

27 Vgl. Michael Stadler, Realitätskriterien und Wirklichkeitskriterien, in Psychologie der Zeugenaussage, S. 59.

28 Vgl. Bender/Nack, Tatsachenfeststellung vor Gericht, 2. Aufl., Rn 305 ff.

29 Vgl. Bender, Merkmalskombinationen in Aussagen, S. 151 ff., vgl. auch Greuel/Offe/Fabian/Wetzels/Fabian/Offe/Stadler, Glaubhaftigkeit der Zeugenaussage, S. 133 ff. m.w.N.

30 Vgl. BGH, NJW 1999, S. 2746, 2748, das gilt derzeit aber wohl nur für die Realitätskriterien.

31 Vgl. Bender, Merkmalskombinationen in Aussagen, S. 176/177.

für das Vorliegen in wahren Aussagen ist dann vom Richter auf Plausibilitätsniveau festzusetzen und hängt nicht nur von der Quantität, sondern v.a. von der Qualität (Ausprägung) des jeweiligen Merkmals ab.[32]

Die **Aussagekriterien, die mit einer Wahrscheinlichkeitsschätzung hinsichtlich des Vorliegens in wahren Aussagen versehen werden, sollten nur solche Kriterien sein, die sich aus der Aussage selbst ergeben**. Wenn die Zeugin X vor Gericht die Version A bestätigt, aber gegenüber der Arbeitskollegin Y die Version B vorgibt, so ist dies in diesem Stadium der Gewichtung und Bestimmung der Aussagekriterien nicht als das Aussagekriterium der mangelnden Konstanz aufzufassen. Vielmehr ist dann in einem späteren Schritt, in dem es nicht mehr um die Bewertung der Zeugenaussage, sondern dann der Gesamtendwahrscheinlichkeit der Tatbegehung geht, der Beweiswert der Aussage der Zeugin X vor Gericht abzuschätzen und mit dem Beweiswert der Schilderung der Zeugin Y vor Gericht, über das, was die Zeugin X der Zeugin Y erzählt hat, hinsichtlich der Wahrscheinlichkeit des Vorliegens der Haupttatsache (dann Tatbegehung) abzuschätzen und gegeneinander abzuwägen. Auf den Ausgangsfall übertragen bedeutet dies, dass die abweichenden Tatschilderungen, die die Geschädigte E. einerseits gegenüber dem Gericht und andererseits gegenüber den Zeuginnen Fo. und Ri. gab, in diesem Schritt nicht als Inkonstanzkriterium mit einem entsprechenden Beweiswert in das Theorem von Bayes eingesetzt werden kann. D.h., die Aussagekriterien sollten daher nur auf die Aussagen angewendet werden, die von der Zeugin X in diesem Verfahren vorliegen und die Aussagen der Zeugin gegenüber der Polizei, der Staatsanwaltschaft oder einem anderen Gericht. In diesem Fall ist die Ausgangslage der Zeugin in der Regel identisch und verfolgt regelmäßig den selben Zweck und muss von der Zeugin daher auch als einheitliche Aussage aufgefasst werden, sodass es gerechtfertigt erscheint, die Aussagekriterien aus dem Vorliegen der dann verschiedenen Aussagen zu gewinnen, statt jeder einzelnen Aussage (vor Gericht, vor der Staatsanwaltschaft, vor der Polizei) einen isolierten Beweiswert zuzuordnen. Dem jeweiligen Aussagekriterium ist sodann auf Plausibilitätserwägung ein Wert zuzuordnen. D.h., der Richter muss sich auch hier vorstellen, dass das jeweilige Kriterium in tausend (oder jedenfalls hundert) gedachten analogen Fällen vorliegen würde und sich dann fragen, in wie vielen Fällen hiervon es denkbar wäre, dass das Kriterium in einem wahren Fall vorkommt.[33] Freilich ist diese gedankliche Vertausendfachung oder auch nur Verhundertfachung schwierig und meist nicht durchführbar, so dass der Richter tatsächlich nur seinen Erfahrungsfundus als Basisgröße annehmen wird. Damit entfernt sich die Methode von der Gewinnung einer (wirklich) belastbaren Prozentzahl, ist aber immer noch besser, als sich gar keine Gedanken zu machen und rein intuitiv zu entscheiden. **Als Aussagekriterien, die in jedem Fall erwogen werden müssen, gelten die Konstanz, die Detaillierung und die logische Konsistenz der** 10

32 Vgl. Greuel/Offe/Fabian/Wetzels/Fabian/Offe/Stadler, Glaubhaftigkeit der Zeugenaussage, S. 159 ff.

33 Vgl. Bender, Das Beweismaß, in Festschrift für Fritz Baur, S. 251.

Aussage.[34] Lassen sich weitere Kriterien finden, müssen diese selbstverständlich auch miterwogen werden. Diese **drei Kriterien stellen nur die Mindestanforderungen dar**, die in jeder erlebnisbegründeten Aussage, die forensisch verwertbar sein soll, vorliegen müssen.[35]

2. Berücksichtigung des Konstanz-/Inkonstanzkriteriums

11 Liegt also eine Abweichung in der gerichtlichen Schilderung von der polizeilichen vor, so kann das Kriterium der Konstanz/Inkonstanz erfüllt sein. **Insofern ist in der Aussageforschung anerkannt, dass Inkonstanz der verschiedenen Aussageversionen ein gewichtiges Indiz gegen die Glaubhaftigkeit der Aussage ist, sofern die Inkonstanz im Kerngeschehen vorliegt.**[36] Das Kerngeschehen ist das Geschehen, das von der Auskunftsperson damals als zentral aufgefasst werden musste.[37] Das ist jedenfalls die Frage, wie der Messereinsatz geführt und **wann und wohin das Messer abgelegt wurde**,[38] zumal bei Bedrohung mit einem Messer der sog. **Waffenfokus** einsetzt.[39] Der Waffenfokus bedeutet, dass Zeugen oder Opfern einer Straftat, „bei der der Täter mit einer Pistole, einem Messer oder einer anderen Waffe gedroht hat, [...] die Waffe, sowie die Hand, mit der die Waffe gehalten wurde, eher detailliert beschreiben können, [...] weil sich ihre Aufmerksamkeit tunnelartig auf die Waffe, von der die unmittelbare Bedrohung ausgeht, richtet." Es ist somit ein Wahrscheinlichkeitswert (auf Plausibilitätsniveau nur jeweils schätzbar) für das Vorliegen dieser Inkonstanz in wahren Aussagen ($P_{11a}\backslash H$) und ein Wahrscheinlichkeitswert für das Vorliegen dieser Inkonstanz in falschen Aussagen ($P_{11a}\backslash nH$) zuzuordnen. Es soll auf Plausibilitätsniveau angenommen werden, dass in wahren Aussagen diese Inkonstanz in 30 % der Fälle auftritt ($P_{11a}\backslash H$), während bei falschen Aussagen diese Inkonstanz in 60 % der Fälle auftritt ($P_{11b}\backslash nH$). Darüber hinaus liegt eine weitere Inkonstanz vor. In der polizeilichen Schilderung trug die Zeugin E. vor, dass sie auf dem Angeklagten saß, als dieser zum Samenerguss kam und kurz davor von ihm herunterging. In der gerichtlichen Einvernahme sagte die Zeugin aus, dass der Geschlechtsverkehr im Stehen ausgeübt wurde und sich die beiden sodann trenn-

34 Vgl. Greuel/Offe/Fabian/Wetzels/Fabian/Offe/Stadler, Glaubhaftigkeit der Zeugenaussage, S. 131, vgl. auch Arntzen, Psychologie der Zeugenaussage, System der Glaubwürdigkeitsmerkmale, 3. Aufl., S. 161/162.

35 Vgl. Greuel/Offe/Fabian/Wetzels/Fabian/Offe/Stadler, Glaubhaftigkeit der Zeugenaussage, S. 131, vgl. auch Arntzen, Psychologie der Zeugenaussage, System der Glaubwürdigkeitsmerkmale, 3. Aufl., S. 161.

36 Vgl. Greuel/Offe/Fabian/Wetzels/Fabian/Offe/Stadler, Glaubhaftigkeit der Zeugenaussage, S. 131, vgl. auch Arntzen, Psychologie der Zeugenaussage, System der Glaubwürdigkeitsmerkmale, 3. Aufl., S. 58; vgl. auch Bender/Nack, Tatsachenfeststellung vor Gericht, 2. Aufl., Rn 288.

37 Vgl. auch Bender/Nack, Tatsachenfeststellung vor Gericht, 2. Aufl., Rn 290.

38 Vgl. BGH, StV 1999, S. 136.

39 Vgl. Greuel/Offe/Fabian/Wetzels/Fabian/Offe/Stadler, Glaubhaftigkeit der Zeugenaussage, S. 32 m.w.N.

ten, als der Angeklagte seinen Samenerguss hatte. Die **Köperpositionen müssten aber in jedem Fall konstant bleiben.**[40] Auch hier soll auf Plausibilitätsniveau angenommen werden, dass in wahren Aussagen diese Inkonstanz in 30 % der Fälle auftritt (P_{I1b}/H), während bei falschen Aussagen diese Inkonstanz in 60 % der Fälle auftritt (P_{I1b}/nH). Nachdem **somit zwei gravierende Inkonstanzen** gegeben sind, muss dem Inkonstanzkriterium insgesamt somit ein geringerer oder gleicher Wahrscheinlichkeitswert als die jeweils geschätzten 30 % hinsichtlich des Vorliegens in wahren Aussagen (P_{I1}/H) und ein größerer oder gleicher Wahrscheinlichkeitswert als die geschätzten 60 % für das Vorliegen in falschen Aussagen (P_{I1}/nH) zugesprochen werden,[41] somit für das Inkonstanzkriterium hinsichtlich des Vorliegens in wahren Aussagen geschätzt 25 % (P_{I1}/H) und für das Vorliegen in falschen Aussagen geschätzt 65 % (P_{I1}/nH).

3. Berücksichtigung des Detailkriteriums

Hinsichtlich der Detaillierung des Vergewaltigungsgeschehens ist festzustellen, dass diese einerseits detailarm ist (es fehlen detaillierte Interaktionsschilderungen,[42] Komplikationen in dem Sexualakt,[43] die Schilderungen von eigenpsychischem Erleben,[44] die Wiedergabe von Gesprächen[45] ist gar nicht bis allenfalls schwach ausgeprägt[46]), aber andererseits werden doch nebensächliche Details[47] benannt („er begann mich am Hals abzuschlecken [...] er trank dann wieder und machte die Mu- 12

40 Vgl. Arntzen, Psychologie der Zeugenaussage, System der Glaubwürdigkeitsmerkmale, 3. Aufl., S. 56: „erfahrungsgemäß das häufigste Symptom für eine Falschaussage".

41 Die beiden Inkonstanzen brauchen – da ohnehin alles nur eine Schätzung auf Plausibilitätsniveau darstellt – aus Vereinfachungsgründen u. um die Berechungen nicht ausufern zu lassen, sondern noch praktikabel zu halten, nicht mehr zu einem Wert zusammengerechnet werden, sondern es genügt eine Gesamtschätzung.

42 „Das Merkmal ist nicht erfüllt, wenn Einzelhandlungen beschrieben oder aber einfache Reaktionssequenzen ohne nähere Konkretisierung einfach nur benannt werden. Wenn also ein Zeuge lediglich angibt, er sei sexuell belästigt worden, worauf er sich zu wehren versucht habe, ohne den Wechsel von Aktion zu Gegenreaktion auch nur annäherungsweise zu beschreiben, liegt keine Interaktionsschilderung im Sinne eines beurteilungsrelevanten Qualitätsmerkmals vor." So Greuel/Offe/Fabian/Wetzels/Fabian/Offe/Stadler, Glaubhaftigkeit der Zeugenaussage, Theorie, S. 108.

43 Vgl. Bender/Nack, Tatsachenfeststellung vor Gericht, 2. Aufl., Rn 246.

44 Vgl. Bender/Nack, Tatsachenfeststellung vor Gericht, 2. Aufl., Rn 262; die einfache Bekundung von Angst oder Schmerzen kann das Kriterium natürlich nicht erfüllen, vgl. hierzu auch Greuel/Offe/Fabian/Wetzels/Fabian/Offe/Stadler, Glaubhaftigkeit der Zeugenaussage, S. 114.

45 Vgl. Bender/Nack, Tatsachenfeststellung vor Gericht, 2. Aufl., Rn 242.

46 Der eigene Gesprächsteil wird nur pauschal, z.B. „als ich mich weigerte" wiedergegeben, daher: „Das Merkmal ist hingegen nicht erfüllt, wenn ein fraglicher Gesprächsinhalt lediglich pauschal benannt wird, ohne dass ein Wechsel von Frage und Antwort transparent wird. So kann die pauschale Angabe einer Zeugin, wonach der Täter sie aufgefordert habe, sich hinzulegen, was sie dann auch getan habe, nicht als Gesprächswiedergabe im genannten Sinne bewertet werden." – so Greuel/Offe/Fabian/Wetzels/Fabian/Offe/Stadler, Glaubhaftigkeit der Zeugenaussage, S. 110.

47 Vgl. Bender/Nack, Tatsachenfeststellung vor Gericht, 2. Aufl., Rn 234.

sik sehr laut […] er machte meinen BH auf und roch ca. 15 Min. daran […] er wollte, daß ich mich auf das Sofa setze und ihn umarme“) und psychisches Erleben beim Beschuldigten geschildert wird („er hat geweint“).[48] Damit kann das Detailkriterium insgesamt[49] bejaht und hinsichtlich der Wahrscheinlichkeit der geschilderten Details in wahren Aussagen – auf Plausibilitätsniveau geschätzt – ein Wert von 60 % (P_{I2}/H) und hinsichtlich dem Vorliegen derartiger Details in nicht wahren Aussagen ein Wert von 20 % (P_{I2}/nH) zugeordnet werden.

4. Berücksichtigung der logischen Konsistenz der Aussage

13 Die **logische Konsistenz einer Aussage stellt zwar eine Mindestanforderung** an eine glaubhafte Aussage **dar**, da eine Aussage, die unlogisch ist, naturgemäß nicht überzeugen kann.[50] Da einerseits bekannt ist, dass jedenfalls bei guten Lügnern bei nachweislich unwahren Aussagen das Merkmal der logischen Konsistenz öfter vorliegt, als bei wahren Aussagen, d.h., **das Merkmal leicht simuliert werden kann**,[51] ist bei diesem Kriterium daher eine Wahrscheinlichkeit von 50 % anzunehmen, sofern keine Steigerungsform[52] vorliegt, d.h. z.B. der geschilderte Sachverhalt für die Auskunftsperson zu kompliziert ist, als dass diese intellektuell in der Lage wäre, eine folgerichtige Schilderung abzugeben, wenn diese nicht auf einem realen Erlebnishintergrund beruhen würde.[53] Im Sachverhalt ist die Schilderung einer sexuell erfahrenen Zeugin nicht derart schwierig, dass die Zeugin intellektuell überfordert wäre, in der Fantasie eine folgerichtige Vergewaltigungsschilderung auszudenken, sodass die logische Konsistenz der Aussage keinen Anhaltspunkt für die Wahrheit, aber auch keinen Anhaltspunkt für die Unwahrheit ergibt, sodass es bei der Wahrscheinlichkeit von 50 % (jeweils für P_{I3}/H und P_{I3}/nH) verbleiben muss.

5. Berücksichtigung weiterer Aussagekriterien

14 Da andere Aussagekriterien, die über reine Handlungsbenennungen, die auch in einer sinnvollen Lüge enthalten sein müssen, hinausgehen, in concreto nicht mehr gefunden werden können, können im Ausgangsfall keine weiteren Indizien für die subjektive Wahrheit der Aussage gewichtet werden.

48 Vgl. Greuel/Offe/Fabian/Wetzels/Fabian/Offe/Stadler, Glaubhaftigkeit der Zeugenaussage, S. 117.

49 Aus Vereinfachungsgründen sollte das Kriterium insgesamt geschätzt werden, u. nicht eine isolierte Betrachtung für jeden Unterpunkt des Kriteriums.

50 Vgl. hierzu auch Bender/Nack, Tatsachenfeststellung vor Gericht, 2. Aufl., Rn 271 (Verflechtungskriterium), Rn 283 (Homogenitätskriterium), Rn 481 (Plausibilitätskriterium), vgl. auch Arntzen, Psychologie der Zeugenaussage, System der Glaubwürdigkeitsmerkmale, 3. Aufl., S. 50.

51 Vgl. Hommers, die Aussagepsychologische Kriteriologie unter kovarianzstatistischer und psychometrischer Perspektive, in Psychologie der Zeugenaussage, S. 97.

52 Arntzen, Psychologie der Zeugenaussage, System der Glaubwürdigkeitsmerkmale, 3. Aufl., S. 20.

53 Vgl. Trankell, Arne, Der Realitätsgehalt von Zeugenaussagen, S. 125.

6. Auflösung in das Theorem von Bayes

In die Formel (s.o. § 9 Rdn 19 ff.) eingesetzt, um den Beweiswert der subjektiv wahren Aussage der Zeugin E. zu erhalten, ergibt sich sodann Folgendes: 15

Wobei wobei unterstellt wird, dass die einzelnen Realitätskriterien statistisch voneinander unabhängig sind, wozu es kaum Forschung gibt. 16

P(H) = **A-priori-Wahrscheinlichkeit** der Haupttatsache (subjektiv wahre Aussage).

$P(H\backslash I_1, I_2, \ldots I_n)$ = A-priori-Wahrscheinlichkeit unter der Bedingung, dass Indiz 1, Indiz 2, Indiz n vorliegt = Endwahrscheinlichkeit = **A-posteriori-Wahrscheinlichkeit**.

P(nH) = A-priori-Wahrscheinlichkeit, dass Nichthaupttatsache (hier keine subjektiv wahre Aussage) vorliegt.

$P(I_1\backslash H)$ = Wahrscheinlichkeit, dass Indiz 1 (hier Konstanzkriterium) bei Haupttatsache vorliegt.

$P(I_1\backslash nH)$ = Wahrscheinlichkeit, dass Indiz 1 bei Nichthaupttatsache vorliegt.

$P(I_2\backslash H)$ = Wahrscheinlichkeit, dass Indiz 2 (hier Detailkriterium) bei Haupttatsache vorliegt.

$P(I_2\backslash nH)$ = Wahrscheinlichkeit, dass Indiz 2 bei Nichthaupttatsache vorliegt.

$P(I_3\backslash H)$ = Wahrscheinlichkeit, dass Indiz 3 (hier logische Konsistenz) bei Haupttatsache vorliegt.

$P(I_3\backslash nH)$ = Wahrscheinlichkeit, dass Indiz 3 bei Nichthaupttatsache vorliegt.

$$P(H|I_1, I_2, I_3) = \frac{0{,}4 \cdot 0{,}25 \cdot 0{,}6 \cdot 0{,}5}{(0{,}4 \cdot 0{,}25 \cdot 0{,}6 \cdot 0{,}5) + (0{,}6 \cdot 0{,}65 \cdot 0{,}2 \cdot 0{,}5)} = 0{,}4347 = 43{,}47\%$$

Hieraus ergibt sich, dass die Zeugenaussage weit weniger zuverlässig ist, als es auf den ersten Blick – bei nur intuitiver Betrachtung der Aussage – erschien. Bei genauerer Betrachtung entspricht der Wert der Aussage dem Wert, den man a priori auf Plausibilitätsniveau einer Zeugin zugeschrieben hätte, die bereits mehrfach vorgegeben hat, vergewaltigt worden zu sein. 17

Hinweis

Ob der hier errechnete Wert richtig oder falsch ist, spielt keine Rolle. Wichtig ist, dass nun eine intersubjektive Diskutierbarkeit hergestellt ist. Andere Beurteiler mögen andere Werte schätzen und zu einem ähnlichen oder anderen Ergebnis kommen. Selbst wenn die diesseits angenommenen Werte unvertretbar falsch sein sollten, wird der Fehler (von der übergeordneten Instanz) erkannt und ein Fehlurteil kann verhindert werden. Das setzt freilich voraus, dass das einzuhaltende Beweismaß auch tatsächlich von der übergeordneten Instanz kontrolliert wird.

III. Die Abschätzung der Wahrscheinlichkeit, dass kein Irrtum vorliegt (Produktregel)

18 Ausgangspunkt ist die belastende Zeugenaussage der Geschädigten E. **Der Beweiswert dieser Zeugenaussage hängt weiter davon ab, dass kein Irrtum vorliegt.** Der Irrtum, d.h. ein Wahrnehmungs-, Wiedergabe- oder Erinnerungsfehler (Aussagetüchtigkeit und Aussagevalidität), hängt davon ab, dass die Geschädigte richtig beobachtet hat (1. Stufe), dass die Beobachtung der Geschädigten richtig gespeichert und erinnert wurden (2. Stufe), dass die Geschädigte ihre Erinnerung korrekt ausgedrückt hat (3. Stufe) und dass der Richter die Zeugin richtig verstanden hat (4. Stufe).[54]

19 **Diese Umstände, d.h. die verschiedenen Stufen, die einen Irrtum konstituieren können, müssen gemäß der Produktregel abgewogen werden**, wobei die isolierten Umstände, die schon hinsichtlich der Lüge[55] berücksichtigt worden sind, nunmehr erneut (doppelt) berücksichtigt werden müssen. Der Umstand der persönlichen Betroffenheit als solches wirkt z.B. durchaus doppelt, nämlich auf der Ebene des Irrtums und auf der Ebene der Wahrheitsliebe. Eine scharfe Abgrenzung von Umständen, die nur die Frage des Irrtums einerseits und nur die Frage der Lüge andererseits betreffen, ist praktisch nicht möglich. Bereits hier können sich differenzierte Überlegungen ergeben, um den jeweiligen Wahrscheinlichkeitswert auf der jeweiligen Stufe darzustellen. Zum einen kann die konkrete Beobachtungssituation eine Rolle spielen (z.B. die allgemeine Irrtumsanfälligkeit bei Turbulenzgeschehen,[56] die körperlichen[57] und geistigen Voraussetzungen (Aussagetüchtigkeit), um die entsprechende Wahrnehmung zu machen, aber auch Besonderheiten der Aussageperson oder suggestive Einflüsse (Aussagevalidität). Bei der Frage, wie hoch die Wahrscheinlichkeit des Irrtums in der Zeugenaussage ist, muss sich der Richter vorstellen, dass sich die ihm vorliegende Stufe (mit allen ihren Einzelheiten) tausendmal bzw. in großer Zahl (tatsächlich basierend auf dem Erfahrungsfundus des erkennenden Richters) genauso ereignen würde und sich dann fragen, in wie vielen Fällen mit den identischen Einzelheiten es denkbar wäre, dass der Tatbestand (kein Irrtum auf der jeweiligen Stufe) verwirklicht ist.[58] Hierbei spielt keine Rolle, dass die

54 Vgl. Nack, Der Indizienbeweis, MDR, 1986, S. 366, 369.

55 Eine scharfe Trennung der Umstände, die einerseits zur Lüge u. andererseits zum Irrtum führen können, ist nicht möglich; wichtig ist, dass der konkrete Umstand auf beiden Ebenen beachtet wird u. hierbei behutsam vorgegangen wird, um den Umstand nicht zu stark zu berücksichtigen.

56 Vgl. Arntzen, Psychologie der Zeugenaussage, System der Glaubwürdigkeitsmerkmale, 3. Aufl., S. 34.

57 Z.B. die langsame Hell-Dunkel-Anpassung des menschlichen Auges, vgl. Bender/Nack, Tatsachenfeststellung vor Gericht, 2. Aufl., Rn 35.

58 Vgl. Bender, Das Beweismaß, in Festschrift für Fritz Baur, S. 251.

Wahrscheinlichkeit i.d.R. nicht konkret oder empirisch abgesichert angegeben, sondern diese Schätzung lediglich auf Plausibilitätsniveau angestellt werden kann.[59] Dies spielt deshalb keine Rolle, weil dies die einzige Möglichkeit ist, um so weit als möglich aufgrund rationaler Überlegung von der Wahrscheinlichkeit überzeugt sein zu können und dem Rechtsmittelgericht darzulegen, dass kein Verstoß gegen Denk- oder Erfahrungssätze vorliegt bzw. eine intersubjektive Diskutierbarkeit herzustellen.

Im Fall einer Vergewaltigungsschilderung und Bedrohung mit einem Messer wird der Richter die Wahrscheinlichkeit, dass kein Irrtum auf den jeweiligen Stufen vorliegt, aufgrund der Eindeutigkeit und Einfachheit der Situation mit jeweils fast 100 % schätzen können. Das gilt insb. dann, wenn suggestive Einflüsse – wie hier – auszuschließen sind.[60] Also z.B. für die vier Stufen, um einen jeweiligen Irrtum auszuschließen (s.o.) 20

$$99{,}5\% \cdot 99{,}5\% \cdot 99{,}5\% \cdot 99{,}5\% = 0{,}995 \cdot 0{,}995 \cdot 0{,}995 \cdot 0{,}995 = 0{,}98 = 98\%$$

Wahrscheinlichkeit, dass kein Irrtum vorliegt.

Der Wert der Zeugenaussage für die in einem weiteren Schritt zu beweisende Tat, bemisst sich somit nach der Wahrscheinlichkeit, dass eine objektiv richtige Aussage vorliegt. D.h., die Wahrscheinlichkeit der subjektiv wahren Aussage (43,47 % s.o.) muss mit der Wahrscheinlichkeit, dass kein Irrtum vorliegt (98 %) multipliziert werden. Somit 21

$$43{,}47\% \cdot 98\% = 0{,}4347 \cdot 0{,}98 = 0{,}4260 = 42{,}6\%$$

für eine tatsächliche Vergewaltigung und von 57,40 % gegen eine tatsächliche Vergewaltigung.

Da **die Zeugenaussage der Geschädigten nur ein Indiz unter mehreren ist**, die insgesamt ebenfalls nach dem Theorem von Bayes abgewogen werden müssen, ergibt sich somit eine Wahrscheinlichkeit von 42,60 % als (P_{I1}\H) hinsichtlich des Vorliegens in der noch zu beweisenden Haupttatsache der tatsächlichen Vergewaltigung und von 57,40 % als (P_{I1}\nH), d.h., der nur vorgegebenen Vergewaltigung (P_{I1}\nH). In diesem Fall, da die Aussage im Rahmen einer Gesamtabwägung mit den weiteren Indizien entweder einer tatsächlichen oder einer nicht tatsächlichen Vergewaltigung 22

59 Vgl. Nack, Der Indizienbeweis, MDR 1986, S. 366, 368 u. BGH, NJW 1982, S. 2447, wo der BGH beanstandete, dass das Berufungsgericht den Indizwert nicht richtig eingeschätzt hatte.

60 Das wäre z.B. dann anders, wenn die belastenden Angaben erst im Laufe der verschiedenen Vernehmungen erfolgen (Pygmalioneffekt – vgl. Bender/Nack, Tatsachenfeststellung vor Gericht, 2. Aufl., Rn 106, 892) oder die angebliche Tat erst durch umfangreiche Vernehmungsgespräche aufgedeckt wurde.

zuzuordnen ist, ist P_{I1}\H plus P_{I1}\nH 100 %.[61] Die Aussage kann hinsichtlich der Vergewaltigung nur wahr oder nicht wahr sein.

B. Die Würdigung der weiteren Indizien

23 Das LG hat seine Verurteilung aber nicht nur auf die Aussage der Zeugin E. gestützt, sondern auf weitere Indizien. Somit muss auch diesen weiteren Indizien ein Beweiswert zugeordnet werden, der jeweils auf Plausibilitätsniveau geschätzt werden muss. Diese weiteren Indizien waren:

I. Das Heimbegleiten

24 Hierzu wurde bereits ausgeführt, dass das Heimbegleiten mit einer Vergewaltigung in der Regel atypisch ist.[62] D.h., das Heimbegleiten wird in wahren Vergewaltigungsfällen nur sehr selten vorkommen, ggf. in – auf Plausibilitätsniveau geschätzten – 5 % der Fälle (P_{I2}\H), während das Heimbegleiten einer nichtvergewaltigten Frau nach einvernehmlichen Sex und schlussendlich vorgegebener Vergewaltigung in einer gerade einmal einen Monat dauernden Beziehung in – auf Plausibilitätsniveau geschätzten – 25 % der Fälle geschieht (P_{I2}\nH).

II. Das Nicht-Übernachten beim Angeklagten

25 Das Gericht hat auch diesem Umstand einen Beweiswert zugesprochen. Einerseits führt das Urteil aus, dass die Geschädigte entgegen ihrer sonstigen Gewohnheit nicht beim Angeklagten übernachtete und andererseits, dass die Geschädigte nur bisweilen beim Geschädigten übernachtete. Somit kann dem Nicht-Übernachten beim Beschuldigten keinerlei Beweiswert zugeordnet werden. Es kommt geschätzt in beiden Varianten gleich oft vor.

III. Die abweichende Schilderung (Suizidversuch) der Zeugin Fo.

26 Das Gericht hat es als gegen den Angeklagten sprechendes Indiz gewertet, dass die Geschädigte der Zeugin Fo. gegenüber erwähnt hatte, mehrfach einen Suizidversuch unternommen zu haben, obwohl die Geschädigte diesen Umstand weder in ihrer polizeilichen Schilderung noch in ihrer gerichtlichen Einvernahme bekundet hatte. Folglich wurde dieser Umstand auch nicht als Inkonstanz innerhalb der eigentlichen Aussageanalyse und Zuschreibung eines Beweiswerts der Aussage der Geschädigten (Indiz 1) gewertet.

61 In anderen Fällen, muss Pn\H u. Pn\nH aber nicht zusammen 100 % sein; wie oft ein Indiz bei der Haupttatsache vorkommt, muss in keinem Zusammenhang damit stehen, wie oft das Indiz bei der Nichthaupttatsache vorkommt.

62 Vgl. Michaelis-Arntzen, Die Vergewaltigung aus kriminologischer, viktimologischer und aussagepsychologischer Sicht, 2. Aufl., S. 32.

Hinweis 27

„Die Bewertung inhaltlicher Differenzen zwischen den Angaben der verschiedenen Zeugen ist nicht Bestandteil der Konstanzprüfung und gehört nicht zu den Aufgaben eines aussagepsychologischen Sachverständigen, sondern stellt Beweiswürdigung dar.“[63]

Gleichwohl liegt natürlich im Kerngeschehen eine Inkonstanz vor. Auch für die Geschädigte müssen ihre mehrfachen Suizidversuche zentral gewesen sein. Somit handelt es sich bei dieser Abweichung um ein Lügensignal, das im Rahmen der Gewichtung des Beweiswerts der Aussage der Zeugin Fo. (Indiz 3) zu berücksichtigen ist. Streng genommen müsste für die Zeugin Fo. ebenfalls der Beweiswert deren Aussage (wie die einer jeden Zeugenaussage) anhand des Theorems von Bayes ermittelt werden. D.h., es müsste die Wahrscheinlichkeit einer objektiv richtigen Aussage der Zeugin Fo. (keine Lüge, kein Irrtum) genauso wie die Wahrscheinlichkeit bei der Belastungsaussage ermittelt werden. In der Praxis dürfte dies in den meisten Fällen aber nicht durchführbar sein, da entferntere Zeugen meist nicht gründlich genug vernommen werden, als dass ein genügend großer Aussageumfang für eine Analyse im Sinne der Aussagekriterien zur Verfügung stünde. Ebenso machen entfernte Zeugen oft nur eine einzige Aussage, sodass die Konstanz als Mindestkriterium einer Aussageanalyse ohnehin nicht festgestellt werden kann. Zum anderen sollten sich Rechenmodelle aus Gründen der Praktikabilität und Übersichtlichkeit auf die Hauptzeugen beschränken. Der Umstand, dass es sich bei der Schilderung der Aussage der Zeugin Fo. über das, was die Geschädigte E. der Zeugin Fo. gesagt haben soll, um eine – wie alle Zeugenaussagen – mehr oder weniger unsichere Aussage (Indiz) gehandelt hat (auch die Zeugin Fo. kann sich irren oder lügen), sollte daher dergestalt beachtet werden, dass die abstrakte Beweiskraft des Indizes mit einem Sicherheitszuschlag bzw. -abschlag versehen wird. Kommt eine insofern abweichende Schilderung gegenüber der Freundin in 10 % der wahren Vergewaltigungsfälle vor, aber in 80 % der vorgegebenen Fälle, so beträgt die abstrakte Beweiskraft 10/80, d.h., das Indiz wäre stark entlastend. Da die Zeugin Fo. sich irren oder lügen kann, kann die abstrakte entlastende Beweiskraft nicht genauso hoch sein, wie wenn die abweichende Schilderung sicher feststehen würde. Sicher ist damit nur die Aussage der Zeugin Fo., nicht der Umstand, den sie bekundet hat. 28

D.h., die abstrakte entlastende Beweiskraft ist dergestalt zu verringern, dass entweder der Zähler erhöht wird, und/oder der Nenner verkleinert wird, und dadurch die potenzielle Unsicherheit, dass die Angaben von einer Zeugin kommen, als solche ausgeglichen wird. 29

Geht man also davon aus, dass unterschiedliche Schilderungen gegenüber der Freundin einerseits und gegenüber der Polizei/Gericht andererseits hinsichtlich des 30

63 Steller, Glaubhaftigkeitsbegutachtung in Handbuch der Rechtspsychologie, S. 304.

Vorliegens von Suizidversuchen auf dem Heimweg in 10 % in der wahren Vergewaltigungen vorkommen, so kann dieser Wert – um die Unsicherheit, dass dieses Indiz von einer Zeugin stammt, auszugleichen – auf 25 % ($P_{13}\backslash H$) erhöht werden. In unwahren Vergewaltigungsschilderungen wird es deutlich öfter vorkommen, dass divergierende Schilderungen vorliegen, geschätzt in 80 % der Fälle, sodass als nochmaliger Sicherheitszuschlag dieser Wert auf 35 % der Fälle reduziert werden kann, somit in 35 % der Fälle ($P_{13}\backslash nH$).

31 Nunmehr beträgt die abstrakte entlastende Beweiskraft nicht mehr 10/80, sondern nur noch 25/35, ist also näher an 1 (neutrale Beweiskraft) und damit nicht mehr ganz so entlastend, sodass die Unsicherheit der Angabe durch eine Zeugin berücksichtigt und korrigiert wurde.

IV. Der psychische Zustand der Geschädigten nach der Tat

1. Der von den Zeugen KOK K., POM Sch., POM Schw., PHM PL. berichtete Zustand

32 Das LG hat dem psychischen Zustand der Geschädigten nach der Tat ebenfalls einen Beweiswert zulasten des Angeklagten zugesprochen. Ob diesem Umstand überhaupt ein belastender Beweiswert zugesprochen werden kann, da ja auch die nicht vergewaltigte Freundin der Geschädigten in dem gleichen Zustand war, ist bereits fraglich. **Es geht hierbei um die Frage, ob dieser Zustand nur gespielt sein kann (sog. impression management)**. „Theorien des ‚impression managements' (z.B. Mummendey 1990) thematisieren gerade, dass Interaktionsteilnehmer die Tatsache in Rechnung stellen, dass ihre Interaktionspartner sich aus dem gezeigten Ausdrucksverhalten einen Eindruck bilden. Sie bemühen sich daher, ein Ausdrucksverhalten zu zeigen, daß beim Interaktionspartner den gewünschten Eindruck erweckt."[64] Es geht hierbei um das aus der Aussageanalyse bekannte **Parallelproblem der sog. Gefühlsbeteiligung bei der Aussage** (z.B. Weinen während der Aussage).[65] **Zu Recht wird diesem Kriterium in der Praxis kaum ein Wert beigemessen,**[66] da der Lügner ja überzeugen will und daher auch die Gefühle vorgibt oder vorgeben kann, die seinem Bestreben am nächsten kommen. „Die Befragten [Zeugen] setzen in Abhängigkeit von ihrem Verständnis der Interaktionssituation Strategien der Selbstdarstellung ein, wodurch die Richtigkeit des Glaubhaftigkeitsurteils beeinträchtigt werden kann."[67] D.h., es ist zu berücksichtigen, dass „bereits die Alltagserfahrung zeigt, dass eine lebhafte und konkrete Vorstellung eines erfunden Ereignisses Emotionen und entsprechendes Ausdrucksverhalten auslösen kann

64 Vgl. Greuel/Offe/Fabian/Wetzels/Fabian/Offe/Stadler, Glaubhaftigkeit der Zeugenaussage, S. 146.
65 Vgl. Greuel/Offe/Fabian/Wetzels/Fabian/Offe/Stadler, Glaubhaftigkeit der Zeugenaussage, S. 100 f.
66 Vgl. Greuel/Offe/Fabian/Wetzels/Fabian/Offe/Stadler, Glaubhaftigkeit der Zeugenaussage, S. 101.
67 Greuel/Offe/Fabian/Wetzels/Fabian/Offe/Stadler, Glaubhaftigkeit der Zeugenaussage, S. 155.

[…] dass im Sinne des impression management eine bewusst täuschende Person bemüht sein könnte, bei einem erfunden Bericht über bedeutsame Ereignisse die entsprechende emotionale Beteiligung im Ausdrucksverhalten darzustellen.“[68] Somit ist dem psychischen Zustand der Geschädigten nach der Tat keinerlei Beweiswert zuzusprechen. Jemand, der zu Recht eine Vergewaltigung schildert, wird sich in einem bestimmten psychischen Zustand befinden, aber auch jemand, der zu Unrecht eine Vergewaltigung schildert und (natürlich) überzeugen möchte, wird den entsprechenden psychischen Zustand vorspielen. D.h., es wird im Besonderen, „auf die besondere Problematik der Mehrdeutigkeit nonverbaler Signale und deren geringe Zuverlässigkeit für die Beurteilung der Glaubhaftigkeit verwiesen.“[69] Dieser Umstand würde daher einerseits in wahren Aussagen vorkommen, aber annähernd gleich oft in falschen, **sodass aus dem psychischen Zustand angesichts der leichten Vorspielbarkeit kein Beweiswert abgeleitet werden kann**, bzw. es sich weder um ein belastendes Indiz noch um ein entlastendes Indiz handelt und somit gar nicht berücksichtigt werden kann.

2. Die Behauptung des Duschens, ängstlich Seins, Heulens, etc.

Aus o.g. Gründen ist der reinen Angabe der Geschädigten, ängstlich gewesen zu sein, tagelang geheult zu haben, mehrfach täglich geduscht zu haben etc., keinerlei Beweiswert zuzumessen. Auch dieser Umstand wird gleich oft von wahren, wie von vermeintlichen Vergewaltigungsopfern geschildert werden (geschätzt), zumal es wohl bereits zum **Allgemeinwissen der meisten Frauen gehört, sich nach einer Vergewaltigung „schmutzig zu fühlen“** und deshalb zu duschen. Ganz zu schweigen davon, dass sich dies mit dem Eingehen einer neuen Beziehung oder dem Aufreißen lassen in einer Disco nicht vereinbaren lassen würde. 33

3. Die Behauptung der blauen Flecken oder Druckschmerzen

Gleiches gilt für die Vorgabe in der mündlichen Verhandlung (sechs Monate nach der angeblichen Vergewaltigung), blaue Flecken oder Druckschmerzen an den Beinen gehabt zu haben. 34

4. Die Einschätzung des Psychiaters (Dr. H.)

Gleiches gilt für die Einschätzung des Psychiaters, der zufolge sich die behaupteten Symptome (Rückzug, vermehrtes Waschen) mit einer Vergewaltigung vereinbaren lassen würden. Die Lügnerin, die mit ihrer erfundenen Vergewaltigungsgeschichte überzeugen möchte, wird diese Symptome genauso oft vorgeben, wie die tatsächlich vergewaltigte Zeugin. Somit ist auch dieser Einschätzung keinerlei Beweiswert zu- 35

68 Greuel/Offe/Fabian/Wetzels/Fabian/Offe/Stadler, Glaubhaftigkeit der Zeugenaussage, S. 152.
69 Greuel/Offe/Fabian/Wetzels/Fabian/Offe/Stadler, Glaubhaftigkeit der Zeugenaussage, S. 6.

zuschreiben, sondern nur die Wiedergabe von Allgemeingut, die zudem voraussetzt (Rückzug, vermehrtes Waschen), was erst zu beweisen wäre.

5. Die Einschätzung der Bediensteten Ne. des Frauenhauses

36 Auch der Einschätzung der Bediensteten Ne., dass die Geschädigte nicht von sich aus zur Polizei gegangen wäre, und es der Geschädigten weniger um die Bestrafung des eigenen Täters, als um die Angst um das eigene Kind ging, kann keinerlei Beweiswert zukommen. Das oft zu beobachtende Standardmotiv eines Anzeigeerstatters ist, dass es dem Anzeigeerstatter angeblich nicht um sich oder die Bestrafung des Täters geht, sondern vielmehr wird regelmäßig ein altruistisches Motiv in den Vordergrund geschoben, dass nur verhindert werden soll, dass der Täter „dasselbe mit jemand anderen macht", „es um das Prinzip geht" etc. Auch der Lügner wird daher nicht von vorneherein sein wahres Bestreben offenbaren, sondern, da er ja überzeugen will, **ebenfalls altruistische Motive vorgeben**. Da diese aber leicht vorgespielt werden können, wird diesem Umstand allenfalls in Ausnahmefällen ein Beweiswert zukommen können. Im Sachverhalt kommt hinzu, dass die angebliche Angst der Geschädigten um ihr Kind nur schwer mit ihrer Nachlässigkeit, das Kind in der Obhut eines Mörders zu lassen, vereinbart werden kann. Daher wird die Vorgabe, dass man von sich aus nicht zur Polizei gehen würde (gleichwohl aber indirekt dafür sorgt, dass die Polizei gerufen wird), dass man sich mehr um das eigene Kind sorgt, dass es nicht um die Bestrafung des Täters geht etc. genauso oft in erfundenen wie wahren Vergewaltigungsschilderungen vorkommen (geschätzt). Somit ist auch diesem Umstand keinerlei Beweiswert zuzusprechen.

V. Die Einschätzung der KOK'in We.

37 Das LG hat der Einschätzung der KOK'in We. einen belastenden Beweiswert zugeschrieben. Geht man davon aus, dass die Einschätzung der KOK'in We. (in wahren Vergewaltigungsschilderung) in geschätzt 75 % der Fälle zutrifft, so ist im Einzelfall festzustellen, dass sich **die Beamtin offensichtlich schon sehr frühzeitig festgelegt hat, wodurch aufgrund wahrnehmungspsychologischer Phänomene eine Beeinträchtigung ihres Schlusses eingetreten ist**. Somit dürfte deren Schluss nur noch in geschätzt 65 % ($P_{14}\backslash H$) der wahren (analogen) Fälle zutreffen. Die Beamtin dürfte aber auch in geschätzt 20 % ($P_{14}\backslash nH$) der Nichtvergewaltigungsfälle den falschen Schluss ziehen, dass die Geschädigte vergewaltigt wurde.

38 Der Tatrichter darf Wertungen von Ermittlungsbeamten als Hilfstatsachen zwar beachten, aber der Tatrichter muss seine eigenen Schlüsse ziehen. Eine reine Bestätigung der Wertung des Ermittlungsbeamten ohne eigenständige Wertung ist unzulässig.[70]

70 Vgl. BeckOK/StPO-Eschelbach, § 261 Rn 8.

VI. Die neue Männerbekanntschaft einige Tage nach der Vergewaltigung

Hier wurde bereits angeführt, dass es für ein Vergewaltigungsopfer atypisch ist, so kurz nach einer Vergewaltigung eine neue Beziehung zu Männern einzugehen.[71] Dieser Fall dürfte in wahren Vergewaltigungen nur in geschätzt 5 % der Fälle zutreffen ($P_{I5}\backslash H$), aber in Fällen von nichtvergewaltigten Frauen in geschätzt 15 % ($P_{I5}\backslash nH$) der analogen Fälle (offensichtlich hat es in der gegenwärtigen Beziehung schon „gekriselt"). Sicherheitszu- oder abschläge, weil das Indiz von einer Zeugin übermittelt wurde (Aufreißen lassen in Disco) sind hier nicht zu machen, da die Geschädigte selbst das Eingehen einer neuen Bekanntschaft eingeräumt hat. 39

VII. Die abweichende Schilderung gegenüber der Zeugin Ri.

In Fall einer wahren Vergewaltigung, wäre es sehr selten, wenn einer Freundin berichtet wird, die Vergewaltigung habe im Park stattgefunden, nachdem man sich der Polizei gegenüber mit einer anderen Version offenbart hatte. Vielleicht in 5 % der Fälle, während diese Inkonstanz bei unwahren Vergewaltigungsfällen deutlich öfter auftreten würde, vielleicht in ca. 20 % der Fälle. Da dieses Indiz jedoch von einer Zeugin berichtet wurde und die Glaubwürdigkeit der Zeugin Ri. dem Gericht suspekt war, ist diese Unsicherheit durch Zu- bzw. Abschlag zu korrigieren.[72] Würde nicht nur die Zeugenaussage Ri. feststehen, sondern der Sachverhalt als solcher, so wären 5 % $P_{I6}\backslash H$ und 20 % $P_{I6}\backslash nH$. Damit würde es sich gemäß der abstrakten Beweiskraft um ein stark entlastendes Indiz handeln. Da jedoch dieser Umstand nicht als solcher feststeht, sondern nur die Zeugenaussage, so kann die entlastende Indizwirkung nicht ganz so stark sein, wie wenn der geschilderte Sachverhalt sicher zutreffen würde. D.h., entweder ist der erstgenannte Wert nach oben zu korrigieren, oder/und der letztgenannte Wert nach unten, um die entlastende Indizwirkung zu verringern und die Unsicherheit, dass der Umstand nicht sicher feststeht, sondern nur von einer Zeugin berichtet wurde, die sich irren oder lügen kann, zu berücksichtigen. Somit 5 % ($P_{I6}\backslash H$) und 10 % ($P_{I6}\backslash nH$). 40

VIII. Die Schilderung der Zeugin AK.

Nach Meinung der Verteidigung hatte die Zeugin AK. direkt vernommen, dass die Geschädigte den Angeklagten aus Rache angezeigt habe. Nach Meinung des Gerichts hat die Zeugin AK. dies nur geschlussfolgert. Selbst wenn man nur von einer Schlussfolgerung ausgeht, so kann dieser Umstand nicht gänzlich unbeachtet blei- 41

71 Vgl. Michaelis-Arntzen, Die Vergewaltigung aus kriminologischer, viktimologischer und aussagepsychologischer Sicht, 2. Aufl., S. 27, 38.

72 Aus Vereinfachungsgründen u. um eine Würdigung auch dieser Zeugenaussage nach dem Theorem von Bayes zu vermeiden.

ben. Schildert das Opfer die gegenständlichen Ereignisse gegenüber dritten Privatpersonen, so wird es in wahren Fällen eher selten vorkommen, dass dritte Personen aufgrund des Gesprächs zur Schlussfolgerung kommen, die Vergewaltigung wurde nur aus Rache wegen eines vorangegangenen Streits angezeigt, d.h. vielleicht in 10 % der Fälle. In unwahren Vergewaltigungsschilderungen werden dritte Privatpersonen, denen die Ereignisse dargelegt werden, dagegen öfter die Schlussfolgerung ziehen, die Vergewaltigung sei nicht wirklich passiert, geschätzt in ca. 25 % der Fälle. Da auch dieses Indiz (Schlussfolgerung) jedoch nur von einer Zeugin berichtet wurde und sich diese Zeugin irren oder lügen kann, ist diese Unsicherheit durch Zu- bzw. Abschlag zu korrigieren.[73] D.h., die abstrakte entlastende Beweiskraft des Indizes ist nicht ganz so groß, als wenn das Indiz sicher feststehen würde. Somit ist entweder der Zähler zu vergrößern oder/und der Nenner zu verkleinern. Auch bei Berücksichtigung der Unwägbarkeiten und Unzuverlässigkeiten des Zeugenbeweises wird es in erfundenen Fällen öfter vorkommen, dass dritte Personen die Schlussfolgerung ziehen, die Vergewaltigung sei nicht geschehen, als in wahren Fällen. Somit geschätzt 20 % als (P_{I7}\H) und 25 % als (P_{I7}\nH).

IX. Die Schilderung des Zeugen YK.

42 Gleiches gilt dann hinsichtlich der Aussage des Zeugen YK., der mindestens die gleiche Schlussfolgerung wie die Zeugin AK. zog. Somit geschätzt 20 % als (P_{I8}\H) und 25 % als (P_{I8}\nH).

X. Der Auffindungsort der Messer

1. Das erste Messer vor dem Haus

43 Bei einer Zeugin, die sich selbst mit einem Messer das Auge ausgestochen hat und die auf Video beobachtet hat, wie ihr Lebensgefährte eine andere Frau mit einem Messer tötete, ist es geschätzt genauso wahrscheinlich, dass diese bei einem Streit mit ihrem betrunkenen Freund ein auf dem Tisch befindliches Messer hinauswirft, weil sie Angst vor Messern hat, wie wenn sie das Messer hinauswirft, nachdem es zur Bedrohung gebraucht wurde (weshalb hat sich in diesem Fall kein Kampf um das Messer entwickelt?). Letztendlich spielt das 1. Messer auch nur eine untergeordnete Rolle, denn dieses wurde nicht zur Vergewaltigung benutzt. Obwohl der Angeklagte bereits einmal dieses Messer zur Bedrohung benutzt haben soll, hat die Geschädigte dem Angeklagten – laut ihren Angaben bei Gericht – geglaubt, dass dieser ihr nichts antun werde und ist freiwillig mit ihm in das Zimmer zurückgekehrt, sodass der Auffindungsort des 1. Messers vor dem Haus, genauso oft bei

73 Aus Vereinfachungsgründen u. um eine Würdigung auch dieser Zeugenaussage nach dem Theorem von Bayes zu vermeiden, die faktisch wegen des geringen Aussageumfangs (erste u. einzige Vernehmung direkt vor Gericht) auch gar nicht möglich wäre.

wahren und unwahren analogen nachfolgenden Vergewaltigungsschilderung gegeben sein wird. Somit ist der Auffindungsort ein neutrales Indiz, das somit nicht berücksichtigt werden kann. Das **vor** der Vergewaltigung hinausgeworfene Messer verträgt sich mit dem nachfolgenden Versöhnungssex ebenso gut wie mit einer nachfolgenden Vergewaltigung, nachdem sich die Situation wieder beruhigte (Verlassen des Zimmers etc.).

2. Das zweite Messer zwischen Couch und Sessel

Grunds. wäre der Auffindungsort eines Messers zwischen Couch und Sessel in einem Zimmer eines Asylantenheims mit integrierter Küche, das von zwei Männer bewohnt wird, ein belastendes Indiz, da dieses öfter in wahren Vergewaltigungsschilderungen als in erfundenen vorkommen dürfte. Wenn an dem Messer jedoch keinerlei Fingerabdrücke gefunden werden (je intensiver das Messer angefasst worden wäre, desto stärker hätten die Fingerabdrücke gehaftet), die Geschädigte selbst – trotz wahrnehmungspsychologisch eintretenden Waffenfokus[74] – nicht beobachtet hat, dass das zur Tat verwendete Messer zwischen Couch und Sessel geschoben wurde, und der Angeklagte selbst beantragte, das Messer auf Fingerabdrücke zu untersuchen, so fällt es schwer, diesem Umstand überhaupt noch einen Beweiswert numerisch zuzuordnen. 44

XI. Das fehlende Motiv der Geschädigten zur falschen Belastung

Das **angeblich fehlende Motiv der Geschädigten**, den Angeklagten zu Unrecht zu belasten, ist kein isoliertes Indiz gegen den Angeklagten, sondern nur **ein Umstand, der im Rahmen der Würdigung der Zeugenaussage der Geschädigten und dort im Rahmen der A-priori-Wahrscheinlichkeit** einer wahren Aussage **zu beachten** ist. 45

XII. Die Einschätzung der Therapeutin

Der Einschätzung der Therapeutin, dass die Geschädigte nicht zur Unehrlichkeit oder zur Übertreibung neigt, kommt nur ein geringer Beweiswert zu. **Der Sache nach handelt es sich hier um die Einschätzungen der allgemeinen Glaubwürdigkeit, der nach dem aktuellen Stand der aussagepsychologischen Wissenschaft nur ein geringer Stellenwert zukommt.**[75] Hinzu kommt, dass der Kontakt zwischen der Geschädigten und der Therapeutin wohl noch nicht eng genug war, um eine zuverlässige Einschätzung zu geben. Gleichwohl wird – geschätzt – diese Einschätzung 46

74 Vgl. Christianson, On emotional stress and memory, in Psychologie der Zeugenaussage, S. 40.

75 Vgl. Greuel/Offe/Fabian/Wetzels/Fabian/Offe/Stadler, Glaubhaftigkeit der Zeugenaussage, S. 4, vgl. Busse/Volbert; Glaubwürdigkeitsgutachten in Strafverfahren wegen sexuellen Missbrauchs, in Psychologie der Zeugenaussage, S. 131, vgl. auch Bender/Nack, Tatsachenfeststellung vor Gericht, 2. Aufl., Rn 227.

der Therapeutin öfter in wahren Vergewaltigungsfällen vorkommen, somit in 60 % der Fälle (P_{I9}\H) und nur in 45 % der unwahren Vergewaltigungsfälle (P_{I9}\nH). Auch soll dieses Indiz isoliert (zulasten des Angeklagten) berücksichtigt werden, obwohl es streng genommen bei der Frage der allgemeinen Glaubwürdigkeit im Rahmen der Ermittlung der A-priori-Wahrscheinlichkeit bei der Ermittlung der Wahrscheinlichkeit hinsichtlich des Vorliegens einer wahren Aussage der Zeugin E. hätte berücksichtigt werden müssen.

XIII. Die Tatsache, dass an dem Angeklagten keinerlei Verletzungen gefunden wurden

47 Die Tatsache, dass an dem Angeklagten keinerlei Verletzungen gefunden wurden, ist bei einer Vergewaltigung mithilfe eines Messers, bei der kein Kampf zwischen dem Angeklagten und der Geschädigten geschildert wird, weder ein belastendes noch ein entlastendes Indiz. Zum entlastenden Indiz wird dies aber dann, wenn die Geschädigte schildert, der Angeklagte habe sich ein Messer an den Hals gehalten bzw. sich zweimal leicht in den Hals geschnitten, sodass sich bei ihm eine Rötung gezeigt habe und bei dem Angeklagten aber wenige Stunden später keinerlei Verletzungen gefunden werden konnten. Es wird daher in wahren Schilderungen – geschätzt – nur in 45 % der Fälle vorkommen, dass keinerlei Verletzungen gefunden werden konnten (P_{I10}\H), aber in 65 % der unwahren Vergewaltigungsschilderungen (P_{I10}\nH).

XIV. Das Telefonat des Zeugen Ga. mit der Zeugin Fo. und der Geschädigten

48 Die Aussage des Zeugen Ga., demzufolge dieses Telefonat am Tatabend stattgefunden habe und die Geschädigte offensichtlich nicht traumatisiert, sondern völlig normal war, und die Aussage der Zeugin Fo., der zufolge dieses Telefonat früher stattgefunden habe, stehen sich diametral gegenüber. Aufseiten der Zeugin Fo. kommt jedoch hinzu, dass diese angab, stark betrunken gewesen zu sein, sodass deren Erinnerungszuverlässigkeit geringfügig beeinträchtigt war. Der Zeuge Ga. gab hingegen an, dass er sich **deswegen an das genaue Datum erinnern konnte, weil er am selben Tag ein Vorstellungsgespräch hatte**. Die exakte datumsmäßige Festlegung eines Ereignisses dürfte somit bei dem, der an diesem Tag ein Vorstellungsgespräch hat, zuverlässiger sein als die datumsmäßige Eingliederung einer betrunkenen Zeugin. Somit kommt diesem Umstand ein geringer Beweiswert zu. In wahren Vergewaltigungsfällen wird es nur in geschätzt 5 % der Fälle zu einem solchen Telefonat des Opfers mit einem Zeugen, aber in unwahren in 95 % der Fälle kommen. Da dieses Telefonat am Tatabend mit diesem Inhalt aber nicht exakt feststeht, sondern nur die diesbezügliche Aussage des Zeugen Ga., die dem Inhalt, aber nicht der Zeit nach, von der Zeugin Fo. bestätigt wurde, die Aussage des Zeugen Ga. hinsichtlich

des Datums aber geringfügig zuverlässiger ist als die der Zeugin Fo., sind diese Unwägbarkeiten des Zeugenbeweises zu berücksichtigen.[76] Es kann somit geschätzt werden, dass es in wahren Vergewaltigungsfällen in 90 % der Fälle ein solches Gespräch gibt (P_{I11}\nH), und in 95 % der unwahren Vergewaltigungsschilderungen (P_{I11}1\nH). Die abstrakte Beweiskraft nähert sich damit der neutralen Beweiskraft von 1. Auch das erscheint durch eine Kontrollüberlegung plausibel. Hat es das Gespräch zu dem vom Zeugen Ga. bekundeten Zeitpunkt gegeben, wäre das Gespräch stark entlastend. Hat es das Gespräch zu dem von der Zeugin Fo. bekundeten Zeitpunkt gegeben, wäre das Indiz bedeutungslos. Da die zeitliche Erinnerung des Zeugen Ga. geringfügig zuverlässiger erscheint, ist das Indiz nur noch sehr schwach entlastend zu werten.

XV. Die Tatsache, dass die Geschädigte sich dem Ansinnen, Alkohol zu trinken, widersetzen konnte, nicht aber der Vergewaltigung

Die Tatsache, dass die Geschädigte sich dem Begehren, Alkohol zu trinken, problemlos widersetzen konnte, nicht jedoch der Vergewaltigung als solcher, dürfte ebenfalls in unwahren Vergewaltigungsschilderungen öfter vorkommen als in wahren. Wenn der Angeklagte derart dominant ist und die Geschädigte Angst vor dem Angeklagten hat, sodass sie die Vergewaltigung ohne Kampf- oder Widerstandsspuren über sich ergehen lässt, so ist unwahrscheinlich, dass sie sich dessen Wunsch, Alkohol zu trinken, widersetzt. **49**

Mit anderen Worten: Wenn die Geschädigte sich aus Angst vor dem Messer einerseits nicht gegen die Vergewaltigung (in Kampf- oder Widerstandspuren mündend) widersetzt, so bleibt unstimmig, weshalb und wie sich die Geschädigte scheinbar problemlos dem Ansinnen, Alkohol zu trinken, widersetzen konnte, obwohl der Angeklagte die Geschädigte auch zu diesem Zeitpunkt bereits geschlagen und mit dem Messer mit dem Tode bedroht haben soll. **50**

Es dürfte daher in wahren Vergewaltigungsfällen – geschätzt – in 55 % der gedanklich analogen Fälle vorkommen, sich einerseits dem Ansinnen, Alkohol zu trinken, problemlos widersetzen zu können, nicht aber einer Vergewaltigung (P_{I12}\H), während dies in unwahren Vergewaltigungsschilderungen in 60 % der Fälle (P_{I12}\nH) vorkommen dürfte. **51**

76 D.h. der entlastende Beweiswert muss gravierend kleiner werden; dies kann durch Erhöhung des Zählers (Wahrscheinlichkeit des Vorliegens in wahren Vergewaltigungsschilderungen) oder Verkleinerung des Nenners (Wahrscheinlichkeit des Vorliegens in unwahren Vergewaltigungsschilderungen) erfolgen.

C. Auflösung in das Theorem von Bayes

52 Die zu beweisende Haupttatsache ist die Täterschaft einer Vergewaltigung durch den Angeklagten.

53 Als A-priori-Wahrscheinlichkeit (ohne Berücksichtigung der sonstigen Indizien) für das Vorliegen einer tatsächlichen Vergewaltigung durch den Angeklagten gegenüber einer nur vorgegebenen Vergewaltigung sollen 50 % angesetzt werden. D.h., es ist a priori genauso wahrscheinlich (PH) wie unwahrscheinlich (PnH), dass es zu einer tatsächlichen Vergewaltigung durch den Angeklagten gekommen ist. Mit den oben dargestellten zwölf Indizien $P_{I1}\backslash H$ … $P_{I12}\backslash H$ und P $P_{I1}\backslash nH$ … $P_{I12}\backslash nH$ ergibt sich bei Einsatz in die Formel (s.o.) folgende A-posteriori-Wahrscheinlichkeit (B).

$$\frac{0{,}5\cdot 0{,}426\cdot 0{,}05\cdot 0{,}25\cdot 0{,}65\cdot 0{,}65\cdot 0{,}05\cdot 0{,}2\cdot 0{,}2\cdot 0{,}6\cdot 0{,}45\cdot 0{,}9\cdot 0{,}55}{(0{,}5\cdot 0{,}425\cdot 0{,}05\cdot 0{,}25\cdot 0{,}66\cdot 0{,}06\cdot 0{,}06\cdot 0{,}2\cdot 0{,}2\cdot 0{,}6\cdot 0{,}45\cdot 0{,}9\cdot 0{,}55)+(0{,}5\cdot 0{,}574\cdot 0{,}25\cdot 0{,}35\cdot 0{,}2\cdot 0{,}15\cdot 0{,}1\cdot 0{,}25\cdot 0{,}25\cdot 0{,}45\cdot 0{,}65\cdot 0{,}95\cdot 0{,}6)}$$

$$= 0{,}0286 = 2{,}86\%$$

D. Endergebnis

54 Es wird nicht verkannt, dass die o.g. Berechnung auf mehr oder weniger willkürlichen Schätzungen beruht und einer statistischen Unabhängigkeit der einzelnen Realkennzeichen, die nicht erforscht ist. Dennoch ist das Ergebnis frappierend. Man sollte Wahrscheinlichkeitsberechnungen für die konkrete Beweiswürdigung daher nicht als wertlos ansehen, sondern als Möglichkeit der Überprüfung der eigenen Gedankenführung und Offenlegung der Überzeugungsbildung. Bei konkreter Würdigung der Indizien gemäß den Grundsätzen der Wahrscheinlichkeitsrechnung ergibt sich bei den hier zugrundegelegten Schätzungen ein völlig anderes Ergebnis als bei einer nur intuitiv erfolgten Abwägung. Im Beispielsfall kommt man zu einer Wahrscheinlichkeit der tatsächlichen Vergewaltigung von 2,86 %. Damit wäre der Freispruch garantiert. Zu diesem Ergebnis kommt man aber nur, wenn man – den logischen Prinzipien der Wahrscheinlichkeitsrechnung folgend – jedem einzelnen Indiz auf Plausibilitätsniveau einen geschätzten Wahrscheinlichkeitswert hinsichtlich des Vorliegens des jeweiligen Indizes in tatsächlichen Vergewaltigungen und hinsichtlich des Vorliegens in nur vorgegebenen Vergewaltigungen zuordnet. **Die Ergebnisse sind jedoch fundamental anders (hier massivste Zweifel und Freispruch)**, als wenn man die jeweiligen Indizien nur – wie es das LG getan hat – in einer Gesamtschau **intuitiv würdigt (dort scheinbar keine Zweifel und Verurteilung)**.

55 Es kann hierbei auch **dahingestellt bleiben**, ob die tatsächliche Wahrscheinlichkeit für das Vorliegen einer tatsächlichen Vergewaltigung nur 2,86 % beträgt oder darüber oder darunter liegt. In **keinem Fall** wird man nämlich mehr zu dem Ergebnis kommen können, dass

- jeder vernünftige Zweifel ausgeschlossen ist,[77]
- mit an Sicherheit grenzende Wahrscheinlichkeit (hinsichtlich der Tatbegehung) vorliegt,[78]
- das Gericht zu der persönlichen Gewissheit gelangt ist, dass eine Tatsache mit derart hoher Wahrscheinlichkeit festzustellen ist, dass Zweifeln Schweigen geboten ist, ohne sie völlig auszuschließen.[79]

Selbstverständlich bleibt es jedem Beurteiler überlassen, die jeweiligen Indizien mit einem anderen Beweiswert zu schätzen. Auch könnten die hier neutral eingeschätzten Indizien von einem anderen Beurteiler durchaus als belastend eingestuft werden (z.B. der Auffindeort vor allem des zweiten Messers). In jedem Fall würde das aber eine rationale Überlegung zum Beweiswert des jeweiligen Indizes erfordern. 56

Wesentlich ist, dass das Ergebnis im Fall der Zuordnung eines jeweiligen Beweiswerts für das jeweilige Indiz gravierend von einer intuitiven Gesamtbewertung abweicht. Eben weil die Ergebnisse fundamental voneinander abweichen, ist damit die Forderung der Darlegung der einzelnen Indizien mit einem jeweiligen Beweiswert im Urteil eindrucksvoll bestätigt, um eine Verurteilung Unschuldiger zu verhindern. Dieses Ergebnis war auch zu erwarten. „Theorien der konstruktiven Intuition gehen davon aus, dass der Mensch automatisch, unbewusst und sehr schnell versucht, eine kohärente mentale Repräsentation der Welt zu schaffen. In einem iterativen Prozess der Kohärenzbildung wird aus einer ambivalenten, widersprüchlichen Menge von Beweismitteln ein kohärentes Gesamtbild geschaffen, indem Indizien, welche die nachfolgende Entscheidung stützen, auf- und widersprüchliche Indizien abgewertet werden (so genannte Kohärenzverschiebungen). Das Resultat ist, dass ein unklarer Sachverhalt zunehmend klarer erscheint und der Urteilende am Schluss des Überzeugungsbildungsvorgangs überzeugt ist, die richtige Entscheidung zu treffen."[80] Die Kontrolle der inneren Kohärenz kann in komplexen Fällen gar nicht ohne entsprechendes Hilfsmittel der Wahrscheinlichkeitsrechnung erfolgen.[81] Nur dadurch zudem kann die (manchmal – je nach Belieben – gestellte) Forderung der Rechtsprechung nach intersubjektiver Diskutierbarkeit nachvollzogen werden.

Nur dadurch kann weiter festgestellt werden, ob das Tatgericht auch wirklich der Forderung der Rechtsprechung, alles Wesentliche zu erwägen und eine umfassend Beweiswürdigung etc. vorzunehmen, nachgekommen ist. 57

Dadurch kann der unbewusst zulasten des Angeklagten ablaufende Prozess der selektiven Wahrnehmung vermindert werden. 58

77 Vgl. BGH, VersR 1959, S. 632.
78 Vgl. Schneider, Beweis und Beweiswürdigung, 5. Aufl., Rn 65.
79 Vgl. OLG Celle, 11 U 19/98 = OLGR Celle 1999, S. 109.
80 Schweizer, Beweiswürdigung und Beweismaß, S. 601.
81 Vgl. Schweizer, Beweiswürdigung und Beweismaß, S. 600.

59 Die oben dargestellten Gefahren der Rechtsprechung und Klagen aus der Praxis,

- dass **Zeugenbekundungen tatsächlich anders erfolgten als im Urteil zugrunde gelegt** (vgl. der abgelehnte Beweisantrag),
- dass sich die **revisionsrechtliche Kontrolle auf die schlichte Versicherung des Tatrichters beschränkt**, die geforderte besondere Aufmerksamkeit eingehalten zu haben (vgl. hierzu die Formulierung im Urteil: „[...] war die Glaubwürdigkeit der Geschädigten E. kritisch zu prüfen. Diese Notwendigkeit hat sich die Kammer in jeder Phase der Sachverhaltsaufklärung und der Entscheidungsfindung eindringlich vergegenwärtigt.") und
- dass die **revisionsrechtliche Kontrolle einerseits widersprüchlich, unprognostizierbar und aus Leerformeln besteht**, aber andererseits das Revisionsgericht jedes Urteil aufheben kann, wenn es das will,

finden sich auch in diesem Fall bestätigt.

Der BGH teilte zur Revision in den o.g. Beispielsfall mit: „Im übrigen ist die Beweiswürdigung allein Sache des Tatrichters [...] Insbesondere hat das LG die von der Revision als Indizien angeführten Umstände, das Heimbegleiten der Geschädigten durch den Angeklagten nach der Tat, bei welchem es zu der Drohung mit der Tötung des Kindes und der Familie der Geschädigten kam, [...] ebenso berücksichtigt wie die Aufnahme einer neuen Beziehung durch die Geschädigte zu einem anderen Mann nur wenige Tage nach der Tat. Die Strafkammer musste hieraus nicht, wie die Revision glaubt, Schlussfolgerungen dahin ziehen, dass die Angaben der Geschädigten zum Tatgeschehen unglaubhaft sind."[82] Völlig richtig ist, dass das LG hieraus nicht Schlussfolgerungen dahin ziehen musste, dass die Angaben der Geschädigten zum Tatgeschehen unglaubhaft sind, aber diese Umstände hätten als „entlastend" erkannt und in die Gesamtbeweiswürdigung eingestellt werden müssen. Das Revisionsgericht hat den eigentlichen Einwand, dass das Beweismaß der objektiv hohen Wahrscheinlichkeit nicht erreicht wurde, leer laufen lassen, wenn es antwortet, dass der Tatrichter bestimmte Schlüsse nicht ziehen **musste**. Es ging nicht um das logische Müssen, sondern um eine Bewertung von Be- und Entlastendem zu einem Gesamtergebnis und der Frage, ob dieses Endergebnis noch „objektiv hoch wahrscheinlich" war. Um die gedankliche Auseinandersetzung zu vermeiden, hat das Revisionsgericht auch schlicht die subjektive Theorie auf das zu erreichende Beweismaß angewendet („... allein Sache des Tatrichters").

Im Übrigen ist es nicht Aufgabe eines Revisionsführers die Unrichtigkeit der Anklage zu beweisen. Lediglich contra legem hat sich die Beobachtung herausgebildet, dass der In-dubio-pro-reo-Grundsatz faktisch auf den Kopf gestellt ist und der Angeklagte die Unrichtigkeit der Anklage beweisen muss.[83] Gleichwohl hätte das LG

82 BGH, 1 Str 284/04 n.v.

83 Vgl. Schünemann, Der Richter im Strafverfahren als manipulierter Dritter? Zur empirischen Bestätigung von Perseveranz- und Schulterschlusseffekt, StV 2000, S. 159, 163.

aber die Schlussfolgerung ziehen müssen, dass Indizien nach dem Stand der viktimologischen Forschung gegen eine Vergewaltigung sprechen, die eben nicht berücksichtigt wurden, weil das LG diese eben nicht kannte oder kennen wollte.

Die Unprognostizierbarkeit ergibt sich insb. daraus, dass das LG im Urteil von un- 60
auffälliger Konstanz der Angabe der Geschädigten E. sprach („Hierzu ist festzuhalten: Die Aussage der Zeugin E. war auch im inhaltlichen Vergleich mit ihren Angaben vor der Polizei konstant und nachvollziehbar"). Gleichwohl hat das LG die Aussage gegenüber der Polizei nicht mitgeteilt, sodass das Revisionsgericht gar nicht überprüfen konnte, ob die Aussage tatsächlich konstant war. Genau diese Begründung veranlasst den BGH in anderen Fällen, das Urteil aufzuheben,[84] aber eben nur, wenn er das will.

Damit belegt auch dieser Beispielsfall, dass es einige **Demonstrationsfälle** gibt, 61
die nach geltenden Rechtsregeln, **aber die Masse der Fälle als Routinefälle** nach anderen Kriterien behandelt werden als die veröffentlichte Literatur und Rechtsprechung nahelegen.

84 Vgl. Nack, Revisibilität der Beweiswürdigung, StV 2002, S. 559; vgl. auch OLG Frankfurt am Main, zfs 2003, S. 469 f.; vgl. auch Jansen, Zeuge und Aussagepsychologie, Rn 82 ff., vgl. BGH, StV 1992, S. 555 f.; vgl. auch OLG Stuttgart, 2 Ss 174/2001 n.v.: „Glaubt der Tatrichter einem Zeugen mit der Erwägung, dieser sei ‚im Kern seiner Aussage konstant' geblieben, wenn er auch ‚nicht jedes Fragment' seiner Schilderung ‚identisch' wiederholt habe, **muss dargelegt werden, was das Gericht als Kern der Aussage und was als ‚Fragment' angesehen hat**."

§ 13 Erkenntnistheoretische Grundlagen der Urteilsfindung

Inhalt

A. Der Fall Galileo Galilei

„There are more things in heaven and earth […] than are dreamt of in our philosophy." 1

(Shakespeare, Hamlet 1.5)

2 Das gesamte westliche Weltbild war bis Ende des 16. Jahrhunderts durch die Theorien des griechischen Astronomen Claudius Ptolemäus (83–161 n.Chr.) und seiner Nachfolger bestimmt.[1] **Demnach bildet der Planet Erde das Zentrum des Universums. Sonne, Sterne und Planeten drehen sich um die Erde**. Mithilfe dieser Theorie war es möglich, die Bewegungen der Himmelskörper einigermaßen genau zu berechnen und vorherzusagen. Diese Vorstellung von unserem Universum stimmt im Wesentlichen mit den Erzählungen in der Bibel überein. Beobachtungen der Himmelskörper mit zunehmend besseren Fernrohren ließen sich allerdings immer schwerer mit den Theorien des Ptolemäus erklären, sodass Nicolaus Copernicus (1473–1543) in der Mitte des 15. Jahrhunderts **eine Theorie vorschlug**, die mit den neuen Beobachtungen kompatibler war als die Theorie des Ptolemäus. **Demnach dreht sich die Erde einmal pro Tag um die eigene Achse und einmal pro Jahr um die Sonne**. Galileo Galilei (1564–1642) hatte gegen Anfang des 17. Jahrhunderts ein Teleskop entwickelt, das es ermöglichte, wesentlich genauere Beobachtungen der Himmelskörper zu machen. Diese neuen Beobachtungen dienten ihm als Beweis, dass die Copernicanische Theorie im Bemühen, unser Universum beschreiben und erklären zu können, der des Ptolemäus überlegen war. Galilei war daraufhin den Vorwürfen des Vatikans ausgesetzt und reiste 1616 nach Rom, um sich zu verteidigen. Er soll dem Vertreter der Anklage, Kardinal Robert Bellarmin, angeboten haben, sich selbst durch die Beobachtung der Himmelskörper mittels des neuen Tele-

1 Die nachfolgenden Ausfertigungen zu § 13 wurden von Prof. Dr. Alexander Nill verfasst.

skops von dem heliozentrischen System zu überzeugen. Bellarmin soll daraufhin geantwortet haben, dass er keines Teleskopes zur Wahrheitsfindung und Begründung des geozentrischen Systems benötige, da er viel besseres und universell gültiges Beweismaterial, nämlich die heilige Schrift, vortragen könne. Mit dieser Begründung wurde Galilei eine Ermahnung ausgesprochen und später unter Hausarrest gestellt.

3 **Die Grundlage der Urteilsfindung bildet in den meisten Prozessen das Auffinden und Erkennen des tatsächlichen Sachverhalts.** Es geht also letztlich darum, sei es durch Zeugenaussagen, forensische Erkenntnisse, Indizien oder sonstige Beweisführung, **den wahren Sachverhalt herauszufinden**. Erkenntnistheorie beschäftigt sich mit der Frage, wie sich wahre Aussagen gewinnen und begründen lassen. Aussagen können nur dann als unbegrenzt wahr und damit universell gültig gelten, wenn sie objektiv und damit unabhängig sind von demjenigen, der die Aussage trifft. Die Annahme, dass es prinzipiell möglich ist, solche universell gültigen Aussagen zu treffen, entspricht unserem traditionellen westlichen Ansatz der Erkenntnistheorie. Die Existenz einer Realität, die sich objektiv und subjektunabhängig erkennen lässt, wird oftmals unterstellt. Dieser Ansatz, der prinzipiell davon ausgeht, dass „wir ein System dann als erklärt verstehen können, [...] wenn wir es auf seine Teile zurückgeführt haben“,[2] baut im Wesentlichen auf die empirische Verifizierbarkeit von Aussagen auf. Phänomene werden nur im Hinblick auf deren Kausalität, nicht aber im Hinblick auf deren Finalität untersucht. **Die Existenz von Realität, die eine notwendige Voraussetzung jeder Erkenntnistheorie bildet, wird seit Aristoteles in der Philosophie kontrovers diskutiert.** Während ein näheres Eingehen auf diese philosophische Debatte den Rahmen dieses Beitrages sprengen würde, scheint es trotzdem erhellend, zwischen der Annahme einer objektiven, subjektiven, und intersubjektiven Realität zu unterscheiden.

B. Objektive Realität

4 *„Cogito, ergo sum.“*[3]

(René Descartes, Principia Philosophiae I, 7)

5 Gemäß dieser Position, die historisch oft als Realismus bezeichnet wird, wird die Existenz einer subjektunabhängigen Realität, die sich objektiv erkennen lässt, unterstellt. Wahre Aussagen lassen sich dementsprechend auf dem Weg der Deduktion und der Induktion gewinnen.

6 **Gemäß der Deduktion werden Schlüsse aus als sicher angenommenen Prämissen (Antecedensbedingungen) gezogen.** Ein solches Vorgehen eignet sich gut für Aussagen im Rahmen einer axiomatisch gesetzten Modellwelt. Als Beispiel ließe sich

2 Riedl, Kultur – Spätzündung der Evolution?, S. 63.

3 Descartes bekannter Satz „Ich denke, also bin ich“, dient in seiner Philosophie als letzte unverrückbare Wahrheit.

eine axiomatisch deduktive Wissenschaft wie die mikroökonomische Modellwelt denken. Jede Schlussfolgerung, die in der Mikroökonomik gezogen wird, kann sowohl als objektiv wahr als auch als raum- und zeitunabhängig gültig gelten. Mikroökonomische Aussagen können deshalb als universell gültig gelten, sofern sie sich konsistent innerhalb der Grenzen der gesetzten Axiome bewegen. Sobald aber das von unserer eigenen Vernunft entwickelte axiomatische System verlassen wird, geht der universelle Wahrheitsanspruch der Aussagen verloren. Schon Plato erkannte, dass es in der sinnlich wahrnehmbaren Welt keine Gerade, keinen Kreis und auch nichts wirklich Gleiches geben kann. Jeder gezeichnete Kreis ist niemals ganz rund und zwei Hölzer sind niemals vollkommen gleich lang, da sich alle Gegenstände einer sinnlich wahrnehmbaren Welt in einer Abhängigkeit von Raum und Zeit befinden, in deren Fluss alles einer permanenten Änderung unterliegt. Nur im reinen Denken, das alleine zeit- und raumunabhängig sein kann, gibt es einen wahren Kreis und wirklich Gleiches.[4] Mikroökonomik ist daher nicht in der Lage, universell gültige Aussagen über die reale Welt zu treffen.

Deduktives Vorgehen, um Schlüsse auf die wahrnehmbare Welt – bspw. das Eruieren eines Tatsachenvorgangs vor Gericht – zu gewinnen, ist aber problematisch, da auch die jeweils als wahr angenommenen Antecedensbedingungen begründet werden müssen. Beispielsweise beruht eine Urteilsfindung, die sich auf **DNA-Analysen stützt**, meist auf einer deduktiven Vorgehensweise. Als Prämisse wird vorausgesetzt, dass zwei Menschen nicht die gleiche DNA besitzen. Aus dieser Antecedensbedingung wird dann deduktiv abgeleitet, dass am Tatort gefundene Spuren, die die DNA des Angeklagten aufweisen, auch vom Angeklagten stammen. Der Angeklagte muss sich demnach am Tatort befunden haben. In der Praxis wird meist die Antecedensbedingung – zwei Menschen können nicht die gleiche DNA besitzen – als universell gültig unterstellt. **Wird aber versucht, diese Prämisse tatsächlich zu begründen** – wie eindrucksvoll im O.J. Simpson-Fall zu beobachten war –, so **zeigt es sich, dass diese Prämisse nicht 100 % wahr ist, sondern nur mit einer sehr hohen Wahrscheinlichkeit**. Wenn aber die Antecedensbedingung nicht 100 % wahr ist, also keine universelle Gültigkeit beanspruchen kann, so können natürlich die **daraus abgeleiteten deduktiven Schlüsse auch nicht als uneingeschränkt wahr gelten**. „In science all knowledge claims are tentative, subject to revision on the basis of new evidence. The concept of certainty belongs to theology, not science“.[5] Die DNA-Analyse kann sich trotzdem gut zur Tatsachenfeststellung eignen, da statistisch zuverlässige Wahrscheinlichkeiten angegeben werden können. Bei der Beurteilung von Zeugenaussagen ist die Methode der deduktiven Schlussfolgerung weit problematischer, da in der Regel keine als sicher oder mit hoher statistischer Wahrscheinlichkeit als wahr geltenden Antecedensbedingungen vorliegen. 7

4 Vgl. Hirschberger, Kleine Philosophiegeschichte, S. 14 f.

5 Hunt, Marketing Theory: The Philosophy of Marketing Science, S. 372.

8 Die erforderliche Letztbegründung für die universelle Gültigkeit der Antecedensbedingungen, das Auffinden eines archimedischen Punktes, einer nicht bestreitbaren letzten Wahrheit, führt unweigerlich in eine der drei als Münchhausen-Trilemma[6] bekannten Möglichkeiten: Entweder (1) wird der Begründungsprozess endlos fortgesetzt (unendlicher Regress), oder (2) die formal-logische Ableitung von Sätzen stützt sich auf schon früher in der Begründungskette auftauchende Sätze (logischer Zweifel), oder (3) das Begründungsverfahren wird willkürlich an einer Stelle abgebrochen (dogmatische Prämissensetzung). **Universell gültige, auf dem Weg der Deduktion gewonnene wahre Aussagen können nur erzielt werden, wenn diese innerhalb der Grenzen der eigenen Vernunft bleiben und keinen Bezug zur realen Welt nehmen.** Der Mensch ist schwerlich in der Lage, sich ein Bild von der objektiven Welt, dem Ding an sich[7] zu machen. So führte schon Kant den Nachweis, „dass zwischen den Dingen und uns immer noch der Intellekt steht, weshalb sie nicht nach dem, was sie an sich selbst sein mögen, erkannt werden können".[8]

9 **Die Methode der Induktion versucht durch das Schließen vom Besonderen auf das Allgemeine zu wahren Aussagen zu gelangen.** Durch das Erkennen von Mustern und der dementsprechenden Kategorisierung von Einzelphänomenen (Beobachtungen) werden Gesetzesmäßigkeiten abgeleitet, die wahre Aussagen über die wahrnehmbare Realität ermöglichen sollen. Kommt beispielsweise ein Tatrichter zu dem Schluss, dass der Aussage eines bestimmten Zeugen nicht geglaubt werden kann, da der Zeuge seit frühester Jugend als notorischer Lügner aktenkundig ist, begründet er seine Entscheidung durch induktive Schlussfolgerung. Einzelphänomene (hier notorisches Lügen) werden als Verhaltensmuster erkannt und führen zu der „Gesetzesmäßigkeit", dass Aussagen von notorischen Lügnern unzuverlässig sind.

10 Die Methodik der empirischen Forschung beruht letztlich auf induktivem Vorgehen. Aussagen, die sich auf empirisch real vorfindbare Phänomene beziehen, eignen sich aber nicht zur Letztbegründung und damit zum Aufstellen von objektiven und universell gültigen Aussagen. Beispielsweise lässt sich beliebig oft beobachten, dass Gegenstände in Abhängigkeit ihres Gewichtes zu Boden fallen. Die aus solchen Beobachtungen abgeleiteten Gesetzesmäßigkeiten können aber – wie sich leicht an den sich im historischen Zeitablauf ändernden Erklärungen dieser Phänomene ersehen lässt – keine universelle Gültigkeit beanspruchen. Ein Grundproblem der Induktion besteht darin, dass das Erkennen von Mustern und die dementsprechende Kategorisierung von Einzelphänomenen die Phänomene nicht wirklich erklären. So beurteilte schon Schopenhauer die auf induktivem Vorgehen beruhende Erkenntnis kritisch: „Aus vielen Folgen, die auf einen Grund deuten, wird der

6 Vgl. Albert, Traktat über kritische Vernunft, S. 11 f.

7 Vgl. Kant, Kritik der reinen Vernunft, S. 287 f.

8 Schopenhauer, Die Welt als Wille und Vorstellung, S. 564.

Grund als gewiss angenommen; da die Fälle aber nie vollständig beisammen sein können, so ist die Wahrheit hier auch nie unbedingt gewiss".[9]

Der von **Popper propagierte kritische Rationalismus setzt daher auf den Begriff der Wahrheitsnähe**. Demnach wird eine Hypothese, die hinreichend operational formuliert sein muss, solange als gültig angenommen, bis sie falsifiziert wird. „An die Stelle der klassischen Idee der zureichenden Begründung hat Popper die methodologische Idee der begründungsfreien (negativen) Kritik gesetzt (Falsifikation von Tatsachenbehauptungen) und darauf jene Wissenschaftskonzeption aufgebaut, die heute weitgehend das Selbstverständnis der Naturwissenschaften sowie des Szientismus in den Sozialwissenschaften prägt."[10] Die Wahrheitsnähe solcher, auf diese Weise gewonnener Aussagen zu unterstellen, erscheint aber nicht unproblematisch, da „die Nähe zu einem Punkt, über dessen Koordinaten man nichts sagen kann, nicht feststellbar ist".[11] Auch ist zu berücksichtigen, dass der begründungsfreie Kritizismus die Kriterien der Kritik nicht weiter begründen kann, da eine solche Begründung dann konsequenterweise dem Bereich der Irrationalität zuzurechnen wäre. Damit führt der Kritizismus entweder zu einer unbegründeten und damit willkürlichen und nichtigen Kritik oder er baut auf normative Begründungen für die Kriterien der Kritik, was zu einer Verletzung seiner eigenen Grundpostulate führt.[12] Damit wird offensichtlich, „daß sich das Programm eines unbegrenzten, begründungsfreien Kritizismus in unlösbare Widersprüche verwickelt, weil unbegründete Kritik nichtig ist und begründete Kritik begründete normative Standards voraussetzt. Rationale Kritik setzt somit immer eine praktische Rationalitätskonzeption, genauer: einen ‚archimedischen Punkt' rational nicht bestreitbarer Grundnormen (der Kritik) voraus. Daher ist ein unbegrenzter Kritizismus logisch unmöglich".[13] Alle Aussagen, die mithilfe empirischer Methoden gemäß dem am naturwissenschaftlichen Ideal orientierten Programm des Szientismus gewonnen werden, können daher nicht bedingungslos universelle Gültigkeit für sich beanspruchen. 11

C. Subjektive Realität

„Keine Wahrheit ist also gewisser, von allen anderen unabhängiger und als Beweis weniger bedürftig als diese, daß alles, was für die Erkenntnis da ist, also diese ganze Welt, nur Objekt in Beziehung auf das Subjekt ist, Anschauung des Anschauenden." 12

(Arthur Schopenhauer)[14]

9 Schopenhauer, Die Welt als Wille und Vorstellung, S. 128.
10 Ulrich, Transformation der ökonomischen Vernunft, S. 271.
11 Kriz, Methodenkritik empirischer Sozialforschung, S. 27.
12 Ulrich, Transformation der ökonomischen Vernunft, S. 270.
13 Ulrich, Transformation der ökonomischen Vernunft, S. 272.
14 Schopenhauer, Die Welt als Wille und Vorstellung, S. 128.

13 Seit Aristoteles in seiner Metaphysik das wahre Sein auf empirisch feststellbare Realitäten gründete, stehen sich in der Philosophie des Abendlandes Realismus und Idealismus gegenüber.[15] **Gemäß einer extrem idealistischen Position existiert keine objektive, vom Subjekt unabhängige Realität.** Realität, sowie jegliche Erkenntnis ist nur eine Sache der menschlichen Anschauung. Phänomene werden bzgl. ihrer Finalität analysiert. Demnach wird vom Gedanken der Ideen, verstanden als regulative Prinzipien, ausgegangen, die jedem Menschen a priori gegeben sind. „So gibt die Vernunft nicht demjenigen Grunde, der empirisch gegeben ist, nach, und folgt nicht der Ordnung der Dinge, so wie sie sich in der Erscheinung darstellen, sondern macht sich mit völliger Spontaneität eine eigene Ordnung nach Ideen, in die sie die empirischen Bedingungen hinein passt".[16] **Die Existenz einer objektiven, vom menschlichen Geist unabhängigen Realität wird bestritten.** Die Realität, das Ding an sich[17] wird damit zur bloßen subjektiven Fiktion des Geistes. Es erscheint dabei aber ebenso unsinnig, extrem idealistisch-empirische Realität, wie beispielsweise einen Tisch, nur für eine subjektive Fiktion zu halten, wie extrem materialistisch zu meinen, dass dort auch ohne die erkennende Person ein Tisch stehen würde.

14 Der von Immanuel Kant postulierte transzendentale Idealismus[18] kann als eine Synthese aus Idealismus und Realismus verstanden werden. Demnach wird zwar die Existenz äußerer Gegenstände nicht bestritten, sondern nur, „dass sie durch unmittelbare Wahrnehmung erkannt werde."[19] Jede Erkenntnis über die empirische Welt besteht damit aus den angeborenen menschlichen Ordnungskriterien des Anschauungsvermögens (A-priori-Kriterien wie Raum und Zeit) und aus den über die Realität aus Erfahrung (a posteriori) gewonnenen Einsichten. „Zum Erkenntnisse gehören nämlich zwei Stücke: Erstlich der Begriff, dadurch überhaupt ein Gegenstand gedacht wird (die Kategorie), und zweitens die Anschauung, dadurch er gegeben wird; denn, könnte dem Begriffe eine korrespondierende Anschauung gar nicht gegeben werden, so wäre er ein Gedanke der Form nach, aber ohne allen Gegenstand, und durch ihn gar keine Erkenntnis von irgendeinem Dinge möglich."[20] Demnach ist eine absolute, universell gültige Erkenntnis über die reale Welt gar nicht möglich. „Every scientific truth has become a posession of my mind only through my minds creating it".[21] Jede über die reale Welt aufgenommene Information wird durch das Subjekt beeinflusst und gefiltert, sodass der Mensch „keine Son-

15 Boghossian, Fear of Knowledge, S. 8.

16 Kant, Kritik der reinen Vernunft, S. 534.

17 „Ding an sich bedeutet das unabhängig von unserer Wahrnehmung Vorhandene, also das eigentlich Seiende." So Schopenhauer, Parerga und Paralipomena II, S. 125.

18 Kant, Kritik der reinen Vernunft, S. 396 f. u. S. 491 f.

19 Kant, Kritik der reinen Vernunft, S. 397.

20 Kant, Kritik der reinen Vernunft, S. 159.

21 Dorsey, Psychology of Ethics, 1974, S. 12.

ne kennt und keine Erde; sondern immer nur ein Auge, das eine Sonne sieht, eine Hand, die eine Erde fühlt; dass die Welt, welche ihn umgibt, nur als Vorstellung da ist, d.h. durchweg nur in Beziehung auf ein anderes, das Vorstellende, welches er selbst ist".[22]

Da alle Erkenntnis über die reale Welt letztlich von der spezifischen Informations- 15
aufnahme und Verarbeitungsfähigkeit des Individuums abhängt, kann der Mensch nur zu einer selektiven Erkenntnis über die reale Welt kommen, selbst wenn er das Gefühl hat, eine Anschauung von der ganzen Welt zu haben. „Was es für eine Bewandtnis mit den Gegenständen an sich und abgesondert von aller dieser Rezeptivität unserer Sinnlichkeit haben möge, bleibt uns gänzlich unbekannt. Wir kennen nichts als unsere Art, sie wahrzunehmen, die uns eigentümlich ist, die auch nicht notwendig jedem Wesen, obzwar jedem Menschen, zukommen muss".[23] Gerade die angeborenen Anschauungsformen, die wie die Zeit- und Raumvorstellung vor aller Erfahrung gegeben sind, verhindern eine objektive Erkenntnis von der Realität.[24] Diese **dem einzelnen Individuum angeborenen, apriorischen Anschauungs- und Erkenntnisformen können aber als phylogenetische Lernprodukte verstanden werden**. „Selbstverständlich bestätigen wir heute, dass all das a-priori, Vorbedingungen, für das erkennende Individuum sind, aber gleichzeitig erklärt sich ihre Existenz als a-posteriori-Lernprodukte unseres Stammes. Es sind Grundgesetze, Grundmuster dieser Welt, die ihr zum Zweck der Entscheidungshilfen für den Organismus allmählich extrahiert wurden und die in unseren erblichen Erwartungen eingebaut sind. Wir rechnen einfach mit einer bestimmt organisierten Welt".[25] Wenn aber unsere Anschauungsformen, so wie überhaupt der Aufbau unseres ganzen Denkens als phylogenetische Lernprodukte und damit als Anpassung an eine sich ändernde Umwelt begriffen werden, dann **löst sich auch der alte Konflikt zwischen der idealistischen Theorie, die von einem finalen Weltbild ausgeht, und der materialistischen Theorie, die eine kausale Weltordnung unterstellt**. „Es zeigt sich nämlich, dass unser Denkapparat keineswegs zu Zwecken der Erkenntnis dieser Natur geschaffen worden ist, sondern zum Zwecke des Überlebens. Und für dieses Überleben genügt es, in diese Welt hinein gewisse Sinnesfenster zu besitzen".[26] Das Prinzip der Kausalität und der Finalität würde damit als eine Einheit jeglicher Erkenntnis zugrunde liegen. Überhaupt ließe sich vermuten, dass die Teilung in Kausalität und Finalität, also in Ursachen und Zweck selbst ein angeborenes Ordnungskriterium des Erkenntnisvermögens darstellen und somit nicht notwendigerweise mit den realen Verhältnissen der Welt korrespondieren müsste. Ähnlich argu-

22 Schopenhauer, Die Welt als Wille und Vorstellung, S. 31.

23 Kant, Kritik der reinen Vernunft, S. 83.

24 Kant, Kritik der reinen Vernunft, S. 63 f.

25 Riedl, Kultur – Spätzündung der Evolution?, S. 78.

26 Riedl, Kultur – Spätzündung der Evolution?, S. 79, vgl. auch Habermas, Technik und Wissenschaft als Ideologie, S. 112 f.

mentierte schon Nietzsche: „Der Intellekt hat ungeheure Zeitstrecken hindurch nichts als Irrtümer erzeugt; einige davon ergaben sich als nützlich und arterhaltend: wer auf sie stieß oder sie vererbt bekam, kämpfte seinen Kampf für sich und seinen Nachwuchs mit größerem Glücke".[27]

16 So weiß man heute seit der Einsteinschen Entdeckung des vierdimensionalen Raum-Zeit-Kontinuums, dass unsere angeborene Vorstellung von Raum und Zeit eben keine isomorphe Abbildung der realen Welt darstellt. Zum Zweck des Überlebens auf unserem Planeten dienen unsere nur als grobe Näherung an die tatsächlichen Verhältnisse zu betrachtenden Anschauungsformen aber als hinreichende Orientierungshilfe. Dies gilt im besonderen Maße für die Zeit der genetischen Festschreibung unserer Erkenntnisformen, also viele tausende von Jahren vor jeglicher technischer Entwicklung, als der Mensch noch als Jäger und Sammler zu charakterisieren war.

17 **Ergebnisse der neurophysiologischen Forschung zeigen, dass unser Bemühen um unsere Fähigkeit der Mustererkennung von Phänomenen weitgehend angeboren ist.** Gemachte Erfahrungen werden auf erkennbare Muster hin untersucht. Diese Muster dienen dann dazu, Gesetzmäßigkeiten abzuleiten, um daraus wahre Aussagen über unsere Umgebung abzuleiten. Dies bedeutet also, **dass die Methodik der Induktion zumindest teilweise genetisch bedingt zu sein scheint**. Diese angeborene Eigenschaft war sicherlich sehr nützlich bei der Beschaffung von Nahrungsmitteln sowie dem Einschätzen zahlloser Gefahren, denen unsere Vorfahren ausgesetzt waren, sie sind aber nutzlos und oft sogar hinderlich für viele moderne Herausforderungen, wie z.B. der Risikoeinschätzung an Finanzmärkten.[28]

18 Wissenschaftler an der Dartmouth Universität ließen Probanden raten, ob das nächste Licht, das aufleuchtet, rot oder grün ist.[29] Das Aufleuchten der Lampen ist zufallsgesteuert. In 80 % der Fälle leuchtet ein grünes Licht auf und in 20 % ein rotes. Mit der Zeit lernten die Probanden, dass grünes Licht wahrscheinlicher ist. Ratten und Schweinchen, die bei richtigem Raten mit Futter belohnt wurden, lernten schnell, nur auf grünes Licht zu setzen, mit dem Ergebnis, im Durchschnitt zu 80 % richtig zu liegen. Die menschlichen Probanden erzielten durchgängig **schlechtere** Ergebnisse, da sie versuchten, Muster zu erkennen, um dann das nächste rote Licht voraussagen zu können. Selbst wenn den Versuchsteilnehmern erklärt wurde, dass das Aufleuchten von einem Zufallsgenerator gesteuert wird, wurde intuitiv trotzdem weiterhin versucht, mithilfe der Mustererkennung das richtige Licht vorherzusagen. Je länger gespielt wurde, desto verzweifelter wurde versucht, richtige Voraussagen zu treffen, und desto schlechter wurden die Ergebnisse. Diese angeborene menschliche Eigenschaft ist nicht nur hinderlich bei der Einschätzung von Risi-

27 Nietzsche, Die fröhliche Wissenschaft, S. 116.

28 Zweig, Your Money and Your Brain, S. 75 f.

29 Wolford/Newman/Miller/Wig, Searching for Patterns in Random Sequences, S. 224.

ken an den modernen Finanzmärkten, sondern auch verantwortlich für den Erfolg der weltweiten Spielautomatenindustrie. Allein in Las Vegas werden pro Jahr mehrere Milliarden Dollar in Spielautomaten gelassen, in dem aussichtslosen Bemühen, die Maschinen vorhersagen oder berechnen zu können. Die Autoren der Studie bemerken: „[P]eople are constantly searching for patterns in sequences. Such a search is of great utility if there are patterns, but is counterproductive if there are not.“[30] Demzufolge lässt sich vermuten, dass das unreflektierte und oftmals sogar unbewusste Anwenden der induktiven Methode vor Gericht auch zu falschen Annahmen gelangt.

Hinweis 19

Dieses Forschungsergebnis, dass Ratten und Schweinchen, die kein Verhaltensmuster suchen, bessere Forschungsergebnisse als menschliche Probanden, die ein (nicht existentes) Muster suchen, erzielen, ist interessant. In diesem Zusammenhang ist auf ein Experiment an der Hochschule der Polizei in Villingen-Schwenningen hinzuweisen, dass Gymnasiasten ohne Kenntnisse/Schulungen/Informationen zur Wahrheitsfindung, d.h. zur Unterscheidung von Lüge und Wahrheit, bessere Trefferquoten als erfahrene (geschulte) Polizeibeamte erzielten.[31]

„Heute bestätigt die evolutionäre Erkenntnistheorie den a-priori-Charakter dieser Erwartungen für das Individuum. Nur erkennen wir in ihnen angeborene Anschauungsformen, also zugleich a-posteriori Lernprodukte unseres Stammes; genetisch festgeschriebene Interpretationsanleitungen für diese Welt.“[32] **Unsere selektiven Erkenntnismöglichkeiten über die Welt können damit als eine für unser Überleben relevante näherungsweise Abbildung der realen Zustände betrachtet werden**. So kritisierte schon Schopenhauer, dass die Natur nichts Überflüssiges macht. „Der Intellekt [...] betrifft bloß die Dinge in der Natur, nicht aber irgendetwas über diese hinaus Liegenden. Jedes Tier hat [...] seinen Intellekt offenbar nur zu dem Zwecke, dass es sein Futter auffinden und erlangen könne; wonach dann auch das Maß desselben bestimmt ist. Nicht anders verhält es sich mit dem Menschen; nur dass die größere Schwierigkeit seiner Erhaltung und die unendliche Vermehrbarkeit seiner Bedürfnisse hier ein viel größeres Maß von Intellekt nötig gemacht hat.“[33] 20

Jede aus Erfahrung gewonnene Erkenntnis ist immer nur „vor dem Hintergrund der Interdependenz phylogenetischer, soziogenetischer und ontogenetischer Ent- 21

30 Wolford/Newman/Miller/Wig, Searching for Patterns in Random Sequences, S. 226.

31 Vgl. Hermanutz/Litzcke, Unterscheidung von Wahrheit und Lüge, S. 180 ff, 188.

32 Riedl, Kultur – Spätzündung der Evolution?, S. 195.

33 Schopenhauer, Parerga und Paralipomena II, S. 109.

wicklung des Erfahrenden"[34] zu sehen. Eine phylogenetische Gebundenheit der Erkenntnis ergibt sich aus der Abhängigkeit des Erfahrenden von seiner stammesgeschichtlichen Entwicklung. Jegliche Information über die reale Welt kann eben nur über die dem Menschen angeborenen Rezeptoren (Sinnesorgane, Nervensystem, etc.) aufgenommen und verarbeitet werden. Erfahrung ist soziogenetisch gebunden, „an den Entwicklungsstand der Gesellschaft, in der ich sozialisiert worden bin (mit ihren spezifischen Interaktionsregeln und materiellen Gegebenheiten".[35] **Empirische Erkenntnis ist immer eingebunden in die Gesellschaft und stellt damit natürlich auch kulturspezifische Wirklichkeitsinterpretation dar.** „Concepts in terms of which we understand our own mental processes and behavior have to be learned, and must, therefore, be socially established."[36] **Eine ontogenetische Gebundenheit der Erkenntnis bedeutet, dass der Erfahrende neue Erfahrungen nur vor dem Hintergrund schon gemachter erreichen kann.** So wie einmal gedachte Gedanken nicht ignoriert werden können, wirken sich auch in der Vergangenheit gemachte Erfahrungen und Erkenntnisse auf den gegenwärtigen und zukünftigen Prozess der Erkenntnisgewinnung aus.

22 *Hinweis*

Das aus der Praxis beobachtete Phänomen des Vorurteils gegen den Angeklagten oder der contra legem Grundsatz „in dubio contra reum" (vgl. hierzu § 16 Rdn 11 ff.) ist damit konsistent verein-, wenn nicht im deutschen Strafprozess sogar erwartbar.

23 Es ist daher von einem aktiven Erkenntnisprozess auszugehen, sodass jede Realität erst durch die Interaktion des Erkennenden mit dem zu Erkennenden konstituiert wird. „Knowledge can never be so concrete or certain: The conditions that make it possible – namely, human subjectivity – are precisely those that render it precarious."[37] **Letztlich richtet sich also die Struktur des erkannten Gegenstandes nach der Struktur des erkennenden Subjekts.** „Die Gegenstände müssen sich nach unseren Erkenntnissen richten."[38]

34 Kriz, Methodenkritik empirischer Sozialforschung, S. 16.

35 Kriz, Methodenkritik empirischer Sozialforschung, S. 17.

36 Winch, The Idea of Social Science, S. 119.

37 Knights, Changing spaces: The Disruptive Impact of a New Epistemological Location for the Study of Management, S. 190.

38 Kant, Kritik der reinen Vernunft, S. 25.

D. Intersubjektive Realität

„Die Kraft der Erkenntnisse liegt nicht in ihrem Grade von Wahrheit, sondern in ihrem Alter, ihrer Einverleibtheit, ihrem Charakter als Lebensbedingung." 24

(Friedrich Nietzsche)[39]

Jeglicher Erkenntnisgewinn über die reale Welt ist zunächst ein rein individueller 25
und subjektiver Vorgang. „Ebenso ist die Erfahrung von Wirklichkeit unterschiedlicher Menschen trotz weitgehend gleichem Gehirn und gleichen Rezeptoren, selbst wenn sie in derselben Familie aufgewachsen sind, eben nicht identisch, d.h., es gibt auch noch beim voll sozialisierten Menschen eine nicht zu unterschätzende Komponente rein individueller Erfahrung."[40] Es stellt sich damit die Frage, wie und in welchem Ausmaß aus individueller Erfahrung eine intersubjektiv gültige Konstitution von Realität möglich wird. **Die Existenz einer intersubjektiven Realität kann als subjektive Erfahrungstatsache gelten.** Die sie umgebende Wirklichkeit wird in der Regel von zwei Individuen gleich oder ähnlich wahrgenommen. Ein Tisch wird eben als solcher erkannt und das Problem, dass eine objektive und damit allgemeingültige Erkenntnis von einem Gegenstand nicht möglich ist, kommt dabei gar nicht auf. Ein intersubjektives Verständnis der Wirklichkeit muss als eine Überlebensvoraussetzung des Menschen gelten. Nur so ist ein Überleben in der Gemeinschaft und die Weitergabe und Verständigung von individueller Erfahrung möglich. Für eine solche intersubjektive Konstitution von Wirklichkeit bilden das angeborene Erkenntnisvermögen und die apriorischen Anschauungsformen nur einen notwendigen, aber nicht hinreichenden Rahmen. „Beim heutigen Menschen ist nun dieser Verarbeitungsapparat nicht nur durch seine biologische Struktur bestimmt, sondern insbesondere auch durch die Kultur, in die er hineingeboren wird und die seine Erfahrungsmöglichkeiten steuert."[41] **Erst durch kommunikative Verständigung und gesellschaftliche Konventionen**, die schon früh durch Sozialisationsprozess vom Kind erlernt werden, **wird ein gemeinsames Verständnis von der Wirklichkeit erreicht**. Vertreter verschiedener Gesellschaften haben oftmals ein unterschiedliches Verständnis von der Wirklichkeit, da von einer starken gesellschaftsbedingten Sozialisation, die wiederum eine wesentliche Voraussetzung für eine intersubjektive Realitätskonstitution darstellt, auszugehen ist. „Sozialisation kann dabei in einem weiten Sinne als Anpassung des Individuums an gesellschaftliche Normen durch einen Lernprozess bezeichnet werden."[42] Dieser Sozialisationsprozess bedingt, dass trotz weitgehend identischer physiologischer Voraussetzungen, Vertreter verschiedener Gesellschaften zu einer unterschiedlichen Wirklichkeitsinterpretation gelangen. „It is now widely agreed that cognition involves the internal mapping of exter-

39 Nietzsche, Die fröhliche Wissenschaft, S. 117.

40 Kriz, Methodenkritik empirischer Sozialforschung, S. 21.

41 Kriz, Methodenkritik empirischer Sozialforschung, S. 21.

42 Von Rosenstiel, Grundlagen der Organisationspsychologie, S. 47.

nal information, and this mapping process is an abstraction. The whole process is deeply affected by what our environment, and particularly our culture, tells us it is important to notice. This means that the same, identical set of information will be interpreted and stored differently by persons from different cultures. None is necessarily ‚wrong' in any scientific sense; each holds part of what is ‚out there' in reality, but they are different snapshots of that reality, emphasizing different parts of it, and valuing those parts in different degrees."[43]

26 *Hinweis*

Das in der Praxis beobachtete Phänomen, dass Verteidigung und Gericht den Inhalt einer Verhandlung im Allgemeinen und Zeugenaussage im Speziellen völlig unterschiedlich wahrnehmen (vgl. oben § 3 Rdn 77 ff.), ist daher aus erkenntnistheoretischer Sicht naheliegend und erwartbar. Der Forderung nach einem Wortprotokoll (s.o. § 9 Rdn 212 ff.) kann daher aus erkenntnistheoretischer Sicht nur näher getreten werden.

27 „Wahrheit im Sinne intersubjektiv gewisser Übertragung bemisst sich also an Kriterien, die mit dem kulturellen Deutungssystem der jeweiligen Gesellschaft variieren."[44] Es zeigt sich daher, dass die Konstitution von Realität z.T. sozial determiniert ist.

28 Extremere, oftmals als **postmodern bezeichnete Erkenntnistheorien gehen sogar davon aus, dass alle Erkenntnis sozial determiniert ist**. D.h., es wird unterstellt, dass Erkenntnis keine auf rational transparent nachprüfbaren Methoden beruhende, unabhängige Reflexion der objektiven Realität, dem Ding an sich sein kann. Vielmehr wird angenommen, „that all knowledge is situated knowledge, reflecting the position of the knowledge producer at a certain historical moment in a given material and cultural context".[45] Diese Annahme führt notwendigerweise zu einem Wahrheitsrelativismus. Wenn alle Erkenntnis sozial determiniert ist, dann können natürlich verschiedene Gesellschaften zu unterschiedlichen und z.T. sogar widersprüchlichen **Wahrheitsansprüchen gelangen**. Die Wahrheit einer Gesellschaft ist dann nicht besser oder schlechter, wahrer oder unwahrer als die einer anderen.

29 Aus ideologischer Perspektive wird dieser Wahrheitsrelativismus in unserer postkolonialen Gesellschaft oftmals begrüßt. Das Grundpostulat der durch Kulturimperialismus geprägten Kolonialzeit, dass westliche Länder aufgrund ihres überlegenen Wissens und ihrer überlegenen Kultur moralisch dazu berechtigt sind, als unterentwickelt bezeichnete Länder zu kolonialisieren, wird heute überwiegend abgelehnt. Die im Postmodernismus vertretene Annahme, dass es kein überlegenes Wissen, keine objektiven Wahrheitsansprüche geben kann, nimmt natürlich dem in Verruf

43 Clark, Symptoms of Cultural Pathologies: A Hypothesis, S. 44.

44 Habermas, Theorie der Gesellschaft oder Sozialtechnologie, S. 225.

45 Lennon, Feminist Epistemology as Local Epistemology, S. 37.

geratenen Kulturimperialismus allen Wind aus den Segeln. Weiterhin führt Wahrheitsrelativismus durch das Negieren einer objektiven Realität zu der in unserer Gesellschaft als ideologisch erstrebenswert erachteten Annahme, dass alle Realität von der Gesellschaft geschaffen ist und daher nicht notwendig gegeben ist. D.h., die Gesellschaft hat die Möglichkeit, sich auch eine andere Realität zu schaffen. Die Auffassung, dass Realität von der Gesellschaft konstituiert wird, wirkt daher befreiend: „If facts of the relevant kind are in fact social constructions, then they need not have obtained had we not wished them to obtain. Thus, exposure of social construction is potentially liberating."[46] Gesellschaftliche Konventionen und ideologisch motivierte Wunschvorstellungen leiten zwar oftmals das Forschungsinteresse sowie Forschungsresultate, können aber nicht per se Wahrheitsansprüche sinnvoll begründen.

Der Einfluss gesellschaftlicher Konventionen und Wertvorstellungen zeigt sich bei der Wahrheitsfindung vor Gericht beeindruckend am o.g. Beispiel des Prozesses gegen Galileo Galilei von 1616.[47] Aus heutiger Sicht ist man natürlich geneigt zu behaupten, dass Galileo Galilei recht hatte und religiöse Ansichten und Aussagen von wissenschaftlichen und rechtlichen zu trennen sind. Dementsprechend wurde Galilei zu Unrecht verurteilt. Aus der Perspektive des Wahrheitsrelativismus kann allerdings vorgebracht werden, dass unsere heutige Einschätzung der Urteilsfindung ebenso ein Produkt unserer gesellschaftlichen Welt- und Werteordnung ist, wie das Urteil des Vatikans Ausdruck der Welt- und Wertordnung des 17. Jahrhunderts war. Nicht wissenschaftlich begründete Fakten bestimmen unser vorherrschendes Paradigma, sondern unser Paradigma bestimmt die Fakten, oder zumindest deren Begründung und Auslegung. Bellarmin zog als unabhängigen Beweis zur Unterstützung seiner Behauptung die Bibel heran. Wahrheitsrelativisten bezweifeln die Möglichkeit rational begründen zu können, dass die heilige Schrift als Beweis weniger zuverlässig ist als Beobachtungen durch ein Fernglas. **Die Begründung und Rechtfertigung von Wahrheitsansprüchen lässt sich selbst nicht objektiv und unabhängig von dem jeweils vorherrschendem Weltbild begründen.** Rorty[48] beispielsweise behauptet, dass für diejenigen, die Teil des Wertesystems – vertreten durch Galilei und Kant – sind, Bellarmin in der Tat im Unrecht war. Natürlich teilen wir heute fast alle dieses Wertesystem. Wir sind die Erben einer mehr als dreihundert Jahre dauernden Rhetorik, die Wissenschaftlichkeit durch empirisches Verifizieren ebenso betont wie die strikte Trennung zwischen Kirche und Wissenschaft. „But to proclaim our loyalty to these distinctions is not to say that there are objective and rational standards for adopting them. Galilei, so to speak won the 30

46 Boghossian, Fear of Knowledge, S. 18.

47 Bieri/Virgilio, Der Streit um das kopernikanische Weltsystem im 17. Jahrhundert: Galileo Galileis Akkommodationstheorie und ihre historischen Hintergründe, S. 120.

48 Rorty, Philosophy and the Mirror of Nature, S. 325 f.

argument, and we all stand on the common ground of the grid of relevance and irrelevance which modern philosophy developed as a consequence of that victory".[49]

31 Da die Begründung und Rechtfertigung von Wahrheitsansprüchen letztlich nicht losgelöst von dem jeweils in der Gesellschaft gültigem Paradigma möglich sind, ist es durchaus denkbar, Wahrheitsansprüche nicht direkt vergleichen und beurteilen zu können. Unsere Analyse und Kritik der Begründung von Wahrheitsansprüchen, die auf einem fremden Paradigma beruhen, bezieht sich immer auf die in unserem System gültigen Werte. Es gibt also keine „justification or knowledge that would allow us to use a kind of reasoning to justify the legitimacy of using that reasoning".[50] Wenn also zwei unvereinbare Paradigmen aufeinander treffen, kann es unmöglich sein, rational zu begründen, warum unsere Begründung von Wahrheitsansprüchen und damit unsere Wahrheitsansprüche selbst denen des anderen Paradigmas überlegen sind. **Ludwig Wittgenstein** befindet dazu: „**Where two principles really do meet which cannot be reconciled with one another, then each man declares the other a fool and a heretic**".[51]

32 Ein offensichtliches Problem dieser Annahme, dass sich Wahrheitsansprüche nicht losgelöst von dem jeweiligen Wertesystem einer Gesellschaft beurteilen lassen, wird in der logischen Unvereinbarkeit beider Aussagen, der des Galilei und der des Bellarmin, sichtbar. Entweder dreht sich die Erde um die Sonne oder die Sonne um die Erde. Das wahrheitsrelativistische Postulat, dass keiner der beiden Wahrheitsansprüche objektiv begründet werden kann und daher beide Ansprüche gleichsam gültig sind, wird zum logischen Widerspruch. Weiterhin ließe sich bezweifeln, ob das Paradigma des Bellarmi tatsächlich grunds. unterschiedlich ist von dem des Galilei. Die Wahrheitsansprüche des Bellarmin bauen auf der in der Bibel verankerten göttlichen Offenbarung auf. Die Gültigkeit von Bellarmins Position hängt damit mindestens von der richtigen Überlieferung der heiligen Schrift – eines von Menschen verfassten Textes –, der richtigen Interpretation dieses Textes und der astronomischen Relevanz göttlicher Offenbarung ab. Eine solche Diskussion ist wiederum durchaus kompatibel mit dem erkenntnistheoretischen System des Galilei.

33 Es ist unbestritten, dass Teile unserer Realität rein gesellschaftliche Konstrukte darstellen, da sie entweder konzeptionell (beispielsweise Geld) oder materiell (beispielsweise Häuser) von der Gesellschaft geschaffen sind. **Die Annahme jedoch, dass alle Realität sozial determiniert ist, erscheint kaum haltbar.** Zum einen ist es schwer einsehbar, warum Materie wie Elektronen oder Berge von der Existenz der menschlichen Gesellschaft abhängen sollen. Dies würde genau genommen bedeuten, dass es vor der Existenz von Menschen keine Berge gegeben hat. Zum anderen verwickelt sich der Wahrheitsrelativismus, wie oben gezeigt, oft in logische Wider-

49 Rorty, Philosophy and the Mirror of Nature, S. 329.

50 Fumerton, Metaepistemology and Skepticism, S. 180.

51 Wittgenstein, On Certainty, S. 126.

sprüche. Wenn in einer Gesellschaft als wahr angenommen wird, dass A > B > C, dann ist es ein logischer Widerspruch zu behaupten, dass der Wahrheitsanspruch einer anderen Gesellschaft, die annimmt C > A > B, gleichsam gültig sein kann. Die Einsicht, dass Wahrheitsansprüche und deren Begründung in vielfältiger Weise von dem jeweils in der Gesellschaft gültigem Paradigma abhängig sind, führt nicht notwendigerweise zu dem Schluss der Unvergleichbarkeit und damit gleichsamen Gültigkeit. „Wenn nun unsere Paradigmen als eher komplizierte soziale Apparate den Filz der sozialen Selbstverständlichkeiten entwickeln, führen sie zur sogenannten self-fulfilling prophecy – zur selbsterfüllenden Prophezeiung. Sie sind also zuletzt ein Beschwichtigungssystem, sie taugen nicht zur Wahrheitsfindung."[52]

Eine intersubjektive Realitätskonstitution hängt ab von dem Zusammenspiel genetischer Prädisposition (die angeborenen Anschauungs- und Erkenntnisformen), die bei allen Kulturen als weitgehend identisch und stabil angenommen werden kann, **und kultureller sowie sozialer Prädisposition**, die grds. als wandelbar gelten kann. So verläuft die kulturelle Evolution wesentlich schneller als die genetische. Wie die angeborene Denkordnung als ein Produkt der Selektion sich „nicht zum Zwecke der Welterkenntnis, sondern zum Zwecke des Überlebens"[53] entwickelt hat, könnte auch bei der kulturellen Evolution ein solcher Zweck vermutet werden. So zeigt es sich, dass innerhalb einer Gesellschaft eine intersubjektive Konstitution von Wirklichkeit besonders gut in Bereichen gelingt, die für das Überleben relevant sind, in anderen Bereichen jedoch weniger. So ist es bspw. verhältnismäßig einfach, seinem Gegenüber seine Vorstellung von einem Tisch so mitzuteilen, dass der Angesprochene genau weiß, was gemeint ist. Die Schaffung von intersubjektiver Realität erweist sich als wesentlich schwieriger für komplexe Vorgänge oder abstrakte Dinge, wie bspw. Kunstgegenstände. Deshalb ist auch **die intersubjektive Nachprüfbarkeit der Einschätzung von Zeugenaussagen meist mit erheblichen Problemen behaftet**. Es lässt sich daher durchaus unterstellen, „dass in der historischen Entwicklung das gegenseitige Abstimmen und Überdauern der rein individuellen Erfahrung durch interindividuelle Konstitution von Dingen, Symbolen und Rollen höchst funktional ist, nämlich um die Lebenschancen der Spezies Mensch zu verbessern, und dass sowohl die Struktur der Dinge als der Handlungen diesem funktionalen Sinn genügt".[54] Als Sinn oder Zweck einer intersubjektiven Wirklichkeitskonstitution, wie sie sich in allen Kulturen finden lässt, kann damit die Verbesserung der Überlebenschancen vermutet werden. Als Weg hierzu gelten v.a. die Kommuni- 34

52 Riedl, Kultur – Spätzündung der Evolution?, S. 69.

53 Riedl, Kultur – Spätzündung der Evolution?, S. 220.

54 Kriz, Methodenkritik empirischer Sozialforschung, S. 24.

kation und eine durch Sozialisation erlernte Interpretation von Handlungen und funktionaler Materie.[55]

35 *Hinweis*

Die Ansicht, die eine intersubjektive Diskutierbarkeit von Beweis- und Beweiswürdigungsergebnissen fordert, ist daher zu unterstützen.

36 **Durch Reflexion auf das eigene Denken lässt sich zwar die Sozial- und Gesellschaftsrelativität aller empirischen Erkenntnisse nicht ausschalten, aber zumindest etwas einholen.** Eine solche Selbstreflexion führt zu einer kritischen Bewusstseinsstufe, die es erlaubt, die Grenzen der eigenen Erkenntnis festzumachen. **Dies hätte einen wesentlich kritischeren Umgang mit der Wahrheitsfindung vor Gericht zur Folge.** Wie durch Sozialisation, gemeinsames Handeln und Kommunikation individuelle Erfahrung zu einer intersubjektiven Konstitution von Wirklichkeit wird, so dürfte ein freier Dialog zu einem besseren intersubjektiven Verständnis von der Wirklichkeit beitragen. Aus evolutionstheoretischer Perspektive sind einerseits die physiologischen Voraussetzungen des Dialogs als ein phylogenetisches Lernprodukt zum Zweck des Überlebens anzusehen, andererseits **stellt der Dialog selbst eine wesentliche Voraussetzung zu einem intersubjektiven Wirklichkeitsverständnis dar**. Jegliche kulturelle Evolution, also alle kulturellen Lernprozesse bedingen daher die prinzipielle Dialogfähigkeit als Voraussetzung einer intersubjektiven Wirklichkeitskonstitution.[56] Realität, oder das, was dafür gehalten wird, ist das Produkt kommunikativer Verständigung. Aus evolutionstheoretischer Perspektive scheint daher Kommunikation ein Weg zu sein, um die Unterschiede der gesellschaftsspezifischen Wirklichkeitsinterpretationen zu verringern. So sieht auch Habermas in der Vernunft eine Vorbedingung gesellschaftlicher Evolution. „Deshalb können die Erkenntnisprozesse, an die Vergesellschaftung unabdingbar gebunden ist, nicht nur als Mittel der Reproduktion des Lebens fungieren: Im gleichen Maße bestimmen sie selbst die Definition dieses Lebens. Das scheinbar nackte Überleben ist immer schon eine historische Größe; denn es bemisst sich an dem, was eine Gesellschaft als ihr gutes Leben intendiert".[57] Auch das Aufstellen von Sätzen, die als wahr gelten können, setzt eine kommunikative Verständigung voraus: „Wahrheit schreiben wir nur den Sätzen zu, von denen wir kontrafaktisch annehmen, dass ihnen jedes zurechnungsfähige Subjekt zustimmen müsste, wenn es seine Meinungen

55 Durch funktionale Veränderung der Materie (z.B. Werkzeugherstellung) wird ursprünglich individuelle Erfahrung zur gesellschaftlichen. „Damit kann eine Kumulation von Erfahrung über die Generationen hinweg erfolgen: Man braucht das Rad und den Hammer nicht in jeder Generation neu zu erfinden, Diese Erfindungen liegen als materielle Realisationen vor und werden oft bereits vom Kleinkind sensumotorisch erfahren". So Kriz, Methodenkritik empirischer Sozialforschung., S. 22.

56 Kriz, Methodenkritik empirischer Sozialforschung, S. 23: „Sprache leistet [...] die Koordination von individueller Erfahrung im gemeinschaftlichen Handeln.".

57 Habermas, Technik und Wissenschaft als Ideologie, S. 162.

nur lange genug in uneingeschränkter und zwangloser Kommunikation prüfen könnte".[58] Dies gilt im innergesellschaftlichen Bereich, mehr aber noch im interkulturellen Bereich, der sich durch ein Fehlen eines gemeinsamen Weltbildes und gemeinsamer Grundnormen auszeichnet. **Die Idealvorstellung eines unbegrenzten Dialogs zur kommunikativen Verständigung würde eine intersubjektiv nachprüfbare Realitätskonstitution ermöglichen.** Auch wenn eine solche Idealvorstellung in der Realität nicht erreichbar ist, zeigt sich doch die prinzipielle Bedeutung des Dialogs für eine intersubjektive Verständigung.

Aus erkenntnistheoretischer Perspektive lässt sich daraus die Forderung nach besserer kommunikativer Vermittlung von Gerichtsurteilen im Allgemeinen und der Bewertung von Zeugenaussagen im Speziellen stellen. Urteile sind nur dann intersubjektiv verständlich und nachprüfbar, wenn deren Zusammensetzung und Begründung offen zur Diskussion gestellt werden. Das setzte auch eine Offenlegung von angenommenen Häufigkeitsverteilungen voraus. 37

Hinweis 38

Über angenommene Häufigkeitsverteilungen lässt sich intersubjektiv diskutieren, über rein subjektive Grade der Überzeugung nicht.

58 Habermas, Theorie der Gesellschaft oder Sozialtechnologie, S. 223.

§ 14 Zusammenfassung

Der Rechtsstaat befindet sich – von der Wissenschaft weitgehend unbemerkt – in der Krise. Soweit ersichtlich gibt es keine Untersuchung, die der Revisionsrechtsprechung des BGH ein positives Zeugnis ausstellt. Stattdessen sind die Untersuchungsergebnisse für einen an Gleichheit und Voraussehbarkeit orientierten Rechtsstaat vernichtend. Allen Untersuchungen ist gemeinsam, dass es keine Kriterien dafür gibt, ob, wann und wie das Revisionsgericht in die Beweiswürdigung des Tatrichters eingreift. Eingriffe des Revisionsgerichts in die Beweiswürdigung sind daher unprognostizierbar und lediglich vom Belieben des Revisionsrichters abhängig. 1

Peters stellte 1985 fest, dass die „freie Beweiswürdigung" entartet sei und dem Unkontrollierbaren, der Beliebigkeit Tür und Tor geöffnet würde.[1] Hoyer machte 1993 „Exzesse der freien Überzeugungsbildung" aus.[2] 2

1972 hatte Peters dokumentiert, „dass in der Strafrechtspflege der BRD fehlerhafte und ungewisse Urteile in beachtenswerter Häufigkeit vorkommen. Das Problem fehlerhafter und ungewisser Urteile aufgrund ungenügender Sachverhaltsfeststellungen ist auch noch ein Problem unserer Tage."[3] 3

Schmitt hält 1992 nach seiner Analyse fest, dass die Revisionsrechtsprechung vage und widersprüchlich sei, sodass von einem praktisch handhabbaren Fundament keine Rede sein könne.[4] 4

Schumann stellte 1977 fest, dass es einen großen Teil der Fälle gibt, die nicht nach den geltenden Rechtsregeln, also contra legem, gelöst werden (sog. Routinefälle) und einen kleinen Teil der Fälle, die sehr wohl nach geltendem Recht gelöst werden (sog. Demonstrationsfälle). Da in der Regel Demonstrationsfälle veröffentlicht würden, würde der falsche Eindruck entstehen, die Masse der nicht veröffentlichen Fälle würde nach den gleichen Kriterien wie die veröffentlichen Fälle entschieden.[5] 5

Fezer hielt 1974 fest, dass der BGH Urteile jederzeit aufheben kann, wenn er dies will.[6] 6

Krause teilte 1974 ebenfalls mit, dass niemand sagen könne, wo genau die Grenzen der Eingriffsmöglichkeiten in die tatrichterliche Beweiswürdigung liegen würden.[7] 7

1 Peters, Strafprozess (Lehrbuch), S. 298 f.

2 Hoyer, Beweiswürdigungsfreiheit und „in dubio pro reo", S. 523 ff.

3 Peters, Fehlerquellen im Strafprozess, 2. Bd., S. 1.

4 Vgl. Schmitt, Die richterliche Beweiswürdigung im Strafprozess, S. 78 f.

5 Vgl. Schumann, Der Handel mit Gerechtigkeit, S. 272.

6 Vgl. Fezer, Die erweiterte Revision, S. 21, 26, 42, 55.

7 Vgl. Krause, Grenzen richterlicher Beweiswürdigung im Strafprozess, S. 323, 331.

8 Barton stellte fest, dass die Revisionsrechtsprechung des BGH nicht so geschieht, wie es im Gesetz steht und stellte die rhetorische Frage an die Strafverteidiger, „ob sie an einem ‚Spiel' teilnehmen wollen, dessen Regeln durch die Schiedsrichter [die Revisionsrichter] flexibel [ergo zurechtgemacht] gehandhabt werden."[8] An die Professoren ergeht die Erkenntnis, „die für die **Strafrechtswissenschaft** wichtigste Konsequenz sollte sein, dass man nicht weiter davon ausgehen darf, in der BGH-Rechtsprechung funktioniere alles so, wie es im Gesetz steht."[9] „Die ‚Dunkelziffer' derjenigen, die sich aufgrund welcher Enttäuschung auch immer in eine Art ‚innere Emigration' zurückgezogen haben, dürfte hoch sein."[10]

9 Rieß stellte bereits 1978 fest, dass sich die Revisionsrechtsprechung „verschleiernder Scheinbegründungen bedient"[11] und beunruhigende Rechtsunsicherheit darüber besteht, in welchem Umfang tatsächliche Feststellungen revisibel sind.[12]

10 Bender/Nack halten 1980 eine Diskrepanz zwischen Schein und Sein fest, der zufolge das Revisionsgericht für sich in Einzelfällen in Anspruch nimmt, die richtige Anwendung der Beweisgrundsätze zu kontrollieren, aber andererseits die Beweisgrundsätze noch nicht explizit formuliert wurden.[13]

11 Von Dahs/Dahs erfahren wir:

„Allerdings bringt es das Wesen der Revision und ihr heutiger Entwicklungszustand mit sich, dass der Erfolg des Rechtsmittels einer Prognose kaum zugänglich ist."[14] Weiter erfahren wir von Dahs/Dahs Folgendes:

> *„Keine Gesetzesverletzung ist auch die ‚**Verhandlungswidrigkeit**' der Urteilsgründe. Darunter ist zu verstehen die ‚Ausrichtung' des Verhandlungsinhalts bei der Abfassung der Urteilsgründe auf den verkündeten Urteilstenor. Nach den Erfahrungen der Praxis geschieht es nicht ganz selten, dass nach der Beweisaufnahme erwiesene, entlastende Tatsachen in den Urteilsfeststellungen nicht auftauchen, die Aussagen eines oder mehrerer Entlastungszeugen in der Beweiswürdigung nicht erscheinen, einseitig nur für den Angeklagten negative Feststellungen Eingang in das Urteil finden, ungünstige Aussagen durch die Art ihrer Wiedergabe verstärkt und der Inhalt ‚ausgebaut' wird. Dazu gehört auch das probate Mittel, schwierige oder unerwünschte Rechtsfragen durch etwas ‚gewaltsame' geschaffene Tatsachenfeststellungen zu umgehen. Die Vorschrift des § 261 bietet gegen solche unredlichen Urteilsgründe kaum eine Hilfe, weil der Rechtsverstoß darin liegt, dass der Inbegriff der Hauptverhandlung gerade*

8 Barton, Die Revisionsrechtsprechung des BGH in Strafsachen, S. 283.
9 Barton, Die Revisionsrechtsprechung des BGH in Strafsachen, S. 284, 285.
10 Wendler/Hoffmann, Technik und Taktik der Befragung im Gerichtsverfahren, Rn 3.
11 Rieß, Zur Revisibilität der Freien tatrichterlichen Überzeugung, GA 1978, S. 256, 261.
12 Vgl. Rieß, Zur Revisibilität der Freien tatrichterlichen Überzeugung, GA 1978, S. 256, 273.
13 Vgl. Bender/Nack, Grundzüge einer allgemeinen Beweislehre, DRiZ 1980, S. 121.
14 Vgl. Dahs/Dahs, Die Revision in Strafsachen, 7. Aufl., Rn 3.

nicht den Inhalt der Urteilsgründe bestimmt und nicht etwa darin, dass das Gericht Elemente des Urteils aus Quellen außerhalb der Verhandlung geschöpft hat [...] Im Ganzen ist eine derartige richterliche Praxis ein deprimierendes Kapitel der Strafrechtspflege.“[15]

Eschelbach hat auf Basis seiner Erfahrung (zutreffend) mitgeteilt: „In der Revisionsinstanz wird die Rüge der **Aktenwidrigkeit des Urteils**, die oft begründet wäre, als generell unzulässig behandelt. Eine **Rekonstruktion der Hauptverhandlung** findet nicht statt, zumal es keine authentische **Aufzeichnung des Verhandlungsgeschehens** gibt. Schon logisch mögliche Beweisschlüsse der Tatgerichte werden von den Revisionsgerichten hingenommen, selbst wenn sie lebensfremd erscheinen und das Gegenteil wahrscheinlicher ist. Gegen das dann auch noch zum Leerlaufenlassen der Revisionsinstanz häufig praktizierte tatrichterliche Verschweigen wichtiger Entlastungsindizien in den schriftlichen Urteilsgründen (*Eschelbach* FS Widmaier 2008, S. 127 [131 ff.]) gibt es mit der Revision kein effektives Rechtsmittel.“[16] 12

Hanack hat für die Revision den zutreffenden Begriff der „Chance“ geprägt, die ihre Berechenbarkeit in erheblichem Maße verloren habe.[17] 13

Neuhaus teilt uns mit: 14

„Jedenfalls wird man feststellen dürfen, dass sich die Revisionsgerichte einen gewissen Dispositionsraum für ergebnisbezogene Willensentscheidungen getroffen und reserviert haben. Dies führt zu der kuriosen und auf Dauer nicht akzeptablen Situation, dass die Rechtsprechung der Revisionsgerichte zwar Klarheit schaffen soll, tatsächlich aber, wie jeder Revisionspraktiker weiß, die Erfolgsaussichten der konkreten Revision nur sehr eingeschränkt berechenbar sind. Allzu oft wird an die bange Feststellung erinnert, die ***Lewis Caroll*** *seine Heldin Alice im Wunderland einmal treffen lässt: ‚Das muss der Wald sein, in dem nichts einen Namen hat.‘“*[18]

Wilhelm teilt uns Folgendes mit: 15

„Mithin müssen sich der Angeklagte und sein Verteidiger bzw. der Staatsanwalt nach der derzeitigen Rechtsprechung im Revisionsverfahren mit einem Urteil abfinden, das auf Tatsachenfeststellungen beruht, die nach ihrer subjektiven Überzeugung oder sogar ***objektiv*** *[Hervorheb. d.d.Verf.] die Ergebnisse der Beweisaufnahme unzutreffend oder unvollständig wiedergeben. Es fällt schwer das zu akzeptie-*

15 Dahs/Dahs, Die Revision im Strafprozess, 7. Aufl., Rn 93.

16 Eschelbach in: Satzger/Schluckebier/Widmaier, Komm. zum StGB, § 46a Rn 15.

17 Vgl. LR-Hanack, Komm. zur StPO, 25. Aufl., Vorbem. zu § 333 Rn 11 ff.

18 Neuhaus, Revision, in Brüssow/Gatzweiler/Krekeler/Mehle/Pauly, Strafverteidigung in der Praxis, 4. Aufl. § 13 Rn 31.

ren. Zwar ist nicht damit zu rechnen, dass der BGH seine Rechtsprechung kurz- oder mittelfristig ändern wird. Sie bedarf gleichwohl der Überprüfung [...].“[19]

16 Selbst **BGH-Richter** stellen rechtsstaatlich untragbare Zustände fest:

Sarstedt hält fest, dass Revisionen durch unbegründeten Beschluss verworfen wurden, von denen er dies nicht einmal ansatzweise für möglich gehalten hätte. Der einzige Grund für die Nichtbegründung müsse darin liegen, dass sich die Verwerfung nicht hätte begründen lassen.[20]

17 Herdegen teilt mit, dass die Prognostizierbarkeit für den Revisionsführer völlig ungewiss sei.[21] Er würde Dutzende von Fällen kennen, in denen es rationale, faktengestützte Zweifel gegeben hätte, also Freispruch hätte erfolgen müssen, der nicht erfolgt ist.[22] Es hätte sich mittlerweile eine nicht mehr akzeptable Symbiose von tatrichterlichem Ermessen und Irrevisibilität entwickelt.[23]

18 Nack hält fest, dass Angriffe gegen die Beweiswürdigung a priori regelmäßig aussichtslos seien.[24] Bloße Unwahrscheinlichkeit des vom Tatrichter festgestellten Sachverhalts führe ebenso wenig zu einem Rechtsfehler, wie der Umstand, dass abweichende Feststellungen möglich wären.[25]

19 Herbert Foth teilt mit, dass sich zwar eine Hypertrophie der Urteilsgründe gebildet hätte, aber keine revisionsrechtlich auch nur einigermaßen bestimmbare Grenze oder ein zuverlässiger Maßstab.[26]

20 Eschelbach spricht sogar – völlig zutreffend – von der eskalierenden Krise des deutschen Strafprozesses.[27]

21 All das ist umso besorgniserregender, als aus der Praxis in einer nicht geringen Zahl von Fällen berichtet wird, in denen entlastende Umstände im Urteil entweder gar nicht mehr auftauchen oder anders (falsch) niedergeschrieben werden.

19 Wilhelm, „Verdeckte Gesetzesverstöße“ in der Revision: Zur Revisibilität der fehlerhaften oder unvollständigen Mitteilung der Ergebnisse der Beweisaufnahme in der Urteilsschrift, ZStW 117 (2005), S. 147 f.

20 Vgl. Sarstedt/Hamm, Die Revision in Strafsachen, 5. Aufl., Rn 463.

21 Vgl. Herdegen, Die Überprüfung der tatsächlichen Feststellungen durch das Revisionsgericht aufgrund der Sachrüge, in Beweisantragsrecht, Beweiswürdigung, strafprozessuale Revision, S. 140, ebenso Barton, Die Revisionsrechtsprechung des BGH in Strafsachen, S. 1 Fn 1, m.w.N.

22 Vgl. Herdegen, Die revisionsrechtliche Kontrolle der Beweiswürdigung, in Beweisantragsrecht, Beweiswürdigung, strafprozessuale Revision, S. 126.

23 Vgl. Herdegen, Strafrichterliche Aufklärungspflicht und Beweiswürdigung, NJW 2003, S. 3513 f.

24 Vgl. Nack, Verteidigung bei der Glaubwürdigkeitsbeurteilung von Aussagen, StV 1994, S. 555.

25 Vgl. Nack, Revisibilität der Beweiswürdigung, StV 2002, S. 510 f.

26 Vgl. Foth, Tatgericht, Revisionsgericht – wer würdigt die Beweise?, DRiZ 1997, S. 201, 207.

27 Vgl. Eschelbach, Absprachenpraxis versus Wiederaufnahme des Verfahrens, HRRS 4/2008, S. 191.

Die Verteidiger Bossi, König und Döhmer berichten von häufigen Fällen, in denen der Zeuge Entlastendes X gesagt habe, aber Belastendes Y im Urteil stand.[28] 22

Die Nichtüberprüfung oder bestenfalls unprognostizierbare Überprüfung der Beweiswürdigung ist nicht nur aufgrund der Berichte aus der Praxis, der zufolge eine Fokussierung auf den Angeklagten belastende Umstände zu beobachten ist (so zu Recht Eisenberg/Zötsch),[29] besorgniserregend, sondern v.a. deshalb, weil die Möglichkeit unterschiedlicher Beweiswürdigung so gut wie immer besteht (so zutreffend Greger)[30] und die Beweiswürdigung zu den trübsten Kapiteln der deutschen Rechtsprechung gehört (so Schneider).[31] 23

Hinzu kommt, dass **Erkenntnisse der Wahrnehmungspsychologie belegen, dass der Angeklagte per se keinem unvoreingenommenen Richter gegenübersteht und gegenüberstehen kann**. Durch die Kenntnis der Ermittlungsakte, den Eröffnungsbeschluss und den Lernprozess, dass den meisten Angeklagtenangaben zu misstrauen ist, steht auch der konkrete Angeklagte keinem unparteiischen und damit fairen, sondern einem voreingenommenen Richter gegenüber (so mit Recht Krekeler, Schmitt, Schünemann).[32] 24

Folgerichtig ist faktisch eine In-dubio-contra-reum-Rechtsprechung festzustellen,[33] auch wenn der In-dubio-Grundsatz keine Beweis-, sondern eine Entscheidungsregel ist. 25

Umso bemerkenswerter ist, dass die Problematik der freien Beweiswürdigung in der deutschen Rechtswissenschaft nur stiefmütterlich behandelt wurde, obwohl bereits Max Alsberg 1930 feststellte: „[A]uf keinem Rechtsgebiet ragt ein einzelnes Problem so hervor, wie auf dem Gebiet des Strafprozesses das Beweisproblem. Es ist schlechterdings das Zentralproblem des Strafprozesses und als prozessuales Pro- 26

28 Vgl. König, Die Verteidigung in der Hauptverhandlung in Ziegert (Hrsg.) Grundlagen der Strafverteidigung, S. 211, Döhmer, Freie Beweiswürdigung oder Begründungsmangel!?, S. 4, vgl. Bossi, a.a.O., S. 67, 110.

29 Vgl. Eisenberg/Zötsch, Der Zeugenbeweis im Strafverfahren – Tendenzen in der höchstrichterlichen Rechtsprechung, S. 3676.

30 Vgl. Greger, Tatsachenfeststellung durch das Berufungsgericht – ein Menetekel aus Karlsruhe, S. 2882 f.

31 Vgl. Schneider, Praxis der neuen ZPO, 2. Aufl., Rn 750.

32 Vgl. Krekeler, Der befangene Richter, S. 1633, 1636, vgl. Schmitt, Die richterliche Beweiswürdigung im Strafprozess, Kriminalwissenschaftliche Abhandlungen Bd. 28, S. 441 vgl. Schünemann, Der Richter im Strafverfahren als manipulierter Dritter? Zur empirischen Bestätigung von Perseveranz- und Schulterschlußeffekt S. 163.

33 Vgl. Schünemann, Der Richter im Strafverfahren als manipulierter Dritter? Zur empirischen Bestätigung von Perseveranz- und Schulterschlußeffekt, StV 2000, S. 163, Meyer-Mews, Die „in dubio contra reo“ Rechtsprechung bei Aussage gegen Aussage Delikten, NJW 2000, S. 916 f., Deckers, Verteidigung in Verfahren wegen sexuellen Missbrauchs, Rn 1.

blem zugleich ein einzigartiges. [...] Dass die hier wichtigste Aufgabe für eine dem Leben dienende Strafprozessdoktrin liegt, blieb auffälligerweise unbemerkt."[34]

27 Dementsprechend hält es Hamm im Jahr 2000 für eine „peinliche Frage", warum trotz der Fortschritte in der Rechtsprechung an der Kontrolle der Beweiswürdigung letztlich immer noch nichts geändert worden ist.[35] Diese Frage ist zeitlos und muss auch aktuell gestellt werden.

28 **Auch diese Untersuchung bestätigt, dass es keine verlässlichen Kriterien gibt, nach denen der BGH in die tatrichterliche Beweiswürdigung eingreift.** Selbst wenn ein veröffentlichtes und offensichtlich auf den konkreten Fall anwendbares Beispiel für eine Aufhebung vorhanden ist, ist dies keine Gewähr für eine Urteilsaufhebung. Damit ist der Befund bestätigt, dass üblicherweise Demonstrationsfälle veröffentlicht werden, die Masse der Fälle aber nach anderen, irrationalen Kriterien (z.B. Person oder Vorstrafen des Angeklagten) behandelt werden. Auch das ist insofern bemerkenswert, als Forschungsergebnisse in anderen Ländern nahe legen, dass ca. die Hälfte der Fehlurteile „rückfällige Verbrecher" betreffen.[36]

29 **Weiter hat sich aus dieser Untersuchung die Notwendigkeit der Objektivierung der Beweiswürdigung ergeben.** Es ist mit rechtsstaatlichen Grundsätzen unvereinbar, eine Verurteilung durch Richter X hinzunehmen, obwohl Richter A, B, C und D gezweifelt und freigesprochen hätten. Die Untersuchung zeigt weiter, dass nahezu jedes Urteil revisionssicher geschrieben werden kann. Losgelöst von der Frage der schriftlichen Fertigkeit des Urteilsverfassers kann nur dann festgestellt werden, ob Richter A, B, C und D gezweifelt hätten, wenn der Tatrichter gehalten ist, sämtliche Indizien mit einem auf Plausibilitätsniveau geschätzten Beweiswert anzugeben.

30 Weiter wird durch die hier vorgelegte Untersuchung klar, dass die intuitive Gesamtabwägung aller Beweisergebnisse oft zu einem (unbemerkt) unlogischen und falschen Ergebnis führt. Logisch, nachvollziehbar und nachprüfbar wird das Ergebnis nur, wenn sämtliche belastende und entlastende Indizien gemäß den Grundsätzen der Wahrscheinlichkeitsrechnung dargestellt und berechnet werden. Der dagegen gerichtete Einwand der „Scheingenauigkeit" überzeugt nicht, denn man darf sich die „Scheingenauigkeit" eben nicht vorspiegeln lassen. Es wird als Voraussetzung

34 Alsberg im Vorwort zur ersten Aufl. des später von Nüse u. Meyer fortgeführten Werks „Der Beweisantrag im Strafprozess", so abgedr. in Alsberg/Nüse/Meyer, Der Beweisantrag im Strafprozess, 5. Aufl. 1983, S. VII.

35 Vgl. Hamm, Zur Revisibilität der Beweiswürdigung in Fällen von Aussage gegen Aussage, StraFo 2000, S. 253, 257.

36 Vgl. Gräns, Das Risiko materiell fehlerhafter Urteile, S. 97 f., Gräns bezeichnet die von ihr zitierte Studie aber als nicht repräsentativ, sodass es sich nur um eine vorsichtig zu bewertende Erkenntnis handelt. Der Wirkungsmechanismus, der zur Wahrnehmungsverzerrung zulasten der Vorbestraften führt, dürfte ähnl. dem sog. „spillover-effect" sein. Wer mehrere Straftaten begangen hat, dem traut man auch a priori weitere Straftaten zu. Die begangenen Straftaten „spillen over" (= *übertragen sich*) auf die zu beurteilende.

nämlich klargestellt, dass **keine mathematische Exaktheit behauptet und begründet wird, sondern nur ein logisch nachvollziehbares und damit intersubjektiv vermittelbares und diskutierbares Ergebnis**. Denkfehler und Fehlbewertungen werden dadurch entweder im Wege der Selbstkontrolle vom Tatrichter oder spätestens offen vom Rechtsmittelgericht erkannt, statt durch Worthülsen verschwiegen und verdeckt.

Für eine Verurteilung muss nach o.g. Regeln eine Wahrscheinlichkeit der Tatbegehung von 95 % bestehen (Regelbeweismaß) und der Richter muss von diesem Wert überzeugt sein. Im Fall einer Bagatelle genügt eine Wahrscheinlichkeit von 90 %. Geht es um eine lebenslange Freiheitsstrafe, so genügt nur eine Wahrscheinlichkeit von 99 % (variables Beweismaß). Von dem jeweiligen Wahrscheinlichkeitswert muss nicht nur der einzelne Tatrichter überzeugt sein, sondern es muss darüber hinaus Übereinstimmung in den relevanten Fachkreisen bestehen. Diese Übereinstimmung wird vom Revisionsgericht kraft umfassenderen Überblicks festgestellt. 31

Damit wird nur in die Praxis umgesetzt, was nach Teilen der BGH-Rechtsprechung ohnehin gilt. Die Beweiswürdigung muss nämlich umfassend sein, alles Wesentliche beinhalten,[37] intersubjektiv vermittelbar und das Ergebnis eines Schuldspruchs mit hoher Wahrscheinlichkeit feststehen.[38] Wesentlich ist aber **jedes** belastende und entlastende Indiz. Richter am BGH a. D. Foth propagiert zwar eine Einschränkung der revisionsrechtlichen Kontrolle im Bereich der Beweiswürdigung,[39] aber er stellt zutreffend fest, dass das Beweismaß der hohen Wahrscheinlichkeit ungeeignet sei, „bis der gesamte Beweisstoff und die gesamte Beweiswürdigung lückenlos dem Revisionsgericht mitzuteilen sind; denn es ist nicht möglich, einen Teil der Überzeugungsbildung so zu definieren und abzugrenzen, dass man einen Verstoß in diesem beschränkten Bereich als ‚Verletzung des Gesetzes' definieren könnte [...] Für die Bildung einer Überzeugung kommt es auf *alle* Umstände an; nicht umsonst stellt das Gesetz auf die Einheit und Geschlossenheit der Hauptverhandlung und Entscheidungsfindung ab. Von dem dort gewonnenen Beweisstoff nur einen Teil zur Verfügung zu haben und dennoch die Überzeugungsbildung nachvollziehen zu sol- 32

37 Vgl. z.B. BGH, NStZ 1981, S. 488 oder BGH, 1 StR 104/99 n.v.

38 Vgl. BGH, NStZ 1988, S. 236, 237.

39 Meyer-Goßner widerspricht ihm, vgl. Meyer-Goßner, Fortschritt durch Rückschritt um 100 Jahre, DRiZ 1997, S. 401 ff. Hinzu kommt Folgendes: Foth hält das gesetzgeberisch intendierte Nichteingreifen des Revisionsgerichts in die Beweiswürdigung für eine wohlerwogene ursprüngliche Gesamtregelung. Er übersieht hierbei aber, dass freie Beweiswürdigung nur Geschworenen (nicht dem Berufsrichter) zuerkannt werden sollte. Die **große Zahl der Geschworenen** schütze den Angeklagten vor einer irrigen Einzelmeinung (vgl. Schwinge, Der Kampf um die Schwurgerichte bis zur Frankfurter Nationalversammlung, S. 146 ff.). Wenn aber faktisch – entweder der (dominante) Vorsitzende oder der Berichterstatter – nur einzelne Personen entscheiden, ist die Grundannahme des historischen Gesetzgebers entfallen. Folgerichtig war auch eine umfassende Begründungspflicht für den historischen Gesetzgeber nicht nötig.

len, kann man einem Revisionsrichter nicht zumuten; deshalb muss und wird sein Verlangen zunehmen, immer mehr Beweisstoff mitgeteilt zu erhalten.“[40]

33 Zur Gefahr von Fehlurteilen hatte bereits der frühere Senatspräsident des BGH Jagusch mitgeteilt: „Nur eine gesetzliche Begründungspflicht hinsichtlich aller erhobenen in Betracht kommenden Beweistatsachen kann das bessern. Gewiss müsste das Gericht auch künftig nicht alle überhaupt erörterten Umstände im Urteil abhandeln,[41] aber doch alle für die Entscheidung bei richtiger Betrachtung irgendwie wesentlichen, denn sonst entfällt jede Prüfungsmöglichkeit durch das Revisionsgericht. Die jetzige materielle Rechtslage befriedigt nur theoretisch. Ob sie die Einzelentscheidung wirklich beherrscht, hängt von mehr oder weniger geschickter, ausführlicher oder karger Urteilsfassung ab.[42] Das ist unbefriedigend und eine längst erkannte, beseitigungspflichtige Fehlerquelle. Mit Recht fordert die Denkschrift deshalb die Erweiterung des § 267 StPO dahin, dass das Urteil alle ‚Erwägungen' (und Tatsachen) enthalten müsse, auf denen die Feststellungen beruhen.[43] Erst auf dieser Grundlage kann das Revisionsgericht die Gedankenführung des Tatrichters immer und verlässlich prüfen.“[44]

34 Da die Beweiswürdigung die logischen Grundsätze der Wahrscheinlichkeitsrechnung nach bisheriger Rechtsprechung ohnehin nicht verletzen darf,[45] kann diese auch gleich im Urteil offengelegt werden. Das ist m.E. auch die Konsequenz, die sich aus der Rechtsprechung ergibt, dass floskelhafte Wendungen (z.B. „nach alledem“) für die Gesamtwürdigung nicht genügen.[46]

35 Dieses Ergebnis lässt sich folglich mit § 261 StPO vereinbaren, denn es wird in concreto nur das gefordert, was theoretisch ohnehin gilt. Ein variables Beweismaß ist für den Bereich des Zivilrechts bereits nachgewiesen (Beweismaßerhöhungen). Im Strafrecht wird in der Praxis ohnehin mit einem variablen Beweismaß gearbeitet (mit dem niedrigsten Grad an Überzeugung bei Bagatellen und Ordnungswidrigkeiten).

40 Foth, Tatgericht, Revisionsgericht- wer würdigt die Beweise, DRiZ 1997, S. 201, 207.

41 Im Original folgende Fußnote: BGHSt 9, 297 = NJW 56, 1527.

42 Im Original folgende Fußnote: Typisch BGHSt 12, 311 [315] = NJW 59, 780: *Gibt das Gericht die verwerteten Beweistatsachen an*, so sind sie im Urteil lückenlos zusammenzufügen und unter allen maßgeblichen Gesichtspunkten zu würdigen, damit ersichtlich ist, ‚ob der Schuldbeweis schlüssig erbracht ist und alle gleich naheliegenden Deutungsmöglichkeiten für und gegen den Angeklagten geprüft worden sind.' Ähnlich *Sarstedt* [Die Revision in Strafsachen] S. 215: Das Fehlen von Beweistatsachen kann die Prüfung der Denkrichtigkeit des Urteils verhindern (Sachrüge). *BGH, NJW 66,63*: nach § 273 StPO hat das Revisionsgericht nicht zu prüfen, ob die Urteilsfeststellungen mit dem Aussageinhalt des Protokolls übereinstimmen.

43 Im Original folgende Fußnote: Leitsatz 16 [Der Denkschrift – des Strafrechtsausschuss der Bundesrechtsanwaltskammer – zur Reform des Rechtsmittelrechts und der Wiederaufnahme des Verfahrens im Strafprozess, 1971].

44 Jagusch, Die Revision in Strafsachen – ausreichende Rechtsgarantien, NJW 1971, S. 2009 f.

45 Vgl. BGH, NZV 1989, S. 468, 469.

46 Vgl. Schmitt, Die richterliche Beweiswürdigung im Strafprozess, S. 385 m. Hinw. auf BGH bei Pfeiffer/Miebach, NStZ 1985, S. 495.

Teil II: Widerlegung des Urteils, durch logische Würdigung von Indizien, die häufigsten Fehler in der Beweiswürdigung und die wichtigsten Aussagekriterien – dargestellt an realen Beispielsfällen

§ 15 Einleitung

„Wir Menschen alle oder fast alle lieben es, unsere Vermutungen Gewissheit zu nennen oder, wenn wir einige Wahrscheinlichkeitsgründe dafür haben, für sicher zu halten; und doch sind manche wahrscheinlichen Dinge unwahr, wie manche unwahrscheinlichen wahr.“[1] 1

In den 70er und 80er Jahren des letzten Jahrhunderts gab es eine interessante Diskussion über das Wesen und den Inhalt der freien Beweiswürdigung und das Beweismaß, das für eine Verurteilung (sowohl im Zivilrecht als auch im Strafrecht) erreicht sein muss.[2] Wesentliches **Anliegen** der Diskussion (jedenfalls für die Anhänger der sog. objektiven Theorie) war, **die Beweiswürdigung im Einzelfall nachvollziehbarer zu machen**. Daneben gab es in den 80er Jahren – v.a. von dem späteren Vorsitzenden des 1. Strafsenats des BGH, Armin Nack, und dem früheren Vorsitzenden des OLG Stuttgart, Rolf Bender, **den Versuch, eine Anleitung für die Beweiswürdigung zu geben**,[3] die beide in Lehrbüchern verbreitet haben, in der Praxis allerdings trotz ihrer herausgehobenen Stellung nicht entscheidend vorangebracht haben. 2

Gleichwohl ist sowohl **die Diskussion um das Beweismaß als auch die Diskussion um die Ausgestaltung der konkreten Beweiswürdigung im Wesentlichen (leider) verstummt**. Das ist insofern bemerkenswert, als der **BGH in mehreren Entschei-** 3

1 Rommé, Der Anscheinsbeweis im Gefüge von Beweiswürdigung, Beweismaß und Beweislast, S. VI mit Quelle des Zitats „Aurelius Augustinus“.

2 Vgl. z.B. Bender, Das Beweismaß, in Festschrift für Fritz Baur, S. 247 ff., Bruns, Beweiswert, ZZP (1978), S. 64 ff., Ekelöf, Beweiswert, in Festschrift für Fritz Baur, S. 343 ff., Gottwald, Schadenszurechnung und Schadensschätzung, S. 186 ff., Greger, Beweis und Wahrscheinlichkeit, Huber, Das Beweismaß im Zivilprozess, Leipold, Beweismaß und Beweislast im Zivilprozess, Maassen, Beweismaßprobleme im Schadensersatzprozess, Motsch, Vom rechtsgenügenden Beweis, Musielak, Die Grundlagen der Beweislast im Zivilprozess, Musielak/Stadler, Grundfragen des Beweisrechts, Prütting, Gegenwartsprobleme der Beweislast, Walter, Freie Beweiswürdigung.

3 Vgl. Bender/Nack, Grundzüge einer allgemeinen Beweislehre, DRiZ, 1980, S. 121 ff., Bender/Röder/Nack, Tatsachenfeststellung vor Gericht, Bd. I, 1. Aufl., Nack, Indizienbeweisführung und Denkgesetze, NJW 1983, S. 1035 ff., Nack, Der Indizienbeweis, MDR 1986, S. 366 ff.

dungen die objektive Theorie gestärkt hat, indem er ausführte, dass die erforderliche persönliche Gewissheit des Richters objektive Grundlagen voraussetzt, die aus rationalen Gründen den Schluss erlauben, dass das festgestellte Geschehen mit hoher Wahrscheinlichkeit mit der Wirklichkeit übereinstimmt,[4] dass es zu keiner Verurteilung kommen darf, wenn **rationale Gründe** (intersubjektiv vermittelbare und einsichtige) nicht den Schluss gestatten, dass die Zeugenaussage mit dem tatsächlichen **Geschehen in hohem Maße wahrscheinlich** ist,[5] dass für eine Verurteilung **das erforderliche Beweismaß der hohen Wahrscheinlichkeit** erreicht sein muss,[6] dass sich die Schlussfolgerungen nicht so sehr von der festgestellten Tatsachengrundlage entfernen dürfen, „dass sie letztlich bloße Vermutungen sind, die nicht mehr als einen – wenn auch schwerwiegenden – Verdacht begründen."[7]

4 Trotz dieser Vorgaben gilt immer noch der Zustand, der von Bender/Nack bereits 1980 konstatiert wurde, nämlich, dass es dem Revisionsgericht einerseits möglich sein muss, die richtige Anwendung der Beweisgrundsätze zu überprüfen, aber andererseits **die Beweisgrundsätze noch nicht explizit formuliert wurden**, sondern sich allenfalls andeutungsweise aus Einzelfallentscheidungen entnehmen lassen würden.[8] Das ist insofern mehr als **besorgniserregend**, als Reinecke bereits vor längerer Zeit die **geheime de facto Beweisregel, einem Zeugen grundsätzlich zu glauben**, sofern nicht gewichtige Gesichtspunkte dagegen sprechen, herausgearbeitet hat,[9] die jedoch im Widerspruch zur Lebenserfahrung steht. Ob diese geheime Beweisregel immer noch gilt, kann mangels Tatsachenforschung hierzu nicht verlässlich beurteilt werden. Die praktische Erfahrung legt nahe, dass sie immer noch gilt, ggf. aber nicht mehr so stark. Jedenfalls gilt immer noch, was bereits Schünemann 1998 festgehalten hat, dass „die Würfel für die Hauptverhandlung" in der Regel bereits vor deren Beginn gefallen seien,[10] die Zeugenaussage sich nur noch in stark reduzierter Bedeutung zur Wahrheitsfindung eignet und sich die Struktur des deutschen Strafprozesses massiv zum Nachteil des Angeklagten auswirkt[11] und der In-dubio-pro-reo-Grundsatz faktisch nicht mehr gilt.[12] Der letztgenannte Satz ist missverständlich, denn der In-dubio-Grundsatz ist lediglich eine Entscheidungsregel,

4 Vgl. BGH, StV 1995, S. 453.

5 Vgl. BGH, NStZ 1988, S. 236 f.

6 Vgl. BGH, NStZ 1988, S. 236 f.

7 BGH, NStZ 1987, S. 473 f.

8 Vgl. Bender/Nack, Grundzüge einer allgemeinen Beweislehre, DRiZ, 1980, S. 121.

9 Vgl. Reinecke, Die Krise der freien Beweiswürdigung im Zivilprozess, oder über die Schwierigkeit, einem Zeugen nicht zu glauben, MDR 1986, S. 630 ff.

10 Vgl. Schünemann, Der deutsche Strafprozess im Spannungsfeld zwischen Zeugenschutz und materieller Wahrheit, StV 1998, S. 391, 394, 395.

11 Vgl. Schünemann, Der deutsche Strafprozess im Spannungsfeld zwischen Zeugenschutz und materieller Wahrheit, StV 1998, S. 391, 394.

12 Vgl. Schünemann, Der Richter im Strafverfahren als manipulierter Dritter? Zur empirischen Bestätigung von Perseveranz- und Schulterschlusseffekt, StV 2000, S. 159, 163.

aber keine Beweisregel. Als Entscheidungsregel, nämlich, dass der Richter freisprechen muss, wenn er selbst zweifelt, gilt der Grundsatz selbstverständlich immer noch. Gemeint ist allerdings, dass der Grundsatz nicht hilft, wenn man (objektiv) zweifeln müsste, solange nur der entscheidende Richter subjektiv nicht zweifelt oder jedenfalls vorgibt, nicht zu zweifeln. Das ist freilich eine Frage des Beweismaßes, nicht des In-dubio-Grundsatzes. Hinzu kommt die Erfahrung eines jeden Strafverteidigers, dass im Urteil eine Zeugenaussage wiedergegeben wird, die das Urteil zwar in sich schlüssig macht, vom Zeugen aber ganz anders formuliert wurde.[13] Trotz dieser besorgniserregenden Umstände sind **Angriffe gegen die strafgerichtliche Beweiswürdigung a priori regelmäßig zum Scheitern verurteilt**.[14] Sofern bis einschließlich der dritten Auflage dieses Werkes eine Anleitung anhand eines realen Beispielsfalls (Mordfall Walter Sedlmayr) gegeben wurde, wie dargestellt werden könnte, dass der tatrichterlich festgestellte Sachverhalt nicht mit hoher Wahrscheinlichkeit mit der Wirklichkeit übereinstimmt, wird auf die Vorauflagen verwiesen. Zum einen hat sich der Mord 1990 ereignet, so dass viele Leser weder mit der Tat noch der Person weitere Erinnerungen verbinden werden, zum anderen ist die Schwäche und Gefahr der überwiegend intuitiven Beweiswürdigung seit Jahrzehnten beschrieben,[15] ohne dass die Rechtsprechung Konsequenzen für sich gezogen hat. Das ist umso bedauerlicher, als die Darlegung der konkreten Beweiswürdigung immer noch ein stiefmütterliches Dasein fristet. In dem Anleitungsbuch von Meyer-Goßner/Apl zur Abfassung strafrichterlicher Urteile heißt es in der 27. Auflage z.B. lapidar:

> *„Die allgemeine Bemerkung genügt nicht, die einzelnen Beweisanzeichen, für sich allein betrachtet, würden nicht ausreichen, wohl aber in ihrer Gesamtheit. Es müssen vielmehr die einzelnen Glieder des Anzeichenbeweises zusammengeschlossen werden [aber wie??]. Dann [aber wann genau??] besteht aber auch die Möglichkeit, dass die einzelnen Indiztatsachen, die für sich allein zum Tatnachweis nicht ausreichen, in ihrer Gesamtheit dem Gericht die entsprechende Überzeugung [aber wie??] vermitteln können (BGH, NStZ 1983, 134). An den Indizienbeweis sind strenge Anforderungen [richtig!] zu stellen [welche??], damit es nicht zu Fehlurteilen kommt.“*[16] 5

Hieran hat sich bis zum heutigen Tage nichts geändert und die in eckigen Klammern gesetzten Fragen können von der Rechtsprechung – in strittigen Fällen – immer noch nicht so beantwortet werden, als dass die Beweiswürdigung verlässlich (objektiv) prognostiziert werden kann.

13 König, Die Verteidigung bei der Glaubwürdigkeitsbeurteilung von Aussagen in der Hauptverhandlung, S. 211 in Ziegert (Hrsg.), Grundlagen der Strafverteidigung.

14 Vgl. Nack, Verteidigung bei der Glaubwürdigkeitsbeurteilung von Aussagen, StV 1994, S. 555.

15 Auch die Habilitation von Schweizer, Beweiswürdigung und Beweismaß aus 2015 ist trotz ihrer herausragenden Qualität in der Praxis – soweit ersichtlich – gänzlich ohne Wirkung geblieben.

16 Meyer-Goßner/Apl, Die Urteile in Strafsachen, 27. Aufl., Rn 393.

6 Die Rechtsprechung des BGH hält den Tatrichter nach wie vor nicht für verpflichtet, seine Beweiswürdigung gemäß den Grundsätzen der Wahrscheinlichkeitsrechnung darzulegen. **Einigkeit** besteht in der Rechtsprechung jedenfalls darin, dass die tatrichterliche Beweiswürdigung die Grundsätze der logischen Wahrscheinlichkeitsrechnung abstrakt nicht verletzen darf,[17] sodass sich jedenfalls für den Rechtsmittelführer ein Anwendungsbereich eröffnen müsste, anhand dieser Grundsätze darzulegen, dass die Grundsätze doch verletzt sein müssen bzw. jedenfalls nicht mehr der Schluss gestattet ist, dass der festgestellte Sachverhalt mit hoher Wahrscheinlichkeit mit der Wirklichkeit übereinstimmt. Das gilt freilich nur theoretisch, praktisch sind keine Fälle bekannt, in denen außerhalb des Sachverständigenbeweises richterliche Beweiswürdigungen mit wahrscheinlichkeitstheoretischen Überlegungen (v.a. Theorem von Bayes) erfolgreich angegriffen werden konnten. Dies war selbst in der Zeit nicht möglich, als die Richter Bender und Nack Vorsitzende des OLG (Stuttgart) bzw. BGH waren. D.h., deren entsprechende Darlegungen in ihrem Lehrbuch (Bender/Nack, Tatsachenfeststellung vor Gericht) konnten praktisch nicht umgesetzt werden. In der Fortführung des Lehrbuchs wird von den nachfolgenden Autoren in der 5. Auflage festgehalten, dass sich Rechtsprechung und Wissenschaft – wenn überhaupt – nur sehr zurückhaltend mit dem Theorem von Bayes beschäftigen würden, international die Zurückhaltung aber wesentlich geringer sei.[18]

17 Vgl. BGH, MDR 1990, S. 354 f., vgl. auch BGH, NZV 1989, S. 468 f.

18 Vgl. Bender/Häcker/Schwarz, Tatsachenfeststellung vor Gericht, 5. Aufl., Rn 753 ff.

§ 16 Psychologische Mechanismen im Strafverfahren

Inhalt

A. Die de-facto-Regel, einem Zeugen grundsätzlich zu glauben

Dass der Zweifelsgrundsatz in der gerichtlichen Praxis in der Bedeutung überschätzt wird, kann nicht nur dem allgemeinen Rechtsgefühl und der Darstellung bestimmter, publicityträchtiger Fälle in der seriösen Tagespresse, sondern auch noch der Untersuchung von Schünemann[1] entnommen werden. 1

Der Kommentator Hans Holzhaider führt in der SZ v. 3.5.2003 anlässlich des sog. Peggy-Prozesses auf S. 3 Folgendes aus: 2

„Das Urteil im Peggy-Prozess ist gesprochen [...] aber solange die Leiche des Mädchens nicht gefunden ist, kann es keine letzte Sicherheit über Peggys

1 Vgl. Schünemann, Der deutsche Strafprozess im Spannungsfeld zwischen Zeugenschutz und materieller Wahrheit, StV 1998, S. 391 ff., vgl. Schünemann, Der Richter im Strafverfahren als manipulierter Dritter? Zur empirischen Bestätigung von Perseveranz- und Schulterschlusseffekt, StV 2000, S. 159 ff.

Schicksal geben und in Lichtenberg werden die Zweifel an der Schuld des Angeklagten mit dem vorläufigen Abschluss des Prozesses nicht verschwinden. Niemand kann behaupten, dass das Gericht diese Zweifel mit leichter Hand weggewischt hätte. Alles, was der Vorsitzende Richter über die Gründe ausgeführt hat, warum das [später widerrufene] Geständnis des 26-jährigen Ulvi K. [dessen IQ nur 67 betrug] glaubhaft sei, ist richtig und wiegt schwer. Wahr ist aber auch, dass das Gericht sich nur auf höchst unzureichende Ermittlungsergebnisse stützen konnte. Wichtige Beweisstücke, wie etwa die Kleidung des Angeklagten, wurden erst so spät sichergestellt und untersucht, dass es keine verwertbaren Spuren mehr gab. Ob Hinweise auf eine Entführung Peggys ins Ausland rechtzeitig und mit dem nötigen Nachdruck verfolgt wurden, daran gibt es begründete Zweifel. Dass schließlich gleich vier Schulkameraden Peggy nach der mutmaßlichen Tatzeit noch gesehen haben wollen, stimmt nachdenklich, auch wenn man weiß, wie unzuverlässig Zeugenaussagen vor Gericht sein können. […] Auch wenn das Urteil bestehen bleibt, ***die Zweifel werden nicht verschwinden****."*

Insb. wurde in diesem Prozess gegen den Angeklagten verwendet, dass er von seiner Persönlichkeitsstruktur den zugegebenen Fall nicht hätte erfinden können. Peters (Fehlerquellen im Strafprozeß, 2. Bd., S. 15) hat aus seiner Auswertung von Wiederaufnahmeverfahren aber herausgefunden, dass es für geistig schwach begabte Menschen leichter ist, Vorhaltungen zu übernehmen, statt ihnen Widerstand entgegenzusetzen. Tatsächlich ist der Betroffene Ulvi K. in einem späteren Wiederaufnahmeverfahren vom Tötungsvorwurf auch freigesprochen worden.

3 In einem vor dem LG München I verhandelten Fall wurde ein Angeklagter wegen Vergewaltigung verurteilt. Männliche DNA-Spuren im Scheidenabstrich wurden nicht gefunden. Die Frau hatte angegeben, mit keinem anderen Mann im fraglichen Zeitraum verkehrt zu haben. **Aus der Haft heraus gelingt dem Mann das schier Unmögliche** und er kann eine **zweite DNA-Analyse** des Abstrichs (diesmal nicht mehr bei der Münchner Rechtsmedizin, sondern bei der Berliner Charité) in Auftrag geben. Das Gutachten findet nunmehr doch männliche Chromosomen, deren DNA-Profil allerdings nicht dem Gen-Typ des Verdächtigen zugeordnet werden kann, sodass der Angeklagte als Verursacher des Spurenmaterials auszuschließen ist. Der Angeklagte kann **dadurch ein Wiederaufnahmeverfahren** erreichen. In dem Wiederaufnahmeverfahren treten die weiteren Ungereimtheiten des ersten Verfahrens erneut zutage. In der Aussage der Frau war von massiven Handgreiflichkeiten die Rede. Spuren von Handgreiflichkeiten lassen sich aber nicht finden. Unter den Fingernägeln des Angeklagten, die von der Polizei abgeschnitten und untersucht wurden, fanden sich auch keinerlei Hautfitzelchen der Frau. Die Frau hatte zudem Gonorrhö, allerdings ist unbekannt, wo sich die Frau infiziert hat. Beim Angeklagten ließen sich jedenfalls keinerlei Antikörper nachweisen. **Die Presse** (SZ v. 1.3.2004, Autorin Sabina Griffith) **berichtet, dass beim ersten Prozess Richter und Schöffen zweifeln**, aber a.E. den Ausführungen der Frau glauben. In dem neu-

en Verfahren wurde sodann **ein drittes DNA-Gutachten** (wieder von der Münchner Rechtsmedizin) erholt. Das dritte Gutachten kam nun zu dem Schluss, dass das gefundene DNA-Muster in Teilen mit dem genetischen Code des Angeklagten identisch sei, allerdings dieser (identische) Teil dergestalt häufig ist, dass er jedem siebten bis zwölften Mann zugeordnet werden kann, also **wenig aussagekräftig ist. Der Angeklagte wird wieder wegen Vergewaltigung verurteilt**, da gemäß der mündlichen Urteilsbegründung – wie sich der Presse (SZ v. 9.3.2004 Autorin Sabina Griffith) entnehmen lässt – die Frau den Tathergang mehrmals glaubwürdig und ohne Unsicherheit geschildert habe. Eine plausible Erklärung für die widersprüchlichen DNA-Ergebnisse blieb das Gericht in der mündlichen Urteilsbegründung schuldig, möglicherweise seien die Proben auf dem Weg zwischen den verschiedenen gerichtsmedizinischen Instituten kontaminiert worden. Die Staatsanwaltschaft führte in ihrem Plädoyer insb. aus, dass die Frau den Tathergang in vier verschiedenen Schilderungen identisch geschildert habe, nicht den Eindruck gemacht habe, von Belastungseifer getragen zu sein und ihr Tagebuch mit den Aufzeichnungen der Vergewaltigung erst auf Druck des Gerichts vorgelegt habe (SZ v. 2.3.2004 Autorin Sabina Griffith). Das Argument der Verteidigung, dass es schließlich der Angeklagte war, der eine zweite DNA-Analyse beantragte und dies keinen Sinn gemacht hätte, wenn der Angeklagte der Täter war, denn dann hätte naturgemäß nur seine DNA gefunden werden können und die sonstigen aufgetretenen Ungereimtheiten (keine DNA unter den Fingernägeln, keine sonstigen sichtbaren Kampfspuren, keine Gonorrhö beim Mann, nur bei der Frau) konnte bei Gericht wiederum – wie beim ersten Prozess – nicht zu einem Freispruch gemäß dem in dubio Grundsatz führen.

Zwar sind die o.g. Beispielsfälle älter, aber sie stehen pars pro toto für die immer 4
gleichen Probleme und die Schieflage des Strafprozesses. Der Grund hierfür liegt in den **(unbewusst) ablaufenden psychologischen Prozessen der selektiven Wahrnehmung und der Befolgung einer noch vorhandenen, aber (vermutlich) rückläufigen geheimen Beweisregel**, einem Zeugen grundsätzlich zu glauben, sowie – besonders wichtig – in der Abneigung der Gerichte, eine zweite (sachverständige) Meinung einzuholen. Mit anderen Worten: Das Ergebnis des vom Gericht bzw. der Staatsanwaltschaft beauftragen Gutachters wird mit „Zähnen und Klauen" verteidigt, statt einen zweiten Sachverständigen mit derselben Offenheit zu hören. Ein markantes Beispiel stellt die aussagepsychologische Begutachtung dar. Obwohl die Methode nur eine Trefferquote von ca. 70 % aufweist, verschiedene Beurteiler oft zu anderen Ergebnissen kommen (können), d.h., die Reliabilität der Methode zwar gut, aber nicht sehr gut ist, und ein Großteil der internationalen Forschung die Methode insgesamt als nicht wissenschaftlich genug erachtet, um vor Gericht genutzt zu werden, folgen die Gerichte i.d.R. dem Ergebnis des zuerst beauftragen Sachver-

ständigen und leisten erbitterten Widerstand gegen die internationale Forderung, jedenfalls einen zweiten Sachverständigen hinzuzuziehen.[2]

5 Aus der Praxis wurde bereits berichtet, dass es eine geheime Beweisregel geben muss, die da lautet, einem Zeugen ist grundsätzlich zu glauben, solange sich nicht ganz gewichtige Anhaltspunkte gegen die Glaubhaftigkeit finden.[3] **Für das Zivilverfahren wurde bereits nachgewiesen (Untersuchung des Instituts für Rechtstatsachenforschung) dass, wenn nur ein Zeuge zur Verfügung steht, dem Zeugen in ca. 97 % der Fälle geglaubt wird**, d.h., dessen Aussage von dem Richter als glaubhaft beurteilt wird.[4] Neuere Forschungsergebnisse hierzu fehlen, aber vermutlich ist der Befund immer noch – mehr oder weniger – richtig. Das OLG Köln meint in seinem Beschluss vom 23.10.2014:

> *„In der Regel hängt der Nachweis des Schadensereignisses entscheidend von der Glaubhaftigkeit der Schilderung des Unfallgeschehens durch die Unfallbeteiligten ab, an deren Glaubwürdigkeit das Gericht gewöhnlich nur dann zweifeln wird, wenn konkrete Anhaltspunkte vorliegen.“*[5]

Jeder Justizpraktiker oder Psychologe, der sich mit dem Phänomen der menschlichen Wahrnehmung und Erinnerung befasst, weiß aber, dass es allein schon wegen der Erkenntnisse der Wahrnehmungs- und Erinnerungslehre[6] jedem Erfahrungswissen widerspricht, dass ca. 97 % der Zeugen subjektiv wahr und objektiv richtig aussagen.[7]

6 *Hinweis*

Die fehlerfreie Erinnerung ist nicht die Regel, sondern die Ausnahme.[8] *„Jedes Ereignis, wie wichtig, emotional aufgeladen oder traumatisch es auch erscheinen mag, kann vergessen oder falsch erinnert werden oder sogar vollkommen fiktiv sein.“*[9]

2 Vgl. Vrij, Detecting Lies and Deceit, 2. Aufl. (2013), S. 201, 255.

3 Vgl. Foerste, Der parteiische Zeuge im Zivilprozess, NJW 2001, S. 321, Reinecke, Die Krise der freien Beweiswürdigung im Zivilprozess, oder über die Schwierigkeit, einem Zeugen nicht zu glauben, MDR 1986, S. 630, Meyke, Die Funktion der Zeugenaussage im Zivilprozess, NJW 1989, S. 2032, Kirchhoff, Von der Schwierigkeit, Zeugen zu glauben, MDR 1999, S. 1473 f., AG Marbach, MDR 1987, S. 241, Bender/Nack, Tatsachenfeststellung vor Gericht, 2. Aufl., Rn 453, Schellhammer, Zivilprozess, 8. Aufl., Rn 628; vgl. Eichele/Klinge, Das Beweisbuch für den Anwalt, S. 86 f.

4 Vgl. Bürkle, Richterliche Alltagstheorien im Bereich des Zivilrechts, S. 169.

5 OLG Köln, Beschl. v. 23.10.2014 – 19 U 79/14.

6 Vgl. Bender/Nack, Tatsachenfeststellung vor Gericht, 2. Aufl., Rn 21 ff.

7 Vgl. Reinecke, Die Krise der freien Beweiswürdigung im Zivilprozess, S. 630 f.

8 Vgl. Undeutsch, Handbuch der forensischen Psychologie, 11. Bd., S. 30 m.w.N., vgl. Barton, Fragwürdigkeit des Zeugenbeweises, S. 42, 24 m.w.N., in Redlich aber falsch, vgl. auch Nack, Wiedergabe und Protokollierung von Zeugenaussagen S. 68 m.w.N. in Redlich aber falsch; Shaw, Das trügerische Gedächtnis, S. 14.

9 Shaw, Das trügerische Gedächtnis, S. 15.

Da die Gerichte somit trotz dieses Erfahrungswissens, demzufolge es unmöglich ist, dass 97 % der Zeugen subjektiv wahr und objektiv richtig aussagen, eine Zeugenaussage dennoch in 97 % der Fälle als glaubwürdig zugrunde legen, muss es folglich die geheime Beweisregel geben, einem Zeugen grundsätzlich zu glauben, wenn nicht ganz gewichtige Anhaltspunkte dagegen sprechen.[10] Zwar ergibt sich der statistisch ermittelte Wert von ca. 97 % aus einer Untersuchung von Zivilverfahren, jedoch ist auch bei Zeugenbekundungen im Strafverfahren von einem ähnlich wirklichkeitsfremden Ergebnis auszugehen. Englische strafrechtliche Untersuchungen legen nahe, dass es in 74 % der Fälle zu einer Verurteilung kommt, in denen nur ein Zeuge zur Verfügung steht.[11] O.g. Untersuchung der Zivilverfahren ist mehr als 40 Jahre alt und bereits 1963 formulierte Döhring wie folgt: „Den Angaben eines Beschuldigten pflegt man, soweit sie nicht etwa ein Geständnis enthalten, (berechtigterweise) mit starkem Argwohn zu begegnen. Zeugenbekundungen werden dagegen oft ohne jedes Misstrauen hingenommen.“[12] In der 2. Auflage des Werks „Tatsachenfeststellung vor Gericht“ im Jahr 1995 sprechen Bender/Nack immer noch von der „herrschenden Meinung in der Justizkantine“, einem Zeugen grundsätzlich zu glauben, wenn keine handfesten Gründe dagegen sprechen.[13] Leipold/Kuhn berichten im Jahr 2002 von einem Wettlauf um die erste Anzeige, denn, „leider scheinen sich Staatsanwälte immer wieder von der Illusion leiten zu lassen, dass der erste Anzeigeerstatter ein glaubwürdiger Zeuge ist, der Zweitanzeigende jedoch ein Beschuldigter, dem nicht geglaubt werden darf.“[14] Auch im Jahr 2003 wurde aus der Praxis wieder auf diese geheime Regel hingewiesen.[15] Ebenso weist Kirchhoff im Jahre 2010 auf diese immer noch geltende geheime Beweisregel hin.[16] Auch in dem Anleitungsbuch zur richterlichen Arbeitstechnik von van den Hövel wird mitgeteilt, dass dies die vorherrschende richterliche Praxis sein dürfte.[17] In welchem Umfang diese „geheime Beweisregel“ immer noch (intuitiv) angewendet wird, ist freilich unbekannt. Nähere statistische Analysen zum Freispruch und zur Einstellung im Ermittlungsverfahren legen allerdings nahe, dass die Anwendung der Regel **jedenfalls rückläufig** ist.[18] 7

10 Vgl. Reinecke, Die Krise der freien Beweiswürdigung im Zivilprozess, S. 630 f.

11 Vgl. Gräns, Das Risiko materiell fehlerhafter Urteile, S. 99 m.w.N.

12 Döhring, Die Erforschung des Sachverhalts im Prozess, S. 92.

13 Vgl. Bender/Nack, Tatsachenfeststellung vor Gericht, 2. Aufl. Rn 453, das wird in der 3. Aufl. von Bender/Nack/Teuer aus dem Jahr 2008 allerdings nicht mehr erwähnt.

14 Leipold/Kuhn, Das Mandat in Verkehrsstrafsachen, Rn 29.

15 Vgl. Geipel, Modernisierung der Justiz?, ZRP 2003, S. 426.

16 Vgl. Kirchhoff, Zur Würdigung von Zeugenaussagen, MDR 2001, S. 791 f.

17 Vgl. van den Hövel, Richterliche Arbeitstechnik, S. 51, 102, 112, 122.

18 Vgl. Kinzig/Stelly, Neue statistische Analysen zum Freispruch (nach Untersuchungshaft), StV 2017, S. 610 ff.

8 *Hinweis*

In der Praxis wird immer wieder übersehen, dass es Opfer gibt, die keine Opfer sind (falsche Opfer).[19] Ob das der Fall ist, ist nur schwerlich auf den ersten Blick erkennbar. Ein Staatsanwalt wird in U-Haft gehalten, da er einer seiner früheren Partnerinnen und Opferzeugin Gewalt angetan haben soll. Das Blatt dreht sich erst, als die Zeugin noch zusätzlich mitteilt, der Staatsanwalt verteile hochgefährliche Viren an den Türklinken des Justizgebäudes.[20] Das ist freilich ein markanter Einzelfall, aber jeder forensisch tätige Anwalt kennt umso mehr solcher Einzelfälle, je größer seine forensische Erfahrung ist. Das heißt: Die Gefahr, ein falsches Opfer zu hofieren, muss jedem Praktiker immer wieder in Erinnerung gerufen werden und zu kritischer Wachsamkeit mahnen.

9 Obwohl die Beweisaufnahme in der Hauptverhandlung erst ergeben soll, wer ein Opfer ist und ob der Angeklagte gerade der Täter war, wendet sich das Strafverfahren immer mehr dem Opfer fürsorglich zu.[21] „Die sozialpolitische Lösung weiß immer schon, wer schweigen oder bestreiten darf und wer nicht."[22]

10 Richtig ist aber Folgendes:

„Vielmehr ist gerade da kritische Sensibilisierung angebracht, wo vermeintlich beste Absichten in Verbindung mit einem fast schon erdrückenden gesellschaftlichen Konsens zu einer Erosion rechtsstaatlicher Mindeststandards eines fairen Strafverfahrens führen."[23] Rechtsprechung und Gesetzgebung haben die bedenkliche Wirkung, die dem Vertrauensvorschuss gegenüber „Opferzeugen" zukommt, weitestgehend ignoriert.[24]

B. Die de-facto-Regel, einen Beschuldigten grundsätzlich nicht freizusprechen

11 **Diese Regel** dürfte sich zwanglos bereits aus den **statistischen Werten** ergeben, denen zufolge die **Freispruchsquote immer geringer** wurde und seit Jahrzehnten auf

19 Vgl. Ostendorf, Der Missbrauch von Opfern zum Zwecke der Strafverschärfung, HRRS 2009, S. 158, 162.

20 Vgl. Salditt, Der Griff nach dem Vorurteil – Frühe Genugtuung und Schlichtung als strafprozessuales Reformprogramm, StV 2002, S. 273 mit Verweis auf „Der Spiegel" 13/2001.

21 Vgl. Salditt, Der Griff nach dem Vorurteil – Frühe Genugtuung und Schlichtung als strafprozessuales Reformprogramm, StV 2002, S. 273.

22 Salditt, Der Griff nach dem Vorurteil – Frühe Genugtuung und Schlichtung als strafprozessuales Reformprogramm, StV 2002, S. 273.

23 Bung, Zweites Opferrechtsreformgesetz: Vom Opferschutz zur Opferermächtigung, StV 2009, S. 430, 433.

24 Vgl. Graf/StPO/Eschelbach, § 261 Rn 55 m.w.N.

niedrigem Niveau verharrt (von 8 % im Jahr 1958 auf 2,7 % im Jahr 1996;[25] zwischen 1976 und 2015 schwankte die Freispruchsquote von 4,2 % bis 2,5 %, so dass die Freispruchsquote seit Jahrzehnten stabil bei durchschnittlich ca. 3 % liegt;[26] 2023 lag die Freispruchsquote in Bayern z.B. bei nur 1,8%.). Vorab ist jedoch noch zu wissen, dass es selbst in den Fällen nur selten zu Freisprüchen kommt, in denen die Glaubhaftigkeit der Belastungszeugin nach den Feststellungen eines Glaubwürdigkeitsgutachtens nicht gesichert ist. Nach einer Gutachtenanalyse von in Strafverfahren wegen sexuellen Missbrauchs erstatteter Gutachten ist exemplarisch Folgendes zu konstatieren:[27] In allen Fällen des vermuteten sexuellen Missbrauchs, die im Jahr 1991 von der Staatsanwaltschaft Berlin eingetragen wurden, wurden 2 % der Geschädigten begutachtet. D.h., es wurden 33 aussagepsychologische Glaubwürdigkeitsgutachten erstellt, die in 24 Fällen zu einer positiven Glaubwürdigkeits- bzw. Glaubhaftigkeitsbeurteilung durch die Sachverständigen führten. Von diesen 24 Fällen wurden 22 Angeklagte verurteilt und bei zwei Fällen nach § 153a StPO bzw. § 154 Abs. 2 StPO eingestellt. In zwei Fällen wurde eine negative Glaubwürdigkeitseinschätzung von den Sachverständigen ausgesprochen. Einen Fall wollte die Staatsanwaltschaft trotzdem anklagen, der im Zwischenverfahren eingestellt wurde und der andere Fall wurde nach Erfüllung einer Auflage eingestellt, gem. § 153a StPO. In drei Fällen mit erheblich eingeschränkter Glaubwürdigkeitsbeurteilung kam es einmal zu einem Freispruch, nachdem die Zeugin von ihrem Zeugnisverweigerungsrecht Gebrauch machte, in einem anderen Fall kam es zur Verurteilung und in dem verbleibenden Fall kam es zu einer Einstellung gem. § 154 Abs. 2 StPO (die Zeugin hatte in der Begutachtung keine den Anklagevorwurf stützende Angaben mehr gemacht). Bei vier Fällen mit eingeschränkt positiver Glaubwürdigkeitsbeurteilung kam es in zwei Fällen zu einer Einstellung gem. § 153a StPO, in einem Fall zu einer Verurteilung und in einem Fall zu einem Freispruch. Das bedeutet, dass die Freispruchsrate selbst in den Fällen gering ist, in denen Sachverständige Zweifel an der Glaubhaftigkeit haben. Ob diese Daten immer noch repräsentativ sind, kann nicht beurteilt werden, allerdings ist dies zu vermuten, da sich die prozessualen Rahmenbedingungen seitdem für den Angeklagten keineswegs verbessert haben. **Selbst Fälle von vermeintlich eindeutigen DNA-Ergebnissen bieten keine Gewähr für einen Freispruch.**

Aus einem Leitfaden für die polizeiliche Praxis zur DNA-Analyse lässt sich folgen- **12**
der Fall eines Münchner LG entnehmen: „Das Gericht verurteilt einen Mann wegen Vergewaltigung, obwohl bei der Frau ein DNA-Muster gefunden wurde, das

25 Vgl. Schünemann, Der deutsche Strafprozess im Spannungsfeld von Zeugenschutz und materieller Wahrheit, StV 1998, S. 391, 395 Fn 29 m.w.N.

26 Vgl. Kinzig/Stelly, Neue statistische Analysen zum Freispruch (nach Untersuchungshaft), StV 2017, S. 610, 612.

27 Vgl. Busse/Volbert, Glaubwürdigkeitsgutachten in Strafverfahren wegen sexuellen Missbrauchs, in Psychologie der Zeugenaussage, S. 131 ff.

nicht mit seinem Gentyp übereinstimmte. Dies stand seiner Verurteilung indes nicht entgegen. Schließlich könnte der Mann mit einer anderen Frau Geschlechtsverkehr gehabt haben, die wiederum mit einem anderen Mann Geschlechtsverkehr gehabt haben könnte. Dessen DNA könnte also durch den Vergewaltiger als Zwischenträger weitergegeben worden sein.“[28]

13 Ein anderes LG verurteilt einen Mann wegen Vergewaltigung. Das niederländische „Opfer“ will zur Verhandlung nicht anreisen. Ebenso wenig deren Schwester, der gegenüber „das Opfer“ Erstangaben gemacht hatte. Die Verurteilung beruht maßgeblich[29] auf den verlesenen Angaben der Zeugin bei der Polizei und beim Ermittlungsrichter. Eine Benachrichtigung des Angeklagten von der Vernehmung ist unterblieben, so dass die richterliche Vernehmung lediglich als Vernehmung gem. § 251 II Satz 2 StPO a.F. verlesen wurde. Der Angeklagten hatte damit faktisch keine Chance die Zeugin konfrontativ zu befragen. Gleichwohl hat diese dürftige Beweisgrundlage dem LG für eine Verurteilung ausgereicht.[30]

14 Bezeichnend und zutreffend ist, dass gerade eine Frau, nämlich die Gerichtsreporterin Gisela Friedrichsen, folgendes Fazit der „Aussage gegen Aussage“ Konstellation zieht. „Zeigt eine Frau einen Mann wegen Vergewaltigung an und gibt es sonst keinerlei Beweismittel, so kommt es auf die Glaubwürdigkeit der Zeugin und die Glaubhaftigkeit der von ihr gemachten Angaben an. Reicht dies zur Überzeugung der Staatsanwaltschaft und des Gerichts, wird angeklagt und gegebenenfalls auch verurteilt. In der Konstellation ‚Aussage gegen Aussage’ passiert das regelmäßig. Hätte der Angeklagte im vorliegenden Fall nicht selbst Beweismittel beigebracht – was er nicht muss! –, wie etwa die 28 Kurzmitteilungen, er wäre höchstwahrscheinlich angeklagt worden. Man hätte gefragt: Warum sollte sie ihn zu Unrecht beschuldigen? Ist hingegen mehr als naheliegend, dass die Frau eine falsche Beschuldigung erhoben hat, verzichtet man kurzerhand auf den ursprünglich Verdächtigen als Zeugen und damit als Beweismittel. Man erklärt, es stehe ja Aussage gegen Aussage, und daher sei wohl mit einer Verurteilung nicht zu rechnen. Mit anderen Worten: Einmal reicht die Aussage für eine Anklage, das ist der Normalfall. Das andere Mal reicht sie nicht. Und was dies für einen Beschuldigten bedeutet, bekommen wir gegenwärtig täglich aufs Neue vorgeführt.“[31] Es ist freilich darauf hinzuweisen, dass auch die Aussage-gegen-Aussage-Konstellation nicht regelmäßig zur Anklage oder

28 Keller, Der genetische Fingerabdruck, S. 117.

29 Zusätzlich standen Angaben der Zeugin gegenüber deren Arzt und Wohnungsinhaberin und die Zeugenaussage des Sohnes einer Gaststättenpächterin zur Verfügung.

30 Der BGH hat hier jedoch die Verurteilung aufgehoben. Entscheidend war, dass das LG sogar eine kommissarische Vernehmung der Zeugin abgelehnt hatte, weil es entscheidend auf den persönlichen Eindruck ankäme, aber eben dieser persönliche Eindruck im Falle der erfolgten Verlesung ebenfalls nicht möglich war, vgl. BGH 1 StR 759/92 = BGHR StPO § 244 StPO Abs. 3 Satz 2 Unerreichbarkeit 15.

31 Friedrichsen, Aussage gegen Aussage, Legal Tribune online, http://www.lto.de/de/html/nachrichten/1367/Aussage-gegen-Aussage/.

zur Verurteilung führt, denn Einstellungen im Ermittlungsverfahren sind häufig, ebenso kommen Freisprüche in dieser Konstellation häufiger als in sonstigen Konstellationen vor. Zutreffend ist allerdings, dass in der Praxis Textbausteine verwendet werden, die wegen der Aussage-gegen-Aussage-Konstellation einerseits zu einer Einstellung führen, anderseits aber gerade wegen der Aussage-gegen-Aussage-Konstellation zu einer Anklage, weil die Glaubhaftigkeit vor Gericht geklärt werden müsste. Kommt es jedoch zu einer Gerichtsverhandlung, stehen die Chancen für den Angeklagten dramatisch schlechter.

Ebenso bemerkenswert und richtig ist die Zusammenfassung einer weiteren Frau und Gerichtsreporterin (Sabine Rückert) zur Welle des vermuteten sexuellen Missbrauchs Kinder in den neunziger Jahren des letzten Jahrhunderts: 15

> *„Ich erinnere mich, damals [1994] froh gewesen zu sein, dass ich kein Mann bin. Denn ein Mann zu sein, das wurde mir bei dieser Veranstaltung klar, hieß, in Gefahr zu sein. Ein Mann, der einmal in Verdacht geraten war, hatte damals kaum eine Chance.“*[32]

Insgesamt stellt Rückert nach mehrjähriger journalistischer Recherche folgendes immer noch zutreffende Fazit auf: „Die *political correctness* der Angesprochenen gebietet es, dem vermeintlichen Opfer – zum Beispiel einer Vergewaltigung [...] – bedingungslos zu glauben. Zweifler laufen Gefahr, selbst im Reich des Bösen verortet zu werden. Dieses unkritische Hofieren von Personen, die sich selbst als Opfer vorstellen, ist ein stabiles Fundament für erfolgreiche Lügen. Recherchierende Journalisten, argwöhnische Lektoren – ja sogar der Wahrheitsfindung verpflichtete Richter fallen ihrer eigenen Denksperre zum Opfer.“[33] Fischer teilt, freilich zynisch, aber im Kern zutreffend, mit: „Opfer zu sein, ist in der deutschen Rechtspolitik die alles überragende Poleposition. Mieter sind Opfer von Vermietern, Vermieter die Opfer von Mietnomaden, Bürger die Opfer von Politikern, Türken Opfer der Türkenphobie, Deutsche die Opfer von kriminellen Ausländern, Kinder sind die Opfer ihrer Eltern. Frauen sind die Opfer von Männern. Männer, die keiner dieser Gruppe angehören, sind Opfer ihrer selbst und haben es daher nicht besser verdient. Wer sich als Opfer von irgendwas präsentieren kann, hat den ersten Kampf gegen die Enttäuschung des Lebens gewonnen. Wenn er dazu noch subjektiv leidet, kann von nun an die Lebensaufgabe lauten: Erkenne, dass Du ein Opfer bist! Und vergiss es nie!“[34] 16

Hinweis

Der von Fischer geoffenbarte Zynismus hat seine Ursache möglicherweise darin, dass er zuvor von der Sachverständigenanhörung im Rechtsausschuss des

32 Rückert, Unrecht im Namen des Volkes, S. 91.
33 Rückert, Unrecht im Namen des Volkes, S. 13.
34 Fischer, Im Recht, S. 222.

Deutschen Bundestages zur Verschärfung des Sexualstrafrechts berichtet hatte und dort das Bedürfnis nach (vielleicht auch kontroversem) Sachverstand vermisste.[35]

17 Zutreffend hält Schwenn im Jahre 2010 fest: „Schon der bloße Verdacht, jemand habe das Recht eines anderen auf sexuelle Selbstbestimmung verletzt, macht ihn in den Augen der Öffentlichkeit zum Täter. Bei keinem anderen Straftatbestand ist die Bereitschaft zum Vorurteil so groß, die Unschuldsvermutung so unpopulär."[36]

18 Eschelbach weist 2014 auf Folgendes hin: „Nirgends passieren so viele Fehler wie bei der Tatsachenfeststellung von Zeugenaussagen. Das Fehlurteilsrisiko steigt umso mehr, je größer die Beweisbedeutung von Zeugenaussagen ist, also bis zu einem Zenit, wenn dem die Tatbegehung bestreitenden Angeklagten nur ein Belastungszeuge gegenübersteht. Numerisch liegt ein Patt vor, das bei ‚Beweislast' der (An-)Klägerseite zu deren Nachteil ausfallen müsste (Schmuck/Brügge-Niemann, NJOZ 2014, 601, 603). Wenn die Ergebnisse in Sexualstrafverfahren, in denen Aussage-gegen-Aussage-Konstellationen an der Tagesordnung sind, aber anders ausfallen, kann dies nicht allein der Filterfunktion von vorherigen Maßnahmen nach §§ 152, 160 StPO oder der Vorentscheidung nach §§ 170, 203 StPO zugeschrieben werden. Größer ist die Wahrscheinlichkeit, dass Kontrollmechanismen in einer nicht zu vernachlässigenden Zahl an Fällen versagen."[37]

19 Im Bereich des Sexual-Strafrechts hat sich die Verteidigerpraxis immer noch auf Folgendes einzustellen:

1. Wenn kein handfestes Motiv für eine Falschbezichtigung zu erkennen ist, ist einer Frau beim Vorwurf eines sexuellen Vergehens grundsätzlich zu glauben, sofern nicht ganz gewichtige Punkte dagegen sprechen, während dem Bestreiten des Mannes „schon deshalb nicht geglaubt wird, weil man mutmaßt, dass er das ihm vorgeworfene Verhalten wegen der damit einhergehenden sozialen Ächtung nicht einräumen könne."[38] Im Jahr 2015 ist es bei Anklagen wegen sexueller Nötigung oder Vergewaltigung allerdings auch zu einer Freispruchsquote von 25,3 % gekommen. Gegenüber der Mitte der 90er Jahre des letzten Jahrhunderts hat sich damit die Freispruchsquote in diesem Bereich verdoppelt.[39] Im Jahre 2012 wurde eine Freispruchsquote bei Delikten gegen die sexuelle

35 Vgl. Fischer, Im Recht, S. 197 ff.

36 Schwenn, Fehlurteile und ihre Ursachen- die Wiederaufnahme im Verfahren wegen sexuellen Missbrauchs, StV 2010, S. 705.

37 Eschelbach, Erinnerungsverfälschung durch Zeugencoaching, ZAP Fach 22, S. 781 f. (= ZAP Nr. 17 vom 28.8.2014, S. 971 f.).

38 So ausdrücklich Deckers, beim Parallelfall des sexuellen Missbrauchs Minderjähriger in Glaubwürdigkeit kindlicher Zeugen, NJW 1999, S. 1365 f.

39 Vgl. Kinzig/Stelly, Neue statistische Analysen zum Freispruch (nach Untersuchungshaft), StV 2017, S. 610, 612.

Selbstbestimmung nach U-Haft aber nur in 5,6 % der Fälle beobachtet.[40] Das legt nahe, dass die geheime Regel, einem Zeugen grds. zu glauben, im Sexualstrafrecht jedenfalls auf dem Rückzug ist. Eine Freispruchsquote von 25,3 % ist ein Vielfaches der sonstigen Freispruchsrate, die sich nicht von selbst versteht. Einerseits ist in diesem Deliktsbereich ein stetiger Anstieg von Einstellungen im Ermittlungsverfahren zu beobachten, so dass es ggf. nur noch „eindeutige Fälle“ zur Anklageerhebung „schaffen“, was mit einer Freispruchsquote von 25,3 % aber unvereinbar wäre. Mit anderen Worten: Bei Anklagen mit eindeutiger Beweislage erscheint eine Freispruchsquote von 25,3 % zu hoch, für typische Aussage-gegen-Aussage-Situationen aber zu gering. Vermutlich schaffen es auch viele berechtigte Strafanzeigen gar nicht, in das Stadium des Prozesses zu gelangen, sondern die Verfahren werden zu Unrecht bereits im Ermittlungsverfahren eingestellt. Hierauf deuten aktuelle Forschungsergebnisse des kriminologischen Forschungsinstitut Niedersachsen e.V. hin. Nach einer Studie führen in manchen Bundesländern nur knapp vier Prozent der Anzeigen zu einem Urteil, in anderen sind es fast 25 %. Insgesamt ist die Verurteilungsquote gesunken, 1992 folgte demnach auf 21,6 % der Anzeigen eine Verurteilung, aber 2012 waren es nur noch 8,4 %.[41] Allein dieser statistische Unterschied ist in der Sache kaum erklärlich. Vermutlich ist es richtig, wie Jerouschek herausgearbeitet hat, dass die Rechtsprechung zu verschiedenen Zeiten gegenläufigen Tendenzen unterliegt. Einerseits sei der bedenkenlose Rohling von der Rechtsprechung privilegiert worden, andererseits sei es aber auch zu gewagten Beweiskonstruktionen zur Vermeidung von Freisprüchen gekommen.[42] Nicht unterschätzt werden darf die Rolle des Zufalls. Das kann folgender **Beispielsfall** verdeutlichen:

> *Beispiel*
>
> Es steht Aussage gegen Aussage. Eine Frau, deren Blutalkoholgehalt mit 1,85 ‰ festgestellt wurde, bezichtigt einen Mann der Vergewaltigung. Der Mann trägt einvernehmlichen Geschlechtsverkehr vor. Der Vorsitzende Richter am LG München I teilt mit, dass es zu einer „glasklaren Verurteilung“ gekommen wäre, wenn sich nicht ein Zeitungsausträger während des Prozesses gemeldet hätte, der den einvernehmlichen Geschlechtsverkehr bestätigte.[43]

2. Der Grundsatz in dubio pro reo hilft praktisch nicht, denn er stellt nur eine Entscheidungsregel für Zweifel des Richters dar, erklärt aber nicht, wann der Richter zu Recht zweifeln sollte. Der In-Dubio-Satz verbietet eine Verurteilung nur

40 Vgl. Kinzig/Vester, Der Freispruch, StV 2015, S. 261 f.

41 Presseerklärung des kriminologischen Forschungsinstitut Niedersachsen e.V., http://www.kfn.de/versions/kfn/assets/Presseerklaerung_Vergewaltigung.pdf.

42 Jerouschek, Der irrtumsgeneigte Vergewaltigungstäter, JZ 1992, S. 227 f.

43 Vgl. „Im Zweifel für den Angeklagten“, SZ v. 3./4.2.2007 S. 56, (Autor Stephan Handel) vgl. bereits „Zwei Versionen einer Alkoholnacht“, SZ v. 22.1.2007 (Autor Stephan Handel).

bei subjektiven Zweifeln. Wie schnell objektive Ungewissheit in subjektive Gewissheit umschlägt, ist Gegenstand der psychologischen Forschung und hängt jedenfalls auch von extralegalen Umständen ab. Das ist **umso besorgniserregender**, als es einerseits keine „Diagnostik sexuellen Mißbrauchs" gibt und es andererseits i.d.R. **unmöglich ist, nachzuweisen, dass kein sexueller Missbrauch stattgefunden hat**.[44]

3. „Dass Strafverteidigerinnen oder Strafverteidiger einer Mandantin oder einem Mandanten zu einem Freispruch verhelfen können, ist, rein quantitativ betrachtet, nur ausnahmsweise der Fall. Hat sich die Staatsanwaltschaft einmal zu einer Anklage entschlossen, ist die spätere Verurteilungswahrscheinlichkeit äußerst hoch. Sie liegt noch einmal deutlich höher, wenn sich der oder die Beschuldigte zuvor in Untersuchungshaft befunden hat [...] Freispruchquoten unterscheiden sich in einem erheblichen Maß je nach der Art des betreffenden Tatvorwurfs. Liegen diesem zentrale Zeugenbeweise zugrunde, wie das vor allem bei Sexualstraftaten, Raub und Erpressung, Straftaten gegen das Leben, aber auch Körperverletzungsdelikten der Fall ist, steigen die Chancen auf einen Freispruch beträchtlich. Frappant ist in diesem Zusammenhang insbesondere, dass zuletzt immerhin rund ein Viertel der wegen Vergewaltigung oder sexueller Nötigung Angeklagten am Ende des Verfahrens freigesprochen wurde. Eine ausreichende Erklärung dafür, dass diese Quote in den letzten Jahren beinahe dramatisch zugenommen hat, ist bisher nicht gefunden."[45]
4. Die Beweisproblematik steigt jedenfalls umso mehr, je mehr der einzige Belastungszeuge als angebliches Tatopfer auch Eigeninteressen verfolgt und damit faktisch eine Parteirolle einnimmt. Ferner, wenn er mit Aktenkenntnis ausgestattet wird, und/oder durch anwaltliche Berater, Mitarbeiter von Opferschutzeinrichtungen oder durch Therapeuten faktisch ein „Coaching" erhält. Ein entsprechendes „Coaching" kann offen oder verdeckt und unbewusst als Versuch der Aufarbeitung des vermeintlich Geschehenen erfolgen.[46]

Besonders problematisch sind die Fälle des sog. „ambivalenten Opferverhaltens". Die Praxis und jedenfalls die aktuelle Reformgesetzgebungsdiskussion des Jahres 2015 zur Verschärfung des Sexualstrafrechts versucht, dieses Problem zu umgehen, in dem der Fokus darauf gelegt wird, ob die Geschädigte jemals „nein" gesagt habe („nein heißt nein!"). In der zeitgenössischen Gesellschaft reduzieren sich sexuelle Kontakte jedoch nicht auf die schlichte Frage („willst Du?") und Antwort („ja" oder „nein"). Die menschliche Kommunikation läuft gerade in diesem Bereich vielschichtig durch verbale und nonverbale Signale und ambivalentes Verhalten ab.

44 Vgl. Greuel/Offe/Fabian/Wetzels/Fabian/Offe/Stadler, Glaubhaftigkeit der Zeugenaussage, S. 230.

45 Kinzig/Stelly, Neue statistische Analysen zum Freispruch (nach Untersuchungshaft), StV 2017, S. 610, 615.

46 Vgl. Eschelbach, Erinnerungsverfälschung durch Zeugencoaching, ZAP Fach 22, S. 781, 788 ff. (= ZAP Nr. 17 vom 28.8.2014, S. 971, 978 ff.).

Verführung gehört zur normalen Struktur sexueller Handlungen und menschlicher Begegnungen.[47] Aus einer amerikanischen Studie von *Muehlenhard/Hollabaugh* erfahren wir Folgendes:

Studentinnen wurden befragt, ob sie jemals in einer Situation waren und „nein" sagten, obwohl sie „ja" meinten.

Entgegen der Sicht (nein heißt nein) teilten 39,3 % mit, bereits einmal „nein" gesagt zu haben, obwohl sie „ja" meinten. Und zwar in folgender Häufigkeit:[48]

Anzahl	Häufigkeit des falschen „Neins"
32,5 %	1-mal
45,6 %	2–5-mal
11,2 %	6–10-mal
7,8 %	11–20-mal
2,9 %	mehr als 20-mal

Man sagte „nein", obwohl man „ja" meinte aus **gehemmtheitsbezogenen, manipulationsbezogenen und praktischen Gründen**. D.h., religiöse oder moralische Gründe, Vorbehalte gegenüber dem eigenen Körper, der Wunsch, dass der Partner sich mehr bemüht, die Frau überredet, die Angst, als leicht zu haben zu erscheinen, Angst vor Geschlechtskrankheiten, Ungewissheit über die wahren Gefühle des Mannes, etc.[49]

Die Tatsache, dass zwar „nein" gesagt, aber „ja" gemeint ist, wird in vielen Fällen durch die sonstigen Methoden der Kommunikation vermittelt. Es ist eine kommunikationspsychologische Trivialität, dass sich zwischenmenschliche Kommunikation auf verschiedenen Ebenen durch verschiedene Mittel vollzieht. „[...] Auch nonverbale Hinweise durch mimisches und gestisches Verhalten transportieren Meinungen und Ansichten des Interaktionspartners zum Gegenüber (verständnisvolle Blicke, Kopfnicken, etc.), werden von letzterem interpretiert und geben Einstellungen und Gefühle der Kontaktperson preis. Dabei erweisen sich nonverbale Botschaften bei der Informationsübermittlung von Einstellungen und Gefühlen im Vergleich zu verbalen Äußerungen als erheblich wirksamer und für den Empfänger überzeugender [...]".[50] Hinzu kommen die Fälle, in denen das Opfer noch nicht weiß, was es will.

47 Vgl. Sick, Zweierlei Recht für zweierlei Geschlecht, ZStW 103, 1991, S. 43, 76 m.w.N.

48 Vgl. Muehlenhard/Hollabaugh, Do Women Sometimes Say No When They Mean Yes? The Prevalence and Correlates of Women's Token Resistance to Sex, Journal of Personality and Social Psychology, Vol 54, No. 5, 1988, S. 872 ff.

49 Vgl. Muehlenhard/Hollabaugh, Do Women Sometimes Say No When They Mean Yes? The Prevalence and Correlates of Women's Token Resistance to Sex, Journal of Personality and Social Psychology, Vol 54, No. 5, 1988, S. 872, 877 f., vgl. auch Hiekel/Endres, Sexuelle Übergriffe gegen Frauen, Kriminalistik 1997, S. 627 f.

50 Blum, Suggestive Prozesse bei der Zeugenbetreuung, S. 177 in: Die Erhebung von Zeugenaussagen im Strafprozess, Hrsg.: Deckers/Köhnken.

Das Opfer wird dann unbewusst sog. **inkongruente Nachrichten** senden.[51] Das kann z.B. dergestalt erfolgen, dass das Opfer zwar sprachlich „nein" sagt, körpersprachlich, mimisch und gestisch aber „ja". „Inkongruente Nachrichten haben den Vorteil, daß der Sender sich nicht ganz festlegt. Notfalls kann er dementieren und sagen, so habe er das nicht gemeint."[52]

Mit anderen Worten: Die für die Verteidigung problematische Situation beginnt bei ambivalentem Opferverhalten, wenn sich das Opfer (ggf. nachdem Ernüchterung eingetreten und die Romantik des Augenblicks verflogen ist) auf den jeweils anderen Teil der Botschaft festlegt.

C. Die Existenz weiterer contra-legem Regeln im ordentlichen Prozess

20 Für den **Rechtspraktiker** ist es notwendig zu wissen, **welche weiteren faktischen Regeln sich herausgebildet haben**. Das gilt insb. dann, wenn sich diese nicht aus dem Gesetz entnehmen lassen, sondern diesem widersprechen (vgl. hierzu Teil I dieses Werks § 3 Rdn 71 ff.).

21 Von der vermutlich noch vorhandenen, aber rückläufigen **geheimen Beweisregel, einem Zeugen grundsätzlich zu glauben**, wurde bereits berichtet.[53] Der statistische Befund von Bürkle in Zivilverfahren, demzufolge einem Zeugen in ca. 97 % der Fälle geglaubt wird, wenn nur ein Zeuge zur Verfügung steht,[54] ist per se besorgniserregend und offenbart das Dilemma. Es widerspricht dem Erfahrungswissen aller Prozessbeteiligten, dass nur ca. 3 % der Zeugen irren oder lügen. Aus der Wahrnehmungs- und Erinnerungspsychologie ist bekannt, dass die fehlerfreie Erinnerung nicht die Regel, sondern die Ausnahme ist.[55] Daraus folgt, dass die Rechtsprechung stillschweigend eine Diskrepanz ihrer Urteile mit wissenschaftlichem Erfahrungswissen akzeptiert (hat). Die Existenz dieser – rückläufigen, aber immer noch vorhandenen – Regel wird durch folgerichtige Entwicklungen in der Praxis einerseits bestätigt und andererseits gefördert. Namentlich handelt es sich um:

51 Vgl. Schulz von Thun, Miteinander Reden – Störungen und Klärungen, S. 38 f.

52 Vgl. Schulz von Thun, Miteinander Reden – Störungen und Klärungen, S. 39.

53 Vgl. S. Foerste, Der parteiische Zeuge im Zivilprozess, NJW 2001, S. 321 ff., Reinecke, Die Krise der freien Beweiswürdigung im Zivilprozess, MDR 1986, S. 630 ff., Meyke, Die Funktion der Zeugenaussage im Zivilprozess, NJW 1989, S. 2032, Kirchhoff, Von der Schwierigkeit, Zeugen zu glauben, MDR 1999, S. 1473 f. AG Marbach, MDR 1987, S. 241, Bender/Nack, Tatsachenfeststellung vor Gericht, 2. Aufl., Rn 453, Schellhammer, Zivilprozess, 8. Aufl., Rn 628, Geipel, Modernisierung der Justiz?, ZRP 2003, S. 426.

54 Vgl. Bürkle, Richterliche Alltagstheorien im Bereich des Zivilrechts, S. 169.

55 Vgl. Undeutsch, Handbuch der forensischen Psychologie, 11. Bd., S. 30 m.w.N.

I. Der Wettlauf um die erste Anzeige

Ist es so, dass einem Zeugen grundsätzlich geglaubt wird, so ist in einem Strafverfahren, auch wenn dieses nur ein Zivilverfahren vorbereiten soll, das Faktum der Zeugenstellung zu schaffen. **D.h., der zuerst Anzeigende wird Zeuge in dem Strafverfahren, während der Kontrahent Beschuldigter wird.** Dem Beschuldigten wird grundsätzlich nicht mehr geglaubt, d.h., „den Angaben eines Beschuldigten pflegt man, soweit sie nicht etwa ein Geständnis enthalten, (berechtigterweise) mit starkem Argwohn zu begegnen. Zeugenbekundungen werden dagegen oft ohne jedes Misstrauen hingenommen,“[56] oder anders formuliert, „leider scheinen sich Staatsanwälte immer wieder von der Illusion leiten zu lassen, dass der erste Anzeigeerstatter ein glaubwürdiger Zeuge ist, der Zweitanzeigende jedoch ein Beschuldigter, dem nicht geglaubt werden darf.“[57] Folgerichtig findet ein „Wettlauf um die erste Anzeige“ statt.[58] Der Grund für diesen **Wettlauf** liegt in **psychologischen Prozessen**, die sich während eines Verfahrens potenzieren. Die meisten Straftäter, die angeklagt und verurteilt werden, werden zu Recht verurteilt. Daraus folgt, dass der Strafrichter es meist mit Angeklagten zu tun hat, die oft leugnen, aber gleichwohl durch andere Beweismittel überführt werden. 22

Das wiederum bedeutet, dass der Strafrichter überwiegend negative Erfahrungen mit leugnenden Angeklagten macht, sodass er auch dem konkret zu Recht leugnenden Angeklagten misstrauisch gegenübersteht und dessen Angaben vorschnell als „**Schutzbehauptungen**“ abkanzelt.[59] Verurteilt er sodann (fälschlich) den zu Recht leugnenden Angeklagten und wird diese Verurteilung sogar von der Revisionsinstanz bestätigt (wie in aller Regel, nachdem Angriffe gegen die tatrichterliche Beweiswürdigung **a priori** aussichtslos sind),[60] so empfindet er seine Verurteilung als Bestätigung seines Misstrauens und seines Vorurteils, dass von Angeklagten nur „Schutzbehauptungen“ stammen. Logisch handelt es sich bei diesem Lernprozess, der analog dem Pawlowschen Hundereflex funktioniert, um einen schlichten Fehlschluss. Die Richtigkeit der Behauptung (der Angeklagte lügt) wird dadurch (vermeintlich) bewiesen, dass der Angeklagte mangels Aufhebung durch das Revisionsgericht (vermeintlich) zu Recht verurteilt wurde.[61] Tatsächlich sagt die Nicht-Aufhebung aber gerade nichts über die inhaltliche Richtigkeit aus, sondern nur, dass in dem Prüfungsrahmen, der geprüft wurde, kein Fehler gefunden wurde. **Mit der Annahme der „Schutzbehauptung“ aufseiten einer Partei oder des Angeklagten sollte das Gericht mehr als vorsichtig sein.** Peters hat in seiner Untersuchung über Wiederaufnahmeverfahren als eine **Quelle von Fehlurteilen** die (falsche) Bewer- 23

56 Döhring, Die Erforschung des Sachverhalts im Prozess, S. 92.
57 Leipold/Kuhn, Das Mandat in Verkehrsstrafsachen, Rn 29.
58 So zu Recht Leipold/Kuhn, Das Mandat in Verkehrsstrafsachen, Rn 29.
59 Vgl. Schmitt, Die richterliche Beweiswürdigung im Strafprozess, S. 441.
60 Vgl. Nack, Verteidigung bei der Glaubwürdigkeitsbeurteilung von Aussagen, StV 1994, S. 555.
61 Vgl. Schmitt, Die richterliche Beweiswürdigung im Strafprozess, S. 222.

tung von Aussagen als „Schutzbehauptung“ festgemacht. Dadurch würde das Gericht Einwände zu leicht nehmen und einer Überprüfung aus dem Wege gehen.[62] Der Ausdruck „Schutzbehauptung“ als solcher ist bereits gefährlich, da er oft eine Festlegung des Gerichts beinhaltet. Offenen Lücken und Fragen wird nicht nachgegangen. Stattdessen werden diese mit der Floskel „Schutzbehauptung“ überspielt.[63] Die bloße Klassifizierung als Schutzbehauptung besagt also gar nichts.[64] „Eine solche Kennzeichnung ist kein ‚Zauberstab‘, mit dem man die Erklärung des Angeklagten verschwinden lassen könnte.“[65] Richtig ist vielmehr, dass an die Einlassung des Angeklagten die gleichen Anforderungen wie an sonstige Beweismittel zu stellen sind.[66] Das bedeutet, dass die für die Würdigung von Zeugenaussagen entwickelten Grundsätze auch für die Einlassung des Angeklagten anzuwenden sind.[67]

24 *Hinweis*

Karl Peters hat seine Ansichten hinsichtlich der Subjektivität der freien Beweiswürdigung angesichts seiner Fehlurteilsforschung geändert.[68] Der frühere Senatspräsident des BGH Jagusch hat sich – soweit ersichtlich als erster Bundesrichter öffentlich – gefragt, wie sich ein Revisionsrichter fühlt, der an der Verwerfung eines Urteils mitgewirkt habe, das sich im Nachhinein als Fehlurteil herausgestellt hat.[69] Diese Frage ist bis heute unbeantwortet und wird verdrängt.

Wahrscheinlich ist in bestimmten Konstellationen das amerikanische Rechtssystem dem deutschen überlegen, teils möglicherweise aber auch unterlegen. Niemand wird bestreiten, dass es besser ist, zwei Seiten der Medaille zu kennen.[70] Es ist bezeichnend, dass ein Oberstaatsanwalt darauf hinweisen muss, „der amerikanische Richter hat nicht von Anbeginn seiner juristischen Laufbahn bestimmt, was richtig ist und was nicht, sondern er hat regelmäßig eine lange und erfolgreiche Zeit Erfahrungen als Rechtsanwalt gesammelt. Vielleicht fällt ei-

62 Vgl. Peters, Fehlerquellen im Strafprozess, 2. Bd., S. 227. Ebenso im Jahre 2015: „Die Hauptgefahr ist das Nichternstnehmen der Einlassung“ (De Vries, Einführung in die Kriminalistik der Strafrechtspraxis, Rn 270).

63 Vgl. Fezer, Möglichkeiten einer Reform der Revision in Strafsachen, S. 58.

64 Vgl. Graf/StPO/Eschelbach, § 261 Rn 12.

65 De Vries, Einführung in die Kriminalistik der Strafrechtspraxis, Rn 359.

66 Vgl. BGH, Beschl. v. 27.9.2012 – 2 StR 349/12 = NStZ-RR 2013, S. 51.

67 Vgl. De Vries, Einführung in die Kriminalistik der Strafrechtspraxis, Rn 270.

68 Vgl. Peters, Strafprozess, Lehrbuch, 2. Aufl., S. 408 und 4. Aufl. S. 298, 301 ff., 477.

69 Vgl. Jagusch, Die Revision in Strafsachen- ausreichende Rechtsgarantie, NJW 1971, S. 2009.

70 In politischem Kontext verweist Bundeskanzler a.D. Helmut Schmidt (Außer Dienst, S. 20) darauf, dass man selten zu einem objektiven Ergebnis kommen kann, wenn man nur seine Sicht der Dinge kennt und Vorurteile über die Gegenseite hat.

nem solchen Richter die Erkenntnis in die eigene Irrtumsfähigkeit leichter [...].“[71] Jedenfalls in diesem Aspekt ist die amerikanische Rechtskultur der deutschen überlegen. Es wäre freilich eine rechtspolitische Forderung, dass – jedenfalls an einem Obergericht – nur derjenige Richter werden kann, der sowohl Erfahrungen auf der Anklage- aus auch Verteidigerseite hat.

Zutreffend dürfte sein, dass einer Äußerung des Täters unmittelbar nach der Tat – vor allem im aufgewühlten Gemütszustand – eine höhere Wahrscheinlichkeit der Übereinstimmung mit der Wirklichkeit innewohnt, als eine Einlassung in der Verhandlung.[72] Für die Verteidigung kann es daher sinnvoll sein, sich um Zeugen zu bemühen, denen der Angeklagte von der Tat unmittelbar danach berichtete. 25

Tschadek hatte bereits 1958 die **rhetorische Frage** aufgeworfen, ob ein Gericht unwahrscheinliche Zufälligkeiten glauben würde, wenn diese in Zusammenhang mit einem Rechtsfall geschildert würden. Er berichtet von gänzlich unwahrscheinlichen Zufällen, die ihm im Leben widerfahren sind, aber von einem Gericht nicht geglaubt würden. So berichtet er von einem Anwalt, den er Jahre nicht mehr gesehen hatte. Am Nachmittag desselben Tages sah er die Frau des Anwalts in einem Café und am Abend die Tochter. Eine nicht in Wien wohnende Frau nützt ihren Wienaufenthalt, um ein Kino zu besuchen. Ihr dortiger Sitznachbar ist ihr Neffe, der ebenfalls nicht in Wien wohnt. Tschadek verabredet sich mit einem Franz Anders, den er nur namentlich kennt, aber noch nicht gesehen hat. Es stellt sich heraus, dass sich ein anderer Franz Anders an derselben Stelle mit einem anderen Anwalt ebenfalls verabredet hatte, der seinen Mandanten ebenfalls noch nie gesehen hatte.[73] **Welches Gericht würde nun diese oder ähnlich unwahrscheinliche Darstellungen glauben, wenn sie eine Partei oder ein Angeklagter zur Entlastung vortragen würde?** Aus der familienrechtlichen Praxis sind völlig unwahrscheinliche Fälle bekannt, die sich so oder ähnlich ereignet haben und dennoch wahr sind: 26

- Eine Ehefrau gibt vor, mit Freundinnen in den Skiurlaub zu fahren. Der Strohwitwer geht daher in einer Millionenstadt allein zum Abendessen in ein Restaurant und trifft ebendort seine turtelnde Ehefrau mit dem Nebenbuhler.
- Ein Ehemann hat in einer deutschen Großstadt eine einmalige Affäre. Ein Jahr später fährt er mit seiner Frau nach Südamerika in Urlaub. Am Urlaubsort steigt er in einen Reisebus und wartet auf die Abfahrt, als eben diese „Affäre“ zusteigt.

Der amerikanische Psychologe und Lügenforscher Ekman veranstaltete diverse Tests, um die Fähigkeit der Lügenerkennung bei bestimmten Personengruppen abschätzen zu können. **Probanden aus dem Kreis der Polizei vermuteten bei jeder** 27

71 Schmidt-Hieber, Der strafprozessuale Vergleich – eine illegale Kungelei?, StV 1986, S. 355, 357.

72 Vgl. BGH, 5 StR 65/09.

73 Tschadek, Der Beweis, S. 54 f.

der zu beurteilenden Testpersonen eine Lüge, da „grds. alle" lügen, d.h., Polizisten überwiegend mit leugnenden Angeklagten konfrontiert sind.[74]

28 In der **Praxis** kann angenommen werden, dass der vorwiegende Grund, warum anwaltlich vertretene Beschuldigte von ihrem Schweigerecht Gebrauch machen, der ist, dass das Gericht dem Angeklagten ohnehin nicht glauben und dessen Einlassung als „Schutzbehauptung" ansehen würde. Problematisch hierbei ist, dass jeder Mensch im Verlaufe seines Lebens Stereotypen entwickelt, folglich auch der Richter Stereotypen über das typische Verhalten eines Angeklagten.[75] „Im Laufe der Zeit entwickelt man seine eigenen Persönlichkeitstheorien, die auf den Erfahrungen, Vorstellungen, Meinungen, Stereotypen, Einstellungen, gesellschaftlichen Konventionen beruhen, die sich im Laufe des Lebens gebildet haben [...] Sie stellen ein Sammelsurium aus eigenen Erlebnissen, groben Verallgemeinerungen, Vorurteilen und Aussagen von anderen dar. Sie sind teils richtig, teils falsch."[76] **Damit korrespondiert der Praxisbericht der „in dubio contra reum-Rechtsprechung".**[77] Dass hier **eine wirkliche Chance zur Sachverhaltsaufklärung leichtfertig vertan** wird, liegt auf der Hand. Niemand kennt den wahren Sachverhalt so gut, wie die Partei bzw. der Angeklagte. Ist es aber so, dass Angaben des Angeklagten vorschnell als „Schutzbehauptungen" abgekanzelt werden, so folgt daraus eine weitere in der Praxis zu beobachtende Regel, die selbstverständlich durch Ausnahmen bestätigt werden mag.

II. Die eingeschränkte Glaubwürdigkeitsprüfung durch das Gericht

29 Das **Vorurteil**, dass der Angeklagte lügt, führt dazu, dass **die Zeugen, die diese Hypothese des Gerichts bestätigen, meist mit „Samthandschuhen" angefasst werden**. Anders formuliert heißt das, „daß die ohnehin meist recht harmlos ausfallende Befragung des Zeugen durch das Gericht kaum eine ernsthafte Glaubhaftigkeitsprüfung darstellt oder ermöglicht."[78] „Je stärker die Person von einem hypothetischen Sachverhalt überzeugt ist, desto mehr stellt sie der anderen Person Fragen,

74 Vgl. Ekman, Telling lies, S. 292.

75 Vgl. Krauthan, Psychologisches Grundwissen für die Polizei, 4. Aufl., S. 106.

76 Krauthan, Psychologisches Grundwissen für die Polizei, 4. Aufl., S. 109.

77 Vgl. Schünemann, Der Richter im Strafverfahren als manipulierter Dritter? Zur empirischen Bestätigung von Perseveranz- und Schulterschlusseffekt (zitiert Richter), StV 2000, S. 163, vgl. Meyer-Mews, Die in dubio contra reo Rechtsprechung bei Aussage – gegen Aussage Delikten, NJW 2000, S. 916 f., vgl. Deckers, Verteidigung bei der Glaubwürdigkeitsbeurteilung von Aussagen in Verfahren wegen sexuellen Missbrauchs, in Brüssow/Krekeler/Mehle, StrafVerteidigung bei der Glaubwürdigkeitsbeurteilung von Aussagen in der Praxis, 1998, Rn 1.

78 Deckers, Der betreute Zeuge, S. 102, in Verfahrensgerechtigkeit und Zeugenbeweis.

die diese dazu verleiten, den hypothetischen Sachverhalt zu bestätigen."[79] Die Praxis missachtet „den Schatz der Erfahrungswissenschaften, die uns längst gelehrt haben, daß Zeugenaussagen sehr leicht ein Echo der in den Fragen aufscheinenden Erwartungen des sich zuwendenden Vernehmers werden. Muß denn der Zeuge, der schon im Ermittlungsverfahren falsch ausgesagt hat, nicht alle Anstrengungen einsetzen, um dem väterlich oder der mütterlich fragenden Vorsitzenden keine überraschenden Enttäuschungen zuzufügen?"[80] Der frühere Richter am Bundesgerichtshof Eschelbach meint: „Zweifel an der Glaubhaftigkeit von Angaben der Belastungszeugen werden von Tatrichtern dagegen mit zunehmender Schreibroutine dementiert oder ignoriert."[81] Mangels Wortprotokolls beurteilt der Tatrichter die Glaubwürdigkeit des Zeugen im Urteil letztendlich aus dem Gedächtnis und seinen stichwortartigen Mitschriften. Aus der sozialpsychologischen Forschung ist aber bekannt, dass Personen überwiegend solche Ereignisse an andere Personen erinnern, die die eigene Überzeugung stützen. Das gilt sogar dann, wenn die eigene Überzeugung falsch ist.[82] Problematisch hierbei ist, dass der Befrager – zwar objektiv falsch – aber subjektiv gutgläubig meist davon ausgeht, nicht befangen zu sein und daher unbefangen zu fragen.[83] Diese A-priori-Annahme (sog. **Interviewer bias**), und nicht etwa suggestive Fragestellungen, wird sogar als das Hauptcharakteristikum suggestiver Einflussnahmen bezeichnet.[84] Auch hierdurch tritt ein weiterer zirkulärer Lerneffekt ein. Nunmehr wird die Bestätigung der Schutzbehauptung von Angeklagten allgemein nicht nur aus der eigenen – unbeanstandeten – Verurteilung gezogen, sondern auch noch aus der (vermeintlich) zust. Aussage des Belastungszeugen (weil harmlose Befragung). Dieser Effekt wird noch durch eine weitere Eigenheit des deutschen Prozessrechts gefördert.

Praxistipp 30

In der Praxis ist immer wieder zu beobachten, dass der Tatrichter die polizeilichen Vernehmungsbeamten nach deren Einschätzung der Glaubhaftigkeit der Angaben der Belastungszeugen befragt. Das ist zwar zulässig, aber sinnlos, denn der Richter soll und muss sich ein eigenes Urteil bilden.[85] Würden die Vernehmungsbeamten Zweifel an der Glaubhaftigkeit haben, wäre es gar nicht zu einer Anklage gekommen, bzw. wenn derartige Zweifel bestünden, wären diese regelmäßig aktenkundig. Demgegenüber – und das macht die Schieflage des Straf-

79 Schulz-Hardt/Köhnken, PdR Sonderheft 1, 2000, S. 60 ff., zitiert nach Jansen, Zeuge und Aussagepsychologie, Rn 88.

80 Salditt, Der Griff nach dem Vorurteil – Frühe Genugtuung und Schlichtung als strafprozessuales Reformprogramm, StV 2002, S. 273, 274.

81 Eschelbach, Feststellungen, in: Festschrift für Gunter Widmaier zum 70. Geburtstag, S. 127, 134.

82 Vgl. Jansen, Zeuge und Aussagepsychologie, Rn 449 m.w.N.

83 Vgl. Volbert, Suggestibilität kindlicher Zeugen, S. 40 ff., 45 in Psychologie im Strafverfahren.

84 Vgl. Volbert, Suggestibilität kindlicher Zeugen, S. 40 ff. in Psychologie im Strafverfahren.

85 Vgl. BGH, NStZ-RR 2007, S. 150 f.

prozesses wieder deutlich – werden Entlastungszeugen nicht gefragt, welche Glaubhaftigkeitseinschätzung sie von der Belastungsaussage haben. Es scheint, als ob der Tatrichter bei fragiler Beweislage seine Zweifel durch Befragung derjenigen, deren Antworten er bereits in seinem Sinne antizipiert, überwinden will. Das entspricht zwar dem psychologisch gut erforschten menschlichen Verhalten, tendenziell das zu beweisen, wovon man ohnehin überzeugt ist, und das zu widerlegen, woran man nicht glaubt.[86] Richtig wäre nach Poppers kritischem Rationalismus aber Folgendes: „Wenn ich der Meinung bin, dass ein Beschuldigter ein bestimmtes Verbrechen begangen hat, so sollte ich nicht ausschließlich versuchen, seine Schuld zu beweisen, sondern auch versuchen, entgegen meiner Überzeugung dessen Unschuld zu belegen. Wenn dies nach redlichen Versuchen nicht gelingt, dann kann ich davon ausgehen, dass der Delinquent tatsächlich schuldig ist. [...] Wenn man beweisen will, dass der Satz, ‚Alle Schwäne sind weiß' richtig ist, sollte man sich nicht auf die Suche nach weißen Schwänen begeben, sondern die schwarzen Exemplare ausfindig machen."[87]

III. Die faktische Revisionssicherheit der Zeugenbeurteilung

31 Es ist allgemein anerkannt, dass der **Zeugenbeweis das unzuverlässigste Beweismittel**[88] und der **Wert des Zeugenbeweises daher gering zu schätzen** ist,[89] aber gleichwohl greifen die strafrechtlichen Revisionsgerichte und zivilrechtlichen Berufungsgerichte entgegen der Logik nicht besonders kritisch in die tatrichterliche Zeugenbeweiswürdigung, sondern besonders unkritisch (d.h. nahezu überhaupt nicht) ein. Aus der Statistik für das Jahr 1992 der beim BGH eingelegten Strafrechtsrevisionen ergibt sich, dass von ca. 3.500 Revisionen in den meisten die Beweiswürdigungen angegriffen wurde, aber nur in 50 Fällen die Revision erfolgreich war.[90] Im Bereich des Strafrechts führte dies zu der Feststellung,

32 *„eine vom Verteidiger für falsch gehaltene Glaubwürdigkeitsbeurteilung kann mit der Revision kaum mit Aussicht auf Erfolg angegriffen werden. Revisionen, die sich dagegen richten – ein verständliches Anliegen bei nur einer Tatsacheninstanz, – sind fast immer zum Scheitern verurteilt."*[91]

Dieser Befund ist immer noch richtig, auch wenn aktuelle Zahlen zu den Angriffen auf die Beweiswürdigung in der Revisionsinstanz fehlen. Die Richtigkeit des Befundes ergibt sich bereits zwangsläufig aus dem sog. Rekonstruktionsverbot der Recht-

86 Vgl. Edelbacher/Herrnstadt, Sie haben das Recht zu schweigen, S. 144.
87 Edelbacher/Herrnstadt, Sie haben das Recht zu schweigen, S. 144 f.
88 Vgl. statt vieler z.B. Greger in Zöller, Komm. zur ZPO, 23. Aufl., § 373 Rn 10.
89 Vgl. Boetticher, Anforderungen an Glaubhaftigkeitsgutachten, S. 55 f., in Verfahrensgerechtigkeit und Zeugenbeweis.
90 Vgl. Nack, Verteidigung bei der Glaubwürdigkeitsbeurteilung von Aussagen, StV 1994, S. 555 ff.
91 Nack, Verteidigung bei der Glaubwürdigkeitsbeurteilung von Aussagen, StV 1994, 555.

sprechung. Ob sich in diesem Bereich etwas ändern wird, wenn es zu einer digitalen Aufzeichnung von Hauptverhandlungen im Strafprozess kommt, bleibt abzuwarten.

Zwar ist dieser Zustand streng genommen nicht contra legem, sondern soll mit dem Charakter des Revisionsverfahrens vereinbar sein, aber er ist jedenfalls nach rechtsstaatlichen Prinzipien untragbar, nachdem bereits Peters 1972 in einer Untersuchung über Wiederaufnahmeverfahren ausgewertet hat, dass **fehlerhafte Urteile in der BRD in beachtenswerter Häufigkeit** vorkommen und daher besonders **der Zeugenbeweis kritisch gesehen werden muss.**[92] **Konsequenzen** sind bisher **ausgeblieben**. Stattdessen wurden zirkuläre Schlüsse und damit weitere unlogische Lernprozesse zulasten des Angeklagten durch Leerformeln, z.B. „das Gericht sei von der Wahrheit einer Tatsache überzeugt oder nicht überzeugt,"[93] oder Beschwörformeln[94] („Der Zeuge Z. hat glaubhaft angegeben"[95]) als revisionssicher angesehen.[96] Auch wenn mittlerweile strengere Begründungsanforderungen gelten, hilft dies nicht weiter, solange die strafprozessuale Hauptverhandlung nicht dokumentiert und das Rekonstruktionsverbot aufgegeben wird. Auch für den **Bereich des Zivilrechts kann die faktische Nichtkontrolle der Würdigung von Zeugenaussagen bestätigt werden**. Bei der zivilrechtlichen Berufung besteht in der Kontrolle der Zeugenbeweiswürdigung keine wirkliche Kontrolle – losgelöst von Verfahrensfehlern –, sondern das Berufungsgericht wiederholt nach altem Recht die Beweisaufnahme faktisch nur dann, wenn es das wollte. Sei es, dass das Berufungsgericht die persönliche Glaubwürdigkeit[97] anders beurteilen[98] oder den Bekundungen eine andere Tragweite oder ein anderes Gewicht als die erste Instanz geben wollte,[99] oder auch, weil das Berufungsgericht Erklärungen unter Würdigung von Zeugenaussagen anders auslegen[100] oder protokollierte Aussagen anders verstehen wollte.[101] Dass das Berufungsgericht das Ergebnis der ersten Instanz anders beurteilen 33

92 Peters Karl, Fehlerquellen im Strafprozess, 2. Bd., S. 3.

93 BGH, MDR 2000, S. 323 f.

94 Vgl. Bürkle, Richterliche Alltagstheorien im Bereich des Zivilrechts, S. 139.

95 Bürkle, Richterliche Alltagstheorien im Bereich des Zivilrechts, Fn 185.

96 Reinecke, Von der Schwierigkeit, Zeugen zu glauben, MDR 1986, S. 630, 632, soweit ersichtlich wurden derartige Leerformeln auch später nur höchst selten – aber immerhin – beanstandet, vgl. BGH, NJW 1988, S. 2969; BGH, MDR 2000, S. 323 f., z.B., oder in der Absage der Beifahrer-, Angehörigenrechtsprechung etc. vgl. BGH, NJW 1988, S. 566 f.; BGH, MDR 1995, S. 629.

97 Die Glaubhaftigkeit der Aussage (also Umstände die weder von der Urteilsfähigkeit, Erinnerungsvermögen, Wahrheitsliebe des Zeugen, noch von der Vollständigkeit u. Widerspruchsfreiheit der Aussage abhängen) kann das Berufungsgericht auch ohne nochmalige Vernehmung beurteilen, vgl. BGH, MDR 1998, S. 793; BGH, MDR 2011, S. 1133.

98 Vgl. BGH, NJW 1984, S. 2629.

99 Vgl. BGH, MDR 1998, S. 793 f.

100 Vgl. BGH, NJW 1996, S. 663.

101 Vgl. BGH, NJW 1998, S. 385; BGH, NJW 1999, S. 2972.

wollte, war naturgemäß selten der Fall,[102] sodass nach Berichten aus der Praxis die Fehlerprüfung das Berufungsverfahren beherrschte.[103] „Wollen" sollte aber kein Maßstab des Rechts sein. Nachdem das ZPO-Reformgesetz die Berufungsinstanz als volle zweite Tatsacheninstanz abschaffte, insb. die Beweiswürdigungskontrolle und neuen Sachvortrag reduzierte, dürften diese Bekundungen zum alten Recht erst recht zum neuen Recht nach der ZPO-Reform 2001 gelten. Zwar hat § 513 Abs. 1 Fall 2 i.V.m. § 529 Abs. 1 Nr. 1 ZPO einen Berufungsgrund der „konkreten Zweifel an der Richtigkeit und Vollständigkeit der Tatsachenfeststellungen" geschaffen, aber gleichwohl werden derartige Zweifel de facto nur dann vorliegen, wenn das Berufungsgericht – wie zum alten Recht – die Beweise anders würdigen will, oder – ebenfalls wie zum alten Recht – Rechtsfehler festgestellt werden.

34 Die sich selbst bestätigenden Schlüsse der Rechtsprechung nehmen kein Ende, sondern bestätigen sich wider besseres Wissen weiter selbst (vgl. hierzu auch unter § 4 Rdn 7 ff.). D.h., Rechtsprechung und Rechtswissenschaft arbeiten (zu) oft mit Fiktionen und Textbausteinen, die einen höheren (und zufriedenstellenden) Rechtsschutzstandard versprechen, der in der Praxis aber nicht immer eingelöst wird.

IV. Wider besseres Wissen Zuschreibung von Kenntnissen in der Zeugenbeurteilung

35 Der **Zirkelschluss der Unglaubhaftigkeit** der Angaben des Beschuldigten aufgrund der unbeanstandeten eigenen Verurteilung und aufgrund der Bestätigung der harmlos befragten Belastungszeugen erlebt in der Rechtspraxis eine weitere Steigerung:

36 Obwohl nach Ansicht der Rechtsprechung allgemein anerkannt ist, dass das beste Instrumentarium zur Beurteilung der Zeugenaussage die Aussageanalyse bereit hält,[104] die allerdings nur eine Trefferquote von ca. 70 % vorweisen kann, und obwohl weiter bekannt ist, dass den meisten Richtern hierfür die notwendigen Kenntnisse fehlen, da diese weder im Studium, noch in der Ausbildung gelehrt werden,[105] behauptet der BGH wider besseres Wissen, dass der Tatrichter zur Zeugenbeurtei-

102 Gleichwohl war die Erfolgsquote in der zivilrechtlichen Berufung wesentlich höher als in der strafrechtlichen Revision, vgl. hierzu Teil I dieses Werks § 3 Rdn 17 ff.

103 Vgl. Stackmann, Die Neugestaltung des Berufungs- und Beschwerdeverfahrens in Zivilsachen durch das Zivilprozessreformgesetz, NJW 2002, S. 781 ff.

104 Vgl. BGH, 1 StR 553/01 n.v., vgl. z.B. auch Kassationshof des Schweizerischen Bundesgerichts Az.: 6p.45/2002: „Bei der Abklärung des Wahrheitsgehaltes von Zeugenaussagen hat sich die so genannte Aussageanalyse weitgehend durchgesetzt." – http://www.polyreg.ch/bgeunpub/Jahr_2002/Entscheide_6P_2002/6P.45__2002.html.

105 Vgl. Schneider, Beweis und Beweiswürdigung, 5. Aufl., Rn 872.

lung trotzdem die nötige Kompetenz habe.[106] Ein zu Lasten des Angeklagten bestehender paradoxer und zirkulärer Schluss ist damit auf die Spitze getrieben. Der Angeklagte macht grundsätzlich nur Schutzbehauptungen. Das wird durch dessen Verurteilung erwiesen, die vom Rechtsmittelgericht nicht beanstandet wird, obwohl eine Kontrolle de facto nicht stattfindet. Das wird weiter durch belastende Zeugenaussagen bewiesen, für deren Einschätzung dem Tatrichter einerseits die angenommene Kompetenz fehlt und andererseits eine Kontrolle durch das Rechtsmittelgericht nicht stattfindet. Die Lösung aus diesem Konglomerat der Unlogik und Widersprüchlichkeit findet die Rechtsprechung darin, dem Tatrichter Kenntnisse zuzuschreiben, die dieser nicht hat. „Bekanntlich kostet es viel Zeit und Mühe, Fremdsprachen, Musikinstrumente oder Sportarten wie Tennis oder Judo perfekt zu beherrschen. Aber erstaunlicherweise meinen viele Menschen, soziale Fähigkeiten wie das richtige Einschätzen von Menschen oder das Erkennen von Lügen beherrschen zu können, ohne dies vorher systematisch geübt zu haben. [...] Beispielsweise bleiben viele durchaus erkennbare Lügen unentdeckt, weil der potenzielle Lügenentlarver nicht wachsam genug ist, seine Fähigkeiten und Kenntnisse des Lügenentlarvens überschätzt [...] seinen Blick von Sympathie oder Antipathie trüben lässt, die Lüge gerne glaubt, weil sie in sein Weltbild passt [...]“.[107] Die Ansicht der Rechtsprechung, dass das beste Instrumentarium zur Beurteilung einer Zeugenaussage die Aussageanalyse sei, ist so nicht ganz richtig. Der Polygraph hätte eine mindestens ebenso hohe Trefferquote.

Hinweis 37

Der Tatrichter muss sich zumindest den methodischen Vorgaben der aussagepsychologischen Sachverständigen annähern, wenn er dem Vorwurf der mangelnden Sachkunde sinnvoll begegnen will.[108] Auch wenn der Wert der Aussagepsychologie angesichts einer Trefferquote von nur 70 % kritisch zu hinterfragen ist, leistet sie einen unschätzbaren Wert, in dem das Aufstellen von Alternativhypothesen gefordert wird und die Problematik der Fremd- und Selbstsuggestion erst durch die moderne Aussagepsychologie in den Vordergrund gerückt ist. Es ist damit allerdings nicht gesagt, dass der Tatrichter ohne diese Kompetenz die Glaubhaftigkeit einer Aussageperson im Ergebnis schlechter als ein mit dieser Kompetenz versehener Aussagepsychologe beurteilt. Es könnte sein, dass der Tatrichter bestimmte Fehler macht, die ein Aussagepsychologe vermieden hätte. Umgekehrt könnte ein Tatrichter aber auch bestimmte Fehler

106 Vgl. BGH, BGHSt 8, S. 130, vgl. auch BGH, NJW 1961, S. 1636; BGH, NStZ 1982, S. 170; BGH, NStZ 1985, S. 229; BGH, NStZ 1987, S. 182, andererseits teilt der BGH aber mit, dass die richterliche Würdigung einer Zeugenaussage trotz fehlender Sachkenntnis einen Fehler darstellt, vgl. BGH, NJW 1982, S. 2874 u. die falsche Annahme eigener Sachkenntnis die Revision begründet, vgl. BGH, BGHSt 2, S. 164.

107 Füllgrabe, Irrtum und Lüge, S. 87.

108 Vgl. Graf/StPO/Eschelbach, § 261 Rn 6 m.w.N.

nicht machen, die wiederum ein Aussagepsychologe machen würde. Es ist völlig unbekannt und unerforscht, ob in den **forensisch relevanten Fällen** der Aussagepsychologe bessere Ergebnisse liefert als der Tatrichter.

V. Beurteilung von Zeugenaussagen nach Laienart ohne wissenschaftlichen Wert

38 Aus dem österreichischen Buch von Edelbacher/Herrnstadt, „Sie haben das Recht zu schweigen – Wie Lügner überführt werden", teilen uns die Autoren mit: „Erfahrene Richter und Kriminalistinnen behaupten oft, sie würden sofort erkennen, ob jemand lügt oder etwas verheimlicht."[109] Dieser Befund dürfte nicht nur in Österreich gelten, sondern auch hierzulande. Hier wie dort muss aber auf die „Neigung von Expertinnen und Experten zu Selbstüberschätzung gerade in ureigenstem Metier"[110] hingewiesen werden.

39 Ein Beispiel der Aussagebeurteilung ohne wissenschaftlichen Wert kann einem Interview entnommen werden, dass ein 50-jähriger deutscher Amtsrichter mit 17-jähriger Berufserfahrung der Süddeutschen Zeitung vom 22.7.2010, Seite R 4 gegeben hat.

> *„W. D. ist seit 17 Jahren Richter am Amtsgericht München. Der 50-Jährige erklärt im Gespräch mit Lisa Sonnabend, wie ein Richter in solchen Situationen erkennen kann, was wahr ist und was nicht.*
>
> *Ein Zeuge meint, Dominik Brunner sei der Angreifer gewesen, andere haben offenbar gesehen, wie die zwei Angeklagten auf ihr Opfer zustürzten. Warum kommt es in einem Prozess zu derart unterschiedlichen Zeugenaussagen?*
>
> *Entscheidend ist oft, ab wann ein Zeuge eine Situation beobachtet. Wenn jemand erst aufmerksam wird, wenn etwas schon im Gange ist, macht sich das Gehirn Gedanken, wie es dazu gekommen sein könnte. Man interpretiert etwas hinein, obwohl man es gar nicht gesehen hat. Bei der Aussage vor Gericht ist man dann überzeugt, dass man das Richtige berichtet. Es gibt also eine subjektive und eine objektive Wahrheit. Deswegen kann ich Zeugen oft nicht wegen einer Falschaussage verurteilen, weil sie ja davon ausgehen, dass ihre Version richtig ist.*
>
> *Kommen in Ihren Prozessen solche widersprüchlichen Aussagen häufig vor?*
>
> *Allerdings. Bei manchen Oktoberfestschlägereien glaubt man als Richter gar nicht, dass die Zeugen bei der gleichen Schlägerei gewesen sind! Da nehmen sie einen Freund in Schutz oder sagen: Der ist ja nur provoziert worden. Obwohl es anders war.*

109 Edelbacher/Herrnstadt, Sie haben das Recht zu schweigen, S. 142.

110 Vgl. Edelbacher/Herrnstadt, Sie haben das Recht zu schweigen, S. 141.

Wie erkennt man, welche Aussage näher an der Wahrheit liegt?

Man muß sich natürlich fragen, welchen Grund ein Zeuge haben könnte, eine Falschaussage zu machen. Eine bewusste, aber auch eine unbewusste. Wichtig ist auch: Wie detailliert berichtet der Zeuge einen Sachverhalt. Je weniger er auf Details eingeht, desto größer ist die Wahrscheinlichkeit, dass es zurechtgelegt oder erfunden ist. Kann er sich dagegen an ganz spezielle Kleinigkeiten erinnern, spricht das dafür, dass es auch tatsächlich so war. Man denkt sich ja so etwas nicht aus.

Wie wägen Sie am Ende als Richter ab?

Man sollte als Richter nicht sagen: Der eine schildert es so, der andere so, also spreche ich den Angeklagten frei. Man muss versuchen, herauszubekommen, wem zu glauben ist.

Beeinflusst beim Brunner-Prozess auch die Berichterstattung der Medien die Wahrnehmung der Zeugen?

Das könnte durchaus eine Rolle spielen. Wenn man ständig mit Aussagen anderer konfrontiert wird, dann fängt man sofort an zu überlegen: Bekomme ich das irgendwie in Übereinstimmung mit dem, was ich gesagt oder gesehen habe? Und schon rückt man von seiner ursprünglichen Wahrnehmung ab.

Haben Sie Tricks, wie Sie erkennen, ob jemand die Unwahrheit sagt?

Ich fixiere den Zeugen und schaue ihm in die Augen. Wenn er dann wegschaut oder verlegen lacht, dann können Sie davon ausgehen, dass er gelogen hat. Das ist ein Anhaltspunkt, um zu überprüfen, ob das Ergebnis, zu dem man gekommen ist, übereinstimmt.

Das geht natürlich nur, wenn die Zeugen bewusst lügen.

Unbewusste Falschaussagen sind schwieriger zu erkennen. Dann gilt es, objektive Beweismittel zu berücksichtigen – wie das Sachverständigengutachten, eine Ortsbegehung oder eine Skizze. Und zu vergleichen. Wenn ein Zeuge sagt, der Angreifer war total betrunken und konnte kaum laufen, laut Sachverständigengutachtem jedoch lediglich 0,8 Promille hatte, dann ist die Aussage mit Vorsicht zu genießen.

Haben Sie einen Rat für Zeugen, wie sie falsche Wahrnehmungen oder Aussagen vermeiden können?

Wenn man ein Verbrechen oder einen Unfall beobachtet, sollte man sich auf nur einen Handlungsstrang konzentrieren – also nur den Schläger mit der Baseballkappe beobachten und nicht auch noch die fünf anderen Angreifer. Sonst geht immer etwas durcheinander. Und danach sollte man sich das Geschehen unbedingt sofort aufschreiben – sonst vergisst man es, interpretiert es um oder wird von anderen beeinflusst.“

40 Wenn den meisten Tatrichtern Inkompetenz, Zeugenaussagen nach wissenschaftlichem Wert zu beurteilen, attestiert werden muss, so führt dies nicht etwa nach den Grundsätzen der Logik dazu, in der juristischen Ausbildung derartige Kompetenzen zu lehren,[111] sondern dazu, dass die meisten mit der Vernehmung beschäftigten Richter die Glaubwürdigkeit – von der Rechtsmittelrechtsprechung gebilligt – intuitiv, d.h. nach Begründungsmustern, die wissenschaftlich ohne jeden Wert sind,[112] beurteilen.[113] Hier wird v.a. der vermeintliche **Wert der eigenen Erfahrung weit überschätzt**.[114] Konsequent hierzu ergeben empirische Untersuchungen, dass Personen, die professionell mit der Vernehmung von Zeugen beschäftigt sind (Richter, Polizei-, Zollbeamte) die Glaubhaftigkeit einer Aussage nicht besser beurteilen als sonstige Laien.[115] Bereits durch reines Raten würde sich eine Trefferquote (lügt die Person oder nicht?) von 50 % ergeben. Die Trefferquote von „professionellen Zeugenbeurteilern" bewegt sich im Experiment um eben diese Zufallstrefferquote. In der Schriftenreihe zur Nachrichtendienstpsychologie der Fachhochschule des Bundes für öffentliche Verwaltung heißt es: „Nach DePaulo und Pfeifer (1986) sowie nach Köhnken (1987) schneiden selbst Experten wie Polizeibeamte nicht besser ab als Studenten. Ähnlich unbefriedigende Expertenergebnisse berichten Kraut und Poe (1980) sowie Porter, Woodworth und Birt (2000). Somit ist wohl Vrij und Semin (1996) zuzustimmen, dass Polizeibeamte, Zollbeamte und Gefängniswärter vermutlich fehlerhafte Vorstellungen über die aussagekräftigen Lügenhinweise besitzen; Männer übrigens ebenso wie Frauen und Berufseinsteiger ebenso wie berufserfahrene Personen. Von den so genannten Experten schnitten nach Ekman und O'Sullivan (1991) einzig die Mitarbeiter von Nachrichtendiensten besser ab als der Zufall."[116] Unverständlich ist, weshalb die deutsche Rechtsprechung hiervor (zu oft) die Augen verschließt und verschlossen hat. Der amerikanische Polizeiausbilder Dillingham weist warnend darauf hin, dass Angehörige der Verfolgungsorgane zwar mehr Lügner ertappen würden, aber dies würde primär daran liegen, dass diese Personen a priori annehmen würden, angelogen zu werden. Korrespondierend hierzu würde die Geneigtheit, einem Unschuldigen zu glauben, sinken.[117]

111 So die Forderung von Peters, Fehlerquellen im Strafprozess, 2. Bd., S. 331 ff., vgl. auch Schmitt, Die richterliche Beweiswürdigung im Strafprozess, S. 541 ff., diese Forderung wird seit Jahrzehnten immer wieder erhoben, vgl. zuletzt Deppenkemper, Beweiswürdigung als Mittel prozessualer Wahrheitserkenntnis, S. 416 m.w.N.

112 Vgl. Fischer, Glaubwürdigkeitsbeurteilung und Beweiswürdigung, NStZ 1994, S. 1, 5.

113 Das gilt insb. für den „persönlichen Eindruck", vgl. hierzu in diesem Werk § 17.

114 Vgl. Eisenberg, Beweisrecht der StPO, 5. Aufl., Rn 1468.

115 Vgl. Oswald, Laienpsychologische Beurteilung der Glaubwürdigkeit, S. 181 ff., in: Verfahrensgerechtigkeit und Zeugenbeweis; vgl. auch Füllgrabe, Irrtum und Lüge, S. 89 m.w.N.; vgl. auch Sporer/Köhnken, Nonverbale Indikatoren von Täuschung in: Handbuch der Rechtspsychologie, S. 353 m.w.N.

116 Litzke/Hermanutz/Klossek, Nonverbale Warnsignale- Glaubhaftigkeitsdiagnostik & Glaubwürdigkeitsattribution in: Nachrichtendienstpsychologie 4, Beiträge zur inneren Sicherheit, Fachhochschule des Bundes für öffentliche Verwaltung, S. 5, 10.

117 Vgl. Dillingham, Dissecting Pinocchio, S. 3 f.

Es muss also konstatiert werden, dass die Begründung der Rechtsprechung jedenfalls widersprüchlich ist. Einerseits soll die Aussagepsychologie das beste Instrumentarium bereit halten, andererseits soll der Tatrichter die nötige Kompetenz zur Aussagebeurteilung haben, obwohl ihm diese nicht vermittelt wird. Dieser Widerspruch in sich könnte im Ergebnis wiederum bedeutungslos sein, weil gerade nicht geklärt ist, ob der Tatrichter in den forensisch relevanten Fällen wirklich schlechtere Ergebnisse als der Aussagepsychologe liefert. Ein im Jahre 2016/2017 durchgeführtes Experiment an der Hochschule der Polizei in Villingen-Schwenningen lieferte interessante Ergebnisse. Es wurden die Trefferquoten in der Unterscheidung von Wahrheit und Lüge untersucht. Und zwar von Gymnasiasten und Polizeibeamten, die zwar praktische Erfahrungen mit Vernehmungen hatten, aber ebenso wie die Gymnasiasten im Experiment keine Hinweise zu verbalen oder nonverbalen Glaubhaftigkeitsmerkmalen erhalten hatten. Im Gegensatz hierzu wurden Polizeianfängern und Masterstudierende des Studiengangs Polizeimanagement entsprechende Hinweise erteilt. Die Trefferquoten waren wie folgt:[118]

Aussagen	Gymnasiasten	Polizeibeamte	Polizeibeamte Masterstudium	Polizeianfänger
Lüge	73%	77%	39%	24%
Lüge	55%	9%	72%	67%
Wahrheit	35%	46%	61%	67%
Wahrheit	80%	73%	50%	46%
Lüge	60%	64%	83%	76%
Wahrheit	68%	23%	44%	82%
Gesamttrefferquote	62%	49%	58%	60%

Es handelt sich hier freilich um ein Pilotexperiment mit nur wenig Aussagematerial und nur kleinen Probandengruppen (19 bis 40 Teilnehmer), so dass dieser Erkenntnisse nicht verallgemeinert werden können, aber durchaus markant sind, denn Gymnasiasten haben die besten Ergebnisse erzielt, obwohl diese von falschen Lügenstereotypen ausgegangen waren.[119]

In der Forschung zum Problem des Entscheidens unter Unsicherheit (v.a. in der psychologischen und der wirtschaftswissenschaftlichen Forschung) ist das **Problem des „overconfidence“** seit langem als robustes reales Phänomen erkannt.[120] **Gerade der Richter, der entscheiden muss, muss sich – zur Vermeidung kognitiver Dissonanzen – als hierzu kompetent und sachkundig einschätzen.** Dann aber liegt auf 41

118 Vgl. Hermanutz/Litzcke, Unterscheidung von Wahrheit und Lüge, S. 180 ff.

119 Vgl. Hermanutz/Litzcke, Unterscheidung von Wahrheit und Lüge, S. 186.

120 Vgl. Schweizer, Kognitive Täuschungen vor Gericht, Dissertation Universität Zürich, S. 261 ff. m.w.N.

der Hand, dass auch eine Überschätzung der eigenen Fähigkeiten mit diesem Selbstbildnis übereinstimmt.[121] Das Wirken gerade dieses Phänomen bei Richtern kann nachgewiesen werden: Nach einer empirischen Studie zur Einschätzung der fachlichen Fähigkeiten, stufen sich 92 % der Richter als den beiden besten Quartalen zugehörig ein.[122] Daraus folgt, dass die eigene Einschätzung mit der Wirklichkeit nicht übereinstimmen kann (92 % würden zu den besten 50 % gehören). **Diese Selbstüberschätzung ist ein wesentlicher Faktor für Fehlurteile und zudem menschlich.** Wird danach gefragt, wie sicher man sein Auto führen kann oder wie attraktiv, kompetent oder intelligent man sich selbst einschätzt, erfolgt die Selbsteinschätzung regelmäßig überdurchschnittlich, was logisch-rechnerisch nicht sein kann.[123] „Selbstüberschätzung kann einen Richter dazu verleiten, dort nicht zu zweifeln, wo er zweifeln sollte."[124] Aus einer amerikanischen Studie ergaben sich 350 Fälle, bei denen die Schuld „beyond reasonable doubt" (also dem deutschen Strengbeweismaß entsprechend) feststand, dies jedoch nachweisbar falsch war. Nur fünf dieser Fälle wurden durch das übergeordnete Gericht korrigiert. Zum Zeitpunkt des Erscheinens der Studie waren 23 Unschuldige bereits hingerichtet.[125] Durch Experimente wurde zudem nachgewiesen, dass erfahrenere Probanden hinsichtlich des Entlarvens von Lügen subjektiv immer sicherer werden, obwohl sich in Wirklichkeit die Genauigkeit nicht verbessert.

42 *Hinweis*

In der psychologischen Forschung, aber nicht in der juristischen,[126] ist das Problem der **Kompetenzillusion** als zentrales Problem von Fehlleistungen erkannt.[127] „Die Kompetenzillusion ist nicht nur ein individueller Urteilsfehler; sie ist tief in der Kultur der Wirtschaft verwurzelt. Tatsachen, die Grundannahmen infrage stellen – und dadurch das Auskommen und die Selbstachtung von Menschen bedrohen- werden einfach ausgeblendet. Unsere Psyche verarbeitet sie nicht."[128]

121 Vgl. Blanton/Pelham/DeHart/Carvallo, Overconfidence as Dissonance Reduction, Journal of Experimental Social Psychology 2001, S. 373 bis 385, zitiert nach Schweizer, Kognitive Täuschungen vor Gericht, Dissertation Universität Zürich, S. 261 Fn 1213.

122 Vgl. Schweizer, Kognitive Täuschungen vor Gericht, Dissertation Universität Zürich, S. 268 f.

123 Vgl. Shaw, Das trügerische Gedächtnis, S. 159 ff. m.w.N.

124 Schweizer, Kognitive Täuschungen vor Gericht, Dissertation Universität Zürich, S. 270.

125 Vgl. Bedau/Radelet, Miscarriages of Justice in Potentially Capital Cases, Stanford Law Review, 1987, S. 21 bis 29, zitiert nach Schweizer, Kognitive Täuschungen vor Gericht, Dissertation Universität Zürich, S. 266 Fn 1249.

126 Vgl. aber Graf/StPO/Eschelbach, § 261 Rn 6.2. m.w.N.

127 Vgl. Füllgrabe, Irrtum und Lüge, S. 90.

128 Kahneman, Schnelles Denken, Langsames Denken, S. 267.

Eine weitere Erklärung, warum die Praxis vor den Schwächen der Beurteilung nach Laienart die Augen verschließt, liefert der Nobelpreisträge Kahneman mit dem Begriff der **„Illusion der Gültigkeit“**. Es gibt z.B. diverse Tests, um Prognosen anzustellen, z.B. die Eignung von Offiziersanwärtern. Obwohl die Evaluierung der von Kahneman und seiner Kollegen angestellten Prognosen zeigte, dass deren Prognosen kaum besser als blindes Raten waren, passierte Folgendes: „Die umfassenden Belege für unser vorhergehendes Versagen hätten unser Vertrauen in unsere Urteile über die Kandidaten erschüttern müssen, aber das geschah nicht. Sie hätten uns dazu veranlassen sollen, unsere Vorhersagen zu mäßigen, aber das taten sie nicht. Wir wussten, dass unsere Vorhersagen grundsätzlich kaum besser als blindes Raten waren, aber wir fühlten und verhielten uns weiterhin so, als wäre jede unserer konkreten Vorhersagen gültig. Ich musste an die Müller-Lyer-Illusion denken, bei der die Geraden gleich lang sind, aber trotzdem unterschiedlich lang erscheinen. Die Analogie beeindruckte mich dermaßen, dass ich einen Begriff für unsere Erfahrungen prägte: ‚Die Illusion der Gültigkeit.‘“[129] 43

„Schließlich werden die Illusionen der Gültigkeit und Kompetenz von einer mächtigen Berufskultur gestützt. Wir wissen, dass Menschen von einem unerschütterlichen Glauben an eine Überzeugung, und sei sie noch so absurd, erfüllt sein können, wenn sie darin von einer Gruppe Gleichgesinnter bestärkt werden.“[130] Dieser systematische Urteilsfehler findet gerade durch die wirklichkeitsfremde Zuschreibung der Kompetenz des Tatrichters durch die Revisionsgerichte statt. 44

Freilich kann das Vertrauen in die Intuition von sog. Experten auch zutreffend sein. Das gilt aber nur, wenn eine Umgebung existiert, die hinreichend regelmäßig ist, um vorhersagbar zu sein, sowie eine Gelegenheit, die Regelmäßigkeit durch langjährige Übung zu erlernen.[131] Anästhesisten erhalten ein sachdienliches Feedback, weil die Auswirkungen ihrer Maßnahmen schnell deutlich werden, aber Radiologen erhalten kaum Informationen über die Richtigkeit ihrer Diagnosen.[132] Ebenso ist es in der Rechtsprechung. Die hohe Misserfolgsquote von Verfassungsbeschwerden oder Revisionen oder von Rechtsmitteln allgemein wird gemeinhin als Bestätigung der angegriffenen Entscheidung interpretiert, aber das ist falsch, denn der Prüfungsumfang ist dort nur eingeschränkt oder eine tatsächliche Prüfung scheitert bereits an (zu) hohen formellen Hürden.[133] Es gibt zudem kaum objektive Verifizierungen, ob ein gesprochenes Urteil tatsächlich richtig oder falsch war. 45

Die Beurteilung nach Laienart wird in der Praxis durch wissenschaftliche Kriterien vermeintlich abgesichert, die jedoch regelmäßig falsch gehandhabt werden und da- 46

129 Kahneman, Schnelles Denken, Langsames Denken, S. 262.

130 Kahneman, Schnelles Denken, Langsames Denken, S. 269.

131 Vgl. Kahneman, Schnelles Denken, Langsames Denken, S. 296, 298.

132 Vgl. Kahneman, Schnelles Denken, Langsames Denken, S. 299.

133 Vgl. Reichart; Revision und Verfassungsbeschwerde, S. 1 f.

mit dem zirkulären Schluss auf die Richtigkeit des eigenen Urteils weiter Vorschub leisten.

Praxisrelevant sind v.a. folgende Kriterien der Aussagebeurteilung:

1. Nichtwidersprüchlichkeit

47 **Sofern die Aussage in sich nicht widersprüchlich ist, wird bereits dies vom Gericht regelmäßig als Kriterium für die Glaubhaftigkeit angesehen** (vgl. unten § 17 Rdn 67 ff.). Die Widersprüchlichkeit wird in komplizierteren Fällen in der Praxis oft durch einen Vorhalt vermieden. Bestätigt der Zeuge nämlich auf Vorhalt seine eigene Aussage aus dem Ermittlungsverfahren durch schlichtes Bejahen wird oft Widerspruchslosigkeit attestiert. Freilich gibt es auch in vielen Fällen gar keinen wirklichen Widerspruch, sondern dieser löst sich plausibel durch Missverständnisse oder Formulierungsfehler auf oder die Erklärung des Zeugen für den Widerspruch ist ohne Weiteres nachvollziehbar.

48 **Die unreflektierte Bejahung einer früheren Aussage ist aussagepsychologisch problematisch.**[134] Die meisten Zeugen scheuen ein Abrücken von der früheren Aussage,[135] sodass tatsächlich **nur die Überhangantwort aussagepsychologischen Wert hat**.[136] Liegt überhaupt keine vorhergehende Aussage des Zeugen vor, so wird die Widerspruchslosigkeit der einzigen Aussagen in sich zu einem vermeintlichen Kriterium für die Richtigkeit der Aussage. Das bestätigt ein typischer Fall aus der Praxis:[137] Sind in einer denkbar einfachen Konstellation in der Praxis auch nur theoretisch verschiedene Konstellationen denkbar, z.B. in einem Verkehrsunfall, wer Grünlicht hatte, der Linksabbieger oder der entgegenkommende Geradeausfahrer, so wird das Kriterium sinnlos angewandt. Nach Zeugeneinvernahme führte das erkennende Gericht zur Zeugeneinvernahme aus:

49 *„Ich [der Zeuge] stand bereits längere Zeit hinter dem Beklagtenfahrzeug in der Kreuzung und habe gesehen, daß der Grünpfeil [!!!] aufleuchtete und sei auch ungeduldig geworden, da der Beklagte, sein Vordermann, nicht losgefahren sei. Endlich sei dieser losgefahren, da sei das klägerische Fahrzeug noch im Gegenverkehr gekommen und in die Kreuzung eingefahren, so daß es zur Kollision kam. Die Aussage des Zeugen ist widerspruchsfrei [!!!].“*

50 Der übliche Fehler liegt darin, dass ein Nicht-Widerspruch „erst dann zum Realitätskriterium [wird], wenn bei einem Phantasiegebilde Widersprüche zu erwarten gewesen wären.“[138] Bei einem (denkbar) einfachen Sachverhalt kann dem Nicht-

134 Vgl. Schmitt, Die richterliche Beweiswürdigung im Strafprozess, S. 447.

135 Vgl. Arntzen, Vernehmungspsychologie: Psychologie der Zeugenvernehmung, 2. Aufl., S. 28.

136 Vgl. Bender/Nack, Tatsachenfeststellung vor Gericht, 2. Aufl., Rn 624.

137 Das Az. liegt dem Verfasser vor, soll aber nicht publiziert werden, um das erkennende Gericht nicht zu kompromittieren.

138 Bender/Nack, Tatsachenfeststellung vor Gericht, 2. Aufl., Rn 285.

Widerspruch keine Bedeutung zukommen, da auch der intellektuell nur schwach begabte Zeuge, eine derart simple Konstellation (grüner Pfeil leuchtet oder nicht) widerspruchsfrei schildern kann. Mehr noch: Ein Widerspruch in der Aussage einer Auskunftsperson ist naturgemäß selten, denn der Widerspruch wird auch dem Lügner auffallen, so dass er ihn nicht berichten wird. Richtig ist natürlich, dass eine widersprüchliche Aussage nicht überzeugen kann, aber die Nicht-Widersprüchlichkeit belegt grds. nichts. Warum sollte der Lügner, der einen anderen von seiner Geschichte überzeugen will, etwas Widersprüchliches berichten? Zum Widerspruch kann es nur dann kommen, wenn die Geschichte so kompliziert ist, dass man sich bei der Lüge (vermutlich) widersprechen muss oder ein derart hoher intellektueller Unterschied zwischen Aussagendem und Empfänger besteht, dass nur der Empfänger der Nachricht den Widerspruch erkennt, nicht aber der Aussagende.

2. Fehlender Belastungseifer

In der Praxis wird vorherrschend, aber falsch, das Kriterium des **fehlenden Belastungseifers** verwendet (vgl. unten § 17 Rdn 85 ff.).[139] In der gerichtlichen Praxis bedeutet dies, falls der Zeuge in der Hauptverhandlung nicht „ausrastet" oder eine über das Beweisthema hinausgehende Zusatzbelastung liefert, „dass der Zeuge keinen Belastungseifer gezeigt habe", oder nicht versucht habe, „den Sachverhalt zu zementieren".[140] Folglich könne dem Zeugen Glaubwürdigkeit attestiert werden. 51

Hierbei handelt es sich um einen immer wieder vorkommenden **Kardinalfehler** in der Praxis.

Ein (vom BGH aufgehobenes) beispielhaftes Urteil: 52

„Die Geschädigte und Zeugin T. hatte bei der polizeilichen Vernehmung offenbar angegeben, der Angeklagte habe sie ‚verbal, durch Würgen und mit einer Pistole bedroht'; näheres über die damalige Aussage – etwa, in welcher Weise der Angeklagte die Pistole zum Zwecke der Drohung eingesetzt habe – teilt die Kammer nicht mit. In der Hauptverhandlung erklärte die Zeugin auf Vorhalt, sie wisse das nicht mehr genau. Die Pistole könne in Wahrheit auch eine im Handschuhfach befindliche Pocket-Kamera gewesen sein. Das Landgericht wertet diese Abweichungen in der Aussage deshalb nicht als Anzeichen der Unglaubwürdigkeit der Zeugin, weil deren Wahrnehmungsfähigkeit infolge starken Alkoholgenusses und seelischer Niedergeschlagenheit zur Tatzeit reduziert gewesen sei und weil erfahrungsgemäß Opfer von Vergewaltigungen bei den ersten polizeilichen Vernehmungen zu Übertreibungen hinsichtlich des Täterverhaltens neigten, um sich selbst in günstiges

139 Vgl. auch den Fall BGH, StV 1992, S. 2 f. Dort hatte ein Zeuge inkonstant ausgesagt, das Tatgericht hatte aber Konstanz und fehlenden Belastungseifer unterstellt.

140 AG München, 271 C 28005/03.

Licht zu setzen. Die Aussage des Mädchens in der Hauptverhandlung spreche vielmehr – mangels ‚Belastungstendenz' – für ihre Glaubwürdigkeit."[141]

53 Die Fehlerhaftigkeit des Kriteriums ergibt sich bereits aus der Erkenntnis des impression managements.[142] Es ist einleuchtend und bedarf keiner weiteren Begründung, dass sich der Lügner nur so darstellen wird, wie er annimmt, am besten überzeugen zu können. Ein „Ausrasten" oder eine Zusatzbelastung, die der Sache nicht dient, wäre damit kontraproduktiv, wie sich ohnehin aus dem Gefährlichkeitskalkül[143] des Lügners ergibt

54 Die Fehlerhaftigkeit des Kriteriums ergibt sich bereits aus der Erkenntnis des impression managements.[144] Es ist einleuchtend und bedarf keiner weiteren Begründung, dass sich der Lügner nur so darstellen wird, wie er annimmt, am besten überzeugen zu können. Ein „Ausrasten" oder eine Zusatzbelastung, die der Sache nicht dient, wäre damit kontraproduktiv, wie sich ohnehin aus dem Gefährlichkeitskalkül[145] des Lügners ergibt. In der Praxis des Verfassers ist kein Fall ersichtlich, in dem ein Zeuge in der Hauptverhandlung jemals erhebliche Zusatzbelastungen angeführt hat, die für das Beweisthema irrelevant waren oder nicht bereits im Ermittlungsverfahren angesprochen wurden. Das ist auch einsichtig, denn der Lügner würde mit jedem jetzt erstmalig vorgebrachtem zusätzlichem Punkt weitere Nachfragen und Widerlegungen potenziell hervorrufen.

55 *Hinweis*

Es muss daher – entgegen der Praxis – festgehalten werden, dass es das Kriterium des „fehlenden Belastungseifers" in dieser Form nicht gibt. Es ist ein **Scheinargument**, z.B. Abweichungen zur Erstaussage mit „keine überschießende Belastungstendenz" zu erklären.[146]

56 **Wird das Beweisthema schlicht bestätigt, so liegt – entgegen der ständigen Praxis der Gerichte – kein Kriterium der Glaubhaftigkeit vor.** Folgerichtig ist in der Aussagepsychologie nur der **Verzicht auf nahe liegende Mehrbelastung bzw. Entlastungen/Inschutznahmen des Täters ein anerkanntes Kriterium, das aber tatsächlich kaum einen Wert** hat, denn die sog. motivationalen Kennzeichen haben sich als

141 BGH, StV 1981, S. 330.

142 Vgl. zum Parallelproblem der Gefühlsbeteiligung bei der Aussage, Greuel/Offe/Fabian/Wetzels/Fabian/Offe/Stadler, Glaubhaftigkeit der Zeugenaussage, S. 152.

143 Vgl. Bender/Nack, Tatsachenfeststellung vor Gericht, 2. Aufl., Rn 171.

144 Vgl. zum Parallelproblem der Gefühlsbeteiligung bei der Aussage, Greuel/Offe/Fabian/Wetzels/Fabian/Offe/Stadler, Glaubhaftigkeit der Zeugenaussage, S. 152.

145 Vgl. Bender/Nack, Tatsachenfeststellung vor Gericht, 2. Aufl., Rn 171.

146 Vgl. De Vries, Einführung in die Kriminalistik für die Strafrechtspraxis, Rn 337.

wenig valide erwiesen,[147] gehen teilweise sogar in die gegenteilige Richtung.[148] D.h., „die motivationsbezogenen Merkmale vermochten den empirischen Nachweis nicht zu erbringen, dass sie zur Unterscheidung zwischen erlebnisgestützten Aussagen und erfundenen Aussagen taugen,“[149] obwohl in dem vom BGH zur Vorbereitung seiner Entscheidung vom 30.7.1999 (1 StR 618/98) erstellten Gutachten von Steller/Volbert noch vom Gegenteil ausgegangen wurde.[150]

Der Begriff „fehlender Belastungseifer“ findet sich daher auch nicht im Stichwortverzeichnis der beiden Standardwerke „Psychologie der Zeugenaussage“[151] und „Glaubhaftigkeit der Zeugenaussage“.[152] In den üblicherweise verwendeten 19 Realkennzeichen von Steller/Köhnken kommt er ebenfalls nicht vor.

Zwar mag es im Einzelfall eine „übertriebene“ Belastungstendenz geben, die bedenklich sein kann, allerdings folgt aus dem „fehlenden Belastungseifer“ nichts.

3. Konstanz

Ein weiteres in der Praxis tatsächlich, aber regelmäßig falsch angewandtes Kriterium ist die Konstanz (vgl. unten § 17 Rdn 69 ff.). Die unzulässige Vereinfachung der Praxis besteht darin, konstante Aussagen als glaubwürdig zu erachten und inkonstante nicht.[153] In der wissenschaftlichen Literatur wird hingegen immer wieder auf die **Notwendigkeit einer differenzierten Betrachtung** hingewiesen. „Wenn in diesem Zusammenhang eine differenzierte Konstanz der Aussage gefordert wird, dann gründet sich dies darauf, dass man selbstverständlich auch bei erlebnisgestützten Aussagen über die Zeit mit natürlichen Vergessensprozessen und Erinnerungsverlusten rechnen muss. Insofern muss man bei hundertprozentig konstanten Aussagen grundsätzlich Zweifel an deren Erlebnisbezug anmelden.“[154] Aus der differenzierten Konstanz ergibt sich, **dass das Kerngeschehen**, also für den Zeugen seinerzeit das zentrale Geschehen,[155] aus der ex ante Perspektive des Zeugen **konstant bleiben muss, während Abweichungen in anderen Punkten unschädlich, bzw. sogar zu erwarten sind**. Allerdings ist fraglich, ob mit „differenzierter Konstanz“ eine Unterscheidung von Wahrheit und Lüge gelingen kann, denn das Kerngeschehen wird auch der Lügner besser in Erinnerung behalten, weil es für seine Lüge wichtig ist. 57

147 Vgl. Schwind, Glaubhaftigkeit von Zeugen vor Gericht, S. 33, 53, 81 m.w.N.; Hermanutz/Litzke, Unterscheidung von Wahrheit und Lüge, S. 84.

148 Z.B. Selbstbelastungen, vgl. Hettler, Wahre und falsche Zeugenaussagen, S. 103.

149 Berlinger, Glaubhaftigkeitsbegutachtung im Strafprozess, S. 91.

150 Vgl. Steller/Volbert, BGH-Gutachten, Praxis der Rechtspsychologie, November 1999, S. 51.

151 Psychologie der Zeugenaussage, (Hrsg. Greuel/Fabian/Stadler).

152 Greuel/Offe/Fabian/Wetzels/Fabian/Offe/Stadler, Glaubhaftigkeit der Zeugenaussage.

153 Vgl. Prüfer, Aussagebewertung in Strafsachen, Rn 89.

154 Greuel/Offe/Fabian/Wetzels/Fabian/Offe/Stadler, Glaubhaftigkeit der Zeugenaussage, S. 131.

155 Vgl. Bender/Nack, Tatsachenfeststellung vor Gericht, 2. Aufl., Rn 290.

58 *Praxistipp*

Von BGH, NStZ-RR 1997, S. 172 können wir zutreffend entnehmen, dass Widerspruchsfreiheit und Konstanz nicht überbewertet werden dürfen.[156]

4. Einräumung eigener Fehler

59 In nicht wenigen Fällen trifft den Zeugen ein gewisses Mitverschulden an der abzuurteilenden Tat (z.B. zu hohe Geschwindigkeit, Nichtanlegung des Sicherheitsgurtes, Fahren im Dunkeln, etc.) oder vorangehende Rechtsverstöße liegen auch beim Zeugen vor (z.B. Vorstrafen). All diese Umstände ergeben sich bereits aus den Akten oder sind sonst bekannt. Gleichwohl erfolgen von Seiten des Gerichts immer wieder sinnlose Frage an Zeugen, die darauf hinauslaufen, ob der Zeuge dieses eigene Mitverschulden/Manko einräumt (z.B. „Hatten Sie Ihren Sicherheitsgurt angelegt?“, „Sind Sie vorbestraft?“). Bestätigt der Zeuge die ohnehin bekannte Information, wird dies in der gerichtlichen Praxis oft zum Indiz der Glaubhaftigkeit der sonstigen Angaben genommen, da der Zeuge „Unvorteilhaftes eingeräumt“ habe. Das ist jedenfalls dann falsch, wenn der Zeuge faktisch gar nicht lügen kann, da der Umstand bereits aktenkundig ist. Wer also nur bestätigt, was bereits offensichtlich ist, liefert in keinem Fall das glaubhaftigkeitsfördernde Indiz der Selbstbelastung, das allerdings ohnehin als sog. motivationales Kriterium kaum einen Wert hätte (s.o. Rdn 56).

D. Erklärung für den Grundsatz in dubio contra reum und der Ankereffekt

60 Der aus der Praxis berichtete und jedenfalls teilweise vorzufindende Grundsatz in dubio contra reum[157] kann wahrnehmungspsychologisch folgerichtig erklärt werden.

61 Hat der Richter ein unbewusstes Vorurteil gegen den Angeklagten, sei es – wie nicht zu vermeiden – aufgrund dessen überwiegend negativer Erfahrung mit Angeklagten und/oder aufgrund dessen gegenwärtiger Kenntnis der Ermittlungsakte und – aber de lege ferenda zu vermeidender – Anklagezulassung (der erkennende Richter dürfte nicht mit dem die Anklage zulassenden Richter identisch sein), so beein-

156 Vgl. auch BGH, NStZ 2000, S. 550; BGH, NStZ 2001, S. 491.

157 Vgl. Meyer-Mews, Die „in dubio contra reo“ Rechtsprechung bei Aussage – gegen Aussage Delikten, NJW 2000, S. 916 ff., vgl. auch Deckers, Verteidigung bei der Glaubwürdigkeitsbeurteilung von Aussagen in Verfahren wegen sexuellen Missbrauchs, in Brüssow/Krekeler/Mehle, Strafverteidigung bei der Glaubwürdigkeitsbeurteilung von Aussagen in der Praxis, 1998, Rn 1, vgl. Schünemann, Der Richter im Strafverfahren als manipulierter Dritter? Zur empirischen Bestätigung von Perseveranz- und Schulterschlusseffekt, StV 2000, S. 163.

flusst das die richterliche Wahrnehmung und Erinnerung (vgl. hierzu auch § 8 Rdn 48 ff.; § 13 Rdn 12 ff.).

Kennt der Richter eine von der Anklagebehörde erstellte Ermittlungsakte, so finden sich darin überwiegend belastende Informationen. Bereits die Ermittlungsakte wird zulasten des Angeklagten angefertigt. 62

- Bei **(deutschen) Polizeibeamten ist es ein (oft unausgesprochenes) Vernehmungsziel, ein Geständnis zu erzielen**. Das Geständnis gilt immer noch als „Königin der Beweise."[158] Dieses Ziel wird zulasten der Gefahr eines falschen Geständnisses überbewertet.[159]
- Deutsche Vernehmungsbeamte beurteilen die Glaubhaftigkeit intuitiv.[160] **Sowohl bei verbalen wie non-verbalen Merkmalen beurteilen die Beamten die Glaubwürdigkeit nicht besser als Laien**, wobei insgesamt die falsche Handhabung von Glaubhaftigkeits-/Lügenmerkmalen überwiegt. D.h., es wird ein bestimmtes Verhalten als Lügen- oder Glaubhaftigkeitsmerkmal angesehen, obwohl es das nach dem aktuellen Stand der Wissenschaft nicht ist.[161] Untersuchungen ergeben Folgendes: Auch wenn die Betroffenen aufgefordert werden, einen freien Bericht über das fragliche Geschehen zu geben, werden diese bereits nach kurzer Zeit (im statistischen Mittel nach 7,5 Sekunden) unterbrochen.[162] Nach einer deutschen Untersuchung wird der Widerspruchsfreiheit bzw. der Blickvermeidung der größte Stellenwert als Indikator für die Glaubhaftigkeit bzw. Lüge beigemessen.[163] Überwiegend wird angenommen, dass Lügner in der Vernehmung nervös seien. Tatsächlich gibt es aber auch für den zu Unrecht Beschuldigten mannigfache Gründe für eine Nervosität.[164] Nach einem Experiment der Hochschule der Polizei in Villingen-Schwenningen ergab sich ein beunruhigendes Missverhältnis zwischen dem zeitlichen Anteil der beruflichen Aus- und Weiterbildung und dem Anteil der Vernehmungen für die Praxis. Selbst Studierende im Schwerpunktfach Vernehmung und Glaubhaftigkeit konnten die Glaubhaftigkeit von simulierten Situationen nicht richtig einschätzen.[165]
- Insgesamt finden **während der Vernehmung vielschichtige Beeinflussungen statt**, die weder von dem Vernehmenden noch der Auskunftsperson erkannt

158 Vgl. Habschick, Erfolgreich Vernehmen, S. 131.
159 Vgl. Hermanutz/Litzcke, Vernehmung in Theorie und Praxis, S. 71.
160 Vgl. Hermanutz/Litzcke, Vernehmung in Theorie und Praxis, S. 69.
161 Vgl. Hermanutz/Litzcke, Vernehmung in Theorie und Praxis, S. 229 ff.
162 So die Ergebnisse einer Studie aus Großbritannien, vgl. Hermanutz/Litzcke, Vernehmung in Theorie und Praxis, S. 72 u. im Prinzip für deutsche Beamte bestätigt, vgl. Hermanutz/Litzcke, Vernehmung in Theorie und Praxis, S. 254 f.
163 Vgl. Hermanutz/Litzcke, Vernehmung in Theorie und Praxis, S. 234 ff.
164 Vgl. Hermanutz/Litzcke, Vernehmung in Theorie und Praxis, S. 239 m.w.N.
165 Vgl. Hermanutz/Litzcke, Vernehmung in Theorie und Praxis, S. 242 f.

werden.[166] **Überwiegend werden geschlossene (= suggestive Fragen) gestellt**.[167]

63 Aus der Psychologie ist bekannt, dass der **Erstinformation entscheidender Effekt** zukommt. D.h., durch die Erstinformation entsteht der **sog. Ankereffekt**. Der Richter sucht unbewusst nach Informationen, die in der Beweisaufnahme diesen Anker (Erstinformation) bestätigen. Interessanterweise ist **dieses Phänomen bei Berufsanfängern genauso ausgeprägt wie bei erfahrenen Vorsitzenden**.[168]

64 Schünemann berichtete zutreffend, „die Kenntnis der tendenziell belastenden Ermittlungsakte führt den Richter dazu, auch nach einer ambivalenten Hauptverhandlung, die eigentlich einen Freispruch nahe legt, durchgehend zu verurteilen."[169] Der **Ankereffekt** bewirkt eine Verschiebung der richterlichen Wahrnehmung und Erinnerung vom Entlastungsinhalt zum Belastungsinhalt, weil die bereits aus der Ermittlungsakte bekannten („redundanten"), belastenden Information wesentlich besser apperzipiert und später erinnert werden.[170] Auch dieser psychologische Prozess lässt sich nicht vermeiden und liegt im Phänomen der selektiven Wahrnehmung. Eine vollständige und richtige Wahrnehmung aller Einzelheiten ist menschlich unmöglich, denn der Mensch nimmt pro Sekunde 10.000 Sinneswahrnehmungen auf. Diese Informationsvielfalt überfordert das menschliche Gehirn bei Weitem,[171] sodass der Mensch bei seiner Wahrnehmung selektieren muss, will er den Zusammenbruch des Gehirns vermeiden. „Man pflegt deshalb zu sagen, daß alle Wahrnehmung selektiv ist".[172] Selektiert, d.h., wahrgenommen wird das, was im Augenblick der Wahrnehmung interessiert.[173] Das jeweilige Interesse hängt von den jeweils individuellen Wünschen, Motiven, Befürchtungen, Erfahrungen etc. ab,

166 Vgl. Hermanutz/Litzcke, Vernehmung in Theorie und Praxis, S. 73.

167 Vgl. Hermanutz/Litzcke, Vernehmung in Theorie und Praxis, S. 81.

168 Vgl. Ehlers, „Zwar ist Justitia blind [.........]", Psychologie Heute, April 2004, S. 62 f., der Effekt ist manchmal so stark, dass er sogar von Laien beobachtet wird. Der Gerichtsreporter Hans Holzhaider führt in der SZ v. 26.5.2006 (Bayernteil dort S. 1) zum Fall „Karolina" aus: „Die Entschlossenheit mit größtmöglicher Härte durchzugreifen, muss sich bei Richter W. wohl schon während des Aktenstudiums herausgebildet haben, und sie prägte die Verhandlungsführung in einer Art, die zumindest das Prädikat ‚ungewöhnlich' verdient. Die Befragung der Anklagten Z.C. wurde von W. in einem Tonfall geführt, der einen Verteidiger, der seinen Beruf ernst nimmt, auf die Barrikaden hätte treiben müssen [.........] Deutlicher kann man nicht mitteilen, dass man die Wahrheit schon zu kennen glaubt, bevor noch der erste Zeuge aufgerufen ist." Vgl. auch Nickolaus, Ankereffekte im Strafprozess, S. 74 ff. m.w.N.

169 Schünemann, Der Richter im Strafverfahren als manipulierter Dritter? Zur empirischen Bestätigung von Perseveranz- und Schulterschlusseffekt, StV 2000, S. 161.

170 Vgl. Schünemann, Der Richter im Strafverfahren als manipulierter Dritter? Zur empirischen Bestätigung von Perseveranz- und Schulterschlusseffekt, StV 2000, S. 161.

171 Vgl. Bender/Nack, Tatsachenfeststellung vor Gericht, 2. Aufl., Rn 58.

172 Trankell, Der Realitätsgehalt von Zeugenaussagen, S. 17, vgl. auch Bürkle, Richterliche Alltagstheorien im Bereich des Zivilrechts, S. 103 m.w.N.

173 Vgl. Einmal, Zeugenirrtum und Beweismaß im Zivilprozess, NJW 2001, S. 468 ff.

sodass die Wahrnehmung durch das jeweilige Prisma der eigenen Persönlichkeit abhängt.[174] Obwohl Richter, so wird oft behauptet, durch ihre Ausbildung und Erfahrung für Wahrnehmungsverzerrungen sensibilisiert sein sollten, ändert dies nichts an der Wirkung von entsprechenden Einflüssen bei Richtern. In Experimenten hat sich nachweisen lassen, dass Anrufe von Reportern oder Zwischenrufe während einer Hauptverhandlung das Endergebbnis im Sinne von so gesetzten Ankern beeinflussen konnten.[175] Am besten ist der Ankereffekt für die Wirkung des Schlussvortrages erforscht. Dass sich das Urteil um den staatsanwaltlichen gesetzen Anker bewegt, hat – wie man zur Rechtfertigung vermuten könnte – nichts mit dessen Expertise zu tun, denn „diese [Forschungs-]Ergebnisse weisen darauf hin, dass nicht in der angenommenen Expertise des Anklagevertreters für die Abweichung [in Richtung des Ankers] zu suchen ist. Vielmehr zeigen die Untersuchungen, dass in Versuchen im Rahmen der Standardmethode selbst zufällig generierte Strafmaßforderungen einen Einfluss auf das Ergebnis der Urteilenden hatten. Diese Beeinflussung geht so weit, dass der Effekt fast nicht von dem Ankereffekt zu unterscheiden ist, der von den Ankern ausgeht, die von Staatsanwälten gesetzt wurden."[176] Wichtig ist, dass nachfolgende Plädoyers der Verteidigung den durch die Staatsanwaltschaft gesetzen Anker nicht neutraliseren konnten.[177]

Kommt es nur zu einer **selektiven Wahrnehmung**, so bedeutet dies, dass diese not- 65
wendigerweise unvollständig ist und aus Bruchstücken besteht. Die Wahrnehmung von Bruchstücken bedeutet jedoch, dass diese Bruchstücke in einen Handlungsablauf eingebettet werden müssen.[178] Der Handlungsablauf muss nach der **Theorie der kognitiven Dissonanz** sinnvoll sein. Diese Theorie, die erstmals 1957 von Leon Festinger beschrieben wurde,[179] bedeutet, dass der Mensch unbewusst ein Gleichgewicht in seinem kognitiven System, d.h., eine widerspruchsfreie Beziehung zwischen seinem Wissen und seinen Meinungen erstrebt. Einerseits entsteht beim Auftreten kognitiver Dissonanzen eine Motivation, diese Dissonanz zu reduzieren (durch Nichtwahrnehmung) und wieder Konsonanz herzustellen.[180] Andererseits werden die **Bruchstücke mit angeblichen Fakten ergänzt, welche mit den authentischen Bruchstücken eine logisch folgerichtige Ereignisabfolge bilden** (= logischer Ergänzungsmechanismus).[181] Die Ergänzungen erfolgen somit durch Ausfül-

174 Vgl. Altavilla, Forensische Psychologie, Bd. II, Die Psychologie der Strafprozessbeteiligten, S. 213.

175 Vgl. Nickolaus, Ankereffekte im Strafprozess, S. 74 ff. m.w.N.

176 Nickolaus, Ankereffekte im Strafprozess, S. 80.

177 Vgl. Englich/Mussweiler/Strack, The last word in Court – A Hidden Disadvantage for the Defense, Law and Human Behaviour 2005, Vol. 29, No. 6, S. 705, 715 ff.

178 Vgl. Bender/Nack, Tatsachenfeststellung vor Gericht, 2. Aufl., Rn 58.

179 Vgl. Dimitrius/Mazzarella, Reading people, S. 13.

180 Schünemann, Der Richter im Strafverfahren als manipulierter Dritter? Zur empirischen Bestätigung von Perseveranz- und Schulterschlusseffekt, StV 2000, S. 160.

181 Vgl. Trankell, Der Realitätsgehalt von Zeugenaussagen, S. 17.

lungen[182] und Schlussfolgerungen.[183] Diese Ausfüllungen und Schlussfolgerungen werden aufgrund der eigenen Erfahrung und Erwartung des Wahrnehmenden (Prisma der eigenen Persönlichkeit) ergänzt.[184]

66 **Der Perseveranz-Effekt bewirkt, dass Tatsachen, die die Ausgangshypothese (= Vorurteil, Vorerwartung) bestätigen, überschätzt und entgegengesetzte Informationen unterschätzt werden.** Nach dem Prinzip der selektiven Informationssuche werden zur Vermeidung kognitiver Dissonanzen wiederum unbewusst vorwiegend bestätigende Informationen oder leicht zu widerlegende widersprechende und damit doch wieder bestätigende Informationen gesucht. Ganz oder teilweise widersprechende Informationen werden – soweit Fakten nicht schlechthin unleugbar sind – oft gar nicht wahrgenommen.[185] Wenn also einmal eine Hypothese aufgestellt wurde, so wird vorwiegend nach Umständen gesucht, die diese Hypothese stützen. Reichen die zur Verfügung stehenden Informationen nicht zur Bestätigung der Hypothese aus, so wird nicht etwa die Hypothese verworfen, sondern es wird weiter (auch durch Uminterpretierung/Überbewertung/Unterschätzung konträrer Informationen) nach Informationen gesucht, bis die Hypothese verifiziert ist.[186]

67 **Die Ausfüllungen und Schlussfolgerungen hängen wesentlich von** dem Erwartungshorizont, d.h. **dem Vorurteil ab.**[187] Üblicherweise führt ein Vorurteil oder eine Erwartung, z.B. „daß man gleich wusste, daß das nicht gut gehen kann", oder, „schon wieder ein Porschefahrer, der zu schnell fuhr", dazu, (fast) alles, was wahrgenommen wird, als eine Bestätigung des Vorurteils zu interpretieren.[188]

68 Ein elementares Beispiel soll dies verdeutlichen. Prügeln sich ein schmutzig gekleideter und zuweilen die Schule schwänzender und ein freundlicher, gut gekleideter Schüler, so kommen „objektiv" eingestellte Personen überproportional häufig zu der Aussage, die tatsächlich aber nur eine Schlussfolgerung ist, dass der „nette Jun-

182 Vgl. Bender/Nack, Tatsachenfeststellung vor Gericht, 2. Aufl., Rn 60.

183 Vgl. Bender/Nack, Tatsachenfeststellung vor Gericht, 2. Aufl., Rn 62.

184 Vgl. Bender/Nack, Tatsachenfeststellung vor Gericht, 2. Aufl., Rn 60.

185 Vgl. Schünemann, Der Richter im Strafverfahren als manipulierter Dritter? Zur empirischen Bestätigung von Perseveranz- und Schulterschlusseffekt, StV 2000, S. 160 m.w.N.

186 Vgl. Scholz, Kennzeichen und Prozesse einer nicht glaubhaften Aussage, Recht und Psychiatrie, 2003, S. 76 ff.

187 Ein interessantes Beispiel der Wahrnehmungsverzerrung durch ein Vorurteil und den Perseveranz-Effekt liefert der Untersuchungsbericht des US-Senats zur Rolle der CIA im Irak-Krieg des Jahres 2004, die SZ v. 10./11.7.2004, S. 7 darf wie folgt auszugsweise zitiert werden: „Mitarbeiter aller Ebenen der US-Geheimdienste seien geblendet worden von ihrer eigenen Überzeugung, dass der Irak verbotene Waffen besitze. ‚Diese Gruppendynamik hat dazu geführt, dass zweifelhafte Hinweise als schlüssige Beweise für Waffenprogramme interpretiert wurden, gleichzeitig wurden entlastende Hinweise kleingeredet oder ignoriert, heißt es in dem Bericht.".

188 Vgl. Bender/Nack, Tatsachenfeststellung vor Gericht, 2. Aufl., Rn 89.

ge“ sich nur verteidigt hat, während der „böse Junge“ mit der Rauferei angefangen hat.[189]

Für den Richter bedeutete dies: „Wenn er nach dem, was ihm gerüchteweise zu Ohren gekommen ist, den Beschuldigten bereits zu Dreiviertel für überführt hält, wird er vielfach keine Bedenken haben, das, was von seinen Wahrnehmungen irgendwie der Umdeutung fähig ist, in diesem Sinne auszulegen.“[190] „Sobald der Verdacht der Unwahrheit aufgetaucht ist, wird der emotional Befangene alles nur noch so sehen und deuten, daß seine Befürchtungen [Vorurteil] ‚bestätigt' werden. [...] Das klassische Beispiel dafür ist Shakespeares Othello. Othello glaubt dem zwielichtigen Jago, der Zweifel in Othello geweckt hat, daß seine Frau Desdemona ihm untreu sei [und nicht seiner mit den Vorwürfen konfrontierten Frau, deren Weinen er gerade als Beleg ihrer Untreue umdeutet]. Ekman spricht deshalb auch vom ‚Othellofehler': einem Unschuldigen wird nicht geglaubt.“[191] 69

Der ergänzte, d.h. durch die Einbildung vervollständigte[192] Sachverhalt wird sodann als Erinnerung abgespeichert, ohne dass sich der Wahrnehmende der Ergänzung bewusst ist.[193] 70

Für den Schöffen, dem mit der Verlesung des Eröffnungsbeschlusses auch vorläufige Ermittlungsergebnisse bekannt gegeben werden, hat der BGH die Gefahr der Vorurteilsbildung erkannt: 71

„Über das Ermittlungsergebnis hat sich der Eröffnungsbeschluss, im Gegensatz zur Anklageschrift, nicht auszusprechen. Fehl am Platze sind Angaben, die dem gesetzlich umrissenen Zweck des Eröffnungsbeschlusses nicht dienen oder ihn beeinträchtigen, z.B. eine Darstellung der Ermittlungen, der Einlassung des Beschuldigten, ein Hinweis auf Schlüsse hieraus und eine vorweggenommene ‚Würdigung' der vorläufigen Ermittlungen. Sie können vor allem bei den Laienrichtern mehr oder weniger unbewusste, unüberprüfbare Eindrücke hervorrufen, die dem Beweisergebnis der Hauptverhandlung widersprechen und es unter Umständen im Gedächtnis der Richter zum Nachteil der Sachaufklärung beeinflussen. Dies hat das Reichsgericht aus ähnlichem Anlass unter Hinweis auf die Entstehungsgeschichte wiederholt hervorgehoben (z.B. RGSt 53, 176; 69, 120).“[194] 72

Auch wenn der Schöffe polizeiliche Aussagen aus den Akten mit der Aussage in der Hauptverhandlung vergleicht, hat der BGH einen Verstoß gegen den Grundsatz der Mündlichkeit und Unmittelbarkeit angenommen: 73

189 Vgl. Trankell, Der Realitätsgehalt von Zeugenaussagen, S. 18.
190 Döhring, Die Erforschung des Sachverhalts im Prozeß, S. 141.
191 Füllgrabe, Irrtum und Lüge, S. 91.
192 Vgl. Altavilla, Forensische Psychologie, Bd. II, Die Psychologie der Strafprozessbeteiligten, S. 199.
193 Vgl. Einmahl, Zeugenirrtum und Beweismaß im Zivilprozess, NJW 2001, S. 469, 472.
194 BGHSt 5, S. 261.

74 „Es mag lediglich das Bestreben des Schöffen, dem neben ihm sitzenden armamputierten Richter beim Umblättern der Schrift in der Sitzung behilflich zu sein, dazu geführt haben, dass er von dem Inhalt der Anklageschrift in der von ihm angegebenen Weise Kenntnis genommen hat. Allein die Tatsache, dass dies in dem bezeichneten Umfang geschehen ist, muss entscheidend sein. Denn der Schöffe durfte die Niederschrift der Staatsanwaltschaft, die auch nähere Angaben über das Ergebnis ihrer Ermittlungen enthielt, nicht dazu benutzen, um sich auf diese Weise über die zur Aburteilung stehenden strafbaren Handlungen des Angeklagten zu unterrichten. Das hat er aber getan. Denn er gibt selbst an, dass er in die Anklageschrift Einsicht genommen hat, um festzustellen, ob das Ermittlungsergebnis mit der Einlassung des Angeklagten und den Aussagen der Zeugen übereinstimmte. Damit war unmittelbar die Gefahr der Beeinflussung durch die im ‚Ermittlungsergebnis' niedergelegte Beurteilung gegeben. Gerade weil der Schöffe Vergleiche angestellt hat, ist es nicht ausgeschlossen, dass er bei Würdigung der Vorgänge in der Hauptverhandlung das Ermittlungsergebnis mitberücksichtigt, insbesondere etwaige Zweifel tatsächlicher Art bewusst oder unbewusst mit Hilfe seiner aus der Anklageschrift gewonnenen ‚Kenntnis' ausgeschlossen hat. Um den Grundsatz des § 261 StPO uneingeschränkt durchführen zu können, muss schon jede Gefahr dieser Art ausgeschaltet bleiben."[195]

75 Dem BGH ist zuzustimmen. Jede Gefahr dieser Art muss ausgeschaltet werden. Die Unterscheidung zwischen Schöffen und Berufsrichtern ist diesseits aber gerade nicht einleuchtend. Auch Berufsrichter unterliegen – ebenso wie Schöffen – der Gefahr der unbewussten Beeinflussung. Der wahrnehmungspsychologisch richtige Schritt wäre – de lege ferenda – gewesen, auch bei dem Berufsrichter systembedingte Wahrnehmungsverzerrungen zu vermeiden.

76 Stattdessen hat der BGH in der Folge – wirklichkeitsfremd – ausgeführt, dass der Laienrichter ebenso wie der Berufsrichter entsprechenden suggestiven Einflüssen widerstehen bzw. durch den Berufsrichter aufgeklärt werden kann:

> *„Die Gewährung von Akteneinsicht für Schöffen ist – ebenso wie für die beisitzenden Berufsrichter – gesetzlich nicht geregelt. Die Rechtsprechung hat sich bisher, soweit ersichtlich, nur mit dem Sonderfall der Überlassung einer schriftlichen Darstellung der Staatsanwaltschaft über das Ergebnis der Ermittlungen an die Schöffen befasst und sie für unzulässig erklärt. Das Reichsgericht hat hierzu unter Berufung auf den sich aus der Entstehungsgeschichte ergebenden Willen des Gesetzgebers ausgeführt, dass eine solche Überlassung den Grundsätzen der Mündlichkeit und Unmittelbarkeit zuwiderlaufe, weil bei Schöffen die Gefahr bestehe, dass sich ihre Eindrücke aus dieser Darstellung mit denen aus der Hauptverhandlung vermischen könnten, während die Berufsrichter im allgemeinen aufgrund ihrer Schulung und beruflichen Erfahrung zwischen bei-*

195 BGHSt 13, S. 73, 74 f.

den Erkenntnisquellen unterscheiden könnten (RGSt 69, 120, 124). Der Bundesgerichtshof ist bisher dieser Rechtsauffassung gefolgt (BGHSt 5, 261 f.; selbst für den Fall des Mitlesens: BGHSt 13,73 f., hierzu kritisch Pfeiffer in RuP 1977, 206, 208; BGH GA 1960, 314 f.; BGH MDR 1973, 19; BGH JR 1987, 389). Jedoch hat der 1. Strafsenat in einem obiter dictum Bedenken geäußert, dieser Rechtsprechung weiter zu folgen, weil die im Gesetz nicht vorgesehene unterschiedliche Behandlung von Berufs- und Laienrichtern nicht überzeugend begründbar sei. Auch den Laienrichtern, die dazu berufen sind, alle schwierigen Fragen tatsächlicher und rechtlicher Art gemeinsam und gleichberechtigt mit den Berufsrichtern zu entscheiden, dürfe unbedenklich zugetraut werden, Sinn und Bedeutung der Anklageschrift zu verstehen (BGH, Urt. vom 23.2.1960 – 1 StR 648/59). Demgegenüber hält die heute herrschende Meinung in der Literatur die Gewährung von Akteneinsicht für Schöffen im Hinblick auf eine gleichberechtigte, sachlich fundierte Entscheidung generell für zulässig, wenn nicht sogar im Einzelfall für geboten (Schäfer in Löwe/Rosenberg, StPO 24. Aufl. § 30 GVG Rn 2 b; Kissel, GVG 2. Aufl. § 30 Rn 2 bis 4; Kleinknecht/Meyer-Goßner, StPO 42. Aufl. § 30 GVG Rn 2; Rieß JR 1987, 389, 391 ff.; Terhorst MDR 1988, 809; Hanack JZ 1972, 314; Schreiber in FS für Welzel S. 941, 956; Volk in FS für Dünnebier S. 373, 382 f.; aA Eberhard Schmidt JR 1961, 31). Der Senat braucht hier nicht zu entscheiden, ob die bisherige Rechtsprechung des Bundesgerichtshofs zur Überlassung des wesentlichen Ergebnisses der Ermittlungen an die Schöffen noch aufrechterhalten werden kann, oder ob den Bedenken des 1. Strafsenats (a.a.O.) und der ablehnenden Meinung in der Literatur der Vorzug zu geben ist, wozu er allerdings neigt.“[196]

Durch die **Kenntnis der Ermittlungsakte** kommt es jedenfalls zu dem sog. **Schulterschlusseffekt**, der die Wahrnehmung weiter beeinträchtigt. Der Schulterschlusseffekt besagt, „wenn der Staatsanwalt in einer ambivalenten Beurteilungssituation eine zweifelhafte Entscheidung trifft, wird diese anschließend vom Richter in der Regel nicht korrigiert, sondern fortgesetzt.“[197] Im Experiment mit Richtern und einer wenig belastenden Akte konnte nachgewiesen werden, dass eine Anklageerhebung mit Zweidrittelmehrheit abgelehnt wird, wenn nur die Akte vorgelegt wird. Die identische Akte führt jedoch zu einer überwiegenden Anklagezulassung, wenn 77

196 BGHSt 43, S. 36, 38 f.

197 Schünemann, Der Richter im Strafverfahren als manipulierter Dritter? Zur empirischen Bestätigung von Perseveranz- und Schulterschlusseffekt, StV 2000, S. 162.

eine von der Staatsanwaltschaft vorformulierte Anklage zur Unterschrift beigefügt wird.[198] D.h., **die Kenntnis der Beurteilung der Staatsanwaltschaft führt zu einer verfälschten Wahrnehmung zulasten des Angeklagten**.[199] Auch das leitet sich wiederum von bekannten psychologischen Phänomenen ab. Aus dem Mitläufereffekt[200] ergibt sich eine Anlehnung an die Erwartung anderer Personen, der umso stärker ausgeprägt ist, je mehr Kompetenz bei der vorgebenden Person vermutet wird.[201] Durch vorgefertigte Anklageschriften, Untersuchungsbeschlüsse, Strafbefehle etc. wird bereits die Erwartung impliziert, das vorformulierte Schriftstück zu unterzeichnen. Das wiederum führt zu dem sog. Pygmalioneffekt[202] und der unbewusst Beeinflusste (der Richter) passt sich mit seiner Wahrnehmung (beim Aktenstudium) wiederum der Erwartung an. „Der Pygmalioneffekt ist eine der größten Gefahren für die Wahrheitsfindung bei Gericht."[203] Hinzu kommt, dass aus der sozialpsychologischen Forschung bekannt ist, dass Personen die auf den zu Überzeugenden (= Tatrichter) sympathisch wirken oder ähnliche Einstellungen haben (= alle Zeugen im Sinne des Vorurteils des Richters = Belastungszeugen oder Staatsanwälte – allein durch die Laufbahnverquickungen) einen stärkeren Eindruck auf die Meinung und Überzeugung des anderen haben.[204]

78 Diese unbewusst zulasten des Angeklagten ablaufenden Prozesse ziehen sich somit durch die ganze Struktur des deutschen Strafprozesses. Weil es sich um unbewusst ablaufende Phänomene handelt, haben sich bisher Aufklärungen und Schulungen zur Vermeidung als ineffektiv erwiesen. Es wird sogar angenommen, dass der Effekt auch durch „genaueres Nachdenken" gar nicht beeinflusst werden kann und zudem voraussetzt, dass der Effekt zuerst einmal an sich selbst erkannt werden müsste, was unwahrscheinlich sei.[205] Vermutlich besteht die einzige Möglichkeit, entsprechende Effekte abzumildern, wenn in einem Kollegium ein Mitglied die Rolle des advocatus diaboli übernimmt und nach Gründen für das Gegenteil sucht (sog.

198 Vgl. Schünemann, Der Richter im Strafverfahren als manipulierter Dritter? Zur empirischen Bestätigung von Perseveranz- und Schulterschlusseffekt, StV 2000, S. 162.

199 Der Automatismus von Anklageschrift und Verfahrenseröffnung – vgl. Hamm in Hamm/Lohberger (Hrsg.),„Beck'sches Formularbuch für den Strafverteidiger, 4. Aufl., S. 265 – wurde durch das Experiment unterbrochen, indem die Teilnehmer instruiert wurden, dass bereits die Anklageerhebung mit äußerst nachteiligen Konsequenzen für den Angeklagten verbunden waren – vgl. Schünemann, Der Richter im Strafverfahren als manipulierter Dritter? Zur empirischen Bestätigung von Perseveranz- und Schulterschlusseffekt, StV 2000, S. 162, vgl. zum Automatismus zwischen Anklageerhebung und Anklagezulassung auch Barton, Einführung in die Strafverteidigung, S. 241 Fn 98 (nur 0,60 % der Anklagen zum AG wurden nicht zugelassen).

200 Vgl. Bender/Nack, Tatsachenfeststellung vor Gericht, 2. Aufl., Rn 103.

201 Vgl. Bender/Nack, Tatsachenfeststellung vor Gericht, 2. Aufl., Rn 107.

202 Vgl. Bender/Nack, Tatsachenfeststellung vor Gericht, 2. Aufl., Rn 106.

203 Bender/Nack, Tatsachenfeststellung vor Gericht, 2. Aufl., Rn 106.

204 Vgl. Oswald, Richterliche Urteilsbildung, S. 248 ff., 250 in Psychologie im Strafverfahren.

205 Vgl. Nickolaus, Ankereffekte im Strafprozess, S. 85 ff. m.w.N.

consider the opposite) bzw. der Einzelrichter sich gedanklich aktiv nach Gründen für das Gegenteil bemühen müsste.[206]

1. Aufgrund des **Lerneffekts**, dass die meisten Angeklagten zu Recht angeklagt und verurteilt werden, folgt **durch Üblichkeit und Gewöhnung ein Misstrauen auch dem konkreten Angeklagten gegenüber**.[207] Die These vom unbefangenen Richter, der seine Entscheidung allein aufgrund der Hauptverhandlung trifft, widerspricht wissenschaftlichen Erkenntnissen und ihr muss ausdrücklich widersprochen werden.[208]
2. Durch die **Kenntnis der tendenziell belastenden Ermittlungsakte entsteht als Erstinformation ein Ankereffekt**, der dazu führt, dass unbewusst vorwiegend nach Informationen gesucht wird, die diese verankerte Erstinformation bestätigen. Durch die Hereingabe der Ermittlungsakte entsteht überdies eine wahrnehmungsverzerrende Wirkung auf den Richter, sich der Erwartung der Staatsanwaltschaft anzupassen (Schulterschluss-, Pygmalion- und Mitläufereffekt).
3. Durch die Notwendigkeit, einen Eröffnungsbeschluss zu fassen, hat der Richter ein gesetzlich zwingendes Vorurteil der wahrscheinlichen Verurteilung gegen den Angeklagten, gem. § 203 StPO. Zutreffend spricht Schwenn von einem mit dem Eröffnungsbeschluss stets verbundenen Vorurteil.[209] Wer einem mit Vorurteil gegen sich selbst versehenen Richter gegenübersteht, steht aber nicht mehr einem fairen, unvoreingenommenen Richter gegenüber, sondern einem Richter, dem psychologisch ein unvoreingenommenes und faires Urteil gar nicht mehr möglich ist (selektive Wahrnehmung, logische Ergänzung durch Ausfüllung und Schlussfolgerung in Richtung des Vorurteils durch Perseveranz-Effekt und Vermeidung kognitiver Dissonanz). „Die Bereitschaft der Auskunftspersonen zur Wahrnehmungsverzerrungen infolge subjektiver Erwartung geht mitunter bis an die Grenze der Verleugnung der Realität.“[210] Krekeler stellt zutreffend fest, dass nicht mehr zu leugnen sei, dass der Richter mit einer Voreingenommenheit, d.h., Schuldhypothese zulasten des Angeklagten in die Verhandlung eintritt.[211] Selbst der unparteiischste Richter kann sich hiervon nicht lösen.[212] Damit sind „die Würfel für die Hauptverhandlung“ in der Regel bereits

206 Vgl. Nickolaus, Ankereffekte im Strafprozess, S. 88 m.w.N.

207 Vgl. Schmitt, Die richterliche Beweiswürdigung im Strafprozess, S. 441.

208 Vgl. Krekeler, Der befangene Richter, NJW 1981, S. 1633, 1636; vgl. auch Schmitt, Die richterliche Beweiswürdigung im Strafprozess, S. 427 f.

209 Vgl. Schwenn, Fehlurteile und ihre Ursachen – die Wiederaufnahme im Verfahren wegen sexuellen Missbrauchs, StV 2010, S. 705 f.

210 Vgl. Bender/Nack/Treuer, Tatsachenfeststellung vor Gericht, 3. Aufl., Rn 94.

211 Vgl. Krekeler, Psychologie des Strafverfahrens, StraFo 2001, 329 ff.

212 Vgl. Nonn, Die Beweiswürdigung im Zivilprozess unter besonderer Berücksichtigung des Kantons Basel Land, S. 7, vgl. auch Schulz, Sachverhaltsfeststellung und Beweistheorie, S. 47 m.w.N.

vor deren Beginn contra legem gefallen.[213] Folgerichtig ist die Freispruchsquote gering. Die geringe Freispruchsquote wäre freilich nicht zu beanstanden, wenn – wie eben nicht – ein unbeeinflusster Richter entscheiden würde. Von Verteidigern werden auch Einstellungen nach §§ 153, 153a ff. StPO akzeptiert, statt nahe liegender Freisprüche. **Zu Einstellungen statt Freisprüchen kommt es in einer unbekannten Anzahl an Fällen auch dann, wenn die Glaubwürdigkeit des einzigen Belastungszeugen nach einem Glaubwürdigkeitsgutachten suspekt ist,**[214] also gemäß dem in dubio pro reo Grundsatz ein Freispruch erfolgen müsste. Dass die Verteidigung auf Freisprüchen oft nicht besteht, erklärt sich daraus, dass in diesen Fällen die Gefahr verbleibt, dass der Richter das Urteil doch anders fällt und revisionssicher schreibt (s.u.). Freilich kommt es auch zu Einstellungen, um eine Verurteilung zu umgehen. Auch im Zivilrecht wird von einem Grundsatz, „wer sich nicht vergleicht, verliert“ berichtet, der freilich nicht immer richtig ist. In einer Entscheidung zur Zulässigkeit der Absprachenpraxis erkennt der BGH dieses Vorurteil zu Lasten des Angeklagten ausdrücklich an. Der BGH formuliert dies mit dem Hinweis, dass angeblich die nötige Unvoreingenommenheit und Objektivität des Gerichts trotzdem gegeben sei, wie folgt: „Denn daß sich das Gericht während des Verfahrens – vorbehaltlich des weiteren Verfahrensganges und des Beratungsergebnisses eine Meinung über das mögliche Verfahrensergebnis bildet, ist der Strafprozessordnung nicht fremd und liegt bereits dem Beschluss über die Eröffnung des Hauptverfahrens oder Haftentscheidungen zugrunde.“[215]

4. Die Konsequenz dieser Wahrnehmungsverzerrungen führt zu dem Phänomen, „dass dementsprechend der Verteidiger den völligen Zusammenbruch der Anklage konstatieren zu können glaubt, während beim Richter noch nicht einmal ein Zweifel zu erkennen ist; und dass dadurch der Rechtsgrundsatz ‚in dubio pro reo‘ de facto gewissermaßen auf den Kopf gestellt wird, weil der Verteidiger die Unrichtigkeit der Anklage beweisen muß, wenn er wirklich einen Freispruch erreichen will.“[216] „Es liegt in der menschlichen Natur begründet, dass auch ein guter Richter, der einen Akt studiert hat, sich noch vor der Hauptverhandlung ein Bild über den zu führenden Prozess macht und dass er versucht, seine bereits aus dem Aktenstudium gewonnene Meinung durch das Prozessergebnis zu erhärten. Nur allzu leicht werden in einer solchen Stimmung Behauptungen eines

213 Vgl. Schünemann, Der deutsche Strafprozess im Spannungsfeld zwischen Zeugenschutz und materieller Wahrheit, StV 1998, S. 391, 394 f.

214 Vgl. Busse/Volbert, Glaubwürdigkeitsgutachten in Strafverfahren wegen sexuellen Mißbrauchs, S. 131 ff. in Psychologie der Zeugenaussage.

215 BGHSt 43, S. 195, 207 f.

216 Schünemann, Der Richter im Strafverfahren als manipulierter Dritter? Zur empirischen Bestätigung von Perseveranz- und Schulterschlusseffekt, StV 2000, S. 163.

Beschuldigten oder Aussagen von Zeugen als unglaubwürdig abgetan, um nicht eine mühsam aufgebaute Beweiskette zu zerstören.“[217]

5. Dementsprechend ist es nur folgerichtig, dass Richter und Verteidigung den Inhalt einer Zeugenaussage in einer unbekannten Anzahl an Fällen völlig unterschiedlich, sofern sie irgendwie, wie meist, der Interpretation zugänglich ist, wahrnehmen. „Jeder Verteidiger [...] hat, je größer seine Berufserfahrung ist, in umso mehr Urteilen gelesen, dass Zeugen Tatsachen bekundet hätten, von denen nie die Rede war, oder solche gar, die dem diametral widersprachen, was nach Auffassung des Verteidigers wirklich ausgesagt wurde.“[218] „Erfahrene Verteidiger wissen, welche Tore sich auf dieser Basis öffnen. Ein Zeuge wird vernommen. Er sagt „A“ aus. Gericht und Staatsanwaltschaft beharren darauf, dass der Zeuge „B“ gesagt habe. Im Urteil findet sich nur der angeblich vom Zeugen bekundete Sachverhalt „B“ wieder. All das ist für die Verteidigung, da kein Wortprotokoll geführt wird, mit der Revision nicht angreifbar.“ Rolf Bossi teilt aus seiner Erfahrung mit, dass die vom Tatrichter fälschlich aufgeführten, aber jederzeit revisionssicher zu formulierenden Urteilsgründe, der Albtraum eines Verteidigers seien. Es ist nicht einmal möglich, eine umfangreiche, schriftlich fixierte Erklärung abzugeben, in der die Verteidigung niederlegt, was die Zeugin ihrer Auffassung nach bekundet hätte, verbunden mit der Aufforderung an das Gericht, einen Hinweis zu geben, wenn die Verteidigung sich irren sollte. Das Gericht kann auch in diesem Fall sein Urteil auf angebliche Bekundungen der Zeugin stützen, die der Auffassung der Verteidigung in wesentlichen Punkten widerspricht. Es ist ferner unzulässig, wenn die Verteidigung eine Verfälschung eines Beweisergebnisses verhindern will und einen Beweisantrag dergestalt stellt, dass zum Beweis, dass Zeuge A dies und Zeuge B jenes bekundet hatte, die Tonbandmitschnitte der jeweiligen Aussagen in Augenschein zu nehmen sind.

6. Diese unbewusst ablaufenden Phänomene machen es dem Tatrichter möglich, sogar gravierende sachliche Bedenken kraft seiner subjektiven Überzeugung zu überwinden.[219] Inwiefern dies mit § 286 ZPO bzw. § 261 StPO zu vereinbaren ist, hängt von dem jeweiligen Schwergewicht der revisionsrechtlichen Prüfung ab (vgl. hierzu § 6 Rdn 112 ff.). „In Kantinengesprächen klingt dies scherzhaft so: „Je schwächer die Beweislage, desto stärker die richterliche Überzeugung.“[220] Oder anders: „Die tatrichterliche Überzeugung [...] wird im Text des

217 Tschadek, Der Beweis, S. 59.

218 König, Die Verteidigung in der Hauptverhandlung in Ziegert (Hrsg), Grundlagen der Strafverteidigung, Boorberg-Verlag, 2000, S. 211.

219 Vgl. Eschelbach, Feststellungen, in: Festschrift für Gunter Widmaier zum 70. Geburtstag, S. 127, 134.

220 Eschelbach, Feststellungen, in: Festschrift für Gunter Widmaier zum 70. Geburtstag, S. 127, 134.

schriftlichen Urteils formelhaft behauptet und umso mehr betont, je zweifelhafter der Befund erscheinen könnte."[221]

Da es (immer noch) kein Wortprotokoll oder eine andere Form der Dokumentation der Hauptverhandlung (vor dem LG in Strafsachen) gibt, sondern nur Notizen des Berichterstatters, die dieser nur aus seiner parteiischen, voreingenommenen und zwingend unvollständigen Wahrnehmung fertigt (s.o.), liegen Unvollständigkeiten, Missverständnisse und Unrichtigkeiten zwischen dem Aussagendem und Gericht zulasten des Angeklagten auf der Hand.[222]

Es ist daher zutreffend, dass eine nicht stenographierte Zeugenaussage die schändlichste Justizlüge und das Todesurteil für den Zeugenbeweis ist.[223] Die fehlende wörtliche Protokollierung führt in nicht wenigen Fällen dazu, dass dem Angeklagten ein Mittel genommen ist, seine Unschuld nachzuweisen. Der dringenden und vielfach zitierten Forderung nach einem wörtlichen Protokoll (Wortprotokoll oder Stenomitschrift oder audio-visuelle Dokumentation) ist daher nur zuzustimmen.[224] V.a. wäre ein Wortprotokoll für die spätere Bewertung der Suggestionsfreiheit der Aussage unverzichtbar.[225]

Der Befund ist umso besorgniserregender, als **bereits im 19. Jahrhundert auf die Gefahren für die Wahrheitsfindung durch unbewusste psychologische Prozesse aufmerksam gemacht wurde**, aber immer noch keine Abhilfe geschaffen wurde.[226] Vor mehr als 100 Jahren teilte Alsberg hierzu mit: „Es ist schlechterdings nicht einzusehen, weshalb man auf diese Protokollierung, die besonders, wenn sie durch den Gebrauch der Stenographie unterstützt wird, eine außerordentliche Vollkommenheit erreichen kann, in der Praxis im Gegensatz zu früher verzichtet."[227]

Hinweis

In der Praxis werden die o.g. unterbewusst ablaufenden psychologischen Gesetzmäßigkeiten dadurch bestätigt, dass in nicht gerade wenigen Fällen der Richter die **Urteilsformel während des Plädoyers** des Verteidigers nieder-

221 Graf/StPO/Eschelbach, § 261 Rn 42.

222 Vgl. Schmitt, Die richterliche Beweiswürdigung im Strafprozeß, S. 328.

223 Vgl. Altavilla, Forensische Psychologie, Bd. II, Die Psychologie der Strafprozeßbeteiligten, S. 207 m.w.N.

224 Vgl. Bender/Nack, Tatsachenfeststellung vor Gericht, 2. Aufl., Rn 833.

225 Vgl. Habschick, Erfolgreich Vernehmen, S. 60.

226 Vg. von Kirchmann, Die Wertlosigkeit der Jurisprudenz als Wissenschaft, Ein Vortrag gehalten in der Juristischen Gesellschaft zu Berlin 1848, Nachdruck, Libelli Bd. 34, Darmstadt 1956 u. 1960, S. 18 f., zitiert nach Motsch, Vom rechtsgenügenden Beweis S. 35, vgl. auch Laplace, Théorie analytique des probabilités (1812), S. 123 f., zitiert nach Motsch, Vom rechtsgenügenden Beweis S. 126.

227 Alsberg, Justizirrtum und Wiederaufnahme, S. 72.

schreibt. Selbst wenn diese Unsitte erkannt wird, stellt dies keinen revisiblen Fehler dar.[228] Auch wenn der Richter die Urteilsformel bereits vorbereitet hatte, stellt dies ebenso wenig einen revisiblen Fehler dar. Ist der Entwurf zu den Akten genommen, handelt es sich nach h.A. nur um einen „bösen Schein einer Voreingenommenheit“,[229] aber nicht um einen revisiblen Rechtsfehler.

7. Da in **der Rechtspraxis keine effektive Kontrolle der Beweiswürdigung stattfindet**, der Angriff dagegen in der Revision a priori nahezu aussichtslos ist,[230] muss selbst jeder sinnlose, da von Anfang an vergebliche, Angriff auf die Beweiswürdigung vom Tatrichter als Bestätigung der Richtigkeit seiner Entscheidung aufgefasst werden. **Das gilt auch dann, wenn das Ergebnis zwar nicht richtig ist, aber schlicht revisionssicher formuliert wurde**,[231] oder dass es zwar Zweifel an der Schuld des Angeklagten gab, die jedoch von der Revision nicht beanstandet wurden.[232] Oder sei es, dass Revisionen ohne Begründung durch Beschluss als offensichtlich unbegründet verworfen wurden, von denen es nicht einmal ein Richter, der 21 Jahre Vorsitzender am BGH war (Sarstedt), für möglich gehalten hätte, sodass ihm nur die Vermutung geblieben ist, dass sich Begründungen für diese Entscheidung eben nicht hätten schreiben lassen.[233] Damit setzen sich die o.g. zulasten des Angeklagten ablaufenden Phänomene durch Bestätigung und erneuten Lerneffekt fort. Ohne eine auch tatsächlich (effektiv) kontrollierende zweite Instanz wird bei dem Tatrichter ein Allmachtsgefühl erzeugt, das fehlerhafte Entscheidungen fördert, statt sie zu verhindern.[234]
8. Der frühere Richter am BGH Eschelbach berichtet, dass es Revisionsrichtern aufgefallen sei, dass der Grundsatz „in dubio pro reo“ praktisch keine Rolle mehr spiele,[235] sodass mittlerweile das Beweismaß der hohen Wahrscheinlichkeit[236] verlangt werden würde.[237]

228 Vgl. BGHSt 11, S. 74 ff., a.A. aber Dahs/Dahs, Die Revision im Strafprozess, 7. Aufl., Rn 155, 242, 362 m.w.N.; ebenso kritisch Hamm, Die Verteidigungsschrift im Verfahren bis zur Hauptverhandlung, StV 1982, S. 490, 495 m.w.N.

229 Vgl. LR-StPO/Gollwitzer, § 261 Rn 37 m.w.N.

230 Vgl. Nack, Verteidigung bei der Glaubwürdigkeitsbeurteilung von Aussagen, StV 1994, S. 555.

231 Vgl. Halbgötter in Schwarz, S. 67, 110.

232 Vgl. Herdegen, Die revisionsrechtliche Kontrolle der Beweiswürdigung, S. 126, in Beweisantragsrecht, Beweiswürdigung, strafprozessuale Revision.

233 Vgl. Sarstedt/Hamm, Die Revision in Strafsachen, 5. Aufl., Rn 463, zitiert nach, Barton, Die Revisionsrechtsprechung des BGH in Strafsachen, Fn 486.

234 Vgl. Bauer, Gerichtsschutz als Verfassungsgarantie, S. 101.

235 Vgl. Graf/StPO/Eschelbach, § 261 Rn 44.

236 So erneut in BGH, NJW 1999, S. 1562, 1564; vgl. hierzu aber in diesem Werk § 6 Rdn 112 ff.

237 Vgl. Eschelbach, Feststellungen, in Festschrift für Gunter Widmaier zum 70. Geburtstag, S. 127, 135.

Putzke meint:

„Die Probleme ließen sich durchaus lösen: zunächst darf man nicht glauben (und Studierenden nicht den Floh ins Ohr setzen), dass eine Staatsanwaltschaft, die jemanden anklagt, objektiv sein könne. Ohne das Wissen darum, dass der gesetzliche Anspruch sich in der Praxis kaum realisieren lässt (Theorie der kognitiven Dissonanz, Perseveranz- und Schulterschlusseffekt, etc.), erhält man selbstgerechte und unkritische Staatsanwälte. Solche Ankläger werden das hier Geschriebene für übertrieben erklären. Für sie gilt, was der polnische Schriftsteller STANISLAW JERZY LEC gesagt hat: ‚Mancher meint, er wäre objektiv, weil er mit seinem rechten und linken Auge dasselbe sieht.' Das Unmögliche ist nun aber einmal Gesetz. Und so wäre es am Gesetzgeber, die Sache zu richten.“[238]

Hamm/Hassemer/Pauly weisen zutreffend darauf hin, dass auch Tatrichter den Mechanismen von Vorurteil und Sinnerwartung unterliegen würden und an den Gesetzen menschlicher Urteilsbildung kein staatliches Gesetz etwas ändern könne.[239]

Dahs/Dahs halten es unter dem Gesichtspunkt der Unparteilichkeit des Richters (§ 24 StPO) mit Recht bedenklich, wenn der erkennende Richter an Vorentscheidungen (Anordnung der U-Haft, Durchsuchungsbeschlüsse, Zulassung der Anklage, etc.) mitgewirkt hat.[240]

Hinweis

Die Rechtsprechung behilft sich zur Umgehung dieser Probleme mit einer realitätswidrigen Fiktion und formuliert: „Für einen Richter ist es in der Regel selbstverständlich, dass er in der neuen Sache sein Urteil nur aufgrund der neuen Verhandlung bildet; normalerweise kann davon auch der vernünftige Angeklagte ausgehen. Diese Auffassung ist in der Rechtsprechung des Reichsgerichts und des Bundesgerichtshofs sogar bei den Richtern vertreten worden, die in demselben Verfahren bei einer Zwischenentscheidung (vgl. RG JW 1929, 263; BGH GA 1962, 282) oder bei einem früheren Urteil mitgewirkt haben, das wegen irriger Rechtsauffassung vom Revisionsgericht aufgehoben worden ist (vgl. RGSt 65, 40, 42, 43; BGH JR 1957, 68).“[241] Es ist bemerkenswert, dass sich die Erkenntnisse der Wirtschaftswissenschaften und Entscheidungspsychologie, denen zufolge es keinen Homo Oeconomicus, sondern nur einen Homo Psychologicus gäbe, nicht in der Rechtsprechung mit Einräumung eines Judex Psychologicus durchsetzen.

238 Putzke, Ein Rüffel für den Staatsanwalt, ZAP Kolumne, ZAP Nr. 22 vom 12.11.2008, S. 1228.

239 Vgl. Hamm/Hassemer/Pauly, Beweisantragsrecht, 2. Aufl., Rn 151.

240 Vgl. Dahs/Dahs, Die Revision im Strafprozess, 7. Aufl., Rn 168, 592 m.w.N.

241 BGHSt 21, S. 334, 341, ebenso OLG Düsseldorf, NStZ-RR 1997, S. 175 f.

9. Deckers teilt Folgendes mit: „Der Strafprozess ist ein reformierter Inquisitionsprozess mit allen damit verbundenen nachteiligen Folgen für die Strafverteidigung – und die [in den 60er Jahren beabsichtigte] große Reform ist ausgeblieben. Stattdessen belegen viele Novellen der Strafprozessordnung nur das institutionelle Misstrauen gegen den Beschuldigten und seine Verteidigung.[…] Es ist vor allem dieser Übergang der Beweisführungslast vom Staatsanwalt auf den Vorsitzenden und das Gericht, der dem deutschen Strafprozesssystem den inquisitorischen Charakter einprägt und der weitere Verfahrensaufgaben – namentlich das Fragerecht, die Sachleitung mit dem Bestimmungsrecht über die Reihenfolge der Beweiserhebung, die Entscheidung über die Zulassung von der Verteidigung präsentierter Beweismittel, die Bestimmung über das Beweisprogramm insgesamt, die Auswahl der Sachverständigen – sachzwanghaft nach sich zieht. Völlig zu Recht wird in historischer Kommentierung in Löwe-Rosenberg postuliert, dass es in diesem System für die Verteidigung keine Waffengleichheit geben kann.„[242][243]

Praxistipp

Um den o.g. Wahrnehmungsverzerrungen zu Lasten des Angeklagten entgegenzutreten sind möglichst frühzeitige Stellungnahmen angezeigt, die einen **Gegenanker** darstellen. Darunter kann ggf. auch eine Anhörungsrüge gem. § 33a StPO gegen den Eröffnungsbeschluss folgen. Diese könnte wie folgt eingeleitet werden: „*Gegen den Eröffnungsbeschluss, der mit ordentlichen Rechtsmitteln nicht anfechtbar ist, ist die Anhörungsrüge gemäß § 33a StPO statthaft, da aufgrund des Justizgewährungsanspruches gegen jede letztinstanzliche fachgerichtliche Entscheidung ein Rechtsbehelf gegeben sein muss (BVerfGE 107, 305 ff.), also auch gegen einen Eröffnungsbeschluss. Der Eröffnungsbeschluss vom XY verletzt Art. 103 Abs. 1 GG.*“ Ebenso kann bzw. sollte eine **Eröffnungserklärung** der Verteidigung als sog. „opening statement“ genutzt werden (§ 243 Abs. 5 S. 3 StPO).[244]

242 Im Original folgende Fußnote: vgl. Löwe-Rosenberg, 21. Aufl., 1977, Ergänzungsband, Einleitung S. 2.

243 Deckers, 25 Jahre Strafverteidigung im Gegenwind, AnwBl. 2009, S. 241 f.

244 Vgl. Nickolaus, Ankereffekte im Strafprozess, S. 90 f. m.w.N.

§ 17 Die wichtigsten Aussagekriterien

Inhalt

A. Allgemeines

Nach einem Beschluss des BVerfG sollen **aussagepsychologische Fragen keine abgelegene, sondern eine für den Richter wie für den Anwalt zentrale Frage darstellen**, die in der juristischen Fachliteratur ausführlich abgehandelt werden würde.[1] 1

1 Vgl. BVerfG, NJW 2003, S. 1443.

Dieser Beschluss zeichnet sich durch eine Praxisferne aus (vgl. hierzu aber ausführlich in diesem Werk Teil III).

2 Der **Zeugenbeweis ist das praktisch wichtigste Beweismittel**. Die fehlerfreie Erinnerung und Wiedergabe sind nicht die Regel, sondern die Ausnahme.[2] Trotz dieses Wissens um die Irrtumsanfälligkeit von Zeugenaussagen **wird den Irrtumsmöglichkeiten viel zu wenig Aufmerksamkeit in der konkreten Beweiswürdigung zugewendet**.[3] „Es ist fürwahr eine schwankende Brücke, die der Richter betritt, wenn er auf einen Zeugenbeweis hin zu einer Verurteilung gelangt."[4] D.h., der Wert des Zeugenbeweises ist gering.[5] In der älteren Rechtsprechung war dies noch bekannt. Der 3. Strafsenat des RG führt aus, dass zwar „erdrückende Verdachtsgründe" gegen den Angeklagten vorlägen, aber jedenfalls leise Zweifel an der Richtigkeit der ihn belastenden Zeugenaussage vorlägen, die zu einem Freispruch zwängen.[6] Gleichwohl wird wohl immer noch einem Zeugen in der weit überwiegenden Anzahl der Fälle geglaubt (s.o. § 16 Rdn 1 ff.).[7] Zudem besteht eine **Diskrepanz zwischen Schein und Sein**. Die Rechtsprechung konstatiert,[8] „das beste Instrumentarium zur Beurteilung der Glaubhaftigkeit hält jedoch die Aussageanalyse bereit,"[9] und behauptet, dass der Tatrichter hierfür die nötige Kompetenz habe,[10] obwohl den meisten Tatrichtern hierfür die notwendigen Kenntnisse fehlen[11] und „die Nichtberücksichtigung von diesbezüglichen [aussagepsychologischen] Sachverständigen wurde nie davon abhängig gemacht, dass der Richter sich selbst tatsächlich adäquat qualifiziert hatte."[12]

2 Vgl. Undeutsch, Handbuch der forensischen Psychologie, 11. Bd., S. 30 m.w.N., vgl. auch Rüssmann, Physiologische und psychologische Streiflichter zum Zeugenbeweis, S. 801, in Festschrift für Rudolf Wassermann.

3 Vgl. Bürkle, Richterliche Alltagstheorien im Bereich des Zivilrechts, S. 140.

4 Alsberg, Justizirrtum und Wiederaufnahme, in Max Alsberg, Ausgewählte Schriften, Taschke (Hrsg.), S. 87.

5 Vgl. Boetticher, Anforderungen an Glaubhaftigkeitsgutachten, S. 55 f., in Verfahrensgerechtigkeit und Zeugenbeweis.

6 Vgl. RG, JW 1929, S. 864.

7 Vgl. Reinecke, Die Krise der freien Beweiswürdigung oder Über die Schwierigkeit, einem Zeugen nicht zu glauben, MDR 1986, S. 630, 631.

8 Vgl. BGH, 1 StR 553/01, vgl. z.B. auch Kassationshof des Schweizerischen Bundesgerichts Az.: 6p.45/2002: „Bei der Abklärung des Wahrheitsgehaltes von Zeugenaussagen hat sich die so genannte Aussageanalyse weitgehend durchgesetzt.", http://www.polyreg.ch/bgeunpub/Jahr_2002/Entscheide_6P_2002/6P.45__2002.html.

9 Schäfer, Praxis des Strafverfahrens, Rn 938.

10 Vgl. BGH, BGHSt 8, S. 130, vgl. auch BGH, NJW 1961, S. 1636; BGH, NStZ 1982, S. 170; BGH, NStZ 1985, S. 229; BGH, NStZ 1987, S. 182.

11 Vgl. Schneider, Beweis und Beweiswürdigung, 5. Aufl., Rn 872, vgl. auch Kirchhoff, Richter als Zeugen – Bericht über ein Wahrnehmungsexperiment, MDR 2001, S. 661: „Zumindest schlagen sich die Ergebnisse nicht in den Urteilsbegründungen oder auch dem Beurteilungshorizont des Entscheiders nieder.".

12 Keller, Verwissenschaftlichung versus Rationalität bei der Beweiswürdigung, GA 1999, S. 255, 262.

Hinweis 3

Wenn Zeugenaussagen aber so unzuverlässig sind, dann stellt sich die Frage, was man überhaupt glauben kann. Der frühere österreichische Justizminister Tschadek antwortete – zeitlos – bereits 1958 hierauf: „Die Antwort darauf kann nur lauten, dass es die prozessuale Sicherheit erfordert, nicht zu glauben, sondern unwiderlegliche Beweise zu erbringen. Nur wer alle Hilfsmittel anwendet, um subjektive Aussagen objektiv zu überprüfen, wird die Sicherheit gewinnen können, die zur Fällung des Urteils notwendig ist."[13] Davon weicht die Praxis in bedenklicher Weise ab, wenn Beweisanträgen – vor allem im Strafprozess – nicht nachgegangen wird, weil diese aus tatsächlichen Gründen bedeutungslos seien, weil die unter Beweis gestellte Tatsache nur mögliche, aber keine zwingenden Schlüsse ermöglicht.

Für den Bereich des Zeugenbeweises kann Folgendes konstatiert werden: 4

Die meisten mit der Vernehmung beschäftigten Richter haben keinerlei wissenschaftliche Grundkenntnisse der Aussagepsychologie,[14] sondern beurteilen die Glaubwürdigkeit intuitiv[15] nach Begründungsmustern, die wissenschaftlich meist wertlos sind.[16] „Empirische Untersuchungen bestätigen, dass Personen, die professionell mit der Vernehmung von Zeugen beschäftigt sind (Richter, Polizei-, Zollbeamte), die Glaubhaftigkeit einer Aussage nicht besser beurteilen als sonstige Laien.[17][18]" Die Schnittmenge zwischen tatsächlichen Kriterien der Glaubhaftigkeit und von Laien bewusst oder unbewusst verwendeten Kriterien ist gering.[19] Der Wert der eigenen Erfahrung in der Beurteilung von Zeugenaussagen wird zudem überschätzt. Die Trefferquoten von sog. Experten im Erkennen von Lügen entsprechen ca. 50 %, also in etwa dem Wert, der durch schlichtes Raten erzielt wird.[20] Dementsprechend spricht Schmitt von einer fatalen Konsequenz für die praktische Arbeit des Strafrichters, die den Irrglauben weiter verbreitet, dass der Strafrichter mit seiner Intuition und Erfahrung die auftretenden Probleme lösen kann (vgl.

13 Tschadek, Der Beweis, S. 29.

14 Vgl. hierzu, Sander, Zur Beweiswürdigung, v.a. bei Aussage gegen Aussage, StV 2000, S. 45: „erhebliche Defizite in der richterlichen Aus- und Fortbildung".

15 Das gilt insb. für den „persönlichen Eindruck", vgl. hierzu umfassend in diesem Werk § 24 Rdn 13 ff.

16 Vgl. Fischer, Thomas, Glaubwürdigkeitsbeurteilung und Beweiswürdigung, NStZ 1994, S. 1, 5; vgl. Graf/StPO/Eschelbach, § 261 Rn 7 m.w.N.

17 Im Original folgendes Zitat: vgl. Oswald, Laienpsychologische Beurteilung der Glaubwürdigkeit, S. 181 ff., in Verfahrensgerechtigkeit und Zeugenbeweis.

18 Geipel, Ist freie Beweiswürdigung willkürliche Beweiswürdigung?, StraFo 2005, S. 135 f.

19 Vgl. Oswald, Laienpsychologische Beurteilung der Glaubwürdigkeit, S. 181, 188, in Verfahrensgerechtigkeit und Zeugenbeweis.

20 Vgl. Hermanutz/Litzcke, Vernehmung in Theorie und Praxis, S. 189, nach einzelnen Studien schneiden Polizeibeamte dann besser als durch schlichtes Raten ab, wenn als Stimulusmaterial tatsächliche Vernehmungen verwendet werden, vgl. Hermanutz/Litzcke, Vernehmung in Theorie und Praxis, S. 190 m.w.N.

oben § 16 Rdn 40 ff.).[21] Ob es sich wirklich um eine „fatale Konsequenz“ handelt, ist fraglich, denn die Aussagepsychologie hat nur eine Trefferquote von ca. 70 % und ob der Tatrichter mit ggf. anderen Kriterien zu einem wesentlich schlechteren Ergebnis kommt, ist nicht klar, auch wenn der Tatrichter in Versuchen kaum über Zufallsniveau kommen mag. Die Trefferquote des Tatrichters in realen Fällen, aber auch der Aussagepsychologie in realen Fällen ist weitgehend unerforscht. Auch Feldstudien leiden an dem Problem, dass nur sehr selten verlässliche Kriterien existieren, um die Wahrheit einer Aussage festzustellen.[22]

5 „Von dem skizzierten Wissensstand über die Aufnahme, die Speicherung und den Abruf eines Ereignisses wird die realitätsgerechte Reproduktion des Ereignisses ihrerseits zu einem höchst voraussetzungsvollen, wenn nicht gar unwahrscheinlichen Ereignis.“[23] Das gilt jedenfalls, so lange es einerseits keine wortgetreuen Protokolle (sei es durch Tonbandaufnahme oder Stenografie) und andererseits keine weiteren Untersuchungen hinsichtlich der Wahrscheinlichkeit einer wahren/unwahren Aussage (etwa an Hand einer statistisch abgesicherten **Lügendetektorauswertung** (tatsächlich ein Polygraph)[24] oder Untersuchung hinsichtlich des Vorliegens bestimmter Aussagekriterien-/kombinationen[25] in wahren/unwahren Aussagen) gibt.

6 *Praxistipp*

Denkbar ist, dass die Verteidigung den Angeklagten selbst einen „Lügendetektortest“ unterzieht, um ein Indiz für dessen wahrheitsgemäße Einlassung zu schaffen. Ob das jedenfalls dann unzulässig ist, wenn nicht sichergestellt ist, dass

21 Vgl. Schmitt, Die richterliche Beweiswürdigung im Strafprozess, S. 543.

22 Vgl. Makepeace, Der Polygraf als Entlastungsbeweis, S. 47 ff.

23 Rüssmann, Physiologische und psychologische Streiflichter zum Zeugenbeweis, S. 801, in Festschrift für Rudolf Wassermann.

24 Die im deutschen Prozessrecht nach der falschen, aber noch h.M. unzulässig ist (vgl. BGH, NJW 1999, S. 657 ff. und NJW 2003, S. 2527 ff.; vgl. aber auch Putzke, Ignoranz meets Arroganz, ZAP Kolumne 6/2015, S. 279 f. m.w.N.; und vor allem mit beeindruckenden Argumenten für den Einsatz, Makepeace, Der Polygraf als Entlastungsbeweis, S. 89 ff.; Der Lügendetektor würde auch nur eine Häufigkeitsangabe unter der Bedingung ermöglichen, einen wirklichen Lügner (bzw. Nicht-Lügner) zu testen. Im Prozess stellt sich jedoch die umgekehrte Frage, wie wahrscheinlich es ist, einen wirklichen Lügner nach positivem Testergebnis vor sich zu haben, vgl. Bender/Nack/Treuer, Tatsachenfeststellung vor Gericht, 3. Aufl., Rn 612. Gleichwohl stellt die Lügendetektorauswertung (genauer: **polygraphische Untersuchung**) ein **erhebliches** Indiz dar. Die gegen die rechtliche Zulässigkeit oder Validität der Methode geäußerten Bedenken, bestehen beim sog. **Vergleichsfragentest**, den der Betroffene privat macht und dessen Ergebnis nur freiwillig in den Prozess eingeführt wird, nicht, vgl. umfassend Putzke/Scheinfeld/Klein/Undeutsch, Polygraphische Untersuchungen im Strafprozess, ZStW 121 (2009), S. 607 ff.

25 Insoweit steht nur eine Pilotstudie von Bender, Merkmalskombinationen in Aussagen, zur Verfügung.

der Angeklagte die Ergebnisse losgelöst vom Ausgang des Tests dem Gericht zur Verfügung stellt,[26] ist strittig.[27]

Die Rechtsprechung, die die polygraphische Methode („Lügendetektor") ablehnt, ist auch insofern in sich widersprüchlich, weil eben diese Rechtsprechung es durchaus gestattet, noch nicht allgemein etablierte oder erprobte Methoden zu verwerten, sofern das Gericht den Beweiswert einer kritischen Betrachtung, sowohl auf die allgemeinen Grundsätze der neuen Methode selbst als auch auf ihre konkrete Anwendung unterzieht. Nach diesem Maßstab hält die Rechtsprechung „Jeansfaltengutachten" für zulässig,[28] die polygraphische Methode aber für „ohne irgendeinen Beweiswert" **beim sog. Kontrollfragentest** (und beim Tatwissenstest jedenfalls im Zeitpunkt der Hauptverhandlung). Ersteres ist rational nicht erklärbar.[29] 7

Ist der Zeugenbeweis grundsätzlich unzuverlässig, so bedeutet das nicht, dass der Zeugenbeweis abzuschaffen ist, denn es gilt, „dass dem Tatrichter nur – aber auch stets – so viel Rationalität abverlangt wird, wie von dem jeweiligen Beweismittel ausgeht."[30] Das aber wiederum bedeutet, dass jede forensisch relevante Aussage gemäß den Grundsätzen der Aussagepsychologie zu bewerten ist, und zwar unter Erwähnung und Beachtung ihrer Schwachstellen. Letzteres geschieht kaum und die Aussagepsychologie, jedenfalls entsprechende Gutachten, werden wie objektiv feststehende Gutachten behandelt. Die Lügensignale werden gänzlich vernachlässigt, weil sie wissenschaftlich nicht validiert sind. Gleichwohl stellen diese keinesfalls irrelevante Praxisbeobachtungen dar. 8

Die Grundsätze der Aussagepsychologie sollen und können die Beweiswürdigung des Gerichts nicht ersetzen, sondern das **faktische Wissen** über die Entstehungsbedingungen der zu beurteilenden Zeugenaussage **vermitteln**.[31] „Warum die Wahrheit schlecht oder mittelmäßig erforschen, wenn es mittels wissenschaftlicher Methoden auch besser geht?"[32] Damit soll dem Gericht ein Hilfsmittel gegeben werden, um die Beweiswürdigung objektiver (und damit richtiger) zu machen. **Es handelt sich hier nicht um Erkenntnisse**, denen Allgemeingültigkeit zuzusprechen ist, sondern **um Wahrscheinlichkeitsurteile, die der Richter gleichwohl zu beachten hat.**[33] Wie dringend notwendig ein dementsprechendes Hilfsmittel ist, zeigt die o.g. contra legem Regel, einem Zeugen grundsätzlich zu glauben (s.o. § 16 Rdn 1 ff.). 9

26 So noch BGH, NJW 1999, S. 662.
27 Den Einwand des „friendly examiner syndrome" halten Putzke/Scheinfeld zutreffend für widerlegt, vgl. Putzke/Scheinfeld, Entlastungsbeweis: polygraphische Untersuchung, StraFo 2010, S. 58, 62.
28 Vgl. BGH, Urt. v. 27.10.1999 – 3 StR 241/99 = NStZ 2000, S. 106 f.
29 Vgl. Makepeace, Der Polygraf als Entlastungsbeweis, S. 89 ff.
30 Hamm, Zur Revisibilität der Beweiswürdigung in den Fällen „Aussage gegen Aussage", StraFo 2000, S. 253 f.
31 Vgl. Trankell, Der Realitätsgehalt von Zeugenaussagen, S. 63.
32 Fischer, Glaubwürdigkeitsbeurteilung und Beweiswürdigung, NStZ 1994, S. 1, 3.
33 Vgl. Fezer, Tatrichterlicher Erkenntnisprozess – Freiheit der Beweiswürdigung, StV 1995, S. 95, 97.

Daher sollte die moderne Aussageforschung zum Allgemeingut aller gemacht **und Zeugen nicht wegen deren formaler Zeugenstellung, sondern allenfalls nach genauer Prüfung geglaubt werden.**[34] Zwar handelt es sich bei den Ergebnissen der Aussagepsychologie um eine Sozialwissenschaft, die an Exaktheit hinsichtlich der vermittelten Erfahrungssätze hinter den Naturwissenschaften zurückbleibt und oft nicht zu einem eindeutigen, sondern nur mehr oder weniger wahrscheinlichen Urteil kommen kann,[35] aber gleichwohl wird niemand den Charakter der Wissenschaft bestreiten wollen. Würde man den Charakter der Wissenschaft der Aussagepsychologie bestreiten wollen, so müsste man konsequenterweise auch der Rechtswissenschaft den Charakter der Wissenschaft absprechen, denn auch dort sind eindeutige Ergebnisse äußerst selten.[36] Handelt es sich aber bei der Aussagepsychologie um die wissenschaftliche Erkenntnis zum Personalbeweis,[37] so ist sie damit als methodisch gesicherte Menschenkenntnis der Erfahrung des Richters (wie überhaupt eines jeden Einzelmenschen) um ein Vielfaches überlegen.[38] „Das beste Instrumentarium zur Beurteilung der Glaubhaftigkeit hält jedoch die Aussageanalyse bereit."[39] Auch wenn man dem Superlativ „das beste Instrumentarium" oder der „vielfachen Überlegenheit" nicht zustimmen muss, sind die Erkenntnisse der Aussagepsychologie bei der Beweiswürdigung einer Aussage anzuwenden, um von reinen Gefühlsentscheidungen weg und zu rationaleren, nachvollziehbaren Entscheidungen hinzukommen.[40] Allerdings sind stets deren Schwächen und geringe Trefferquote mitzubedenken, so dass in den problematischen Aussage-gegen-Aussage-Konstellationen nicht immer eine zur Verurteilung ausreichende Gewissheit besteht. Das gilt auch dann, wenn es sich um ein aussagepsychologisches Gutachten handelt. Dieses darf keinesfalls unkritisch befolgt werden und eine sog. second opinion wäre hier dringender als in vielen anderen Fällen des Sachverständigenbeweis. Es muss auch beim Zeugenbeweis mindestens Plausibilität und Vertretbarkeit der Überzeugungsbildung bestehen,[41] die eben über die Grundsätze der Aussagepsychologie hergestellt werden kann; dies freilich nur, sofern auch deren Schwächen bekannt und benannt werden. Zu wohlwollend ist es, wenn angenommen wird, „trotz der nur beschränkten Analysemöglichkeiten einer Aussage im Gerichtssaal liegt in der Beobachtung dessen, was die Aussagepsychologie bei ihren besseren Analysemöglichkeiten in einer großen Zahl an Fallen [...] an Glaubwürdigkeitskriterien herausgearbei-

34 Vgl. Döhring, Die Erforschung des Sachverhalts im Prozess, S. 94.

35 Vgl. Bender, Merkmalskombinationen in Aussagen, S. 2.

36 Das zeigt schon das Sprichwort: „Zwei Juristen, drei Meinungen".

37 Vgl. Bender, Merkmalskombinationen in Aussagen, S. 1.

38 Vgl. Undeutsch, Handbuch der forensischen Psychologie, 11. Bd., S. 48/49 m.w.N.

39 Schäfer, Praxis des Strafverfahrens, Rn 938.

40 Vgl. Bürkle, Richterliche Alltagstheorien im Bereich des Zivilrechts, S. 175, vgl. auch Sander, Zur Beweiswürdigung, v.a. bei Aussage gegen Aussage, StV 2000, S. 45 f.

41 Vgl. Jähnke, Über die Befugnis des Revisionsgerichts zur Nachprüfung der tatrichterlichen Beweiswürdigung, Festschrift für Hanack, S. 355, 362.

tet hat, auch für den Richter die einzige Chance zu einer differenzierten Urteilsbildung, die unter Einschluss unseres Wissens über ungesteuerte Verfälschungen durchaus häufiger als heute üblich zu dem Ergebnis führen könnte, daß diese oder jene Aussage zur Überzeugungsbildung nicht ausreicht.“[42] Das wird von den Strafsenaten des BGH schon seit längerem zu Recht vertreten,[43] ist aber zu wohlwollend und zu einseitig, denn genauso kann die Aussagepsychologie nur selten zu dem eindeutigen Ergebnis führen, dass diese oder jene Aussage schon zur Überzeugungsbildung ausreicht. Mit anderen Worten: Die Aussagepsychologie liefert für die Urteilsgrundlage in die eine wie in die andere Richtung eine schwankende Brücke. Mittlerweile hat das BVerfG festgestellt, dass „die Beweiswürdigung von Gesetzes wegen ‚frei', d.h. keinen Beweisregeln unterworfen ist (vgl. Schäfer a.a.O., S. 148), [gleichwohl] hat die obergerichtliche Rechtsprechung aus den wissenschaftlichen, insbes. den kriminalistischen, forensischen und aussagepsychologischen [sic!] Untersuchungen gewonnenen Erfahrungsregeln, Grundsätze für die Beweiswürdigung und ihre Darlegung in den Urteilsgründen entwickelt.“[44] Der Sache nach dürfte dies auch im Bereich des Zivilrechts unstrittig sein.[45] Aber noch einmal: Aussagepsychologische Untersuchungen geben nur selten ausreichende Erfahrungsregeln wider, sofern man von dem Erkennen von suggestiven oder autosuggestiven Bedinungen absieht. Für die Frage, wer lügt und wer die Wahrheit sagt, ist die Methode jedenfalls bei Erwachsenen nur sehr begrenzt verlässlich anwendbar.

B. Die Realitätskriterien

Aus dem Vorgenannten ergibt sich, dass die Kenntnis der Aussagekriterien von eminenter Wichtigkeit ist. Daher soll die **Synopse der Realitätskriterien** von L. Greuel, S. Offe, A. Fabian, P. Wetzels, T. Fabian, H. Offe, und M. Stadler wiedergegeben werden (vgl. hierzu umfassend § 24 Rdn 34 ff.): 10

42 Vgl. Rüssmann, Physiologische und psychologische Streiflichter zum Zeugenbeweis, S. 806, in Festschrift für Rudolf Wassermann.

43 Vgl. BGH, 1 StR 553/01, vgl. z.B. auch der Kassationshof des Schweizerischen Bundesgerichts Az.: 6p.45/2002: „Bei der Abklärung des Wahrheitsgehaltes von Zeugenaussagen hat sich die so genannte Aussageanalyse weitgehend durchgesetzt.“ – http://www.polyreg.ch/bgeunpub/Jahr_2002/Entscheide_6P_2002/6P.45__2002.html.

44 BVerfG, StV 2003, S. 593, 595.

45 So z.B., ohne dies expressis verbis auszusprechen, **aber der Sache nach** eine Abwägung von unterschiedlichen Wahrnehmungsfehlern bzw. Wahrnehmungsmöglichkeiten bei widersprechenden Zeugenaussagen in der Entscheidung BGH, VersR 1969, S. 453.

11

Allgemeine Merkmale	Spezielle Merkmale	Motivationsbezogene Merkmale
Aussageinhalt:	Schilderung von:	Vorbringen von:
■ Detailreichtum ■ Anschaulichkeit ■ Strukturgleichheit ■ Logische Konsistenz ■ Deliktspezifität	■ raum-zeitlichen Verknüpfungen ■ Interaktionen ■ Gesprächen ■ Komplikationen ■ phänomenorientierten Wahrnehmungen ■ unverstandenen Elemente	■ spontanen Aussageverbesserungen ■ Einwänden gegen die Richtigkeit der Aussage ■ Selbstbelastungen ■ Entlastungen des Beschuldigten ■ Eingeständnissen von Erinnerungslücken"[a)]
Aussageweise:	Erleben phänomenaler Kausalität bei:	
■ Gefühlsbeteiligung ■ Unstrukturiertheit ■ Ungesteuertheit	■ eigenpsychischem Erleben ■ multimodaler Wahrnehmung ■ psychischem Erleben beim Beschuldigten ■ nebensächlichen Details ■ originellen Details ■ Aspekten der Beziehungsentwicklung zwischen den Beteiligten ■ indirekten Handlungsbezügen ■ Wirklichkeitskontrolle	

Erläuterung:

a) Greuel/Offe/Fabian/Wetzels/Fabian/Offe/Stadler, Glaubhaftigkeit der Zeugenaussage, S. 91.

12 In der forensischen Praxis ist der Aussageumfang oftmals zu gering, d.h., die Befragung zu gering oder der Vorgang zu reizarm, um der Aussageperson genügend Möglichkeit zu geben, die Realitätskriterien zu entwickeln. Ggf. ist auch die mögliche Aussageleistung des Probanden per se zu gering, um ausreichendes Analysematerial zu liefern. Der aus der psychologischen Forschung bekannte Bodeneffekt (= floor effect = Testuntergrenzeneffekt) besagt, dass Leistungen unter einer gewissen Grenze gar nicht mehr gemessen werden können. Zwar bestimmen sowohl § 396 Abs. 1 ZPO als auch § 69 StPO, dass der Zeuge einen (nicht unterbrochenen) Bericht geben können muss. Andernfalls ist es kaum möglich, die Glaubhaftigkeit

einer Aussage zu beurteilen.[46] Nichtsdestotrotz **wird der Zeuge meist im Bericht unterbrochen und aufgefordert, (angeblich) zur Sache zu kommen**.[47] Dies stellt einen Verstoß gegen § 396 Abs. 1 ZPO dar, denn nach dieser Vorschrift gilt: „man lasse den Zeugen grds. erst alles erzählen, was er glaubt, angeben zu müssen."[48] Oder anders: „Daher ist auch hier die erste Tugend des Richters die Geduld. Nicht gleich nervös werden, wenn der Zeuge vom Thema abschweift, und keine Vorwürfe, wenn er sich nicht kurz und prägnant ausdrückt."[49] **Dieser – in der Praxis immer wieder zu beobachtende – schwere Verfahrensfehler muss** allerdings gerügt werden, gem. § 295 ZPO.[50] Im Strafrecht ist eine Vernehmung, die nicht mit einem Bericht, sondern mit gezielten Einzelfragen beginnt, nicht verwertbar.[51] Es ist nach der Rechtsprechung des BVerfG sogar ein Recht des Zeugen, seine Bekundungen zuerst ohne Fragen und Vorhalte zu machen.[52] Gleichwohl sind nicht lege artis Vernehmung in der Praxis die Regel,[53] sodass im Rahmen dieses Teils II die einzelnen Realitätskriterien nicht ausführlich dargestellt werden. Zur genauen Darstellung der Kriterien im Einzelnen wird auf den Hauptteil III dieses Werks verwiesen.

Gleichwohl in aller Kürze bereits soviel: 13

Einigkeit herrscht, dass sich die **Lüge** durch das Fehlen von mehreren Realitätskriterien auszeichnet.[54] Ungeklärt ist, welche Realitätskriterien für glaubhafte Aussagen vorhanden sein müssen bzw. das Fehlen welcher Kriterien auf eine Lüge hindeutet. Einigkeit herrscht weiter, dass sich Glaubwürdigkeitskriterien auch in falschen Aussagen und Fantasiesignale auch in wahren Aussagen finden lassen.[55] Insofern „bleibt letztlich die Frage nach der Gewichtung der einzelnen Merkmale bei der Beurteilung von Aussagen offen."[56] In der wissenschaftlichen Aussagepsychologie stellen **das Kriterium der Konstanz, des Detailreichtums und der logi-**

46 Vgl. Bender/Nack/Treuer, Tatsachenfeststellung vor Gericht, 3. Aufl., Rn 808.

47 Vgl. Bender/Nack, Tatsachenfeststellung vor Gericht, 2. Aufl., Rn 246.

48 Zöller, Komm. zur ZPO, 26. Aufl., § 396 Rn 3.

49 Tschadek, Der Beweis, S. 17.

50 Vgl. Musielak/Stadler, Grundfragen des Beweisrechts, Rn 81.

51 Vgl. BGH, Beschl. v. 17.3.1981 – 1 StR 113/81 (zusammengefasst in: NStZ 1983, S. 212).

52 Vgl. BVerfG, BVerfGE 38, S. 105 ff., 117.

53 Selbst erfahrene Schwurgerichtsvorsitzende begehen diesen Fehler. Ein Gerichtsreporter notiert im Mordfall Moshammer: „Richter [...] pflegt einen unerbittlichen Stil der Befragung. Wenn er mit drohendem Unterton die Wahrheit verlangt, braucht ihm keiner mit Ausflüchten zu kommen [...]. Und doch scheint die robuste Art der Befragung ihrem Zweck mitunter im Weg zu stehen. Einige Male, als Ali Abdullah fortfahren will, sichtbar um Worte ringt, die womöglich ausdrücken würden, was er nicht wahrhaben möchte, schlägt ihm die nächste Frage entgegen. Vertan die Chance, sofern es sie gab" (SZ v. 16.11.2005, S. 3 „Die Katastrophe einer Nacht" – Autoren Wolfgang Görl u. Alexander Krug).

54 Vgl. Arntzen, Psychologie der Zeugenaussage: System der Glaubwürdigkeitsmerkmale, 3. Aufl., S. 111, vgl. Bender/Nack, Tatsachenfeststellung vor Gericht, 2. Aufl., Rn 298.

55 Vgl. Bender, Hans-Udo, Merkmalskombinationen in Aussagen, S. 90.

56 Greuel/Offe/Fabian/Wetzels/Fabian/Offe/Stadler, Glaubhaftigkeit der Zeugenaussage, S. 144.

schen Konsistenz der Aussage lediglich Mindestvoraussetzungen dar.[57] In der forensischen Praxis kann aber bei Zeugenaussagen weder die Konstanz überprüft werden, da die gerichtliche Zeugenaussage meist die erste und einzige Zeugenaussage ist (von der Ausnahme des Strafverfahrens und der vorgerichtlichen Vernehmung der wichtigsten Zeugen im Ermittlungsverfahren abgesehen), noch der Detailreichtum, da vor allem Detailreichtum in Nebensächlichkeiten ein erhebliches Kriterium wäre,[58] der Zeuge jedoch regelmäßig – nicht lege artis – angehalten wird, zur Sache zu kommen und nicht abzuschweifen. Freilich kann auch der Detailreichtum zur Hauptsache oder die Besonderheit eines bestimmten Details (vor allem bei Kinderaussagen zu nicht verstandenen sexuellen Handlungen) ein erhebliches oder sogar entscheidendes Kriterium sein. Auch ist zu beachten, dass **viele Zeugenschilderungen über Vorkommnisse gehen, die zu reizarm sind** (d.h. zu kurz und/oder uninteressant), als dass Realitätskriterien entwickelt werden könnten.[59] Da auch die meisten Lügner über genügend Intellekt verfügen, eine logische Geschichte zu erzählen, verbleibt in der Praxis oft wenig Raum, die Realitätskriterien zu gewichten, denn zu einer sinnvollen Lüge gehören entsprechende Details und/oder erwartete Gefühlsbeteiligungen etc., also sog. Realitätskriterien.

C. Die häufigsten Fehler in der Zeugenbeurteilung

14 *Hinweis*

„Es ist deshalb schon der erste Schritt, sich klar zu werden, dass eine Aussage durchaus glaubhaft, widerspruchsfrei und schlüssig sein kann und dennoch nicht mit der Realität übereinstimmt."[60]

I. Fehler hinsichtlich der Über- oder Unterbewertung der Motivation

15 Aus dem oben Dargelegten ergibt sich bereits zwanglos, dass es einen groben Fehler in der Beweiswürdigung darstellen würde, wenn lediglich aus dem Umstand,

„der Zeuge ist mit keiner der Parteien verwandt oder befreundet

oder

der Zeuge hat am Ausgang des Rechtstreits kein eigenes Interesse,"[61]

57 Vgl. Greuel/Offe/Fabian/Wetzels/Fabian/Offe/Stadler, Glaubhaftigkeit der Zeugenaussage, S. 131, vgl. auch Arntzen, Psychologie der Zeugenaussage, System der Glaubwürdigkeitsmerkmale, 3. Aufl., S. 161.

58 Vgl. Bender/Nack, Tatsachenfeststellung vor Gericht, 2. Aufl., Rn 235.

59 Vgl. Prüfer, Aussagebewertung in Strafsachen, Rn 114, vgl. Bender/Nack, Tatsachenfeststellung vor Gericht, 2. Aufl., Rn 238, vgl. Arntzen, Psychologie der Zeugenaussage: System der Glaubwürdigkeitsmerkmale, 3. Aufl., S. 23.

60 Kirchhoff, Zur Würdigung von Zeugenaussagen, MDR 2001, S. 791 f.

61 Bender/Nack, Tatsachenfeststellung vor Gericht, 2. Aufl., Rn 181.

gefolgert werden würde, dass dessen Aussage glaubhaft war (vgl. hierzu § 23 Rdn 7 ff.). Diese Art der Beweiswürdigung verstößt gegen die wissenschaftliche Erkenntnis der modernen Aussagepsychologie, derzufolge der jeweiligen Motivation nur noch ein geringer Stellenwert zukommt.[62] Richtig ist nur, dass umso mehr bzw. qualitativ höhere sonstige Anzeichen für die Glaubhaftigkeit einer Aussage vorliegen müssen, je verdächtiger die Motivlage ist und umso weniger sonstige Anzeichen für die Glaubhaftigkeit vorliegen müssen, je unverdächtiger die Motivlage des Zeugen ist.

Gleichwohl muss die Aussageanalyse letztendlich entscheidend bleiben und nicht die Motivationsanalyse.[63] **Das soll aber nicht ausschließen, einer Zeugenaussage eines „neutralen Zeugen" zu folgen, auch wenn weder Realitätskennzeichen noch Fantasiesignale ermittelt werden können.** Das gilt insb. dann, wenn der Aussageumfang zu gering ist oder der Sachverhalt zu reizarm ist, als dass Aussagekriterien entwickelt werden könnten. 16

Weiter ist es dementsprechend grob fehlerhaft, 17

> *„dass sich keine Motive für eine Falschaussage erkennen ließen und dass die Aussage deswegen subjektiv wahr sein müsse."*[64]

Falsch ist auch, eine (unausgesprochene) Beweisregel aufzustellen,

> *dass einem Zeugen, der zu anderen Punkten die Unwahrheit gesagt hat, generell nicht geglaubt werden kann.*[65]

II. Fehler hinsichtlich der Verkennung des primär zu würdigenden Beweisumstandes

Einen Fehler stellt es auch dar, wenn das zu würdigende Beweisthema verkannt wird, z.B. wenn in einem Vergewaltigungsfall, bei dem ein Alternativtäter nicht nur theoretisch im Raum steht, sondern konkret in Betracht kommt und infolgedessen die Glaubhaftigkeit der Tatschilderung gewürdigt wird, nicht aber die besondere Problematik des Wiedererkennens von Personen, sofern die Wiederkennung hier wichtig war.[66] 18

Oder auch wenn im Falle der behaupteten Vergewaltigung, bei der der Täter das Einverständnis der Frau behauptet und infolgedessen, 19

> *die Glaubhaftigkeit der Schilderung der koitalen Sexualhandlung als solche gewürdigt wird, nicht aber die Angaben der Zeugin über Gewalthandlungen bzw.*

62 Vgl. Bender/Nack, Tatsachenfeststellung vor Gericht, 2. Aufl., Rn 181.
63 Vgl. Greuel/Offe/Fabian/Wetzels/Fabian/Offe/Stadler, Glaubhaftigkeit der Zeugenaussage, S. 178.
64 Greuel/Offe/Fabian/Wetzels/Fabian/Offe/Stadler, Glaubhaftigkeit der Zeugenaussage, S. 172.
65 Vgl. BGH, StV 1990, S. 80, 81.
66 Vgl. BVerfG, StV 2003, S. 593, 595.

Drohungen sowie (in)direkte Widerstandshandlungen fokussiert werden,[67] *denn dann ist nicht der Sex strittig, sondern der Widerstand bzw. die Überwindung desselben. Nur hierzu muss gelogen werden, nicht aber zum unstrittigen Sex. Besonders spitzfindige und kleinliche Strafrichter belehren den Verteidiger in nicht wenigen Fällen, dass es im Strafprozess keine Unterscheidung von strittigem und unstrittigem Sachverhalt gäbe. Aussagepsychologisch richtig bleibt aber, dass* ***diagnostisch*** *nur* ***relevant*** *ist, was strittig ist, d.h., wozu gelogen werden müsste.*

20 Allgemein formuliert, liegt

eine Verkennung des zu würdigenden Beweisthemas vor, wenn primär Nebenumstände gewürdigt werden, statt das Beweisthema als solches.

21 *Beispielfall („Münchner Autoverkaufsfall")*

Ein Kläger möchte mit einer Zeugenaussage beweisen, dass der Beklagte ihm bei einem Kfz-Kaufvertrag über ein gebrauchtes Fahrzeug, einen falschen km-Stand und Unfallfreiheit zugesichert hat, sowie die Tatsache, dass nur die Zylinderkopfdichtung defekt sei. Der Beklagte bestreitet dies und trägt vor, die Zeugin sei bei der Verhandlung gar nicht anwesend gewesen.

Im Einzelnen:

Der Kläger verlangt von dem Beklagten Schadensersatz aus einem Kfz-Kaufvertrag v. 7.4.2002 wegen arglistiger Täuschung. Vorgerichtlich behauptete der Kläger, der Beklagte habe ihm erklärt, dass lediglich die Zylinderkopfdichtung defekt sei und das Kfz einen km-Stand von 163.767 habe. Nunmehr würde dem Kläger der Kaufvertrag des Beklagten mit dem Vorbesitzer vorliegen, der einen km-Stand von 280.000 ausweisen würde. Folglich wurde der Beklagte aufgefordert, außergerichtlich Schadensersatz zu leisten. Der Beklagte erwiderte hierauf, dass er in keinster Weise behauptet habe, das Kfz habe nur eine defekte Zylinderkopfdichtung, sondern vielmehr habe der Beklagte aufgeklärt, dass das Kfz einen Motorschaden habe. Die genaue Art und Umfang des Motorschadens habe der Beklagte nicht beurteilen können, da er kein Kfz-Mechaniker sei. Der Beklagte bestritt, dass er das Kfz mit einem km-Stand von 163.767 verkauft habe.

Der schriftliche Kaufvertrag war auf einem handelsüblichen Formular ausgefüllt, in dem es hieß,

„für Unfallfreiheit (Rahmenschaden etc.) keine Garantien, sofern es nicht vom Verkäufer arglistig verschwiegen wird, [...] Sonstiges: Abholung, Motorschaden".

Eine km-Angabe war im Kaufvertrag **nicht** genannt.

67 Vgl. Greuel/Offe/Fabian/Wetzels/Fabian/Offe/Stadler, Glaubhaftigkeit der Zeugenaussage, S. 63.

Folglich ließ der Beklagte vorgerichtlich mit Schreiben v. 21.6.2002 die Ansprüche zurückweisen, da sich aus dem schriftlichen Kaufvertrag weder die Zusicherung, dass lediglich die Zylinderköpfe defekt seien, noch der Verkauf mit dem km-Stand von 163.767 entnehmen ließ. Mitte Juli 2002 telefonierten die Prozessbevollmächtigen miteinander, wobei der Prozessbevollmächtigte des Klägers die Chancen einer gütlichen Beilegung nach der Zurückweisung v. 21.6.2002 erörtern wollte. Der Prozessbevollmächtigte des Beklagten erklärte, dass er davon ausgehe, dass die Klagepartei deren Behauptung (Verkauf mit km-Stand 163.767 und Zusicherung, dass nur der Zylinderkopf defekt sei) nicht beweisen könne. Hierauf faxte der KV am 12.7.2002 den Kaufvertrag des Beklagten mit dem Vorbesitzer mit dem km-Stand von 280.000 zu. Da der Kaufvertrag mit dem Vorbesitzer mit dem km-Stand von 280.000 jedoch nicht beweist, dass danach das Kfz mit einem km-Stand von 163.767 verkauft wurde, wurden die Ansprüche mit Schreiben v. 16.7.2002 weiter zurückgewiesen.

Am 4.9.2003 (also weit mehr als 1 Jahr später) reichte der Kläger Klage ein, und übermittelte hierbei eine Quittung, in der die Fahrzeugübergabe gegen Restzahlung bestätigt wurde. Nach der Bestätigung der Restzahlung folgte ein Gedankenstrich und die Angabe: „km-Stand 163.767“.

Das Schriftbild hinsichtlich der Zusatzangabe „km-Stand 163.767“ wich von dem restlichen Schriftbild in Form und Intensität ab. Der Beklagte erklärte daraufhin, dass der Kläger in die Quittung nachträglich die Angabe „km-Stand 163.767“ hineinfabriziert habe.

Anders sei seiner Meinung nach das unterschiedliche Schriftbild nicht zu erklären. Der Kläger erwiderte, dass sich das unterschiedliche Schriftbild daraus erkläre, dass er die km-Angabe auf unebenen Untergrund, nämlich am Lenkrad des Fahrzeuges ausgestellt habe.

Darüber hinaus war der Beklagte der Meinung, dass sich allein schon aufgrund des Zeitablaufs ergeben würde, dass die km-Angabe in der Quittung nachträglich fabriziert wurde. Hätte diese nämlich von Anfang an existiert, so hätte dessen Prozessbevollmächtigter im Rahmen der vorgerichtlichen Erörterung im Juni und Juli des vorangegangen Jahres diese Quittung zufaxen können, die eben – wenn sie echt wäre – einen hieb- und stichfesten Beweis der Tatsache des Verkaufs des Kfz mit dem km-Stand von 163.767 erbracht hätte, statt lediglich den Kaufvertrag mit dem Vorbesitzer zuzufaxen. Dies deshalb, da der Kaufvertrag mit dem Vorbesitzer nur beweise, dass der Beklagte selbst das Kfz mit dem km-Stand von 280.000 gekauft habe, aber eben nicht beweise, dass der Beklagte das Kfz an den Kläger mit dem km-Stand von 163.767 verkauft habe. Selbst wenn das Kfz nunmehr einen km-Stand von 163.767 aufweise, so reue den Kläger offensichtlich der Kauf und der Kläger habe dann offensichtlich selbst den Tachometer zurückgedreht, um eine Diskrepanz zum km-Stand hinsichtlich des Vertrages mit dem Vorbesitzer herzustellen. Die Tatsache, dass der Prozessbevollmächtigte des Klägers einerseits an einer gütlichen Einigung interessiert war, deshalb nach Zurückweisung der Ansprüche v. 21.6.2002 extra telefonierte und extra den – keinen Beweis liefernden – Vertrag mit dem Vorbesitzer faxte, nicht aber die – wenn sie echt wäre – eindeutige und beweiskräftige Quittung, sondern die Quittung erst 1 Jahr und 2 Monate später im Rahmen der Klageschrift vorlegt, lasse keinen anderen Schluss zu, als dass die Quittung mit der km-Angabe damals im Juni/Juli 2002 noch nicht existierte, sondern eben erst nachträglich mit der km-Angabe versehen wurde.

Im Zuge des weiteren Verfahrens trug der Kläger sodann erstmals am 12.12.2003 auch noch vor, dass der Beklagte das Kfz als „unfallfrei" verkauft habe.

Aus der dortigen Beweisaufnahme darf wie folgt zitiert werden:[68]

„Auf Nachfrage bzgl. des Zeitablaufs bis zur Klage erklärt KV, er habe ja bereits 2 Monate nach Kaufvertrag, nämlich am 10.6.2002 seine 1. Zahlungsaufforderung an den Beklagten geschickt. Bereits am 29.4.2003 sei per Fax vom Vorbesitzer der Kaufvertrag an den Kläger gegangen. Am 21.6.2002 war die 1. Rückantwort des sich bestellenden BV. Dort war vor allem von der Zylinderkopfabdichtung die Rede. Bei einem späteren Telefonat zwischen den beiden Anwälten – so KV – habe BV nachgefragt, wie der denn den Kilometerstand nachweisen solle, woraufhin er gesagt habe, er habe den Kaufvertrag vom Vorbesitzer. Diesen habe er am 12.7.2002 an den BV gefaxt. Nach Auffassung des BV ging es bei diesem Telefonat um die Frage der Zusicherung bzgl. des Kilometerstandes. Daraufhin erfolgte am 16.7.2002 gem. Anlage B 4 die komplette Anspruchsablehnung."

Auf Nachfrage des Gerichts bzgl. der Abfolge des 7.4.2002 erklärt der Kläger Folgendes:

„Ich weiß nicht mehr, von wem die Initiative ausging, dass meine Freundin an diesem Tag mitfuhr. Sie kommt eben öfters mit. Meine Freundin und ich wohnen zusammen. Wir sind von zu Hause weggefahren, nach einem späten Frühstück. Ich bin mir nicht sicher, mit welchem Auto wir gefahren sind, ich glaube mit meinem Mercedes. Wir sind spät aufgestanden, hatten ein spätes Frühstück und sind nachmittags zwischen 14.00 und 17.00 Uhr, als es noch hell war, zu dem Treffen gefahren. Es war sonnig und wolkenlos. Herr B. war dunkel gekleidet. Wir sind hingefahren zum Seydlitzplatz, wo in der Mitte so ein Karrée ist. Da wir das Auto nicht sofort gesehen hatten, sind wir weitergefahren und haben uns unten in eine Querstraße gestellt. Ich habe per Handy den Beklagten kontaktiert, ich glaube noch vom Auto aus. Ca. 10 Min. bis ½ Std. später haben wir

68 Da die dortige vorläufige Beweiswürdigung einen schweren Fehler enthält, soll das Aktenzeichen des Falles nicht bekannt gegeben werden, um den/die Richter'(in) nicht zu kompromittieren.

uns dann getroffen. Ich bin mit dem Auto bereits zum Platz vorgefahren. Ich konnte das Auto dann erkennen, da es nur eines mit dieser Farbe am Platz gab.

Meine Freundin ist ziemlich sicher auf dem Beifahrersitz sitzen geblieben. Herr B. kam alleine. Er wohnt ca. 20 m entfernt, was ich spätestens beim weiteren Treffen, als er aus dem Haus kam, erkannte. Meine Freundin hat sich im Lauf des Gesprächs dann dazu gestellt, ich habe sie wohl nicht vorgestellt. Wir haben uns das Auto angeschaut und über die Zylinderkopfdichtung gesprochen. Es war auch hinten ein Reifen kaputt. Ob meine Freundin dieses Gespräch schon hier verfolgt hat, weiß ich nicht. Ich habe gleich gesagt, EUR 1.300,– zahl ich nicht, allenfalls EUR 700,–. Nach längerem Handeln, Stufe für Stufe, haben wir uns dann auf EUR 850,– geeinigt. Ich habe halt gespürt, daß er das Geld braucht.

Auf die Frage, was mit dem Motor sei (wir standen an der offenen Motorhaube), sagte er, weiß nicht, was da ist, ist nur die Zylinderkopfdichtung, soll nicht mehr sein.

Er hat mir auch Unfallfreiheit zugesichert, nachdem ich ihn auf einen Farbunterschied am Heck angesprochen habe. Es ist wohl auch ein Rahmenschaden hinten links am Auto.

Meine Freundin war auch im Auto gesessen, ich glaube am Fahrersitz. Das war entweder bei oder nach dem Überbrücken. Sie hat auch den Tacho gesehen. Ich habe dann auch gefragt, ob 160.000 km wirklich in Ordnung seien. Dies hat er bejaht.

Ich habe Herrn B. auch gefragt, warum das Auto nicht abgemeldet sei. Es hat sich dann herausgestellt, dass er das Auto erst seit ca. 4 Wochen hat und nicht umgemeldet hat. Der Punkt mit der Zylinderkopfdichtung war mir wichtig.

Auf Nachfrage, warum ich nach dem Kilometerstand gefragt habe, gebe ich zunächst an, dass ich das nicht mehr weiß. Es wird wohl deshalb gewesen sein, weil ich aufgrund meines Berufes schon oft davon gehört habe, dass Tachos zurückjustiert werden.

Auf Nachfrage des BV, warum er nach 4-wöchigem vermuteten Besitz die Unfallfreiheit als Aussage akzeptiert habe:

Ich habe mich schon über gewisse Sachen gewundert. Sicher war ich mir aber auf jeden Fall, dass der vereinbarte Kaufpreis nicht sein Einkaufspreis gewesen sei.

Auf Nachfrage des Gerichts ist es schon so, dass das Auto eben lief und ich dachte, ein Schnäppchen zu machen.

Ich weiß nicht mehr genau, was ich danach zu meiner Freundin gesagt habe. Sinngemäß habe ich mich wohl dahingehend geäußert, dass, wenn das jetzt alles passt, dann passt es.

Nunmehr erscheint der Beklagte, Herr E. geht. Die Zeugin A. erscheint im Sitzungssaal.

Zur Person:

Deutsche, 39 Jahre, geschieden, m.d.P.n.v.u.n.v.

Zur Sache:

Ich war damals und bin auch heute noch die Freundin von Herrn P., dem Kläger.

Ich weiß noch, es war ein Sonntag, Datum genau weiß ich nicht mehr.

Herr P. hatte mit Herrn B. am selben Tag ausgemacht, sich wegen des Autos zu treffen. Wir sind ca. 15.00/16.00 Uhr zu diesem Treffen gefahren, es war noch hell und sonnig draußen. Wir wohnen zu Hause, sind von zu Hause weggefahren. Wir haben lange geschlafen und sehr spät gefrühstückt. Mittagessen ist ausgefallen.

Hingefahren sind wir mit unserem Auto, einem Mercedes Kombi, ich war der Beifahrer. Irgendwo in Moosach war das Treffen. Auf einem Stadtplan könnte ich Ihnen die Straße zeigen, namentlich kenne ich sie nicht. Wir sind zunächst auf so einen Platz gefahren, wo ein Kreis in der Mitte war, auf diesem Kreis war ein Spielplatz. Wir sind dann in eine nahe Seitenstraße gefahren und haben gehalten. Herr P. hat aus dem Auto heraus über Handy den Beklagten angerufen und mitgeteilt, wir seien jetzt da. Herr B. hat ihm dann mitgeteilt, wo das Auto steht. Wir sind dann hingefahren. Es war unmittelbar in der Nähe, an diesem Platz. Es war ein grüner BMW Kombi mit einem Schild, dass er verkauft werden soll, drin. Wir wussten ja auch, wie er aussieht. Wenn Sie mich fragen, ob noch andere farbgleiche Autos auf diesem Platz standen, so glaube ich eher nicht. Es war das einzige Auto dieser Farbe, da bin ich mir ziemlich sicher.

Herr P. ist dann ausgestiegen, ich blieb sitzen. Während des Wartens hat er sich das Auto von außen angeschaut. Wir haben ca. 10 Min. bis ¼ Std. gewartet. Ich warte regelmäßig innen, da ich ungern aussteige.

Als Herr B. kam, hatte er meiner Erinnerung nach eine blaue Jeans an und Hemd oder Pullover, oben eher dunkel gekleidet. Sie haben sich die Hand gegeben und ich bin auch ausgestiegen. Mein Freund hat mich nicht vorgestellt. Herr B. hat mich nicht begrüßt. Allerdings musste Herr B. wahrnehmen, dass ich dabei bin, da ich in unmittelbarer Nähe das Gespräch verfolgt habe. Teile des Gesprächs habe ich allerdings nicht mitbekommen, da mich die technischen Details nicht besonders interessieren. Ich habe dann geraucht und mir die Gegend angeguckt.

Herr P. fragte zunächst, wie alt das Auto sei. Er sagte gleich, er wolle max. EUR 800,– zahlen. Herr B. war damit nicht einverstanden.

Die beiden haben dann die Motorhaube aufgemacht und Herr P. hat gefragt, was das denn für ein Motorschaden sei. Herr B. sagte, es sei sicher nur die Zylinderkopfdichtung kaputt. Auf die Frage, ob noch was anderes kaputt sei, verneinte er.

Herr B. sagte, das Fahrzeug sei so in Ordnung, könne allerdings derzeit nicht fahren. Herr P. ist dann eingestiegen, ich zunächst nur so halb auf Beifahrerseite. Er hat versucht, zu starten, das klappte nicht. Wir haben dann – ich glaube mit unserem Auto – überbrückt, da Herr B. zu Fuß gekommen ist. Das Fahrzeug startete dann, allerdings nicht beim 1. Mal. Mehrere Versuche wurden durchgeführt.

Wir haben uns beide auch den Kilometerstand angesehen. Ich saß sicher auf dem Beifahrersitz. Der Tachostand war ca. 160.000 km. Herr P. hat dann gefragt, ob dieser auch in Ordnung sei. Herr B. bejahte dies. Ich habe auch danach gefragt, das ist beim Kilometerstand doch normal.

Auf Nachfrage, ob das Auto einen Unfall hatte, sicherte Herr B. zu, es sei unfallfrei gewesen.

Hinten rechts oder hinten links habe ich einen Platten gesehen. Auf Nachfrage erklärte Herr B., der Reifen sei in Ordnung, es sei nur die Luft raus. Ich glaube, wegen dieses Plattens hat Herr P. auch nach der Unfallfreiheit gefragt.

Die Preisverhandlungen gingen dann ziemlich zügig. Sie haben noch in Stufen gehandelt. Herr B. wollte zunächst noch EUR 1.000,–, sie einigten sich dann auf EUR 850,–.

Ich hatte den Verdacht, dass Herr B. dringend Geld brauchte.

Das Auto war noch angemeldet. Herr P. sagte, er würde es abmelden. An weitere Gesprächsinhalte zu dem Thema Anmeldung erinnere ich mich nicht.

Ich war deshalb dabei, da das Auto auch für mich sein sollte. So genau hörte ich dann im Einzelnen bei den technischen Details nicht hin. Ich wollte mir nicht dauernd das Auto von Herr P. ausleihen, sondern selber eines haben.

Bezügl. der Verkaufsverhandlungen habe ich mich voll auf Herrn P. verlassen.

Als wir fuhren, habe ich noch „Hallo" gesagt, Herr B. hat nicht zurückgegrüßt.

Ich hatte keine Jacke an, weil es warm war, zumindest glaube ich das. Der Preis wurde am Beginn direkt vom Kläger genannt und zwar der, den er zahlen wollte.

Auf der Rückfahrt fragte Herr P. mich noch, ob das Auto mir gefalle, das bejahte ich. Ich sagte auch, der Preis sei in Ordnung gewesen.

Wenn Sie mir mehrere Gesprächsmöglichkeiten zwischen uns intern vorgeben, so glaube ich, Herr P. sagte auch noch, „daß es passt".

Auf Nachfrage des KV:

Ich weiß nicht, ob ich beim Überbrücken beim Startversuch auf Fahrerseite saß und gestartet habe. Ich bin mir da nicht sicher. Auf Farbunterschiede bezüglich der Lackierung habe ich nicht geachtet.

Auf Nachfrage des BV:

Der Kaufvertrag war vorgefertigt. Herr P. hat seine Personalien selbst eingetragen. Der Kaufvertrag wurde vor Ort gemacht. Ausgefüllt wurde auf irgendeiner Motorhaube, entweder von unserem Auto oder von dem BMW. Der Preis war auch noch offen und wurde eingetragen. Ich glaube, den Preis hat Herr B. eingetragen, bin mir aber nicht sicher. Die Herren haben dann noch ein bisschen geredet und ausgemacht, wann das Auto abgeholt wird. An Einzelheiten erinnere ich mich nicht, weil ich dann nicht mehr zugehört habe.

Herr P. hat dann noch eine Anzahlung von EUR 100,– oder EUR 150,– gemacht, mehr hatte er nicht dabei. Ich glaube, die Anzahlung wurde dann auch eingetragen. Herr P. zog das Portemonnaie aus der Gesäßtasche.

Die Schriftstücke in diesem Verfahren habe ich schon gelesen.

Ich habe gehört, was auf Tonträger aufgenommen wurde und bin damit einverstanden. Ich verzichte auf nochmaliges Vorspielen der Aussage.

Beeidigungsanträge werden nicht gestellt.

Es ergeht

Beschluss:

Die Zeugin bleibt unbeeidigt und wird entlassen.

Das Ergebnis der Beweisaufnahme wird erörtert.

Auf Nachfrage besteht der Beklagte darauf, die Zeugin nie vorher gesehen zu haben, sie sei nicht dabei gewesen."

22 **Falsch ist hier folgende Beweiswürdigung**:

„Das Gericht teilt mit, dass es nach jetziger Aktenlage die Aussage der Zeugin A. für glaubwürdig hält, da die Zeugin A. nicht versucht hatte, den Sachverhalt zu zementieren, sondern von sich aus im Stück denselben Tagesablauf erzählt hat wie der Kläger auch. Unstimmigkeiten zur Aussage des Klägers über den Tagesablauf existieren nicht." Das offenbart freilich eine bemerkenswerte Naivität des Gerichts, denn wenn es sich um eine Gefälligkeitsaussage der Zeugin, die zudem alle Schriftsätze des Verfahrens gelesen hatte, handeln sollte, welchen anderen Inhalt hätte diese dann?

23 Zwar war der Beklagte der Meinung, dass die Zeugin A. bei den Verhandlungen gar nicht anwesend war, gleichwohl ist das Beweisthema nicht die Frage, ob die Zeugin A. anwesend war, sondern ob der Beklagte das Kfz mit dem km-Stand von 163.767 verkauft hatte, hierbei Unfallfreiheit und ausschließlichen Defekt der Zy-

linderkopfdichtung zusicherte. Wenn das Gericht somit ausführt, dass die Zeugin A. „von sich aus im Stück denselben Tagesablauf wie der Kläger erzählt hatte und Unstimmigkeiten zur Aussage des Klägers über den Tagesablauf existierten nicht", so kann daraus allenfalls geschlossen werden, das die Zeugin A. bei den Verhandlungen anwesend war. Aus der Tatsache der Anwesenheit der Zeugin auf deren Glaubwürdigkeit zu schließen, ist aber offensichtlich fehlerhaft und eine Verkennung des Beweisthemas.

Auch wenn der Beklagte der Meinung war, die Zeugin A. sei nicht anwesend gewesen, so kann sich dies zwanglos dadurch erklären, dass der Beklagte die Zeugin nicht wahrgenommen hatte, zumal diese auch kein direkter Gesprächspartner war oder vorgestellt wurde, sondern laut eigener Aussage Abseits stand („da ich in unmittelbarer Nähe das Gespräch verfolgt habe. Teile des Gesprächs habe ich allerdings nicht mitbekommen, da mich die technischen Details nicht besonders interessieren. Ich habe dann geraucht und mir die Gegend angeguckt"). Hierzu wird noch einmal auf die Problematik der selektiven Wahrnehmung hingewiesen. „Alles aufzunehmen, was zu einem bestimmten Zeitpunkt geschieht, sind wir nicht in der Lage. Es kann also etwas stattgefunden haben, das wir nicht wahrgenommen haben, obwohl wir dabei waren."[69] 24

Hinweis 25

Daher wären z.B. auch Beweisbehauptungen, dass etwas nicht stattgefunden habe, weil ein Zeuge den Vorgang nicht bemerkt habe, untauglich, solange sich nicht das Interesse des Zeugen auf den streitgegenständlichen Vorgang gerichtet hat.

In diesem Zusammenhang ist weiter zu bemerken, dass der Beklagte die Zeugin nach deren Aussage weder begrüßt („Herr B. hat mich nicht begrüßt") noch verabschiedete („als wir fuhren, habe ich noch ‚Hallo' gesagt, Herr B. hat nicht zurückgegrüßt"), sodass es lediglich die Schlussfolgerung der Zeugin war, dass der Beklagte sie wahrgenommen hätte („allerdings musste Herr B. wahrnehmen, dass ich dabei bin, da ich in unmittelbarer Nähe das Gespräch verfolgt habe"). Wenn man von der Anwesenheit der Zeugin und der Wahrnehmung durch den Beklagten ausgeht, so bliebe unerfindlich, warum der Beklagte dann die Zeugin nicht wenigstens zu Beginn begrüßt hatte, nachdem er doch mit der Zeugin und deren Partner ins Geschäft kommen wollte. Es dürfte keinen Fall geben, in dem der Verkäufer eine Grußformel der Partnerin des potenziellen Käufers bei Verhandlungsbeginn wahrnimmt, aber nicht erwidert. Daraus folgt, dass die Zeugin entweder nicht anwesend war oder aber schlicht vom Beklagten nicht wahrgenommen wurde. Irgendeinen Beweiswert für die Glaubwürdigkeit der Aussage zum eigentlichen Beweisthema der Zusicherungen oder dem KM-Stand lässt sich daraus aber nicht ableiten. 26

69 Stimpfig, Prüfkriterien für den Aussagewert beim Zeugenbeweis, MDR 1995, S. 451, 452 ff.

27 Selbst wenn man davon ausgeht, dass **Realitätskriterien** (hier v.a. Detailkriterium, vgl. hierzu in diesem Werk § 24 Rdn 34 ff.) hinsichtlich des Umstandes, dass die Zeugin anwesend war, gegeben sind, so gilt natürlich:

> *„Realitätskriterien in Nebenpunkten, mögen sie auch (scheinbar) eng mit der Haupttatsache verknüpft sein, beweisen noch nicht, daß auch die Haupttatsache wahr ist.“*[70]

28 Somit verbleibt als vermeintliches Aussagekriterium zur eigentlichen Beweistatsache lediglich die Einschätzung,

> *dass „die Zeugin nicht versucht hatte, den Sachverhalt zu zementieren.“*

29 **Das Aussagekriterium des Nicht-Zementierens gibt es nicht.** Offensichtlich hatte das Gericht der Sache nach gemeint,

> *dass die Zeugin keinen Belastungseifer hatte.*

30 Das vermeintliche Kriterium des tatsächlich vorhandenen oder nicht vorhandenen Belastungseifers wird in der Praxis aber – so auch in diesem Fall – regelmäßig falsch angewendet (s.u. § 17 Rdn 85 ff.).

31 Die strittige Frage, ob überhaupt eine Zahl genannt oder Aussage zum KM-Stand des Tachos gemacht wurde, kann mit der Aussagepsychologie genauso wenig gelöst werden wie die Frage, ob eine Ampel grün oder rot war.

III. Fehler hinsichtlich der Nichterkennung der Ambivalenz eines Indizes

32 Ebenso kommt in der Praxis vor, **dass zwar das zu würdigende Beweisthema richtig erkannt wird, aber die Ambivalenz der Indizien nicht gesehen wird**. Eine Beweiswürdigung, die zwar ein Indiz in eine bestimmte Richtung würdigt, ist falsch, wenn übersehen wird, **dass das Indiz ebenso gut in die gegenteilige Richtung gedeutet werden kann**.[71] Für den Zeugenbeweis bedeutet dies z.B., dass es gedanklich nicht nachvollziehbar wäre (aber in der Rechtsprechung eines LG und OLG trotzdem passiert ist) auf die Unglaubhaftigkeit einer Zeugenaussage zu schließen,

- wenn aus der Tatsache, dass frühmorgens ein Notartermin zur Erteilung einer notariellen Vollmacht stattfindet und die Zeugin vorgibt, kurz zuvor den Inhalt der Vollmacht besprochen zu haben, daraufhin vom Gericht geschlossen wird, dass wegen der frühen Stunde am selben Tag kein persönliches Gespräch zwischen der Zeugin und der Partei vor der Beurkundung hinsichtlich des Inhalts der Vollmacht stattgefunden hat. Das verkennt, dass es sich geradezu angeboten haben könnte, kurz vor Erteilung der Vollmacht deren Inhalt zu besprechen.

70 Bender/Nack, Tatsachenfeststellung vor Gericht, 2. Aufl., Rn 304.

71 Vgl. BGH, NJW 1991, S. 1894 = MDR 1991, S. 993; BGH, Urt. v. 24.4.2001 – VI ZR 36/00 = NJW 2001, S. 2880 ff.

Wenn geschlossen wird, die veränderten wirtschaftlichen Verhältnisse der Vollmachtempfängerin hätten erörtert werden müssen, was nicht geschehen ist, obwohl die mit der Benutzung der Vollmacht einhergehenden wirtschaftlichen Belastungen der Vollmachtsempfängerin bei Bestätigung wie auch bei Nichtbestätigung des Beweisthemas identisch gewesen wären, liegt eine Verkennung der Ambivalenz vor.

- Wenn auf die Unglaubhaftigkeit der Aussage geschlossen wird, weil sich die Zeugin einen „Spickzettel" geschrieben oder das identische Thema erneut erörtert habe.[72] „Dies lässt die Möglichkeit offen, dass sich das BerGer. an einen nicht existierenden Erfahrungssatz gebunden fühlte, wonach schon angesprochene, mithin nicht neue Themen nicht (erneut) zum Gegenstand der Erörterung gemacht werden."[73]

IV. Fehler hinsichtlich der unrichtigen Handhabung der Aussagekriterien

Hinweis 33

Fehler in diesem Bereich führen meist zu unzulässigen formelhaften Begründungen. Allgemein gilt, dass Aussagekriterien, z.B. Detaillierung, Ergänzbarkeit oder Konstanz in ihrer einfachen Ausprägung weder für noch gegen die Glaubhaftigkeit einer Aussage sprechen. Handlungsbenennungen statt Handlungsbeschreibungen oder „einfache" Konstanz erfüllen bereits die Kriterien als solches nicht, sondern erst, wenn eine Steigerungsform vorliegt,[74] denn jede sinnvolle Lüge muss bereits in der Wahrnehmung/Überlegung des Lügners plausibel klingen und benötigt daher entsprechende Kriterien. Freilich kann diese Plausibilität durch den Lügner nicht immer hergestellt werden.

1. Zum Detailkriterium

Einen Fehler stellt es dar, wenn aus der Detailarmut immer auf die Unrichtigkeit der Aussage geschlossen wird. 34

Zwar ist die Forderung nach Detaillierung eine Grundvoraussetzung, die an jede Aussage, die als glaubhaft klassifiziert werden soll (vgl. hierzu auch § 24 Rdn 34, 71), zu stellen ist.[75] Zu beachten ist jedoch immer, dass das sog. **Detailkriterium** auch in unwahren Berichten vorkommt (nach einer Feldstudie sogar in 55 % der 35

72 Vgl. BGH, NJW 1999, S. 486, 487.

73 BGH, NJW 1999, S. 486, 488.

74 Vgl. Arntzen, Psychologie der Zeugenaussage, 3. Aufl., S. 20.

75 Vgl. Greuel/Offe/Fabian/Wetzels/Fabian/Offe/Stadler, Glaubhaftigkeit der Zeugenaussage, S. 92, vgl. Arntzen, Psychologie der Zeugenaussage, System der Glaubwürdigkeitsmerkmale, 3. Aufl., S. 27, vgl. Bender/Nack, Tatsachenfeststellung vor Gericht, 2. Aufl., Rn 239.

unwahren Berichte[76]). Darüber hinaus kann der Vorgang dergestalt reizarm gewesen sein, dass auch in glaubwürdigen Angaben, keine weitere Detaillierung zu erwarten ist. Das kann auch dann der Fall sein, wenn es sich um ein Turbulenzgeschehen gehandelt hat (z.B. eine Schlägerei oder einen Verkehrsunfall).[77] „Erwiesenermaßen ist der Beschuldigte bei einer Weihnachtsfeier mit seinem Tischnachbarn in Streit geraten, der zu beiderseitigen Tätlichkeiten führte. Der Beschuldigte hat seinem Nachbarn dabei einen Fausthieb in den Unterleib versetzt, der Nachbar hat dem Beschuldigten ein Bierglas auf den Kopf geschlagen. Fraglich ist nur, wer zuerst geschlagen hat, Der Beschuldigte berichtet: ‚Plötzlich schlug er mit dem Glas. Ich schlug sofort zurück. Weiter kann ich dazu nichts sagen.'"[78]

36 Ein weiterer Bewertungsfehler liegt vor, wenn bestimmte Details (v.a. genauer Wortlaut von Äußerungen, Mengen-, Zeit- und Geschwindigkeitsschätzungen) **erwartet und deren Ausbleiben als Indiz für eine Vortäuschung gewertet werden**.[79]

- Zu bestimmten, exakt erwarteten Details:

  Aus der Tatsache der selektiven Wahrnehmung ist bekannt, dass nur ein geringer Teil der Sinnesreize überhaupt wahrgenommen wird und primär das wahrgenommen wird, was im Zeitpunkt der Wahrnehmung interessiert.[80] Falsch wäre daher folgende Beweiswürdigung. „Staatsanwalt: ‚Welche Farbe hatte die Hose, die der Dieb trug?' Zeuge: ‚Das weiß ich nicht.' – Staatsanwalt im Plädoyer: ‚Der Zeuge konnte seine Angabe, der Beschuldigte sei aus dem Fenster gesprungen, kaum mit Einzelheiten belegen. Er wusste nicht einmal, welche Farbe die Hose des Mannes hatte, der heraussprang.'"[81] Hierbei wird übersehen, dass aus Versuchen der Wahrnehmungspsychologie bekannt ist, dass **die Farbe der Kleidung regelmäßig nur von einem Drittel der Versuchspersonen richtig benannt werden kann**, manchmal auch nur von 10 %.[82] Allgemein ist zur **Kleidung** anzumerken, dass diesbezügliche Beobachtungen umso richtiger sind, je gewöhnlicher die Kleidung ist (z.B. Mann in Hose und Hemd).[83] „Man braucht nur zur Selbstkontrolle sich einmal die Frage vorlegen, welche Kleidung die Personen getragen haben, mit denen man tags vorher beruflich zu tun hatte, und

76 Vgl. Greuel/Offe/Fabian/Wetzels/Fabian/Offe/Stadler, Glaubhaftigkeit der Zeugenaussage, S. 136 m.w.N.

77 Vgl. Arntzen, Psychologie der Zeugenaussage, System der Glaubwürdigkeitsmerkmale, 3. Aufl., S. 34.

78 Prüfer, Aussagebewertung in Strafsachen, Rn 114.

79 Vgl. Prüfer, Aussagebewertung in Strafsachen, Rn 117.

80 Einmal, Zeugenirrtum und Beweismaß im Zivilprozess, NJW 2001, S. 468 ff.

81 Prüfer, Aussagebewertung in Strafsachen, Rn 117.

82 Vgl. Bender, Der Irrtum ist der größte Feind der Wahrheitsfindung vor Gericht, StV 1982, S. 484, 486.

83 Vgl. Bender, Der Irrtum ist der größte Feind der Wahrheitsfindung vor Gericht, StV 1982, S. 484, 486.

man wird darauf kommen, dass man nur in wenigen Fällen weiß, was jemand wirklich angehabt hat.“[84]

- Zum genauen Wortlaut:

  Insb. kann (fast) kein Zeuge den exakten Wortlaut einer Äußerung wiedergeben, sofern es sich nicht um ein druckreifes Zitat gehandelt hat.[85] „Streitig ist der Inhalt eines Gespräches. Darüber werden Zeugen vernommen. In diesem Fall haben wir schon Glück, wenn die Zeugen wenigstens den allgemeinen Sinn des Gesprochenen zutreffend wiedergeben können.“[86] Das gilt **selbst bei Schimpfwörtern, die i.d.R. nicht wörtlich, sondern nur sinngemäß wiedergegeben werden können**, sodass z.B. aus „Drecksau“ in der Zeugenvernehmung durchaus „Lump“ werden kann.[87]

  D.h., ein Zeuge kann in der Regel nur sinngemäß den Inhalt eines Gespräches wiedergeben.[88] Besondere Vorsicht ist aber dort geboten, wo der Zeuge nicht den ganzen Vorgang erlebt hat (z.B. Wahrnehmung aus dem Nebenzimmer durch angelehnte Türe), sondern nur Bruchstücke und daher die Gefahr der Wahrnehmungsverzerrung durch (unbewusste) Schlussfolgerungen, Ergänzungen etc. ohnehin besonders hoch ist.[89]

- Zu Schätzungen:

  In der Praxis ist zu beobachten, dass Zeugen im Gerichtssaal aufgefordert werden, die Zeit oder Entfernungen zu schätzen. Das hat keinerlei Beweiswert, denn entsprechende Schätzungen sind **mangels Zeitsinn** des Menschen fast immer falsch.[90] **Geschwindigkeitsangaben in Verkehrsprozessen sind vielfach**

84 Tschadek, Der Beweis, S. 28.

85 Vgl. Bender/Nack, Tatsachenfeststellung vor Gericht, 2. Aufl., Rn 57, vgl. Bürkle, Richterliche Alltagstheorien im Bereich des Zivilrechts, S. 100, vgl. Schneider, Beweis und Beweiswürdigung, 5. Aufl., Rn 1036, vgl. auch Arntzen, Psychologie der Zeugenaussage: System der Glaubwürdigkeitsmerkmale, 3. Aufl., S. 63.

86 Bender, Der Irrtum ist der größte Feind der Wahrheitsfindung vor Gericht, StV 1982, S. 484, 485.

87 Vgl. Schneider, Beweis und Beweiswürdigung, 5. Aufl., Rn 1037.

88 Vgl. Undeutsch, Handbuch der forensischen Psychologie, 11. Bd., S. 154.

89 Vgl. Döhring, Die Erforschung des Sachverhalts im Prozess, S. 129.

90 Vgl. Schneider, Beweis und Beweiswürdigung, 5. Aufl., Rn 932, ebenso Trankell, Der Realitätsgehalt von Zeugenaussagen, S. 41 unter Hinweis auf sein Wirklichkeitsexperiment, bei dem ein Vorfall, der real eine Minute und 54 Sekunden dauerte, auf durchschnittlich sechs Minuten 30 Sekunden geschätzt wurde. Lediglich ein einziger von 29 Versuchspersonen kam mit der Schätzung von zwei Minuten und zehn Sekunden der Wirklichkeit nahe. Keine Versuchsperson schätzte weniger als die tatsächlich verstrichene Zeit. Die längste Schätzung des Vorfalles von einer Minute und 54 Sekunden lautete auf 16 Minuten (!!), vgl. auch Undeutsch, Handbuch der forensischen Psychologie, 11. Bd. S. 64, vgl. auch Altavilla, Forensische Psychologie, Bd. II, Die Psychologie der Strafprozessbeteiligten, S. 219 m.w.N., der berichtet, dass kurze Zeiträume bis zu einer Minute regelmäßig überschätzt werden, Zeiträume zwischen zehn und 75 Minuten jedoch regelmäßig unterschätzt, Zeiträume unter zwei Jahren überschätzt und über fünf Jahren unterschätzt werden.

völlig wertlos,[91] da es hier zu einer Verbindung von grundsätzlich unzuverlässigen Zeit- und ebenfalls grundsätzlich unzuverlässigen Raumschätzungen kommt.[92]

37 Zutreffend daher OLG Hamm Az.: 27 U 126/95: „Eine dieser Folgerung vielleicht entgegenstehende, erheblich überhöhte Geschwindigkeit von 70 bis 80 km/h des Klägers, die der Zeuge K. schlussfolgerte, ist nicht bewiesen. Einer solchen Zeugenaussage kommt schon wegen der grundsätzlichen Schwierigkeit zutreffender Geschwindigkeitsschätzung kein eigentlicher Beweiswert zu." „So hat Gorphe[93] beobachtet, dass unbeteiligte Zeugen geringe Geschwindigkeiten unter- und große überschätzen. Gewöhnlich neigen jedoch die Zeugen nach einem Unfall dazu, auch die mittleren Geschwindigkeiten zu überschätzen. Auch hier wirkt stark ein logischer Rekonstruktionsfaktor mit: man überlegt, dass es ohne überschnelles Fahren nicht zum Zusammenstoß gekommen wäre. [...]"[94] Am unzuverlässigsten sind Schätzungen der Insassen eines anderen Fahrzeuges, die eine Geschwindigkeitsbeziehung herstellen wollen.[95] Ebenfalls sehr unzuverlässig sind Raumschätzungen,[96] so schätzt ein Zeuge eine Entfernung auf 20 Meter und ein anderer auf über 100 Meter.[97] Nicht weniger unzuverlässig sind Mengenschätzungen.[98] Die grundsätzlich **Unzuverlässigkeit gilt auch für Personenbeschreibungen**. Hier tendieren Personen in Richtung des Üblichen, d.h., die Haarfarbe wird tendenziell mit „braun" beschrieben und die Körpergröße wird ebenfalls in Richtung der Durchschnittsgröße interpretiert. Zwar sind bei einem durchschnittlich großen Mann (1,75 m) Schätzungen zwischen 1,65 m und 1,90 m zu erwarten, wobei fast die Hälfte der Versuchsteilnehmer diese Durchschnittsgröße richtig schätzte (1,73–1,77 m). Bei einer relativ großen Frau (1,76 m) oder auch bei einer relativ kleinen Frau (1,56 m) wird die Größe hingegen in der Regel nicht mehr richtig eingeschätzt, sondern in Richtung des Üblichen angepasst (1,64–1,67 m).[99] „Es ist keineswegs leicht, eine Person, die man nur einmal gesehen hat, nach längerer Zeit mit Sicherheit wiederzuerkennen, ja, es kommen im täglichen Leben wiederholt Verwechslungen vor, die man weit mehr als einmal gesehen hat, ohne dass solchen Personenverwechslungen Bedeutung zugeschrieben wird. [...] Grüßt man auf der Straße einen Mann, der erstaunt und verlegen zurückgrüßt, dann weiß man, dass man sich in der Person geirrt hat. Man be-

91 Vgl. Schneider, Beweis und Beweiswürdigung, 5. Aufl., Rn 936, vgl. auch OLG Dresden, 13 U 600/01 n.v.

92 Vgl. Bürkle, Richterliche Alltagstheorien im Bereich des Zivilrechts, S. 103 m.w.N.

93 Im Original folgende Fußnote: Gorphe, La critique du tèmoignage (1924) S. 313.

94 Altavilla, Forensische Psychologie, Bd. II, Die Psychologie der Strafprozessbeteiligten, S. 223.

95 Vgl. Altavilla, Forensische Psychologie, Bd. II, Die Psychologie der Strafprozessbeteiligten, S. 224.

96 Vgl. Schneider, Beweis und Beweiswürdigung, 5. Aufl., Rn 936.

97 Vgl. Tschadek, Der Beweis, S. 28.

98 Vgl. Schneider, Beweis und Beweiswürdigung, 5. Aufl., Rn 939.

99 Vgl. Bender, Der Irrtum ist der größte Feind der Wahrheitsfindung vor Gericht, StV 1982, S. 484, 486.

achtet aber diesen Vorfall keineswegs als Besonderheit. Im gerichtlichen Verfahren kann aber ein solcher Irrtum über die Person zu einschneidenden Konsequenzen führen."[100]

Auch die Angabe von exakten Tagen ist äußerst unzuverlässig, sofern keine Grün- 38
de vorliegen, warum sich die Person genau an den festgemachten Tag erinnern will.[101]

Der umgekehrte Bewertungsfehler liegt dann vor, wenn aus berichteten Details auf 39
die Glaubwürdigkeit geschlossen, oder die Schilderung zugrunde gelegt wird, obwohl es erinnerungspsychologisch fast unmöglich ist, dass eine konkrete Erinnerung an die Details vorliegt.

In der Wahrnehmungspsychologie ist das Phänomen der **Assimilation** (Anglei- 40
chung) bekannt, d.h., ähnliche Wahrnehmungen werden umso schlechter wahrgenommen, je näher diese einem bereits etablierten Wahrnehmungsmuster sind,[102] sowie das Phänomen der Kontamination (Verschmelzung), d.h., Vorfälle von hoher Ähnlichkeit werden zu einem oder wenigen Vorfällen gedanklich verschmolzen, sodass in der konkreten Schilderung nicht mehr die Erinnerung an den konkreten Vorfall kundgetan wird, sondern der typische Vorfall berichtet wird.[103] D.h., beim Erleben von multiplen ähnlichen Ereignissen besteht eine Tendenz zur Bildung „generischer Repräsentation", so dass spezifische Details nicht mehr erinnert oder nicht richtig zugeordnet werden können.[104]

Gemäß dem „Gesetz der Reihe", wird die Erinnerung an die Vielzahl der Fälle auf 41
einige typische Züge reduziert, umso weniger Anhaltspunkte zur Unterscheidung der einzelnen Glieder vorhanden sind.[105] „Besonders flüchtig sind die Erinnerungsbilder, die wir von alltäglichen Geschehnissen haben, die nicht unser Interesse erregt oder eine personenbedeutsame Rolle für uns gespielt haben."[106] „Der Irrtum entsteht in solchen Fällen dadurch, dass der Zeuge in den Sachverhalt, über den er aussagen soll, unrichtigerweise bestimmte Umstände hineinprojiziert, die er häufig zusammen mit Gegebenheiten dieser Art erlebt hat: Wenn die Beweisperson oft gesehen hat, dass A eine blaue Skimütze trug, wird sie leicht zu der Auffassung kommen, dass A zur Zeit des aufzuklärenden Ereignisses ebenfalls eine solche getragen

100 Tschadek, Der Beweis, S. 26 f.

101 Vgl. Tschadek, Der Beweis, S. 27.

102 Vgl. Bender/Nack, Tatsachenfeststellung vor Gericht, 2. Aufl., Rn 6.

103 Vgl. Bender/Nack, Tatsachenfeststellung vor Gericht, 2. Aufl., Rn 138.

104 Volbert/Steller, Die Begutachtung der Glaubhaftigkeit, S. 683, 692 in: Dreßing/Habermeyer (Psychiatrische Begutachtung), 6. Aufl. (2015).

105 Vgl. Undeutsch, Handbuch der forensischen Psychologie, 11. Bd., S. 63/64.

106 Trankell, Der Realitätsgehalt von Zeugenaussagen, S. 20.

habe, auch wenn das nicht der Fall war."[107] Das ist einerseits der verbreitetste und andererseits der in der Regel in concreto am schwersten aufdeckbare Erinnerungsfehler,[108] da die berichteten Umstände ja in der Tat erlebt wurden, nur nicht in dem konkreten Fall, sondern in diesen nur übertragen wurden.[109]

42 *Beispiel*

„Wie ich aus dem mir vorgelegten Bestellschein sehe, habe ich Frau A am 15.10.1964 eine Waschmaschine verkauft. Ich besinne mich zwar auf den Verlauf der Vorbesprechungen nicht mehr [erinnerungspsychologisch richtig], kann aber mit Sicherheit [erinnerungspsychologisch falsch] sagen, dass ich dabei Frau A auch auf den Umstand X aufmerksam gemacht habe, weil ich das ganz regelmäßig [eben deshalb nur eine Schlussfolgerung] tue."[110]

43 Es kann daher festgehalten werden, dass Vertreter/Vermittler bei Verhandlungen über den Vertragsabschluss[111] oder Polizeibeamte bei alltäglichen Verkehrsverstößen[112] keine wirkliche Erinnerung mehr an den konkreten Einzelfall haben können, wenn nichts Besonderes passiert ist,[113] sondern nur über das berichten können, **was üblicherweise beobachtet und/oder gesagt wird**. Es entspricht dem aktuellen Stand der Wissenschaft, dass spezifische Episoden nach einer gewissen Zeit ihren individuellen Charakter verlieren und in generalisierte Erinnerungen übergehen.[114] Dem entspricht die sog. „**Immer-so-Rechtsprechung**" zur Frage der Aufklärung

107 Döhring, Die Erforschung des Sachverhalts im Prozess, S. 104.

108 Der Wahrnehmungsfehler lässt sich hier von dem Erinnerungsfehler nicht abgrenzen, sondern geht in diesen über, vgl. auch Altavilla, Forensische Psychologie, Bd. II, Die Psychologie der Strafprozessbeteiligten, S. 203: „Das Sich-Wiederholen einer identischen Wahrnehmung führt gleichsam zu einem psychischen Automatismus, dem zufolge man es möglicherweise nicht merkt, wenn der Wahrnehmungsreiz einmal ausbleibt oder anders ist, indem man die gewohnte Wahrnehmung an die Stelle des wirklich Wahrgenommenen setzt, das für eine bestimmte Untersuchung von Bedeutung ist." Und weiter Altavilla, Forensische Psychologie, Bd. II, Die Psychologie der Strafprozessbeteiligten, S. 204: „Hierbei wirkt auch ein logischer Integrationsvorgang mit, den Claparede [im Original hier Fußnote: Expériences collectives sur le témoignage (Arch. Psychol. Bd. 5 1905–1906, 344 ff.)'] scharfsinnig verdeutlicht, wenn er sagt: ‚Das, was den Zeugen zu seinen Angaben veranlasst, ist viel weniger die Genauigkeit seiner Erinnerung als die Wahrscheinlichkeit, daß etwas existiert oder diesen oder jenen Charakter hat.' Es kommt mit anderen Worten, wenn man von der Reproduktion einer dann an die Stelle einer wirklichen Wahrnehmung tretenden Erinnerung absieht, zu einem logischen Integrationsvorgang, in dem sich lückenhafte Erinnerung auffüllt.".

109 Vgl. Bender/Nack, Tatsachenfeststellung vor Gericht, 2. Aufl., Rn 138.

110 Döhring, Die Erforschung des Sachverhalts im Prozess, S. 124.

111 Vgl. Bender/Nack, Tatsachenfeststellung vor Gericht, 2. Aufl., Rn 143, 144.

112 Vgl. Bender/Nack, Tatsachenfeststellung vor Gericht, 2. Aufl., Rn 142, Wendler Axel, Wie ähnlich war der Unfall, S. 91.

113 Nur das wird erinnert, vgl. Bender/Nack, Tatsachenfeststellung vor Gericht, 2. Aufl., Rn 139.

114 Vgl. Greuel, Wirklichkeit – Erinnerung – Aussage, S. 75.

durch einen Arzt, der sich an das konkrete Aufklärungsgespräch nicht mehr erinnern kann.[115]

Ein besonders eindrucksvolles Beispiel, dass Zeugen zwar (gutgläubig) behaupten, sich an das Ereignis erinnern zu können, tatsächlich aber keine wirkliche Erinnerung an das Ereignis haben, sondern vielmehr allenfalls eine Erinnerung an das, was sie üblicherweise zu tun pflegen, kann aus einem Verfahren vor dem AG Wolfratshausen entnommen werden. In diesem Beispiel wird besonders klar, wie der Vertreter zwar das weiß, was er immer zu tun pflegt, aber dieses Wissen unbewusst mit einer vermeintlichen konkreten Erinnerung gleichsetzt. Es ging um Folgendes: Ein Telefonvertreter ruft potenzielle Kunden an, um diesen Wein zu verkaufen. Sodann füllte nur der Vertreter den Bestellschein aus und gibt diesen an die Lieferabteilung: Strittig ist, welches Zahlungsziel der Vertreter zusagte. Aus der dortigen Beweisaufnahme v. 14.3.2002 (Az.: 5 C 337/01) darf wie folgt zitiert werden: 44

> *„Zur Sache: Es war eine telefonische Bestellung im Dezember 1999. Geliefert wurde im März 2000. Als Zahlungsziel war vereinbart Juni 2000. Ich habe dann Herrn P. am Telefon gesagt, wenn er dann nicht zahlen könne, solle er sich mit der Firma in Verbindung setzen, das Zahlungsziel könne dann verlängert werden. Es ist keine Seltenheit, dass dies dann noch einmal um ein halbes Jahr hinausgeschoben wird. Von Haus aus machen wir keine längeren Zahlungsziele. Ich weiß aber aus Erfahrung, dass es möglich ist, die Zahlung noch weiter hinaus zu schieben. Das ist nur ein kurzer Anruf bei der Firma.“* 45

Auf Frage des KV: 46

> *„Ich schließe tausende Verträge [!!!] ab und habe auch tausende Gespräche [!!!], erinnere mich aber noch an dieses Gespräch [im März 2002 über eine Bestellung im Dezember 1999!!!].“*

Auf weitere Frage:

> *„Ich glaube, daß es Kundenpräsente waren, für die der Kunde den Wein wollte. Weitere Einzelheiten sind mir [natürlich] nicht erinnerlich.“*

Es ist in diesem Beispielsfall offensichtlich, dass der Zeuge keine konkrete Erinnerung mehr haben kann, sondern vielmehr sämtliche Informationen aus dem von ihm selbst (richtig oder falsch) ausgefüllten Bestellformular entnommen hat (Zahlungsziel, Verwendungszweck: Kundenpräsente) und nur aus seiner Üblichkeit auf den konkreten Fall folgert. 47

Würde man eine solche Aussage im Urteil zugrunde legen, so würde man nicht berücksichtigen, dass einerseits die atypische Möglichkeit eines abweichenden Verlaufs im Einzelfall nicht berücksichtigt wurde und andererseits, dass überhaupt frag- 48

115 Vgl. z.B. BGH, Urt. v. 30.9.2014 – VI ZR 443/13 = NJW 2015, S. 74 f.

lich ist, ob sich die Aussageperson in der fraglichen Konstellation tatsächlich immer so verhält.[116]

49 D.h., es ist eine Würdigung im Einzelfall notwendig, ob konkret die Möglichkeit eines Beobachtungsfehlers oder Übertragungsfehler ausgeschlossen werden kann[117] oder sonstige Abweichungen vom Üblichen vorliegen können. Folglich haben auch hier die Zeugenaussagen (wie immer) und/oder die Aufzeichnungen des Zeugen nur den Wert eines Indizes innerhalb einer Gesamtbeweiswürdigung.[118]

50 Nicht ausreichend ist daher, wenn das Gericht die Aussage als allein entscheidend zugrunde legt, obwohl sich der Vertreter/Beamte an Einzelheiten überhaupt nicht mehr erinnert oder erinnern kann, aber erfahrungsgemäß Polizeibeamte in der konkreten Verkehrslage nur solche Verstöße zur Anzeige brächten, die tatsächlich begangen worden sind.[119] Das würde die Zugrundelegung eines nicht existenten Erfahrungssatzes bedeuten.[120] Bei der ärztlichen Aufklärung kommt die Rechtsprechung einem solchen Erfahrungssatz durch die sog. „Immer-so-Rechtsprechung“ aber sehr nahe, auch wenn die Freiheit des Tatrichters betont wird: „Der Tatrichter hat die besondere Situation, in der sich der Arzt während der Behandlung des Patienten befindet, ebenso zu berücksichtigen wie die Gefahr, die sich aus dem Missbrauch seiner Beweislast durch den Patienten zu haftungsrechtlichen Zwecken ergeben kann. Ist einiger Beweis für ein gewissenhaftes Aufklärungsgespräch erbracht, sollte dem Arzt im Zweifel geglaubt werden, dass die Aufklärung auch im Einzelfall in der gebotenen Weise geschehen ist; dies auch mit Rücksicht darauf, dass aus vielerlei verständlichen Gründen Patienten sich im Nachhinein an den genauen Inhalt solcher Gespräche, die für sie etwa vor allem von therapeutischer Bedeutung waren, nicht mehr erinnern. In jedem Fall bedarf es einer verständnisvollen und sorgfältigen Abwägung der tatsächlichen Umstände, für die der Tatrichter einen erheblichen Freiraum hat [m.w.N.].“[121] Praktisch geht der Streit des Patienten mit dem Arzt um den Inhalt des Aufklärungsgesprächs in der Regel zu Gunsten des Arztes aus, sofern auf dem Aufklärungsformular irgendwelche handschriftlichen Ergänzungen/Anmerkungen ersichtlich sind.

51 Bekundet der Beamte aber noch sonstige Details (weitere Indizien), aus denen die Wahrscheinlichkeit, dass seinerzeit die Wahrnehmung zutreffend war, erhöht wird, z.B. dass nur eindeutige Fälle zur Anzeige gebracht wurden und Fälle, bei denen eine Besonderheit vorlag (in concreto, wenn der Überholer die Autobahn sofort verlassen hatte), nicht angezeigt wurden und der Verstoß seinerzeit unabhängig

116 Vgl. Döhring, Erich, Die Erforschung des Sachverhalts im Prozess, S. 126.

117 Vgl. BGH, BGHSt 23, S. 213.

118 Vgl. Schneider, Beweis und Beweiswürdigung, 5. Aufl., Rn 1046.

119 Vgl. BGH, NJW 1969, S. 443.

120 Vgl. BGH, NJW 1969, S. 1727.

121 BGH, Urt. v. 30.9.2014 – VI ZR 443/13 = NJW 2015, S. 75.

voneinander von zwei Beamten festgestellt und notiert wurde, so kann dies ausreichen.[122]

Bei der ebenfalls a priori unzuverlässigen Geschwindigkeitsmessung durch Nachfahren in der Nachtzeit erfordert dies z.B. die Feststellungen über die Länge der Messstrecke, der Beleuchtungsverhältnisse und Orientierungspunkte.[123] 52

Teilweise wird vertreten, dass es bei anderen Vorfällen davon abhängt, von welcher Stelle und in welcher Weise der Beamte seine Feststellungen getroffen hat bzw. die Beweiswürdigung von der Aufklärungspflicht und vom pflichtgemäßen Ermessen des Tatrichters abhänge.[124] Dem kann in dieser Form nicht zugestimmt werden. **Tatsächlich handelt es sich um eine Frage des Beweismaßes**, d.h., welcher Grad an Gewissheit vorliegen muss und ob sich der Richter z.B. bei einer Ordnungswidrigkeit oder in Zivilsachen mit einem geringeren Grad an Gewissheit begnügen kann (vgl. hierzu § 7 Rdn 16 ff.).[125] 53

Eng mit der Verkennung des Beweisthemas hängt zusammen, wenn Details mit Bezug zum Beweisthema als erheblich für die Glaubwürdigkeit sprechend gewertet werden, diese Details jedoch ihrerseits fraglich sind. 54

„Die Frau behauptet, der Beschuldigte habe sie vergewaltigt, der Beschuldigte räumt Intimverkehr ein, behauptet aber gegenseitiges Einvernehmen. Die Frau sagt: ‚Er packte mich an den Oberarmen, drückte mich auf die Liege, hielt mich dort mit einer Hand fest, streifte mit der anderen Hand meine Hosen herunter und sagte: ‚Wenn Du schreist, mache ich Dich alle.' Trotzdem rief ich um Hilfe."[126] 55

Hier kann das Detailkriterium als für die Glaubhaftigkeit sprechend gewertet werden, wenn die weiteren Details (z.B. durch Hämatome, Hilferufe) unstrittig oder bewiesen (z.B. durch Wahrnehmungen des Arztes, Wahrnehmungen der Hausbewohner) sind. Liegt diese Verflechtung mit anderen Beweismitteln nicht vor, muss immer beachet werden, dass „es [...] möglich [ist], daß die Frau, wenn sie Gewaltanwendung vortäuscht, dies durch Anreihung weiterer Erfindungen glaubhaft zu machen sucht."[127] 56

> *Hinweis* 57
>
> Bei der Berücksichtigung bestrittener Details kommt es zum Widerstreit zweier Kriterien der Aussageanalyse, nämlich (unterstelltes) Detailkriterium versus (nicht vorhandenes) Verflechtungskriterium (vgl. hierzu § 24 Rdn 94 ff.).

122 Vgl. BGH, NJW 1969, S. 1727.

123 Vgl. OLG Düsseldorf, DAR 1999, S. 274.

124 Vgl. BGH, NJW 1970, S. 573, 574.

125 So z.B. Döhring, Die Erforschung des Sachverhalts im Prozess, S. 450 ff., Bender, Das Beweismaß, in: Festschrift für Fritz Baur, S. 247, 257 ff., Einmahl, Zeugenirrtum und Beweismaß im Zivilprozess, NJW 2001, S. 469 ff.

126 Prüfer, Aussagebewertung in Strafsachen, Rn 116.

127 Prüfer, Aussagebewertung in Strafsachen, Rn 116.

58 Daraus folgt, dass zwar grundsätzlich auch Details gewertet werden können, die bestritten sind, jedoch ist äußerste Vorsicht geboten. Bestrittenen Details kann z.B. dann ein die Glaubwürdigkeit indizierender Wert beigemessen werden, wenn es sich z.B. um (bestrittene) Nebensächlichkeiten ohne Zusammenhang zum Beweisthema,[128] oder Komplikationen[129] handelt. „Dem liegt die Annahme zugrunde, daß von intentional falschaussagenden Zeugen zwar eine gewisse Detailliertheit in bezug auf das für die Belastungsintention relevante Kerngeschehen, nicht aber in bezug auf periphere, die Falschaussage nur unnötigerweise komplizierende Details erwartet werden könne."[130]

59 Weiter eng mit der Verkennung des Beweisthemas hängt zusammen, Details in Nebensächlichkeiten einen die Glaubwürdigkeit indizierenden Beweiswert zuzusprechen, wenn diese Details unstrittig oder strittig sind, sich aber ebenso gut mit der konträren Schilderung oder dem Gegenteil des Beweisthemas vereinbaren lassen.[131] Das ist bei Sexualstraftaten oft immanent, bei denen es nicht um die sexuelle Handlung geht, sondern die Frage des Einvernehmens. Eine hohe Aussagequalität für die unstrittig erlebnisbasierten Aussageteile besagt dann nichts.[132]

60 Der Bewertungsfehler liegt darin, dass die Aussageperson zwar beim relevanten Geschehen dabei gewesen und dementsprechende Wahrnehmungen gemacht haben kann, aber im relevanten Kern trotzdem lügt. Folglich kann die Aussageperson verständlicherweise zahlreiche Details liefern und eine auf den ersten Blick überzeugende Aussage bieten. Es sind dann sämtliche Details nicht zu berücksichtigen, die sich ebenso gut mit dem Gegenteil des Beweisthemas vereinbaren lassen. „Nur wenn dann noch hinreichende Realitätskriterien übrigbleiben, ist die Aussage überzeugend."[133]

2. Zum Kriterium der logischen Konsistenz

61 Zwar ist es richtig, einer unlogischen Aussage die Glaubhaftigkeit zu versagen, jedoch stellt es einen schweren Fehler dar, aus der logischen Konsistenz der Aussage auf die Glaubhaftigkeit zu schließen (vgl. hierzu § 24 Rdn 188 f.).

62 Aus einer Untersuchung von Hommers ergibt sich, dass „dieses Kriterium zu eng an den schon Grundschulkindern bekannten und benutzten alltagspsychologischen Er-

128 Vgl. Bender/Nack, Tatsachenfeststellung vor Gericht, 2. Aufl., Rn 235.
129 Vgl. Bender/Nack, Tatsachenfeststellung vor Gericht, 2. Aufl., Rn 246.
130 Greuel/Offe/Fabian/Wetzels/Fabian/Offe/Stadler, Glaubhaftigkeit der Zeugenaussage, S. 92.
131 Vgl. Bender/Nack, Tatsachenfeststellung vor Gericht, 2. Aufl., Rn 237.
132 Vgl. Volbert/Dahle, Forensisch-psychologische Diagnostik im Strafverfahren, S. 40.
133 Bender/Nack, Tatsachenfeststellung vor Gericht, 2. Aufl., Rn 237.

wartungen über Geschehensabläufe (Skripte) orientiert [ist], als daß es nicht simuliert werden könnte."[134]

Auch aus einer Feldstudie von Esplin, Boychuk und Raskin ergab sich, dass logische Konsistenz in 55 % der Fälle von zweifelhafter Glaubwürdigkeit vorlag.[135] 63

Es ist daher falsch, Folgerichtiges, Typisches, Einleuchtendes, allgemein Passendes als Kriterium für die Glaubwürdigkeit anzusehen, „denn das Folgerichtige ist, wie das Typische etwas, was auch der intelligente Lügner vorbringen kann."[136] Logische Konsistenz ist für den Wahrheitsgehalt einer Aussage notwendig, aber nicht hinreichend.[137] 64

„Sagt die angeblich vergewaltigte Zeugin, A. habe auf ihre Ankündigung, um Hilfe zu rufen, ein Sektglas zerbrochen und ihr den Stiel vor das Gesicht gehalten, woraufhin sie nicht gerufen habe,"[138] so ist das lediglich eine folgerichtige Erklärung, die auch jeder halbwegs intelligente Lügner erfinden könnte, um nicht vorhandene Hilferufe zu erklären. 65

Zu einem Kriterium für die Glaubwürdigkeit kann die logische Konsistenz aber dann werden, wenn der berichtete Sachverhalt dergestalt kompliziert und/oder umfangreich ist, als dass die Auskunftsperson intellektuell überfordert wäre, in der Fantasie einen logischen Handlungsablauf darzustellen. Dieser Fall dürfte in der Realität (eher) selten vorkommen. Ein anderer denkbarer Fall, um der logischen Konsistenz noch einen auf die Glaubwürdigkeit hinweisenden Indizwert zuzumessen, dürfte dann vorliegen, wenn die Auskunftsperson ungesteuert und sprunghaft berichtet und die verschiedenen, voneinander entfernt liegenden Teile insgesamt einen logisch konsistenten Ablauf darstellen[139] und insbesondere beim sog. logischen Stützmerkmal, d.h., „wenn die Auskunftsperson ein zunächst sowohl ihr als auch dem Vernehmenden unerklärliches Geschehen beschreibt, das nach Abschluß der Bekundung nachträglich eine Erklärung aufgrund anderweitiger Informationen findet."[140] Das wird freilich in der Praxis sehr selten vorkommen. 66

3. Zum Kriterium der Nicht-Widersprüchlichkeit

In der richterlichen Beweiswürdigung erscheint oft als vermeintlich entscheidendes Aussagekriterium das Kriterium der Nichtwidersprüchlichkeit. Ob es sich bei der 67

134 Hommers, Die Aussagepsychologische Kriteriologie unter kovarianzstatistischer und psychometrischer Perspektive, in Psychologie der Zeugenaussage, S. 97.

135 Vgl. Greuel/Offe/Fabian/Wetzels/Fabian/Offe/Stadler, Glaubhaftigkeit der Zeugenaussage, S. 136 m.w.N.

136 Prüfer, Aussagebewertung in Strafsachen, Rn 131.

137 Vgl. Hommers, Die Aussagepsychologische Kriteriologie unter kovarianzstatistischer und psychometrischer Perspektive, in Psychologie der Zeugenaussage, S. 97.

138 Prüfer, Aussagebewertung in Strafsachen, Rn 132.

139 Vgl. Bender/Nack, Tatsachenfeststellung vor Gericht, 2. Aufl., Rn 283.

140 Bender/Nack, Tatsachenfeststellung vor Gericht, 2. Aufl., Rn 282.

Nicht-Widersprüchlichkeit um ein eigenständiges Kriterium handelt oder um einen Unterfall der logischen Konsistenz, da eine widersprüchliche Aussage nicht logisch sein kann, kann dahingestellt bleiben. Jedenfalls stellt es einen schweren Bewertungsfehler dar, wenn das Gericht an der Glaubwürdigkeit keine Zweifel hat, zumal sich die Zeugin auch nicht in Widersprüche verwickelt hat (vgl. hierzu § 24 Rdn 94 ff.). Von BGH, NStZ-RR 1997, S. 172 erfahren wir: „Jedenfalls darf das Kriterium der Widerspruchsfreiheit [...] nicht überbewertet werden."

68 Aus denselben Gründen, aus denen das Kriterium der logischen Konsistenz in den meisten Fällen keinen Hinweis auf die Glaubwürdigkeit liefert, liefert die Tatsache, dass die Auskunftsperson sich nicht in Widersprüche verwickelt hat, **kein brauchbares Kriterium für die Glaubwürdigkeit**. „Der Nichtwiderspruch wird also erst dann zum Realitätskriterium, wenn bei einem Phantasiegebilde Widersprüche zu erwarten gewesen wären."[141] Für eine lege artis Beweiswürdigung wäre daher erforderlich, dass dargelegt wird, inwiefern Widersprüche wegen des Umfangs und/oder der Komplexität zu erwarten gewesen wären, wenn unterstellt wird, dass der Zeuge gelogen hat. Dann wird in den meisten Fällen klar, dass der streiterhebliche Sachverhalt dergestalt knapp und intellektuell überschaubar ist, dass Widersprüche bei einem normal begabten Zeugen ohnehin nicht erwartet werden können. „Zudem waren die [...] Bekundungen zum Kerngeschehen offenbar nicht so detailreich, daß die angenommene Widerspruchsfreiheit hinreichend aussagekräftig ist."[142] Die Widerspruchsfreiheit wird also erst dann zum Kriterium, „wenn die Aussage ein Ausmaß annimmt, welches ein ‚Lügner' mangels seiner tatsächlichen Erinnerung nicht bewältigen könnte."[143]

4. Zum Kriterium der Konstanz/Inkonstanz

69 Der Aussagekonstanz kommt in der richterlichen Beweiswürdigung ein erhebliches Gewicht zu (vgl. hierzu § 24 Rdn 140 ff.). Schlicht falsch ist jedoch folgende Beweiswürdigung:

> *„Dagegen ist das Gericht den Aussagen des Zeugen [...] gefolgt, die in allen wesentlichen Punkten mit seiner früheren Darstellung übereinstimmen."*[144]

70 In der Prozesspraxis kommt dem Kriterium der Konstanz (als ungeschriebenes Gesetz) die größte Reichweite zu, d.h., konstante Aussagen werden als glaubwürdig und inkonstante Aussagen als unglaubwürdig erachtet.[145] Mittlerweile ist in der aussagepsychologischen Wissenschaft anerkannt, dass eine **differenzierte Betrach-**

141 Bender/Nack, Tatsachenfeststellung vor Gericht, 2. Aufl., Rn 285.

142 BGH, NStZ 2000, S. 496 f.

143 Nonn, Die Beweiswürdigung im Zivilprozess unter besonderer Berücksichtigung des Kantons Basel Land, S. 137.

144 Prüfer, Der Realitätsgehalt unbeständiger Aussagen im Strafprozess, DRiZ 1977, S. 41.

145 Vgl. Prüfer, Aussagebewertung in Strafsachen, Rn 89.

tung notwendig ist. „Wenn in diesem Zusammenhang eine differenzierte Konstanz der Aussage gefordert wird, dann gründet sich dies darauf, dass man selbstverständlich auch bei erlebnisgestützten Aussagen über die Zeit mit natürlichen Vergessensprozessen und Erinnerungsverlusten rechnen muss. Insofern muss man bei hundertprozentig konstanten Aussagen grundsätzlich Zweifel an deren Erlebnisbezug anmelden."[146]

Hinzu kommt das sog. Inkadenzphänomen, das besagt, dass kein Mensch zu jedem Zeitpunkt die jeweils gleiche und vollständige Erinnerung haben kann.[147] „Die pauschale Abwertung der Aussage bei Widersprüchen ist ein schwerer Fehler."[148] Aber ebenso darf das Kriterium der Konstanz nicht überbewertet werden.[149] 71

Konstant (dem Sinne nach) bleiben muss das sog. Kerngeschehen. Das ist das, was für die Auskunftsperson damals (nicht aus der Retrospektive oder der Sicht des Richters) von zentraler Bedeutung war.[150] Die jeweiligen Kerngeschehen können somit bei den verschiedenen Zeugen, die zu demselben Beweisthema aussagen sollen, auch verschieden sein, wobei das Kerngeschehen eng gefasst sein sollte.[151] „Dass sich die Wortwahl eher verändern sollte, liegt nahe. Andernfalls verfügt die Auskunftsperson zumindest über ein sehr starr fixiertes Erinnerungsbild. Dann stellt sich das Problem der sogenannten ‚Erinnerung an die Erinnerung'. Oder sie hat die Geschichte, anstatt erlebt, erlernt."[152] „Von besonderer Belegkraft, da vom Zeugen nicht außerhalb eigenen Erlebens gezielt konstruierbar, sind solche Aussagen, die eine differenzierte Inkonstanz aufweisen, indem sie in den aus gedächtnispsychologischer Sicht zu erwartenden Erinnerungsbereichen konstant bleiben, gleichzeitig aber hinsichtlich der aus psychologischer Sicht erwartungsgemäß vergessensanfälligen Aspekte variieren."[153] 72

Dieser Bereicht ist ingesamt wenig erforscht. Daher mit aller Vorsicht: Konstanz ist zu erwarten bei: 73

- „Schilderung des zentralen Kerngeschehens
- Schilderung der eigenen Rolle bzw. Aktivität
- Benennung der unmittelbar am Kerngeschehen beteiligten Personen
- Benennung der fraglichen Tatörtlichkeiten
- Benennung von unmittelbar handlungsrelevanten Gegenständen

146 Greuel/Offe/Fabian/Wetzels/Fabian/Offe/Stadler, Glaubhaftigkeit der Zeugenaussage, S. 131.

147 Vgl. Arntzen, Psychologie der Zeugenaussage, System der Glaubwürdigkeitsmerkmale, 3. Aufl., S. 66.

148 Vgl. Nack, in Ziegert (Hrsg.), Grundlagen der Strafverteidigung, S. 229, vgl. auch Trankell, Der Realitätsgehalt von Zeugenaussagen, S. 129/130: „Konstanz kaum realistisch".

149 Vgl., BGH, NStZ-RR 1997, S. 172.

150 Vgl. Bender/Nack, Tatsachenfeststellung vor Gericht, 2. Aufl., Rn 290.

151 Vgl. Bürkle, Richterliche Alltagstheorien im Bereich des Zivilrechts, S. 126.

152 Wendler, Wie ähnlich war der Unfall?, S. 79.

153 Greuel/Offe/Fabian/Wetzels/Fabian/Offe/Stadler, Glaubhaftigkeit der Zeugenaussage, S. 132.

- Benennung der Lichtverhältnisse
- Benennung der globalen Körperposition im Falle körpernaher Handlungen."[154]

74 **Inkonstanzen sind zu erwarten bei:**

- „Schilderung des peripheren Geschehens
- Zuordnung von Nebenhandlungen zum Kerngeschehen
- Angaben zur Reihenfolge mehrerer Situationen oder Handlungssequenzen
- Angaben, die auf Schätzungen beruhen (z.B. Häufigkeit, Datierungen)
- Angaben über Seitenverhältnisse und Positionswechsel bei körpernahen Handlungen
- Angaben über Wortlaut oder Sinngehalt von Gesprächen
- Angaben über unangenehme (Körper)Empfindungen (z.B. Schmerzerleben)."[155]

75 Folgerichtig muss eine Beweiswürdigung, die aus dem Kriterium der Konstanz oder Inkonstanz einen Schluss ziehen will, angeben, was nach Meinung des Gerichts zum Kerngeschehen und was zum Randgeschehen gehört.[156] Dass es eine differenzierte Konstanz gibt, ist nicht zu bestreiten. Allerdings lässt sich mittels „differenzierter Konstanz" keine Unterscheidung von erlebnisbasierten und erfundenen Aussagen ableiten, denn auch der lügende Zeuge konzentriert sich auf zentrale Aspekte, und versucht diese konstant darzustellen, während nebensächlichen Aspekten weniger Gewicht beigemessen wird. D.h., die differenzierte Konstanz muss bei der Falschaussage nicht simuliert werden, sondern ergibt sich von selbst.[157]

76 Weiter muss beachtet werden, „dass die Zeugenperson durch Einsichtnahme in Protokolle über ihre jeweils vorausgegangenen Aussagen bzw. z.B. aufgrund eines etwa privat aufbewahrten, schon vor oder unmittelbar nach der ersten Aussage verfassten Textes präpariert war."[158] Die **Aktenkenntnis** des als Zeugen vernommenen Nebenklägers soll aber nicht zwingend der Erörterung im Urteil bedürfen, auch nicht in der Konstellation „Aussage gegen Aussage".[159] Dem ist nicht zuzustimmen, denn es ignoriert die naheliegende Möglichkeit der „inhaltlichen Vorbereitung der Aussage"[160] bzw. des „Zeugen-Coachings".[161]

154 Greuel/Offe/Fabian/Wetzels/Fabian/Offe/Stadler, Glaubhaftigkeit der Zeugenaussage, S. 131.

155 Greuel/Offe/Fabian/Wetzels/Fabian/Offe/Stadler, Glaubhaftigkeit der Zeugenaussage, S. 132; vgl. auch Volbert/Dahle, Forensisch-psychologische Diagnostik im Strafverfahren, S. 42.

156 Vgl. BGH, StV 1992, S. 555, 556.

157 Vgl. Volbert/Steller, Die Begutachtung der Glaubhaftigkeit, S. 683, 691 in: Dreßing/Habermeyer (Hrsg.), Psychiatrische Begutachtung, 6. Aufl. (2015).

158 Eisenberg, Sachlich-rechtliche Beweisprobleme der Aussagewürdigung beim Vorwurf des Inzests, JR 2004, S. 358 f.

159 Vgl. BGH, Beschl. vom 15.3.2016 – 5 StR 52716; BGH, Beschl. vom 5.4.2016 – 5 StR 40/16.

160 Vgl. Eisenberg, Anmerkung zu BGH, Beschl. vom 15.3.2016 – 5 StR 52716 und BGH, Beschl. vom 5.4.2016 – 5 StR 40/16, JR 2016, S. 390 ff.

161 Vgl. Graf/StPO/Eschelbach, 2. Aufl. § 261 Rn 55.3.

Das **Konstanzkriterium** ist jedoch ohne irgendeinen Beweiswert, wenn die Aussage aufgrund inhaltlicher Vorgaben erfolgt,[162] insbesondere, wenn dem Zeugen die frühere Aussage vorgehalten wird und der Zeuge die frühere Frage nur mit ja oder nein beantworten kann.[163] 77

In der forensischen Praxis ist immer wieder zu beobachten, dass ein Prozessbeteiligter dem Zeugen die frühere Aussage vorhält, d.h., vorliest und **sodann die (in der Regel) sinnlose Frage stellt, ob der Zeuge das Vorgelesene damals so ausgesagt hat**. „Erinnern sie [die Zeugen] sich wieder, ist Beständigkeit hergestellt. Scheinbar ist sie es auch dann, wenn die Befragten vorspiegeln, das früher Geschilderte falle ihnen wieder ein. Zu solcher Unaufrichtigkeit werden besonders Zeugen verleitet, denen ihre frühere Aussage durch wörtliche Verlesung vorgehalten wird. Diese von der Rechtsprechung gebilligte Art des Vorhalts[164] kann hochgradig suggestiv sein,[165] was selbst ihr entschiedenster Gegner, Eberhard Schmidt, nicht deutlich ausdrückt.[166] "[167] **Bereits hierdurch ist die Aussage hinsichtlich des Konstanzkriteriums ohne jeden Wert, denn bei Suggestivfragen ist nur der Teil aussagepsychologisch verwertbar, der über die Vorgabe hinausgeht** (sog. Überhangantwort).[168] „Mit der üblichen Frage, ob der Aussagende glaube, bei seiner Erstvernehmung eine frischere Erinnerung gehabt zu haben als gegenwärtig, will der Vernehmer nur noch bestätigt hören, was er ohnehin glaubt, dass nämlich die vorgehaltenen Angaben der Wirklichkeit entsprechen. Gerade das weiß der Befragte aber oft nicht mehr."[169] Eine notwendige Bedingung für die Verwertung einer Aussage auf einen Vorhalt ist somit, dass im Urteil genau dargestellt wird, was der Zeuge aus lebendiger Erinnerung wusste, und was er erst berichtete, nachdem seinem Gedächtnis in irgendeiner Weise nachgeholfen wurde.[170] Dies wiederum führt m.E. zu der Konsequenz, dass der Vorhalt und die Antwort auf den Vorhalt wörtlich protokolliert werden muss, denn es kommt hier entscheidend auf den genauen Wortlaut des Vorhalts und der Antwort an, um die Überhangantwort kenntlich zu machen. Leider ist diese Konsequenz in der Praxis bisher noch nicht gezogen worden, wobei sie im Zivilprozess oft durchgesetzt werden kann. Die meisten Zivilrichter führen das Protokoll so, dass entsprechende Anträge/Anregungen der Beteiligten durchaus ernst genommen werden. 78

162 Vgl. Greuel/Offe/Fabian/Wetzels/Fabian/Offe/Stadler, Glaubhaftigkeit der Zeugenaussage, S. 132.

163 Vgl. Arntzen, Psychologie der Zeugenaussage: System der Glaubwürdigkeitsmerkmale, 3. Aufl., S. 56.

164 Im Original folgende Fn: RGSt. 72, 221 (223); BGH, BGHSt 3, S. 199 (201).

165 Im Original folgende Fn: Arntzen, a.a.O. [Psychologie der Zeugenaussage, 1970], S. 30, 50.

166 Im Original folgende Fn: Schmidt, Lehrkommentar zur StPO, Teil II, 1957, Rn 7 u. 8 zu § 250.

167 Prüfer, Der Realitätsgehalt unbeständiger Aussagen im Strafprozess, DRiZ 1977, S. 41, 43.

168 Vgl. Bender/Nack, Tatsachenfeststellung vor Gericht, 2. Aufl., Rn 624, vgl. Greuel/Offe/Fabian/Wetzels/Fabian/Offe/Stadler, Glaubhaftigkeit der Zeugenaussage, S. 67.

169 Prüfer, Aussagebewertung in Strafsachen, Rn 102.

170 Vgl. BGH, BGHSt 3, S. 281, 284.

79 Weiter liegt in der Natur der Sache, dass die Aussage einen gewissen Umfang haben muss, denn bei einer umfangmäßig geringen Schilderung kann (vermeintliche) Konstanz natürlich durch einfaches Auswendiglernen auch bei intellektuell schwach begabten Zeugen vorgespiegelt werden.[171] D.h., der Aussagekonstanz kommt dann keine Bedeutung bei, wenn sich die Schilderung durch Detailarmut auszeichnet.[172] „Bei wenig komplexen Aussagen können erfundene Darstellungen ein Ausmaß an Konstanz erreichen, das mit der Konstanz in erlebnisbasierten Darstellungen vergleichbar ist."[173]

80 Der Einwand eines Zeugen bei der Erstvernehmung, zu der vermeintliche Konstanz oder Inkonstanz besteht, habe der Zeuge ganz anders ausgesagt als protokolliert, ist in den meisten Fälle beachtlich, sodass das Konstanzkriterium dann naturgemäß nicht mehr angewendet werden kann. Es ist gängige Praxis, dass das Protokoll in „wörtlicher Rede" gehalten wird, aber es sich tatsächlich nur um einen in wörtliche Rede gekleideten Bericht des Vernehmenden handelt.[174] **Auch die Tatsache, dass der Zeuge doch das Protokoll genehmigt bzw. sogar unterschrieben hat, ist irrelevant.** Auch hier ist in der Praxis zu beobachten, dass die allermeisten Zeugen alles genehmigen, auch wenn der protokollierte Inhalt mit der eigentlichen Aussage nur wenig Ähnlichkeit hat.[175] „Zeugen lassen häufig auch allzu bereitwillig zu, dass ihre Äußerungen sprachlich ‚auf den üblichen Standard' gebracht werden, und unterzeichnen deshalb nicht selten Protokolle, die sich von dem, was sie ursprünglich sagten, stark unterscheiden (Ainsworth, 1995). Zu solchen Standardisierungen kommt es häufig, weil Polizistinnen und Polizisten ‚gute' Protokolle abliefern wollen, die plausibel klingen, chronologisch sauber geordnet sind, keine Widersprüche enthalten, auf die zu beweisenden Tatbestände zugeschnitten sind und mit dem Verlauf der Ermittlungen übereinstimmen (Ede & Shepherd, 1997)."[176] Selbst wenn, wie zu erwarten, der Vernehmungsbeamte bekundet, dass die Aussageperson wie protokolliert ausgesagt hat, so bedeutet das meist nur, dass der Vernehmungsbeamte keine (nachdem Monate vergangen sind) wirkliche Erinnerung an die konkrete Aussage mehr haben kann, sondern davon ausgeht, dass er hier und auch stets rich-

171 Vgl. Arntzen, Psychologie der Zeugenaussage: System der Glaubwürdigkeitsmerkmale, 3. Aufl., S. 56.

172 Vgl. BGH, StV 2000, S. 123 f.

173 Volbert/Dahle, Forensisch-psychologische Diagnostik im Strafverfahren, S. 43.

174 Vgl. Prüfer, Der Realitätsgehalt unbeständiger Aussagen im Strafprozess, DRiZ 1977, S. 41, 42, vgl. Undeutsch, Handbuch der forensischen Psychologie, 11. Bd., S. 112 m.w.N., v.a. auf den badischen Amtmann Brauer aus dem Jahre 1841 aus den Analen der deutschen und ausländischen Strafrechtspflege, vgl. auch Prüfer, Aussagebewertung in Strafsachen, Rn 93.

175 Vgl. Bender/Nack, Tatsachenfeststellung vor Gericht, 2. Aufl., Rn 822, vgl. auch Prüfer, Der Realitätsgehalt unbeständiger Aussagen im Strafprozess, DRiZ 1977, S. 41, 42, vgl. Jansen, Zeuge und Aussagepsychologie, Rn 226 f.

176 Milne/Bull, Psychologie der Vernehmung, S. 40.

tig protokolliert hat.[177] „Solche Erklärung führt nicht weiter, weil der Beamte von seinem Standpunkt aus auch dann ‚richtig' protokolliert, wenn er die Aussage in den Zusammenhang bringt, der für ihn aufgrund anderer Beweismittel unzweifelhaft ist [...]. Es bleibt letzten Endes offen, ob der Zeuge beständig oder unbeständig ausgesagt hat."[178] Rohloff/Ruhländer weisen zu Recht darauf hin, dass eine „bereinigte" Niederschrift einer Vernehmung üblich sei. Da eine beweiskräftige Video-/Tonbandaufzeichnung aus unterschiedlichen Gründen nicht stattfinde, hätten die Vernehmungsprotokolle unterschiedlichen bis unklaren Beweiswert.[179] Der puren Versicherung, **getreulich zu protokollieren**, kommt daher kein Beweiswert zu.[180]

V. Die Anwendung von tatsächlich nicht bestehenden Aussagekriterien

1. Wer einmal lügt, dem glaubt man nicht

Die Beweiswürdigung, dass einer Aussage insgesamt die Glaubwürdigkeit versagt 81
wird, weil in einem Teil der Aussage eine Lüge entdeckt wurde, ist falsch.[181] Bei dieser Beweiswürdigung wird der zweite Teil der o.g. Volksweisheit unterschlagen, **„und wenn er auch die Wahrheit spricht."** Es sollen hier nicht die gesamten **Motive für Lügen Unschuldiger** aufgeführt werden.[182] Nur soviel: „In manchen Fällen kann nämlich ein Unschuldiger geradezu gezwungen sein, einen wirklichen Umstand zu leugnen, weil der Richter sonst den falschen Schluß auf seine Schuld ziehen könnte."[183] „Manchmal spricht der Schein so stark gegen einen unschuldig Verdächtigen, daß er meint, sich nicht anders als durch eine unwahre Tatsachenangabe retten zu können."[184] Ebenso kann es sein, dass der Beschuldigte ein Interesse daran hat, dass nicht Nebenumstände bekannt werden, die ihm jetzt oder später tatsächlich oder vermeintlich schaden können und er deswegen lügt (vgl. hierzu § 24 Rdn 159 ff.). **Es ist daher immer nachzuprüfen, ob nicht verständliche Motive vorhanden waren, von der Wahrheit abzuweichen.**[185]

„Wenn der Zeuge eine bestimmte Darstellung gibt und diese hinsichtlich eines 82
einzelnen Umstandes als unzutreffend festgestellt wird, fragt sich, wieweit das

177 Vgl. Prüfer, Der Realitätsgehalt unbeständiger Aussagen im Strafprozess, DRiZ 1977, S. 41, 43.

178 Prüfer, Der Realitätsgehalt unbeständiger Aussagen im Strafprozess, DRiZ 1977, S. 41, 43.

179 Vgl. Rohloff/Ruhländer, Entwicklungsmöglichkeiten in der polizeilichen Vernehmungspraxis, Kriminalistik 2004, S. 518 ff.

180 Vgl. BGHSt 14, S. 310, 312 ff.

181 Vgl. Nack, in Ziegert (Hrsg.), Grundlagen der Strafverteidigung, S. 221, vgl. auch Bender/Nack, Tatsachenfeststellung vor Gericht, 2. Aufl., Rn 302, vgl. auch BGH, StV 1999, S. 80 f.

182 Vgl. Bender/Nack, Tatsachenfeststellung vor Gericht, 2. Aufl., Rn 304.

183 Altavilla, Forensische Psychologie, Bd. II, Die Psychologie der Strafprozessbeteiligten, S. 327.

184 Döhring, Die Erforschung des Sachverhaltes im Prozess, S. 238.

185 Vgl. Tschadek, Der Beweis, S. 14 f.

die Bewertung seiner übrigen Angaben beeinflusst [...]. Man sah es mitunter geradezu als einen Denkfehler an, wenn in einem Gerichtsurteil gewisse Angaben des Zeugen als unglaubhaft bezeichnet worden waren, ihm aber gleichwohl in anderer Hinsicht geglaubt wurde [...]. Obwohl diese Anschauung heute kaum noch irgendwo prinzipiell vertreten wird, ist sie in der Praxis noch nicht ganz überwunden. Sie empfiehlt sich immerhin dadurch, dass sie Beurteilern, die wenig Neigung zu einer intensiven Würdigung von Zeugenbekundungen haben, willkommene Gelegenheit gibt, sich die Arbeit bequem zu machen [...]. Gleichwohl geht es nicht an, wegen jeder nachgewiesenen Unrichtigkeit gleich die ganze Darstellung als unzuverlässig anzusehen."[186]

83 Zu beachten ist natürlich, dass von einer Lüge nur dann gesprochen werden kann, wenn es sich nicht um einen Wahrnehmungs- oder Erinnerungsfehler gehandelt hat.[187] Diesbezügliche Unrichtigkeiten geben keinen Hinweis auf die Glaubwürdigkeit oder Zuverlässigkeit der übrigen Aussage, wenn die wahrnehmungsverzerrende oder erinnerungsverzerrende Wirkung nicht gleich stark fortwirkt. „Die unwahren Angaben der Zeugin S. bzgl. des 2.2.2000 veranlassen die Kammer nicht, auch auf die Unwahrheit ihrer, unter vernehmungstechnischen Gesichtspunkten in hohem Maße glaubhaften, sonstigen Bekundungen zu schließen [...] Offenbar haben viele Personen, die hinsichtlich des zentralen Punktes wahrhaftig sind, oftmals das Bedürfnis, die Überzeugungskraft ihrer Aussage dadurch zu unterstützen, dass sie in unerheblichen Nebenpunkten präzise sind- notfalls auch der Wahrheit zuwider."[188]

84 **In der Konstellation Aussage gegen Aussage wirkt sich eine nachgewiesene Lüge in einem Teil der Aussage aber erheblich aus**, denn dann müsste das Gericht Umstände außerhalb der Aussage benennen, um der Aussage dennoch zu folgen.

2. Die/der Zeugin/Zeuge sagte ohne Belastungseifer aus

85 Hierzu ist anzumerken, dass es das Aussagekriterium des „fehlenden Belastungseifers", jedenfalls in der gegenwärtig regelmäßig praktizierten Form (vgl. oben § 16 Rdn 51 ff.) **nicht gibt.** Gleichwohl wird **das Kriterium in der Praxis exzessiv verwendet**. Das AG München hat in dem Münchner Autoverkaufsfall, das Kriterium als entscheidungserheblich bemüht. In dem oben berichteten Fall der Vergewaltigung (SZ v. 2.3.2004 Autorin Sabina Griffith) wurde das Kriterium ebenfalls bemüht. In einem anderen Vergewaltigungsfall, in dem es Aussage gegen Aussage stand, wurde das Kriterium vom LG München I fünf Mal zitiert (vgl. § 11 Rdn 13 ff.) Auch sonst wird der Begriff des (fehlenden) Belastungseifers oder Verzichts auf Mehrbelastung jedem forensisch tätigen Juristen in **unzähligen Konstellationen** be-

186 Döhring, Die Erforschung des Sachverhaltes im Prozess, S. 155 f.

187 Vgl. Döhring, Die Erforschung des Sachverhaltes im Prozess, S. 156.

188 LAG Baden-Württemberg, Urt. v. 28.3.2001 – 20 Sa 15/01, JurionRS 10497.

gegnen. Es ist nicht bekannt, wie, warum und seit wann das (angebliche) Kriterium des fehlenden Belastungseifers eine überwertige Stellung in der tatgerichtlichen Praxis erlangt hat. Es handelt sich um eine wohlklingende Vokabel, die ohne jeden realen Wert ist.

Ausgangspunkt dieser falschen Beweiswürdigung ist die sog. Rachehypothese.[189] 86
D.h., die Überlegung, dass eine Falschaussage ein Motiv haben muss, z.B. eine (scheinbar unerklärliche) Antipathie[190] oder offen zutage tretende Feindschaft. Hätte der Aussagende aber ein solches Motiv, so würde er seinen „Feind" nicht schonen. Schont er seinen Gegner aber dennoch, so wäre das ein Kriterium für die Wahrheit. Dieser weit verbreitete Gedanke ist offenkundig falsch. Diese Argumentation widerspricht zum einen dem sog. Impression Management des Lügners, der genau das Verhalten zeigen will, von dem er annimmt, dass es sein Gegenüber überzugen wird. Zum anderen widerspricht eine – nicht nötige – Mehrbelasung auch dem Gefährlichkeitskalkül des Lügners. Warum sollte dieser überhaupt eine Mehrbelastung liefern, die gar nicht nötig ist. Damit würde der Lügner nur sein Widerlegungsrisiko erhöhen. D.h., der Verzicht auf eine Mehrbelastung besagt gar nichts und als falsche Anwendung dieses Kriteriums wird in der Rechtsprechung oft jedweder Verzicht auf eine Mehrbelastung als Aussagekriterium bzw. „fehlender Belastungseifer" aufgefasst. Dass dies falsch ist, ergibt sich zudem bereits aus der Ausgangshypothese. Nicht jede Falschaussage ist auf Rache oder Feindschaft dem Belasteten gegenüber zurückzuführen. Viele Falschaussagen erfolgen nicht aufgrund Feindschaft zu dem Gegenüber, sondern aufgrund eigennütziger Gründe (Gewinnstreben, Vermeidung eigener nachteiliger Folgen, Geltungssucht etc.). Daraus folgt, dass das Kriterium des Verzichts auf nahe liegende Mehrbelastung ohnehin qua definitionem nur dort anzuwenden ist, wo der Aussagende mit seiner Aussage (vermutlich) primär einer anderen Person schaden will,[191] nicht aber, wenn der Aussagende mit seiner Aussage (vermutlich) primär einen anderen Grund (z.B. eigener Vorteil, Vermeidung eigener nachteiliger Folgen) verfolgt. Daher dürfte das Kriterium im Zivilverfahren, in dem es primär nicht um Schädigung einer Partei geht, sondern vielmehr um die Gewinnung von eigenen Vorteilen oder Vorteilen für den Beweisführer, d.h., für denjenigen, der den Zeugen benannt hat, nur mit äußerster Vorsicht, d.h., praktisch fast nie eine Rolle spielen. Jedenfalls gilt: „Auch ist stets **genau zu prüfen**, ob die Mehrbelastung aus Sicht der Aussageperson **wirklich ohne Entdeckungsgefahr** oder **sonstiges Risiko** möglich ist; nur wo das Fall ist sprich das gegen die Rachehypothese."[192]

189 Vgl. Trankell, Der Realitätsgehalt von Zeugenaussagen, S. 93, vgl. auch Bender/Nack, Tatsachenfeststellung vor Gericht, 2. Aufl., Rn 204, vgl. auch Undeutsch, Handbuch der forensischen Psychologie, 11. Bd., S. 120, 122.

190 Z.B. aufgrund eines Vorurteils.

191 Vgl. Prüfer, Aussagebewertung in Strafsachen, Rn 81.

192 Bender/Häcker/Schwarz, Tatsachenfeststellung vor Gericht, 6. Aufl., Rn 477.

87 Hinzu kommt, dass der Lügner bei der Lüge nicht ertappt werden will, d.h., (mindestens instinktiv) ein **Gefährlichkeitskalkül**[193] anstellt, sodass der Verzicht auf eine nahe liegende Mehrbelastung darüber hinaus nur dann ein Kriterium sein kann, wenn der Aussagende nicht weiß, ob die Mehrbelastung widerlegt werden kann.[194] Sonst kann der Verzicht auf die nahe liegende Mehrbelastung auch bedeuten, dass der Lügner dem Kalkül des Lügners entsprechend die Abwägung zugunsten seiner eigenen Vorsicht ausfallen hat lassen und er aus Angst vor Widerlegung keine nahe liegende Mehrbelastung vorgebracht hat.

88 Ob der Verzicht auf (nahe liegende) Mehrbelastung ein Aussagekriterium für die Glaubhaftigkeit sein kann, ist im Einzelfall kaum beantwortbar. Es lässt sich nicht klären, wann eine Mehrbelastung „nahe liegt", wann der Lügner aufgrund eines Gefährlichkeitskalküls auf eine Mehrbelastung verzichtet bzw. aufgrund des impression managements. Zudem könnte der Gedanke nur bei der allerersten Aussage anwendbar sein, nicht aber bei nachfolgenden, in denen sich der Aussagende mit einer Mehrbelastung in Widerspruch zu früheren Aussagen setzen würde. **Kurzum:** Das Kriterium des fehlenden Belastungseifers taugt nicht.

89 Falsch ist es daher immer, als erhebliches Kriterium anzuführen, dass die Zeugin keinen Belastungseifer zeigte, obwohl die Zeugin alle streitentscheidenden Punkte bestätigte.

90 Wer jeden Anklagepunkt oder jeden streitgegenständlichen Punkt bestätigt, verzichtet bereits qua definitionem keineswegs auf nahe liegende Mehrbelastung, sondern bestätigt genau das, was von ihm im Sinne des Beweisführers (Staatsanwaltschaft oder Partei) erwartet wurde. Die Bestätigung dessen, was von dem Beweisführer erwartet wurde, kann somit in keinem Fall als Kriterium der Glaubhaftigkeit angesehen werden.

91 Lediglich das Gegenteil wäre somit richtig und aus der offen zutage getretenen Mehrbelastung könnte auf Feindschaft, Rache etc. und daraus auf die Unzuverlässigkeit geschlossen werden.

92 Die Würdigung im „Münchner Autoverkaufsfall" (s.o.), der zufolge „die Zeugin nicht versucht hatte, den Sachverhalt zu zementieren" ist daher falsch. Die Zeugin hat in diesem Fall genau das bestätigt, was sie laut Beweisführer bestätigen sollte. Inwiefern die Zeugin das Beweisthema neben ihrer ausdrücklichen Bestätigung (theoretisch) noch weiter zementieren hätte können oder sollen, bleibt unerfindlich. Insb. bleibt weiter unklar, wie die Zeugin das Beweisthema noch weiter hätte zementieren können oder sollen, ohne die Gefahr der Widerlegung einzugehen (Gefährlichkeitskalkül). Schlussendlich bleibt unklar, weshalb von einer falsch aussagenden Zeugin überhaupt erwartet werden soll oder kann, dass diese zwar das

193 Vgl. Bender/Nack, Tatsachenfeststellung vor Gericht, 2. Aufl., Rn 171.
194 Vgl. Bender/Nack, Tatsachenfeststellung vor Gericht, 2. Aufl., Rn 204.

Beweisthema bestätigt, aber trotzdem (aus welchem Grund?) eine Zusatzbelastung oder „Zementierung" vorbringen soll.

Die Rechtsprechung scheint (zu oft) von der romantischen Vorstellung getragen, dass ein falsch aussagender Zeuge im Sitzungssaal entweder **seine Animosität frei offenbart** oder über das Beweisthema hinausgehende Zusatzbelastungen liefert, sodass das Fehlen der freien Offenbarung der Animosität oder das Fehlen der über das Beweisthema hinausgehenden Zusatzbelastung ein Glaubwürdigkeitskriterium zu sein scheint. Dass dies falsch ist, liegt auf der Hand. 93

Ausgangspunkt ist die Tatsache, dass der Lügner überzeugen möchte. Wer jedoch überzeugen will, wird seine Animosität nicht grundlos offenbaren, da er weiß, dass damit a priori Zweifel an seiner Glaubwürdigkeit geweckt werden. Umgekehrt wird der Lügner seine Animosität aber auch nicht verheimlichen, wenn er erwartet, dass die Verhörsperson von ihm Animosität erwartet. All das ist aus den Erkenntnissen des sog. impression managements bestens bekannt. D.h., der Zeuge versucht durch sein Ausdrucksverhalten das Verhalten zu zeigen, von dem er annimmt, dass es bei der Verhörsperson den gewünschten Eindruck erweckt.[195] 94

Eine erfolgreiche Lüge setzt nach Köhnken[196] eine zweifache Täuschung voraus. Es muss eine **primäre Täuschung** hinsichtlich des Sachverhalts erfolgen. Diese wiederum kann nur erfolgreich sein, wenn der Täuschende noch erfolgreich über seine eigene Person täuscht (**sekundäre Täuschung**), d.h., sich selbst in der Wahrnehmung des Gegenübers als glaubwürdig präsentieren kann. 95

Der Offenbarung oder Nichtoffenbarung von Animosität kann daher kein Wert zukommen. Das wäre nur dann anders, wenn der Zeuge atypisch reagiert und Animosität verheimlicht, wo Animosität zu erwarten wäre, bzw. Animosität offenbart, für die kein Grund besteht. Diese atypischen Fälle, dürften in der forensischen Praxis aber selten sein, zumal das impression management bereits aufgrund der Alltagserfahrung von den meisten Personen unauffällig betrieben werden kann.[197] Gleiches gilt für die Mehrbelastung. Weshalb sollte ein falsch aussagender Zeuge eine Mehrbelastung liefern? Damit liefe der Zeuge einerseits Gefahr, dass seine Schilderung widerlegt werden kann. Für jeden zusätzlichen Punkt muss der Zeuge bestimmte Angaben machen, die das Risiko der Widerlegung erhöhen. Weshalb sollte der Lügner dieses Risiko eingehen? Damit würde der Lügner seinem (unbewussten) Gefährlichkeitskalkül[198] widersprechen. Darüber hinaus würde sich der Lügner durch diese Mehrbelastung mit seinem Streben im Sinne des impression ma- 96

195 Vgl. zum Parallelproblem der Gefühlsbeteiligung bei der Aussage, Greuel/Offe/Fabian/Wetzels/Fabian/Offe/Stadler, Glaubhaftigkeit der Zeugenaussage, S. 146.

196 Vgl. das gesamte Werk: Köhnken, Glaubwürdigkeit: Untersuchungen zu einem psychologischen Konstrukt.

197 Vgl. zum Parallelproblem der Gefühlsbeteiligung bei der Aussage, Greuel/Offe/Fabian/Wetzels/Fabian/Offe/Stadler, Glaubhaftigkeit der Zeugenaussage, S. 152.

198 Vgl. Bender/Nack, Tatsachenfeststellung vor Gericht, 2. Aufl., Rn 171.

nagements in Widerspruch setzen. Der Lügner würde dadurch nämlich a priori Zweifel an seiner Glaubwürdigkeit wecken, wenn er Tatsachen behauptet, die – im Zivilverfahren – nicht einmal der Beweisführer behauptet, bzw. sich v.a. im Strafverfahren der Frage aussetzen, weshalb er diesen Umstand nicht schon in früheren Vernehmungen (auf der die Anklage fußt) angeführt hat.

97 **Noch einmal:** Das Fehlen von Mehrbelastung oder „Nicht-Zementierens" oder fehlender Belastungseifer ist somit – entgegen der gängigen Praxis – kein Aussagekriterium für die Glaubhaftigkeit.

98 Bestätigt der Zeuge die Anklagepunkte oder streitgegenständliche Punkte entgegen der vermeintlichen Erwartung des Beweisführers nur teilweise, so ist dies nur dann ein Kriterium für die Glaubhaftigkeit, wenn es sich bei dem nichtbestätigten Punkt um einen nach Meinung des Zeugen wesentlichen Punkt[199] handelt und der Zeuge vermuten muss, dass er hinsichtlich des nichtbestätigten Punktes nicht hätte widerlegt werden können (anderenfalls kann die Nichtbestätigung aufgrund des Gefährlichkeitskalküls erfolgen).

99 Da die Kriterien der Aussagepsychologie nicht nur auf Zeugen anwendbar sind, sondern auf alle Auskunftspersonen,[200] d.h., auch auf Angeklagte oder Parteien, kann das Nichtvorbringen einer nahe liegenden Schutzbehauptung, von der die Auskunftsperson weiß oder annehmen muss, dass die Schutzbehauptung nicht widerlegt werden hätte können, ein Indiz für deren Objektivität sein.[201]

100 Das Kriterium des angeblich fehlenden Belastungseifers wird in der Praxis auch dann angewendet, wenn über den Gegner Entlastendes vorgetragen wird. Das ist so auch falsch.

101 Ein weiteres Indiz für die Glaubhaftigkeit (Wahrnehmungs- bzw. Erinnerungsfehler eingeschlossen) ist grundsätzlich, wenn der Zeuge für eine Partei auch Entlastendes vorträgt,[202] jedenfalls ist es eines der 19 von Steller/Köhnken verwendeten Realkennzeichen. Hier ist jedoch zu beachten, dass im Sinne des impression managements viele Lügner wissen, dass es ihrer Glaubwürdigkeit dient, wenn sie auch Entlastendes über den Gegner vortragen. D.h., auch **im Falle der Entlastung ist genau**

199 Viele Lügner wissen, dass es der eigenen Glaubwürdigkeit dient, wenn sie über den „Gegner" auch Entlastendes vorbringen. Handelt es sich bei der Nichtbestätigung somit nur um einen nach Meinung des Zeugen unwesentlichen Punkt, so kann daraus kein Indiz für die Glaubwürdigkeit gesehen werden, vgl. zum Parallelproblem des ausdrücklichen Vortrags von Entlastendem auch Döhring, Die Erforschung des Sachverhaltes im Prozess, S. 74, vgl. auch Altavilla, Forensische Psychologie, Bd. II, Die Psychologie der Strafprozessbeteiligten, S. 246, vgl. auch Bender/Nack, Tatsachenfeststellung vor Gericht, 2. Aufl., Rn 203.

200 Vgl. Bender/Nack, Tatsachenfeststellung vor Gericht, 2. Aufl., Rn 168, 474.

201 Vgl. Undeutsch, Handbuch der forensischen Psychologie, 11. Bd., S. 123.

202 Vgl. Arntzen, Psychologie der Zeugenaussage: System der Glaubwürdigkeitsmerkmale, 3. Aufl., S. 92 u. Bender/Nack, Tatsachenfeststellung vor Gericht, 2. Aufl., Rn 202, Undeutsch, Handbuch der forensischen Psychologie, 11. Bd., S. 120.

zu prüfen, ob die Entlastung dem Gefährlichkeitskalkül folgt, weil der Lügner eine Aufdeckung befürchtet,[203] **oder es sich nur um einen unbedeutenden Nebenpunkt handelt.**[204] Tatsächlich hat das Kriterium also sog. motivationales Kriterium kaum einen Wert (die Realkennzeichen sind gerade nicht insgesamt, d.h. weder jedes einzelne noch mehrere in einem Aggregat, empirisch abgesichert).

Hinweis

Der Wert der motivationsbezogenen Kriterien bedarf daher der genauen Prüfung.

Wenn Ausgangspunkt des Lügners die (sekundäre Täuschung[205]) über seine eigene Glaubwürdigkeit ist, ist es richtig, dass sich der Lügner im Sinne der strategischen Selbstpräsentation als kompetent und glaubwürdig darstellen will. Aber warum er das durch die **Vermeidung** von Unsicherheiten, Erinnerungslücken, Erinnerungsbemühungen und spontanen Korrekturen eigener Angaben darstellen will oder durch das Bemühen sich selbst als **moralisch makellos** darzustellen, z.B. durch Vermeidung von Selbstbelastungen oder Einwänden gegen die Glaubwürdigkeit der eigenen Person, oder **Abwertungen des Beschuldigten**, um dessen Glaubwürdigkeit zu untergraben, ist fraglich.[206] Ebenso ist fraglich, ob es wirklich für die Objektivität einer Aussage spricht, wenn Einwände gegen die eigene Glaubwürdigkeit, oder eine vermeintliche Mitschuld an der eigenen Opferwerdung vorgebracht werden.[207] Mit anderen Worten: Dass der Lügner im Sinne der Selbstpräsentation den dergestalt „perfekten Zeugen" vorgibt, aber nicht einen Zeugen mit erwartbaren Schwächen und Unzulänglichkeiten, ist nicht ohne Weiteres nachvollziehbar. Tatsächlich lässt sich – gerade im Sinne der Selbstpräsentation – auch das Gegenteil annehmen. 102

„Einige schlaue Lügner [...] lassen sich bei einer banalen Unwahrheit überraschen, die offensichtlich zugunsten einer der Parteien ist, und überzeugen so den Richter von einer bestimmten geistigen Ausrichtung; wenn sie dann auf die Vorhaltungen und Drohungen des Vernehmenden schließlich aussagen und gegen den, den sie scheinbar begünstigen wollten, schwerwiegende Dinge vorbringen, so ist jeder von ihrer vollen Wahrhaftigkeit überzeugt und hat niemand den Verdacht eines unwürdigen Tricks."[208] „Einschränkungen bestehen auch gegenüber dem Kriterium, dass die Aussage in Teilen den Beschuldigten entlastet bzw. die aussagende Person belas-

203 Vgl. Bender/Nack, Tatsachenfeststellung vor Gericht, 2. Aufl., Rn 203.
204 Vgl. Döhring, Die Erforschung des Sachverhaltes im Prozeß, S. 74.
205 Die primäre Täuschung liegt in der Geschichte als solcher.
206 Vgl. Volbert/Dahle, Forensisch-psychologische Diagnostik im Strafverfahren, S. 39 m.w.N.
207 Vgl. Volbert/Dahle, Forensisch-psychologische Diagnostik im Strafverfahren, S. 39 m.w.N.
208 Altavilla, Forensische Psychologie, Bd. II, Die Psychologie der Strafprozessbeteiligten, S. 246.

tet, weil ebenso angenommen werden könnte, dass Solches bewusst eingebaut wird, um Glaubhaftigkeit zu erzielen."[209]

103 Teilweise wird in der forensischen Praxis der Widerspruch zwischen den Zeugenaussagen, die im „selben Lager" stehen, als Indiz für deren Unglaubwürdigkeit gesehen und/oder umgekehrt die Übereinstimmung der verschiedenen Zeugenaussagen als Indiz für deren Glaubwürdigkeit gesehen.

Auch eine solche Beweiswürdigung wäre falsch, da zu pauschal.

104 **Aus dem Phänomen der selektiven Wahrnehmung ergibt sich, dass die Wahrnehmung stark von der Subjektivität des Beobachters abhängt.** Wenn der Mensch pro Sekunde 10.000 Sinneswahrnehmung macht, daher die wahrgenommenen Informationen selektieren muss und diese Selektion über das eigene Interesse geschieht,[210] **so ist meist ausgeschlossen, dass sich die verschiedenen Zeugenschilderungen in jedem Punkt decken**. Daher gilt, „wenn mehrere Zeugen eine in allen Punkten übereinstimmende Aussage machen, dann ist der Verdacht begründet, daß es sich um ein Komplott handelt."[211]

105 *„Mit Grund beanstandet die Revision auch die Beweiserwägungen des BerGer. zu Randgesichtspunkten [!], etwa ob die Bekl. oder die Schwiegermutter zum Kaffe eingeladen habe [zur Beweisfrage, ob ein Übergabevertrag oder ein Treuhandvertrag gewollt war]. Sie weist zu Recht darauf hin, daß Abweichungen der Zeugenaussagen in diesen Punkten für deren Beweiskraft ohne Bedeutung sind."*[212]

106 Daraus folgt (aussagepsychologisch richtig), dass Zeugenaussagen sinngemäß insofern überstimmen müssen, als es sich für die jeweiligen Zeugen um das relevante Kerngeschehen gehandelt hat. Liegt insofern jedoch (nahezu) wörtliche Übereinstimmung vor, so handelt es sich entweder um ein kollusives Komplott[213] oder um ein (gutgläubiges) Gemeinschaftsprojekt, bei dem die Zeugen nicht die tatsächliche Erinnerung an das Geschehen wiedergeben, sondern vielmehr die nachträglich, gemeinsam erstellte Rekonstruktion. „Verwandte, Nachbarn, Haftgenossen, Stammgäste und Arbeitskollegen reden vor dem Gerichtstermin miteinander über den Fall. Dabei bekommt mancher zu hören: ‚Früher hast Du mir aber erzählt, dass [...]' und richtet seine Aussage danach ein."[214] „In einem Prozess streitet man z.B. über den Zeitpunkt der Tat, um den Wert eines Alibis festzustellen. Der Beschuldigte

209 Eisenberg, Sachlich-rechtliche Beweisprobleme der Aussagewürdigung beim Vorwurf des Inzests, JR 2004, S. 358, 363.

210 Einmal, Zeugenirrtum und Beweismaß im Zivilprozess, NJW 2001, S. 468 ff., vgl. Trankell, Der Realitätsgehalt von Zeugenaussagen, S. 17, vgl. Bürkle, Richterliche Alltagstheorien im Bereich des Zivilrechts, S. 103 m.w.N.

211 Bender/Nack, Tatsachenfeststellung vor Gericht, 2. Aufl., Rn 848.

212 BGH, NJW 1999, S. 486, 488.

213 Vgl. Bender/Nack, Tatsachenfeststellung vor Gericht, 2. Aufl., Rn 845 ff.

214 Prüfer, Aussagebewertung in Strafsachen, Rn 100.

und einer seiner Verwandten begeben sich dann zu einem Zeugen und fragen ihn, ob er sich an die genaue Uhrzeit des Geschehnisses erinnere. Der Zeuge, der auf diesen Umstand kein Gewicht gelegt hatte, antwortet unbestimmt, ‚So gegen sechs glaube ich'. Der andere darauf: ‚Sie wollten sagen, gegen sieben; erinnern Sie sich nicht, dass es schon dunkel war und das Licht schon brannte?' usw. Der Zeuge, der sich nicht genau erinnerte, wird dann am nächsten Tage vor dem Richter in völlig gutem Glauben von ‚sieben Uhr' sprechen, vielleicht sogar die Einzelheit des am Vortage geführten Gesprächs vergessen haben."[215]

Wenn sich die **Zeugen somit über den Vorfall gutgläubig unterhalten haben** und die Schilderungen in allen Einzelheiten oder teilweise nahezu wörtlich oder auch nur sinngemäß übereinstimmen, so ist zu vermuten, dass nunmehr (ggf. unbewusst und gutgläubig) „nur noch die Erinnerung an das übereinstimmende Ergebnis des Gesprächs wiedergegeben wird."[216] 107

Die Tatsache, dass bei wahren Aussagen Abweichungen im Randgeschehen unbedenklich sind, soll jedoch nicht davon abhalten, auch **Fragen zum Randgeschehen zu stellen. Dies ist nämlich die (wohl) einzige Möglichkeit, ein Komplott aufzudecken.** Hier geht es v.a. darum, dass gefragt werden sollte, was vor und nach dem zentralen Beweisthema geschah.[217] Es ist nur schwer vorstellbar, dass nicht vorher und hinterher über das Ereignis gesprochen wurde, so dass Fragen hierzu gestellt werden müssen, die die Zeugen wissen müssten, wenn sie das Ereignis wirklich gehabt hätten.[218] „Dieses ‚Vorher' und das ‚Nachher' ist aber fast niemals untereinander abgesprochen."[219] Hieraus ergeben sich dann nicht nur Abweichungen, die mit den Erkenntnissen der menschlichen Wahrnehmung und Erinnerung in Einklang zu bringen sind, **sondern auch** damit **nicht** in Einklang zu bringende Widersprüche oder Fantasiesignale oder sogar (nur durch Komplott erklärbare) verdächtige Übereinstimmungen. 108

Das bedingt freilich, dass die Zeugen bei Verdacht eines Komplotts am selben Tag vernommen werden und keine Möglichkeit hatten, sich über den Inhalt der richterlichen Vernehmung abzusprechen. Das Nichteinhalten dieser Regel stellt einen Verstoß gegen §§ 394, 286 ZPO dar,[220] was gem. § 295 ZPO gerügt werden muss.[221] „Das Gericht hat daher in derartigen Fällen abweichend von seinen üblichen ‚Freiheiten' zwingend 109

215 Altavilla, Forensische Psychologie, Bd. II, Die Psychologie der Strafprozessbeteiligten, S. 245/246.

216 Schneider, Beweis und Beweiswürdigung, 5. Aufl., Rn 986, vgl. hierzu auch z.B. Bürkle, Richterliche Alltagstheorien im Bereich des Zivilrechts, S. 112, m.w.N., vgl. auch OLG Dresden, 13 U 600/01 n.v.

217 Vgl. Prüfer, Aussagebewertung in Strafsachen, Rn 76.

218 Vgl. Bender/Nack/Treuer, Tatsachenfeststellung vor Gericht, 3. Aufl., Rn 477.

219 Bender/Nack, Tatsachenfeststellung vor Gericht, 2. Aufl., Rn 851.

220 Vgl. Neuhaus, Berufsunfähigkeitsversicherung, 3. Aufl., Kapitel R, Rn 39.

221 Vgl. BGH v. 18.7.2007 – IV ZR 129/06, r+s 2007, 460 = VersR 2007, 1260 = zfs 2007, 700 = NJW-RR 2007, 1624 unter III 1a; BGH v. 19.1.1984 – III ZR 93/82, VersR 1984, 458 unter II 2.

- alle zu einem einheitlichen Beweisthema benannten Zeugen auf einen einzigen Termin zu laden und
- bei Ausbleiben (auch nur) eines Zeugen keine Beweisaufnahme durchzuführen und neuen Termin für alle Zeugen zu bestimmen.

Die Vernehmung von Zeugen, ‚weil sie heute schon mal da sind', während andere ausbleiben, stellt einen **Verfahrensfehler** dar, weil die Gegenpartei in ihrem Recht, einen so weit wie möglich vom Verfahrensverlauf unvoreingenommenen Zeugen zu befragen, beeinträchtigt wird. Selbstverständlich können die Parteien aber einer gesplitteten Befragung zustimmen, allerdings ist hier Einvernehmlichkeit erforderlich."[222]

110 *Praxistipp*

„Mauern" die Zeugen zu diesen Nebenpunkten, weil sie Widersprüche antizipieren, so sind deren Aussagen ohne jeden Beweiswert.[223]

111 Denkbar ist auch, dass **die Technik des adding a false fact** verwendet wird, **um ein Komplott aufzudecken**. Im Falle des vermuteten Komplotts müsste der Vernehmende dem Zeugen mitteilen, dass Y geschehen sei (false fact) und ob er (der aktuelle Zeuge) dieses auch wahrgenommen habe? Bestätigt der Zeuge nun diesen falschen Vorhalt, ist damit jedenfalls seine höchste Suggestionsanfälligkeit und damit Wertlosigkeit der Aussage belegt.[224]

112 Weiter wird in der gerichtlichen Praxis der Vorhalt, warum man etwas nicht schon früher gesagt habe[225] oder die Tatsache, dass relevantes Verteidigungsvorbringen erst spät vorgebracht wird,[226] als ein Indiz gegen die Glaubwürdigkeit gewertet.

113 Das ist freilich auch falsch; jedenfalls sind die Gründe des „Verzugs" auf Plausibilität zu überprüfen. **Diese Beweiswürdigung berücksichtigt auch nicht das sog. Inkadenzphänomen**. „Wir bezeichnen das Auftauchen und Versinken von Erinnerungsinhalten, das Phänomen, dass ein Mensch eine Erinnerung nicht gerade zu dem Zeitpunkt zu reproduzieren vermag, zu dem er sie zu reproduzieren wünscht, dass sie ihm zu einem späteren Zeitpunkt aber durchaus wieder zur Verfügung stehen kann, als ‚Inkadenzphänomen.'"[227]

114 Es kommt darauf an, **ob** die **spätere Ergänzung** mit den Erkenntnissen der **Arbeitsweise des menschlichen Gedächtnisses in Einklang gebracht** werden kann oder

222 Neuhaus, Berufsunfähigkeitsversicherung, 3. Aufl., Kapitel R, Rn 40 f.

223 Vgl. Bender/Nack/Treuer, Tatsachenfeststellung vor Gericht, 3. Aufl., Rn 478.

224 Vgl. hierzu auch Bender/Nack/Treuer, Tatsachenfeststellung vor Gericht, 3. Aufl., Rn 895 (Hat Ihnen Frau Schäfer auch von ihren beiden Kindern erzählt? – In Wahrheit hatte sie nur ein Kind!).

225 Vgl. Bender/Nack, Tatsachenfeststellung vor Gericht, 2. Aufl., Rn 295.

226 Vgl. Bender/Nack, Tatsachenfeststellung vor Gericht, 2. Aufl., Rn 483.

227 Arntzen, Psychologie der Zeugenaussage: System der Glaubwürdigkeitsmerkmale, 3. Aufl., S. 66.

nicht bzw. ob mit der Ergänzung nur „Mängel“ der ursprünglichen Aussage oder des ursprünglichen Vortrages nachgebessert werden sollen.

3. Der Gefühlsbeteiligung bei der Aussage kommt kein Beweiswert zu

In der Praxis ist immer wieder zu beachten, dass der Gefühlsbeteiligung bei der Aussage (z.B. Weinen) ein viel zu hoher Stellenwert zugeschrieben wird (vgl. hierzu § 24 Rdn 45 ff.). Insb. bei Verstößen gegen die sexuelle Selbstbestimmung wird es als Glaubwürdigkeitsindiz gesehen, wenn die Zeugin bei ihrer ersten Aussage 115

- „völlig aus der Fassung ist“
- „nicht in der Lage war, über das Vorgefallene zu sprechen“
- „mit gesenktem Kopf sitzt und immer wieder weinte“
- „auf dem Flur immer wieder in Tränen ausbrach“
- „völlig aufgelöst war“
- „hilflos und resignierend wirkte“
- „immer wieder weinte“
- „mit sehr leiser Stimme sprach“
- „es ihr schwer fiel über das Vorgefallene zu sprechen oder Genitalien wörtlich zu benennen“
- „erst nach und nach in der Lage war, zusammenhängend zu berichten“
- „sie sich übergeben musste“
- „sich ekelte“
- etc.

Zwar kann bei der Zeugenschilderung **ein neuerliches Erleben der Tat in Betracht kommen**, wodurch es zu dementsprechenden Gefühlsbeteiligungen kommen kann. **Denkbar** ist jedoch **auch, dass es sich um ein Taktieren handelt**, um die eigene Aussage zu verstärken, konkreten Fragen auszuweichen oder um Mitleid zu erzeugen.[228] 116

Bereits nach der oben dargestellten Theorie des impression managements ergibt sich, dass **der Zeuge versuchen kann, das Ausdrucksverhalten zu zeigen, von dem er annimmt, dass es bei der Verhörsperson den gewünschten Eindruck erweckt.**[229] Mehr noch: Jede Person wird in einer für sie wichtigen Situation versuchen, sein Gegenüber zu überzeugen, so dass der Aussagende nicht nur das Ausdrucksverhalten zeigen **kann**, von dem er annimmt, dass es bei dem Gegenüber den gewünschten Eindruck erzielt, sondern er wird dies **regelmäßig** – bewusst oder unbewusst – **tun**. „Das in einer Interaktion gezeigte affektive Ausdrucksverhalten kann demnach weder als unmittelbarer Ausdruck des aktuellen Erlebens noch als 117

228 Vgl. Eisenberg, Sachlich-rechtliche Beweisprobleme der Aussagewürdigung beim Vorwurf des Inzests, JR 2004, S. 362; Jansen, Zeuge und Aussagepsychologie, Rn 213.

229 Vgl. zum Parallelproblem der Gefühlsbeteiligung bei der Aussage, Greuel/Offe/Fabian/Wetzels/Fabian/Offe/Stadler, Glaubhaftigkeit der Zeugenaussage, S. 146.

Reflexion früheren, nun reaktivierten emotionalen Erlebens gewertet werden [...]. Insofern sind Rückschlüsse vom wahrgenommenen Affektausdruck auf etwaige zugrundeliegende authentische Erlebnisse [...] aus (emotions-) psychologischer Sicht nicht haltbar."[230] Der amerikanische Vernehmungsausbilder Walters äußert sich aus seiner Erfahrung ebenso: „We may see crying occur also when a person is trying to use tears as a means to gain our compassion or sympathy [...] My success at getting sympathy or attention is going to depend on my performance, and I use all the resources I can think of to accomplish that goal, including tears."[231] Tatsächlich ist es fälschlicherweise auch so, dass es einen Zusammenhang zwischen der Emotionalität der Aussage und der Glaubhaftigkeitszuschreibung durch den Zuhörer gibt, d.h., einer deutlichen Tendenz, die emotional begleitete Aussage wahr zu halten.[232] Der amerikanische Polizeiausbilder Dillingham warnt: „Many times, deceptive people will express sadness or remorse when they don't feel it in an attempt to manipulate you. Tears may flow [...]".[233] Dillingham empfiehlt, sich einerseits auf die obere Gesichtshälfte der Aussageperson zu konzentrieren und andererseits auf einen symmetrischen Gesichtsausdruck zu achten. Wären Gefühle nur gespielt, wäre der Gesichtsausdruck **asymmetrisch**.[234] Darüber hinaus habe der Mensch weniger Kontrolle über seine obere Gesichtshälfte. D.h., wahre Emotionen würden sich vorwiegend in der oberen Gesichtshälfte zeigen.[235] Derartige mimische Indikatoren sind jedenfalls für die sog. Basisemotionen (z.B. Wut, Zorn, Furcht, Freude, Ekel) und die sich zeigenden Micro-Expressionen wissenschaftlich untersucht und im Prinzip tendenziell brauchbar, allerdings kaum in einer forensisch relevanten Situation umsetzbar.

118 In der deutschen Rechtspraxis kommt entsprechenden Beobachtungen des Gesichtsausdrucks allerdings kein Wert oder auch nur Augenmerk zu, so dass auf die Darstellung der noch in den Vorauflagen dargestellten Fotografien mit den entsprechenden Darstellungen der Emotionen verzichtet wird.

119 Das Absprechen eines (erheblichen) Beweiswerts der **Gefühlsbeteiligung** bei der Aussage gilt auch für den anderen Extremfall, dass keine Gefühle bei der Schilderung offenbart werden. Auch das spricht weder für noch gegen die Aussage. „So können Berichte über emotional hoch bedeutsame, z.T. sogar traumatische Erfahrungen (z.B. Vergewaltigungen) durchaus in einer sachlichen, emotionslos anmutenden Form zum Ausdruck gebracht werden."[236]

230 Greuel, Luise, Wirklichkeit – Erinnerung – Aussage, S. 301 f.
231 Walters, The Truth About Lying, 91.
232 Vgl. Herbst, Glaubhaftigkeitsdiagnostik von Zeugenaussagen, S. 38 m.w.N.
233 Dillingham, Dissecting Pinocchio, S. 55.
234 Vgl. Ekman, Telling Lies, S. 145 f.
235 Vgl. Dillingham, Dissecting Pinocchio, S. 55 ff.
236 Greuel, Luise, Wirklichkeit – Erinnerung – Aussage, S. 301.

4. Der subjektiven Sicherheit des Zeugen kommt kein Beweiswert zu

Oft wird die Tatsache, dass sich ein Zeuge auch auf wiederholtes Befragen „ganz sicher“ war oder trotz „wiederholter Rückfragen des Gerichts nicht abwich“, zum **Kriterium der Glaubhaftigkeit** gemacht. In der Praxis gilt die fälschliche Regel, „je sicherer der Zeuge/die Zeugin auftritt, desto eher wird ihm/ihr geglaubt.“[237] Das ist falsch, auch wenn der Zeuge „zweifelsfrei“,[238] „einwandfrei“,[239] „mit Sicherheit“,[240] „mit Bestimmtheit“,[241] „mit letzter Sicherheit“[242] einen Angeklagten identifiziert.[243] „Gerade die Sicherheit und Detailliertheit einer Aussage in bestimmten Bereichen kann eher den Schluss darauf zulassen, dass andere Bereiche nicht mit der gleichen Intensität wahrgenommen werden, [...]“.[244] „Ich möchte sogar sagen, dass das Bewusstsein zu lügen, den Zeugen entschlossen und kühn machen kann. Die Lüge erfordert nämlich, wie dargelegt, das Wissen um die Wahrheit und setzt damit die Vorbereitung auf mögliche Vorhalte voraus. Der falsche Zeuge befindet sich daher möglicherweise in einer besseren Lage als der wahrhafte Zeuge, der durch einen unvermuteten energischen Widerspruch aus der Fassung geraten kann [...]. Der Zeuge, der am Streitfall nur ein begrenztes Interesse hat und ganz selten nur eine eigene Tatverantwortlichkeit sich abzeichnen sieht, tritt sicher auf, weil er ganz Herr seiner selbst ist. Der Beschuldigte dagegen sieht sich in der Freiheit, der Ehre, zuweilen am Leben, also hinsichtlich seiner höchsten Güter, bedroht. Trotz seiner Unschuld ist er davon überzeugt, daß schwere Indizien gegen ihn sprechen, deren Hinfälligkeit nachzuweisen er sich nicht in der Lage sieht. Er befindet sich daher in einem Erregungszustand, der es ihm bei seinen Erklärungen völlig unmöglich macht, ein unbefangenes und sicheres Verhalten an den Tag zu legen.“[245] „Unsicherheit des Beschuldigten [...] kann [...] allein schon dadurch hervorgerufen werden, daß der Verdächtige, obwohl unschuldig, sich in eine ihm ungünstige Beweissituation verstrickt sieht, aus der er sich im Augenblick nicht zu befreien vermag.“[246] Ist der Aussagende Opfer einer Suggestion geworden, wobei nahezu keine Befragung suggestionsfrei erfolgen kann,[247] so konnte im Experiment nachgewie- 120

237 Suhlig, Psychologie der Zeugenaussage – Fehlerfaktoren, Suggestion und Methoden der Verbesserung, http://www.gabnet.com/psy/suhling1.htm.

238 Vgl. BGH, StV 1981, S. 55 und S. 114.

239 Vgl. BGH, BGHSt 28, S. 310 f.; vgl. auch OLG Köln, StV 1992, S. 412 f.

240 Vgl. BGH, BGHSt 16, S. 204; vgl. auch BGH, StV 1986, S. 287.

241 Vgl. BGH, StV 1998, S. 470.

242 Vgl. BGH, StV 1981, S. 165.

243 Der Selbsteinschätzung des Zeugen kommt keine Beweiskraft zu, vgl. Odenthal, Die Gegenüberstellung im Strafverfahren, 3. Aufl., S. 113.

244 Kirchhoff, Zur Wüdigung von Zeugenaussagen, MDR 2001, S. 791.

245 Altavilla, Forensische Psychologie, Bd. II, Die Psychologie der Strafprozessbeteiligten, S. 252/253.

246 Döhring Die Erforschung des Sachverhaltes im Prozeß, S. 71.

247 Vgl. Hermanutz/Litzcke, Vernehmung in Theorie und Praxis, S. 139 f. m.w.N.

sen werden, dass sich die Versuchspersonen häufig „ganz sicher" waren, die suggerierten Dinge tatsächlich gesehen bzw. erlebt zu haben.[248]

5. Der Beamtenaussage kommt kein höherer Beweiswert zu

121 „Polizeibeamte unterscheiden sich weder beim Erinnerungsvermögen noch bei der Wiedererkennungsleistung von Zivilpersonen."[249] Empirische Untersuchungen ergeben einerseits, dass Personen, die professionell mit der Vernehmung von Zeugen beschäftigt sind (Richter, Polizei-, Zollbeamte), die Glaubhaftigkeit einer Aussage nicht besser beurteilen als sonstige Laien.[250] Andererseits ergibt der Befund der Dipl.-Psychologin Maibach, dass es keinen Berufszweig gibt, in dem so viel gelogen wird und werden muss, wie bei der Polizei.[251] Darüber hinaus ist die wissenschaftliche Tatsache zur Kenntnis zu nehmen, dass Polizeibeamte bei reinen Routinefällen gar keine Erinnerung mehr haben können (vgl. hierzu § 17 Rdn 43 ff.)[252] und aufgrund der in dem Polizeikorps herrschenden Erwartungen, Vorurteile und des Gruppenzwangs (Gruppengeistes) die Voraussetzungen für eine unbefangene Wiedergabe und Beurteilung besonders schlecht sind.[253]

6. Das Kriterium der Anschaulichkeit existiert nicht

122 In richterlichen Beweiswürdigungen finden sich immer wieder als vermeintliche Kriterien der Glaubwürdigkeit, dass der Zeuge den Sachverhalt „anschaulich" geschildert habe. Das gilt in der psychologischen Forschung jedoch als äußerst problematisch (vgl. hierzu § 24 Rdn 70 ff.). „Aussagen werden dann allein aufgrund des subjektiven Erfahrungshintergrundes und Relevanzsystems des Beurteilers als mehr oder weniger realistisch und wirklichkeitsnah eingeschätzt und damit auf Basis einer nicht objektivierbaren Anmutungsqualität (ab)qualifiziert."[254] Daher weist die psychologische Forschung diesem Punkt keine Kriterienqualität zu, vielmehr sollte der Punkt bei den Detailkriterien (z.B. phänomengebundene Details, originelle Details, Verfechtung mit äußeren Umständen) beachtet werden.[255] Auch hier gilt: Der Lügner bereitet seine Aussage vor. Er wird sich deswegen bemühen, eine Aus-

248 Vgl. Volbert, Suggestibilität kindlicher Zeugen, S. 40 ff., 52 in Psychologie im Strafverfahren.

249 Suhlig, Stefan, Psychologie der Zeugenaussage – Fehlerfaktoren, Suggestion und Methoden der Verbesserung, a.a.O.

250 Vgl. Oswald, Laienpsychologische Beurteilung der Glaubwürdigkeit, S. 181 ff., in Verfahrensgerechtigkeit und Zeugenbeweis, Stephan Barton (Hrsg.), Nomos, Baden-Baden, 2002, vgl. Hermanutz/Litzcke, Vernehmung in Theorie und Praxis, S. 145 m.w.N.

251 Vgl. Razzia im Lotterladen, Der Spiegel, Heft 13/99, S. 38 ff.

252 Vgl. Bender/Nack, Tatsachenfeststellung vor Gericht, 2. Aufl., Rn 140 ff.

253 Vgl. Bender/Nack, Tatsachenfeststellung vor Gericht, 2. Aufl., Rn 87 bis 109, vgl. auch Schneider, Praxis der neuen ZPO, 2. Aufl., Rn 34 ff.

254 Greuel/Offe/Fabian/Wetzels/Fabian/Offe/Stadler, Glaubhaftigkeit der Zeugenaussage, S. 95.

255 Vgl. Greuel/Offe/Fabian/Wetzels/Fabian/Offe/Stadler, Glaubhaftigkeit der Zeugenaussage, S. 95.

sage zu präsentieren, die – mindestens in seiner Wahrnehmung – anschaulich, d.h., nachvollziehbar ist. Dass diese Aussage zwar in seiner Wahrnehmung anschaulich ist, nicht aber in der Wahrnehmung des Empfängers, wird eher selten vorkommen. Die Anschaulichkeit kann daher nur in sehr seltenen Fällen die Lüge von der Wahrheit trennen. Es gibt allerdings einen Unterschied zwischen dem, was anschaulich ist, und dem, was plausibel ist. Die mangelnde Plausibilität lässt sich in der Tat in diversen Lügenschilderungen beobachten (s. dazu weiter unten zum Kriterium der psychologischen Stimmigkeit).

D. Die Fantasiesignale

In der forensischen Praxis kommt m.E. den sog. **Fantasiesignalen** ein weitaus wichtigerer Raum als den Realitätskriterien zu. Die Fantasiesignale sind allerdings wissenschaftlich nicht validiert. Es handelt sich lediglich um **Praxisbeobachtungen**, die zum ersten Mal für deutsche Juristen – soweit ersichtlich – systematisch 1981 von Bender/Röder/Nack in deren Werk „Tatsachenfeststellung vor Gericht" (1. Aufl.) aufbereitet wurden. Dass den Fantasiesignalen in der Praxis mehr Bedeutung zukommen sollte, ergibt sich daraus, dass dadurch der Vertrauensvorschuss, den ein Zeuge grds. erhält, auch wenn die Contra-legem-Regel, einem Zeugen grds. zu glauben, nicht mehr so dominant ist wie früher, einem Korrektiv zugeführt wird, denn die Fantasiesignale beweisen zwar mitnichten die Lüge, sondern stellen jedenfalls zu beachtende Warnsignale dar, die auf der schwankenden Brücke der Würdigung von Zeugenaussagen ebenso mitberücksichtigt werden sollten.[256] 123

Hinzu kommt, dass sich in den üblichen Zeugenbefragungen vor Gericht ohnehin kaum (ausreichend viele) **Realitätskriterien** finden lassen, um verlässlich auf die subjektive Wahrheit zu schließen. Es geht bei der Zeugenbeweiswürdigung vor Gericht also in der Regel nur um einen mehr oder weniger begründbaren Eindruck, so dass Warnsignale eine Rolle spielen sollten.[257]

Eine Gegenüberstellung, der gebräuchlichsten Fantasiesignale (vgl. hierzu § 24 Rdn 188 ff.) ergibt Folgendes:

256 Scheinbar ebenso Burgheim/Friese, Sexualdelinquenz und Falschbezichtigung, S. 85.
257 Vgl. Bender/Häcker/Schwarz, Tatsachenfeststellung vor Gericht, 5. Aufl. Rn 382 ff.

124

Fantasiesignale	Bender/Nack	Trankell	Arntzen	Prüfer	Undeutsch
Zurückhaltung	■ Zurückhaltungssignal[a)] ■ Verweigerungssymptom[b)] ■ Nichtreaktion[c)] ■ Verarmungssymptom[d)] ■ Fluchtsymptom[e)]	Details mit Zug zum Zweckmäßigen,[f)] sonst werden keine ausdrücklichen Kriterien für Fantasiesignale genannt, sondern pauschale Darstellung, dass Umkehrung der meisten Realitätskriterien Kriterien für Schilderungen sind, die einer Realitätsgrundlage entbehren.[g)]	Schwerwiegende Detaillierungsmängel, gravierende Konstanzmängel, unzulängliche Präzisierbarkeit, handlungs-technische Unstimmigkeiten, psychologische Unstimmigkeiten, aber o.g. Punkte werden nicht als eigene Kriterien, sondern nur im Rahmen eines Häufigkeitsberichtes über Mängel nachgewiesener Falschaussagen genannt.[h)] Ansonsten wird aus dem Fehlen von Glaubwürdigkeitsmerkmalen auf die Unglaubwürdigkeit geschlossen[i)]	Vom Aufbau her anders, es werden nicht primär Kriterien herausgearbeitet, sondern versucht, Bewertungsfehler und Zweifelsfälle bei der Anwendung der bekannten Kriterien zusammengestellt.[j)]	

Fantasiesignale	Bender/Nack	Trankell	Arntzen	Prüfer	Undeutsch
Freud'scher Versprecher	Freud'scher Versprecher[k)]	Nicht ausdrücklich als Kriterium genannt, aber dem Sinn nach als Beispiel einer Reflexion aufgeführt[l)]			
Unterwürfigkeit	Unterwürfigkeitssignal[m)]				„Tränen können trügerisch sein"[n)]
Bestimmtheit	Bestimmtheitssignal[o)]				Wahrheitsbeteuerung,[p)]
Dreistigkeit	Dreistigkeitssignal[q)]				Bezichtigung anderer der Lüge, Maßlosigkeit im Erfinden immer neuer Lügen[r)]
Begründung	Begründungssignal[s)]				
Kargheit	■ Abstraktheitssymptom[t)] ■ Glattheitssymptom[u)] ■ Zielsymptom[v)]				
Strukturbruch	Strukturbruchsignal[w)]				In der Sprachverwendung[x)] ■ im Sprachschallbild,[y)] ■ in der Körpersprache[z)]

Erläuterungen:

a) Vgl. Bender/Nack, Tatsachenfeststellung vor Gericht, 2. Aufl., Rn 306.
b) Vgl. Bender/Nack, Tatsachenfeststellung vor Gericht, 2. Aufl., Rn 308.
c) Vgl. Bender/Nack, Tatsachenfeststellung vor Gericht, 2. Aufl., Rn 310.
d) Vgl. Bender/Nack, Tatsachenfeststellung vor Gericht, 2. Aufl., Rn 311.
e) Vgl. Bender/Nack, Tatsachenfeststellung vor Gericht, 2. Aufl., Rn 312.
f) Vgl. Trankell, Der Realitätsgehalt von Zeugenaussagen, S. 123.
g) Vgl. Trankell, Der Realitätsgehalt von Zeugenaussagen, S. 130.
h) Vgl. Arntzen, Psychologie der Zeugenaussage: System der Glaubwürdigkeitsmerkmale, 3. Aufl., S. 112.
i) Vgl. Arntzen, Psychologie der Zeugenaussage: System der Glaubwürdigkeitsmerkmale, 3. Aufl., S. 111.
j) Vgl. Prüfer, Aussagebewertung in Strafsachen, Rn 1.
k) Vgl. Bender/Nack, Tatsachenfeststellung vor Gericht, 2. Aufl., Rn 316.
l) Vgl. Trankell, Der Realitätsgehalt von Zeugenaussagen, S. 82.
m) Vgl. Bender/Nack, Tatsachenfeststellung vor Gericht, 2. Aufl., Rn 325.
n) Vgl. Undeutsch, Handbuch der forensischen Psychologie, 11. Bd., S. 124/125, jedoch als Kriterium des Aussageverhaltens, nicht der inhaltlichen Aussageanalyse.
o) Vgl. Bender/Nack, Tatsachenfeststellung vor Gericht, 2. Aufl., Rn 328.
p) Vgl. Undeutsch, Handbuch der forensischen Psychologie, 11. Bd., S. 119, jedoch als Kriterium des Aussageverhaltens, nicht der inhaltlichen Aussageanalyse.
q) Vgl. Bender/Nack, Tatsachenfeststellung vor Gericht, 2. Aufl., Rn 335.
r) Vgl. Undeutsch, Handbuch der forensischen Psychologie, 11. Bd., S. 119 jedoch als Kriterium des Aussageverhaltens, nicht der inhaltlichen Aussageanalyse.
s) Vgl. Bender/Nack, Tatsachenfeststellung vor Gericht, 2. Aufl., Rn 339.
t) Vgl. Bender/Nack, Tatsachenfeststellung vor Gericht, 2. Aufl., Rn 343.
u) Vgl. Bender/Nack, Tatsachenfeststellung vor Gericht, 2. Aufl., Rn 344.
v) Vgl. Bender/Nack, Tatsachenfeststellung vor Gericht, 2. Aufl., Rn 345.
w) Vgl. Bender/Nack, Tatsachenfeststellung vor Gericht, 2. Aufl., Rn 346.
x) Vgl. Undeutsch, Handbuch der forensischen Psychologie, 11. Bd., S. 118 jedoch als Kriterium des Aussageverhaltens, nicht der inhaltlichen Aussageanalyse.
y) Vgl. Undeutsch, Handbuch der forensischen Psychologie, 11. Bd., S. 118 jedoch als Kriterium des Aussageverhaltens, nicht der inhaltlichen Aussageanalyse.
z) Vgl. Undeutsch, Handbuch der forensischen Psychologie, 11. Bd., S. 117 jedoch als Kriterium des Aussageverhaltens, nicht der inhaltlichen Aussageanalyse.

Die **Fantasiesignale** ergeben sich dem Grunde nach aus der Umkehrung des Detailkriteriums (= Detailarmut) und dem Gefährlichkeitskalkül des Lügners. Bei den Fantasiesignalen handelt es sich nach dem gegenwärtigen Kenntnisstand **eher um Beobachtungen aus der Praxis als um wissenschaftlich gesicherte Kriterien**. Gleichwohl dürften auch entsprechende Praxisbeobachtungen hilfreich sein. 125

I. Zur Detailarmut

Als Umkehrung des Detailkriteriums ergibt sich, dass **Detailarmut** (vgl. hierzu § 24 Rdn 197 ff.), obwohl der Vorfall genügend Reize für eine detailreiche Schilderung geboten hätte, ein **Lügensignal** ist.[258] Die Detailarmut kommt einerseits im Bericht des Zeugen vor (Zurückhaltungssignal),[259] als auch erst auf Fragen und Vorhalte (Verweigerungssymptom),[260] als auch erst auf Vorhalt von Widersprüchen und Unmöglichkeiten (Verarmungssymptom).[261] Besondere Ausprägungen wären das Fluchtsymptom,[262] wenn der Zeuge offenkundig nicht an dem für ihn unangenehmen Teil, da er hier lügen muss, verweilen will, sondern das Thema wechselt oder die schlichte Nichtreaktion[263] behauptet. 126

Gerade die Nichtreaktion ist in der zivilrechtlichen Praxis immer wieder zu beobachten. Dort herrscht oft Streit, ob etwas gesagt, gerügt oder aufgeklärt wurde. Die meisten dieser Äußerungen nimmt der Gegner jedoch nicht schlicht kommentarlos zur Kenntnis, sondern fragt nach, verhandelt erneut, wird unschlüssig etc. Gleichwohl wird in unwahren Aussagen oft nur die kommentarlose oder schlichte Kenntnisnahme des Gegners behauptet. Da dies einerseits der Lebenserfahrung widerspricht und andererseits dem Gefährlichkeitskalkül des Lügners entspricht (dieser will den Punkt, zu dem der Lügner lügen muss, gering halten),[264] handelt es sich hier um ein **Phantasiesignal**.[265] 127

Aber noch einmal: „Andererseits führt die Unfähigkeit zur Darstellung von Details nur dann zur Anwendung des den Vortäuschungsverdacht stärkenden Mengenkriteriums [Menge der Details], wenn dieser Mangel nicht mit Reizarmut des Gesamtzusammenhangs erklärt werden kann."[266] 128

258 Vgl. Arntzen, Psychologie der Zeugenaussage: System der Glaubwürdigkeitsmerkmale, 3. Aufl., S. 112, vgl. Bender/Nack, Tatsachenfeststellung vor Gericht, 2. Aufl., Rn 306.

259 Vgl. Bender/Nack, Tatsachenfeststellung vor Gericht, 2. Aufl., Rn 306.

260 Vgl. Bender/Nack, Tatsachenfeststellung vor Gericht, 2. Aufl., Rn 308.

261 Vgl. Bender/Nack, Tatsachenfeststellung vor Gericht, 2. Aufl., Rn 311.

262 Vgl. Bender/Nack, Tatsachenfeststellung vor Gericht, 2. Aufl., Rn 312.

263 Vgl. Bender/Nack, Tatsachenfeststellung vor Gericht, 2. Aufl., Rn 310.

264 Vgl. Bender/Nack, Tatsachenfeststellung vor Gericht, 2. Aufl., Rn 171.

265 Vgl. Bender/Nack, Tatsachenfeststellung vor Gericht, 2. Aufl., Rn 310.

266 Vgl. Prüfer, Aussagebewertung in Strafsachen, Rn 41.

II. Zur Detailarmut und zum Gefährlichkeitskalkül

129 Eben weil der Lügner ein Kalkül anstellt, demzufolge er einerseits überzeugen, aber andererseits nicht widerlegt werden will, wird der Lügner einen verifizierbaren Teil der Lüge so weit wie möglich vermeiden, d.h., stattdessen eine abstrakte Schilderung geben (**Abstraktheitssymptom**),[267] die glatt (**Glattheitssymptom**)[268] und zielgerichtet (**Zielsymptom**)[269] ist (vgl. hierzu § 24 Rdn 12). Der Lügner fürchtet einerseits seine eigene Überführung und wird daher eher selten – für die Zwecke seiner Lüge – unnötige Details liefern, sodass die Lüge die Tendenz zum zweckmäßigen hat,[270] während die Realität die Tendenz zur Komplikation hat.[271]

130 Aus der Intention des Lügners, überzeugen zu wollen, ergibt sich weiter die Beobachtung, dass **der Lügner die Sicherheit seiner Aussage übermäßig demonstriert**, z.B. durch Floskeln wie ganz zweifelsfrei, man wolle tot umfallen, wenn das nicht wahr sei, hundertprozentig etc. (Bestimmtheitssignal).[272] Aus dem Bedürfnis des Überzeugenwollens ergibt sich weiter, **dass der Lügner übermäßig oft die Begründung, warum man ihm glauben soll, mitliefert (Begründungssignal)**.[273] Eine weit verbreitete Begründung ist, dass man das immer so macht.[274]

131 Zu den Fantasiesignalen ein typischer Beispielsfall:

> ***Erlangener Autoverkaufsfall*** – *AG Erlangen, – 3 C 1760/03*
>
> Ein Autohändler verkaufte einen Mercedes-Benz an die Klägerin W. Hierbei wies er darauf hin, dass das Kfz einen Unfallschaden erlitten habe. Im Kaufvertrag hielten die Parteien fest, „Unfall vorne: beide Kotflügel, Stoßstange und ein Scheinwerfer erneuert, Stoßstangenaufnahme (Längsträger) gerichtet." Die Klägerin behauptet, der Verkäufer habe den Unfall bagatellisiert, da er einerseits ausdrücklich davon gesprochen habe, dass es sich laut dessen Aussage um einen „Bagatellunfall" gehandelt habe und er andererseits vorgetragen habe, dass zur Reparatur 1.100 EUR aufzuwenden waren. Tatsächlich existierte – wie sich später herausstellte – ein Sachverständigengutachten, demzufolge an Reparaturkosten 9.549,95 EUR aufgewendet werden hätten müssen. Wäre bekannt gewesen, dass die Reparaturkosten 9.549,95 EUR betragen hätten, hätte die

267 Vgl. Bender/Nack, Tatsachenfeststellung vor Gericht, 2. Aufl., Rn 343.

268 Vgl. Bender/Nack, Tatsachenfeststellung vor Gericht, 2. Aufl., Rn 344.

269 Vgl. Bender/Nack, Tatsachenfeststellung vor Gericht, 2. Aufl., Rn 345.

270 Vgl. Trankell, Der Realitätsgehalt von Zeugenaussagen, S. 123.

271 Vgl. Nack, in Ziegert (Hrsg.), Grundlagen der Strafverteidigung, S. 225.

272 Vgl. Bender/Nack, Tatsachenfeststellung vor Gericht, 2. Aufl., Rn 328, vgl. Undeutsch, Handbuch der forensischen Psychologie, 11. Bd., S. 119 jedoch als Kriterium des Aussageverhaltens, nicht der inhaltlichen Aussageanalyse.

273 Vgl. Bender/Nack, Tatsachenfeststellung vor Gericht, 2. Aufl., Rn 339.

274 Gleichwohl muss diese Begründung nicht unbedingt auf eine Lüge hindeuten, sondern kann z.B. ebenso gut darauf hindeuten, dass man eigentlich keine Erinnerung mehr an den Vorfall hat.

Klägerin von dem Kauf Abstand genommen bzw. nur zu einem wesentlich geringeren Preis gekauft. Nach Angaben des Beklagten habe sein Verkäufer (der Zeuge M.) kundgetan, dass die Reparaturkosten unter 2.000 EUR betragen hätten. Dies entspräche auch der Wahrheit, da der Beklagte selbst den Wagen repariert hatte, daher Eigenleistungen einbrachte und Händlerrabatte erhielt, sodass er die Kosten dementsprechend gering halten konnte. Hierauf erwiderte die Klägerin im Verlauf des Verfahrens, dass in jedem Fall ein Sachmangel vorliegen würde, d.h., eine Abweichung der Ist-Beschaffenheit von der Soll-Beschaffenheit, denn die Angabe, dass 1,100 EUR bzw. unter 2.000 EUR zur Reparatur notwendig seien, könne nur objektiv verstanden werden, dass objektiv dieser Betrag zur Reparatur notwendig sei. Streitentscheidend war, ob der Unfall als „Bagatelle" vom Verkäufer klassifiziert wurde, wie die Reparaturkostenangabe zu verstehen sei und ob die beschädigte Stoßstange des Kfz bei Kauf vorgeführt wurde. Aus den Schadenslichtbildern ergab sich nämlich, dass es sich um einen massiven Frontschaden handelte, während die Kotflügel nur gering beschädigt wurden. Dieser massive Frontschaden wäre bei Besichtigung der Stoßstange auch einem Laien aufgefallen.

Aus der dortigen Zeugenvernehmung darf wie folgt zitiert werden (Az.: 3 C 1760/03)

„Es wird in die Beweisaufnahme eingetreten mit Vernehmung des Zeugen W.:

Zur Person: Detlev W. verheiratet mit der Klägerin

Der Zeuge wird hinsichtlich des Aussageverweigerungsrechts belehrt.

Nach Belehrung aussagebereit.

Zur Sache:

Ich habe telefonisch mit der Firma des Beklagten Kontakt aufgenommen, aufgrund eines Inserats. Da in dem Inserat nicht drinstand, ob der Wagen unfallfrei ist, fragte ich nach. Mir wurde erklärt, dass lediglich ein Bagatellunfall vorgelegen hat und der Kotflügel und der Scheinwerfer beschädigt wurde. Dies sei kein Problem, da diese Teile ohnehin alle aus Plastik seien. Mein Telefongespräch führte ich mit Herrn M.

Wir fuhren sodann von Starnberg nach Nürnberg, um das Auto zu kaufen. Dort hat uns Herr M. vor Ort das Auto gezeigt. Wir sind um das Auto herumgelaufen und haben es uns auch im Innenraum angesehen. Es stand da ohne erkennbare Schäden. Wir sind sodann ins Büro gegangen mit Herrn M. und haben über das Auto gesprochen. Er erklärte dort, daß auch der 2. Kotflügel beschädigt war. In diesem Zusammenhang wiederholte er, dass es sich hierbei jedoch nur um Plastikteile handelt und es ein Bagatellschaden ist. Als der Kaufvertrag schriftlich niedergelegt wurde, nahm Herr M. auch auf, dass die Stoßstangenaufnahme gerichtet wurde. Auch dies ist keine große Affäre nach

Angabe von Herrn M. Die Reparaturkosten benannte Herr M. für den Unfallschaden mündlich in Höhe von 1.100 EUR.

Bei diesem Gespräch waren dabei: meine Frau, Herr M. und ich.

Wir haben das Auto sodann gekauft. Nach ein paar Wochen habe ich über die Adresse des Vorbesitzers, dessen Adresse ich ja aus dem Fahrzeugbrief entnehmen konnte, Kontakt aufgenommen. Ich habe ihn auf den Bagatellunfall angesprochen. Er sagte, dass hier von Bagatellunfall wohl keine Rede sein kann. Es sei ein massiver Frontalaufprallunfall mit einem Sanitätsfahrzeug gewesen und es existiere ein Reparaturkostengutachten über mehr als 9.000 EUR.

Auf Frage des Beklagtenvertreters:

Wenn mir jetzt vorgehalten wird, dass im Kaufvertrag auch enthalten ist, dass der Längsträger gerichtet wurde, hat mir Herr M. in diesem Zusammenhang auch erklärt, dass es sich um keine große Sache handelt. Ich bin kein Fachmann, ich kann dies nicht beurteilen.

Nach Diktat genehmigt.

Vereidigungsanträge werden nicht gestellt.

Der Zeuge bleibt unvereidigt und wird entlassen.

Dann wird die Zeugenvernehmung fortgesetzt mit Vernehmung des Zeugen M.

Zur Person: *Dietmar M. m.d.P.n.v.u.n.v.*

Zur Sache:

Ich habe das Fahrzeug der Klägerin gezeigt. Dabei waren die Klägerin, ein Mann, wobei ich glaublich den gerade gegangenen Zeugen erkenne, und ich. Weitere Personen waren nicht anwesend.

*Ich habe der Käuferin am Fahrzeug die beschädigten Stellen gezeigt, auch über den Motorraum. Dabei hatten wir noch die beschädigten Teile aufgehoben. Erinnerlich war es die Stoßstange und der Kotflügel, um zu zeigen, dass hier keine so großen Schäden vorgelegen haben [**die beschädigte Stoßstange hätte aber einen massiven Schaden – auch für den Laien erkennbar – offenbart**]. Die Reparatur wurde durch eine **[Abstraktheitssignal: welche?]** Fachwerkstatt ausgeführt. Ich habe in dem PC nachgesehen, um die Höhe der Reparaturkosten, die für uns angefallen sind, zu benennen. Dies waren sicher unter 2.000 EUR.*

Auf Nachfrage des Gerichts:

*Ich bin mir absolut sicher **[Bestimmtheitssignal]**, dass ich die beschädigten Teile der Klägerin und auch dem anwesenden Mann gezeigt habe.*

*Zur Ergänzung muss ich noch anfügen, dass ich die beschädigten Teile, die wir aufgehoben haben, nicht am Fahrzeug selbst, sondern in einem Schuppen vorgeführt habe, wo wir solche Teile immer aufheben **[Begründungssignal]**. Dabei waren die Klägerin, ich und der Mann anwesend. Ich muss an diesem Punkt* *klarstellen, dass ich der Kundschaft auch gesagt habe, dass die Gutachterkosten, die beim Mercedes angefallen sind, sicher höher waren. Ich habe jedoch darauf hingewiesen, dass diese Kosten unter 2.000 EUR die Kosten sind, die bei uns angefallen sind. Ich habe auch auf den Unterschied zu den Gutachten beim Mercedes hingewiesen. Die Kundschaft hat dann das Fahrzeug bezahlt und mitgenommen. Eine Woche darauf kam ein Brief vom Anwalt.*

Auf Frage des Gerichts:

Zu meiner Beschäftigung bei der Firma F. kann ich angeben, dass ich dort nicht angestellt war, sondern freier Mitarbeiter. Das war ca. grob geschätzt ein Zeitraum von 2 Jahren und zwar von ungefähr Mitte 2001 bis Juni 2003. In diesem Zeitpunkt hat Herr F. den Autoverkaufsplatz aufgegeben.

Auf Nachfrage des Gerichts:

Wie lange das Fahrzeug schon da stand, kann ich nicht sagen. Es war sehr frisch, es waren wohl ca. 14 Tage. Dies kann ich aber beim besten Willen nicht mehr genau sagen.

Auf Frage des Beklagtenvertreters:

Das Fahrzeug kam direkt von Mercedes-Benz, jedoch unter Zwischenschaltung eines Vermittlers.

Auf Frage des Beklagtenvertreters:

Ich bin mir 100 %ig sicher ***[Bestimmtheitssignal]****, dass ich gegenüber den Eheleuten W. nicht von einem Bagatellschaden gesprochen habe.*

Auf Nachfrage des Gerichts:

Für mich ist ein Bagatellschaden eine verkratzte Stoßstange, vielleicht ein verbeulter Kotflügel, den man ausbeulen kann. Dies sind für mich Bagatellschäden.

Auf Frage des Klägervertreters [ob Mercedes Benz die Gutachtenshöhe mitgeteilt habe]:

Von Mercedes-Benz wurde uns die Gutachtenshöhe nicht mitgeteilt. Dies macht Mercedes-Benz nicht. Es ist nicht möglich, einem Verkäufer den Betrag des Gutachtens aus der Nase zu ziehen. Man kann sich dort das Fahrzeug anschauen und das war es.

Auf Frage des Klägervertreters [ob Mercedes Benz den Schadensumfang mitgeteilt habe oder er das Gutachten davor gesehen habe]:

Der Umfang des Schadens wurde von Mercedes auch nicht mitgeteilt. Wir konnten uns das Fahrzeug anschauen und damit hatte es sein Bewenden.

Das Gutachten selbst habe ich nie gesehen.

Auf Frage des Klägervertreters [wie er auf den Unterschied zu den höheren Kosten aus dem Gutachten von Mercedes Benz hingewiesen haben könne, wenn er weder das Gutachten gesehen, noch den Schadensumfang mitgeteilt bekommen habe]:

Wenn ich vorhin erklärt habe, dass ich gegenüber der Klägerin und ihrem Mann gesagt habe, dass das Gutachten von Mercedes auf jeden Fall höher ist, so muss ich berichtigen. Ich muss klarstellen, dass ich gesagt habe, dass für den Fall, dass es ein Gutachten von Mercedes-Benz gibt, wird dieses auf jeden Fall höher sein.

Dies habe ich nicht in diesem Wortlaut gesagt, sondern sinngemäß. An den genauen Wortlaut erinnere ich mich nicht mehr.

Hierauf sagten Herr oder Frau W., dass ihnen das klar ist.

Eine Nachfrage von Herrn und Frau W. hinsichtlich der Höhe des Gutachtens bei Mercedes hat es nicht gegeben ***[Nichtreaktionssymptom]****.*

Über Einzelheiten des Ankaufsgeschäfts kann ich Ihnen nichts sagen. Dieses wurde von Herrn F. getätigt.

Nach Diktat genehmigt.

Die Entscheidung über die Vereidigung des Zeugen M. wird zurückgestellt.

Das erkennende Gericht hatte aufgrund der bisherigen Beweisaufnahme zu Recht Zweifel an der Glaubhaftigkeit der Schilderung des Zeugen M. bekommen und dem Beklagten ein Anerkenntnis nahegelegt. Nachdem der Beklagte ein Anerkenntnis verweigerte, setzte das Gericht die Beweisaufnahme fort:

Dann wird erneut der Zeuge W. vernommen.

Zur Person: werden die zuvor gemachten Angaben wiederholt.

Weiterhin aussagebereit.

Zur Sache:

Auf Nachfrage des Gerichts:

Mir wurden die beiden Kotflügel in einem Schuppen gezeigt. Außer den beiden Kotflügeln habe ich nichts gezeigt bekommen.

Auf Vorhalt, daß der Zeuge M. niemals den Begriff „Bagatellunfall" verwendet hat:

Dies wurde zunächst schon bei dem Telefonat verwendet und dann an dem Kauftag noch 2–3 Mal bis zum Abschluss des Kaufvertrages.

Auf Frage des Klägervertreters über ein eventuelles Gutachten, dass, wenn es existiert, höher ausfällt als die Reparaturkosten beim Beklagten:

Der Zeuge M. hat mir gegenüber zu keinem Zeitpunkt erwähnt, dass, wenn es bei Mercedes ein Gutachten gibt, dieses auf jeden Fall höher als die angegebenen Reparaturkosten ausfällt.

Auf Frage des Beklagtenvertreters:

Herr M. sagte mir, dass das Fahrzeug selbst repariert wurde.

Die Stoßstange wurde von Herrn M. nicht gezeigt.

Nach Diktat genehmigt.

Vereidigungsanträge werden nicht gestellt.

Der Zeuge bleibt unvereidigt und wird entlassen.

Dann wird die Beweisaufnahme fortgesetzt mit der erneuten Vernehmung des Zeugen M.

Zur Person:	*der Zeuge wiederholt die zur Person gemachten Angaben.*

m.d.P.n.v.u.n.v.

Zur Sache:

Auf Vorhalt durch das Gericht, dass der Zeuge W. ausgeführt hat, dass ihm die Stoßstange nicht gezeigt wurde und der Zeuge M. ihm gegenüber telefonisch und auch am Verkaufstag 2–3 Mal den Begriff „Bagatellunfall" verwendet hat:

Hinsichtlich der Teile muss ich sagen, dass ich mir nicht mehr sicher bin [im ersten Teil der Vernehmung war sich derselbe Zeuge „absolut sicher"] welche Teile es waren, auf jeden Fall die Kotflügel:

*Ich bin mir 100 %ig sicher **[Bestimmtheitssignal]**, dass ich das Wort „Bagatellunfall" weder telefonisch noch am Verkaufstag gegenüber der Klägerin und ihrem Mann erwähnt habe.*

Auf Frage des Klägervertreters, ob der Zeuge in allen seinen

*Verkaufsgesprächen **[das sind nach eigener Aussage weit mehr als 200, denn 200 Kfz hatte der Zeuge verkauft]** auf die Höhe eines eventuell bestehenden Sachverständigengutachtens hinweist, erklärt der Zeuge: Ich mache dies immer so, weil der Verkauf von reparierten Fahrzeugen problematisch ist, sonst gibt es Probleme [Begründungssignal, wenig glaubwürdig, denn wenn das immer so gemacht wird, würde sinnvollerweise das Verkaufsformular geändert werden].*

Auf Frage des Klägervertreters:

Ich habe schätzungsweise 200 Fahrzeuge für den Beklagten verkauft. Ich kann dies aber nicht mehr genau sagen.

Auf Frage des Beklagtenvertreters, ob anstelle des Wortes „Bagatellschaden" ein anderer Begriff für einen geringwertigen Schaden genannt wurde:

*Ich habe gesagt, dass der Schaden nicht in die Substanz des Fahrzeugs geht. Dies mache ich immer so **[Begründungssignal]**. Bei einem neuwertigen Fahrzeug ist ein Schaden von ca. EUR 2.000,– für mich kein größerer Schaden.*

Wenn ein Airbag bei einem Fahrzeug nicht auslöst, ist es kein größerer Schaden nach meiner Einschätzung.

Nach Diktat genehmigt.

Vereidigungsanträge werden nicht gestellt.

Der Zeuge bleibt unvereidigt.

Dann wird die Beweisaufnahme geschlossen.“

132 In der Zeugenschilderung des Zeugen M. lässt sich somit festhalten, dass das Treffen der Parteien und ein großer Teil der geschilderten Handlungen unzweifelhaft stattgefunden hat. Streit herrschte nur bzgl. der Frage, ob die Stoßstange gezeigt wurde (diese hätte das Ausmaß des Schadens – massiver Frontunfall – offenbart), ob das Wort „Bagatellunfall“ gefallen ist und ob auf ein Gutachten bei Mercedes Benz hingewiesen wurde. Hinsichtlich dieser Punkte gibt es die oben ermittelten massiven Fantasiesignale. Damit kann der Aussage des Zeugen M. kein Glauben geschenkt werden. Im realen Verfahren wurde der Aussage auch kein Glauben geschenkt und die Klägerin obsiegte.

III. Weiter zum Gefährlichkeitskalkül

133 Weil der Lügner eben überzeugen möchte und seine eigene Widerlegung fürchtet,[275] wird der Lügner solange wie möglich bei der Wahrheit bleiben (vgl. § 23 Rdn 13; § 24 Rdn 10, 70, 126, 213 sowie § 24 Rdn 228 f., 248) und nur im relevanten Teil lügen.[276] Hierdurch ergibt sich oft ein sog. Strukturbruch hinsichtlich der Darstellung im wahren und gelogenen Teil (**Strukturbruchsignal**).[277] Der Strukturbruch kann inhaltlicher Art sein (Sprachstil, Details, Wortwahl)[278] oder auch körpersprachlicher Natur,[279] als auch in der **Sprachdarbietung** (Sprachschallbild[280] und Sprachtempo[281]).

134 Betreibt der Lügner aber ein Gefährlichkeitskalkül, so kann er auch entweder besonders unterwürfig vorgehen (**Unterwürfigkeitssignal**)[282] bzw. Mitleid hervor-

275 Vgl. Nack, in Ziegert (Hrsg.), Grundlagen der Strafverteidigung, S. 224.

276 Vgl. Bender/Nack, Tatsachenfeststellung vor Gericht, 2. Aufl., Rn 347.

277 Vgl. Bender/Nack, Tatsachenfeststellung vor Gericht, 2. Aufl., Rn 346.

278 Vgl. Bender/Nack, Tatsachenfeststellung vor Gericht, 2. Aufl., Rn 346.

279 Vgl. Undeutsch, Handbuch der forensischen Psychologie, 11. Bd., S. 117 jedoch als Kriterium des Aussageverhaltens, nicht der inhaltlichen Aussageanalyse.

280 Vgl. Undeutsch, Handbuch der forensischen Psychologie, 11. Bd., S. 118 jedoch als Kriterium des Aussageverhaltens, nicht der inhaltlichen Aussageanalyse.

281 Vgl. Nack, in Ziegert (Hrsg.), Grundlagen der Strafverteidigung, S. 228.

282 Vgl. Bender/Nack, Tatsachenfeststellung vor Gericht, 2. Aufl., Rn 325, vgl. Undeutsch, Handbuch der forensischen Psychologie, 11. Bd., S. 124/125 jedoch als Kriterium des Aussageverhaltens, nicht der inhaltlichen Aussageanalyse.

rufen oder vermeintliche Hilfsbedürftigkeit wecken,[283] um damit einerseits scheinbar die Kompetenz der Verhörsperson zu akzeptieren und deren Misstrauen damit zu reduzieren und um andererseits die Verhörsperson für sich einzunehmen (impression management) und so eine vermeintlich höhere Toleranz oder ein Vorurteil im Sinne der Glaubhaftigkeit seiner Aussage herbeizuführen.[284] Umgekehrt kann die Person – je nach Charakter und Vorerfahrungen – aber auch die Flucht nach vorne antreten, in der Hoffnung, durch Bezichtigung anderer der Lüge,[285] von der eigenen Lüge ablenken bzw. durch besondere Dreistigkeit (**Dreistigkeitssignal**),[286] d.h. besondere Entrüstung, Gegenangriffe oder Verteidigung gegen einen Vorwurf, den noch niemand gegen den Zeugen erhoben hatte,[287] eine gedankliche **Konfrontationslinie** aufbauen, sodass das Nichtglauben des Gegenübers theoretisch zur Konfrontation führt. Je schwieriger die Auskunftsperson es für den Vernehmenden macht, dieser nicht zu glauben, weil das Nicht-Glauben zur vorgegebenen Verletzung, Verärgerung etc. des Zeugen führt, desto vermeintlich schwieriger ist es für den Vernehmenden, der Person nicht zu glauben. Tatsächlich können sich aus diesem Streben aber Fantasiesignale ergeben.

E. Zur psychologischen Stimmigkeit

Oft liegt der Fall aber nicht so eindeutig wie in dem Erlanger Autoverkaufsfall. In **135**
der Praxis kann das Kriterium der „**psychologischen Stimmigkeit**" (vgl. hierzu § 24 Rdn 104 ff.) oft zu einem richtigen Ergebnis führen.

M.E. ist das Kriterium der „psychologischen Stimmigkeit" das wichtigste Kriterium in der forensischen Praxis, wobei man darunter **Plausibilität** verstehen sollte. Dieses soll daher ausführlich dargestellt werden.

Mit diesem lässt sich – losgelöst von Fantasiesignalen – sowohl der **Münchner** als auch der **Erlanger** Autoverkaufsfall eindeutig lösen:

Ausgangspunkt ist die Tatsache, dass der logischen Konsistenz und/oder der Nicht- **136**
widersprüchlichkeit in der forensischen Praxis zu Unrecht ein die Glaubwürdigkeit erheblich indizierender Beweiswert zukommt. D.h., logische, nicht widersprüchliche Aussagen werden als glaubwürdig erachtet. Dass das so nicht richtig ist, wurde bereits oben bei der logischen Konsistenz und Nicht-Widersprüchlichkeit dargestellt (vgl. § 17 Rdn 61 ff., 67 ff.). D.h., die meisten Lügner haben genug Intellekt, um den streiterheblichen Teil logisch und widerspruchsfrei zu schildern, da sie ja überzeugen wollen. „Denn das Folgerichtige ist, wie das Typische etwas, was auch der intel-

283 Vgl. Nack, in Ziegert (Hrsg.), Grundlagen der Strafverteidigung, S. 232.

284 Vgl. Nack, in Ziegert (Hrsg.), Grundlagen der Strafverteidigung, S. 232.

285 Vgl. Undeutsch, Handbuch der forensischen Psychologie, 11. Bd., S. 119 jedoch als Kriterium des Aussageverhaltens, nicht der inhaltlichen Aussageanalyse.

286 Vgl. Bender/Nack, Tatsachenfeststellung vor Gericht, 2. Aufl., Rn 335.

287 Vgl. Bender/Nack, Tatsachenfeststellung vor Gericht, 2. Aufl., Rn 338.

ligente Lügner vorbringen kann."[288] Das ergibt sich darüber hinaus aus einer Studie von Wellershaus und Wolf und der Analyse dieser Studie von Hommers.[289] Gleichwohl ist es in der Praxis für den Lügner oft schwierig, den streiterheblichen Sachverhalt zwar logisch und nicht widersprüchlich, **aber gleichzeitig** psychologisch stimmig, d.h., plausibel, zu berichten.

137 Die **psychologische Unstimmigkeit ist ein Unterfall des Verflochtenheitskriteriums**,[290] bzw. der Tatsache, dass die Aussage umso glaubwürdiger ist, je mehr diese mit anderen Umständen in Übereinstimmung steht, wobei Übereinstimmung auch mit den Gesetzen der Psychologie bestehen muss.[291]

138 Dieses Kriterium der psychologischen Stimmigkeit ergibt sich daraus, dass zwar das angebliche Erlebnis und die Aussage für die Auskunftsperson singulär ist, aber nicht für den Vernehmenden bzw. im Leben der Gesellschaft. „Es gibt auch Aussagen von anderen Personen zu ähnlichen Gegebenheiten. Mit diesen muss sich die Aussage vergleichen lassen. Die Gesamtheit dieser Aussagen ist ein Bezugsrahmen für jede Einzelaussage."[292] Mit anderen Worten: Die Aussage muss **plausibel** sein. Insgesamt gilt, dass bei der Beweiswürdigung keine Indizien übrig bleiben dürfen, die sich mit dem Beweisergebnis nicht vereinbaren lassen. Wie bei einem Puzzle müssen sich alle Bausteine in das Gesamtbild einfügen.[293] Bei der Aussageanalyse kann der Zeuge im Idealfall jede Warum-Frage beantworten (Warum haben Sie dies gemacht, jenes unterlassen?), wobei man die mangelnde Plausibilität erst nach einem entsprechenden Vorhalt/Frage verwerten kann, denn erfahrungsgemäß liefen viele Zeugen weitere Erläuterungen zum Verständnis eines bis dahin unverständlichen Vorgangs.[294]

Bei Berücksichtigung dieses Kriteriums ergibt sich Folgendes:

I. „Erlangener Autoverkaufsfall"

139 Wie bereits oben ausgeführt, war streitentscheidend, ob die Aussage zu den Reparaturkosten objektiv im Sinne der objektiv erforderlichen Reparaturkosten oder

288 Prüfer, Aussagebewertung in Strafsachen, Rn 131.

289 Vgl. Wellerhaus/Wolf, Glaubhaftigkeit kindlicher Zeugenaussagen, Psychomed 1, 20 bis 24, zitiert nach Hommers, Die Aussagepsychologische Kriteriologie unter kovarianzstatistischer und psychometrischer Perspektive, in Psychologie der Zeugenaussage, S. 90 ff.

290 Vgl. Bender/Nack, Tatsachenfeststellung vor Gericht, 2. Aufl., Rn 271.

291 Vgl. Arntzen, Psychologie der Zeugenaussage: System der Glaubwürdigkeitsmerkmale, 3. Aufl., S. 112, Undeutsch, Handbuch der forensischen Psychologie, 11. Bd., S. 127, vgl. auch LAG Baden-Württemberg, Urt. v. 28.3.2001 – 20 Sa 15/01, JurionRS 2001, 10497, vgl. auch Arntzen, Psychologie der Zeugenaussage: Psychologie der Zeugenvernehmung, 2. Aufl., S. 80 („psychologisch stimmigen").

292 Arntzen, Psychologie der Zeugenaussage: Psychologie der Zeugenvernehmung, 2. Aufl., S. 75/76.

293 Vgl. De Vries, Einführung in die Kriminalistik für die Strafrechtspraxis, Rn 282.

294 Vgl. De Vries, Einführung in die Kriminalistik für die Strafrechtspraxis, Rn 338.

subjektiv (unter Einbeziehung von Eigenleistungen, Händlerrabatten etc.) zu verstehen war. Der Klage wäre der Boden entzogen gewesen, wenn von Anfang an klar gewesen wäre, dass die Aussage nur subjektiv im Sinne der selbst aufgewendeten Reparaturkosten zu verstehen gewesen wäre. Genau das hat der Zeuge M. der beklagten Partei bestätigt, indem er ausführte,

> *„ich muss an diesem Punkt klarstellen, dass ich der Kundschaft auch gesagt habe, dass die Gutachterkosten, die beim Mercedes angefallen sind, sicher höher waren. Ich habe jedoch darauf hingewiesen, dass diese Kosten unter EUR 2.000,– die Kosten sind, die bei uns angefallen sind.“*

Wie das möglich gewesen sein kann, **wenn der Zeuge weder das Gutachten noch den Schadensumfang kannte**, ist unerfindlich, sodass der Zeuge auf Frage erwiderte, 140

> *„wenn ich vorhin erklärt habe, dass ich gegenüber der Klägerin und ihrem Mann gesagt habe, dass das Gutachten von Mercedes auf jeden Fall höher ist, so muss ich klarstellen, dass ich gesagt habe, dass für den Fall, dass es ein Gutachten von Mercedes-Benz gibt, wird dieses auf jeden Fall höher sein.*
>
> *Dies habe ich nicht in diesem Wortlaut gesagt, sondern sinngemäß. An den genauen Wortlaut erinnere ich mich nicht mehr.“* 141

Weiter hat der Zeuge ausgesagt, 142

> *„Ich mache dies immer so, weil der Verkauf von reparierten Fahrzeugen problematisch ist, sonst gibt es Probleme.“*

Daraus folgt: 143

Die Aussage ist **psychologisch unstimmig, d.h. unplausibel**. Es dürfte keinen Fall geben (Aussagen von anderen Personen zu ähnlichen Gegebenheiten[295]), in dem ein Gebrauchtwagenhändler im Verkaufsgespräch ungefragt darauf hinweist, dass der Schaden „objektiv“ größer ist, als dargestellt, d.h., dass für den Fall des hypothetischen Vorhandenseins eines Fachgutachtens der Herstellervertretung andere Werte ausgewiesen werden würden als mitgeteilt und der Gebrauchtwagenhändler dies in jedem Fall macht, gleichwohl er sein Vertragsformular nicht dementsprechend ändert (der Kaufvertrag wurde auf einem Formular des Händlers abgeschlossen).

II. „Münchner Autoverkaufsfall“

Hier ist nicht entscheidend, ob die Zeugin anwesend war oder nicht, sondern lediglich, ob der Beklagte Unfallfreiheit, einen bestimmten km-Stand und lediglich einen Defekt der Zylinderkopfdichtung zusicherte. 144

295 Vgl. Arntzen, Psychologie der Zeugenaussage: Psychologie der Zeugenvernehmung, S. 75/76.

145 Angeblich will die Zeugin des Klägers (dessen Freundin, für die das Kfz zudem gedacht gewesen war) all diese streiterheblichen Umstände per Zufall mitbekommen haben.

> *„Teile des Gesprächs habe ich allerdings nicht mitbekommen, da mich die technischen Details nicht besonders interessieren. Ich habe dann geraucht und mir die Gegend angeguckt [...]. So genau hörte ich dann im Einzelnen bei den technischen Details nicht hin."*

146 Dennoch bestätigt die Zeugin genau das Beweisthema zugunsten ihres Freundes, obwohl gerade Aussagen, die eine Zeugin nur z.T. mitbekommen hat, besonders unzuverlässig sind.[296]

Das Kfz wurde in einem Zeitungsinserat für „EUR 1.300,– leichter Motorschaden" angeboten:

147 Auf Nachfrage des Gerichts bezgl. der Abfolge des 7.4.2002 erklärt der Kläger Folgendes:

> *„Auf die Frage, was mit dem Motor sei (wir standen an der offenen Motorhaube), sagte er, weiß nicht, was da ist, ist nur die Zylinderkopfdichtung, soll nicht mehr sein.*
>
> *Er hat mir auch Unfallfreiheit zugesichert, nachdem ich ihn auf einen Farbunterschied am Heck angesprochen habe. Es ist wohl auch ein Rahmenschaden hinten links am Auto.*
>
> *Meine Freundin war auch im Auto gesessen, ich glaube am Fahrersitz. Das war entweder bei oder nach dem Überbrücken. Sie hat auch den Tacho gesehen. Ich habe dann auch gefragt, ob 160.000 km wirklich in Ordnung seien. Dies hat er bejaht.*
>
> *Ich habe Herrn B. auch gefragt, warum das Auto nicht abgemeldet sei. Es hat sich dann herausgestellt, dass er das Auto erst seit ca. 4 Wochen hat und nicht umgemeldet hat. Der Punkt mit der Zylinderkopfdichtung war mir wichtig.*
>
> *Auf Nachfrage, warum ich nach dem Kilometerstand gefragt habe, gebe ich zunächst an, dass ich das nicht mehr weiß. Es wird wohl deshalb gewesen sein, weil ich aufgrund meines Berufes [der Kläger ist Polizeibeamter] schon oft davon gehört habe, dass Tachos zurückjustiert werden.*
>
> *Auf Nachfrage des BV, warum er nach 4-wöchigem vermuteten Besitz die Unfallfreiheit als Aussage akzeptiert habe:*
>
> *Ich habe mich schon über gewisse Sachen gewundert. Sicher war ich mir aber auf jeden Fall, dass der vereinbarte Kaufpreis nicht sein Einkaufspreis gewesen sei." [Fluchttendenz, was hat der Einkaufspreis des Beklagten damit zu tun, dass der Beklagte sinnvollerweise nicht zusichern kann, dass das Kfz, das meh-*

296 Vgl. Döhring, Die Erforschung des Sachverhalts im Prozess, S. 129.

rere Vorbesitzer hatte, unfallfrei ist, wenn er das Kfz selbst nur 4 Wochen in Besitz hatte und dies offensichtlich war].“

Die Zeugin sagte zu den streiterheblichen Teilen aus, 148

„Die beiden haben dann die Motorhaube aufgemacht und Herr P. hat gefragt, was das denn für ein Motorschaden sei. Herr B. sagte, es sei sicher nur die Zylinderkopfdichtung kaputt. Auf die Frage, ob noch was anderes kaputt sei, verneinte er [...].

*Wir haben uns beide auch den Kilometerstand angesehen. Ich saß sicher auf dem Beifahrersitz. Der Tachostand war ca. 160.000 km. Herr P. hat dann gefragt, ob dieser auch in Ordnung sei. Herr B. bejahte dies. Ich habe auch danach gefragt, das ist beim Kilometerstand doch normal **[Begründungssignal]**.*

Auf Nachfrage, ob das Auto einen Unfall hatte, sicherte Herr B. zu, es sei unfallfrei gewesen.“

Auch hier sind die Aussagen des Klägers und dessen Zeugin **psychologisch unstimmig**. 149

Wie kann der Beklagte Unfallfreiheit zusichern, wenn er das Kfz nur vier Wochen im Besitz hatte, das Kfz aber mehrere Vorbesitzer hatte und zudem ein Farbunterschied am Heck erkennbar war und all dies dem Gegenüber bekannt ist? Von was anderem als einem Unfall mit nicht fachgerechter Instandsetzung kann der Farbunterschied herrühren? Es erscheint wenig plausibel, wenn ein Verkäufer einerseits Unfallfreiheit zusichert, obwohl das Kfz **für den Käufer erkennbar** einen Vorschaden gehabt haben muss, aber trotz der angeblichen Zusicherung dies nicht in den Kaufvertrag aufgenommen wird, sondern im Gegenteil der dort vorgedruckte Teil, „für Unfallfreiheit (Rahmenschaden etc.) keine Garantien, sofern es nicht vom Verkäufer arglistig verschwiegen wird,“ unbeanstandet gelassen wird. 150

Zwar ist die Zeugin sicher, dass der Beklagte mitteilte, dass „sicher nur die Zylinderkopfdichtung defekt sei,“ aber unklar ist und bleibt, woher der Beklagte dies denn hätte wissen sollen, zudem der Kläger selbst mitteilte, dass der Beklagte gesagt haben soll, „er, weiß nicht [**eben**], was da ist, ist nur die Zylinderkopfdichtung, soll nicht mehr sein.“ Unstimmig ist und bleibt, wie der Beklagte etwas zusichern kann oder soll, von dem er nicht weiß, was konkret defekt ist und (erneut) diese angebliche Zusicherung nicht in den Kaufvertrag aufgenommen wurde, sondern stattdessen handschriftlich unter „Sonstiges: Motorschaden“ einfügt wurde. Tatsächlich hatte das Kfz eben auch einen Motorschaden und es war eben nicht nur die Zylinderkopfdichtung defekt. 151

Hinsichtlich der km-Angabe soll sowohl der Kläger nachgefragt haben, ob der vom Tachometer abgelesene Stand richtig sei, weil „er als Polizeibeamter davon gehört habe, dass Kilometerstände zurückjustiert werden“, als auch die Zeugin, weil „das normal sei.“ Unstimmig ist und bleibt, weshalb einerseits der Kläger **als auch** (!!) die daneben sitzende Zeugin nachgefragt hätten. Weshalb soll der Beklagte eine so- 152 eben beantwortete Frage noch einmal beantworten? Wenn der Umstand so wichtig ist, dass er doppelt beantwortet werden muss, so bleibt **erst recht** unstimmig, weshalb die Antwort dann nicht in dem schriftlichen Kaufvertrag festgehalten wurde. Das würde für einen Polizeibeamten, der davon gehört habe, dass km-Stände zurückjustiert werden, viel näher liegen. Auch für die Zeugin, die die (doppelte) Frage, ob der km-Stand richtig sei, für „normal" hält, hätte die Fixierung im Kaufvertrag **erst recht** normal sein müssen.

153 Es kann somit festgehalten werden, dass die streiterheblichen Teile psychologisch unstimmig/unplausibel sind und dem schriftlichen Vertragstext sogar widersprechen (Unfallfreiheit, Zylinderkopfdichtung) bzw. nicht enthalten (km-Angabe). Es finden sich bei der Zeugin zwar Realkennzeichen zu der Frage, ob sie anwesend war (Details), jedoch keine ausgewiesenen Realkennzeichen zum streiterheblichen Teil (Zusicherungen).

154 Zum streiterheblichen Teil finden sich stattdessen Lügensignale (Begründungssignal bei der Zeugin, Fluchtsignal beim Kläger), als auch das Kennzeichen der psychologischen Unstimmigkeit. Die Aussage kann daher (auch) angesichts des Eigeninteresses des Klägers und der Zeugin kaum als hinreichend zuverlässig gewertet werden. Ob die Aussagen erlogen sind, oder schlicht nicht hinreichend zuverlässig genug, braucht in der Regel – so auch hier – nicht entschieden werden.[297]

297 Vgl. Bender/Nack, Tatsachenfeststellung vor Gericht, 2. Aufl., Rn 299.

§ 18 Widerlegung des Urteils durch ausschließlich logische Grundsätze

Inhalt

A. Vorbemerkung

„Du sollst keinen verurteilen, ehe Du ihm den Denkprozess gemacht hast." 1

(Alfred Polgar)[1]

Nach der veröffentlichten Rechtsprechung und Literatur gilt Folgendes zur Beweiswürdigung: 2

Die tatrichterliche Beweiswürdigung kann **im Zivil- als auch im Strafrecht dann in der Revision angegriffen werden, wenn die Beweiswürdigung gegen Denkgesetze**, offenkundige Tatsachen, Erfahrungssätze **verstößt**, oder lückenhaft, unvollständig oder widersprüchlich ist.[2] Es spielt grds. keine Rolle, ob die Erfahrungssätze all-

1 Dubben/Beck-Bornholdt, Mit an Wahrscheinlichkeit grenzender Sicherheit, 3. Aufl., S. 46.

2 Vgl. Dahs/Dahs, Die Revision im Strafprozess, 6. Aufl., Rn 410 ff., vgl. Thomas/Putzo, Komm. zur ZPO, 28. Aufl., § 546 Rn 11 f.

gemeingültig sind oder nur Wahrscheinlichkeitsurteile ermöglichen.[3] Der Tatrichter ist zwar nicht gehalten, einen Erfahrungssatz anzuwenden, der nur ein Wahrscheinlichkeitsurteil ermöglicht, aber wenn er davon abweichen will, muss er zu erkennen geben, dass er ihn kennt und warum er hiervon abweicht.[4] Insofern kann auf die bereits vorhandene Kommentar- und Lehrbuchliteratur verwiesen werden.[5] Ein weiterer Angriffspunkt besteht im Strafrecht jedoch nach einer Rechtsprechungslinie, wenn die festgestellten Tatsachen nicht mehr mit hoher Wahrscheinlichkeit mit der Wirklichkeit übereinstimmen.[6] Dies ist jedenfalls dann der Fall, wenn die festgestellten Tatsachen nicht mehr mit hoher Wahrscheinlichkeit der Realität entsprechen, sondern einer gestörten und/oder selektiven Wahrnehmung folgen. Freilich stellt sich immer die Frage, ob dieser Mangel auch tatsächlich mit den Mitteln des Revisionsrechts gerügt werden kann. Das wiederum wird eher selten der Fall sein. Die Rechtsprechung verhält sich hier (rhetorisch) sinnvoll, wenn sie ein Beweismaß, das für einen rechtsgenügenden Beweis erreicht sein muss, vorgibt, andererseits kontraproduktiv, in dem sie den Tatrichter nicht für verpflichtet hält, seine Wahrscheinlichkeitsüberlegungen näher darzulegen, sondern sich mit einer rein intuitiven Bewertung durch den Tatrichter zufrieden gibt.

3 Ein Urteil muss – nach einer ständigen Formel der Rechtsprechung – alle erheblichen Indizien in ihrer Gesamtheit erkennen.[7] Die Schlussfolgerungen dürfen sich nicht so sehr von der festgestellten Tatsachengrundlage entfernt haben, „dass sie letztlich bloße Vermutungen sind, die nicht mehr als einen – wenn auch schwerwiegenden – Verdacht begründen."[8] D.h., rationale Gründe müssen den Schluss erlauben, dass das festgestellte Geschehen mit hoher Wahrscheinlichkeit mit der Wirklichkeit übereinstimmt (vgl. hierzu § 6 Rdn 140 ff.).[9] Auch hier stellt sich die Frage, ob dieser Schluss, wenn er nicht zutrifft, mit den Mitteln des Revisionsrechts gerügt werden kann.

4 Von dem früheren Vorsitzenden des BGH Schäfer erfahren wir: „Die nach § 261 StPO erforderliche richterliche Überzeugung vom Vorliegen eines bestimmten Sachverhalts setzt aber objektive Grundlagen voraus. Diese müssen aus rationalen Gründen den Schluss erlauben, dass das festgestellte Geschehen mit hoher Wahr-

3 Vgl. z.B. Dahs/Dahs, Die Revision im Strafprozess, 5. Aufl., Rn 421, LR-Komm. zur StPO, Bearbeiter: Hanack, § 337 Rn 148, vgl. auch Hamm, Die Revision in Strafsachen, 5. Aufl., Rn 883, 914 ff.

4 Vgl. Odenthal, Die Gegenüberstellung im Strafverfahren, 3. Aufl., S. 122 f. m.w.N.

5 Vgl. z.B. Dahs/Dahs, Die Revision im Strafprozess, 6. Aufl., Rn 409 ff.

6 Vgl. BGH, NStZ 1987, S. 473, vgl. auch BGH, NStZ 1988, S. 236, 237.

7 Vgl. hierzu BGH, BGHSt 35, S. 308, 316, und BGH, MDR 1991, S. 893.

8 BGH, NStZ 1987, S. 473 f.

9 Vgl. BGH, StV 1995, S. 453.

scheinlichkeit mit der Wirklichkeit übereinstimmt.[10] Der Weg zur Feststellung dieser objektiven Grundlagen folgt allgemeinen Denkgesetzen. [...].[11]

Im Zivilrecht können diese Umstände bereits zur Wiederholung der Beweisaufnahme in der Berufungsinstanz führen, gem. §§ 513, 529 Abs. 1 Nr. 1 ZPO. 5

Hinweis 6

Auch die Anwendung beweisrechtlicher Grundsätze und Würdigung einer Zeugenaussage kann von Seiten des Gerichts willkürlich sein.[12]

B. Berücksichtigung der Grundsätze der Wahrscheinlichkeitsrechnung?

Wenn gefordert wird, dass das festgestellte Geschehen im Allgemeinen und die 7
Zeugenaussage im Besonderen mit dem tatsächlichen Geschehen in hohem Maße wahrscheinlich,[13] und dass für eine Verurteilung das erforderliche Beweismaß der hohen Wahrscheinlichkeit erreicht sein muss,[14] so folgt daraus m.E. zwingend, dass die Beweiswürdigung gemäß den Grundsätzen der Wahrscheinlichkeitsrechnung zu erfolgen hat und sämtliche Indizien dementsprechend im Urteil expressis verbis dargelegt und gewürdigt werden müssen. Diese Forderung wurde von der h.A. bisher jedoch noch nicht gezogen (vgl. hierzu § 8 und § 9).

Hinweis 8

Der aktuelle Stand der Rechtswissenschaft kann so zusammengefasst werden, dass die Grundsätze der Wahrscheinlichkeitsrechnung (hier des Theorems von Bayes) der normative Standard sein müssen, an dem die Kohärenz der Beweiswürdigung gemessen werden muss.[15]

Wer das ablehnt, muss sich fragen lassen, welche Bedeutung er semantischen Wen- 9
dungen, in denen der Wahrscheinlichkeitsbegriff erscheint, z.B. „etwas ist wahrscheinlich“, „das Eine ist wahrscheinlicher als das Andere“, „etwas ist über jeden vernünftigen Zweifel hinaus der Fall“, zuordnen will.[16]

10 Im Original folgende Fußnote: Dies ist inzwischen gesicherte Rechtsprechung des Bundesgerichtshofs, vgl. nur NJW 1999, 1562 (*Pistazieneis*).

11 Schäfer, Die Abgrenzung der Verfahrensrüge von der Sachrüge, Festschrift für Riess, S. 480 ff.

12 Vgl. BVerfGE, 96, S. 189, 203.

13 Vgl. BGH, NStZ 1988, S. 236 f.

14 Vgl. BGH, NStZ 1988, S. 236 f.

15 Vgl. Schweizer, Kognitive Täuschungen vor Gericht, Dissertation Universität Zürich, S. 148 ff.

16 Vgl. Gutachten von Prof. Dr. Jochen Wilhelm (Universität Passau) zur Dissertation, „Die Notwendigkeit der Objektivierung der Beweiswürdigung und Vorschläge zu ihrer Durchführung“, n.V.

10 Unterschiede zwischen der h.A. und der diesseits vertretenen Auffassung bestehen nur insofern, als diesseits nicht die abstrakte Anwendung dieser Grundsätze als Modell, sondern die konkrete Anwendung des Modells gefordert wird.

11 Bisher wurde es stattdessen für ausreichend erachtet, wenn das Gericht (intern) zwischen Beweisring[17] und Beweiskette unterscheidet und sich (selbst) Rechenschaft darüber ablegt, welcher Schluss nach der Lebenserfahrung aus welchem Indiz gezogen werden kann und wie beweiskräftig (also der Sache nach die abstrakte Beweiskraft, s.u.) er ist.[18] Die Rechtsprechung des BGH hat den Tatrichter noch nicht gezwungen, seine Beweiswürdigung gemäß den Grundsätzen der Wahrscheinlichkeitsrechnung darzulegen, sondern formuliert: „Bedenken ergeben sich auch nicht daraus, dass sich das LG zur Ermittlung der Schadenshöhe, mithin des Schuldumfangs mathematisch-statistischer Methoden bedient hat [...]. Von gesicherten Tatsachenfeststellungen ausgehende statistische Wahrscheinlichkeitsrechnungen gehören zu den Mitteln der logischen Schlussfolgerung, welche dem Tatrichter grundsätzlich ebenso offen stehen wie andere mathematische Methoden. Das hat die Rechtsprechung vielfach anerkannt. So kann im Zivilprozess der Beweis der Vaterschaft mit Hilfe einer biostatistischen Wahrscheinlichkeitsrechnung geführt werden, welche sich auf die bei den Beteiligten vorhandenen Blutmerkmale stützt (BGHZ 61, 165, 172; BGH, NJW 1987, 2286). Ebenso ist im Strafverfahren anerkannt, dass der Richter ein erbkundliches Gutachten nicht als unbrauchbares Erkenntnismittel ablehnen darf, weil es auch auf Grundsätzen der Wahrscheinlichkeitsrechnung beruht (BGHSt 5, 34, 35). Statistische Berechnungen sind ferner in die Bestimmung der Grenze der allgemeinen Fahruntüchtigkeit eingeflossen (BGHSt 21, 157, 160 = MDR 1967, 227) und haben maßgebendes Gewicht für die Rückrechnung der Blutalkoholkonzentration aus einer Blutprobe oder aus einer festgestellten Trinkmenge auf den Tatzeitwert (Gerchow u.a.; Blutalkohol 1985, 77).“[19] In einer anderen Entscheidung hat der VI. Zivilsenat des BGH ausgeführt, „sofern die Beweiswürdigung nachvollziehbar und frei von Gedankenfehlern ist, [bedarf es] keiner weiteren Kontrolle des Ergebnisses anhand von Wahrscheinlichkeitsberechnungen unter Zugrundelegung des sog. Bayes‘schen Theorems [...]. Im Rahmen der Würdigung von Indizien wird der Tatrichter allerdings die unangefochtenen logischen und mathematischen Regeln der Wahrscheinlichkeitsrechnung nicht verletzten dürfen. Er wird dazu aber im Allgemeinen, insb. wenn, wie im Streitfall keine einigermaßen gesicherten empirischen Daten zur Verfügung stehen, im Rahmen der von ihm vorzunehmenden Beweiswürdigung nicht sog. Anfangswahrscheinlichkeiten in Prozentsätzen ausweisen und mit diesen dann Berechnungen anstellen müssen. Sicherlich kann es häufig nützlich sein, sich über die Trag-

17 Vgl. Huber, Das Strafurteil, 2. Aufl., Rn 99, während Huber in der 1. Aufl. noch den Beweisring als Indizienreihe bezeichnete, vgl. Huber, Das Strafurteil, 1. Aufl., Rn 72.

18 Vgl. Huber, Das Strafurteil, 1. Aufl., Rn 72.

19 BGH, MDR 1990, S. 354 f.

fähigkeit und das Gewicht der einzelnen Indizien genauere Rechenschaft abzulegen und vielleicht auch einmal anhand von Berechnungsformeln das Ergebnis überprüfen. Andererseits besteht die Gefahr, dass bei wie häufig ungesicherter empirischer Grundlage für die Annahme sog. Anfangswahrscheinlichkeiten ein solches Verfahren zu überdies manipulierbaren Scheingewissheiten führen kann. Zu der Frage, ob es Fälle gibt, die eine exaktere Wahrscheinlichkeitsberechnung im Rahmen der Beweiswürdigung von Indizien gebieten (ein in der Rechtsprechung des BGH anerkannter Sonderfall der Anwendung des sog. Bayes'schen Theorem ist die Essen-Möller-Formel bei serologischen Abstammungsgutachten) kann und braucht anhand des Streitfalles nicht Stellung genommen zu werden."[20] Ausgangspunkt dieser Entscheidung war ein Urteil des OLG Stuttgart unter dem Vorsitz von Bender und Mitwirkung von Nack in dem die Wahrscheinlichkeit eines Sachverhalts (vorsätzliche Herbeiführung von Unfällen) mit Hilfe des Theorems von Bayes und Berücksichtigung eines Sicherheitsabschlags mit 99,9999 % berechnet wurde.[21]

Wäre die Rechtsprechung tatsächlich um Objektivität und Rationalität der Beweiswürdigung interessiert, müsste sie Folgendes konstatieren: Das reine (interne) Bewusstmachen dieser Grundsätze genügt nicht (mehr), da gemäß den o.g. psychologischen Phänomenen die Indizien unbewusst nur selektiv wahrgenommen werden, folglich die Indizien nur einseitig gewürdigt werden können, sodass auch das Endergebnis von nur einseitig wahrgenommenen und gewürdigten Indizien nur einseitig und damit in hohem Maße fehlerbehaftet sein kann. Oder anders formuliert: „Der Appell an die Vernunft ist nicht nur in seiner motivationalen Auswirkung auf die Verurteilungsabsicht ambivalent, sondern bleibt auch als Richtschnur des Urteilens wage."[22] Ob jeder Tatrichter bei der Verurteilung eines Angeklagten tatsächlich den gleichen Maßstab anlegt, wie wenn er es täte, wenn er selbst persönlich in seinem eigenen und wichtigsten Aspekt betroffen wäre, darf bezweifelt werden. Diesen Maßstab müsste er aber anlegen. Das entspräche der amerikanischen Definition des „proof beyond a reasonable doubt". „Of such a convincing character that you would be willing to rely and act upon it without hesitation in the most important of your own affairs".[23] 12

Hinzu kommt, **dass der Tatrichter ohnehin die wesentlichen Gesichtspunkte für seine Überzeugungsbildung im Urteil nachvollziehbar darzulegen hat**.[24] 13

20 BGH, NZV 1989, 468 f.

21 Vgl. Berg-Winters, Der Anscheinsbeweis im Arzthaftungsrecht, S. 63 f.

22 Kunz, Tatbeweis jenseits eines vernünftigen Zweifels, ZStW 2009, S. 572 f.

23 Zitiert nach Kunz, Tatbeweis jenseits eines vernünftigen Zweifels, ZStW 2009, S. 572, 581.

24 Vgl. BGH, NJW 1991, S. 1894 = MDR 1991, S. 993.

14 *Hinweis*

Die Ablehnung mathematischer Berechnungen durch den BGH wegen einer „Scheingewissheit" ist auch nicht zutreffend, sondern es handelt sich um eine Scheinargumentation.

15 Eben dadurch, dass eine Anfangswahrscheinlichkeit und eine hierauf folgende Berechnung offengelegt werden, ist dem Rechtsmittelgericht eine Überprüfung möglich, **sodass eine „Scheingewissheit" nicht manipuliert werden kann**. Weiter wird **keine „Scheingewissheit" vorgegeben**, da der Charakter einer **Schätzung** von Anfang an **offenbart** wird (vgl. hierzu § 8 Rdn 87 ff.). Aus dem **Gutachten** zur Dissertation des Verfassers (vgl. hierzu in diesem Werk Teil I) darf wie folgt zitiert werden:

16 *„Auch dem naheliegenden Einwand, die quantitative Angabe von Wahrscheinlichkeiten täusche eine Scheingenauigkeit vor, wird zutreffend begegnet mit dem Hinweis darauf, dass man über Quantitäten objektiv räsonieren könne im Gegensatz zu unscharfen Äußerungen über Grade des Überzeugtseins. Zudem eröffnet die quantitative Formulierung die Möglichkeit einer ‚Sensitivitätsanalyse', die klar legen kann, an welchen Stellen der Argumentationslinie besondere Sorgfalt geboten ist. Eine solche (gedankliche) Sensitivitätsanalyse belegt im Übrigen (so auch Verf.), dass die Problematik einer Fiktion einer a priori Wahrscheinlichkeit nicht den befürchteten Stellenwert hat. Die Gewohnheit bezüglich der Dinge des täglichen Lebens in Wahrscheinlichkeiten zu denken, ist im Übrigen durchaus kulturell bedingt: Im angelsächsischen Kulturraum ist hier eine deutlich größere Bereitschaft zu beobachten als etwa in Mitteleuropa."*[25]

17 Dem entspricht das Verständnis zum Sachverständigenbeweis, denn auch dort wird die Angabe von Wahrscheinlichkeiten oder Wahrscheinlichkeitsgraden nicht etwa als „Scheingewissheit" aufgefasst, sondern gerade umgekehrt als Offenlegung mangelnder Gewissheit und Eingrenzung der Unsicherheit.[26]

18 Bruns ist ähnlicher Ansicht: „Eine Überzeugung kann man kaum einer anderen entgegensetzen, die Überzeugungsbildung schwer angreifen. Über den Grad einer Wahrscheinlichkeit aber könnte man sich verständigen – oder mit Gründen streiten."[27]

19 Ebenso Kunz: „Das objektive Kriterium der Vernünftigkeit besteht in der Prognose der voraussichtlichen Wahrscheinlichkeit der Überzeugung. Nicht die Wahrheitsüberzeugung als solche, sondern die von einer genügenden objektiven Wahrschein-

25 Prof. Dr. Jochen Wilhelm (Universität Passau), Gutachten zur Dissertation, „Die Notwendigkeit der Objektivierung der Beweiswürdigung und Vorschläge zu ihrer Durchführung", n.V.

26 Vgl. Bayerlein in: Praxishandbuch Sachverständigenrecht, 4. Aufl., § 28 Rn 7 und Baer (für psychiatrisch-psychologische Gutachten) in: Praxishandbuch Sachverständigenrecht, 4. Aufl., § 53 Rn 79.

27 Bruns, Zivilprozessrecht, 2. Aufl., S. 245.

lichkeit getragene Wahrheitsüberzeugung ist die Basis vernunftgerechter Entscheidungen."[28]

Auch Rommé teilt in seiner Anmerkung zu o.g. BGH-Entscheidung mit, dass das Berufungsgericht, das eine Darlegung nach dem Theorem von Bayes forderte, sich lediglich um den Nachweis bemühte, dass seine Überzeugung auf rationaler Grundlage beruhte. Gerade dies habe der BGH als überflüssig bezeichnet. Dementsprechend bleibe völlig im Unklaren, aufgrund welcher Gedankenoperation der Tatrichter gem. der Anastasia-Entscheidung seine persönliche Gewissheit erlangen kann und soll.[29] **20**

Zutreffend sind jedenfalls die Ausführungen des BGH, dass „es häufig nützlich sein [kann], sich über die Tragfähigkeit und das Gewicht der einzelnen Indizien genauere Rechenschaft abzulegen und vielleicht auch einmal anhand von Berechnungsformeln das Ergebnis überprüfen."[30] **21**

Wer mit konkreten Werten und Rechenmodellen arbeitet, täuscht keine Scheingewissheit vor (s.o.), sondern vielmehr ist das Gegenteil der Fall. Wer – wie die Praxis – vorgibt, das Beweismaß der hohen Wahrscheinlichkeit zu beachten,[31] ohne – wie eben diese Praxis – den Grad der Wahrscheinlichkeit zu bestimmen, kann dazu nämlich gar keine Aussage machen und verwendet nur eine beruhigend wirkende Leerformel.[32] **22**

Hinweis **23**

Den bahnbrechenden Arbeiten der Nobelpreisträger Kahneman/Tversky entnehmen wir Folgendes: „Unsere Antwort lautete, dass Menschen, wenn sie aufgefordert werden, die Wahrscheinlichkeit von etwas einzuschätzen, tatsächlich etwas anderes beurteilen, aber glauben, sie hätten die Wahrscheinlichkeit beurteilt."[33]

Tatsächlich verwenden Menschen **Urteilsheuristiken**, d.h., ein einfacheres Verfahren, um eine adäquate, aber dennoch unvollständige Antwort auf eine schwierige Frage zu beantworten. Diese Alternative zu sorgfältigem Denken funktioniert manchmal recht gut, aber manchmal führt diese Alternative auch zu gravierenden **24**

28 Kunz, Tatbeweis jenseits eines vernünftigen Zweifels, ZStW 2009, S. 572, 592.

29 Rommé, Anmerkung zu BGH VI ZR 232/88, NZV 1989, S. 470.

30 BGH, NZV 1989, S. 468 f.

31 Vgl. statt vieler BGH, NJW 1999, S. 1562, 1564.

32 Vgl. Graf/StPO/Eschelbach, 1. Aufl., § 261 Rn 18.2. In der 2. Auflage wird bei § 261 Rn 31 darauf hingewiesen, dass die Feststellung eines bestimmten Wahrscheinlichkeitsgrades kaum möglich erscheint.

33 Kahneman, Schnelles Denken, langsames Denken, S. 128.

Fehlurteilen.[34] Eine derartige – unbewusst ablaufende – Urteilsheuristik besteht in der Ersetzung der zu beantwortenden Frage durch eine leichtere Frage.[35] Die juristische Umsetzung dieser Ersetzung dürfte nicht in der Beantwortung der eigentlichen Schuldfrage, d.h. „war er es", sondern in der einfacheren Ersetzung, „glaube ich ihm seine Einlassung" bzw. „glaube ich dem Opfer", seine Entsprechung finden. Damit ist kompatibel, dass ein zeitlich später (aber nicht geglückter) Entlastungsbeweis, für den es keine unmittelbar plausible Erklärung gibt,[36] die Verurteilungswahrscheinlichkeit nicht verringert, sondern erhöht. Das ist paradox, weil ein (nicht geglückter) Entlastungsbeweis die bisherige Beweislage unberührt lässt und somit keinesfalls zu einer Erhöhung der Verurteilungswahrscheinlichkeit führen dürfte, dies aber dennoch tut.[37]

25 **Auch wenn man keine zwingende Forderung** nach Bewertung und Darlegung der Grundsätze der Wahrscheinlichkeitsrechnung im Urteil stellt, sollte man Kahneman's Empfehlungen beachten: „Wir sollten uns nur zwei Dinge über die Bayessche Logik und unsere Neigung, gegen sie zu verstoßen, merken. Erstens: Ungeachtet neuer Informationen über den konkreten Fall sind Basisraten von Bedeutung. Dies ist oftmals nicht intuitiv einleuchtend. Zweitens: Intuitive Eindrücke über die Aussagekraft von Informationen sind oftmals übertrieben [...] Die wichtigsten Schlüssel zu einem disziplinierten bayesschen Denken lassen sich folgendermaßen zusammenfassen:

- Verankern Sie Ihr Urteil über die Wahrscheinlichkeit eines Ergebnisses in einer plausiblen Basisrate.
- Hinterfragen Sie die Aussagekraft Ihrer Informationen."[38]

26 *Hinweis*

Selbst der Statistiker, Kognitionspsychologe und Nobelpreisträger Kahneman war betroffen, als er erkannte, dass ihm dies nie beigebracht worden und ihm auch heute (nach ca. 40-jähriger Forschungsarbeit) noch nicht in Fleisch und Blut übergegangen war.[39] Wenn es, was auf der Hand liegt, vielen Richtern ebenso wie Kahneman geht, dann muss es eine hohe Zahl an irrationalen Beweisführungen und Beweiswürdigungen geben.

34 Vgl. Kahneman, Schnelles Denken, langsames Denken, S. 127 ff.

35 Vgl. das hierzu das – freilich – nicht juristische Beispiel bei Kahneman, Schnelles Denken, langsames Denken, S. 132 f.

36 Prozessrechtlich darf dies (streng genommen) nicht zu Lasten des Anklagten berücksichtigt werden, vgl. BGH, NStZ 2002, S. 161 f.

37 Barton, Einführung in die Strafverteidigung, S. 339 m.w.N.

38 Kahneman, Schnelles Denken, langsames Denken, S. 194.

39 Vgl. Schnelles Denken, langsames Denken, S. 194.

Auch ohne ausdrückliche Bewertung und Darlegung der Grundsätze der Wahrscheinlichkeitsrechnung im Urteil **gilt jedenfalls**, dass eine tatrichterliche Beweiswürdigung 27

1. **nicht gegen diese Grundsätze verstoßen darf**[40]
2. und der Tatrichter **alle Umstände**, die Schlüsse zugunsten oder zuungunsten des Angeklagten ermöglichen, in den Gründen **zu erörtern** hat.[41]
3. „Der Beweis muss mit lückenlosen (BGH StV 88, 93 mit Anm Sessar; 88, 138 mit Anm Schlothauer), nachvollziehbaren logischen Argumenten geführt sein (Peters JR 77, 83; vgl. auch Bay 71, 128 = JR 72, 30 mit Anm Peters; Köln NJW 77, 398, 399; VRS 80, 34) […].“[42] Und: „Bei der Würdigung der vorliegenden Beweise ist weiter darauf zu achten, daß die Urteilsgründe (§ 286 Abs. 1 S 2 ZPO) frei von bloßen Vermutungen und unsicheren Gefühlen, objektiv und logisch nachprüfbar sein müssen.“[43]
4. Damit eröffnet sich der **Anwendungsbereich für den Rechtsmittelführer**, die tatrichterliche Beweiswürdigung **selbst** diesen Grundsätzen zu unterziehen, zumal dies laut dem BGH „häufig nützlich sein kann“, um darzulegen, dass die Beweiswürdigung **eben schon** gegen diese Grundsätze verstoßen hat. Würde dies unberücksichtigt bleiben, würde dies den Grundätzen des rationalen Argumentierens widersprechen. Die Würdigung des Tatgerichts muss aber rationaler Argumentation standhalten.[44] Der BGH selbst teilt für den Tatrichter mit: „Allerdings können zur Bildung der Überzeugung auch Wahrscheinlichkeitsrechnung mitberücksichtigt werden.“[45] Wenn der Tatrichter Wahrscheinlichkeitsrechnungen mitberücksichtigen darf, dann darf dies aber erst recht der Rechtsmittelführer.
5. Führt die Verteidigung ein neues Gutachten oder eine neue Erkenntnisquelle ein, die kriminaltechnisch noch nicht in größerem Umfang erprobt ist, ist das Tatgericht trotzdem verpflichtet, eine entsprechende Beweiserhebung zu berücksichtigen.[46] „Die Aufklärungspflicht kann gebieten, sich auch über Methoden und Verfahren zu unterrichten, die noch nicht allgemein anerkannt sind. Bei der Beweiswürdigung hat das Gericht dann aber diesen Umstand einer kritischen Betrachtung zu unterziehen, die sich sowohl auf die allgemeinen Grundsätze der neuen Methode selbst als auch auf ihre konkrete Anwendung beziehen muss (BGHSt 41, 206, 215; BGH NStZ 1994, 250).“[47] Auch dadurch eröffnet

40 Vgl. BGH, NZV 1989, S. 468 f.
41 Vgl. BGH, BGHSt 25, S. 285 ff.
42 Meyer-Goßner, Komm. zur StPO, 51. Aufl., Rn 2a.
43 BGH, Urt. v. 27.5.1982 – III ZR 201/80 = NJW 1982, S. 2874 f.
44 Vgl. Meyer-Goßner, Komm. zur StPO, 51. Aufl., Rn 2 m.w.N.
45 BGH, 5 StR 306/70 in Fezer, Die erweiterte Revision – Legitimierung der Rechtswirklichkeit? –, S. 147 f.
46 Vgl. BGH, NStZ 1998, S. 528 f.; vgl. auch BGH, StV 2000, S. 125 f. m.w.N.
47 BGH, StV 2000, S. 125.

sich ein Spielraum, den der anwaltliche Vertreter mit einem wahrscheinlichkeitstheoretischen Gutachten nutzen kann.

6. „Wahrscheinlichkeitsaussagen, die ein bestimmtes Ergebnis als naheliegend erscheinen lassen, muss es [das Gericht] insoweit Rechnung tragen, dass es sich mit ihnen auseinandersetzt und an Hand weiterer Beweisanzeichen prüft, ob diese ausreichen, um die Wahrscheinlichkeit zur Gewissheit zu machen. Setzt sich das Gericht über eine solche Wahrscheinlichkeitsaussage hinweg, muss es im Urteil die Gründe dafür aufzeigen, wenn es seiner Verpflichtung zur erschöpfenden Beweiswürdigung genügen will."[48]
7. In der strafprozessualen Revision lässt sich gegen die diesseits vorgeschlagene Argumentation nicht einwenden, dass die Beweiswürdigung „ureigene Sache des Tatrichters" sei, folglich der Revisionsrichter hierfür gar nicht „gesetzlicher Richter" sei oder gegen § 337 StPO verstoße. Die Revisionsgerichte greifen in einer Vielzahl an Fällen bereits auf die tatrichterliche Beweiswürdigung zu. Das ohnehin bestrittene und einer klaren dogmatischen Begründung oder widerspruchsfreien Handhabung entbehrende Rekonstruktionsverbot der Beweisaufnahme[49] besteht bereits aktuell nicht, wenn sich die Beweisaufnahme mit den Mitteln des Revisionsrechts rekonstruieren lässt.[50] Die revisionsgerichtliche Kontrolle kann wie folgt umschrieben werden: „Letztendlich beurteilen die Revisionsgerichte – was so natürlich nicht offengelegt wird – auf ganz pragmatische und formlose Weise selbst die Richtigkeit der tatsächlichen Grundlagen einer Entscheidung, soweit dies in einem schriftlichen Verfahren überhaupt möglich ist. Es findet also eine eigene Beurteilung der Sache selbst statt, die wiederum maßgebend ist für die rechtliche Bewertung des (fremden) Würdigungsvorgangs. Der Revisionsrichter (der in der Regel selbst lange Jahre Tatrichter gewesen ist) legt an das im tatrichterlichen Urteil geschilderte Geschehen und dessen Beweisgrundlage den Maßstab der eigenen speziellen forensischen und der allgemeinen Lebenserfahrung an. [...] Ob Darstellungslücken und -mängel zur Aufhebung führen, hängt vielfach[51] von dem eigenen Überzeugungsbildungsprozess des Revisionsrichters in der Sache selbst ab und weniger davon, ob der Tatrichter bestimmten formalen Begründungsanforderungen gerecht geworden ist.[52] In Wahrheit wirft der Revisionsrichter doch seine eigene Überzeugung in

48 LR-StPO/Gollwitzer, 25. Aufl., § 261 Rn 47.

49 Vgl. LR-StPO/Hanack, 25. Aufl., § 337 Rn 77a m.w.N.

50 BGH, StV 1991, S. 549 = 5 StR 354/91, vgl. Schäfer, Freie Beweiswürdigung und revisionsrechtliche Kontrolle, StV 1995, S. 147, 155.

51 Im Original folgende Fußnote: Es gibt natürlich auch immer wider Fälle einer evidenten Darstellungslücke, die für sich genommen (also nicht nur angesichts inhaltlicher Bedenken) Anlass für eine revisionsgerichtliche Beanstandung bieten muss (sozusagen nach dem Motto: „So geht es nun wirklich nicht"). Ich halte solche Fälle eher für Ausnahmen.

52 Im Original folgende Fußnote: vgl. dazu auch Fezer Möglichkeiten einer Reform der Revision in Strafsachen, 1975, S. 183 f.

die Waagschale, schon weil sich die Kriterien für eine ‚objektive' Beanstandung von der eigenen Überzeugung des Revisionsrichters über das richtige oder naheliegende Ergebnis der Beweiswürdigung und seine Überzeugung von den dafür relevanten Faktoren logisch nicht trennen lassen […]."[53] Diese Beschreibung ist zu wohlwollend und trifft in keinem Fall auf alle Revisionsrichter, Senate oder alle Zeiten zu. Vielmehr gibt es eine Fülle an Revisionsrichtern/Senaten, die gerade nicht ihre eigene Überzeugung relevant werden lassen, sondern – der subjektiven Theorie entsprechend – die eigene Überzeugung des Tatrichters ausreichen lassen.

„Erwiesen hat sich im Übrigen, dass die gesetzliche Konzeption des Rechtsmittels elastisch ist und eine sehr unterschiedliche praktische Handhabung erlaubt. Das zeigt die Entwicklung der Praxis. Sie ergibt insbesondere durch eine erweiternde Auslegung des zentralen Begriffs der Gesetzesverletzung (§ 337) ein völlig anderes Bild von der Revision als in den ersten Jahrzehnten ihres Bestehens und auch ein Bild, das den Vorstellungen des historischen Gesetzgebers […] weithin nicht entspricht […]."[54] „Insgesamt ist der Bereich dessen, was in der Praxis von den Revisionsgerichten überprüft wird, ständig und außerordentlich gewachsen. […] Eine wesentliche Rolle spielt wohl, dass die Revision gerade in schwereren Strafsachen das einzige Rechtsmittel ist und dass sich das Bedürfnis, auch mit Hilfe des Revisionsrechts auf die gerechte Entscheidung des Einzelfalles Einfluss zu nehmen, gerade beim Charakter des Strafrechts in der Rechtswirklichkeit einfach nicht abweisen lässt."[55] Auch das ist zu wohlwollend. In der Praxis – mindestens – der letzten beiden Jahrzehnte überwiegt die subjektive Theorie mit Nichtbeanstandung von tatrichterlich (nur) möglichen Schlüssen.

Hinweis 28

„Es ist nicht genug zu wissen, man muss es auch anwenden; es ist nicht genug zu wollen, man muss es auch tun." (J.W. v. Goethe)[56]

Das gilt insb. deshalb, als auch das BVerfG ausgeführt hat, dass das Tat- und Revisionsgericht auch die Gründe, die gegen die mögliche Täterschaft sprechen, wahrzunehmen, aufzuklären und zu erwägen hat und sich nicht so weit von der Unschuldsvermutung entfernen darf, als dass der rationale Charakter der Entscheidung verloren geht und keine tragfähige Grundlage mehr für die mit einem Schuldspruch einhergehende Freiheitseinziehung sein kann.[57] 29

53 LR-StPO/Hanack, 25. Aufl., § 337 Rn 147.

54 LR-StPO/Hanack, 25. Aufl., Vor § 333 Rn 1.

55 LR-StPO/Hanack, 25. Aufl., Vor § 333 Rn 9.

56 Zitiert nach Hofmann, Sexueller Missbrauch von Kindern und Jugendlichen im Auge des Betrachters, S. 15.

57 BVerfG, StV 2003, S. 593, 595.

30 Ob somit alles Wesentliche wahrgenommen und erwogen wurde, kann nur dann festgestellt werden, wenn das Gericht jedes einzelne Indiz (das zugunsten oder zuungunsten der zu beweisenden Tatsache spricht) im Urteil darlegt und gemäß den Grundsätzen der Wahrscheinlichkeitsrechnung würdigt. „Nur wenn die der Bewertung der Indizien zugrunde gelegten Erfahrungssätze offengelegt werden, ist eine rationale Argumentation und eine intersubjektive Diskutierbarkeit gegeben“,[58] die nach einem Teil der Rechtsprechung (vgl. hierzu § 6 Rdn 112 ff.) Voraussetzung einer Verurteilung ist.[59]

31 Auch die Tatsache, dass die Beweiskraft der jeweiligen Indizien bzw. die jeweiligen Wahrscheinlichkeitswerte meist nicht empirisch exakt festgestellt, sondern nur auf Plausibilitätsniveau geschätzt werden können, ist unschädlich. Wenn der Richter (sich) ohnehin (intern) über die jeweilige Beweiskraft Rechenschaft ablegen muss, so heißt das der Sache nach nichts anderes, als die Beweiskraft bzw. die Wahrscheinlichkeit intuitiv festzulegen.

32 Anderenfalls wäre die Sachverhaltsfeststellung willkürlich[60] und das Begründungserfordernis des § 286 Abs. 1 Satz 2 ZPO, ebenso wie die Norm des § 267 Abs. 1 Satz 1 und 2 StPO leerlaufend. D.h., eine objektive Basis, und das muss immer eine Wahrscheinlichkeit eines Geschehens sein,[61] ist erforderlich, um einerseits willkürliche und nicht nachprüfbare Entscheidungen zu vermeiden und andererseits dem Begründungserfordernis gem. § 286 Abs. 1 Satz 2 ZPO und § 267 Abs. 1 Satz 1 und 2 StPO gerecht zu werden. „Die objektive Grundlage ist ein ‚schlüssiges‘ Beweisergebnis, eine objektive Sachlage, die aus rationalen Gründen den Schluss erlaubt, dass das festgestellte Geschehen mit hoher Wahrscheinlichkeit mit der Wirklichkeit übereinstimmt.“[62]

33 Ein Lehrbuch zur Kriminalistik teilt zutreffend mit, „man soll sich auch bewusst sein, dass die meisten strafprozessualen Beweise objektiv betrachtet nur sehr hohe Wahrscheinlichkeiten darstellen, handle es sich um einen direkten oder einen Indizienbeweis.“[63] „Selbstredend soll eine Anklage- oder Urteilsbegründung nicht zum bloßen Rechenexempel entarten. Es gehört jedoch zur kriminalistischen Sorgfalt, die erwähnte Konstitution bzw. Analyse des Beweises zumindest ‚im Stillen‘, bei der Bildung der ‚conviction intime‘ vorzunehmen. Bei manchen Indizienbeweisen ist das schwierig, wenn kaum verwertbare Indizien mitspielen. Dennoch wird ein solches Verfahren, auch wenn das eine oder andere Indiz auf einer bloßen, aber zurückhaltenden Schätzung beruht, häufig zu einer besseren Anklage- bzw. Urteils-

58 Bender/Nack, Tatsachenfeststellung vor Gericht, 2. Aufl., Rn 392.
59 Vgl. Bender/Nack, Tatsachenfeststellung vor Gericht, 2. Aufl., Rn 363.
60 Vgl. Baumgärtel, Beweislastpraxis im Privatrecht, Rn 41.
61 Vgl. Baumgärtel, Beweislastpraxis im Privatrecht, Rn 51.
62 Schäfer, Die Praxis des Strafverfahrens, 5. Aufl., Rn 935 m.w.N.
63 Walder/Hansjakob, Kriminalistisches Denken, 7. Aufl., S. 195.

begründung führen. Und zu einer rationalen, nachvollziehbaren Begründung seiner erreichten oder nicht erreichten Überzeugung ist der Kriminalist und der Richter ja allemal verpflichtet. Auch der Beschuldigte, der die Tat bisher bestritten hat, vermag oft den ihn belastenden Indizienbeweis zu beurteilen und dann einsichtig ein glaubhaftes Geständnis abzulegen."[64]

Von Bender/Nack/Treuer erfahren wir, dass der Richter wahrscheinlichkeitstheoretische Überlegungen im Prozess nicht als Rechenmodell durchführen soll, sondern als Denkmodell. Gleichzeitig teilen Bender/Nack/Treuer mit, dass es nach ihren Erfahrungen **gerade Juristen schwer falle, Argumente aus Modellen nachzuvollziehen.**[65] Bender/Nack/Treuer bleiben m.E. die Antwort schuldig, warum wahrscheinlichkeitstheoretische Überlegungen nur als Modell angewandt werden sollen, wo doch – ihrer Meinung nach – gerade Juristen damit Schwierigkeiten zu haben scheinen, aber nicht als Rechenmodell. Diesseits nicht nachvollziehbar ist, warum Bender/Nack/Treuer eine Berechnung ablehnen, nachdem sie ausdrücklich mitteilen, dass auch die – von ihnen geforderte – intersubjektive Diskutierbarkeit[66] voraussetze, dass sich der Richter Gedanken mache, um wie viel mal häufiger ein Indiz bei der Haupttatsache (dem Tatbestandsmerkmal) vorkomme gegenüber dem Vorliegen des Indizes bei der Nichthaupttatsache. Diese Werte müsse der Richter auf Plausibilitätsniveau schätzen.[67] Die Ablehnung der Berechnung von Bender/Nack/Treuer erscheint vor diesem Hintergrund nicht nachvollziehbar, denn die so geschätzten Werte müssten nun – als letzten, aber einfachsten Schritt – lediglich in eine mathematische Formel eingesetzt werden. Widersprüchlich erscheint bei Bender/Nack/Treuer auch, dass einerseits das Theorem von Bayes als Denk**modell** zu einer besseren intersubjektiven Diskutierbarkeit führen soll,[68] aber andererseits bleibt m.E. unklar, wie diese intersubjektive Diskutierbarkeit konkret geführt werden soll, wenn nicht konkrete Zahlenwerte genannt werden. **Ich möchte daher sagen, „wer A sagt, muss auch B sagen".** Richter am OLG Hagenloch meint, dass drei Konstellationen zu unterscheiden seien: 34

- Fallgruppen, bei denen rechnerisch wenigstens im Ansatz die rechnerische Wahrscheinlichkeitsermittlung beachtet werden muss (Vaterschaftsfeststellungen, Rückrechnungen von Blutalkoholkonzentrationen).
- Fallgruppen, bei denen rechnerische Wahrscheinlichkeitsermittlungen nicht erfolgen dürfen (Bewertungen individuellen menschlichen Willens oder Verhaltens).
- Fallgruppen, in denen der Tatrichter zu seiner Überzeugungsbildung rechnerische Wahrscheinlichkeitsermittlungen anstellen darf, aber gleichwohl nicht

64 Walder/Hansjakob, Kriminalistisches Denken, 7. Aufl., S. 220 f.

65 Vgl. Bender/Nack/Treuer, Tatsachenfeststellung vor Gericht, 3. Aufl., Rn 669f.

66 Vgl. Bender/Nack/Treuer, Tatsachenfeststellung vor Gericht, 3. Aufl., Rn 574.

67 Vgl. Bender/Nack/Treuer, Tatsachenfeststellung vor Gericht, 3. Aufl., Rn 576.

68 Vgl. Bender/Nack/Treuer, Tatsachenfeststellung vor Gericht, 3. Aufl., Rn 547.

rechtsfehlerhaft handelt, wenn er in seiner Gesamtwürdigung ohne rechnerische Ermittlung auskommt.[69] „Allerdings muß auch ein Richter, der bei solchen Konstellationen von einer Wahrscheinlichkeitsberechnung absieht, bei der Gesamtwürdigung der Indiztatsachen jedenfalls im Ansatz die Anfangswahrscheinlichkeit, die Indizwerte der einzelnen Indiztatsachen sowie etwaige Abhängigkeiten zwischen den Indiztatsachen berücksichtigen."[70]

35 Die jeweiligen Indizien müssen also (theoretisch) ohnehin intuitiv[71] oder als Rechenschaft gegenüber sich selbst mit einem auf Plausibilitätsniveau geschätzten Beweiswert versehen werden, sodass dies auch expressis verbis dargelegt werden kann. „Alles Erkennen, so schreibt Wendt,[72] gebe nichts als Wahrscheinlichkeit, und auch der Richter mache daher bei seiner Überzeugungsbildung nichts anderes als einen Wahrscheinlichkeitsschluss.[73]"[74] „Letztlich hat es der Richter bei jedem Beweis bloß mit Wahrscheinlichkeiten zu tun."[75] „Nach 75 Jahren freier Beweiswürdigung kann nicht zweifelhaft sein, dass volle Überzeugung des Richters infolge der Unzulänglichkeit des menschlichen Erkenntnisvermögens nur eine möglichst hohe Wahrscheinlichkeitsbasis bedeutet."[76] **Die Angabe einer Prozentzahl** – die Voraussetzung der Anwendung von Kontrollberechnungen ist – **ist m.E. somit auch nicht überflüssig**, sondern geboten, auch wenn die Prozentzahl in der Praxis regelmäßig nicht genau bestimmt, sondern nur auf Plausibilitätsniveau geschätzt werden kann. Dies deshalb, da die als Alternative zur Verfügung stehenden Begriffe wie „hohe Wahrscheinlichkeit", „an Sicherheit grenzende Wahrscheinlichkeit", „sehr hohe Wahrscheinlichkeit" etc. noch ungenauer und schwerer fassbar sind und somit bei mehreren Indizien weder zu einer rationalen noch intersubjektiven Diskutierbarkeit führen (vgl. hierzu § 9 Rdn 143 ff.). Ebenso wenig kann ohne Angabe einer Prozentzahl und konkreten Darlegung der Beachtung der wahrscheinlichkeitstheoretischen Modelle die von Kahneman/Tversky beschriebene Illusion des Denkens, dass Menschen gar nicht über Wahrscheinlichkeiten urteilen, sondern nur meinen, dies getan zu haben,[77] vermieden werden.

69 Vgl. Hagenloch, Wahrscheinlichkeitsermittlung beim Indizienbeweis aus revisionsrechtlicher Sicht, DRiZ 1990, S. 393.

70 Hagenloch, Wahrscheinlichkeitsermittlung beim Indizienbeweis aus revisionsrechtlicher Sicht, DRiZ 1990, S. 395.

71 Vgl. Bender/Nack/Treuer, Tatsachenfeststellung vor Gericht, 3. Aufl., Rn 604.

72 Im Original Fußnote m. folgendem Text: [Otto Wendt, Beweis und Beweismittel], AcP 63 (1880), 254].

73 Im Original Fußnote m. folgendem Text: Eine Gleichsetzung von hochgradiger Wahrscheinlichkeit und Überzeugung findet sich bereits 1806 bei von Globig, [Hanns Ernst, Versuch einer Theorie der Wahrscheinlichkeit zur Gründung des historischen und gerichtlichen Beweises, Regensburg 1806] S. 5.

74 Greger, Beweis und Wahrscheinlichkeit, S. 82 f.

75 Rechberger, Der Anscheinsbeweis in der österreichischen Judikatur, ÖJZ 1972, S. 425 f.

76 Rechberger, Die Überprüfung von Erfahrungssätzen in der Revisionsinstanz, ÖJZ 1974, S. 113, 117.

77 Vgl. Kahneman, Schnelles Denken, langsames Denken, S. 128.

Hinweis 36

Der BGH geht bei **psychiatrischen** Fragestellungen davon aus, dass Festlegungen in einem Wahrscheinlichkeitsbereich der Richtigkeit zwischen 80 und 90 % eine richterliche Überzeugung nicht hindern. Dies deshalb, da es auf einen für das praktische Leben brauchbaren Grad an Gewissheit ankomme und ein größeres Maß an Sicherheit in der Psychiatrie nicht erreichbar sei.[78]

C. Der Beweisring

I. Vorbemerkung

Vordringlich ist die Ausgangsunterscheidung, ob es sich bei den verschiedenen Indizien um einen **Beweisring oder eine Beweiskette** handelt. Geht es um diverse Indizien, die sich wie ein Ring um die zu beweisende Tatsache legen, so liegt ein **Beweisring** vor (vgl. hierzu § 9 Rdn 101 ff., 160 ff.). D.h., das einzelne Indiz deutet **unmittelbar** auf die zu beweisende Tatsache hin. Die sonstigen Indizien deuten ebenfalls **unmittelbar** auf die zu beweisende Tatsache hin.[79] Diese Indizien legen sich **zusammen** „wie ein Ring" um die zu beweisende Tatsache. Das soll exemplarisch an dem Oetker Entführungsfall gezeigt werden:[80] 37

Das LG München II[81] verurteilte den Angeklagten u.a. aufgrund folgender Indizien: 38

- „Tatsächlicher Besitz von (registriertem) Lösegeld
- Besitz eines Pritschenwagens mit nachträglich angebrachter Vertiefung, in die der Geldkoffer hineinpasste
- (Angeblicher) Ankauf des bei der Aussetzung von Richard Oetker benutzten Pkw
- Besitz eines VW-Kastenwagens, der als Entführungsfahrzeug in Betracht kam"[82]

„So hat die Strafkammer die (zutreffende) Überlegung angestellt, dass jedes dieser Hauptindizien für sich zwar die Täterschaft von Dieter Zlof nicht einmal nahe legen könne (= nicht überwiegend wahrscheinlich machen könne), alle Indizien zusammen aber die Täterschaft praktisch erweisen (weil die Wahrscheinlichkeit, dass sich gerade diese Indizienkombination auch bei einem Nichttäter finden könne, als minimal erachtet wurde)."[83] 39

78 Vgl. BGH, VersR 1997, S. 817 f.
79 Vgl. Bender/Nack/Treuer, Tatsachenfeststellung vor Gericht, 3. Aufl., Rn 640.
80 Vgl. BGH, NJW 1981, S. 2267.
81 Vgl. LG München II, 5 Kls 11 Js 1941/79 n.v. u. BGH, NJW 1981, S. 2267.
82 Bender, Merkmalskombinationen in Aussagen, S. 143.
83 Bender, Merkmalskombinationen in Aussagen, S. 144.

40 Das Gericht erkannte, dass eine Vielzahl von Personen mit dem Lösegeld in Berührung gekommen war. Ebenso gab es eine Vielzahl an Personen, die einen Pritschenwagen mit einer nachträglichen Vertiefung, in die auch der Geldkoffer passt, hatten. Ebenso hatten viele Leute einen VW-Kastenwagen und einen Pkw, der bei der Aussetzung Richard Oetkers benutzt wurde. Sämtliche Indizien **zusammen** kämen praktisch in keinem anderen Fall vor, wenn der Angeklagte nicht der Täter wäre.[84]

41 Hier hat also das Auftreten mehrerer belastender Indizien die Endwahrscheinlichkeit erhöht.

II. Das Theorem von Bayes

42 Das Theorem von Bayes ist als Denkgesetz allgemein anerkannt und liefert den theoretischen Unterbau, um die o.g. Überlegung des Oetker-Falles zu verallgemeinern (vgl. hierzu § 9 Rdn 51 ff.). Gegen das Theorem von Bayes wird auch nicht etwa die Ungeeignetheit oder Falschheit eingewendet,[85] sondern Fehlerquellen bei der praktischen Anwendung[86] oder eine Mathematisierung und damit ein Verlust an Menschlichkeit.[87]

43 Für den **Rechtsmittelführer gelten diese Einwände ohnehin nicht**. Wer durch eine Mathematisierung ein unlogisches Urteil verhindert, leistet einen Beitrag zu mehr Menschlichkeit, statt zu einem Verlust an Menschlichkeit. Der größte Verlust der Menschlichkeit in der Jurisprudenz liegt in der (unbemerkt) unlogischen und damit ungerechten Verurteilung, nicht aber in der Verhinderung einer Verurteilung durch Mathematisierung. **D.h., es bleibt dabei**, dass **derartige Kontrollberechnungen** nicht nur „nützlich sein können“, sondern **tatsächlich nützlich sind**. Selbst wenn sie nur nützlich sein können, dürfte dies nach Allgaier in weit mehr Fällen zutreffen, als man gemeinhin annimmt.[88]

84 Vgl. Bender, Merkmalskombinationen in Aussagen, S. 143.

85 Vgl. Tribe, Harvard Law Review 84 (1971) 1329, 1330 Fn 2, Kornstein, Journal of Legal Studies, 5 (1976) 121 ff., beide zitiert nach Nell, Wahrscheinlichkeitsurteile in juristischen Entscheidungen, S. 53 Fn 67. Rüßmann in Koch/Rüßmann, Juristische Begründungslehre, S. 324 f. meint, das Theorem von Bayes durch sein Urnenbeispiel zu diskreditieren, indem das Theorem eine hohe Wahrscheinlichkeit für ein unmögliches Ereignis anzeige. Das ist falsch, denn Rüßmann errechnet m.E. die (unmögliche) Wahrscheinlichkeit für das Vorliegen des Elements A u. B bei Vorliegen von C, statt die (hohe) Wahrscheinlichkeit des Vorliegens des Elements A bei Vorliegen der Elemente B u. C.

86 Tribe, Harvard Law Review 84 (1971) 1329, 1358 ff., Gerjuoy, Jurimetrics Journal 18 (1977), 1, 23 ff., beide zitiert nach Nell, Wahrscheinlichkeitsurteile in juristischen Entscheidungen, S. 53 Fn 65.

87 Tribe, Harvard Law Review 84 (1971), S. 1329, 1375, zitiert nach Nell, Wahrscheinlichkeitsurteile in juristischen Entscheidungen, S. 53 Fn 66.

88 Vgl. Allgaier, Probabilitas und Jus – Über die Beweiskraft im Recht unter besonderer Berücksichtigung von Kybernetik, Statistik und Wahrscheinlichkeit, MDR 1986, S. 626, 630.

Hinweis 44

Überhaupt gibt es eine menschliche Skepsis, Formeln anzuwenden. Das gilt in allen Bereichen, in der Medizin wie in der Rechtswissenschaft. „Die Anzahl der Studien, in denen klinische und statistische Vorhersagen verglichen wurden, ist auf ungefähr 200 gestiegen, aber der Stand in dem Wettkampf zwischen Algorithmen und Menschen hat sich nicht verändert. Bei etwa 60 Prozent der Studien erwiesen sich die Algorithmen als erheblich treffgenauer. Die anderen Vergleiche ergaben ein Unentschieden, aber ein Unentschieden ist gleichbedeutend mit einem Sieg für die statistische Regel, die im Allgemeinen viel kostengünstiger ist als das Urteil von Experten."[89] Es gibt also keinen Grund, Rechenmodelle gänzlich abzulehnen. Selbst die Stabilität einer Ehe lässt sich gut mit einer Formel vorhersagen.[90] Durch die rasanten Fortschritte beim Einsatz von Künstlicher Intelligenz wird sich die Waage noch mehr in Richtung des Algorithmus bewegen.

Dass es Fehlerquellen bei der Anwendung geben kann, liegt auf der Hand, ist aber kein Grund, das universell geltende Denkmodell nicht anzuwenden. **Im Zivilrecht ist der Geschädigte vielfach genötigt, seinen Schaden darzulegen und zu beweisen, d.h. zu berechnen.** Gleichwohl wird deshalb niemand fordern, auf Additionen, Subtraktionen, Multiplikationen oder Divisionen etc. zu verzichten, um einen konkreten Schaden (z.B. Gewinnentgang) zu berechnen, nur weil dies zu Fehlerquellen führen kann. 45

Gerade die gegenwärtig fehlende Mathematisierung hat zu dem rechtsstaatlich m.E. untragbaren Zustand[91] geführt, dass A von Richter X verurteilt wird, obwohl Richter Y, Z und R ihn freigesprochen hätten, denn nach freier Beweiswürdigung kommt es (immer noch)[92] allein auf die eigene Erkenntnis des Tatrichters an, der auch dann verurteilen darf, „auch wenn andere zweifeln oder eine andere Auffassung erlangt haben würden."[93] Die deutsche Rechtsprechung ignoriert die o.g. Überlegungen jedoch weitgehend. Das ist bemerkenswert als die allgemeinen Überlegungen zwar nicht geleugnet werden, aber dennoch keine Konsequenzen zu einer Objektivierung der Beweiswürdigung oder besseren (effektiven) Kontrollierbarkeit gezogen werden. Ähnlich schwerfällig verlaufen freilich auch andere Versuche, die Justiz zu verbessern, z.B. durch eine Dokumentation der Hauptverhandlung in erstinstanzlichen Strafverhandlungen vor dem LG. Damit wird ein System aufrecht erhalten, das markante Rechtsschutzlücken offenbart. Auch der deutsche Gesetz- 46

89 Kahneman, Schnelles Denken, Langsames Denken, S. 276.

90 Vgl. Kahneman, Schnelles Denken, Langsames Denken, S. 280 ff.

91 Vgl. Geipel, Ist freie Beweiswürdigung willkürliche Beweiswürdigung, StraFo 2005, S. 135, 139.

92 Je nachdem welches Beweismaß oder welche Theorie das Revisionsgericht im konkreten Fall vertreten will (vgl. § 6 Rdn 112 ff.).

93 BGH, BGHZ 53, S. 245, 256, vgl. auch die sog. Grundentscheidung BGH, BGHSt 10, S. 208.

geber ist bei der Abschaffung von Rechtsschutzlücken bemerkenswert träge. In diesem Zusammenhang muss an die 14. Wahlperiode des Deutschen Bundestags, und dort an die 14. Sitzung vom 14.2.1962 erinnert werden, in der davon abgesehen wurde, den Ertrag von Wiederaufnahmeverfahren offiziell zu bilanzieren, da sonst eine Verärgerung der Richterschaft und Beunruhigung der Bevölkerung drohen könnte.[94]

1. Die abstrakte Beweiskraft eines Indizes

47 Erkennt man das Theorem von Bayes als Denkmodell an, so ist festzuhalten, **dass das einzelne Indiz oder das Vorkommen des einzelnen Indizes in wahren Aussagen allein wenig besagt** (vgl. hierzu § 9 Rdn 79 ff.). Als wahre Aussage ist hier nicht die Aussage eines Zeugen zu verstehen, sondern ein Sachverhalt, der mit der Realität übereinstimmt.

48 *Beispiel*

Die Verteidigung im O.J. Simpson-Prozess trägt vor, dass von allen Männern, die ihre Frau schlagen, weit weniger als 1 % zum Mörder werden. Daher könne es O.J. Simpson nicht belasten, dass er seine Frau geschlagen habe.[95] Hier liegt ein Denkfehler vor. Man darf nicht danach fragen, wie wahrscheinlich es ist, dass O.J. Simpson ein Mörder (das ist die zu beweisende Tatsache) ist, nachdem als Indiz feststeht, dass er zuvor seine Frau geschlagen hat,[96] sondern vielmehr ist die Frage umzukehren. D.h., wie wahrscheinlich ist es, dass das Indiz gegeben ist („Schläger"), wenn die zu beweisende Haupttatsache gegeben ist. Man wird wohl annehmen können, dass zwar die wenigsten Schläger zum Mörder werden, aber gleichwohl werden prozentual mehr Ehefrauenmörder ihre Frau zuvor geschlagen haben als Männer, die ihre Frau nicht töten.[97]

49 Ein Indiz wird daher nur dann belastend, wenn es öfter in wahren Aussagen (das zu beweisende Beweisthema) vorkommt, als in falschen Aussagen (das Gegenteil der zu beweisenden Tatsache). Das Verhältnis des Vorkommens des Indizes in wahren Aussagen zu dem Vorkommen des Indizes in falschen Aussagen wird als abstrakte Beweiskraft eines Indizes bezeichnet.[98] Ein Indiz ist dann belastend, wenn es öfter in wahren Aussagen als in falschen Aussagen vorkommt, entlastend, wenn es öfter

94 Vgl. Theobald, Barrieren im strafrechtlichen Wiederaufnahmeverfahren – Die Wiederaufnahme wegen neuer Tatsachen oder Beweismittel zugunsten des Verurteilten, S. 10.

95 Vgl. Schweizer, Kognitive Täuschungen vor Gericht, Dissertation Universität Zürich, Rn 412 m.w.N.

96 Dann stimmt die These der Verteidigung.

97 Vgl. Bender/Nack/Treuer, Tatsachenfeststellung vor Gericht, 3. Aufl., Rn 599.

98 Vgl. Bender/Nack, Tatsachenfeststellung vor Gericht, 2. Aufl., Rn 389 ff., 405 ff., vgl. Nack, Indizienbeweisführung und Denkgesetze, NJW 1983, S. 1035 f.

in falschen Aussagen vorkommt und neutral, wenn es in beiden Varianten gleich oft vorkommt.[99]

Beispiel 50

Nach einem Polizeibericht hatten 60 % aller Heroinabhängigen Haschisch konsumiert, bevor sie heroinsüchtig wurden. Ein deutscher Innenminister sieht dies als Indiz dafür, dass Haschisch eine Einstiegsdroge sei, denn er folgert intuitiv, dass ein Haschischkonsument später mit 60 %iger Wahrscheinlichkeit (P) heroinsüchtig wird. Der Innenminister hat die beiden bedingten Wahrscheinlichkeiten

- P_1 = P (heroinsüchtig\Haschischkonsument) und
- P_2 = P (Haschischkonsument\heroinsüchtig)

verwechselt. Der Polizeibericht stützte sich auf eine Stichprobe von 300 Personen. Von diesen 300 Personen hatten 96 Haschisch geraucht, zehn waren heroinsüchtig und bei sechs Personen traf beides zu. Das heißt, von zehn Heroinsüchtigen hatten sechs zuvor Haschisch geraucht, sodass P_2 mit 60 % vermutet werden kann. Die entscheidende Aussage war jedoch, dass ein Haschischkonsument mit 60 %iger Wahrscheinlichkeit heroinsüchtig wird, also die Wahrscheinlichkeit P_1 der Heroinsucht unter der Bedingung (Voraussetzung) des Haschischkonsums. Dies traf nur bei sechs von 96 Personen (= 6,25 %) zu. Haschisch stellt nach diesen Zahlen keine Einstiegsdroge zur Heroinsucht dar.[100] Oder anders formuliert:

Von zehn Heroinsüchtigen haben zwar sechs Haschisch konsumiert, aber von 96 Haschischkonsumenten sind nur sechs heroinsüchtig geworden.

Diese (häufig vorkommende) Verwechslung der bedingten Wahrscheinlichkeiten kann vermieden werden, man sich streng an folgendem **Fragentrias** orientiert:

1. Wenn die zu beweisende Tatsache (Haupttatsache) vorliegt, wie oft liegt dann das Indiz vor?
2. Wenn die zu beweisende Tatsache (Haupttatsache) **nicht** vorliegt, wie oft liegt dann das Indiz vor?
3. Kommt das Indiz häufiger im Fall 1 vor, ist es belastend, d.h., es deutet auf die Haupttatsache hin. Im umgekehrten Fall ist es entlastend.[101]

Gleichwohl ist Haschischkonsum ein „schwach belastendes" Indiz für eine spätere Heroinabhängigkeit, denn wenn die Heroinabhängigkeit gegeben war (zehn Personen), waren sechs Personen Haschischkonsumenten. Wenn die He-

99 Vgl. Bender/Nack, Tatsachenfeststellung vor Gericht, 2. Aufl., Rn 407.
100 Vgl. Büchter/Henn, Elementare Stochastik, 2. Aufl., S. 223.
101 Vgl. Bender/Nack/Treuer, Tatsachenfeststellung vor Gericht, 3. Aufl., Rn 599.

roinabhängigkeit **nicht** gegeben war (290 Personen), waren aber immerhin noch 90 Personen Haschischkonsumenten.

Dieses Verhältnis berücksichtigt das Theorem von Bayes.[102]

51 Die Formel des Theorems von Bayes lautet wie folgt:[103]

$$P(H|I_1,I_2\ldots I_n)=\frac{P(H)\cdot P(I_1|H)\cdot P(I_2|H)\ldots\cdot P(I_n|H)}{P(H)\cdot P(I_1|H)\cdot P(I_2|H)\ldots\cdot P(I_n|H)+P(nH)\cdot P(I_1|nH)\cdot P(I_2|nH)\ldots\cdot P(I_n|nH)}$$

52 Wobei:

P(H) = **A-priori-Wahrscheinlichkeit** = Anfangswahrscheinlichkeit der Haupttatsache $P(H\backslash I_1,I_2,\ldots I_n)$ = **A-posteriori-Wahrscheinlichkeit** = A-priori-Wahrscheinlichkeit unter der Bedingung, dass Indiz 1, Indiz 2,...Indiz n vorliegt = Endwahrscheinlichkeit.

P(nH) = A-priori-Wahrscheinlichkeit, dass Haupttatsache nicht vorliegt.

$P(I_1\backslash H)$ = Wahrscheinlichkeit, dass Indiz 1 bei Haupttatsache vorliegt.

$P(I_1\backslash nH)$ = Wahrscheinlichkeit, dass Indiz 1 bei Nichthaupttatsache vorliegt.

$P(I_2\backslash H)$ = Wahrscheinlichkeit, dass Indiz 2 bei Haupttatsache vorliegt.

$P(I_2\backslash nH)$ = Wahrscheinlichkeit, dass Indiz 2 bei Nichthaupttatsache vorliegt.

$P(I_n\backslash H)$ = Wahrscheinlichkeit, dass Indiz **n** (= Anzahl der Indizien) bei Haupttatsache vorliegt.

$P(I_n\backslash nH)$ = Wahrscheinlichkeit, dass Indiz **n** bei Nichthaupttatsache vorliegt.

53 **Neutrale Indizien** (P/H = P/nH) brauchen nicht berücksichtigt zu werden, denn diese **verändern die Gesamtwahrscheinlichkeit nicht**.

54 Bei einer Anfangswahrscheinlichkeit von 80 % für das Vorliegen der Haupttatsache und damit einer Anfangswahrscheinlichkeit, dass die Hauptsache nicht gegeben ist von 20 % und einem Indiz, dass bei der Haupttatsache mit 30 % vorkommt, bei der Nichthaupttatsache mit 5 %, ergibt sich f. Endwahrscheinlichkeit:

$$\frac{0{,}8\cdot 0{,}3}{(0{,}8\cdot 0{,}3)+(0{,}2\cdot 0{,}05)}=0{,}96=96\%$$

55 Auch wenn nun ein weiteres, aber neutrales Indiz (kommt genau so oft bei der Haupttatsache, als auch bei der Nichthaupttatsache vor, z.B. jeweils 30 %) hinzutritt, so ändert sich die Endwahrscheinlichkeit nicht:

$$\frac{0{,}8\cdot 0{,}3\cdot 0{,}3}{(0{,}8\cdot 0{,}3\cdot 0{,}3)+(0{,}2\cdot 0{,}05\cdot 0{,}3)}=0{,}96=96\%$$

102 Vgl. hierzu v.a. Teil I dieses Werks § 9 VII.2. u. den sog. „Likelihood-Quotienten".

103 Vgl. Bender/Nack, Tatsachenfeststellung vor Gericht, 2. Aufl., Rn 402, vgl. hierzu § 9 Rdn 55 ff.

Neutrale Indizien, die genauso oft bei der Haupttatsache, wie bei der Nichthaupttatsache vorkommen, haben eine abstrakte Beweiskraft von 1 und verändern die Endwahrscheinlichkeit nicht. Diese sind daher nicht zu berücksichtigen. 56

2. Das fehlende Beweismittel

Zu berücksichtigen sind allerdings nicht nur positiv vorhandene Indizien, sondern auch fehlende Indizien. Damit wird nicht gegen den Satz verstoßen, dass nur sicher feststehende Indizien gewürdigt werden können, denn sicher kann auch feststehen, dass etwas „fehlt“. Dann ist das Nicht-Vorhandensein ebenso ein „sicher“ feststehendes Indiz. 57

Liegt der Fall vor, dass man erwartet, dass ein bestimmtes Indiz (häufiger) vorliegt, wenn die zugrundeliegende Hypothese zutrifft, und (häufiger) fehlt, wenn die Hypothese nicht zutrifft, ist das Fehlen ein „entlastendes Indiz“ für die zugrundeliegende Hypothese und muss ihrerseits bewertet werden.

> *„Bei fehlenden Beweismitteln gilt, dass ihr Einfluss auf die Plausibilität der Hypothese umso größer ist, je überraschender ihr Fehlen ist. Wo man hingegen keine Beweismittel erwartet, kann man aus deren Fehlen auch keine Schlüsse ziehen.“*[104]

> *Hinweis*
>
> Keinen Fall des „Fehlens eines Beweismittels“ stellen Beweismaßabsenkungen im Bereich des Versicherungsrechts dar, denn dort fehlt das Beweismittel nicht erwartungskonträr, sondern ist typischerweise gar nicht vorhanden (z.B. die bei der Diebstahlsversicherung entwendete Sache).

Die Erfahrung zeigt, dass „fehlende Beweismittel“ (z.B. fehlende Fingerabdruckspuren oder fehlende Verletzungen) intuitiv häufig unterbewertet werden, d.h., rhetorisch wegdiskutiert werden, weil diese einen nur möglichen, aber keinen zwingenden Schluss ermöglichten und das Gericht diesen „nur“ möglichen Schluss nicht ziehen möchte. Das ist sogar eines der am häufigsten verwendeten Begründungsmuster zur Ablehnung eines Beweisantrags wegen „Bedeutungslosigkeit“. 58

Dass dann aber das „fehlende Beweismittel“ mit einem entlastenden Wert in der abschließenden Gesamtwürdigung gar nicht mehr auftaucht, ist die (intuitive) Regel statt Ausnahme. Durch eine numerische Bewertung in einer Formel oder einem Bayes-Netz (Schweizer)[105] oder einem Wahscheinlichkeitsbaum (Effer-Uhe)[106] könnte dies nicht passieren.

104 Schweizer, Beweiswürdigung und Beweismass, S. 223.

105 Vgl. Schweizer, Beweiswürdigung und Beweismaß, S. 190 ff.

106 Vgl. Effer-Uhe, Würdigung einer Vielzahl von Indizien, NJW 2025, S. 2530 ff.

3. Die Formel des Theorems von Bayes am Beispiel der Richtigkeit einer Zeugenaussage

59 Das Theorem von Bayes kann bei jeder zu beweisenden Tatsache angewendet werden. Zu beweisen ist die Tat als solche. Diese wird durch die verschiedenen Indizien bewiesen. **Ein Indiz wäre die Richtigkeit einer Zeugenaussage.**[107] Ist der Beweiswert der Richtigkeit der Zeugenaussage nach dem Theorem von Bayes ermittelt (vgl. § 9 Rdn 175 ff.), so kann dieser Beweiswert mit dem Beweiswert der weiteren Indizien wiederum in das Theorem von Bayes eingesetzt werden und so der Gesamtbeweiswert der Tat nach Grundsätzen der Wahrscheinlichkeitsrechnung ermittelt werden.

60 Vorab ist eine **Anfangswahrscheinlichkeit** für das Vorliegen der zu beweisenden Haupttatsache (ohne Berücksichtigung der folgenden Indizien) zu schätzen.[108] **Sodann sind die Indizien mit einem Beweiswert zu versehen** (geschätzte prozentuale Festlegung des Vorkommens des jeweiligen Indizes bei der Haupttatsache und bei der Nichthaupttatsache). Ist so der Beweiswert des jeweiligen Indizes ermittelt, so können die Beweiswerte aller Indizien wiederum in das Theorem von Bayes eingesetzt werden, um die Wahrscheinlichkeit der eigentlich zu beweisenden Haupttatsache zu ermitteln (im Strafrecht = Täterschaft).

61 **Ist überhaupt nichts bekannt** (unter Ausblendung der noch zu würdigenden weiteren Indizien), d.h., kann die zu beweisende Tatsache a priori genauso wahrscheinlich sein, wie nicht, so ist – m.E. für den Fall der Richtigkeit einer Zeugenaussage – von einer Anfangswahrscheinlichkeit von 90 % auszugehen (vgl. § 12 Rdn 1 ff.).[109]

62 Der **Beweiswert einer Zeugenaussage** kann daher wie folgt nach dem **Theorem von Bayes abgeschätzt** werden.

Der Beweiswert einer Zeugenaussage kann nach dem gegenwärtigen Stand der wissenschaftlichen Aussageforschung nur abgewogen werden, wenn die Aussagetüchtigkeit, Aussagequalität und Aussagevalidität beachtet werden.[110]

- **Aussagetüchtigkeit** bedeutet die kognitiven Grundvoraussetzungen der Aussageperson (v.a. Beobachtungs-, Erinnerungs- und Ausdrucksvermögen) zur Wahrnehmung und Wiedergabe. Ein Blinder kann sich z.B. nicht zu Farben äu-

107 Vgl. Döhring, Die Erforschung des Sachverhalts im Prozess, S. 20 f., vgl. Schreiber, Theorie des Beweiswerts für Beweismittel im Zivilprozess, S. 17, vgl. Bender, Merkmalskombinationen in Aussagen, S. 105, 119, vgl. Bender/Nack, Tatsachenfeststellung vor Gericht, 2. Aufl., Rn 383, vgl. Nack, Der Indizienbeweis, MDR 1986, S. 366 f.

108 Vgl. Bender/Nack, Tatsachenfeststellung vor Gericht, 2. Aufl., Rn 417.

109 A.A. Bender/Nack, Tatsachenfeststellung vor Gericht, 2. Aufl., Rn 424, die von 50 % ausgehen. Bender/Nack wollen m. ihrer Größenangabe andeuten, dass geschätzt die Hälfte der Zeugenaussagen unzuverlässig sind. Das kann zutreffen. In diesem Stadium geht es aber nur um die Wahrscheinlichkeit, dass der Zeuge nicht lügt. Lügende Zeugen stellen in der Praxis aber die Minderheit dar, sodass a priori von einer Anfangswahrscheinlichkeit einer Nichtlüge von 90 % ausgegangen werden kann.

110 Vgl. Greuel, Wirklichkeit – Erinnerung – Aussage, S. 20.

ßern. Potenzielle Beeinträchtigungen wären im Rahmen der Anfangswahrscheinlichkeit und im Rahmen der weiteren Prüfung, ob nicht nur eine subjektiv wahre Aussage (Irrtum vorbehalten) vorliegt, sondern auch eine objektiv richtige Aussage (kein Irrtum) zu berücksichtigen.

- **Aussagequalität** bedeutet, dass die Aussage nach den Kriterien der Aussagepsychologie und den dort vorhandenen Kriterien (**Realitäts- und Fantasiesignale**) bewertet wird. Das wären die weiteren Indizien, die im Rahmen des Theorems von Bayes abgewogen werden müssen. Hierbei wird allerdings unterstellt, dass die einzelnen Realitätskriterien (und Fantasiekriterien) statistisch voneinander unabhängig sind, wozu es kaum Forschung gibt und die Kriterien valide sind (was für die Realitätskriterien angenommen wird, jetzt aber nicht mehr für alle Realitätskriterien gilt). Die **Fantasiesignale** sind nicht einmal wissenschaftlich anerkannt, sondern nur Praxisbeobachtungen.
- **Aussagevalidität** bedeutet, dass **potenzielle Störfaktoren**, die Zweifel an der Zuverlässigkeit der Aussage, **d.h., einen Irrtum hervorrufen** können, berücksichtigt werden.[111] Diese werden einerseits im Rahmen der Anfangswahrscheinlichkeit berücksichtigt (z.B. persönliche oder geschäftliche Verbundenheit, eigenes Interesse an der Sache), als auch im Rahmen der Abwägung, ob nicht nur eine subjektiv wahre Aussage vorliegt, sondern – als Beweiskette – auch eine objektiv richtige Aussage (kein Irrtum, z.B. durch Suggestion). Hierbei ist behutsam vorzugehen, da derselbe Punkt sowohl bei der Anfangswahrscheinlichkeit als auch der potenziellen Irrtumswahrscheinlichkeit berücksichtigt wird, und damit ggf. zu viel berücksichtigt werden könnte. D.h., ein und derselbe Punkt, z.B. persönliche Freundschaft, beeinflusst sowohl die Anfangswahrscheinlichkeit einer subjektiv wahren Aussage als auch die potenziellen Irrtumsfaktoren der Aussage. Der Punkt muss also in beiden Ebenen berücksichtigt werden, aber eine genaue Abgrenzung, um den Punkt nicht überzubewerten, existiert freilich nicht. In der gerichtlichen Praxis wird die Unabhängigkeit von Aussagequalität und Aussagezuverlässigkeit nicht selten ignoriert, indem Zweifel an dem tatsächlichen Erleben einzelner Aussageinhalte auf die Erlebnisbasis der ganzen Aussage übertragen werden.[112]

Es leuchtet ein, dass die reine **Anfangswahrscheinlichkeit** (ohne Berücksichtigung 63
der Aussagekriterien) einer subjektiv wahren Aussage (also keine Lüge, aber Irrtum vorbehalten) fundamental **anders** ist, wenn es sich um **einen neutralen Zeugen** handelt, **statt um einen im Lager der Partei stehenden Zeugen**. Entscheidend für die Anfangswahrscheinlichkeit der subjektiv wahren Aussage wäre damit v.a.

111 Greuel/Offe/Fabian/Wetzels/Fabian/Offe/Stadler, Glaubhaftigkeit der Zeugenaussage, S. 49.
112 Vgl. Greuel, Wirklichkeit – Erinnerung – Aussage, S. 120.

- **die allgemeine Glaubwürdigkeit:**

  D.h., die Stellung, der Leumund, das Vorleben, der Charakter (Verlogenheit) der Aussageperson. In der modernen Aussagepsychologie spielt es nur noch eine untergeordnete Rolle, ob man früher bereits falsch ausgesagt hat, oder sonst von zweifelhaftem Ruf ist.[113] „Es kann ein Mensch im Allgemeinen wahrheitsliebend sein, im konkreten Fall aber sieht er sich veranlasst, die Unwahrheit zu sagen. Es kann auch umgekehrt jemand recht verlogen sein, im konkreten Fall aber sieht er sich veranlasst, die Wahrheit zu sagen. Es können auch Teile der Aussage wahr, andere unwahr sein usw. [...]"[114] Die allg. Glaubwürdigkeit spielt damit kaum noch eine Rolle, aber dennoch muss berücksichtigt werden, ob ein Zeuge in anderem Zusammenhang die Unwahrheit vor Gericht bekundet hat.[115]

- **potenzielles Motiv für eine Lüge:**

  Zwar spielen auch die potenziellen Motive für eine wahre Aussage oder für eine Lüge in der Beurteilung der Glaubwürdigkeit der Aussage keine dominierende Rolle (mehr), aber trotzdem sind diese potenziellen Motive für eine wahre bzw. unwahre Aussage nicht außer Acht zu lassen. „Im Alltagsleben machen wir die Beurteilung von Angaben anderer u.a. davon abhängig, ob wir Gründe dafür erkennen können, dass unser Gegenüber uns täuschen könnte. Wenn wir annehmen, dass die Angaben persönlichen Interessen dienen, bleiben wir eher skeptisch."[116]

  D.h., ein vermutetes Motiv zur wahren Aussage (z.B. der Zeuge ist mit keiner Partei verwandt oder befreundet, er hat kein eigenes Interesse[117]) oder ein vermutetes Motiv zur Falschaussage (z.B. das Bedürfnis des Zeugen, einer ihm nahestehenden Person helfen zu wollen,[118] Gruppenvorurteile,[119] Gruppenzwang

113 Wohl h.M. in der Rspr. vgl. BGH, 1 StR 553/01 n.v., u. Literatur, vgl. Bender/Nack, Tatsachenfeststellung vor Gericht, 2. Aufl., S. 69, ebenso Arntzen, Psychologie der Zeugenaussage, System der Glaubwürdigkeitsmerkmale, 3. Aufl., S. 21, der die Unterscheidung zwischen allg. u. spezieller Glaubwürdigkeit aufgegeben hat, vgl. auch Undeutsch, Handbuch der forensischen Psychologie, 22. Bd., S. 51 f. m.w.N., vgl. Trankell, Der Realitätsgehalt von Zeugenaussagen, S. 98: „Allgemeine Urteile über die Glaubwürdigkeit einer Person können daher außerordentlich gefährlich sein [...]".

114 Undeutsch, Handbuch der forensischen Psychologie, a.a.O. S. 52.

115 Vgl. BGH 1 StR 557/01 n.v., ebenso Trankell, Der Realitätsgehalt von Zeugenaussagen, S. 98: „darf nicht vernachlässigt werden".

116 Greuel/Offe/Fabian/Wetzels/Fabian/Offe/Stadler, Glaubhaftigkeit der Zeugenaussage, S. 169.

117 Vgl. Bender/Nack, Tatsachenfeststellung vor Gericht, 2. Aufl., Rn 181.

118 Vgl. Bender/Nack, Tatsachenfeststellung vor Gericht, 2. Aufl., Rn 184.

119 Vgl. Bender/Nack, Tatsachenfeststellung vor Gericht, 2. Aufl., Rn 186.

und Gruppengeist,[120] Geltungsbedürfnis,[121] Vergeltungsverlangen[122] oder auch die Berücksichtigung der Folgen, die die Aussage mittelbar oder unmittelbar für den Zeugen hat[123]) ist zu berücksichtigen.

- **Ergebnis:**
  Ausgehend von dem neutralen Wert einer Anfangswahrscheinlichkeit von 90 % für eine subjektiv wahre Aussage (Irrtum vorbehalten) ist damit nach o.g. Kriterien ein Ab- oder Zuschlag nach oben oder unten vorzunehmen. D.h., es ist gedanklich zu schätzen, wie viele von hundert analogen Zeugen in einer analogen Situation wissentlich lügen würden. Wären das z.B. geschätzt 30 %, so beträgt die Anfangswahrscheinlichkeit der subjektiv wahren Aussage somit 70 %. Eine Aussage, die eine niedrigere Anfangswahrscheinlichkeit für deren Richtigkeit hat, z.B., weil es sich um eine Aussage eines Familienangehörigen handelt, müsste damit inhaltlich dementsprechend höherwertig sein, um zu überzeugen und das anfängliche Manko wieder auszugleichen.
- **Zur Aussagequalität:**
  Ist die Anfangswahrscheinlichkeit festgelegt, müssen die Indizien, d.h., die aus der Aussageanalyse bekannten Aussagekriterien berücksichtigt werden. Die Aussagekriterien ermöglichen nur Rückschlüsse auf die subjektive Wahrheit einer Aussage. Mithilfe der Aussagekriterien kann keine Aussage darüber gemacht werden, ob nicht doch ein Irrtum vorliegt. Ausgangspunkt der modernen Aussageforschung ist die sog. **Undeutsch-Hypothese**, der zufolge sich Aussagen über selbsterlebte Vorgänge von Äußerungen über nicht selbsterlebte Vorgänge hinsichtlich der Unmittelbarkeit, Farbigkeit, Lebendigkeit, sachlichen Richtigkeit und psychologischen Stimmigkeit, Folgerichtigkeit der Abfolge, Wirklichkeitsnähe, Konkretheit, Detailreichtum und Originalität unterscheiden.[124] Diese „heuristische Hypothese“[125] lautet im Einzelnen: „Aussagen über selbsterlebte Vorgänge müssen sich von Äußerungen über nicht selbsterlebte Vorgänge unterscheiden durch Unmittelbarkeit, Farbigkeit, Lebendigkeit, sachliche Richtigkeit und psychologische Stimmigkeit, Folgerichtigkeit der Abfolge, Wirklich-

120 Vgl. Schneider, Praxis der neuen ZPO, 2. Aufl., Rn 35: „Mitglieder einer Gruppe nehmen typischerweise **Gruppenmeinungen** so wahr, als seien es weitgehend **ihre eigenen Meinungen**. Das einzelne Gruppenmitglied tendiert daher dazu, sich einem einmütigen Gruppenurteil zu beugen, selbst wenn die Gruppe im Irrtum ist. Je höher der Rang eines Mitgliedes innerhalb einer Gruppe ist, umso gewichtiger ist seine Meinung und umso einflussreicher ist dieses Mitglied.“ Die Gruppenmeinung bzw. der Mitläufereffekt ist auch der Grund, warum in Verfahren wegen Körperverletzungen auf dem Fußballfeld alle „Roten“ ein Foul, nachdem der Ball längst weg war, und alle „Blauen“ einen Kampf um den Ball bezeugen, sodass man ohne Aussage des Schiedsrichters den Vorfall nicht aufklären kann – vgl. Bender/Nack, Tatsachenfeststellung vor Gericht, 2. Aufl., Rn 109.

121 Vgl. Bender/Nack, Tatsachenfeststellung vor Gericht, 2. Aufl., Rn 189.

122 Vgl. Bender/Nack, Tatsachenfeststellung vor Gericht, 2. Aufl., Rn 190.

123 Vgl. Bender/Nack, Tatsachenfeststellung vor Gericht, 2. Aufl., Rn 188.

124 Vgl. Undeutsch, Handbuch der forensischen Psychologie, 11. Bd., S. 126.

125 Vgl. Schwind, Glaubhaftigkeit von Zeugen vor Gericht, S. 6.

keitsnähe, Konkretheit, Detailreichtum, Originalität und – entsprechend der Konkretheit jedes Vorfalls und der individuellen Erlebnisweise eines jeden Beteiligten – individuelles Gepräge. Wer etwas erzählt, was er nicht selbst in der Realität erlebt hat, spricht unvermeidlich davon, wie der Blinde von den Farben.“[126] Wer allerdings einem Irrtum unterliegt und z.B. bestimmte Personen verwechselt, wird genauso detailliert, unmittelbar, farbig etc. berichten, als wenn der Irrtum nicht erfolgt wäre. Daher herrscht Einigkeit, dass mit den Aussagekriterien nur eine Wahrscheinlichkeit hinsichtlich der subjektiven Wahrheit einer Aussage gemacht werden kann.[127]

Für die Aussagekriterien bedeutet dies, dass die Wahrscheinlichkeit, dass keine Lüge[128] vorliegt, durch das Vorhandensein der Realitätskriterien[129] und durch das Vorhandensein bzw. Nichtvorhandensein der Lügen- oder Fantasiesignale (Aussagequalität) abgeschätzt werden kann.[130] Es ist derzeit nicht möglich, den jeweiligen Kriterien abstrakt einen bestimmten Beweiswert oder Indikatorgröße zuzuschreiben.[131] **Die jeweiligen Kriterien gelten jedoch hinsichtlich ihres grundsätzlichen Charakters laut BGH als grundsätzlich empirisch überprüft,**[132] was in dieser Allgemeinheit nicht zutreffend ist (und weiter unten ausführlich dargestellt wird, hier jedoch noch unbeachtet bleibt, weil es an den Grundfolgerungen nichts ändert). Daraus folgt, dass die Wahrscheinlichkeit für das Vorliegen einer wahren Aussage umso höher liegt, je mehr Realitätskriterien und je weniger Lügensignale vorliegen. Die konkrete Wahrscheinlichkeit des jeweiligen Merkmals für das Vorliegen in wahren Aussagen kann derzeit nur auf Plausibilitätsniveau geschätzt werden und **hängt nicht nur von der Quantität, sondern v.a. von der Qualität (Ausprägung) des jeweiligen Merkmals** ab.[133]

126 Undeutsch, a.a.O., S. 125 f.

127 Vgl. Bender/Nack, Tatsachenfeststellung vor Gericht, 2. Aufl., Rn 231.

128 Vgl. Greuel/Offe/Fabian/Wetzels/Fabian/Offe/Stadler, Glaubhaftigkeit der Zeugenaussage, S. 9, die den Begriff „Realkennzeichen“ statt Realitätskriterium bevorzugen, um darzustellen, dass es sich um „so etwas wie eine objektiv ‚wahre‘, d.h. m. der Realität zum gegebenen Zeitpunkt übereinstimmende *Aussagemöglichkeit*“ handelt.

129 Vgl. Michael Stadler, Realitätskriterien und Wirklichkeitskriterien, in Psychologie der Zeugenaussage, Ergebnisse der rechtspsychologischen Forschung, Psychologie Verlags Union, 1997, S. 59.

130 Vgl. Bender/Nack, Tatsachenfeststellung vor Gericht, 2. Aufl., Rn 305 ff.

131 Vgl. Bender, Merkmalskombinationen in Aussagen, S. 151 ff., vgl. auch Greuel/Offe/Fabian/Wetzels/Fabian/Offe/Stadler, Glaubhaftigkeit der Zeugenaussage, S. 133 ff. m.w.N.

132 Vgl. BGH, NJW 1999, S. 2746, 2748.

133 Vgl. Greuel/Offe/Fabian/Wetzels/Fabian/Offe/Stadler, Glaubhaftigkeit der Zeugenaussage, S. 159 ff.

Nach dem gegenwärtigen Stand der aussagepsychologischen Forschung muss für eine Aussagebeurteilung in **jedem Fall** mindestens **die Konstanz, die Detaillierung und die logische Konsistenz der Aussage** erwogen werden.[134]

Nach dem Theorem von Bayes ist die Zeugenaussage damit wie folgt zu würdigen. 64

Es ist auf Plausibilitätsniveau eine Anfangswahrscheinlichkeit der subjektiv wahren Aussage zu ermitteln. Diese **Anfangswahrscheinlichkeit ist umso niedriger, je mehr der Zeuge im Lager der begünstigten Partei steht**, je mehr sein Interesse von den Folgen seiner Aussage abhängt, je mehr er mit seiner Aussage dem Gruppenzwang unterliegt, je öfter er vor Gericht bereits die Unwahrheit ausgesagt hat etc.

Sodann ist jedem in der Aussage gefundenem Aussagekriterium ein Wahrscheinlichkeitswert für das Vorliegen dieses Kriteriums in subjektiv wahren Aussagen und in subjektiv unwahren Aussagen zuzuordnen und sodann in die Formel des Theorems von Bayes einzusetzen. Damit ist dann die Wahrscheinlichkeit einer subjektiv wahren Aussage ermittelt. 65

Beispiel 66

Der Zeuge ist völlig unverdächtig, d.h. neutral. Es kann angenommen werden, dass neutrale Zeugen in 90 % der Fälle die Wahrheit sagen. D.h., die Anfangswahrscheinlichkeit für die subjektive Wahrheit beträgt 90 %, und die Anfangswahrscheinlichkeit der Nichthaupttatsache (hier Lüge) beträgt 10 %. Die angenommene Aussage ist sehr detailreich, d.h., eine Aussage mit diesem Detaillierungsgrad kommt geschätzt in 80 % der vergleichbaren Fälle vor, in denen der Zeuge tatsächlich die Wahrheit sagt. Nachdem jedes Realitätskriterium aber auch in erfundenen Geschichten vorkommt oder vorkommen kann und jedes Phantasiesignal auch in wahren Geschichten, kommt eine Aussage mit diesem Detaillierungsgrad auch in geschätzt 25 % der vergleichbaren erfundenen Geschichten vor. Somit wäre P I1/H (Indiz 1 = Detaillierung bei Haupttatsache wahre Aussage) = 80 % und PI1/nH (Indiz 1 = Detaillierung bei Nichthaupttatsache = erfundene Aussage) = 25 %. Die Aussage soll auch sehr konstant sein, d.h., mit dieser Konstanz in 70 % (PI2/H) der wahren Aussagen vorkommen, aber auch in 45 % der erfundenen Aussagen (PI2/nH). Auch ist die Aussage dergestalt logisch konsistent, dass geschätzt werden kann, dass ein Lügner diese logische Konsistenz in 30 % der Fälle aufbringen würde (PI3/nH), ein die Wahrheit sagender Zeuge aber in 65 % (PI3/H).

134 Vgl. Greuel/Offe/Fabian/Wetzels/Fabian/Offe/Stadler, Glaubhaftigkeit der Zeugenaussage, S. 131, vgl. auch Arntzen, Psychologie der Zeugenaussage, System der Glaubwürdigkeitsmerkmale, 3. Aufl., S. 161, 162.

Damit ergäbe sich folgender Beweiswert für eine

$$\text{subj. wahre Aussage} = \frac{0{,}9 \cdot 0{,}8 \cdot 0{,}7 \cdot 0{,}65}{(0{,}9 \cdot 0{,}8 \cdot 0{,}7 \cdot 0{,}65) + (0{,}1 \cdot 0{,}25 \cdot 0{,}45 \cdot 0{,}3)} = 0{,}99 = 99\%$$

D. Die Beweiskette

67 Davon abzugrenzen ist die sog. Beweiskette: „Stehen die Indizien nämlich in einem Stufenverhältnis – das Indiz 1. Stufe wird durch ein Indiz der 2. Stufe bewiesen usw. –, so nimmt die Beweiskraft des Schlusses auf die Haupttatsache ab.“[135] Es handelt sich dann um einen Fall der **Beweiskette**, bei dem die Indizien nicht unabhängig voneinander sind, sondern sich gegenseitig bedingen (vgl. hierzu § 9 Rdn 160 ff., 201 ff.).

68 Die mathematische Formel hierzu ergibt sich aus Produktregel:[136]

$$Bn = b1 \times b2 \times b3 \times bn\ldots$$

69 **Für den Fall** einer nach obigen Kriterien (Theorem von Bayes hinsichtlich der Aussagekriterien) ermittelten **subjektiv wahren Zeugenaussage** bedeutet dies, dass **der Beweiswert dieser Zeugenaussage weiter davon abhängt, dass kein Irrtum vorliegt**. Ein Irrtum, d.h. ein Wahrnehmungs-, Wiedergabe- oder Erinnerungsfehler (Aussagetüchtigkeit), hängt davon ab, dass der Richter den Zeugen richtig verstanden hat (1. Stufe), dass der Zeuge seine Erinnerung korrekt ausgedrückt hat (2. Stufe), dass sich der Zeuge zutreffend erinnert (3. Stufe), dass die Beobachtung des Zeugen richtig gespeichert wurden (4. Stufe) und dass der Zeuge richtig beobachtet hat (5. Stufe).[137] Diese Umstände, d.h. die verschiedenen Stufen, die einen Irrtum konstituieren können, müssen somit gemäß der Produktregel abgewogen werden. Denkbar ist auch, die richtige Erinnerung und Speicherung in einer Stufe zusammenzufassen und sodann von vier Stufen auszugehen. Hierbei ist zu beachten, dass verschiedenen Umstände, die einen Irrtum nahelegen, auch eine Lüge nahelegen können (z.B. Aussagen eines Ehepartners, die Sympathie für eine Partei kann einerseits zur Lüge führen, andererseits zu einem Blick durch die „rosarote Brille“; „bei Streitigkeiten erlebt der Zeuge, der aufseiten der einen Partei steht, die ganze Szene zum Teil so, wie er sie sich nach seinen Sympathien und Antipathien abgespielt sehen möchte. Und zwar fast immer unbewusst;“[138] allgemeine Irrtumsanfälligkeit

135 Nack, Der Indizienbeweis, MDR 1986, S. 366, 369.

136 Vgl. Schreiber, Theorie des Beweiswertes für Beweismittel im Zivilprozess, S. 27.

137 Vgl. Nack, Der Indizienbeweis, MDR 1986, S. 366, 369.

138 Mönkemöller, Psychologie und Psychopathologie der Aussage, Heidelberg, 1930, S. 12, zitiert nach, Schneider, Beweis und Beweiswürdigung, 5. Aufl., Rn 982.

bei Turbulenzgeschehen[139]). Es ist zu beachten, dass es ein- und derselbe Punkt sowohl die Irrtumswahrscheinlichkeit als auch die Wahrscheinlichkeit der subjektiven Wahrheit beeinflusst. Ist es davor oder danach z.B. zu suggestiven Einflüssen gekommen (Aussagevalidität), so liegt die Gefahr eines Irrtums ebenfalls nahe. Das ist dementsprechend zu berücksichtigen. D.h., der Richter muss sich auch hier fragen (auf Plausibilitätsniveau schätzen[140]), in wie vielen Fällen von gedachten analogen hundert Fällen, der jeweilige analoge Zeuge auf den jeweiligen Stufen irren würde.

Geht es bei oben genannter Beispielsaussage um einen Bankraub, in dem nicht die Frage des Wiedererkennens problematisch sein soll, sondern die Frage, ob eine Pistole benutzt wurde, so ist die Wahrscheinlichkeit eines Irrtums denkbar gering. D.h., die verschiedenen Stufen, dass kein Irrtum vorliegt, können mit jeweils 99,99 % geschätzt werden. 70

Der Gesamtbeweiswert (subjektiv wahr und objektiv richtig) der Zeugenaussage beträgt (Wahrscheinlichkeit der subjektiv wahren Aussage × fünf Irrtumsstufen): 71

99,00 % (s.o.) × 99,99 % × 99,99 % × 99,99 % × 99,99 % × 99,99 % = 98,95 %

Bei dem Beweisring wird aus den jeweiligen Indizien[141] auf die Haupttatsache geschlossen und man kommt anhand der verschiedenen, aber belastenden Indizien (die öfter bei der zu beweisenden Tatsache vorkommen als bei der Nichttatsache) zu einer höheren[142] Gesamtendwahrscheinlichkeit. D.h., je mehr belastende Indizien vorliegen, desto höher ist im Beweisring die Endwahrscheinlichkeit. Bei der Beweiskette nimmt die Gesamtendwahrscheinlichkeit jedoch ab, je mehr Indizien in der Kette sind. Das liegt daran, dass sich die einzelnen Unsicherheiten multiplizieren. Bei der Beweiskette deuten die jeweiligen Indizien gerade nicht jeweils für sich auf die zu beweisende Tatsache hin, sondern sind hintereinander geschaltet. Nur wenn jedes einzelne Indiz der Kette vorliegt, ist der Schluss auf die zu beweisende Tatsache möglich.[143] 72

Hinweis 73

Der BGH formuliert: „Kommt Indizien, zumal solchen, die lediglich der Tat weit vorgelagerte Tatsachen belegen, nach allgemeiner Bewertung nur ein geringer Beweiswert zu, dann darf ihnen der Tatrichter im konkreten Fall – jedenfalls ohne ausführliche Begründung – kein besonderes Gewicht verleihen. Andern-

139 Vgl. Arntzen, Psychologie der Zeugenaussage, System der Glaubwürdigkeitsmerkmale, 3. Aufl., S. 34.

140 Vgl. Nack, Der Indizienbeweis, MDR 1986, S. 366, 368 u. BGH, NJW 1982, S. 2447, wo der BGH beanstandete, dass das Berufungsgericht den Indizwert nicht richtig eingeschätzt hatte.

141 Sofern nicht ein Indiz m. 100 %iger Wahrscheinlichkeit vorliegt, was Gewissheit bedeutet u. i.d.R. nicht möglich ist.

142 Bei belastenden Indizien.

143 Vgl. Bender/Nack/Treuer, Tatsachenfeststellung vor Gericht, 3. Aufl., Rn 640.

falls ist zu besorgen, dass seine Überzeugung ohne ausreichende Abwägung aller für und gegen die Täterschaft sprechenden Gründe überwiegend auf einer rational nicht nachvollziehbaren und nicht konsensfähigen Intuition beruht" (Beschl. v. 13.2.1985 – 2 StR 344784).[144]

E. Exkurs: Darlegung der konkreten Zweifel im Sinne des § 529 Abs. 1 Nr. 1 ZPO bei der Zeugenvernehmung und die Berücksichtigung der Grundsätze der Aussagepsychologie im zivilrechtlichen Berufungsverfahren

74 Nach altem Recht war es weitgehend vom Ermessen des Berufungsgerichts abhängig, ob ein Zeuge in der 2. Instanz nochmals vernommen wurde.[145] Durch die ZPO-Reform 2002 ist dies (leider) fundamental anders geworden.

75 Ausgangspunkt ist § 513 ZPO, demzufolge die Berufung nur auf eine Gesetzesverletzung oder nach § 529 ZPO zugrunde zu legende neue Tatsachen gestützt werden kann. Liegt eine Verletzung von Beweiswürdigungsregeln vor und ist daher eine neue Tatsachenfeststellung geboten, so ist auch dies eine Rechtsverletzung. Gleichwohl soll dies nach der Intention des Gesetzgebers einen eigenständigen Anwendungsbereich der Berufungsgründe darstellen.[146]

76 Gem. § 529 Abs. 1 Nr. 1 ZPO sind die vom Gericht des ersten Rechtszuges festgestellten Tatsachen zugrunde zu legen, soweit nicht **konkrete Anhaltspunkte Zweifel an der Richtigkeit und Vollständigkeit der entscheidungserheblichen Feststellung begründen** und deshalb eine erneute Feststellung gebieten. „Wann solche ‚konkreten Anhaltspunkte' vorliegen, ist völlig offen,"[147] jedenfalls nicht konkret prognostizierbar. Konkrete Anhaltspunkte liegen aber jedenfalls dann vor, „wenn aus Sicht des Berufungsgerichts eine gewisse – nicht notwendig überwiegende – Wahrscheinlichkeit dafür besteht, dass im Falle der Beweiserhebung die erstinstanzliche Feststellung keinen Bestand haben wird, sich also deren Unrichtigkeit herausstellt. Hierzu wird auf die verfassungsgerichtliche Rechtsprechung zu § 124 Abs. 2 Nr. 1 VwGO abgestellt (vgl. BVerfG NVwZ 2000, 1163). Dazu genügen schlüssige Gegenargumente, die die erhebliche Tatsachenfeststellung in Frage stel-

144 Pfeiffer/Miebach, Aus der Rechtsprechung des BGH in Strafsachen zum Verfahrensrecht, BGH, NStZ 1985, S. 495.

145 Von den wenigen Fällen der Pflicht, einen Zeugen nochmals anzuhören, abgesehen, vgl. Zöller, Komm. zur ZPO, 26. Aufl., § 398 Rn 5.

146 Vgl. Rimmelspacher, Die Berufungsgründe im reformierten Zivilprozess, NJW 2002, S. 1897, 1898.

147 Greger, Tatsachenfeststellung durch das Berufungsgericht – ein Menetekel aus Karlsruhe, NJW 2003, S. 2882.

len."[148] Nach einem Beschluss des BVerfG gilt: „Bei Zweifeln an der Richtigkeit und Vollständigkeit entscheidungserheblicher Feststellungen, die sich schon aus der Möglichkeit einer unterschiedlichen Wertung ergeben können, ist nach der gesetzlichen Neuregelung eine erneute Beweisaufnahme zwingend geboten."[149] Greger ist der Ansicht, dass jedenfalls eine „gewisse Wahrscheinlichkeit" einer abweichenden Tatsachenfeststellung gegeben sein muss,[150] lässt aber offen, was unter einer „gewissen Wahrscheinlichkeit" zu verstehen ist. Dem widerspricht Rimmelspacher, dass es zu weit ginge, wenn „vernünftige Zweifel" oder eine „gewisse Wahrscheinlichkeit" für die Unrichtigkeit oder Unvollständigkeit vorliegen müssten.[151] Der Sache nach bestätigt Rimmelspacher jedoch Greger, dass es nicht nur abstrakte oder theoretisch denkbare Möglichkeiten unrichtiger oder unvollständiger Feststellungen des Erstgerichts sein dürfen.[152] Im Wesentlichen handelt es sich daher m.E. um einen Streit um Worte. Solange der Zweifel nicht nur abstrakt ist, sondern an konkreten Umständen festgehalten werden kann, liegen konkrete Anhaltspunkte vor, die eine Neufeststellung der Tatsachen gebieten. „Die Anforderungen dürfen nicht überspannt werden."[153] Dafür ist lediglich nötig, dass eine Tatsachenfeststellung des Erstgerichts mit schlüssigen Gegenargumenten infrage gestellt werden kann.[154] „Eine erneute Prüfung und Entscheidung ist immer geboten, wenn – wie im Streitfall- die konkrete Möglichkeit eines anderen Beweisergebnisses besteht."[155] Das scheint der ständigen Rechtsprechung des BVerfG zu entsprechen: „Ernstliche Zweifel an der Richtigkeit des Urteils i.S. des § 124 Abs. 2 Nr. 1 VwGO sind immer schon dann gegeben, wenn ein einzelner tragender Rechtssatz oder eine erhebliche Tatsachenfeststellung mit schlüssigen Gegenargumenten in Frage gestellt werden. Sie sind nicht erst gegeben, wenn bei der im Zulassungsverfahren allein möglichen summarischen Überprüfung der Erfolg des Rechtsmittels wahrscheinlicher ist als der Misserfolg (vgl. BVerfGE 110, 77, 83 = NJW 2004, 2510)."[156] Das ist jedenfalls immer dann der Fall, wenn der bereits vernommene Zeuge/Sachverständige neue

148 Zöller, Kommentar zur ZPO, 23. Aufl., § 529 Rn 3, ebenso Doukoff, Die zivilrechtliche Berufung nach neuem Recht, 2. Aufl., Rn 62.

149 BVerfG, NJW 2003, S. 2524.

150 Vgl. Greger, Tatsachenfeststellung durch das Berufungsgericht – ein Menetekel aus Karlsruhe, NJW 2003, S. 2882 f.

151 Vgl. Rimmelspacher, Die Berufungsgründe im reformierten Zivilprozess, NJW 2002, S. 1897, 1902.

152 Vgl. Rimmelspacher, Die Berufungsgründe im reformierten Zivilprozess, NJW 2002, S. 1897, 1903.

153 BGH, MDR 2004, S. 1314.

154 Vgl. Rimmelspacher, Die Berufungsgründe im reformierten Zivilprozess, NJW 2002, S. 1897, 1903, vgl. auch BGH, MDR 2004, S. 954, 956: „besteht mithin unter Zugrundelegung der von der Klägerin behaupteten Tatsache zumindest die Möglichkeit eines anderen Beweisergebnisses, so ist gem. § 529 Abs. 1 Nr. 1 Halbs. 2 ZPO eine erneute Tatsachenfeststellung geboten.", vgl. auch BGH, NJW 2003, S. 3480 f.

155 BGH, MDR 2004, S. 1314.

156 BVerfG, NJW 2010, S. 1062 f.=; ebenso BVerfG, Beschl. v. 20.12.2010 – 1 BvR 2011/10.

Erkenntnisse gewonnen hat oder mitteilt, vom Gericht falsch verstanden worden zu sein.[157]

77 *„Bestehen aus Sicht des Berufungsgerichts* ***Zweifel*** *an der* ***Richtigkeit und Vollständigkeit*** *der entscheidungserheblichen Feststellungen, so ist eine erneute Feststellung geboten (BGHZ 158, 269, 272 f.) [BGH 12.3.2004 – V ZR 257/03]. Eine eigenständige Würdigung der in erster Instanz erhobenen Beweise durch das Berufungsgericht stellt bereits eine solche erneute* ***Tatsachenfeststellung*** *dar (BGHZ a.a.O. 274; Senatsbeschluss vom 2.11.2005 – IV ZR 57/05 – NJW-RR 2006, 283 Tz. 4).“*[158] *Ist die erstinstanzliche Beweiswürdigung völlig ungenügend, ist das Berufungsgericht zu einer erneuten Zeugenvernehmung verpflichtet.*[159]

78 „So ist eine erneute Vernehmung nach ständiger Rechtsprechung des Bundesgerichtshofes unter anderem dann geboten, wenn das Berufungsgericht der Aussage eine andere Tragweite, ein anderes Gewicht oder eine vom Wortsinn abweichende Auslegung geben will oder wenn es die protokollierten Angaben des Zeugen für zu vage und präzisierungsbedürftig hält (Senatsurteil vom 30.9.1992 – VIII ZR 196/91 = BGHR ZPO § 398 Abs. 1, Ermessen 14 = NJW 1993, 64 = WM 1992, 2104 unter II 2 a, insoweit in BGHZ 119, 283 nicht abgedruckt).“[160] Das Berufungsgericht darf die Aussage von erstinstanzlich vernommenen Zeugen nicht abweichend würdigen, ohne sie erneut vernommen zu haben; insbesondere darf es nicht nur einen von mehreren erstinstanzlich vernommenen Zeugen vernehmen, wenn das erstinstanzliche Gericht eine Feststellung auf die Aussagen mehrerer Zeugen gestützt hat, und das Berufungsgericht eine hiervon abweichende Feststellung mit der erneuten Vernehmung nur eines dieser Zeugen begründen möchte.[161] Wird das nicht beachtet, liegt sogar ein Verstoß gegen Art. 103 Abs. 1 GG vor.[162]

79 **Mängel im protokollierten Inhalt** einer Zeugenaussage können zu Zweifeln an der Richtigkeit und Vollständigkeit der erstinstanzlichen Tatsachenfeststellungen führen. Zum alten Recht teilte Pantle zutreffend mit: „Das Berufungsgericht kann sich ohne Wiederholung der Beweisaufnahme dem Beweisergebnis des Erstgerichts anschließen, wenn seine aufgrund der Niederschriften und der objektiven Beweiswürdigungsumstände vorgenommene Beweiswürdigung zum gleichen Ergebnis führt.“[163]

157 Vgl. BGH, NJW-RR 1986, S. 284.

158 BGH, Beschl. v. 16.7.2008 – IV ZR 309/07, BGH, Beschl. v. 20.11.2018 – II ZR 196/16.

159 Vgl. BGH, Urt. v. 16.12.1999 – III ZR 295/98 = NJW-RR 2001, S. 432 f.

160 BGH, Urt. v. 22.5.2002 – VIII ZR 337/00; BGH, Urt. v. 3.4.2001 – XI ZR 223/00 = NJW-RR 2001, S. 1430 f.

161 Vgl. BGH, Urt. v. 8.12.1999 – VIII ZR 340/98 = NJW 2000, S. 1199 ff.

162 Vgl. BVerfG, NJW 2005, S. 1487, BGH, MDR 2011, S. 1133; BGH, Beschl. v. 20.11.2018 – II ZR 196/16.

163 Pantle, Die Pflicht des Berufungsgerichts zur Wiederholung einer erstinstanzlich durchgeführten Beweisaufnahme, NJW 1987, S. 3160, 3163.

Auch wenn die erstinstanzlichen Feststellungen **verfahrensfehlerfrei** waren, hindert dies eine Neufeststellung nicht. Instruktiv ist die nachfolgende Entscheidung des BGH (Hervorhebungen sind durch den Verfasser erfolgt): **80**

> *„Nach § 529 Abs. 1 Nr. 1 ZPO hat das Berufungsgericht seiner Verhandlung und Entscheidung die vom Gericht des ersten Rechtszuges festgestellten Tatsachen zugrunde zu legen, soweit nicht konkrete Anhaltspunkte* ***Zweifel*** *an der* ***Richtigkeit und Vollständigkeit*** *der entscheidungserheblichen Feststellungen begründen und deshalb eine erneute Feststellung gebieten. Aus dieser durch das Gesetz zur Reform des Zivilprozesses vom 27.7.2001 (BGBl I S. 1887) eingeführten Bestimmung ist nicht herzuleiten, dass die Prüfungskompetenz des Berufungsgerichts hinsichtlich der erstinstanzlichen* ***Tatsachenfeststellung*** *auf Verfahrensfehler und damit auf den Umfang beschränkt wäre, in dem eine zweitinstanzliche* ***Tatsachenfeststellung*** *der Kontrolle durch das Revisionsgericht unterliegt. Zwar kommt in § 529 Abs. 1 Nr. 1 ZPO eine grundsätzliche Bindung des Berufungsgerichts an die erstinstanzliche* ***Tatsachenfeststellung*** *zum Ausdruck; eine erneute* ***Tatsachenfeststellung*** *durch das Berufungsgericht ist nach der Formulierung der Bestimmung nur als Ausnahme (‚soweit nicht …') vorgesehen. Dies entspricht der Absicht des Gesetzgebers (Gesetzentwurf der Bundesregierung, BT-Drucks 14/4722, S. 100). Aus den Gesetzesmaterialien ergibt sich aber, dass die zur Entlastung des Berufungsgerichts vorgesehene – grundsätzliche – Bindung an die erstinstanzliche* ***Tatsachenfeststellung*** *auf solche Tatsachen beschränkt sein soll, welche die erste Instanz bereits ‚vollständig und überzeugend' getroffen hat (BT-Drucks 14/4722, S. 61). Denn die Aufgabe der Berufungsinstanz als zweite – wenn auch eingeschränkte – Tatsacheninstanz besteht auch nach der Reform des Zivilprozesses in der Gewinnung einer ‚fehlerfreien und überzeugenden' und damit ‚richtigen', das heißt der materiellen Gerechtigkeit entsprechenden Entscheidung des Einzelfalles (BT-Drucks 14/4722, S. 59 f.; Beschlussempfehlung und Bericht des Rechtsausschusses, BT-Drucks 14/6036, S. 118, 124; Senatsurteil vom 14.7.2004 – VIII ZR 164/03, NJW 2004, 2751 unter II 1 b aa, zur Veröffentlichung in BGHZ bestimmt; BGH, Urt. v. 18.11.2004 – IX ZR 229/03, WM 2005, 99 = NJW 2005, 291 unter II 2 b cc, zur Veröffentlichung in BGHZ bestimmt). Dieser Zielsetzung entsprechend hat der Rechtsausschuss des Bundestages im Gesetzgebungsverfahren darauf hingewiesen, dass die Anforderungen an die Voraussetzungen einer erneuten Tatsachenüberprüfung durch das Berufungsgericht im Interesse einer zutreffenden* ***Tatsachenfeststellung*** *und einer materiell gerechten Entscheidung nicht überspannt werden dürfen (BT-Drucks 14/6036, S. 118, 124); ‚vernünftige'* ***Zweifel*** *sollen genügen, um das Berufungsgericht zu neuen* ***Tatsachenfeststellungen*** *zu verpflichten (a.a.O.). Diese Erwägungen haben zu der Regelung geführt, dass das Berufungsgericht – anders als das Revisionsgericht (§ 559 Abs. 2 ZPO) – an die vorinstanzliche* ***Tatsachenfeststellung*** *bereits dann nicht mehr gebunden ist, wenn ‚konkrete Anhaltspunkte'* ***Zweifel***

*an der **Richtigkeit oder Vollständigkeit** der entscheidungserheblichen Feststellungen begründen (näher zum Gesetzgebungsverfahren: Senatsurteil vom 14.7.2004, a.a.O.). Für die Bindung des Berufungsgerichts an die **Tatsachenfeststellung** des erstinstanzlichen Gerichts genügt es – im Gegensatz zur revisionsrechtlichen Regelung (§ 559 Abs. 2 ZPO) – somit nicht, dass die vorinstanzliche **Tatsachenfeststellung** keine Verfahrensfehler aufweist; auch verfahrensfehlerfrei getroffene **Tatsachenfeststellungen** sind für das Berufungsgericht nach § 529 Abs. 1 Nr. 1 ZPO nicht bindend, wenn konkrete Anhaltspunkte dafür bestehen, dass die Feststellungen unvollständig oder unrichtig sind (Senatsurteil vom 14.7.2004, a.a.O.; vgl. auch BGHZ 158, 269, 275).“*[164]

Deutlich ebenso:

„Daher hat das BerGer. die erstinstanzliche Überzeugungsbildung nicht nur auf Rechtsfehler zu überprüfen. Vielmehr können sich Zweifel an der Richtigkeit oder Vollständigkeit der entscheidungserheblichen Feststellungen i.S.v. § 529 Abs. 1 Nr. 1 ZPO auch aus der Möglichkeit unterschiedlicher Bewertungen der erstinstanzlichen Beweisaufnahme ergeben [m.w.N.].“[165]

Oder:

„Bei der Berufungsinstanz handelt es sich auch nach Inkrafttreten des Zivilprozessreformgesetzes um eine zweite – wenn auch eingeschränkte – Tatsacheninstanz, deren Aufgabe in der Gewinnung einer „fehlerfreien und überzeugenden“ und damit „richtigen“ Entscheidung des Einzelfalls besteht. Daher hat das BerGer. die erstinstanzliche Überzeugungsbildung nicht nur auf Rechtsfehler zu überprüfen [m.w.N.].“[166]

81 *„**Zweifel** [Hervorheb. d.d.Verf.] im Sinne dieser Vorschrift liegen schon dann vor, wenn aus der für das Berufungsgericht gebotenen Sicht eine gewisse – nicht notwendig überwiegende – Wahrscheinlichkeit dafür besteht, dass im Fall der Beweiserhebung die erstinstanzliche Feststellung keinen Bestand haben wird, sich also deren Unrichtigkeit herausstellt (vgl. Senatsurteil vom 15.7.2003 – VI ZR 361/02 – NJW 2003, 3480, 3481; Begründung des Rechtsausschusses, BT-Drucks 14/6036 S. 124).“*[167]

82 *„Da die Beweiswürdigung dann auch zu einem anderen Ergebnis führen kann, besteht die nicht nur theoretische Möglichkeit eines anderen Beweisergebnisses. In einer solchen Situation sind erneute oder auch erstmalige (Musielak/Ball, a.a.O., § 529 Rn 12) neue **Tatsachenfeststellungen** [Hervorheb. d.d.Verf.] durch das Berufungsgericht gemäß § 529 Abs. 1 Nr. 1 Halbs. 2 ZPO geboten*

164 BGH, Urt. v. 9.3.2005 – VIII ZR 266/03.

165 BGH, Beschl. v. 11.10.2016 – VIII ZR 300/15.

166 BGH, Beschl. v. 8.8.2023 – VIII ZR 20/23.

167 BGH, Urt. v. 8.6.2004 – VI ZR 199/03.

(vgl. Bericht des Rechtsausschusses, BT-Drucks 14/6036, S. 123; Hannich/ Meyer-Seitz, a.a.O., § 529 Rn 36; MüKo-ZPO/Rimmelspacher, a.a.O., § 529 Rn 24; Musielak/Ball, a.a.O., § 529 Rn 11).“[168]

Hinweis 83

Geht das zivilgerichtliche Berufungsgericht davon aus, dass das Urteil auf dem geltend gemachten Mangel nicht „beruht“, kann das Berufungsgericht dies in nicht wenigen Fällen nur aufgrund einer – oft unterlassenen, aber rechtlich gebotenen – eigenständigen – Würdigung beurteilen.

„Entgegen der Auffassung des Berufungsgerichts lässt sich weder das Vorliegen konkreter Anhaltspunkte noch die Erforderlichkeit erneuter Feststellungen mit der Erwägung verneinen, das Ergebnis der erstinstanzlichen Beweiswürdigung unterliege zwar ‚gewissen Zweifeln‘, sei aber aus anderen Gründen richtig. Zu dieser Schlussfolgerung konnte das Berufungsgericht nur aufgrund einer ***eigenständigen Würdigung*** *[Hervorheb. d.d.Verf.] der in erster Instanz erhobenen Beweise gelangen. Dies stellt jedoch, worauf die Revision zutreffend hinweist, der Sache nach eine erneute* ***Tatsachenfeststellung*** *[Hervorheb.d.d. Verf.] dar, die aber nach § 529 Abs. 1 Nr. 1 Halbs. 2 ZPO das Vorliegen konkreter Anhaltspunkte und das Gebotensein nochmaliger Feststellungen gerade voraussetzt.“*[169] 84

Hinweis 85

Ob „konkrete Zweifel“ vorliegen, prüft das Berufungsgericht auch ohne Rüge, sofern überhaupt eine zulässige Berufung eingelegt ist: „Denn das Berufungsgericht ist an die geltend gemachten Berufungsgründe (abgesehen von bestimmten Verfahrensmängeln) nicht gebunden (§ 529 Abs. 2 ZPO). Zweifeln an der Richtigkeit und Vollständigkeit der entscheidungserheblichen Feststellungen hat es selbst dann nachzugehen, wenn es sie unabhängig vom Parteivortrag aufgrund lediglich gerichtskundiger Tatsachen gewonnen hat (BGHZ 158, 269, 279; vgl. BT-Drucks 14/4722, S. 100); damit kann und muss das Berufungsgericht erst recht konkrete Anhaltspunkte berücksichtigen, die ihre Grundlage im erstinstanzlichen Vorbringen der Parteien haben, auch wenn sie nicht zum Gegenstand einer Berufungsrüge gemacht worden sind (BGHZ a.a.O.; vgl. auch Zöller/Gummer/Heßler, ZPO, a.a.O., § 529 Rn 12). Daraus folgt, dass das Berufungsgericht von Amts wegen den gesamten Prozessstoff der ersten Instanz – unter Einbeziehung des Ergebnisses einer Beweisaufnahme – auf Zweifel an der Richtigkeit und Vollständigkeit der Tatsachenfeststellung zu überprüfen hat.“[170]

168 BGH, Urt. v. 12.3.2004 – V ZR 257/03.
169 BGH, Urt. v. 12.3.2004 – V ZR 257/03.
170 BGH, Urt. v. 9.3.2005 – VIII ZR 266/03.

„Ist die Berufung [auch nur wegen einer Rüge] zulässig, so gelangt nach der Rechtsprechung des **BGH** grundsätzlich der gesamte aus den Akten ersichtliche Prozessstoff erster Instanz ohne Weiteres in die Berufungsinstanz [m.w.N.]. Dementsprechend wird im ersten Rechtszug nicht zurückgewiesenes Vorbringen ohne Weiteres Prozessstoff der zweiten Instanz; eines erneuten Vorbringens bedarf es insoweit grundsätzlich nicht ([m.w.N.]. Das BerGer. muss alle konkreten Anhaltspunkte, die Zweifel an der Richtigkeit oder Vollständigkeit der Tatsachenfeststellungen begründen, berücksichtigen, die ihre Grundlage im erstinstanzlichen Vorbringen der Parteien haben, auch wenn das Übergehen dieses Vortrags von dem Berufungskläger nicht zum Gegenstand einer Berufungsrüge gemacht worden ist. Bemerkt das BerGer. etwa anlässlich der Prüfung sonstiger Berufungsrügen, dass das Eingangsgericht eine für die Beweiswürdigung bedeutsame Tatsache oder ein erhebliches Beweisangebot übergangen hat, dann bestehen auch ohne dahingehende Rüge konkrete Anhaltspunkte für Zweifel an der Richtigkeit der entscheidungserheblichen Feststellungen, die das BerGer. gem. 529 Abs. 1 Nr. 1 HS 2 ZPO zu einer erneuten Tatsachenfeststellung verpflichten [m.w.N.]."[171] Deshalb muss dieser Mangel auch nicht innerhalb der Berufungsbegründungsfrist gerügt werden, sofern eine zulässige Berufung vorliegt.[172]

86 Ein Sonderproblem stellt die nochmalige bzw. unterbliebene Vernehmung eines Zeugen durch den Berufungsrichter[173] dar.[174] „Insbesondere muss das Berufungsgericht die bereits in erster Instanz vernommenen Zeugen nochmals gemäß § 398 Abs. 1 ZPO vernehmen, wenn es deren Aussagen anders würdigen will als die Vorinstanz (BGH, Urt. v. 28.11.1995 – XI ZR 37/97, NJW 1996, 663, unter III 3; Senatsurteil vom 8.12.1999 – VIII ZR 340/98, NJW 2000, 1199, unter II 2 a, st. Rspr.). Die nochmalige Vernehmung eines Zeugen kann allenfalls dann unterbleiben, wenn sich das Rechtsmittelgericht auf solche Umstände stützt, die weder die Urteilsfähigkeit, das Erinnerungsvermögen oder die Wahrheitsliebe des Zeugen noch die Vollständigkeit oder Widerspruchsfreiheit seiner Aussage betreffen (Senatsurteil vom 19.6.1991 – VIII ZR 116/90, NJW 1991, 3285, unter II 2 b aa; BGH, Urt. v. 10.3.1998 – VI ZR 30/97, NJW 1998, 2222, unter II 1 b)."[175] Aber auch dann ist Vorsicht ge-

171 BGH, Beschl. v. 28.4.2020 – VI ZR 347/19 = NJW-RR 2020, S. 822 f.

172 BGH, Beschl. v. 11.5.2021 – VI ZR 1206/20.

173 Vgl. Pantle, Die Pflicht des Berufungsgerichts zur Wiederholung einer erstinstanzlich durchgeführten Beweisaufnahme, NJW 1987, S. 3160 ff.

174 Vgl. hierzu auch umfassend, Geipel, Die Wiederholung einer Beweisaufnahme nach neuem Berufungsrecht, AnwBl. 2005, S. 346 f.

175 BGH, Beschl. v. 14.7.2009 – VIII ZR 3/09 = ZfBR 2009, S. 776 f.; ebenso BGH, Urt. v. 10.3.1998 – VI ZR 30/97 = NJW 1998, S. 2222 f.; BGH, Urt. v. 30.9.2014 – VI ZR 443/13 = NJW 2015, S. 74 f.; BGH, Beschl. v. 21.10.2020 – XII ZR 114/19 = MDR 2021, S. 280 f.; BGH, Beschl. v. 27.1.2021 – XII ZR 21/20 = NJW-RR 2021, S. 718 ff.; BGH, Beschl. v. 27.4.2021 – VI ZR 845/20 = zfs 2021, S. 627 f.

boten. Meint das erstinstanzliche Gericht, ein Zeuge sei nicht glaubwürdig und folgt dem Zeugen nicht, kann das Berufungsgericht nicht zu dem gegenteiligen Schluss kommen und dies allein mit der bejahten Glaubhaftigkeit der Angaben ohne nochmalige Vernehmung des Zeugen begründen, da es dann vermeintlich auf den persönlichen Eindruck nicht ankommt, denn um der Zeugenaussage zu folgen, muss es die Glaubwürdigkeit ebenfalls bewerten.[176] Die gleichen Grundsätze gelten, wenn das Erstgericht die Aussagen der vernommenen Zeugen gar nicht gewürdigt hat.[177]

Für die Anhörung einer Partei nach § 141 ZPO bzw. § 448 ZPO gilt nichts anderes.[178] Wird das nicht beachtet, liegt ein Verstoß gegen Art. 103 Abs. 1 GG vor. „Diese rechtsfehlerhafte Anwendung des § 529 Abs. 1 Nr. 1 ZPO verletzt den Anspruch der Beklagten auf rechtliches Gehör nach Art. 103 Abs. 1 GG (vgl. BVerfG, NJW 2005, 1487; BGH, Beschl. v. 5.4.2006 – IV ZR 253/05, FamRZ 2006, 946).“[179] Dieselben Grundsätze gelten im Falle der Anhörung der Parteien,[180] sei es als förmliche Parteianhörung oder sei es als informatorische Parteivernehmung gem. § 141 ZPO.[181] Das gilt auch dann, wenn eine Partei mit unzutreffenden Erwägungen zur Beweislast (informatorisch) angehört wird und sich das erstinstanzliche Gericht hierauf stützt. Will das Berufungsgericht – ausgehend von der als richtig erkannten Beweislastverteilung – eine andere Überzeugung gewinnen, muss es die Anhörung erneut durchführen.[182] Ebenso gilt das für die mündliche Anhörung von Sachverständigen.[183]

Hinweis 87

„Von einer nochmaligen Vernehmung der Zeugen hätte das BerGer. nur absehen können, wenn ihm der objektive Beweiswert der als wahr unterstellten Aussagen nicht ausgereicht hätte, die Beweisfrage zu bejahen.“[184]

Hält das Berufungsgericht die Aussage eines Zeugen für **zu vage**, so dass eine erneute Vernehmung nichts bringe, ist dies unzulässig: „Wenn das BerGer. diese Angaben für zu vage hielt und sie deshalb nicht als eine geeignete Grundlage für tatsächliche Feststellungen […] ansah, so liegt dies an sich im Rahmen des tatrichterli- 88

176 „Eine von dem Landgericht abweichende Würdigung der Aussage als überzeugend war deshalb nur möglich, wenn das Berufungsgericht die Zeugin für glaubwürdig hielt. Dies hätte aber eine erneute Vernehmung der Zeugin erfordert“ – BGH, Beschl. v. 17.9.2020 –V ZR 305/19.

177 Vgl. BGH, Beschl. vom 27.4.2021 – VI ZR 845/20 = zfs 2021, S. 627 f.

178 Vgl. BGH, Urt. v. 23.9.2015 – VIII ZR 297/14; BGH, Urt. v. 16.7.1998 – I ZR 32–96 = NJW 1999, S. 363 ff.

179 BGH, Beschl. v. 14.7.2009 – VIII ZR 3/09; BGH, Beschl. v. 20.11.2018 – II ZR 196/16.

180 Vgl. BGH, Urt. v. 30.9.2014 – VI ZR 443/13 = NJW 2015, S. 74 ff.

181 Vgl. BGH, Beschl. v. 25.7.2017 – VI ZR 103/17 = NJW 2018, S. 308 f.; BGH, Urt. v. 30.9.2014 – VI ZR 443/13 = NJW 2015, S. 74 f.

182 Vgl. BGH, Beschl. v. 27.9.2017 – XII ZR 48/17 = NJW-RR 2018, S. 249 f.

183 Vgl. BGH, Urt. v. 24.3.2010 – VIII ZR 270/09.

184 BGH, NJW-RR 1986, S. 285.

chen Ermessens. Das BerGer. durfte jedoch nicht davon ausgehen, dass der Zeuge nicht imstande sein werde, bei einer erneuten Vernehmung seine protokollierte Sachdarstellung zu präzisieren. Es kann sein, dass der Zeuge vor dem LG nur deshalb keine näheren Angaben gemacht hat, weil das Gericht seine allgemein gehaltenen Aussagen für ausreichend hielt und daher keine weitere Konkretisierung verlangte; es ist auch möglich, dass der Zeuge Einzelheiten geschildert hat, die dem LG bei der Urteilsfällung noch gegenwärtig waren, die aber im Protokoll nicht festgehalten worden sind."[185] Auch wenn das Berufungsgericht die Aussage eines Zeugen anders verstehen will als der Richter der Vorinstanz, ist eine erneute Vernehmung notwendig,[186] ebenso, wenn es der Aussage oder den Bekundungen eine andere Tragweite, ein anderes Gewicht oder eine vom Wortsinn abweichende Auslegung geben will.[187] Hat das Erstgericht die Aussagen von Zeugen, die es vernommen hat, aufgrund seiner rechtlichen Beurteilung nicht gewürdigt, dann muß das Berufungsgericht, wenn es aufgrund einer anderen Rechtsauffassung diese Aussagen heranzieht und die Glaubwürdigkeit der Zeugen beurteilt, diese Zeugen erneut vernehmen.[188]

89 *Hinweis*

Strittig ist, ob eine nochmalige Beweisaufnahme einen entsprechenden Antrag in der Berufungsbegründung voraussetzt. Das wird einerseits verneint,[189] ist aber angesichts bestimmter BGH-Entscheidungen strittig.[190] Eine Prozessführung gem. dem Prinzip des sichersten Wegs bedeutet, dass in der Berufungsinstanz übergangene Beweisantritte der 1. Instanz wiederholt werden sollten,[191] ebenso die Angabe der Fundstellen aus der Vorinstanz und das angenommene Beweisergebnis mitgeteilt werden.[192] Liegt eine zulässige Berufung vor, dann verletzt die Zurückweisung eines in der Berufungsinstanz wiederholten Beweisangebots mit der Begründung, die Nichterhebung des Beweises sei nicht innerhalb der Berufungsbegründungsfrist beanstandet worden, den Anspruch auf Gewährung rechtlichen Gehörs.[193]

185 BGH, NJW 1982, S. 1052 f.

186 Vgl. BGH, Urt. v. 12.11.1991 – VI ZR 369/90 = NJW 1992, S. 741 f.

187 Vgl. BGH, Urt. v. 3.11.1987 – VI ZR 95/87 = NJW 1988, S. 566 f.

188 Vgl. BGH, Urt. v. 29.5.1991 – XII ZR 119/90 = NJW-RR 1992, S. 1102 (das Urteil befasst sich mit dem Fall, dass das Berufungsgericht die Glaubwürdigkeit des Zeugen verneint, muss aber für jede eigene Beurteilung gelten); BGH, Beschl. v. 21.10.2020 – XII ZR 114/19.

189 Vgl. Pantle, Die Pflicht des Berufungsgerichts zur Wiederholung einer erstinstanzlich durchgeführten Beweisaufnahme, NJW 1987, S. 3160 m.w.N.

190 Vgl. z.B. BGH, NJW 1985, S. 3078 f.

191 Vgl. BGHZ 35, S. 103, 106.

192 Vgl. Doukoff, Mandatshandbuch Zivilrechtliche Berufung, Rn 670 ff. m.w.N.

193 Vgl. BGH, Beschl. v. 28.4.2020 – VI ZR 347/19, NJW-RR 2020, S. 822.

Schlüssige Gegenargumente können sich auch aus der Aussagepsychologie ergeben, denn die Aussagekriterien wurden vom BGH als beachtlich und „grundsätzlich empirisch überprüft" bewertet,[194] auch wenn dies in dieser Allgemeinheit nicht stimmt. Die konkreten Anhaltspunkte müssen zur Überzeugung des Berufungsgerichts feststehen.[195] Anders als in der strafprozessualen Revision ist hierzu jedoch eine Beweisaufnahme durch das Berufungsgericht möglich.[196] Ein weiterer Unterschied zur strafrechtlichen Revision besteht darin, dass auf eine zulässige Berufung das Urteil umfassend (auch ohne entsprechende weitere Berufungsrügen) geprüft werden muss. Prozessstoff ist ohne Weiteres der gesamte, aus der Akte ersichtliche Inhalt,[197] nicht nur die Urteilsurkunde. Tatbestandsberichtigungsanträge sind daher (wohl[198]) nicht nötig, wenn der Urteilstatbestand hinter dem Akteninhalt zurückbleibt, wohl aber, wenn der Urteilstatbestand dem Akteninhalt widerspricht.[199] Zweifel können vorliegen, wenn der Berufungsführer in der Berufungsschrift das Vorliegen des einen oder anderen Realitäts- oder Fantasiekriteriums vorträgt, aus dem sich nach seiner Auffassung insgesamt eine andere Glaubwürdigkeitsbeurteilung der Aussageperson ergeben hätte. Dies – mangels wörtlicher Protokollierung – auch dann, wenn das Vernehmungsprotokoll das Vorliegen des Kriteriums nicht ausweist, oder der Berufungsgegner oder der erkennende Richter in einer dienstlichen Stellungnahme widerspricht. Dass der Berufungsgegner widerspricht, ist zu erwarten. Ebenso wäre nicht ungewöhnlich, wenn der erkennende Richter widerspricht, da auch bei diesem – wie bei jedem Menschen – psychische Abwehrmechanismen eintreten und daher nicht unbedingt zu erwarten ist, dass dieser zwischen den Zeilen einen Vorwurf der unrichtigen Protokollführung oder Beweiswürdigung einräumen wird.[200] Es besteht somit auch in diesem Fall eine „gewisse Wahrscheinlichkeit", dass die erstinstanzlichen Feststellungen nicht Bestand haben werden. Zu empfehlen ist aber, dass der Anwalt noch in der 1. Instanz einen Schriftsatz mit den entsprechenden Ergebnissen einreicht. Der Schriftsatz als solcher könnte dann die Zweifel hervorrufen, auch wenn er nicht nachgelassen wurde.[201] 90

194 Vgl. BGH, NJW 1999, S. 2746, 2748.

195 Vgl. Rimmelspacher, Die Berufungsgründe im reformierten Zivilprozess, NJW 2002, S. 1897, 1900.

196 Vgl. Rimmelspacher, Die Berufungsgründe im reformierten Zivilprozess, NJW 2002, S. 1897, 1900.

197 Vgl. BGH, MDR 2004, S. 954, 957.

198 Aber aus Gründen anwaltlicher Vorsicht ggf. zu empfehlen; in jedem Einzelfall muss genau geprüft werden, wie weit die Beweiskraft des Tatbestandes und ggf. des Protokolls reicht, um entsprechende Berichtigungsanträge nicht zu versäumen.

199 Vgl. Gaier, Der Prozessstoff des Berufungsverfahrens, NJW 2004, S. 110 ff.

200 Vgl. Schneider, Die Gerichte und die Abwehrmechanismen, AnwBl 2004, S. 333 ff.

201 Vgl. Geipel, Die Wiederholung einer Beweisaufnahme nach neuem Berufungsrecht, AnwBl 2005, S. 346 f. u. schon zum früheren Recht ebenso Meyke, Die erfolgreiche Berufung im Zivilverfahren, § 16 Rn 14.

91 Einfacher liegt der Fall, wenn Aussagekriterien unstrittig sind oder sich aus dem Protokoll entnehmen lassen. Eine **unzureichend vorgenommene Beweiswürdigung** gebietet in jedem Fall Zweifel an der Richtigkeit und Vollständigkeit der festgestellten Tatsachen.[202] Aus der Gesetzesbegründung ergibt sich, dass es sich meist um Punkte handelt, die nicht ausreichend wären, um einen revisiblen Rechtsfehler zu begründen, aber gleichwohl Zweifel hinsichtlich des erstinstanzlichen Ergebnisses aufkommen lassen.

92 Mit anderen Worten: **Konkrete Zweifel an der Richtigkeit und Vollständigkeit der Tatsachenfeststellung bestehen dann**, wenn ein Ergebnis (unstrittig oder laut Protokoll, das kann auch die Feststellung eines non liquets sein[203]) vom Erstgericht zugrunde gelegt wurde, das entweder mit den Erkenntnissen der Aussagepsychologie nicht zu vereinbaren ist, oder wenn andere, gemäß den Grundsätzen der Aussagepsychologie nahe liegende Ergebnisse vom Erstgericht nicht gesehen wurden. Zwar handelt es sich bei den Ergebnissen der Aussagepsychologie um eine Sozialwissenschaft, die an Exaktheit hinsichtlich der vermittelten Erfahrungssätze hinter den Naturwissenschaften zurückbleibt und oft nicht zu einem eindeutigen, sondern nur mehr oder weniger wahrscheinlichen Urteil kommen kann,[204] aber gleichwohl handelt es sich dann um „vernünftige Zweifel."

93 Daher bleibt es dabei, „das beste Instrumentarium zur Beurteilung der Glaubhaftigkeit hält jedoch die Aussageanalyse bereit"[205] und tatsächliche oder vom Berufungsführer plausibel behauptete Widersprüche hiergegen führen zu Zweifeln an der Richtigkeit und Vollständigkeit der erstgerichtlichen Feststellungen. Dass die Aussageanalyse „das beste Instrumentarium" bereit hält, gilt allerdings nur dann, wenn auch die Schwächen und Begrenztheiten der Methode berücksichtigt werden.

94 Liegt eine tatsächliche oder behauptete Verkennung der Aussagekriterien vor, so ist das Berufungsgericht gehindert, auszuführen, dass die Beweiswürdigung zwar Zweifeln unterliegen würde, aber aus anderen Gründen richtig sei. Zu dieser Feststellung kann das Berufungsgericht nämlich nur dann kommen, wenn es die Aussage eigenständig würdigt, was der Sache nach eine erneute Tatsachenfeststellung darstellt, die aber das Vorliegen konkreter Anhaltspunkte und das Gebotensein nochmaliger Feststellungen gerade voraussetzt.[206]

95 Liegt lediglich eine **formelhafte Begründung** („das Gericht konnte sich keine Überzeugung bilden, weil sich die Zeugenaussagen widersprachen"[207]) oder (wie oft)

202 Vgl. BT-Dr. 14/4722, S. 100.

203 Vgl. BGH, AnwBl 2004, S. 442, 443.

204 Vgl. Bender, Merkmalskombinationen in Aussagen, S. 2.

205 Schäfer, Praxis des Strafverfahrens, 5. Aufl., Rn 938.

206 Vgl. BGH, AnwBl 2004, S. 442, 443.

207 Stackmann, Die erfolgversprechende Berufungsschrift in Zivilsachen, NJW 2003, S. 169, 172.

eine Nichtbegründung im Falle bejahter Glaubwürdigkeit vor,[208] so stellt dies **einen Verstoß gegen § 286 Abs. 1 Satz 2 ZPO dar**.[209]

Hinweis 96

Argumentiert der Berufungsführer hauptsächlich mit Indizien der Aussagepsychologie ist das Gericht gehalten, hierauf einzugehen. Anderenfalls liegt ein Verstoß gegen Art. 103 GG nahe. Ein Widerspruch gegen die Erfahrungen der Zeugenpsychologie stellt auch im Strafrecht einen Verstoß gegen § 261 StPO dar.[210] Das BVerfG formuliert: „Geht indes das Gericht auf den wesentlichen Kern des Tatsachenvortrags eines Beteiligten zu einer Frage, die für das Verfahren von zentraler Bedeutung ist, in den Entscheidungsgründen gar nicht ein, so lässt dies auf die Nichtberücksichtigung des Vortrags schließen, sofern es nicht nach dem Rechtsstandpunkt des Gerichts unerheblich oder aber offensichtlich unsubstantiiert war."[211] Bei auffälligen Widersprüchen eines Zeugen in zwei Vernehmungen teilt das BVerfG mit: „Nachdem das Protokoll in den Prozess eingeführt worden war, hätte Veranlassung bestanden, den auffälligen Widerspruch zwischen den Angaben [...] zu klären, weil anders die prozessentscheidende Aussage des Kl. nicht beurteilt werden konnte."[212] Diese Entscheidung kann verallgemeinert werden, dass das Unterbleiben der Würdigung eines wichtigen Indizes einen Verstoß gegen Art. 103 GG darstellt.[213] Der amtliche Leitsatz der Entscheidung des BGH II ZR 117/08 lautet: „Geht das Gericht in seinen Entscheidungsgründen auf den wesentlichen Kern des Vortrags einer Partei zu einer Frage nicht ein, die für das Verfahren von zentraler Bedeutung ist, lässt dies darauf schließen, dass es den Vortrag nicht zur Kenntnis genommen hat." Ebenso teilt der VII. Zivilsenat mit: „Ein solcher Verstoß [gegen Art. 103 Abs. 1 GG] liegt vor, wenn sich im Einzelfall klar ergibt, dass das Gericht nicht seiner Pflicht nachgekommen ist, entscheidungserhebliche Ausführungen der Beteiligten zur Kenntnis zu nehmen und in Erwägung zu ziehen. Das muss angenommen werden, wenn das Gericht zu einer Frage, die für das Verfahren von zentraler Bedeutung ist, trotz entsprechenden Parteivortrags in den Entscheidungsgründen nicht Stellung nimmt (BVerfG, NJW-RR 1995, 1033)".[214] Auch der

208 Vgl. Schneider, Die missglückte ZPO-Reform, NJW 2001, S. 3756, 3757.

209 Vgl. Stackmann, Die erfolgversprechende Berufungsschrift in Zivilsachen, NJW 2003, S. 169, 172, vgl. auch Stackmann, Die Neugestaltung der Berufungs- und Beschwerdeverfahrens durch das Zivilprozessreformgesetz, NJW 2022, S. 781 ff. Fn 53.

210 Vgl. BGHSt 17, S. 382, 385.

211 BVerfG, NJW 2000, S. 275 f.

212 BVerfG, NJW 1978, S. 989 f.

213 Vgl. Deubner, Die Verfassungsbeschwerde wegen Verletzung des Anspruchs auf rechtliches Gehör im Zivilprozess, NJW 1980, S. 263 f.

214 BGH, VII ZR 115/08.

VIII. Zivilsenat vertritt diese Auffassung.[215] Insgesamt handelt es sich hier um immer wieder vorkommende Textbausteine aus der BGH-Rechtsprechung, die so oder ähnlich von allen Zivilsenaten vertreten werden.

97 In der anwaltlichen Praxis sind die zurückweisenden **Beschlüsse nach § 522 ZPO**, bei denen eine Nichtzulassungsbeschwerde ausgeschlossen ist, gem. § 26 Nr. 8 EGZPO (Wert der Beschwer unter 20.000 EUR), ein großes und unprognostizierbares Ärgernis. Nur wenige Prozessvertreter wissen aber, dass hiergegen auch die **Anhörungsrüge** statthaft sein kann, die im Ergebnis freilich grds. erfolglos ist.

98 *„Prüfungsgegenstand des Sonderrechtsbehelfs ist ausschließlich eine Verletzung des Anspruches auf rechtliches Gehör. Diese verfassungsrechtliche Verbürgung gibt den Prozessparteien ein Recht auf Information, Äußerung und Berücksichtigung. Adressat des Prozessgrundrechts ist jeder an der Entscheidung beteiligte Richter. Die Art und Weise der Beschlussfassung des Kollegialgerichts, die auch im Umlaufverfahren erfolgen kann, entzieht sich aber wegen des Beratungsgeheimnisses einer unmittelbaren Nachprüfung. Dazu steht im Wesentlichen nur die Begründung der gerichtlichen Entscheidung zur Verfügung. Diese muss sich nicht mit allen Einzelheiten des Vorbringens der Parteien, wohl aber mit den zentralen und entscheidungserheblichen Aspekten auseinandersetzen.“*[216]

99 *Praxistipp*

Ob wegen der Verletzung anderer Grundrechte oder grundrechtsgleichen Rechte ein Rechtsbehelf besteht, war längere Zeit ungeklärt und wäre nach richtiger Ansicht zu bejahen,[217] wobei die Rechtsprechung diesen Schluss nicht zieht.[218] Zwar ist die Gegenvorstellung nicht abgeschafft,[219] aber es bleibt unklar, wie weit deren Anwendungsbereich geht.

F. Ergebnis

100 Die o.g. beispielshafte Berechnung des Beweiswertes einer Zeugenaussage auf Plausibilitätsniveau verdeutlicht zugleich die damit verbundenen Probleme in der Praxis, denn die o.g. Wahrscheinlichkeitswerte waren rein subjektiv geschätzt. Diese Schätzung wiederum hängt auch von dem Aussagethema ab (zu Vertragsverhandlungen wird man z.B. detailliertere Angaben als zu einem Verkehrsunfall erwarten).

215 Vgl. BGH, VIII ZR 295/08.

216 OLG Koblenz, 12 U 514/07 = OLGR Koblenz 2008, S. 68 ff.

217 Vgl. Eschelbach/Geipel/Weiler, Anhörungsrügen, StV 2010, S. 325 ff. m.w.N.; vgl. auch BGH, Beschl. v. 7.2.2006 – 5 StR 481/05 = NStZ-RR 2008, S. 68.

218 Vgl. z.B. BGH, Beschl. v. 14.3.2013 – 2 StR 534/12 = NStZ-RR 2013, S. 214.

219 Vgl. BVerfGE 122, S. 190 ff., 200 f.; BVerfGE 118, S. 212, 241.

Trotz rein subjektiver Schätzwerte könnte hierüber allerdings intersubjektiv diskutiert und eigene Schwachstellen in der Bewertung erkannt werden, wenn der entscheidende Richter insofern seine Überlegungen offenlegen würde, während über Pauschalbewertungen als glaubhaft oder nicht kaum sinnvoll intersubjektiv diskutiert werden kann. Die Offenlegung entsprechender Schätzwerte ermöglicht damit einerseits eine Selbstkontrolle und anderseits – auf Plausibilitätsniveau – eine Nachvollziehbarkeitskontrolle der Tatsachen, von denen der erkennende Richter in seiner Würdigung ausging.

Die von mir bereits mit der 1. Auflage dieses Handbuchs (2008) verlangte Objekti- **101**
vierung der Beweiswürdigung und Offenlegung der Bewertung der Indizien ist von der Wissenschaft im Grundsatz bestätigt und auch für den Bereich der Zeugenbewertung fortgeführt worden. Makepeace ermittelt in seiner exzellenten Dissertation durch ähnlich Modellrechnungen z.B. den konkreten Beweiswert eines positiven Glaubhaftigkeitsgutachtens.[220] Berlinger weist einerseits darauf hin, dass angesichts unsicherer Trefferquoten und unbekannter (Anfangs-)Wahrscheinlichkeiten eine irreführende Scheingenauigkeit berechnet würde, aber anderseits, dass durch die Anwendung des Bayes-Theorems Transparenz geschaffen würde, in dem die richterlich angenommenen (subjektiven) Wahrscheinlichkeiten für Dritte sichtbar würden.[221] Schweizer verfolgt in seiner ausgezeichneten Habilitation einen ähnlichen Ansatz mittels sog. Bayes‘ Netze und meint: „Wer sagt, dass er die für die Parametrisierung eines Bayes‘ Netzes notwendigen (bedingten) Wahrscheinlichkeiten unmöglich beziffern kann, sagt im Grunde genommen, dass er seine Überzeugungsbildung nicht offenlegen kann. Dazu ist er als Richter in der Schweiz und Deutschland aber gehalten.“[222]

Die Rechtsprechung hat sich seitdem allerdings nicht bewegt. Es wird daher davon abgesehen, die Methode – wie in den Vorauflagen – an einem (weiteren) konkreten Beispielsfall, nämlich dem Mordfall Walter Sedlmayr, darzustellen und zu überprüfen. Insofern wird auf die Vorauflagen, mit einem frappierenden Ergebnis verwiesen.

Dass in Deutschland die gerichtliche Praxis in dem weiten Bereich der Tatsachenfeststellung gravierenden rechtsstaatlichen Bedenken unterliegen muss, sollte – bei ausreichender Objektivität – nicht zweifelhaft sein. Dass es in Deutschland im Jahr 2026 in keinem ordentlichen Gerichtsverfahren ein Wortprotokoll gibt, in Strafverfahren, die beim LG beginnen, nicht einmal ein Inhaltsprotokoll, müsste einen objektiven Betrachter zu großen Zweifeln an der Qualität des Rechtsstaats innerhalb der Justiz bringen.

220 Vgl. Makepeace, Der Polygraf als Entlastungsbeweis, S. 70 ff.

221 Vgl. Berlinger, Glaubhaftigkeitsbegutachtung im Strafprozess, S. 238 m.w.N.

222 Schweizer, Beweiswürdigung und Beweismaß, S. 601.

Teil III: Die Zeugenaussage – Analyse und Würdigung

§ 19 Allgemeines zur Zeugenaussage

„Ein Zeuge allein darf nicht gegen jemanden auftreten bei einem Verbrechen oder einem Vergehen oder bei einer Verfehlung, die er tut. Erst auf die Aussage zweier oder dreier Zeugen wird eine Sache bestätigt." 1

(5. Buch Mose, Kap. 19 Vers 15)

„Auf zweier oder dreier Zeugen Mund soll sterben, wer des Todes wert ist, aber nur auf eines Zeugen Mund soll er nicht sterben."

(5. Buch Mose, Kap. 17)

Der erfahrene Strafkammervorsitzende Prüfer hat bereits 1993 folgende Bestands- 2
aufnahme geliefert. „Richter, Staatsanwalt und Verteidiger fragen – der Zeuge antwortet. Seine Antworten werden mit den Antworten anderer Zeugen verglichen – aber auch mit der protokollierten Aussage dieses Zeugen aus den Akten, die oft nicht mit dem übereinstimmt, was er gerade gesagt hat. Je nachdem, ob der Fragende den Zeugen für glaubwürdig hält oder nicht, findet er dessen Unbeständigkeit als harmlos erklärbar oder bedenklich. So läuft es Tag für Tag in unseren Gerichtssälen. Das Aktenabfragen zur Bestätigung eines Vorurteils oder zur pauschalen Bewertung von Glaubwürdigkeit und Glaubhaftigkeit, über das Psychologen und Gedächtnisforscher nur den Kopf schütteln können, beherrscht unseren Prozess von Generation zu Generation, die Kritiker, [...] haben nichts bewirkt."[1]

Geändert hat sich diesbezüglich in der Tat – auch nach 1993 – nichts.

Anders formuliert: „Aussagepsychologie und damit die Art und Weise der Befragung ist für die Masse der Richter und Rechtsanwälte ein unerkanntes Territorium, auf dem sie sich kompasslos bewegt."[2]

Hinzu kommt, dass häufig die Gefahr nahe liegt, dass der Tatrichter die Niederschrift in einzelnen Punkten „überinterpretiert", nämlich einmal, wenn er in einem bestimmten Punkt unbedingt eine klare Auskunft haben will und diese nur in der fraglichen Vernehmungsniederschrift findet[3] und ein anderes Mal, wenn er aus dem Widerspruch auf die Unglaubwürdigkeit der Auskunftsperson rückschließen möch-

1 Prüfer, Sachverhaltsermittlung durch Spurenauswertung und Zeugenbefragung – Chancen, Fehler und Versäumnisse der Verteidigung, StV 1993, S. 602, 605.

2 Eichele/Klinge, Das Beweisbuch für den Anwalt, S. 2.

3 Vgl. De Vries, Einführung in die Kriminalistik für die Strafrechtspraxis, Rn 298.

te. Ein Wortprotokoll könnte auch in diesem Zusammenhang Wahrnehmungs- oder Bewertungsfehler reduzieren, und zwar sowohl auf Seiten der Richterschaft als auch auf Seiten der Anwaltschaft und der Parteien.

3 Gegenwärtig entscheidet sowohl im **Strafverfahren** als auch im **Zivilverfahren** im Wesentlichen das Gefühl des Richters, ob er zur Annahme der Wahrheit oder Falschheit einer Behauptung kommt. Deshalb können – was in der Praxis auch häufig geschieht – unterschiedliche Gerichte bei dem gleichen Sachverhalt zu unterschiedlichen Ergebnissen kommen, sodass ein rational begründbarer Vergleich der unterschiedlichen Ergebnisse nicht möglich ist.[4] Auch im Rahmen der **Beweiswürdigung** kann ein Verstoß gegen das Willkürverbot vorliegen. Nach der Heck'schen Formel wird dieser vom BVerfG aber praktisch nur selten bejaht.[5] Das BVerfG teilt mit: „Von einer willkürlichen Missdeutung kann jedoch nicht gesprochen werden, wenn das Gericht sich mit der Rechtslage eingehend auseinandersetzt und seine Auffassung nicht jeden sachlichen Grundes entbehrt (vgl. BVerfGE 87, 273, 278 f.). Entsprechendes gilt für die Handhabung beweisrechtlicher Grundsätze und der Beweiswürdigung im Einzelnen."[6]

4 Das gilt auch für **Vertragsauslegungen**. „Nach der Rechtsprechung des *BVerfG* (NJW 1998, 2811) kann eine Entscheidung gegen das Willkürverbot verstoßen, wenn bei der Auslegung einer Formularvertragsklausel durch das Gericht anerkannte Auslegungsgrundsätze in besonderem Maße außer Acht gelassen wurden. Nichts anderes kann gelten, wenn – wie im vorliegenden Fall – eine sich als notwendig aufdrängende Vertragsauslegung unterblieben ist und dies der Verständlichkeit des angefochtenen Urteils entgegensteht."[7] Diese Entscheidungen des BVerfG sind auf der einen Seite zu begrüßen, allerdings muss auf der anderen Seite verwundern, wie selten verfassungsgerichtliche Urteilsaufhebungen erfolgen. Das legt einen mehr als flexiblen Prüfungsmaßstab des BVerfG nahe.

5 Geht es um Beweiswürdigungen ist das Ergebnis eines Rechtsstreits nur schwer zu prognostizieren. Die Rechtsunsicherheit nimmt zu. Das gilt insb. dann, wenn es um das wichtigste Beweismittel überhaupt geht, nämlich um den Zeugenbeweis.

6 *„Durch zweier Zeugen Mund*
wird allerwegs die Wahrheit kund."

(Spruch des Mephistopheles, Faust I, Vers 3013f,
von Johann Wolfgang von Goethe)

Schon Mephistopheles in Goethes Faust bezweifelte die Verlässlichkeit von Zeugenaussagen und forderte daher die Aussage von zwei Zeugen zur Wahrheitsfin-

4 Vgl. Schreiber, Theorie des Beweiswertes für Beweismittel im Zivilprozeß, S. 5 f.
5 Vgl. aber BVerfG, NJW 1994, S. 2279 m.w.N.
6 BVerfGE 96, S. 189, 203.
7 BVerfG, NJW 2005, S. 153 f.

dung. In der deutschen Rechtspraxis sind Urteile, die sich auf die Aussagen nur eines Zeugen stützen, nicht unüblich. Oft **unterbleibt eine nachvollziehbare Begründung, warum einem Zeugen geglaubt oder nicht geglaubt wird, sondern es werden Allgemeinplätze referiert**.

Eine Objektivierung der Beurteilung von Zeugenaussagen, die sodann auch intersubjektiv diskutierbar und vermittelbar und vom Rechtsmittelgericht überprüft werden könnte, würde einerseits das rechtspolitisch bedenkliche Ohnmachtsgefühl des Einzelnen überwinden und andererseits die Beweiswürdigung transparenter, nachvollziehbarer und das Ergebnis prognostizierbarer machen. 7

Eine Objektivierung der Beweiswürdigung ist daher dringend angezeigt. 8

All das gilt umso mehr, als der BGH zwar einerseits fordert, dass das Ergebnis der Beweiswürdigung intersubjektiv diskutierbar sein muss, aber andererseits Leerformeln, warum einem Zeugen geglaubt wird oder nicht, regelmäßig akzeptiert. D.h., **echte Begründungen, warum einem Zeugen geglaubt wird, sind in der Praxis selten.**[8] Obwohl sowohl die fehlende als auch die mangelhafte Begründung einer Beweiswürdigung gegen § 286 Abs. 1 Satz 2 ZPO und § 267 StPO verstoßen,[9] sind **Fälle, die zur Aufhebung wegen Floskeln führen, selten.**[10] Eine beachtenswerte Ausnahme stellt die Entscheidung des OLG München 10 U 5624/05 dar: „Weiter besteht die eigentliche Beweiswürdigung, also die Darlegung des Meinungsbildungsprozesses selbst, weitgehend in der wiederholten Verwendung des Ausdrucks *‚(vollumfänglich) überzeugend'*. Floskelhafte Beweiswürdigungen sind unzulässig (BGH MDR 2000, 323; BAG, Urt. vom 12.11.1998 – 8 AZR 292/97, bei Juris; NZA 2003, 483, 484 m.w. Nachw.; BSG SozVers 1992, 81). Zu diesen floskelhaften Beweiswürdigungen gehören insbesondere die sog. ‚Beschwörungsformeln' (Bürkle, richterliche Alltagstheorien im Bereich des Zivilrechts, 1984, S. 139; Foerste NJW 2001, 321, 325) oder ‚Kurialfloskeln' (Fasching, Lehrbuch des österreichischen Zivilprozessrechts, 2. Aufl. 1990, Rn 817) wie *‚glaubhaft bekundet'* oder *‚zur Überzeugung der Kammer dargelegt'* (vgl. BGH a.a.O.).“[11]

Weiter gilt die dringende Forderung nach der Objektivierbarkeit der Beweiswürdigung umso mehr, als Einigkeit herrscht, dass die Beweiswürdigung nicht gegen Erfahrungs- und Denkgesetze verstoßen darf,[12] aber andererseits **die Gerichte gegen-** 9

8 Reinecke, Die Krise der freien Beweiswürdigung im Zivilprozess oder über die Schwierigkeit, einem Zeugen nicht zu glauben, MDR 1986, S. 630 ff., 632.

9 Wieczorek, Kommentar zur ZPO, 2. Aufl. § 286 Anm. D III.

10 Reinecke, Die Krise der freien Beweiswürdigung im Zivilprozess oder über die Schwierigkeit, einem Zeugen nicht zu glauben, MDR 1986, S. 630 ff. drückt in diesem Aufsatz auf S. 632 aus, dass diese Formeln revisionssicher seien. Dies ist heute nur noch meist richtig, vgl. z.B. BGH, MDR 2000, S. 323; OLG Jena, Beschl. v. 12.9.1996 – UF 136/95 = FamRZ 1997, S. 758.

11 OLG München, 10 U 5623/05 = BeckRS 2006, 08459; vgl. auch OLG Jena, Beschl. v. 12.9.1996 – UF 136/95 = FamRZ 1997, S. 758.

12 Vgl. statt vieler, Zöller, Komm. zur ZPO, 23. Aufl., § 286 Rn 13.

wärtig weder verpflichtet sind, die Erfahrungsgesetze der Aussagepsychologie **in der Beweiswürdigung im Sinne einer Abwägung im Urteil darzulegen noch in der Indizienbeweiswürdigung expressis verbis darzulegen**, **ob die einzelnen Indizien einen Beweisring oder eine Beweiskette bilden** und dementsprechend die Schlussfolgerung denkfehlerfrei war. Die richterliche Urteilsschreibtechnik besteht seit Jahrzehnten in der Begründung des richterlichen Ergebnisses. Eine tatsächliche Gesamtwürdigung aller Beweise, wie sie die höchstrichterliche Rechtsprechung in unzähligen Entscheidungen fordert, liegt in den meisten Fällen gerade nicht vor. Eine wirkliche Abwägung im Urteil würde nämlich voraussetzen, alles aufzulisten, was einerseits für die zu beweisende Tatsache spricht, und andererseits alles aufzulisten, was gegen die zu beweisende Tatsache spricht. Erst dann dürfte das richterliche Ergebnis mitgeteilt werden. Die tatsächliche richterliche Beweiswürdigung im Urteil funktioniert aber anders. Tatsächlich wird nur **eine plausibel klingende Geschichte der eigenen Überzeugung** mitgeteilt, mithin eine Erzählung, um das eigene Ergebnis zu rechtfertigen.

10 Auch der Unterschied zwischen **Beweisring** und **Beweiskette** ist fundamental. Beim Beweisring verstärken mehrere belastende Indizien die Beweiskraft, auch wenn die jeweiligen Einzelindizien nur jeweils geringe Beweiskraft haben. Beim Beweisring gilt unabhängig von der Beweiskraft des einzelnen Indizes: Je mehr belastende Indizien vorliegen, desto sicherer wird der Schluss. Bei der Beweiskette gilt: Je mehr Indizien, auch mit jeweils hoher Beweiskraft vorliegen, desto unsicherer wird der Schluss (vgl. hierzu umfassend in diesem Werk § 9 Rdn 101 ff., 160 ff.). Dass hierbei Denkfehler leicht passieren können, liegt in der Natur der Sache. Gleichwohl bleiben diese Denkfehler oft unentdeckt, wenn sich der Richter im Urteil nicht expressis verbis zur Natur der Indizien als Kette oder Ring äußern muss und nicht verpflichtet ist, die jeweiligen Schlussfolgerungen aus den einzelnen Indizien darzulegen, sondern es genügen lässt, wenn (bestenfalls) die einzelnen Indizien erwähnt und rhetorisch abgewogen werden und ein schlichtes Endergebnis dargestellt werden. Indem der Tatrichter einzelne Indizien nennt und abwägt, erscheint das Ergebnis für den Leser der Urteilsurkunde plausibel, und doch werden mögliche Denkfehler verdeckt, denn durch diese Abwägung wird ein möglicher Denkfehler in nicht wenigen Fällen verdeckt, statt erkannt. Eine Abwägung sagt oft wenig darüber aus, welche Indizien sich verstärkt (Beweisring) und welche sich abgeschwächt haben (Beweiskette). Jedenfalls kommen entsprechende Denkfehler in tatrichterlichen Urteilen häufiger vor als die (geringe) revisionsgerichtliche Aufhebung vermuten lässt. Das heißt, der Denkfehler wurde schlicht nicht aus der Urteilsurkunde erkannt. Möglich ist dies durch rhetorische Abwägungen, die die Indizien nicht zuvor in Beweiskette und Beweisring unterschieden haben.

Weiter wird durch den gegenwärtigen Nichtzwang der Darlegung der einzelnen Denkprozesse der Indizienbeweiswürdigung der Blick dafür versperrt, ob der zu beurteilende Sachverhalt tatsächlich mit dem erforderlichen Beweismaß vorliegt, oder ob es sich nur noch um einen in die Gestalt einer Überzeugung gekleideten Verdacht handelt. Auch insofern ist eine Objektivierung und konkrete Bekanntgabe der einzelnen Denk- und Würdigungsschritte dringend erforderlich, da der BGH zwar einerseits fordert, dass die für eine Verurteilung vom Gericht gezogene Schlussfolgerung nicht nur einen – wenn auch schwerwiegenden – Verdacht begründen darf,[13] vielmehr die Indizien vollständig und in ihren sachverhaltsbedeutsamen Aspekten erfasst werden müssen,[14] aber andererseits keine Regeln aufstellt, wann eine Schlussfolgerung auf ausreichenden objektiven Gründen beruht und wann eine Schlussfolgerung nur mehr einen (schwerwiegenden) Verdacht darstellt.

In der (ggf. früheren) Rechtspraxis stimmt zudem bedenklich, dass ein Urteil umso revisionsanfälliger ist, je mehr Gedanken sich der Richter macht und je mehr er folglich schreibt, d.h., je länger das Urteil ist.[15] Ob das zu allen Zeiten gegolten hat oder immer noch gilt, ist mangels Forschung unbekannt. 11

Die vorliegende Schrift soll zeigen, wie die konkrete Beweiswürdigung einer Zeugenaussage bei Berücksichtigung der Aussagekriterien objektiver gestaltet werden kann. 12

Die Zeugeneinvernahme ist eine wesentliche Komponente nahezu jedes Prozesses. Der Zeuge ist das schlechteste, weil unzuverlässigste Beweismittel, aber das am weitest verbreitete.[16] Viele Justizirrtümer erklären sich nur dadurch, dass der Wahrheitswert von Zeugenaussagen überschätzt (oder falsch eingeschätzt) wird.[17] Schätzungen aus den USA gehen davon aus, dass es jährlich zu 3.000 Justizirrtümern aufgrund falscher Zeugenaussagen kommt.[18] „In manchen Ländern ist deshalb der Zeugenbeweis ganz ausgeschlossen, wenn aus Verträgen größere Summen eingeklagt werden."[19] In der deutschen Rechtspraxis wird einem Zeugen meist geglaubt. D.h., gemäß der für die deutsche Rechtspraxis einzig vorliegenden, brauchbaren[20] statistischen Untersuchung in 96,74 % der Fälle, sofern nur ein einziger Zeuge zur 13

13 Vgl. BGH, StV 1993, S. 510.

14 Vgl. BGH, StV 1993, S. 236, 237.

15 Vgl. hierzu Barton, Die Revisionsrechtsprechung des BGH in Strafsachen, S. 91, m. der Einschätzung von Barton, dass dies auch im Längenverhältnis von Beweiswürdigung zu Strafzumessung liegen soll. Hingewiesen wird auch auf die Empfehlung von erfahrenen Strafverteidigern, ein unbestimmtes Rechtsmittel einzulegen, in der Hoffnung, dass der Tatrichter dann von einer Revision ausgeht u. das Urteil besonders sorgfältig, d.h. ausführlich abfasst, wobei große Ausführlichkeit Fehleranfälligkeit bedeuten soll – vgl. Freyschmidt/Crumm, Verteidigung in Straßenverkehrssachen, 7. Aufl., Rn 253.

16 Vgl. Schneider, Beweis und Beweiswürdigung, 5. Aufl., Rn 872.

17 Vgl. Schneider, Beweis und Beweiswürdigung, 5. Aufl., Rn 873.

18 Vgl. Milne/Bull, Psychologie der Vernehmung, S. 1 m.w.N.

19 Vgl. Schneider, Beweis und Beweiswürdigung, 5. Aufl., Rn 873 m.w.N.

20 Zwar keine volle Repräsentativität, aber durchaus brauchbare Grundlage, vgl. Bürkle, Richterliche Alltagstheorien im Bereich des Zivilrechts, S. 10, 11.

Verfügung steht.[21] Tatsächlich gibt ein Zeugenbeweis in ca. 70 % der Fälle den Ausschlag.[22] Auch wenn diese Zahlenangaben mehr als 30 Jahre alt sind, **gesteht die richterliche Praxis der Zeugenaussage immer noch einen zu hohen Beweiswert zu.**[23] Das rechtfertigt es, dem Zeugenbeweis eine vertiefte Darstellung zu widmen und dem Justizpraktiker eine Handreichung für die Praxis zu liefern.

14 Im Folgenden soll zuerst ein kurzer Überblick über die menschliche Wahrnehmung und Erinnerung gegeben werden. Dies ist deshalb besonders wichtig, denn „der Irrtum ist der größere Feind der Wahrheit als die Lüge".[24] D.h., Wahrnehmungs-, Erinnerungs- und/oder Wiedergabefehler (Irrtümer) führen weit häufiger zu falschen Aussagen als blanke Lügen.

15 Darauf aufbauend sollen dann die Aussagekriterien dargestellt und Hinweise für eine konkrete Würdigung einer Zeugenaussage gegeben werden.

16 *Hinweis*

Die vollständig richtige Aussage ist nicht die Regel, sondern die Ausnahme. Diese Erkenntnis zieht sich seit ca. 100 Jahren durch die psychologische Aussageforschung und konnte trotz vielfältiger Untersuchungen nicht widerlegt werden.[25] Aktuell liegen sogar Forschungsergebnisse vor, denen zufolge Zeugen Darstellungen aus Romanen oder Filmen entweder unbewusst (sog. Quellenamnesie) oder bewusst[26] mit eigenem Erleben vermischten.

21 Vgl. Bürkle, Richterliche Alltagstheorien im Bereich des Zivilrechts, S. 169, vgl. auch Reinecke, Die Krise der freien Beweiswürdigung im Zivilprozess oder über die Schwierigkeit einem Zeugen nicht zu glauben, MDR 1986, S. 630, 631 ff.

22 Vgl. Bender/Schuhmacher, Erfolgsbarrieren vor Gericht, S. 136, 137.

23 Vgl. Bürkle, Richterliche Alltagstheorien im Bereich des Zivilrechts, S. 169.

24 Vgl. Bender/Nack, Tatsachenfeststellung vor Gericht, 2. Aufl., Rn 1.

25 Eisenberg, Vernehmung und Aussage (insbesondere) im Strafverfahren aus empirischer Sicht, JZ 1984, S. 961 m.w.N.

26 Vgl. das Wiederaufnahmeverfahren des OLG Münchens 2 Ws 1122/07, 156–157/08, das im Ergebnis die Wiederaufnahme zu Unrecht abgelehnt hatte.

§ 20 Zur Wahrnehmung und Wahrnehmungsfehlern

Inhalt

A. Wahrnehmungsbereitschaft

1 Es kann als gesicherte Erkenntnis angesehen werden, dass Wahrnehmung Wahrnehmungsbereitschaft voraussetzt.[1] Dies liegt daran, dass der Mensch ca. 10.000 Sinneswahrnehmungen pro Sekunde macht.[2] Nach anderen Meldungen soll der Mensch sogar zwischen 80.000 und 100.000 Sinneswahrnehmungen pro Sekunde machen oder sogar mehrere Millionen. Die genaue Zahl ist hier nicht interessant, sondern wesentlich ist nur die Erkenntnis, dass der Mensch selektieren muss, da sein Gehirn sonst augenblicklich zusammenbrechen würde.[3] Die Selektion erfolgt über das Interesse oder anders ausgedrückt, der Selektionsprozess erfolgt sachbezogen, d.h., es werden Informationen verdrängt, die der gegenwärtigen Tätigkeit nicht dienen.[4]

B. Interesse

2 **Nur das, was im Augenblick der Wahrnehmung interessiert, wird weitergeleitet.**[5] Zu beachten ist jedoch, dass nur das **damalige Interesse**[6] der Auskunftsperson relevant ist, nicht etwa das **Interesse**, das die Person jetzt hat. Das kann folgendes Experiment belegen: Studenten wurden aufgefordert, die Kopfseite einer 1-Cent Münze zu zeichnen. Obwohl jeder Student im Laufe seines bisherigen Lebens unzählige Male eine solche Münze gesehen hatte, konnten durchschnittlich nur drei von acht Merkmalen wiedergegeben werden, die zudem räumlich vertauscht wurden.[7]

C. Verständnis

3 **Weiter hängt die Wahrnehmung vom Verständnis ab.** D.h., alles, was die Auskunftsperson versteht (oder zu verstehen glaubt), wird eher wahrgenommen (nicht unbedingt richtiger) als Erscheinungen und Vorgänge, denen sie verständnislos ge-

1 Einmahl, Zeugenirrtum und Beweismaß im Zivilprozeß, NJW 2001, S. 469, 471.
2 Schneider, Beweis und Beweiswürdigung, 5. Aufl., Rn 929.
3 Einmahl, Zeugenirrtum und Beweismaß im Zivilprozeß, NJW 2001, S. 471 u. Trankell, Der Realitätsgehalt von Zeugenaussagen, S. 15.
4 Fucik/Hartl/Schlosser/Wielke (Hrsg.), Handbuch des Verkehrsunfalls 2. Teil, S. 69.
5 Einmahl, Zeugenirrtum und Beweismaß im Zivilprozeß, NJW 2001, S. 471 m. Hinweis auf Bender/Nack, Tatsachenfeststellung vor Gericht, 2. Aufl., Rn 18, 78 ff., vgl. auch Döhring, Die Erforschung des Sachverhalts im Prozess, S. 97.
6 Vgl. Trankell, Der Realitätsgehalt von Zeugenaussagen, S. 23, der unter den Gedächtnisfehlern ausführt, dass diese besonders dann leicht passieren, wenn es sich um Beobachtungen handelt, die zu einem Zeitpunkt gemacht wurden, zu dem noch niemand wusste, dass sie später Bedeutung erlangen würden. Dieser Punkt trifft jedoch ebenso bereits auf Wahrnehmungsfehler zu. Ganz abgesehen davon, dass sich Wahrnehmungs- u. Erinnerungsfehler nicht scharf voneinander trennen lassen, sondern sich überschneiden.
7 Cohen, Human Memory in the real world, in Analysing Witness Testimony, S. 7 f.

genübersteht.[8] Bender/Nack bringen hier das Beispiel, dass der Freund eines Bauherrn, der selbst Architekt ist, viel mehr von einem Fachgespräch wahrnehmen wird als ein Laie. Damit korrespondiert die Tatsache, dass Erfahrung die Wahrnehmung erleichtert und verbessert, „denn man kann nur bewusst wahrnehmen, was man bewusst beobachtet hat, und man beobachtet nur solche Dinge bewusst, über die man bereits eine gewisse Vorstellung hat".[9] Da jede Wahrnehmung bruchstückhaft ist, müssen die Sinnesdaten gedeutet werden. Das individuelle Deutungsvermögen beruht auf einem Lernprozess, also auch wieder auf dem Verständnis.[10]

D. Motive

Die Wahrnehmung hängt auch von den Motiven ab. „Alles, woran die Auskunfts- 4
person gefühlsmäßig beteiligt ist, wird eher wahrgenommen (nicht unbedingt richtiger), als gefühlsmäßig neutrale Vorgänge (und es wird auch besser behalten)."[11] Damit korrespondiert die sog. **Gefühlskurve**. Die Gefühlskurve überlagert nämlich die Gedächtniskurve.[12] Damit ist Folgendes gemeint: „Für die Frage, was gut oder weniger gut behalten wird, kommt es entscheidend darauf an, mit welchem Gefühlswert das Ereignis verbunden war."[13] **Zu beachten ist hier, dass es nicht entscheidend ist, ob es sich um positive oder negative Gefühle handelt.** „Grundsätzlich werden alle Erlebnisse umso besser behalten, je größer der positive oder negative Affekt war, der sie begleitet hat. Neutrale Erlebnisse hingegen fallen schnell der Vergessenheit anheim."[14]

E. Knallzeugen

Praktisch relevant könnte dies z.B. bei folgendem, in der Praxis **alltäglichem Ver-** 5
kehrsunfall der Kollision eines Linksabbiegers mit einem Linksüberholer werden. Gegen den Linksabbieger spricht hier der Anscheinsbeweis.[15] Der Linksabbieger benennt dann oft den Beifahrer als Zeugen, dass er den Blinker gesetzt und sich ordnungsgemäß zur Mittellinie eingeordnet hat, etc. Dann erst sei es zur Kollision gekommen, sodass der Linksüberholer überwiegend, wenn nicht gar voll haften müsse. Vor Gericht bestätigt der Beifahrer, dass der eigene Fahrer vor der Kollision geblinkt, sich zum Abbiegen eingeordnet hat, etc. Meist begründet der Beifahrer dies damit, dass er das Blinken gehört habe. Nach o.g. Erkenntnissen dürfte diese

8 Bender/Nack, Tatsachenfeststellung vor Gericht, 2. Aufl., Rn 19.
9 Vgl. Bender/Nack, Tatsachenfeststellung vor Gericht, 2. Aufl., Rn 81, 82.
10 Vgl. Trankell, Der Realitätsgehalt von Zeugenaussagen, S. 16.
11 Vgl. Bender/Nack, Tatsachenfeststellung vor Gericht, 2. Aufl., Rn 20.
12 Vgl. Bender/Nack, Tatsachenfeststellung vor Gericht, 2. Aufl., Rn 133.
13 Vgl. Bender/Nack, Tatsachenfeststellung vor Gericht, 2. Aufl., Rn 132.
14 Vgl. Bender/Nack, Tatsachenfeststellung vor Gericht, 2. Aufl., Rn 134.
15 Vgl. OLG Hamm, VersR 1979, S. 266.

Aussage des Beifahrers äußerst unwahrscheinlich, d.h., nicht hinreichend zuverlässig genug sein, damit der Richter hiervon überzeugt sein kann. Dies liegt daran, **dass das Einordnen und Betätigen des Blinkers reine Routinehandlungen** sind, an denen ein **Beifahrer in der Regel überhaupt kein Interesse** hat. Folglich ist es äußerst unwahrscheinlich, dass der Beifahrer entsprechende Wahrnehmungen gemacht hat bzw. jetzt korrekt wiedergeben kann. Der Unfall ereignete sich zeitlich erst **nach** dem behaupteten Blinken. D.h., bis zur Kollision, von der der Beifahrer nicht wissen konnte, dass sie stattfinden wird, hat der Beifahrer dem ganzen Blink- und Abbiegevorgang keine Bedeutung beigemessen und sie somit nicht bewusst wahrgenommen. Dass er trotzdem so aussagt, hängt weniger mit einer Lüge, sondern mit weiteren Phänomenen der Wahrnehmung zusammen (nämlich der Solidarisierung mit dem eigenen Fahrer, der Ausfüllung und Schlussfolgerung).[16] Es handelt sich hierbei um das Phänomen der sog. „**Knallzeugen**".[17] „Straßenpassanten, die kurz vor einem Autounfall laute Bremsgeräusche hören, glauben in der Regel beobachtet zu haben, dass einer der Unfallbeteiligten zu bremsen versuchte. Dies ist eine einfachere und unkompliziertere Wahrnehmung der Situation, als davon auszugehen, dass Unfall und Bremsgeräusche nichts miteinander zu tun hatten, was aber vielleicht tatsächlich der Fall war."[18] Teilt der Zeuge mit, den Blinker nicht gesehen zu haben, ist dies kein Beweis für ein tatsächlich nicht gegebenes Richtungsänderungszeichen. Das BayOblG teilt vorbildlich mit: „Denn die Erfahrung lehrt, dass der Mensch bei weitem nicht alle Vorgänge derart verarbeitet, dass er sie in Erinnerung behalten kann. Nur wenn ein Zeuge sich von vorneherein auf die Beobachtung eines bestimmten Ausschnitts des um sich spielenden Geschehens eingestellt hat, lässt nach der Lebenserfahrung seine Aussage, etwas nicht wahrgenommen zu haben, den Schluss zu, dass es sich nicht ereignet hat."[19] Interessanterweise hat das AG München eine Aussage einer (atypischen) Beifahrerin zutreffend als glaubwürdig erachtet, in der die Zeugin zwischen den Dingen trennte, die sie sicher wusste und den Dingen die sie nicht genau wusste. „Insbesondere ist festzustellen, dass die Zeugin bezüglich des Blinkers am Beklagtenfahrzeug nicht etwa den klägerischen Vortrag bestätigte, sondern erklärte, hierzu nichts sagen zu können."[20]

6 *Praxistipp*

„So können Sie bei den meisten unserer Unfallzeugen getrost davon ausgehen, dass sie erstmals aufgemerkt haben, als es ‚gekracht' hat (‚Knallzeuge'); und

16 Vgl. Einmahl, Zeugenirrtum und Beweismaß im Zivilprozess, NJW 2001, S. 469, 472.

17 Vgl. Einmahl, Zeugenirrtum und Beweismaß im Zivilprozess, NJW 2001, S. 469, 471 m. Hinweis auf Otte/Kühnel u.a., Erhebungen am Unfallort, Heft 37 (1982) der Reihe „Unfall- und Sicherheitsforschung im Straßenverkehr" hrsg. im Auftrag des Bundesministeriums für Verkehr von der Bundesanstalt für Straßenwesen. Hiernach sind laut eigener Aussage 59 % der Zeugen Knallzeugen.

18 Krauthan, Psychologisches Grundwissen für die Polizei, 4. Aufl., S. 30.

19 BayOblGSt 1949/1951, S. 523.

20 AG München, zfs 1999, S. 328 f.

dann haben sie noch die Endstellung der Fahrzeuge gesehen. Das hindert den ‚Durchschnittsunfallzeugen' in der Regel aber nicht daran, den Unfallhergang bis ins Detail zu schildern – so nämlich, wie er ihn nachträglich rekonstruiert hat."[21] „Bei bewegten Szenen ist es sodann wichtig zu wissen, ob der Zeuge sie vom ersten Augenblick miterlebte, oder ob er durch einen von ihnen ausgehenden Reiz plötzlich auf sie aufmerksam wurde."[22] Nahezu jeder Zeuge wird durch einen Unfall in eine Schrecksituation gebracht und über den Hergang nachdenken und sich eine Meinung bilden, die, ohne dass dies bewusst wird, nicht nur auf tatsächlichen Beobachtungen beruht, sondern auch auf Schlussfolgerungen und ergänzenden Darstellungen Dritter. Was soll ein Zeuge eines Unfalles tatsächlich noch wissen bzw. welche Fehlerquellen liegen in der Aussage, wie schnell die Fahrzeuge waren, ob sie genau ihre Straßenseite eingehalten haben, ob gehupt oder geblinkt wurde, wie die Sicht-, Witterungs- und Straßenverhältnisse waren etc.!? Handelt es sich noch um eine Beifahreraussage, so erfolgt meist automatisch eine Solidarisierung mit dem eigenen Fahrer, mit dem man überdies freundschaftlich oder verwandtschaftlich verbunden ist, sodass in den meisten Fällen ein subjektiv gefärbtes Tatbild entsteht, das von der vollen Wahrheit weit entfernt ist.[23]

Originalbeispiel einer typischen Beifahreraussage (Kollision eines Linksabbiegers mit einem Linksüberholer; der Linksabbieger ist Kläger und seine Beifahrerin Zeugin): 7

In erster Instanz sagte die Beifahrerzeugin Folgendes aus (AG München Az.: 342 C 19827/01 n.v.):

„Zur Sache: 8

Zum Unfallzeitpunkt war ich Beifahrerin im Klägerfahrzeug. Wir fuhren auf der Münchner Straße in nördlicher Richtung und zwar auf der linken von zwei Fahrspuren. Ich weiß zwar nicht, ob Fahrspuren eingezeichnet sind, aber die Straße ist so breit, dass in der gleichen Richtung zwei Fahrzeuge nebeneinander fahren können. Wir wollten an der besagten Kreuzung dann nach links abbiegen. Wir mussten zunächst als erstes Fahrzeug vor der Haltelinie bei Rotlicht anhalten, wobei der Kläger schon den linken Blinker gesetzt hatte. Als die Ampel dann auf Grünlicht umschaltete, fuhren wir los, um nach links abzubiegen. Wir kamen allerdings nur ein paar Meter, als uns dann das Beklagtenfahrzeug links in der Kreuzung überholte und gegen unseren Pkw stieß. Ich kann nicht mehr sagen, ob in diesem Augenblick Gegenverkehr kam. Nach dem Unfall wollten wir die Polizei holen, der Beklagte war allerdings dagegen und hat so-

21 Vgl. Bender/Nack, Tatsachenfeststellung vor Gericht, 2. Aufl., Rn 62.
22 Altavilla, Forensische Psychologie, Bd. II, Die Psychologie der Strafprozessbeteiligten, S. 200.
23 Vgl. Tschadek, Der Beweis, S. 16 f., vgl. auch Gräns, Das Risiko materiell fehlerhafter Urteile, S. 153.

fort die Schuld eingeräumt. Ich habe am Geräusch gehört, dass der Kläger den Blinker gesetzt hatte. Im Augenblick, wo es gekracht hat, sind wir gestanden. Wie lange wir gestanden sind, kann ich nicht sagen. Der Kläger hatte das Lenkrad noch nicht nach links eingeschlagen.“

9 Im Urteil wurde sodann zutreffend, aber für eine korrekte Würdigung nicht ausreichend, ausgeführt:

„Hierbei ist jedoch zu berücksichtigen, dass es sich bei der Zeugin um eine Beifahrerin im Klägerfahrzeug zum Unfallzeitpunkt gehandelt hat. Das Gericht, das ausschließlich mit den zivilrechtlichen Folgen von Verkehrsunfällen befasst ist, erlebt es aber in praktisch allen Fällen, dass Beifahrer immer die Unfalldarstellung ihres eigenen Fahrers zu bestätigen pflegen. Dies mag daran liegen, dass Beifahrer weniger auf das Verkehrsgeschehen achten und daher nach einem Unfall ganz unbewusst eigene Beobachtungen mit demjenigen vermengen, was ihnen ihr Fahrer über den Unfallhergang erzählt. Zudem handelt es sich bei der Zeugin um die Ehefrau des Klägers, die auch ein eigenes wirtschaftliches Interesse am Ausgang des Rechtsstreits hat. Das Gericht ist daher der Meinung, dass ein Urteil zugunsten des Klägers nicht ausschließlich auf die Aussage der Zeugin gestützt werden kann.“

10 Das AG, das keine konkrete Würdigung der Aussage vorgenommen hatte, sondern rechtsfehlerhaft der nicht existenten „Beifahrerrechtsprechung“ folgte, ging von einem im Einzelnen (bis auf die unstrittige Kollision eines Linksüberholers mit einem Linksabbieger) ungeklärten Unfall aus, und von einer beiderseitigen Haftungsquote von 50 : 50.[24] Hiergegen legte der Kläger Berufung ein, da er der Meinung war, aufgrund der Zeugenaussage stünde das volle Verschulden des Beklagten fest.

11 In der Berufungsverhandlung sagte die Zeugin Folgendes aus (LG München I – 19 S 22387/01):

„Ich war zum Unfallzeitpunkt im klägerischen Pkw.

Wir standen zunächst als erstes Fahrzeug an der Rotlicht zeigenden Ampel. Als es grün wurde fuhren wir los, wir fuhren ein Stück in die Kreuzung und dann hat es auch schon gescheppert. Wir fuhren ca. vier bis fünf Meter in die Kreuzung.

Herr S. wollte nach links abbiegen und ich bin mir sicher, dass er den Blinker gesetzt hatte. Ich fahre selbst Auto und ich glaube, da fährt man auch ein bisschen mit.

Der Kläger fuhr nicht nach links orientiert in die Kreuzung hinein. Das Motorrad habe ich erst gesehen, als es auch schon gekracht hat. Wir standen zum

24 Üblich wäre hier 100:0, bzw. nach einem Teil der Rechtsprechung auch $^2/_3$ zu $^1/_3$ zulasten des Linksabbiegers, im konkreten Einzelfall aber 50:50, da der Linksüberholer eine Kolonne überholt hatte.

Zeitpunkt des Zusammenstoßes, wie lange wir bis zur Kollision standen, kann ich aber nicht sagen.

Das Motorrad fuhr in die linke Seite am klägerischen Pkw, da wo er auch dann reingefahren ist.

Auf Frage des Klägervertreters:

Ich kann jetzt nicht genau sagen, ob wir schon mit unserem Fahrzeug in der Gegenspur waren oder nicht. Ich bin jetzt zu aufgeregt.

Auf Frage des Beklagtenvertreters:

Unser Auto war nach dem Unfall aber noch gerade gestanden. Ob der Kläger das Lenkrad schon eingeschlagen hatte, weiß ich nicht.

Auf weitere Frage des Beklagtenvertreters:

Ich bin die Lebensgefährtin von Herrn S.

Auf Frage des Beklagtenvertreters:

Ich habe mit dem Kläger natürlich auch in der Zwischenzeit über den Unfall geredet, so wie man zu Hause halt darüber spricht. Herr S. hat mich auch die Schriftsätze in diesem Verfahren lesen lassen, mich interessiert das Ganze nicht so.

Auf Frage des Gerichts:

Nach dem Unfall stiegen wir beide aus dem Auto aus und halfen dem Motorradfahrer. Herr S. wollte an sich die Polizei rufen, der Motorradfahrer jammerte auch über seine persönliche Situation und bat uns, die Polizei nicht zu holen, er sagte, er sei ja eh Schuld. Der Kläger hat mich schon geschimpft, weil ich ihm zugeredet habe, die Polizei nicht zu holen.

Auf Frage des Beklagtenvertreters:

Ich habe gehört, dass Herr S. den Blinker gesetzt hat.

Auf nochmaliges Vorspielen wird allseits verzichtet.“

In der verkehrsrechtlichen Praxis ist weiter bekannt, dass Zeugen oft behaupten, sie hätten gesehen, dass ein Autofahrer bei Rot über die Kreuzung fuhr. „Auf die Frage: ‚Haben Sie gesehen, dass er vor der Ampel Rot hatte, bei der Haltelinie?‘, muss der Zeuge zumeist ‚Nein‘ sagen. Denn er hat den Wagen erst gesehen, als er auf der Kreuzung war, und es ist seine persönliche Schlussfolgerung (und nicht Beobachtung), dass der Fahrer bei Rot gefahren sei. Viele Personen verwechseln also ihre Deutungen mit tatsächlichen Fakten, ein schwerwiegendes Problem, auch beim Beurteilen von Menschen“.[25] 12

25 Füllgrabe, Irrtum und Lüge, S. 18.

F. Selektive Wahrnehmung

13 **Aus o.g. Faktum der Wahrnehmung der ca. 10.000 (bzw. noch wesentlich mehr) Sinneswahrnehmungen pro Sekunde folgt weiter, dass der Mensch selektieren muss**, d.h., nur Bruchstücke wahrgenommen werden können (vgl. hierzu § 8 Rdn 48 ff.). „Man pflegt deshalb zu sagen, dass alle Wahrnehmung selektiv ist".[26] D.h., jedes Individuum kann nur einen kleinen Bruchteil der in jedem Augenblick einströmenden Umweltsignale wahrnehmen.[27] Eine Faser des Sehnervs kann z.B. nur 30–50 Reize pro Sekunde übermitteln.[28] Dies wiederum hat zur Folge, dass diese Bruchstücke in einen sinnvollen Handlungsablauf eingebettet werden.[29] Bender/Nack liefern hierzu folgende Erklärung: „Die Wahrnehmung unterscheidet sich von der Empfindung dadurch, dass wir die sinnlichen Eindrücke geistig verarbeiten, ihnen einen Sinn beilegen. Unser Gehirn wäre innerhalb kürzester Zeit rettungslos überlastet – wir würden ‚durchdrehen' – wenn wir nicht (fast) alles, was im Gehirn ankommt, unverzüglich ‚einordnen', es in das ‚richtige Kästchen' tun könnten".[30] Dies geschieht unmittelbar im Anschluss an die Wahrnehmung. „Bei der Würdigung von Zeugenaussagen muss man sich immer folgende Regel von Woodworth vor Augen halten: ‚Jede Wahrnehmung ist eine Teilanalyse des Geschehens, von dem sie den einen Zug auf Kosten der anderen betont', […]"[31] Was genau wahrgenommen wird, hängt wesentlich von der Persönlichkeit des Betrachters ab. D.h., das Geschehnis wird verfälscht, indem es durch das Prisma der eigenen Persönlichkeit mit den jeweils individuellen Wünschen, Motiven, Befürchtungen, Interessen etc. passieren muss.[32]

G. Ausfüllung und Schlussfolgerung

14 Bei der notwendigerweise unvollständigen Wahrnehmung werden die Zwischenräume mit Details ausgefüllt, welche mit den authentischen Fragmenten eine logisch folgerichtige Ereignisabfolge bilden (= **logischer Ergänzungsmechanismus**).[33] Der Wahrnehmende speichert die ergänzte Gesamtheit als Erinnerung ab, ohne sich der Ergänzung bewusst zu sein.[34] Diese Ergänzung erfolgt durch die sog. Ausfüllungs-

26 Trankell, Der Realitätsgehalt von Zeugenaussagen, S. 17.
27 Vgl. Bürkle, Richterliche Alltagstheorien im Bereich des Zivilrechts, S. 103 m.w.N.
28 Vgl. Krauthan, Psychologisches Grundwissen für die Polizei, 4. Aufl., S. 22.
29 Vgl. Bender/Nack, Tatsachenfeststellung vor Gericht, 2. Aufl., Rn 58.
30 Vgl. Bender/Nack, Tatsachenfeststellung vor Gericht, 2. Aufl., Rn 58.
31 Altavilla, Forensische Psychologie, Bd. II, Die Psychologie der Strafprozessbeteiligten, S. 194.
32 Vgl. Altavilla, Forensische Psychologie, Bd. II, Die Psychologie der Strafprozessbeteiligten, S. 213.
33 Vgl. Trankell, Der Realitätsgehalt von Zeugenaussagen, S. 17.
34 Vgl. Einmahl, Zeugenirrtum und Beweismaß im Zivilprozess, NJW 2001, S. 469, 472.

neigung[35] und Schlussfolgerung.[36] D.h., nachdem nur Bruchstücke wahrgenommen werden, werden diese aufgrund der eigenen Erfahrung des Wahrnehmenden – aus der Gesamtsituation heraus – zu einem sinnvollen Ganzen ergänzt.[37] „Unser Gehirn setzt Informationsbruchstücke so zusammen, dass sie für uns sinnvoll werden und sich daher wie echte Erinnerungen anfühlen. Das ist keine bewusste Entscheidung seitens der Person, die sich erinnert, sondern passiert automatisch."[38] Nachdem jeder je nach seiner Persönlichkeit seine Wahrnehmung mehr oder weniger auf die eine oder andere Einzelheit heftet (selektive Wahrnehmung, s.o.) werden die Einzelheiten, die nicht oder nur schlecht wahrgenommen wurden, durch die Einbildung vervollständigt.[39] Wenn eine Wahrnehmung hierdurch verfälscht wurde – wie meist –, „ist es regelmäßig nicht mehr möglich, nachträglich dem Zeugen die unverfälschte Wirklichkeit zu entlocken".[40] „Eigene Vorstellungen, Erfahrungen und Meinungen, wie es gewesen sein könnte oder müsste, und nicht konkrete Erinnerung bestimmen dann das Aussageverhalten [...] Sie können aber auch durch scheinbaren Druck der Situation, durch die angenommene Wahrscheinlichkeit von Zusammenhängen, durch uneindeutige Situationen verursacht werden."[41]

Oder anders ausgedrückt: Die Unvollständigkeit der Wahrnehmung wird dadurch ausgeglichen, dass der zentrale Deutungsprozess auch die früheren Erfahrungen des Individuums zur Verfügung hat. Mit deren Hilfe kann eine begrenzte Zahl von Empfindungen zu vermeintlich vollständigen Wahrnehmungen und sinnerfüllten Beobachtungen ausgebaut werden.[42] **15**

„Die Wahrnehmung hat dadurch einen unverkennbaren persönlichen Zug, der auf die spezifischen Vorerfahrungen des Individuums zurückgeführt werden kann."[43] Oder anders formuliert: Es wird der Vorgang in das sonstige Wissen eingeordnet und versucht, zu einem sinnvollen Ganzen zu formen, indem **16**

- Kenntnisse mitverwertet werden, was zeitlich davor und danach geschah,
- Erfahrungen aus ähnlichen Fällen genutzt werden,
- mittels kombinatorischer Fantasie eine gedankliche Verbindung zwischen den einzelnen Elementen geschaffen wird.[44]

35 Vgl. Bender/Nack, Tatsachenfeststellung vor Gericht, 2. Aufl., Rn 60.
36 Vgl. Bender/Nack, Tatsachenfeststellung vor Gericht, 2. Aufl., Rn 62.
37 Vgl. Bender/Nack, Tatsachenfeststellung vor Gericht, 2. Aufl., Rn 60.
38 Shaw, Das trügerische Gedächtnis, S. 19.
39 Vgl. Altavilla, Forensische Psychologie, Bd. II, Die Psychologie der Strafprozessbeteiligten, S. 199.
40 Barton, in Redlich aber falsch, S. 35 f.
41 Dettenborn, Täter, Opfer, Zeuge, S. 123.
42 Vgl. Trankell, Der Realitätsgehalt von Zeugenaussagen, S. 16.
43 Trankell, Der Realitätsgehalt von Zeugenaussagen, S. 16.
44 Vgl. Döhring, Die Erforschung des Sachverhalts im Prozess, S. 106.

17 *Beispiel 1*

Der Zeuge eines Banküberfalls berichtet voller Überzeugung bei der Gerichtsverhandlung einige Monate später, er habe beobachtet, dass der Täter sich nach Verlassen der Bankfiliale in einen roten Sportwagen gesetzt habe und weggefahren sei. Tatsächlich hatte er nur gesehen, dass der Täter aus dem Gebäude rannte und beobachtet, dass kurz danach ein Sportwagen in Tatortnähe wegfuhr. Der Fahrer des Autos hatte mit dem Überfall nichts zu tun.[45]

18 **Hierdurch erklärt sich auch, weshalb ein und derselbe Vorgang von verschiedenen Personen anders geschildert wird.** Auch das ist eine **bei Gericht immer wieder** anzutreffende Tatsache, dass **zwei Personen einen Vorfall nahezu nie vollkommen identisch** schildern.

19 *Beispiel 2*

Der Rauschgiftfahnder sieht in einer „verdächtigen Übergabe" an einem bekannten „Umschlagplatz" die Rauschgiftübergabe, während ein Diebstahlsfahnder, der die Situation ebenfalls beobachtet hat, eher eine Übergabe von Hehlerware sieht.[46] Beide füllen die beobachtete Übergabe mit ihrer eigenen Erfahrung aus. Der Rauschgiftfahnder hat überwiegend Rauschgiftübergaben beobachtet und ergänzt seine Beobachtung der Übergabe von „verdächtigen Gegenständen" daher mit dieser Erfahrung aus früheren Beobachtungen, während es sich bei dem Diebstahlsfahnder genau umgekehrt verhält.[47] Allgemein lässt sich festhalten, dass Polizeibeamte z.B. einerseits mehr polizeirelevante Details besser erinnern und wiedergeben, aber andererseits mehr Fehler machen, weil sie nur allzu bereit sind, hinter jedem Ereignis ein „Verbrechen" zu sehen.[48]

20 *Praxistipp*

Schilderungen stimmen daher nie völlig überein. Stimmen die Aussagen verschiedener Zeugen gleichwohl völlig überein, dann spricht alles dafür, dass die Zeugen sich zumindest über den Vorfall unterhalten haben und nicht mehr ihre Wahrnehmungen, sondern nur noch die Erinnerung an das übereinstimmende Ergebnis des Gesprächs wiedergeben.[49]

45 Krauthan, Psychologisches Grundwissen für die Polizei, 4. Aufl., S. 30.

46 Vgl. Bender/Nack, Tatsachenfeststellung vor Gericht, 2. Aufl., Rn 60.

47 Die genaue Unterscheidung von Ausfüllung u. Schlussfolgerung ist u.E. nicht zu treffen. Jedenfalls ist die Schlussfolgerung die Steigerung der Ausfüllung, vgl. Einmahl, Zeugenirrtum und Beweismaß im Zivilprozess, NJW 2001, S. 469, 472, vgl. auch Bender/Nack, Tatsachenfeststellung vor Gericht, 2. Aufl., Rn 62.

48 Milne/Bull, Psychologie der Vernehmung, S. 39.

49 Vgl. Schneider, Beweis und Beweiswürdigung, 5. Aufl., Rn 986.

Beispiel 3 21

In Seminaren wurde einer Vielzahl von Teilnehmern ein Filmausschnitt gezeigt. Darin kommt eine Entführungsszene vor; das Entführungsopfer reißt sich los und versucht zu entkommen. Einer der Entführer macht mit der rechten Hand eine Bewegung, als würde er etwas werfen. Nach einem Filmschnitt sieht man das erschreckte Gesicht des Opfers in der Totalen. Man sieht im Film aber weder einen Gegenstand, der geworfen wird, noch kann man das Opfer fallen sehen. Gleichwohl berichten mehr als 50 % der Beobachter, dass der Entführer ein Messer geworfen hat, das das Opfer im Rücken traf, worauf die getroffene Person zu Boden stürzte. Alle diese Einzelheiten waren im Film nicht zu sehen.[50]

Aus o.g. Phänomen ergibt sich, dass Deutungen, d.h., die jeweiligen Wahrnehmungen nicht immer mit der Wirklichkeit übereinstimmen, sondern vielmehr einerseits alle Beobachtungen von früheren Erlebnissen gefärbt werden[51] und andererseits der logische Ergänzungsmechanismus zu Schlüssen (vermeintliche Wahrnehmungen) führt, die mit der Wirklichkeit nicht übereinstimmen müssen.[52] 22

Ein weiterer Beleg hierfür ist, dass 35 % der von Otte/Kühnel befragten Zeugen, die den Unfall nach eigenen Angaben gar nicht mitbekommen haben, gleichwohl die Frage, woher das Kfz kam, beantworteten.[53] Dies ist eben nur dadurch zu erklären, dass die Personen, die den Unfall vor der Kollision nicht mitbekommen haben, aus der Stellung der Fahrzeuge etc. schlussfolgerten, wer woher kam, und dies als eigene Wahrnehmung ausgaben. 23

Praxistipp 24

Um Schlussfolgerungen oder Ausfüllungen aufzudecken, sollten sog. **Sondierungsfragen** gestellt werden, z.B., „Können Sie den Gegenstand beschreiben“,[54] „Woher kamen Sie?, Wohin gingen Sie?, Wo waren Sie, als das Ereignis passierte?, Was taten Sie in diesem Moment?“[55]

Besonderes Augenmerk sollte darauf gelegt werden, dass die Ausfüllung und Schlussfolgerung gerade bei **Turbulenzgeschehen** (z.B. Verkehrsunfall, Tumulte, 25

50 Bender/Nack/Treuer, Tatsachenfeststellung vor Gericht, 3. Aufl., Rn 11.

51 Vgl. Trankell, Der Realitätsgehalt von Zeugenaussagen, S. 16.

52 Vgl. Trankell, Der Realitätsgehalt von Zeugenaussagen, S. 18, 19.

53 Vgl. Otte/Kühnel, Erhebungen am Unfallort, Hrsg. im Auftrag des Bundesministeriums für Verkehr von der Bundesanstalt für Straßenwesen, 1982, S. 68, wobei die Antworten überwiegend falsch waren.

54 Vgl. Bender/Nack, Tatsachenfeststellung vor Gericht, 2. Aufl., Rn 61.

55 Vgl. Bender/Nack, Tatsachenfeststellung vor Gericht, 2. Aufl., Rn 80.

Schlägereien[56] und andere Ereignisse, bei denen die Auskunftsperson von Angst und Schrecken erfasst wird)[57] **so häufig sind**, weil die Voraussetzungen für eine umfassende Wahrnehmung bereits dadurch schlecht sind.[58] Weiter treten Ausfüllungen und Schlussfolgerungen besonders bei erregten,[59] müden[60] oder alkoholisierten Auskunftspersonen ein.[61] Da hier die Eindrücke flüchtiger und unpräziser wahrgenommen werden, besteht die Gefahr der Anreicherung/Schlussfolgerung umso mehr.[62]

26 Das LG Münster formuliert zutreffend:

> *„Denn es ist ein normaler Vorgang in der Wahrnehmung und Wiedergabe von Wahrnehmungen, dass Personen Wahrgenommenes zu einem insgesamt nicht genau wahrgenommenen Geschehen ergänzen."*[63]

27 In diesem Zusammenhang ist auch das **Wahrnehmungsgesetz** der Tendenz der phänomenalen Identität zu beachten. Dieses Phänomen besagt, dass ein Wahrnehmungsobjekt, das für eine bestimmte Zeitspanne durch einen Tunnel oder eine Abdeckung verschwindet und sodann auf der anderen Seite wieder auftaucht als das ursprüngliche Objekt (fälschlich) erkannt wird. Das Problem stellt sich v.a. bei polizeilichen Observationen, wenn die observierte Person (sei es auch nur für kurze Zeit) aus dem Blickfeld gerät, dann aber vermeintlich dort wieder gesehen wird, wo sie der Observierende erwartet. Das führt in der Praxis dazu, dass z.B. Polizeibeamte aus einer Entfernung von 375 Metern eine angeblich sichere Identifikation vornehmen. In diesem Beispielsfall wurde die Beamtenaussage aber nicht schlicht zugrunde gelegt, sondern von einem Sachverständigen untersucht. Dieser stellte fest, dass eine eindeutige Identifizierung aus dieser Entfernung völlig unmöglich ist. Der gute Glaube der Beamten erklärt sich freilich aus diesem wahrnehmungsverzerrenden Phänomen.[64] Das Beispiel zeigt, dass auch gegenüber Beamtenaussagen grundsätzlich Misstrauen angezeigt ist. Die gängige Praxis,[65] eine Beamtenaussage (mangels greifbarem Motiv für eine Lüge) in der Regel unreflektiert zugrunde zu legen, ist mit Erkenntnissen der Wahrnehmung und Erinnerung nicht zu vereinbaren.

56 Vgl. Bender/Nack/Treuer, Tatsachenfeststellung vor Gericht, 3. Aufl., Rn 28.

57 Vgl. Döhring, Die Erforschung des Sachverhalts im Prozess, S. 98, vgl. Trankell, Der Realitätsgehalt von Zeugenaussagen, S. 18.

58 Vgl. Einmahl, Zeugenirrtum und Beweismaß im Zivilprozess, NJW 2001, S. 469, 472.

59 Vgl. Trankell, Der Realitätsgehalt von Zeugenaussagen, S. 18.

60 Vgl. Döhring, Die Erforschung des Sachverhalts im Prozess, S. 99.

61 Vgl. Döhring, Die Erforschung des Sachverhalts im Prozess, S. 99, 246; vgl. auch Wendler, Wie ähnlich war der Unfall?, S. 90.

62 Vgl. Bender/Nack, Tatsachenfeststellung vor Gericht, 2. Aufl., Rn 73.

63 LG Münster, 15 – Ns 632 Js 192/02 n.v.

64 Vgl. Greuel/Offe/Fabian/Wetzels/Fabian/Offe/Stadler, Glaubhaftigkeit der Zeugenaussage, S. 14 f.

65 Vgl. Geipel, Die (wiederholte) Wiedererkennung anhand eines Lichtbildes, DAR 2005, S. 476 ff.; vgl. ders. Die geheimen contra legem Regeln im ordentlichen Prozess, AnwBl 2005, S. 784 ff.

H. Erwartungshorizont

Ferner spielt im Bereich der Ausfüllung der Erwartungshorizont, d.h. das Vorurteil, eine große Rolle. Whipple stellte bereits 1918 fest, „[…] we tend to see and hear what we expect to see and hear."[66] Wer ein Vorurteil oder eine Erwartung offenlegt, z.B., „dass man gleich wusste, dass das nicht gut gehen kann", oder, „schon wieder ein Porschefahrer, der zu schnell fuhr", ist regelmäßig bereit, (fast) alles was er wahrnimmt, als eine Bestätigung seines Vorurteils zu interpretieren.[67] Es handelt sich hier um den sog. knew-it-all-along-effect.[68] Regelmäßig ist auch Folgendes zu beobachten: „Der ältere Zeuge mit Vorurteilen gegenüber jugendlichen Autofahrern glaubt daher, beobachtet zu haben, dass von den Unfallbeteiligten der jüngere Mann und nicht die ältere Dame zu schnell gefahren sei."[69] „Die Erwartung wirkt vor allem **stark selektiv**; es wird wahrgenommen, was zur Erwartung passt, was nicht dazu passt, wird tendenziell übersehen. Unpassende Details werden **erwartungskonsistent verformt**. Und die Erwartung gibt die **Ausfüllungsrichtung** bei an sich nur bruchstückhafter Wahrnehmung vor."[70] 28

Bei einer Schulhofrauferei zwischen zwei Jungen, von denen der eine als freundlicher und guter Schüler bekannt ist, während der andere schmutzig ist und zuweilen die Schule schwänzt, kommen „objektiv" eingestellte Personen überproportional häufig zu der Beobachtung (tatsächlich aber Schlussfolgerung), dass der „nette Junge" sich nur verteidigt hat, während der „böse Junge" mit der Rauferei angefangen hat.[71] Das erklärt sich daraus, dass die Menschen grundsätzlich eine feste Meinung hinsichtlich ihrer Umgebung bzw. hinsichtlich anderer Personen haben.[72] Die Beobachtungen bzgl. des Verhaltens der anderen Personen haben daher eine unbewusste Tendenz, die eigene Erwartung selbst zu bestätigen, da die Beobachtungen ständig durchsetzt werden mit Deutungen, die mit diesen Erwartungen in Einklang stehen.[73] Das kann an einem klassischen Experiment von Allport und Postman aus dem Jahre 1947 verdeutlicht werden. Probanden wurde ein Bild eines weißen und schwarzen Mannes gezeigt, die sich in der U-Bahn gegenüberstanden. Der weiße Mann hielt ein Rasiermesser in der Hand. Die Probanden wurden dann aufgefordert, eine Beschreibung des Bildes an eine dritte Person weiterzugeben, die die Beschreibung wiederum einer vierten Person weitergab, usw. (stille Post). Nach sechs oder sieben Weitergaben hielt in mehr als 50 % der Fälle der schwarze Mann das 29

66 Whipple, The obtaining of information:psychology of observation and report, Psychological Bulletin 15: S. 217–248, 228.

67 Vgl. Bender/Nack, Tatsachenfeststellung vor Gericht, 2. Aufl., Rn 89.

68 Vgl. Loftus, Eyewitness Testimony, S. 101 ff.

69 Krauthan, Psychologisches Grundwissen für die Polizei, 4. Aufl., S. 230.

70 Bender/Häcker/Schwarz, Tatsachenfeststellung vor Gericht, 6. Aufl., Rn 127.

71 Vgl. Trankell, Der Realitätsgehalt von Zeugenaussagen, S. 18.

72 Vgl. Trankell, Der Realitätsgehalt von Zeugenaussagen, S. 18.

73 Vgl. Trankell, Der Realitätsgehalt von Zeugenaussagen, S. 18.

Rasiermesser in der Hand.[74] Die generelle Unzuverlässigkeit derartiger per „stiller Post" erhaltener Informationen dürfte der Grund für das angelsächsische Verbot des „hearsay-evidence" sein.[75]

30 **Ein Vorurteil kann sich auch daraus ergeben, dass der Zeuge das bisherige Beweisergebnis tatsächlich oder vermeintlich kennt.** „Wenn er nach dem, was ihm gerüchteweise zu Ohren gekommen ist, den Beschuldigten bereits zu Dreiviertel für überführt hält, wird er vielfach keine Bedenken haben, das, was von seinen Wahrnehmungen irgendwie der Umdeutung fähig ist, in diesem Sinne auszulegen."[76]

31 Darüber hinaus führen Erwartungen zu sog. „**schemengeleiteten Erinnerungen**". Werden z.B. Versuchspersonen aufgefordert, in einem Büro zu warten und sich die dortigen Dinge einzuprägen, so geben ca. 30 % der Personen an, dort Bücher gesehen zu haben, obwohl gar keine Bücher vorhanden waren.[77] D.h., die schlichte Erwartung, dass in einem Büro Bücher sind, hat zu einer falschen Wahrnehmung/Erinnerung geführt. „Während eines Vortrags vor Richtern und Staatsanwälten platzte, wie zuvor vereinbart, der Hausmeister in den Raum. Er ging zu dem Referenten ans Rednerpult, legte ihm ein Schriftstück vor und bat um eine Unterschrift. Der Referent hielt den Kugelschreiber hoch und wechselte ein paar Worte mit dem Hausmeister. Danach fragte er die Zuhörer, was passiert sei. 60 % der Zuhörer behaupteten, der Referent habe unterschrieben, was aber nicht zutraf. Offensichtlich waren die Zuhörer von der verständlichen Vorstellung geleitet worden, dass eine solche Störung in einer derartigen Situation mit dem Unterschreiben eines Schriftstücks verbunden sein müsse."[78] **Es handelt sich also um das Phänomen der Wahrnehmung/Erinnerung an Skripte.** Erinnerungen an Skripte treten auch dann auf, wenn man noch keine persönlichen Erfahrungen hatte (z.B. Bedrohung mit einer Waffe).[79] Die Wahrnehmung/Erinnerung geht dann in die Richtung des Üblichen.[80] „Wenn Sie z.B. nach einigen Monaten zu Besuch zu Ihren Eltern fahren, nutzen Sie Ihr Skript vom Haus oder der Wohnung Ihrer Eltern: Neue Einrichtungsgegenstände fallen Ihnen sofort auf, alte, vertraute Gegenstände dagegen nehmen Sie kaum bewusst wahr."[81]

32 In einem weiteren Experiment teilten sogar 66 % der teilnehmenden Jurastudenten nach irreführenden Suggestivfragen mit, einen Flugzeugzusammenstoß gesehen zu

74 Vgl. Ainsworth, Psychology, Law and Eyewitness Testimony, S. 15.

75 Vgl. Ainsworth, Psychology, Law and Eyewitness Testimony, S. 16, auch im deutschen Recht ist der Zeuge vom Hörensagen höchst problematisch u. reicht allein nicht zur Beweisführung.

76 Döhring, Die Erforschung des Sachverhalts im Prozess, S. 141.

77 Vgl. Greuel/Offe/Fabian/Wetzels/Fabian/Offe/Stadler, Glaubhaftigkeit der Zeugenaussage, S. 34 f.

78 Füllgrabe, Irrtum und Lüge, S. 11.

79 Vgl. Milne/Bull, Psychologie der Vernehmung, S. 29 m.w.N.

80 „Things are perceived and remembered the way they usually are", so bereits 1947 Allport/Postman, The psychology of rumor, S. 62.

81 Milne/Bull, Psychologie der Vernehmung, S. 29.

haben und beantworteten Fragen nach Details, obwohl von dem Zusammenstoß ausschließlich im Radio berichtet wurde. Das lediglich vom Hörensagen bekannte Ereignis wurde mit allgemein einleuchtenden Informationen ausgefüllt, ohne dass sich die Probanden bewusst waren, den Zusammenstoß tatsächlich nicht gesehen zu haben.[82]

I. Haloeffekt

Hinzu kommt im Bereich der Ausfüllung der sog. Hof-Effekt[83] (Halo-Effekt).[84] 33
Dieser Effekt besagt, dass einem Menschen, der tatsächlich oder vermeintlich besonders hervorstechende Eigenschaften hat, auch andere dazu passende Eigenschaften zugeschrieben werden und umgekehrt.[85] Entsprechend dem englischen Wort halo = (Heiligen-) Schein werden einer positiv erscheinenden Person auch weitere positive Eigenschaften zugeschrieben und umgekehrt einer negativ erscheinenden Person auch weitere negative Eigenschaften. Damit wird die Tendenz beschrieben, voneinander unabhängige oder nur gering zusammenhängende Eigenschaften von Personen fälschlich als zusammenhängend wahrzunehmen.[86]

Empirischer Beleg: 34

> *„Wie man durch die Veränderung einer einzigen Eigenschaft die Beurteilung eines Menschen vorprogrammieren kann, zeigt folgendes Experiment: ‚Ein Versuchsleiter bat die Studenten nach Abschluss der Vorlesung, die ein angeblicher ‚Gastprofessor' gehalten hatte, diesen zu beurteilen. Vor der Vorlesung hatte der Versuchsleiter den Studenten vervielfältigte Blätter ausgehändigt. Die Hälfte der Studenten bekam eine Beschreibung, die den folgenden Satz enthielt: ‚Wer ihn kennt, hält ihn für relativ kalt, arbeitsam, kritisch, praktisch und entschieden.' Die andere Hälfte der Studenten fand den folgenden Satz vor: ‚Wer ihn kennt hält ihn für relativ warm, arbeitsam, kritisch, praktisch und entschieden.' Die Studenten, die den Hinweis ‚warm' erhalten hatten, neigten stark dazu, den Dozenten als ‚rücksichtsvoll, unformell, umgänglich, beliebt, humorvoll' zu bezeichnen. Die Studenten, die die ‚kalte Beschreibung' erhalten hatten, beurteilten ihn überwiegend als ‚egozentrisch, formell, ungesellig, unbeliebt, humorlos' (aus: Krech/Crutchfield, Grundlagen der Psychologie, Bd. 1, Weinheim Berlin).“*[87]

82 Vgl. Milne/Bull, Psychologie der Vernehmung, S. 113 m.w.N.

83 Dieser Punkt überschneidet sich m. den Erwartungen u. kann hiervon nicht scharf abgegrenzt werden.

84 Vgl. Bender/Nack, Tatsachenfeststellung vor Gericht, 2. Aufl., Rn 94 ff.

85 Vgl. Bender/Nack, Tatsachenfeststellung vor Gericht, 2. Aufl., Rn 94 ff.

86 Vgl. Schmitt, Schönheit und Talent: Untersuchungen zum Verschwinden des Halo-Effekts, Zeitschrift für experimentelle und angewandte Psychologie 1992, S. 475 ff.

87 Bender/Nack, Tatsachenfeststellung vor Gericht, 2. Aufl., Rn 96 f.

35 Die Wahrnehmung (besser die verarbeitete Wiedergabe) wird auch dadurch verfälscht, dass sich die Auskunftsperson oftmals dort – unbewusst – beeinflussen lässt, wo der – bewusst oder unbewusst – beeinflussenden Person ein höherer Rang zukommt oder ihr besondere Fähigkeiten zugeschrieben werden.[88]

36 *Beispiel*

Prof. Dr. Alexander Nill von der University of Nevada (Las Vegas) berichtete während mehrerer Gastvorlesungen an der Universität München von folgendem Experiment:

Die Studenten wurden zur Analyse folgender Aussage[89] und zur Antwort, ob man der Aussage eher zustimmen oder diese eher ablehnen würde, aufgefordert:

„In den heutigen Märkten hängt der Erfolg eines Unternehmens davon ab, ob es gelingt, innovative Produkte mit höchster Qualität Kunden anbieten zu können, nicht aber von Werbemaßnahmen. Werbung führt zu einer Verschwendung volkswirtschaftlicher Ressourcen. Anstelle von Werbung wäre es sinnvoller, Geld für Forschung und Entwicklung auszugeben, um bessere und innovativere Produkte herstellen zu können."

Einer Hälfte der Studenten wurde als Quelle der Aussage „Bill Gates, Gründer von Microsoft" genannt, während der anderen Hälfte als Quelle der Aussage „Gregor Gysi, Anführer der PDS" vorgegeben wurde.

Das Ergebnis war, dass die Studenten, denen Bill Gates als Urheber der Aussage vorgegeben wurde, zu ca. 75 % der Aussage zugestimmt haben, währen die anderen, denen Gregor Gysi als Quelle genannt wurde, nur zu 15 % zustimmten.

37 Das Phänomen findet sich auch dann, wenn sich zwei Zeugen mit gegensätzlichen Aussagen gegenüberstehen. **Wird dem einen Zeugen dann Überlegenheit und Autorität vom anderen Zeugen zugeschrieben, so ist die Fähigkeit zur richtigen Beurteilung eingeengt** und der unterlegene Zeuge übernimmt die Schilderung des Überlegenen oder es kommt in dem (unterlegenen) Zeugen das Gefühl des Unbehagens auf, das dann als Unsicherheit interpretiert wird.[90]

88 Vgl. Bender/Nack, Tatsachenfeststellung vor Gericht, 2. Aufl., Rn 107, vgl. Loftus, Eyewitness Testimony, S. 98.

89 Die erfunden war, wobei die Studenten dies allerdings nicht wussten. Den Studenten wurde die Aussage als Originalzitat vorgestellt.

90 Vgl. Altavilla, Forensische Psychologie, Bd. II, Die Psychologie der Strafprozessbeteiligten, S. 254, 255.

Weiterer Beleg: 38

> *„In einem Versuch projizierte man jeweils vier senkrechte Linien von unterschiedlicher Länge auf eine Leinwand. Eine dieser Linien bestimmte man als Standardgröße. Die Versuchspersonen hatten die Aufgabe, diejenigen Linien auszusuchen, die der Standardgröße am nächsten kamen. Als Versuchspersonen suchte man sich 34 gleichrangige Angestellte eines Betriebes aus. Man ordnete jedem von ihnen eine Gruppe von drei Angestellten des gleichen Betriebs zu, die ihnen entweder unmittelbar über- oder untergeordnet waren. Man hatte die 3 Über- bzw. Untergeordneten angewiesen, in 16 von 20 Schätzungen einstimmig falsche Antworten zu geben, bei der 1., 2., 10., und 11. Schätzung hingegen richtige. Ergebnis: Die Angestellten, die mit Vorgesetzten in einer Gruppe waren, zeigten eine wesentlich stärkere Neigung, sich deren offenkundig falschen Schätzungen anzuschließen als die Angestellten zusammen mit Untergebenen (aus: Leu und Werner in Bender 1971, S. 132).“*[91]

Vorbildlich war § 181 der StPO der DDR, „wonach der Vorsitzende nach den anderen Richtern, der Berufsrichter nach den Schöffen, der ältere nach dem jüngeren Richter abstimmt, um die Urteilsbildung nicht durch vorhandene Autoritätsgefälle zu beeinträchtigen.“[92] Gleiches gilt für § 197 GVG demzufolge der Vorsitzende als Letzter votiert. Falsch und zu Urteilsfehlern führend, ist aber die Erststimmabgabe durch den Berichterstatter, gem. § 197 Satz 3 GVG und die mündliche Urteilsberatung in ihrer praktizierten Form. Diese begrenzt die Vorzüge einer Beratung durch mehrere. „Schon eine einfache Regel hilft: Bevor ein Problem erörtert wird, sollten alle Ausschussmitglieder eine sehr kurze Zusammenfassung ihres Standpunktes zu Papier bringen. Dieses Verfahren sorgt dafür, dass die Vielfalt der Kenntnisse und Meinungen innerhalb der Gruppe optimal genutzt wird. Die gängige Praxis offener Diskussionen gibt den Meinungen derjenigen, die als Erste zu Wort kommen und ihren Standpunkt sehr bestimmt artikulieren und andere dadurch dazu veranlassen, sich hinter ihnen einzureihen, zu viel Gewicht.“[93] 39

Wird zuerst der „Chef“ gehört und dann erst ein angestellter Zeuge, kann man oft, jedenfalls nach der Praxis des Verfassers, erleben, dass der Zeuge auf Vorhalt einer anderen Aussage des „Chefs“ seine eigene Aussage wieder ändert, sodass der Anwalt herausarbeiten kann, dass die Aussage unzuverlässig ist, da sie vom Solidarisierungseffekt bzw. der Fremdbeeinflussung getragen ist. Auch sonst ist bei Aussagen eines Angestellten zu klären, „ob beim Zeugen aufgrund seiner Interessenlage eine 40

91 Bender/Nack, Tatsachenfeststellung vor Gericht, 2. Aufl., Rn 107.

92 Dettenborn/Fröhlich/Szewczyk, Forensische Psychologie, 2. Aufl., S. 47, a.A. Bender/Nack, Tatsachenfeststellung vor Gericht, 2. Aufl., Rn 176, zuerst soll der Firmeninhaber gehört werden, dann erst die Angestellten.

93 Kahneman, Schnelles Denken, Langsames Denken, S. 112.

Tendenz vorhanden ist, den Arbeitgeber durch seine Aussage zu begünstigen oder ob er sich seine Unabhängigkeit weitgehend bewahrt hat."[94]

41 **Der Hof-Effekt ist am meisten hinsichtlich der körperlichen Attraktivität der zu beurteilenden Person empirisch untersucht.** Die Tendenz dieses Effekts geht dahin, dass körperlich attraktive Menschen im Strafverfahren weniger hart bestraft werden und im Zivilverfahren größere Summen (auf Klägerseite) erzielen.[95] Erscheint ein Zeuge sympathisch, wird ihm statistisch öfter geglaubt. Das gilt auch bei widersprechenden Zeugenaussagen, sodass dem Sympathischeren öfter geglaubt wird als dem Unsympathischen.[96] Noch nicht geklärt ist, ob es hinsichtlich der körperlichen Attraktivität kulturelle Unterschiede zwischen amerikanischen Beurteilern und deutschen gibt.[97]

42 *Hinweis*

In Vergewaltigungsverfahren ist nachgewiesen, dass ein Angeklagter mit hohem sozialem Ansehen (z.B. Wissenschaftler) mit geringerer Wahrscheinlichkeit für schuldig gehalten wird, als ein Angeklagter mit geringerem sozialem Status (Hausmeister).[98]

43 Neuere Untersuchungen legen die Annahme nahe, dass der Hof-Effekt dem Prinzip des generellen Eindrucks folgt.[99] Bemerkenswerterweise lässt sich der Effekt in sein Gegenteil verkehren, wenn die Versuchspersonen ausdrücklich gebeten werden, objektiv zu urteilen und sich nicht von der Attraktivität der zu beurteilenden Person beeinflussen zu lassen.[100] Das dürfte sich am ehesten dadurch erklären lassen, dass man, um den Fehler in keinem Fall zu begehen, umso höhere Anforderungen an die Person stellt, je attraktiver die Person ist. In jedem Fall gilt, dass der Hof-Effekt zwangsläufig zu Fehlurteilen führt.[101]

94 Döhring, Die Erforschung des Sachverhalts im Prozess, S. 150.

95 Vgl. Schweizer, Kognitive Täuschungen vor Gericht, Dissertation Universität Zürich, S. 234 ff. m.w.N.

96 Vgl. Loftus, Eyewitness Testimony, S. 14, 17.

97 Das scheint aber naheliegen, vgl. Schweizer, Kognitive Täuschungen vor Gericht, Dissertation Universität Zürich, S. 242 m.w.N., klar ist aber auch in Deutschland, dass es einen statistischen Zusammenhang zwischen Körpergröße und Wohlstand gibt, d.h. je größer, desto erfolgreicher. Unbewusst wird die Köpergröße zum Indikator der gesellschaftlichen Stellung, wie ein Experiment aus dem Jahre 1968 belegt. Eine Person wurde einer Gruppe von Studenten als Kommilitone und einer anderen Gruppe als neuer Professor vorgestellt. Der Professor wurde im Schnitt 10 cm größer geschätzt als der Kommilitone (vgl. hierzu „Wohlstand macht lang", SZ v. 14.2.2006, S. 20 – Autor Marcus Anhäuser).

98 Vgl. Sczesny/Krauel, Ergebnisse psychologischer Forschung zu Vergewaltigung, MschrKrim, 1996, S. 338, 346.

99 Vgl. Schweizer, Kognitive Täuschungen vor Gericht, Dissertation Universität Zürich, S. 232 m.w.N.

100 Vgl. Friend/Vinson, Leaning Over Backwards: Jurors' Responses to Defendants' Attractiveness, Journal of Communication 1974, S. 124 bis 129, zitiert nach Schweizer, Kognitive Täuschungen vor Gericht, Dissertation Universität Zürich, S. 231 Fn 1096, 1123.

101 Vgl. Dettenborn/Fröhlich/Szewczyk, Forensische Psychologie, 2. Aufl., S. 51.

J. Selbstbeeinflussung durch Bedürfnisse, Strebungen, Wünsche, Hoffnungen oder Befürchtungen

Weitere Wahrnehmungsverfälschungen entstehen aus der **sog. Selbstbeeinflussung, d.h., dem Wunsch, etwas zu sehen oder gerade erlebt zu haben.**[102][103] Bei Streitigkeiten erlebt der Zeuge, der aufseiten der einen Partei steht, – meist unbewusst – die ganze Szene z.T. so, wie er sie nach seinen Sympathien und Antipathien abgespielt sehen möchte.[104] Sympathie/Antipathie ist folglich eine sehr große Gefahr für unbewusste Wahrnehmungsverfälschung.[105] Derartige Uminterpretationen kommen nicht nur in Bezug auf eine beobachtetes fremdes Verhalten vor, sondern auch in der nachträglichen Bewertung eigenen Verhaltens. 44

Beispiel:

„Ich habe meiner Mutter am Montagnachmittag von meiner neuen Bekanntschaft erzählt und dass wir die Nacht zusammen verbracht haben. Aber das fand meine Mutter nicht gut, weil man das mit einem Farbigen nicht macht. Und als ich darüber nachgedacht habe, ist mir klar geworden, dass ich den Geschlechtsverkehr eigentlich nicht wollte und Ben ihn gegen meinen Willen durchgeführt hat."[106]

Auch einverständlicher Fesselungssex kann im Nachhinein wegen Schuld- oder Schamgefühlen oder einer inneren Ablehnung zu der Überzeugung führen, das Ganze nicht gewollt zu haben.[107]

Praxistipp 45

Insb. Ehegatten der streitenden Parteien geben bei ihrer jeweiligen Vernehmung über denselben Vorgang, dem beide beigewohnt haben, völlig entgegengesetzte Sachdarstellungen. Dabei hat man oft den Eindruck, dass im Grunde keiner mehr richtig weiß, wie es wirklich gewesen ist.[108]

102 Auch dieser Punkt überschneidet sich bzw. führt zu (falschen) Ausfüllungen und Schlussfolgerungen.

103 Vgl. Bender/Nack, Tatsachenfeststellung vor Gericht, 2. Aufl., Rn 99, die Abgrenzung zur Wahrnehmungsverfälschung aufgrund eines Vorurteils, dürfte u.E. nicht leicht zu ziehen sein.

104 Vgl. Schneider, Beweis und Beweiswürdigung, 5. Aufl., Rn 982.

105 Vgl. Trankell, Der Realitätsgehalt von Zeugenaussagen, S. 18, 19, ein aktuelles Beispiel kann dem Endspiel der Fußballweltmeisterschaft 2006 entnommen werden. Der Franzose Zinedine Zidane versetzt einem Gegenspieler einen Kopfstoß. Selbst ohne die genauen Hintergründe der Tat zu kennen, glaubten 52 % der Franzosen die Tat zu verstehen u. 61 % wollten Zidane die Tat sogar nachsehen. Dieses Ergebnis ist nur durch Sympathie möglich, da die genauen Hintergründe ja unbekannt waren (Quelle: Vox-Videotext S. 203 v. 11.7.2006).

106 Steller, Nichts als die Wahrheit, S. 12.

107 Vgl. BGH, StV 2004, S. 521.

108 Vgl. Schneider, Beweis und Beweiswürdigung, 5. Aufl., Rn 1054.

46 Wahrnehmung hängt in großem Maße davon ab, was für den Wahrnehmenden zum Zeitpunkt der Wahrnehmung **personenbedeutsam** war, d.h., irgendwie im Zuge der Bedürfnisse, Strebungen, Wünsche, Hoffnungen oder Befürchtungen des Wahrnehmenden liegt.

47 Gerade bei Unfallzeugen tritt zudem das Phänomen ein, dass die Unfallzeugen regelmäßig gemeinsam Opfer einer bestimmten Gefahr geworden sind. D.h., die Folgen eines Unfalls werden gefühlsmäßig viel stärker wahrgenommen als andere „neutrale" Ereignisse. Diese Emotionen können die Erinnerung an die Unfallursachen verdrängen bzw. insofern verändern, als die Verantwortung für den Unfall auf den gemeinsamen Unfallgegner abgewälzt wird[109] (**emotionale Überlagerung**).[110] Gefühle und Affekte beeinträchtigen die Genauigkeit der Wahrnehmung erheblich. Das gilt v.a. dann, wenn die Wahrnehmung als gefährlich oder bedrohlich erlebt wird.[111] Die emotionale Überlagerung findet nicht nur dann statt, wenn man gemeinsam Opfer eines Unfalls geworden ist, sondern immer, wenn **starke Gefühle** vorhanden sind. „Grundsätzlich überschätzen Zeugen eines Unfalls die Geschwindigkeit des Autos. Da Kinder als Opfer eher Mitgefühl auslösen, ist verständlich, dass die Geschwindigkeit des Autos [nach einer deutschen Studie] um 74,4 % überschätzt wurde, wenn das Opfer ein Kind war, aber nur um 24,3 %, wenn ein Erwachsener zum Opfer wurde."[112] Es gilt also der Satz, dass ungewöhnliche Wahrnehmungen potenziert werden und eine realiter z.B. nur erhebliche Gefahr in der Erinnerung zu einer „riesigen" Gefahr, etc. wird.[113]

48 Hierzu eine typische Zeugenvernehmung:

> *„Zur Sache:*
>
> *Ich bin Angehöriger/Teilnehmerin einer sog. ‚Ameisengruppe' von insgesamt 14 schulpflichtigen Kindern im Alter von 6–8 Jahren. Diese Gruppe wird jeden Tag durch wechselnde Erziehungsberechtigte auf dem Schulweg zur Schule begleitet. Am 10.11.05 gegen 7.25 Uhr begleitete ich zusammen mit Frau D. Ursula, die o.g. Kindergruppe. Der Treffpunkt der Kindergruppe war an der S-straße 7.*
>
> *Von dort führt der Fußweg von der S-straße zur A.-straße. Dort kreuzen wir dann an der Ampel die N.-straße/S.-straße, um im Anschluss an die N.-straße in Richtung Am Hollerbusch weiterzugehen (Ziel R.-straße).*
>
> *...So kann es durchaus vorkommen, dass sich zeitweise ca. 25 Schulkinder an der Straßenkreuzung befinden und auf das Überqueren der Straße warten.*

109 Vgl. Bender/Nack, Tatsachenfeststellung vor Gericht, 2. Aufl., Rn 40.
110 Vgl. Einmahl, Zeugenirrtum und Beweismaß im Zivilprozess, S. 472.
111 Vgl. Dettenborn, Täter, Opfer, Zeuge, S. 117.
112 Füllgrabe, Irrtum und Lüge, S. 16.
113 Vgl. Dettenborn/Fröhlich/Szewczyk, Forensische Psychologie, 2. Aufl., S. 66.

Am 10.11.05, gegen 7.35 Uhr befand ich mich mit meiner Gehgruppe an der o.g. Straßenkreuzung. Direkt neben mir befand sich zu diesem Zeitpunkt der 7-jährige Denis A. Wir standen direkt an der Ampel und warteten bis die Fußgängerampel Grünlicht zeigte. Erst daraufhin betraten wir vor den anderen die Fahrbahn. Als wir ca. mittig der Fahrbahn waren (Denis befand sich ca. 2 Schritte vor mir), sah ich plötzlich aus den Augenwinkel heraus, einen Pkw, VW Lupo, Farbe schwarz, amtl. Kennzeichen M-XY 007, welcher von rechts ‚auf die Kreuzung zuraste'. Der Pkw kam aus der Verlängerung der A.-straße und wollte die o.g. Kreuzung geradeaus überqueren.

Es ging alles derart schnell, dass es mir unmöglich war zu reagieren. Der Pkw schoss auf Denis zu und touchierte ihn – meiner Meinung nach – mit dem linken Außenspiegel an der Schultasche/Schulranzen. Denis wurde zu Boden geschleudert und blieb liegen. Ich ging sofort zu ihm hin, er war augenscheinlich nicht verletzt, jedoch sehr benommen und wie in Trance. Er rappelte sich auf und wollte weglaufen, offensichtlich hatte er einen Schock. Ich selbst wurde durch den Pkw nicht berührt/touchiert.

Die Pkw-Fahrerin hielt sofort an, stieg aus und vergewisserte sich nach evtl. Verletzungen von Denis. Auch sie war augenscheinlich geschockt, ich selbst war sehr aufgebracht. Da ich die o.g. Straßenkreuzung und Ampelschaltung als Anwohnerin sehr gut kenne, bin ich mir sicher, dass die Pkw-Fahrerin bei Rot die Kreuzung überquert haben muss, was ich ihr auch gleich vorhielt. Sie war jedoch offensichtlich so verstört, dass sie auf meine Vorhaltungen gar nicht eingegangen ist.

Ich verblieb mit der Pkw-Fahrerin so, dass ich Denis umgehend nach Hause zu seinen Eltern bringen würde und sie ebenfalls mitkommen sollte, was sie auch tat. Bei den Eltern von Denis hielt ich mich im Anschluss nur noch kurz auf, da ich umgehend zurück zu meiner Gehgruppe musste, um sie weiter zu begleiten. Im Nachhinein habe ich erfahren, dass die Pkw-Fahrerin den Eltern von Denis einen handschriftlichen Zettel mit ihren Personalien ausgehändigt hat.

Anzumerken ist noch, dass es sich bei o.g. Örtlichkeit um eine 30 km/h Zone handelt und die Pkw-Fahrerin augenscheinlich viel zu schnell unterwegs war. Die anderen Erziehungsberechtigten, welche den Vorfall ebenfalls beobachtet hatten, sind ebenfalls der Meinung, dass die Pkw-Fahrerin mit überhöhter Geschwindigkeit unterwegs war. Laut meinen Beobachtungen hat die Pkw-Fahrerin zu keinem Zeitpunkt gebremst oder sonst irgendwie auf die Verkehrssituati on reagiert. Zum Zeitpunkt des Unfalls war es bereits fast taghell, es war weder Nebel noch aufgehende/blendende Sonne.

Denis war zu diesem Zeitpunkt mit einer hellen Oberjacke und einer dunklen Hose bekleidet. Er hatte zudem eine Kapuzenjacke an, die Kapuze mit Pelzbesatz hatte er über den Kopf gezogen. Zudem hatte er einen hellen/grünen Schulranzen am Rücken, welcher an den Seiten- und Rückenfronten mittels Re-

flektoren für bessere Erkennbarkeit gesichert ist. Denis ist zwar relativ klein und hat eine schmächtige Figur, ist jedoch eines der eher umsichtigen und besonnenen Kinder. Er weiß sich genau im Straßenverkehr zu verhalten und ist definitiv erst bei Grünlicht auf die Fahrbahn getreten. Ob an dem Pkw durch den Anstoß/Zusammenstoß ein Schaden entstanden ist, kann ich nicht sagen. Mehr kann ich vorerst dazu nicht sagen."

49 Aussagen der Zeugin:

- Der Pkw ist zugerast,
- der Pkw war derart schnell, dass es „mir" unmöglich war, zu reagieren,
- Dennis wurde zu Boden geschleudert,
- die Pkw-Fahrerin war augenscheinlich viel zu schnell unterwegs und
- Dennis weiß genau, wie man sich im Straßenverkehr verhalten muss und ist definitiv erst bei Grünlicht in die Fahrbahn getreten.

50 Die Pkw-Fahrerin teilte mit, dass Dennis bei Rot in die Straße trat, sie nur moderat fuhr (ca. 30 km/h) und Dennis nur mit dem Kfz kollidierte, als das Kfz bereits stand.

Jedenfalls hatte Dennis im realen Fall keine Verletzungen, keinen Schaden, weder am Körper noch an Kleidung oder Ranzen und es gab keine Bremsspuren, sodass die Dramatisierung durch die Zeugin und Verlagerung aller Schuld auf die Pkw-Fahrerin offensichtlich ist.

51 Auch gilt, dass die Bereitschaft, jemanden als Schuldigen zu identifizieren, umso höher ist, je „schwerwiegender " die Tat und die Folgen sind.[114]

52 Bei Aussagen von unmittelbar Verletzten, die davon ausgehen, Anspruch auf Schadensersatz geltend machen zu können, wirkt der natürliche Egoismus oft dahin, dass der Handlungsablauf umgeformt und die Folgen des Unfalls übertrieben werden.[115] **Im Gegensatz hierzu ist in der Praxis aber auch zu beobachten, dass bei schweren Schicksalsschlägen oft eine auffallend objektive Schilderung von dem Opfer oder verbleibenden Angehörigen abgegeben wird.**[116]

53 Der eigene Wunsch oder das eigene Vorurteil oder das eigene Weltbild beeinflussen nicht nur die Wahrnehmung, sondern auch die eigene Erinnerung.[117] Nicht nur alle Wahrnehmung ist selektiv (s.o.), sondern auch das Gedächtnis arbeitet selektiv.[118] Je mehr Zeit zwischen dem Ereignis und dem Bericht hierüber vergangen ist, desto mehr werden Wahrnehmungen vergessen und unbewusst mit Vorstellungen aus der Vergangenheit aufgefüllt, von denen wir wünschen, dass sie wahr sein mögen.[119]

114 Vgl. Odenthal, Die Gegenüberstellung im Strafverfahren, 3. Aufl., S. 24 m.w.N.
115 Vgl. Döhring, Die Erforschung des Sachverhalts im Prozess, S. 151.
116 Vgl. Döhring, Die Erforschung des Sachverhalts im Prozess, S. 151.
117 Vgl. Trankell, Der Realitätsgehalt von Zeugenaussagen, S. 22, 23.
118 Vgl. Trankell, Der Realitätsgehalt von Zeugenaussagen, S. 22.
119 Vgl. Trankell, Der Realitätsgehalt von Zeugenaussagen, S. 23.

Daraus ergibt sich zwangsläufig, dass Wahrnehmungs- und Erinnerungsfehler sich nicht immer voneinander abgrenzen lassen, sondern sich überschneiden.

K. Prägnanztendenz

„Aus den das menschliche Wahrnehmungsleben beherrschenden Gesetzlichkeiten ist besonders die ‚Prägnanztendenz'[120] in diesem Zusammenhang von Bedeutung. Das ist die allgemeinmenschliche Tendenz, erlebte Gegebenheiten (simultane wie sukzessive) im Sinne des ‚Typischen', des ‚Wahrscheinlichen', des Sinnvollen, des Erwarteten (des Gewünschten oder des Befürchteten) zu erleben."[121] **54**

L. Fremdbeeinflussung

I. Mitläufereffekt

Weitere Wahrnehmungsfehler entstehen aus dem **Mitläufereffekt**, d.h., weniger als andere will auch niemand gesehen haben.[122] Eine große Gefahr besteht auch dann, wenn sich z.B. bei einem Aufsehen erregenden Verbrechen bereits eine öffentliche Meinung herausgebildet hat. Zeugen, die Beobachtungen gemacht haben, die der öffentlichen Meinung widersprechen, werden zuerst schweigen, dann in beunruhigtes Nachdenken verfallen und schließlich ihrer eigenen Wahrnehmung misstrauen. Andere Zeugen, deren Bekundungen mit der öffentlichen Meinung übereinstimmen, werden im Laufe der Zeit immer mehr von der Richtigkeit ihrer eigenen Beobachtungen überzeugt.[123] Dieser Mitläufereffekt besteht nicht nur dann, wenn sich eine öffentliche Meinung herausgebildet hat, sondern auch schon dann, wenn sich eine Meinung im Kreise der Arbeitskollegen, der Sportkameraden, der Nachbarn, etc. herausgebildet hat.[124] Auch dieser Gefahr muss sich der Beurteiler einer Aussage bewusst sein. **55**

Der Mitläufereffekt ist besonders ausgeprägt in Sportgruppen. Wird z.B. ein Spieler einer Mannschaft gefoult, so erkennen dies die Mannschaftskameraden, während die Spieler der Gegenmannschaft beteuern, dass der Ball gespielt wurde und der Vorfall beim Kampf um den Ball unvermeidbar war. Diskussionen hierüber am Platz führen zur sog. „Rudelbildung" und der Beobachtung, dass sich die Spieler **56**

120 Dieser Punkt überschneidet sich m. den Ausfüllungen und Schlussfolgerungen u. kann hiervon nicht scharf abgegrenzt werden.
121 Undeutsch, Handbuch der forensischen Psychologie, 11. Bd., S. 58, 59.
122 Vgl. Bender/Nack, Tatsachenfeststellung vor Gericht, 2. Aufl., Rn 103.
123 Vgl. Trankell, Der Realitätsgehalt von Zeugenaussagen, S. 19.
124 Vgl. Trankell, Der Realitätsgehalt von Zeugenaussagen, S. 19.

der einen Mannschaft und die Spieler der anderen Mannschaft jeweils geschlossen gegenüberstehen. Bei Sportverletzungen kommt es daher entscheidend auf die Aussage des Schiedsrichters an.[125] Diese Wahrnehmungsverzerrung findet auch bei den Anhängern der jeweiligen Mannschaften statt. In dem Spiel Princeton gegen Dartmouth wurden die Anhänger der beiden Mannschaften befragt. Während die Anhänger von Dartmouth nur durchschnittlich 4,3 Fouls ihrer Mannschaft sahen, sahen die Anhänger von Princeton 100 % mehr Fouls von Dartmouth, nämlich durchschnittlich 9,8 Fouls.[126]

57 *Praxistipp*

Das deutsche Institut für Rechtstatsachenforschung untersuchte eine Vielzahl an Klagen wegen Regelverletzungen im Sport. In keinem einzigen Fall hat ein Sportler gegen seinen Mannschaftskameraden ausgesagt.[127] Auch diese Untersuchung ist Jahrzehnte alt. Neuere Forschungsergebnisse sind nicht ersichtlich. Das offenbart ein weitgehendes Desinteresse der Rechtspraxis und Rechtswissenschaft an der gerichtlichen Tatsachenfeststellung.

58 Würde es nun in einer Kneipe zu einer Schlägerei kommen, würde das Ergebnis des Prozesses mit hoher Wahrscheinlichkeit vom Zufall abhängen, wessen Anhänger als Zeugen vernommen werden. Die Anhänger der jeweiligen Kontrahenten bestätigen in der Regel, dass der „eigene Mann“ sich nur gewehrt habe, während der jeweils andere angefangen hat.[128]

59 Probanden wurde von Duncan ein Film gezeigt, in dem es zu einer Auseinandersetzung zwischen einem weißen und einem schwarzen Mann kam. Die Auseinandersetzung war jedoch äußerst moderat, fast scherzhaft und lediglich ein Schieben. In einer Version des Films schob der weiße Mann den schwarzen Mann. In einer ansonsten identischen Version schob der schwarze Mann hingegen den weißen Mann. 13 % der weißen Probanden beurteilten das Schieben des Weißen als gewalttätig, während das identische Schieben des Schwarzen von 70 % als gewalttätig beschrieben wurde.[129]

60 Auch während politischer Wahlkämpfe war von Altavilla (vor etlichen Jahrzehnten) zu beobachten, dass es fast keinen Wahlkampf gibt, der nicht zu zahllosen Prozessen

125 Vgl. Bender/Nack, Tatsachenfeststellung vor Gericht, 2. Aufl., Rn 108 ff., vgl. hierzu auch LG München I, 29 O 20208/06 n.v., dort hatte zwar der Schiedsrichter eine grobe Regelwidrigkeit bekundet, im Spiel aber keine rote Karte gezeigt. Das Gericht ging daher von Unaufklärbarkeit aus. Auch in der vom BGH (Az.: VI ZR 296/08) unbeanstandeten Beweiswürdigung des OLG Celle (Az.: 5 U 66/08) und des LG Stade (Az.: 4 O 31/08) wird auf die besondere Bedeutung der Schiedsrichteraussage verwiesen.

126 Vgl. Ainsworth, Psychology, Law and Eyewitness Testimony, S. 18.

127 Vgl. Bender/Nack/Treuer, Tatsachenfeststellung vor Gericht, 3. Aufl., Rn 112, 230.

128 Vgl. Ainsworth, Psychology, Law and Eyewitness Testimony, S. 19.

129 Vgl. Ainsworth, Psychology, Law and Eyewitness Testimony, S. 19.

führt[130] und in dem sich nicht zwei diametral einander gegenüberstehende kompakte Gruppen von Parteimitgliedern auch als Zeugen gegenüberstehen, von denen viele in gutem Glauben völlig falsch aussagen.[131]

Überhaupt ergeben sich aus gruppendynamischen Einflüssen große Gefahren für die Abweichung der Wahrnehmung von der Realität, d.h., die Zeugenaussage ist oft Resultat eines **kollektivpsychologischen Phänomens**.[132] „Bereits in der Ausbildung von Polizeibeamten im Fach Kriminalistik gilt dies als selbstverständlich, dass Zeugen nach einer Beobachtung getrennt werden müssen, um sich nicht gegenseitig zu beeinflussen."[133] „Mitglieder einer Gruppe nehmen typischerweise **Gruppenmeinungen** so wahr, als seien es weitgehend **ihre eigenen Meinungen**".[134] „Wenn mehrere Zeugen einem Ereignis beigewohnt haben, kommt es gewöhnlich zu einem Austausch der Eindrücke, die vielfach völlig verschieden sind. Auf Grund dieses Überdenkens und Vergleichens gelangen sie dann nicht selten zu einer aufeinander abgestimmten Geschehensversion, und sie ist es, die sich dann in ihrer Erinnerung festsetzt […]. Bei einer Schlägerei macht z.B. ein Beteiligter eine Handbewegung, um einen Angreifer abzuwehren. Ruft dann jemand aus: ‚Jetzt hat er ihm einen Messerstich versetzt', so ist es sehr leicht möglich, dass die harmlose Abwehrbewegung von anderen als eine Angriffshandlung wahrgenommenen wird. Andererseits neigt man bei einem Austausch der Eindrücke mit anderen Zuschauern dazu, die Lücken der eigenen Wahrnehmung der anderen aufzufüllen. Und wenn man sich jenes Gefühls von Eitelkeit erinnert, das in aufsehenden Prozessen häufig die Zeugen beseelt, begreift man, wie sehr es dieses Phänomen der Auffüllung der eigenen Wahrnehmung durch Angaben anderer fördert."[135] „Durch Partizipation an den kommunikativen Prozessen der Gruppe wird Gedächtnis sowohl erschaffen als auch aufrechterhalten."[136] Das Phänomen tritt auch bei Personen, die in häuslicher Gemeinschaft zusammenleben, auf, da diese an den verschiedenen Tagen und Wochen vor der Vernehmung den Vorfall in der Regel immer wieder in die verschiedensten Richtungen erörtert haben.[137] 61

Aber auch wenn sich eine Personengruppe ohne organisatorische Grundlage gebildet hat, z.B. Mitglieder einer Schiffsbesatzung oder Fahrgäste einer Straßenbahn, bei deren Betrieb ein Fahrgast geschädigt wurde, findet meist ein **Solidarisierungseffekt** statt. D.h., diese Zeugen sagen so aus, wie es dem Interesse ihres Gefährts

130 Ob das auch in Deutschland aufgrund der gefestigten Rechtsprechung des BVerfG zur Meinungsäußerungsfreiheit noch gilt, sei dahingestellt.

131 Vgl. Altavilla, Forensische Psychologie, Bd. II, Die Psychologie der Strafprozessbeteiligten, S. 237.

132 Vgl. Altavilla, Forensische Psychologie, Bd. II, Die Psychologie der Strafprozessbeteiligten, S. 202.

133 Hermanutz/Litzcke, Unterscheidung von Wahrheit und Lüge, S. 92.

134 Schneider, Praxis der neuen ZPO, 2. Aufl., Rn 35.

135 Altavilla, Forensische Psychologie, Bd. II, Die Psychologie der Strafprozessbeteiligten, S. 202.

136 Greuel, Wirklichkeit – Erinnerung – Aussage, S. 70.

137 Vgl. Döhring, Die Erforschung des Sachverhalts im Prozess, S. 134, 135.

und seiner Besatzung entspricht.[138] **Das gilt in der Regel für Beifahrer**. In der Praxis ist zu beobachten, dass Beifahrer regelmäßig die Schilderung des eigenen Fahrers zu bestätigen pflegen, sei es, „[...] dass Beifahrer weniger auf das Verkehrsgeschehen achten und daher nach einem Unfall ganz unbewusst eigene Beobachtungen mit demjenigen vermengen, was ihnen der Fahrer über den Unfallhergang erzählt,“[139] oder sei es, dass sich der Beifahrer mit dem eigenen Fahrer solidarisiert („sich für diesen in die Schanze schlägt“)[140] oder sei es, dass durch die gemeinsam erlebte Gefahr und die hierdurch hervorgerufenen Emotionen die Verantwortung auf den Unfallgegner verlagert wird,[141] oder sei es, wegen der allgemeinen Schwierigkeit, Turbulenzgeschehen richtig wahrzunehmen,[142] oder sei es, wegen all dieser Umstände kumuliert.[143]

62 Weiter gilt:

> *„Die die Wahrnehmung beeinflussenden Bezugssysteme (Maßstäbe, Normen) dominanter Gruppenmitglieder oder der Mehrheit der Gruppenmitglieder können zu einer Angleichung der Wahrnehmungsweise der übrigen Gruppenmitglieder führen, sofern die beeinflussten Gruppenmitglieder von der Erlebnisweise der einflussreichen Gruppenmitglieder Kenntnis erhalten haben.“*[144]

63 Diese gruppendynamischen Einflüsse sind nicht nur dann gegeben, wenn es sich um einen Kommunikationsaustausch – sei es bei dem Ereignis oder danach – mehrerer Zeugen handelt, sondern auch dann, wenn es sich um einen Kommunikationsaustausch eines Zeugen und eines Beteiligten handelt. Hier sind Zeugen vielfach „unbewussten Einflüsterungen“ ausgesetzt.[145] „In einem Prozess streitet man z.B. über den Zeitpunkt der Tat, um den Wert eines Alibis festzustellen. Der Beschuldigte und einer seiner Verwandten begeben sich dann zu einem Zeugen und fragen ihn, ob er sich an die genaue Uhrzeit des Geschehnisses erinnere. Der Zeuge, der auf diesen Umstand kein Gewicht gelegt hatte, antwortet unbestimmt. ‚So gegen sechs glaube ich'. Der andere darauf: ‚Sie wollten sagen, gegen sieben; erinnern Sie sich nicht, dass es schon dunkel war und das Licht schon brannte?' usw. Der Zeuge, der sich nicht genau erinnerte, wird dann am nächsten Tage vor dem Richter in völlig gutem Glauben von ‚sieben Uhr' sprechen, vielleicht sogar die Einzelheit des am Vorabend geführten Gesprächs vergessen haben.“[146] Das ist auch der Grund, wa-

138 Vgl. Döhring, Die Erforschung des Sachverhalts im Prozess, S. 142, 143.

139 AG München, 342 C 19827/01 n.v.

140 Undeutsch, Handbuch der forensischen Psychologie, 11. Bd., S. 109 m.w.N.

141 Vgl. Einmahl, Zeugenirrtum und Beweismaß im Zivilprozess, S. 469, 472 Fn 32 m.w.N.

142 Vgl. Arntzen, Psychologie der Zeugenaussage: System der Glaubwürdigkeitsmerkmale, 3. Aufl., S. 34.

143 Vgl. Einmahl, Zeugenirrtum und Beweismaß im Zivilprozess, NJW 2001, S. 469 ff.

144 Undeutsch, Handbuch der forensischen Psychologie, 11. Bd., S. 61.

145 Vgl. Altavilla, Forensische Psychologie, Bd. II, Die Psychologie der Strafprozessbeteiligten, S. 245.

146 Altavilla, Forensische Psychologie, Bd. II, Die Psychologie der Strafprozessbeteiligten, S. 245, 246.

rum Zeugen in Abwesenheit der anderen Zeugen zu hören sind. Die Erinnerung des Zeugen soll nicht durch die Erinnerung des anderen verändert werden.[147] **Dieses Phänomen der Wahrnehmungsverzerrung kann von dem Phänomen der Erinnerung an die Erinnerung[148] nicht scharf abgegrenzt werden.** Derartige Wahrnehmungs- bzw. Erinnerungsverzerrungen können auch in einem nicht protokollierten „informatorischen Vorgespräch" erfolgen.[149]

Hinweis 64

Aus der Praxis werden (v.a. bei Kapitalverbrechen) mehrstündige sog. „Vorgespräche" berichtet. Von Edelbacher, dem früheren Leiter des Wiener Sicherheitsbüros, erfahren wir: „Vor jeder Einvernahme, kann ein sogenanntes vorbereitendes Gespräch stattfinden. Dabei wird nichts geschrieben, sondern man kann gegenseitig sondieren, wo man steht. Zu meiner Zeit haben solche Gespräche manchmal länger als die tatsächliche Einvernahme gedauert."[150] Losgelöst von der rechtlichen Zulässigkeit stellt sich die Fragen nach der Zuverlässigkeit der nach mehrstündiger Vernehmung gewonnener Erkenntnisse.[151]

Darüber hinaus gibt es eine weitere Erscheinung, die Beachtung finden muss, nämlich das Phänomen des Massenzeugen, bei dem die Wahrnehmungsverzerrung durch Erwartungen, Wünsche, Hoffnungen etc. oder Suggestionen besonders in Erscheinung tritt. „In der Menge bildet sich auch gleichsam eine psychologische Einheit, und sie ist von Strömen durchflossen, die die Genauigkeit der Wahrnehmung und Überzeugungen mit sich fortreißen. Eine Menge, die sich in Bezug auf ein bestimmtes Ereignis in einem gemeinsamen Erwartungszustand befindet, ist psychologisch gleichsam auf eine Kollektivillusion vorbereitet. Es braucht nur jemand zu versichern, er habe etwas Bestimmtes gesehen, und schon geht es von Mund zu Mund weiter; jeder projiziert das ihm einsuggerierte innere Bild nach außen, so dass viele versichern, auch sie hätten das Bestimmte gesehen, und ganz sicher als reale Wahrnehmung ausgeben, was in Wirklichkeit ein bloßes Einbildungs- und Suggestionsprodukt war [...]. Hinzu kommt jene kindliche Eigenliebe, in der man gut informiert erscheinen möchte und daher als wirkliche Wahrnehmung ausgibt, was man nur gelesen oder erzählen gehört hat [...] Der Richter muß daher [...] in diesem Fall umsichtig den Standort des Zeugen und seine Entfernung [...] überprüfen."[152] 65

147 Vgl. Jansen, Zeuge und Aussagepsychologie, Rn 130.

148 Vgl. hierzu z.B. Bürkle, Richterliche Alltagstheorien im Bereich des Zivilrechts, S. 112, m.w.N., Schneider, Beweis und Beweiswürdigung, 5. Aufl., Rn 986, vgl. auch OLG Dresden, 13 U 600/01 n.v., vgl. auch Dettenborn/Fröhlich/Szewczyk, Forensische Psychologie, 2. Aufl., S. 67.

149 Vgl. Jansen, Zeuge und Aussagepsychologie, Rn 130.

150 Edelbacher/Herrnstadt, Sie haben das Recht zu schweigen, S. 116.

151 Vgl. Eisenberg, Vernehmung und Aussage (insbesondere) in Strafverfahren, JZ 1984, S. 916 f. m.w.N.

152 Altavilla, Forensische Psychologie, Bd. II, Die Psychologie der Strafprozessbeteiligten, S. 239, 240.

66 **Auch der allgemeine Verfolgungseifer beeinträchtigt die Fähigkeit zur unvoreingenommenen Wahrnehmung**. Kommt es in einem Ort immer wieder zu Brandstiftungen, so führt die lange ergebnislose Suche dazu, dass mehr und mehr der Abstand zur Sache und die Fähigkeit zur unbefangenen Erwägung verloren geht, sodass der Wunsch, den Täter zu finden in den Vordergrund tritt und die Realität verzerren kann.[153]

II. Pygmalion-Effekt (Compliance-Effekt)

67 Eine weitere Form der Fremdbeeinflussung liegt in dem sog. „Pygmalion-Effekt". D.h., der Beeinflussende kann bewusst oder unbewusst zu verstehen geben, welche Erwartungen er hinsichtlich der Auskunftsperson hat. Dies kann der Beeinflussende verbal oder nonverbal (Gesten etc.), bewusst oder unbewusst tun. Der Betreffende hat das Bedürfnis, seinem Gesprächspartner zu gefallen bzw. sich prestigeschützend darzustellen bzw. einen Konflikt zu vermeiden.[154] Der Auskunftsperson wird oftmals die Beeinflussung ebenfalls nicht bewusst.[155] „Suggestion vollzieht sich meist auf viel feinere Weise als das plumpe Vorsagen, das sie der Auskunftsperson in den Mund legen. Jedes erwartungsvolle Minenspiel, jede einladende Handbewegung, jede zielgerichtete Betonung kann suggestiv sein."[156]

III. Suggestivfrage

68 Die stärkste Form wäre hier die Suggestivfrage, d.h., eine Frage, die die Antwort bereits beinhaltet oder nur mit Ja oder Nein beantwortet werden kann[157] oder eine bestimmte Antwort herausfordert,[158] z.B., […] Sie erinnern sich doch sicher, dass der Täter blondes Haar hatte?"[159] oder, „das Opfer hat dann sicher um Hilfe gerufen".[160] Hierzu gehört auch die sog. **Voraussetzungsfrage**, „[…] das sind Fragen, bei denen man nach einer Einzelheit fragt und zugleich eine andere, die erst der Feststellung bedürfte, als sicher voraussetzt. Fragt man z.B. einen Zeugen, von welcher Farbe der Mantel der Frau war, so ist als sicher vorausgesetzt, dass es sich um eine Frau handelte, und dass sie einen Mantel trug, Dinge, die in Wahrheit vielleicht erst ergründet werden müssten."[161]

153 Vgl. Döhring, Die Erforschung des Sachverhalts im Prozess, S. 140, 141.

154 Vgl. Greuel/Offe/Fabian/Wetzels/Fabian/Offe/Stadler, Glaubhaftigkeit der Zeugenaussage, S. 224 m.w.N.

155 Vgl. Bender/Nack, Tatsachenfeststellung vor Gericht, 2. Aufl., Rn 105 ff.

156 Bender/Nack/Treuer, Tatsachenfeststellung vor Gericht, 3. Aufl., Rn 807.

157 Zöller, Komm. zur ZPO, 23. Aufl., § 397 Rn 4.

158 Schneider, Beweis und Beweiswürdigung, 5. Aufl., Rn 1277.

159 Altavilla, Forensische Psychologie, Bd. II, Die Psychologie der Strafprozessbeteiligten, S. 210, 211.

160 Hermanutz/Litzcke/Kroll, Polizeiliche Vernehmung und Glaubhaftigkeit, S. 30.

161 Altavilla, Forensische Psychologie, Bd. II, Die Psychologie der Strafprozessbeteiligten, S. 210.

Den Einfluss einer Suggestivfrage kann der Leser an folgendem einfachen Beispiel feststellen: 69

Beantworten Sie folgende Frage:

„Wie oft haben Sie Kopfschmerzen: täglich, zweimal pro Woche oder einmal pro Woche"?

Wahrscheinlich haben Sie einmal pro Woche geantwortet. Ihre Antwort wäre aber wahrscheinlich anders ausgefallen (so jedenfalls bei Probanden),[162] wenn Sie statt der o.g. Frage wie folgt gefragt worden wären:

„Wie oft haben Sie Kopfschmerzen: zweimal pro Woche, einmal pro Woche oder einmal im Monat?"

Dann hätten Sie wahrscheinlich zweimal pro Woche geantwortet. Das legt der sog. **Kompromisseffekt** nahe.[163] Ebenso gibt es einen statistisch signifikanten Unterschied, wenn Sie gefragt werden, „haben Sie häufig Kopfschmerzen, und falls ja, wie oft" oder wenn Sie stattdessen gefragt werden, „haben Sie gelegentlich Kopfschmerzen, und falls ja, wie oft." In dem erstgenannten Fall haben Probanden durchschnittlich 2,2 Mal pro Woche Kopfschmerzen, aber in dem letztgenannten Fall nur 0,7 Mal wöchentlich. Ebenso macht es einen merklichen Unterschied, ob in Fragen der bestimmte Artikel oder der unbestimmte Artikel genannt wird, z.B., „haben Sie das gebrochene Glas gesehen, statt haben Sie ein gebrochenes Glas gesehen."[164]

Besonders praxisrelevant und problematisch sind die Erwartungssuggestionen, „Sie haben das doch sicher ...", weil dem Befragten eigene Nachlässigkeit unterstellt wird, wenn er abweichend antworten sollte. Ähnlich problematisch ist die analoge Formulierung, „Sie werden doch sicher, ...", oder „gehe ich recht in der Annahme, dass ...".[165] Bayerlein weist aber zu Recht darauf hin, dass es im Einzelfall durchaus angebracht sein kann, d.h., der Vermeidung von Missverständnissen dienen kann, wenn sog. Veränderungssuggestionen in der Frage enthalten sind, so z.B., „ich habe Sie doch richtig verstanden, dass ...", „Sie meinen also, dass ...", „Sie können also ausschließen, dass ...".[166] 70

Nach Zöller sind Suggestivfragen per se unzulässig.[167] **Dem ist nicht zuzustimmen**, denn Suggestivwirkungen können bereits durch Verwendung des bestimmten/ 71

162 Vgl. Blank, Wie kann der Einfluß falscher Zusatzinformationen in Zeugenbefragungen minimiert werden, in Psychologie der Zeugenaussage, S. 177 ff., 178.

163 Vgl. hierzu Geipel/Nill, Erkenntnisse der Wirtschaftswissenschaften als Taktik der Vergleichsverhandlungen, zfs 2007, S. 6 ff.

164 Vgl. Loftus, Eyewitness Testimony, S. 94 ff.

165 Vgl. Bayerlein in: Praxishandbuch Sachverständigenrecht, 4. Aufl., § 18 Rn 36.

166 Vgl. Bayerlein in: Praxishandbuch Sachverständigenrecht, 4. Aufl., § 18 Rn 37.

167 Zöller Komm. zur ZPO, 23. Aufl., § 397 Rn 4.

unbestimmten Artikels,[168] der Wortwahl („wie schnell fuhren die Fahrzeuge, als sie sich berührten," oder „wie schnell fuhren die Fahrzeuge, als es krachte") oder die Fragestellung als solcher („wie groß war der Täter", oder „wie klein war der Täter") erzielt werden.[169] **Balzer gibt in einer Anleitung für die anwaltliche und gerichtliche Praxis sogar den Hinweis, dass der Vorsitzende Suggestivfragen für einen Glaubwürdigkeitstest stellen sollte.**[170] Schneider weist darauf hin, dass Suggestivfragen gesetzlich nicht verboten sind.[171] „Da jedoch nirgends ganz und gar auf Fragen verzichtet werden kann, die eine gewisse (wenn auch entfernte) Suggestivwirkung haben, kommt es allenthalben letzten Endes darauf an, die richtige Grenze zwischen noch vertretbaren und nicht mehr zulässigen Suggestivfragen zu finden."[172] In der psychologischen Forschung ist anerkannt, dass es kaum möglich ist, durch ausschließlich nicht suggestive Leerfragen einen vollständigen und genauen Bericht über das Beweisthema zu erhalten.[173] „‚Wer' suggeriert jemanden, ‚wo' suggeriert eine Ortsangabe, ‚wann' einen Zeitpunkt usw. […]. Es geht also darum, offensichtliche grobe Suggestivfragen zu vermeiden, mit denen bisher Festgestelltes überschritten wird und die deshalb gefährlich sind."[174] Es sollten dann aber mindestens drei, besser vier Antwortalternativen vorgegeben werden. Nachdem auf Suggestivfragen nicht verzichtet werden kann, begründen einzelne Suggestivfragen keine Bedenken gegen die generelle Zuverlässigkeit.[175] **Besondere Bedeutung kommt jedoch dem Antworttempo bei Suggestivfragen zu.**[176]

72 Daher gilt, dass Suggestivfragen nach Bender/Nack, Tatsachenfeststellung vor Gericht, 2. Aufl., Rn 623 in folgenden Situationen zur Wahrheitsfindung geeignet sind:[177]

- Um die Beeinflussbarkeit eines Vernommenen zu prüfen, kann der Vernehmer in dieser Form Tatsachen abfragen, die er schon genau kennt. Der Befragte weiß ja nicht, worüber der Vernehmer im Einzelnen Bescheid weiß. Es kann daraus aber nur der Schluss auf eine Suggestibilität der Zeugen gezogen werden, keinesfalls der Schluss auf eine Suggestionsresistenz.[178]
- Um den Zeugen durch eine Suggestivfrage zu dem Streitpunkt hinzuführen, den er bekunden soll. Jedoch darf der Zeuge niemals über die streitige Tatsache

168 Vgl. Milne/Bull, Psychologie der Vernehmung, S. 102 m.w.N.

169 Vgl. Milne/Bull, Psychologie der Vernehmung, S. 36 m.w.N.; vgl. Ainsworth, Psychology, Law and Eyewitness Testimony, S. 55.

170 Balzer, Beweisaufnahme und Beweiswürdigung im Zivilprozeß, Rn 180.

171 Schneider, Beweis und Beweiswürdigung, 5. Aufl., Rn 1277.

172 Döhring, Die Erforschung des Sachverhalts im Prozess, S. 55.

173 Vgl. Greuel/Offe/Fabian/Wetzels/Fabian/Offe/Stadler, Glaubhaftigkeit der Zeugenaussage, S. 65.

174 Dettenborn, Täter, Opfer, Zeuge, S. 130.

175 Vgl. Greuel, Wirklichkeit – Erinnerung – Aussage, S. 194.

176 Vgl. Greuel/Offe/Fabian/Wetzels/Fabian/Offe/Stadler, Glaubhaftigkeit der Zeugenaussage, S. 66.

177 Dann muss die Suggestivfrage aber auch prozessual zulässig sein.

178 Vgl. Greuel/Offe/Fabian/Wetzels/Fabian/Offe/Stadler, Glaubhaftigkeit der Zeugenaussage, S. 59.

selbst mittels Suggestivfrage vernommen werden, um die Vernehmung abzukürzen.

- Wenn ein Zeuge offensichtlich einer Partei gegenüber feindlich eingestellt ist oder sich ausweichend verhält oder es ablehnt, gewisse Dinge zu bekunden, vermag die Suggestivfrage seine Abwehrhaltung zu durchbrechen (sozusagen als Gegengift).
- Wenn ein Zeuge sich versprochen oder die Frage nicht verstanden hat.
- Wenn es von der Natur der Sache her geboten erscheint, den Untersuchungsgegenstand so genau zu beschreiben, damit der Zeuge die Frage überhaupt erst begreift.
- Manchmal muss man die Suggestivfrage als Erinnerungsstütze heranziehen.
- Wenn Widersprüche vorgehalten werden sollen. Keinesfalls aber darf man mittels Suggestivfragen dem Zeugen helfen, widersprüchliche Aussagen zu „harmonisieren" (indem man ihm z.B. Erklärungen in den Mund legt, die den Widerspruch – wirklich oder auch nur scheinbar – überbrücken).
- Als Zusammenfassung a.E. des Verhörs.[179]
- Untunlich ist grds. die in der Praxis beliebte Einleitung zu einer Frage, was andere Zeugen bereits gesagt haben. Besondere Vorsicht ist auch bei Zusammenfassungen des (angeblich) bisher Gesagten und daran anschließenden Fragen geboten.[180]

Praxistipp 73

Suggestivfragen sind nach richtiger Ansicht nicht unzulässig und zur Wahrheitsfindung durchaus erlaubt. Beweiswert hat nach dem Kenntnisstand der aussagepsychologischen Forschung nur die sog. **Überhangantwort**,[181] d.h., die Antwort, die über ein schlichtes Ja oder nein, bzw. die in der Frage enthaltene oder nahegelegte Antwort hinausgeht. Der Beweiswert einer solchen Überhangantwort ist sogar noch höher als die Antwort auf eine neutral formulierte Frage.[182] Je größer die Anzahl der abgewiesenen Suggestionen ist, desto wahrscheinlicher ist, dass der durch die Suggestion unterstellte Sachverhalt nicht zutrifft.[183] Damit für das übergeordnete Gericht erkennbar ist, ob es sich um eine Überhang-

179 Vgl. zum Ganzen Bender/Nack, Tatsachenfeststellung vor Gericht, 2. Aufl., Rn 623 ff.

180 Wendler, Die Vernehmung der Auskunftsperson, S. 210, in: Die Erhebung von Zeugenaussagen im Strafprozess (Hrsg. Deckers/Köhnken).

181 Vgl. Bender/Nack, Tatsachenfeststellung vor Gericht, 2. Aufl., Rn 623; vgl. auch Greuel/Offe/Fabian/Wetzels/Fabian/Offe/Stadler, Glaubhaftigkeit der Zeugenaussage, S. 254; vgl. Jäckel, Beweisrecht der ZPO, Rn 497; weniger drastisch Döhring, Die Erforschung des Sachverhalts im Prozess, S. 56 m.w.N., demzufolge die Bekundung, die auf eine Suggestivfrage hin erfolgt, nicht völlig wertlos ist, aber von vorneherein einen Teil Ihrer Glaubhaftigkeit einbüßt.

182 Vgl. Trankell, Der Realitätsgehalt von Zeugenaussagen, S. 76.

183 Vgl. Trankell, Der Realitätsgehalt von Zeugenaussagen, S. 76, vgl. auch Altavilla, Forensische Psychologie, Bd. II, Die Psychologie der Strafprozeßbeteiligten, S. 211 m.w.N.

antwort gehandelt hat, sollte der Anwalt darauf drängen, dass Frage und Antwort protokolliert werden.[184]

74 Zu beachten ist auch, dass Fragen nach nur vermuteten Motiven, Handlungen, Gründen etc., z.B., „warum hat er das getan", zwar zu sinnvollen Fragen gehören, aber nicht mit 100%iger Genauigkeit beantwortet werden können.[185]

75 **Die Wahrnehmungsverfälschung durch Suggestionen** geschieht nicht nur durch Suggestivfragen während der gerichtlichen oder behördlichen Vernehmung, sondern **oft außerhalb des Verfahrens. Insb. immer dann, wenn eine Partei den Zeugen aufsucht, um den Fall mit diesem zu besprechen**.

76 Die Gefahr der Wahrnehmungsverfälschung durch Suggestionen ist naturgemäß dort am größten, wo die eigene Wahrnehmung nur flüchtig, die eigene Reizbindung des Wahrnehmungserlebnisses somit am geringsten war.[186]

77 Es muss noch einmal betont werden, „die bloße Bestätigung eines dargebotenen Vorhalts ist hingegen unergiebig und [...] nicht verwertbar."[187] Selbst auf falschen Vorhalt werden Dinge bestätigt. In einem Experiment wurde nachgewiesen, dass z.B. 17 % der Probanden eine tatsächlich nicht existente Scheune gesehen haben wollen, wenn diese zuvor gefragt wurden, wie schnell das Auto war, als es an der (nicht existenten) Scheune vorbeifuhr.[188]

78 Hinzu kommt, dass Suggestionen auch bei völlig indifferenter Fragestellung durch die Umstände, das Minenspiel, durch Gesten, durch die Art, wie die Frage formuliert wird oder durch den Unterton entstehen können.[189] Auch die reine Wiederholung von Fragen kann suggerieren, dass der Fragende mit der Antwort nicht einverstanden war. Dadurch kann Druck entstehen, die ursprüngliche Antwort anzupassen oder eine Antwort auch ohne ausreichende Kenntnis zu geben.[190] **Darüber hinaus kann eine Suggestion nicht nur durch Fragen entstehen, sondern auch durch eine schlichte Falschinformation (sog. Falschinformationseffekt).**[191] Der Falschinformationseffekt (auch post-event misinformation) wirkt umso stärker, je

184 Vgl. Döhring, Die Erforschung des Sachverhalts im Prozess, S. 58 u. zum Ganzen Bender/Nack, Tatsachenfeststellung vor Gericht, 2. Aufl., Rn 623 ff.; vgl. auch Wendler, Die Vernehmung der Auskunftsperson, S. 210, in: Die Erhebung von Zeugenaussagen im Strafprozess (Hrsg. Deckers/Köhnken) und Wendler/Hoffmann, Technik und Taktik der Befragung im Gerichtsverfahren, Rn 3.

185 Vgl. Milne/Bull, Psychologie der Vernehmung, S. 34.

186 Vgl. Undeutsch, Handbuch der forensischen Psychologie, 11. Bd., S. 61.

187 Greuel/Offe/Fabian/Wetzels/Fabian/Offe/Stadler, Glaubhaftigkeit der Zeugenaussage, S. 67.

188 Vgl. Greuel/Offe/Fabian/Wetzels/Fabian/Offe/Stadler, Glaubhaftigkeit der Zeugenaussage, S. 181 m.w.N.

189 Vgl. Döhring, Die Erforschung des Sachverhalts im Prozess, S. 57.

190 Vgl. Greuel/Offe/Fabian/Wetzels/Fabian/Offe/Stadler, Glaubhaftigkeit der Zeugenaussage, S. 184 m.w.N.

191 Vgl. Greuel, Wirklichkeit – Erinnerung – Aussage, S. 148 ff.; Volbert, Beurteilung von Aussagen über Traumata, S. 105 ff.

beiläufiger, z.B. in Nebensätzen er gegeben wird.[192] Es handelt sich hierbei um einen des robustesten und meistreplizierttesten Effekts der Gedächtnisforschung,[193] dem ein Quellenverwechslungsfehler vorgeht, d.h., „wir vergessen die Quelle der Information und lokalisieren sie fälschlicherweise in unserem eigenen Gedächtnis oder unseren Erlebnissen."[194] Der Falschinformationseffekt besteht oft darin, dass es um Details geht, die nicht sehr gut erinnert werden, weil ihnen nicht genügend Aufmerksamkeit geschenkt wurde oder das Ereignis bereits lange zurückliegt. Bei dem Empfänger der Falschinformation liegt damit eine „Mangelsituation" vor, die durch die Falschinformation behoben wird.[195] Ein besonders markantes Beispiel des Falschinformationseffekts stellt *Steller* dar, der auf den Fall eines Polizeibeamten in dem sog. Trabi-Brand-Prozess vor dem LG Cottbus Anfang der 1990er Jahre verweist. Dort hatte ein Polizist zeitnah einen Vermerk gefertigt, dass er die Benzinkanister im Kofferraum des ausgebrannten Trabants sowie die Öffnungswinkel ihrer Verschlüsse gesehen habe, obwohl die Kanister bereits entfernt waren, als er selbst an den Ort des Geschehens gekommen ist. Der Polizist war Opfer des Einflusses nachträglicher Informationen geworden.[196]

Es ist daher immer in Erwägung zu ziehen, ob und welche Informationen der Zeuge aus seiner vorangegangenen Vernehmung, aus der Presse oder aus Gesprächen mit anderen Personen haben kann.[197] „Wer Zeuge eines markanten oder gar erschütternden Ereignisses wurde, ist geneigt, darüber mit anderen zu sprechen und, wenn die anderen auch Zeugen waren, mit ihnen Eindrücke auszutauschen. Hat so ein Ereignis einen Nachrichtenwert, dann berichten die Medien darüber, und es ist nicht ausgeschlossen, daß allerhand Kommentatoren die Sache beleuchten. Und jedes Mal, wenn dadurch die Erinnerung beim Augenzeugen wieder hervorgerufen wird, grübelt der Zeuge selbst auch wieder darüber und denkt sich neue Erklärungen für bislang unverständliche Teile der ursprünglichen Erinnerung aus. Oder er entnimmt solche Erklärungen den Kommentaren anderer. Jede Rekonstruktion der Erinnerung bietet eine neue Gelegenheit für die Aufnahme der ‚post-event misinformation' (nachträgliche Fehlinformation) in die ursprüngliche Erinnerung."[198]

192 Vgl. Greuel/Offe/Fabian/Wetzels/Fabian/Offe/Stadler, Glaubhaftigkeit der Zeugenaussage, S. 183 m.w.N.

193 Vgl. Hermanutz/Litzcke, Vernehmung in Theorie und Praxis, S. 92.

194 Shaw, Das trügerische Gedächtnis, S. 20.

195 Vgl. Volbert, Suggestion, S. 413 ff. in: Aussagepsychologie für die Rechtspraxis (Hrsg.: Ludewig/Baumer & Tavor).

196 Vgl. Steller, Die Entdeckung der Scheinerinnerung, S. 71 f. in: Deckers/Köhnken (Hrsg.), Die Erhebung und Bewertung von Zeugenaussagen im Strafprozess, 3. Aufl. (2019).

197 Vgl. Hermanutz/Litzcke, Vernehmung in Theorie und Praxis, S. 92 f.

198 Crombag/Merckelbach, Missbrauch vergisst man nicht, S. 81.

79 *Beispiel*

„Versuchspersonen [in Holland] wurden mit Hilfe einer kurzen Beschreibung an die Katastrophe [Flugzeugabsturz in Amsterdam vom 4.10.1992] erinnert. Ihnen wurde auch mitgeteilt, daß die Forscher testen wollten, wie gut ihre Erinnerung an dieses Ereignis war. Vorab wurde beiläufig gefragt, ob man die Fernsehbilder von dem Moment an, als das Flugzeug das Hochhaus traf, gesehen hatte. In dieser Frage ist die irreführende Information enthalten, da die Bilder von diesem Augenblick nie gezeigt wurden – einfach, weil es sie nicht gibt [das Experiment erfolgte weit vor dem 11.9.2001, so dass eine Verwechslung der Bilder von diesem Attentat nicht möglich war]. Obwohl jeder das wissen oder nachträglich bedenken konnte, bestätigten dennoch 55 Prozent der 107 Befragten, daß sie die (nichtexistierenden) Bilder gesehen hätten. Und danach waren sie bereit, konkrete Fragen über das (Nicht-)Geschehene zu beantworten, nämlich wie lange es gedauert hatte, bevor Feuer ausgebrochen war. Wieder zeigte sich, daß es ganz einfach war, irreführende Informationen in das Gedächtnis von Menschen hineinzuschmuggeln.“[199]

80 Bereits 1890 hat der amerikanische Philosoph William James in seinem Standardwerk „Principles of Psychology“ die Berichte anderer als wichtigste Quelle der Fehlbarkeit ehrlich gemeinter Aussagen bezeichnet.[200] Aktuelle Experimente („Gedächtnis-Hacking“) offenbaren eine erschreckende Einfachheit, wie falsche Erinnerungen, die mit mindestens zehn nicht zutreffenden Einzelheiten garniert waren, durch eine simple Falschinformation erzeugt werden können.[201] „Jede neue Darstellung, die wir hören, hat das Potenzial, unsere Erinnerungen negativ zu verändern.“[202] Der Effekt ist so ausgeprägt, dass er weitere eigenständige Namen in der psychologischen Forschung erhalten hat, nämlich der sog. „co-witness-effect“ oder „memory borrowing“, „groupiness“ oder „social contagion“.[203] „Sie haben gezeigt, dass die Erinnerung eines Menschen [durch gemeinsame Besprechung] von den Erinnerungsfehlern eines anderen Menschen angesteckt werden kann: eine Art Wucherungseffekt falscher Erinnerungen.“[204] Andere Probanden bejahten z.B. (45 %), den Film des tödlichen Autounfalls von Prinzessin Diana in der Nacht des 31.8.1997 gesehen zu haben, obwohl es einen solchen Film nicht gibt.[205]

81 Nach der **Verschmelzungshypothese** werden die ursprünglichen Gedächtnisinhalte durch nachträgliche Informationen unwiderrufbar verändert. Die Falschinformati-

199 Crombag/Merckelbach, Missbrauch vergisst man nicht, S. 82 f.
200 Vgl. Crombag/Merckelbach, Missbrauch vergisst man nicht, S. 82.
201 Vgl. Shaw, Das trügerische Gedächtnis, S. 192 ff.
202 Shaw, Das trügerische Gedächtnis, S. 206.
203 Vgl. Shaw, Das trügerische Gedächtnis, S. 208, 222 ff.
204 Shaw, Das trügerische Gedächtnis, S. 224.
205 Vrij, Detecting Lies and Deceit, 2. Aufl., 249 m.w.N.

on kann durch kleinste Veränderungen (z.B. die Verwendung des bestimmten oder unbestimmten Artikels) zu unterschiedlichen Ergebnissen führen.[206] Ist die Person von den suggerierten Inhalten überzeugt, ist es nicht möglich, den Fehler durch Aussagekriterien aufzudecken. Um suggestive Einflüsse auszuschließen, „sollte rekonstruiert werden,

- wem gegenüber die erste Aussage gemacht wurde,
- in welcher Situation sie gemacht wurde,
- welche Angaben genau gemacht wurden,
- ob sie spontan oder auf Befragen gemacht wurden,
- welche Art von Fragen gestellt wurden,
- welche Einstellungen und Erwartungen der Aussageempfänger hatte,
- wie er auf die Mitteilung reagiert hat.“[207]

Das wird in der Praxis oft nicht möglich sein. Gleichwohl ist nach dem aktuellen 82
Stand der Wissenschaft nur eine Aussageanalyse, die diese Punkte berücksichtigt, lege artis. **Hieraus ergibt sich die zwingende Forderung, dass bereits die erste (polizeiliche) Vernehmung wörtlich protokolliert wird.** Suggestionen sind bereits durch die Art der Fragestellung möglich. Es macht z.B. einen statistisch relevanten Unterschied, ob gefragt wird, „wie lang war der Film“ oder „wie kurz war der Film“.[208]

Hinweis 83

Die erste Aussage in der Akte ist regelmäßig nicht die erste Aussage überhaupt. Das ist bei der Aussagegenese und den potenziellen Suggestionseinflüssen zu beachten.[209] Auch wenn experimentelle Studien kein eindeutiges Bild erbracht haben, sind Kinder generell anfälliger für Suggestionen als Erwachsene und Senioren sind ebenfalls empfänglicher für Suggestionen, insbesondere für Suggestionen, die Berührungen beinhalten. Ein insoweit eindeutiges Bild konnte durch experimentelle Studien allerdings noch nicht erbracht werden.[210] Das gilt auch für suggerierte Pseudoerrinnerungen bei Kindern. Auch hier können suggerierte Aussagen sehr unterschiedliche Verläufe nehmen. Ein Teil kann ohne weitere suggestive Einflüsse remittieren, aber auch persistieren und sogar erst nachträglich wirksam werden, so dass es im Einzelfall nicht möglich ist, vorherzusagen, wie sich suggerierte Aussagen im Zeitverlauf entwickeln werden.[211]

206 Vgl. Greuel/Offe/Fabian/Wetzels/Fabian/Offe/Stadler, Glaubhaftigkeit der Zeugenaussage, S. 33 f. m.w.N.

207 Greuel/Offe/Fabian/Wetzels/Fabian/Offe/Stadler, Glaubhaftigkeit der Zeugenaussage, S. 199.

208 Vgl. Loftus, Eyewitness Testimony, S. 94.

209 Vgl. Bender/Nack/Treuer, Tatsachenfeststellung vor Gericht, 3. Aufl., Rn 253, 273 f.

210 Vgl. Müller-Johnson/Ceci, Zur suggestiven Beeinflussbarkeit von älteren Menschen, S. 318, 327 in: Dahle/Volbert (Hrsg.) Entwicklungspsychologische Aspekte der Rechtspsychologie.

211 Vgl. Erdmann/Busch/Jahn, Langzeitentwicklung suggerierter Pseudoerinnerungen bei Kindern, S. 306, 314 f. in: Dahle/Volbert (Hrsg.) Entwicklungspsychologische Aspekte der Rechtspsychologie.

M. Grenzen der menschlichen Sinnesorgane

84 Weitere Wahrnehmungsverfälschungen ergeben sich daraus, dass die menschlichen Sinnesorgane sehr bald an die Grenzen ihrer Aufnahmefähigkeit gelangen. Wer müde oder alkoholisiert ist, nimmt weniger und flüchtiger wahr, d.h., umso größer ist die Gefahr der Anreicherung.[212] „Dennoch ist es bei Gericht keinesfalls die Regel, Zeugen/innen nach ihrem etwaigen Alkoholgenuss zu fragen."[213] Auch das Auge passt sich z.B. sehr schnell der Helligkeit an, aber sehr langsam der Dunkelheit.[214] Das menschliche Dämmerungssehen ist eingeschränkt[215] und bestimmte Ereignisse passieren zu schnell, als dass sie vom Auge wahrgenommen werden können.[216]

85 „‚Jede Vorstellung', sagt Wundt, braucht eine gewisse Zeit, um in das Blickfeld des Bewusstseins zu dringen.'"[217] Daher befinden sich Verkehrsunfälle, Tumulte und Schlägereien im Grenzbereich objektiver Wahrnehmungsmöglichkeit,[218] sodass allgemein anerkannt ist, dass es sich bei Turbulenzgeschehen, was die Chance einer zutreffenden Wahrnehmung angeht, um im erhöhten Maße fehleranfällige Bereiche handelt.[219] Umso häufiger kommt es dann zu einer Ausfüllung und Schlussfolgerung.[220] Wesentlich für ein **Turbulenzgeschehen** ist,

- es läuft in seinen entscheidenden Phasen sehr schnell ab,
- es sind mehrere Personen beteiligt,
- der Zeuge wird von der Situation überrascht,
- der Zeuge wird selbst von einem Affekt (Angst, Schrecken) erfasst,
- im Anschluss an den Vorfall wird der Vorfall häufig mit anderen besprochen.[221]

86 *„Je ungenauer und verschwommener eine Wahrnehmung ist, desto mehr Raum ist gegeben, für solche aussageverzerrenden Einflüsse wie Einstellungen, Bedürfnisse, Erwartungen, Gewohnheiten, Gruppennormen, Suggestionen anderer."*[222]

212 Vgl. Bender/Nack, Tatsachenfeststellung vor Gericht, 2. Aufl., Rn 73.
213 Wendler, Wie ähnlich war der Unfall?, S. 90.
214 Vgl. Bender/Nack, Tatsachenfeststellung vor Gericht, 2. Aufl., Rn 35 m. der Empfehlung, im Zweifel die Beobachtungssituation zu rekonstruieren u. festzustellen, wie lange das Auge braucht, um sich an die Dunkelheit zu gewöhnen.
215 Vgl. Bender/Nack, Tatsachenfeststellung vor Gericht, 2. Aufl., Rn 34.
216 Vgl. Bender/Nack, Tatsachenfeststellung vor Gericht, 2. Aufl., Rn 37.
217 Altavilla, Forensische Psychologie, Bd. II, Die Psychologie der Strafprozessbeteiligten, S. 201.
218 Vgl. Bender/Nack, Tatsachenfeststellung vor Gericht, 2. Aufl., Rn 38.
219 Vgl. Wendler, Wie ähnlich war der Unfall?, S. 69.
220 Vgl. Einmahl, Zeugenirrtum und Beweismaß im Zivilprozess, NJW 2001, S. 472.
221 Vgl. Arntzen, Psychologie der Zeugenaussage, System der Glaubwürdigkeitsmerkmale, 3. Aufl., S. 34.
222 Dettenborn, Täter, Opfer, Zeuge, S. 118.

Praxistipp 87

„Diese Momente tragen dazu bei, dass der Zeuge in seiner Beobachtung beeinträchtigt ist (Gegebenheiten und Abläufe nicht genau erfasst, den Überblick verliert) und nicht unbeeinflusst aussagt. Ohne Sachbeweise kommt man dann in den meisten Fällen nicht zu einem klaren Bild vom Geschehen."[223] Folgerichtig beurteilen die Verkehrsspezialkammern der LG oder Spezialabteilungen der AG Unfallkonstellationen in der überwiegenden Anzahl nach dem Anscheinsbeweis, obwohl Aussagen von Fahrern/Beifahrern einen anderen Verlauf auf den ersten Blick nahelegen könnten.

Ein Beleg aus der Gerichtspraxis hierzu: 88

„Hierbei ist jedoch zu berücksichtigen, dass es sich bei der Zeugin um eine Beifahrerin im Klägerfahrzeug zum Unfallzeitpunkt gehandelt hat. Das Gericht, das ausschließlich mit den zivilrechtlichen Folgen von Verkehrsunfällen befasst ist, erlebt es aber in praktisch allen Fällen, dass Beifahrer immer die Unfalldarstellung ihres eigenen Fahrers zu bestätigen pflegen. Dies mag daran liegen, dass Beifahrer weniger auf das Verkehrsgeschehen achten und daher nach einem Unfall ganz unbewusst eigene Beobachtungen mit demjenigen vermengen, was ihnen der Fahrer über den Unfallhergang erzählt."[224] *Eine Verkehrsspezialkammer teilt mit: „Fahrer haben stets eine subjektive Vorstellung vom Geschehensablauf, ferner ist ein eigenes persönliches und wirtschaftliches Interesse am Ausgang des Rechtsstreits nicht auszuschließen. Insassenzeugen zeigen häufig Solidarisierungstendenzen mit dem jeweiligen Fahrer."*[225]

Die Tatsache, dass bei Verkehrsunfällen der Insasse eines Wagens praktisch nie irgendetwas zuungunsten seines Fahrers aussagt, wurde bereits in der älteren Literatur beobachtet, jedoch nicht durch die Schwierigkeiten bei der Wahrnehmung (Turbulenzgeschehen) erklärt, sondern durch die Motivlage: 89

„Ich habe es als Verkehrsrichter fast nie erlebt, dass der Insasse eines Wagens als Zeuge irgendetwas zum Nachteil ‚seines' Fahrers ausgesagt hätte. Das kommt praktisch nicht vor. Es kann jemand der größte Verkehrsrowdy sein und einwandfrei einen Unfall verschulden – wenn er einen Beifahrer mitnimmt, dann hat er einen Zeugen! Der Zeuge nimmt Partei und schlägt sich für ihn in die Schanze."[226] *„Der begreifliche Wunsch, den Fahrer, der in einem solchen Fall meistens in einem Verwandtschafts- oder Freundschaftsverhältnis steht, zu schützen, aber auch die eigenen materiellen Ansprüche, die aus dem Unfall entstanden sind, durchzusetzen, werden ein subjektiv gefärbtes Tatbild entstehen* 90

223 Arntzen, Psychologie der Zeugenaussage, System der Glaubwürdigkeitsmerkmale, 3. Aufl., S. 34.
224 AG München, 342 C 19827/01 n.v.
225 LG München I, 19 S 2620/04 n.v.
226 Undeutsch, Handbuch der forensischen Psychologie, 11. Bd., S. 109 m.w.N.

lassen, das sicherlich vom wirklichen Geschehen auch bei bester Absicht, ‚die reine Wahrheit und nichts als die Wahrheit' auszusagen, weit entfernt ist.“[227]

91 Das Phänomen der regelmäßig unzuverlässigen Schilderung bei Verkehrsunfällen verdeutlicht folgendes Praxisbeispiel von Zeugenaussagen eines Verkehrsunfalls,[228] die zwar keine Beifahrer, sondern Fahrer des rückwärtigen Verkehrs waren und somit ihre Konzentration auf das davor befindliche Verkehrsgeschehen richten mussten, aber trotzdem nur zu unzutreffender Wahrnehmung fähig waren.

92 *„Zur Sache:*

Am Unfalltag befuhr ich (Zeugin Musterfrau) die S.-straße, die drei Fahrspuren hat, wobei die rechte Fahrspur jedoch beparkt war, so dass nur zwei befahrbare Fahrspuren verblieben. Ich fuhr in der rechten befahrbaren Fahrspur, vor mir das Fahrzeug S. Ich meine, dass der später unfallbeteiligte silberne Pkw in der linken Fahrspur fuhr. Wir bewegten uns im Prinzip im Kolonnenverkehr mit relativ geringer Geschwindigkeit, d.h., ich schätze im 1. Gang fahrend. Ich sah, wie das Fahrzeug, das silberne, von der linken Fahrspur in die rechte Fahrspur, befahrend von Herrn S., rüberzog. Herr S. musste bremsen, auch ich bremste und konnte kollisionsfrei hinter dem Fahrzeug des Herrn S. anhalten. Das Fahrzeug fuhr dann in die rechte Fahrspur ein und musste wohl verkehrsbedingt anhalten. Nun fuhr Herr S. auf. Der S. versuchte noch, die Kollision zu vermeiden, was wiederum für mich auch wieder ein starkes Bremsen hervorrief. Herr S. konnte ein Auffahren nicht vermeiden, ich schon. Zu den weiteren Umständen dieses Unfalles kann ich keine Bekundung machen, ich habe nur diese Situation bewusst erfasst, die ich gerade geschildert habe. Von einem Fahrspurwechsel des Herrn S. kann ich nichts sagen, das habe ich nicht gesehen.“

93 Ein weiterer Zeuge sagte aus:

„Zur Sache:

Am Unfalltag fuhr ich (Zeuge Mustermann), wie die später unfallbeteiligten Fahrzeuge in gleicher Fahrtrichtung auf der zunächst dreispurig befahrbaren S.-straße, die nach der Kreuzung mit der B.-straße zweispurig wird, weil am rechten Fahrbahnrand Fahrzeuge geparkt sind. Ich fuhr versetzt hinter dem Fahrzeug des Herrn S. in der linken Fahrspur, Herr S. fuhr in der Mittleren. Ich beobachtete nun, wie ein silberner Mercedes, der in die Parkspur rechts eingefahren war, diese Fahrweise wohl korrigieren wollte und wieder in die rechte Fahrspur von der nun zweispurig befahrbaren S.-straße überwechselte. Ob der Fahrer dieses Fahrzeuges einen Blinker gesetzt hatte, weiß ich nicht. Ich kann auch nicht rekonstruieren, in welchem Abstand zum herannahenden Fahrzeug des Herrn S. er vor demselben einscherte, vielleicht 10 m, vielleicht 15 m. Sicher

227 Tschadek, Der Beweis, S. 17.

228 AG München, 345 C 26667/00 n.v.

bin ich mir da nicht. Wir alle fuhren mit einer Geschwindigkeit von ca. 30 oder 40 km/h. Der silberne Mercedes scherte dann in die Fahrspur, befahren von Herrn S., ein. Herr S. fuhr auf. Ich beobachtete noch, dass Herr S. wohl den Versuch machte, nach links auszuweichen, das ging aber nicht, weil ich dort war. Wenn mir die Angaben der Zeugin Musterfrau vorgehalten werden, die sagte, der silberne Mercedes sei von der linken Fahrspur in diejenige des Herrn S. reingefahren, so bleibe ich bei meinen Angaben. Ich kann mich recht gut erinnern, weil dies im Prinzip der erste Unfall war, den ich live erlebt habe. Zur Unfallörtlichkeit wäre folgendes zu sagen: Vor der Kreuzung B.-straße gibt es eine Linksabbiegerspur und zwei geradeaus führende Fahrspuren. Nach der Kreuzung entfällt die Linksabbiegerspur und die zwei geradeaus führenden Fahrspuren werden nach links versetzt fortgeführt. Die Fortsetzung der gedachten rechten Fahrspur ist dann der sogenannte Parkstreifen. Herr S. und ich sind Arbeitskollegen. Wir sind kollegial bekannt. Die Firma, in der wir beide arbeiten, heißt Firma W. und ist in unmittelbarer Nähe des Unfallgeschehens.“

Bei diesen beiden Zeugenaussagen fällt auf, dass es sich nicht um Beifahrer handelt, 94
aber gleichwohl keine Klärung herbeigeführt werden kann, von wo der silberne Mercedes in die Fahrspur des Herrn S. gefahren ist. Entweder von links (Zeugin Musterfrau) oder von rechts (Zeuge Mustermann).

Prozessuales Ergebnis im wahren Sachverhalt: 95

Ein Sachverständigengutachten ergab, dass es gar keinen Fahrspurwechsel gegeben hatte, weder von rechts noch von links, bzw. dieser Fahrspurwechsel – wenn es ihn überhaupt jemals gegeben hat – jedenfalls so **lange vor der Kollision** passiert hätte sein müssen, dass er für den Unfall nicht mehr kausal sein konnte.

Das Beispiel belegt, dass bei Verkehrsunfällen insb. die Gefahr besteht, das Ge- 96
schehen im Sinne der Prägnanztendenz (das Typische, das Wahrscheinliche, s.o.) wahrzunehmen.[229] Es mag für manchen Zeugen typisch sein, dass bei Fahren in einer Kolonne ein scheinbar grundloses Auffahren auf einen Fahrstreifenwechsel zurückzuführen ist bzw. ein (vor längerer) Zeit wahrgenommener Fahrspurwechsel mit dem Auffahren in Verbindung steht. Allgemein ist in der Praxis zu beobachten, dass Zeugenaussagen **von welcher Fahrspur** gewechselt wurde (von rechts oder von links) unzuverlässig sind.[230] **Auch die Ampelstellung kann oft nicht konkret wiedergegeben werden.** Entscheidend ist oft, ob ein Zeuge ein Auffahren bekun-

229 Vgl. Undeutsch, Handbuch der forensischen Psychologie, 11. Bd., S. 59.

230 So in einem exemplarischen Fall des AG München, 343 C 10902/06 n.v., der Spurwechsel stand fest. Die Zeugen gaben aber unterschiedliche Bekundungen, ob vom rechten oder vom linken Fahrstreifen gewechselt wurde.

det, nicht jedoch die (potenziell fehlerbehaftete) Aussage zur **Ampelstellung** (Umschalten auf Gelb), während der Kläger eine rote Ampelschaltung zum Zeitpunkt der Kollision vorträgt.[231]

97 **Die Reihenfolge von Einzelvorgängen wird bei Turbulenzgeschehen oftmals unrichtig wiedergegeben, sodass Ursache und Wirkung vertauscht werden.**[232]

98 *„Die Aufprallreihenfolge mehrerer Fahrzeuge kann in aller Regel nicht (richtig) wahrgenommen werden. Hat es zuerst hinten oder vorne gekracht? Konnte der/die Fahrer/in also noch rechtzeitig bremsen und wurde dann vom dahinter fahrenden Wagen auf den vorderen aufgeschoben oder fuhr er/sie wegen eines zu kurzen Sicherheitsabstandes selbst auf?“*[233]

99 *Praxisbeispiel*

In einem weiteren Verfahren vor dem AG München (Az: 341 C 7090/01) ging es um die Frage, ob ein Kfz bereits auf das davor befindliche Kfz aufgefahren war, als das (mittlere) Kfz von einem anderen Kfz von hinten angefahren wurde. D.h., die streitentscheidende Frage war, ob das mittlere Kfz seinerseits auf das erste Kfz aufgefahren war oder aufgeschoben wurde.

100 Vorgerichtlich sagte der Zeuge (Fahrer des ersten Fahrzeuges) gegenüber der Haftpflichtversicherung des letzten Fahrzeuges aus, dass das mittlere Kfz bereits aufgefahren war, als es zu einer weiteren Kollision kam und er sich an zwei Stöße erinnern könne. In der Gerichtsverhandlung sagte der Zeuge wie folgt aus:

Zur Sache:

„Ich war der Fahrer des Fahrzeuges auf das das klägerische Fahrzeug entweder aufgefahren ist bzw. aufgeschoben wurde. Ich kann eigentlich nichts darüber sagen, ob das klägerische Fahrzeug aufgeschoben wurde oder selbst aufgefahren ist, da ich das nicht gesehen habe, und ich habe nach vorne geschaut. Allerdings kann ich mich nur an einen Auffahrruck erinnern. Möglicherweise ist meine Aussage gegenüber der Versicherung missverständlich. Ich jedenfalls kann mich daran erinnern, dass ich einen Schlag verspürt habe.“

101 Im Prozess wurde durch ein Sachverständigengutachten geklärt, dass das mittlere Fahrzeug aufgeschoben wurde. Festzuhalten bleibt somit, dass die Angaben des Zeugen vorgerichtlich und gerichtlich hierzu variieren **und es forensischer Erfahrung entspricht, dass die Auffahrreihenfolge von Zeugen oft nicht zutreffend wiedergegeben werden kann**.

102 **Ebenso sind Insassenangaben**, **welches Kfz** bei Kollision **stand**, **oft falsch**. „Fährt ein Pkw auf einen anderen Pkw auf, der entweder langsamer fährt oder still steht,

231 Vgl. OLG Frankfurt am Main, 8 U 255/04 in Mitteilungsblatt der ARGE VerkR 2/2006, S. 67 f.

232 Vgl. Döring, Die Erforschung des Sachverhalts im Prozess, S. 105.

233 Wendler, Wie ähnlich war der Unfall?, S. 90.

ist es physikalisch unmöglich, dass der auffahrende Pkw zurückgeschleudert wird [...] Bewegungen sind immer relativ [...]. Die Trennung der beiden Fahrzeuge nach dem Stoß wird fälschlicherweise als eigenes Zurückprallen empfunden, obwohl sich beide Fahrzeuge weiter vorwärts bewegen, weil noch immer das Vorderfahrzeug und nicht die Fahrbahn subjektives Bezugssystem bleibt."[234]

Bei Kfz-Unfällen tritt auch oft eine Umkehrung der **objektiven Zeitabläufe** ein. 103
Meist wird von einem Reifenquietschen, einem Knall und dann von Stille berichtet, auch wenn zuerst das Kollisionsgeräusch vorhanden war und dann erst ein Reifenquietschen folgt. Das liegt daran, dass innerhalb einer Wahrnehmungsspanne von sechs bis zwölf Sekunden alle Ereignisse nahezu gleichzeitig präsent sind (sog. Gegenwartsphase). Innerhalb dieser Gegenwartsphase werden Wahrnehmungen und Gedächtnisinhalte durch unbewusstes Schließen von Kausalketten (zuerst Bremsen und Quietschen, dann Kollision) beeinflusst und verfälscht.[235]

Ein Beispiel für Wahrnehmungsverzerrungen innerhalb dieser Gegenwartsphase 104
liefert der Fall des AG München, Az.: 341 C 17295/05. Ein unbeteiligter Zeuge sagte aus, dass ein Kfz ungebremst, d.h., unmittelbar vor Kollision die **Bremsen** wieder **gelöst** hatte und so die Kollision verschuldete. Das eingeholte Sachverständigengutachten kam zu dem Schluss, dass das auffahrende Kfz bis zur Kollision vollkommen eingebremst war.[236]

Praxisrelevant erscheint auch noch der Hinweis, dass berufsmäßige Beobachter 105
(z.B. Polizisten) einerseits nicht wesentlich besser beobachten als durchschnittlich begabte Zeugen,[237] aber anderseits den Gewissheitsgrad ihrer Erinnerung übertreiben.[238] Zutreffend ist aber auch, dass diese Zeugen sich berufsmäßig auf das jeweilige Interessengebiet konzentrieren und daher über Umstände, die in dieses Interessensgebiet fallen, einerseits bessere Angaben machen,[239] aber andererseits zuweilen irren, da die Wahrnehmung durch ein Einbildungsprodukt aus einem anderen, ähnlichen Fall überlagert wird[240] (sog. Kontamination). Experimentell wurde nachgewiesen, dass Polizeibeamte zwar für inkriminierte Handlungen sensibilisiert sind, daher bestimmte Details (z.B. Kleidung und Aussehen) besser wahrnehmen, aber wegen dieser Sensibilisierung gegenüber „normalen Probanden" doppelt so häufig Details sehen, die nicht vorhanden waren.[241] Aus jeder „berufsspezifischen Programmierung" folgt, dass jeder mögliche positive Gewinn durch den langjährigen

234 Wielke, Verkehrsunfall: Würdigung „falscher" Zeugenaussagen, DAR 2002, S. 551, 555.
235 Vgl. Wielke, Verkehrsunfall: Würdigung „falscher" Zeugenaussagen, DAR 2002, S. 551, 552.
236 Vgl. AG München, 341 C 17295/05 n.v.
237 Vgl. ADAC Motorwelt, Februar 1976, S. 6 ff.
238 Vgl. Prüfer, Aussagebewertung in Strafsachen, Rn 68.
239 Vgl. Döhring, Die Erforschung des Sachverhalts im Prozess, S. 101.
240 Vgl. Altavilla, Forensische Psychologie, Bd. II, Die Psychologie der Strafprozessbeteiligten, S. 231.
241 Vgl. Füllgrabe, Irrtum und Lüge, S. 34 m.w.N.

Erwerb von Fähigkeiten bzgl. Wahrnehmung und Gedächtnis oft durch das Aufbauen von Wissen, Stereotypen, Einstellungen und Werten negativ ausgeglichen wird.

106 Das Phänomen der regelmäßig unzuverlässigen Schilderung bei Verkehrsunfällen ist nicht auf Beifahrer beschränkt, sondern auf alle Zeugen eines Turbulenzgeschehens erweiterbar.

107 **Auch bei anderen Turbulenzgeschehen kann die Aufeinanderfolge der Geschehnisse oft nicht korrekt wiedergegeben werden.** „Auf einen Faustschlag antwortet z.B. jemand blitzartig mit einem Messerstich. […] Auch hier kann die Interessiertheit des Zeugen an dem einen oder dem anderen der Streitenden entscheidend von Einfluss auf die Darstellung der Reihenfolge des Geschehens sein.“[242]

108 In der Gerichtspraxis kann sich hinsichtlich der Wahrnehmungsfehler und einer Zeugenaussage noch das Problem stellen, **dass eine Person vorgibt, eine andere Person an der Stimme wiedererkannt zu haben**. Hierzu sei angemerkt, dass die Treffsicherheit nur dann hoch ist, wenn der Zeuge die Person schon längere Zeit kennt.[243] Ohne weitere Beweismittel dürfte das aber kein hinreichendes Beweismittel sein.

109 **Sehr praxisrelevant ist in jedem Fall, dass Zeugen oftmals befragt werden, ob sie den Wortlaut einer Äußerung wiedergeben können.** Kann der Zeuge dies nicht, wird dem Zeugen hinsichtlich seiner gesamten Aussage jede Glaubwürdigkeit abgesprochen, während der Beweisführer dies jeweils als Beleg nutzen will, dass der Zeuge besonders glaubwürdig sei, da die Aussage dann offensichtlich nicht einstudiert wurde etc. Richtig ist folgender Praxistipp:

110 *Praxistipp*

Kein Zeuge kann i.d.R. den Wortlaut einer Äußerung wiedergeben, es sei denn, es hätte sich um ein druckreifes Zitat gehandelt.[244] Das gilt selbst bei Schimpfwörtern, die in der Regel nicht wörtlich wiedergegeben werden können, sodass z.B. aus „Drecksau“ in der Zeugenvernehmung „Lump“ werden kann.[245] Ebenso kann nicht ohne Weiteres geglaubt werden, wenn ein Zeuge oder Angeklagter behauptet, ein längeres Schriftstück habe einen bestimmten wörtlichen Inhalt.[246] Gleichwohl soll nach Berichten aus der Praxis die Bitte an den Zeugen, die Worte des Gegenübers mitzuteilen, oft eine Täuschung aufdecken können.

242 Altavilla, Forensische Psychologie, Bd. II, Die Psychologie der Strafprozessbeteiligten, S. 220.

243 Vgl. Bender/Nack, Tatsachenfeststellung vor Gericht, 2. Aufl., Rn 42 u. 812 ff.

244 Vgl. Bender/Nack, Tatsachenfeststellung vor Gericht, 2. Aufl., Rn 57; vgl. Bürkle, Richterliche Alltagstheorien im Bereich des Zivilrechts, S. 100, vgl. Schneider, Beweis und Beweiswürdigung, 5. Aufl., Rn 1036, vgl. auch Arntzen, Psychologie der Zeugenaussage: System der Glaubwürdigkeitsmerkmale, 3. Aufl., S. 63.

245 Vgl. Schneider, Beweis und Beweiswürdigung, 5. Aufl., Rn 1037.

246 Vgl.BGH, BGHSt 5, S. 278; vgl. auch BGH, BGHSt 11, S. 29.

Es werden dann oft Wortlaute berichtet, die mit der ursprünglichen Interpretation durch den Zeugen nur wenig zu tun haben.[247]

Auch Gespräche werden von verschiedenen Zeugen durchaus unterschiedlich geschildert.[248] Aus der fehlenden wörtlichen Übereinstimmung darf daher keinesfalls der Schluss gezogen werden, der Zeuge sei unglaubwürdig.[249] Sinngemäß kann ein Zeuge aber natürlich sehr wohl den Inhalt eines Gespräches/Schriftstücks wiedergeben.[250] „Von verbalen Kommunikationsinhalten wird in der Regel nicht der genaue Wortlaut, sondern lediglich die Bedeutung der Botschaft bewahrt; Ähnliches könnte für Bilder gelten."[251] Der Grund hierfür dürfte darin liegen, dass das Kurzzeitgedächtnis nur durchschnittlich sieben „chunks" speichern kann. Werden Probanden daraufhin untersucht, wie viele Zahlen, Wörter, Buchstaben etc. in das Kurzzeitgedächtnis gelangen, so stellt man fest, dass regelmäßig nur sieben (+/– zwei) Buchstaben oder Zahlen behalten werden.[252] Ebenso können aber meist auch nur sieben Wörter, auch wenn diese aus mehreren Buchstaben bestehen, behalten werden.[253] Auch ist zu beachten, dass das Gedächtnis für den Sinngehalt besser funktioniert als das Gedächtnis für die Quelle des Sinns. Es ist also einfacher zu erinnern, dass etwas gesagt wurde, als vom wem etwas gesagt wurde.[254] **Besondere Vorsicht ist aber dort geboten, wo der Zeuge nicht den ganzen Vorgang erlebt hat, sondern nur Bruchstücke, und daher (unbewusst) stark kombinieren musste**, um den Sinn aufzunehmen (z.B. Wahrnehmung aus dem Nebenzimmer durch angelehnte Türen).[255] Zeugen neigen dazu, die Aussagen anderer „auszulegen".[256] 111

Praxistipp 112

Obiger Praxistipp gilt auch für Beleidigungen. Der Zeuge gibt auch hier – wenn er bestimmte Beschimpfungen bekundet – die tatsächlichen Ausdrücke nur dem Sinne nach wieder.[257]

247 Vgl. Nance, Conquering Deception, S. 164.
248 Vgl. Trankell, Der Realitätsgehalt von Zeugenaussagen, S. 155.
249 Schneider, Beweis und Beweiswürdigung, 5. Aufl., Rn 1037.
250 Vgl. Cohen, Human Memory in the real world in Analysing Witness Testimony, S. 8.
251 Widmaier/Nack, MAH Strafverteidigung 1. Aufl., Kap. 33, Rn 31.
252 Vgl. Shaw, Das trügerische Gedächtnis, S. 23 m.w.N.
253 Vgl. Ainsworth, Psychology, Law and Eyewitness Testimony, S. 29.
254 Vgl. Cohen, Human Memory in the real world in Analysing Witness, S. 15.
255 Vgl. Döhring, Die Erforschung des Sachverhalts im Prozess, S. 129.
256 Vgl. Gräns, Das Risiko materiell fehlerhafter Urteile, S. 107 m.w.N.
257 Schneider, Beweis und Beweiswürdigung, 5. Aufl., Rn 1036.

N. Zusammenfassung zur Wahrnehmung und Wahrnehmungsfehler

113
- Jede Wahrnehmung ist selektiv. Selbst wenn 100 Personen dasselbe Ereignis (z.B. Autounfall) beobachten würden, hätten sie keine vollständige Genauigkeit und Übereinstimmung in ihren Aussagen.[258]
- Die fehlenden Teile werden ausgefüllt, d.h., es kommt zu Schlussfolgerungen und Ausfüllungen, zu logischen Ergänzungsmechanismen. „... in der Regel berichten die Zeugen nicht reine Wahrnehmungen, sondern vermischt mit ihnen, ohne sich dessen bewusst zu werden, Schlüsse, die sie aus ihren Wahrnehmungen gezogen haben, und zwar meist unmittelbar an die Wahrnehmung selbst, so daß sie selbst beides nicht mehr auseinanderhalten können."[259]
- Persönlichkeitsspezifische (Interesse, Kenntnisse, eigene Vorurteile, Befürchtungen, Wünsche, Hoffnungen, Strebungen) und gruppenspezifische Vorgaben (Vorurteile der Gruppe, bereits geäußerte Meinungen, etc.) beeinflussen, welche Bruchstücke wahrgenommen werden und wie die Bruchstücke ergänzt und vernetzt werden. Neuheit, Veränderung und Kontrast sind wichtige Auslöser zur Wahrnehmung, ebenso wie innere Dispositionen des Wahrnehmenden wie Interessen, Bedürfnisse, Motive und Erfahrungen.[260]
- Jede Wahrnehmung ist stets und bereits interpretierende Wahrnehmung.[261]
- Aussagefehler sind in ihrer großen Mehrzahl auf ungenaue Wahrnehmungen zurückzuführen. „Auch wenn es möglich wäre, die Zeugen unmittelbar nach ihrer für den betreffenden Fall wichtigen Wahrnehmung zu befragen, würde man also einen sehr erheblichen Teil falscher Aussagen erhalten. Fehler, die einmal bei der Wahrnehmung gemacht worden sind, wiegen besonders schwer, weil sie dem Zeugen nicht zum Bewusstsein kommen und in keiner Weise verbessert werden können."[262]

258 Vgl. Loftus, Eyewitness Testimony, S. 153.

259 Hellwig, Psychologie und Vernehmungstechnik, 4. Aufl., S. 123 f.

260 Vgl. Rüssmann, Physiologische und psychologische Streiflichter zum Zeugenbeweis, S. 796, in Festschrift für Rudolf Wassermann.

261 Vgl. Scholz, Kennzeichen und Prozesse einer nicht glaubhaften Aussage, Recht und Psychiatrie, 2003, S. 76 ff.

262 Hellwig, Psychologie und Vernehmungstechnik, 4. Aufl., S. 120.

§ 21 Erinnerung und Erinnerungsfehler

Inhalt

A. Einleitung

Neben o.g. Fehlern in der Wahrnehmung **kann eine Zeugenaussage durch Erinnerungsfehler verfälscht werden**. Wichtig ist hier vorab Folgendes zu wissen: **Die feh-** 1

lerfreie Erinnerung ist nicht die Regel, sondern die Ausnahme.[1] Trotz dieses Wissens um die Irrtumsanfälligkeit von Zeugenaussagen **wird den Irrtumsmöglichkeiten viel zu wenig Aufmerksamkeit in der konkreten Beweiswürdigung geschenkt**.[2] Um die nötigen Schlüsse ziehen zu können, ob eine Aussage z.B. hinsichtlich der geschilderten Details zuverlässig ist oder nicht, ist es nötig, sich einen kurzen Überblick über das Gedächtnis zu verschaffen. Wer Beobachtungen schildert, die er erinnerungspsychologisch nicht haben kann, schildert keine wirkliche Beobachtung mehr, sondern – meist ohne es zu wissen – schlicht eine Ausfüllung oder Schlussfolgerung. Bereits das zeigt, dass eine scharfe Trennung zwischen Wahrnehmungs- und Erinnerungsfehlern nicht möglich ist, denn Erinnerungsfehler beginnen schon bei der Wahrnehmung.[3] Alle **Verzerrungsfaktoren**, die schon im Rahmen der Wahrnehmung maßgeblich waren, kommen bei der Speicherung und dem Abrufen von Gedächtnisinhalten (erneut) zum Tragen.[4] D.h., die bei der Wahrnehmung erfolgte Veränderung der Realität setzt sich in der Erinnerung stetig fort.[5] „Das Gedächtnis ist keine (passiv) reproduzierende, sondern eine (aktiv) rekonstruierende psychologische Funktion. Das geht auch daraus hervor, daß Erinnerungen für ‚nachträgliche Fehlinformation' (‚post event misinformation') anfällig sind und zudem aus dem Fakt, daß das Vergessen der Informationsquelle leicht zum Entstehen von Pseudo-Erinnerungen führt."[6]

2 Noch einmal zur Wiederholung:

Der Mensch nimmt pro Sekunde ca. **10.000 Sinneswahrnehmungen** (je nach Quelle und Zählweise auch mehr) wahr und muss bereits bei der Wahrnehmung selektieren. Deswegen ist die genaue Anzahl der Sinneswahrnehmungen für rechtliche Zwecke uninteressant und Gegenstand der Wahrnehmungspsychologie bzw. Medizin. Wesentlich ist nur, dass – völlig unbestritten – zu viele Wahrnehmungen gemacht werden, die nicht alle aktiv gespeichert werden können, sondern selektiert werden müssen. Diese Selektion bei der Wahrnehmung setzt sich hinsichtlich der Gedächtnisspeicherung fort. D.h., nicht die komplette Wahrnehmung wird in das Gedächtnis aufgenommen,[7] „hinzuzufügen ist das von De Sanctis entwickelte Prinzip: ‚In der Reproduktion der Erinnerung an ein Geschehnis gibt man nicht eigentlich die Empfindung der bereits wahrgenommenen Wirklichkeit wieder, sondern die eigene Wahrnehmung auf diese Wirklichkeit.'[8] Das bedeutet, dass bei der Wahr-

1 Vgl. Undeutsch, Handbuch der forensischen Psychologie, 11. Bd., S. 30 m.w.N.

2 Vgl. Bürkle, Richterliche Alltagstheorien im Bereich des Zivilrechts, S. 140.

3 Vgl. Bender/Nack, Tatsachenfeststellung vor Gericht, 2. Aufl., Rn 110.

4 Vgl. Barton, Redlich aber falsch, S. 37.

5 Vgl. Bürkle, Richterliche Alltagstheorien im Bereich des Zivilrechts, S. 106 m.w.N.; vgl. auch Greuel, Wirklichkeit – Erinnerung – Aussage, S. 54.

6 Crombag/Merckelbach, Missbrauch vergisst man nicht, S. 105.

7 Vgl. Fucik-Hartl-Schlosser-Wielke (Hrsg.), Handbuch des Verkehrsunfalls, 2. Teil, Rn 96.

8 Folgende Fußnote im Original: De Sanctis, Psicologia sperimentale (1929), Bd. 2, S. 403.

nehmung und der Gedächtnisreproduktion ein individueller Faktor mitwirkt, der die Erinnerung notwendigerweise unvollständig macht.“[9] Sämtliche Wahrnehmungen, die in das Gedächtnis aufgenommen wurden, sind nicht immer gleichzeitig abrufbar. Das Phänomen, dass ein Mensch eine Erinnerung nicht gerade zu dem Zeitpunkt zu reproduzieren vermag, zu dem er sie zu reproduzieren wünscht, dass sie ihm zu einem späteren Zeitpunkt aber wieder zur Verfügung steht, wird als Inkadenzphänomen bezeichnet.[10] **Hinzu kommt, dass Wahrgenommenes häufig nur in verbaler Form, nicht aber als „mentales Bild“ gespeichert wird.** D.h., man kann sich später noch daran erinnern, dass die betreffende Person z.B. einen blauen Mantel trug, da „blau“ und „Mantel“ gespeichert wurde, aber mangels mentalem Bild den genauen Blauton nicht beschreiben.[11] Das dürfte auch der Grund sein, weshalb die kindliche Erinnerung erst mit der Ausbildung basaler und narrativer Fertigkeiten beginnt.[12] „Insofern erscheint die tradierte und alltagspsychologisch etablierte Metapher vom ‚Erinnerungsbild‘ verengt. Als ein gangbares Alternativkonstrukt bietet sich die Metapher der ‚Erinnerungsfigur‘ an, die sowohl der visuellen Repräsentation als auch deren narrativer Form Rechnung trägt.“[13]

B. Das Gedächtnis

I. Sensorisches Register

Vorgemerkt sei, dass es wahrscheinlich ein sensorisches Register gibt, das dem Gedächtnis vorgelagert ist und in dem auf den Menschen einströmende Reize für Sekundenbruchteile festgehalten werden, bis das Gehirn entschieden hat, welcher Reiz weiterverarbeitet werden soll.[14] „Das zeigt das sog. ‚Cocktailparty-Phänomen‘. Unterhält man sich auf einer Party mit einer Gruppe von Gästen, wird man hellhörig, wenn in einer anderen Gesprächsrunde der eigene Name fällt. Obwohl man über den vorherigen Gesprächsverlauf keine Angaben machen kann, hört man plötzlich seinen Namen. Also hat man auch zuvor der anderen Runde zugehört, deren Gespräch aber als unwichtig eingestuft.“[15] 3

9 Altavilla, Forensische Psychologie, Bd. II, Die Psychologie der Strafprozessbeteiligten, S. 194.

10 Vgl. Arntzen, Psychologie der Zeugenaussage: System der Glaubwürdigkeitsmerkmale, 3. Aufl., S. 66.

11 Vgl. Hermanutz/Litzcke, Vernehmung in Theorie und Praxis, S. 86.

12 Vgl. Greuel, Wirklichkeit – Erinnerung – Aussage, S. 85.

13 Greuel, Wirklichkeit – Erinnerung – Aussage, S. 83.

14 Vgl. Rüssmann, Physiologische und psychologische Streiflichter zum Zeugenbeweis in Festschrift für Rudolf Wassermann, S. 799.

15 Krauthan, Psychologisches Grundwissen für die Polizei, 4. Aufl., S. 33.

II. Ultrakurzzeitgedächtnis (= Präsensgedächtnis)

4 Die aufgenommen Sinneseindrücke werden nach ca. 10–30 Sekunden entweder in das Kurzzeitgedächtnis[16] weitergeleitet oder aber sie lösen Reaktionen aus und werden danach sofort wieder vergessen.[17] Nach anderen Quellen werden Informationen im Ultrakurzzeitgedächtnis nur eine halbe bis eine Sekunde gespeichert bzw. bei akustischen Reizen für drei bis vier Sekunden.[18] Jedenfalls kann es hier bereits zu wahrnehmungsverzerrenden Einflüssen kommen.[19]

III. Kurzzeitgedächtnis

5 In das Kurzzeitgedächtnis aufgenommene Wahrnehmungen werden gespeichert und nach ca. 20 Minuten vergessen[20] bzw. ohne weitere Verarbeitung gehen Informationen bereits nach 20 Sekunden verloren.[21]

IV. Langzeitgedächtnis

6 Nur Eindrücke, die im Langzeitgedächtnis gespeichert wurden, bleiben nach Maßgabe späteren Vergessens abrufbar.[22] In das Langzeitgedächtnis gelangen nur

- Informationen, die bewusst oder unbewusst Assoziationen mit bereits vorhandenen Erinnerungen hervorrufen, sich mit diesen gewissermaßen verbinden.
- Informationen, die wir für längere Zeit oder immer bewusst behalten wollen, aus welchen Gründen auch immer.[23]

7 Weiter wird Prägnantes, d.h. aus dem Gewohnten Herausragendes, besser behalten und positiv getönte Wahrnehmungen besser als negativ getönte.[24]

C. Zeitablauf

8 Selbst wenn die Information in das **Langzeitgedächtnis gelangt** ist, bedeutet dies **nicht**, dass sie dort **ad infinitum abrufbar** bleibt, sondern vielmehr beeinflusst der Zeitablauf wesentlich die aus dem Langzeitgedächtnis abrufbare Erinnerung. D.h.,

16 Vgl. Dettenborn/Fröhlich/Szewczyk, Forensische Psychologie, 2. Aufl., S. 63; Shaw, Das trügerische Gedächtnis, S. 23.

17 Vgl. Bender/Nack, Tatsachenfeststellung vor Gericht, 2. Aufl., Rn 111.

18 Vgl. Bender/Häcker/Schwarz, Tatsachenfeststellung vor Gericht, 6. Aufl., Rn 44.

19 Vgl. Dettenborn/Fröhlich/Szewczyk, Forensische Psychologie, 2. Aufl., S. 63.

20 Vgl. Fucik-Hartl-Schlosser-Wielke (Hrsg.), Handbuch des Verkehrsunfalls, 2. Teil, Rn 96, vgl. auch Bender/Nack, Tatsachenfeststellung vor Gericht, 2. Aufl., Rn 112, die von 15 bis 30 Minuten sprechen.

21 Vgl. Bender/Häcker/Schwarz, Tatsachenfeststellung vor Gericht, 6. Aufl., Rn 46.

22 Vgl. Fucik-Hartl-Schlosser-Wielke (Hrsg.), Handbuch des Verkehrsunfalls, 2. Teil, Rn 96.

23 Vgl. Bender/Nack, Tatsachenfeststellung vor Gericht, 2. Aufl., Rn 113.

24 Vgl. Dettenborn/Fröhlich/Szewczyk, Forensische Psychologie, 2. Aufl., S. 64.

„Vergessen scheint die Regel, Behalten die Ausnahme, und was behalten wird, ist sicherlich nicht immer korrekt.“[25] „Aussagen über reale Erlebnisse weichen immer mehr oder weniger stark von einem tatsächlichen Geschehen ab, weil das autobiografische Gedächtnis nicht wie eine Videokamera oder ein Fotoapparat funktioniert.“[26]

Sog. **Vergessenskurven** legen nahe, dass nach einer Woche nur noch mit etwa zehnprozentiger Wiedergabefähigkeit gerechnet werden kann.[27] Das würde bedeuten, dass jede Zeugenaussage im Gerichtsverfahren nahezu wertlos ist. Tatsächlich können sich Zeugen aber bei autobiografischen Ereignissen auch noch nach Jahren an Einzelheiten erinnern (geschätzt noch 75 % nach sechs Jahren).[28] **Die o.g. Vergessenskurve hat damit keinen forensisch verwertbaren Nutzen, da sie sich auf Probanden bezog, die sinnlose Silben erinnern mussten.**[29] Das Wesentliche jedoch hält sich lange.[30] Jedenfalls gilt, dass am ersten und noch am zweiten Tag nach dem Geschehen die Wiedergabefähigkeit einigermaßen zuverlässig ist.[31] Verbleibende Lücken aufgrund des Zeitablaufs werden durch Überlegungen, Erwartungen und Vorurteile aufgefüllt.[32] Bei Vorfällen, die einem selbst widerfahren, bleibt der Kern besser zugänglich als periphere und weniger wichtige Details.[33] 9

Selbst Ereignisse, die auf den betreffenden Menschen einen starken Eindruck[34] gemacht haben oder eine neuartige Erfahrung darstellten,[35] verblassen mit der Zeit.[36] 10

Generell gilt: 11

> *„Auf zwei verschiedene Weisen hat das Vorstellungsbild nach Philippe[37] die Tendenz sich aufzulösen: entweder werden die Einzelheiten nacheinander immer weniger oder verlöschen gleichzeitig, oder aber das Vorstellungsbild wird*

25 Crombag/Merckelbach, Missbrauch vergisst man nicht, S. 69.

26 Pfundmair, Psychologie bei Gericht, S. 5.

27 Vgl. Schneider, Beweis und Beweiswürdigung, 5. Aufl., Rn 1009; vgl. hierzu auch BGH, Urt. v. 18.6.2002 – VI ZR 448/01, NJW 2002, S. 3027 ff.

28 Vgl. Ludewig/Baumer& Tavor, Einführung in die Aussagepsychologie, S. 29 f. in: Aussagepsychologie für die Rechtspraxis (Hrsg.: Ludewig/Baumer& Tavor).

29 Vgl. Greuel/Offe/Fabian/Wetzels/Fabian/Offe/Stadler, Glaubhaftigkeit der Zeugenaussage, S. 30 f.

30 Vgl. Dettenborn/Fröhlich/Szewczyk, Forensische Psychologie, 2. Aufl., S. 65.

31 Vgl. Schneider, Beweis und Beweiswürdigung, 5. Aufl., Rn 1012.

32 Vgl. Dettenborn/Fröhlich/Szewczyk, Forensische Psychologie, 2. Aufl., S. 66.

33 Vgl. Crombag/Merckelbach, Missbrauch vergisst man nicht, S. 72.

34 Wenn das Ereignis schon keinen starken Eindruck gemacht hat, ist das Erinnerungsbild ohnehin nur flüchtig u. unterliegt der Gefahr der Kontamination etc.

35 Nicht jede Ersterfahrung (z.B. die erste Naturkatastrophe vs. die erste Routinehandlung im Straßenverkehr) wird aber Bestandteil des autobiografischen Gedächtnisses, vgl. Greuel, Wirklichkeit – Erinnerung – Aussage, S. 77.

36 Vgl. Trankell, Der Realitätsgehalt von Zeugenaussagen, S. 21, vgl. Arntzen, Psychologie der Zeugenaussage: System der Glaubwürdigkeitsmerkmale, 3. Aufl., S. 21.

37 Im Original folgende Fußnote: L'image mentale (1903), S. 137.

so diffus und verworren, dass es jede Darstellungsfunktion verliert [...] Und während vom Vorstellungsbild nur ein Zentralkern übrigbleibt, [...] wird dieser Kern andererseits durch geistige Verarbeitung mit einer ‚geistigen Hülle' umkleidet, [...] und umso größer werden infolge des Eingreifens der Assoziationsvorgänge[38] *die Irrtumsmöglichkeiten."*[39] *„Unser Gedächtnis ist ziemlich unzuverlässig. Vergessen scheint die Regel, Behalten die Ausnahme, und was behalten wird, ist sicherlich nicht immer korrekt",*[40] *wobei der Kern meist besser als periphere Details behalten werden.*[41]

12 **Infolgedessen sollte man hellhörig werden, wenn ein Zeuge nach längerer Zeit plötzlich mit Erinnerungen aufwartet** (z.B. in der zivilprozessualen Vernehmung, nachdem bereits strafprozessuale Vernehmungen vorangegangen sind, oder bei einem erstinstanzlich und in der Berufungsinstanz vernommenen Zeugen), **bzgl. derer er in früheren Vernehmungen nicht auszusagen wusste.**[42]

13 Dies spricht meist **gegen die Glaubwürdigkeit, wenn es sich bei der neuen Erinnerung um das Kerngeschehen** handelt.[43] Auch bei subjektiv wahren Aussagen ist aber festzustellen, dass Angaben oder Widersprüche in zeitlicher Hinsicht schwanken können.

14 Zeugen sagen oft zu Nebenpunkten aus und können an bestimmte Punkte gar keine Erinnerung mehr haben. Die Lücke wird aufgrund der unbewussten Lückenfüllung geschlossen, sodass Irrtümer hinsichtlich diverser Nebenpunkte mitnichten einen Grund darstellen, der Aussage zu misstrauen. Das gilt insb. bei Fragen nach dem Datum oder der Reihenfolge. Fragen zum Datum sind sinnlos, wenn der Vorgang längere Zeit zurückliegt, es sei denn, das Datum könnte an Hand bestimmter Punkte festgemacht werden (z.B. Geburtstage, Urlaubsaufenthalt, Zeugnis, etc.).[44] „Wenn man sich das Datum daher im Zeitpunkt des Geschehnisses nicht eingeprägt hat, ist seine nachträgliche Bestimmung nur vermittels eines Assoziationsvorganges unter Zuhilfenahme von Bezugspunkten möglich."[45] Folgerichtig teilt der VGH Kassel mit, dass aus zeitlichen Ungenauigkeiten und diesbezüglichen Widersprüchen nicht ohne Weiteres auf die Unglaubhaftigkeit geschlossen werden kann. Der-

38 Anm. der Verfasser: m. Assoziationsvorgänge sind offensichtlich die Ausfüllung u. Schlussfolgerung gemeint, nicht jedoch die Assoziationskette, die die Wiedererinnerung erleichtert- vgl. hierzu Nagler, Vernehmungspsychologie: Warum Personen sich bei der Vernehmung nicht an das erinnern können, was sie wissen, StV 1983, S. 211 ff.

39 Altavilla, Forensische Psychologie, Bd. II, Die Psychologie der Strafprozessbeteiligten, S. 205.

40 Crombag/Merckelbach, Missbrauch vergisst man nicht, S. 69.

41 Vgl. Crombag/Merckelbach, Missbrauch vergisst man nicht, S. 72.

42 Vgl. Schneider, Beweis und Beweiswürdigung, 5. Aufl., Rn 1015.

43 Vgl. Bender/Nack, Tatsachenfeststellung vor Gericht, 2. Aufl., Rn 290 ff.

44 Vgl. Dettenborn/Fröhlich/Szewczyk, Forensische Psychologie, 2. Aufl., S. 316 m.w.N.; vgl. Trankell, Der Realitätsgehalt von Zeugenaussagen, S. 21; vgl. Arntzen, Psychologie der Zeugenaussage: System der Glaubwürdigkeitsmerkmale, 3. Aufl., S. 60.

45 Altavilla, Forensische Psychologie, Bd. II, Die Psychologie der Strafprozessbeteiligten, S. 215.

artige „Unstimmigkeiten“ seien (nach dem VGH) im Einzelfall sogar Kriterien für die Glaubhaftigkeit.[46] Im nicht veröffentlichten Teil des Urteils teilt der VGH noch mit: Eine Beweiswürdigung, die das nicht beachtet, würde grundlegende Regeln der Beweiswürdigung außer Acht lassen. Über bestimmte Dinge könne im Nachhinein keine exakte Angabe mehr gemacht werden, wenn man sich keine Notizen gemacht habe. Das gelte insb. zu Zeitangaben, denn der Mensch verfüge über keinen Zeitsinn. D.h., es handele sich in der Rückschau immer um Zeitschätzungen, wobei hinsichtlich der Schätzungsgrundlage nur noch mehr oder weniger verfälschte Erinnerungen bestehen würden.[47] Das Zeitgedächtnis ist also in hohem Maße rekonstruktiv und von sog. „temporal landmarks“ abhängig.[48]

Ein kaum beachtetes Phänomen ist das der **Wiederholung und Reflektion**. 15

> *„Tatsächlich ist jede Form von Wiederholung ein wichtiger Faktor für die Wahrscheinlichkeit, mit der eine Wahrnehmung dauerhaft gespeichert wird. Das gilt nicht nur für das semantische Gedächtnis, in dem das Faktenwissen gespeichert wird und für das dieser Effekt – etwa beim Vokabellernen – offensichtlich ist. Es gilt vielmehr auch für das autobiografische Gedächtnis, in dem Wahrnehmungen und eigene Erlebnisse gespeichert werden. Auch hier spielt die externe – der Vorfall wird etwa im Kollegenkreis diskutiert – oder interne – das ‚im-Kopf-Wälzen‘, das ‚daran-herum-Denken‘ – Wiederholung eine für die Übernahme ins Langzeitgedächtnis bedeutende Rolle.“[49] Das hat freilich bedeutsame Konsequenzen. Zum einen bedeutet diese die Gefahr von Fehlerinnerungen oder Gruppenerinnerungen und zum anderen kann die Wiederholung bzw. Reflexion zu einer Erhöhung der angenommenen Sicherheit der eigenen Erinnerung führen. „Diese Befassung verfestigt sowohl den Teil der Erinnerung, der auf zutreffender Wahrnehmung beruht, als auch den Teil, der auf Wahrnehmungs-Verfälschungen und Anreicherungstendenzen beruht; die Aussageperson erinnert sich zunehmend an eine Mischung aus ursprünglicher Wahrnehmung und früheren Erzählungen.“[50]*

Wenn die Person jedoch unmittelbar nach dem Vorfall unter sehr **starker Gemütsbewegung** war, so sind ihre Bekundungen **oftmals lückenhaft und falsch**. Die **Erinnerung wird dann einige Tage später, wenn die Erregung abgeklungen ist, wieder vollständig**.[51] Die Gemütsbewegung darf aber noch nicht die Qualität eines 16

46 Vgl. VGH Kassel, NVwZ-RR 1995, 166.

47 Vgl. VGH Kassel, 12 UE 170/94, n.v.

48 Vgl. Greuel, Wirklichkeit – Erinnerung – Aussage, S. 122.

49 Vgl. Bender/Häcker/Schwarz, Tatsachenfeststellung vor Gericht, 6. Aufl., Rn 152 f.

50 Vgl. Bender/Häcker/Schwarz, Tatsachenfeststellung vor Gericht, 6. Aufl., Rn 189.

51 Vgl. Bender/Nack, Tatsachenfeststellung vor Gericht, 2. Aufl., Rn 118.

Schocks erhalten haben, denn dann ist die Aussage nur mit größter Vorsicht zu genießen. Oft liegt bei einem **Schock** (auch bei einer **Gehirnerschütterung**)[52] ein Fall der **retrograden Amnesie vor**. D.h., die Ereignisse, die in den letzten ca. 20 Minuten vor der Gehirnerschütterung oder dem Schock passiert sind, werden nicht in das Langzeitgedächtnis übernommen.[53] Ob das Tatgericht zu Recht eine Amnesie annimmt, muss für das Revisionsgericht prüfbar bleiben.[54]

Praxistipp

Es bestehen daher Bedenken, gegen die Zuverlässigkeit eines Zeugen, der eine Gehirnerschütterung erlitten hat und gerade denjenigen Vorfall schildern soll, der dazu geführt hat.[55] Analoges gilt bei einem Zeugen, der einen Schock erlitten hat. Hier bedarf es der Aufklärung durch einen medizinischen Sachverständigen oder genauerer Feststellungen, dass tatsächliche Erinnerungen vorliegen und nicht nachträgliche Erklärungen und Rationalisierungen.[56]

17 **Kein Kriterium gegen die Glaubwürdigkeit ist, wenn der Zeuge die Wiedererinnerung durch eine sog. Assoziationskette erklären kann.**[57]

D. Assoziationskette

18 Diese Assoziationskette bedeutet Folgendes:

Alles, was je in das Langzeitgedächtnis gelangt ist, bleibt dort gespeichert. Es kommt nur darauf an, diese Informationen wiederzufinden,[58] d.h. abzurufen. Die meisten Informationen bleiben allerdings unauffindbar und können daher nicht mehr abgerufen werden.[59] **Der Erinnerungsprozess als solcher verläuft nicht statisch, sondern hängt davon ab, welche Assoziationen sich aus einzelnen Erinne-**

52 V.a. bei Verkehrsunfällen u. Schlägereien wird es dann zu Verzerrungen kommen, vgl. Döhring, Die Erforschung des Sachverhalts im Prozess, S. 103, daher wird in solchen Fällen oft nur ein medizinischer Sachverständiger die Verlässlichkeit der Aussage einschätzen können; vgl. OLG Köln, VRS, Bd. 6, S. 49; OLG Stuttgart, 2 Ss 322/02 n.v.; Wendler, Wie ähnlich war der Unfall?, S. 92, 93.

53 Vgl. Bender/Nack, Tatsachenfeststellung vor Gericht, 2. Aufl., Rn 125; Wendler, Wie ähnlich war der Unfall?, S. 92/93.

54 Vgl. BGH, Beschl. v. 11.4.2000 – 1 StR 613/99.

55 Vgl. Schneider, Beweis und Beweiswürdigung, 5. Aufl., Rn 1002.

56 Vgl. OLG Stuttgart, 17.9.2002 – 2 Ss 322/02 n.v.

57 Vgl. Schneider, Beweis und Beweiswürdigung, 5. Aufl., Rn 1015.

58 Vgl. Nagler, Vernehmungspsychologie: Warum Personen sich bei der Vernehmung nicht an das erinnern können, was sie wissen, StV 1983, S. 211 ff.

59 Vgl. Nagler, Vernehmungspsychologie: Warum Personen sich bei der Vernehmung nicht an das erinnern können, was sie wissen, StV 1983, S. 211, 212.

rungen ergeben.[60] Diese Assoziation kann eine Kalender- oder Tagebuchnotiz sein[61] oder die Wiedererinnerung von Nebenumständen, die dann die Erinnerung an die Haupttatsache erleichtert,[62] oder auch eine Suggestivfrage (vgl. oben) oder eine entsprechende Behauptung einer anderen Person. **Daneben kommt als Assoziation, die die Wiedererinnerung erleichtert, die Herstellung einer bestimmten Umgebung in Betracht.** Wer kennt nicht den Fall, dass man in einem Café sitzt und daran denkt, etwas Bestimmtes zu erledigen. Sodann steht man auf und geht weg, hat aber vergessen, was man eigentlich erledigen wollte. Erst wenn man wieder in das Café zurückgeht, fällt einem ein, was man eigentlich erledigen wollte.[63] Der Erinnerungsfähigkeit kann somit durch Herstellung von Assoziationen nachgeholfen werden.[64] Experimente belegen z.B., dass die Erinnerungsleistung abnimmt, wenn die Informationen in einem anderen Saal abgerufen wurden, als in dem Saal, in dem die Erinnerung verursacht wurde.[65] „Dadurch wird erklärlich, dass Beteiligte und Zeugen an der Unfallstelle, z.B. im Zuge eines gerichtlichen Augenscheins, ein wesentlich besseres Erinnerungsvermögen haben als im Gerichtssaal".[66] Ein anderes Beispiel ist, dass man mit einer Welle an Erinnerungen überschwemmt wird, sobald man z.B. einen Ort aus der Kindheit (z.B. die alte Schule) wieder besucht.[67] Gleiches gilt, wenn man z.B. ein bestimmtes Sonnenschutzöl riecht. Sofort werden die Erinnerungsbilder des letzten Urlaubs wieder gegenwärtig.[68]

Praxistipp 19

„Bei der Vernehmung von Zeugen erlebt man sehr oft, dass diese sich zunächst an nichts erinnern können, dann aber nach stichworthaltigem Vorhalt bloßer Begleitumstände aus früheren Angaben (oder aus Bekundungen anderer) plötzlich genaue und detaillierte Aussagen machen. Vom Richter und von den Anwälten werden diesen Zeugen unter solchen Umständen manchmal Vorwürfe gemacht, weil sie ihr Gedächtnis nicht von vorneherein genügend angestrengt hätten; oder es werden die Angaben als nicht verwertbar verworfen, weil sie offenbar nicht auf eigener Erinnerung beruhen. Diese Bewertung beruht auf einer

60 Vgl. Kirchhoff, Der Verkehrsunfall im Zivilprozeß – Hinweise zur Verbesserung der Zeugenvernehmung, MDR 2000, S. 186, 188.

61 Vgl. Bürkle, Richterliche Alltagstheorien im Bereich des Zivilrechts, S. 108.

62 Vgl. Bender/Nack, Tatsachenfeststellung vor Gericht, 2. Aufl., Rn 7.

63 Vgl. Altavilla, Forensische Psychologie, Bd. II, Die Psychologie der Strafprozessbeteiligten, S. 225 m.w.N.

64 Vgl. Trankell, Der Realitätsgehalt von Zeugenaussagen, S. 21, vgl. auch Arntzen, Psychologie der Zeugenaussage: System der Glaubwürdigkeitsmerkmale, 3. Aufl., S. 21.

65 Vgl. Loftus, Eyewitness Testimony, S. 89 f.

66 Fucik-Hartl-Schlosser-Wielke (Hrsg.), Handbuch des Verkehrsunfalls, 2. Teil, Rn 96.

67 Vgl. Milne/Bull, Psychologie der Vernehmung, S. 30.

68 Vgl. Bender/Nack/Treuer, Tatsachenfeststellung vor Gericht, 3. Aufl., Rn 39.

mangelnden Kenntnis der Arbeitsweise unseres Gedächtnisses."[69] Der pauschale Vorwurf an einen Zeugen oder eine Partei, oder gar die Anwendung von Präklusionsvorschriften[70] mit der Begründung, man hätte sich früher erinnern können und müssen, ist mit dem gegenwärtigen Stand der Wissenschaft nicht zu vereinbaren „Es gibt keinen größeren Irrtum, als den Zeugen wie eine photographische Platte zu betrachten [...]"[71] Zutreffend hatte das Reichsgericht bereits 1892 bestätigt, „durch bloße Willensanstrengung kann das Gedächtnis nicht dazu gebracht werden, richtig zu funktionieren."[72]

20 Hinzuweisen ist darauf, dass ein spätes Vorbringen auch ein Anzeichen für die Wahrhaftigkeit sein kann, denn die Tendenz des Lügners geht dahin, den „Untersuchungsleiter" sofort zu überzeugen und damit alles für die Lüge vermeintlich Wesentliche sofort mitzuteilen.[73]

E. Assimilation

21 Eine weitere Irrtumsmöglichkeit liegt im Phänomen der Assimilation (**Angleichung**), d.h., ähnliche Wahrnehmung haben eine umso geringere Chance als selbstständiges Muster erinnert zu werden, je näher sie einem bereits sehr fest etablierten Muster sind.[74] D.h., je mehr (ähnliche) Vorgänge, desto geringer ist die Wahrscheinlichkeit, dass man sich an den konkreten Vorgang und die damaligen Einzelheiten ohne entsprechende Hilfe von außen (assoziativer Hintergrund) erinnert.

I. Kontamination

22 Damit ist der Erinnerungsfehler der Kontamination (**Verschmelzung**) verbunden, d.h., mehrere Vorfälle von relativ hoher Ähnlichkeit werden in der Erinnerung zu einem einzigen typischen Vorfall zusammengezogen. Die Auskunftsperson glaubt, es habe überhaupt nur den typischen Vorfall gegeben – oder nur wenige – während es in Wirklichkeit viele waren, oder aber die jeweiligen Einzelheiten der jeweiligen Fälle können nicht den jeweiligen Fällen zugeordnet werden, sodass in der Rück-

69 Bender/Nack, Tatsachenfeststellung vor Gericht, 2. Aufl., Rn 580.

70 Vgl. hierzu Geipel/Geisler/Nill, Präklusion versus Prozesstaktik, ZAP 3 v. 31.1.2007, S. 139ff. (Fach 13, S. 1407 ff.).

71 Altavilla, Forensische Psychologie, Bd. II, Die Psychologie der Strafprozessbeteiligten, S. 194, ebenso in jüngerer Zeit vgl. Hermanutz/Litzcke, Vernehmung in Theorie und Praxis, S. 88, vgl. auch Ainsworth, Psychology, Law and Eyewitness Testimony, S. 7: „Many people, including some of those in the Criminal Justice System, imagine that perception and memory work just like a traditional (i.e. non digital) video camera and recorder.".

72 RG, RGSt 22, S. 297, 298; ebenso im Jahre 1923 RG, RGSt 57, S. 234 u. im Jahre 1894 RG, RGSt 25, S. 122, 123, abweichend hiervon im Jahre 1909RG, RGSt 42, S. 237.

73 Vgl. Bender/Nack/Treuer, Tatsachenfeststellung vor Gericht, 3. Aufl., Rn 401 f.

74 Vgl. Bender/Nack, Tatsachenfeststellung vor Gericht, 2. Aufl., Rn 6.

erinnerung der streitgegenständliche Vorfall nicht exakt quantifiziert und diskriminiert werden kann. „Besonders flüchtig sind die Erinnerungsbilder, die wir von alltäglichen Geschehnissen haben, die nicht unser Interesse erregt oder eine personenbedeutsame Rolle für uns gespielt haben.“[75] Auch bei bedeutenden, aber ähnelnden Handlungssequenzen fällt in der Rückschau eine Quantifizierung (z.B. Häufigkeit, Größe, Zeitdauer, Datierung) oder exakte Diskriminierung schwer. **Es werden dann eher Schemata als konkrete Einzelsequenzen erinnert.**[76] Es handelt sich hier um das „**Gesetz der Reihe**“, d.h., die Glieder einer Reihe sind voneinander wenig unterschieden, sodass daher wenig Anhaltspunkte zur Unterscheidung der einzelnen Vorkommnisse vorhanden sind und die Erinnerung an die Vielzahl der Vorfälle auf einige typische Züge zusammenschrumpft.[77] Dies ist eine der verbreitetsten Erscheinungsformen des Erinnerungsfehlers und deshalb so gefährlich, weil die geschilderten Vorkommnisse ja wirklich erlebt worden sind, wenn auch an anderem Ort, zu anderer Zeit, mit anderen Gegenständen und anderen Personen.[78] Nur die konkreten Details sind in der Regel nicht mehr mit Sicherheit einem bestimmten Erlebnis in der großen Reihe im Übrigen untereinander gleichartiger Vorgänge genau und konstant zuzuordnen.[79] „Der Irrtum entsteht in solchen Fällen dadurch, dass der Zeuge in den Sachverhalt, über den er aussagen soll, unrichtigerweise bestimmte Umstände hineinprojiziert, die er häufig zusammen mit Gegebenheiten dieser Art erlebt hat: Wenn die Beweisperson oft gesehen hat, dass A eine blaue Skimütze trug, wird sie leicht zu der Auffassung kommen, dass A zur Zeit des aufzuklärenden Ereignisses ebenfalls eine solche getragen habe, auch wenn das nicht der Fall war.“[80] Auch hier lässt sich der Erinnerungsfehler nicht scharf von einem Wahrnehmungsfehler abgrenzen. „Das Sich-Wiederholen einer identischen Wahrnehmung führt gleichsam zu einem psychischen Automatismus, demzufolge man es möglicherweise nicht merkt, wenn der Wahrnehmungsreiz einmal ausbleibt oder anders ist, indem man die gewohnte Wahrnehmung an die Stelle des wirklich Wahrgenommenen setzt, das für eine bestimmte Untersuchung von Bedeutung ist.“[81] „Hierbei wirkt auch ein logischer Integrationsvorgang mit, den Claparede[82] scharfsinnig verdeutlicht, wenn er sagt: ‚Das, was den Zeugen zu seinen Angaben veranlasst, ist viel weniger die Genauigkeit seiner Erinnerung als die Wahrscheinlichkeit, dass etwas existiert oder diesen oder jenen Charakter hat.' Es kommt mit

75 Trankell, Der Realitätsgehalt von Zeugenaussagen, S. 21, vgl. Arntzen, Psychologie der Zeugenaussage: System der Glaubwürdigkeitsmerkmale, 3. Aufl., S. 20.

76 Vgl. Greuel/Offe/Fabian/Wetzels/Fabian/Offe/Stadler, Glaubhaftigkeit der Zeugenaussage, S. 166.

77 Vgl. Undeutsch, Handbuch der forensischen Psychologie, 11. Bd., S. 63, 64.

78 Vgl. Bender/Nack, Tatsachenfeststellung vor Gericht, 2. Aufl., Rn 138.

79 Vgl. Undeutsch, Handbuch der Psychologie, 11. Bd., S. 64.

80 Döhring, Die Erforschung des Sachverhalts im Prozess, S. 104.

81 Altavilla, Forensische Psychologie, Bd. II, Die Psychologie der Strafprozessbeteiligten, S. 203.

82 Im Original folgende FN: Expériences collectives sur le témoignage (Arch. Psychol. Bd. 5 1905 bis 1906, 344 ff.).

anderen Worten, wenn man von der Reproduktion einer dann an die Stelle einer wirklichen Wahrnehmung tretenden Erinnerung absieht, zu einem logischen Integrationsvorgang, in dem sich lückenhafte Erinnerung auffüllt."[83]

23 **Die Verschmelzung liegt immer dann nahe, wenn anzunehmen ist, dass es sich um Umstände handelt, von denen anzunehmen ist, dass sie die Auskunftsperson in ähnlicher Form schon mehrfach erlebt hat.**[84] Hinzu kommt bei der Problematik der Verschmelzung, dass es umso weniger wahrscheinlich ist, dass die Auskunftsperson die Einzelheiten den einzelnen Fällen korrekt zuordnen kann, je ähnlicher und je geringer der zeitliche Abstand der verschiedenen Fälle war.[85] „Vor Gericht wurde ein Polizeibeamter gefragt, wie häufig ein bestimmter Autofahrer über den Mittelstreifen gefahren sei. Er antwortete: ‚Zwei- bis dreimal'. Später stellte sich heraus, dass an dieser Stelle überhaupt kein Mittelstreifen vorhanden gewesen war."[86] Hinzu kommt, dass das Besondere die Erinnerung fördert, nicht aber das Übliche.[87] Daher gilt folgender

24 *Praxistipp*

- Polizeibeamte haben bei der Bekundung ihrer Wahrnehmung bei alltäglichen Verkehrsverstößen,[88]
- Versicherungsvertreter und Kreditvermittler haben über die Verhandlungen bei Vertragsabschlüssen[89]

i.d.R. keine wirkliche Erinnerung

Sie berichten vielmehr meist über das, was sie **üblicherweise** in solchen Fällen zu tun pflegen,[90] bzw. was sie üblicherweise in solchen Fällen wahrnehmen oder sich aus schriftlichen Unterlagen (ggf. als Erinnerungsstütze) rekonstruieren lässt. Die vermeintliche Erinnerung erfolgt dann nur auf das Typische.[91] „Solche ‚Ersetzungen' sind häufiger, als Sie anzunehmen geneigt sind."[92] „Gleichwohl pflegen die Gerichte etwa dem Krankenversicherungsvertreter zu glauben, dass er (vor 3 Jahren) auch in diesem Falle ausdrücklich beim Vertragsabschluss nach Vorerkrankungen gefragt hat (oder dem Darlehensvermittler, dass er nach anderweitigen Schulden gefragt hat) und halten die Anfechtung des Versiche-

83 Altavilla, Forensische Psychologie, Bd. II, Die Psychologie der Strafprozessbeteiligten, S. 204.
84 Vgl. Bender/Nack, Tatsachenfeststellung vor Gericht, 2. Aufl., Rn 138.
85 Vgl. Bender/Nack, Tatsachenfeststellung vor Gericht, 2. Aufl., Rn 139.
86 Füllgrabe, Irrtum und Lüge, S. 11 f.
87 Vgl. Bender/Nack, Tatsachenfeststellung vor Gericht, 2. Aufl., Rn 140.
88 Vgl. Bender/Nack, Tatsachenfeststellung vor Gericht, 2. Aufl., Rn 142; Wendler, Wie ähnlich war der Unfall?, S. 91; vgl. auch Jansen, Zeuge und Aussagepsychologie, Rn 293 m.w.N.
89 Vgl. Bender/Nack, Tatsachenfeststellung vor Gericht, 2. Aufl., Rn 143, 144.
90 Vgl. Bender/Nack, Tatsachenfeststellung vor Gericht, 2. Aufl., Rn 141.
91 Vgl. Dettenborn/Fröhlich/Szewczyk, Forensische Psychologie, 2. Aufl., S. 66.
92 Bender/Nack/Treuer, Tatsachenfeststellung vor Gericht, 3. Aufl., Rn 193.

rungsvertrages wegen arglistiger Täuschung für bewiesen (oder verurteilen den Schuldner wegen Betruges)."[93]

Die Gefahr der Verschmelzung ist zudem dann besonders hoch, wenn der streitgegenständliche Vorfall nicht der erste oder letzte Vorfall des Tages (der Schicht etc.) war. Denn sofern es einen vorhergehenden Vorfall gegeben hat, tritt das Phänomen der proaktiven = vorwärtswirkenden (Erinnerungs-)Hemmung ein, d.h., das zuerst eintretende Ereignis hat eine störende Einwirkung auf die Erinnerung an Details der späteren Ereignisse. Ebenso tritt das Phänomen der retroaktiven = rückwirkenden (Erinnerungs-) Hemmung ein, d.h., die Erinnerungsfähigkeit an Details des vorhergehenden Vorfalls wird gestört, wenn gleich nach der streitgegenständlichen Beobachtung eine ähnliche Beobachtung folgt.[94] 25

Praxistipp 26

„Daher ist in derartigen Fällen die Frage an den Zeugen, wie genau sich das nun beim vierten oder fünften Mal abgespielt habe, sinnlos. Dasselbe gilt z.B. auch für die Frage an den Polizeibeamten, welche Erinnerung er noch an den gerade zur Verhandlung anstehenden ‚Rotlichtfahrerfall' habe, wenn dieser inzwischen ein Dutzend oder mehr weitere ‚Rotlichtfahrerfälle' erlebt hat."[95]

Bei Anzeigen, die schriftlich niedergelegt wurden (s. hierzu die Ausführungen unter Rdn 38 ff.), ist es nach BGH in BGHSt 23, 213 eine Würdigung im Einzelfall, ob die Möglichkeit eines Beobachtungsfehlers oder Übertragungsfehler ausgeschlossen werden kann. D.h., die Aufzeichnung hat nur den Wert eines Indizes innerhalb einer Gesamtbeweiswürdigung.[96] 27

Nicht ausreichend ist in jedem Fall, wenn das Gericht der Aussage folgt, obwohl sich der Beamte an Einzelheiten überhaupt nicht mehr erinnert, aber erfahrungsgemäß Polizeibeamte in der konkreten Verkehrslage nur solche Verstöße zur Anzeige brächten, die tatsächlich begangen worden sind.[97] Einen solchen Erfahrungssatz gibt es nämlich nicht.[98] 28

Ausreichend kann aber sein, wenn sich der Beamte noch an sonstige bekundete Tatsachen erinnert, aus denen geschlossen werden kann, dass die niedergelegte Anzeige richtig ist, z.B. dass noch eine konkrete Erinnerung besteht, dass nur eindeutige Fälle zur Anzeige gebracht wurden und Fälle, bei denen eine Besonderheit (in con- 29

93 Bender/Nack/Treuer, Tatsachenfeststellung vor Gericht, 3. Aufl., Rn 149.

94 Vgl. Trankell, Der Realitätsgehalt von Zeugenaussagen, S. 21; vgl. Arntzen, Psychologie der Zeugenaussage: System der Glaubwürdigkeitsmerkmale, 3. Aufl., S. 22.

95 Bender, Die „lebendige Erinnerung" u. der „gewordene Sachverhalt" in der Zeugenaussage, StV 1984, S. 127 f.

96 Vgl. Schneider, Beweis und Beweiswürdigung, 5. Aufl., Rn 1046.

97 Vgl. BGH, NJW 1969, S. 1727.

98 Vgl. BGH, NJW 1969, S. 1727.

creto, wenn der Überholer die Autobahn sofort verlassen hatte) vorlag, gar nicht angezeigt wurden und der Verstoß unabhängig voneinander von zwei Beamten festgestellt und notiert wurde.[99]

30 D.h., das Gericht muss klären, in welcher Weise der Beamte beteiligt war und ob und inwieweit ein Irrtum ausgeschlossen ist. Das erfordert bei Geschwindigkeitsmessungen in der Nachtzeit Feststellungen über die Länge der Messstrecke, der Beleuchtungsverhältnisse und Orientierungspunkte.[100] Bei anderen Vorfällen hängen Feststellungen des Strafrichters, von welcher Stelle und in welcher Weise der Beamte seine Feststellungen getroffen hat, von der Aufklärungspflicht und vom pflichtgemäßen Ermessen des Tatrichters ab.[101]

31 Nicht ausreichend dürfte daher folgende beispielhafte Aussage nach Döhring[102] sein:

> *„Wie ich aus dem mir vorgelegten Bestellschein sehe, habe ich Frau A am 15.10.1964 eine Waschmaschine verkauft. Ich besinne mich zwar auf den Verlauf der Vorbesprechungen nicht mehr, kann aber mit Sicherheit sagen, dass ich dabei Frau A auch auf den Umstand X aufmerksam gemacht habe, weil ich das ganz regelmäßig tue."*

32 Bei einer solchen Aussage bestehen Bedenken, da abweichende tatsächliche Möglichkeiten, mit denen gerechnet werden muss (atypischer Verlauf des Gesprächs), nicht berücksichtigt wurden oder der als bestehend vorausgesetzte Erfahrungssatz („weil ich das ganz regelmäßig tue") nicht sicher feststeht oder die Anwendbarkeit im vorliegenden Fall fraglich erscheint.[103]

33 In Zivilsachen gilt, dass bei unbeteiligten/unparteiischen Zeugen die Aufzeichnung des Zeugen ein bis zwei Tage nach dem Vorfall zur Beweisführung durchaus ausreichen kann.[104]

34 Bei wirtschaftlich am Prozessausgang interessierten Zeugen (Vertretern) kann dies aber in der Regel nicht ausreichen, denn auch bei diesen Personen gilt das Problem der Wahrnehmungsfälschung durch den Wunsch, etwas zu sehen. Auch der Vertreter kann geneigt sein, alles zum Vorteil seines eigenen Vertragsabschlusses zu interpretieren, insb., wenn er finanziell daran partizipiert.

35 *Praxistipp*

Schriftliche Aussagen eines Zeugen (z.B. gegenüber der Haftpflichtversicherung) sind zwar keine Äußerungen aus einem anderen gerichtlichen Verfahren,

99 Vgl. BGH, NJW 1969, S. 1727.
100 Vgl. OLG Düsseldorf, DAR 1999, S. 274.
101 Vgl. BGH, NJW 1970, S. 573, 574.
102 Döhring, Die Erforschung des Sachverhalts im Prozess, S. 124.
103 Vgl. Döhring, Die Erforschung des Sachverhalts im Prozess, S. 126.
104 Vgl. Schneider, Beweis und Beweiswürdigung, 5. Aufl., dort Fn 1 zu § 35.

aber gleichwohl beweisrechtlich nicht völlig wertlos. Derartige Äußerungen sind im Wege des Urkundenbeweises verwertbar.[105] Dieser Urkundenbeweis bedarf nicht der Zustimmung des Gegners.[106] Die Richtigkeit einer solchen Aussage darf nicht aus Gründen angezweifelt werden, die sich nicht aus der Urkunde ergeben.[107] Der Zeuge ist aber persönlich zu vernehmen, sobald eine Partei dies beantragt.[108] Auch außerprozessuale Erklärungen des Beschuldigten gegenüber Dritten können verwertet werden, sogar dann, wenn der Beschuldigte von seinem Schweigerecht Gebrauch macht.[109] Etwas anderes gilt, wenn die außerprozessuale Erklärung durch staatliche Sanktionen erzwungen werden kann, z.B. bei dem Insolvenzschuldner[110] oder dem Einzelvollstreckungsschuldner.[111]

II. Anreicherungstendenz

Eng mit der Verschmelzungstendenz ist die Anreicherungstendenz verbunden. 36
Sie ist die Kehrseite des Vergessens, d.h., die nachträgliche Ausschmückung der verbleibenden, durch Zeitablauf geringer werdenden Erinnerung.[112] Die Anreicherung verläuft in der Regel

- **in Richtung des Üblichen.**[113]
  Auch hier wird klar, dass sich die Anreicherungstendenz nicht scharf von der Kontaminierung trennen lässt, denn um das Übliche festzustellen, muss die Auskunftsperson mehrere ähnliche Fälle gehabt bzw. jedenfalls entsprechende Stereotype entwickelt haben. In einem Experiment wurde Probanden ein Video von acht Ladendiebstählen gezeigt. Die Probanden erinnerten später tatsächlich nicht vorhandene Details, die aber für einen Ladendiebstahl üblich und zu erwarten waren.[114] Weiter ist in der Gerichtspraxis zu beachten, dass die Anreicherung
- **in Richtung des zum für den Prozess Zweckmäßigen, Zielgerichteten erfolgt.**
  Es ist zu beobachten, dass die Mitteilungen, die die Auskunftsperson für Erinnerungen hält, in Wahrheit aber Erfindungen sind, umso mehr dem Prozessziel untergeordnet werden, je enger die Auskunftsperson mit der Prozesspartei verbun-

105 Vgl. BGH, Urt. v. 13.2.2007 – VI ZR 58/06, NJW-RR 2007, S. 1077 f.; vgl. auch BGH, zfs 2008, S. 439 ff.

106 Vgl. BGH, VersR 1983, S. 667; vgl. auch BGH, VersR, 1970, S. 322 f.

107 Vgl. BGH, NJW 1982, S. 580.

108 Vgl. Schneider, Beweis und Beweiswürdigung, 5. Aufl., Rn 1373 m.w.N.; vgl. auch BGH, VersR 1970, S. 322 f.

109 Vgl: De Vries, Einführung in die Kriminalistik für die Strafrechtspraxis, Rn 264 m.w.N.

110 Vgl. BVerfGE 56, S. 36 und § 97 Abs. 1 S. 3 InsO.

111 Vgl. BGHSt 37, S. 342.

112 Vgl. Bender/Nack, Tatsachenfeststellung vor Gericht, 2. Aufl., Rn 119.

113 Vgl. Bender/Nack, Tatsachenfeststellung vor Gericht, 2. Aufl., Rn 120.

114 Vgl. Cohen, Human Memory in the real world, in Analysing Witness Testimony, S. 11.

den ist.[115] Auch dieser Punkt ist eng verbunden und nicht scharf zu trennen von dem Wunsch, etwas gesehen oder erlebt zu haben und der dadurch eintretenden Wahrnehmungs- bzw. Erinnerungsverfälschung. „Jeder noch so geringfügige Anhaltspunkt in der Erinnerung, der – sei es auch noch so mühsam – in einem prozessrelevanten und für die zu begünstigende Person in positivem Zusammenhang gebracht werden kann, wird in diese Richtung hin ergänzt".[116] Die Zutat wird also durch die Bedürfnislage inspiriert.[117] Das gilt v.a. dann, wenn der Zeuge am Prozessausgang interessiert ist.[118]

- **In seltenen Fällen erfolgt die Anreicherung auch in Richtung des Besonderen.**

  Diese Alternative ist in der Gerichtspraxis nach Beobachtung der Verfasser sehr selten zu beachten, sodass hierauf nicht weiter eingegangen werden kann, sondern auf weiterführende Literatur (vgl. Bender/Nack, Tatsachenfeststellung vor Gericht, 2. Aufl., Rn 121) verwiesen werden muss.
- Ist der durch tatsächliche Erinnerung verbleibende Geschehenszusammenhang dergestalt unvollständig, dass er unverständlich wäre, erfolgt eine Anreicherung oft durch eine rein logische Ergänzung.[119]

Praxistipp

Auch wenn die Erinnerung mit Zeitablauf immer schlechter wird, geben Zeugen ggf. mit zunehmendem Zeitablauf vor, (subjektiv) immer sicherer in der Erinnerung zu sein. Wenn dem so ist, so ist dies aber nur ein subjektives Empfinden, das darauf zurückzuführen ist, dass sich die Auskunftsperson mit zunehmender Dauer immer wieder mit den Vorgängen innerlich beschäftigt[120] oder darauf, dass sich die Auskunftsperson statt an das eigentlich lange zurückliegende Erlebnis, mehr an die letzte Aussage bei der letzten

115 Vgl. Bender/Nack, Tatsachenfeststellung vor Gericht, 2. Aufl., Rn 122.

116 Bender/Nack, Tatsachenfeststellung vor Gericht, 2. Aufl., Rn 122.

117 Vgl. Trankell, Der Realitätsgehalt von Zeugenaussagen, S. 21; vgl. Arntzen, Psychologie der Zeugenaussage: System der Glaubwürdigkeitsmerkmale, 3. Aufl., S. 23.

118 Vgl. Bender, Die „lebendige Erinnerung" u. der „gewordene Sachverhalt" in der Zeugenaussage, StV 1984, S. 127.

119 Vgl. Trankell, Der Realitätsgehalt von Zeugenaussagen, S. 21; vgl. Arntzen, Psychologie der Zeugenaussage: System der Glaubwürdigkeitsmerkmale, 3. Aufl., S. 23 u. S. 56 m. dem Hinweis auf das (so nicht genannte) Partyspiel „stille Post", wo mehrere Teilnehmer einer Gruppe beieinander sitzen. Der erste Teilnehmer gibt eine Nachricht leise, sodass es die übrigen Teilnehmer nicht hören können, mündlich an den 2. Teilnehmer weiter. Dieser gibt die soeben erhaltene Nachricht mündlich, ohne dass es die anderen hören können, an den 3. Teilnehmer weiter. Dieser gibt die Nachricht ebenso an den 4. Teilnehmer weiter usw. Der letzte Teilnehmer gibt die Nachricht dann laut so von sich, wie sie ihm vermittelt wurde. Die Endnachricht hat – wegen des Vergessens u. Anreicherns von Nachricht zu Nachricht – m. der Ausgangsnachricht keine Ähnlichkeit mehr.

120 Vgl. Bender/Nack, Tatsachenfeststellung vor Gericht, 2. Aufl., Rn 123 f.

Vernehmung oder gelesene Akte (Erinnerung an die Erinnerung) erinnert.[121]

- Weiter erfolgt die Anreicherung im Wege der **Übertreibung**:
  1. „Der Zeuge übertreibt die Zahlenwerte: Aus 15 Demonstranten werden 50 [...]. Dieses Phänomen gehört zu der allgemeinen Erscheinung, dass man ein Ereignis, an dem man als Geschädigter oder Zeuge beteiligt war, wichtiger und eindrucksvoller zu machen sucht [...].
  2. Er greift zu einer qualitativen Intensivierung, indem er das Geschehene aufbauscht.
  3. Er bekundet seine eigene Beteiligung an dem Geschehnis: Zuweilen treibt es ihn zu gefährlichen Lügen. Indem er angibt, an dem Geschehen in irgendeiner Weise, als Friedensstifter, als Verteidiger des Angegriffenen, als selbst Angegriffener, beteiligt gewesen zu sein.
  4. Er verwandelt die eigene Ungewissheit in Gewissheit: [...] Eigene Unsicherheit wandelt er daher bei der Vernehmung in sichere Gewissheit um, und darauf hat der Vernehmende nicht geringen Einfluss, der, nicht zufrieden mit der Zweifelsform, in der der Zeuge sich ausdrückt, ihn dazu antreibt, präzise zu sein."[122]
- **Auch eine wirkliche Erinnerung an eine reine Routinehandlung ist höchst unwahrscheinlich.** Eine **grüne Ampel** zu erblicken, stellt eine typische Routineinformation dar, ebenso wie die darauffolgende Routinehandlung, Gas zu geben und weiterzufahren. Sofern es keinen Anlass gab, diese Routineinformation zu etwas Besonderem zu machen, ist eine wirkliche Erinnerung hieran höchst unwahrscheinlich.[123]

F. Die Gefühlskurve

Weiter ist in der Wissenschaft anerkannt, dass **die Gefühlskurve die Gedächtniskurve überlagert**,[124] d.h., Wahrnehmungen werden auch durch eigene Gefühle und Bedeutungen begleitet.[125] Für die Frage, was gut oder weniger gut behalten wird, kommt es entscheidend darauf an, mit welchem Gefühlswert das Ereignis verbunden war.[126] D.h., Erlebnisse werden umso besser behalten, je größer der positive oder negative Affekt **bei** der Wahrnehmung war.[127] Daher wird bei der Verneh- **37**

121 Vgl. Dettenborn/Fröhlich/Szewczyk, Forensische Psychologie, 2. Aufl., S. 66 f.

122 Altavilla, Forensische Psychologie, Bd. II, Die Psychologie der Strafprozessbeteiligten, S. 203.

123 Vgl. Wendler, Wie ähnlich war der Unfall?, S. 84/85.

124 Vgl. Bender/Nack, Tatsachenfeststellung vor Gericht, 2. Aufl., Rn 133.

125 Vgl. Kirchhoff, Der Verkehrsunfall im Zivilprozess – Hinweise zur Verbesserung der Zeugenvernehmung, MDR 2000, S. 186, 188.

126 Vgl. Bender/Nack, Tatsachenfeststellung vor Gericht, 2. Aufl., Rn 132.

127 Vgl. Bender/Nack, Tatsachenfeststellung vor Gericht, 2. Aufl., Rn 134.

mung von Zeugen empfohlen, die Gefühle des Zeugen bei der Wahrnehmung zu erkunden, z.B. durch Fragen, „denken Sie daran, wie Sie sich zu diesem Zeitpunkt fühlten,“[128] oder, „was hatten Sie für ein Gefühl, als Sie die Tür öffneten.[129]“ **Wichtig sind aber die Gefühle bei der Wahrnehmung**, die die Erinnerungsleistung – wie dargestellt – beeinflussen. Starke Gefühlsaufwallungen vor oder nach dem Ereignis beinträchtigen dagegen die Erinnerungs- bzw. Wahrnehmungsfähigkeit. Bei starker Gefühlsaufwallung kurz vor dem streitgegenständlichen Ereignis wird bereits die Wahrnehmung beeinträchtigt und das Wahrgenommene weniger gut in Erinnerung behalten.[130] Bei starker Gefühlsaufwallung kurz nach dem streitgegenständlichen Ereignis hat die Auskunftsperson im Zweifel keine zuverlässige Erinnerung mehr an das Ereignis, bspw. wird die Ehefrau, deren Mann bei dem Unfall schwer verletzt abtransportiert wird, oft nicht mehr wissen, wie der Unfall passiert ist,[131] sondern allenfalls Schlussfolgerungen geben.

G. Der Einfluss der primären Aussage

38 Wie bereits ausgeführt, **sinkt mit dem Zeitablauf die wirkliche Erinnerung an Einzelheiten**, sodass umso mehr das Phänomen der Ausfüllung oder Ergänzung eintritt. Gleichwohl ist in der Praxis zu beachten, dass Zeugen nach einer ersten Aussage oft (vermeintlich) keinen weiteren Erinnerungsabfall mehr erleiden, d.h., die Unterschiede zwischen der ersten und zweiten Aussage verwischen, sodass die erste Aussage auf die nachfolgenden einen stabilisierenden Einfluss hat.[132] Oft ist sogar zu beobachten, dass die subjektive Sicherheit der eigenen Erinnerung mit zunehmenden Zeitablauf steigt, statt abnimmt.[133] „Hat die Auskunftsperson erst einmal ihre erste Version des Geschehens von sich gegeben, so bleibt sie oft dabei bemerkenswert konstant, gleichgültig, ob es sich um einen Irrtum handelt oder nicht.“[134] Das liegt daran, dass jede Aussage eine Präzisierung der eigenen Erinnerung ist.[135] Daher kann auch eine Steigerung der subjektiven Sicherheit der Erinnerung von

128 Vgl. Kirchhoff, Der Verkehrsunfall im Zivilprozess – Hinweise zur Verbesserung der Zeugenvernehmung, MDR 2000, S. 186, 188.

129 Nagler, Vernehmungspsychologie: Warum Personen sich bei der Vernehmung nicht an das erinnern können, was sie wissen, StV 1983, S. 211, 213.

130 Vgl. Bender/Nack, Tatsachenfeststellung vor Gericht, 2. Aufl., Rn 129.

131 Vgl. Bender/Nack, Tatsachenfeststellung vor Gericht, 2. Aufl., Rn 130 f.

132 Vgl. Altavilla, Forensische Psychologie, Bd. II, Die Psychologie der Strafprozessbeteiligten, S. 206.

133 Vgl. Bender/Häcker/Schwarz, Tatsachenfeststellung vor Gericht, 6. Aufl., Rn 188 f.

134 Bender/Nack/Treuer, Tatsachenfeststellung vor Gericht, 3. Aufl., Rn 843.

135 Vgl. Altavilla, Forensische Psychologie, Bd. II, Die Psychologie der Strafprozessbeteiligten, S. 205/206, vgl. auch Loftus, die vom sog. Freezing Effect berichtet: „in essence, early comments are frozen into place in one's memory and pop up frequently when the witness recalls his experience at later times“, so Loftus, Eyewitness Testimony, S. 84.

reinem Raten (1. Aussage) zu vermeintlich absoluter Sicherheit (letzte Aussage) erfolgen.[136] Das liegt an Folgendem:

> *„Wenn daher die Reproduktion einerseits die Erinnerungsreste stärker hervortreten lässt, umgibt sie sie andererseits mit unechtem Beiwerk, das sich im Gedächtnis so nachhaltig festsetzt, dass man von diesem Augenblick an die Erinnerung an das, was man ausgesagt hat, vollständig an die Stelle der Erinnerung an das wirklich Wahrgenommene setzt, und diese Erinnerung setzt sich aus sogleich zu besprechenden Gründen statisch und unveränderlich fest […]. ‚Die zweite Aussage wird keineswegs unter den gleichen Bedingungen wie die erste erstattet. Bei seiner ersten Aussage muss der Zeuge das Geschehnis in seinen verschiedenen Phasen überdenken und es beschreiben. Dieses Überdenken und Beschreiben (besonders wenn die Aussage schriftlich erstattet wird) fixiert aber das Geschehnis selbst gedächtnismäßig und bildet so eine neue Grundlage für die Geschehenserkenntnis, die sich bei der zweiten Aussage auswirkt.‚*[137] [138] *Bemerkenswert ist, dass dies bereits von Whipple 1909 erkannt wurde: „when a given reporter is called upon to make his report several times, the effect of this repetition is complex for (1) it tends in part to establish in mind the items reported, whether they be true or false […].“*[139] *Andererseits kommt hinzu, dass die „[…] Art und Weise wie sie im Protokoll festgehalten wird, gleichsam eine Zwangsjacke darstellt […].“*[140] *Dies deshalb, da der Vernehmende die Aussage des Zeugen in seine eigene Fachsprache übersetzt und auf die für den Vernehmenden relevanten Punkte hinführt.*[141] *D.h., der Vernehmende beeinflusst durch die Art, wie er die konkrete Aussagesituation zu gestalten weiß und durch die psychischen Kräfte, die während der Befragung bewusst oder unbewusst von ihm ausgehen, das Vernehmungsergebnis.*[142] *„Auf jeden Fall aber vollzieht sich ein Austausch zwischen der Persönlichkeit des Vernehmenden und der des Zeugen.“*[143] *Oder anders formuliert: „Zwischen dem Vernehmenden und der Aussageperson findet eine im Einzelnen schwer zu beschreibende Wechselwirkung statt.“*[144] *Der Zeuge ist regelmäßig nicht an der unversehrten Bewahrung seiner eigenen Erinnerung interessiert, sondern instinktiv von dem egoistischen Motiv getrieben, jeder Unbequemlichkeit aus dem Weg zu gehen*

136 Vgl. Loftus, Eyewitness Testimony, S. 82 ff.

137 Im Original folgende Fußnote: Musatti, Elementi di psicologia della testimonianza S. 155.

138 Altavilla, Forensische Psychologie, Bd. II, Die Psychologie der Strafprozessbeteiligten, S. 206.

139 Whipple, The observer as a reporter: a survey of the „psychology of testimony“, Psychological Bulletin 6, S. 153, 166.

140 Vgl. Altavilla, Forensische Psychologie, Bd. II, Die Psychologie der Strafprozessbeteiligten, S. 207.

141 Vgl. Altavilla, Forensische Psychologie, Bd. II, Die Psychologie der Strafprozessbeteiligten, S. 207 m.w.N.

142 Vgl. Döhring, Die Erforschung des Sachverhalts im Prozess, S. 27.

143 Altavilla, Forensische Psychologie, Bd. II, Die Psychologie der Strafprozessbeteiligten, S. 207.

144 Döhring, Die Erforschung des Sachverhalts im Prozess, S. 27.

und sich daher dem Denken des Vernehmenden anzupassen, sodass er seine Angaben nicht berichtigt, obwohl er sie bei einer aufmerksamen Überprüfung seiner Erinnerung hätte verlangen können und müssen.[145] *Empirische Untersuchungen bestätigen, dass das Vernehmungsprotokoll quasi eine Gemeinschaftsarbeit des Vernehmungsbeamten und des Zeugen ist, die der Beamte durch seine Hypothesen, Fragen und Umformulierungen gelenkt hat.*[146] *Das dürfte einer der Gründe dafür sein, dass Zeugen regelmäßig (fast) jedes Protokoll genehmigen."*[147] *In dem Protokoll liegt sodann die große Gefahr, dass der Tatrichter diese Niederschrift überinterpretiert.*[148]

39 *Hinweis*

„[…] das schließlich erstellte Vernehmungsprotokoll [ist] eine systematische Verzerrung des Aussageinhalts in Richtung auf die Tathypothesen des Vernehmungsbeamten […]".[149]

40 **Auch eine im Protokoll enthaltene Aussage in Anführungszeichen ist keine Gewähr dafür, dass der Zeuge diese Aussage so wörtlich gemacht hat.**[150] „Üblich ist die ‚bereinigte' Niederschrift einer Zeugen- oder Beschuldigtenvernehmung."[151] Der Vernehmende entscheidet, wer wann welche Schlüsse zieht, welche Ergebnisse wie formuliert und protokolliert werden.[152] „In der Regel diktiert danach der Vernehmungsbeamte den von ihm für wesentlich gehaltenen Inhalt der zumeist weitaus langatmigeren Ausführungen des Zeugen mit seinen eigenen Worten ins Protokoll, und der Zeuge wird hinterher lediglich gefragt, ob er diese Wiedergabe genehmigt oder nicht. Praktisch führt das zur völligen Dominanz des Vernehmungsbeamten, weil ein juristisch ungebildeter Zeuge allenfalls bei ganz groben Divergenzen Beanstandungen gegenüber der Formulierung des Vernehmungsbeamten äußern wird

145 Vgl. Altavilla, Forensische Psychologie, Bd. II, Die Psychologie der Strafprozessbeteiligten, S. 211.

146 Vgl. Schünemann, Zeugenbeweis auf dünnem Eis, in Festschrift für Lutz Meyer-Goßner zum 65. Geburtstag, S. 385, 390 f.

147 Vgl. Bender/Nack, Tatsachenfeststellung vor Gericht, 2. Aufl., Rn 822; vgl. auch Döhring, Die Erforschung des Sachverhalts im Prozess, S. 87: „Vielmehr erklärt sich die Auskunftsperson oft genug m. der Protokollfassung einverstanden, obwohl sie diese als unzulänglich oder gar als unrichtig empfindet."

148 Vgl. De Vries, Einführung in die Kriminalistik für die Strafrechtspraxis, Rn 298.

149 Schünemann, Zeugenbeweis auf dünnem Eis, in Festschrift für Lutz Meyer-Goßner zum 65. Geburtstag, S. 385, 391.

150 Vgl. Nack, Wiedergabe und Protokollierung von Zeugenaussagen, S. 79 m.w.N., in Redlich aber falsch.

151 Rohloff/Ruhländer, Entwicklungsmöglichkeiten in der polizeilichen Vernehmungspraxis, Kriminalistik 2004, S. 518.

152 Vgl. Schmitz, Vernehmung als Aushandeln der Wirklichkeit, in Kube, E./Störzer, H.U./Brugger, S. (Hrsg.), Wissenschaftliche Kriminalistik, Bd. 1, BKA Forschungsreihe, Bd. 16, S. 353 bis 378, 363, zitiert nach Schroer, Das Dominanzgefälle in polizeilichen Beschuldigtenvernehmungen, Kriminalistik, 2004, S. 523 ff., 524.

und weil selbst juristisch gebildete Zeugen in der Streßsituation der Vernehmung nur selten die Rolle eines gleichberechtigten Widerparts zum Vernehmungsbeamten auszufüllen vermögen."[153] Es ist eine **forensische Fiktion** und nach Schünemann eine der Hauptfehlerquellen des Strafprozesses,[154] dass die Niederschrift einer Zeugenaussage deren vollen und wahren Inhalt darstellt.[155] „Mit Formulierungsfehlern ist immer zu rechnen. Juristen neigen dazu, streng am Wortlaut einer Erklärung zu haften, obwohl dies nicht einmal beim Gesetzgeber berechtigt ist. Aufgrund der philologischen Exegese eines Vernehmungstextes darf keine Verurteilung erfolgen."[156] In der folgenden Vernehmung kommt es dann nicht mehr so sehr zu einer Erinnerung an das Ereignis, sondern zu einer Erinnerung an die frühere Aussage inklusive Protokollierung. D.h., die ursprünglichen Erinnerungsbilder werden von den Vorstellungen überlagert, die sich im Laufe der Vernehmung entwickelt haben[157] (sog. **Erinnerung an die Erinnerung**[158]). Hinzu kommt, dass der Zeuge bei seiner zweiten Aussage häufig die Befürchtung hat, er würde bei einer Abweichung von seiner früheren Aussage als unglaubwürdig erscheinen.[159] **Suggestiv wirkt allein schon die Existenz einer früheren Aussage und erst recht der einer früheren protokollierten Aussage**, da die meisten Zeugen ein Abrücken von der ersten Aussage scheuen.[160]

Der Praxis des gerichtlichen Vorhalts einer früheren Aussage hat daher nur einen begrenzten Erkenntniswert (vgl. hierzu auch § 17 Rdn 77 f.).[161] Aus empirischen Untersuchungen ist bekannt, dass nahezu kein Protokoll alle wichtigen und mitgeteilten Details enthält. 25 % der Protokolle enthalten sogar mindestens eine In- **41**

153 Schünemann, Zeugenbeweis auf dünnem Eis, in Festschrift für Lutz Meyer-Goßner zum 65. Geburtstag, S. 385, 390.

154 Vgl. Schünemann, Zeugenbeweis auf dünnem Eis, in Festschrift für Lutz Meyer-Goßner zum 65. Geburtstag, S. 385, 391.

155 Vgl. Shepherd/Milne, Full and faithful: ensuring quality practice and integrity of outcome in witness interviews, in Analysing Witness, S. 124, 135.

156 Vgl. De Vries, Einführung in die Kriminalistik für die Strafrechtspraxis, Rn 262.

157 Vgl. Nack, Wiedergabe und Protokollierung von Zeugenaussagen, S. 78 m.w.N., in Redlich aber falsch.

158 Vgl. Dettenborn/Fröhlich/Szewczyk, Forensische Psychologie, 2. Aufl., S. 66, vgl. Döhring, Die Erforschung des Sachverhalts im Prozess, S. 101, 67, u. auf S. 320: „Hierdurch [berichtete Testergebnisse] und durch andere Ergebnisse wird bewiesen, dass durch die erste Aussage und die Besprechung der Aussage die Erinnerung gerichtet wurde und die zweite Aussage weniger eine Erinnerung an das Geschehen als an die erste Aussage zum Ausdruck brachte.", vgl. auch Bender/Nack/Treuer, Tatsachenfeststellung vor Gericht, 3. Aufl., Rn 180.

159 Vgl. Altavilla, Forensische Psychologie, Bd. II, Die Psychologie der Strafprozessbeteiligten, S. 211.

160 Vgl. Arntzen, Vernehmungspsychologie: Psychologie der Zeugenvernehmung, 2. Aufl. S. 28; vgl. Nagler, Vernehmungspsychologie: Warum Personen sich bei der Vernehmung nicht an das erinnern können, was sie wissen, StV 1983, S. 211 ff.

161 Vgl. Schünemann, Zeugenbeweis auf dünnem Eis, in Festschrift für Lutz Meyer-Goßner zum 65. Geburtstag, S. 385, 405.

formation, die den tatsächlich mitgeteilten Informationen widersprechen.[162] Die Würdigung der Antwort (Ausnahme: Überhangantwort) erfolgt gegen die Grundsätze der Wissenschaft:

„*Die in der polizeilichen und richterlichen Vernehmung von Zeugen häufig anzutreffende Praxis, einem Zeugen Inhalte früherer Befragungen oder aus Sicht des Befragenden naheliegende, bislang jedoch noch nicht zur Sprache gekommene Handlungsaspekte ‚vorzuhalten' (‚Hast Du ihn auch mal anfassen müssen?'), so dass dieser diese Vorhalte nur noch zu bejahen oder zu verneinen braucht, muß unter diesem Aspekt ebenfalls als ungeeignete, da suggestionsträchtige Befragungsform beurteilt werden. Aus gutachterlicher Sicht haben die Antworten des Zeugen auf derartige Vorhaltsfragen keinen verwertbaren Gehalt mehr, es sei denn, der Zeuge produziert auf derartige Fragen substantiierte Überhangantworten.*"[163] „*Der Vorhalt aus dem polizeilichen Protokoll gepaart mit dem verstärkenden Zusatz, ‚das sollen Sie so bei der Polizei gesagt haben', geht schon im Ansatz fehl, da der Zeuge es so wie protokolliert wörtlich nicht gesagt hat. Zudem ist ein solcher Vorhalt höchst suggestiv und dürfte nicht nur aussagepsychologisch, sondern auch rechtlich ohne Wert sein.*"[164] „*Fast jeder Zeuge hat ein Perpetuierungs- bzw. Bestätigungsbedürfnis hinsichtlich seiner früheren Aussagen. Er wird in der Regel zu vermeiden suchen, sich mit diesen in Widerspruch zu setzen. Das ist auch eine ganz realistische Haltung; Abweichungen von Aussagen in der Hauptverhandlung im Vergleich zu Aussagen im Ermittlungsverfahren bringen dem Zeugen – jedenfalls bei Abweichungen zugunsten von Angeklagten – häufig selbst ein Ermittlungsverfahren wegen dem Verdacht der Falschaussage und Begünstigung ein.*"[165] *Zudem ist der potenzielle Streit zwischen einem Zeugen und einem Vernehmungsbeamten hinsichtlich des Vernehmungsablaufs und -inhalts ohnehin meist bereits von vorneherein zugunsten des Beamten entschieden.*[166] ***Tatsächlich entscheidet nahezu bei jedem Protokoll der Beamte, was ihm protokollierungswürdig erscheint und wie es protokolliert wird.***[167] *Hinzu kommt, dass gegenwärtig mangels Wortprotokoll zum Zeitpunkt der Urteilsabfassung oft nicht mehr unterschieden werden kann, was der Zeuge aus eigener Erinnerung wusste und was er erst bekundete, nachdem seinem Gedächtnis nachgeholfen wurde.*"[168]

162 Vgl. Milne/Bull, Psychologie der Vernehmung, S. 40 m.w.N.

163 Greuel/Offe/Fabian/Wetzels/Fabian/Offe/Stadler, Glaubhaftigkeit der Zeugenaussage, S. 67 f.

164 Jansen, Zeuge und Aussagepsychologie, Rn 133.

165 Richter II, Grenzen anwaltlicher Interessenvertretung im Ermittlungsverfahren, NJW 1981, 1820.

166 Vgl. Jansen, Zeuge und Aussagepsychologie, Rn 203.

167 Vgl. Jansen, Zeuge und Aussagepsychologie, Rn 248; vgl. hierzu auch die Befragung von Hermanutz/Litzcke, Vernehmung in Theorie und Praxis, S. 116 ff.

168 Vgl. BGH, BGHSt 3, S. 281, 284, vgl. auch Schünemann, Zeugenbeweis auf dünnem Eis, in Festschrift für Lutz Meyer-Goßner zum 65. Geburtstag, S. 385, 405.

Praxistipp 42

Die Frage, ob der Zeuge bei Protokollierung eine frischere Erinnerung gehabt habe, ist sinnlos.[169]

Wird die Frage nicht mitprotokolliert, sondern im Protokoll schlicht vermerkt, „auf Frage", so sollte dies immer zur Vorsicht mahnen. In Wirklichkeit handelt es sich bei diesbezüglichen Antworten oft um ein bloßes Eingehen auf die in der Frage liegende Suggestion.[170] Zu beachten ist, dass sich gerade erfahrene Vernehmungsbeamte frühzeitig auf eine bestimmte Version des Tatgeschehens festlegen und danach ihre Fragen und Protokollierung ausrichten.[171] Das ist insofern bemerkenswert, als die „eingleisige Anfangshypothese" ein weitverbreiteter Grund für Justizirrtümer ist.[172]

Das Phänomen der **Erinnerung an die Erinnerung** ist nicht nur dann gegeben, wenn die erste Aussage bei Gericht oder der Polizei gemacht wurde, sondern immer dann, wenn der Zeuge die eigene Erinnerung in irgendeiner Form wiedergegeben oder (gedanklich) präzisiert hat, z.B. auch bei Unterredungen mit anderen Zeugen/Beteiligten[173] oder durch einen Bericht im Bekanntenkreis.[174] Da mit zunehmendem Zeitablauf die Erinnerung schlechter wird, wird dieser Mangel oft unbewusst mit Schlussfolgerungen kompensiert, wie es wohl abgelaufen sein muss oder könnte, bzw. mit der Erinnerung an die vorhergehende Vernehmung.[175] 43

Praxistipp 44

Es ist zu berücksichtigen, dass bei einer Zeugenvernehmung die urkundenbeweislich festgehaltenen Aussagen vorgehalten und im Allgemeinen bestätigt werden, sodass die Möglichkeiten abweichender Beweisergebnisse ohnehin gering sind.[176]

Schünemann bezeichnet die Erinnerung einer Vernehmungsperson an die Vernehmung als naturgemäß verschwommen, fragmentarisch und regelrechte Karikatur einer Beweiserhebung.[177] Folgerichtig kommt der Versicherung des Vernehmungs- 45

169 Vgl. Bender/Nack/Treuer, Tatsachenfeststellung vor Gericht, 3. Aufl., Rn 407.

170 Vgl. Bender/Nack/Treuer, Tatsachenfeststellung vor Gericht, 3. Aufl., Rn 890.

171 Vgl. Bender/Nack/Treuer, Tatsachenfeststellung vor Gericht, 3. Aufl., Rn 981.

172 Vgl. Bender/Nack/Treuer, Tatsachenfeststellung vor Gericht, 3. Aufl., Rn 970.

173 Vgl. Schneider, Beweis und Beweiswürdigung, 5. Aufl., Rn 986; vgl. auch OLG Dresden, 13 U 600/01 n.v., vgl. auch Döhring, Die Erforschung des Sachverhalts im Prozess, S. 106.

174 Vgl. Bürkle, Richterliche Alltagstheorien im Bereich des Zivilrechts, S. 112 m.w.N.; vgl. Dettenborn/Fröhlich/Szewczyk, Forensische Psychologie, 2. Aufl., S. 67.

175 Vgl. Dettenborn/Fröhlich/Szewczyk, Forensische Psychologie, 2. Aufl., S. 71.

176 Vgl. Diehl, Anm. zu BGH, VI ZR 58/06, zfs 2008, S. 441 f.

177 Vgl. Schünemann, Zeugenbeweis auf dünnem Eis, in Festschrift für Lutz Meyer-Goßner zum 65. Geburtstag, S. 385, 401.

beamten, stets und auch in diesem Fall getreulich protokolliert zu haben, kein Beweiswert zu. Entscheidend ist jeweils die auf Vorhalt gegebene Aussage, nicht der Inhalt des Protokolls.[178]

H. Weitere Phänomene der Wahrnehmungs-/ Erinnerungsverzerrung

46 Um eine Zeugenaussage richtig einschätzen zu können und insb. die Schilderung eines Zeugen über eine andere Person, ist es noch wichtig, folgende Phänomene der Wahrnehmungspsychologie zu kennen:

I. Verdrängung

47 Wer ein peinliches Ereignis einmal erfolgreich verdrängt hat, wird glaubwürdig vortragen, das Ereignis habe nicht stattgefunden.[179]

II. Projektion

48 Viele Menschen projizieren ihre eigenen Fehler und „verbotenen Wünsche" auf einen anderen. Hilfreich wirkt hier allein der Gedanke, dass der andere auch nicht besser ist.[180] Hierdurch lassen sich in der gerichtlichen Praxis viele falsche Anschuldigungen erklären.[181]

III. Saure-Trauben-Rationalisierung

49 Dies bedeutet die nachträgliche Abwertung eines Ziels, das man nicht erreichen kann. Eine verlassene Ehefrau wird in einem späteren Prozess ihren geschiedenen Mann, der zwischenzeitlich wieder geheiratet hat, als zänkisch, arbeitsscheu etc. bezeichnen, auch wenn dies nicht der Fall war.[182]

50 Diese Punkte (I–III; Rdn 47–49) kommen v.a. bei Leidenschaftsvorgängen (wo Liebe und Hass involviert sind oder waren) vor, aber auch sonst, wenn es um Motive oder Einstellungen oder sonstige subjektive Tatsachen geht.[183] Freilich kommen diese **nachträglichen Uminterpretationen** nicht immer und in allen Fällen vor, aber gleichwohl in beachtenswerter Häufigkeit.

178 Vgl. BGHSt 14, S. 310ff. vgl. auch BGH, StV 1991, S. 197, vgl. auch Meyer-Goßner, Komm. Zur StPO, 51. Aufl. § 249 Rn 28 m.w.N.

179 Vgl. Bender/Nack, Tatsachenfeststellung vor Gericht, 2. Aufl., Rn 152.

180 Vgl. Bender/Nack, Tatsachenfeststellung vor Gericht, 2. Aufl., Rn 153.

181 Vgl. Bender/Nack, Tatsachenfeststellung vor Gericht, 2. Aufl., Rn 154.

182 Vgl. Bender/Nack, Tatsachenfeststellung vor Gericht, 2. Aufl., Rn 149.

183 Vgl. Barton, Redlich aber falsch, S. 38.

I. Praxisbeispiele der unterschiedlichen Wahrnehmung/ Erinnerung

In einem Verfahren vor dem AG München[184] ging es um eine **Beleidigung im Straßenverkehr**. Aus den Zeugenaussagen darf wie folgt zitiert werden: 51

„Zur Sache:

Am 1.10.2002 gegen 10.00 Uhr befuhr ich die Linprunstr. mit dem Pkw, Citroen AX, grün, amtl. Kennz.: M-xy 007. Es ist der Geschäftswagen meines Mannes. Ich war gerade auf dem Weg zum Gericht.

In einer Engstelle in der Linprunstraße fuhr ich etwas langsamer. Ein Mann, ca. 20 Jahre, dunkle Haare, blonde Strähnen, vermutlich Türke, in einem Jeep, amtl. Kennz.: M-xy 008, hupte mich fortwährend an. Er fuhr mit seinem Fahrzeug bis auf ca. 15 cm Abstand auf mein Fahrzeug auf. Ich hielt in der Linprunstraße am rechten Fahrbahnrand im Halteverbot an, öffnete ein Stück das Fahrerfenster und erklärte dem Mann, dass ich verkehrsbedingt nicht schneller fahren kann.

Er sagte zu mir: ‚Du alte Hure'. ***Dann stieg er*** *[Hervorhebung durch Verf.] aus seinem Fahrzeug, kam an das meine und spuckte mir mitten ins Gesicht. (im nicht protokollierten Teil legte sich die Zeugin fest,* ***dass sie zu diesem Zeitpunkt noch im Auto saß*** *[Hervorhebung durch Verf.]. Dies wisse sie deshalb, da die Hälfte des Speichelfladens noch am Fenster gewesen sei).*

Als ich (nach dem Vorfall) aus dem Fahrzeug stieg, rief er: ‚Komm doch her, dann schlag ich Dich'. Er behauptete, dass ich ihn als ‚Ausländerschwein' tituliert hätte. Dann ging er zu einem Passanten, der neben seinem Pkw, BMW silber, amtl. Kennz.: M-xy 009 auf jemand wartete, und sagte zu ihm: ‚Sie haben gehört, was die Frau zu mir gesagt hat'.

Der ältere Herr äußerte ihm gegenüber, dass es nicht stimmen würde. Der Mann mit dem Jeep sagte, er würde die Polizei holen. Daraufhin wartete ich. Nach ca. 15 Minuten fuhr der Mann mit dem Jeep einfach weg. Ich fuhr anschließend zur Anzeigenerstattung zur Polizei."

Ein anderer Zeuge sagte zu diesem Vorfall Folgendes aus: 52

„Zur Sache:

Am Dienstag, 1.10.2002 gegen 10.00 Uhr, stand ich auf unserem Parkplatz in München, Linprunstraße xy. Ich wollte gerade einen Blumenstrauß aus dem Auto herausnehmen, als ich von der Straße her auf ein lautes Streitgespräch aufmerksam wurde.

184 AG München, 1011 Ds 451 Js 300433/03, n.v.

Ich sah dorthin und sah eine Frau mittleren Alters, die gerade aus ihrem grünen Auto ausstieg.

Rechts neben diesem Auto stand ein Jeep. ***Der Fahrer dieses Jeeps beschimpfte die Frau aus dem Auto heraus*** *[Hervorhebung durch Verf.] – Text weiß ich nicht mehr. Ich sah dann auch, dass der Mann aus dem geöffneten Fenster heraus in Richtung zu der Frau spuckte. Ob er die Frau oder nur das Auto traf, weiß ich nicht.*

Der Mann wollte dann die Fahrertüre öffnen und sagte: ‚Ich schlag dich jetzt' – er meinte damit die Frau.

Da ich glaubte, der Mann greift die Frau wirklich an, mischte ich mich ein und sagte zu ihm, dass ich jetzt die Polizei holen werde.

Der Mann sagte: ‚Ja, holen Sie die Polizei', ***und er blieb im Auto sitzen*** *[Hervorhebung durch Verf.]. Ich sagte dann zu dem Mann, dass er die Polizei selbst holen könne und beschrieb ihm den Weg. Der Mann fuhr dann weg mit der Bemerkung, dass er jetzt die Polizei holen werde.*

Ein anderer Herr kümmerte sich um die Dame. Die Frau fragte mich nach meinem Namen und ob ich mich als Zeuge zur Verfügung stelle. Dies bejahte ich.

Den Fahrer des Jeeps kann ich wie folgt beschreiben:

Ca. 30–35 Jahre alt, vielleicht auch bis 40 Jahre alt, gewellte volle Haare, auffällig an den Haaren waren zwei verschiedene Haarfarben, hell und dunkel. Er war ca. 1,75 m groß, keine Brille, kein Bart. Er machte einen gepflegten Eindruck. Vom Wesen her wirkte er so, als ob er sofort zuschlägt.

Sein Auto war ein heller Geländewagen. Marke und Kennzeichen weiß ich nicht.

Auf Frage:

Das Streitgespräch vor dem Spucken habe ich nicht mitbekommen. Ich habe nur laute Stimmen gehört.

Den Mann würde ich höchstwahrscheinlich nicht wieder erkennen, höchstens an den auffälligen zwei-farbigen Haaren."

53 **Anmerkung zur unterschiedlichen Wahrnehmung/Erinnerung:**

Die „beleidigte und bespuckte" Dame ist sich sicher, dass sie im Auto saß, während der „Täter" aus dem Auto stieg und auf ihr Auto zukam. Der Zeuge hingegen ist sich sicher, dass der Täter die ganze Zeit während des Spuckens im Auto blieb. Das Opfer erklärte, der Täter sei zu dem Zeugen gegangen und habe diesen von sich aus angesprochen. Der Zeuge behauptet hingegen, er selbst habe sich eingemischt, während der Täter noch im Auto saß, da er glaubte, der Täter würde die Frau schlagen. Es herrscht also Unstimmigkeit jedenfalls hinsichtlich der Frage, wer saß und wer stand und wie der Zeuge involviert wurde. Bemerkenswert ist auch der offen eingetretene Hofeffekt (Haloeffekt). Der Zeuge sieht den aggressiven Vorfall und schreibt dem Beschuldigten eine hierzu passende Eigenschaft, „vom Wesen her wirkte er so, als ob er sofort zuschlägt", zu.

In einem weiteren Verfahren vor dem AG München ging es ebenfalls um eine **Beleidigung im Straßenverkehr**.[185] Aus den Zeugenaussagen darf wie folgt zitiert werden: 54

> *„Am 6.8.2002 gegen 15.05 Uhr befuhr ich die Ingolstädterstraße in südlicher Richtung. Ich bog rechts in die Sudetendeutsche Straße ein. Aus einer westlichen Parallelstraße der Ingolstädterstraße, diese hat auch die Anschrift Ingolstädterstraße, kam mir ein Pkw, Peugeot, weiß, amtl. Kennz.: M-xy 010 rückwärts entgegen. Ich musste, um einen Zusammenstoß zu vermeiden, scharf mit meinem Pkw Opel Omega, blau, amtl. Kennz.: M-xy 011, abbremsen. Zu dieser Zeit telefonierte der Fahrer des Peugeot mit seinem Mobiltelefon.*
>
> *Nach ca. 20 m Fahrtstrecke in der Sudetendeutsche Straße (westl. Richtung) bremste der Peugeot-Fahrer ohne ersichtlichen Grund scharf ab, und wollte in der Straße wenden, wobei er die durchgezogene Linie überfuhr. Ich konnte einen weiteren Zusammenstoß nur durch scharfes Abbremsen vermeiden.*
>
> *Der Peugeot-Fahrer konnte seinen Wendevorgang nicht in einem Zug beenden und musste noch einmal zurücksetzen. Zu diesem Zeitpunkt öffnete ich meine Fahrertür und sagte zu dem Peugeot-Fahrer: ‚Bitte hören Sie mit dem Telefonieren auf'. Darauf öffnete der Peugeot-Fahrer und begann, mich mit ‚Wichser, Arschloch' zu beschimpfen. Da ich in Dienstkleidung (Feuerwehruniform) unterwegs war, sagte ich zu ihm: „Er möchte mich nicht beschimpfen, sonst zeige ich ihn wegen Beamtenbeleidigung an". Dies beeindruckte ihn nicht und er beleidigte mich in der gleichen Weise weiter. Ich bat ihn, stehen zu bleiben, damit ich seine Personalien aufnehmen kann. Das ignorierte er und fuhr fort" (im nicht protokollierten Teil der Aussage legte sich der Zeuge fest, dass der Angeklagte während des ganzen Vorfalles nicht aus dem eigenen Auto gestiegen war)."*

Ein weiterer Zeuge sagte aus: 55

> *„Am 6.8.2002 gegen 15.00 Uhr befuhr ich mit meinem Roller die Sudetendeutsche Straße in Richtung Knorrstraße. An der Einmündung Ingolstädter Straße/ Sudetendeutsche Straße beobachtete ich folgenden Sachverhalt:*
>
> *Der Fahrzeugführer des Peugeot 206 fuhr rückwärts vom Gehsteig (der sich am Beginn der Sudetendeutsche Straße befindet) der Sudetendeutsche Straße auf die Fahrbahn. Der vor mir fahrende Opel Omega musste deswegen stark abbremsen. Danach beschleunigte der Peugeot mit quietschenden Reifen und versuchte auf der Sudetendeutschen Straße zu wenden. Dies war ihm aufgrund vom Gegenverkehr nicht unmittelbar möglich. Wir mussten somit zwei Mal*

185 AG München, 911 Cs 481 Js 146022/02 n.v.

kurz hintereinander stark abbremsen, um einen Zusammenstoß zu vermeiden. Beim Wenden überfuhr er die durchgezogene Mittellinie.

Der vor mir fahrende Opel Omega-Fahrer sprach ihn daraufhin an: ‚er möchte sich doch an die Verkehrsregeln halten'. Der Peugeot-Fahrer betitelte daraufhin den Omega-Fahrer als ‚Wichser' und sagte sinngemäß: ‚Komm her, wennst noch eine brauchst'.

Ich bot daraufhin dem Omega-Fahrer an, mich als Zeuge zur Verfügung zu stellen. Den Peugeot-Fahrer kann ich wie folgt beschreiben:

Ausländischer Mitbürger, südlicher Typ, dunkle kurze Haare, rundes Gesicht, kein Bart, keine Brille, ca. 30 Jahre alt. Mehr kann ich dazu nicht sagen" (im nicht protokollierten Teil der Aussage legte sich der Zeuge fest, dass der Angeklagte aus seinem Auto ausgestiegen war)."

56 Ein weiterer Zeuge sagte Folgendes aus:

„Am 6.8.2002 gegen 15.05 befand ich mich auf der Sudetendeutsche Straße/Ingolstädter Straße. Ich wollte zu Fuß zu einer Bushaltestelle in der Sudetendeutsche Straße gehen.

Hierbei sah ich einen Pkw, mit dem amtl. Kennz.: M-xy 010 verkehrsbehindernd auf dem Gehsteig parken. In dem Pkw saß augenscheinlich ein türkischer Staatsangehöriger. Ich sah, wie die Person mit einem Handy telefoniert hat. Dann sah ich wie das Fahrzeug rückwärts vom Gehweg fuhr, ich glaube, ohne auf den nachfolgenden Verkehr zu achten. Ich sah dann weiter, wie er den Fahrzeugverkehr, welcher die Sudetendeutsche Straße in westliche Richtung befuhr, behinderte.

Dann beschleunigte er sein Fahrzeug schnell, um dann nach ca. 20 m das Fahrzeug stark abzubremsen. Das Fahrzeug, welches hinter ihm war, musste stark bremsen, um einen Auffahrunfall zu verhindern. Der Fahrer hat aber sehr gut reagiert. Dann stieg der Fahrzeugführer des Fahrzeugs mit dem amtl. Kennz.: M-xy 011 aus. Er blieb aber bei seinem Fahrzeug. Er rief zu dem wendenden Fahrzeug, welches so stark abgebremst hat, sinngemäß herüber ‚bleiben Sie stehen, ich wäre Ihnen fast aufgefahren, ich brauche Ihre Personalien, ich mache eine Anzeige'. Der Fahrer war ein uniformierter Feuerwehrmann. Daraufhin sagte der Fahrer des wendenden Fahrzeuges sinngemäß durch das geöffnete Seitenfenster: ‚Was willst du, du Wichser'. Er beendete dann seinen Wendevorgang, über die durchgezogene Linie und fuhr dann die Sudetendeutsche Straße in östlicher Richtung davon, Mehr kann ich dazu nicht sagen" (im nicht protokollierten Teil der Aussage, legt sich dieser Zeuge fest, dass der Wendevorgang vollständig abgeschlossen war und der Angeklagte die ganze Zeit über nicht aus seinem Fahrzeug ausstieg)."

Anmerkung zur unterschiedlichen Wahrnehmung/Erinnerung: 57

Auch hier sind sich die Beteiligten und Zeugen nicht darüber einig, ob der Täter aus seinem Auto gestiegen ist oder nicht. Weiter wird durch dieses Beispiel belegt, dass kein Zeuge den Inhalt eines (auch nur kurzen) Gespräches wörtlich wiedergeben kann, sondern nur sinngemäß.[186]

In einem weiteren Verfahren vor dem Amtsgericht München[187] ging es um eine 58
weitere **Beleidigung im Straßenverkehr**:

Zur Sache:

„Am 7.11.2001 gegen 13.18 Uhr befuhr ich mit meinem Pkw, BMW, 3er Reihe, silber, amtl. Kennzeichen: M-HS 007, die Donaustr. in Richtung Scheinerstraße. Hinter mir fuhr die ganze Zeit ein weißer Pkw, Fiat Typ Panda, der Fahrzeugführer fuhr sehr dicht auf, so dass ich das amtl. Kennz. zunächst nicht lesen konnte. Ca. 100 m vor der Scheinerstraße überholte er mein Fahrzeug und scherte sehr dicht vor uns wieder ein. Durch das Einschermanöver musste ich bremsen. Daraufhin habe ich gehupt, der Fahrzeugführer zeigte mir daraufhin den ‚Scheibenwischer'. Der weiße Fiat Panda hielt daraufhin in der Donaustraße bei den Müllcontainern an. Ich hielt ebenfalls an, und wollte ihm sagen, dass die Donaustraße eine Zone 30 ist, doch der Fahrzeugführer kurbelte sein Fenster nicht herunter und fuhr Richtung Galileiplatz. Ich fuhr daraufhin in Richtung Prinzregentenplatz weiter. Ich fühle mich durch das Fahrverhalten genötigt und durch den ‚Scheibenwischer' beleidigt. Das amtl. Kennzeichen des Pkw, Fiat Panda, weiß ist M-KB 008. Den Fahrer kann ich wie folgt beschreiben: männlich, ca. 30–35 Jahre, dunkle Haare, schlank, Brillenträger, alleine im Pkw. In meinem Fahrzeug befand sich noch meine Ehefrau. Mehr kann ich dazu nicht sagen".

Eine andere Zeugin, d.h., die Beifahrerin und Ehefrau des Fahrers sagte wie folgt 59
aus:

Zur Sache:

„Am 7.11.2001 um 13.18 Uhr, war ich Beifahrerin im Fahrzeug meines Ehemannes. Ich saß auf dem vorderen Beifahrersitz. Mein Ehemann fuhr die Donaustraße in Richtung Scheinerstraße. Die Donaustraße ist in einem verkehrsberuhigten Bereich. Die Höchstgeschwindigkeit beträgt 30 km/h.

Über den rechten Außenspiegel sah ich, wie bereits am Beginn der Donaustraße, ein Pkw Fiat Panda, weiß, sehr nah auffuhr. Ich drehte mich um und konnte das amtliche Kennzeichen nicht sehen. Der Fahrer des Panda gab immer wieder Gas. Mein Ehemann fuhr weiter mit den erlaubten 30 km/h.

186 Vgl. Dettenborn/Fröhlich/Szewczyk, Forensische Psychologie, 2. Aufl., S. 65.

187 AG München, 921 Cs 482 Js 151132/01 n.v.

Zwischen der Newtonstraße und dem Söldnerweg fing der Panda zu überholen an. Unmittelbar vor uns zog der Panda wieder nach rechts. Ich sah, wie von der Scheinerstraße aus Fahrzeuge nach rechts in die Donaustraße abbogen. Der Panda verringerte seine Geschwindigkeit, da er an der Scheinerstraße anhalten musste. Mein Mann musste deshalb stark abbremsen. An der Kreuzung zur Scheinerstraße stellte sich mein Mann mit unserem Pkw links neben den Panda. Ich öffnete das Seitenfenster und sagte zum Fahrer, dass hier eine 30er-Zone sei und zeigte ihm dies mit drei Fingern. Er sagte: ‚Dreh Dein Fenster zu'. Dabei zeigte er den ‚Scheibenwischer', indem er mit der flachen Hand vor seinem Gesicht hin und her fuhr.

Ob der ‚Scheibenwischer' uns beiden, oder nur einer Person galt, kann ich nicht sagen. Ich fühlte mich auf jeden Fall betroffen und beleidigt.

Wir bogen an der Scheinerstraße nach links ab. Der Panda fuhr hinter uns nach. Da der Abstand nun größer war, konnte ich mir das amtliche Kennzeichen notieren. Ich notierte mir auch die genaue Zeit und das Aussehen des Fahrers.

Der Fahrer war ca. 30–35 Jahre, dunkelhaarig, schlank. Er trug eine Brille. Ich würde ihn auf einem Foto oder bei einer Gegenüberstellung wieder erkennen".

60 Auch in diesen beiden Aussagen fällt auf, dass nur der „Scheibenwischer" gleich bleibt. Nach Aussage des Mannes erfolgte der „Scheibenwischer" unmittelbar nach dem Einscheren des Pandas und Hupen des Mannes vor den Müllcontainern. Nach Aussage der Frau erfolgte der Scheibenwischer, als man bei dem Müllcontainer auf gleiche Höhe aufschloss. Die Frau schildert noch ein angebliches Gespräch, „Dreh Dein Fenster zu", das der Mann nicht wahrnahm, „ich wollte ihm sagen, […] doch der Fahrzeugführer kurbelte sein Fenster nicht herunter und fuhr Richtung Galileiplatz".

61 **Anmerkung zur unterschiedlichen Wahrnehmung/Erinnerung:**

Der Beschuldigte teilte mit, dass er sein Fenster herunterdrehte und sagte, „fahrt doch zu" und hierbei eine scheibenwischer-ähnliche Handbewegung machte, um das Weiterfahren anzudeuten. Ob die beiden Zeugen sich nur beleidigt gefühlt hatten und die entsprechende Geste uminterpretierten oder ob es sich wirklich um eine Beleidigung handelte, kann angesichts der in jedem Verfahren und bei jeder Aussage wirkenden Wahrnehmungs- und Erinnerungsverzerrungen nicht verlässlich festgestellt werden.

62 Trankell berichtet von einem Wirklichkeitsexperiment, bei dem er in einer von ihm gehaltenen Vorlesung einen inszenierten Streit mit einem Studenten hatte. Unmittelbar nach dem Vorfall wurden die Studenten, die nicht wussten, dass der Vorfall inszeniert war, gebeten, deren Wahrnehmungen aufzuschreiben:

- Hier kam es zu 29 Berichten, die 772 Tatsachenangaben enthielten.
- 495 tatsächliche Angaben waren zutreffend
- und 277 Tatsachenangaben waren unzutreffend.

Der Erinnerungsverlust durch Zeitablauf war hier sogar noch minimiert, da die Berichte kurzzeitig nach dem Vorfall erfolgten. Käme noch eine monatelange Verzögerung – wie in der Gerichtspraxis zwischen Ereignis und Zeugeneinvernahme – hinzu, würde das Ergebnis noch beunruhigender sein.[188] 63

J. Einfluss von Drogen, Stress, Gewalt und Zeugenbetroffenheit

Der Einfluss von Drogen (auch Alkohol) auf die Erinnerung ist noch nicht genau erforscht. Erste Ergebnisse legen jedoch nahe, dass die Erinnerung an periphere Einzelheiten erheblich beeinträchtigt ist. Es ist gegenwärtig anzunehmen, dass eine erhebliche Alkoholisierung zwar zu weniger Details in der Wahrnehmung und Wiedergabe führt, aber nicht zu einem erhöhten Anteil falscher Details.[189] Grundsätzlich gilt bei Opiatsüchtigen, dass diese wahrnehmungsfähig und aussagetüchtig sind. Diesbezügliche Einschränkungen sind meist durch den äußeren Zustand erkennbar.[190] Auch der Einfluss von Stress auf die Erinnerung ist noch ungeklärt. Einerseits kann die Stresssituation das Ereignis einzigartig machen, andererseits kann z.B. durch Angst eine Reduktion der Gedächtnisleistung nachgewiesen werden. **Ebenso ist gegenwärtig ungeklärt, ob eine persönliche Betroffenheit des Zeugen zu einer höheren oder niedrigeren Gedächtnisleistung führt.** Relativ robust ist jedoch das Phänomen des sog. **Waffen-Fokus**, d.h., **dass bei Bedrohung mit einer Waffe eher die Waffe als der Täter beschrieben werden kann.**[191] 64

K. Phänomen der wiederentdeckten Erinnerung

In USA begann in den achtziger Jahren des letzten Jahrhunderts eine Welle an sog. „wiederentdeckten Erinnerungen". Im Rahmen einer Aufdeckungsarbeit oder Therapie kamen viele Frauen zu dem Schluss, in ihrer Kindheit sexuell missbraucht worden zu sein. Freud ging bereits 1896 in seiner Theorie hinsichtlich des Ursprungs der Hysterie davon aus, dass verdrängter sexueller Missbrauch im Kindesalter die Hauptursache für psychopathologische Zustände sei und daher beachtet werden müsse, sodass diese Theorie binnen der letzten 25 Jahre wiederbelebt wurde. Freud selbst kam jedoch bereits kurz nach Aufstellung seiner Theorie zu der Schlussfolgerung, dass die meisten seiner Patienten die Erinnerungen nur fabulierten. Auch nach dem gegenwärtigen Stand der Aussagepsychologie sind wiederent- 65

188 Vgl. Trankell, Der Realitätsgehalt von Zeugenaussagen, S. 21; vgl. Arntzen, Psychologie der Zeugenaussage: System der Glaubwürdigkeitsmerkmale, 3. Aufl., S. 39.

189 Vgl. Bender/Häcker/Schwarz, Tatsachenfeststellung vor Gericht, 6. Aufl., Rn 77.

190 Vgl. Täschner, Zur Beurteilung der Wahrnehmungsfähigkeit und Aussagetüchtigkeit bei Drogenabhängigen, NJW 1987, S. 2911 ff.

191 Vgl. Milne/Bull, Psychologie der Vernehmung, S. 1 m.w.N., 23 ff.

deckte Erinnerungen zwar nicht undenkbar, aber mit großer Skepsis zu betrachten. Experimente haben eindeutig nachgewiesen, dass auch Erinnerungen hinsichtlich Ereignissen, die definitiv niemals stattgefunden haben, „wiederentdeckt" werden können.[192] **Sowohl die American False Memory Foundation als auch die British False Memory Foundation verfügen über Tausende Berichte derartig falscher Erinnerungen.** Auch der Einfluss von Hypnose führt nach dem gegenwärtigen Kenntnisstand zu keiner erhöhten Zuverlässigkeit einer „wiederentdeckten" Erinnerung.[193] Bis in die späten 1980er Jahre wurde große Hoffnung in die Hypnosemethode zur Auffindung sehr alter Gedächtnisinhalte gelegt. Zwar kann in Einzelfällen ein erinnerungsfördernder Effekt nachgewiesen werden, allerdings steigt auch die Zunahme falscher Details.[194]

L. Zusammenfassung zur Erinnerung und Erinnerungsfehlern

66
- Wahrnehmungs- und Erinnerungsfehler lassen sich nicht scharf voneinander trennen.
- Ebenso wie Wahrnehmung selektiv ist, ist auch die Erinnerung selektiv und damit unvollständig.
- Die Erinnerung wird mit zunehmender Zeitdauer immer blasser.
- Die immer unvollständige Erinnerung wird durch Zutaten ergänzt, die aus den Bedürfnissen, den Wünschen, dem Zweckmäßigen, dem Folgerichtigen oder dem Ähnlichen (selten dem Besonderen) entstehen.
- Die Erinnerung lässt sich durch Assoziationen beleben.
- Ein Ereignis hat selten für alle Beteiligten den gleichen Inhalt (vgl. hierzu § 13 Rdn 12 ff.).[195]

67 *Praxistipp*

Bei Turbulenzgeschehen kann im Nachhinein regelmäßig nicht zuverlässig festgestellt werden, wie die **zeitliche Abfolge von Handlungen** war (wer saß, wer stand, wer ging zu wem, etc.). Hinzu kommt bei **Schlägereien** und bei regelmäßig unzureichender Personenkenntnis, dass die Sympathie-Antipathie-Anmutung zentrale Bedeutung für die Bedeutung anderer Eigenschaften hat, z.B. ob im Fall der Körperverletzung die Selbstverteidigung überbetont oder die Ag-

192 Vgl. Boakes, Complaints of sexual misconduct, in Analysing Witness Testimony, S. 115 ff.

193 Vgl. Wagstaff, Hypnotically induced testimony, in Analysing Witness Testimony, S. 162, 173; vgl. auch Loftus, Eyewitness Testimony, S. 107.

194 Vgl. Köhnken/Kraus/von Schemm, Das Kognitive Interview in Handbuch der Rechtspsychologie, S. 232 f.

195 Vgl. Trankell, Der Realitätsgehalt von Zeugenaussagen, S. 21; vgl. Arntzen, Psychologie der Zeugenaussage: System der Glaubwürdigkeitsmerkmale, 3. Aufl., S. 155.

gression überbetont werden.[196] Forschungsergebnisse hierzu offenbaren ein beängstigendes Bild. Zuerst wurden Probanden gebeten, vorgelegte Gesichtsfotos danach zu beurteilen, ob die abgebildete Person vertrauenswürdig erscheint oder nicht. Wird sodann jedem Foto eine knappe Schilderung einer Straftat mit wenigen Indizien zugeordnet und danach gefragt, ob der Betroffene für schuldig gehalten wird, so genügten bei den nicht vertrauenswürdigen Personen statistisch signifikant weniger Indizien für einen Schuldspruch und das eigene Urteil wurde auch dann weniger in Frage gestellt, wenn entlastende Indizien präsentiert wurden.[197] „Abhängig vom Gesicht des angeblichen Straftäters erhielten wir radikal unterschiedliche Urteile bei exakt gleichen Indizien."[198]

Inhalte von Gesprächen können in der Regel ebenfalls nicht zuverlässig wiedergegeben werden:

- Zeuge 1 (das Opfer), sagte aus, er habe zu dem Peugeot-Fahrer gesagt, „bitte hören Sie mit dem Telefonieren auf".
- Zeuge 2, sagte aus, das Opfer habe zu dem Peugeot Fahrer gesagt, „er möchte sich doch an die Verkehrsregeln halten".
- Zeuge 3 sagte aus, das Opfer habe zu dem Peugeot Fahrer sinngemäß gesagt, „bleiben Sie stehen, ich wäre Ihnen fast aufgefahren, ich brauche Ihre Personalien, ich mache eine Anzeige."

Ein Zeuge sagt: „Ich [...] wollte ihm sagen, dass die Donaustraße eine Zone 30 ist, doch der Fahrzeugführer kurbelte sein Fenster nicht herunter und fuhr Richtung Galileiplatz." Zu demselben Vorfall sagt ein weiterer Zeuge: „Ich öffnete das Seitenfenster und sagte zum Fahrer, dass hier eine 30er-Zone sei und zeigte ihm dies mit drei Fingern. Er sagte: Dreh Dein Fenster zu."

196 Vgl. Dettenborn/Fröhlich/Szewczyk, Forensische Psychologie, 2. Aufl., S. 52.

197 Vgl. Korva N./Porter, S./O'Connor B.P./Shaw J./ten Brinke, L.; Dangerous decisions: Influence of juror attitudes and defendants appearance on legal decision-making, in: Psychiatry, Psychology and Law, 2013 (20/3), S. 384 ff.

198 *Shaw*, Das trügerische Gedächtnis, S. 54.

§ 22 Fehlerquelle der unterschiedlichen Kommunikation

Weitere Fehlerquellen und Verfälschungen tauchen innerhalb der Zeugenvernehmung als solcher auf. D.h., der Zeuge kann bei seiner Aussage oft nicht alles, was er wahrgenommen oder erinnert hat, zum Ausdruck bringen (z.B. durch seelische Erregung).[1] Aber auch auf der Ebene des Vernehmenden (Richter) tauchen Fehler und Verfälschungen auf. „Missdeutungen sind immer möglich."[2] Insb. werden **Wahrnehmungsergänzungen** durch inhaltliche Vorgaben suggeriert.[3] Tatsächliche Zweifel entfallen durch die Formulierung, und die Formulierung wird vom Vernehmenden diktiert, obwohl sie der eigenen Erinnerung des Zeugen nicht exakt entspricht.[4] Hinzu kommt, dass Zeuge und Vernehmender oft nicht die gleiche Sprache sprechen, sodass sich ein „sozio-linguistischer" Graben bildet, der einen „Nährboden" für selektive und verzerrte Informationsverarbeitung darstellt.[5] Die Frage, die sich stellt, ist somit, ob sich der Zeuge richtig (d.h., somit nichts Wesentliches weggelassen oder Falsches hinzugefügt hat) ausgedrückt hat und der Richter den Zeugen richtig verstanden hat.[6] „Es können auch Kommunikationsverzerrungen infolge von Voreingenommenheit des Vernehmenden auftreten (allgemeine Auffassungen zur Verbrechensbekämpfung, Verbrechens- und Verbrecherstereotype, Pressemitteilungen, Einflüsse aus Kantinengesprächen usw.) und natürlich auch aufgrund von Zeugenstereotypen, d.h. aufgrund von Erwartungen, Vorurteilen oder sonstigen Typisierungen des Vernehmenden bezüglich der Person des Vernommenen."[7] Hat der Vernehmende (in concreto der Richter) bereits einen Verdacht oder ein Vorurteil, so besteht die Gefahr, dass dieser Verdacht oder dieses Vorurteil durch das Ergebnis der Vernehmung realitätswidrig bestätigt wird.[8] Auch der Tatrichter unterliegt dem Mechanismus von Vorurteil und Sinnerwartung.[9] **D.h., es gibt kein Erkennen des Tatrichters, das nicht mindestens teilweise das** 1

1 Vgl. Barton, Redlich aber falsch, S. 39.

2 Vgl. Döhring, Die Erforschung des Sachverhalts im Prozess, S. 39.

3 „Es wäre nämlich abwegig zu glauben, dass der Richter sich auf die bloße Fragestellung zu beschränken vermöchte, ohne seine eigene Meinung irgendwie durchschauen zu lassen [...]. Hinzu kommt, dass ein und dieselbe Frage infolge unterschiedlicher Wortstellung des behauptenden oder fragenden Stimmtones die Meinung des Vernehmenden kundtun und den Vernommenen verleiten kann, sich ihr anzupassen" – so Altavilla, Forensische Psychologie, Bd II, Die Psychologie der Strafprozeßbeteiligten, S. 250.

4 Vgl. Barton, Redlich aber falsch, S. 39.

5 Vgl. Schünemann, Kognition, Einstellung und Vorurteil bei der Rechtsfindung in Beiträge zur Rechtsanthropologie, S. 73.

6 Vgl. Nack, Der Indizienbeweis, MDR 1986, S. 366, 369.

7 Barton, Redlich aber falsch, S. 40.

8 Vgl. Nack, Wiedergabe und Protokollierung von Zeugenaussage, S. 75 m.w.N., in Redlich aber falsch.

9 Vgl. Hamm/Hassemer/Pauly, Beweisantragsrecht, Rn 133.

Resultat von dessen Vorurteil ist.[10] Hamm/Hassemer/Pauly verstehen das Beweisantragsrecht im Strafverfahren als Konsequenz, „dass die menschliche Fähigkeit, Tatsachen richtig zu erkennen und festzustellen, vielfach gestört und begrenzt ist."[11] Dies deshalb, da „sich auch die empirische Welt – um die es in der Beweisaufnahme ja geht – dem einzelnen Beobachter nur von der Seite her präsentiert, von der her er die Dinge anschaut […]. Nicht von der Sicht eines einzelnen Beobachters, sondern erst von der Konvergenz der unterschiedlichen Zugänge zu einem Gegenstand darf Verlässlichkeit erwartet werden."[12] Hinzu kommt der sog. **Pygmalioneffekt**.[13] Dieser Effekt bedeutet, dass der Vernehmende einerseits bewusst oder unbewusst zu verstehen gibt, welche Erwartung er hinsichtlich der Aussage des Zeugen hat und der Zeuge dem Vernehmenden dann unbewusst den Gefallen entsprechender Bekundung macht.[14] Der Vernehmende muss sich also bemühen, keinerlei Erwartung seinerseits bekannt zu geben, und darüber hinaus die Protokollierung so durchzuführen, dass die ursprüngliche Diktion des Zeugen erhalten bleibt. Leider ist es zur Gewohnheit geworden, dass der Vernehmende die Aussage des Zeugen regelmäßig umformuliert.[15] Das gilt oft auch dann, wenn die angebliche Zeugenaussage in Anführungszeichen gesetzt wird.[16] Insb. muss der Protokollierende daher darauf achten, dass die Wortwahl[17] des Zeugen erhalten bleibt und es zu keinen Auslassungen, Modifikationen und falschen Paraphrasierungen kommt.[18] Auch ist der Inhalt der Frage – entgegen verbreiteter Praxis – in das Protokoll aufzunehmen.[19] Nicht lege artis ist daher ein Protokoll, das lediglich wiedergibt, „auf Frage: Antwort […]". Wie soll hierbei erkannt werden, ob es sich um eine Suggestivfrage gehandelt hat, etc.? Das wird drastisch – zu Recht – so ausgedrückt, dass eine nichtstenographierte Zeugenaussage die schändlichste Justizlüge und das Todesurteil für den Zeugenbeweis sei.[20]

2 **Hinzu kommt, dass die Zeugenvernehmung oftmals eine reine Bestätigungsvernehmung ist.**[21] D.h., in der Gerichtspraxis ist zu beobachten, dass „[…] eine primäre Aussage die nachfolgenden völlig wertlos macht, da der Richter nur danach

10 Vgl. Hamm/Hassemer/Pauly, Beweisantragsrecht, Rn 27.

11 Hamm/Hassemer/Pauly, Beweisantragsrecht, Rn 19.

12 Hamm/Hassemer/Pauly, Beweisantragsrecht, Rn 21.

13 Vgl. Bender/Nack, Tatsachenfeststellung vor Gericht, 2. Aufl., Rn 106.

14 Vgl. Bender/Nack, Tatsachenfeststellung vor Gericht, 2. Aufl., Rn 106.

15 Vgl. Nack, Wiedergabe und Protokollierung von Zeugenaussage, S. 78, in Redlich aber falsch.

16 Vgl. Nack, Wiedergabe und Protokollierung von Zeugenaussage, S. 78 m.w.N., in Redlich aber falsch.

17 Vgl. Bender/Nack, Tatsachenfeststellung vor Gericht, 2. Aufl., Rn 828.

18 Vgl. Nack, Wiedergabe und Protokollierung von Zeugenaussage, S. 79 m.w.N., in Redlich aber falsch.

19 Vgl. Bender/Nack, Tatsachenfeststellung vor Gericht, 2. Aufl., Rn 829; vgl. auch Altavilla, Forensische Psychologie, Bd. II, Die Psychologie der Strafprozessbeteiligten, S. 211 m.w.N.

20 Vgl. Altavilla, Forensische Psychologie, Bd. II, Die Psychologie der Strafprozessbeteiligten, S. 207 m.w.N.

21 Vgl. Bender/Nack, Tatsachenfeststellung vor Gericht, 2. Aufl., Rn 670.

trachtet, diese mit der ersten in Übereinstimmung zu bringen, sofern sie nicht mit anderen Prozessergebnissen, denen er mehr Glauben schenkt, in Widerspruch steht [...]. Man braucht nur ein Verhandlungsprotokoll zu lesen und zu sehen, dass es sich auf den Vermerk beschränkt, ‚der Zeuge wiederholt seine frühere protokollierte Aussage' [...]"[22]

Auch die Tatsache, dass der Zeuge gehalten ist, das Protokoll zu genehmigen, ist praktisch sinnlos, da die meisten Zeugen alles, was in das Protokoll diktiert wurde, genehmigen.[23] Das gilt selbst dann, wenn die Zeugen die Vernehmungsniederschrift unterschreiben müssen.[24] 3

Der Forderung nach einem Wortprotokoll – sei es mittels Stenomaschine oder sei es mittels Tonband[25] oder Videoaufnahme – ist daher nur zuzustimmen.

Praxistipp 4

„Bestreitet der Angeklagte, vor der Polizei das gesagt zu haben, was diese protokolliert hat, und bekundet der Verhörsbeamte nur, er habe getreulich protokolliert, erinnere sich aber trotz Vorhalts nicht mehr an die vom Angeklagten gegebene Darstellung, so darf der Inhalt des Protokolls nicht verwertet werden."[26]

22 Altavilla, Forensische Psychologie, Bd. II, Die Psychologie der Strafprozessbeteiligten, S. 206/207.

23 Vgl. Bender/Nack, Tatsachenfeststellung vor Gericht, 2. Aufl., Rn 822, vgl. auch Döhring, Die Erforschung des Sachverhalts im Prozess, S. 87.

24 Vgl. Arntzen, Vernehmungspsychologie: Psychologie der Zeugenvernehmung, 2. Aufl., S. 32, vgl. Steffen, Der Geständniswiderruf als forensisches Erkenntnisproblem, StV 1990, S. 563, 565 (die nahezu Wertlosigkeit der Unterschrift gilt selbst bei Geständnissen).

25 Vgl. Bender/Nack, Tatsachenfeststellung vor Gericht, 2. Aufl., Rn 833; vgl. Greuel/Offe/Fabian/Wetzels/Fabian/Offe/Stadler, auch Glaubhaftigkeit der Zeugenaussage, S. 1 m.w.N.

26 BGH, BGHSt 14, S. 310.

§ 23 Aussagekriterien

Inhalt

A. Vorbemerkung

Vorab sei angemerkt, dass die folgenden Aussagekriterien[1] nicht nur auf Zeugen **1** angewendet werden können, sondern auf alle Auskunftspersonen,[2] d.h. auch auf Beschuldigte und Parteien.[3] Auch die Wahrnehmungs- und Erinnerungsfehler kom-

1 Teilweise wird auch von Aussagemerkmalen gesprochen, um deutlich zu machen, dass es sich nur um ein Merkmal handelt u. diese Merkmale auch in Lügen vorkommen können, folglich kein **Kriterium** für eine wahre Aussage seien, vgl. Greuel/Offe/Fabian/Wetzels/Fabian/Offe/Stadler, Glaubhaftigkeit der Zeugenaussage, S. 4.

2 Deren aussagepsychologische Begutachtung ist sogar denkbar, vgl. BGH, NStZ 1987, S. 182; NStZ 2005, S. 394.

3 Vgl. Bender/Nack, Tatsachenfeststellung vor Gericht, 2. Aufl., Rn 168, 474; vgl. Döhring, Die Erforschung des Sachverhalts im Prozess, S. 22; vgl. auch Wetzels, Psychologische Glaubwürdigkeitsbegutachtung im Zivilverfahren: Ergebnisse einer Sachverständigenbefragung, Rundbrief der Sektion Forensische und Kriminalpsychologie im BDP (2), S. 13 bis 19, Jansen, Zeuge und Aussagepsychologie, Rn 5, vgl. auch Vrij, Detecting Lies and Deceit, S. 113 m.w.N.

men naturgemäß nicht nur beim Zeugen vor, sondern auch beim Beschuldigten bzw. den Parteien.[4]

B. Eidliche versus uneidliche Aussage

2 Kein Kriterium der Glaubwürdigkeit einer Aussage ist es, ob es sich um eine unbeeidete Aussage gehandelt hat oder nicht. Der, der sich unbewusst irrt (durch Wahrnehmungs- oder Erinnerungsfehler), oder der, der zur unwahren Aussage entschlossen ist, nimmt auch deren Beeidigung in Kauf.[5] Zutreffend stellt Tschadek fest, „die Ablegung des Eides führt nur in einem Bruchteil der Fälle dazu, dass auf eine falsche Aussage wirklich verzichtet wird."[6] Ebenso in jüngerer Zeit De Vries: „Die Beeidigung eines Zeugen hilft dagegen nicht weiter. Wer sich zur unwahren Aussage entschlossen hat, nimmt auch deren Beeidigung in Kauf."[7]

Man sollte sich daher von der Neigung frei machen, der beeidigten Aussage grundsätzlich den Vorzug vor der unbeeidigten zu geben.[8] Der Eid spielt in der aktuellen Rechtspraxis zu Recht keine nennenswerte Rolle mehr.

3 *Praxistipp*

Der Anwalt sollte jedenfalls den Gegenzeugen nicht beeiden lassen, denn es besteht die Gefahr, dass das Gericht die Aussage dieses Gegenzeugen dann besonders schwer gewichtet. Die Praxis misst der beeideten Aussage, auch wenn es dazu nur selten kommt, immer noch einen erhöhten Beweiswert zu. Der Falschaussagende oder der Irrende wird auch den (falschen) Eid leisten.[9] Der erfahrene Vorsitzende einer Strafkammer, Hans Prüfer, teilt mit, dass er es nie erlebt hätte, dass ein Zeuge auf Vorhalt früherer Angaben oder auf Drohung mit Strafe eingeräumt habe, er hätte gelogen.[10] Ob der Eid daher auch heute noch, wie Hellwig 1951 berichtet hat,[11] zu größerer Gewissenhaftigkeit oder zu weniger Irrtümern führt, ist mehr als zweifelhaft. Ähnlich Tschadek: „Die Anrufung Gottes hat eben nur für wirklich gläubige Menschen eine Bedeutung und man

4 Vgl. Döhring, Die Erforschung des Sachverhalts im Prozess, S. 92.

5 Vgl. Schneider, Beweis und Beweiswürdigung, 5. Aufl., Rn 1073.

6 Tschadek, Der Beweis, S. 32; vgl. Panhuysen, Die Untersuchung des Zeugen auf seine Glaubwürdigkeit, S. 8 f.

7 Vgl. De Vries, Einführung in die Kriminalistik für die Strafrechtspraxis, Rn 340.

8 Vgl. Schneider, Beweis und Beweiswürdigung, 5. Aufl., Rn 1074; vgl. Döhring, Die Erforschung des Sachverhalts im Prozess, S. 10, das Reichsgericht hatte den Eid noch als wesentliches Mittel zur Erzielung einer wahren Aussage gewertet, vgl. RG, RGSt 69, S. 263.

9 Das mag in früheren Zeiten anders gewesen sein, als die Menschen noch glaubten, der Meineidige werde gestraft, vgl. Bender, Merkmalskombinationen in Aussagen, S. 24.

10 Prüfer, Sachverhaltsermittlung durch Spurenauswertung und Zeugenbefragung am Beispiel des Schwurgerichtsprozesses – Chancen, Fehler und Versäumnisse der Verteidigung, StV 1993, S. 602, 604; ebenso Jäckel, Beweisrecht der ZPO, Rn 507.

11 Vgl. Hellwig, Psychologie und Vernehmungstechnik, 4. Aufl., S. 100.

sollte daher die Wirkung des Eides nicht überschätzen."[12] Richtig daher: „Es gibt allerdings immer noch Richter, die ausschließlich oder doch überwiegend in Zivilsachen tätig gewesen sind, die sich durch die Tatsache der Beeidigung einer Aussage gar zu leicht verleiten lassen, die Aussage ohne weiteres zum mindesten als subjektiv wahrhaftig, aber auch als objektiv wahr anzusehen, die schwer über eine beeidete Aussage hinwegkommen ..."[13]

Schünemann hält den Eid für den schlimmst denkbaren Anachronismus im Strafprozess. Der Eid würde ohnehin nur religiös motivierte Zeugen beeinflussen und gehöre angesichts der Strafbarkeit der uneidlichen falschen Aussage abgeschafft. Offensichtlich hält die Praxis vom Eid auch nichts (mehr), denn in der Praxis des deutschen Strafverfahrens findet so gut wie keine Vereidigung (mehr) statt.[14] Der Eid hatte allerdings in früheren Zeiten seine Berechtigung, als der Aussagende noch subjektiv an seine Selbstverfluchung für den Fall des Meineides glaubte (vgl. hierzu § 2 Rdn 6 f.). Auch der frühere Bundeskanzler Helmut Schmidt teilt mit: „Im weiteren Nachdenken über den Amtseid bin ich zu dem Ergebnis gekommen, dass der Eid als solcher [...] eigentlich nur ein feierlicher Zauber ist [...] Im Kern handelt es sich immer um ein feierliches [und zweifelhaftes] Versprechen gegenüber [...] dem Richter. [...]."[15] 4

C. Allgemeine Glaubwürdigkeit

Ebenfalls kein Kriterium für die Zuverlässigkeit einer Aussage ist die Persönlichkeit der Auskunftsperson[16] – d.h. die **allgemeine Glaubwürdigkeit einer Person**. Deren Stellung, deren Leumund, deren Vorleben, deren Charakter (Verlogenheit) etc. gibt keinen zuverlässigen Aufschluss über die Glaubwürdigkeit (d.h. Glaubhaftigkeit der Aussage) im gegenständlichen Prozess.[17] Die Motive, weshalb auch ehrenwerte Menschen in konkreten Fällen lügen, bzw. ehrlose Menschen die Wahrheit berichten können, sollen hier nicht aufgezählt werden.[18] „Es kann ein Mensch im 5

12 Tschadek, Der Beweis, S. 32.

13 Hellwig, Psychologie und Vernehmungstechnik, 4. Aufl., S. 103.

14 Vgl. Schünemann, Zeugenbeweis auf dünnem Eis, in Festschrift für Lutz Meyer-Goßner zum 65. Geburtstag, S. 385, 393 f.

15 Schmidt, Außer Dienst, S. 296.

16 Vgl. Trankell, Der Realitätsgehalt von Zeugenaussagen, S. 98.

17 Wohl h.M. in der Rspr. vgl. BGH, 1 StR 553/01 n.v., u. Literatur, vgl; Bender/Nack, Tatsachenfeststellung vor Gericht, 2. Aufl., S. 69; ebenso Arntzen, Psychologie der Zeugenaussage: System der Glaubwürdigkeitsmerkmale, 3. Aufl., S. 21, der die Unterscheidung zwischen allgemeiner u. spezieller Glaubwürdigkeit aufgegeben hat; Undeutsch, Handbuch der forensischen Psychologie, 11. Bd., S. 51, 52 m.w.N., Trankell, Der Realitätsgehalt von Zeugenaussagen, S. 98: „Allgemeine Urteile über die Glaubwürdigkeit einer Person können daher außerordentlich gefährlich sein, [...]"; vgl. auch BGH, StV 1994, 64.

18 Vgl. stattdessen hierzu Bender/Nack, Tatsachenfeststellung vor Gericht, 2. Aufl., Rn 175 ff.

allgemeinen wahrheitsliebend sein, im konkreten Fall aber sieht er sich veranlasst, die Unwahrheit zu sagen. Es kann auch umgekehrt jemand recht verlogen sein, im konkreten Fall aber sieht er sich veranlasst, die Wahrheit zu sagen. Es können auch Teile der Aussage wahr, andere unwahr sein usw. […].“[19] Der Gegenansicht, die der allgemeinen Glaubwürdigkeit ein hohes Gewicht beimisst,[20] ist nicht zuzustimmen. Diese Gegenansicht ist v.a. von Peters anhand einer Untersuchung von Fehlerquellen im Strafprozess propagiert worden.[21] Untersuchungsmaterial waren Wiederaufnahmeverfahren. Dort ging es meist um Falschbezichtigungen. Hierfür ist in der Regel aktive Bosheit und ein Rachestreben nötig, während bei den üblichen Lügen im Zivilprozess nicht aktive Bosheit im Vordergrund steht, sondern das Bedürfnis nach einem eigenen (oder für die unterstützte Partei wirkenden) Vorteil.[22] Im Zivilverfahren möchte der lügende Zeuge primär einer Partei helfen. Die konkrete Person der Gegenpartei ist daher irrelevant und (für die Zwecke der Lüge des Zeugen) auswechselbar. Im Strafprozess möchte der lügende Zeuge – jedenfalls in den Fällen der Falschbezichtigung – nicht primär einer Partei oder sich selbst helfen, sondern dem Angeklagten schaden. D.h., die konkrete Person des Beschuldigten, zu dessen Ungunsten der Zeuge lügt, ist nicht irrelevant, sodass hier eine größere Hemmschwelle zur Lüge überschritten werden muss. „Hier sind regelmäßig (auch) schwere charakterliche Mängel nötig, um einen Unschuldigen der Strafverfolgungs-/Strafvollzugsmaßnahmen auszusetzen“.[23] Diese Bösartigkeit wird oft bei den Personen vorkommen, deren Charakter ohnehin zweifelhaft ist (allgemeine Glaubwürdigkeit). Daher wird es kein allgemeiner Erfahrungssatz sein, dass sich aus der allgemeinen Glaubwürdigkeit Folgerungen für die Aussage im konkreten Prozess erschließen lassen, sondern eine anhand der untersuchten Fälle in der Natur der Sache liegende Besonderheit. „Es ergibt sich somit aus dem von Peters erhoben Befund gar nichts.“[24] Der Satz, dass sich aus der allgemeinen Glaubwürdigkeit einer Person, keine Rückschlüsse auf die Glaubhaftigkeit der konkreten Aussage ergeben, ist nicht nur dann richtig, wenn die Person allgemein unglaubwürdig ist, sondern auch dann, wenn die Person eine große allgemeine Glaubwürdigkeit besitzt, d.h., hochgeschätzte Persönlichkeitseigenschaften besitzt.[25] „Sie haben darum mehr Grund, eigene Fehler abzustreiten oder aufgedeckte Vorfälle zu ihren Gunsten zu verfälschen.“[26]

19 Undeutsch, Handbuch der forensischen Psychologie, 11. Bd., S. 52.
20 Peters, Fehlerquellen im Strafprozess, Bd. 2, S. 55 ff.
21 Peters, Fehlerquellen im Strafprozess, Bd. 2, S. 55 ff.
22 Vgl. Undeutsch, Handbuch der forensischen Psychologie, 11. Bd., S. 82.
23 Bender, Merkmalskombinationen in Aussagen, S. 85.
24 Undeutsch, Handbuch der forensischen Psychologie, 11. Bd., S. 89.
25 Vgl. Undeutsch, Handbuch der forensischen Psychologie, 11. Bd., S. 91.
26 Undeutsch, Handbuch der forensischen Psychologie, 11. Bd., S. 92.

Jedenfalls für das Zivilverfahren gilt daher, dass der allgemeinen Glaubwürdigkeit einer Person keine entscheidende Bedeutung zukommen kann. Die Beobachtungen aus früheren Zeiten, dass Gastwirte, Kaffeehausbesitzer, Droschkenkutscher gewohnheitsmäßig eine Neigung zur Lüge haben,[27] oder Prostituierte noch stärker als Berufsverbrecher zum Lügen geneigt seien,[28] dürfte heute nicht mehr zutreffend sein. Gleichwohl kann bei der Beurteilung der Glaubwürdigkeit einer Aussage nicht außer Betracht gelassen werden, ob ein Zeuge in anderem Zusammenhang die Unwahrheit vor Gericht bekundet hat.[29] **Ebenso sind umso höhere Anforderungen an die Qualität der Aussage zu stellen, sofern diese überzeugen soll, je verdächtiger die Motivlage** (zugunsten einer Partei oder zum Nachteil der anderen) oder die charakterliche Qualität der Aussageperson ist.[30] Eine Beweisregel, dass einem Zeugen, der zu anderen Punkten die Unwahrheit gesagt hat, generell nicht geglaubt werden kann, besteht aber nicht.[31] **Es ist aber trotzdem wichtig, die Motivlage des Zeugen zu kennen.** Dies nicht nur, um einen schwachen Gradmesser für die Wahrscheinlichkeit einer Lüge zu haben, sondern **v.a., um einen Gradmesser, welchen Erinnerungs- und Wahrnehmungsverfälschenden Einflüssen der Zeuge ausgesetzt ist, zu haben.** 6

D. Motivationsebene des Zeugen

Mit der in Urteilen oft anzutreffenden Formel, dass der Zeuge kein eigenes Interesse am Ausgang des Rechtsstreits hat, mit keiner Partei verwandt oder befreundet ist, etc. ist die Motivationsebene angesprochen. Abgesehen davon, dass die wirklichen Motive des Zeugen, in der Verhandlung fast nie festgestellt werden können,[32] können doch einige forensisch verwertbare Grundregeln dargestellt werden. **Zutreffend ist, dass der Motivation des Zeugen in der früheren Aussagepsychologie die entscheidende Rolle zugekommen ist.**[33] Zwar ist es auch heute noch wichtig, zu erfahren, welche Wünsche, Strebungen, Absichten bei einem Zeugen vorlagen und ihn evtl. zu einer Aussage bewogen haben, d.h., ob Regungen vorhanden waren, die normalerweise zu einer glaubwürdigen Aussage führen oder ob solche wirksam waren, die in einer bestimmten Situation leicht zu einer falschen (sei es bewusst falsch oder sei es durch Wahrnehmungs-Erinnerungsfehler unbewusst falsch) 7

27 So Altavilla, Forensische Psychologie, Bd. II, Die Psychologie der Strafprozessbeteiligten, S. 232 m.w.N.

28 So Altavilla, Forensische Psychologie, Bd. II, Die Psychologie der Strafprozessbeteiligten, S. 234 m.w.N.

29 Vgl. BGH, 1 StR 557/01 n.v.; ebenso Trankell, Der Realitätsgehalt von Zeugenaussagen, S. 98: „darf nicht vernachlässigt werden".

30 Vgl. Undeutsch, Handbuch der forensischen Psychologie, 11. Bd., S. 159.

31 Vgl. BGH, StV 1990, S. 80, 81.

32 Vgl. Bürkle, Richterliche Alltagstheorien im Bereich des Zivilrechts, S. 116.

33 Vgl. Bürkle, Richterliche Alltagstheorien im Bereich des Zivilrechts, S. 116.

Aussage führen.[34] Richtig ist weiterhin, dass Sympathie und Antipathie die Wahrnehmungen verfälschen.[35] Hier ist immer die Tendenz zur Abweichung von der Realität im Sinne einer Begünstigung der Beliebten und einer Benachteiligung der Unbeliebten zu beobachten.[36] Richtig dürfte auch sein, dass es Zeugen am schwersten fällt, im Hinblick auf Verwandte objektiv auszusagen.[37] Hier wird noch einmal auf die streitenden Ehemänner hingewiesen, bei denen die jeweiligen Frauen oft die entgegengesetzten Schilderungen der jeweiligen Männer zu bestätigen pflegen.[38] **Der Schluss, diese Zeugenaussagen besonders kritisch zu würdigen, ist daher richtig.**

8 *„Es ist nach allem also erforderlich, dass man einmal den Standort des Zeugen im Prozeß und seine Interessen-, Freundschafts- und Verwandtschaftsbeziehungen zu den Parteien genau kennt, um den möglichen Vorteil aufzuspüren, den er mit einer erlogenen Aussage etwa erstrebt, und dass man zum anderen seine psychische Persönlichkeit ergründet, um bei einer bestimmten Verhaltensweise dieses Zeugen klar zu sehen.[39] Falsch ist jedoch der offensichtlich von vielen Gerichten gezogene Umkehrschluss, dass bei keiner Verwandtschaft oder keinem eigenem Interesse, der Zeugenaussage grundsätzlich gefolgt werden müsste oder die Motivation des Zeugen als entscheidendes Kriterium anzusehen.[40] Der genaue Stellenwert der Motivationsanalyse bleibt in der Literatur weitgehend unklar.[41] Die Motivationsanalyse ist in jedem Fall sehr spekulativ und im Verhältnis zur Aussageanalyse eher untergeordnet.[42] Ebenso wenig gibt es ‚typische Falschaussagemotive'.[43] Es handelt sich hier um spezielle Überbewertungen der Glaubwürdigkeit bzw. Unglaubwürdigkeit, die in der forensischen Praxis unterbleiben sollte."*[44]

34 Vgl. Arntzen, Psychologie der Zeugenaussage: System der Glaubwürdigkeitsmerkmale, 3. Aufl., S. 85.

35 Vgl. Undeutsch, Handbuch der forensischen Psychologie, 11. Bd., S. 59.

36 Vgl. Undeutsch, Handbuch der forensischen Psychologie, 11. Bd., S. 60.

37 Vgl. Arntzen, Psychologie der Zeugenaussage: System der Glaubwürdigkeitsmerkmale, 3. Aufl., S. 95; nach einer Untersuchung von 100 Meineidsfällen soll sich aber ergeben haben, dass sich von 27 Meineiden zugunsten des Angeklagten nur 2 Fälle zugunsten Verwandter gefunden haben, aber 17 Fälle zugunsten von Freunden u. Bekannten, vgl. Bender, Merkmalskombinationen in Aussagen, S. 49 m.w.N.

38 Vgl. Schneider, Beweis und Beweiswürdigung, 5. Aufl., Rn 1054.

39 Altavilla, Forensische Psychologie, Bd. II, Die Psychologie der Strafprozessbeteiligten, S. 197.

40 Vgl. Bürkle, Richterliche Alltagstheorien im Bereich des Zivilrechts, S. 142.

41 Vgl. Greuel/Offe/Fabian/Wetzels/Fabian/Offe/Stadler, Glaubhaftigkeit der Zeugenaussage, S. 174.

42 Vgl. Greuel/Offe/Fabian/Wetzels/Fabian/Offe/Stadler, Glaubhaftigkeit der Zeugenaussage, S. 178.

43 Vgl. Jansen, Zeuge und Aussagepsychologie, Rn 484 ff. m.w.N.

44 Vgl. Graf/StPO/Eschelbach, § 261 Rn 10 m.w.N.

I. Keine Beziehung zwischen Zeugen und Parteien oder Tat

Günstig für die Entstehung einer richtigen Aussage ist, wenn nachweislich jede Beziehung zwischen dem Zeugen und Betroffenen und den Angehörigen fehlt, denn dann ist eine bewusste Falschaussage sehr selten.[45] Den wirklich **„neutralen Zeugen“ wird es in der Praxis aber (fast) nicht geben**, denn die meisten Zeugen sind in irgendeiner Weise befangen.[46] Zu beachten ist nämlich, **dass Beziehungen auch ad hoc hergestellt werden, auch wenn sich Zeuge und Betroffener bei dem streitgegenständlichen Ereignis zum ersten Mal sehen**. Auch dann kann bei den Mitgliedern dieser Ad-hoc-Zufallsgruppe durch das Phänomen der Gruppenkonformität eine Wahrnehmungsverfälschung eintreten[47] oder der Zeuge ideell befangen[48] sein. Man denke nur an Angehörige ethnischer Minderheiten, die sich durch das streitgegenständliche Ereignis zum ersten Mal sehen, oder Mitglieder der gleichen Partei, Landsmänner[49] etc. sodass sofort eine gemeinsame Verbindung (Verbrüderung) hergestellt werden kann und man geneigt ist, die Sache durch die (dann gemeinsame) Brille seiner Vorurteile zu sehen.[50] „Der neutrale Zeuge kann das Verbrechen besonders hassen, das er gerade gesehen hat oder er kann überzeugt sein, dass alle Gebrauchtwagenhändler Betrüger sind oder alle Porschefahrer die Geschwindigkeit überschreiten“.[51] *„Das Gefühl der Solidarität stellt sich zuweilen instinktiv ein auch gegenüber jemandem, den man nicht kennt, und zwar besonders, wenn das Ereignis mit einem Berufsrisiko in Beziehung steht, der Zeuge also fühlt, dass er sich eines Tages in derselben Lage befinden könnte wie derjenige, dessen Partei er heute ergreift […]. Zuweilen kann der Beruf aber auch zu einer unüberbrückbaren Rivalität führen. Es ist daher immer ratsam, den Beruf des Zeugen mit dem der Prozessparteien zu vergleichen. Der Bauer und der Hirte, der Chauffeur und der Verkehrspolizist, der Kriminalbeamte und der Vorbestrafte, sie alle sind instinktive Gegner, die ihre Gegnerschaft auch dann zeigen, wenn sie sich zum ersten Male sehen.“*[52] All das kann oft zur bewussten Lüge oder bereits zur unbewussten Wahrnehmungs- bzw. Erinnerungsverfälschung führen. *„Die gefühlsmäßige Stellungnahme des Zeugen zur Person der Prozesspartei begleitet ihn unter Umständen während der ganzen Vernehmung. Sie bestimmt in gewissen Grenzen, welche Einzelheiten er vorbringt und wie er sie aufmacht. Sie durchdringt alle seine Bekundungen und erschwert ihm die unbefangene Darstellung oftmals beträcht-* 9

45 Vgl. Arntzen, Psychologie der Zeugenaussage: System der Glaubwürdigkeitsmerkmale, 3. Aufl., S. 89.

46 Vgl. Bürkle, Richterliche Alltagstheorien im Bereich des Zivilrechts, S. 116.

47 Vgl. Bender/Nack, Tatsachenfeststellung vor Gericht, 2. Aufl., Rn 108.

48 Vgl. Döhring, Die Erforschung des Sachverhalts im Prozess, S. 137 ff.

49 Vgl. Altavilla, Forensische Psychologie, Bd. II, Die Psychologie der Strafprozessbeteiligten, S. 236.

50 Vgl. Schneider, Beweis und Beweiswürdigung, 5. Aufl., Rn 980.

51 Vgl. Bender/Nack, Tatsachenfeststellung vor Gericht, 2. Aufl., Rn 186.

52 Altavilla, Forensische Psychologie, Bd. II, Die Psychologie der Strafprozessbeteiligten, S. 235.

lich. Der Zeuge kommt [unbewusst[53]] in Versuchung, Momente, die sich in diese von ihm für zutreffend gehaltene Grundrichtung nicht einfügen lassen, entsprechend zurechtzubiegen."[54]

10 Umgekehrt lässt sich sagen, dass eine positive oder negative emotionale Grundhaltung zu einer Partei bereits zu einer Wahrnehmungsverfälschung zugunsten bzw. zuungunsten der Partei führen kann („man sieht das, was man will") und eine Falschbelastung der nahe stehenden Partei nahezu ausgeschlossen ist.[55] **D.h. für die Gerichtspraxis** somit nur, dass einer belastenden Aussage für die nahe stehende Partei große Indizwirkung zukommt, während **sich aus einer begünstigenden Aussage für die nahe stehende Partei ohne konkrete Aussagenanalyse nichts Weiteres ableiten lässt**.

11 **Bei tatsächlich unbeteiligten Zeugen ist daher die Gefahr einer bewussten Lüge gering.** Umgekehrt leiden diesen Zeugen aber meist an schlechter Beobachtung, schlechter Informationsverarbeitung, schlechter Informationsspeicherung und schlechter Informationsreproduktion.[56]

II. Selbstbelastung

12 **Ein ggf. weiteres (allenfalls schwaches) Indiz für die Objektivität[57] einer Aussage wäre die in vielen Aussagen mitenthaltene Selbstbelastung.**[58] Die Selbstbelastung kann rechtlich relevanter (z.B. Mittäterschaft oder Mitverschulden) oder auch nur moralischer Art sein (z.B. Bekundung eines für den Zeugen peinlichen Erlebnisses). Es wird vertreten, dass die Einräumung von Unvorteilhaftem ein Kriterium dafür ist, dass eine glaubwürdige Aussage vorliegt, denn in der Fantasie pflegt sich der Berichterstatter regelmäßig eine vorteilhafte Rolle auszusuchen.[59] Geübte Lüg-

53 Anm. der Verfasser.

54 Döhring, Die Erforschung des Sachverhalts im Prozess, S. 139.

55 Vgl. Arntzen, Psychologie der Zeugenaussage: System der Glaubwürdigkeitsmerkmale, 3. Aufl., S. 87, 88.

56 Vgl. Schünemann, Zeugenbeweis auf dünnem Eis, in Festschrift für Lutz Meyer-Goßner zum 65. Geburtstag, S. 385, 387 f.

57 Es ist fraglich, ob man diesen Punkt systematisch unter die Motivation des Zeugen einordnen kann oder nicht der Aussageanalyse im engeren Sinne (die Selbstbelastung ergibt sich doch direkt aus der Aussage!). In den Standardwerken von Arntzen u. Bender/Nack wird dieser Punkt jedoch in dem Zusammenhang der Motive erörtert, Arntzen, Psychologie der Zeugenaussage: System der Glaubwürdigkeitsmerkmale, 3. Aufl., S. 92; Bender/Nack, Tatsachenfeststellung vor Gericht, 2. Aufl., Rn 199 ff.; auch Trankell, Der Realitätsgehalt von Zeugenaussagen, S. 90 ff. bringt diesen Punkt innerhalb eines Beispiels, ohne diesem Punkt den Charakter eines Aussagekriteriums zuzuordnen. Tatsächlich handelt es sich um eines der grds. vertretenen 19 **Realitätskriterien**, mit Hilfe derer die subjektive Wahrheit bewertet werden soll, der Irrtum also vorbehalten bleibt.

58 Vgl. Arntzen, Psychologie der Zeugenaussage: System der Glaubwürdigkeitsmerkmale, 3. Aufl., S. 92; vgl. Prüfer, Aussagebewertung in Strafsachen, Rn 86.

59 Vgl. Undeutsch, Handbuch der forensischen Psychologie, 11. Bd., S. 153.

ner wissen aber, dass ihre Aussage umso glaubwürdiger ist, je mehr sie sich selbst belasten.[60] Es ist daher genau zu prüfen, ob die Selbstbelastung auch de facto erfolgt. Oder ob es sich nur um einen untergeordneten Punkt handelt oder einen Punkt, der später ohnehin aufgekommen wäre, oder ob eine Entschuldigung für das eigene Fehlverhalten gleich mitgeliefert wird.[61] *„Entscheidend ist hierbei nicht, ob die Selbstbelastung aus eigenem Antrieb oder erst auf Nachfrage/Vorhalt erfolgt, sondern die ‚situative Freiwilligkeit' […] Nicht hierher gehört also, wenn die (nicht-alkoholisierte) Ehefrau behauptet, sie sei gefahren und nicht ihr (alkoholisierter) Ehemann (insbesondere, wenn andere potentielle Fahrer nicht vorhanden sind).*"[62] Die Selbstbelastung muss aus Sicht des Zeugen prestigemindernden Charakter haben.[63] **In jedem Fall wiegt das Indiz der Selbstbelastung gering.**[64] Das Indiz taucht in wahren Aussagen verschiedener Feldstudien einerseits sehr selten (und in unwahren Geschichten sogar häufiger[65]) auf[66] und kann von Lügnern (sogar von Grundschulkindern) leicht simuliert werden.[67] Deckers teilt mit: Die Selbstbelastung wird forensisch häufig überbewertet, namentlich dann, wenn der Zeuge in eigener Sache kaum eine andere Wahl als die eines Geständnisses hatte, und jenes gerade dann plausibel erschien, wenn es weitere Personen ins Tatgeschehen integrierte."[68] Ebenso haben Selbstbelastungen keinen indiziellen Wert, wenn die eingeräumte Selbstbelastung bereits offensichtlich – meist sogar schon aktenkundig – ist.

III. Widerlegung der Rachehypothese

Die Widerlegung der sog. Rachehypothese wäre ein weiteres Indiz für die Objektivität der Aussage.[69] Ausgangspunkt der Überlegung ist, dass jemand der bewusst zuungunsten einer anderen Person aussagt, hierfür ein Motiv haben muss. Ein solches Motiv kann (scheinbar unerklärliche) Antipathie[70] oder offen zutage tretende Feindschaft sein. In beiden Fällen würde der bewusst Lügende somit seinen „Geg- 13

60 Vgl. Bender/Nack, Tatsachenfeststellung vor Gericht, 2. Aufl., Rn 201.

61 Vgl. Bender/Nack, Tatsachenfeststellung vor Gericht, 2. Aufl., Rn 201.

62 Bender, Merkmalskombinationen in Aussagen, S. 93.

63 Vgl. Greuel/Offe/Fabian/Wetzels/Fabian/Offe/Stadler, Glaubhaftigkeit der Zeugenaussage, S. 127.

64 Bzw. kommt sogar öfter in unwahren Aussagen vor, wäre also ein Lügensignal, vgl. Hettler, Wahre und falsche Zeugenaussagen, S. 103; vgl. auch Vrij, Detecting Lies and Deceit, S. 134.

65 Vgl. Hommers, Die aussagepsychologische Kriteriologie unter kovarianzstatistischer und psychometrischer Perspektive in: Greuel/Fabian/Stadler, Psychologie der Zeugenaussage, S. 87, 96.

66 Vgl. Greuel/Offe/Fabian/Wetzels/Fabian/Offe/Stadler, Glaubhaftigkeit der Zeugenaussage, S. 136 m.w.N.

67 Vgl. Hommers, Die aussagepsychologische Kriteriologie unter kovarianzstatistischer und psychometrischer Perspektive, S. 87 ff., 97.

68 Deckers, Sexualstrafverfahren in Brüssow/Gatzweiler/Krekeler/Mehle, Strafverteidigung in der Praxis, 4. Aufl., S. 953.

69 Vgl. Trankell, Der Realitätsgehalt von Zeugenaussagen, S. 93.

70 Z.B. aufgrund eines Vorurteils.

ner" nicht schonen. Nach dieser Logik ist der Verzicht auf nahe liegende Mehrbelastungen ein Indiz für die Objektivität.[71] Nachdem der Lügner jedoch auch ein **Gefährlichkeitskalkül** anstellt, ist ein Verzicht auf eine nahe liegende Mehrbelastung nur dann ein Kriterium, wenn der Aussagende weiß oder annimmt, dass die Mehrbelastung nicht widerlegt werden kann.[72] Andernfalls könnte der Verzicht auf die Mehrbelastung auch bedeuten, dass der Lügner gerade sein Kalkül angestellt hat und die Abwägung zugunsten seiner eigenen Vorsicht ausgefallen ist. **Die Widerlegung der Rachehypothese ist daher nur ein äußerst schwaches Indiz**. Man wird in den seltensten Fällen entscheiden können, wann ein Verzicht auf eine Mehrbelastung aufgrund inneren Antriebs und wann aufgrund eines Gefährlichkeitskalküls erfolgt. Zudem kommt hinzu, dass es für eine Lüge nicht nur das Motiv der Antipathie oder Feindschaft geben muss. Andere Motive können Geldgier, Abhängigkeit von einer anderen Partei, Schonung oder Schutz einer dritten Person etc. sein. In diesen Fällen würde auch der Lügner eine Mehrbelastung vermeiden und nur soweit lügen, als es für sein Ziel bzw. des Zieles der Partei, die der Lügner unterstützen will, nötig ist. Daher dürfte das Kriterium ohnehin auf die Fälle begrenzt sein, deren Haupttendenz in der Belastung eines anderen besteht.[73] Diese Konstellation dürfte v.a. im Strafverfahren vorkommen, selten aber im Zivilverfahren. Im Zivilverfahren geht es selten primär um die Belastung eines anderen, sondern vielmehr primär um einen eigenen (bzw. zugunsten der unterstützten Partei) wirtschaftlichen Vorteil. Daher ist das Kriterium jedenfalls im Zivilverfahren nur mit äußerster Vorsicht zu berücksichtigen.[74] Ebenso wie der Verzicht auf nahe liegende Mehrbelastung ein (schwaches) Kriterium[75] für die Objektivität der Aussage sein kann, kann umgekehrt die Einlassung des Beschuldigten oder der Partei, in der von nahe liegenden Schutzbehauptungen kein Gebrauch gemacht wird, ein Indiz für die Objektivität sein.[76] Fraglich ist in diesem Zusammenhang, ob es ein Glaubwürdigkeitsindiz wäre, wenn der Zeuge gleich (scheinbare) Einwände gegen die Richtigkeit der eigenen Darstellung mit erwähnt. Das Kriterium soll dann gegeben sein, wenn eingeräumt wird, dass die Schilderung unwahrscheinlich sei, aber dennoch wie geschildert verlaufen sei bzw. die Möglichkeit des Irrtums bei der Wahrnehmung ausdrücklich eingeräumt wird.[77] **Nach einer Ansicht wäre dies ein Glaubwürdigkeitsindiz**,[78] sofern es sich nicht um ganz durchtriebene und dabei hoch intelligente Zeu-

71 Vgl. Undeutsch, Handbuch der forensischen Psychologie, 11. Bd., S. 120, 122.

72 Vgl. Bender/Nack, Tatsachenfeststellung vor Gericht, 2. Aufl., Rn 204.

73 Vgl. Prüfer, Aussagebewertung in Strafsachen, Rn 81.

74 Vgl. auch Bender/Nack, Tatsachenfeststellung vor Gericht, 2. Aufl., Rn 227.

75 In verschiedenen Feldstudien ist dieses Merkmal in ca. der Hälfte der wahren Aussagen gefunden, vgl. Greuel/Offe/Fabian/Wetzels/Fabian/Offe/Stadler, Glaubhaftigkeit der Zeugenaussage, S. 136 m.w.N.

76 Vgl. Undeutsch, Handbuch der forensischen Psychologie, 11. Bd., S. 123.

77 Vgl. Greuel, Wirklichkeit – Erinnerung – Aussage, S. 36.

78 Vgl. Dettenborn/Fröhlich/Szewczyk, Forensische Psychologie, 2. Aufl., S. 314.

gen handelt, denn wer durch seine Lügen überzeugen wollte, der würde nicht schon selbst die Einwände mitliefern.[79] Tatsächlich **ist dies jedoch in dieser Pauschalität nicht so**. Genauso gut kann der Zeuge nur laut denken oder die Flucht nach vorne antreten. Aus der Miterwähnung potenzieller Einwände ergibt sich somit nichts.[80] Jedenfalls erfüllt die pauschale Begründung, man habe befürchtet, niemand werde einem glauben etc., nicht dieses Kriterium. Es handelt sich dann oft weniger um einen Einwand gegen die eigene Richtigkeit als um eine nachträgliche Erklärung.[81] Die Anwendung des Kriteriums basiert auf dem Modell des „zweckrationalen Lügners", das auch nach dem aktuellen Stand der Forschung fraglich erscheint.[82]

Praxistipp 14

Das vermeintliche Kriterium des „**fehlenden Belastungseifers**" ist höchst problematisch. In der strafrechtlichen Praxis wird es oft als Kriterium der Glaubwürdigkeit gewertet, wenn der Zeuge das Beweisthema zulasten des Angeklagten voll bestätigt. Der Zeuge habe dann – so wird argumentiert – keinen „Belastungseifer" gezeigt. Eine dementsprechende Argumentation scheint von der naiven Vorstellung getragen zu sein, dass ein falsch aussagender Zeuge in der Verhandlung offen „ausrastet" oder weitere Vorwürfe gegen den Angeklagten erhebt. Dass dies falsch ist, liegt auf der Hand. Weshalb sollte ein bewusst falsch aussagender Zeuge, der das Gericht von seiner Wahrhaftigkeit gerade überzeugen will, offen „ausrasten" oder weitere Vorwürfe erheben, von denen er gar nicht absehen kann, ob diese widerlegt werden können etc.? Daher gibt es das vermeintliche Kriterium des fehlenden Belastungseifers in der regelmäßig praktizierten Form nicht, sondern **allenfalls und nur** den **Verzicht** auf **nahe liegende Mehrbelastung**. Aus der vollen Bestätigung des Beweisthemas kann nichts gefolgert werden.[83]

Die **Rachehypothese** ist aber in folgender Konstellation widerlegt:

„Verzichtet der Zeuge auf solche Mehrbelastungen, die ihm möglich wären und dann nicht widerlegt werden könnten, und weisen seine Angaben zugleich auch selbstbelastende Elemente auf, so spricht dies gegen eine falsche Belastung."[84]

79 Vgl. Undeutsch, Handbuch der forensischen Psychologie, 11. Bd., S. 155.

80 Nach den Erfahrungen von Nance soll es sich bei diesen Einwänden gegen die eigene Richtigkeit sogar um ein ausgesprochenes Warnsignal handeln, vgl. Nance, Conquering Deception, S. 178.

81 Vgl. Greuel/Offe/Fabian/Wetzels/Fabian/Offe/Stadler, Glaubhaftigkeit der Zeugenaussage, S. 125 f.

82 Vgl. Greuel, Wirklichkeit – Erinnerung – Aussage, S. 35.

83 Vgl. hierzu auch Geipel, Die geheimen contra legem Regeln im ordentlichen Prozess, AnwBl 2006, S. 784 f.

84 Widmaier/Nack, MAH Strafverteidigung, 1. Aufl., Kap. 33 Rn 3.

IV. Vortrag von Belastendem und Entlastendem

15 Ein weiteres Indiz für die Glaubhaftigkeit (Wahrnehmungs- bzw. Erinnerungsfehler ausgeschlossen) wäre, wenn der Zeuge für eine Partei sowohl Belastendes als auch Entlastendes vorträgt[85] **oder den Täter gleich entschuldigt.**[86] Auch hier taucht das Problem auf, dass Lügner wissen, dass ihre Aussage glaubwürdig wirkt, wenn sie auch Entlastendes über den „Gegner" vortragen. Auch hier wäre genau zu prüfen, ob es sich nur um die Entlastung in einem Nebenpunkt handelt,[87] ob sich der Zeuge mit der fremden Entlastung gleichzeitig selbst entlastet oder die entlastenden Umstände ohnehin offenkundig sind.[88] In einem Vergewaltigungsfall trägt das angebliche Opfer vor, der Beschuldigte sei bereits im Auto zudringlich geworden. Dies habe sie abgewehrt, was der Beschuldigte akzeptiert habe. Nachdem weitere Personen im Auto anwesend waren, kommt dieser vermeintlichen Entlastung keine Wirkung zu, denn einerseits würde eine Lüge hier entdeckt werden und zum anderen wird erst dadurch klar, weshalb die Zeugin noch „arglos" in die Wohnung des Beschuldigten ging. Im Übrigen ist auch an einen Trick zu denken. „*Einige schlaue Lügner […] lassen sich bei einer banalen Unwahrheit überraschen, die offensichtlich zugunsten einer der Parteien ist, und überzeugen so den Richter von einer bestimmten geistigen Ausrichtung; wenn sie dann auf die Vorhaltungen und Drohungen des Vernehmenden schließlich aussagen und gegen den, den sie scheinbar begünstigen wollten, schwerwiegende Dinge vorbringen, so ist jeder von ihrer vollen Wahrhaftigkeit überzeugt und hat niemand den Verdacht eines unwürdigen Tricks.*"[89] Das Merkmal ist **allenfalls** dann erfüllt, wenn eine Entlastung tatsächlich erfolgt oder eine nahe liegende Zusatzbelastung vermieden wird. Wer Entlastendes ohne Bezug zum fraglichen Geschehen äußert, z.B., dass der Beschuldigte davor immer „ganz nett" war, erfüllt das Kriterium nicht.[90] **Überhaupt ist das Kriterium nur anwendbar, wenn man die fragliche Grundannahme teilt, dass der intentional falsch aussagende Zeuge von Antipathie gegen den Beschuldigten getragen wird**, während der erlebnisbezogen aussagende Zeuge eine neutrale Einstellung haben soll.[91]

16 Oft ist es so, dass in der Hauptverhandlung von früheren Belastungen abgerückt wird oder diese abgeschwächt werden. In der Praxis wird dies dann meist als „Glaubwürdigkeitskriterium" gewertet. Das ist falsch. „*Denn ein solcher Umstand*

85 Vgl. Arntzen, Psychologie der Zeugenaussage: System der Glaubwürdigkeitsmerkmale, 3. Aufl., S. 92 u. Bender/Nack, Tatsachenfeststellung vor Gericht, 2. Aufl., Rn 202; Undeutsch, Handbuch der forensischen Psychologie, 11. Bd., S. 120.

86 Vgl. Dettenborn/Fröhlich/Szewczyk, Forensische Psychologie, 2. Aufl., S. 314.

87 Vgl. Döhring, Die Erforschung des Sachverhalts im Prozess, S. 74.

88 Vgl. Bender/Nack, Tatsachenfeststellung vor Gericht, 2. Aufl., Rn 203.

89 Altavilla, Forensische Psychologie, Bd. II, Die Psychologie der Strafprozessbeteiligten, S. 246.

90 Vgl. Greuel/Offe/Fabian/Wetzels/Fabian/Offe/Stadler, Glaubhaftigkeit der Zeugenaussage, S. 127 f.

91 Vgl. Greuel, Wirklichkeit – Erinnerung – Aussage, S. 35 f.

muß keineswegs auf das Fehlen einer Belastungstendenz hindeuten, sondern kann seine Erklärung auch in dem Bemühen finden, eine nicht zutreffende Darstellung wenigstens teilweise aufrechtzuerhalten.“[92]

V. Motive für Falschaussagen

Zum Abschluss sollen noch kurz häufige (aber keine typischen) Motive für eine Falschaussage genannt werden. Es können dies u.a. Furcht,[93] Geltungsbedürfnis,[94] Rache an einer Partei,[95] Not und Verlegenheit,[96] Hilfsbereitschaft,[97] v.a. Zuneigung und Liebe,[98] Bestechung,[99] Leichtfertigkeit,[100] Parteigeist,[101] Eitelkeit und Angst vor Prestigeverlust,[102] Verteidigung des guten Rufes,[103] Scham oder nachteilige wirtschaftliche Folgen sein.[104] Hinzu kommen therapeutische Aufmerksamkeit und Sorgerechtsstreitigkeiten, wobei es zu weit geht, eine Aussage nur dann als glaubhaft zu bewerten, wenn derartige Motive zuverlässig verneint werden können.[105] Derartige Motive kommen oft vor, führen aber nicht per se zur Unglaubwürdigkeit. Richtig ist freilich, dass bei Vorhandensein derartiger Motive die qualitativen Ansprüche an die Aussage umso höher sein müssen, damit die Aussage überzeugen kann. Nach Berichten aus der Praxis soll die nicht verlangte **Freundschaftsbezeu-** 17

92 BGH, StV 1996, S. 366.

93 Man bedenke nur, wie schwer es ist, zu bestimmten Kriminalitätsdelikten Zeugen aus Furcht vor Repressalien der Täter zu finden – vgl. Altavilla, Forensische Psychologie, Bd. II, Die Psychologie der Strafprozessbeteiligten, S. 243, auch kann die Angst, in den Verdacht einer Tat zu geraten, zu Falschaussagen führen, z.B. die Angst, verdächtigt zu werden, da man am Tatort war, sodass dies von Anfang an verschwiegen wird – vgl. Altavilla, Forensische Psychologie, Bd. II, Die Psychologie der Strafprozessbeteiligten, S. 244.

94 Vgl. Arntzen, Psychologie der Zeugenaussage: System der Glaubhaftigkeitsmerkmale, 3. Aufl., S. 96, auch die Sucht, von sich reden zu machen (Eitelkeit), kann zum Lügen treiben – vgl. Altavilla, Forensische Psychologie, Bd. II, Die Psychologie der Strafprozessbeteiligten, S. 245.

95 Vgl. Arntzen, Psychologie der Zeugenaussage: System der Glaubhaftigkeitsmerkmale, 3. Aufl., S. 97; vgl. Altavilla, Forensische Psychologie, Bd. II, Die Psychologie der Strafprozessbeteiligten, S. 244.

96 Vgl. Arntzen, Psychologie der Zeugenaussage: System der Glaubhaftigkeitsmerkmale, 3. Aufl., S. 99.

97 Vgl. Arntzen, Psychologie der Zeugenaussage: System der Glaubhaftigkeitsmerkmale, 3. Aufl., S. 100.

98 Vgl. Altavilla, Forensische Psychologie, Bd. II, Die Psychologie der Strafprozessbeteiligten, S. 244, der anmerkt, dass viele Freundschaften in tieferer u. festerer Zuneigung verbunden sind als Blutsverwandtschaft.

99 Vgl. Altavilla, Forensische Psychologie, Bd. II, Die Psychologie der Strafprozessbeteiligten, S. 244.

100 Vgl. Altavilla, Forensische Psychologie, Bd. II, Die Psychologie der Strafprozessbeteiligten, S. 244 m. dem zutreffenden Hinweis, dass oft aus reiner Lästersucht etwas Nachteiliges über einen anderen verbreitet wird, man dann aber nicht den Mut hat, sein eigenes Lügen einzugestehen.

101 Vgl. Altavilla, Forensische Psychologie, Bd. II, Die Psychologie der Strafprozessbeteiligten, S. 245.

102 Vgl. Döhring, Die Erforschung des Sachverhalts im Prozess, S. 145.

103 Vgl. Döhring, Die Erforschung des Sachverhalts im Prozess, S. 149 („Man wird meist nicht erwarten können, dass der Zeuge zugibt, sich unrichtig verhalten zu haben, wenn der Sachverhalt eine andere Deutung noch irgendwie zulässt.“).

104 Vgl. Bürkle, Richterliche Alltagstheorien im Bereich des Zivilrechts, S. 119.

105 Vgl. De Vries, Einführung in die Kriminalistik für die Strafrechtspraxis, Rn 334.

gung eines Zeugen gegenüber einer Partei als Bekundung für **Feindseligkeiten** gefürchtet sein.[106]

18 Geht es jedoch um **Falschaussagen des Betroffenen** selbst, so *„[greift] auch der unschuldige Verdächtige [...], wenn er sich eingekreist sieht, in der Not unter Umständen nach jedem irgendwie in Betracht kommenden Verteidigungsargument. Man sollte das bei der Bewertung von Unstimmigkeiten dieser Art berücksichtigen.*“[107]

19 Besonders praxisrelevant ist, dass Angaben zum eigenen Alkoholkonsum aus Furcht vor Sanktionen[108] **regelmäßig falsch sind**.

20 **In der anwaltlichen Praxis ist zu beobachten**, dass die Standardangabe zur genossenen Alkoholmenge (jedenfalls in Bayern) ca. zwei bis drei halbe Bier (je 0,5 Liter) beträgt, **d.h., ganz allgemein die genossene Alkoholmenge gering geredet wird und/oder fälschlich ein lange zurückliegendes Trinkende angeben wird**.

21 Typische Praxisbeispiele hierzu:

- In einem Verfahren, das von der Staatsanwaltschaft München II (Az.: 53 Js 117632/00) untersucht wurde, gab ein 65 kg schwerer Beschuldigter an, zwei halbe Bier getrunken zu haben. Die BAK-Entnahme ergab einen Wert von 1,99 Promille. Die theoretisch höchstmögliche Alkoholkonzentration dieser Trinkmenge beträgt aber nach der Widmark-Formel nur (1000 ml Bier × 0,05 Alkoholanteil × 0,8 Dichte des Alkohols) : (65 kg × 0,7) = 0,87 Promille. Daraus folgt, dass der Beschuldigte die Menge genossenen Alkohols gering geredet hat, zumal das Resorptionsdefizit und der stündliche Abbau, die zu einer weiteren Verringerung des maximalen Promillewerts führen würden, noch gar nicht berücksichtigt ist.
- In einem Verfahren, das von der Staatsanwaltschaft Landshut (Az.: 24 Js 26414/02) untersucht wurde, gab ein 95 kg schwerer Beschuldigter an, einzig und allein nach der Tat getrunken zu haben, und zwar drei halbe Bier. Die BAK-Entnahme ergab einen Wert von 1,31 Promille. Die theoretisch höchstmögliche Alkoholkonzentration dieser Trinkmenge beträgt aber nach der Widmark-Formel nur (1500 ml Bier × 0,05 Alkoholanteil × 0,8 Dichte des Alkohols) : (95 kg × 0,7) = 0,90 Promille. Daraus folgt, dass der Beschuldigte die Menge genossenen Alkohols (zu seinem Nachteil) gering geredet, hat, zumal das Resorptionsdefizit und der stündliche Abbau, die zu einer weiteren Verringerung des maximalen Promillewerts führen würden, noch gar nicht berücksichtigt sind. Dies ist umso bemerkenswerter, als hier eine höhere Nachtrunkmenge für den Beschuldigten günstig gewesen wäre.

106 Vgl. Altavilla, Forensische Psychologie, Bd. II, Die Psychologie der Strafprozessbeteiligten, S. 246.

107 Döhring, Die Erforschung des Sachverhalts im Prozess, S. 236/237.

108 Die auch nur moralischer Art sein können, z.B. Ächtung im persönlichen oder familiären Umfeld.

- In einem Verfahren, das von der Staatsanwaltschaft München I (Az.: 463 Js 313009/02) untersucht wurde, gab ein 61 kg schwerer Beschuldigter an, einzig und allein nach der Tat getrunken zu haben, und zwar zwei halbe Bier. Die BAK-Entnahme ergab einen Wert von 1,40 Promille. Die theoretisch höchstmögliche Alkoholkonzentration dieser Trinkmenge beträgt aber nach der Widmark-Formel nur (1000 ml Bier × 0,05 Alkoholanteil × 0,8 Dichte des Alkohols) : (61 kg × 0,7) = 0,93 Promille. Daraus folgt auch hier, dass der Beschuldigte die Menge genossenen Alkohols (zu seinem Nachteil) gering geredet hat, zumal das Resorptionsdefizit und der stündliche Abbau noch gar nicht berücksichtigt sind. Dies ist umso bemerkenswerter, als hier eine höhere Nachtrunkmenge für den Beschuldigten günstig gewesen wäre. In der Beweisaufnahme vor dem AG München (Az.: 1033 Ds 463 Js 313009/02) ergab sich dann durch Zeugenaussagen, dass die Nachtrunkmenge wesentlich größer war. Der Betroffene wurde dann sowohl vom Vorwurf der fahrlässigen Trunkenheit im Verkehr als auch von einem Verstoß gegen die 0,5-Promille-Grenze (Ordnungswidrigkeit) freigesprochen.
- In einem Verfahren, das von der Staatsanwaltschaft München I (Az.: 486 Js 112820/03) untersucht wurde, gab ein 80 kg schwerer Beschuldigter an, 2 Liter Weißbier ab 12.00 Uhr mittags getrunken zu haben. Die BAK-Entnahme erfolgte um 19.33 Uhr und ergab einen BAK-Wert von 1,09 Promille. Die theoretisch höchstmögliche Alkoholkonzentration dieser Trinkmenge beträgt aber nach der Widmark-Formel nur (2000 ml Bier × 0,05 Alkoholanteil × 0,8 Dichte des Alkohols) : (80 kg × 0,7) = 1,42 Promille ./. 0,1 × 7,5 Stunden = 0,67 Promille. Daraus folgt, dass der Beschuldigte die Menge genossenen Alkohols gering geredet hat, zumal das Resorptionsdefizit noch gar nicht berücksichtigt ist.
- In einem Verfahren, das vor dem AG München (Az.: 922 Cs 486 Js 135539/03) untersucht wurde, gab ein 65 kg schwerer Beschuldigter an, zwei Gläser (à 0,25 l) 12 %igen Wein zwischen 20.00 und 22.30 Uhr getrunken zu haben. Die BAK-Entnahme erfolgte um 00.37 Uhr und ergab einen BAK-Wert von 1,20 Promille. Die theoretisch höchstmögliche Alkoholkonzentration dieser Trinkmenge beträgt aber nach der Widmark-Formel nur (500 ml Wein × 0,12 Alkoholanteil × 0,8 Dichte des Alkohols) : (65 kg × 0,7) = 1,05 Promille ./. 0,1 × 2,5 Stunden (Abbau) = 0,80 Promille. Daraus folgt, dass der Beschuldigte die Menge genossenen Alkohols gering geredet hat.
- In einem weiteren Verfahren, das vor dem AG München (Az.: 933 Cs 491 Js 145644/03) untersucht wurde, gab ein 89 kg schwerer Beschuldigter an, vier halbe Bier (à 0,5 l) 5 %iges Bier zwischen 15.30 und 23.30 Uhr getrunken zu haben. Die BAK-Entnahme erfolgte um 04.03 Uhr und ergab einen BAK-Wert von 1,03 Promille. Die theoretisch höchstmögliche Alkoholkonzentration dieser Trinkmenge beträgt aber nach der Widmark-Formel nur (2000 ml Bier × 0,05 Alkoholanteil × 0,8 Dichte des Alkohols) : (89 kg × 0,7) = 1,28 Promille ./. 0,1 × 8 Stunden (Abbau) = 0,48 Promille. Daraus folgt, dass der Beschuldigte die

Menge genossenen Alkohols gering geredet hat und/oder das Trinkende falsch angegeben hat.

22 *Praxistipp*

Angaben einer Person zur genossenen Alkoholmenge sind (fast) nie zutreffend und daher gänzlich unzuverlässig (Ausnahme: Die Menge ist zweifelsfrei im sanktionslosen Bereich). Das gilt auch hinsichtlich des Zeitpunktes des Trinkens. Selbst wenn ein näher zur Tat liegendes Trinkende für den Betreffenden günstig wäre,[109] erfolgt oft eine wahrheitswidrige Aussage zum Zeitpunkt des Trinkens, da viele Personen meinen, ihre Lage zu verbessern, wenn sie ein lange zurückliegendes Trinkende vorgeben.[110] Das ist aber oft falsch, da dann ggf. der stündliche Abbau zwischen Tat und BAK-Entnahme zum Promillewert hinzuaddiert werden kann. Der Grund dafür liegt darin, dass diese Personen davon ausgehen, dass es ihnen honorierend angerechnet werden würde, wenn sie lange nach Alkoholgenuss zuwarten würden, bis sie ein Fahrzeug führen, d.h., dem Alkohol eine Möglichkeit zum Abbau geben würden.

Hierzu ein Praxisschema und -beispiel zur Rückrechnung (**Feststellung der Mindest-BAK zur Tatzeit**) einer BAK-Konzentration:

Tatzeit:	7.11.2010 – z.B. 2.40 Uhr
Zeit der Blutentnahme:	7.11.2010 – z.B. 4.03 Uhr
Trinkende (angegebenes):	6.11.2010 – z.B. 23.30 Uhr
Ende der Resorption[111] (Trinkende + 2 Std.):	7.11.2010 – z.B. 1.30 Uhr
Rückrechenbare Zeit, nur bei abgeschlossener Resorption, d.h. Zeit der Blutentnahme bis Tatzeit oder Ende der Resorption, je nachdem welcher Zeitpunkt näher an der Blutentnahme liegt:	1 Std. und 23 Minuten
Zur BAK hinzurechenbare Promille:	
(0,1 ‰/Std. bzw. 0,01 ‰/6 Min.)[112]	0,13 ‰
BAK laut Gutachten:	1,03 ‰
anzusetzende BAK:	1,16 ‰

109 Um eine Erhöhung des BAK-Werts durch Rückrechnung zu vermeiden, denn nur wenn zwischen Trinkende u. Tat mehr als zwei Stunden liegen, kann der BAK-Wert durch Rückrechnung erhöht werden, da dann die Resorptionsphase in jedem Fall abgeschlossen war.

110 Vgl. Leipold/Kuhn, Das Mandat in Verkehrsstrafsachen, Rn 58.

111 Vgl. BGHSt. 25, S. 246 ff.

112 Das ist der Mindestabbauwert.

Hätte der Betroffene nicht 23.30 Uhr als Trinkende angegeben, sondern 2.30 Uhr, könnte – ohne sachverständige Beratung – nicht ausgeschlossen werden, dass die Resorptionsphase noch nicht abgeschlossen war, so dass eine Rückrechnung unterblieben wäre.

Gleiches gilt für die behauptete **Nachtrunkmenge**. Auch wenn hier eine höhere Nachtrunkmenge für den Betroffenen günstig wäre, möchten viele Personen in einem günstigen Licht erscheinen und reden daher die Nachtrunkmenge gering, um nicht als „Säufer" zu erscheinen. Daraus folgt, dass sich aus einer Berichtigung der fraglichen Alkoholmenge oder dem Zeitpunkt des Trinkens nichts gegen den Betroffenen ableiten lässt. Der in der Praxis verbreitete Schluss, den später berichtigten Angaben nicht zu glauben, da andernfalls der Betroffene die ihm günstigen Umstände sofort vorgetragen hätte, ist unzutreffend. Diese Schlussfolgerung geht von einem Erfahrungssatz aus, den es in diesem Zusammenhang nicht gibt und übersieht, dass der Betroffene in der konkreten Situation regelmäßig nicht übersehen kann, was wirklich für ihn günstig ist oder nicht.[113] Folglich ist der Betroffene von der Furcht vor Sanktionen geplagt und möchte in einem möglichst günstigen Licht erscheinen. Er redet daher allgemein die Alkoholmenge gering oder will nicht dergestalt unvernünftig erscheinen, dass er zwar einerseits trinkt, aber andererseits den Alkohol nicht abbauen lässt. Folgerichtig lautet ein Leitsatz einer zutreffenden Entscheidung des OLG Karlsruhe wie folgt: „*Die von polizeilichen Angaben abweichende Einlassung eines Betroffenen in der Hauptverhandlung, kurz vor Fahrtantritt noch Alkohol getrunken zu haben, kann nicht ohne nähere Auseinandersetzung hiermit als bloße Schutzbehauptung angesehen werden.*"[114]

Überhaupt ist in Verkehrsstrafsachen zu beobachten, dass der Beschuldigte die Interessenlage nicht richtig übersieht und zu seinem Nachteil unzutreffende Umstände einräumt.[115] Ein weiteres Beispiel ist das Urteil des BGH v. 9.6.1953,[116] in dem der Beschuldigte unzutreffend einräumte, nur 20 Meter weit gesehen zu haben, da er verkannte, dass die zutreffende Einräumung größerer Sichtmöglichkeit günstig gewesen wäre. **23**

Allgemein führt das Bestreben, „einen guten Eindruck zu machen," oft dazu, dass die Ziele und Absichten beschönigt und idealisiert werden,[117] ebenso wie die eigenen Motive meist als hehrere dargestellt werden.[118] **24**

113 So auch das OLG Karlsruhe, Verkehrsrechtliche Mitteilungen Oktober 2006, S. 75 f.

114 OLG Karlsruhe, Verkehrsrechtliche Mitteilungen Oktober 2006, S. 75.

115 Vgl. Döhring, Die Erforschung des Sachverhalts im Prozess, S. 245.

116 BGH, VRS Bd. 5, S. 550.

117 Vgl. Döhring, Die Erforschung des Sachverhalts im Prozess, S. 111.

118 Vgl. Döhring, Die Erforschung des Sachverhalts im Prozess, S. 112.

25 *Hinweis*

Bekundungen über den Trunkenheitsgrad einer Person haben wenig Beweiswert, sofern derZeuge nicht über spezielle Erfahrung verfügt.[119] Der BGH meint, „*dass es für irgendwelcheMänner und Frauen meist sehr schwierig und oft unmöglich ist, den Gradder Trunkenheit eines anderen zuverlässig darauf zu beurteilen, obdieser nur ‚angetrunken' oder ‚stark betrunken' ist [...]. Besondere Vorsicht ist geboten, wenn die Zeugen bei ihrer Beobachtung selbst erheblich unter Alkoholeinfluss stehen.*“[120]

26 Behauptet der Angeklagte einen (straflosen) Nachtrunk, müssen die Angaben hierzu plausibel sein. Eine unplausible Nachtrunkbehauptung führt in der richterlichen Praxis dazu, dass von gar keinem Nachtrunk, auch keinem geringerem,[121] ausgegangen wird.[122] Wird ein Sturztrunk behauptet, der zu einer Anflutungsphase von über 1,0 ‰/Stunde führt, bzw. über 1,5 ‰/Stunde bei alkoholgewöhnten Personen, müssten zugleich schwere motorische Ausfälle (verwaschene Sprache, Gangunsicherheit, etc.) zu beobachten sein. Was als Nachtrunk getrunken wurde, kann i.d.R. über eine Begleitstoffanalyse[123] einer Blutprobe verifiziert oder widerlegt werden.

27 Bei der Widmarkschen Formel ist bei der Nachtrunkbehauptung eine Zugunstenbetrachtung anzulegen. Für den Betroffenen ist eine hohe Alkoholkonzentration aufgrund des Nachtrunks günstig. D.h., das Resorptionsdefizit beträgt nur 10 %[124] und der stündliche Abbau beträgt 0,1 ‰ ab Nachtrunkende.

28 Soll aus einer festgestellten BAK eine hohe Maximal-BAK zur Tatzeit errechnet werden, weil dies für den Angeklagten günstig ist (z.B. wegen verminderter Schuldfähigkeit) lautet die Formel hierzu:

Maximal-Tatzeit-BAK = BAK + einmaliger Sicherheitszuschlag 0,2 ‰[125] + (0,2 ‰ pro Stunde).

119 Vgl. BGH, StV 1992, S. 317.

120 BGH, 4 StR 297/70 in Fezer, Die erweiterte Revision – Legitimierung der Rechtswirklichkeit? –, S. 91 f.

121 Eine geringere aber plausible Nachtrunkmenge kann z.B. dann relevant werden, wenn bestimmte BAK-Grenzen vermieden werden sollen, z.B. 1,6 oder 1,1 Promille.

122 So zutreffend Krumm, Arbeitshilfe: Nachtrunkbehauptung, SVR 2006, S. 212.

123 Russischer oder polnischer Wodka enthält allerdings keine Begleitstoffe.

124 Wird hingegen eine Mindest-BAK errechnet, ist von 30 % auszugehen.

125 Vgl. BGHSt 35, S. 308, 314; BGHSt 37, S. 231, 237; BayObLG, NZV 1989, S. 240.

E. Exkurs 1: Wert eines Geständnisses

Gerade das Geständnis ist eine Quelle vieler Fehlurteile.[126] Nach einer Untersuchung von Brandon und Davies sogar die Hauptfehlerquelle im Strafprozess neben der fehlerhaften Personenidentifizierung.[127] Das Erzielen eines Geständnisses ist ein Ziel von Polizeibeamten, das allerdings explizit oft ungenannt bleibt. Dieses Ziel wird in der Praxis überwertig und provoziert die Gefahr falscher Geständnisse.[128] **Die Warnungen vor falschen Geständnissen sind zahlreich und zeitlos.**[129] Die Dunkelziffer der falschen Geständnisse (auch hinsichtlich schwerster Straftaten wie Mord und Totschlag[130]) dürfte durch die Praxis des Deals[131] um ein Vielfaches gestiegen sein.[132] Wenn es zu einem Geständnis gekommen ist, das unverwertbar ist, kommt es dennoch zu einem Suggestiveffekt, durch das zwar rechtlich unverwertbare, aber den Richtern dennoch bekannte Geständnis. Allein schon die Erörterung einer Verständigungslösung kann einen „point of no return" (Verständigungsbereitschaft als Schuldindiz) auslösen.[133] Dieses – laut nicht wenigen Justizjuristen – „Indiz für die Schuld des Angeklagten" potenziert durch die Perseveranz- und Schulterschlusseffekte die Unfairness des deutschen Strafverfahrens.[134] Die aktuelle Praxis fasst Fischer wie folgt zusammen: „Tatsächlich ist das Geständnis heute – zu Recht – theoretisch kaum etwas wert; faktisch gilt es – zu Unrecht! – weiterhin als Königsweg des Beweises."[135] Das soll nicht heißen, dass die Mehrzahl oder viele Geständnisse falsch sind, sondern nur, dass auf ein Geständnis alleine kein tragfähiger Beweis bzw. eine Verurteilung möglich sein sollte. 29

„Falsche Geständnisse" werden durch die relativ neuen Vorschriften §§ 257b und 257c StPO (offenes Rechtsgespräch und Verständigung) zahlenmäßig steigen, d.h., die Gefahr eines Fehlurteils ist bei Absprachen im Prozess besonders groß.[136] An 30

126 Vgl. Peters, Fehlerquellen im Strafprozess, Bd. 2, § 2.

127 Vgl. Brandon/Davies, Wrongful Imprisonment, zitiert nach Gudjonsson, The Psychology of Interrogations and Confessions, S. 161.

128 Vgl. Hermanutz/Litzcke, Vernehmung in Theorie und Praxis, S. 71.

129 Vgl. Hellwig, Psychologie und Vernehmungstechnik bei Tatbestandsermittlungen, 4. Aufl., S. 71 m.w.N., zitiert nach Peters, Fehlerquellen im Strafprozess, Bd. 2, § 2 IV; vgl. auch, Tschadek, Der Beweis, S. 6 ff.

130 Vgl. Gudjonsson, The Psychology of Interrogations and Confessions, S. 185 m.w.N.

131 = „Kuhhandel", „Tuschelverfahren", „Deal aus Mauschelhausen" so wörtlich Ufer und Ufer in Ziegert (Hrsg.), Grundlagen der Strafverteidigung, S. 45.

132 Die bekannt gewordenen falschen Geständnisse stellen ohnehin nur die Spitze des Eisbergs dar, vgl. Gudjonsson, The Psychology of Interrogations and Confessions, S. 179 m.w.N.

133 Vgl. Beck-OK/StPO-Eschelbach, § 257c Rn 5 m.w.N.

134 Vgl. Eschelbach, Absprachenpraxis versus Wiederaufnahme des Verfahrens, HRRS 2008, S. 190, 196 m.w.N.

135 Fischer, Im Recht, S. 317.

136 Vgl. De Vries, Einführung in die Kriminalistik für die Strafrechtspraxis, Rn 257 m.w.N.

der verfassungsrechtlich gebotenen Annäherung an die materielle Wahrheit[137] *„besteht unter Akteuren, die vorwiegend an der eigenen Entlastung von Arbeit und Verantwortung interessiert sind, freilich meist kein nachhaltiges Interesse, so dass die angestrebte Verfahrensförderung nur mit der Abkürzung der weiteren Verhandlung gleichgesetzt wird.“*[138] Ein Deal wird in der Rechtswirklichkeit vor allem dann in Betracht kommen, wenn eine „unklare Beweislage“ oder eine „unklare Rechtslage“ vorliegt, oder eine „langwierige Beweisaufnahme“ zu erwarten ist.[139] Gerade die unklare Beweis- oder Rechtslage als Anreiz eines Deals bedingen, dass das hierauf erfolgte Geständnis gerade nicht überprüft wird. Schünemann hatte hierzu bereits 1986/1987 eine Repräsentativumfrage unter deutschen Strafrichtern, Staatsanwälten und Verteidigern durchgeführt, die zu einem erschreckenden Ergebnis führte. Obwohl die Schuldfrage – unterstellt – noch ungeklärt war, würden über 70 % der Richter ein Geständnis als Entscheidungsgrundlage akzeptieren.

31 Die einzelnen Daten ergaben Folgendes:[140]

	RiAG	RiLG	RiLG (Wirtschaftsk.)	insgesamt
Akzeptieren	170 (71 %)	106 (77 %)	61 (69 %)	337 (72 %)
Nicht-Akzeptieren	71 (29 %)	31 (23 %)	28 (31 %)	130 (28 %)

32 Das bedeutet, dass de facto eine Verdachtsstrafe verhängt wird.[141] Unklar ist nach diesseitigem Verständnis, wie die Praxis des Deals mit der Rechtsprechung zur Befangenheitsablehnung in Einklang gebracht werden kann. Ein Grund zur Befangenheit soll gegeben sein, wenn sich z.B. aus Äußerungen des Richters ergibt, dass ihm eine schnelle Sacherledigung lieber sei als eine sachgerechte[142] oder wenn der Richter den Eindruck erweckt, er habe sich hinsichtlich des Ergebnisses der Beweisaufnahme bereits festgelegt.[143] Liegen diese Gründe, die Argwohn hinsichtlich der Unparteilichkeit des Richters begründen, nicht im Falle der Dealanbahnung und Dealvollendung in besonderem Maße vor? Kann der Richter diesen Argwohn dadurch umgehen, dass er stets betont, wie „vorläufig“ seine Ansicht sei? Zutreffend stellt es einen Befangenheitsgrund dar, wenn der Richter mitteilt, „Sie lügen nach Aktenlage unverschämt“.[144] Worin soll aber dann der Unterschied zu sonstigen Fällen lie-

137 Vgl. BVerfGE 57, 250, 274 f.

138 Beck-OK/StPO-Eschelbach, § 257b, Rn 11.

139 Vgl. Schünemann, Zur Entstehung des deutschen „plea bargaining“, S. 1177, 1190 in FS Heldrich (2005).

140 Vgl. Schünemann, Zur Entstehung des deutschen „plea bargaining“, S. 1177, 1193 in FS Heldrich (2005).

141 Schünemann, Zur Entstehung des deutschen „plea bargaining“, S. 1177, 1191 in FS Heldrich (2005).

142 Vgl. BGH, NStZ 2003, S. 666.

143 Vgl. BGH, NStZ-RR 2004, S. 208; BGHSt 48, S. 4; BGH, StraFo 2001, S. 384; BGH, NStZ-RR 2001, S. 372.

144 Vgl. BayObLG, NJW 1993, S. 2948.

gen, in denen der Richter sich auf ein Ergebnis „vorläufig" oder „nach Aktenkenntnis" etc. festlegt? Der äußerst kritischen Ansicht des Präsidenten des BGH Tolksdorf hinsichtlich der Deals („verherrend für das Ansehen der Justiz"), ist daher zuzustimmen.[145] Ob die Gefahr der Richterablehnung aufgrund Äußerungen zum Verfahren durch den neu eingeführten § 257b StPO gebannt ist, ist strittig.[146] Jedenfalls waren Richterablehnungen aufgrund von richterlichen „Prognosen", die sich punktgenau erfüllt haben, in der Praxis nicht erfolgreich. Der BGH meint: *„Eine Erklärung des Richters über die von ihm gehegte Straferwartung im Falle eines Geständnisses stellt danach eine Wissensäußerung dar, der nichts grundsätzlich Problematisches anhaftet. Dass hier vom Vorsitzenden mehr als eine Prognose ausgesprochen worden ist, hat die Staatsanwaltschaft nicht bestimmt behauptet. [...] Daran ändert sich auch dann nichts, wenn der Vorsitzende nach Abgabe einer entsprechenden Erklärung eine ‚Zwischenberatung' mit dem Gericht oder mit einzelnen Mitgliedern des Spruchkörpers herbeiführt, um die Validität seiner Prognose zu überprüfen. Das Vorgehen wird auch nicht im Nachhinein dadurch bedenklich, dass die schließlich gefundene Strafe der Prognose entspricht."*[147]

„Das Geständnis hat – nach allgemeiner Auffassung – zwar freiwillig zu erfolgen, der freie Wille jedoch wird in den Zeiten mitunter einengend interpretiert. Waren es einstmals Folter und nach deren Abschaffung sog. Lügen- und Ungehorsamsstrafen, die den Angeklagten dazu veranlassen sollten, ein Geständnis abzulegen, so sind es nach Abschaffung derselben eine Untersuchungshaft unter Verschleierung der wahren Haftgründe, die sog. Sanktionsschere, die Verfahrensabtrennung und anderes Inaussichtstellen prozessualer Nachteile, die dazu motivieren können, vermeintliche Schuld anzuerkennen. Der Anschein von Freiwilligkeit war und ist allerdings nie entbehrlich. Bereits im Inquisitionsverfahren wurde das gegebenenfalls unter Folter abgelegte Geständnis nur dann als wirksam anerkannt, wenn es vor dem zur Entscheidung berufenen Richter wiederholt worden war. Noch heute besteht – von besonderen Fallkonstellationen abgesehen – eine merkwürdige Scheu, richterliche und nichtrichterliche Einvernahmen zweifelsfrei – sei es durch Video oder andere Ton-Bildträger – zu dokumentieren."[148] **33**

Hinweis **34**

Es sollte niemals Haftentlassung für den Fall des Geständnisses in Aussicht gestellt werden.[149]

145 Vgl. Anwaltsmagazin in ZAP Nr. 4 vom 11.2.2009, S. 148 f.

146 Bejahend Meyer-Goßner, Komm. zur StPO, 52. Aufl., § 257b Rn 3, verneinend Beck-OK/StPO-Eschelbach, § 257b, Rn 5.

147 BGHSt 42, S. 46, 50.

148 Hammerstein, Das Geständnis und sein Wert- Lippenbekenntnisse in der Strafzumessung, StV 2007, S. 48, 51.

149 Vgl. Bender/Nack/Treuer, Tatsachenfeststellung vor Gericht, 3. Aufl., Rn 1028.

35 Zwar fordert der BGH, dass sich der Richter von der Richtigkeit des Geständnisses überzeugen muss und es nicht genügt, dass das Geständnis lediglich unwiderlegt ist,[150] gleichwohl kommt die Praxis diesem Erfordernis oft nur durch Leer- oder Beschwörformeln nach.[151]

36 Der Hauptgrund, warum die Praxis davon ausgeht, ohne den Deal nicht auskommen zu können, liegt in der immer wieder beschworenen Knappheit der Ressource „Recht". Dass die Justiz (vermutlich) fast kostendeckend arbeitet, wird hierbei immer wieder übersehen. Exaktes Zahlenmaterial hierzu fehlt jedoch, so dass das Argument der Ressourcenknappheit redlicherweise nicht verwendet werden sollte, zumal die Ressourcenknappheit, wenn es sie – so wie behauptet – geben sollte, von der Politik verschuldet ist. Die Konsequenz wäre dann, die Ressource aufzuwerten, statt einen Handel mit der Gerechtigkeit zu forcieren.[152] Gleichwohl wird auch diesseits nicht verkannt, dass es Fälle geben kann, in denen ein Deal sinnvoll ist. In diesen Fällen ist aber nach diesseitiger Auffassung das amerikanische Rechtssystem überlegen. Plea-bargaining wird in U.S.A. zwischen Staatsanwaltschaft und Verteidigung praktiziert. D.h., für denjenigen, der nicht auf den Deal eingeht, verbleibt ein tatsächlich objektiver Dritter zur Beurteilung. „Ganz anders im deutschen Verfahren: hier spricht der Richter sowohl ex cathedra wie als Partei und ergreift gerade bei der Bedrohung des Angeklagten mit der ‚Sanktionsschere' selbst sogar die Initiative – um sich dann, wenn eine Vereinbarung über ein Geständnis nicht zustande kam, oder – schlimmer noch – wenn das Gericht sich trotz Geständnis von der zugesagten Strafobergrenze verabschiedet, wieder nach oben zu setzen und sich im besten Fall den Schein des Unbefangenen zu geben, als sei nichts gewesen. Alle Errungenschaften des reformierten Strafprozesses werden dabei verworfen: Der Richter übernimmt als Partei der Absprache die Funktion des Ermittelnden, Anklagenden und Verurteilenden. Unübertroffen das Verdikt *Schünemanns* dazu: ‚Die seitens des Angeklagten nicht einmal einforderbare Absprachepraxis hat damit auch die kümmerlichsten Reste einer Verfahrensbalance zerstört, indem so gut wie sämtliche Gewalten in der Hand des Richters vereinigt werden und dieser im buchstäblichen Sinne zu jener ‚furchtbaren Gewalt' avanciert, die in den Augen *Montesquieus* im Rechtsstaat unerträglich ist'.[153, 154] Dieses Missverhältnis hätte durch den Gesetzgeber beseitigt werden müssen. Stattdessen hat der Gesetzgeber in der

150 Vgl. BGH, 2 StR 249/92, n.v.; vgl. auch BGH, NStZ 1994, S. 597; BGH, StV 1996, S. 214; BGH, NStZ 1999, S. 92; BGH, NStZ 2003, S. 383.

151 Vgl. Gudjonsson, The Psychology of Interrogations and Confessions, S. 180; vgl. auch Eschelbach, Absprachenpraxis versus Wiederaufnahme des Verfahrens, HRRS 2008, S. 190, 197; derselbe in BeckOK/StPO-Eschelbach, § 257b Rn 11. und § 257c Rn 9 m.w.N.

152 Vgl. Gössel, Quo vadis, Strafverfahren, S. 495, 500 ff. in Festschrift für Gerhard Fezer zum 70. Geburtstag.

153 Im Original folgende Fußnote: Schünemann, ZStW 119 (2007), S. 952.

154 Kempf, Gesetzliche Regelung von Absprachen im Strafverfahren? oder: Soll Informelles formalisiert werden?, StV 2009, S. 269, 273.

Schaffung der Kann-Vorschrift der §§ 257b Abs. I und 257 c Abs. I, II StPO neue verfassungsrechtliche Probleme geschaffen. Absprachen führen grundsätzlich zu einem besseren Ergebnis für den Angeklagten.[155] Faktisch wird – contra legem – i.d.R. nur das taktische Geständnis honoriert.[156] Wenn eine Absprache zu einem besseren Ergebnis führt, müsste jeder Bürger gleichen Anspruch hierauf haben (Rechtsschutzgleichheit).[157] „Aus dem allgemeinen Gleichheitssatz des Art. 3 Abs. 1 wird in Verbindung mit Art. 20 Abs. 3 GG das Gebot gleichen Rechtsschutzes abgeleitet (vgl. BVerfGE 52, 131, 144, 156f. [BVerfG 25.7.1979–2 BvR 878/74] sowie 69, 248, 254 zur Waffengleichheit).“[158]

Der wenig sachkundige Gesetzgeber hat in der Schaffung des § 257c Abs. II StPO angenommen, den Druck der Sanktionsschere zu vermeiden, indem die unterschiedlichen Straferwartungen (Ober- und Untergrenze) nur bei Zustimmung des Angeklagten mitgeteilt werden dürfen. Diese Ansicht verkennt jedoch, dass es nicht die unterschiedliche Straferwartung als solche ist, die den Dealzwang auf Seiten des Angeklagten auslöst, sondern die mehr oder weniger ausgesprochene Drohung, (im Wege freier Beweiswürdigung) die Obergrenze selbsterfüllend wahrzumachen, falls der Angeklagte unbeeindruckt bleibt.[159] Dementsprechend dürften viele Verteidiger bereits erlebt haben, dass Tatvorwürfe eingeräumt wurden, von deren Berechtigung sie selbst tatsächlich oder rechtlich nicht überzeugt waren. Die Befragung von Altenhain/Hagemeier/Haimerl offenbarte eine Quote von 48 % der befragten Verteidiger.[160] Rückert liefert ein skandalöses Beispiel: Der Angeklagte ist wegen vierfacher Vergewaltigung und Nötigung angeklagt. Ein Augenschein ergibt die Unmöglichkeit einer von der Opferzeugin geschilderten Tatversion. Es kommt zu dem Deal-Angebot, demzufolge der Angeklagte „ein bisschen was“ gestehen möge. Dafür könne man es mit einer Bewährungsstrafe von zwei Jahren gut sein lassen. Der Angeklagte entzog seinem – das Dealangebot überbringendem – Verteidiger das Vertrauen und wies das Angebot brüsk von sich. Er wurde (mit einem neuen Verteidiger) verurteilt und befand sich 1.642 Tage im Gefängnis. Seine durch die Verurteilung zerstörte Existenz konnte trotz erfolgreichem Wiederaufnahmeverfahren 37

155 Vgl. für Wirtschaftsstrafsachen Altenhain/Hagemeier/Haimerl, Die Vorschläge zur gesetzlichen Urteilsabsprachen im Lichte aktueller rechtstatsächlicher Erkenntnisse, NStZ 2007, S. 71 f.

156 Hammerstein, Das Geständnis und sein Wert – Lippenbekenntnisse in der Strafzumessung, StV 2007, S. 48, 51 f.

157 Altenhain/Hagemeier/Haimerl, Die Vorschläge zur gesetzlichen Urteilsabsprachen im Lichte aktueller rechtstatsächlicher Erkenntnisse, NStZ 2007, S. 71, 78, vgl. auch Beck-OK/StPO-Eschelbach § 257b Rn 4.

158 BVerfG, NJW 2008, S. 3390 f.

159 Salditt, Der Griff nach dem Vorurteil -Frühe Genugtuung und Schlichtung als strafprozessuales Reformprogramm, StV 2002, S. 273, 276.

160 Vgl. Altenhain/Hagemeier/Haimerl, Die Vorschläge zur gesetzlichen Urteilsabsprachen im Lichte aktueller rechtstatsächlicher Erkenntnisse, NStZ 2007, S. 71, 77.

nicht mehr aufgebaut werden.[161] Deal-Angebote gab es offensichtlich auch in dem frühen „Wormser Verfahren".[162]

38 **Ein glaubhaftes Geständnis erfordert Umstände, die nur der Täter wissen kann,[163] die zudem aktenkundig gemacht werden müssten, gem. § 45 Abs. 2 Satz 2 RiStBV. Das wird in der Praxis oft nicht beachtet.** Das ist auch unmittelbar einsichtig, denn das Geständnis oder der Deal soll eine Arbeitsersparnis herbeiführen. Würde sich das Gericht nun tatsächlich mit der Überprüfung des Geständnisses oder um eine Aufklärung des Sachverhalts bemühen, um eine – unter Anbetracht des Geständnisses – immer noch schuldangemessene Strafe finden zu können, würde dies der mit dem Deal erhofften Arbeitsersparnis zuwider laufen.[164] „Tatgerichte sind nach den bisherigen Erfahrungen zunehmend dazu bereit, nahezu jede als Geständnis definierbare Erklärung zu akzeptieren, um das Verfahren beenden zu können."[165] Meist kommt es daher nur zu sog. „schlanken Geständnissen."[166] Diese werden in der Praxis zwar akzeptiert, sind aber beweistechnisch wertlos.[167] Das zeigt der Fall Kaufmann. Der Schauspieler Günther Kaufmann legt ein Geständnis ab, demzufolge er einen Steuerberater getötet hat. Kaufmann wird daraufhin zu 15 Jahren Gefängnis verurteilt, statt lebenslänglich. Nach fast drei Jahren wird Kaufmann aus der Haft entlassen, nachdem nun drei andere Männer die Tat gestanden haben. Kaufmann hatte das Geständnis mit den Worten eingeleitet, „Sie kriegen jetzt ein Geständnis von jemanden, der es nicht war." Nach Meinung des ermittelnden Beamten, wären solche Distanzierungen aber nicht ungewöhnlich.[168] Obwohl der ermittelnde Beamte im Wiederaufnahmeverfahren einräumte, „die Vernehmung liest sich, als berichte er [Kaufmann] von einer Tat, von der er sehr wenig weiß" und Kaufmann im Verlauf der Vernehmung kein Detail des Tatortes erklären konnte,[169] war das LG München I trotzdem von der Schuld Kaufmanns ohne jeden Zweifel überzeugt. Von dem Wiederaufnahmeverfahren berichtet die Presse Folgendes: „Für ein strafbares Verhaltens Kaufmanns, sei es als Täter, An-

161 Vgl. Rückert, Unrecht im Namen des Volkes, S. 152, 298 ff.

162 Vgl. Salditt, Der Griff nach dem Vorurteil – Frühe Genugtuung und Schlichtung als strafprozessuales Reformprogramm, StV 2002, S. 273, 275.

163 Vgl. Bender/Nack, Tatsachenfeststellung vor Gericht, 2. Aufl., Rn 730; De Vries, Einführung in die Kriminalistik für die Strafrechtspraxis, Rn 261 m.w.N.

164 Vgl. Gössel, Quo vadis, Strafverfahren, S. 495, 511 ff. m.w.N. in Festschrift für Gerhard Fezer zum 70. Geburtstag.

165 Beck-OK/StPO-Eschelbach, § 257c, Rn 9.

166 Vgl. Beulke/Swoboda, Zur Verletzung des Fair-trial-Grundsatzes bei Absprachen im Strafprozess, JZ 2005, S. 67, 71.

167 Vgl. Meyer-Goßner, Komm zur StPO, 52. Aufl., § 257c Rn 17.

168 Richtig ist, dass Leugnungen von Teilen des Tatbestandes oder bestimmter Details auch bei zutreffenden Geständnissen häufig sind. Das kann an Erinnerungsproblemen oder einem Widerwillen zur Offenlegung dieser Details liegen, vgl. Gudjonsson, The Psychology of Interrogations and Confessions, S. 210.

169 Vgl. SZ. v. 19.1.2005, S. 38 „Chefermittler im Verhör" (Autor Hans Holzhaider).

stifter oder Gehilfe, gebe es keinerlei Beweise, sagte die Staatsanwältin [...] Verteidiger U. rügte die Leichtfertigkeit, mit der sich Polizei, Staatsanwaltschaft Gericht und sogar die Verteidigung im ersten Prozess ihre Überzeugung von der Schuld Kaufmanns gebildet hätten. ‚Ein falsches Geständnis gehört zu den klassischen Fehlerquellen im Strafprozess'".[170] Auch in dem Fall des BGH 5 StR 579/03 hatte ein Angeklagter vor dem LG München I ein „glaubhaftes Geständnis" abgelegt, das vom Gericht nicht weiter überprüft wurde. Auch die Tatsache, dass das Gericht davor mitgeteilt hatte, im Fall eines Geständnisses mit Schadenswiedergutmachung 2 Jahre auf Bewährung zu verhängen, andernfalls 6 Jahre, bezeichnete der BGH als „rechtsstaatlich nicht mehr hinnehmbares Verhalten." In diesem Fall konnte allerdings durch dienstliche Erklärung des Richters nachgewiesen werden, dass die vorherige Strafandrohung, *„nur noch als massives Druckmittel zur Erwirkung eines verfahrensverkürzenden Geständnisses verstanden werden [konnte]."* Auch in anderen Fällen der Sanktionsschere werden Straferwartungen von zwei Jahren mit Bewährung versus sieben Jahre oder einer nach oben offenen Strafe berichtet.[171] Auf die Qualität des Geständnisses kommt es somit contra legem oft nicht an.[172] Das schließt nicht aus, dass die Mehrzahl der Geständnisse richtig sind und richterlich auch (ansatzweise) überprüft werden, sofern dies unproblematisch mit dem Akteninhalt möglich ist. D.h., gerade dann, wenn das Geständnis zur Verurteilung nicht nötig ist, weil der Akteninhalt beweiskräftig genug ist, wird es wenigstens rudimentär überprüft. Problematisch sind aber gerade die Geständnisse bei zweifelhafter Tatsachenlage. Das führt zur Quadratur des Kreises, denn die Zweifelhaftigkeit schließt die Überprüfbarkeit gerade aus. Dass es dennoch auch in diesen Fällen zu Geständnissen kommt, liegt an den Gefahren der freien Beweiswürdigung für den Angeklagten, d.h., dem Ausgeliefert-sein an die subjektive Beurteilung des Tatrichters, der Dinge so oder anders sehen kann und dem Fehlen einer effektiven Kontrolle in diesem Bereich.

„Wären Zweifel an der Vollständigkeit und Richtigkeit der Feststellungen hier **39**
ebenso wie im Zivilprozess nach § 529 Abs. 1 Nr. 1 ZPO der Prüfungsmaßstab, dann müssten nahezu alle abgesprochenen Urteile kassiert werden."[173] *„Der überlasteten Praxis genügt hingegen nahezu jedes als Geständnis oder auch nur als ‚geständnisgleiche Handlung' deutbare Prozessverhalten, auch das ‚schlanke Geständnis' oder die anwaltliche Einlassung für den Angeklagten und sogar schon eine als quasi-Geständnis gedeutete Absichtserklärung zur Unterlassung*

170 Kaufmann: Anklage für Freispruch, SZ. v. 25.1.2004, S. 38 (Autor Hans Holzhaider).

171 Vgl. Kempf Gesetzliche Regelung von Absprachen im Strafverfahren? oder: Soll Informelles formalisiert werden?, StV 2009, S. 269, 271 m.w.N.

172 Vgl. BeckOK/StPO-Eschelbach, § 257c Rn 2, 9.

173 BeckOK/StPO-Eschelbach, § 257c Rn 1.1.

von Anträgen und Rechtsbehelfen (Beispiele bei Eschelbach HRRS 2008, 190, 203).“[174]

40 Gleichwohl sind derartige Drucksituationen (richtiges oder falsches Geständnis gegen Bewährung oder massive Strafreduzierung) alltäglich.

41 Selbst wenn der Beschuldigte vermeintliches Täterwissen offenbart, ist immer wieder zu beachten, dass dieses „Täterwissen“ zuvor von Dritten, den Vernehmungsbeamten, den Medien etc. mitgeteilt worden sein kann, folglich kein originäres, sondern „kontaminiertes Täterwissen“ darstellt.[175] **Die Möglichkeit, täterspezifisches Wissen direkt von dem Vernehmenden selbst erfahren zu haben, wird von dem Vernehmenden in strittigen Fällen regelmäßig ausgeschlossen,**[176] **kommt aber immer wieder vor**[177] und kann nur durch – jedenfalls in Großbritannien regelmäßige -[178] Tonband-/Videoaufnahmen der Vernehmung festgestellt werden[179] bzw. eine verlässliche Dokumentation des gesamten Vernehmungsvorganges (inklusive sog. Vorgespräche). Es kann zudem ein sog. Ja-Sage-Effekt eintreten, um die Vernehmung aus Unlust, Schlafmangel, Ermüdung, etc. abzukürzen.[180]

42 Die von Richtern ausgeübte Drucksituation lässt sich aber meist nicht nachweisen, da der Vorsitzende z.B. am Vortag der Verhandlung anruft (oder den Verteidiger vor Sitzungsbeginn abfängt)[181] und die unterschiedlichen Straferwartung „nach vorläufiger Aktenkenntnis im Rahmen seiner Fürsorgepflicht[182] etc.“ wiedergibt und nicht jeder Richter die Umstände einer Drucksituation in einer dienstlichen Stellungnahme einräumen wird.[183] In diesem Zusammenhang ist eine Entscheidung des BGH interessant, die freilich auf Revision der Staatsanwaltschaft erging und in

174 BeckOK/StPO-Eschelbach, § 257c Rn 2.1.

175 Vgl. Gudjonsson, The Psychology of Interrogations and Confessions, S. 179 f.; vgl. auch Widmaier/Nack, MAH Strafverteidigung, 1. Aufl., § 33 Rn 19.

176 Vgl. Gudjonsson, The Psychology of Interrogations and Confessions, S. 529 f., 537.

177 Vgl. Bender/Nack/Treuer, Tatsachenfeststellung vor Gericht, 3. Aufl., Rn 1074, 1107, 1123.

178 Aufgrund der PACE Gesetzgebung, die die Konsequenz aus bekannt gewordenen Fehlurteilen zog. Englische Autoren stellen die aus deutscher Sicht beschämenderweise m. Nein zu beantwortende Frage, „ob andere Länder ebenfalls die Audio- oder Videoaufzeichnung von Vernehmungen vorschreiben, ebenso viel in die Forschung investieren und bereitwillig gesetzliche Reformen einleiten werden,“ so Milne/Bull, Psychologie der Vernehmung, S. 99.

179 Vgl. Gudjonsson, The Psychology of Interrogations and Confessions, S. 180, 210, 243.

180 Vgl. Füllgrabe, Irrtum und Lüge, S. 23.

181 Vgl. Wesemann, Beanstandungs- und Erklärungsrechte zur Schaffung von Freiräumen der Verteidigung, StraFo 2001, S. 293 f.

182 Vgl. hierzu den Fall BGH, StV 2007, S. 449 (angedrohte Strafe sechs Jahre versus zweistelliger Bereich; der dortige Vorsitzende offenbarte seine Voreingenommenheit noch durch die Frage an den Angeklagten während der Opferzeugenvernehmung, wie lange er sich das noch anschauen wolle).

183 Kommt es zu widersprechenden Versionen zwischen Verteidigern und Richtern, wird wohl regelmäßig den Richtern geglaubt werden, vgl. den geschilderten Fall bei Kempf, Gesetzliche Regelung von Absprachen im Strafverfahren? oder: Soll Informelles formalisiert werden?, StV 2009, S. 269, 275 f.

der die Staatsanwaltschaft eine Voreingenommenheit des Vorsitzenden zu ihren Lasten rügte, in dem der Vorsitzende mit dem Verteidiger eine Punktstrafe für den Fall des Geständnisses vereinbarte: Gilt folgendes Zitat aber nicht immer, bzw. ergibt sich daraus nicht, dass der Angeklagte in nicht wenigen Fällen einem voreingenommenen Richter gegenübersteht? „Die Befangenheit eines Richters kann kaum deutlicher gekennzeichnet werden, als durch ein – die Öffentlichkeit scheuendes – sogenanntes ‚offenes Wort vor der Verhandlung' nach entsprechenden Vorberatungen der ‚Kammer' unter Ausschluss der Laienbeisitzer, ‚welches Strafmaß im Falle einer Verurteilung entsprechend der Anklageschrift ohne bzw. mit Geständnis des Angeklagten zu erwarten' sein werde (dienstliche Erklärung des Beisitzers). Wenn der Verteidiger mit dem Gericht spricht und eine bestimmte Strafe in Aussicht gestellt wird, erweckt das Gericht zumindest den Anschein, dass es sich daran halten wird, dass es gebunden ist. Eine Bindung des Gerichts, sei es auch nur der Anschein einer Bindung, vor dem letzten Wort des Angeklagten bewirkt aber die Befangenheit des Gerichts [...].“[184]

Hinzu kommt, dass der massive Strafnachlass, der durch das Geständnis in Aussicht gestellt wird, in der Praxis oft damit begründet wird, dass dem Opfer eine belastende Aussage erspart wird. Contra legem geht es aber oft gar nicht um das Opfer, sondern lediglich um eine Verfahrensabkürzung oder Vermeidung einer Entscheidung nach Recht und Gesetz. Der Prototyp des Zeugen, dem eine angeblich belastende Aussage erspart werden soll, ist der, der vergewaltigten Frau oder noch besser, der, des sexuell missbrauchten Kindes. „Für das Auftreten von verfahrensverursachten langfristigen Schädigungen gibt es jedoch keine Anhaltspunkte.“[185] Neuere Studien belegen zudem, dass die Belastungseinschätzung durch die Vernehmung von Opferzeugen nur geringfügig höher ist als die Belastungseinschätzung von sonstigen Zeugen und sogar ein Verzicht auf die Aussage dem Verarbeitungsprozess mehr im Wege stehen kann als ihm zu nützen.[186] Weiter gilt es klarzustellen: „Der Strafprozess dient nicht der therapeutischen Behandlung der Opfer, die Hauptverhandlung ist hierzu ein höchst ungeeigneter Ort.“[187] Wer ein Opfer ist, kann de lege artis erst nach der Beweisaufnahme feststehen, nicht aber davor oder gerade inmitten der Beweisaufnahme. Es gibt leider auch nur behauptete Opfer.[188] 43

184 BGHSt 37, S. 298, 303 f.

185 Volbert, Verbesserungen durch Videovernehmungen, S. 158, in Verfahrensgerechtigkeit und Zeugenbeweis.

186 Vgl. Volbert, Verbesserungen durch Videovernehmungen, S. 156 f., in Verfahrensgerechtigkeit und Zeugenbeweis; vgl. hierzu auch Jansen, Zeuge und Aussagepsychologie, Rn 199 m.w.N.; vgl. Milne/Bull, Psychologie der Vernehmung, S. 60 f. m.w.N.

187 Ostendorf, Der Missbrauch von Opfern zum Zwecke der Strafverschärfung, HRRS 2009, S. 158, 163.

188 Vgl. Ostendorf, Der Missbrauch von Opfern zum Zwecke der Strafverschärfung, HRRS 2009, S. 158, 162.

44 Aus denselben Gründen, die zur Lüge führen können, kann es zu einem falschen Geständnis kommen. Geständnisse eines in U-Haft befindlichen Angeklagten sind mit ebenso großer Vorsicht zu behandeln[189] wie Geständnisse eines Mitbeschuldigten. **Die legale Androhung bzw. Anordnung von U-Haft** mit dem Hinweis auf Entlassung bei einem Geständnis **erzeugt einen Geständniszwang.**[190] Auch der Unschuldige kann sich – wie meist – durch ein (falsches) Geständnis Strafmilderung erkaufen wollen. Gudjonsson führt hierzu aus: „The duration of custody will also need to be evaluated. Generally the longer suspects are detained in custody the greater the pressure on them to confess".[191] Hinzu kommt die seelische Ausnahmesituation einer Person in einer Vernehmungssituation: Diese fühlt sich oft in dem Ansturm der Fragen seelisch und geistig überfordert. Wird dem Beschuldigten im richtigen Augenblick suggeriert, dass er durch ein Geständnis Ruhe haben kann, so wird die Verlockung zum falschen Geständnis groß sein.[192] „Geständnisse unter dem Eindruck einer Verhaftung und nach einem langen Verhör können bestenfalls im Zusammenhang mit weiteren Indizien gewertet werden."[193] „Eine Vernehmungssituation kann unter psychologischen Gesichtspunkten als Streßsituation mit Coping-Bemühungen beschrieben werden, als eine Situation mit hohen Leistungsanforderungen, auf die eine Person zu reagieren hat. Geständnisse können dann als Reaktion auf diese hohe Anforderung interpretiert werden, und zwar unabhängig davon, ob es sich um echte oder wahre Geständnisse handelt [...] Geständnisse können [...] als ein Aufgeben von Coping-Strategien, als ein Zusammenbruch des psychophysischen Leistungsvermögen angesehen werden: entweder ein Zusammenbruch des (fälschlichen) Leugnens oder ein Zusammenbruch des (zutreffenden) Verneinens."[194]

45 Hinzu kommen die falschen Geständnisse der Neurotiker. Auch hier wird die Neurose in vielen Fällen nicht offen zutage treten, aber neurotische Bewusstseinsstörungen können dazu führen, dass man sich Handlungen nur einredet.

46 Auch der Wunsch nach Selbstbestrafung führt in einer nicht unbeträchtlichen Zahl zu falschen Geständnissen.[195] Gleiches gilt für den krankhaften Wunsch, sich wichtig zu machen. Das kommt v.a. dann vor, wenn sich der Gestehende aus eigenem Antrieb bei der Polizei meldet, um ein Geständnis abzulegen.[196] Der amerikanische

189 Vgl. BGH, StV 2000, S. 243.

190 Vgl. Steffen, Der Geständniswiderruf als forensisches Erkenntnisproblem, StV 1990, S. 563; vgl. auch Schlothauer, Das falsche Geständnis – ein Prozessbericht, StV 1981, S. 39 f.

191 Gudjonsson, The Psychology of Interrogations and Confessions, S. 312.

192 Vgl. Tschadek, Der Beweis, S. 10 f.

193 Tschadek, Der Beweis, S. 11.

194 Steller/Volbert, Glaubwürdigkeitsbegutachtung, S. 12 ff., 35 f. in Psychologie im Strafverfahren; vgl. auch Gudjonsson, The Psychology of Interrogations and Confessions, S. 195 f.

195 Vgl. Tschadek, Der Beweis, S. 8 f.

196 Vgl. Gudjonsson, The Psychology of Interrogations and Confessions, S. 194 f.

Polizeiausbilder Dillingham berichtet, dass es kaum einen „sensationellen“ Mordfall gäbe, zu dem nicht mindestens eine Person ein falsches Geständnis ablegen würde.[197] In jedem Fall muss dem Irrglauben entgegengetreten werden, dass sog. „normale“ Personen keine falschen Geständnisse ablegen:

> *„The view that apparently normal individuals would never seriously incriminate themselves when interrogated by the police is wrong and this should be recognized by the judiciary.“*[198]

Ein einfaches Experiment kann das deutlich machen: 47

65 Studenten wurden davor gewarnt, eine falsche Taste am Computer zu drücken, da sonst das ganze System abstürzen würde. Der Versuchsleiter hatte das System so arrangiert, dass es 60 Sekunden später tatsächlich ohne Zutun der Studenten abstürzte. Jeder einzelne Teilnehmer wurde mit einem Schuldvorwurf belegt. Sobald ein „Mitteilnehmer“ bekundete, er habe gesehen, wie Teilnehmer X die Taste gedrückt hatte, unterschrieben 69 % ein Schuldbekenntnis. Dieses Schuldbekenntnis wurde teils internalisiert und sogar mit weiteren falschen Details ausgeschmückt.[199]

Nach einer amerikanischen Untersuchung kommen falsche Geständnisse auch in 48 gravierendsten Fällen vor (die untersuchten Fälle bezogen sich zu 80 % auf Mordfälle, 9 % auf Vergewaltigungsfälle, 3 % auf Brandstiftungen). Gerade in gravierenden Fällen ist der Erfolgsdruck für die Polizei besonders hoch, der zu manipulativen und suggestiven Vernehmungsmethoden führt, dem sich der Geständige durch das (ggf. falsche) Geständnis dann entziehen kann.[200]

Vorsicht ist auch bei (angeblichen) Geständnissen gegenüber Dritten (auch Zel- 49 **lengenossen/Mitgefangenen) angebracht.**[201] Bereits 1926 wurde ein gewisser Jakob wegen Mordes an zwei Kaufleuten verurteilt. Ein in die Zelle geschleuster Polizeibeamter teilte mit, dass Jakob ihm gegenüber ein Geständnis abgelegt hätte. Der Beamte schilderte eindrucksvoll, wie Jakob während des Geständnisses geächzt und gestöhnt und sich die ganze Nacht hin- und hergewälzt habe. Auf dieselbe Weise überführte der Spitzel in der Folgezeit jeweils mit identischem Wortlaut drei weitere angebliche Täter. Das zwölfte Wiederaufnahmeverfahren führte zu Jakobs Freispruch wegen erwiesener Unschuld.[202] Auch im Mordfall Sedlmayr berichtete ein Zellengenosse von einem (zweifelhaften) Geständnis ihm gegenüber. Die ausgesetzte erhebliche Belohnung will den Zellengenossen angeblich nicht interessiert haben. Es ist eine immer wieder zu beobachtende Taktik der Ermittlungsbehörden,

197 Vgl. auch Dillingham, Dissecting Pinocchio, S. 76 f.

198 Gudjonsson, The Psychology of Interrogations and Confessions, S. 243.

199 Vgl. Milne/Bull, Psychologie der Vernehmung, S. 118 m.w.N.

200 Vgl. Costanzo/Leo, Research and Expert Testimony on Interrogations and Confessions, Expert Psychological Testimony for the courts, S. 69, 71, 73, 81 m.w.N.

201 Vgl. De Vries, Einführung in die Kriminalistik für die Strafrechtspraxis, Rn 253. m.w.N.

202 Vgl. Bender/Nack/Treuer, Tatsachenfeststellung vor Gericht, 3. Aufl., Rn 356.

Spitzel in die Zelle des U-Häftlings einzuschleusen. In nicht wenigen Fällen wird zwar abgestritten, dass der Spitzel ein Spitzel war, gleichwohl berichtet der Spitzel von einem ihm gegenüber gemachten Geständnis des U-Häftlings. Für die Verteidigung ist es daher wichtig, abzuklären, auf welcher Zelle/Station mit welchem Zellengenossen der Spitzel davor war und wie es zur Verlegung in die Zelle des U-Häftlings kam. Die Aussagen des Spitzels werden vom Gericht meist unkritisch hingenommen. In der Regel wird sodann vom Gericht das sich entwickelte freundschaftliche Verhältnis des U-Häftlings und des Spitzels dargestellt, ohne zu berücksichtigen, dass der Spitzel von Anfang an auf seinen eigenen Vorteil bedacht ist bzw. dies naheliegt (Hafterleichterung, Belohnung etc.). Die Gerichte vermeiden regemäßig die Äußerung der naheliegenden Vermutung, dass der Spitzel dem U-Häftling die Freundschaft „nur vorgespielt (und um eigener Prozessvorteile willen?), um ihn an der Zunge zu ziehen."[203] Die Glaubwürdigkeit und Glaubhaftigkeit der Angaben des Spitzels wird in nicht wenigen Fällen durch Leerformeln ohne belegbare Substanz bejaht. Fragen der Verteidigung zur Erschütterung der allg. Glaubwürdigkeit des Spitzels werden vom Gericht in nicht wenigen Fällen kritisch behandelt (um die Königin der Beweise – das Geständnis – nicht zu zerstören?!).[204] Aus den USA wurde im Rahmen der Untersuchungen zum sog. Innocence Project berichtet, dass neben Falschidentifizierungen und falschen Geständnissen gerade Falschaussagen durch Mitangeklagte oder Informanten eine markante Fehlurteilsquelle darstellen, wobei die dortigen sog. „Jailhouse snitches" meist angaben, „zufällig" mitbekommen zu haben, wie der Beschuldigte die Tat gestanden haben will.[205]

50 Auch im sog. Mordfall Sebastian Trautmann, der 946 Tage in U-Haft war und vom LG Traunstein wegen Mordes an der Studentin Hannah Wörndl verurteilt wurde, bevor dieses Urteil vom BGH wegen Befangenheit der Vorsitzenden Jacqueline Aßbichler aufgehoben und erst in dem zurückverwiesenen Verfahren freigesprochen wurde, tauchten mehrere Geständnisse des Angeklagten auf:

> *„Seine ehemalige Klassenkameradin Verena behauptete gegenüber der Polizei, Trautmann habe ihr vom Mord an der Studentin erzählt, zu einem Zeitpunkt, als die Öffentlichkeit noch keine Kenntnis davon hatte. Später gab sie gegenüber ihren Eltern und Freunden zu, irrtümlich ein falsches und viel zu frühes Datum genannt zu haben – korrigierte ihre Aussage aber bei der Polizei nicht. Warum nicht? Hatte sie Angst? Wurde sie auf Linie gebracht? Die Beamten, als sie von Verenas falschen Angaben erfuhren, bohrten jedenfalls nicht nach. […] Das erste Mordurteil stützte sich vor allem auf die Aussage eines jungen Kriminellen [Adrian M., der an einer Borderline-Störung und anderen psychischen*

203 Jagusch, Lehren eines Mordprozesses, NJW 1971, S. 2198, 2204 für den Fall Vera Brühne.

204 Vgl. Jagusch, Lehren eines Mordprozesses, NJW 1971, S. 2198, 2204 f. für den Fall Vera Brühne.

205 Vgl. Sporer, Verfahrensfehler und Justizirrtümer: Kognitive und soziale Erklärungsansätze, S. 163, 172, 192 in: Deckers/Köhnken (Hrsg.), Die Erhebung und Bewertung von Zeugenaussagen im Strafprozess, 4. Band.

Krankheiten litt], der mit Trautmann in U-Haft saß und zehn Monate später behauptete, von ihm ein Mordgeständnis erhalten zu haben. […] Doch das Wolkenschloss des Zeugen fällt schon unter den Fragen des [neu berufenen] Gerichts in sich zusammen. M. bleibt zwar bei seiner Darstellung, doch Trautmanns angebliches Geständnis besteht letztlich nur aus einem einzigen Satz – er habe Hanna ‚aus sexuellem Interesse' bewusstlos geschlagen, ‚damit sie sich nicht wehren kann' und sie dann ‚in den Fluß geworfen'. […] Der Sachverständige Steller bescheinigt dem Mann, der Trautmann für Jahre ins Gefängnis gebracht hat, eine ‚hohe Manipulationskompetenz und Lügenbereitschaft'.“[206]

Leider hat auch in diesem Fall die „Rechtsmedizin München“, wie schon im Fall des Justizirrtums Genditzki, eine besonders problematische Rolle gespielt, denn:

„Alles begann mit der Hypothese der Rechtsmedizin München, einige Riss-Quetschwunden in der Kopfschwarte der tot geborgenen Studentin könnten die Folgen von Gewalteinwirkungen sein. Auch Brüche in den Schultern und Unterblutungen am Rücken rechnete man nicht dem Wildwasser zu, das die Tote kilometerweit mitgerissen hatte, sondern einer möglichen Gewalttat.“[207]

In nicht wenigen Fällen bleibt das Gericht die objektiv nachvollziehbare Antwort, inwiefern der meist verurteilte Verbrecher (Spitzel), der nun als Kaufmann in eigener Sache auftritt (do ut des),[208] glaubwürdig ist, schuldig. Im Mordfall Vera Brühne führt Jagusch zur Spitzelaussage aus: „Die Aussage […] enthält typische, bei Hochstaplern übliche Rührfilmrequisiten: das angebliche Geständnis Ferbachs just zu Weihnachten (23.12.), unter dem Zellen-Christbäumchen […].“[209] **51**

Hinweis **52**

Entgegen kriminalistischer Erfahrung werden Spitzel-/Kronzeugenaussagen[210] (immer noch) nicht besonders kritisch bewertet, sondern besonders unkritisch.

Grundsätzlich kann gesagt werden, dass „normale“ Personen falsche Geständnisse dann widerrufen (bzw. mindestens ihrem Verteidiger oder Angehörigen von dem falschen Geständnis berichten), sobald der Druck, der zum Geständnis geführt hat, weggefallen ist. Große Zeiträume zwischen Geständnis und Widerruf des Geständnisses bedürfen also der Aufklärung.[211] **53**

206 Rückert, Das Ende der Spur 38, DIE Zeit vom 27.11.2025, S. 16.

207 Rückert, Das Ende der Spur 38, DIE Zeit vom 27.11.2025, S. 16.

208 Vgl. „Der Verbrecher als Kaufmann“ SZ v. 13./14.4.2006, S. 4 (Autor Heribert Prantl).

209 Jagusch, Lehren eines Mordprozesses, NJW 1971, S. 2198, 2204 f.

210 Vgl. Denny, Der Kronzeuge unter besonderer Berücksichtigung der Erfahrungen mit Kronzeugen in Nordirland, ZStW 103 (1991) S. 271, 290 ff. m.w.N.

211 Vgl. Gudjonsson, The Psychology of Interrogations and Confessions, S. 316.

54 *Praxistipp*

„Es ist ein schwerer Kunstfehler, dem Widerruf eines Geständnisses von vorneherein mit Misstrauen entgegenzutreten."[212] Nach der Unschuldsvermutung ist bei einem Geständniswiderruf nicht zu prüfen, ob das Geständnis zutreffend sein kann, sondern, ob es **positive** Belege dafür gibt, dass das Geständnis richtig war.[213] Als Alternativhypothesen für ein falsches Geständnis können sowohl zu großer Vernehmungsdruck als auch der Verzicht auf harte Vernehmungsmethoden in Betracht kommen (Druck- bzw. Einlullhypothese).[214]

55 Gleichwohl tritt dieser Kunstfehler in der Praxis immer wieder auf. Im Experiment konnte Folgendes nachgewiesen werden:

Probanden wird ein Mordfall mit einem Geständnis mit einem unzulässigen Befragungsdruck präsentiert. Auch wenn die Probanden den unzulässigen Befragungsdruck und die Unzulässigkeit als Beweismittel erkennen, kommt es öfter zu Verurteilungen als in einer Kontrollgruppe ohne Geständnis. Das gilt sogar dann, wenn die Probanden ausdrücklich angeben, dass das unzulässige Geständnis (angeblich) keinen Einfluss auf ihre Entscheidung gehabt hätte.[215] Das amerikanische Sprichwort, „**you can't unring the bell**", dürfte die Problematik auf den Punkt bringen.

56 ■ **Exkurs**

Im Bereich der Strafverteidigung ist anerkannt, dass belastende, aber rechtlich unzulässige Beweiserhebungen bereits im Ansatz zu unterbinden sind, statt als zum spätest möglichen Zeitpunkt[216] einen Widerspruch zu formulieren.[217] *„Denn haben sich die Richter erst einmal mit dem unverwertbaren Tatsachenstoff befasst, ihn erörtert und vielleicht sogar mit einem Sachverständigen diskutiert, dann ist die weitere Beweisaufnahme im Unterbewusstsein ‚vergiftet'. Der Verhandlungsinhalt lässt sich nicht einfach gedanklich auslöschen. Die Ansicht des Reichsgerichts, dass Richter verdrängen können, was nach einer Beweisaufnahme über die Verwertbarkeit nicht Beweisstoff sein darf,*[218] *ist nicht mehr als Wunschdenken. Die Durchführbarkeit eines solchen psychologischen Saltos rückwärts ist lediglich eine unredliche Fiktion.*[219, 220]

212 Bender/Nack/Treuer, Tatsachenfeststellung vor Gericht, 3. Aufl., Rn 1157.

213 Vgl. Steller, Nichts als die Wahrheit, S. 128.

214 Vgl. Steller, Nichts als die Wahrheit, S. 132.

215 Vgl. Volbert/Böhm, Falsche Geständnisse in Handbuch der Rechtspsychologie, S. 260.

216 Zu dem in § 257 StPO genannten Zeitpunkt.

217 Vgl. zur Widerspruchslösung BGHSt 38, S. 214 ff.

218 Im Original folgende Fußnote: RGSt 41, 216, 218.

219 Im Original folgende Fußnote: So zutreffend: Dahs, AG Strafrecht DAV 1988, 122,129; Neuhaus, ZAP 2000, 1311, 1315.

220 Neuhaus, Revision, in Brüssow/Gatzweiler/Krekeler/Mehle/Pauly, Strafverteidigung in der Praxis, 4. Aufl. § 13 Rn 84.

Der Druck, der zum falschen Geständnis führte, kann bis zur letzten mündlichen Verhandlung fortbestehen. Hierzu noch einmal der Fall Günther Kaufmann: „Er [Kaufmann] spielt mit großem Köpereinsatz vor, wie er die Tat begangen habe, wie er Hagen zu Boden gerungen und ihm das Gesicht in den Teppich gedrückt habe. Keiner hat auch nur den geringsten Zweifel, dass Kaufmann der Täter ist. Und das Motiv für diese selbstzerstörerische Schauspielerei? Zuerst, sagt Kaufmann heute, habe er seine Frau schützen wollen, nicht weil er sie verdächtigt hätte, sondern weil er der Todkranken belastende Verhöre habe ersparen wollen. ‚Das hätte sie nicht überlebt.' Aber zwei Wochen vor dem Prozess starb Alexandra. Hätte er nicht spätestens jetzt sein Geständnis widerrufen müssen? Unmöglich, sagt Kaufmann, ‚kein Mensch hätte mir das geglaubt'. In der Tat – der damalige Münchner Schwurgerichtsvorsitzende XY[221] ist ein Mann, der keine Fisimatenten mag. Ohne Geständnis hätte es ohne Zweifel lebenslang gegeben, so kam Kaufmann mit 15 Jahren davon: ‚Das war das Ziel, das wurde erreicht, darüber war ich glücklich'."[222] 57

Kommt es zum Widerruf, sind also die Umstände und Gründe des Widerrufs in der Glaubhaftigkeitsprüfung zu berücksichtigen.[223]

Empirische Untersuchungen zeigen, dass sich die Trefferquoten von Studenten und Polizeibeamten bei der Unterscheidung von richtigen und falschen Geständnissen nicht unterscheiden. Die Erfolgsquote lag etwas oberhalb der Zufallswahrscheinlichkeit (reines Raten). Beamte machten deutlich mehr falsch-positive Fehler (irrige Annahme eines richtigen Geständnisses) und waren subjektiv mehr von der Richtigkeit ihrer Einschätzungen überzeugt.[224] 58

Hinweis 59

„Bei Mangel an objektiven Beweisen muss bei Geständniswiderrufen aber die Glaubhaftigkeit des ursprünglichen Geständnisses bzw. des Geständniswiderrufs geprüft werden […] In diesen Fällen muss zunächst eine gründliche Analyse der Befragungssituation erfolgen, um in einem ersten Schritt zu klären, ob das ursprüngliche Geständnis durch den Befragungsdruck entstanden sein kann […].[225] Angesichts der Unschuldsvermutung und eines Geständniswiderrufs geht es nicht darum, ob das Geständnis richtig sein kann, sondern ob es positive Belege dafür gibt, dass es richtig war.[226] Sowohl Druck- als auch Freundlichkeit können zu falschen Geständnisse führen (sog. Druck- oder Einlullhypothese).[227]

221 Name liegt vor u. ist in der Originalquelle genannt.
222 Kaufmanns Erzählungen, SZ. v. 24.1.2005, S. 3 (Autor Hans Holzhaider).
223 Vgl. Widmaier/Nack, MAH Strafverteidigung, 1. Aufl., § 33, Rn 18 m.w.N.
224 Vgl. Volbert/Böhm, Falsche Geständnisse in: Handbuch der Rechtspsychologie, S. 261.
225 Volbert/Böhm, Falsche Geständnisse in: Handbuch der Rechtspsychologie, S. 261.
226 Vgl. Steller, Nichts als die Wahrheit, S. 128.
227 Vgl. Steller, Nichts als die Wahrheit, S. 132.

F. Exkurs 2: Körpersprachliche Indikatoren

60 **Für den Anwalt kann es manchmal wichtig sein, einen gewissen Indikator zu haben, ob er auf der „richtigen Spur" mit einer Frage ist** und der Zeuge soeben gelogen hat. **Einer dieser Indikatoren kann die Körpersprache sein.** Bender/Nack berichten von neun Warnsymptomen der Körpersprache[228] und sechs verräterischen Gesten.[229] Arntzen hingegen spricht diesen sog. Lügensymptomen jegliche Bedeutung ab.[230] In der forensischen Praxis des Verfassers konnte (in seltenen Einzelfällen, die damit nicht repräsentativ sein mögen) nur die „verräterische Geste" der Zunahme der seitlichen Körperbewegung auf dem Stuhl,[231] Ausbrechen in Schweiß[232] oder Stottern[233] bzw. Erröten deutlich beobachtet werden. Nach Bender/Nack wäre die Zunahme der seitlichen Köperbewegungen nur bei Kindern deutlich zu beachten und bei Erwachsenen sehr reduziert.[234] Nach den Beobachtungen des Verfassers ist es gar nicht so selten, dass auch Erwachsene hin- und herrutschen, wenn sie lügen.[235] Dies ist besonders deutlich, wenn der Zeuge zuvor eine ganze Zeit lang wahrheitsgemäß ausgesagt hat, dann bei der Lüge hin- und herrutscht und bei den folgenden (vermutlich) wahren Antworten wieder die ursprüngliche Sitzposition und Haltung einnimmt. Dieses Verhalten wäre dann gleichzeitig das sog., auf die Lüge hindeutende **Strukturbruchsignal**.[236]

„*Der Arousal-Ansatz* geht davon aus, dass Täuschungen Erregungen hervorrufen, die sich in physiologischen Reaktionen wie erhöhtem Blutdruck oder höherer Stimmlage ausdrücken. Teilweise wird dabei auch angenommen, dass die erhöhte Erregung aus Schuldgefühlen oder Furcht vor Entdeckung der Lüge resultieren. *Kognitive Ansätze* betonen dagegen die mentalen Anforderungen an den Täuschenden, dessen Aufgabe im Vergleich zu den wahrheitsgemäß Aussagenden als kognitiv anspruchsvoller betrachtet wird, was beispielsweise eine erhöhte Antwortlatenz, geringere Sprechgeschwindigkeit, aber auch eine Abnahme von Körperbewegungen oder eine geringere inhaltliche Komplexität der falschen Aussage zur Folge haben soll. Ein dritter Ansatz betont die *Kontrollbemühungen* des Täuschen-

228 Vgl. Bender/Nack, Tatsachenfeststellung vor Gericht, 2. Aufl., Rn 209.

229 Vgl. Bender/Nack, Tatsachenfeststellung vor Gericht, 2. Aufl., Rn 210.

230 Vgl. Arntzen, Psychologie der Zeugenaussage: System der Glaubwürdigkeitsmerkmale, 3. Aufl., S. 113.

231 Vgl. Bender/Nack, Tatsachenfeststellung vor Gericht, 2. Aufl., Rn 210; vgl. auch das Beispiel bei Bindig, Der Verhörspezialist, S. 50.

232 Vgl. Gordon/Fleisher, Effective Interviewing & Interrogation Techniques, S. 83.

233 Vgl. Nance, Conquering Deception, S. 175, vgl. auch Vrij, Detecting Lies and Deceit, S. 26, 213.

234 Vgl. Bender/Nack, Tatsachenfeststellung vor Gericht, 2. Aufl., Rn 210.

235 Das legen auch diverse Studien nahe, vgl. Füllgrabe, Irrtum und Lüge, S. 48 m.w.N.

236 Vgl. Bender/Nack, Tatsachenfeststellung vor Gericht, 2. Aufl., Rn 346; vgl. auch Vrij, Detecting Lies and Deceit, S. 55 m. der rhetorischen Frage hinsichtlich eines überführten Mörders, der zum Vormittag u. Nachmittag (= Tatzeit) aussagte: „Why did he change his behaviour all of a sudden as soon as he described his activities during the afternoon?".

den. Es wird postuliert, dass Personen während einer Lüge ihr Verhalten zu kontrollieren versuchen, um einen glaubwürdigen Eindruck zu vermitteln und sich nicht zu verraten. Dies wiederum kann zu einem besonders rigiden und gehemmten Aussageverhalten führen."[237]

Dies ist allerdings nur ein Hilfsmittel des Beurteilers, da das Kriterium auch zufällig bei wahren Antworten auftreten kann und von den nicht mit der Aussagpsychologie sensibilisierten Personen oft nicht wahrgenommen wird. Auch Undeutsch formuliert: *„Es bedarf daher einer sehr variationsreichen Explorationstechnik und großer Erfahrung, um die Symptomatik interpretierbar zu machen.“*[238] Für die Prozessbeteiligten kann das Wissen um derartige Symptome somit allenfalls ein (schwaches[239]) Indiz[240] dafür sein, ob man mit einer bestimmten Frage etc. auf der „richtigen Fährte“ ist und somit in die gleiche Richtung weiterfragen soll. Auffällig könnte in diesem Zusammenhang auch noch sein, dass zeitliche Antwortverzögerungen bei Lügen (v.a. auf Vorhalte) zunehmen.[241] Wiederholungen der Frage durch den Zeugen oder angebliches Nichtverstandenhaben können Mittel sein, um Zeit zur Überlegung zu gewinnen.[242] Sprechverzögerungen und Sprechfehler sind häufiger in unwahren als in wahren Geschichten zu finden.[243] Diverse Studien legen nahe, dass der Lügner weniger gestikuliert, weil er sich kontrolliert und öfter Selbstkontakte der Hand mit dem eigenen Gesicht ausführt (Nase, Kinn, Haare, etc.),[244] um unbewusst ein Sicherheitsempfinden herbeizuführen.[245] Was „öfter“ und „weniger“ konkret bedeutet, kann nur auf die Person individuell bezogen und nur als **Strukturbruch** bemerkt werden. Daraus folgt, dass immer das Basisverhalten (= **sog. Nulllinie**) der Aussageperson bekannt sein muss.[246] Weiter wird von einer Erhö-

237 Volbert/Steller, Glaubhaftigkeit, S. 391 f. in: Bliesener/Lösel/Köhnken, Lehrbuch Rechtspsychologie.

238 Undeutsch, Handbuch der forensischen Psychologie, Bd. 11, S. 117, der dieses Kriterium als Unterfall des Aussageverhaltens führt, also nicht innerhalb der Aussageanalyse.

239 Da Mehrdeutigkeit u. geringe Zuverlässigkeit nonverbaler Signale, vgl. Greuel/Offe/Fabian/Wetzels/Fabian/Offe/Stadler, Glaubhaftigkeit der Zeugenaussage, S. 6, 149 m.w.N.; vgl. auch Steller/Volbert, Glaubwürdigkeitsbegutachtung S. 12 ff., in Psychologie im Strafverfahren und S. 16: „[...] trotz umfangreicher Forschung [konnten] keine hinreichend praxisrelevanten Ergebnisse beigebracht werden.“.

240 Vgl. Bürkle, Richterliche Alltagstheorien im Bereich des Zivilrechts, S. 120: „nur sehr zurückhaltend [...] Die Wahrscheinlichkeit von Falschbeurteilungen ist [...] sehr groß“.

241 Auch sog. Tempokriterium vgl. Bender/Nack, Tatsachenfeststellung vor Gericht, 2. Aufl., Rn 279, die dieses Kriterium daher als Unterpunkt zum Strukturgleichheitsmerkmal einordnen; auch bei Nack in Ziegert (Hrsg.), Grundlagen der Strafverteidigung, S. 228 handelt es sich bei dem Tempokriterium um einen Unterfall des Strukturgleichheitsmerkmals.

242 Vgl. Altavilla, Forensische Psychologie, Bd. II, Die Psychologie der Strafprozeßbeteiligten, S. 247.

243 Vgl. Greuel/Offe/Fabian/Wetzels/Fabian/Offe/Stadler, Glaubhaftigkeit der Zeugenaussage, S. 148 m.w.N.

244 Vgl. Füllgrabe, Irrtum und Lüge, S. 46 ff. m.w.N.

245 Vgl. Füllgrabe, Irrtum und Lüge, S. 69 f.

246 Vgl. Bindig, Der Verhörspezialist, S. 24 f., 79.

hung der Lidschlagrate bei der Lüge berichtet.[247] Auch wird von einer Verringerung des Blickkontaktes berichtet. Zu beachten ist aber, dass andere Studien ein anderes Ergebnis nahelegen.[248] Geübte Lügner, die für sich verinnerlicht haben, dass ihr Zweck ihr Mittel (die Lüge) heiligt, suchen auch während der Lüge den Blickkontakt, sodass sich aus dem Augenkontakt oder Blickvermeidung kein Anhaltspunkt ergibt.[249]

61 Macht man einem geübten Lügner jedoch nach der Lüge keinen direkten Vorwurf, so findet nach einem Bericht aus der Praxis nach der Lüge gleichwohl eine Verringerung des Augenkontaktes statt.[250] Auch hier kommt es also wieder entscheidend auf den **Strukturbruch** (hinsichtlich Lidschlagrate und Blickkontakthäufigkeit) im mutmaßlich wahren und mutmaßlich erlogenen Teil an.[251]

62 Insgesamt sind diverse Studien bezüglich des Werts der Körpersprache zur Unterscheidung von Wahrheit und Lüge zu finden, die ein Mal in die eine Richtung gehen und ein anderes Mal in die gegenteilige Richtung. Insgesamt ist die Befundlage heterogen. Der Grund für die **Ambivalenz nonverbaler Signale** liegt in zwei unterschiedlichen Erklärungsansätzen, die jeweils für sich logisch erscheinen.

- Der Lügner hat die Geschichte nicht tatsächlich erlebt, daher wird er bei der Lüge kognitiv beschäftigt sein, sodass er z.B. mit dem Blick öfter abschweift, um nachzudenken und damit weniger Ressourcen für Arm- und Fußbewegungen (z.B. verstärkende Gestiken) etc. zur Verfügung haben (**kognitiver Erklärungsansatz**).[252]
- Umgekehrt lässt sich aber genauso vertreten, dass der Lügner bemüht ist, einen glaubwürdigen Eindruck zu erwecken, daher den Blickkontakt erst recht sucht und erst recht durch entsprechende Gestiken überzeugen möchte (**Selbst-Präsentations-Erklärungsansatz**).[253]

63 **Gegen den kognitiven Ansatz lässt sich einwenden, dass die gerichtstypische Lüge in der Regel kognitiv nicht anspruchsvoll ist.** Der Lügner wird bei der Wahrheit bleiben, solange er kann, und nur in einem kleinen Teil lügen, d.h., nur das entscheidende Detail auswechseln. Diese Auswechslung wird der Lügner in der Regel durch das Zurückgreifen auf bekannte Skripte oder früher erlebte Erfahrungen bewerkstelligen. D.h., der Lügner wird kognitiv weit weniger als gemeinhin angenom-

247 Vgl. Dillingham, Dissecting Pinocchio, S. 49 f.

248 Vgl. Vrij, Detecting Lies and Deceit, S. 33 ff., 41 ff. Der deutsche Kriminalhauptkommissar Bindig (Der Verhörspezialist, S. 72) betrachtet nicht die Verringerung des Augenkontakts, sondern die Erhöhung als Warnsignal.

249 Vgl. DePaulo et al., Cues to Deception, Psychological Bulletin, 2003, Vol. 129, No: 1, S. 74 ff., 93.

250 Vgl. Füllgrabe, Irrtum und Lüge, S. 72 ff.

251 Vgl. Füllgrabe, Irrtum und Lüge, S. 77.

252 Vgl. DePaulo, et al., Cues to Deception, Psychological Bulletin, 2003, Vol. 129, No: 1, S. 74 f.

253 Vgl. DePaulo, et al., Cues to Deception, Psychological Bulletin, 2003, Vol. 129, No: 1, S. 74, 76 ff.

men gefordert.[254] Gegen den Selbst-Präsentations-Ansatz lässt sich einwenden, dass der Lügner vorab nicht weiß, welche bewussten oder unbewussten Erwartungen sein Gegenüber in sprachlicher oder körpersprachlicher Hinsicht an eine wahrheitsgemäß aussagende Person hat. Jedes verbale/nonverbale Signal, dass bei der Lüge vorkommt, kommt auch bei einer wahrheitsgemäßen Aussage vor.[255]

Erhebliche[256] Gesichtspunkte der Beweiswürdigung können derartige körpersprachliche Indikatoren in der Regel nicht sein (es gibt kein diagnostisch verwertbares Ausdrucksmuster, keinen Beitrag der Mimik zur richterlichen Beurteilung der Glaubhaftigkeit).[257] Mit Lügen- oder Fantasiesignalen kann daher nur die Wahrscheinlichkeit in der einen oder anderen Richtung geschätzt werden. Wie zuverlässig derartige Schätzungen sind, ist allerdings nicht bekannt. Die **Metaanalyse** von DePaulo et. al. (1338 Arbeiten hinsichtlich 158 behaupteter Lügensignale) ergab als „grobes Bild" Folgendes: 64

Lügner erscheinen weniger mitteilsam, d.h., 65

- liefern weniger Details,
- sprechen insgesamt weniger,
- pressen öfter die Lippen zusammen (nur noch schwach statistisch signifikant).[258]

Die Geschichten der Lügner erscheinen weniger zwingend, d.h., 66

- weniger logisch,
- weniger plausibel,
- mehr widersprüchlich, zweideutig,
- mehr Wort- und Satzwiederholungen,
- mehr Hervorhebungen des eigenen Kinns,
- weniger Illustratoren (Gestiken),[259]
- weniger verbale/nonverbale Unmittelbarkeit (also mehr sprachliche, körpersprachliche Distanzierungen vom Zuhörer bzw. der Aussage).[260]

254 Vgl. DePaulo, et al., Cues to Deception, Psychological Bulletin, 2003, Vol. 129, No: 1, S. 74, 80.

255 So bereits zutreffend 1981 Zuckermann/DePaulo/Rosenthal, Verbal and nonverbal communication of deception, in Advances in experimental social psychology, S. 378 ff.

256 „The results regarding the objective non-verbal indicators of deception are perhaps somewhat disappointing", so Vrij, Detecting Lies and Deceit, S. 41.

257 Vgl. Greuel/Offe/Fabian/Wetzels/Fabian/Offe/Stadler, Glaubhaftigkeit der Zeugenaussage, S. 148 ff. m.w.N., vgl. auch Ekman/O'Sullivan/Frank, A Few Can Catch A Liar, Psycholgical Science, 1999, Vol. 10, No. 3, S. 4: „It is unlikely that judging deception from demeanour will ever be sufficiently accurate to be admissible in the courtroom. Nevertheless, judgements based on demeanour can be quite useful in pointing to the need to develop more information.".

258 Vgl. DePaulo, et al., Cues to Deception, Psychological Bulletin, 2003, Vol. 129, No: 1, S. 74 ff., 91.

259 Vgl. Dillingham, Dissecting Pionocchio, S. 67.

260 Vgl. DePaulo, et al., Cues to Deception, Psychological Bulletin, 2003, Vol. 129, No: 1, S. 74 ff., 92.

67 *Hinweis*

Bemerkenswert ist, dass die Häufigkeit des Augenkontakts bzw. der Blickevermeidung **keinen Hinweis** auf eine Lüge ergibt.[261] Das ist deshalb so bedeutsam, da dies das weltweit am meisten verbreitete – aber falsche – Stereotyp hinsichtlich des Verhaltens von Lügnern ist, auch in Deutschland.[262] In den wenigen Studien, die Lügensignale untersuchten, bei denen der Lügner motiviert war, konnte gleichwohl eine geringfügige Verringerung des Augenkotakts festgestellt werden.[263]

68 Lügner sind bei der Vernehmung weniger positiv und freundlich,

- d.h., weniger kooperativ,
- vom Gesichtsausdruck bereits weniger erfreut,[264]
- erheben mehr negative Aussagen und Beschwerden.[265]

69 Lügner erscheinen mehr angespannt, d.h.,

- insgesamt nervöser,[266]
- sind stimmlich angespannter,
- sprechen mit höherer Stimme,
- haben mehr vergrößerte Pupillen,[267]
- sprechen schneller und blinzeln mehr bei Aussagen über eigene Verstöße.[268]

70 *Hinweis*

Der amerikanische Polizeiausbilder Dillingham berichtet, dass Lügner beim Blinzeln die Augen länger geschlossen halten würden.[269] Ein interessantes Videobeispiel dieser Praxisbeobachtung kann in der Ehrenworterklärung von Uwe Barschel im Internet eingesehen werden.[270]

71 Bemerkenswert ist, dass das „Spielen" bzw. Berühren mit dem eigenen Köper, Haar etc. geringfügig öfter bei Lügnern zu beobachten ist, während das „Spielen"

261 Vgl. DePaulo, et al., Cues to Deception, Psychological Bulletin, 2003, Vol. 129, No: 1, S. 74 ff., 93.

262 Vgl. Deception Detection, Psychologists try to learn how to spot a liar, Science News Online, July 31, 2004, Vol. 166, No. 5, https://www.sciencenews.org.

263 Vgl. DePaulo, et al., Cues to Deception, Psychological Bulletin, 2003, Vol. 129, No: 1, S. 74 ff., 98, 105.

264 Die Problematik hierin liegt in der Subjektivitat des Betrachters, vgl. DePaulo, et al., Cues to Deception, Psychological Bulletin, 2003, Vol. 129, No: 1, S. 74 ff., 102.

265 Vgl. DePaulo, et al., Cues to Deception, Psychological Bulletin, 2003, Vol. 129, No: 1, S. 74 ff., 93.

266 Die Nervosität steigt bei Aussagen über eigene Verstöße, vgl. DePaulo, et al., Cues to Deception, Psychological Bulletin, 2003, Vol. 129, No: 1, S. 74 ff., 101.

267 Vgl. DePaulo, et al., Cues to Deception, Psychological Bulletin, 2003, Vol. 129, No: 1, S. 74 ff., 93.

268 Vgl. DePaulo, et al., Cues to Deception, Psychological Bulletin, 2003, Vol. 129, No: 1, S. 74 ff., 101.

269 Vgl. Dillingham, Dissecting Pinocchio, S. 50 f.

270 Vgl. http://www.youtube.com/watch?v=PCn-C6AkLm0, dort Spielsekunde 22; abgerufen am 31.1.2026.

mit Objekten (z.B. Verbiegen einer Büroklammer, Klopfen mit einem Stift) geringfügig weniger bei Lügnern zu beobachten ist. Das „Herumfummeln“ oder „Herumspielen“ (sog. Adaptoren) liefert daher wohl keinen Hinweis auf eine Lüge.[271] War der Lügner motiviert, bei der Lüge erfolgreich zu sein, so konnte eine geringfügige Abnahme der Fuß- und Beinbewegungen beobachtet werden.[272]

Sprachlich-inhaltlich geben Lügner 72

- weniger spontane Verbesserungen,
- weniger Eingeständnisse der Nicht-Erinnerung,
- weniger ungewöhnliche Details (statistisch aber nicht relevant),
- weniger Verflechtungen mit feststehenden Umständen (contextual embedding),
- mehr irrelevante Ereignisse oder Beziehungen an.[273]

„Weniger“ bzw. „mehr“ bezieht sich auf die untersuchten Kontroll- bzw. Vergleichsgruppen, so dass die unmittelbare Übertragung auf eine einzige Person bei einer einzigen Aussage oder mehrere Aussagen zu demselben Thema problematisch ist.

Jedenfalls ist ein Strukturbruch hinsichtlich non-verbaler Merkmale ein Warnsignal,[274] d.h., ein Anlass, über die Ursachen dieser Veränderung gerade an der fraglichen Stelle nachzudenken.[275] Die Beschreibungen aus der amerikanischen Polizeiliteratur, dass der Lügner bei der Lüge nach links blicken würde, sind wissenschaftlich nicht verifiziert. Ebenso die Behauptung, dass der Lügner bei der Lüge seinen Mund mit den Händen verdecken würde.[276] 73

Für die richterliche Praxis bedeutet dies angesichts der Umstrittenheit hinsichtlich des Wertes derartiger Warnsignale, dass der Richter bei einem Zeugen, der derartige Warnsignale aufweist, zwar nicht positiv von einer Lüge ausgehen darf, wohl aber von einer nicht überzeugenden Aussage.[277] D.h., eine derartige Aussage erbringt – sofern im relevanten Teil keine sonstigen Glaubwürdigkeitssignale verbaler Art vorhanden sind – keinen Beweiswert. 74

Praxistipp 75

Der Stand der Forschung kann wie folgt zusammengefasst werden:[278] **In der Praxis werden (vermutlich zutreffend) folgende Kriterien – wobei der kon-**

271 Vgl. DePaulo, et al., Cues to Deception, Psychological Bulletin, 2003, Vol. 129, No: 1, S. 74 ff., 96, vgl. auch Dillingham, Dissecting Pinocchio, S. 67 f.

272 Vgl. DePaulo, et al., Cues to Deception, Psychological Bulletin, 2003, Vol. 129, No: 1, S. 74 ff., 98.

273 Vgl. DePaulo, et al., Cues to Deception, Psychological Bulletin, 2003, Vol. 129, No: 1, S. 74 ff., 94, 96.

274 Vgl. Hermanutz/Litzcke, Vernehmung in Theorie und Praxis, S. 29, 187 f. m.w.N.; vgl. auch Vrij, Detecting Lies and Deceit, S. 98, vgl. auch Dillingham, Dissecting Pinocchio, S. 67 f.

275 Vgl. Bender/Häcker/Schwarz, Tatsachenfeststellung vor Gericht, 6. Aufl., Rn 270.

276 Vgl. Vrij, Detecting Lies and Deceit, S. 38.

277 Vgl. Vrij, Detecting Lies and Deceit, S. 30.

278 Vgl. hierzu Geipel/Nill/Shultz, Die Analyse der Zeugenaussage im ordentlichen Verfahren, ZAP 2007 v. 1.8.2007, S. 847 ff. (Fach 13 S. 1449 ff.).

krete Indizwert nicht abstrakt abgeschätzt werden kann – zur Erkennung eines Lügners benutzt:[279] Mit anderer Stimmlage sprechen, mehr Sprechfehler begehen (v.a. stottern), längere Pause für die Antwort, häufigeres Zögern und mehr Pausen im Bericht, sich eher in Widersprüche verwickeln, weniger Details nennen, unbestimmter antworten, weniger logische und stimmige Schilderungen, weniger Gefühle bzgl. anderer, eigene Antworten weniger in den Kontext einbetten, weniger intime und persönliche Dinge berichten und weniger über persönliche Wünsche und Gefühle erzählen. Es lassen sich freilich auch gegenteilige Befunde nachweisen, so dass sich diese Beobachtungen allenfalls als Warnsignal nutzen lassen.

76 Körperliche Reaktionen sind keine Anzeichen für eine Lüge, sondern für Stress. Aber wer lügt, hat Stress! „[...] Vergessen Sie jedoch niemals, dass die genannten Anzeichen immer auch andere Ursachen haben können. Wie gesagt, Sie erkennen Stress, keine Lüge."[280]

77 Steht für den Lügner jedoch „viel" auf dem Spiel, kann nach dem Ekman & Friesenschen Prinzip des **Facial Action Coding System** (FACS)[281] das Vorhandensein von negativen Gefühlen bei Lügnern nachgewiesen werden, sodass Beobachter, die sich auf die Körpersprache und v.a. Gesichtsmimik konzentrieren bzw. im Erkennen von Mikroexpressionen geübt sind, eine positive Lügenerkennung von ca. 80 % erreichen.[282] Grund hierfür ist, dass der Lügner v.a. durch seine Gesichtsmimik im Mikrosekundenbereich ($^1/_4$ bis $^1/_{25}$ einer Sekunde) Gefühle preisgeben würde (z.B. Angst, ertappt zu werden, Ekel gegenüber sich selbst wegen der Lüge, Ärger, weil die persönliche Integrität angezweifelt wird, Freude über die Hintergehung des Gegenübers), die manchmal erkannt werden.

78 Hierzu ein Experiment:

Je zwei Probanden mussten nacheinander einen Raum betreten, in dem ein Umschlag lag. Der erste Proband konnte sich entscheiden, ob er das Geld entnimmt oder in dem Umschlag belässt. Der zweite Proband hatte keine Wahl. War das Geld noch vorhanden, musste er es entnehmen, war das Geld bereits entnommen, konnte es von ihm nicht mehr entnommen werden. Beide Probanden sollten dann dem Vernehmenden gegenüber leugnen, das Geld entnommen zu haben. Folglich würde einer der Probanden lügen. Den Probanden wurden bestimmte Belohnungen für eine

279 Vgl. Hermanutz, Max/Litzke, Max, Vernehmung in Theorie und Praxis, S. 228 ff. m.w.N.; vgl. Vrij, Detecting Lies and Deceit, S. 64, 89, 113 ff. m.w.N., vgl. hierzu auch die Realitätskriterien Greuel/Offe/Fabian/Wetzels/Fabian/Offe/Stadler, Glaubhaftigkeit der Zeugenaussage, S. 91 ff.

280 Bindig, Der Verhörspezialist, S. 68 f.

281 Vgl. hierzu das Werk von Ekman/Friesen, The facial action coding system.

282 Vgl. Frank/Ekman, The Ability to Detect Deceit Generalizes Across Different Types of High-Stake Lies, Journal of Personality and Social Psychology, 1997, Vol. 72, No. 6, S. 1429 ff.

erfolgreiche Lüge bzw. Bestrafungen für den Fall der entdeckten Lüge in Aussicht gestellt.

Fragen bzw. Aufforderungen, die die entsprechenden Gesichtsmimiken hervorrie- 79
fen, waren Folgende:

- Beschreiben Sie genau, was passierte, was Sie sahen und taten, als Sie in dem Raum waren!
- Beschreiben Sie Ihre Gedanken, als Sie den Raum betraten! Wissen Sie, wie viel Geld in dem Umschlag war bzw. gewesen sein soll?
- Haben Sie das Geld entnommen?
- Haben Sie Geld mit in den Raum gebracht?
- Lügen Sie mich jetzt an?

In einem Folgeexperiment, in dem hinsichtlich dem Vorhandensein bzw. Nichtvor- 80
handensein einer Überzeugung gelogen werden sollte, wurde wie folgt gefragt und entsprechende Mikroexpression statistisch überproportional häufig generiert:

- Was ist Ihre Überzeugung hierzu?
- Warum haben Sie diese Überzeugung?
- Wie lange haben Sie bereits diese Überzeugung?
- Ist das Ihre wahre Überzeugung?
- Sie haben diese Überzeugung nicht gerade erst gewonnen, oder?
- Lügen Sie mich jetzt an?[283]

G. Exkurs 3: Wert des Wiederkennens

In der Praxis ist ein allzu häufiger Verstoß gegen wissenschaftliche Erkenntnisse[284] 81
bzw. eine allzu sorglose Übernahme eines vermeintlich sicheren Beweismittels zu beobachten.[285] Die unrichtige Identifizierung ist **weltweit** eine **Hauptfehlerquelle des Strafverfahrens.**[286] In den USA wird geschätzt, dass es jährlich zu 4.500[287] Fehlurteilen aufgrund falscher Identifizierungen kommt.

283 Vgl. Frank/Ekman, The Ability to Detect Deceit Generalizes Across Different Types of High-Stake Lies, Journal of Personality and Social Psychology, 1997, Vol. 72, No. 6, S. 1429 ff.

284 Vgl. Geipel, Die wiederholte Wiedererkennung anhand eines Lichtbildes, DAR 2005, S. 476 ff.

285 Vgl. Odenthal, Die Gegenüberstellung im Strafverfahren, 3. Aufl., S. 6.

286 Vgl. Odenthal, Die Gegenüberstellung im Strafverfahren, 3. Aufl., S. 21; vgl. auch Köhnken, Personenidentifizierung, S. 63 ff. in Psychologie im Strafverfahren, vgl. auch Gudjonsson, The Psychology of Interrogation and Confessions, S. 160: Nach den dort zitierten Fällen war die fehlerhafte Identifikation m. 45 % die Hauptursache von Fehlurteilen, wobei eine tatsächliche Ähnlichkeit des Angeklagten m. dem Täter in den meisten Fällen **nicht** bestand.

287 Andere Schätzungen gehen sogar von 8.000 jährlichen Fehlurteilen aus, vgl. Loftus, Eyewitness Testimony, S. VI.

82 *Hinweis*

An der **deutschen Richterakademie** wurde ein Referat über Glaubwürdigkeit gehalten. Ein Hausmeister reparierte ca. 10 Minuten lang die Videoanlage im Seminarraum. Einen Tag später teilten 1/3 der Teilnehmer mit, den Hausmeister gar nicht bemerkt zu haben. Von keinem teilnehmenden Richter war eine auch nur halbwegs brauchbare Personenbeschreibung zu erhalten.[288]

83 **Paradoxerweise kommt der Identifizierung durch einen Augenzeugen in der richterlichen Beweiswürdigung ein sehr hoher Beweiswert zu.**[289] Umso besorgniserregender ist der unkritische Umgang der Praxis mit positiv identifizierenden Zeugenaussagen.[290] Wenn ein Augenzeuge mit dem Finger auf den Angeklagten deutet und sagt, „er war es, ich habe ihn genau gesehen, ich war so entsetzt, dass ich sein Gesicht nie vergessen werde," ist der Fall vorbei. Und zwar wasserdicht im Sinne einer Verurteilung, wie es ein Staatsanwalt einmal formuliert hat.[291] *„Die Justiz des US-Bundesstaates Georgia hegte keinerlei Zweifel mehr am Schuldspruch [von Williams] […] Schließlich hatten das damalige Opfer sowie eine andere Frau, die fünf Tage zuvor ebenfalls auf einem Parkplatz überfallen und brutal missbraucht worden war, den angeblichen Täter ‚eindeutig' identifiziert […]. Der schiere Zufall wollte es, dass der entscheidende Beweis seiner Unschuld – ein Fetzen medizinischer Gaze mit der genetischen Spur des wahren Täters – nicht längst vernichtet worden war. Williams ist bereits der 193. Fall, in dem das Innocence Project (IP) den späten Freispruch eines Unschuldigen [per DNS-Analyse] erwirkte […] Das Opfer […] ist noch heute überzeugt, dass Williams ihr Vergewaltiger war. Weder dessen Unschuldsbeteuerungen noch seine DNS haben sie vom Gegenteil überzeugen können."*[292]

84 *Hinweis*

„Man wird derzeit davon ausgehen müssen, dass der Opferstatus nicht zu besseren Ergebnissen führt. Vor allem der Stress und das hohe Erregungsniveau, dem die Opfer ausgesetzt sind, dürfte schon die Wahrnehmungsfähigkeit beeinträchtigen."[293]

288 Vgl. Bender/Nack/Treuer, Tatsachenfeststellung vor Gericht, 3. Aufl., Rn 64.

289 Vgl. Pezdek, Expert Testimony on Eyewitness Memory and Identification, Expert Psychological Testimony for the courts, S. 99.

290 Die schlichte Versicherung des Zeugen, „ich bin mir sicher, er war es", reicht meist für eine Verurteilung, vgl. Loftus, Eyewitness Testimony, S. 9.

291 Vgl. Loftus, Eyewitness Testimony, S. V f., vgl. auch Loftus, Eyewitness Testimony, S. 19: "[…] there is almost nothing more convincing than a live human being who takes the stand, points a finger at the defendant, and says ‚that's the one!'".

292 Im Zweifel gegen den Angeklagten, SZ v. 26.1.2007, S. 10 (Autor Christian Wernicke).

293 Vgl. Bender/Nack/Treuer, Tatsachenfeststellung vor Gericht, 3. Aufl., Rn 1206.

Teilt das Tatgericht in seiner Schilderung der Aussage der einzigen Belastungszeugin mit, dass sich diese beim Wiedererkennen in der Hauptverhandlung „unsicher“ war, aber nicht welcher Art diese Unsicherheiten beim Wiedererkennen waren und wie sie sich nach außen darstellten und aus welchen Gründen die Zeugin im Verlaufe der Hauptverhandlung „Sicherheit gewann“, liegt eine lückenhafte Beweiswürdigung vor.[294] Allgemein bekannt ist, dass Täterbeschreibungen grundsätzlich problematisch sind, da sich der Mensch eher einen allgemeinen Eindruck als spezifische Bilder einprägt.[295] Hierzu ein Beispielsfall: *„Die Personenbeschreibung passte nicht ganz. Die Frau war keine 18, sondern 31 Jahre alt, sie trug auch kein rosa T-Shirt, sondern ein weißes. Sie war klein und dunkelhaarig, und ihre Füße steckten in Flip-Flops, das stimmte.“*[296] 85

Hinweis 86

Beschreibungen der Kleidung sind höchst ungenau.[297]

Ein Experiment kann diese Problematik weiter verdeutlichen: 87

Im amerikanischen Fernsehen wurde ein fingierter Handtaschenraub gezeigt. Der Täter rannte in Richtung der Kamera, sodass die Zuschauer das Gesicht des Täters deutlich sehen konnten. Sodann wurden den Zuschauern sechs Bilder von Verdächtigen gezeigt, die dem Täter ähnelten. Den Zuschauern wurde zudem mitgeteilt, dass der Täter in der Gruppe sein kann oder nicht. Daraufhin riefen über 2.000 Zuschauer die pro Gesicht eingeblendeten Telefonnummern an, um ihr Votum abzugeben. Ergebnis war, dass in 85 % die falsche Person identifiziert wurde. Das ist insofern besorgniserregend, als die Anrufer sich relativ sicher waren, die richtige Person zu identifizieren.[298]

In einem realen Fall wurde der Pfarrer Bernhard T. Pagano als Räuber von einem Zeugen identifiziert. Nach der Identifizierung meldeten sich sieben weitere Zeugen, die den Pfarrer ebenfalls identifizierten. Tatsächlich stellte sich jedoch die Unschuld des Pfarrers raus.[299] 88

Eine amerikanische Untersuchung von 110 Inhaftierten, die mittlerweile ihre Unschuld per DNA-Test nachgewiesen hatten, ergab, dass 2/3 hiervon aufgrund fehlerhafter Zeugenaussagen verurteilt wurden.[300] 89

294 Vgl. OLG Braunschweig, StV 2010, S. 126 = Ss 99/08.

295 Vgl. Milne/Bull, Psychologie der Vernehmung, S. 48 m.w.N.

296 Messerstecher in Italien verhaftet, SZ v. 6./7.10.2007, S. 53 (Autor Susi Wimmer).

297 Vgl. Bender/Nack/Treuer, Tatsachenfeststellung vor Gericht, 3. Aufl., Rn 1217.

298 Vgl. Ainsworth, Psychology, Law and Eyewitness Testimony, S. 63 f.; vgl. Loftus, Eyewitness Testimony, S. 135 ff.

299 Vgl. Ainsworth, Psychology, Law and Eyewitness Testimony, S. 77.

300 Vgl. „For 110 inmates freed by DNA tests, true freedom remains elusive“, Artikel der Associated Press v. 22.5.2002, http://www.deathpenaltyinfo.org/node/529.

90 *Hinweis*

Eine Ausnahme stellt das OLG Frankfurt am Main dar, das – jedenfalls in einer Entscheidung – die Problematik erkannte und ausführte, dass eine beweisbare Wiedererkennung nur dann vorliegt, wenn sich der Zeuge drei atypische Merkmale bewusst gemacht und erkannt hat.[301]

91 Der BGH hat eine Verurteilung aufgehoben, in der ein Zeuge den Angeklagten auf Lichtbildern mit hoher Wahrscheinlichkeit als Täter identifiziert hat. Das LG führte noch aus, dass die Tatsache, dass der Zeuge die Lichtbilder Nr. 1 und Nr. 30 den verschiedenen Mittätern zuschrieb, obwohl es sich in beiden Fällen um den selben Angeklagten handelte, spiele keine Rolle, sondern finde seine Erklärung in dem unterschiedlichen Alter der Bilder. In einer späteren Vernehmung teilte der Angeklagte mit, die Bilder 1 und 30 seien mit hundertprozentiger Sicherheit die Täter. Er sei sich auch sicher, dass die Person auf Bild 53 ein Mittäter sei. Das sei ihm (dem Zeugen) bereits bei der ersten Lichtbildvorlage aufgefallen, er hätte jedoch zum damaligen Zeitpunkt Angst gehabt, dies zu sagen.

Hierzu teilt der BGH mit.

> *„Lücken sind schon darin zu sehen, dass die Beweiswürdigung nicht mitteilt, wie die polizeilichen Lichtbildvorlagen im Einzelnen durchgeführt worden sind und anhand welcher Merkmale der Zeuge W. die Angeklagten über ein Jahr nach der Tat als Mittäter wiedererkannt haben will. Auch verhält sie sich nicht dazu, ob zwischen den vom Zeugen am 24.7.2000 zeitnah abgegebenen Beschreibungen von zwei Mittätern (UA S. 6) und dem äußeren Erscheinungsbild der Angeklagten eine Ähnlichkeit besteht (vgl. BGH StV 1997, 4543). Wegen dieser Lücken ist der Senat nicht in der Lage, anhand objektiver Kriterien die Qualität der Widererkennung zu überprüfen (vgl. OLG Düsseldorf NStZ-RR 2001, 109). Vor allem lassen die Urteilsgründe nicht erkennen, dass sich die Jugendkammer des nur beschränkten Beweiswertes eines ‚wiederholten Wiedererkennens' […] bewusst war. Wegen der möglichen suggestiven Wirkung der ‚ersten Wiedererkennung' ist nämlich ohne nähere Begründung nicht von vorneherein ausgeschlossen, dass der Zeuge bei der zweiten Lichtbildvorlage vom 7.6.2001 nicht wirklich die Angeklagten mit hundertprozentiger Sicherheit als Mittäter wiedererkannte, sondern nur deren Fotos, die ihm erst drei Wochen vorher vorgelegt worden waren […] und die Angeklagten bei der ersten Wiedererkennung nur ‚mit hoher Wahrscheinlichkeit' (UA S. 8) identifizieren konnte.“*[302]

301 Vgl. OLG Frankfurt am Main, 1 StE 1/94, zitiert nach Odenthal, Die Gegenüberstellung im Strafverfahren, 3. Aufl., S. 32.

302 Vgl. BGH 3 StR 430/02 n.V.

Allgemein kann festgehalten werden, dass die näheren Umstände, unter denen der Zeuge den Täter bei der Tat gesehen hat, im Urteil festzustellen sind.[303] Ebenso ist höchst problematisch, wenn der Zeuge den Angeklagten nicht durchgehend positiv identifiziert, sondern teils andere Personen.[304] 92

Kennt der Zeuge bereits eine Personenbeschreibung oder ein Phantombild des Verdächtigen, ist bereits eine nicht wiedergutzumachende Suggestion für den Zeugen entstanden.[305] Weiter gilt, dass die aufgenommene Wahrnehmung durch eigene Kombinationen, neue Erlebnisse und die Auffassungen anderer verfälscht wird.[306] In der Praxis kommt oft der Fall vor, dass der Zeuge, weitere Nachforschungen anstellen muss, um den Verdächtigen zu identifizieren. Lässt sich – wie in der Praxis oft – der Beamte ein Bild der Meldestelle kommen und ist sich unschlüssig, ob der Verdächtige mit der Person auf dem übermittelten Bild identisch ist, so stellt der Beamte oft weitere Nachforschungen an (z.B. lässt sich ein weiteres Bild der Meldestelle kommen, sucht den Verdächtigen auf, etc.). 93

> *Hinweis* 94
>
> Die Weitergabe von Lichtbildern durch die Meldebehörde erfolgt in der Praxis oft unter Verstoß gegen § 22 Abs. 2, Abs. 3 PassG bzw. § 2b Abs. 2 PersonalausweisG. Ob deswegen ein Verwertungsverbot resultiert, ist strittig.[307]

Identifiziert der Beamte nun den Verdächtigen, so kann nicht mehr unterschieden werden, ob eine Erinnerung an die Tat stattfindet oder eine überlagerte Erinnerung an das erste Bild. Eine danach erfolgte Identifizierung hat nach dem Stand der psychologischen Wissenschaft keinen Wert mehr.[308] Naturgemäß ist der Verdächtige mit dem zuerst übermittelten Bild identisch, sodass ein danach folgendes Wiedererkennen keinen Beweiswert mehr hat.[309] Experimente belegen deutlich, *„dass die Versuchspersonen fast immer diejenige Person im Gegenüberstellungsverfahren identifizieren, deren Gesicht sie vorher auf der Fotovorlage gesehen hatten.“*[310] Das gilt auch dann, wenn der wahre Täter bei der Fotovorlage nicht erkannt und stattdessen ein Dritter „erkannt“ wurde. Auch in einer späteren tatsächlichen Gegenüberstellung wird dann in der Regel nicht mehr der wahre Täter er- 95

303 Vgl. BGH, StV 1995, S. 452 f.

304 Vgl. BGH, StV 1995, S. 452 f.

305 Vgl. Odenthal, Die Gegenüberstellung im Strafverfahren, 3. Aufl., S. 24 m.w.N.

306 Vgl. Odenthal, Die Gegenüberstellung im Strafverfahren, 3. Aufl., S. 25 m.w.N.

307 Vgl. BayObLG, DAR 1999, S. 79 f.; vgl. aber Nobis, Beweisverwertungsverbot bei Weitergabe eines Lichtbilds durch die Meldebehörde, DAR 2002, S. 299 ff.

308 Köhnken, Personenidentifizierung, S. 63 ff., 68, in Psychologie im Strafverfahren.

309 Vgl. Odenthal, Die Gegenüberstellung im Strafverfahren, 3. Aufl., S. 26, 28 m.w.N., das gilt auch dann, wenn das Bild als Fahndungsfoto in den Medien gezeigt wurde, vgl. McKenzie/Dunk, Identification parades: psychological and practical realities, in Analysing Witness Testimony, S. 178, 185.

310 Fabian/Greuel/Stadler, Fallbezogene wirklichkeitsnahe Experimente zur Psychologie der Zeugenaussage, in: Psychologie der Zeugenaussage, S. 23 ff., 28.

kannt, sondern der fälschlich Identifizierte.[311] Dies deshalb, da eben nicht mehr unterschieden werden kann, ob unbewusst[312] eine Erinnerung an die Tat oder eine Erinnerung an das erste Bild erfolgt. Das ist auch dem gewissenhaftesten Zeugen nicht möglich.[313] **Es kann daher festgehalten werden, dass jedes wiederholte Wiedererkennen keinen Beweiswert hat.**[314] Kommt es darüber hinaus zu einer Einzelgegenüberstellung, so wirkt der stärkste suggestive Einfluss.[315] „Durch die Einzelgegenüberstellung wird dem Zeugen die bejahende Antwort nähergelegt, als die verneinende. Der Zeuge wendet in der Erwartung, man werde ihm schon den ‚Richtigen' vorführen, laschere Entscheidungskriterien an."[316] Völlig unbrauchbar sind positive Identifizierungen im Gerichtssaal, wenn ein Zeuge den auf der Anklagebank befindlichen Angeklagten identifiziert.[317] Wenn der Täter bei einer ersten Gegenüberstellung identifiziert wurde, bedeutete das also nicht unbedingt, dass der Identifizierte auch tatsächlich der Täter ist. Vielmehr wurde die erste Identifizierung oft aufgrund eines „multiple choice tests" (wer ähnelt dem Täter am meisten) vorgenommen. Das gilt v.a. bei Opferzeugen, die ein hohes Interesse daran haben, dass der Täter gefasst wird bzw. der Polizei bei deren Arbeit unbedingt helfen wollen.[318] Diese **Gegenüberstellung** kann **fair** oder **unfair** ausgestaltet worden sein.[319]

96 *Praxistipp*

Kommt es zu einem fehlerhaften Identifizierungsverfahren im Ermittlungsverfahren, kann der Fehler später nicht mehr korrigiert, sondern nur reproduziert werden.[320]

97 **Nach Ansicht des amerikanischen Supreme Courts ist die Gegenüberstellung für das weitere Verfahren derart kritisch, dass zwingend ein Anwalt des Angeklagten bei der Gegenüberstellung anwesend sein muss.** Damit soll sichergestellt werden, dass die Identifizierungsgruppe fair zusammengestellt wurde, suggestive Einflüsse

311 Vgl. Ainsworth, Psychology, Law and Eyewitness Testimony, S. 84.

312 Daher helfen auch Aufforderungen zur genauen Erinnerung, zur Wahrheit etc. nichts, vgl. Odenthal, Die Gegenüberstellung im Strafverfahren, 3. Aufl., S. 27 m.w.N.

313 Vgl. Odenthal, Die Gegenüberstellung im Strafverfahren, 3. Aufl., S. 27 m.w.N.

314 Vgl. Odenthal, Die Gegenüberstellung im Strafverfahren, 3. Aufl., S. 51; vgl. auch OLG Koblenz, 2 Ss 312/06 veröffentlicht in ZAP Eilnachrichten NR. 526/2007; vgl. auch Widmaier/Nack, MAH Strafverteidigung, § 33, Rn 40 m.w.N.; vgl. De Vries, Einführung in die Kriminalistik für die Strafrechtspraxis, Rn 325.

315 Vgl. Odenthal, Die Gegenüberstellung im Strafverfahren, 3. Aufl., S. 30 f. m.w.N.

316 Odenthal, Die Gegenüberstellung im Strafverfahren, 3. Aufl., S. 31.

317 „Dock identifications are clearly unfair and should never be accepted as the only evidence of identification", so vgl. Ainsworth, Psychology, Law and Eyewitness Testimony, S. 87.

318 Vgl. Ainsworth, Psychology, Law and Eyewitness Testimony, S. 92.

319 Vgl. Pezdek, Expert Testimony on Eyewitness Memory and Identification, Expert Psychological Testimony for the courts, S. 99, 108.

320 Vgl. BGH, BGHSt 16, S. 204, vgl. Bender/Nack/Treuer, Tatsachenfeststellung vor Gericht, 3. Aufl., Rn 1174.

der Polizei unterbleiben, Fehlidentifizierungen und Unsicherheiten des Zeugen in jedem Fall bemerkt werden.[321] Für eine Lege-artis-Gegenüberstellung ist nötig:[322]

- **Die Person, die die Identifizierung leitet, sollte nicht wissen, wer der Tatverdächtige ist** (sog. **double blind procedure**), um die Gefahr der subtilen verbalen/nonverbalen Informationsübermittlung an den Zeugen zu unterbinden.[323] Der Beamte braucht nur einen kleinen unbewussten Hinweis (z.B. durch Änderung der Stimmlage) geben, um das Ergebnis zu verfälschen, z.B. „sagen Sie uns, wer Sie glauben, dass der Täter war, Nummer eins, zwei, DREI, vier, fünf oder sechs."[324]
- Die Zeugen **dürfen vor der Gegenüberstellung weder den Verdächtigen noch die Vergleichspersonen gesehen haben**.
- **Die Zeugen dürfen sich nicht zuvor über den Verdächtigen oder dessen Aussehen unterhalten haben.** Andernfalls hat die Identifizierung durch mehrere Zeugen keinen höheren Beweiswert als die Identifizierung durch nur einen Zeugen.
- Vor der Gegenüberstellung **müssen die Zeugen einzeln den Täter möglichst detailliert beschreiben**. Die beschriebenen Details müssen bei allen Mitgliedern der Vergleichsgruppe vorhanden sein.[325] Unrichtigkeiten zwischen der Beschreibung und dem Wiedererkennen erlauben daher Rückschlüsse auf die Zuverlässigkeit des Wiedererkennens.[326] Das gilt auch, wenn der Zeuge bereits unmittelbar nach der Tat eine Täterbeschreibung abgegeben hat. Die erste Täterbeschreibung stellt daher ein wichtiges Indiz dar. Erkannt werden muss aber, dass die erste Beschreibung grundsätzlich nur sechs oder sieben Charakteristika enthält (z.B. Alter, Größe, Gewicht, Geschlecht, Rasse, Haare). Gesichtsbeschreibungen fallen grundsätzlich wenig detailliert aus. Auch ein tatsächlich vorhandener Bart oder Schnurrbart wird oft nicht erwähnt. Der Grund hierfür

321 Vgl. Loftus, Eyewitness Testimony, S. 180 f., diese Vorgabe des Supreme Courts wird in der Praxis dadurch unterlaufen, dass Gegenüberstellungen vorgenommen werden u. erst dann der Verdächtige offiziell zum Beschuldigten erklärt wird: in diesem Stadium sei die Rechtsprechung des Supreme Courts noch nicht anwendbar, vgl. Loftus, Eyewitness Testimony, S. 185.

322 Vgl. v.a. Odenthal, Die Gegenüberstellung im Strafverfahren, 3. Aufl., S. 33 ff. m.w.N.

323 Vgl. Pezdek, Expert Testimony on Eyewitness Memory and Identification, Expert Psychological Testimony for the courts, S. 99, 109.

324 Vgl. Loftus, Eyewitness Testimony, S. 74.

325 Vgl. LG Essen, StV 1994, S. 365 f.

326 Zu beachten ist aber, dass die wörtliche Beschreibung grds. schwierig ist. Es wäre für die meisten Personen schwierig, einen guten Freund zu beschreiben, gleichwohl würden ihn die meisten auch nach Jahren wiedererkennen. Das legt nahe, dass unterschiedliche kognitive Faktoren zum Wiedererkennen einerseits u. zur wörtlichen Beschreibung andererseits benötigt werden, vgl. Ainsworth, Psychology, Law and Eyewitness Testimony, S. 64 f. Allgemein kann aber festgehalten werden, dass die meisten Personen gute Leistungen erbringen, vertraute Gesichter zu identifizieren, nicht aber bei der Identifizierung Fremder, vgl. Ainsworth, Psychology, Law and Eyewitness Testimony, S. 74.

liegt darin, dass Gesichter verbal nur schwer zu beschreiben sind[327] und mehr an dem Gesamteindruck erkannt werden als an einzelnen Merkmalen. Die Wahrscheinlichkeit einer zutreffenden Erinnerung ist daher dann erhöht, wenn es sich um ein spontanes und automatisches Wiedererkennungserleben handelt.[328] Umgekehrt ist der Wert des Wiedererkennens gering, wenn der Zeuge überlegen muss, welche der vorgestellten Personen dem Täter am ehesten entspricht.

- Dem Zeugen muss als **Antwortalternative auch die Möglichkeit „ich kann mich nicht erinnern/ich bin mir nicht sicher", vorgegeben werden**, um eine Suggestion, dass der Täter und den Vergleichspersonen sein muss, zu verhindern. Daneben ist der Zeuge auf die Möglichkeit hinzuweisen, dass sich der tatsächliche Täter auch nicht unter den vorgestellten Personen befinden kann.[329] Ebenso sollte mitgeteilt werden, dass der Leiter der Identifikation selbst nicht weiß, wer der Tatverdächtige ist. Weiter sollte der Zeuge ausdrücklich darauf hingewiesen werden, dass es genauso wichtig ist, den Unschuldigen auszuschließen, wie den Schuldigen zu identifizieren.[330]
- Dem Zeugen ist eine **Vergleichsgruppe von mindestens acht Personen**[331] zu präsentieren. Die sieben weiteren Personen müssen dem Verdächtigen hinsichtlich Alter, Größe und Gestalt (Haar- und Barttracht, Farbe, Kleidung, ethnische Zugehörigkeit) und hinsichtlich der beschriebenen besonderen Tätermerkmale ähneln. Hat nur der Verdächtige ein besonderes Merkmal, das dem Zeugen besonders aufgefallen ist, so handelt es sich faktisch nur noch um eine Einzelgegenüberstellung. Vorzuziehen ist immer, dass dem Zeugen die Personen zwar einzeln vorgestellt werden, aber der Zeuge nicht weiß, wie viele Personen insgesamt (noch) vorgestellt werden.[332] Der Zeuge hat sich sofort zu entscheiden. Erst danach wird die nächste Person vorgestellt. Durch diese Methode kommt

327 Vgl. McKenzie/Dunk, Identification parades: psychological and practical realities, in Analysing Witness Testimony, S. 178, 182.

328 Vgl. McKenzie/Dunk, Identification parades: psychological and practical realities, in Analysing Witness Testimony, S. 178, 188.

329 Vgl. Köhnken, Personenidentifizierung, S. 63 ff., 67 in Psychologie im Strafverfahren; vgl. auch McKenzie/Dunk, Identification parades: psychological and practical realities, in Analysing Witness Testimony, S. 178, 187.

330 Vgl. Pezdek, Expert Testimony on Eyewitness Memory and Identification, Expert Psychological Testimony for the courts, S. 99, 110.

331 Teilweise wird sogar die Forderung von 20 Personen gestellt, da bei acht Personen die statistische Gefahr der Zufallstreffer noch erschreckend hoch ist, vgl. Köhnken, Zum Beweiswert von Identifizierungen durch Augenzeugen- Eine methodische Analyse, Forensia, 1984, S. 1 ff., hinzu kommt, dass sich der zu Unrecht Beschuldigte – im Gegensatz zu Beamten, die in Zivilkleidung der Vergleichsgruppe angehören – in einer Stresssituation befindet, u. somit durch eine Vielzahl verbaler u. non verbaler Signale auf sich aufmerksam macht, vgl. Gniech/Stadler, Die Wahlgegenüberstellung – Methodische Probleme des kriminalistischen Wiedererkennungsexperiments, StV 1981, S. 565 f.

332 Vgl. BGH, NStZ 2000, S. 419.

es nicht zu einem relativen Vergleich, wer dem Täter am ähnlichsten sieht.[333] **Aus Untersuchungen ist weiter bekannt, dass Gegenüberstellungen dann meist unfair sind, wenn lediglich der Beschuldigte und Polizeibeamte vorgestellt werden.** In einem solchen Fall wird der Beschuldigte sogar überzufällig häufig von Personen identifiziert, die den Beschuldigten nicht kennen und noch nie gesehen haben. Das liegt an der sicht- oder spürbaren Unsicherheit, Apathie, Hilflosigkeit, Introvertiertheit, Ängstlichkeit etc., die (auch ein zu Unrecht) Beschuldigter im Gegensatz zu Polizeibeamten zeigt.[334] Idealerweise, aber in der Praxis schwerlich durchführbar, müsste ein Gegenüberstellungsverfahren ausschließlich mit Beschuldigten aus verschiedenen Verfahren erfolgen, die ihrerseits nicht wissen, in welchem Verfahren die Gegenüberstellung erfolgt.[335]

Hinweis:

- Ob eine Gegenüberstellung fair erfolgte, oder nicht, kann die Verteidigung mit dem sog. Doob-Kirschbaum-Test feststellen. D.h., die Verteidigung legt Personen, die den Verdächtigen nicht kennen, eine schriftliche Beschreibung des Verdächtigen vor und sodann Fotos von allen bei der Gegenüberstellung aufgetretenen Personen. Identifizieren die Versuchspersonen nun überzufällig häufig den Verdächtigen, so war die Versuchsanordnung a priori unfair und nach amerikanischem Recht nicht mehr gerichtsverwertbar.[336]
- Nachdem es sich bei diesem Test um Nichtzeugen handelt, die den Betroffenen nie zuvor gesehen haben und die Vergleichsgruppe nur dann fair zusammengestellt ist, wenn sie dem Betroffenen ähnelt, dürfte der Betroffene von den Probanden nur mit der Wahrscheinlichkeit identifiziert werden, die dem Zufall entspricht. Also bei dem Betroffenen und sieben weiteren Vergleichspersonen mit $^1/_8$. Jede überzufällig hohe Identifizierung belegt, dass die Vergleichsgruppe nicht fair zusammengestellt war, d.h., faktisch die Vergleichsgruppe kleiner ist, da offensichtlich einige Vergleichspersonen mangels Ähnlichkeit a priori ausscheiden. Die Unfairness der Gegenüberstellung kann mathematisch durch das Verhältnis N dividiert durch D berechnet werden.[337] N wären die Nichtzeugen, also Probanden, denen die schriftliche Beschreibung vorgelegt wird. D wäre die Anzahl der Probanden, die den Beschuldigten tatsächlich identifiziert haben. Gibt es z.B. 40 Probanden, von denen 20 den Verdächtigen identifizieren, so beträgt die Vergleichsgruppe faktisch nicht die geforderten acht Personen, sondern faktisch nur 2

333 Vgl. Köhnken, Personenidentifizierung, S. 63 ff., 69 in Psychologie im Strafverfahren; vgl. Ainsworth, Psychology, Law and Eyewitness Testimony, S. 92 f.

334 Vgl. Ainsworth, Psychology, Law and Eyewitness Testimony, S. 93.

335 Vgl. Stadler/Fabian, Experimentalpsychologische Forschung und strafrechtliche Praxis, S. 73 ff., 83 in Psychologie im Strafverfahren.

336 Vgl. Hermanutz/Litzcke, Vernehmung in Theorie und Praxis, S. 95.

337 So in dem Verfahren United States gegen Mills, zitiert nach Loftus, Eyewitness Testimony, S. 149.

(40 : 20 = 2). Bei einer fairen Gegenüberstellung muss das Ergebnis der Anzahl der gezeigten Personen (also in der Regel 8) entsprechen.[338] Kennt der Zeuge jedoch den zu identifizierenden (z.B. Nachbar, Arbeitskollege etc.), so ist eine Gegenüberstellung von anderen Personen sinnlos und eine Identifizierung ohne jeden Beweiswert.[339]

- **Kosmetische Maßnahmen beim Verdächtigen kommen nach den einschlägigen rechtlichen Regeln in Betracht**, wenn feststeht, dass der Beschuldigte im Tatzeitpunkt ein dementsprechendes Aussehen hatte. Nicht aber, wenn damit erst eine Identität zur Täterbeschreibung hergestellt werden soll, denn dadurch wird die erst zu beweisende Tatsache der Identität vorausgesetzt.
- **Erfolgt eine Gegenüberstellung in zwei Durchgängen, so ist eine Identifizierung auch im zweiten Durchgang wertlos.** Wer einen Beschuldigten beim ersten Durchgang erkennt, wird ihn im zweiten Durchgang logischerweise auch erkennen. Ein zusätzlicher Beweiswert einer Identifizierung im ersten und zweiten Durchgang ergibt sich daraus nicht.
- **Aufgrund der Stresssituation, in der sich auch der zu Unrecht Verdächtige befindet** und damit verbale und nonverbale Signale sendet, **sollte keine Simultangegenüberstellung erfolgen, sondern die verschiedenen Personen einzeln und nacheinander gegenübergestellt werden (sequenzielle Gegenüberstellung)**. Der Zeuge hat nach jeder Gegenüberstellung jeder Person ein Urteil abzugeben, wobei der Zeuge auch nicht wissen sollte, wie viele Personen ihm insgesamt gegenübergestellt werden. Dadurch wird verhindert, dass der Zeuge den am ehesten Verdächtigen identifiziert.
- Die **Aussageentwicklung** kann **nur dann festgestellt werden, wenn die Beschreibung des Zeugen vor und nach der Gegenüberstellung festgehalten ist.**[340]
- Kommt es zu einer „**heimlichen Gegenüberstellung**" (der Verdächtigte weiß also nicht, dass er gegenübergestellt werden soll), so ist – losgelöst von den rechtlichen Problemen –, der **Beweiswert allein schon wegen der für die heimliche Gegenüberstellung erforderlichen Vorgehensweise und der darin liegenden Suggestion für den Zeugen** (z.B. Beamte fahren den Zeugen in ein Versteck, aus dem er den Verdächtigen unbemerkt beobachten kann) **gering.**[341]
- Kommt es zu einem **Wiedererkennen nach Lichtbildern, so muss beachtet werden, dass dieser Beweiswert gegenüber der persönlichen Identifizierung geringer ist.** Es kommt nicht zu einer geringeren Identifizierungsrate, sondern viel-

338 Vgl. Loftus, Eyewitness Testimony, S. 148 f.

339 „Wegen der bestehenden Bekanntschaft keinen eigenständigen Beweiswert", so Odenthal, Die Gegenüberstellung im Strafverfahren, 3. Aufl., S. 37.

340 Vgl. Odenthal, Die Gegenüberstellung im Strafverfahren, 3. Aufl., S. 52.

341 Vgl. Odenthal, Die Gegenüberstellung im Strafverfahren, 3. Aufl., S. 52 ff.

mehr zu einer höheren Falschidentifizierungsrate.[342] „Daher darf dem Zeugen niemals ein Lichtbild allein des Beschuldigten vorgelegt werden."[343] Die Grundsätze der persönlichen Gegenüberstellung müssen auch hier eingehalten werden, mindestens Lichtbilder von acht Personen, die sich hinsichtlich Alter, Größe Gestalt, Kleidung und Aufnahmewinkel,[344] Täterbesonderheiten ähneln etc. Auch darf das Lichtbild des Verdächtigen nicht von den anderen abweichen (z.B. hinsichtlich Größe,[345] Qualität, Farbe etc.). Die vorgelegten Lichtbilder müssen sich zudem an der Täterbeschreibung orientieren, nicht an der Person des Beschuldigten.[346] Wird die Wahllichtbildvorlage vor dem achten Bild abgebrochen, weil der Zeuge bereits eine positive Identifizierung getroffen hat, macht dies das Ergebnis nicht wertlos, aber gleichwohl kann es den Beweiswert mindern.[347] Nach den mittlerweile gängigen Standards in Großbritannien müssen zudem zwölf Vergleichsbilder vorgelegt werden.[348] Ist es einmal zu einer Lichtbildvorlage gekommen, ist eine nachfolgende Identifizierung abermals ohne jeden Wert. „Wegen der möglichen suggestiven Wirkung der ‚ersten Wiedererkennung' ist nämlich ohne nähere Begründung nicht von vorneherein ausgeschlossen, dass der Zeuge [...] nicht wirklich die Angeklagten [...] wiedererkannte, sondern nur deren Fotos, die ihm [...] vorgelegt worden waren."[349] „Der so gewonnene Eindruck kann das ursprüngliche Erinnerungsbild überlagern, so dass die Gefahr besteht, dass der Zeuge – für sich unbewusst – den gegenwärtigen Eindruck nicht mit dem ursprünglichen Erinnerungsbild, sondern mit dem Erinnerungsbild vergleicht, das auf dem ersten Wiedererkennen beruht."[350] Das gilt selbst dann, wenn der Angeklagte bei der Lichtbildvorlage nicht, wohl aber in der Hauptverhandlung wiedererkannt wird (sog. **Vertrautheitseffekt**, **Quellenzuordnungsfehler**). Im Experiment führt dies dazu, dass Probanden nach einer Fotoidentifikation in einer nachfolgenden Gegenüberstellung in bis zu 29 % der Fälle völlig Unbeteiligte, die sie nie zuvor, sondern nur deren Foto, gesehen hatten, als Täter identifizieren, sog. **photo-biased lineups**.[351] In derartigen Fällen kann es auch zu einem unbewussten Transfer kommen. Das zeigt der Fall eines Bahnangestellten, der ausgeraubt wurde und eine bestimmte Person X als Täter identifizierte. X hatte aber ein Alibi. Später

342 Vgl. Odenthal, Die Gegenüberstellung im Strafverfahren, 3. Aufl., S. 59 m.w.N.

343 Odenthal, Die Gegenüberstellung im Strafverfahren, 3. Aufl., S. 61.

344 Vgl. nach sachverständiger Beratung LG Münster, 15 Ns 632 Js 23/01 n.v.

345 Vgl. BGH, NStZ 1998, S. 266 f.

346 Vgl. LG Münster, 15 Ns 54 Js 1141/00 n.v.

347 Vgl. BGH, 1 StR 524/11.

348 Vgl. Ainsworth, Psychology, Law and Eyewitness Testimony, S. 88.

349 BGH, 3 StR 430/02 n.v.; vgl. auch BGH, BGHSt 16, S. 204, vgl; auch OLG Düsseldorf, zfs 1994, S. 265 f.

350 OLG Hamm, 2 Ss 594/03 unter http://www.burhoff.de.

351 Vgl. Loftus, Eyewitness Testimony, S. 150 f.

stellte sich heraus, dass X bei dem Bahnangestellten bereits in der Vergangenheit Fahrkarten gekauft hatte, sodass der Bahnangestellte diese Vertrautheit vom Kartenverkauf auf die Situation des Raubes unbewusst übertrug.[352] Unbewusster Transfer kann also immer dann vorkommen, wenn der Zeuge den Verdächtigen davor (realiter oder auf einem Bild) gesehen haben kann.[353]

- **Identifizierungen gegenüber Personen mit fremdländischem Aussehen sind höchst unzuverlässig,**[354] d.h., das Wiedererkennen von Angehörigen derselben ethnischen Gruppe gelingt wesentlich besser als das Wiedererkennen von Mitgliedern einer fremden ethnischen Gruppe (sog. **own-race-bias**).[355] „Wir sind einfach generell schlecht darin, jemanden aus einer anderen ethnischen Gruppe zu identifizieren"[356] und überschätzen generell unsere Fähigkeit hierzu.[357]
- Generell beurteilen hellhaarige Menschen Haarfarben heller als dunkelhaarige. Hat der Zeuge einen Oberlippenbart, nimmt er diesen bei der beobachteten Person nicht immer wahr. Kinder können weder Größe noch Alter zuverlässig schätzen.[358]
- **Zu beachten ist auch, dass dem Zeugen kein direktes oder indirektes Feedback über seine Identifizierungsleistung gegeben werden soll** (z.B. die Mitteilung, dass der Identifizierte auch der Hauptverdächtige war, in dessen Wohnung Beweisstücke gefunden wurden etc.). Dadurch entsteht für den Zeugen in einer anschließenden Gerichtsverhandlung ein Verstärkungseffekt, der ihn an einer Falschidentifizierung festhalten lassen kann.[359]
- **Hat sich eine Person einmal für eine bestimmte Identifizierung entschieden, rückt sie nur schwer davon ab** (sog. **Selbstfestlegungs-Effekt**).[360] Gerade Polizeibeamten dürfte es in der Praxis schwer fallen, einzuräumen, den Falschen identifiziert/festgenommen zu haben.[361]

352 Vgl. Ainsworth, Psychology, Law and Eyewitness Testimony, S. 73; vgl. auch Loftus, Eyewitness Testimony, S. 142 ff.

353 Vgl. Loftus, Eyewitness Testimony, S. 214, 227.

354 Vgl. Odenthal, Die Gegenüberstellung im Strafverfahren, 3. Aufl., S. 116 m.w.N.

355 Vgl. Stadler/Fabian, Experimentalpsychologische Forschung und strafrechtliche Praxis, S. 73 ff., 75 in Psychologie im Strafverfahren; vgl. auch Pezdek, Expert Testimony on Eyewitness Memory and Identification, Expert Psychological Testimony for the courts, S. 99, 107; vgl. Loftus, Eyewitness Testimony, S. 139.

356 Shaw, Das trügerische Gedächtnis, S. 174.

357 Vgl. Sporer, Recognizing faces of other etnic groups: An integration of theories in: Psychology, Public Policy and Law (2000), 7 (1), S. 36 ff.

358 Das sollen laut dem erfahrensten Phantombildzeichner des Bayerischen Landeskriminalamtes sog. unumstößliche Gesetzmäßigkeiten sein (Quelle: TZ München v. 25.7.2006, S. 6).

359 Vgl. McKenzie/Dunk, Identification parades: psychological and practical realities, in Analysing Witness Testimony, S. 178, 190 m.w.N.

360 Vgl. Bender/Nack/Treuer, Tatsachenfeststellung vor Gericht, 3. Aufl., Rn 1229.

361 Vgl. AG Kaufbeuren, StV 1987, S. 57.

- Es reicht in keinem Fall, wenn ein Zeuge mitteilt, den bei der Tat maskierten Angeklagten an hellen Augenbrauen, der Statur und der Sprache erkannt zu haben, ohne dass dargestellt wird, warum diese Merkmale so auffällig waren, dass sie zu einer zuverlässigen Identifikation ausreichen.[362]
- **Die Identifizierung anhand der Stimme allein ist noch fehleranfälliger[363] als eine optische Wiedererkennung und kann als alleiniges Beweismittel eine Verurteilung nicht tragen.**[364] Das gilt auch bei Blinden. Das Stereotyp, dass Blinde den verlorenen Sehsinn durch einen besonderen Hörsinn ausgleichen, ist wohl nur bedingt richtig. Zwar ergaben Versuche eine korrekte Stimmidentifizierung der Blinden von 67 % gegenüber den Sehenden von 52 %, wobei die Wahrscheinlichkeit durch reines Raten bereits 50 % beträgt. Andererseits ergaben die Versuche aber auch, dass es keinen statistisch signifikanten Unterschied zwischen komplett Blinden und nur teilweise Sehenden gab. Auch gab es keinen Unterschied zwischen bereits lange Erblindeten und erst kürzlich Erblindeten.[365]

Praxistipp 98

„Auch die eingehende Befragung des Zeugen in der Hauptverhandlung erbringt keine zusätzlichen Informationen, weil es nicht um die Lüge, sondern um den Irrtum geht.“[366]

Zur Abschätzung des Beweiswerts einer positiven Identifizierung ist es noch nötig, 99
die Charakteristika der damaligen Beobachtungssituation zu kennen (die Dauer des fraglichen Ereignisses, die Aufmerksamkeit, die man der Situation schenkte, die Licht- und Sichtsituation, das Vorhandensein einer Waffe, die zum sog. **Waffenfokus** führt, die Anwesenheit mehrerer Täter, die Kopfbedeckung, Verkleidung des Täters, der Stress des Beobachters, besondere Merkmale beim Täter etc.).[367]

In Großbritannien fand 1976 eine Untersuchung des britischen Innenministeriums 100
statt, um die Gefahr von Justizirrtümern gering zu halten. Die Empfehlung dieser von Lord Devlin geleiteten Kommission war, keine Anklagen mehr zuzulassen, bei denen als Beweismittel nur eine Identifizierungsaussage zur Verfügung stünde.[368]

362 Vgl. BGH, StV 1990, S. 340.

363 Vgl. Eisenberg, Beweisrecht der StPO, 6. Aufl., Rn 1395 und 1398, ebenso BGH 1 StR 597/08: „[...] *weil Menschen generell zu auditiver Wahrnehmung geringer befähigt sind als zu visueller und speziell bei Dialektstimmen* [...].“

364 Vgl. Bull/Clifford, earwitness testimony, in Analysing Witness Testimony, S. 194, 203 m.w.N. vgl. auch Ainsworth, Psychology, Law and Eyewitness Testimony, S. 151.

365 Vgl. Ainsworth, Psychology, Law and Eyewitness Testimony, S. 146 m.w.N.

366 Bender/Nack/Treuer, Tatsachenfeststellung vor Gericht, 3. Aufl., Rn 1234.

367 Vgl. Pezdek, Expert Testimony on Eyewitness Memory and Identification, Expert Psychological Testimony for the courts, S. 99, 107 f.

368 Vgl. Ainsworth, Psychology, Law and Eyewitness Testimony, S. 78.

101 Gewarnt werden muss auch vor der sog. **Karteikartenidentifizierung**. Der Zeuge sieht dort eine Fülle an Fotos aus einer Karteikartensammlung. Natürlich steigt die Wahrscheinlichkeit einer falschen Identifizierung, je mehr Karteikarten dem Zeugen gezeigt werden. **Als Mindeststandard wird daher empfohlen, dem Zeugen pro Sitzung nicht mehr als 50 Fotos zu zeigen.**[369] Diese Form der Identifizierung hätte aber auch Vorteile gegenüber realen Identifizierungen. Der Zeuge braucht sich nicht eindeutig festlegen, sondern kann verschiedene Verdächtige aufzeigen, sodass ggf. bei jeweils weiterer Untersuchung weitere Beweismittel erlangt werden können.[370]

102 *Hinweis*

Ist es zu einer nicht Lege-artis-Identifizierung im Ermittlungsverfahren gekommen, ist dies weder mit der Verfahrensrüge noch mit der Sachrüge in der strafrechtlichen Revision angreifbar. Eine Sachrüge (Erörterungsmangel) kann aber dann vorliegen, wenn sich der Tatrichter nicht des begrenzten Wertes einer Identifizierung nach einem nicht Lege-artis-Verfahren bewusst ist. Teilt der Tatrichter mit, dass er sich des begrenzten Beweiswerts bewusst ist, aber verurteilt er trotzdem, so ist dies revisionsrechtlich in der Regel unangreifbar. Möglicherweise wird der BGH seine restriktive Überprüfungspraxis aufgeben und eine nicht Lege-artis-Identifizierung nur noch dann genügen lassen, wenn zusätzlich sonstige Indizien vorhanden sind.[371] Das entspräche dem Stand der Wissenschaft, der von „keinem Beweiswert" ausgeht, während der BGH die Formel des „eingeschränkten Beweiswertes" vertritt.

103 In der Praxis ist zu beobachten, dass es bei Identifizierungen – wegen der Irrtumsanfälligkeit erwartbar – meist zu divergierenden Zeugenaussagen kommt. Ein Beispiel aus der Schilderung eines Tatgerichts: *„Die Zeugin M. habe den Angeklagten ‚eindeutig sowohl bei der Wahlgegenüberstellung als auch im Gerichtssaal' als denjenigen erkannt, der sie gefesselt habe und ihr den Mund habe zukleben wollen (UA S. 17). Die Zeugin W. habe bekundet, ‚sie sei sich zu 100 Prozent sicher', dass der Angeklagte bei dem Überfall dabei gewesen sei. Im Ermittlungsverfahren sei diese Zeugin allerdings ‚nicht 100 %ig sicher' gewesen, den Angeklagten auf ihr vorgelegten Bildern erkannt zu haben, indes habe ‚sie ihn im Gerichtssaal sofort erkannt' und sei ‚durch diese Erkenntnis auch sichtlich betroffen' gewesen. Die Zeugin G. habe bekundet, ‚sie sei sich fast sicher', dass der Angeklagte die Zeuginnen H. und Sch. ‚betatscht' hätte. Bei der Wahlgegenüberstellung habe sie gesagt, dass der Angeklagte dem Täter ‚sehr, sehr ähnele' (UA S. 18). Demgegenüber zeigte*

369 Vgl. Ainsworth, Psychology, Law and Eyewitness Testimony, S. 83.

370 Vgl. Ainsworth, Psychology, Law and Eyewitness Testimony, S. 84 f.

371 Vgl. Windmaier/Nack, MAH Strafverteidigung, S. 1305 m. Hinweis auf BGH, StV 1996, 649.

*sich die Zeugin Sch. sicher, dass der Angeklagte **nicht** [Hervorheb. d.d. Verf.] der Täter gewesen sei, der nach ihrem Eindruck jünger gewesen sei.*"[372]

104 Der Tatrichter, der nun entscheiden muss, welcher Zeuge sich irrt, der identifizierende oder der nicht-identifizierende, betritt eine fürwahr schwankende Brücke.[373]

H. Exkurs 4: Magnetresonanztomographie und künstliche Intelligenz

105 Ob es möglich ist, durch bildgebende Verfahren des Gehirns eine Lüge zu erkennen, braucht hier nicht ausgeführt zu werden, denn ein solcher Einsatz ist im Gerichtssaal (noch) undenkbar. Theoretisch denkbar ist allerdings, dass sich eine Partei oder ein Angeklagter freiwillig einer entsprechenden Befragung mit Bildgebungen unterzieht und das Ergebnis über einen Sachverständigen oder einen sachverständigen Zeugen in den Prozess einführt. Dann aber würde es der Beweisperson auch obliegen, die Validität des Ergebnisses darzustellen. Ein solcher Ansatz könnte in der Sache selbst durchaus sinnvoll sein, wenn sich die bisherigen Forschungsergebnisse zur Validität der Methode weiter verdichten,[374] allerdings muss der Anwender dieser Methode mit erbittertem Widerstand der Rechtspraxis rechnen. Das zeigen die Bemühungen der richterlichen Praxis, den Polygraphen („Lügendetektor") im Gerichtssaal zu vermeiden.

106 Von der ursprünglichen Annahme, dass der Einsatz des Polygraphen gegen die durch Art. 1 Abs. 1 GG (und § 136a StPO) geschütze Freiheit der Willensentschließung verstoße,[375] ist der BGH im Falle des Einverständnisses des Beschuldigten abgerückt, hat aber gemeint, dass der sog. Kontrollfragentest per se ein völlig ungeeignetes Beweismittel wäre und der sog. Tatwissenstest jedenfalls zum Zeitpunkt der Hauptverhandlung.[376] Auch der BGH in Zivilsachen,[377] das BAG[378] und das BVerwG[379] haben sich dieser Rechtsprechung angeschlossen. Das bedeutet einerseits, dass der Tatwissenstest durchaus Anwendung finden könnte, wenn dieser methodisch anwendbar ist, d.h., der Beschuldigte noch nicht weiß, welche Kenntnisse die Ermittlungsbehörden haben.[380] Dass aber der Kontrollfragentest stets ohne Be-

372 LG Postdam, Az.: unbekannt, entnommen von der die Verurteilung aufhebenden Revisionsentscheidung des BGH, StV 2009, S. 454 f.

373 Alsberg, Justizirrtum und Wiederaufnahme, in Max Alsberg, Ausgewählte Schriften, Taschke (Hrsg.), S. 87.

374 Vgl. Bender/Häcker/Schwarz, Tatsachenfeststellung vor Gericht, 6. Aufl., Rn 285 ff.

375 Vgl. BGHSt 5, S. 332.

376 Vgl. BGHSt 44, S. 308; BGH, NStZ 2011, S. 474.

377 Vgl. BGH, NJW 2003, S. 2527.

378 Vgl. BAG, NJW 2023, S. 1677.

379 Vgl. BVerwG, NVwZ-RR 2014, S. 887.

380 Vgl. Bender/Häcker/Schwarz, Tatsachenfeststellung vor Gericht, 6. Aufl. Rn 281 ff.

weiswert ist, lässt sich rational nicht vertreten, denn auch dieser offenbart Trefferquoten, die mindestens denjenigen der inhalts-orientierten Aussageanalyse ähnlich oder sogar überlegen sind.

107 Ob und wie sich künstliche Intelligenz in Zukunft für die Beweiswürdigung einsetzen lässt, kann derzeit nicht prognostiziert werden. Seit 1.8.2024 ist jedenfalls eine EU-Verordnung 2024/1689 des Europäischen Parlaments und des Rates in Kraft, die auch auf die Rechtspflege Rückwirkungen und Konsequenzen haben kann.

§ 24 Die Aussageanalyse

Inhalt

A. Einleitung

Der BGH formuliert in seiner Entscheidung vom 16.5.2002 (1 StR 553/01), „das geeignete Instrumentarium dafür, ob der Zeuge subjektiv die Wahrheit sagt, ist insbesondere die Aussageanalyse“. **Der BGH folgt der in der Aussagepsychologie allgemein anerkannten Undeutsch-Hypothese:** „Aussagen über selbsterlebte Vorgänge müssen sich von Äußerungen über nicht selbsterlebte Vorgänge unterscheiden durch Unmittelbarkeit, Farbigkeit, Lebendigkeit, sachliche Richtigkeit und psychologische Stimmigkeit, Folgerichtigkeit der Abfolge, Wirklichkeitsnähe, Konkretheit, Detailreichtum, Originalität und – entsprechend der Konkretheit jedes Vorfalls und der individuellen Erlebnisweise eines jeden Beteiligten – individuelles Gepräge.“[1] Das klingt gut, ist aber praktisch für die Unterscheidung von wahren und unwahren Aussagen nur bedingt tauglich. 1

> *„Über mehr oder weniger deutlich ausgeprägte Schemata […] verfügen wir als Erwachsene zu nahezu jedem Thema, selbst wenn wir ein entsprechendes Erlebnis gar nicht hatten. Die wenigsten haben etwa einen Banküberfall miterlebt, und doch könnte vermutlich jeder einen Banküberfall schildern; wir verfügen dafür aus entsprechender Berichterstattung und filmischer Wiedergabe über entsprechende Vorstellungen.“*[2]

1 Undeutsch, Handbuch der forensischen Psychologie, 11. Bd., S. 126.

2 Bender/Häcker/Schwarz, Tatsachenfeststellung vor Gericht, 6. Aufl., Rn 35.

2 Deswegen, – so wird angenommen –, soll sich die erlogene Aussage an entsprechenden Schemata orientieren statt an individuellen Besonderheiten. Theoretisch sollten Schemainkonsistenzen zum Realitätskriterium werden,[3] da der Lügner von einem Schema berichtet, die Realität aber selten schematisch abläuft. Problematisch hieran ist, dass – abgesehen von simpelsten Einzelheiten – nicht klar ist, was zum Schema gehört, d.h., wie elaboriert muss die Aussage sein, um vom Schema abzuweichen? Und weiter ist an diesem Ansatz – der für sexuell missbrauchte Kinder entwickelt wurde – problematisch, dass in Medien, Zeitungen, Filmen, Büchern oder Berichten anderer etc. keineswegs nur Schemata produziert werden, sondern elaborierte Einzelheiten und Situationen. D.h., der Lügner produziert seine Geschichte mitnichten aus einem Schema, sondern aus eigenen Wahrnehmungen von Berichten oder Überlegungen anderer mit den entsprechenden Schemainkonsistenzen.

Jedenfalls hat sich *Undeutsch* in späteren Lebensjahrzehnten keineswegs für einen ausgeweiteten Einsatz der Aussagepsychologie eingesetzt, sondern für den Einsatz des Polygraphen.

3 Für die Fülle der forensisch relevanten Fälle ist es realitätsfern, wenn Folgendes abstrakt-generell angenommen wird:

> *„Zu lügen stellt außerdem eine erhebliche kognitive Leistung der Aussageperson dar: Sie muss ihre Falschaussage überzeugend darlegen, ohne auf vorhandene Erinnerungen zurückgreifen zu können, sie muss sich merken, wie und mit welchen Details sie ihre Geschichte erzählt hat, um auf Nachfragen widerspruchsfrei und schnell reagieren zu können, sie beobachtet verstärkt sich selbst und ihre Wirkung auf die Vernehmungsperson, um auf Irritationen oder fehlende Überzeugungswirkung reagieren zu können. Das führt gegenüber demjenigen, der ein wahres Geschehen abrufen und berichten kann, zu einer erhöhten kognitiven Belastung (‚cognitive load‘) mit der Folge, dass (zu) wenig Ressourcen für die Ausarbeitung der Aussage an sich zur Verfügung stehen: Diese erscheint verarmt, weniger bunt und wenig individuell.“*[4]

4 All das **kann** im Falle eines vollkommen frei erfundenen Sachverhalts zutreffend sein. In der forensischen Praxis ist diese Ausgangskonstellation aber mehr Wunschdenken als Realität. Würden die o.g. Überlegung den Normalfall der Praxis darstellen, müsste die Lüge vor Gericht weit häufiger als gegenwärtig (oder in den Jahrzehnten seit Bestehen der Bundesrepublik) erkannt werden. Tatsächlich offenbart die Justizstatistik einen kaum messbaren Anteil an Falschaussagen, obwohl sie zahlenmäßig weit häufiger vorkommen müssen. Freilich ist unbekannt, wie viele Falschaussagen vor Gericht tatsächlich vorkommen, aber es besteht Einigkeit, dass sie weit häufiger vorkommen, als sie tatsächlich erkannt werden.

3 Vgl. Bender/Häcker/Schwarz, Tatsachenfeststellung vor Gericht, 6. Aufl., Rn 356.

4 Häcker in: Bender/Häcker/Schwarz, Tatsachenfeststellung vor Gericht, 6. Aufl., Rn 362.

Hinweis:

Dass die Lüge gut erkannt oder entdeckt werden kann, weil die Lüge kognitiv anspruchsvoll ist, basiert im Wesentlichen auf einer Kompetenzillusion von Juristen und aussagepsychologischen Sachverständigen. Freilich mag es (seltene) Fälle geben, in denen die Lüge gut erkannt werden kann.

Es ist abstrakt-generell richtig, dass Lügner, jedenfalls in den Teilen, in denen eine Übertragung eines Parallelerlebnisses nicht möglich ist, ihre Aussage aus vorhandenen Schemata entwickeln müssen und nicht auf vorhandenes Erfahrungswissen zum lediglich als erlebt behaupteten Geschehen zurückgreifen können,[5] allerdings unbekannt, was ein „Schema" von einem über Dritte/Medien vermittelte Erfahrungen/Berichte abgrenzt. Im letztgenannten Fall kann der Lügner dann nämlich durchaus auf Erfahrungswissen zurückgreifen, das ihm lediglich vermittelt wurde. Sofern angenommen wird, dass sich Lügner deswegen eine Geschichte zurecht legen würden und auf Nachfragen weniger gut und zwanglos zur Lückenfüllung in der Lage als wahr Aussagende wären, kann auch das richtig sein, aber der Anwendungsbereich bleibt in der Praxis klein. *Häcker* meint allerdings: 5

„Die Aussageperson mit Fragen zu überraschen, gelingt vor Gericht schon deswegen häufiger als man vielleicht erwarten würde, weil die gedankliche Vorwegnahme von Fragen einer Vernehmungsperson der oft einfacher ***strukturierten Aussageperson schlicht zu viel abverlangt****."*[6]

Hier sollte man vorsichtig sein. Dieses angenommene intellektuelle Gefälle des Vernehmenden zu der „einfacher strukturierten Aussageperson" kommt jedenfalls nicht oft vor. Tatsächlich gibt auch das nachfolgende Beispiel von *Häcker* wenig her:

„Wenn es etwa darum geht, ob ein bestimmter, unstreitig vom Beklagten ausgeliehener Geldbetrag bereits an den Kläger zurückgezahlt wurde und der Beklagte fälschlich behauptet, dass ja, wird er sich in erste Linie überlegen, was beim angeblich zur Rückzahlung stattgehabten Treffen gesprochen worden, vielleicht auch noch, wie man zum Treffpunkt gelangt ist, oder wie die Beteiligten gekleidet waren. Typischerweise wird er aber überrascht sein von der Frage, wer im Verlauf des Gesprächs wo stand oder saß, oder ob die Personen ihre Position geändert haben. Einen ‚Joker' hat man als Vernehmer natürlich gezogen, wenn sich zeigt, dass die Aussageperson zur Beschreibung der Örtlichkeit des Treffens überhaupt nicht in der Lage ist (weil sie z.B. in Wahrheit eben nie im Büro des Klägers war)."[7]

5 Vgl. Häcker in: Bender/Häcker/Schwarz, Tatsachenfeststellung vor Gericht, 6. Aufl., Rn 774.

6 Häcker in: Bender/Häcker/Schwarz, Tatsachenfeststellung vor Gericht, 6. Aufl., Rn 775.

7 Häcker in: Bender/Häcker/Schwarz, Tatsachenfeststellung vor Gericht, 6. Aufl., Rn 776.

Überzeugend ist dieses Beispiel nicht. Der „Joker" setzt einen (schlechten) Lügner voraus, der ein Treffen an einen Ort verlegt, an dem er selbst nie war und sich auch nicht erkundigt hat, wie dieser Ort aussieht. Dass man von der Frage, wer wo stand und ob man die Position geändert habe, „überrascht" sein wird, ist zutreffend. Allerdings wird auch der wahrheitsgemäß Aussagende von dieser Frage überrascht sein, denn warum sich dies einerseits einprägen oder ebensogut Gegenstand eines Irrtums sein könnte, ist nicht klar. Überdies: Was soll aus der Aussage, wer wo saß, abgeleitet werden, wenn der Gegner das Gegenteil sagt?

6 Auch das (von *Vrij et al.*[8] übernommene) Beispiel, verstärkt zeitlich orientierte Fragen zu stellen, wenn eine Übertragung eines Parallelerlebnisses naheliegt, überzeugt nicht, auch wenn der Ansatz richtig ist. „Der Angeklagte führt als Alibi an, er habe sich am fraglichen Nachmittag im Fitnessstudio aufgehalten und komme daher als Täter nicht in Betracht. Wenn der Angeklagte dieses Fitnessstudio regelmäßig besucht, kann er andere Aufenthalte dort auf den fraglichen Nachmittag übertragen und so den behaupteten Besuch mit allen nur erwartbaren Realitätskriterien schildern. Man wird dann nicht groß nach Räumlichkeiten fragen brauchen, die sicher zutreffend geschildert werden, sondern sich auf die Faktoren konzentrieren, die **tagabhängig variieren** können: Etwa welcher Trainer an diesem Tag anwesend war, wie an diesem Tag die Öffnungszeiten waren, oder wie voll es gerade an diesem Tag war."[9] All diese Fragen sind meist sinnbefreit, weil aus der falschen Antwort nicht die Lüge, sondern i.d.R. allenfalls ein Irrtum klar wäre. Noch einmal: Die Wahrnehmung auch des wahrheitsgemäß Aussagenden ist regelmäßig vom Irrtum beeinflusst.

7 An anderer Stelle bemerkt *Häcker* völlig zutreffend:

> *„Weiter sind Quellenverwechslungen im Verhör typisch: Um überhaupt antworten zu können, wird – unbewusst oder auch bewusst – auf ‚Wissen' zurückgegriffen, das nicht aus dem eigenen episodischem Gedächtnis stammt, sondern aus anderen Quellen."*[10]

Offensichtlich ist die Lügenerkennung weit schwieriger als angenommen. Das zeigen Experimente mit Richtern:

> *„Auf Tagungen zeigte sich, dass jedenfalls Richterinnen und Richter gut in der Lage sind, binnen einer 20-minütigen Kaffeepause eine Urlaubsgeschichte so vollständig und detailliert zu erfinden, dass ihre Kolleginnen und Kollegen davon überzeugt waren, die Geschichte müsse erlebnisbasiert sein."*[11]

8 Vgl. Vrij/Mann/Leal/Fisher, „Look into my eyes": Can an instruction to maintain eye contact facilitate lie detection?, Psychology, Crime and Law 16(4), 2021, S. 327.

9 Häcker in: Bender/Häcker/Schwarz, Tatsachenfeststellung vor Gericht, 6. Aufl., Rn 778.

10 Häcker in: Bender/Häcker/Schwarz, Tatsachenfeststellung vor Gericht, 6. Aufl., Rn 942.

11 Häcker in: Bender/Häcker/Schwarz, Tatsachenfeststellung vor Gericht, 6. Aufl., Rn 398.

Auch lässt die Annahme der „cognitive load“ außer Betracht, dass dann auch die Vorbereitung des Lügners für eine derart schwierige Lüge steigt, was die Entdeckungswahrscheinlichkeit wieder reduziert. Auch die Annahme der kognitiven Belastung aufgrund der Notwendigkeit der Erinnerung trifft i.d.R. nicht zu (dazu unten zum Konstanzkriterium). 8

Es ist – in der Psychologie unbestritten – Allgemeingut, dass die gut entwickelte Täuschungsfähigkeit in deutlichem Widerspruch zur weitgehenden menschlichen Unfähigkeit steht, Täuschungshandlungen des Gegenübers aufzudecken.[12]

Sprachliche Täuschung ist fester Bestandteil der alltäglichen, menschlichen Kommunikation.[13] Sie wird mit zunehmender kognitiver Leistungsfähigkeit im Rahmen der sozialen Interaktion entwickelt und mit Hilfe der Rückmeldung des sozialen Umfelds verfeinert.[14] „Die erste Täuschungshandlung von Kindern besteht häufig darin, dass sie abstreiten, eine ihnen zuvor verbotene Handlung ausgeführt zu haben. Gelingt es ihnen einmal, dass diese Lüge vom sozialen Umfeld als wahrheitsgemäß akzeptiert wird, merken sie, dass Erwachsene nicht alles wissen, und lernen gleichzeitig, dass sie mögliche negative Konsequenzen einer ehrlichen Antwort auf diese Weise vermeiden können. Durch mehr oder weniger erfolgreiche Wiederholungen dieser Täuschungsversuche werden mit Hilfe erläuternder oder sozialer Rückmeldungen und Korrekturen Kontingenzregeln erlernt, die Aussagen darüber erlauben, unter welchen Bedingungen Lügen geglaubt werden.“[15] Es lässt sich zwar nicht genau bestimmen, ab wann Kinder die Fähigkeit zu lügen entwickeln, aber dieser Zeitraum liegt jedenfalls im Vorschulalter. Manche Autoren meinen, dass bereits zweijährige Kinder in der Lage seien, verschiedene Täuschungsstrategien erfolgreich anzuwenden. Ab einem Alter von dreieinhalb bis vier Jahren wird dies jedenfalls kaum bezweifelt.[16] 9

Freilich entwickelt sich auch die Fähigkeit, Täuschungen des Gegenübers zu erkennen, mit zunehmendem Alter, allerdings stagniert sie auf relativ niedrigem Niveau.[17]

12 Vgl. Niehaus, Täuschungsstrategien von Kindern und Erwachsenen, S. 279 in: Dahle/Volbert (Hrsg.) Entwicklungspsychologische Aspekte der Rechtspsychologie.

13 Vgl. Niehaus, Täuschungsstrategien von Kindern und Erwachsenen, S. 279 in: Dahle/Volbert (Hrsg.) Entwicklungspsychologische Aspekte der Rechtspsychologie.

14 Vgl. Niehaus, Täuschungsstrategien von Kindern und Erwachsenen, S. 279, 280 f. in: Dahle/Volbert (Hrsg.) Entwicklungspsychologische Aspekte der Rechtspsychologie.

15 Niehaus, Täuschungsstrategien von Kindern und Erwachsenen, S. 279, 281 in: Dahle/Volbert (Hrsg.) Entwicklungspsychologische Aspekte der Rechtspsychologie

16 Vgl. Stucki/Bütikofer/Oswald, Einfluss eines Erzählverbots auf die Wiedergabeleistung von Vorschulkindern, S. 295, 296 f. in: Dahle/Volbert (Hrsg.) Entwicklungspsychologische Aspekte der Rechtspsychologie.

17 Vgl. Niehaus, Täuschungsstrategien von Kindern und Erwachsenen, S. 279, 282 m.w.N. in: Dahle/Volbert (Hrsg.) Entwicklungspsychologische Aspekte der Rechtspsychologie.

10 Das bei weitem **wichtigste Kriterium** für die Glaubhaftigkeit ist laut BGH die **Aussageanalyse.**[18] Damit ist die grundsätzliche Frage, ob in der Realität begründete Aussagen überhaupt andere Kennzeichen haben als Aussagen, die nicht auf realen Beobachtungen beruhen, indirekt durch den BGH entschieden. Tatsächlich ist dies auch in der Tat oft so[19] bzw. jedenfalls manchmal so. Das erklärt sich theoretisch dadurch, dass eine erfundene Aussage hohe Anforderungen an die kognitive Leistungsfähigkeit eines Zeugen stellt, die viele Zeugen nicht erfüllen können, sodass sich dann Unterschiede zwischen (subjektiv) wahren und (subjektiv) unwahren Aussagen feststellen lassen. **Der Lügner** stellt in der Regel teils instinktiv, teils bewusst ein sog. Gefährlichkeitskalkül an, d.h., er **möchte das Risiko, ertappt zu werden, möglichst gering halten**.[20] Je intelligenter Lügner/innen sind, desto mehr scheuen sie das Risiko.[21] „Die merkmalsorientierte Inhaltsanalyse war Gegenstand zahlreicher wissenschaftlicher Validitätsprüfungen. Nach der anfänglichen Kritik an wenig lebensnahen Laborstudien liegen inzwischen methodisch gut durchdachte Simulationsstudien vor, deren Ergebnisse durchaus auf den forensischen Kontext übertragbar sind,“[22] bzw. übertragbar sein sollen, aber gleichwohl bleibt der Beweiswert der Aussageanalyse i.d.R. gering.

11 Das **Risiko, überführt zu werden, ist dann relativ gering**, wenn

- der Lügner möglichst **gar keine inhaltliche Aussage** macht,
- eine inhaltliche Aussage unvermeidbar ist, der **tatsächliche Kern jedoch möglichst klein** gehalten wird,
- statt mit (nachprüfbaren) Tatsachen die Aussage **mit „inneren“ Tatsachen und Begründungen aufgefüllt wird.**[23]

12 Insofern steckt der Lügner in einem **Dilemma**, denn wer wirklich ein Erlebnis hatte, kann es vor seinem geistigen Auge (Selektivität der Wahrnehmung und Erinnerungsfehler eingeschlossen) ablaufen lassen, sodass das Erlebnis anschaulich, detailreich und flüssig erzählt werden kann, während der Lügner ein Fantasiegebilde entwerfen muss, das eher karg, blass und unvollständig sein wird.[24] Das Ausmaß von „eher“ bleibt allerdings im Unklaren. Einerseits muss bzw. will der Lügner überzeugen, anderseits fehlt ihm die Kompetenz zu überzeugen bzw. der Lügner muss die entsprechende Kompetenz durch seine Fantasie aufbauen.[25] Problematisch wird dies allerdings bei der gewollten Kontamination, d.h., die geschilderten Vorkommnisse wurden zu anderer Zeit, an anderem Ort oder mit anderen Personen oder mit

18 Vgl. BGH, 1 StR 553/01 n.v.: „**insbesondere die Aussageanalyse**“.
19 Vgl. Trankell, Der Realitätsgehalt von Zeugenaussagen, S. 122: „ohne Zweifel“.
20 Vgl. Bender/Nack, Tatsachenfeststellung vor Gericht, 2. Aufl., Rn 171.
21 Vgl. Wendler, Wie ähnlich war der Unfall?, S. 75.
22 Niehaus, Merkmalsorientierte Inhaltsanalyse in Handbuch der Rechtspsychologie, S. 316.
23 Vgl. Bender/Nack, Tatsachenfeststellung vor Gericht, 2. Aufl., Rn 171.
24 Vgl. Bender/Nack, Tatsachenfeststellung vor Gericht, 2. Aufl., Rn 174.
25 Vgl. Bender/Nack, Tatsachenfeststellung vor Gericht, 2. Aufl., Rn 174.

anderen Gegenständen erlebt, sodass nur ein Austausch der Person, des Ortes, der Zeit oder der Gegenstände erfolgt. Hier ist vieles wahr, was der Lügner berichtet, aber einmal muss der Lügner lügen, sodass hier der Einstieg – wenn überhaupt – nur durch das Strukturbruchsignal gefunden werden kann.[26] Das ist das forensisch relevante Hauptproblem. Niemand erzählt vor Gericht eine vollständig erfundene Geschichte. Teile der Geschichte sind immer wahr. Das gilt auch dann, wenn die Aussageperson die wahren Teile nicht selbst erlebt hat, d.h., in der konkreten Situation gar nicht anwesend war, aber über den wahren Teil instruiert wird. Dann handelt es sich bei der Aussage um einen (von Dritten vermittelten) Bericht über ein wahres Erleben und eine erfundene Erweiterung.

> *„**Nicht blenden** lassen darf man sich in diesen Fällen außerdem davon, dass natürlich außerhalb des relevanten Kerngeschehens Realitätskriterien zu finden sind, weil die Aussageperson das Gesamterlebnis tatsächlich hatte [bzw. ihr davon berichtet wurde]; es besteht dann die Gefahr, dass man die Aussage für die zu Unrecht überschießenden und vom Hofeffekt beeinflusst insgesamt für glaubhaft hält, weil sie ja so ‚schöne' Glaubhaftigkeitsmerkmale aufweist."*[27]

Richtig ist auch, dass die Fähigkeit, unwahre Geschichten zu erzählen, auch von den jeweiligen konkreten menschlichen Fähigkeiten des Zeugen abhängt.[28] Richtig ist weiterhin, dass sich unter bestimmten Voraussetzungen wahre Aussagen nicht von unwahren Aussagen unterscheiden lassen.[29] Richtig ist sogar, dass sich in unwahren Aussagen Realitätsmerkmale finden lassen und umgekehrt in wahren Aussagen Fantasiesignale. Gleichwohl ist all dies kein Argument, auf die Aussageanalyse zu verzichten. Auch die Aussageanalyse wird Fehlurteile und Fehleinschätzungen liefern. Gleichwohl wird durch die Aussageanalyse die Beweiswürdigung auf eine **objektive, rational nachvollziehbare Grundlage** gestellt. *Undeutsch* meinte bereits 1967, dass damit auf der Hand liege, dass sich dadurch eine höhere Gewähr für „richtige" Urteile finden lasse.[30] Das wird in manchen Fällen sicher zutreffen, aber es ist völlig ungeklärt, ob der auf seiner eigenen Lebenserfahrung agierende Tatrichter in der Praxis schlechtere Ergebnisse erzielt als der aussagepsychologisch geschulte Tatrichter. Wäre das wirklich so, müsste man sich um die Rechtsprechung in der BRD seit 1949 Sorgen machen, denn das würde dann bedeuten, dass Tatrichter über mehrere Jahrzehnte schlechtere Ergebnisse in der Beweiswürdigung produziert hätten als moderne Tatrichter, die jedenfalls die eine oder andere Schulung/Weiterbildung hinsichtlich der modernen Aussagepsychologie erhalten haben. So weit wird man allerdings nicht gehen können, obwohl dies die Konsequenz des Glaubens an die Überlegenheit der Aussagepsychologie wäre. 13

26 Vgl. Bender/Nack, Tatsachenfeststellung vor Gericht, 2. Aufl., Rn 346.
27 Bender/Häcker/Schwarz, Tatsachenfeststellung vor Gericht, 6. Aufl., Rn 407.
28 Vgl. Eisenberg, Beweisrecht der StPO, 4. Aufl., Rn 1427.
29 Vgl. Eisenberg, Beweisrecht der StPO, 4. Aufl., Rn 1427.
30 Vgl. auch Undeutsch in Handbuch der forensischen Psychologie, 11. Bd., S. 48/49.

14 Oft wird versucht, eine Beweiswürdigung **unangreifbar** zu machen, indem als ausschlaggebendes Kriterium der „**persönliche Eindruck**" des Tatrichters wiedergegeben wird.

15 Zwar kann sich niemand der Einwirkung des persönlichen Eindrucks entziehen,[31] jedoch ist **dieser regelmäßig wertlos.**[32] Döhring hatte hierzu bereits 1963 formuliert: „[...] besagt aber für sich in den meisten Fällen nicht viel [...]."[33] Von Krauthan erfahren wir, dass die relative Kürze und der formelle Charakter der Verhandlung die krit. Haltung gegenüber dem oft falschen Ersteindruck erschweren würden.[34] Ebenso Hellwig: „Aber wir müssen uns darüber im Klaren sein, dass der persönliche Eindruck, den wir bei der Vernehmung im Ermittlungsverfahren und auch in der Hauptverhandlung gewinnen, außerordentlich trügerisch ist, und dass er, wie er uns in manchen Fällen sicherlich helfen kann, die Wahrheit zu finden, in anderen Fällen auch arg in die Irre zu führen vermag."[35] Auch der BGH hat in einem Sittlichkeitsprozess ausgeführt: „Der kurze Eindruck, den das Gericht in der Hauptverhandlung von jedem der Mädchen erlangen konnte, fällt bei der Sachlage kaum ins Gewicht."[36] Altavilla teilt uns mit: „Ich möchte sogar sagen, dass das Bewusstsein zu lügen, den Zeugen entschlossen und kühn machen kann. Die Lüge erfordert nämlich, wie dargelegt, das Wissen um die Wahrheit und setzt damit die Vorbereitung auf mögliche Vorhalte voraus. Der falsche Zeuge befindet sich daher möglicherweise in einer besseren Lage als der wahrhafte Zeuge, der durch einen unvermuteten energischen Widerspruch aus der Fassung geraten kann [...]. Der Zeuge, der am Streitfall nur ein begrenztes Interesse hat und ganz selten nur eine eigene Tatverantwortlichkeit sich abzeichnen sieht, tritt sicher auf, weil er ganz Herr seiner selbst ist. Der Beschuldigte dagegen sieht sich in der Freiheit, der Ehre, zuweilen am Leben, also hinsichtlich seiner höchsten Güter, bedroht. Trotz seiner Unschuld ist er davon überzeugt, dass schwere Indizien gegen ihn sprechen, deren Hinfälligkeit nachzuweisen er sich nicht in der Lage sieht. Er befindet sich daher in einem Erregungszustand, der es ihm bei seinen Erklärungen völlig unmöglich macht, ein unbefangenes und sicheres Verhalten an den Tag zu legen."[37] Die gleiche Beobachtung hatte bereits Döhring gemacht: „Unsicherheit des Beschuldigten [...] kann [...] allein schon dadurch hervorgerufen werden, dass der Verdächtige obwohl unschuldig, sich in eine ihm ungünstige Beweissituation verstrickt sieht, aus der er

31 Vgl. Döhring, Die Erforschung des Sachverhalts im Prozess, S. 68.

32 Vgl. Schneider, Beweis und Beweiswürdigung, 5. Aufl., Rn 893; vgl. auch Dettenborn/Fröhlich/Szewczyk, Forensische Psychologie, 2. Aufl., S. 39.

33 Döhring, Die Erforschung des Sachverhalts im Prozess, S. 80.

34 Vgl. Krauthan, Psychologisches Grundwissen für die Polizei, 4. Aufl., S. 108.

35 Hellwig, Psychologie und Vernehmungstechnik, 4. Aufl., S. 41.

36 BGH, BGHSt 2, S. 164 ff.

37 Altavilla, Forensische Psychologie, Bd. II, Die Psychologie der Strafprozessbeteiligten, S. 252/253.

sich im Augenblick nicht zu befreien vermag."[38] Zeichen von Furcht, Scham oder Schuld sind keine eindeutigen Kriterien. Der Täter kann Aufdeckung fürchten, aber auch der Unschuldige kann befürchten, dass man ihm nicht glaubt.[39] Die mangelnde Wissenschaftlichkeit der richterlichen Aussagebeurteilung wurde von Keller wie folgt umschrieben: „Die alltägliche richterliche Glaubwürdigkeitsbeurteilung, die auch Körperreaktionen der Aussageperson berücksichtigt, kommt seit je ohne statistische Belegbarkeit ihrer Prämissen aus."[40]

Hinweis 16

Der BGH hat allerdings eine Parteibehauptung allein aufgrund der Persönlichkeit der Partei (Pfarrer) für „anbewiesen" i.S.v. § 448 ZPO erachtet.[41]

Dieser „**Eindruck**" oder auch die „**persönliche Intuition**" oder das „**Bauchgefühl**" sind zur Einschätzung nach allen zur Verfügung stehenden Untersuchungen **unbrauchbar.**[42] „Jeder Mensch lernt im täglichen Umgang, sein Gegenüber einzuschätzen. Der erste Kontakt, der erste Blick, die ersten Sekunden oder Minuten entscheiden über Sympathie oder Antipathie ‚Den mochte ich auf Anhieb', stellen wir fest oder eben: ‚Der war mir unsympathisch'. Und dabei bleibt es dann meistens. Die einmal getroffene Einordnung wird nicht mehr überprüft und schon gar nicht revidiert. Was aber, wenn wir uns getäuscht haben?"[43] Gleichwohl lässt die Überschätzung der eigenen Kompetenz viele Beurteiler an ihrer bisherigen Praxis festhalten.[44] „Viele Menschen verwechseln Vorurteile mit Menschenkenntnis. Der Unterschied liegt darin, einen zweiten Blick zu riskieren, oder gar einen dritten und vierten ... Rasierter Schädel, Stiernacken, Stirnband, Sonnenbrille und die üblichen Aufnäher an seiner speckigen Kutte. Ein Rocker, was sonst. Strafregister wahrscheinlich bis zum Mord. Mit zwei Worten: unterste Schublade. Also schnell schließen. Das kennt man. Nein, man kennt es nicht. Der vermeintliche Rocker stellte sich als Doktor der Philosophie und aktiver Buddhist heraus, der jegliche Form von Gewalt strikt ablehnte."[45] All das gilt auch und besonders für Richter: 17

„Ein Richter, der hintereinander drei Zeugen hört, reagiert schon auf deren unterschiedliches Aussehen, ihre unterschiedlichen Stimmen nicht in gleicher Weise. Und das kann schon anders sein, wenn die Reihenfolge eine andere gewesen

38 Döhring, Die Erforschung des Sachverhalts im Prozess, S. 71.

39 Vgl. Füllgrabe, Irrtum und Lüge, S. 50 ff.; vgl. auch Jansen, Zeuge und Aussagepsychologie, Rn 136, die mit großer Sorge berichtet, dass richterliche Überzeugungsbildung häufig nur momentane Eindrucksbildung ist.

40 Keller, Verwissenschaftlichung versus Rationalität der Beweiswürdigung, GA 1999, S. 255, 264.

41 Vgl. BGH, Urt. v. 18.12.1968 – IV ZR 522/68 = VersR 1969, S. 221.

42 Vgl. Hermanutz/Litzcke, Vernehmung in Theorie und Praxis, S. 141 m.w.N.

43 Bindig, Der Verhörspezialist, S. 11.

44 Vgl. Hermanutz/Litzcke, Vernehmung in Theorie und Praxis, S. 141.

45 Bindig, Der Verhörspezialist, S. 26.

wäre. Wahrnehmungen und Erinnerungen sind, wie wir gesehen haben, immer (vereinfacht gesagt) emotional kontaminiert. Nur wenn diese Emotionalität einen bestimmten Grad überschreitet und man sich dies auch bewusst macht, gibt es rechtliche Regeln, dem entgegenzusteuern. Solange aber der Grad der Befangenheit nicht erreicht ist, bleibt nur ein Verweis auf den professionellen Habitus und den Ausgleich und die Abmilderung durch kollegiale Korrekturen im Spruchkörper."[46]

Dieser Verweis auf einen professionellen Habitus hilft freilich wenig, denn die zugrundeliegenden Mechanismen verlaufen unbewusst; der Verweis auf kollegiale Korrekturen im Spruchkörper könnte sehr sinnvoll sein, wenn ein Mitglied des Spruchkörpers die Rolle des advocatus diaboli einnimmt (dazu unten). Die Praxis ist davon allerdings weit entfernt.

Wie erwähnt führt die gegenwärtige Praxis ohne Aussageanalyse zu der paradoxen Konsequenz, dass die Gerichte zu Recht an der Wahrheit einer Aussage zweifeln müssten, sie aber dennoch zugrunde legen.[47] Wenn die **Aussageanalyse einen hohen Beweiswert hätte, könnte sie dieses Paradoxon auflösen**. Entweder die Gerichte zweifeln aufgrund der Aussageanalyse nicht mehr an der Aussage und legen diese zugrunde oder sie zweifeln aufgrund der Aussageanalyse an der Aussage und legen diese nicht mehr zugrunde. In beiden Fällen kommt es dann zu einer folgerichtigen Lösung statt zu einem Paradoxon. Einen hohen Beweiswert der Aussageanalyse gibt es aber im Allgemeinen nicht. Das kann bei Kinderaussagen anders sein. Gleichwohl ist die Aussageanalyse gegenüber der Nichtanalyse die bessere Alternative, weil sie das Beurteilungsspektrum vergrößert. Mit anderen Worten: Die Anwendung der kriterienorientierten Aussageanalyse ist sinnvoll, aber nur, wenn man sich deren begrenzten Beweiswert in Erinnerung ruft. Davon ist die Praxis weit entfernt, die aussagepsychologische Kriterien als besonders beweiskräftig ansieht und/oder gar die richterliche Urteilsfindung de facto (nicht de jure) auf entsprechende Sachverständige delegiert.

18 Es bleibt zu hoffen, dass folgende Aussage des Nobelpreisträgers Max Planck falsch ist:

19 „*Eine neue wissenschaftliche Wahrheit pflegt sich nicht in der Weise durchzusetzen, dass ihre Gegner überzeugt werden und sich als bekehrt erklären, sondern vielmehr dadurch, dass die Gegner allmählich aussterben und dass die heranwachsende Generation von vornherein mit der Wahrheit vertraut gemacht wird.*"[48]

46 Strauch, Richterliche Urteilsfindung, S. 70.

47 Vgl. Reinecke, Die Krise der freien Beweiswürdigung im Zivilprozess – oder über die Schwierigkeit, einem Zeugen nicht zu glauben, MDR, 1986, S. 631.

48 Hermanutz/Litzcke, Vernehmung in Theorie und Praxis, S. 149.

Die Aussageanalyse beschränkt sich keineswegs nur auf die **Aussage von Zeugen,** sondern ebenso auf die **Darstellungen der Parteien im Zivilprozess** oder die **Einlassung des Beschuldigten.**[49] Die aussagepsychologischen Gesetzmäßigkeiten sind jeweils dieselben. 20

Hinweis

Erkenntnistheoretisch und psychologisch sind Zeugenaussagen und Parteiaussagen dasselbe. Sie unterscheiden sich nur durch die Interessenlage der Aussagenden (Klein, Vorlesungen über die Praxis des Zivilprozesses, S. 368, zitiert nach: Polyzogopoulos, Parteianhörung und Parteivernehmung in ihrem gegenseitigen Verhältnis, S. 64).

Ein aussagebereiter Beschuldigter ist aus aussagepsychologischer Sicht ein „Zeuge seiner eigenen Tat".[50] Angaben des Angeklagten sind im Urteil zu würdigen.[51] Durch die Einlassung hat sich der Angeklagte freiwillig zum Beweismittel gemacht.[52] Dementsprechend müssen seine Angaben wie die eines jeden Beweismittels gewürdigt und bewertet werden.[53]

Ebenso treffen die Erkenntnisse der Wahrnehmungs- und Erinnerungsverfälschungen nicht nur auf die Zeugen und Parteien der Verfahren zu, sondern auch auf den/die Richter. **Der Beweiswert einer Aussage hängt nicht davon ab, ob man sich als Zeuge, Angeklagter oder Mitangeklagter äußert.**[54] Es muss jedoch noch einmal betont werden, dass die Aussageanalyse nur zur Unterscheidung zwischen subjektiv wahren versus subjektiv unwahren Aussagen anwendbar ist. Eine Suggestion oder ein Irrtum kann mit der Aussageanalyse nicht aufgedeckt werden.[55] 21

Es soll auch nicht verschwiegen werden, dass **Aussagen von geringer Komplexität** auch mit der Aussageanalyse meist nicht aufgeklärt werden können (z.B. wurde bei einem Verkaufsgespräch eine bestimmte Bedingung genannt?, einfache Negationen, sehr knappe, inhaltlich nicht näher konkretisierbare Sachverhaltsschilderun- 22

49 Vgl. Undeutsch, Handbuch der forensischen Psychologie, 11. Bd.: „auf alle denkbaren Sachverhaltsschilderungen"; vgl. Greuel/Offe/Fabian/Wetzels/Fabian/Offe/Stadler, Glaubhaftigkeit der Zeugenaussage, S. 157; vgl. auch BGH, BGHSt 18, S. 238, 241 (entscheidend ist nicht die prozessuale Stellung, sondern die Aussagequalität); vgl. auch Eisenberg, Beweisrecht der StPO, 5. Aufl., Rn 726, denkbar ist sogar, dass sich die Partei/der Angeklagte selbst einer aussagepsychologischen Begutachtung unterzieht, vgl. BGH, NStZ 1987, S. 182; 2005, S. 39.

50 Vgl. Brockmann, Beschuldigtenvernehmung in Handbuch der Rechtspsychologie, S. 247.

51 Vgl. Meyer-Goßner, Komm. zur StPO, § 261 Rn 6 m.w.N.

52 Vgl. BGH, NJW 1966, S. 209 = 4 StR 573/65, vgl. auch BGH, StV 2000, S. 598 ff. = 1 StR 125/00.

53 Vgl. BGH, NStZ-RR 2013, S. 51; zur Beweiswürdigung bei einem **Einlassungswechsel** vgl. BGH, NStZ-RR 2009, S. 349 f.; BGH, NStZ-RR 2004, S. 88.

54 Vgl. BGH, DRiZ 1960, S. 350; BGH, BGHSt 18, S. 238; BGH, JZ 1965, S. 292.

55 Vgl. BGH, NJW 1999, S. 2746 ff.

gen etc.).[56] Der Aussagende kann zum weit überwiegenden Teil die Wahrheit sprechen, sodass dessen Aussage eine Vielzahl an Realitätskriterien aufweisen wird. Nur in einem eng begrenzten Fall, z.B. „Nein, darüber wurde nicht gesprochen“, muss er lügen. Insofern wird die Lüge meist nicht aufgedeckt werden können.

23 Nach den heutigen Erkenntnissen der Aussageanalyse lassen sich **einerseits Realitätskriterien**[57] **und andererseits Fantasiesignale**[58] bilden. Die Terminologie ist uneinheitlich.[59] Im Sinne einer geordneten Darstellung wird die Terminologie von Bender/Nack (Tatsachenfeststellung vor Gericht, 2. Aufl., Rn 234 ff.) übernommen, da diese den umfangreichsten Kriterienkatalog veröffentlicht haben und – soweit zum besseren Verständnis nötig – die Terminologie anderer Autoren zur Erläuterung hinzugefügt. Im Übrigen sei auch angemerkt, dass sich die zu bildenden Fallgruppen nicht strikt voneinander abgrenzen lassen, sondern oft überschneiden. Gleichwohl sollen **Abgrenzungsschwierigkeiten** nicht dazu führen, dass **auf die Bildung von Fallgruppen ganz verzichtet wird**, denn anhand von Fallgruppen wird es dem forensisch tätigen Prozessteilnehmer leichter möglich, in der konkreten Prozesssituation ad hoc ein Urteil hinsichtlich der Glaubhaftigkeit einer Aussage zu treffen.

24 Weiter sei angemerkt, dass der Begriff Glaubwürdigkeit im juristischen Sinne sich nur auf eine Person bezieht, während sich Glaubhaftigkeit auf die Aussage als solche bezieht.[60] Nur eine Person kann glaubwürdig sein. Rechtlich gilt Folgendes:

> *„Herkömmlich werden bei der Beurteilung von Zeugenaussagen die Begriffe ‚Glaubhaftigkeit der Aussage‘ und ‚Glaubwürdigkeit des Zeugen‘ unterschieden. Es besteht Einigkeit darüber, den Begriff ‚Glaubhaftigkeit‘ auf die Sachdarstellung und den Begriff ‚Glaubwürdigkeit‘ auf die Persönlichkeit des Zeugen zu beziehen […].“*[61]

25 Die Begriffe werden im Folgenden allerdings teils synonym gebraucht, da die zugrundeliegende psychologische Literatur diesen feinen Unterschied der Rechtssprache nicht stringent durchführt oder streng befolgt, wenngleich seit der Grundsatz-

56 Vgl. Greuel/Offe/Fabian/Wetzels/Fabian/Offe/Stadler, Glaubhaftigkeit der Zeugenaussage, S. 44, 158.

57 Vgl. Bender/Nack, Tatsachenfeststellung vor Gericht, 2. Aufl., Rn 231 ff.

58 Vgl. Bender/Nack, Tatsachenfeststellung vor Gericht, 2. Aufl., Rn 298 ff.

59 Vgl. z.B. Prüfer, Aussagebewertung in Strafsachen Heymanns der zu den jeweiligen Einzelkriterien vergleichbare oder ähnliche Kriterien m. den Fachbezeichnungen anderer Autoren benennt. Teils wird auch der Begriff des „Kriteriums“ abgelehnt, weil dieser eine Differenzierung zwischen glaubhaften u. nicht glaubhaften Aussagen nahe legen würde, obwohl die entspr. Merkmale auch in nicht glaubhaften bzw. glaubhaften Aussagen vorhanden sein können, vgl. hierzu auch Hermanutz/Litzcke, Vernehmung in Theorie und Praxis, S. 23.

60 Vgl. Schneider, Beweis und Beweiswürdigung, 5. Aufl., Rn 905.

61 BGH, NJW 1991, S. 3284 = IV ZR 74/90.

entscheidung vom 30.7.1999[62] der Begriff „Glaubhaftigkeit" bevorzugt verwendet wird. Die folgenden Realitätskriterien sprechen weiter nur für die subjektive Wahrheit, d.h., Wahrnehmungs- oder Erinnerungsfehler bleiben vorbehalten und sind nach wie vor möglich.[63] Wahr ist daher etwas anderes als richtig. Eine Aussage ist wahr, wenn diese mit der subjektiven Auffassung von der Wirklichkeit übereinstimmt.[64] Hingewiesen werden muss darauf, dass Realitätskriterien auch in unwahren Aussagen auftauchen und Fantasiesignale (Lügensignale) in wahren Aussagen.[65]

Hinweis 26

Trotz Fortschritten in der Forschung gilt immer noch, dass es „im konkreten Fall vielfach fast unmöglich ist zu erkennen, welches Maß an Verläßlichkeit diese bestimmte Aussage, um die es sich in dem bestimmten Fall dreht, beanspruchen kann [...] Es gibt eben leider kein Allheilmittel, das uns in den Stand setzt, die Richtigkeit einer bestimmten Aussage in verlässlicher Weise zu erkennen."[66]

Einen **Schwellenwert**, demzufolge bei einer bestimmten Anzahl an jeweiligen Kri- 27
terien von einer wahren bzw. unwahren Aussage ausgegangen werden kann, gibt es nicht. *Arntzen* forderte allerdings einen Schwellenwert von drei Kriterien. Allerdings wäre nicht jedes Kriterium in diesem Sinne ein relevantes Kriterium, sondern nur, wenn es in einer „Steigerungsform" vorliegen würde. *„Aussageeigenarten,* (...), etwa die Detailierung der Aussage, ihre Ergänzbarkeit oder ihre Konstanz, sind noch keine Glaubwürdigkeitskriterien. In einfacher Ausprägung finden sie sich auch in unglaubwürdigen Aussagen (...). *Die Aussageeigenarten besagen in ihrer einfachen Form weder etwas für noch gegen die Glaubwürdigkeit einer Aussage (...). Erst wenn die Aussageeigenart eine bestimmte Steigerung ihrer Qualität aufweist und damit eine 'Steigerungsform' darstellt, (...), wird sie zum Glaubwürdigkeitsmerkmal.*"[67] Er meint („empirisch begründet"), *„daß im Durchschnitt mindestens drei eindeutige, qualifizierte Glaubwürdigkeitsmerkmale als Merkmalskomplex gegeben sein müssen,"*[68] während international z.B. sieben bzw. fünf Kriterien als unbedingt notwendig erachtet werden.[69] Bereits das zeigt die Beliebigkeit der Methode, denn Kriterien, wann von einer einfachen Aussageeigenheit oder einer Steigerungsform auszugehen ist, sind weder benannt noch bekannt noch erforscht.

62 Vgl. BGHSt 45, S. 164 ff.

63 Vgl. Bender/Nack, Tatsachenfeststellung vor Gericht, 2. Aufl., Rn 231.

64 Vgl. Trankell, Der Realitätsgehalt von Zeugenaussagen, S. 122.

65 Vgl. Vrij, Detecting Lies and Deceit, S. XIV: „The assesments, however, are not as accurate as one would wish them to be.".

66 Hellwig, Psychologie und Vernehmungstechnik, 4. Aufl., S. 93 f.

67 Arntzen, Psychologie der Zeugenaussage, 3. Aufl., S. 20.

68 Arntzen, Psychologie der Zeugenaussage, 3. Aufl., S. 22.

69 Vgl. Vrij, Detecting Lies and Deceit, 2. Aufl., S. 232 m.w.N.

28 Entscheidend ist bei der Aussageanalyse das sog. **Aggregationsprinzip**, also die Kumulation der jeweiligen Kriterien.[70] Zu beachten ist hierbei, dass sowohl Realkennzeichen als auch Lügenkennzeichen in wahren und in unwahren Geschichten vorkommen. In einem Experiment der Universität Konstanz in Zusammenarbeit mit der Fachhochschule der Polizei in Villingen-Schwenningen wurden 20 polizeiliche Probanden gebeten, ein Erlebnis aus ihrer Dienstzeit zu schildern, das sie als emotional belastend erlebt hatten (Gruppe 1). 20 weiteren Probanden wurde ein solches Erlebnis eines anderen berichtet und die Probanden sollten das Ergebnis als selbsterlebt darstellen (Gruppe 2). Eine dritte Gruppe, die über keine Polizeierfahrung verfügte, wurde gebeten, ein belastendes Ereignis auszudenken, das einem Polizeibeamten im Dienst erfahren könnte.[71] Die Ergebnisse hinsichtlich des Vorkommens der Summe aller Realkennzeichen waren.[72]

Gruppe	Mittelwert	Minimum	Maximum	Median
1	9,90	5	15	10,0
2	8,95	4	14	9,5
3	7,90	4	13	7,0

29 *Steller/Wellershaus/Wolf* haben bereits 1992 ein interessantes Experiment durchgeführt: Im Rahmen eines Erzählwettbewerbs sollten Grundschulkinder der 1. und 4. Klasse eine wahre und eine erfundene Geschichte erzählen. Folgende Themen standen zur Auswahl: Injektion bekommen, Operation erfahren, Blut abgenommen bekommen, Zahn gebohrt oder gezogen, von Tier angefallen werden, von Kind verhauen werden, einen Unfall erleiden. Nach einer Auswertung von Hommers aus dem Jahre 1997 muss die Validität bestimmter Kriterien in Frage gestellt werden, denn teils kamen Realkennzeichen öfter in unwahren als in wahren Aussagen vor, teils lieferten verschiedenen Kontrollgruppen widersprüchliche Ergebnisse (Detailreichtum, eigen- und fremdpsychische Vorgänge, Zugeben von Lücken, logische Konsistenz, Handlungsketten, spontane Berichtigungen und Selbstbelastungen).[73] Obwohl die Ergebnisse 20 Jahre alt und immer noch gültig sind, kennt die juristische Praxis diese weitgehend nicht. Diese lauten wie folgt:

70 Vgl. Hermanutz/Litzcke, Vernehmung in Theorie und Praxis, S. 172 m.w.N.

71 Vgl. Herbst, Glaubhaftigkeitsdiagnostik von Zeugenaussagen, S. 56.

72 Vgl. Herbst, Glaubhaftigkeitsdiagnostik von Zeugenaussagen, S. 72.

73 Vgl. Hommers, Die aussagepsychologische Kriteriologie unter kovarianzstatistischer und psychometrischer Perspektive in Psychologie der Zeugenaussage, S. 87 ff., 99 f.

Zum Kriterium der logischen Konsistenz: 30

Schulmäßige Annahme	Ergebnis
Die Einhaltung der logischen Konsistenz erfordert eine hohe Konzentrationsleistung für den Lügner und ist deshalb schwierig.	Das Kriterium hatte keine Aussagekraft. Bei geübten Lügnern kam das Kriterium sogar häufiger als bei wahrhaften Aussagen vor.

Zu Interaktionsschilderungen:

Schulmäßige Annahme	Ergebnis
Schilderungen einer wechselseitigen Kette von Aktionen und Reaktionen sprechen für den Erlebnisbezug, denn der wahrheitsgemäße Aussagende kann den Vorfall vor seinem geistigen Auge sehen.	Keine Aussagekraft; wurde von geübten Lügnern öfter als in wahren Aussagen gezeigt.

Zu spontanen Berichtigungen oder Zugeben von eigenen Lücken:

Schulmäßige Annahme	Ergebnis
Um keinen Zweifel an seiner Aussage zu säen, wird der Lügner bemüht sein, keine nachträglichen Verbesserungen vorzubringen.	Auch dieses Kriterium hatte keine Aussagekraft. Spontane Berichtigungen wurden von geübten Lügnern öfter als in wahren Aussagen gezeigt, und das Zugeben von Lücken offenbarte in den verschiedenen Kontrollgruppen widersprüchliche Ergebnisse.

Zu Selbstbelastungen:

Schulmäßige Annahme	Ergebnis
Um sich selbst in ein positives Licht zu rücken, wird der Lügner keine für ihn unvorteilhaften Umstände schildern.	Auch dieses Kriterium hatte keine Aussagekraft und kam insgesamt öfter in unwahren Aussagen vor.

Zum Detailreichtum:

Schulmäßige Annahme	Ergebnis
Nach der Undeutsch-Hypothese gerade die Grundvoraussetzung einer glaubhaften Aussage.	Auch dieses Kriterium hatte kaum Aussagekraft. In den verschiedenen Gruppen kam es – teils der Theorie entsprechend, teils der Theorie widersprechend – vor und war insgesamt in wahren und unwahren Aussagen häufig vorhanden.

Eigen- und fremdpsychische Vorgänge:

Schulmäßige Annahme	**Ergebnis**
Die Beschreibung von Gefühlen, mentalen oder körperlichen Veränderungen in Verbindung mit dem Kerngeschehen deuten auf den Erlebnisbezug hin.	Gleiches uneindeutiges Ergebnis wie beim Detailkriterium. Daher kam dem Merkmal keine Signifikanz zu.

31 In einem anderen Experiment von *Niehaus* (Zur Anwendbarkeit inhaltlicher Glaubhaftigkeitsmerkmale bei Zeugenaussagen unterschiedlichen Wahrheitsgehalts, Diss. 2001) sollten Kinder im Grundschulalter einen selbst erlebten Verkehrsunfall, einen nur nacherzählten Verkehrsunfall und einen frei erfundenen Verkehrsunfall schildern. Die in der Aussageanalyse trainierten Beurteiler erkannten 67,5 % der wahren Aussagen und 77,5 % der frei erfundenen Schilderungen zutreffend. Dieses Ergebnis ist ernüchternd, denn Aussagen von Grundschulkindern gelten in der Aussagepsychologie als „leicht durchschaubar“.[74] Durch reines Würfeln, also ohne Einsatz irgendeines Beurteilers, geschweige denn eines trainierten Beurteilers, hätte sich jeweils eine Quote von 50 % ergeben. In fast einem Viertel der Fälle konnten sogar Grundschulkinder trainierte Beurteiler erfolgreich mit einer vollkommen erfundenen Geschichte täuschen und diese Beurteiler hatten in fast einem Drittel der Fälle den wahrheitsgemäß schildernden Grundschulkindern zu Unrecht nicht geglaubt.

32 Andere Studien zeigen freilich andere Ergebnisse. Wählt man einen Versuch mit Erwachsenen, bei dem Psychologiestudentinnen über ein Geburtserlebnis berichten sollen, aber nur eine Gruppe von Frauen ein reales Geburtserlebnis hatte, sind die Ergebnisse freilich anders und bestätigen die Undeutsch-Hypothese.[75] Insgesamt gilt: Die Kriterien der Aussageanalyse sind nicht so nützlich oder eindeutig, wie es zu wünschen wäre.

Daneben gibt es deutliche Hinweise, dass die sog. **Realkennzeichen** noch weniger aussagekräftig sind, wenn nicht zwischen vollständig erlogenen und wahren Geschichten, sondern zwischen wahren und nacherzählten Geschichten unterschieden werden soll.[76] Nach einer Ansicht soll die nacherzählte Geschichte der Lüge bei Gericht als Halbwahrheit am nächsten kommen,[77] nach anderer Ansicht könnte die nacherzählte Geschichte als Form der suggerierten Aussage gelten,[78] für die Realkennzeichen keine Bedeutung haben. In dieser Konstellation ist den Realkennzei-

74 Regber, Glaubhaftigkeit und Suggestibilität kindlicher Zeugenaussagen unter Einbeziehung entwicklungspsychologischer Aspekte, S. 31 m.w.N.

75 Vgl. Steller, Nichts als die Wahrheit, S. 47.

76 Vgl. Herbst, Glaubhaftigkeitsdiagnostik von Zeugenaussagen, S. 107; Lafrenz, Wahrheit und Lüge bei Zeugenaussagen, S. 21 m.w.N.

77 Vgl. Lafrenz, Wahrheit und Lüge bei Zeugenaussagen, S. 74.

78 Vgl. Herbst, Glaubhaftigkeitsdiagnostik von Zeugenaussagen, S. 108.

chen damit „einiges an Trennschärfe genommen".[79] Vor diesem Hintergrund ist nicht zu vergessen, dass die Realkennzeichen bereits bei Ihrer Zusammenfassung nur auf dem „Konsens von Fachleuten" beruhten.[80] Entwickelt bzw. aktualisiert wurden diese in Deutschland bereits in den 1980er Jahren von *Günter Köhnken* und *Max Steller*. Diese untersuchten ursprünglich Kinderaussagen hinsichtlich Erlebnissen, die die Kinder hatten bzw. nicht hatten und später an Aussagen von Erwachsenen über ein Geburtserlebnis, die diese hatten bzw. nicht hatten.[81]

Der BGH hat in seiner Grundsatzentscheidung aus dem Jahre 1999 mitgeteilt: 33

> *„Diese sog. Realkennzeichen können als grundsätzlich empirisch überprüft angesehen werden. Zwar handelt es sich um Indikatoren mit jeweils für sich genommen nur geringer Validität, d.h. mit durchschnittlich nur wenig über dem Zufallsniveau liegender Bedeutung. Eine gutachterliche Schlussfolgerung kann aber eine beträchtlich höhere Aussagekraft und damit Indizwert für die Glaubhaftigkeit zu beurteilender Angaben erlangen, wenn sie aus der Gesamtheit aller Indikatoren abgeleitet wird. Denn durch das Zusammenwirken der Indikatoren werden deren Fehleranteile insgesamt gesenkt. Diesem Umstand liegt das mathematisch und psychometrisch eingehend untersuchte Prinzip der Aggregation zugrunde (Gutachten Prof. Dr. Fiedler). Dementsprechend lagen die mit Realkennzeichen in Forschungsvorhaben erzielten Ergebnisse regelmäßig deutlich über dem Zufallsniveau […] Unabhängig davon dürfen die Realkennzeichen jedenfalls nicht schematisch angewandt werden. Ein zwingender Schluss von einem festgestellten Merkmal auf die Glaubhaftigkeit von Angaben der untersuchten Person ist keinesfalls möglich."*[82]

Die **Realkennzeichen** gelten also nur als grundsätzlich empirisch „überprüft", wurden aber nie empirisch „ermittelt". Die „Ermittlung" erfolgte aus kasuistischen Darstellungen verschiedener Autoren. Man darf sich nicht darüber hinwegtäuschen lassen, dass die valide Unterscheidung von wahren und erfundenen Aussagen anhand von Inhaltsmerkmalen keineswegs in allen Untersuchungen in befriedigender Weise gelingt.[83] Die vorliegenden Studien offenbaren eine große Bandbreite. Teilweise wurde bei einem Film als Basis der Simulationsstudie nur ein einziges Kriterium (ungesteuerte Aussageweise) bestätigt, teilweise wurden bei Protokollen von wahren und falschen Vergewaltigungsanzeigen nur die „logische Konsistenz" und „eigenpsychische Vorgänge" hypothesenkonform, aber „ungewöhnliche Details" als hypothesenkonträr bestätigt. Besonders bedenklich muss es stimmen, wenn nach einer Auswertung von zehn Studien das Merkmal „Selbstbelastung" nur in ei- 34

79 Vgl. Hermanutz/Litzcke, Vernehmung in Theorie und Praxis, S. 179 f.

80 Vgl. Lafrenz, Wahrheit und Lüge bei Zeugenaussagen, S. 64.

81 Vgl. Steller, Nichts als die Wahrheit, S. 47.

82 BGHSt 45, S. 164, 171.

83 Vgl. Krämer, Glaubhaftigkeit im Kontext der Persönlichkeit, S. 3.

ner Studie (sogar hypothesenkonträr) nachgewiesen wird oder das Merkmal „Einwände gegen die Richtigkeit der eigenen Aussage" nur in einer Studie (von diesen zehn) bzw. das Merkmal „Inschutznahme des Täters" nur in zwei dieser zehn Studien bestätigt werden konnte.[84] Selbst *Steller/Wellershaus/Wolf* konnten in einer Studie an Grundschulkindern nur neun unterscheidungsfeste Merkmale nachweisen.[85] Nach anderen Studien konnte bei 4 von 18 Kriterien, bzw. 19 von 28 oder 8 von 16 Merkmal die notwendige Unterscheidungskraft festgestellt werden.[86] Nach einer Meta-Analyse aus dem Jahr 2016 fehlt den motivationalen Kriterien der Selbstbelastung oder Entlastung des Gegners die Diskriminierungsfähigkeit.[87] *Bender/Nack/Schwarz* bezweifeln dieses Ergebnis, weil sich dieses nur auf die Realkennzeichenanalyse bezogen hätte, und nicht auf alle Komponenten der inhaltsorientierten Glaubhaftigkeitsanalyse.[88] Das ist freilich nicht zutreffend und würde in Konsequenz dazu führen, dass überhaupt kein Realkennzeichen angewendet werden könnte, egal in welche Richtung, denn für kein einziges liegt mehr als die isolierte Realkennzeichenanalyse vor. Damit gilt, dass die Validität dieser emotionalen Kriterien schlicht nicht nachgewiesen ist.

35 *Hinweis*

Bender/Nack/Treuer empfehlen als Faustregel drei qualitativ gute Einzelkriterien, die aus mindestens zwei verschiedenen „Globalkriterien" stammen sollten.[89] Das wird sich in der alltäglichen Praxis kaum umsetzen lassen. Die oft nur einmalige Befragung zu einem eng umgrenzten Beweisthema ist nur bedingt für eine umfassende Aussageanalyse geeignet. Es ist bis heute ungeklärt, wie viele und/oder welche Realkennzeichen erfüllt sein müssen, um als realitätsnah gelten zu können.[90]

36 Methodisch hat nicht nur der Sachverständige, sondern auch der Tatrichter von der **Nullhypothese** (d.h., der Annahme, die zu beurteilende belastende Aussage ist unwahr und diese Annahme so lange aufrechtzuerhalten, bis sie mit den gesammelten Fakten nicht mehr zu vereinbaren ist) auszugehen. Das gilt jedenfalls für den Straf-

84 Vgl. Krämer, Glaubhaftigkeit im Kontext der Persönlichkeit, S. 46 f.

85 Vgl. Steller et al., Realkennzeichen in Kinderaussagen: Empirische Grundlagen der kriterienorientierten Aussageanalyse, Zeitschrift für experimentelle und angewandte Psychologie, 1992, S. 151 ff.

86 Vgl. Wehner, Erhebung und Beurteilung von Tatverdächtigenaussagen, S. 272 ff. m.w.N.

87 Vgl. Amado/Arce/Farina/Vilarino, Criterial Based Content Analysis (CBCA) Reality Criteria in Adults: A Meta-analytical Review, Int. Journal of Clinical and Health Psychology 16 (2), 2016, S. 201 ff.

88 Vgl. Bender/Häcker/Schwarz, Tatsachenfeststellung vor Gericht, 6. Aufl., Rn 470, 474.

89 Vgl. Bender/Nack/Treuer, Tatsachenfeststellung vor Gericht, 3. Aufl., Rn 504.

90 Vgl. Lafrenz, Wahrheit und Lüge bei Zeugenaussagen, S. 30 m.w.N.

richter,[91] denn die Nullhypothese ist eine Konsequenz der **rechtsstaatlichen Unschuldsvermutung**,[92] so dass sie für belastende Zeugenaussagen gilt.[93] Für den Zivilrichter ist die Praxis uneinheitlich.[94]

Vorab soll eine Synopse auf Basis der Terminologie von Bender/Nack über die von verschiedenen Autoren verwendeten Kriterien gegeben werden.

91 Vgl. Graf/Eschelbach, StPO, § 261 Rn 18 m.w.N. Tatsächlich halten sich die Richter aber meist nicht daran (vgl. Eschelbach, Erinnerungsverfälschung durch Zeugencoaching, ZAP Fach 22, S. 781, 784 (= ZAP Nr. 17 vom 28.8.2014, S. 971, 974).

92 Vgl. Steller, Glaubhaftigkeitsbegutachtung in: Handbuch der Rechtspsychologie, S. 307; Edelbacher/Herrnstadt, Sie haben das Recht zu schweigen, S. 145.

93 Vgl. BGH, Beschl. v. 26.5.2020 – 5 StR 27/20.

94 Vgl. Kirchhoff, Zur Würdigung von Zeugenaussagen, MDR 2010, S. 791 f.; sogar innerhalb desselben Gerichts kann die Frage unterschiedlich beurteilt werden, z.B. einerseits für die Anwendung der Nullhypothese im Zivilverfahren OLG Frankfurt, Urt. v. 1.6.2018 – 2 U 30/17 und andererseits ebenso das OLG Frankfurt gegen die Anwendung der Nullhypothese, Beschl. v. 8.4.2019 – 2 U 11/19.

B. Realitätskriterien

37 (Zu Rdn 36 siehe nachfolgende gedrehte Tabelle)

Realitäts-kriterien	Bender/Nack	Trankell	Arntzen	Prüfer	Undeutsch
Detail-kriterium	a) Detailreichtum[a)] aa) Wechselbeziehungs-merkmal[b)] aa1) Gesprächs-kennzeichen[c)] aa2) Mimik- und Gestikkenn-zeichen[d)] aa3) Handlungs-ablaufkenn-zeichen[e)] b) Komplikations-merkmal[f)] c) Deliktstypik-merkmal[g)]	v.a. bedeutungslose Details[h)]	■ Quantitativer Detailreichtum[i)] ■ Widergabe von Gesprächen aus unterschiedlichen Rollen[j)] ■ Interaktionsschil-derungen[k)] ■ negative Kompli-kationsketten[l)] ■ inhaltliche Ver-schachtelung[m)]	■ Mengenkriteri-um[n)] ■ Nebensächlich-keitskriterium[o)]	Übernahme von Trankell[p)] ■ auch pauschale „Realistik und Wirklichkeits-nähe“[q)] ■ Konkretheit ■ Originalität, Anschaulichkeit, Originalität, indi-viduelle Durch-zeichnung[r)] ■ Komplikationen[s)]

Realitätskriterien	**Bender/Nack**	**Trankell**	**Arntzen**	**Prüfer**	**Undeutsch**
Individualitätskriterium	a) individuelle Prägung[t)] b) individueller Sprachstil[u)] c) Originalitätsmerkmal[v)] d) Gefühlsmerkmal[w)] e) Unverständnismerkmal[x)] f) Mehrdeutigkeitsmerkmal[y)]	▪ bilaterales Emotionskriterium[z)] ▪ Einzigartigkeitskriterium[aa)] ▪ Beschreibung von für den Zeugen selbst unerklärliches[ab)]	▪ Schilderung eigenpsychischer Vorgänge[ac)] ▪ phänomen-gebundene Schilderung[ad)] ▪ ausgefallene, originelle Einzelheiten[ae)]	▪ Kriterium des Deutungsmangel[af)] ▪ Kriterium der Gefühlsbeschreibung[ag)]	▪ Unverständnismerkmal[ah)] ▪ Nachklang der durch das Ereignis ausgelösten Gefühle[ai)] ▪ Schilderung der in der betreffenden Situation ausgelösten Gefühle, die nur durch die Individualität der Auskunftsperson erklärbar sind[aj)]
Verflechtungskriterium	Verflechtungskriterium[ak)]		Vielfältige Verflechtung[al)]	Verflochtenheitskriterium[am)]	Vereinbarkeit mit anderweitig feststehenden Tatsachen[an)]
Strukturgleichheitskriterium	a) Strukturgleichheitskriterium[ao)] b) 2. Strukturgleichheitskriterium	Isomorphiekriterium[ap)]			
Nichtsteuerung	Nichtsteuerungskriterium[aq)]		Ungesteuerte Aussageweise[ar)]	Kriterium der Unordnung[as)]	
Homogenität	Homogenitätskriterium[at)]	Homogenitätskriterium[au)]	Homogenität[av)]		Übernahme von Trankell[aw)]

Realitäts-kriterien	Bender/Nack	Trankell	Arntzen	Prüfer	Undeutsch
Konstanz	Konstanzkriterium[ax)]	Sequenzkriterium[ay)]	Konstanz bzw. Inkonstanz[az)]	Kriterium der Konstanz[ba)]	Konstanz[bb)]
Erweiterung	Erweiterungskriterium[bc)]		Steigerungsformen der Ergänzbarkeit[bd)] ■ v.a. hinsichtlich begleitender Gespräche[be)] ■ auch hinsichtlich verstreut vorgebrachter Ergänzungen[bf)] (auch Kriterium der Homogenität)	Kriterium der Ergänzung[bg)]	■ Spontane Verbesserungen und Präzisierungen[bh)]

Erläuterungen:

a) Vgl. Bender/Nack, Tatsachenfeststellung vor Gericht, 2. Aufl., Rn 235.
b) Vgl. Bender/Nack, Tatsachenfeststellung vor Gericht, 2. Aufl., Rn 241.
c) Vgl. Bender/Nack, Tatsachenfeststellung vor Gericht, 2. Aufl., Rn 242.
d) Vgl. Bender/Nack, Tatsachenfeststellung vor Gericht, 2. Aufl., Rn 244.
e) Vgl. Bender/Nack, Tatsachenfeststellung vor Gericht, 2. Aufl., Rn 245.
f) Vgl. Bender/Nack, Tatsachenfeststellung vor Gericht, 2. Aufl., Rn 246.
g) Vgl. Bender/Nack, Tatsachenfeststellung vor Gericht, 2. Aufl., Rn 247.
h) Vgl. Trankell, Der Realitätsgehalt von Zeugenaussagen, S. 123.
i) Vgl. Arntzen, Psychologie der Zeugenaussage: System der Glaubwürdigkeitsmerkmale, 3. Aufl., S. 27.
j) Vgl. Arntzen, Psychologie der Zeugenaussage: System der Glaubwürdigkeitsmerkmale, 3. Aufl., S. 35.
k) Vgl. Arntzen, Psychologie der Zeugenaussage: System der Glaubwürdigkeitsmerkmale, 3. Aufl., S. 35.
l) Vgl. Arntzen, Psychologie der Zeugenaussage: System der Glaubwürdigkeitsmerkmale, 3. Aufl., S. 36.

m) Vgl. Arntzen, Psychologie der Zeugenaussage: System der Glaubwürdigkeitsmerkmale, 3. Aufl., S. 37.
n) Vgl. Prüfer, Aussagebewertung in Strafsachen, Rn 113.
o) Vgl. Prüfer, Aussagebewertung in Strafsachen, Rn 119.
p) Vgl. Undeutsch, Handbuch der forensischen Psychologie, 11. Bd., S. 125/126.
q) Vgl. Undeutsch, Handbuch der forensischen Psychologie, 11. Bd., S. 134, aber wohl als Kriterium in dieser Form wegen der Unbestimmtheit nicht zu gebrauchen. Was ist Realistik u. was ist Wirklichkeitsnähe? Hinzu kommt, dass Undeutsch, Handbuch der forensischen Psychologie, 11. Bd., S. 135 selbst erwähnt, dass es fast nichts gibt, was es nicht doch gibt.
r) Vgl. Undeutsch, Handbuch der forensischen Psychologie, 11. Bd., S. 135.
s) Vgl. Undeutsch, Handbuch der forensischen Psychologie, 11. Bd., S. 153.
t) Vgl. Bender/Nack, Tatsachenfeststellung vor Gericht, 2. Aufl., Rn 256.
u) Vgl. Bender/Nack, Tatsachenfeststellung vor Gericht, 2. Aufl., Rn 257.
v) Vgl. Bender/Nack, Tatsachenfeststellung vor Gericht, 2. Aufl., Rn 259.
w) Vgl. Bender/Nack, Tatsachenfeststellung vor Gericht, 2. Aufl., Rn 261.
x) Vgl. Bender/Nack, Tatsachenfeststellung vor Gericht, 2. Aufl., Rn 268.
y) Vgl. Bender/Nack, Tatsachenfeststellung vor Gericht, 2. Aufl., Rn 269.
z) Vgl. Trankell, Der Realitätsgehalt von Zeugenaussagen, S. 124/125.
aa) Vgl. Trankell, Der Realitätsgehalt von Zeugenaussagen, S. 126 als Unterfall des sog. Kompetenzkriteriums.
ab) Vgl. Trankell, Der Realitätsgehalt von Zeugenaussagen, S. 126/127 als Unterfall des sog. Kompetenzkriteriums.
ac) Vgl. Arntzen, Psychologie der Zeugenaussage: System der Glaubwürdigkeitsmerkmale, 3. Aufl., S. 29.
ad) Vgl. Arntzen, Psychologie der Zeugenaussage: System der Glaubwürdigkeitsmerkmale, 3. Aufl., S. 31.
ae) Vgl. Arntzen, Psychologie der Zeugenaussage: System der Glaubwürdigkeitsmerkmale, 3. Aufl., S. 32.
af) Vgl. Prüfer, Aussagebewertung in Strafsachen, Rn 64.
ag) Vgl. Prüfer, Aussagebewertung in Strafsachen, Rn 77.
ah) Vgl. Undeutsch, Handbuch der forensischen Psychologie, 11. Bd., S. 141.
ai) Vgl. Undeutsch, Handbuch der forensischen Psychologie, 11. Bd., S. 124/125.
aj) Vgl. Undeutsch, Handbuch der forensischen Psychologie, 11. Bd., S. 143.
ak) Vgl. Bender/Nack, Tatsachenfeststellung vor Gericht, 2. Aufl., Rn 271
al) Vgl. Arntzen, Psychologie der Zeugenaussage: System der Glaubhaftigkeitsmerkmale, 3. Aufl., S. 38.
am) Vgl. Prüfer, Aussagebewertung in Strafsachen, Rn 125.
an) Vgl. Undeutsch, Handbuch der forensischen Psychologie, 11. Bd., S. 127 als Kennzeichen wahrheitsgemäßer Bekundung, u. ebenso als „negatives Kontrollkriterium“, S. 134. Die Systematik von Undeutsch ist also mehrdeutig.
ao) Vgl. Bender/Nack, Tatsachenfeststellung vor Gericht, 2. Aufl., Rn 274.
ap) Vgl. Trankell, Der Realitätsgehalt von Zeugenaussagen, S. 137.

aq) Vgl. Bender/Nack, Tatsachenfeststellung vor Gericht, 2. Aufl., Rn 280.
ar) Vgl. Arntzen, Psychologie der Zeugenaussage: System der Glaubwürdigkeitsmerkmale, 3. Aufl., S. 73.
as) Vgl. Prüfer, Aussagebewertung in Strafsachen, Rn 121.
at) Vgl. Bender/Nack, Tatsachenfeststellung vor Gericht, 2. Aufl., Rn 283.
au) Vgl. Trankell, Der Realitätsgehalt von Zeugenaussagen, S. 126.
av) Vgl. Arntzen, Psychologie der Zeugenaussage: System der Glaubwürdigkeitsmerkmale, 3. Aufl., S. 50.
aw) Vgl. Undeutsch, Handbuch der forensischen Psychologie, 11. Bd., S. 138.
ax) Vgl. Bender/Nack, Tatsachenfeststellung vor Gericht, 2. Aufl., Rn 288.
ay) Vgl. Trankell, Der Realitätsgehalt von Zeugenaussagen, S. 130.
az) Vgl. Arntzen, Psychologie der Zeugenaussage: System der Glaubwürdigkeitsmerkmale, 3. Aufl., S. 53.
ba) Vgl. Prüfer, Aussagebewertung in Strafsachen, Rn 89.
bb) Vgl. Undeutsch, Handbuch der forensischen Psychologie, 11. Bd., S. 154.
bc) Vgl. Bender/Nack, Tatsachenfeststellung vor Gericht, 2. Aufl., Rn 295.
bd) Vgl. Arntzen, Psychologie der Zeugenaussage: System der Glaubwürdigkeitsmerkmale, 3. Aufl., S. 43.
be) Vgl. Arntzen, Psychologie der Zeugenaussage: System der Glaubwürdigkeitsmerkmale, 3. Aufl., S. 46.
bf) Vgl. Arntzen, Psychologie der Zeugenaussage: System der Glaubwürdigkeitsmerkmale, 3. Aufl., S. 47.
bg) Vgl. Prüfer, Aussagebewertung in Strafsachen, Rn 69.
bh) Vgl. Undeutsch, Handbuch der forensischen Psychologie, 11. Bd., S. 152.

Die führende psychologische Forschung kann hinsichtlich der Aussagekriterien wie folgt synoptisch dargestellt werden: 38

Nach Greuel et al. gelten folgende Kriterien:[95] 39

Allgemeine Merkmale Schilderung von:	**Spezielle Merkmale** Schilderung von:	**Motivationsbezogene Merkmale** Vorbringen von:
Zum Aussageinhalt: a) Detailreichtum b) Anschaulichkeit c) Strukturgleichheit d) Logische Konsistenz[96] e) Deliktspezifität Zur Aussageweise: a) Unstrukturiertheit b) Ungesteuertheit c) Gefühlsbeteiligung	a) raum-zeitlichen Verknüpfungen b) Interaktionen c) Gesprächen d) Komplikationen e) phänomenorientierten Wahrnehmungen von Unverstandenem f) Erleben phänomenaler Kausalität g) eigenpsychischem Erleben h) multimodaler Wahrnehmung i) psychischem Erleben beim Interaktionspartner j) nebensächlichen Details k) originellen Details l) indirekten Handlungsbezügen m) Wirklichkeitskontrolle	a) spontanen Verbesserungen b) Einwänden gegen die Richtigkeit der Aussage c) Selbstbelastungen d) Entlastungen des Beschuldigten e) Eingeständnis von Erinnerungslücken

95 Vgl. Greuel/Offe/Fabian/Wetzels/Fabian/Offe/Stadler, Glaubhaftigkeit der Zeugenaussage, S. 91.

96 Das ist streng genommen kein Aussagekriterium, sondern eine Mindestbedingung für eine glaubhafte Aussage, Volbert/Dahle, Forensisch-psychologische Diagnostik im Strafverfahren, S. 36.

C. Fantasiesignale

40 (Zu Rdn 40 siehe nachfolgende gedrehte Tabelle)

Fantasiesignale	Bender/Nack	Trankell	Arntzen	Prüfer	Undeutsch
Zurückhaltung	■ Zurückhaltungssignal[a)] ■ Verweigerungssymptom[b)] ■ Nichtreaktion[c)] ■ Verarmungssymptom[d)] ■ Fluchtsymptom[e)]	Details mit Zug zum Zweckmäßigen[f)] sonst werden keine ausdrücklichen Kriterien für Fantasiesignale genannt, sondern pauschale Darstellung, dass Umkehrung der meisten Realitätskriterien Kriterien für Schilderungen sind, die einer Realitätsgrundlage entbehren[g)]	Schwerwiegende Detaillierungsmängel ■ gravierende Konstanzmängel/unzulängliche Präzisierbarkeit ■ handlungstechnische Unstimmigkeiten ■ psychologische Unstimmigkeiten, aber o.g. Punkte werden nicht als eigene Kriterien, sondern nur im Rahmen eines Häufigkeitsberichtes über Mängel nachgewiesener Falschaussagen genannt[h)] Ansonsten wird aus dem Fehlen von Glaubwürdigkeitsmerkmalen auf die Unglaubwürdigkeit geschlossen[i)]	Vom Aufbau her anders, es werden nicht primär Kriterien herausgearbeitet, sondern versucht, Bewertungsfehler und Zweifelsfälle bei der Anwendung der bekannten Kriterien zusammenzustellen[j)]	

Fantasiesignale	Bender/Nack	Trankell	Arntzen	Prüfer	Undeutsch
Freud'scher Versprecher	Freud'scher Versprecher[k)]	Nicht ausdrücklich als Kriterium genannt, aber dem Sinn nach als Beispiel einer Reflexion aufgeführt[l)]			
Unterwürfigkeit	Unterwürfigkeitssignal[m)]				„Tränen können trügerisch sein"[n)]
Bestimmtheit	Bestimmtheitssignal[o)]				Wahrheitsbeteuerung,[p)]
Dreistigkeit	Dreistigkeitssignal[q)]				Bezichtigung anderer der Lüge, Maßlosigkeit im Erfinden immer neuer Lügen[r)]
Begründung	Begründungssignal[s)]				
Kargheit	■ Abstraktheitssymptom[t)] ■ Glattheitssymptom[u)] ■ Zielsymptom[v)]				

Fantasiesignale	Bender/Nack	Trankell	Arntzen	Prüfer	Undeutsch
Strukturbruch	Strukturbruchsignal[w)]				In der Sprachverwendung[x)] ■ im Sprachschallbild,[y)] ■ in der Körpersprache[z)]
Vereinbarkeit mit anderweitig feststehenden Beweismitteln	Vergleichskriterium[aa)] auch Verflechtung[ab)] auch Plausibilitätskriterium[ac)]	1. Formalkriterium[ad)]	Homogenität im weiteren Sinne als Glaubwürdigkeitsmerkmal;[ae)] sachliche und psychologische Unstimmigkeit als Anzeichen einer unglaubwürdigen Aussage[af)]		Als Kennzeichen wahrheitsgemäßer Bekundung, ausdrücklich als negatives Kontrollkriterium[ag)]
Erklärungsalternativen	Alternativenkriterium[ah)]	Konsequenzkriterium[ai)] 2. Formalkriterium[aj)] auch Kompetenzkriterium[ak)]			

Erläuterungen:

a) Vgl. Bender/Nack, Tatsachenfeststellung vor Gericht, 2. Aufl., Rn 306.
b) Vgl. Bender/Nack, Tatsachenfeststellung vor Gericht, 2. Aufl., Rn 308.
c) Vgl. Bender/Nack, Tatsachenfeststellung vor Gericht, 2. Aufl., Rn 310.
d) Vgl. Bender/Nack, Tatsachenfeststellung vor Gericht, 2. Aufl., Rn 311.
e) Vgl. Bender/Nack, Tatsachenfeststellung vor Gericht, 2. Aufl., Rn 312.
f) Vgl. Trankell, Der Realitätsgehalt von Zeugenaussagen, S. 123.

g) Vgl. Trankell, Der Realitätsgehalt von Zeugenaussagen, S. 130.
h) Vgl. Arntzen, Psychologie der Zeugenaussage: System der Glaubwürdigkeitsmerkmale, 3. Aufl., S. 112.
i) Vgl. Arntzen, Psychologie der Zeugenaussage: System der Glaubwürdigkeitsmerkmale, 3. Aufl., S. 111.
j) Vgl. Prüfer, Aussagebewertung in Strafsachen, Rn 1.
k) Vgl. Bender/Nack, Tatsachenfeststellung vor Gericht, 2. Aufl., Rn 316.
l) Vgl. Trankell, Der Realitätsgehalt von Zeugenaussagen, S. 82.
m) Vgl. Bender/Nack, Tatsachenfeststellung vor Gericht, 2. Aufl., Rn 325.
n) Vgl. Undeutsch, Handbuch der forensischen Psychologie, 11. Bd., S. 124/125, jedoch als Kriterium des Aussageverhaltens, nicht der inhaltlichen Aussageanalyse.
o) Vgl. Bender/Nack, Tatsachenfeststellung vor Gericht, 2. Aufl., Rn 328.
p) Vgl. Undeutsch, Handbuch der forensischen Psychologie, 11. Bd., S. 119, jedoch als Kriterium des Aussageverhaltens, nicht der inhaltlichen Aussageanalyse.
q) Vgl. Bender/Nack, Tatsachenfeststellung vor Gericht, 2. Aufl., Rn 335.
r) Vgl. Undeutsch, Handbuch der forensischen Psychologie, 11. Bd., S. 119 jedoch als Kriterium des Aussageverhaltens, nicht der inhaltlichen Aussageanalyse.
s) Vgl. Bender/Nack, Tatsachenfeststellung vor Gericht, 2. Aufl., Rn 339.
t) Vgl. Bender/Nack, Tatsachenfeststellung vor Gericht, 2. Aufl., Rn 343.
u) Vgl. Bender/Nack, Tatsachenfeststellung vor Gericht, 2. Aufl., Rn 344.
v) Vgl. Bender/Nack, Tatsachenfeststellung vor Gericht, 2. Aufl., Rn 345.
w) Vgl. Bender/Nack, Tatsachenfeststellung vor Gericht, 2. Aufl., Rn 346.
x) Vgl. Undeutsch, Handbuch der forensischen Psychologie, 11. Bd., S. 118 jedoch als Kriterium des Aussageverhaltens, nicht der inhaltlichen Aussageanalyse.
y) Vgl. Undeutsch, Handbuch der forensischen Psychologie, 11. Bd., S. 118 jedoch als Kriterium des Aussageverhaltens, nicht der inhaltlichen Aussageanalyse.
z) Vgl. Undeutsch, Handbuch der forensischen Psychologie, 11. Bd., S. 117 jedoch als Kriterium des Aussageverhaltens, nicht der inhaltlichen Aussageanalyse.
aa) Vgl. Bender/Nack, Tatsachenfeststellung vor Gericht, 2. Aufl., Rn 477.
ab) Vgl. Bender/Nack, Tatsachenfeststellung vor Gericht, 2. Aufl., Rn 271.
ac) Vgl. Bender/Nack, Tatsachenfeststellung vor Gericht, 2. Aufl., Rn 481.
ad) Vgl. Trankell, Der Realitätsgehalt von Zeugenaussagen, S. 148, 149.
ae) Vgl. Arntzen, Psychologie der Zeugenaussage: System der Glaubwürdigkeitsmerkmale, 3. Aufl., S. 51.
af) Vgl. Arntzen, Psychologie der Zeugenaussage: System der Glaubwürdigkeitsmerkmale, 3. Aufl., S. 112.
ag) Vgl. Undeutsch, Handbuch der forensischen Psychologie, 11. Bd., S. 134.

ah) Vgl. Bender/Nack, Tatsachenfeststellung vor Gericht, 2. Aufl., Rn 485.
ai) Vgl. Trankell, Der Realitätsgehalt von Zeugenaussagen, S. 134.
aj) Vgl. Trankell, Der Realitätsgehalt von Zeugenaussagen, S. 149, 150.
ak) Vgl. Trankell, Der Realitätsgehalt von Zeugenaussagen, S. 125, der die Kompetenz der Aussageperson, d.h. die Vermutung, dass es der Person an der Kompetenz fehlt, die Aussage auszudenken als eigenes Kriterium führt.

D. Die Realitätskriterien im Einzelnen

I. Das sog. Detailkriterium oder Detaillierung oder Mengenkriterium

Eine erhebliche Anzahl an **Einzelheiten in Nebenpunkten**,[97] die in der Aussage geschildert werden,[98] ist nach diversen Autoren[99] geradezu eine **Grundforderung** (= **eine notwendige Eingangsvoraussetzung**),[100] die man an jede Aussage, die Glaubwürdigkeit beansprucht, stellen muss.[101] D.h., eine nach den Erkenntnissen der Aussagepsychologie glaubhafte Aussage **muss eine Reihe von Nebenumständen enthalten, die in keinerlei direktem Zusammenhang zum Beweisthema stehen.**[102] Umgekehrt formuliert bedeutet dies, dass die Annahme bestehen muss, dass der Aussagende einen Gesamtzusammenhang oder einen Teilzusammenhang vorgetäuscht hat, wenn der Aussagende zum fraglichen Zusammenhang keinen (weiteren) Teilzusammenhang oder Details mitteilen kann, **es sei denn der Vorgang beruht auf Reizarmut.**[103] Diese Reizarmut besteht dann, wenn der streitgegenständliche Vorfall so wenig interessant oder so kurz ist, dass objektiv kaum Gelegenheit besteht, überzeugende Realitätskriterien einzuflechten.[104] Entscheidend ist also, wann sog. **Reizarmut** besteht. Das wird oft bei **Turbulenzgeschehen** angenommen.[105] Da die Frage, wann darüber hinaus objektiv Reizarmut bestand, sodass keine weiteren Details gefordert werden können, objektiv kaum entschieden werden kann, sondern immer nur von der subjektiven Betrachtungsweise des Beur- 41

97 Vgl. Bender/Nack, Tatsachenfeststellung vor Gericht, 2. Aufl., Rn 234 ff.

98 Vgl. Arntzen, Psychologie der Zeugenaussage: System der Glaubwürdigkeitsmerkmale, 3. Aufl., S. 27 ff.

99 Vgl. Prüfer, Aussagebewertung in Strafsachen, Rn 113 ff.

100 Vgl. Greuel/Offe/Fabian/Wetzels/Fabian/Offe/Stadler, Glaubhaftigkeit der Zeugenaussage, S. 92 m.w.N.; vgl. auch Vgl. Greuel, Wirklichkeit – Erinnerung – Aussage, S. 28.

101 Vgl. Arntzen, Psychologie der Zeugenaussage: System der Glaubwürdigkeitsmerkmale, 3. Aufl., S. 27.

102 Vgl. Bender/Nack, Tatsachenfeststellung vor Gericht, 2. Aufl., Rn 235.

103 Vgl. Prüfer, Aussagebewertung in Strafsachen, Rn 113.

104 Vgl. Bender/Nack, Tatsachenfeststellung vor Gericht, 2. Aufl., Rn 238, unklar bleibt jedoch, wann der Vorfall objektiv so kurz oder wenig interessant ist, dass keine weiteren Details erwartet werden können. Letztendlich läuft es hier auf die allg. Lebenserfahrung des Richters hinaus, der sich in die Position des Zeugen in der konkreten Situation m. dessen Interessen, Vorlieben etc. hineinversetzen u. entscheiden muss, ob ein Zeuge in dieser Situation, wenn er wirklich etwas beobachtet hat, weitere Details wissen müsste oder nicht. Ein ähnliches Parallelproblem stellt sich auch bei Generalklauseln des BGB. Die Generalklausel der guten Sitten im § 138 BGB z.B. ist als das Anstandsgefühl aller billig u. gerecht denkenden Menschen definiert. Nach dieser Definition müsste man annehmen, dass Meinungsumfragen in Auftrag gegeben werden, um das Anstandsgefühl aller billig u. gerecht Denkenden herauszufinden. Dem ist jedoch nicht so. Tatsächlich entscheidet die subjektive Ansicht des erkennenden Gerichts.

105 Vgl. Greuel/Offe/Fabian/Wetzels/Fabian/Offe/Stadler, Glaubhaftigkeit der Zeugenaussage, S. 92 m.w.N.

teilers und dessen Lebenserfahrung abhängt, soll diese Frage hier nicht weiter vertieft werden. Die aussagepsychologische Lehre meint, dass bestimmte Fallgruppen der Detailschilderung in der Regel auf die subjektive Wahrheit hindeuten. Hinzuweisen ist darauf, dass die geschilderten Details ihrerseits derart vage sein können, dass lediglich **Handlungsbenennungen** statt **Handlungsbeschreibungen** vorliegen, d.h., die einfache Form eines Kriteriums sagt weder für noch gegen die Glaubhaftigkeit einer Aussage etwas.[106] Einzelne Details lassen sich so gut wie in jeder Aussage finden[107] und gehören zu einer sinnvollen Lüge dazu.[108] Die Menge der Details, die berichtet werden, hängt freilich auch von der verwendeten Art der Befragung ab. Hierzu wurden in den letzten Jahren/Jahrzehnten spezielle Befragungstechniken entwickelt, z.B. das sog. „kognitive Interview". Durch diese spezielle Art der Befragung, bei der der zu Befragende aufgefordert wird, sich in den damaligen Wahrnehmungskontext zurückzuversetzen, sodann alle Details zu berichten, dies dann in anderer Reihenfolge und sodann aus anderer Perspektive,[109] könnte es ggf. möglich sein, mehr Details zu ermitteln, aber gleichzeitig könnte die Fähigkeit zur Unterscheidung von wahren und falschen Aussagen schwieriger werden.[110] In einem Experiment mit über 60-jährigen Probanden wurden Aussagen nach einem „kognitiven Interview" nur noch mit 40 %iger Richtigkeit erkannt (statt mit 80 %iger Richtigkeit wie nach der üblichen Art der Befragung).[111] Problematisch bei dem „kognitiven Interview" ist, dass bei einem unsorgfältig ausgeführten kognitiven Interview falsche Informationen sogar zunehmen.[112]

1. Wechselbeziehungsmerkmal (Interaktionsschilderungen)

42 Schilderungen einer **Kette von wechselnden Aktionen und Reaktionen** sprechen für die **subj. Wahrheit**.[113] Es muss sich aber um einen **deutlichen Wechsel zwischen Aktion und Reaktion** handeln und nicht um Schilderungen von parallel zueinander

106 Vgl. Arntzen, Psychologie der Zeugenaussage, 3. Aufl., S. 20.

107 Vgl. Häcker in: Bender/Häcker/Schwarz, Tatsachenfeststellung vor Gericht, 6. Aufl., Rn 425.

108 Vgl. Volbert/Steller, Die Begutachtung der Glaubhaftigkeit, S. 683, 686 in: Venzlaff/Foerster/Dreßing/Habermeyer (Hrsg.), Psychiatrische Begutachtung, 6. Aufl.

109 Vgl. Häcker in: Bender/Häcker/Schwarz, Tatsachenfeststellung vor Gericht, 6. Aufl., Rn 1093.

110 Vgl. Sporer, Verfahrensfehler und Justizirrtümer: Kognitive und soziale Erklärungsansätze, S. 163, 180 in: Deckers/Köhnken (Hrsg.), Die Erhebung und Bewertung von Zeugenaussagen im Strafprozess, 4. Band.

111 Vgl. Dukala/Sporer/Polczyk, Detecting Deception: does the cognitive Interview impair discrimination with CBCA criteria in elderly witnesses, Psychology, Crime & Law, 2018 im Internet eingesehen am 10.10.2021 unter: https://www.researchgate.net/publication/327031062_Detecting_Deception_Does_the_Cognitive_Interview_Impair_Discrimination_with_CBCA_Criteria_in_Elderly_Witnesses.

112 Vgl. Häcker in: Bender/Häcker/Schwarz, Tatsachenfeststellung vor Gericht, 6. Aufl., Rn 1094.

113 Vgl. Bender/Nack, Tatsachenfeststellung vor Gericht, 2. Aufl., Rn 241.

ablaufenden Handlungen.[114] Wer zudem nur einfache Reaktionen ohne nähere Konkretisierungen schildert, erfüllt das Kriterium nicht. Das gilt vor allem für die schlichte Schilderung, dass man sich gegenüber der sexuellen Belästigung des Angeklagten gewehrt[115] oder der Täter die Zeugin aufgefordert habe, sich hinzulegen, was die Zeugin getan habe.[116] Einen schweren (aber in der Praxis alltäglichen) Fehler würde es darstellen, wenn das Gericht nun nachfragt, die Zeugin möge die Gegenwehr genauer schildern. Auch die unbegabteste Zeugin wird wegen dieser **offenen Suggestion** die Gegenwehr meist elaborieren können. **Ein Aussagekriterium ist daraus aber nicht geworden**. Die Antwort geht dann nicht über die Suggestion hinaus. Eine sog. **Überhangantwort** ist nicht vorhanden. Würde das Gericht lege artis vorgehen, so müsste es die Zeugin auffordern, ab einem schon vor der Gegenwehr liegenden Zeitpunkt **alle Einzelheiten** zu schildern. Dann könnte das Kriterium ggf. noch schwach gegeben sein. Es macht einen großen Unterschied, einen Zeugen zu bitten, ab dem Zeitpunkt X alle Einzelheiten zu schildern, statt, „schildern Sie uns bitte die Gegenwehr etwas ausführlicher".

Bei Interaktionen ist im Rahmen der Konstanzanalyse zu beachten, dass jedenfalls komplexe Abläufe relativ schnell vergessen werden. Entscheidend ist also, dass **Interaktionssequenzen** geschildert werden und nicht, wie tatsächlich exakt sie die tatsächliche Abfolge wiedergeben.[117]

Hinweis 43

Die Validität des Kriteriums kann in Zweifel gezogen werden und ist jedenfalls nur gering. In einem Versuch mit Grundschulkindern (1. und 4. Klasse) simulierten „geübte Lügner" das Kriterium öfter als es in wahren Aussagen vorkam.[118]

Wenn Gespräche geschildert werden, wird dies zum **Glaubwürdigkeitsmerkmal**, wenn das Gespräch nicht das Beweisthema selbst ist.[119] 44

„Die Kriminalgeschichte ist voll von Beispielen, in denen Gesprächsschilderungen, die Beweisthema waren (z.B. wie der Beschuldigte die Tat gestanden habe oder wie der Gläubiger die Forderung erlassen habe), von Aussagepersonen frei erfunden waren. Dass Lügner geradezu eine Vorliebe dafür zu haben scheinen, ihre Geschichten in die Form von Gesprächen zu kleiden, dürfte ihren Grund darin haben, dass auf diese Weise leicht schwerwiegende Behauptungen

114 Vgl. Hermanutz/Litzcke/Kroll, Polizeiliche Vernehmung und Glaubhaftigkeit, S. 57.

115 Vgl. Greuel/Offe/Fabian/Wetzels/Fabian/Offe/Stadler, Glaubhaftigkeit der Zeugenaussage, S. 108.

116 Vgl. Greuel/Offe/Fabian/Wetzels/Fabian/Offe/Stadler, Glaubhaftigkeit der Zeugenaussage, S. 110.

117 Vgl. Greuel, Wirklichkeit – Erinnerung – Aussage, S. 124 f.

118 Vgl. Hommers, Die aussagepsychologische Kriteriologie unter kovarianzstatistischer und psychometrischer Perspektive in: Greuel/Fabian/Stadler, Psychologie der Zeugenaussage, S. 87, 96.

119 Vgl. Bender/Nack, Tatsachenfeststellung vor Gericht, 2. Aufl., Rn 242, 243.

> *aufgestellt werden können, die – insbesondere bei angeblich unter vier Augen geführten Gesprächen – kaum zu widerlegen sind.*"[120]

D.h., zum Glaubwürdigkeitskriterium wird dies dann, wenn Gespräche in verbaler Reaktion und Gegenreaktion geschildert werden, die die streitgegenständliche Handlung eingeleitet oder begleitet haben.[121] V.a. auch dann, wenn ein Wechselgespräch berichtet wird, in dem Bedenken der anderen Seite beschwichtigt werden[122] oder wenn Dialogsequenzen geschildert werden, die unterschiedliche Standpunkte erkennen lassen und wie man dann doch zur Einigung kam.[123] „Das Kriterium ist erfüllt, wenn der Zeuge eine komplexe Gesprächssequenz derart wiedergibt, dass sich eine Kette aufeinander bezogener Fragen und Antworten nachvollziehen lässt."[124] Das Kriterium ist nicht erfüllt, wenn nur von einem „Gespräch" berichtet wird,[125] oder „Sie haben furchtbar laut rumgeschrieen und geschimpft."[126] Eine besonders hohe Qualifizierung wäre nicht nur bei der Schilderung der differenziellen Standpunkte gegeben, sondern auch bei der Schilderung von Missverständnissen oder der Schilderung, dass sich ein Teilnehmer gegen tatsächliche oder antizipierte Vorwürfe des anderen verteidigt habe.[127] Die Wiedergabe von Gesprächen sollte insgesamt nur als schwaches Kriterium angesehen werden.[128]

45 **Wenn Mimiken oder Gestiken geschildert werden, so ist dies ein ausgesprochen starkes Glaubwürdigkeitskriterium**, denn die Erfahrung zeigt, dass Mimik, Gesten oder bloße Zeichen des Einverständnisses oder der Abwehr, d.h. nonverbale Kommunikation, sehr selten erfunden werden.[129] Beispiel: „Ich habe ihm gesagt, er solle loslassen. Er hat nur frech gegrinst und den Kopf geschüttelt."[130]

46 Phänomengebundene Schilderungen, d.h. Schilderungen von Handlungen, die nur Nebenumstände betreffen, sprechen ebenfalls für die subj. Wahrheit.

120 Bender/Häcker/Schwarz, Tatsachenfeststellung vor Gericht, 6. Aufl., Rn 430.

121 Vgl. Arntzen, Psychologie der Zeugenaussage: System der Glaubhaftigkeitsmerkmale, 3. Aufl., S. 35.

122 Vgl. Undeutsch, Handbuch der forensischen Psychologie, 11. Bd., S. 144 für den Fall eines Kindes, das Opfer eines Sexualdeliktes geworden ist.

123 Vgl. Greuel/Offe/Fabian/Wetzels/Fabian/Offe/Stadler, Glaubhaftigkeit der Zeugenaussage, S. 109.

124 Greuel/Offe/Fabian/Wetzels/Fabian/Offe/Stadler, Glaubhaftigkeit der Zeugenaussage, S. 109.

125 Vgl. Hermanutz/Litzcke/Kroll, Polizeiliche Vernehmung und Glaubhaftigkeit, S. 60.

126 Hermanutz/Litzcke/Kroll, Polizeiliche Vernehmung und Glaubhaftigkeit, S. 137.

127 Vgl. Greuel, Wirklichkeit – Erinnerung – Aussage, S. 32.

128 Vgl. Hommers, Die aussagepsychologische Kriteriologie, unter kovarianzstatistischer und psychometrischer Perspektive in: Greuel/Fabian/Stadler, Psychologie der Zeugenaussage, S. 99 (auch von Grundschulkindern leicht simulierbar).

129 Vgl. Bender/Nack, Tatsachenfeststellung vor Gericht, 2. Aufl., Rn 244.

130 Bender/Häcker/Schwarz, Tatsachenfeststellung vor Gericht, 6. Aufl., Rn 431.

Beispiele: 47

- Eine Prostituierte, die vergewaltigt wurde, berichtet, wie ihre Kleider in eine Schubkarre geworfen wurden. Dieses nebensächliche Detail hätte sie (wohl) nicht erfunden, wenn die Sache erlogen gewesen wäre.[131] Dieses Kriterium gilt insb., wenn z.B. nur Hilfsmaßnahmen für ein kriminelles Delikt beschrieben werden, wobei das eigentliche Delikt vom Zeugen nicht bemerkt wurde.
- Ein Zeuge schildert eine Vorbereitungshandlung zu einem Diebstahl, obwohl er den Diebstahl nicht bemerkt hat oder wenn der Zeuge nur die Verwischung von Spuren schildert, obwohl er das zuvor begangene Delikt nicht wahrgenommen hat.[132]

2. Komplikationsmerkmal oder negative Komplikationskette

Als eine **inhaltliche Steigerungsform der Detaillierung**, die für glaubhafte Aussagen typisch ist, gelten geschilderte Komplikationen,[133] d.h. Schilderungen von gestörten oder abgebrochenen Handlungsabläufen (fragmentarischer Charakter),[134] z.B. unverhofftes Erscheinen eines Dritten[135] oder Hindernisse, vergebliche Bemühungen, wiederholte Versuche, unerwartete Vorgänge, enttäuschte Erwartungen, Misserfolge im Handlungsfortgang,[136] Vorgangsabsonderlichkeiten[137] etc. Der Grund, weshalb dies ein Realitätskriterium darstellt, ist, dass bei einer Lügengeschichte der Lügner in der Regel zielgerichtet berichtet,[138] d.h., den Zuhörer einerseits überzeugen will und andererseits die Lügengeschichte nur in seiner Fantasie erlebt hat. Folglich fehlt dem Lügner einerseits die Fantasie, irgendwelche Komplikationen in seiner Geschichte zu erfinden,[139] und anderseits wäre es kontraproduktiv, hinsichtlich der beabsichtigten Überzeugung des Zuhörers gleich potenzielle Komplikationen mitzuliefern. „Warum sollte jemand, der etwas erfindet oder lügt, Unterbrechungen oder Störungen der Handlung einbauen, wie z.B. Klingeln 48

131 Vgl. Bender/Nack, Tatsachenfeststellung vor Gericht, 2. Aufl., Rn 245.

132 Vgl. Arntzen, Psychologie der Zeugenaussage: System der Glaubhaftigkeitsmerkmale, 3. Aufl., S. 31, 32.

133 Vgl. Bender/Nack, Tatsachenfeststellung vor Gericht, 2. Aufl., Rn 246; vgl. auch Lieberman, Never be lied to again, S. 43; vgl. Arntzen, Psychologie der Zeugenaussage: System der Glaubhaftigkeitsmerkmale, 3. Aufl., S. 36.

134 Vgl. Undeutsch, Handbuch der forensischen Psychologie, 11. Bd., S. 153.

135 Vgl. Dettenborn/Fröhlich/Szewczyk, Forensische Psychologie, 2. Aufl., S. 313.

136 Vgl. Arntzen, Psychologie der Zeugenaussage: System der Glaubhaftigkeitsmerkmale, 3. Aufl., S. 36.

137 Vgl. Undeutsch, Handbuch der forensischen Psychologie, 11. Bd., S. 138 m.w.N.

138 Vgl. Bender/Nack, Tatsachenfeststellung vor Gericht, 2. Aufl., Rn 345.

139 Vgl. Bender/Nack, Tatsachenfeststellung vor Gericht, 2. Aufl., Rn 246.

an der Tür, Zusammenbrechen eines Bettes, Einschlafen des Beschuldigten usw.?"[140] „Komplikationen werden deshalb ungern erfunden, weil sie eines zusätzlichen Argumentationsaufwandes bedürfen, um zu erklären, wie die aufgetretenen Schwierigkeiten überwunden wurden [...]. Die Wirklichkeit aber steckt voller kleiner Probleme. Wir alle kennen die unendlich vielen Misshelligkeiten des Alltags. Nichts klappt reibungslos."[141] Beispiele einer solchen Komplikation können z.B. sein:

- die Schilderung einer Vergewaltigung, bei der plötzlich das Telefon oder die Türglocke klingelt und die Vergewaltigung abgebrochen oder später fortgesetzt werden musste,
- die Schilderung einer Tat, bei der das Tatwerkzeug nicht vorhanden war und dies erst während der Tat bemerkt wurde, sodass der ursprüngliche Tatplan modifiziert werden musste etc.

49 Das Merkmal ist auch bei Komplikationen auf der **kognitiven Ebene** erfüllt, z.B. **enttäuschte Erwartungen oder verworfene Handlungspläne**.[142] Eine Steigerungsform des Merkmals stellen auch **Schilderungen indirekter Handlungsbezüge** dar, d.h., eine Verknüpfung des inkriminierten Geschehens mit andernorts gemachten, ähnlichen Erlebnissen.[143]

3. Deliktstypikmerkmal

50 Damit ist gemeint, dass eine Aussage umso **glaubwürdiger** ist, je mehr **Details** die Aussage enthält, die für das berichtete Delikt typisch, aber nicht allgemein bekannt sind.[144] Besondere Bedeutung hat dieses Merkmal nach einer Ansicht im Strafrecht bei der Schilderung von bestimmten Sexualdelikten.[145] Zu beachten ist aber immer, dass es sich einerseits um geschilderte Einzelheiten handeln muss, die aus kriminologischer/viktimologischer Sicht tatsächlich deliktsspezifisch sind, und andererseits die Schilderungen nicht zum gedanklichen Allgemeingut gehören dürfen (z.B. Schweigeforderung des Täters).[146] **Das Kriterium ist nicht erfüllt, wenn die geschilderte Information aus den Medien oder Gesprächen mit anderen Personen bekannt ist.**[147] Nach Bender/Nack soll es auch eine Deliktstypik bei Haustür-

140 Dettenborn, Täter, Opfer, Zeuge, S. 141.

141 Wendler, Wie ähnlich war der Unfall?, S. 76.

142 Vgl. Greuel, Wirklichkeit – Erinnerung – Aussage, S. 33.

143 Vgl. Greuel, Wirklichkeit – Erinnerung – Aussage, S. 34.

144 Vgl. Bender/Nack, Tatsachenfeststellung vor Gericht, 2. Aufl., Rn 247 ff.

145 Vgl. Arntzen, Psychologie der Zeugenaussage: System der Glaubhaftigkeitsmerkmale, 3. Aufl., S. 143 ff.

146 Vgl. Greuel/Offe/Fabian/Wetzels/Fabian/Offe/Stadler, Glaubhaftigkeit der Zeugenaussage, S. 99 f.; vgl. auch Vgl. Greuel, Wirklichkeit – Erinnerung – Aussage, S. 30.

147 Vgl. Hermanutz/Litzcke/Kroll, Polizeiliche Vernehmung und Glaubhaftigkeit, S. 82.

geschäften geben, nämlich, dass es sich um ein begrenztes Sonderangebot handle bzw., dass außer den im Vertrag festgehaltenen Leistungen die Lieferfirma noch zusätzliche Leistungen kostenlos erbringe.[148] Richtigerweise kann dieses Kriterium jedoch bei Haustürgeschäften nicht zutreffend sein. Dies liegt daran, dass es sich bei diesen Merkmalen bereits qua definitionem nicht um Delikstypikmerkmale handelt. Deliktstypikmerkmale wurden als Merkmale definiert, die nicht allgemein bekannt sind. Es dürfte jedoch allgemein bekannt sein, dass viele Vertreter den Vertragsschluss durch die Aussage fördern wollen, es handle sich um ein zeitlich begrenztes Sonderangebot bzw. es würden noch weitere Leistungen kostenlos übernommen werden, die nicht schriftlich im Vertrag stünden. Weiter schildern Bender/Nack ein vermeintliches Deliktstypikmerkmal bei Anlageberatern, die über das Geschäftsrisiko getäuscht haben sollen. Dieses Merkmal soll darin liegen, dass mehrere Zeugen eine Redewendung des Anlageberaters („machen wir es zusammen") wiedergegeben haben, die auch im Schulungsskript des Anlageberaters gefunden wurde.[149] Das hat allerdings nichts mit einer Deliktstypik zu tun, sondern einer Originalität der konkret handelnden Person. Es wird hier freilich stark auf die genaue Wortwahl ankommen, denn „Verbrüderungen" (wir!) stellen eine Ebene der wahrgenommenen Ähnlichkeit dar, die jeder gute Verkäufer instinktiv beherrscht. Im Übrigen darf das Beweisthema nicht verwechselt werden. Es mag durchaus wahrscheinlich sein, dass ein Anlageberater derartige Redewendung gebraucht, schließlich hatte er den Kunden die Anlageform ja auch verkauft, aber gleichwohl lässt dies keinen Rückschluss über eine Täuschung hinsichtlich des Anlagerisikos oder der Glaubhaftigkeit der Aussage zu. „Insbesondere bezüglich *deliktsspezifischer Details* ist im Zusammenhang mit dem Thema sexuellen Missbrauchs anzumerken, dass die Annahme, bei typischen Begehungsformen handele es sich um Spezialwissen, welches nur Experten zugänglich sei, vor dem Hintergrund des gesteigerten Medieninteresses der letzten Jahre kaum haltbar zu sein scheint (Argstatter & Loohs, 2001)."[150] Richtig ist aber, dass gerade bei Sexualdelikten im Nahbereich Schweigegebote[151] und Steigerungen typisch sind. „Wir wissen aus kriminologischer Literatur, wie innerfamiliäre Sexualstraftäter ihre Taten ‚rechtfertigen' und sie steigern. Es werden zuerst zufällig wirkende Handlungen vorgenommen, überprüft, ob das Kind sie zulässt. Wenn ja, wird weitergemacht. So werden die Grenzen des Opfers ständig getestet und überschritten."[152]

148 Vgl. Bender/Nack, Tatsachenfeststellung vor Gericht, 2. Aufl., Rn 250.

149 Vgl. Bender/Nack, Tatsachenfeststellung vor Gericht, 2. Aufl., Rn 253.

150 Niehaus, Merkmalsorientierte Inhaltsanalyse in Handbuch der Rechtspsychologie, 317.

151 Vgl. Crombag/Merckelbach, Missbrauch vergisst man nicht, S. 38.

152 Steller, Nichts als die Wahrheit, S. 77 f.

4. Originalitätskriterium oder Einzigartigkeitskriterium oder ausgefallene Einzelheiten

51 Realitätsfördernd ist es auch, wenn die (einzigartigen) Details durch die **Ausgefallenheit und Abgelegenheit**[153] den Charakter des Besonderen gewinnen.[154] Der Grund, warum dies als Realitätskriterium gelten kann, ist, dass ein Lügner sein Gegenüber überzeugen will. Wenn er jedoch überzeugen will, wird er in seiner Fantasiegeschichte kaum Details bringen, die selten oder besonders sind, denn durch die Mitteilung des Seltenen bzw. Besonderen würde der Lügner selbst Zweifel an der Glaubhaftigkeit seiner Aussage säen. Der Lügner würde zu diesem Zeitpunkt ja noch nicht wissen, ob ihm sein Gegenüber dieses Besondere auch wirklich abnimmt, eben weil es so selten vorkommt. Folglich würde der Lügner auf „Nummer sicher" gehen und diese Details in einer erfundenen Aussage glattschleifen, bzw. weglassen.[155] **Werden Anspielungen des Täters gegenüber dem Zeugen berichtet, so hat auch dies symptomatischen Wahrheitswert.**[156] Dies gilt allerdings dann nicht, wenn der Berichtende das Ausgefallene oder Besondere benötigt, um sein Gegenüber zu überzeugen. Bei der Schilderung des Anlageberaters, der besonders seltene Renditen oder ausgefallen hohe Gewinne versprochen haben soll, handelt es sich somit nicht um ein Kriterium für die subjektive Richtigkeit.

52 Zu beachten ist weiter, dass die ausgefallenen, besonderen Details nicht **fantastisch, unrealistisch oder abstrus** sein dürfen.[157] „Münchhausengeschichten sind auch einzigartig, aber nicht glaubhaft".[158] Aus der Praxis wird zutreffend berichtet, dass die Auftretenswahrscheinlichkeit des Originalitätskriteriums gering ist.[159] Auch zu diesem Kriterium hat ein Experiment mit Grundschulkindern (1. und 4. Klasse) ein widersprüchliches Bild ergeben. In der Gruppe der „guten Lügner" kam das Kriterium öfter als in wahren Aussagen, also der Erwartung als Realitätskriterium widersprechend vor.[160]

153 Vgl. Bender/Nack, Tatsachenfeststellung vor Gericht, 2. Aufl., Rn 259; vgl. Trankell, Der Realitätsgehalt von Zeugenaussagen, S. 126; vgl. Undeutsch, Handbuch der forensischen Psychologie, 11. Bd., S. 138.

154 Vgl. Arntzen, Psychologie der Zeugenaussage: System der Glaubhaftigkeitsmerkmale, 3. Aufl., S. 32.

155 Vgl. Bender/Nack, Tatsachenfeststellung vor Gericht, 2. Aufl., Rn 344.

156 Vgl. Dettenborn/Fröhlich/Szewczyk, Forensische Psychologie, 2. Aufl., S. 314.

157 Vgl. Arntzen, Psychologie der Zeugenaussage: System der Glaubhaftigkeitsmerkmale, 3. Aufl., S. 33.

158 Bender/Nack, Tatsachenfeststellung vor Gericht, 2. Aufl., Rn 259.

159 Vgl. Greuel/Offe/Fabian/Wetzels/Fabian/Offe/Stadler, Glaubhaftigkeit der Zeugenaussage, S. 119.

160 Vgl. Hommers, Die aussagepsychologische Kriteriologie unter kovarianzstatistischer und psychometrischer Perspektive in: Greuel/Fabian/Stadler, Psychologie der Zeugenaussage, S. 87, 96.

5. Gefühlsmerkmal oder bilaterales Emotionskriterium

Die Beschreibung eigenpsychischer Vorgänge[161] wie **Angst, Argwohn, Enttäuschung,**[162] **Ekel**[163] oder die Überlegung, wie einer unangenehmen Situation zu entgehen ist (= **eigenpsychisches Erleben**[164]), wären weitere Steigerungsformen der Detaillierung, die zu einem Glaubwürdigkeitsmerkmal werden.[165] Auch **ein Widerstreit zwischen eigenen Gefühlen** wird in der Regel selten erfunden.[166] Dies gilt natürlich dann nicht, wenn es sich um einfache, sehr naheliegende Reaktionen handelt[167] oder direkt nach einem solchen Gefühl oder begleitenden Gedanken gefragt wurde (dann keine Überhangantwort), sondern nur dann, wenn sich das Gefühlserlebnis nicht aus Sinneseindrücken ergibt, die in der Aussage beschrieben werden oder aus dieser folgen.[168] Auch hier müssen die Schilderungen aber **elaboriert**[169] sein, z.B., „und als ich im Badezimmer bin, merke ich schon, wie ich aufsteigende Hitze kriege, dass ich richtig Angstgefühle kriege und weiß, ich muß jetzt hier aus diesem Camping 'raus“,[170] „Ich überlegte mir, ob […], ich brachte zuerst kein Wort heraus […].“[171] Das Kriterium wäre also nicht erfüllt, wenn einfache, nahe liegende Gefühlsreaktionen berichtet werden, wie, „der war eklig“ oder „der war brutal“. Äußerungen, z.B., „es war einfach geil“ oder „ich hatte Angst“, erfüllen das Kriterium nicht.[172] „Ausgangspunkt ist die Annahme, die Unterstellung, der Aussagende habe einen Gesamtzusammenhang vorgetäuscht, werde (Übertragungsfälle ausgenommen) schwächer, wenn der Aussagende zum fraglichen Zusammenhang Gefühle beschreibt, die von denen abweichen, die üblich oder zu erwarten sind oder wenn die als Gefühlsauslöser dargestellten Umstände von der Tat als geschichtlichem Ereignis entfernt sind. D.h., das Gefühl hängt untrennbar mit der Individualität der Auskunftsperson zusammen und wird dadurch zum Kennzeichen eines real 53

161 Vgl. Bender/Nack, Tatsachenfeststellung vor Gericht, 2. Aufl., Rn 261.
162 Vgl. Trankell, Der Realitätsgehalt von Zeugenaussagen, S. 124, 125.
163 V. a., wenn zusätzlich folgerichtig eine Handlung erklärt wird, wie dem Ekel entgangen bzw. abgemildert wurde, z.B. Duschen, oder Verzicht auf das übliche Daumenlutschen etc. Vgl. Undeutsch, Handbuch der forensischen Psychologie, 11. Bd., S. 145.
164 Vgl. Greuel, Wirklichkeit – Erinnerung – Aussage, S. 33.
165 Vgl. Arntzen, Psychologie der Zeugenaussage: System der Glaubhaftigkeitsmerkmale, 3. Aufl., S. 29.
166 Vgl. Undeutsch, Handbuch der forensischen Psychologie, 11. Bd., S. 151.
167 Vgl. Arntzen, Psychologie der Zeugenaussage: System der Glaubhaftigkeitsmerkmale, 3. Aufl., S. 29. „Es muss sich um mehr handeln als die bloße Erwähnung einfacher und nahe liegender Details“ – Bender/Häcker/Schwarz, Tatsachenfeststellung vor Gericht, 6. Aufl., Rn 453.
168 Vgl. Trankell, Der Realitätsgehalt von Zeugenaussagen, S. 124.
169 Damit dürfte sich die Diskrepanz in der Meta-Analyse von DePaulo et. al, erklären, die das Kriterium eher bei Lügengeschichten ausmachen, Vgl. DePaulo et al., Cues to Deception, Psychological Bulletin, 2003, Vol. 129, No: 1, S. 74 ff., 94, 96.
170 Greuel/Offe/Fabian/Wetzels/Fabian/Offe/Stadler, Glaubhaftigkeit der Zeugenaussage, S. 115.
171 Dettenborn/Fröhlich/Szewczyk, Forensische Psychologie, 2. Aufl., S. 314.
172 Vgl. Hermanutz/Litzcke/Kroll, Polizeiliche Vernehmung und Glaubhaftigkeit, S. 76.

erlebten Vorganges. Der Lügner erlebt seine Geschichte ja nur in der Fantasie und wird dadurch nicht emotional berührt, so dass er derartige Assoziationen i.d.R. nicht anstellt. Die Schwächung steigt mit dem Grad der Abweichung und der Entfernung."[173]

54 Grund dieser Annahme ist die Erfahrung, dass erheblich größere Fähigkeiten dazu gehören, aus der Fantasie heraus einen psychologisch angereicherten Handlungskomplex ohne Unstimmigkeiten überzeugend zu erfinden und darzustellen, als etwas zu berichten, was man tatsächlich erlebt hat.[174] „Das gilt noch mehr, wenn sogar psychisches Erleben des Beschuldigten mitgeteilt wird, z.B. höhnische Reaktionen auf Weinen des Tatopfers hin, Zorn über Erektionsschwäche, Heuchelei vor Dritten, um die Tat zu verbergen […]."[175] Die Beschreibung solcher erfundener Gefühle würde die Vortäuschung komplizieren und unterbleibt deshalb.[176] **Gleichwohl handelt es sich um ein Merkmal, das in der psychologischen Forschung eine eher untergeordnete Rolle spielt.**[177] Das Kriterium ist auch nicht erfüllt wenn nur Schemawissen produziert wird, z.B., wenn man nur Angst oder Schmerzen bekundete oder dass man sich schämte oder unwohl fühlte.[178]

55 Es sei jedoch betont, dass es sich bei dem Kriterium um die Schilderung der eigenen Gefühle bei der Wahrnehmung handelt, nicht um **Gefühlsausbrüche** (z.B. Weinkrampf) während der Vernehmung. Im Falle des Gefühlsausbruchs während der Vernehmung, z.B. im Falle des in der Praxis oftmals (vor allem bei Frauen) zu beobachtenden Weinkrampfes, sollte der Zuhörer misstrauisch werden, ob mit dieser Aktion nicht die eigene Hilfsbedürftigkeit herausgekehrt[179] und dadurch der Zuhörer für die Auskunftsperson eingenommen und unkritischer werden soll.[180] Nach August Bahr und dessen Buch, „Die Vulgärlüge in der gerichtlichen Praxis", stellt das zweckgebundene Weinen (wenn es nicht hinreichend situationsmotiviert ist[181]) sogar eine für den Lügner typische Übertreibungsform dar.[182] Gerade in Vergewaltigungsfällen ist das Weinen der Zeugin kein Beleg dafür, dass das Geschehen in-

173 Prüfer, Aussagebewertung in Strafsachen, Rn 77.

174 Vgl. Arntzen, Psychologie der Zeugenaussage: System der Glaubhaftigkeitsmerkmale, 3. Aufl., S. 31.

175 Dettenborn, Täter, Opfer, Zeuge, S. 142.

176 Vgl. Prüfer, Aussagebewertung in Strafsachen, Rn 78.

177 Vgl. Greuel/Offe/Fabian/Wetzels/Fabian/Offe/Stadler, Glaubhaftigkeit der Zeugenaussage, S. 100 f.

178 Vgl. Greuel/Offe/Fabian/Wetzels/Fabian/Offe/Stadler, Glaubhaftigkeit der Zeugenaussage, S. 115.

179 Vgl. S. Eisenberg, Sachlich – rechtliche Beweisprobleme der Aussagewürdigung beim Vorwurf des Inzests, JR 2004, S. 358, 362.

180 Vgl. Bender/Nack, Tatsachenfeststellung vor Gericht, 2. Aufl., Rn 325, ebenso Undeutsch in Handbuch der forensischen Psychologie, 11. Bd., S. 124, 125 m.w.N.: „Bei erwachsenen Zeugen können Tränen trügerisch sein, bei unseren Zeugen nicht […]".

181 Ob u. was „hinreichend situationsmotiviert" ist, hängt natürlich immer von der subjektiven Einschätzung des Richters bzw. Anwalts ab.

182 Vgl. Bender, Merkmalskombinationen in Aussagen, S. 48.

nerlich „wieder hochgekommen" ist, denn es ist genauso denkbar, dass die lügende Zeugin bemüht sein wird, ihre Aussage durch das Weinen zu bestärken.[183] „Das große Heulen kommt beim Lügner oft XXL daher. Es ist bewusst gesteuert und gehört zu einer geplanten Lüge. Der Lügner passt sein Verhalten dem an, was er glaubt, dass von einem Menschen in einer Situation, wie er sie zu durchleben vorgibt, erwartet wird."[184] Auch in neueren psychologischen Untersuchungen wird vorgetragen, dass sich bestenfalls der **aktuelle** psychische Zustand des Zeugen erfassen lässt. „Ob und wie aus der Kenntnis solcher Zustände auf die Glaubhaftigkeit einer Aussage geschlossen werden kann, bleibt jedoch selbst bei zutreffendem Ausdrucksverstehen offen."[185] Hinzu kommt, dass aus den Theorien zum impression mangagement bekannt ist, dass der Aussagende das Ausdrucksverhalten zeigen wird, von dem er annimmt, am besten überzeugen zu können.[186] Auch der BGH hat in der Grundsatzentscheidung 1 StR 618/98 festgestellt, „hinzu tritt das Bemühen der lügenden Person auf sein Gegenüber glaubwürdig zu erscheinen."[187] Oder anders formuliert: „Häufig wird der aussagebegleitende Ausdruck von Emotionen als Hinweis auf den Erlebnisgehalt der Aussage angesehen. Empirische Untersuchungen, die diese Annahme überprüft hätten, liegen nach unserem Wissen bisher nicht vor."[188] Einer wie auch immer gearteten Gefühlsbeteiligung bei der Aussage kommt daher – entgegen der Praxis – kein diagnostischer Wert zu,[189] denn dieser „gefühlsmäßige Nachklang" kann durchaus auf ein stattgehabtes Ereignis hindeuten, allerdings kann es von einem absichtlich zum Zwecke der Täuschung erzeugten Gefühlsausdruck nicht unterschieden werden. „Dazu ist im Gegenteil vor einer Überbewertung und vor allem davor zu **warnen**, die Fähigkeit von Aussagepersonen **zur Simulation entsprechender Gefühle** zu unterschätzen: Es fällt vielen Menschen vergleichsweise leicht, sich von den zu einer – auch erfundenen – Geschichte passenden Gefühlen regelrecht übermannen zu lassen. Dass Fantasiegeschichten starke Emotionen auslösen können, ist aus dem Effekt der Lektüre entsprechender Bücher offensichtlich: Generationen von Jugendlichen standen die Tränen in den Augen, als sie vom Tod des Winnetous gelesen haben. Das Auftreten (lassen) von **Emotionen** in der Aussagesituation **bis hin zum Weinen** kann daher ohne Weiteres der **Täuschung dienen** [m.w.N.]."[190]

183 Vgl. Jansen, Zeuge und Aussagepsychologie, Rn 213.

184 Bindig, Der Verhörspezialist, S. 71.

185 Greuel/Offe/Fabian/Wetzels/Fabian/Offe/Stadler, Glaubhaftigkeit der Zeugenaussage, S. 145.

186 Vgl. Greuel/Offe/Fabian/Wetzels/Fabian/Offe/Stadler, Glaubhaftigkeit der Zeugenaussage, S. 146 m.w.N.

187 Abgedruckt in NJW 1999, S. 2746 = NStZ 2000, S. 100 = StV 1999, S. 473 = StraFo 1999, S. 340.

188 Greuel/Offe/Fabian/Wetzels/Fabian/Offe/Stadler, Glaubhaftigkeit der Zeugenaussage, S. 151.

189 Vgl. auch Vrij, Detecting Lies and Deceit, S. 139 f.

190 Bender/Häcker/Schwarz, Tatsachenfeststellung vor Gericht, 6. Aufl., Rn 457 f.

Die Täuschungsanfälligkeit oder Fehlinterpreationen von vermeintlich warhgenommenem gefühlsmäßigem Nachklang gilt nicht nur für Fälle des Weinens oder der Traurigkeit etc. Das wird von Peters selbst für den Fall eines Geständnisses eines Kapitaldelikts bestätigt: „Dass das Geständnis von offenbar [jedenfalls laut dem Vernehmenden] inneren Auseinandersetzungen (Schweißausbruch, innere Aufregung) getragen war, lässt sich weder für die Richtigkeit noch für die Unrichtigkeit auswerten. Es handelt sich um einen mehrdeutigen Vorgang.“[191]

56 Das Kriterium versagt ohnehin im Falle der bewussten Übertragung, denn wer die geschilderten Gefühle in einem anderen Fall erlebt hat, hat keine Schwierigkeiten, die erlebten Gefühle auf den streitgegenständlichen Fall zu übertragen.[192]

57 Die Problematik dieses Kriteriums liegt weiter in der **Subjektivität des Zuhörers** und dessen Erwartung, welche Gefühle üblich sind und welche Gefühle vom Erwarteten abweichen.[193]

58 Ein **Gefühl** ist jedenfalls dann unüblich, wenn es nur durch die vorhergehenden Erlebnisse der Auskunftsperson erklärt werden kann, **d.h., durch die Assoziation eines vorhergehenden persönlichen Ereignisses mit dem aktuellen Ereignis (bilaterales Emotionskriterium)**, so dass es dadurch zum Realitätskriterium werden soll. Derartige Schilderungen des Erlebens von phänomenaler Kausalität sind allerdings selten zu beobachten.[194] „Wenn ein Gefühlserlebnis, das in der Aussage beschrieben wird, nicht allein durch die Sinneseindrücke, die in der Aussage eingehen, erklärt werden kann, sondern erst durch gleichzeitige Bezugnahme auf die persönliche Situation des Zeugen, erhöht sich die Wahrscheinlichkeit, dass die Aussage ein außersubjektives Vorkommnis beschreibt. Das Wesentliche ist dabei, dass das Gefühlserlebnis hervorgerufen wird durch zwei voneinander unabhängige Ausschnitte aus der Wirklichkeit.“[195]

59 Hierzu ein Beispiel aus einem Brandstifterprozess, bei dem u.a. das Auto des Angeklagten in der Brandnacht gesehen wurde und in dem das Ehepaar, welches schräg gegenüber einer der abgebrannten Scheune wohnte, wie folgt aussagte:

> *„Der Mann berichtet folgendes: Er und seine Frau waren kurz vor 23 Uhr nach Hause gekommen und hatten sich wie gewöhnlich fertiggemacht, um zu Bett zu gehen. Seine Frau war vor ihm nach oben ins Schlafzimmer gegangen, während er selbst noch einige Minuten sich im Erdgeschoss des Hauses aufgehalten hatte […]. Als er dabei einen Blick durch die Glasscheibe im Oberteil der Türe warf,*

191 Peters, Anmerkung zu BGH, 2 StR 301/86, StV 1987, S. 375 f.

192 Vgl. Prüfer, Aussagebewertung in Strafsachen, Rn 79.

193 Vgl. Prüfer, Aussagebewertung in Strafsachen, Rn 80.

194 Vgl. Greuel, Wirklichkeit – Erinnerung – Aussage, S. 33.

195 Trankell, Der Realitätsgehalt von Zeugenaussagen, S. 124, 125.

zog eine kleine Flamme an P.'s Scheune seine Aufmerksamkeit nach sich. Gleichzeitig hörte er das Geräusch eines Automotors, welcher angelassen wurde: Da die Flamme jedoch langsam an Größe zunahm, entstand in ihm der Verdacht, dass es in P.'s Scheune brannte und er rief deshalb seine Frau. Erst rief er ihren Vornamen ein paar Mal, dann fügte er hinzu: ‚Komm runter!' Die Frau ihrerseits berichtete folgendes: Sie und ihr Mann waren gegen 23 Uhr nach Hause gekommen. Sie war vor ihrem Mann nach oben ins Schlafzimmer gegangen, um zu Bett zu gehen. Gerade als sie begonnen hatte, sich auszuziehen, hörte sie das Geräusch eines Autos, dass irgendwo auf dem Weg draußen angelassen wurde. Gleich darauf hörte sie, wie ihr Mann ihren Namen rief, das letzte Mal mit der Aufforderung: ‚Komm runter!' Sie wurde da plötzlich von Angst ergriffen, die davon herrührte, dass sie das Rufen ihres Mannes und das Geräusch des Autos in Zusammenhang brachte mit der Vorstellung, dass ihren Sohn ein Unglück getroffen haben könnte. Dieser war nämlich an dem betreffenden Abend zum Tanz auf einer Festlichkeit etwa 5 km von ihrer Wohnung entfernt. Da der Sohn selbst kein Auto hatte, entstand bei ihr die Vorstellung, dass das Auto, das sie gehört hatte, dazu gedient habe, ihren Sohn nach Hause zu befördern. Die Aussage der Frau ist ein gutes Beispiel für die Art von subjektiven Details, mit der eine Aussage ausgestattet ist, wenn die Beobachtung Anlass zu persönlich gefärbten Erlebnissen beim Zeugen gewesen ist. In diesem Fall hatte das Erlebnis außerdem eine der Zeugin unbekannte Verbindung mit dem äußeren Ablauf, da der Ruf, den sie von ihrem Mann gehört hatte, damit zusammenhing, dass dieser seinerseits den Feuerschein in der Scheune des P. entdeckt hatte. Die Aussage der Frau verknüpft auf diese Weise zwei wichtige Ereignisse: die wachsende Flamme auf der einen Seite und das Geräusch des Autos auf der anderen. Nur unter der Voraussetzung, dass diese beiden Ereignisse wirklich gleichzeitig auftraten, ist es nämlich möglich zu erklären, wieso bei der Frau Angst um ihren Sohn entstehen konnte."[196]

Das Kriterium ist damit untrennbar mit der **Individualität des Aussagenden** verknüpft, sodass dieses Kriterium systematisch auch in das Individualitätskriterium eingeordnet werden könnte. Zum Realitätskriterium wird dies deshalb, da in der Praxis oft Fälle vorkommen,[197] durch die bestimmte Gefühle – nur für die Auskunftsperson – aufgrund der Assoziation des tatsächlich wahrgenommenen Geschehens mit einem früheren Ereignis hervorgerufen werden, die naturgemäß im Falle **60**

196 Trankell, Der Realitätsgehalt von Zeugenaussagen, S. 123, 124.

197 Ebenso Trankell, Der Realitätsgehalt von Zeugenaussagen, S. 125.

der Lüge fehlen. Es handelt sich also um einen Fall der **phänomenalen Kausalität.**[198] „Das Merkmal ist dann erfüllt, wenn Geschehnisse vom Zeugen in einen Ursache-Wirkungs-Zusammenhang gebracht werden, der objektiv nicht besteht."[199]

61 Im Falle der **Lüge** kommt es zu keinem realen Erlebnis, daher auch zu keinen Assoziationen und daher auch zu keinen Gefühlsbekundungen außerhalb des wahrgenommenen Ereignisses. Eine Ausnahme wird – wie erwähnt – dann gelten, wenn entweder die geschilderten Gefühle nahe liegend sind, d.h., mit der Individualität des Zeugen nichts zu tun haben, oder der Zeuge sehr fantasiebegabt ist (d.h., sich in das erfundene Erlebnis „reinsteigern kann"[200]).

62 Diagnostischer Wert soll auch der Schilderung **psychischen Erlebens** beim Interaktionspartner zukommen, d.h. dessen Gefühlsreaktionen und Stimmungslagen.[201] Auch diese **fremdpsychischen Vorgänge** dürfen aber weder einfach und nahe liegend noch klischeehaft oder nur Mutmaßungen (z.B. „von seinen Anspielungen gegenüber anderen Männern denke ich, dass er eifersüchtig war"[202]) sein.[203] Insgesamt muss sowohl die Schilderung von Gefühlen, erlebnisbezogenen Gedanken, mentaler oder körperlicher Veränderungen bei sich selbst oder auch beim Täter oder Dritten als bestenfalls schwaches Kriterium angesehen werden (sog. eigen- bzw. fremdpsychische Vorgänge). Selbst bei Grundschülern eines Experiments konnte die Validität des Kriteriums nicht bestätigt werden, da es zu teils der Theorie entsprechenden, aber auch zu widersprechenden Ergebnissen gekommen ist.[204]

6. Unverständnismerkmal oder das Kriterium des Deutungsmangels

63 Die Schilderung von Einzelheiten eines Geschehensablaufs, die die Auskunftsperson nicht oder nicht richtig verstanden hat, spricht für die subjektive Wahrheit.[205] Oder umgekehrt formuliert, „die Annahme, die Unterstellung, der Aussagende habe einen Gesamtzusammenhang oder einen Teilzusammenhang vorgetäuscht (Übertragungsfälle eingeschlossen), sei kaum oder nicht mehr zu halten, wenn der Aussagende seine Darstellung durch Eingeständnis eigenen Unvermögens oder Irr-

198 Vgl. Greuel/Offe/Fabian/Wetzels/Fabian/Offe/Stadler, Glaubhaftigkeit der Zeugenaussage, S. 113 m.w.N.

199 Greuel/Offe/Fabian/Wetzels/Fabian/Offe/Stadler, Glaubhaftigkeit der Zeugenaussage, S. 114.

200 Erfahrungsgemäß fehlt vielen Zeugen die Fantasie hierfür.

201 Vgl. Greuel, Wirklichkeit – Erinnerung – Aussage, S. 34.

202 Hermanutz/Litzcke/Kroll, Polizeiliche Vernehmung und Glaubhaftigkeit, S. 81.

203 Vgl. Hermanutz/Litzcke/Kroll, Polizeiliche Vernehmung und Glaubhaftigkeit, S. 79.

204 Vgl. Hommers, Die aussagepsychologische Kriteriologie unter kovarianzstatistischer und psychometrischer Perspektive in Psychologie der Zeugenaussage, S. 87 ff., 99 f.

205 Vgl. Bender/Nack, Tatsachenfeststellung vor Gericht, 2. Aufl., Rn 268; vgl. auch Greuel/Offe/Fabian/Wetzels/Fabian/Offe/Stadler, Glaubhaftigkeit der Zeugenaussage, S. 109.

tums unnötig kompliziert."[206] Dieses Kriterium ist auch dann erfüllt, wenn der Zeuge einen anfänglichen Irrtum oder eine anfängliche Fehleinschätzung oder eine **eigene Unsicherheit** einräumt, denn das zeigt Selbstkritik und Offenlegung eigener Erkenntnisschwäche.[207] Dies gilt auch dann, wenn der Aussagende ein nur anfängliches Unverständnis und Aufklärung durch ein „Aha-Erlebnis" schildert.[208]

Dass dies als Realitätskriterium gilt, liegt daran, dass der Lügner ja überzeugen will. **64**
Daraus folgt, dass der Lügner kaum bekunden wird, er habe nicht verstanden, was er beobachtet habe[209] oder er sei sich unsicher, habe sich getäuscht etc. Vorsicht ist allerdings insofern geboten, als sichergestellt sein muss, dass der Zeuge nicht nur vorgibt, etwas nicht verstanden zu haben. In der Theorie soll der Lügner nicht beachten, dass ihm vielleicht eher geglaubt würde, wenn er selbst gelegentlich einen Zweifel in seine erfundene Geschichte einstreuen würde.[210]

Das Kriterium gilt nicht nur, wenn die Auskunftsperson einräumt, etwas nicht ver- **65**
standen oder missverstanden zu haben, sondern – erst recht – wenn aus der Schilderung nur für den Zuhörer offensichtlich wird, dass die Auskunftsperson etwas missverstanden oder nicht verstanden hat. Das heißt insb., wenn Details berichtet werden, die außerhalb des Verständnishorizontes des Erzählers liegen, sodass dem Erzähler auch nachträglich die Bedeutung nicht klar geworden ist.[211] Diese Art der Darstellung findet sich beispielsweise bei Kindern, wenn sie unverstandene Gegebenheiten aus dem sexuellen Bereich schildern: „Wenn der Opa mir ein Küsschen gab, hat er mir mit seiner Zunge immer die Zähne geputzt."[212] Das Phänomen des unbewussten Unverständnisses oder Deutungsmangel gibt es aber nicht nur bei Kindern, sondern auch bei Erwachsenen, die bestimmte Wahrnehmungen missdeuten. Ein gutgläubiger Zeuge, der Reisevorbereitungen von Rauschgiftkurieren beobachtet, wird später berichten, dass die Koffer desinfiziert wurden, während die Chemikalien tatsächlich eingesetzt wurden, um den Geruchssinn der Spürhunde zu beeinträchtigen.[213] Hinzuweisen ist auch noch darauf, dass sogar Widersprüche in der eigenen Darstellung, die der Beschuldigte abgibt, da ihm der fragliche Umstand rätselhaft ist und er somit nur Erklärungshypothesen aufstellen kann, geradezu ein Indiz für die Unschuld darstellen können, denn der wirkliche Täter würde gute De-

206 Prüfer, Aussagebewertung in Strafsachen, Rn 64.
207 Vgl. Prüfer, Aussagebewertung in Strafsachen, Rn 68.
208 Vgl. Handbuch der forensischen Psychologie, 11. Bd., S. 151.
209 Vgl. Nack in Ziegert (Hrsg.), Grundlagen der Strafverteidigung, S. 227.
210 Vgl. Steller, Nichts als die Wahrheit, S. 46.
211 Vgl. Undeutsch, Handbuch der forensischen Psychologie, 11. Bd., S. 141.
212 Vgl. Arntzen, Psychologie der Zeugenaussage: System der Glaubhaftigkeitsmerkmale, 3. Aufl., S. 31.
213 Vgl. Bender/Nack, Tatsachenfeststellung vor Gericht, 2. Aufl., Rn 268.

tailkenntnisse besitzen.[214] Insgesamt ist das Unverständniskriterium bei Erwachsenen aber sehr selten zu beobachten.[215]

66 In einer Untersuchung von Littman/Szewczyk (Zu einigen Kriterien und Ergebnissen forensisch-psychologischer Glaubwürdigkeitsbegutachtung von sexuell missbrauchten Kindern und Jugendlichen in Forensia 1983, S. 55 ff.) konnte nicht festgestellt werden, dass das Unverständnismerkmal oder Komplikationsmerkmal ein Realitätskriterium ist, während in einer anderen Untersuchung von Steller/Köhnken, (Criteria based statment analyses in Raskin (Hrsg.); Psychological methods in criminal investigation and evidence, S. 217 ff.) schon festgestellt wurde, dass es sich hier um ein Realitätskriterium handelt. Auch Arntzen (Psychologie der Zeugenaussage: System der Glaubwürdigkeitsmerkmale, S. 36) hält ebenso wie Steller/Köhnken, sowohl das Komplikationsmerkmal (negative Komplikationsketten) als auch das Unverständnismerkmal (Arntzen, Psychologie der Zeugenaussage: System der Glaubwürdigkeitsmerkmale, 3. Aufl., S. 31, 32) für ein Glaubwürdigkeitsindiz und verweist auf mehr als 43.000 Untersuchungen von Aussagen (Arntzen, Psychologie der Zeugenaussage: System der Glaubwürdigkeitsmerkmale, 3. Aufl., S. 2). Der BGH meint:

67 *„[…] beispielsweise nebensächlicher Details, sogenannter abgebrochener Handlungsketten, unerwarteter Komplikationen oder phänomengebundener Schilderungen unverstandener Handlungen […]. Diese sogenannten Realkennzeichen können empirisch als grundsätzlich überprüft angesehen werden. Zwar handelt es sich um Indikatoren mit jeweils für sich genommen nur wenig über dem Zufallsniveau liegender Bedeutung. Eine gutachterliche Schlussfolgerung kann aber eine beträchtlich höhere Aussagekraft und damit Indizwert für die Glaubhaftigkeit zu beurteilender Angaben erlangen, wenn sie aus der Gesamtheit aller Indikatoren abgeleitet wird. Denn durch das Zusammenwirken der Indikatoren werden deren Fehleranteile insgesamt gesenkt.*“[216]

68 Das bedeutet: **Der BGH erkennt das Unverständnismerkmal und das Komplikationsmerkmal als grundsätzlich Realitätskriterium an**. Zwar kann der Widerspruch in den Untersuchungen von Littman/Szewczyk einerseits und Steller/Köhnken andererseits nicht eindeutig aufgelöst werden, bis auf die Feststellung, dass die Untersuchung von Littman/Szewczyk an dem wissenschaftlichen Mangel leidet, dass die Feststellungen der Glaubhaftigkeit der Aussage nicht unabhängig (also mithilfe eines objektiven Außenkriteriums) von den zu überprüfenden Kriterien stattfand,

214 Vgl. Döhring, Die Erforschung des Sachverhalts im Prozess, S. 235, 236.

215 Vgl. Hettler, Wahre und falsche Zeugenaussagen, S. 134.

216 Vgl. BGH, NJW 1999, S. 2746, 2748.

sondern nur mithilfe der Bewertung des jeweiligen Gutachters.[217] Darüber hinaus wurden bei Littmann/Szewczyk nur Aussagen im Zusammenhang mit Sexualdelikten überprüft. Im Übrigen entspricht es nicht nur der Rechtsprechung des BGH, sondern auch dem gesunden Menschverstand, Komplikationen und Schilderung unverstandener Handlungen als Realitätskriterium zu betrachten. Eine Lügengeschichte existiert nur in der Fantasie. In der Fantasie läuft alles glatt. Im täglichen Leben laufen Dinge selten glatt, es tauchen regelmäßig Komplikationen auf. Hierzu eine Weisheit aus der Militärsprache:

> *„Jeder Plan ist nur so lange gültig, bis es zur ersten Feindberührung kommt.* **69**
> *Danach kann jeder Plan ohnehin weggeworfen werden[218]" oder aber, „kein Plan überlebt den Aufprall auf den Feind".*[219]

Das Sprichwort sagt, **70**

> *„es kommt immer anders, als man denkt".*

Auch die eigene Lebenserfahrung, neben den Ausführungen von Arntzen, dessen **71**
Institut mehr als 43.000 individuelle Untersuchungen von Zeugenaussagen[220] durchgeführt hat, legt Komplikationen in der Realität nahe. Zu beachten ist aber, dass es sich um eine elaborierte Komplikation gehandelt haben muss. Die Schilderung: „Ich habe versucht, mich zu wehren, das ging aber nicht", erfüllt das Kriterium nicht.[221] Einen sicheren oder auch nur besonders starken Hinweis auf die Glaubhaftigkeit kann dieses Kriterium (ebenso wie andere Kriterien) aber dennoch nicht liefern. Aus den o.g. Überlegungen zum impression management kann der (überzeugende) Lügner durchaus die eine oder andere Komplikation einstreuen, vor allem, wenn die Einstreuung nicht widerlegt werden kann. In jedem drittklassigem Kriminalfall im TV finden sich zu jeder Tat diverse Irrungen, Wendungen und Komplikationen, bis der Täter überführt wird. Dennoch handelt es sich um ein i.d.R. frei erfundenes Drehbuch. Mit anderen Worten: Das Ausmaß der Vorbereitung auf die Lüge wird in der Praxis oft unterschätzt. Bei Kinderaussagen mag dies im Einzelfall anders sein.

Gleiches gilt für das Unverständnismerkmal. Weshalb sollte ein Lügner in seiner **72**
Fantasie etwas ausdenken, dass er selbst nicht versteht? Oder anders formuliert, ist es überhaupt möglich, etwas auszudenken, dass man nicht versteht? Selbst wenn dies möglich wäre, wäre es höchst unpraktikabel, sodass auch das Unverständnismerkmal als Realitätskriterium gelten darf. Eine Unsicherheit besteht jedoch darin,

217 Vgl. Eisenberg, Beweisrecht der StPO, 4. Aufl., Rn 1437; vgl. auch Greuel/Offe/Fabian/Wetzels/Fabian/Offe/Stadler, Glaubhaftigkeit der Zeugenaussage, S. 136.

218 So in einer Pressekonferenz des Pentagon anlässlich des Golfkrieges aus dem Jahre 1991.

219 So in einer Pressekonferenz des Pentagon anlässlich des Golfkrieges aus dem Jahre 1991.

220 Vgl. Arntzen, Psychologie der Zeugenaussage: System der Glaubhaftigkeitsmerkmale, 3. Aufl., S. 2.

221 Vgl. Greuel/Offe/Fabian/Wetzels/Fabian/Offe/Stadler, Glaubhaftigkeit der Zeugenaussage, S. 111.

dass das Unverständnismerkmal als Realitätskriterium nur dann verwendet werden sollte, wenn man sicher ist, dass der Zeuge die geschilderte Handlung wirklich nicht verstanden hat. Hier gilt es somit besonders aufmerksam zu sein.

73 *Hinweis*

Oft gibt die Auskunftsperson nämlich nur vor, etwas nicht verstanden zu haben, um sich besonders naiv zu geben. Das geht oft Hand in Hand mit dem Unterwürfigkeitssignal. D.h., die Auskunftsperson gibt sich besonders naiv oder hilflos – nach dem Motto – „sie könne keiner Fliege etwas zu leide tun", um den Zuhörer psychologisch für sich einzunehmen.

74 Es gilt daher beim **Unverständnismerkmal** abzuklären, ob der Zeuge nach seinen **intellektuellen Fähigkeiten** die geschilderte Handlung in der Tat nicht verstanden hat oder dies nur als „rhetorisches Mittel" einsetzt. Sollte der Zeuge dieses Unverständnis allerdings nur als rhetorisches Mittel einsetzen, wäre keinesfalls der Umkehrschluss zulässig, dass es sich dann um ein Lügensignal handelt. Es kann sich dann – wie erwähnt – um ein rhetorisches Mittel oder die allgemeine Art der Person gehandelt haben, die für die Glaubhaftigkeit oder Unglaubhaftigkeit nichts aussagt.

7. Mehrdeutigkeitsmerkmal

75 Eng mit dem o.g. Kriterium des **Deutungsmangels** hängt das **Mehrdeutigkeitsmerkmal**[222] zusammen, nämlich dann, wenn Wahrnehmungen geschildert werden, die mehrdeutig sind. V.a. zweideutige Redensarten werden oft dann berichtet, wenn die Zweideutigkeit von der Auskunftsperson in der konkreten Situation wegen des realen Erlebens richtig verstanden wurde.[223] Da der Lügner überzeugen will, wird er kaum (angebliche) Wahrnehmungen berichten, die mehrdeutig sind, denn dann wären Zweifel an seiner Geschichte vorprogrammiert. Genau dies möchte der Lügner vermeiden. **Eine Ausnahme wird wieder dann zu machen sein, wenn die vermeintliche Zweideutigkeit offen auf der Hand liegt**, d.h., trotz Zweideutigkeit klar ist, was gemeint war.

8. Tempokriterium

76 **Des Weiteren sei darauf hingewiesen, dass zu beachten ist, wie schnell die Details auf Antworten erfolgen (sog. Tempokriterium).**[224] Im Falle einer Lüge müsste der Lügner nämlich jeweils überlegen, wie die Details zu seiner Geschichte passen. Damit dauert die Antwort länger als bei wahrheitsgemäßen Antworten.[225] Sollte der

222 Vgl. Bender/Nack, Tatsachenfeststellung vor Gericht, 2. Aufl., Rn 269.
223 Vgl. Undeutsch, Handbuch der forensischen Psychologie, 11. Bd., S. 146.
224 Nack in Ziegert (Hrsg.), Grundlagen der Strafverteidigung, S. 228.
225 Vgl. Döhring, Die Erforschung des Sachverhalts im Prozess, S. 52, 53.

Zeuge auf Frage keine erwartbaren Details liefern, sondern sich jeweils auf ein „Ich weiß nicht mehr" zurückziehen, also eine inhaltliche Erweiterung ablehnen, so wäre dies ein Lügensignal.[226] Weiter kann das zu erwartende Tempo der Antwort bei einer wahrheitsgemäßen Schilderung nicht absolut festgestellt werden, sondern nur in Bezug auf die konkrete Person. Ein Zeuge, der auch für erwiesenermaßen wahre Antworten sehr lange braucht, ist offenbar besonders unsicher oder eingeschüchtert oder will sich aus sonstigen Gründen seine Antwort besonders gut überlegen. Zum **Realitätskriterium** wird das **Tempokriterium** daher erst, wenn der Zeuge mit der gleichen Geschwindigkeit Fragen zu relevantem Geschehen wie Fragen zu irrelevantem Geschehen beantwortet.[227] Anderenfalls würde zudem ein Strukturbruch sprachlicher Art[228] vorliegen, der ein Fantasiesignal darstellt. Das Kriterium sollte aber **nur zurückhaltend** angewandt werden, da es stark von der individuellen Erwartung des Beurteilers abhängt[229] und unterschiedliche Fragen auch unterschiedliche Antwortgeschwindigkeiten hervorrufen können, seien die Antworten wahr oder erlogen.

9. Schilderung multimodaler Wahrnehmungen

Nach dem gegenwärtigem Stand der aussagepsychologischen Forschung kommt diesem Kriterium eine **beträchtliche Signalwirkung** zu. Wer zusätzlich zu optischen/ 77
akustischen Sinneswahrnehmungen eine weitere Wahrnehmung vorgibt, indiziert hohen Realitätsbezug. Ein Beispiel kann sein: „Er hatte meine Beine mit seinen Beinen eingeklemmt und hielt meine beiden Arme fest, so dass ich mich nicht bewegen konnte. Dabei küsste er meinen ganzen Oberkörper ab. Das hat sich eklig und nass angefühlt. Allein sein Gewicht auf meinen Bauch machte mich ganz fertig […] (oder eine andere Schilderung einer zum Oralsex gezwungenen Zeugin). Der Geruch und der Geschmack habe ihr den Hals zugehalten, so dass sie regelrecht habe würgen müssen und ihr schwindelig geworden sei. Dann habe sie noch einen Schluck Kakao getrunken, um den ekligen Geschmack nicht mehr im Mund zu haben."[230] Naheliegende Sinnesempfindungen erfüllen das Kriterium aber nicht,[231] so dass erneut die Subjektivität der Methode offengelegt wird, denn was naheliegend ist und was nicht, wird aus der Perspektive des jeweiligen Beurteilers beant-

226 Vgl. Bender/Nack, Tatsachenfeststellung vor Gericht, 2. Aufl., Rn 308.

227 Vgl. Bender/Nack, Tatsachenfeststellung vor Gericht, 2. Aufl., Rn 279, die dieses Kriterium daher als Unterpunkt zum Strukturgleichheitsmerkmal einordnen, auch bei Nack in Ziegert (Hrsg.), Grundlagen der Strafverteidigung, S. 228 handelt es sich bei dem Tempokriterium um einen Unterfall des Strukturgleichheitsmerkmals.

228 Vgl. Bender/Nack, Tatsachenfeststellung vor Gericht, 2. Aufl., Rn 346.

229 Vgl. Greuel/Offe/Fabian/Wetzels/Fabian/Offe/Stadler, Glaubhaftigkeit der Zeugenaussage, S. 102.

230 Greuel/Offe/Fabian/Wetzels/Fabian/Offe/Stadler, Glaubhaftigkeit der Zeugenaussage, S. 116.

231 Vgl. Greuel/Offe/Fabian/Wetzels/Fabian/Offe/Stadler, Glaubhaftigkeit der Zeugenaussage, S. 116.

wortet. Was für den einen naheliegend ist, mag für den anderen eine beträchtliche Signalwirkung bedeuten.

78 Diese „beträchtliche Signalwirkung" muss allerdings kritisch hinterfragt werden. Zwar wurde bereits in den 1930er Jahren vertreten, „wer einen erdichteten Vorgang erzähle, werde sich normalerweise damit begnügen, das rein Tatsächliche zu bekunden", denn, „auch Stimmungen zu schildern, darauf kommt er [der Lügner] nicht".[232] Bereits 1977 hatte *Bahrs* zutreffend darauf hingewiesen, dass die Echtheit der Stimmungsschilderungen sorgfältig geprüft werden müsste, denn erfundene Stimmungsschilderungen seien nicht so selten, wie vermeintlich angenommen wird. Zum einen gäbe es den sog. Gefühlsmenschen, für den sich das Leben zu großen Teilen in seinen Gefühlen abspielt und diese damit auch in dessen Erfindungen eindringen würden, und zum anderen spricht Bahrs bereits das sog. impression management an:

> *„Der Aussagende, der seine Gefühle, sein Herz eröffnet, wie sollte es nicht leicht auf den Vernehmenden überzeugender mit seiner Darstellung wirken, als wenn er sich nüchtern an die äußeren Tatsachen hielte, sich persönlich verschließend. Die äußeren Tatsachen, rein erzählt, sprechen nicht allemal für sich selbst eine überzeugende Sprache, trägt sie nicht jemand vor, der seiner Persönlichkeit nach glaubwürdig erscheint. So erhält die Aussage ihr Gewicht nicht zuletzt durch die Persönlichkeit des Aussagenden."*[233]

10. Schlussbemerkung zum Detailkriterium

79 In der neueren Literatur wird gegenwärtig auch noch das Merkmal der Schilderung von **Wirklichkeitskontrollen** erwähnt. Dieses Merkmal kommt nur bei Delikten vor, die im Grenzbereich zwischen Schlaf und Wachwirklichkeit stattgefunden haben (z.B. sexuelle Belästigungen während einer Narkose). Gibt der Zeuge dann an, wie er die Wirklichkeit überprüft oder infrage gestellt hat, so spricht dies für den Erlebnisbezug.[234] Das Merkmal ist aber nicht erfüllt, wenn nur berichtet wird (also ohne Wirklichkeitskontrolle), dass man sich das Ereignis nicht nur vorgestellt habe.[235] Das in der psychologischen Forschung teilweise genannte Merkmal der **Anschaulichkeit** geht in den o.g. Punkten auf.[236]

80 Darüber hinaus sei jedoch noch einmal betont, dass **Detailreichtum nur eine notwendige, aber keine hinreichende Bedingung** der Glaubhaftigkeit einer Aussage ist.[237] Eine wahre Geschichte kann sogar den Einstieg zu einer erfundenen Ge-

232 Leonhardt, Judicium II, 344 ff., zitiert nach Bahrs, Die Vulgärlüge in der gerichtlichen Praxis, S. 28.

233 Bahrs, Die Vulgärlüge in der gerichtlichen Praxis, S. 29.

234 Vgl. Greuel/Offe/Fabian/Wetzels/Fabian/Offe/Stadler, Glaubhaftigkeit der Zeugenaussage, S. 122.

235 Vgl. Greuel/Offe/Fabian/Wetzels/Fabian/Offe/Stadler, Glaubhaftigkeit der Zeugenaussage, S. 123.

236 Vgl. Greuel, Wirklichkeit – Erinnerung – Aussage, S. 28.

237 Vgl. Bender/Nack, Tatsachenfeststellung vor Gericht, 2. Aufl., Rn 239.

schichte bilden. Die Zeugin behauptet, sie habe sich vor einer Spinne gefürchtet, die der herbeigerufene Angeklagte beseitigte. Da sie immer noch Angst hatte, schlief der Angeklagte mit ihr im Zelt, woraufhin es zu sexuellen Übergriffen kam. Die Erwähnung der Spinne wäre zwar ein originelles Detail, aber eben nicht untrennbar mit dem sexuellen Geschehen verflochten.[238]

Oft sind Zeugen nämlich in der Lage, auch erfundene Geschichten so darzustellen, 81
dass sie „erlebnisnah und detailreich" erscheinen.[239]

Die geschilderten Details sollten, um zum Glaubwürdigkeitskriterium zu werden, 82
ihrerseits wahr sein, d.h., soweit die Details ihrerseits fraglich sind, können sie nicht ungeprüft als Indiz der Glaubhaftigkeit einer Aussage gewertet werden.[240]

Nachdem das Detailkriterium somit ein wesentliches Kriterium für die Glaubhaftig- 83
keit einer Aussage ist, ist es ein – immer wieder anzutreffender – Fehler, wenn die Vernehmung des Zeugen vom Gericht unterbrochen wird, da der Zeuge angeblich „zur Sache" kommen soll.[241] „Eine hohe Aussagequalität kann ohnehin nur erreicht werden, wenn die Art der Befragung dies überhaupt zulässt. Werden überwiegend spezifische Fragen gestellt oder die Struktur der Aussage durch die Art der Befragung vorgegeben, kann kein freier Bericht erfolgen und wertvolle Qualitätsmerkmale wie die Unstrukturiertheit der Darstellung oder nebensächliche Details können gar nicht produziert werden."[242]

Praxistipp 84

Einem allzu starken Drängen des Gerichts, dass der Zeuge zur Sache kommen und sich nicht in Nebensächlichkeiten verlieren möge, kann der Anwalt durch Hinweis auf § 396 Abs. 1 ZPO, demzufolge der Zeuge das, was Gegenstand seiner Vernehmung ist, im Zusammenhang angeben kann, entgegnen. Es stellt geradezu einen Grundfehler der Vernehmung dar, die Konversation mit dem Beweisthema zu beginnen.[243] D.h. nach Zöller (Komm. zur ZPO 26. Aufl.): „Man lasse den Zeugen grundsätzlich erst alles erzählen, was er glaubt, angeben zu müssen."[244] Nach den Grundsätzen der Vernehmungslehre muss der Zeuge sogar vor dem Bericht zum streitgegenständlichen Thema zu irrelevanten Themen angehalten werden, z.B. Sportereignisse, sonstige Gemeinsamkeiten etc. Nur so kann in vielen Fällen das „Normalverhalten" des Zeugen und damit das sog.

238 Vgl. BGH, StV 2001, S. 551 = NStZ 2000, S. 496 = 1 StR 156/00.
239 Vgl. BGH, StV 1996, S. 132, 133.
240 Vgl. Prüfer, Aussagebewertung in Strafsachen, Rn 116.
241 Vgl. Bender/Nack, Tatsachenfeststellung vor Gericht, 2. Aufl., Rn 246; vgl. Volbert/Dahle, Forensisch-psychologische Diagnostik im Strafverfahren, S. 40.
242 Volbert/Dahle, Forensisch-psychologische Diagnostik im Strafverfahren, S. 46 f.
243 Vgl. Nance, Conquering Deception, S. 118.
244 Zöller, Komm. zur ZPO, 26. Aufl., § 396 Rn 3.

Strukturbruchsignal ergründet werden.[245] Die Verletzung dieser Vorschrift wäre ein schwerer Verfahrensfehler, wobei der Anwalt den Mangel rügen muss, gem. § 295 ZPO.[246] Durch diese Rüge (am besten im Protokoll, ggf. wenn sich das Gericht weigert, die Rüge zu protokollieren, durch nachgereichten Schriftsatz) könnten dann auch wieder konkrete Anhaltspunkte an der Richtigkeit und Vollständigkeit der Tatsachenfeststellung, die zu einer nochmaligen Zeugenvernehmung führen können, gem. § 529 Abs. 1 Nr. 1, § 520 Abs. 3 Nr. 3 ZPO, gegeben sein. Dasselbe gilt im Strafrecht gem. § 69 StPO. Insofern handelt es sich um zwingendes Verfahrensrecht, dessen Verletzung mit der Revision gerügt werden kann, sofern der Mangel mit den Mitteln des Revisionsrecht (keine Rekonstruktion der Hauptverhandlung) dargestellt werden kann.[247] Deckers berichtet, dass diese Vorschrift im forensischen Alltag häufig nicht beachtet wird.[248] Der BGH teilt mit: [...] ist eine kritische, aber vorurteilsfreie Beweiserhebung gefordert, namentlich unter sachgerechter Anwendung der Regeln der Vernehmungstechnik, die sich (vgl. nur § 69 StPO für den Zeugenbeweis) weitgehend nicht auf ein gezieltes Abfragen erwarteter Fakten, namentlich aus dem Akteninhalt zu beschränken hat.[249]

85 Weiter wird noch einmal betont, dass nur **Details auch in Nebensächlichkeiten**[250] **zu einem Realitätskriterium werden** (z.B. umständliche Vorgeschichte[251]). „Dem liegt die Annahme zugrunde, dass von intentional falschaussagenden Zeugen zwar eine gewisse Detailliertheit in Bezug auf das für die Belastungsintention relevante Kerngeschehen, nicht aber in Bezug auf periphere [...] Details erwartet werden könne.“[252] Wenn der Aussagende nämlich nur Details zur Haupttatsache mitteilt, nicht jedoch auch zu Nebensächlichkeiten, würde es sich um ein Indiz der Lüge handeln. „Lügner/innen gruppieren ihre Details in erster Linie um das Beweisthema herum, dort, wo es nötig ist, und deutlich weniger im Randgeschehen, also seltener

245 Vgl. Gordon/Fleisher, Effective Interviewing & Interrogation Techniques, S. 45.

246 Vgl. Musielak/Stadler, Grundfragen des Beweisrechts, Rn 81.

247 Vgl. z.B. BGH, 1 Str 113/81 = StV 1981, S. 269; vgl. auch BGH, NJW 1953, S. 35.

248 Vgl. Deckers, Glaubhaftigkeitsprüfung S. 91 in: Die Erhebung von Zeugenaussagen im Strafprozess (Hrsg. Deckers/Köhnken); vgl. auch Deckers, Sexualstrafverfahren, S. 958 in: Brüssow/Gatzweiler/Krekeler/Mehle, Strafverteidigung in der Praxis, 4. Aufl.

249 BGHR StPO § 244 Abs. 3 Satz 2 Bedeutungslosigkeit 23.

250 Vgl. Trankell, Der Realitätsgehalt von Zeugenaussagen, S. 123, insofern kann auch auf die empirischen Untersuchungen von Littmann/Szewczyk (Vgl. Littmann/Szewczyk, Zu einigen Kriterien und Ergebnissen forensisch-psychologischer Glaubwürdigkeitsbegutachtung von sexuell missbrauchten Kindern und Jugendlichen in Forensia 1983, S. 55 ff.) verwiesen werden, denen zufolge Detailreichtum insgesamt (also Kerngeschehen u. Nebengeschehen) für die Glaubhaftigkeit der Aussage spricht, während Aussagen, die nur hinsichtlich des Nebengeschehens detailreich sind, gegen die Glaubhaftigkeit sprechen.

251 Vgl. Undeutsch, Handbuch der forensischen Psychologie, 11. Bd., S. 135.

252 Greuel/Offe/Fabian/Wetzels/Fabian/Offe/Stadler, Glaubhaftigkeit der Zeugenaussage, S. 92.

im Vorgeschehen und im Geschehen danach. Dies auch deshalb, weil sie zu diesen Punkten keine Befragung erwarten."[253] Ob der Lügner zu diesen Punkten wirklich keine Befragung erwartet, hängt wesentlich von der Vorbereitung des Zeugen durch andere und/oder sich selbst auf die Befragung ab. Dem Verfasser sind bezahlte Zeugenaussagen in seiner mittlerweile dreißigjährigen forensischen Tätigkeit begegnet, die in allen Punkten außerordentlich detailreich und gut vorbereitet waren. Man sollte sich davor hüten, den Lügner als Tölpel zu verstehen, der sich nicht ausführlich auf alle möglichen Fragen und Antworten vorbereitet.

Nach verbreiteter Ansicht wäre ein Ungleichgewicht von Details zu wesentlichen und unwesentlichen Details ein **Strukturbruch** inhaltlicher Art[254] und damit ein Fantasiesignal und zum anderen Ausdruck des sog. Zurückhaltungssignals und damit ein weiteres Fantasiesignal.[255] „Eine hohe Merkmalsausprägung wird man immer dann konstatieren können, wenn sich zwischen der Schilderung des fraglichen Kerngeschehens und den Angaben zu eher peripheren Kontextbedingungen keine substantiellen Detaillierungsbrüche ergeben."[256] Ein Aussage, die also nur Details zur Haupttatsache liefert, kommt im Übrigen dem Gefährlichkeitskalkül des Lügners entgegen, nämlich den tatsächlichen Kern seiner Aussage (aus Angst vor Überprüfung) möglichst klein zu halten.[257] „Ausgangspunkt ist die Annahme, die Unterstellung, ein Gesamtzusammenhang oder ein Teilzusammenhang sei vorgetäuscht (Übertragungsfälle ausgenommen), werde schwächer, wenn der Aussagende zum fraglichen Zusammenhang Teilzusammenhänge oder Details mitteilt, die für das Verständnis seiner Darstellung und für ihre rechtliche Bewertung erkennbar bedeutungslos sind. Der Grund dieser Annahme ist die Erfahrung, dass der Täuscher, der etwas als Erinnerung darstellt, woran er sich in diesem Zusammenhang gar nicht erinnert, dazu kein bedeutungsloses Beiwerk mitteilt. Nebensächlichkeiten gehören zur subjektiven Seite des Erlebnisses, das dem Täuscher fehlt (ausgenommen bei absichtlicher Übertragung)."[258]

All das dürfte in dieser Allgemeinheit nicht richtig sein. Zum einen wird das Ausmaß der Vorbereitung ignoriert und zum anderen die Erkenntnisse aus der Wahrnehmungs- bzw. Erinnerungslehre. Hieraus ergab sich, dass die Wahrnehmung bzw. Erinnerung wesentlich von dem eigenen Interesse abhing, so dass die Nichterinnerung bzw. Nichtwahrnehmung und die damit fehlende Schilderung keinen Strukturbruch darstellt, sondern den Gesetzen der Wahrnehmung bzw. Erinnerung folgt.

253 Wendler, Wie ähnlich war der Unfall?, S. 76.
254 Vgl. Bender/Nack, Tatsachenfeststellung vor Gericht, 2. Aufl., Rn 346.
255 Vgl. Bender/Nack, Tatsachenfeststellung vor Gericht, 2. Aufl., Rn 308.
256 Greuel/Offe/Fabian/Wetzels/Fabian/Offe/Stadler, Glaubhaftigkeit der Zeugenaussage, S. 94.
257 Vgl. Bender/Nack, Tatsachenfeststellung vor Gericht, 2. Aufl., Rn 171.
258 Prüfer, Aussagebewertung in Strafsachen, Rn 119.

86 Zu beachten ist jedenfalls, dass das **Kriterium nicht erfüllt** ist, wenn der Zeuge lediglich zu Punkten abschweift, die **in keinem Zusammenhang zum Beweisthema** stehen.[259] **Die Schwierigkeit für den Beurteiler liegt dann darin, zu entscheiden, ob es sich um eine Abschweifung oder ein nebensächliches Detail handelt.** Das Detailkriterium wäre auch dann nicht erfüllt, wenn der Zeuge Gespräche wiedergibt, die er mit unbeteiligten Dritten über das inkriminierte Geschehen geführt haben will.[260]

87 *Praxistipp*

„Daher ist es in hohem Maße wichtig, eine Vernehmung ausreichend weit zu fassen."[261] Nicht nur das eigentliche Beweisthema ist interessant, sondern auch das, was lange davor und noch einige Zeit danach passierte (dann können Strukturbrüche, sofern sie sich nicht durch die Erkenntnisse der Wahrnehmung bzw. Erinnerung erklären lassen, festgestellt werden). In der Praxis sind solche lege artis Vernehmungen aber selten, da diese angeblich zu viel Zeit kosten würden. Tatsächlich erspart man sich aber etliche zeitaufwendige Fragen, wenn der Zeuge bereits im Bericht nicht kleinlich auf das Beweisthema beschränkt wird.[262]

88 In diesem Zusammenhang ist auch noch anzumerken, dass es einen weiteren Fehler darstellen würde, **aus der Unwahrheit in einem nebensächlichen Detail auf die grundsätzliche Unwahrheit der Aussage schließen zu wollen**.[263] Sollte das Gericht eine solche Beweiswürdigung im Urteil treffen, so muss der Anwalt darauf hinweisen, dass es sich hierbei um eine Beweiswürdigung handelt, die den Erkenntnissen der Aussagepsychologie widerspricht. Gleichzeitig sollte der Anwalt dann die anerkannten Motive für Lügen Unschuldiger anhand der Literatur im Allgemeinen darstellen und argumentieren, dass zwar die Lüge im Nebenpunkt vorhanden war, diese aber aus dem (im Einzelnen und im Detail näher darzulegenden und ggf. mit Beweisangeboten auszuführenden) nachvollziehbaren Motiv geschah, sodass nicht auszuschließen ist, dass das Erstgericht zu einer anderen Bewertung der Aussage gekommen wäre, wenn es das Motiv des Zeugen für die Lüge in dem Nebenpunkt gekannt hätte. Damit könnte der grundsätzlich Raum für eine erneute Zeugenvernehmung geschaffen und die Hürde des § 529 Abs. 1 Nr. 1 i.V.m. § 520 Abs. 3 Nr. 3 ZPO genommen werden.

89 **Mithilfe des Detailkriteriums alleine ist es kaum möglich, die Lüge im Falle der Kontamination (= Verschmelzung = absichtliche Übertragung[264]) aufzudecken.**

259 Vgl. Greuel/Offe/Fabian/Wetzels/Fabian/Offe/Stadler, Glaubhaftigkeit der Zeugenaussage, S. 119.
260 Vgl. Greuel/Offe/Fabian/Wetzels/Fabian/Offe/Stadler, Glaubhaftigkeit der Zeugenaussage, S. 121.
261 Wendler, Wie ähnlich war der Unfall?, S. 76.
262 Vgl. Wendler, Wie ähnlich war der Unfall?, S. 76.
263 Vgl. Bender/Nack, Tatsachenfeststellung vor Gericht, 2. Aufl., Rn 239.
264 Vgl. Prüfer, Aussagebewertung in Strafsachen, Rn 115.

Die Aufdeckung kann allenfalls[265] durch das sog. **Strukturbruchsignal** (bei Beachtung der Folgerungen der Wahrnehmungs- und Erinnerungslehre) erfolgen oder durch Verifizierung jedes einzelnen Details und damit Widerlegung der erlogenen Details durch andere Beweismittel. Wer z.B. vorgibt, zur fraglichen Zeit in einem bestimmten Lokal gewesen zu sein, wo er zwar tatsächlich zu diesem Zeitpunkt nicht wahr, aber zu einem anderen Zeitpunkt, kann naturgemäß viele Einzelheiten über dieses Lokal, den Anfahrtsweg, die Belegschaft, die Einrichtung, die Speisekarte etc. berichten. Gleichwohl war er am fraglichen Abend nicht dort. Das Problem kann sich z.B. im Strafrecht, aber auch im Zivilrecht, hinsichtlich eines angeblichen Alibis der Auskunftsperson stellen, oder im Falle des Gefälligkeitszeugen, der in Wirklichkeit am Ort des streitgegenständlichen Ereignisses zur fraglichen Zeit gar nicht anwesend war, ggf. aber davor oder danach. Dann kann die Schilderung genauso detailreich sein, als ob der Zeuge das fragliche Ereignis wirklich wahrgenommen hat. **Sein Detailwissen bezieht er von früheren Wahrnehmungen.** Irgendwann muss er jedoch lügen.

Hinweis 90

Manche Untersuchungen legen nahe, der Schilderung von Komplikationen das größte diagnostische Gewicht beizumessen. Auch hier ist der Untersuchungsbefund sehr heterogen und jedenfalls bei Erwachsenen kaum ein einziges besonders gewichtiges Kriterium objektiv feststellbar.

Zusammenfassend: Gesprächsinhalte, Schilderungen von ausgefallenen oder nebensächlichen Details können relativ leicht von Lügnern simuliert werden. Gleiches gilt für die Entlastung des Täters und raum-zeitliche Verknüpfungen. Noch leichter werden von Lügnern eigenpsychische und fremdpsychische Vorgänge simuliert.[266] Insgesamt kann daher die für einen rechtsgenügenden Beweis hinreichende Validität des Detailreichtums als Kriterium in Frage gestellt werden. Selbst bei Grundschülern eines Experiments kam es hinsichtlich der Häufigkeit des Kriteriums zu teils der Theorie entsprechenden, teils aber auch zu widersprechenden Ergebnissen, wobei der Detailreichtum insgesamt sowohl in wahren als auch unwahren Aussagen häufig vorkommt.[267] Es wird daher für die richterliche Beweiswürdigung empfohlen, gedanklich alle Details zu streichen, die nicht zum relevanten Kernerlebnis gehöhren und zu schauen, was dann noch übrig bleibt. Das wird häufig fast nichts sein.[268] 91

265 Vgl. Hermanutz/Litzcke/Kroll, Polizeiliche Vernehmung und Glaubhaftigkeit, S. 117.

266 Vgl. Hommers, Die aussagepsychologische Kriteriologie unter kovarianzstatistischer und psychometrischer Perspektive in Psychologie der Zeugenaussage, S. 87 ff., 97.

267 Vgl. Hommers, Die aussagepsychologische Kriteriologie unter kovarianzstatistischer und psychometrischer Perspektive in Psychologie der Zeugenaussage, S. 87 ff., 99 f.

268 Vgl. Bender/Häcker/Schwarz, Tatsachenfeststellung vor Gericht, 6. Aufl., Rn 427.

Hinweis

Um die Validität des Detailkriteriums empirisch zu überprüfen bzw. zu bestätigen werden in Studien oft Untersuchungen präsentiert, wie häufig bestimmte Merkmale vorkommen. Sofern gefolgert wird, das Detailkriterium sei das Merkmal mit der höchsten Diskriminierungsfähigkeit, da es häufiger als andere Merkmale zu einer brauchbaren Abgrenzung geführt hatte, überzeugt dies nicht. „Diese Herangehensweise erscheint [...] sinnfrei: Allgemeine Merkmale wie Detailreichtum und Widerspruchsfreiheit sind zwar häufig nachzuweisen, jedoch nicht nur in erlebnisbasierten, sondern häufig auch in erfundenen [Aussagen]. Dementsprechend ist eine große Schnittmenge zwischen wahren und falschen Aussagen zu erwarten. Aus diesem Grunde werden sie in der Begutachtenspraxis nicht als Qualitätsmerkmal im engeren Sinne, sondern als notwendige, aber nicht hinreichende Bedingung für ein positives Qualitätsurteil gesehen.“[269] Wenn sodann darauf hingewiesen wird, dass andere Merkmale zwar in Validierungsstudien ggf. schwächer abschneiden, aber dennoch höhere Bedeutung haben könnten,[270] kann dies durchaus sein. Allerdings ist kein entsprechendes Merkmal, abgesehen von Kinderaussagen, und hier vor allem beim Unverständnismerkmal, nachgewiesen.

II. Individualitätskriterium

92 **Je stärker die Aussage von der Individualität der Aussageperson geprägt ist, desto mehr spricht dies für eine subjektiv wahre Aussage.**[271] D.h., je mehr in der Schilderung die individuelle Eigenart der Person in der Aussage bzw. Wahrnehmung durchscheint, desto mehr spricht dies für die subj. Wahrheit.

93 Die individuelle Eigenart der Aussageperson kann nach Bender/Nack, Tatsachenfeststellung vor Gericht, 2. Aufl., Rn 256 insb. dadurch durchscheinen,

- „dass objektiv nebensächlich erscheinende Gesichtspunkte zum zentralen Geschehen sich ausweiten,
- dass über objektiv belanglose Gespräche oder Vorkommnisse berichtet wird, die nur für die Auskunftsperson wichtig waren,
- dass Assoziationen zum Vorschein kommen, die sich nur aus dem Lebenslauf oder der Empfindungswelt[272] der Auskunftsperson erklären lassen.“[273] Dieser Punkt ist aber vorsichtig zu beurteilen, weil er auch oft von „Lügenprofis“ vor-

269 Niehaus, Täuschungsstrategien von Kindern und Erwachsenen, S. 279, 284 f. m.w.N. in: Dahle/Volbert (Hrsg.) Entwicklungspsychologische Aspekte der Rechtspsychologie

270 Vgl. Niehaus, Täuschungsstrategien von Kindern und Erwachsenen, S. 279, 285 in: Dahle/Volbert (Hrsg.) Entwicklungspsychologische Aspekte der Rechtspsychologie

271 Vgl. Bender/Nack, Tatsachenfeststellung vor Gericht, 2. Aufl., Rn 254.

272 Anm. d. Verf.: Insofern besteht eine Überschneidung zum Gefühlskriterium.

273 Vgl. Bender/Nack, Tatsachenfeststellung vor Gericht, 2. Aufl., Rn 256.

gebracht wird.[274] Ein nur loses Nebeneinander von wenig situativen Umständen ohne Einbettung in das Kerngeschehen erfüllt das Kriterium nicht.[275]

„Oft werden [sog. Querverbindungen zu ähnlichen Vorgängen] Ereignisse aus der Vergangenheit berichtet, die dem Hauptgeschehen ähnlich sind.“[276] 94

Die Erklärung hierfür ist darin zu sehen, dass Wahrnehmung ja vom Interesse der Auskunftsperson und deren Verständnis abhängt, d.h. von deren bisherigen Wahrnehmungen, Kenntnissen und Erlebnissen. Undeutsch, Handbuch der Psychologie, Bd. 11, bringt folgendes 95

Beispiel 96

Ein sechsjähriger Junge findet auf dem Dachboden versteckte Ersatzgummigriffe zu seinem Ballonroller und sagt spontan, „Guck Tante, das sieht aus wie dem Onkel Heinz sein Pillemann.“ Diese Assoziation des Jungen zwischen den Gummigriffen und „Onkel Heinz seinem Pillemann“ ist nur aus der individuellen Erfahrung des Jungen, dass er den Penis des Onkels gesehen haben muss, zu erklären.

Ähnlich ist es, wenn ein Zeuge Angaben macht, die nach den Erkenntnissen der Gedächtnispsychologie nicht zu erwarten sind, z.B. exakte Angaben über die Kleidung oder das konkrete Datum. Auch hier können sich die konkreten Angaben des Zeugen aus dessen Individualität ergeben, z.B. aus dem beruflichen Interesse des Zeugen an Kleidung (Modedesigner) oder, dass der Zeuge am selben Tag Geburtstag feierte etc. 97

Weiter kann sich die individuelle Prägung der Aussage durch 98

- den individuellen Sprachstil, d.h. der vom Zeugen verwendeten Grammatik, Satzbau, Art und Weise wie berichtet wird,[277] und dem Vokabular ergeben.

Richtigerweise kann dieses **individualsprachliche Kriterium** jedoch nicht als Realitätskriterium verwendet werden, denn die individuelle sprachliche Prägung der Aussage bleibt auch erhalten, wenn der Zeuge eine Fantasiegeschichte erzählt. Das Kriterium kann aber umgekehrt als **Lügenkriterium** verwendet werden. Das wird insb. dann deutlich, wenn der Zeuge ein Wort verwendet, z.B. ein Fachwort, das zu seinem sonstigen sprachlichen Ausdrucksvermögen nicht passt. Dann besteht der Verdacht, dass es sich um eine fremdbestimmte Aussage handelt, d.h., dem Zeugen außergerichtlich etwas vorgesagt („eingetrichtert“) wurde, was bzw. wie er auszusagen hat. 99

274 Vgl. Nack in Ziegert (Hrsg.), Grundlagen der Strafverteidigung, S. 227.

275 Vgl. Hermanutz/Litzcke/Kroll, Polizeiliche Vernehmung und Glaubhaftigkeit, S. 50.

276 Vgl. Hermanutz/Litzcke/Kroll, Polizeiliche Vernehmung und Glaubhaftigkeit, S. 73.

277 Vgl. Bender/Nack, Tatsachenfeststellung vor Gericht, 2. Aufl., Rn 257.

100 *Praxistipp*

Sollte der Zeuge Wörter verwenden, bei denen sich der Eindruck aufdrängt, dass das Wort nicht zum Vokabular des Zeugen gehört, so kann der Zeuge zur „Vermeidung eines Missverständnisses" gebeten werden, das Wort zu erklären. In der Praxis erlebt man dann oft erstaunliche Ergebnisse und ein Abschwächen der ursprünglichen Aussage des Zeugen. Auch passiert es immer wieder, dass ein Zeuge wörtlich aus einem Anwaltsschriftsatz zitiert. Hier wäre die Frage angebracht, ob die Partei oder der Anwalt den Zeugen die Schriftsätze vor seiner Vernehmung hat lesen lassen. Falls der Zeuge dies bestätigt, würde dies wiederum ein ungewöhnlich hohes Maß an Eigeninteresse und Identifikation mit der Partei offenbaren, sodass die Aussage dementsprechend kritisch geprüft werden müsste.[278] Folglich müsste dieses ggf. „ungewöhnliche"[279] Zeugenverhalten in der Beweiswürdigung des Gerichts angesprochen werden, andernfalls wäre die Beweiswürdigung nicht umfassend. Streitet der Zeuge ab, den Schriftsatz gelesen zu haben, verstärkt dies Zweifel an der Glaubwürdigkeit.[280] Betont werden soll aber, dass „Besprechungen" zwischen Zeugen untereinander oder Parteien und Zeugen i.d.R. nicht ungewöhnlich sind.[281]

101 Im Übrigen wird vertreten, dass sich oftmals ein Bruch im Sprachstil feststellen lassen würde, d.h., die Auskunftsperson beim Übergang von Wahrem zu Unwahrem aus der für sie typischen Redeweise „herausfällt", z.B. angestrengt wirkt, sich wiederholt[282] oder die Antwortlänge und Sprechrate abnehmen, die Zahl der Verzögerungen (Verlegenheitslaute wie „äh") zunehmen sollen.[283] Dieses Merkmal ist wohl für die tägliche Praxis unbrauchbar. Zum einen steht die Richtigkeit der Änderung des Sprachstils als verlässliches Realitätskriterium nicht sicher fest,[284] denn auch Anwälte oder Richter unterliegen dem Phänomen der selektiven Wahrnehmung. D.h., jedes „äh" im vermutet unwahren Teil wird als Beleg für die These, dass der Zeuge die Unwahrheit sagt, interpretiert, obwohl der Zeuge ähnlich oft „äh" bei dem unstrittig wahren Teil der Aussage gesagt hat, nur wurde es dort nicht wahrgenommen. Zum anderen wurde experimentell in anderen Untersuchungen nach-

278 Ebenso, Balzer, Beweisaufnahme und Beweiswürdigung im Zivilprozess, Rn 175: „Bejaht er, so wird er zu erklären haben, warum er es nötig hat, sich aus einem Parteischriftsatz zu informieren, wenn er bei dem maßgeblichen Vorgang zugegen war.".

279 Sofern der Zeuge m. der Partei nicht in häuslicher Gemeinschaft lebt oder sonst ein Grund der gemeinsamen Besprechung nachvollziehbar ist. Dass sich jedenfalls näher bekannte Zeugen mit Parteien vor einer Vernehmung austauschen, wäre als solches freilich nicht ungewöhnlich, sondern naheliegend.

280 Vgl. Balzer, Beweisaufnahme und Beweiswürdigung im Zivilprozess, Rn 175.

281 Vgl. Geipel/Nill, Die Problematik der Beurteilung der Zeugenaussage im ordentlichen Verfahren- oder praxisrelevante Irrtümer, DRiZ 2007, S. 250 ff.

282 Vgl. Bender/Nack, Tatsachenfeststellung vor Gericht, 2. Aufl., Rn 258.

283 Vgl. Siegmann/Feldstein (Hrsg.), Multichannel integrations of nonverbal behavior, S. 129 ff.

284 Vgl. Eisenberg, Beweisrecht der StPO, 4. Aufl., Rn 1459 m.w.N.

gewiesen, dass bei Lügen Satzfüllsel wie „äh" und „eh" etc. nicht zunehmen.[285] Auch hier mögen andere Untersuchungen ein anderes Bild ergeben.

III. Verflechtungskriterium

Realitätsfördernd ist es in Aussagen auch, je mehr die berichteten Wahrnehmungen mit bewiesenen Tatsachen oder Umständen verflochten sind.[286] D.h., es werden Handlungen und soziale Interaktionen berichtet, die eindeutige Bezüge zum Zeitpunkt und Ort des berichteten Geschehens aufweisen (**raum-zeitliche Verknüpfung**). Der Grund für dieses Realitätskriterium liegt darin, dass es unwahrscheinlich ist, dass es dem Täuscher gelingt, einen vorgetäuschten Teilzusammenhang oder dazugehörende Details in den Gesamtzusammenhang dergestalt einzubetten,[287] „dass sich die verschiedenen Teile der Erzählung wechselseitig bestätigen oder, anders ausgedrückt, denselben Vorgang definieren."[288] 102

Es stellt grds. ein Indiz für die Glaubhaftigkeit dar, wenn sich die Aussage eines Zeugen mit den Aussagen anderer Personen und mit objektiven Sachbefunden[289] vereinbaren lassen.[290] Zu beachten ist aber, dass diese Sachbefunde dem Zeugen nicht vorgegeben oder bekannt sein dürfen. Wer einem Zeugen die corpora delicti zu Beginn der Vernehmung zeigt, macht eine Bestätigung des Zeugen wertlos. „Der gewiefte Richter wird den Zeugen zunächst vernehmen, ihm erst dann die corpora delicti zeigen und dabei feststellen, ob die Angaben des Zeugen auch in diesem Punkt richtig waren oder nicht."[291] Zu beachten ist, dass allgemein Passendes, Folgerichtiges, Typisches noch keine Verflechtung im Sinne des Realitätskriteriums darstellt.[292] Zu den in diesem Sinne „objektiven Sachbefunden" gehören einerseits feststehende Tatsachen, faktische Lebensumstände sowie Gesetzmäßigkeiten naturwissenschaftlicher, medizinischer und **psychologischer Art**.[293] „Betreffen diese anderweitigen Tatsachen bloße Nebenumstände des Aussageinhaltes, so sind einzelne feststellbare Widersprüchlichkeiten[294] für die Klassifizierung der Aussage ohne Be- 103

285 Vgl. Füllgrabe, Irrtum und Lüge, S. 63.

286 Vgl. Bender/Nack, Tatsachenfeststellung vor Gericht, 2. Aufl., Rn 271.

287 Vgl. Prüfer, Aussagebewertung in Strafsachen, Rn 126.

288 Vgl. Trankell, Der Realitätsgehalt von Zeugenaussagen, S. 126.

289 Diese müssen aber wirklich feststehen, Vgl. Undeutsch, Handbuch der forensischen Psychologie, 11. Bd., S. 127.

290 Vgl. Arntzen, Psychologie der Zeugenaussage: System der Glaubhaftigkeitsmerkmale, 3. Aufl., S. 51, die das als Unterfall der Homogenität der Aussage führen.

291 Tschadek, Der Beweis, S. 35.

292 Vgl. Prüfer, Aussagebewertung in Strafsachen, Rn 131.

293 Vgl. Undeutsch, Handbuch der forensischen Psychologie, 11. Bd., S. 127.

294 Wegen der selektiven Wahrnehmung, dem selektiven Gedächtnis etc.; vgl. hierzu auch die Ausführungen unten zum Konstanz- u. Erweiterungskriterium.

lang".[295] Hat der Zeuge jedoch eine Darstellung gegeben, die an vielen Stellen nicht plausibel erscheint oder einen oder mehrere Widersprüche enthält (zu eigenen Aussageteilen, zu fremden Aussagen oder zu o.g. objektiven Sachbefunden), so wäre dies ein Warnsignal. Oft erklärt sich der vermeintliche Widerspruch allerdings durch ein Missverständnis, der begrenzten Sichtweite des Zuhörers oder dem Phänomen der selektiven Wahrnehmung.[296]

104 *Praxistipp*

Daher wird in der anwaltlichen Praxisliteratur vertreten, den gegnerischen Zeugen bei vorhandenen Widersprüchen oder Unwahrscheinlichkeiten nicht nach einer Erklärung zu fragen, da der Zeuge sonst die Aussage u.U. noch stimmig machen kann.[297]

105 Oftmals versucht allerdings das Gericht, diesen vermeintlichen Widerspruch aufzuklären. Gelingt dies, ist der Wahrheit gedient. Gelingt dies nicht, muss unbedingt darauf geachtet werden, dass der Widerspruch im Protokoll erscheint.

106 D.h., im Protokoll ist die Floskel, „auf Frage des Gerichts" zu vermeiden. Stattdessen ist es besser, die Frage und die Antwort in wörtlicher Rede zu protokollieren.[298] Zwar wäre es ein schwerer Fehler, einem Zeugen deshalb nicht zu glauben, weil der Zeuge in einem Nebenpunkt irrt oder lügt,[299] aber anderseits kann dieser Umstand in der Beweiswürdigung nicht undiskutiert bleiben.[300]

107 Das bedeutet: Der Punkt des Irrtums oder der Lüge in einem Nebenpunkt muss im Urteil aufgelöst werden, d.h., ob es sich um einen nachvollziehbaren Irrtum (gemäß den Erkenntnissen über die Erinnerung und/oder Wahrnehmung) handelt oder ob es sich um eine Lüge in einem Nebenpunkt handelt, die ggf. auf nachvollziehbaren Motiven beruht und infolgedessen nicht gegen die Glaubhaftigkeit der Aussage insgesamt spricht.

108 *Praxistipp*

Insb. gibt es eine Beweisregel, dass einem Zeugen, der zu anderen Punkten vorsätzlich die Unwahrheit gesagt hat, nicht geglaubt werden kann, nicht.[301]

109 Lügen in Nebenpunkten sind häufig bei **Vergewaltigungen** anzutreffen, weil die Zeuginnen das eigene Entgegenkommen, die Fahrlässigkeit oder Naivität, durch

295 Bender, Merkmalskombinationen in Aussagen, S. 90.
296 Vgl. Balzer, Beweisaufnahme und Beweiswürdigung im Zivilprozess, Rn 176.
297 Vgl. Prechtel, Erfolgreiche Taktik im Zivilprozess, 1. Aufl., S. 246.
298 Vgl. Balzer, Beweisaufnahme und Beweiswürdigung im Zivilprozess, Rn 177.
299 Vgl. Bender/Nack, Tatsachenfeststellung vor Gericht, 2. Aufl., Rn 302.
300 Vgl. BGH, 1 StR 557/01 n.v.
301 Vgl. BGH, StV 1999, S. 80,81. Vgl hierzu auch Teil II dieses Werks § 17 Rdn 81 ff.

die sie das Zustandekommen der heiklen Situation begünstigt/ermöglicht haben, nicht einräumen möchten.

Auch sonst gibt es eine Fülle an „nachvollziehbaren" Lügen Unschuldiger. So nach Bender/Nack, Tatsachenfeststellung vor Gericht, 2. Aufl., Rn 304: 110

- „um eigene Schwächen zu verdecken, ihren guten Ruf zu wahren,
- um Geheimnisse, die sie vor den nächsten Angehörigen oder vor der Öffentlichkeit bewahren wollen, nicht aufdecken zu müssen,
- um ihnen nahestehende Personen zu decken,
- um sexuelle Beziehungen nicht zu verraten,
- um Geschäftsgeheimnisse zu wahren,
- weil sie glauben, dass eine wahrheitsgemäße Aussage tatsächlich oder vermeintlich – wenn auch nur dem äußeren Anschein nach – gegen sie verwendet werden könnte,
- um komplizierte Sachverhalte einfacher und dadurch auch plausibler darzustellen,
- aus der Befürchtung, dass die Wahrheit so unwahrscheinlich ist, dass jedermann glauben würde, es sei eine Lüge, [...]
- um eigene Tatbeteiligung zu verdecken,
- im Dienste der Gerechtigkeit, weil er ja wirklich schuldig ist, werden – nicht vorhandene – belastende Indizien erfunden,
- angeblich oder wirklich Geschädigte wollen sich dafür rächen, was ihnen angetan wurde,
- um sich einen eigenen Vorteil zu verschaffen."[302]

Unmittelbar einsichtig ist, wenn es als Realitätskriterium erachtet wird, wenn die Aussage mit anderen Beweismitteln (z.B. Urkunden, Ergebnisse von Sachverständigengutachten, Aussagen anderer Zeugen, etc.) in Einklang steht. Es kann aber nicht eindringlich genug davor gewarnt werden, dass das Kriterium dann nicht erfüllt ist, wenn lediglich ein Nebeneinander von situativen Umständen berichtet wird, die mit dem Kerngeschehen nichts zu tun haben oder, wenn örtliche Besonderheiten berichtet werden, die sich aus dem täglichen Lebensumfeld ergeben. Bei einer Schülerin, die vorgibt, in der Schule vergewaltigt worden zu sein, ist es eben kein Kriterium, wenn die Schülerin die Toilette der Schule, das Waschbecken, an dem sie sich nach der Tat die Hände gewaschen haben will etc., zutreffend beschreiben kann.[303] 111

Mit anderen Worten: Die Verflechtung muss sich auf das beziehen, was der Lügner im Falle der Lüge erfinden müsste, d.h., auf den strittigen (= **diagnostisch relevanten**) Teil. Ist im Falle einer Vergewaltigung nur die Einvernehmlichkeit strittig, kann aus zutreffenden Angaben zum Tatort, zum Vortatgeschehen etc. nicht auf die Glaubwürdigkeit der berichteten Nicht-Einvernehmlichkeit gefolgert werden, denn 112

302 Bender/Nack, Tatsachenfeststellung vor Gericht, 2. Aufl., Rn 304.

303 Vgl. Greuel/Offe/Fabian/Wetzels/Fabian/Offe/Stadler, Glaubhaftigkeit der Zeugenaussage, S. 107.

die zutreffenden Aussageteile können deswegen zutreffend geschildert werden, weil sie gar nicht erfunden werden mussten. Auch aus der Beweislehre ergibt sich, dass Umstände, die sich sowohl mit der einen Variante als auch mit der gegenteiligen Variante vereinbaren lassen, irrelevant sind (Ambivalenz des Indizes):

1. Psychologische (Un-)Stimmigkeit

113 *Hinweis*

Ein Unterpunkt des Verflochtenheitskriteriums ist, wenn die Aussage mit den Gesetzen der Psychologie übereinstimmt, d.h., psychologisch stimmig ist, d.h. plausibel.[304]

114 Das Kriterium der psychologischen Stimmigkeit ergibt sich daraus, dass zwar das angebliche Erlebnis für die Auskunftsperson einmalig ist, aber nicht im Leben der Gesellschaft. „Es gibt auch Aussagen von anderen Personen zu ähnlichen Gegebenheiten. Mit diesen muss sich die Aussage vergleichen lassen. Die Gesamtheit dieser Aussagen ist ein Bezugsrahmen für jede Einzelaussage.“[305] Auch die Selbstbeobachtung spielt eine wesentliche Rolle. „Man überlegt, wie man sich selbst in der betreffenden Situation verhalten hätte. Sind dem Richter aber die Lebensumstände des Angeklagten fremd, kann es leicht zu **Fehlschlüssen** kommen.“[306] Entscheidend ist daher die Plausibilität. Plausibel wiederum ist nur eine solche Aussage, bei der – auch auf Vorhalt – keine Warum-Frage offengeblieben ist („Warum haben Sie dies gemacht und jenes unterlassen?“).[307]

Oft werden Geschichten dadurch unplausibel, weil man bestimmte Umstände nicht (sofort) berichtet, die man berichtet hätte, wenn sie tatsächlich passiert wären (z.B. Bedrohung mit einer Waffe) oder man bestimmte Dinge nicht dokumentiert, obwohl sie für den Zeugen damals (angeblich) besonders wichtig waren.

115 *Praxistipp*

Vermutet der Anwalt, dass der Zeuge ein emotional aufwühlendes Ereignis erfunden hat, kann sich daher die Frage anbieten, wem der Zeuge von dem Vorfall berichtet hat. Hat der Zeuge niemandem davon berichtet, kann dies nachdenklich stimmen. Behauptet der Zeuge, der Person X von dem Vorfall erzählt zu haben, ist dies zu verifizieren. Wird dann die Person X vernommen, erlebt man in der Praxis die merkwürdigsten Schilderungen.

304 Vgl. Arntzen, Psychologie der Zeugenaussage: System der Glaubhaftigkeitsmerkmale, 3. Aufl., S. 112, Undeutsch, Handbuch der forensischen Psychologie, 11. Bd., S. 127, vgl. auch LAG Baden-Württemberg, Urt. v. 23.3.2001 – 20 Sa 15/01, JurionRS 2001, 10497, vgl. auch Arntzen, Psychologie der Zeugenaussage, 2. Aufl., S. 80 („psychologisch stimmigen“).

305 Arntzen, Psychologie der Zeugenaussage, 2. Aufl., S. 75/76.

306 Vgl. De Vries, Einführung in die Kriminalistik für die Strafrechtspraxis, Rn 283.

307 Vgl. De Vries, Einführung in die Kriminalistik für die Strafrechtspraxis, Rn 338.

2. Verflechtungsangebot

Fraglich ist, ob allein schon das **direkte oder indirekte Anbieten der Überprüfung des Aussageteils mit anderen Beweismitteln** als Glaubwürdigkeitsindiz gewertet werden kann. Man könnte annehmen, dass ein Lügner nichts vortragen wird, von dem er weiß oder damit rechnen muss, dass seine Behauptung durch andere Beweismittel widerlegt werden kann. Dementsprechend müsste das direkte Angebot (z.B. „Das können Sie überprüfen, da können Sie Herrn X fragen“) oder das indirekte Angebot zur Überprüfung (z.B., wenn der Zeuge weiß, dass zu dieser Aussage jederzeit Gutachten oder andere Beweismittel eingeholt werden können, wie bspw. bei der Behauptung, die Unterschrift sei von der Person X, obwohl allg. bekannt ist, dass die Möglichkeit des Schriftgutachtens existiert) als Realitätskriterium gelten.[308] Dass das reine Verflechtungsangebot ein Qualitätsmerkmal der Aussage ist, wird zwar vertreten,[309] ist aber falsch.[310] Es wäre schön, wenn es wirklich so wäre, dass Lügner zwar Details preisgeben würden, aber nur solche, die nicht überprüfbar seien.[311] Würde das reine Verflechtungsangebot bereits als Glaubwürdigkeitsindiz gelten, dürfte es nicht so viele Schriftgutachten geben. Denn was aussagepsychologisch für den Zeugen gilt, gilt auch für die Parteien. Dementsprechend dürfte es fast keine Prozesse hinsichtlich der Echtheit einer Unterschrift geben. Die Praxis zeigt aber, dass dies nicht der Fall ist. 116

Undeutsch, Handbuch der forensischen Psychologie, 11. Bd., S. 129/130 erwähnt einen Fall, in dem die Zeugin (= Täterin) einen Text im Verfahren schreibt, der selbst für graphologische Laien eindeutig ergibt, dass auch der inkriminierte Text von der Zeugin stammen muss. Undeutsch führt die Unfähigkeit der Zeugin, eine plausible, harmlose Erklärung für die Übereinstimmung der Schriftstücke zu finden, auf einen „Schockzustand“, der eine Blockade des Denkens herbeiführe, der nur bei demjenigen eintreten könne, der der wahre Täter sei, zurück.[312] Etwas später führt Undeutsch auf S. 132 aus: „Man benennt – so lange man glauben finden will – keine

308 So z.B. das LAG Baden-Württemberg, Urt. v. 28.3.2001 – 20 Sa 15/01 und OLG Stuttgart, NJW 2006, 3506 = 4 Ws 163/05: „Für die Glaubhaftigkeit einer Aussage spricht, wenn Zeugen/Zeuginnen oder andere Beweismittel benannt werden, durch die der Aussageinhalt überprüft werden kann. Ob er sich sodann bestätigt, ist grundsätzlich von geringerer Bedeutung.“ Ebenso das OLG Frankfurt a.M., Urt. v. 24.1.2017 – 8 U 119/15: „Wer bewusst die Unwahrheit sagt, wird aus seiner Erwartungshaltung heraus kaum eine Überprüfungsmöglichkeit anbieten, bei der er selbst davon ausgehen muss, dass seine Aussage nachher nicht bestätigt werden wird.“

309 Vgl. LG Oldenburg, Urt. v. 23.5.2025 – 13 O 2561/24 = BeckRS 2025, 26113; LG Karlsruhe, Urt. v. 14.11.2008 – 6 O 36/05 = BeckRS 2010, 10943; OLG Stuttgart, Beschl. v. 8.12.2005 – 4 Ws 163/05 = NJW 2006, S. 3506 f.; OLG Frankfurt v. 24.1.2017 – 8 U 119/15 = RDG 2017, S. 196.

310 Vgl. OLG Brandenburg, Urt. v. 20.10.2025 – 2 U 23/24 = BeckRS 2025, 28617.

311 So Hermanutz/Litzcke, Unterscheidung von Wahrheit und Lüge, S. 90, die aber insgesamt betonen wie schwierig und ohne Sachbeweise es kaum möglich es, die Lüge von der Wahrheit zu unterscheiden.

312 Vgl. Undeutsch, Handbuch der forensischen Psychologie, 11. Bd., S. 129, 130.

Zeugen, von denen man genau weiß, dass sie das nicht bestätigen können." Das kann in der Praxis nicht bestätigt werden.

In der Entscheidung 20 Sa 15/01 führt das Landesarbeitsgericht Baden-Württemberg aus, „dass die Zeugin S. sich wohl keine Lügengeschichte ausdenken wird, bei der sie erstmals eine weitere Zeugin der Geldübergabe ins Spiel bringt, nämlich die Zeugin J.P., auf die sich möglicherweise der Kläger zum Gegenbeweis berufen und dadurch – und auch aufgrund deren Minderjährigkeit – die erhöhte Gefahr heraufbeschwören könnte, dass ein etwa konstruiertes Lügengebäude zum Einsturz gebracht werden könnte."[313] Auch das ist falsch und zu kurz gedacht. Überprüft man ein Verflechtungsangebot, wird manchmal die ursprüngliche Aussage bestätigt, manchmal aber auch nicht.

Bei dem direkten Verflechtungsangebot kann es sich zudem um einen Bluff des Zeugen handeln, der genau wissen oder spekulieren kann, dass in der Verhandlung nicht auch noch der soeben vom Zeugen selbst benannte, weitere Zeuge XY geladen und vernommen werden wird.

117 *Hinweis*

Direkte oder indirekte Verflechtungsangebote sind kein Glaubwürdigkeitsindiz.[314]

118 *Beispiel*

Mitte der 90er Jahre fand in U.S.A. ein Mordprozess gegen O.J. Simpson statt. Ein Hauptbelastungszeuge war ein Kriminalbeamter (Mark Fuhrmann), der ein verfängliches Beweismittel gegen O.J. Simpson sichergestellt hatte. Dieser berichtete von seinen Wahrnehmungen am Tatort und dem Auffinden des Beweismittels, etc. Sodann wurde von der Verteidigung indirekt nahegelegt, dass der Kriminalbeamte selbst das Beweismittel fabriziert hätte. Der Beamte wurde in seiner Zeugenvernehmung befragt, ob er sich jemals rassistisch über Schwarze geäußert habe. Der als Zeuge vernommene Beamte verneinte dies. Die Zeugenvernehmung wurde life in ganz U.S.A. im TV ausgestrahlt. Tatsächlich hatte der Beamte einige Zeit zuvor ein Verfahren gegen seinen Dienstherrn angestrengt, um frühpensioniert zu werden. Im Zuge der psychologischen Untersuchungen für seine Frühpensionierungen begründete der Beamte seinen Wunsch nach Frühpensionierung insb. mit seinem Hass gegen Schwarze etc. In diesen psychologischen Untersuchungen äußerte sich der Beamte massiv rassistisch gegenüber Schwarzen.

313 LAG Baden-Württemberg, Urt. v. 28.3.2001 – 20 Sa 15/01.

314 Vgl. aber BGHR StPO § 261 Beweiswürdigung 1. Dort hatte der BGH faktisch das Verflechtungsangebot, das ein Ergebnis bestätigte, welches den Angeklagten schwach indiziell entlastete, als für diesen sprechend gewertet. Entscheidend dürfte aber das Ergebnis sein, nicht das Verflechtungsangebot als solches.

Obwohl der Beamte wusste, dass er sich selbstverständlich rassistisch gegenüber Schwarzen geäußert hatte, damit insb. seinen Wunsch nach Frühpensionierung durchsetzen wollte und die psychologischen Untersuchungsprotokolle aktenkundig waren und seine Aussage in diesem Punkt leicht als Falschaussage widerlegt werden konnte, log der Zeuge trotzdem. Es kann daher die Lehre gezogen werden, dass selbst das positive Wissen eines Zeugen, dass er durch objektive Beweismittel widerlegt werden kann, nicht vor einer Falschaussage schützt. Dementsprechend ist die Angst eines Zeugen, durch objektive Beweismittel widerlegt zu werden, nicht dergestalt hoch einzuschätzen, dass einem direkten oder indirekten Verflechtungsangebot eines Zeugen ein Glaubwürdigkeitsindiz zukommt. In vielen Fällen wird ein Verflechtungsangebot sogar benötigt, um eine plausible Lüge darzustellen. 119

Ein weiteres Beispiel, in dem ein Zeuge ein indirektes Verflechtungsangebot abgibt, da er behauptet, eine Unterschrift sei von einer Person X, obwohl diese Behauptung durch die Einholung eines graphologischen Gutachtens widerlegt werden könnte, findet sich unter dem gleich folgenden Punkt (ungewollte Kontamination) und dem Protokollauszug (AG München Az.: 262 C 34583/01). 120

Beispiel 121

Einem Mitglied der britischen Regierung, Herrn Aitken, wird von einer Zeitung vorgeworfen, auf Kosten eines Geschäftsmannes eine Reise nach Paris gemacht zu haben. Aitken verklagt daraufhin die Zeitung, da nicht der Geschäftsmann, sondern Frau Aitken die Reise bezahlt habe. Im Prozess ist es mehr als einfach, den Zahlungsfluss und tatsächlichen Aufenthaltsort von Frau Aitken anhand der Bankbelege etc. nachzuprüfen. Es stellte sich heraus, dass die Zahlungen doch von dem Geschäftsmann kamen. Herr Aitken wurde daraufhin wegen Meineides zu 18 Monaten Gefängnis verurteilt. Aitken hatte seine eigene Gefängnisstrafe durch seinen Aktivprozess, von dem er wissen musste, dass seine Behauptungen widerlegt werden würden, erst angestoßen.[315]

3. Sonderfall: (un-)gewollte Kontamination

Hinsichtlich des Verflechtungskriteriums muss beachtet werden, dass es in Zeugenaussagen oft zu (un-)gewollter Kontamination[316] kommt. Ein **reales Erlebnis** wird geschildert, das sich entweder an einem anderen Ort und/oder mit einer anderen Person und/oder zu einer anderen Zeit tatsächlich abgespielt hat. Dies kann entweder **unbewusst** geschehen[317] oder **bewusst**.[318] 122

315 Vgl. Vrij, Detecting Lies and Deceit, S. 209.

316 Vgl. Dettenborn/Fröhlich/Szewczyk, Forensische Psychologie, 2. Aufl., S. 67.

317 Dann handelt es sich um einen Erinnerungsfehler, s.o. u. Vgl. Bender/Nack, Tatsachenfeststellung vor Gericht, 2. Aufl, Rn 138.

318 Dann handelt es sich um eine Lüge.

123 Die Aufdeckung der gewollten Kontamination ist äußerst schwer, d.h. in der zivilprozessualen Vernehmung, bei der der Zeuge das einzige Beweismittel ist und nur einmal aussagt, fast nie zu schaffen. Auch in der strafrechtlichen Praxis ist die Aufdeckung äußerst selten, insb. auch deshalb, da das Detailkriterium hier naturgemäß versagt.[319] Stehen noch andere sachliche Beweismittel zur Verfügung, so kann der Zeuge allenfalls dann überführt werden, wenn die sachlichen Beweismittel der Zeugenaussage widersprechen. Bei der gewollten Kontamination ist zu beachten, dass der Lügner so lange bei der Wahrheit bleiben wird, wie er kann. **Irgendwann muss er aber von einem anderen Erlebnis in das Streitgegenständliche übertragen und somit lügen**. Dieser Übergang soll ggf. durch einen Strukturbruch in der Aussage festgestellt werden können.[320] Der Lügenteil soll dann sprachlich (Details, Individualität) oder körpersprachlich anders ausfallen als der wahrheitsgemäß berichtete Teil.[321] In der Rechtspraxis kann diesem Kriterium des Strukturbruchs, um eine gewollte Kontamination aufzudecken, gegenwärtig nur geringe Relevanz zukommen. Zum einen ist das Kriterium der Körpersprache als Lügensignal zu fehleranfällig und zum anderen ist der übertragene (gelogene) Teil oftmals zu klein, als dass sich bereits Änderungen in der Aussage in inhaltlicher Hinsicht ergeben könnten. Handelt es sich um eine ungewollte Kontamination, d.h. um einen Erinnerungsfehler aufgrund der Verschmelzung,[322] so kann sich definitionsgemäß kein Strukturbruch ergeben, da der Zeuge ja subjektiv wahr aussagt.

124 *Beispiel*

In einem Verfahren vor dem AG München (Az: 262 C 34583/01) ging es nach Schilderung der Klägerin um folgenden, exemplarischen Fall. Ein Reisebüro (eine GmbH) verklagte den Beklagten auf Zahlung. Die Zahlungsklage wurde darauf gestützt, dass der Beklagte am X-Tag bei der Klägerin telefonisch eine Reise für zwei Personen zum Preis von Y EUR gebucht und einige Tage später persönlich in einer Filiale der Klägerin am A-Platz die Bestellung schriftlich niedergelegt haben soll. Ca. 20 Tage vor dem Reisetermin teilte der Sachbearbeiter der Klägerin dem Beklagten telefonisch angeblich mit, dass die Reiseunterlagen eingetroffen seien und abgeholt werden müssten. Weiter habe der Sachbearbeiter des Reisebüros dem Beklagten diesen Sachverhalt brieflich mehrfach zukommen lassen. Die entsprechenden Briefe seien zugegangen, da sie nicht als unzustellbar zurückkamen. Bei dem Telefonat habe der Beklagte dem Sachbearbeiter der Klägerin auch seine Handynummer sowie die Telefonnummer seines Arbeitsgebers genannt (Anmerkung: die angeblich mitgeteilten Telefonnummern gehörten in der Tat dem Beklagten sowie dessen ehemaligem

319 Vgl. Trankell, Der Realitätsgehalt von Zeugenaussagen, S. 123.
320 Vgl. Nack in Ziegert (Hrsg.), Grundlagen der Strafverteidigung, S. 228.
321 Vgl. Bender/Nack, Tatsachenfeststellung vor Gericht, 2. Aufl., Rn 346.
322 Vgl. Bender/Nack, Tatsachenfeststellung vor Gericht, 2. Aufl., Rn 138 ff.

Arbeitgeber). Der Beklagte sei aber nicht im Reisebüro erschienen und habe die Unterlagen auch nicht abgeholt. Die Klägerin konnte die gebuchte Reise auch nicht mehr stornieren und habe daher dem Reiseveranstalter den Betrag X bezahlen müssen. Diesen Betrag schulde nun der Beklagte. Zum Beweis für o.g. Sachverhalt wird der Sachbearbeiter N.N. des Reisebüros als Zeuge benannt. Der Beklagte wendete ein, dass er zwar bei dem klagenden Reisebüro in der Vergangenheit öfter Reisen gebucht hatte, aber diese Buchungen immer in einer anderen Filiale der Klägerin tätigte. In der streitgegenständlichen Filiale sei der Beklagte nie gewesen. Folglich habe der Beklagte die streitgegenständliche Reise nicht gebucht. Auf den Sachverhalt sei er (der Beklagte) erstmals aufmerksam gemacht worden, als er eine andere Reise in einer anderen Filiale der Klägerin buchen wollte (in der B-Straße) und dort auf den Sachverhalt durch den Sachbearbeiter N.N. angesprochen wurde (Anmerkung: der Sachbearbeiter pendelte zwischen beiden Filialen).

Aus dem damaligen Protokoll darf wie folgt zitiert werden:

„Sodann wird in den Sitzungssaal gebeten der Zeuge

N.N., lediger Reiseverkehrskaufmann, 37 Jahre,

nicht verwandt und nicht verschwägert (mit den Parteien)

Zur Sache:

Ich war in der damaligen Filiale am A-platz beschäftigt, als der Beklagte bei mir angerufen hat. Man konnte hören, dass das Gespräch vom Handy aus geführt wurde **(Anm.: nebensächliches Detail)**. Er sagte mir, er sei Kunde in der B-straße (Anmerkung: andere Filiale der Klägerin), dort sei man aber derzeit überlastet **(Anm.: nebensächliches Detail)**. Er wolle einen Flug nach New York buchen. Dies war am 30.4. Es kann auch kurz nach dem 1. Mai gewesen sein **(Einräumung eigener Unsicherheit)**. Ich habe dann einen Flug für ihn herausgesucht und ihn auf der von ihm angegebenen Handynummer zurückgerufen. Wenn mir nun aus den Handakten des Klägervertreters die Flugbuchung vorgehalten wird, so kann ich sagen, dass dort die Handynummer angegeben ist, unter der ich den Beklagten zurückgerufen und erreicht habe.

Die Flugbuchung wird mit den Beteiligten in Augenschein genommen. Hieraus ergibt sich die Handynummer 0177123 […]

Klägervertreter verspricht Abschriften zu den Akten zu reichen.

Beklagter erklärt hierzu:

Das ist nicht meine Nummer. Ich kenne sie nicht (Anmerkung: Die Klägerin hatte eine Bestätigung der Telefongesellschaft in Händen, der zufolge es sich hier um die Nummer auf den Namen des Beklagten handelte).

Der Zeuge erklärt weiter:

Nach dem Rückruf beim Beklagten habe ich den Flug reserviert. Wir waren so verblieben, dass er anschließend vorbeikommen und das Ganze schriftlich niederlegen sollte. An einem der nächsten Tage kam er dann vorbei und hat unterschrieben **(Anm.: indirektes Verflechtungsangebot)**. In diesem Zusammenhang hat er sich auch für eine Hotelunterkunft interessiert **(Anm.: nebensächliches Detail)**. Ich habe den Beklagten später (Anmerkung: nachdem beide Parteien Anwälte eingeschaltet hatten) an seiner neuen Arbeitsstelle, Firma Y aufgesucht **(Anm.: nebensächliches Detail, aber unstrittig)**. Ich habe mit ihm über die hier streitgegenständliche Buchung gesprochen, auch darüber, dass dies am A-platz erfolgt ist **(Anm.: nebensächliches Detail, aber unstrittig)**.

Auf Frage des Klägervertreters:

Dabei hat er mir das Schreiben an seinen Anwalt übergeben. **(Anm.: Nebensächliches Detail, aber unstrittig)**.

Auf Vorhalt des Klägervertreters:

Die Anlage K 1 (Anmerkung: Buchungsformular für den Flug) stellt ein Formular dar, wie es nur am A-platz, nicht in der B-straße verwendet wird.

Auf Vorhalt des Beklagtenvertreters:

Ich bin mir sicher, dass Flugreservierung und Bestellung des Hotels an zwei verschiedenen Tagen waren. Wenn mir vorgehalten wird, dass sich aus Anlage K 1 ergibt, dass das Hotel bereits am 30.4. reserviert worden ist, so kann ich mir dies nur dadurch erklären, dass dann der Anruf bezüglich der Flugreservierung wenige Tage vor dem 30.4. war **(Anm.: Einräumung eigener Unsicherheit)**. Es ist ausgeschlossen, dass beides am selben Tag geschehen ist, ebenso ist ausgeschlossen, dass die Hotelreservierung erst nach dem 30.4. erfolgte.

Mit den Beteiligten werden die Originale zu den Anlagen K 1 und K 2 (Anmerkung: Buchungsformular für das Hotel, auf dieser war handschriftlich auch noch die frühere berufliche Telefonnummer des Beklagten angebracht) in Augenschein genommen.

Der Zeuge erklärt hierzu:

Der Beklagte hat am 2.5.01 die Unterschriften geleistet. Von den handschriftlichen Eintragungen auf diesen beiden Anlagen stammt ausschließlich die Unterschrift vom Beklagten. Das Datum stammt von mir, der Namenszug Hans Mustermann wurde weder von mir noch vom Beklagten aufgebracht **(Anm.: eine Ungewissheit, die zur Verkomplizierung beiträgt)**.

Klägervertreter übergibt die Originale zu den Akten.

An die Uhrzeit der Unterschriftenleistung kann ich mich nicht erinnern **(Anm.: Einräumung eigener Unsicherheit, eine genaue Uhrzeitangabe wäre nach den Erkenntnissen der Arbeitsweise des Gedächtnisses auch nicht zu erwarten.**

Damit handelt es sich um ein Indiz für die subjektive Wahrheit. Hätte der Zeuge eine genaue Zeit genannt, hätte man besonders misstrauisch werden müssen). Es war jedenfalls nachmittags.

Auf Nachfrage des Gerichts:

Ich bin missverstanden worden **(Anm.: Einräumung von eigenem Unvermögen)**:

Die Hotelbuchung erfolgte ebenfalls aufgrund eines Telefonates, nicht zeitgleich mit der Unterschriftsleistung. Die konkreten Anschriften der angeblichen Mitreisenden kenne ich nicht. Es ist für die Buchung nicht erforderlich.

Nach Diktat genehmigt."

Nicht protokolliert wurde die Frage des Beklagtenvertreters, weshalb sich der Zeuge denn nach all der Zeit (Zeugenvernehmung und angebliche Buchung lagen ca. sieben Monate auseinander) noch an die Unterzeichnung v. 2.5.2001 so genau erinnern könne. Der Zeuge erwiderte daraufhin, dass er sich eben deswegen noch besonders gut an den Beklagten erinnern könne, da dieser noch mitgeteilt hatte, dass er (der Beklagte) von der Filiale in der B-Straße käme und dies so selten sei (Anm.: Individualitätskriterium und gleichzeitig plausible Einräumung, weshalb sich der Zeuge noch erinnern kann). 125

Oberflächlich betrachtet handelt es sich um eine glaubwürdige Aussage. Tatsächlich war die Aussage jedoch in zwei Punkten falsch. Der Zeuge hatte **nicht** mit dem Beklagten telefoniert, und der Beklagte hat am 2.5.2001 **keine** Unterschriften geleistet. Der Beklagte war nie in der behaupteten Filiale. Mit den Methoden der Aussageanalyse ist der Aussage aber nicht „beizukommen". Vielmehr führt die Aussageanalyse in diesem Fall zu einem falschen Ergebnis. Die Übertragungen, die der Zeuge vorgenommen hat, beruhen darauf, dass er die eigentlich handelnde Person bei dem Telefonat und der Unterschriftsleistung mit dem Beklagten (un-)bewusst vertauscht hat. Irgendein Strukturbruch ist dann naturgemäß nicht zu erkennen. 126

Tatsächlich hat sich der Fall wie folgt zugetragen. Aus dem Schriftsatz des Beklagtenvertreters an das Gericht – nach der Zeugenaussage – darf wie folgt zitiert werden: 127

„Auf diesen Vortrag in der mündlichen Verhandlung hin hat der Unterzeichner Nachforschungen beim Einwohnermeldeamt angestellt.

Hierzu wurde eine aktuelle Meldeanschrift des Beklagten (Jürgen Pinske, Zicklerstr. 3, 80999 München) beantragt. Ergebnis war, dass der Beklagte unter eben dieser Anschrift Zicklerstr. 3, 80999 München gemeldet war.

Beweis: *Beiliegende Meldeauskunft der Landeshauptstadt München – Anl. B 2, hilfsweise Frau X, zu laden über das Kreisverwaltungsreferat, – als Zeugin*

Weiter hat der Unterzeichner am selben Tag eine aktuelle Meldeanschrift von Herrn Jürgen Pinske unter der in der Klageschrift angegebenen Anschrift, Schürrestr. 6, 80639 München beantragt.

Ergebnis war, dass eben dieser Jürgen Pinske aus der Schürrestr. 6, 80639 München abgemeldet ist, nach:

Am Stubusch 110, 21640 Nottensdorf.

Beweis: *beiliegende Meldeauskunft der Landeshauptstadt München – Anl. B 3, hilfsweise Frau X, zu laden über das Kreisverwaltungsreferat, – als Zeugin*

Damit ist nun bewiesen, dass es zwei Personen mit Namen Jürgen Pinske gibt, nämlich den Beklagten aus der Zicklerstr. 3, 80999 München und den Jürgen Pinske, aus der Schürrestr. 6, 80639 München, der jetzt, nach:

Am Stubusch 110, 21640 Nottensdorf abgemeldet ist.

Weiter hat der Unterzeichner vor der mündlichen Verhandlung von der Telefon-Gesellschaft die Information begehrt, wem die Rufnummer 0177123 […] gehört. Diese Information ist mittlerweile eingetroffen. Ergebnis ist auch hier, dass diese Rufnummer nicht etwa dem Beklagten gehört, sondern d e m Jürgen Pinske, aus der Schürrestr. 6, 80639 München, der jetzt, nach:

Am Stubusch 110, 21640 Nottensdorf abgemeldet ist

Beweis: *beiliegende upgrade Bestellung vom 23.4.2001 – Anl. B 4*

Damit ist der Vortrag der Klägerin in der Klageschrift bzw. Schriftsatz 21.12.2001, dass ein Jürgen Pinske unter Angabe der Schürrestraße und der Handynummer 0177123 die Reise gebucht hat, völlig richtig.

Nur handelt es sich hierbei eben n i c h t um den Beklagten, sondern um einen Namensvetter.

Der Zeuge hat daher insofern die Wahrheit ausgesagt, als er mit einem Jürgen Pinske unter o.g. Handy-Nummer telefoniert hat, da es sich hierbei in der Tat um den Jürgen Pinske aus der Schürrestraße mit o.g. Handy-Nummer handelte, jedoch hat der Zeuge unverschämt und dreist gelogen,[323] *als er behauptet hat, der Beklagte habe den Auftrag am 2.5.2001 unterschrieben.*

Nicht der Beklagte hat die streitgegenständliche Buchung – entgegen der Aussage des Zeugen – unterschrieben, da er gar nichts gebucht hat, sondern der Namensvetter Jürgen Pinske aus Nottensdorf hat die Buchung unterschrieben.

Beweis: *o.g. Anlagen, sowie hilfsweise Jürgen Pinske, am Stubusch 110, 21640 Nottensdorf, – als Zeuge, hilfsweise Sachverständigengutachten*

323 Ob es sich wirklich um eine Lüge gehandelt hat u. nicht um einen Erinnerungsfehler ist zweifelhaft.

Dies gilt insbesondere deshalb, da der Beklagte am Nachmittag des 2.5.2001 – wie vom Zeugen behauptet – gar nicht in München war, sondern in Frankfurt.

Beweis: Herr Paulchen, bb – als Zeuge

Zur weiteren Verdeutlichung darf auch noch eine Bestätigung der Fluggesellschaft vom 19.1.2002 übergeben werden, die ebenfalls erst nach der mündlichen Verhandlung beim Unterzeichner einging, der zufolge der Beklagte am 2.5.2001 gegen morgens nach Frankfurt flog und erst gegen abends zurück nach München.

Beweis: beiliegende – Bescheinigung v. 19.1.2002 – Anl. B 5

Daneben gibt es noch eine Fülle weiterer Zeugen, die den Beklagten am Nachmittag des 2.5.2001 auf der Messe in Frankfurt gesehen haben.

Offensichtlich hat der Jürgen Pinske aus der Schürrestraße, jetzt 21640 Nottensdorf, die Reise gebucht und die Buchung unterschrieben und war dann eben nicht mehr zu erreichen, da er nach 21640 Nottensdorf verzog. Die Klägerin hat sich sodann offensichtlich nicht mehr die Mühe gemacht, beim Einwohnermeldeamt nachzuforschen, sondern hat statt dessen die Angaben des Jürgen Pinske aus der Schürrestraße mit gespeicherten Daten des Beklagten, insbesondere mit der Telefonnummer von dessen ehemaligen Arbeitgebers garniert (auf den Anlagen K1, 2), um den Eindruck zu erwecken, als ob tatsächlich der Beklagte die Reise gebucht hat.

Insofern könnte durchaus noch geprüft werden, ob hierdurch nicht auch der Tatbestand des versuchten Betruges auf Seiten der Klägerin gegeben ist.

[…]

Der Zeuge hat ausdrücklich auf Frage des Gerichts mitgeteilt, dass er sich eben deswegen noch besonders gut an den Beklagten und dessen Unterzeichnung am 2.5.2002 erinnern könne, da dieser noch mitgeteilt habe, dass er von der Filiale in der Klugstraße käme und dies sei so selten.

Da der Unterzeichner nicht mehr weiß, ob diese Aussage so auch protokolliert wurde, möge das Gericht insoweit in jedem Fall einen Aktenvermerk machen, denn offensichtlich handelt es sich hierbei um eine dreiste Lüge.“

Bei o.g. Aussage wäre die Aussageanalyse zu einem falschen Ergebnis gekommen. Daher gilt folgender

Praxistipp 128

„Aussagen, die den Realitätskriterien standgehalten haben, sind also immer dann nicht besonders überzeugend, wenn die Möglichkeit in Erwägung gezogen werden muss, dass die Auskunftsperson ein vergleichbares Erlebnis zu anderer

Zeit, an einem anderen Ort, mit einer anderen Person tatsächlich gehabt hat".[324]

IV. Strukturgleichheitskriterium

1. Allgemeines Strukturgleichheitskriterium

129 Ein **Realitätskriterium** ist es auch, wenn die **Struktur der Aussage** zwischen strittigem und unstrittigem, relevantem und irrelevantem unter inhaltlichen Gesichtspunkten (Detailreichtum, Individualität, Verflechtung) und sprachlichen Gesichtspunkten (Sprachfluss, Satzbau, Ausdrucksweise) gleich bleibt.[325] Wer viele Details aus unstrittigem liefert, dann hinsichtlich des strittigen (von dem Zeugen angeblich zu bestätigenden) Teils aber wenig inhaltliche Gesichtspunkte liefert, will sich entweder nicht in Widersprüche verwickeln und betreibt damit das Gefährlichkeitskalkül des Lügners[326] oder der strittige Teil war so reizarm,[327] dass der Strukturbruch damit erklärt werden kann. „Auffällig wäre dagegen beispielsweise ein langes Verharren bei den im Verfahren unproblematischen und/oder unwichtigen Bereichen sowie ein ‚Hinweghuschen' über die im Streit befindlichen Teile."[328] Das Strukturgleichheitskriterium ist einschränkend zu interpretieren, dass der inhaltliche Strukturbruch nicht auf Reizarmut zurückzuführen sein darf. Wer zwischen strittigem und unstrittigem Teil eine andere Sprache benutzt, offenbart oft, dass der strittige Teil von einer anderen Person vorgegeben wurde. Oder allgemeiner formuliert: „Die erste Frage ist hier, ob die Aussage in Darstellungsform und Wortgebrauch dem Alter, Intelligenzniveau und dem Bildungsstand der aussagenden Person entspricht. Anderenfalls wären Einflüsse von außen festzustellen."[329] Der Zeuge wiederholt in diesen Fällen nur das Vorgegebene oder hat mit einer anderen Person über den Vorfall gesprochen. In der Praxis hat der Zeuge sogar oft die Schriftsätze gelesen. Derartige Einflüsse von außen sind alltäglich[330] und machen die Aussage nicht unverwertbar. Genau abzuwägen ist jedoch, inwiefern nicht mehr eine eigene Wahrnehmung, sondern nur noch die Erinnerung an das übereinstimmende Ergebnis des Gesprächs etc. wiedergeben wird.[331]

324 Bender/Nack, Tatsachenfeststellung vor Gericht, 2. Aufl., Rn 272.

325 Vgl. Bender/Nack, Tatsachenfeststellung vor Gericht, 2. Aufl., Rn 274, die auch noch auf das Gleichbleiben unter situativen Gesichtspunkten (Körpersprache, gefühlsmäßige Begleitung) hinweisen; vgl. auch Greuel/Offe/Fabian/Wetzels/Fabian/Offe/Stadler, Glaubhaftigkeit der Zeugenaussage, S. 95 f.

326 Vgl. Bender/Nack, Tatsachenfeststellung vor Gericht, 2. Aufl., Rn 171.

327 Vgl. Prüfer, Aussagebewertung in Strafsachen, Rn 114.

328 Vgl. Wendler, Wie ähnlich war der Unfall?, S. 77.

329 Undeutsch, Handbuch der forensischen Psychologie, 11. Bd., S. 118, der dieses Kriterium als Unterfall des Aussageverhaltens führt, also nicht innerhalb der Aussageanalyse.

330 Vgl. Geipel/Nill, Die Problematik der Zeugenaussage im ordentlichen Verfahren, DRiZ 2007, S. 250 ff.

331 Vgl. Schneider, Beweis und Beweiswürdigung, 5. Aufl., Rn 986.

2. Zweites Strukturgleichheitskriterium

Ein weiteres Kriterium[332] ist das sog. zweite Strukturgleichheitskriterium.[333] **D.h., es wird nicht die Strukturgleichheit in dieser Aussage verglichen, sondern die Struktur dieser Aussage mit der Struktur einer früheren Aussage.** Diese frühere Aussage kann aus einem völlig anderen Verfahren stammen und mit dem streitgegenständlichen Fall nichts zu tun haben. Manchmal kann man dann feststellen, dass die Person reale Erlebnisse durchaus detailreich schildern kann.[334] Eine in dem gegenständlichen Verfahren realitätsarme Schilderung müsste dann in jedem Fall zu Zweifeln Anlass geben. D.h., dass beispielsweise das Detailkriterium mit umso schwächerer Indizwirkung für die subj. Wahrheit angewendet werden kann, je mehr feststeht, dass der Zeuge auch unwahre Schilderungen ebenso „erlebnisnah und detailreich" schildern kann.[335] Ebenso, müsste es Anlass zu Zweifeln geben, wenn die frühere Aussage gewiss falsch ist und die streitgegenständliche Aussage die gleiche Struktur hat (**Isomorphiekriterium**).[336] Das Kriterium ist wie folgt verallgemeinerungsfähig: 130

- Es ist ein Indiz für die Wahrheit, wenn die Struktur der streitgegenständlichen Aussage mit der Struktur der früheren wahren Aussage übereinstimmt bzw.
- es ist ein Indiz für die Unwahrheit, wenn die Struktur der streitgegenständlichen Aussage mit der Struktur der früheren unwahren Aussage übereinstimmt.
- Ebenso ist es ein Warnzeichen, wenn die Struktur der streitgegenständlichen Aussage mit der Struktur der früheren gewiss wahren Aussage nicht übereinstimmt.

V. Nichtsteuerungsmerkmal oder ungesteuerte Aussageweise oder Kriterium der Unordnung

1. Allgemeines

„Der ungesteuert aussagende Zeuge gibt sich bei seiner Befragung natürlich und überlässt sich seinen Impulsen, etwas mitzuteilen."[337] Es geht also um einen **Be-** 131

332 Fraglich wäre aber, ob es sich hier wirklich um ein Kriterium der Aussageanalyse im engeren Sinne (inhaltliche Aussageanalyse) handelt, wie die Einteilung vermuten lässt. Trankell, Der Realitätsgehalt von Zeugenaussagen, S. 137 führt dies vielmehr als empirisches Kontrollkriterium eines schon durch inhaltliche Aussageanalyse noch nicht eindeutig gefundenen Ergebnisses auf.

333 Vgl. Nack in Ziegert (Hrsg.), Grundlagen der Strafverteidigung, S. 228.

334 Vgl. Nack in Ziegert (Hrsg.), Grundlagen der Strafverteidigung, S. 228.

335 Vgl. BGH, StV 1996, S. 132, 133.

336 Vgl. Trankell, Der Realitätsgehalt von Zeugenaussagen, S. 137.

337 Arntzen, Psychologie der Zeugenaussage: System der Glaubwürdigkeitsmerkmale, 3. Aufl., S. 74; vgl. zum Nichtsteuerungsmerkmal Bender/Nack, Tatsachenfeststellung vor Gericht, 2. Aufl., Rn 280 ff.; vgl. auch Greuel/Offe/Fabian/Wetzels/Fabian/Offe/Stadler, Glaubhaftigkeit der Zeugenaussage, S. 101 ff.

richt des Aussagenden,[338] der nicht chronologisch erfolgt und/oder zwischen Themen wechselt. Das Kriterium ist freilich nicht erfüllt, wenn ungeordnete Fragen ungeordnete Antworten bedingen. „Ausgangspunkt ist die Annahme, die Unterstellung, der Aussagende habe einen Gesamtzusammenhang oder einen Teilzusammenhang vorgetäuscht (Übertragungsfälle eingeschlossen), sei kaum oder nicht mehr zu halten, wenn der Aussagende, der mit geringer oder ohne Selbstkontrolle zu reden pflegt, ohne gedankliche Ordnung berichtet und antwortet, seine Äußerungen sich aber vom Bewerter in ein Bild fügen lassen."[339] Der Grund hierfür liegt einerseits darin, dass der Lügner seine Aussage nur in der Fantasie erlebt hat. Daher muss er seine Aussage kontrollieren, d.h., chronologisch aufbauen und auf das Aussageziel hinsteuern.[340] Folglich wird kaum ein Lügner chronologisch umgekehrt berichten,[341] „es ist nämlich schwierig, einen Teilzusammenhang oder Gesamtzusammenhang vorzutäuschen, ohne dass dabei Ordnung aufkommt."[342] Das Kriterium ist also dann gegeben, wenn in der Schilderung zeitliche Rück- und Vorgriffe erfolgen, die Aussage aber gleichwohl widerspruchsfrei bleibt.[343] Das Kriterium kann naturgemäß bei **Aussagen von geringem Umfang** nicht vorkommen. Auch wenn der Zeuge zwischen **neutralen Themen „springt"**, ist das Kriterium nicht erfüllt.[344] Die **Validität** des Kriteriums ist umstritten. Nach Berichten aus der amerikanischen Vernehmungsliteratur soll eine ungesteuerte Darstellung eher symptomatisch für eine Lüge sein,[345] nach Ansicht von Steller aber gerade ein Realkennzeichen, „weil kein Lügner, der einen anderen von der Wahrheit überzeugen will, so chaotisch erzählen würde."[346] Bei einer experimentellen Studie zur Anwendbarkeit des Systems auf Tatverdächtigenaussagen kam das Kriterium allerdings hypothesenkonträr vor.[347]

2. Inversionskriterium oder Umkehrungskriterium

132 Darüber hinaus beginnen primitive Menschen gerne bei dem Punkt, der ihr **besonderes Interesse** geweckt hat,[348] sodass eine Schilderung, bei der das Ereignis von

338 D.h., ein „größerer Aussageumfang", vgl. auch Greuel/Offe/Fabian/Wetzels/Fabian/Offe/Stadler, Glaubhaftigkeit der Zeugenaussage, S. 102 f.

339 Prüfer, Aussagebewertung in Strafsachen, Rn 121.

340 Vgl. Nack in Ziegert (Hrsg.), Grundlagen der Strafverteidigung, S. 229.

341 Vgl. Nack in Ziegert (Hrsg.), Grundlagen der Strafverteidigung, S. 229.

342 Prüfer, Aussagebewertung in Strafsachen, Rn 121.

343 Vgl. Hermanutz/Litzcke/Kroll, Polizeiliche Vernehmung und Glaubhaftigkeit, S. 43.

344 Vgl. Greuel/Offe/Fabian/Wetzels/Fabian/Offe/Stadler, Glaubhaftigkeit der Zeugenaussage, S. 102.

345 Vgl. Nance, Conquering Deception, S. 162 f.

346 Vgl. Steller, Nichts als die Wahrheit, S. 76.

347 Vgl. Krämer, Glaubhaftigkeit im Kontext der Persönlichkeit, S. 182.

348 Vgl. Bender/Nack, Tatsachenfeststellung vor Gericht, 2. Aufl., Rn 281.

rückwärts her aufgerollt wird (**Inversionskriterium**[349] **oder Umkehrungskriterium**[350]) ein ausgesprochenes Realitätskriterium ist.[351]

Hinweis 133

Zweifelt man an der Alibischilderung einer Person, ist es sinnvoll, sich das Alibi rückwärts berichten zu lassen, oder den Aussagenden in der Mitte des Alibis beginnen zu lassen. In nicht wenigen Fällen der falschen Schilderung werden ganze Teile der zuvor chronologisch geschilderten Alibigeschichte nun schlichtweg vergessen.[352]

Die Unordnung und damit das entsprechende Realitätskriterium besteht darin, dass die Schilderung des Zeugen seinem Erinnerungsablauf entspricht, nicht aber dem Geschehensablauf, sodass der Zeuge aus einer späteren Phase der Beobachtung berichtet, was ein Geschehen als selbstverständlich voraussetzt, das aber noch nicht berichtet wurde.[353] Die Tatsache, etwas als selbstverständlich vorauszusetzen, wäre dem Lügner, der ja überzeugen will, fremd. Im Übrigen gibt es für diese Abwicklung von hinten her auch noch die Erklärung, dass das Schlussglied dem Zeugen aufgrund einer Assoziation[354] (z.B. schriftlich formulierter Beweisbeschluss oder eine Frage der Prozessbeteiligten) als Erstes wieder in Erinnerung gekommen ist.[355] 134

Hinweis 135

Umgekehrt ist zu beachten, dass eine gesteuerte Aussageweise weder ein Realitätskriterium noch ein Lügensignal ist, d.h., nur die **un**gesteuerte Aussageweise ist ein Realitätskriterium.

Wird im Zeugenbericht die **Chronologie** zwar **nicht umgekehrt, aber die Reihenfolge der Beobachtung gleichwohl nicht richtig wiedergegeben**, so wird dies in der gerichtlichen Praxis oft als Zeichen der Unglaubhaftigkeit gewertet. Das ist in dieser Allgemeinheit nicht richtig. Chronologische Fehler kommen besonders bei schwächer begabten Zeugen in der Praxis auch bei wahren Aussagen immer wieder vor, denn diese „reihen in der Erinnerung Einfälle häufig ungeordnet aneinander – oft mit Formulierungen, die eine Scheingenauigkeit der Reihenfolgeangaben entstehen lassen."[356] D.h., durch Nachfragen ist abzuklären, ob der chronologische Fehler 136

349 Vgl. Bender/Nack, Tatsachenfeststellung vor Gericht, 2. Aufl., Rn 281.
350 Vgl. Nack in Ziegert (Hrsg.), Grundlagen der Strafverteidigung, S. 229.
351 Vgl. Bender/Nack, Tatsachenfeststellung vor Gericht, 2. Aufl., Rn 281.
352 Vgl. Dillingham, Dissecting Pinocchio, S. 29.
353 Vgl. Arntzen, Psychologie der Zeugenaussage: System der Glaubhaftigkeitsmerkmale, 3. Aufl., S. 80.
354 Vgl. Kirchhoff, Der Verkehrsunfall im Zivilprozess- Hinweise zur Verbesserung der Zeugenvernehmung, MDR 2000, S. 186 ff.
355 Vgl. Arntzen, Psychologie der Zeugenaussage: System der Glaubhaftigkeitsmerkmale, 3. Aufl., S. 80.
356 Arntzen, Vernehmungspsychologie: Psychologie der Zeugenvernehmung, 2. Aufl., S. 5.

im Bericht des Zeugen lediglich auf dessen schwache Begabung oder missverständliche Ausdrucksweise zurückzuführen ist. Hinzu kommt, dass Angaben über die zeitliche Reihenfolge bestimmter Ereignisse oder die Datierung grundsätzlich unzuverlässig sind,[357] so dass auch ein schlichter Irrtum, statt einer Lüge vorliegen kann.

137 Allerdings muss die **schwatzhaftimpulsive Aussageweise**, bei der vorschnelle Äußerungen, hemmungslose Geschwätzigkeit und unüberlegtes Drauflosreden vorherrschen und eigene Beobachtungen, Mitteilungen anderer und bloße Schlussfolgerungen nicht mehr unterschieden werden,[358] **von der ungesteuerten Aussageweise abgegrenzt werden**. Eine schwatzhaft impulsive Aussageweise wäre prozessual völlig ungeeignet, zur Überzeugungsbildung des Gerichts beizutragen, denn **der Zeuge soll grds. nur eigene Wahrnehmungen berichten**.[359]

138 Zwar können zu eigenen Wahrnehmungen auch Bekundungen anderer gehören (**Zeuge vom Hörensagen**). Der Zeuge vom Hörensagen ist ein **prozessual zulässiges Beweismittel**.[360] Es gibt im kontinentalen Recht keine Rechtsregel, die Bekundungen vom Hörensagen grundsätzlich verbietet.[361] Dessen Bekundungen stellen allerdings nur ein Indiz dar und haben geringeren Beweiswert als die Bekundung unmittelbarer, eigener Wahrnehmungen.[362] Dies insb. auch deshalb, da mit jeder mündlichen Kommunikation auch eine non-verbale Kommunikation einhergeht. Der Tonfall, die Gestik, und die den Worten vor- bzw. nachfolgenden Umstände verändern die mündliche Wiedergabe derart, dass eine exakte, sinngemäße Wiedergabe der ursprünglichen Kommunikation in der Regel nicht möglich ist.[363] Wenn bereits der Zeuge vom Hörensagen geringeren Beweiswert hat, so muss der schwatzhafte Zeuge, der Bekundungen anderer (insoweit Zeuge vom Hörensagen) mit eigenen Wahrnehmungen vermischt, nahezu keinen Beweiswert mehr haben. Jedenfalls keinen so großen, als dass auf dessen alleinige Aussage ein Urteil mit der nötigen Wahrscheinlichkeit der Richtigkeit gestützt werden könnte.

3. Logisches Stützkriterium

139 Aus o.g. Überlegungen ergibt sich, dass es ein besonders gewichtiges Realitätskriterium darstellt, wenn ein Zeuge ein Geschehen schildert, das für alle Beteiligte (Zeuge und Prozessbeteiligte) **zunächst unerklärlich ist, aber erst später durch andere**

357 Vgl. Dettenborn/Fröhlich/Szewczyk, Forensische Psychologie, 2. Aufl., S. 316 m.w.N.; vgl. auch Trankell, Der Realitätsgehalt von Zeugenaussagen, S. 21.

358 Vgl. Arntzen, Psychologie der Zeugenaussage: System der Glaubhaftigkeitsmerkmale, 3. Aufl., S. 77.

359 Vgl. Zöller, Komm. zur ZPO, 26. Aufl., § 373 Rn 1.

360 Das gilt auch im Zivilprozess, vgl. BGH, NJW 2006, S. 3416, 3418.

361 Vgl. Döhring, Die Erforschung des Sachverhalts im Prozess, S. 119.

362 Vgl. BVerfG, NJW 1996, S. 448; vgl. auch BGH, NJW 1984, S. 2039; vgl. auch Bürkle, Richterliche Alltagstheorien im Bereich des Zivilrechts, S. 137.

363 Vgl. Altavilla, Forensische Psychologie, Bd. II, Die Psychologie der Strafprozessbeteiligten, S. 208, 209 m.w.N.

Informationen erklärt werden kann.[364] Auch hier möchte der Lügner überzeugen. Deshalb wird er kaum ein überflüssiges Detail bringen, dass, nachdem es für die Beteiligten zu diesem Zeitpunkt unerklärbar ist, die Sache unnötig verkompliziert.[365] Eine Ausnahme kann allerdings dann gemacht werden, wenn der Zeuge weiß, dass ggf. ein anderer Zeuge oder ein anderes Beweismittel später eine Erklärung liefern wird. Dann kann es sich um eine raffinierte Täuschung des Zeugen handeln. Daher gilt folgender

> *Praxistipp* **140**
>
> Der Zeuge sollte unbedingt befragt werden, ob und mit welchen Zeugen er gesprochen bzw. welche anderen Beweismittel (z.B. Urkunden, Sachverständigengutachten) er eingesehen hat sowie ob und was er mit der Partei/dem Angeklagten besprochen hat bzw. ob eine Partei dem Zeugen die gewechselten Schriftsätze oder Akten zur Verfügung gestellt hat. Tatsächlich wird diese Frage in der Praxis fast nie gestellt.

VI. Homogenitätskriterium

Wenn die Auskunftsperson **ungesteuert berichtet**, d.h. nicht chronologisch geordnet, so führt dies oft dazu, dass sich verschiedene, voneinander weit entfernt liegende Teile der Aussage (z.B. ein Teil der Aussage am Anfang und ein Teil der Aussage a.E. oder von verschiedenen Ausgangspunkten[366]) gegenseitig bestätigen (**gegenseitiges Bestätigungsmerkmal**)[367] oder die folgerichtige Fortsetzung des Handlungskerns[368] darstellen. Der Grund ist auch hier, dass der Lügner über ein Fantasiegebilde berichtet und es daher unwahrscheinlich ist, dass der Lügner die Geschichte dergestalt berichtet, dass die sich gegenseitig bestätigenden Teile weit entfernt voneinander liegen. Zum einen erfordert dies eine komplizierte, intellektuelle Leistung des Lügners. Zum anderen weiß der Lügner nicht, ob dem Zuhörer dann auffallen wird, dass sich diese Teile gegenseitig bestätigen. **141**

Kein Kriterium ist das sog. **Nicht-Widerspruchs-Merkmal**. Teilweise wird vertreten, dass ein Realitätskriterium vorliegen soll, wenn sich der Zeuge nicht in Widersprüche verwickelt, wenn die Aussage umfangreich und das Verhör gründlich war. Dies wird damit begründet, dass es für den Durchschnittszeugen zu schwierig sei, bei einer umfangreichen Vernehmung und einem gründlichen Verhör den Über- **142**

364 Vgl. Trankell, Der Realitätsgehalt von Zeugenaussagen, S. 126.

365 Vgl. Nack in Ziegert (Hrsg.), Grundlagen der Strafverteidigung, S. 227.

366 Vgl. Trankell, Der Realitätsgehalt von Zeugenaussagen, S. 126.

367 Vgl. Bender/Nack, Tatsachenfeststellung vor Gericht, 2. Aufl., Rn 284, die das Homogenitätskriterium als eigenes Kriterium, nicht als Unterpunkt der ungesteuerten Aussageweise führen. Nack in Ziegert (Hrsg.), Grundlagen der Strafverteidigung, S. 229 führt das Homogenitätskriterium aber als Unterpunkt des Nichtsteuerungskriteriums auf.

368 Vgl. Undeutsch, Handbuch der forensischen Psychologie, 11. Bd., S. 139.

blick über ein Lügengewebe behalten zu können.[369] Dies ist als Kriterium für die Prozesspraxis **nicht zu gebrauchen**. Wie genau kann der intellektuelle Zustand des Zeugen von den Prozessbeteiligten eingeschätzt werden? Wann ist eine Aussage lang, wann eine Vernehmung gründlich? Der reine Nicht-Widerspruch in einer Aussage ist daher regelmäßig weder ein Anzeichen für die Glaubwürdigkeit noch ein Anzeichen gegen die Glaubwürdigkeit. Wenn *Steller* (aufgrund seiner aussagepsychologischen Gutachtenspraxis) der Auffassung ist, dass sich der Lügner meist in Widersprüche verwickelt,[370] kann dies in den von ihm begutachteten Fällen zutreffend sein, nicht aber in der allgemeinen Gerichtspraxis. Ein Widerspruch des Lügners setzt voraus, dass der Lügner den Widerspruch in seinem Phantasiekonstrukt nicht erkennen oder vermeiden kann. Beides ist selten, denn der Lügner bereitet sich oft auf seine Aussage vor und ist intellektuell nicht weniger begabt als der Vernehmende. Die Konsequenz der *Stellerschen* Auffassung wäre, dass die Lüge gut, nämlich aufgrund der dann auftretenden Widersprüche erkannt werden könnte. Tatsächlich kann die Lüge gerade nicht gut, sondern schlecht erkannt werden.

VII. Konstanzkriterium oder Sequenzkriterium

1. Allgemeines

143 Beim Konstanzkriterium[371] geht es darum, dass die Aussage in verschiedenen Vernehmungen (z.B. vor Polizei und Gericht oder in 1. und 2. Instanz) gleich bleibt. In der strafrechtlichen Prozesspraxis kommt dem Kriterium die **größte Bedeutung** zu,[372] d.h., **konstante Aussagen werden als glaubwürdig und inkonstante Aussagen als unglaubwürdig erachtet**.[373] Hierbei handelt es sich jedoch um eine **unzulässige Vereinfachung**. Erweiterungen im Laufe mehrfacher Befragungen müssen einerseits nicht bedenklich sein, sondern stellen die Regel dar.[374] Andererseits sollen Zweifel an der Glaubwürdigkeit auftauchen, wenn im Laufe des Verfahrens unterschiedliche Angaben gemacht werden.[375] **Eine systematische Untersuchung hat**

369 Vgl. Bender/Nack, Tatsachenfeststellung vor Gericht, Rn 285.

370 Vgl. Steller, Nichts als die Wahrheit, S. 17.

371 Vgl. Bender/Nack, Tatsachenfeststellung vor Gericht, Rn 288; vgl. Trankell, Der Realitätsgehalt von Zeugenaussagen, S. 129.

372 Einen Beleg für die Überwertigkeit des Kriteriums in der Praxis liefert Steller, der mitteilt, dass er mit der Erstattung eines aussagepsychologischen Gutachtens beauftragt worden war. Als er die Gerichtsakte erhalten hatte, stellte er fest, dass das Urteil bereits vor Verhandlung als „Entwurf" geschrieben war und dort auf die Konstanz der Aussage der Belastungszeugin in der Hauptverhandlung abgestellt wurde, die noch gar nicht stattgefunden hatte, vgl. Steller, Nichts als die Wahrheit, S. 175.

373 Vgl. Prüfer, Aussagebewertung in Strafsachen, Rn 89.

374 Vgl. Undeutsch, Handbuch der Psychologie, 11. Bd., S. 154; vgl. auch Altavilla, Forensische Psychologie, Bd. II, Die Psychologie der Strafprozessbeteiligten, S. 251.

375 Vgl. BGH, StV 1996, S. 132.

hingegen zu erheblichen Differenzierungen geführt.[376] Die pauschale Abwertung einer Aussage bei Inkonstanz (als unglaubwürdig) ist ein schwerer Fehler.[377] Ebenso ist eine Aufwertung einer Aussage, die in jedem Punkt konstant ist, ein schwerer Fehler. Dies insb. auch deshalb, da jede Wiedergabe einer Aussage ein aktiver Rekonstruktionsprozess ist, sodass in jedem Rekonstruktionsprozess Denkvorgänge mitspielen und diese nicht in jeder Aussage identisch sein können.[378] Eine bestimmte Art der Inkonstanz kann sogar ein ausgesprochenes Glaubwürdigkeitsmerkmal sein.[379]

Eine systematische Darstellung ergibt Folgendes: 144

Überwiegend wird vertreten, dass das von dem Zeugen als zentral erlebte Geschehen zwischen zwei Vernehmungen gleich bleiben muss,[380] während sich gewisse Aussageteile gemäß den Erkenntnissen der Irrtumslehre, d.h., entsprechend der Kenntnis des Erinnerungsprozesses[381] und der Wahrnehmung verändern sollten, um zum Realitätskriterium zu werden (sog. **differenzierte Konstanz**).[382] Der für die Auskunftsperson damals – nicht später für das Gericht – zentrale Kern des Ereignisses (Ort, Zeit,[383] handelnde Personen) sollte – sinngemäß – gleich bleiben. Der zentrale Kern des Ereignisses bestimmt sich somit für jede Auskunftsperson individuell und muss sehr eng gefasst werden.[384] Entscheidend ist, was für die jeweilige Auskunftsperson im Moment des Erlebens am meisten von Bedeutung, beeindruckend, emotional berührend war.[385] „Denn die Zeugenbekundung ist nicht die genaue Reproduktion eines objektiven Phänomens, da es durch die Subjektivität des Zeugen verändert wird.“[386] „Dass sich die Wortwahl eher verändern sollte, liegt nahe. Anderenfalls verfügt die Auskunftsperson zumindest über ein sehr starr fixiertes Erinnerungsbild. Dann stellt sich das Problem der sog. ‚Erinnerung an die Erinnerung'. Oder sie hat die Geschichte anstatt erlebt, erlernt.“[387] „Das entspricht auch gesicherter höchstrichterlicher Rechtsprechung. Nebenumstände können, ja sollen, im neuen Bericht gegenüber der Erstaussage nach Zahl und Details gewisse

376 Vgl. Arntzen, Psychologie der Zeugenaussage: System der Glaubhaftigkeitsmerkmale, 3. Aufl., S. 53.

377 Vgl. Nack in Ziegert (Hrsg.), Grundlagen der Strafverteidigung, S. 229; vgl. auch Trankell, Der Realitätsgehalt von Zeugenaussagen, S. 129, 130: „Konstanz kaum realistisch“.

378 Vgl. Dettenborn/Fröhlich/Szewczyk, Forensische Psychologie, 2. Aufl., S. 70.

379 Vgl. Arntzen, Psychologie der Zeugenaussage: System der Glaubhaftigkeitsmerkmale, 3. Aufl., S. 55.

380 Vgl. Dettenborn/Fröhlich/Szewczyk, Forensische Psychologie, 2. Aufl., S. 293.

381 Vgl. Trankell, Der Realitätsgehalt von Zeugenaussagen, S. 130.

382 Vgl. Bender/Nack, Tatsachenfeststellung vor Gericht, 2. Aufl., Rn 288; vgl. auch Undeutsch, Handbuch der Psychologie, 11. Bd., S. 154.

383 Wobei damit nicht die exakte Uhrzeit oder das exakte Datum gemeint ist, sondern allgemeine Zeitbegriffe (Vormittag, Nachmittags, Winter, Sommer etc.).

384 Vgl. Bürkle, Richterliche Alltagstheorien im Bereich des Zivilrechts, S. 126.

385 Vgl. Wendler, Wie ähnlich war der Unfall?, S. 81.

386 Altavilla, Forensische Psychologie, Bd. II, Die Psychologie der Strafprozessbeteiligten, S. 251.

387 Wendler, Wie ähnlich war der Unfall?, S. 79.

Veränderungen erfahren."[388] Die Grundstruktur eines Vorfalles sollte gleichbleibend geschildert werden.[389] Im Falle mehrerer gleichartiger Vorfälle müssten die **charakteristischen** und **erlebnisrelevanten Details** immer wieder erwähnt und dem gleichen Vorfall zugeordnet werden.[390] Arntzen (in Psychologie der Zeugenaussage: System der Glaubwürdigkeitsmerkmale, 3. Aufl., S. 55) grenzt dies noch insofern weiter ein, als die Zeitspanne zwischen zwei Vernehmungen nicht mehr als zwei bis drei Jahre betragen darf.

145 Unter dieser Einschränkung muss für eine glaubwürdige Aussage Konstanz

- hinsichtlich des Kerngeschehens (wobei hier nicht der Maßstab des Gerichts gilt, sondern die Interessenlage der Aussageperson, d.h., worauf es ihr bei der Wahrnehmung, nicht später, ankam,[391]
- der Handlungspartner, die unmittelbar beteiligt waren,
- in der groben Angabe der Örtlichkeiten,[392]
- in der Angabe, wie man zum Ort gekommen ist, wenn sich das Geschehen über mehrere Örtlichkeiten erstreckt,
- in der Benennung von Gegenständen, zu denen Handlungen in unmittelbaren Bezug standen,
- in der groben Angabe von Helligkeit bzw. Dunkelheit am Ort der Beobachtung,
- in der Darstellung der Körperpositionen bei der Haupthandlung (Sitzen, Liegen, Stehen), sofern es sich um körpernahe Handlungen (Körperverletzungen, Sexualdelikte, Kindesmisshandlungen) in einer Position handelte, die einige Zeit gleichblieb
- bestehen.[393]

146 Das Konstanzkriterium ist nur dann bedeutsam ausgeprägt, wenn

- es sich um eine einigermaßen komplexe Schilderung gehandelt hat,
- die über einen längeren Zeitraum,
- in den nicht nur zu erwartenden Punkten (dann nur **einfache Konstanz**),
- sondern auch hinsichtlich solcher Aspekte, die leicht dem natürlichen Vergessensprozess unterliegen

konstant berichtet wird.[394]

388 Nack in Ziegert (Hrsg.), Grundlagen der Strafverteidigung, S. 230.

389 Vgl. Undeutsch, Handbuch der Psychologie, 11. Bd., S. 154.

390 Vgl. Undeutsch, Handbuch der Psychologie, 11. Bd., S. 154, das zeigt wieder, wie schwer bis unmöglich es ist, bei alltäglichen Vorfällen eine korrekte Zuordnung durchzuführen, denn bei den alltäglichen Vorfällen gibt es keine charakteristischen oder erlebnisrelevanten Details.

391 Vgl. Bender/Häcker/Schwarz, Tatsachenfeststellung vor Gericht, 6. Aufl., Rn 507.

392 Achtung: nach Trankell, Der Realitätsgehalt von Zeugenaussagen, S. 21 sind auch Veränderungen hinsichtlich des Ortes des Ereignisses durch natürlichen Erinnerungsverlust erklärbar.

393 Vgl. Arntzen, Psychologie der Zeugenaussage: System der Glaubhaftigkeitsmerkmale, 3. Aufl., S. 55, 56; vgl. auch Greuel/Offe/Fabian/Wetzels/Fabian/Offe/Stadler, Glaubhaftigkeit der Zeugenaussage, S. 131.

394 Vgl. Greuel/Offe/Fabian/Wetzels/Fabian/Offe/Stadler, Glaubhaftigkeit der Zeugenaussage, S. 131 f.

Richtig ist also, dass Vergessensprozesse ungleichmäßig verlaufen,[395] allerdings kann auch eine „differenzierte Konstanz" nicht zwischen erlebnisbasierten und erfundenen Aussagen unterscheiden. 147

„Dass das Muster der ‚differenzierten Inkonstanz' nicht zwischen erlebnisbasierten und erfundenen Aussagen differenziert, sondern ein solches Muster sowohl in wahren als auch in erfundenen Darstellungen aufritt, erscheint bei genauer Betrachtung wenig erstaunlich: Grundlage der aussagepsychologischen Methodik ist die Annahme, dass die Aussage eines lügenden Zeugen im intraindividuellen Vergleich weniger elaboriert ausfällt, weil es eine schwierige Leistung darstellt, eine komplexe Aussage ohne entsprechende Erlebnisgrundlage zu erfinden. Es wird angenommen, dass sich der lügende Zeuge bei der Generierung seiner Aussage auf zentrale Aspekte konzentriert und diese konstant darzustellen versucht, während nebensächliche Informationen, wenn sie überhaupt erwähnt werden, auch schneller wieder vergessen und deswegen inkonstant ausgesagt werden, ist naheliegend. Der lügende Zeuge muss daher das Muster der differenzierten Inkonstanz gar nicht simulieren, sondern es ergibt sich auch bei einer Falschaussage gewissermaßen von selbst."[396]

Hinweis

Nach der Rechtsprechung kommt der Konstanzanalyse allerdings ein (sehr) wesentliches Gewicht bei der Glaubhaftigkeitsanalyse zu. Richtig ist, dass in diesem Sinnen erhebliche Widersprüche und Veränderungen in dem als konstant erwarteten Teil ein deutliches Warnsignal sein müssen, ebenso wie auffällige Konstanz; mehr lässt sich aus der Konstanzanalyse aber nicht ableiten.[397]

Wenig hilfreich ist es, jedenfalls ohne Beleg und in Widerspruch zur tatsächlichen Lügenerkennungsfähigkeit des Menschen (und auch von Juristen), wenn angenommen wird, dass Lügen eine ggf. beachtliche Gedächtnisleistung hinsichtlich der eigenen Darstellung und kreativer Fähigkeit erfordert und diesen Anforderungen kaum eine Aussageperson genügen könnte, wenn sie auch noch ungesteuert und durcheinander aussagt.[398] Im Einzelfall mag dies durchaus zutreffen, in der Masse der Aussagen vor Gericht allerdings kaum. Die wenigen entdeckten Lüge bei Gericht sprechen eine andere Sprache.

395 Insofern liegen kaum Forschungsergebnisse vor, die wahre und erfunden Aussagen nach einem Zeitabstand vergleichen.

396 Volbert/Steller, Die Begutachtung der Glaubhaftigkeit, S. 683, 690 in: Venzlaff/Foerster/Dreßing/Habermeyer (Hrsg.), Psychiatrische Begutachtung, 6. Aufl.

397 Vgl. Bender/Häcker/Schwarz, Tatsachenfeststellung vor Gericht, 6. Aufl., Rn 500 ff.

398 Vgl. Bender/Häcker/Schwarz, Tatsachenfeststellung vor Gericht, 6. Aufl., Rn 484.

148 *Praxistipp*

Nachdem für eine glaubwürdige Aussage differenzierte Konstanz bestehen muss, ist es eine Selbstverständlichkeit, dass sich auch der nur zivilprozessual tätige Anwalt unbedingt die Strafakten zu dem Verfahren besorgt. Die differenzierte Konstanz ergibt sich aus den Erkenntnissen über die Arbeitsweise der Wahrnehmung, Erinnerung und Wiedergabe. Eine Aussage, die sich mit diesen Erkenntnissen nicht in Übereinstimmung bringen lässt, kann nicht als zuverlässig gewertet werden. Der Umkehrschluss ist hingegen nicht zulässig. Aus der gegebenen differenzierten Konstanz kann nicht auf die Glaubhaftigkeit geschlossen werden; diese ist lediglich eine Mindestbedingungen.

149 Das Konstanzkriterium kann dann nicht angewendet werden, wenn dem Zeugen **die Antwort in der Frage bereits vorgegeben wird**, insb., wenn er nur noch mit ja oder nein antworten muss.[399] Es handelt sich dann um eine Antwort auf eine Suggestivfrage, bei der nur die Überhangantwort aussagepsychologischen Wert hat.[400] „Es muss als hochgradig zirkulär angesehen werden, einer Zeugenaussage hohe Konstanz zuzuschreiben, wenn die wiederholten Elemente sich im Wesentlichen als Befragungs- oder Vorhalteprodukte erweisen."[401] Ebenso muss beachtet werden, dass **Stereotypie** nicht mit Konstanz verwechselt wird.

150 Beachtet werden muss, dass Konstanz bei einem kurzen Bericht oder einer wenig komplexen Aussage[402] kein Realitätskriterium darstellt, denn dann kann die Aussage durch Notizen, die die Erinnerung des Zeugen stützen, oder durch Eindrillen vonseiten anderer Personen manipuliert worden sein.[403] Das **Eingeständnis von Erinnerungslücken** wird in der psychologischen Literatur nur noch selten als **Kriterium der Glaubhaftigkeit** aufgeführt. Tatsächlich ist dies ein nicht belegkräftiges Merkmal.[404]

151 *Hinweis*

Die Aussage, „ich kann mich nicht erinnern", oder, „ich weiß es nicht", erfüllt das Kriterium ohnehin nicht. Das wäre kein Eingeständnis einer Erinnerungslücke.[405]

152 Es wurde bereits ausgeführt, dass eine bestimmte Art der Inkonstanz nicht gegen die Glaubhaftigkeit spricht, nämlich dann, wenn die Inkonstanz auf natürliche Erin-

399 Vgl. Arntzen, Psychologie der Zeugenaussage: System der Glaubhaftigkeitsmerkmale, 3. Aufl., S. 56.

400 Vgl. Bender/Nack, Tatsachenfeststellung vor Gericht, 2. Aufl., Rn 624.

401 Deckers, Sexualstrafverfahren in Brüssow/Gatzweiler/Krekeler/Mehle, Strafverteidigung in der Praxis, 4. Aufl., S. 954:

402 Vgl. Volbert/Dahle, Forensisch-psychologische Diagnostik im Strafverfahren, S. 43.

403 Vgl. Arntzen, Psychologie der Zeugenaussage: System der Glaubhaftigkeitsmerkmale, 3. Aufl., S. 56.

404 Vgl. Greuel/Offe/Fabian/Wetzels/Fabian/Offe/Stadler, Glaubhaftigkeit der Zeugenaussage, S. 128.

405 Vgl. Vrij, Detecting Lies and Deceit, S. 120.

nerungsverluste zurückzuführen ist, sodass die Verschiedenheit zweier Aussagen ein und desselben Zeugen auf dem Einfluss der Zeit beruht.[406] Die Vergessenskurven früherer Jahre, die nahe legen, dass nach wenigen Tagen nur noch 30 % erinnert werden bzw. nach mehreren Jahren nur noch 10 %, sind für die Gerichtspraxis wertlos. Derartige Ergebnisse stammten von Tests, in denen Zufallssilben abgefragt wurden. Bei autobiografischen Ereignissen nimmt die tatsächliche Erinnerung mit zunehmendem Zeitablauf zwar linear ab, aber selbst nach sechs Jahren können noch bis zu 75 % der Ereignisse erinnert werden.[407]

153 Ebenso wurde oben[408] ausgeführt, dass niemand alle Information, die er im Gedächtnis gespeichert hat, zu jedem beliebigen Zeitpunkt vollständig abrufen kann, d.h., sich vielmehr zu bestimmten Details erst wieder auf Vorhalt (Assoziationskette) erinnern kann.[409] Es gilt daher die empirische Gesetzmäßigkeit, dass sich bei Wiederholung jeder – nicht eingetrichterten – Aussage natürliche Erinnerungsverluste zeigen.[410] Ebenso wurde oben ausgeführt, dass das Detailkriterium eine notwendige, aber keine hinreichende Bedingung für die Glaubwürdigkeit ist.[411]

154 *Praxistipp*

Das wiederum bedeutet, dass in der wiederholten Vernehmung Konstanz im Kerngeschehen sinngemäß vorliegen muss, während hinsichtlich der (nebensächlichen) Details einerseits teilweise Übereinstimmung vorliegen muss und andererseits teilweise keine Übereinstimmung vorliegen sollte, d.h., zusätzliche Details auftauchen sollten, ebenso wie in der Erstaussage vorgetragene Details fehlen und erst auf Vorhalt (Assoziationskette) wieder in Erinnerung geraten sollten.[412] Freilich hängt hier viel vom Kontext und der Ausführlichkeit der jeweiligen Vernehmungen ab.

Umgekehrt bedeutet dies, dass eine Aussage, die auch in allen Nebenumständen konstant bleibt, Bedenken begegnen muss,[413] die im Zweifel auch ausgeräumt werden können. Es ist durchaus möglich, dass sich ein Zeuge ganz besonders gut auf seine jetzige Aussage vorbereitet und frühere Aussagen zur Erinnerungsstütze rekapituliert. Das gilt natürlich für den wahrheitsgemäß Aussagenden wie für den lügenden. Weiter sollen **spontane Präzisierungen** und **nachträgliche Verbesserungen** der Aussage Realitätskriterien sein, sofern der Zeuge damit

406 Vgl. Altavilla, Forensische Psychologie, Bd. II, Die Psychologie der Strafprozessbeteiligten, S. 251.

407 Vgl. Greuel/Offe/Fabian/Wetzels/Fabian/Offe/Stadler, Glaubhaftigkeit der Zeugenaussage, S. 30 f.

408 Vgl. in diesem Teil zur Erinnerung und Erinnerungsfehler.

409 Vgl. Bender/Nack, Tatsachenfeststellung vor Gericht, 2. Aufl., Rn 288.

410 Vgl. Arntzen, Psychologie der Zeugenaussage: System der Glaubhaftigkeitsmerkmale, 3. Aufl., S. 58.

411 Vgl. Bender/Nack, Tatsachenfeststellung vor Gericht, 2. Aufl., Rn 239.

412 Vgl. Bender/Nack, Tatsachenfeststellung vor Gericht, 2. Aufl., Rn 288.

413 Vgl. Arntzen, Psychologie der Zeugenaussage: System der Glaubhaftigkeitsmerkmale, 3. Aufl., S. 56, 57; Bender/Nack, Tatsachenfeststellung vor Gericht, 2. Aufl., Rn 292.

nicht gezwungenermaßen seine Aussage nachbessert, da er anderenfalls Aufdeckung oder Widerlegung befürchten muss.[414] Eine solche nachträgliche Berichtigung wäre dann nämlich sinnlos, wenn der Zeuge ohnehin nur Erdichtetes vorträgt, denn dann würde der Zeuge wieder selbst Zweifel an seiner Aussage säen.[415] Genau dies will der Lügner aber vermeiden.[416] Verbesserungen oder Ergänzungen liefern aber nur dann einen Anhaltspunkt für die Glaubhaftigkeit, wenn diese den Hintergrund der Erinnerungskritik haben.[417] Verbesserungen oder Ergänzungen auf Nachfrage oder Vorhalt erfüllen wegen der darin liegenden Suggestion das Kriterium nicht.[418] Auch grammatikalische oder sprachliche Verbesserungen erfüllen das Kriterium nicht.[419] Insgesamt muss auch hier beachtet werden, dass die Validität des Kriteriums in Zweifel gezogen werden kann. In einem Versuch mit Grundschulkindern (1. und 4. Klasse) simulierten „geübte Lügner" das Kriterium öfter als es in wahren Aussagen vorkam.[420] Freilich aber gilt, dass eine konstante Darstellung vieler nebensächlicher Details in einer komplexen Aussage einen Hinweis auf einen Erlebnisbezug bietet, während umgekehrt gravierende Widersprüche in zentralen Aspekten auf eine Falschaussage verweisen können.[421]

155 Weiter oben wurde bereits dargelegt, wann insb. natürliche Erinnerungsverluste vorliegen,[422] sodass Inkonstanz insoweit jedenfalls nicht gegen die Glaubwürdigkeit spricht.

156 Zu beachten ist weiterhin, dass sich Inkonstanz auch dann ergeben kann, wenn Aussagen eines Zeugen verglichen werden, der danach zum Beschuldigten geworden ist. Für den Zeugen wird es infolge seiner Beschuldigteneigenschaft „lebensnotwendig", im Detail Auskunft geben zu können, sodass er zu einer systematischen Rekonstruktionsarbeit ansetzt.[423] Durch die hierdurch gewonnen Assoziationen kann

414 Vgl. Bender/Nack, Tatsachenfeststellung vor Gericht, 2. Aufl., Rn 293, die Aussagekraft des Kriteriums ist aber gering, denn die Verbesserung oder Nicht-Verbesserung kann auch m. unterschiedlichen Gedächtnisprozessen erklärt werden; vgl. Hettler, Wahre und falsche Zeugenaussagen, S. 120 m.w.N.

415 Vgl. Undeutsch, Handbuch der Psychologie, 11. Bd., Forensische Psychologie, S. 142.

416 Vgl. Bender/Nack, Tatsachenfeststellung vor Gericht, 2. Aufl., Rn 174.

417 Ansonsten legt eine Auswertung von Hommers nahe, die Validität des Kriteriums in Zweifel zu ziehen, da es relativ leicht simuliert werden kann, Vgl. Hommers, Die aussagepsychologische Kriteriologie unter kovarianzstatistischer und psychometrischer Perspektive in Psychologie der Zeugenaussage, S. 87 ff., 97.

418 Vgl. Greuel/Offe/Fabian/Wetzels/Fabian/Offe/Stadler, Glaubhaftigkeit der Zeugenaussage, S. 125.

419 Vgl. Hermanutz/Litzcke/Kroll, Polizeiliche Vernehmung und Glaubhaftigkeit, S. 85, 87.

420 Vgl. Hommers, Die aussagepsychologische Kriteriologie unter kovarianzstatistischer und psychometrischer Perspektive in: Greuel/Fabian/Stadler, Psychologie der Zeugenaussage, S. 87, 96.

421 Vgl. Volbert/Dahle, Forensisch-psychologische Diagnostik im Strafverfahren, S. 43.

422 Vgl. oben § 23 zur Erinnerung und Erinnerungsfehlern.

423 Vgl. Trankell, Der Realitätsgehalt von Zeugenaussagen, S. 133, 134.

sich dann eine Inkonstanz ergeben, die sich nach wie vor durch natürlichen Erinnerungsverlust bzw. Erinnerungswiedergewinnung ergeben kann.

Es sei jedoch noch einmal betont, dass Konstanz bei einem kurzen Bericht kein Glaubwürdigkeitskriterium ist. Daher ist die Regelung in § 396 Abs. 1 ZPO und § 69 StPO, demzufolge der Zeuge einen Bericht geben soll, aussagepsychologisch richtig. Nur wenn der Zeuge ungefragt – und nicht vom Vorsitzenden geführt – berichten kann, erhält man eine Aussage mit vermeintlich rechtlich irrelevanten, aber aussagepsychologisch wichtigen Informationen. 157

Beim Konstanzkriterium ist zusätzlich zu beachten, dass **Konstanz/Inkonstanz** oftmals nur **vermeintlich** vorliegt. Das bedeutet, wenn die jetzige Aussage von einer früher protokollierten Aussage abweicht und insofern Inkonstanz vorliegt, **kann dies ohne Weiteres auf einen Protokollierungsfehler zurückführen sein**. Oftmals leistet nämlich der Vernehmer Formulierungshilfe (v.a. bei polizeilichen Vernehmungen), sodass seine Sprache die des Vernommenen überlagert und sich hieraus eine scheinbare Inkonstanz ergibt.[424] Dieser Protokollierungsfehler passiert besonders **erfahrenen Beamten**, denn diese bilden sich oft sehr früh eine Meinung und interpretieren die Äußerung des Vernommenen oftmals um, um die Aussagen in ihr Bild einzufügen.[425] Auch erfahrene Polizeibeamte unterliegen Wahrnehmungsfehlern und nehmen selektiv wahr.[426] Auch vorangegangene zivilprozessuale Protokolle enthalten oft Fehler, d.h., die Aussage wird vom diktierenden Richter bereits verbessert, in die juristische Sprache übertragen und im Hinblick auf das (gedanklich schon gefällte) Urteil geglättet. Die Entstehung der Aussage wird ebenso unterschlagen wie der Inhalt der Fragen und Vorhalte.[427] Auch kommt es in der Praxis oft zu suggestiven Befragungen, die große Gefahren für die Richtigkeit der auf diese Weise erzielten Aussagen bieten.[428] 158

Hinweis 159

„Was liegt näher, als dass der Vernehmungsbeamte seine Vermutung über den wahrscheinlichen Tathergang durchblicken lässt, in der Art der Fragestellung, im erwartungsvollen Mienenspiel, in der Art, wie er ‚gute' Antworten freudig aufnimmt, ‚schlechte' Antworten aber mit Bedenken."[429]

424 Vgl. Prüfer, Aussagebewertung in Strafsachen, Rn 93.
425 Vgl. Prüfer, Aussagebewertung in Strafsachen, Rn 97.
426 Vgl. oben zur Wahrnehmung und Wahrnehmungsfehlern § 22.
427 Vgl. Bender/Nack, Tatsachenfeststellung vor Gericht, 2. Aufl., Rn 828 bis 830.
428 Vgl. Undeutsch, Handbuch der forensischen Psychologie, 11. Bd., S. 112.
429 Bender, Die „lebendige Erinnerung" u. der „gewordene Sachverhalt" in der Zeugenaussage, StV 1984, S. 127, 128 f.

160 Inkonstanz braucht auch nicht unbedingt auf Unglaubwürdigkeit zurückzuführen sein. Manchmal ist es denkbar, dass durch das Phänomen der (unbewussten) Verdrängung Tatsachen nicht (mehr) berichtet werden, da man sich – eben wegen der Verdrängung – nicht (mehr) daran erinnern kann. Dies ist insb. dann der Fall, wenn der Erlebnisteil dem Aussagenden peinlich ist.[430] Gleichwohl lässt sich – außer bei Kleinkindern – nach entsprechender Enthemmung die Reproduktion wieder erreichen.[431] Die entsprechende Enthemmung kann z.B. durch die entsprechende Vernehmung selbst erzeugt werden (Freundlichkeit,[432] Vermeidung von Vorwürfen und Bloßstellungen[433]). Öfter als die Verdrängung scheint aber die bewusste Zurückhaltung vorzuherrschen. Hier entsteht eine Inkonstanz dadurch, dass der Zeuge bewusst Peinliches in der aktuellen oder einer früheren Vernehmung weglässt. Dies ist aber dann kein Anzeichen gegen die Glaubhaftigkeit per se, sondern eben durch Peinlichkeit etc. zu erklären.

161 *Hinweis*

Das Konstanzkriterium wird in der Praxis weit überschätzt. „Die Prüfung der aussageübergreifenden Konstanz setzt im Grunde den Abgleich freier Berichte voraus, die in verschiedenen Zeitabständen abgegeben wurden. Solches Material liegt in der Regel nicht vor!“[434]

2. Exkurs: nachgewiesene Lüge/Irrtum in einem Teil der Aussage

162 Aus dem Gesagten ergibt sich, dass auch noch die **dritte geheime Beweisregel**[435] der Praxis **falsch** ist.[436]

163 *Praxistipp*

Die Regel „Wer einmal lügt, dem glaubt man nicht“ ist falsch.[437] Das ergibt sich schon aus dem zweiten Teil des Sprichwortes „und wenn er auch die Wahrheit spricht“.

430 Vgl. Arntzen, Psychologie der Zeugenaussage: System der Glaubhaftigkeitsmerkmale, 3. Aufl., S. 67.

431 Vgl. Arntzen, Psychologie der Zeugenaussage: System der Glaubhaftigkeitsmerkmale, 3. Aufl., S. 67.

432 Vgl. Bender/Nack, Tatsachenfeststellung vor Gericht, 2. Aufl., Rn 504.

433 Vgl. Bender/Nack, Tatsachenfeststellung vor Gericht, 2. Aufl., Rn 506.

434 Deckers, Sexualstrafverfahren in: Brüssow/Gatzweiler/Krekeler/Mehle, Strafverteidigung in der Praxis, 4. Aufl., S. 954.

435 Die erste geheime Beweisregel war, einen Zeugen grundsätzlich zu glauben – vgl. Reinecke, Die Krise der freien Beweiswürdigung im Zivilprozess oder über die Schwierigkeit, einem Zeugen nicht zu glauben, MDR 1986, S. 630 f., die zweite geheime Beweisregel war, der Konstanz das entscheidende Gewicht beizumessen – vgl. Prüfer, Aussagebewertung in Strafsachen, Rn 89.

436 Vgl. Döhring, Die Erforschung des Sachverhalts im Prozess, S. 156.

437 Vgl. Nack in Ziegert (Hrsg.), Grundlagen der Strafverteidigung, S. 221.

Neben der Inkonstanz durch Erinnerungsverlust, der Verdrängung und bewussten Zurückhaltung aus Peinlichkeit, Scham etc. gibt es noch eine Fülle von Motiven für Falschaussagen insgesamt oder in einem Teil der Aussage, z.B. um 164

- eigene Schwächen zu verdecken,
- um nahe stehende Personen zu decken,
- um sexuelle Beziehungen nicht zu verraten,
- um Geschäftsgeheimnisse zu wahren,
- weil man glaubt, eine wahre Aussage könne gegen einen verwendet werden,
- um komplizierte Sachverhalte einfacher zu machen,
- aus der Befürchtung, die Wahrheit sei so unwahrscheinlich, dass man sie nicht glauben würde, etc.[438]

„In manchen Fällen kann nämlich ein Unschuldiger geradezu gezwungen sein, einen wirklichen Umstand zu leugnen, weil der Richter sonst den falschen Schluss auf seine Schuld ziehen könnte."[439] „Manchmal spricht der Schein so stark gegen einen unschuldig Verdächtigen, dass er meint, sich nicht anders als durch eine unwahre Tatsachenangabe retten zu können."[440] „Manche Leute, die wirklich im Besitz der Wahrheit sind, aber befürchten, man werde ihnen nicht glauben, fühlen sich berechtigt (ja beinahe ‚verpflichtet') hinsichtlich der einen oder anderen Nebentatsache zu lügen, damit man ihnen glauben möge."[441] **Hieraus kann dann aber eben nicht auf die gesamte Aussage geschlossen werden.**[442] **In der Rechtspraxis ist die nachgewiesene Lüge allerdings fatal. I.d.R wird dann die gesamte Aussage entwertet.**[443] 165

„Wenn der Zeuge eine bestimmte Darstellung gibt und diese hinsichtlich eines einzelnen Umstandes als unzutreffend festgestellt wird, fragt sich, wieweit das die Bewertung seiner übrigen Angaben beeinflusst […]. Man sah es mitunter geradezu als einen Denkfehler an, wenn in einem Gerichtsurteil gewisse Angaben des Zeugen als unglaubhaft bezeichnet worden waren, ihm aber gleichwohl in anderer Hinsicht geglaubt wurde […]. Obwohl diese Anschauung heute kaum noch irgendwo prinzipiell vertreten wird, ist sie in der Praxis noch nicht ganz überwunden. Sie empfiehlt sich immerhin dadurch, dass sie Beurteilern, die wenig Neigung zu einer intensiven Würdigung von Zeugenbekundungen haben, willkommene Gelegenheit gibt, sich die Arbeit bequem zu machen […]. Gleichwohl geht es nicht an, wegen jeder nach- 166

438 Vgl. Bender/Nack, Tatsachenfeststellung vor Gericht, 2. Aufl., Rn 304.
439 Altavilla, Forensische Psychologie, Bd. II, Die Psychologie der Strafprozessbeteiligten, S. 327.
440 Döhring, Die Erforschung des Sachverhalts im Prozess, S. 238.
441 Bender/Nack/Treuer, Tatsachenfeststellung vor Gericht, 3. Aufl., Rn 304.
442 Vgl. Bender/Nack, Tatsachenfeststellung vor Gericht, 2. Aufl., Rn 302.
443 Vgl. Löhrer, (Aus-)Nutzung der Aussagepsychologie durch Anwälte im Strafrecht, S. 251, 260 in: Aussagepsychologie für die Rechtspraxis (Hrsg.: Ludewig/Baumer & Tavor).

gewiesenen Unrichtigkeit gleich die ganze Darstellung als unzuverlässig anzusehen."[444]

167 Entscheidend ist daher die Feststellung, wie die Unrichtigkeit zustande gekommen ist.[445] Fehler, die sich durch die Erkenntnisse der Wahrnehmung und Erinnerung erklären, also keine Lüge, sondern nur einen Irrtum darstellen, ermöglichen keinen Rückschluss auf die gesamte Aussage. Für die forensische Praxis ist wichtig zu wissen, dass nicht die Lüge der Regelfall einer Zeugenaussage vor Gericht ist, sondern der Irrtum.[446]

168 Irrt der Zeuge über **völlig nebensächliche Details**, so ist auch das **normal** und steht mit den Erkenntnissen der Erinnerungslehre in Einklang.

- „Aussagen über die zeitliche Reihenfolge von Phasen eines Vorganges und über verschiedene in sich abgeschlossene Handlungen werden unsicher"[447] (z.B. ob man ein Geschenk vor oder nach der fraglichen Handlung/Äußerung erhalten hat).
- „Aussagen über die Datierung eines Vorgangs sind meist unzuverlässig und schwanken, wenn das Datum nicht eine besondere Bedeutung durch äußere Umstände erhält."[448] Fehler in der Datierung (Datum, Uhrzeit, Wochentag)[449] eines Vorgangs ergeben sich durch natürliche Erinnerungsverluste. Ist der Zeitpunkt irrelevant oder nicht durch äußere Umstände festgelegt (z.B. Geburtstag, Urlaubsaufenthalt etc., der zum streitgegenständlichen Vorfall in Beziehung gesetzt werden kann), ist eine Erinnerung unwahrscheinlich.[450] Generell kann gesagt werden, dass sich das autobiografische Gedächtnis für einen Zeitraum von ca. einem Jahr unter dem chronologischen Aspekt des „Wann's" organisiert. Danach bedarf es für das „Wann" bedeutungsrelevanter Hinweise.[451] „Wenn man sich das Datum daher im Zeitpunkt des Geschehnisses nicht eingeprägt hat, ist seine nachträgliche Bestimmung nur vermittels eines Assoziationsvorganges unter Zuhilfenahme von Bezugspunkten möglich."[452]
- Ebenso wird bei mehreren ähnlichen Handlungen einerseits die Häufigkeit unsicher (waren es sechs oder sieben Vorgänge?) und andererseits der Zeitpunkt (war es beim dritten oder vierten Mal?)[453] oder die Zuordnung zu einem Ort

444 Döhring, Die Erforschung des Sachverhaltes im Prozess, S. 155 f.
445 Vgl. Döhring, Die Erforschung des Sachverhalts im Prozess, S. 156.
446 Vgl. Hermanutz/Litzcke, Vernehmung in Theorie und Praxis, S. 21.
447 Dettenborn/Fröhlich/Szewczyk, Forensische Psychologie, 2. Aufl., S. 316 m.w.N.
448 Dettenborn/Fröhlich/Szewczyk, Forensische Psychologie, 2. Aufl., S. 316 m.w.N.
449 Vgl. Trankell, Der Realitätsgehalt von Zeugenaussagen, S. 21.
450 Vgl. Arntzen, Psychologie der Zeugenaussage: System der Glaubhaftigkeitsmerkmale, 3. Aufl., S. 60.
451 Vgl. Greuel, Wirklichkeit – Erinnerung – Aussage, S. 75 f.
452 Altavilla, Forensische Psychologie, Bd. II, Die Psychologie der Strafprozessbeteiligten, S. 215.
453 Vgl. Dettenborn/Fröhlich/Szewczyk, Forensische Psychologie, 2. Aufl., S. 316 m.w.N.

(erfolgte die streitgegenständliche Handlung beim dritten Treffen in X oder Y?).[454] „Man ist [fälschlich] geneigt, für eine Lüge zu halten, was bloß den ‚Gesetzen' der Irrtumslehre entspricht."[455]

Kann der Fehler jedoch nicht durch einen Irrtum erklärt werden, sondern liegt der **Verdacht der bewussten Lüge nahe**, kommt es entscheidend darauf an, ob das **Motiv** für die Lüge auf die übrigen Aussageteile durchschlagen kann. In den meisten Fällen dürften Lügen/Irrtümer hinsichtlich des angeblich exakten Wissens eines genauen Datums völlig irrelevant sein. Auch der Zeuge, der sich absolut sicher ist, dass die streitgegenständliche Handlung z.B. am 2.2.2000 stattgefunden hat, dieses Datum jedoch nachweislich falsch ist, oder keine sonstigen Anhaltspunkte ersichtlich sind, weshalb die Angabe des Datums verlässlich sein sollte, hat in diesem Punkt ggf. die Unwahrheit gesprochen bzw. sich geirrt, jedoch ist allein deshalb kein Rückschluss auf den übrigen Aussageteil möglich. „Die unwahren Angaben der Zeugin S. bezüglich des 2.2.2000 veranlassen die Kammer nicht, auch auf die Unwahrheit ihrer, unter vernehmungstechnischen Gesichtspunkten in hohem Maße glaubhaften, sonstigen Bekundungen zu schließen [...] Offenbar haben viele Personen, die hinsichtlich des zentralen Punktes wahrhaftig sind, oftmals das Bedürfnis, die Überzeugungskraft ihrer Aussage dadurch zu unterstützen, dass sie in unerheblichen Nebenpunkten präzise sind – notfalls auch der Wahrheit zuwider."[456] Hinzu kommt, dass die Zeugen das streitgegenständliche Datum oft entweder durch die Ladung oder von den Parteien erfahren haben und in vielen Fällen unbewusst ihre eigene Erinnerung an das Datum mit den Rekonstruktionsversuchen oder sonstigen, schon bekannten Datumsangaben vermengen. Weiter muss beachtet werden, dass nicht jedem Zeugen die Unterscheidung zwischen eigener Wahrnehmung und Schlussfolgerung bekannt ist oder er diese kritisch trennen kann.[457] 169

Hinweis 170

„In jedem Kriminalfall gibt es Beweise, die keine sind und die dennoch manchmal eine gewaltige Schubkraft für die Überzeugungsbildung zu entfalten vermögen – zum Nachteil des Angeklagten."[458]

In dem Pkw von Monika Weimar fand sich eine Einsplitterung der Frontscheibe. Frau Weimar teilte mit, dass diese Einsplitterung von einem Steinschlag eines überholenden Lkw herrührte. Die Sonderkommission hatte an dieser Version Zweifel, zumal der damalige Beifahrer Kevin P. angab, die Einsplitterung nicht bemerkt zu haben. Das Erstgericht teilte auf S. 60 des Urteils mit, „die Kammer ist davon über- 171

454 Vgl. Dettenborn/Fröhlich/Szewczyk, Forensische Psychologie, 2. Aufl., S. 330.

455 Bender/Nack/Treuer, Tatsachenfeststellung vor Gericht, 3. Aufl., Rn 152 m. Verweis auf BGH, StV 1998, S. 472 m.w.N.

456 LAG Baden-Württemberg, Urt. v. 28.3.2001 – 20 Sa 15/01, JurionRS 2001, 10497.

457 Vgl. Arntzen, Vernehmungspsychologie: Psychologie der Zeugenvernehmung, 2. Aufl., S. 2.

458 Strate, Der Mordfall Weimar Kraft und Gefahren des Sachbeweises, S. 18, unter http//www.strate.net.

zeugt, dass die Beschädigung der Windschutzscheibe in unmittelbarem Zusammenhang mit der Tötung der Kinder steht, und dass die Angeklagte insoweit den wahren Hergang nicht preisgibt, weil er sie als Täterin entlarven würde."[459] In dem Wiederaufnahmeverfahren (nach neun Jahren Haft) konnte ein Fasergutachten feststellen, dass der Riss in der Windschutzscheibe nicht von einer unterstellten Abwehrbewegung der angeblich von Monika Weimar getöteten Kinder herrühren konnte, denn dies müsste bedeuten, dass die Kinder auf dem Vordersitz transportiert wurden, während die Faserspuren allenfalls einen Transport auf der Rückbank hindeuteten. Tatsächlich hatte Monika Weimar, die in dem Wiederaufnahmeverfahren freigesprochen wurde, die Einsplitterung später mit einem Abrutschen ihrer Ferse erklärt, als sie im Wageninneren mit Kevin P. Geschlechtsverkehr hatte.[460]

172 Problematisch ist, wenn ein Zeuge zunächst zugunsten einer Partei aussagt, dann jedoch diese Aussage revidiert und die Partei belastet. Selbst wenn der Zeuge seinen „Frontwechsel" nachvollziehbar erklären kann, verbleiben meist Zweifel, ob der Grund des „Frontwechsels" nicht in das Gegenteil umgeschlagen ist und der Zeuge nun zum Nachteil der Partei von der Wahrheit abweicht.[461] Im Übrigen sei hier noch einmal an den Trick erinnert, zuerst zugunsten einer Partei auszusagen, sich dann jedoch bei der Unwahrheit überführen zu lassen bzw. diese später zu korrigieren, um die ursprünglich vermeintlich freundschaftliche Gesinnung zu dokumentieren, um dadurch der jetzigen wahrheitswidrigen Belastung mehr vermeintliche Glaubwürdigkeit zu verleihen.[462]

173 Im Falle **des fehlgeschlagenen Alibi-Beweises** einer Person wird oftmals auf die **Täterschaft der Person** geschlossen. Zum einen ist hier bereits nicht klar, ob es sich wirklich um eine Lüge handelt, denn auch Unschuldige haben oft größte Schwierigkeiten, anzugeben, wo sie sich ggf. vor längerer Zeit aufgehalten haben.[463] Zum anderen kann sich auch ein Unschuldiger durch eine Alibi-Lüge zu retten versuchen. Möchte die Person trotzdem einen Alibibeweis führen, so ist damit zwar eine Verteidigungsmöglichkeit gescheitert, aber kein Beweisanzeichen für die Täterschaft gegeben.[464]

459 Strate, Der Mordfall Weimar Kraft und Gefahren des Sachbeweises, S. 19, http//www.strate.net.

460 Vgl. Strate, Der Mordfall Weimar Kraft und Gefahren des Sachbeweises, S. 18 f., http//www.strate.net.

461 Vgl. Döhring, Die Erforschung des Sachverhalts im Prozess, S. 165.

462 Vgl. Altavilla, Forensische Psychologie, Bd. II, Die Psychologie der Strafprozessbeteiligten, S. 246.

463 Vgl. Döhring, Die Erforschung des Sachverhalts im Prozess, S. 383.

464 Vgl. BGH, StV 1982, S. 158, 159, das gilt auch bei sonstigen Lügen oder sogar bei einem Fluchtversuch des Angeklagten, vgl. BGH, StV 2008, S. 235; vgl. auch Graf/StPO/Eschelbach, § 261 StPO, Rn 17.

3. Zur Wiedergabe mitgehörter Gespräche

„Das ist eine ganz alltägliche Situation vor Gericht: Streitig ist der Inhalt eines Gesprächs. Darüber werden Zeugen vernommen. In diesem Fall haben wir schon Glück, wenn die Zeugen wenigstens den allgemeinen Sinn des Gesprochenen zutreffend wiedergeben können. Wenn es auf bestimmte Einzelheiten ankommt, oder gar Nuancen in der Wortwahl, dann können wir den Zeugenbeweis in aller Regel vergessen.“[465] Mit anderen Worten, nur sinngemäß kann der Inhalt des Gesprächs wiedergegeben werden, nicht aber wörtlich.[466] Der Kerngehalt des Gesprächs kann auch über längere Erinnerungsintervalle zuverlässig erinnert werden.[467] Mehr als der **Sinn des Gesprächs** kann forensisch nicht erwartet werden und ist für die Zwecke eines Gerichtsverfahrens in der Regel auch nicht notwendig.[468] 174

Abweichungen in der Wortwahl bei verschiedenen Zeugen sind also völlig normal und durch die psychologischen Gesetzmäßigkeiten der selektiven Wahrnehmung und Erinnerung (s.o.) bedingt.[469] 175

4. Schlussbemerkung zum Konstanzkriterium

Als Fazit zum Konstanzkriterium kann daher festgehalten werden: 176

- Konstanz muss im Kerngeschehen bestehen.
- Das Kerngeschehen ist nur das, was für die Auskunftsperson damals das zentrale Handlungserleben war (das ist nicht identisch mit dem, was ex post für das Gericht oder die Parteien das zentrale Geschehen ist).
- In Details sollen sich in glaubhaften Aussagen einerseits Abweichungen ergeben und andererseits Wiederholungen (differenzierte Konstanz).
- In einer kurzen Aussage kann das Konstanzkriterium nicht angewendet werden.
- Antworten auf Suggestivfragen sind für das Konstanzkriterium (und auch sonst) wertlos. Entscheidend ist nur eine Überhangantwort.
- Eine Lüge in einem Punkt kann auf nachvollziehbare Motive zurückzuführen sein, sodass kein Rückschluss auf die gesamte Aussage möglich ist.
- Inkonstanz eines Zeugen kann auf (unbewusste) Fehler in der früheren Protokollierung zurückzuführen sein.

465 Bender, Der Irrtum ist der größte Feind der Wahrheitsfindung vor Gericht, StV 1982, S. 484 f.

466 Vgl. Trankell, Der Realitätsgehalt von Zeugenaussagen, S. 155; vgl. auch Bender/Nack, Tatsachenfeststellung vor Gericht, 2. Aufl., Rn 57; vgl. Bürkle, Richterliche Alltagstheorien im Bereich des Zivilrechts, S. 100; vgl. Schneider, Beweis und Beweiswürdigung, 5. Aufl., Rn 1036 f.; vgl. auch Arntzen, Psychologie der Zeugenaussage: System der Glaubhaftigkeitsmerkmale, 3. Aufl., S. 63.

467 Vgl. Greuel, Wirklichkeit – Erinnerung – Aussage, S. 126.

468 Vgl. Rüßmann, Fragen der Umsetzung und Handhabung von Glaubwürdigkeitskriterien, in Psychologie der Zeugenaussage, S. 151 ff., 155; vgl. auch OLG Hamm, VersR 1997, S. 817f: „Es trifft auch zu, dass der Sachverständige ausgeführt hat, in der Psychiatrie [/Psychologie] gebe es keine an Sicherheit grenzende Wahrscheinlichkeit, im naturwissenschaftlichen Sinn sei von einer Trefferquote von 80 bis 90 % auszugehen […] genügt dies auch für das für § 286 ZPO geforderte […] Beweismaß.“.

469 Vgl. Dettenborn/Fröhlich/Szewczyk, Forensische Psychologie, 2. Aufl., S. 65.

VIII. Erweiterungskriterium oder Kriterium der Ergänzung

177 Mit dem o.g. Konstanzkriterium hängt das sog. Erweiterungskriterium[470] zusammen. Nachdem oben im Rahmen des Konstanzkriteriums bereits ausgeführt wurde, dass eine gewisse Inkonstanz für Glaubhaftigkeit spricht, d.h., im Rahmen des Kriteriums einerseits zusätzliche Details auftauchen sollten und andererseits in der Erstaussage vorgetragene Details fehlen und erst auf Vorhalt (Assoziationskette) wieder in Erinnerung geraten sollten, stellt sich die Frage, ob das Erweiterungskriterium überhaupt als zusätzliches Kriterium zu betrachten ist.

178 Nachdem das Kriterium jedoch in der Literatur (teilweise) als eigenständiges Kriterium geführt wird,[471] soll es auch hier als eigenständiges Kriterium geführt werden.[472] Das Kriterium besagt, dass es umso mehr für die **subjektive Wahrheit** spricht, **je mehr die Auskunftsperson** (von selbst oder auf Anstoßfrage[473] bzw. mit einer Überhangantwort) **bei wiederholter Vernehmung ihren ursprünglichen Bericht erweitert und je organischer sich diese Zusätze in das bisher Gesagte einfügen**.[474] D.h., die weiteren Einzelheiten dürfen sich von der bisherigen Berichtsart nicht unterscheiden.[475] „Grund dieser Annahme ist die Erfahrung, dass niemand imstande ist, sich beim Berichten sogleich an alle wahrgenommenen Einzelheiten zu erinnern. Erinnerung lässt sich aber beleben.“[476] Beim Lügner liegt hingegen nahe, dass er versuchen wird, auch in allen Einzelheiten konstant auszusagen.[477] Die Tendenz des Lügners geht dahin, sofort und vollständig zu überzeugen.[478] Der Lügner wird nicht absichtlich eine unvollständige Aussage machen und bewusst Aussageteile zurückhalten, denn er wünscht doch gerade, sofort zu überzeugen, schon weil er nicht weiß, ob sich je wieder eine Aussagegelegenheit bieten werden wird.[479] Weiter wird er im Falle spontaner Verbesserungen und Präzisierungen befürchten, dass der von ihm erstrebte Eindruck der Sicherheit dadurch verloren geht.[480] **Symptomwert für die Glaubwürdigkeit** haben möglicherweise **spontane Verbes-**

470 Vgl. Bender/Nack, Tatsachenfeststellung vor Gericht, 2. Aufl., Rn 295; vgl. Prüfer, Aussagebewertung in Strafsachen, Rn 69.

471 Vgl. Arntzen, Psychologie der Zeugenaussage: System der Glaubhaftigkeitsmerkmale, 3. Aufl., S. 41 bis 50; vgl. auch Bender/Nack, Tatsachenfeststellung vor Gericht, 2. Aufl., Rn 295 bis 297; vgl. Nack in Ziegert (Hrsg.) Grundlagen der Strafverteidigung, S. 230; vgl. auch Prüfer, Aussagebewertung in Strafsachen, Rn 69–76.

472 Richtigerweise sollte das Erweiterungskriterium aber als Unterpunkt des Konstanzkriteriums geführt werden.

473 Vgl. Greuel/Offe/Fabian/Wetzels/Fabian/Offe/Stadler, Glaubhaftigkeit der Zeugenaussage, S. 130.

474 Vgl. Bender/Nack, Tatsachenfeststellung vor Gericht, 2. Aufl., Rn 295.

475 Vgl. Prüfer, Aussagebewertung in Strafsachen, Rn 70.

476 Prüfer, Aussagebewertung in Strafsachen, Rn 70.

477 Vgl. Nack in Ziegert (Hrsg.), Grundlagen der Strafverteidigung, S. 230.

478 Vgl. Bender/Nack, Tatsachenfeststellung vor Gericht, 2. Aufl., Rn 295.

479 Vgl. Arntzen, Psychologie der Zeugenaussage: System der Glaubhaftigkeitsmerkmale, 3. Aufl., S. 42.

480 Vgl. Undeutsch, Handbuch der forensischen Psychologie, 11. Bd., S. 152.

serungen und Präzisierungen.[481] Eine Verbesserung ist aber nicht mehr spontan, wenn sie auf **Vorhalt** erfolgt.[482] Die nachträgliche Ergänzung spricht auch insb. gegen eine auswendig gelernte Falschaussage, denn bei der eingedrillten Aussage kann die Auskunftsperson auf Nachfrage oft nichts Überzeugendes liefern[483] (sofern die Antwort auf die Nachfrage nicht antizipiert und ebenfalls eingedrillt wurde). Das Kriterium ist nicht erfüllt, wenn sich die Ergänzung auf nahe liegende oder völlig irrelevante Aspekte bezieht.[484]

Zu beachten ist, dass das Ergänzungskriterium dann nicht mehr anwendbar ist, **179** wenn der belebbare Erinnerungsbestand ausgeschöpft ist. Nach wiederholter Vernehmung ist daher mit weiteren Ergänzungen kaum zu rechnen.[485] Einer besonders sorgfältigen Überprüfung bedarf es, wenn die Ergänzung/Erweiterung einen völlig neuen Aspekt (gänzlich neue Geschehnisse oder Tathandlungen) betrifft oder erst nach langem Zeitablauf subjektiv bedeutsame Erlebnisse geschildert werden.[486]

Das Ergänzungskriterium ist auch dann kein Glaubhaftigkeitsindiz, sondern ein **180** Unglaubhaftigkeitsindiz, wenn andere Umstände der ursprünglichen Aussage widersprechen und die Auskunftsperson die neue Aussage diesen Umständen nur anpasst.[487]

Im Übrigen ist nicht jede Ergänzung ein Glaubhaftigkeitskriterium, denn auch der **181** Lügner wird gelegentlich eine Aussage ergänzen und auf Befragung einzelne Nachträge liefern.[488]

Die Ergänzungen des Lügners können manchmal vom Inhalt her widerlegt werden, **182** d.h., diese widersprechen anderen Beweisergebnissen[489] (da der Lügner ja eine Fantasiegeschichte erzählt und daher zuerst überlegen muss, ob, was und wie er ergänzt, erfordert es eine bestimmte geistige Leistung, hierbei die Stimmigkeit zu wahren, zu der nicht jeder Zeuge fähig ist). Eben weil der Lügner kontrollieren muss, was in den neuen Zusammenhang passt, wird eine lockere, ungezwungene Handhabung des Erinnerungsbestandes erschwert.[490] D.h., die Ergänzung des Lüg-

481 Vgl. Undeutsch, Handbuch der forensischen Psychologie, 11. Bd., S. 152. Eine Auswertung von Hommers legt aber nahe, die Validität des Kriteriums in Zweifel zu ziehen, da es relativ leicht simuliert werden kann, Vgl. Hommers, Die aussagepsychologische Kriteriologie unter kovarianzstatistischer und psychometrischer Perspektive in Psychologie der Zeugenaussage, S. 87 ff., 97.

482 Vgl. Greuel, Wirklichkeit – Erinnerung – Aussage, S. 35.

483 Vgl. Bender/Nack, Tatsachenfeststellung vor Gericht, 2. Aufl., Rn 295.

484 Vgl. Greuel/Offe/Fabian/Wetzels/Fabian/Offe/Stadler, Glaubhaftigkeit der Zeugenaussage, S. 130.

485 Vgl. Prüfer, Aussagebewertung in Strafsachen, Rn 74.

486 Vgl. Greuel/Offe/Fabian/Wetzels/Fabian/Offe/Stadler, Glaubhaftigkeit der Zeugenaussage, S. 130.

487 Vgl. Nack in Ziegert (Hrsg.), Grundlagen der Strafverteidigung, S. 230.

488 Vgl. Arntzen, Psychologie der Zeugenaussage: System der Glaubhaftigkeitsmerkmale, 3. Aufl., S. 43.

489 Vgl. Arntzen, Psychologie der Zeugenaussage: System der Glaubhaftigkeitsmerkmale, 3. Aufl., S. 43.

490 Vgl. Prüfer, Aussagebewertung in Strafsachen, Rn 72.

ners ist in der sprachlichen Aussageweise anders als die bisher wahrheitsgemäß[491] vorgetragenen Zusammenhänge. Es wird vertreten, dass die Ergänzungen nur dann zum Glaubwürdigkeitsmerkmal werden können, wenn diese mit dem gleichen Tempo (= Tempokriterium[492]) wie die wahrheitsgemäßen Teile vorgetragen werden. Ob dies wirklich richtig ist, ist fraglich, denn unterschiedliche Fragen, zu unterschiedlichen Themen, an unterschiedlichen Orten oder zu unterschiedlichen Zeiten, können bei jeder Aussageperson unterschiedliche Antwortgeschwindigkeiten nach sich ziehen.

Theoretisch soll zur Überführung eines gemutmaßten Lügners darauf geachtet werden, dass der Auskunftsperson bei der Frage und Beantwortung hinsichtlich einer Ergänzung keine Zeit bleibt, um die Antwort mit dem bisher Vorgebrachten gedanklich abzustimmen.[493] Wiederholungen der Frage und angebliches Nichtverstandenhaben sind oft weitere Mittel, um Zeit zur Überlegung zu gewinnen.[494]

183 Insb. gelten **begleitende Gespräche**, die in das schon vorher mitgeteilte Handlungsgerüst eingebettet werden und denen der Zeuge bis dato keine Bedeutung beigemessen hat, wegen ihres **psychologischen Gehaltes als besonders glaubwürdige Präzisierungen**, wenn sie rasch vorgebracht werden, da diese Gespräche nicht rasch erfunden werden können.[495]

184 Auch gelten verstreut vorgebrachte Ergänzungen oder Ergänzungen, die eine bisherige Widersprüchlichkeit oder Ungereimtheit aufheben (sofern der Zeuge die Widersprüche oder Ungereimtheiten nicht kennt) als Realitätskriterium (**Lückenfüllungsmerkmal**).[496]

185 Ebenso gilt es als **besonderes Realitätskennzeichen**, wenn sich Erweiterungen der verschiedenen Zeugenaussagen wechselseitig ergänzen, d.h., nicht gleich sind, aber sich gegenseitig abstützen (**wechselseitiges Ergänzungsmerkmal**).[497] Hierbei gilt es zu beachten, **dass die wechselseitigen Zeugenaussagen nicht in allen Punkten übereinstimmen dürfen**,[498] denn dann handelt es sich in der Regel um **ein Komplott**. „Auch beim Komplott sind falsche Alltagstheorien anzutreffen, z.B. ‚wenn mehrere Zeugen eine in allen Punkten übereinstimmende Aussage machen, dann ist davon auszugehen, dass die Aussage zuverlässig ist'. **Das Gegenteil ist richtig,**

491 Der Lügner wird in der Regel nicht ausschließlich Erfundenes vortragen, sondern so lange wie möglich bei der Wahrheit bleiben, vgl. Bender/Nack, Tatsachenfeststellung vor Gericht, 2. Aufl., Rn 347.

492 Vgl. Nack in Ziegert (Hrsg.), Grundlagen der Strafverteidigung, S. 228.

493 Vgl. Bender/Nack, Tatsachenfeststellung vor Gericht, 2. Aufl., Rn 296 u. Arntzen, Psychologie der Zeugenaussage: System der Glaubhaftigkeitsmerkmale, 3. Aufl., S. 44.

494 Vgl. Altavilla, Forensische Psychologie, Bd. II, Die Psychologie der Strafprozessbeteiligten, S. 247.

495 Vgl. Arntzen, Psychologie der Zeugenaussage: System der Glaubhaftigkeitsmerkmale, 3. Aufl., S. 46.

496 Vgl. Bender/Nack, Tatsachenfeststellung vor Gericht, 2. Aufl., Rn 296.

497 Vgl. Nack in Ziegert (Hrsg.), Grundlagen der Strafverteidigung, S. 230.

498 Vgl. Altavilla, Forensische Psychologie, Bd. II, Die Psychologie der Strafprozessbeteiligten, S. 248, 251, Döhring, Die Erforschung des Sachverhalts im Prozess, S. 166.

wenn mehrere Zeugen eine in allen Punkten übereinstimmende Aussage machen, dann ist der Verdacht begründet, dass es sich um ein Komplott handelt."[499] Vor allem bei wörtlicher Übereinstimmung bei vorauszusehenden Fragen und Kargheit/Abstraktheit bei nicht vorauszusehenden Fragen liegt vorherige Verabredung nahe.[500] Dies ergibt sich insb. aus den o.g. Erkenntnissen zur menschlichen Wahrnehmung und der Tatsache der immer selektiven Wahrnehmung.[501] Insofern ist es nahezu ausgeschlossen, dass verschiedene Personen unbewusst denselben Selektionsprozess durchmachen und folglich identisch wahrnehmen. Hinzu kommt, dass mehrere Personen das Gesehene und Gehörte unterschiedlich interpretieren und unterschiedlich wiedergeben[502] (dies mag z.B. bei Zivilfahndern, die auf das gleiche Delikt angesetzt sind, anders sein, denn diese haben die gleichen Parameter zur Wahrnehmung,[503] z.B. das gleiche Interesse, die gleiche Vorkenntnis, die gleiche Erwartung, etc.; auch kann es bei Personen aus der gleichen sozialen Umgebung dazu kommen, dass diese ihre Eindrücke in derselben, ggf. stark voreingenommenen Weise wahrgenommen und interpretiert haben[504]). Deutlich und zutreffend das OLG Dresden: „In der Urteilsbegründung hätte vielmehr dargelegt werden müssen, weshalb das Landgericht angesichts dessen, dass die (vier) Zeugen übereinstimmende Aussagen getätigt haben, gleichwohl nicht von einer Aussageabsprache ausgegangen ist. Solche Darlegungen haben sich vorliegend aufgedrängt, zumal das Tatgeschehen einen längeren Zeitraum umfasste und durch eine Vielzahl von Besonderheiten gekennzeichnet ist, weshalb nach der Lebenserfahrung jeder der vier Zeugen das Geschehen anders wahrgenommen haben wird. Maßgeblich für die Glaubhaftigkeit ihrer Aussagen ist daher eine inhaltliche Übereinstimmung im Kern der Sache, nicht aber soweit es um Randgeschehnisse geht."[505]

Teilweise wird vertreten, dass gerade in den wahrheitswidrigen Ergänzungen rasch Gedächtnisausfälle auftreten. Diese bleiben weniger gut im Gedächtnis haften, sodass in weiteren (dritten usw.) Vernehmungen, Ergänzungen oder Auslassungen der Ergänzung der vorhergehenden (zweiten) Vernehmung auf ein Fantasieprodukt hindeuten können.[506] Das erscheint plausibel, ist aber kaum erforscht. Jedenfalls tritt auch beim Lügner differenzierte Konstanz auf. 186

499 Bender/Nack, Tatsachenfeststellung vor Gericht, 2. Aufl., Rn 848; vgl. auch Hohlweck, Die Beweiswürdigung: Beurteilung von Zeugenaussagen, JuS 2002, S. 1207, 1210 und OLG Karlsruhe, 1 U 261/08 = BeckRS 2010, 20004 S. 8: „Seine freien, flüssigen und lockeren Ausführungen waren gleichwohl – wie an verschiedenen Abweichungen en détail ersichtlich- nicht etwa abgestimmt."

500 Vgl. Döhring, Die Erforschung des Sachverhalts im Prozess, S. 384.

501 Vgl. oben zur Wahrnehmung und Wahrnehmungsfehler, § 22.

502 Vgl. Bürkle, Richterliche Alltagstheorien im Bereich des Zivilrechts, S. 121.

503 Vgl. oben zur Wahrnehmung und Wahrnehmungsfehler, § 22.

504 Vgl. Döhring, Die Erforschung des Sachverhalts im Prozess, S. 167.

505 OLG Dresden, Beschl. v. 10.2.2012 – 2 Ss 9/12, StV 2013, S. 11 f.

506 Vgl. Arntzen, Psychologie der Zeugenaussage: System der Glaubhaftigkeitsmerkmale, 3. Aufl., S. 43.

187 Im Übrigen gilt, dass Ergänzungen, die dem Zeugen durch Suggestivfragen etc. inhaltlich vorgegeben wurden, keinen Wert für die Aussageanalyse haben.[507]

188 *Hinweis*

Derartige Ergänzungen kommen auch innerhalb einer einzigen Vernehmung durch suggestive Vorgaben des Vernehmers vor. Die folgende, – von Wendler geschilderte – Zeugenvernehmung dürfte jeder Praktiker aus eigener leidvoller Erfahrung kennen. Es geht in der Sache darum, ob ein Mehrpreis für eine **nachträgliche Werkvertragsänderung** vereinbart worden ist.

„Vorsitzender: ‚Hat man da jetzt darüber gesprochen, wer den Mehrpreis zu bezahlen hat?'

Verkäufer: ‚Ja, im Grunde genommen war es klar, dass die Eichentüren teurer sind. Ja, und das ist auch gesagt worden.'

Vorsitzender: ‚Also mir kommt es nicht darauf an, ob etwas klar war, sondern ob…'.

Verkäufer: ‚Ja, das ist richtig. Aber das ist mit Sicherheit gesagt worden, denn es kann nicht sein …'

Vorsitzender: ‚Mit Sicherheit, das ist für mich, dass Sie nicht sicher sind, sonst müssten Sie es genau wissen …'

Verkäufer: ‚Ja, das ist gesagt worden.'“[508]

Ergebnis: In der praktischen Realität wird diese Zeugenaussage i.d.R. zum Prozesserfolg ausreichen. Der Vorsitzende verkennt in diesen Fällen, dass er es mit seinen Suggestionen selbst war, der die Aussage immer sicherer machte und zu einer angeblich eigenen Erinnerung geführt hat. De lege artis wäre die Vernehmung beendet gewesen, als der Zeuge klar machte, dass er faktisch keine Erinnerung an den Fall mehr hat, sondern schlussfolgert („im Grunde genommen war es klar“).[509]

189 Schlussendlich ist zu beachten, dass die Ergänzungen ihrerseits als zutreffend erwiesen sein müssen. Ggf. ist eine Beweisaufnahme über den Realitätsgehalt der Ergänzung nötig.[510]

190 Eine solche Beweisaufnahme wäre auch im Zivilprozess zulässig.[511] Entscheidungserheblich sind nämlich nicht nur die relevanten, aber bestrittenen Tatsachen, son-

507 Vgl. Arntzen, Psychologie der Zeugenaussage: System der Glaubhaftigkeitsmerkmale, 3. Aufl., S. 47.

508 Wendler, Die Vernehmung der Auskunftsperson, S. 205, in: Die Erhebung von Zeugenaussagen im Strafprozess (Hrsg. Deckers/Köhnken).

509 Vgl. Wendler, Die Vernehmung der Auskunftsperson, S. 207, in: Die Erhebung von Zeugenaussagen im Strafprozess (Hrsg. Deckers/Köhnken).

510 Vgl. Prüfer, Aussagebewertung in Strafsachen, Rn 74.

511 Im Strafprozess wegen der Amtsaufklärungspflicht sowieso.

dern auch die sog. Hilfstatsachen des Beweises. Das sind die Tatsachen, die die (Un-) Zulässigkeit oder die Beweiskraft eines Beweismittels betreffen.[512] Hierzu gehören auch Tatsachen zur Glaubhaftigkeit eines Zeugen.[513]

E. Fantasiesignale im Einzelnen

I. Vorbemerkung

Neben den o.g. Kriterien für eine subjektiv wahre Aussage werden in der Literatur, vor allem von *Bender/Nack*, auch sog. **Fantasiesignale** vertreten.[514] Betont werden soll noch einmal, dass o.g. Realitätskriterien nur auf die subjektive Wahrheit hingedeutet haben, d.h., der Irrtum des Zeugen vorbehalten blieb. Streng genommen bräuchte es dann keine gesonderten Fantasiesignale mehr, denn wenn die Realitätskriterien fehlen,[515] braucht nicht weiter entschieden zu werden, ob die Aussage wegen möglichen Irrtums unzuverlässig oder erlogen ist.[516] Sowohl im Falle der unzuverlässigen Aussage wegen Irrtums als auch im Falle der erlogenen Aussage hat der Zeuge nicht überzeugt. Das Beweisthema wurde nicht zur Überzeugung des Gerichts bestätigt,[517] sodass eine Beweislastentscheidung (im Strafrecht gemäß dem In-dubio-Grundsatz, der freilich streng genommen nur eine Entscheidungs-, keine Beweislastregel ist) zu treffen ist. In der aussagepsychologischen Literatur wird vertreten, dass das Gericht einer Zeugenaussage nur dann folgen sollte, wenn diese mindestens **drei Realitätskriterien** aufweist.[518] Ungeklärt ist einerseits, ob es sich um drei eigenständige Kriterien handeln muss oder ob auch **mehrere Unterpunkte eines Kriteriums** genügen.[519] Andererseits würde diese Regel gegen § 286 ZPO bzw. § 261 StPO verstoßen. Freie Beweiswürdigung verbietet die Bindung an gesetzliche Beweisregeln.[520] Ebenso verstößt es gegen das Postulat der freien Beweiswürdigung, wenn sich der Richter selbst an Beweisregeln bindet.[521] Für den Fall der Aussagekriterien bedeutet dies, dass keine Schemata anzuwenden sind, sondern eine umfassende und vollständige[522] Abwägung vorzunehmen ist. D.h., die ana- 191

512 Vgl. Thomas/Putzo, Komm. zur ZPO., 23. Aufl., Vorbem. zu § 284 Rn 11.

513 Vgl. Musielak/Stadler, Grundfragen des Beweisrechts, S. 9 Fn 5.

514 So Bender/Nack, in der 2. Aufl. von Tatsachenfeststellung vor Gericht, und kürzer in der 3. Aufl. von Bender/Nack/Treuer, Tatsachenfeststellung vor Gericht.

515 Das Fehlen einzelner Realitätskriterien ist aber kein Indiz für eine Lügengeschichte – vgl. Bürkle, Richterliche Alltagstheorien im Bereich des Zivilrechts, S. 127.

516 Vgl. Bender/Nack, Tatsachenfeststellung vor Gericht, 2. Aufl., Rn 299.

517 Vgl. Wendler, Wie ähnlich war der Unfall?, S. 77.

518 Vgl. Arntzen, Psychologie der Zeugenaussage: System der Glaubhaftigkeitsmerkmale, 3. Aufl., S. 22, Bender/Nack, Tatsachenfeststellung vor Gericht, 2. Aufl., Rn 300.

519 Vgl. Bender, Merkmalskombinationen in Aussagen, S. 139.

520 Vgl. Zöller, Komm. zur ZPO, 26. Aufl., § 286 Rn 13.

521 Vgl. Zöller, Komm. zur ZPO, 26. Aufl., § 286 Rn 13.

522 Vgl. BGH, NJW-RR 1992, S. 1392 f.

lysierten Aussagekriterien sind umfassend und vollständig in einer Gesamtschau zu betrachten. Im Rahmen dieser Gesamtschau ist nicht nur zu beachten, was für die subjektive Wahrheit spricht (Realitätskriterien), sondern auch, was gegen die subjektive Wahrheit spricht (Fantasiesignale). Eine gerichtsverwertbare Aussage muss – im Rahmen des individuums- und sachverhaltsbezogenem Erwartbarem – als notwendige, aber nicht hinreichende Bedingung die

- logische Konsistenz[523]
- Detaillierung
- Konstanz

berücksichtigen.[524]

192 Hat der Zeuge einen Erfahrungshintergrund, also einschlägige Erfahrungen mit dem Beweisthema (sei es z.B. aufgrund allgemeiner Lebenserfahrung oder einschlägiger Viktimisierung), so sind erhöhte Anforderungen zu stellen. Besonders das Merkmal der **logischen Konsistenz**[525] liegt in qualifizierter Ausprägung nur dann vor, wenn es sich um eine sehr umfangreiche und komplexe Aussage handelt.[526] Wie bereits dargestellt, können schon Grundschulkinder anhand ihrer alltagspsychologischen Erwartung über Geschehensabläufe das Kriterium in unwahren Aussagen erfüllen, so dass die logische Konsistenz ein notwendiges, aber keinesfalls hinreichendes Kriterium für den Wahrheitsgehalt einer Aussage darstellt.[527] Für den Fall der Vergewaltigung durch verschiedene Täter muss beispielsweise sichergestellt werden, dass die mit früheren Tätern gemachten Erfahrungen nicht auf den konkreten Angeklagten übertragen werden.[528]

193 Für eine vollständige Abwägung ist es jedenfalls hilfreich, auch noch die sog. **Fantasiesignale** zu kennen.[529] Dies auch deshalb, da in jeder Lügengeschichte in der Regel auch Realitätskriterien vorhanden sind,[530] denn der Lügner wird in der Regel

523 Selbst Grundschulkinder kennen und benutzen alltagspsychologische Erwartungen und Stereotype, sodass das Merkmal auch überproportional häufig in Lügengeschichten vorkommt. Somit muss noch einmal betont werden, dass die logische Konsistenz nur eine notwendige, aber keine hinreichende Bedingung für eine glaubhafte Aussage darstellt, Vgl. Hommers, Die aussagepsychologische Kriteriologie unter kovarianzstatistischer und psychometrischer Perspektive in Psychologie der Zeugenaussage, S. 87 ff., 97.

524 Vgl. Greuel/Offe/Fabian/Wetzels/Fabian/Offe/Stadler, Glaubhaftigkeit der Zeugenaussage, S. 161 f.

525 Das Kriterium liegt aber nahezu bei allen Aussagen vor, also auch in unwahren, Vgl. Sporer, Realitätskriterien und forensische Glaubwürdigkeitskriterien im Vergleich: Validitätsprüfung anhand selbsterlebter und erfundener Geschichten in Psychologie der Zeugenaussage, S. 71, 84.

526 Vgl. Greuel, Wirklichkeit – Erinnerung – Aussage, S. 30.

527 Vgl. Hommers, Die aussagepsychologische Kriteriologie, unter kovarianzstatistischer und psychometrischer Perspektive in: Greuel/Fabian/Stadler, Psychologie de Zeugenaussage, S. 97.

528 Vgl. Greuel/Offe/Fabian/Wetzels/Fabian/Offe/Stadler, Glaubhaftigkeit der Zeugenaussage, S. 167.

529 Die aussagepsychologische Wissenschaft hat bisher noch keine allgemein anerkannten Fantasiesignale aufgestellt. Dementsprechend liegt gegenwärtig ein sog. „positive bias“ vor. D.h. es werden mehr wahre Aussage entdeckt als Lügen, vgl. Vrij, Detecting Lies and Deceit, S. 136, 156.

530 Vgl. Bender, Merkmalskombinationen in Aussagen, S. 90, 172.

keine völlig erfundene Geschichte schildern, sondern so lange bei der Wahrheit bleiben, wie er kann. Folglich sind in diesem wahren Teil Realitätskriterien vorhanden. Um den wahren vom unwahren Teil unterscheiden zu können, kann die Kenntnis der sog. Fantasiesignale hilfreich sein.[531]

Es muss betont werden, dass die aussagepsychologische Wissenschaft noch keinen **allgemeingültigen Kanon der Lügensignale (Fantasiesignale)** zur Verfügung gestellt hat. Die folgenden Ausführungen stellen daher nur vorläufige Ergebnisse und Beobachtungen aus der Praxis dar.[532] „Damit ist kein Beweis für die Existenz von Lügenmerkmalen erbracht, sondern lediglich ausgesagt, dass sich die allgemeine Form erfundener Aussagen besser mit den Lügenkriterien charakterisieren lässt als mit Hilfe der Realkennzeichen."[533] Es handelt sich bei den Kriterien der Aussageanalyse nicht um Naturgesetze, sondern um Erfahrungsregeln für eine rational einsehbare und nachvollziehbare Beweiswürdigung.[534] 194

Der für die forensische Praxis relevantere Praxisbezug der Fantasiesignale ergibt sich aus Folgendem: 195

Ausgehend von der Tatsache, dass sich in (nahezu) jeder wahren und falschen Aussage Realkennzeichen finden lassen, ist der Ansatz der Realkennzeichenanalyse folgender:

531 Vgl. Bürkle, Richterliche Alltagstheorien im Bereich des Zivilrechts, S. 128.

532 Vgl. Geipel/Nill/Shultz, Die Analyse der Zeugenaussage im ordentlichen Verfahren – der sog. positive bias oder die Suche nach Lügensignalen, ZAP Nr. 15 v. 1.8.2007, S. 847 ff. (Fach 13 S. 1449 ff.); Graf/StPO/Eschelbach, § 261 Rn 6.3; Schoch/Schmidt-Aßmann/Pietzner, VwGO § 98, Rn 51, 20. EL 2010: „Stellt man dagegen bei rationaler Analyse eine Mehrzahl von Anzeichen für bewusste Verfälschung fest, so kann und soll man diese benennen und die Glaubhaftigkeit hierauf gestützt verneinen." In der Rechtsprechung wird das Fehlen von Lügensignalen bei der Bejahung der Glaubwürdigkeit erwähnt von z.B.: OLG Karlsruhe, 1 U 261/08 = JurionRS 2009, 38175 S. 5; OLG Rostock, 3 U 137/08 = JurionRS 2009, 34010, S. 9; OLG Rostock, 3 U 287/08 = JurionRS 2009, 26148, S. 6; LG Frankfurt an der Oder, 12 O 404/02 = JurionRS 2004, 37343, S. 5; LG Frankfurt an der Oder, 2 O 714/03 = JurionRS 2004, 37338, S. 7; LG Karlsruhe, 4 O 387/05 = JurinRS 2006, 36044, S. 6; VG Düsseldorf, 26 K 1841/09 = JurionRS 2010, 13721, S. 8; VG Düsseldorf, 26 K 1726/09 = JurionRS 2010, 13722, S. 6; VG Düsseldorf, 23 K 8033/08 = JurionRS 2010, 28292, S. 5; VG Düsseldorf, 23 K 5235/07 = JurionRS 2010, 32521, S. 8; LAG Baden-Württemberg, 20 Sa 15/01 = JurionRS 2001, 10497, S. 2; ArbG Lörrach, 4 Ca 248/09 = JurionRS 2009, 24855, S. 10; SG Schleswig, S 7 AS 277/07 ER = JurionRS 2007, 56295, S. 2 f. Positiv werden Lügensignale genannt z.B. von FG Hessen, 4 K 2619/97 = JurionRS 2001, 13914, S. 7: „Die Vielzahl der Widersprüche, die Ungenauigkeit in seinen Beschreibungen sowie seine Reaktionen auf konkrete entscheidungserhebliche Nachfragen…"; LAG Baden-Württemberg, 20 Sa 58/01 = JurionRS 2001, 27152, S. 5: „der Verweigerung und Verarmung…"; OLG Hamm 9 U 117/05 = JurionRS 2006, 15325, S. 3; „‚klassische Lügensignale' im Sinne der Beweiswürdigungslehre…"; KG, VRS 116 (2009), S. 260: „Dabei gilt es nach Wahrhaftigkeits- und Unwahrhaftigkeitskriterien im Aussageverhalten, sowie in Inhalt und Struktur der Aussage selbst zu suchen […]".

533 Burgheim/Friese, Sexualdelinquenz und Falschbezichtigung, S. 85.

534 Hohlweck, Die Beweiswürdigung: Beurteilung von Zeugenaussagen, JuS 2002, S. 1207.

196 Es geht nicht um „eine Person", sondern um die konkrete Person, deren Aussage mit den jeweiligen konkreten Eigenschaften und Fähigkeiten in Beziehung zu setzen ist.[535] Ebenso *Niehaus:* „Die Beurteilung des Erlebnisbezugs einer Aussage bleibt immer ein Prozess der einzelfallbezogenen psychodiagnostischen Urteilsbildung, bei der die Frage zu beantworten ist, wie wahrscheinlich es ist, dass eine bestimmte Person mit ihren individuellen Voraussetzungen und unter bestimmten Rahmenbedingungen eine Aussage der vorliegenden Qualität ohne Erlebnisgrundlage konstruiert haben könnte."[536]

197 Mit anderen Worten: Nach Realkennzeichen wird positiv gesucht und diese werden (nahezu) immer gefunden. Es besteht also ein sog. „positive bias", d.h., die aussagepsychologische Wissenschaft hat bisher nur einen Kanon der Realkennzeichen aufgestellt, so dass nach menschlichen Entscheidungsheuristiken[537] nur selektiv Informationen gespeichert und abgerufen werden, die zur vermuteten/gewünschten Hypothese passen und mehrdeutige Informationen als Bestätigung der vermuteten/gewünschten Hypothese aufgefasst werden.[538] Dieser (sog. Affirmation bias) führt dazu, dass Personen stärker auf das Auftreten von Realkennzeichen reagieren als auf das Ausbleiben. In Konsequenz kann dies dazu führen, dass die Glaubhaftigkeit fälschlich bestätigt wird, obwohl nur wenige positive Belege dafür vorhanden waren.[539] Nach den Ergebnissen einiger Studien können zwar wahre Aussagen mit der kriterienorientierten Aussageanalyse überzufällig häufig erkannt werden, z.B. 71,4 %[540] oder 78 %,[541] wobei sich ein allg. Konsens auf Werte von einer Trefferquote von ca. 70 % für die subjektiv wahre Aussage gebildet hat,[542] auch wenn in einzelnen Studien wiederum höhere Werte nachgewiesen werden können, teils aber auch geringere. Die Lüge kann mit der Methode allerdings (wesentlich) schlechter erkannt werden. Nach einer Untersuchung ließen sich nur 46,4 % der abgewandelten Aussagen, d.h. eine wahre Aussage, die mit Lügenelementen abgewandelt wur-

535 Vgl. Widmaier/Köhnken, MAH Strafverteidigung, 1. Aufl., § 62 Rn 74.

536 Niehaus, Merkmalsorientierte Inhaltsanalyse in Handbuch der Rechtspsychologie, S. 316.

537 Vgl. hierzu Teil IV dieses Werks und dort § 36.

538 Vgl. von Schemm/Köhnken, Voreinstellungen und Testen sozialer Hypothesen im Interview in Handbuch der Rechtspsychologie, S. 323 f. m.w.N. Der Sachverständige entscheidet unter Unsicherheit. In diesen Konstellationen verwenden Entscheider Entscheidungsheuristiken, vgl. hierzu umfassend, Teil IV dieses Werks.

539 Vgl. von Schemm/Köhnken, Voreinstellungen und Testen sozialer Hypothesen im Interview in Handbuch der Rechtspsychologie, S. 324 m.w.N.

540 Vgl. Krämer, Glaubhaftigkeit im Kontext der Persönlichkeit, S. 151 f.

541 Vgl. Gödert, Forensische Glaubhaftigkeitsbeurteilung: Experimenteller Vergleich inhaltsorientierter und psycho-physiologischer Methoden, Diss. Main (2002), S. 35.

542 Vgl. Volbert/Steller, Die Begutachtung der Glaubhaftigkeit, S. 683, 688 in: Foerster [Hrsg.], Psychiatrische Begutachtung, 4. Aufl.

de und 60,7 % der falschen Aussagen erkennen, mithin kaum anders als Zufallsniveau.[543]

Dieser Affirmation-bias oder positive bias kann ausgeglichen werden, wenn positiv nach Fantasiesignalen gesucht wird.[544]

II. Allgemeines

Teilweise wird vertreten, dass bei wahrheitswidrigen Aussagen die Realitätskriterien regelmäßig fehlen.[545] Das ist in dieser Allgemeinheit nicht richtig. **Glaubhaftigkeitskriterien finden sich auch in falschen Aussagen und Fantasiesignale finden sich auch in wahren Aussagen.**[546] Weiter wird vertreten, dass die meisten[547] Realitätskriterien umkehrbar seien und hierdurch zu Kriterien für Aussagen, die einer Realitätsgrundlage entbehrten, werden würden.[548] Auch diese Formulierung ist zu abstrakt, als dass hierdurch ein in der forensischen Praxis verwertbares Ergebnis erzielt werden könnte. Notwendig ist eine differenzierte Betrachtung. Diese differenzierte Betrachtung zeigt, dass sich die Fantasiesignale in drei Gruppen einteilen lassen, wobei Überschneidungen der Gruppen vorliegen, d.h., eine scharfe Abgrenzung oft nicht möglich ist. 198

Allgemein gesprochen ergeben sich die Fantasiesignale aus 199

- dem Gegenstück der Realitätskriterien,
- aus der mangelnden Kompetenz des Lügners für die berichtete, aber nicht selbst erlebte Geschichte und
- aus der Unvereinbarkeit mit Erkenntnissen der Wahrnehmung- bzw. Erinnerungslehre.

Die von *Niehaus* beobachteten Lügenmerkmale des Äußerns von vermuteten Handlungsmotiven des Angeschuldigten, Zuschreibens von überdauernden negativen Eigenschaften, inhaltlichen Wiederholungen oder Klischees[549] konnten in einer Studie mit Erwachsenen nicht reproduziert werden. Die Ergebnisse hinsichtlich des Vorkommens der Summe dieser Lügenmerkmale waren:[550] 200

543 Vgl. Krämer, Glaubhaftigkeit im Kontext der Persönlichkeit, S. 151 f.; Wehner, Erhebung und Beurteilung von Tatverdächtigenaussagen, S. 65, 290.

544 So bereits Geipel/Nill/Shultz, Die Analyse der Zeugenaussage im ordentlichen Verfahren, ZAP 2007 vom 1.8.2007, S. 847 ff. (Fach 13 S. 1449 ff.); Herbst, Glaubhaftigkeitsdiagnostik von Zeugenaussagen, S. 51 m.w.N.; Lafrenz, Wahrheit und Lüge bei Zeugenaussagen, S. 31.

545 Vgl. Undeutsch, Handbuch der forensischen Psychologie, 11. Bd., S. 159.

546 Vgl. Bender, Merkmalskombinationen in Aussagen, S. 90.

547 In der entsprechenden Literatur wird aber offengelassen, welche Kriterien genau gemeint sind.

548 Vgl. Trankell, Der Realitätsgehalt von Zeugenaussagen, S. 130.

549 Vgl. Niehaus, Zur Anwendbarkeit inhaltlicher Glaubhaftigkeitsmerkmale bei Zeugenaussagen unterschiedlichen Wahrheitsgehalts – Eine Simulationsstudie mit kindlichen Unfallopfern, Diss. 2001.

550 Vgl. Herbst, Glaubhaftigkeitsdiagnostik von Zeugenaussagen, S. 72.

Gruppe	Mittelwert	Minimum	Maximum	Median
1 (wahr)	1,05	0	2	1,0
2 (nacherzählt)	1,50	0	3	2,0
3 (erlogen)	1,00	0	3	1,0

Aber auch die Verwendung der vermeintlich gefundenen Lügenmerkmale, d.h., der Verwendung von „man" statt „ich" (also der Verwendung eines unbestimmten Erzählstils), der Verwendung von Kausalattributionen und Begründungskonjunktionen („denn", „weil", „daher", usw.), der Verwendung von Nachdruckwörtern und Vermutungen („bestimmt", „deshalb"), der Verwendung von „halt" im Sinne von „eben" oder der Verwendung von für die Aussage nicht relevanten Einschüben („muss ich sagen", „glaube ich", „ wie gesagt", „soweit ich weiß", etc.)[551] konnte nicht bestätigt werden. Die Ergebnisse hinsichtlich des Vorkommens der Summe dieser Lügenmerkmale waren:[552]

Gruppe	Mittelwert	Minimum	Maximum	Median
1 (wahr)	2,20	0	5	2,0
2 (nacherzählt)	2,95	1	5	3,0
3 (erlogen)	1,90	0	5	2,0

Derartige linguistische vermeintliche Lügenhinweise, bleiben daher im Folgenden außer Betracht.

III. Fantasiesignale als Gegenstück der Realitätskriterien

201 Folgende Fantasiesignale ergeben sich bereits aus dem **Gegenstück der o.g. Realitätskriterien**.

1. Zurückhaltungssignal

a) Zurückhaltung im Hauptpunkt

202 Ein Zeuge, der hinsichtlich der für den Zeugen nebensächlichen Punkte **viele Details** liefert, wird **wahrscheinlich lügen**, wenn er vorgibt, zu seinem Kerngeschehen **keine Wahrnehmung** gemacht zu haben oder sich jetzt hieran nicht mehr zu erinnern.[553] Zum einen handelt es sich hier um das Gegenstück zum Detailkriterium, das für eine glaubwürdige Aussage Details zum Kerngeschehen **und** zu nebensächlichen Details fordert und zum anderen handelt es sich um das Gegenstück zum Strukturgleichheitskriterium. Zum Lügensignal, also nicht nur zum Anzeichen eines Irrtums, wird dies aber deshalb, da es nach den Erkenntnissen der Wahrnehmungs-

551 Vgl. Herbst, Glaubhaftigkeitsdiagnostik von Zeugenaussagen, S. 51 ff.

552 Vgl. Herbst, Glaubhaftigkeitsdiagnostik von Zeugenaussagen, S. 72.

553 Vgl. Bender/Nack, Tatsachenfeststellung vor Gericht, 2. Aufl., Rn 306.

bzw. Erinnerungspsychologie nicht erklärbar ist, dass ein Zeuge das (ex ante für ihn) Nebengeschehen wahrnimmt oder in Erinnerung behält, nicht aber das (ex ante für ihn) Kerngeschehen.[554] Deshalb wird ein Zeuge auch wahrscheinlich lügen, wenn er vorgibt, genau zu wissen, was er vor zwei Jahren am XY-Tag tat. Die meisten Zeugen wissen nicht einmal, was sie vor zwei Tagen zum Frühstück hatten.[555] Dieses Nicht-Wissen oder Nicht-Mehr-Wissen[556] kommt meist dann vor, wenn der Zeuge in Nebenpunkten zugunsten einer Partei aussagt, dann aber einen für die Partei ungünstigen Umstand verschweigt. Das ist deshalb so verbreitet,[557] da es sich bei dem Verschweigen oder der Untertreibung eines Punktes nur um eine „halbe Lüge" handelt,[558] die ethisch erheblich weniger negativ bewertet wird als eine ausgesprochene Lüge.[559] Diese „halbe Lüge" durch Weglassen hat für den Aussagenden auch den Vorteil, dass die verbleibende direkte Schilderung wahr ist.[560] D.h., die meisten Falschaussagen bestehen in dem **absichtlichen Verschweigen** und dem **Vorschützen des Vergessens** oder **Nicht-gesehen-habens**.[561] Dieser Punkt dürfte in der Praxis oft bei nahe stehenden oder von der Partei abhängigen Personen vorkommen, die – bevor sie etwas Ungünstiges für die Partei einräumen – lieber vorgeben, sich nicht mehr erinnern zu können oder nichts gesehen zu haben. Verbale Warnhinweise, dass die Auskunftsperson einen relevanten Teil verschweigt, können in den folgenden einleitenden Phrasen liegen, „Später ...", „das Nächste, was ich weiß, ...", „plötzlich ...", „nach einer Weile ...", „bevor ich mich versah ...".[562] Allerdings weist nicht die Phrase auf die Lüge hin, sondern die Unvereinbarkeit der vorgegebenen Wissenslücke mit Erkenntnissen der Wahrnehmung und Erinnerung.

In diesem Fall bietet sich im Zivilverfahren an, den Zeugen zu befragen, weshalb 203
die Partei, die ihn benannt hat, behaupten habe können, der Zeuge könne den Vorgang bestätigen.[563] Das offenbart oft eine gewisse Antipathie des Zeugen gegenüber der benennenden Partei, die dann gewisse Rückschlüsse auf die Glaubwürdigkeit des Zeugen zulässt. In der Praxis kommt der Fall meist dann vor, wenn eine Partei keinen „eigenen" Zeugen hat, sondern einen Zeugen aus dem Lager der Ge-

554 Tatsächlich könnte dieses Kriterium auch als Unterpunkt des weiter unten dargestellten Kriteriums der Unvereinbarkeit m. Erkenntnissen der Wahrnehmung bzw. Erinnerung systematisch geführt werden.

555 Vgl. Lieberman, Never be lied to again, S. 48.

556 Vgl. Balzer, Beweisaufnahme und Beweiswürdigung im Zivilprozess, Rn 173.

557 Vgl. Nance, Conquering Deception, S. 160.

558 Vgl. Bender/Nack, Tatsachenfeststellung vor Gericht, 2. Aufl., Rn 306; vgl. auch Ekman, Telling lies, S. 38.

559 Vgl. Arntzen, Vernehmungspsychologie: Psychologie der Zeugenvernehmung, 2. Aufl., S. 2.

560 Vgl. Walters, The Truth About Lying, S. 13.

561 Vgl. Altavilla, Forensische Psychologie, Bd. II, Die Psychologie der Strafprozessbeteiligten, S. 246.

562 Vgl. Walters, The Truth About Lying, S. 141.

563 Vgl. Balzer, Beweisaufnahme und Beweiswürdigung im Zivilprozess, Rn 173.

genpartei benennen muss (z.B. Familienangehöriger, Angestellter etc.). Bevor der Zeuge nun eine negative Aussage zulasten der Partei macht, in deren Lager er steht, macht er lieber gar keine Aussage und gibt vor, zum Beweisthema nichts aussagen zu können. Wenn also der Eindruck besteht, dass der Zeuge mauert, müssten sich das Gericht oder die befragenden Parteien (Anwälte) von außen vortasten. D.h., zuerst Fragen zu unverfänglichen Umfeldtatsachen stellen und sich dann zum eigentlichen Beweisthema vortasten.[564] Oftmals beantwortet der Zeuge diese vermeintlich nebensächlichen Details dann doch, sodass dem Zeugen nicht geglaubt werden kann, wenn er – entgegen den wahrnehmungspsychologischen Erkenntnissen – dabei bleibt, zum Beweisthema nichts aussagen zu können bzw. nichts (mehr) zu wissen. Ist in einem solchen Fall die benennende Partei informatorisch gehört worden, gem. § 141 ZPO, so ist auch dieser Sachvortrag in die Beweiswürdigung einzubeziehen.[565] Aufgrund einer überzeugenden informatorische Parteianhörung (oder Angeklagtenvernehmung) kann das Gericht dieser durchaus folgen, auch wenn gegenteilige (nicht überzeugende) Zeugenbekundungen vorliegen oder Zeugenbekundungen, bei denen sich der Zeuge an den relevanten Teil (angeblich) nicht mehr erinnert. Ob durch eine informatorische Anhörung alleine aber ein rechtsgenügender Strengbeweis geführt werden kann, ist zu verneinen. Die Anhörung dient der Aufklärung, nicht dem Beweis.[566] Naturgemäß kann das „Nicht-Gesehenhaben“ oder das „Nicht-Mehr-Wissen“ i.d.R. nicht widerlegt werden. Es kann bestenfalls unplausibel erscheinen.[567]

204 *Hinweis*

Das Einräumen, sich nicht (mehr) erinnern zu können, ist als solches weder ein Realitäts- noch ein Fantasiekriterium. Entscheidend ist, ob die Nicht-(mehr)-Erinnerung aus erinnerungspsychologischer Sicht plausibel ist. Völlig falsch ist daher folgende Beweiswürdigung: „Die Aussage der Zeugin R. stellt sich für das Gericht schon deswegen als glaubhaft dar, weil die Zeugin angab, sich an genaue Details des konkreten Gesprächs nicht genau zu erinnern, weil die Klägerin und ihr Ehemann öfter bei ihr gewesen seien.“[568]

564 Vgl. Balzer, Beweisaufnahme und Beweiswürdigung im Zivilprozess, Rn 173.

565 Vgl. Zöller, Komm. zur ZPO, 26. Aufl., § 286 Rn 14.

566 Vgl. umfassend Eschelbach/Geipel, Parteianhörung- Die Verwertung im Rahmen der Beweiswürdigung (§ 141 vs. 286 ZPO), MDR 2012, S. 198 ff.; ebenso LG Berlin, Urt. v. 25.9.2014 b – 67 S 198/14 = NJW 2014, S. 3858 ff.

567 Vgl. Walters, The Truth About Lying, S. 14.

568 So aber das AG Viechtach – 1 C 243/09 n.V.

b) Zurückhaltung im Bericht

Ein **Warnsignal** liegt auch dann vor, wenn der Zeuge **keinen Bericht, sondern lediglich eine präzise Antwort auf die Beweisfrage** gibt.[569] Das ist ebenfalls das Gegenstück zum Detailkriterium. **Wie oben ausgeführt wurde, ist eine detailreiche Aussage zum Kerngeschehen und Nebengeschehen eine notwendige Bedingung für eine glaubhafte Aussage.** Die schlichte Beantwortung des Beweisthemas kann auf sprachlichem Unvermögen des Zeugen oder dessen (gut gemeintem) Bestreben nach Kürze oder in einer (bewussten) Lüge oder auf einem Irrtum beruhen. Ebenso kommt in der Praxis eine reine „Reflexantwort" des Zeugen auf den Text in der Ladung vor, die sich darauf reduziert, nur die Beweisfrage zu beantworten.[570] Durch Nachfragen können entweder weitere aussagepsychologisch wichtige Details als Glaubhaftigkeitsindizien oder es kann trotz Lieferung von Details die Gefahr der Wahrnehmungsfehler (Knallzeuge, Mitläufereffekt, Solidarisierungseffekt, Fremdbeeinflussung) herausgearbeitet werden. Manchmal kann das Fantasiesignal der Zurückhaltung herausgearbeitet werden. Balzer (Beweisaufnahme und Beweiswürdigung im Zivilprozess, Rn 174) empfiehlt bei einem Verkehrsunfall, bei dem der Zeuge keinen Bericht gibt, sondern nur die Beweisfrage beantwortet, folgende Fragen: 205

„Welches Fahrtziel hatte der Kläger? Was wollte er dort? Welche Farbe hatte das Auto des Klägers? Um welche Automarke handelte es sich? Ist er nach dem Zusammenstoß der beiden Fahrzeuge sofort ausgestiegen oder zunächst sitzen geblieben? War er allein im Auto? Wer war bei ihm, eine Frau oder ein Mann? Welches Wetter herrschte zur Unfallzeit? Um welche Uhrzeit oder Tageszeit hat sich der Unfall ereignet? Wieso haben Sie als Beifahrerin Ihres Ehemannes auf die Geschwindigkeit Ihres Ehemannes geachtet? Haben Sie selbst einen Führerschein? Haben Sie Angst, wenn Sie neben Ihrem Ehemann Beifahrerin sind? Wenn nein, warum schauen Sie dann auf den Tachometer? Wie sind Sie nach dem Unfall nach Hause gekommen?"[571] 206

Richtig ist, dass die wenigsten Zeugen diese Fragen vollständig und richtig beantworten können. Diese Fragen können daher nur als Anstoßfragen, um einen eigenständigen Bericht hervorzulocken, verstanden werden. 207

Zu beachten ist, dass selbst (vermeintlich) unklare Äußerungen im Bericht kein Fantasiesignal sein müssen, denn ein zusammenhängender Bericht stellt eine gedankliche Leistung dar, der viele Auskunftspersonen nicht gewachsen sind. D.h., nur wenige, oft abgerissene oder unklare Äußerungen im Bericht stellen als solches kein Lügensignal dar.[572] Erst wenn die (vermeintlichen) Widersprüche und/oder 208

569 Vgl. Balzer, Beweisaufnahme und Beweiswürdigung im Zivilprozess, Rn 174.

570 Vgl. Balzer, Beweisaufnahme und Beweiswürdigung im Zivilprozess, Rn 174.

571 Balzer, Beweisaufnahme und Beweiswürdigung im Zivilprozess, Rn 174.

572 Vgl. Arntzen, Vernehmungspsychologie: Psychologie der Zeugenvernehmung, 2. Aufl., S. 22.

Unklarheiten im Bericht durch nachgreifende Fragen nicht aufklärt werden können, handelt es sich um ein Lügensignal. Der Vernehmende verletzt auch seine Objektivität, wenn er Lücken als Widersprüche bezeichnet.[573] Freilich darf der Vernehmende in seinem Bestreben, weitere Details zu gewinnen, nur einen Anstoß liefern, aber keine Suggestion zur Ergänzung von fehlenden Informationen.

209 Eine Umkehrung des Detailkriteriums (Komplikationsmerkmal) im Sinne eines Lügensignals kommt auch dann vor, wenn die berichteten Details einen Zug zum Zweckmäßigen haben.[574] Gleichwohl ist dieser Punkt mit Vorsicht zu behandeln, denn **nicht jede Schilderung, die zweckmäßige Details beinhaltet, deutet auf eine Lügengeschichte hin**. Entscheidend ist hier, ob die Details farblos, karg, blass, ggf. unvollständig[575] und zweckmäßig sind. Dann deutet viel auf ein Fantasiegebilde hin.

2. Verweigerungssymptom

a) Allgemeines

210 Bei Zeugen, die von Anfang an zur **aktiven Falschaussage entschlossen** sind, ist oft Folgendes zu beobachten: **Der Zeuge bestätigt den zentralen Punkt, den er in Absprache mit der Partei bestätigen soll und verweigert[576] auf Nachfragen inhaltliche Erweiterungen oder bringt nur nichtssagende Zusätze.**[577] „Je mehr die Auskunftsperson jede inhaltliche Erweiterung der (im Bericht gemachten) Aussage im Verhör verweigert oder allenfalls nichtssagende Zusätze sich abringen lässt, desto wahrscheinlicher ist, dass die Auskunftsperson mit der Wahrheit zurückhält oder eine Lügengeschichte erzählt hat.“[578]

211 Der Grund hierfür ist einfach. Der Zeuge möchte sich offenkundig nicht in Widersprüche verwickeln. „Strukturell wird der Lügner, der sich Details ausdenkt, um seine Aussage plausibler zu machen, diese sofort anbringen, und auf Nachfrage keine weiteren mehr benennen können.“[579]

212 Dieses Phänomen kommt besonders dann vor, wenn von Anfang an zur streitgegenständlichen Behauptung kein Zeuge zur Verfügung steht und dementsprechend ein

573 Vgl. Arntzen, Vernehmungspsychologie: Psychologie der Zeugenvernehmung, 2. Aufl., S. 34.

574 Vgl. Trankell, Der Realitätsgehalt von Zeugenaussagen, S. 123.

575 Vgl. Bender/Nack, Tatsachenfeststellung vor Gericht, 2. Aufl., Rn 174.

576 Vgl. Bender/Nack, Tatsachenfeststellung vor Gericht, 2. Aufl., Rn 308, die das Kriterium als Unterpunkt des Zurückhaltungssignals interpretieren. Es kann hier jedoch ein eigenständiges Kriterium gesehen werden, wenn das Zurückhaltungssignal als Behauptung des Zeugen, sich nicht mehr an das Kerngeschehen zu erinnern, verstanden wird. Bei dem Verweigerungssymptom geht es dann um den umgekehrten Fall, dass der Zeuge zwar das Kerngeschehen bestätigt, aber Erweiterung und weitere Ausführungen hinsichtlich Nebenpunkte zu seiner angeblichen Beobachtung ablehnt.

577 Vgl. Altavilla, Forensische Psychologie, Bd. II, Die Psychologie der Strafprozessbeteiligten, S. 247.

578 Bender/Nack, Tatsachenfeststellung vor Gericht, 2. Aufl., Rn 308.

579 Hohlweck, Die Beweiswürdigung: Beurteilung von Zeugenaussagen, JuS 2002, S. 1207, 1210.

„falscher" Zeuge benötigt wird. Wer als Zeuge den Hauptpunkt bestätigt, hat als „falscher" Zeuge seine vermeintliche Schuldigkeit getan und kann vermeintlich nicht überführt werden, da er keine weiteren Details, die widerlegt werden könnten, liefert. Der Fall kommt auch dann vor, wenn der Aussagende statt einer neuen Lüge Bezugnahmen herstellt:

- „Ich habe Ihnen das schon davor gesagt."
- „Ich denke, Sie kennen meine Position diesbezüglich."
- „Ich habe die Frage bereits beantwortet."
- „Ich werde die Sache nicht noch einmal darstellen."[580]

Insofern handelt es sich erneut um das Gegenstück zum Detailkriterium.

Gleiches gilt auch, wenn der Zeuge von sich aus keine Erklärung mitliefert, obwohl eine Erklärung auch ohne Aufforderung zu erwarten wäre. Wenn z.B. eine minderjährige Tochter um zwei Uhr früh nach Hause kommt und Fragen nach ihrem Verbleib damit beantwortet, ob man kein Vertrauen in sie hätte, ob sie für jeden einzelnen Schritt Rechenschaft ablegen müsse etc., sollte man misstrauisch werden.[581] Es soll dann meist etwas verschwiegen werden. 213

b) Nicht-Reaktions-Behauptung

Bei **widerstreitenden Interessen** findet sich das Phänomen der **Nicht-Reaktions-Behauptung**. Der Zeuge zieht sich hier nicht auf Nicht-(mehr)-Wissen zurück, sondern **behauptet eine schlichte, kommentarlose Einwilligung oder Entgegennahme der Gegenpartei (Nichtreaktion)**.[582] „Es entspricht der Lebenserfahrung, dass der Gegner nicht ‚kampflos' zustimmt oder kommentarlos zur Kenntnis nimmt. In beiden Fällen sind vielmehr vom Gegner ausführliche Reaktionen zu erwarten. In der Regel wird er zunächst wenig Neigung zeigen, überhaupt auf solches Ansinnen einzugehen, zumindest wird er eine eingehende Begründung fordern, um dann Gegenvorschläge zu machen."[583] Auch hier handelt es sich um das Gegenstück zum Detailkriterium. 214

> *Praxistipp* 215
>
> Wenn die Nicht-Reaktionsbehauptung vermutlich vorliegt, ist es fehlerhaft, den Zeugen zu fragen, ob alles so glatt gelaufen sei. Der Zeuge wird dann meist erwidern: „Eigentlich nicht" etc. Erst auf die Frage nach weiteren Einzelheiten wird die Aussage verarmen. Besser wäre als Einstieg daher die Frage: „Können Sie uns Einzelheiten über das Gespräch berichten?"[584] Das muss aber die einlei-

580 Vgl. Nance, Conquering Deception, S. 31, 177.

581 Vgl. Dimitrius/Mazzarella, reading people, S. 156.

582 Vgl. Bender/Nack, Tatsachenfeststellung vor Gericht, 2. Aufl., Rn 310.

583 Bender/Nack, Tatsachenfeststellung vor Gericht, 2. Aufl., Rn 310, zust. Arntzen, Psychologie der Zeugenaussage: System der Glaubhaftigkeitsmerkmale, 3. Aufl., S. 112.

584 Vgl. Bender/Nack/Treuer, Tatsachenfeststellung vor Gericht, 3. Aufl., Rn 440.

tende Frage sein, nicht etwa die Frage, nachdem der Zeuge bereits die Nicht-Reaktions-Behauptung dargestellt hat, denn dann läge in der Frage eine Suggestion, die auch der Lügner aufnehmen kann.

c) Verarmungssymptom

216 Ein weiterer Unterfall des Verweigerungssymptoms wäre, wenn der Zeuge auf Vorhalt von Widersprüchen oder Unmöglichkeiten seine Schilderung noch weiter einschränkt, d.h., seine Schilderung verarmen lässt (**Verarmungssymptom**),[585] z.B. auf den unpassenden Teil ersatzlos verzichtet.[586] Es handelt sich hierbei um das Gegenstück zum Erweiterungskriterium.

d) Fluchtsymptom

217 Ein weiterer Unterfall des **Verweigerungssymptoms** wäre, wenn der Zeuge das Beweisthema, zu dem er lügen müsste, **meidet und stattdessen zu Nebensächlichkeiten übergeht.**[587] Oft werden diese **Nebensächlichkeiten an den Haaren herbeigezogen**[588] **(Fluchtsymptom ohne Gegenangriff)**.[589] Es entspricht dem Gefährlichkeitskalkül[590] des Lügners,[591] zum Kernpunkt möglichst wenig zu lügen und daher die Vernehmung auf Nebensächlichkeiten, zu denen er nicht lügen muss, zu lenken. Dies bietet sich dann an, wenn die Gegenseite irgendwelchen Irrtümern oder sonstigen Verfehlungen oder Unzulänglichkeiten unterliegt und der Zeuge sich nun auf diese zurückzieht (**Fluchttendenz mit Gegenangriff**).[592] Der „Gegenangriff" kann auch gegen eine dritte Person geführt werden. Teilt „Eva" Frau X mit, deren Ehemann mit einer Geliebten gesehen zu haben, so verteidigt sich der untreue Ehemann oft damit: „Eva ist verrückt. Sie möchte nur unsere Beziehung zerstören".[593] Hier handelt es sich einerseits um das Gegenstück zum Detailkriterium, das Details zum Kern- und zum Nebengeschehen fordert und andererseits um das Gegenstück zum allgemeinen Strukturgleichheitskriterium. Anders wäre dies, wenn der Ehemann sagt: „Eva muss sich irren, ich war am Y-Tag mit Herrn X bei einem Fußballspiel". Der Fall überschneidet sich mit o.g. lit a), d.h. der Nichtlieferung einer Begründung, die zu erwarten wäre. Der amerikanische Psychologe und

585 Vgl. Bender/Nack, Tatsachenfeststellung vor Gericht, 2. Aufl., Rn 311.

586 Nack in Ziegert (Hrsg.), Grundlagen der Strafverteidigung, S. 232.

587 Vgl. Nack in Ziegert (Hrsg.), Grundlagen der Strafverteidigung, S. 232, Vgl. auch Altavilla, Forensische Psychologie, Bd. II, Die Psychologie der Strafprozessbeteiligten, S. 247.

588 Vgl. Bender/Nack, Tatsachenfeststellung vor Gericht, 2. Aufl., Rn 314.

589 Vgl. Bender/Nack, Tatsachenfeststellung vor Gericht, 2. Aufl., Rn 312.

590 Vgl. Bender/Nack, Tatsachenfeststellung vor Gericht, 2. Aufl., Rn 171.

591 Die Fluchttendenz muss nicht unbedingt absichtlich eingeschlagen werden, eine solche Ausweichtechnik kann vielmehr auch unbewusst als psychischer Mechanismus eintreten, vgl. Trankell, Der Realitätsgehalt von Zeugenaussagen, S. 112 Fn 1.

592 Vgl. Bender/Nack, Tatsachenfeststellung vor Gericht, 2. Aufl., Rn 313.

593 Vgl. Nance, Conquering Deception, S. 31 f.

Lügenforscher Ekman teilt mit, dass **die beste Möglichkeit, eine Lüge zu verbergen, das Hervorrufen einer eigenen völlig anderen Emotion (z.B. Verärgerung über das Gegenüber oder Dritte) sei.**[594]

Praxistipp 218

Der Vernehmer sollte daher keine Fragenbatterien stellen, denn dann kann der Zeuge auf Nebensächlichkeiten ausweichen[595] oder bei der Frage verweilen, die für ihn am ungefährlichsten ist.

Besonders auffällig ist die Fluchttendenz dann, wenn der Zeuge die Frage nicht beantwortet, sondern stattdessen eine **Gegenfrage** stellt (**Fluchttendenz mit Gegenfrage**).[596] Allerdings kommen Gegenfragen sehr häufig in Konversationen vor, sodass von einem Warnsignal nur dann gesprochen werden kann, wenn das Thema auch auf Nachfrage, die in etwas anderer Form einige Minuten später erfolgen sollte, immer noch nicht beantwortet wird. Nach der Erfahrung von Nance[597] soll das **dreimalige „Flüchten"** ein eindeutiges Lügensignal sein.[598] Besondere Vorsicht ist auch dann geboten, wenn die Gegenfrage offensichtlich nur den Sinn hat, Zeit zum Überlegen zu gewinnen (v.a. bei Gegenfragen: „Was?", „Was meinen Sie?" oder eigene Wiederholung der Frage).[599] 219

Das Kriterium der Flucht ist allerdings mit Vorsicht anzuwenden, denn einerseits kann die Flucht auf intellektueller Unfähigkeit des Zeugen, Wesentliches und Unwesentliches zu trennen, beruhen oder es kann dem Zeugen das gesamte Beweisthema peinlich sein.[600] Weiter kann die Fluchttendenz mit einer Gegenfrage schlicht ein **rhetorisches Mittel** des Zeugen darstellen, ohne dass deswegen ein Warnsignal vorliegen muss. Zu beachten ist, dass eine Flucht auch darin liegen kann, die eigene Erklärung mit dem einschränkenden Zusatz, „soweit ich mich erinnere", „nach meiner besten Erinnerung" etc. zu versehen.[601] 220

3. Strukturbruchsignal

Hier handelt es sich um das Gegenstück zum Strukturgleichheitsmerkmal. Je mehr die Struktur der Aussage inhaltlich und sprachlich bei Strittigem und Unstrittigem, 221

594 Vgl. Ekman, Telling lies, S. 317.

595 Vgl. Nack in Ziegert (Hrsg.), Grundlagen der Strafverteidigung, S. 232.

596 Vgl. Bender/Nack, Tatsachenfeststellung vor Gericht, 2. Aufl., Rn 315; vgl. Dimitrius/Mazzarella, reading people, S. 158; vgl. auch Lieberman, Never be lied to again, S. 30.

597 Einem amerikanischen Polizisten u. Undercover-Agenten.

598 Vgl. Nance, Conquering Deception, S. 155 f.

599 Vgl. Nance, Conquering Deception, S. 175, vgl. auch Walters, The Truth About Lying, S. 142, vgl. auch Dillingham, Dissecting Pinocchio, S. 25.

600 Vgl. Arntzen, Psychologie der Zeugenaussage: System der Glaubhaftigkeitsmerkmale, 3. Aufl., S. 114.

601 Vgl. Ekman, Telling lies, S. 30.

Relevantem und Irrelevantem, Belastendem und Entlastendem gleich bleibt, desto mehr handelt es sich um eine glaubhafte Aussage.[602] Umgekehrt ist die Aussage umso unglaubhafter, je mehr ein Bruch inhaltlicher und/oder sprachlicher Art zwischen Strittigem und Unstrittigem, Relevantem und Irrelevantem, Belastendem und Entlastendem festgestellt werden kann.[603]

222 *Beispiel*

Ein Mann berichtet, dass er nach Hause kam und seine Frau tot vorfand. Die ermittelnden Polizeibeamten baten den Mann, aufzuschreiben, was er an jenem Tag vor Auffinden der Leiche, während des Auffindens und danach gemacht habe. Das davor beschrieb der Mann minutiös. Er begann seine Schilderung mit seinem Ausflug zum Fischen, wo er getankt und was er gegessen hatte etc. Auch das Rufen der Polizei und das Warten auf die Polizei beschrieb der Mann äußerst detailreich. Obwohl die gesamte Schilderung mehrere Seiten umfasste, beschrieb der Mann seine Heimkehr und das Auffinden der Leiche mit einem einzigen Absatz. Der amerikanische Ausbilder Dillingham hält es für „lügner-typisch“, viele Details in dem wahren Teil zu berichten, aber wenige in dem erlogenen.[604]

223 Aus der deutschen forensischen Praxis berichtet Klinge, dass er in hunderten von Vernehmungen die Erfahrung gemacht habe, dass der Lügenteil der Aussage geradezu abstrakt, jedenfalls sehr knapp formuliert werde, während der nebensächliche Aussageteil richtig und üppig dargestellt würde.[605]

224 Das Strukturbruchsignal ist bei dem Fall der gewollten Kontamination das einzige Kriterium der Aussageanalyse (neben der Verflechtung), um den Übergang von Wahrem zu Unwahrem und wieder zurück zu entdecken.[606] D.h., die Aussage weist hinsichtlich des wahren Teils Realitätskriterien auf und hinschlich des erlogenen Lügensignale.[607]

225 Aus o.g. Gegenüberstellung der Realitätskriterien und der Fantasiesignale ergibt sich, dass sich bei kurzen Aussagen in der Regel weder die Glaubhaftigkeit noch die Unglaubhaftigkeit einer Aussage mittels der Aussageanalyse feststellen lässt. Es liegt schlicht nicht genug Aussagematerial vor, damit sich Realitätskriterien oder Fantasiesignale entwickeln können. Das dürfte der gewichtigste Grund sein, wes-

602 Vgl. Bender/Nack, Tatsachenfeststellung vor Gericht, 2. Aufl., Rn 346; vgl. auch Vrij, Detecting Lies and Deceit, S. 225.

603 Vgl. Bender/Nack, Tatsachenfeststellung vor Gericht, 2. Aufl., Rn 346.

604 Vgl. Dillingham, Dissecting Pinocchio, S. 27.

605 Eichele/Klinge, Das Beweisbuch für den Anwalt, S. 112.

606 Vgl. Bender/Nack, Tatsachenfeststellung vor Gericht, 2. Aufl., Rn 347.

607 Vgl. Nack in Ziegert (Hrsg.), Grundlagen der Strafverteidigung, S. 235.

halb in der Praxis einem Zeugen meist geglaubt wird.[608] Von daher ist es umso wichtiger, den Zeugen im Wesentlichen ungestört berichten zu lassen und nicht zu drängen, „zur Sache zu kommen".

Hinweis 226

Vorhalte an den Zeugen sind erst **nach** dem Bericht zulässig.[609]

Verbale Strukturbrüche sollen sich im Falle der Lüge vor allem in folgenden Bereichen nachweisen lassen:[610] 227

Sprachqualität	Sprachklarheit	Sprachinhalt
Tonfall (höhere Stimmlage bei Täuschung[611]) Sprachrate (geringere Sprachrate bei Täuschung[612])	Sprechfehler (nehmen bei Täuschungen zu[613]) Stottern, Stammeln (nehmen bei Stress zu[614])	Detailreichtum vs. Detailarmut (Details nehmen bei Täuschung ab[615])

Das Strukturbruchsignal hinsichtlich non-verbaler Merkmale wird vor allem in der amerikanischen Verhörspraxis angewandt.[616] Teilweise werden bei der Beobachtung nonverbaler Merkmale zur Lügenerkennung Trefferquoten bis zu 78 % berichtet.[617] Die amerikanische Verhörspraxis geht davon aus, dass einerseits der kommunikative Inhalt nonverbaler Kommunikationsinhalte höher als der verbale Inhalt ist und sich andererseits der Lügner bei seinem Täuschungsversuch primär auf den verbalen Inhalt seiner Botschaft konzentrieren würde.[618] Dahinter steckt folgender Gedanke: Es gibt diverse Studien, dass jeder Mensch diverse Male pro Tag lügen würde (3–5 Mal/Tag). Die Qualität der Lügen reicht von Höflichkeitslügen („Wie sehe ich aus?" „Gut!") zu substantiellen Lügen („Haben Sie Herrn X. ermordet?" „Nein").[619] Eben weil der Mensch so oft lügen würde und aus sozialen Gründen lügen müsse, sei er hierin geübt. Zur Verdeckung einer Lüge kontrollierten Men- 228

608 Vgl. Reinecke, Die Krise der freien Beweiswürdigung im Zivilprozess- oder über die Schwierigkeit, einem Zeugen nicht zu glauben, MDR 1986, S. 630 ff.

609 Vgl. BGH, BGHSt 3, S. 281.

610 Vgl. Walters, The Truth About Lying, S. 60 ff.

611 Vgl. Vrij, Detecting Lies and Deceit, S. 34 m.w.N., vgl. Dillingham, Dissecting Pinocchio, S. 25.

612 Vgl. Vrij, Detecting Lies and Deceit, S. 34 m.w.N., vgl. Dillingham, Dissecting Pinocchio, S. 25.

613 Vgl. Vrij, Detecting Lies and Deceit, S. 34 m.w.N.

614 Vgl. Walters, The Truth About Lying, S. 66 f., vgl. Auch Nance, Conquering Deception, S. 175, vgl. auch Vrij, Detecting Lies and Deceit, S. 26, 213.

615 Vgl. DePaulo et.al., Cues to Deception, Psychological Bulletin, 2003, S. 74, 91.

616 Vgl. Dillingham, Dissecting Pinocchio, S. 67.

617 Vgl. Litzcke/Hermanutz/Klossek, Nonverbale Warnsignale – Glaubhaftigkeitsdiagnostik & Glaubwürdigkeitsattribution in: Nachrichtendienstpsychologie 4, Beiträge zur inneren Sicherheit, Fachhochschule des Bundes für öffentliche Verwaltung, S. 5, 12 m.w.N.

618 Vgl. Walters, The Truth About Lying, S. 76 f. und Dillingham, Dissecting Pinocchio, S. 53, 66.

619 Vgl. Dillingham, Dissecting Pinocchio, S. 1.

schen daher vor allem den verbalen Inhalt einer Botschaft, dann den schlechter kontrollierbaren Gesichtsausdruck und Körpersprache.[620]

229 Um einen Strukturbruch[621] feststellen zu können, muss zuvor das sog. Basisverhalten beobachtet werden.[622] Es empfiehlt sich daher, vor jeder Vernehmung ein informelles Gespräch über belanglose Dinge zu führen (Urlaub, Sport, Hobbies, Familie, etc.).[623] Es muss noch einmal darauf hingewiesen werden, dass es kein universelles Lügensignal gibt,[624] also auch der Strukturbruch nicht direkt auf eine Täuschung als solche hindeutet.[625] Wer lügt befindet sich zwar im Stress, wenn die Gefahr ertappt zu werden,[626] ein Risiko für den Aussagenden darstellt, aber nicht jedes Stresszeichen (u.U. Strukturbruch) deutet auf eine Lüge hin.[627] Der Strukturbruch deutet am naheliegendsten dann auf eine Lüge hin, wenn andere Erklärungen als den angenommenen Stress aufgrund der Furcht vor Ertappung fernliegend erscheinen und mehrere analoge Stresssignale (sog. Cluster) simultan auftreten.[628]

230 *Hinweis*

Ein Strukturbruch liegt auch vor, wenn der verbale Inhalt nicht mit dem nonverbalen Inhalt übereinstimmt.[629] Ein forensisch hoch relevantes Beispiel ist das Schulterzucken. Es ist in der Praxis immer wieder zu beobachten, dass die Auskunftsperson zu lange zurückliegenden Vorgängen befragt wird. Auf die Frage, wie es denn war oder ob man sich noch an dem Umstand X erinnere, beobachtet man in nicht wenigen Fällen ein Schulterzucken (= „ich habe keine Ahnung“) der Auskunftsperson und sodann eine positive Antwort. Das sollte als Warnhinweis dienen, dass die Auskunftsperson von der eigenen verbalen Antwort selbst nicht überzeugt ist.[630] Schulterzucken deutet i.d.R. auf Unentschlossenheit, Konfusion, Zweifel etc. hin und kann auch nur sehr schwach ausgeprägt sein.[631]

620 Vgl. Ekman/Friesen, Unmasking The Face, S. 135 ff.

621 Vgl. Walters, The Truth About Lying, S. 37, vgl. auch Hartley/Karinch, How to spot a Liar, S. 62.

622 Vgl. Hartley/Karinch, How to spot a Liar, S. 85, 99 ff., ebenso Litzcke/Hermanutz/Klossek, Nonverbale Warnsignale – Glaubhaftigkeitsdiagnostik & Glaubwürdigkeitsattribution in: Nachrichtendienstpsychologie 4, Beiträge zur inneren Sicherheit, Fachhochschule des Bundes für öffentliche Verwaltung, S. 5, 8, vgl. auch Walters, The Truth About Lying, S. 34, 82, 85, vgl. auch Dillingham, Dissecting Pinocchio, S. 22 f.

623 Vgl. Hartley/Karinch, How to spot a Liar, S. 109 f., vgl. auch Walters, The Truth About Lying, S. 36.

624 Vgl Litzcke/Hermanutz/Klossek, Nonverbale Warnsignale – Glaubhaftigkeitsdiagnostik & Glaubwürdigkeitsattribution in: Nachrichtendienstpsychologie 4, Beiträge zur inneren Sicherheit, Fachhochschule des Bundes für öffentliche Verwaltung, S. 5, 9 m.w.N.

625 Vgl. Hartley/Karinch, How to spot a Liar, S. 159, vgl. Walters, The Truth About Lying, S. 76, 109.

626 Das Umfeld, bzw. die Reizstärke ist entscheidend, vgl. Hartley/Karinch, How to spot a Liar, S. 69.

627 Vgl. Walters, The Truth About Lying, S. 19.

628 Vgl. Walters, The Truth About Lying, S. 42 ff., vgl. auch Dillingham, Dissecting Pinocchio, S. 25 f.

629 Vgl. Walters, The Truth About Lying, S. 78.

630 Vgl. Walters, The Truth About Lying, S. 96, 147.

631 Vgl. Dillingham, Dissecting Pinocchio, S. 65 f.

231 Ein Täuschungshinweis soll man nach der Verhörserfahrung von Walters[632] entnehmen können, wenn die Auskunftsperson bei bestimmten Themen Mund oder Nase mit den eigenen Händen oder Gegenständen verdecken würde. Diese Verdeckungsbewegung kann auch nur schwach ausgeprägt, d.h., nur angedeutet sein, z.B. in dem Führen eines Bleistiftes zum Mund oder dem Kauen auf einer Halskette oder dem Kratzen an der Nase/Mund.[633] Überhaupt soll das Positionieren von Gegenständen – bei bestimmten Fragen – zwischen sich und dem Vernehmenden ein Warnhinweis sein.[634] Die Annahme, dass Lügner weniger Blickkontakt mit dem Vernehmer halten würden, ist empirisch falsch.[635] Brown, Walters und Dillingham berichten aus deren praktischen Erfahrung vielmehr, dass sich auch der Strukturbruch **der Zunahme** des direkten Blickkontaktes beobachten lässt.[636] Das Suchen oder Vermeiden von Blickkontakt ist daher weder ein Glaubhaftigkeitsmerkmal, noch ein Lügensignal.

IV. Fantasiesignale mangels Kompetenz des Lügners

1. Allgemeines

232 Es wurde bereits ausgeführt, dass sich eine Aussage, die sich auf ein in der Realität erlebtes Geschehen bezieht, oft anders darstellt als eine erfundene Geschichte, da der Lügner nicht genügend Kompetenz hat, eine erfundene Geschichte ebenso überzeugend wie eine Geschichte, die er vor seinem geistigen Auge wirklich abrufen kann, zu schildern.[637] Der Lügner muss das **Gefährlichkeitskalkül**[638] **bewusst oder unbewusst betreiben**. Er ist genötigt, Umstände, die zu seiner Überführung führen könnten, möglichst gering zu halten. Fantasiesignale lassen sich nicht in allen Lügen finden, zumal der Lügner das Gefährlichkeitskalkül umso weniger beachten muss, je einfacher die Lüge ist und je weniger für den Lügner „auf dem Spiel" steht.[639]

632 Ein amerikanischer früherer Bediensteter des F.B.I. und jetziger Ausbilder für diverse Polizei- und Regierungsbehörden.

633 Vgl. Walters, The Truth About Lying, S. 84 ff.

634 Vgl. hierzu z.B. das Interview des F.B.I. Agenten Bill Brown, http://www.youtube.com/watch?v=E3PAW7zjgPw.

635 Vgl. DePaulo et. al, Cues to Deception, Psychological Bulletin, 2003, S. 93 f.

636 Vgl. Walters, The Truth About Lying, S. 92 und das Interview des F.B.I. Agenten Bill Brown, http://www.youtube.com/watch?v=E3PAW7zjgPw, sowie Dillingham, Dissecting Pinocchio, S. 47.

637 Vgl. Bender/Nack, Tatsachenfeststellung vor Gericht, 2. Aufl., Rn 174.

638 Vgl. Bender/Nack, Tatsachenfeststellung vor Gericht, 2. Aufl., Rn 171.

639 Vgl. Vrij, Detecting Lies and Deceit, S. 43 ff.

2. Unklarheitssignal

233 Wenn die Aussage **unbestimmt oder zweideutig**[640] **bleibt**, so entspricht dies dem Gefährlichkeitskalkül des Lügners.[641] Der Lügner kann sich nämlich dann, wenn er ertappt wird, auf die jeweils andere Alternative der Zweideutigkeit zurückziehen bzw. dass die (unbestimmte) Aussage anders zu verstehen sei. Zwar ist ein Freud'scher Versprecher kein eindeutiges Lügensignal,[642] denn ein Freud'scher Versprecher[643] kann kaum von einem normalen Versprecher abgegrenzt werden,[644] aber die Wortwahl „man" und „wir" kommt in einer Zeugenvernehmung öfter vor und verrät entweder eine Beteiligung des Zeugen oder Identifikation des Zeugen mit einer Partei.

234 Eine dem Gefährlichkeitskalkül entsprechende Unbestimmtheit liegt auch dann vor, wenn die Behauptung mit der Einschränkung „meiner Erinnerung nach", „meines Wissens nach", „soweit ich mich erinnere" etc. eingeschränkt wird. Damit vermeidet der Lügner die Aufdeckung als Lüge, denn er kann sich immer auf einen Irrtum zurückziehen. Das zeigt der Fall *Mollath*.[645] Die Ehefrau von *Mollath* ruft den Sachbearbeiter einer Briefdiebstahlssache an und teilt mit,

> *„dass ihr eingefallen sei, dass Herr Mollath im Besitz einer scharfen Langwaffe sei. Diese habe er von seiner Mutter, Frau Marta Mollath, geerbt. Diese habe ihres Wissens eine WBK (Waffenbesitzkarte) für diese Langwaffe gehabt, bevor sie verstorben ist. Herr Mollath habe eine solche nicht beantragt, die Langwaffe existiere tatsächlich, Frau Mollath habe diese selbst schon in der Hand gehabt, als sie noch in der gemeinsamen Wohnung lebte. Evtl. habe er auch noch eine scharfe Kurzwaffe, da sei sich Frau Mollath aber nicht sicher."*[646]

235 Tatsächlich handelte es sich um ein erlaubnisfreies Luftgewehr, für das niemand eine Waffenbesitzkarte ausstellen musste oder ausgestellt hätte. Durch die Garnierung mit „ihres Wissens" habe die Mutter eine Waffenbesitzkarte gehabt, wird suggeriert, dass es sich um eine scharfe Waffe handelt, was durch die Mutmaßung auf eine Kurzwaffe noch verstärkt wird, während dem Lügner durch eben den Vorbehalt des Irrtums die Lüge vermeintlich nicht vorgeworfen werden kann.[647] Die

640 Vgl. Nack in Ziegert (Hrsg.), Grundlagen der Strafverteidigung, S. 232.

641 Vgl. Bender/Nack, Tatsachenfeststellung vor Gericht, 2. Aufl., Rn 171.

642 Anders aber Bender/Nack, Tatsachenfeststellung vor Gericht, 2. Aufl., Rn 316 ff. u. Nack in Ziegert (Hrsg.), Grundlagen der Strafverteidigung, S. 233, ebenso wohl Trankell, Der Realitätsgehalt von Zeugenaussagen, S. 82, ohne dies als Kriterium aufzuführen, sondern als Beispiel einer Reflexion.

643 Der zudem äußerst selten ist, vgl. Sporer/Köhnken, Nonverbale Indikatoren von Täuschung in Handbuch der Rechtspsychologie, S. 357 m.w.N.

644 Vgl. hierzu auch Füllgrabe, Irrtum und Lüge, S. 60 ff.

645 Der Fall Mollath ist auf der Homepage von Gerhard Strate unter www.strate.net eingestellt und dokumentiert.

646 Strate, Der Fall Mollath, S. 30 f.

647 Vgl. Strate, Der Fall Mollath, S. 32, 34.

Lüge erscheint gerade durch die – unter Vorbehalt – gegebene Zusatzinformation auf den ersten Blick plausibel. Das bedeutet weiter, dass das Verflechtungsangebot (hier Prüfmöglichkeit, ob eine Waffenbesitzkarte für die Mutter ausgestellt wurde) kein Realitätskriterium ist, sondern für eine plausible Lüge gerade gebraucht wird.

Nach den Erfahrungen eines „Codebreakers" der israelischen Armee soll die Umgehung von Possessivpronomen (z.B. „das" Kind statt „meine" Tochter) ein verbales Warnsignal (bzw. Indikator für Distanziertheit, ggf. Antipathie) sein.[648] 236

Praxistipp 237

Kommen in einer Zeugenvernehmung „man" und „wir" vor, so muss unbedingt aufgeklärt werden, wer mit „man" und „wir" gemeint ist.[649] Hierdurch lassen sich oftmals überraschende Erkenntnisse gewinnen, in wessen Lager der Zeuge steht. Auch die Wortwahl von „ich sag jetzt mal", oder „eigentlich, praktisch nicht", offenbart eine Relativierung der Aussage, die unbedingt weiter aufgeklärt werden muss.[650]

Dillingham berichtet von der verräterischen Wortwahl „wir" bei einem angeblichen Vergewaltigungsopfer. Nach seiner polizeilichen Erfahrung ist es ungewöhnlich, wenn das angebliche Opfer von „wir" berichtet, also z.B. mitteilt, „als **wir** in das Schlafzimmer gingen", oder nach der Tat „gingen **wir** auf eine Party" etc., statt den Täter mit „er" zu bezeichnen. Mit anderen Worten: Wenn das kooperative „wir" in Situationen genannt wird, in denen das wenig zusammenpasst, ist das ein Warnsignal.[651] 238

Überhaupt ist das Unklarheitssignal kein **strenges Lügensignal**, da es auch in gutgläubigen Fantasiegeschichten vorkommt.[652] 239

3. Unterwürfigkeitssignal

Übertriebene Schmeicheleien der Verhörsperson gegenüber oder **Herauskehrung der eigenen Hilflosigkeit**[653] soll oft den Vernehmer für den Zeugen einnehmen und dadurch unkritischer machen.[654] Die Schwierigkeit dieses Kriteriums liegt darin, zu unterscheiden, wann das Verhalten der Auskunftsperson „übertrieben" ist. Der Vorsitzende einer Jugendschutzkammer führt aus: „Bei erwachsenen Zeugen können Tränen trügerisch sein, bei unseren Zeugen nicht [...]".[655] Daher kann die- 240

648 Vgl. Gordon/Fleisher, Effective Interviewing & Interrogation Techniques, S. 43.
649 Vgl. Nack in Ziegert (Hrsg.), Grundlagen der Strafverteidigung, S. 232.
650 Vgl. De Vries, Einführung in die Kriminalistik für die Strafrechtspraxis, Rn 340.
651 Vgl. Dillingham, Dissecting Pinocchio, S. 28 f.
652 Vgl. Nack in Ziegert (Hrsg.), Grundlagen der Strafverteidigung, S. 232.
653 Vgl. Nack in Ziegert (Hrsg.), Grundlagen der Strafverteidigung, S. 232.
654 Vgl. Bender/Nack, Tatsachenfeststellung vor Gericht, 2. Aufl., Rn 325.
655 Vgl. Undeutsch, Handbuch der forensischen Psychologie, 11. Bd., S. 124, 124 m.w.N.

ses Kriterium nur als Mahnung zur besonderen Aufmerksamkeit dem Zeugen gegenüber dienen statt als analytisches Kriterium. Jedenfalls ist nach Berichten aus der Praxis besondere Vorsicht gegenüber einem „zu hilfsbereiten“[656] oder zu höflichen[657] Zeugen geboten.

4. Dreistigkeitssignal

241 Je mehr Gegenangriffe die Auskunftsperson startet,[658] d.h. dummdreiste Frechheiten, Gegenangriffe oder Vorwegverteidigung (noch bevor ein entsprechender Vorwurf erhoben wurde[659]), umso mehr sollte man der Aussage misstrauen.[660]

242 Dreistigkeit und Unterwürfigkeit schließen sich nicht aus Es handelt sich hier nicht um charakterologische Gegensätze,[661] denn „wer zunächst noch ‚unterwürfig‘ war, kann – wenn die Masche nicht zieht – ins Gegenteil umschlagen.“[662] Das Dreistigkeitskriterium erklärt sich aus dem psychologischen Phänomen der **Projektion**, „d.h. der Lügner bezichtigt in überzogener Ausdrucksweise die Gegenseite der Lüge“.[663] Oder aber, wer einen anderen mittels einer Waffe verletzt, behauptet, das Opfer sei zuvor mit der Waffe auf ihn losgegangen.[664] Der Gegenangriff kommt auch als Kriterium der Flucht durch Gegenangriff vor. Das **Dreistigkeitssymptom** zeigt sich auch noch insb. in der **Vorwegverteidigung** und dem **Entrüstungssymptom**.[665] Wer sich vorweg verteidigt, d.h., noch bevor jemand einen Vorwurf erhoben hat, vermutet, dass der andere einen entsprechenden Vorwurf erheben wird und offenbart Unsicherheit. Diese Unsicherheit kann symptomatisch für die mangelnde Kompetenz des Lügners sein. Der Lügner hat die Geschichte nicht erlebt, sodass er für die erzählte Geschichte nicht kompetent ist. Hieraus resultiert die Angst, überführt zu werden, sodass der Lügner durch die Vorwegverteidigung gegen einen entsprechenden, von ihm vermuteten Verdacht des Zuhörers und die Verneinung dieses Verdachts diesen gar nicht aufkommen lassen will. Aus demselben Grund ist übertriebene Entrüstung ein Lügensignal. Denn auch hier hat der Lügner nicht die

656 Vgl. Nance, Conquering Deception, S. 33.

657 Vgl. Walters, The Truth About Lying, S. 132.

658 Vgl. Bender/Nack, Tatsachenfeststellung vor Gericht, 2. Aufl., Rn 335.

659 Nach den Erfahrungen des Code-Breakers der israelischen Armee, Avinoam Sapir, soll das aber eher ein Wahrheitssignal sein, Vgl. Gordon/Fleisher, Effective Interviewing & Interrogation Techniques, S. 42 f.

660 Vgl. Nack in Ziegert (Hrsg.), Grundlagen der Strafverteidigung, S. 234; vgl. Bender/Nack, Tatsachenfeststellung vor Gericht, 2. Aufl., Rn 335, vgl. Altavilla, Forensische Psychologie, Bd. II, Die Psychologie der Strafprozessbeteiligten, S. 247.

661 Vgl. Bender/Nack, Tatsachenfeststellung vor Gericht, 2. Aufl., Rn 337.

662 Nack in Ziegert (Hrsg.), Grundlagen der Strafverteidigung, S. 234.

663 Bender/Nack, Tatsachenfeststellung vor Gericht, 2. Aufl., Rn 338; vgl. auch Undeutsch, Handbuch der forensischen Psychologie, 11. Bd., S. 119, m.w.N.

664 Vgl. Bender/Nack, Tatsachenfeststellung vor Gericht, 2. Aufl., Rn 338.

665 Vgl. Bender/Nack, Tatsachenfeststellung vor Gericht, 2. Aufl., Rn 338.

Kompetenz, auf irgendeinen Vorwurf sachlich zu erwidern, sodass er die mangelnde Kompetenz mit Entrüstung zu kompensieren versucht.

Ein interessantes Beispiel zur Vorwegverteidigung wäre z.B., wenn der Verdächtige eines Kapitalverbrechens ohne entsprechenden Vorhalt von Blutspuren an seiner Kleidung erklärt, dass er Nasenbluten hatte und etwaige Blutspuren an seiner Kleidung nur darauf zurückzuführen sein könnten.[666] **243**

Die Dreistigkeit kann sich auch in der Maßlosigkeit im Erfinden immer neuer Lügen zeigen.[667] **244**

5. Bestimmtheitssignal und Wahrheitsbeteuerungssignal

Demonstrative Beteuerungen der Wahrheit[668] und der Sicherheit der Erinnerung sollen eher Lügensignale als Indikatoren für die Richtigkeit der Aussage sein.[669] Nach anderer Ansicht lassen sich aus der Bestimmtheit, mit der eine Aussage vorgebracht wurde, **keine Rückschlüsse auf die Glaubwürdigkeit oder Unglaubwürdigkeit ziehen**. Auch der Zeuge, der die Wahrheit spricht, kann seine Aussage mit großer Bestimmtheit machen.[670] **Diese Ansicht ist vorzuziehen, d.h., aus der Bestimmtheit einer Aussage lässt sich nichts ableiten.**[671] Schwüre (z.B. „ich schwöre beim Tode meiner Mutter/Vater etc.") sollen nach den Erfahrungen von Nance ein Warnsignal sein.[672] Die deutsche Praktikerliteratur berichtet ebenfalls, dass man besonders kritisch sein sollte, wenn ein Zeuge von sich aus den Eid anbietet.[673] **Auch die subjektive Sicherheit einer Identifizierung ermöglicht keinen Rückschluss auf die Verlässlichkeit.**[674] Umgekehrt bedeutet dies aber auch folgenden **245**

Praxistipp **246**

Jede richterliche Beweiswürdigung ist falsch, die ausführt, dass das Gericht der Aussage folgt, da der Zeuge seine Aussage bestimmt und sicher gemacht habe.[675] Auch die Frage an den Zeugen, wie gut dessen Erinnerung sei, ist sinnlos.

666 Vgl. Meixner, Der Indizienbeweis, S. 45.

667 Vgl. Undeutsch, Handbuch der forensischen Psychologie, 11. Bd., S. 119, m.w.N.

668 Vgl. Bender/Nack, Tatsachenfeststellung vor Gericht, 2. Aufl., Rn 328; vgl. Undeutsch, Handbuch der forensischen Psychologie, 11. Bd., S. 119 m.w.N.; vgl. Dimitrius/Mazzarella, reading people, S. 161.

669 Vgl. Nack in Ziegert (Hrsg.), Grundlagen der Strafverteidigung, S. 233.

670 Vgl. Arntzen, Psychologie der Zeugenaussage: System der Glaubhaftigkeitsmerkmale, 3. Aufl., S. 114.

671 Vgl. auch Döhring, Die Erforschung des Sachverhalts im Prozess, S. 73.

672 Vgl. Nance, Conquering Deception, S. 179, ebenso der amerikanische Polizeiausbilder Dillinham, Dissecting Pinocchio, S. 25.

673 Vgl. De Vries, Einführung in die Kriminalistik für die Strafrechtspraxis, Rn 340.

674 Vgl. Nöldeke, Zum Wiedererkennen des Tatverdächtigen bei Gegenüberstellungen und Bildvorlage, NStZ 1982, S. 193 f.

675 Vgl. Bender/Nack, Tatsachenfeststellung vor Gericht, 2. Aufl., Rn 328.

Das Vertrauen in die Zuverlässigkeit der eigenen Erinnerung ist kein Indikator für eine glaubhafte Aussage oder tatsächlich zutreffende Wahrnehmung.[676] Auch ist zu beobachten, dass Zeugen, die nur durch Suggestivfragen irrtümlich zu bestimmten Aussagen gelangt sind, von diesen oft besonders überzeugt sind[677] und im Vertrauen auf die Richtigkeit sogar Geld wetten würden.[678]

247 Empirische Untersuchungen belegen zudem, dass die Trefferquote der Zeugen, die sich zu „100 %ig sicher“ ausgeben, nur 85–90 % beträgt.[679] Es ist also immer wieder zu beobachten, „dass Menschen oft mit großer subjektiver Sicherheit von der Richtigkeit ihrer vermeintlichen Gedächtnisinhalte überzeugt sind, auch dann, wenn diese in wesentlichen Punkten nicht dem entsprechen, was tatsächlich geschehen ist.“[680] Ein Beispiel aus einem Vergewaltigungsfall, in dem der Verurteilte seine Unschuld nach 22 Jahren Haft beweisen konnte:

248 „Es gab nicht viele Menschen, die noch an die Unschuld von Willie ‚Pete‘ Williams geglaubt hatten [...]. Die Justiz des US-Bundesstaates Georgia jedenfalls hegte keinerlei Zweifel mehr am Schuldspruch der Geschworenen [...] wegen Entführung und Vergewaltigung [...]. Schließlich hatten das damalige Opfer sowie eine andere Frau, die fünf Tage zuvor ebenfalls auf einem Parkplatz überfallen und brutal misshandelt worden war, den angeblichen Täter ‚eindeutig‘ identifiziert. [...]. Der schiere Zufall wollte es, dass der entscheidende Beweis seiner Unschuld – ein Fetzen medizinischer Gaze mit der genetischen Spur des wahren Täters – nicht längst vernichtet worden war [...]. Das Opfer von 1985 ist noch heute überzeugt, dass Williams ihr Vergewaltiger war. Weder dessen Unschuldsbeteuerungen noch seine DNS haben sie vom Gegenteil überzeugen können.“[681]

249 *Praxishinweis*

In Vergewaltigungsfällen ist die Verteidigung in der Konstellation „Aussage gegen Aussage“ de facto chancenlos, wenn eine attraktive Zeugin mit dem Finger auf den Angeklagten zeigt und sagt: „Er war es. Ich war so schockiert, dass ich

676 Vgl. Jansen, Zeuge und Aussagepsychologie, Rn 292 m.w.N.; vgl. auch Greuel, Wirklichkeit – Erinnerung – Aussage, S. 92 f.; vgl. Milne/Bull, Psychologie der Vernehmung, S. 45 m.w.N.; vgl. auch McKenzie/Dunk, Identification parades: psychological and practical realities, in Analysing Witness Testimony, S. 178; vgl. auch Fife-Schaw, The influence of witness appearance and demeanour on witness credibility, in Analysing Witness Testimony, S. 254; vgl. Ainsworth, Psychology, Law and Eyewitness Testimony, S. 44 f.; vgl. Loftus, Eyewitness Testimony, S. 100 f., Vgl. Bender/Nack/Treuer, Tatsachenfeststellung vor Gericht, 3. Aufl., Rn 131.

677 Vgl. Ainsworth, Psychology, Law and Eyewitness Testimony, S. 50 m.w.N.

678 Vgl. Ainsworth, Psychology, Law and Eyewitness Testimony, S. 62.

679 Vgl. Deffenbacher, Eyewitness Accuracy and Confidence: Can we Infer Anything about their Relationship?, Law and Human Behavior 1980, S. 243 bis 260, zitiert nach Schweizer, Mark, Kognitive Täuschungen vor Gericht, Dissertation Universität Zürich, S. 263 Fn 1228.

680 Hermanutz/Litzcke, Vernehmung in Theorie und Praxis, S. 85.

681 „Im Zweifel gegen den Angeklagten“, SZ v. 26.1.2007, S. 10 (Autor Christian Wernicke).

sein Gesicht niemals vergessen werde."[682] Ebenso ist die Verteidigung chancenlos, wenn die Zeugin für die Prozessbeobachter ersichtlich emotional – zu Recht oder aus Irrtum – ergriffen ist: „Das Landgericht hat sich aufgrund der Zeugenaussage der Nebenklägerin von der Täterschaft des Angeklagten hinsichtlich der Vergewaltigung überzeugt. Die Zeugin habe das Wiedererkennen ‚mit dem auffälligen Hautbild und Rötungen und Narben, entscheidender mit dessen Augen' und dem ‚von ihr als besonders empfundenen Blick' (UA S. 15) begründet. Zudem habe der Kreislauf der Zeugin versagt, als sie bei einer Wahlgegenüberstellung im Polizeipräsidium Potsdam den Angeklagten erkannt habe (UA S. 16)."[683]

Aufgrund dieser und anderer Fehlurteile wegen fehlerhafter Identifizierungen wurde im Staate New York der Vollzug der Todesstrafe ausgesetzt. Die Gründer des Innocence Projects Scheck und Neufeld mahnen auf Basis ihrer statistischen Daten, in Indizienprozessen weitaus weniger den Aussagen von Augenzeugen und Opfern zu trauen.[684] Der oberste Gerichtshof des Staates (New York Court of Appeals) hat 2004 dieTodesstrafenregelung für verfassungswidrig erklärt (im Fall *People v. LaValle*).[685] **250**

Auch die Gegenansicht, die der Bestimmtheit den Charakter eines Lügensignals zuweist, räumt ein, dass dies nur bei „übertriebener" Bestimmtheit sein soll.[686] Für die Gerichtspraxis stellt sich dann aber die meist nicht mehr beantwortbare Frage, wann die Bestimmtheit der Aussage übertrieben ist. Hier wird es auf die Persönlichkeit des Zeugen ankommen, die in der mündlichen Verhandlung ohnehin nicht geklärt werden kann. Die Bestimmtheit einer Aussage sollte weder als Signal für noch gegen die Glaubwürdigkeit angesehen werden, sondern nur als weitere Mahnung, die Aussage genauestens zu analysieren. Gleiches gilt, wenn in die Aussage rhetori- **251**

682 Vgl. Loftus, Eyewitness Testimony, S. V; vgl. auch Geipel/Nill, Die Problematik der Beurteilung der Zeugenaussage im ordentlichen Verfahren – oder praxisrelevante Irrtümer, DRiZ, 2007, S. 250 ff.; vgl. auch Geipel, Die geheimen contra legem Regeln im ordentlichen Prozess, AnwBl 2005, S. 784 ff.

683 LG Potsdam, Az. unbekannt, Ausgangsfall, der die Verurteilung aufhebenden Revisionsentscheidung des BGH, StV 2009, S. 454 ff. = 5 StR 344/07.

684 Vgl. „Im Zweifel gegen den Angeklagten", SZ v. 26.1.2007, S. 10 (Autor Christian Wernicke).

685 1972 erklärte der Supreme Court of the United States im Urteil Furman v. Georgia bestehende Todesstrafengesetze für verfassungswidrig, weil sie willkürlich angewendet wurden. 1976 entschied der Supreme Court in Gregg v. Georgia, dass die Todesstrafe grundsätzlich zulässig ist, wenn klare gesetzliche Leitlinien bestehen. 1995 wurde die Todesstrafe in New York wieder eingeführt, allerdings kam es zu keiner Hinrichttung mehr. Allerdings kann auf Bundesebene („federal") für bestimmte schwere Straftaten weiterhin die Todesstrafe verhängt und vollzogen werden, auch wenn diese in New York begangen wurden.

686 Vgl. Bender/Nack, Tatsachenfeststellung vor Gericht, 2. Aufl., Rn 329; Nack in Ziegert (Hrsg.), Grundlagen der Strafverteidigung, S. 233.

sche Fragen an den „Gegner“ wie: „Erinnerst Du Dich nicht?“ eingeflochten werden.[687]

6. Begründungssignal

252 Zwar sind Begründungen an sich kein Grund, der Aussage zu misstrauen, jedoch wird dies anders, wenn der Zeuge statt (zu erwartender) Fakten **Begründungen** liefert.[688] Das muss freilich nicht unbedingt auf eine Lüge hindeuten, ggf. aber auf eine Schlussfolgerung statt eigener Wahrnehmung („dann müssen wir dort gewesen sein“).[689] Wird die Schlussfolgerung nicht offengelegt, aber gleichwohl nur „begründet“, entspricht dies mangels Kompetenz dem Gefährlichkeitskalkül und andererseits handelt es sich auch hier um das Fehlen des Detailkriteriums. **Der Aussagende liefert keine Details, sondern Begründungen. Diese sind typisch für Schlussfolgerungen oder von Anfang an nicht Erlebtes.** Begründungen können aufgrund der Selektivität der Wahrnehmung bzw. Erinnerung sowohl in gutgläubig falschen Aussagen vorkommen als auch in erfunden Geschichten. Entscheidend ist, ob der Aussagende nur selektiv wahrgenommen hat und deshalb schlussfolgert oder ob der Aussagende gar nicht wahrgenommen hat. Die Grenzziehung zum Lügensignal erfolgt daher dort, wo der Aussagende aufgrund der Erkenntnisse der Wahrnehmung wahrgenommen haben und noch erinnern müsste (z.B. im Kerngeschehen), aber gleichwohl keine Wahrnehmungen, sondern Schlussfolgerungen/Begründungen liefert.

253 Als Warnzeichen dienen Begründungen bei Zeugen, die bereits potentielle Tatverdächtige sind. Ein interessantes Beispiel kann dem Werk von Bindig, Der Verhörspezialist, entnommen werden. Ein Zeuge (freiwilliger Feuerwehrmann Kramer) wird vernommen: ‚Haben Sie etwas mit den Bränden zu tun?’ fragte ich [KHK Bindig]. ‚Nein, natürlich nicht’, erklärte er im Brustton der Überzeugung. ‚Erstens würde ich mir damit meine Kameradschaft verderben. Zweitens kann man als Brandstifter kein Feuerwehrmann mehr sein. Drittens würde ich meine Arbeit verlieren. Und viertens: Wie würde denn meine Frau reagieren? Nein, das kann ich mir nicht leisten’. In meinen Ohren hatte Herr Kramer mit dieser Antwort so etwas wie ein Geständnis herausgelegt, auch wenn wir davon noch meilenweit entfernt waren […] Wer mit einer solchen Aufzählung aufschlägt, hat sich vorher gründlich mit der Frage beschäftigt und Argumente gesammelt, warum er es nicht gewesen sein kann.“[690]

687 Vgl. Altavilla, Forensische Psychologie, Bd. II, Die Psychologie der Strafprozessbeteiligten, S. 253.

688 Vgl. Bender/Nack, Tatsachenfeststellung vor Gericht, 2. Aufl., Rn 339; vgl. Nack in Ziegert (Hrsg.), Grundlagen der Strafverteidigung, S. 234.

689 Vgl. De Vries, Einführung in die Kriminalistik für die Strafrechtspraxis, Rn 340.

690 Bindig, Der Verhörspezialist, S. 103 f.

7. Kargheitssignal

Auch dieses Kriterium ergibt sich einerseits aus dem Gegenstück des Detailkriteriums und andererseits aus der mangelnden Kompetenz des Lügners. Es wurde oben bereits ausgeführt, dass das Detailkriterium eine notwendige, aber keine hinreichende Bedingung für eine glaubwürdige Aussage ist. D.h., eine glaubwürdige Aussage müsste jedenfalls anschauliche, flüssige Details[691] auch in Nebenpunkten enthalten. Wenn die Aussage jedoch keine Details enthält oder diese 254

- **karg, abstrakt**[692] (so wie jeder andere die Geschichte auch schildern könnte, der sich die Geschichte ausdenkt) und
- **glatt** (also das Gegenstück zum Komplikationsmerkmal) und/oder
- **zielgerichtet** (d.h., konsequent auf das Beweisthema ausgerichtet und darauf beschränkt) sind,

desto mehr sollte man einer Aussage misstrauen.[693]

> *Beispiel 1* 255
>
> Der Kläger (Herr Mohn) erhielt von seinem Versicherungsmakler (Herrn Wolf) eine Rechnung und bezahlte diese. Später trug der Kläger vor, dass die Rechnungsstellung nicht richtig gewesen sei, da ursprünglich mit dem leitenden Angestellten (Herrn Lesch) des Versicherungsmaklers Unentgeltlichkeit vereinbart worden sei. An diese Zusage müsse sich der Makler halten, so dass der Makler den gezahlten Betrag gem. §§ 812 ff. BGB schulde. Der Makler teilte im Verfahren mit, dass der Kläger ihm den Betrag geschenkt habe.[694]

256

Wahre Aussage	Unwahre Aussage
Die Ehefrau des Klägers wird vernommen. Zur Sache: Herr Wolf rief bei uns an und fragte, ob mein Mann die Schulden schon bezahlt habe. Ich habe Herrn Wolf erzählt, dass mein Mann im Krankenhaus liegen würde und ich ihn bei meinem nächsten Besuch wegen der Schulden fragen würde. Ich habe das dann meinem Mann auch so erzählt. Zu dem Zeitpunkt lag er noch im Krankenhaus. Herr	Ein Angestellter des Beklagten wird vernommen.[695] Zur Sache: Bei dem Treffen zwischen dem Ehepaar Mohn und Herrn Wolf war ich dabei. Herr Wolf und ich saßen uns Schreibtisch an Schreibtisch gegenüber und davor war der sogenannte Servicebereich, wo das Ehepaar Mohn saß. Es ging um eine Rechnung, die von dem Ehepaar Mohn zu bezahlen war.

691 Vgl. Bender/Nack, Tatsachenfeststellung vor Gericht, 2. Aufl., Rn 174.

692 Vgl. Bender/Nack, Tatsachenfeststellung vor Gericht, 2. Aufl., Rn 342.

693 Vgl. Nack in Ziegert (Hrsg.), Grundlagen der Strafverteidigung, S. 235.

694 Fall nach AG München – 264 C 1317/08 n.V.

695 Der Angestellte wurde vom Gericht zu Recht als unglaubwürdig bezeichnet. Dessen Aussage war mit sonstigen Schriftstücken des Beklagten nicht zu vereinbaren.

Wahre Aussage	Unwahre Aussage
Wolf rief dann wieder bei mir an. Ich habe ihm dann gesagt, dass mein Mann noch immer im Krankenhaus liegen würde, wir aber bei ihm vorbeikommen würden, sobald er entlassen ist, um unsere Schulden zu bezahlen. Nach der Entlassung aus dem Krankenhaus bin ich mit meinem Mann zusammen zu Herrn Wolf gefahren. Mein Mann zahlte dann die 1.000 EUR, wollte hierfür aber noch eine Quittung haben. Ich habe zu Herrn Wolf gesagt, dass die 1.000 EUR aber schon teuer wären. 1.000 EUR seien viel Geld. Daraufhin hat uns der Wolf 250 EUR wieder zurückgegeben. Es war nie die Rede davon, dass die 750 EUR oder die 1.000 EUR ein Geschenk unsererseits sein sollten. Nur Herr Wolf sagte zu uns, dass er uns die 250 EUR zurückschenken würde. Herr Wolf hat mich 2- oder 3-mal angerufen, um mich zu fragen, wann er sein Geld bekäme. Der Herr Wolf sagte zu uns, dass mein Mann ihm die 1.000 EUR schulden würde. Da wir keine Schulden haben wollen, waren wir auch bereit, diesen Betrag zu bezahlen. Es war aber keinesfalls so, dass mein Mann das Geld aus Dankbarkeit für seine Tätigkeit hat zahlen wollen. Bei dem Treffen dabei waren mein Mann und ich und der Wolf. Es war auch noch ein Mann im Raum, der irgendwie kopiert oder anderes getan hat. Ich weiß nicht, wer dieser Mann war. Ich habe ihn nicht gekannt. Auf Frage des Beklagtenvertreters: Ich weiß nicht mehr, von wann bis wann mein Mann im Krankenhaus war. Es ist aber schon lange her, außerdem war mein Mann	Der Betrag war, glaube ich 1.000 EUR oder 1.050. Ich kann mich noch daran erinnern, dass Herr Wolf mehrfach erwähnte [Warum?], dass Herr Mohn die Rechnung nicht zahlen müsse und wenn er jetzt gehen würde, wäre das auch o.k. Es ging dann hin und her und Herr Wolf schlug schließlich vor, dass das Ehepaar Mohn 750 EUR zahlen solle und die Sache dann erledigt sei [was genau ging hin und her und was erwiderte das Ehepaar?]. Ich kann mich auch noch daran erinnern, dass Herr Mohn gesagt hat, dass er ohne die Unterstützung durch die Firma auf einem großen Schaden sitzengeblieben wäre. Die Parteien einigten sich dann auf die 750 EUR [wie genau lief die Einigung?] und als Außenstehender hatte ich das Gefühl, dass alle damit einverstanden und zufrieden waren. Auf Frage: Wenn ich sagte, dass das Gespräch immer hin und her ging, meinte ich damit, dass Herr Mohn sagte, dass die Firma Expertentum ihm sehr geholfen habe und dass ihm das wert sei. Ich kann mich nicht erinnern, dass es auch um die Höhe der Rechnung gegangen sei. Interessant fand ich in diesem Zusammenhang auch, dass Herr Mohn das Geld in bar dabei hatte. Auf Frage des Beklagtenvertreters: Ich bin aus dem Unternehmen Ende 2006 Anfang 2007 ausgeschieden. Ich kann mich nicht erinnern, ob Herr Mohn nach diesem Treffen am 7.11.2006 dem Herrn Wolf noch weitere Aufträge erteilt hat, aus Versicherungsverträgen Gelder zu realisieren. Der Herr Wolf hat mir erzählt, dass der Herr Mohn das Geld wieder zurückfordern würde. Wenn mir die zwei Schreiben vorgelegt werden, weiß ich nicht, ob es diese zwei Schrei-

Wahre Aussage	Unwahre Aussage
schon mehrfach im Krankenhaus. In dem fraglichen Zeitraum war mein Mann schwer krank, er hat ja auch einen Stent hineinbekommen. Ich glaube, dass er 6 Tage im Krankenhaus war. Ich glaube, dass ich Herrn Wolf das erste Mal bei diesem besagten Treffen gesehen habe. Die Person, die mich anrief, sagte, dass sie Herr Wolf sei. Die Stimme des Anrufers erkannte ich nicht. Der Name Wolf war mir aber von meinem Mann bekannt. Von ihm wusste ich, dass der Herr Lesch, den ich kannte, mit dem Herrn Wolf zusammenarbeitet. Ich wusste auch über meinem Mann, dass Herr Wolf und Herr Lesch sich irgendwie zerstritten haben. Wann ich von dem Streit zwischen den beiden erfahren habe, weiß ich aber nicht mehr. Ich weiß nicht mehr, was mein Mann gesagt hat bzw. wie er reagiert hat, als ich ihm von dem Telefonat mit Herrn Wolf erzählt habe. Bei dem Treffen mit Herrn Wolf saßen wir meiner Erinnerung nach am Tisch. Mein Mann hatte das Geld in der Hand. Ich möchte keine Schulden haben und wenn dem Herrn Wolf das Geld zusteht, dann steht es ihm auch zu. Ich fand nur, dass es sehr viel Geld war. Der Herr Wolf nahm die 1.000 EUR an sich und gab uns, nachdem ich sagte, dass dies aber viel Geld sei, 250 EUR wieder zurück. Ich habe mich bei Herrn Wolf dafür bedankt. Anschließend sind wir gegangen. Ich kann mich noch daran erinnern, dass ich zu Herrn Wolf sagte, dass wir nun aber keine Schulden mehr hätten. Ich weiß nicht, ob mein Mann an Herrn Wolf ein Schreiben geschickt hat, indem er das Geld zurück haben wollte.	ben waren oder andere. Ich weiß auch nicht, ob ich die Schreiben wirklich gesehen habe oder ob ich von der Geschichte nur aus den Erzählungen des Herrn Wolf weiß. Auf Frage des Klägervertreters: Ich weiß nicht mehr, ob der Herr Mohn bei dem Treffen die Rechnung dabei hatte. Ich weiß auch nicht, ob auf einer Rechnung ein Vermerk angebracht worden ist. Ich habe mitbekommen, dass Herr Wolf eine Quittung ausgestellt hat. Über den Schadensfall Mohn an sich weiß ich gar nichts, da ich zu diesem Zeitpunkt noch nicht im Unternehmen war. Bis Juli 2007 habe ich noch weiter mit Herrn Wolf zusammengearbeitet. [Der Beklagtenvertreter stellte Antrag auf Beeidigung des Zeugen. Der Zeuge legte den Eid ab.] **Hinweis:** Die Beeidigung eines Zeugen hilft i.d.R. nicht weiter; wer zur unwahren Aussage entschlossen ist, leistet auch den Meineid.[696] Warum Herr Wolf überhaupt eine Rechnung stellt, wenn er Herrn Mohn das Geld schenken will, warum er mehrfach erwähnen soll, dass die Rechnung nicht zu bezahlen sei, bleibt unklar. Die Aussage ist glatt und zielgerichtet auf das Beweisthema (Wissen der Nichtverpflichtung zur Zahlung und dennoch erfolgtes Einverständnis mit einer Zahlung) ausgerichtet.

696 Vgl. De Vries, Einführung in die Kriminalistik für die Strafrechtspraxis, Rn 340.

Wahre Aussage	Unwahre Aussage
Das Diktat wurde mitgehört und als richtig genehmigt.	

257 *Beispiel 2*

Die Klägerin verlangt von den Erben ihres früheren Vermieters die Rückzahlung einer Kaution. Zuerst behauptet sie, die Kaution überwiesen zu haben. Als sie aufgefordert wird, den Buchungsbeleg vorzulegen, behauptet sie eine Barzahlung und legt die Kopie einer Quittung vor. Als sie aufgefordert wird, das Original der Quittung vorzulegen, benennt sie ihre Mutter (M.) als Zeugin der Geldübergabe, denn das Original sei verloren. Die Zeugin (M.). sagte wie folgt aus:

„Zur Sache:

Wir sind am 2.1. nach München, dann wurde das Geld übergeben. Mehr weiß ich nicht mehr.

Auf Frage des Gerichts:

Welches Jahr es war, das weiß ich nicht mehr. Ich weiß nur noch, dass meine Tochter im November in die Wohnung gezogen ist.

Auf Frage des Gerichts:

Ich kann mich daran erinnern, dass es am 2. Januar war, weil wir uns frohes Neujahr gewünscht haben. Ich habe inzwischen einen Schlaganfall gehabt und deswegen ist es sehr schwierig mit den Daten mit dem Merken.

Auf Frage des Gerichts:

Als Frau E. und meine Tochter das gemacht haben, da war ich dabei gesessen. Also d.h., wo das Geld übergeben wurde.

Auf Frage des Gerichts:

Das Geld wurde in Scheinen übergeben. Was für Scheine es waren, das weiß ich nicht mehr. Ich weiß nicht mehr, wie meine Tochter an das Geld gekommen ist. D.h., ob sie es abgehoben hat oder anders.

Auf Frage des Gerichts:

Die Geldübergabe fand im Wohnzimmer von Frau E. statt.

Die Zeugin bekommt von dem Gericht die Quittung vorgelegt, welche die Klagepartei mit der Klage eingereicht hat.

Die Zeugin sagt: ich bin sicher, dass dies das Dokument ist, auf dem Frau E. bestätigt hat, dass sie das Geld bekommen hat. Ich weiß nicht mehr, wer die Quittung vorgeschrieben hat mit der Maschine. Ich glaube, Frau E. hat dieses Dokument in unserem Beisein unterschrieben.

Auf Frage des KV, erklärt die Zeugin:

Das Geld wurde in dem Januar gezahlt, welcher auf den November folgte, in dem meine Tochter eingezogen ist.

Auf Vorhalt, dass im Mietvertrag steht, dass der Einzug 1994 erfolgte, erklärt die Zeugin, dass sie sich nicht mehr genau an Daten erinnern könne.

Die Zeugin erklärt, dass sie das Datum und den Zeitraum nicht beschwören könne.

Auf nochmaliges Nachfragen des Gerichts, erklärt die Zeugin, dass sie sich an den Vorgang der Geldübergabe jedoch mit absoluter Sicherheit erinnern könne.

Es werden keine weiteren Fragen an die Zeugin gerichtet.

Auf Diktat genehmigt. Auf Vorspielen wird allseits verzichtet.

Der Beklagte stellt einen Antrag auf Vereidigung der Zeugin.

Es ergeht sodann folgender

Beschluss.

Die Zeugin wird vereidigt."

Das Gericht entschied sodann falsch, denn die Aussage war gelogen, wie folgt **258**
(eine genauere Analyse hätte ergeben, dass die Zeugin nur das weiß, was sie wissen muss; dies garniert sie mit guten Neujahrswünschen, was sich aus der Datierung der Quittung zum 2.1.1996 quasi von selbst ergibt):

„Nach der Überzeugung des Gerichts hat die Klägerin am 2.1.1996 eine Kaution in Höhe von DM 5.000,– an die Rechtsvorgängerin des Beklagten, Frau E., erbracht. Dies ergab die glaubhafte Aussage der Zeugin M. Die Zeugin gab an, dass sie bei der Geldübergabe, welche im Wohnzimmer von Frau E. stattfand, dabei war und sah, wie ihre Tochter, die Klägerin, das Geld in Scheinen an Frau E. übergab.

Die Zeugin gab ferner an, dass bei der Geldübergabe Frau E. die als Anlage zur Klage in Kopie vorliegende Quittung unterschrieb. Zwar war die Zeugin sich nicht mehr sicher, in welchem Jahr die Kaution geleistet wurde. Dies ist jedoch angesichts der Tatsache, dass dieses Ereignis bereits über 10 Jahre zurückliegt und die Zeugin sich nach eigenen Angaben wegen eines Schlaganfalles an Daten nicht mehr so genau erinnern kann, nachvollziehbar. Die Zeugin konnte sich dagegen genau daran erinnern, dass die Geldübergabe am 2.1. stattfand, da man sich „frohes Neujahr" wünschte.

Die Zeugin zeigte bei der Aussage nur eine Erinnerungslücke bezüglich des Jahres, berichtete, aber im Übrigen widerspruchsfrei und glaubhaft. Für die Glaubwürdigkeit spricht auch, dass die Zeugin bereit war, ihre Aussage zu beschwören."

V. Fantasiesignal aufgrund Unvereinbarkeit mit Erkenntnissen der Wahrnehmung und der Erinnerung

1. Allgemeines

259 Da der Lügner mit seiner Geschichte überzeugen möchte,[697] bringt er oftmals Tatsachenschilderungen in der Hoffnung, diese würden überzeugen und keinen Zweifel mehr zulassen, die aber tatsächlich mit den Erkenntnissen der Wahrnehmung- und/oder Erinnerung nicht zu vereinbaren sind. Die folgenden Fallgruppen stellen keine strikt von den vorhergehenden Fallgruppen abzugrenzenden Gruppen dar, sondern beinhalten Überschneidungen.

2. Über-Genauigkeitsymptom

260 Sollte der Zeuge Details anbieten, von denen nach den **Erkenntnissen der Wahrnehmung** und der **Arbeitsweise des Gedächtnisses** anzunehmen ist, dass der Zeuge die Details entweder von Anfang an **nicht wahrgenommen** hat oder jedenfalls wieder vergessen hat, so handelt es sich um ein Lügensignal.[698]

261 „Ein geschickter Lügner weiß darum, dass er Details anbieten muss. Wenn ihm geglaubt werden soll. In seinem Bestreben, zu überzeugen, wird er aber gerade dort mit einer Genauigkeit Details vorbringen, wo sie nach unserer Kenntnis von der Irrtumslehre gar nicht wahrgenommen zu werden pflegen oder rasch wieder vergessen werden, also insbesondere Daten, Zahlen, Namen usw."[699]

262 Ein Beispiel kann ein Zeuge sein, der sich nach geraumer Zeit noch an die exakte Uhrzeit erinnert haben will: „Auffällig erscheint auch, dass der Angeklagte die Alibizeugin L. erstmals in der Hauptverhandlung benannt hat und dass sich diese Zeugin heute noch so genau an den Blick auf die Uhr und die damals abgelesene Zeit erinnern will."[700]

263 *„Detailarmut kann ebenso ein Warnsignal sein wie übertriebener Detailreichtum ... Vorsichtig ist dagegen geboten bei Details, insbesondere Zahlen und Uhrzeiten, die sich erfahrungsgemäß schlecht dem Gedächtnis einprägen, die sich aber – eben deswegen!- kaum überprüfen lassen. Viele Lügner versuchen, ihrer inhaltlich dürftigen Geschichte daher durch Nennung exakter Uhrzeiten einen ‚detaillierten' Anstrich zu geben."*[701] *„Grundsätzlich sollte man misstrau-*

697 Vgl. Bender/Nack, Tatsachenfeststellung vor Gericht, 2. Aufl., Rn 295; vgl. auch Arntzen, Psychologie der Zeugenaussage: System der Glaubhaftigkeitsmerkmale, 3. Aufl., S. 42; vgl. auch Undeutsch, Handbuch der forensischen Psychologie, 11. Bd., S. 152.

698 Vgl. Bender/Nack, Tatsachenfeststellung vor Gericht, 2. Aufl., Rn 330: vgl. auch Nack in Ziegert (Hrsg.), Grundlagen der Strafverteidigung, S. 233.

699 Bender/Nack, Tatsachenfeststellung vor Gericht, 2. Aufl., Rn 330.

700 BGH, StV 1982, S. 255 f.

701 Hohlweck, Die Beweiswürdigung: Beurteilung von Zeugenaussagen, JuS 2002, S. 1207, 1209.

isch werden, wenn ein Zeuge genaue Zeitangaben oder Zeitschätzungen macht. Sie sind fast immer falsch. Der Mensch hat keinen Zeitsinn, jedenfalls keinen zuverlässigen. Hinzu kommt, dass nie während der Wahrnehmung geschätzt wird, sondern nachher, wenn also als Schätzungsunterlage nur noch – mehr oder weniger verfälschte – Erinnerungen gegeben sind."[702] *„Der Mensch verfügt, anders als moderne Computer und Bank-Datenverarbeitungsanlagen, über keine innere Uhr, die Ereignisse jeweils zugleich mit dem zugehörigen Datum wahrnimmt und erinnert. Er kann den Zeitpunkt von wahrgenommenen Ereignissen nur durch Erinnerungsbeziehungen zu anderen Ereignissen, für die eine Datumsverknüpfung besteht, rekonstruieren oder seine Empfindung zur zwischenzeitlich verstrichenen Zeit wiedergeben. Diese ‚biologische Zeitmessung' wird von vielen biologischen und psychologischen Faktoren und Ereignissen bestimmt, wodurch bisweilen große Abweichungen zur physikalischen Zeitmessung entstehen. Erfahrungsgemäß unterlaufen auch Zeugen, die sich sorgfältig um exakte Aussagen bemühen, bei der Zeiteinordnung gravierende Fehler, bisweilen werden schon nach wenigen Jahren falsche Kalenderjahre angegeben."*[703]

Es handelt sich bei der **Übergenauigkeit** nicht um einen Unterpunkt des Bestimmtheitssignals,[704] denn der Zeuge trägt hier nicht die Bestimmtheit seiner Beobachtung oder Gewissheit seiner Erinnerung vor, sondern macht schlicht eine Aussage, die mit den Erkenntnissen über die Wahrnehmung oder das Gedächtnis nicht zu vereinbaren ist. Das entspricht dem Streben des Lügners, sofort zu überzeugen und mangels tatsächlicher Kompetenz keinen Zweifel zuzulassen. **264**

Auch hierzu ein realer Beispielsfall einer übergenauen, aber falschen Aussage. Der Kläger (der Porschefahrer K.) präsentierte nachträglich einen Zeugen für einen Verkehrsunfall, der wie folgt aussagte: **265**

Beispiel:

„Zur Sache:

Ich fuhr am Unfalltag auf der Brienner Straße auf der mittleren Spur.

Auf der mittleren Spur fuhr vor mir ein Porsche, dann ein BMW, dann ein VW und dann kam ich [Übergenauigkeit].

Ich fuhr am Unfalltag in einem VW-Bus.

Ich sitze deswegen ein wenig höher.

702 Schneider, Beweis und Beweiswürdigung, 5. Aufl., Rn 932.

703 OLG Schleswig, NJW 1991, S. 303 f.

704 So aber Bender/Nack, Tatsachenfeststellung vor Gericht, 2. Aufl., Rn 330; vgl. auch Nack in Ziegert (Hrsg.), Grundlagen der Strafverteidigung, S. 233.

Ich konnte den Porsche sehen und auch den Geländewagen. Ich konnte diese beiden Fahrzeuge sehen, wenn ich geradeaus schaue.

Versetzt vor dem Porsche fuhr ein silberner Geländewagen. Er ist auf die linke Abbiegespur gefahren. Dies habe ich selbst gesehen.

Der Porsche fuhr, wie ich bereits gesagt habe, auf der mittleren Spur.

Der Geländewagen ist dann nach rechts gezogen.

Der Porschefahrer hat auch versucht nach rechts zu fahren, ist aber gegen einen weißen VW-Bus oder ähnliches gefahren. Dieser war auf der Seite geparkt.

Ich bin nach dem Unfall weitergefahren.

Ich habe Herrn K. ca. 1–2 Wochen nach dem Unfall genau bei einer ARAL-Tankstelle in der Balanstraße gesehen.

Ich habe das Fahrzeug mit den Schäden gesehen und habe daraufhin Herrn K. angesprochen.

Ich habe ihm meine Nummer gegeben.

Ich habe zu ihm nicht gesagt, dass ich Taxifahrer bin.

Herr K. hat mich vor 1 Woche angerufen und gesagt, er bräuchte einen Zeugen. Deswegen bin ich heute gekommen.

Auf Vorhalt des Gerichts:

Ein anderer Zeuge habe dem Gericht mitgeteilt, Herr K. sei auf der rechten Spur gefahren, sagt der Zeuge, nein, ich habe ihn auf der mittleren Spur gesehen.

Mit dem Zeugen wird ein vom Gericht beigezogenes Satellitenbild in Augenschein genommen.

Er fuhr auf der mittleren Spur.

Auf Fragen des Beklagtenvertreters, ob es sein kann, dass Herr K. den Zeugen schon früher versucht hat, zu erreichen, sagt der Zeuge, wenn mein Handy ausgeschaltet ist, bekomme ich normalerweise eine SMS, wenn versucht wurde, mich anzurufen.

Ich habe in der letzten Zeit keine entsprechende SMS bekommen.

Ich war in den letzten Monaten, d.h. ca. im Juni in Tunesien und in Madrid im Urlaub. In dieser Zeit wäre ich nicht erreichbar gewesen. Ich war ungefähr 2 Wochen weg.

Ich habe nach dem Unfall generell keine Mitteilungen über verpasste Anrufe bekommen.

Auf Fragen des Klägervertreters, warum der Zeuge nach dem Unfall nicht angehalten hat, sagt er, ich war in der Arbeit, ich muss Konsulaten, Diplomaten fah-

ren, ich habe dort nicht die Möglichkeit, bei diesem Fahrdienst für 5 oder 10 Minuten anzuhalten.

Ich habe die Linien selbst am Unfalltag zum Unfallzeitpunkt nicht gesehen. Ich bin geradeaus gefahren, habe gesehen, dass das Fahrzeug vor mir fährt.

Die Linksabbiegespur war nicht vollständig dicht.

Es waren zwei Autos auf der Linksabbiegespur, dies habe ich gesehen [Übergenauigkeit].

Es werden keine weiteren Fragen an den Zeugen gestellt.

Auf Diktat genehmigt.

Auf Vorspielen wird verzichtet.

Beeidigungsanträge werden nicht gestellt.

Der Zeuge bleibt unbeeidigt und wird entlassen.

Da der Zeuge nicht geladen wurde, erhält er keinen Auslagenersatz.“

Das Gericht hat die Angaben des Zeugen als glaubhaft angesehen.

3. Umkehrung des Sequenz- oder Konstanzkriteriums

Aus der Umkehrung des Konstanzkriteriums ergibt sich ebenfalls ein Fantasiesignal, d.h., wenn der Zeuge in mehreren Aussagen Veränderungen vornimmt, die nicht in Übereinstimmung mit den Erkenntnissen der Erinnerungs- und Wahrnehmungsverlusten stehen, so ist dies ein Kriterium für eine Aussage, die einer Realitätsgrundlage entbehrt.[705] Ebenso, wenn der Zeuge keine Veränderungen vornimmt, obwohl nach den Erkenntnissen des Gedächtnisses Veränderungen zu erwarten wären. Dann handelt es sich um eine Schilderung, die mit den Erkenntnissen der Wahrnehmung bzw. der Erinnerung unvereinbar ist. **266**

„Wenn die Aussage (fast) wortgleich, d.h. ohne Erweiterungen und/oder Widersprüche im Randgeschehen wiederholt wird, spricht das gegen die Glaubhaftigkeit der Aussage“.[706] Es handelt sich einerseits um eine Umkehrung des Sequenzkriteriums[707] und andererseits um eine Schilderung, die mit den Erkenntnissen der Wahrnehmung bzw. der Erinnerung unvereinbar ist. **267**

Bei **gutgläubigen Falschaussagen** hätte der Zeuge immerhin eine reale Wahrnehmung gehabt, sodass die Erinnerung an das tatsächlich Erlebte in den verschiedenen Auskunftssituationen unterschiedlich ist, d.h., auch bei der gutgläubigen Falschaussage ergeben sich in weiteren Vernehmungen weitere oder andere Einzelheiten **268**

705 Vgl. Trankell, Der Realitätsgehalt von Zeugenaussagen, S. 130.

706 Nack in Ziegert (Hrsg.), Grundlagen der Strafverteidigung, S. 234 u. Bender/Nack, Tatsachenfeststellung vor Gericht, 2. Aufl., Rn 334.

707 Vgl. Trankell, Der Realitätsgehalt von Zeugenaussagen, S. 130.

(zum Randgeschehen). Der Lügner hingegen hat kein **reales Erlebnis** gehabt, sodass er vor jeder Vernehmung seine Lügengeschichte „einpaukt" und sich die Aussagen folglich nicht voneinander unterscheiden. Das ist ganz besonders kritisch, wenn sogar die Wortwahl gleich bleibt.[708] Aber: Auch der wahrheitsgemäß Aussagende kann sich zur Vorbereitung seine bereits gemachte Aussage eingeprägt haben, so dass sich (fast) keine Unterschiede zwischen den Aussagen ergeben. Die Schwierigkeit liegt für den Beurteiler darin, zu entscheiden, ob es sich um eine „eingetrichterte" Aussage bezüglich eines nicht erlebten Geschehens gehandelt hat oder eine (gut) vorbereitete bezüglich eines realen Erlebens.

F. Praxisbeispiel einer nachweislich erlogenen Aussage

269 Ein Versicherungsvertreter (Herr Müller), der mit einem anderen Versicherungsvertreter (Herr Edler) zusammen mehrere Betrügereien, d.h., provozierte Unfälle oder Manipulationen nach einem wirklichen Unfall vorgenommen hatte, wurde diesbezüglich von dem Strafgericht verurteilt und zivilrechtlich von den geschädigten Versicherungen auf Schadensersatz verklagt. Dieser Versicherungsvertreter (Herr Müller) wollte noch andere Personen „ins Verderben" mitreißen und bezichtigte insb. einen Sachverständigen (Herrn Aloffs) fälschlich, ebenfalls zwei Manipulationen vorgenommen zu haben.

Einmal wurde der Sachverständige (Herr Aloffs) bezichtigt, an einem Kfz zusätzliche Schäden mit einem Schraubenzieher verursacht zu haben, und ein weiteres Mal wurde der Sachverständige (Herr Aloffs) bezichtigt, einen weiteren Mittäter (Herr Mustermann) animiert zu haben, den tatsächlichen Schaden durch Einschlagen zu vergrößern. Diese Behauptungen des Versicherungsvertreters Müller wurden jedoch durch technische Sachverständigengutachten widerlegt. Weder wurde laut technischen Sachverständigengutachten ein Schaden durch einen Schraubenzieher noch durch Einschlagen verursacht oder vergrößert. Daher war die Aussage des Herrn Müller nachweisbar erlogen.

Zur unwahren Aussage des Herrn Müller:

Am **9.3.2001** sagte der Zeuge aus:

> *„[...] Auch der Sachverständige Aloffs wusste Bescheid. Ich habe mitbekommen, wie Herr Edler und Herr Aloffs das Vorgehen besprochen haben. So haben die beiden abgesprochen, dass ein Unterbodenschaden, der von Herrn Aloffs begutachtet werden sollte, nicht allzu offensichtlich identisch mit dem Gutachten, das über denselben Schaden bereits existierte, begutachtet werden sollte. Der alte Schaden war zwar von einem anderen Gutachter begutachtet worden, es wäre aber dennoch aufgefallen, wenn die Schäden allzu überein-*

708 Vgl. Wendler, Wie ähnlich war der Unfall? S. 79; vgl. auch Bender/Nack, Tatsachenfeststellung vor Gericht, 2. Aufl., Rn 332.

stimmend geschildert wurden. Herr Edler besprach also mit Herrn Aloffs, dass die (Alt-) Schäden nicht allzu übereinstimmend als Neuschäden dargestellt werden sollten.

Bei dieser Besprechung standen wir in einer Werkstatt, des Herrn Gasmann (Tankstelle in der Schürrestraße), das Auto befand sich auf einer Hebebühne, wir standen darunter. Herr Edler zeigte Herrn Aloffs, welche Sachen er wie fotografieren soll, damit es nicht zu ähnlich ausschaut.

Der Kontakt zwischen Edler und Aloffs ist über Herrn Gasmann hergestellt worden. Herr Gasmann sagte sinngemäß zu Herrn Edler, dass er (Gasmann) einen Gutachter habe, der auch mal mehr aufschreiben würde, wenn man das möchte.

Anlässlich des Treffens bei dem Auto in der Werkstätte des Herrn Gasmann kannte Herr Edler den Herrn Aloffs noch nicht gut genug, um ihm schriftliche Unterlagen – z.B. Altgutachten – zu übergeben. Später wurde das Verhältnis dann so gut, dass Herr Aloffs z.B. zum Kaffeetrinken zu Besuch kam.

Ich bin gerne bereit, die Einzelheiten zu den einzelnen Fällen anhand der Fallakten zu erörtern.

Das war alles, was ich im Moment dazu zu sagen habe.“

Am **18.4.2001** sagte der Zeuge Müller aus:

„Zu Herrn Aloffs, dem Gutachter des Herrn Edler und auch von mir, kann ich speziell zu einem Unfall wichtige Angaben machen.

Es handelt sich hierbei um den von mir eingereichten Unterbodenschaden an meinem 540 i BMW mit dem amtl. Kennzeichen: M-xx 000. Das genaue Unfalldatum fällt mir nun nicht ein.

Der Schaden wurde bereits vorher zwei Mal von Herrn Edler bei verschiedenen Versicherungen eingereicht. Wie ich bei meiner Vernehmung im Bezug auf den Sachverständigen Rechtmann angab, wurde diesem durch Herrn Edler mitgeteilt, dass er doch weitere Schäden an dem Fahrzeug vornehmen solle, da der Schaden bereits einmal eingereicht wurde.

Zumindest war Herrn Rechtmann damals bekannt, dass der Schaden bereits mindestens einmal geltend gemacht worden ist. Da ich diese Vorkenntnis hatte, teilte ich auch Herrn Aloffs mit, dass der Schaden bereits schon einmal bei einer anderen Versicherung geltend gemacht wurde. Es war somit Herrn Aloffs bekannt, dass er ein Fahrzeug begutachtete, bei dem der Schaden bereits schon länger her war. Ich teilte auch Herrn Aloffs mit, dass der Schaden von der Versicherung nicht beglichen worden war. Somit war für Herrn Aloffs offensichtlich, dass er auch, wie Herr Rechtmann, Veränderungen am Fahrzeug vornehmen soll, um zumindest keine identische Reparaturkalkulation abgeben zu können. Das Gutachten wurde von Herrn Aloffs in der Schürrestraße bei der dortigen Tankstelle des Herrn Gasmann erstellt. Bei der Begutachtung war ich dabei. Herr Aloffs machte, wie auch der Sachverständige Rechtmann, einige neue Schäden am Unterboden des Fahrzeuges. Auch er verwendete hierzu einen Schraubenzieher.

Mir ist weiter bekannt, dass Herr Aloffs auch einmal den Jeep des Herrn Edler begutachtete. Herr Edler teilte hier Herrn Aloffs mit, dass er sich fälschlicherweise als Versicherungsagent der X Versicherung ausgegeben habe und somit Informationen des Unfallgegners einholte. Der Unfallgegner war meines Erachtens ein Ägypter. Herr Edler teilte Herrn Aloffs mit, dass der Unfallgegner eben Zicken gemacht habe und sein Zutun hier erforderlich war. Ich war bei der Begutachtung des Fahrzeuges dabei. Das Fahrzeug wurde von Herrn Aloffs in der Nähe der Werkstatt des Mustermanns begutachtet. Ich kann mich heute noch daran erinnern, dass hier Herr Aloffs feststellte, dass der Schaden eigentlich gar nicht so groß ausgefallen sei. Er teilte dies Herrn Edler mit, und meinte, dass man doch den Schaden vergrößern könnte. Herr Edler gab dann diese Erkenntnis an Herrn Mustermann weiter. Der Schaden wurde dann auch von Herrn Mustermann vergrößert. Er nahm hierzu einen schweren Gegenstand und erweiterte den Schaden durch dagegen schlagen. Er schlug auf ein Teil am Fahrzeug, welches durch den Unfall gar nicht beschädigt worden war. Wie bereits bekannt, war ja auch Herr Mustermann der Fahrer des verunfallten Jeeps. Hierzu habe ich mich aber bereits geäußert. Herr Mustermann sollte auch im Anschluss den Pkw reparieren. Somit hatten alle drei Beteiligten, Herr Aloffs, Herr Edler und Herr Mustermann einen Vorteil durch die Handlungen des Herrn Mustermann. Herr Aloffs bekam einen höheren Prozentsatz bei der Begutachtung, Herr Edler bekam einen größeren Schaden reguliert und Herr Mustermann bekam eine größere Reparaturrechnung.

Herr Mustermann und Herr Edler haben sich ja eh gut verstanden. Eine Rechnung an sich gab es hier mit Sicherheit nicht. Herr Edler gab halt ab und zu Herrn Mustermann ‚schwarz' irgendwelches Geld. Auch andere Kunden von uns schickte Herr Edler zu Herrn Mustermann.

Weitere Schadenfälle, bei denen Herr Aloffs irgendwelche Manipulationen vorgenommen hat, sind mir nicht bekannt."

Am **24.1.2000** hatte der Zeuge Herr Müller ausgesagt:

„Ich kann noch über einen weiteren, zwar nicht getürkten, jedoch provozierten und bezüglich der Schadenshöhe nach oben frisierten Unfall berichten. Irgendwann im Winter 1999 fuhr der Mustermann mit dem Typhoon des Edler durch die y-straße, als er hinter sich einen dicht auffahrenden Sierra mit einem unaufmerksamen Fahrer beobachtete. Durch Einleitung einer Vollbremsung mit dem Typhoon ließ er den Sierra auffahren. Er wollte für sich und den Edler Kapital rausschlagen, was den beiden auch gelang:

Der Sachverständige Aloffs attestierte einen höheren Schaden als den erlittenen Sachschaden. Denkbar ist auch, dass Edler den Schaden vergrößerte, wesentlich ist, dass ein höherer als der unfallbedingte Schaden in Anschlag gebracht wurde. Mustermann sollte das Auto reparieren und dadurch verdienen, wozu es jedoch nicht kam. Eingesteckt hat das Geld dann der Edler. Soviel ich weiß, war der Typhoon nicht vorbeschädigt. Erinnerlich ist mir hier eine Besonderheit bei der Regulierung. Der Edler begab sich zu dem seinerzeitigen ‚Schädiger' aus dem Ford Sierra, der in der A-straße wohnte und gab sich als Schadensregulierer der X (Versicherung des Ford Sierra) aus. Der ‚Schädiger', welcher auf die Angaben des Edler vertraute, unterschrieb die durch letzteren formulierte Schadensanzeige, welche natürlich den Schadenshergang so darstellte, dass er für den Edler günstig war, zumindest erzählte mir das der Edler so."

Aus dem Schriftsatz des damaligen anwaltlichen Vertreters des zu Unrecht beschuldigten Sachverständigen *Aloffs*, darf wie folgt zitiert werden:

„Die Konstanz in den Details – und im Gesamtbild einer Aussage –, d.h. ihre Übereinstimmung bei aufeinanderfolgenden Vernehmungen desselben Zeugen, wird seit langem in richterlichen Urteilsbegründungen als Glaubwürdigkeitsmerkmal gesehen (Arntzen, Psychologie der Zeugenaussage, 3. Aufl. S. 53) […]. Die größte praktische Bedeutung hat der Konstanzgrad für die richterliche Beweiswürdigung (Arntzen, Psychologie der Zeugenaussage, 3. Aufl., S. 54) […]. Ist die Zeitspanne zwischen zwei Vernehmungen nicht größer als zwei bis drei Jahre, so darf man bei glaubhaften, erlebnisbegründeten Aussagen erwarten, dass sie in folgenden Punkten übereinstimmen: in der Schilderung von Handlungen, die für den Zeugen das Kerngeschehen darstellen (Arntzen, Psychologie der Zeugenaussage, 3. Aufl., S. 55)."

Beachtet man also, dass die Aussage des Zeugen Müller nach dieser vom BGH geforderten Aussageanalyse nur dann als zuverlässig angesehen werden kann, wenn die wiederholten Vernehmungen des Zeugen Müller im Kerngeschehen konstant bleiben, so stellt sich bei dem Zeugen Müller und dessen Vernehmungen eine grobe Inkonstanz dar. 270

Das Kerngeschehen muss konstant bleiben, sonst liegt der Verdacht nahe, dass es sich um eine Fantasieaussage handelt. 271

Zum Vorwurf der angeblichen Manipulation der Schäden mit einem Schraubenzieher: 272

In der Vernehmung vom 9.3.2001 teilt Müller mit, dass Herr Edler und Herr Aloffs das Vorgehen besprochen hätten und Herr Edler Herrn Aloffs gezeigt habe, wie der Schaden zu fotografieren ist, damit es nicht zu ähnlich aussieht. Mehr fällt Müller lt. eigener Aussage nicht mehr ein. Irgendeine Manipulation mit einem Schraubenzieher wird in dieser Aussage nicht erwähnt, obwohl dies sicherlich das Kerngeschehen und der gravierendste Punkt der angeblichen Manipulation ist. Demgegenüber steht die hierzu inkonstante Aussage vom 18.4.2001, der zufolge für den Angeklagten Aloffs offensichtlich war, dass er den Schaden manipulieren und dies mit einem Schraubenzieher getan haben soll. Die angebliche Einweisung durch Edler und die angebliche Order, wie zu fotografieren sei, wird nicht erwähnt. Daher ist offensichtlich, dass die Aussagen im Kerngeschehen voneinander abweichen.

Zum Vorwurf der angeblichen Manipulation durch Einschlagen mit einem schweren Gegenstand:

273 Auch insofern liegt bereits eine **Inkonstanz zum Kerngeschehen** *vor, denn die angebliche Manipulation durch ‚Einschlagen mit einem schweren Gegenstand' wird ausschließlich in der Vernehmung vom 18.4.2001 erwähnt, nicht jedoch in der Vernehmung vom 9.3.2001, obwohl auch diese Manipulation sicherlich das Kerngeschehen des behaupteten Betruges darstellt.*

Diese Inkonstanz der Aussage kann durch die dem Unterzeichner nun vorliegenden neuen Beweismittel (neu aufgetauchte Aussage vom 24.1.2000) noch einmal erhöht werden.

In der Vernehmung vom 18.4.2001 sagt Müller aus, dass Mustermann den Schaden ‚durch Einschlagen mit einem schweren Gegenstand vergrößerte'.

In der neu aufgetauchten Vernehmung vom 24.1.2000 zum Az: AG München Az.: xy sagt Müller aus, dass ‚denkbar sei, dass Edler den Schaden vergrößerte'.

Diese Aussage wird ebenfalls für das Gericht beigelegt. Damit ist auch hier die Abweichung vom Kerngeschehen offenkundig.

Wer hat den nun den Schaden vergrößert? Ist es denkbar, dass Edler den Schaden vergrößerte (Vernehmung vom 24.1.2000) oder hat Mustermann mit einem schweren Gegenstand eingeschlagen (Vernehmung v. 18.4.2001) oder gibt es überhaupt kein solches Erlebnis (Schweigen hierzu in der Vernehmung vom 9.3.2001, mehr fällt ihm – Müller – nicht ein)?

274 Im Übrigen kann in dieser Aussage ein weiteres **Lügensignal** erkannt werden. Die Abstraktheit und Kargheit einer Aussage sind Lügensignale. Insofern wird unter Rn 343 von Bender/Nack, Tatsachenfeststellung vor Gericht, 2. Aufl., ausgeführt, dass der Lügner nur sehr allgemeine Ausdrücke verwendet, wie z.B., ‚ein Koffer'. Für die Zwecke des Lügners ist es z.B. nämlich nur wichtig, dass ein Koffer gebraucht wurde, ob es ein beschädigter Pappkoffer, ein genarbter Lederkoffer oder einer aus Vulkanfiber mit Pepitamuster war, bleibt gleich. Das Gericht möge nun dieses Lehrbuchbeispiel des ‚Koffers' mit der Aussage von Müller von dem ‚schweren Gegenstand' vergleichen. Nur ein Lügner wählt diese Formulierung des ‚schweren Gegenstandes' und deckt nicht auf, was es denn für ein schwerer Gegenstand war, ein Stein, eine Axt, ein Knüppel, ein Hammer, etc. Jeder, der das Erlebnis wirklich gehabt hätte, hätte sofort ungefragt mitgeteilt, was es für ein Gegenstand war!

Nunmehr ist klar, dass es in der **Aussage von Müller massive Lügensignale gibt**.

Die Aussage des Zeugen Müller wird daher nach allen Gesetzen der Wissenschaft als Lüge überführt. Nämlich einerseits durch die vorliegenden technischen Sachverständigengutachten und andererseits durch wissenschaftliche Erkenntnisse der forensischen Aussagepsychologie.

Prozessuales Ergebnis im wahren Sachverhalt: 275

Der Zeuge Müller wurde vom Gericht als „äußerst unglaubwürdig" eingestuft. Es lagen zudem technische Sachverständigengutachten vor, die belegten, dass weder ein Schaden durch „Einschlagen" vergrößert noch Manipulationen mit einem Schraubenzieher vorgenommen wurden.

G. Zusammenfassung zu den Aussagekriterien und Anwendbarkeit der kriterienorientierten Aussageanalyse vor Gericht

I. Allgemeines und Problemstellung

Nach (früherer) allgemeiner Ansicht soll hinsichtlich der diversen Realitätskriterien 276
der Beurteilung einer Aussage bei den verschiedenen psychologischen Autoren im Wesentlichen Übereinstimmung herrschen.[709] Für Fantasiesignale gilt dies nicht. Zum einen ist die Terminologie uneinheitlich und zum anderen werden in der psychologischen Literatur Fantasiesignale kaum vertreten bzw. verworfen. Fantasiesignale entspringen vornehmlich der juristische Praktikerliteratur (am ausführlichsten bei Bender/Nack, Tatsachenfeststellung vor Gericht, 2. Aufl., die in den Folgeauflagen deutlich reduzierter dargestellt werden). Psychologische Autoren betonen gelegentlich, dass sich Fantasiekriterien (als Praxisbeobachtungen) aus dem Gegenstück[710] oder Fehlen[711] der Realitätskriterien, die schon (jedenfalls teilweise) von anderen juristischen Autoren berichtet wurden, allerdings noch nicht als eigenständige Kriterien zusammengefasst wurden, ergeben. Darüber hinaus wurden auch diese Fantasiesignale teilweise schon von anderen juristischen Autoren berichtet, ohne allerdings diese Beobachtungen als Kriterien zu bezeichnen.[712] Die Methode der kriterienorientierten Aussageanalyse war im Übrigen nie als Mittel zur Überführung des Lügners gedacht, sondern als Hilfsmittel zur Erkennung einer subjektiv wahren Aussage. Das mag bei der Beurteilung von Aussagen (sexuell missbrauchter) Kinder sinnvoll gewesen sein. Ansonsten ist dieser Ansatz im Strafverfahren gefahrgeneigt, sofern man die Verurteilung eines Unschuldigen für die größere Gefahr als den Freispruch für einen tatsächlich Schuldigen hält. D.h., die Aussagepsy-

709 Vgl. Bender, Merkmalskombinationen in Aussagen, S. 44.

710 Vgl. Trankell, Der Realitätsgehalt von Zeugenaussagen, S. 130.

711 Vgl. Arntzen, Psychologie der Zeugenaussage: System der Glaubhaftigkeitsmerkmale, 3. Aufl., S. 111.

712 Vgl. Undeutsch, Handbuch der forensischen Psychologie, 11. Bd., S. 117, 118, 119, 124. 125.

chologie sucht bei einer Belastungsaussage Gründe, die für deren subjektiv wahres Erleben sprechen, und wird sie deswegen auch finden. Aus verfassungsrechtlichen Gründen (Schuldgrundsatz) müsste im Strafverfahren allerdings primär nach Gründen für die subjektive Unwahrheit gesucht werden. An dieser Schieflage zu Lasten des Angeklagten ändert auch die Orientierung an der sog. Nullhypothese (die Aussage ist unwahr) nichts, denn auch dann wird wiederum nach Gründen gesucht, um die Nullhypothese zu widerlegen. Es versteht sich von selbst, dass das Endergebnis selbstverständlich davon abhängt, was gesucht wird („wer suchet, der findet" – siehe hierzu unten „Risiko der Falsch-Positiven" und „Aussageanalyse durch den Tatrichter und Wert des advocatus diaboli"). Aus Gründen der Fairness müsste daher im Strafverfahren bei (kritischen) Belastungsaussagen in schwierigen Beweiswürdigungssituationen ein Beurteiler nach Gründen für die subjektive Wahrheit der Belastungsaussage suchen und ein andere nach Gründen für die subjektive Unwahrheit der Aussage. Weder die h.A. noch die Praxis ziehen diesen (offenkundigen) Schluss, so dass das deutsche Strafverfahren auch vor diesem Hintergrund „unfair" ist.

Die o.g. These, dass zwischen den Katalogen der relevanten Aussageeigenarten eine weitgehende Übereinstimmung der Literatur besteht,[713] ist allerdings nicht mehr richtig, denn mittlerweile haben sich – vor allem in jüngerer Zeit – deutlich kritische Stimmen geäußert. International steht die kriterienorientierte Aussageanalyse unter starker Kritik, so dass deren Anwendbarkeit bei Gericht angezweifelt wird. National wird das Fehlen des „rechtsgenügenden Beweises" in Aussage-gegen-Aussage-Konstellationen vor allem von neueren juristischen Arbeiten beanstandet.

277 Vor mehr als 30 Jahren (1994) hat der frühere Richter des BGH *Thomas Fischer* eine Zurückdrängung von Glaubwürdigkeitsgutachten gefordert,[714] was von Aussagepsychologen mit der Begründung abgelehnt worden war, *Fischer* propagiere „vorwissenschaftliche Konzepte".[715] 14 Jahre später (2008) hatte sich *Fischer* erneut mit dem Beweiswert von Glaubhaftigkeitsgutachten im Strafverfahren beschäftigt und seinen damaligen Vorstoß vertieft.[716] Mittlerweile sind weitere Jahre vergangen und zugleich fast drei Jahrzehnte seit der Grundsatzentscheidung des BGH vom 30.7.1999 über „wissenschaftliche Anforderungen an aussagepsychologische Gutachten (Glaubhaftigkeitsgutachten)".

713 Vgl. Bender, Merkmalskombinationen in Aussagen, S. 83.

714 Vgl. Fischer, Glaubwürdigkeits-Beurteilung und Beweiswürdigung. Von der Last der ureigenen Aufgabe, NStZ 1994, S. 1 ff.

715 Vgl. Steller, Psychologische Diagnostik – Menschenkenntnis oder angewandte Wissenschaft, S. 1, 8 in: Kröber/Steller (Hrsg.) Psychologische Begutachtung im Strafverfahren, 2. Aufl.

716 Vgl. Fischer, Aussagewahrheit und Glaubhaftigkeitsbegutachtung – Anmerkungen zum Beweiswert von Glaubhaftigkeitsgutachten im Strafverfahren, S. 191 ff. in: Schöch u.a. (Hrsg.), Strafverteidigung, Revision und die gesamten Strafrechtswissenschaften, Festschrift für Gunter Widmaier zum 70. Geburtstag.

Damit ist ausreichend viel Zeit vergangen, um eine neuere Bestandsaufnahme durchzuführen. Das Ergebnis kann bereits vorweggenommen werden. 278

1. *Fischer* hat und hatte Recht.
2. Der BGH ging von einem zu optimistischen Befund hinsichtlich des Wertes der sog. **Glaubhaftigkeitsgutachten** aus. Der damalige Befund, Realkennzeichen gelten als grds. empirisch validiert, ist nicht zu halten.

Dabei könnte es sein Bewenden haben, wenn sich nicht als besonderes Problem ein blindes Vertrauen in das Ergebnis eines aussagepsychologischen Gutachtens eingestellt hätte, d.h., der Tatrichter dem Gutachtensergebnis zu (fast) 100 % folgt („in beinahe allen Fällen diesen Gutachten anschließen").[717] Eine Auswertung von vier Jahrgängen (1997, 1998, 2000 und 2001) hat für das Land *Mecklenburg-Vorpommern* eine 89 %ige Übereinstimmungshäufigkeit der gutachterlichen Stellungnahme durch den Auftraggeber (Gericht oder Staatsanwaltschaft) ergeben. Hierbei wurden die 10 % der Fälle aber nicht berücksichtigt, in denen das Gutachtensergebnis „unklar" war.[718] Vermutlich haben sich die Auftraggeber aber auch bei den unklaren Fällen dem Gutachten angeschlossen, was nicht weiter aufklärbar war. Mit den „unklaren" Fällen wäre man aber wieder bei den „fast 100 %".

Mehr noch:

National (nicht aber International) wird der Glaube an die Validität und Reliabilität der Aussageanalyse überraschenderweise kaum in Frage gestellt („SVA is well established in German criminal courts. Prosecutors and defence lawyers rarely challenge the reliability[719] or validity of the test, although they are allowed to do so [m.w.N.].")

Aber der Reihe nach: 279

Die moderne Inhaltsanalyse von Aussagen hat ihren Ursprung in Schweden (*Arne Trankell* war dort der führende Vertreter) und Deutschland (hier war *Udo Undeutsch* die führende Persönlichkeit, später Friedrich Arntzen und dann u.a. *Max Steller/Günter Köhnken*). Damit sollte ein Hilfsmittel gewonnen werden, um die Glaubhaftigkeit von Kinderaussagen bei Fällen des sexuellen Missbrauchs besser beurteilen zu können, denn die Frage der Falschbezichtigungen stellte sich seit jeher (die Schätzungen von ganz oder teilweise falschen Kinderaussagen sind wenig vali-

717 Vgl. Fischer, Aussagewahrheit und Glaubhaftigkeitsbegutachtung – Anmerkungen zum Beweiswert von Glaubhaftigkeitsgutachten im Strafverfahren, S. 191, 216 in: Schöch u.a. (Hrsg.), Strafverteidigung, Revision und die gesamten Strafrechtswissenschaften, Festschrift für Gunter Widmaier zum 70. Geburtstag.

718 Vgl. König/Fegert, Zur Praxis der Glaubhaftigkeitsbegutachtung unter dem Einfluss des BGH-Urteils (1 StR 618/98), Interdisziplinäre Fachzeitschrift, 2009, Heft 2, S. 16, 29.

719 Im Original folgende Fußnote: Reliability refers to consistency between SVA experts in applying the SVA procedure. That is, if two SVA experts assess the same case independently, do they then reach the same outcome?

de und reichen z.B. von 6 bis 60 %).[720] Die Geschichte der Aussagepsychologie offenbart im Übrigen erstaunliche Irrtümer (z.B. der Glaube an eine reproduktive statt rekonstruktive Erinnerung, Suggestibilität als stabile Persönlichkeitseigenschaft, starkes Misstrauen gegenüber weiblichen Belastungsaussagen), die von den Gerichten weder korrigiert noch rechtzeitig erkannt wurden, so dass das nach wie vor oder ggf. immer noch bestehende Justizvertrauen in derartige Gutachten verwundern sollte.

280 Die Aussagepsychologie konzediert sogar, dass sie drei Jahrzehnte lang an deutschen Gerichten praktiziert wurde, ohne dass diese (Validität der Merkmale) wissenschaftlich überprüft worden wäre. Es wurde sogar angenommen, dass sich die aussagepsychologische Begutachtung empirisch nicht überprüfen lasse.[721] *Undeutsch* meinte sogar, seine Hypothesen leiteten sich aus dem „gesunden Menschenverstand" ab.[722] Jedenfalls wurde die Methode zur Analyse von Aussagen an vermeintlichen Kindesmissbrauchsopfern entwickelt.[723]

Nichtsdestotrotz nehmen Vertreter und Befürworter der aussagepsychologischen Glaubhaftigkeitsbegutachtung für die Methode in Anspruch, dass es sich um ein wissenschaftlich begründetes und empirisch überprüftes Verfahren handelt, was freilich nicht überrascht, nachdem es sich um das „tägliche Brot" eines ganzen Berufszweiges handelt und der BGH vom 30.7.1999 in seiner Grundsatzentscheidung zur aussagepsychologischen Begutachtung ausgeführt hat, dass die „sogenannte Realkennzeichen als grundsätzlich empirisch überprüft angesehen werden [können]"[724] und „Bestandteil eines wissenschaftlich fundierten Glaubhaftigkeitsgutachtens"[725] sind.[726]

720 Vgl. Vrij, Detecting Lies and Deceit, 2. Aufl., S. 201 m.w.N.

721 Vgl. Greuel/Offe/Fabian/Wetzels/Fabian/Offe/Stadler, Glaubhaftigkeit der Zeugenaussage, S. 133 m.w.N.

722 Vgl. Undeutsch, Forensische Psychologie, S. 26, 126.

723 Vgl. Undeutsch, Forensische Psychologie, S. 26, 69.

724 BGH, NJW 1999, S. 2746, 2748.

725 BGH, Beschl. v. 3.5.2019 – 3 StR 462/18 (insoweit nicht abgedr. in NStZ-RR 2019, S. 317).

726 Vgl. Makepeace, Der Polygraf als Entlastungsbeweis, S. 39 f. m.w.N.

Tatsächlich ist diese Behauptung falsch,[727] denn **281**

- Es konnte bisher weder die **Konstanzanalyse** validiert werden („noch kaum systematisch untersucht“[728])
- noch existieren Daten zur (ohnehin zweifelhaften) **Motivationsanalyse**[729]
- noch liegen zur Zuverlässigkeit der Aussagegenese als bislang einziger Methode zur Zurückweisung der **Suggestionshypothese** empirische Nachweise vor,[730]
- so dass allenfalls die „kriterienorientierte Inhaltsanalyse“ (englisch: CBCA – Criteria Based Content Assessment) erforscht wurde, die nur einen geringen Beweiswert nahelegt,
- die aber wiederum „completely meaningless“[731] bzw. „völlig nichtssagend“[732] ist, weil es vor allem auf den
- **Qualitätskompetenzvergleich**[733] ankomme, der wiederum nicht erforscht ist. „Es ist zu fragen, ob [der Aussagende] *diese* Aussage unter den konkreten Umständen ihres Zustandekommens in ihrer konkreten Gestalt hätte machen können, wenn ihr Inhalt *nicht* erlebnisbasiert wäre. Oder, anders gefasst: Könnte *diese* Aussageperson nach den Umständen und ihren persönlichen Fähigkeiten

727 Vgl. Makepeace, Der Polygraf als Entlastungsbeweis, S. 40 f. m.w.N.

728 Volbert/Steller, Glaubhaftigkeit in: Bliesener/Lösel/Köhnken/Volbert/Steller, Lehrbuch der Rechtspsychologie, S. 391 396; vgl. auch Berlinger, Glaubhaftigkeitsbegutachtung im Strafprozess, S. 46 f. „eine überzeugende empirische Überprüfung steht noch aus“; Köhnken, MAH Strafverteidigung, 3. Aufl., § 60 Rn 96 f.: „erst sehr spät Gegenstand empirischer Untersuchungen geworden […] Trotz dieser empirischen (Teil-)Bestätigung ist die Konstanz einer Aussage kein einfaches Konzept.“

729 Vgl. Berlinger, Glaubhaftigkeitsbegutachtung im Strafprozess, S. 103: „Zur Motivationsanalyse existieren keine überzeugenden empirischen Untersuchungen“; Offe, Zum Stellenwert der Aussagemotivation in aussagepsychologischen Gutachten, in Deckers/Köhnken (Hrsg), Die Erhebung und Bewertung von Zeugenaussagen im Strafprozess, 2. Aufl., S. 87, 94: „eine wissenschaftlich begründete Methode, die Motivation […] zu ergründen [….], gibt es nicht“.

730 Vgl. Eschelbach, Zu den Voraussetzungen, unter denen es zur Sachaufklärung erforderlich ist, übe eine Zeugenaussage ein aussagepsychologisches Gutachten einzuholen, in: Deckers/Köhnken (Hrsg), Die Erhebung und Bewertung von Zeugenaussagen im Strafprozess, 2. Aufl., S. 43, 58: „Sie [Aussagepsychologen] können allenfalls zum Grad der Suggestibilität des individuellen Zeugen Angaben machen, auf Alternativhypothesen zur Verdachtsannahme hinweisen und Problemzonen benennen. Das ist nicht viel, aber doch deutlich mehr als reine Intuition. […]“

731 Vgl. Köhnken, Statement Validity Analysis and the detection of truth, S. 41, 52 in: Granhag/Strömwall (Hrsg.), The Detection of Deception in Forsenic Contexts (2004).

732 Vgl. Köhnken, Fehlerquellen in aussagepsychologischen Gutachten, S. 26 in: Deckers/Köhnken (Hrsg.), Die Erhebung und Bewertung von Zeugenaussagen im Strafprozess, 2. Aufl. (2014).

733 Vgl. Aymans, Die Qualität sachverständigen Handelns bei der aussagepsychologischen Begutachtung von Zeugenaussagen, S. 129; Berlinger, Glaubhaftigkeitsbegutachtung im Strafprozess, S. 36 und 104: „Verlässliche Trefferquoten für die Realkennzeichenanalyse als Ganzes wurden jedoch nicht ermittelt, da die Studien insbesondere den intra-personellen Qualitäts-Kompetenz-Vergleich nicht einbezogen […] Was bereits auf der Stufe der Realkennzeichenanalyse festgestellt werden musste, gilt in noch größerem Maße bei der finalen diagnostischen Datenintegration, der abschließenden Gesamtbetrachtung aller Analysebereiche. Der Prozess lässt sich nicht befriedigend empirisch validie-

und Kenntnissen *diese* Aussage mit den darin vorhandenen Glaubhaftigkeitsmerkmalen auch erfunden haben?"[734]

Das soll dann nicht der Fall sein, wenn zu viele und zu hochwertige Qualitätsmerkmale in der Aussage sind, denn dann könnte man annehmen, dass die Aussage jedenfalls nicht gelogen im Sinne von subjektiv unwahr ist.[735] Es sollte sich von selbst verstehen, dass dieser Ansatz – als (angeblich) wissenschaftliche Glaubhaftigkeitsbeurteilung – hochproblematisch ist. Zum einen ist nicht bekannt, was „zu viele" bedeutet, zumal die 19 hauptsächlich verwendeten Realkennzeichen gerade nicht empirisch valdidiert sind, sondern allenfalls einige davon. Zum anderen ist auch „zu hochwertig" nicht definiert oder bekannt. Im Einzelfall – bei Kinderaussagen etc. – kann dies durchaus offenkundig der Fall sein, aber in der Masse der forensisch relevanten Fällen mit Erwachsenen ist ein verlässliches Urteil nur selten mit der nötigen Gewissheit – die auch nicht definiert ist – möglich. Die gesamte Methode ist damit weniger die praktische Anwendung einer Wissenschaft, sondern nach wie vor eine rein intuitive – subjektive – Beurteilung des Anwenders der Methode. Der Qualitätskompetenzvergleich hat etwas Zirkuläres an sich, jedenfalls offenbart er die mangelnde Wissenschaftlichkeit. Weil in der Aussage zu viele und/oder zu hochwertige Qualitätsmerkmale (= Realkennzeichen) vorhanden sind, wird angenommen, dass die Aussageperson diese Aussage nicht erfinden hätte können, denn – kraft (Ein-)Schätzung – wird angenommen, dass die Aussageperson bei dieser Aussage – wenn sie erfunden wäre – weniger oder schlechtere Realkennzeichen produziert hätte. Konsequenterweise müsste dieser – für die Methode – entscheidende Qualitätskompetenzvergleich, der notwendig ist, um die Realkennzeichenanalyse mangels ausreichender Valditität nicht verwerfen zu müssen, erst recht Zweifel an der Wissenschaftlichkeit der Methode wecken, statt zur Rechtfertigung dienen.

282 *Hinweis*

Es ist daher schlicht falsch, wenn der BGH in dem Beschl. v. 3.5.2019 – 3 StR 462/18 auf die Grundsatzentscheidung vom 30.7.1999 verweist und meint, „die Aussageanalyse [...] ist aber Bestandteil eines wissenschaftlich fundierten Glaubhaftigkeitsgutachtens" (nicht abgedr. in NStZ-RR 2019, 317), denn die Grundsatzentscheidung äußert sich nur zur empirischen Überprüfung der Realkennzeichenanalyse, nicht aber zu den übrigen Bestandteilen der aussagepsychologischen Begutachtung.[736]

ren – im Original folgende Fußnote: vgl. vorne S. 90 ff.; Rassin, S. 268 hält von der ganzen SVA lediglich die CBCA strukturiert genug, um empirisch geprüft zu werden, der Rest sei dazu nicht genügend standardisiert."

734 Bender/Häcker/Schwarz, Tatsachenfeststellung vor Gericht, 6. Aufl., Rn 334.

735 Vgl. Bender/Häcker/Schwarz, Tatsachenfeststellung vor Gericht, 6. Aufl. Rn 549.

736 Vgl. Makepeace, Der Polygraf als Entlastungsbeweis, S. 41.

Dass die Realkennzeichenanalyse grundsätzlich empirisch anerkannt ist, wie in dem Beschl. v. 30.7.1999 mitgeteilt, ist eine gewagte Aussage, die möglicherweise auch damit zusammenhängt, dass in dem Beschluss das Werk von *Bender/Nack*, Tatsachenfeststellung vor Gericht, 2. Aufl., zu den Realkennzeichen zitiert wird, und der Mitautor *Nack* zum damaligen Zeitpunkt selbst Richter am BGH war (allerdings damals noch Beisitzer im 5. Senat, später Vorsitzender des 1. Senats). Das Buch von *Bender/Nack* stellt ein ausgezeichnetes Werk dar, denn es beinhaltet u.a. die sonst kaum verbreiteten Lügensignale (als reine Praxisbeobachtungen). Allerdings (und bedauerlicherweise) ist das in der zweiten Auflage noch zweibändige Werk in späteren Auflagen und dem Hinzutreten von weiteren Autoren nur noch stark verkürzt (einbändig) publiziert worden. 283

Die Entscheidung des BGH war auch insofern erstaunlich, als das Gericht nicht rechts-, sondern psycho-wissenschaftliche Anforderungen gestellt hatte, was Aufgabe der eigenen Wissenschaft sein müsste, nicht aber Aufgabe der Rechtsprechung.[737] Von aussagepsychologischer Seite ist daher (vermutlich zu Recht) eingewendet worden, dass das Urteil nur bestätigt habe, was für die psychologische Arbeit als solcher – de lege artis – schon davor gegolten hätte. Das führt zur Frage nach dem Wert der Realkennzeichenanalyse.

II. Wert der Realkennzeichenanalyse

1. Allgemeines

Die Realkennzeichenanalyse ist nur dann anwendbar, wenn es sich um einen **mündlichen freien Bericht**, und am besten, wenn es sich um den ersten Bericht überhaupt handelt.[738] Richtigerweise ist nach Auswertung der diversen zur Verfügung stehenden Feld- oder Laborstudien mittlerweile zu konstatieren, dass der Wert der Großteil der Realkennzeichen gerade nicht geeignet ist, zwischen subjektiv wahren und bewusst wahrheitswidrigen Aussagen zu unterscheiden und die Methode mehr verspricht als sie halten kann. Die Aussageanalyse kann kaum zu einem nach der Lebenserfahrung ausreichenden Maß an Sicherheit gelangen, das vernünftige Zweifel nicht (mehr) aufkommen lässt,[739] denn trotz der forensischen Relevanz ist die empirische Befundlage zur Treffsicherheit „insgesamt dürftig".[740] Richtigerweise 284

737 Vgl. Fischer, Aussagewahrheit und Glaubhaftigkeitsbegutachtung – Anmerkungen zum Beweiswert von Glaubhaftigkeitsgutachten im Strafverfahren, S. 191, 195 f. in: Schöch u.a. (Hrsg.), Strafverteidigung, Revision und die gesamten Strafrechtswissenschaften, Festschrift für Gunter Widmaier zum 70. Geburtstag.

738 Vgl. Hauch/Sporer/Masip/Blandón-Gitlin, Can Credibility Criteria Be Assessed Reliably? A Meta-Analysis of Criteria-Based Content Analysis, Psychological Assessment 2017, S. 819, 820.

739 Vgl. Makepeace, Der Polygraf als Entlastungsbeweis (2022), S. 47, 87.

740 Vgl. Berlinger, Glaubhaftigkeitsbegutachtung im Strafprozess, S. 101 mit Verweis auf Gödert, Forensische Glaubhaftigkeitsbeurteilung: Experimenteller Vergleich inhaltsorientierter und psychophysiologischer Methoden, Diss. Mainz 2002, S. 40.

müssten die dargestellten Einwände gegen die Verlässlichkeit der Methode Zweifel am Erfordernis des rechtsgenügenden Beweises liefern, wenn eine aussagepsychologische Begutachtung das wichtigste oder gar entscheidende Kriterium einer Verurteilung sein soll.[741]

Um die Validität der Methode empirisch zu überprüfen, werden entweder Feld- oder Laborstudien durchgeführt bzw. ausgewertet.

2. Experimente/Laborstudien

285 Der Vorteil einer Laborstudie ist, dass der Durchführende die Umstände und Variablen bestimmen kann und die Wahrheit kennt. Er kann bei der Überprüfung der Aussage klar entscheiden, ob die Aussage der Wahrheit entspricht oder nicht.[742]

Denkbar ist das sog. **Film-Paradigma**. Hier wird einigen Probanden ein Film gezeigt, z.B. ein Diebstahl, über den diese dann wahrheitsgemäß berichten sollten, während andere Probanden nur einen groben schriftlichen Bericht über den Diebstahl erhalten hatten, dann aber ebenfalls so berichten sollten, als hätten sie den Film tatsächlich gesehen.[743]

286 Ebenso kann das Experiment mit dem **Scheinverbrecher-Paradigma** angeordnet sein. Probanden wurden angewiesen, z.B. einen Diebstahl (in einem vorgegebenen Setting) zu begehen. Ein Teil der „Diebe“ sollte dann eine Aussage machen, die weitgehend den Tatsachen entsprach, allerdings den Diebstahl in Abrede stellen und durch eine unverfängliche Handlung ersetzen, ein anderer Teil der Diebe sollte ein frei erfundenes Alibi für den Diebstahl berichten und ein weiterer Teil der Diebe sollte ein wahrheitsgemäßes Geständnis ablegen. Zusätzlich sollte eine weitere Gruppe eine dem Diebstahl ähnliche, aber unverfängliche Handlung begehen, z.B., eine Mappe auf Bitten des Professors ausfindig machen und mitnehmen und anschließend wahrheitsgemäß darüber berichten.[744]

Weiter kommt das **autobiografische Paradigma** in Betracht. Hier sollten z.B. Viertklässler je einen erlebnisbezogenen und einen erfundenen Bericht über vermeintlich autobiografische Erlebnisse abgeben, und zwar über

- eine Injektion bekommen
- eine Operation als Patient erfahren
- Blut abgenommen bekommen
- von einem Tier angefallen werden
- von einem anderen Kind verhauen werden
- einen Unfall erleiden, der eine medizinische Behandlung erfordert.[745]

741 Vgl. Geipel/Renzikowski, Verteidigung bei Sexualdelikten, Rn 506; Bublitz, Entwicklung und Kritik der höchstrichterlichen Rechtsprechung zur Glaubhaftigkeitsanalyse, ZIS 2021, S. 210 ff.

742 Vgl. Makepeace, Der Polygraf als Entlastungsbeweis (2022), S. 44.

743 Vgl. Hagiel, Zu den Erwartungen an die ‚ureigene‘ Aufgabe von Tatrichter:innen, S. 103 f.

744 Vgl. Hagiel, Zu den Erwartungen an die ‚ureigene‘ Aufgabe von Tatrichter:innen, S. 104 f.

745 Vgl. Hagiel, Zu den Erwartungen an die ‚ureigene‘ Aufgabe von Tatrichter:innen, S. 102 f.

Tatsächlich unterscheiden sich all diese Experimente von den forensisch relevanten Fällen, vor allem bei Fällen des sexuellen Missbrauchs. Auch die o.g. autobiografischen Paradigmen sind kaum mit realen sexuellen Übergriffen vergleichbar. Selbst wenn Probanden noch eine Belohnung (z.B. US $ 100,–) angeboten werden, wenn sie eine besonders überzeugende Schilderung abgeben, bleibt die Übertragbarkeit auf forensisch relevante Fälle fraglich. Das sollte sich von selbst verstehen.

Selbst wenn man hinsichtlich der „kriminellen Energie" ein am untersten Rand an- 287
gesiedeltes Vergehen annimmt, z.B. einen realen Diebstahl, ist die Konfrontation des (vermeintlich) wahren Täters in der Realität mit der Konfrontation des „Diebes" aus dem Experiment kaum vergleichbar. Befunde aus Laborstudien müssen daher „zumindest relativiert" werden.[746] Auch innerhalb der Aussagepsychologie dürfe es der herrschenden Ansicht entsprechen, dass Laborbefunde nur „restriktiv" oder „einschränkend" auf „den Ernstfall" übertragbar sind („Simulationsstudien weisen als Schwäche eine geringere Lebensnähe auf, wodurch die Übertragbarkeit ihrer Ergebnisse auf die Realsituation von forensischen Begutachtungen eingeschränkt sein kann"[747]). Allerdings wird von Vertretern der Aussagepsychologie auch eine Übertragbarkeit auf „reale Fälle" komplett abgelehnt. *Arntzen* z.B. lehnt Laborbefunde generell ab[748] (ebenso *Undeutsch*) und *Fiedler* lehnt diese in seinem (veröffentlichten) Gutachten zur Grundlage der Lügendetektion mithilfe des Polygraphen ab,[749] was dann aber analog auch für die Aussageanalyse gelten müsste.[750]

Der BGH meinte am 17.12.1998 zum Beweiswert der **Laborstudien** für den Kon- 288
trollfragentest:

> *„Überwiegend wird über Forschungsergebnisse berichtet, die auf Analogstudien beruhen, d.h. auf Experimenten, in denen die Validität der psychophysiologischen Aussagebeurteilung mit Hilfe von fingierten oder induzierten Delikten untersucht wurde. Diese Vorgehensweise ist aber schon deshalb methodisch zweifelhaft, weil nicht gewährleistet ist, daß die jeweils konstruierte Testanordnung für die zu untersuchenden Personen eine der Realität – insbesondere in emotionaler und motivationaler Hinsicht – vergleichbare Situation schafft.*[751] *Ein auf die erzielten Ergebnisse gestützter Schluß auf die Validität der Untersuchungsmethode auch in der (strafprozessualen) Praxis läßt sich schon aus*

746 Vgl. Makepeace, Der Polygraf als Entlastungsbeweis, S. 45.

747 Volbert, Standards der psychologischen Glaubhaftigkeitsdiagnostik, S. 171, 176 in: Kröber/Steller (Hrsg.), Psychologische Begutachtung im Strafverfahren, 2. Aufl.

748 Vgl. Arntzen, Psychologie der Zeugenaussage, S. 8–10.

749 Vgl. Fiedler, Gutachterliche Stellungnahme zur wissenschaftlichen Grundlage der Lügendetektion mithilfe sogenannter Polygraphentests, Praxis der Rechtspsychologie 9 (Sonderheft) 1999, S. 5, 24.

750 So mit Recht Makepeace, Der Polygraf als Entlastungsbeweis, S. 45 FN 38.

751 Kircher-Raskin, Journal of Applied Psychology 1988, 291 [299, 301]; Tent, in: Undeutsch, S. 239.

diesem Grund nicht in zuverlässiger Weise ziehen (Gutachten Prof. Dr. Fiedler)."[752]

289 Zum Beweiswert von Feldstudien meint der BGH in dieser Entscheidung, dass statistische Verzerrungen vorliegen könnten, aber vor allem das Außenkriterium der Wahrheit nicht feststellbar sei:

„Es gibt indes kaum Kriterien, die die Richtigkeit des Polygraphentests beweisen und damit einen brauchbaren Prüfungsmaßstab abgeben könnten. Denn da das an sich maßgebliche Kriterium der ‚tatsächlichen Wahrheit' nicht bekannt ist […] Die beschriebene Selektion des berücksichtigten Verfahrensmaterials und die Mängel der genannten zur Überprüfung der Richtigkeit herangezogenen Kriterien schließen allerdings nicht grundsätzlich aus, daß den in den Feldstudien ‚verifizierten' Fällen gleichwohl ein geringer Aussagewert hinsichtlich des Funktionierens des Kontrollfragenverfahrens zukommen könnte. Einen solchen Aussagewert gibt es indes deshalb nicht, weil die in den Feldstudien verwendeten Außenmaßstäbe (Geständnis, Urteil oder panel-Entscheidungen) ihrerseits mit hoher Wahrscheinlichkeit durch das Ergebnis der polygraphischen Untersuchung beeinflußt worden sind."[753]

Hinweis

Der BGH hat damit de facto die Begründung geliefert, warum auch der aussagepsychologischen Begutachtung entweder keinerlei oder (richtigerweise) nur ein geringer Beweiswert zukommen kann, denn all diese methodischen Einwände gelten gegenüber der modernen Aussageanalyse erst recht. Diese Konsequenz zieht die h.A. aber wiederum nicht. Das heißt: Die mangelnde Übertragbarkeit der Erkenntnisse aus Experimenten soll ein Grund sein, den Polygraphen mittels des Kontrollfragentests als untaugliches Beweismittel anzusehen, aber andererseits soll dies kein Grund sein, die aussagepsychologische Begutachtung vor Gericht abzulehnen.

290 Die Ergebnisse der Laborstudien zur Aussageanalyse kann man getrost als „verheerend" bezeichnen, *Gödert* z.B. sieht in seiner Dissertation lediglich das Kriterium „Details" durch Laborstudien bestätigt.[754] Es ist nicht möglich, alle Studien auszuwerten, die teilweise auch nicht nachvollziehbar sind oder nur als Tabellen oder Tagungsbericht existieren, so dass eine Auswahl genügen muss. Zwei neuere deutsche Dissertationen von 2023 und 2024 geben allerdings einen erstklassigen Überblick und halten als (mögliches) Fazit fest: „Lediglich 5 von 19 Kriterien (3. Details; 6. Gespräche; 8. Ausgefallenes; 9. Nebensächliches; 14. Verbesserungen) konnten in

752 BGH, Urt. v. 17.12.1998 – 1 StR 156–98 = NJW 1999, S. 657, 661.

753 BGH, Urt. v. 17.12.1998 – 1 StR 156–98 = NJW 1999, S. 657, 661.

754 Vgl. Gödert, Forensischen Glaubhaftigkeitsbeurteilung, Experimenteller Vergleich inhaltsorientierter und psychophysiologischer Methoden, Diss., Mainz, 2002, S. 33.

mehr als 50 % der dargestellten Studien bestätigt werden, ohne dabei auch hypothesenkonträre Ergebnisse erzielt zu haben. [...]. Alle übrigen Kriterien wiesen sowohl hypothesenkonforme als auch hypothesenkonträre Befunde auf oder weder noch [...] Eine weitere Besonderheit weist das Kriterium Nr. 17 („Eigenbelastung") auf. Hier konnte keine einzige der aufgenommenen Studien hypothesenforme Ergebnisse erzielen."[755] In gleichem Zusammenhang wird auf die hohe Bandbreite der Laborstudien hingewiesen, in denen teilweise nur drei Kriterien bestätigt wurde, teilweise aber sogar elf Kriterien.[756] Wie man bei diesem Befund festhalten kann, „dass die Validität der kriterienorientierten Inhaltsanalyse als Gesamtsystem und somit auch die Undeutsch-Hypothese prinzipiell als erwiesen betrachtet werden kann,"[757] erschließt sich nicht. Richtig ist daher, dass die Befundlage zur *Undeutsch-Hypothese*, die auch ergibt, dass teilweise nur bei drei Kriterien statistisch signifikante Unterschiede vorlagen, „eher bescheiden" ist, d.h., der Wert der Realkennzeichen bleibt „selbst nach Berücksichtigung der experimentellen Studien eher bescheiden".[758]

3. Feldstudien

Feldstudien können den Einwand der fehlenden Realität überwinden, allerdings 291
fehlt i.d.R. ein verlässliches Außenkriterium, um das Ergebnis, d.h., ob die Aussage tatsächlich subjektiv wahr war, zu beurteilen, so dass i.d.R. auch keine verlässliche „Trefferquote" ermittelt werden kann.[759] Insgesamt wird bemängelt, dass die meisten Feldstudien an methodischen Mängeln leiden und größtenteils Aussagen kindlicher Probanden untersuchten.[760]

Bei großzügiger Betrachtung kann man ggf. folgendes Fazit ziehen: „Nur sieben der 292
insgesamt 19 Realkennzeichen können wohl als hinreichend validiert angesehen werden, nämlich die Kriterien (2) ‚Reproduktionsstil', (3) ‚Details', (4) ‚Verknüpfungen', (5) ‚Interaktionen', (6) ‚Gespräche', (12) ‚Eigenseelisches' und (15) ‚Erinnerungslücken'."[761] Man könnte auch zu einem noch kritischeren Ergebnis kommen: „[...] bestätigen die Kriterien Nr. 3 (‚Details'), Nr. 4 (‚Verknüpfungen'), Nr. 5 (‚Interaktionen') und Nr. 6 (‚Gespräche'), sodass zumindest für diese Kriterien die Feldbefundlage insgesamt als validitätsstützend angesehen werden kann",[762] was verwundert, weil insofern nur zwei Studien für dieses Ergebnis zitiert werden.[763]

755 Hagiel, Zu den Erwartungen an die ‚ureigene' Aufgabe von Tatrichter:innen, S. 107.
756 Vgl. Hagiel, Zu den Erwartungen an die ‚ureigene' Aufgabe von Tatrichter:innen, S. 107.
757 Hagiel, Zu den Erwartungen an die ‚ureigene' Aufgabe von Tatrichter:innen, S. 110.
758 Vgl. Makepeace, Der Polygraf als Entlastungsbeweis, S. 58.
759 Vgl. Makepeace, Der Polygraf als Entlastungsbeweis, S. 45 ff.
760 Vgl. Makepeace, Der Polygraf als Entlastungsbeweis, S. 47.
761 Makepeace, Der Polygraf als Entlastungsbeweis, S. 47.
762 Hagiel, Zu den Erwartungen an die ‚ureigene' Aufgabe von Tatrichter:innen, S. 100.
763 Vgl. Hagiel, Zu den Erwartungen an die ‚ureigene' Aufgabe von Tatrichter:innen, S. 100.

Richtig ist der gegenteilige Befund von *Makepeace*: „Nach Auswertung der dazu vorliegenden Feldstudien ist festzustellen, dass der Großteil der Realkennzeichen gerade *nicht* geeignet ist, zwischen subjektiv wahren und wahrheitswidrigen Aussagen zu unterscheiden."[764]

293 Tatsächlich ist auch hier der Befund insgesamt besorgniserregend. Insofern wird oft die erste und viel zitierte Feldstudie von *Esplin, Boychuk* und *Raskin,* die in keiner peer-reviewed Zeitschrift erschienen ist, verwendet,[765] die von *Wells* und *Loftus* (wohl) ironischerweise als die beeindruckendste von allen psychologischen Studien, die ihnen je begegnet war („most impressive"), bezeichnet wurde.[766] Dies deshalb, da diese Studie mit Ausnahme der Realkenneichen „Konsistenz" und „Details" alle übrigen Merkmale mindestens doppelt so häufig bei den „bestätigten" (= subjektiv wahren) Aussagen vorfand wie bei den zweifelhaften. Tatsächlich gab es für die bestätigen Fällen neben weiteren methodischen Mängeln aber gar kein verlässliches Außenkriterium, so dass die Studie auch von Vertretern der Aussagepsychologie nicht sinnvoll interpretiert werden kann.[767] Auch eine nachfolgende Studie von *Boychuk* aus dem Jahre 1991, die als Dissertation erschienen ist,[768] kann nicht bewertet werden, weil als Außenkriterium lediglich ein „Geständnis" bzw. die „gerichtliche Entscheidung" fungieren sollte.[769]

294 Eine methodisch ebenfalls zweifelhafte Studie (jedenfalls kein valides Außenkriterium) von *Krahé* und *Kundrotas* aus dem Jahre 1992, die sich mit Vergewaltigungswürfen zu Lasten erwachsener Frauen beschäftigte, ergab lediglich für die Kriterien „Konsistenz" und „Eigenseelisches" eine Bestätigung der *Undeutsch-Hypothese,* für das Kriterium „Ausgefallenes" aber eine hypothesenkonträre Bestätigung mit insgesamt nur statistisch wenig signifikanten Werten.[770] Eine nachfolgende Studie von *Lamb et al.* kommt zu dem

764 Makepeace, Der Polygraf als Entlastungsbeweis, S. 47.

765 Zitiert nach Raskin/Esplin, Assessment of Children's Statements of Sexual Abuse, in: Doris (Hrsg.), The Suggestibility of Children's Recollections, 1991, S. 153, 160–162.

766 Vgl. Wells/Loftus, Commentary: Is this Child Fabricting? Reactions to a New Assessment Technique, in: Doris (Hrsg.), The Suggestibility of Children's Recollections, 1991, S. 168, 169.

767 Vgl. Volbert, Standards der psychologischen Glaubhaftigkeitsdiagnostik, S. 171, 178 („methodisch nicht unproblematisch") in: Kröber/Steller (Hrsg.), Psychologische Begutachtung im Strafverfahren, 2. Aufl.; Greuel/Offe/Fabian/Wetzels/Fabian/Offe/Stadler, Glaubhaftigkeit der Zeugenaussage, S. 137 („zweifelhaft"); Makepeace, Der Polygraf als Entlastungsbeweis, S. 48 f. m.w.N.

768 Und jedenfalls nicht ohne Weiteres verfügbar ist, dafür aber bei Greuel/Offe/Fabian/Wetzels/Fabian/Offe/Stadler, Glaubhaftigkeit der Zeugenaussage, S. 137 zitiert wird.

769 Vgl. Makepeace, Der Polygraf als Entlastungsbeweis, S. 50 f. m.w.N.

770 Vgl. Krahé/Kundrotas, Glaubwürdigkeitsbeurteilung bei Vergewaltigungsanzeigen: Ein aussageanalytisches Feldexperiment, Zeitschrift für experimentelle und angewandte Psychologie, 1992, S. 598 ff.

Ergebnis

„CBCA scores should not yet – and perhaps should never – be used in forensic contexts to evaluate individual statements." Dies ist bemerkenswert, den *Vrij*, der allerdings überwiegend englischsprachige Literatur auswertete, meinte noch 2013, dass die Studie von *Lamb et al.* die einzig verlässliche Feldstudie gewesen wäre.[771]

Dies deshalb, da nach deren Ergebnissen die Kriterien „Ausgefallenes", „Nebensächliches", „Indirektes", „Spontane Verbesserungen" und „Erinnerungslücken" generell unzuverlässig seien und keine brauchbaren Ergebnisse liefern könnten. Stattdessen seien lediglich die Kriterien „Reproduktionsstil", „Details", „Verknüpfungen", „Interaktionen" und „Gespräche" (statistisch) geeignet.[772] **295**

Etwas einschränkend wird von deutscher aussagepsychologischer Seite ausgeführt, „die Wahrscheinlichkeit, dass auch nebensächliche Details, abgebrochene Handlungsketten, unerwartete Komplikationen oder gar phänomengemäße Schilderungen unverstandener Handlungselemente beschrieben werden, ist ausgesprochen gering, da solche Elemente kaum Teil eines entsprechenden Schemas sein dürften [m.w.N.]."[773] Es ist sicher richtig, dass solche Elemente kaum Teil eines entsprechenden Schemas sein dürften, aber ob die Wahrscheinlichkeit, dass diese Elemente in einer erlogenen Geschichte auftauchen, „ausgesprochen gering" ist, ist damit nicht gesagt, denn die forensisch relevante Lüge ist weniger ein „Schema", sondern mehr eine Übertragung/Ausweitung/Umdeutung. **296**

Richtigerweise stellt sich die Frage, ob nebensächliche Details, abgebrochene Handlungsketten, unerwartete Komplikationen oder Schilderungen unverstandener Handlungselemente „besonders" aussagekräftig sind, was auch immer unter „besonders" gemeint ist. Tatsächlich kann weder der Grad des Besonderen angegeben werden noch kann die Frage angesichts heterogener Untersuchungsbefunde sicher beantwortet werden kann. Freilich ist absolute Sicherheit vermutlich in keiner Wissenschaft erreichbar, aber weder die Realkennzeichenanalyse noch die Glaubhaftigkeitsbegutachtung insgesamt kann eine relative Sicherheit für einen rechtsgenügenden Beweis erreichen.

In diesem Zusammenhang muss eine realistische **Feldstudie** aus 2011 erwähnt werden. Als Außenkriterium für die Wahrheit der Aussage mussten nämlich mindestens drei der folgenden fünf Kriterien vorliegen: **297**

771 Vgl. Vrij, Detecting Lies and Deceit, 2. Aufl., S. 254.

772 Vgl. Lamb/Sternberg/Esplin/Hershkowitz/Orbach/Hovav, Criterion-Based Content Analysis: A Field Validation Study, Child Abuse & Neglect 1997, S. 255 f.; Lamb/Sternberg/Esplin/Hershkowitz/Orbach, Assessing the Credibility of Children's Allegations of Sexual Abuse: A Survey of Recent Research, Learning and Individual Differences 9 (1997), S. 175 ff.

773 Vgl. Volbert/Steller, Die Begutachtung der Glaubhaftigkeit, S. 683, 686 in: Dreßing/Habermeyer (Hrsg.), Psychiatrische Begutachtung, 6. Aufl. (2015).

- Medizinische Beweise (auch DNA)
- Videoaufnahmen
- Bestätigung durch einen unabhängigen Zeugen
- Richterlicher Schuldspruch
- Geständnis

298 Von 176 so begutachteten Aussagen über sexuellen Missbrauch erfüllten nur 31 das geforderte Außenkriterium. Hiervon waren zehn unzutreffende Schilderungen, aber 21 korrekte Beschuldigungen. Die zwei trainierten Auswerterinnen erkannten korrekte Anschuldigungen zu 95 % bzw. 81 % richtig und falsche Anschuldigungen zu 60 % bzw. 81 %. Das stellt zwar eine relativ hohe Trefferquote dar, offenbart aber immer noch ein erhebliches Fehlverurteilungsrisiko. In dieser Studie ergab sich zudem, dass nur die Kriterien „Reproduktionsstil", Verknüpfungen" und Erinnerungslücken" häufiger in subjektiv wahren als in erfundenen Aussagen auftraten.[774] Beachtet man weiter, dass die beiden Auswerterinnen in 22 % der Fälle nicht der gleichen Meinung waren,[775] stellt sich die Frage, ob eine aussagepsychologische Begutachtung überhaupt noch eine tragfähige Verurteilungsgrundlage darstellen kann. Die Antwort liegt auf der Hand. Das kann sie nicht, sondern ein auf der Methode basierendes Gutachten stellt nur ein keinesfalls für eine Verurteilung ausreichendes Indiz dar.[776]

Eine weitere Studie aus 2011, der es ebenfalls an einem validen Außenkriterium mangelt, aber meint, diesen Mangel durch die Einschätzung eines dreiköpfigen Expertengremiums beseitigen zu können, kommt zu dem Ergebnis, dass sich zwar statistisch schwach signifikante Unterschiede bei neun Realkennzeichen ergäben, diagnostisch brauchbar aber nur die Kriterien „Details", „Interaktionen" und „Eigenseelisches" wären.[777]

299 Eine weitere Feldstudie aus 2016, die hinsichtlich der verwandten Außenkriterien wiederum problematisch ist (voneinander unabhängige Einschätzungen „erfahrener" Auswerter, medizinisch-juristische Erkenntnisse, medizinische Befunde, Aussagewiderrufe und Geständnisse), kommt zu dem abermals ernüchternden Ergebnis, dass lediglich die Kriterien „Gespräche" und „Eigenseelisches" geeignet seien, um subjektiv wahre Aussagen von erfundenen zu unterscheiden.[778]

774 Vgl. Akehurst/Manton/Quandte, Careful Calculation or a Leap of Faith? A Field Study of the Translation of CBCA Ratings to Final Credibility Judgements, Applied Cognitive Psychology 25 (2011), S. 236 ff.

775 Vgl. Berlinger, Glaubhaftigkeitsbegutachtung im Strafprozess, S. 99 ff. m.w.N.

776 Vgl. Geipel/Renzikwoski, Die Verteidigung bei Sexualstraftaten, Rn 436.

777 Vgl. Roma/San Martini/Sabatello/Tatarelle/Ferracuti, Validity of Criteria based Content Analysis (CBCA) at trial in free-narrative interviews, Child Abuse & Neglect 35 (2011), S. 613 ff.

778 Vgl. Welle/Berclaz/Lacasa/Niveau, A call to improve the validity of criterion-based content analysis (CBCA): Results from a field-based study including 60 children's statements of sexual abuse J Forensic Leg Med 43 (2016), S. 111 ff.

Eine Auswertung von *Vrij* von englisch-sprachigen Studien (Feld und Labor) ergibt, dass in 16 von 20 Studien in den wahren Aussagen mehr Realkennzeichen als in den unwahren Aussagen vorhanden waren. Eine Studie (Ruby & Brigham), die methodisch zweifelhaft war, hatte allerdings mehr Realkennzeichen bei den unwahren als den wahren Aussagen festgestellt, in den übrigen drei Studien gab es keinen statistisch fassbaren Unterschied.[779]

Hinweis

Aus (fast) allen Studien, seien es Labor- oder Feldstudien, ergibt sich damit jedenfalls, dass in der **Summe** Realkennzeichen statistisch häufiger in wahren als erfundenen Aussagen vorkommen, wobei das jeweils einzelne Realkennzeichen durchaus gleich oft in wahren und unwahren Aussagen vorkommen kann oder sogar öfter in unwahren. Der konkrete diagnostische und damit praktische Nutzen bleibt allerdings nach wie vor völlig unklar. Die *American Statistical Association* lehnt das Verwenden von statistischen Signifikanzwerten in Studien daher generell ab, denn er suggeriert Exaktheit und Aussagekraft auch dann, wenn das Kriterium oft in unwahren Aussagen vorkommt, in wahren Aussagen allerdings etwas (jedoch immerhin statistisch signifikant) öfter vorkommt oder stärker ausgeprägt zu finden ist.[780]

Hierzu ein Beispiel: In einem Experiment der Universität Konstanz in Zusammenarbeit mit der Fachhochschulde der Polizei in *Villingen-Schweningen* wurden 20 polizeiliche Probanden gebeten, ein Erlebnis aus ihrer Dienstzeit zu schildern, das sie als emotional belastend erlebt hatten (Gruppe 1 = wahre Aussage). 20 weiteren Probanden wurde ein solches Erlebnis eines anderen berichtet und die Probanden sollten das Ergebnis als selbsterlebt darstellen (Gruppe 2 = übertragene Aussage). Eine dritte Gruppe (= erlogene Aussage), die über keine Polizeierfahrung verfügte, wurde gebeten, ein belastendes Ereignis auszudenken, das einem Polizeibeamten im Dienst erfahren könnte.[781] Die Ergebnisse hinsichtlich des Vorkommens der Summe aller Realkennzeichen waren:[782] 300

Gruppe	Mittelwert	Minimum	Maximum	Median
1	9,90	5	15	10,0
2	8,95	4	14	9,5
3	7,90	4	13	7,0

In allen Gruppen tauchen damit Realkennzeichen auf. Die Minima und Maxima unterscheiden sich kaum, jedenfalls nicht so als dass aus dem theoretischen Wissen,

779 Vgl. Vrij, Detecting Lies and Deceit, 2. Aufl., S. 228, 230.

780 Vgl. Makepeace, Der Polygraf als Entlastungsbeweis, S. 51 f. m.w.N.

781 Vgl. Herbst, Glaubhaftigkeitsdiagnostik von Zeugenaussagen, S. 56.

782 Vgl. Herbst, Glaubhaftigkeitsdiagnostik von Zeugenaussagen, S. 72.

dass Realkennzeichen zwar häufiger in wahren Aussagen auftauchen, aber auch in „übertragenen“ oder komplett erlogenen Aussagen, irgendein praktisches Ergebnis gefolgert werden könnte. Das zeigt, dass die Realkennzeichen in der alltäglichen Gerichtspraxis kaum tauglich sein können, wahre von erlogenen Aussagen voneinander abzugrenzen.

Es bleibt damit bei der gesamten Realkennzeichenmethode unklar, welche Schlussfolgerung aus dem statistischen Vorkommen in Gruppenvergleichen auf die Aussage einer Einzelperson gezogen werden kann. Angenommen die konkret zu beurteilende Aussageperson hat sieben Realkennzeichen produziert? Gehört sie dann in Gruppe 1, 2 oder 3 des o.g. Experiments?

301 Die Bandbreite der Studienergebnissen zu der Validität der Realkennzeichen ist immens. „Hinzu kommt, dass in unterschiedlichen Studien jeweils verschiedene Merkmale statistisch signifikante Differenzen zwischen wahren und phantasierten Aussagen aufweisen und dass die in Diskriminanzanalysen ermittelten relativen Gewichte der Realkennzeichen sehr unterschiedlich ausfallen.“[783] *Volbert* z.B. hält als Psychologin nach wie vor an der Aussageanalyse fest und erklärt die Heterogenität der Studienergebnisse, weil „erhebliche Unterschiede aufweisen hinsichtlich der verwendeten *Aussagethematik*, der unterschiedlichen *Altersgruppen*, der motivationalen *Aussagebedingungen*, der *Art der Unwahrbedingungen*, der *Befragungstechniken* sowie des *Trainings* und der *Erfahrung* der Beurteiler.[784]

Makepeace hat daher Recht, wenn er meint, das man aus diesen Ausführungen nicht wirklich schlau würde und fraglich sei, wie der BGH in der Entscheidung vom 30.7.1999 angesichts der – von der Befürwortern der Methode – eingeräumten nicht vorhandenen Standardisierbarkeit oder entsprechender Beurteilungsregeln sowie im Ergebnis erheblicher Unterschiede davon ausgehen konnte, dass die Methode grundsätzlich wissenschaftlich fundiert und empirisch nachweisbar, denn tatsächlich sei sie das nicht.[785]

302 Auch das Fazit zu Feldstudien versteht sich daher von selbst:

> *„Clearly, the results for the present study confirm that the CBCA ist not sufficient in itself, and the use of additional criteria seems the only direction to take in order to reach a higher level of discriminative accuracy between true and false allegations. Additional tools designed to discern the presence of untruthful*

783 Köhnken, Glaubwürdigkeit, S. 341, 352 in: Lemp/Schütze/Köhnken (Hrsg.), Forensische Psychiatrie und Psychologie des Kindes- und Jugendalters, 2. Aufl.

784 Volbert, Standards der psychologischen Glaubhaftigkeitsdiagnostik, S. 171, 178 in: Kröber/Steller (Hrsg.), Psychologische Begutachtung im Strafverfahren, 2. Aufl.

785 Vgl. Makepeace, Der Polygraf als Entlastungsbeweis, S. 61.

statements [...] should be developed and used alongside the CBCA as a 'counterbalance', in order to increase its accuracy."[786]

Hinzu kommt, „dass das Vorliegen von Glaubhaftigkeitsmerkmalen in Zeugenaussagen zunächst nur auf einen Erlebnishintergrund in der Wachwirklichkeit verweist, nicht auf Vorgänge, die in der Realität stattgefunden haben."[787] Neben der Wachwirklichkeit gäbe es auch noch andere Wirklichkeitsstufen, z.B. Träume, Halluzinationen, Vorstellungen, amodale Ergänzungen, so dass auch noch eine Wirklichkeitskontrolle nötig sei.[788] „Reflektiert der Zeuge im Rahmen der aussagepsychologischen Exploration die Wirklichkeitsstufe seiner Erlebnisse selbst, so wird die ‚Wirklichkeitskontrolle' als zusätzliches Glaubhaftigkeitsmerkmal gewertet."[789]

Fischer hat völlig Recht, wenn er meint, dass diese „Tiefen der Aussagepsychologie" kaum einem Richter vermittelt werden könnten, denen zufolge, die wissenschaftlich fundierte ‚Diagnose', dass ‚die Angaben zu einem bestimmten Geschehen zutreffen', verweise nicht auf ‚Vorgänge, die in der Realität stattgefunden haben'."[790]

Wichtig ist: „Beurteilungen über die den Zeugenaussagen zugrundliegenden realen Ereignissen können von psychologischen Sachverständigen prinzipiell nicht vorgenommen werden. Die Rekonstruktion eines ‚realen' Sachverhaltes obliegt allein der Beurteilung des Gerichts."[791]

Endergebnis: 303

„Die Auffassung, die aussagepsychologische Begutachten sei insgesamt wissenschaftlich begründet, [entbehrt] einer wissenschaftlichen Grundlage.[792]"[793] Der Großteil der Realkennzeichen ist nach den Ergebnissen der Laborstudien gerade nicht geeignet, zwischen subjektiv wahren und bewusst wahrheitswidrigen Aussagen zu unterscheiden, und ob die Methode bei Aussagen Erwachsener im nicht-sexual-strafrechtlichen Zusammenhang anwendbar ist, ist empirisch nicht nach-

786 Welle/Berclaz/Lacasa/Niveau, A call to improve the validity of criterion-based content analysis (CBCA): Results from a field-based study including 60 children's statements of sexual abuse, Journal of Forensic and Legal Medicine, Volume 43, October 2016, S. 111 ff.

787 Greuel/Offe/Fabian/Wetzels/Fabian/Offe/Stadler, Glaubhaftigkeit der Zeugenaussage, S. 25 f.

788 Vgl. Greuel/Offe/Fabian/Wetzels/Fabian/Offe/Stadler, Glaubhaftigkeit der Zeugenaussage, S. 26 f.

789 Greuel/Offe/Fabian/Wetzels/Fabian/Offe/Stadler, Glaubhaftigkeit der Zeugenaussage, S. 27.

790 Fischer, Aussagewahrheit und Glaubhaftigkeitsbegutachtung – Anmerkungen zum Beweiswert von Glaubhaftigkeitsgutachten in: Schöch u.a. (Hrsg.), Strafverteidigung, Revision und die gesamten Strafrechtswissenschaften, Festschrift für Gunter Widmaier zum 70. Geburtstag, S. 191, 198.

791 Vgl. Greuel/Offe/Fabian/Wetzels/Fabian/Offe/Stadler, Glaubhaftigkeit der Zeugenaussage, S. 27.

792 Im Original folgende Fußnote: Original folgende Fußnote: anders aber *Steller* Forensische Psychiatrie, Psychologie, Kriminologie 14 (2020) S. 188 (189); *ders.* Handbuch der Rechtspsychologie, S. 300 (301).

793 Makepeace, Der Polygraf als Entlastungsbeweis, S. 41.

gewiesen[794] und international umstritten.[795] Teilweise wird eine Begutachtung in diesem Bereich sogar als „völlig ungeeignet" angesehen.[796] „Die Anzahl der erfolgreichen Täuschungen bleibt per definitionem stets unbekannt und lässt sich durch Simulationen und Experimente auch nicht ermitteln."[797]

4. Rettungsversuch zur Ergebniskorrektur (Aggregation und Bayes)

304 „Es mag überraschen, dass Vertreter und Befürworter der aussagepsychologischen Glaubhaftigkeitsbegutachtung dieses doch eher dürftige Ergebnis nicht bestreiten, sondern die kriterienorientierte Inhaltsanalyse weiterhin (man hat den Eindruck *erst recht*) als ein wissenschaftliche begründetes und empirisch bestätigtes Verfahren ansehen.[798] *Volbert* findet die Befunde sogar ‚wenig erstaunlich', und sie müssten ‚keineswegs dazu führen, die gesamte aussagepsychologische Methodik infrage zu stellen.[799] Auch der Bundesgerichtshof sieht die kriterienorientierte Inhaltsanalyse gleichwohl als empirisch überprüft an."[800]

305 Der Umstand, der verhindern soll, der Aussageanalyse „angesichts der durchaus heterogenen Untersuchungsergebnisse zur Validität und Realität"[801] einen brauchbaren wissenschaftlichen Wert abzusprechen, liegt in dem „**Prinzip der Aggregation**". Damit ist gemeint, dass sich aus einer Mehrzahl von (auch nur schwach) beweiskräftigen Indizien, die isoliert für eine erfolgreiche Beweisführung nicht ausreichen würden, in ihrer Gesamtheit ein ausreichender, jedenfalls ein erheblich erhöhter Schluss zukommen kann. Dieser Gedanke ist in der Rechtsprechung seit jeder anerkannt und logisch richtig.

794 Vgl. Makepeace, Der Polygraf als Entlastungsbeweis, S. 41.

795 Vgl. Vrij, Detecting Lies and Deceit, 2. Aufl., S. 222, 228.

796 Vgl. Erb, Grund und Grenzen der Unzulässigkeit einer regelmäßigen Einholung von Glaubwürdigkeitsgutachten im Strafverfahren, S. 18, 189 in: Jahn/Kudlich/Streng (Hrsg.), Strafrechtspraxis und Reform, Festschrift für Heinz Stöckel zum 70. Geburtstag.

797 Fischer, Aussagewahrheit und Glaubhaftigkeitsbegutachtung – Anmerkungen zum Beweiswert von Glaubhaftigkeitsgutachten in: Schöch u.a. (Hrsg.), Strafverteidigung, Revision und die gesamten Strafrechtswissenschaften, Festschrift für Gunter Widmaier zum 70. Geburtstag, S. 191, 198.

798 Im Original folgende Fußnote: Vgl. nur Greuel [Was ist Glaubhaftigkeitsbegutachtung (nicht)? Zum Problem der Dogmatisierung in einem wissenschaftlichen Diskurs] Interdisziplinäe Fachzeitschrift für Prävention und Intervention 12 (2009), S. 70 (71); Schoon/Briken [Zur Anwendbarkeit der Glaubhaftigkeitsbegutachtung unter spezifischen Begutachtungsumständen – Eine narrative Übersichtsarbeit] Forensische Psychiatrie, Psychologie, Kriminologie 13 (2019), S. 125 (126); Steller [Glaubhaftigkeitsbegutachtung] Handbuch der Rechtspsychologie [Volbert/Steller_Hrsg.], S. 300 (301); Steller/Volbert [Forensisch-aussagepsychologische Begutachtung (Glaubwürdigkeitsbegutachtung)] Praxis der Rechtspsychologie 9 (1999), S. 46 (82).

799 Im Original folgende Fußnote: Volbert, Psychologische Begutachtung im Strafverfahren, S. 171, (178 f.). [in Kröber/Steller (Hrsg.), Psychologische Begutachtung im Strafverfahren, 2. Aufl.]

800 Makepeace, Der Polygraf als Entlastungsbeweis, S. 41. Vgl. Makepeace, Der Polygraf als Entlastungsbeweis, S. 58 f.

801 Hagiel, Zu den Erwartungen an die ‚ureigene' Aufgabe von Tatrichter:innen, S. 123.

Diese Ausgangskonstellation läge bei den Realkennzeichen vor, wenn man – wie die Rechtsprechung unreflektiert – annehmen würde, dass diese öfter bei der Haupttatsache (subjektive wahre Aussage) als bei der Nichthaupttatsache (subjektiv unwahre Aussage) vorkommen würde.

Davon ist der BGH in seiner Grundsatzentscheidung 1999 ausgegangen: 306

> *„Diese sog. Realkennzeichen können als grundsätzlich empirisch überprüft angesehen werden. Zwar handelt es sich um Indikatoren mit jeweils für sich genommen nur geringer Validität, d.h. mit durchschnittlich nur wenig über dem Zufallsniveau liegender Bedeutung. Eine gutachterliche Schlussfolgerung kann aber eine beträchtlich höhere Aussagekraft und damit Indizwert für die Glaubhaftigkeit zu beurteilender Angaben erlangen, wenn sie aus der Gesamtheit aller Indikatoren abgeleitet wird. Denn durch das Zusammenwirken der Indikatoren werden deren Fehleranteile insgesamt gesenkt. Diesem Umstand liegt das mathematisch und psychometrisch eingehend untersuchte Prinzip der Aggregation zugrunde (Gutachten Prof. Dr. Fiedler). Dementsprechend lagen die mit Realkennzeichen in Forschungsvorhaben erzielten Ergebnisse regelmäßig deutlich über dem Zufallsniveau […].“*[802]

Aus dem Gutachten von *Fiedler/Schmid*, das der Grundsatzentscheidung des BGH zugrunde lag, können wir Folgendes entnehmen:

> *„Logisch und mathematisch lasse sich dieser glückliche Umstand durch ein Prinzip begründen, das in seiner Stärke und Bedeutung dem gesunden Menschenverstand nicht unbedingt zugänglich ist, das aber die Grundlage für viele induktive Schlüsse bildet: das Prinzip der* ***Aggregation****.“*[803]

Erstaunlicherweise meinen *Fiedler/Schmid* sogar, dass sich

> *„Fehleranteile der verschiedenen Elemente gegenseitig herauskürzen. Im obigen [von ihnen gewählten] Beispiel wird sogar eine Beobachtung (B2: Fehlen von zeitlichen Details), die gegen eine wahre Aussage spricht, durch eine Mehrzahl von gegenläufigen Beobachtungen (B1, B3, B4 etc.) weggekürzt, so daß im Aggregat eine relativ klare Schlußfolgerung zugunsten der Wahrheit entsteht.“*[804]

Das ist in der Sache zwar richtig, allerdings ist der Begriff des „Herauskürzens“ un- 307
präzise. Der Verweis auf die Logik und Mathematik legt das *Theorem von Bayes,* mit dem sog. **bedingte Wahrscheinlichkeiten** errechnet werden können, nahe. *Fiedler/Schmid* verweisen allerdings auf eine „Formel von Spearman und Brown“, die in der Rechtsprechung oder Rechtswissenschaft – soweit ersichtlich – gar nicht bekannt ist, und ohne diese genau mitzuteilen.

802 BGHSt 45, S. 164, 171.

803 Fiedler/Schmid, BGH-Gutachten, Praxis der Rechtspsychologie, November 1999, S. 5, 11.

804 Fiedler/Schmid, BGH-Gutachten, Praxis der Rechtspsychologie, November 1999, S. 5, 11 f.

308 Wenn eine subjektiv wahre Aussage durch die Methode der Aussageanalyse zu beweisen gilt, dann handelt es sich bei der zu beweisenden subjektiv wahren Aussage um die sog. Haupttatsache. Auf diese soll durch diverse weitere Tatsachen/Indizien, d.h. die jeweils einzelnen Realkennzeichen, geschlossen werden.

Umstände, die gegen eine subjektiv wahre Aussage sprechen, z.B. das von *Fiedler/Schmid* angenommene Fehlen von zeitlichen Details, wäre dann ein sog. **entlastendes Indiz**, das dann allerdings nicht herausgekürzt wird, sondern trotz Vorliegens nicht durchschlagen muss. D.h., ein Schluss auf eine subjektiv wahre Aussage kann aufgrund der Fülle oder Beweisstärke der übrigen Tatsachen/Indizien (Realkennzeichen) trotzdem möglich sein. Es handelt sich damit um einen stets gültigen Grundsatz der Beweiswürdigung, dass alle belastenden, aber auch alle entlastenden Umstände zu berücksichtigen sind.

309 Die Methode setzt also mindestens voraus, dass

- die einzelnen Indikatoren überhaupt einen messbaren Wert aufweisen, und
- dieser Wert überzufällig häufig bei wahren Aussagen vorkommt, jedenfalls öfter als bei subjektiv unwahren Aussagen.

Tatsächlich ist der Wert der einzelnen Realkennzeichen gerade nicht messbar, sondern kann allenfalls geschätzt werden, und ferner sind die gängigen 19 Realkennzeichen gerade nicht empirisch validiert, sondern allenfalls sieben.[805]

310 *Fiedler/Schmid* sagen als Beispiel zur Aggregation voraus, dass zehn nur schwach über dem Zufall liegende Kriterien eine Vorhersagbarkeit von 64 % ergeben und bei 20 Beobachtungen/Kriterien ein Wert von 78 % erreicht werden könnte, wobei *Fiedler/Schmid* hier kein globales Aussagekriterium (z.B. Detailkriterium) annehmen, sondern das Detailkriterium wiederum in zeitliche Details, soziale Details, emotionale Details und physikalische Details untergliedern, denen sie jeweils eine Vorkommenshäufigkeit von größer 50 % bei wahren Aussagen zuordnen. Die konkrete Berechnung wird in dem Gutachten allerdings nicht mitgeteilt, sondern nur auf die Formel von *Spearman* und *Brown* verwiesen.[806]

> *Hinweis*
>
> Bereits hier hätten die „Alarmglocken" schrillen müssen, denn weder reicht eine Vorhersagbarkeit von 64 % noch von 78 % für irgendeine verlässliche Schlussfolgerung, die mehr als Raten/Meinen/Glauben/Vermuten sein soll, aus. Auch überrascht der Ansatz, aus dem Detailkriterium vier isolierte Kriterien zu machen.

805 Vgl. Makepeace, Der Polygraf als Entlastungsbeweis, S. 60 m.w.N.

806 Vgl. Fiedler/Schmid, BGH-Gutachten, Praxis der Rechtspsychologie, November 1999, S. 5, 11 f.

Die Methode setzt

- voraus, dass die einzelnen Kriterien statistisch voneinander unabhängig sind. Sobald ein Indiz, wenn es vorliegt, überzufällig häufig ein anderes Indiz nach sich zieht oder verhindert, sind die Indizien nicht mehr statistisch unabhängig, sondern abhängig und daher „wie ein einziges Indiz" zu behandeln, so dass dann für die Aggregation überhaupt kein Raum mehr ist. „Wenn zwei oder mehr der Kriterien hoch miteinander korrelieren, würden sie nur begrenzt unterschiedliche Aspekte der Aussage erfassen. Dieselben inhaltlichen Qualitätsmerkmale erhielten dadurch ein doppeltes oder mehrfaches Gewicht."[807] Möglicherweise sind die Realkennzeichen im Wesentlichen statistisch voneinander unabhängig,[808] allerdings ist dies nicht ausreichend erforscht. Hierzu gibt es (fast) keine Literatur. *Köhnken* meint: „Darüber hinaus zeigten sich bei den so trainierten Ratern [drei Wochen mehrere Stunden/Tag in der Anwendung der Realkennzeichenanalyse] nur geringe Interkorrelationen der Realkennzeichen."[809]
- Hinzu kommt weiter: „Interkorrelationen, Reliabilität und Validität sind, wie in der psychologischen Diagnostik üblich, empirisch zu belegen."[810] Für die Reliabilität müsste die Inter- und Intra-Rater-Übereinstimmung bekannt sein. „Bei der Inter-Rater-Übereinstimmung wird geprüft, wie gut verschiedene Beurteiler bei der Einschätzung der Realkennzeichen in den gleichen Aussagen übereinstimmen. Entsprechend drückt die Intra-Rater-Übereinstimmung das Maß der Übereinstimmung der Rater aus, die dieselben Aussagen wiederholt analysieren."[811] Soweit ersichtlich liegen auch insofern kaum brauchbare, und jedenfalls keine ausreichenden Daten vor. Sofern diese eine geringe Übereinstimmung ausweisen, meinte *Köhnken* 2003: „Allerdings sind diese geringen Übereinstimmungen offenbar in einem unzureichenden Training der Beurteiler begründet."[812] Auch wenn sich insofern vieles verbessert haben dürfte, bleibt das Problem bestehen und begründet eine weitere Einbruchstelle in die angenommene Objektivität der Methode (siehe hierzu umfassend unten Rdn 324).

Logisch-mathematische Überprüfung: 311

Das Prinzip der Aggregation wird nicht bestritten, fraglich ist allein dessen Anwendbarkeit auf Aussagen einer Einzelperson. Selbst wenn man die Einwände des

807 Köhnken, Glaubwürdigkeit, S. 341, 350 in: Lemp/Schütze/Köhnken (Hrsg.), Forensische Psychiatrie und Psychologie des Kindes- und Jugendalters, 2. Aufl.

808 Vgl. Bender, Merkmalskombinationen in Aussagen, S. 176/177.

809 Köhnken, Glaubwürdigkeit, S. 341, 350 f. in: Lemp/Schütze/Köhnken (Hrsg.), Forensische Psychiatrie und Psychologie des Kindes- und Jugendalters, 2. Aufl.

810 Köhnken, Glaubwürdigkeit, S. 341, 350 in: Lemp/Schütze/Köhnken (Hrsg.), Forensische Psychiatrie und Psychologie des Kindes- und Jugendalters, 2. Aufl.

811 Köhnken, Glaubwürdigkeit, S. 341, 350 in: Lemp/Schütze/Köhnken (Hrsg.), Forensische Psychiatrie und Psychologie des Kindes- und Jugendalters, 2. Aufl.

812 Köhnken, Glaubwürdigkeit, S. 341, 350 in: Lemp/Schütze/Köhnken (Hrsg.), Forensische Psychiatrie und Psychologie des Kindes- und Jugendalters, 2. Aufl.

nicht messbaren Beweiswerts und jedenfalls für einige Realkennzeichen einen überzufälligen Beweiswert und ferner eine statistische Unabhängigkeit annimmt, ergibt sich logisch-mathematisch in der Tat, dass jedes Kriterium, das öfter in wahren als in unwahren Aussagen vorkommt, die Endwahrscheinlichkeit, dass es sich um eine wahre Aussage gehandelt hat, erhöht.

Jede Berechnung bleibt allerdings eine Schätzung, die durchaus sinnvoll sein kann, weil sie der eigenen Kontrolle und jedenfalls Nachvollziehbarkeit dient. Gerade das Gutachten von *Fiedler/Schmid* zeigt, dass die Offenlegung wichtig wäre, denn wer als Aussagekriterium viele zeitliche Details und viele soziale Details und viele emotionale Details und viele physikalische Details jeweils als Kriterium annimmt, kommt zu einem anderen Ergebnis, als wenn ein anderer Beurteiler nur das Detailkriterium insgesamt beachtet hätte.

Oben wurde diesseits selbst eine Anwendung des Theorems von Bayes für den Fall der Zeugenaussage[813] versucht und es wurde gezeigt, dass im Modell alles berechnet werden kann, je nachdem welche Schätzgröße eingesetzt wird.

Die Tatsache, dass alles berechnet werden kann, sollte aber nicht zur Verwerfung der Methode führen, denn durch die Offenlegung der Berechnung und Schätzgrößen kann die Methode als plausibel oder unplausibel erkannt werden.

312 In aussagepsychologischen Gutachten fehlen derartige Modelrechnung allerdings komplett und der Leser muss sich schlicht damit begnügen, das Wahrscheinlichkeitsurteil des Gutachtens zur Kenntnis zu nehmen. Das verwundert, nachdem sich die Methode auf die Aggregation und deren mathematisches Prinzip beruft, dann aber dieses in der konkreten Anwendung nicht offenlegt.

Bemerkenswert ist, dass die Aussagepsychologie zur Rechtfertigung der isoliert nicht beweiskräftigen Realkennzeichen auf das logische und mathematische Prinzip der Aggregation verweist, aber zugleich annimmt, dass die Realkennzeichen „gerade nicht als Items eines wie auch immer gearteten ‚Wahrheitstests' [zu verstehen sind], die über Aufsummierung oder andere mathematische Verknüpfungen zu einem Gesamtergebnis in Bezug auf den wahrscheinlichen Erlebnisgehalt einer Aussage führen könnten."[814] Das ist im Endergebnis freilich richtig, aber das Prinzip der Aggregation verweist als Zwischenergebnis eben schon auf ein „mathematisches Prinzip", d.h. einen raw-score (= als erster Schritt eine Beurteilung der Qualität einer Aussage), der dann noch in Bezug zur Person des Probanden mit seinen spezifischen Kompetenzen und Erfahrungen gesetzt werden muss.[815]

Jedenfalls weist *Makepeace* völlig zu Recht darauf hin, dass das Prinzip der Aggregation umso mehr an Überzeugungskraft verliert, je weniger Kriterien vorliegen, so

813 Vgl. hierzu auch Bender/Nack, Tatsachenfeststellung vor Gericht, 2. Aufl., Rn 402.

814 Greuel/Offe/Fabian/Wetzels/Fabian/Offe/Stadler, Glaubhaftigkeit der Zeugenaussage, S. 159.

815 Vgl. Volbert/Steller, Die Begutachtung der Glaubhaftigkeit, S. 683, 689 in: Dreßing/Habermeyer (Hrsg.), Psychiatrische Begutachtung, 6. Aufl. (2015).

dass eine Mindestanzahl an im Falle einer subjektiv wahren Aussage überzufällig vorliegenden Realkennzeichen vorliegen muss, diese aber unbekannt ist und ein solcher Schwellenwert von der Rechtsprechung und Aussagepsychologie selbst abgelehnt wird.[816]

Zwischenergebnis: 313

Das Prinzip der Aggregation kann bei der Aussageanalyse nur über unüberprüfbare Schätzungen angewendet werden. Dies aber ist keine wissenschaftliche Fundierung, sondern bleibt eine reine Schätzung, also exakt das, was die Beweiswürdigung im Ergebnis nicht sein darf, wenn sie über Schuld oder Unschuld entscheidet. Schätzungen sind dem deutschen Recht in der Beweiswürdigung oder Tatsachenfeststellung zwar nicht fremd, sondern möglich, allerdings erst im Rahmen der haftungsausfüllenden Kausalität (§ 287 ZPO, § 252 BGB). Die **Haftungsbegründung** kann gerade nicht durch eine Schätzung nachgewiesen werden. Analoges gilt im Strafrecht. Auch hier kann ein Schaden geschätzt werden, nicht aber das **„Ob" der Tatbestandsverwirklichung**. Die Bandbreite kann z.B. – wie hier – von 94 % bei sieben Kriterien und der hier vorgenommenen Modellrechnung oder – wie in dem Gutachten von *Fiedler/Schmid* – auch nur von 64 % bei zehn Kriterien bzw. 78 % bei 20 gehen. Es kann daher jeder beliebige Wert per Aggregation errechnet werden, je nachdem, welchen Wert man zu Beginn eingibt. Es ist daher *Fischer* zuzustimmen: „Der zutreffende Hinweis auf das Überzeugungs-stiftende Wirken der ‚Aggregation' vermag den Nachweis der Validität der Einzelelemente nicht zu ersetzen."[817] Es ist ggf. etwas zu streng, wenn *Fischer* meint, „aus lauter Nullen wird auch durch noch so viel Aggregation keine Eins",[818] aber es bleibt zutreffend, dass es sich nicht um ein „valides Ergebnis" handelt, sondern eine schlichte Schätzung bleibt. Würde die Schätzgrundlage freilich offen gelegt, was diesseits ohnehin gefordert wird, wäre dagegen nichts einzuwenden, denn dann entstünde eine rechtlich ohnehin geschuldete **intersubjektive Diskutierbarkeit** der Beweiswürdigung, eine eigene Kontrolle der Beweisüberlegungen und die klare Erkenntnis, dass es sich nur um ein mehr oder weniger starkes Indiz handeln kann. Damit wäre der Mechanismus der richterlichen Übernahme des Gutachtensergebnisses gebrochen, seien es nur 89 % oder fast 100 % (s.o.). Freilich übernimmt der Aussagepsychologe keine Beweiswürdigung, aber sein Ergebnis bleibt eine Schätzung, deren Grundlagen der Aggregation er nicht offenlegt, obwohl sie durch ein mathematisches Prinzip vorausgesetzt und begründet wird.

816 Vgl. Makepeace, Der Polygraf als Entlastungsbeweis, S. 60 m.w.N.

817 Fischer, Aussagewahrheit und Glaubhaftigkeitsbegutachtung – Anmerkungen zum Beweiswert von Glaubhaftigkeitsgutachten in: Schöch u.a. (Hrsg.), Strafverteidigung, Revision und die gesamten Strafrechtswissenschaften, Festschrift für Gunter Widmaier zum 70. Geburtstag, S. 191, 216.

818 Fischer, Aussagewahrheit und Glaubhaftigkeitsbegutachtung – Anmerkungen zum Beweiswert von Glaubhaftigkeitsgutachten in: Schöch u.a. (Hrsg.), Strafverteidigung, Revision und die gesamten Strafrechtswissenschaften, Festschrift für Gunter Widmaier zum 70. Geburtstag, S. 191, 216.

314 Weiter kommt das Problem hinzu, dass aus statistischen Gruppenvergleichen, d.h. dem Vorkommen von Realkennzeichen in den diversen Studien, keine Folgerungen auf die konkrete Aussage einer einzelnen Person gezogen werden können.

Im Übrigen ist es eine weitere Grundannahme der kriterien-orientierten Aussageanalyse, dass sich empirisch nachweisbare qualitative Unterschiede zwischen wahren und falschen Aussagen derselben Person ergeben, d.h., diese Annahme gilt nur *intrapersonell*.[819] Dann aber ist schon nicht klar, welchen Wert die Realkennzeichen überhaupt haben, wenn diese aus Gruppenbeobachtungen geschlossen werden. D.h., die Methode bleibt eine Schätzung, ohne die Schätzgrundlagen vollständig (durch eine Berechnung mit Plausibilitätswerten) mitzuteilen. Das Wahrscheinlichkeitsurteil des Gutachtens wird schlicht als Endergebnis mitgeteilt, ohne dass dies tatsächlich überprüfbar ist. Niemand kann nachvollziehen, warum ein Gutachten zu dem Ergebnis kommt, dass die Aussage einer Person mit „hoher Wahrscheinlichkeit" auf eigenem Erleben in der Wachwirklichkeit beruht und warum es sich nicht um eine „sehr hohe Wahrscheinlichkeit" oder gar nur eine „überwiegende Wahrscheinlichkeit" handeln soll, wobei hinter derartigen semantischen Wendungen der konkrete Überzeugungsgrad ohnehin unbekannt bleibt.

5. Der weitere Rettungsversuch zur Ergebniskorrektur (Qualitätskompetenzvergleich)

315 Die o.g. Einwände sind auch den Vertretern der Aussagepsychologie bekannt. Um das Verdikt der forensischen Unbrauchbarkeit zu vermeiden, meinen diese, dass die Kritiker der Aussageanalyse diese auf die schematische Anwendung der Realkennzeichen reduziert hätten, was von „aussagepsychologischer Seite" niemals vorgeschlagen worden sei, sondern stets die intraindividuelle Perspektive bei der Schlussfolgerung von der Qualität zur Glaubhaftigkeit einer Aussage betont worden war.[820] Das bedeutet: „Das mit den dargelegten Methoden der Aussageanalyse gefundene Ergebnis gewinnt – schon wegen des nicht exakt bestimmbaren Wertes der einzelnen verwendeten Realkennzeichen – für die Glaubhaftigkeitsuntersuchung jedoch erst Bedeutung unter Berücksichtigung vor allem der spezifischen Kompetenzen und Erfahrungen der untersuchten Person sowie der Entstehungs- und Entwicklungsgeschichte der Aussage. Speziell das Vorhandensein einzelner bei der Inhaltsanalyse verwendeter Realkennzeichen hängt mit hoher Wahrscheinlichkeit auch von Merkmalen der untersuchten Person ab."[821]

819 Vgl. Fischer, Aussagewahrheit und Glaubhaftigkeitsbegutachtung – Anmerkungen zum Beweiswert von Glaubhaftigkeitsgutachten in: Schöch u.a. (Hrsg.), Strafverteidigung, Revision und die gesamten Strafrechtswissenschaften, Festschrift für Gunter Widmaier zum 70. Geburtstag, S. 191, 204.

820 Vgl. Steller/Volbert, Forensisch-aussagepsychologische Begutachtung, Praxis der Rechtspsychologie, 1999, S. 46, 83 f.

821 BGH, NJW 1999, S. 2746, 2748.

Die Vertreter der Aussageanalyse gehen einerseits angeblich davon aus, dass die **Realkennzeichen isoliert bedeutungslos**[822] sind („completely meaningless“[823] bzw. „völlig nichtssagend“[824]), denn es gehe immer um den Kompetenzvergleich, ob dieser bestimmte Zeuge diese bestimmte Aussage hätte erfinden[825] und alle weiteren Alternativhypothesen zurückgewiesen werden können. Andererseits gibt es mindestens einen impliziten Schwellenwert, denn der Kompetenzvergleich setzt (jedenfalls) einen gedanklich **impliziten Grenzwert** als Referenzwert voraus, aufgrund dessen die erforderliche Bewertung im Einzelfall vorgenommen werden soll.[826] Tatsächlich verfährt auch die Praxis unausgesprochen mit Grenzwerten. Eine Auswertung aller von der Gesellschaft für wissenschaftliche Gerichts- und Rechtspsychologie München in den Jahren 2000 bis 2005 erstellten Gutachten ergab, dass die Mehrheit der Merkmale insgesamt eher selten vorkam. Lediglich fünf der 19 Realkennzeichen waren in mehr als der Hälfte der Aussagen zu finden.[827] Diese Gutachtenanalyse ergab, dass 138 Aussagen vorgelegen haben, wovon 79 (57 %) als wahrscheinlich erlebnisfundiert und 59 (43 %) als wahrscheinlich nicht erlebnisfundiert beurteilt wurden.[828] Die als glaubhaft beurteilten Aussagen erhielten im Durchschnitt 10,00 Realkennzeichen, was per se problematisch ist, nachdem allenfalls sieben beweiskräftig sind, während die als nicht glaubhaft beurteilten Aussagen im Durchschnitt nur 2,53 Realkennzeichen erhielten.[829] Der offenbar implizit zugrunde gelegte Schwellenwert betrug sechs und mehr Realkennzeichen. D.h., bei diesem Schwellenwert konnten 98 % der als glaubhaft beurteilten Aussagen und 95 % der als nicht glaubhaft beurteilten Aussagen klassifiziert werden.[830] 316

Das heißt, der aussagepsychologische Sachverständige stellt einen **Erwartungswert** auf, welche Qualität eine erlebnisbasierte Darstellung und welche Qualität eine erfundene Schilderung bei dem spezifischen Probanden annehmen kann.[831]

Damit handelt es sich freilich um eine „Kunstlehre“ zu der eine empirische Prüfung nicht möglich ist.[832] Für den alles entscheidenden Qualitätskompetenzvergleich liegen kaum Anleitungen zur konkreten Vorgehensweise und/oder zur diagnostischen 317

822 Vgl. Schwind, Glaubhaftigkeit von Zeugen vor Gericht, S. 24.

823 Vgl. Köhnken, Statement Validity Analysis and the Detection of Truth, S. 41, 52 in: Granhag/Strömwall (Hrsg.), The Detection of Deception in Forensic Contexts (2004).

824 Vgl. Köhnken, Fehlerquellen in aussagepsychologischen Gutachten, S. 26 in: Deckers/Köhnken (Hrsg.), Die Erhebung und Bewertung von Zeugenaussagen im Strafprozess, 2. Aufl. (2014).

825 Vgl. Schwind, Glaubhaftigkeit von Zeugen vor Gericht, S. 24 m.w.N.

826 Vgl. Schwind, Glaubhaftigkeit von Zeugen vor Gericht, S. 29.

827 Vgl. Schwind, Glaubhaftigkeit von Zeugen vor Gericht, S. 62.

828 Vgl. Schwind, Glaubhaftigkeit von Zeugen vor Gericht, S. 60, 71.

829 Vgl. Schwind, Glaubhaftigkeit von Zeugen vor Gericht, S. 71.

830 Vgl. Schwind, Glaubhaftigkeit von Zeugen vor Gericht, S. 78.

831 Vgl. Volbert/Steller, Die Begutachtung der Glaubhaftigkeit, S. 683, 692 in: Dreßing/Habermeyer (Hrsg.), Psychiatrische Begutachtung, 6. Aufl. (2015).

832 Vgl. Hermanutz/Litzcke, Unterscheidung von Wahrheit und Lüge, S. 253.

Erfassung vor.[833] Die Tatsache, dass es keinen Schwellenwert gibt oder geben kann, obwohl irgendein Wert mindestens implizit verwendet werden muss, offenbart eine „methodological black box“.[834]

6. Mehr Unsicherheiten durch den Qualitätskompetenzvergleich statt mehr Sicherheit

318 Dass der Qualitätskompetenzvergleich das alles Entscheidende sein soll, ist nicht unbedingt erstaunlich, weil die Realkennzeichen isoliert „completely meaningless“ sind, sondern ist ein Gebot des klaren Menschenverstandes.

Beispiele

Ein 18-Jähriger, der sich als Chefarzt einer Klinik ausgibt, wird sich schwertun, eine glaubhafte Geschichte zum sog. „Tumor-Board“ in einer Klinik zu berichten.

Selbst ein Rechtsanwalt, der sich als Richter am BGH ausgibt, wird kaum berichten können, wie sich die Urteilsberatung und Entscheidungsfindung beim BGH darstellt (es war auch der Fach-Öffentlichkeit lange Zeit nicht bekannt, dass Richter der Strafsenate beim BGH die Revisionsbegründungen gar nicht lesen, sondern nur der Vorsitzende und Berichterstatter).

Eine Frau, die ein Kind zur Welt gebracht hat, wird das Geburtserlebnis anders berichten als eine Frau, die kein Kind hat (dies war eines der Experimente, das zur Ausbildung der 19 Realkennzeichen von *Steller/Köhnken* führte).

319 Intuitiv und nach dem „gesunden Menschenverstand“ ist die Kompetenz des Aussagenden für das jeweilige Thema selbstverständlich zu beachten.

Allerdings wird die Schlussfolgerung des Beweiswertes einer Aussage nach Realkennzeichenanalyse damit logisch und mathematisch nicht genauer, sondern unsicherer, denn es kommt kein zusätzliches Indiz hinzu, um auf die Haupttatsache hinzudeuten, was im Falle der **Aggregation** bzw. des **Theorems von Bayes** zu einem sog. **Beweisring** führt und beweisverstärkend wirken würde, sondern es kommt ein weiter Faktor, d.h., eine weitere Unsicherheit, nämlich die **eigene Einschätzung**, ob dieser Zeuge diese bestimmte Aussage hätte erfinden können,[835] hinzu.

833 Vgl. Aymans, Die Qualität sachverständigen Handelns bei der aussagepsychologischen Begutachtung von Zeugenaussagen, S. 129.

834 Vgl. Oberlader et al., Validity of Content-Based-Techniques to Distinquish True and fabricated Statements: A Meta-Analysis, Preprint, S. 31 https://www.researchgate.net/publication/298302223_Validity_of_Content-Based_Techniques_to_Distinguish_True_and_Fabricated_Statements_A_Meta-Analysis (Zugriff: 11.4.2021).

835 Vgl. Schwind, Glaubhaftigkeit von Zeugen vor Gericht, S. 24 m.w.N.

Dann aber haben sich die Unsicherheiten nach der Beweislehre (insofern eine **Beweiskette**) multipliziert (Produktregel), so dass die Endwahrscheinlichkeit ab- statt zunimmt.[836]

Hinweis

Auch die Trefferquoten variieren erheblich. *Vrij* berichtet Trefferquoten für wahre Aussagen zwischen 44 und 91 % (im Durchschnitt 70,81 %) und für unwahre Aussagen von 60 und 100 % (im Durchschnitt 71,12 %),[837] während z.B. *Gödert* von Trefferquoten (seiner Scheinverbrechen-Untersuchung) zwischen 79 und 97 % für wahre Aussagen und von „Zufallsniveau" für erfundene Aussagen ausgeht.[838] Wenn nun – in welchem Stadium auch immer – die subjektive Einschätzung des „Qualitätskompetenzvergleichs" hinzukommt, muss das Endergebnis aufgrund des nun weiter hinzukommenden Unsicherheitsfaktors reduziert sein, statt erhöht. Die Verkennung der Wirkung einer Beweiskette (Beweisergebnis reduzierend) und einem Beweisring (Beweisergebnis erhöhend) stellt einen (eigentlich) revisiblen Denk- und damit auch einen Rechtsfehler dar. Der Grund, warum dies dennoch (fast) nie zu einer revisionsgerichtlichen Aufhebung im Falle der Befolgung des Gutachtensergebnis führt, liegt darin, dass dieser Mangel weder in dem Gutachten noch der Urteilsurkunde ersichtlich wird, sondern rhetorisch nicht in dieser Form angesprochen, sondern vernebelt wird. Jedenfalls hätte dies zu einem (noch) kritischerem Umgang mit aussagepsychologischen Gutachten führen müssen, statt einer tatrichterlich unkritischen Übernahme des entsprechenden Ergebnisses bei schlichter rhetorischer Versicherung des Tatrichters, das Gutachten kritisch und sorgfältig überprüft zu haben, und sich dessen Ergebnis anzuschließen.

So weit denkt die Aussagepsychologie allerdings nicht. *Vrij* geht immerhin so weit, **320**
die Trefferquote der Realkennzeichenanalyse von ca. 70 % (= Fehlerquote von 30 %) auch der abschließenden Bewertung zugrunde zu legen („This error rate, around 30 %, is probably not an unreasonable estimate for the accuracy of SVA judgements"[839]), obwohl sie logisch niedriger sein müsste. Die deutsche Aussagepsychologie kanzelt das Problem weitgehend ab, in dem sie Kritikern unterstellt, diese würden die aussagepsychologische Diagnostik auf die Anwendung der Realkennzeichenanalyse reduzieren oder die Kritiker würden das Falsifikationsprinzip nicht verstehen.[840]

836 Vgl. Bender/Nack, Tatsachenfeststellung vor Gericht, 2. Aufl., Rn 432 ff.

837 Vgl. Vrij, Detecting Lies and Deceit, 2. Aufl., S. 235 m.w.N.

838 Vgl. Gödert, Forensische Glaubhaftigkeitsbeurteilung: Experimenteller Vergleich inhaltsorientierter und psychophysiologischer Methoden, Diss. Mainz (2002), S. 145.

839 Vrij, Detecting Lies and Deceit, 2. Aufl., S. 253.

840 Vgl. Köhnken, Psychologische Begutachtung von Aussagen, § 60 Rn 149 in: MAH/Strafverteidigung (Hrsg. Müller/Schlothauer/Knauer), 3. Aufl.

Vrij kontert den denkbaren Einwand, dass ein Qualitätskompetenzvergleich nach Meinung der Befürworter der Aussageanalyse insgesamt eine höhere Trefferquote ergeben würde, mit dem zutreffenden Hinweis, dass dann die tatsächliche Fehlerquote komplett unbekannt sein muss, was die Anwendbarkeit bei Gericht als wissenschaftliches Gutachten (nach dem in den USA praktizierten sog. *Daubert*-Standard) wiederum (erst recht) verhindern müsste.[841] Jedenfalls existieren für eine Trefferquote des Gesamtverfahrens überhaupt keine Nachweise.[842]

321 Im Ergebnis wird man *Plaum* recht geben müssen, dass sich die aussagepsychologische Glaubhaftigkeitsbegutachtung auf „dem (un)wissenschaftlichen Niveau [befindet], welches methodisch anders orientierten Psychologinnen/Psychologen von Vertretern der Aussagepsychologie gerne unterstellt wird".[843]

III. Risiko der Falsch-Positiven

322 Selbst wenn man annehmen würde, dass man das Problem der rückwirkenden Beurteilung von Wahrscheinlichkeiten (nach Eintritt des Ereignisses) mathematisch durch das Prinzip der **Aggregation** oder das **Theorem von Bayes** lösen könnte und eine „methodological black box" beim Qualitätskompetenzvergleich akzeptiert, geht es um die von der Rechtsprechung bisher ausgeblendete Frage der falsch-positiven Fälle.

In diversen Untersuchungen ist die Trefferquote der kriterienorientierten Aussageanalyse bei wahren Aussagen höher als bei erfundenen Aussagen, wobei auch hier die Ergebnisse variieren. Dies erklärt sich vermutlich dadurch, dass gerade Merkmale gesucht werden (Realkennzeichen), die für den Erlebnisbezug sprechen, also eine Art Confirmation bias vorliegt.[844] Das bedeutet, dass die Lüge mit der Aussageanalyse kaum erkannt werden kann, da nur nach vermeintlichen Glaubhaftigkeitsmerkmalen gesucht wird und die Methode gar nicht zur Lügenerkennung gedacht war. Dann aber liegt die Gefahr der Verzerrung zu einer Wahreinschätzung und Unterschätzung der Lüge vor („The danger […] is that it may invoke a truth bias which may distort assessments"[845]).

323 Für den (konkreten) Beweiswert eines aussagepsychologischen Gutachtens kommt es allerdings auf die Frage an, „in wieviel Fällen, in denen das Gutachten zu dem Ergebnis kommt, die Aussage sei glaubhaft, ist die Aussage auch wirklich wahr –

841 Vgl. Vrij, Detecting Lies and Deceit, 2. Aufl., S. 254 f.

842 Vgl. Bublitz, Entwicklung und Kritik der höchstrichterlichen Rechtsprechung zur Glaubhaftigkeitsanalyse, ZIS 2021, S. 210, 219.

843 Plaum, Probleme der psychologischen Begutachtung von Kindern als Opfer, Interdisziplinäre Fachzeitschrift für Prävention und Intervention 9 (2008), S. 102, 113.

844 Vgl. Berlinger, Glaubhaftigkeitsbegutachtung im Strafprozess, S. 98 m.w.N.

845 Sporer, Reality monitoring and detection of deception, S. 64, 81 in: Granhag/Strömwall (Eds.), The Detection of Deception in Forensic Contexts.

und in welchen nicht?“[846] Insofern liegen nur wenige Studien vor, die teils auch nur eingeschränkt repräsentativ sind. Jedenfalls kann man als Ergebnis festhalten, dass die Aussageanalyse jedenfalls besser als der Zufall funktioniert, um subjektive wahre Aussagen zu ermitteln, ggf. sogar Werte von ca. 70 % erreicht (dies scheint der allg. Konsens zu sein,[847] auch wenn in einzelnen Studien wiederum höhere Werte nachgewiesen werden können), aber in jedem Fall das Risiko eines falsch-positiven Ergebnisses größer ist als das Risiko eines falsch-negativen Ergebnisses und die Lüge (in den meisten Studien – soweit ersichtlich –) kaum besser als der Zufall erkannt werden kann.[848]

Eine geschätzte Modellrechnung von *Makepeace*, und mehr ist nicht verfügbar, weil die gesamte Methode auf Schätzungen bereits bei der Zugrundelegung der Trefferquoten als Ausgangsbasis basiert,[849] kommt zu folgendem Ergebnis:

> *„Denn dieses sagt, dass zwar in 68 Prozent, also in ungefähr zwei Drittel der Fälle, in denen der Gutachter zu dem Ergebnis kommt, die Aussage sei glaubhaft, die Aussage auch tatsächlich wahr war. Er [errechneter, konkreter Beweiswert] sagt aber auch, dass in 32 Prozent der Fälle die Glaubhaftigkeit einer Aussage bejaht wird, obwohl die Aussage tatsächlich bewusst wahrheitswidrig war. Die Auswirkungen auf die Praxis wären fatal: Folgt der Richter uneingeschränkt dem Gutachten – was er in den meisten Fällen auch tut –, legt er in einem von drei Fällen eine bewusste Falschaussage der Verurteilung zugrunde. Ein willkürliches und damit fehlerhaftes Ergebnis richterlicher Beweiswürdigung.*[850]“[851]

Auch dieses Problem bleibt von der h.A. und dem (fast) blinden Vertrauen auf das Ergebnis eines Glaubhaftigkeitsgutachtens ausgeklammert.

IV. Zur Reliabilität

Es ist eine in der Praxis (viel) zu wenig beachtete Selbstverständlichkeit, dass die Validität einer psychometrischen Methode von deren **Reliabilität** abhängt, d.h., davon begrenzt wird. D.h., wenn das Vorhandensein von Realkennzeichen nicht objektiv festgestellt werden könnte, würde die Methode keine Hilfe für die Gerichte 324

846 Makepeace, Der Polygraf als Entlastungsbeweis, S. 63.

847 Vgl. Volbert/Steller, Die Begutachtung der Glaubhaftigkeit, S. 683, 688 in: Dreßing/Habermeyer (Hrsg.), Psychiatrische Begutachtung, 6. Aufl. (2015).

848 Vgl. Makepeace, Der Polygraf als Entlastungsbeweis, S. 62 ff., 67 f.; Gödert, Forensischen Glaubhaftigkeitsbeurteilung, Experimenteller Vergleich inhaltsorientierter und psychophysiologischer Methoden, Diss., Mainz, 2002, S. 37.

849 Vgl. Makepeace, Der Polygraf als Entlastungsbeweis, S. 63.

850 Im Original verweis auf: Sander LR § 261 Rn 14 a.E.

851 Makepeace, Der Polygraf als Entlastungsbeweis, S. 76 f.

darstellen.[852] Die 19 Realkennzeichen selbst werden oft auf einer dreistufigen Skala codiert, und zwar mit 0, wenn das Kriterium fehlt, mit 1, wenn das Kriterium vorhanden ist und mit 2, wenn das Kriterium in gesteigerter Form vorliegt („strongly present"), wobei *Köhnken*[853] eine 5-Punkt-Skala aussagekräftiger hält (mit 0 = Kriterium nicht vorhanden bis 4 = Kriterium „strongly present"), um die subjektive Wahrheit zu ermitteln.[854]

325 Um die Objektivität der Detektion von Realkennzeichen festzustellen, wird auf die sog. **Inter-Rater-Übereinstimmung** abgestellt, d.h., ob andere Bewerter dieselben Realkennzeichen feststellen. Das wiederum wird oft über das sog. Percentage-Agreement (**PCA**) überprüft. Das aber ist wenig verlässlich und kann zu falschen Ergebnissen führen. Dann nämlich, wenn Bewerter 1 die Realkennzeichen 1, 2, 3, 4, 5 feststellt und Bewerter 2 die Realkennzeichen 6, 7, 8, 9 und 10. Damit würde die PCA 100 % betragen, obwohl die verschiedenen Bewerter kein einziges Realkennzeichen übereinstimmend festgestellt hatten.[855] Hinzu kommt, dass Bewertungen der PCA oftmals die rein zufallsbedingte Übereinstimmung, die keinen Mehrwert hätte, nicht beachten.[856] Weiter hängt die Übereinstimmung der verschiedenen Bewerter auch von der Anzahl der vorliegenden Realkennzeichen insgesamt ab (Baseline) und zudem sind diverse Kriterien eindeutiger definiert (z.B. Quantitativer Detailreichtum, Gesprächswiedergaben), die deswegen höhere Übereinstimmungsraten nach sich ziehen sollten, als Kriterien, die mehr Spielraum für subjektive Einschätzungen bieten (z.B. ungeordnete, sprunghafte Darstellung, ungewöhnliche Details, überflüssige Details, deliktsspezifische Einzelheiten).[857] D.h., dass in einer Meta-Analyse der diversen Untersuchungen zur Inter-Rater-Übereinstimmung zwar oft diverse Summenübereinstimmungen berichtet werden, die aber als solches wegen der o.g. Bedenken nicht sinnvoll interpretiert werden können.[858] D.h., die Summenübereinstimmungen der diversen Rater sind typischerweise höher als die Übereinstimmung bezüglich dem Vorkommen bestimmter Realkennzeichen.

326 *Hauch et al.* haben daher eine Meta-Analyse der 19 Realkennzeichen vorgelegt, um zu prüfen, welches Realkennzeichen verlässlich bei verschiedenen Beurteilern

852 Vgl. Hauch/Sporer/Masip/Blandón-Gitlin, Can Credibility Criteria Be Assessed Reliably? A Meta-Analysis of Criteria-Based Content Analysis, Psychological Assessment 2017, S. 819, 820 m.w.N.

853 Vgl. Köhnken, Statement Validity Analyses and the detection of truth, in The Detection of Deception in Forensic Contexts (Granhag/Strömwall, Eds.), S. 41, 59.

854 Vrij, Detecting Lies and Deceit, 2. Aufl., S. 208 m.w.N.

855 Vgl. Hauch/Sporer/Masip/Blandón-Gitlin, Can Credibility Criteria Be Assessed Reliably? A Meta-Analysis of Criteria-Based Content Analysis, Psychological Assessment 2017, S. 819, 820, 824.

856 Vgl. Hauch/Sporer/Masip/Blandón-Gitlin, Can Credibility Criteria Be Assessed Reliably? A Meta-Analysis of Criteria-Based Content Analysis, Psychological Assessment 2017, S. 819, 823.

857 Vgl. Hauch/Sporer/Masip/Blandón-Gitlin, Can Credibility Criteria Be Assessed Reliably? A Meta-Analysis of Criteria-Based Content Analysis, Psychological Assessment 2017, S. 819, 820, 821.

858 Vgl. Hauch/Sporer/Masip/Blandón-Gitlin, Can Credibility Criteria Be Assessed Reliably? A Meta-Analysis of Criteria-Based Content Analysis, Psychological Assessment 2017, S. 819, 824.

festgestellt werden kann. Sie halten einerseits fest, dass Kennzeichen, die nach deren Meta-Analyse nicht reliabel festgestellt werden könnten, nicht verwendet werden sollten bzw. allenfalls mit extremer Vorsicht („extreme caution"). Ferner obläge es der Verantwortung des Anwenders der Methode, also des Gutachters, deren Reliabilität darzustellen (mit Verweis auf „Standards for Educational and Psychological Testing" der American Educational Research Association, American Psychological Association? National Council on Measurement in Education, 2014).[859]

Diese Meta-Analyse hat ergeben, dass fünf Realitätskriterien *hoch* reliabel sind, d.h. zwar nicht *exzellent*, aber besser als *zufriedenstellend*. Was damit genau gemeint ist, wird in der deutschsprachigen Literatur – soweit ersichtlich – kaum diskutiert, sondern allenfalls in der englisch-sprachigen.[860] Nach dieser Analyse wären die Kriterien „Gesprächswiedergabe", „phänomengemäße Schilderung unverstandener Handlungselemente" sowie die motivationalen Kriterien („Einwände gegen die Richtigkeit der eigenen Aussage", „Selbstbelastungen", „Entlastung/Inschutznahme des Täters") hoch reliabel, während die Kriterien „ungeordnete, sprunghafte Darstellung" und „Schilderung nebensächlicher Einzelheiten" nur eine geringe Reliabilität aufwiesen.[861] Das weckt weitere Bedenken gegen die Zuverlässigkeit der kriterienorientierten Aussageanalyse, denn das Kriterium der phänomengemäßen Schilderung unverstandener Handlungselemente kommt i.d.R. nur bei Sexualdelikten mit Kindern vor und die motivationalen Kriterien mögen hoch reliabel sein, aber bleiben wenig valide. Auch hier zeigt sich die Heterogenität der Befunde. *Köhnken* meint, dass diese motivationalen Kriterien nach einigen Studien (sogar) besonders trennscharf wären, während andere Autoren den motivationalen Kriterien nur eine geringe Belegkraft zuweisen.[862]

Nach Ansicht von *Hauch et al.* führt dies zu folgenden rechtlichen Weiterungen für Europa und die USA: 327

- Die kriterienorientierte Aussageanalyse kann nicht alleine stehen, sondern muss von einer weitergehenden Bewertung mitumfasst sein (das ist durch den Qualitätskompetenzvergleich freilich erfüllt). In der deutschen Rechtspraxis werden aber die nachfolgenden Weiterungen nicht erfüllt, und zwar:
- Reliabilitätswerte von einzelnen Realkennzeichen sollten nur im Zusammenhang mit deren Basis-Rate interpretiert
- und mit Schätzungen einer Bandbreite der Reliabilität versehen werden.

859 Vgl. Hauch/Sporer/Masip/Blandón-Gitlin, Can Credibility Criteria Be Assessed Reliably? A Meta-Analysis of Criteria-Based Content Analysis, Psychological Assessment 2017, S. 819, 825 f.

860 Vgl. Hauch/Sporer/Masip/Blandón-Gitlin, Can Credibility Criteria Be Assessed Reliably? A Meta-Analysis of Criteria-Based Content Analysis, Psychological Assessment 2017, S. 819, 826.

861 Vgl. Hauch/Sporer/Masip/Blandón-Gitlin, Can Credibility Criteria Be Assessed Reliably? A Meta-Analysis of Criteria-Based Content Analysis, Psychological Assessment 2017, S. 819, 826.

862 Vgl. Köhnken, Glaubwürdigkeit, S. 341, 352 in: Lemp/Schütze/Köhnken (Hrsg.), Forensische Psychiatrie und Psychologie des Kindes- und Jugendalters, 2. Aufl.

- Sollte ein Sachverständigengutachten Studien zitieren, die keine oder ungenügende Reliabilitätsschätzungen beinhaltet, sollte das von der Verteidigung angegriffen werden („should be challenged by opposing legal counsel cross-examination")
- und der Sachverständige sollte nur die Anwendbarkeit der Aussageanalyse auf den konkreten Fall darstellen, aber keine Glaubhaftigkeitsschlussfolgerung ziehen.
- Zur Qualitätssteigerung könnten bzw. sollten auch andere Beurteiler, die den Fall nicht kennen, Glaubhaftigkeitskriterien suchen, bevor es zur Präsentation der Ergebnisse vor Gericht kommt.[863] Deutlich auch *Vrij*: „The high but not perfect inter-rater agreement findings suggest that total CBCA scores are reliable but that individual coders sometimes obtain different results. This makes it important that in real life at least two CBCA experts rate a statement rather than just one. Only by asking two CBCA experts to evaluate the same statement independently from each other, can someone determine whether the CBCA score merely reflects the quality of the statement, or, at least in part, the private opinion of the individual CBCA coder."[864] Allerdings ist die unterschiedliche Codierung der Realkennzeichen nicht der Hauptgrund, warum zwei Bewerter eine unterschiedliche Auffassung erlangt haben, sondern die Beurteilungen aus dem Qualitätskompetenzvergleich offenbart größere Nicht-Übereinstimmung,[865] was wenig überraschend ist, weil dies rein vom subjektiven Empfinden/Erwarten des Beurteilers abhängt.

328 Sofern von deutscher aussagepsychologischer Seite die Fehlerquote von ca. 30 % akzeptiert wird, wird angenommen, dass es eine „normative Frage" sei, ob man ein Verfahren mit einer Trefferquote von (nur) ca. 70 % bei Gericht zulassen würde, wobei diese Trefferquote immerhin besser als der Zufall sei (50 %) und es jedenfalls keine bessere zugelassene Methode gäbe.[866] Richtig ist, dass es auch sonst gerichtliche Beweismittel mit einer niedrigeren Trefferquote von 70 % gibt, die unproblematisch zulässig sind. Allerdings haben diese dann i.d.R. nicht den Stellenwert eines „Gutachtens".

329 Im Übrigen ist *Vrij* Recht zu geben, wenn er diesen Gesichtspunkt akzeptiert, aber darauf hinweist, dass Glaubhaftigkeitsgutachten auf Basis der Aussageanalyse vor Gericht – von allen Beteiligten, auch dem Angeklagten – als „starkes Beweismittel" wahrgenommen werden, was sie nicht sind. Damit übt ein schwaches Beweismittel einen erheblichen Einfluss aus. Richtig ist aber der umgekehrte Gedanke. Wenn ein

863 Vgl. Hauch/Sporer/Masip/Blandón-Gitlin, Can Credibility Criteria Be Assessed Reliably? A Meta-Analysis of Criteria-Based Content Analysis, Psychological Assessment 2017, S. 819, 828.

864 Vrij, Detecting Lies and Deceit, 2. Aufl., S. 213.

865 Vrij, Detecting Lies and Deceit, 2. Aufl., 243 m.w.N.

866 Vgl. Hermanutz/Litzcke, Unterscheidung von Wahrheit und Lüge, S. 79.

Beweismittel (wahrscheinlich) einflussreich bei Gericht ist, sollte es einen hohen Genauigkeitsgrad aufweisen.

Wenn derartige Gutachten damit überhaupt akzeptiert werden, müsste der jeweilige Sachverständige

- die Schwächen und Begrenztheiten der Methode präsentieren
- und jedenfalls ein zweites Gutachten eingeholt werden, um jedenfalls eine Interrater-Übereinstimmung zu sichern.[867]

V. Endergebnis

1. Die genaue Anzahl an fehlerhaften Beurteilungen der Glaubhaftigkeit durch Justiz oder Sachverständige ist unbekannt. Die Brisanz dieses Befundes kann durch ein (zeitloses) Interview des SPIEGELS mit einem der führenden deutschen Aussagepsychologen, Max Steller, erkannt werden. DER SPIEGEL meinte: „Erst kürzlich machte ein Fall aus Braunschweig Schlagzeilen: Eine junge Frau beschuldigte ihre Mutter und ihren Stiefvater, sie über Jahre als Sexsklavin missbraucht und verkauft zu haben. Die Eltern wurden zu langen Haftstrafen verurteilt. Bis klar wurde: Nichts davon stimmte. Die Eltern saßen 684 Tage unschuldig im Gefängnis. Wie kann es heute immer noch zu solchen Fehlurteilen kommen? Steller antwortete: „Vor ‚Unfällen' dieser Art sind wir nie gefeit, fürchte ich. Auch wenn wir uns fachlich noch so gut aufstellen. Ich habe nach wie vor Hochachtung vor der Justiz, habe sehr viele kluge Menschen kennengelernt. Aber deswegen kann man ja nicht verschweigen, dass es dort auch Dösbaddel gibt [...] Tatsächlich haben hier anfangs fast alle versagt. Die Polizei nicht, aber ein Gutachter, eine übereifrige Staatsanwaltschaft und das erste Gericht."[868] 330
2. Richter, Staats- und Rechtsanwälte müssen eine realistischere Vorstellung von den Fehlerquellen und Grenzen der kriterienorientierten Aussageanalyse erlangen.[869]
3. Wichtig ist: „Beurteilungen über die den Zeugenaussagen zugrundliegenden realen Ereignisse können von psychologischen Sachverständigen prinzipiell nicht vorgenommen werden. Die Rekonstruktion eines ‚realen Sachverhaltes obliegt allein der Beurteilung des Gerichts."[870]
4. Es ist verfahrensrechtlich und erkenntniswissenschaftlich allein zutreffend, dass das Ergebnis eines Glaubhaftigkeitsgutachten lediglich ein Indiz darstellt, das,

867 Vgl. Vrij, Detecting Lies and Deceit, 2. Aufl., S. 255.

868 Steller, „Die Wahrheit folgt ihrer eigenen Logik", Spiegel-Gespräch, Der Spiegel 39/2025, S. 34, 36.

869 Vgl. Fischer, Aussagewahrheit und Glaubhaftigkeitsbegutachtung – Anmerkungen zum Beweiswert von Glaubhaftigkeitsgutachten im Strafverfahren, S. 191, 221 in: Schöch u.a. (Hrsg.), Strafverteidigung, Revision und die gesamten Strafrechtswissenschaften, Festschrift für Gunter Widmaier zum 70. Geburtstag.

870 Vgl. Greuel/Offe/Fabian/Wetzels/Fabian/Offe/Stadler, Glaubhaftigkeit der Zeugenaussage, S. 27.

wie jedes andere Indiz, widerlegt oder durch andere Indizien verdrängt oder bestätigt werden könnte. Das aber findet in der Praxis nicht statt, sondern (i.d.R.) eine Übernahme des Ergebnisses, ohne tiefgehende kritische Prüfung.[871] „Nach Art. 92 GG ist aber die ‚Recht sprechende Gewalt den Richtern anvertraut'. Der Richter darf daher z.B. nicht einen Sachverständigen mit der Erstellung eines Gutachtens beauftragen, ‚ob der Beschuldigte die Tat begangen hat' oder ‚ob der Anklagevorwurf zutrifft'. Eben hierauf liefe es aber hinaus, wenn der Auftrag, die Glaubhaftigkeit einer belastenden Aussage zu untersuchen, gleichbedeutend wäre mit der Frage, ‚ob die Angaben zutreffen', ‚ob die Aussage wahr ist', usw."[872]

Die Beauftragung von Sachverständigen mit der Erstellung von Glaubhaftigkeitsgutachten darf nicht länger Delegation der Beweiswürdigung sein und das richterliche Ergebnis, eine Belastungsaussage sei zwar in vollem Umfange glaubhaft, die in ihr geschilderten Tatsachen aber nicht bewiesen, ist ohne Weiteres möglich und zulässig.[873]

5. „Sachverständige, die wegen ihrer besonderen Sachkunde mit der Glaubhaftigkeitsbegutachtung beauftragt werden, sollten daher insbesondere auch über den wissenschaftlichen Erkenntnisstand zur Validität von Merkmalen, Kriterien und methodischen Settings Auskunft geben (können). Es fällt auf, dass die Unschärfe der Stellungnahmen hierzu in den gängigen Darstellungen und Anleitungswerken in bemerkenswertem Kontrast zu der Dezidiertheit steht, mit welcher einzelne Kriterien oder ‚Realkennzeichen' als inhaltlich gehaltvoll dargestellt werden. Im Vergleich zu dem argumentativen Aufwand, mit dem die wissenschaftliche Überlegenheit der kriterienorientierten Qualitätsanalyse von Aussagen behauptet wird, fällt die Diskussion der empirischen Belege dafür, dass dieses Versprechen der Wissenschaft eingelöst wird, erstaunlich bescheiden aus.[874]"[875]

871 Vgl. Fischer, Aussagewahrheit und Glaubhaftigkeitsbegutachtung – Anmerkungen zum Beweiswert von Glaubhaftigkeitsgutachten in: Schöch u.a. (Hrsg.), Strafverteidigung, Revision und die gesamten Strafrechtswissenschaften, Festschrift für Gunter Widmaier zum 70. Geburtstag, S. 191, 201.

872 Fischer, Aussagewahrheit und Glaubhaftigkeitsbegutachtung – Anmerkungen zum Beweiswert von Glaubhaftigkeitsgutachten in: Schöch u.a. (Hrsg.), Strafverteidigung, Revision und die gesamten Strafrechtswissenschaften, Festschrift für Gunter Widmaier zum 70. Geburtstag, S. 191, 201.

873 Vgl. Fischer, Aussagewahrheit und Glaubhaftigkeitsbegutachtung – Anmerkungen zum Beweiswert von Glaubhaftigkeitsgutachten im Strafverfahren, S. 191, 221 ff. in: Schöch u.a. (Hrsg.), Strafverteidigung, Revision und die gesamten Strafrechtswissenschaften, Festschrift für Gunter Widmaier zum 70. Geburtstag.

874 Im Original folgende Fußnote: „Die Heterogenität der Befunde (erscheint) wenig erstaunlich und muss (?) keineswegs dazu führen, die gesamte (!) aussagepsychologische Methodik in Frage zu stellen" (Volbert/Steller in Foerster [Hrsg, Psychiatrische Begutachtung, 4. Aufl.], S. 700.

875 Fischer, Aussagewahrheit und Glaubhaftigkeitsbegutachtung – Anmerkungen zum Beweiswert von Glaubhaftigkeitsgutachten im Strafverfahren, S. 191, 216 in: Schöch u.a. (Hrsg.), Strafverteidigung, Revision und die gesamten Strafrechtswissenschaften, Festschrift für Gunter Widmaier zum 70. Geburtstag.

6. Es gibt keinen Beleg, dass die (gutachterliche) Methode der kriterienorientierten Aussageanalyse der richterlichen Aussagebeurteilung überlegen ist.[876]

H. Kontrollkriterien

Teilweise wird vertreten, dass das anhand der Aussageanalyse gewonnene Ergebnis noch anhand sog. Kontrollkriterien überprüft werden sollte.[877] 331

I. Kompetenzkriterium

Wenn ein Zeuge Geschehensabläufe so beschreibt, dass man davon ausgehen muss, dass es dem Zeugen an der Kompetenz, d.h., der Fähigkeit fehlt, diese aus eigener Kraft vorauszusehen, so handelt es sich um ein Indiz für die Richtigkeit.[878] Der Sache nach handelt es sich um den oben bereits angesprochenen Qualitätskompetenzvergleich. Das wird man dann vor allem dann bejahen können, wenn Kinder sexuelle Übergriffe schildern, da dann oftmals Umstände geschildert werden, die für das Kind unerklärlich oder einzigartig sind.[879] Insofern besteht eine Überschneidung mit den Unterpunkten zum Detailmerkmal, nämlich Unverständnismerkmal oder Originalität. Folglich handelt es sich dann weniger um ein Kontrollkriterium, sondern nur um die Festlegung, ob das Realitätskriterium – in concreto Unverständnismerkmal oder Originalitätsmerkmal – wirklich vorliegt. 332

Ebenso wäre zu beachten, wenn nicht nur die streitgegenständliche Aussage zur Verfügung steht, sondern eine andere Aussage (z.B. auch aus einem anderen Verfahren) und der Zeuge eine nachweislich erfundene Geschichte ebenso detailreich und erlebnisnah schildern kann.[880] Auch hier besteht bereits eine Übereinstimmung mit dem zweiten Strukturgleichheitskriterium,[881] sodass der Punkt nicht doppelt als zusätzliches Kontrollkriterium verwertet werden sollte. 333

II. Konsequenzkriterium oder Vergleichskriterium

Trankell meint, dass die **Wahrscheinlichkeit der vorläufigen Beurteilung einer Aussage als glaubhaft dadurch erhöht werden kann**, wenn man unterstellt, die Aussage sei **bewusst unwahr** und die Aussage dann in der vorliegenden Form **kei-** 334

876 Vgl. Fischer, Aussagewahrheit und Glaubhaftigkeitsbegutachtung – Anmerkungen zum Beweiswert von Glaubhaftigkeitsgutachten im Strafverfahren, S. 191, 206 ff. in: Schöch u.a. (Hrsg.), Strafverteidigung, Revision und die gesamten Strafrechtswissenschaften, Festschrift für Gunter Widmaier zum 70. Geburtstag.

877 Vgl. Bender, Merkmalskombinationen in Aussagen, S. 3.

878 Vgl. Trankell, Der Realitätsgehalt von Zeugenaussagen, S. 125, allerdings führt Trankell dieses Kriterium als direktes Kriterium für eine wahre Aussage, also ausdrücklich nicht als Kontrollkriterium.

879 Vgl. Trankell, Der Realitätsgehalt von Zeugenaussagen, S. 126.

880 Vgl. BGH, StV 1996, S. 132, 133.

881 Vgl. Bender/Nack, Tatsachenfeststellung vor Gericht, 2. Aufl., Rn 277.

nen (oder geringeren) Sinn macht. Ergibt die Schilderung der Umstände bei Zugrundelegung dieser Alternative keinen Sinn (z.B. weil diese Alternative psychologisch unstimmig wäre), so ist die Wahrscheinlichkeit erhöht, dass es sich bei der Ausgangsvermutung der wahren Aussage um den zutreffenden Schluss gehandelt hat.[882]

335 *Beispiel*

Im Brandstifterfall von Öland[883] behauptete der Beschuldigte, dass er zwei Alibizeugen getroffen habe, die folglich seine Unschuld belegen könnten. Er wisse noch, dass beide mit dem Motorrad kamen, nicht aber, ob die Personen mit einem oder mit zwei Motorrädern gekommen seien. Jedenfalls sei ihm auch noch aufgefallen, dass einer der beiden nach Alkohol roch. Die Alibizeugen blieben für die Polizei unauffindbar. Unterstellt man nun die Alternative des unwahren Aussageteils und unterstellt, dass der Beschuldigte die Alibizeugen nur erfunden hatte, so wäre unverständlich, weshalb sich der Beschuldigte dann nicht festlegt, ob es ein oder zwei Motorräder waren. Diese Unsicherheit wäre sinnlos, wenn es sich um eine reine Alibibehauptung handeln würde. Für die Zwecke eines erfundenen Alibizeugen wäre überdies bedeutungslos, dass der Mann nach Alkohol roch. Auch dieses Detail stimmt somit nicht mit der These der erfunden Alibizeugen überein. Weiter wäre es für den Zweck eines erfunden Alibizeugen besser, wenn es nur einen gegeben hätte, denn dann ist die Tatsache, dass der Mann dann logischerweise nicht aufgefunden wird, eher wahrscheinlich, als wenn gleich zwei Personen nicht auffindbar sind.[884] In einer Schilderung ist es dann als Realitätsindiz zu bewerten, wenn anzunehmen ist, der Aussagende hätte im Falle einer erfundenen Aussage eine andere Aussage gemacht. Das gilt jedenfalls, wenn der Aussageperson eine dies antizipierende „qualifizierte Verschlagenheit"[885] nicht zuzutrauen ist.[886] Dieses Beispiel zeigt aber auch die Beliebigkeit der Methode, denn auch der Lügner könnte das Detail, dass der Mann nach Alkohol gerochen habe, einfließen lassen und ebenso kann es durchaus

882 Vgl. Trankell, Der Realitätsgehalt von Zeugenaussagen, S. 124, einerseits führt Trankell dieses Kriterium als Kriterium für eine wahre Aussage, aber andererseits wird dasselbe Kriterium als empirisches Kontrollkriterium geführt, vgl. Bender/Nack, Tatsachenfeststellung vor Gericht, 2. Aufl., Rn 477, vgl. auch Trankell, Der Realitätsgehalt von Zeugenaussagen, S. 135, 141.

883 Beispiel nach Trankell, Der Realitätsgehalt von Zeugenaussagen, S. 141.

884 Vgl. Trankell, Der Realitätsgehalt von Zeugenaussagen, S. 141.

885 Dieses vorausschauende Denken, um die Sache absichtlich zu verkomplizieren, um das Gegenüber dadurch zu der Schlussfolgerung zu veranlassen, es müsse sich um eine wahre Aussage handeln, da diese für die Zwecke einer Lüge unnötig kompliziert ist, liegt bei den meisten Personen nicht vor. Im Übrigen dürfte eine solche absichtliche, qualifizierte Verschlagenheit in der Praxis deshalb nicht vorkommen, da der Betreffende nicht vorab weiß, ob der Zuhörer diesen Schluss ziehen werden wird. Genauso könnte der Zuhörer den Schluss ziehen, die (erfundene) komplizierte Darstellung sei schlicht unwahr.

886 Vgl. Trankell, Der Realitätsgehalt von Zeugenaussagen, S. 142.

Sinn machen, dass der Lügner vorgibt, nicht zu wissen, ob die Zeugen mit ein oder zwei Motorrädern gekommen sind, denn dadurch vermeidet der Lügner Nachfragen etc.

Andere Autoren formulieren das sog. **Vergleichskriterium.**[887] Dieses soll nach Bender/Nack, Tatsachenfeststellung vor Gericht, 2. Aufl., Rn 477 bedeuten, dass zu prüfen ist, inwiefern die neue (unterstellte) Tatsache zu den schon vorhandenen Fakten, die unstrittig oder erwiesen sind, den Gesichtspunkten der Logik, den Naturgesetzen und der sonstigen Stimmigkeit passt.[888]

III. Plausibilitätskriterium

Hier soll laut Bender/Nack, Tatsachenfeststellung vor Gericht, 2. Aufl., Rn 481 ge- 336
prüft werden, ob „Ihre Überzeugung insgesamt im Einklang sich befindet mit den Naturgesetzen, mit den Gesetzen der Logik, mit den Regeln der psychologischen Paßlichkeit; ob die von Ihnen letztlich akzeptierte Feststellung eine restlose und plausible Erklärung des gesamten vorliegenden Informationsmaterials abzugeben vermag."

Richtigerweise handelt es sich hier nicht um ein Kontrollkriterium, sondern um das 337
Verflechtungskriterium. Eine Aussage, die mit den Naturgesetzen nicht in Einklang steht oder psychologisch unstimmig ist oder zu vieles unerklärt lässt, überzeugt schon an Hand der Analyse nicht, d.h., ist nicht verflochten. Das Verflechtungskriterium ist dann nicht gegeben. Einer Kontrolle bedarf es dann nicht mehr. Auch das sog. **Alternativenkriterium**,[889] d.h., ob alle Deutungsalternativen[890] bedacht worden sind oder die festgestellte Alternative die Einzige ist, die eine restlose und plausible Erklärung bietet,[891] ist kein Kontrollkriterium, um ein Ergebnis (glaubwürdige/unglaubwürdige Aussage) zu überprüfen, sondern ein Unterfall der Verflochtenheit. Die Überzeugungskraft einer Aussage, d.h. **die Verflochtenheit einer Aussage**, die auch andere Alternativen offen lässt oder durch andere Alternativen erklärt werden kann, ist dementsprechend **schwächer** als wenn die Aussage **nur** durch eine Alternative **restlos aufgeklärt** werden kann.

887 Vgl. auch Undeutsch, Handbuch der forensischen Psychologie, 11. Bd., S. 134 als negatives Kontrollkriterium, aber andererseits auch als direktes Kriterium einer wahren Aussage, S. 127.

888 Vgl. Bender/Nack, Tatsachenfeststellung vor Gericht, 2. Aufl., Rn 477.

889 Vgl. Trankell, Der Realitätsgehalt von Zeugenaussagen, S. 148 „erstes Formalkriterium" u. S. 149 „zweites Formalkriterium", „alternative Erklärungshypothesen", S. 144.

890 Daher ist dieses Kriterium m. dem Konsequenzkriterium verwandt, denn auch dort geht es um eine unterstellte Alternative, an Hand derer die Aussage überprüft wird, d.h. v.a. auf Verflochtenheit (und hier insb. psychologische Stimmigkeit) etc.

891 Vgl. Bender/Nack, Tatsachenfeststellung vor Gericht, 2. Aufl., Rn 485.

IV. Zusammenfassung zu den Kontrollkriterien

338 Die Überlegung, ob der Aussagende die Kompetenz für diese Aussage hätte, wenn sie erfunden wäre, ist bei der Feststellung, ob die jeweiligen Aussagekriterien vorliegen, mitzubedenken. Das Plausibilitäts- und Alternativenkriterium sind keine eigenständigen Kontrollkriterien, sondern besser Unterpunkte des Verflechtungskriteriums.

I. Erfahrungen amerikanischer Verhörbeamter

I. Typische Fragen

339 Nach amerikanischen Praxiserfahrungen kann die Schuld/Unschuld der betreffenden Person durch **typische Antworten** auf folgende Fragen indiziert werden. Auch hier muss beachtet werden, dass nicht jede Antwort, die das Schema erfüllt, auf eine Lüge hindeutet und im Einzelfall auch der wahrheitsgemäß Aussagende ein Lügensignal zeigen kann.

340 *Praxistipp*

Die prinzipielle Struktur liegt in Folgendem: Der Unschuldige kann sich eindeutig äußern, die Tat verurteilen und eine Bestrafung fordern. Der Schuldige wird die Tat/Schuld zu minimieren versuchen.

341 Frageschema nach Nance:[892]

Frage	Unschuldig	Schuldig
Wer könnte das gemacht haben?	„Ich weiß es nicht."	„Es könnte jeder gewesen sein" (der Schuldige vermeidet eine Eingrenzung der Täter)
Wie glauben Sie ist das passiert?	„Ich weiß es nicht."	Gibt Ideen, wie der Vorfall passiert sein könnte
Halten Sie sich selbst für verdächtig?	(bietet Ansätze, wer ihn verdächtigen könnte, v.a. bei Diebstählen/Unterschlagungen im Betrieb)	„Nein"
Haben Sie jemals daran gedacht, ein solches Delikt zu begehen?[893]	„Nein"	„Ich habe vielleicht einmal daran gedacht."

892 Vgl. Nance, Conquering Deception, S. 157 ff.

893 Vgl. Dillingham, Dissecting Pinocchio, S. 79.

Glauben Sie, dass der Täter eine gute Person ist, die nur einen Fehler gemacht hat?	„Ich weiß es nicht", „Ich bezweifle das", „Nein"	„Wahrscheinlich."
Bei Diebstählen: Würden Sie das Geld ersetzen? Oder in anderer Form eine Leistung zur Erledigung erbringen?	„Nein, ich habe ja nichts gestohlen."	(räumt in irgendeiner Form ein, was er machen würde, um die Sache zu erledigen)
Haben Sie Verständnis für den Täter	„Nein"	(räumt potenzielle Gründe für den Täter ein)
Wie denken Sie, sollte der Täter bestraft werden?	„Der Täter sollte ins Gefängnis."	„Der Täter sollte Hilfe/Therapie bekommen", oder, „das Geld zurückzahlen", oder, „ich weiß es nicht."
Wiederholungsfragen zu allen Fragen: „Sind Sie sicher?"	„Ja"	(zögert mit seiner Antwort, oder wiederholt die Frage, stellt Gegenfrage)
Wenn jemand sagen würde, dass Sie in der Nähe des Tatorts waren, was würden Sie dazu sagen?[a)]	Grundsätzlich Verneinung der Möglichkeit, sofern kein plausibler Grund dafür	Ausweichend, z.B., „Warum, hat das jemand behauptet?"
Gäbe es einen Grund, wenn uns jemand sagen würde, er hätte ihr Auto in der Nähe des Tatorts gesehen?[b)]	Grundsätzlich Verneinung der Möglichkeit, sofern kein plausibler Grund dafür	Ausweichend, „Ich weiß es nicht", „Ich weiß nicht, wo ich überall hingefahren bin."[894]
Erläuterungen: a) Vgl. Nance, Conquering Deception, S. 33. b) Vgl. Nance, Conquering Deception, S. 154		

Verbale Hinweise nach Gordon/Fleisher:[895] **342**

Frage	**Unschuldig**	**Schuldig**
nach weiteren Hinweisen, potenziellen Motiven, Tätern, etc.	Versucht die Wahrheit zu finden, und die Verdächtigen/Motive einzugrenzen	Hat keine Informationen, versucht den Täter-/Motivkreise zu vergrößern[896]

894 Vgl. Dillingham, Dissecting Pinocchio, S. 80.

895 Vgl. Gordon/Fleisher, Effective Interviewing & Interrogation Techniques, S. 54 ff. m.w.N.

896 Vgl. Dillingham, Dissecting Pinocchio, S. 79.

nach dem Grund der Befragung bzw. nach dem Delikt fragen, z.B. „wissen Sie, um was es bei dieser Befragung geht?“	Verwendet starke, zutreffende Ausdrücke, z.B. Diebstahl, Betrug, Vergewaltigung etc.	Verwendet mildere, vagere Formen oder Umschreibungen, z.B., „Es geht um das abhanden gekommene Geld“; „Es geht um das, was der Frau passiert ist“; „Es geht um das Geld, von dem behauptet wird, dass es fehlt“ etc. Oft teilt der Befragte auch mit, gar nicht zu wissen, um was es geht.[897]
„Haben Sie die Tat begangen?“	Schnelle Verneinung	Die Verneinung erfolgt zeitlich verzögert bzw. es erfolgt eine Gegenfrage[898]
„Ich sichere Ihnen absolute Vertraulichkeit zu. Wen würden Sie verdächtigen?“	Widerwillig, aber de facto eine Hilfe	Verdächtigt niemanden bzw. jeden
„Wer kann bezeugen, dass Sie die Tat definitiv nicht begangen haben?“	Oft wird eine konkrete Person genannt[899]	Nennt oft keine konkrete Person, oder jeden Kollegen etc.
„Würden Sie dem Täter eine zweite Chance geben?“[900]	Meist nicht	Meist ja, oder Nichtwissen, oder Betonung, dass es auf die Umstände ankommt[901]
„Gäbe es während der weiteren Untersuchung einen Hinweis, dass belastende Beweismittel gegen Sie auftauchen könnten, z.B. Fingerabdrücke, DNA-Spuren. Augenzeugen etc.?“	Grundsätzlich schnelle Verneinung oder plausible Begründung	Grundsätzlich zeitlicher Verzug in der Antwort und vage Erklärungen, dass es möglich sein könnte, z.B. „Ich war in der Nähe, deswegen könnte mich jemand gesehen haben“, „Ich bin in das Haus eingebrochen, als noch niemand anwesend war.“
„Haben Sie jemandem von der Tat und Ihrer heutigen Vernehmung erzählt?“	Meist ja, da es sich um ein ungewöhnliches Ereignis handelt	Meist nein

897 Vgl. Dillingham, Dissecting Pinocchio, S. 78.
898 Vgl. Dillingham, Dissecting Pinocchio, S. 78.
899 Vgl. Dillingham, Dissecting Pinocchio, S. 79.
900 Vgl. Dillingham, Dissecting Pinocchio, S. 32 f.
901 Vgl. Dillingham, Dissecting Pinocchio, S. 80.

„Was sollte Ihrer Meinung nach mit dem Täter geschehen?“	Meist harte Bestrafung	Meist Gründe, die zugunsten des Täters sprechen
„Glauben Sie, dass die Tat ein Verbrechen war, oder ein Unglück?“	Meist ein Verbrechen	Meist Unsicherheit bzw. die Möglichkeit eines Unglücks betonend
Wenn Sie die Untersuchung leiten würden, welche drei Punkte sollten am schnellsten geklärt werden?	Benennt drei zu prüfende Umstände	Benennt keine Gründe, die die Untersuchung voranbringen könnten
„Wie zu Beginn mitgeteilt, müssen wir eine umfassende und gründliche Untersuchung durchführen. Hätten Sie Probleme, wenn wir Sie noch einmal befragen müssen?“	Kooperationsbereit	Ebenfalls meist kooperationsbereit, allerdings überrascht, dass eine nochmalige Vernehmung möglich sein könnte
„Haben Sie zu einer der bisher gestellten Fragen gelogen?“	Schnelles „nein“	Zögernde oder schwach verneinende Antwort
„Es war uns bisher unmöglich, Sie als Täter auszuschließen. Können Sie uns sagen, weshalb Sie nicht der Täter sind?“[a)]	Betont seine tatsächliche Unschuld, „Weil ich es nicht getan habe.“	Betont seine rechtliche Unschuld, „Weil es sich nicht beweisen lässt“, „welche Beweise haben Sie, die auf mich hindeuten“?
„Was glauben Sie, dass die weitere Untersuchung im Hinblick auf Ihre Schuld erbringen wird?“[b)]	Meist „nichts“	Grundsätzlich zeitlicher Verzug in der Antwort und vage Erklärungen für potenzielle, inkriminierende Beweismittel. Oder schwache Antwort: „Es sollte sich nichts zu meinem Nachteil ergeben“.[c)] Ggf. auch, „ich weiß es nicht“.[902]
Erläuterungen: a) Vgl. Gordon/Fleisher, Effective Interviewing & Interrogation Techniques, S. 90. b) Vgl. Gordon/Fleisher, Effective Interviewing & Interrogation Techniques, S. 93. c) Vgl. Gordon/Fleisher, Effective Interviewing & Interrogation Techniques, S. 94.		

902 Vgl. Dillingham, Dissecting Pinocchio, S. 79.

343 Da die o.g. Hinweise jeweils bei **wahren als auch unwahren Aussagen** vorkommen, ist wieder eine **Gesamtbetrachtung** notwendig,[903] d.h. eine Antwort, die in der konkreten Situation weder auf eine Lüge noch auf die Wahrheit hindeutet, wird mit 0 bewertet. Eine Frage, die auf eine Lüge hindeutet, wird mit – 1 bewertet und eine Frage, die auf die Wahrheit hindeutet, wird mit + 1 bewertet.[904] Die jeweiligen Punkte werden addiert. Das Ergebnis ist umso indizieller je positiver (Glaubwürdigkeit) bzw., je negativer (Unglaubwürdigkeit) die Summe ist. Allerdings handelt es sich auch hier um Praxiserfahrungen, deren Validität unbekannt ist, keine verlässliche Methode. Die Tatsache, dass derartige Praxiserfahrungen als vermeintlich zuverlässige Kriterien publiziert werden, belegt weniger die Sinnhaftigkeit der Methode als eher eine Kompetenzillusion der Autoren.

344 Ein von Reid/Inbau entwickeltes Frageschema soll u.a. folgende Fragen enthalten:

- Haben Sie in Ihrem ganzen Leben jemals gelogen, um aus Schwierigkeiten herauszukommen?
- Haben Sie in Ihrem ganzen Leben jemals etwas getan, für das Sie verhaftet werden hätten können?
- Haben Sie in Ihrem ganzen Leben jemals eine Person bestohlen, die Ihnen vertraut hatte?
- Haben Sie in Ihrem ganzen Leben jemals betrogen?[905]

345 Nach Reid/Inbau soll der Unschuldige innerlich alle (bzw. die meisten) Fragen mit „ja“ beantworten, jedoch tatsächlich mit „nein“ antworten. Dies deshalb, da der Unschuldige nicht möchte, dass aus dem früheren Verhalten auf das gegenständliche Verhalten geschlossen wird. Der Schuldige hingegen würde sich nicht auf theoretische Ängste aus der Vergangenheit beziehen, sondern nur mit der Angst vor Aufdeckung des gegenständlichen Falles beschäftigt sein, sodass er mangels Relevanz die o.g. Fragen wahrheitsgemäß mit „ja“ beantworten würde.[906] Dass dieser erklärungstheoretische Ansatz fragwürdig ist, liegt auf der Hand. Auch in der englischsprachigen Wissenschaft sind die weiteren von Reid entwickelten Befragungstechniken zur Erlangung eines Geständnisses wegen deren Suggestionen umstritten.[907] Richtigerweise ist der Ansatz von Reid abzulehnen. Da die Reid-Methode seit 2004 (zu Recht) keine deutschen Kunden mehr hat,[908] wird auf eine Darstellung dieser Vernehmungsmethoden in diesem Teil verzichtet.[909]

903 Vgl. die beiden Praxisbeispiele bei: Gordon/Fleisher, Effective Interviewing & Interrogation Techniques, S. 95 ff.

904 Vgl. Gordon/Fleisher, Effective Interviewing & Interrogation Techniques, S. 89.

905 Vgl. Gordon/Fleisher, Effective Interviewing & Interrogation Techniques, S. 48 f.

906 Vgl. Gordon/Fleisher, Effective Interviewing & Interrogation Techniques, S. 49.

907 Vgl. hierzu Gudjohnsson, The Psychology of Interrogations and Confessions, S. 10 ff.

908 Vgl. Hermanutz/Litzcke/Kroll, Polizeiliche Vernehmung und Glaubhaftigkeit, S. 70.

909 Ein Beispiel findet sich bei: Gordon/Fleisher, Effective Interviewing & Interrogation Techniques, S. 123 f., vgl. auch Teil IV § 33 II.

Praxistipp 346

Die Reid-Methode wird aber aktuell immer noch genutzt[910] und besteht im Wesentlichen darin, dem Vernommenen zu signalisieren, dass er der Täter ist und nur durch ein Geständnis seine Lage verbessern kann.

II. Der MITT and SCAN-Test

Der frühere Undercover-Agent Raymond Morgan hat bemerkenswerte Ergebnisse erzielt, indem er Verdächtigen bestimmte Bilder zeigte und diese um einen Bericht bat, was unmittelbar vor der abgebildeten Szene geschah, in der Szene und danach (Morgan Interview Theme Technique = MITT). Die Einleitung zu diesem Test erfolgte wie folgt: „Bevor wir mit dem Verhör beginnen, möchte ich ein Spiel mit Ihnen spielen, das auf Ihrer Fantasie aufbaut. Ich werde Ihnen Bilder zeigen und Sie bitten, mir zu berichten, was 347

- in dem Bild,
- zeitlich davor und
- zeitlich danach geschah.

Wenn ich Ihnen z.B. das Bild eines Hundes zeige, der im Gras schnüffelt, könnten Sie berichten, 348

- dass der Hund von seinem Besitzer spazieren geführt wurde, dann eine Katze sah und sich von der Leine riss, um die Katze zu jagen [zeitlich davor].
- Der Hund hat jedoch die Spur der Katze verloren und schnüffelt nun im Gras, um die Fährte aufzunehmen (Bild der Szene).
- Nunmehr erblickt der Hund seinen Besitzer, der dem Hund nachgelaufen war und der Hund kommt schwanzwedelnd zu seinem Besitzer gelaufen."[911]

1. Irrelevante Bilder

Zuerst wurden den Verdächtigen irrelevante Bilder gezeigt, z.B. weiblichen Verdächtigen ein Bild einer Frau, die aus dem Fenster schaut und männlichen Verdächtigen z.B. ein Bild eines Mannes in einem Anzug. Dadurch wurde es den Verhörten möglich, sich in die Szene hineinzuprojizieren.[912] 349

2. Relevante Bilder

Sodann wurden den Verhörten Bilder gezeigt, die mit dem in Fragen stehenden Tatbestand Ähnlichkeit hatten. Der Schuldige wird in seiner darauffolgenden Fantasiegeschichte jede Ähnlichkeit zum infrage stehenden Tatbestand vermeiden und eine 350

910 Vgl. Bindig, Der Verhörspezialist, S. 81.

911 Vgl. die englische Version bei: Gordon/Fleisher, Effective Interviewing & Interrogation Techniques, S. 39.

912 Vgl. Gordon/Fleisher, Effective Interviewing & Interrogation Techniques, S. 37.

Geschichte erfinden, die mit dem vorgeworfenen Tatbestand nichts zu tun hat. Der Unschuldige wird die Ähnlichkeit erkennen und oft eine Schilderung abgeben, die mit der gegenständlichen Tat Ähnlichkeit hat.[913]

3. Schuld- und Reue-Bilder

351 Sodann wurden dem Verhörten Bilder gezeigt, aus denen sich die Schuld und Reue einer Person ableiten lassen, z.B. ein Mann, der an einem Schreibtisch sitzt, die Ellbogen aufgestützt hat und damit seine gesenkte Stirn stützt oder eine Frau, die eine Türe öffnet, aber ihr Gesicht mit einer Hand verdeckt. Der Schuldige wird dann oft seine eigenen Gefühle und Reue in die Geschichte projizieren,[914] während der Unschuldige von gänzlich anderen Sachverhalten berichten wird (z.B. der Computer des Mannes ist defekt und er denkt nach, wie er das Problem lösen kann, oder die Frau ist eine Schauspielerin und will nicht fotografiert werden).

4. Besorgnis-Bilder

352 Zum Schluss wurden den Verhörten Bilder gezeigt, aus denen sich beim Schuldigen die Besorgnis ergeben wird, dass er überführt werden wird (z.B. eine Frau, die an einem Lügendetektor angeschnallt ist, oder ein Mann hinter Gittern).[915] Hier wird der Unschuldige tendenziell Umstände berichten, die mit dem streitgegenständlichen Fall nichts zu tun haben, während der Schuldige den aktuellen Fall als Aufhänger der Bestrafung des Schuldigen sieht.

J. Exkurs: Micro-Expressionen und Lateral-Eye-Movement

353 Diverse **empirische Untersuchungen** ergaben zwar, dass **Personen, die professionell mit der Vernehmung von Zeugen beschäftigt sind (Richter, Polizei-, Zollbeamte)**, die **Glaubhaftigkeit einer Aussage nicht besser beurteilen** als sonstige Laien.[916] Jedoch gab es eine Ausnahme, nämlich Angehörige des amerikanischen Geheimdienstes (U.S. Secret Service). Bei diesen bestand eine positive Korrelation zwischen der Fähigkeit zur Lügenerkennung und der (unbewussten) Fähigkeit zur Erkennung von sog. Mikroexpressionen.[917] Gesichtsausdrücke der Freude, Furcht, Ärger, Ekel (Empörung) und Traurigkeit sind weltweit identisch. **Theoretischer Ansatzpunkt** dieser Theorie der Lügenerkennung ist, dass die Lüge **potenziell Emotionen** beim Lügner hervorruft. Derartige Gefühle sind die Furcht, ertappt zu

913 Vgl. Gordon/Fleisher, Effective Interviewing & Interrogation Techniques, S. 38.

914 Vgl. Gordon/Fleisher, Effective Interviewing & Interrogation Techniques, S. 38.

915 Vgl. Gordon/Fleisher, Effective Interviewing & Interrogation Techniques, S. 38 f.

916 Vgl. Oswald, Laienpsychologische Beurteilung der Glaubwürdigkeit, S. 181 ff., in Verfahrensgerechtigkeit und Zeugenbeweis.

917 Vgl. Ekman/O'Sullivan, Who can catch a liar, American Psychologist 1991, S. 913 ff., fast ein Drittel der Probanden erzielte Trefferquoten von 80 % oder mehr.

werden, Schuldgefühle hinsichtlich der Lüge und Freude hinsichtlich der Hintergehung des Zuhörers.[918] Diese Gefühle würden (oft) durch unbewusste Kontraktionen der Gesichtsmuskulatur sichtbar werden. Sofern in den Vorauflagen bestimmte (nur kurz) sichtbare Emotionsregungen im Gesicht (sog. Micro-Expressionen) vorgestellt wurden oder bestimmte Augenbewegungen, um einen Rückschluss auf die Wahrheit zu ziehen, werden die entsprechenden Erkenntnisse hier nicht mehr detailliert abgedruckt, sondern auf die Vorauflagen verwiesen. Der Grund liegt darin, dass weder die deutsche Rechtspraxis noch Wissenschaft die entsprechenden Erkenntnisse aufgenommen oder verwertet hat. Die Grundzüge sind dennoch interessant:

Mit der menschlichen Gesichtsmuskulatur können ca. 250.000 Gesichtsausdrücke produziert werden, wobei jedoch nur weniger als 100 eine Bedeutung zugeordnet werden kann.[919] Nach einer Forschungsrichtung (v.a. Silvan Tomkins, Paul Ekman, Carol Izard) verfügt der Mensch über einen Satz genetisch determinierter und angeborener Basisemotionen, zu denen jeweils ein spezieller Gesichtsausdruck gehört (**Theorie der Basisemotionen**). Die erlebte Emotion wäre hierbei die Ursache der entsprechenden Mimik. Ausgegangen wird hierbei von der Tatsache, dass sich zuerst die Mimik, dann die Sprache entwickelt hat. „Danach hatte es für Individuen einen Selektionsvorteil, wenn sie in der Lage waren, ihren emotionalen Zustand in ihre soziale Umwelt zu kommunizieren. Verbindet man Emotionen mit bestimmten Motivationslagen, wird der adaptive Wert einer Emotionsindikation erkennbar: Handlungstendenzen können durch die Mimik angezeigt werden, die Artgenossen können sich darauf einstellen. Dies verbessert die Kommunikation in der Gemeinschaft [...]. Im Laufe der Evolution hätte die Entwicklung eines Enkodierungssystems keinen Sinn gehabt, wenn sich nicht auch auf der Empfängerseite entsprechende Dekodierungssysteme herausgebildet hätten. So postulieren die Vertreter der Basisemotionen, dass das Erkennen einer Emotion ebenfalls eine genetisch determinierte und angeborene Funktion darstellt."[920] Dieses Ergebnis wird u.a. durch Ergebnisse der Mutter-Kind-Forschung und dem Kommunikations- und Mimikspiel zwischen Mutter und Säugling erhärtet. Auch Ergebnisse der Primatenforschung legen dieses Ergebnis nahe. Demnach konnte sogar Schimpansen eine grundlegende Fähigkeit im Erkennen emotionaler Gesichtsausdrücke nachgewiesen werden.[921]

918 Vgl. Ekman, Telling lies, S. 49.

919 Vgl. Lisetti/Schiano, Automatic Facial Expressions Interpretation: Where Human-Computer Interaction, Artificial Intelligence and Cognitive Science Intersect, in Pragmatics and Cognition (special Issue on Facial Information Processing: A Multidisciplinary Perspective) Vol. 8 (1). 2000, S. 195 bis 235.

920 Kessler, Entwicklung und Reliabilitätsstudie des FEEL-Tests (Facially Expressed Emotion Labelling), Dissertation, Medizinische Fakultät der Universität Ulm, S. 9.

921 Vgl. Kessler, Entwicklung und Reliabilitätsstudie des FEEL-Tests (Facially Expressed Emotion Labelling), Dissertation, Medizinische Fakultät der Universität Ulm, S. 94 f.

Auch taubblind geborene Kinder verfügen über ein ähnlich mimisches Ausdrucksverhalten wie gesunde Kinder.[922]

354 Gegner dieser Theorie führen an, dass die verschiedenen Anhänger der Basisemotionen untereinander uneinig wären, wie viele und welche Basisemotionen es gibt und was die genauen Kriterien einer Basisemotion seien. Die Theorie der Basisemotionen wurde empirisch vor allem von Ekman damit begründet, dass sich in vielen Kulturen die gleichen Gesichtsausdrücke finden lassen. Hiergegen wurde eingewandt, dass deswegen nicht automatisch gefolgert werden dürfe, dass diese Gesichtsausdrücke auch eine Manifestation der gleichen Emotion seien.[923] Dieser Einwand ist jedoch rein theoretischer Natur. Die Gegner der Theorie der Basisemotionen bleiben nämlich eine Antwort schuldig, welche andere als die allgemein vermutete Emotion stattdessen der Träger des Gesichtsausdrucks gehabt haben will. Weiter wurde gegen die Theorie der Basisemotionen eingewandt, dass bei Festlegung der jeweiligen Basisemotionen den Probanden regelmäßig vorformulierte Antwortalternativen vorgegeben wurden (forced-choice-Format). Dieser Einwand ist methodologisch richtig, praktisch aber vernachlässigbar. „Wenn man das Bild eines Menschen mit weit aufgerissenen Augen und Mund sieht, dürfte die Wahl zwischen Angst und Freude leichter fallen, als wenn man sich zwischen Angst, Panik, Schrecken und Furcht entscheiden müsste.“[924] Die emotionale Festlegung geht – losgelöst von der exakten Wortbenutzung – in die gleiche Richtung.

355 Richtig ist jedoch, dass die medizinisch-neurobiologische Forschung noch **keine Existenz von Basisemotionen** nachweisen oder die entsprechenden Hirnareale bei der Erkennung eindeutig identifizieren konnte.[925] Die meisten Forschungsarbeiten stimmen jedoch überein, als der Amygdala bei der Erkennung der Angst und der Frontalkortex im emotionalen Erleben eine zentrale Rolle zugeordnet wurde.[926]

356 Es gibt einige Hinweise, dass die **Erkennung mimisch kodierter Emotionen** eine **basale Funktion** darstellt,[927] d.h., „es ist wahrscheinlich, dass eine subjektiv erlebte Emotion zu einer spezifischen Mimik führt. Das rechtfertigt aber noch nicht den

922 Vgl. non-verbale Kommunikation Signale zwischen Menschen, unbekannter Autor, http://www.uni-saarland.de/Fak5/krause/nonverb.htm.

923 Vgl. Kessler, Entwicklung und Reliabilitätsstudie des FEEL-Tests (Facially Expressed Emotion Labelling), Dissertation, Medizinische Fakultät der Universität Ulm, S. 86 f.

924 Kessler, Entwicklung und Reliabilitätsstudie des FEEL-Tests (Facially Expressed Emotion Labelling), Dissertation, Medizinische Fakultät der Universität Ulm, S. 91.

925 Vgl. Kessler, Entwicklung und Reliabilitätsstudie des FEEL-Tests (Facially Expressed Emotion Labelling), Dissertation, Medizinische Fakultät der Universität Ulm, S. 14, 15, 87.

926 Vgl. Kessler, Entwicklung und Reliabilitätsstudie des FEEL-Tests (Facially Expressed Emotion Labelling), Dissertation, Medizinische Fakultät der Universität Ulm, S. 15 f.

927 Vgl. Kessler, Entwicklung und Reliabilitätsstudie des FEEL-Tests (Facially Expressed Emotion Labelling), Dissertation, Medizinische Fakultät der Universität Ulm, S. 93.

Umkehrschluss, dass jeder Gesichtsausdruck Zeichen einer [wahren] Emotion ist."[928]

Praxistipp 357

Visuelle Eindrücke gehören zum Inbegriff der Verhandlung und sind in einer Beweiswürdigung verwertbar.[929]

Der theoretische Ansatzpunkt der Lügenerkennung durch Mikroexpressionen geht davon aus, dass Lügner nicht ertappt werden wollen. Daher würden Lügner genau das Verhalten hinsichtlich Aussage, Gesichtsausdruck und Körpersprache zeigen, von dem sie annehmen, **am meisten überzeugen zu können**.[930] Insofern besteht eine Übereinstimmung mit der Theorie des impression managements, derzufolge der Aussagende das Ausdrucksverhalten zeigen wird, von dem er annimmt, am besten überzeugen zu können.[931] Ein Beispiel kann dem Watergate-Skandal entnommen werden, in dem diverse Personen, inklusive Präsident Nixon, logen. Der vor dem damaligen Untersuchungsausschuss vernommene Richter Sirica wurde – trotz seiner Lüge – aufgrund seiner „flachen und unemotionalen Aussage" als glaubhaft eingestuft. Später teilte er mit, dass es leicht gewesen wäre, zu überdramatisieren oder auszuflippen, aber der übliche Zuhörer würde im Regelfall die Wahrheit hinter einer ruhigen, unemotionalen Aussage vermuten.[932]

Der Ansatz der **Mikroexpressionen** geht weiter davon aus, dass einerseits die An- 358
strengung, die Lüge oder das wahre Gefühl nicht durch **Worte, Körpersprache oder schlichten Gesichtsausdruck** zu offenbaren, zu einem kurzfristigen Offenbaren der **wahren emotionalen Lage** führt.[933] Zwar gibt es kein universelles Lügensignal, sondern nur Täuschungsanzeichen.[934] Gelingt es jedoch, die wahre Emotion zu erfassen, so kann abgeschätzt werden, ob es für diese Emotion eine sonstige Erklärung gibt oder stattdessen die Wahrscheinlichkeit einer Lüge naheliegt. Dies auch deshalb, da Gesichtsmuskeln unbewusst arbeiten würden, sobald Emotionen im Spiel sind. D.h., der erste Gesichtsausdruck, der sich beim Hervorrufen einer Emotion zeigt, wird nicht bewusst produziert, sofern er nicht falsch ist.[935] Ob es sich wiederum um eine falsche oder wahre Emotionswiderspiegelung handeln würde, könne wiederum die Theorie der Mikroexpression beurteilen, da bestimmte Mus-

928 Kessler, Entwicklung und Reliabilitätsstudie des FEEL-Tests (Facially Expressed Emotion Labelling), Dissertation, Medizinische Fakultät der Universität Ulm, S. 10.

929 Vgl. Graf/StPO/Eschelbach, § 261 Rn 21 m.w.N.

930 Vgl. Ekman, Telling lies, S. 81.

931 Vgl. Greuel/Offe/Fabian/Wetzels/Fabian/Offe/Stadler, Glaubhaftigkeit der Zeugenaussage, S. 146 m.w.N.

932 Vgl. Ekman, Telling lies, S. 96 f.

933 Vgl. Ekman, Telling lies, S. 79.

934 Vgl. Ekman, Telling lies, S. 80.

935 Vgl. Ekman, Telling lies, S. 84.

keln im Gesicht nicht bewusst bewegt werden können. **Das Gesicht würde daher oft zwei Botschaften vermitteln, eine, die der Lügner vorzugeben wünscht und die andere, die tatsächlich vorhanden ist**.[936] Die meisten Betrachter würden der nur vorgegebenen Botschaft, die dann auch offensichtlich ist, das entscheidende Gewicht beimessen.[937] D.h. wiederum, der Lügner wird oft zuerst einen bestimmten Gesichtsausdruck unbewusst offenbaren (zwischen $^1/_4$ und $^1/_{25}$ einer Sekunde = Mikroexpressionen) und erst dann den Gesichtseindruck bewusst einnehmen, von dem er annimmt, dass er zur Überzeugung des Gegenübers notwendig ist.[938] Die zu verbergende Emotion ist umso größer, je mehr für den Lügner auf dem Spiel steht,[939] oder anders formuliert: Die Lüge ist umso schwieriger, je mehr Emotionen zum Zeitpunkt der Lüge verdeckt werden müssen.[940] Derartige Mikroexpressionen sind allerdings in Echtzeit nicht erkennbar, sondern nur in Zeitlupe oder von erfahrenen Klinikärzten oder von Beurteilern, die wenigstens eine Stunde in dem Wissen um Mikroexpressionen geschult wurden.[941] Interessanterweise hat auch hier die Selbsteinschätzung hinsichtlich des Erkennens der Emotionen des Gegenübers keinen Einfluss auf die tatsächliche Fähigkeit.[942] **Generell kann gesagt werden, dass Gesichtsausdrücke, die länger als wenige Sekunden dauern (jedenfalls fünf Sekunden oder mehr) falsch sind.**[943] Der theoretische Ansatz der Mikroexpressionen ist daher ein dreifacher:

359 Zum einen ist die **Expression als solche** zu erkennen. Zum Zweiten ist die **Dauer der Expression** zu **beurteilen** (nur kurz). Zum Dritten ist der **Zeitpunkt des Auftretens der Expression** zu erkennen. Kommt die Expression erst nach der wörtlichen Rede, ist sie wahrscheinlich falsch.[944]

360 Bei der Analyse der diversen Lügenindikatoren ist stets zu beachten, ob es für den entsprechenden Indikator eine anderslautende Erklärung gibt. Wer z.B. die Furcht des Zeugen erkennt, muss abwägen, ob es sich tatsächlich um die Furcht vor Ertappung handelt oder z.B. um die Furcht, dass einem nicht geglaubt wird. Wer das Schuldgefühl beim Zeugen erkennt, muss bedenken, ob der Zeuge nicht wegen ei-

936 Vgl. Ekman, Telling lies, S. 123.

937 Vgl. Ekman, Telling lies, S. 126.

938 Vgl. Ekman, Telling lies, S. 129 ff.

939 Vgl. Frank/Ekman, The Ability to Deceit Generalizes Across Different Types of High Stakes Lies, Journal of Personality and Social Psychology Vol. 072, No. 6, S. 1429 bis 1439.

940 Vgl. Ekman, Telling lies, S. 243, 246.

941 Vgl. Ekman, Telling lies, S. 129 f.

942 Vgl. Kessler, Entwicklung und Reliabilitätsstudie des FEEL-Tests (Facially Expressed Emotion Labelling), Dissertation, Medizinische Fakultät der Universität Ulm, S. 104, das galt bereits bei der allgemeinen Selbsteinschätzung Lügen erkennen zu können; vgl. Geipel/Nill, Die Problematik der Beurteilung der Zeugenaussage im ordentlichen Verfahren – oder praxisrelevante Irrtümer, DRiZ, 2007, S. 250 ff.

943 Vgl. Ekman, Telling lies, S. 147 f.

944 Vgl. Ekman, Telling lies, S. 149.

nes anderen Grundes ein Schuldgefühl haben kann. Gleiches gilt, wenn die Freude des Zeugen erkannt wird. Auch hierfür kann es eine harmlose Erklärung geben, die eben nicht auf eine Lüge hindeutet, z.B. die Freude das Gegenüber überzeugt zu haben etc.[945]

Mit anderen Worten, der sog. Othello-Fehler ist zu vermeiden. In dem Drama von Shakespeare verdächtigt Othello seine Frau Desdemona, ein Verhältnis mit Cassio zu haben. Othello teilt Desdemona seinen Verdacht mit und fordert sie auf, ein Geständnis abzulegen. Cassio sei bereits getötet und Desdemona werde ebenfalls wegen ihres Verrats getötet. Desdemona befürchtet, Othello nicht von ihrer Treue überzeugen zu können und hat dementsprechend Angst, von Othello tatsächlich getötet zu werden. Othello wiederum missversteht die Angst Desdemonas als Reaktion auf die Nachricht von Cassios Tod und sieht hierin einen Beweis für deren Untreue.[946] Es muss daher beachtet werden, dass immer alternative Erklärungen für gerade die gezeigte Reaktion des Gegenübers geprüft werden müssen, bevor man zu einer Schlussfolgerung hinsichtlich der Genese der Emotion kommt. Das Erkennen der entsprechenden Mikroexpression kann daher nicht als Beweis für eine Lüge etc. dienen, aber jedenfalls Anhaltspunkte geben, in welche Richtung weitere Fragen zu stellen sind oder zu einer genaueren Analyse, warum der Zeuge gerade bei Frage X die Reaktion Y zeigte.[947] Einen weiteren Fall des „Othello-Fehlers“ berichtet Greuel. Der Vernehmer zeigt dem Vernommenen offenes Misstrauen oder Verdächtigungen. Dadurch wird der Vernommene nervös, unsicher, führt vermehrte Selbstkontrollen etc. durch. Dies wiederum interpretiert der Vernehmer als Lügensignal und Bestätigung seines Verdachts.[948] 361

Ekman berichtet von einer weiteren forensisch relevanten Mikroexpression, nämlich der des Ekels.[949] Als Beispiel führt er aus dem O.J. Simpson-Prozess den Gesichtsausdruck des Ekels an, den der (Entlastungs-)Zeuge Kato Kaelin zeigte, als er von der Staatsanwältin Marcia Clark zu einem kritischen Punkt befragt wurde. Hierbei zeigte Kaelin (für den untrainierten Beobachter fast nicht merklich) seinen Ärger über die Frage. Die Mikroexpression des Ekels zeigt sich auf der Nase durch Falten (ca. auf Augenhöhe) durch Zusammenziehen des levator labii superioris. 362

Die Grundannahme dieser Theorie ist, dass bei bestimmten kognitiven Leistungen bestimmte Teile des Gehirns stimuliert werden würden und sich die Stimulation dieser Gehirnteile in den Augenbewegungen widerspiegeln würde. Selbstverständlich gälte das nur, wenn der entsprechende Stimulus stark genug ist. 363

945 Vgl. Ekman, Telling lies, S. 51, 132, 170.

946 Vgl. Ekman, Telling lies, S. 170 f.

947 Vgl. Ehrenfeld, What's in your face, Are microexpressions the key to better security?, In Newsweek International, Juni 2003.

948 Vgl. Greuel, Polizeiliche Vernehmung vergewaltigter Frauen, S. 197.

949 Ekel im Sinne der Angewidertheit, Empörung (engl. disgust).

364 Ob dieser Ansatz zutreffend ist, ist unklar. Wissenschaftlich gibt es – trotz entsprechender Versuchsreihen – keinen Nachweis hierfür.[950] Gleichwohl wird er von amerikanischen Polizeibehörden teilweise verfolgt. Es ist daher anzunehmen, dass er auch anderswo verfolgt wird. Die wenigen, nicht-repräsentativen Befragungen, die der Verfasser bei deutschen Polizeibeamten durchführte, zeigen aber, dass die entsprechenden Kenntnisse/Vorurteile auch hierzulande verbreitet sind. Dieser Ansatz zur Lügenerkennung ist wissenschaftlich nicht verifiziert und war von seiner Intention auch nicht zur Lügenerkennung gedacht.

Sofern in den Vorauflagen bestimmte (nur kurz) sichtbare Emotionsregungen im Gesicht (sog. Micro-Expressionen) vorgestellt wurden oder bestimmte Augenbewegungen, um einen Rückschluss auf die Wahrheit zu ziehen, werden die entsprechenden Erkenntnisse hier nicht mehr abgedruckt, sondern auf die Vorauflagen verwiesen. Weder die deutsche Rechtspraxis noch Wissenschaft hat die entsprechenden Erkenntnisse aufgenommen oder verwertet.

K. Aussageanalyse durch den Tatrichter und Wert des advocatus diaboli

365 Dass die Grundsätze, die ein Sachverständiger bei der Glaubhaftigkeitsbeurteilung zu beachten hat, auch von dem Tatrichter beachtet werden müssen, ist nach der Kommentarliteratur nicht zweifelhaft.[951] Die Rechtsprechung selbst ist hier etwas nebulös. „Er [Tatrichter] ist dabei freilich nicht an die strikten methodischen Vorgaben gebunden, die für den aussagepsychologischen Sachverständigen und seine hypothesengeleitete Begutachtung als Standard gelten [m.w.N]. Für ihn gilt der Grundsatz freier Beweiswürdigung (§ 261 StPO). Mitbestimmend hierfür sind indes die in der Rechtsprechung entwickelten allgemeinen Anforderungen, dass insbesondere seine Beweiswürdigung auch insoweit je nach der Beweislage im Übrigen erschöpfend zu sein hat; sie darf nicht lückenhaft sein und erörterungsbedürftige Möglichkeiten unerwogen lassen. Sie darf schließlich anerkannten Erfahrungssätzen der Aussagepsychologie nicht widerstreiten.“[952]

366 Das wird man so interpretieren müssen, dass der Tatrichter auch dann zu einer Verurteilung kommen kann, wenn er eine bestimmte Hypothese zu Gunsten des Ange-

950 Im Grundsatz aus seiner Praxisbeobachtung bejahend der amerikanische Armee-Verhörsoffizier Hartley in: How to spot a Liar und der amerikanische F.B.I. Agent Bill Brown, vgl. hierzu z.B. das im Internet unter: http://www.youtube.com/watch?v=E3PAW7zjgPw; zur Vorsicht mahnend der amerikanische Ausbilder (u.a. für das Verteidigungsministerium) Walters in: The Truth About Lying; stark verneinend Vrij/Lochun, Neuro-Linguistic Programming and the Police: Worthwhile or not?, Journal of Police and Criminal Psychology, 1997, S. 25 ff. und ebenso Dillingham, Dissecting Pinocchio, S. 45 ff.

951 Vgl. KK/StPO/Tiemann, 9. Aufl., § 261 Rn 126 ff.

952 BGH, NStZ-RR 2003, S. 206.

klagten lediglich nicht widerlegen kann. Das ist zu der Rechtsprechungslinie konsequent, dass es Sache des Tatgerichts sei, Bedeutung und Gewicht der einzelnen be- und entlastenden Indizien in der Gesamtwürdigung des Beweisergebnisses zu bewerten, die solange revisionsrechtlich nicht beanstandet wird, solange die Bewertung des Tatgerichts vertretbar ist, auch wenn eine andere Beurteilung näher gelegen hätte.[953] Letzteres verstößt freilich gegen die ebenso vertretene Rechtsprechungslinie, dass eine Verurteilung nur dann möglich ist, wenn der Tatrichter subjektiv überzeugt ist und zusätzlich eine objektiv hohe Wahrscheinlichkeit der Tatbegehung besteht. Eine objektiv hohe Wahrscheinlichkeit kann bei einem näher liegenden gegenteiligen Beschluss schlicht nicht bestehen, losgelöst von der methodisch nicht möglichen Beurteilung einer objektiven Wahrscheinlichkeit von singulären Ereignissen.

Insgesamt ist die Rechtsprechung damit widersprüchlich und zugleich bedenklich, wenn nach obergerichtlicher Überzeugung eine andere Beurteilung näher gelegen hätte. Mit der Unschuldsvermutung oder dem Schuldgrundsatz lässt sich eine Verurteilung, die möglich ist, aber bei identischer Tatsachengrundlage und einem anderen Beurteiler zum Freispruch geführt hätte, kaum vereinbaren.

Nichts dagegen einzuwenden gibt es, wenn die Rechtsprechung bei Vorliegen eines **367**
aussagepsychologischen Gutachtens von Folgendem ausgeht:

> *„Zieht der Tatrichter allerdings einen aussagepsychologischen Sachverständigen hinzu, so gilt dasselbe wie für die Würdigung aller Sachverständigengutachten: Will er dem Gutachten folgen, so muss er in den Urteilsgründen wenigstens die wesentlichen Anknüpfungstatsachen und Darlegungen des Sachverständigen wiedergeben. Einer ins einzelnen gehenden Darstellung von Konzeption, Durchführung und Ergebnissen der erfolgten Begutachtung in den Urteilsgründen bedarf es regelmäßig nicht [m.w.N.]. Folgt der Tatrichter dem Gutachten nicht, so muss er die Ausführungen des Sachverständigen in nachprüfbarer Weise wiedergeben, sich mit ihnen auseinandersetzen und seine abweichende Auffassung begründen. Lehnt er ein Gutachten ab und folgt einem anderen, etwa im Blick auf die Beweisergebnisse im Übrigen, so muss er auch hierfür die Gründe angeben [m.w.N.].“*[954]

Nicht ohne Weiteres verständlich ist es, wenn der BGH für den Aussagepsycholo- **368**
gen meint, „die Bildung relevanter Hypothesen ist daher von ausschlaggebender Bedeutung für Inhalt und (methodischen) Ablauf einer Glaubhaftigkeitsbegutachtung. Sie stellt nach wissenschaftlichen Prinzipien einen wesentlichen, unerläßlichen Teil des Begutachtungsprozesses dar“,[955] aber den Tatrichter dann leichtfertig hiervon befreit, wenn dieser auch bei Näherliegen einer anderen Alternative, was der

953 Vgl. statt vieler BGH, NStZ-RR 2013, S. 75, 77.

954 BGH, Urteil vom 27.3.2003 – 1 StR 524/02 = NStZ-RR 2003, S. 206, 208.

955 BGH, Urteil vom 30.7.1999 – 1 StR 618/98 = NJW 1999, S. 2746, 2747,

Sache nach das Gegenteil des hypothesengeleiteten Untersuchungsprozesses ist, einen vom Revisionsgericht unbeanstandeten Schluss ziehen darf. Das bedeutet, dass das hypothesengeleitete Vorgehen als „wissenschaftliches Prinzip" besonders wichtig für den Sachverständigen ist, der dagegen nicht verstoßen darf, aber faktisch leerlaufend für den Tatrichter ist.

Hinweis

Die aussagepsychologische Fortbildung für Juristen, vor allem für Richter (da diesen die Rechtsprechung obliegt), hat möglicherweise zu einer Verschlechterung, statt Verbesserung geführt. Das – über Fortbildungen vermittelte – Wissen über die Realkennzeichen verführt auch – und erst recht – für den Tatrichter zu einem sog. positive bias, wo Skepsis angebracht wäre. „Insgesamt ist aber eher davor zu warnen, die Schwelle für die Annahme eines Realkennzeichens als hochwertig zu niedrig zu setzen. Die Erfahrung mit Teilnehmerinnen und Teilnehmern entsprechender Fortbildungsveranstaltungen zeigt, dass besonders das Detailkriterium in einer seiner Ausprägungen (viel) zu voreilig als vorhanden und als hochwertig qualifiziert wird; es gerät insoweit leicht aus dem Blick, dass sich eine Geschichte ja gar nicht erzählen lässt, ohne irgendwelchen Details zu nennen, und es daher [...] entscheidend ist, ob sich insgesamt der Eindruck [Hervorheb. d.d.Verf.] des Detailreichtums ergibt, ob sich für den Hörer ein buntes, ‚lebenssattes' Bild entfaltet, während das Auftreten vereinzelter Details nur dann beachtlich ist, wenn sie (besonders) originell und individuell geprägt sind." Gegen dieses Zitat gibt es nichts einzuwenden. Richtig ist, dass die richterliche Aussageanalyse in der Praxis viel zu oft „positiv" [= glaubhaft, auch bei „Opferzeugen"] ausfällt, obwohl ein non liquet objektiv besser vertretbar wäre. Allerdings bleibt jede tatrichterliche Beurteilung schlichte „Eindrucksbeurteilung" und offenbart damit, dass das Beweismaß der objektiv hohen Wahrscheinlichkeit – bei der gegenwärtigen Revisionskontrolle – in der Mehrzahl der Fälle nicht eingehalten wird.

Es ist völlig zutreffend, wenn es bei *Bender/Häcker/Schwarz* heißt: „Dabei ist nach unserer Erfahrung vor allem davor zu warnen, vorschnell von der Glaubhaftigkeit auszugehen. In der Praxis und gleichermaßen in Versuchen mit Studierenden und Teilnehmerinnen und Teilnehmern zahlreicher Fortbildungsveranstaltungen zeigt sich, dass die Kompetenzen der Aussageperson zur Lüge in der Regel eher und typischerweise **deutlich unterschätzt** wird. Glaubhaftigkeitsmerkmale in irgendeinem Umfang finden sich in so gut wie jeder Aussage."[956] Selbstverständlich spielt auch hier die Rolle des Vorurteils des Vernehmenden eine gehörige Rolle:

„Rechnet die Vernehmungsperson etwas damit, dass eine Zeugin einen bestimmten Sachverhalt bestätigen werde, wird es leicht als Zugeben einer Erinne-

956 Häcker in: Bender/Häcker/Schwarz, Tatsachenfeststellung vor Gericht, 6. Aufl. Rn 546.

rungslücke und damit als Realitätskriterium gedeutet, wenn die Aussage auch auf Nachfrage schlicht karg bleibt. Ausführlichkeit und Genauigkeit (nur) im Randbereich der Aussage lässt sich mit entsprechender positiver Erwartung an den Belastungszeugen als ‚Detailreichtum' (fehl-)interpretieren, wo die Übertragung eines Parallelerlebnisses auf der Hand liegt."[957]

Bei der Aussagebeurteilung wurde in zahlreichen Studien ein sog. **Wahrheitsbias** festgestellt, d.h., der Tendenz, Aussagen eher Glauben zu schenken. Erklärungen hierfür gibt es viele. Zum einen wird nach Realkennzeichen gesucht, und diese werden dann auch oft gefunden, obwohl sie auch in einer sinnvollen Lüge vorkommen müssen. Zum anderen wenden Beurteiler einfache Heuristiken an, um zu einem Urteil zu kommen, z.B. grundsätzlich Wahrheit einer Äußerung zu unterstellen, weil die meisten Aussagen der Wahrheit entsprechen bzw. Erinnerungen an wahrhafte Kommunikationen eher verfügbar sind, d.h., mit größerer Leichtigkeit erinnert werden, so dass die Wahrscheinlichkeit einer solchen (intuitiv) höher eingeschätzt wird. Auch ist das Signalisieren von Misstrauen im zwischenmenschlichen Umgang grds. sozial unerwünscht.[958] 369

Selbst wenn man annimmt, dass es durch die Rolle des Befragenden und die besondere Situation der Befragung, z.B. bei einer polizeilichen oder richterlichen Vernehmung, gerechtfertigt wäre, Misstrauen anzunehmen,[959] ist fraglich, ob und wie dies im Einzelfall gelingt.

„*Allerdings verweisen Forschungsergebnisse darauf, dass selbst in Situationen, in denen die kritische Prüfung der Glaubhaftigkeit salient und legitim ist, keine gute Leistung festzustellen ist [m.w.N.] und dass auch der Einsatz von Experten nicht zu zufriedenstellenden Ergebnissen führt [m.w.N.] [...] Beurteiler, die mittels inhaltsorientierter Diagnostik [m.w.N.] urteilten, erzielten zwar bessere Trefferquoten als naive Beurteiler, die Ergebnisse fielen jedoch kaum zufrieden stellend aus in dem Sinne, dass die inhaltlichen Glaubhaftigkeitsmerkmale eigentlich bessere Hinweiswerte haben.*"[960]

Wie bereits dargestellt, ist die Forschungslage zur Validität der Realkennzeichenanalyse widersprüchlich, d.h., auch wenn die grundsätzliche Diskriminierungsfähigkeit – von welchen Realkennzeichen auch immer – gegeben ist, bleibt deren Wert und Möglichkeit des Einsatzes in Gerichtsverfahren bei Aussagen Erwachsener fraglich.

957 Häcker in: Bender/Häcker/Schwarz, Tatsachenfeststellung vor Gericht, 6. Aufl., Rn 801.

958 Vgl. Niehaus, Täuschungsstrategien von Kindern und Erwachsenen, S. 279, 282 f. m.w.N. in: Dahle/Volbert (Hrsg.) Entwicklungspsychologische Aspekte der Rechtspsychologie.

959 Vgl. Niehaus, Täuschungsstrategien von Kindern und Erwachsenen, S. 279, 283 m.w.N. in: Dahle/Volbert (Hrsg.) Entwicklungspsychologische Aspekte der Rechtspsychologie.

960 Niehaus, Täuschungsstrategien von Kindern und Erwachsenen, S. 279, 283 in: Dahle/Volbert (Hrsg.) Entwicklungspsychologische Aspekte der Rechtspsychologie.

Selbst in einer sehr vielversprechende Studie von *Niehaus*, in der sich bei einer Diskriminanzanalyse an Hand inhaltlicher Merkmale, also eines statistischen Verfahrens, eine Trefferquote von 96 % für die Unterscheidung von wahren gegenüber frei erfundenen Aussagen ergeben hatte, lag die Leistung der tatsächlichen Beurteiler deutlich darunter.[961]

370 Der Grund, warum die Beurteiler eine schlechtere Leistung erbrachten, als es statistisch möglich gewesen wäre, lag in der falschen Gewichtung einzelner Merkmale. So wurden logische Konsistenz, Detailreichtum und Emotionsschilderungen irrig als besonders hilfreich bewertet. Denkbar war auch, dass sich die Beurteiler an einfachen Entscheidungsregeln orientieren, die mit ihren eigenen Stereotypen übereinstimmten. Und schlussendlich lag eine Erklärung darin, dass die Beurteiler auf Beurteilungsmuster zurückgriffen, die ihnen vertraut waren, weil sie gar keine Informationen hatten, wie Merkmale sinnvoll zu gewichten wären.

Das ist insofern nachvollziehbar, als die Methode selbst ja einen Schwellenwert ablehnt und kaum gesichertes Wissen existiert, welchen Merkmalen im konkreten Fall möglicherweise eine größere (welche?) Bedeutung zukommt.[962] Damit ist freilich das gegenwärtig paradoxe Ergebnis eingetreten, dass die vermeintliche Stärke der Methode (kein Schwellenwert, kein schematisches Vorgehen, sondern individuelle Betrachtung) zugleich deren Schwäche (Blackbox) ist.

371 Erwähnenswert ist in diesem Zusammenhang ein Experiment an der Hochschule der Polizei in Villingen-Schwenningen aus dem Jahr 2016/2017. Dort erzielten Gymnasiasten des Abiturjahrgangs bessere Ergebnisse als erfahrene Polizeibeamte (die Fortbildungen zur Vernehmungslehre besuchten und praktische Erfahrungen mit Vernehmungen hatten).[963]

Über die Strategie des Lügens ist kaum etwas bekannt oder erforscht. Damit ist folgerichtig kaum bekannt oder erforscht, welche Strategie der Beurteiler einer Aussage beim Aussagenden erwartet und dementsprechend bewertet. Eine Studie von 1996 bat Probanden, sich eigene Lügen und Lügen anderer ins Gedächtnis zu rufen und hinsichtlich des Auftretens einzelner Merkmale einzuschätzen.[964]

> *„Dabei zeigten sich durchaus Unterschiede hinsichtlich der angenommenen Täuschungskorrelate eigener und fremder Lügen. So glaubten die Probanden beispielsweise, dass bei Lügen anderer Personen logische Konsistenz, Detail-*

961 Vgl. Niehaus, Täuschungsstrategien von Kindern und Erwachsenen, S. 279, 283 m.w.N. in: Dahle/Volbert (Hrsg.) Entwicklungspsychologische Aspekte der Rechtspsychologie.

962 Vgl. Niehaus, Täuschungsstrategien von Kindern und Erwachsenen, S. 279, 284 f. m.w.N. in: Dahle/Volbert (Hrsg.) Entwicklungspsychologische Aspekte der Rechtspsychologie.

963 Vgl. Hermanutz/Litzcke, Unterscheidung von Wahrheit und Lüge, S. 180 ff.

964 Vgl. Akehurst/Köhnken/Vrij/Bull, Lay persons' and police officers' beliefs regarding deceptive behavior, Applied Cognitive Psychology 1996, 10, S. 461 ff.

menge und Gefühlsbeschreibungen abnehmen, wohingegen sie hinsichtlich eigener Lügen keine Abnahme, teilweise sogar eine Zunahme angaben.“[965]

So oder ähnlich dürften auch die Vorstellungen von Richtern sein. Das ist gedanklich freilich widersprüchlich, weil man bei der eigenen Lüge Kriterien benutzt, deren Absenz beim Gegenüber als Kennzeichen der fremden Lüge gesehen werden. Warum der Fremde aber andere Kriterien benutzen sollte als man selbst, bleibt unerklärlich, entspricht aber der ständigen tatrichterlichen Praxis.

Niehaus meint völlig zutreffend:

> *„So wären Beurteiler beispielsweise besser beraten, sich auf Unstrukturiertheit zu verlassen, welche ohne Erlebnishintergrund nur schwer zu produzieren ist, sondern offenbar auch vermieden wird, statt sich an Emotionsschilderungen und logischer Konsistenz zu orientieren.*“[966] *In der Praxis kann man durchaus von einer „psychischen Beißhemmung“ sprechen: „Berufen sich Aussagepersonen auf – objektiv an sich weniger glaubhafte, weil kaum überprüfbare Angaben zu Gefühlen, Vorlieben oder Meinungen, wirkt das auf Vernehmungspersonen besonders überzeugend.*“[967]

Es entspricht durchaus der Praxis, dass sich sowohl Richter als auch Gutachter von der Emotionalität der Aussageperson beeinflussen lassen. Ebenso kann der Hinweis auf Unstrukturiertheit bei Fehlen eines Erlebnishintergrundes zutreffend sein, allerdings trifft dies in der forensischen Realität nur sehr selten zu, denn dort herrscht in der Mehrzahl nicht das Fehlen eines Erlebnishintergrundes vor, sondern diesen gibt es, und zwar durch eigene Erlebnisse oder Übertragungen und die Lüge reduziert sich auf einen kleinen Teil.

Soweit ersichtlich waren Bender/Häcker/Schwarz die ersten, die im juristischen Kontext auf den Fehler des „**unmittelbaren Vergleichens**“ aufmerksam gemacht haben. Damit ist gemeint, dass der Tatrichter nicht die Aussage als solche analysiert und vergleicht, sondern mit der Aussage der Gegenpartei (= Gegenzeugen, Angeklagten) vergleicht, und dann die für ihn einleuchtendere vorzieht. Ein ähnliches Problem, d.h., eine ähnliche Fehlerquelle besteht bei der simultanen Gegenüberstellung, wo der dem (vermeintlichen) Täter am ähnlichsten sehende Proband überzufällig häufig (fehlerhaft) identifiziert wird. Das bedeutet: „Wie zum Prüfungskonzept der inhaltsorientierten Glaubhaftigkeitsanalyse erläutert, ist es grundsätzlich methodisch unzulässig, die Aussagen zweier Aussagepersonen unmittelbar und nach ihrer ‚objektiven‘ Qualität zu vergleichen, also zu prüfen, ob die eine Aussage mehr Realitätskennzeichen und solche höherer Qualität enthält als die andere: **372**

965 Niehaus, Täuschungsstrategien von Kindern und Erwachsenen, S. 279, 288 in: Dahle/Volbert (Hrsg.) Entwicklungspsychologische Aspekte der Rechtspsychologie.

966 Niehaus, Täuschungsstrategien von Kindern und Erwachsenen, S. 279, 291 in: Dahle/Volbert (Hrsg.) Entwicklungspsychologische Aspekte der Rechtspsychologie.

967 Häcker in: Bender/Häcker/Schwarz, Tatsachenfeststellung vor Gericht, 6. Aufl., Rn 811.

Denn bei einem solchen direkten Vergleich der Aussagen bleiben die **gravierenden interindividuellen Unterschiede** unbeachtet und es **fehlt** die mit entscheidende Kompetenzanalyse; je nach Kompetenz der Aussageperson kann ja durchaus auch die im unmittelbaren Vergleich dürftigere, weniger Realitätsmerkmale aufweisende Aussage bei der Analyse als wahr zu qualifizieren sein, während die buntere und mit mehr Realitätskennzeichen aufwartende Aussage wegen der hohen Kompetenz der Aussageperson nicht sicher als ungelogen gelten kann. Die Erfahrung zeigt aber, dass Beurteilerinnen und Beurteiler dazu tendieren, diesen – unzulässigen – direkten Vergleich anzustellen; offenbar fällt es extrem schwer, sich dem Sog der zu einem solchen Vergleich geradezu herausfordernden Situation zu entziehen, wenn zwei Aussagepersonen nacheinander vernommen werden."[968]

Dem ist uneingeschränkt zuzustimmen. Zwar wird kein Tatrichter Realkennzeichen in der einen oder anderen Aussage auszählen und gegenüberstellen, aber der intuitive „unmittelbare Vergleich" ist ständige – fehlerbehaftete – Praxis.

373 Zuzustimmen ist *Bender/Häcker/Schwarz* bei der Annahme, dass man sich bei der Beweiswürdigung nur dann zufrieden geben dürfe, wenn die für richtig gehaltene Hypothese nicht unvollständig wirkt und die einzig vollständig wirkende Erklärung ist,[969] auch wenn dies in der Praxis in vielen Fällen nicht befolgt wird. In den forensisch strittigen Fällen dominieren Beweiswürdigungen, die so oder anders ausgehen können.[970] Dass die Praxis von diesem richtigen Ansatz abweicht, ist eine Frage des Beweismaßes und der (Nicht-)Kontrolle durch das übergeordnete Gericht.

374 Auch an ein **Komplott** wird kaum gedacht:

> *„Ein Komplott kommt ausgesprochen oft in Betracht: Wo immer zu einem Beweisthema mehrere Aussagepersonen zur Verfügung stehen – und das ist meist bereits bei einem einzelnen Zeugen oder einer einzelnen Zeugin der Fall, weil daneben häufig auch noch Partei oder Angeklagter als Aussageperson in Betracht kommen – ist daran zu denken. Trotzdem zeigen Urteile, dass an diese Möglichkeit oft nicht erkennbar gedacht wird."*[971]

Sofern auf ein sog. **Zick-Zack-Verhör** verwiesen wird, bei dem der Vernehmende die Fragen nicht chronologisch oder thematisch sortiert, sondern in schneller Abfolge bunt durcheinander stellt,[972] wird sich das auch aus Sicht des Vernehmenden nur selten anbieten. Auch ist ein möglicher Erkenntnisgewinn gering. Richtig ist, dass die Wahrscheinlichkeit der Lüge geringer geworden ist, wenn die Aussageperson

968 Häcker in: Bender/Häcker/Schwarz, Tatsachenfeststellung vor Gericht, 6. Aufl., Rn 569 f.

969 Vgl. Häcker in: Bender/Häcker/Schwarz, Tatsachenfeststellung vor Gericht, 6. Aufl., Rn 577.

970 Vgl. Greger, Tatsachenfeststellung durch das Berufungsgericht – ein Menetekel aus Karlsruhe, NJW 2003, S. 2882 f.

971 Häcker in: Bender/Häcker/Schwarz, Tatsachenfeststellung vor Gericht, 6. Aufl., Rn 234.

972 Vgl. Häcker in: Bender/Häcker/Schwarz, Tatsachenfeststellung vor Gericht, 6. Aufl., Rn 1114.

das Zick-Zack-Verhör „gut" übersteht,[973] aber unklar ist, was „gut" ist. *Bender/Häcker/Schwarz* meinen:

> *„Wenn die Auskunftsperson das Zick-Zack-Verhör dagegen* ***nicht ‚schadlos'*** *übersteht, darf* ***nicht vorschnell auf eine Lüge*** *geschlossen werden; dieser Schluss bedarf sorgfältiger Abwägung: Insbesondere wenn in den Antworten nicht so sehr Widersprüche, sondern* ***nur auffällige Pausen oder bloße Verarmungen*** *auftreten, kann es sein, dass eine geistig wenig bewegliche Aussageperson mit dieser Fragemethode überfordert war. Aber selbst Widersprüche sind bei einfach strukturierten Aussagepersonen anders erklärlich, als mit der Annahme einer Lüge: Der Druck, schnell antworten zu müssen, kann dazu führen, dass lieber irgendwelche Antworten gegeben werden, als dass Pausen gemacht werden und eingeräumt wird, etwas nicht oder nicht so schnell zu wissen."*[974]

Dem ist zuzustimmen, allerdings die Beschränkung auf „einfach strukturierte Aussagepersonen" aufzuheben. Zum einen ist nicht klar, was „einfach strukturiert" genau bedeutet und zum anderen fehlen Erkenntnisse, wie nicht einfach strukturierte Personen beim Zick-Zack-Verhör abschneiden, d.h., welche Widersprüche, Verarmungen oder Antwortverzögerungen dort existieren.

Es wäre schon viel gewonnen, wenn sich die Rechtsprechung nicht gegen Erkennt- **375**
nisse aus anderen Wissenschaften abschottet, sondern zur Kenntnis nimmt.

Aus der psychologischen Forschung zu Fehlurteilen, Fiasken, Gruppendenken und menschlichem Entscheidungsverhalten ist mittlerweile bekannt, dass in einem Entscheidungskollegium mindestens ein Mitglied die Rolle des advocatus diaboli einnehmen sollte, und zu versuchen, was gegen die Mehrheitsmeinung oder vorgefasste Verdachtsmeinung spricht, um zu einer weniger fehlerträchtigen Endentscheidung zu gelangen. Auch der Einzelrichter sollte es sich zur „eisernen Regel" machen, jedenfalls zu den wichtigsten Punkten eine genau entgegengesetzte Arbeitshypothese aufzustellen.[975]

> *„Oft zeigt sich, dass, wo nach Aktenlage alles zu passen schien, etwa die Anklageschrift Mosaikstein zu Mosaikstein gefügt hatte und einige kleinere Unklarheiten vernachlässigbar erschienen, mit einer solchen Alternativhypothese alles auch und womöglich noch besser passt. Vor allem jedoch* ***schützt*** *dieser* ***Perspektivwechsel vor dem Selbstbestätigungseffekt*** *und führt zugleich vor Augen, in welche Richtung weiter aufgeklärt und welche Fragen gestellt werden müssen, um mit höchster Wahrscheinlichkeit den zutreffenden Sachverhalt zu ermitteln."*[976]

973 Vgl. Häcker in: Bender/Häcker/Schwarz, Tatsachenfeststellung vor Gericht, 6. Aufl., Rn 1116.
974 Häcker in: Bender/Häcker/Schwarz, Tatsachenfeststellung vor Gericht, 6. Aufl. Rn 1117.
975 Vgl. Häcker in: Bender/Häcker/Schwarz, Tatsachenfeststellung vor Gericht, 6. Aufl. Rn 536.
976 Bender/Häcker/Schwarz, Tatsachenfeststellung vor Gericht, 6. Aufl. Rn 536.

§ 25 Konkrete Würdigung einer Zeugenaussage im Urteil und einzelne Beweiswürdigungsfehler

Inhalt

A. Vorbemerkung

Es kann festgehalten werden, dass in der Praxis **echte Begründungen, warum einem Zeugen geglaubt wird**, sehr selten sind.[1] Die Gerichte beurteilen die Glaubwürdigkeit nach wie vor intuitiv[2] (v.a. mit der geheimen Beweisregel – so bereits 1986 der frühere Vorsitzende des Bundesarbeitsgericht Gerhard Reinecke –, einem Zeugen grundsätzlich zu glauben[3]) bzw. (bei widersprechenden Zeugenaussagen) durch den unmittelbaren Vergleich (siehe hierzu oben § 24 „Aussagenanalyse durch den Tatrichter und Wert des advocatus diaboli"). Das ist mit der Rechtsprechung, die meint, § 286 ZPO gewähre nicht die Möglichkeit, einfach danach zu entscheiden, welche Parteibehauptung dem Gericht mehr oder weniger glaubwürdig erscheint,[4] nicht zu vereinbaren. Dennoch wird hiergegen in einer Vielzahl an Fällen – unbeanstandet – verstoßen. 1

Obwohl **Leerformeln oder Beschwörformeln**[5] („Der Zeuge Z. hat glaubhaft angegeben", „durch die glaubhaften Bekundungen des Zeugen Z", „da sich Anhaltspunkte für die Unwahrheit der Aussage nicht ergeben haben, ist erwiesen, dass […]",[6] „die Aussage war in sich klar und widerspruchsfrei", „der Zeuge hat den

1 Reinecke, Die Krise der freien Beweiswürdigung im Zivilprozess – oder über die Schwierigkeit, einem Zeugen nicht zu glauben, MDR 1986, S. 632.

2 Vgl. Fischer, Glaubwürdigkeitsbeurteilung und Beweiswürdigung, NStZ 1994, S. 1, 5.

3 So zutreffend, Reinecke, Die Krise der freien Beweiswürdigung im Zivilprozess oder über die Schwierigkeit, einem Zeugen nicht zu glauben, MDR 1986, S. 630 f.

4 BGH, NJW-RR 1989, S. 899.

5 Vgl. Bürkle, Richterliche Alltagstheorien im Bereich des Zivilrechts, S. 139.

6 Bürkle, Richterliche Alltagstheorien im Bereich des Zivilrechts, Fn 185.

Sachverhalt lebendig und anschaulich geschildert"[7]) **unzulässig sind**[8] und sowohl die fehlende, als auch die mangelhafte Begründung einer Beweiswürdigung gegen § 286 Abs. 1 Satz 2 ZPO verstoßen,[9] sind **Fälle, die zur Aufhebung wegen dieser Floskeln führen, selten**.[10] „Sie [Floskeln] können sowohl für als auch gegen die Richtigkeit einer Aussage gewürdigt werden oder sagen nichts über ihre Qualität. Dies gilt beispielsweise für Bewertungen wie ‚Folgerichtigkeit', ‚Widerspruchsfreiheit', Unbeteiligtheit', ‚Interesse am Prozessausgang', ‚Glaubwürdiger Eindruck' oder ‚Übereinstimmung mit früheren oder anderen Aussagen' (im Original folgende Fußnote: Weitere Einzelheiten etwa bei Kirchhoff, MDR 1999, 1473)."[11]

2 **Gleiches gilt für den Bereich des Strafrechts**. Geht das Gericht in seiner Begründung nicht auf eine auffällige Diskrepanz zwischen mehreren Aussagen desselben Zeugen ein, kann sogar ein Verfassungsverstoß gegen Art. 103 Abs. 1 GG vorliegen.[12] Würdigt das zivilgerichtliche Berufungsgericht eine Zeugenaussage abweichend als die 1. Instanz, ohne den Zeugen zu vernehmen, liegt i.d.R. ebenfalls auch ein Verstoß gegen Art. 103 Abs. 1 GG vor.[13]

3 *Hinweis*

Auch richterliche Beweiswürdigungen können gegen das Willkürverbot verstoßen.[14]

4 Nachdem durch die ZPO-Reform 2002 in der Regel eine volle zweite Tatsacheninstanz genommen wurde und in gravierenden Strafsachen ohnehin keine zweite Tatsacheninstanz besteht, kann die mangelhafte Begründung bzw. Nicht-Begründung (durch Floskeln) nicht hingenommen werden. Dennoch werden sie kaum beanstandet.

5 Zwar ist es für den Richter schwierig, eine subjektive richterliche Überzeugung zu begründen, d.h., zu verbalisieren,[15] jedoch kann diese Schwierigkeit nicht dazu führen, davon Abstand zu nehmen oder sich in Leerformel zu flüchten. **Damit die Parteien und das Rechtsmittelgericht eine Beweiswürdigung überprüfen können,**

7 Prütting/Gehrlein/Laumen, ZPO, § 286 Rn 14 m.w.N.

8 BGH, MDR 2000, S. 323.

9 Wieczorek, Komm. Zur ZPO, 2. Aufl. § 286 Anm. D III; vgl. auch Geipel, Die Wiederholung einer Beweisaufnahme nach neuem Berufungsrecht, AnwBl 2005, S. 346 f.

10 Reinecke, drückt in seinem Aufsatz aus dem Jahre 1986, Die Krise der freien Beweiswürdigung im Zivilprozess – oder über die Schwierigkeit, einem Zeugen nicht zu glauben, MDR 1986 auf S. 632 aus, dass die Formeln revisionssicher seien. Dies ist heute nicht mehr immer richtig, vgl. z.B. MDR 2000, S. 323.

11 Kirchhoff, Zur Würdigung von Zeugenaussagen, MDR 2010, S. 791, 792 f.

12 Sodan in: Beck'scher- Kompakt Kommentar GG, Art. 103, Rn 7.

13 Vgl. BVerfG, NJW 2005, S. 1487; BVerfG NJW 2003, S. 2524.

14 Vgl. BVerfG, NJW 1994, S. 2279 f.; NJW 1992, S. 2217 f.

15 Vgl. Schneider, Beweis und Beweiswürdigung, 5. Aufl., Rn 702.

müssen sie diese zuvor kennenlernen.[16] Das ergibt sich auch daraus, dass die Justizausübung als Form der staatlichen Machtausübung zur Legitimation gezwungen ist, gemäß dem Demokratie- und Rechtsstaatsprinzip.[17]

Nach einem Teil der BGH-Rechtsprechung ist zur Beweiswürdigung nicht nur eine subjektive Wahrscheinlichkeit (nach Meinung des Richters) für das Fürwahrhalten eines Sachverhaltes nötig, sondern **auch** eine **objektive Wahrscheinlichkeit**, aufgrund objektiver, rational einleuchtender, nachvollziehbarer Erwägungen, d.h. eine intersubjektive Diskutierbarkeit.[18] 6

Geht man nun davon aus, dass eine Zeugenaussage nur mit 50 %iger Wahrscheinlichkeit zuverlässig ist,[19] so führt die gegenwärtige Praxis, nämlich, einem Zeugen grundsätzlich zu glauben, zwangsläufig zu Fehlurteilen. Das soll freilich nicht heißen, dass jedes zweite Urteil, das auf einer Zeugenaussage beruht, ein Fehlurteil ist, sondern nur, dass es jedenfalls eine erhebliche Fehlurteilsquote aufgrund der Würdigung von Zeugenaussagen gibt (eine Schätzung einer Fehlurteilsquote wurde in § 3 versucht). 7

Aus **England** wird in Strafsachen berichtet, dass der **Zeugenbeweis in 74 % der Fälle zur Verurteilung führt.**[20] Ist ein Indizienbeweis dergestalt schwach, dass er nur in 18 % zu einer Verurteilung führt, so führt dieser schwache Indizienbeweis nach einem amerikanischen Experiment zu einer Verurteilung in 72 % der Fälle, wenn noch eine Zeugenaussage hinzukommt. Selbst wenn diese Zeugenaussage **nachträglich diskreditiert** wird, vertrauen immer noch die meisten Probanden auf die Validität der Zeugenaussage und verurteilen in 68 % der Fälle.[21] 8

Bemerkenswert ist, dass trotz einer Diskreditierung des Zeugen die meisten Probanden von der Zuverlässigkeit des Zeugen ausgehen. Ainsworth teilt mit, dass Munsterberg bereits 1909 Richter auf die Fehlerbehaftetheit der menschlichen Erinnerung aufmerksam machte. Gleichwohl würden Richter 90 Jahre später eine Zeugenaussage immer noch als wahre, unbezweifelbare, objektive Abbildung der Realität betrachten.[22] Ob dies immer noch gilt, ist jedenfalls in Deutschland zweifelhaft. Gleichwohl herrscht zu viel Vertrauen in die richterliche Fähigkeit, eine Lüge eines Zeugen zu erkennen. 9

16 Vgl. Schneider, Beweis und Beweiswürdigung, 5. Aufl., Rn 693.

17 Vgl. Bürkle, Richterliche Alltagstheorien im Bereich des Zivilrechts, S. 9.

18 Vgl. Bender/Nack, Tatsachenfeststellung vor Gericht, 2. Aufl., Vorwort VIII m. Hinweis auf BGH, NStZ 88, S. 236; BGH, NStZ 1990, S. 603; BGH, StV 1993, S. 510, vgl. hierzu umfassend § 6 Rdn 112 ff.

19 Das ist der Wert, der von der Praxis als realistischer Wert allgemein anerkannt ist, vgl. Foerste, Der parteiische Zeuge im Zivilprozess, NJW 2001, S. 321, 326 Fn 82 m.w.N.

20 Vgl. Gräns, Das Risiko materiell fehlerhafter Urteile, S. 99 m.w.N.

21 Vgl. Gräns, Das Risiko materiell fehlerhafter Urteile, S. 99 m.w.N.; vgl. Loftus, Eyewitness Testimony, S. 10.

22 Vgl. Ainsworth, Psychology, Law and Eyewitness Testimony, S. 2.

10 Für die Anhänger der sog. objektiven Theorien zum Beweismaß ist ein Ausgehen von Wahrscheinlichkeitsbewertungen von Indizien selbstverständlich.

11 Die Anhänger der subjektiven Theorien zur Beweiswürdigung gehen davon aus, dass der Richter die Aussage des Zeugen nur dann im Urteil zugrunde legen kann, wenn er von der Richtigkeit überzeugt ist, d.h. gemäß der Grundsatzentscheidung des BGH in BGHZ 53, S. 245,

> *„[...] Im Übrigen stellt § 286 ZPO nur darauf ab, ob der Richter selbst die Überzeugung von der Wahrheit einer Behauptung gewonnen hat"*

muss es eine große Anzahl an Fällen geben, in denen die Richter zwar zu Recht an der Wahrheit einer Zeugenaussage zweifeln, sie aber dennoch ihrer Entscheidung zugrunde legen.[23]

Gleiches gilt im Bereich des Strafrechts und der dortigen Grundsatzentscheidung zum Beweismaß. BGHSt 10, S. 208, 211 teilt uns mit,

> *„dass der Richter objektiv mögliche Zweifel subjektiv überwunden haben müsse, um zu einer Überzeugung und damit zu einer Verurteilung zu kommen. Dessen persönliche Gewissheit sei für eine Verurteilung notwendig, aber auch genügend."*

12 Das Zugrundelegen einer Zeugenaussage in derart vielen Fällen, obwohl dies dem Erfahrungswissen aller Beteiligten widerspricht, stellt faktisch einen Verstoß gegen § 286 ZPO bzw. § 261 StPO dar und ist eben Konsequenz der ungeschriebenen Beweisregel, einem Zeugen grundsätzlich zu glauben. Tatsächlich kann dieser Verstoß aber nicht gerügt werden, da sich der jeweils konkrete Richter rhetorisch hinter der Versicherung seiner eigenen Überzeugung versteckt. Mit anderen Worten: Das war für die Richterschaft allgemein offensichtlich ist, kann nicht als Verstoß des konkret-individuellen Richters bewiesen werden.

13 Für den Anwalt kann festgehalten werden, dass gewichtiger Argumentationsspielraum für Angriffe auf die Beweiswürdigung im Allgemeinen entstehen kann, wenn das **Erstgericht die Beweiswürdigung nicht de lege artis durchführt**[24] bzw. – wie meist – **nur formelhaft**[25] **vornimmt**, oder im Widerspruch zu den Erkenntnissen der Aussagepsychologie.[26]

23 Reinecke, Die Krise der freien Beweiswürdigung im Zivilprozess – oder über die Schwierigkeit, einem Zeugen nicht zu glauben, MDR 1986, S. 631.

24 Dann Verstoß gegen die Begründungspflicht.

25 Dann ebenfalls Verstoß gegen die Begründungspflicht.

26 Dann konkrete Anhaltspunkte, die im Zivilrecht Zweifel an der Richtigkeit und Vollständigkeit der getroffenen Feststellungen geben.

B. Berücksichtigung der Aussagepsychologie?

Nach den veröffentlichten Entscheidungen der Strafsenate des BGH sind die **Grundsätze der Aussagepsychologie für die richterliche Beweiswürdigung anwendbar.**[27] Schäfer meint, „das beste Instrumentarium zur Beurteilung der Glaubhaftigkeit hält jedoch die Aussageanalyse bereit."[28] Auch das BVerfG geht von der Notwendigkeit der Berücksichtigung der Grundsätze der Aussagepsychologie aus.[29] 14

War es vor der **ZPO-Reform 2002 bisher weitgehend vom Ermessen** des Berufungsgerichts abhängig, ob ein Zeuge in der 2. Instanz nochmals vernommen wurde,[30] **müssen nunmehr in der zivilrechtlichen Berufungsbegründung konkrete Anhaltspunkte aufgezeigt** werden, die Zweifel an der Richtigkeit und Vollständigkeit der Tatsachenfeststellung im angefochtenen Urteil begründen, gem. § 529 Abs. 1 Nr. 1, § 520 Abs. 3 Nr. 3 ZPO. Solche konkreten Anhaltspunkte sind auch die Grundsätze der Aussagepsychologie.[31] Mit anderen Worten, **konkrete Zweifel an der Richtigkeit und Vollständigkeit** der zivilrechtlichen Tatsachenfeststellung bestehen jedenfalls immer dann, wenn ein Ergebnis (das kann **auch die Feststellung eines non liquet** sein) vom Erstgericht zugrunde gelegt wurde, das entweder **mit den Erkenntnissen des Aussagepsychologie nicht zu vereinbaren** ist oder wenn andere, gemäß den Grundsätzen der Aussagepsychologie nahe liegende **Ergebnisse vom Erstgericht nicht gesehen** wurden. 15

Hinweis 16

Das Tatgericht ist zur Anwendung der Aussagepsychologie sogar verpflichtet. Der BGH sagt: „Vielmehr bedarf es einer konkreten tatrichterlichen Würdigung der Zeugenaussagen nach ihrer objektiven Stimmigkeit und der persönlichen Glaubwürdigkeit der Zeugen. Dabei gilt es, nach Wahrhaftigkeits- und Unwahrhaftigkeitskriterien im Aussageverhalten und in dem Inhalt sowie der Struktur der Aussage selbst zu suchen."[32]

27 Vgl. BGH, 1 StR 553/01, vgl. z.B. auch: Kassationshof des Schweizerischen Bundesgerichts Az.: 6p.45/2002: „Bei der Abklärung des Wahrheitsgehaltes von Zeugenaussagen hat sich die so genannte Aussageanalyse weitgehend durchgesetzt." – http://www.polyreg.ch/bgeunpub/Jahr_2002/Entscheide_6P_2002/6P.45__2002.html.

28 Schäfer, Praxis des Strafverfahrens, 5. Aufl., Rn 938.

29 BVerfG, StV 2003, S. 593, 595.

30 Von den wenigen Fällen der Pflicht, einen Zeugen nochmals anzuhören, abgesehen, vgl. Zöller, Komm. zur ZPO, 26. Aufl., § 398 Rn 5.

31 Vgl. hierzu Geipel, Die Wiederholung einer Beweisaufnahme nach neuem Berufungsrecht, AnwBl 2005, S. 346 f.

32 BGH, NJW 1988, S. 566 f.

C. Konkrete Würdigung einer Zeugenaussage und allgemeine Beweisgrundsätze

17 Es ist denkbar und in der Praxis zu befürworten, dass Zeugenaussagen ausschließlich nach logischen Grundsätzen und den Kriterien der Aussagepsychologie bewertet werden, statt intuitiv.

18 Das hierfür zur Verfügung stehende Modell ist das Theorem von Bayes. In dieses ist eine Anfangswahrscheinlichkeit für das Vorliegen einer subjektiv wahren Aussage einzusetzen. Diese Anfangswahrscheinlichkeit und die in der Aussage gefundenen Realitätskriterien und Fantasiekriterien sind sodann gemäß dem Theorem von Bayes abzuwägen. Insofern wird auf § 18 Rdn 42 ff., § 9 Rdn 49 ff. dieses Werks verwiesen.[33] Die Rechtsprechung zieht diesen Schluss allerdings nicht. Manchmal wendet die Rechtsprechung das Theorem von Bayes zwar nicht konkret, aber intuitiv an. Aus diesem Denkmodell folgt nämlich eine universell anerkannte Folgerung:

> *„Je unwahrscheinlicher die von dem Zeugen zu beweisende Hauptsache, desto höhere Anforderungen an die Aussage."*

19 Intuitiv wird in der Praxis von erfahrenen Richtern bereits nach diesem Denkmodell so verfahren. So z.B. das AG München als es bei einem Verkehrsunfall darum ging, wer die Fahrspur gewechselt hatte, der Kläger oder der Beklagte. Der Beklagte brachte nachträglich, d.h. erst im Verlauf des Verfahrens einen Zeugen, der den Spurwechsel des Klägers bezeugte:

20 *„Aus den überzeugenden Feststellungen im vorgenannten [unfallanalytischen] Gutachten ergibt sich, dass nicht festgestellt werden kann, welches Fahrzeug einen Spurwechsel vornahm bzw. seine Spur unsauber fuhr [...] Das Ergebnis dieses Gutachtens wird auch nicht durch die Bekundungen des Zeugen R. in Frage gestellt. Zum einen ist dieser als Koch Arbeitskollege im Restaurant des Beklagten zu 2) [also der Sache nach die Berücksichtigung der Anfangswahrscheinlichkeit]. [...] Überdies erscheint nicht nachvollziehbar, warum er zunächst an der Unfallstelle vorbeifuhr und erst anschließend über Handy den Beklagten anrief, um zu erfahren, ob alles in Ordnung ist [also der Sache nach die Berücksichtigung der psychologischen Stimmigkeit]."*[34]

21 Es sind **keine bindenden Beweisregeln** anzuwenden, die gegen § 286 ZPO oder § 261 StPO verstoßen würden, sondern es ist eine mehrschichtige Prüfung und Würdigung der **subjektiven Wahrheit** und der **Wahrscheinlichkeit eines Irrtums** durchzuführen.

33 Vgl. auch Bender/Nack, Tatsachenfeststellung vor Gericht, 2. Aufl., Rn 398 ff.

34 AG München – 343 C 33061/02 n.v.

Der Sache nach ebenso das OLG Celle: 22

„Bei der Würdigung von Beweisen muss der Richter nach „freier Überzeugung“ (so § 286 Abs. 1 Satz 1 ZPO) davon überzeugt sein, dass auf der Grundlage eines Beweisergebnisses eine Tatsache mit derart hoher Wahrscheinlichkeit festzustellen ist, dass Zweifeln Schweigen geboten ist, ohne sie – in Anbetracht der allgemeinen Grenzen menschlicher Erkenntnisfähigkeit – völlig auszuschließen (vgl. z.B. BGHZ 53, 245, 256 = MDR 1970, 491, BGHZ 61,165, 169 = MDR 1973, 1007). Eine solche Überzeugung nach der Aussage eines Zeugen anzunehmen, der der Sache naturgemäß nicht unvoreingenommen gegenübersteht, ist problematisch, zumal grundsätzlich der Zeugenbeweis mit Vorsicht zu würdigen ist. Dieses ergibt sich schon daraus, dass eine solche Würdigung auf einen persönlichen Eindruck gegründet werden muss, der in der kurzen und gegenständlich beschränkten Befragung entsteht. Dabei ist auch zu berücksichtigen, dass das Erinnerungsvermögen beschränkt ist und ein Zeuge auch bei gutem Willen oftmals tatsächlich Erlebtes mit erst nachträglich Erzähltem vermischt. Berücksichtigt man hier weiterhin, dass der Zeuge jedenfalls ursprünglich mit 20 % an der jeweiligen Provision beteiligt war und dieses erst auf ausdrückliche Nachfrage angegeben hat,[35] so ist erkennbar, dass der Zeuge naturgemäß mehr auf Seiten der Klägerin als auf Seiten des Beklagten steht. Unter diesen Umständen kann die Klägerin allein mit der Aussage des Zeugen R. den Beweis nicht führen […]“[36]

Das OLG hat in o.g. Entscheidung – jedenfalls der Sache nach – die Anfangswahrscheinlichkeit („ein Zeuge, der der Sache naturgemäß nicht unvoreingenommen gegenübersteht), ein Aussagekriterium[37] („und dieses erst auf ausdrückliche Nachfrage angegeben hat“) und die Wahrnehmungs- und Erinnerungsfehler („dabei ist auch zu berücksichtigen, dass das Erinnerungsvermögen beschränkt ist und ein Zeuge auch bei gutem Willen oftmals tatsächlich Erlebtes mit erst nachträglich Erzähltem vermischt“) bewertet. 23

35 Das ist aber nicht unbedingt ein Kriterium, um der Aussage m. mehr Misstrauen zu begegnen. Vielleicht hat sich im Bericht keine Gelegenheit geboten, dies zu erwähnen oder es erschien dem Zeugen irrelevant. Die Tatsache, dass er diesen Umstand von sich aus, wenn auch erst auf Nachfrage angegeben hatte u. nicht etwa überführt wurde, spricht somit ***nicht unbedingt*** gegen ihn. Es ist also nicht erkennbar, ob es sich in der Tat um das Zurückhaltungs- oder Verweigerungssymptom gehandelt hat. Gleichwohl verfährt die Praxis in der konkreten Beweiswürdigung oft insofern oberflächlich, sodass als Praxistipp für den entspr. Parteivertreter festgehalten werden kann, dass, zur Vermeidung eines falschen Rückschlusses auf die Glaubwürdigkeit, der Zeuge angehalten werden sollte, ggf. die „Flucht nach vorne anzutreten“ u. eine Beteiligung von sich aus ungefragt zu offenbaren.

36 OLG Celle, 11 U 19/98, OLGR Celle 1998, S. 110.

37 Ob hieraus wirklich etwas für die konkrete Aussage folgt, ist fraglich; auch ein wahrheitsgemäß aussagender Zeuge würde dies vermutlich ebenfalls auch erst auf Nachfrage angeben.

24 Falsch ist es nach dem gegenwärtigen Stand der Rechtsprechung, Beweisregeln zu befolgen, die es einerseits **rechtlich nicht gibt** oder andererseits sogar **logisch fehlerhaft** sind.

Beispiele

- Schiffsbesatzungen,[38] Beifahrer,[39] Zeugen, die am Abschluss des streitgegenständlichen Vertrages beteiligt waren,[40] oder Freunden oder Verwandten[41] a priori jeden Beweiswert abzusprechen, wenn nicht sonstige objektive Gesichtspunkte für die Richtigkeit der Aussage sprechen. Das ist nicht nur deshalb falsch, da es eine solche Beweisregel rechtlich nicht gibt, sondern auch logisch falsch, da dann die Anfangswahrscheinlichkeit der Richtigkeit einer solchen Aussage jeweils Null sein müsste.
- Relevantes Verteidigungsvorbringen als Schutzbehauptung anzusehen, weil es erst in einem späteren Stadium des Verfahrens vorgetragen wurde.[42]
- Anzunehmen, die Selbstbelastung einer Aussage garantiere den Wahrheitsgehalt.[43]
- Beim Vorhandensein von drei Glaubwürdigkeitskriterien, kann eine Falschaussage ausgeschlossen werden.[44]
- Einer Zeugenaussage zu glauben, falls nicht besondere Anhaltspunkte für eine unrichtige Aussage erkennbar sind.[45]
- Auch dem Zeugen vom Hörensagen darf nicht jeder Indizwert abgesprochen werden.[46]
- Es stellt eine unzulässige Beweisregel dar, Erstangaben grds. höheren Beweiswert als späteren – hiervon divergierenden – Angaben zuzusprechen. Die These, dass **Erstangaben** oder **Spontanäußerungen** noch unbeeinflusst

38 Vgl. BGH, NJW 1974, S. 2283.

39 Vgl. BGH, NJW 1988, S. 566, 567.

40 Vgl. BGH, NJW 1995, S. 955.

41 Vgl. OLG Köln, MDR 1972, S. 957.

42 Vgl. Bender/Nack, Tatsachenfeststellung vor Gericht, 2. Aufl., Rn 483, beachtet werden muss aber, dass die Aussage eines Zeugen a priori eher als unzuverlässig eingestuft werden muss, wenn dieser Zeuge erst im letzten Augenblick benannt wird, um eine eigene Position zu stärken, nachdem das gesamte bisherige Prozessergebnis bekannt ist – vgl. Altavilla, Forensische Psychologie, Bd. II, Die Psychologie der Strafprozeßbeteiligten, S. 245.

43 Vgl. OLG Hamm, NJW 1960, S. 398.

44 So aber Arntzen, Psychologie der Zeugenaussage: System der Glaubhaftigkeitsmerkmale, 3. Aufl., S. 111.

45 Vgl. AG Marbach, MDR 1987, S. 241.

46 Im Zivilprozess unterliegt die Aussage eines Zeugen vom Hörensagen der freien Beweiswürdigung, vgl. BGH, IX ZR 153/01 n.v., im Strafprozess darf die Verurteilung nicht nur aufgrund der Aussage eines Zeugen vom Hörensagen erfolgen, sondern nur dann, wenn diese durch weitere wichtige Gesichtspunkte bestätigt wird, vgl. BVerfG, NJW 1996, S. 448 f., ständige Rechtsprechung seit BGH, BGHSt 17, S. 382 ff.; vgl. auch OLG Stuttgart, NJW 1972, S. 66 f. Das gilt auch, wenn der Zeuge durch die Exekutive gesperrt wird.

von Wunschvorstellungen seien, ist kein abstrakt-generell taugliches Kriterium der Beweiswürdigung,[47] wohl aber kann derartigen Spontanäußerungen nur im Einzelfall hoher Beweiswert zukommen.[48]

- Ebenso ist es unzulässig, aus der Unglaubwürdigkeit eines Zeugen auf die Unglaubwürdigkeit einer Partei zu schließen.[49]
- Es gibt keine Beweisregel oder Erfahrungssatz, dass schon angesprochene, mithin nicht neue Themen nicht (erneut) zum Gegenstand der Erörterung gemacht werden.[50]

Soweit Zeugenaussagen einerseits für „nicht überzeugend" gehalten werden, darf in der Urteilsbegründung nicht offen bleiben, ob dies an der mangelnden Glaubwürdigkeit oder der mangelnden Glaubhaftigkeit (Plausibilität) – oder an beidem – liegen soll.[51] **25**

Sofern das Gericht mit Konstanz oder Widersprüchen in der Aussage argumentiert, muss dargelegt werden, was das Gericht als Kern- und was als Randgeschehen erachtet.[52]

Anderseits darf auch die Würdigung einer Aussage als „glaubhaft" jedenfalls nicht unberücksichtigt lassen, dass der Zeuge im Lager einer der Parteien steht und mit der Gegenpartei zerstritten ist.[53] **26**

Im Rahmen der Beweiswürdigung ist davon auszugehen, dass die Glaubwürdigkeit einer Aussage positiv begründet werden muss[54] und die Zeugenaussage im Urteil umfassend mit dem gegensätzlichen Parteivortrag gewürdigt werden muss.[55]

Ein Verstoß gegen Denk- oder Erfahrungssätze liegt jedenfalls dann vor, wenn Indiztatsachen, die sich zwanglos mit dem gegensätzlichen Vortrag beider Parteien

47 Vgl. BSG, Urt. v. 29.1.1959 – 2 RU 267/56 n.V.

48 Der Leitsatz der KG-Entscheidung – 17 U 1950/90 = VRS 106 (2004), S. 354 zu Spontanäußerungen lautet: „Notiert der den Unfall aufnehmende Polizeibeamte am Unfallort als Äußerung des Auffahrenden ‚ich bin angefahren und auf den Pkw vor mir drauf, da dieser zu langsam fuhr', so kommt – im Rahmen der Beweiswürdigung – dem eine starke Bedeutung zu, da spontane und unverfälschte Äußerungen am Unfallort erfahrungsgemäß richtig sind." Dieser Gedanke findet sich in diversen Kammergerichtsentscheidungen (z.B. 12 U 165/02 – KGR 2004, S. 358 = VRS 106, S. 356 = NZV 2004, S. 526; 12 U 305/04 – VM 2005, 22 Nr. 18 und 12 U 93/06 = zfs 2006, S. 617= VRS 111 (2006), S. 173.) Gleichwohl kann eine Spontanäußerung eines Zeugen korrigiert und die korrigierte Version zugrunde gelegt werden, sofern kein Eigeninteresse des Zeugen erkennbar ist.

49 Vgl. BGH, NJW-RR 1999, S. 246 f.

50 Vgl. BGH, NJW 1999, S. 486, 488 f.

51 Vgl. BGH, MDR 2000, S. 323, 324.

52 Vgl. BGH, StV 1992, S. 555, 556; Bürkle, Richterliche Alltagstheorien im Bereich des Zivilrechts, S. 162.

53 Vgl. BGH, MDR 2000, S. 323, 324.

54 Vgl. OLG Karlsruhe – 10 U 169/97 n.v.

55 Vgl. BGH, NJW-RR 2004, S. 425 f.

vereinbaren lassen, nur mit dem Vortrag einer Partei für vereinbar gehalten werden,[56] der Tatrichter die Ambivalenz von Indiztatsachen nicht erkennt oder ihnen Indizwirkung zuerkennt, die sie nicht besitzen,[57] so kann es z.B. für den Sturz eines Reisenden aus einem Zug mannigfache Ursachen geben, ohne dass ihn ein Verschulden trifft.[58] Stützt sich das Gericht auf Indizien zu Lasten des Angeklagten, die auch mit der Einlassung des Angeklagten vereinbar sind, aber den Angeklagten entlasten, liegt eine Verkennung der Ambivalenz nahe.[59] „Diese weiteren Beweise betreffen aber, was die Strafkammer nicht genügend berücksichtigt, das Randgeschehen oder sind auch mit einer Tatbegehung durch den Zeugen W. selbst oder aber – im Falle einer vom Landgericht nicht erwogenen gegenseitigen Falschbezichtigung – durch einen unbekannten Dritten durchaus zu vereinbaren.“[60]

27 Ein berühmt gewordenes Beispiel der Verkennung der Ambivalenzwirkung eines Indizes liefert der Pistazieneisfall: „Das Tatgericht legt gleichwohl in einseitiger Weise verschiedene Maßstäbe an die Prüfung der Täterschaft der Eltern des Tatopfers einerseits und an der Angekl. andererseits an [...]. Demgegenüber wird Gleichartiges auf Seiten der Eltern als plausibel, nachvollziehbar u.a. qualifiziert.“[61]

Weitere Beispiele können sein:

- Wenn allgemein gehaltenen Redewendungen (z.B. „man werde es X heimzahlen“) große Indizwirkung zuerkannt wird, wenn X tatsächlich überfallen und verprügelt wurde.[62]
- Die Übernahme der moralischen Verantwortung kann nicht ohne weiteres als Geständnis ausgelegt werden.[63]
- Wenn verkannt wird, dass gegen eine Notzuchthandlung spricht, wenn die Parteien nach der angeblichen Handlung Kaufverhandlungen durchführen und der Beschuldigte die Bestellung noch in Gegenwart der Gegnerin in seine Bücher einträgt.[64]
- Die Tatsache, dass gegen jemanden schon öfters Verfahren ähnlicher Art anhängig waren, als Schuldindiz im konkreten Fall gewertet wird. In der Justizgeschichte sind viele Fälle bekannt, in denen immer wieder gegen die gleiche Person ermittelt wird, bis sich die Unschuld der Person herausgestellt hat.[65] Die

56 Vgl. BGH, NJW 1993, S. 935, 938.
57 Vgl. BGH, MDR 1991, S. 993.
58 Vgl. BGH, Autorecht, 1955, S. 30.
59 Vgl. Schäfer, Freie Beweiswürdigung und revisionsrechtliche Kontrolle, StV 1995, S. 147, 151.
60 BGHR StPO § 261 Zeuge 12 = 3 StR 107/91.
61 BGH, NJW 1999, S. 1562 = 1 StR 171/98.
62 Vgl. Döhring, Die Erforschung des Sachverhalts im Prozess, S. 391.
63 Vgl. BGH; StraFo 2003, S. 381.
64 Vgl. Döhring, Die Erforschung des Sachverhalts im Prozess, S. 421 m.w.N.
65 Vgl. Döhring, Die Erforschung des Sachverhalts im Prozess, S. 398.

fehlerhafte Verwendung dieses vermeintlichen Indizes beruht auf dem nicht vorhandenen Erfahrungssatz, dass bei so vielen Fällen etwas „dran" sein müsse.[66]

- Wenn aus Indizien, die nur belegen, dass man X die Tat zutrauen könne (z.B. einschlägige Vorstrafen, enger Personenkreis, der für die Tat in Betracht kommt), auf die Täterschaft geschlossen wird.[67]
- Wenn aus dem Fehlschlagen eines Alibibeweises,[68] einer Lüge[69] oder einem Fluchtversuch[70] auf die Täterschaft geschlossen wird. Egon Schneider teilt zu diesen Konstellationen mit, dass der Denkfehler der mutatio elenchi vorliegen würde. „Oft leugnet ein Verdächtiger einen belanglosen Umstand wahrheitswidrig, weil er meint, er könne sich durch dessen Zugeständnis belasten. Die psychologische *und logische* Versuchung ist groß, aus dem Nachweis der Unwahrheit hinsichtlich des Nebenumstandes auf die Täterschaft zu schließen und so den Schuldbeweis unversehens auf ein Abstellgleis zu leiten."[71] Die nachgewiesene Lüge darf grds. nicht zu Lasten des Angeklagten gewertet werden: „Zwar kann grundsätzlich eine widerlegte Einlassung allein nicht zur Grundlage einer dem Angekl. ungünstigen Sachverhaltsfeststellung gemacht werden (vgl. *BGH*, NStZ 1997, 96), etwas anderes muss aber gelten, wenn sich bei einem komplexen Tatgeschehen solche Teile der Einlassung als unrichtig erweisen, die für die Beurteilung des gesamten Geschehens von wesentlicher Bedeutung sind und nicht losgelöst von dem anderen Teil beurteilt werden können. In einem solchen Fall darf bei der Beweiswürdigung die Widerlegung der Einlassung nicht außer acht bleiben (vgl. auch BGHR StPO § 261 Überzeugungsbildung 33)."[72]
- Wenn das Gericht der Aussage folgt, obwohl sich der Beamte an Einzelheiten überhaupt nicht mehr erinnert, aber erfahrungsgemäß Polizeibeamte in der konkreten Verkehrslage nur solche Verstöße zur Anzeige brächten, die tatsächlich begangen worden sind.[73] Einen solchen Erfahrungssatz gibt es nicht.[74]
- Wenn zwar **eine Anzeige eines Beamten vorliegt**, aber **nicht abgewogen wird**, ob im Einzelfall die **Möglichkeit eines Beobachtungs- oder Übertragungsfehlers ausgeschlossen** werden kann. D.h., der nur indizielle Wert der Aufzeichnung innerhalb einer Gesamtbeweiswürdigung[75] übersehen wird. Ausreichend

66 Vgl. BGH, JR 1954, S. 468.

67 Vgl. Döhring, Die Erforschung des Sachverhalts im Prozess, S. 403.

68 Vgl. BGH, StV 1982, S. 158, 159.

69 Die Lüge kann aber dann zu Lasten des Angeklagten durchschlagen, wenn die Lüge einen wesentlichen Punkt eines komplexen Gesamtgeschehens betrifft und das Gesamtgeschehen nicht ohne diesen Punkt beurteilt werden kann, vgl. BGH, NStZ-RR 2003, S. 369.

70 Vgl. BGH, StV 2008, S. 235 f.

71 Vgl. Schneider, Über Denkfehler, MDR, 1962, S. 951 f.

72 BGH, NStZ-RR 2003, S. 369 f. = 2 StR 180/03.

73 Vgl. BGH, NJW 1969, S. 443.

74 BGH, NJW 1969, S. 1727.

75 Vgl. Schneider, Beweis und Beweiswürdigung, 5. Aufl., Rn 1046.

kann es aber sein, wenn sich der Beamte noch an sonstige bekundete Tatsachen erinnert, aus denen geschlossen werden kann, dass die niedergelegte Anzeige richtig ist, z.B. insofern noch eine konkrete Erinnerung bestand, als nur eindeutige Fälle zur Anzeige gebracht wurden und Fälle, bei denen eine Besonderheit vorlag (in concreto, wenn der Überholer die Autobahn sofort verlassen hatte), gar nicht angezeigt wurden und der Verstoß unabhängig voneinander von zwei Beamten festgestellt und notiert wurde.[76] D.h., das Gericht muss klären, in welcher Weise der Beamte beteiligt war und ob und inwieweit ein Irrtum ausgeschlossenen ist. Das erfordert bei Geschwindigkeitsmessungen in der Nachtzeit Feststellungen über die Länge der Mess-Strecke, der Beleuchtungsverhältnisse und Orientierungspunkte.[77] Bei anderen Vorfällen hängen Feststellungen des Strafrichters, von welcher Stelle und in welcher Weise der Beamte seine Feststellungen getroffen hat, von der Aufklärungspflicht und vom pflichtgemäßen Ermessen des Tatrichters ab.[78]

- Wenn ein Vertreter wie folgt bezeugt und dies zur Grundlage eines stattgeben Urteils gemacht wird: „Wie ich aus dem mir vorgelegten Bestellschein sehe, habe ich Frau A am 15.10.1964 eine Waschmaschine verkauft. Ich besinne mich zwar auf den Verlauf der Vorbesprechungen nicht mehr, kann aber mit Sicherheit sagen, dass ich dabei Frau A auch auf den Umstand X aufmerksam gemacht habe, weil ich das ganz regelmäßig tue."[79] In Arzthaftungsprozessen vertritt die Rechtsprechung aufgrund der sog. Immer-so-Rechtsprechung eine andere Auffassung. Hiernach gilt: „Für den Nachweis einer ordnungsgemäßen Aufklärung ist nicht unbedingt erforderlich, dass sich der Arzt an das konkrete Aufklärungsgespräch (Ort, Umstände, genauer Inhalt) erinnert. Angesichts der Vielzahl von Informations- und Aufklärungsgesprächen, die Ärzte täglich führen, kann dies nicht erwartet werden. Da an den vom Arzt zu führenden Nachweis der ordnungsgemäßen Aufklärung keine unbilligen oder übertriebenen Anforderungen zu stellen sind, darf das Gericht seine Überzeugungsbildung gem. § 286 ZPO auf die Angaben des Arztes über eine erfolgte Risikoaufklärung stützen, wenn seine Darstellung in sich schlüssig und ‚einiger' Beweis für ein Aufklärungsgespräch erbracht ist. Dies gilt auch dann, wenn der Arzt erklärt, ihm sei das strittige Aufklärungsgespräch nicht im Gedächtnis geblieben. Einen wesentlichen Anhaltspunkt für die Tatsache, dass ein Aufklärungsgespräch stattgefunden hat, gibt da-

76 Vgl. BGH, NJW 1969, S. 1727.

77 Vgl. OLG Düsseldorf, DAR 1999, S. 274.

78 Vgl. BGH, NJW 1970, S. 573, 574.

79 Döhring, Die Erforschung des Sachverhalts im Prozess, S. 124. **Anmerkung**: Bei einer solchen Aussage bestehen Bedenken, da abweichende tatsächliche Möglichkeiten, m. denen gerechnet werden muss (atypischer Verlauf des Gesprächs), nicht berücksichtigt wurden oder der als bestehen vorausgesetzte Erfahrungssatz („weil ich das ganz regelmäßig tue") nicht sicher feststeht oder die Anwendbarkeit im vorliegenden Fall fraglich erscheint, – vgl. Döhring, Die Erforschung des Sachverhalts im Prozess, S. 126.

bei das von dem Arzt und dem Patienten unterzeichnete Formular, mit dem der Patient sein Einverständnis zu dem ärztlichen Eingriff gegeben hat [m.w.N.]. Dieses Formular ist – sowohl in positiver als auch in negativer Hinsicht [m.w.N.] – zugleich ein Indiz für den Inhalt des Aufklärungsgesprächs."[80]

- Wenn ein strafprozessuales Geständnis (das ist lediglich ein wichtiges Indiz) ohne Erschöpfung der angebotenen Beweismittel im Zivilprozess zugrunde gelegt wird.[81]

Jedenfalls ist die Beweiswürdigung bei widersprechenden Zeugenaussagen nicht umfassend genug, wenn übersehen wird, dass eine Reihe von Aussagen, die eine Partei in ihrer Vernehmung macht, so wenig plausibel – und teils auch in sich so widersprüchlich – erscheinen, dass sie erhebliche Zweifel an ihrer Wahrheit wecken.[82] 28

Die Würdigung überschreitet die Grenzen tatrichterlichen Ermessens und verletzt § 286 ZPO bzw. § 261 StPO wenn 29

- wichtige Indizien übersehen werden (z.B. eine Verkennung einer indiziellen Mitteilung des Klägers an den Zeugen)[83] oder
- Indiztatsachen ein Gewicht beigemessen wird, das ihnen möglicherweise nicht zukommt.[84] Das kollidiert freilich mit der Rechtsprechung, dass der Tatrichter grds. frei ist, den Beweiswert von Indizien selbst zu bestimmen. Jedenfalls muss der Tatrichter eine Ambivalenz eines Indizes sehen.
- Wenn wechselnde Aussagen des Zeugen nicht eingehend gewürdigt werden[85] oder
- aus zeitlichen Ungenauigkeiten und Widersprüchen (oder sogar unwahren Angaben hinsichtlich eines konkreten Datums[86]) bei Beteiligtenvorbringen ohne Weiteres auf Unglaubhaftigkeit geschlossen wird, denn diese Unstimmigkeiten können im Einzelfall sogar für die Glaubwürdigkeit des Beteiligten sprechen.[87]
- Wenn ausgeführt wird, dass der Vortrag des Vergessens von Teilen eines komplexen Sachverhaltes unglaubhaft ist, wenn sich der Zeuge an andere Teile des Sachverhaltes noch genau zu erinnern vermag.[88] Entscheidend ist auch hier, ob der vergessene Teil „leicht" vergessen werden kann, d.h., das Vergessen den Erkenntnissen der Wahrnehmung und Erinnerung entspricht.

80 BGH, Urt. v. 28.1.2014 – VI ZR 143/13 = NJW 2014, S. 1527.

81 Vgl. BGH, MDR 2004, S. 954.

82 Vgl. BGH, NJW 1994, S. 2289, 2292.

83 Vgl. BGH – IX ZR 66/01 n.v.

84 Vgl. BGH – IX ZR 66/01 n.v.

85 Vgl. OLG Köln, StV 1986, S. 13.

86 Vgl. LAG Baden-Württemberg, Urt. v. 28.3.2001 – 20 Sa 15/01, JurionRS 10497.

87 Vgl. VGH Kassel, NVwZ-RR 1995, S. 166.

88 Vgl. Bürkle, Richterliche Alltagstheorien im Bereich des Zivilrechts, S. 155/156: „kaum empirischen Wert".

- Wenn ausgeführt wird, dass Aussagen unglaubhaft seien, wenn sich der Zeuge ursprünglich an den fraglichen Teil nicht erinnert, später aber doch wieder. Hierdurch wird das Inkadenkphänomen übersehen.[89]
- Wenn verkannt wird, dass eine Zeugenaussage ggf. nicht auf einer eigenen Wahrnehmung beruht, sondern auf einer Erinnerung an eine spätere Diskussion, sodass Zweifel an der Zuverlässigkeit der Aussage bestehen, z.B. dann, wenn Zeugen und Beteiligte die Stellung eines Fahrzeuges in einem fließenden Verkehrsvorgang auf den Meter genau gleich einschätzen.[90]
- Wenn verkannt wird, dass die nur subjektive Gewissheit des Zeugen, sich vollständig und zuverlässig zu erinnern, mit zunehmender Zeitdauer steigern kann, obwohl tatsächlich die Erinnerung abnimmt.[91] D.h., die subjektive Gewissheit der Vollständigkeit und Sicherheit der Erinnerung ist allenfalls dann ein Kriterium für den Realitätsgehalt, wenn der Zeuge noch genau zu unterscheiden weiß, zwischen sicherer Erinnerung, vager Erinnerung und Folgerungen.[92] Das wird im Einzelfall schwer zu entscheiden sein, weil die Selbsteinschätzung, was eine sichere Erinnerung darstellt und was nicht, kein verlässliches Kriterium ist.
- Wenn verkannt wird, dass die Übereinstimmungen von Zeugenaussagen auch auf gegenseitige Beeinflussung oder Abgesprochenheit hindeuten kann[93] bzw. auf Wahrnehmungsfehler aus der gleichen Motivationsrichtung gegenüber einer der Parteien.[94]
- Wenn aus der aus dem Beruf erschlossenen allgemeinen Glaubwürdigkeit auf den Realitätsgehalt der Aussage gefolgert wird.[95] Das kommt mittlerweile kaum noch vor.
- Wenn aus Umständen wie Ehe, Verwandtschaft, Geschäftsbeziehungen etc. unmittelbar auf die Unglaubhaftigkeit der Aussage geschlossen wird. Derartige Kriterien dürfen nämlich nie allein oder vorrangig verwertet werden, sondern nur in Beziehung mit anderen Kriterien, insb. der Aussageanalyse im engeren Sinne.[96]
- Wenn aus der Flüssigkeit der Darstellung unmittelbar auf die Glaubhaftigkeit geschlossen wird. Auch einen solchen Erfahrungssatz gibt es nicht, sondern kann sowohl Indiz dafür sein, dass sich der Zeuge noch gut erinnert als auch für die gute Vorbereitung des Lügners.[97]

89 Vgl. Arntzen, Psychologie der Zeugenaussage: System der Glaubhaftigkeitsmerkmale, 3. Aufl., S. 66.
90 Vgl. OLG Dresden, 13 U 600/01 n.v.
91 Vgl. Bürkle, Richterliche Alltagstheorien im Bereich des Zivilrechts, S. 155.
92 Vgl. Bürkle, Richterliche Alltagstheorien im Bereich des Zivilrechts, S. 155.
93 Vgl. Döhring, Die Erforschung des Sachverhalts im Prozess, S. 167 m.w.N.
94 Vgl. Bürkle, Richterliche Alltagstheorien im Bereich des Zivilrechts, S. 164.
95 Vgl. Bürkle, Richterliche Alltagstheorien im Bereich des Zivilrechts, S. 157.
96 Vgl. Bürkle, Richterliche Alltagstheorien im Bereich des Zivilrechts, S. 158/159.
97 Vgl. Bürkle, Richterliche Alltagstheorien im Bereich des Zivilrechts, S. 159.

- Wenn aus der Entschiedenheit, mit der ein Zeuge versichert, die Wahrheit gesagt zu haben, auf den Realitätsgehalt geschlossen wird, denn symptomatisch für die aktuelle Lüge ist, „[...] die prononcierte Erklärung, nichts als die Wahrheit bekundet zu haben."[98] Letzteres darf allerdings nicht als Beweisregel beachtet werden, sondern allenfalls als Praxisbeobachtung mit allenfalls geringem Beweiswert.
- Wenn aus der Übereinstimmung der Aussage mit anderen Vergleichstatsachen auf die Richtigkeit der Aussage geschlossen wird, ohne dass der Realitätsgehalt der Vergleichstatsachen näher begründet wird.[99] **Der Beeidigung kommt kaum empirischer Wert zu.**[100]
- Wenn im Falle der **Identifizierung nicht beachtet wird, dass das wiederholte Wiedererkennen keinen Beweiswert**[101] **hat**. „Wegen der möglichen suggestiven Wirkung der ‚ersten Wiedererkennung' ist nämlich ohne nähere Begründung nicht von vorneherein ausgeschlossen, dass der Zeuge [...] nicht wirklich die Angeklagten [...] wiedererkannte, sondern nur deren Fotos, die ihm [...] vorgelegt worden waren."[102] Weiter muss aus denselben Gründen beachtet werden, dass eine Identifizierung nach einer Veröffentlichung eines Bildes in der Presse keinen Beweiswert mehr hat.[103] Dieses Verkennen stellt einen sachlich-rechtlichen Mangel dar.[104] „Wenn aber ohne nähere Begründung eine Suggestion ausgeschlossen wird, obwohl sie nach kriminalistischer Erfahrung nicht ausgeschlossen werden kann, wird gegen einen zwingenden Erfahrungssatz verstoßen."[105] Wird ein Lichtbild oder eine Videoaufzeichnung laut Urteil in Augenschein genommen, schweigt aber das Protokoll hierzu, liegt ein Verstoß gegen § 261 StPO vor.[106] Näher dargelegt werden muss auch, warum ein Zeuge den Angeklagten auf einem Lichtbild nicht, wohl aber bei einer späteren Wahlgegenüberstellung erkannt hat oder umgekehrt, warum der Zeuge den Angeklagten auf dem älteren Lichtbild, nicht aber in der Verhandlung identifiziert hat.[107] Weicht die Täterbeschreibung von der identifizierten Person ab, so kann

98 Bürkle, Richterliche Alltagstheorien im Bereich des Zivilrechts, S. 163.

99 Diese Vergleichstatsachen dürfen nicht ihrerseits fraglich sein, vgl. Prüfer, Aussagebewertung in Strafsachen, Rn 11, vgl. auch Bürkle, Richterliche Alltagstheorien im Bereich des Zivilrechts, S. 163.

100 Vgl. Schneider, Beweis und Beweiswürdigung, 5. Aufl., Rn 1073 f., vgl. Döhring, Die Erforschung des Sachverhalts im Prozess, S. 10; vgl. auch Prüfer, Sachverhaltsermittlung durch Spurenauswertung und Zeugenbefragung am Beispiel des Schwurgerichtsprozesses – Chancen, Fehler und Versäumnisse der Verteidigung, StV 1993, S. 602, 604; vgl. auch Bürkle, Richterliche Alltagstheorien im Bereich des Zivilrechts, S. 166.

101 Die Rechtsprechung spricht meist von einem „eingeschränkten Beweiswert".

102 BGH – 3 StR 430/02 n.v.

103 Vgl. Odenthal, Die Gegenüberstellung im Strafverfahren, 3. Aufl., S. 105.

104 Vgl. Odenthal, Die Gegenüberstellung im Strafverfahren, 3. Aufl., S. 123 ff. m.w.N.

105 Odenthal, Die Gegenüberstellung im Strafverfahren, 3. Aufl., S. 131.

106 Vgl. BGH, StV 1998, S. 470 f.

107 Vgl. BGH, StV 1981, S. 55, 1984, S. 437, 441 f.

die richterliche Überzeugung nicht allein auf die Identifizierung gestützt werden,[108] v.a. wenn ein Zeuge die Haare als blond, ein anderer die Haare als dunkel beschreibt.[109] Weiter muss das Urteil erkennen lassen, dass es den nur noch geringen Beweiswert einer nicht lege artis Gegenüberstellung erkannt hat.[110] Bei einer Einzelgegenüberstellung ist eine Verurteilung nur dann möglich, wenn weitere Indizien hinzukommen.[111] Denkfehlerhaft ist es, die Nichterkennung mit „Dunkelheit" zu erklären, aber als zusätzliches Indiz die zutreffende Täterbeschreibung zu werten.[112]

- Wenn die Verurteilung aufgrund des Geständnisses von Mitangeklagten erfolgt und dieses Gegenstand eines Deals war,[113] „denn bei dieser Sachlage besteht u.a. die Gefahr, dass die Mitangeklagte den Nichtgeständigen zu Unrecht belastet, weil sie sich dadurch für die eigene Verteidigung Vorteile versprechen [...]".[114]
- Wenn in der Konstellation „**Aussage gegen Aussage**" keine konkrete Aussageanalyse vorgenommen wird.[115] Bestreitet der Angeklagte, muss die belastende Aussage besondere Qualitätsanforderungen erfüllen.[116] Das gilt v.a., wenn die **Belastungsaussage teilweise aufgegeben** wird und ein **Teilfreispruch** oder eine **Teileinstellung** gem. § 154 StPO erfolgt oder sich die **Aussage in Teilen sogar als erwiesenermaßen unwahr** dargestellt hat. Regelmäßig werden dann für eine Verurteilung **gewichtige Indizien außerhalb der Aussage** vorliegen müssen.[117]
- Wenn das Gericht im Tatbestand beim Indizienbeweis bestimmte Indizien anführt, dann jedoch nur wenige Indizien erörtert. „Von allen diesen Umständen, deren indizieller Wert für die Stützung der Behauptungen der Kl. erkennbar ist, hat das BerGer. nur wenige [...] erörtert, während es auf die übrigen Indizien nicht näher eingegangen ist. Seine zunächst nur ganz allgemeinen Ausführungen dazu, daß die Indizienkette, die es selbst als ‚auf den ersten Blick zwingend' bezeichnet hat, den nach seiner Auffassung erforderlichen Schluß ‚noch nicht mit ausreichender Notwendigkeit gebiete', sind deshalb nicht ohne weiteres nachprüfbar; sie lassen nicht erkennen, ob und in welcher Weise das BerGer. der

108 Vgl. BGH, StV 1991, S. 501.

109 Vgl. BGH, StV 1994, S. 638 f.

110 Vgl. Odenthal, Die Gegenüberstellung im Strafverfahren, 3. Aufl., S. 130 m.w.N.

111 Vgl. KG Berlin, NStZ 1982, S. 215.

112 BGH – 5 StR 21/70 mitgeteilt von Fezer, Die erweiterte Revision, S. 73.

113 Vgl. hierzu in diesem Werk § 31.

114 BGH, StV 2003, S. 264.

115 Vgl. Jansen, Zeuge und Aussagepsychologie, Rn 88, das gilt auch im Owi-Verfahren, vgl. OLG Hamm, zfs 2000, S. 270 f.

116 Vgl. Jansen, Zeuge und Aussagepsychologie, Rn 114; vgl. auch BGH, NStZ 1999, S. 43; vgl. auch Bender/Nack/Treuer, Tatsachenfeststellung vor Gericht, 3. Aufl., Rn 1364, die von einer Beweiswürdigungsregel sprechen.

117 Vgl. Bender/Nack/Treuer, Tatsachenfeststellung vor Gericht, 3. Aufl., Rn 1362ff.

Wechselwirkung Rechnung getragen hat, die zwischen den von ihm ausdrücklich erörterten und als nicht ausreichend für seine Überzeugungsbildung beurteilten Indiztatsachen und denjenigen bestehen kann, mit denen es sich nicht näher befaßt hat. Die Gesamtschau der Umstände, die es selbst für geboten erachtet hat, hat es nicht, jedenfalls nicht in hinreichendem Umfang angestellt. In diesem Zusammenhang hätte das BerGer. auch die Bedenken erörtern müssen, die gegen die Annahme sprechen […].“[118]

- Wenn aus dem **zeitlich späten Vorbringen** eines Beschuldigten **ein für diesen nachteiliger Schluss** gezogen wird.[119]
- Wenn es um ein Vergessen oder eine Aneignungsabsicht geht (**Unterschlagung an einer Selbstbedienungstankstelle**), ist es auch bei intellektuell stark geprägten Menschen nicht ausgeschlossen, dass man vergisst, „gekaufte“ Ware zu bezahlen.[120]
- Wenn die Angaben des anzeigeerstattenden einzigen Zeugen als **glaubhafter** betrachtet werden, sofern die Angaben des Beschuldigten in gleicher Weise **plausibel, schlüssig und nach der Lebenserfahrung vorstellbar** sind.[121]
- Wenn den Angaben eines **anonymen Zeugen**, auch wenn dessen Aussage über einen Vernehmungsbeamten der Polizei in den Prozess eingeführt wurde, hoher Beweiswert zukommt. Tatsächlich **ist der Beweiswert gering**.[122]
- Wenn ein **später Zeitpunkt** eines strafrechtlichen Beweisantrages[123] oder einer Einlassung[124] (auch wenn der Betroffene in U-Haft war[125]) gegen den Angeklagten gewertet wird.

Angaben aus verlesenen Protokollen, an deren Inhalt der Verfasser keine Erinnerung hat, können keine Verurteilung rechtfertigen.[126] Der **Vorhalt** ist nur zur Gedächtnisstütze zulässig.[127] Beweismittel ist allein die Erklärung des Zeugen.[128] Kommt es auf den genauen Wortlaut eines Schriftstücks an, muss das Schriftstück i.d.R. verlesen werden.[129] 30

118 Vgl. BGH, NJW 1994, S. 2289, 2291.

119 Vgl. BGH, BGHSt 20, S. 281 ff.; vgl. auch BGH, StV 1985, S. 401.

120 Vgl. OLG Hamm, NStZ 1983, S. 266 f.

121 Vgl. OLG Bremen, NZV 1991, S. 41.

122 Vgl. BGHSt 17, S. 382; BGH, NStZ 2000, S. 269, das gilt auch bei einem Geheimhaltungsinteresse im Fall der Terrorismusbekämpfung, vgl. BGH, NStZ 2004, S. 343; vgl. auch BVerfGE 57, S. 250, 283.

123 Vgl. BGH, NStZ 2002, 161 f., faktisch passiert dies aber immer wieder, vgl. Hamm/Hassemer/Pauly, Beweisantragsrecht, 2. Aufl., Rn 473.

124 Vgl. BGH, StraFo 1998, S. 413, vgl. auch BGH, StV 1989, S. 90.

125 Vgl. BGH, NStZ-RR 2002, S. 72, 529, vgl. auch OLG Karlsruhe, StV 2003, S. 609.

126 Vgl. BGHSt 14, S. 310, 312, vgl. auch BGH, StV 1991, S. 197, vgl. auch Meyer-Goßner, Komm. zur StPO, 51. Aufl., § 249 Rn 28 m.w.N.

127 Vgl. BGHSt 1, S. 4,8, vgl. auch BGHSt 1, S. 337 f.

128 So bereits RGSt 72, S. 221, 223.

129 Vgl. BGHSt 1, S. 94; BGHSt 11, 29 f.

31 Werden Angaben eines (früheren) **Mitangeklagten** als glaubhaft behandelt, da kein Grund ersichtlich ist, warum der Mitangeklagte den Angeklagten zu Unrecht belasten sollte, ist dies rechtsfehlerhaft, wenn verkannt wird, dass der Mitangeklagte ggf. zivilrechtliche **Ansprüche** gegen sich abwehren wollte. Gleiches gilt bei Aussagen im Falle einer **Absprache**.[130]

32 Einen unzulässigen **Zirkelschluss** stellt es dar, wenn für Schlussfolgerungen der Umstand verwertet wird, der gerade erst bewiesen werden soll (sog. **petitio principii**). Beispiele wären: Der Vergewaltigungsvorwurf der Zeugin ist zutreffend, weil ausgeschlossen werden kann, dass die Zeugin zu Handlungen der vorgeworfenen Tat freiwillig mitgewirkt habe.[131] Einen Zirkelschluss stellt es auch dar, einen Irrtum des Zeugen aufgrund von Umständen auszuschließen, die der Zeuge selbst berichtet.[132]

33 Gibt der Angeklagte erst nach **Rücksprache mit seinem Verteidiger** eine Erklärung ab, kann dies nicht zu seinem Nachteil gewertet werden.[133]

34 Im Rahmen des § 286 ZPO ist eine grundsätzliche Argumentation, dass **etwas nicht ausgeschlossen** werden könne, fehlerhaft. „Der Senat vermag aber dieser Argumentation schon deshalb nicht zu folgen, weil es im Rahmen der §§ 286, 287 ZPO grundsätzlich nicht darauf ankommt, ob etwas ‚ausgeschlossen' werden kann: Nach § 286 I ZPO hat das Gericht nach freier Überzeugung zu entscheiden, ob eine tatsächliche Behauptung für wahr oder nicht wahr zu erachten ist. Diese Überzeugung des Richters erfordert keine – ohnehin nicht erreichbare (grdl. RGZ 15, 338 [339]; ferner Senat, Urt. v. 1.7.2005 – 10 U 2544/05) – absolute oder unumstößliche Gewissheit und auch keine ‚an Sicherheit grenzende Wahrscheinlichkeit', sondern nur einen für das praktische Leben brauchbaren Grad von Gewissheit, der Zweifeln Schweigen gebietet (grdl. BGHZ 53, 245 [256] = NJW 1970, 946 [948], st Rspr., zuletzt NJW 2003, 1116 [1117]; Senat a.a.O.)."[134]

35 Bei der Bekundung von **Telefongesprächen** verwundert die Selektivität der Rechtsprechung. Zeugenangaben werden trotz der Gefahr von **Hörfehlern** i.d.R. unreflektiert übernommen. Geht es aber um ein anwaltliches Verschulden, das eine Wiedereinsetzung in den vorigen Stand ausschließen soll, herrscht ein strenger Maßstab. „Wegen der Gefahr von Hörfehlern hat die Übermittlung dabei in der Regel schriftlich zu erfolgen (*Senat*, VersR 1994, 199). Erfolgt die Übermittlung ausnahmsweise fernmündlich, so besteht eine besondere Kontrollpflicht, um Missver-

130 Vgl. Dahs/Dahs, Die Revision im Strafprozess, 7. Aufl., Rn 411 f. m.w.N.

131 Vgl. Dahs/Dahs, Die Revision im Strafprozess, 7. Aufl., Rn 418.

132 Vgl. BGH, NStZ-RR 2006, S. 258.

133 Vgl. BGH, StV 1994, S. 413.

134 OLG München – 10 U 4904/05 n.v.

ständnisse zuverlässig auszuschließen."[135] Um Hörfehler auszuschließen, werden z.B. geeignete Rückfragen oder schriftliche Bestätigungen verlangt.[136]

36 Ebenso verwundert die Selektivität der Rechtsprechung, wenn **Therapeuten** als (sachverständige) Zeugen vernommen werden. Im Strafprozess werden derartige Angaben i.d.R. sogar mitsamt Schlussfolgerungen des Therapeuten unkritisch akzeptiert. Im Zivilverfahren herrscht zu Recht Skepsis.[137] Dort kommt der medizinischen Erstuntersuchung i.d.R. nur ein geringer Beweiswert zu.[138] Das **Attest** des behandelnden Arztes genügt zwar für eine substantiierte Behauptung zur Klagebegründung im Zivilprozess,[139] aber im Fall des Bestreitens durch die Beklagtenseite nicht ohne weiteres[140] für einen ausreichenden Strengbeweis einer Körperverletzung. Das gilt auch für den Nachweis einer Arbeitsunfähigkeit durch eine betriebsärztliche Untersuchung: „Die gutachterliche Stellungnahme begründet dementsprechend – für sich genommen – nach § 416 ZPO lediglich Beweis dafür, dass der Betriebsarzt die in der Urkunde enthaltenen Erklärungen abgegeben hat, nicht aber, dass die ihr zugrunde gelegten Befunde und Schlussfolgerungen zutreffend sind. In einem gerichtlichen Verfahren unterliegt das von einem Betriebsarzt im Rahmen einer Eignungsuntersuchung gefundene Ergebnis zur Leistungsfähigkeit des Arbeitnehmers deshalb einer vollumfänglichen gerichtlichen Kontrolle."[141]

Das Attest ist **kein Gutachten**,[142] weil das **Arzt-Patient-Verhältnis** sich vom Verhältnis des Probanden zum neutralen Sachverständigen unterscheidet,[143] zumal der Arzt von einer **Wahrunterstellung der Patientenangaben** ausgeht und dementsprechend therapiert. „So wird in der Rechtsprechung die Frage, inwieweit aus dem Ergebnis einer Erstuntersuchung – wie zum Beispiel der hiernach erfolgten ärztlichen Verordnung einer so genannten Schanz'schen Krawatte – Schlüsse auf den damaligen Befund gezogen werden können, unterschiedlich beurteilt [...] da der Arzt, der einen Unfallgeschädigten untersucht und behandelt, diesen nicht aus der Sicht eines Gutachters betrachtet, sondern ihn als Therapeut behandelt, steht für ihn die Notwendigkeit einer Therapie im Mittelpunkt, während die Benennung der Diagnose als solche für ihn zunächst von untergeordneter Bedeutung ist. Deshalb sind zeitnah nach einem Unfall erstellte ärztliche Atteste für den medizinischen Sachverständigen eher von untergeordneter Bedeutung [...] Eine ausschlaggebende Bedeutung

135 BGH, NJW 2000, S. 3071 f.
136 Vgl. BGH, NJW 2000, S. 3071 f.
137 Vgl. Eschelbach/Geipel, Beweis- und Zurechnungsfragen bei der Verletzung des Köpers oder der Gesundheit durch Verkehrsunfälle mit Blick auf HWS-Distorsionen, NZV 2010, S. 481, 483.
138 Vgl. BerlVerfGH, NJW-RR 2009, S. 1362 f.
139 OLG Schleswig, OLG-Report Schleswig 2009, S. 294, 295.
140 Für den Einzelfall OLG Bamberg, NZV 2001, S. 470.
141 BAG, Urt. v. 22.8.2018 – 5 AZR 592/17 = NJW 2019, S. 171, 174.
142 BGH, NZV 2008, S. 502, 504.
143 Lemcke, Das HWS-Schleudertrauma aus juristischer Sicht, NZV 1996, S. 337, 339.

wird solchen Diagnosen im Allgemeinen jedenfalls nicht beizumessen sein (so aber **OLG Bamberg**, NZV 2001, 470). Im Regelfall wird das Ergebnis einer solchen Untersuchung nur als eines unter mehreren Indizien für den Zustand des Geschädigten nach dem Unfall Berücksichtigung finden können.“[144]

Das dürfte allgemein anerkannt sein. Daher empfiehlt es sich auch nicht, den behandelnden Arzt zum Sachverständigen zu bestellen, da diesem aufgrund des besonderen Vertrauens- und Fürsorgeverhältnis objektive Aussagen erschwert sind.[145]

Die Anknüpfungstatsachen der Diagnose des behandelnden Arztes bestehen oft nur in den Angaben des Patienten bei der **Anamnese**, die im Prozess einem Parteivortrag entsprechen; zum Teil sind auch **Ergebnisse einer körperlichen Untersuchung** vorhanden.[146] Im Vordergrund einer richterlichen Beweiswürdigung müssen aber nachvollziehbare Argumente stehen und nicht Ergebnisbehauptungen. Der behandelnde Arzt kann jedoch im Fall der **Entbindung von der Verschwiegenheitspflicht**, die gegebenenfalls das **Zeugnisverweigerungsrecht**[147] nach § 383 Abs. 1 Nr. 6 ZPO entfallen lässt (§ 385 Abs. 2 ZPO), bei entsprechendem Beweisantritt ein sachverständiger Zeuge sein, der über seine zeitnah nach dem Unfall gemachten Wahrnehmungen bei der Untersuchung des Patienten berichten kann.[148] Diese Wahrnehmungen haben **Indizbedeutung** und sie können **Anknüpfungstatsachen** für ein später durch einen gerichtlichen Sachverständigen zu erstellendes Gutachten werden, reichen für sich aber nicht zur Beweisführung, wobei dies freilich immer eine Frage des Einzelfalls bleibt.[149]

Von Bedeutung ist dann aber nicht die Behauptung eines Diagnoseergebnisses, sondern deren Begründung mit Befundgrundlagen.[150] Sind die **Befunde** im Attest nicht wiedergegeben, dann muss der Arzt dazu gegebenenfalls als **Zeuge** befragt werden. Auch **Krankenunterlagen** können bei seiner Zeugenaussage unterstützend herangezogen werden (§ 378 Abs. 1 Satz 1 ZPO).[151] Ersatzweise genügt auch die Auswertung der Krankenunterlagen durch einen **Sachverständigen**.[152] Über den **Kausalzusammenhang** zwischen einem bestimmten Ereignis und den danach vom Patienten geäußerten Schmerzen oder sonstigen Symptomen besagen das Attest, die Zeugenaussage des behandelnden Arztes und seine Krankenunterlagen wenig. Sie ergeben oft -zwar- behauptete **chronologische Zusammenhänge**, aber keinen

144 Vgl. BGH, NJW-RR 2008, S. 1380.

145 Vgl. Bayerlein in: Praxishandbuch Sachverständigenrecht, 4. Aufl., § 13 Rn 21.

146 Burmann/Heß, Das Kreuz mit der Halswirbelsäule, NZV 2008, S. 481, 482.

147 BGHZ 40, S. 288, 292 ff.

148 BGH, NZV 2008, S. 501; Jaeger, VersR 2006, S. 1611, 1614.

149 Vgl. OLG München, Urt. v. 8.2.2002 – 10 U 3448/99 = NZV 2003, S. 475.

150 Müller, zfs 2005, S. 54, 59.

151 Zum Einsichtsrecht des Patienten BGHZ 85, S. 327, 329 ff.

152 BGH, VersR 2008, S. 1133, 1134.

hinreichenden Beweisschluss, soweit die Möglichkeit eines schicksalhaften Ereignisses oder einer Simulation oder schlichten Einbildung nicht ausgeschlossen werden kann.

Der Einsatz von Therapeuten kommt in der Praxis gehäuft dann vor, wenn ein Opfer vorträgt, sexuell missbraucht oder belästigt worden zu sein. Auch hier verwundert die kritiklose Zugrundelegung der Angaben und Einschätzungen des Therapeuten. „Der Therapeut bringt den Angaben der Patienten ein uneingeschränktes Vertrauen entgegen, deren Wahrannahme gerade Teil der therapeutischen Arbeit ist. Umgekehrt will die Patientin darauf vertrauen können, dass der Therapeut die Angaben nicht kritisch hinterfragt oder gar ganz infrage stellt.“[153]

> *Praxistipp*
>
> Die therapeutischen Befunde und Erhebungen (Protokolle, Tonbandaufnahmen) sollten von der Verteidigung eingesehen werden, ebenso wie Angaben gegenüber anderen Personen. Das gilt allein schon deswegen, um eine ggf. von dem Therapeuten unbewusst vorgenommene Suggestion auszuschließen.[154]

Bei **Textvergleichen** gilt Folgendes: „Der Senat [hat] bereits früher darauf hingewiesen, dass bei Analysen von Bekennerschreiben vorgefundene Übereinstimmungen in thematischer, stilistischer und textgestalterischer Hinsicht regelmäßig Indizien mit einem allenfalls äußerst geringen Beweiswert sind (BGH, Beschl. vom 20.12.2007 – StB 12, 13 und 47/07, Rn 33).“[155] 37

153 Deckers, Glaubhaftigkeitsprüfung, S. 101 in: Die Erhebung von Zeugenaussagen im Strafprozess (Hrsg. Deckers/Köhnken).

154 Vgl. Deckers, Glaubhaftigkeitsprüfung, S. 102 m.w.N. in: Die Erhebung von Zeugenaussagen im Strafprozess (Hrsg. Deckers/Köhnken).

155 BGH, NStZ 2010. S. 282 f. = BeckRS 2010, 13121.

Teil IV: Zivilprozessuales Beweisrecht, beweisrechtliche Sonderkonstellationen, Prozess- und Vergleichstaktik

§ 26 Allgemeine Bemerkungen zur Relevanz des Beweisrechts

„Taktik ist die Lehre vom Gebrauch der Streitkräfte im Gefecht, die Strategie ist die Lehre vom Gebrauch der Gefechte zum Zwecke des Krieges." 1

(Carl von Clausewitz)

Mittlerweile gibt es mehrere Prozesstaktikbücher, die im Wesentlichen einen Überblick über das Zivilprozessrecht geben und taktische Folgerungen für die Prozessführung nahe legen. Die vorliegende Schrift verfolgt einen **anderen Ansatz** und wendet sich dem **Zentralproblem des ordentlichen Prozesses** zu, nämlich dem **Beweisproblem**. Darüber hinaus werden prozesstaktische Hinweise gegeben, wie die eigene Position im Prozess gestärkt werden kann. 2

Ein Beispiel stellt die sog. **Erlassfalle**[1] dar. 3

> *Praxistipp*
>
> Stehen sich unterschiedliche Rechtsansichten gegenüber und übersendet eine Partei einen Scheck über einen Teilbetrag, so hängt es von einer Würdigung im Einzelfall ab, ob mit der Einlösung ein unbeteiligter Dritter auf einen wirklichen Annahmewillen (eines Erlassvertrages) schließen kann. Das wird bei einem krassen Missverhältnis zwischen Schuld und Scheckhöhe nicht der Fall sein.[2] Der Versuch der Erlassfalle kann sogar schmerzensgelderhöhend wirken.[3]

Ein Rechtssystem, in dem es keine Fehlurteile gibt, ist nicht denkbar. Gleichwohl muss es zentrales Anliegen aller Beteiligten sein, derartige Fehlurteile zu verhindern. Bemerkenswert ist, dass es nur wenige **wissenschaftliche Untersuchungen** gibt, die sich mit den **Ursachen von Fehlurteilen** beschäftigen (vgl. § 3 Rdn 54 ff.). 4

Die prozesstaktischen Ausführungen in diesem Hauptteil konzentrieren sich auf die Frage, eigene Beweise zu führen und ggf. gegnerische Beweisführungen (auch vonseiten der Staatsanwaltschaft) zu vereiteln. 5

1 Vgl. hierzu Schneider, Neue Rechtsprechung zur Erlassfalle, MDR 2000, S. 857 ff.

2 Vgl. OLG München, MDR 1998, S. 1236 f.

3 Vgl. LG Berlin, NJW 2006, S. 702 f.

Dies ist deshalb von eminenter **praktischer Wichtigkeit**,[4] da einerseits ein Gramm Beweis mehr wiegt als ein Kilo Jurisprudenz,[5] und das Beweisrecht die Bewährungsstelle für die forensische Kunst des Anwalts ist.[6]

Andererseits stellt sich die Wichtigkeit immer mehr, „als sich viele Richter mit allen möglichen prozessualen Ausflüchten und Tricks um Beweisaufnahmen [scheuen]."[7]

6 Im Bereich des Strafrechts ist die Beweisproblematik seit langem anerkannt:

Max Alsberg stellte 1930 Folgendes fest:

> *„Auf keinem Rechtsgebiet ragt ein einzelnes Problem so hervor, wie auf dem Gebiet des Strafprozesses das Beweisproblem. Es ist schlechterdings das Zentralproblem des Strafprozesses und als prozessuales Problem zugleich ein einzigartiges [...] Dass die hier wichtigste Aufgabe für eine dem Leben dienende Strafprozessdoktrin liegt, blieb auffälligerweise unbemerkt."*[8]

7 Gleiches gilt dann aber im Bereich des Zivilrechts, als in diesem meist so gut wie alles bestritten wird.[9]

8 **Dementsprechend werden in Zivilverfahren in ca. 75 % der Fälle Beweise erhoben.**[10] Das Beweisrecht ist damit für den Prozessausgang von zentraler Bedeutung.[11] „Die Frage nach der Behauptungs- und Beweislast spielt bei dem Entwurf der Klageschrift, der Klagebeantwortung und den bestimmenden Schriftsätzen die entscheidende Rolle."[12] Als Kehrseite ist die „Beweistechnik" wesentlicher Bestandteil der richterlichen Arbeit.[13]

9 O.g. Befund dürfte für alle westlichen Demokratien gelten. Aus England wird berichtet:

> *„Most lawsuits, civil or criminal, turn largely or wholly on questions of fact: What happened? Who said what? What did party A know? What did party B believe? What did party C intend? And so on."*[14]

4 Vgl. hierzu auch Baumgärtel/Laumen, Handbuch der Beweislast, Grundlagen, § 2 Rn 1 m.w.N.

5 Vgl. Musielak/Stadler, Grundfragen des Beweisrechts, JuS 1979, S. 721.

6 Vgl. Michel/von der Seipen, Der Schriftsatz des Anwalts im Zivilprozess, 6. Aufl., S. 162.

7 Schneider, Tendenzen und Kontroversen in der Rechtsprechung, MDR 2000, S. 189.

8 Alsberg im Vorwort zur ersten Aufl. des später von Nüsse u. Meyer fortgeführten Werks, „Der Beweisantrag im Strafprozess", so abgedr. in Alsberg/Nüse/Meyer, Der Beweisantrag im Strafprozess, 5. Aufl., S. VII.

9 Vgl. Prechtel, Erfolgreiche Taktik im Zivilprozess, 3. Aufl., S. 381.

10 Vgl. Maaß, Anwaltstätigkeit im Beweisverfahren der Zivilprozessordnung, S. 1 f. m.w.N.; vgl. auch Baumgärtel/Laumen, Handbuch der Beweislast, Grundlagen, § 1 Rn 1 m.w.N.

11 Vgl. Dannert, Beweiserleichterungen im Verkehrshaftpflichtrecht, zfs 2005, S. 5 ff.

12 Eichele/Klinge, Das Beweisbuch für den Anwalt, S. 5.

13 Vgl. van den Hövel, Richterliche Arbeitstechnik, 4. Aufl., S. V.

14 Vgl. Bingham of Cornhill, Lord Chief Justice of England and Wales, im Vorwort von Analysing Witness Testimony.

Die faire Handhabung des Beweisrechts ist ein Gebot des Rechtsstaates: „Aus dem Rechtsstaatsprinzip folgt die Verpflichtung zu einer fairen Handhabung des Beweisrechts, insbesondere der Beweislastregeln [...].“[15] „Zu diesen Erfordernissen zählt eine grundsätzlich faire Handhabung des Beweisrechts, insbesondere der Beweislastregeln, die als Entscheidungsnormen im Schnittpunkt von sachlichem und Verfahrensrecht stehen. Diesen verfassungsrechtlichen Grundsätzen werden die vom Gesetz vorausgesetzten oder ausdrücklich angeordneten, von Rechtsprechung und Rechtswissenschaft entwickelten Regeln über die Behauptungs-, Beweisführungs- und Beweislastverteilung in aller Regel gerecht [...].“[16]

Das gilt in besonderem Maße im Bereich des Arzthaftungsrechts. Dort wurden von der Rechtsprechung Beweiserleichterungen aufgestellt, die Konsequenzen des verfassungsrechtlichen Erfordernisses eines gehörigen, fairen Gerichtsverfahrens, insbesondere des Gebots der „Waffengleichheit im Prozeß” sind, denn die Verteilung der Beweisführungs- wie der Beweislast im Arzthaftungsprozess begegnet besonderen praktischen Schwierigkeiten. Sie führt von der Sache her insbesondere dazu, dass sich der Patient wegen der tatsächlichen Gegebenheiten einer Heilbehandlung üblicherweise erheblichen Schwierigkeiten in seiner Beweisführung ausgesetzt sieht; dies schlägt typischerweise zum Vorteil des Arztes oder des Krankenhausträgers aus, so dass die berechtigte Patientenklage nur in Ausnahmefällen Erfolg hätte.[17] Um einen gerechten Ausgleich zu schaffen, haben die Gerichte Beweiserleichterungen zu Gunsten des Patienten geschaffen.[18] Das hat auch Auswirkungen auf die Darlegungslast, so dass in der Literatur (übertreibend) von der Geltung des Untersuchungsgrundsatzes bzw. der Amtsermittlungspflicht gesprochen wird.[19] Jedenfalls dürfen an die **Substantiierung** einer Behauptung nur maßvolle Anforderungen gestellt werden und vor allem mangels substantiierter Erwiderung nicht von einem Nicht-Bestreiten, „denn ein medizinischer Laie wird von sich aus gar nicht im Stande sein zu beurteilen, in welchem Punkte dem Arzt ein schadensursächlicher Fehler unterlaufen sein könnte. Deshalb darf der Tatrichter an die Substantiierung einer Fehlerbehauptung durch den Kl keine allzu großen Anforderungen stellen, ohne diesen in seiner an sich schon schwachen Beweissituation vollends rechtlos zu machen.“[20] Der Patient überblickt im Allgemeinen die medizinischen Vorgänge und Zusammenhänge nur unvollkommen und ist deshalb in gewissem Umfange darauf angewiesen, dass der Sachverhalt durch Einholung eines Sachverständigengutachtens aufbereitet wird. Ebenso wird sich vielfach die genauere Problemstellung erst aus dem Sachverständigengutachten ergeben und die Parteien werden erst auf die- 10

15 BVerfG, NJW 2007, S. 753, 758.
16 BVerfG, NJW 1979, S. 1925.
17 Vgl. BVerfGE 52, S. 131 = VersR 1979, S. 907, 909, 911.
18 Vgl. Berg-Winters, Der Anscheinsbeweis im Arzthaftungsrecht, S. 124.
19 Vgl. Berg-Winters, Der Anscheinsbeweis im Arzthaftungsrecht, S. 135 f. m.w.N.
20 BGH, Urt. v. 2.12.1980 – VI ZR 175/78 = NJW 1981, S. 630 f.

ser Grundlage ihr Vorbringen näher präzisieren können.[21] Der Patient wird mangels medizinischen Fachwissens lediglich aufgrund des Misserfolgs der Behandlung auf einen Behandlungsfehler rückschließen, was ausreichend ist, um in die Beweisstation zu gelangen.[22] „Vom Patienten kann regelmäßig keine genaue Kenntnis der medizinischen Vorgänge erwartet und gefordert werden. Er ist insbesondere nicht verpflichtet, sich zur ordnungsgemäßen Prozessführung medizinisches Fachwissen anzueignen. Vielmehr darf er sich auf Vortrag beschränken, der die Vermutung eines fehlerhaften Verhaltens des Arztes aufgrund der Folgen für den Patienten gestattet."[23] „Ihm fehlt die genaue Einsicht in das Behandlungsgeschehen und das nötige Fachwissen zur Erfassung und Darstellung des Konfliktstoffs; er ist nicht verpflichtet, sich zur ordnungsgemäßen Prozessführung medizinisches Fachwissen anzueignen."[24] „Die Patientenseite darf sich deshalb auf Vortrag beschränken, der die Vermutung eines fehlerhaften Verhaltens der Behandlungsseite aufgrund von Folgen für den Patienten gestattet."[25]

11 „Hat eine Partei nur geringe Sachkunde [wie im Arzthaftungsprozess], dürfen somit weder an ihren klagebegründenden Sachvortrag noch an ihre Einwendungen gegen ein Sachverständigengutachten hohe Anforderungen gestellt werden [m.w.N.]). Die Partei darf sich in diesem Fall auf den Vortrag von ihr zunächst nur vermuteter Tatsachen beschränken ([m.w.N.]."[26] „Mit der eingeschränkten primären Darlegungslast des Patienten geht zur Gewährleistung prozessualer Waffengleichheit zwischen den Parteien regelmäßig eine gesteigerte Verpflichtung des Gerichts zur Sachverhaltsaufklärung (§ 139 ZPO) bis hin zur Einholung eines Sachverständigengutachtens (§ 144 Abs. 1 ZPO) von Amts wegen einher, soweit der Patient darauf angewiesen ist, dass der Sachverhalt durch ein solches aufbereitet wird."[27]

12 Die **Kehrseite der reduzierten Darlegungslasten im Arzthaftungsprozess** ist die gesteigerte Verpflichtung des Gerichts, den Sachverhalt von Amts wegen aufzuklären,[28] wobei die reduzierte Darlegungslast des Patienten oft die sekundäre Darlegungslast der Behandlungsseite nach sich zieht. „Einschränkungen der Darlegungslast des Patienten können sich nach allgemeinen zivilprozessualen Grundsätzen ferner insoweit ergeben, als der Patient außerhalb des von ihm vorzutragenden Ge-

21 Vgl. BGH, Urt. v. 8.1.1991 – VI ZR 102/90 = NJW 1991, S. 1541 f.

22 Vgl. Berg-Winters, Der Anscheinsbeweis im Arzthaftungsrecht, S. 136 f. m.w.N.

23 BGH, Beschl. v. 16.8.2016 – VI ZR 634/15 = NJW-RR 2016, S. 1360, 1362.

24 BGH, Beschl. v. 18.2.2020 – VI ZR 280/19; Rz. 9 = NJW-RR 2020, S. 720; das gilt auch bei Verletzungen bei Verkehrsunfällen und anderen Konstellationen, in denen der Geschädigten kein besonderes Fachwissen zur Beurteilung hat – vgl. BGH, Beschl. v. 28.5.2019 – VI ZR 328/18 = NJW 2019, S. 3236 f.

25 BGH, Beschl. v. 25.6.2019 – VI ZR 12/17 unter 2 b. bb.

26 BGH, Beschl. v. 16.2.2021 – VI ZR 1104/20 = NJW 2021, S. 1398.

27 BGH, Beschl. v. 12.3.2019 – VI ZR 278/18 = NJW 2019, S. 2399.

28 BGH, Beschl. v. 25.6.2019 – VI ZR 12/17 unter 2 b. bb; OLG Dresden, Urt. v 8.6.2021 – 4 U 2486/20 Rz. 10 = NJW-RR 2021, S. 1327.

schehensablaufs steht und ihm eine nähere Substantiierung nicht möglich oder nicht zumutbar ist, während der Prozessgegner alle wesentlichen Tatsachen kennt oder unschwer in Erfahrung bringen kann und es ihm zumutbar ist, nähere Angaben zu machen [m.w.N.]. In diesem Fall hat die Behandlungsseite nach den Grundsätzen der sekundären Darlegungslast auf die Behauptungen des Patienten substantiiert, d.h. mit näheren Angaben zu erwidern, wenn ihr Bestreiten nach § 138 Abs. 2 und 3 ZPO beachtlich sein soll [mw.N.].“[29]

29 BGH, Beschl. v. 25.6.2019 – VI ZR 12/17 unter 2 b. bb.

§ 27 Die Beweis- und Darlegungslast

Inhalt

A. Vorbemerkung

Jede Arbeit, die sich mit **beweisrechtlichen** oder **prozesstaktischen Erwägungen** beschäftigt, hat vor allem die **Beweislast** zu berücksichtigen, denn wer die Beweislast hat, hat schon halb verloren. 1

Der BGH hat sich deutlich ausgedrückt: 2

> *„Daraus folgt die Verpflichtung zur Beachtung des Grundsatzes, dass Bestrittenes in der Regel auch bewiesen werden muss. § 286 ZPO gewährt nicht die Möglichkeit, einfach danach zu entscheiden, welche Parteibehauptung dem Gericht mehr oder weniger glaubwürdig erscheint.“*[1] *„Hieraus folgt aber auch die Verpflichtung zur Beachtung des Grundsatzes, dass Bestrittenes in aller Regel auch bewiesen werden muss“.*[2]

Das BVerfG hat festgestellt, dass 3

> *„das Gericht zu einer fairen Handhabung des Beweisrechts, v.a. der Beweislastregeln verpflichtet ist.“*[3]

Die Beweislast wird deshalb zutreffend als **„Rückgrat“ des Zivilprozesses** bezeichnet.[4] Dementsprechend hat der Prozesstaktiker nicht nur zu beurteilen, ob der geltend zu machende Anspruch materiell besteht, sondern v.a., ob der Anspruch auch und ggf. wie er zu beweisen ist. Die Antwort auf diese Fragestellung macht umfangreiche Überlegungen notwendig. 4

Eine unzutreffende Beurteilung der Beweislast stellt einen materiell-rechtlichen Fehler dar.[5]

B. Die objektive Beweislast

Mit der objektiven Beweislast wird die Frage bezeichnet, wie das Gericht zu entscheiden hat, wenn **Unklarheit über ein festzustellendes Tatbestandsmerkmal** besteht.[6] Es geht also darum, wie das Gericht bei einem non liquet entscheiden muss.[7] Dass das Gericht überhaupt entscheiden muss, ergibt sich aus dem Justizgewährungsanspruch.[8] Diese non liquet-Entscheidung ist erst nach Ausschöpfung aller 5

1 BGH, NJW-RR 1989, S. 899.

2 BGH, NJW 1960, S. 100.

3 Vgl. BVerfG, NJW 1979, S. 1925; BVerfG, NJW 2002, S. 3619.

4 Vgl. Baumgärtel, Beweislastpraxis im Privatrecht, S. 7 m.w.N.

5 Vgl. BGH, NJW-RR 1992, S. 1010.

6 Vgl. Baumgärtel, Beweislastpraxis im Privatrecht, S. 5 m.w.N.

7 Vgl. Baumgärtel/Laumen, Handbuch der Beweislast, Grundlagen, § 3 Rn 12, 14.

8 Vgl. Baumgärtel, Beweislastpraxis im Privatrecht, S. 7.

Beweismöglichkeiten als ultima ratio[9] zulässig.[10] Das bedeutet, dass sich die Frage der Beweislast erst **nach der Beweiswürdigung**, die zu keinem eindeutigen Ergebnis im Sinne des Erreichens des rechtsgenügenden Beweismaßes geführt hat, stellt.[11] Eine Entscheidung nach **Beweislastgrundsätzen** kommt damit nur als **ultima ratio** in Betracht,[12] denn „bei der Anwendung einer Beweislastregel nimmt der Richter bewusst die Möglichkeit in Kauf, ein sachlich falsches Urteil zu fällen. Es ist reiner Zufall, wenn der Prozess materiell richtig entschieden wird."[13] Dementsprechend wird teilweise nicht von objektiver Beweislast gesprochen, sondern vom „Feststellungsrisiko"[14] oder von den „Folgen der Beweislosigkeit,"[15] von „Beweisgefahr,"[16] „Feststellungsgefahr"[17] oder „Streitrisiko."[18] Das ist zutreffend, als sich die Frage nach der objektiven Beweislast an das Gericht wendet, für die Parteien daher weder Last, noch Pflicht sein kann.[19] Erst im Rahmen der **subjektiven Beweislast** besteht eine Last für die Parteien, eine Entscheidung zu eigenen Lasten (Prozessverlust) zu vermeiden.[20] Der Begriff der „Beweislast" hat sich daher durchgesetzt, sodass der Begriff als solcher zu akzeptieren ist. Ob das Gericht auch eine Beweislastentscheidung treffen kann, wenn kein non liquet besteht, sondern sogar vom Gegenteil der zu beweisenden Tatsache überzeugt ist,[21] braucht für den Prozesstaktiker nicht entschieden zu werden. In beiden Fällen verliert die beweisbelastete Partei den Prozess. Als **Grundregel** gilt, dass derjenige, der **ein Recht geltend** macht, die **tatsächlichen Voraussetzungen** der rechtsbegründenden Tatsachen (**Tatbestandsmerkmale der Norm**) darzulegen und zu beweisen hat.[22] Das ist der

9 Vgl. auch Baumgärtel/Laumen, Handbuch der Beweislast, Grundlagen, § 3 Rn 2.

10 Vgl. BGH, VersR 1969, S. 453. Das gilt auch im Finanzgerichtsprozess: „Im zweiten Rechtsgang wird das **FG** hinsichtlich des Maßstabs, den es seiner Überzeugungsbildung zugrunde legt (§ 96 Absatz 1 Satz 1 FGO), zu beachten haben, dass die Anwendung der Regeln der Feststellungslast nicht etwa das vorrangige Instrument richterlicher Entscheidungsfindung ist, sondern es sich dabei regelmäßig lediglich um eine ‚ultima ratio' handelt" (BFH, NJW 2011, S. 2687).

11 Vgl. Laumen, Die Beweiserleichterung bis zur Umkehr der Beweislast – Ein beweisrechtliches Phänomen, NJW 2002, S. 3739, 3743.

12 Vgl. Baumgärtel/Laumen, Handbuch der Beweislast, Grundlagen, § 3 Rn 2 m.w.N.

13 Lepa, Die Beweiswürdigung – ihr Verhältnis zur Beweislastverteilung und ihre Regeln, DRiZ 1966, S. 112.

14 Vgl. Prütting, Gegenwartsprobleme der Beweislast, S. 35 Fn 29 m.w.N.

15 Vgl. Pohle, Zur Beweislast im internationalen Recht in Festschrift für Dölle, 1956, S. 319 Fn 8.

16 Vgl. Grützmann, Literaturbericht zu: Die Beweislast auf der Grundlage des Bürgerlichen Gesetzbuchs und der Zivilprozessordnung, AcP 1925, S. 123.

17 Vgl. Schwindel, Das non liquet in der Tatfrage, S. 53, zitiert nach Musielak, Die Grundlagen der Beweislast im Zivilprozess, S. 33 Fn 227.

18 Vgl. Bruns, Zivilprozessrecht, S. 277.

19 Vgl. Pohle, Literaturbericht zu Die Beweislast auf der Grundlage des Bürgerlichen Gesetzbuchs und der Zivilprozessordnung, 3. Aufl., AcP 1956, S. 165 ff.

20 Vgl. auch Baumgärtel/Laumen, Handbuch der Beweislast, Grundlagen, § 3 Rn 7 m.w.N.

21 So Schneider, Die Beweiswürdigung im Zivilprozess, MDR 1966, S. 385, 388.

22 Vgl. BGH, NJW 1995, S. 50.

sog. **Hauptbeweis.**[23] Rechtshindernde, rechtshemmende und rechtsvernichtende Tatsachen hat der Gegner darzulegen und zu beweisen.[24] Der BGH führt hierzu aus: „Die Beweislast wurde in früherer Zeit allgemein als Teil des bürgerlichen Rechts angesehen. Daher sah der Gesetzgeber der deutschen Zivilprozessordnung davon ab, in diesem Gesetz die Beweislast zu regeln. Der erste Entwurf des Bürgerlichen Gesetzbuchs enthielt dementsprechend in den §§ 193 bis 198 eine allgemeine Regelung der Beweislast. Diese Vorschrift wurde von der zweiten Kommission gestrichen, um die grundlegenden Fragen der Beweislastverteilung der Rechtsprechung und der Wissenschaft zu überlassen. Dabei war man sich auch bewusst, dass die Frage, ob die Beweislastregeln dem sachlichen oder dem Verfahrensrecht angehören, umstritten war (Protokolle 1, 258 f., 262 f.). Abgesehen von einzelnen speziellen Beweislastregeln, wie sie z.B. in den §§ 179, 282, 345 u.a. BGB enthalten sind, hat nach deutschem Recht derjenige, der eine Rechtsfolge für sich in Anspruch nimmt, diejenigen Tatsachen zu behaupten und zu beweisen, die kraft Gesetzes den Schluss auf die begehrte Rechtsfolge zulassen. Danach muss der Kläger die seinen Anspruch begründenden Tatsachen, der Beklagte gegebenenfalls die rechtshindernden und rechtszerstörenden Tatsachen beweisen."[25] Diese Grundregel wird teilweise sogar als **Weltgewohnheitsrecht** bezeichnet.[26]

Im Rahmen des Hauptbeweises sind nur die **tatsächlichen Umstände** zu beweisen, 6
aus denen sich das Vorliegen des jeweiligen Tatbestandsmerkmales der Norm ergibt. Die **Auslegung einer Willenserklärung** unterliegt daher nicht dem Beweis, sondern der rechtlichen Würdigung des Gerichts.[27] Ob aber eine bestimmte Verkehrssitte vorliegt, kann Gegenstand des Beweises sein. Ob ein Erfahrungssatz besteht, soll das Gericht sogar im Wege des Freibeweises feststellen können.[28]

Die objektive Beweislast liegt bereits zu Beginn des Prozesses fest. Dementspre- 7
chend ist es unzulässig und würde einen revisiblen Rechtsfehler darstellen, wenn aus Gründen der Unzumutbarkeit der Beweisführung oder der Beweisnot die Frage der objektiven Beweislast im konkreten Prozess abweichend beurteilt werden würde.[29] Das schließt richterrechtliche Rechtsfortbildungen und Umkehrungen der objektiven Beweislast nicht aus (so geschehen z.B. bei der Produzentenhaftung, bei der der Produzent eines fehlerhaft hergestellten Produktes sein fehlendes Verschulden beweisen muss), sofern diese **generell-abstrakte** Regelungen darstellen.[30] Um-

23 Vgl. Baumgärtel/Laumen, Handbuch der Beweislast, Grundlagen, § 2 Rn 2.
24 Vgl. BGH, NJW 1991, S. 1052; BGH, NJW 1988, S. 64, st. Rspr.
25 BGHZ 3, S. 342, 345 f.
26 Vgl. Baumgärtel/Prütting, Handbuch der Beweislast, Grundlagen, § 5 Rn 22 m.w.N.
27 Vgl. Baumgärtel/Laumen, Handbuch der Beweislast, Grundlagen, § 3 Rn 3 m.w.N.
28 Vgl. BGH, VersR 1971, S. 129 f.
29 Vgl. Baumgärtel/Laumen, Handbuch der Beweislast, Grundlagen, § 3 Rn 22 m.w.N.
30 Vgl. Baumgärtel/Laumen, Handbuch der Beweislast, Grundlagen, § 3 Rn 9, 24 m.w.N.

gekehrt sind Entscheidungen, die nur im Einzelfall die Beweislast umkehren, unzulässig.[31]

8 *Hinweis*

Kann der darlegungs- und beweisbelastete Kläger den ihm obliegenden Beweis nicht führen, kommt es zu einer Beweislastentscheidung, auch wenn das Gericht meint, das Gegenteil der zu beweisenden Tatsache sei bewiesen. Zu beweisen und damit zu würdigen ist nur, ob das erforderliche Tatbestandsmerkmal vorliegt, nicht aber, ob ggf. das Gegenteil vorliegen würde.[32]

9 Praxisrelevant ist der Umstand, dass in vielen Fällen einer vermeintlich zulässigen (freien) Beweiswürdigung tatsächlich eine gesetzeswidrige Umkehrung der Beweislast vorliegt, und zwar vor allem dann, wenn die verschiedenen Beweismaßstäbe nicht erkannt werden. Deswegen kann es einen großen Unterschied machen, ob „ein abweichender Geschehensablauf jedenfalls nicht unwahrscheinlich ist" oder der andere Geschehensablauf überwiegend wahrscheinlich ist.[33] Es muss also stets die Ausgangsüberlegung beachtet werden, ob ein Haupt- oder ein Gegenbeweis geführt werden soll, und welches Beweismaß hierfür jeweils vorgegeben wird. Das kann bereits beim Hauptbeweis schwanken (z.B. bei § 286 ZPO bzw. § 287 ZPO) oder für den Gegenbeweis u.U. sogar den Beweis des Gegenteils erfordern, was dann wiederum ein Hauptbeweis ist (dazu sogleich).

C. Die subjektive Beweislast (abstrakte Beweisführungslast)

10 Mit der subjektiven Beweislast wird **die Last** bezeichnet, die sich an die Parteien richtet, durch **eigene Tätigkeit einen Beweis** zu führen, um einen Prozessverlust zu vermeiden.[34] Es geht also nicht mehr darum, wie das **Gericht** bei einem non liquet entscheiden **muss**, sondern **die Entscheidung des Gerichts (Prozessverlust) steht für die Parteien fest, wenn diese nicht durch eigene Tätigkeit den erforderlichen Beweis führen**.[35] Konsequenzen der subjektiven Beweislast sind, dass die insofern beweisbelastete Partei

- in vorbereitenden Schriftsätzen den Beweis antreten muss, gem. § 130 Nr. 5 ZPO,
- grds. einen Auslagenvorschuss für das Beweismittel leisten muss, gem. §§ 379, 402 ZPO und
- ein Hindernis zur Beweiserhebung nach Fristsetzung beheben muss, gem. § 356 ZPO.

31 Vgl. Baumgärtel/Laumen, Handbuch der Beweislast, Grundlagen, § 3 Rn 26.

32 Vgl. Schneider, Beweislast und Beweiswürdigung im Zivilprozess, DRiZ 1966, S. 281, 283.

33 Vgl. BGH, Urt. v. 16.6.1992 – X ZR 90/90 = NJW-RR 1992, S. 1337 f.

34 Prütting/Gehrlein/Laumen, ZPO, § 286 Rn 48.

35 Vgl. Baumgärtel, Beweislastpraxis im Privatrecht, S. 10.

Dementsprechend handelt es sich um eine echte Last für die jeweilige Partei, denn es ist zur Vermeidung des Prozessverlustes eigenes Tätigwerden erforderlich,[36] v.a. die **Beweisinitiative** (abstrakte Beweisführungslast) zu erbringen.[37] Welche Partei die subjektive Beweislast hat, folgt aus der objektiven Beweislast. Eine Beweisaufnahme dürfte auch dann nicht stattfinden, wenn nur die insofern nicht beweisbelastete Partei Beweis angeboten hat.[38] Praktisch wird sich dieses Problem durch die faire Ausübung der gerichtlichen Hinweispflicht gem. § 139 ZPO nicht allzu oft stellen.[39] Allerdings sind nicht alle Gerichte/Richter zu dieser fairen Ausübung in der Lage, sei es aus Unwissenheit oder sei es zur richterlichen Arbeitserleichterung. 11

D. Die konkrete Beweisführungslast

Nachdem die subjektive Beweislast der objektiven Beweislast folgt, steht diese subjektive Beweislast bereits zu Beginn des Prozesses fest. Da der Prozess jedoch kein **statisches Gefüge**, sondern ein **dynamischer Vorgang** aus Rede und Gegenrede, Vortrag und Gegenvortrag, Beweis und Gegenbeweis ist, wird das Gericht jeweils eine **vorläufige Überzeugung** gewinnen. „Das einschlägige Normgefüge und der entscheidungserhebliche Sachverhalt konkretisieren sich erst im Laufe des Prozesses. Die Verfahrensbeteiligten müssen sich folglich auf die sich ausbildenden richterlichen Entscheidungsvorstellungen mit ihrem Vorbringen fortgesetzt einstellen.“[40] 12

In dieser konkreten Situation wird es dann wieder zu einer Last für die Partei, durch eigene Tätigkeit weiteren Beweis zu erbringen, um den Prozessverlust (entsprechend der vorläufigen Überzeugung des Gerichts, die andernfalls i.d.R. zur endgültigen Überzeugung wird) zu vermeiden. Diese konkrete Beweisführungslast entspricht zu Beginn des Prozesses der abstrakten Beweisführungslast, kann im Laufe des Verfahrens aber (mehrfach) wechseln.[41] Ein Beispiel hierfür wäre, wenn ein **Gegenbeweis** geführt werden muss. Beim Gegenbeweis ist wesentlich, dass das Gericht nicht von der **Wahrheit der Gegenbeweistatsache** überzeugt werden muss, sondern nur die **Zuverlässigkeit des Hauptbeweises** erschüttert werden muss.[42] D.h., der Gegenbeweis ist geführt, wenn die getroffenen Feststellungen unsicher werden.[43] Das kann auch durch Indizien geschehen.[44] „Ein [...] Gegenbeweis ist schon dann geführt, wenn die Überzeugung des Gerichts von der zu beweisenden 13

36 Vgl. Baumgärtel/Laumen, Handbuch der Beweislast, Grundlagen, § 3 Rn 32 m.w.N.

37 Vgl. Baumgärtel/Laumen, Handbuch der Beweislast, Grundlagen, § 3 Rn 37.

38 Vgl. Baumgärtel/Laumen, Handbuch der Beweislast, Grundlagen, § 3 Rn 33 m.w.N.

39 Vgl. Baumgärtel/Laumen, Handbuch der Beweislast, Grundlagen, § 3 Rn 34.

40 Schmidt-Aßmann in Maunz/Dürig, GG, 53. Aufl., Art. 103 Rn 66.

41 Vgl. Baumgärtel, Beweislastpraxis im Privatrecht, S. 15.

42 Vgl. BGH, VersR 1983, S. 560; Thomas/Putzo, Komm. zur ZPO, 27. Aufl., Vorbem. § 284 Rn 8.; vgl. auch Baumgärtel/Laumen, Handbuch der Beweislast, Grundlagen, § 2 Rn 3.

43 Vgl. BGH, NJW 1983, S. 1740 und NJW 1986, S. 2571 f.

44 Vgl. Thomas/Putzo, Komm. zur ZPO, 27. Aufl., Vorbem. § 284 Rn 11.

Tatsache erschüttert wird; dass diese sich als unwahr erweist, ist nicht, wie das BerGer. offenbar angenommen hat, erforderlich (BGH, BB 1978, 1232 = MDR 1978, 914; NJW 1983, 1740).“[45] Die h.A. lässt einen Beweis nur zu, wenn er von **der** Partei angeboten ist, die die subjektive Beweisführungslast diesbezüglich hat.[46] **Es ist also nicht zulässig, einen Gegenbeweis vor dem Hauptbeweis zu führen.**[47] Denkbar ist aus prozessökonomischen Gründen allerdings, Haupt- und Gegenbeweis zusammen anzuordnen und im selben Termin zu erheben.[48] Soll der Gegenbeweis mit Indizien geführt werden (sog. **indirekter Gegenbeweis**), gilt nichts anderes als zum sonstigen Indizienbeweis. D.h., die Indizien müssen sicher feststehen.[49]

14 *Hinweis*

In nicht wenigen Fällen verwechselt das Gericht den dogmatischen Gegenbeweis mit dem **Beweis des Gegenteils.**[50] Das ist ein schwerwiegender Fehler, als dann Verkennungen des Beweismaßes (volle Überzeugung versus Erwecken von Zweifeln) auf der Hand liegen.[51]

15 Der Beweis des Gegenteils ist ein Hauptbeweis, d.h., das Gericht muss zur „vollen Überzeugung“[52] des Vorliegens des relevanten Gegenteils kommen.[53] Eine insofern bestehende gerichtliche Unsicherheit reicht zum Beweis des Gegenteils nicht.[54] Der Beweis des Gegenteils wird v.a. zur Widerlegung gesetzlicher Vermutungen benötigt, gem. § 292 Satz 1 ZPO.

Teilt das Gericht mit, dass es von dem Sachverhalt X nicht ausgeht, weil nicht ausgeschlossen werden könne, dass Y vorliegt, so ist das eine typische Formulierung, die aus strafrichterlichen Urteilen stammt und zur Anwendung des Grundsatzes in dubio pro reo führt. Übernimmt ein Zivilgericht derartige Formulierungen, so ist dies bereits im Ansatz falsch,[55] denn ein derartiges Beweismaß muss gerade nicht erreicht werden, und jedenfalls gibt das Gericht dadurch zu erkennen, dass es nicht weiß, welcher Sachverhalt vorliegt. Wenn das Gericht aber nicht weiß, von welchem Sachverhalt auszugehen ist, so ist damit ein entweder ein Gegenbeweis geführt,

45 BGH, NJW-RR 1997, S. 1285; vgl. auch BGH, MDR 2011, S. 1101.

46 Vgl. Maaß, Anwaltstätigkeit im Beweisverfahren der Zivilprozessordnung, S. 14 m.w.N.

47 Vgl. Zimmermann, Kommentar zur ZPO, 7. Aufl., § 284 Rn 18; vgl. auch Baumgärtel/Laumen, Handbuch der Beweislast, Grundlagen, § 2 Rn 3 m.w.N.; vgl. auch van den Hövel, Richterliche Arbeitstechnik, S. 73.

48 Vgl. Baumgärtel/Laumen, Handbuch der Beweislast, Grundlagen, § 2 Rn 3.

49 Vgl. Baumgärtel/Laumen, Handbuch der Beweislast, Grundlagen, § 2 Rn 12 m.w.N., vgl. § 9 Rdn 25 ff., 36 ff.

50 Vgl. Jäckel, Das Beweisrecht der ZPO, Rn 205.

51 Olshausen, Gegenbeweis und Beweis des Gegenteils, Jus 1995, S. 664.

52 Das zu erreichende Beweismaß muss also erreicht werden, vgl. hierzu § 6 ff. in diesem Werk.

53 Vgl. BGH, NJW 2002, S. 2101 f.

54 Vgl. auch Baumgärtel/Laumen, Handbuch der Beweislast, Grundlagen, § 2 Rn 6 m.w.N.

55 Vgl. Doukoff, Mandatshandbuch Zivilrechtliche Berufung, Rn 372.

aber noch nicht der Beweis des Gegenteils, oder das Gericht hat das zu erreichende Beweismaß verkannt.

Praxistipp 16

Damit das Gericht die Beweislast nicht verkennt, empfiehlt es sich, entsprechende Gegenbeweisangebote mit „unter Protest gegen die Beweislast“, „zum Gegenbeweis“ oder „vorsorglich“ zu kennzeichnen.

E. Die Substantiierungslast des Klägers

I. Allgemeines

Nach zutreffenden Berichten aus der Praxis wird die angeblich mangelnde Substantiierung immer wieder missbraucht und zur Arbeitsökonomie der Gerichte eingesetzt[56] (um sich um eine Beweisaufnahme herumzudrücken;[57] überhaupt gibt es bei einigen Richtern – wie auch bei Anwälten – die Neigung zur eigenen Arbeitsentlastung[58]). Gremmer vom OLG München teilt mit, dass es im OLG Bezirk München einen Richter gegeben haben soll, der die Substantiierung zu seinem persönlichen Steckenpferd erkoren hatte. Trotz Hinweisen dieses Richters gem. § 139 Abs. 3 ZPO gelang es den Parteien in den seltensten Fällen, den Anforderungen an die Substantiierungsvorstellung des Richters zu genügen.[59] Auch Laumen äußert die Vermutung, dass angesichts der Fülle an Urteilen, in denen die Instanzgerichte zu hohe Anforderungen an die konkrete Behauptungslast gestellt hätten, zeitraubende Beweisaufnahmen vermieden werden sollten.[60] Stevens-Bartol, der Vorsitzende des LSG München teilt zutreffend mit, dass Gerichte bisweilen dazu neigen, die formalen Voraussetzungen für ihnen unliebsame Anträge zu überspitzen.[61] 17

Hinweis 18

Die meisten Richter leisten vorzügliche Arbeit, aber es gibt immer noch zu viele Richter, die mehr an eigene Arbeitsentlastung, als an richterliches Ethos denken. „Der Richter ist durch Verfassungsrecht – wenn schon nicht durch sein Berufsethos – gehalten, Verfahrensvorschriften so anzuwenden, dass das verfas-

56 Vgl. Schneider, Buchbesprechung: Prozesstaktik, MDR 1987, S. 725; Rensen, § 139 ZPO n.F. – Stärkung der ersten Instanz oder alles bei Alten, AnwBl 2002, S. 633; Prechtel, Erfolgreiche Taktik im Zivilprozess, 3. Aufl., S. 140; Balzer, Das Urteil im Zivilprozess, Rn 16; Meyke, Darlegen und Beweisen im Zivilprozess, Rn 76; Jäckel, Das Beweisrecht der ZPO Rn 23.

57 So Schneider, Die Klage im Zivilprozess, Rn 585.

58 Vgl. Doukoff, Mandatshandbuch Zivilrechtliche Berufung, Rn 562.

59 Vgl. Gremmer, Der unsubstanziierte Vortrag – ein Phantomproblem?, MDR 2007, S. 1172.

60 Vgl. Baumgärtel/Laumen, Handbuch der Beweislast, Grundlagen, § 3 Rn 64.

61 Vgl. Stevens-Bartol in: Medizinisches Gutachten im Prozess, 3. Aufl., S. 77, 84.

sungsrechtlich vorgegebene Ziel des Verfahrensrechts, materiellrechtlich gesetzmäßige und gerechte Entscheidungen herbeizuführen [...] Dieses Ziel wird missachtet, wenn die Beschleunigung durch Ausschluss nach der Gestaltung des Verfahrens durch das Gericht zum Selbstzweck wird.“[62]

19 Die Substantiierungslast richtet sich an die Parteien und macht den Parteien zur Last, **um den Prozessverlust zu vermeiden** Tatsachen vorzutragen, aus denen sich die Tatbestandsmerkmale der für die Partei günstigen Rechtsnorm ergeben.[63] Die Terminologie ist nicht einheitlich. Teilweise wird von **Behauptungslast, Darlegungslast, Substantiierungspflicht, Erklärungslast** etc. gesprochen.[64] Auch wird zwischen abstrakter und konkreter Behauptungslast unterschieden.[65] In der Praxis herrscht immer wieder Streit, wie konkret die Tatsachenbehauptung sein muss.

20 „Lästige“ Parteivertreter rügen oft eine angeblich ungenügende Substantiierung, wenn einfache, allgemein bekannte Rechtsbegriffe (z.B. Kauf, Miete, Eigentum, Kündigung etc.) vorgetragen werden. Der Einwand ist lästig, aber meist nicht durchgreifend.[66]

21 *Hinweis*

Ob **Bezugnahmen** auf Schriftsatzanlagen zulässig sind, ist nicht vollständig geklärt. Hilfreich ist die Entscheidung des BGH vom 20.11.1980, VII ZR 298/79: „[...] Die Auffassung des Berufungsgerichts läuft darauf hinaus, eine sinnlose Abschreibearbeit zu fordern. Der vorliegende Fall liegt anders als die Fälle, in denen auf eine unübersehbare Vielfalt von Schriftstücken verwiesen wird.“ Allgemeiner formuliert: **Eine konkrete Bezugnahme auf eine konkrete Anlage, die aus sich heraus verständlich ist und keine unzumutbare Sucharbeit erfor-**

62 Lange, Zurückweisung verspäteten Vorbringens im Vorbereitungstermin, NJW 1986, S. 3043, 3048.

63 Vgl. Baumgärtel, Beweislastpraxis im Privatrecht, S. 18.

64 Vgl. Baumgärtel/Laumen, Handbuch der Beweislast, Grundlagen, § 3 Rn 156 m.w.N.

65 Vgl. Baumgärtel/Laumen, Handbuch der Beweislast, Grundlagen, § 3 Rn 58 f.

66 Vgl. BGH, MDR 2007, S. 1278, vgl. auch BGH, NJW 1958, S. 1968, NJW 1992, S. 906, NJW-RR 1994, S. 1085, vgl. auch BGH, Urt. v. 13.3.1998 – V ZR 190/97 = NJW 1998, S. 2058 unter II 2 b; Urt. v. 2.6.1995 – V ZR 304/93 = WM 1995, S. 1589 unter II 1, vgl. auch BGH, Beschl. Vom 28.3.2006-VIII ZB 100/04; vgl. OLG Koblenz, NJW-RR 1993, S. 571; vgl. auch Hamm/Hassemer/Pauly, Beweisantragsrecht, 2. Aufl., Rn 110, vgl. auch BGHSt 1, S. 137, vgl. auch BGH, NStZ 2008, S. 52, ggf. kann (muss gem. § 139 ZPO) das Gericht verlangen, dass der Beweisführer die Tatsachen, die seiner Wertung zugrundeliegen, darlegt, vgl. BGHSt 37, S. 162. Bei einer Eigentumsherausgabeklage genügt die einfache Behauptung, der Kläger sei Eigentümer, vgl. BGH, NJW 1962, S. 1394. In der Regel führt der **Besitz** zum Nachweis der Aktivlegitimation für eine Schadensersatzklage wegen Sachbeschädigung, vgl. OLG Düsseldorf, Urt. v. 19.6.2018 – I-1 U 164/17 = NJW-RR 2018, S. 1365 f. Die Eigentumsvermutung des § 1006 Abs. 3 BGB ist nicht einschlägig, wenn dem Kläger nicht der Nachweis gelingt, dass er mittelbarer Besitzer und der Fahrer lediglich aufgrund eines Besitzmittlungsverhältnisses unmittelbarer Besitzer war. Dieser Beweis ist vorrangig duch Zeugen- und Parteivernehmung zu führen, nicht durch die Zulassungsbescheinigung I und II und einen entsprechenden Kaufvertrag – vgl. OLG Hamm, Beschl. v. 9.1.2023 – 7 U 124/22.

dert, ist zulässig.[67] **Der pauschale Satz, dass Verweise auf eine Anlage grundsätzlich unzulässig seien,**[68] **ist in dieser Allgemeinheit nicht richtig. Die zugrundeliegenden Fälle betreffen Evidenzfälle** (z.B. „Wir überreichen anliegend einen Leitz-Ordner, in dem die streitgegenständlichen Rechnungen enthalten sind. In der Sache verbleibt es bei unserem Vortrag erster Instanz“[69]). **Zulässig ist es wohl auch, im Rahmen einer unterschriebenen Berufungsbegründung auf eine nicht unterschriebene und nicht beglaubigte, aber fest verbundene Abschrift**[70] **eines anderen Verfahrens Bezug zu nehmen.**[71] Freilich wird es hier immer auf den Einzelfall ankommen.

II. Gerichtliche Hinweispflichten

Ein **Verfahrensmangel** liegt immer dann vor, wenn ein Vortrag als unsubstanziiert behandelt wird, ohne von der Partei Substanziierung zu verlangen.[72] Gleiches gilt, wenn eine Partei nicht auf fehlende Beweisangebote hingewiesen wurde.[73] 22

Nicht alle Tatgerichte kennen die Rechtsprechung des BVerfG zu § 139 ZPO: „Zu den wesentlichen Grundsätzen eines rechtsstaatlichen Gerichtsverfahrens zähle das ‚Recht auf ein faires Verfahren‘. Dieser Grundsatz – wenngleich zunächst für das Strafverfahrensrecht entwickelt – beeinflusse auch die Ausgestaltung der zivilrechtlichen Gerichtsverfahren. § 139 ZPO könne als nichtverfassungsrechtliche Ausprägung des Rechts auf ein faires Verfahren verstanden werden.“[74] 23

Praxistipp 24

Ein Gericht verletzt seine Hinweispflicht, wenn es eine Klage mangels Aktivlegitimation abweist, nachdem es zuvor durch eine Beweisaufnahme zu erkennen gegeben hat, dass die Klage schlüssig ist.[75] Das gilt auch für das Berufungs-

67 Vgl. BGH, NJW-RR 2004, S. 639 f.

68 Vgl. BGH, NJW 2010, S. 1364, 1371 mit Verweis auf BGH, V ZB 29/01.

69 BGH, V ZB 29/01.

70 Es ist auch ausreichend, wenn die Faxausdrucke eine fortlaufende Seitennummerierung aufweisen.

71 Vgl. BGH, KZR 9/09.

72 Vgl. BGH, NJW-RR 1997, S. 944.

73 Vgl. BGH, NJW 1989, S. 2756 f.; vgl. BGH, NJW 1991, S. 493 ff.

74 BVerfGE 42, S. 64, 73; Dass der Grundsatz des fairen Verfahrens auch im Zivilrecht gilt, kann folgenden Entscheidungen entnommen werden. BVerfGE 49, S. 220, 225; 51, S. 131, 145; 78, S. 123; 93, S. 99.

75 Vgl. BGH, NJW 2007, S. 2414 ff.

gericht.[76] Der Tatrichter darf sich nicht widersprüchlich verhalten[77] und i.d.R.[78] nicht ohne weiteren Hinweis von einer im gerichtlichen Hinweis erteilten Rechtsauffassung abweichen.[79] Der Tatrichter darf auch nicht durch das Unterlassen von Hinweisen den Eindruck erwecken, der bisherige Sachvortrag sei ausreichend.[80]

25 Gerichtliche Hinweise sind auch dann zu geben, wenn die Partei anwaltlich vertreten ist.[81] Das wird zwar immer wieder bestritten, ist aber ständige Rechtsprechung des BGH: „Der Hinweis auf diese Rechtsfolge war entgegen der Auffassung der Rechtsbeschwerde nicht deswegen entbehrlich, weil die Beklagten anwaltlich vertreten waren und ihrem Anwalt die Rechtsfolge eines nicht fristgerechten Widerspruchs bekannt war. Das Gesetz macht die Rechtsfolgenbelehrung nicht davon abhängig, ob die betroffene Partei anwaltlich vertreten oder beraten ist (vgl. zu § 269 ZPO aF: BGHZ 88, 180, 184) [BGH 14.7.1983 – VII ZR 328/82].“[82]

26 Problematisch kann dies dann werden, wenn die Gegenpartei auf den Mangel bereits hingewiesen hatte.[83] Nach diversen Entscheidungen[84] hat das Gericht auch dann die entsprechenden Hinweise zu erteilen.[85] „Ein Hinweis bietet nur dann ausreichende Gewähr dafür, dass die Partei ihn auch befolgt, wenn er vom neutralen Richter erteilt wird, nicht dagegen, wenn er lediglich im schriftsätzlichen oder mündlichen Vorbringen des Gegners enthalten ist und damit als bloße subjektive Stellungnahme erscheint.“[86] „[In der Praxis] wird die ‚fehlende Substanziierung' ergänzt durch die Floskel, eine Hinweispflicht des Gerichts habe nicht bestanden, da der Gegner schon darauf hingewiesen habe. Das ist falsch, aber offenbar nicht auszurotten. Die Hinweispflicht obliegt ganz allein dem Gericht. Eine Delegation auf

76 Vgl. BGH, MDR 2004, S. 169.

77 Vgl. BVerfG, NJW 1998, S. 2044 f.

78 Anders also: „wenn für die Verfahrensbeteiligten – sei es durch den Verlauf der mündlichen Verhandlung, sei es durch einen ausdrücklichen weiteren Hinweis des Gerichts – erkennbar wird, dass sich entweder die Grundlage verändert hat, auf der das Gericht den ursprünglichen Hinweis erteilt hat, oder dass das Gericht bei unveränderter Entscheidungsgrundlage nunmehr eine andere rechtliche Beurteilung in Erwägung zieht als den Beteiligten angekündigt“ (BGH, X ZB 3/10).

79 Vgl. BGH, X ZB 3/10.

80 Vgl. BGH, VIII ZR 166/11.

81 Vgl. BGH, NJW 2001, S. 2548 ff.; vgl. auch BGH, NJW 1995, S. 399; NJW-RR 2004, S. 281, NJW 2008, S. 2036 f. vgl. auch OLG München, NJW-RR 1997, S. 1425, OLG München 10 W 2305/05 n.V.

82 BGH VIII ZB 70/07.

83 Vgl. BGH, NJW 1980, S. 223 f.; BGH, NJW 1984, S. 310 f.; BGH, NJW 1987, S. 1142 f.

84 Vgl. hierzu aber BayVerfGH, NVwZ 1992, S. 160. Hierzu ist aber anzumerken, dass ein Verstoß gegen § 139 ZPO auch vorliegt, wenn kein Verstoß gegen das verfassungsrechtlich gesicherte rechtliche Gehör besteht. § 139 ZPO geht über die verfassungsrechtliche Garantie hinaus (vgl. Prütting/Gehrlein/ZPO, 1. Aufl., § 139 Rn 3).

85 Vgl. hierzu Schneider, Tendenzen und Kontroversen in der Rechtsprechung, MDR 2000, S. 747, 752.

86 Stöber, Neues Berufungsvorbringen nach erstinstanzlicher Verletzung der richterlichen Hinweispflicht, NJW 2005, S. 3601, 3603.

eine Partei gibt es nicht. Woher sollte auch die Gegenpartei wissen, ob das Gericht einer schriftsätzlich geäußerten Rechtsauffassung der anderen Partei folgen werde?"[87] Das könnte angesichts neuerer höchstrichterlicher Rechtsprechung aber wieder problematisch sein.[88]

Praxistipp **27**

Aus Gründen anwaltlicher Vorsicht ist bei schriftsätzlichem Vorbringen nach Hinweisen der Gegenpartei zu empfehlen, mitzuteilen, dass das konkrete eigene Vorbringen nun als ausreichend erachtet wird.[89]

Wird der Hinweis missverstanden, hat das Gericht die Pflicht, den Hinweis zu präzisieren[90] und eine Ergänzung zu ermöglichen.[91] Die mündliche Verhandlung darf dann nicht geschlossen werden.[92] Das ist nur dann anders, wenn der ursprüngliche Hinweis eindeutig war, so dass der erneute Hinweis lediglich eine Wiederholung des bisherigen Hinweises darstellen würde, der der Partei nicht weiterhelfen könnte.[93] Der Hinweis muss also konkret,[94] verständlich,[95] d.h., unmissverständlich[96] sein. **28**

Hat das Gericht eine Meinung geäußert, ist es verpflichtet, einen Hinweis zu geben, wenn es von dieser Meinung abweichen will,[97] ggf. ist die Verhandlung wieder zu eröffnen.[98] Ein Hinweis ist auch erforderlich, wenn das Gericht eine Entscheidung oder einen weiteren Termin angekündigt hat, dann aber anders entscheidet.[99] Dieselben Hinweispflichten obliegen dem Berufungsgericht, gem. § 525 Satz 1 ZPO. Das Berufungsgericht z.B. hat bei der pauschalen Bezugnahme auf den erstinstanzlichen Vortrag aufzuklären, ob die Partei in der Berufungsinstanz auf erstinstanzlich **29**

87 Schneider, Fälle aus der Prozesspraxis, ZAP Nr. 12 vom 16.6.2010, S. 591, 598 (= Fach 13, S. 1629, 1636).

88 Vgl. BGH, NJW-RR 2008, S. 581 und BGH, WM 2007, S. 984, 986.

89 Dann ist das Gericht in jedem Fall zu Hinweisen verpflichtet, vgl. BGH, NJW 1995, S. 399, 401; BGH, NJW-RR 1993, S. 569 f.; BGH, NJW-RR 1997, S. 441; BGH, NJW 1999, S. 1264; BGH, NJW 2001, S. 2548; BGH, NJW 2002, S. 3317, 3320.

90 Vgl. BGH, MDR 2002, S. 1183; BGH, MDR 2004, S. 468.

91 Vgl. BGH, XII ZB 192/06 m.w.N.; BGH, NJW 2005, S. 2624; BGH, NJW 1995, S. 399, 401; BGH, NJW-RR 1997, S. 441; BGH, NJW 1999, S. 2123 f.; OLG Hamm, NJW-RR 2003, S. 1651.

92 Vgl. BGH, NJW 1999, S. 2123 f.; BGH, NJW 2005, S. 167 f.

93 Vgl. BGH, XII ZB 192/06.

94 Vgl. BGH, NJW 1999, S. 420 f., 1999, S. 1264, 1999, 1867, 1999, S. 2123 f., NJW-RR 1997, S. 441, 2002, S. 1436 f.

95 Vgl. BGH, NJW 2002, S. 3317.

96 Vgl. BGH, NJW 2008, S. 2036 f.

97 Vgl. BGH, MDR 2002, S. 1183.

98 Vgl. BGH, MDR 1997, S. 758; BGH, NJW 1999, S. 2123 f.; BGH, NJW 2005, S. 167 f.

99 Vgl. BGH, MDR 2007, S. 101 1419, 2008, S. 463.

angebotene Beweisantritte verzichtet.[100] „Eine globale Bezugnahme auf erstinstanzliches Vorbringen ist ausnahmsweise hinsichtlich solchen Vorbringens zulässig, das in erster Instanz aus Rechtsgründen nicht behandelt wurde, als rechtlich unerheblich oder unsubstantiiert behandelt oder gänzlich übergangen wurde (BGH, Urt. v. 29.9.2003 – II ZR 59/02, NJW 2004, 66; BVerfG, NJW-RR 1995, 828).“[101]

30 *Hinweis*

„Das Gericht genügt seiner Pflicht nach den § 139 Abs. 1, § 278 Abs. 3 ZPO nur, wenn es die Parteien auf den fehlenden Sachvortrag, der von seinem materiell rechtlichen Gesichtspunkt aus gesehen entscheidungserheblich ist, unmissverständlich hinweist und ihnen die Möglichkeit eröffnet, ihren Sachvortrag sachdienlich zu ergänzen.“[102]

31 Für die Berufungsinstanz ist zu beachten, dass bei der Rüge der Verletzung des § 139 ZPO im Falle eines nach Meinung des Gerichts unsubstantiierten Vortrages dargelegt werden muss, welcher Vortrag bei rechtzeitigem Hinweis erfolgt wäre.[103]

32 Erwähnenswert ist in diesem Zusammenhang folgende Entscheidung des BVerfG:

„Ein Berufungsbeklagter darf schließlich darauf vertrauen, dass ihn das Berufungsgericht, wenn es in der Beweiswürdigung dem Erstrichter nicht folgen will, darauf hinweist, und zwar so rechtzeitig, dass darauf noch vor dem Termin zur mündlichen Verhandlung reagiert werden kann.“[104]

33 Oder abstrakter formuliert:

„Art. 103 GG garantiert den Beteiligten in einem gerichtlichen Verfahren die Gelegenheit, sich zu dem einer gerichtlichen Entscheidung zugrunde liegenden Sachverhalt vor Erlass der Entscheidung zu äußern [...] An einer solchen Gelegenheit fehlt es nicht erst dann, wenn ein Beteiligter gar nicht zu Wort gekommen ist oder wenn das Gericht seiner Entscheidung Tatsachen zugrunde legt, zu denen die Beteiligten nicht Stellung nehmen konnten. [...] Eine dem verfassungsrechtlichen Anspruch genügende Gewährung rechtlichen Gehörs setzt auch voraus, dass der Verfahrensbeteiligte bei Anwendung der von ihm zu verlangenden Sorgfalt zu erkennen vermag, auf welchen Tatsachenvortrag es für die Entscheidung ankommen kann [...]“[105]

100 Vgl. BGH, NJW 1998, S. 155.

101 BGH, VII ZR 13/07.

102 BGH, MDR 2002, S. 1139; vgl. auch BGH, MDR 2002, S. 1183 (konkret u. verständlich formuliert); vgl. auch BGH, NJW 1999, S. 1264: „Dabei sind allgemeine und pauschale Hinweise nicht ausreichend.“.

103 Vgl. BGH, NJW-RR 1998, S. 477 f., 1991, S. 256.

104 BVerfG, NJW 2003, S. 2524.

105 BVerfG, NJW 2000, S. 275.

Man wird daher verallgemeinern können, dass fehlende Hinweise zur mangelnden Schlüssigkeit oder Zulässigkeit einen Verstoß gegen Art. 103 Abs. 1 GG begründen können. Auf (gänzlich) fehlende Beweisantritte hat das Gericht nur dann hinzuweisen, wenn das Unterbleiben des Beweisantritts auf einem erkennbaren Versehen oder einer erkennbar falschen Beurteilung der Rechtslage beruht.[106] 34

In der Praxis ist immer wieder zu beobachten, dass (verspätete) Hinweise in der mündlichen Verhandlung[107] ohne Gelegenheit zur Reaktion gegeben werden.[108] Wird der Hinweis erst im Termin erteilt und kann die Partei oder der Bevollmächtigte hierauf nicht sofort erwidern, ist eine Schriftsatzfrist einzuräumen. Eine Präklusion kommt nicht in Betracht.[109] Ist der Mandant oder ein informierter Vertreter im Termin anwesend, drängen manche Gerichte zu einer sofortigen Erklärung. Die Partei muss aber ihre Äußerungen überdenken und die Tragweite absehen können. Deshalb hat das Gericht grds. zu akzeptieren, wenn die Partei mitteilt, eine **sofortige Erklärung** sei ihr im Moment nicht möglich.[110] 35

Wird der Hinweis unter Verstoß gegen § 139 Abs. 4 ZPO erst während der Verhandlung gegeben, wird in der Praxis immer wieder § 139 Abs. 5 ZPO übersehen. Nach dieser Vorschrift soll das Gericht auf **Antrag** der Partei einen Schriftsatznachlass gewähren, die Verhandlung unter Vorbehalt des § 227 Abs. 1 Satz 1 vertagen, oder in das schriftliche Verfahren überleiten. **Versäumt die Partei diesen Antrag**, kann es ausreichen, einen nicht nachgelassenen Schriftsatz einzureichen, mit dem jetzigen Antrag, die mündliche Verhandlung wieder zu eröffnen, gem. § 156 Abs. 2 Nr. 1 ZPO. Das gilt jedenfalls dann, wenn sich dem Gericht durch den nicht nachgelassenen Schriftsatz aufdrängt, dass sich die Partei auf den (überraschenden) Hinweis in der mündlichen Verhandlung nicht ausreichend habe erklären können.[111] Der BGH formuliert: 36

> *„Das Berufungsgericht hat, indem es die mündliche Verhandlung trotz des erst in dieser Verhandlung erteilten rechtlichen Hinweises geschlossen und den Vortrag des Klägers aus dem nicht nachgelassenen Schriftsatz vom 8.2.2008 bei der Entscheidung nicht berücksichtigt hat, den Anspruch des Klägers auf rechtliches Gehör (Art. 103 GG) in entscheidungserheblicher Weise verletzt. [...] Den Hinweis auf die beabsichtigte Auslegung des Klagevortrags hat das Berufungsgericht erst in der mündlichen Verhandlung erteilt. Das war nach § 139 Abs. 4 ZPO zu spät und hatte zur Folge, dass die mündliche Verhandlung nicht sogleich geschlossen werden durfte (Sen.Beschl. v. 18.9.2006 – II ZR 10/05,*

106 Vgl. Zöller, Komm. zur ZPO, 26. Aufl., § 139 Rn 16.

107 Dann sind sie in das **Protokoll** aufzunehmen, ferner müssen sie **konkret** u. **unmissverständlich** sein, vgl. BGH, BRAK-Mitt. 1/2006, S. 25.

108 Vgl. OLG Köln, NJW-RR 1995, S. 890.

109 Vgl. BVerfG, NJW 1992, S. 678 f.

110 Vgl. Prechtel, Anträge auf Schriftsatznachlass, ZAP vom 15.10.2008, S. 1165, 1170 m.w.N.

111 Vgl. BGH, NJW-RR 2007, S. 412 ff.; ebenso OLG München, NJW-RR 2001, S. 66.

WM 2006, 2328). Jedenfalls musste das Berufungsgericht nach § 156 Abs. 2 Nr. 1 ZPO die mündliche Verhandlung wiedereröffnen, als der Kläger in seinem nicht nachgelassenen Schriftsatz vorgetragen hat, dass [...].“[112]

37 Wird der Antrag auf Einräumung einer Schriftsatzfrist nicht versäumt und enthält der nachgelassene Schriftsatz neuen entscheidungserheblichen Prozessstoff, so muss das Gericht die mündliche Verhandlung wieder eröffnen oder in das schriftliche Verfahren übergehen, um dem Gegner rechtliches Gehör zu gewähren.[113]

38 Ebenso kommt in der Praxis vor, dass im Fall **unterbliebener Vorschusseinzahlung** der Umstand nicht aufgeklärt[114] und keine Gelegenheit zur Einzahlung gegeben wird, gem. § 356 ZPO.[115] Die Nichtberücksichtigung eines Beweisantrags wegen vermeintlich unterbliebener Auslagenvorschusszahlung stellt einen Gehörsverstoß dar.[116]

39 Weicht das Gericht von seiner ständigen Rechtsprechung[117] oder von einem eigenen Hinweis[118] oder von Anforderungen der höchstgerichtlichen Rechtsprechung ab,[119] ist ein Hinweis erforderlich. Andernfalls liegt ein Verstoß gegen Art 103 Abs. 1 GG vor.[120]

40 *Hinweis*

Werden Hinweise gegeben, so muss auch Gelegenheit gegeben werden, auf den Hinweis zu reagieren und den Tatsachenvortrag zu ergänzen.[121]

41 Die erteilten Hinweise sind gem. § 139 Abs. 4 S. 2 ZPO aktenkundig zu machen. „Nach der Vorschrift des § 139 Abs. 4 Satz 2 ZPO kann die Erteilung rechtlicher Hinweise nur durch den Inhalt der Akten bewiesen werden. Sofern diese die Erteilung eines Hinweises nicht hinreichend dokumentieren, gilt dieser als nicht erteilt (vgl. BGH, Urt. v. 20.6.2005 – II ZR 366/03, NJW-RR 2005, 1518). Wie bereits die Begründung des Regierungsentwurfs zu dieser Vorschrift ausführt (BT-Drucks 14/4722, S. 78), darf daher kein Beweis erhoben werden zur Frage, ob die Vorinstanz einen Hinweis erteilt hat (OLG Frankfurt a.M., NJW-RR 2004, 428, 429; Stein/Jonas/Leipold, ZPO, 22. Aufl., § 139 Rn 105; Musielak/Stadler, ZPO, 8. Aufl., § 139

112 BGH, II ZR 99/08.

113 Vgl. BGH, VI ZR 5/11.

114 Vgl. OLG Hamm, NJW-RR 1995, S. 151; vgl. BGH, zfs 2007, S. 497 ff.

115 Dann kann sogar ein Verfassungsverstoß vorliegen, vgl. BVerfGE 69, S. 248, 255. Geht der Vorschuss 12 Tage vor dem Termin ein, ist dies ausreichend, vgl. BVerfGE 69, S. 141, 143.

116 Vgl. BVerfG, Beschl. v. 17.9.1999 – 1 BvR 47/99 = NJW 2000, S. 1327 ff.

117 Vgl. BVerwG, NJW 1961, S. 1549.

118 Vgl. BVerfG – 1 BvR 10/99.

119 Vgl. BVerfG, NJW 1995, S. 2544.

120 Vgl. Pieroth, in Jarass/Pieroth, GG, 7. Aufl., Art. 103 Rn 39 m.w.N.

121 Vgl. BVerfG, NJW 1992, S. 678 f.; NJW 2003, S. 2524.

Rn 28).“[122] Die protokollierte Floskel, dass die Sach- und Rechtslage ausführlich erörtert wurde,[123] oder der Hinweis auf die Erörterung der „behaupteten Pflichtverletzung, insbesondere im Hinblick auf die Darlegungs- und Beweislasten“ reicht hierfür nicht.[124] Ebenso wenig die Anmerkung im Urteil, dass die Partei in der letzten mündlichen Verhandlung auf die veränderte Beurteilung hingewiesen worden sei.[125] „Ausnahmsweise kann ein bloßer Protokollvermerk über die Erörterung der Sach- und Rechtslage als Dokumentation des Hinweises auf Bedenken gegen die Schlüssigkeit ausreichen, wenn sich die Erteilung eines solchen Hinweises auch aus dem anschließenden Schriftsatz einer Prozesspartei ergibt (BGH, Urt. v. 13.7.2005 – IV ZR 47/04, FamRZ 2005, 1555, 1556).“[126]

Zu beachten ist auch, dass sich die Hinweispflicht nicht nur auf den Sachverhalt und Beweismittel bezieht, sondern auch auf (sachdienliche) **Anträge**. Hält das Gericht einen Antrag für unzulässig, weil der Antrag nicht dem Bestimmtheitsgebot des § 253 Abs. 2 Nr. 2 ZPO entspricht, hat es auf eine sachdienliche Fassung hinzuwirken.[127] 42

III. Die Substantiierungslast im Konkreten

Zu beachten ist, dass sich eine Partei grds.[128] eine für die Partei günstige Schilderung von Zeugen (oder Sachverständigenangaben) **zu Eigen macht**.[129] Das bedeutet, dass es zulässig ist, bei der Beweiswürdigung auch Tatsachen zu berücksichtigen, die von keiner Partei geltend gemacht worden sind, sondern sich erst durch die Beweisaufnahme ergeben haben. Das kommt in der Praxis vor allem dann vor, wenn z.B. ein Sachverständiger eine Variante darstellt, die von keiner Partei vorgetragen wurde.[130] Das gilt auch dann, wenn die Partei vor Zeugeneinvernahme eine abweichende Schilderung abgegeben hat, aber nach Zeugeneinvernahme nicht mehr auf der eigenen Schilderung besteht.[131] 43

Wird das nicht beachtet, liegt sogar ein Verstoß gegen Art. 103 Abs. 1 GG nahe.[132]

122 BGH – IX ZR 35/10.
123 Vgl. BGH, FamRZ 2009, S. 1136.
124 Vgl. BGH, IX ZR 35/10.
125 Vgl. BGH, BauR 2006, S. 2096.
126 BGH, IX ZR 35/10.
127 Vgl. BGH, FamRZ 2009, S. 1136.
128 Falls das nicht so sein sollte, müsste sich das aus dem Sachverhalt ergeben, vgl. BGH, VI ZR 325/08.
129 Vgl. BGH, NJW 2001, S. 2177 f.
130 Vgl. van den Hövel, Richterliche Arbeitstechnik, S. 56.
131 Vgl. BGH, NJW 2001, S. 2177; OLG München, DAR 2005, S. 684 f.; BGH, DAR 2001, S. 354.
132 Vgl. BGH, VI ZR 325/08.

44 *Hinweis*

Nach dem Grundsatz des **äquipollenten** Parteivorbringens ist es auch zulässig, sich widersprechende Parteiangaben hilfsweise zu Eigen zu machen. „Nach dem Grundsatz der Gleichwertigkeit des Parteivorbringens kann sich der Kl. zwar die von seinem Sachvortrag abweichenden Behauptungen des Bekl. hilfsweise zu eigen machen und seine Klage darauf stützen (BGHZ 19, 387 (391) = NJW 1956, 631 = LM § 138 ZPO Nr. 1; BGH, NJW 1985, 1841 (1842) = LM § 138 ZPO Nr. 21). Aber nur wenn der Kl. dies auch tut, darf das Vorbringen des Bekl. der Entscheidung zugrunde gelegt werden (Senat, LM § 138 ZPO Nr. 12, und WM 1984, 700 = VersR 1984, 537 (538)). Hieran hält der Senat trotz der im Schrifttum teilweise erhobenen Kritik (vgl. E. Schneider, MDR 1970, 728 f.; Weyers, in: Festschr. f. Esser, 1975, S. 210 f.) fest."[133] In diesen Fällen ist ggf. nicht einmal mehr eine Beweisaufnahme notwendig.[134] Die Anspruchsgrundlage einer Schadensersatzklage kann sogar auf einen **wahlweisen Haftungsgrund** gestützt werden.[135]

45 Das OLG Köln (in der Sache ebenso OLG München m. Anm. Schneider, unzulässige Ablehnung eines Beweisantrages, Anm. zu OLG München v. 19.11.1999 – 23 U 4502/99, MDR 2000, S. 1395 ff.) führt zur Substantiierungslast aus,

> *„die Auffassung einzelner Gerichte, der Klagevortrag sei unsubstantiiert, weil der Kläger nicht angegeben habe, wer-wann-wo-mit wem-warum usw. etwas getan oder unterlassen habe, ist falsch, war immer falsch, findet in der Rechtsprechung des Bundesgerichtshofes keine Stütze, ist aber bisher nicht auszurotten."*[136]

46 Das ist zutreffend, denn bereits das RG bestimmte in seiner Grundsatzentscheidung,

> *„dass Tatsachen [vorzutragen sind], die in Verbindung mit einem Rechtssatz geeignet und erforderlich sind, das geltend gemachte Recht als in der Person des Klägers erscheinen lassen."*[137]

47 Der BGH schloss sich dieser Rechtsprechung an, der zufolge nähere Einzelheiten (Zeitpunkt und bestimmte Ereignisse des Vorgangs) nicht erforderlich seien.[138] Das gilt auch bei einem bestreitenden Gegner.[139] Der Sinn und Zweck der Substantiierung liegt nicht in der Prozessbeschleunigung oder Wahrheitsförderung, sondern

133 BGH, NJW 1989, S. 2756.
134 Vgl. Baumgärtel/Prütting, Handbuch der Beweislast, Grundlagen, § 8 Rn 38 ff. m.w.N.
135 Vgl. BGHZ 14, S. 363 f.
136 OLG Köln, NJW-RR 1999, S. 1155 und ebenso BGH, NJW 2009, S. 2137.
137 RG, RGZ 143, S. 57, 65.
138 Vgl. BGH, NJW 1984, S. 2888 f.
139 Vgl. BGH, NJW 2005, S. 2710.

nur in der Frage, ob der Schluss auf die Entstehung, Vernichtung oder Hemmung des geltend gemachten Rechts zulässig ist, oder weiterer Ergänzung bedarf. **Überspannte Anforderungen** dürfen an die Substantiierung nicht gestellt werden.[140] Es müssen also nur die tatsächlichen Voraussetzungen der Tatbestandsmerkmale der Rechtsnorm vorgetragen werden. Erscheinen dem Tatrichter weitere Einzelheiten entscheidungserheblich, so ist es dessen Sache, den Zeugen danach zu befragen[141] oder einem Sachverständigen die spezifische Frage zu unterbreiten.[142]

Der BGH meint in ständiger Rechtsprechung: 48

„Damit hat das BerGer. die Anforderungen an die Substanziierung verfahrensfehlerhaft überspannt und sich der Erkenntnis verschlossen, dass nach ständiger höchstrichterlicher Rechtsprechung eine Partei ihrer Darlegungslast genügt, wenn sie Tatsachen vorträgt, die in Verbindung mit einem Rechtssatz geeignet sind, das geltend gemachte Recht als in ihrer Person entstanden erscheinen zu lassen. Genügt das Parteivorbringen diesen Anforderungen an die Substanziierung, kann der Vortrag weiterer Einzeltatsachen nicht verlangt werden (vgl. nur Senat, NJW-RR 2007, 1409 = NZG 2007, 714 = ZIP 2007, 1524; Senat, NZG 2005, 890 = ZIP 2005, 1738 [1740] m.w. Nachw.). Es ist vielmehr Sache des Tatrichters, in die Beweisaufnahme einzutreten, dabei gegebenenfalls die benannten Zeugen nach weiteren Einzelheiten zu befragen bzw. einem Sachverständigen die beweiserheblichen Streitfragen zu unterbreiten.“[143]

Anders formuliert: 49

„Der Umstand, dass die Gegenpartei mangels genauer Zeit- und Ortsangaben noch nicht zu einer detaillierten Erwiderung in der Lage ist, ist kein Grund, den Vortrag als unsubstantiiert zurückzuweisen. Dem Tatrichter bleibt es unbenommen, bei der Beweisaufnahme die Zeugen oder die zu vernehmende Partei nach allen Einzelheiten zu fragen, die ihm für die Beurteilung der Zuverlässigkeit der Bekundung erforderlich erscheinen, insbesondere auch nach Ort, Zeit und Umständen der behaupteten Abreden. Er kann aber diese Einzelheiten nicht schon von der beweispflichtigen Partei verlangen und darf die Beweiserhebung hiervon nicht abhängig machen (BGH, NJW 1984, 2888 [2889] = LM § ZPO § 282 ZPO Nr. 41 = BauR 1984, 667 = ZfBR 1984, 289).“[144]

140 Vgl. Doukoff, Die Rechtsprechung des OLG München in Verkehrsunfallsachen, Skript zum Vortrag vom 11.11.2008 vor der Arbeitsgruppe Verkehrsrecht im Münchner Anwaltsverein, S. 36 f.

141 Vgl. BGH, NJW-RR 1998, S. 1409.

142 Vgl. OLG München, 10 W 2305/05 n.V.

143 BGH, NJW 2008, S. 3361; vgl. auch BGH, NJW-RR 2008, S. 1311 und nahezu identisch: BGH, IV ZR 216/09.

144 BGH, NJW 1999, S. 1859 f.

50 Der Substantiierungspflicht ist nach dem BGH nur dann nicht genügt,

> *„wenn das Gericht aufgrund dieser Darstellung nicht beurteilen kann, ob die gesetzlichen Voraussetzungen der an eine Behauptung geknüpften Rechtsfolge erfüllt sind.“*[145]

51 Oder anders:

> *„Die Angabe näherer Einzelheiten, die den Zeitpunkt und den Vorgang bestimmter Ereignisse betreffen, ist nicht erforderlich, soweit diese Einzelheiten für die Rechtsfolgen nicht von Bedeutung sind (BGH, NJW 1968, 1233).“*[146]

52 Das gilt z.B. bei einem Streit über eine Werklohnvergütung für Zusatzaufträge. Wenn es für die Rechtsfolgen nicht von Bedeutung ist, kann offen bleiben, wann die Kostenvoranschläge an die Beklagte versandt wurden, wo die Zusatzaufträge erteilt wurden und ob dies mündlich oder telefonisch geschah. Sofern es dem Erstgericht hier auf weitere Einzelheiten ankommt, muss es diese in der Beweisaufnahme ermitteln.[147]

53 Zu näheren Angaben ist nur dann Anlass, wenn die Tatsache,

> *„hinsichtlich der geltend gemachten Rechtsfolge [...] unvollständig, mehrdeutig oder sonst unklar ist oder wird.“*[148]

54 Wenn kein Zweifel über den prozessualen Anspruch besteht, kann aber die Angabe „Ende 2006 oder Anfang 2007“ ausreichen.[149]

55 Auch das BAG schließt sich dieser Ansicht an:

> *„Eine Partei genügt der Substantiierungspflicht, wenn sie Tatsachen vorträgt, die in Verbindung mit einem Rechtssatz geeignet sind, das geltend gemachte Recht als in ihrer Person entstanden erscheinen zu lassen, wobei unerheblich ist, wie wahrscheinlich die Darstellung ist und ob sie auf eigenem Wissen oder einer Schlussfolgerung aus Indizien besteht. Genügt das Parteivorbringen diesen Anforderungen an die Substantiierung, kann der Vortrag weiterer Einzeltatsachen nicht verlangt werden. Es ist vielmehr Sache des Tatrichters, bei der Beweisaufnahme die Zeugen oder die zu vernehmende Partei nach allen Einzelheiten zu fragen, die ihm für die Beurteilung der Zuverlässigkeit der Bekundungen erforderlich erscheinen. Der Pflicht zur Substantiierung ist mithin nur dann nicht genügt, wenn das Gericht aufgrund der Darstellung nicht beurteilen*

145 BGH, NJW-RR 1993, S. 189.

146 BGH, NJW 1984, S. 2289; vgl. auch BGH, NJW-RR 1995, S. 724.

147 Vgl. BGH, MDR 1985, S. 116.

148 BGH, BauR 1988, S. 121.

149 Vgl. BGH, NJW 1962, S. 1394, hier ist auch zu beachten, dass genaue Datierungen oft nicht mehr bekannt sein können, z.B. genaue Datierung von Jahre zurückliegenden Vorgängen; vgl. auch BGH, NJW 2002, S. 1488.

kann, ob die gesetzlichen Voraussetzungen der an eine Behauptung geknüpften Rechtsfolgen erfüllt sind (BGH 11.7.2007 – IV ZR 112/05)".[150]

Praxistipp 56

Die Zulässigkeit eines Beweisantritts darf mit der Frage der Begründetheit der Klage nicht verwechselt werden.

Die zu strengen Anforderungen an die Substantiierung werden vom BGH immer wieder beanstandet: 57

„Das Berufungsgericht hat verfahrensfehlerhaft überspannte Anforderungen an den Vortrag der Klägerin [...] gestellt. Es hat sich der Erkenntnis verschlossen, dass eine Partei ihrer Darlegungslast bereits genügt, wenn sie Tatsachen vorträgt, die in Verbindung mit einem Rechtssatz geeignet sind, das geltend gemachte Recht als in ihrer Person entstanden erscheinen zu lassen, und hat den Vortrag weiterer Einzelheiten verlangt. Eine solche nur scheinbar das Parteivorbringen würdigende Verfahrensweise stellt sich als Weigerung des Berufungsgerichts dar, in der nach Art. 103 Abs. 1 GG gebotenen Weise den Parteivortrag zur Kenntnis zu nehmen und sich mit ihm inhaltlich auseinanderzusetzen; sie ist deswegen nicht anders zu behandeln als ein kommentarloses Übergehen des Klägervortrags (Sen. Beschl. v. 21.5.2007 – II ZR 266/04, ZIP 2007, 1524 Tz. 5).“[151]

Geht es um das **Zustandekommen einer vertraglichen Abrede** sind nähere Einzelheiten regelmäßig nicht erforderlich, um – im Falle des Bestreitens – zu einer Beweisaufnahme zu kommen. Bei einer Klage auf Kaufpreiszahlung reicht es, den Vertragsschluss zu behaupten oder bei einer Herausgabeklage das eigene Eigentum.[152] Der BGH bestätigt dies einmal mehr: „Ein Sachvortrag ist erheblich, wenn Tatsachen vorgetragen werden, die in Verbindung mit einem Rechtssatz geeignet und erforderlich sind, das geltend gemachte Recht zu begründen. Die Angabe näherer Einzelheiten ist grundsätzlich nur dann erforderlich, wenn diese für die Rechtsfolgen von Bedeutung sind [...]. Dabei muss, wenn das Zustandekommen bestimmter Abreden behauptet wird, nicht unbedingt zu Einzelheiten der Umstände dieser Abreden vorgetragen werden (vgl. BGH, Urt. v. 21.1.1999 – VII ZR 398/97, MDR 1999, 735 = NJW 1999, 1859 f.) [...]. Auf dieser Grundlage hätte das Berufungsgericht den angetretenen Beweis erheben müssen; in einem solchen Fall bleibt es dem Tatrichter unbenommen, bei der Beweisaufnahme die Zeugen nach allen Einzelheiten zu fragen, die ihm für die Beurteilung der Zuverlässigkeit der Beurkundung erforderlich erscheinen, insbesondere auch nach Ort, Zeit und Umständen der behaupteten Abreden (vgl. BGH, Urt. v. 21.1.1999 – VII ZR 398/97, MDR 1999, 58

150 BAG 6 AZR 189/08.

151 BGH, II ZR 143/08.

152 Vgl. Prütting/Gehrlein/Prütting, ZPO, § 138 Rn 9 m.w.N.

735 = NJW 1999, 1859 f.).“[153] Der VII. Zivilsenat drückt sich wie folgt aus: „Die Angabe näherer Einzelheiten, die den Zeitpunkt und den Vorgang bestimmter Ereignisse betreffen, ist nicht erforderlich, soweit diese Einzelheiten für die Rechtsfolgen nicht von Bedeutung sind (BGH NJW 68, 1233 Nr. 7). Das Gericht muss nur in der Lage sein, aufgrund des tatsächlichen Vorbringens der Partei zu entscheiden, ob die gesetzlichen Voraussetzungen für das Bestehen des geltend gemachten Rechts vorliegen (BGH Urt. v. 14.3.1979 – VIII ZR 78/78 = LM ZPO § 253 Nr. 62 = WM 1979 650, 651).“[154]

59 Ebenso teilt der BGH in NJW 1999, S. 1859 f. mit: „Ein Sachvortrag ist erheblich, wenn Tatsachen vorgetragen werden, die in Verbindung mit einem Rechtssatz geeignet und erforderlich sind, das geltend gemachte Recht zu begründen. Die Angabe näherer Einzelheiten ist grundsätzlich nur dann erforderlich, wenn diese für die Rechtsfolgen von Bedeutung sind (BGH, NJW 1984, 2888 [2889] = LM § 282 ZPO Nr. 41 = BauR 1984, 667 = ZfBR 1984, 289; BGH, NJW 1991, 2707 [2709] = LM H. 2–1992 § 130 ZPO Nr. 16) [...]. Der Umstand, dass die Gegenpartei mangels genauer Zeit- und Ortsangaben noch nicht zu einer detaillierten Erwiderung in der Lage ist, ist kein Grund, den Vortrag als unsubstantiiert zurückzuweisen. Dem Tatrichter bleibt es unbenommen, bei der Beweisaufnahme die Zeugen oder die zu vernehmende Partei nach allen Einzelheiten zu fragen, die ihm für die Beurteilung der Zuverlässigkeit der Bekundung erforderlich erscheinen, insbesondere auch nach Ort, Zeit und Umständen der behaupteten Abreden. Er kann aber diese Einzelheiten nicht schon von der beweispflichtigen Partei verlangen und darf die Beweiserhebung hiervon nicht abhängig machen (BGH, NJW 1984, 2888 [2889] = LM § 282 ZPO Nr. 41 = BauR 1984, 667 = ZfBR 1984, 289).“[155] Auch der X. Zivilsenat des BGH vertritt diese Auffassung: „Der Umstand, dass die Gegenpartei mangels genauer Zeit- und Ortsangaben noch nicht zu einer detaillierten Erwiderung in der Lage ist, ist kein Grund, den Vortrag als unsubstantiiert zurückzuweisen. Dem Tatrichter bleibt es unbenommen, bei der Beweisaufnahme die Zeugen oder die zu vernehmende Partei nach allen Einzelheiten zu fragen, die ihm für die Beurteilung der Zuverlässigkeit der Bekundung erforderlich erscheinen, insbesondere auch nach Ort, Zeit und Umständen der behaupteten Abreden. Er kann aber diese Einzelheiten nicht schon von der beweispflichtigen Partei verlangen und darf die Beweiserhebung hiervon nicht abhängig machen (BGH, NJW 1984, 2888 [2889] = LM § 282 ZPO Nr. 41 = BauR 1984, 667 = ZfBR 1984, 289).“[156]

153 BGH, MDR 2000, S. 1392 f.

154 BGH, MDR 1985, S. 116.

155 BGH, NJW 1999, S. 1859 f.

156 BGH, MDR 1992, S. 76 f. und inhaltlich ebenso BGH, MDR 1999, S. 1371 f.

Hinweis 60

Eine andere Ansicht, die die Einlassungsfähigkeit des Sachvortrages erfordert, um einen Beweis zu erheben, überzeugt nicht. Nach dieser Ansicht würde es im Falle des Bestreitens nur dann zu einer Beweisaufnahme kommen, wenn der Sachverhalt bereits so konkret vorgetragen wurde, dass der Gegner den Sachverhalt überprüft und ggf. bereits Gegenbeweismittel hätte anbieten können. Begründet wird dies u.A. unter Hinweis auf § 138 ZPO, Art. 3 Abs. I GG und hieraus folgend dem Prinzip der Waffengleichheit und dem Grundsatz des rechtlichen Gehörs gem. Art. 103 Abs. I GG.[157] Diese Ansicht ist in der höchstrichterlichen Rechtsprechung noch nicht vertreten worden. Das wäre auch nicht überzeugend, denn die darlegungs- und beweisbelastete Partei macht sich die für sie günstigen Zeugenangaben mit den in der Beweisaufnahme ggf. weiter zutage geförderten Einzelheiten grds. zu Eigen. Das wiederum bedeutet, dass die Gegenpartei nunmehr nach wie vor den Sachverhalt überprüfen und ggf. Gegenbeweismittel benennen kann. Das bedeutet, dass ggf. zwar eine Vertagung nötig ist, aber der Grundsatz der Waffengleichheit und des rechtlichen Gehörs gewahrt ist. Würde man hier kleinlich agieren, würde man die darlegungs- und beweisbelastete Partei in nicht wenigen Fällen **faktisch zwingen**, mit den Zeugen Kontakt aufzunehmen. Dass dies eine größere Gefahr für die Wahrheitsfindung und ein materiell richtiges Urteil als eine Vertagung ist, liegt auf der Hand.[158] Bemerkenswerterweise würde genau der Beispielsfall, an dem Brose für die abweichende Ansicht argumentiert, zu dieser vorherigen Kontaktaufnahme zwischen Partei und Zeugen führen.[159] Diese abweichende Ansicht ist durch die ständige Rechtsprechung des BGH ohnehin obsolet: „Der Umstand, dass die Gegenpartei mangels genauer Zeit- und Ortsangaben noch nicht zu einer detaillierten Erwiderung in der Lage ist, ist kein Grund, den Vortrag als unsubstantiiert zurückzuweisen."[160]

Hinzu kommt, dass die Partei auch nur **vermutete Tatsachen** behaupten darf und nicht von sich aus Kontakt mit Zeugen aufnehmen muss, um die vermutete Tatsache zu verifizieren. Insbesondere „verlangt das Gesetz nicht, dass der Beweisführer sich auch darüber äußert, welche Anhaltspunkte er für die Richtigkeit der in das Wissen des Zeugen gestellten Behauptung habe."[161] Wenn die Partei eine (nur vermutete) Tatsache behauptet, und weiteres – mangels eigener Befragung des Zeugen – auch nicht weiß, können von der Partei weder zuverlässige weitere Angaben erwartet 61

157 Vgl. Brose, Substantiierungslast im Zivilprozess, MDR 2008, S. 1315, 1318.

158 Vgl. Balzer, Beweisaufnahme und Beweiswürdigung im Zivilprozess, Rn 49.

159 Vgl. Brose, Substantiierungslast im Zivilprozess, MDR 2008, S. 1315, 1317 mit dem Beispielsfall für einen angeblich nicht einlassungsfähigen Sachverhalt.

160 BGH, NJW 1999, S. 1859 f.

161 BGH, NJW-RR 1988, S. 1529. Eine Ausnahme besteht nur bei inneren Tatsachen in der Person des Zeugen.

noch kann die Partei zu Angaben ins Blaue genötigt werden.[162] „Nach ständiger höchstrichterlicher Rechtsprechung genügt eine Partei ihrer Darlegungslast, wenn sie Tatsachen vorträgt, die in Verbindung mit einem Rechtssatz geeignet sind, das geltend gemachte Recht als in ihrer Person entstanden erscheinen zu lassen, wobei unerheblich ist, wie wahrscheinlich die Darstellung ist und ob sie auf eigenem Wissen **oder** [Hervorheb.d.d.Verf.] einer Schlussfolgerung aus Indizien besteht.“[163]

62 Geht es darum, **ob** eine Partei von bestimmten Umständen Kenntnis hatte, sind die Zeit, der Ort und weitere Umstände der Kenntniserlangung regelmäßig irrelevant.[164]

63 Der Kolumne in der ZAP Nr. 14 vom 16.7.2008 kann folgender instruktiver Fall entnommen werden:

In einem Mietprozess (Klage auf Räumung) begründet der Kläger seine Klage u.a. wie folgt:

- Die Räume seien so vermüllt und mit Kisten, Papier, Urat und Gerümpel zugestellt, dass sie nicht mehr gereinigt werden können (Beweis: Augenschein, Zeuge, 34 Lichtbilder).
- Weiter wird starke Geruchsentwicklung im Treppenhaus, die zu Beschwerden der Nachbarn geführt hätte (Beweis: zwei Zeugen), vorgetragen.
- Brandgefahr in der Wohnung wegen zahlreicher untereinander vernetzter Elektrogeräte (Beweis: Augenschein, zwei Zeugen, 34 Lichtbilder), wodurch die Stromleitungen überlastet seien (Beweis: Sachverständigengutachten).

Das Amtsgericht erhebt keinen Beweis und weist die Klage ab:

> *„Der Sachvortrag müsse so genau gefasst werden, dass hierauf ein Beweisbeschluss gestützt werden könne. Fotos würden keinen Sachvortrag ersetzen; ein Hinweis dazu sei nicht erforderlich gewesen, weil der Kläger anwaltlich vertreten sei. Allgemeine Bezeichnungen wie ‚zahlreiche' Geräte oder ‚vollkommen zugestellt' seien nicht ausreichend. Es müsse präzisiert werden, welche Geräte in der Wohnung vorhanden seien, wie sie vernetzt seien und woraus sich die Brandgefahr ergebe. Hinsichtlich des Geruchs hätte genauerer Sachvortrag erfolgen müssen. Es sei dem Kläger zuzumuten, zu beschreiben, ob es sich bei dem Geruch um einen säuerlichen, einen muffigen, einen chemischen Geruch oder Ähnliches handele. Desgleichen sei darzulegen, in welchem Zimmer welche Vermüllung festzustellen sei, welcher Unrat sich in welchem Zimmer befin-*

162 Vgl. BGH, NJW-RR 1988, S. 1529.

163 BGH, BGHReport 2005, 1589 f.

164 Vgl. für die behauptete Kenntnis des Käufers von dem Mangel, BGH, NJW-RR 1988, S. 1529 f. oder für die behauptete Kenntnis der Klägerin hinsichtlich eines abredewidrig ausgefüllten Wechsel, BGH, NJW 1968, S. 1233, oder für die behauptete Äußerung gegenüber Dritten, den Versicherungsfall nur vorgetäuscht zu haben, VersR 1984, S. 429.

de. Ein Beweisantritt erfordere genaue Angaben bezüglich der Anzahl der Geräte und Vorfälle und auch genaue Zeitangaben.“[165]

Fast jeder Praktiker wird sich in einer ähnlichen Lage befunden haben, dass Gerichte **de facto unerfüllbare Vorgaben** an die Substantiierung legen. 64

Dementsprechend hält Schneider das Urteil für willkürlich. „Dem Kläger anzulasten, er habe es unterlassen, die Kisten und Kästen und elektrischen Geräte in jedem Zimmer zu zählen, die Verkabelung der Elektrogeräte zu beschreiben und dergleichen, ist willkürlich“.[166] 65

Ähnlich hat der Bundesgerichtshof am 25.10.2011 entschieden, der in einem Mietmangelprozess „unangenehme Fäkalgerüche“, ein „durchgerostetes und undichtes“ Zuleitungsrohr zum WC und dass „der Heizkörper nicht funktioniere“, als ausreichend substantiierten Sachvortrag erachtete. Insbesondere war es nicht nötig, die Intensität und Häufigkeit der Gerüche, den Umfang der Roststelle (klein oder größer) und die Undichtigkeit (ganz oder teilweise) oder die Art der Fehlfunktion des Heizkörpers oder gar die erzielten Temperaturen näher darzulegen. Das gilt auch dann, wenn die Mängel bestritten waren, denn auch dann ist die Partei nach wie vor nicht gehalten, den behaupteten Sachverhalt in allen Einzelheiten wiederzugeben.[167] 66

Eine Partei muss nur solche Tatsachen vortragen, die ihren Rechtsanspruch stützen.[168] Den Vortrag weiterer Einzelheiten darf das Gericht gerade nicht verlangen.[169] 67

Praxistipp 68

Die Partei genügt auch dann ihrer Darlegungslast, wenn sie Tatsachen vorträgt, an die sie sich nicht mehr erinnern kann oder eine nur vermutete Tatsache behauptet.[170] Das kommt vor allem bei inneren Tatsachen der Gegenseite,[171] Kausalabläufen[172] und Geschehnissen zwischen anderen Personen in Betracht.

In Fällen wie dem oben genannten liegt oft eine **Verwechslung der Zulässigkeit eines Beweisantritts mit der Begründetheit der Klage vor**. Sind die Räume so vermüllt, dass eine Reinigung nicht möglich ist bzw. liegt eine Brandgefahr aufgrund 69

165 Schneider, ZAP Kolumne, ZAP Nr. 14 vom 16.7.2008, S. 747.

166 Schneider, ZAP Kolumne, ZAP Nr. 14 vom 16.7.2008, S. 748.

167 Vgl. BGH, NJW 2012, S. 382 ff.

168 Vgl. BGH, BGH-Report 2003, S. 891.

169 Vgl. BGH, NJW-RR 1988, S. 1409.

170 Vgl. BGH, NDR 2003, S. 1365.

171 Vgl. BGH, MDR 1983, S. 838; **Achtung:** Wird ein Zeuge zu inneren Tatsache eines Dritten benannt, muss i.d.R. dargelegt werden, aufgrund welcher Umstände der Zeuge von diesen inneren Tatsachen Kenntnis erlangt hat, vgl. BGH, NJW 1992, S. 2489 f.

172 Vgl. BGH, MDR 1995, S. 407.

der Verkabelungen vor etc., so ist die Klage begründet. Weitere Einzelheiten sind dann für die Rechtsfolge irrelevant, so dass die Angabe näherer Einzelheiten nicht erforderlich ist.[173] Ob das der Fall ist, ist eine Frage der Begründetheit, also lediglich eine Frage des Ergebnisses der Beweisaufnahme, nicht aber der Zulässigkeit einer Beweisaufnahme.

70 Folgerichtig genügt es für den **Antritt zum Sachverständigenbeweis**, dass die zu begutachtenden Punkte nur **summarisch**[174] und für den **Antritt zum Augenscheinsbeweis**, dass **lediglich das Objekt** angegeben werden (§ 371 ZPO). Für den **Bereich des Zeugenbeweises** dürfen **zum Beweisantritt** die Anforderungen nicht überspitzt werden,[175] ggf. dem **Gericht erforderliche erscheinende Einzelheiten muss dieses in der Beweisaufnahme erfragen**.[176]

71 Dementsprechend reicht es aus, z.B. vorzutragen, ein Arbeitnehmer habe den „Mittelpunkt seiner Lebensinteressen“ i.S.d. EStG an einem bestimmten Ort innegehabt. Das ist hinreichend substantiiert und bestimmt. Es besteht keine Pflicht, die den Begriff des Lebensmittelpunkts prägenden Einzeltatsachen zusätzlich zu benennen und unter Beweis zu stellen.[177]

72 Ebenso ist es ausreichend, im Falle eines Sturzes und einer Klage aus dem Gesichtspunkt der Verletzung der Verkehrssicherungspflicht vorzutragen, dass „die Treppe gefährlich glatt“ gewesen sei.[178]

73 Werden die Anforderungen an die Substantiierung überspitzt, gilt Folgendes:

Hinweis

„Das Rechtsstaatsgebot verbietet es dem Gericht, bei der Auslegung und Anwendung der verfahrensrechtlichen Vorschriften den Zugang zu den in den Verfahrensordnungen eingeräumten Instanzen von Voraussetzungen abhängig zu machen, die unerfüllbar oder unzumutbar sind oder den Zugang in einer Weise erschweren, die aus Sachgründen nicht mehr zu rechtfertigen ist (vgl. BVerfGE 63, 45, 70 f. [BVerfG v. 12.1.1983 – 2 BvR 864/81]; 74, 228, 234 [BVerfG v. 11.2.1987 – 1 BvR 475/85]; 77, 275, 284 [BVerfG v. 2.12.1987 – 1 BvR 1291/85]; 78, 88, 99 [BVerfG v. 9.3.1988 – 1 BvL 49/86]).“[179] Eine offenkundig unrichtige Handhabung der Substantiierungsvorschriften hat dieselben Folgen wie eine

173 Vgl. BGH, NJW-RR, 1995, S. 724.
174 Vgl. Thomas/Putzo, Komm. zur ZPO, 28. Aufl., § 403.
175 Vgl. BGH, NJW 1992, S. 1967 f.
176 Vgl. BGH, NJW-RR 1998, S. 1409.
177 Vgl. BFH VI B 118/04.
178 Vgl. BGH, NJW-RR S. 409 ff.
179 BVerfGE 112, S. 185 ff.

-verfassungsrechtlich zwar zulässige, aber auf Ausnahmen beschränkte[180]- Präklusion und verletzt daher ebenfalls Art. 103 Abs. 1 GG.[181]

Die streiterhebliche Tatsache wird nicht zwingend durch **schlichtes Bestreiten** unklar,[182] sondern ggf. durch substanziiertes Bestreiten. Damit ist aber noch keine Aussage getroffen, ob der Gegner substantiiert bestreiten muss. 74

Trägt der Kläger vor, er habe aufgrund eines Rundschreibens des Beklagten von seinem Lieferanten den sonst üblichen Rabatt von 5 % nicht erhalten, braucht aufgrund eines Bestreitens nicht näher dargelegt zu werden, was Verhandlungsstoff des Klägers mit dem Lieferanten war und welche Vorstellungen die Verhandlungspartner hatten.[183] 75

> *„Das bedeutet [...] nicht, dass derjenige, der ein Recht beansprucht, schon deshalb, weil der Gegner bestreitet, gezwungen ist, den behaupteten Sachverhalt in allen Einzelheiten wiederzugeben. Dem Grundsatz, dass der Umfang der Darlegungslast sich nach der Einlassung des Gegners richtet, liegt nicht etwa der Gedanke zu Grunde, ein Kl. sei zur Förderung der Wahrheitsermittlung und zur Prozessbeschleunigung verpflichtet, den Gegner in die Lage zu versetzen, sich möglichst eingehend auf die Klagebehauptungen einzulassen. Der Grundsatz besagt vielmehr nur, dass [nur] dann, wenn infolge der Einlassung des Gegners der Tatsachenvortrag unklar wird und nicht mehr den Schluss auf die Entstehung des geltend gemachten Rechts zulässt, er der Ergänzung bedarf.“*[184] 76

Davon ist jedoch die Problematik zu unterscheiden, wie konkret der Beklagte bestreiten muss, um nicht die Zugeständnisfiktion des § 138 Abs. 3 ZPO auszulösen. Grundsätzlich kann sich der Beklagte darauf beschränken, gegnerische Tatsachenbehauptungen schlicht zu bestreiten, d.h. zu negieren (= sog. einfaches Bestreiten).[185] 77

Will der Beweisführer einen Beweis durch **Indizien** führen, hat das Gericht darauf hinzuweisen, falls der Beweisantritt nach Meinung des Gerichts nicht ausreichend ist.[186] Um insofern zu einer Beweiserhebung zu kommen, ist es ausreichend, dass die vorgetragenen und unter Beweis gestellten Indizien die Schlussfolgerung auf die 78

180 Vgl. BVerfGE 55, S. 72, 94; 59, S. 330, 334; 60, S. 1, 6; 62, S. 249, 254; 63, S. 177, 180; 67, S. 39, 41; 69, S. 145, 149.

181 Vgl. BGH, NJW-RR 2010, S. 1218.

182 So aber Lange, Zum Umfang der Substantiierungspflicht im Zivilprozess, DRiZ 1985, S. 247 ff., a.A. BGH, NJW 1992, S. 2427 f.: „Das bedeutet jedoch nicht, dass derjenige, der ein Recht beansprucht, schon deshalb weil der Gegner bestreitet, gezwungen ist, den behaupteten Sachverhalt in allen Einzelheiten wiederzugeben.“

183 Vgl. BGH, MDR 2000, S. 1392.

184 BGH, NJW 2005, S. 2710.

185 Vgl. BGH, NJW 1993, S. 1782; BGH, NJW 1995, S. 3311; BGH, NJW 1999, S. 1404 ff.

186 Vgl. BGH, NJW 1989, S. 2756 f.

geltend gemachte Rechtsfolge **möglich** erscheinen lassen.[187] Eine Antizipation der Beweisaufnahme ist nicht zulässig, denn es gilt: „Eine Partei genügt ihrer Darlegungslast, wenn sie Tatsachen vorträgt, die in Verbindung mit einem Rechtssatz geeignet sind, das geltend gemachte Recht als entstanden erscheinen zu lassen, wobei unerheblich ist, wie wahrscheinlich die Darstellung ist und ob sie auf eigenem Wissen oder einer Schlussfolgerung aus **Indizien** [Hervorheb. d.d. Verf.] besteht."[188] Der BGH führt diesen Rechtssatz in ständiger Rechtsprechung weiter: „Zu Recht rügt die Revision Verkennung der Anforderungen an die Substanziierungslast des Klägers. Nach ständiger Rechtsprechung genügt eine Partei ihrer Darlegungslast, wenn sie Tatsachen vorträgt, die in Verbindung mit einem Rechtssatz geeignet sind, das geltend gemachte Recht als entstanden erscheinen zu lassen (z.B. BGH, NJW-RR 1998, 1488 = ZIP 1998, 956 [957]; Senat, NJW 1991, 2707 [2709] = LM H. 3/1992 § 130 ZPO Nr. 16). Für einen schlüssigen und damit erheblichen Sachvortrag ist deshalb, anders als das BerGer. zu meinen scheint, eine lückenlose Dokumentation der den geltend gemachten Anspruch rechtfertigenden Fakten nicht erforderlich. Darauf, für wie wahrscheinlich die Darstellung der Partei zu erachten ist, kommt es insoweit ebenfalls nicht an. Dies eröffnet die Möglichkeit, auch mit Hilfe von Indizien die Haupttatsachen darzulegen, die den betreffenden Rechtssatz ausfüllen (BGH, NJW-RR 1998, 1488 = ZIP 1998, 956 [957]; Senat, NJW-RR 1993, 189). Dazu genügt es, wenn die Hilfstatsachen selbst vorgetragen sind, die auf sie gestützte Schlussfolgerung möglich ist und diese Schlussfolgerung die geltend gemachte Rechtsfolge als entstanden erscheinen lässt."[189]

79 *Hinweis*

Die (strafprozessuale) Rechtsprechung zur sog. **bedeutungslosen Tatsache (§ 244 Abs. 3 Satz 2 Variante 2 StPO)** ist mit der o.g. ständigen zivilprozessualen Rechtsprechung des BGH damit nicht widerspruchsfrei in Einklang zu bringen, denn bei der bedeutungslosen Tatsache verweigert der Tatrichter bereits die Beweisaufnahme mit der Begründung, der Beweis erlaube nur mögliche Schlüsse, aber keine zwingenden, und diese möglichen Schlüsse möchte das Gericht nicht ziehen.

80 Wenn die unter Beweis gestellte Indiztatsache nur mögliche, aber keine zwingenden Schlüsse ermöglicht und das Gericht diesen möglichen Schluss nicht ziehen will, wäre es – jedenfalls strafprozessual – gestattet, einen entsprechenden Beweisantrag abzulehnen.[190] Nach der Rechtsprechung gilt dies sogar dann, wenn die Tatsache für den Fall ihres Erwiesenseins ein dem Angeklagten günstiges Ergebnis nahele-

187 Vgl. Baumgärtel/Laumen, Handbuch der Beweislast, Grundlagen, § 3 Rn 77.

188 BGH, NJW-RR 1998, S. 1488.

189 BGH, NJW-RR 2001, S. 887.

190 Vgl. KK/StPO/Fischer, 6. Aufl., § 244, Rn 143; Meyer-Goßner, StPO, 54. Aufl., § 244 Rn 56, jeweils m.w.N.

gen würde, das Gericht diesen günstigen Schluss aber im Wege freier Beweiswürdigung nicht ziehen will, denn der BGH hat den Satz, dass die richterlichen Schlussfolgerungen nicht überwiegend wahrscheinlich sein müssen, nie ausdrücklich aufgegeben, so dass er immer wieder unkommentiert auftaucht und wiedergegeben wird.[191] Gleichwohl macht die zivilgerichtliche Praxis von diesem Zurückweisungsgrund – anders als die strafgerichtliche Praxis – zu Recht (fast) keinen Gebrauch, obwohl anerkannt ist, dass die strafprozessualen Ablehnungsgründe für Beweisanträge auch im Zivilverfahren gelten würden.

Tatsächlich verletzt diese strafprozessuale Praxis i.d.R. das Verbot der Vorwegnahme der Beweiswürdigung, das Beweismaß der hohen Wahrscheinlichkeit, die Amtsaufklärungspflicht im Strafprozess, das Gebot der erschöpfenden Beweiswürdigung und das verfassungsrechtliche Gebot der Ermittlung des wahren Sachverhalts.[192] Mit anderen Worten: Die strafprozessuale Praxis ist kaum vermittelbar, aber dennoch „law in action". 81

In der Praxis wird eine Klage in nicht wenigen Fällen abgewiesen, da eine Partei **offenkundige Tatsachen** nicht vorgetragen hatte. Das ist falsch, denn für die richterliche Beweiswürdigung brauchen allgemeinkundige Tatsachen und Erfahrungssätze nicht vorgetragen zu werden. Das Gericht kann solche auch ohne Vortrag der Parteien verwerten,[193] sofern es die Parteien hierauf hingewiesen,[194] d.h. diese zum Gegenstand der mündlichen Verhandlung gemacht hat.[195] 82

IV. Abgrenzung zum Ausforschungsbeweis

Für die Abgrenzung des genügend substantiierten Vortrages vom ungenügenden, soll man als Kontrollüberlegung die Frage anstellen können, ob bei einer auf den Vortrag folgenden Beweisaufnahme ein **Ausforschungsbeweis** vorläge.[196] „Der BGH hat festgestellt, dass eine Beweisaufnahme zu einem bestrittenen, erheblichen Vorbringen nicht abgelehnt werden darf, wenn die Behauptung der beweisbelasteten Partei konkret genug ist, um eine Stellungnahme des Gegners zu ermöglichen und die Erheblichkeit des Vorbringens zu beurteilen (BGH, NJW-RR 1996, 56). Wie konkret der Tatsachenvortrag der Partei gestaltet sein muss, hängt von den Umständen des Einzelfalles, insbesondere auch von der Erklärung des Gegners ab (BGH, NJW-RR 1994, 377 = LM H. 5/1994 § 270 ZPO 1976 Nr. 16). Die Partei genügt ihrer Darlegungslast nur dann nicht, wenn das Gericht nicht (mehr) beurteilen kann, ob die gesetzlichen Voraussetzungen der an eine Behauptung geknüpften 83

191 Vgl. Graf/StPO/Eschelbach, § 261 Rn 31 m.w.N.
192 Vgl. Geipel, Der überlegene Zivilprozess und die bedeutungslose Tatsache, ZAP Fach 13, S. 1777 ff.
193 Vgl. Baumgärtel/Laumen, Handbuch der Beweislast, Grundlagen, § 3 Rn 69 m.w.N.
194 Vgl. BGH, NJW-RR 1993, S. 1166, vgl. auch BVerfG, NJW-RR 1996, S. 183.
195 Vgl. Prütting/Gehrlein/Laumen, ZPO, § 286 Rn 6 m.w.N.
196 Vgl. Baumgärtel/Laumen, Handbuch der Beweislast, Grundlagen, § 3 Rn 76.

Rechtsfolge erfüllt sind (BGH, NJW-RR 1993, 189). Diese Grenze zum (rechtswidrigen) Ausforschungsbeweis war im vorliegenden Fall aber nicht überschritten."[197] Dementsprechend lautet der Leitsatz der in Bezug genommenen Entscheidung des BGH, NJW-RR 1996, S. 56: „Eine Beweisaufnahme zu einem bestrittenen erheblichen Vorbringen darf nicht abgelehnt werden, wenn die Behauptung konkret genug ist, um eine Stellungnahme des Gegners zu ermöglichen und die Erheblichkeit des Vorbringens zu beurteilen (Ergänzung zu BGH, NJW 1991, 2707)."

84 Diese Überlegung bewegt sich aber zumindest im Grenzbereich zum **Zirkelschluss**. Ein zur Ausforschung von Zeugen oder Sachverständigen dienender Beweisantrag liegt nur dann vor, wenn eine Partei die zur Konkretisierung ihres Prozessvortrags benötigten Tatsachen erst durch die Beweisaufnahme in Erfahrung zu bringen sucht (BGH NJW 1984, 2888, 2889; NJW-RR 1987, 415). Die Frage des Vorliegens eines Ausforschungsbeweises hat mit der Frage, ob eine Stellungnahme des Gegners möglich ist, nichts zu tun. Ob ein Sachvortrag näher substantiiert werden muss, um dem Gegner eine Stellungnahme zu ermöglichen, ist eine Frage der Substantiierungslast, nicht des Ausforschungsbeweises.

Der BGH hat jedenfalls festgestellt, dass eine Beweisaufnahme zu einem bestrittenen, erheblichen Vorbringen nicht abgelehnt werden darf, wenn die Behauptung der beweisbelasteten Partei konkret genug ist, um eine Stellungnahme des Gegners zu ermöglichen und die Erheblichkeit des Vorbringens zu beurteilen (BGH NJW-RR 1996, 56; 2003, 491 f.). Diese Stellungnahme kann freilich auch nur ein schlichtes Bestreiten sein.

85 *Hinweis*

Der Grundsatz, dass sich die Substantiierungslast nach der Einlassung des Gegners richtet, „[...] besagt vielmehr nur, dass dann, wenn infolge der Einlassung des Gegners der Tatsachenvortrag unklar wird und nicht mehr den Schluss auf die Entstehung des geltend gemachten Rechtes zulässt, er der Ergänzung bedarf (BGH NJW 1962, 1394 Nr. 9 = JZ 1963, 32, 33) [BGH 16.5.1962 – VIII ZR 79/61]."[198]

86 Anders formuliert:

„Häufig muss eine Partei Tatsachen behaupten, über die sie eine genaue Kenntnis gar nicht haben kann (z.B., weil es sich um die Wahrnehmung anderer Personen handelt), die sie aber nach Lage der Verhältnisse für wahrscheinlich oder möglich hält. Sie kann auch über solche Tatsachen eine Beweisaufnahme erwirken (Stein-Jonas, ZPO § 138 I 3 a). Es trifft ferner nicht zu, dass es sich hier um unzulässigen Ausforschungsbeweis handelt. Die Beklagte will nicht durch die Vernehmung beweiserhebliche Tatsachen erfahren, die sie dann als ihren neuen

197 OLG München, NJW-RR 1997, S. 1425.

198 BGH, MDR 1985, S. 116.

Prozessvortrag übernehmen will. Sie hat die Vernehmung des Geschäftsführers der Klägerin über die beweiserhebliche Tatsache selbst beantragt.“[199]

Ein Ausforschungsbeweis kann also immer dann nicht vorliegen, wenn über eine konkrete Tatsache mit einem konkreten Beweismittel ein Beweis erbracht werden soll.[200] **87**

„Die umfassende Rechtsprechung des BGH zeigt, dass die Instanzgerichte Beweisanträge einer Partei, die ihren Vortrag auf Vermutungen stützt, fast immer zu Unrecht zurückweisen, da ein Ausforschungsbeweis nur in den seltensten Fällen vorliegt. Angesichts der vom BGH festgelegten Kriterien zur beweisrechtlichen Zulässigkeit eines Vortrages auf zivilrechtlicher Vermutungsbasis liegt das auf der Hand.“[201] **88**

„Der BGH ist in der Annahme eines Ausforschungsbeweises [also] zurückhaltend. Er steht auf dem Standpunkt, dass es der darlegungspflichtigen Partei nicht verwehrt werden kann, eine tatsächliche Aufklärung auch hinsichtlich solcher Punkte zu verlangen, über die sie kein zuverlässiges Wissen besitzt und auch nicht erlangen kann. Dies nötigt sie unter Umständen, eine von ihr nur vermutete Tatsache zu behaupten und unter Beweis zu stellen. Darin sieht der BGH weder eine Verletzung der prozessualen Wahrheitspflicht noch einen unzulässigen Ausforschungsbeweis.[202]*“*[203]

V. Fazit

Praxistipp **89**

Um eine in diesem Bereich oftmals vorzufindende **Denkblockade** aufzulösen, ist die Überlegung hilfreich, was wäre, wenn sich die unter Beweis gestellte Behauptung durch die angesonnene Beweisaufnahme als richtig herausstellt.[204]

Insbesondere kommt es auf die Wahrscheinlichkeit der unter Beweis gestellten Tatsache nicht an.[205] Ob Anhaltspunkte für die Wahrscheinlichkeit der aufgestellten Tatsachenbehauptung ersichtlich sind, ist irrelevant und insbesondere muss die Par- **90**

199 BGH, NJW 1968, S. 1233 f.

200 Vgl. Kiethe, Zulässigkeit bei Beweisantritten auf Grundlage einer zivilrechtlichen Vermutungsbasis, MDR 2003, S. 1325, 1327.

201 Kiethe, Zulässigkeit bei Beweisantritten auf Grundlage einer zivilrechtlichen Vermutungsbasis, MDR 2003, S. 1325, 1328.

202 Im Original folgende Fußnote: BGH NJW-RR 1988, 1529; so auch BGHR ZPO § 286 I Beweisantrag, Ablehnung 2.

203 Baumgärtel, Zwei wichtige Entscheidungen zu Ausforschungsbeweis und Behauptung ins Blaue hinein, MDR 1995, S. 987 f.

204 Vgl. BGH, NJW-RR 1991, S. 888, 891: „Stellt sich der Sachvortrag als richtig heraus, so steht fest [...]“.

205 Vgl. BGH, NJW-RR 1991, S. 888, 891 m.w.N.

tei ihre Beweisbehauptung nicht wahrscheinlich machen.[206] Selbst ein unüblicher oder ungewöhnlicher Vortrag vermag erhöhte Darlegungs-anforderungen nicht auszulösen.[207]

> *„Schon gar nicht darf das Gericht von einer Beweisaufnahme mit der Begründung absehen, dass es sich um die Behauptung ungewöhnlicher, anfangs unwahrscheinlich anmutender Tatsachen handelt. Anderenfalls kämen derartige Behauptungen erst gar nicht zu Beweis, obwohl sie in der Beweisaufnahme sogar erhärtet werden könnten, weil sie tatsächlich wahr sind.*[208] *Dies wäre ein völlig inakzeptables Ergebnis.*"[209]

91 **Ergänzender Hinweis:** Die Frage, wer die Substantiierungslast hat, wird in der Praxis manchmal bei rechtmäßigen Alternativverhalten verwechselt.

Insofern gilt:

■ **Kausalität (rechtmäßiges Alternativverhalten)**

Das RG hat den Einwand, dass der Schaden auch entstanden wäre, wenn sich der Schädiger rechtmäßig verhalten hätte, nicht zugelassen.[210] Nach Auffassung des BGH werden Schäden, die auch entstanden wären, wenn sich der Schädiger verkehrsgerecht verhalten hätte, grds. nicht vom Schutzzweck der Norm erfasst. D.h., der Einwand ist grundsätzlich beachtlich.[211] Die Darlegungs- und Beweislast, dass der Schaden auch bei rechtmäßigem Alternativverhalten eingetreten wäre, trägt aber der Schädiger.[212] Der Schutzzweck der Norm kann aber auch nach heutiger Rechtsprechung im Einzelfall ergeben, dass der Einwand des rechtmäßigen Alternativverhaltens unbeachtlich ist.[213] Voraussetzung ist in jedem Fall, dass derselbe Erfolg herbeigeführt worden wäre; die bloße Möglichkeit, ihn rechtmäßig herbeiführen zu können, reicht nicht aus.[214]

206 Vgl. BGH, NJW-RR 1991, S. 888, 890 m.w.N.; NJW 1972, S. 249 f.; NJW 1992, S. 3106.

207 Vgl. BGH, NJW 1984, S. 2888 f.

208 Im Original folgende Fußnote: Peters [Münchner Kommentar/ZPO, 2. Aufl.; 2000] § 138 RZ 10.

209 Kiethe, Zulässigkeit bei Beweisantritten auf Grundlage einer zivilrechtlichen Vermutungsbasis, MDR 2003, S. 1325, 1327.

210 Vgl. RGZ 102, S. 391; RGZ 163, S. 138.

211 Vgl. BGH, NJW 1993, S. 520 ff. m.w.N.

212 Vgl. BGHZ 29, S. 187; BGHZ 61, S. 123; BGH, NJW 1991, S. 167; vgl. auch BGH, NZV 1992, S. 229 bei Überschreitung der Richtgeschwindigkeit von 130 km/h auf Autobahnen; BGH, Urt. v. 14.3.2006 – X ZR 46/04 = NJW-RR 2006, S. 965.

213 Vgl. Palandt, Komm. zum BGB, 64. Aufl. Vorbem. § 249 Rn 107.

214 BGH, Urt. v. 2.11.2016 – XII ZR 153/15.

F. Die Substantiierungslast des Beklagten

I. Vorbemerkung

Anwälte stehen (leider) nicht gerade in dem Verdacht, zu einer besonders kollegialen Berufsgruppe zu gehören. Das führt in nicht wenigen Fällen zu sinnlosen Ausführungen und Schriftsätzen. Hierzu zwei Beispiele, die jedem forensisch erfahrenen Parteivertreter fast täglich begegnen. 92

Beispiel 1 93

Geht ein Schriftsatz nicht innerhalb der vom Gericht gesetzten Frist ein, rügt der Gegner regelmäßig „Verspätung". Obwohl die Frage der Präklusion von Amts wegen zu beachten ist und die Zurückweisung keines Antrages bedarf, wird die Rüge stereotyp erhoben. Der Kenntnisstand des entsprechenden Kollegen ist zudem ca. 100 Jahre veraltet. Durch die Beschleunigungsnovelle von 1924 bedarf es keines Präklusionsantrages der Gegenseite. Die Rüge wird sogar dann erhoben, wenn offensichtlich ist, dass eine Präklusion nicht in Betracht kommt. Das ist immer dann der Fall, wenn das Gericht die Verspätung durch zumutbare Maßnahme auffangen kann. Der reflexhaft vorgebrachte Einwand der Verspätung ist sinnlos, da er nur zu einer Verschärfung des „Klimas" führt.

Beispiel 2 94

Der Kläger trägt anspruchsbegründende Tatsachen vor. Der Beklagte begnügt sich mit schlichtem Bestreiten. Reflexhaft rügt der Kläger auch hier, dass das Bestreiten unsubstantiiert sei. Die mangelnde Berechtigung dieses Einwandes ist nicht so offensichtlich wie im o.g. Beispiel 1. Da der Fall jedoch tagtäglich vorkommt, nötigt er zu einer grundsätzlichen Darstellung zum erforderlichen Bestreiten. Es scheint jedenfalls, als ob der Hinweis von Egon Schneider aus dem Jahre 1962 immer noch aktuell ist, demzufolge die Vorschrift des § 138 ZPO weithin unbekannt zu sein scheint und jeder zweite bis dritte Schriftsatz dagegen verstößt.[215] Im Jahre 2007 teilt Gremmer mit: „Es gibt kaum einen Prozess, in dem nicht auf Kläger- oder auf Beklagtenseite oder von beiden Parteien die fehlende Substanz des jeweils gegnerischen Vortrags gerügt wird."[216] Dieser traurige Befund dürfte immer noch – mehr oder weniger – richtig sein.

215 Vgl. Schneider, Die Substantiierungslast beim Bestreiten, MDR 1962, S. 361.

216 Gremmer, Der unsubstanziierte Vortrag- ein Phantomproblem, MDR 2007, S. 1172.

II. Ausgangslage

95 Geklärt ist, dass ein **pauschales Bestreiten** nie ausreicht. Wer „bestreitet, was mit dem eigenen Vorbringen nicht in Einklang steht", liefert ein Nullum.[217] Fälle des pauschalen Bestreitens, die nicht auf bestimmte Behauptungen gerichtet sind, bleiben bei der weiteren Darstellung außer Betracht. Von dem pauschalen Bestreiten ist das **einfache Bestreiten** abzugrenzen. Ein **einfaches Bestreiten** liegt vor, wenn zu konkreten Behauptungen eine konkrete Negation erfolgt, aber keine Gegendarstellung. Ein ausreichendes konkludentes Bestreiten liegt immer dann vor, wenn ein Sachverhalt geschildert wird, der mit dem Klagevortrag unvereinbar ist.[218]

96 Der BGH geht von folgendem Grundsatz aus: „In der Regel genügt gegenüber einer Tatsachenbehauptung des darlegungspflichtigen Kl. das einfache Bestreiten des Bekl. (BGH, NJW 1993, 1782 = LM H. 8–1993 § 836 BGB Nr. 24 [unter II 3 a] m.w. Nachw.; BGH, NJW 1995, 3311 = LM H. 2–1996 § 780 BGB Nr. 17 [unter II 3]) [...] Eine darüber hinausgehende Substantiierungslast trifft die nicht beweisbelastete Partei nur ausnahmsweise dann, wenn der darlegungspflichtige Gegner außerhalb des von ihm darzulegenden Geschehensablaufs steht und die maßgebenden Tatsachen nicht näher kennt, während sie der anderen Partei bekannt und ihr ergänzende Angaben zuzumuten sind (st. Rspr., z.B. BGH, DtZ 1993, 278 = LM H. 9–1993 § 79 DDR-VertragsG Nr. 4 [unter II 2b cc], und BGH, NJW 1995, 3311 = LM H. 2–1996 § 780 BGB Nr. 17; BGH, NJW 1990, 3151 = LM § 138 ZPO Nr. 28 = WM 1990, 1844 [unter III 2]; BGH, NJW 1997, 128 = LM H. 2–1997 § 362 BGB Nr. 24 = WM 1996, 2253 [unter II 2 b], jew. m.w.N.)."[219] „Nach der ständigen Rechtsprechung des BGH obliegt dem Prozessgegner eine so genannte sekundäre Behauptungslast, wenn die primär darlegungsbelastete Partei außerhalb des darzulegenden Geschehensablaufs steht und keine Kenntnisse von den maßgeblichen Tatsachen besitzt, während der Prozessgegner zumutbar nähere Angaben machen kann (BGHZ 145, 170, 184 f. =

217 Vgl. Schneider, Die Substantiierungslast beim Bestreiten, MDR 1962, S. 361 f. und Zöller/Greger, 26. Aufl., § 138 Rn 10 a m.w.N.

218 Vgl. BGH, MDR 2010, S. 1058.

219 BGH, NJW 2004, S. 1404, 1405 f., a.A. ggf. BGH, NJW 2010, S. 1357 f., wo nicht ausnahmsweise, sondern grundsätzlich eine substantiierte Erwiderung, d.h., mit näheren positiven Angaben erwartet wird. „Ein substanziiertes Vorbringen kann also grundsätzlich nicht pauschal bestritten werden (**BAG**, NJW 2004, 2848, 2851 = NZA 2004, 489). Die Verpflichtung zu einem substanziierten Gegenvortrag setzt aber voraus, dass ein solches Vorbringen der erklärungsbelasteten Partei möglich ist. Dies ist in der Regel der Fall, wenn sich die behaupteten Umstände in ihrem Wahrnehmungsbereich verwirklicht haben (BGH, NJW-RR 1990, 78, 81)." Hinweis: Die in Bezug genommene Entscheidung des BAG, NJW 2004, S. 2848, 2851 hatte als Ausgangsfall aber einen eindeutigen Fall der sekundären Darlegungslast, in dem die primär „darlegungspflichtige Partei außerhalb des von ihr darzulegenden Geschehensablaufes stand und keine nähere Kenntnis der maßgebenden Tatsachen besaß, während der Prozessgegner sie hatte und ihm nähere Angaben zumutbar waren.

NJW 2001, 396; *Senat*, NJW 1999, 1404 = WM 1999, 1034 [unter II 2b aa], jew. m.w. Nachw.)“[220]

Hinweis 97

Wird ein Bestreiten zu Unrecht als unsubstantiiert betrachtet, liegt ein Verstoß gegen § 286 ZPO vor.[221]

Umgekehrt gibt es aber auch ein Wechselspiel zwischen Vortrag und Gegenvortrag: 98
„Die Anforderungen an die Substantiierungslast des Bestreitenden hängen davon ab, wie substantiiert der darlegungspflichtige Gegner – hier die Kl. – vorgetragen hat (st.Rspr., z.B. BGH, NJW 1990, 45 = LM § 42 VerglO Nr. 6 = WM 1989, 1779 [unter IV], und BGH, NJW 1993, 528 = LM H. 5 – 1993 § 823 [Dc] BGB Nr. 186 = WM 1993, 461 [unter II 4 a], jew. m.w. Nachw.).“[222]

Wie lassen sich diese beiden Grundsätze in Einklang bringen? Zwingt eine besonders ausführliche Darstellung des darlegungspflichtigen Klägers zu einem substantiierten Bestreiten? Die Frage lässt sich durch einfache Grundbeispiele beantworten: 99

Beispiel 3 100

Der Kläger behauptet in einer Schmerzensgeldklage, der Beklagte habe ihm am 20.12.2008 gegen 14.30 Uhr ohne rechtfertigenden Grund einen Schlag in das Gesicht versetzt. Kann der Beklagte nun erwidern, dass er dem Kläger keinen Schlag versetzt hat, oder muss er darlegen, was er am 20.12.2008 gegen 14.30 Uhr stattdessen getan hat? Hier reicht es aus, wenn der Beklagte schlicht bestreitet, den Kläger geschlagen zu haben.

Beispiel 4 101

Der Kläger ergänzt o.g. Ausführungen noch um die Mitteilungen, dass der Kläger eine Hose der Marke X und ein Hemd der Marke Y getragen habe. Zudem habe der Beklagte noch vor dem Schlag den Satz, „ich lasse mir nichts gefallen“ gerufen. Kann der Beklagte weiter schlicht bestreiten, oder muss er substantiieren, was er statt dessen an dem Tag für eine Kleidung getragen hatte, um eine Personenverwechslung nahe zu legen, oder mitteilen, was er ggf. tatsächlich gesagt hat? Die Ausführungen des Klägers waren zwar nun ausführlicher, aber zu irrelevanten Themen. Der Beklagte kann nach wie vor schlicht bestreiten.

Das bedeutet als **Zwischenergebnis**, dass die Ausführlichkeit des klägerischen Vortrags kein ausreichendes Kriterium ist, um den Beklagten zu einer Gegendarstellung (substantiiertes Bestreiten) zu veranlassen.

220 BGH, NJW 2005, S. 2395, 2397; NJW 2011, S. 3028 f.

221 Vgl. BGH, NJW-RR 1989, S. 898 f.

222 BGH, NJW 2004, S. 1404 f.

102 *Beispiel 5*

Der Kläger trägt nur einen Vertragsschluss vor, aus dem sich für ihn der Anspruch X ergibt. Hierbei hat es sich bereits um eine **Rechtsbehauptung** statt einem Tatsachenvortrag gehandelt, die aber noch zulässig ist.[223] Der Beklagte kann immer noch schlicht bestreiten. Der Sachverhalt ist dadurch nicht unklar geworden.

103 *Beispiel 6*

Der Kläger trägt nun vor, dass am X-Tag der Kläger das Angebot Y gemacht habe. Hierauf habe der Beklagte mit der Aussage Z reagiert, so dass eine Annahme erfolgt sei. Wenn der Beklagte nun schlicht bestreitet, wird der Sachverhalt unklar. Es wird unklar, welcher Sachvortrag noch zutreffend ist und welcher nicht. War der Beklagte am X-Tag gar nicht anwesend oder hatte das Angebot einen anderen Wortlaut oder bestand seine Gegenerklärung in einer Annahme/Ablehnung/Modifikation. Der Beklagte muss zur Vermeidung der Fiktion des § 138 Abs. 3 ZPO eine Gegendarstellung abgeben.[224]

104 *Hinweis*

Die Ausführlichkeit des klägerischen Vortrags zwingt nur dann zu einer Gegendarstellung, wenn andernfalls unklar werden würde, worüber das Gericht Beweis erheben soll. Bleibt klar, worüber Beweis zu erheben ist, kann auch die größte Ausführlichkeit oder Langatmigkeit nicht zu einer (noch) ausführlicheren oder langatmigeren Gegendarstellung zwingen. Der Sinn und Zweck des § 138 Abs. 2 ZPO liegt nicht in einer umfassenden Aufklärung, sondern in der Klärung der Beweisbedürftigkeit der von der Gegenpartei vorgetragenen Tatsachen.[225]

105 „Dem Grundsatz, dass der Umfang der Darlegungslast sich nach der Einlassung des Gegners richtet, liegt nicht etwa der Gedanke zugrunde, ein Kläger sei zur Förderung der Wahrheitsermittlung und zur Prozessbeschleunigung verpflichtet, den bestreitenden Gegner in die Lage zu versetzen, sich möglichst eingehend auf die Klagebehauptungen einzulassen. Der Grundsatz besagt vielmehr nur, dass dann, wenn infolge der Einlassung des Gegners der Tatsachenvortrag unklar wird und nicht mehr den Schluss auf die Entstehung des geltend gemachten Rechtes zulässt, er der Ergänzung bedarf (BGH NJW 1962, 1394 Nr. 9 = JZ 1963, 32, 33)“ (so BGH, MDR 1985, 116 = VII ZR 123/83). Das wird in der Praxis immer wieder verkannt.

223 Vgl. BGH, MDR 2007, S. 1278, vgl. auch BGH, NJW 1958, S. 1968, NJW 1992, 906, NJW-RR 1994, 1085, vgl. auch BGH, Urt. v. 13.3.1998 – V ZR 190/97 = NJW 1998, 2058 unter II 2 b; Urt. v. 2.6.1995 – V ZR 304/93 = WM 1995, 1589 unter II 1, vgl. auch BGH, Beschl. vom 28.3.2006-VIII ZB 100/04.

224 Vgl. Zöller/Greger, 26. Aufl., § 138 Rn 8a.

225 Vgl. Prütting/Gehrlein, ZPO, § 138 Rn 8.

III. Dogmatische Grundbegriffe

Bevor praxisrelevante Konstellationen beurteilt werden können, ist es – zum besseren Verständnis – nötig, sich mit den Begrifflichkeiten vertraut zu machen. 106

1. Die objektive und subjektive Behauptungslast

Die **objektive Behauptungslast** betrifft die **Anweisung an den Richter**, wie dieser zu entscheiden hat, wenn keine oder keine hinreichenden Tatsachenbehauptungen vorliegen. Üblicherweise wird angenommen, dass die objektive Behauptungslast der objektiven Beweislast folgt. Das ist dogmatisch nicht ganz richtig, denn **bevor** es zu einer Beweislastentscheidung kommen kann, steht der Tatsachenvortrag. Richtigerweise müsste also die objektive Beweislast der objektiven Behauptungslast folgen. Dass dies meist umgekehrt formuliert wird, liegt daran, dass Fragen der Beweislast das Schrifttum früher beschäftigt haben. Ebenso lässt sich formulieren, dass die Behauptungslast Folge und Vorwirkung der Beweislast ist.[226] Festzuhalten ist aber die **Akzessorietät von objektiver Behauptungslast und objektiver Beweislast**.[227] 107

Die **subjektive Behauptungslast** befasst sich nicht mit der Anweisung an das Gericht, wie dieses zu entscheiden hat, wenn keine genügenden Behauptungen vorliegen, sondern mit der Last für die Parteien selbst, durch eigenes Tätigwerden einen Rechtsnachteil zu vermeiden.[228] Die subjektive Behauptungslast korrespondiert mit der **subjektiven Beweislast**, die wiederum anfänglich der objektiven Beweislast folgt. 108

2. Die abstrakte und konkrete Behauptungslast

Die **abstrakte Behauptungslast** betrifft die Frage, welche Behauptungen, eine Partei abstrakt aufstellen muss, um eine zu ihren Lasten ergehende Entscheidung des Gerichts zu vermeiden.[229] Man kann hier von „**Anfangsdarlegungslast**" sprechen.[230] Ist bereits die Anfangsdarlegungslast nicht erfüllt, liegt kein schlüssiger Vortrag vor, weder für das behauptete Recht noch das behauptete Gegenrecht. Die abstrakte Behauptungslast stimmt grds. mit der objektiven Beweislast überein.[231] 109

226 HK ZPO (Hrsg.: Saenger), 2. Aufl., § 286 Rn 84.

227 Vgl. Seutemann, Die Anforderungen an den Sachvortrag der Parteien-Leitfaden zur Beurteilung von Darlegungslasten, MDR, 1997, S. 615 f. und Frohn, Substantiierungspflicht der Parteien und richterliche Hinweispflicht nach § 139 ZPO, JuS 1996, S. 243, 247.

228 Vgl. Baumgärtel/Laumen, Handbuch der Beweislast, Grundlagen, § 3 Rn 57.

229 Vgl. Baumgärtel/Laumen, Handbuch der Beweislast, Grundlagen, § 3 Rn 58 m.w.N.

230 Vgl. Seutemann, Die Anforderungen an den Sachvortrag der Parteien-Leitfaden zur Beurteilung von Darlegungslasten, MDR, 1997, 615 f.

231 Vgl. Baumgärtel/Laumen, Handbuch der Beweislast, Grundlagen, § 3 Rn 66 ff., zu den Ausnahmen – §§ 179, 345, 543 Abs. 4 S. 2 BGB – vgl. Prütting/Gehrlein/Laumen, ZPO, § 286 Rn 74.

110 *Hinweis*

Die Grundregel hierzu lautet, „dass Tatsachen [vorzutragen sind], die in Verbindung mit einem Rechtssatz geeignet und erforderlich sind, das geltend gemachte Recht [Gegenrecht beim Beklagten] als in der Person des Klägers [bzw. des Beklagten] erscheinen zu lassen" (ständige Rechtsprechung seit RGZ 143, 57, 65).

111 Die **konkrete Behauptungslast** befasst sich mit der Frage, wie konkret der Tatsachenvortrag unter Berücksichtigung des Tatsachenvortrags des Gegners erfolgen muss, um eigene Prozessnachteile zu vermeiden. Bei der konkreten Behauptungslast handelt es sich nicht um eine Pflicht der Parteien, sondern um eine **Last**, um eine ihnen unangenehme Entscheidung des Gerichts zu vermeiden.[232] Die **konkrete Behauptungslast** korrespondiert mit der – innerhalb des Prozesses ggf. wechselnden – **konkreten Beweisführungslast**.[233]

IV. Konsequenzen aus der konkreten Behauptungslast

112 Aus der konkreten Behauptungslast folgt eine Last der Partei zu ggf. weiteren Darlegungen, um Prozessnachteile (Prozessniederlage) zu vermeiden, die von dem Tatsachenvortrag der Gegenseite abhängt. Der konkrete Umfang dieser Last hängt vom Einzelfall ab, aber gleichwohl haben sich auch insofern Fallgruppen gebildet.

1. Die sekundäre Darlegungslast (Allgemeines)

113 Wenn es um einen Lebenssachverhalt geht, bei dem verschiedene Geschehensabläufe, Handlungen oder Erklärungen in Betracht kommen, muss sich der Gegner auf substanziierten Vortrag ggf. – s.o. – auch substanziiert äußern.[234] Der allein oder mitverklagte Versicherer hat sich in Haftpflichtprozessen zum Unfallhergang immer substanziiert zu erklären und kann sich nicht dadurch exkulpieren, dass er von seinem Versicherungsnehmer noch nicht informiert worden ist.[235] Einem Unternehmer kann es oft unzumutbar sein, durch substanziiertes Bestreiten die Namen seiner Lieferanten oder Kunden offenzulegen. Dann ist zwar ein qualifiziertes Bestreiten nicht zumutbar, aber gleichwohl kann es dann z.B. zumutbar sein, die konkrete Anzahl ohne Namen offenzulegen.[236]

114 *Hinweis*

Die Weigerung der nicht beweispflichtigen Partei, Namen und Anschrift eines nur ihr bekannten Zeugen bekannt zu geben, stellt keine Verletzung der sekun-

232 Vgl. Baumgärtel/Laumen, Handbuch der Beweislast, Grundlagen, § 3 Rn 59 m.w.N.
233 Vgl. Baumgärtel/Laumen, Handbuch der Beweislast, Grundlagen, § 3 Rn 59.
234 Vgl. Zerbe, Die Einlassung des Beklagten auf die Klage aus anwaltlicher Sicht, S. 83.
235 Vgl. Zerbe, Die Einlassung des Beklagten auf die Klage aus anwaltlicher Sicht, S. 84 m.w.N.
236 Vgl. BGH, NJW 1961, S. 826, 828.

dären Darlegungslast, sondern ggf. eine Beweisvereitelung im Rahmen des § 286 ZPO dar.[237] „Nach der Rechtsprechung des Bundesgerichtshofs finden die Grundsätze der sekundären Darlegungslast nur Anwendung, wenn der an sich Darlegungsbelastete außerhalb des für seinen Anspruch erheblichen Geschehensablaufs steht, der Gegner aber alle erheblichen Tatsachen kennt und ihm nähere Angaben zumutbar sind (BGH, Urteile v. 17.2.2004 – X ZR 108/02, NJW-RR 2004, 989 unter II 2 b bb; vom 17.1.2008 – III ZR 239/06, NJW 2008, 982 Rn 16).“[238]

Die Substanziierungspflicht richtet sich nach den Umständen des Einzelfalls. Näher darzulegen ist nur, was im subjektiven Wissen der Parteien und in der Zumutbarkeit des Einzelfalls steht.[239] Auf pauschale Angaben muss eine Partei nur dann näher darlegen, wenn sie alle wesentlichen Tatsachen kennt oder kennen muss und es ihr zumutbar ist, nähere Angaben zu machen.[240] Entscheidend ist hierbei, ob die Partei die Wahrnehmungen selbst gemacht hat, oder nicht.[241] **115**

Beispiele: **116**

- **Körperschäden:**
  Wendet der Verursacher ein, dass der Geschädigte es unterlassen hat, den Schaden gering zu halten, da dieser keine Bemühungen zur anderweitigen Verwendung seiner Arbeitskraft getätigt hat, so hat der Geschädigte die Art und den Umfang seiner Bemühungen darzulegen.[242]
- **Regressprozess:**
  Die Frage des Unterlassens einer rechtlich geforderten Maßnahme kann sich z.B. im Rahmen eines Regressanspruchs gegen den Rechtsanwalt stellen. Der Mandant behauptet, der Anwalt habe eine rechtlich geforderte Aufklärung unterlassen. Nachdem es schwierig ist, ein Unterlassen zu beweisen, hat die Rechtsprechung dem Anwalt eine erhöhte Darlegungslast aufgebürdet.[243] Der Anwalt muss konkret darlegen, welche Belehrung und Ratschläge er bei welcher Gelegenheit erteilt hat und kann sich nicht auf die allgemeine Behauptung zurückziehen, er habe den Mandanten richtig und vollständig aufgeklärt.[244]

237 Vgl. BGH, III ZR 239/06 n.v.
238 BGH, VIII ZR 340/10.
239 Vgl. BGH, MDR 1992, S. 466 f.
240 Vgl. BGH, VersR 2005, S. 1238 f.
241 Vgl. BGH, NJW-RR 2001, S. 1294.
242 Vgl. BGH, VersR 1979, S. 424 f.
243 Vgl. Chab, Beweis und Beweislast im Regressprozess, AnwBl 2007, S. 81 ff.
244 Vgl. BGH, NJW 1987, S. 1322.

- **steuerliche Belastungen:**
  In einem Schadensersatzprozess wegen Verdienstausfall (entgangenen Gewinn etc.) kann der Schädiger in einem Einwand der Vorteilsausgleichung auf eine Bruttoklage einwenden, dass der Kläger Steuern und Sozialabgaben abzuziehen gehabt hätte, die jetzt entfallen. Der Schädiger genügt seiner Darlegungs- und Beweislast mit dem allgemeinen Hinweis auf ersparte Steuern auch ohne konkrete Nennung eines Betrages. Es ist Sache des Geschädigten darzulegen, ob und wie diese Steuern etc. berücksichtigt worden sind.[245]
- **Ungerechtfertigte Bereicherung:**
  Der Bereicherte hat darzulegen, aus welchen Gründen er das Erlangte behalten können soll (z.B. wegen Entreicherung).[246]
- **Unterhaltsabänderungsprozess:**
  Auch hier ist es nicht ausreichend, dass der Unterhaltsverpflichtete sein behauptetes Einkommen bestreitet, sondern vielmehr muss er sein tatsächliches Einkommen darlegen.[247]
- **Werkprozess:**
  Hier reicht es nicht, wenn der Besteller die Fälligkeit mit der Behauptung bestreitet, der Lohn sei nicht fällig, da das Werk noch nicht mangelfrei sei. Vielmehr muss der Besteller gegenüber der pauschalen Behauptung der Mängelfreiheit des Unternehmers darlegen, worin der Mangel bestehen soll. Der Mangel muss so genau beschrieben werden, dass dessen Überprüfung möglich ist.[248]

a) Die sekundäre Darlegungslast bei einem Informationsgefälle

117 In nicht wenigen Fällen behauptet eine Partei pauschal bestimmte Umstände, die sie ggf. gar nicht kennt und auch nicht kennen kann. Der Gegner erwidert durch schlichtes Bestreiten. Der Kläger müsste für einen Beweisantritt konkrete Tatsachen und Beweismittel darlegen. Das kann der Kläger aber nicht, weil er diese nicht kennt und auch nicht beschaffen kann. Der Kläger bleibt dann grds. darlegungs- und beweisfällig. Einen allg. Auskunftsanspruch hat die Rechtsprechung mit Recht abgelehnt.

118 *Hinweis*

Es gilt der Grundsatz, dass keine Partei der Gegenpartei bei der Ermittlung des Sachverhalts helfen oder das für deren Obsiegen notwendige Material zur Verfügung stellen muss (vgl. BGH, NJW 2007, 155 f.)

245 Vgl. BGH, VersR 1987, S. 668 f.
246 Vgl. BGH, NJW 1999, S. 2887 f.
247 Vgl. BGH, NJW 1987, S. 1201.
248 Vgl. Prechtel, Erfolgreiche Taktik im Zivilprozess, 3. Aufl., S. 208 m.w.N.

Der BGH formuliert: 119

„Die Lehre von der allgemeinen prozessualen Aufklärungspflicht hat sich nicht durchsetzen können (abl. z.B. Arens, ZZP 96, 1 (10 ff.); Stein-Jonas-Leipold, ZPO, 20. Aufl., § 138 Rn 22 f. m. w. Nachw.; Rosenberg-Schwab, ZPR, 14. Aufl., § 65 VIII 3, S. 392 Fußn. 85 und § 118 VI, S. 726 m. w. Nachw.). Dass im Zivilprozess die Wahrheitspflicht wesentliche Bedeutung hat, erlaubt nicht den Schluss, die Parteien seien generell zu dem Verhalten verpflichtet, das am besten der Wahrheitsfindung dient [...] Es bleibt vielmehr bei dem Grundsatz, dass keine Partei gehalten ist, dem Gegner für seinen Prozesssieg das Material zu verschaffen, über das er nicht schon von sich aus verfügt (vgl. Senat, NJW 1958, 1491 = LM § 109 HGB Nr. 3 = WM 1958, 961, 962)" (so BGH, NJW 1990, 3151). „§ 138 ZPO verpflichtet den Bekl. nicht [...], sich über alle ihm vorprozessual bekanntgewordenen Umstände vollständig zu erklären; die Erklärungspflicht bezieht sich nach § 138 Abs. 2 ZPO auf die vom Gegner – im Prozess – behaupteten Tatsachen".[249]

Eine Ausnahme von diesem Grundsatz macht die Rechtsprechung bei der sog. **sekundären Darlegungspflicht** (beachte hierzu aber auch Auskunftspflichten aus dem materiellen Recht). 120

Beispiel: 121

Die Klagepartei trägt Tatsachen, die sie nicht kennt, nur pauschal vor. Der Beklagte hingegen kennt die näheren Tatsachen und es ist ihm zumutbar, diese vorzutragen. Tut er dies nicht, tritt die Geständnisfiktion des § 138 Abs. 3 ZPO ein.

Der BGH meint:

„Nach der ständigen Rechtsprechung des BGH gebietet ferner der Grundsatz von Treu und Glauben eine sekundäre Darlegungslast des Gegners, wenn die darlegungs- und beweisbelastete Partei außerhalb des von ihr darzulegenden Geschehensablaufs steht und keine Kenntnisse von den maßgeblichen Tatsachen besitzt, während der Prozessgegner angesichts des unterschiedlichen Informationsstands beider Parteien zumutbar nähere Angaben machen kann."[250]

„Aus der Verpflichtung zu redlicher Prozessführung, wie sie nach dem Grundsatz von Treu und Glauben geboten ist, folgt jedoch, dass dem Bekl. eine Darlegungslast im Sinne eines substantiierten Bestreitens obliegt, wenn der Kl. außerhalb des für seinen Anspruch erheblichen Geschehensablaufs steht und keine Möglichkeit hat, den Sachverhalt von sich aus zu ermitteln, der Bekl. aber in der Lage ist, die erforderliche Aufklärung zu geben, und ihm dies nach den Umständen auch zuzumuten ist (BGH, NJW 1961, 826 = LM § 3 UWG Nr. 44; NJW 1962, 2149 = LM § 3 UWG Nr. 56; NJW 1983, 687 = WM 1983, 12 (14)). Das

249 So BGH, NJW 1983, 2879.

250 BGH, Urt. v. 28.5.2020 – III ZR 58/19 = NJW 2020, S. 3786, 3789.

einfache Bestreiten ist in solchen Fällen unbeachtlich mit der Folge, dass das Klagevorbringen nach § 138 Abs. 3 ZPO als zugestanden anzusehen ist (Stein-Jonas-Leipold, ZPO, 20. Aufl., § 138 Rn 28). Daran ändert es nichts, wenn der Bekl. für seinen nicht ausreichend substantiierten Tatsachenvortrag Zeugenbeweis anbietet. Wenn der Sachvortrag unbeachtlich ist, kommt es auf den Beweisantritt nicht mehr an."[251]

122 Die immer wieder angesprochene **Zumutbarkeit** dieser „sekundären Darlegung" ist allerdings nur bei Vorliegen von besonderen Anknüpfungspunkten zu bejahen.[252]

123 *Hinweis*

Im Falle der sekundären Darlegungslast verbleibt die objektive Beweislast bei der primär beweisbelasteten Partei (vgl. zutreffend Kiethe, Auskunft und sekundäre Behauptungslast- Anspruchsdurchsetzung bei ungeklärten Sachverhalten, MDR 2003, 781 f., zutreffend daher BGH, NJW 2008, 982, 984 und NJW 2014, S. 2360 ff.). „Genügt der Anspruchsgegner seiner sekundären Darlegungslast, ist es Sache des Anspruchstellers, die für seine Behauptung sprechenden Umstände darzulegen und zu beweisen. Genügt der Anspruchsgegner seiner sekundären Darlegungslast nicht, gilt die Behauptung des Anspruchstellers dagegen nach § 138 Abs. 3 als zugestanden [m.w.N.]. In diesem Fall muss der Anspruchsteller seine Behauptung nicht beweisen."[253] Äußert sich die sekundär darlegungsbelastete Partei zwar substantiiert, aber benennt sie keine Beweismittel, kann dieser Sonderfall über die Grundsätze der Beweisvereitelung gelöst werden (vgl. BGH, NJW 1960, 821) bzw. über einen Anscheinsbeweis. Die Geständnisfiktion des § 138 Abs. 3 ZPO tritt im Rahmen der sekundären Darlegungslast bei substantiiertem Bestreiten ohne Angabe der Beweismittel jedenfalls nicht ein (vgl. BGH, NJW 2008, 982, 984). Die Behauptungs- und Beweislast bleibt unberührt. Es gibt also keine sekundäre Beweislast.[254] Ggf. folgt aus den Grundsätzen der sekundären Darlegungslast im Rahmen des Zumutbaren aber eine Verpflichtung zur Nachforschung.[255]

b) Die sekundäre Darlegungslast beim Bestreiten von Negativa

124 Eine Verpflichtung zum substantiierten Bestreiten hat die Rechtsprechung auch in Fällen angenommen, in denen der Kläger **negative Tatsachen** vortragen muss. Die

251 BGH, NJW 1986, S. 3193 f.
252 Vgl. BGH, NJW 1997, S. 128.
253 BGH, Urt. v. 18.1.2018 – I ZR 150/15.
254 Vgl. Jäckel, Das Beweisrecht der ZPO, Rn 37 m.w.N.
255 Vgl. BGH, Urt. v. 8.1.2014 – I ZR 169/12 = NJW 2014, S. 2360 ff.

negative Fassung eines Tatbestandsmerkmals ist ohne Einfluss auf die Beweislast.[256] Wer jedoch negative Tatumstände zu beweisen hat, steht oft vor einem praktisch unlösbaren Problem. Wie kann man nachweisen, dass es keinen Rechtsgrund für eine Vermögensverschiebung im Sinne des § 812 BGB gegeben hat? „Ohne Rechtsgrund" ist aber gerade Tatbestandsmerkmal des § 812 BGB. Der Kondiktionsgläubiger kann in seiner Darlegung faktisch nicht jeden potentiell denkbaren Rechtsgrund vorsorglich widerlegen, um das Tatbestandsmerkmal „ohne Rechtsgrund" schlüssig darzustellen. Die Rechtsprechung hilft dem Gläubiger, indem sie dessen pauschales Behaupten ausreichen lässt und dem Beklagten eine Substantiierungslast hinsichtlich des seiner Meinung nach bestehenden Rechtsgrundes auferlegt. Das gleiche gilt bei Ansprüchen auf die übliche Vergütung gem. §§ 612 II, 632 II, 653 II BGB. Auch hier genügt die pauschale Behauptung des Gläubigers, dass keine Vergütungsvereinbarung getroffen wurde, so dass der Beklagte nach Ort, Zeit und Höhe substantiiert darlegen muss, welche Vergütungsbestimmung getroffen worden sein soll.[257]

> *Hinweis* 125
>
> „Es ist allerdings anerkannt, dass es einer besonderen Darlegung des Fehlens eines rechtlichen Grundes durch den Bereicherungsgläubiger nicht bedarf, wenn bereits die Tatumstände, die unstreitig sind, den Schluss nahelegen, dass der Bereicherungsschuldner etwas ohne rechtlichen Grund erlangt hat (RG, JW 1913, 30, Nr. 1; Rosenberg, S. 96; Baumgärtel/Strieder, HdB d. Beweislast, Bd. 1, § 812 BGB Rn 10)."[258]

Die Substantiierungspflicht des Beklagten geht in diesen Fällen weit über die allgemeine Substantiierungspflicht des § 138 Abs. 1 ZPO hinaus. Der Grund hierfür liegt darin, dass der Kläger einerseits vor besonderen Schwierigkeiten steht, einen Negativbeweis zu führen und andererseits die objektive Beweislast beim Kläger verbleibt.[259] Kommt es aufgrund des substantiierten Beklagtenvortrags zu einem non liquet, trägt dieses Risiko der Kläger.[260] 126

Das ist gerechtfertigt, um die materielle Norm faktisch nicht leer laufen zu lassen. Andernfalls müsste der Kläger darlegen, dass gar keine andere Vereinbarung vorliegt, was faktisch unmöglich ist, da sich immer wieder weitere Vereinbarungen theoretisch denken lassen würden. Das bedeutet, dass der Kläger, der die übliche Vergütung begehrt, nicht etwa Zweifel an der Richtigkeit der Darlegung des Be- 127

256 Vgl. Baumgärtel/Prütting, Handbuch der Beweislast, Grundlagen, § 5 Rn 45.

257 Vgl. Baumgärtel/Kessen, Handbuch der Beweislast, Schuldrecht BT II, § 632 Rn 18 m.w.N.

258 OLG Koblenz, Beschl. vom 18.3.2014 – 5 U 1460/13 = NJW-RR 2014, S. 1050.

259 Vgl. Baumgärtel/Prütting, Handbuch der Beweislast, Grundlagen, § 5 Rn 39; Musielak, Die Grundlagen der Beweislast im Zivilprozess, S. 54 f., 145, vgl. auch BGH, MDR 2011, S. 1101.

260 Vgl. Baumgärtel/Leisten, Handbuch der Beweislast, Schuldrecht BT II, § 612 Rn 4 m.w.N.

klagten zu wecken hat, sondern die Unrichtigkeit der Darlegung beweisen muss.[261] Entsprechendes gilt in anderen Fällen, in denen der Kläger Negativa beweisen müsste. Im Falle des § 812 BGB braucht der Kläger nicht darlegen und beweisen, dass gar kein (theoretisch denkbarer) Rechtsgrund für die Leistung vorliegt, sondern er kann sich damit begnügen, den vom Beklagten behaupteten Rechtsgrund zu widerlegen.[262]

2. Bestreiten mit Nichtwissen

128 § 138 Abs. 4 ZPO bestimmt, dass es unzulässig ist, eine Tatsachenbehauptung mit Nichtwissen zu bestreiten, die Gegenstand einer eigenen Handlung oder eigenen Wahrnehmung gewesen ist. Wird das nicht beachtet, tritt die Geständnisfiktion des § 138 Abs. 3 ZPO ein. Dieser einfache und nachvollziehbare Grundsatz kann in der praktischen Arbeit zu ungeahnten Problemen führen. In der psychologischen Wahrnehmungsforschung ist unbestritten, dass die eigene Wahrnehmung eines jedweden Vorganges immer unvollständig ist. Es handelt sich hierbei um das Phänomen der **selektiven Wahrnehmung**. Es wird geschätzt, dass der Mensch in jeder Sekunde ca. 10.000 Sinneswahrnehmungen macht,[263] von denen nur die wenigsten über das Ultrakurzzeitgedächtnis in das Langzeitgedächtnis gelangen.

129 *Hinweis*

Nicht die vollständige und objektive Wahrnehmung ist der tatsächliche Regelfall, sondern die nur unvollständige und selektive Wahrnehmung. Die h.M. argumentiert im Bereich der Wahrnehmung allerdings anders. Hier verschließt die h.M. vor dem Phänomen der selektiven Wahrnehmung die Augen und stellt auf die **objektive Wahrnehmungsmöglichkeit** ab.[264] Auch wenn die Partei subjektiv keine Wahrnehmung gemacht hat, ist ein Bestreiten mit Nichtwissen grds. unzulässig. Das muss aber dann anders sein, wenn die Partei glaubhaft macht, trotz objektiver Wahrnehmungsmöglichkeit keine subjektive Wahrnehmung gemacht zu haben.

130 Was bedeutet also der **wahrnehmungspsychologische Regelfall** für die rechtliche Anwendung des § 138 Abs. 4 ZPO? Nach dem Wortlaut der Norm wäre einerseits ein Bestreiten mit Nichtwissen unzulässig, auch wenn keine Erinnerung/Wahrnehmung (mehr) vorliegt. Andererseits kann die Norm nach dem Wortlaut leerlaufen, wenn es ausreichend wäre, mitzuteilen, keine (subjektive) Wahrnehmung gemacht zu haben. Dieses Spannungsverhältnis kommt praktisch oft vor, ist literarisch und

261 Vgl. BGH, NJW-RR, 1996, S. 952.

262 Vgl. BGH, NJW 1990, S. 392.

263 Vgl. Schneider, Beweis und Beweiswürdigung, 5. Aufl., Rn 929 m.w.N.; andere Untersuchungen mögen andere Zahlen nennen, aber das Phänomen der nur selektiven menschlichen Wahrnehmung ist unbestritten.

264 Vgl. Lange, Bestreiten mit Nichtwissen, NJW 1990, S. 3233, 3234 f. m.w.N.

von der Rechtsprechung aber nur wenig erschlossen.[265] Die Rechtsprechung hat der Norm einen über den Wortlaut hinausgehenden Anwendungsbereich zugebilligt.[266]

a) Nicht-mehr-Wissen

Trotz des Wortlauts der Norm geht die herrschende Meinung davon aus, dass es zulässig ist, einen Vorgang eigener Handlung oder Wahrnehmung mit Nichtwissen zu bestreiten, wenn man hieran keine **subjektive Erinnerung mehr** hat und dies plausibel ist.[267] Das ist einleuchtend, als es einem allg. Rechtsgrundsatz entspricht, dass von einer Partei nichts (objektiv oder subjektiv) Unmögliches verlangt werden kann (vgl. § 275 BGB). 131

Wenn eine Partei keine Erinnerung mehr hat, legt ihr die Rechtsprechung u.U. die Pflicht auf, sich zu informieren. Sei es durch Blick in eigene Unterlagen,[268] sei es durch Erkundigung bei Dritten oder Besichtigungen von Ort und Stelle, um die Erinnerung aufzufrischen.[269] Die bloße Behauptung, sich nicht mehr zu erinnern, ist also nicht immer ausreichend. 132

Hinweis 133

Die Einräumung der fehlenden eigenen Erinnerung hindert insbesondere einen Zeugenbeweisantritt nicht.[270]

b) Zwischenschaltung Dritter

Werden Dritte mit eigenen Handlungen oder Wahrnehmungen zwischengeschaltet, hat die Partei ohnehin weder eigene Handlungen noch eigene Wahrnehmungen gemacht. Damit müsste nach dem Wortlaut der Norm ein Bestreiten mit Nichtwissen zulässig sein. Diesen Schluss zieht die Rechtsprechung jedoch nicht, sondern legt der Partei Informationspflichten über Kenntnisse auf, die die Partei zwar nicht hat, sich aber beschaffen kann.[271] 134

Die Partei hat sich in jedem Fall bei ihrem gesetzlichen Vertreter über dessen Handlungen und Wahrnehmungen zu erkundigen.[272] 135

265 Vgl. Lange, Bestreiten mit Nichtwissen, NJW 1990, S. 3233 ff.

266 So BGH, NJW 1990, S. 453 f.

267 Vgl. Lange, Bestreiten mit Nichtwissen, NJW 1990, 3233 f., Prütting/Gehrlein/Prütting, § 138 Rn 15; BGH, NJW 1995, S. 130 und BGH Report 2001, S. 986.

268 Vgl. BGH, NJW 1987, S. 1479.

269 Vgl. Lange, Bestreiten mit Nichtwissen, NJW 1990, 3233, 3234 m.w.N., der jedoch m.E. nicht unbedingt zutreffende Belege verwendet.

270 Vgl. BGH, MDR 2003, S. 1365.

271 Vgl. BGH, NJW 1990, S. 453 f.

272 Vgl. BGH, NJW 1990, S. 453 f.

136 Bei einem **früheren gesetzlichen Vertreter** geht der BGH wohl von keiner Erkundigungspflicht aus.[273] Bei sonstigen Dritten hat sich die Partei hinsichtlich deren Wahrnehmungen und Handlungen zu erkundigen, wenn diese unter Anleitung, Aufsicht oder Verantwortung der Partei gehandelt haben.[274] Das wird immer dann der Fall sein, wenn die Partei ihre Angelegenheiten auf einen Dritten zur selbstständigen und eigenverantwortlichen Erledigung übertragen hat. Das kann bei einem Anwalt, Steuerberater oder auch dem eigenen Ehepartner zutreffen,[275] nicht aber bei einem bloßen Geschäftspartner.[276]

137 Führt die Informationsbeschaffung bei Dritten zu keinem Ergebnis, ist dies nur dann beachtlich, wenn dies glaubhaft ist. Hierzu hat die bestreitende Partei im Einzelnen vorzutragen und das Ergebnis ihrer Erkundigungen darzustellen.[277]

138 Beispielhaft ist die Entscheidung BGH, NJW 1995, 130 f.: „Im Übrigen wäre die Behauptung, sämtliche Aufzeichnungen entfernt zu haben, nur beachtlich, wenn sie glaubhaft ist. Hierzu müsste die Bekl. – immerhin eine große deutsche Bank – im Einzelnen vortragen, nach Ablauf welcher Zeiträume und unter welchen näheren Voraussetzungen in ihrem Geschäftsbereich Handelsunterlagen beseitigt werden."

c) Prozessstandschaft, Abtretung, Rechtsnachfolge

139 Geklärt ist, dass auch insofern eine Erkundigungspflicht besteht.[278] Ungeklärt ist, was zu geschehen hat, wenn die Erkundigungspflicht zu keinem Ergebnis führt. Nach einer Ansicht führt die konkrete Partei den Prozess mit den entsprechenden Darlegungsrisiken und Erklärungspflichten. Es kann also nicht zu Lasten der Gegenpartei gehen, wenn es auf Seiten einer Partei zu einer Prozessstandschaft, Abtretung oder Rechtsnachfolge gekommen ist.[279] Ob sich die Rechtsprechung dieser Ansicht anschließt, ist ungeklärt. Ebenso lässt sich vertreten, dass es im Prozessrecht auf Wahrhaftigkeit ankommt, nicht auf fiktive Zurechnungen fremden Wissens, sondern vielmehr konkretes Wissen (ggf. durch Informationsbeschaffungspflichten) entscheidend ist.[280] Kann die Information nicht in zumutbarer Weise beschafft werden, ist das Bestreiten mit Nichtwissen nach dieser Ansicht zulässig.

273 Vgl. BGHR ZPO § 138 Abs. 4 Erkundigungspflicht 1 = III ZR 229/85, a.A. Lange, Bestreiten mit Nichtwissen, NJW 1990, S. 3233 f.

274 Vgl. BGH, NJW 1995, S. 130 f; NJW 1986, S. 3199 f.

275 Vgl. Lange, Bestreiten mit Nichtwissen, NJW 1990, S. 3233, 3237 m.w.N.

276 Vgl. BGH, NJW 1999, S. 53 f.

277 Vgl. BGH, NJW 1990, S. 453 f.

278 Vgl. OLG Köln, NJW-RR 1995, S. 1407 f.

279 Vgl. Lange, Bestreiten mit Nichtwissen, NJW 1990, S. 3233, 3238.

280 Vgl. BGH, NJW 1990, S. 453 f.

Hinweis 140

§ 138 Abs. 4 ZPO gilt nur für ein prozessuales Bestreiten, nicht ein prozessuales Behaupten.[281]

V. Fazit

In den meisten Fällen genügt einfaches Bestreiten. Zu näheren Einzelheiten muss 141 sich das Bestreiten nur dann verhalten, wenn entweder unklar wäre, worüber das Gericht Beweis erheben müsste oder wenn der Ausnahmefall der sekundären Darlegungslast vorliegt. Verdeutlicht man sich den Sinn und Zweck des § 138 Abs. 2 ZPO, nämlich eine Klärung hinsichtlich des „obs“ und des „Umfangs“ einer Beweisaufnahme, lassen sich viele lästige Streitfragen in der Praxis vermeiden. Diese teleologische Überlegung findet in der Praxis – soweit ersichtlich – zu selten statt.

G. Beweisvereitelung

Die dogmatische Konstruktion der Rechtsfigur der Beweisvereitelung ist umstrit- 142 ten.[282] Aus §§ 371 Abs. 3, 427, 441 Abs. 3 Satz 3, 453 Abs. 2, 454 Abs. 1, 444 ZPO soll sich nach einer Ansicht ein allgemeiner Rechtsgedanke ableiten lassen.[283] Teilweise wird schlicht auf § 242 BGB zurückgegriffen.[284]

Oft kann ein Beweis nicht geführt werden, weil es das entsprechende Beweismittel 143 nicht mehr gibt. Die in der Praxis zu wenig beleuchtete Frage ist dann, ob dies nicht eine Beweisvereitelung darstellt.

Hinweis 144

Es stellt einen in der Praxis immer wieder zu beobachtenden Irrglauben dar, dass eine Beweisvereitelung ein absichtliches Verhalten erfordert. Das ist falsch.

Eine Beweisvereitelung kann auch im Fall einfacher Fahrlässigkeit vorliegen.[285] 145 Die Frage der **Beweisvereitelung** stellt sich immer dann, wenn schuldhaftes,[286] d.h., vorsätzliches oder fahrlässiges Verhalten vorliegt, das geeignet ist, einen Beweis

281 Vgl. BGHR ZPO § 138 Abs. 4 Nichtwissen 1 = IV b ZR 51/87.

282 Vgl. Lepa, Beweiserleichterungen im Haftpflichtrecht, NZV 1992, S. 129, 135.

283 Vgl. BGH, Urt. v. 13.12.1977 – VI ZR 206/75 = NJW 1978, S. 2154, 2156; BGH, Urt. v. 15.11.1984 – IX ZR 157/83 = NJW 1986, 59 f.

284 Vgl. Lepa, Typische Probleme im Haftpflichtprozess, Rn 177.

285 Vgl. Maaß, Anwaltstätigkeit im Beweisverfahren der Zivilprozessordnung, S. 28 m.w.N.

286 Vgl. st. Rspr. seit RG, RGZ 20, S. 5 f.

- zu verhindern
- oder zu erschweren[287]
- und dadurch Beweisnot eingetreten ist.[288]

Gleichgültig ist, ob dies **vor** oder **während** eines Prozesses erfolgt ist.[289]

146 Das Verschulden liegt ausschließlich in der **Vereitelung der Beweisfunktion**, nicht in der Handlung als solcher.[290] Es stellt gerade kein Verschulden dar, eine Sache, die einem selbst gehört, zu zerstören. Bei der Zerstörung der Sache als solcher handelt die Partei im Rahmen der Verfügungsbefugnis des jeweiligen Eigentümers. Gleichwohl kann ein Verschuldensvorwurf in der Vereitelung der **Beweisfunktion** gesehen werden, „also darauf, die Beweislage des Gegners in einem gegenwärtigen oder künftigen Prozess nachteilig zu beeinflussen".[291] Eine Beweisvereitelung liegt auch vor, wenn Unterlagen aufzubewahren, aber „verschwunden" sind.[292]

147 Umgekehrt hat der BGH aber auch festgelegt,

> *„es bleibt vielmehr bei dem Grundsatz, dass keine Partei gehalten ist, dem Gegner für seinen Prozesssieg das Material zu verschaffen, über das er nicht von sich aus verfügt."*[293]

148 Dementsprechend ist nicht jede Handlung, die einen Beweis unmöglich macht oder erschwert, eine vom Gericht zu sanktionierende Beweisvereitelung.

149 Der BGH führt aus,

> *„andererseits ist keine Partei – über materiell-rechtliche Auskunftspflichten hinaus – verpflichtet, dem Gegner das Material für den Prozesssieg zu verschaffen, über das er nicht schon von sich aus verfügt."*[294]

150 Materiell-rechtliche Auskunfts- oder Mitwirkungspflichten ergeben sich aus

- der Rechenschaftspflicht (§ 259 BGB),
- der Pflicht zur Rückgabe eines Schuldscheins (§ 371 BGB),
- Auskunftserteilungs- und Urkundenauslieferungspflicht bei der Abtretung (§ 402 BGB),
- Auskunfts- und Rechenschaftspflichten (§§ 713, 666 BGB),
- Vorlegungs- und Einsichtnahmerechte (§§ 809, 810 BGB),
- Urkundenaushändigungsanspruch (§ 1144 BGB),
- Kontrollrechte der Gesellschafter (§§ 118, 166 HGB).[295]

287 Vgl. Maaß, Anwaltstätigkeit im Beweisverfahren der Zivilprozessordnung, S. 25.
288 Vgl. Maaß, Anwaltstätigkeit im Beweisverfahren der Zivilprozessordnung, S. 27 f.
289 Vgl. Lepa, Typische Probleme im Haftpflichtprozess, Rn 178.
290 Vgl. BGH, VersR 1975, S. 952.
291 BGH, XI ZR 380/00.
292 Vgl. BGH, NJW 2007, S. 3130.
293 BGH, NJW 1990, S. 3151.
294 BGH, NJW 1997, S. 128 f., vgl. auch BGH NJW 1990, S. 3151 = MDR 1991, S. 226; NJW 1992, S. 1817, 1819 = MDR 1992, S. 466.
295 Vgl. Maaß, Anwaltstätigkeit im Beweisverfahren der Zivilprozessordnung, S. 27.

Daneben können sich aus § 242 BGB weitere Mitwirkungspflichten ergeben, 151

- so z.B. die Pflicht eines Anwalts seine Handakten vorzulegen,[296] oder allgemein des Gegners, Auskünfte zu erteilen, die der Vorbereitung eines vertraglichen Schadensersatzanspruches gegen diesen dienen: Nach der ständigen Rechtsprechung des BGH ist ein Auskunftsanspruch aus dem Gesichtspunkt von Treu und Glauben (§ 242 BGB) gegeben, wenn die zwischen den Parteien bestehenden Rechtsbeziehungen es mit sich bringen, dass der Anspruchsberechtigte in entschuldbarer Weise über das Bestehen oder den Umfang seines Rechts im Ungewissen ist und wenn der Verpflichtete in der Lage ist, unschwer die zur Beseitigung dieser Ungewissheit erforderliche Auskunft zu erteilen (vgl. BGH, NJW 2002, 3771 [unter II 1] m. w. Nachw.). Soll die begehrte Auskunft zur Vorbereitung vertraglicher Schadensersatzansprüche aus einem Dauerschuldverhältnis dienen, so genügen für das Auskunftsverlangen der begründete Verdacht einer Vertragspflichtverletzung (vgl. BGH, Beschl. v. 11.2.2008 – II ZR 277/06, BeckRS 2008, 04552 Rn 7; NJW 2002, 3771 [unter II 1]) und die Wahrscheinlichkeit eines daraus resultierenden Schadens (vgl. BGH, Beschl. v. 11.2.2008 – II ZR 277/06, BeckRS 2008, 04552 Rn 7 m. w. Nachw.).“[297]
- die Pflicht eines Arztes zur sorgfältigen und umfassenden Dokumentation inklusive Anfertigungen und Aufbewahrung von Röntgenbildern.[298]
- Ist eine Partei zur Produktprüfung dahin gehend verpflichtet, sich über das Freisein von Mängeln, die typischerweise aus dem eigenen Herstellungsbereich stammen, zu vergewissern und steht die darlegungs- und beweisbelastete Gegenpartei außerhalb des von ihr darzulegenden Geschehensablaufes und besitzt sie keine nähere Kenntnis von den wesentlichen Tatsachen, so hat der Prozessgegner, der über die erforderlichen Kenntnisse verfügt, entsprechende ihm zumutbare Angaben zu machen. D.h., die darlegungs- und beweisbelastete Partei kann sich darauf beschränken, die Funktionstüchtigkeit der nur allgemein benannten Kontrollmechanismen zu bestreiten. Die **Ermittlung** der näheren Einzelheiten kann in diesen Fällen dem Gutachter überlassen bleiben.[299]
- Dem Zessionar ist es aufgrund seiner Auskunftspflicht gegen den Zedenten gem. § 402 BGB verwehrt, mit Nichtwissen zu bestreiten, was Gegenstand der Wahrnehmung des Zedenten war.[300]

Eine Beweisvereitelung kann erst recht vorliegen, wenn ein vorwerfbares und missbilligenswertes Verhalten vorliegt.[301] 152

296 Vgl. OLG Köln, MDR 1968, S. 674.

297 BGH, Urt. vom 1.8.2013 – VII ZR 268/11 = NJW 2013, S. 155.

298 Vgl. BGH, NJW 1986, S. 2365; BGH, NJW 1963, S. 389.

299 Vgl. BGH, NJW 1993, S. 528 ff.

300 Vgl. OLG Düsseldorf, MDR 2002, S. 1148; vgl. auch BGH, NJW 1995, S. 130 f.

301 Vgl. BGH, NJW-RR 1996, S. 1534.

Das wurde angenommen,

- wenn der Beklagte die allein ihm bekannte Anschrift eines Zeugen nicht angibt,[302]
- wenn der Kläger **ohne vernünftigen Grund**[303] zeugnisverweigerungsberechtigte Zeugen nicht von der Schweigepflicht entbindet.[304] Davon ist jedoch der Fall zu unterscheiden, dass der Zeuge von sich aus ein Zeugnisverweigerungsrecht geltend macht. Hieraus sind Schlüsse zulasten der Partei nur in Verbindung mit sonstigen Umständen möglich (vgl. hierzu unten § 28 Rdn 97).[305]
- die Partei eine Parteivernehmung ablehnt,[306]
- eine klärende ärztliche Untersuchung verhindert[307]
- oder als Arzt die Herausgabe von Röntgenbildern verweigert.[308]

153 Keine Beweisvereitelung liegt aber vor, wenn ein Kfz zwei Wochen nach dem Unfall veräußert wird.[309] Wohl aber liegt eine Beweisvereitelung im Falle der Unfallflucht vor. Die nachträgliche Meldung bei der Polizei ist beweisrechtlich bedeutungslos.[310]

154 Das Verschulden der Partei muss sich sowohl auf die Entziehung oder Zerstörung des Beweisobjekts als auch auf die Beseitigung der Beweisfunktion, d.h. die Beeinträchtigung der Beweislage in einem aktuellen oder künftigen Prozess, beziehen.[311]

155 Der BGH hat es bisher vermieden, starre Folgen einer Beweisvereitelung aufzustellen, sondern behilft sich mit der Formulierung, „bis hin zur Beweislastumkehr.“[312] Der Tatrichter kann damit je nach Fallgestaltung **in freier Beweiswürdigung** jeden-

302 Vgl. BGH, NJW, 1960, S. 821.

303 Einen vernünftigen Grund stellt es z.B. dar, wenn Anlass zu der Besorgnis besteht, dass der von der Schweigepflicht zu entbindende Zeuge, dazu neigen könnte, die Ansicht des Gegners zu unterstützen, weil er freiwillig oder unter Druck im Lager des Gegners steht, vgl. BGH, NJW-RR 1996, S. 1534; BGH, NJW-RR 1988, S. 962 ff.

304 Vgl. BGH, NJW 1967, S. 2012; BGH, Beschl. v. 26.9.1996 – III ZR 56/96 = NJW-RR 1996, S. 1534; BGH, Beschl. v. 1.7.1980 – VI ZR 261/79 = VersR 11981, S. 42; OLG München, Urt. v. 30.10.1985 – 7 U 1915/85 = NJW-RR 1987, S. 1021; OLG Frankfurt am Main, NJW 1980, S. 2758, anders aber, wenn nicht vorwerfbar u. nicht missbilligenswert, vgl. BGH, NJW-RR 1996, S. 1534.

305 Vgl. Lepa, Typische Probleme im Haftpflichtprozess, Rn 209; vgl. auch Schneider/Thiel, Zivilprozessuales Beweisrecht: Grundlagen und Fehlerquellen, Rn 377, anderenfalls läge eine Beeinträchtigung der freien Entschließung des Zeugen vor.

306 Vgl. BGH, VersR 1964, S. 945.

307 Vgl. BGH, NJW 1972, S. 1131 f.

308 Vgl. BGH, NJW 1963, S. 389 f.

309 Vgl. OLG Düsseldorf, MDR 2003, S. 215 f., anders aber wenn ein Automobilhersteller die zur Beweisführung benötigten, ausgewechselten Teile beseitigt, vgl. BGH, JZ, 1971, S. 29 f.

310 Vgl. Dannert, Beweiserleichterungen im Verkehrshaftpflichtrecht, zfs 2005, S. 5, 8 m. Hinweis auf BGH, VersR 1966, S. 730; LG Stade, VersR 1980, S. 100; LG Hechingen, VersR 1985, S. 319; LG Saarbrücken NJW-RR 1988, S. 37.

311 Vgl. BGH, NJW 2006, S. 434 ff.

312 Vgl. Maaß, Anwaltstätigkeit im Beweisverfahren der Zivilprozessordnung, S. 29 f.

falls bei **absichtlicher Beweisvereitelung** schließen, dass das Vorbringen der gegnerischen Partei wahr ist[313] oder eine sonstige Beweiserleichterung[314] bis hin zur Beweislastumkehr annehmen.[315]

Die Formulierung „Beweiserleichterungen bis hin zur Beweislastumkehr" wurde vom BGH – soweit ersichtlich – erstmals in den 60er Jahren des letzten Jahrhunderts verwendet.[316] Diese Formulierung wird als „unscharf", „irreführend", „wenig hilfreich" oder „etwas rätselhaft" bezeichnet,[317] aber sie zieht sich seit Jahrzehnten durch die Rechtsprechung.[318] 156

Was also genau mit der Formulierung „bis hin" gemeint ist, bleibt unklar bzw. wann die gravierendste Erleichterung für die beweisbelastete Partei, nämlich die vollständige Umkehr der Beweislast, eintritt, ist nicht vorhersehbar. Die Rechtsprechung teilt hierzu mit, dass die Frage, wie die konkrete Erleichterung der Beweislast aussieht, eine Frage der im tatrichterlichen Ermessen liegenden Überzeugungsbildung sei.[319] Die tatrichterliche Überzeugungsbildung ist aber eine Frage der Beweiswürdigung, nicht der Beweislast. 157

Hinweis 158

Der Befund von Egon Schneider aus dem Jahre 1966, dass das Verhältnis von Beweislast und Beweiswürdigung immer wieder verkannt wird,[320] ist immer noch zutreffend.

Richtig ist, dass in vielen Fällen, in denen diese Formulierung gewählt wurde, unklar bleibt, ob die unterlegene Partei etwa einen Gegenbeweis im Rahmen der Beweiswürdigung oder einen Hauptbeweis für das Nichtvorliegen des entsprechenden Tatbestandsmerkmals im Rahmen der Umkehr der objektiven Beweislast hätte führen müssen.[321] **Eine praktische Relevanz soll sich aus den unterschiedlichen Folgen der Beweisvereitelung aber nicht ergeben.**[322] Das zeigt dennoch eine dogmatische Unschärfe. 159

Oft tritt der Fall ein, dass eine Partei nach einem Unfall ein **Schuldbekenntnis** abgibt. Regelmäßig handelt es sich dann weder um ein deklaratorisches noch konstitu- 160

313 Vgl. BGH, NJW 1952, S. 867; BGH, NJW 1963, S. 389 f.

314 Vgl. Maaß, Anwaltstätigkeit im Beweisverfahren der Zivilprozessordnung, S. 30 m.w.N.

315 Vgl. BGH, NJW 1972, S. 131 f.; BGH, NJW 1976, S. 1316.

316 Vgl. BGH, NJW 1960, S. 820.

317 Vgl. Laumen, Die „Beweiserleichterungen bis zur Beweislastumkehr" – Ein beweisrechtliches Phänomen, NJW 2002, S. 3739 f. m.w.N.

318 Vgl. z.B. in jüngerer Vergangenheit BGH VII ZR 64/07.

319 Vgl. z.B. BGH, IV ZR 62/04 und VII ZR 64/07.

320 Vgl. Schneider, Beweislast und Beweiswürdigung im Zivilprozess, DRiZ 1966, 281 f.

321 Vgl. Laumen, Die „Beweiserleichterungen bis zur Beweislastumkehr" – Ein beweisrechtliches Phänomen, NJW 2002, S. 3739, 3744 m.w.N.; vgl. auch Dannert, Beweiserleichterungen im Verkehrshaftpflichtrecht, zfs 2005, S. 5, 9.

322 Vgl. Lepa, Beweiserleichterungen im Haftpflichtrecht, NZV 1992, S. 129, 136.

tives Schuldanerkenntnis im Sinne der §§ 780 f. BGB.[323] Das kann dann anders sein, wenn bereits am Unfallort über die Schuldfrage gestritten wird. In diesem Fall kann die Auslegung ergeben, dass die Parteien „ihre Beziehungen – ganz oder teilweise – dem Streit oder der Ungewissheit über den Unfallhergang zu entziehen und sie insoweit auf eine das Haftungsverhältnis verstärkende vertragliche Grundlage [...] stellen [wollten]."[324] „Die Annahme, dass dies der Fall ist, setzt insbesondere voraus, dass diese Rechtsfolgen der Interessenlage der Beteiligten, dem mit der Erklärung erkennbar verfolgten Zweck und der allgemeinen Verkehrsauffassung über die Bedeutung eines solchen Anerkenntnisses entsprechen. Eine generelle Vermutung dafür, dass die Parteien einen bestätigenden Schuldanerkenntnisvertrag abschließen wollten, gibt es nicht."[325] Liegt kein Fall eines deklaratorischen oder konstitutiven Schuldanerkenntnisses vor, ist der Fall problematischer. Nach einer Ansicht handelt es sich um eine Umkehr der Beweislast,[326] nach a.A. um ein **Zeugnis gegen sich selbst** mit entsprechender Indizwirkung.[327] In jedem Fall gilt, dass der Anspruchsgrund erst dann nachgewiesen werden muss, wenn dem Erklärenden der Nachweis der Unrichtigkeit des Anerkannten gelingt.[328] Das gilt auch dann, wenn es sich nur um ein **mündliches Schuldanerkenntnis** handelt.[329]

161 *Hinweis*

Die vorbehaltlose **Zahlung einer Rechnung** ist weder ein tatsächliches noch ein deklaratorisches Anerkenntnis. „Der Umstand, dass eine Rechnung vorbehaltlos beglichen wird, enthält über seinen Charakter als Erfüllungshandlung (§ 363 BGB) hinaus keine Aussage des Schuldners, zugleich den Bestand der erfüllten Forderungen insgesamt oder in einzelnen Beziehungen außer Streit stellen zu wollen. Das gilt auch für die tatsächlichen Grundlagen der einzelnen Anspruchsmerkmale. Zwar wird es in der Rechtsprechung des Bundesgerichtshofs nicht als ausgeschlossen angesehen, der vorbehaltlosen Begleichung einer Rechnung zugleich eine Anerkenntniswirkung hinsichtlich der zugrunde liegenden Forderung beizumessen. Dies erfordert aber stets ein Vorliegen weiterer Umstände, die geeignet sind [z.B. ein Streit], eine derartige Wertung zu tragen."[330]

323 Vgl. Palandt, Komm. zum BGB, 64. Aufl. § 781 Rn 9.

324 BGH, NJW 1982, S. 996, 998.

325 BGH, NJW 1984, S. 799.

326 Vgl. KG Berlin, zfs 2006, S. 378.

327 Vgl. Baumgärtel/Laumen, Handbuch der Beweislast, Grundlagen, § 13 Rn 12 m.w.N.

328 Vgl. Lepa, Typische Probleme im Haftpflichtprozess, Rn 182; OLG Nürnberg, Urt. v. 29.3.2022 – 3 U 4188/21; a.A. Baumgärtel/Laumen, Handbuch der Beweislast, Grundlagen, § 13 Rn 12 f.: das wäre ein Eingriff in die objektive Beweislast. Der Anerkenntnisgeber muss daher nicht das Gegenteil beweisen, sondern nur einen Gegenbeweis gegen die Richtigkeit des Anerkenntnisses führen. Diese a.A. ist m.E. abzulehnen, da ein non liquet hinsichtlich der Richtigkeit des Anerkenntnisses zu Lasten des Anerkenntnisempfängers ginge und dieses damit faktisch entwertet ist.

329 Vgl. Lepa, Beweiserleichterungen im Haftpflichtrecht, NZV 1992, S. 129, 136 m.w.N.

330 BGH, Urt. v. 11.11.2008 – VIII ZR 265/07.

In der zivil- und strafrechtlichen Praxis kommt immer wieder der Fall vor, dass ein Zeuge eine nähere Mitwirkung an der Überprüfung seiner eigenen Angaben verweigert. Auch hier handelt es sich um eine Beweisvereitelung. Hieraus können Schlüsse grds. gezogen werden. Dass gilt auch bei Zeugen, die ein Zeugnisverweigerungsrecht haben, hiervon aber nur selektiv Gebrauch machen. „Die Frage, ob die Schilderung eines Zeugen zutrifft, lässt sich generell nur bei Berücksichtigung seines gesamten Verhaltens im Prozess beantworten und nicht isoliert nur bei Wertung der Informationen, die er dem Gericht zur Verfügung stellen will."[331] 162

H. Die Umkehr der Beweislast

I. Einleitung

Der Praktiker weiß: Wer die Beweislast hat, hat schon halb verloren (mit dem Begriff der Beweislast ist hier die objektive Beweislast gemeint, d.h. der Befehl an den Richter, wie dieser bei fehlender Überzeugung von den erheblichen Behauptungen einer Partei zu entscheiden hat[332]). 163

Der Gesetzgeber hat davon abgesehen, eine allg. Regel der Beweislast zu kodifizieren und die Frage der Rechtsprechung und Wissenschaft überlassen.[333] Das wiederum nötigt zu einer für die Praxis wichtigen Bestandsaufnahme. 164

II. Die Grundregel

„Abgesehen von einzelnen speziellen Beweislastregeln, wie sie z.B. in den §§ 179, 282 [a.F.], 345 u.a. BGB enthalten sind, hat nach deutschem Recht derjenige, der eine Rechtsfolge für sich in Anspruch nimmt, diejenigen Tatsachen zu behaupten und zu beweisen, die kraft Gesetzes den Schluss auf die begehrte Rechtsfolge zulassen. Danach muss der Kläger die seinen Anspruch begründenden Tatsachen, der Beklagte gegebenenfalls die rechtshindernden und rechtszerstörenden Tatsachen beweisen."[334] Werden rechtshindernden/rechtsvernichtenden Umständen wiederum rechtserhaltende Tatsachen gegenübergestellt, trägt hierfür wiederum der Kläger die Darlegungs- und Beweislast.[335] Wer sich auf Umstände beruft, die er für eine Auslegung heranziehen will, ist für diese Umstände beweispflichtig.[336] 165

331 Vgl. BGHSt 32, S. 140, 143.

332 Vgl. Schneider, Beweislast und Beweiswürdigung im Zivilprozess, DRiZ 1966, S. 281.

333 Vgl. BGHZ 3, S. 342, 346.

334 BGHZ 3, S. 342, 345 f.

335 Vgl. BGH, NJW 1999, S. 252 f.

336 Vgl. BGH, NJW 1999, S. 1702 f.

166 *Hinweis*

Die o.g. Grundregel gilt für den „Normalfall". Erhebt der eigentlich Anspruchsverpflichtete negative Feststellungsklage und wird so selbst zum Kläger ist dies beweisrechtlich irrelevant.[337] Es geht also um das Bestehen oder Nichtbestehen eines Anspruchs, nicht um die – beweisrechtlich irrelevante – Rolle der Partei im Prozess.[338]

167 Nach einer Ansicht ist es nicht möglich, die abstrakt-generelle und vor Prozessbeginn feststehende Beweislast durch Ermessensentscheidungen des Richters abzuändern oder vom Verhalten der Gegenpartei abhängig zu machen.[339] Weder die ZPO noch das BGB, noch eine andere Norm erlauben, von der o.g. Grundregel aufgrund „besonderer Umstände" oder „aufgrund von Treu und Glauben" oder aufgrund „redlichen oder widersprüchlichen Verhaltens" des Gegners abzuweichen.[340]

168 Die Frage der (objektiven) Beweislast müsse aus Gründen der Rechtssicherheit und Gleichheit **vor Prozessbeginn** in abstrakt-genereller Weise feststehen.[341] Der Ablehnung einer Umkehr oder Modifizierung der Beweislast wird entgegengehalten, dass es richterrechtlich doch möglich sei, **speziellere Beweislastregeln** zu entwickeln, die die allgemeinen Beweislastregeln verdrängen.[342] Dem ist zuzustimmen. Nicht zulässig ist es aber, **im Einzelfall** aus Billigkeitsgründen zu einer Beweislastumkehr zu kommen.[343] Gegen **abstrakt-generelle Regeln** als Ergebnis richterrechtlicher Fortentwicklung dürfte hingegen nichts einzuwenden sein.[344]

169 Die Rechtsprechung hat typische Fallgruppen herausgearbeitet, in denen jedenfalls bestimmte Beweiserleichterungen gelten, ohne jedoch konkret darzulegen, wie weit die jeweilige Beweiserleichterung im Einzelfall geht. Der Kläger, der eine Klage beabsichtigt und seine prozessualen Erfolgschancen prognostizieren will, möchte nicht nur das grundsätzliche „Ob" einer Beweiserleichterung wissen, sondern auch, „wie weit" diese Beweiserleichterung geht. Dieses „wie weit" kann in nicht wenigen Fällen durch eine dogmatisch zufriedenstellende Alternativlösung bzw. Kontrollüberlegung abgeschätzt werden.

337 Vgl. BGH, WM 1992, S. 313, 317; BGH, NJW 1993, S. 1716 f.

338 Vgl. Baumgärtel/Prütting, Handbuch der Beweislast, Grundlagen, § 5 Rn 44 m.w.N.

339 Vgl. Zöller/Greger, 26. Aufl., Vor § 284 Rn 17, 25 m.w.N.

340 Vgl. Schneider, Beweislast und Beweiswürdigung im Zivilprozess, DRiZ 1966, 281 f.

341 Vgl. BGH, NJW 2004, S. 2011, 2013.

342 Vgl. Musielak, Die Grundlagen der Beweislast im Zivilprozess, S. 136 f.

343 Vgl. BGH, NJW-RR 1997, S. 892.

344 Vgl. Laumen, Die Beweiserleichterung bis zur Beweislastumkehr- Ein beweisrechtliches Phänomen, NJW 2002, S. 3739, 3741 m.w.N.; Baumgärtel/Laumen, Handbuch der Beweislast, Grundlagen, § 4 Rn 51 ff. m.w.N.

III. Die Fallgruppen und dogmatische Alternativ-/ Kontrollüberlegungen

1. Die Beweisvereitelung

a) Ansicht der Rechtsprechung

Vereitelt die nicht beweispflichtige Partei schuldhaft, d.h. vorsätzlich oder fahrlässig, dass die beweisbelastete Partei den zu erbringenden Beweis führen kann, führt dies nach der Rechtsprechung zu der o.g. Beweiserleichterung „bis hin zur Beweislastumkehr". Für eine Beweisvereitelung (§ 27 Rdn 142 ff.) in diesem Sinne ist nicht erforderlich, dass zwischen den Parteien bereits ein Rechtsstreit anhängig ist. Es genügt, dass die spätere potentielle Notwendigkeit der Beweisführung beeinträchtigt wird.[345] Geht das Beweismittel z.B. ohne Verschulden der Partei unter, kann von einer Beweisvereitelung nicht gesprochen werden. Erforderlich ist immer ein Verschuldensvorwurf. „Das Verschulden muss sich sowohl auf die Zerstörung bzw. Entziehung des Beweisobjekts als auch auf die Beseitigung seiner Beweisfunktion beziehen, also darauf, die Beweislage des Gegners in einem gegenwärtigen oder künftigen Prozess nachteilig zu beeinflussen."[346] Welche konkrete Beweiserleichterung dem Beweispflichtigen zukommt, lässt die Formulierung („bis hin ...") offen. Dementsprechend lassen sich Entscheidungen nachweisen, die die Beweisvereitelung im Rahmen der Beweiswürdigung berücksichtigen und andere Entscheidungen, die die objektive Beweislast tatsächlich umkehren.[347] 170

Hinweis 171

Eine Beweisvereitelung wird in der Praxis gerne behauptet. Von einer Beweisvereitelung kann aber nur dann gesprochen werden, wenn gerade wegen der nicht mehr vorhandenen Beweisfunktion die Verwirklichung des Tatbestandes nicht aufgeklärt werden kann. Könnte die Tatbestandsverwirklichung ohnehin nicht aufgeklärt werden, auch wenn die Beweisfunktion noch gegeben wäre, ist die Beweisvereitelung folgenlos. Beweiserleichterungen sind dann nicht angezeigt.[348] Eine von der Rechtsprechung zudem – soweit ersichtlich – ungeklärte Frage ist, welcher Verschuldensmaßstab anzulegen ist. Üblicherweise wird zwar formuliert, dass die Beweisvereitelung ein schuldhaftes Verhalten voraussetzt, so dass scheinbar auch leichteste Fahrlässigkeit zur Beweisvereitelung führen kann.[349] Nach der hier vertretenen Ansicht muss die angeblich „vereitelnde" Partei aber nur die Sorgfalt walten lassen, die sie in eigenen Angelegenheiten pflegt, gem. § 277 BGB. Es schadet also nicht jede Fahrlässigkeit. Die Frage

345 Vgl. BGH XI ZR 380/00 und Lepa, Typische Probleme im Haftpflichtprozess, Rn 163.

346 BGH XI ZR 380/00.

347 Vgl. Musielak, Die Grundlagen der Beweislast im Zivilprozess, S. 134 f. m.w.N.

348 Vgl. Musielak, Die Grundlagen der Beweislast im Zivilprozess, S. 137.

349 So Laumen, Voraussetzungen und Rechtsfolgen der Beweisvereitelung, MDR 2008, S. 177 f.

kann vor allem im Falle des Untergangs des Beweismittels relevant werden. Auch die Rechtsprechung erkennt – dogmatisch ungeklärt – an, dass trotz Fahrlässigkeit nicht unbedingt eine Beweisvereitelung gegeben sein muss, wenn das konkrete Verhalten nicht als rechtsmissbräuchlich anzusehen ist. „Nur ein vorwerfbares, missbilligenswertes Verhalten vermag den mit beweisrechtlichen Nachteilen verbundenen Vorwurf der Beweisvereitelung zu tragen.“[350] Das legt aber die hier vertretene Ansicht der Anwendung des § 277 BGB nahe.

172 Für die Beweisvereitelung ist die Entscheidung des BGH VII ZR 74/07 sehr instruktiv:

> *„Eine Beweisvereitelung kann in verschiedenster Form auftreten (BGH, Urt. v. 10.2.1993 – XII ZR 241/91, BGHZ 121, 266, 278). Eine Beweisvereitelung liegt vor, wenn jemand seinem beweispflichtigen Gegner die Beweisführung schuldhaft erschwert oder unmöglich macht. Dies kann vorprozessual oder während des Prozesses durch gezielte Handlungen geschehen, mit denen bereits vorhandene Beweismittel vernichtet oder vorenthalten werden. [...] Der Bundesgerichtshof entscheidet in ständiger Rechtsprechung, dass eine Beweisvereitelung Beweiserleichterungen bis hin zur Umkehr der Beweislast zur Folge haben kann. Dabei obliegt es tatrichterlicher Wertung, ob der jeweilige Sachverhalt eine vollständige Umkehr der Beweislast oder lediglich Beweiserleichterungen rechtfertigt (vgl. BGH, Urt. v. 13.4.2005 – IV ZR 62/04, NJW-RR 2005, 1051, 1052; Urt. v. 23.9.2003 – XI ZR 380/00, NJW 2004, 222; Urt. v. 28.11.2000 – X ZR 194/97, zitiert nach [...], Tz. 25; Urt. v. 11.3.1993 – III ZR 182/91 [...]). Insoweit sind alle Umstände des Einzelfalls im Rahmen des § 286 ZPO zu würdigen (BGH, Urt. v. 17.1.2008 – III ZR 239/06, NJW 2008, 982, 984, Tz. 18), da nur so angemessene Ergebnisse erzielt werden können.“*

b) Dogmatische Kontrollüberlegung

173 Die Beweisvereitelung kann ohne weiteres als folgender Anscheinsbeweis aufgefasst werden: „Wenn eine Partei der anderen die Führung des Beweises schuldhaft unmöglich macht (Tatbestand), so spricht der erste Anschein dafür, dass der Beweis andernfalls erbracht worden wäre, die zu beweisende Tatsachenbehauptung also wahr ist (Folge).“[351] Der Unterschied zu einer vollständigen Umkehr der Beweislast liegt darin, dass das Risiko des non liquets immer noch bei der ursprünglich darlegungs- und beweisbelasteten Partei liegt. Diese kann den Beweis entweder aufgrund des Anscheinsbeweises führen[352] oder die nicht darlegungs- und beweisbelastete Partei kann entweder bereits die Voraussetzung eines Anscheinsbeweises (v.a. Typizität) oder den konkreten Anscheinsbeweis (ernsthafte Möglichkeit eines

350 So BGH III ZR 57/96, ähnlich BGH IX ZR 157/83.

351 So zutreffend Schneider, Beweislast und Beweiswürdigung im Zivilprozess, DRiZ 1966, S. 281, 285.

352 Vgl. Schneider, Beweislast und Beweiswürdigung im Zivilprozess, DRiZ 1966, S. 281 f.

anderen Geschehensablaufs) widerlegen. Nach anderer Ansicht bedarf es des Rückgriffs auf den Anscheinsbeweis nicht. Vielmehr soll der Richter gem. den Rechtsgedanken der §§ 371 Abs. 3, 427, 441 Abs. 3, 446 ZPO in **freier Würdigung** entscheiden können, ob er die nicht mehr aufzuklärende Tatsache als wahr unterstellt.[353] Nach diesen beiden Alternativen kommt es einerseits nicht zu einer Änderung der objektiven Beweislast und andererseits ist das unterstellte Ergebnis (ggf. Wahrunterstellung oder Anscheinsbeweis) mit weiteren Beweismittel abzuwägen, bevor als ultima ratio eine Beweislastentscheidung getroffen werden muss.

2. Die Vereitelung des Gegenbeweises

a) Ansicht der Rechtsprechung

Die dogmatische Schwäche der von der Rechtsprechung angenommenen Beweis- 174
erleichterungsformel „bis hin zur Beweislastumkehr" zeigt sich im Falle der Vereitelung eines Gegenbeweises. Wie ist zu verfahren, wenn die beweisbelastete Partei Beweismittel fahrlässig beseitigt, mit Hilfe derer die Gegenpartei einen Gegenbeweis hätte führen wollen? Eine Beweislastumkehr kommt nicht in Betracht, denn die beweisbelastete Partei ist und bleibt ohnehin beweisbelastet. Lediglich die Gegenpartei ist in der Führung des Gegenbeweises benachteiligt. Wird der Gegenbeweis absichtlich abgeschnitten, bietet sich eine Analogie zu § 444 ZPO an. Die Ansicht, § 444 ZPO als allg. Rechtsgedanken aufzufassen, der zudem auf Fahrlässigkeit erweitert werden sollte, ist denkbar.[354] Für die Vereitelung des Gegenbeweises im Anwendungsbereich des Anscheinsbeweises ist geklärt, dass sich die vereitelnde Partei dann auch nicht ihrerseits auf den Anscheinsbeweis berufen kann. Das wäre rechtsmissbräuchlich.[355]

b) Dogmatische Kontrollüberlegung

Die h.A. kann dieses Problem mit der stereotypen Formulierung, „bis hin zur Be- 175
weislastumkehr" nicht eindeutig lösen, sondern muss auf einen vermeintlich allg. Rechtsgedanken zurückgreifen und diesen auf Fahrlässigkeit erweitern, obwohl in § 444 ZPO expressis verbis von „Absicht" die Rede ist. Die Rückführung einer Norm, die „Absicht" erfordert auf einen allg. Rechtsgedanken, der zudem auf Fahrlässigkeit erweitert werden soll, ist dogmatisch fragwürdig. Der o.g. Anscheinsbeweis von Egon Schneider erscheint daher vorzugswürdig und auf den Gegenbeweis erweiterbar. Für diesen Spezialfall müsste der Anscheinsbeweis lauten: „Wenn eine Partei der anderen die Führung des [**Gegen-**] Beweises schuldhaft unmöglich macht (Tatbestand), so spricht der erste Anschein dafür, dass der [**Gegen-**]

353 Vgl. Laumen, Die Beweiserleichterung bis zur Beweislastumkehr – Ein beweisrechtliches Phänomen, NJW 2002, S. 3739, 3745 f.

354 Vgl. Thomas-Putzo/Reichold, ZPO, 28. Aufl., § 444 Rn 1.

355 Vgl. BGH, NJW 1998, S. 79, 81.

Beweis andernfalls erbracht worden wäre, die zu beweisende Tatsachenbehauptung also nicht wahr ist (Folge)."

3. Ungleiche Aufklärungsmöglichkeiten

a) Ansicht der Rechtsprechung

176 Kann eine beweisbelastete Partei einen Beweis nicht oder nur unter erheblichen Schwierigkeiten erbringen, während die nicht beweisbelastete Partei nähere Angaben machen könnte und ihr dies zumutbar ist, hat die Rechtsprechung eine Darlegungs- und Beweislast der primär nicht beweisbelasteten Partei gem. § 242 BGB angenommen. Instruktiv hierzu ist die sog. Bärenfang-Entscheidung des BGH. In dieser heißt es u.a.: „In Fällen dieser Art würde es dem Gedanken von Treu und Glauben, der auch das Prozessrecht beherrscht (vgl. Staudinger, BGB, 11. Aufl., § 242, Anm. A 58 mit zahlreichen Nachweisen), widersprechen, wollte man den Kläger an der für ihn grundsätzlich bestehenden vollen Darlegungs- und Beweispflicht festhalten; Es ist vielmehr, wie der erkennende Senat in seiner Entscheidung vom 20.1.1961 (GRUR 1961, 356, 359 – Pressedienst) unter Bezugnahme auf einschlägige Entscheidungen des Reichsgerichts näher ausgeführt hat, hinsichtlich derjenigen tatsächlichen Umstände, deren Aufklärung nach Lage der Sache vom Kläger billigerweise nicht erwartet werden kann, eine Darlegungs- und Beweispflicht des Beklagten anzunehmen."[356] Das erscheint als gewisser Widerspruch zur sog. sekundären Darlegungslast, die zwar eine Last zur Darlegung ist, aber keine Veränderung der Beweislast bewirkt.

177 Dieses Problem stellt sich manchmal bei innerbetrieblichen Umständen, die die Gegenpartei nicht kennen kann.[357] Unklar ist, ob der Gedanke des § 242 BGB auf ein **subjektives Verhalten** der Partei zurückgeführt werden soll oder auf einen **Sphärengedanken**.

178 *Beispiel*

Der Kläger behauptet innerbetriebliche – beweiserhebliche – Umstände beim Beklagten. Der Beklagte widerspricht dieser Darstellung. Er kann aber keine Beweise für seine Darstellung anbieten, da sämtliche Zeugen verstorben oder schriftliche Aufzeichnungen aufgrund eines Rohrbruchs unbrauchbar geworden sind. Reicht damit die abweichende Äußerung des Beklagten hinsichtlich eines Umstandes, den so oder so nur der Beklagte aufklären kann, oder ist auch die objektive Beweislast auf den Beklagten übergegangen, nachdem der Kläger den Beweis nicht erbringen hätte können, da sich der entscheidende Umstand allein in der Sphäre des Beklagten abspielte?

356 BGH, GRUR 63, S. 270, 272.

357 Vgl. z.B. BGH, X ZR 108/02 und VIII ZR 217/06.

Die Frage ist nicht beantwortbar, solange nicht dargestellt wird, welcher konkrete Grund die Beweiserleichterung rechtfertigt. Entweder ist der Anknüpfungspunkt ein subjektives (treuwidriges) Verhalten oder die Überlegung, in wessen Sphäre das Beweismittel liegt. Die in der Literatur angestellten Überlegungen, dass sich die Beantwortung der Frage nach der Wahrscheinlichkeit der Richtigkeit der Tatsachenbehauptung richtet,[358] überzeugen gerade für diesen Problemfall nicht und sind dogmatisch bedenklich. 179

Auch in der Literatur ist umstritten, ob ungleiche Aufklärungsmöglichkeiten eine Änderung der objektiven Beweislast rechtfertigen können.[359] 180

Hinweis 181

Auch das BVerfG hat den **Sphärengedanken** aufgegriffen. In einem Fall, in dem der Schutzbereich des Art. 12 GG eröffnet war, hat das BVerfG ausgeführt: „Jedenfalls aber verbietet es sich, dem Arbeitnehmer Darlegung und Nachweis solcher Umstände in vollem Umfang aufzubürden, die nicht in seiner Sphäre liegen und deren vollständige Kenntnis bei ihm infolgedessen nicht erwartet werden kann, während der Arbeitgeber über sie ohne weiteres verfügt“ (so BVerfG, NJW 2000, 1483 f.). Das scheint über die schlichte Annahme der sekundären Darlegungslast hinauszugehen („...und Nachweis“).

Auch in manchen Entscheidungen geht der BGH faktisch von einer Umkehr der Beweislast aus. „Für einen Anspruch nach § 43 Abs. 2 GmbHG muss die klagende Gesellschaft nur darlegen und beweisen, dass ihr durch ein möglicherweise pflichtwidriges Verhalten des Geschäftsführers ein Schaden entstanden ist, während der Geschäftsführer darlegen und beweisen muss, dass er die Sorgfalt eines ordentlichen und gewissenhaften Geschäftsleiters angewandt hat (Sen. Beschl. v. 18.2.2008 – II ZR 62/07, ZIP 2008, 736 m.w.Nachw.). Besteht Streit, ob eine Zahlung des Geschäftsführers an sich selbst pflichtgemäß war, muss die Gesellschaft darlegen, dass der Geschäftsführer auf einen möglicherweise nicht bestehenden Anspruch geleistet hat. Diesen Anforderungen hat die Klägerin genügt [...] Es ist danach Sache des Beklagten, darzulegen und ggf. zu beweisen, dass er [die Zahlung zu Recht erhalten hat].“[360] 182

Näher begründet wird diese Ansicht nicht. Die in Bezug genommene Entscheidung (BGH, II ZR 62/07) liefert lediglich einen Hinweis auf § 287 ZPO. Die Vorschrift des § 287 ZPO setzt jedoch einen haftungsbegründenden Vorgang voraus. Ein haftungsbegründender Vorgang ist bei einem „möglicherweise“ pflichtwidrigen Verhalten gerade nicht erwiesen. Gleichwohl kommt der BGH zu o.g. Beweislastgrund- 183

358 Vgl. Musielak, Die Grundlagen der Beweislast im Zivilprozess, S. 144 m.w.N.

359 Für diesen Fall verneinend: Musielak, Die Grundlagen der Beweislast im Zivilprozess, S. 144; insgesamt verneinend: Zöller/Greger, 26. Aufl. Vor. § 284 Rn 17.

360 BGH, II ZR 143/08.

sätzen. Man wird annehmen dürfen, dass sich der BGH hier entweder von dem Sphärengedanken bzw. den ungleichen Aufklärungsmöglichkeiten leiten hat lassen oder von § 138 Abs. 2 ZPO. Der Entscheidung ist im Ergebnis zuzustimmen.

b) Dogmatische Kontrollüberlegung

184 Wenn eine Partei an der Aufklärung eines Umstandes nicht mitwirkt, obwohl sie die näheren Umstände kennt und ihr die entsprechenden Angaben zumutbar sind, muss nach der Lebenserfahrung vermutet werden, dass sie diese Umstände nicht vorträgt, weil sie die Behauptung des Gegners stützen würden.[361] Regelmäßig und typisch ist die zu beweisende Tatsachenbehauptung in diesem Fall wahr, also erneut ein Anwendungsbereich des Anscheinsbeweises eröffnet. Damit ist aber primär die **konkrete Beweisführungslast** betroffen. D.h., die Gegenpartei verweigert substantiiertes Bestreiten. In diesem Sinne wird man in der Tat einen Anscheinsbeweis annehmen können, bzw. die entsprechende Rechtsfolge aus § 138 Abs. 2 und 3 ZPO ableiten können (ungenügendes Bestreiten mit Geständnisfiktion).

185 Was aber ist, wenn die Gegenpartei zwar substantiiert bestreitet, aber die entsprechenden Beweismittel nicht benennt? Dieser Fall kann entweder über die Grundsätze der Beweisvereitelung gelöst werden[362] oder über den o.g. Anscheinsbeweis, wenn man unter „entsprechenden Angaben" auch die Angabe von Beweismitteln versteht.[363]

186 Der o.g. Anscheinsbeweis ist aber dann nicht möglich, wenn die entsprechenden Beweismittel z.B. untergegangen sind. Auf eine Sphärentheorie oder Sphärenverantwortlichkeit oder Wahrscheinlichkeit der aufgestellten Behauptung kann es daher – bei Anwendung dieses Anscheinsbeweises – nicht ankommen. Das gilt auch dann, wenn die Beweismittel aufgrund eines Verschuldens (Fahrlässigkeit) der primär nicht beweisbelasteten Partei untergehen. Auch dann ist die Anwendung eines Anscheinsbeweises nicht gerechtfertigt, solange die Partei das Beweismittel nicht absichtlich beseitigt hat. Reine Fahrlässigkeit diesbezüglich kann nach der Lebenserfahrung gerade nicht zu einer Anwendung eines Anscheinsbeweises führen. Auch unter dem Gesichtspunkt der Beweisvereitelung kann sich kein anderes Ergebnis einstellen. Geht ein Beweismittel unter, weil es die Partei fahrlässig nicht gegen den Untergang gesichert hatte, kann darin so lange kein Verschulden gesehen werden, so lange die Partei für das Beweismittel dieselbe Sorgfalt wie für andere eigene Gegenstände der Partei aufgewandt hatte. Die Partei hat nach der hier vertretenen Ansicht im Rahmen der Beweisvereitelung nur für diejenige Sorgfalt einzustehen, die sie auch in eigenen Angelegenheiten aufwendet. Wäre es anders, müsste die primär nicht beweisbelastete Partei Gegenstände, die der Gegner ggf. als potentielle

361 Vgl. Musielak, Die Grundlagen der Beweislast im Zivilprozess, S. 144 m.w.N.

362 Vgl. BGH, NJW 1960, S. 821.

363 Vgl. Huber, Ungleiche Aufklärungsmöglichkeiten der Parteien, MDR 1981, S. 95, 98.

Beweismittel benötigen könnte, besser hüten als eigene Gegenstände. Das kann ersichtlich nicht richtig sein.

Die Alternativargumentation des Anscheinsbeweises ist nicht möglich, wenn die Partei grundsätzlich „schlampig“ ist und z.B. alle Unterlagen (z.B. Handakten, Buchhaltungsunterlagen) vor Ablauf der gesetzlichen Aufbewahrungsfristen vernichtet. Aus einer grundsätzlichen Unzuverlässigkeit oder Schlampigkeit hinsichtlich der Aufbewahrung oder Dokumentation kann gerade kein Anscheinsbeweis für den konkreten Einzelfall konstruiert werden. 187

In diesen Fällen könnte nur die Argumentation der Rechtsprechung trotz fragwürdiger Verallgemeinerung und Erweiterung eines o.g. „allg. Rechtsgedanken“ (§ 242 BGB) zu einem anderen Ergebnis kommen. Ob diese Ansicht vorzuziehen ist, kann hier nicht entschieden werden. Zu beachten ist auch, ob die primär darlegungs- und beweisbelastete Partei – jedenfalls potentiell – von eigenen potentiellen Beweissicherungsmaßnahmen abgesehen hat, da sie darauf vertraute, dass die Gegenpartei deren obliegender gesetzlicher Dokumentation- und Aufbewahrungspflicht nachkommt, oder ob sie selbst fahrlässig Maßnahmen der Beweissicherung nicht ergriffen hat. 188

Hinweis 189

In der Praxis wird sich das Problem in den meisten Fällen durch die **Grundsätze des Urkundenbeweises** oder der fahrlässigen Beweisvereitelung lösen lassen. Kann die sekundär darlegungs- und beweispflichtige Partei nur Kopien oder elektronische Verarbeitungen von Urkunden vorlegen, kann sie einerseits bereits einen Urkundenbeweis nicht führen und andererseits hat sie in nicht wenigen Fällen mindestens fahrlässig einen potentiellen Urkundenbeweis vereitelt. Für einen Urkundenbeweis gilt Folgendes: „Die Klägerin hat [...] bestritten, eine solche Urkunde im Original unterschrieben zu haben, und **Manipulationen** [Hervorheb. d. Verf.] mit Hilfe von Unterschriftsfotokopien behauptet. Die Originalurkunde hat der Beklagte trotz entsprechender Aufforderung durch das Berufungsgericht nicht vorgelegt. Die Ablichtung einer Urkunde ist als solche keine Urkunde im Sinne der §§ 415 ff. ZPO (BGH, Urt. v. 16.11.1979 – V ZR 93/77 = NJW 1980, 1047, 1048; Stephan in Zöller, 17. Aufl. ZPO vor § 415 Rn 2; a.M. unter unzutreffendem Hinweis auf BGH MDR 1976, 304 – BGHZ 65, 300 [BGH 28.11.1975 – V ZR 127/74] Hartmann a.a.O. Übers. § 415 Anm. 1). Der Urkundenbeweis [Hervorheb. d. Verf.] kann bei einer Privaturkunde ausschließlich durch Vorlegung der Urschrift nach § 420 ZPO angetreten werden (BGH, Urteile vom 16.11.1979 a.a.O. und vom 20.1.1986 – II ZR 56/85 = WM 1986, 400, 401; Stephan a.a.O. § 420 Rn 1; Hartmann a.a.O. § 420 Anm. 2).“[364]

364 BGH, XI ZR 71/91.

190 In der Praxis kommt es immer wieder zu **Mikroverfilmungen** von Originalurkunden. Dann gilt Folgendes: „Somit ist es die Beklagte, die der Klägerin den Beweis der Echtheit der Unterschrift erschwert hat, indem sie das Original des Versicherungsantrags nach der Mikroverfilmung vernichtet hat. Es kann dahingestellt bleiben, ob die von der Klägerin herangezogenen Grundsätze der Beweisvereitelung eingreifen, die voraussetzen, dass eine Partei dem beweispflichtigen Gegner die Beweisführung in vorwerfbarer Weise erschwert hat. Denn auch wenn man einem Versicherer das Recht zugesteht, aus Gründen der bürotechnischen Rationalisierung die Originale der Versicherungsanträge nach Mikroverfilmung zu vernichten, und wenn man ihm deshalb keinen Pflichtverstoß im Verhältnis zu den Versicherungsnehmern vorwerfen kann, so darf er sich doch nicht die durch die Vernichtung entstandene Unmöglichkeit des Beweises für die Echtheit der Unterschrift des Versicherungsnehmers zunutze machen. Es stellt ein unzulässiges widersprüchliches Verhalten dar (§ 242 BGB), wenn der Versicherer, der das Verfahren der Verfilmung und Vernichtung zu seinem (Rationalisierungs-)Vorteil eingeführt hat, die durch dieses Verfahren erzeugten Beweisnachteile auf die Versicherungsnehmer abwälzen will [...].“[365] Ob dies angesichts der zunehmenden Digitalisierung der Gesellschaft immer noch gilt, ist nicht klar.[366] In diesem Zusammenhang ist auch auf § 257 Abs. 3 HGB zu verweisen, der eine Digitalisierung unter den dort genannten Voraussetzungen gestattet.

4. Grobe Verletzung von Berufspflichten (v.a. ärztlichen)

a) Ansicht der Rechtsprechung

191 Die Rechtsprechung hat im Bereich der Arzthaftung angenommen, dass es **hinsichtlich der haftungsbegründenden Kausalität** eines groben Behandlungsfehlers und eines Schadens zu einer Beweislastumkehr kommt, wenn der Behandlungsfehler geeignet ist, einen Schaden der tatsächlich eingetretenen Art herbeizuführen. Bloße Zweifel an der Ursächlichkeit bleiben bei der Beweislastumkehr außer Betracht. Insofern führt der BGH aus: „Aus dem konkreten Geschehensablauf hergeleitete Zweifel an der Ursächlichkeit vermögen die allgemeine Eignung des festgestellten Behandlungsfehlers, einen bestimmten Schaden herbeizuführen, nicht in Frage zu stellen. Sie haben bei der Erwägung ihren Platz, ob der dem Arzt obliegende Beweis für die Nichtursächlichkeit erbracht ist. Anderenfalls würde die von der Rechtsprechung entwickelte Umkehr der Beweislast nur selten zu der erstrebten Verteilung der Beweislast in dem Bereich führen, der infolge eines schwerwiegenden Behandlungsfehlers unaufklärbar ist (BGH Urt. v. 11.4.1967 – VI ZR 61/66 = a.a.O.)“[367]

365 BGH, NJW-RR 2000, 1471 ff.; ebenso OLG München, OLGZ 1977, S. 79 und 10 U 5426/04 und 10 U 5764/05.

366 Vgl. hierzu OLG Köln, Urt. v. 15.3.2024 – 20 U 240/23.

367 BGH, NJW 1968, S. 1185.

Durch das Gesetz zur Verbesserung der Rechte von Patientinnen und Patienten vom 20.2.2013 (BGBl I S. 277) wurde der neue § 630f BGB eingefügt. Dessen Abs. 5 lautet: 192

„Liegt ein grober Behandlungsfehler vor und ist dieser grundsätzlich geeignet, eine Verletzung des Lebens, des Körpers oder der Gesundheit der tatsächlich eingetretenen Art herbeizuführen, wird vermutet, dass der Behandlungsfehler für diese Verletzung ursächlich war. Dies gilt auch dann, wenn es der Behandelnde unterlassen hat, einen medizinisch gebotenen Befund rechtzeitig zu erheben oder zu sichern, soweit der Befund mit hinreichender Wahrscheinlichkeit ein Ergebnis erbracht hätte, das Anlass zu weiteren Maßnahmen gegeben hätte, und wenn das Unterlassen solcher Maßnahmen grob fehlerhaft gewesen wäre."

Der Gesetzgeber hat in § 630f Abs. 5 Satz 1 BGB darauf verzichtet, den Begriff des groben Behandlungsfehlers zu definieren. Aus der Begründung zum Gesetzesentwurf ergibt sich aber, dass die bisherige Rechtsprechung insoweit fortgeführt werden sollte. Fallgruppen wären der fundamentale Diagnosefehler und der grobe Behandlungsfehler. Die Beweislastumkehr aufgrund des grob fahrlässigen Unterlassens der Befunderhebung oder -sicherung, setzt voraus, dass der (unterlassene) Befund mit hinreichender Wahrscheinlichkeit ein Ergebnis erbracht hätte, das Anlass zu weiteren Maßnahmen gegeben hätte. Das sollte Folgendes bedeuten: „So kommt bei einem einfachen Befunderhebungsfehler eine Beweislastumkehr für die Frage des Ursachenzusammenhangs mit der tatsächlich eingetretenen Rechtsgutsverletzung nach Maßgabe von Absatz 5 Satz 1 auch dann in Betracht, wenn sich bei der gebotenen Abklärung der Symptome mit hinreichender Wahrscheinlichkeit ein so deutlicher und gravierender Befund ergeben hätte, dessen Verkennung sich als fundamental oder deren Nichtreaktion auf ihn sich als grob fehlerhaft darstellen würde, und dieser Fehler generell geeignet ist, den tatsächlich eingetretenen Gesundheitsschaden herbeizuführen (BGH NJW 2011, 2508 f.). Von dem Regelfall des Absatzes 5 kann allerdings dann nicht ausgegangen werden, wenn jeglicher haftungsbegründender Ursachenzusammenhang im Einzelfall äußerst unwahrscheinlich ist. Dies ist etwa dann der Fall, wenn sich eindeutig nicht das Risiko verwirklicht hat, dessen Nichtbeachtung den Fehler als grob erscheinen lässt oder wenn der Patient durch sein Verhalten eine selbstständige Komponente für den Heilungserfolg vereitelt hat und dadurch in gleicher Weise wie der grobe Behandlungsfehler dazu beigetragen hat, dass der Verlauf des Behandlungsgeschehens nicht mehr aufgeklärt werden kann."[368] 193

In Fällen des groben Behandlungsfehlers entsprach es einer bereits auf das RG zurückgehenden Entscheidung, dass sich der Arzt hinsichtlich der Kausalität oder Mitkausalität seines Fehlers entlasten muss.[369] Der älteren Rechtsprechung konnte 194

368 Vgl. RegE, BT-Drucksache 17/10488, S. 31.

369 Vgl. bereits RGZ 171, S. 168.

man zudem entnehmen, dass eine weitere Voraussetzung der Beweislastumkehr war, dass der Verstoß als geeignete und naheliegende Ursache des Schadens in Betracht kommt.[370] Die neuere Rechtsprechung hält hieran nicht mehr fest. Auch wenn der Verstoß nicht naheliegend oder wahrscheinlich zu dem Schaden führt, kehrt sich trotzdem die Beweislast um.[371] Der BGH lehnt auch ausdrücklich einen Anscheinsbeweis ab, da der Schaden auch nicht typisch für den Behandlungsfehler sein muss.[372] Nur wenn der haftungsbegründende Ursachenzusammenhang äußerst unwahrscheinlich wäre, sei eine Änderung der Beweislast nicht angezeigt.[373] Wäre der grobe Behandlungsfehler nicht eingetreten, aber hätte trotzdem nur eine Heilungschance von unter 10 % bestanden, wäre der unterstellt haftungsbegründende Zusammenhang äußerst unwahrscheinlich.[374]

195 *Hinweis*

Der nach § 286 ZPO zu beweisende haftungsbegründende Primärschaden kann bereits in der Beeinträchtigung der gesundheitlichen Befindlichkeit bestehen. Hieraus weiter resultierende Schäden (auch Köperschäden) unterfallen dem Beweismaß des § 287 ZPO.

196 Auch wenn der Patient eine Mitkomponente für den Schadenseintritt setzt und dadurch in gleicher Weise wie der grobe Behandlungsfehler zur Unaufklärbarkeit geführt hat, ist eine Beweislastumkehr nicht gerechtfertigt.[375] Umgekehrt muss sich gerade das Risiko verwirklichen, weshalb der Fehler als grobe Verletzung angesehen wird.[376] Für das Vorliegen der Ausnahmekonstellationen, die **nicht** zu einer Umkehr der Beweislast führen, ist wiederum der Arzt beweispflichtig.[377]

197 Dem Patienten wird nur der Kausalitätsnachweis abgenommen. Eine **grobe Pflichtverletzung** muss er nach wie vor darlegen und beweisen. Ein grober Behandlungsfehler ist ein solcher, der aus objektiver Sicht nicht mehr verständlich ist und schlechterdings nicht passieren darf.[378] Fallgruppen wären der fundamentale Diagnoseirrtum, die in erheblichem Ausmaß unterlassene Diagnose- (Befund-)[379] und Kontrollbefunderhebung, der grobe Therapiefehler, der grobe Organisationsfehler

370 Vgl. z.B. BGH, NJW 1968, S. 2293; 1969, S. 553 f.; gleichwohl lassen sich auch frühere Entscheidungen nachweisen, die auf dieses Kriterium verzichten, vgl. Musielak, Die Grundlagen der Beweislast im Zivilprozess, S. 148 Fn 590 m.w.N

371 Vgl. BGH, NJW 2004, S. 2011, 2013 m.w.N.

372 Vgl. BGHZ 85, S. 212, 217.

373 Vgl. BGH, VersR 1995, S. 65 f.

374 Vgl. OLG Hamm, VersR 2004, 1321 f.

375 Vgl. BGH, NJW 2004, S. 2011, 2013 m.w.N.; BGH, MDR 2005, S. 572 f. m.w.N.

376 Vgl. BGH, NJW 1985, S. 2513; NJW 2004, S. 2011, 2013.

377 Vgl. BGH, NJW 2004, S. 2011, 2013.

378 Vgl. BGH, NJW 1983, S. 2080 f.

379 Vgl. BGH, Urt. v. 29.9.2009 – VI ZR 251/08.

und der unterlassene Hinweis auf dringend erforderliche Kontrolluntersuchungen.[380] Wenn bereits die Unterlassung einer aus medizinischer Sicht gebotenen Befunderhebung oder Befundsicherung einen groben ärztlichen Fehler darstellt, kommt es zu einer Beweislastumkehr hinsichtlich der haftungsbegründenden Kausalität.[381] Das entspricht mittlerweile § 630h Abs. 5 Satz 2 BGB. Die **unterlassene Diagnose- und Kontrollbefunderhebung** führt aber nur zu einem „groben Behandlungsfehler", wenn sich bei durchgeführter Befunderhebung mit einer Wahrscheinlichkeit von mehr als 50 %[382] ein Befund ergeben hätte, der den Behandler dringend zu einer Reaktion veranlasst hätte und das Nichtreagieren auf den vermuteten reaktionspflichtigen Befund für sich einen groben Behandlungsfehler darstellt.[383] Der **einfache Befunderhebungsfehler** führt dann zu einer Beweislastumkehr, „wenn sich bei der gebotenen Abklärung der Symptome mit hinreichender Wahrscheinlichkeit ein so deutlicher und gravierender Befund ergeben hätte, dass sich dessen Verkennung als fundamental oder die Nichtreaktion auf ihn als grob fehlerhaft darstellen würde und diese Fehler generell geeignet sind, den tatsächlich eingetretenen Gesundheitsschaden herbeizuführen [...] Es ist nicht erforderlich, dass der grobe Behandlungsfehler die einzige Ursache des Schadens ist. Eine Umkehr der Beweislast ist nur dann ausgeschlossen, wenn jeglicher haftungsbegründende Ursachenzusammenhang äußerst unwahrscheinlich ist."[384]

Liegt hingegen nur ein **Diagnoseirrtum** vor, sind die Anforderungen an einen die Beweislastumkehr auslösenden Behandlungsfehler als solchen oder sogar groben Behandlungsfehler höher als bei der unterlassenen Diagnose- und Kontrollbefunderhebung. Relativ eindeutig ist der Fall, wenn eine vollständig durchgeführte Befunderhebung vorliegt und diese sodann falsch beurteilt wird (nur Diagnoseirrtum). 198

Hinweis 199

„Bei der Einstufung eines ärztlichen Fehlverhaltens als grob handelt es sich um eine juristische Wertung, die dem Tatrichter obliegt. Diese wertende Entscheidung muss aber in vollem Umfang durch die vom ärztlichen Sachverständigen mitgeteilten Fakten getragen werden und sich auf die medizinische Bewertung des Behandlungsgeschehens durch den Sachverständigen stützen können [...] Es ist dem Tatrichter nicht gestattet, den Behandlungsfehler ohne entsprechen-

380 Vgl. Martis, Aktuelle Entwicklung im Arzthaftungsrecht, MDR 2009, 1082, 1085 ff.

381 Vgl. BGH, Urt. v. 2.7.2013 – VI ZR 554/12 = NJW 2013, S. 3094 f.; Schärtl, Beweislast im Arzthaftungsprozess, NJW 2014, S. 3601, 3604.

382 So das OLG Köln, VersR 2004, S. 247, wobei teils auch der Begriff „hinreichende Wahrscheinlichkeit" verwandt wird, ohne diesen weiter zu präzisieren, vgl. BGH, VersR 2007, S. 541.

383 Vgl. Martis, Aktuelle Entwicklung im Arzthaftungsrecht, MDR 2009, S. 1082, 1086 f. m.w.N. und Schultze-Zeu, Das Vorliegen eines einfachen Befunderhebungsfehlers und die Beweislastumkehr hinsichtlich der Kausalität, VersR 2008, S. 898.

384 BGH, NJW 2010, S. 2508 f.; BGH, Urt. v. 2.7.2013 – VI ZR 554/12 = NJW 2013, S. 3094 f.

de Darlegungen aufgrund eigener Wertung als grob oder nicht grob zu qualifizieren."[385]

200 Kommt es hingegen aufgrund eines Irrtums gar nicht zu einer **vollständigen** Befunderhebung, liegt ein Befunderhebungsfehler vor.[386] „Im Unterschied dazu liegt ein Diagnoseirrtum vor, wenn der Arzt erhobene oder sonst vorliegende Befunde falsch interpretiert und deshalb nicht die aus der berufsfachlichen Sicht seines Fachbereichs gebotenen – therapeutischen oder diagnostischen – Maßnahmen ergreift (vgl. Senatsurteile vom 10.11.1987 – VI ZR 39/87, VersR 1988, 293, 294; vom 23.3.1993 – VI ZR 26/92, VersR 1993, 836, 838; vom 4.10.1994 – VI ZR 205/93, VersR 1995, 46; vom 8.7.2003 – VI ZR 304/02, a.a.O., S. 1256 f. und vom 12.2.2008 – VI ZR 221/06, VersR 2008, 644 Rn 7)."[387]

201 In diesem Bereich können sich schwierige Abgrenzungsfragen stellen, wenn der Arzt eine Fehldiagnose stellt und im Vertrauen auf diese – für den Patienten schädlich, aber **folgerichtig** – keine weitere Diagnosebefunderhebung durchführt.[388]

202 *Hinweis*

Der BGH hat die Regeln der groben Verletzung der ärztlichen Behandlungsfehler (= Umkehr der Beweislast) auf **andere grobe Berufspflichtverletzungen** angewandt, sofern es gerade auf den Schutz anderer für Köper und Gesundheit ankommt.[389] „Wer eine besondere Berufs- oder Organisationspflicht, andere vor Gefahren für Leben und Gesundheit zu bewahren, grob vernachlässigt hat, kann nach Treu und Glauben die Folgen der Ungewissheit, ob der Schaden abwendbar war, nicht dem Geschädigten aufbürden. Auch in derartigen Fällen kann die regelmäßige Beweislastverteilung dem Geschädigten nicht zugemutet werden. Der seine Pflichten grob Vernachlässigende muss daher die Nichtursächlichkeit festgestellter Fehler beweisen, die allgemein als geeignet anzusehen sind, einen Schaden nach Art des eingetretenen herbeizuführen."[390] Geht es nur um **Vermögensinteressen** (z.B. Anwaltshaftung) wurde eine Umkehr der Beweislast abgelehnt, aber die Anwendung eines Anscheinsbeweises eröffnet. „Der Mandant ist dadurch nicht unbillig benachteiligt, weil ihm im Einzelfall Beweiserleichterungen nach den Grundsätzen des Anscheinsbeweises zugute kommen können, soweit Umstände feststehen, die entsprechend der Lebenserfahrung den Schluss auf ein bestimmtes Verhalten eindeutig nahelegen (vgl. Senatsurt. v. 30.9.1993 [BGHZ 123, 311] a.a.O.)."[391] Der Ansicht der Rechtspre-

385 BGH, Urt. v. 24.2.2015 – VI ZR 106/13 = NJW 2015, S. 1601.

386 Vgl. KG, VersR 2008, S. 136.

387 BGH, NJW 2011, S. 1672 f.

388 Vgl. Martis, Aktuelle Entwicklung im Arzthaftungsrecht, MDR 2009, S. 1082, 1087 f.

389 Vgl. Thomas-Putzo/Reichold, ZPO, 28. Aufl., Vorbem. § 284 Rn 35 m.w.N.

390 BGH, Urt. v. 23.11.2017 – III ZR 60716 = NJW 2018, S. 301, 303.

391 BGHZ 126, S. 217, 224.

chung ist diesbezüglich nicht zuzustimmen. Eine dogmatische Rechtfertigung, warum grobe Behandlungsfehler von Ärzten, aber nicht von z.B. Anwälten oder Steuerberatern zu einer Beweislastumkehr führen, ist nicht ersichtlich.[392]

Von wesentlicher Bedeutung ist der im Jahre 2013 neu eingeführte § 630f Abs. 1 Satz 1 und Satz 2 BGB. Danach ist der Behandler verpflichtet, die gem. § 630f Abs. 2 BGB nötigen Aufzeichnungen in unmittelbarem zeitlichem Zusammenhang zu machen. Schlichtes Überschreiben oder Korrigieren der Papierakte ist nur zulässig, wenn der ursprüngliche Inhalt erkennbar bleibt. Wird eine elektronische Akte geführt, muss die eingesetzte Software gewährleisten, dass nachträgliche Änderungen erkennbar werden. Ziel ist es, eine fälschungssichere Organisation der Dokumentation in Anlehnung an die Grundsätze ordnungsgemäßer Buchführung, wie sie bereits im Handelsgesetzbuch sowie in der Abgabenordnung geregelt sind, sicherzustellen. Die Einführung dieser Norm war dringend geboten, denn aus der Praxis kennt der Verfasser diverse Fälle, in denen Behandler im Laufe eines Schadensersatzprozesses die Patientenakte nachträglich verändert haben. Aufgefallen ist dies nur durch Zufall (z.B. ein Kollege oder eine Mitarbeiterin haben einen entsprechenden Hinweis gegeben). Die Rechtsprechung hat – jedenfalls zum alten Recht – die Ansicht vertreten, im Zweifel dem Arzt zu glauben. 203

„Nach der Rechtsprechung des erkennenden Senats hat der aufklärungspflichtige Arzt nachzuweisen, dass er die von ihm geschuldete Aufklärung erbracht hat. An den dem Arzt obliegenden Beweis dürfen allerdings keine unbilligen und übertriebenen Anforderungen gestellt werden. Danach hat der Tatrichter die besondere Situation, in der sich der Arzt während der Behandlung des Patienten befindet, ebenso zu berücksichtigen wie die Gefahr, die sich aus dem Missbrauch seiner Beweislast durch den Patienten zu haftungsrechtlichen Zwecken ergeben kann. Ist einiger Beweis für ein gewissenhaftes Aufklärungsgespräch erbracht, sollte dem Arzt im Zweifel geglaubt werden, dass die Aufklärung auch im Einzelfall in der gebotenen Weise geschehen ist; dies auch mit Rücksicht darauf, dass aus vielerlei verständlichen Gründen Patienten sich im Nachhinein an den genauen Inhalt solcher Gespräche, die für sie etwa vor allem von therapeutischer Bedeutung waren, nicht mehr erinnern. In jedem Fall bedarf es einer verständnisvollen und sorgfältigen Abwägung der tatsächlichen Umstände, für die der Tatrichter einen erheblichen Freiraum hat [m.w.N.] Schriftliche Aufzeichnungen im Krankenblatt über die Durchführung des Aufklärungsgesprächs und seinen wesentlichen Inhalt sind nützlich und dringend zu empfehlen. Ihr Fehlen darf aber nicht dazu führen, dass der Arzt regelmäßig beweisfällig für die behauptete Aufklärung bleibt. Allein entscheidend ist das vertrauensvolle Gespräch zwischen Arzt und Patient. Deshalb muss auch der

392 Vgl. Heinemann, Baustein anwaltlicher Berufshaftung: Die Beweislast, NJW 1990, 2345, 2352; Palandt/Heinrichs, 65. Aufl., § 280 Rn 38 a.

Arzt, der keine Formulare benutzt und für den konkreten Einzelfall keine Zeugen zur Verfügung hat, eine faire und reale Chance haben, den ihm obliegenden Beweis für die Durchführung und den Inhalt des Aufklärungsgesprächs zu führen [m.w.N.]. Nach diesen Grundsätzen ist dem Arzt der Nachweis der Aufklärung nicht verwehrt, wenn er sie nicht dokumentiert hat (Steffen/Pauge, Arzthaftungsrecht, 12. Aufl., Rn 516). Auch wenn man in der stationären Behandlung eine Dokumentation der Tatsache eines Aufklärungsgesprächs und des wesentlichen Inhalts erwarten kann, darf an das Fehlen einer Dokumentation keine allzu weitgehende Beweisskepsis geknüpft werden. Aus medizinischer Sicht ist – anders als bei Behandlungsmaßnahmen – eine Dokumentation der Aufklärung regelmäßig nicht erforderlich (Geiß/Greiner, Arzthaftpflichtrecht, 6. Aufl., C Rn 134). Ebenso wie dem Arzt der Nachweis der Aufklärung nicht verwehrt ist, wenn er sie überhaupt nicht dokumentiert hat, muss es ihm möglich sein, über den schriftlich dokumentierten Text hinausgehende Inhalte seines Aufklärungsgesprächs nachzuweisen. Dies gilt sowohl für den Fall, dass das sich realisierende Risiko in dem vom Patienten unterschriebenen Aufklärungsformular nicht erwähnt ist, als auch für den Fall, dass darüber hinaus durch handschriftliche Zusatzeinträge ein weitergehender Gesprächsinhalt dokumentiert ist [m.w.N.] Für den Nachweis einer ordnungsgemäßen Aufklärung ist nicht unbedingt erforderlich, dass sich der Arzt an das konkrete Aufklärungsgespräch (Ort, Umstände, genauer Inhalt) erinnert. Angesichts der Vielzahl von Informations- und Aufklärungsgesprächen, die Ärzte täglich führen, kann dies nicht erwartet werden. Da an den vom Arzt zu führenden Nachweis der ordnungsgemäßen Aufklärung keine unbilligen oder übertriebenen Anforderungen zu stellen sind, darf das Gericht seine Überzeugungsbildung gemäß § 286 ZPO auf die Angaben des Arztes über eine erfolgte Risikoaufklärung stützen, wenn seine Darstellung in sich schlüssig und ‚einiger' Beweis für ein Aufklärungsgespräch erbracht ist. Dies gilt auch dann, wenn der Arzt erklärt, ihm sei das strittige Aufklärungsgespräch nicht im Gedächtnis geblieben. Einen wesentlichen Anhaltspunkt für die Tatsache, dass ein Aufklärungsgespräch stattgefunden hat, gibt dabei das von dem Arzt und dem Patienten unterzeichnete Formular, mit dem der Patient sein Einverständnis zu dem ärztlichen Eingriff gegeben hat [m.w.N.]. Dieses Formular ist – sowohl in positiver als auch in negativer Hinsicht (vgl. Lepa, Festschrift Geiß, 2000, S. 449, 455 m.w.N.) – zugleich ein Indiz für den Inhalt des Aufklärungsgesprächs."[393]

Durch §§ 630 f., 630 h BGB besteht im Falle der Verletzung von Dokumentations- und Befundsicherungspflichten nunmehr eine gesetzliche Sonderbeweislastregel.

393 BGH, Urt. v. 28.1.2014 – VI ZR 143/13.

b) Dogmatische Kontrollüberlegung zur älteren Rechtsprechung

Für den Fall der Nichtdokumentation oder Nichtaufbewahrung gem. § 630f Abs. 1 und Abs. 2 BGB gibt es mittlerweile eine gesetzliche Vermutung gem. § 630h Abs. 3. Bereits zur früheren Rechtsprechung zur Beweislastumkehr bei groben Behandlungsfehlern ist vorgetragen worden, dass es sich – entgegen der Rechtsprechung – faktisch um einen Anscheinsbeweis handele, denn bei einem feststehenden groben Behandlungsfehler und einem naheliegenden und wahrscheinlichen Erfolg handele es sich geradezu um den typischen Fall des Anscheinsbeweises der Kausalität.[394] Diese – zur älteren Rechtsprechung – jedenfalls zutreffende Rechtsansicht könnte problematisch werden, nachdem der BGH einen naheliegenden oder wahrscheinlichen Erfolg zur Beweislastumkehr nicht mehr verlangt. 204

Er verlangt aber immer noch, dass sich **exakt das Risiko** erfüllt, weshalb der Behandlungsfehler als grob angesehen wird. Wenn sich aber genau das Risiko verwirklicht, das durch eine de lege artis Behandlung vermieden werden soll bzw. wenn sich gerade verwirklicht, weswegen der Arzt grob fehlerhaft gehandelt hat, dann ist der Erfolg doch wieder naheliegend und wahrscheinlich. Wäre er nicht naheliegend und wahrscheinlich, sondern fernliegend, könnte nicht mehr von einem groben Behandlungsfehler gesprochen werden. Tatsächlich handelt es sich damit faktisch – nach wie vor – um einen Anscheinsbeweis. 205

Es ist zu vermuten, dass der BGH bei der Ablehnung des Anscheinsbeweises den sog. **Individualanscheinsbeweis** verkannt hat.[395] Das Wesen dieses Individualanscheinsbeweises ist, dass der rechtliche Erfolg bezogen auf die Gesamtheit der Fälle nicht regelmäßig und typisch eintritt (z.B. bleiben viele grobe Behandlungsfehler folgenlos), sondern nur in seltenen Fällen. Aber wenn in seltenen Fällen keine anderen Ursachen ersichtlich sind, ist die verbleibende – gemutmaßte – Ursache wieder regelmäßig und typisch und damit im **Einzelfall** wieder überwiegend wahrscheinlich für den Erfolg verantwortlich.[396] 206

Dasselbe gilt auch dann, wenn andere Ursachen konkret/potentiell/theoretisch ersichtlich sind, aber der Erfolg gerade durch den groben Behandlungsfehler vermieden werden sollte. Dann war es in diesem seltenen Fall wieder so, dass die auf jeden Fall zu unterlassende bzw. geforderte Handlung (= grober Behandlungsfehler) **wiederum die wahrscheinlichste** Ursache darstellt. Sonst würde nicht diese streitgegenständliche Handlung/Unterlassung den groben Behandlungsfehler darstellen, sondern die weiteren konkret/potentiell/theoretischen Handlungen/Unterlassungen bzw. es kann gar nicht nachgewiesen werden, dass sich das Risiko verwirklicht hat, 207

394 Vgl. Musielak, Die Grundlagen der Beweislast im Zivilprozess, S. 148 ff. m.w.N.

395 Vgl. Geipel, Der Vollbeweis durch das Unwahrscheinliche, zfs 2007, S. 363 ff.; Kegel, Der Individualanscheinsbeweis und die Verteilung der Beweislast, Festschrift für Kronstein zum 70. Geburtstag, S. 321 ff.

396 Vgl. hierzu auch Geipel/Aalberts/Nill, Indizien- und Anscheinsbeweise in der Prozesspraxis, ZAP 10/2008, S. 557 ff. = Fach 13, S. 1503 ff.

weshalb der Behandlungsfehler als grob angesehen wird. Diese Ansicht bestätigt indirekt wiederum BGHZ 126, S. 217, 223: „Die erwähnte Rechtsprechung beruht maßgeblich auf dem Gedanken, dass der grobe Verstoß gegen ärztliche Pflichten die Gesundheit des Patienten regelmäßig stark gefährdet und daher den Misserfolg der Behandlung besonders nahelegt.“[397] „Besonders nahelegt“ ist aber der Sache nach die in diesem Fall wahrscheinlichste Ursache.

208 In der Literatur wird die Anwendung eines Anscheinsbeweises als dogmatisch vorzuziehende Alternative gefordert, da die Frage, ob ein „grober“ Behandlungsfehler vorliegt, kaum vorhersehbar sei. Die Frage müsse zwar der Richter entscheiden,[398] faktisch entscheidet sie jedoch der Sachverständige.[399]

5. Verschulden im Rahmen einer Pflichtverletzung eines vertraglichen Schuldverhältnisses

a) Ansicht der Rechtsprechung

209 Bereits zum alten Recht hatte die h.L. aus §§ 282, 285 [a.F.] BGB einen allgemeinen Grundsatz entwickelt, dass sich bei einer feststehenden Pflichtverletzung die Beweislast für das Verschulden „umkehre“.[400]

b) Konsequenzen für die Praxis

210 Dogmatisch ist gegen die Ansicht der Rechtsprechung und h.L. nichts einzuwenden, zumal dies nun dem Wortlaut des § 280 Abs. 1 Satz 2 BGB entspricht. § 280 Abs. 1 Satz 2 BGB ersetzt nur den Verschuldensnachweis. Dass eine Pflichtverletzung vorliegt, ist nach wie vor vom Gläubiger zu beweisen. Wird eine **erfolgsbezogene Pflicht** verletzt, ergibt sich dieser Beweis bereits daraus, dass die Leistung gar nicht, nicht rechtzeitig oder nicht obligationsgemäß erbracht worden ist. Werden **verhaltensbezogene Pflichten** verletzt, hat der Gläubiger also zuvor den Nachweis der Pflichtverletzung zu führen, bevor sich hinsichtlich des Verschuldens die Beweislast umkehrt.[401]

211 Der Nachweis einer Verletzung einer **verhaltensbezogenen Pflicht** kann auch durch den **Anscheinsbeweis der Kausalität** (es wird von einem bestimmten Verhalten auf einen bestimmten Erfolg oder von einem bestimmten Erfolg rückwirkend auf ein bestimmtes Verhalten geschlossen) geführt werden.

Diese Argumentation wird in der Praxis immer wieder in den Fällen übersehen, in denen primär deliktische Ansprüche im Raum stehen. Hierzu vier Beispiele:

397 BGHZ 126, S. 217, 223; vgl. auch BGHZ 85, S. 212, 216; 104, S. 323, 332.
398 Vgl. BGHZ 72, S. 132, 135.
399 Vgl. Prechtel/Oberheim, Erfolgreiche Taktik im Zivilprozess, 4. Aufl., Rn 1365.
400 Vgl. Musielak, Die Grundlagen der Beweislast im Zivilprozess, S. 165 m.w.N.
401 Vgl. Palandt/Heinrichs, 65. Aufl. § 280 Rn 35 f.

Beispiel 1 (Der Lastwagenfall) 212

Der Kläger wird als Beifahrer in einem Lkw des Beklagten mitgenommen. Es kommt zum Unfall, bei dem der Kläger verletzt wird. Es bleibt jedoch unklar, ob der Kläger aufgrund eines Verschuldens des Fahrers des Lkw's (ein Erfüllungsgehilfe des Beklagten) oder aufgrund eines Dritten verletzt wurde. Der unbefangene Bearbeiter des Falles dachte früher [jetzt stellt sich die Frage, wegen der **Ausweitung der Gefährdungshaftung** nicht mehr] primär an §§ 823 ff. BGB als Anspruchsgrundlagen. Der Beweis der Kausalität konnte ggf. für §§ 823 ff. BGB nicht geführt werden, aber wenn die Mitfahrt des Klägers als Beförderungsvertrag aufgefasst werden kann, gilt Folgendes: „Bei einem Beförderungsvertrage hat der Unternehmer kraft seiner Vertragspflicht dafür zu sorgen, dass die zu befördernde Person wohl behalten an den Bestimmungsort gelangt. Wird sie unterwegs durch Beförderungsvorgänge oder Beförderungseinrichtungen körperlich verletzt, so rechtfertigt sich zunächst der Schluss, dass der Unternehmer seine Vertragspflicht nicht erfüllt hat. Er hat deshalb in einem solchen Falle den **Gegenbeweis zu führen, dass der schädliche Erfolg auf einer Ursache beruht** [Hervorheb. d. d. Verf.], die er nicht zu vertreten hat (vgl. RGZ 66, 12 [15]; 86, 321)" (so BGHZ 8, 239, 242).

Beispiel 2 (Der Wasserhahnfall) 213

Der Beklagte (= Vermieter) nutzt mit einem anderen Mieter Toilettenräume über dem an den Kläger vermieteten Laden. Es ist ungeklärt, ob der Beklagte oder der andere Mieter bzw. deren jeweilige Kunden einen Wasserhahn in der Toilette haben laufen lassen, wodurch Gegenstände des Klägers in dem darunterliegenden Lokal beschädigt werden. Die Anspruchsgrundlagen der §§ 823 ff. BGB können leer laufen, nicht aber ein vertraglicher Anspruch gegen den Beklagten als Vermieter des Ladens, wenn dieser vertraglich die Abwendung aller aus dem Mietshaus hervorgehenden schädigenden Einflüsse schuldet.[402] Der BGH löst den Fall anders: „Rechtsprechung und Schrifttum nehmen bei Verträgen, deren Wesen es mit sich bringt, dass aus einem Gefahrenkreis des Verpflichteten dem Berechtigten Schäden entstehen können, an, dem Berechtigten sei es im Schadensfalle nicht zuzumuten einen Beweis über Dinge zu führen, die seinem Gefahrenbereich und in der Regel auch seiner Sachkenntnis entzogen sind, dass es dann vielmehr Sache des Verpflichteten ist, sich zu entlasten [...] In einem Fall, in dem – wie hier – jeder dem anderen [Beklagter und der andere Mieter] vorwirft, aus dessen Kreis stamme der Schuldige, könnte der Kläger den Nachweis, wer durch schuldhafte Verabsäumung seiner Sorgfaltspflicht den Schaden verursacht hat, schwerlich führen und geriete, wie das Berufungsgericht zu Recht ausführt, in unbillige Beweisschwierigkeiten. Dagegen ist es dem Be-

402 Vgl. Musielak, Die Grundlagen der Beweislast im Zivilprozess, S. 168 m.w.N.

klagten zuzumuten, dass er darlegt und beweist, welche Maßnahmen er gegen eine Gefährdung der Mieträume des Klägers getroffen hat und weshalb ihm ein Vorwurf nicht zu machen ist."[403]

214 *Beispiel 3 (Der Wettbewerbsfall)*

Der Beklagte verkauft sein Unternehmen an die Klägerin. Er ist verpflichtet, alles zu unterlassen, was der Klägerin Konkurrenz machen oder die ungestörte Fortführung des Betriebes gefährden könnte. Es kommt gleichwohl zu einer Abwanderung von Kunden der Klägerin zu einem vom Beklagten unterstützten Konkurrenzunternehmen. Hierzu führt der BGH zur Beweislast des Beklagten aus, „dass [er beweisen müsse, dass] sein Verhalten für den eingetretenen Schaden nicht ursächlich oder mitursächlich gewesen ist, dass vielmehr die Ursache für das Abwandern der Kunden und der Weggang der Kraftfahrer allein in den Klägerinnen zuzurechnenden innerbetrieblichen Verhältnissen zu suchen ist."[404]

Freilich wäre man im Wettbewerbsfall bereits über die Grundsätze des Anscheinsbeweises zu einem identischen Ergebnis gekommen.[405] Der Beklagte hatte Konkurrenzgeschäfte geschlossen, so dass nach der Lebenserfahrung typischerweise zu vermuten war, dass die abgeworbenen Kunden aufgrund eines Verstoßes gegen das Konkurrenzverbot zu dem Beklagten gelangt waren. Der BGH bezeichnete dies zu Recht als „tatsächliche Vermutung."[406] Diese „tatsächliche Vermutung" ist ein faktischer Anscheinsbeweis der Kausalität.

215 *Beispiel 4 (Der Schleppkahnfall)*

Der Beklagte schleppt den Kahn des Klägers im Schleppverband ab. Es kommt zu einem Schaden am Boot des Klägers. Ungeklärt ist, ob dies aufgrund eines Steuerungsfehlers des schleppenden Bootes erfolgte oder aufgrund anderer Ursachen. Anhaltspunkte für ein Verschulden auf Seiten des klägerischen Bootes (z.B. falsche Beladung) sind nicht ersichtlich. Denkbar bzw. wahrscheinlich ist aber, dass das Boot aufgrund von Wrackteilen in der Mitte des Flusses beschädigt wurde.[407] Gleichwohl bürdet der BGH hier dem abschleppenden Beklagten die Darlegungs- und Beweislast dafür auf, dass der Schaden nicht auf einem Verhalten des Beklagten liegt. Der BGH begründet dies damit, dass keine Schadensursachen im Verantwortungsbereich des Klägers oder eines Dritten ersicht-

403 BGH, NJW, 1964, S. 33, 35 f.

404 BGH, NJW 1968, S. 2240 f.

405 Vgl. Musielak, Die Grundlagen der Beweislast im Zivilprozess, S. 176.

406 BGH, NJW 1968, S. 2240 f.

407 Vgl. Musielak, Die Grundlagen der Beweislast im Zivilprozess, S. 170 Fn 706.

lich seien, so dass sich der Beklagte für seinen Verantwortungsbereich entlasten müsse.[408]

6. Beweislastumkehr nach Gefahren- und Organisationsbereichen

a) Ansicht der Rechtsprechung

Der BGH hat den Begriff des Gefahren- und Organisationsbereiches – soweit ersichtlich – nie definiert.[409] Es lassen sich weitere Entscheidungen nachweisen, in denen der BGH annahm, dass sich derjenige entlasten müsse, aus dessen Gefahren- und Organisationsbereich die vermutlich schadensursächliche Handlung stammt.[410] Weitere Fallgruppen sind die Folgenden: 216

aa) Verletzung vertraglicher Aufklärungs- oder Beratungspflichten

Verletzt eine Partei eine ihr obliegende Aufklärungs- oder Beratungspflicht, so muss diese Partei den Beweis erbringen, dass der Schaden auch bei fehlerfreier Aufklärung oder Beratung eingetreten wäre. Der BGH begründet seine Ansicht mehr mit Zweckmäßigkeitserwägungen, da andernfalls der Sinn und Zweck der Aufklärungs- bzw. Beratungspflicht nicht erfüllt werden könnte. „Dem Ersatzberechtigten wäre wenig damit gedient, wenn er seinen Vertragsgegner zwar an sich aus schuldhafter Verletzung einer solchen Hinweispflicht in Anspruch nehmen könnte, aber regelmäßig daran scheitern würde, dass er den meist schwer zu führenden Beweis nicht erbringen könnte, wie er auf den Hinweis reagiert hätte, wenn er gegeben worden wäre. Der Aufklärungspflichtige dagegen hätte nicht viel zu befürchten, wenn er bei Verletzung seiner Hinweispflicht sich darauf zurückziehen dürfte, dass kaum zu beweisen sei, was der andere Teil auf den Hinweis hin getan hätte. Damit würde der mit der Aufklärungspflicht verfolgte Schutzzweck verfehlt."[411] 217

Dieser Ansicht wird in der Literatur in dieser Allgemeinheit mit Recht entgegengetreten. Tatsächlich handelt es sich um Fälle des Anscheinsbeweis.[412] Auch der BGH wendet bei dieser Fallkonstellation nicht in allen Fällen eine Beweislastumkehr an, sondern nur, wenn dies durch den Sinn und Zweck der Aufklärungs- bzw. Beratungspflicht geboten ist. D.h., wenn dem Betroffenen nicht ein bestimmtes Risiko bewusst gemacht werden soll, um ihm Klarheit zu geben, ob er an der ins Auge gefassten Maßnahme festhalten will, sondern wenn im Falle erhaltener Aufklärung mehrere, vom Ansatz her gleichwertige, aber mit unterschiedlichen Folgen verbundene Möglichkeiten vernünftigen Verhaltens bestanden haben, kommt eine 218

408 Vgl. BGH, VersR 1958, S. 441.

409 Vgl. Musielak, Die Grundlagen der Beweislast im Zivilprozess, S. 170.

410 Vgl. BGH, NJW 1968, 2240 f., NJW 1964, S. 33, 35; BGHZ 27, S. 236 238; BGHZ 28, S. 251, 254.

411 BGHZ 61, S. 118, 122.

412 Vgl. Musielak, Die Grundlagen der Beweislast im Zivilprozess, S. 180; Prütting/Gehrlein/Laumen, ZPO, § 286 Rn 66.

Beweislastumkehr nicht in Betracht. In diesen Fällen kann aber wiederum ein Anscheinsbeweis in Betracht kommen. Erforderlich ist, dass Umstände vorliegen, die nach der Lebenserfahrung eine bestimmte tatsächliche Vermutung rechtfertigen können.[413]

219 Bei der Rechts- und Steuerberaterhaftung handelt es sich bei der Beweiserleichterung um einen Anwendungsfall des Anscheinsbeweises. „Vorausgesetzt ist demnach ein Sachverhalt, der nach der Lebenserfahrung aufgrund objektiv deutlich für eine bestimmte Reaktion sprechender Umstände einer typisierenden Betrachtungsweise zugänglich ist. Dies ist anzunehmen, wenn bei zutreffender rechtlicher Beratung vom Standpunkt eines vernünftigen Betrachters aus allein eine Entscheidung nahe gelegen hätte."[414]

bb) Beweislastumkehr bei der deliktischen Produkthaftung

220 In der Grundentscheidung BGHZ 51, S. 91 ff. hat der BGH eine Beweislastregel aufgestellt. Diese lautet: „Wird bei bestimmungsgemäßer Verwendung eines Industrieerzeugnisses eine Person oder eine Sache dadurch geschädigt, dass das Produkt fehlerhaft hergestellt war, so muss der Hersteller beweisen, dass ihn hinsichtlich des Fehlers kein Verschulden trifft" (Leitsatz der Entscheidung).

221 Der Geschädigte muss aber nach wie vor nachweisen, dass das Produkt fehlerhaft (objektiver Mangel oder Zustand der Verkehrswidrigkeit) war und das Produkt bestimmungsgemäß genutzt wurde und hierdurch ein Schaden eingetreten ist.[415] Nur für das **fehlende Verschulden** trägt der Produzent die Darlegungs- und Beweislast. Der BGH hat sein Ergebnis u.a. mit dem Argument des Gefahrenkreises begründet: „Er [der Produzent] überblickt die Produktionssphäre, bestimmt und organisiert den Herstellungsprozess und die Auslieferungskontrolle der fertigen Produkte. Oft machen die Größe des Betriebes, seine komplizierte, verschachtelte, auf Arbeitsteilung beruhende Organisation, verwickelte technische, chemische oder biologische Vorgänge und dergleichen es dem Geschädigten praktisch unmöglich, die Ursache des schadenstiftenden Fehlers aufzuklären."[416] Mit anderen Worten: Der Produzent ist „näher dran"[417] und kann den Sachverhalt deshalb besser aufklären.[418]

222 Gegen diese Begründung kann dogmatisch eingewandt werden, dass auch hier ein Anscheinsbeweis näher liegt. Ist das Produkt mangelhaft ist es regelmäßig und typisch so, dass der Fehler auf einem Mangel im Organisationsbereich des Produzen-

413 Vgl. BGHZ 123, S. 311 ff.
414 BGH, Beschl. v. 15.5.2014 – IX ZR 267/12 = NJW 2014, S. 2795.
415 Vgl. BGH, NJW 1969, S. 269, 274.
416 BGHZ 51, S. 91, 105.
417 Vgl. BGH, NJW 1969, S. 269, 275.
418 Vgl. Baumgärtel/Prütting, Handbuch der Beweislast, 2. Aufl., Grundlagen, § 19 Rn 16.

ten liegt. Damit führt die Beweislastregel des BGH im Ergebnis zu identischen Ergebnissen, die die Rechtsprechung bisher schon durch hohe Anforderungen an den Entlastungsbeweis des § 831 BGB und Widerlegung eines Anscheinsbeweises gefunden hat.[419]

Hinweis 223

Diese Beweislastregel kommt auch bei **Produktbeobachtungsfehlern** in Betracht.[420] Die deliktische Haftung nach §§ 823 ff. BGB ist wegen Haftungsbeschränkungen im ProdHG für den Geschädigten oft besser.

In jedem Fall gilt: 224

„Infolgedessen kann der Hersteller dann, wenn es um Schäden geht, die aus dem Gefahrenbereich seines Betriebes erwachsen sind, noch nicht dadurch als entlastet angesehen werden, dass er Möglichkeiten aufzeigt, nach denen der Fehler des Produkts auch ohne ein in seinem Organisationsbereich liegendes Verschulden entstanden sein kann.“[421]

Der BGH bemüht hierzu ausdrücklich einen **Sphärengedanken**: 225

„Liegt so aber die Ursache der Unaufklärbarkeit im Bereich des Produzenten, so gehört sie auch zu seiner Risikosphäre. Dann ist es sachgerecht und zumutbar, dass ihn das Risiko der Nichterweislichkeit seiner Schuldlosigkeit trifft.“[422]

cc) Grundsätze des voll beherrschbaren Risikos bei ärztlichen Behandlungen

Ist ein Risiko für einen Schaden bei einer ärztlichen Behandlung voll beherrschbar, kommt es hinsichtlich des Verschuldens ebenfalls zu einer Umkehr der Beweislast. Der BGH teilt hierzu mit: „[...] wo sich Risiken verwirklichen, die nicht vorrangig aus den Eigenheiten des menschlichen Organismus erwachsen, sondern durch den Krankenhausbetrieb gesetzt werden und von dem Träger des Krankenhauses und dem dort tätigen Personal beherrscht werden können [...]. Kommt es in diesem Bereich zu einem Schaden des Patienten, wäre es unbillig, den Patienten, der den Krankenhausbetrieb in den Einzelheiten nicht zu überschauen vermag, einer praktisch nicht behebbaren Beweisnot auszusetzen. Hier ist es vielmehr dem Krankenhausträger zuzumuten, sich zu entlasten.“[423] Einen voll beherrschbaren Bereich nimmt der BGH nicht nur bei dem Einsatz von Materialien oder medizinisch-tech- 226

419 Vgl. Musielak, Die Grundlagen der Beweislast im Zivilprozess, S. 182, 184.
420 Vgl. Baumgärtel/Prütting, Handbuch der Beweislast, 2. Aufl., Grundlagen, § 19 Rn 13 m.w.N.
421 BGH, NJW 1969, S. 269, 274.
422 BGH, NJW 1969, S. 269, 275.
423 BGH, NJW 1991, S. 1541, 1542 f.

nischen Geräten an, sondern auch beim Einsatz von Krankenschwestern. Wenn diese z.B. das Gleichgewicht beim Transport eines Patienten verlieren, ist es Sache des Krankenhauses ein fehlendes Verschulden nachzuweisen.[424] Gem. § 630h Abs. 1 BGB wird die Behandlungspflichtverletzung in diesen Fällen gesetzlich vermutet, d.h., der Behandler muss den Beweis des Gegenteils, nicht etwa nur einen Gegenbeweis erbringen.[425]

227 Einen Sonderfall des voll beherrschbaren Risikos nimmt die Behandlungsdurchführung durch eine nicht ausreichend befähigte Person ein (sog. **Anfängeroperation**). Während die ältere Rechtsprechung bereits die Übertragung von Behandlungsmaßnahmen an eine hierfür nicht ausreichend qualifizierte Person als haftungsbegründende Pflichtverletzung angesehen hatte, ist dies nunmehr durch die gesetzliche Vermutung in § 630h Abs. 4 BGB konkretisiert worden. Das bedeutet, dass der In-Anspruch-Genommene beweisen muss, dass entweder die Behandlung de lege artis erfolgte oder eine andere Schadensursache zur Rechtsgutverletzung geführt hat. Offen bleibt in der Gesetzesbegründung aber, ob dies nur bei fehlender allgemeiner Befähigung gilt, oder – wie nach der bisherigen Rechtsprechung – auch bei situativen Einschränkungen des Behandlers (z.B. Übermüdung).[426]

228 Der Patient muss allerdings nach wie vor nachweisen, dass sich der Schaden in einem „voll beherrschbaren Bereich“ abgespielt hat sowie eine haftungsbegründende Kausalität im Sinne des § 286 ZPO. Fallgruppen des „voll beherrschbaren Risikos“ wären der Einsatz von medizinischen Geräten und Materialien, die Lagerung des (nicht vorgeschädigten) Patienten auf dem Operationstisch, pflegerische Maßnahmen unter unmittelbarer Beteiligung des Pflegepersonals (z.B. Stürze beim Transport) und Absenz von Infektionen.[427]

229 *Hinweis*

Kommt es bei Operationen zu Schäden ist für den Prozessbevollmächtigten aufzuklären, welche Qualifikation der Operateur hatte. **Anfängereingriffe** führen zu einem Übernahmeverschulden. Der Begriff des „Anfängers“ ist wiederum fließend.[428]

dd) Dokumentationsversäumnisse bei ärztlichen Behandlungen

230 In der Praxis herrscht immer wieder die Ansicht, dass Dokumentationsversäumnisse als solche zu einer Beweislastumkehr führen. Das ist in dieser Allgemeinheit falsch. Zum einen ist vorrangig zu prüfen, was überhaupt dokumentiert werden

424 Vgl. BGH, NJW 1991, S. 1540 f.

425 Vgl. Schärtl, Beweislast im Arzthaftungsprozess, NJW 2014, S. 3601, 3603.

426 Vgl. Schärtl, Beweislast im Arzthaftungsprozess, NJW 2014, S. 3601, 3603.

427 Vgl. Martis, Aktuelle Entwicklung im Arzthaftungsrecht, MDR 2009, S. 1082, 1087 ff. m.w.N.

428 Vgl. Martis, Aktuelle Entwicklung im Arzthaftungsrecht, MDR 2009, S. 1082, 1089 ff. m.w.N.

muss. Tatsächlich muss nicht alles dokumentiert werden, sondern nur dasjenige, was medizinisch erforderlich ist. Medizinisch erforderlich ist soviel, dass sich einem anderen Mediziner der jeweiligen Fachrichtung erschließt, wie der konkrete Mediziner vorgegangen ist. Dokumentationsversäumnis führen daher nur zu der „**Vermutung**“, dass eine medizinisch notwendige Maßnahme, die nicht dokumentiert ist, unterblieben ist.[429] „Diese Vermutung entfällt weder deshalb, weil in der Praxis mitunter der Pflicht zur Dokumentation nicht nachgekommen wird [m.w.n.], noch deshalb, weil die Dokumentation insgesamt lückenhaft ist.“[430] Ist eine Befunderhebung nicht dokumentiert, wird vermutet, dass diese das vom Patienten behauptete reaktionspflichtige Ergebnis erbracht hätte, sofern deren ordnungsgemäße Durchführung mit hinreichender Wahrscheinlichkeit zum richtigen Befund geführt hätte.[431] Diesem Ergebnis wird man i.d.R. zustimmen können. Die ältere Rechtsprechung klärte zwar nicht weiter auf, welche Konsequenzen aus dieser „Vermutung“ gezogen werden. Faktisch wird man zu einer Beweislastumkehr im Sinne des **Zeugnisses gegen sich selbst** kommen müssen. Durch § 630f i.V.m. § 630h Abs. 3 BGB besteht nunmehr eine gesetzliche Sonderbeweislastregel, die den Behandler zum Hauptbeweis zwingt, dass die nicht dokumentierte Maßnahme entweder doch durchgeführt wurde oder zu keinem reaktionspflichtigen Ereignis geführt hätte.[432]

Eine weitere sog. „Vermutung“ des Dokumentationsversäumnisses wäre nach der Rechtsprechung, dass dokumentationspflichtige Maßnahmen, die nicht dokumentiert wurden, sich nicht ereignet haben.[433] Dieser „Vermutung“ ist dann entgegenzutreten, wenn sie zu Lasten des Patienten erfolgt. Es dürfte eine Fülle an dokumentationspflichtigen Maßnahmen geben, die vorhergehende – nicht dokumentierte – Probleme und Fehler ausgleichen und somit folgerichtig als weitere „Rettungsmaßnahmen“ ebenfalls nicht dokumentiert werden. 231

Es wird nicht wenige Fälle geben, in denen Operationen laut Dokumentation völlig typisch und unproblematisch verlaufen sind, aber gleichwohl erhebliche atypische Maßnahmen (ggf. sogar lebensrettende/reanimierende) erforderlich waren. Beweisbar ist dies oft nicht, da der Operierte bewusstlos war und unbeteiligte Dritte an der Operation nicht teilgenommen haben. Gleichwohl wundert sich der erfahrene Praktiker oft über die Diskrepanz der Berichte von Operierten bzw. von deren Angehörigen, während die Dokumentationen einen (angeblich) problemlosen Operationsverlauf darstellen. 232

Es verbleibt daher nur die allgemeine Feststellung, dass Zeugnissen, die eine Partei 233 **einseitig für sich selbst** ausstellt, nicht unbedingt eine Vermutung im Sinne des Do-

429 Vgl. BT-Drucks 17/10488, S. 29.

430 BGH, Urt. v. 11.11.2014 – VI ZR 76/13 = NJW 2015, S. 411.

431 Vgl. BT-Drucks 17/10488, S. 29.

432 Vgl. Schärtl, Die Beweislastverteilung im Arzthaftungsprozess, NJW 2014, S. 3601, 3603.

433 Vgl. Martis, Aktuelle Entwicklung im Arzthaftungsrecht, MDR 2009, S. 1082, 1089 f. m.w.N.

kumentierten zukommt. Dem Unterzeichner sind überdies Fälle bekannt, in denen ärztliche Behandlungsunterlagen/Patientenkarteikarten nachträglich geändert wurden oder Behandler nachträglich Medikamente verabreichten, um eine Nicht-Erinnerung des Patienten zu erreichen.

234 *Hinweis*

Die Verletzung von Dokumentationspflichten stellt sich **nicht nur bei ärztlichen Behandlungen**. Auch **sonstige Dokumentationsunzulänglichkeiten** können beweisrechtliche Konsequenzen haben: „Dokumentationspflichten werden demjenigen auferlegt, der Belange eines anderen wahrzunehmen hat und dabei Maßnahmen oder Feststellungen trifft, die dieser nicht selbst erkennen oder beurteilen kann. Werden solche – die Interessen des anderen entscheidend berührende – Ereignisse von demjenigen, der sie allein kennen kann, schuldhaft nicht dokumentiert, so muss der andere von der Beweisführung entlastet werden, soweit diese durch das schuldhafte Verhalten des Dokumentationspflichtigen beeinträchtigt ist.“[434]

235 Ob eine Umkehr der Beweislast auch dann gerechtfertigt ist, wenn die Dokumentation nach Ablauf der Aufbewahrungspflichten entsorgt wird, ist strittig. Einerseits fällt dann der Verschuldensvorwurf schwer. Andererseits muss der Schuldner so lange mit seiner Inanspruchnahme rechnen, solange der Anspruch nicht verjährt ist.[435]

ee) Verpflichtung des Dienstberechtigten zu Schutzmaßnahmen gem. § 618 BGB

236 § 618 BGB verpflichtet den Dienstberechtigten zu Schutzmaßnahmen hinsichtlich aller sachlichen Mittel, die er zu beschaffen hat, um Schäden an dem Leben und der Gesundheit des Dienstverpflichteten auszuschließen. Verstößt der Dienstberechtigte hiergegen, kann die Frage der Kausalität für den Schaden problematisch werden. Der BGH meint, dass der Dienstberechtigte eine andere Schadensursache nachweisen müsse, die den festgestellten Mangel als kausal oder mitkausal ausschließe.[436] Auch für fehlendes Verschulden sei der Dienstberechtigte darlegungs- und beweisbelastet.[437]

237 Der BGH geht von einer echten Umkehr der Beweislast aus. Ein Anscheinsbeweis wird in vielen Fällen nahe liegen, aber nicht in allen. Der BGH hat die Ansicht des Reichsgerichts nie aufgegeben. Dieses ging davon aus, dass die o.g. Beweislastregel

434 BGH, NJW 1986, S. 59, 61; vgl. auch BGH, NJW 1996, S. 315, 317.

435 Vgl. Prütting/Gehrlein/Laumen, ZPO, § 286 Rn 58.

436 Vgl. BGH, NJW 1958, S. 1437 f.

437 Vgl. BGH, NJW 1995, S. 2629.

auch dann anwendbar ist, wenn andere Ursachen für den Schaden wahrscheinlicher wären,[438] ein Anscheinsbeweis mithin nicht in Betracht kommt. Diese Frage ist höchstrichterlich noch nicht eindeutig geklärt. Für den Praktiker auf Beklagtenseite kann es daher angezeigt sein, eine ernsthafte Möglichkeit eines anderen Geschehensablaufs darzulegen und zu beweisen.[439]

ff) Gefahrenursache nach Obhuts- und Gefahrenbereichen

Folgende Entscheidung aus dem Mietrecht ist instruktiv und verallgemeinerbar:[440] 238
„Grundsätzlich hat allerdings der Mieter als Schadensersatzgläubiger darzulegen und zu beweisen, dass den Vermieter eine Pflichtverletzung trifft und diese für den entstandenen Schaden ursächlich war (**BGH**, NJW 1978, 2197). Allerdings bestimmt § 280 Abs. 1 Satz 2 BGB (ähnlich § 282 BGB a.F.) eine Beweislastumkehr, soweit es um das Vertretenmüssen der Pflichtverletzung geht. Die Grenze dieser Beweislastumkehr, die nicht nur das Verschulden im engeren Sinne, sondern auch die (objektive) Pflichtverletzung ergreift [m.w.N.] ist nach der Rechtsprechung des **Senats** danach zu bestimmen, in wessen Obhuts- und Gefahrenbereich die Schadensursache lag [m.w.N.]. Nach denselben Grundsätzen ist der **Senat** auch bei einer Schadensersatzhaftung unter Mietern verfahren, wenn die genaue Ursache eines Brandes nicht aufgeklärt werden konnte [m.w.N.]. Steht demnach fest, dass als Schadensursache nur eine solche aus dem Obhuts- und Gefahrenbereich des Schuldners in Betracht kommt, muss dieser sich nicht nur hinsichtlich der subjektiven Seite, sondern auch hinsichtlich der objektiven Pflichtwidrigkeit entlasten.“[441]

> *Hinweis* 239
>
> Wesentlich ist, dass die o.g. Beweislastumkehr nur dann greift, wenn als Schadensursache nur eine Ursache aus dem Gefahrenbereich des Schädigers in Betracht kommt. Kommt eine Schadensverursachung durch Dritte in Betracht, greift die Beweislastumkehr nicht.[442]

7. Zeugnis gegen sich selbst

a) Ansicht der Rechtsprechung

In nicht wenigen Fällen stellt eine Partei vorgerichtlich ein Zeugnis gegen sich selbst 240
aus. D.h., eine Partei gibt z.B. ein schriftliches oder mündliches Schuldbekenntnis ab. Ggf. ergibt die Auslegung, dass es sich nicht um ein deklaratorisches oder kon-

438 Vgl. Musielak, Die Grundlagen der Beweislast im Zivilprozess, 186 Fn 782.

439 Vgl. BAGE 83, S. 105, 126; vgl. auch Prütting/Gehrlein/Laumen, ZPO, § 286 Rn 65.

440 Vgl. für den Fall der Haftung eines Waschstraßenbetreibers OLG Saarbrücken, Urt. vom 28.3.2013 = NJW-RR 2013. S. 660 ff.

441 BGH, Urt. v. 22.10.2008 – XII ZR 148/06 = NJW 2009, S. 142 f.

442 Vgl. BGH, Urt. v. 22.10.2008 – XII ZR 148/06 = NJW 2009, S. 142; BGH, Urt. v. 31.5.1978 – VIII ZR 263/76 = NJW 1978, S. 2197 f.

stitutives Schuldanerkenntnis gem. §§ 780 f. BGB gehandelt hat.[443] Der BGH drückt sich in diesem Fall unklar aus: „Solche Bestätigungserklärungen enthalten keine materiellrechtliche (potentiell konstitutive) Regelung für das Schuldverhältnis, sondern bewirken als ‚Zeugnis des Anerkennenden gegen sich selbst' im Prozess allenfalls eine Umkehrung der Beweislast oder stellen ein Indiz dar, das aber jedenfalls durch den Beweis der Unrichtigkeit des Anerkannten entkräftet werden kann (vgl. BGH Betrieb 1974, 1013f; RG JW 1919, 186)."[444] Die Rechtsprechung fordert, dass dem Erklärenden der Nachweis der Unrichtigkeit des Anerkannten gelingt. Erst dann müsse die primär beweisbelastete Partei die anspruchsbegründenden Tatsachen nachweisen.[445]

b) Dogmatische Kontrollüberlegung

241 Die Ansicht der Rechtsprechung ist dogmatisch nicht klar („allenfalls … oder …"), sondern ergebnisoffen. Wer jedoch eine eigene Schuld anerkennt, tut dies regelmäßig und typisch nur dann, wenn er auch tatsächlich schuld ist. D.h., auch hier wäre ein Anscheinsbeweis für die Schuld des Anerkennenden anwendbar. Ein Unterschied zur Ansicht der Rechtsprechung besteht darin, dass bei Vorliegen eines Anscheinsbeweises der Anerkennende nur die ernsthafte Möglichkeit der Unrichtigkeit des Anerkannten darlegen und beweisen müsste, während die Rechtsprechung den vollen Nachweis der Unrichtigkeit verlangt. Die Ansicht der Rechtsprechung ist daher vorzuziehen, denn andernfalls würde das „Zeugnis gegen sich selbst" praktisch in vielen Fällen wertlos. Das kann nicht richtig sein, denn gerade wegen des Zeugnisses gegen sich selbst verzichtet eine Partei in nicht wenigen Fällen auf weitere Beweissicherungen.[446]

8. Gesetzlich angeordnete Beweislastregeln

242 Aus diversen Normen lässt sich eine Beweislastregel direkt entnehmen (z.B. §§ 179 Abs. 1, 345, 363, 476, 543 Abs. 4, 619a, 2336 Abs. 3 BGB). Auch aus der sprachlichen Fassung, z.B., „sofern nicht", „wenn nicht", „es sei denn, dass", lassen sich Beweislastregeln ableiten.[447] „Es ist anerkannt, dass der Gesetzgeber durch die Schaffung sprachlicher Ausnahmen (‚es sei denn, dass') Beweislastsondernormen schafft."[448] Insofern wird auf die jeweils einschlägige Kommentierung der entsprechenden Norm verwiesen.

443 Vgl. BGH, NJW 1982, S. 996, 998.

444 BGHZ 66, S. 250, 254 f.

445 Vgl. BGH, NJW 1984, S. 799 f.

446 Vgl. BGH, NJW 1984, S. 799 f.

447 Vgl. Reichold/Thomas-Putzo, ZPO, 28. Aufl., Vorbem., § 284 Rn 23.

448 Baumgärtel/Prütting, Handbuch der Beweislast, Grundlagen, § 5 Rn 25.

9. Beweislastumkehr nach Treu und Glauben

a) Ansicht der Rechtsprechung

Die o.g. Fallgruppen zeigen, dass die Rechtsprechung teilweise eine erweiterte Substantiierungspflicht und Beweislastumkehr aus § 242 BGB und dem Sphärengedanken entwickelt hat. 243

Liegt die Schadensursache im Organisations- und Gefahrenbereich des Schädigers, lassen sich diverse Entscheidungen nachweisen, die aufgrund dieses Umstandes die Beweislast „umkehren".[449] Bereits 1964 hatte der BGH ausgeführt, „dem Berechtigten sei es im Schadensfall nicht zuzumuten, einen Beweis über Vorgänge zu führen, die seinem Gefahrenbereich und in der Regel auch seiner Sachkenntnis entzogen sind."[450] 244

Hinweis 245

Die Rechtsprechung verteilt die Beweislast aus Billigkeitsgründen oft nach Gesichtspunkten des Gefahrenbereichs.[451]

b) Dogmatischer Alternativvorschlag von Peters

Bemerkenswerterweise hatte Peters bereits 1949 eine flexible Lösung angemahnt. Nach Peters muss sich die Beweislast vom Rechtssatz loslösen. 246

Beispiele nach Peters:[452] 247

A. und B. geraten in der Dunkelheit aneinander. Der A. sticht dem B. das Auge aus und beruft sich auf Notwehr. Zeugen fehlen. Die h.A. legt dem A. die Beweislast für das Vorliegen eines Rechtfertigungsgrundes auf.[453] Diesen Beweis kann er mangels Zeugen nicht führen. Kann diese abstrakt-generelle Regelung richtig sein oder kommt es nicht darauf an, welchen Leumund A. oder B. haben? Was ist, wenn A. Pfarrer und B. ein stadtbekannter Schläger ist?

A. verkauft dem B. ein wertvolles Gemälde und lagert es in seiner Wohnung. Es kommt zum Bombenangriff auf das Haus des A., wobei das Gemälde zerstört wird. Die h.A. legt dem A. die Beweislast dafür auf, dass Unmöglichkeit ohne Verschulden des A's eingetreten ist. Auch diesen Beweis kann A. nicht führen, denn es ist nicht von der Hand zu weisen, dass A. das Gemälde bereits davor aus dem Haus geschafft hatte oder das Gemälde gerettet wurde. Kann eine abstrakt-generelle Beweislastverteilung daher richtig sein. Muss A. wirklich Schadensersatz leisten? 248

449 Vgl. z.B. BGH, NJW 1968, S. 2240.

450 BGH, NJW 1964, S. 35.

451 Vgl. Thomas/Putzo-Reichold, ZPO, 28. Aufl., Vorbem. § 284 Rn 25; Palandt/Heinrichs, 66. Aufl., § 280 Rn 37.

452 Vgl. Peters, Die Beweislast, MDR 1949, S. 66 ff.

453 Vgl. BGHZ 39, S. 103, 108.

249 Peters geht von dem Wortlaut des § 286 ZPO aus, demzufolge sich das Gericht bei der Überzeugung primär auf den Inhalt der Verhandlung und nur sekundär auf das Ergebnis einer „etwaigen“ Beweisaufnahme stützen solle. Die primäre Auswertung von unstrittigen Sachverhaltselementen kommt in der Praxis zu kurz.[454] Peters formuliert dann weiter: „Es kommt alles auf die Umstände des einzelnen Falles, Ort, Zeit, Personen usw. an. Die Gesetzmäßigkeiten und Wahrscheinlichkeiten, die sich daraus ergeben, sind für die Frage der Beweislast ausschlaggebend.“[455]

250 Für die praktische Arbeit geht Peters dann von folgender Systematik aus:

- Die primäre Beweislast hat der Angreifer.
- Umstände des Einzelfalles und/oder Erfahrungen des täglichen Lebens können jedoch ein Regel- Ausnahmeverhältnis und andere Gesetze der Wahrscheinlichkeit ergeben, die es rechtfertigen, von der Regel bzw. dem Wahrscheinlichen auszugehen, so dass für eine Abweichung hiervon wiederum derjenige die Beweislast trägt, der die Ausnahme bzw. das Unwahrscheinliche für sich in Anspruch nimmt.[456]

251 *Hinweis*

In nicht wenigen Fällen wendet die Rechtsprechung diese Peters'sche Systematik ohnehin durch gewohnheitsrechtliche Beweislastgrundsätze an (z.B. beim Nachweis der Geisteskrankheit eines Vertragspartners) oder umgeht das Problem durch die Anwendung eines Anscheinsbeweises.[457] Die Rechtsprechung verteilt die Beweislast häufig nach diesem **Regel-Ausnahmeverhältnis**.[458] Das BVerfG hat in einem Arzthaftungsfall auf Folgendes hingewiesen: „[...] Im Arzthaftungsprozess [...] muss es verfassungsrechtlichen Bedenken begegnen, die Beweislast für ein bestimmtes Vorbringen generell einer Seite aufzubürden, die von der typischen Art der Fallkonstellation her in der Regel nicht in der Lage sein kann, den erforderlichen Beweis zu erbringen [...] Erforderlich ist hierzu freilich, dass die Gerichte von den entwickelten Möglichkeiten in rechter Weise Gebrauch machen. Ein solcher Gebrauch setzt voraus, dass die Gerichte sich im jeweiligen Einzelfall die typische beweisrechtliche Stellung der Parteien und mithin die beweisrechtliche Grundproblematik bewusst machen, und ihre hieraus resultierende Verpflichtung, im konkreten Fall insgesamt gesehen für eine faire, zumutbare Handhabung des Beweisrechts Sorge zu tragen, nicht aus den Augen verlieren. Dies will nicht besagen, dass Beweislastnormen nicht generell im Voraus bestimmt, sondern in jeder Prozesslage erst neu zu erstellen wären; wohl aber bedeutet es, dass auch die Auswirkungen beweisrechtlicher Teil-

454 Vgl. Peters, Die Beweislast, MDR 1949, S. 66 f.

455 Peters, Die Beweislast, MDR 1949, S. 66, 69.

456 Vgl. Peters, Die Beweislast, MDR 1949, S. 66, 70.

457 Vgl. Peters, Die Beweislast, MDR 1949, S. 66, 68, 70.

458 Vgl. Thomas/Putzo-Reichold, ZPO, 28. Aufl., Vorbem. § 284 Rn 24.

erkenntnisse – sowohl einzeln als auch gerade in ihrem Zusammenwirken – auf die Gesamtentscheidung zu berücksichtigen sind; es muss von Mal zu Mal geprüft werden, ob dem Patienten ‚nach allem die regelmäßige Beweislastverteilung noch zugemutet werden darf' (BGH, NJW 1971, 241). Die genannte Verpflichtung ergibt sich unmittelbar aus dem verfassungsrechtlichen Erfordernis eines gehörigen, fairen Gerichtsverfahrens, insbesondere aus dem Gebot der ‚Waffengleichheit im Prozess' (vgl. BGH, NJW 1978, 1682) und dem Erfordernis der ‚Rechtsanwendungsgleichheit'. Sie ist damit jedenfalls auch eine verfassungsrechtliche Verpflichtung, deren Beachtung zu überprüfen dem BVerfG obliegt."[459] Diese Rechtsprechung ist m.E. auf typische Fälle des beweisrechtlichen Ungleichgewichts verallgemeinerbar, um eine Kollision mit dem Gebot des effektiven Rechtsschutzes zu vermeiden.[460] Freilich müssen entsprechende Fallgruppen aber abstrakt-generell vorliegen bzw. entwickelt werden.

c) Dauerpflichtverletzungen im Dauerschuldverhältnis als Weiterführung der Rechtsprechung

Die bisher durchgeführte Analyse zeigt, dass eine Beweislastumkehr an bestimmte **feststehende Voraussetzungen** geknüpft ist, nämlich **252**

- eine Beweisvereitelung oder
- eine Vereitelung des Gegenbeweises oder
- eine grobe Verletzung von Berufspflichten, die zu einer Beweislastumkehr hinsichtlich der Kausalität führen kann, oder
- eine Pflichtverletzung im Rahmen eines Schuldverhältnisses, die zu einer Beweislastumkehr hinsichtlich des Verschuldens führen kann, oder
- ein Verhalten, aus dem ein Anscheinsbeweis der Kausalität oder des Verschuldens geschlossen werden kann.

Hinzu kommen dogmatisch ungeklärte Sphärengedanken (ungleiche Aufklärungsmöglichkeiten, Gefahren- und Organisationsbereiche). **253**

Wesentliche Argumente des BGH, um zu einer Beweislastumkehr zu kommen, waren u.A. **254**

- „die besondere Interessenlage der Vertragspartner",[461]
- „dem Kläger kann die Grundregel „billigerweise nicht mehr zugemutet werden"[462] oder,

459 BVerfG, NJW 1979, S. 1925 f.

460 Vgl. hierzu auch für den allg. Zugang zum Rechtsschutz BVerfGE 112, S. 185 ff.

461 BGHZ, 61, S. 118, 122.

462 BGH, NJW 1986, S. 59, 61.

- „ob sie nach Billigkeitsgesichtspunkten nur eine Beweiserleichterung erforderlich machen oder es unzumutbar erscheinen lassen, dass der Kl. mit jeglicher Beweisführung belastet wird,“[463] oder,
- ob der Schädiger „näher dran“ sei, den Schaden aufzuklären.[464]

255 Wie ist folgender Fall aus der Praxis zu beurteilen?

Die Bankangestellte A. empfiehlt ihrem Kunden B. einen Vermögenstransfer in Höhe von 500.000 EUR nach Luxemburg. Der Kunde ist damit einverstanden, schließlich möchte er die Quellensteuer sparen. Über einen Zeitraum von mehr als zehn Jahren fälscht A. die Unterschrift des B. und veranlasst auf diese Weise Rücküberweisungen vom Luxemburger Konto des B. auf das in ihrer Bank verbliebene Girokonto des B. Auf dem so rückgefüllten Girokonto bedient sich A. nach Belieben. Über einen Zeitraum von zehn Jahren veruntreut die A. insgesamt 400.000 EUR. B bekommt von diesen kriminellen Handlungen nichts mit, da die Kontounterlagen von Luxemburg an die Geschäftsstelle der A. geschickt wurden. Dort fälscht die A. die Unterlagen, so dass diese einen höheren Kontostand in Luxemburg ausweisen und leitet sie erst dann an B. weiter. Die Kontoauszüge hinsichtlich des in ihrer Bank befindlichen Girokontos des B. vernichtet sie und teilt B. mit, dass das Girokonto gelöscht sei. Auf dem letzten Kontoauszug von Luxemburg, den die A. dem B. gegeben hat, weist der Kontostand 400.000 EUR aus, obwohl der tatsächliche Kontostand nur 100.000 EUR betrug. Das veranlasst den B. zu weiteren Nachforschungen, denn seiner Meinung nach müsste der Kontostand nach wie vor ca. 500.000 EUR ausweisen. Die früheren (gefälschten) Kontoauszüge von Luxemburg hat er allerdings selbst nicht aufbewahrt (damit sie im Falle einer Hausdurchsuchung des Finanzamtes nicht gefunden werden können).

Relativ eindeutig scheint zu sein, dass die A. mit der Übergabe eines gefälschten Auszugs zum Stand von 400.000 EUR, während der wahre Kontostand nur 100.000 EUR betrug, ein **Zeugnis gegen sich selbst** in Höhe von 300.000 EUR abgegeben hat. Sie hat nach der Lebenserfahrung mindestens 300.000 EUR unterschlagen, denn andernfalls hätte sie es nicht nötig gehabt, in dieser Höhe den Kontoauszug zu fälschen.

Aber was ist mit den verbleibenden 100.000 EUR? Die weitere Aufklärung ergibt, dass insgesamt 100 Transaktionen erfolgten. Es ist durch graphologische Gutachten aufklärbar, dass in 80 Transaktionen sicher eine Unterschriftsfälschung vorlag und in 20 Transaktionen eine Unterschriftenfälschung nur möglicherweise.

Einen Anscheinsbeweis, dass derjenige, der 80 Unterschriftsfälschungen begeht, auch weitere 20 Fälschungen durchführt, gibt es sicher nicht. Das Volumen der 20 strittigen Transaktionen geht zudem weit über 100.000 EUR hinaus.

463 BGH, NJW 1986, S. 59, 61.

464 BGHZ 51, S. 91, 105.

In diesem Fall ist somit strittig, ob überhaupt ein weiterer Schaden in Höhe von 100.000 EUR eingetreten ist. Eine Beweislastumkehr hinsichtlich der Kausalität ist daher nicht möglich. Ebenso ist ungeklärt, ob hinsichtlich der weiteren 100.000 EUR überhaupt eine Pflichtwidrigkeit vorlag. Eine Beweislastumkehr hinsichtlich des Verschuldens kommt damit auch nicht in Betracht. Naheliegend ist, dass eine Beweisvereitelung durch die Nichtweitergabe der wirklichen Bankunterlagen vorlag und deshalb eine Beweislastumkehr eingetreten ist. Das lässt sich definitiv aber nur für den letzten Kontoauszug nachweisen. Für die vorangegangenen Jahre ist dies strittig. Die Fallgruppe „Beweislastumkehr nach Gefahren- und Organisationsbereichen“ passt nicht richtig, denn dort war typisch, dass ein Schaden eingetreten war. Das trifft auch auf die Fallgruppe „ungleiche Aufklärungsmöglichkeiten“ zu.

Der Fall scheint am ehesten mit der aktuellen Entscheidung zu § 43 Abs. 2 GmbHG **256** vergleichbar zu sein (vgl. BGH, II ZR 143/08 und II ZR 62/07). Gerade für diesen Fall ist der BGH aber eine Begründung schuldig geblieben. Der Hinweis auf § 287 ZPO passt m.E. nicht. Die Entscheidung ist aber jedenfalls im Hinblick auf § 138 Abs. 2 ZPO richtig. In dem vom BGH entschiedenen Fall war strittig, ob überhaupt ein Schaden entstanden war („möglicherweise nicht bestehender Anspruch“), aber nachdem die Zahlung an den Geschäftsführer direkt ging, war dieser gem. § 138 Abs. 2 ZPO darlegungsbelastet, weswegen er sich das Geld selbst gezahlt hat. In dem o.g. Beispielsfall ist aber wiederum genau strittig, ob die Zahlung an die Bankangestellte A. gingen oder nicht.

Als Ergebnis ist daher festzuhalten, dass es wahrscheinlich ist, dass die Bankange- **257** stellte A. einen weiteren Schaden verursacht hat, aber nicht sicher. Wer trägt in einem Fall, in dem es zu jahrelangem und massenhaftem Missbrauch und Unterschriftenfälschungen gekommen ist, das Risiko, dass in ungeklärten Fällen ein graphologisches Gutachten nicht zu einem eindeutigen Ergebnis kommt? Soll der Kläger dieses Risiko tragen, sind unbillige Beweisschwierigkeiten vorprogrammiert, denn graphologische Gutachten kommen sehr oft zu mehrdeutigen Ergebnissen. Denkbar und m.E. vorzuziehen ist die Bildung einer neuen Fallgruppe:

„Im Falle des massenhaft und jahrelangen groben Verstoßes gegen Berufspflichten im Rahmen eines Dauerschuldverhältnisses gehen Unaufklärbarkeiten, die in das Schema der vorhandenen groben Verstöße passen, zu Lasten des Verstoßenden“.

Hinweis **258**

Prozesstaktisch sollte der Klägervertreter darauf drängen, dass es zu einer Vernehmung/Anhörung der Bankangestellten als Partei kommt, bevor das Ergebnis von Sachverständigengutachten bekannt ist. Unwahrheiten können dann im Rahmen der **Würdigung** der verschiedenen Parteiangaben berücksichtigt werden.

d) Durch Zeitablauf zur Beweislastumkehr

259 Der reine Zeitablauf führt noch nicht zu einer Beweislastumkehr. Auch wenn beweistaugliche Urkunden nach Ablauf der handelsrechtlichen Aufbewahrungsfristen vernichtet werden, geschieht dies auf „eigenes Risiko". „Solange die Verjährung eines Anspruchs nicht eingetreten ist (oder seine Verwirkung nach materiell-rechtlichen Grundsätzen), muss der Schuldner damit rechnen, dass er noch gegen ihn geltend gemacht wird. Im Hinblick darauf hat er keinen Anlass, entsprechende Beweismittel zu vernichten."[465] Das schließt freilich nicht aus, dass der lange Zeitraum zwischen Entstehen der Forderung und gerichtlicher Geltendmachung ggf. im Rahmen der Beweiswürdigung berücksichtigt wird.[466] Das Moment der **Verwirkung** ist nur sehr vorsichtig anzuwenden, denn Verjährungsfristen dürfen grds. ausgeschöpft werden.[467]

10. Ergebnis

260 Die Rechtsprechung zur Umkehr der Beweislast ist dogmatisch nicht eindeutig interpretier- bzw. verallgemeinerbar. Die durchgeführte Analyse zeigt zudem, dass es Fälle geben kann, die dogmatisch nicht eindeutig fassbar sind, aber gleichwohl eine Beweiserleichterung erfordern. Die generelle Ablehnung von Beweiserleichterungen oder der Umkehr der Beweislast würde zu eklatanten Mängeln im Rechtsschutz führen.

261 Wesentlich ist, dass keine Einzelfallentscheidungen nach Billigkeit getroffen werden, sondern die jeweilige Konstellation richterrechtlich zu einer ggf. neuen generell-abstrakten Regelung (= Fallgruppe) verallgemeinert wird. Der flexiblen Rechtsprechung ist daher zuzustimmen. Gleichwohl kommen dogmatisch saubere Alternativargumentationen unter Anwendung eines Anscheinsbeweises oft zu einem praktisch identischen Ergebnis. Nimmt man einen Anscheinsbeweis an, kehrt sich nur die konkrete Beweisführungslast um, da der Gegner nun den Anscheinsbeweis widerlegen müsste. Ein non liquet geht bei Annahme eines widerlegten bzw. entkräfteten Anscheinsbeweises nach wie vor zu Lasten der ursprünglich darlegungs- und beweisbelasteten Partei, während bei einer Umkehr der Beweislast ein non liquet zugunsten der ursprünglich darlegungs- und beweisbelasteten Partei geht.

I. § 286 ZPO versus § 287 ZPO

I. Allgemeines

262 Die Vorstellungen, was unter dem Strengbeweismaß des § 286 ZPO zu verstehen ist, divergieren. Allgemein anerkannt dürfte sein, dass § 286 ZPO keine **unerfüll-**

465 Baumgärtel/Prütting, Handbuch der Beweislast, Grundlagen, § 5 Rn 47.

466 Vgl. Baumgärtel/Prütting, Handbuch der Beweislast, Grundlagen, § 5 Rn 46 m.w.N.

467 Vgl. Baumgärtel/Prütting, Handbuch der Beweislast, Grundlagen, § 8 Rn 41 m.w.N.

baren Anforderungen stellen will, sondern einen für das praktische Leben brauchbaren Grad an Gewissheit, der den Zweifeln Schweigen gebietet, ohne sie völlig auszuschließen, meint.[468] Beweisschwierigkeiten kann durch, „[...] sorgfältige, lebensnahe Würdigung der erhobenen Beweise Rechnung getragen werden."[469] Es kommt also nicht darauf an, ob eine Tatsache mit **absoluter** Sicherheit feststeht oder ausgeschlossen werden kann.[470] Verbleibende – sogar sachverständig bestätigte – geringe Zweifel hindern eine Verurteilung nicht, denn der Ausschluss letzter Zweifel ist nicht erforderlich, sondern lediglich ein für das praktische Leben brauchbarer Grad von Gewissheit.[471] In einer instruktiven Entscheidung teilt das OLG München mit:

„Der Senat vermag dieser Argumentation schon deshalb nicht zu folgen, weil es im Rahmen der §§ 286, 287 ZPO grundsätzlich nicht darauf ankommt, ob etwas ‚ausgeschlossen' werden kann: Nach 286 I ZPO hat das Gericht nach freier Überzeugung zu entscheiden, ob eine tatsächliche Behauptung für wahr oder nicht wahr zu erachten ist. Diese Überzeugung des Richters erfordert keine – ohnehin nicht erreichbare (grdl. RGZ 15, 338 [339]; ferner Senat, Urt. 1.7.2005 – 10 U 2544/05) – absolute oder unumstößliche Gewissheit und auch ‚keine an Sicherheit grenzende Wahrscheinlichkeit', sondern nur einen für das praktische Leben brauchbaren Grad von Gewissheit, der Zweifeln Schweigen gebietet (grdl. BGHZ 53, 245 [256] = NJW 1970, 946 [948], st. Rspr. Zuletzt NJW 2003, 1116 [1117]; Senat a.a.O.)."[472]

Was damit jedoch konkret gemeint ist, d.h., welcher konkrete Grad der Überzeugung gemeint ist, bleibt nach der BGH-Rechtsprechung offen (vgl. zu dieser Problematik noch einmal Teil I dieses Werks § 6 Rdn 112 ff.). 263

Geht das Tatgericht nur vage von anderen denkbaren Möglichkeiten aus, um einen Beweis nicht als geführt anzusehen, ist folgende Entscheidung verallgemeinerungsfähig und dogmatisch vorbildlich: 264

„Der Revision ist zuzugeben, dass es an jedem konkreten Anhaltspunkt für die Annahme des Berufungsgerichts fehlt, die Delle, die W. nach seiner Bekundung gesehen hat und die nach seiner Aussage im Strafverfahren gegen den Kläger vom 12.11.1963 schon damals etwa 10 cm lang gewesen sein soll, sei vor Beginn der Arbeiten bei der Firma E. entstanden. Das Berufungsgericht hat für diese Möglichkeit keinerlei konkreten Hinweis gegeben. Es hätte hierbei zudem in Betracht ziehen müssen, dass die Beklagte selbst in ihrer Berufungsbeantwortung vom 22.3.1966 S. 7 zur Ursache des Unfalls vorgetragen hat, bei der Über-

468 Vgl. BGH, VersR 2004, S. 118 f.

469 BGH, DAR 2004, S. 81, 83.

470 Vgl. OLG München, NZV 2006, S. 261 f.

471 Vgl. BGH, Urt. v. 26.10.1993 – VI ZR 155/92 = NJW 1994, S. 801 f.

472 OLG München, NZV 2006, S. 261 f., ebenso OLG München, NJW 2011, S. 396.

führung zur Firma E. könne das Fahrzeug die Eindellung nicht erhalten haben, weil unterwegs ‚keinerlei Kollision etc. erfolgte'. Welche konkreten Möglichkeiten aber entgegen der Aussage des Zeugen W. hier dafür in Betracht kommen könnten, dass die Felge zwischen der Ankunft des Wagens bei der Firma E. am 1.10. bis zum Aufbocken des Fahrzeugs die Beschädigung an der Felge erhalten haben könnte, ist nicht ersichtlich. Es hätte zumindest einer überprüfbaren Darlegung im Berufungsurteil dafür bedurft, welche konkreten Möglichkeiten das Berufungsgericht bei seinen Erwägungen in Betracht gezogen hat. Ohne eine solche Darlegung ist nicht auszuschließen, dass das Berufungsgericht die Anforderungen an den vom Kläger zu führenden Beweis überspannt hat und seine Würdigung des Sachverhalts auf diesem Rechtsfehler beruht."[473]

265 In numerischen Werten ausgedrückt, reicht eine 90 %ige Wahrscheinlichkeit nicht, um einen Kausalitätsbeweis mit dem Beweismaß des § 286 ZPO zu führen (§ 7 Rdn 33). In einer interessanten Entscheidung führt der BGH aus: „Es ist aus Rechtsgründen nicht zu beanstanden, dass sich das BerGer. auch im Hinblick darauf, dass nach den weiteren Ausführungen des Sachverständigen andere Möglichkeiten als Auslöser für die Erkrankung als möglich erscheinen (Entwicklung ohne äußeren Anlass bei ca. 10 % der Patienten oder ein bisher nicht bekanntes Trauma vor oder unmittelbar nach dem Unfall), die nach § 286 ZPO erforderliche Überzeugung nicht hat bilden können. Diese verlangt zwar keine absolute oder unumstößliche Gewissheit und auch keine an Sicherheit grenzende Wahrscheinlichkeit; ausreichend ist vielmehr ein unter Berücksichtigung des gesamten Inhalts der Verhandlung und des Ergebnisses der Beweisaufnahme nach freier Überzeugung gewonnener für das praktische Leben brauchbarer Grad von Gewissheit, der den Zweifeln Schweigen gebietet (*Senat*, NJW 2003, 1116 = VersR 2003, 474 [475] m.w. Nachw.). Die von der Revision nicht angegriffenen Feststellungen hat das BerGer. indes auch nach diesem Maßstab ohne Rechtsfehler nicht für ausreichend gehalten, um die erforderliche Überzeugung zu gewinnen."[474]

266 *Hinweis*

Die rein zeitliche Nähe oder Intuition, dass der eingetretene Erfolg X. kausal auf das Ereignis Y. zurückzuführen ist, reicht zur Strengbeweisführung nicht.

267 *Beispiel aus der Rechtsprechung*

„Wenn ein Vorgang, der Ursache der jetzigen Erkrankung der Kl. sein kann, nicht vorgetragen ist und die ernsthafte Möglichkeit besteht, dass sich die Krankheit schicksalhaft entwickelt hat, können andere Kausalverläufe nicht ausgeschlossen und die Ursächlichkeit des Unfalls für die Beschwerden der Kl. nicht mit der erforderlichen Wahrscheinlichkeit bejaht werden. Die zeitliche

473 BGH, NJW 1969, S. 1708 f.

474 BGH, NJW 2004, S. 777 f.

Nähe zwischen dem Unfallereignis und der Entstehung der Beschwerden und die daran anknüpfende ‚gefühlsmäßige' Wertung, beide Ereignisse müssten irgendwie miteinander in Zusammenhang stehen, reicht dazu nicht aus.“[475]

In der Praxis wird in nicht wenigen Fällen ein **Ausschlussverfahren** zum Tragen 268 kommen. Das bedeutet, dass der Tatrichter im Rahmen der Beweiswürdigung im Wege des Ausschlusses anderer Ursachen durchaus zu der Feststellung gelangen kann, dass als einzig realistische Ursache die streitgegenständliche in Betracht kommt.[476] Das erfordert jedenfalls einen Vergleich des Zustandes vor dem streitgegenständlichen Ereignis und danach.[477]

Bei dem **Beweismaß** des § 287 ZPO herrscht Einigkeit, dass je nach Lage des Ein- 269 zelfalls eine **höhere oder deutlich höhere Wahrscheinlichkeit** genügen kann.[478] Lepa meint mit Recht, dass mit solchen Definitionen nicht viel gewonnen ist.

Hinweis 270

Nach Lepa liegt der Wert solcher Definitionen darin, dem Tatrichter zu verdeutlichen, **dass bei § 287 ZPO deutlich geringere Anforderungen bestehen**.[479] Das wird daraus gefolgert, dass in § 287 ZPO der Bezug zum Wahrerachten wie bei § 286 ZPO fehlt.[480] Nach der neueren Rechtsprechung reicht eine **überwiegende** Wahrscheinlichkeit.[481] Ggf. ist einem Sachverständigen dieses Beweismaß vorzugeben.[482] Darüber hinaus stellt es einen Rechtsfehler dar, wenn das Urteil nicht zu erkennen gibt, sich dieser Unterscheidung bewusst gewesen zu sein. „Ohne auf diese Unterscheidung einzugehen, führt der Erstrichter lediglich aus, dass der Kl. nicht beweisen konnte, durch den Unfall verletzt worden zu sein. Ob er bereits die behaupteten Beschwerden als nicht nachgewiesen ansieht oder lediglich von der Unfallkausalität [zwischen dem unstrittigen oder bewiesenen Haftungsgrund (Rechtsgutverletzung) und dem eingetretenen Schaden] nicht überzeugt ist und welchen Maßstab er hierbei für seine Überzeugungsbildung angesetzt hat, lässt sich dem Urteil nicht entnehmen.“[483]

475 BGH, NJW 2004, S. 777 f.

476 Vgl. Müller, Grundprinzipien und Gestaltungsspielräume beim Schadensersatz, zfs 2008, S. 62, 67.

477 Vgl. BGH, VersR 2005, S. 945 f.

478 Vgl. BGHZ 159, S. 254, 257; BGH, NJW 1993, S. 935; BGH, NJW 2000, S. 953; vgl. auch OLG München, NZV 2006, S. 261 f.

479 Lepa, Typische Probleme im Haftpflichtprozess, Rn 119.

480 Vgl. Berg-Winters, Der Anscheinsbeweis im Arzthaftungsrecht, S. 184 f. m.w.N.

481 Vgl. Prütting/Gehrlein/Laumen, ZPO, § 287 Rn 16 m.w.N.; vgl. Baumgärtel/Prütting, Handbuch der Beweislast, Grundlagen, § 9 Rn 16 m.w.N. Der BGH ging in den Urteilen vom 2.7.1992 und 7.3.1996 noch von der Notwendigkeit einer **deutlich überwiegenden, auf gesicherter Grundlage beruhenden Wahrscheinlichkeit** aus, vgl. BGH, Urt. v. 2.7.1992 – IX ZR 256/91 = NJW 1992, S. 2694, 2695; BGH, Urt. v. 7.3.1996 – IX ZR 169/95 = NJW-RR 1969, S. 781.

482 Vgl. BGH, NJW-RR 2009, S. 1193 ff.

483 OLG München, NJW 2011, S. 396.

II. Anwendung des § 141 ZPO im Rahmen des § 286 ZPO

271 Auch Erklärungen der Partei gem. § 141 ZPO sind zwar dogmatisch kein Beweismittel,[484] können aber im Rahmen der Beweiswürdigung verwertet werden.[485] „Erklärungen, die eine nach § 141 ZPO geladene Partei abgibt, ohne ausdrücklich als Partei vernommen zu sein (§§ 445 ff. ZPO), dürfen zwar nicht als Beweismittel verwertet werden [m.w.N.]. Der Tatrichter ist jedoch nicht gehindert, sie im Rahmen der Beweiswürdigung zu verwerten."[486] Entsprechenden Erklärungen kann das Gericht auch den Vorzug vor Bekundungen von Zeugen oder von als Partei vernommenen Prozessgegnern geben.[487] Die Formulierung des „Vorzug gebens" ist missverständlich, denn in den veröffentlichen Entscheidungen wurde nicht der Beweis durch die Parteianhörung geführt, sondern der Zeugenbeweis der Gegenpartei war aufgrund der Parteianhörung nicht erfolgreich.[488] Es erfolgte durch die Parteianhörung damit nur eine Erschütterung des Hauptbeweises. **Streitige Tatsachen können daher grds. nicht ohne oder gegen eine Beweisaufnahme durch eine Anhörung gem. § 141 ZPO festgestellt werden.**[489] Weniger als die Überzeugung von der Wahrheit reicht für das Bewiesensein einer anspruchsbegründenden Tatsache nicht aus; die richterliche Überzeugung setzt einen Grad von Gewissheit voraus, der Zweifeln Schweigen gebietet[490] und weit mehr als die bloße Plausibilität darstellt.[491] Ähnlich: „Mithin hat der Kläger den ihm obliegenden Beweis erst dann erbracht, wenn das Gericht gemäß § 286 Abs. 1 ZPO mit allen vernünftigen Zweifeln Einhalt gebietender Gewissheit von der Wahrheit des konkreten Schadensfalles überzeugt ist."[492]

272 *Praxistipp*

Eine Anhörung nach § 141 ZPO bietet sich immer dann an, wenn sich die eigene Partei in Beweisnot befindet.[493] Ergibt die Aussageanalyse der formlosen Parteianhörung eindeutige Realitätskriterien, dann kann die zu beweisende Tatsa-

484 Vgl. BGH, NJW-RR 1988, S. 394.

485 Vgl. BGH, VersR 1996, S. 597, 600.

486 BGH, Urt. v. 3.12.1991 – VI ZR 48/91 = NJW 1992, S. 1558 f.

487 Vgl. BGH, VersR 2003, S. 1322 f.; vgl. BGH, NJW 1999, S. 363 f.; BGH, NJW 1998, S. 306.

488 So auch in dem Fall BGH, NJW-RR 1990, S. 1061 f.

489 Vgl. BGH, NJW 1982, S. 940; vgl. auch Lange, Parteianhörung und Parteivernehmung, NJW 2002, S. 476, 480; vgl. umfassend Eschelbach/Geipel, Parteianhörung – Die Verwertung im Rahmen der Beweiswürdigung (§ 141 vs. 286 ZPO), MDR 2012, S. 198 ff.; ebenso LG Berlin, Urt. v. 25.9.2014 – 67 S 198/14 = NJW 2014, S. 3585 ff.

490 Vgl. BGH, Urt. v. 9.10.2013 – I ZR 115/12 = VersR 2014, S. 647.

491 Vgl. LG Berlin, Urt. v. 25.9.2014 – 67 S 198/14 = NJW 2014, S. 3858 ff.

492 OLG Saarbrücken, Urt. v. 4.12.2014 – 4 U 36/14.

493 Vgl. BGH, VersR 1991, S. 917 f.; BGH, VersR 1992, S. 349 f.

che „anbewiesen" sein, sodass jetzt eine Parteieinvernahme gem. § 448 ZPO in Betracht kommt.[494] Um zu einer Parteianhörung zu gelangen, ist darüber hinaus nicht Voraussetzung, dass zuvor Zeugen aus dem Lager des Gegners benannt werden.[495]

Zu beachten ist, dass durch eine Anhörung gem. § 141 ZPO die prozessordnungsgemäß zulässig beantragte Parteieinvernahme nicht ersetzt. „Die Anhörung dient der Klärung des Sachvortrags (Senat, Urt. v. 19.4.2002 – V ZR 90/01, BGHZ 150, 334, 343), jedoch nicht Beweiszwecken. Ein Beweiswert kommt ihr deshalb nicht zu (BGH, Urt. v. 3.7.1967 – VII ZR 48/65, Rn 32 [...])."[496] Deutlich ebenfalls: „Die Anhörung einer Partei nach § 141 ZPO ist keine Grundlage für die Entscheidung, ob ihr Vortrag oder derjenige des Gegners für wahr zu erachten ist. Die Anhörung dient der Klärung des Sachvortrags (*BGHZ* 150, 334 = NJW 2002 2247), jedoch nicht unmittelbar Beweiszwecken."[497] 273

In der Praxis kommt immer wieder der Fall vor, dass eine Partei aus Erklärungen der anderen Partei im Rahmen von Vergleichsverhandlungen eine Bindungswirkung der Erklärungen herleiten möchte. Das ist unzulässig.[498] 274

III. Beweiserleichterungen des § 287 ZPO

Die Vorschrift des § 287 ZPO ist in der Praxis zu wenig bekannt. Das liegt daran, dass § 287 ZPO nicht mitteilt, was er genau ausdrücken will.[499] Verkennt das Gericht die grundsätzliche Anwendung des § 287 ZPO, stellt dies einen revisiblen Rechtsfehler dar.[500] Andernfalls ist die Ermessensüberprüfung des Tatgerichts nur eingeschränkt revisibel.[501] Einen revisiblen Rechtsfehler stellt es jedenfalls dar, wenn das Gericht die Möglichkeit einer Schätzung nicht in Erwägung gezogen,[502] wesentliche Tatsachen unberücksichtigt gelassen[503] oder seiner Ermessensentscheidung falsche oder unsachliche Erwägungen zugrunde gelegt hat.[504] Um dem Revisionsgericht diese Überprüfung zu ermöglichen, ist es erforderlich, dass das Tatgericht die ermessensleitenden Erwägungen sorgfältig darlegt, wobei Leerformeln 275

494 Vgl. Bender/Nack/Treuer, Tatsachenfeststellung vor Gericht, 3. Aufl., Rn 331; vgl. auch BGH, NJW-RR 2003, S. 1002 f.

495 Vgl. BAG, AP Nr. 3 zu § 448 ZPO.

496 BGH, V ZR 220/10, Rn 13.

497 OLG München, Urt. vom 10.1.2014 – 10 U 2231/13 = NJW-RR 2014, S. 1123 f.

498 Vgl. BGH, NJW 1998, S. 306 f.

499 Vgl. Lepa, Beweiserleichterungen im Haftpflichtrecht, NZV 1992, S. 129, 132.

500 Vgl. BGH, NJW-RR 2005, S. 1157 f.

501 Vgl. Prütting/Gehrlein/Laumen, ZPO, § 287 Rn 21 m.w.N.

502 Vgl. BGH, NJW-RR 2005, S. 1157 f.

503 Vgl. BGH, NJW 1999, S. 3487 f.

504 Vgl. BGH, NJW-RR 1998, S. 331, 333.

nicht genügen.[505] Das Ermessen des Tatgerichts kann sich sogar auf Null reduzieren.[506]

276 *Hinweis*

Die Anwendung einer Präklusionsvorschrift ist im Rahmen des § 287 ZPO daher rechtlich schwierig, zumal der Beibringungsgrundsatz nur eingeschränkt gilt. Die Beweisaufnahme kann zum großen Teil von Amts wegen erfolgen („Anordnung der Urkundenvorlage, § 142 I [ggf. i.V.m. § 273 II Nr. 5] ZPO; Augenscheinseinnahme, § 144 I 1 [ggf. i.V.m. § 273 II Nr. 5] ZPO; Einholung eines Sachverständigengutachtens, §§ 144 I 1, 287 I 2 [ggf. i.V.m. § 273 II Nr. 5] ZPO; Einholung amtlicher Auskünfte, §§ 273 II Nr. 2, 358a S. 2 Nr. 2 ZPO; Parteieinvernahme von Amts wegen, §§ 287 I 2, 448 ZPO"[507]).

277 § 287 ZPO gewährt in zwei Fällen Beweiserleichterungen, nämlich bei der Frage, ob ein Schaden entstanden ist (haftungsausfüllende Kausalität) und bei der Schadenshöhe. Das ist insofern gerechtfertigt, als der Schädiger, dessen haftungsbegründende Kausalität gem. § 286 ZPO feststeht (Strengbeweis), dem Geschädigten das Beweisrisiko ausgesetzt hat.[508] „Dagegen ist die haftungsbegründende Kausalität, der Zusammenhang zwischen einem vorwerfbaren Fehler des Vertragspartners und dem ersten Verletzungserfolg nach § 286 ZPO zu beweisen. Der Kausalverlauf ist daher in aller Regel in zwei Teile zu zerlegen, von denen der eine nach § 286 ZPO und der andere nach § 287 ZPO zu würdigen ist (vgl. Senatsurteil vom 7.2.1968 – VIII ZR 139/66 – = NJW 1968, 985 [...]; BGH Urt. v. 11.6.1968 – VI ZR 116/67 – [...]."[509] Insbesondere betrifft die Frage, ob ein Anspruchsteller bei einem Unfall überhaupt verletzt worden ist, die haftungsbegründende Kausalität des § 286 ZPO.[510]

278 Die **haftungsbegründende Kausalität** berührt das Kausalverhältnis zwischen der Handlung und der Verletzung des geschützten Rechtsguts (z.B. die Rechtsgüter des § 823 Abs. 1 BGB). Wie sich der Schaden dann weiter entwickelt, ist eine Frage der **haftungsausfüllenden Kausalität**. Für den Bereich der **Vertragsverletzung** bedeutet die haftungsbegründende Kausalität folgendes: „Der Betrieb des Haftungsgrundes, der nach § 286 ZPO zu beweisen ist, erstreckt sich demgemäß bei einem Schadensersatzanspruch wegen einer Vertragsverletzung bis zu der Feststellung, der Vertragspartner sei von dem Verstoß so betroffen worden, dass nachteilige Folgen für ihn eintreten können. Danach beginnt der Bereich des § 287 ZPO. Ob und welche

505 Vgl. OLG München, NJW-RR 2008, S. 1091 ff. und 10 W 1659/04 und 10 W 1897/05.

506 Vgl. BAG, DB 1992, S. 2196 f.

507 OLG München, NJW-RR 2008, S. 1091 f.

508 Vgl. Lepa, Beweiserleichterungen im Haftpflichtrecht, NZV 1992, S. 129, 133.

509 BGH, NJW 1969, S. 1708 f. = VIII ZR 148/67.

510 Std. Rspr. vgl. z.B. BGH, Urt. v. 8.7.2008 – VI ZR 274/07 = NJW 2008, S. 2845; BGH, Urt. v. 17.9.2013 – VI ZR 95/13 = NJW 2013, S. 3634 jeweils mit umfangreichen Nachweisen.

nachteiligen Folgen durch diesen Verstoß entstanden sind, unterliegt der nach dieser Bestimmung erleichterten Beweisführung."[511] Dies gilt uneingeschränkt in allen Fällen von Vermögensschäden aus der Verletzung vertraglich geschützter Vermögensinteressen, kann bei Personen- oder Sachschäden infolge einer Vertragsverletzung aber problematisch werden und erfordert bei der vertraglichen Arzthaftung eine Anpassung an das Deliktsrecht.[512]

Hängt die Schadensentwicklung von inneren, in der Person des Geschädigten liegenden Gründen ab (z.B. hypothetische Entscheidungen des Geschädigten[513]), hat i.d.R. die Parteivernehmung gem. § 287 Abs. 1 Satz 3 ZPO zu erfolgen.[514] Bei Pflichtverletzungen eines Anwalts aufgrund fehlerhafter Prozessführung ist nicht der tatsächliche Ausgang des Erstprozesses entscheidend, sondern vom Regressgericht eigenständig zu prüfen, wie der Erstprozess richtigerweise ausgegangen wäre. Diese Frage beantwortet sich zudem nach § 287 ZPO.[515] 279

§ 287 ZPO führt darüber hinaus zu einer Verringerung der Substantiierungslast.[516] Die Klage darf solange nicht abgewiesen werden, solange greifbare Anhaltspunkte für eine Schadensschätzung vorliegen.[517] 280

1. Zur Schadenshöhe

§ 287 ZPO wird in der Praxis oft missverstanden, als das Gericht ggf. einen Mindestschaden zu schätzen habe. Das ist falsch. **Die Schätzung soll dem wahren Schaden so nah wie möglich kommen.**[518] Daher kann es z.B. bei der Beschädigung einer Sache gerechtfertigt sein, einen mittleren Wert zu schätzen.[519] **In jedem Fall trägt der Geschädigte die Darlegungs- und Beweislast für die tatsächlichen Grundlagen der Schätzung.**[520] Kann der Geschädigte nicht alle relevanten Umstände darlegen, kann der Richter einen Mindestschaden schätzen.[521] Über bestrittene Anknüpfungstatsachen ist grds. Beweis zu erheben.[522] Die Schätzung darf nicht in der Luft hängen.[523] Die erreichbaren Schätzungsgrundlagen sind auszuschöpfen,[524] auch 281

511 BGH, NJW 1983, S. 998 f.
512 Vgl. BGH, NJW 1987, S. 705 ff.
513 Vgl. BGH, NJW 2005, S. 3275, 3277.
514 Vgl. BGH, NJW-RR 2004, S. 1210, 1212.
515 Vgl. BGH, NJW 2005, S. 3071 f.; NJW 2000, S. 1572 f.
516 Vgl. Prütting/Gehrlein/Laumen, ZPO, § 287 Rn 17 m.w.N.
517 BGH, VersR 1987, S. 180, 182.
518 Vgl. Lepa, Typische Probleme im Haftpflichtprozess, Rn 144.; vgl. BGH, NJW-RR 1998, S. 331, 333.
519 Vgl. BGH, NJW 1970, S. 1971; BGH, NJW 1972, S. 1515 ff.
520 Vgl. BGH, NJW-RR 1998, S. 331.
521 Vgl. BGH, JZ 1994, S. 530.
522 Vgl. BGH, NJW 1988, S. 3016 ff.
523 Vgl. BGH, NJW-RR 2004, S. 1023.
524 Vgl. BGH, NJW 2007, S. 1806 ff.

wenn sich eine Partei nicht darauf bezogen hat (Durchbrechung des Beibringungsgrundsatzes).[525] Hinsichtlich Beweisanträgen hat der Richter ein Ermessen, welchem Antrag er nachgeht,[526] wobei er eine Ablehnung begründen muss.[527] „Im Unterschied zu den strengen Anforderungen des § 286 Abs. 1 ZPO, die für den Beweis der haftungsbegründenden Kausalität eingreifen, reicht bei der Entscheidung über die Höhe des Schadens für die richterliche Überzeugungsbildung eine erhebliche Wahrscheinlichkeit aus, vorausgesetzt, dass das Wahrscheinlichkeitsurteil auf gesicherter Grundlage beruht. Die Vorschrift des § 287 Abs. 1 Satz 2 ZPO stellt darüber hinaus die Beweiserhebung in das pflichtgemäße Ermessen des Gerichts. Dies bedeutet, dass das Gericht im Rahmen des § 287 Abs. 1 Satz 2 ZPO an Beweisanträge nicht gebunden ist [m.w.N.]."[528] **Damit ist dem Richter in gewisser Sicht eine vorweggenommene Beweiswürdigung hier erlaubt**.[529] Zudem gilt hier der Grundsatz der Verhältnismäßigkeit, gem. § 287 Abs. 2 ZPO.[530] Über bestrittene Anknüpfungstatsachen für die Schätzung ist aber grds. Beweis zu erheben.[531] Die Schätzgrundlagen müssen zur Überzeugung des Gerichts vorliegen und nicht nur überwiegend wahrscheinlich sein.[532] Auch im Rahmen der Schadensermittlung nach § 287 ZPO gilt, dass der Richter den gesamten Parteivortrag zu würdigen und alle für die Beurteilung maßgeblichen Umstände zu berücksichtigen hat.[533]

282 *Praxistipp*

Im Rahmen des § 287 ZPO kann das Gericht eine Partei anhören, ohne an die Voraussetzungen des § 448 ZPO gebunden zu sein. Ebenso kann das Gericht einen Zeugen vom Hörensagen anhören (z.B. Ehemann zu den Schmerzempfindungen seiner Frau).[534]

283 „Steht ... der geltend gemachte Schadensersatzanspruch dem Grunde nach fest und bedarf es lediglich der Ausfüllung zur Höhe, kommt dem Geschädigten die Beweiserleichterung des § 287 ZPO zugute. Im Unterschied zu den strengen Anforderungen des § 286 Abs. 1 ZPO reicht bei der Entscheidung über die Schadenshöhe eine erhebliche, auf gesicherter Grundlage beruhende Wahrscheinlichkeit für die richterliche Überzeugungsbildung aus (BGH, NJW-RR 1992, 997 [unter II 1]). Zwar ist es

525 Vgl. BGH, VersR 1966, S. 162 f., ggf. hat der Richter von sich aus einen Sachverständigen zu beauftragen, vgl. BGH, 23.1.1990 – VI ZR 339/88, n.v.

526 Vgl. BGH, VersR 2001, S. 1521.

527 Vgl. Thomas/Putzo, Komm. zur ZPO, 28. Aufl., § 287 Rn 10.

528 BGH, Urt. v. 16.10.2001 – VI ZR 408/00 = NJW 2002, S. 128.

529 Vgl. BGH, WM 1996, S. 1830.

530 Vgl. Lepa, Beweiserleichterungen im Haftpflichtrecht, NZV 1992, S. 129, 134.

531 Vgl. BGH, NJW-RR 1998, S. 331 ff.

532 Vgl. Prütting/Gehrlein/Laumen, ZPO, § 287 Rn 17 m.w.N.

533 Vgl. BGH, Urt. v.16.10.2001 – VI ZR 408/00 = NJW 2002, S. 128.

534 Vgl. BGH, VersR 1986, S. 183 f.

Sache des Anspruchstellers, diejenigen Umstände vorzutragen und gegebenenfalls zu beweisen, die seine Vorstellungen zur Schadenshöhe rechtfertigen sollen. Enthält der diesbezügliche Vortrag Lücken oder Unklarheiten, so ist es in der Regel jedoch nicht gerechtfertigt, dem jedenfalls in irgendeiner Höhe Geschädigten jeden Ersatz zu versagen. Der Tatrichter muss vielmehr nach pflichtgemäßem Ermessen beurteilen, ob nach § 287 ZPO nicht wenigstens die Schätzung eines Mindestschadens möglich ist, und darf eine solche Schätzung erst dann gänzlich unterlassen, wenn sie mangels jeglicher konkreter Anhaltspunkte völlig in der Luft hinge und daher willkürlich wäre [m.w.N.] Diese Grundsätze hat das BerGer. außer Acht gelassen. Das Urteil lässt nicht erkennen, dass das BerGer. sich der Möglichkeit einer Schätzung nach § 287 ZPO bewusst war. Denn die – vom BerGer. gebilligten – Ausführungen des AG, die Schadenspositionen hätten konkret vorgetragen und unter Beweis gestellt werden müssen, sprechen dafür, dass damit von den Kl. zu Unrecht ein strenger Beweis gem. § 286 ZPO gefordert und in diesem Rahmen der Klagevortrag für ungenügend gehalten worden ist.“[535] „Bei der Schadensschätzung steht ihm ein Ermessen zu, wobei in Kauf genommen wird, dass das Ergebnis unter Umständen mit der Wirklichkeit nicht übereinstimmt.“[536] Das bedeutet allerdings nicht, dass kraft richterlichem Ermessen auf ein Sachverständigengutachten verzichtet werden könnte, wenn daraus relevante Anknüpfungstatsachen entstehen können, z.B. bei der Frage des entgangenen Gewinns gem. § 252 S. 2 BGB, § 287 Abs. 1 ZPO. Insofern hat die Partei Anspruch aus Art. 103 Abs. 1 GG darauf, dass Beweisanträge nur prozessordnungsgemäß abgelehnt werden und ihre Ausführungen zur richterlichen Kenntnis genommen und in Erwägung gezogen werden.[537]

2. Zur haftungsausfüllenden Kausalität

Die Formulierung in § 287 ZPO, „ob ein Schaden entstanden sei“, wird für die haftungsausfüllende Kausalität verstanden. Die Frage der Rechtsgutverletzung (haftungsbegründende Kausalität) bemisst sich rein nach § 286 ZPO (Strengbeweis).[538] 284

Merksatz 285

„Der ‚erste Verletzungserfolg' ist nach § 286 ZPO zu beweisen, [der Beweis der Weiterentwicklung des Schadens bestimmt sich nach § 287 ZPO[539]]. Eine Verletzung liegt aber nicht vor, wenn z.B. nur ein Anstoß gespürt wurde.[540] Für den Beweis der Weiterentwicklung, der gem. § 286 ZPO bewiesenen Schädigung gilt

535 BGH, Urt. v. 29.5.2013 – VIII ZR 174/12 = NJW 2013, S. 2584, 2586.
536 BGH, Beschl. v. 17.12.2019 – VI ZR 494/18.
537 Vgl. BGH, Beschl. v. 26.3.2024 – VIII ZR 89/23 = DS 2024, S. 171.
538 Vgl. BGH, NJW 1998, S. 3417.
539 Vgl. BGH, NJW 1973, S. 1413 f.; BGH, NJW 1987, S. 705 f.
540 Vgl. BGH, BGHReport 2004, S. 264.

die Beweiserleichterung des § 287 ZPO."[541] Für **Sekundärschäden** gilt das erleichterte Beweismaß des § 287 ZPO.[542] Für die Verletzung des Körpers gilt § 286 ZPO und für die daraus resultierende Verletzung der Gesundheit gilt wiederum § 287 ZPO. Gesundheitsverletzungen ohne vorhergehende Körperverletzungen können bei der Verursachung somatischer oder psychischer Erkrankungen gegeben sein.[543]

286 In der Praxis wird immer wieder angenommen, dass sich § 287 ZPO auf **Folgeschäden einer einzelnen Verletzung** bezieht. Das ist falsch. Sofern eine Rechtsgutverletzung (z.B. des § 823 Abs. 1 BGB; v.a. Körper, Gesundheit) gem. dem Beweismaß des § 286 ZPO feststeht, bezieht sich § 287 ZPO auf **sämtliche weitere Schäden aus dieser Schädigungsursache**.[544] Eine Primärverletzung bezeichnet die Verletzung des Rechtsgutes des Haftungstatbestandes.[545] Eine Verletzung der Gesundheit liegt bereits dann vor, wenn es zu einer **Belastung der gesundheitlichen Befindlichkeit** gekommen ist.[546] Das setzt nicht unbedingt eine organische Ursache voraus; auch eine psychisch vermittelte Kausalität kann ausreichen.[547] Auch ein Schock- oder Fernwirkungsschaden kann eine Primärverletzung darstellen, die freilich nicht immer zu einem Schmerzensgeld führen muss.[548]

Das bedeutet, dass ein Schaden im Rahmen der haftungsausfüllenden Kausalität auch dann besteht, wenn er Folge eines bereits eingetretenen Schadens ist, aber erstmals ein neues Rechtsgut betrifft.[549] Ein Folgeschaden in diesem Sinne kann also auch eine Erstverletzung eines anderen Rechtsguts sein.[550] „Allerdings hat der [VI.] **Senat** im Beschl. v. 14.10.2008 (NJW-RR 2009, 409 = VersR 2009, 69 Rn 7) – insoweit die Entscheidung nicht tragend – ausgeführt, die Anwendung des § 287 Abs. 1 ZPO sei nicht auf Folgeschäden einer Verletzung beschränkt, sondern umfasse neben einer festgestellten oder unstreitigen Verletzung des Körpers i.S.d. § 823 Abs. 1 BGB entstehende weitere Körperschäden ‚aus derselben Schädigungsursache', was zumindest zu Missverständnissen Veranlassung geben kann. Soweit dem zu entnehmen sein sollte, dass eine festgestellte unfallursächliche Primärverletzung

541 Lepa, Typische Probleme im Haftpflichtprozess, Rn 154.

542 Vgl. Müller, Grundprinzipien und Gestaltungsspielräume beim Schadensersatz, zfs 2009, S. 62, 67.

543 Vgl. Eschelbach/Geipel, Beweis- und Zurechnungsfragen bei der Verletzung des Körpers oder der Gesundheit durch Verkehrsunfälle mit Blick auf HWS-Distorsionen, NZV 2010, S. 481 ff. m.w.N.

544 Vgl. BGH, zfs 2009, S. 206 f.

545 Vgl. BGH, Urt. v. 26.7.2022 – VI ZR 58/21 = NJW 2022, S. 3509 ff.

546 Vgl. BGH, MDR 2008, S. 624 ff.

547 Vgl. BGH, Urt. v. 26.7.2022 – VI ZR 58/21 = NJW 2022, S. 3509 ff.

548 Vgl. OLG Celle, Urt. v. 14.8.2022 – 14 U 22/22 = zfs 2022, S. 558 ff.

549 Vgl. Prütting/Gehrlein/Laumen, ZPO, § 287 Rn 9 m.w.N.

550 Vgl. Baumgärtel/Prütting, Handbuch der Beweislast, Grundlagen, § 9 Rn 9; vgl. BGH, Urt. v. 2.7.2013 – VI ZR 554/12 = NJW 2013, S. 3094 f.; Urt. v. 22.5.2012 – VI ZR 157/11 = NJW 2012, S. 2024 ff.; Urt. v. 12.2.2008 – VI ZR 221/06 = NJW 2008, S. 1381 f.; BGH, Beschluß vom 16.10.2007 – VI ZR 229/06 = NJW-RR 2008, S. 263.

ausreiche, um alle darüber hinaus behaupteten Verletzungen unabhängig von ihrem Verhältnis zu dieser Primärverletzung in den Bereich der haftungsausfüllenden Kausalität zu verlagern und damit dem Beweismaß des § 287 Abs. 1 ZPO zu unterstellen, wird hieran nicht festgehalten."[551] Entscheidend ist daher, ob eine haftungsbegründende Primärverletzung weitere Gesundheitsbeeinträchtigungen mit der Folge der Anwendbarkeit des § 287 Abs. 1 ZPO zur Folge hatte oder zwei möglicherweise auf dasselbe Schadensereignis zurückzuführende Verletzungen, die ihrerseits aber nicht zusammenhängen (HWS-Distorsion und Verletzung des Knies). D.h., werden aus der zugrunde liegenden Verletzungshandlung weitere unfallursächliche Primärverletzungen geltend gemacht, unterfallen diese dem Beweismaß des § 286 Abs. 1 ZPO.[552] Deutlich: „Von den Primärverletzungen [die kein kausalitätsbezogenes Element enthalten, sondern in einem weiteren Schritt gem. § 286 ZPO festgestellt werden müsste] sind Sekundärverletzungen abzugrenzen. Bei ihnen handelt es sich um die auf eine haftungsbegründende Rechtsgutsverletzung zurückzuführenden haftungsausfüllenden Folgeschäden. Sie setzen schon begrifflich voraus, dass der Haftungsgrund feststeht [m.w.N.]. Dementsprechend können vom Geschädigten geltend gemachte Beeinträchtigungen seiner körperlichen Befindlichkeit von vornherein nur dann als Sekundärverletzungen qualifiziert werden, wenn eine haftungsbegründende, d.h., durch das Handeln des Schädigers verursachte Primärverletzung unstreitig oder festgestellt und nach medizinischen Erkenntnissen grundsätzlich geeignet ist, die weitere behauptete Beeinträchtigung der körperlichen Befindlichkeit herbeizuführen. Fehlt es dagegen an einer haftungsbegründenden Primärverletzung oder steht diese in keinem erkennbaren medizinischen Zusammenhang zu der weiteren gesundheitlichen Beeinträchtigung, ist letztere als – ggf. zweite bzw. weitere – Primärverletzung anzusehen [m.w.N.]."[553]

Es muss eine Primärverletzung vorliegen, „welche weiteren Schäden sich hieraus entwickelt haben, ist eine Frage der haftungsausfüllenden Kausalität."[554] „§ 287 ZPO findet auch Anwendung, wenn sich der Tatrichter bezüglich der bei einem insgesamt zu ermittelnden Kausalverlauf möglichen Zwischenursachen eine Überzeugung bilden muss."[555] Auch der Kausalzusammenhang zwischen einer Körperverletzung (zwei Faustschläge ins Gesicht mit Bewusstlosigkeit) und dem Tod unterliegen diesem Beweismaß,[556] ebenso wie der Zusammenhang eines HWS-Schleudertraumas mit einer Hirnverletzung,[557] der Fehlbehandlung eines Fingers mit 287

551 BGH, Urt. v. 29.1.2019 – VI ZR 113/17 = NJW 2019, S. 2092.

552 Vgl. BGH, Urt. v. 29.1.2019 – VI ZR 113/17 = NJW 2019, S. 2092, 2093.

553 BGH, Urt. v. 26.7.2022 – VI ZR 58/21; vgl. auch BGH, Urt. v. 19.10.2010 – VI ZR 241/09 = NJW 2011, S. 375 Rn 18.

554 BGH, NJW 1992, S. 3298 f.

555 BGH, NJW 1976, S. 1145 f.

556 Vgl. BGH, NJW 1992, S. 3298 f.

557 Vgl. BGH, NJW NJW-RR 1987, S. 339 f.

einem Morbus Sudeck.[558] Selbst wenn ein Siebenjähriger einen Säugling im Krankenhaus fallen lässt und bei dem Säugling sechs Jahre später eine Epilepsie diagnostiziert wird, bemisst sich der Kausalzusammenhang zwischen Sturz im Säuglingsalter und Epilepsie nach § 287 ZPO.[559]

288 „Somit ist auch dann der Schadensverlauf nach § 287 ZPO zu beurteilen, wenn in Frage steht, ob die haftungsbegründende Verletzung eines geschützten Rechtsguts eine weitere Schädigung dieses oder eines anderen Rechtsguts zur Folge hat, ob also z.B. die haftungsbegründende Körperverletzung zu weiteren Schäden an Körper oder Gesundheit geführt hat (vgl. *BGH*, Urt. v. 30.4.1963 – VI ZR 125/62 = VersR 63, 487: Ursachenzusammenhang zwischen Unfallverletzung und Sehstörung; Urt. v. 8.5.1964 – VI ZR 38/63 = VersR 64, 844: Ursachenzusammenhang zwischen Kopfverletzung und später auftretender Verminderung des Geschmacks- und Geruchssinnes; NJW 58, 1579 = LM Nr. 10 zu § 287 ZPO: Ursachenzusammenhang zwischen unfallbedingter Schädelverletzung und Selbstmord).“[560] Wenn sich bei einer kosmetischen Lichtbehandlung zu Hautreizungen kommt (§ 286 ZPO), gilt für die Feststellung von Narben im Gesicht § 287 ZPO.[561] Ebenso, wenn durch einen ärztlichen Fehler ein Hinterwandinfekt nicht abgewendet wird (§ 286 ZPO) und wegen der Mehrbelastung ein weiter Infarkt folgen soll (§ 287 ZPO).[562] Liegt ein Fehler der Selbstbestimmungsaufklärung vor, bestimmt sich die Kausalität für den Gesundheitsschaden nach § 287 ZPO, denn die Primärschädigung bei einer fehlerhafter Aufklärung über eine Operation liegt bereits in dem mangels wirksamer Einwilligung per se rechtswidrigen Eingriff als solchem und die Feststellung der Ursächlichkeit des Behandlungsfehlers für alle weiteren (Folge-)Schäden richtet sich nach § 287 ZPO.[563]

Das bedeutet, dass auch bei der Ermittlung des Kausalzusammenhangs zwischen dem unstrittigen oder nach § 286 ZPO bewiesenen Haftungsgrund und dem eingetretenem Schaden § 287 ZPO einschlägig ist.[564] In diesem Zusammenhang ist auch darauf hinzuweisen, dass im Rahmen der haftungsausfüllenden Kausalität nicht der Nachweis einer richtungsgebenden Veränderung erforderlich ist, sondern bereits eine bloße **Mitverursachung** ausreicht.[565]

289 Ob eine Vertragsverletzung, die nach § 286 ZPO feststeht, einen Vermögensschaden verursacht hat, ist nach § 287 ZPO zu beurteilen.[566]

558 Vgl. BGH, NJW 2008, S. 1381 f.
559 Vgl. BGH, NJW 1976, S. 1145 f.
560 BGH, NJW 1973, S. 1413 f.
561 Vgl. OLG Köln, GesR 2020, S. 668.
562 Vgl. BGH, Vers 1994, S. 52.
563 Vgl. BGH, Beschl. vom 20.9.2016 – VI ZR 432/15.
564 Vgl. OLG München, NJW 2011, S. 396 ff. m.w.N.
565 Vgl. BGH, VersR 2005, S. 943, 945.
566 Vgl. BGH, NJW 1983, S. 998 f.

§ 287 ZPO stellt auch für den Beweis der haftungsausfüllenden Kausalität deutlich geringere Anforderungen als § 286 ZPO.[567] „Nach § 287 ZPO ist der Richter – im Interesse des von einer rechtswidrigen Handlung Betroffenen [m.w.N.] – ermächtigt, sich mit einer mehr oder minder hohen (mindestens aber überwiegenden) Wahrscheinlichkeit zu begnügen [m.w.N.].“[568] Das wiederum bedeutet, dass an den Nachweis einer bagatellartigen **Erstverletzung** höhere Anforderungen bestehen als an ggf. gravierenden Dauerschäden als Folge einer Erstverletzung.[569]

Praxistipp 290

Der Richter muss in den Urteilsgründen erkennen lassen, dass er dieses geringere Beweismaß bei der Beweiswürdigung erkannt hat.[570]

Bei der Anwendung des § 287 ZPO wird immer wieder übersehen, dass die Vorschrift auch im Rahmen des § 254 BGB angewandt werden kann. D.h., die Tatsachen des Mitverschuldens und der Kausalität des Mitverschuldens[571] sind nach § 286 ZPO vom Schädiger darzulegen und zu beweisen. Die Frage, wie sich diese Tatsachen auf die Schadensentwicklung ausgewirkt haben, beurteilt sich nach § 287 ZPO.[572] D.h., das „ob“ des Mitverschuldens bemisst sich nach § 286 ZPO, während sich der Einfluss und die Gewichtung des Mitverschuldens nach § 287 ZPO bemisst.[573] Auch hier gilt: „Der Tatrichter ist bei seiner Überzeugungsbildung im Rahmen des § 254 Abs. 2 S. 1 BGB nach § 287 ZPO besonders freigestellt [m.w.N.]. Denn die Bemessung der Höhe des Schadensersatzanspruchs, auf die sich die Verletzung der Schadensminderungspflicht auswirken kann, ist revisionsrechtlich nur daraufhin überprüfbar, ob der Tatrichter erhebliches Vorbringen der Parteien unberücksichtigt gelassen, Rechtsgrundsätze der Schadensbemessung verkannt, wesentliche Bemessungsfaktoren außer Betracht gelassen oder seiner Schätzung unrichtige Maßstäbe zugrunde gelegt hat [m.w.N.].“[574] 291

Wie ein Schaden durch ein bestimmtes Ereignis mit verursacht wurde, d.h., welchen Anteil verschiedene Mitverursacher haben, bestimmt sich ebenfalls nach § 287 ZPO,[575] wenn die Mitverursachung dem Grunde nach gem. § 286 ZPO feststeht.[576] 292

567 Vgl. Lepa, Typische Probleme im Haftpflichtprozess, Rn 157.

568 BGH, Urt. v. 17.9.2019 – VI ZR 396/18 = NJW 2020, S. 236; BGH, Urt. v. 5.11.2013 – VI ZR 527/12 = 2014, S. 688, jeweils m.w.N.

569 Vgl. Eschelbach/Geipel, Beweis- und Zurechnungsfragen bei der Verletzung des Körpers oder der Gesundheit durch Verkehrsunfälle mit Blick auf HWS-Distorsionen, NZV 2010, S. 481 f. m.w.N.

570 Vgl. BGH, VersR 1983, S. 985 f.; BGH, VersR 1987, S. 310.

571 Vgl. BGH, NJW 1968, S. 985.

572 Vgl. BGH, VersR 1986, S. 1208 f.

573 Vgl. Prütting/Gehrlein/Laumen, ZPO, § 287 Rn 10 m.w.N.

574 BGH, Urt. v. 25.9.2018 – VI ZR 65/18 = NJW 2019, S. 852 f.

575 Vgl. Prütting/Gehrlein/Laumen, ZPO, § 287 Rn 8 m.w.N.

576 Vgl. Baumgärtel/Prütting, Handbuch der Beweislast, Grundlagen, § 9 Rn 8 m.w.N.

J. Unzulässiger Beweisantrag und Ausforschungsbeweis

293 Nach § 286 ZPO ist der Richter grds. zur Erschöpfung der Beweismittel verpflichtet.[577] Das folgt auch aus dem Grundsatz des rechtlichen Gehörs. „Art. 103 I GG verpflichtet das Gericht, die Ausführungen der Prozessbeteiligten zur Kenntnis zu nehmen und in Erwägung zu ziehen. Dabei soll das Gebot des rechtlichen Gehörs als Prozessgrundrecht sicherstellen, dass die Entscheidung frei von Verfahrensfehlern ergeht, welche ihren Grund in unterlassener Kenntnisnahme und Nichtberücksichtigung des Sachvortrags der Parteien haben. In diesem Sinne gebietet Art. 103 I GG in Verbindung mit den Grundsätzen der ZPO die Berücksichtigung erheblicher Beweisanträge (vgl. BVerfGE 50, 32 [35] = NJW 1979, 413; BVerfGE 60, 247 [249]). Die Nichtberücksichtigung eines erheblichen Beweisangebots verstößt daher dann gegen Art. 103 I GG, wenn sie im Prozessrecht keine Stütze mehr findet."[578]

294 **Obwohl sich in der ZPO keine Vorschrift zur Ablehnung von Beweisanträgen befindet, kann sich der Tatrichter bei Ablehnung eines Beweisantrages an § 244 Abs. 3 StPO orientieren.**[579] „Der Zivilrichter kann sich dabei an die das Ergebnis jahrzehntelanger Rechtsprechung enthaltende Vorschrift des § 244 Abs. 3 StPO anlehnen. Danach darf der Richter einen Beweisantrag dann ablehnen, wenn die unter Beweis gestellte Tatsache unerheblich, bereits erwiesen oder offenkundig ist, wenn das Beweismittel unzulässig, unerreichbar oder völlig ungeeignet ist oder wenn die behauptete Tatsache als wahr unterstellt wird [vgl. zur Wahrunterstellung auch BGH IV ZR 62/04 und BVerfG, NJW 1993, S. 254 f. und BVerfGE 85, S. 386, 404 f.], wobei die Wahrunterstellung nicht zum Nachteil der Gegenpartei verwertet werden darf, wenn diese die Behauptung bestritten hat."[580] Ein Beweisantrag kann dann abgelehnt werden, wenn das Beweismittel völlig ungeeignet ist. Das ist aber nur höchst selten der Fall und nur mit größter Zurückhaltung anzunehmen.[581] „Ist eine in das Wissen des Zeugen gestellte Tatsache erheblich, so ist der Zeuge zu vernehmen. Es ist grundsätzlich unzulässig, den Beweiswert einer Aussage zu würdigen, bevor die Aussage gemacht worden ist."[582] Findet eine vorweggenommene Beweiswürdigung statt, die im Prozessrecht keine Stütze findet, liegt ein Verfassungsverstoß gegen Art. 103 Abs. 1 GG nahe.[583] Weiter kann ein Beweisantrag (des

577 Vgl. BGH, NJW 1992, S. 1768 f.

578 BVerfG, NJW 2003, S. 1655; vgl. auch BVerfG Beschl. v. 10.2.2009 – 1 BvR 1232/07 in dem ein Beschluss des 19. Senats (19 U 5010/06) des OLG München aufgehoben wurde, das ein Urteil der 4. Zivilkammer des LG München I bestätigte (4 O 18084/05).

579 Vgl. BGH, VersR 2003, S. 1322.

580 BGHZ 53, S. 245, 259 f.

581 Vgl. BGH, NJW 2000, S. 3718 ff.; BGH, NJW 2003, S. 2527 f.

582 BGH, VersR 1958, S. 847, 849; vgl. auch BGH, NJW 1982, S. 2874.

583 Vgl. BVerfG, NJW-RR 1995, S. 441; vgl. auch BVerfG, NJW-RR 2001, S. 1006 ff.

Beweisführers) abgelehnt werden, wenn die Richtigkeit der unter Beweis gestellten Tatsache bereits erwiesen oder unterstellt wird.[584]

Praxistipp 295

Zugunsten des Beweisführers kann eine Tatsache als wahr unterstellt werden. Eine unzulässige, vorweggenommene Beweiswürdigung liegt aber dann vor, wenn das Gegenteil der Beweistatsache bereits als bewiesen angesehen wird.[585] D.h., der Beweisantrag des Gegners kann gerade nicht damit abgelehnt werden, die Beweistatsache sei bereits bewiesen oder könne als wahr unterstellt werden.

Ausforschungsbeweisen braucht das Gericht nicht nachzugehen. Der **Ausforschungsbeweis** stellt gerade keine Tatsache unter Beweis, sondern will erst Anknüpfungstatsachen gewinnen, um weitere beweiserhebliche Tatsachen unter Beweis stellen zu können.[586] Das gilt insb. dann, wenn die beweiserhebliche Tatsache in das Wissen des Zeugen gestellt wurde.[587] 296

Praxistipp 297

Das gegnerische Argument des angeblichen Ausforschungsbeweises führt bei prozesstaktisch sachgerechter Prozessführung meist nicht weiter,[588] denn die Partei muss die beweiserhebliche Tatsache nur **behaupten**. Das gilt auch, wenn sie die behauptete Tatsache nicht kennt, nicht kennen kann oder nur vermutet.[589]

584 Vgl. BGH, NJW 2000, S. 3718 ff.
585 Vgl. BGHZ 53, S. 245 ff.
586 Vgl. BGH, NJW 1984, S. 2888 f.; BGH, NJW 1986, S. 246 f.
587 Vgl. KG Berlin, DAR 2003, S. 317.
588 Vgl. Lepa, Typische Probleme im Haftpflichtprozess, Rn 247.
589 Vgl. BGH, NJW 1995, S. 2111; BGH, NJW-RR 2002, S. 1419.

§ 28 Der Zeugenbeweis aus zivilprozessualer Sicht

Inhalt

A. Wer kann Zeuge sein?

I. Allgemeines

Zeuge kann nur der sein, der nicht zum Zeitpunkt der Vernehmung[1] selbst als Partei zu vernehmen ist.[2] Zeuge ist also nicht die Partei selbst (Ausnahme: nicht prozessfähige Partei im vom gesetzlichen Vertreter geführten Prozess) oder der gesetzliche Vertreter der Partei.[3] 1

Eine Ausnahme gilt für den gesetzlichen Vertreter, der Zeuge sein kann, wenn die prozessunfähige Partei ausnahmsweise als Partei zu vernehmen ist, gem. § 455 Abs. 2 Satz 1 ZPO.[4] In diesen Fällen kann der gesetzliche Vertreter Zeuge sein. 2

Zeuge kann insb. auch nicht sein, 3

- der streitgenössische Nebenintervenient,[5]
- grundsätzlich der einfache Streitgenosse,[6]
- der notwendige Streitgenosse,[7]
- vertretungsberechtigte Organe von juristischen Personen,[8] z.B. Vorstandsmitglieder eines Vereins (§ 26 Abs. 2 BGB) oder einer AG (§ 78 AktG) und dementsprechend wohl auch die Gesellschafter der BGB-Gesellschaft,[9]
- ein Verwalter (Insolvenz-, Nachlass-, Zwangsverwalter, Testamentsvollstrecker), weil er nach hM Partei kraft Amtes ist,
- der Geschäftsführer einer GmbH.[10]

1 Vgl. BGH, LM § 448 Nr. 4.
2 Vgl. Thomas/Putzo, ZPO, 47. Aufl., § 373 Vorbem. Rn 6.
3 Vgl. Zöller, ZPO, 36. Aufl., § 373 Rn 1.
4 Vgl. Thomas/Putzo, ZPO, 47. Aufl., § 373 Vorbem. Rn 6.
5 Vgl. Thomas/Putzo, ZPO, 47. Aufl., § 373 Vorbem. Rn 6.
6 Vgl. Thomas/Putzo, ZPO, 47. Aufl., § 373 Vorbem. Rn 6.
7 Vgl. Zöller, ZPO, 36. Aufl., § 373 Rn 6.
8 Vgl. Zöller, ZPO, 36. Aufl., § 373 Rn 6.
9 Eine Ausnahme ist analog der Rechtsprechung zur OHG wohl dann denkbar, wenn der einzelne Gesellschafter durch Gesellschaftsvertrag von der Geschäftsführung ausgeschlossen ist, d.h., dieser müsste Zeuge sein können, Vgl. zur OHG BGH, NJW 1965, S. 2253, 2254.
10 Vgl. Musielak/Voit/Röß, 22. Aufl. 2025, ZPO § 373 Rn 7.

Zeuge kann allerdings schon sein,

- der einfache Streitgenosse, sofern es ausschließlich um Tatsachen geht, die ausschließlich andere Streitgenossen betreffen,[11]
- die prozessunfähige Partei, es sei denn, diese ist gem. § 455 Abs. 2 ZPO als Partei zu vernehmen,[12] d.h., solange die minderjährige Partei das 16. Lebensjahr noch nicht vollendet hat, kann diese nicht als Partei vernommen werden, sondern ist im eigenen Prozess Zeuge,[13]
- gesetzliche Vertreter, soweit sie in concreto von der Vertretung ausgeschlossen sind (z.B. Eltern, soweit ein Pfleger nach § 1909 BGB bestellt ist),[14]
- der ausgeschiedene Streitgenosse sofern auch eine, diesen belastende Kostenentscheidung nicht mehr denkbar ist,[15]
- der Kommanditist der KG,[16]
- der durch Gesellschaftsvertrag von der Geschäftsführung ausgeschlossene Gesellschafter der OHG,[17]
- der Zedent,[18]
- der eigene prozessbevollmächtigte Rechtsanwalt,[19]
- der nur faktische Geschäftsführer einer GmbH,[20]
- der mit rechtsgeschäftlicher Vertretungsmacht ausgestattete Vertreter bzw. der nach § 30 BGB satzungsmäßige Vertreter,
- Komplementäre einer KG in Liquidation, die nicht Liquidatoren sind,[21]
- der Erbe im Prozess des Testamentsvollstreckers oder Nachlassverwalters,[22]
- der (nicht streitgenössische) Nebenintervenient.

4 Zeuge kann neben diesen rechtlichen Kriterien aber natürlich nur der sein, der ohne Rücksicht auf das Alter die Verstandesreife besitzt, Wahrnehmungen machen

11 Vgl. BGH, NJW 1983, S. 2508.
12 Vgl. Thomas/Putzo, ZPO, 47. Aufl., § 373 Vorbem. Rn 7.
13 Vgl. BGH, NJW 1965, S. 2253, 2254.
14 Thomas/Putzo, ZPO, 47. Aufl., § 373 Rn 7, vgl. auch OLG Karlsruhe, FamRZ 1973, S. 104.
15 Vgl. OLG Celle, NJW-RR 1991, S. 62.
16 Vgl. BGH, NJW 1965, S. 2253, 2254.
17 Vgl. BGH, NJW 1965, S. 2253, 2254.
18 Vgl. BGH, WM 1976, S. 424.
19 Vgl. Prechtel, Erfolgreiche Taktik im Zivilprozess, S. 237; vgl. OLG Hamm, MDR 1977, S. 142 f.; auch unter Fortdauer dieser Eigenschaft, vgl. BGH, Beschluß vom 8. 5. 2007 – VI ZB 80/06 = NJW 2007, S. 3069. Die teilweise vertretene Praxis, im Anwaltsprozess bei Zeugeneinvernahme des Prozessbevollmächtigen einen weiteren Anwalt als Prozessbevollmächtigen zu verlangen, weil die Partei andernfalls säumig wäre, ist unhaltbar. Ein VU kann erst nach Beweisaufnahme erwirkt werden, wenn dann noch Säumnis besteht, gem. § 367 Abs. 1 ZPO, so dass das Nichtvorhandensein eines Prozessbevollmächtigen während der Beweisaufnahme irrelevant ist.
20 Vgl. OLG München, DB 1998, S. 522.
21 Vgl. BGH, ZZP 1965, S. 160; BGHZ 42, S. 230 f.
22 Vgl. RG, JW 1901, S. 760.

zu können, diesbezügliche Fragen zu verstehen und zu beantworten.[23] Das müsste das Gericht m.E. ggf. im Wege des Freibeweises[24] feststellen.

II. Exkurs: Der unglaubwürdige oder ungeeignete Zeuge

Im Zivilrecht gilt der **Grundsatz**, dass der Tatrichter zur Erschöpfung der Beweismittel verpflichtet ist.[25] Hinsichtlich der Zurückweisung von Beweisanträgen hat der BGH allerdings entschieden, dass sich auch der Zivilrichter an § 244 Abs. 3 StPO orientieren darf.[26] Die Fälle, in denen Beweisanträge durch unzulässige **vorweggenommene Beweiswürdigungen** abgelehnt werden, sind nicht selten. Das BVerfG führt auf entsprechende Verfassungsbeschwerden aus: 5

> *„Hierin ist der Fall einer vorweggenommenen Beweiswürdigung zu sehen, die im Prozessrecht keine Stütze findet […] Denn mag eine Behauptung auch recht unwahrscheinlich erscheinen, so ist doch die Möglichkeit nicht auszuschließen, dass durch die Erhebung des angebotenen Beweises die bisherige Überzeugung des Gerichts erschüttert wird.“[27] Das bedeutet: Die im Strafprozess mögliche Wahrunterstellung oder Bedeutungslosigkeit der Tatsache, weil das Gericht einen daraus nur möglichen Schluss nicht ziehen will, kann mit dem Verbot der vorweggenommenen Beweiswürdigung kollidieren. Folgerichtig spielen diese Ablehnungsgründe in der zivilprozessualen Praxis keine Rolle. Weiter kann eine Zurückweisung dann gerechtfertigt sein, wenn die Richtigkeit der unter Beweis gestellten Tatsache bereits erwiesen oder zugunsten des Beweisführers zu unterstellen ist.[28] Verboten, da unzulässige Vorwegnahme der Beweiswürdigung, wäre es aber, einem Beweisantrag nicht nachzugehen, da das Gegenteil angeblich schon erwiesen sei.[29]*

Ein **angebotenes Beweismittel** kann auch dann **zurückgewiesen** werden, wenn es **ungeeignet** ist, d.h., hinter den bereits erhobenen Beweisen vollkommen zurücksteht.[30] 6

23 Vgl. Zöller, ZPO, 36. Aufl., § 373 Rn 3.

24 D.h., das Verfahren und die Beweismittel stehen im Ermessen des Gerichts, vgl. BGH, NJW 1997, S. 3319.

25 Vgl. BGH, NJW 1992, S. 1768 f.

26 Vgl. BGH, VersR 2003, S. 1322.

27 BVerfG, NJW-RR 2001, S. 1006 f.

28 Vgl. BGH, NJW 2000, S. 3718 ff.

29 Vgl. BGHZ 53, S. 245, 259 f.

30 Vgl. BGH, NJW 1956, S. 1480 Nr. 6; vgl. auch Schneider, Die Ablehnung von Beweisanträgen im Zivilprozess unter besonderer Berücksichtigung der höchstrichterlichen Rechtsprechung, ZZP 1963, S. 173, 191.

7 Das ist dann der Fall, wenn sich ein Zeuge zu einem Thema äußern soll, zu dem sich bereits ein Sachverständiger geäußert hat oder nur äußern kann.[31]

8 *Hinweis*

„Es ist nicht Aufgabe eines Zeugen, aufgrund von Erfahrungssätzen oder besonderen Fachkenntnissen, Schlussfolgerungen aus einem feststehenden Sachverhalt zu ziehen oder dem Gericht allgemeine Erfahrungssätze oder besondere Kenntnisse in einem jeweiligen Wissensgebiet [...] zu vermitteln."[32]

9 Anders liegt der Fall, wenn der Zeuge **a priori unglaubwürdig** sein soll (z.B. mehrfach wegen Aussagedelikten vorbestraft). Zwar wurde vereinzelt eine Zurückweisung des Beweisantrags gerechtfertigt, jedoch kann eine solche Zurückweisung nur einen Ausnahmefall in besonders krassen Fällen darstellen.[33] Auch insofern hat das BVerfG mitgeteilt:

„Das Landgericht ist dabei offenbar von dem allgemeinen Grundsatz ausgegangen, nach dem einem Zeugen allein deswegen nicht geglaubt werden kann, weil gegen ihn wegen der Tatsachen, zu denen er aussagen soll, ermittelt wird. Ein solcher Grundsatz findet im Prozessrecht keine Stütze."[34]

10 Ebenso gibt es keinen Erfahrungssatz, dass ein **vorbestrafter Zeuge unglaubwürdig** wäre.[35]

11 In allen Verfahrensarten gilt der Grundsatz, dass die Beurteilung von Zeugenaussagen „ureigene Aufgabe des Tatrichters ist". Es handelt sich hierbei um eine schöne Floskel, die dem Tatrichter auch eine entsprechende Kompetenz zuschreibt. Tatsächlich sollte sich jeder Mensch, und auch jeder Tatrichter, stets vor Augen halten, dass diese Kompetenz nur gering ausgeprägt ist, aber mit zunehmender Berufserfahrung eine Kompetenzillusion eintreten kann. Das soll nicht bedeuten, auf eine Würdigung der Zeugenaussagen durch den Tatrichter zu verzichten, denn eine solche ist in der Tat unverzichtbar. Wohl aber sollte sich jeder Tatrichter bewusst sein, welch schwankende Brücke er bei seiner „ureigenen Aufgabe" betritt.

B. Einholung eines Glaubwürdigkeitsgutachtens

I. Allgemeines

12 Grundsätzlich wird dem Tatrichter die **Kompetenz** zur Beurteilung einer Zeugenaussage zugesprochen. Praktisch wird diese Kompetenz der Tatrichter im Allgemei-

31 Vgl. BGH, VersR 1958, S. 167 f.; vgl. auch BGH, VersR 1961, S. 1021 f.; vgl. BGH, NJW 1993, S. 1796 zur Frage, welchen Erlös ein Grundstück voraussichtlich bei der Zwangsversteigerung erzielt.

32 BGH, 20.3.2007 – VI ZR 254/05, Juris Praxisreport 8+9/2007, S. 169.

33 Vgl. BVerfG, NJW 1993, S. 254; vgl. auch BAG, BAGE 74, S. 257.

34 BVerfG, NJW-RR 2002, S. 1069 f.

35 Vgl. OLG Bamberg, MDR 2004, S. 647 f.

nen fingiert. Das soll nur bei kindlichen oder „psychisch auffälligen“ Zeugen anders sein. Völlig ungeklärt ist, was eine „psychische Auffälligkeit“ ist bzw. bis zu welchem Alter ein Zeuge als „kindlicher Zeuge“, der eine sachverständige Begutachtung erfordert, gilt. Die gegenwärtige Praxis, der zufolge der ungeschulte Tatrichter grds. selbst erkennen soll, ob seine Kompetenz zur Beurteilung der Aussage nicht ausreicht, ist paradox.[36]

Bei einer 14-jährigen alkoholisierten Zeugin hat der BGH z.B. die Notwendigkeit der Gutachtenseinholung verneint.[37] Der Unterschied ist für den Rechtspraktiker fundamental. Kommt es nämlich zu einer **sachverständigen Begutachtung**, geht der Sachverständige von der sog. **Nullhypothese** aus. D.h., der Sachverständige geht von der Unwahrheit der Aussage aus und verwirft diese Arbeitsthese erst dann, wenn sie mit den gesammelten Fakten nicht mehr zu vereinbaren ist. Jedenfalls ist dies der methodische Ansatz der Glaubhaftigkeitsbegutachtung. Im Fall der Begutachtung muss dem Sachverständigen durch die Kriterien in der Aussage bzw. durch sonstige Umstände nachgewiesen werden, dass die Aussage erlebnisbasiert ist. 13

Beurteilt der Tatrichter jedoch die Aussage, geht dieser oft nicht von der Unwahrheit der Aussage aus, sondern de facto von der Wahrheit, sofern dies seiner **Verdachtshypothese** entspricht. Im Fall der richterlichen Beurteilung hingegen muss der Richter in vielen Fällen de facto davon überzeugt werden, dass dessen A-priori-Annahme der Richtigkeit seines Verdachts falsch ist. Das ist naturgemäß seltener möglich, als wenn der Tatrichter von der **Nullhypothese** ausgehen würde, zumal aus der Praxis berichtet wird, dass die gerichtliche Befragung oft besonders harmlos ausfällt und bestimmten Zeugen (Opferzeugen, Polizeibeamte) ein erheblicher Vertrauensvorschuss entgegengebracht wird.[38]

Es klingt gut, wenn das „Law in books“ meint:

> *„Auch die richtige* ***Hypothesenbildung*** *ist unabhängig von Methodenanforderungen an die aussagepsychologische Vorgehensweise selbstverständlich.“*[39]

Allerdings kann durch das „Law in action“ die Einhaltung dieser Selbstverständlichkeit nicht kontrolliert werden, weil die Revisionsgerichte nicht die ausdrückliche Erwähnung der Nullhypothese als vorausgesetzten Gedankenschritt im schriftlichen Urteil verlangen,[40] und zum anderen kommt die formelhafte Erwähnung der Nullhypothese zunehmend vor.[41]

36 Vgl. Graf/StPO/Eschelbach, 1. Aufl., § 261 Rn 7.1.

37 Vgl. BGH, NStZ 2010, S. 51 f. = 1 StR 155/09.

38 Vgl. Geipel/Nill/Shultz, Die Analyse der Zeugenaussage im ordentlichen Verfahren – der sog. Positive bias oder die Suche nach Lügensignalen, ZAP v. 1.8.2007, S. 847 ff. m.w.N. = Fach 13 S. 1449 ff.; vgl. auch Geipel, Die geheimen contra legem Regeln im ordentlichen Prozess, AnwBl 2006, S. 784 ff. m.w.N.

39 KK-StPO/Tiemann, 9. Aufl. 2023, StPO § 261 Rn 128.

40 Vgl. Nack, Revisibilität der Beweiswürdigung – 2. Teil, StV 2002, S. 558, 559.

41 Vgl. BeckOK StPO/Eschelbach, 58. Ed. 1.1.2026, StPO § 261 Rn 21.

„Tatsächlich ist die von den Tatrichtern als Prämisse bei der Überprüfung von Einzelindizien zu Grunde gelegte *Verdachtshypothese*, die eine starke *Neigung zur Selbstbestätigung* hat [m.w.N.], das favorisierte Gegenteil der Nullhypothese.“[42]

Praktisch läuft die tatrichterliche Beweiswürdigung auch in zu vielen Fällen nicht hypothesengeleitet ab, sondern intuitiv, vor allem durch das „unmittelbare Vergleichen“ (s.o. § 24 K. Aussagenanalyse durch den Tatrichter und Wert des advocatus diaboli).

Einen Schritt in die bessere Richtung stellen die nur vereinzelten obergerichtlichen Entscheidungen dar, die fordern, dass die Beweiswürdigung zumindest erkennen lassen muss, dass das Tatgericht in erster Linie darauf abgestellt hat, was dafür spricht, dass die Auskunftsperson die Wahrheit sagt.[43]

Noch besser wäre allerdings, wenn im Strafprozess zugleich bzw. sogar vor allem darauf abgestellt wird, was dafür spricht, dass die Aussageperson **nicht** die Wahrheit sagt (s.o. § 24 K. Aussagenanalyse durch den Tatrichter und Wert des advocatus diaboli). Dies deshalb, weil die größere Gefahr für den Rechtsstaat darin liegt, einen Angeklagten aufgrund einer nicht erkannten Lüge zu verurteilen, als einen Angeklagten aufgrund einer nicht erkannten Lüge freizusprechen.

14 *Praxistipp*

Für die strafrechtliche Revision kann darauf hingewiesen werden, dass die Rüge, dass der Beweisantrag auf Einholung eines psychiatrischen oder psychologischen Gutachtens bezüglich einer Zeugin zu Unrecht zurückgewiesen wurde, i.d.R. den Vortrag in der Revisionsbegründung erfordert, dass die Zeugin zur Mitwirkung an einem solchen Gutachten bereit gewesen wäre.[44]

II. Kind als Zeuge

15 Geht es um die Vernehmung eines minderjährigen Zeugen, so ist Folgendes zu beachten:

Nach heutigem Stand der Wissenschaft können bei **günstigen Umständen** auch schon **Kinder zwischen dem zweiten und vierten Lebensjahr** zuverlässige Aussagen machen.[45] In der Regel kommt diesen Zeugen aber ein geringer Beweiswert

42 BeckOK StPO/Eschelbach, 58. Ed. 1.1.2026, StPO § 261 Rn 21.3.

43 Vgl. OLG Stuttgart, NJW 2006, S. 3506; OLG Nürnberg, NJW 2010, S. 3793, 3794.

44 Vgl. Hamm/Hassemer/Pauly, Beweisantragsrecht, 2. Aufl., Rn 525 mit Hinweis auf BGH 1 StR 284/04.

45 Vgl. Undeutsch, Handbuch der forensischen Psychologie, 11. Bd., S. 70 m.w.N. vgl. auch Greuel/Offe/Fabian/Wetzels/Fabian/Offe/Stadler, Glaubhaftigkeit der Zeugenaussage, S. 8, (unter vier Jahren aber nur in seltenen Ausnahmefällen, ab vier bei Erlebnissen, die sie beeindruckt u. ggf. körperlich betroffen haben). Jedenfalls ist auch bei dreijährigen Kindern die Möglichkeit zu lügen bereits vorhanden, so Vrij, Detecting Lies and Deceit, S. 13 f. m.w.N.

zu, sodass in der Regel ein Glaubwürdigkeitsgutachten einzuholen ist.[46] Zwar gehört die Beurteilung der Glaubwürdigkeit einer Auskunftsperson zum Wesen richterlicher Rechtsfindung, sodass die Erholung eines Glaubwürdigkeitsgutachtens regelmäßig nicht angezeigt ist, da vom Richter erwartet wird, dass er selbst die erforderliche Menschenkenntnis und Fähigkeit besitzt.[47] Dies ist aber dann anders, wenn in der Person der Auskunftsperson Besonderheiten vorhanden sind, z.B. übergroße Jugend (zwei bis vier Jahre).[48] Ob das in diesen Fällen grundsätzlich erforderliche Glaubwürdigkeitsgutachten einzuholen ist, entscheidet das Gericht nach pflichtgemäßem Ermessen gem. § 144 ZPO (im Strafverfahren gem. § 244 Abs. 2 StPO).

Ebenso ist (im Strafprozess) ein Glaubwürdigkeitsgutachten einzuholen, wenn die Aussage nach einem langen Erinnerungsintervall erfolgt oder die Gefahr sekundärer Traumatisierung oder suggestiver Beeinflussung besteht bzw. bestand,[49] allerdings ist die Rechtsprechung hierzu nicht einheitlich und rein einzelfallbezogen. Die Gefahr suggestiver Beeinflussungen ist immer dann gegeben, wenn der Missbrauchsverdacht im Rahmen eines therapeutischen Aufdeckungsprozesses, einer spieldiagnostischen Untersuchung oder einer inkriminierten Gruppenerfahrung erfolgte.[50] Gerade bei Kindern im Vorschulalter ist weniger die Gefahr der absichtlichen Falschaussage gegeben, sondern mehr die Gefahr der Suggestion.[51] Absichtliche Falschaussagen wären frühestens ab dem 7. bis 8. Lebensjahr zu erwarten.[52] Hält das Gericht ein Sachverständigengutachten für nötig und will es dieses nicht von Amts wegen erholen, so ist im Zivilverfahren ein Hinweis an die beweisbelastete Partei nötig.[53] Nach ergebnislosem Hinweis ist das Gericht nicht mehr verpflichtet, das Gutachten von Amts wegen einzuholen.[54] 16

Unterbleibt die Erholung eines Glaubwürdigkeitsgutachtens, so ist zu beachten, dass Kinder in diesem Alter (zwei bis vier Jahre) i.d.R. nicht als Hauptzeugen, sondern allenfalls als Stützzeugen herangezogen werden können.[55] Im Übrigen ist zu beachten, dass es bei Kleinkindern leicht zu Erinnerungsverschiebungen, d.h. falscher Zuordnung einzelner Erlebnisse und einer Vermischung von Realität und Ir- 17

46 Vgl. OLG Zweibrücken, StV 1995, S. 293.
47 Vgl. BGH, NStZ 1987, S. 182.
48 Vgl. OLG Zweibrücken, StV 1995, S. 293.
49 Vgl. Greuel, Wirklichkeit – Erinnerung – Aussage, S. 9.
50 Vgl. Greuel, Wirklichkeit – Erinnerung – Aussage, S. 10 f.
51 Vgl. Greuel, Wirklichkeit – Erinnerung – Aussage, S. 240.
52 Vgl. Greuel, Wirklichkeit – Erinnerung – Aussage, S. 258.
53 Vgl. BGH, NJW 1991, S. 493.
54 Vgl. OLG Frankfurt am Main, NJW-RR 1993, S. 169.
55 Vgl. OLG Zweibrücken, StV 1995, S. 293.

realität kommt.[56] Bei Kindern ab fünf Jahren ist zu beachten, dass deren Beobachtungs- und Schilderungsfähigkeit bereits einigermaßen entwickelt ist und diese somit kleinere Erlebniskomplexe verdeutlichen können.[57] Gleichwohl wird eine solche Aussage kaum als erhebliches Beweismittel in Betracht kommen.[58] „Eine zeitliche und räumliche Zuordnung verschiedener Einzelheiten zu bestimmten Vorfällen, Angaben über Häufigkeit, Reihenfolge und Zeitdauer von Vorgängen sowie lückenlose Geschlossenheit des Berichts darf man in einer Vernehmung von Kleinkindern aber selbstverständlich nicht erwarten – eben so wenig das Abheben unanschaulicher Erlebnisinhalte, Gefühlszustände, Motive, mitmenschlich-atmosphärische Momente [...] Es kommt bei Kindern etwa bis zu sieben Jahren – in deutlichem Gegensatz zu der folgenden Altersgruppe – auch bei guten Gedächtniseinzelleistungen häufig zu einem nicht im voraus berechenbaren Erinnerungsschwund, nicht selten zum totalen Erinnerungsverlust."[59] Ab einem Alter von ca. sechs Jahren sind Kinder grundsätzlich in der Lage, reale Erlebnisse von einem Fantasieprodukt zu unterscheiden.[60] Die Suggestibilität von jungen Kindern ist größer als bei Erwachsenen,[61] sodass bei der Vernehmung hierauf zu achten ist. Das gilt auch bei wiederholten Fragen, die allein schon wegen der Wiederholung suggestiv wirken.[62] Zu beachten ist weiter, dass ältere Untersuchungen über die Zeugnisfähigkeit von Kindern und Jugendlichen nicht mehr mit der Wirklichkeit übereinstimmen, da zwischen der zeitgenössischen Jugend und der Jugend von vor mehreren Jahrzehnten durchgreifende Unterschiede bestehen.[63] „Das häufigste kindliche Motiv zu unwahren Angaben ist der Wunsch nach Schutz der eigenen Person, aber auch der Familienangehörigen vor Strafe und anderen empfindlichen Nachteilen."[64] Bei pubertierenden Jugendlichen kommt oftmals der Wunsch nach Geltungsstreben in den Vordergrund, wobei selten die Gefahr besteht, dass der Jugendliche solche Erzählungen selbst glaubt.[65] Nach dem Reichsgericht in DR 1943, S. 188, Nr. 3 soll sogar ein Erfahrungssatz dergestalt bestehen, dass Mädchen in den Entwicklungsjahren dazu neigen würden, geschlechtliche Erlebnisse im Gespräch mit Gleichaltrigen zu übertreiben, sodass ein Sachverständiger hinzu gezogen wer-

56 Vgl. Arntzen, Psychologie der Zeugenvernehmung: Psychologie der Zeugenvernehmung, 2. Aufl., S. 46.

57 Vgl. Arntzen, Psychologie der Zeugenvernehmung: Psychologie der Zeugenvernehmung, 2. Aufl., S. 44/45.

58 Vgl. Dettenborn/Fröhlich/Szewczyk, Forensische Psychologie, VEB Deutscher Verlag der Wissenschaften, 2. Aufl., S. 74.

59 Arntzen, Psychologie der Zeugenvernehmung: Psychologie der Zeugenvernehmung, 2. Aufl., S. 45.

60 Vgl. Jansen, Zeuge und Aussagepsychologie, Rn 307 m.w.N.

61 Vgl. Undeutsch, Handbuch der forensischen Psychologie, 11. Bd., S. 70.

62 Vgl. Ainsworth, Psychology, Law and Eyewitness Testimony, S. 137.

63 Vgl. Undeutsch, Handbuch der forensischen Psychologie, 11. Bd., S. 75.

64 Undeutsch, Handbuch der forensischen Psychologie, 11. Bd., S. 80.

65 Vgl. Undeutsch, Handbuch der forensischen Psychologie, 11. Bd., S. 80.

den muss. Hinzu kommt bei pubertierenden Jugendlichen eine besondere Anfälligkeit und Sensibilität hinsichtlich eigener Kritik und Unsicherheit.[66] Zu beachten ist aber, dass gerade bei Jugendlichen Urteile, **Meinungen und Bewertungen** anderer als wahrnehmungsverzerrende Einflüsse oft gegeben sind.[67] Die Fähigkeit, **realitätsgetreue Angaben** zu machen, ist bei Kindern ab dem 9./10. Lebensjahr stark ausgeprägt. Zu beachten sind hier aber diverse **Suggestionsmöglichkeiten**.[68]

Praxistipp 18

Kindliche Aussagen können sich aufgrund von Suggestionen von der ersten zutreffenden Aussage, „es ist nichts gewesen, andere Kinder haben sich das ausgedacht," bis zur sechsten und hoch belastenden Aussage in derselben Sache, „ich schreibe jetzt für das Gericht alles auf, was meine Eltern getan haben [...] Schützt mich jemand vor meinem Vater, wenn er im Gerichtssaal ist", wandeln.[69]

Aus der amerikanischen Rechtsprechung sind Fälle bekannt, in denen Kinder durch suggestive Befragung sogar dazu gebracht wurden, sexuelle Übergriffe von Tieren zu schildern, die aufgrund deren Größe gar nicht in den Raum passten (McMartin Preschool case).[70] Suggestive Vernehmungsbedingungen (Suggestivfragen, Erkennen, welche Antwort der Vernehmende erwartet, qualitatives Feedback, z.B. Äußerung von „super" auf bestimmte Antworten, Bekanntgabe tatsächlicher oder vermeintlicher Beweisergebnisse etc.) beeinflussen nicht nur die Wiedergabe nebensächlicher Details, sondern können sowohl bei Kindern als auch bei Erwachsenen zu gänzlich falschen Angaben führen.[71] 19

III. Geisteskranker als Zeuge

Die Beurteilung der Aussage Paranoider, Melancholischer, Besessener, Manischer oder sonst geistig Gestörter kann ohne fachkundige Hilfe i.d.R. nicht geklärt werden, zumal dem Richter auch die Sachkenntnis fehlt, ob die Beobachtung in einem 20

66 Vgl. Dettenborn/Fröhlich/Szewczyk, Forensische Psychologie, VEB Deutscher Verlag der Wissenschaften, 2. Aufl., S. 81.

67 Vgl. Dettenborn/Fröhlich/Szewczyk, Forensische Psychologie, VEB Deutscher Verlag der Wissenschaften, 2. Aufl., S. 80.

68 Vgl. Dettenborn/Fröhlich/Szewczyk, Forensische Psychologie, VEB Deutscher Verlag der Wissenschaften, 2. Aufl., S. 79, Vgl. auch Gudjonsson, The Psychology of Interrogations and Confessions, S. 380 f.

69 Vgl. Schade, Der Zeitraum von der Erstaussage bis zur Hauptverhandlung als psychologischer Prozess-Folgerungen für die Glaubwürdigkeitsbegutachtung am Beispiel der Wormser Prozesse über sexuellen Kindesmissbrauch, StV 2000, S. 165 ff.

70 Vgl. Dimitrius/Mazzarella, reading people, S. 213 f.

71 Vgl. Milne/Bull, Psychologie der Vernehmung, S. 107 ff. m.w.N.

lichten Augenblick oder im kranken Zustand erfolgte.[72] Die Zeugeneignung von **intellektuell schwach begabten Kindern**, bei denen noch kein pathologischer Zustand vorliegt, sondern die „nur" eine Schule für Lernbehinderte besuchen, ist nicht erheblich schlechter als die von Normalschülern.[73] Gleichwohl ist hier die erhöhte Suggestionsanfälligkeit und Fügsamkeit zu beachten, die zu einer falschen Aussage/Geständnis führen kann.[74]

IV. Instabile Persönlichkeitsstörungen (Borderline)

21 In der Praxis ist oft zu beobachten, dass von einem Zeugen bekannt wird, dass dieser unter einer emotional instabilen Persönlichkeitsstörung oder einer dissozialen Persönlichkeitsstörung leidet. Es handelt sich hier v.a. um das sog. „Borderline-Syndrom", bei dem die Fähigkeit, die eigenen Einstellungen und Verhaltensmuster situationsangemessen zu steuern, beeinträchtigt ist.[75] Die Begutachtung sollte in diesen Fällen daher im Strafverfahren immer dann erfolgen, wenn das eigene Verhalten des Zeugen relevant ist (z.B. im Fall der angeblichen Vergewaltigung einer solchen Zeugin[76]). Das ist m.E. bereits deshalb nötig, da anderenfalls nicht abgeklärt werden kann, inwiefern die Auskunftsperson generell zu Attributionsmustern neigt, z.B. einer Person hilflos ausgeliefert zu sein und dementsprechend bedroht zu werden oder aggressions- und gewaltfreie Interaktionen in aggressive Handlungen umzudeuten.[77]

22 Es ist bei Borderline-Patienten nicht selten, dass diese Schnitte und Narben an den Armen haben, die sie sich selbst zugefügt hatten.[78] Bemerkt der Prozessbevollmächtigte derartige „Anzeichen" an der Auskunftsperson, lohnen sich weitere Fragen, z.B. ob die Person in psychotherapeutischer Behandlung ist/war etc.

23 Regelmäßig sind entsprechende Verletzungen an den Innenseiten der Arme. Narben/Verletzungen/Hämatome etc. an den Ellbogen oder den Außenseiten der Arme deuten hingegen nicht auf Selbstverletzungen hin, sondern auf Abwehrverletzungen, Stürze, Stöße etc.[79] Gibt es Anhaltspunkte für tatzeitnahe Selbstverlet-

72 Vgl. Altavilla, Forensische Psychologie, Bd. II, Die Psychologie der Strafprozessbeteiligten, S. 240/241.

73 Vgl. Arntzen, Psychologie der Zeugenvernehmung: Psychologie der Zeugenvernehmung, 2. Aufl., S. 48.

74 Vgl. Gudjonsson, Testimony from persons with mental disorder, in Analysing Witness Testimony, S. 68.

75 Vgl., Greuel/Offe/Fabian/Wetzels/Fabian/Offe/Stadler, Glaubhaftigkeit der Zeugenaussage, S. 84 f.

76 Vgl. hierzu den Fall BGH, Beschl. v. 25.2.2016 – 2 StR 308/15 = StV 2016, S. 4 f.

77 Vgl. Greuel/Offe/Fabian/Wetzels/Fabian/Offe/Stadler, Glaubhaftigkeit der Zeugenaussage, S. 168, 286.

78 Vgl. American Psychological Association, 2000, S. 706 f., zitiert nach Navarro, What Every Body Is Saying, S. 129.

79 Vgl. Navarro, What Every Body Is Saying, S. 113.

zungen und Suizidalität, die auf eine Persönlichkeitsstörung hindeuten können, so erfordert die Diagnose einer Persönlichkeitsstörung und deren Auswirkungen auf die Aussagetüchtigkeit spezifisches Fachwissen, das nicht Allgemeingut von Richtern ist.[80]

Hinweis 24

Borderline-Patienten werden nur selten als solche erkannt und noch seltener einer aussagepsychologischen und psychiatrischen Begutachtung zugeführt. Das ist falsch.[81] Selbstverletzungen werden sogar oft als Beleg für die Glaubhaftigkeit der Opferangaben angesehen, statt als Symptome einer Borderlinestörung.[82] Allerdings müssen Zeugen mit Borderline-Persönlichkeitsstörung **nicht stets begutachtet werden**, sondern nur, wenn im Einzelfall erhebliche Anhaltspunkte dafür vorliegen, dass die Persönlichkeitsstörung die Aussagetüchtigkeit des Zeugen beeinflussen kann, und wenn die eigene Sachkunde des Gerichts zur Beurteilung dieser Frage nicht ausreicht. Das bedeutet auch hier einen erheblichen Entscheidungsspielraum und eine rein an Einzelfällen orientierte Rechtsprechung.

V. Exkurs 1: Rechtswidrig erlangte Beweismittel im Zivilverfahren (v.a. der Lauschzeuge)

Im Zivilprozess stellen sich oft folgende Fragen: 25

Kann die beweisbelastete Partei den Beweis mittels **heimlicher Belauschung, Tonband- oder Videoaufnahmen**[83] führen, die das allgemeine Persönlichkeitsrecht verletzten? Kann der Beweis mit einer Urkunde geführt werden, die der Gegenpartei **gestohlen**[84] wurde? Abstrakt formuliert geht es darum, ob ein Beweis mit Beweismitteln geführt werden kann, die unter Verletzung von Rechten des Beweisgegners erlangt wurden. Einigkeit besteht darin, dass rechtswidrig erlangte Beweismittel jedenfalls dann nicht verwertet werden dürfen, wenn die Verwertung selbst einen (weiteren) Eingriff in Rechte der verfassungsrechtlich geschützten Positionen der

80 Vgl. BGH, NStZ 2010, S. 100 f. = 5 StR 419/09. Hinweis: Der Beweisantrag in diesem Verfahren wurde damit begründet, dass die Zeugin, auf deren Aussage die Feststellungen beruhten, an einer emotional instabilen Persönlichkeitsstörung oder einer anderen selbstverletzendes Verhalten auslösenden Persönlichkeitsstörung litt und ihre Aussagekompetenz in Bezug auf Beziehungstaten aus diesem Grunde nicht gegeben sei.

81 Vgl. Graf/StPO/Eschelbach, § 261 Rn 6.3.

82 Vgl. Graf/StPO/Eschelbach, § 261 Rn 57.

83 Diese ist z.B. zulässig, wenn der konkrete Verdacht einer strafbaren Handlung besteht und die Videoüberwachung das einzige Mittel zur Aufklärung ist, vgl. BAG, NJW 2003, S. 3436 f.

84 In nicht wenigen Fällen könnte der Beweisführer eine Vorlage gem. §§ 421 ff. ZPO erzwingen. Das muss bei der Güterabwägung mitberücksichtigt werden, vgl. Prütting/Gehrlein/Laumen, ZPO, § 284 Rn 27.

Gegenpartei darstellt und die Rechte der Gegenpartei überwiegen.[85] Unklar ist freilich, wann dies der Fall ist.[86] Die Verlesung von Tagebüchern dürfte jedenfalls i.d.R. einen unzulässigen Eingriff darstellen,[87] nicht aber die Einsichtnahme in gestohlene Unterlagen, denn der Schutz des Eigentumsrechts bezweckt nicht, den Eigentümer von Urkunden vor einer Verwertung derselben als Beweismittel zu bewahren, wie sich aus §§ 810 BGB, 422 ff. ZPO ergibt.[88] Eine stringente Antwort ist hier nicht möglich, denn die Rechtsprechung entscheidet die Frage der Verwertbarkeit nach einer **umfassenden Interessen- und Güterabwägung** im Einzelfall.

Einen weiteren Eingriff stellt das Abspielen von Aufnahmen, die gegen § 201 StGB angefertigt wurden, dar, da hier die weitere Verwendung bzw. Mitteilung des Inhalts strafbar ist, gem. § 201 Abs. 1 Nr. 1, Abs. 2 Nr. StGB. Der BGH hat die grundsätzliche Unverwertbarkeit heimlich angefertigter Tonbandaufnahmen bestätigt, d.h., über die Frage, ob eine in solcher Weise erstellte Aufzeichnung als Beweismittel in einem Zivilprozeß verwendet werden darf, ist aufgrund einer Abwägung zwischen dem Persönlichkeitsrecht des Verletzten und dem Interesse des Verletzers an der beweismäßigen Verwertung zu entscheiden; dabei kann dem Interesse des Verletzers nur in besonderen Ausnahmefällen der Vorrang zukommen.[89] Gleiches dürfte für heimlich angefertigte **Videoaufnahmen** gelten.[90] Ein wichtiges Abwägungskriterium ist, ob die Aufnahmen ausschließlich als Beweismittel vor Gericht verwendet sollen und ob die Gefahr späterer Nutzung oder Veröffentlichung besteht.[91] Unproblematisch zulässig dürfte die Verwertung von einem **Verkehrsvideo** in einem Zivilgerichtsverfahren nach einem Verkehrsunfall sein. Da die Aufnahmen von den beteiligten Fahrzeugen, Unfallspuren usw. unmittelbar nach dem Unfall unproblematisch zulässig sind, kann es keinen Unterschied machen, ob Beweismittel erst nach

85 Vgl. Baumgärtel/Prütting, Handbuch der Beweislast, Grundlagen, § 6 Rn 5 m.w.N.

86 Vgl. hierzu die gebildeten Fallgruppen bei Baumgärtel/Prütting, Handbuch der Beweislast, Grundlagen, § 6 Rn 6 ff.

87 Tagebücher einer verstorbenen Zeugin durften allerdings in einem Strafverfahren wegen sexuellen Missbrauchs verlesen werden, vgl. BGH, NStZ 1998, S. 635.

88 Vgl. BAG, Urt. v. 15.8.2002 – 2 AZR 214/01 = NJW 2003, S. 1204, 1206.

89 Vgl. BGH, NJW 1998, S. 155.

90 Vgl. OLG Karlsruhe, NJW 2002, S. 2799; OLG Köln, NJW 2005, S. 2997 ff.; allerdings soll kein Beweisverwertungsverbot bestehen, wenn bereits ein konkreter Verdacht gegen den überwachten Mitarbeiter bestand u. weniger einschneidende Mittel zu Aufklärung des Verdachts ausgeschöpft sind, vgl. BAG, NJW 2003, S. 3436 ff.; NJW 2012, S. 2594 ff.; vgl. auch Huff, Videoüberwachung im öffentlichen und privaten Bereich – Eine Zwischenbilanz, JUS 2005, S. 896 ff.

91 Vgl. den Fall der Videoaufnahme eines Detektivs, die den Kläger in Szenen des täglichen Lebens zeigen und zur Widerlegung von Behauptungen des Klägers dienten, EGMR, Urt. v. 27.5.2014 – 10764/09 = NJW 2015, S. 1079 ff.

dem Unfall gewonnen werden oder bereits angefertigte Aufnahmen (**Dashcam**[92]) nun mit bestimmter Zielrichtung verwertet werden.[93]

Praxistipp 26

Die Verwertung rechtswidrig erlangter Beweismittel ist problematisch. Erforderlich ist jeweils eine Güterabwägung, sofern es sich nicht um den unantastbaren **Kernbereich** privater Lebensführung (**Intimsphäre** des Einzelnen) handelt.[94] Das allgemeine Interesse, ein Beweismittel zu erlangen, ist kein ausreichendes Interesse für eine Verwertung.[95] Es ist daher darzustellen, dass die Erlangung des Beweismittels zur Abwehr einer Straftat erforderlich war/ist.[96] Auch im Strafrecht ist die Verwertung einer rechtswidrig hergestellten Tonbandaufnahme nicht per se ausgeschlossen.[97] Die Verwertung einer heimlichen Tonbandaufnahme wurde zum Nachweis einer versuchten Anstiftung zum Meineid oder Parteiverrat nicht zugelassen,[98] wohl aber zum Nachweis einer geplanten Brandstiftung.[99]

Zu beachten ist auch, dass es – nach der Widerspruchslösung – der Disposition des Verletzten unterliegt, ob das Tonband abgespielt werden darf.[100] Aus der rechtswidrigen Erlangung durch einen Dritten folgt nicht automatisch die Unverwertbarkeit im Strafverfahren.[101] Im Rahmen dieser Güterabwägung muss auch beachtet werden, dass sogar tagebuchartige Aufzeichnungen des Angeklagten im Falle schwerster Kriminalität verwertbar sind.[102] Die Person, die an einem Gespräch teilgenommen hat, das unbefugt aufgenommen wurde, kann

92 Vgl. BGH, NJW 2018, S. 2883 ff.

93 Vgl. AG München, Urt. v. 6.6.2013 – 343 C 4445/13 = NJW-RR 2014, S. 413 mit zustimmender Anmerkung Diehl, zfs 2014, S. 150 f.; AG Nürnberg, Urt. v. 8.5.2015 – 18 C 8938/14 = MDR 2015, S. 977 mit zustimmender Anmerkung Ahrens, Der Beweis des Unfallgeschehens mittels Dashcam-Videos, MDR 2015, S. 926 ff.; ebenso: Greger, Kamera on board – Zur Zulässigkeit des Videobeweises im Verkehrsunfallprozess, NZV 2015, S. 114 ff.; a.A. LG Heilbronn, Urt. v. 3.2.2015 – I 3 S 19/14 = NJW-RR 2015, S. 1019 ff.; ebenso OLG München, Hinweisbeschluss vom 13.8.2014 – 10 U 795/12 = Fußnote 23 bei Greger, Kamera on board – Zur Zulässigkeit des Videobeweises im Verkehrsunfallprozess, NZV 2015, S. 114 ff.; LG Landshut, Urt. v. 1.12.2015 – 12 S 2603/15 = MDR 2016, S. 813 f. mit Anmerkung Laumen.

94 Vgl. BVerfGE 34, S. 228, 245 f.

95 Vgl. BVerfG, NJW 2002, S. 3619, 3624, dann besteht auch strafrechtlich ein Beweisverwertungsverbot, vgl. LG Zweibrücken, NJW 2004, S. 85 f., vgl. auch BGHSt 14, S. 358 ff. = NJW 1960, S. 1580 = 1 StR 638/59 und BGHZ 27, S. 284 ff.

96 Vgl. BGH, JZ 2003, S. 1109 m. Anm. Foerste, JZ 2003, S. 1111, 1113.

97 Vgl. BGHSt 36, S. 167 ff., vgl. auch EGM, NJW 1989, S. 654 ff.

98 Vgl. BGHSt. 14, S. 358 ff.

99 Vgl. BGHSt. 36, S. 167 ff.

100 Vgl. BGHR StGB § 201 Verwertungsverbot 1.

101 Vgl. BGHSt 27, S. 355, 357.

102 Vgl. BGHSt 34, S. 397 ff., bestätigt von BVerfGE, 80, 367 ff. im Rahmen einer 4 : 4-Entscheidung.

aber als Zeuge vernommen werden, auch wenn diese die Aufnahme vor ihrer Vernehmung als Gedächtnisstütze abgehört hat.[103]

27 Keinen weiteren Eingriff dürfte die Verwertung des Inhalts gestohlener Urkunden darstellen.[104] Der Diebstahl als solcher führt nicht zu einer unzulässigen Beweisverwertung.[105]

28 **Aussagen von Lauschzeugen sind im Zivilprozess nicht grundsätzlich unverwertbar**. Die Frage der Verwertbarkeit kann sich nach h.A. auch hier nur nach einer umfassenden Interessen- und Güterabwägung stellen.[106] Im Fall des Belauschens in der Ehewohnung[107] oder aus der Küche durch einen Türspalt[108] wurde ein entsprechender Lauschzeuge nicht zugelassen. Ebenso wurde das heimliche Mithören eines Telefonats über eine Mithöreinrichtung nicht gebilligt.[109] Das Belauschen durch einen Detektiv in einer Gaststätte wurde hingegen gebilligt.[110] Gleichwohl können auch diese Entscheidungen nicht verallgemeinert werden.

29 Auch herrscht im Wesentlichen Unklarheit, wie die geforderte **Güterabwägung in concreto auszusehen hat**. Im englischen Recht stellt sich die Problematik nicht. Justice Crompton soll schon 1861 darauf hingewiesen haben, dass es keine Rolle spiele, wie das Beweismittel erlangt worden sei. Nach englischem Verständnis ist jedes relevante Beweismittel zulässig.[111] Nach der Doktrin der fruit of the poisenous tree aus dem amerikanischen Verfassungsrecht wäre aber auch das Gegenteil möglich, denn wenn der Baum vergiftet ist (d.h. ein Beweismittel rechtswidrig erlangt wurde), dann sind auch die Früchte, die dieser Baum trägt (d.h. alle weiteren Beweise, die auf dem vergifteten Beweismittel aufbauen), vergiftet und damit unverwertbar.

30 Eine **dogmatische Begründung** oder **Festlegung der geforderten Güterabwägung** wurde vonseiten der deutschen Rechtsprechung bisher nicht zufriedenstellend geliefert,[112] sondern es herrscht immer noch Streit und eine rein an Einzelfällen orientierte Rechtsprechung.

31 Auszugehen ist davon, dass es ein **Recht auf Beweis**[113] gibt. D.h., die Partei hat das Recht, für ihre Behauptungen Beweis anzubieten und zu führen. Gewährt man der

103 Vgl. BVerfG, NZA 2002, S. 284 f.
104 Vgl. Brinkman, Die Verwertbarkeit rechtswidrig erlangter Beweis, AcP 2006, S. 746, 748, dort Fn 8.
105 Vgl. Baumgärtel/Prütting, Handbuch der Beweislast, Grundlagen, § 6 Rn 11, 14 m.w.N.
106 Vgl. BGH, JZ 1994, S. 915.
107 Vgl. BGH, JZ 1971, S. 387.
108 Vgl. BGH, JZ 1991, S. 927.
109 Vgl. BVerfG, NJW 2002, S. 3619 ff.; vgl. auch BAG, BB 1998, S. 431.
110 Vgl. BGH, JZ 1994, S. 915.
111 Vgl. Brinkman, Die Verwertbarkeit rechtswidrig erlangter Beweis, AcP 2006, S. 746, 754 f.
112 Vom BGH teilweise sogar ausdrücklich vermieden, vgl. BGH, NJW 1970, S. 1848 f.
113 Dieses Recht ist z.B. expressis verbis vom BGH anerkannt in, BGH, NJW 2003, S. 1123 f.: „Die Parteien des Zivilprozesses haben einen Anspruch darauf, dass ihr Vorbringen zur Kenntnis genommen wird und die von ihnen angetretenen Beweise erhoben werden."

Partei dieses Recht nicht, bedarf dies einer Rechtfertigung.[114] Hinzu kommen weitere mögliche Grundrechte auf Seiten des Beweisführers (z.B. die Eigentumsgarantie gem. Art. 14 GG), das Rechtsstaatsprinzip sowie das Gebot der funktionstüchtigen Rechtspflege. „Es besteht auch ein individuelles Interesse der Partei eines Zivilprozesses an der Findung der materiellen Wahrheit bis hin zur Abwehr eines möglichen Prozessbetruges."[115] Das deutsche Recht kann zur Lösung der Güterabwägung dogmatisch korrekt nur über den Weg gelangen, dass es die Beweiserhebung als hoheitliche Tätigkeit ansieht. Das hätte zur Folge, dass das Gericht unmittelbar an die Grundrechte gebunden ist, so dass dann auch widerstreitende Grundrechtspositionen durch das Gericht zu beachten wäre.[116] D.h., das Gericht muss einerseits Art. 2 Abs. 1 i.V.m. dem allgemeinen Persönlichkeitsrecht, Artt. 1, 10 GG mit dem Recht des Beweisführers auf Beweis aus Art. 6 EMRK, Art. 103 Abs. 1 GG und der sonstigen in Betracht kommenden Interessen gegeneinander abwägen.[117]

Nach a.A. ist es jedoch nicht zwingend, die Beweiserhebung als Akt der öffentlichen Gewalt anzusehen. Die Vorschriften der Beweisaufnahme nehmen nach dieser Ansicht nur eine formale Aufgabenzuweisung vor, aber keine materielle Aufgabenzuweisung. Zwar lässt sich einerseits vertreten, dass die Beweiserhebung einen Akt der hoheitlichen Gewalt darstellt, da Beweise auch von Amts wegen erhoben werden können. Andererseits gilt dies aber nicht beim zivilprozessualen Zeugenbeweis. Auch der Beibringungsgrundsatz und Dispositionsmaxime legen nahe, die Verfahrensherrschaft und damit Verfahrensverantwortung den Parteien aufzuerlegen, sodass die Beweisaufnahme nur formal dem Gericht zugewiesen ist, materiell die Parteien aber dafür verantwortlich sind.[118] Nach dieser Ansicht hat das Gericht daher den entsprechenden Beweis auch ohne Güterabwägung zu erheben. 32

Folge dieser Ansicht ist jedoch, dass der Gegner theoretisch einen Zweitprozess anstrengen kann, in dem er Herausgabe des gestohlenen Beweismittels etc. oder Schadensersatz aufgrund Verletzung seines allgemeinen Persönlichkeitsrechts begehrt. Zum Schadensersatz würden dann auch die Folgen des Prozessverlusts gehören, da dieser nicht eingetreten wäre, wenn das allgemeine Persönlichkeitsrecht etc. nicht verletzt worden wäre. Gegen einen solchen Zweitprozess wird eingewandt, dass dieser aus Rechtskrafterwägungen unzulässig sei bzw. kein Rechtsschutzbedürfnis bestünde.[119] Weiter wird gegen einen Zweitprozess angeführt, dass der „richtig" entschiedene Prozess keinen Schaden im Rechtssinne darstellen könne bzw. kein 33

114 Vgl. Prütting/Gehrlein/Laumen, ZPO, § 284 Rn 23 m.w.N.
115 BGH, Urteil vom 15.5.2018 – VI ZR 233/17.
116 Vgl. BVerfG, NJW 2002, S. 3619, 3622; vgl. auch BAG, NJW 1998, S. 1331, 1333.
117 Vgl. Brinkman, Die Verwertbarkeit rechtswidrig erlangter Beweis, AcP 2006, S. 746, 749 ff.
118 Vgl. Brinkman, Die Verwertbarkeit rechtswidrig erlangter Beweis, AcP 2006, S. 746, 760 f.
119 Vgl. Brinkman, Die Verwertbarkeit rechtswidrig erlangter Beweis, AcP 2006, S. 746, 762 f.

Rechtswidrigkeitszusammenhang bestehe. Auch sei der Schutzzweck der Norm nicht erfüllt. Im Rahmen des Schutzzwecks der Norm müsste die verletzte Norm gerade vor der Abwehr berechtigter, aber sonst unbeweisbarer Ansprüche schützen wollen. Damit sei der Zweitprozess i.d.R. jedenfalls im Ergebnis aussichtslos.[120]

34 Diese Ansicht ist vorzuziehen, denn diese Lösung vermeidet folgenden Widerspruch in der Abwägungslösung der h.A.:

Nach h.A. sollen z.B. rechtswidrig hergestellte Tonbandaufnahmen etc. dann verwertbar sein, wenn sich der Verletze in einer Notwehrsituation oder notwehrähnlichen Lage befindet.[121] Die h.A. lässt aber ungeklärt, warum jedenfalls das vorherige Leugnen eines Anspruchs keinen Angriff auf das notwehrfähige Vermögen oder der Prozessbetrug des Gegners keine Notwehr oder notwehrähnliche Situation hervorrufen soll. Zutreffend hält Foerste jedenfalls **bei Einreichung eines leugnenden Schriftsatzes**[122] den Tatbestand des **versuchten Prozessbetrugs** für gegeben, gegen den dann seiner Ansicht nach Notwehr möglich ist.[123] Problematisch ist allerdings, wie dieser versuchte Prozessbetrug bewiesen werden kann, wo doch gerade die Vernehmung des Lauschzeugen verboten ist, solange der (versuchte) Prozessbetrug noch nicht bewiesen ist.[124] Es kann daher nicht um einen versuchten Prozessbetrug gehen, sondern nur um den Verdacht des versuchten Prozessbetruges, so dass ein möglicher Prozessbetrug prophylaktisch verhindert werden soll. Bei der Güterabwägungslösung der h.A. ist zu beachten, dass diese – im Zivilprozess – zugunsten des Beweisführers ausfallen sollte, wenn das Gespräch, wie meist im geschäftlichen Verkehr, keinen vertraulichen Inhalt hat.[125] „Soweit es z.B. im geschäftlichen Verkehr üblich geworden ist, fernmündliche Durchsagen, Bestellungen oder Börsennachrichten mittels eines Tonabnehmers festzuhalten, ist in aller Regel das Recht auf freie Entfaltung der Persönlichkeit des Sprechers noch nicht betroffen. Bei derartigen Mitteilungen steht der objektive Gehalt des Gesagten so sehr im Vordergrund, dass die Persönlichkeit des Sprechenden nahezu vollends dahinter zurücktritt und das gesprochene Wort damit seinen privaten Charakter einbüßt.“[126]

120 Vgl. Brinkman, Die Verwertbarkeit rechtswidrig erlangter Beweis, AcP 2006, S. 746, 764 f.

121 Vgl. BGH, JZ 2003, S. 1109 f.

122 Bei Kenntnisnahme durch das Gericht beginnt das Versuchsstadium des Prozessbetruges, vgl. OLG Bamberg, NStZ 1982, S. 247; vgl. auch BayObLG, NJW 1996, S. 408.

123 Vgl. BGH, JZ 2003, S. 1109 m. Anm. Foerste, JZ 2003 S. 1111, 1113.

124 Vgl. BGH, NJW 2003, S. 1727 f., vgl. hierzu die Argumentation von Foerste, Lauschzeugen im Zivilprozess, NJW 2004, S. 262 f.

125 Vgl. Prütting/Gehrlein/Laumen, ZPO, § 284 Rn 28; Vgl. Baumgärtel/Prütting, Handbuch der Beweislast, Grundlagen, § 6 Rn 19 m.w.N.,a.A. ggf. BVerfG, NJW 2002, S. 3619, 3623 und BGH, NJW 2003, S. 1727 ff.

126 BVerfGE 34, S. 238, 247.

Praxistipp 35

Lauschzeugen sind jedenfalls dann zulässig, wenn das Mithören durch einen „Gast“ in einer Gaststätte erfolgte.[127]

Hält ein Gesprächsteilnehmer den Telefonhörer bewusst von seinem Kopf weg, um anderen Personen das Mithören zu ermöglichen, wird die h.A. u.U. ein Beweiserhebungs-/Beweisverwertungsverbot annehmen.[128] Wirkt der Gesprächsteilnehmer jedoch nicht aktiv daran mit, dass ein Telefonat von einer anderen Person mitgehört wird, kommt ein Beweiserhebungs-/Beweisverwertungsverbot nicht in Betracht. Das wird auch dann gelten, wenn der Gesprächsteilnehmer während des Gespräches merken sollte, dass ein Dritter das Gespräch mithört. Zu aktiven Gegenmaßnahmen ist er nicht verpflichtet.[129]

Problematisch ist, wer die Beweislast hinsichtlich der Zulässigkeit der Zeugenvernehmung hat. Nach einer Ansicht könnte diese bei demjenigen liegen, der sich auf das umstrittene Beweismittel beruft.[130] Das kollidiert allerdings mit dem allgemeinen Gedanken der Beweislast. Demnach hat die Partei, die sich auf das Verwertungsverbot beruft, dies darzulegen und zu beweisen.[131] „Die Annahme eines Verwertungsverbots ist nur gerechtfertigt, wenn die diesem zugrunde liegenden Tatsachen zur Überzeugung des Gerichts festgestellt sind. Hinsichtlich des dabei zu beachtenden Verfahrens ist das Zivilgericht an das sonst vorgeschriebene Beweisverfahren nicht gebunden, sondern kann vielmehr im Wege des so genannten Freibeweises verfahren; insoweit gilt nichts anderes als für die Prüfung der Prozessvoraussetzungen. Die Anforderungen an die richterliche Überzeugungsbildung werden durch das Freibeweisverfahren indes nicht gesenkt (vgl. dazu etwa *Senat*, NJW 2001, 2722 = VersR 2001, 1262 [1263]; *BGH*, NJW 1987, 2875 [2876]; NJW 1992, 627 [628]; NJW 1997, 3319).“[132]

Bei heimlich eingeholten DNA-Vaterschaftsgutachten hat die Rechtsprechung ein Verwertungsverbot angenommen. Das kollidiert m.E. mit dem Recht des Vaters auf Kenntnis seiner Vaterschaft,[133] aber gleichwohl wurde diese Rechtsprechung vom BVerfG gebilligt. Sofern das BVerfG dem Vater als Gegenzug ein vereinfachtes Anfechtungsverfahren (jetzt § 1598a BGB) zukommen lassen wollte,[134] wurden dem Vater Steine statt Brot gegeben. Die meisten Vaterschaftstests ergaben, dass der angenommene Vater auch tatsächlich der Vater war. Wenn der Vater einen entspre- 36

127 Vgl. BGH, NJW 1994, S. 2289, 2293.

128 Vgl. BAG, Urt. v. 23.4.2009 – 6 AZR 189/08.

129 Vgl. BAG, Urt. v. 23.4.2009 – 6 AZR 189/08.

130 Vgl. offenbar in diese Richtung: BAG, Urt. v. 23.4.2009 – 6 AZR 189/08.

131 Vgl. Baumgärtel/Prütting, Handbuch der Beweislast, Grundlagen, § 6 Rn 24.

132 BGH, NJW 2003, S. 1123 f.

133 Vgl. Baumgärtel/Prütting, Handbuch der Beweislast, § 6 Rn 20.

134 Vgl. BVerfG, NJW 2007, 753 ff.

chenden Verdacht hegt, ist es für den Familienfrieden geradezu förderlich, wenn er eine heimliche Möglichkeit hätte, seine Befürchtung zu verifizieren oder zu widerlegen, statt sein Misstrauen der Kindesmutter in einem förmlichen Verfahren mitzuteilen.

37 Werden Informationen aufgrund einer Überschreitung einer **Schweigepflichtsentbindungserklärung** eingeholt, hängt deren Verwertung wiederum von einer Güterabwägung ab. Hierin ist einzustellen, ob die Informationseinholung heimlich und im Bewusstsein der rechtlichen Unzulässigkeit seiner Vorgehensweise erfolgte oder offen und im Vertrauen auf die Wirksamkeit der erteilten Einwilligungserklärung,[135] ebenso wie ein Rechtsverstoß des prozessualen Gegners, insbesondere eine aufgedeckte Arglist.[136]

VI. Exkurs 2: Die „Vier-Augen-Rechtsprechung“ des EuGH und die Parteivernehmung im Zivilverfahren

38 Der Europäische Gerichtshof für Menschenrechte hatte in einer bedeutenden Entscheidung festgelegt, dass, wenn bei einer Verhandlung auf der einen Seite eine Partei und auf der anderen Seite ein Vertreter teilgenommen haben, die Aussagen des Vertreters und der Partei – unabhängig von deren Stellung im Prozess – **gleichermaßen** (= unter Bedingungen, die keinen substanziellen Nachteil bedeuten[137]) gewürdigt werden müssen (Waffengleichheit).[138] Die Vier-Augen-Situation liegt also in Situationen vor, in denen bei Gesprächen unter vier Augen nur der einen Partei ein Zeuge zur Verfügung steht, der ausschließlich im Lager dieser einen Partei steht. Das ist bei einem per se neutralen Zeugen nicht der Fall, auch wenn dieser zwar im Lager, aber nicht ausschließlich im Lager der einen Partei steht.[139] Für den **Haftpflichtprozess** bedeutet eine Verlängerung dieser Rechtsprechung z.B., dass die Aussage des unfallbeteiligten Fahrers trotz dessen Stellung als Zeuge im Ansatz nicht höher bewertet werden darf als die Aussage der Partei. Ebenso darf die Aussage des Versicherungsagenten trotz dessen Stellung als Zeuge im Ansatz nicht ansatzweise höher bewertet werden als die Aussage der Partei.[140]

135 Vgl. BGH, NJW 2010, S. 289, 291.

136 Vgl. BGH, NJW 2012, S. 301 ff.

137 Vgl. EGMR, NJW 1995, S. 1413.

138 Vgl. EGMR, NJW 1995, S. 1413.

139 Vgl. BGH, Beschl. v. 30.9.2004 – III ZR 369/03.

140 Vgl. Rixecker, Zu Risiken und Nebenwirkungen fragen Sie Ihre Zivilprozessordnung, S. 268 f. in Arbeitsgemeinschaft Verkehrsrecht des Deutschen Anwaltvereins, Festschrift zum 25-jährigen Bestehen.

Hinweis 39

Es ist unzulässig, den Wert einer Aussage aus formalen, prozessualen Gründen (einerseits Zeuge, andererseits Partei/Angeklagter) von vorneherein unterschiedlich zu gewichten.[141]

Für die Partei, die in dieser Konstellation typischerweise keinen Zeugen hat, während die Gegenpartei typischerweise einen Zeugen hat, muss es daher eine Möglichkeit geben, ihrer Aussage prozessuale Geltung zu verschaffen. Ob diese Partei aus Gründen der **Waffengleichheit gem. § 448 ZPO oder gem. § 141 ZPO** zu vernehmen ist, kann **offenbleiben**, denn beides ist nach der Rechtsprechung vertretbar.[142] Der BGH bevorzugt aber, sofern die Beweistatsache noch nicht „anbewiesen" ist – eine Anhörung gem. § 141 ZPO.[143] Von Amts wegen braucht der Tatrichter aber weder eine Anhörung gem. § 141 ZPO noch eine Anhörung gem. § 448 ZPO anordnen, wenn weder eine Vier-Augen-Situation noch eine Anbewiesenheit vorliegt. Von Verfassungs wegen ist die Vernehmung von Amts wegen (sei es nach § 448 ZPO oder § 141 ZPO) auch dann nicht zwingend geboten, sofern der Partei das Ergebnis der Vernehmung der vom Prozessgegner benannten Zeugen bekannt ist und sie aufgrund ihrer Anwesenheit in diesem oder einem weiteren Termin in der Lage ist, ihre abweichende Sicht vom Verlaufe des Gesprächs gem. § 137 Abs. 4 ZPO darzustellen. Der Grundsatz der Waffengleichheit bedeutet nur, dass das Gericht einen entsprechenden Antrag auf Anhörung gem. § 448 bzw. 141 ZPO nicht ablehnen darf.[144] 40

Hinweis

Das Gebot der Waffengleichheit führt nicht dazu, dass dann, wenn aus tatsächlichen Gründen nur eine Partei angehört werden kann, auf die Anhörung dieser Partei zu verzichten ist.[145]

Kommt es nicht zu dieser Waffengleichheit, liegt ein Verstoß gegen das rechtliche Gehör nahe. „Das Bundesverfassungsgericht hat in einem Kammerbeschluss eine solche Pflicht für den Fall bejaht, dass einer Partei – im Gegensatz zu ihrem Gegner – für den Inhalt eines entscheidungserheblichen Vier-Augen-Gesprächs kein Zeuge und auch kein sonstiges Beweismittel zur Verfügung steht (BVerfG vom 21.2.2001 = NJW 2001, 2531). Dem schließt sich der [bayerische] Verfassungsgerichtshof an. In der genannten speziellen Situation ist es verfassungsrechtlich geboten, eine effekti- 41

141 Vgl. OLG Karlsruhe, NJW-RR 1998, S. 789 f.; vgl. BGH, NStZ 2004, S. 635 f.

142 Vgl. BGH, NJW 1999, S. 363 ff.; vgl. auch BVerfG, NJW 2001, S. 2531 f.: „zumindest als Partei gem. § 141 ZPO".

143 Vgl. BGH, MDR 2003, S. 467 f.

144 Vgl. BVerfG, Beschl. v. 27.2.2008 – 1 BvR 2588/06 = NJW 2008, S. 2170 f., vgl. auch BGH, Beschl. v. 30.9.2004 – III ZR 369/03.

145 Vgl. BGH, Beschl. v. 27.9.2017 – XII ZR 48/17 = NJW-RR 2018, S. 249 f.

ve Wahrnehmung des Anspruchs auf rechtliches Gehör dadurch zu gewährleisten, dass die zeugenlose Partei über den Inhalt des Gesprächs gemäß § 448 ZPO förmlich vernommen oder ihr zumindest die Gelegenheit eingeräumt wird, sich im Rahmen einer informatorischen Anhörung nach § 141 ZPO zu äußern. Dabei ist das Gericht im Rahmen seiner freien Beweiswürdigung nicht gehindert, seine Überzeugungsbildung letztendlich auf die Aussage der lediglich informatorisch gehörten Partei zu stützen. Die Pflicht zur Anhörung der ‚beweislosen' Partei besteht nur dann nicht, wenn das Gericht seine Überzeugung von der Wahrheit oder Unwahrheit streitiger Behauptungen nicht allein auf die Bekundungen des Zeugen der Gegenseite, sondern zusätzlich auf sonstige Beweismittel und Indizien stützt (vgl. BGH vom 27.9.2005 = NJW-RR 2006, 61/63; EGMR vom 27.10.1993 = NJW 1995, 1413; Reichold in Thomas/Putzo, ZPO, 28. Aufl. 2007, Rn 4 zu § 448 ZPO; Greger in Zöller, ZPO, 26. Aufl. 2007, Rn 2a zu § 448 ZPO jeweils m.w.N.)."[146]

42 *Hinweis*

Verweigert das Gericht eine Anhörung der Partei, ist der Antrag nach § 137 Abs. 4 ZPO zu stellen. Erfolgt die Ablehnung formlos, muss dies beanstandet und jedenfalls der Ablehnungsbeschluss gem. § 160 Abs. 3 Nr. 6 ZPO protokolliert werden. Anderenfalls kann die Revision hierauf nicht gestützt werden.[147] Die Revision setzt freilich voraus, dass diese zugelassen wurde oder ein Zulassungsgrund besteht (hier ggf. der Verstoß gegen Verfahrensgrundrechte).

43 Denkbar ist auch, dass zuerst eine Anhörung gem. § 141 ZPO erfolgt und durch diese Zweifel an einer widersprechenden Zeugenaussage entstehen, sodass das Gericht jetzt eine Vernehmung nach § 448 ZPO anordnet.[148]

44 Liegt keine klassische Vier-Augen-Situation vor (z.B. Streit zwischen dem Arbeitgeber und einem Arbeitnehmer mit dem Dienstvorgesetzten als Zeugen eines Gesprächs zwischen diesem und dem Arbeitnehmer) muss die Begründung der Anbewiesenheit oder Nichtanbewiesenheit in einer dem § 286 ZPO genügenden Weise erfolgen. Wenn der Tatrichter ohne nähere Angaben feststellt, dass der Anfangsbeweis nicht geführt ist, kann ein revisibler Rechtsverstoß vorliegen.[149]

45 **Die Parteivernehmung des Gegners ist meist wenig gewinnbringend**: „Alle Erfahrungen in der Praxis zeigen, dass eine Partei, die vor und während des Prozesses hartnäckig den Sachvortrag der Gegenseite bestritten hat, auch bei einer **eidlichen Parteivernehmung** nicht ‚umzufallen' pflegt."[150] Die Vernehmung der eigenen Par-

146 BayVerfGH, BayVerwBl. 2009, S. 639 f. = Vf. 34-Vi-07.

147 Vgl. Stackmann, Richterliche Anordnung versus Parteiherrschaft im Zivilprozess, NJW 2007, S. 3521 ff.

148 Vgl. BVerfG, NJW 2001, S. 2531 f.

149 Vgl. BAG, Urt. v. 14.11.2013 – 8 AZR 813/12 = NJW 2014, S. 1326 ff.

150 Rinsche, Prozesstaktik, S. 10.

tei nach § 448 ZPO setzt – sofern die Vieraugenrechtsprechung nicht gilt – voraus, dass die zu beweisende Tatsache „anbewiesen" ist.[151] Das setzt eine gewisse Wahrscheinlichkeit bzw. eine hinreichende Wahrscheinlichkeit bzw. gewichtige Gründe für die Richtigkeit der zu beweisenden Tatsache voraus.[152]

Hinweis 46

Liegt kein Fall der Vieraugenrechtsprechung vor und gibt es einen unabhängigen Zeugen, ist das Gericht **nicht** gehalten, eine Anhörung gem. § 141 ZPO anzuordnen. § 141 ZPO dient der Aufklärung, was die Partei begehrt, nicht aber dem Beweis eines strittigen Sachverhalts. Die Anhörung hat sogar zu unterbleiben, wenn keine Fragen zum Sachverhalt offengeblieben sind und die Sache ohne weiteren Vortrag entschieden werden kann. Formularmäßige Anordnungen des persönlichen Erscheinens sind zu unterlassen.[153] Ebenso wenig ist das Gericht mangels „Anbewiesenheit" gehalten, eine Anhörung gem. § 448 ZPO durchzuführen.[154] Auch wenn es keine Zeugen gibt und sich lediglich widersprechende Parteibehauptungen gegenüberstehen, ist eine Vernehmung gem. § 448 ZPO grundsätzlich **unzulässig**, denn sie würde die Folgen der Beweisfälligkeit beseitigen und gegen den Beibringungsgrundsatz verstoßen.[155] Es ist Ausdruck eines allgemeinen und zu akzeptierenden Lebensrisikos, für ein bestrittenes Vorbringen kein „eigenes" Beweismittel zu haben, auch wenn die Gegenpartei einen „unabhängigen" Zeugen hat.[156]

Im Rahmen des § 287 ZPO ist eine **Parteivernehmung** aber auch dann **zulässig**, wenn es um die **haftungsausfüllende Kausalität** geht, ohne dass hierfür bereits eine gewisse Wahrscheinlichkeit spricht. § 287 ZPO erleichtert der Partei einerseits die Darlegung und andererseits die Beweisanforderungen. Auch das Erfordernis der Subsidiarität der Parteivernehmung gilt hier nicht.[157] 47

Praxistipp 48

Die Vier-Augen-Rechtsprechung des EuGH wurde vom BAG dergestalt fortentwickelt, dass eine beweisbelastete Partei den Beweis für ein Gespräch, das allein zwischen den Parteien (also ohne formale Zeugen) stattgefunden hat, auch antreten kann, indem sie ihre eigene Anhörung (§ 141 ZPO) oder Verneh-

151 Vgl. Rinsche, Prozesstaktik, S. 55; vgl. auch BGH, NZV 2001, S. 460; vgl. auch BGH, NJW 2002, S. 2247 ff.

152 Vgl. BGH, VersR 1992, S. 86; BGH, NJW-RR 1989, S. 1222; BGH, NJW-RR 1994, S. 636.

153 Vgl. BGH, VersR 2008, S. 231.

154 Vgl. BGH, NJW 2002, S. 2247 ff.; vgl. auch BGH, BGHReport 2003, S. 1433.

155 Vgl. OLG München, NJW-RR 1996, S. 958 f.

156 Vgl. BGH, Urt. v. 19.4.2002 – V ZR 90/01 = NJW 2002, S. 2247, 2249.

157 Vgl. Maaß, Anwaltstätigkeit im Beweisverfahren der Zivilprozessordnung, S. 31 ff. m.w.N.

mung (§ 448 ZPO) beantragt.[158] Ob das dogmatisch richtig ist, da ohnehin von Anfang an Waffengleichheit herrscht, ist zweifelhaft.[159] In **Verkehrsunfallsachen** können die jeweiligen Fahrer unproblematisch gem. § 141 ZPO angehört werden.[160]

49 Bei 6-Augen- (und noch mehr) Gesprächen mit Zeugen, die einer Partei nahestehen, ist die „4-Augen-Rechtsprechung" möglicherweise unanwendbar. Der BGH meint: „Vielmehr handelt es sich um ein Gespräch zwischen den Parteien, das von einem Zeugen, der allerdings einer Partei nahe steht, bekundet werden kann. Bei der Vernehmung der Zeugin war der Bekl. anwesend und hätte die aus seiner Sicht gebotenen Fragen und Vorhalte an die Zeugin stellen können [...]."[161] Der BGH entschied die Frage nicht abschließend, weil das erkennende Tatgericht sich in seiner Beweiswürdigung auf weitere Umstände[162] stützte.[163] Aus einer älteren Entscheidung des BGH kann ggf. entnommen werden, dass das allg. Risiko, dass eine Partei einen Zeugen hat, das Gebot der Waffengleichheit nicht verletzt.[164] Anders aber wiederum die Entscheidung vom 14.5.2013 (VI ZR 325/11): „Der Grundsatz der Waffengleichheit, der Anspruch auf rechtliches Gehör sowie das Recht auf Gewährleistung eines fairen Prozesses und eines wirkungsvollen Rechtsschutzes erfordern gem. Art. 3 Abs. 1, 103 Abs. 1, 2 Abs. 1 i.V.m. Art. 20 Abs. 3 GG, Art. 6 EMRK, dass einer Partei, die – wie die Bekl. – für ein Vier-Augen-Gespräch keinen Zeugen hat, Gelegenheit gegeben wird, ihre Darstellung des Gesprächs in den Prozess persönlich einzubringen. Zu diesem Zweck ist die Partei gem. § 448 ZPO zu vernehmen oder gem. § 141 ZPO anzuhören [m.w.N.] Diese Grundsätze gelten auch, wenn es sich – wie hier – um ein Sechs-Augen-Gespräch handelt, bei dem der allein zur Verfügung stehende Zeuge als Ehemann im Lager der Prozessgegnerin steht."[165]

VII. Exkurs 3: Der Zeuge als Urkunde und der Urkundenbeweis

50 In der Praxis stellt sich oft die Situation, dass eine bestimmte Person in einem anderen Verfahren bereits eine Aussage gemacht hat. Wird diese Aussage in das **jetzige Zivilverfahren einbezogen**, handelt es sich nicht um einen Zeugen-, sondern um

158 Vgl. BAG, NZA 2007, S. 885 f.

159 Vgl. Bruns, Gespräche unter 4 Augen im Zivil- und Arbeitsgerichtsprozess, MDR 2010, S. 417, 420 f.

160 Vgl. OLG Schleswig, NJW-RR 2008, S. 1525, OLG München 10 U 5411/08, LG Berlin, DAR 1991, S. 151 = VRS 80 (1991), S. 419.

161 BGH, NJW-RR 2008, S. 1086 f., vgl. auch BGH, 8.7.2010 – III ZR 249/09.

162 Dann liegt kein Fall der 4-Augen Rechtsprechung vor, vgl. BGH, NJW 2003, S. 3636; BGH, NJW-RR 2003, S. 1003.

163 Vgl. Bruns, Gespräche unter 4 Augen im Zivil- und Arbeitsgerichtsprozess, MDR 2010, S. 417, 421.

164 Vgl. BGH, NJW 2002, S. 2247, 2249.

165 BGH, NJW 2013, S. 2601 f.

einen Urkundenbeweis.[166] Hierfür ist erforderlich, dass die genaue Stelle der Akte im Beweisantrag kenntlich gemacht wird.[167] **Diesem Urkundenbeweis ist auch dann zu entsprechen, wenn der Gegner widerspricht**.[168] Widerspricht der Gegner der Beiziehung, so ist der Zeuge zu vernehmen, denn eine Urkunde lässt keinen Beweis über Tatsachen außerhalb ihrer selbst zu.[169] Strittig ist in diesem Fall nur, ob es für den Zeugenbeweis noch eines ausdrücklichen Antrags bedarf[170] oder ob der Widerspruch gegen den Urkundenbeweis als konkludenter Zeugenbeweisantritt verstanden werden kann.[171] Die Vernehmung des Zeugen folgt aus dem Grundsatz der Unmittelbarkeit der Beweisaufnahme gem. § 355 ZPO, der auch nicht durch eine „Gerichtsbekanntheit" unterlaufen werden darf.[172] Das gilt auch dann, wenn sich in der Akte des anderen Verfahrens Vermerke über die Umstände der damaligen Vernehmung befinden.[173] Der Beweisführer hat, um ggf. nicht beweisfällig zu bleiben, neben dem Antrag auf Beiziehung der genau bezeichneten Aktenstelle hilfsweise den Antrag auf Vernehmung des Zeugen zu stellen.[174] „Gemäß § 432 Abs. 1 ZPO in Verbindung mit §§ 474 Abs. 1, 479 Abs. 4 S. 2 und 3 StPO steht einer Partei grundsätzlich die Möglichkeit zur Verfügung, in einem anhängigen Zivilprozess (Teile von) Ermittlungs- beziehungsweise Strafakten beiziehen zu lassen. Nach § 474 Abs. 1 StPO ist den Gerichten grundsätzlich Akteneinsicht zu gewähren. Grundrechten der anderen Partei oder Dritter, insbesondere deren Grundrecht auf informationelle Selbstbestimmung nach Art. 2 Abs. 1 in Verbindung mit Art. 1 Abs. 1 GG, kann dadurch Rechnung getragen werden, dass das Gericht nach Erhalt der angeforderten Akte unter Berücksichtigung von deren schutzwürdigen Interessen abwägt und so prüft, ob und gegebenenfalls in welchem Umfang Informationen aus ihr im Zivilverfahren verwertet werden können; der Zugang zu den Informationen aus der beigezogenen Akte ist gegebenenfalls angemessen zu beschränken. Maßgeblich für die Vorlagepflicht Dritter gemäß §§ 429 S. 1 HS 1, 432 Abs. 3 ZPO ist, ob die beweisführungsbelastete Partei im Verhältnis zu ihnen einen Vorlegungsanspruch hat. Ob die Gegenpartei in Ermangelung der Voraussetzungen

166 Vgl. BGH, NJW 1995, S. 2856.

167 Vgl. BGH, DRiZ 1963, S. 60; BGH, NJW 1994, S. 3295 f.

168 Vgl. BGH, VersR 1983, S. 667 f.; vgl. auch OLG Frankfurt am Main, VersR 1996, S. 837.

169 Vgl. BGH, Urt. v. 9.6.1992 – VI ZR 215/91 = NZV 1992, S. 403 f.; Lepa, Typische Probleme im Haftpflichtprozess, Rn 239, der Urkunde kann der Beweiswert in diesen Fällen sogar gänzlich fehlen, vgl. BGH, VersR 2000, S. 610, 612. In diesen Fällen liegt ein Verfahrensmangel vor, vgl. OLG München 10 U 3529/71 = NJW 1972, S. 2048.

170 Vgl. BGH, NJW-RR 1992, S. 1214.

171 Vgl. BGH, Urt. v. 12.7.2013 – V ZR 85/12 = MDR 2013, S. 1184 f.; OLG Köln, VersR 1993, S. 1366.

172 Vgl. BGH, 4.11.2010 – I ZR 190/08.

173 Vgl. BGH, MDR 2000, S. 348.

174 Vgl. BGH, NJW-RR 1992, S. 1214.

der §§ 422 f. ZPO nicht zur Vorlage einer Urkunde verpflichtet ist, ist demgegenüber in Bezug auf Dritte nicht von Bedeutung.“[175]

Das Gericht kann freilich Akten von anderen Behörden auch von Amts wegen gem. § 273 Abs. 2 Nr. 2 ZPO oder per Beweisbeschluss gem. § 432 ZPO beiziehen, wenn und soweit sich eine Partei auf diese Aktenteile bezogen hat. Zieht das Gericht Akten bei, obwohl dieser Antrag den Erfordernissen nicht genügt, weil keine konkreten Aktenteile genannt wurden, so wird damit nicht ohne weiteres der gesamte Akteninhalt zum Gegenstand des Rechtsstreits; denn der Tatrichter betriebe eine unzulässige Beweisermittlung, wenn er von sich aus die beigezogenen Akten daraufhin überprüfen wollte, ob sie Tatsachen enthalten, die einer Partei günstig sind.[176] „Aktenteile, auf die sich keine Partei erkennbar beruft, gehören folglich selbst dann nicht zum Prozeßstoff, wenn es in der Terminsniederschrift oder im Urteil heißt, eine Akte sei zum Gegenstand der mündlichen Verhandlung gemacht worden. Solche Vermerke sind vielmehr grundsätzlich in dem Sinne zu verstehen, daß sie sich nur auf die Teile der Akte beziehen, die einen von den Parteien vorgetragenen Sachverhalt betreffen. Der in der Rechtsprechung anerkannte Grundsatz, daß durch die Stellung der Anträge und anschließendes Verhandeln der gesamte, bis zum Termin angefallene Akteninhalt zum Gegenstand der mündlichen Verhandlung gemacht worden ist [m.w.N.], betrifft die Hauptakten, die in der Regel das gesamte Parteivorbringen enthalten, nicht dagegen Akten anderer Behörden, die nach §§ 273 Abs. 2 Nr. 2, 432 ZPO beigezogen worden sind.“[177]

51 Auch die (irrelevante) Zustimmung zur Aktenverwertung ist kein konkludenter Verzicht auf die Zeugenvernehmung.[178]

52 In manchen Fällen werden Akten einer anderen Behörde mit „gesperrten Aktenteilen“ an das Zivilgericht gesendet. Durch Akteneinsicht gem. § 299 ZPO könnte eine Partei hierdurch von „gesperrten Informationen“ Kenntnis erlangen. Das ist aber nicht so. „Zwar wird darauf verwiesen, dass aus Gründen des durch Art. 103 Abs. 1 GG garantierten rechtlichen Gehörs im Zivilprozess grundsätzlich keine Einschränkung der Einsicht in die Prozessakten nach § 299 Abs. 1 ZPO möglich sei (OLG München, Beschl. v. 8.11.2004 – 29 W 2601/04 –, NJW 2005, S. 1130 <1131>; Leipold, in: Stein/Jonas, ZPO, 22. Aufl. 2008, § 299 Rn 12 m.w.N.). Allerdings geht es vorliegend nicht um die Einsicht der Klägerinnen des Schadensersatzprozesses in die – eigenen – Prozessakten des Landgerichts, sondern um Einsicht in die Ermittlungsakten der Staatsanwaltschaft, die im landgerichtlichen Verfahren nicht Pro-

175 BGH, Urt. v. 16.3.2023 – III ZR 104/21.

176 Vgl. BGH, Urt. v. 9.6.1994 – IX ZR 125/93 = NJW 1994, S. 3295 ff.; BGH, Urt. v. 12.11.2003 – XII ZR 109/01 = NJW 2004, S. 1324 f.

177 BGH, Urt. v. 9.6.1994 – IX ZR 125/93 = NJW 1994, S. 3295 ff.; vgl. auch BGH, Urt. v. 12.11.2003 – XII ZR 109/01 = NJW 2004, S. 1324 f.

178 Vgl. OLG Hamm, Urt. v. 6.2.2002 – 20 U 167/01 = NJW-RR 2002, S. 1653; OLG Köln, Urt. v. 20.8.1993 – 19 U 9/93 = VersR 1993, S. 1367 f.

zessakten, sondern Beiakten anderer Behörden sind. Im Hinblick auf die Akten anderer Behörden ist anerkannt, dass die Prozessparteien aus § 299 Abs. 1 ZPO kein unbedingtes Recht auf Einsicht in diese haben (Geimer, in: Zöller, ZPO, 26. Aufl. 2007, § 432 Rn 3; Prütting, in: MüKo zur ZPO, 4. Aufl. 2013, § 299 Rn 6). Beschränkt die übersendende Behörde die Einsicht der Prozessparteien in die übersandte Akte teilweise oder ganz (BGH, Urt. v. 18.10.1951 – IV ZR 152/50 –, NJW 1952, S. 305 <306>; Sänger, ZPO, 5. Aufl. 2013, § 299 Rn 16), hat dies zur Konsequenz, dass der Teil der übersandten Akte, in die keine Einsicht gewährt werden kann, im Zivilprozess wegen Art. 103 Abs. 1 GG auch nicht verwertet werden kann."[179]

Praxistipp 53

Der bei manchen Gerichten zu beobachtenden Neigung, Zeugen, die in einem anderen Verfahren bereits gehört wurden, nicht mehr anzuhören, da es sich angeblich um eine „nochmalige" Vernehmung im Sinne des § 398 ZPO handelt, ist mit der Entscheidung BGHZ 7, S. 116, 122 entgegenzutreten. Der Gegner kann in jedem Fall immer die Vernehmung des Zeugen verlangen, der das Gericht auch entsprechen muss.[180]

Es stellt eine **Vorwegnahme der Beweiswürdigung** dar, wenn Urkunden über eine Vernehmung beurteilt werden, statt die beantragte Vernehmung selbst durchzuführen.[181] Hinzu kommt, dass der Niederschrift einer früheren Vernehmung ein geringerer Beweiswert als dem unmittelbaren Zeugenbeweis zukommt. Ggf. kann der Beweiswert sogar gänzlich fehlen.[182] „Die Parteien haben nach §§ 355, 373 ZPO einen gesetzlichen Anspruch auf eine mit den Garantien des Zeugenbeweises ausgestattete Vernehmung [m.w.N.]. Diesen Anspruch macht das Gesetz wegen der offenkundigen Schwächen der urkundenbeweislichen Verwertung von Zeugenaussagen – fehlender persönlicher Eindruck von den Zeugen, fehlende Möglichkeit, Fragen zu stellen und Vorhalte zu machen, fehlende Möglichkeit der Gegenüberstellung [m.w.N.] – nicht von der näheren Darlegung von Gründen abhängig."[183] „Dabei ist besonders auf die Bedenken, die gegen eine Wertung der Zeugenaussage nur aufgrund einer Niederschrift über das Ergebnis der Vernehmung bestehen, hingewiesen worden. Vorhalte und Rückfragen des vernehmenden Richters und die Antworten und Reaktionen des Zeugen darauf, die Grundlage für die Beurteilung des Wahrheitsgehalts der Aussage und ihres Sinnes sein können, werden erfahrungsgemäß nicht immer in die Niederschrift aufgenommen und bleiben so dem BerGer. verborgen, das seinerseits dann die Aussagekraft sowie Bestimmtheit und 54

179 BVerfG, Beschl vom 6.3.2014 – 1 BvR 3541/13.

180 Vgl. BGH, VersR 1985, S. 245 f.; BGH, VersR 2000, S. 610.

181 Vgl. BGH, VersR 1983, S. 668 f.; BVerfG, Beschl. vom 22.1.2001 – 1 BvR 2075/98 = NJW-RR 2001, S. 1006.

182 Vgl. BGH, NJW 2000, S. 1420 f.

183 BGH, Urt. v. 12.7.2013 – V ZR 85/12 = MDR 2013, S. 1184 f.

Sinngehalt der Aussage nur begrenzt würdigen kann (so schon BGH, NJW 1968, 1138). Das Verhalten des Zeugen, das sich auch außerhalb der sprachlichen Aussage seiner Bekundung ausdrückt, bleibt ebenfalls außer Betracht. Mögliche Zweifel an der Richtigkeit der Aussage, die sich aufgrund anderslautender Darstellungen von Zeugen und Parteien sowie objektiver Spuren ergeben können, können, soweit anderes nicht eindeutig aus der Niederschrift in den Akten hervorgeht, oft nur durch ergänzende Befragung und Vorhalte an den Zeugen ausgeräumt oder verstärkt werden."[184]

55 Denkbar ist auch, dass eine strafrechtliche Vernehmung einer Person als Urkundenbeweis in das Verfahren eingeführt werden soll, die entgegen den strafprozessualen Vorschriften nicht richtig belehrt wurde. Die zivilprozessuale Verwertbarkeit der Urkunde ist grds. zu verneinen; allerdings wird der einer Verwertung entgegenstehende Mangel geheilt, wenn der im Ermittlungsverfahren Vernommene im späteren Zivilprozess nach ordnungsmäßiger Belehrung bereit ist, als Zeuge auszusagen.[185] Auch hier hängt der Einzelfall wieder von einer Interessen- und Güterabwägung ab.[186]

56 *Hinweis*

Erforderlich ist in jedem Fall eine Rüge (§ 295 ZPO).[187]

57 Geht eine Partei davon aus, bereits mit dem Urkundenbeweis das Gericht überzeugen zu können, stellt es grds. keine grobe Nachlässigkeit dar, den (doch erforderlichen) Zeugenbeweisantritt erst in der Berufungsverhandlung zu stellen; das Gericht müsste im Übrigen auch gem. § 139 ZPO und § 278 Abs. 2 S. 2 ZPO darauf hinweisen, daß es den Beweis durch die Vernehmungsprotokolle in den Strafakten nicht als geführt ansieht.[188]

58 Die o.g. Grundsätze gelten nicht nur, bei schriftlichen Aussagen in einem anderen Gerichtsverfahren, sondern allgemein (auch z.B. bei Aussagen gegenüber dem Haftpflichtversicherer). Hierzu teilt der BGH mit: „Die Äußerung, die ein als Zeuge in Betracht kommender Beobachter eines Verkehrsunfalls gegenüber dem Haftpflichtversicherer eines der Unfallbeteiligten abgibt, ist selbstverständlich keine Zeugenaussage aus einem anderen gerichtlichen Verfahren. Gleichwohl ist eine solche Äußerung beweisrechtlich nicht stets wertlos. In der ZPO besteht keine dem § 250 StPO entsprechende Regelung, wonach, wenn der Beweis einer Tatsache auf der Wahrnehmung einer Person beruht, diese in der Hauptverhandlung zu vernehmen ist und die Vernehmung nicht durch Verlesung des über eine frühere Verneh-

184 BGH, Urt. v. 7.7.1981 – VI ZR 48/80 = NJW 1982, 108, 110.
185 Vgl. BGH, NJW 1985, S. 1470.
186 Vgl. BGH, JZ 2003, S. 630.
187 Vgl. BGH, NJW 1985, S. 1158.
188 Vgl. BGH, NJW 1983, S. 999.

mung aufgenommenen Protokolls oder einer schriftlichen Erklärung ersetzt werden darf. Vielmehr bestimmt § 377 III ZPO ausdrücklich, dass das Gericht eine schriftliche Beantwortung der Beweisfrage anordnen kann, wenn es dies im Hinblick auf den Inhalt der Beweisfrage und die Person des Zeugen für ausreichend erachtet. Unter den durch die Vorschrift vorgegebenen Voraussetzungen ist also schon nach dem Gesetz eine Beweiswürdigung aufgrund der privatschriftlichen Erklärung eines Zeugen möglich. Darüber hinaus kann der Beweisführer statt des Beweises durch Zeugen oder Sachverständige den Urkundenbeweis wählen. Auch eine Privaturkunde, die ein Zeugnis oder Gutachten ersetzen soll, kann im Wege des Urkundenbeweises beigebracht werden. Einer Zustimmung des Gegners bedarf die Führung des Urkundenbeweises nicht. Der Urkundenbeweis unterliegt der freien Beweiswürdigung. Ein zwingender positiver Beweiswert kommt der Urkunde nicht zu. Auch wird der Beweiswert der Urkunde oft gering sein, wenn sie die nicht in einem formellen Verfahren gewonnene, sondern gegenüber einer Partei gemachte Äußerung eines Zeugen wiedergibt (vgl. zu alledem z.B. Damrau, in: MüKo-ZPO, 2. Aufl., § 373 Rn 20 f.; Stein/Jonas/Leipold, ZPO, 21. Aufl., § 284 Rn 33 ff. jeweils m.w. Nachw.).“[189]

In der Praxis werden oft Urkunden von untereinander bekannten Personen vorgelegt (z.B. Kaufverträge, Abtretungen). Rinsche geht davon aus, dass bei schriftlichen Bekundungen von untereinander bekannten Personen hinsichtlich der Eigentumsverhältnisse eine tatsächliche Vermutung für deren **Rückdatierung** sprechen kann und jedenfalls erhebliches Misstrauen gerechtfertigt sei.[190] Das OLG Hamm teilt diesbezüglich jedoch mit: 59

> *„Für eine – offenbar ins Blaue hinein – behauptete Rückdatierung der Vereinbarung […] fehlt jeder konkrete Anhaltspunkt. Die Klägerin sowie deren Ehemann haben für die Klarstellung der Eigentumsverhältnisse […] und den dafür gewählten Zeitpunkten eine einleuchtende Erklärung gegeben […]“*[191]

Eine über ein **Rechtsgeschäft** aufgenommene Urkunde zieht die **Vermutung der Vollständigkeit und Richtigkeit** nach sich,[192] sodass strenge Anforderungen an den Nachweis der Unrichtigkeit/Unvollständigkeit zu stellen sind.[193] „Haben diese [Zeugen/Parteien] keine überzeugende Erklärung dafür, warum eine erkennbar wichtige Nebenabrede nicht mit in die Urkunde aufgenommen wurde, kann schon dies ein hinreichendes Argument für das Gericht sein, den ‚Gegenbeweis' als nicht erbracht anzusehen.“[194] 60

189 BGH, NJW-RR 2007, S. 1077 f.

190 Vgl. Rinsche, Prozesstaktik, S. 50 f.

191 OLG Hamm, 27 U 203/88, zitiert nach Rinsche, Prozesstaktik, S. 52.

192 Vgl. BGH, NJW 1980, S. 1680; vgl. auch BGH, NJW, 1991, S. 1751.

193 Vgl. Palandt, Komm. Zum BGB, 64. Aufl., § 125 Rn 15.

194 Rinsche, Prozesstaktik, S. 54.

61 In der Praxis wird die **Beweislast zur Widerlegung der Vermutung der Richtigkeit und Vollständigkeit einer Urkunde** immer wieder übersehen. Es gelten folgende **Auslegungsgrundsätze**:

62 Der Geschäftsinhalt muss durch den Urkundentext bestimmt werden. Ist bereits der Urkundentext unklar, kann keine Vermutung für unklar Bleibendes existieren. Das wiederum bedeutet nicht, dass der Urkundentext eindeutig sein müsste, vielmehr ist auch der Urkundentext der Auslegung fähig.[195] D.h., der Wortlaut und die Geschäftssitte müssen einen bestimmten Inhalt ergeben. Ein wesentlicher Grundsatz für die Auslegung von Vertragserklärungen ist, dass grds. beide Parteien mit der vereinbarten Regelung ihre Interessen wahren wollten.[196] Ein weiterer Auslegungsgrundsatz ist, dass die Parteien Vernünftiges, Redliches und Erhebliches gewollt haben.[197] Dementsprechend entnimmt die ständige höchstrichterliche Rechtsprechung den Auslegungsgrundsatz, dass die Parteien eine Regelung treffen wollen, die nach den Maßstäben der Rechtsordnung **vernünftig ist und zu dem erstrebten Erfolg führt**.[198]

Das bedeutet auch, „dass der Wille der vertragschließenden Parteien im Zweifel auf eine den Vertragszweck nicht gefährdende Gestaltung gerichtet ist,“[199] d.h. die Auslegungsregel, dass die Parteien eines Vertrages keine Regelung treffen wollen, für die **kein Anlass** besteht[200] oder die in sich **widersprüchlich** ist[201] oder sogar **unwirksam**[202] oder ganz oder teilweise **ohne rechtserhebliche Bedeutung** wäre.[203] Es ist rechtsfehlerhaft, am Wortlaut der Urkunde zu haften und diesen gegen den Grundsatz beiderseits gerechter Interpretation auszulegen.[204] Für den durch Auslegung ermittelten Inhalt spricht sodann die Vermutung der Vollständigkeit und Richtigkeit. Das Gericht ist verpflichtet (§ 139 ZPO), auf seine eigene Vertragsauslegung hinzuweisen, wenn es dieser einen Sinn geben will, der von keiner Partei behauptet wurde.[205]

195 Vgl. BGHZ 25, S. 318 f. = NJW 1957, S. 1873; vgl. auch BGHZ 80, S. 246, 250 = NJW 1981, S. 1736.

196 Vgl. BGH, NJW 2002, S. 1500, 1502 m.w.N.

197 Vgl. Palandt, Komm. z. BGB, 60. Aufl., § 133 Rn 25 m.w.N.

198 Vgl. RGZ 131, S. 343, 350; BGHZ 20, S. 109, 110; 79, S. 16, 19; 98, S. 303, 312 f.; 131, S. 136, 138; 137, S. 69, 72; 149, S. 337, 353; 150, S. 32, 39; 152, S. 153, 156; BGH NJW 2000, S. 1403, 1404; 2001, S. 2535, 2536; 2002, S. 747, 748; 2003, S. 819, 820; 2005, S. 2618, 2619; WM 2003, S. 795, 797; NJW-RR 2003, S. 152; GRUR 2003, S. 173, 175.

199 BGH, NJW 2003, S. 819 f.; vgl. auch BGH, 2007, S. 1346, 1348.

200 Vgl. BGH NJW 2000, S. 2508, 2511; AG Köln, NZA 1999, S. 269.

201 Vgl. BGH NJW 1993, S. 1976, 1978; 2003, S. 743; 2004, S. 1240.

202 Vgl. BGHZ 152, S. 153, 158 f.; BGH, NJW 1994, S. 1537, 1538; 2011, S. 1666, 1667; NJW-RR 1989, S. 254, 255.

203 Vgl. BGH NJW 1992, S. 243; 1998, S. 2966; 2005, S. 2618, 2619.

204 Vgl. BGH, Urt. v. 9.7.2001 – II ZR 228/99 = NJW 2002, S. 747 ff.

205 Vgl. BGH, Urt. v. 23.9.1992 – I ZR 248/90 = NJW 1993, S. 667 ff.; vgl. auch OLG Düsseldorf, Urt. v. 3.4.1984 – 4 U 126/83 und 3 U 167/83 = r + s 1985, S. 260 ff.

„Die außerhalb der Urkunde liegenden Mittel der Auslegung, die Begleitumstände des Vertragsabschlusses, dessen Entstehungsgeschichte, Äußerungen der Parteien außerhalb der Urkunde und anderes bleiben hierbei allerdings außer Betracht. Sie sind Hilfsmittel zur Widerlegung der durch die Urkunde begründeten Vermutung des Geschäftsinhalts.“[206] Das wiederum bedeutet, dass all diese außerhalb der Urkunde liegenden Umstände derjenige darzulegen und zu beweisen hat, der sich gegen die gesetzliche Vermutung wendet. 63

Auslegung ist Rechtsanwendung und kann daher niemals zu einem non liquet führen, denn Auslegung als solches hat nichts mit Beweislast zu tun hat. Bei ihr geht es weithin nicht um eine der Beweisaufnahme zugängliche Tatsachenfeststellung, sondern um eine nach bestimmten rechtlichen Regeln vorzunehmende Würdigung, die dazu dient, unter mehreren möglichen Bedeutungen einer Willenserklärung deren rechtlich maßgebenden Sinn aufzusuchen und festzulegen. Nur das „Material“, das dieser Würdigung zugrunde zu legen ist, wie die Tatsache der Erklärung selbst, ihr Wortlaut und die sonstigen zur Aufdeckung ihres Sinnes dienlichen Umstände können und müssen mit den üblichen Mitteln des Beweisverfahrens festgestellt oder – gegebenenfalls nach Beweislastgrundsätzen – ausgeräumt werden. Der daran anschließende Teil der Auslegung, nämlich die richterliche Würdigung des „Auslegungsmaterials“, hat dagegen mit Beweislast nichts zu tun und kann daher im Allgemeinen auch nicht zu einem non liquet führen.[207]

Das völlige Übersehen einer gebotenen ergänzenden Vertragsauslegung stellt einen wesentlichen Verfahrensmangel dar.[208]

Hinweis 64

„Die Auslegung darf auch im Prozessrecht nicht am buchstäblichen Sinn des Ausdrucks haften, sondern hat den wirklichen Willen der Partei zu erforschen. Bei der Auslegung von Prozesserklärungen ist der Grundsatz zu beachten, dass im Zweifel dasjenige gewollt ist, was nach den Maßstäben der Rechtsordnung vernünftig ist und der wohlverstandenen Interessenlage entspricht (vgl. **BGH**, NJW 2011, 1455 Rn 9 m. w. Nachw.). Eine Berichtigung einer Prozesshandlung ist nicht ausgeschlossen, wenn es sich um einen offensichtlichen Irrtum handelt [m.w.N.].“[209]

206 BGH, NJW 2002. S. 3164 f.

207 Vgl. BGH, Urt. v. 10.5.1989 – IVa ZR 66/88 = NJW-RR 1989, S. 1282 ff.

208 Vgl. OLG Oldenburg, Urt. v. 1.3.1994 – 5 U 133/93 = NJW-RR 1994, S. 843 ff.

209 BGH, Urt. vom 1.8.2013 – VII ZR 268/11 = NJW 2014, S. 155 f. Vgl. den Fall BVerfGE 71, S. 202 ff., wo nach Meinung des Rechtsmittelgerichts nicht klar gewesen wäre, wer gegen wen Berufung eingelegt hatte; vgl. auch BGH, Beschluss vom 22.5.1995 – II ZB 2/95 = NJW-RR 1995, S. 1183 ff.; BGH, Beschluss vom 29.11.2001 – II ZB 13/01 = NJW-RR 2002, S. 646 ff.; BGH, Urt. v. 14.2.2002 – VII ZR 363/01 = NJW-RR 2002, S. 1074 (fehlerhafte Bezeichnung als Berufungsbeklagter); BGH, Beschluss vom 22.1.2002 – VI ZB 51/01 = NJW 2002, S. 1352 ff. (Auslegung als Berufung).

C. Manipulation der Zeugenstellung

65 Aus o.g. Ausführungen, wer Zeuge in einem Zivilverfahren sein kann, und der Tatsache, dass die Voraussetzungen der Zeugenvernehmung **zum Zeitpunkt** der Vernehmung vorliegen müssen, ergibt sich Spielraum für eine Manipulation und damit Schaffung eines Zeugen.

66 *Hinweis*

Auf diese Manipulationsmöglichkeiten soll der Anwalt sogar hinweisen müssen.[210]

I. Abtretung

67 Eine Partei, die **keinen Zeugen zur Verfügung hat**, kann den eigenen Anspruch abtreten, sodass der Zessionar selbst klagt und damit Partei wird. Damit ist der Weg frei, dass der Zedent Zeuge im Prozess des Zessionars geworden ist. Nach dem durch die Zeugenaussage des Zedenten gewonnenen Prozess könnte der Anspruch rechtlich wieder rückabgetreten werden. Damit wurde ein Zeuge geschaffen, obwohl a priori kein Zeuge zur Verfügung stand. Diese „Manipulation" wird von der h.M. als zulässig angesehen.[211] Dass die Abtretung nur zur Erlangung der Zeugenstellung erfolgt, ist im Rahmen der Beweiswürdigung zu berücksichtigen.[212] Nach herrschender Rechtsprechung kann der Aussage nicht von Anfang an ein geringerer Beweiswert zugesprochen werden.[213] Das Eigeninteresse des künstlich geschaffenen Zeugens muss aber in der Beweiswürdigung berücksichtigt werden.[214]

68 Der Aussage einer wirtschaftlich am Ergebnis interessierten Person darf nicht a priori ein geringerer Zeugenbeweiswert zugesprochen werden.[215] Schneider weist allerdings zutreffend auf Folgendes hin: „Wer in eigener Sache auszusagen hat, wird auch bei größter Wahrheitsliebe nur selten in der Lage sein, eine objektive Schilderung zu geben."[216] Auch hat der BGH formuliert, dass der Aussage einer am Pro-

210 Vgl. BGH, IX ZR 54/02, BRAK-Mitteilungen 4/2003, S. 165; vgl. auch BGH, NJW-RR 2002, S. 1212.

211 Vgl. BGH, WM 1976, S. 424; Zöller, ZPO, 36. Aufl., § 373 Rn 5; a.A. AG Bad Homburg, NJW-RR 1998, S. 530.

212 Vgl. BGH, WM 1976, S. 424; vgl. auch OLG München, BauR 1985, S. 210.

213 Eine solche Beweisregel gibt es nämlich nicht, vgl. BGH, NJW 1988, S. 566.

214 Vgl. BGH, NJW 2001, S. 827.

215 Vgl. BGH, NJW 1988, S. 566 f.

216 Schneider, Beweis und Beweiswürdigung, 5. Aufl., Rn 1500.

zessausgang interessierten Person, „kein wesentlich größeres Gewicht bei [kommt] als der einer Partei."[217] Das bedeutet, dass die Beweisaufnahme zwar durchzuführen ist, aber das Gericht dieser Aussage nicht folgen muss, wenn es wegen des wirtschaftlichen Interesses des Zeugen die Aussage nicht für glaubhafter hält als die konträre Parteibehauptung. „Er ist als Zedent der Forderung und Gesellschafter (zeitweilig auch Geschäftsführer) der Klägerin am Ausgang des Rechtsstreits wirtschaftlich kaum weniger interessiert als die Klägerin selbst; wenn er auch im Zeitpunkt der Beweisaufnahme formell keine Parteistellung hatte und daher als Zeuge vernommen werden durfte, so kommt seiner Aussage doch kein wesentlich größeres Gewicht bei als der einer Partei."[218]

II. Ausschluss von der Geschäftsführung

Eine **weitere Form der Manipulation** geschieht dadurch, dass ein Gesellschafter der OHG oder der GbR durch **nachträgliche Änderung des Gesellschaftsvertrags** von der Geschäftsführung ausgeschlossen wird. Sobald der Prozess vorbei ist, könnte der Gesellschafter durch Änderung des Gesellschaftsvertrages an der Geschäftsführung wieder beteiligt werden. Auch hier wird die Gewinnung der Zeugenstellung von der Praxis akzeptiert. Das Eigeninteresse des künstlich geschaffenen Zeugen muss in der Beweiswürdigung berücksichtigt werden. 69

III. Abberufung als GmbH-Geschäftsführer

Im Fall des GmbH-Geschäftsführers, der eigentlich als gesetzlicher Vertreter der GmbH als Partei zu vernehmen ist, kommt in der Praxis vor, dass dieser in der **Gesellschafterversammlung (noch vor der Zeugenvernehmung) abberufen** wird. Damit wäre dieser (frühere) Geschäftsführer nun Zeuge.[219] Nach der Rechtsprechung des BGH soll der beratende Rechtsanwalt jedenfalls dann auf diese Methode der Erlangung einer Zeugenstellung hinweisen müssen, wenn er eine Klage aus abgetretenem Recht in Erwägung zieht, die Wirksamkeit der Abtretung jedoch problematisch ist.[220] 70

217 BGH, WM 1980, S. 1073 und WM 1976, S. 424; vgl. auch BGH, NJW 2001, S. 827: „Schließlich weist die Revision zutreffend darauf hin, dass der Ehemann der Kl. trotz Abtretung seines eigenen Anspruchs an diese am Ausgang des Rechtsstreits kaum weniger interessiert ist als die Kl. selbst. Das nimmt der Abtretung zwar nicht wegen der damit erreichten Zeugenstellung des Ehemanns die Wirksamkeit. In einem solchen Fall ist aber das starke Eigeninteresse des Zeugen bei der Beweiswürdigung nach § 286 ZPO zu berücksichtigen (*BGH*, WM 1976, 424)."

218 BGH, Urt. v. 19.6.1980 – IVa ZR 11/80 = WM 1980, S. 1071, 1073.

219 Auch diese künstlich geschaffene Zeugenstellung wird in der Praxis akzeptiert, vgl. Meyke, Darlegen und Beweisen im Zivilprozess, Rn 434.

220 Vgl. BGH, Urt. v. 29.4.2003 – IX ZR 54/02 = NJW-RR 2003, S. 1212 f.

71 *Praxistipp*

Im Fall der Manipulation der Zeugenstellung sollte in der Verhandlung durch die Gegenseite unbedingt die Manipulation herausgearbeitet werden. Hierbei wird oft zu beobachten sein, dass der Zeuge die offensichtliche Manipulation wegen seines schlechten Gewissens zu verheimlichen versucht und unzutreffende Ausreden oder vermeintliche Gründe für das Prozedere bringt. Nachdem die Manipulation jedoch i.d.R. offensichtlich ist, wird dies meist wenig überzeugend sein. Dieser wenig überzeugende Eindruck sollte unbedingt herausgearbeitet werden, denn wenn der Zeuge nur zum Beweisthema aussagt, besteht die statistisch große Gefahr, dass das Gericht dem Zeugen glaubt. Durch den schlechten Eindruck, den der Zeuge erfahrungsgemäß zu dem Sinn und Zweck oder den Hintergründen der Schaffung der Zeugenstellung bietet, kann eine Weichenstellung geschaffen werden, dass das Gericht dieser Zeugenaussage umso kritischer gegenübersteht. Der schlechte Eindruck des Zeugen kann v.a. durch folgende Fragen herausgearbeitet werden: Wann wurde der Anspruch abgetreten bzw. wann wurde der Zeuge von der Geschäftsführung ausgeschlossen oder wann wurde der Zeuge als Geschäftsführer abberufen? Wurde hierfür ein Entgelt gezahlt? Ist nach dem Prozess eine Rückgängigmachung der Maßnahme vereinbart? Falls für die Abtretung, der Abberufung oder den Ausschluss von der Geschäftsführung kein Entgelt gezahlt wurde, muss hinterfragt werden, warum der Zeuge diese Rechte ohne Gegenleistung aufgab! Was war der Grund für diese Maßnahme?

IV. Manipulation auf der Passivseite durch Widerklage

72 Oft geschieht die **Manipulation der Zeugenstellung** nicht im Vorfeld des Prozesses, sondern **während des Prozesses**, indem Zeugen „abgeschossen" werden. D.h., gegen den als Zeugen benannten wird Widerklage erhoben, um diesen formell in den Status der Partei zu heben und so eine Zeugenvernehmung unmöglich zu machen. Das ist zulässig, solange sich die Widerklage auch gegen den ursprünglichen Kläger richtet.[221] Anderslautende Entscheidungen des OLG Frankfurt[222] und AG Köln[223] sind durch den BGH überholt.[224] Auch sonst ist der Anwendungsbereich der isolierten **Drittwiderklage** durch die jüngere Rechtsprechung weit ausgedehnt worden.[225] Insbesondere kann gegen den Zedenten negative Feststellungsklage erho-

221 Vgl. BGH, NJW 1971, S. 466.

222 Vgl. BGH, VersR 1969, S. 546.

223 Vgl. BGH, VersR 1980, S. 272.

224 Vgl. BGH, NJW 1987, S. 3138 f.; vgl. auch LG Köln, VersR 1983, S. 403 f., auch in jüngerer Zeit erneut bestätigt, BGH-Report 2008, S. 114.

225 Vgl. Schöler, Die isolierte Drittwiderklage als legitimes Instrument der Prozesstaktik, MDR 2011, S. 522 ff.

ben werden, die Bestimmungen über den besonderen Gerichtsstand der Widerklage sind entsprechend anzuwenden.[226]

Nach h.M. soll jede mitverklagte Partei nicht als Zeuge in Betracht kommen, auch wenn materiell keine Forderung besteht.[227] Darüber hinaus kommt es für die Frage der Zeugenstellung auf den Zeitpunkt der Vernehmung an.[228] Das Gericht kann in derartigen Fällen jedoch mit einem Teilurteil (§ 301 ZPO) oder einer Prozesstrennung (§ 145 ZPO) reagieren.[229] 73

In der Praxis wird das „Zeugenabschießen“ dadurch verhindert, dass die Partei den Zeugen schriftsätzlich nicht benennt und als präsenten Zeugen zum Termin stellt, sodass die Gegenpartei von der Existenz zu spät erfährt.[230] Weiter soll vorkommen, dass der Zeuge aus Angst vor einer prozesstaktischen Widerklage mit einer falschen Anschrift angegeben wurde, sodass eine Widerklage nicht zugestellt werden konnte. Auch soll ein falscher Name des Zeugen schriftsätzlich benannt worden sein. In der Verhandlung soll dann dieser „Irrtum“ aufgedeckt worden sein, wobei man auf den „irrtümlich“ benannten Zeugen verzichtete und den „richtigen“ Zeugen als präsenten Zeugen zum Termin stellte, gem. § 360 Satz 2 ZPO.[231] 74

V. Andere rechtliche Bewertung (Mindermeinung)

Selbst wenn nach der Zeugenvernehmung die Manipulation rückgängig gemacht wurde, z.B. der von der Geschäftsführung abberufene Geschäftsführer zur Urteilsverkündung wieder in seiner alten Position steht, bleibt die Aussage nach h.M. eine Zeugenaussage.[232] 75

Hinweis 76

Sinnvoll kann es in den Fällen der Zeugenmanipulation sein, wenn der Richter auf die Mindermeinung hingewiesen wird.

Das RG hatte noch mitgeteilt, dass Streitgenossen keinesfalls Zeugen sein könnten, auch wenn sie nur Tatsachen bekunden würden, die ausschließlich andere Streitgenossen betreffen würden.[233] Das BAG hatte diese Auffassung des RG als „zu formal“ kritisiert und eine Ausnahme zugelassen für Tatsachen, die ausschließlich an- 77

226 Vgl. BGH, V ZR 114/07; BGH, VersR 2011, S. 412; Abweichung von BGHZ 147, S. 220, 223.

227 Vgl. BGH, VersR 1984, S. 160 f.

228 Vgl. BGH, NJW-RR 1988, S. 126 f.; vgl. auch BGH, NJW 1989, S. 2750 f.

229 Vgl. OLG Karlsruhe, BB 1992, S. 97.

230 Vgl. Schneider, Prozesstaktischer Einsatz der Widerklage, MDR 1998, S. 21, 24. Der Vernehmung des präsenten Zeugen kann aber von seiten der Gegenpartei widersprochen werden, vgl. OLG Hamm, MDR 1986, S. 766.

231 Vgl. Schneider, Prozesstaktischer Einsatz der Widerklage, MDR 1998, S. 21, 24.

232 Vgl. Müller, Parteien als Zeugen, S. 16 m.w.N.

233 Vgl. RGZ 91, S. 37 f., 370.

dere Streitgenossen betreffen würden.[234] Grundsätzlich wurde die formale Abgrenzung der h.A. und Rechtsprechung und damit Manipulationen der Zeugenstellung weitgehend kritiklos akzeptiert.[235] Die potenziellen Probleme des Eigeninteresses sollten alle über die „freie Beweiswürdigung“ gelöst werden.[236] Tatsächlich können die daraus entstehenden Probleme aber nach Ansicht der Mindermeinung nicht über § 286 ZPO gelöst werden, nachdem die Praxis einerseits von einer geheimen Beweisregel spricht, einem Zeugen grundsätzlich zu glauben,[237] und andererseits der BGH vorgebeben hat, dass es wiederum gegen § 286 ZPO verstoßen würde, Aussagen materiell am Prozessausgang Interessierter von vorneherein ohne oder mit geringerem Beweiswert zu versehen.[238] Daraus folge, dass die Partei, die einen Zeugen durch Manipulationen gewinnt, a priori im Vorteil ist, denn die Appelle an den Tatrichter im Rahmen des § 286 ZPO, die Aussage kritisch und gewissenhaft zu prüfen und sich die grundsätzlich Unzuverlässigkeit des Beweismittels zu verdeutlichen, seien Selbstverständlichkeiten, die in der Praxis an Zeitmangel, Bequemlichkeit und menschlicher Fehlbarkeit scheitern würden.[239] Der Prozessausgang hänge damit nicht mehr vom allgemeinen Lebensrisiko ab, sondern vom aktiven Tätigwerden zur Manipulation einer Zeugenstellung.[240] Ob dies in dieser Form auch aktuell noch gilt, ist fraglich, denn die frühere Beweisregel, einem Zeugen grds. zu glauben, ist (vermutlich) nicht mehr so weit verbreitet wie früher.

78 Die Mindermeinung führt an, dass die formale Betrachtung der h.A. weder zwingend noch einleuchtend sei. Die ZPO lege nicht fest, wer als Zeuge zu vernehmen sei. Der **Umkehrschluss** der h.A., dass, wer nicht als Partei zu vernehmen ist, als Zeuge/Sachverständiger zu vernehmen sei, wäre nicht zwingend. Darüber hinaus verstoße die h.A. gegen den Grundsatz, dass niemand Zeuge in eigener Angelegenheit sein kann **(nemo testis in rea sua)**.[241]

79 Erfolgt die Abtretung, um Prozesskostenhilfe zu erhalten, nimmt der BGH zwar keine Nichtigkeit der Abtretung an, verweigert ihr aber insofern „prozessuale Wirkung“, als es für die wirtschaftlichen Verhältnisse auf die Person des Zedenten ankommt.[242] Folgerichtig sei es dann, den Zessionar nur dann als Zeugen zu vernehmen, wenn die Voraussetzungen der §§ 447, 448 ZPO vorliegen.[243]

234 Vgl. BAG, JZ 1973, S. 58 f.

235 Vgl. Müller, Parteien als Zeugen, S. 21.

236 Vgl. Müller, Parteien als Zeugen, S. 22 m.w.N.

237 Vgl. Gerhard, Die Krise der freien Beweiswürdigung im Zivilprozess oder über die Schwierigkeit, einem Zeugen nicht zu glauben, MDR 1986, S. 630 ff., empirisch bestätigt durch Bürkle, Richterliche Alltagstheorien im Bereich des Zivilrechts, S. 166.

238 Vgl. BGH, NJW 1988, S. 566 f.

239 Vgl. Müller, Parteien als Zeugen, S. 37 f.

240 Vgl. Müller, Parteien als Zeugen, S. 97.

241 Vgl. Müller, Parteien als Zeugen, S. 58.

242 Vgl. BGH, NJW 1980, S. 991.

243 Vgl. Buß/Honert, Die prozesstaktische Zession, JZ 1997, S. 694, 697.

De lege ferenda wurde vorgeschlagen, sich dem englischen Recht anzunähern und auch Parteien als Zeugen zu vernehmen oder den Freibeweis in der gesamten ZPO auszudehnen oder ein Anhörungsverfahren mit allen Beteiligten/Sachverständigen durchzuführen.[244] Keine formelle, sondern eine materielle Betrachtungsweise nehmen die Rechtsordnungen der ehemaligen Sowjetunion und Griechenlands ein, denen zufolge Interessierte jedenfalls nicht als Zeuge vernommen werden konnten.[245] Auch in Frankreich und Italien scheiden Ehegatten bzw. Verwandte oft als Zeugen aus.[246] 80

Das AG Frankfurt ist in einer Einzelfallentscheidung davon ausgegangen, dass die Abtretung, um einer Partei eine Zeugenstellung zu ermöglichen, gegen § 242 BGB verstoßen würde und damit keine Aktivlegitimation gegeben sei.[247] 81

Aus einer historischen und teleologischen Auslegung folge, dass der Grundsatz nemo testis in rea sua weiter gelte. Manipulationen der Zeugenstellung würden sich auch aus dem Rechtsgedanken der §§ 134, 138, 242 BGB und 265 Abs. 2 ZPO verbieten.[248] 82

Zwar würde bei der Geschäftsführerabberufung und Abtretung kein Anscheinsbeweis dergestalt existieren, dass dies zur Manipulation der Zeugenstellung erfolgte, jedoch ergäbe sich insofern eine abgestufte Darlegungs- und Beweislast. 83

Behauptet nun der Gegner, die o.g. Maßnahme sei nur zur Erlangung der Zeugenstellung erfolgt, so hat die andere Partei Gründe für o.g. Vorgehen darzulegen und zu beweisen. Es wird damit von der allgemeinen Darlegungs- und Beweislastverteilung, der zufolge derjenige, der einen Einwand erhebt, diesen auch beweisen muss, abgewichen. Dies sei jedoch gerechtfertigt, da die näheren Umstände ausschließlich in der Sphäre der anderen aktiv handelnden Partei lägen. Die Forderungsabtretung könne damit nicht mit der pauschalen Angabe der Gewinnerzielungsabsicht „exkulpiert“ werden, sondern es müsste eine detaillierte Begründung für An- und Verkauf der Forderung dargelegt werden.[249] 84

VI. Prozesstaktische Kontermöglichkeit bei mittellosen Zessionaren

Aus der Praxis wird von folgendem Fall berichtet. 85

Ansprüche, für die kein Beweismittel zur Verfügung steht, werden an einen mittellosen Zessionar oder eine (fast) insolvente GmbH abgetreten, damit im Fall des

244 Vgl. Müller, Parteien als Zeugen, S. 66 f. m.w.N.
245 Vgl. Müller, Parteien als Zeugen, S. 88 f.
246 Vgl. Müller, Parteien als Zeugen, S. 86 f.
247 AG Frankfurt, VersR 1978, S. 878.
248 Vgl. Müller, Parteien als Zeugen, S. 101.
249 Vgl. Müller, Parteien als Zeugen, S. 110 f.

Prozessverlusts auch der Kostenerstattungsanspruch der Gegenpartei ins Leere geht. Mit anderen Worten: Die so klagende Partei kann faktisch risikolos prozessieren. Diese Taktik kann ggf. im Vorfeld der Kostenfestsetzung durchkreuzt werden, indem sich die Gegenpartei einen Anspruch eines Gläubigers des Zessionars abtreten lässt und damit die Aufrechnung erklärt.[250] Im Falle der mittellosen Zessionare kommt auch eine Nichtigkeit der Abtretung in Betracht.[251] Die Rechtsprechung geht davon aus, dass eine Abtretung an einen mittellosen Zessionar nicht per se rechtsmissbräuchlich ist; es kommt auch hier auf den Einzelfall an, z.B., ob eine gezielte Prozessrollenverschiebung vorliegt, die allein der Umgehung des Kostenrisikos dient.[252]

VII. Exkurs: Prozesstaktische Überlegungen, wer verklagt werden soll

86 O.g. Überlegungen zur Manipulation werden aus dem Grunde getätigt, um festzulegen, wer klagen soll. Ebenso entscheidend ist aus prozesstaktischen Erwägungen aber das Kehrstück hierzu, nämlich wer verklagt werden soll.

87 Bei mehreren Gesamtschuldnern kann es das Kosteninteresse gebieten, nur Einzelne davon zu verklagen. Im Fall des Prozessverlusts müssten anderenfalls jedem einzelnen, verklagten und vermeintlichen Gesamtschuldner dessen Prozesskosten erstattet werden.[253] Es ist einerseits die Gefahr der Belastung mit der Kostenlast mit dem Vorteil, dass der verklagte Gesamtschuldner nicht mehr als Zeuge zur Verfügung steht, gegeneinander abzuwägen.

88 Gleiches gilt im Fall strittiger Passivlegitimation.

- Kommen z.B. zwei Personen als Vertragspartner in Betracht (z.B. Ehemann und Ehefrau), so kann bei isolierten Prozessen der jeweils Verklagte auf die angebliche Passivlegitimation des anderen verweisen. Auch im Fall der Streitverkündung bleibt der Kläger auf den Kosten gegen den zu Unrecht Verklagten auf den Kosten „sitzen".

250 Vgl. Rinsche, Prozesstaktik, S. 12.

251 Vgl. RG, RGZ 81, S. 175, für den Fall der Umgehung des § 110 ZPO („Prozesskostensicherheit"); vgl. BGH, NJW 1984, S. 2762.

252 Vgl. BGH, Urt. v. 29.9.2011 – VII ZR 162/09 = NJW-RR 2011, S. 1690.

253 Der Grundsatz, (BGH VIII ZB 114/07) der auch umgekehrt gilt, wenn mehrere Kläger auftreten, lautet: Werden – wie hier – zwei einfache Streitgenossen (§§ 59, 60, 61 ZPO) verklagt, steht es grundsätzlich jedem von ihnen frei, sich von einem eigenen Anwalt vertreten zu lassen mit der Folge, dass im Falle des Obsiegens die jedem Streitgenossen entstandenen Anwaltskosten erstattungsfähig sind (vgl. BVerfG NJW 1990, 2124)." Eine Ausnahme gilt bei Verfahren gegen den Schädiger und dessen Haftpflichtversicherer (BGH, VI ZB 76/03) oder bei sich selbst vertretenen Mitgliedern einer Anwaltssozietät (BGH, XII ZB 156/06). Einen weiteren Sonderfall schildert Hansens in der Anmerkung zu BGH VIII ZB 114/07, zfs 2009, S. 284 f. („Einreichung identischer Schriftsätze, wechselseitiges Beziehen auf die jeweils anderen Schriftsätze und Auftreten eines Anwalts als Vertreter des anderen in der Verhandlung).

- Kommen zwei Personen als Schädiger in Betracht (bei einem Baumangel z.B. Unternehmer und Architekt), so kann der jeweils Verklagte sich damit verteidigen, der jeweils andere sei verantwortlich.

In diesen Fällen hätte eine gesamtschuldnerische Klage gegen die jeweils beiden in Betracht kommenden Personen zwar den Nachteil, dass – sofern keine gesamtschuldnerische Haftung in concreto besteht – einem Beklagten dessen Kosten zu ersetzen sind. Andererseits sind diese Kosten möglicherweise geringer, als wenn zwei isolierte Prozesse geführt werden müssen, und darüber hinaus kann ggf. erst die Vermeidung einer Zeugenstellung zum Prozesssieg führen.[254] 89

D. Einführung des Zeugen in den Prozess

I. Benennung des Zeugen

Nachdem im Zivilprozess der **Verhandlungsgrundsatz**[255] herrscht, kann man nur dann Zeuge werden, wenn man von der beweispflichtigen Partei zu einer beweiserheblichen Behauptung (d.h. relevant und bestritten) als Zeuge benannt wird. In der Praxis geschieht dies dadurch, dass die Partei einen Schriftsatz verfasst und unter die konkrete, nach dem Wunsch der Partei zu beweisende Tatsache in einem folgenden Satz formuliert: 90

Beweis: *Hans Mustermann, A Straße 23, 80335 München als Zeuge*

Hin und wieder kommt es vor, dass nicht ersichtlich ist, für welche Behauptung der Beweisantrag gestellt wurde. Es ist daher zu empfehlen, die Tatsachenbehauptung und den hierfür gestellten Beweisantrag im Text deutlich hervorzuheben. Am besten wird für jedes Beweisthema und Beweisantrag ein gesonderter Absatz verwendet.[256] 91

Es ist notwendig, aber auch ausreichend, eine **schlichte Behauptung** aufzustellen, jemand habe zu einer bestimmten Tatsache eine Wahrnehmung gemacht und diese Person schlicht als Zeugen zu benennen (konkludent, durch die Formulierung unter eine Tatsachenbehauptung: Beweis: Hans Mustermann […]). Das gilt selbst dann, wenn man es nur für möglich hält, dass die benannte Person die Aussage machen wird bzw. die Wahrnehmung gemacht hat.[257] Es würde einen **schweren Fehler** darstellen, dem Gericht mitzuteilen, dass es sich bei der **Tatsachenschilderung nur um** 92

254 Vgl. Rinsche, Prozesstaktik, S. 16 ff.

255 D.h. Beschaffung des Tatsachenstoffes und der Beweismittel ist Sache der Parteien, vgl. Thomas/Putzo, ZPO, 47. Aufl., Einl., Rn 1. Dieser Grundsatz gilt hinsichtlich der Zeugenvernehmung noch voll, andere Beweismittel, z.B. Sachverständigengutachten, Augenschein und Urkundenvorlage kann das Gericht von Amts wegen anordnen, gem. §§ 142, 143, 144 ZPO.

256 Vgl. Prechtel, Erfolgreiche Taktik im Zivilprozess, S. 238; vgl. auch Schneider, Die Klage im Zivilprozess, Rn 998.

257 Vgl. Thomas/Putzo, ZPO, 47. Aufl., § 138 Rn 4.

eine Vermutung handelt etc. Das wäre kein ordnungsgemäßes Vorbringen im Zivilprozess und unbeachtlich. Entscheidend ist die Form der Beweisbehauptung. Auch wenn die **Behauptung** auf einer Vermutung basiert, ist dies unschädlich. „Nach dem im Zivilprozeß herrschenden Verhandlungsgrundsatz [kann] die darlegungs- und beweispflichtige Partei eine Beweisaufnahme und damit eine Klärung der für die Entscheidung des Rechtsstreits erheblichen Tatsachen nur dann erreichen [...], wenn sie entsprechende bestimmte Behauptungen aufstellt. Andererseits kann es ihr aber auch nicht verwehrt werden, eine tatsächliche Aufklärung auch hinsichtlich solcher Punkte zu verlangen, über die sie kein zuverlässiges Wissen besitzt und auch nicht erlangen kann. Sie kann deshalb genötigt sein, eine von ihr nur vermutete Tatsache zu behaupten und unter Beweis zu stellen. Darin kann weder eine Verletzung der prozessualen Wahrheitspflicht noch ein unzulässiger Ausforschungsbeweis gesehen werden."[258]

93 Ebenso braucht nicht mitgeteilt zu werden, woraus man entnimmt, dass der Zeuge das Vorbringen bestätigen wird oder woher der Zeuge Kenntnis haben soll.[259] **Eine Ausnahme gilt nur dann, wenn der Zeuge zu inneren Tatsachen** (z.B. der Selbstnutzungswunsch eines zum Hausstand des Vermieters gehörenden Dritten,[260] der Irrtum eines Dritten, die Kenntnis vom Verjährungsbeginn) in der Person eines anderen **benannt wird.** Dann muss für einen schlüssigen Beweisantritt dargelegt werden, aufgrund welcher Umstände der Zeuge zu den inneren Tatsachen einer anderen Person etwas aussagen können soll.[261] Das könnte z.B. dann der Fall sein, wenn eine andere Person als Zeuge benannt wird, der gegenüber die Person, um deren innere Tatsache es geht, Äußerungen gemacht hat. Aus den Äußerungen anderen Personen gegenüber kann ein mittelbarer Beweis (Indiz) erbracht werden.[262] **Anders wiederum, wenn der Zeuge zu inneren Tatsachen in der Person des Zeugen selbst benannt wird.** Hier muss nichts Weiteres dargelegt werden.

94 Der Zeuge ist auch dann zu vernehmen, wenn der Zeuge in einem anderen Verfahren bereits eine Aussage gemacht hat, über die eine Niederschrift angefertigt wurde. Die Niederschrift kann zwar als Urkunde in dem jetzigen Verfahren verwertet werden. Dies rechtfertigt aber nicht, von einer beantragten Vernehmung des Zeugen abzusehen.[263]

258 BGH, NJW-RR 1988, S. 1529; vgl. auch BGH, NJW 1995, S. 1160 f.; NJW 1974, S. 1710 = LM § 138 ZPO Nr. 14 m.w.N.

259 Vgl. BGH, NJW 1983, S. 2034.

260 Vgl. BVerfG, NJW 1993, S. 2165.

261 Vgl. BGH, NJW 1992, S. 2489, das gilt auch im Strafrecht, vgl. KG, VRS 43, S. 199.

262 Vgl. BGH, NJW 1992, S. 2489, 2490, vgl. auch BGH, VIII ZR 218/01 = NJW-RR 2004, S. 247 unter II 2, vgl. auch BGH, VIII ZR 94/82 = NJW 1983, S. 2034 unter II 3 b, insoweit in BGHZ 87, S. 227 nicht abgedruckt.

263 Vgl. BGHZ 7, S. 116.

Hinweis 95

Der unter Zeugenbeweis gestellte Vortrag, ein bestimmter Vorgang habe nicht stattfinden können, ist grundsätzlich untauglich, solange nicht behauptet wird, dass sich das Interesse dieses Zeugen auf diesen Vorgang bezogen hat oder warum der Zeuge sonst den Vorgang, wenn er stattgefunden hätte, hätte wahrnehmen müssen.[264]

II. Exkurs: Zeugnisverweigerungsberechtigte Zeugen

Oft fordert der Gegner die Partei auf, einen Zeugen von der Schweigepflicht zu entbinden bzw. oft wird verlangt, dass der eigene Zeuge bereits bei Benennung von der Schweigepflicht entbunden wird. Beides ist falsch. Aus der **Entbindung oder Verweigerung von der Schweigepflicht** kann grundsätzlich nichts gefolgert werden, wohl aber im Einzelfall einer Beweisvereitelung.[265] Ebenso wird die Entbindung von der Schweigepflicht nicht von Amts wegen geprüft, sondern dies muss vom Zeugen geltend gemacht werden (eine gesetzliche Belehrungspflicht besteht nur bei § 383 Abs. 1 Nr. 1–3 ZPO). Alles was der Zeuge bis zur **Geltendmachung** des Zeugnisverweigerungsrechts ausgesagt hat, bleibt verwertbar.[266] Auch wenn keine gesetzliche Pflicht besteht, kann das Gericht **aus seiner allgemeinen Fürsorgepflicht** heraus belehren, vor allem dann, wenn für den Vernehmenden erkennbar wird, dass der materiell schweigepflichtige Zeuge seine Pflicht nicht (in vollem Umfang) kennt. 96

Hinweis für Strafverteidiger 97

Die berechtigte (vollständige) Ausübung des Zeugnisverweigerungsrechts darf nicht als belastendes Indiz gewertet werden,[267] wohl aber eine Auskunftsverweigerung gem. § 55 StPO.[268] Beruft sich der Zeuge (vollständig) auf § 55 StPO ist eine besonders kritische Prüfung der früheren Aussagen geboten.[269] Die Auskunftsverweigerung nach § 55 StPO legt grds. dem Angeklagten günstige Schlüsse nahe. Das wäre nur dann anders, wenn der Zeuge keinesfalls alleine, sondern allenfalls mit dem Angeklagten tätig geworden ist.[270] Auch aus der Nichtentbindung von der Schweigepflicht kann strafrechtlich in keinem Fall etwas zulasten

264 Vgl. BGH, BGHSt 39, S. 252.

265 Vgl. OLG Köln, VersR 1975, S. 163; vgl. aber BGH, NJW 1967, S. 2012; OLG München, NJW-RR 1987, S. 1021, OLG Frankfurt am Main, NJW 1980, S. 2758.

266 Vgl. BGH, NJW 1977, S. 1198 f.; vgl. auch BGH, NJW 1990, S. 1734 f.

267 Vgl. BGH, BGHSt 32, S. 140; BGH, BGHSt 34, S. 324, 327; BGH, StV 1997, S. 171, die unberechtigte Ausübung des Zeugnisverweigerungsrechts darf mit der entsprechenden Vorsicht gewertet werden, vgl. Meyer-Goßner, Komm. zur StPO, § 261 Rn 19a m.w.N.

268 Vgl. BGH, StV 1984, S. 233.

269 Vgl. BGHSt 47, S. 220, 223 f. = NJW 2002, S. 1508.

270 Vgl. Meyer-Goßner, Komm. zur StPO, § 261 Rn 20 m.w.N.

des Angeklagten geschlossen werden.[271] Sagt ein weigerungsberechtigter Zeuge erst spät zugunsten des Angehörigen aus, darf dies nicht negativ gewürdigt werden.[272] Ob dem Gericht das (anfängliche) Schweigen unverständlich erscheint, ist ohne Bedeutung. Ebenso, dass sich der Angehörige nicht selbst bei den Ermittlungsbehörden als Zeuge meldet.[273] Das **teilweise Schweigen**, z.B. die Weigerung einzelne Fragen zu beantworten, darf aber gewürdigt werden. Das wird vor allem dann relevant, wenn ein Zeuge zwar zur Sache aussagt, aber eine Überprüfung seiner Angaben durch Nichtbeantwortung entsprechender Fragen verweigert.[274]

III. Vernehmung aufgrund förmlichen Beweisbeschlusses oder formloser Anordnung

98 Entgegen weit verbreiteter Meinung ist für die Vernehmung eines Zeugen nicht immer ein förmlicher Beweisbeschluss nötig. In den meisten Fällen würde eine formlose Anordnung,[275] d.h. ein formloser Beschluss,[276] ausreichen. Ein förmlicher Beweisbeschluss ist jedenfalls dann nötig, wenn

- eine Parteieinvernahme gem. § 450 Abs. 1 Satz 1 ZPO zu erfolgen hat,
- eine vorterminliche Beweisaufnahme (Beweisaufnahme vor dem beauftragten oder ersuchten Richter, Einholung amtlicher Auskünfte, schriftliche Beantwortung der Beweisfrage durch Zeugen, Begutachtung durch Sachverständige, Einnahme eines Augenscheins) gem. § 358a ZPO erfolgt,
- die Beweisaufnahme ein besonderes Verfahren erfordert, aber nicht schon deswegen, weil sich das Gericht auf einen neuen Beweistermin vertagt.[277]

99 In jedem Fall reicht zur Vernehmung eines geladenen oder spontan erschienenen oder von einer Partei mitgebrachten Zeugen ein formloser Beschluss für die Vernehmung aus.[278] Ebenso ist es in jedem Fall zulässig, Zeugen durch vorbereitende Anordnung gem. § 273 Abs. 2 Nr. 4 ZPO zu laden, statt durch förmlichen Beweisbeschluss.

271 Vgl. BGH, BGHSt 45, S. 363, 367.
272 Vgl. BGH, BGHSt 34, S. 324.
273 Vgl. Pfeiffer/Miebach, Aus der Rechtsprechung des BGH, Strafsachen zum Verfahrensrecht, NStZ 1987, S. 220.
274 Vgl. Meyer-Goßner, Komm. zur StPO, § 261 Rn 21 m.w.N.
275 Vgl. Thomas/Putzo, ZPO, 47. Aufl., § 358 Rn 1.
276 Vgl. Zöller, ZPO, 36. Aufl., § 358 Rn 2.
277 So wohl h.M., vgl. Zöller, ZPO, 36. Aufl., § 358 Rn 2; vgl. Balzer, Beweisaufnahme und Beweiswürdigung im Zivilprozess, Rn 63; a.A. Thomas/Putzo, ZPO, 47. Aufl., § 358 Rn 2; Baumbach/Lauterbach/Albers/Hartmann, ZPO, 60. Aufl. § 358 Rn 4; vgl. OLG Saarbrücken, Urt. v. 6.9.2018 – 4 U 9/18 = NJW-RR 2019, S. 85 f.
278 Vgl. Balzer, Beweisaufnahme und Beweiswürdigung im Zivilprozess, Rn 63.

Der förmliche Beweisbeschluss ist vorzuziehen, da dann vom Beweisführer einerseits ein Vorschuss angefordert werden kann, gem. § 379 ZPO und andererseits dieser förmliche Beweisbeschluss Klarheit über die Frage der Beweislast bei komplizierten Beweislastfragen oder wechselseitigen Zeugenbenennungen bringt.[279] 100

Ob eine Beweiserhebung „höchst unökonomisch" ist, darf für das Gericht keine Rolle spielen. Wird ein Beweisantrag mit dieser Begründung abgelehnt, liegt ein Verstoß gegen Art. 103 Abs. 1 GG nahe.[280] 101

IV. Prozessordnungsgemäße Benennung des Zeugen

Zur Zeugenladung kommt es nur, wenn der Zeuge prozessordnungsgemäß benannt wird. 102

V. Präklusion

Der Beweisantritt darf daher nicht gem. § 296 ZPO präkludiert sein. 103

> *Hinweis* 104
>
> „**Arbeitsüberlastung**" ist stets ein Grund, der eine erstmalige Fristverlängerung rechtfertigt. „Der bloße Hinweis auf eine solche Arbeitsüberlastung reicht zur Feststellung eines erheblichen Grundes im Sinne von § 224 Abs. 2 und § 519 Abs. 2 Satz 3 ZPO aus, ohne dass es einer weiteren Substantiierung bedarf (vgl. BGH, VersR 1993, S. 771, 772 [BGH 13.10.1992 – VI ZB 25/92] m.w.N.; vgl. auch BVerfGE 79, 372, 377 [BVerfG 28.2.1989 – 1 BvR 649/88]; BVerfG, Beschluss der 2. Kammer des Ersten Senats vom 25.9.2000 – 1 BvR 464/00 –, NJW 2001, S. 812, 813 [BVerfG 25.9.2000 – 1 BvR 464/00]; Beschluss der 2. Kammer des Ersten Senats vom 16.1.2002 – 1 BvR 1859/01 –, NJW-RR 2002, S. 1007, 1008 [BVerfG 16.1.2002 – 1 BvR 1859/01] m.w.N.)."[281] Wird angenommen, Arbeitsüberlastung sei kein erheblicher Verlegungsgrund (§ 224 Abs. 2 ZPO), verstößt das gegen das Recht auf ein faires Verfahren.[282] Der Prozessbevollmächtigte braucht vor Fristablauf auch nicht nachzufragen, ob sein Antrag genehmigt werde, sondern er kann auf die Genehmigung vertrauen (str.).[283] Bei einem Antrag auf Verlängerung der **Berufungsbegründungsfrist** braucht der gewünschte

279 Vgl. Zöller, ZPO, 36. Aufl., § 358 Rn 2.

280 Vgl. BVerfGE 50, S. 32 ff.

281 BVerfG, NJW 2007, S. 3342 f.

282 Vgl. BVerfGK Bd. 11, S. 463 ff.

283 Vgl. BVerfG, 1 BvR 1797/00 und BGH, WM 1983, S. 477, 478; NJW 1991, S. 2080 f.; VersR 1993, S. 771 f.; NJW 1999, S. 430; das könnte durch neuere Judikate aber fraglich sein. Aus Gründen des „sichersten Wegs" ist eine Nachfrage geboten.

Verlängerungszeitraum nicht angegeben werden.[284] Eine anderslautende Ansicht[285] ist falsch.[286] Ebenso verhält es sich, wenn der Prozessbevollmächtigte erst kurzfristig mandatiert wurde. Auch dann muss nicht angegeben werden, warum die Mandatierung erst kurzfristig erfolgte.[287]

105 Auch auf normale **Postlaufzeiten** darf sich eine Partei verlassen. „Der Bürger kann darauf vertrauen, dass die von der Deutschen Bundespost nach ihren organisatorischen und betrieblichen Vorkehrungen für den Normalfall festgelegten Postlaufzeiten auch eingehalten werden. Versagen diese Vorkehrungen, so darf ihm das, da er darauf keinen Einfluss hat, im Rahmen der Wiedereinsetzung in den vorigen Stand nicht als Verschulden zur Last gelegt werden (BVerfGE 41, 23 [26 ff.]).“[288] Das gilt auch im Zivilprozess: „Dieser Grundsatz lässt sich nicht auf Verfahren beschränken, an deren Beginn ein Akt der öffentlichen Gewalt steht; er enthält ein Gebot, dem jedes rechtsstaatliche Gerichtsverfahren genügen muss.“[289] „Differenzierungen danach, ob die Verzögerung auf einer zeitweise besonders starken Beanspruchung der Leistungsfähigkeit der Post, etwa vor Feiertagen, oder auf einer verminderten Dienstleistung der Post, etwa an Wochenenden, beruht, sind unzulässig.“[290]

106 Ein Ausschluss des Beweismittels kommt dann nicht in Betracht, wenn zwar die Frist zur Benennung eines Beweismittels versäumt ist, aber der Zeuge vom Gericht noch rechtzeitig geladen werden könnte. Auf die Anzahl der Richter, deren Überlastung mit anderen anhängigen Sachen etc., kommt es hierbei nicht an, denn es handelt sich dann um einen in der Sphäre des Staates liegenden Grund.[291] **Wenn für die Zeugenladung noch mindestens sechs Tage Zeit bleibt, ist das Gericht zur Ladung des Zeugen verpflichtet**,[292] sofern die Vernehmung im anberaumten Termin noch zumutbar ist. Die Vernehmung ist dann noch zumutbar, wenn es sich um ein eng umgrenztes Beweisthema handelt und nur zwei,[293] drei,[294] fünf,[295] oder sechs[296] zusätzliche Zeugen vernommen werden müssen. **Lädt das Gericht den Zeugen nicht, so hat es die Partei zu informieren, damit diese den Zeugen als prä-**

284 Vgl. Musielak, ZPO, 7. Aufl., § 520 Rn 7.
285 Vgl. Zöller, ZPO, 27. Aufl., § 520 Rn 16.
286 Vgl. Schneider, ZAP-Buch-Report, ZAP Nr. 24 vom 9.12.2009, S. 1302.
287 Vgl. BVerfGK Bd. 11, S. 463 ff.
288 BVerfGE 44, S. 302, 306.
289 BVerfGE 50, S. 1, 3.
290 BVerfG, NJW 1992, S. 1552.
291 Vgl. BVerfG, NJW-RR 1999, S. 1079 f.; vgl. auch BVerfG, NJW 1990, S. 2373.
292 Vgl. BGH, NJW-RR 1991, S. 728, 730.
293 Vgl. BGH, NJW 1990, S. 135.
294 Vgl. BGH, NJW 2002, S. 290.
295 Vgl. BGH, NJW 1991, S. 1182, 1184.
296 Vgl. BVerfG, NJW 1989, S. 706; vgl. auch BVerfG, NJW 1990, S. 2373.

senten Zeugen stellen kann.[297] Erscheint der verspätet benannte, aber geladene Zeuge nicht, liegt dies an Gründen, „die dem Prozeß allgemein und unabhängig davon innewohnen, ob die Angriffs- und Verteidigungsmittel rechtzeitig oder verspätet vorgebracht worden sind. [...] Hierbei kann es auch keine ausschlaggebende Rolle spielen, ob die Ladung des Zeugen im Fall rechtzeitig gestellten Beweisantrags mit größerer Wahrscheinlichkeit zu seinem Erscheinen im Termin geführt hätte [...], das würde gerade zu den hypothetischen Erwägungen führen, von denen nach der Rechtsprechung des BGH der Verzögerungsbegriff freizuhalten ist."[298]

Es ist nicht selten, dass die Partei ein Beweismittel rechtzeitig benannt hat, das Gericht dieses aber übersehen hat. Der Beweisführer braucht in diesem Fall nicht noch einmal „nachzufassen". Das Übergehen dieses Beweisangebots verstößt i.d.R. gegen Art. 103 Abs. 1 GG. „Dem Beschwerdeführer sind jedoch keine Versäumnisse in dieser Richtung anzulasten, soweit er sich auf eine Verletzung seines Anspruchs auf Gewährung rechtlichen Gehörs beruft. Die Vorstellung [...], er habe den drohenden Verstoß gegen Art. 103 Abs. 1 GG voraussehen müssen, als in der mündlichen Verhandlung keine Beweise erhoben worden seien und das Gericht einen Verkündungstermin mit einem Abstand von drei Wochen anberaumt habe, wird der Verfahrenslage nicht gerecht. Bei einer auf Beschleunigung bedachten Prozessleitung mag es nahegelegen haben, die benannten Zeugen bereits zum Termin zu laden. Die Tatsache, dass dies nicht geschehen war, musste den Beschwerdeführer aber nicht zur Annahme veranlassen, sein Vortrag zu dem Gespräch vom 6.3.1986 würde einschließlich des Beweisangebots übergangen werden. Es ist keineswegs selbstverständlich, dass ein Gericht eine absehbar notwendige Beweisaufnahme bereits für den ersten Verhandlungstermin vorbereitet, auch wenn ein solches Verfahren eher den Vorstellungen des Gesetzgebers entspricht. Ebenso gut denkbar ist, dass das Gericht erst den Streitstoff sichten und mit den Parteien in der mündlichen Verhandlung erörtern will, um sich dann schlüssig zu werden, ob und in welchem Umfang eine Beweisaufnahme erforderlich ist. Der anberaumte Termin zur Verkündung einer Entscheidung sagte jedenfalls nichts darüber aus, ob ein Beweisbeschluss oder ein Urteil ergehen sollte. Selbst wenn der Beschwerdeführer hätte annehmen müssen, eine Beweisaufnahme sei nicht mehr geplant, brauchte er nicht davon auszugehen, sein Beweisangebot sei übersehen worden. Näher lag die Vermutung – insbesondere, weil der Beweisantrag wiederholt worden war und von dem Beklagten ein Gegenbeweisantrag vorlag –, das Beweisangebot sei aus der Sicht des Gerichts nicht erheblich. Ebenso wenig musste der Beschwerdeführer erwarten, die Entscheidung werde bei Nichterhebung des Beweises zwangsläufig zu seinem Nachteil ausgehen."[299] 107

297 Vgl. BGH, NJW 1980, S. 1848; BGH, NJW 1990, S. 1358.

298 BGH, NJW 1986, S. 2319, 2320.

299 BVerfGE 81, S. 97, 103.

108 *Praxistipp*

Das übergangene Beweismittel ist aus Gründen anwaltlicher Vorsicht[300] in dem Berufungsschriftsatz erneut zu benennen. Ebenso sind die Fundstelle des übergangenen Beweisangebots und das abweichende Beweisergebnis anzugeben.[301]

109 In der Praxis kommt es oft vor, dass sich die Partei erst durch den assoziativen Hintergrund eines Prozesses und einer durchgeführten Beweisaufnahme an weitere Beweismittel erinnert. Die richterliche Praxis geht bei daraufhin erfolgenden Beweisangeboten i.d.R. von einer schuldhaften Verspätung aus. Das ist oft falsch. Die Problematik soll durch beiliegenden Musterschriftsatz verdeutlicht werden.

110 ■ **Musterschriftsatz zur Entschuldigung verspäteten Vortrages wegen Vergessens:**

„Es soll die Verspätung wie folgt mit den entsprechenden Literaturbelegen entschuldigt werden. Überreicht werden in der Anlage zwei Abhandlungen, die sich mit dem Problem des Nichterinnerns am Beispiel der Zeugenvernehmung beschäftigen (Kirchhoff, MDR 2000, S. 186, 188, Der Verkehrsunfall im Zivilprozess – Hinweise zur Verbesserung der Zeugenvernehmung und Nagler, StV 1983, S. 211 ff., Vernehmungspsychologie: Warum Personen sich bei der Vernehmung nicht an das erinnern können, was sie wissen). Grundtenor dieser wissenschaftlichen Untersuchung ist, dass ein Geschehen nicht abstrakt – wie mit einem Video-Rekorder aufgenommen und verarbeitet wird, […] und der **Erinnerungsprozess auch nicht statisch ist**, sondern davon abhängt, welche **Assoziationen** sich aus den einzelnen Erinnerungen weiter ergeben (vgl. Kirchhoff, MDR 2000, 188). Folgerichtig bildet das menschliche Gehirn die Realität nicht einfach wie ein Fotoapparat ab, sondern schließt als unwichtig angesehene Sinnesempfindungen von der Wahrnehmung aus. Dies geschieht ganz unbewusst und automatisch (Nagler, Strafverteidiger 83, S. 212), sodass es **zur Abrufung einer weiteren Erinnerungsleistung auf den ‚assoziativen Hintergrund' ankommt** (vgl. Nagler, Strafverteidiger 83, S. 213). In der Sache war für den Beklagten nur entscheidend, dass es eine Pauschalvereinbarung gab. Völlig nebensächlich war zum damaligen Zeitpunkt, wer auch noch anwesend war, da der Beklagte ja nicht wissen konnte, dass genau dies mehrere Jahre später prozesserheblich sein könnte. Folglich hat der Beklagte die damalige Nebensächlichkeit ganz unbewusst und automatisch (s.o.) von der Wahrnehmung verdrängt bzw. ausgeschlossen. Nachdem jedoch nunmehr der Zeuge den assoziativen Hintergrund (s.o.) geliefert hat, dass auch noch der sogenannte ‚Moppel' und die damalige Freundin des Beklagten anwesend war, kann der Beklagte eben erst durch diese **Assoziation** sich seinerseits wieder daran erinnern (s.o.), dass diese Personen in der Tat anwesend waren und die konkrete Vereinbarung mitbekommen haben. Dies ist

300 Geringere Anforderungen stellt BGH, NJW 2004, S. 1876 ff.

301 Vgl. Doukoff, Mandatshandbuch Zivilrechtliche Berufung, Rn 670 ff. m.w.N.

auch unmittelbar einsichtig, da das Erinnern eben ein **dynamischer Prozeß** ist, der entscheidend von dem **assoziativen Hintergrund** abhängt. Dies ist auch insofern nachvollziehbar, als die streitgegenständliche Vereinbarung ja aus dem Jahre Sommer/Herbst 1997 stammt, der Kläger zwar dann im Frühjahr 1998 einen Mahnbescheid einreichte (Zustellung am 11.5.1998) und sodann über zweieinhalb Jahre nichts mehr unternahm, sodass die Angelegenheit für den Beklagten erledigt war und in Vergessenheit geriet.

Zum Zeitpunkt der Einreichung des Streitverfahrens waren also bereits mehr als drei Jahre seit der streitgegenständlichen Vereinbarung vergangen, sodass es nicht verwunderlich ist, wenn der Beklagte nach mehr als drei Jahren nicht mehr von sich aus weiß, wer seinerzeit noch zusätzlich anwesend war, sondern diese Erinnerungsleistung erst durch den von dem Zeugen geschaffenen assoziativen Hintergrund bewerkstelligen kann. Das Gericht möge sich hierbei selbst prüfen, ob sich denn auch das Gericht noch an alle Teilnehmer eines Vertragsschlusses oder einer Verhandlung von vor über drei Jahren, mittlerweile fast viereinhalb Jahre erinnern kann. Hinzu kommt, dass der Beklagte als Gastronom mit einem Lokal mitten auf der XY-straße täglich mit Dutzenden Leuten ‚Small talk' betreibt und täglich Verträge abschließt (Engagement von Künstlern, Warenbestellungen, weitere Handwerker für Umbauten oder jahreszeitliche Dekorationen etc). Damit ist die Verspätung entschuldigt und die weiteren Zeugen mögen für die streitentscheidende Frage geladen werden."

1. Präklusion durch Prozesstaktik?

Fraglich wäre, ob ein **Zeugenbeweis präkludiert** ist, wenn der Beweisführer das Beweismittel aus prozesstaktischen Gründen nicht **rechtzeitig** benannt hat.[302] Prozesstaktisch kann jede Frist voll ausgenutzt werden. „Der Bürger ist insbesondere berechtigt, die ihm vom Gesetz eingeräumten prozessualen Fristen bis zu ihrer Grenze auszunutzen (BVerfGE 40, 42, 44; 41, 323, 328)."[303] 111

Das BVerfG geht davon aus, dass die Anwendung der Präklusionsvorschriften, die immerhin mit dem Gebot der materiell richtigen Entscheidung kollidieren, strengen Ausnahmecharakter haben. Mit jeder Präklusion nimmt der Richter mindestens mit dolus eventualis die Gefahr eines materiellen Fehlurteils in Kauf.[304] Eine Zurückweisung setzt daher voraus: „[dass] die betroffene Partei ausreichend Gelegenheit hatte, sich in den ihr wichtigen Punkten zur Sache zu äußern, dies aber aus von ihr zu vertretenden Gründen versäumt hat (vgl. BVerfGE 36, 92 [97 f.]; 54, 117 [124]; 55, 72 [94])."[305] 112

302 Vgl. hierzu Geipel/Geisler/Nill, Präklusion vs. Prozesstaktik, ZAP 2007, Heft 3, Fach 13, S. 1407 ff.

303 BVerfGE 69, S. 381, 385.

304 Vgl. Frohn, Rechtliches Gehör und richterliche Entscheidung, S. 85 m.w.N.

305 BVerfGE, 69, S. 145, 149.

113 Was aber ist von der Partei zu vertreten? Ist **Prozesstaktik** von der Partei zu vertreten? Muss eine Partei alles offenbaren oder kann sie Informationen zurückhalten, um die Gegenpartei der Lüge zu überführen?

114 Hierzu teilt das BVerfG mit: „Im Übrigen lassen sich durchaus anerkennenswerte Gründe finden, die eine Partei veranlassen können, bestimmte Gesichtspunkte zunächst nicht anzusprechen, bis die fortschreitende Entwicklung des Prozesses oder eine Aufforderung des Gerichts deren Einführung unumgänglich machen. Die Prozessförderungspflicht der Parteien zwingt nicht zum Verzicht auf jegliche Prozesstaktik; unterbunden werden soll lediglich ein Prozessverhalten, das vornehmlich der Verzögerung und Verschleppung dient (BTDrucks.a.a.O., S. 37/38).“[306] Allerdings sind, „[…] spätestens jedoch nach dem negativ verlaufenden Beweisaufnahmetermin alle weiteren und möglicherweise in Betracht kommenden Beweismittel [anzubieten].“[307]

115 Das Problem kann z.B. in den zwei folgenden – tatsächlich passierten – Fällen relevant werden:

Beispiel 1

Der **eigene Alibizeuge** wird nicht benannt, da zu befürchten ist, dass bei frühzeitiger Benennung des eigenen Zeugen, der gegnerische Sachvortrag ausgetauscht wird. Ein Beispiel: Eine GmbH erhebt Klage auf Zahlung eines Reisepreises und lässt vortragen, der Beklagte sei am 13.4.2000 in deren Geschäftsräumen erschienen und habe einen entsprechenden Reisevertrag mündlich geschlossen. Hierfür wird der Sachbearbeiter X als Zeuge benannt. Die bestellten Reiseunterlagen habe der Beklagte nicht abgeholt, gleichwohl sei der Beklagte zur Leistung des Reisepreises verpflichtet, da die Klägerin ihrerseits die Unterlagen bereits besorgt habe und nicht mehr zurückgeben könne. Der Beklagte trägt vor, am 13.4.2000 sei er zu keinem Zeitpunkt in den Geschäftsräumen der Klägerin gewesen, sondern in einer anderen Stadt. Hierfür benennt er den Alibizeugen Guido Mustermann. Nun trägt die Klägerin vor, es sei richtig, dass der Kläger nicht am 13.4.2000 in deren Geschäftsräumen erschienen sei. Nach nochmaliger Durchsicht der Unterlagen habe der Sachbearbeiter der Klägerin festgestellt, dass der Beklagte vielmehr am 20.4.2000 in den Geschäftsräumen der Klägerin war. Hierfür wird erneut der Sachbearbeiter X als Zeuge benannt. Der Beklagte war jedoch auch am 20.4.2000 nicht in den Geschäftsräumen der Klägerin, sondern abermals in einer anderen Stadt. Hierfür benennt er die Alibizeugin Gisela Musterfrau. Nunmehr trägt die Klägerin vor, auch das sei

306 BVerfGE 54, S. 117, 126 f.

307 So aus der unveröffentlichten Entscheidung des BVerfG 1 BvR 1004/85 – zitiert nach Schneider, Verzögerungsrecht, MDR 1986, S. 896.

richtig, es habe sich bei dem vorherigen Vortrag um ein Informationsversehen des Bevollmächtigten[308] gehandelt. Tatsächlich sei der Beklagte nämlich am 27.4.2000 in den Geschäftsräumen der Beklagten gewesen. Auch hierfür wird der Sachbearbeiter X als Zeuge angeboten. Der Beklagte hat nun glücklicherweise auch für den 27.4.2000 einen weiteren Alibizeugen. Diesen benennt er aber aus prozesstaktischen Gründen nicht, denn er befürchtet, wenn er den Alibizeugen für den 27.4.2000 jetzt benennt, so wird die Klägerin deren Sachvortrag erneut austauschen und für den dann behaupteten Termin habe er keinen Alibizeugen mehr. Daher entschließt sich der Beklagte, die Zeugeneinvernahme abzuwarten und seinen Alibizeugen erst zu benennen, nachdem der klägerische Sachbearbeiter ausgesagt und das konkrete Datum genannt hat. Dann wäre die Klägerin und deren Zeuge an das ausgesagte Datum gebunden und könnte den Sachvortrag nicht mehr austauschen. Tatsächlich sagte der Sachbearbeiter im Prozess aus, dass der Beklagte am 27.4.2000 in den Geschäftsräumen der Klägerin war. Nunmehr benannte der Beklagte verspätet aber m.E. entschuldigt[309] (also nicht präkludiert) den Alibizeugen für den 27.4.2000.[310]

Hinweis **116**

Wechselnder Pateivortrag ist nicht prozessual unzulässig.[311] Der Umstand ist aber in der Beweiswürdigung zu beachten[312] und verliert an Überzeugung, wenn der gewechselte Sachvortrag eine Anpassung an die jeweilige Beweislage darstellt.[313]

Beispiel 2

Ein weiteres reales Beispiel: Die Lebensgefährtin eines Zahnarztes unterschlägt das in deren Wohnung gelagerte Geld des Zahnarztes und bricht sodann jede Beziehung zum Zahnarzt ab. Schriftsätzlich leugnet die Lebensgefährtin, irgendeinen Geldbetrag von dem Zahnarzt erhalten, geschweige denn unterschlagen

308 In der Praxis kommen Missverständnisses zwischen Partei u. Anwalt nicht gerade selten vor, vgl. Lange, Parteianhörung und Parteivernehmung, NJW 2002, S. 476 f.

309 Im Strafrecht wird ein **derartiges Vorgehen sogar als de lege artis** angesehen. D.h., der Entlastungsbeweis sollte nicht vor Beweiserhebungen angetreten werden, die ihn unschwer wieder zunichte machen könnten (z.B. „wenn ich [Belastungszeuge] es mir recht überlege, könnte es auch das Datum X gewesen sein)“; vgl. Junker, Beweisantragsrecht im Strafprozess, S. 112 f.

310 Im konkreten Fall hat das Gericht (AG München, 262 34583/01) tatsächlich eine Präklusion erwogen. Dies war m.E. falsch, da Prozesstaktik nicht verboten ist (vgl. BVerfGE 54, S. 157) u. die Verspätung hier genügend entschuldigt ist. Der Fall löste sich dadurch, dass die Klägerin nach Benennung des Alibizeugen u. Einreichung weiterer schriftlicher Alibiunterlagen die Klage zurücknahm.

311 Vgl. BGH, NJW-RR 1995, S. 1340, vgl. auch BGH, NJW-RR 2000, 208, OLG München, DAR 2005, S. 684.

312 Vgl. BGH, NJW-RR 2000, S. 208; NJW 2002, S. 1276 f.; BGH, IV ZR 216/09.

313 Doukoff, Die Rechtsprechung des OLG München in Verkehrsunfallsachen, Skript zum Vortrag vom 11.11.2008 vor der Arbeitsgruppe Verkehrsrecht im Münchner Anwaltsverein, S. 39 f. m.w.N.

zu haben. Der Zahnarzt lässt über Privatdetektive Nachforschungen anstellen, denen gegenüber die Lebensgefährtin auf die gesamte Summe angesprochen wird und einräumt, „ca. die Hälfte des Geldes erhalten zu haben". Nunmehr tritt der Zahnarzt seine Forderung gegen die Lebensgefährtin ab und der Zessionar klagt gegen die Lebensgefährtin auf Rückgabe des Geldes. Der Zahnarzt wird als Zeuge benannt. Die **Privatdetektive** werden prozesstaktisch schriftsätzlich nicht benannt. Die Strategie des Zahnarztes und des Zessionars war, dass die Beklagte bei deren Behauptung im Prozess bleiben würde, dass sie kein Geld von dem Zahnarzt erhalten hätte. Dann könnte die Beklagte durch die Privatdetektive der **Lüge** überführt werden, da sie den Privatdetektiven gegenüber eingeräumt hatte, „ca. die Hälfte des Geldes erhalten zu haben". Nachdem der Zahnarzt als Zedent als Zeuge zur Verfügung stehen würde, der den klägerischen Vortrag bestätigt und die Beklagte überdies der Lüge überführt werden würde, müsste das Gericht zu dem Schluss kommen, dass die Zeugenaussage der Beklagten unglaubwürdig ist. Würde der Zessionar jedoch die Privatdetektive schriftsätzlich als Zeugen ankündigen, so würde die Beklagte die „Flucht nach vorne" antreten und von sich aus einräumen, einmal zwei Privatdetektiven gegenüber eingeräumt zu haben, ca. die Hälfte des Geldes erhalten zu haben. Die Beklagte würde dies dann wohl auch noch dadurch zu erklären versuchen, dass sie behaupten würde, von den Privatdetektiven zu ihrer Aussage von „ca. die Hälfte des Geldes" erpresst oder bedroht worden zu sein. Jedenfalls würde die Beklagte dann nicht mehr der Lüge überführt werden können. Im tatsächlichen Prozess sagte der Zahnarzt als Zedent und damit als Zeuge aus und bestätigte die klägerische Schilderung. Aus Gründen der Chancengleichheit wurde die Beklagte als Partei vernommen. In ihrer Parteivernehmung sagte die Beklagte – wie erwartet – aus, dass sie überhaupt kein Geld erhalten hätte. Nunmehr benannte der Zessionar die Privatdetektive als Zeugen zum Beweis dafür, dass die Beklagte doch Geld erhalten hatte. Aus Gründen der Vorsicht wurde ein Privatdetektiv als präsenter Zeuge mitgebracht und der andere Privatdetektiv lediglich als Zeuge benannt. Der präsente Zeuge wurde vernommen, der benannte Zeuge wurde als verspätet zurückgewiesen. In der Berufungsinstanz wurde dann auch noch der benannte Zeuge vernommen.

Das Problem kann sich auch umgekehrt stellen, wenn eine Partei einen Zeugen benennt, dieser aber das **Beweisergebnis nicht bestätigt.** Benennt der Beweisführer nun weitere Zeugen nach, um das Beweisthema doch noch zu bestätigen, läuft der Beweisführer Gelegenheit, dass dieses nachgeschobene Beweisangebot als verspätet angesehen wird. Nach zutreffender Ansicht ist es aber nicht schuldhaft, wenn eine Partei die Benennung von Zeugen zum selben Beweisthema beschränkt, weil sie annimmt, der/die benannte(n) Zeuge(n) werde(n) das Beweisthema bestätigen.[314] Ein entsprechender Beweisantrag stellt sich damit zugleich als Reaktion auf das Ergebnis der durchgeführten Beweisaufnahme dar, der grundsätzlich zulässig ist, gem. §§ 279 Abs. 3, 285 ZPO.[315] Würde man hier kleinlich agieren, so würde dies einerseits zur Aufblähung von Beweisaufnahmen führen, da alle Zeugen vorsorglich benannt und geladen werden müssten und andererseits müsste die Partei dann von sich aus Kontakt zu den potenziellen Zeugen aufnehmen, um deren tatsächliches Wissen und beabsichtigtes Aussageverhalten zu erfragen. Das ist zwar gesetzlich nicht verboten, aber zu vermeiden, da hierdurch bewusst, aber auch unbewusst (v.a. durch Suggestionswirkung)[316] das Beweisergebnis verfälscht werden kann.[317]

Hinweis 117

Richter und Staatsanwälte bewerten den Beweiswert von Zeugenaussagen kritischer, wenn der Anwalt zuvor mit dem Zeugen gesprochen hat.[318]

Ergebnis: Die Anwendung der Präklusionsvorschriften geschieht zulasten der materiellen Wahrheit. Daher ist eine restriktive Auslegung geboten (sog. Ausstrahlungswirkung der Grundrechte[319]). Der Anspruch auf rechtliches Gehör gebietet eine rechtsschutzfreundliche Anwendung.[320] Wer daher prozesstaktisch nachvollziehbar **Beweise erst später in den Prozess einführt, handelt nicht schuldhaft und ist daher nicht präkludiert**.[321] „Das BVerfG hat in seiner Rechtsprechung zu den zivilprozessualen Präklusionsvorschriften stets herausgestellt, dass eine Zurückweisung von Vorbringen ohne vorwerfbares Verhalten der präkludierten Partei mit dem Anspruch auf Gewährung rechtlichen Gehörs unvereinbar ist [...] Eine am Wortlaut haftende Auslegung der Vorschrift könnte aber zu einer Präklusion ohne Verschulden führen. Dies entspricht nicht dem Sinn der Regelung. Denn der Gesetzgeber wollte lediglich verhindern, dass die erstinstanzliche Prozessförderungspflicht durch den Vortrag in der zweiten Instanz ausgehöhlt wird (BT-Dr 7/2729, S. 40 f. und 7/5250, S. 5). Diese Gefahr besteht nicht, wenn eine vorwerfbare Pflichtverletzung in erster Instanz gar nicht begangen worden ist.“[322] 118

Es ist nicht erforderlich, dass eine Partei alles sofort vorträgt, was vielleicht entscheidungserheblich ist, sondern nur das vorträgt, was bei sorgfältiger Prozessfüh- 119

314 Vgl. Balzer, Beweisaufnahme und Beweiswürdigung im Zivilprozess, Rn 49.

315 Vgl. BGH, Beschl. v. 25.1.2012 – IV ZR 230/11.

316 Vgl. auch Pygmalioneffekt in Bender/Nack, Tatsachenfeststellung vor Gericht, 2. Aufl., Rn 105 ff.

317 Vgl. Balzer, Beweisaufnahme und Beweiswürdigung im Zivilprozess, Rn 49.

318 Vgl. Barton, Einführung in die Strafverteidigung, S. 197 m.w.N.

319 Vgl. BVerfGE 7, S. 198, 205; 28, S. 243, 260 f.

320 Vgl. Lange, Zurückweisung verspäteten Vorbringens im Vorbereitungstermin, NJW 1986, S. 3043 f.

321 Vgl. Jäckel, Beweisrecht der ZPO, Rn 261; ebenso Musielak/Voigt/Foerste, ZPO, 14. Aufl., § 282 Rn 5.

322 BVerfG, NJW 1987, S. 2003 f.

rung notwendig ist.[323] Sonst würde es sich um die Eventualmaxime handeln.[324] „Das [was bei Anwendung der Sorgfalt vorzutragen ist] ist ein Werturteil mit einer erheblichen Ermessensbreite. Die Partei ist daher weitgehend vom guten Willen ihres Richters abhängig."[325] „Eine sorgfältige Prozessführung erfordert nicht, dass alle möglichen Entwicklungen des Verfahrens vorausbedacht werden."[326] Die Praktiker **Prechtel und Schneider** teilen mit, dass erfahrungsgemäß häufig zulasten der Partei entschieden werde, um kurzen Prozess machen zu können.[327] Bereits 1984 hatte Leipold **die Zurückweisungspraxis und Zahl der diesbezüglich erfolgreichen Verfassungsbeschwerden als nicht zu übersehendes Alarmzeichen** bewertet. Es ist nicht ersichtlich, dass sich die Zurückweisungspraxis wesentlich geändert hätte, allerdings ist die Zahl der „diesbezüglich erfolgreichen Verfassungsbeschwerden" nicht bekannt. Sollten sich hier verfassungsgerichtliche Änderungen ergeben, könnte dies auf eine veränderte Annahmepraxis des BVerfG hindeuten. Hingewiesen sei auf den strengen Ausnahmecharakter der Präklusionsvorschriften und dem **Auslegungsgrundsatz**, dass im Zweifel die Auslegung zu wählen ist, die dem Grundrecht (Art. 103 GG) die **stärkste Wirkung** verleiht.[328] „Entscheidend muss dabei sein, ob das Verhalten der Partei unter Berücksichtigung der konkreten prozessualen Situation (und dazu gehört auch das Verhalten des Gerichts, des Gegners und sonstiger Verfahrensbeteiligter) die einschneidende Folge einer Zurückweisung des Vorbringens rechtfertigt,"[329] folglich eine angemessene und verhältnismäßige Sanktion ist.[330] Im Zweifel ist gegen die Präklusion zu entscheiden, denn, „kraft Verfassung [...] wiegt es schwerer, wenn ein Vorbringen zu Unrecht zurückgewiesen und damit das rechtliche Gehör verkürzt wird, als wenn ein nach der ZPO eigentlich präkludierter Vortrag doch zur Kenntnis genommen wird."[331] Bei genauer rechtlicher (aber ggf. wirklichkeitsfremder) Überlegung kann die Partei auch nicht schuldhaft handeln, denn die Partei könnte rechtlich Folgendes vortragen:

Sie sei davon ausgegangen, dass der von der Gegenseite benannte Zeuge natürlich die Wahrheit aussagen würde. Was soll der Zeuge denn sonst aussagen? Dann würde sich die Notwendigkeit eines eigenen Alibi- oder Gegenzeugen gar nicht mehr

323 So ausdrücklich für die Klageerwiderung und Replik des Klägers § 277 ZPO.

324 Vgl. Zöller, ZPO, 36. Aufl., § 277 Rn 1.

325 Schneider, Verspätungsrecht im Berufungsverfahren, NJW 2003, S. 1435.

326 Grunsky, Die Straffung des Verfahrens durch die Vereinfachungsnovelle, JZ 1977, S. 204.

327 Vgl. Schneider, Verspätungsrecht im Berufungsverfahren, NJW 2003, S. 1435; vgl. auch Prechtel, Erfolgreiche Taktik im Zivilprozess, 3. Aufl., S. 228.

328 Vgl. Leipold, Auf der Suche nach dem richtigen Maß bei der Zurückweisung verspäteten Vorbringens, ZZP 1997, S. 395 ff.

329 Leipold, Auf der Suche nach dem richtigen Maß bei der Zurückweisung verspäteten Vorbringens, ZZP 1997, S. 395, 398.

330 Vgl. Leipold, Auf der Suche nach dem richtigen Maß bei der Zurückweisung verspäteten Vorbringens, ZZP 1997, S. 395, 399.

331 Leipold, Prozessförderungspflicht der Parteien und richterliche Verantwortung, ZZP 1980, S. 245.

stellen, da der Sachverhalt bereits durch den gegnerischen Zeugen geklärt würde. Dass der Gegenzeuge vor Gericht lügt, sei für die Partei nicht vorhersehbar. Folglich könne die Benennung eines eigenen Zeugen zu diesem späten Zeitpunkt nicht schuldhaft verspätet sein. Ebenso musste der Zessionar davon ausgehen, dass die als Partei vernommene Beklagte ebenfalls die Wahrheit aussagen würde. Die Notwendigkeit von erst nach der Parteivernehmung zu benennenden Gegenzeugen würde sich daher nicht stellen. Dass auch die als Partei vernommene Beklagte, die, wie jeder Zeuge auch, vom Gericht auf die Wahrheitspflicht hingewiesen wird, lügen würde, war nicht vorhersehbar. Keine Partei muss vorsorglich eine Lüge eines Zeugen oder einer förmlich vernommenen Partei einkalkulieren und daher bereits jetzt vorsorglich Vorkehrungen zur Widerlegung einer ggf. später erfolgenden Lüge treffen.[332] Rechtsdogmatisch ließe sich weiter argumentieren, dass die Gegenzeugen eigentlich nicht zum Beweisthema vernommen werden, sondern (**jedenfalls auch**) zu Umständen, die die Glaubwürdigkeit der vom Gegner benannten Zeugen oder die Glaubwürdigkeit der vernommenen Partei betreffen. Ein Umstand, der die (Un-) Zulässigkeit oder Beweiskraft des Beweismittels betrifft, ist eine sog. Hilfstatsache (Indiz), über die ebenfalls Beweis erhoben werden muss.[333] Diese Hilfstatsache (Lüge), die die Glaubwürdigkeit des Gegenzeugen bzw. der Partei betrifft, ist aber erstmalig mit der Vernehmung des „Hauptzeugen" bzw. der Partei bekannt geworden.[334] Wenn nunmehr unverzüglich, d.h., in der mündlichen Verhandlung unmittelbar nach Bekanntwerden des Umstandes (Lüge) ein Gegenbeweismittel benannt wird, so kann dies nicht schuldhaft verspätet sein. Damit würde jedoch die Gefahr bestehen, dass die Präklusionsvorschriften weitgehend leer laufen, denn die **Annahme jeder Zeuge sagt die Wahrheit aus**, sodass keine Notwendigkeit besteht, einen Gegenzeugen zu benennen, lässt sich mit der Wirklichkeit nicht vereinbaren.

Daher ist m.E. wie folgt zu differenzieren: **120**

- Bezieht sich das Beweismittel **unmittelbar nur**[335] auf ein Indiz, das die Beweiskraft eines anderen Beweismittels betrifft (z.B. der Zeuge ist wegen Meineides vorbestraft), so kann und braucht dieses Beweismittel (z.B. Beiziehung des verurteilenden Strafurteils) nicht bereits prophylaktisch benannt zu werden, sondern es kann dieses Beweismittel erst dann benannt werden, wenn sich die Notwendigkeit ergibt, Beweis über die Zuverlässigkeit und Beweiskraft des anzugreifenden Beweismittels zu erheben.

332 Vgl. Geipel/Geisler/Nill, Präklusion vs. Prozesstaktik, ZAP 2007, Heft 3, Fach 13, S. 1407 ff. u. wohl ebenso Rinsche, Prozesstaktik, S. 67.

333 Vgl. Thomas/Putzo, ZPO, 47. Aufl., Vorbem. zu § 284 Rn 11; Zöller, ZPO, 36. Aufl., § 286 Rn 9a.

334 Vgl. Rinsche, Prozesstaktik, S. 106 f. zum Fall, dass durch die Vernehmung eines Zeugen jetzt erst ein weiterer Zeuge bekannt wird.

335 Mittelbar bezieht sich das Indiz dann natürlich auch auf die Haupttatsache.

- Alle anderen Beweismittel können präkludiert sein, wenn die Verspätung durch nachvollziehbare Gründe (auch prozesstaktischer Art) nicht entschuldigt wird.

121 Hinsichtlich der oben genannten Beispielsfälle bezieht sich das Beweismittel der Zeugenaussage des Privatdetektivs **unmittelbar nur** auf ein Indiz, dass die Beweiskraft eines anderen Beweismittels (Glaubwürdigkeit der als Partei vernommenen Beklagten) betrifft, sodass – losgelöst von jeder Prozesstaktik – keine Präklusion in Betracht kommen kann. Dies deshalb, da der Privatdetektiv ja auch nicht den klägerischen Vortrag („volle Summe") bestätigt. Mit der Aussage des Privatdetektivs allein ließe sich daher der Hauptbeweis nicht führen. Die **Aussage des Privatdetektivs** wird also ausschließlich benötigt, um die Beklagte zu diskreditieren, also ausschließlich hinsichtlich eines Umstandes, der die Beweiskraft der als Partei vernommenen Beklagtenaussage betrifft. Dass sich die Notwendigkeit einer dementsprechenden Beweiserhebung ergibt, wusste der Kläger frühestens nach der Lüge in der Parteivernehmung. **Davor wäre das Beweisangebot sogar unschlüssig gewesen** (der Kläger klagt die volle Summe ein, der Privatdetektiv bestätigt aber nur eine Äußerung über „ca. die Hälfte"). **Daher kann es jetzt nicht präkludiert sein**.

122 Hinsichtlich des **Alibizeugen** könnte sich – losgelöst von der Frage nach der Zulässigkeit von Prozesstaktik – keine Präklusion ergeben, wenn z.B. der 1. Zeuge behauptet, der Beklagte sei um 8.30 Uhr in den Geschäftsräumen in München erschienen und der Beklagte nun unter Beweisantritt vorträgt, um 8.30 Uhr sei er in Frankfurt gewesen. Der Umstand, dass der Beklagte in Frankfurt um 8.30 Uhr gewesen ist, betrifft unmittelbar nur ein Indiz, dass die Beweiskraft des 1. Zeugen betrifft (Glaubwürdigkeit, d.h. Lüge oder Irrtum jedenfalls hinsichtlich der Uhrzeit). Die Frage der Präklusion kann sich somit nicht stellen, denn der Beklagte wusste noch nicht, ob und wenn ja, welche konkrete Zeit der klägerische Zeuge bestätigen werden würde. Folglich kann der Beklagte noch nicht prophylaktisch für verschiedene potenzielle (welche?) Zeiten verschiedene Alibizeugen benennen. Darüber hinaus kann der Beklagte mit der Alibidarstellung, um 8.30 Uhr in Frankfurt gewesen zu sein, den zu führenden Hauptbeweis (mündlicher Vertragsschluss in den Räumen der Klägerin am 27.4.2000) nicht erschüttern, denn selbst wenn der Beklagte um 8.30 Uhr in Frankfurt gewesen ist, kann er trotzdem im Laufe des 27.4.2000 in München den Vertrag mündlich geschlossen haben. **Auch hier betrifft der erst jetzt benannte Zeuge nur einen Umstand, der die Beweiskraft eines anderen Beweismittels betrifft**. Anders wäre dies aber, wenn die Klägerin bereits die genaue Uhrzeit des angeblichen Vertragsschlusses mitgeteilt hätte. Dann würde die Alibibehauptung auch unmittelbar die zu beweisende Haupttatsache betreffen und nicht nur einen Umstand, der die Beweiskraft eines anderen Beweismittels betrifft. Das hätte der Beklagte in der Tat rechtzeitig unter Beweisantritt vortragen müssen. Eine Präklusion kann hier m.E. nur durch **zulässige, d.h., entschuldigende Prozesstaktik**

(nachvollziehbare Angst der Anpassung des Sachvortrages durch die Gegenpartei) vermieden werden.[336]

Praxistipp 123

Um eine Diskussion mit dem Gericht über die Zulässigkeit der Prozesstaktik zu vermeiden, sollte der Gegenbeweisantrag u.U. **eng gefasst** werden und sich **nur** mit der konkreten Überführung der Lüge des gegnerischen Zeugen in einem zentralen (streitentscheidenden) Punkt begnügen.

Also **kein** Beweisantrag, dass die zu beweisende Haupttatsache „y" nicht richtig ist und das Gegenteil, d.h., die Tatsache „x" zutrifft; Beweis: Zeuge Mustermann,

sondern vielmehr sollte beantragt werden, Beweis zu erheben, dass der Zeuge X bei seiner konkreten Behauptung „A" gelogen hat, denn richtig ist „B", Beweis: Zeuge Mustermann.

Sollte das Gericht nach wie vor eine Präklusion in Betracht ziehen, sollte der Hinweis gegeben werden, dass anderenfalls Strafantrag und Strafanzeige gegen den Zeugen X gestellt und das Verfahren somit gem. § 149 ZPO ohnehin ausgesetzt werden müsste. Das Ermessen des § 149 ZPO ist m.E. i.d.R. im Sinne der Aussetzung auszuüben, da anderenfalls ein zusätzliches Restitutionsverfahren notwendig werden könnte, gem. § 580 Nr. 1 bzw. Nr. 3 ZPO.

Weiter wäre insofern ein **Entschuldigungsgrund**[337] durch Prozesstaktik denkbar, 124
wenn eine Partei einen eigenen Zeugen benennt, dieser aber wider Erwarten das Beweisergebnis nicht bestätigt. Hier ist es weder fahrlässig noch grob nachlässig, wenn erst jetzt weitere Zeugen zum selben Beweisthema benannt werden. Die Einlassung des Beweisführers, man habe darauf vertraut, dass der Zeuge, so wie schriftsätzlich angekündigt, aussagen würde, ist beachtlich und richtig.[338] Würde man hier nämlich einen kleinlichen Maßstab anlegen, so würde dies entweder dazu führen, dass die Parteien den Prozess mit Zeugen vorsorglich überfrachten und/oder (zur Vermeidung überflüssiger Zeugenladungen) die Partei zuvor mit dem Zeugen Kontakt aufnehmen muss, um dessen Aussage abzuschätzen. Diese vorherige Kontaktaufnahme ist in jedem Fall unerwünscht, da sich dadurch Beeinflussungen und Suggestionen ergeben können.[339] Prophylaktische Erkundigungen bei Zeugen im „La-

336 Vgl. Geipel/Geisler/Nill, Präklusion vs. Prozesstaktik, ZAP 2007, Heft 3, Fach 13, S. 1407 ff.

337 Der Entschuldigungsgrund braucht nur schlüssig dargelegt werden. Das Gericht muss Glaubhaftmachung (ggf. auch weitere Glaubhaftmachung) verlangen, vgl. BGH, NJW 1986, S. 3193 f.

338 Vgl. hierzu BGH, NJW 1988, S. 60, 62: „Die Kl. durfte davon ausgehen, dass die Streitgehilfin ihrer prozessualen Wahrheitspflicht nachgekommen sei, sie hatte keine Veranlassung [...] Ermittlungen darüber anzustellen, ob etwa die Bediensteten [...] doch über den Hergang besser unterrichtet waren".

339 Vgl. Balzer, Beweisaufnahme und Beweiswürdigung im Zivilprozess, Rn 49.

ger der Gegenpartei" wären ohnehin unzumutbar.[340] Die Präklusionsvorschriften sind auf den Fall zugeschnitten, dass eine Partei ihr bekannte Tatsachen oder Beweismittel nicht vorbringt.[341] Die Partei ist grundsätzlich nicht verpflichtet, tatsächliche Umstände erst zu ermitteln.[342] Liegt in erster Instanz z.B. ein Sachverständigengutachten vor, so kann die Partei auch nach neuem Berufungsrecht in zweiter Instanz noch Einwendungen erheben, die sich aufgrund eines erst jetzt eingeholten Privatgutachtens ergeben. **Die Partei ist also nicht verpflichtet, bereits in erster Instanz ein Privatgutachten zur Überprüfung des Gerichtsgutachtens einzuholen**. In erster Instanz genügen Parteieinwendungen gegen das Gerichtsgutachten, um eine Neufeststellung in 2. Instanz zu eröffnen.[343]

125 *Hinweis*

Die Erfolgsquote eingelegter Verfassungsbeschwerden ist relativ gering, die Rüge der Verletzung des rechtlichen Gehörs stellt aber einen Hauptanwendungsfall erfolgreicher Verfassungs- und Nichtzulassungsbeschwerden dar. Das BVerfG kann in diesen Fällen de facto als weitere Instanz fungieren, denn der Verstoß gegen „spezifisches Verfassungsrecht"[344] wird bei der Rüge der Verletzung des Art. 103 Abs. 1 GG – wie die Judikatur zeigt – in nicht wenigen Fällen angenommen. Trotz absolut geringer Erfolgsquoten ist diese Rüge wiederum relativ erfolgreich. Das darf dennoch nicht über die „erratischen" Erfolgsaussichten der Verfassungsbeschwerde hinwegtäuschen.[345]

126 Das liegt daran, dass die Fachgerichte bei der Kontrolle der Präklusionsvorschriften einer strengeren verfassungsgerichtlichen Kontrolle unterworfen sind. Ein Verfassungsverstoß liegt in diesem Bereich immer dann nahe, wenn die Anwendung der Präklusionsvorschriften offenkundig unrichtig war.[346] „Das Bundesverfassungsgericht hat es bisher ausdrücklich offengelassen, ob die fehlerhafte Anwendung einer einfachrechtlichen Präklusionsvorschrift stets eine Verletzung des Anspruchs auf Gewährung rechtlichen Gehörs darstellt (BVerfGE 54, 117 [124]; 66, 260 [264]; 69, 126 [136]; 69, 145 [149]). Es hat jedoch wiederholt betont, dass diese Vorschriften strengen Ausnahmecharakter haben, weil sie sich zwangsläufig nachteilig auf das Bemühen um eine materiell richtige Entscheidung auswirken (BVerfGE 55, 72 [94]) und einschneidende Folgen für die säumige Partei nach sich ziehen (BVerfGE 59, 330 [334]; 60, 1 [6]; 62, 249 [254]; 63, 177 [180]; 67, 39 [41]; 69, 145 [149]). Das

340 Vgl. BGH, NJW 1988, S. 60, 63.

341 Vgl. BGH, NJW 1988, S. 60, 62.

342 Vgl. BGH, NJW 2003, S. 200.

343 Vgl. BGH, NJW 2005, S. 152 ff.; vgl. auch BGH, NJW 2004, S. 2825.

344 Vgl. BVerfGE 1, S. 418, 420; 15, S. 245, 247; 18, S. 85, 92.

345 Vgl. Jahn in: Jahn/Krehl/Löffelmann/Güntge, Die Verfassungsbeschwerde in Strafsachen, Rn 2, 6.

346 Vgl. BVerfGE 69, S. 145, 149; vgl. auch BVerfG, NJW 2000, S. 945 f. und BVerfG, Beschl. v. 23.6.2000, juris.

legt es nahe, die Auslegung und Anwendung dieser das rechtliche Gehör beschränkenden Vorschriften durch die Fachgerichte einer strengeren verfassungsgerichtlichen Kontrolle zu unterziehen, als dies üblicherweise bei der Anwendung einfachen Rechts geschieht. Dies ist schon wegen der Intensität des Eingriffs bei einer Präklusion geboten. Dem entspricht es, dass die verfassungsrechtliche Überprüfung nach der bisherigen Rechtsprechung über eine bloße Willkürkontrolle hinausgehen muss. So hat das Bundesverfassungsgericht Art. 103 Abs. 1 GG jedenfalls dann als verletzt angesehen, wenn die Rechtsanwendung offenkundig unrichtig war (BVerfGE 69, 145 [149]) [...] So ist eine Präklusion dann als ein Verstoß gegen den Anspruch auf Gewährung rechtlichen Gehörs beurteilt worden, wenn richterliches Fehlverhalten, namentlich eine unzulängliche Verfahrensleitung oder eine Verletzung der gerichtlichen Fürsorgepflicht, die Verzögerung mitverursacht hatte [...] Als verfassungswidrig wurde auch die missbräuchliche Anwendung einer Präklusionsvorschrift bewertet, wobei der Missbrauch in der Zurückweisung trotz erkennbar unzureichender Terminsvorbereitung gesehen wurde (BVerfGE 69, 126 [139] im Anschluss an BGHZ 86, 31 [39]).“[347]

Zu beachten ist im Bereich des **Präklusionsrechts**, dass Zurückweisungen nicht dazu benutzt werden dürfen, Vorbringen auszuschließen, wenn ohne jeden Aufwand erkennbar ist, dass die Verspätung allein nicht kausal für die Verzögerung ist.[348] Das ist insb. dann der Fall, wenn der Vortrag zwar **verspätet** eingeht, aber noch vor der vom Richter **gesetzten Wiedervorlagefrist**. Dann liegt der Vortrag zum ohnehin frühestmöglichen Zeitpunkt, den sich das Gericht gesetzt hat, vor.[349] 127

Der **absolute Verzögerungsbegriff** ist daher verfassungsrechtlich problematisch: „Dazu hat das Bundesverfassungsgericht bisher nur insoweit eindeutig Stellung bezogen, als es die Frage der grundsätzlichen Zulässigkeit der Präklusion im frühen ersten Termin nach § 296 Abs. 2 ZPO und die Ausfüllung der Begriffe ‚Verzögerung‘ und ‚grobe Nachlässigkeit‘ den Fachgerichten zugewiesen hat (BVerfGE 69, 126 [138]). Beanstandet hat es die Anwendung des absoluten Verzögerungsbegriffs allerdings dann, wenn es sich bei dem frühen ersten Termin um einen Durchlauftermin handelt, also eine zur Streitentscheidung geeignete Verfahrensvorbereitung erkennbar nicht getroffen wurde. Daraus ist geschlossen worden, dass eine konsequente Weiterführung dieser Rechtsprechung eine Ablehnung des absoluten Verzögerungsbegriffes insgesamt zur Folge haben müsse (Deubner, NJW 1985, S. 1140 [1142]; Waldner, ZZP 98, S. 448 [455]). Dieser Schluss ist nicht zwingend. Ein verfassungsrechtliches Verdikt sollte nach dem klaren Wortlaut der Entscheidung im Anschluss an die Rechtsprechung des Bundesgerichtshofs (BGHZ 86, 31 [39]) nur über die Fälle verhängt werden, in denen die Anwendung der Präklusionsvorschrif- 128

347 BVerfGE 75, S. 302, 312 f.

348 Vgl. BVerfG, NJW 1995, S. 1417.

349 Vgl. Schneider, Die Klage im Zivilprozess, Rn 668.

ten rechtsmissbräuchlich ist (BVerfGE 69, 126 [139]). Diesen Vorwurf des Rechtsmissbrauchs kann man gegen die Anwendung des absoluten Verzögerungsbegriffs nicht generell erheben, obwohl er zu einer schnelleren Beendigung des Prozesses als bei korrektem Alternativ-Verhalten der säumigen Partei und damit zu einer Überbeschleunigung führen kann. Dieses Ergebnis ist jedoch dann nicht untragbar und daher auch nicht unverhältnismäßig, wenn die Feststellung des mutmaßlichen Geschehensablaufs bei korrektem Alternativ-Verhalten mit Unsicherheiten belastet ist oder zumindest Schwierigkeiten aufwirft; auf die mit hypothetischen Erwägungen verbundenen Unsicherheiten weist auch der Bundesgerichtshof (BGHZ 86, 31 [37]) hin. Die Zulässigkeit einer Präklusion wird verfassungsrechtlich erst problematisch, wenn sich ohne weitere Erwägungen aufdrängt, dass dieselbe Verzögerung auch bei rechtzeitigem Vorbringen eingetreten wäre. Einerseits kann es nicht Sinn der der Beschleunigung dienenden Präklusionsvorschriften sein, das Gericht mit schwierigen Prognosen über hypothetische Kausalverläufe zu belasten und damit weitere Verzögerungen zu bewirken; diese Vorschriften dürfen aber andererseits auch nicht dazu benutzt werden, verspätetes Vorbringen auszuschließen, wenn ohne jeden Aufwand erkennbar ist, dass die Pflichtwidrigkeit – die Verspätung allein – nicht kausal für eine Verzögerung ist. In diesen Fällen ist die Präklusion rechtsmissbräuchlich, denn sie dient erkennbar nicht dem mit ihr verfolgten Zweck (diesem Ergebnis neigt offenbar auch der Bundesgerichtshof zu, BGHZ 86, 31 [39]).“[350]

129 Die Prüfung dieser Offenkundigkeit sollte nicht durch praxisferne Spekulationen verhindert werden. Ggf. kann hierzu eine dienstliche Stellungnahme des Richters eingeholt werden, wie er sich verhalten hätte, wenn eine gesetzte Frist eingehalten worden wäre. Daraus kann klar werden, dass eine Zurückweisung wegen Verspätung rechtsmissbräuchlich sein kann, wenn der Prozess bei fristgerechtem Vorbringen genauso lange gedauert hätte wie bei Berücksichtigung des verfristeten Vorbringens.[351]

130 Scheidet wegen der Schwierigkeit und Umfang der Sache eine Entscheidung im **frühen ersten Termin** ohnehin aus, ist eine Präklusion i.d.R. nicht möglich. Gleichwohl ist auch ein früher erster Termin ein vollwertiger Verhandlungstermin.[352] „Als Durchlauftermin wird auch derjenige frühe erste Termin angesehen, in dem vom Streitgegenstand her – z.B. in einem Arzthaftungsprozess – von vornherein eine Entscheidung ohne Beweisaufnahme nicht zu erwarten ist (BGHZ 98, 368 = NJW 1987, 500 = LM § 275 ZPO Nr. 11). Dasselbe gilt, wenn das Gericht eine zur Streitentscheidung im frühen ersten Termin geeignete Terminsvorbereitung erkennbar nicht getroffen hat, gleichgültig, ob die Vorbereitung möglich gewesen wäre

350 BVerfGE 75, 302, S. 315 f.

351 Vgl. Deubner, Anmerkung zu 1 BvR 903/85, NJW 1987, S. 2736.

352 Vgl. BGH, NJW 1983, S. 575 ff.

(BVerfG, NJW 1985, 1149). Der Senat stimmt dieser einschränkenden Anwendung des absoluten Verzögerungsbegriffs auf den frühen ersten Termin zu. Der Senat ist sich dabei bewusst, dass bei dieser Auslegung Sachvortrag im frühen ersten Termin nur noch selten zurückzuweisen sein wird.“[353] Zu beachten ist weiter, dass auch eine Präklusion gem. § 296 Abs. 2 ZPO i.V.m. § 282 Abs. 1 ZPO im frühen ersten Termin nicht möglich ist.[354]

Hinweis 131

In Fällen „greifbarer Gesetzeswidrigkeit“ oder der „Verletzung von Verfahrensgrundrechten“ wird immer noch eine außerordentliche Beschwerde zum BGH eingelegt. Das ist unzulässig.[355] Liegt eine Verletzung des Anspruchs auf rechtliches Gehör vor, ist die Anhörungsrüge gem. § 321a ZPO zu erheben. Werden andere Verfahrensgrundrechte und -garantien verletzt, ist strittig, ob § 321a ZPO analog angewandt werden kann oder noch Raum für eine Gegenvorstellung beim judex a quo bleibt.[356] Jedenfalls wird die Frist für die Verfassungsbeschwerde des § 93 Abs. 1 Satz 1 BVerfGG nicht durch die Gegenvorstellung gewahrt.[357]

Die pauschale Zurückweisung eines Vortrages wegen Verspätung ist unzulässig. 132
Die Zurückweisung muss sich immer auf konkret bezeichnete Angriffs- und Verteidigungsmittel beziehen. „Darunter versteht man das Aufstellen und Bestreiten von Tatsachenbehauptungen, das Benennen von Beweismitteln und das Erheben von Beweiseinreden zur Begründung bzw. zur Abwehr der Klage [...] Ob das [Verspätung] der Fall ist, muss für jede Tatsachenbehauptung und für jedes Beweisangebot gesondert geprüft werden.“[358]

Vor Zurückweisung ist den Beteiligten Gelegenheit zur Äußerung zu geben. Andernfalls liegt ein Verstoß gegen Art. 103 Abs. 1 GG nahe.[359]

„Nach ständiger, seit langem gefestigter Rechtsprechung des BGH darf das im 133
Rechtszug übergeordnete Gericht weder eine von der Vorinstanz unterlassene Zurückweisung nachholen noch die Zurückweisung auf eine andere als die von der Vorinstanz angewandte Vorschrift stützen; das gilt unterschiedslos, ob den Gerichten bei der Entscheidung über die Präklusion ein Ermessen eingeräumt ist oder

353 Vgl. OLG Hamm, NJW-RR 1989, S. 895; ebenso Doukoff, Mandatshandbuch Zivilrechtliche Berufung, Rn 34 m.w.N.

354 Vgl. Doukoff Mandatshandbuch Zivilrechtliche Berufung, Rn 40 m.w.N.

355 Vgl. BGH, NJW 2002, S. 1577.

356 Vgl. BVerfG, NJW 2003, S. 1924 ff.; Zöller, ZPO, 36. Aufl., § 321a Rn 3 f.; vgl. auch Thomas/Putzo, ZPO, 47. Aufl., § 321a Rn 18. Bejahend z.B. Eschelbach/Geipel/Weiler, StV 2010, S. 325 ff. m.w.N.

357 Vgl. BVerfG, NJW 2006, S. 2907.

358 BGH, NJW-RR 1996, S. 961.

359 Vgl. BVerfG, NJW 1987, S. 485.

nicht, sie also bei Vorliegen der Voraussetzungen zwingend ist."[360] „Nach ständiger Rechtsprechung darf eine fehlerhafte Begründung für die Zurückweisung verspäteten Vorbringens vom Rechtsmittelgericht nicht durch eine andere Begründung ersetzt werden."[361] Daher hat das Gericht bei einer Zurückweisung gem. § 296 Abs. 2 ZPO anzugeben, ob es wegen eines Verstoßes gegen § 282 Abs. 1 ZPO oder § 282 Abs. 2 ZPO zu einer Präklusion kommt.[362] Die den Vorwurf der groben Nachlässigkeit begründenden Tatsachen müssen in dem Zurückweisungsbeschluss angegeben werden.[363] Grobe Nachlässigkeit liegt „nur dann vor, wenn eine Prozesspartei ihre Pflicht zur Prozessführung in besonders gravierender Weise vernachlässigt, wenn sie also dasjenige unterlässt, was nach dem Stand des Verfahrens jeder Partei hätte als notwendig einleuchten müssen."[364]

134 *Hinweis*

Beweisanträge im Zivilprozess sind bis auf den Zeugenbeweis nicht immer zwingend erforderlich, da die übrigen Beweismittel von Amts wegen erholt werden können.[365] Eine Präklusion mit diesem Beweismittel kommt daher nicht ohne Weiteres in Betracht, da das Gericht sein Ermessen zur Beweiserhebung von Amts wegen sachgerecht ausüben muss.[366]

2. Fluchtmöglichkeiten zur Vermeidung einer Präklusion

a) Präsente Zeugen

135 Stellt sich das Risiko einer **Präklusion**, so ist es am sichersten, die Diskussion um eine Verspätung dadurch zu vermeiden, dass man den Zeugen als präsenten Zeugen in die Verhandlung mitbringt[367] oder aber dergestalt benennt, dass das Gericht noch mindestens sechs Tage Zeit zur Ladung hat.[368] Das Gericht ist verpflichtet, verspätete Maßnahmen aufzufangen. Ist dies wegen Überlastung der Richter nicht möglich, mag dies den einzelnen Richter vom Vorwurf unzulänglicher Sachbearbeitung befreien, aber dieser in der Sphäre des Staates liegende Grund darf nicht auf die Partei abgewälzt werden.[369] Eine Präklusion kommt auch dann nicht in Betracht, wenn der zu spät benannte, aber noch rechtzeitig geladene Zeuge nicht er-

360 BGH, NJW 2006, S. 1741.
361 BGH, X ZR 77/10.
362 Vgl. OLG Celle, NJW 2010, S. 1535 ff.
363 Vgl. BGH, NJW 2003, S. 200, 202.
364 BGH, NJW 2003, S. 200, 202.
365 Vgl. BVerfGE 60, S. 260 264.
366 Vgl. Doukoff, Mandatshandbuch Zivilrechtliche Berufung, 3. Aufl., Rn 14, 357 m.w.N.
367 Vgl. z.B. Zöller, ZPO, 36. Aufl., § 296 Rn 13.
368 Vgl. BGH, NJW-RR 1991, S. 728, 730.
369 Vgl. BVerfG, NJW-RR 1999, S. 1079 f.

scheint.[370] Selbst wenn die Zeugen noch dergestalt rechtzeitig benannt werden, dass diese vom Gericht noch geladen werden könnten, kommt eine Präklusion doch noch in Betracht, wenn die verspätet benannten Zeugen zahlenmäßig zu umfangreich sind, als dass sie in dem anberaumten Verhandlungstermin noch vernommen werden könnten. Zumutbar ist es aber, jedenfalls bei einem eng umgrenzten Beweisthema, sechs zusätzliche Zeugen zu vernehmen.[371] Sollte das Gericht die Zeugen nicht rechtzeitig (u.U. auch durch Fax oder Telefon) laden können,[372] müsste es einen Hinweis geben, damit diese als präsente Zeugen mitgebracht werden können.[373]

Praxistipp 136

Bei drohender Präklusion sollten nur die wichtigsten Zeugen benannt (falls eine Ladung durch das Gericht noch in Betracht kommt) bzw. als präsente Zeugen mitgebracht werden.[374]

Für die Gegenseite gibt es im Fall der verspäteten Benennung der Zeugen, d.h., 137
wenn die Zeugen nicht mindestens sieben Tage vor dem Beweistermin genannt werden (entsprechend § 132 ZPO) oder gar als präsente Zeugen in der Verhandlung gestellt werden, die Gegenstrategie, sich der Vernehmung mit der Begründung zu widersetzen, dass sie keine Möglichkeit gehabt habe, über die Person dieses Zeugen und seine Beziehungen zur Partei Erkundigungen einzuziehen, um dem Zeugen sachgerechte Fragen zu stellen.[375] Diese Rechtsprechung ist in dieser Pauschalheit abzulehnen. Der Zeuge kann am besten in der Zeugeneinvernahme selbst Auskünfte über seine Person und seine Beziehung zur Partei geben, sodass sachgerechte Fragen möglich sind, gem. § 395 Abs. 2 ZPO. Um eine Zeugeneinvernahme mit dieser Begründung abzulehnen, genügt also m.E. nicht die o.g. **pauschale Begründung der fehlenden Möglichkeit der Erkundigungen**, sondern es müsste m.E. substantiiert dargelegt werden,[376] welche Erkundigung konkret eingeholt worden wäre und weshalb dies nicht im Rahmen der Vernehmung gem. § 395 Abs. 2 Satz 1 ZPO möglich ist. Anderenfalls würde es sich wohl nur um eine Schutzbehauptung „ins Blaue hinein" handeln, die unzulässig ist.[377] Problematisch ist hingegen, wo die Trennungslinie zwischen beachtlichen Anträgen und Anträgen „ins Blaue hinein" ver-

370 Vgl. BGH, MDR 1986, S. 1018, 1987, S. 573.

371 Vgl. BVerfG, NJW 1989, S. 706; BVerfG, 1990, S. 2373; erneut bestätigt BVerfG, NJW-RR 1999, S. 1079 f.

372 Vgl. Geisler, Zurückweisung von Angriffs- und Verteidigungsmittel, AnwBl 2006, S. 524, 526.

373 Vgl. BGH, NJW 1980, S. 1848.

374 Vgl. Prechtel, Erfolgreiche Taktik im Zivilprozess, 3. Aufl., S. 242 unter Hinweis auf das alte Berufungsrecht und Zöller, ZPO, 20. Aufl. § 527 Rn 18 „höchstens drei"; vgl. aber auch BVerfG, NJW 1999, S. 1079 m. sechs Zeugen bei eng umgrenzten Beweisthema.

375 OLG Hamm, MDR 1986, S. 766.

376 Scheinbar ebenso Schneider, Die Klage im Zivilprozess, Rn 1008.

377 Vgl. BGH, NJW 1991, S. 2707.

läuft: Hamm/Hassemer/Pauly gehen im Bereich des strafprozessualen Beweisantrages davon aus, dass bei Anträgen „ins Blaue hinein" der Antragsteller die Behauptung gerade nicht für möglich hält.[378] In diesem Sinne hat der BGH bereits strafprozessuale Beweisanträge zurückgewiesen, wenn Anhaltspunkte für die aufgestellte Behauptung offensichtlich fehlen[379] oder der Antragsteller auf Befragen keine plausible Antwort über die Gründe seiner Vermutung geben kann.[380] Das Gericht hat den Antragsteller vor Annahme der ins Blaue gemachten Äußerung nach dem Grund seiner Vermutung oder seiner Wissensquelle zu befragen.[381]

138 Die Gegenseite kann den präsenten Zeugen aber jedenfalls immer dann verhindern, wenn sie aufgrund des Beweisangebots des präsenten Zeugen **Gegenzeugen** benennt, die naturgemäß nicht mehr rechtzeitig geladen werden können.[382] Verhindert die Gegenseite die Vernehmung eines präsenten Zeugen, ist der Gegenpartei höflich darzustellen, dass dann **in die Säumnis geflüchtet** (s.u.) werden wird. Das wiederum hätte zur Folge, dass der präsente Zeuge in jedem Fall vernommen werden kann, aber lediglich ein lästiger zusätzlicher Termin nötig wird. Diesem Argument sind die meisten Parteivertreter zugänglich, so dass der präsente Zeuge doch vernommen werden kann.

139 *Hinweis an Strafverteidiger*

Im Strafrecht gibt es die Unterscheidung von **präsenten** und **gestellten Zeugen.** Ein von der Verteidigung „mitgebrachter" Zeuge ist lediglich ein gestellter Zeuge, dessen Zulässigkeit der Vernehmung sich nach § 244 StPO richtet. Zum präsenten Zeugen wird dieser nur, wenn er vom Verteidiger ordnungsgemäß über den Gerichtsvollzieher geladen wurde. Dann richtet sich die Ablehnung eines Beweisantrages auf Vernehmung dieses Zeugen nicht mehr nach § 244 StPO, sondern § 245 Abs. 2 StPO.[383]

b) Widerklage

140 Eine weitere Fluchtmöglichkeit besteht für den Beklagten darin, eine **Widerklage, die direkt gem. § 195 ZPO zugestellt werden kann,**[384] **mit Beweisangebot**[385] **zu erheben**. Bei der Widerklage handelt es sich nicht um ein Angriffs- oder Verteidi-

378 Vgl. Hamm/Hassemer/Pauly, Beweisantragsrecht, 2. Aufl., Rn 124.

379 Vgl. Meyer-Goßner, Komm. zur StPO, 51. Aufl., § 244 Rn 20 m.w.N., ebenso Beck-OK/StPO-Bachler, § 244 Rn 21 m.w.N.

380 Vgl. BGH, StV 1985, S. 311.

381 Vgl. BGH, NStZ 1996, S. 562, vgl. auch BGH, NJW 1968, S. 1233.

382 Vgl. Rinsche, Prozesstaktik, S. 110 f.

383 Vgl. Junker, Beweisantragsrecht im Strafprozess, Rn 154.

384 Vgl. BGH, NJW 1992, S. 2235 f.

385 Denn ohne Beweisangebot könnte im Termin gleich direkt entschieden werden, bzw. ggf. nach Gewährung einer Schriftsatzfrist.

gungsmittel, sondern um den Angriff selbst.[386] Folglich kommt eine Präklusion der Widerklage nicht in Betracht (= „sicherer Fluchtweg“[387]). Die Widerklage nimmt dem ganzen Rechtsstreit die Entscheidungsreife und ist „präklusionsfest“.[388] Daher kommt auch für die Zeugenbenennung hinsichtlich der Klage keine Präklusion in Betracht, denn diese käme nur dann in Betracht, wenn hierdurch der Rechtsstreit im Gesamten verzögert wird.[389] Da jedoch wegen der Widerklage ohnehin ein neuer Termin nötig ist, kann die Verzögerung hinsichtlich der Klage durch Maßnahmen des Gerichts aufgefangen werden.[390] Auch ein Teilurteil hinsichtlich der Klage kommt nicht in Betracht, da § 296 ZPO eine Verzögerung des ganzen Rechtsstreits in der Lage, in der er sich befindet, verhindern will. D.h., selbst wenn über die Hauptsacheklage durch Teilurteil entschieden werden würde, würde keine Beschleunigung herbeigeführt werden, da über die Widerklage immer noch zu entscheiden wäre.[391] „Nach der Rechtsprechung (vgl. BGHZ 189, 356 = NJW 2011, 2736 Rn 13 m. w. Nachw.) darf auch bei grundsätzlicher Teilbarkeit des Streitgegenstands ein Teilurteil gem. § 301 ZPO nur ergehen, wenn die Gefahr einander widersprechender Entscheidungen ausgeschlossen ist. Eine Gefahr sich widersprechender Entscheidungen ist insbesondere dann gegeben, wenn in einem Teilurteil eine Frage entschieden wird, die sich dem Gericht im weiteren Verfahren über die sonstigen Ansprüche oder Anspruchsteile noch einmal stellt oder stellen kann. Dies gilt auch, soweit es um die Möglichkeit einer unterschiedlichen Beurteilung von bloßen Urteilselementen geht, die weder in Rechtskraft erwachsen noch das Gericht gem. § 318 ZPO für das weitere Verfahren binden.“[392]

Ein Teilurteil kommt daher nach der Rechtsprechung des BGH nur in Betracht, **141**
wenn die Widerklage rechtsmissbräuchlich ist, also ausschließlich erhoben wurde, um Verspätungsfolgen zu entgehen.[393]

Die Gegenstrategie der klagenden Partei, um doch eine Präklusion herbeizuführen, **142**
müsste dann auf **Anerkenntnis der Widerklageforderung** lauten. Es gilt daher prozesstaktisch für die Klagepartei abzuwägen, ob die Anerkennung der Widerklageforderung die Präklusion hinsichtlich des Beweismittels hinsichtlich der Klageforderung rechtfertigt. Für den Beklagten wiederum folgt prozesstaktisch hieraus, dass die Widerklageforderung nicht so gering sein darf, dass der Kläger diese „schluckt“ und anerkennt.

386 Vgl. BGH, NJW 1995, S. 1223.
387 Vgl. Rinsche, Prozesstaktik, S. 108 m.w.N.
388 Vgl Schneider, Prozesstaktischer Einsatz der Widerklage, MDR 1998, S. 21, 23.
389 Vgl. BGH, NJW 1981, S. 1217.
390 Vgl Thomas/Putzo, ZPO, 47. Aufl., § 296 Rn 9.
391 Vgl. Maaß, Anwaltstätigkeit im Beweisverfahren der Zivilprozessordnung, S. 89 f.
392 BGH, Urt. vom 20.6.2013 – VII ZR 103/12 = NJW-RR 2014, S. 23.
393 Vgl. BGH, NJW 1995, S. 1223; BGH, NJW 1986, S. 2257 f.

143 *Hinweis*

Die Widerklage kann prozesstaktisch auch dann eingesetzt werden, wenn ein Aufrechnungsverbot besteht. Ist das Aufrechnungsverbot strittig, ist eine hilfsweise Widerklage zulässig.[394]

c) Klageerweiterung

144 Aus o.g. Gründen kommt für die Klagepartei eine Vermeidung der Präklusion dann in Betracht, wenn eine **Klageerweiterung, die direkt gem. § 195 ZPO zugestellt werden kann**,[395] erhoben wird. Auch dann ist der Rechtstreit im Gesamten nicht entscheidungsreif, sodass es ohnehin zu einer Vertagung und damit Möglichkeit des Auffangens des verspätet benannten Beweismittels kommt.[396] Die Gegenstrategie – um doch eine Präklusion herbeizuführen – der beklagten Partei müsste dann auf Anerkenntnis der Klageerweiterungsforderung lauten. Es gilt daher prozesstaktisch für die Beklagtenpartei abzuwägen, ob die Anerkennung der Klageerweiterungsforderung die Präklusion hinsichtlich des Beweismittels hinsichtlich der Klageforderung rechtfertigt. Für den Kläger wiederum folgt prozesstaktisch hieraus, dass die Klageerweiterungsforderung nicht so gering sein darf, dass der Beklagte diese „schluckt“ und anerkennt. Selbst wenn eine Klageerweiterung und/oder -änderung neu vorgetragener Tatsachen nur den Sinn haben kann, den Verspätungsfolgen zu entgehen, führt dies dennoch nicht zur Präklusion. Die Zulässigkeit einer Klageerweiterung und/oder –änderung bemisst sich ausschließlich nach §§ 263, 264, 533 ZPO.[397]

d) Klageänderung

145 Ebenso kann eine Präklusion durch Klageänderung, **die direkt gem. § 195 ZPO zugestellt werden kann**,[398] vermieden werden.[399] Hierbei gilt es aber, die zusätzliche Hürde der §§ 263, 267 ZPO zu überwinden. Anderenfalls ist die Klageänderung unzulässig und es kommt nicht zu der gewünschten Verzögerung, um das verspätete Beweismittel doch noch einzuführen.

394 Vgl. Schneider, Prozesstaktischer Einsatz der Widerklage, MDR 1998, S. 21, 23 m.w.N.

395 Vgl. BGH, NJW 1992, S. 2235 f.

396 Vgl. Zöller, ZPO, 36. Aufl., § 296 Rn 42.

397 Vgl. BGH, Beschl. v. 20.9.2016 – VIII ZR 247/15.

398 Vgl. BGH, NJW 1992, S. 2235 f.

399 Vgl. Prechtel, Erfolgreiche Taktik im Zivilprozess, S. 141.

e) Versäumnisurteil

Weiter kann als Maßnahme zur Vermeidung der Präklusion eine Flucht in die Säumnis in Betracht kommen,[400] d.h., die Partei, die das Beweismittel nicht rechtzeitig benennt, erscheint zum Termin nicht und lässt ein Versäumnisurteil gegen sich ergehen. Mit dem Einspruch gegen das Versäumnisurteil wird das verspätete Beweismittel dann zusammen benannt, gem. § 340 Abs. 3 ZPO.[401] Da der Einspruchstermin vom Gericht wie ein normaler Haupttermin vorbereitet werden muss, wäre die ursprüngliche Verspätung im Ergebnis folgenlos.[402] Zu beachten ist aber, dass diese Fluchtmöglichkeit nur dann gewählt wird, wenn der Gegner im Falle der Säumnis keine Entscheidung nach Aktenlage beantragen kann, gem. § 331a ZPO. Gegen diese Entscheidung nach Lage der Akten gäbe es dann keinen Einspruch und damit keine Möglichkeit, eine Verspätung zu heilen, sondern allenfalls eine Berufung. In der Berufungsinstanz können präkludierte Angriffs- oder Verteidigungsmittel aber seit der ZPO-Reform 2001 grundsätzlich nicht mehr vorgetragen werden, gem. § 531 Abs. 2 ZPO. Zu beachten ist darüber hinaus, dass ein Versäumnisurteil dann nicht möglich ist, wenn der Anwalt bzw. die Partei[403] zwar erscheint, aber zur Sache nicht verhandelt, gem. § 333 ZPO, wenn bereits die sog. Antragsfalle greift,[404] d.h., bereits im Termin verhandelt worden ist. Das ist regelmäßig dann der Fall, wenn die Anträge gestellt wurden (und darin – wie meist – auf die gewechselten Schriftsätze Bezug genommen wurde).[405] 146

Praxistipp 147

Nach § 137 ZPO beginnt die mündliche Verhandlung mit der Stellung der Anträge. Der Anwalt, der in die Säumnis flüchten will, kann daher in der Verhandlung erscheinen und ankündigen, keine Anträge zu stellen, um sich versäumen zu lassen und stattdessen um eine Erörterung bitten und davon das weitere Prozedere abhängig machen. Erfahrungsgemäß führt dies oft zu einer sinnvollen Vergleichslösung.[406]

Kommt es nicht zu einem Vergleich, liegt ein Nichtverhandeln immer dann vor, wenn sich die Partei nicht zur Sache einlässt oder Anträge stellt.[407] Ein Verhandeln 148

400 Die Beweisaufnahme findet auch bei Säumnis einer oder beider Parteien im Beweisaufnahmetermin statt, gem. § 367 Abs. 1 ZPO. Ein Versäumnisurteil kann im daran anschließenden Termin zur Fortsetzung der mündlichen Verhandlung, gem. § 370 Abs. 1 ZPO ergehen.

401 Vgl. Zöller, ZPO, 36. Aufl., § 296 Rn 40.

402 Bis auf die Zahlung der durch die Säumnis entstandenen Kosten, gem. § 344 ZPO.

403 Sofern kein Anwaltszwang.

404 Vgl. Prechtel, Erfolgreiche Taktik im Zivilprozess, S. 136.

405 Vgl. Thomas/Putzo, ZPO, 47. Aufl., § 333 Rn 2.

406 Vgl. Rinsche, Prozesstaktik, S. 64, 107 m.w.N.

407 Vgl. Zöller, ZPO, 36. Aufl., § 333 Rn 2.

setzt einen Sachantrag voraus.[408] Bloße Verfahrensanträge stellen kein Verhandeln dar.[409] Auch wenn sich die Partei versäumen lassen will, kann diese bzw. der Anwalt in der trotzdem durchzuführenden Beweisaufnahme Fragen etc. an die Zeugen richten, denn die Beweisaufnahme ist dogmatisch kein Teil der mündlichen Verhandlung. Die mündliche Verhandlung beginnt erst wieder nach der Beweisaufnahme.[410]

f) Klagerücknahme

149 Um einen Prozessverlust infolge Präklusion zu vermeiden, kann von der Klagepartei auch in Erwägung gezogen werden, die Klage **zurückzunehmen**, um einen rechtskräftigen Prozessverlust zu vermeiden.[411] In einem neuen Prozess kann dann eine neue Klage eingereicht werden, diesmal mit prozessordnungsgemäßer Benennung des Beweismittels. Damit kann der Kläger im Endeffekt doch noch obsiegen.[412]

g) Widerruflicher Vergleich

150 Ein **Widerrufsvergleich** stellt in der Praxis keinen gangbaren Weg dar, eine Präklusion zu vermeiden.[413] Im Falle des Vergleichsabschlusses mit Widerrufsvorbehalt wird vom Gericht sogleich ein Termin zur Verkündung einer Entscheidung für den Fall des Widerrufs bestimmt. Wenn der Rechtsstreit entscheidungsreif ist, ergeht im Falle des Widerrufes ein Endurteil. Ein weiterer Sachvortrag ist damit vor oder mit Widerruf nicht möglich. Ist der Rechtsstreit ohnehin nicht entscheidungsreif, so stellt sich das Problem der Verzögerung nicht, denn dann kann der Zeuge noch bis zur Entscheidungsreife eingeführt werden. Ein Ruhen des Verfahrens mit der Konsequenz, dass nach dem Ruhen ein neuer Termin anberaumt werden muss und dadurch Zeit gewonnen wurde, um eine Verspätung aufzufangen, ist in der Praxis meist nicht gangbar, da dies einerseits von beiden Parteien beantragt werden muss und dem Gericht wegen Vergleichsverhandlungen oder sonstigen Gründen zweckmäßig erscheint, gem. § 251 ZPO. Wenn die Sache schon entscheidungsreif ist, wird i.d.R. keine Partei ein Ruhen des Verfahrens beantragen, geschweige denn dem Antrag des Gegners zustimmen.

408 Vgl. BAG, NJW 2003, S. 1548.

409 Vgl. BGH, NJW-RR 1986, S. 1252.

410 Vgl. Thomas/Putzo, ZPO, 47. Aufl., § 370 Rn 2.

411 Auch in der Berufungsinstanz kann ein schuldhaft verspätetes Beweisangebot in der Berufungsinstanz nicht mehr vorgetragen werden, gem. § 531 Abs. 2 ZPO.

412 Er muss allerdings die Kosten des 1. Prozesses tragen, gem. § 269 Abs. 3 Satz 2 ZPO, der Beklagte kann die Einlassung im 2. Prozess verweigern, bis die Kosten des 1. Prozesses erstattet wurden, gem. § 269 Abs. 6 ZPO.

413 Vgl. aber Prechtel, Erfolgreiche Taktik im Zivilprozess, S. 143, 144 „bedingt tauglich".

h) Rüge der Zulässigkeit des Rechtsweges bzw. Befangenheitsantrag

Als „Notmittel“ kann zur Vermeidung der Präklusion eine Partei die Zulässigkeit des Rechtsweges gem. § 17a Abs. 3 GVG rügen und gegen die Entscheidung des Gerichts sofortige Beschwerde einlegen, gem. § 17a Abs. 4 GVG. Damit wäre bis zur Entscheidung des Beschwerdegerichts hierüber der Fortgang des Verfahrens gehindert.[414] Ungeklärt ist, ob bei einer offenkundig rechtsmissbräuchlichen Beschwerde die Wartepflicht besteht. M.E. gilt hier die Analogie zum Befangenheitsantrag. Auch ein Befangenheitsantrag kann als letztes Notmittel zur Vermeidung einer Präklusion in Betracht kommen. Der Befangenheitsantrag führt dazu, dass bis zur rechtskräftigen Entscheidung über das Ablehnungsgesuch nur unaufschiebbare Handlungen vorgenommen werden dürfen, gem. § 47 Abs. 1 ZPO, sofern der Befangenheitsantrag nicht in der mündlichen Verhandlung gestellt wird, gem. § 47 Abs. 2 ZPO. Folglich vergeht bis zur rechtskräftigen Entscheidung (sofortige Beschwerde ist möglich, wenn das Ablehnungsgesuch für unbegründet erklärt wird) geraume Zeit und damit die Notwendigkeit eines neuen Termins. Zu diesem neuen Termin könnte dann der verspätete Zeuge z.B. als präsenter Zeuge mitgebracht werden. Das Ablehnungsgesuch kann aber unberücksichtigt bleiben, wenn es lediglich rechtsmissbräuchlich ist, d.h. insb. nur der Verschleppung dient.[415] Die Wartepflicht besteht dann insofern nicht.[416] Entscheidet der abgelehnte Richter selbst und verwirft den Befangenheitsantrag als unzulässig, kann dies mit dem verfassungsrechtlichen Gebot des gesetzlichen Richters kollidieren. „Für das Strafprozessrecht hat das Bundesverfassungsgericht entschieden, dass bei strenger Beachtung der Voraussetzungen des gänzlich untauglichen oder rechtsmissbräuchlichen Ablehnungsgesuchs eine Selbstentscheidung mit der Verfassungsgarantie des Art. 101 Abs. 1 Satz 2 GG nicht in Konflikt gerate, weil die Prüfung keine Beurteilung des eigenen Verhaltens des abgelehnten Richters voraussetze und deshalb keine Entscheidung in eigener Sache sei (vgl. BVerfGK 5, 269, 281 f.). Es hat indes klargestellt, dass ein vereinfachtes Ablehnungsverfahren nur echte Formalentscheidungen ermöglichen oder offensichtlichen Missbrauch des Ablehnungsrechts verhindern solle, was eine enge Auslegung der Voraussetzungen gebiete (BVerfGK 5, 269, 282). Völlige Ungeeignetheit sei anzunehmen, wenn für eine Verwerfung als unzulässig jedes Eingehen auf den Gegenstand des Verfahrens entbehrlich sei. Sei hingegen ein – wenn auch nur geringfügiges – Eingehen auf den Verfahrensgegenstand erforderlich, scheide eine Ablehnung als unzulässig aus. Eine gleichwohl erfolgende Ablehnung sei dann willkürlich. Über eine bloß formale Prüfung hinaus dürfe sich der abgelehnte Richter nicht durch Mitwirkung an einer näheren inhaltlichen Prüfung der Ablehnungsgründe zum Richter in eigener Sache machen. Über- 151

414 Vgl. Prechtel, Erfolgreiche Taktik im Zivilprozess, S. 144.

415 Vgl. BVerfG, BVerfGE 11, S. 5; BVerfG, BVerfGE 72, S. 59; BVerfG, BVerfGE 74, S. 100.

416 Vgl. Zöller, ZPO, 36. Aufl., § 45 Rn 4, aber hohe Anforderung, um Rechtsmissbräuchlichkeit festzustellen, vgl. Zöller, ZPO, 36. Aufl., § 42 Rn 6.

schreite das Gericht bei der Anwendung dieses Prüfungsmaßstabs die ihm gezogenen Grenzen, könne dies seinerseits die Besorgnis der Befangenheit begründen (vgl. BVerfGK 5, 269, 283). Für den Zivilprozess sind diese Grundsätze entsprechend heranzuziehen. Da die Voraussetzungen für eine Selbstentscheidung des abgelehnten Richters über den ihn betreffenden Befangenheitsantrag verfassungsrechtlich durch Art. 101 Abs. 1 Satz 2 GG vorgegeben sind, ist für eine abweichende Beurteilung im Zivilprozessrecht kein Raum."[417] Faktisch hat der Gesetzgeber die Befangenheitsablehnung aber durch das Justizmodernisierungsgesetz vom 24.8.2004 und den § 47 Abs. 2 ZPO erschwert. Demnach kann trotz Anbringung eines Befangenheitsantrags in der mündlichen Verhandlung der abgelehnte Richter weiter tätig werden, wenn aufgrund der Entscheidung über die Verhandlung eine Vertagung nötig werden würde. Eine Endentscheidung ist allerdings erst nach Erledigung des Ablehnungsverfahrens erlaubt.[418]

152 *Hinweis*

Ein Dauerproblem stellten nicht gewährte Fristverlängerungen und nicht gewährte Terminsverlegungen dar. Werden diese nicht gewährt, obwohl anerkannt Gründe vorliegen (Arbeitsüberlastung, Informationsbeschaffung bei der Partei, Notwendigkeit einer weiteren Rücksprache bzw. weiter Anreiseweg oder Verhinderung des anwaltlichen Vertreters) liegt ein Befangenheitsgrund nahe.[419]

i) Berufung

153 **Keine Fluchtmöglichkeit mehr ist die Flucht in die Berufung**. Nach früherem Recht war es möglich, ein Angriffs- oder Verteidigungsmittel gar nicht zu benennen, sodass es in 1. Instanz nicht (zu Recht) wegen Verspätung zurückgewiesen werden konnte und erstmalig in 2. Instanz benannt wurde. Wurde dies rechtszeitig vor der Berufungsverhandlung vorgetragen, so war auch das Berufungsgericht verpflichtet, die Verspätung durch zumutbare Maßnahmen aufzufangen. Nach neuem Recht ist neuer Sachvortrag aber i.d.R. auch dann ausgeschlossen, wenn der neue Vortrag das Berufungsverfahren nicht verzögert. Neue Angriffs- und Verteidigungsmittel kommen nur noch gem. § 531 Abs. 2 ZPO n.F. eingeschränkt in Betracht. Eine schuldhafte Verspätung in 1. Instanz kann nunmehr in der Berufungsverhandlung nicht mehr geheilt werden.

417 BVerfG, NJW-RR 2008, S. 72 ff.

418 Vgl. BGH, Beschl. v. 21.6.2007 – V ZB 3/07 = NJW-RR 2008, S. 217.

419 Vgl. OLG Köln, MDR 2010, S. 283 ff.; OLG Bamberg, NJW 2006, S. 2341 f.

VI. Zeuge N.N.

Nach einer Ansicht soll Beweisantritt durch Benennung des Zeugen N.N. per se unbeachtlich sein,[420] d.h., nicht einmal eine Fristsetzung des Gerichts zur Angabe der konkreten Anschrift und des Namens nötig sein.[421] Dem ist nicht zuzustimmen. Hinsichtlich dieser Frage herrscht großer Streit. Einerseits trägt Schneider vor, die hierfür (Unbeachtlichkeit des Zeugen N.N.) von Greger in Zöller (auch aktuell in der 26. Aufl.) zu § 356 Rn 4 zitierten Entscheidungen des BGH seien nicht einschlägig, es handle sich um eine Fehlkommentierung.[422] **Richtig und einschlägig sei vielmehr, dass das Gericht eine Frist zur Beibringung der vollständigen Anschrift setzen müsse.**[423] Prechtel[424] führt aus, dass eine Fristsetzung zur Beibringung des Namens nur dann erforderlich sei, wenn der mit N.N. bezeichnete Zeuge hinreichend individualisierbar sei. 154

Richtig ist m.E. aber Folgendes: 155

Es ist nicht zutreffend, dass der BGH in NJW 1998, S. 2368 ausgeführt hat, dass eine Fristsetzung beim Zeugen N.N. **nur** erforderlich ist, wenn der Zeuge N.N. hinreichend individualisiert ist (im dortigen Fall: „N.N.-Mitarbeiter des zuständigen Referats, der die betreffenden Zahlen ermittelt hat"). Der BGH hat in dieser Entscheidung lediglich ausgeführt, dass dieses Beweisangebot nicht ohne Fristsetzung übergangen werden durfte. Ob auch eine Fristsetzung beim reinen Zeugen N.N. (ohne Individualisierbarkeit) entbehrlich ist, ist in dieser Entscheidung nicht behandelt. In BGH, NJW 1983, S. 1905, 1908 heißt es lediglich, dass „Zeugnis NN" für den Beweisantritt gem. § 373 ZPO **grundsätzlich** nicht ausreicht.

Es ist daher durchaus richtig, dass „Zeugnis NN" für den Beweisantritt nicht ausreicht. Dies deshalb, da der Beweisantritt gem. § 373 ZPO eben die Person mit ladungsfähiger Anschrift zu bezeichnen hat.[425] Nicht gesagt ist aber, ob der Beweisantritt schlicht übergangen werden kann, oder ob nicht doch eine Fristsetzung gem. § 356 ZPO nötig ist. 156

In BGH, MDR 1989, S. 54 ist ausgeführt, dass es bei unvollständigen Beweisangeboten (Zeugnis: N.N.) es im Einzelnen **fraglich** sein kann, ob sie überhaupt beachtlich sind. 157

420 Vgl. z.B. OLG Düsseldorf, VersR 1993, S. 1168.

421 Vgl. Zöller, ZPO, 36. Aufl., § 356 Rn 4.

422 Vgl. Schneider, Die Klage im Zivilprozess, Rn 1006.

423 Vgl. Schneider, Die Klage im Zivilprozess, Rn 1006 m. Verweis auf BGH, LM 356 Nr. 2; BGH, MDR 1973, S. 297; BGH, NJW 1993, S. 1926, 1927; BGH, MDR 1998, S. 855. Ebenso bei einer unrichtigen Anschrift des Zeugen BVerfGE 65, S. 305, 307.

424 Prechtel, Erfolgreiche Taktik im Zivilprozess, 3. Aufl., S. 421 m. Verweis auf BGH, NJW 1998, S. 2368 u. BGH, NJW 1983, S. 1905, 1908.

425 Vgl. Thomas/Putzo, ZPO, 47. Aufl., § 373 Rn 1; vgl. auch BVerfG, NJW 1996, S. 1272 f., auch eine Klage muss die ladungsfähige Anschrift des Klägers beinhalten. Im Einzelfall kann hiervon aber eine Ausnahme gemacht werden.

158 Aus BGH, NJW 1974, S. 188 erfahren wir, dass eine Frist gem. § 356 ZPO nötig ist, wenn als Zeuge benannt wird, „Nachname, Unna" (also ohne Vornamen und Anschrift). In BGH, NJW 1993, S. 1926,1927 wird mitgeteilt, dass es einen genügenden, beachtlichen Beweisantritt darstellen würde, wenn der Zeuge zwar individualisiert, aber ohne Anschrift benannt wird.

159 In einem Beschluss vom 4.12.2014 – IX ZR 88/14 hat der BGH allerdings ausgeführt:

> *„Ein Zeuge muss hinreichend individualisierbar sein. Die Bezeichnung eines Zeugen als ‚NN' stellt grundsätzlich keinen zulässigen Beweisantritt dar."*

Sodann wird weiter ausgeführt, dass dies keinen beachtlichen Beweisantritt darstellt, was zweifelsfrei richtig ist. Die eigentlich entscheidende Frage, ob ein richterlicher Hinweis erforderlich ist, sei es gem. § 139 ZPO oder gem. § 356 ZPO, wird damit gerade nicht beantwortet, auch wenn diese Entscheidung oft so verstanden wird, dass kein Hinweis nötig sei.

160 Wenn einerseits ein reiner Nachname ohne Anschrift ausreicht und darüber hinaus nicht einmal ein Nachname, sondern eine pure Individualisierung (der Sachbearbeiter des zuständigen Referats, der die betreffenden Zahlen ermittelt hat) ebenfalls ohne Anschrift ausreicht, um eine Fristsetzung gem. § 356 ZPO nach sich zu ziehen, so ist nicht einzusehen, weshalb der Zeuge N.N. keine Fristsetzung nach sich ziehen soll. In allen Fällen muss der Zeuge noch konkretisiert werden, da weder „dem zuständigen Sachbearbeiter" noch Nachname, Ort (Unna) noch dem Zeugen N.N. eine Ladung (auch nur formlos) zugestellt werden kann. Ein relevanter Unterschied zwischen dem jedenfalls zulässigen, d.h., die Folge der Fristsetzung nach sich ziehenden „Nachnamen, Unna" oder „dem zuständigen Sachbearbeiter" und dem schlichten Zeugen N.N. ist daher nicht ersichtlich.

161 **Eine Fristsetzung ist auch insofern sinnvoll, da anderenfalls der Zeuge N.N. in Anwaltsschriftsätzen durch eine andere Fantasiebezeichnung** (z.B. „Beweis: Enoch Kenntenich")[426] mit fingierter Adresse **ausgetauscht wird**. Würde das Gericht nun eine Beweisanordnung erlassen, so könnte der Anwalt nun den Namen und die Adresse korrigieren sodass das Gericht zu einer Änderung gem. § 360 Satz 2 genötigt wäre.[427] Folglich ist es sinnvoller, von Anfang an eine Frist zur Konkretisierung des Zeugen N.N. zu setzen. Dann kann gleich „mit offenen Karten" gespielt werden statt mit verdeckten und dem Trick des Fantasienamens und der fingierten Anschrift. Das ist auch insofern sinnvoll, als der Anwalt und die Parteien dann nicht genötigt werden, Zeugen bereits vorsorglich ausfindig zu machen, sondern erst dann, wenn das Gericht zu erkennen gibt, dass diese beweiserheblich sind.

426 Vgl. Balzer, Beweisaufnahme und Beweiswürdigung im Zivilprozess, Rn 52.

427 Vgl. Balzer, Beweisaufnahme und Beweiswürdigung im Zivilprozess, Rn 52.

Praxistipp 162

Im Falle der Zurückweisung des Zeugen N.N. ohne Hinweis oder Fristsetzung sollte nicht nur eine Verletzung des § 356 ZPO, sondern auch des § 139 ZPO gerügt werden. Gemäß dem Wortlaut des § 139 Abs. 1 ZPO hat das Gericht dahin zu wirken, **dass die Beweismittel bezeichnet werden.** Entweder der Zeuge N.N. erfordert ohnehin eine Fristsetzung oder aber es handelt sich um eine völlig ungenügende Bezeichnung, sodass jedenfalls ein Hinweis gem. § 139 Abs. 1 ZPO hätte erfolgen müssen. Lepa teilt ergänzend noch mit, dass die Literaturauffassung, der zufolge § 356 ZPO nur einen Umstand meine, den der Beweisführer nicht verschuldet habe, sich weder mit dem Wortlaut noch der Auslegung der Vorschrift durch die Rechtsprechung vereinbaren lasse. Daher sei beim Zeugen N.N. eine Beibringungsfrist erforderlich.[428] Die Rechtsprechung ist aber nicht einheitlich, so dass stets mit einem kommentarlosen Übergeben gerechnet werden muss, so dass der Beweisantritt N.N. zu vermeiden ist bzw. in jedem Fall eine ergänzende Beschreibung erfolgen sollte.

VII. Nur abstrakt bezeichneter Zeuge

Denkbar ist auch, dass eine Partei den Namen des Zeugen **nicht kennt** und auch **nicht kennen kann**. Dann genügt eine abstrakte Bezeichnung des Zeugen, z.B. „der Sachbearbeiter der Versicherung X, der für den Buchstaben Y zuständig ist“[429] oder die Bezeichnung des Zeugen nach seiner dienstlichen Funktion.[430] Dann ist jedenfalls nach allen vertretenen Ansichten dem Beweisführer eine Frist zur Beibringung der fehlenden Daten zu setzen, gem. § 356 ZPO. 163

Praxistipp 164

Gleichzeitig sollte der Beweisführer den Gegner auffordern, die Personalien des Zeugen, die er kennt und die der Beweisführer nicht kennen kann, bekannt zu geben. Weigert sich der Gegner, so kann dies als Beweisvereitelung gewertet werden.[431]

VIII. Ausländischer Zeuge im Inland

Kommt es zur Vernehmung eines Zeugen, der der deutschen Sprache nicht hinreichend mächtig ist, so ist für die Vernehmung ein Dolmetscher vom Gericht hinzuzuziehen, gem. § 185 GVG. Weil der Dolmetscher vom Gericht von Amts wegen hinzuzuziehen ist, kommt eine Präklusion auch dann nicht in Betracht, wenn die 165

428 Vgl. Lepa, Typische Probleme im Haftpflichtprozess, Rn 198 f.

429 Vgl. Prechtel, Erfolgreiche Taktik im Zivilprozess, S. 240.

430 Vgl. BGH, VersR 1998, S. 913.

431 Vgl. BGH, NJW 1960, S. 821.

Partei, die den Zeugen benannt hat, es versäumt hat, auf die Notwendigkeit eines Dolmetschers hinzuweisen,[432] d.h. sich erst im Beweistermin die Notwendigkeit eines Dolmetschers und damit die Notwendigkeit einer Vertagung herausstellt. Der Dolmetscher braucht auch nicht unbedingt in die Heimatsprache des Zeugen zu übersetzen. Ausreichend ist eine Übersetzung in eine Sprache, in der die Verständigung mit dem Zeugen möglich ist.[433] Ein Kostenvorschuss für die Kosten des Dolmetschers und/oder Zeugen mit der Folge der Nichtladung des Dolmetschers und dann der Präklusion kann vom Gericht angefordert werden, gem. § 379 ZPO analog.[434]

IX. Prozesstaktische Verschleierung der Identität eines Zeugen

166 Manchmal kann es sich empfehlen, die Identität eines Zeugen, d.h. dessen Namen und Anschrift, **nicht bekannt zu geben**. Der Grund hierfür kann v.a. darin liegen, die Identität nicht vorab zu lüften, da der Gegner anderenfalls Widerklage gegen den Zeugen erheben könnte. Hierdurch wäre der Zeuge aus dem Prozess „geschossen." Wird also nun ein Zeuge mit erfundenem Namen und/oder Anschrift angegeben, so kann diesem keine Widerklage zugestellt werden. Bis eine öffentliche Zustellung in Betracht kommt (hierfür ist i.d.R. eine Auskunft vom Einwohnermeldeamt und der Poststelle nötig), ist es meist schon zum Beweisaufnahmetermin gekommen. Die richtigen Zeugen werden dann erst in Auswechslung der benannten zum Beweistermin mitgebracht.[435] Das Gericht müsste nun den Beweisbeschluss gem. § 360 Satz 2 ZPO entsprechend ändern.

167 *Praxistipp*

Wer mit einem solchen Verhalten des Gegners konfrontiert wird, kann hiergegen die oben ausgeführten Einwendungen gegen die Vernehmung eines präsenten Zeugen erheben und den beabsichtigten (bisher unzustellbaren) Widerklageschriftsatz dem Zeugen vor dessen Vernehmung vom Gericht übergehen lassen. Zwar hätte die Widerklage förmlich zugestellt werden müssen, jedoch kann dieser Mangel gem. § 189 ZPO geheilt werden, da durch Übergabe im Termin das Schriftstück nun tatsächlich zugegangen ist.

432 Vgl. OLG Hamm, MDR 2000, S. 657.
433 Vgl. Zöller, ZPO, 36. Aufl., § 185 GVG Rn 1.
434 Vgl. Zöller, ZPO, 36. Aufl., § 379 Rn 1.
435 Vgl. auch Prechtel, Erfolgreiche Taktik im Zivilprozess, S. 241.

X. Vermeidung einer Suggestivwirkung durch die Beweisanordnung

Sowohl der Beweisbeschluss als auch die Anordnung nach § 273 Abs. 2 Nr. 4 ZPO sind – wenn sie lege artis[436] erfolgen – so zu formulieren, dass eine **Suggestivwirkung vermieden** wird.[437] Hiergegen wird in der Praxis häufig verstoßen. In der Praxis ist es üblich, in der Anordnung präzise Fragen an den Zeugen aufzunehmen.[438] „Erfährt der Zeuge über die Ladung aus dem Beweisbeschluss die genaue Bezeichnung der streitigen Tatsachen, so wird er auf diesem Wege (andere Wege wie die Kontaktaufnahme durch die Parteien lassen sich nicht ausschließen) seiner Unbefangenheit beraubt [...]. Den Text auf der Ladung hat er sich so nachhaltig eingeprägt, [...]. Am Ende weiß er nicht mehr, was ihm die Erinnerung einflösst und was der Text auf der Ladung. Im Zweifel wird er den Text auf der Ladung bestätigen, denn sie kommt ja immerhin vom Gericht. Solche Zeugen gibt es! Man hat schon einen Zeugen erlebt, der auf die gemäß § 396 Abs. 2 zu stellende Frage nach dem Grund seiner Wissenschaft geantwortet hat: ‚Das stand doch auf der Ladung.'[439] „Spätestens vom Tage der Ladung an hat der Zeuge die Möglichkeit, sich Gedanken über die von ihm erwartete Aussage zu machen. Wenn ihm dann noch in der Ladung suggeriert wird, zu wessen Gunsten (Benennung des Beweisführers) er was (Benennung des Beweisthemas) mitbekommen haben soll (§ 377 Abs. 2 ZPO), hat man die schlechteste Ausgangsposition für eine durch Vorüberlegung unbeeinflusste Aussage gewonnen."[440] Dazu kommt, dass auch der Zeuge die allgemeine Lebensweisheit kennt, dass Parteien nur Zeugen benennen, von denen sie annehmen, dass sie für die Partei günstig aussagen werden[441] und der Zeuge somit die Erwartungshaltung des Beweisführers an ihn genau kennt. D.h., die konkrete Angabe des Beweisthemas lässt dem Zeugen (und der Partei) zu viel Vorbereitungsmöglichkeit.[442] 168

In der Praxis kommt oft folgender Beweisbeschluss vor: 169

> *„Der Zeuge X ist zu vernehmen."*[443]
>
> *„Es wird die Vernehmung des X angeordnet."*[444]

436 D.h. entspr. den Erkenntnissen der Wahrnehmungs-, Erinnerungs- u. Vernehmungspsychologie.

437 Vgl. Reinecke, Die Information des Zeugen über das Beweisthema, MDR 1990, S. 1061 ff.

438 Vgl. Musielak/Stadler, Grundfragen des Beweisrechts, Rn 2.

439 Balzer, Beweisaufnahme und Beweiswürdigung im Zivilprozess, Rn 142.

440 Vgl. Rüssmann, Physiologische und psychologische Streiflichter zum Zeugenbeweis, S. 804, in Festschrift für Ruddolf Wassermann.

441 Vgl. Altavilla, Forensische Psychologie, Bd. II, Die Psychologie der Strafprozessbeteiligten, S. 245.

442 Vgl. Arntzen, Psychologie der Zeugenvernehmung: Psychologie der Zeugenvernehmung, 2. Aufl., S. 3.

443 Vgl. Förschler, Praktische Einführung in den Zivilprozess, e. Grundriß d. Zivilprozeßrechts an Hand von Akten, 4. Aufl., Rn 206.

444 Vgl. Musielak/Stadler, Grundfragen des Beweisrechts, Rn 2.

170 Gegen diese weite Fassung der Anordnung wird eingewendet, dass diese zu unkonkret ist und demnach Probleme auftauchen, wenn Fragen als nicht zum Beweisthema gehörig zurückgewiesen werden sollen.[445] Der Einwand ist m.E. berechtigt. Zwar sind Fragen grundsätzlich zuzulassen, d.h., es ist ein großzügiger Maßstab anzulegen (s.u.), jedoch ist im Sinne einer geordneten Verhandlungsführung eine gewisse Konkretisierung nötig. Eine gewisse Konkretisierung bedeutet die ungefähre Angabe des Beweisthemas[446] und ist auch deshalb notwendig, damit sich die Parteien und auch der Zeuge (z.B. durch Studium von Notizen[447]) auf die Vernehmung vorbereiten können.

171 Wie bereits ausgeführt, kann durch einen schlecht formulierten Beweisbeschluss eine Suggestivwirkung eintreten, die das Beweisergebnis verfälschen kann. Nach den Erkenntnissen der Wahrnehmungspsychologie lassen sich besonders starke Einflüsse dort nachweisen, wo der vorgebenden Person ein höherer Rang (z.B. Chef) zukommt oder ihr besondere (tatsächliche oder vermeintliche) Fähigkeiten zugeschrieben werden.[448]

172 Die schlechteste Form des Beweisbeschlusses wäre daher Folgende:

> *„Es soll Beweis erhoben werden über die Behauptung des Klägers, während des Notartermins v. 30.12.1999 habe der Beklagte ihm versichert, er könne das Gebäude in den ersten sieben Jahren mit je 5 % abschreiben.“*[449]

173 **Hierdurch erfährt der Zeuge nicht nur den genauen Inhalt der streitigen Tatsache, sondern auch noch, welche Partei die Behauptung aufgestellt hat und welcher Partei er mit welcher Aussage nützen kann.**[450] Erfährt der Zeuge nun, dass z.B. sein Chef (oder eine andere Person, der er höhere Fähigkeiten zuschreibt) die Behauptung aufgestellt hat, ist es für den Zeugen nun – psychologisch, bewusst oder unbewusst – ungleich schwieriger, die Behauptung nicht zu bestätigen. D.h., das Beweisergebnis kann verfälscht werden. Zum einen kann das Beweisergebnis unbewusst verfälscht werden, da es eine Beobachtung der Wahrnehmungspsychologie ist, dass sich Angestellte überproportional oft (auch in außerberuflichen Dingen) der Ansicht ihres Vorgesetzten anschließen.[451] Zum anderen wird dem Zeugen hier gleich ein Motiv geliefert, nämlich Kooperation und Unterstützung des Chefs, das ebenfalls die Wahrnehmung verfälschen kann.[452] Letztendlich wird dem

445 Vgl. Musielak/Stadler, Grundfragen des Beweisrechts, Rn 2.
446 Vgl. Musielak/Stadler, Grundfragen des Beweisrechts, Rn 2.
447 Assoziationen erleichtern die Wahrnehmung, vgl. Kirchhoff, Der Verkehrsunfall im Zivilprozess-Hinweise zur Verbesserung der Zeugenvernehmung, MDR 2000, S. 186, 188.
448 Vgl. Bender/Nack, Tatsachenfeststellungen vor Gericht München, 2. Aufl., Rn 107.
449 Balzer, Beweisaufnahme und Beweiswürdigung im Zivilprozess, Rn 143.
450 Vgl. Balzer, Beweisaufnahme und Beweiswürdigung im Zivilprozess, Rn 143.
451 Vgl. Bender/Nack, Tatsachenfeststellungen vor Gericht München, 2. Aufl., Rn 107.
452 Vgl. Bender/Nack, Tatsachenfeststellungen vor Gericht München, 2. Aufl., Rn 97 ff.

Zeugen ein Motiv für eine Falschaussage geliefert (nämlich Angst, sich gegen den Chef zu stellen).[453]

Im Übrigen ist das Beweisthema dergestalt formuliert, dass selbst ein Zeuge, der nichts beobachtet hat, das Beweisthema bestätigen könnte (rein anhand der Ladung). Eine beliebige Person, die die Ladung erhält, könnte schlicht zur Vernehmung erscheinen und aussagen: „Während des Notartermins v. 30.12.1999 hat der Beklagte dem Kläger versichert, er könne das Gebäude in den ersten sieben Jahren mit je 5 % abschreiben." Oder der Zeuge könnte das Beweisthema schlicht mit „Ja" oder „Nein" beantworten. 174

Es handelt sich somit um eine Frage bzw. Ladung, die die Antwort vorgibt, also hoch suggestiv ist. Eine solche Frage darf niemals zu Beginn einer Vernehmung gestellt werden und damit auch nicht in einer Ladung stehen. Derart suggestive Vorgaben sind allenfalls am Schluss einer Vernehmung zulässig.[454] 175

Zu vermeiden wären daher in jedem Fall Beweisbeschlüsse oder Anordnungen, die dem Zeugen die Antwort vorgeben bzw. es zulassen, dass der Zeuge schlicht mit „Ja" oder „Nein" die Frage des Beweisbeschlusses oder der Anordnung bestätigen kann. 176

Etwas besser, aber immer noch suggestiv, wäre etwa folgende Formulierung: 177

> *„Es soll Beweis erhoben werden darüber, welche Erklärung der Beklagte in der Notarverhandlung v. 30.12.1999 abgegeben hat."*[455]

Diese Frage setzt voraus, dass der Beklagte überhaupt eine Erklärung am 30.12.1999 in der Notarverhandlung abgegeben hat.[456] Dem Zeugen wird hier suggeriert (sogar durch die Autorität des Gerichts, also auch einer Institution, der höhere Fähigkeiten zugeschrieben werden), dass der Beklagte überhaupt eine Erklärung abgegeben hat. Eine Verfälschung des Beweisergebnisses kann hier durch den sog. Pygmalioneffekt eintreten, da der Zeuge nun die Erwartung des Fragenden (Gericht) kennt und es in der Wahrnehmungspsychologie eine bekannte Gefahr ist, dass der Befragte seine Antwort eben dieser Erwartung anpasst.[457] 178

Es ist m.E. zutreffend, dass eine **Formulierung ohne Angabe des ungefähren Beweisthemas** nicht hinreichend ist, aber andererseits eine suggestive Wirkung vermieden werden muss. 179

453 Vgl. Bender/Nack, Tatsachenfeststellungen vor Gericht München, 2. Aufl., Rn 176.

454 Vgl. Bender/Nack, Tatsachenfeststellungen vor Gericht München, 2. Aufl., Rn 606.

455 Vgl. Balzer, Beweisaufnahme und Beweiswürdigung im Zivilprozess, Rn 142.

456 Also eine Voraussetzungsfrage. vgl. Bender/Nack, Tatsachenfeststellungen vor Gericht München, 2. Aufl., Rn 267.

457 Vgl. Bender/Nack, Tatsachenfeststellungen vor Gericht München, 2. Aufl., Rn 106.

180 Am besten wäre daher folgende Formulierung:

„Es soll Beweis erhoben werden über den Verlauf des Notartermins v. 30.12.1999.“[458]

181 Es ist **nicht zutreffend**, dass ein Beweisbeschluss

„über den Hergang des Unfalls vom …“

unzureichend wäre.[459] Ebensolches ergibt sich auch nicht aus § 359 Nr. 1 ZPO, der die Angabe der streitigen Tatsache fordert, über die Beweis zu erheben ist. § 359 ZPO muss im Zusammenhang mit § 396 Abs. 1 ZPO interpretiert werden, demzufolge der Zeuge zu veranlassen ist, dasjenige, was ihm vom Gegenstand seiner Vernehmung bekannt ist, im Zusammenhang anzugeben. Der Zeuge kann aber nichts mehr im Zusammenhang angeben, wenn er das Beweisthema bereits erschöpfend mit „Ja“ oder „Nein“ oder einem schlichten Satz, etwa: „Der Beklagte hat in der Notarverhandlung v. 30.12.1999 folgende Erklärung abgegeben …“, beantwortet hat. Dann wären konsequenterweise auch weitere Zusatzfragen unzulässig, da die Frage ja bereits beantwortet ist,[460] sodass der Zeuge gar keine Darstellung im Zusammenhang abgeben kann. Die von § 395 ZPO geforderte Darstellung im Zusammenhang erreicht man nur durch eine offene Formulierung. Diese Darstellung im Zusammenhang ist auch insofern ein Gebot der Vernunft und Erfahrung, da diese Darstellung die bestmögliche Art der Darstellung bietet und man den Aussagenden daher möglichst weit gewähren lassen sollte.[461] Das Beweisthema muss daher nur so genau bezeichnet werden, dass ein Zeuge von sich aus über den Vorgang berichten kann.[462] Das ist bei „dem Hergang des Unfalles vom xy“ oder „über den Verlauf des Notartermins“ der Fall. Der Richter hat mit Rücksicht auf die Wahrheitsfindung das Recht und u.U. sogar die Pflicht, in dieser Hinsicht Zurückhaltung zu üben.[463]

182 Nach h.A. ist jedenfalls dann, wenn ein beauftragter oder ersuchter Richter die Vernehmung durchführen soll, das Beweisthema ggf. konkreter zu bezeichnen, sodass der Richter ohne langwieriges Aktenstudium weiß, was er den Zeugen befragen soll.[464] Zwar kann es hier zutreffend sein, dass ein brauchbares Ergebnis oft nur dann zu erhalten ist, wenn der Beweisbeschluss möglichst ausführlich gestaltet und ggf. mit Eventualfragen versehen ist,[465] jedoch ist dann in der Zeugenladung das

458 Vgl. Balzer, Beweisaufnahme und Beweiswürdigung im Zivilprozess, Rn 142.

459 So aber Zöller, ZPO, 36. Aufl., § 359 Rn 3; a.A. zu Recht OLG Frankfurt am Main, NJW-RR 1995, S. 637.

460 Vgl. Thomas/Putzo, ZPO, 47. Aufl., § 397 Rn 2.

461 Vgl. Döhring, Die Erforschung des Sachverhalts im Prozess, S. 33.

462 Vgl. Thomas/Putzo, ZPO, 47. Aufl., § 359 Rn 2.

463 Vgl. Döhring, Die Erforschung des Sachverhalts im Prozess, S. 46.

464 Vgl. OLG Koblenz, NJW 1975, S. 1036.

465 Vgl. Schellhamer, Zivilprozess, Rn 596; vgl. auch Musielak/Stadler, Grundfragen des Beweisrechts, Rn 5.

Beweisthema nur summarisch anzugeben, gem. § 377 Abs. 2 Nr. 2 ZPO.[466] Beim ersuchten Richter bietet sich dieses Prozedere in der Tat an, damit einerseits der ersuchte Richter ohne große Vorbereitung genaue Kenntnis der beweiserheblichen Punkte erhält und andererseits das Streitpotenzial hinsichtlich der Fragen, die tatsächlich oder vermeintlich über das Beweisthema des Beweisbeschlusses hinausgehen, reduziert wird. Der beauftragte oder ersuchte Richter wäre nämlich nur zu einer Ergänzung oder Berichtigung der im Beweisbeschluss angegebenen Beweistatsache befugt, gem. § 360 Satz 3 ZPO. Geht die Frage daher über diesen Rahmen hinaus, so müsste der beauftragte oder ersuchte Richter die Frage unter Vorbehalt der endgültigen Entscheidung durch das Prozessgericht zurückweisen, gem. §§ 397 Abs. 2, 398 Abs. 2 ZPO).[467] Bei einem möglichst ausführlichen Beweisbeschluss, der bereits ggf. Eventualfragen enthält, wird einerseits die Notwendigkeit von streitträchtigen Zusatzfragen geringer und andererseits lässt sich leichter feststellen, ob es sich ggf. um eine Ergänzung oder Berichtigung der Beweistatsache handelt.

Bei der vorbereitenden Zeugenladung gem. § 273 Abs. 2 ZPO stellt sich das Pro- **183** blem einer Suggestivwirkung nicht, da dem Zeugen nur die Ladung zugestellt wird. Die Ladung hat gem. § 377 Abs. 2 Nr. 2 ZPO nur den Gegenstand der Vernehmung zu bezeichnen. Dies ist nach allen Ansichten nur eine summarische Bezeichnung des strittigen Sachverhaltes.[468]

XI. Anforderung eines Kostenvorschusses

Regelmäßig wird die Ladung eines Zeugen davon abhängig gemacht, dass ein Aus- **184** lagenvorschuss einbezahlt wird, gem. § 379 ZPO. Erfolgt kein Kostenvorschuss, wird der Zeuge nicht geladen, wobei der Termin bestehen bleibt.[469] Der Beweisführer kann z.B. den Zeugen als präsenten Zeugen in die Verhandlung mitbringen. **Erfolgt die Vorschusszahlung verspätet,**[470] **so bleibt das Gericht zur Ladung verpflichtet.**[471]

466 Vgl. Musielak, ZPO, § 359 Rn 3.

467 Vgl. Balzer, Beweisaufnahme und Beweiswürdigung im Zivilprozess, Rn 184.

468 Vgl. Zöller, ZPO, 36. Aufl., § 377 Rn 3; vgl. auch Musielak, ZPO, § 377 Rn 2, Balzer, Beweisaufnahme und Beweiswürdigung im Zivilprozess, Rn 141.

469 Vgl. Zöller, ZPO, 36. Aufl., § 379 Rn 7.

470 Das Gericht hat eine Ladung auch noch dann auszuführen, wenn der Vorschuss sechs Tage vor dem Termin einbezahlt wird, so der BGH, NJW-RR 1991, S. 728, 730 zum Parallelproblem der kurzfristigen Benennung eines Zeugen. Wenn eine Ladung eines erst sechs Tage vor dem Termin benannten Zeugen noch zumutbar ist, dann muss eine Ladung eines schon benannten Zeugen, für den erst sechs Tage vor dem Termin der Vorschuss eingeht, **erst recht** zumutbar sein.

471 Vgl. Thomas/Putzo, ZPO, 47. Aufl., § 379 Rn 6; vgl. auch mit deutlichen Worten gegenüber dem Instanzgericht: BGH, VII ZR 155/09.

185 *Praxistipp*

Um sicherzustellen, dass keine Verspätung vorliegt, sollte der Anwalt immer die persönliche Kostenhaftung erklären. Dieser wird dann zusätzlicher Kostenschuldner gem. § 54 Nr. 2 GKG, sodass kein Anlass besteht, auf einer Vorschusszahlung zu bestehen.[472] Dieses Vorgehen entspricht gerichtlicher Übung.[473]

186 Vorschusspflichtig ist nicht die abstrakt beweisbelastete Partei, sondern die Partei, die den Zeugen benannt hat, gem. § 359 Nr. 3 ZPO. Diese Partei ist somit „Beweisführer" im Sinne dieser Vorschrift.[474] Haben allerdings beide Parteien den Zeugen benannt,[475] so ist nach richtiger Ansicht diejenige vorschusspflichtig, die die Beweislast trägt.[476] Eine Vorschusspflicht beider Parteien ist m.E. unangebracht. Weshalb sollte die nicht beweisbelastete Partei überhaupt vorschusspflichtig sein? Das lässt sich gemäß dem Verursacherprinzip nur dann rechtfertigen, wenn die Zeugenladung nur auf Initiative der nicht beweisbelasteten Partei geschieht. Dann ist es sachgerecht, auch die nicht beweisbelastete Partei mit den ausschließlich durch sie verursachten Kosten zu belasten. Dieses Argument trifft aber dann nicht zu, wenn die Initiative ebenso von der beweisbelasteten Partei ausgeht.

187 Musielak/Stadler, Grundfragen des Beweisrechts, Seite 5 Fn 26 führen aus, dass bei Vorschusspflicht beider Parteien der Gegner die Vernehmung verhindern könnte, indem er den Vorschuss nicht zahlt. Bachmann in DRiZ 1984, S. 401 führt aus, dass dieses Argument eigentlich ein Argument für die Vorschusspflicht beider Parteien sei, denn anderenfalls könne der Beweispflichtige den Beweis anderweitig führen und den Gegenbeweis durch Nichteinzahlung vereiteln. Das ist so nicht richtig, denn der Gegenbeweis wird nicht vereitelt. Das führt auch Bachmann, DRiZ 1984, S. 401 einige Zeilen weiter selbst so aus, ohne aber die Konsequenz, dass der Gegenbeweis nicht vereitelt wird, zu erkennen. Allenfalls kommt es zu einer Verzögerung des Gegenbeweises, nicht aber zu einer Vereitelung. Führt nämlich die beweisbelastete Partei den Hauptbeweis mit anderen Mitteln, so ist nach wie vor (ggf. in einem anderen Termin) der Zeuge, nunmehr aber ausschließlich zum Gegenbeweis zu vernehmen. Die eigentlich beweisbelastete Partei hat dann entweder ausdrücklich oder konkludent (durch anderweitige Führung des Hauptbeweises und Verweigerung der Vorschusszahlung) auf den Zeugen verzichtet. Ab diesem Zeitpunkt ist somit nur noch der Gegenbeweis zu führen, für den in der Tat nur die andere Partei beweispflichtig ist und Beweisführer ist. Ab jetzt ist es somit gerechtfertigt, nur die-

472 Vgl. Zöller, ZPO, 36. Aufl., § 379 Rn 2.

473 Vgl. Jäckel, Beweisrecht der ZPO, Rn 237.

474 Vgl. Baumgärtel/Laumen, Handbuch der Beweislast, Grundlagen, § 3 Rn 34 m.w.N.

475 Also die beweisbelastete Partei zum Hauptbeweis und die andere Partei zum Gegenbeweis.

476 Vgl. BGH, BB 1999, S. 1547; Zöller, ZPO, 36. Aufl., § 379 Rn 4; a.A. beide vorschusspflichtig, vgl. Bachmann, DRiZ 1984, S. 401 u. Balzer, Beweisaufnahme und Beweiswürdigung im Zivilprozess, Rn 148.

ser Partei die Vorschusszahlung als verbleibender beweispflichtiger Partei aufzugeben. Diese Lösung hat m.E. den dogmatischen Vorzug, dass Haupt- und Gegenbeweis auch hinsichtlich der Vorschusspflicht getrennt bleiben.

Überhaupt ist die Vorschrift antiquiert. Auf den Vorschuss sollte – bis auf Ausnahmefälle (z.B. kostspielige Anreise des Zeugen) – grundsätzlich verzichtet werden. **Das mögliche Ausfallrisiko der Staatskasse rechtfertigt nicht den Aufwand, der bei der in der Praxis zu beobachtenden „reflexartigen"[477] Vorschussanforderung besteht** (über den Zahlungseingang bzw. Zahlungsausgang muss Buch geführt werden, Parteien und Gericht müssen die Frist beachten etc.).[478] 188

Zu beachten ist aber in jedem Fall, dass die Vorschussanforderungen bei mehreren Zeugen in einem Beweisbeschluss nicht vermengt werden dürfen (z.B. bei fünf Zeugen einen Vorschuss von 500 EUR aufzuerlegen; richtig wäre für jeden Zeugen je 100 EUR). Denn andernfalls müssten alle Zeugen ungeladen bleiben, wenn der Vorschusspflichtige 200 EUR oder 300 EUR bezahlt.[479] Falls sich der Beweisführer dazu entschließt, auf einen Zeugen zu verzichten, würde Unklarheit über den dann zu bezahlenden Vorschuss bestehen. Folglich ist für jeden Zeugen der konkrete Vorschuss auszuwerfen. Stellt sich heraus, dass der ursprünglich geforderte Vorschuss nicht ausreicht, kann dieser nachträglich erhöht werden.[480] 189

Keine Vorschusspflicht besteht für die Partei, der Prozesskostenhilfe bewilligt wurde **oder** der beklagten, berufungsbeklagten oder revisionsbeklagten Partei, wenn dem Kläger oder Rechtsmittelführer Prozesskostenhilfe bewilligt wurde, gem. § 122 Abs. 2 ZPO. 190

XII. Wann wird die Beweisanordnung erlassen?

1. Förmlicher Beweisbeschluss

Der förmliche Beweisbeschluss kann schon vor der mündlichen Verhandlung vom Gericht erlassen werden gem. § 358a ZPO, soweit er anordnet, 191

1. eine Beweisaufnahme vor dem beauftragten oder ersuchten Richter
2. die Einholung amtlicher Auskünfte
3. eine schriftliche Beantwortung der Beweisfrage nach § 377 Abs. 3 ZPO
4. die Begutachtung durch Sachverständige
5. die Einnahme eines Augenscheins.

477 Nahezu jede Zeugenladung löst in der Praxis reflexartig, d.h. automatisch eine Vorschussanforderung aus.

478 Vgl. Balzer, Beweisaufnahme und Beweiswürdigung im Zivilprozess, Rn 145.

479 Vgl. Balzer, Beweisaufnahme und Beweiswürdigung im Zivilprozess, Rn 147.

480 Vgl. OLG München, MDR 1978, S. 412; a.A. OLG Frankfurt am Main, OLGZ 68, S. 436. Diese a.A. ist abzulehnen. Weshalb soll eine Erhöhung des Vorschusses nicht möglich sein, wenn sich herausstellt, dass der ursprüngliche Vorschuss nicht ausreicht? Der Vorschuss wird nach richtiger Ansicht nur vom Beweisführer gefordert. Daher ist es gerechtfertigt, von diesem als Verursacher auch einen Kostenvorschuss u. damit auch eine Erhöhung zu fordern.

2. Vorbereitende Anordnung

192 Die vorbereitende Anordnung gem. § 273 Abs. 2 ZPO kann hingegen der Vorsitzende oder ein von dem Vorsitzenden bestimmtes Mitglied des Prozessgerichts treffen. Die vorbereitende Anordnung gem. § 273 Abs. 2 ZPO kann auch nach mündlicher Verhandlung zur Vorbereitung eines weiteren Termins ergehen. Erfolgt die Anordnung in der mündlichen Verhandlung, ergeht sie durch Beschluss.[481] Auch für die vorbereitende Zeugen- oder Sachverständigenladung kann gem. § 273 Abs. 3 Satz 2 ZPO ein Kostenvorschuss angefordert werden. Im Rahmen des § 273 Abs. 2 ZPO ist allerdings nur die Vorbereitung der Beweisaufnahme möglich, nicht die Beweisaufnahme selbst. Daher können auch keine schriftlichen Zeugenaussagen über § 273 Abs. 2 ZPO eingeholt werden.[482]

E. Inhalt des Beweisbeschlusses

193 Gem. § 359 ZPO hat ein Beweisbeschluss mindestens Beweisthema, Beweismittel und Beweisführer anzugeben.[483] Streit herrscht allerdings darüber, welche inhaltlichen Anforderungen im Einzelnen an den Beweisbeschluss zu stellen sind.

194 Zum Beweisthema: Hierzu wird auf obige Ausführungen zur Vermeidung einer Suggestivwirkung durch den Beweisbeschluss verwiesen.

195 Zum Beweismittel: Hierzu wird auf die Ausführungen zum Zeugen N.N. und dem nur abstrakt bezeichneten Zeugen verwiesen. Grundsätzlich ist der Zeuge mit Vor- und Zunamen und ladungsfähiger Anschrift bekannt zu geben. Die Angabe eines Postfaches soll nach einer Ansicht nicht genügen.[484] Dem ist in dieser Allgemeinheit nicht zuzustimmen. Es genügt die ladungsfähige Anschrift.[485] Auch an ein Postfach kann eine Ladung zugestellt werden, die ja in der Regel auch durch formlose Ladung durch die Geschäftsstelle erfolgt, gem. § 377 Abs. 1 Nr. 2 ZPO. Lediglich dann, wenn die Besorgnis unentschuldigten Fernbleibens besteht oder eine Partei die Identität des Zeugen und daher dessen Wohnanschrift genau wissen will, genügt die Postfachangabe nicht. Dies deshalb, da an eine Postfachadresse nicht per Postzustellungsurkunde zugestellt werden kann. Auf diese Besorgnis oder diesen Einwand der Gegenseite ist daher gem. § 356 ZPO dem Beweisführer eine Frist zur Bekanntgabe der Wohnanschrift zu stellen. Das gilt auch dann, wenn die Gegenpartei vorträgt, Erkundigungen über die Person des Zeugen und dessen Stellung zur Partei einziehen zu wollen. In diesem Stadium braucht dieser Vortrag der Gegenpartei

481 Vgl. Zöller, ZPO, 36. Aufl., § 273 Rn 5.
482 Vgl. Zöller, ZPO, 36. Aufl., § 274 Rn 10.
483 Vgl. Musielak/Stadler, Grundfragen des Beweisrechts Rn 4.
484 Vgl. Prechtel, Erfolgreiche Taktik im Zivilprozess, 3. Aufl., S. 420, der sich auf eine Entscheidung des BVerwG, NJW 1999, S. 2608 hinsichtlich einer Postfachangabe eines Klägers bezieht.
485 Vgl. Zöller, ZPO, 36. Aufl., § 359 Rn 4.

nicht weiter begründet zu werden, denn kein Zeuge hat i.d.R. den Anspruch darauf, bis zur Vernehmung anonym zu bleiben. Dann ist dem Beweisführer eine Frist gem. § 356 ZPO zur Bekanntgabe der Wohnanschrift des Zeugen zu setzen.[486] Zu beachten ist aber, dass ein Postfach oder eine andere Adresse als die Wohnanschrift bei einem Zeugen dann zulässig sind, wenn der Angabe der Wohnanschrift unüberwindliche oder nur schwer zu beseitigende Schwierigkeiten oder schutzwürdige Geheimhaltungsinteressen entgegenstehen.[487] Entsprechendes gilt dann, wenn eine Partei – wie in der Praxis oft – als ladungsfähige Anschrift des Zeugen „zu laden über den Kläger/Beklagten“ angibt.

Die Bezeichnung der Partei, die sich auf das Beweismittel berufen hat (Beweisführer): Das ist auch insofern sinnvoll, als klargestellt wird, auf wessen Initiative der Zeuge in den Prozess gezogen wird und von wem ggf. der Vorschuss anzufordern ist. Zu beachten ist aber, dass der Zeuge trotz dieser Vorgabe nicht sofort erkennt, welche Partei die Behauptung aufgestellt hat und welcher Partei er mit welcher Aussage nützen kann.[488] Es zeichnet sich daher auch hier die Notwendigkeit ab, den Beweisbeschluss möglichst abstrakt zu formulieren. Z.B.: „Es ist auf Antrag des Klägers Beweis über den Unfallhergang vom XY in der A-Straße in München durch Vernehmung des Zeugen Z zu erheben“. 196

F. Verzicht auf den Zeugen

Gem. § 399 ZPO kann die Partei auf den Zeugen verzichten. Es wird aber nicht bereits deshalb konkludent verzichtet, weil ein schriftsätzlicher Beweisantrag nicht wiederholt wurde.[489] In der Berufungsinstanz ist ein übergangenes Beweisangebot in jedem Fall zu rügen.[490] Der Verzicht ist in jedem Stadium möglich, bis die Aussage vollendet ist. **Erfolgt der Verzicht nach einem Teil der Aussage, so bleibt der Teil bis zum Verzicht aber verwertbar.**[491] Würde der Zeuge trotz Verzichts weiter befragt werden, würde gegen den Grundsatz der Parteiherrschaft[492] verstoßen.[493] 197

Der Gegner kann jedoch eine (vollständige) Vernehmung zum Beweisthema erzwingen, wenn der Zeuge erschienen ist bzw. der Vernehmungsbeginn bereits er- 198

486 Vgl. BVerfGE 65, S. 305, 307.

487 Vgl. BGH, NJW 1988, S. 2114.

488 Vgl. Balzer, Beweisaufnahme und Beweiswürdigung im Zivilprozess, Rn 143.

489 Vgl. BGH, NJW-RR 1996, S. 1459.

490 Sonst könnte jedenfalls ein konkludenter Verzicht in Betracht kommen, vgl. BGH, NJW-RR 1997, S. 342.

491 Dies ist m.E. keine Durchbrechung des Verhandlungsgrundsatzes oder des Grundsatzes der Parteiherrschaft, da sich i.d.R. die andere Partei das Ergebnis der Beweisaufnahme konkludent zu Eigen macht. Folglich ist auch diese Zeugenaussage trotz Verzichts des Beweisführers durch die andere Partei in den Prozess eingeführt.

492 Oder auch der sog. Verhandlungsgrundsatz, vgl. Thomas/Putzo, ZPO, 47. Aufl., Einl. Rn 1.

493 Vgl. Zöller, ZPO, 36. Aufl., § 399 Rn 1.

folgt ist. Dann kann auch der Nicht-Beweisführer die Vernehmung bzw. Fortsetzung der Vernehmung verlangen, gem. § 399 ZPO.

199 Kommt es vor der Vernehmung zum Verzicht bzw. erscheint der Zeuge nach einem Verzicht nicht, so kann nunmehr der Gegner diesen Zeugen zu einem Beweisthema anbieten, für das er beweisbelastet ist. Eine Grenze stellt hier nur § 296 ZPO dar.

200 Verzichtet der Beweisführer auf den Zeugen und benennt zur Führung des Beweises der Beweistatsache andere Beweismittel, so kann der Gegner den Zeugen nunmehr zum Gegenbeweis der Beweistatsache selbst benennen. Die Beweisbehauptung sollte allerdings positiv formuliert werden, um die Problematik des Beweises von Negativ-Tatsachen zu umgehen.[494] Ein Verschulden liegt hierin nicht, sodass sich die Verspätungsproblematik nicht stellt. Die Partei ist davon ausgegangen, dass der ohnehin vom Gegner benannte Zeuge das Beweisthema ohnehin nicht bestätigen werden wird. Folglich gab es keine Veranlassung, einen bereits benannten Zeugen zum Gegenbeweis selbst zu benennen. Will der Beweisführer den Beweis jetzt jedoch mit anderen Beweismitteln führen, so stellt sich erst jetzt die Notwendigkeit heraus, diesen (verzichteten) Zeugen zum Gegenbeweis anzubieten.

201 Soll der verzichtete Zeuge zu einem völlig anderen Beweisthema – gleich von welcher Partei – benannt werden, ist dies nur in den Grenzen des § 296 ZPO möglich.

202 Zulässig ist ein **Verzicht auf einen Zeugen** unter der **Bedingung** (zulässige innerprozessuale Bedingung),[495] **dass das Gericht den Beweis bereits als erbracht ansieht**.[496] Das kommt in der Praxis häufig bei der Vernehmung mehrerer Zeugen zum selben Beweisthema vor, wenn nun auf den/die letzten Zeugen unter dieser Bedingung verzichtet werden soll. Vernimmt das Gericht daraufhin den Zeugen nicht mehr, entscheidet gegen den Beweisführer aber negativ, da der Beweis doch nicht erbracht wurde, so kann der Zeuge in der Berufungsinstanz m.E. noch vernommen werden, gem. §§ 529 Abs. 1, 520 Abs. 3 Nr. 3 ZPO. Erforderlich wäre in einem solchen Fall ein Hinweis des Erstgerichts, dass die Partei ihrer Beweislast nicht genügt hat.[497]

203 *Praxistipp*

Prozesstaktisch bietet sich – zur **Risikominimierung** – folgende Lösung an. Der Verzicht kann vorläufig erklärt werden (z.B. bis zum Ende der Zeugeneinvernahme X.).[498] Sodann ist das Gericht darauf hinzuweisen, dass das Gericht eine

494 Vgl. z.B. für den Bereich des Strafrechts BGH, Beschl. v. 9.3.1999 – 1 StR 693/98 und für den Bereich des Zivilrechts BGH, Urt. v. 24.7.2018 – II ZR 305/16.

495 Vgl. Thomas/Putzo, ZPO, 47. Aufl., Einl. III Rn 14.

496 Ist die zu beweisende Tatsache bereits bewiesen, darf sogar von der beantragten Beweiserhebung abgesehen werden, vgl. Schneider/Thiel, Zivilprozessuales Beweisrecht: Grundlagen und Fehlerquellen, Rn 309.

497 Vgl. BGH, NJW 1989, S. 2756.

498 Vgl. für den Strafprozess z.B. LR-StPO/Gollwitzer, 25. Aufl., § 245 Rn 40.

Beweiserhebung ablehnen kann, wenn die zu beweisende Tatsache bereits erwiesen ist, analog § 244 Abs. 3 Satz 2 StPO.[499] Auch in dem Anleitungsbuch zur richterlichen Arbeitstechnik von van den Hövel heißt es: „Ein umfassender Beweisbeschluss braucht natürlich nicht vollständig ausgeführt zu werden, wenn sich im Verlauf der Beweisaufnahme ergibt, dass die Sache vor Erledigung des gesamten Beschlusses entscheidungsreif wird. Das ist z.B. der Fall, wenn der Kläger zehn Zeugen […] benannt hat und in der Beweisaufnahme bereits die beiden ersten Zeugen das Klagevorbringen bestätigen. Dann darf die Beweisaufnahme wegen entfallener Erheblichkeit abgebrochen werden."[500]

Hat eine Partei auf einen Zeugen in erster Instanz verzichtet, nimmt sie aber auf erstinstanzliche Beweisantritte Bezug, hat das Berufungsgericht nachzufragen, ob der Verzicht auch für die zweite Instanz gilt.[501] **204**

G. Benennung des Zeugen nur zu relevanten Punkten, die dem Zeugenbeweis zugänglich sind

Dem Zeugenbeweis zugänglich sind grundsätzlich nur **Tatsachen und Zustände.**[502] **205**
Für **Meinungen, Deutungen, Beurteilungen** ist der Zeuge kein in der ZPO vorgesehenes Beweismittel. Das gilt auch im Bereich der StPO.[503] Dem Zeugen würde hierfür sogar seine psychologische Aussagetüchtigkeit fehlen. Gleichwohl ist eine Bekundung über Tatsachen ohne jede Wertung oft unmöglich.[504] Daher ist ein **Ausschluss von Zeugenurteilen** sachlich nicht vertretbar.[505] Entscheidend ist, dass bei **Werturteilen** und **Schlussfolgerungen** des Zeugen die Grundtatsachen, auf denen die Wertung oder Schlussfolgerung beruht, mitgeteilt werden.[506] „Unter Beweis zu stellen sind demnach die Tatsachen, die der Zeuge wahrgenommen hat, mag es sich dabei auch um die Wahrnehmung eigener Überlegungen und Empfindungen als subjektive Tatsachen handeln."[507] Das gilt z.B. für Aussagen über Meinungen oder den Charakter und die Wesensart eines Dritten.[508] Hier wird es oft nicht möglich sein, z.B. bei der Aussage eines Fußgängers, das Kfz sei sehr schnell vorbeigefahren, weitere (äußere) Tatsachen zu nennen. Diese Aussage ist, obwohl sie eine Meinung

499 Vgl. Prechtel/Oberheim, Erfolgreiche Taktik im Zivilprozess, 4. Aufl. Rn 1148 m.w.N.
500 Van den Hövel, Richterliche Arbeitstechnik, 4. Aufl., S. 46.
501 Vgl. BGH, MDR 2002, S. 1267.
502 Vgl. Thomas/Putzo, ZPO, 47. Aufl., Vorbem. zu § 373 Rn 1.
503 Vgl. Hamm/Hassemer/Pauly, Beweisantragsrecht, 2. Aufl., Rn 81.
504 Vgl. Greger in Zöller, ZPO, 36. Aufl., § 373 Rn 1; vgl. Döhring, Die Erforschung des Sachverhalts im Prozess, S. 113 m.w.N.
505 Vgl. Döhring, Die Erforschung des Sachverhalts im Prozess, S. 113.
506 Vgl. Döhring, Die Erforschung des Sachverhalts im Prozess, S. 114.
507 Hamm/Hassemer/Pauly, Beweisantragsrecht, 2. Aufl., Rn 82.
508 Vgl. Döhring, Die Erforschung des Sachverhalts im Prozess, S. 118.

darstellt und durch andere mitzuteilende Grundtatsachen nicht belegt werden kann, frei zu würdigen. Hierbei sind dann die Erkenntnisse über die grundsätzliche Unzuverlässigkeit von Geschwindigkeitsschätzungen[509] mitzuberücksichtigen, sodass die Aussage nicht gänzlich unberücksichtigt bleibt, sondern der freien Beweiswürdigung i.V.m. den Erkenntnissen der Wahrnehmung und Erinnerung unterliegt.[510] Allgemein ist zu beachten, dass bei Werturteilen subjektive Einflüsse nicht zu vermeiden sind und diese umso gefärbter sind, je mehr der Zeuge voreingenommen ist.[511] Auch die Vernehmung eines Zeugen zu der Behauptung, die klagende Partei habe Schmerzen erlitten, darf nicht mit der Begründung abgelehnt werden, auf diesem Wege sei der Beweis nicht zu erbringen. Freilich handelt es sich dann oft um einen „Zeugen vom Hörensagen", der nur darüber berichten kann, wie sich die Partei ihm gegenüber geäußert hat. Ein solcher Bericht über Schmerzäußerungen der Partei verbaler und nonverbaler Art kann aber ein gewichtiges Indiz für die Richtigkeit der Behauptungen sein. „In Wahrheit ist es eine Frage der Beweiswürdigung, inwieweit der Tatrichter einem Zeugen, der über Schmerzempfindungen eines ihm nahestehenden Menschen berichtet, glauben will oder nicht, und ob er dann – wie vielleicht auch der Zeuge – daraus Schlüsse auf die wahren subjektiven Empfindungen der Kl. ziehen kann und will. Spricht aufgrund der Zeugenaussage einiges für die Behauptungen der Prozeßpartei, wird ergänzend ihre Parteivernehmung nach § 448 ZPO in Betracht kommen. Der Prozeßpartei, die wie im Streitfall über nicht durch naturwissenschaftliche Methoden objektivierbare Beschwerden, wie es Schmerzzustände sein können, klagt, würde andernfalls jede Möglichkeit genommen werden, ihren Vortrag zu beweisen. Wird ihren Äußerungen gegenüber Dritten und deren Beobachtungen und Einschätzungen von vornherein jeder Beweiswert abgesprochen, handelt es sich um eine vorweggenommene Würdigung des Beweisergebnisses."[512]

206 *Hinweis*

„In der Regel werden freilich Zeugenaussage Vorgänge in der Außenwelt betreffen, die der Zeuge sinnlich wahrgenommen hat. Jedoch können auch innere Vorgänge, Eindrücke, Gedanken, Überlegungen, Beweggründe, Affekte und andere geistig-seelische Vorgänge und Zustände des Innenlebens Gegenstand einer Zeugenaussage sein. Bekundungen dieser Art sind vom Richter frei zu würdigen und dürfen von ihm bei der Bildung seiner Überzeugung nicht verwehrt werden."[513] Auch **Leumundszeugen** sind zulässig.[514]

509 Vgl. z.B. Schneider, Beweis und Beweiswürdigung, 5. Aufl., Rn 936, 938; vgl. auch OLG Dresden, 13 U 600/01 n.v.; OLG Hamm, 27 U 126/95 n.v.

510 Vgl. Zöller, ZPO, 36. Aufl., § 373 Rn 1.

511 Vgl. Döhring, Die Erforschung des Sachverhalts im Prozess, S. 148.

512 BGH, Urt. v. 1.10.1985 – VI ZR 19/84 = NJW 1986, S. 1541 f.

513 BGH, NJW 1970, S. 574.

514 Vgl. LR-Dahs, Komm. zur StPO, 25. Aufl., Vor § 28 Rn 16.

Es sollte nicht kleinlich verfahren werden. 207

Beispiel 208

Ein OLG weigert sich, einem Sachverständigen im selbstständigen Beweisverfahren die Frage vorzulegen, ob Schäden und Mängel eines Gebäudes für dessen Eigentümer und Bewohner erkennbar waren, da dies eine Rechtfrage sei, die das Gericht zu beantworten habe. „Richtig ist [..], dass die Frage nach der Erkennbarkeit von Sachverhalten vor allem für die Beantwortung der Rechtsfragen von Bedeutung ist, ob die im Verkehr gebotene Sorgfalt (vgl. § 276 Abs. 2 BGB) angewandt worden ist oder ob Arglist (vgl. § 444 BGB) vorliegt. Die Beantwortung dieser Rechtsfragen ist Aufgabe des Gerichts, nicht des Sachverständigen. Deren Beantwortung wird indessen entscheidend durch die tatsächlichen Verhältnisse bestimmt. Diese sind einem Beweis durch Sachverständigengutachten zugänglich. Der Sachverständige kann in diesem Rahmen auch dazu befragt werden, ob es besonderer Fähigkeiten oder tatsächlicher Möglichkeiten bedarf, um einen bestimmten Schaden oder Mangel zu erkennen. Denn auch das gehört zu den tatsächlichen Grundlagen der von dem (Prozess-)Gericht zu beantwortenden Rechtsfragen. Das Gericht wird bei seiner freien Würdigung des Beweisergebnisses indessen nicht nur die Einschätzung des Sachverständigen zu berücksichtigen haben. Es muss in seine Würdigung auch einbeziehen, ob die tatsächlichen Grundlagen, von denen der Sachverständige ausgegangen ist, bestritten sind und was die Beweisaufnahme hierzu erbracht hat. […] Die Frage nach der Erkennbarkeit von Bauschäden und Mängeln von Gebäuden gehört, anders als das Beschwerdegericht meint, auch zu dem fachlichen Aufgabenbereich eines Bausachverständigen. Sie zielt nämlich erkennbar nicht darauf ab, die intellektuellen oder Wahrnehmungsfähigkeiten bestimmter Personen aufzuklären. Es geht vielmehr darum festzustellen, ob sich die zu prüfenden Schäden und Mängel dem Bewohner des Hauses mit den ihm typischerweise zu Gebote stehenden Erkenntnismöglichkeiten von selbst erschließen oder ob es dazu besonderer Fähigkeiten oder Anstrengungen bedarf. Gegenstand der Begutachtung ist dabei nicht, wie das Beschwerdegericht offenbar meint, der Beobachter, sondern der Zustand des Gebäudes und die Aussagekraft der festzustellenden Schäden und Mängel.“[515]

Problematisch kann die Konkretheit der Tatsache auch dann werden, wenn nicht bestimmte Äußerungen eines Gesprächs unter Beweis gestellt werden, sondern die von dem Zeugen behauptete Zusammenfassung und Würdigung eines Gesprächs („es wurde deutlich,…“).[516] „Bei einfachen Sachverhalten, etwa wenn ein Zeuge Wahrnehmungen über ein unmittelbar tatbestandserhebliches Geschehen machen 209

515 BGH, 8.10.2009 – V ZB 84/09.

516 Vgl. BGH, NStZ 1993, S. 447.

soll, kann es genügen, wenn als Beweisthema das Geschehen selbst genannt wird, obwohl Gegenstand des Zeugenbeweises nur sein kann, was der Zeuge wahrgenommen hat. Geht es indes um Sachverhalte, die eine Folgerung voraussetzen, die nicht auf der Hand liegt, so kann nicht das Ergebnis der Folgerung Gegenstand der Beweisbehauptung sein, sondern nur die der Folgerung zugrunde liegende Wahrnehmung. Deshalb ist für einen Beweisantrag die Angabe dessen unverzichtbar, was der Zeuge im Kern bekunden soll [m.w.N.].“[517]

210 Schwierigkeiten ergeben sich auch dann, wenn der Zeuge hypothetische Stellungnahmen abgeben oder frühere Vorgänge aufgrund nachträglich erworbener Kenntnisse beurteilen soll.

211 Z.B. kann es bei einem Betrugsvorwurf darum gehen, ob der Zeuge von einer Vermögensverfügung abgesehen hätte, wenn er eine falsche Vorspiegelung als solche erkannt hätte.[518] **Auch hier gibt der Zeuge nur eine Schlussfolgerung ab. Auch diese Schlussfolgerung unterliegt der freien Beweiswürdigung**. Ist der Zeuge durch die Vermögensverfügung geschädigt, wäre hierbei zu beachten, dass dessen Wunsch, seinen Schaden ersetzt zu erhalten, zu einer Wahrnehmungsverzerrung dergestalt führen kann, dass der Zeuge dem Wunsch entsprechend bekundet,[519] die Vermögensverfügung nicht vorgenommen zu haben, wenn er die Täuschung durchschaut hätte. Umgekehrt ist der Zeuge bei Aussagen über geschäftliche Transaktionen, die mittlerweile erfolgreich waren, geneigt, die damaligen Risiken gering zu reden.[520] Ebenso ist es, wenn dazu Stellung genommen werden soll, wie man sich in der Situation verhalten hätte, die der Partei zum Verhängnis wurde (z.B., wenn einem anderen Autofahrer fahrlässige Tötung vorgeworfen wird). Auch hier ist die Auskunftsperson (Zeuge oder Sachverständiger) geneigt, die Ex-post-Betrachtung als Ex-ante-Betrachtung auszugeben, da (unbewusst) dem Vorfall so viel Konzentration und Aufmerksamkeit (hypothetisch) geschenkt wird, die im täglichen Leben auf Dauer nicht aufgebracht werden kann.[521] Hypothetische Stellungnahmen sind als Schlussfolgerungen oder Werturteile freilich nicht völlig bedeutungslos, sondern unterliegen der freien Beweiswürdigung, wobei zu beachten ist, dass es vielen Personen trotz guten Willens schwer fällt, sich in eine frühere, ganz andersartige Situation zurückzuversetzen.[522]

212 Der Zeugenbeweis braucht sich aber nicht nur auf die **Haupttatsache**, also die zu entscheidende Tatbestandsvoraussetzung, zu beziehen, sondern kann sich auch auf

517 BVerwG, Beschl. vom 18.10.2012 – 8 B 18.12.

518 Vgl. Döhring, Die Erforschung des Sachverhalts im Prozess, S. 130.

519 Vgl. Bender/Nack, Tatsachenfeststellungen vor Gericht München, 2. Aufl., Rn 99.

520 Vgl. Döhring, Die Erforschung des Sachverhalts im Prozess. S. 131.

521 Vgl. Döhring, Die Erforschung des Sachverhalts im Prozess, S. 132.

522 Vgl. Döhring, Die Erforschung des Sachverhalts im Prozess, S. 131.

sog. **Hilfstatsachen** beziehen, d.h. auf Tatsachen, die den Wert oder Unwert eines Beweismittels belegen.[523]

Hinweis 213

Eine Hilfstatsache liegt immer dann vor, wenn der angebotene Zeuge keine Wahrnehmungen zur unmittelbaren Beweistatsache vorbringen kann, sondern nur zu Umständen, aus denen sich Rückschlüsse hinsichtlich des Beweiswerts des Beweismittels ergeben. Geht es z.B. um einen Verkehrsunfall und bekundet der Zeuge (Beweismittel) einen bestrittenen Unfall, so betrifft es eine Hilfstatsache, wenn dieser Zeuge bei anderer Gelegenheit gegenüber dem Zeugen B. bekundet hat, er werde der Beklagten einen Unfall „anhängen." Misst das Gericht dem Zeugen B. keine Bedeutung bei, liegt eine fehlerhafte Beweiswürdigung vor.[524]

Ebenso kann sich der Zeugenbeweis auf **Indiztatsachen**[525] beziehen, d.h. auf tatbestandsfremde Tatsachen, die erst durch das Zusammenwirken mit anderen Tatsachen (auch der allg. Lebenserfahrung[526]) den Schluss auf das (Nicht-) Vorliegen des Tatbestandsmerkmals ermöglichen.[527] 214

Ein wichtiger Anwendungsfall des Indizienbeweises ist der Beweis innerer Tatsachen (z.B. die Kenntnis einer Person von einem Sachverhalt). 215

Hierzu wurde bereits ausgeführt, dass zwar grundsätzlich beim Zeugenbeweis nicht mitgeteilt zu werden braucht, woraus man entnimmt, dass der Zeuge das Vorbringen bestätigen wird.[528] Eine Ausnahme gilt aber dann, wenn der Zeuge zu inneren Tatsachen in der Person eines anderen benannt wird. Dann muss für einen schlüssigen Beweisantritt dargelegt werden, aufgrund welcher Umstände der Zeuge zu den inneren Tatsachen einer anderen Person etwas aussagen können soll.[529] Anders wiederum, wenn der Zeuge zu inneren Tatsachen in der Person des Zeugen selbst benannt wird. Hier muss nichts Weiteres dargelegt werden. 216

Der Nachweis innerer Tatsachen kann z.B. auch dadurch geführt werden, dass Personen als Zeugen benannt werden, denen gegenüber die betreffende Person sich über ihre **innere Tatsache geäußert** hat.[530] In der Praxis neigen Gerichte dazu, einen Zeugenbeweisantrag mit der Begründung abzulehnen, dass sich der Zeuge auf- 217

523 Vgl. Baumbach/Lauterbach/Albers/Hartmann, ZPO, 58. Aufl., § 284 Rn 16.

524 Vgl. Fellner, Tatsachenfeststellung in der ersten Instanz – Bedeutung für das Berufungsverfahren und die Korrekturmöglichkeiten, MDR 2003, S. 721 ff.

525 Teilweise werden Indiztatsachen u. Hilfstatsachen auch terminologisch gleichgesetzt, vgl. Baumgärtel, Beweislastpraxis im Privatrecht, S. 182.

526 Vgl. BVerfG, NJW 1993, S. 2165.

527 Vgl. Thomas/Putzo, ZPO, 47. Aufl., Vorbem. zu § 284 Rn 11.

528 Vgl. BGH, NJW 1983, S. 2034.

529 Vgl. BGH, NJW 1992, S. 2489.

530 Vgl. Baumgärtel, Beweislastpraxis im Privatrecht, S. 183; vgl. auch BGH, NJW 1992, S. 1899.

grund des Zeitablaufs (voraussichtlich) ohnehin nicht mehr erinnern können wird. Das ist grundsätzlich unzulässig.[531]

218 *Hinweis*

Beweisanträge sind in der Berufungsinstanz aus Gründen anwaltlicher Vorsicht zu wiederholen[532] und mit Fundstelle des Angebots in der Vorinstanz und Darstellung des zu erwartenden Beweisergebnisses zu versehen.[533] Eine Bezugnahme auf erstinstanzliches Vorbringen genügt grds. nicht.[534] Das Berufungsgericht hat aber einen Hinweis gem. § 139 ZPO zu geben.[535] In strafrechtlichen Berufungsprozessen sollte gem. § 325 StPO ohnehin die Ladung der erstinstanzlichen Zeugen **vor** der Hauptverhandlung beantragt werden.

H. Wer führt die Beweisaufnahme durch?

219 Die Beweise sind gemäß dem **Grundsatz der Unmittelbarkeit**[536] direkt vor dem Prozessgericht zu erheben. Prozessgericht ist natürlich auch der Einzelrichter[537] oder der Vorsitzende der Kammer für Handelssachen in den Fällen der §§ 348, 349 ZPO.[538] Hat ein Zeuge in einem anderen Verfahren eine Aussage gemacht, so ist das Protokoll der dortigen Aussage im Wege des Urkundenbeweises einzuführen, wenn eine Partei dies verlangt.[539] Verkennt das Tatgericht, dass es sich nur um einen Urkundenbeweis und nicht um einen Zeugenbeweis handelt, so liegt ein revisibler Rechtsfehler vor.[540] Der Zeuge ist trotzdem nochmals zu vernehmen, wenn eine Partei dies verlangt.[541] Bei einer Differenz zwischen schriftlicher Aussage und persönlicher ist einerseits zu beachten, dass bei der schriftlichen Aussage die Erinnerung meist frischer war, aber andererseits ggf. keine Möglichkeit bestand, Fragen zu stellen, Gegenüberstellungen und Vorhalte zu machen etc.[542]

531 Vgl. BGH, NStZ-RR 2005, S. 78.
532 Vgl. aber z.B. BGH, IV ZR 216/09.
533 Das entspricht dem „sichersten Weg", vgl. Doukoff, Mandatshandbuch Zivilrechtliche Berufung, Rn 670 ff. m.w.N.
534 Vgl. BGHZ 35, S. 103; vgl. aber für den Ausnahmefall BVerfGE 36, S. 92 ff.
535 Vgl. BVerfG, NJW 1982, S. 1637.
536 Vgl. Thomas/Putzo, ZPO, 47. Aufl., Einl. I, Rn 8.
537 Seit der ZPO-Reform 2000 praktisch auch die Regel beim Landgericht in 1. Instanz, gem. §§ 348, 348a ZPO, Vgl. für das Berufungsverfahren, vgl. § 526 ZPO.
538 Vgl. Thomas/Putzo, ZPO, 47. Aufl., § 355 Rn 1.
539 Vgl. BGH, VersR 1992, S. 1028 f.
540 Vgl. BGH, zfs 1995, S. 366 f.
541 Vgl. BGH, zfs 1995, S. 366 f.
542 Vgl. BGH, VersR 1970, S. 322; vgl. auch BGH, zfs 1995, S. 366 f. m.w.N.

I. Zum beauftragten Richter (§ 361 ZPO)

Wenn das Prozessgericht ein Kollegialgericht ist, kann die Beweisaufnahme – in Durchbrechung des Grundsatzes der Unmittelbarkeit – in bestimmten Ausnahmefällen einem Mitglied des Kollegialgerichts übertragen werden (beauftragter Richter). Die Übertragung der Beweisaufnahme des Zeugenbeweises an den beauftragten Richter ist zulässig, wenn von vornherein anzunehmen ist, dass das Prozessgericht auch ohne unmittelbaren Eindruck von der Beweisaufnahme das Beweisergebnis sachgerecht zu würdigen vermag und 220

- zur Ermittlung der Wahrheit die Vernehmung des Zeugen an Ort und Stelle dienlich ist (z.B. Vernehmung am Tatort) oder der Zeuge nicht am Gericht, sondern an einem anderen Ort zu vernehmen ist oder wenn
- der Zeuge verhindert ist, vor dem Prozessgericht zu erscheinen (z.B. Zeuge ist längere Zeit im Krankenhaus) und eine Zeugenvernehmung nach § 128a ZPO (Videokonferenz) nicht stattfindet oder wenn
- dem Zeugen wegen der Bedeutung der Sache ein Erscheinen vor dem weit entfernten Gerichtsort nicht zugemutet werden kann und eine Zeugenvernehmung nach § 128a ZPO nicht stattfindet, gem. § 375 Abs. 1 ZPO bzw.
- wenn es um eine Zeugeneinvernahme geht und von vornherein anzunehmen ist, dass das Prozessgericht auch ohne unmittelbaren Eindruck von der Beweisaufnahme das Beweisergebnis sachgerecht zu würdigen vermag und dies zur Vereinfachung der Verhandlung vor dem Prozessgericht sachgerecht erscheint, gem. § 375 Abs. 1a ZPO. Gedacht ist an umfangreiche Sachen, wo die Vorschaltung einer Zeugeneinvernahme die weitere Verhandlung erleichtert, also Zeit- und Arbeitsaufwand für alle Beteiligten erspart.[543] Das wird auch dann der Fall sein, wenn der Zeuge seine Aussage anhand zuverlässiger Aufzeichnungen zu machen hat,[544] nicht aber dann, wenn es um die **Glaubwürdigkeit** eines Zeugen

543 Vgl. Thomas/Putzo, ZPO, 47. Aufl., § 375 Rn 6.

544 Vgl. Thomas/Putzo, ZPO, 47. Aufl., § 375 Rn 6.

geht.[545] Insb. also dann nicht, wenn von vornherein mit widersprechenden Zeugenaussagen zu rechnen ist[546] oder wenn es um eine Parteieinvernahme geht.[547] Geht es nur um die Glaubhaftigkeit einer Aussage, also nur den Aussageinhalt ohne Bezug zur Person des Zeugen (Glaubwürdigkeit), kann diese Beweisaufnahme dem beauftragten Richter ohne Weiteres übertragen werden. Stellt sich während der Verhandlung heraus, dass es doch auf die Glaubwürdigkeit der Zeugenaussage ankommt, muss der beauftragte Richter nach Abschluss der Vernehmung das Kollegialgericht hiervon unterrichten und es veranlassen, die Beweisaufnahme vor dem Kollegialgericht zu wiederholen, gem. § 398 ZPO.[548] Unterlässt der beauftragte Richter dies, so muss dieser Mangel gerügt werden, gem. § 295 ZPO. Im Übrigen kann der Mangel nur als Verfahrensfehler angegriffen werden.[549]

- Bei Arzthaftungssachen ist dies in der Regel gerade nicht der Fall, die Beweisaufnahme vor dem beauftragten Richter also die Ausnahme.[550] Hierbei ist strittig, ob dieser Mangel verzichtbar ist oder nicht.[551]
- Ein Richterwechsel erfordert nicht grundsätzlich die Wiederholung der Beweisaufnahme. „Frühere Zeugenaussagen können im Wege des Urkundenbeweises durch Auswertung des Vernehmungsprotokolls verwertet werden. Das Gericht

545 Vgl. OLG Düsseldorf, NJW 1976, S. 1103; 1977, S. 2320 ff.; OLG Köln, MDR 1978, S. 321; die Glaubwürdigkeit eines Zeugen von nicht persönlich anwesenden Richtern soll nur dann beurteilt werden können, wenn die für die Würdigung maßgeblichen Umstände in den **Akten** festgehalten sind u. die Parteien Gelegenheit hatten, sich zu erklären (vgl. BGH, NJW 1991, S. 1180, 1302, 3284; vgl. auch BGH, NJW 1997, S. 1586; BGH, VersR 1992, S. 883f). Eine nur formlose Unterrichtung der anderen Mitglieder des Spruchkörpers genügt nicht (vgl. BGH, NJW 1997, S. 1586 f.). Kommt es auf den persönlichen Eindruck eines Zeugen an, ist die Beweisaufnahme nach einem Richterwechsel zu wiederholen, sofern die relevanten Umstände nicht aktenkundig gemacht wurden u. den Parteien zur Stellungnahme zugeleitet wurden (BGHZ 53, 245, 258: „Der persönliche Eindruck eines Zeugen darf deshalb bei einem Richterwechsel nur berücksichtigt werden, wenn er im Protokoll niedergelegt und in die Verhandlung eingeführt ist (RG WarnRspr 1926 Nr. 173; JW 1933,2215; 1938,2981; 1939,650; BGH LM ZPO § 355 Nr. 4; BGH VersR 1967,25).[…]." vgl. auch OLG Hamm, MDR 2007, S. 1153. Geht es hingegen um die Glaubhaftigkeit der Aussage, also den Inhalt der Aussage, für den der persönliche Eindruck irrelevant ist, kann das Gericht ohne Weiteres auf das Protokoll zurückgreifen, vgl. BGH, NJW-RR 2009, S. 1291; VersR 1985, S. 341; BGHZ 53, S. 245; von BGH, IV ZR 130/05 erfahren wir „Die nochmalige Vernehmung eines Zeugen [im Zivilprozess] kann nur dann unterbleiben, wenn sich das Rechtsmittelgericht auf solche Umstände stützt, die weder die Urteilsfähigkeit, das Erinnerungsvermögen oder die Wahrheitsliebe des Zeugen noch die Vollständigkeit oder Widerspruchsfreiheit seiner Aussage betreffen (BGH, Urt. v. 19.6.1991 – VIII ZR 116/90 -NJW 1991, 3285 unter II 2 b aa)." Im Strafprozess müssen für die Schuldfrage relevante Fragestellungen (der verbale und nonverbale Eindruck die Glaubwürdigkeit des Zeugen betreffend) im Strengbeweisverfahren in die Hauptverhandlung eingeführt werden, vgl. BGHSt 45, S. 354 ff. Hat der kommissarisch vernehmende Richter einen persönlichen Eindruck aufgrund nonverbaler Signale gewonnen, darf dies nur verwertet werden, wenn dies in entsprechenden Vermerken festgehalten ist, die in der Hauptverhandlung verlesen wurden, vgl. LR-StPO/Gollwitzer, 25. Aufl., § 261 Rn 18. Ob Verstöße hiergegen einen Verfassungsverstoß begründen, ist fraglich, vgl. BVerfG, NJW 2008, S. 2243 f.; für den Zivilprozess aber zu bejahen, vgl. BVerfG, NJW 2005, S. 1487. Für den „persönlichen Eindruck" gilt daher der Grundsatz, dass der Richter den zu Beurteilenden gesehen haben muss, andernfalls stellt der

darf dann bei der Beweiswürdigung aber nur das berücksichtigen, was auf der Wahrnehmung aller an der Entscheidung beteiligten Richter beruht oder aktenkundig ist und wozu die Parteien sich erklären konnten. Das gilt auch, wenn das Gericht den persönlichen Eindruck eines Zeugen zur Beurteilung seiner Glaubwürdigkeit heranziehen will [m.w.N.]. Eindrücke, die nicht in das Verhandlungsprotokoll aufgenommen worden sind, zu denen also die Parteien auch keine Stellung nehmen konnten, dürfen daher nach einem Richterwechsel bei der Entscheidung nicht verwertet werden, selbst wenn von drei mitwirkenden Richtern nur einer an der Beweisaufnahme nicht teilgenommen hat."[552] Kommt es dennoch zu einer unzulässigen Verwertung von Eindrücken, scheidet eine Heilung gem. § 295 ZPO aus, weil die Parteien in der Schlußverhandlung noch nicht wissen können, dass den nicht protokollierten persönlichen Eindrücken entscheidendes Gewicht beigemessen wird.[553]

II. Zum ersuchten Richter

Der **ersuchte** Richter hat die Beweisaufnahme durchzuführen, wenn nach den o.g. Ausführungen die Voraussetzungen des § 375 Abs. 2 ZPO vorliegen und die Beweisaufnahme außerhalb des Gerichtsbezirks (§ 166 GVG) des erkennenden Gerichts stattfinden soll und ein § 362 ZPO entsprechendes Ersuchungsschreiben an das ersuchte Gericht geht.[554] Örtlich zuständig wäre dann das Gericht des Tatorts oder des Wohn- bzw. Aufenthaltsort des Zeugen.[555] 221

III. Keine Pflicht zur Beauftragung oder Ersuchung eines Richters

Es besteht keine Pflicht des Gerichts, die Beweisaufnahme entweder dem beauftragten oder ersuchten Richter zu übertragen. Auch das erkennende Gericht kann die Beweisaufnahme außerhalb des eigenen Gerichtsbezirks durchführen, gem. § 166 GVG. Entscheidend ist allein das pflichtgemäße Ermessen des Gerichts. 222

„persönliche Eindruck" – vermittelt durch Lektüre der Protokolle oder formloser Unterrichtung durch andere – kein Entscheidungskriterium dar, vgl. BGH, Urt. v. 4.2.1997 – XI ZR 160/96 = NJW 1997, S. 1586.

546 Vgl. OLG Köln, NJW-RR 1998, S. 1143.

547 Vgl. BGH, WM 1987, S. 1562.

548 Vgl. Balzer, Beweisaufnahme und Beweiswürdigung im Zivilprozess, Rn 70.

549 Vgl. Thomas/Putzo, ZPO, 47. Aufl., § 355 Rn 7.

550 Vgl. BGH, Urt. v. 26.10.1993 – VI ZR 155/92 = NJW 1994, S. 801 ff.

551 Vgl. OLG Karlsruhe, VersR 1994, S. 860 f.; OLG Köln, VersR 1998, S. 1565.

552 BGH, Urt. v. 4.12.1990 – XI ZR 310/89 = NJW 1991, S. 1180; BGH, Beschl. v. 17.9.2020 – V ZR 305/19.

553 Vgl. BGH, Urt. v. 4.12.1990 – XI ZR 310/89 = NJW 1991, S. 1180.

554 Vgl. Zöller, ZPO, 36. Aufl., § 375 Rn 2.

555 Vgl. Zöller, ZPO, 36. Aufl., § 375 Rn 2.

IV. Beweisaufnahme im Ausland

223 Soll die Beweisaufnahme allerdings im Ausland erfolgen, so hat das Gericht kein Ermessen mehr, sondern muss gem. § 363 ZPO i.V.m. den entsprechenden Staatsverträgen vorgehen. Das bedeutet, ein Zeuge, der im Ausland wohnt, darf vom erkennenden Gericht nach der Rechtsprechung des BGH[556] nicht unmittelbar befragt werden, da der ausländische Staat darin einen Eingriff in dessen Hoheitsrecht sehen kann.[557] Gleiches gilt, wenn die Beweisaufnahme im Ausland zu erfolgen hat. Das gilt auch, wenn ein Zeuge aus dem Ausland per Video zugeschaltet werden soll. Ist das Rechtshilfeersuchen an den ausländischen Staat aller Erfahrung nach ergebnislos, besteht die Möglichkeit, dem Beweisführer eine Frist zur Beibringung der Beweise zu setzen.[558] Von dieser Möglichkeit soll allerdings nur dann Gebrauch gemacht werden, wenn damit gerechnet werden kann, dass die Beweisaufnahme auf Betreiben der Partei auch stattfinden wird.[559] Denkbar ist auch, den Zeugen „einzuladen“, freiwillig zur Vernehmung anzureisen.[560]

224 Problematisch ist der Fall, dass ein Zeuge im Inland von dem Prozessgericht vernommen wird und das Beweisthema bestätigt. Gibt es nun einen Gegenzeugen, der im Ausland im Wege der Rechtshilfe vernommen wird und das Beweisthema nicht bestätigt, so kann das inländische Gericht den im Inland vernommenen Zeugen nur dann für glaubwürdiger erachten, wenn sich aus dem ausländischen Protokoll Hinweise auf die Unglaubwürdigkeit des dort vernommenen Zeugen ergeben.[561]

225 *Hinweis*

In der Vergangenheit waren Gerichte sehr kreativ, um Beweisantritten mit Auslandszeugen nicht nachzukommen. Oft wurde vertreten, dass der Auslandszeuge ein völlig ungeeignetes Beweismittel sei, da eine Teilhabe an der Beweisaufnahme durch das ersuchte ausländische Gericht nicht geschuldet sei und einer

556 Vgl. BGH, NJW 1984, S. 2039.

557 Vgl. Balzer, Beweisaufnahme und Beweiswürdigung im Zivilprozess, Rn 195; a.A. Zöller, ZPO, 36. Aufl., § 363 Rn 5 m.w.N.; Münchner Kommentar zur ZPO, 2. Aufl., § 377 Rn 5 u. 14 m. dem Hinweis, dass eine schriftliche Vernehmung ausländischer Zeugen zulässig sein soll. Dieser a.A. ist m.E. dann zuzustimmen, wenn in dem Anschreiben an den Zeugen keine Zwangsmittel angedroht werden. Es ist dann nicht einzusehen, weshalb ein einfacher Brief m. einer einfachen Frage einen Eingriff in das Hoheitsrecht eines anderen Staates darstellen soll. Anders m.E. aber, wenn dem ausländischen Zeugen im Ausland Zwangsmittel gem. § 377 Abs. 2 Nr. 3 ZPO angedroht werden. Noch weniger Bedenken bestehen m.E., wenn ein Deutscher Zeuge im Ausland wohnt u. dieser gem. § 377 Abs. 3 ZPO befragt wird u. keine Zwangsmittel angedroht werden. Die Personalhoheit der Bundesrepublik Deutschland wird dann auch nicht von der Gebietshoheit des ausländischen Staates verdrängt – vgl. Balzer, Beweisaufnahme und Beweiswürdigung im Zivilprozess, Rn 195; Zöller, ZPO, 36. Aufl., § 363 Rn 1 ff.

558 Vgl. BGH, NJW 1984, S. 2039 f.

559 Vgl. BGH, NJW-RR 1989, S. 160 f.

560 Vgl. Zöller/Geimer, ZPO, 28. Aufl., § 363 Rn 14.

561 Vgl. BGH, NJW 1990, S. 3088 ff.

kommissarischen Vernehmung keine genügende Beweiskraft zukomme, da die persönliche Glaubwürdigkeit im Einzelfall nicht geprüft werden könne. Das dürfte zumindest im Bereich der Europäischen Union kaum noch vertretbar sein.[562]

V. Ermessensentscheidung des Gerichts

226 Die Ermessensentscheidung des Gerichts, die Beweisaufnahme einem ersuchten oder beauftragten Richter zu übertragen, ist bei einem Ermessensfehler ein Verfahrensfehler, der gem. § 295 ZPO gerügt werden muss. Eine gesonderte Anfechtung der Übertragung oder der Nichtübertragung scheidet aus. In der Berufungsinstanz könnte im Falle der fehlerhaften Übertragung an den beauftragten oder ersuchten Richter geltend gemacht werden, dass der Verfahrensfehler eine Neufeststellung gebietet, d.h. konkrete Zweifel an der Richtigkeit und Vollständigkeit der festgestellten Tatsachen, die eine Neufeststellung gebieten, bestehen.[563] Hier muss auch dargelegt werden, dass und warum das Erstgericht zu einer anderen Beurteilung gekommen wäre, wenn das Erstgericht die Beweise unmittelbar erhoben hätte. Kommt es allerdings auf die Glaubwürdigkeit eines Zeugen an, der in erster Instanz ermessensfehlerhaft nur von einem beauftragten oder ersuchten Richter vernommen wurde, ist der Zeuge in der Berufungsinstanz m.E. ohne Weiteres unmittelbar zu vernehmen. Die Feststellung des Berufungsgerichts, dass die Glaubwürdigkeit zwar zweifelhaft sein könne, die Aussage aber aus anderen Gründen richtig sei, kann das Berufungsgericht nur treffen, wenn es die Aussage eigenständig würdigt, was der Sache nach eine erneute Tatsachenfeststellung darstellt, die das Vorliegen konkreter Anhaltspunkte und das Gebotensein nochmaliger Feststellungen geradezu voraussetzt.[564] Eine Beweisaufnahme, bei der es um die Glaubwürdigkeit eines Zeugen geht, aber das erkennende Gericht sich keinen eigenen Eindruck (weder das Erstgericht noch das Berufungsgericht) von der Glaubwürdigkeit des Zeugen verschafft hat, ist völlig ungenügend.[565] Auch darf das Berufungsgericht die Glaubwürdigkeit (anders die Glaubhaftigkeit) eines Zeugen grundsätzlich nicht anders beurteilen als das Erstgericht, wenn es sich keinen eigenen Eindruck von dem Zeugen verschafft hat.[566] Wiederholt das Berufungsgericht nur einen Teil der Beweis-

562 Vgl. hierzu umfassend, Dötsch, Auslandszeugen im Zivilprozess, MDR 2011, S. 269 ff.

563 Vgl. auch Geipel, Die Wiederholung einer Beweisaufnahme nach neuem Berufungsrecht, AnwBl 2005, S. 346 f.

564 Vgl. BGH, AnwBl 2004, S. 442 f.

565 Vgl. BGH, NJW-RR 2000, S. 432, eine Ausnahme besteht allenfalls dann, wenn der ernennende oder ersuchte Richter die für die Würdigung maßgeblichen Umstände in den Akten festgehalten hat u. die Parteien Gelegenheit hatten, sich zu erklären (vgl. BGH, NJW 1991, S. 1180, 1302, 3284). Dieselben Grundsätze gelten bei einem Richterwechsel, der meist, aber nicht immer eine Wiederholung der Beweisaufnahme erfordert, vgl. BGH, NJW 1991, S. 1180; vgl. auch BGH, MDR 1997, S. 592.

566 Vgl. BGH, NJW 1982, S. 2874.

aufnahme (z.B. von zwei Zeugen wird nur einer noch mal vernommen), darf es das Ergebnis des nicht wiederholten Teils nur dann unberücksichtigt lassen, wenn die Partei auf das (nicht wiederholte) Beweismittel verzichtet hat.[567] Ebensowenig darf das Berufungsgericht vom Ergebnis eines erstinstanzlich protokollierten Augenscheins ohne eigene Augenscheinseinnahme abweichen.[568]

227 Übt das Erstgericht hingegen sein Ermessen dergestalt aus, dass es alle Beweise selbst erhebt, so ist das in der Berufungsinstanz nicht zu beanstanden, denn dann hätte das Gericht lediglich mehr getan, als es muss.[569] Eine Ausnahme gilt dann, wenn das erkennende Gericht unter Verstoß gegen Völkerrecht Beweise erhoben hat. Dann besteht insofern ein Beweisverwertungsverbot.[570] Das Berufungsgericht müsste dann die Beweise völkerrechtmäßig neu erheben bzw. wenn dies nicht gelingt, die Beweisergebnisse nicht verwerten.

I. Abwesenheit einer oder beider Parteien (bzw. Prozessbevollmächtigten) bei der Beweisaufnahme

I. Durchführung der Beweisaufnahme auch in Abwesenheit der Partei(en)

228 Im Falle der Abwesenheit der Partei und/oder des Anwaltes ist gleichwohl die Beweisaufnahme durchzuführen, sofern die ausgebliebene Partei/Bevollmächtigter ordnungsgemäß – unter Einhaltung der Ladungsfrist gem. § 217 ZPO[571] – vom Termin informiert worden ist (§ 172, 218, 357 Abs. 2 ZPO).[572] Ist die Partei nicht ordnungsgemäß informiert worden, aber die Beweisaufnahme trotzdem durchgeführt worden, so ist das in der nächsten mündlichen Verhandlung zu rügen und eine Wiederholung zu verlangen, gem. § 295 ZPO. Anderenfalls kann keine erneute Beweisaufnahme verlangt werden, sondern nur Vervollständigung unter den zusätzlichen (erschwerten) Voraussetzungen gem. § 367 Abs. 2.[573]

229 In der Praxis kommt immer wieder der Fall vor, dass die Partei bzw. deren Vertreter **nicht vollständig abwesend ist**, sondern nur etwas später erscheint, das Gericht die Beweisaufnahme aber pünktlich beginnt. M.E. kann hier eine Parallele zur Wartepflicht des Gerichts, wenn es ein Versäumnisurteil erlässt oder eine strafprozessuale Berufung verwirft, gezogen werden. Auch dort wird **aus den Grundsätzen eines fai-**

567 Vgl. BGH, NJW 1991, S. 2082.

568 Vgl. BGH, BGH, Urt. v. 21.5.1985 – VI ZR 235/83 = NJW-RR 1986, S. 190.

569 Eine andere Frage wäre lediglich, ob kostenrechtlich wegen unrichtiger Sachbehandlung eventuelle Mehrkosten niedergeschlagen werden müssten.

570 Vgl. FG Bad-Württem, RIW 1991, S. 178.

571 Vgl. Alternativkommentar zur ZPO, § 367 Rn 1.

572 Vgl. Zöller, ZPO, 36. Aufl., § 367 Rn 1.

573 Vgl. BGH, LM § 13 StVO Nr. 7.

ren Verfahrens gefolgert, dass das Gericht mindestens 15 Minuten[574] zuwarten muss.[575] Das gilt auch im Strafverfahren.[576] Ggf. ist die Zuwartzeit auch größer bzw. muss der Termin verlegt werden, wenn mitgeteilt wird, dass man wegen eines unvorhergesehenen Ereignisses nicht pünktlich erscheint. Unvorhergesehene Ereignisse entschuldigen immer, denn bei der Zeitprognose ist vom Normalfall auszugehen und nicht von einem Ausnahmefall. Nur diese Ansicht ist mit der Rechtsprechung des BVerfG zum Vertrauen in die Zuverlässigkeit öffentlicher Dienstleistungen und damit auch der Regeln des Straßenverkehrs oder der Postlaufzeiten konsistent.[577]

Praxistipp 230

Eine verallgemeinerungsfähige strafrechtliche Entscheidung lautet wie folgt:

„Vielmehr muss es [das Gericht] in einem solchen Fall die Grundsätze eines fairen Verfahrens und insbesondere die hieraus abzuleitende Fürsorgepflicht beachten. Es muss z.B. schon allgemein mit der Möglichkeit einer gewissen Verspätung des Angeklagten rechnen und regelmäßig mindestens 15 Minuten zuwarten, bevor es die Berufung wegen Ausbleibens des Angeklagten verwirft. Weiter gehende Anforderungen können an die Wartepflicht des Gerichts zu stellen sein, wenn ihm konkrete Verzögerungsgründe für das Erscheinen mitgeteilt oder sonstige Anhaltspunkte hierfür bekannt geworden sind (vgl. zu alldem BayObLGSt 1988, 103/04f m.w. N; ferner Senatsbeschl. v. 29.1.2007 – 4 St RR 219/06)“[578] Das Gericht hat auch länger zu warten, wenn der Verteidiger dem Gericht mitteilt, dass er kurzfristig verspätet zum Termin erscheint.[579] Verstößt das Gericht gegen die Wartepflicht ist eine Verfahrensrüge gem. § 344 Abs. 2 Satz 2 StPO zu erheben. Der Rügevortrag erfordert insbesondere, welcher Verspätungsgrund vorlag (verschuldet oder unverschuldet) und wann mit welchem Inhalt mit dem Gericht telefoniert wurde.[580]

Problematisch ist der Fall, dass die Partei oder der Bevollmächtigte erscheint, jedoch das Gericht in Verzug ist und die Partei/Bevollmächtigte sich vor Beweisaufnahme wieder entfernt. Unter dem Gesichtspunkt der „**Wartepflicht der Parteien**“ werden Wartezeiten zwischen 15 und längstens 45 Minuten vertreten.[581] 231

574 Bei einem zweiten Versäumnisurteil ist die Zuwartzeit größer, vgl. OLG Rostock, MDR 1999, S. 627, vgl. auch Stein/Jonas/Grunsky, ZPO, 22. Aufl., § 337 Rn 5.

575 Vgl. BGH, NJW 1999, S. 725.

576 Vgl. OLG München, zfs 2007, S. 588 f.

577 Vgl. Schneider, Wartepflichten bei der Zeugenvernehmung, MDR 1998, S. 1205 m.w.N.

578 OLG München, zfs 2007, S. 588 f.; vgl. auch OLG Frankfurt am Main, DAR 2008, S. 33 f., vgl. auch Dahs/Dahs, Die Revision im Strafprozess, 7. Aufl., Rn 263 m.w.N.

579 Vgl. OLG Düsseldorf, StV 1995, S. 454.

580 Vgl. OLG Hamm, NStZ-RR 2009, S. 251.

581 Vgl. Schneider, ZAP Kolumne v. 12.3.2008 (ZAP Nr. 6/2008).

232 Hinzuweisen ist noch darauf, dass die Verhinderung des anwaltlichen Vertreters (z.B. Erkrankung) nicht über die anwaltliche Versicherung hinausgehend glaubhaft gemacht werden muss.[582]

II. Wiederholung der Beweisaufnahme

233 Davon losgelöst ist die Frage, ob die – trotz ordnungsgemäßer Information – ohne die Partei bzw. deren Bevollmächtigten durchgeführte Beweisaufnahme wiederholt werden kann, um der ausgebliebenen Partei Gelegenheit zur Teilnahme an der Beweisaufnahme zu geben. Dieser neue Beweistermin ist auf Antrag der säumigen Partei dann anzuordnen, wenn das Verfahren dadurch nicht verzögert wird oder die Partei glaubhaft macht (§ 294 ZPO), dass sie ohne Verschulden nicht erschienen ist oder der Gegner einwilligt. Entscheidend ist die Unterscheidung in „Nachholung" der Beweisaufnahme und „Vervollständigung" der Beweisaufnahme. Für den Fall der „Vervollständigung" muss als zusätzliche Voraussetzung gegeben sein, dass glaubhaft gemacht wird, dass eine wesentliche Unvollständigkeit der Beweisaufnahme vorliegt, z.B. durch Ausübung des Fragerechts. Hierzu wird es erforderlich sein, dass die Fragen angeführt werden, die zur Vervollständigung der Beweisaufnahme zu stellen beabsichtigt sind.[583] Die Verzögerung wird in diesem Fall entsprechend § 296 ZPO bestimmt.[584]

234 Um eine Vervollständigung kann es also nur dann gehen, wenn bereits eine Beweisaufnahme stattgefunden hat, während die Nachholung dann in Betracht kommt, wenn die Beweisaufnahme unterblieben ist.[585]

235 Geimer[586] betont, dass im Falle der „Wiederholung" der Beweisaufnahme keine zusätzliche Zulässigkeitsvoraussetzung dergestalt bestehe, dass glaubhaft gemacht wird, dass eine wesentliche Unvollständigkeit der Beweisaufnahme vorliege. Dies wäre nur im Falle der „Ergänzung" der Beweisaufnahme nötig.[587] Diese Ausführungen sind m.E. missverständlich. Oben wurde dargestellt, dass die Beweisaufnahme trotz Säumnis der Partei(en) bzw. deren Vertreter durchzuführen ist. Die Kommentarstelle legt nun nahe, dass die Partei wählen könne, ob sie Wiederholung der Beweisaufnahme oder Ergänzung (mit o.g. erschwerter zusätzlicher Zulässigkeitsvoraussetzung) beantragt. Das macht es notwendig, die „Wiederholung" in diesem Sinne von der „Vervollständigung" der Beweisaufnahme abzugrenzen. Das Gesetz spricht in § 367 ZPO von „nachträglicher Beweisaufnahme" und von „Vervollstän-

582 Vgl. OLG Koblenz, StraFo 2009, S. 523 f.
583 Vgl. Alternativkommentar zur ZPO, § 367 Rn 2.
584 Vgl. Thomas/Putzo, ZPO, 47. Aufl., § 367 Rn 3.
585 Vgl. Thomas/Putzo, ZPO, 23. Aufl., § 367 Rn 3.
586 Zöller, ZPO, 23. Aufl., § 367 Rn 2.
587 Vgl. Zöller, ZPO, 36. Aufl., § 367 Rn 2.

digung der Beweisaufnahme". Eine „Wiederholung" der Beweisaufnahme gibt es im Wortlaut des § 367 ZPO nicht. Daher ist m.E. wie folgt zu differenzieren:

1. Partei war nicht ordnungsgemäß geladen, Beweisaufnahme hat stattgefunden und Partei hat dies in der nächsten mündlichen Verhandlung gerügt

War die Partei nicht ordnungsgemäß geladen und hat die Beweisaufnahme trotzdem stattgefunden und rügt die Partei dies in der nächsten mündlichen Verhandlung, so ist die Beweisaufnahme (ohne weitere Zulässigkeitsvorraussetzung) zu wiederholen. Rügt die Partei dies nicht in der nächsten mündlichen Verhandlung, kommt nur Ergänzung unter den Voraussetzungen des § 367 Abs. 2 ZPO in Betracht.[588] **236**

2. Partei war ordnungsgemäß geladen und die Beweisaufnahme ist durchgeführt worden

War die Partei ordnungsgemäß geladen und hat die Beweisaufnahme stattgefunden, kann es nur um eine Vervollständigung mit der **zusätzlichen** Voraussetzung, dass glaubhaft gemacht wird, dass eine wesentliche Unvollständigkeit der Beweisaufnahme vorliegt, gehen. Nur wenn gar keine Beweisaufnahme durchgeführt wurde, z.B. weil die Partei selbst Augenscheinsobjekt war, die Partei eine Urkunde vorlegen sollte oder der Termin auf Antrag der säumigen Partei zur Anhörung des Sachverständigen gem. § 411 Abs. 3 ZPO anberaumt war, kommt auf Antrag eine **nachträgliche Beweisaufnahme** in Betracht, wenn die Partei glaubhaft macht, unverschuldet den Termin versäumt zu haben, wenn keine Verzögerung eintritt oder wenn der Gegner zustimmt.[589] Kann eine Beweisaufnahme wegen der Säumnis einer Partei nicht durchgeführt werden und ist die säumige Partei nicht beweisbelastet, kann dies als Beweisvereitelung angesehen werden.[590] **237**

In jedem Fall kommt sowohl die **nachträgliche Beweisaufnahme** als auch die **Vervollständigung** nur auf Antrag in Betracht. Der Antrag ist in der nächsten mündlichen Verhandlung zu stellen, da er andernfalls gem. § 295 ZPO verwirkt ist.[591] Die Zulässigkeitsvoraussetzungen müssen glaubhaft gemacht werden, gem. § 294 ZPO. Die Frage der Verzögerung ist wie bei § 296 ZPO[592] zu beurteilen. **238**

588 Vgl. Thomas/Putzo, ZPO, 47. Aufl., § 367 Rn 4.
589 Vgl. Thomas/Putzo, ZPO, 47. Aufl., § 368 Rn 3.
590 Vgl. Zöller, Komm. zur ZPO, 26. Aufl., § 367 Rn 1.
591 Vgl. BGH, LM § 13 StVO Nr. 7.
592 Vgl. Thomas/Putzo, ZPO, 47. Aufl., § 367 Rn 3.

3. Verschuldensmaßstab hinsichtlich der Säumnis an der Beweisaufnahme

239 Der Wortlaut des § 367 Abs. 2 ZPO, der nur von Verschulden spricht, legt (einfaches) **Verschulden** nahe. Das wäre auch insofern konsequent, als für die Beweisaufnahme ein bestimmter Termin etc. bestimmt wird, also ähnlich wie bei einer Fristsetzung gem. § 296 Abs. 1 ZPO konkrete Daten genannt werden. Umgekehrt ist der einfache Verschuldensvorwurf im Falle des § 296 Abs. 1 ZPO aber nur dann gerechtfertigt, wenn auf die Folgen der Fristsetzung ausdrücklich und unmissverständlich hingewiesen[593] wird, die Fristsetzung ordnungsgemäß zugestellt wird,[594] die Frist angemessen (im Anwaltsprozess i.d.R. länger als zwei Wochen)[595] ist und die sonstigen Formalitäten gewahrt sind.[596] All das ist bei der Bekanntgabe eines Beweistermins i.d.R. nicht der Fall. Infolgedessen würde es m.E. einen Wertungswiderspruch darstellen, einerseits bei dem Vortrag von Angriffs- und Verteidigungsmitteln, somit auch bei der Beweisbehauptung und/oder Beweismittelbenennung einfache Fahrlässigkeit nur dann zum Nachteil der Partei gereichen zu lassen, wenn die o.g. Formalitäten erfüllt sind, aber andererseits bei der Säumnis zu einem Beweistermin jede einfache Fahrlässigkeit zum Nachteil der Partei (vor allem, wenn die Partei z.B. auf die Folgen der Säumnis – entgegen der Wertung aus § 296 Abs. 1 ZPO – nicht hingewiesen wurde). M.E. ist daher das **Verschulden zur Vermeidung eines Wertungswiderspruchs im Sinne von § 367 Abs. 2 ZPO** mit **grober Fahrlässigkeit** zu interpretieren, wobei natürlich beachtet werden muss, dass die Bekanntgabe eines Beweistermins besondere Sorgfaltspflichten (Eintragung in den Kalender etc.) auslöst. Soweit ersichtlich liegen zu dieser Problematik keine Entscheidungen vor.

240 Das Problem stellt sich in der Praxis häufig dann, wenn die Beweisaufnahme pünktlich zum festgesetzten Termin anfängt, die Partei oder der Anwalt sich aber (z.B. wegen Staus) verspätet. Erscheint die Partei oder der Anwalt dann – wie meist – doch noch, ist die Beweisaufnahme bereits vorbei. In Anbetracht der Prozesspraxis, dass Anwälte und Parteien unverhältnismäßig oft auf das Gericht warten müssen,[597] ist m.E. hier ein großzügiger Maßstab anzulegen. Das akademische Viertel

593 Vgl. Thomas/Putzo, ZPO, 47. Aufl., § 296 Rn 30.

594 Vgl. Thomas/Putzo, ZPO, 47. Aufl., § 296 Rn 30.

595 Vgl. Thomas/Putzo, ZPO, 47. Aufl., § 275 Rn 6 u. BGHZ 86, S. 31, 39, zwei Wochen genügen bei einfachen Sachverhalten, aber andererseits sind zwei Wochen in Anwaltsprozessen meist zu kurz, vgl. BGHZ 124, S. 71, 74. War die Frist nicht angemessen, ist es auch unschädlich, dass es die Partei unterlassen hat, einen Verlängerungsantrag zu stellen, Vgl. Lange, Zurückweisung verspäteten Vorbringens im Vorbereitungstermin, NJW 1986, S. 3043 f., 3045.

596 Vgl. Zöller, ZPO 26. Aufl., § 296 Rn 9 bis 9d.

597 Vgl. Balzer Beweisaufnahme und Beweiswürdigung im Zivilprozess, Rn 149: „auch der noch so erfahrene Richter ist nicht davor gefeit, sich bei der Zeiteinteilung gründlich zu verschätzen".

ist zu wahren und eine Beweisaufnahme hat bei Säumnis der Partei oder des Anwalts allenfalls 15 Minuten nach dem festgesetzten Beweistermin zu beginnen.

Praxistipp 241

Ist eine Partei oder der Anwalt im Stau stecken geblieben, ist das Gericht telefonisch zu informieren, denn dann liegt in jedem Fall unverschuldete Säumnis vor.[598]

4. Entscheidung durch unanfechtbare Entscheidung

Über die Vervollständigung als auch über die erneute Beweisaufnahme entscheidet das Gericht durch unanfechtbare Entscheidung, d.h. bei Zulassung durch einen entsprechenden Beweisbeschluss, bei Ablehnung in den Gründen des Endurteils oder durch Zwischenurteil.[599] 242

5. Exkurs: Ausbleiben zur Parteieinvernahme

Im Falle des Ausbleibens einer Partei zur Parteieinvernahme bestimmt das Gericht gem. § 454 ZPO, ob das Ausbleiben als Verweigerung der Aussage mit den entsprechenden Konsequenzen gem. §§ 453 Abs. 2, 446 ZPO zu werten ist. 243

III. Fortsetzung der mündlichen Verhandlung

Falls sich an die Beweisaufnahme die **Fortsetzung der mündlichen Verhandlung** anschließt und bis dahin die Partei nicht erschienen bzw. im Anwaltsprozess ordnungsgemäß vertreten ist, kann ein Versäumnisurteil oder ggf. eine Entscheidung nach Lage der Akten ergehen.[600] Das gilt aber nur, wenn der Beweistermin als Beweistermin **und** Fortsetzungstermin der mündlichen Verhandlung bezeichnet ist. Zwar ist dies der Regelfall, gleichwohl ist ein reiner Beweistermin durch ausdrücklichen Beschluss zulässig.[601] Im Falle des **reinen Beweistermins** wäre also bei **Ausbleiben der Partei** bzw. des **Anwaltes** keine ordnungsgemäße Ladung gem. § 335 Abs. 1 Nr. 2 ZPO gegeben, sodass ein Versäumnisurteil unzulässig wäre. 244

J. Fragerecht der Parteien

I. Allgemeines

Bei Fragen, die dem Zeugen zur Unehre gereichen würden, hat der Zeuge ein Zeugnisverweigerungsrecht, gem. § 384 Nr. 2 ZPO. 245

598 Vgl. BGH, NJW 1999, S. 724.
599 Vgl. Zöller, ZPO, 36. Aufl., § 367 Rn 2.
600 Vgl. Zöller, ZPO, 36. Aufl., § 370 Rn 1.
601 Vgl. Stein/Jonas, ZPO, 21. Aufl., § 370 Rn 1.

246 *Hinweis*

Die Frage, ob der Zeuge Geld von der Polizei für seine Auskünfte erhalten hat, ist zulässig.[602]

247 Nachdem der Vorsitzende mit der Vernehmung des Zeugen fertig ist, wird meist den Beisitzern Gelegenheit zu Fragen gegeben, gem. § 396 Abs. 3 ZPO. In der Praxis zuerst dem Berichterstatter, dann dem weiteren Beisitzer (Zwischenfragen durch die Beisitzer sind auch während der Vernehmung durch den Vorsitzenden üblich und zulässig).[603]

248 § 397 Abs. 1 ZPO würde den Parteien nun Gelegenheit geben, dem Zeugen Fragen vorlegen zu lassen. Diese Vorschrift ist in der Praxis bedeutungslos. Tatsächlich wird den Parteien und deren Anwälten in der Praxis regelmäßig gestattet, Fragen direkt an die Zeugen zu richten, gem. § 397 Abs. 2 ZPO.[604] Anwälte (oder Beistände gem. § 209 BRAO, § 25 EGZPO) haben ohnehin ein direktes Fragerecht.[605] Im Falle der **Abwesenheit des Anwalts bei der Zeugenvernehmung**[606] steht den Parteien auch im Anwaltsprozess ein Fragerecht (ggf. über die Vorlage) zu.[607]

249 *Hinweis für Strafverteidiger*

Das Recht zur unmittelbaren Befragung von Mitangeklagten hat nur der Verteidiger, gem. § 240 Abs. 2 Satz 2 StPO.

II. Umfang des Fragerechts

250 Der Kampf um das Fragerecht stellt einen Brennpunkt der Praxis dar. Das ist unverständlich und zeugt meist von geringer Souveränität des Vorsitzenden, denn zum einen muss niemand erläutern, warum er eine – ggf. auch verwunderlich erscheinende – Frage stellt,[608] und zum anderen, „hält es das Verfahren außerordentlich auf, ständig Fragen zu beanstanden und über den Ton der Frage zu streiten, statt die entscheidungserheblichen Tatsachen aufzuklären."[609]

251 Unproblematisch ist die Frage nach der Verwandt- oder Schwägerschaft des Zeugen mit den Parteien bzw. gesetzlichen Vertretern von juristischen Personen. Mindestens genauso wichtig sind aber Fragen, ob und wie eng der Zeuge mit den Parteien

602 Vgl. BGH, NStZ 1982, S. 170.

603 Vgl. Balzer, Beweisaufnahme und Beweiswürdigung im Zivilprozess, Rn 181.

604 Vgl. Balzer, Beweisaufnahme und Beweiswürdigung im Zivilprozess, Rn 182.

605 Vgl. Zöller, ZPO, 36. Aufl., § 397 Rn 1.

606 Das ist zulässig, es liegt kein Fall der Säumnis vor, die Beweisaufnahme ist keine mündliche Verhandlung, vgl. auch § 367 ZPO.

607 Vgl. Zöller, ZPO, 36. Aufl., § 397 Rn 1.

608 Vgl. Bayerlein in: Praxishandbuch Sachverständigenrecht, 4. Aufl., § 18 Rn 24.

609 Vgl. Bayerlein in: Praxishandbuch Sachverständigenrecht, 4. Aufl., § 18 Rn 45.

befreundet ist.[610] „Bier ist bekanntlich dicker als Blut".[611] **Auch Fragen nach dem Aufenthalt eines Belastungszeugen in Gefängnissen oder Polizeigewahrsam sind i.d.R. zulässig.**[612]

In der Kommentarliteratur wird ausgeführt, dass eine Frage unzulässig ist, wenn 252

- es sich um Suggestivfragen handelt,[613]
- die Frage bereits beantwortet ist,[614]
- sie nicht auf tatsächliche Wahrnehmungen gerichtet ist,
- sie in keinerlei Zusammenhang mit dem Gegenstand des Rechtsstreits steht oder
- es sich um Ausforschungsfragen handelt.[615]

Dem ist in dieser Allgemeinheit nicht zuzustimmen. Suggestivfragen sind nach richtiger Ansicht nicht unzulässig und können im Rahmen der Vernehmung ihre Berechtigung haben, allerdings muss sich der Tatrichter des geringeren bis ggf. gar nicht vorhandenen Beweiswerts auf eine Suggestivfrage bewusst sein.[616] Ob eine Frage der Ausforschung dient oder mit dem Gegenstand des Rechtsstreits in keinerlei Zusammenhang steht, kann a priori gar nicht beurteilt werden. Die Relevanz stellt sich oft erst nach Beantwortung und der künftigen Bewertung weiterer Beweismittel heraus. Viele der vermeintlich unzulässigen Fragen können der Glaubwürdigkeit dienen. Fragen zur Glaubwürdigkeit sind gem. § 395 Abs. 2 Satz 2 ZPO zulässig. Nachdem bei[617] Fragestellung somit noch nicht abgesehen werden kann, ob die Frage unzulässig ist oder die Glaubwürdigkeit betrifft, sollte der Fragende im Wesentlichen frei agieren können.[618] Würde man Fragen, die bereits beantwortet sind, als unzulässig ansehen, könnte bei nochmaliger Nachfrage (auch aus einem anderen Blickwinkel) kaum ein Widerspruch des Zeugen herausgearbeitet werden. Daraus folgt, dass auch eine nochmalige Nachfrage zulässig sein muss. Somit ist auch hier ein großzügiger Maßstab anzulegen und die Frage im Zweifel zuzulassen. 253

610 Vgl. Bender, Merkmalskombinationen in Aussagen, S. 49.

611 Nack in Ziegert (Hrsg.), Grundlagen der Strafverteidigung, S. 221.

612 Vgl. BGH, StV 2001, S. 435 f.

613 Dem ist nicht zuzustimmen, ebenso: Bender/Nack Tatsachenfeststellung vor Gericht, 2. Aufl., Rn 623 ff.; Balzer, Beweisaufnahme und Beweiswürdigung, Rn 180; Schneider, Beweis und Beweiswürdigung, 5. Aufl., Rn 1277; Döhring, Die Erforschung des Sachverhalts im Prozeß, S. 55.

614 Das ist in aussagepsychologischer Hinsicht aber nicht richtig, denn bei Zeugen, die offensichtlich m. der Wahrheit zurückhalten, ist es u.U. notwendig, wiederholt die gleiche Frage zu stellen – vgl. Döhring, Die Erforschung des Sachverhalts im Prozeß, S. 59 m.w.N.

615 Vgl. z.B. Thomas/Putzo, ZPO, 47. Aufl., § 397, Rn 2; vgl. auch Zöller, ZPO 26. Aufl., § 397 Rn 4.

616 Vgl. Schneider, Beweis und Beweiswürdigung, 5. Aufl., Rn 1277, Balzer, Beweisaufnahme und Beweiswürdigung im Zivilprozess, Rn 180; vgl. auch Bender/Nack, Tatsachenfeststellung vor Gericht, 2. Aufl., Rn 623.

617 Dies wäre aber der Zeitpunkt, wo die Frage als unzulässig vom Gericht zurückgewiesen werden müsste.

618 Vgl. Balzer, Beweisaufnahme und Beweiswürdigung im Zivilprozess, Rn 182.

Der BGH hat unter Berufung auf RGSt 18, S. 365 ausgeführt, dass selbstverständlich eine „unmotivierte" Fragewiederholung einen Missbrauch darstellen **kann**.[619]

254 Sollte der Anwalt auf der Beantwortung der Frage bestehen, das Gericht die Frage jedoch als unzulässig ansehen, so muss das Gericht (also nicht der Vorsitzende) gem. § 397 Abs. 3 ZPO durch förmlichen Beschluss entscheiden.[620] Der Beschluss ist nicht anfechtbar, sondern die fehlerhafte Zurückweisung kann nur mit einem Rechtsmittel geltend gemacht werden.[621] Zweckmäßigerweise sollte die beanstandete Frage protokolliert werden.[622]

255 Wird die Frage des Vorsitzenden oder eines Beisitzers beanstandet, entscheidet sofort das Gericht über die Zulässigkeit der Frage, gem. § 140 ZPO, § 242 StPO.[623]

256 *Praxistipp*

Ob eine Frage erheblich ist, kann grds. erst dann beurteilt werden, wenn die Antwort bekannt ist. „Ob die Frage nach Meinung des Gerichts erheblich ist, kommt es also nicht an; ein Urteil hierüber soll sich der Tatrichter erst bilden, wenn er die Antwort gehört hat."[624] Bei vom Gericht als unzulässig beanstandeten Fragen soll ein Antrag zu Protokoll gestellt werden, dass das Gericht eine bestimmte Frage zulässt.[625] Ebenso erlebt man in der Praxis, dass das Gericht Aussagen von Zeugen und Sachverständigen so protokolliert, dass sie zur vorgefassten Meinung des Gerichts passen, während gewisse Teile und Nuancen, die hierzu nicht passen, weggelassen werden. Auch in diesem Fall ist der Antrag zu Protokoll zu stellen, dass der Zeuge/Sachverständige XY bekundet hat.[626] Im Übrigen ist bei der Nicht- oder einseitigen Protokollierung an einen Befangenheitsantrag zu denken.[627]

257 **Weigert** sich das Gericht, auch die beanstandete Frage zu **protokollieren**, ist aufseiten des Anwalts unbedingt ein **Schriftsatz mit der beanstandeten Frage** nachzureichen. Auch ein nachgereichter Schriftsatz mit der beabsichtigten, aber nicht beantworteten Frage kann für das Berufungsgericht **Zweifel an der Richtigkeit und Vollständigkeit** der in erster Instanz festgestellten Tatsachen geben und damit den Weg für eine erneute Zeugenvernehmung freimachen.

619 Vgl. BGH, BGHSt 2, S. 284 u. BGH, NStZ 1981, S. 71.
620 Vgl. Balzer, Beweisaufnahme und Beweiswürdigung im Zivilprozess, Rn 182.
621 Vgl. Bayerlein in: Praxishandbuch Sachverständigenrecht, 4. Aufl., § 18 Rn 54.
622 Vgl. Zöller, ZPO, 36. Aufl., Rn 5, eine Pflicht ist dies aber nicht.
623 Vgl. Bayerlein in: Praxishandbuch Sachverständigenrecht, 4. Aufl., § 18 Rn 53.
624 BGH, StV 1984, S. 60.
625 Vgl. OLG Frankfurt a.M., NJW-RR 1990, S. 123.
626 Vgl. Rinsche, Prozesstaktik, S. 68.
627 Vgl. OLG Köln, NJW-RR 1999, S. 288 und OLG München 10 W 2832/03.

Selbst wenn die Frage sich mit dem Thema des Beweisbeschlusses nicht deckt, ist sie oft zuzulassen. Im Einzelnen: 258

- Falls in der beanstandeten Frage lediglich eine Berichtigung oder Ergänzung der Tatsache steckt, über die gemäß dem Beweisbeschluss Beweis zu erheben ist, kann die Frage gleich zugelassen werden, denn der Beweisbeschluss wäre ohnehin gem. § 360 Satz 2 ZPO jederzeit zu ändern.[628]
- Soll mit der Frage jedoch Beweis über eine Tatsache erhoben werden, die bereits schriftsätzlich behauptet und bestritten wurde (sonst keine Beweisbedürftigkeit), ist die Frage zuzulassen.[629] Einer ausdrücklichen Änderung des Beweisbeschlusses bedarf es hierzu nicht.[630] Im Falle der Säumnis der Gegenpartei oder deren Anwalts (im Anwaltsprozess) in der Beweisaufnahme ist eine Erstreckung der Zeugenbefragung über das Thema des Beweisbeschlusses hinaus jedoch nicht zulässig, da insoweit deren Mitwirkungsrechte verletzt werden würden.[631] Beantwortet der Zeuge dennoch die Frage, so ist dies m.E. verwertbar, wenn die Gegenpartei nach Erhalt des Protokolls die zusätzliche Frage nicht in der nächsten mündlichen Verhandlung rügt bzw. wenn es zu keiner mündlichen Verhandlung mehr kommt, nicht unverzüglich schriftsätzlich rügt (sonst m.E. konkludenter Rügeverzicht[632]).
- Ist die Tatsache, die mithilfe der Frage aufgeklärt werden soll, neu, so muss festgestellt werden, ob diese überhaupt bestritten ist. Das Bestreiten kann sich natürlich – wie in der Praxis meist – konkludent ergeben.[633] Anderenfalls müsste der Gegner befragt werden, ob er die in Gestalt einer Frage gekleidete Tatsachenbehauptung, über die durch Beantwortung der Frage Beweis erhoben werden soll, bestreitet. Falls ja, ist die Frage zuzulassen,[634] falls nein, ist die Frage mangels Beweisbedürftigkeit nicht mehr relevant. Verweigert der Gegner eine Einlassung mit Recht,[635] so ist die Frage nicht zuzulassen.[636]
- Der beauftragte oder ersuchte Richter kann allerdings nur Fragen zulassen, die die im Beschluss angegebene Beweistatsache ergänzen oder berichtigen, also

628 Vgl. Balzer, Beweisaufnahme und Beweiswürdigung im Zivilprozess, Rn 184.

629 Vgl. Balzer, Beweisaufnahme und Beweiswürdigung im Zivilprozess, Rn 184.

630 Vgl. Zöller, ZPO, 36. Aufl., § 360 Rn 5.

631 Vgl. Zöller, ZPO, 36. Aufl., § 360 Rn 5.

632 Vgl. Thomas/Putzo, ZPO, 47. Aufl., § 295 Rn 4.

633 Vgl. Zöller, ZPO, 36. Aufl., § 138 Rn 10.

634 Vgl. Balzer, Beweisaufnahme und Beweiswürdigung im Zivilprozess, Rn 184.

635 Der Gegner kann eine Einlassung nur dann m. Recht verweigern, wenn er sich wegen der Kurzfristigkeit nicht in der mündlichen Verhandlung sofort erklären kann, vgl. Zöller, ZPO 26. Aufl., § 132 Rn 3a. Das wäre z.B. dann der Fall, wenn nur der Anwalt erscheint u. er sich zu der Tatsache nicht äußern kann. Der Anwalt darf aber keinesfalls – wie es in der Praxis immer wieder vorkommt – m. Nichtwissen bestreiten, sondern er muss klarstellen, dass er sich 1. mangels Information durch die Partei derzeit nicht äußern kann, 2. vorsorglich die neue Tatsache als verspätet rügen u. 3. vorsorglich Schriftsatzfrist gem. § 283 ZPO beantragen.

636 Vgl. Balzer, Beweisaufnahme und Beweiswürdigung im Zivilprozess, Rn 184.

keine Fragen zulassen, die ein neues Beweisthema betreffen, gem. § 360 Satz 3 ZPO. Andere Fragen hat er unter Vorbehalt einer endgültigen Entscheidung durch das Prozessgericht gem. §§ 397 Abs. 2, 398 Abs. 2 ZPO zurückzuweisen.[637]

259 Eine Frage ist jedenfalls vom Beweisthema gedeckt, wenn sie sich auf **Kerntatsachen** bezieht, also auf solche Tatsachen, aus denen sich der entscheidungserhebliche Tatbestand unmittelbar ergibt, aber auch, wenn sie sich nur auf **Indizien** bezieht, aus denen auf das Vorliegen des entscheidungserheblichen Tatbestandes mittelbar geschlossen werden soll, oder wenn Tatsachen aufgeklärt werden sollen, die für den Wert des Beweismittels (**Hilfstatsachen**) von Bedeutung sind.[638]

260 In der Praxis kommt es immer wieder vor, dass Fragen einer Partei zurückgestellt werden, während Fragen der Gegenpartei oder des Gerichts, auch während der Vernehmung (im Bericht), zugelassen werden. Das Gericht entscheidet zwar nach seinem Ermessen, ob es Fragen während der Vernehmung oder nach deren Abschluss stellt bzw. zulässt, aber die Zurückstellung von Fragen darf eine Partei nicht benachteiligen.[639]

261 *Hinweis (für Strafverteidiger)*

Für den Strafverteidiger ist es wichtig zu wissen, dass der Vorsitzende den Verteidiger nicht jederzeit unterbrechen kann. Der Verteidiger kann kontern: „Ich beanstande, dass, während ich meine Fragen stelle, Sie sich selbst das Wort erteilt haben oder die Frage des Staatsanwaltes zugelassen haben."[640] Wird der Verteidiger in seinem Fragerecht beschränkt, ist das Gericht anzurufen, gem. §§ 238 Abs. 2, 242 StPO. Unzulässige Beschränkungen des Fragerechts können den Revisionsgrund des § 338 Nr. 8 StPO ergeben.[641]

262 Oft werden Fragen der Verteidigung, die sich während der richterlichen Vernehmung anbieten, zurückgewiesen. „§ 69 Abs. 1 Satz 1 StPO verbietet es nicht, den Zeugen durch Zwischenfragen, Vorhalte oder lenkende Hinweise zu unterbrechen, wenn es zur Erlangung einer wahrheitsgemäßen, klaren und vollständigen Aussage angemessen erscheint […]. Das Gesetz lässt es auch zu, einen Zeugen ‚punktweise' zu einzelnen Geschehensabschnitten zu vernehmen und ihm die dazugehörigen Fragen zu stellen und Vorhalte zu machen."[642]

637 Vgl. Balzer, Beweisaufnahme und Beweiswürdigung im Zivilprozess, Rn 184.

638 Vgl. Bayerlein in: Praxishandbuch Sachverständigenrecht, 4. Aufl., § 18 Rn 25 ff., der freilich Indizien per se mit dem Begriff „Hilfstatsachen" gleichsetzt. Der hier gewählte Terminus technicus der Hilfstatsache als Tatsache, die sich auf die Beweiskraft eines Beweismittels bezieht, ist aber m.E. prägnanter (ebenso Thomas/Putzo, ZPO, 32. Aufl. Vor. § 284 Rn 11).

639 Vgl. Stein/Jonas/Berger, ZPO, 22. Aufl., § 397 Rn 3.

640 Vgl. zum Fragerecht des Verteidigers BGH, NStZ 1995, S. 143; OLG Hamm, StV 1993, S. 462.

641 Vgl. Dahs/Dahs, Die Revision im Strafprozess, 7. Aufl., Rn 213 ff., 311.

642 Vgl. BGH, MDR 1966, S. 25.

Im Zivilprozess ist die **Aufklärungs- und Fragepflicht** des Gerichts gem. § 396 Abs. 2 ZPO eine **Amtspflicht**. Unterlässt es das Gericht, dem Zeugen nahe liegende Vorhalte zu machen (z.B. aufgrund anderslautender Urkunden), kann darin ein wesentlicher **Verfahrensmangel** liegen.[643] 263

K. Vereidigung eines Zeugen?

M.E. gibt es keinen Grund, einen Zeugen vereidigen zu lassen. Zwar soll der Eid die innere Überzeugung des Gerichts von der ausschlaggebenden Bedeutung und Glaubwürdigkeit des Zeugen absichern und ein non-liquet vermeiden helfen,[644] jedoch ist dieses Verständnis von einer beeideten Aussage falsch. Wer zur Falschaussage entschlossen ist, nimmt auch den Meineid in Kauf.[645] 264

Hinzu kommt, dass nicht die Lüge der größte Feind der Wahrheitsfindung ist, sondern der Irrtum. Im Übrigen kann der Antrag, den eigenen Zeugen vereidigen zu lassen, den Eindruck vermitteln, dass man dem eigenen Zeugen nicht glaubt. Dann wäre der Beeidigungsantrag kontraproduktiv. Nachdem ohnehin die falsche Beweisregel – in unbekanntem Ausmaß –vorherrscht, einem Zeugen grundsätzlich zu glauben,[646] dürfte diese zusätzliche Absicherung nicht nötig sein. Wenn hingegen diese falsche Beweisregel vom Gericht in concreto nicht praktiziert wird, so wird das Gericht in aller Regel auch wissen, dass es ebenso falsch ist, einer beeideten Aussage den Vorzug zu geben. 265

Praxistipp 266

Ein Beeidigungsantrag macht daher nur Sinn, wenn die Gegenpartei zuvor deren Zeugen hat vereidigen lassen und man nun nur „nachzieht" oder aber, wenn der Prozessverlust gewiss, aber zu vermuten ist, dass ein Meineidstrafverfahren gegen den Zeugen mit einer Verurteilung des Zeugen endet.

Das könnte z.B. dann der Fall sein, wenn ein Zeuge im gegenwärtigen Zivilverfahren nicht widerlegt werden kann, da z.B. ein Gegenzeuge wegen Präklusion nicht mehr in das Zivilverfahren eingeführt werden kann, aber nach der Aussage des vernommenen Zeugen mithilfe des zivilrechtlich präkludierten Zeugen ein Meineidsstrafverfahren eingeleitet werden kann. Die Verurteilung des Zeugen wegen Meineids würde dann nämlich eine Wiederaufnahme gem. § 580 Nr. 1 ZPO rechtfertigen. 267

643 Vgl. OLG Koblenz, NJW-RR 1991, S. 1471 f.

644 Vgl. Balzer, Beweisaufnahme und Beweiswürdigung im Zivilprozess, Rn 189.

645 Vgl. Schneider, Beweis und Beweiswürdigung, 5. Aufl., Rn 1073; vgl. auch Tschadek, Der Beweis, S. 32; vgl. Panhuysen, Die Untersuchung des Zeugen auf seine Glaubwürdigkeit, S. 8 f.; vgl. auch Prüfer, Sachverhaltsermittlung durch Spurenauswertung und Zeugenbefragung am Beispiel des Schwurgerichtsprozesses – Chancen, Fehler und Versäumnisse der Verteidigung, StV 1993, S. 602, 604.

646 Vgl. Reinecke, Die Krise der freien Beweiswürdigung im Zivilprozess oder über die Schwierigkeit, einem Zeugen nicht zu glauben, MDR 1986, S. 630.

Dies wäre die einzige Möglichkeit, den faktisch endgültigen Prozessverlust zu vermeiden, da der (zu Recht) präkludierte Zeuge auch in der Berufungsinstanz präkludiert bleibt.

268 Zur Vorbereitung eines Wiederaufnahmeverfahrens kann es sich ebenso empfehlen, einen Antrag auf Beeidigung durch den Sachverständigen zu stellen (§§ 359 Nr. 2 und 362 Nr. 2 StPO und §§ 578, 580 Nr. 3 ZPO).[647]

647 Vgl. Bayerlein in: Praxishandbuch Sachverständigenrecht, 4. Aufl., § 18 Rn 66.

§ 29 Die Zeugeneinvernahme aus taktischer Sicht

Inhalt

A. Einleitung

Im Gegensatz zu Sachverständigengutachten, die meist schriftlich erstattet werden, werden Zeugen regelmäßig mündlich vernommen. Da in der Praxis bei Gericht immer noch (in unbekanntem Ausmaß) eine geheime Beweisregel praktiziert wird, derzufolge einem Zeugen grundsätzlich zu glauben sei, wenn nicht ganz gewichtige 1

Anhaltspunkte dagegen sprechen,[1] ist es für die Prozessbeteiligten besonders wichtig, mit den Erkenntnissen der Vernehmungs- bzw. Aussagepsychologie vertraut zu sein. Nähere Untersuchungen, ob diese geheime Beweisregel immer noch so weit verbreitet ist wie vor einigen Jahrzehnten, fehlen.

2 *Praxistipp*

Bei Gericht ist ggf. darauf hinzuweisen, dass es eine geheime Beweisregel, derzufolge einem Zeugen zu glauben ist, wenn nicht gewichtige Argumente dagegen sprechen, **nicht gibt**. Insb. ist eine Zeugenaussage a priori nicht gewichtiger als eine Parteiaussage.[2]

3 Darüber hinaus gibt es in der Gerichtspraxis ein weiteres „ungeschriebenes Gesetz", demzufolge Inkonstanz (zwischen verschiedenen Aussagen desselben Zeugen) Unglaubwürdigkeit anzeigt und Konstanz Glaubwürdigkeit.[3] Auch wenn Tatgerichte in zunehmendem Ausmaß das Konzept der „differenzierten Konstanz" beachten, wird auch diese „differenzierte Konstanz" weit überbewertet.

4 *Praxistipp*

Die Regel, dass Konstanz Glaubwürdigkeit und Inkonstanz Unglaubwürdigkeit indiziert, ist in dieser Abstraktheit falsch und mit den Erkenntnissen der Aussagepsychologie nicht zu vereinbaren. Vielmehr ist eine differenzierte Betrachtung anzustellen,[4] die immer noch wenig zur Unterscheidung von Wahrheit und Lüge beitragen kann.

5 Diese o.g. faktischen Wirklichkeiten stehen zueinander in einer Wechselbeziehung. Diese Wechselwirkung ist m.E. ein Grund für das Entstehen der ersten geheimen Beweisregel, einem Zeugen grundsätzlich zu glauben. Wer die Konstanz bzw. Inkonstanz einer Aussage zum überwertigen Glaubwürdigkeitskriterium erhebt, stellt in der Gerichtspraxis in den meisten Fällen fest, dass eine Inkonstanz nicht festgestellt werden kann, sodass oberflächlich betrachtet nichts gegen die Glaubwürdigkeit eines Zeugen spricht. Daher scheint der Umkehrschluss, dem Zeugen sei zu glauben, nahe zu liegen. Diese nahe liegende Überlegung übersieht jedoch, dass in den allermeisten Zivilrechtsfällen Zeugen nur einmal vernommen werden (nämlich in der konkreten Situation bei Gericht), sodass Inkonstanz naturgemäß nicht festgestellt werden kann. Wenn Inkonstanz jedoch a priori nicht vorliegen kann, so kann fehlende Inkonstanz auch keinen Umkehrschluss auf die Glaubwürdigkeit liefern. Ähnlich liegt es bei dem Problem der erneuten Zeugenvernehmung in der Be-

1 Vgl. Reinecke, Die Krise der freien Beweiswürdigung im Zivilprozess oder über die Schwierigkeit, einem Zeugen nicht zu glauben, MDR 1986, S. 630 f., empirisch bestätigt durch Bürkle Jürgen, Richterliche Alltagstheorien im Bereich des Zivilrechts, Tübingen, 1984, S. 166.

2 Vgl. OLG Bremen, NZV 1991, S. 41.

3 Vgl. Prüfer, Aussagebewertung in Strafsachen, Rn 89.

4 Vgl. Bender/Nack, Tatsachenfeststellung vor Gericht, 2. Aufl., Rn 290, 292.

rufungsinstanz. Nachdem nach altem Recht die erneute Zeugenvernehmung in der Berufungsinstanz selten war, d.h. vom Ermessen des Berufungsgerichts abhing, gem. § 398 ZPO,[5] lag auf der Hand, dass Inkonstanz meist nicht festgestellt werden kann. Auch in Strafrechtsfällen hilft das Konzept der differenzierten Konstanz nicht weiter, denn diese ergibt sich auf für den Lügner von selbst.

Sofern gebetsmühlenartig betont wird, dass den meisten Richtern die Erkenntnisse der Vernehmungspsychologie nicht zur Verfügung stehen,[6] ist das nicht mehr ganz richtig. Tatsächlich hat es in den letzten Jahren eine Fülle an Fortbildungen – für Anwälte und Richter – gegeben. Allerdings hat die dort vermittelte Realkennzeichenanalyse nur einen begrenzten Wert für die forensische Praxis. Es ist daher nicht mehr ganz richtig, dass sich nachteilig auswirke, „dass der ganz überwiegenden Zahl der vernehmenden Richter die wissenschaftlichen Grundkenntnisse der Aussagepsychologie fehlen, da diese weder im Studium noch in der Ausbildung gelehrt werden".[7] „Psychologie und Vernehmungstechnik erlernt man auch nicht, wie manche selbstgefälligen Richter ernstlich glauben, durch jahrelange Vernehmung von Zeugen, sondern an Hand der Fachliteratur."[8] Auch die langjährige Erfahrung eines Justizpraktikers führt nicht nur zu einem geübteren Blick für Menschen, sondern auch zu einer Konservierung von Beurteilungsfehlern.[9] 6

Praxistipp 7

Vorsitzender Richter LG München I Prechtel meinte:

„Dass dem Tatrichter zur Beurteilung der Richtigkeit einer Zeugenaussage die umfangreichen Erkenntnisse der Vernehmungspsychologie zur Verfügung stehen (so Zöller § 373/10; Einmahl NJW 2001, 469) und die ‚erforderliche Sachkunde auf dem Gebiet der Aussagepsychologie' haben muss (Meyer/Goßner § 261/4), mag theoretisch richtig sein, ist jedoch völlig praxisfern."[10] Ob die rein intuitive Beurteilung durch den Tatrichter gegenüber der Anwendung der Realkennzeichenanalyse durch den Tatrichter tatsächlich unterlegen ist, ist ungeklärt, jedenfalls unerforscht. Sicher wird der Aussagepsychologe bei einer Gutachtenserstattung bessere Ergebnisse erzielen als der Tatrichter bei einer Vernehmung in der Sitzung. Die Anwendung der Realkennzeichenanalyse in der Hauptverhandlung schafft allerdings kaum eine verlässliche Grundlage zur Beurteilung der Aussagen.

5 Zur Pflicht den Zeugen in der Berufungsinstanz nochmals zu vernehmen, vgl. z.B. Zöller, Komm. zur ZPO, 23. Aufl., § 398 Rn 5.

6 Vgl. Prechtel, Erfolgreiche Taktik im Zivilprozess, S. 244.

7 Schneider, Beweis und Beweiswürdigung, 5. Aufl., Rn 872.

8 Schneider, Beweis und Beweiswürdigung, 5. Aufl., Rn 897.

9 Vgl. Trankell, Der Realitätsgehalt von Zeugenaussagen. S. 162.

10 Prechtel, Erfolgreiche Taktik im Zivilprozess, 3. Aufl., S. 427.

8 Der Autor kann sich in seiner mehr als 30-jährigen forensischen Erfahrung vor Gericht an keinen Fall erinnern, in dem er durch die Anwendung der Realkennzeichenanalyse zu einem sicheren Urteil über die Glaubhaftigkeit der Aussage gekommen wäre. Der noch in den Vorauflagen vertretene Glaube des Autors an die Güte der Methode ist durch die zwischenzeitlich eingetretenen Praxisbeobachtungen nicht mehr gerechtfertigt. D.h. der Mensch kann allgemein – mit oder ohne Realkennzeichenanalyse – die Wahrheit kaum erkennen; der Autor ist sich dessen bewusst. Vielmehr geht der Mensch, auch der forensisch tätige Jurist, grds. von der Wahrheit der Aussagen seines Gegenübers aus. Dies ist der Ausgangspunkt der bereits referierten geheimen Beweisregel, einem Zeugen grds. zu glauben, auch wenn Tatrichter mittlerweile kritischer als früher sind.

Nichtsdestotrotz kann der Mensch manchmal die Lüge erkennen, obwohl es keine wissenschaftlich anerkannten Lügensignale gibt. Dennoch ist den Lügensignalen mehr Aufmerksamkeit zu widmen, auch wenn diese nur Praxisbeobachtungen sind. Die wenigen Fälle, in denen der Autor zu einem sicheren Schluss gekommen ist, d.h. so sicher war, dass er Geld auf sein Ergebnis verwettet hätte, geschahen durch die Beachtung der Lügensignale (der Autor hatte sich in diesen wenigen Fällen auch nie geirrt; entweder objektive Beweismittel hatten ihn nachträglich bestätigt oder Mandatsinterna). Durch die Kenntnisse der Wahrnehmung und Erinnerung kann manchmal herausgearbeitet werden, dass der Zeuge sich wahrscheinlich täuscht, lügt, keine Erinnerung mehr hat oder nur Schlussfolgerungen von sich gibt. D.h. der Anwalt sollte versuchen, durch entsprechende Fragen und Antworten und deren Protokollierung den Grundstein dafür zu legen, dass konkrete Anhaltspunkte Zweifel an der Richtigkeit und Vollständigkeit der entscheidungserheblichen Feststellungen (vgl. §§ 520 Abs. 3 Nr. 3, 529 Abs. 1 Nr. 1 ZPO) begründen, weil eine zuverlässige Wahrnehmung und Erinnerung mit den Erkenntnissen aus der Wahrnehmungspsychologie nicht ohne Weiteres zu vereinbaren ist.

9 *Praxistipp*

Fragen und Antworten immer dann protokollieren lassen, wenn die Antwort mit den Erkenntnissen der Wahrnehmungspsychologie nicht zu vereinbaren ist oder die Antwort Fantasiesignale[11] – oder Realitätskriterien[12] – aufweist.

10 Sollte es dem Anwalt nicht gelingen, eine wörtliche Protokollierung zu erreichen, so zahlt sich eine gewisse Hartnäckigkeit oft aus.[13] Oft ist auch ein Hinweis auf § 160 Abs. 3 Nr. 4 ZPO hilfreich, denn nach dieser Vorschrift sind die Aussagen der Zeugen im Protokoll festzuhalten. Ggf. kann das Gericht zur Protokollierung bewegt werden, wenn angekündigt wird, einen Beeidigungsantrag zu stellen, gem.

11 Vgl. Bender/Nack, Tatsachenfeststellung vor Gericht. 2. Aufl., Rn 298 ff.

12 Vgl. Bender/Nack, Tatsachenfeststellung vor Gericht. 2. Aufl., Rn 231 ff.

13 Vgl. Prechtel, Erfolgreiche Taktik im Zivilprozess, 3. Aufl., S. 345.

§ 391 ZPO. Die meisten Richter sind durchaus einem rationalen Argument zugänglich. Hier sollte dann darauf hingewiesen werden, dass jedenfalls dem Berufungsgericht klar der Verlauf und Inhalt der Beweisaufnahme dargelegt werden muss, um die Einschränkung der Tatsachenfeststellung nach der ZPO-Reform 2002 zu rechtfertigen.

Praxistipp 11

Als äußerste Notmaßnahme kann ein Befangenheitsantrag gegen den Richter in Betracht kommen.[14] Sinnvoller dürfte aber in den meisten Fällen sein, die nicht protokollierte Aussage, Frage oder Antwort in einem gesonderten Schriftsatz festzuhalten und – auch nach Schluss der mündlichen Verhandlung – einzureichen.

Auch dann kann durch die so festgehaltene Aussage, Frage bzw. Antwort ein konkreter Anhaltspunkt Zweifel an der Richtigkeit und Vollständigkeit der entscheidungserheblichen Feststellungen begründen, gem. §§ 520 Abs. 3, Nr. 3, 529 Abs. 1 Nr. 1 ZPO. Doukoff[15] verweist auf die Rechtsprechung des BVerfG, derzufolge die Berufung im Verwaltungsprozess zuzulassen ist, wenn ein tragender Rechtssatz oder eine erhebliche Tatsachenfeststellung mit schlüssigen Gegenargumenten infrage gestellt werden kann (vgl. Beschl. v. 23.6.2000 – 1 BvR 830/00). Ein solches schlüssiges Gegenargument dürfte daher auch ein nachgereichter – nicht nachgelassener – Schriftsatz sein.[16] 12

Wird ein Protokollierungsantrag abgelehnt, muss der gesetzliche Richter entscheiden, nicht der Vorsitzende, gem. § 160 IV S. 2 ZPO. Der Beschluss, mit dem eine beantragte Protokollierung abgelehnt wird, ist formlos mitzuteilen und in das Protokoll aufzunehmen. Der Beschluss braucht die begehrte Äußerung zwar nicht im Wortlaut wiedergeben, muss jedoch andeuten, worum es geht. Erfolgt keine hinreichende Klarstellung, kann der Anwalt auch seinen handschriftlich formulierten Antrag zu den Gerichtsakten reichen.[17] 13

Eine ähnliche Problematik kann sich stellen, wenn das Gericht eine Aussage des Zeugen umformuliert und schon bewusst oder unbewusst auf die Bedürfnisse des Urteils zuschreibt.[18] Auch hier sollte der Anwalt gleich widersprechen, dass der Zeuge die Aussage so nicht gemacht hat, und versuchen, eine Änderung der Protokollierung zu erreichen bzw. wenigstens einen abweichenden Schriftsatz einreichen. 14

14 Vgl. Prechtel, Erfolgreiche Taktik im Zivilprozess, 3. Aufl., S. 346.

15 Vgl. Doukoff, Die zivilrechtliche Berufung nach neuem Recht, 2. Aufl., Rn 62.

16 Vgl. Geipel, Die Wiederholung der Beweisaufnahme nach neuem Recht, AnwBl 2005, S. 346 f.

17 Vgl. Zöller, Komm. zur ZPO, 26. Aufl., § 160 Rn 150; vgl. weiter Schneider, Fälle aus der Prozesspraxis, ZAP vom 18.6.2008 S. 643 ff. (Fach 13 S. 1509 ff.).

18 Vgl. Bender/Nack, Tatsachenfeststellung vor Gericht, 2. Aufl. m. den Hinweisen auf Protokollierungsfehler, Rn 821 ff.

15 Eine andere Problematik:

Verliert eine Partei einen Prozess aufgrund einer falschen Zeugenaussage, stellt sich die Frage, inwiefern der Zeuge für den entstandenen Schaden haftet. Diskutiert wird eine Haftung des Zeugen gem. § 823 Abs. 2 BGB i.V.m. den strafrechtlichen Aussagedelikten. Das setzt, sofern der Zeuge nur uneidlich vernommen wurde, Vorsatz voraus. Wie ist folgender Fall zu entscheiden?

16 Ein Zeuge bekundet die fristgerechte Übergabe eines Schriftstücks. Daraufhin wird der Klage stattgegeben. Nach rechtskräftigem Abschluss räumt der Zeuge ein, sich im Datum geirrt zu haben, die Übergabe erfolgte doch nicht fristgerecht. Das wisse der Zeuge nun, nachdem er in seinen Terminkalender geblickt habe.

17 Kann der Zeuge wirklich nur für Vorsatz haften? Handelt er nicht mindestens grob fahrlässig oder bedingt vorsätzlich, wenn er nicht vor seiner gerichtlichen Vernehmung in seinen Terminkalender schaut? Das Ergebnis muss hier offenbleiben. Diskutiert wird auch eine analoge Anwendung von § 839a BGB.[19]

B. Taktische Hinweise zur Zeugenaussage

I. Zum Vergessen

18 In der Praxis und Forschung ist bekannt, dass die Erinnerung mit zunehmender Zeitdauer verblasst.[20]

19 *Praxistipp*

Hat ein Zeuge Aufzeichnungen gemacht, sollte der Anwalt erfragen, wann die Aufzeichnungen gemacht wurden. War dies ein bis zwei Tage nach der streitgegenständlichen Handlung und handelt es sich um eine für die Partei günstige Aussage, sollte der Anwalt auf die Erkenntnis hinweisen, dass ein bis zwei Tage nach dem Ereignis die zuverlässigste Wiedergabe erfolgt und diesbezüglich das OLG Karlsruhe in NJW-RR 1990, 191 zitieren. Ebenso sollte darauf hingewiesen werden, dass das RG auf diesen Erfahrungssatz einen Anscheinsbeweis gestützt hat.[21] Damit kann die Glaubhaftigkeit der Aussage des für die Partei günstigen Zeugen u.U. positiv gesteigert werden.

II. Zur unbewussten Kontamination

20 Bei der Kontamination (Verschmelzung) werden mehrere Vorfälle von relativ hoher Ähnlichkeit in der Erinnerung zu einem einzigen typischen Vorfall zusammen-

19 Vgl. Schneider, Fälle aus der Prozesspraxis, ZAP v. 18.6.2008 S. 643 ff. (Fach 13 S. 1509 ff.).

20 Vgl. OLG Hamm, NJW-RR 2000, S. 1669.

21 Vgl. Schneider, Beweis und Beweiswürdigung, 5. Aufl., Fn 1 zu § 35.

gezogen. Das gilt besonders bei alltäglichen Ereignissen (z.B. Bekundungen von Beamten bei reinen Routinehandlungen, Vertretergespräche).[22]

Hinweis 21

Das OLG Düsseldorf geht davon aus, dass es Polizeibeamten überhaupt erst dann möglich ist, Bekundungen zu massenhaften Ordnungswidrigkeiten zu machen, wenn der Zeuge zuvor seine Aufzeichnungen eingesehen hat.[23]

Die Gefahr der Verschmelzung kann durch folgende praxisrelevante Fragen herausgearbeitet werden: 22

- Gab es bei dem streitgegenständlichen Vorfall irgendetwas Besonderes?
- Wie viele solche Vorfälle nimmt die Aussageperson wahr in der Woche/Monat/Jahr?
- Hat die Aussageperson Erinnerungen an den Vorfall unmittelbar davor oder/und an den Vorfall unmittelbar danach?

Falls (wie zu erwarten) die Aussageperson angibt, an den Vorfall (z.B. Vertrags- 23 schluss oder Verkehrsordnungswidrigkeit) unmittelbar davor und unmittelbar danach, keine Erinnerung zu haben, so bietet sich die Frage an, warum die Person an den davor liegenden oder danach kommenden Vorfall keine Erinnerung mehr hat. Nach den Erfahrungen des Verfassers „verrät“[24] sich die Auskunftsperson dann oft selbst und antwortet, „nein, da war ja nichts Besonderes“. Es wird sich dann meist herausstellen, dass der Zeuge nicht mehr weiß als das, was in der Akte steht, denn auch bei dem gegenständlichen Vorfall fehlt meist das Besondere. Wer jedoch nur weiß, was in der Akte steht, gibt keine Erinnerung an den Sachverhalt wieder, sondern nur einen Bericht über den Akteninhalt.

Nach der Zeugenvernehmung (damit der Zeuge nicht nachbessern kann) ist auf 24 das aussagepsychologische Phänomen der Verschmelzung hinzuweisen, und zwar mit der Konsequenz, dass die Person keine eigentliche Erinnerung mehr hatte, sondern nur den „typischen Fall“ geschildert hat.

Hat der Zeuge noch mitgeteilt, dass sich der Vorfall so zugetragen haben muss, wie 25 er es schriftlich niedergelegt hat (beim Polizeibeamten in der Anzeige, beim Vertreter im Vertragsformular, beim unbeteiligten Zeugen in einer Aufzeichnung nach dem Ereignis), denn anderenfalls hätte der Zeuge die Anzeige so nicht niedergelegt (Polizist) bzw. das Formular so nicht ausgefüllt (Vertreter) bzw. die Aufzeichnung so nicht erstellt (unbeteiligter Zeuge) bietet sich Argumentationsspielraum für den

22 Trankell, Der Realitätsgehalt von Zeugenaussagen, S. 20; vgl. auch Bender/Nack, Tatsachenfeststellung vor Gericht, 2. Aufl., Rn 136 ff.

23 Vgl. OLG Düsseldorf, 5 Ss (OWi) 97/07 veröffentlicht unter ZAP Eilnachrichten Nr. 782/2007.

24 Man muss jedoch beachten, dass es sich in den meisten Fällen nicht um eine bewusste Lüge oder eine bewusste Verschmelzung, sondern um einen unbewussten Wahrnehmungs- bzw. Erinnerungsfehler handelt.

Anwalt – je nach Parteirolle – dass dies für eine Verurteilung reicht bzw. nicht reicht.

26 Falls der Zeuge – wider Erwarten – doch auf etwas Besonderes an diesem konkreten Fall hinweist und dies der Realität entspricht, so handelt es sich um ein Realitätskriterium für die Aussage, nämlich das sog. Verflechtungskriterium[25] bzw. Prüfkriterium.[26]

III. Zur bewussten Kontamination

27 Einen in der Praxis besonders schwer aufzudeckenden Fall der Lüge stellt die bewusste Kontamination dar. Ein Zeuge macht zugunsten einer Partei eine falsche Gefälligkeitsaussage. Die Aussage klingt überzeugend, da der Zeuge den Ort, die Personen etc. kennt. Gleichwohl hat das Ereignis zu einer anderen Zeit oder mit anderen Personen stattgefunden. Das kommt vor allem bei einer falschen und verabredeten **Alibibehauptung** vor. Auf eine vorherige Verabredung kann es hindeuten, wenn der Kern des Alibis identisch geschildert wird, vor allem, wenn das sog. Über-Genauigkeitssymptom vorliegt oder sonstige Fragen, die nicht vorhersehbar waren, nur noch ausweichend oder vage beantwortet werden.[27] Auch bei einem **Mitangeklagten** lassen sich die Grundsätze der Glaubhaftigkeitsprüfung nicht ohne Weiteres anwenden. Hier ist nämlich ohne Bedeutung, dass die Auskunftsperson über Selbsterlebtes berichtet, da er ja an der Tat beteiligt war und die Übertragung einer anderen Person oder mit anderem Inhalt relativ einfach möglich ist.[28]

28 Ein Fall der bewussten Vermengung kann ggf. durch das Strukturbruchsignal aufgedeckt werden oder durch andere Beweismittel oder durch eine **Fangfrage**. Die Fangfrage kann dann in einem **falschen! Vorhalt (= add a false fact)**[29] liegen, dass, wenn der Zeuge wirklich an der fraglichen Stelle zur fraglichen Zeit gewesen wäre, dann hätte er ein bestimmtes, nicht zu übersehendes Ereignis wahrgenommen. Der „falsche Zeuge" wird dann i.d.R. seine Aussage nachbessern und mitteilen, dass er das vorgehaltene Ereignis selbstverständlich wahrgenommen hat, aber nicht für erwähnenswert hielt, da es mit dem Fall ja nichts zu tun hatte. Damit ist der falsche Zeuge überführt, denn das vorgehaltene Ereignis hat gerade nicht stattgefunden. Wenn der Zeuge aber auf Vorhalt bestätigt, dass es stattgefunden hat, so belegt er damit, dass er eben nicht anwesend war. In einem Fall, in dem man z.B. vermutet, dass der Zeuge zur fraglichen Zeit nicht an dem fraglichen Ort oder zur fraglichen

25 Vgl. Arntzen, Psychologie der Zeugenaussage: System der Glaubwürdigkeitsmerkmale, 3. Aufl., 1993, S. 38, 45.

26 Vgl. Bender/Nack, Tatsachenfeststellung vor Gericht, 2. Aufl., Rn 271, die auch den Begriff „Kontaminationskriterium" verwenden.

27 Vgl. De Vries, Einführung in die Kriminalistik für die Strafrechtspraxis, Rn 267.

28 Vgl. De Vries, Einführung in die Kriminalistik für die Strafrechtspraxis, Rn 275.

29 Vgl. Lieberman, Never be lied to again, S. 87 f., 120 f.

Zeit anwesend war, kann der Zeuge durch folgende Fangfrage überführt werden: „Wenn Sie wirklich dort gewesen wären, dann wüssten Sie, dass zu dieser Zeit ein kurzer Stromausfall stattgefunden hat". Der „falsche" Zeuge wird nun in der Regel sagen, dass er dies schon wisse, aber es nur ein kurzer Stromausfall war, sodass er dies nicht für erwähnenswert hielt. Damit ist der Zeuge überführt, nachdem der Stromausfall tatsächlich nicht stattgefunden hat, sondern nur für den Vorhalt der Fangfrage konstruiert wurde.

Ein wahrheitsgemäß aussagender Zeuge hätte wahrheitsgemäß erwidert, dass ein Missverständnis vorliegen müsse und zur fraglichen Zeit kein Stromausfall stattfand. **29**

Ein anderes Beispiel: Wenn ein Zeuge angeblich einen Verkehrsunfall beobachtet haben will, so kann folgende Fangfrage gestellt werden: „Wenn Sie wirklich anwesend gewesen wären, so wüssten Sie, dass unmittelbar nach dem Unfall auf der Gegenfahrbahn ebenfalls ein Unfall stattfand." Der Falschaussagende wird nun dies in der Regel bestätigen und erklären, dass er dies nicht erwähnte, weil es nebensächlich war. Damit ist der Zeuge überführt. **30**

Besonders intelligente Lügner fallen auf diese Fangfrage jedoch nicht herein, sondern vermeiden – dem Gefährlichkeitskalkül entsprechend – jede nachprüfbare Aussage. D.h., diese Lügner würden z.B. erklären, sie könnten sich lediglich nicht mehr erinnern, sie hätten lediglich nichts mitbekommen, wären nicht immer anwesend gewesen etc., und möglichst gar keine inhaltliche Aussage machen bzw. den tatsächlichen Kern möglichst klein halten bzw. mit „inneren" Tatsachen auffüllen (nur keine Kenntnis oder nur keine Erinnerung statt Verneinung).[30] **31**

> *Praxistipp* **32**
>
> „Aussagen, die den Realitätskriterien standgehalten haben, sind also immer dann nicht besonders überzeugend, wenn die Möglichkeit in Erwägung gezogen werden muss, dass die Auskunftsperson ein vergleichbares Erlebnis zu anderer Zeit, an einem anderen Ort, mit einer anderen Person tatsächlich gehabt hat".[31]

Nachdem in der Praxis die Zeugen und das Beweisthema bereits vor der Zeugenvernehmung durch einen entsprechenden Beweisbeschluss des Gerichts bekannt sind, kann der Prozessbevollmächtigte oft abschätzen, welcher Teil (Person, Ort oder Zeit) ggf. ausgetauscht werden wird. **33**

Wird **die Person** vermutlich ausgetauscht und hat der Zeuge die Person, die er in die Geschichte überträgt, noch nie gesehen, soll dies aber die Partei sein, so wird teilweise empfohlen, dass Anwalt und Partei die Plätze tauschen (der Anwalt darf dann keine Robe tragen oder sich durch Gesetzesbücher oder Akten vor seinem **34**

30 Vgl. Bender/Nack, Tatsachenfeststellung vor Gericht, 2. Aufl., Rn 171.

31 Bender/Nack, Tatsachenfeststellung vor Gericht, 2. Aufl., Rn 272.

Platz als Anwalt zu erkennen geben). Der Zeuge kann dann befragt werden, ob die Person, über die er Bekundungen macht, anwesend ist. Hat der Zeuge die Partei, die er bewusst falsch überträgt, noch nie gesehen, wird er den Anwalt, der auf dem Platz der Partei sitzt, identifizieren. Fraglich ist, ob dieser falschen Wiedererkennung überhaupt ein Beweiswert zukommt. Das ist m.E. regelmäßig zu verneinen, denn, „von Zeugen [auch von wahrheitsgemäß berichtenden] darf übrigens eine Wiedererkennung nach Monaten im Gerichtssaal nicht unbedingt erwartet werden, wenn der Täter bei dem inkriminierten Geschehen nur wenige Minuten oder gar Sekunden gesehen worden ist."[32] Dies deshalb, da man sich beim Wiedererkennen nur auf einen Gesamteindruck stützt und dieser sehr fehleranfällig ist.[33] D.h., der Zeuge folgt im Falle des falschen Wiedererkennens nur der Suggestion, ohne dass dies Einfluss auf dessen Wahrheitswillen haben muss. Selbst wenn der Zeuge erkennt, dass jedenfalls nicht die „richtige" Person auf dem für die Parteien vorgesehen Platz sitzt, ist dies kein Glaubwürdigkeitsindiz. Der Zeuge kann den Trick durchschaut haben oder aber der Zeuge kann sich besonders gut auf das Komplott vorbereitet und die (zu identifizierende) Person vor der Vernehmung unbemerkt aufgesucht oder beobachtet haben. Welche Alternative nun zutrifft, kann im Gerichtssaal regelmäßig nicht geklärt werden. Das gilt insb. dann, wenn die Identifizierung a priori besonders schwer ist und die (zu identifizierende) Person einer fremden Bevölkerungsgruppe zugehört (Südeuropäer, Asiaten, Afrikaner), „da solche Personen von dem meisten Zeugen schlecht individuell unterschieden werden können."[34] Daraus folgt, der Empfehlung des Plätzevertauschens und der Zeugenreaktion in die eine oder andere Richtung kommt **nur dann** Beweiswert zu, wenn der Zeuge die Person eigentlich identifizieren können müsste (geringer Zeitablauf zwischen Vernehmung und streitgegenständlichem Ereignis, längere Beobachtung beim streitgegenständlichen Ereignis, ggf. unstrittiges mehrfaches Sehen davor und/ oder danach), aber gleichwohl die falsche Person identifiziert.

35 Bezweifelt der Anwalt die Zuverlässigkeit der zu erwartenden Identifizierung durch einen Zeugen, bietet es sich an, mit dem Vorsitzenden abzusprechen, dass Anwalt und Mandant Plätze tauschen oder – soweit ohne den Angeklagten verhandelt werden kann (z.B. im Strafbefehlsverfahren) – einen Dritten auf der Anklagebank Platz nehmen zu lassen. Kommt ein Vorsitzender diesem Vorschlag nach, hat er sich zwar prozessordnungsgemäß verhalten, seiner Verpflichtung nach einem gerechten Urteil und seiner Verpflichtung nach Sachverhaltsaufklärung (§ 244 Abs. 2 StPO) bestmöglich genügt bzw. im Zivilprozess die Beweisaufnahme (zu Recht) auf einen Punkt, der die Zuverlässigkeit eines Beweismittels betrifft, erweitert, aber gleichwohl muss dieser ehrenwerte Vorsitzende in der Praxis mit großen Anfeindungen

32 Arntzen, Vernehmungspsychologie: Psychologie der Zeugenvernehmung, 2. Aufl., S. 63 und S. 61: „Alle Chinesen sehen sich ähnlich, ist nicht nur die Auffassung kindlicher Zeugen."

33 Vgl. Arntzen, Vernehmungspsychologie: Psychologie der Zeugenvernehmung, 2. Aufl., S. 60.

34 Arntzen, Vernehmungspsychologie: Psychologie der Zeugenvernehmung, 2. Aufl., S. 64.

rechnen. Das zeigt der Fall des Richters L., der dieses „Realexperiment" gestattete, um sich selbst ein eigenes Bild von der Zuverlässigkeit der Zeugenaussage zu ermöglichen. Nachdem der Zeuge tatsächlich einen unbeteiligten Dritten, der auf der Anklagebank Platz genommen hatte, identifizierte, führte dies in der Lokalpresse nicht etwa zum kritischen Hinterfragen des in der Wissenschaft längst bekannten niedrigen Beweiswerts von Identifizierungen im Gerichtssaal, sondern zu einer Anfeindung des Richters L.

Diese Anfeindungen gipfelten in der Erstattung einer Strafanzeige wegen Rechts- 36
beugung, gegen Richter L., die (unverständlicherweise) erst nach mehrmonatiger Ermittlung eingestellt wurde. Zutreffend weisen Wendler/Hoffmann darauf hin, dass die Würde des Gerichts durch derartige Realexperimente nicht leidet bzw. jedenfalls dem höheren Gut der Wahrheitsfindung und Gerechtigkeit weichen müsse. Tatsächlich sei damit das Ansehen des Gerichts gestiegen.[35]

Hinweis 37

Wer jemals einer Verhandlung beiwohnte, in der eine Zeugin mit dem Finger auf den Angeklagten deutete und sagte, er war es! Ich war so geschockt! Niemals werde ich sein Gesicht vergessen!," weiß, dass der Angeklagte i.d.R. „verloren" ist.[36] Es ist daher nicht das Überprüfen der Zuverlässigkeit einer Zeugenaussage zu kritisieren, sondern der in der Praxis viel zu unkritische Umgang mit Zeugenaussagen.

Zu denken ist (im Zivilrecht) auch daran, die Partei nicht im Termin erscheinen zu 38
lassen, auch wenn das persönliche Erscheinen angeordnet war und dem Zeugen dann verschiedene Lichtbilder mit der Aufforderung vorzulegen, die Partei zu identifizieren. Zu beachten ist, dass es hier noch leichter zu Fehlleistungen – auch von gutgläubigen Zeugen – kommen kann,[37] und diese Wahllichtbildvorlage überdies lege artis durchgeführt werden muss.

Kennt der Zeuge allerdings die Person, über die er sich äußert, und überträgt diese 39
lediglich an einen anderen Ort oder in eine andere Zeit, so hilft der übertragenen Person i.d.R. lediglich ein Alibi oder anderes Beweismittel. Dieser Fall ist hinsichtlich der bewussten Übertragung in der Rechtspraxis selten, denn der Zeuge weiß fast nie (Gefährlichkeitskalkül), ob der Person, die der Zeuge in eine andere Zeit oder an einen anderen Ort überträgt, nicht doch ein Alibibeweis gelingt. Häufig tritt allerdings der Fall der ungewollten Kontaminierung auf. Die Methoden der Aussageanalyse versagen in diesem Fall, da der Zeuge dann subjektiv wahr aussagt.

35 Vgl. Wendler/Hoffmann, Technik und Taktik der Befragung im Gerichtsverfahren, Rn 18.

36 Vgl. Loftus, Eyewitness testimony, S. V und Geipel/Nill, Die Problematik der Beurteilung der Zeugenaussage im ordentlichen Verfahren, DRiZ 2007, S. 250.

37 Vgl. z.B. BGH, NJW 1961, S. 2070.

40 *Praxistipp*

Hat eine Prozesspartei aufgrund des benannten Zeugen den Verdacht, dass der Zeuge eine Übertragung in einen **anderen Ort** oder in eine **andere Zeit** vornehmen wird, so kann folgender **Bluff** (im Zivilrecht) versucht werden. Zu der Beweisbehauptung der Gegenseite wird nun eine entsprechende Beweisbehauptung aufgestellt, der zufolge der von dem Zeugen zu bekundende Sachverhalt nicht zutreffen kann, da die Person, über die der Zeuge berichten wird, zur fraglichen Zeit an einem anderen Ort war. Zum Beweis dieser Alibibehauptung wird schriftsätzlich ein eigener Zeuge benannt. Damit wird Folgendes erreicht: Die ursprünglich den Zeugen benennende Partei muss nun befürchten, dass ein oder mehrere Gegenzeugen zur Verfügung stehen, die den eigenen Zeugen der Falschaussage überführen werden. Oft wird die Gegenpartei dann die Behauptung oder den Beweisantritt zurücknehmen oder die Behauptung modifizieren. Die Rücknahme der Behauptung bzw. des Beweisantritts führt dann ggf. zur Beweisfälligkeit und dann zum Prozessverlust (in der Praxis wird, wenn dieser Fall auf Klägerseite eintritt, die gesamte Klage zurückgenommen). Sollte nicht die Behauptung zurückgenommen werden, sondern die Behauptung hinsichtlich Ort, Zeit etc. modifiziert werden, kann die Partei wieder einen Alibizeugen hinsichtlich der modifizierten Ort- oder Zeitangabe benennen (damit beginnt der Bluff von Neuem). Weiter muss das Gericht diese Änderung des Sachvortrages,[38] ggf. einen mehrfach wechselnden Sachvortrag[39] oder den Widerruf eines Beweisantritts[40] in die Beweiswürdigung einbeziehen.

41 Dieser Bluff ist zivilprozessual unzulässig. § 138 Abs. 1 ZPO statuiert die prozessuale Wahrheitspflicht. D.h., die bewusste Behauptung unwahrer Tatsachen (hier der Alibitatsachen) verstößt gegen die prozessuale Wahrheitspflicht.[41] Eine rechtlich negative Konsequenz für den „Bluffer" hat dieser Verstoß gegen die prozessuale Wahrheitspflicht aber i.d.R. nicht. Der Bluff sollte nämlich nur dazu dienen, dass die ursprünglich wahrheitswidrig vortragende Partei ihren Beweisantritt zurückzieht oder die Behauptung modifiziert. Geschieht dies, wird die falsche Alibibehauptung irrelevant und der vorsorglich benannte Alibizeuge wird nicht mehr vernommen. Somit bleibt der Verstoß zivilprozessual irrelevant. Auch strafprozessual bleibt der Verstoß gegen die Wahrheitspflicht i.d.R. irrelevant. Zwar stellt ein Verstoß gegen die prozessuale Wahrheitspflicht oft einen Prozessbetrug dar. Nachdem der eigene Zeuge aber eben nicht vernommen wird, bzw. das Urteil weder auf die falsche Behauptung noch auf die falsche Zeugenbenennung gestützt wird, kann es

38 Vgl. BGH, NJW-RR 95, S. 1340, 1341; vgl. auch BGH, NJW 2002, S. 1276; vgl. auch BAG, BB 1997, S. 208.

39 Vgl. BAG, NZA 1997, S. 86.

40 Vgl. Zöller, Komm zur ZPO, 26. Aufl., Vor. § 284 Rn 2 a.E.

41 Vgl. Zöller, Komm zur ZPO, 26. Aufl., § 138 Rn 3.

sich nur um einen versuchten Prozessbetrug handeln. Der Versuch beginnt mit dem unmittelbaren Ansetzten zur Tat. In der reinen Behauptung einer Alibitatsache und Benennung eines Alibizeugen kann ggf. ein unmittelbares Ansetzen zur Tat gesehen werden. Gleichwohl wird diese Behauptung durch die Rücknahme der ursprünglichen Behauptung irrelevant, so dass das eigene Beweisangebot ebenfalls zurückgenommen werden sollte, sodass es sich dann jedenfalls um einen strafbefreienden Rücktritt vom Versuch handelt, gem. § 24 StGB.

Eindringlich gewarnt werden muss aber davor, dass der fälschlich benannte Alibizeuge wirklich wahrheitswidrig aussagt. Dies ist in jedem Fall ein strafbarer Prozessbetrug. Konsequenzenlos ist dieses Vorgehen daher nur dann möglich, wenn es bei einem Bluff bleibt. Lässt sich die Gegenpartei nicht bluffen, sondern bleiben deren Behauptung und Beweisantritt nach wie vor bestehen, so müsste die eigene Behauptung und der eigene Beweisantritt zurückgezogen werden. In einem solchen Fall wäre der Bluff – jedenfalls psychologisch – nach „hinten losgegangen", denn das erkennende Gericht wird sich dann i.d.R. nicht mehr mit den Feinheiten der Aussage des verbleibenden Zeugen auseinandersetzen, sondern diese (aus Verärgerung oder sonstigen unbewusst mitschwingenden Gründen) als richtig unterstellen bzw. den eigenen, gewechselten Sachvortrag negativ bewerten.[42] Auch in sonstigen Fällen ist – losgelöst von Prozesstaktik – festzustellen, dass z.B. ein fehlgeschlagener Alibibeweis praktisch i.d.R. „tödlich" für den Beweisführer ist.[43] Barton spricht insofern zutreffend von verheerenden Konsequenzen für den Mandanten wie den Anwalt.[44] 42

Aus einem Lehrbuch für Kriminalistik kann folgender **Hinweis** erteilt werden: 43

„Ein Beschuldigter bestreitet, zur kritischen Zeit am Tatort gewesen zu sein. Nun gelingt es zu belegen, dass er sich damals doch in unmittelbarer Nähe des Tatorts aufgehalten hat. Die Alibi-Behauptung ist widerlegt und der Beschuldigte als Lügner überführt. Selbst ein [redlicher] Richter ist nun leicht geneigt, nicht nur die Anwesenheit des Angeklagten am Tatort als bewiesen anzusehen, sondern auch dessen Täterschaft, was er natürlich nicht ohne weiteres tun dürfte."[45]

42 Vgl. Zöller, Komm zur ZPO, 26. Aufl., Vor. § 284 Rn 2 a.E. und § 138 Rn 3.

43 Zwar dürfte dies nicht negativ gewertet werden, vgl. OLG Hamm, zfs 2003, S. 257 f.; BGH StV 1986, S. 369, 371, ebenso BGH, NStZ 1997, S. 96; BGH, StV 1982, S. 158 f.: „aus einem fehlgeschlagenen Alibibeweis lässt sich nichts ‚für eine Täterschaft des Angeklagten' herleiten", BGH, StV 1985, S. 356 f., „Lügen, mit denen er sich verteidigen darf [...] lassen sich nur mit Vorsicht als Beweisanzeichen für strafrechtliche Schuld verwerten, weil auch ein Unschuldiger vor Gericht Zuflucht zur Lüge nehmen kann und ein solches Verhalten nicht ohne weiteres tragfähige Rückschlüsse darauf gestattet, was sich in Wirklichkeit ereignet hat"; vgl. auch BGH, StV 1985, S. 401; BGH, NStZ 1983, S. 422 f.; gleichwohl verfährt die tatrichterliche Praxis anders; vgl. Peters, Fehlerquellen im Strafprozess, 2. Bd., S. 31; vgl. auch Gudjonsson, The Psychology of Interrogations and Confessions, S. 160 m.w.N.

44 Vgl. Barton, Einführung in die Strafverteidigung, S. 196.

45 Walder/Hansjakob, Kriminalistisches Denken, 7. Aufl., S. 226.

IV. Zur Alibiüberprüfung

44 Benennt eine Person minutiös und detailliert ihr Alibi zu einer länger zurückliegenden Tat, so stellt sich die Frage, weshalb die Person noch eine derart klare Erinnerung hat. Die Person sollte daher zu dem Ablauf des Tages einen Tag vor dem streitgegenständlichen Tag und zum Ablauf einen Tag nach dem gegenständlichen Tag befragt werden bzw. zu sonstigen vor- und nachgelagerten Umständen. Dann lassen sich oft gravierende Strukturbrüche zwischen den jeweiligen Aussagen nachweisen.[46]

Zur Erinnerung: Eine Übergenauigkeit, die mit den Erkenntnissen der Arbeitsweise des Gedächtnisses nicht zu vereinbaren ist, stellt ein Lügensignal dar.

V. Zur widersprüchlichen (inkonstanten) Aussage eines Zeugen

45 „Nicht wenige Richter, Staatsanwälte und Richter reagieren auf geringste Abweichungen des Berichts von der ursprünglichen Aussage mit Angriffen auf die Glaubwürdigkeit der Auskunftsperson und vergessen ganz dabei, dass sie selbst nicht in der Lage wären, gleichsam wie ein Grammophon immer wieder die gleichen Erlebnisspuren abzuspielen, unabhängig von der Zeit, die zwischen den verschiedenen Vernehmungen vergangen ist.“[47]

46 *Praxistipp*

Argumentiert ein Gericht mit Widersprüchen oder mit Konstanz, so muss im Urteil angegeben werden, was das Gericht als Kerngeschehen und was als Randgeschehen bewertet hat.[48]

47 D.h., sofern der Anwalt eine vermeintliche **Inkonstanz**, die gegen die Glaubwürdigkeit eines „gegnerischen“ Zeugen spricht, vorbringt, sollte der Anwalt überlegen, ob er einen entsprechenden Vorhalt macht oder erst nach der Vernehmung auf die Inkonstanz hinweist. Macht der Anwalt nämlich in der Vernehmung einen entsprechenden Vorhalt, so kann der Zeuge nachbessern, d.h. vortragen, er sei in der ersten Protokollierung falsch verstanden worden, er habe das so nicht oder anders ausgesagt etc. Ist das einigermaßen plausibel, hätte der Zeuge sich vom unglaubwürdigen Zeugen mit der Hilfe des Gegenanwaltes wieder in einen glaubwürdigen Zeugen gewandelt. Auch der Hinweis, dass der Zeuge doch seine eigene Protokollierung genehmigt habe, nutzt nichts, denn die Genehmigung ist aussagepsychologisch ohne jeden Wert. Jeder Praktiker weiß, dass die allermeisten Zeugen alles genehmi-

46 Vgl. Nance, Conquering Deception, S. 161 f.

47 Bender/Nack/Treuer, Tatsachenfeststellung vor Gericht, 3. Aufl., Rn 195.

48 Vgl. BGH, StV 1992, S. 555, 556.

gen, auch wenn der protokollierte Inhalt mit der eigentlichen Aussage nur wenig Ähnlichkeit hat.[49]

Praxistipp 48

Bei vorhandenen Widersprüchen sollten dem gegnerischen Zeugen ggf. **keine** Vorhalte etc. gemacht werden, sondern **nach** der Vernehmung die Widersprüche dem Gericht mitgeteilt werden.[50] Ein Vorhalt ist ein zweischneidiges Schwert. In nicht wenigen Fällen kann die Aussage – erst auf Vorhalt – plausibel gemacht werden.

VI. Zur unterschiedlichen Anzahl der Zeugen

Oft wird in richterlichen Beweiswürdigungen argumentiert, dass zwar X Zeugen 49
des Beklagten das Beweisthema nicht bestätigt hätten, der Kläger aber X + Y Zeugen hatte, die das Beweisthema bestätigten. Der Sache nach wird dann oft der Mehrzahl der Zeugen geglaubt, ohne dass dieses Motiv ausdrücklich genannt wird. Das ist falsch. Die Anzahl der Zeugen hat keinen Einfluss auf den Wahrheitsgehalt der Aussage. Das ergibt sich bereits aus dem Phänomen der selektiven Wahrnehmung. „Wer schon einmal in einem vollen Fußballstadion gesessen hat, wird mehr oder weniger verwundert feststellen: Es gibt zwei Wahrnehmungen in Bezug darauf, ob ein Ball die Seitenlinie überschritten hat oder nicht, ob ein Fußballspieler den Ball regelwidrig mit der Hand berührt hat oder nicht. Die Meinung des Publikums ist geteilt, je nachdem aufseiten welcher Mannschaft man steht. Das drückt sich in entsprechendem Pfeifen und Schreien oder Beifall für den Schiedsrichter aus. Die Wahrnehmung einer Tatsache ist ‚gefärbt'."[51] Aus englischen Untersuchungen ist z.B. Folgendes bekannt: „Schottische Fußballfans machten für 57 % der Regelverstöße ausschließlich die englischen Spieler und nur für 10 % die schottischen Spieler verantwortlich. Englische Zuschauer dagegen schrieben den englischen Spielern nur 10 % und den schottischen Spielern 61 % der Regelverstöße zu."[52]

Praxistipp 50

Es kommt daher nicht auf die Anzahl der Zeugen an, da es rein vom Zufall abhängt, auf welcher Seite die größere Gruppe ist. Wahrscheinlich wird jeder Mensch bereits die Alltagserfahrung gemacht haben, dass es in einem voll besetzten Fußballstadion zwei Wahrnehmungen gibt, ob der Ball im Aus war, ob

49 Vgl. Bender/Nack, Tatsachenfeststellung vor Gericht, 2. Aufl., Rn 822.

50 Vgl. Prechtel, Erfolgreiche Taktik im Zivilprozess, 3. Aufl., S. 429.

51 Dettenborn, Täter, Opfer, Zeuge, S. 116.

52 Vgl. Milne/Bull, Psychologie der Vernehmung, S. 28 m.w.N.

ein Angriff dem Ball oder dem Spieler galt oder ob die Hand absichtlich zum Ball ging oder nur angeschossen war.[53]

51 Zutreffend hat das AG München daher formuliert: „Das Gericht weist darauf hin, dass es sich bei den klägerischen Zeugen sämtlich um Insassenzeugen handelt und es bei der Beweiswürdigung erfahrungsgemäß nicht auf die Anzahl der jeweiligen Insassen ankommt, zumal dann nicht, wenn auf der gegenüberliegenden Seite auch nur Insassenzeugen vorhanden sind."[54] Der BGH meint: „Bei einem Widerspruch zwischen mehreren Erkenntnisquellen hat das Gericht ohne Rücksicht auf deren Art und Zahl [sic] darüber zu befinden, in welchen von ihnen die Wahrheit ihren Ausdruck gefunden hat."[55] Das OLG München sagt zu diesem Problem: „Das Erstgericht war nicht daran gehindert, einem Zeugen zu glauben und drei anderen Zeugen, die Gegenteiliges bekundet haben, nicht zu glauben [...]."[56]

VII. Zur Übereinstimmung mehrerer Zeugen

52 Gerade wenn eine Gruppenwahrnehmung gemacht wurde, ist die Gruppenübereinstimmung oder die Anzahl der Größe der Gruppe und damit die Anzahl der Zeugen kein sicheres Zeichen für die Objektivität.[57] Eine unterschiedliche Wahrnehmung kann von unterschiedlichen Voreinstellungen, Erwartungen, Vorurteilen, Wünschen etc. abhängen.

53 „Wer jene Versuche [der Wahrnehmungspsychologie] kennt, wird es verstehen, dass auch gleichlautende Angaben nicht nur von zwei, sondern auch von mehreren Zeugen falsch sein können, ohne dass Suggestionen oder andere die Aussage nach einer bestimmten Richtung hin fälschende Einflüsse sich bemerkbar gemacht haben."[58] Aus der Fehlurteilsforschung ist der markante Fall bekannt, dass sich eine Frau selbst bezichtigt hatte, mit ihrem Kind Selbstmord begehen zu wollen und deshalb mit dem Kind ins Wasser gesprungen zu sein. Nachdem die Frau selbst ins Wasser gesprungen war, waren alle Gäste des Lokals, bei dessen Steg die Tat geschah, davon überzeugt, dass die Frau tatsächlich mit einem Kind ins Wasser gesprungen war. Detaillierte Beschreibungen der Aktion sowie von Frau und Kind folgten. Tatsächlich hatte die Frau weder ihr eigenes Kind noch ein anderes Kind ins Wasser gebracht.[59]

54 Hierzu noch folgendes Beispiel von Krauthan, Günter, Psychologisches Grundwissen für die Polizei, 4. Aufl., Psychologie Verlags Union, Weinheim, S. 21:

53 Vgl. Dettenborn, Täter, Opfer, Zeuge, S. 116.
54 Prot. AG München, 3.5.2004 – 331 C 40017/03 n.v.
55 BGH, NStZ 2004, S. 635.
56 OLG München, 10 U 2809/09.
57 Vgl. Dettenborn/Fröhlich/Szewczyk, Forensische Psychologie, 2. Aufl., S. 60.
58 Hellwig, Psychologie und Vernehmungstechnik, 4. Aufl., S. 95.
59 Vgl. Hellwig, Psychologie und Vernehmungstechnik, 4. Aufl., S. 63.

Zeuge Herrmann	Zeuge Berg
„[…] bevor der Demonstrationszug sich näherte, war bereits ein riesiges Polizeiaufgebot vorhanden […]"	„[…] mehrere Polizeibeamte standen schon vor Demonstrationsbeginn am Straßenrand […]"
„[…] Schon das martialische Aussehen der Polizisten war furchteinflößend […]"	„[…] und ich sah, dass sich die Beamten wegen der erwarteten Ausschreitungen mit Helm und Schild gesichert hatten […]"
„[…] und so näherte sich friedlich und Parolen skandierend die Demonstration […]"	„[…] dann hörte man schon von weitem die grölende, Beleidigungen und Beschimpfungen schreiende Menge […]".
„[…] da stellte plötzlich einer der Polizisten einem Demonstranten den Fuß, so dass dieser stürzte […]"	„[…] ein Demonstrant, der neben dem Zug mit einem Megaphon mitlief, überrannte einen Polizeibeamten und fiel hin […]"
„[…] sofort wurden die anderen Polizisten aktiv und packten den Gestürzten, um ihn wegzuzerren […]"	„[…] Kollegen des Beamten wollten dem Gestürzten aufhelfen […]"
„[…] als die übrigen Demonstrationsteilnehmer dies verhindern wollten, schlugen die Polizisten brutal mit ihren Schlagstöcken zu […]"	„[…] da fielen plötzlich andere Demonstranten wie Hyänen über die Polizeibeamten her und schlugen blindlings auf diese ein […]"

Wahrnehmungsverzerrende Phänomene der **Gruppenkonformität** gelten aber nicht nur dann, wenn die Wahrnehmungen von einer Gruppe gemacht wurden, sondern auch dann, wenn die Mitglieder der Gruppe nachträglich die Möglichkeit hatten, sich über das Wahrgenommene zu unterhalten.[60] Die Gruppe kann sich auch erst ad hoc bilden. 55

„Wut, Zorn und Entrüstung sowie eine allgemeine Verurteilung in gegenseitigen Gesprächen oder durch die Presseberichterstattung können zu einer inneren Erregung führen, durch die wiederum dasjenige aus dem Gedächtnisinhalt ausgesondert und zusammengefasst wird, was mit dem Ziel der Entrüstung und Wut zusammenpasst, während das Nichthineinpassende gleichsam ausgeschaltet oder ‚verdrängt' wird. […] Aus dem gleichen Grund werden bei Streitigkeiten zweier Menschen mit nachfolgender Schlägereien die Zeugen – je nach ihrer Zugehörigkeit oder Sympathie für eine streitende Partei – später ganz unterschiedliche Angaben über den Ablauf des Streits bringen können."[61] 56

Liegen bei mehreren Zeugen keine Anhaltspunkte für identische Wahrnehmungsverzerrungen vor, ist die Übereinstimmung mehrerer ein Umstand, der die Irrtumswahrscheinlichkeit reduziert: „Nicht [vom Tatgericht] bedacht ist, dass die Wahr- 57

60 Vgl. Dettenborn/Fröhlich/Szewczyk, Forensische Psychologie, 2. Aufl., S. 60.

61 Dettenborn/Fröhlich/Szewczyk, Forensische Psychologie, 2. Aufl., S. 67.

scheinlichkeit eines gleichzeitigen Irrtums bei mehreren Personen – die unabhängig voneinander im Kern dasselbe Beweisthema bestätigen – geringer sein kann als bei einer einzelnen Zeugenaussage."[62] Das gilt für den jeweils identischen möglichen Irrtum, nicht für die Glaubhaftigkeit der Aussage allgemein.

58 *Hinweis*

Ist eine völlig identische Wahrnehmung aber ausgeschlossen, was bei komplexen Sachverhalten die Regel ist, ist die (nahezu vollkommene) Übereinstimmung mehrerer Zeugen eher ein Hinweis auf ein **Komplott**. Entscheidend zur Aufdeckung eines Komplotts ist, wo wahrnehmungspsychologisch Abweichungen zu erwarten sind, und wo nicht. Liegen erwartbare Abweichungen nicht vor, ist von einem Komplott oder jedenfalls einem „Gemeinschaftsprojekt" auszugehen.

VIII. Zur gemeinsamen Besprechung von Zeugen

59 In der Praxis kommt es immer wieder vor, dass sich Zeugen vor deren Vernehmung miteinander besprechen.[63] Damit wird die subjektive Sicherheit zwar höher, jedoch steigt auch die Gefahr der Wahrnehmungsverzerrungen.[64] Im Zivilrecht gilt Folgendes: „Die meisten Zeugen können deshalb etwas zu dem streitigen Sachverhalt aussagen, weil sie mit einer der Parteien persönlich verbunden sind, als Familienangehörige – am häufigsten wird als Zeuge der Ehe- oder Lebenspartner benannt –, Freunde, Arbeitskollegen, Mitarbeiter. Dass sie unbeeinflusst zu ihrer Vernehmung erscheinen, wird eher die Ausnahme sein. Nicht selten wird im Kreis der Familie oder Freunde über die bevorstehende Aussage ausführlich gesprochen, bis sich eine gemeinsame Auffassung über das Geschehen gebildet hat, geprägt von dem am besten Informierten und am meisten Interessierten, der Prozesspartei."[65] Das bedeutet aber auch Folgendes: „Zeugen, die sich über Erlebnisse austauschen, machen bei ihrer Aussage ähnliche Fehler und vermindern so den Gesamtwert der von ihnen gelieferten Informationen."[66] Anders ist dies bei Zeugen, die unabhängig voneinander im Kern dasselbe Beweisthema bestätigen. Dadurch steigt der Gesamtwert (s.o.).

Bei einer gemeinsamen Besprechung kommt das Problem der sog. **Post-Event-Misinformation** hinzu. „Dabei lässt man Personen Augenzeugen einer markanten Szene sein, zum Beispiel eines Verkehrsunfalls oder Handtaschenraubs. Anschließend

62 BGH, StV 1999, 5 f. = 2 StR 636/98.

63 Das wäre bei Zeugen, die das gleiche Erlebnis gehabt haben, sogar üblich, vgl. Loftus, Eyewitness Testimony, S. 55.

64 Vgl. Wielke, Verkehrsunfall: Würdigung „falscher" Zeugenaussagen, DAR 2002, S. 551, 552.

65 Lange, Parteianhörung und Parteivernehmung, NJW 2002, S. 476.

66 Kahneman, Schnelles Denken, langsames Denken, S. 111.

stellt man den Versuchspersonen Fragen über ein Detail, das in Wirklichkeit gar nicht in der vorgezeigten Szene vorkam. […] Zum Schluss bittet man die Versuchspersonen, eine möglichst genaue Beschreibung der Ereignisse zu geben, deren Zeuge sie gerade waren. Taucht die durch die zuvor gestellte Frage hineingeschmuggelte fehlerhafte Information (‚post-event-misinformation') in der auf Verlangen rekonstruierten Erinnerung auf? [...] Tatsächlich macht ein beträchtlicher Teil der Versuchspersonen das. […] Wer Zeuge eines markanten oder gar erschütternden Ereignisses geworden wurde, ist geneigt, darüber mit anderen zu sprechen und, wenn die anderen auch Zeugen waren, mit ihnen Eindrücke auszutauschen. Hat so ein Ereignis einen Nachrichtenwert, dann berichten die Medien darüber und es ist nicht ausgeschlossen, daß allerhand Kommentatoren die Sache beleuchten. Und jedes Mal, wenn dadurch die Erinnerung beim Augenzeugen wieder hervorgerufen wird, grübelt der Zeuge selbst auch wieder darüber und denkt sich neue Erklärungen für bislang unverständliche Teile der ursprünglichen Erinnerung aus. Oder er entnimmt solche Erklärungen den Kommentaren anderer. Jede Rekonstruktion der Erinnerung bietet eine neue Gelegenheit für die Aufnahme der ‚post-event-misinformation' (nachträgliche Fehlinformation) in die ursprüngliche Erinnerung."[67]

Tatsächlich sind die verschiedenen Indizien (Zeugenaussagen) nicht mehr unabhängig voneinander, so dass es sich nur um **eine Indizfamilie** handelt, mithin nach der Beweislehre wie ein einziges Indiz behandelt werden muss (vgl. § 9 Rdn 112 ff.).

> *„Gerade bei Zeugenaussagen ist die Gefahr einer Verzerrung besonders groß, da übereinstimmende Zeugenaussagen auch durch gruppendynamische Effekte begünstigt sein können. Im Prozess ist daher klärungsbedürftig, ob sich Zeugen vor einer Vernehmung über das Tatgeschehen ausgetauscht haben (können). Das Fehlen solcher – weitaus eher in den tatrichterlichen Kompetenzbereich fallenden – Erwägungen bemängelt der BGH zumindest nicht explizit."*[68]

Es kann daher festgehalten werden, dass gemeinsame Gespräche über die zu machende Aussage oder das betreffende Ereignis zu positiven Auswirkungen infolge gegenseitiger Fehlerkorrekturen führen kann, aber auch zu negativen Auswirkungen infolge von Konformitätseffekten.[69] 60

> *Hinweis*
>
> Entgegen einer weit verbreiteten Unschärfe, sind Zeugen nicht etwa dann „unabhängig", wenn sie in keiner Beziehung zu den Parteien stehen, sondern nur

67 Crombag/Merckelbach, Missbrauch vergisst man nicht, S. 82.

68 Mengler, Die lückenhafte Beweiswürdigung im tatgerichtlichen Urteil, S. 102.

69 Vgl. Sporer, Verfahrensfehler und Justizirrtümer: Kognitive und soziale Erklärungsansätze, S. 163, 179 m.w.N. in: Deckers/Köhnken (Hrsg.), Die Erhebung und Bewertung von Zeugenaussagen im Strafprozess, 4. Band.

dann, wenn sie keine Gelegenheit hatten, mit anderen Beteiligten zu kommunizieren.[70]

61 Zivilrechtlich ist es zwar nicht verboten, aber bedenklich, wenn die Partei Zeugen vernimmt: „Es geht dagegen nicht an, und kann daher auch der Bekl. zu 1) nicht zugestanden werden, dass eine Partei, auch wenn es sich – wie im vorliegenden Fall – um eine Behörde handelt, vor Beginn des Rechtsstreits eigenmächtig Zeugen vernimmt und diese damit in gewissem Umfange in der Darstellung der Vorgänge, über die sie später vor Gericht eidlich oder uneidlich aussagen sollen, festlegt und dabei möglicherweise beeinflusst.[71] Durch diese mögliche, wenn auch unbeabsichtigte Beeinflussung ist das Beweismittel ggf. entwertet.[72] Die größte Form der Beeinflussung liegt dann vor, wenn die Partei Zeugenaussagen schriftlich vorformuliert, und hiervon unterschriebene Exemplare dem Gericht vorgelegt werden. Schneider weist darauf hin, dass sich nicht mehr klären lassen wird, ob und in welchem Ausmaß der Zeuge beeinflusst wurde. Die nachfolgende Bestätigung des schriftlichen Textes könne als alleiniges Beweismittel kaum ausreichen.[73] Das dürfte in den meisten Fällen zutreffend sein. Gleichwohl kann es in der Praxis ein Bedürfnis geben, Zeugenaussagen bereits im Vorfeld schriftlich festzulegen (z.B., wenn man befürchtet, der Zeuge werde später gar nicht mehr aussagen oder von der Gegenseite beeinflusst werden). In einem solchen Fall empfiehlt es sich, den Zeugen mit einer dritten Person aufzusuchen, die ggf. über die näheren Umstände des Besuches berichten kann und die Aussage von dem Zeugen in seinen eigenen Worten formulieren zu lassen.

62 Handelt es sich im Strafrecht um Entlastungszeugen, wird diesen Zeugen oft nicht mehr geglaubt. Jedenfalls wird diesen Zeugen dann nicht mehr geglaubt, wenn diese bzgl. der gemeinsamen Besprechung vor der Vernehmung, die oft in Abrede gestellt wird, der Lüge überführt werden können. Das ist falsch. Viel öfter als bei Entlastungszeugen tritt der Fall der gemeinsamen Besprechung bei Belastungszeugen (v.a. Polizeibeamte) auf. Ein englischer Berufungsrichter teilte mit, dass Polizeibeamte fast immer verneinen, dass sie bei Abfassung ihrer Protokolle mit anderen Beamten zusammengearbeitet hätten. Daher „frage“ er sich, warum Beamte die Einzigen in der Gesellschaft seien, die Wahrnehmungen, die zwei Personen gemeinsam gehabt hätten, nicht miteinander besprechen würden, um sicherzugehen, dass beide eine korrekte Version der Ereignisse hätten.[74] Festzuhalten bleibt, dass es

70 Vgl. Schweizer, Beweiswürdigung und Beweismass, S. 94, der sodann auch noch auf weitere Feinheiten der „bedingten Unabhängigkeit“ hinweist.

71 LG Köln, VersR 1955, S. 142.

72 OLG Köln, VersR 1955, S. 142.

73 Vgl. Schneider, Fälle aus der Prozesspraxis, ZAP Nr. 3 vom 28.1.2009, S. 131, 136.

74 So für den Fall, dass ein Verdächtigter von zwei Beamten vernommen wird, aber jeder eigene Notizen der Vernehmung anfertigen soll, vgl. Clark/Stephenson, Getting heads together: police collaborative testimony, in Analysing Witness Testimony, S. 207, 211.

eine menschliche Selbstverständlichkeit darstellt, dass Personen, die dasselbe Erlebnis gehabt haben, dieses auch gemeinsam besprechen.[75] Wenn diese Tatsache daher bei Beamten regelmäßig vorkommt, zudem eine menschliche Selbstverständlichkeit ist, kann diese auch nicht selektiv bei Entlastungszeugen negativ gewertet werden. Gleiches gilt dann auch bei einer Lüge bzgl. dieses Punktes. Eine Lüge hinsichtlich eines Nebenpunktes, weil man befürchtet, es würde einem anderenfalls nicht geglaubt werden, stellt kein verallgemeinerungsfähiges Kriterium für den restlichen Aussageteil dar.[76] Eine gemeinsame Besprechung vor Vernehmung ist auch nicht per se schädlich. Im Experiment konnte nachgewiesen werden, dass dadurch einerseits die Erinnerung/Wiedergabe an Details sogar verbessert wurde, aber andererseits wurde das Vertrauen in fehlerhafte Wiedergaben gestärkt. D.h., der Vernommene berichtet einen falschen Teil mit größerem Vertrauen in die Richtigkeit, als er es berichten würde (wenn überhaupt), wenn er ohne gemeinsame Besprechung, d.h. „alleine", berichten würde. Obwohl die gemeinsame Unterhaltung vor einer Zeugeneinvernahme eine Selbstverständlichkeit darstellt, lässt sich die Grenze zwischen informeller Diskussion und gemeinsamer Vorbereitung einer Aussage nicht scharf ziehen.[77]

Die gemeinsame Besprechung führt in jedem Fall dazu, dass nur noch eine „Indizfamilie" vorliegt, statt mehrerer Einzelindizien. Es besteht sowohl die Gefahr der Manipulation[78] als auch der gutgläubigen Erhöhung der subjektiven Überzeugung (auch bzgl. falscher Details).[79]

Grundsätzlich ist anzumerken, dass die gemeinsame Besprechung verschiedene potenzielle Fehlerquellen beinhaltet. Wenn der Gesprächspartner ein tatsächlich existierendes Objekt erwähnt, steigt die Wahrscheinlichkeit, dass dieses auch vom Zeugen erwähnt wird. Offen bleibt, ob es sich dann in der Zeugeneinvernahme um die Erinnerung an das Ereignis handelt oder die Erinnerung an das Gespräch. Selbst wenn bei der gemeinsamen Besprechung eine Beobachtung von dem Gesprächspartner erwähnt wird, die der eigenen Beobachtung widerspricht, so führt dies in der Zeugenaussage in nicht wenigen Fällen zu einem Kompromiss zwischen der eigenen Wahrnehmung und der vermeintlichen Wahrnehmung des Gesprächspartners, wenn die eigene Wahrnehmung der Umdeutung fähig ist (v.a. bei Schätzungen). Zeigt man Probanden einen Film von einem Sportwagen, der die Landstraße 63

75 Vgl. Clark/Stephenson, Getting heads together: police collaborative testimony, in Analysing Witness Testimony, S. 207, 209; vgl. auch Bender, Die „lebendige Erinnerung" und der „gewordene Sachverhalt" in der Zeugenaussage; StV 1984, S. 127 f.

76 Vgl. Bender/Nack, Tatsachenfeststellung vor Gericht, 2. Aufl., Rn 302.

77 Vgl. Clark/Stephenson, Getting heads together: police collaborative testimony, in Analysing Witness Testimony, S. 207, 218 f.

78 Vgl. Heaton-Armstrong/Wolchover, Recording witness statements, in Analysing Witness Testimony, S. 222, 229 f.

79 Vgl. Geipel/Nill, Die Problematik der Beurteilung der Zeugenaussage im ordentlichen Verfahren, DRiZ 2007, 250 ff.

entlang fährt, und fragt potenzielle Zeugen, „wie schnell fuhr das Auto, als es auf der Landstraße fuhr“, so führt dies zu signifikant anderen Ergebnissen, als wenn man fragt, „wie schnell fuhr das Auto, als es an der Scheune vorbeifuhr“. Im letztgenannten Fall führt dies dazu, dass in einer späteren Befragung 17 % der Probanden angaben, eine Scheune gesehen zu haben, obwohl tatsächlich nie eine Scheune vorhanden war.

64 Ein weiteres Beispiel kann das verdeutlichen. Zwei Studentinnen befanden sich in einer Bahnhofshalle und legten deren Handtaschen ab, um zum Schalter zu gehen. Ein Kommilitone machte sich an einer Tasche zu schaffen und tat so, als ob er einen Gegenstand entnahm und unter seine Jacke stopfte. Der Kommilitone verließ den Bahnhof. Als die Studentinnen zurückkamen, rief eine aus, „Oh, Gott, mein Kassettenrekorder fehlt“. Die Studentin klärte die anwesenden Personen dann auf, dass sie den Rekorder von ihrem Arbeitgeber erhalten hatte und dringend benötigte etc. Die anwesenden Personen wurden gebeten, deren Namen und Anschrift zu hinterlassen, damit sich der Versicherungsagent mit ihnen in Verbindung setzten könnte. Als der Versicherungsagent dann die „Zeugenaussagen“ einholte, gaben 50 % der Passanten ausdrücklich an, den nie existenten Kassettenrekorder tatsächlich gesehen zu haben. Der Kassettenrekorder wurde dann sogar detailliert beschrieben. Manche meinten, dieser war weiß, andere gaben an, dass er schwarz war. Manche meinten, er hätte eine Antenne gehabt, andere sahen keine Antenne. Manche meinten, er wäre in einer Schachtel gewesen, andere nicht etc.

65 *Hinweis*

Durch nachträgliche Informationen, sog. **postevent information** (direkt[80] oder subtil in Form einer Frage, auch durch Medienberichterstattung[81]), kann eine Zeugenaussage erheblich verändert werden.[82]

66 Man könnte annehmen, dass diese **postevent information** möglichst zeitnah zur eigenen Beobachtung gegeben werden muss, um o.g. Wirkung zu erzielen. Dies deshalb, da die beiden Informationen dann zeitlich (nahezu) parallel gespeichert werden und eine Angleichung/Vertauschung am wahrscheinlichsten ist. Experimente haben jedoch belegt, dass dies falsch ist. Die Verzerrung durch **postevent information** wirkt am stärksten, je zeitferner zur tatsächlichen Vernehmung die nachträglichen Informationen gestreut werden. Ist ein Jahr vergangen, war im Experiment eine vollständige Vermischung zwischen nachträglicher Information und tatsächlicher Wahrnehmung zu beobachten.[83]

80 Auch beim nicht zu vermeidenden Gespräch unmittelbar nach dem Vorfall, wenn die Zeugen/Opfer auf das Eintreffen der Polizei warten, vgl. Loftus, Eyewitness Testimony, S. 74.

81 Vgl. Loftus, Eyewitness Testimony, S. 78.

82 Vgl. Loftus, Eyewitness Testimony, S. 56 ff.

83 Vgl. Loftus, Eyewitness Testimony, S. 64 ff.

IX. Zu Schätzungen des Zeugen

In der Praxis erlebt man oft, dass die „Gegenpartei" (Anwälte, Staatsanwälte, auch Richter) einem Zeugen Schätzfragen stellen (z.B. die Entfernung im Gerichtssaal zwischen der Türe und der Sitzungsbank oder die Zeit schätzen lassen). Am Ergebnis der Schätzung wird regelmäßig versucht, die Zuverlässigkeit der Angaben des Zeugen festzumachen und anhand des Fehlers oder der Abweichung zu einer ggf. früheren Aussage oder der Realität bei Schätzversuchen oder an Hand einer eingeräumten Nichterinnerung des Zeugen ein Argument gegen dessen Glaubhaftigkeit zu sehen. 67

Richtig ist Folgendes: 68

Schätzungsfehler geben keine Auskunft über die Glaubhaftigkeit der Aussage des Zeugen.[84] *Gegen derartige „Schätzversuche" vor Gericht sollte der Anwalt intervenieren und einwenden, dass kein Mensch einen zuverlässigen Zeitsinn hat und entsprechende Schätzungen fast immer falsch sind.*[85] *Hinzu kommt, dass durch Experimente nachgewiesen ist, dass Schätzungen derselben Person je nach Situation unterschiedlich ausfallen können.*

„Wenn aber Schätzungen der gleichen Person je nach Situation derart unterschiedlich in ihrer Genauigkeit sein können, ist es problematisch, von Schätzungen im Gerichtssaal oder bei einer Vernehmung auf die Genauigkeit der Schätzung bezüglich des streitgegenständlichen Vorfalls schließen zu wollen."[86] *Absolut zutreffend hat daher das AG München im Fall einer Kollision eines Linksabbiegers mit einem entgegenkommenden Geradeausfahrer, in dem es darum ging, wie lange der Linksabbieger stand, bevor es zur Kollision kam,*

84 Vgl. Bender/Nack/Treuer; Tatsachenfeststellung vor Gericht, 3. Aufl., Rn 201, 203.

85 Vgl. Schneider, Beweis und Beweiswürdigung, 5. Aufl., Rn 932, ebenso Trankell, Der Realitätsgehalt von Zeugenaussagen, S. 41 unter Hinweis auf sein Wirklichkeitsexperiment, bei dem ein Vorfall der real 1 Minute und 54 Sekunden dauerte, auf durchschnittlich 6 Minuten 30 Sekunden geschätzt wurde. Lediglich ein einziger von 29 Versuchspersonen kam mit der Schätzung von 2 Minuten und 10 Sekunden der Wirklichkeit nahe. Keine Versuchsperson schätzte weniger als die tatsächlich verstrichene Zeit. Die längste Schätzung des Vorfalles von 1 Minute und 54 Sekunden lautete auf 16 Minuten!!; vgl. auch Undeutsch, Handbuch der forensischen Psychologie, 11. Bd., S. 64, vgl. auch Altavilla, Forensische Psychologie, Bd. II, Die Psychologie der Strafprozessbeteiligten, S. 219 m.w.N., der berichtet, dass kurze Zeiträume bis zu einer Minute regelmäßig überschätzt werden, Zeiträume zwischen zehn und 75 Minuten jedoch regelmäßig unterschätzt, Zeiträume unter zwei Jahren überschätzt und über fünf Jahren unterschätzt. Auch nach anderen Experimenten wird eine Zeitspanne von 260 Sekunden zwischen 98 und 720 Sekunden geschätzt; vgl. auch Füllgrabe, Irrtum und Lüge, S. 21 m.w.N. Ein Banküberfall, der 30 Sekunden dauerte, wurde durchschnittlich um den Faktor 5 auf 2,5 Minuten überschätzt, vgl. Ainsworth, Psychology, Law and Eyewitness Testimony, S. 36 f.; Loftus berichtet von divergierenden Schätzungen desselben Ereignisses (Greifen nach einer Waffe und Abfeuern der Schüsse) von einerseits zwei Sekunden (Zeugen der Verteidigung) und andererseits fünf Minuten (Zeugen der Anklage), vgl. Loftus, Eyewitness Testimony, S. 31, vgl. auch Wielke, Verkehrsunfall: Würdigung „falscher" Zeugenaussagen, DAR 2002, S. 551, 554.

86 Füllgrabe, Irrtum und Lüge, S. 27.

wie folgt entschieden: „Während die Zeuginnen A. und B. keinerlei Angaben machen konnten, wie lange das Beklagtenfahrzeug, nachdem es zum Stehen gekommen war, bis zum Zusammenstoß unbeweglich stand, schätzte die Zeugin C. diesen Zeitraum auf etwa 45 Sekunden und die Zeugin D. auf 6–7 Sekunden. Schon aus diesen unterschiedlichen Angaben wird deutlich, wie sehr Schätzungen von Zeiträumen mit Unsicherheiten behaftet sind. Ausgehend von diesen beiden Schätzungen ist nämlich keinesfalls erwiesen, dass der tatsächliche Zeitraum irgendwo in der Mitte lag. Es kann genauso gut sein, dass der Zeitraum, während dessen das Beklagtenfahrzeug bis zum Zusammenstoß stand, bedeutend weniger als 6 Sekunden waren.“[87] *„Lediglich geschätzte Zeitangaben von Zeugen stellen keine verlässliche Entscheidungsgrundlage dar, da das Zeitempfinden individuell unterschiedlich, von subjektiven Faktoren abhängig und nicht nachvollziehbar ist, wie der Zeuge zu diesen Angaben gelangt ist (Blick auf die Uhr? Mitzählen?). Mehr als eine ‚gefühlte' Zeit ist der Aussage nicht zu entnehmen (Senat Urt. v. 28.1.2008 – 12 U 97/06).“*[88] *„Zeit wird situationsabhängig subjektiv höchst unterschiedlich wahrgenommen. Gerade bei Unfällen sind Fehleinschätzungen von Zeugen nicht selten.“*[89]

In dem Anleitungsbruch zur richterlichen Arbeitstechnik teilen Schneider/van den Hövel mit, dass oft sogar Sekundenbruchteile zur Minutenlänge ausgedehnt werden.[90]

69 *Hinweis*

Die generelle Unzuverlässigkeit von Zeitschätzungen[91] betrifft selbstverständliche auch Polizeibeamte (v.a beim Vorwurf eines qualifizierten Rotlichtverstoßes).[92]

Angaben zum Stillstand eines Kfz oder zur Zeitdauer des Stehens sind in der Praxis immer mit großen Unsicherheiten behaftet.[93] In einem anderen Verfahren schätzte eine Partei, sie sei zehn bis 15 Sekunden gestanden, als es zur Kollision kam. Ein eingeholtes Sachverständigengutachten belegte, dass die Partei in Bewegung war.[94]

87 AG München, 345 C 3275/03 n.v.

88 KG, 12 U 40/09.

89 OLG Saarbrücken, NJW-RR 2010, S. 323, 324.

90 Vgl. van den Hövel, Richterliche Arbeitstechnik, S. 116.

91 Vgl. De Vries, Einführung in die Kriminalistik für die Strafrechtspraxis, Rn 321.

92 Vgl. BayObLG, DAR 2002, S. 520; vgl. auch BayObLG, NZV 1995, S. 497; vgl. BayObLG, 1 ObOWi 603/01 n.v.

93 Vgl. AG München, 343 C 10902/06, n.v. ein Zeuge war sich sicher, dass man in Bewegung war, eine andere Zeugin war sich „relativ sicher“ dass man schon stand.

94 Vgl. AG München, 331 C 33871/03 n.v.

Geschwindigkeitsangaben in Verkehrsprozessen sind vielfach völlig wertlos,[95] da es hier zu einer Verbindung von grundsätzlich unzuverlässigen Zeit- und ebenfalls grundsätzlich unzuverlässigen Raumschätzungen kommt.[96]

Hinweis 70

Einer Zeugenaussage eines Beifahrers, der eine Schätzung über die Geschwindigkeit eines entgegenkommenden Fahrzeuges zu entnehmen ist, kommt kein eigentlicher Beweiswert zu.[97]

Geschwindigkeitsschätzungen sind daher allenfalls zu beachten, wenn es nicht auf die genaue Geschwindigkeit ankommt, z.B., wenn der Zeuge angibt, die Partei sei irrsinnig schnell gefahren und es nur auf die Feststelllungen ankommt, die Partei sei schneller als 30 km/h gefahren.[98] Gleiches gilt bei einem riskanten Überholmanöver. Auch wenn die Entfernungsschätzungen der Zeugen divergieren (von 50 bis 100 Meter), kann der Verschuldensvorwurf ggf. bejaht werden, wenn die Zeugen den spontanen Eindruck hatten, dass es „schief gehen" muss.[99] Grundsätzlich ist aber große Vorsicht gegenüber Schätzungen angezeigt. Aus einem Lehrbuch zur forensischen Psychologie ist Folgendes bekannt: „Häufig wird das Tempo eines Fahrzeugs überschätzt, das eine Person angefahren hat. Besonders drastisch tritt das bei den Zeugen dann auf, wenn nicht Erwachsene, sondern Kinder angefahren wurden."[100] 71

Zutreffend daher OLG Hamm (Az.: 27 U 126/95): „Eine dieser Folgerung vielleicht entgegenstehende, erheblich überhöhte Geschwindigkeit von 70 bis 80 km/h des Klägers, die der Zeuge K. schlussfolgerte, ist nicht bewiesen. Einer solchen Zeugenaussage kommt schon wegen der grundsätzlichen Schwierigkeit zutreffender Geschwindigkeitsschätzung kein eigentlicher Beweiswert zu." „So hat Gorphe[101] beobachtet, dass unbeteiligte Zeugen geringe Geschwindigkeiten unter- und große überschätzen. Gewöhnlich neigen jedoch die Zeugen nach einem Unfall dazu, auch die mittleren Geschwindigkeiten zu überschätzen. Auch hier wirkt stark ein logischer Rekonstruktionsfaktor mit: man überlegt, dass es ohne überschnelles Fahren nicht zum Zusammenstoß gekommen wäre (…)."[102] Am ungenauesten sind Schät- 72

95 Vgl. Schneider, Beweis und Beweiswürdigung, 5. Aufl., Rn 936; vgl. auch OLG Dresden, 13 U 600/01 n.v.; vgl. Wielke, Verkehrsunfall: Würdigung „falscher" Zeugenaussagen, DAR 2002, S. 551, 554 m.w.N. (Fehler bis zu mehr als 100 %); vgl. Dannert, Beweiserleichterungen im Verkehrshaftpflichtrecht, zfs 2005, S. 6 m.w.N.

96 Vgl. Bürkle, Richterliche Alltagstheorien im Bereich des Zivilrechts, S. 103 m.w.N.

97 OLG Hamm, zfs 1996, S. 249.

98 Vgl. Schneider, Beweis und Beweiswürdigung, 5. Aufl., Rn 938.

99 Vgl. BGH, VersR 1985, S. 183 f.

100 Dettenborn, Täter, Opfer, Zeuge, S. 118; vgl. hierzu in diesem Werk Teil III § 22 X.

101 Im Original folgende Fußnote: Gorphe, La critique du tèmoignage (1924) S. 313.

102 Altavilla, Forensische Psychologie, Bd. II, Die Psychologie der Strafprozessbeteiligten, S. 223.

zungen der Insassen eines anderen Fahrzeugs, die eine Geschwindigkeitsbeziehung herstellen wollen.[103]

Ein weiteres Beispiel aus einem realen Verfahren:

> „*Zum anderen handelt es sich bei der von der Zeugin angegebenen Geschwindigkeit um eine Schätzung, die bereits keineswegs als sicher zugrunde gelegt werden kann. Die Zeugin hat auch angegeben, dass das Beklagtenfahrzeug schätzungsweise 2 Sekunden stand, bis das klägerische Fahrzeug auffuhr und dass der Spurwechsel schon länger als 20 Sekunden vor dem Unfall abgeschlossen gewesen sei, nachdem vorher noch ein Stück auf der rechten Fahrspur der Arnulfstraße gefahren worden sein soll. Auf Grundlage dieser Schätzung hätte das Beklagtenfahrzeug für ein Strecke von deutlich unter 74 Meter mindestens 18 Sekunden benötigt, was eine Ausgangsgeschwindigkeit voraussetzen würde, die mit der geschätzten Ausgangsgeschwindigkeit keinesfalls in Einklang gebracht werden kann.*“[104]

73 Gleichwohl hat der BGH in einem Fall ein Verschulden bejaht, in dem Zeugen zwar divergierende Entfernungsschätzungen abgaben (zwischen 50 und 100 Metern), aber der Meinung waren, die Entfernung bei Einleitung eines Überholmanövers sei zu gering gewesen und das Überholmanöver habe „schief gehen“ müssen.[105] Das mag in Extremfällen angehen.

74 Es ist nicht selten, dass Zeugenaussagen aus sachverständig-technischer Sicht unmöglich oder mit den Fakten nicht zu vereinbaren sind. Das bedeutet aber nicht, dass die Aussage gänzlich wertlos sein muss. Oft kann der Kern der technisch unmöglichen Aussage durchaus einen zu beachtenden Hintergrund haben (z.B. „da war nichts zu machen“). Das bedeutet, dass dann gewürdigt werden muss, ob dieser Kern zutreffend ist, ohne dass die Unmöglichkeit der wörtlichen Aussage überbetont werden darf.[106]

75 Nicht zuzustimmen ist in jedem Fall der Entscheidung des OLG Saarbrücken, das eine nach dem Versicherungsfall begangene Obliegenheitsverletzung annahm, in dem das Schadensformular hinsichtlich der gefahrenen Geschwindigkeit unrichtig ausgefüllt wurde. Folgenden Ausführungen ist entschieden zu widersprechen:

103 Vgl. Altavilla, Forensische Psychologie, Bd. II, Die Psychologie der Strafprozessbeteiligten, S. 224.

104 AG München, 343 C 15510/05 n.v., vgl. auch AG München, 331 C 24497/09 n.v.: „Zum einen sind die Angaben […] mit größter Vorsicht zu betrachten. Dies gilt insbesondere dann, wenn der Schätzende das Fahrzeug nur für einen kurzen Moment (dazu auch LG München, Urt. v. 11.5.2010, 17 O 13169/09) und nicht über eine längere Strecke mit dem Blick verfolgt. Das in so einer Situation, in der ein Fahrzeug überraschend auftaucht und es kurz darauf zu einer Kollision kommt, ein Fahrzeug als zu schnell erscheint, ist nachvollziehbar, bietet aber keine ausreichende Grundlage für die feste Überzeugung des Gerichts, dass die Geschwindigkeit auch objektiv überhöht war.“

105 Vgl. BGH, VersR 1985, S. 183 f.

106 Vgl. Bayerlein, Praxishandbuch Sachverständigenrecht, 4. Aufl., Kap. 15 Rn 41.

„Der Kläger kann hiergegen nicht mit Erfolg einwenden, er habe die Frage deshalb falsch beantwortet, weil es sich bei der Angabe der gefahrenen Geschwindigkeit nur um eine Circa-Angabe handle. Dass dies generell bei Unfallmeldungen der Fall sei, ist nicht ersichtlich. Der Kläger hätte, wenn er nur eine Circa-Angabe machen wollte, seine Angaben mit ‚ca.' kennzeichnen müssen. Im Übrigen ist es zwar denkbar, dass man sich beim Ausfüllen des Formulars um wenige km/h verschätzt. Insoweit sind gewisse Toleranzbereiche zuzugestehen. Jedoch fällte eine Überschreitung von 25 km/h völlig aus einer noch hinnehmbaren Fehlertoleranz heraus (…).“[107]

Zutreffend daher das KG: 76

„Soweit die Zeugin (… ausgesagt hat, sie schätze, der Drittwiderbeklagte zu 1) sei mit 30–50 km/h in die Kreuzung gefahren, kann hieraus eine zu hohe Geschwindigkeit des Drittwiderbeklagten zu 1) nicht als nachgewiesen angesehen werden. Es stellt vielmehr eine so grobe Schätzung dar, die ohne konkreten Anhaltspunkt getätigt wurde, dass sie der Beurteilung nicht zugrunde gelegt werden kann. Geschwindigkeitsschätzungen ungeschulter Zeugen ohne Einbeziehung ausreichender Bezugstatsachen sind nach ständiger Rechtsprechung des Senats regelmäßig unverwertbar (Senat Urt. v. 13.8.1998 – 12 U 1760/97; Urt. v. 15.4.1996 – 12 U 1631/95 – sowie vom 17.10.1996 – 12 U 5672/95; vgl. auch Beschl. v. 15.1.2007 – 12 U 205/06 – NZV 2007, 524).“[108]

- Ebenfalls sehr unzuverlässig sind Raum-[109] und Mengenschätzungen.[110]
- **Entfernungsschätzungen** sind kaum verlässlich.[111] „Es gibt nur wenige Menschen, die imstande sind, Distanzen richtig zu schätzen. Ich habe es in einer Verhandlung erlebt, dass zwei Zeugen über eine Distanz befragt wurden, wobei der eine eine mutmaßliche Entfernung von zwanzig Metern und der andere von über hundert Metern angegeben hat.“[112]
- Hinzu kommt, dass Gegenwartsschätzungen – wie im Gerichtssaal verlangt –, ohnehin genauer sind als Erinnerungsschätzungen.[113] „Der **Beweiswert** solcher Schätzproben ist allerdings **insgesamt gering** und hat überdies in erste Linie negativen Beweiswert: Wenn schon die Schätzprobe als Gegenwartsschätzung schlecht ausfällt, lässt es sich erst recht nicht vertreten, der Erinnerungsschätzung großes Gewicht beizumessen. Dagegen lässt sich nicht sicher sagen, dass

107 OLG Saarbrücken, zfs 2009, S. 273.
108 KG, 12 U 40/09.
109 Vgl. Schneider, Beweis und Beweiswürdigung, 5. Aufl., Rn 936.
110 Vgl. Schneider, Beweis und Beweiswürdigung, 5. Aufl., Rn 939.
111 Vgl. De Vries, Einführung in die Kriminalistik für die Strafrechtspraxis, Rn 321.
112 Tschadek, Der Beweis, S. 28.
113 Vgl. Dettenborn/Fröhlich/Szewczyk, Forensische Psychologie, 2. Aufl., 1989, S. 62.

bei richtiger Gegenwartsschätzung auch die Erinnerungsschätzung unbedingt zuverlässig wäre.“[114]

- Auch bei derartigen Schätzungen tritt die Wahrnehmungsverzerrung durch Wünsche, Bedürfnisse, Vorurteile, Motive etc. ein. Die Anzahl der Teilnehmer einer politischen Demonstration werden von den politisch Gleichgerichteten mit hunderttausenden Teilnehmern angegeben, während die politischen Gegner von zweitausend sprechen und es in Wahrheit einige zehntausend waren.[115]
- Gleiches gilt für Richtung und Entfernung einer Geräuschquelle.[116]
- Soll die Auskunftsperson die genaue Kfz-Stellung bei Kollision wiedergeben, sind Schätzungsfehler vorprogrammiert. Zutreffend daher das LG München I – 19 O 7377/07: „Unerheblich ist, dass die Beifahrerin im Beklagtenfahrzeug bei ihrer Einvernahme den Kollisionswinkel als rechtwinklig schilderte […] nachdem die Zeugin erklärte, das klägerische Fahrzeug erstmals bemerkt zu haben, als es ca. 3 m entfernt war, erscheint die falsche Einschätzung des Winkels der Fahrzeuge zueinander nachvollziehbar.“
- **Altersschätzungen** sind ebenfalls besonders schwierig. „Wenn es in einer Anzeige heißt, der Täter dürfte ein vierzigjähriger Mann gewesen sein, so liegt eine Fehlerquelle von rund 20 Jahren vor. Es gibt Dreißigjährige, die wie vierzig und Fünfzigjährige, die wie vierzig aussehen.“[117] Hinzu kommt natürlich, von wem die Altersschätzung abgegeben wurde. Noch am zuverlässigsten sind Schätzungen innerhalt der eigenen Alterskohorte.
- **Zeitangaben** sind ebenfalls mit großen Unsicherheiten behaftet. „Wenn der Zeuge nicht sofort auf die Uhr gesehen hat, und das geschieht aus begreiflichen Gründen in den seltensten Fällen, dann schwanken die Zeitangaben oft ganz gewaltig und man wird versuchen müssen, durch andere Hilfsmittel wenigstens mit einiger Sicherheit den Zeitpunkt zu bestimmen.“[118]
- **Zeitangaben** sind aber nicht nur hinsichtlich der Uhrzeit, sondern auch **hinsichtlich des Tages** problematisch. Tschadek teilt hierzu mit: „Auch die Angabe von besimmten Tagen stößt dann auf Schwierigkeiten, wenn kein Kalendervermerk vorliegt oder ein Zeuge nicht aus überzeugenden Gründen dartun kann, warum er sich erinnert, dass sich ein Vorfall gerade an einem bestimmten Tage und nicht an einem anderen abgespielt hat.“[119]

114 Bender/Häcker/Schwarz, Tatsachenfeststellung vor Gericht, 6. Aufl., Rn 242.

115 Vgl. Altavilla, Forensische Psychologie, Bd. II, Die Psychologie der Strafprozessbeteiligten, S. 223.

116 Vgl. Schneider, Beweis und Beweiswürdigung, 5. Aufl., Rn 949.

117 Tschadek, Der Beweis, S. 27.

118 Tschadek, Der Beweis, S. 28.

119 Tschadek, Der Beweis, S. 29.

X. Zu Widersprüchen des Zeugen zu eigenen oder Angaben anderer

- Widersprüche (zu Angaben anderer Zeugen oder zu früheren Aussagen) zur zeitlichen Reihenfolge von Phasen eines Vorgangs[120] und/oder über die Reihenfolge verschiedener in sich abgeschlossener Handlungen brauchen nicht zu Zweifeln an der Glaubhaftigkeit führen.[121] „Die Aufmerksamkeitsspannung kann zu einer besonderen Form von Illusion führen: der Veränderung der Aufeinanderfolge der Geschehnisse gegenüber dem Ablauf, wie er sich wirklich vollzog. Das uns wichtiger erscheinende Teilelement ist dasjenige, auf das man die Aufmerksamkeit intensiver richtet; es neigt dann dazu, als das zeitlich frühere Element zu erscheinen,[122] da der von ihm ausgehende Reiz die Wahrnehmung schneller trifft oder auch weil die Vorstellung der größeren Erheblichkeit mit der zeitlichen Priorität durcheinander gerät.“[123] Gleiches gilt bei Aussagen über die Zuordnung von Nebenhandlungen zu einer Handlung, die für den Zeugen die Haupthandlung darstellt, wenn mehrere ähnliche Vorfälle zur Erörterung stehen (der Zeuge wird z.B. nicht mehr wissen, bei welchem von mehreren Vorfällen der Komplize ein Schweigegebot ausgesprochen hat).[124] 77
- Fehler in der Datierung (Datum, Uhrzeit, Wochentag)[125] eines Vorgangs lassen sich ebenfalls durch natürliche Erinnerungsverluste erklären. Dies gilt insbesondere dann, wenn der Zeitpunkt nicht besonders beachtet wurde oder kein anderes Ereignis datumsmäßig festliegt, z.B. Geburtstag, Urlaubsaufenthalt etc., das zum streitgegenständlichen Vorfall in Beziehung gesetzt werden kann.[126] „Wenn man sich das Datum daher im Zeitpunkt des Geschehnisses nicht eingeprägt hat, ist seine nachträgliche Bestimmung nur vermittels eines Assoziationsvorganges unter Zuhilfenahme von Bezugspunkten möglich.“[127]
- Auch Erinnerungsfehler hinsichtlich des Ortes des Ereignisses sollen typisch sein.[128]
- Aussagen zur Häufigkeit von einander ähnlichen Vorgängen schwanken derart oft, dass es sowohl Jugendlichen wie auch Erwachsenen größte Schwierigkeiten macht, zuverlässig anzugeben, wie oft sie ähnliche Beobachtungen gemacht haben, wenn dies öfters als dreimal der Fall gewesen sein soll.[129] Völlig unzuver-

120 Vgl. Trankell, Der Realitätsgehalt von Zeugenaussagen, S. 21.
121 Vgl. Arntzen, Psychologie der Zeugenaussage: System der Glaubhaftigkeitsmerkmale, 3. Aufl., S. 59.
122 Im Original folgende Fußnote: Musatti, Elementi usw. S. 47.
123 Altavilla, Forensische Psychologie, Bd. II, Die Psychologie der Strafprozessbeteiligten, S. 220.
124 Vgl. Arntzen Psychologie der Zeugenaussage: System der Glaubhaftigkeitsmerkmale, 3. Aufl., S. 59.
125 Vgl. Trankell, Der Realitätsgehalt von Zeugenaussagen, S. 21.
126 Vgl. Arntzen, Psychologie der Zeugenaussage: System der Glaubhaftigkeitsmerkmale, 3. Aufl., S. 60.
127 Altavilla, Forensische Psychologie, Bd. II, Die Psychologie der Strafprozessbeteiligten, S. 215.
128 Vgl. Trankell, Der Realitätsgehalt von Zeugenaussagen, S. 21.
129 Vgl. Arntzen, Psychologie der Zeugenaussage: System der Glaubhaftigkeitsmerkmale, 3. Aufl., S. 60.

lässig sind Häufigkeitsangaben, wenn die gegenständliche Beobachtung schon so oder ähnlich öfter als zehnmal wahrgenommen wurde.[130] Eng damit zusammen hängt das Problem der Verschmelzung und die Unzuverlässigkeit von Aussagen von Polizeibeamten über alltägliche Fälle oder von Vertretern über alltägliche Vertragsabschlüsse.

- Aussagen über Begleitpersonen, die an einer Handlung nicht unmittelbar beteiligt oder insbesondere nur zeitweilig anwesend waren oder bei einer größeren Gruppe nur abwechselnd beteiligt waren, unterliegen häufig natürlichen Erinnerungsverlusten, sodass schwankende oder widersprüchliche Angaben ebenfalls keinen Rückschluss auf die Glaubhaftigkeit geben.[131]
- Aussagen über die eigene Kleidung oder die Kleidung der beobachteten Person verblassen sehr rasch, sodass Widersprüche oder Unklarheiten auf natürliche Erinnerungsverluste, nicht auf mangelnde Glaubwürdigkeit, zurückgeführt werden können.[132] „Die Farbempfindungen verursachen, besonders wegen des Lichteinflusses ungezählte Irrtümer. […] Bei einem Experiment, das Gorphe anstellte, wurde eine blaue Hose von 15 Jungen als blau, von 20 Jungen als braun, von 5 Jungen als gelb, von 4 Jungen als grau bezeichnet […].“[133] „Farben werden besonders schlecht erinnert. Das grün-gelb gemusterte Hemd des Hausmeisters wurde als bräunlich, beige-grün, dunkel-weiß, braun-grün, grün-grau, weiß gepunktet, gestreift und kariert beschrieben.“[134] „Das Landeskriminalamt Saarbrücken hat etwa eine Serie von Fotos hergestellt, die alle ein und dasselbe silber-metallic farbene Kraftfahrzeug zum Gegenstand haben. Je nach Tageslicht und Umfeld wirkte das Fahrzeug gelb, grün, grau oder blau.“[135] Zutreffend führt daher das LG München I z.B. aus: „[…] dass ein Zeuge die Farbe eines Fahrzeugs nicht richtig erinnert, lässt für sich allein genommen noch keinen Zweifel an dessen Glaubwürdigkeit zu.“[136]

130 Vgl. Arntzen, Psychologie der Zeugenaussage: System der Glaubhaftigkeitsmerkmale, 3. Aufl., S. 61.

131 Vgl. Arntzen, Psychologie der Zeugenaussage: System der Glaubhaftigkeitsmerkmale, 3. Aufl., S. 61.

132 Vgl. Arntzen, Psychologie der Zeugenaussage: System der Glaubhaftigkeitsmerkmale, 3. Aufl., S. 62 m.w.N., ebenso Trankell, Der Realitätsgehalt von Zeugenaussagen, S. 31, der von einem Experiment berichtet, demzufolge Studenten eines Vorlesungssaales gefragt wurden, welche Farbe der Hut einer die Vorlesung störenden Studentin hatte. Nur wenig mehr als die Hälfte gaben die richtige Antwort, dass die Studentin gar keinen Hut hatte. Die anderen schrieben dem nicht existenten Hut die verschiedensten Farben zu; vgl. auch Undeutsch, Handbuch der forensischen Psychologie, 11. Bd. S. 66, der von einem kindlichen Opfer eines Sexualdeliktes berichtet, das zwei Tage nach dem Vorfall angab, der Täter habe einen dunklen Hut und einen dunklen Mantel gehabt und später meinte, der Täter habe keinen Hut u. keinen Mantel gehabt. Es handelt sich hier nur um für das Kind belanglose Äußerlichkeiten. Der Täter wurde trotzdem anhand anderer Beweismittel überführt.

133 Altavilla, Forensische Psychologie, Bd. II, Die Psychologie der Strafprozessbeteiligten, S. 215.

134 Bender/Nack/Treuer; Tatsachenfeststellung vor Gericht, 3. Aufl., Rn 1217.

135 Kühne, Der Beweiswert von Zeugenaussagen, NStZ 1985, S. 252.

136 LG München I, 19 O 21767/07 n.V.

- Es wurde bereits darauf hingewiesen, dass Zeugen fast nie den Wortlaut einer Äußerung wiedergeben können. Folglich sind Abweichungen des angeblichen Wortlautes gegenüber früheren Vernehmungen durch natürliche Erinnerungsverluste erklärbar.[137] Hinzu kommt, dass das Gedächtnis bezüglich Gesprächen, wer was getan oder wer was zu wem gesagt hat, besonders fehleranfällig ist.[138]
- Geruchs- und Geschmacksempfindungen sind äußerst irrtumsanfällig und Suggestionseinflüssen in besonderem Maße ausgesetzt. Zu denken ist hier an das Beispiel, dass Personen eine geruchslose Flüssigkeit als übelriechend empfinden, nachdem sich eine andere Person wegen des Verschüttens der Flüssigkeit und des üblen Geruchs entschuldigt hatte.[139]
- Aussagen über die Motive früherer Handlungen bzw. Unterlassungen, d.h., warum ein Zeuge z.B. bestimmte Erlebnisse so lange verschwiegen hat oder warum dann doch jemandem Mitteilung gemacht wurde, oder warum sie als Opfer eines Delikts nicht anders reagiert hätten, sind grundsätzlich unzuverlässig.[140] D.h., auch insoweit sind Abweichungen durch natürliche Wahrnehmungs- bzw. Erinnerungsverzerrungen erklärbar und lassen keinen Rückschluss auf mangelnde Glaubwürdigkeit zu.
- Aussagen über das eigene Schmerzempfinden sind regelmäßig ebenfalls unzuverlässig und unterliegen erinnerungsbedingten Schwankungen, sofern es sich nicht um einen lang andauernden Schmerz gehandelt hat.[141]
- Angaben über Wetterverhältnisse sind ebenfalls grundsätzlich unzuverlässig und Abweichungen erklären sich mehr durch natürliche Erinnerungsverluste als durch mangelnde Glaubwürdigkeit.[142] In einem Experiment von 1893 befragte Cattell seine Studenten, wie das Wetter vor einer Woche war. 16 Studenten meinten, es war klar, zwölf meinten, es habe geregnet, sieben meinten, es habe geschneit, neun meinten, es war stürmisch, sechs meinten, es war wolkig, und weitere sechs gaben an, dass es teils stürmisch und teils klar war. Cattell bemerkte zum Abschluss des Experiments, dass ein durchschnittlich intelligenter Erwachsener nicht besser beurteilen könne, wie das Wetter letzte Woche war, wie das Wetter nächste Woche sein wird.[143]
- Hinsichtlich Aussagen über Zahlen, z.B. Geldbeträge oder Kfz-Kennzeichen, gilt oben Gesagtes entsprechend.

137 Vgl. Arntzen, Psychologie der Zeugenaussage: System der Glaubhaftigkeitsmerkmale, 3. Aufl., S. 63.

138 Vgl. Sporer, Verfahrensfehler und Justizirrtümer: Kognitive und soziale Erklärungsansätze, S. 163, 178 m.w.N. in: Deckers/Köhnken (Hrsg.), Die Erhebung und Bewertung von Zeugenaussagen im Strafprozess, 4. Band.

139 Vgl. Altavilla, Forensische Psychologie, Bd. II, Die Psychologie der Strafprozessbeteiligten, S. 224.

140 Vgl. Arntzen, Psychologie der Zeugenaussage: System der Glaubhaftigkeitsmerkmale, 3. Aufl., S. 63.

141 Vgl. Arntzen, Psychologie der Zeugenaussage: System der Glaubhaftigkeitsmerkmale, 3. Aufl., S. 63.

142 Vgl. Arntzen, Psychologie der Zeugenaussage: System der Glaubhaftigkeitsmerkmale, 3. Aufl., S. 64.

143 Vgl. Loftus, Eyewitness Testimony, Harvard University Press, S. 27 f.

78 Anders formuliert: „Wenn hinlänglich viel Zeit verflossen ist, bleiben nur die zentralen Bestandteile des Erlebnisses bestehen.“[144]

79 Fragen nach den soeben genannten Punkten können auch von dem Anwalt eingesetzt werden, um einen Zeugen zu Aussagen über o.g. Punkte zu veranlassen. Falls der Zeuge die Fragen dann identisch mit seiner ersten Vernehmung oder in Übereinstimmung mit anderen Zeugenaussagen in eben diesen Nebenpunkten beantwortet, so kann der Anwalt darauf hinweisen, dass sich der Zeuge offenbar nur an seine frühere Aussage erinnert bzw. eigene Wahrnehmung und frühere Aussage unbewusst vermischt (sog. Überlagerungseffekt)[145] bzw. die Aussage mit den anderen Zeugen einstudiert hat und es sich um ein Komplott handelt,[146] denn nach den Erkenntnissen der Aussagepsychologie hätten bei wahren Aussagen Abweichungen stattfinden müssen.

80 *Hinweis*

Widersprüche eines Zeugen in verschiedenen Vernehmungen bei Randbedingungen deuten eher auf einen Irrtum als eine bewusste Lüge hin. Gerade bei einer vorsätzlichen falschen Anschuldigung wäre zu erwarten, dass der Lügner bei seiner ersten Version bleibt.[147] „Welcher Leser weiß zum Beispiel, welchen Aufdruck sein ‚Palandt‘ auf dem Buchrücken hat, welchen Anzug er auf dem Bild seines Reisepasses trägt, usw.? Das alles sind Dinge, die einen nicht interessieren, die man deshalb zwar wahrnimmt, aber nicht in das Bewusstsein überführt. Das zeigt, wie wenig Verlass auf Zeugen ist, die derartige Nebensächlichkeiten (Daten, Uhrzeit, Bekleidung, alltägliche Handlungen und dergleichen) wahrgenommen haben wollen. […] Das zeigt aber auch, wie verfehlt es ist, von einem Zeugen über solche Umstände eine genaue Antwort zu erwarten.“[148]

XI. Zu Spontanäußerungen

81 In vielen Fällen kommt es in unmittelbarem Zusammenhang mit dem streitgegenständlichen Ereignis zu Spontanäußerungen. Handelt es sich um Äußerungen von Unfallbeteiligten, kommt diesen starke Bedeutung zu.[149] „Hintergrund dieser Rechtsprechung ist die Erfahrung, dass vom Unfall betroffene Personen dazu neigen können, ihre Darstellung später zu ihren Gunsten zu verschieben, weil dies für sie vorteilhaft ist.“[150] Von dieser „starken Bedeutung“ kann sich ein unbeteiligter

144 Trankell, Der Realitätsgehalt von Zeugenaussagen, S. 21.
145 Vgl. Arntzen, Psychologie der Zeugenaussage: System der Glaubhaftigkeitsmerkmale, 3. Aufl., S. 90.
146 Vgl. Bender/Nack, Tatsachenfeststellung vor Gericht, 2. Aufl., Rn 848.
147 Vgl. OLG Hamm, VersR 2007, S. 512 f.
148 Van den Hövel, Richterliche Arbeitstechnik, S. 118.
149 Vgl. KG, VRS 106, S. 354 ff.
150 KG, VRS 111, S. 173.

Zeuge jedoch ohne Weiteres lösen, wenn der Zeuge eine nachvollziehbare Erklärung für seine Korrektur liefert.[151]

C. Taktische Hinweise zur Zeugenvernehmung

Vorab ist jeder forensisch tätige Jurist auf folgende Weisheit hinzuweisen: „‚We often fly blind into verbal combat.' That is to say, we usually think of the questions we should have asked two days after the battle is over."[152] 82

I. Der gelegentliche Lügner

Den gelegentlichen Lügner zeichnet aus, dass er – wie alle von uns – ab und zu lügt. 83
Gleichwohl fühlt sich der gelegentliche Lügner bei der Lüge nicht wohl, sodass die Chance besteht, die Lüge durch die Aussagenanalyse, Abweichungen in der Körpersprache, der Stimmlage oder der Erscheinung des Lügners im Gerichtssaal zu. Auch die Aussage eines nur gelegentlichen Lügners ist meist nicht unlogisch oder mit den sonstigen Fakten unvereinbar, denn auch der nur gelegentliche Lügner bedenkt oder bereitet seine Aussage vor.[153] Die anderslautende Praxis, die annimmt, ein Lügner sei oft durch Widersprüche oder Unlogik zu überführen, ist falsch.[154] „Offensichtlich ist die logische Konsistenz daher zwar notwendig für den Wahrheitsgehalt einer Aussage, aber keineswegs hinreichend. Vielmehr ist dieses Kriterium zu eng an den schon Grundschulkindern bekannten und benutzten alltagspsychologischen Erwartungen über Geschehensabläufe (Skripte) orientiert, als dass es nicht simuliert werden könnte."[155]

> *Hinweis* 84
>
> Erfolgt eine Nachfrage oder ein Vorhalt, so können die meisten Lügner einen ehrlichen Eindruck erwecken und die Aussage stimmig erklären.[156]

151 Vgl. KG, VRS 111, S. 173; vgl. auch Doukoff, Mandatshandbuch Zivilrechtliche Berufung, Rn 383 m.w.N.

152 Lieberman, Never be lied to again, S. 4.

153 Vgl. Dimitrius Mazzarella, reading people, S. 211; vgl. auch Vrij, Detecting Lies and Deceit, S. 42.

154 Vgl. Hermanutz/Litzke, Vernehmung in Theorie und Praxis, S. 230 m.w.N.; vgl. Geipel, Die geheimen contra legem Regeln im ordentlichen Prozess, AnwBl 2006, S. 784 f.

155 Hommers, Die aussagepsychologische Kriteriologie unter kovarianzstatistischer und psychometrischer Perspektive, S. 97 in Psychologie der Zeugenaussage.

156 Vgl. Vrij, Detecting Lies and Deceit, Wiley, S. 72.

II. Der häufige Lügner

85 Erfahrungsgemäß dürften hierzu Vertreter gehören. „Practice makes Perfect“.[157] D.h., bei all denjenigen, die gewohnheitsmäßig oft lügen müssen, kann die Lüge nur schwer durch sprachliche/köpersprachliche Signale festgestellt werden.[158]

III. Der gewohnheitsmäßige Lügner

86 Der gewohnheitsmäßige Lügner legt kein besonderes Augenmerk darauf, ob er die Wahrheit spricht oder lügt, sodass dessen Schilderungen i.d.R. nicht durch sprachliche oder körpersprachliche Indikatoren widerlegt werden können. Allenfalls ist bei mehrfachen Vernehmungen über einen längeren Zeitraum hinweg zu beobachten, dass der gewohnheitsmäßige Lügner durch die große Anzahl der Lügen oft die Zusammenhänge, wer was wann wo gesagt oder gemacht haben will, verloren hat.[159]

IV. Der professionelle Lügner

87 Der professionelle Lügner lügt nicht indifferenziert, wie der gewohnheitsmäßige Lügner, sondern nur für einen bestimmten Zweck. Daher ist dessen Aussage wohlüberlegt und dessen Auftreten wohlgeübt (allein schon durch Erfahrung). Nach dem Befund der Dipl.-Psychologin Maibach wird man wohl Polizisten zu dieser Gruppe – sofern die Unwahrheit im Raum steht – zählen können.[160] Das ist zu kritisch. Ich möchte so weit nicht gehen. Richtig dürfte allerdings sein, dass Beamte oftmals eine eigene Erinnerung vorgeben, obwohl sie sich nur an den schriftlichen Akteninhalt erinnern können. D.h., die Lüge kann i.d.R. nicht durch sprachliche/körpersprachliche Signale erkannt werden, sondern allenfalls durch einen Abgleich der Aussage mit völlig unterschiedlichen Quellen.[161]

V. Die meistverbreitete Lüge (Nicht-mehr-wissen-Syndrom)

88 „Ich habe nichts gesehen, ich weiß von nichts,“ dürften die häufigsten Lügen sein.[162]

Geht es um den mündlichen Inhalt von Verträgen (anfänglich mündlich oder nachträglich mündlich modifiziert), abgegebene mündliche Mängelrügen oder mündlichen Zugang von empfangsbedürftigen Willenserklärungen,[163] mündliche Forde-

157 Dimitrius/Mazzarella, reading people, S. 211.

158 Vgl. Dimitrius/Mazzarella, reading people, S. 211.

159 Vgl. Dimitrius/Mazzarella, reading people, S. 211 f.

160 Vgl. Der Spiegel, Razzia im Lotterladen, Heft 13/99, S. 38 ff.

161 Vgl. Dimitrius/Mazzarella, reading people, S. 212 f.

162 Dettenborn, Täter, Opfer, Zeuge, S. 135.

163 Z.B. Kündigungen.

rungen, die an die Gegenpartei gestellt wurden etc. kann der Zeuge befragt werden, ob er Einzelheiten über das Gespräch berichten kann,[164] wie es weiterging,[165] ob alles so glatt gelaufen sei,[166] ob der Zeuge seinen Eindruck vom Verlauf des Gesprächs wiedergeben könne,[167] ob der Zeuge sonst noch etwas berichten könne,[168] was der andere gesagt habe.[169] Derartige Vorgaben sind aber nicht unproblematisch, denn hierdurch kann eine nötige Elaborierung gerade erst suggeriert werden. Besser wäre daher die Einleitung, dass der Zeuge das gesamte Gespräch in seinen Einzelheiten schildern soll.

Meint der Zeuge, dass er keine Erinnerung mehr habe oder nur nichtssagende Antworten gibt, z.B. „eigentlich nicht“,[170] „zunächst ist schon hin- und her[171] gestritten worden,“[172] so handelt es sich um ein Lügensignal. Eine entsprechende Aussage muss Zweifel wecken: „Die vom *AG* protokollierten Angaben des Zeugen, die das BerGer. seiner Überzeugungsbildung vom Abschluss eines mündlichen Mietvertrags zugrunde gelegt hat, sind im Übrigen sehr allgemein gehalten und detailarm. Insbesondere fehlen nähere Angaben dazu, wie es zu dem Mietvertrag mit den detaillierten Regelungen zugunsten der Bekl. gekommen sein soll; auch mit diesem Umstand hat sich das BerGer. nicht auseinandergesetzt.“[173] **89**

Allgemein lässt sich sagen, dass ein Beweis so lange nicht als geführt angesehen werden kann, solange sich aufdrängende Zweifel nicht beseitigt worden sind. In vielen Fällen kann das Nicht-Erinnern oder angebliche Entfallen einer Erinnerung kaum plausibel sein.[174] **90**

Praxistipp **91**

Balzer, Beweisaufnahme und Beweiswürdigung im Zivilprozess, a.a.O., Rn 179, empfiehlt für derartige Zeugen ggf. – abhängig vom Kontext und bisherigen Antworten – folgende weitere Fragen: „Haben Sie sich nach dem Gespräch eine Notiz gemacht? Wie oft hören Sie solche Gespräche? Falls oft: Wieso haben Sie dann noch eine differenzierende Erinnerung, wenn Sie keine Notiz gemacht ha-

164 Vgl. Bender/Nack, Tatsachenfeststellung vor Gericht, 2. Aufl., Rn 309.
165 Vgl. Prüfer, Aussagebewertung in Strafsachen, Rn 76.
166 Vgl. Nack in Ziegert (Hrsg.) Grundlagen der Strafverteidigung, S. 232.
167 Vgl. Nack in Ziegert (Hrsg.) Grundlagen der Strafverteidigung, S. 230.
168 Vgl. Bender/Nack, Tatsachenfeststellung vor Gericht, 2. Aufl., Rn 310.
169 Vgl. Bender/Nack, Tatsachenfeststellung vor Gericht, 2. Aufl., Rn 310.
170 Vgl. Bender/Nack, Tatsachenfeststellung vor Gericht, 2. Aufl., Rn 310.
171 Vgl. zu exakt dieser Formulierung den Beispielsfall in § 24 Rdn 255.
172 Vgl. Nack in Ziegert (Hrsg.) Grundlagen der Strafverteidigung, S. 232.
173 BGH, Urt. vom 18.9.2013 – VIII ZR 297/12 = NJW-RR 2014, S. 11 f.
174 Vgl. BGH, Urt. vom 18.9.2013 – VIII ZR 297/12 = NJW-RR 2014, S. 11 f.

ben?“[175] Eine Zeugenaussage ist nur dann plausibel, wenn jede Warum-Frage beantwortet werden kann (Warum haben Sie dies gemacht, jenes unterlassen?).[176]

92 Weit verbreitet sind auch vage Aussagen, z.B., dass „etwas schon so gewesen sein könne,“ um einen direkten Widerspruch zur nahestehenden Partei zu vermeiden.[177]

D. Zur Befragung

93 Grundsätzlich gilt, dass eine direkte Befragung dergestalt, ob der Zeuge lügt, die Wahrheit sagt etc., meist sinnlos ist. Bevorzugt sollte die Möglichkeit der Anspielung genutzt werden, d.h. Fragen, hinter denen ein Unschuldiger nichts vermuten würde, der Schuldige sich aber ertappt sieht. Der Schuldige wird in diesem Fall die Frage nicht schlicht beantworten, sondern Gegenfragen stellen, ausweichen etc.[178]

94 Hat der Zuhörer Zweifel an der Version des Zeugen, wird empfohlen, dass der Zuhörer dem Zeugen nach dessen Vernehmung die Geschichte erzählt und hierbei zuvor berichtete Details auslässt oder verfälscht. Der wahrheitsgemäß Aussagende wird den Zuhörer dann berichtigen.[179] Dieses Prozedere dürfte sich überwiegend in Strafsachen und nur bei Aussagen von längerem Inhalt anbieten, denn bei „kurzen“ Aussagen kann sich auch der Lügner noch an seine berichteten Details erinnern. Daher sollte zwischen der Ersterzählung durch den Zeugen und der Wiedergabe durch den Zuhörer einige Zeit (Tage/Wochen) liegen. Ebenso darf die Nacherzählung durch die Verfälschung/Auslassung nicht unplausibel werden. Dieser Ansatz ist allerdings nicht unproblematisch, denn die inhaltlichen Vorgaben wirken ihrerseits suggestiv. Der Zeuge kann die Suggestion übernehmen oder zurückweisen, ohne dass bezüglich dessen ursprünglicher Aussage Rückschlüsse möglich sind.

95 Jeff Nance, ein früherer amerikanischer Undercover-Agent und Betrugsuntersucher, stellte fest, dass die Kommunikation zwischen Verfolgern und Verdächtigen das am meisten vernachlässigte Problem in der Strafverfolgerausbildung in den Ver-

175 Balzer, Beweisaufnahme und Beweiswürdigung im Zivilprozess, Rn 179, der diese und andere Fragen für Zeugen entwickelt hat, die ein Telefongespräch über eine Mithöreinrichtung angeblich mitgehört haben wollen. Die Problematik dürfte sich entschärft haben, denn nach dem Beschluss des BVerfG, 9.10.2002 – 1 BvR 1611/96 ist die Verwertung von Zeugenaussagen im Zivilverfahren aufgrund des heimlichen Mithörens eines Gesprächs über eine Mithöreinrichtung grunds. unzulässig.

176 Vgl. De Vries, Einführung in die Kriminalistik für die Strafrechtspraxis, Rn 338.

177 So in dem Verfahren Staatsanwaltschaft München II Az.: 51 Js 29434/06 n.V.

178 Vgl. Lieberman, Never be lied to again, S. 68 f.

179 Vgl. Nance, Conquering Deception, S. 163.

einigten Staaten darstellt.[180] Ein ähnlicher Befund dürfte für alle Staaten gelten, jedenfalls für die BRD.[181]

„I have never met anyone who was known because he could argue well, but I have met a few who were well known for arguing.“ – S. Lee Ritter“[182] 96

Daraus folgt, dass **Fragen**, der entscheidende Schlüssel zur Gewinnung der Akzeptanz darstellen, ohne das Ego des Gegenübers zu verletzten.[183]

Als Triggerpunkte, um einen Strukturbruch (Angstzeichen, v.a. Erbleichen, Sprechfehler, Sprechpausen, indirektes Sprechen, Stimmlage höher und schneller, lauteres und schnelleres Sprechen[184]) des Zeugen herbeizuführen, bieten sich folgende an: 97

- „Ich habe mir noch keine abschließende Meinung darüber gebildet, ob Ihre Aussage stimmt oder nicht.“[185] Der wahrheitsgemäß Aussagende wird dadurch eher beruhigt, während der Lügner eher unruhig werden dürfte.[186]
- „Ich werde alle möglichen Informationen sammeln und dann abwägen, was für den Wahrheitsgehalt Ihrer Aussage spricht und was dagegen spricht bzw., „ich weiß, wie man eine Lüge entlarvt. Ich weiß, worin sich eine wahre und eine unwahre Aussage voneinander unterscheiden.“[187] Der wahrheitsgemäß Aussagende dürfte Zeichen der Angst verlieren, während der Erregungszustand des Lügners erhöht werden dürfte und damit das Offenbaren verschiedener Angstzeichen.[188]

Ob dies immer gilt, ist zweifelhaft, auch welcher konkrete Wert aus den Reaktionen des Zeugen auf die Offenbarungen des Befragers folgt. Auch hier gilt, dass viel mit Stereotypen argumentiert wird, die zutreffend sein können oder nicht. D.h., es bleibt eine schwankende Brücke bei einer Zeugenaussage die Wahrheit von der Lüge zu unterscheiden.

E. Verteidigung eines „eigenen Zeugen“ gegen absichtliche Verunsicherung

Oft wird bei der Zeugenbefragung durch die Gegenpartei versucht, einen Zeugen nach Details zu fragen, die er tatsächlich oder wahrscheinlich nicht wahrnehmen oder behalten kann, um den Zeugen (der oft meint, er müsse sich an jede Einzelheit 98

180 Vgl. Nance, Conquering Deception, S. 21.
181 Vgl. Schneider, Beweis und Beweiswürdigung, 5. Aufl., Rn 872.
182 Nance, Conquering Deception, S. 70.
183 Vgl. Nance, Conquering Deception, S. 74.
184 Vgl. Füllgrabe, Irrtum und Lüge, S. 108.
185 Füllgrabe, Irrtum und Lüge, S. 102.
186 Vgl. Füllgrabe, Irrtum und Lüge, S. 102.
187 Füllgrabe, Irrtum und Lüge, S. 103.
188 Vgl. Füllgrabe, Irrtum und Lüge, S. 103.

oder jedenfalls an die gerade gefragte Einzelheit erinnern) absichtlich zu verunsichern.[189] Hier muss der Richter oder der Gegenanwalt eingreifen und dem Zeugen nochmals erklären, dass der Zeuge vergesslich sein darf und nur das berichten soll, was er jetzt noch weiß.[190]

99 *Praxistipp*

Der Richter verletzt seine Objektivität, wenn er vorwiegend Fragen stellen sollte, „auf die man nach forensischer Erfahrung nur unsichere Antworten erwarten darf, ‚Datierungen, Häufigkeit, zeitliche Einordnung von Teilvorgängen u.Ä.', so dass der Zeuge im Ganzen wenig sicher wirkt".[191]

100 Manche Anwälte „verdrehen" eine Detailaussage eines Zeugen oder geben der Aussage einen anderen als vom Zeugen gemeinten Sinn, um dem Zeugen dann Widersprüche oder Ungereimtheiten vorzuhalten.[192] Auch hier muss der Richter oder der Gegenanwalt eingreifen und klarstellen, was der Zeuge tatsächlich gesagt hat.[193]

101 Ein anderes in der Praxis verbreitetes Mittel, einen Zeugen unglaubwürdig erscheinen zu lassen, besteht darin, herauszuarbeiten, dass der Zeuge den eigentlichen Vorfall nicht beobachtet hat. Das ist in der Tat bei Verkehrsunfällen sehr häufig, da dort das Unfallgeschehen oft nicht beobachtet wird. Diese sog. „Knallzeugen" schließen lediglich anhand der Endstellung der Fahrzeuge auf den Unfallhergang. Der Zeuge ist sich i.d.R. gar nicht bewusst, dass seine Wahrnehmung zum Unfallhergang nur auf einer Schlussfolgerung aufgrund der Endstellung der Fahrzeuge etc. beruht. Er gibt gutgläubig an, die Kollision beobachtet zu haben.[194] Stellt sich nun durch die Befragung heraus, dass der Zeuge die Kollision doch nicht beobachtet, sondern nur die Endstellung der Fahrzeuge gesehen hat, so bedeutet dies nicht, dass die Aussage deshalb wertlos ist. Auch aus einer Endstellung kann sich der Unfallhergang (in der Tat durch Schlussfolgerung) mit für den Zivilprozess ausreichender Wahrscheinlichkeit[195] rekonstruieren lassen.[196]

102 Der Zeuge braucht sich von der Gegenpartei keine Belehrungen oder Anfeindungen gefallen zu lassen, da der Zeuge doch zu Beginn seiner Befragung belehrt wurde, nur das zu berichten, was er selbst wahrgenommen hatte etc. Hier muss das Ge-

189 Vgl. Balzer, Beweisaufnahme und Beweiswürdigung im Zivilprozess, Rn 182.

190 Vgl. Balzer, Beweisaufnahme und Beweiswürdigung im Zivilprozess, Rn 182.

191 Arntzen, Vernehmungspsychologie: Psychologie der Zeugenvernehmung: 2. Aufl., S. 34.

192 Vgl. Balzer, Beweisaufnahme und Beweiswürdigung im Zivilprozess, Rn 182.

193 Vgl. Balzer, Beweisaufnahme und Beweiswürdigung im Zivilprozess, Rn 182.

194 Vgl. Bender/Nack, Tatsachenfeststellung vor Gericht, 2. Aufl., Rn 62.

195 Also keine absolute Gewissheit, sondern ein für das praktische Leben brauchbarer Grad an Gewissheit, vgl. BGH, NJW 1993, S. 935.

196 Allerdings meist nicht durch Beifahrer, vgl. AG München, 342 C 19827/01 n.v.

richt oder der Anwalt einschreiten, dass es nicht Aufgabe der Gegenpartei ist, einen Zeugen anzufeinden oder zu belehren.

> *Praxistipp* 103
>
> Das Phänomen, eigene Wahrnehmungen mit Schlussfolgerungen zu vermischen, geschieht unbewusst bei fast jedem Zeugen und erlaubt keinen Rückschluss auf die Glaubhaftigkeit der Angaben.

Aufgabe des Gerichts ist es, zu entscheiden, was eigene Wahrnehmung und was Schlussfolgerung ist und die Aussage dementsprechend insgesamt zu würdigen. D.h., reicht die eigene Wahrnehmung, in concreto z.B. Endstellung der Fahrzeuge, oder reicht diese nicht, um einen für das praktische Leben brauchbaren Grad an Gewissheit zu erbringen? 104

§ 30 Angriffe auf zivilrichterliche Zeugenbeweiswürdigungen

Inhalt

A. Verteidigung gegen de-facto Nicht-Beweiswürdigung und formelhafte Begründungen

„Ungezählte abändernde oder aufhebende Entscheidungen, insbesondere des BGH, belegen, dass Beweiswürdigungen häufig fehlerhaft oder untauglich sind und manchmal sogar katastrophal ablaufen."[1] In der Gerichtspraxis finden sich in der Beweiswürdigung des Urteils oft Sätze wie „der Zeuge ist mit keiner der Parteien verwandt oder befreundet" oder „der Zeuge hat am Ausgang des Rechtsstreits kein eigenes Interesse."[2] Das reicht vielen Gerichten, um dem (einzigen) Zeugen zu folgen. Nachdem der Anwalt diese (falls es sich überhaupt um eine solche handelt) Beweiswürdigung i.d.R. erst im Urteil erfährt, gibt es einen erfolgversprechenden Ansatz, eine nochmalige Zeugeneinvernahme in der Berufungsinstanz zu erreichen. Es muss dann darauf hingewiesen werden, dass es sich bei o.g. Beweiswürdigung nicht um eine Beweiswürdigung gehandelt hat, sondern nur um **formelhafte Wen-** 1

1 Schneider, Die missglückte ZPO-Reform, NJW 2001, S. 3757.

2 Vgl. Bender/Nack, Tatsachenfeststellung vor Gericht, 2. Aufl., Rn 181.

dungen. Nur formelhafte Wendungen sind aber nach der Rechtsprechung des BGH für die Beweiswürdigung unzulässig.[3]

2 *Hinweis*

Das gilt auch im Strafprozess, wenn Zeugenaussagen pauschal mit „glaubhaft", „plastisch", geschlossen" ohne beispielhafte Tatsachenmitteilungen gewürdigt werden.[4]

3 Bereits deshalb ist das Gericht unter Verstoß gegen § 286 ZPO, also verfahrensfehlerhaft, zu dem erstinstanzlichen Ergebnis gekommen.[5] Hinzu kommt, dass das Gericht hier allein von der **Motivation des Zeugen (kein Eigeninteresse, keine Freundschaft etc.)** auf die Glaubhaftigkeit der Aussage schließt. Das ist fehlerhaft. Die Motivation eines Zeugen für eine wahrheitsgemäße Aussage oder für eine Lüge (und nur diese wurde bei o.g. Beweiswürdigung beachtet) hat in der modernen Aussagepsychologie einen erheblich geringeren Stellenwert als früher und sollte niemals allein zur Aussagebeurteilung herangezogen werden.[6] In derartigen Urteilen führt aber offensichtlich dieser Umstand allein zur Aussagebeurteilung, denn wenn das Gericht sich noch auf ein gewichtigeres Kriterium gestützt hätte, so hätte es das gewichtigere Kriterium im Urteil genannt, statt des weniger gewichtigen, sodass diese Beweiswürdigung gegen Erkenntnisse der Wissenschaft verstößt und daher „begründete Zweifel an der Richtigkeit der tatsächlichen Feststellung bestehen". Hinzu kommt, dass o.g. Motivationen des Zeugen vom Gericht in der kurzen Vernehmung kaum verlässlich festgestellt werden können.[7] Das heißt nicht, dass derartige gemutmaßte Interessen bzw. Motivationen oder Nicht-Motivationen komplett irrelevant sind, aber keinesfalls ein ausreichender Grund für die positive Zuschreibung der Glaubhaftigkeit sein können.

Trotz des beschränkten Werts der Aussageanalyse, sollte zusätzlich versucht werden, darzustellen, dass das Erstgericht durch Beachtung der aussagepsychologischen Kriterien (auch der Fantasiesignale[8]) zu einem anderen Ergebnis gekommen wäre und die nochmalige Vernehmung des Zeugen in der Berufungsinstanz zu dem Beweisthema beantragen. Das wird freilich nicht immer möglich sein, in geeigneten Fällen aber durchaus.

3 Vgl. BGH, MDR 2000, S. 323, eine solche Formel kann allenfalls bei einem ersichtlich unbeteiligten Zeugen, bei dem auch die Irrtumswahrscheinlichkeit gering ist, genügen, vgl. Zimmermann, Komm. zur ZPO, 6. Aufl. § 286 Rn 13; vgl. auch BGH, NJW 1998, S. 2969: „rein formelhafte Wendungen genügen nicht", vgl. auch OLG Köln, JZ 1970, S. 657.

4 Vgl. BeckOK/StPO-Wiedner, § 337 StPO, Rn 97 mit Verweis auf BGH, StV 2000, S. 599.

5 Vgl. Stackmann, Die erfolgversprechende Berufungsschrift in Zivilsachen, NJW 2003, S. 169, 172 f.

6 Vgl. Bender/Nack, Tatsachenfeststellung vor Gericht, 2. Aufl., Rn 181.

7 Vgl. Bender/Nack, Tatsachenfeststellung vor Gericht, 2. Aufl., Rn 181: „Die wirklichen Motive sind – erst recht in der Situation vor Gericht – nur schwer feststellbar.

8 Vgl. Bender/Nack, Tatsachenfeststellung vor Gericht, 2. Aufl., Rn 298 ff.

Hier zeigt sich, dass es wesentlich auf die Protokollierung der Fragen und Antworten der Zeugeneinvernahme ankommen kann bzw. die schriftliche Fixierung in einem nachgereichten, auch nicht nachgelassenen Schriftsatz. Weiter sollte man auf eine Verletzung der §§ 139, 279 Abs. 3 ZPO hinweisen und eine erneute Ladung des Zeugen beantragen[9] und in einem Berufungsschriftsatz z.B. Folgendes ausführen: 4

„Dass das Gericht einerseits von dieser Spekulation ausgeht, ohne den Parteien einen entsprechenden Hinweis zu geben, verstößt gegen §§ 139, 279 Abs. 3 ZPO. Die Partei musste auch nicht damit rechnen, dass das Gericht Kriterien zur Aussagebeurteilung anwendet, die nach den Erkenntnissen der modernen Wissenschaft im Wesentlichen obsolet und jedenfalls nicht hinreichend genug sind.[10] Dass das Gericht insofern keinen Hinweis gegeben hat, verstößt jedenfalls gegen das Gebot des rechtlichen Gehörs und des „Fair trial". Hätte das Gericht einen Hinweis gegeben, so hätte der Prozessbevollmächtigte auf die wissenschaftliche Unzulänglichkeit des vom Erstgericht zugrundegelegten Kriteriums mit entsprechender Literaturangabe hingewiesen und noch folgende Fragen [konkret darlegen] an den Zeugen gestellt. Hieraus hätte sich darüber hinaus ergeben, dass der Zeuge eben schon eine Freundschaft zu der anderen Partei pflegt bzw. wirtschaftlich am Prozessausgang interessiert ist bzw. folgendes Vorurteil XY (konkret darlegen, sofern möglich) hat, das einen Wahrnehmungsfehler nahelegt.[11] Die nochmalige Ladung des Zeugen zum Beweisthema X und Stellung der o.g. Fragen wird hiermit beantragt. Hätte das Erstgericht all das beachtet, so wäre es hinsichtlich der Glaubwürdigkeit und Glaubhaftigkeit zu einem anderen Ergebnis gekommen und damit auch zu einem anderen [klageabweisenden/klagezusprechenden] Urteil". 5

Hat man insofern keine Anhaltspunkte, da die Vernehmung zu kurz oder karg war, so kann man ggf. darauf hinweisen, dass das Gericht bei seiner Beweiswürdigung offenbar von einer in der Literatur berichteten Beweisregel ausgegangen ist, die es von Rechts wegen nicht gibt, nämlich einem Zeugen grundsätzlich zu glauben, wenn nicht gewichtige Anhaltspunkte dagegen sprechen.[12] 6

9 Was genau bei Verletzung von Hinweispflichten vorgetragen werden muss, kann der Literatur zum Berufungsrecht entnommen werden, z.B. Doukoff, Die zivilrechtliche Berufung nach neuem Recht, 2. Aufl., o.g. Schriftsatz ist also kein vollständiger Musterschriftsatz.

10 Vgl. Bender/Nack, Tatsachenfeststellung vor Gericht, 2. Aufl., Rn 181.

11 Vgl. Bender/Nack, Tatsachenfeststellung vor Gericht, 2. Aufl., Rn 87 ff.

12 Vgl. Reinecke, Die Krise der freien Beweiswürdigung im Zivilprozess oder über die Schwierigkeit, einem Zeugen nicht zu glauben, MDR 1986, S. 630 ff., empirisch bestätigt durch Bürkle, Richterliche Alltagstheorien im Bereich des Zivilrechts, S. 166.

7 Gleiches gilt, wenn gar keine Beweiswürdigung stattgefunden hat, sondern im Urteil nur steht: „Der Zeugen hat glaubhaft bekundet (...)“ oder „er macht einen glaubwürdigen Eindruck“ oder schlicht, „der Zeuge hat ausgesagt.“[13]

8 Nachdem der Tatrichter die Aussage des Zeugen nur dann im Urteil zugrunde legen kann, wenn er von der Richtigkeit überzeugt ist, d.h. gemäß BGH in BGHZ 53, S. 245 – „[...] Im Übrigen stellt § 286 ZPO nur darauf ab, ob der Richter selbst die Überzeugung von der Wahrheit einer Behauptung gewonnen hat“ – muss es eine große Anzahl an Fällen geben, in denen die Richter zwar zu Recht an der Wahrheit einer Zeugenaussage zweifeln, sie aber dennoch ihrer Entscheidung zugrunde legen.[14] Das stellt einen Verstoß gegen § 286 ZPO dar und ist eben Konsequenz der ungeschriebenen Beweisregel, einem Zeugen grundsätzlich zu glauben.

9 In der Rechtsprechung ist allgemein anerkannt, dass ein Richter gegen das **Postulat der freien Beweiswürdigung** verstößt, wenn er sich selbst an Beweisregeln bindet (die es nicht gibt), z.B. Aussagen von Sympathisanten des Beweisführers (Angehörige, Freunde Kollegen, Beifahrer) generell nur dann einen Beweiswert beimisst, wenn sie durch objektive Beweismittel bestätigt werden.[15]

10 Gleiches gilt, wenn sich der Richter an die **(verborgene) Beweisregel** bindet, die immer noch – in unbekannter Zahl – de facto besteht, nämlich die Regel, einem Zeugen zu glauben, wenn nicht gewichtige Anhaltspunkte dagegen sprechen. Dass das Erstgericht sich an diese de jure nicht existente Beweisregeln entweder gebunden oder aber gar keine Beweiswürdigung vorgenommen hat, wird durch das Fehlen einer Beweiswürdigung bzw. der Verwendung von Leerformeln klar. In einem solchen Fall ist somit immer davon auszugehen, dass das Erstgericht in verfahrensfehlerhafter Weise zu dem angegriffenen Ergebnis gekommen ist. Folglich bestehen konkrete Anhaltspunkte, die Zweifel an der Richtigkeit und Vollständigkeit der Tatsachenfeststellung im angefochtenen Urteil begründen und deshalb eine erneute Feststellung gebieten, sodass eine erneute Zeugenvernehmung in der Berufungsinstanz erreicht werden kann.[16]

11 Gegen diese Ansicht spricht nicht, dass vom Tatrichter nicht verlangt werden kann, dass er alle Umstände, die für seine Abwägung maßgeblich waren, im Einzelnen aufzählt und dazu Stellung nimmt.[17] Es ist erforderlich, dass aus der schriftlichen Begründung erkennbar ist, dass der Tatrichter **allen maßgeblichen Umständen**

13 Vgl. Reinecke, Die Krise der freien Beweiswürdigung im Zivilprozess oder über die Schwierigkeit, einem Zeugen nicht zu glauben, MDR 1986, S. 632.

14 Reinecke, Die Krise der freien Beweiswürdigung im Zivilprozess oder über die Schwierigkeit, einem Zeugen nicht zu glauben, S. 631.

15 Vgl. Zöller, Komm. zur ZPO, 36. Aufl., § 286 Rn 13 m.w.N.

16 Vgl. hierzu auch Geipel, Die Wiederholung einer Beweisaufnahme nach neuem Berufungsrecht, AnwBl 2005, S. 346 f.

17 Vgl. Schneider, Beweis und Beweiswürdigung, 5. Aufl., Rn 708.

Rechnung getragen hat.[18] **Maßgeblich ist eine konkrete (inhaltliche) Aussageanalyse, nicht eine Motivationsanalyse.**

Sofern die Partei im Rahmen der Berufungsbegründung auf diese Punkte hingewiesen hat, muss sich das Gericht damit auseinandersetzen. Anderenfalls liegt ein Verfassungsverstoß nahe.[19] 12

B. Verteidigung, bei widersprechenden Aussagen, wenn das Gericht zu dem Ergebnis kommt, keiner Aussage den Vorzug zu geben

Für den Anwalt wird es wesentlich schwieriger, wenn der Erstrichter bei sich **widersprechenden Zeugenaussagen** zu dem **Ergebnis** kommt, dass er **keinem Zeugen** den Vorzug in der Glaubhaftigkeit gibt. Dann ist der Tatrichter nicht gehalten, das Gewicht von sich widersprechenden Zeugenbekundungen im Einzelnen in seiner Urteilsbegründung darzulegen.[20] Einen Angriffspunkt, doch noch zu einer erneuten Zeugenvernehmung in der Berufungsinstanz zu kommen, kann darin liegen, herauszuarbeiten, dass in einer Zeugenaussage deutliche Realitätskriterien vorhanden waren, in der widersprechenden aber nicht bzw. sogar deutliche Fantasiesignale, sodass das Gericht in seiner Beweiswürdigung die Erkenntnisse der forensischen Aussagepsychologie ignoriert hat. Hierzu wird man im Zivilprozess ein entsprechendes Protokoll bzw. wenigstens einen entsprechenden, nachgereichten Schriftsatz benötigen („konkrete Anhaltspunkte“). In dieser Konstellation der sich widersprechenden Zeugenaussagen, kann auch noch darauf hingewiesen werden, dass die Senate des BGH in Strafsachen schon lange anerkennen, dass bei „Aussage gegen Aussage“ eine besondere Glaubwürdigkeitsanalyse **im Urteil** zu erfolgen hat.[21] Gleiches sollte dann bei widersprechenden Zeugenaussagen auch in einem Zivilprozess gelten. D.h., der Tatrichter kann bei **widersprechenden Zeugenaussagen** erst dann von einem **non liquet** ausgehen, wenn er die widersprechenden Aussagen analysiert 13

18 Vgl. BGH, NJW 1993, S. 935.

19 Vgl. BVerfG, Beschl. v. 9.12.1999, juris: „Geht das Gericht allerdings auf einen wesentlichen Kern des Parteivorbringens einer Partei zu einer Frage, die für das Verfahren von zentraler Bedeutung ist, in den Entscheidungsgründen nicht ein, so lässt dies auf die Nichtberücksichtigung des Vortrags schließen [...]“.

20 Vgl. BGH, VersR 1958, S. 604 u. 847.

21 Vgl. BGH, 4 StR 18/02 n.v.

hat und trotz der Analyse zu keinem Ergebnis kommt.[22] In diesem Sinne hat auch das OLG Karlsruhe entschieden, dass bei widersprechenden Angaben die Glaubhaftigkeit einer Aussage mittels der Aussagepsychologie positiv begründet werden muss. Erst wenn der Aussageinhalt für eine inhaltliche Analyse nicht ausreicht, kann das Gericht auf andere Umstände, z.B. Neutralität oder erkennbare Objektivität abstellen.[23]

C. Begründung der Beweiswürdigung bei Vorliegen von zusätzlichen Indizien

14 Nachdem bei widersprechenden Zeugenaussagen eine Analyse der Aussagen erfolgen muss,[24] das Gericht aber relativ frei ist, wenn es keiner von beiden den Vorzug geben will,[25] sollte der Anwalt dafür sorgen, **dass neben widersprechenden Aussagen zusätzliche Indizien vorhanden sind**. Dann ist nämlich wieder eine Beweiswürdigung notwendig, die erforderlich macht, dass alle Indizien in einer Gesamtschau bewertet werden.[26] Ein solches **Indiz wäre auch der Zeuge vom Hörensagen**.[27]

15 *Praxistipp*

Bei Aussage gegen Aussage sollten zusätzliche Indizien (auch Zeugen vom Hörensagen) in den Prozess eingeführt werden.

16 Hierzu folgender instruktiver Fall:

Ein Zahnarzt will einem Geschäftspartner 69.740 EUR übergeben. Kurz vor der Geldübergabe erleidet der Geschäftspartner einen Herzinfarkt und wird in die Intensivstation eingeliefert. Der Zahnarzt übergibt seiner Lebensgefährtin, die in ihrer eigenen Wohnung wohnt, diese 69.740 EUR zur Verwahrung, da er das Geld weder in der Praxis aufbewahren will (aus Angst vor Einbruch in Praxen wegen des dort vermuteten Zahngoldes), noch zu Hause (da er bis spät abends in der Praxis ist). Am nächsten Tag bricht die Lebensgefährtin die Beziehung zu dem Zahnarzt

22 Vgl. BGH, VersR, 1969, S. 453: „Auf die Beweislast hätte das Berufungsgericht erst abstellen dürfen, wenn eine anderweitige Feststellung nach Erschöpfung der angebotenen Beweismittel nicht zu treffen gewesen wäre. Dabei wäre auch zu berücksichtigen gewesen, dass der Zeuge H. die hinter ihm fahrenden Fahrzeuge lediglich im Rückspiegel gesehen hat, während S., der bei seiner eidlichen Vernehmung die in Rede stehende Entfernung zuletzt mit 100 bis 200 m angegeben hat, den „Unimog" vor sich hatte und dass deshalb die Annahme nahe liegt, dass seine Schätzung zuverlässiger war [...]" – der BGH macht also hier, ohne dies auszusprechen eine Analyse hinsichtlich potenzieller Wahrnehmungsfehler, vgl. auch BGH, NJW-RR 2004, S. 425.

23 Vgl. OLG Karlsruhe, NJW-RR 1998, S. 789 f.

24 Vgl. BGH, VersR 1969, S. 453.

25 Vgl. BGH, VersR 1958, S. 604 u. 847.

26 BGH, NJW 1991, S. 1894 u. BGH, NJW-RR 1993, S. 443.

27 Vgl. BGH, IX ZR 153/01 n.v.

ab und bestreitet, jemals Geld erhalten zu haben. Nachforschungen durch einen Privatdetektiv hinsichtlich Indizien, die auf die Unterschlagung hindeuten, z.B. Einzahlung eines größeren Betrages auf das Konto oder Erwerb eines Kfz verlaufen ergebnislos. Somit handelt es sich eigentlich um eine aussichtslose Sache. Der Zahnarzt kann die Übergabe der 69.740 EUR nicht nachweisen. In dem realen Fall wurde in Absprache mit dem Mandanten folgende Prozesstaktik gewählt. Der Zahnarzt trat die Forderung gegen die frühere Lebensgefährtin an einen Vertrauensmann ab. Dieser klagt die Forderung in eigenem Namen ein und benennt den Zahnarzt als Zeugen für seinen Sachvortrag. Damit hat der Kläger einen Zeugen, nämlich den Zahnarzt (Zedenten), während die Lebensgefährtin keinen Zeugen hat. Gemäß der verborgenen Beweisregel müsste der Kläger nun den Prozess gewinnen. Im Falle der Abtretung zur Erlangung einer Zeugenstellung ist die Rechtslage aber nicht ganz so einfach, denn nach der Rechtsprechung des BGH ist dann eine Vernehmung der anderen Partei gem. § 448 ZPO von Amts wegen zu erwägen.[28] I.d.R. wird die andere Partei dann auch meist als Partei vernommen, gem. § 448 ZPO bzw. jedenfalls formlos angehört, gem. § 141 ZPO. Auch im Falle der nur formlosen Anhörung gilt der Grundsatz der freien Beweiswürdigung. D.h., das Gericht kann die Parteiäußerung gegen die Zeugenaussage des Zedenten abwägen und würdigen. Dies führt dann in der Regel dazu, dass das Gericht keiner von beiden den Vorzug gibt,[29] zumal auch das Eigeninteresse des Zedenten als Zeugen zu beachten ist.[30] **Daher bestand die Prozesstaktik im o.g. Fall nicht nur in der Abtretung und Schaffung einer Zeugenposition, sondern auch noch in der Schaffung von weiteren Indizien.**

Diese Indizien wurden dadurch geschaffen, dass der Privatdetektiv mit einem weiteren Mitarbeiter (also Zeugen) teils freundschaftlichen, teils beruflichen Kontakt zu der früheren Lebensgefährtin aufnahm. Nachdem die Beklagte Vertrauen zu dem Privatdetektiv aufgebaut hatte, offenbarte der Detektiv „aus heiterem Himmel“, dass er ein Abgesandter des Zahnarztes wäre und wissen wolle, was mit den 69.740 EUR geschehen sei und dass diese noch zurückzuzahlen seien. Die Ex-Lebensgefährtin war – wie erwartet – durch diese plötzliche Offenbarung völlig überrumpelt und gab die Spontananäußerung ab, dass es nicht 69.740 EUR gewesen seien, sondern nur die Hälfte.[31] Damit gibt es nun ein weiteres Indiz, nämlich **ihre eigene Spontanäußerung**, dass die Beklagte vom Zedenten doch Geld erhalten hat. Dieses Indiz ist sogar durch zwei Zeugenaussagen beweisbar. Strittig ist nur die Höhe. In der konkreten Klageschrift wurde dieser Sachverhalt, dass die Beklagte zwei

28 Vgl. BGH, WM 1980, S. 1073.

29 Vgl. Zöller, Komm. zur ZPO, 36. Aufl., § 373 Rn 5; a.A. vgl. Prechtel, Erfolgreiche Taktik im Zivilprozess, 3. Aufl., S. 55.

30 Vgl. BGH, NJW 2001, S. 827.

31 Die Überrumpelungstaktik ist Bestandteil der polizeilichen Vernehmungstaktik, vgl. Bender/Nack, Tatsachenfeststellung vor Gericht, 2. Aufl., Rn 714.

Zeugen gegenüber eingeräumt hatte, doch Geld vom Zedenten erhalten zu haben, verschwiegen. Wäre dies nämlich in der Klageschrift erwähnt worden, so hätte die Beklagte die Flucht nach vorne angetreten und entweder das Gespräch mit den Zeugen erwähnt und den Erhalt der Hälfte eingeräumt und vermutlich eine Ausrede für ihre Spontanäußerung gebracht. So wurde die Beklagte aber prozesstaktisch arglos gehalten. Im Prozess kam es dann zur Zeugenaussage des Zahnarztes, der aussagte, der Beklagten 69.740 EUR gegeben zu haben. Danach kam es zur Parteivernehmung der Beklagten die – wie erwartet – aussagte, **niemals** Gelder vom Zedenten erhalten zu haben. Dies hätte zum non liquet geführt, mit der Folge, des Prozessverlustes des Zessionars. Nun wurden in der mündlichen Verhandlung jedoch ein **präsenter Zeuge**[32] benannt, zum Beweis dafür, dass die Beklagte doch 69.740 EUR erhalten hat. Der Zeuge sagte – wie zu erwarten – aus, dass die Beklagte ihm gegenüber auf Vorhalt eingeräumt hatte, jedenfalls die Hälfte erhalten zu haben. Damit gibt es nun ein **weiteres Indiz**, dass das Gericht in der Beweiswürdigung berücksichtigen muss, nämlich dass die Beklagte bei ihrer Parteivernehmung und der Aussage, gar kein Geld erhalten zu haben, offenbar gelogen hat, während der Zessionar als Zeuge für die Haupttatsache nicht der Lüge überführt ist. Diese **weiteren Indizien** muss das Gericht bei der **Glaubwürdigkeitsbeurteilung** hinsichtlich der Zeugenaussage des Zessionars und der Parteiaussage der Beklagten **berücksichtigen**.

Praxistipp

Bei widersprechenden Aussagen von Zeugen sollte der Beweisführer an die Möglichkeit denken, eine Gegenüberstellung zu beantragen, gem. § 394 Abs. 2 ZPO. Der zuerst vernommene Zeuge sollte dann nicht entlassen werden. Von dieser Möglichkeit wird in der Praxis kaum Gebrauch gemacht, obwohl in der Gegenüberstellung ein großes Potential zur Wahrheitsfindung liegt. Das Gericht kann sogar zulassen, dass sich die Zeugen wechselseitig befragen. Wird eine beantragte Gegenüberstellung nicht vorgenommen, hat das Prozessgericht im Urteil die Gründe anzugeben, warum die Gegenüberstellung nicht erfolgt ist.[33]

17 Auch bei der Aussage eines **Detektivs**, dessen Wahrnehmungen darauf beruhen, dass er sich das Vertrauen des Prozessgegners erschlichen hat, ist zwar Skepsis geboten, kann jedoch durch das Verhalten des Prozessgegners durchaus geboten sein.[34]

32 Um eine Verspätung zu vermeiden.

33 Vgl. BeckOK ZPO/Thönissen/Scheuch, 59. Ed. 1.12.2025, § 394 Rn 2.

34 Vgl. OLG Hamburg, DAR 2003, S. 170, 171, bestätigt durch Revisions-Nicht-Annahme Beschluss des BGH, VI ZR 76/02. Vgl. zur Würdigung der Aussage eines **Testanrufers** KG Berlin, 25 U 3922/97 = OLGR KG Berlin 1998, S. 333, bei der festgehalten wurde, dass es zwar bei der Aussage des Testanrufers zu Übertreibungen u. Zuspitzungen zugunsten des Auftraggebers kommen kann, jedoch war im konkreten Fall eine freie Erfindung oder bewusste Verfälschung fernliegend.

D. Exkurs: Grundsätzlich Bindung des zivilgerichtlichen Berufungsgerichts an erstinstanzlich festgestellte Tatsachen

I. Allgemeines

In der Praxis bereitet die grundsätzliche Bindung des Berufungsgerichts an die Tatsachenfeststellung des Erstgerichts immer wieder Schwierigkeiten. Oft wird vertreten, dass **Ermessensentscheidungen** (z.B. zum Schmerzensgeld) oder **Auslegungen von Willenserklärungen** nur dann in der Berufungsinstanz abweichend gewertet werden könnten, wenn ein **Ermessensfehler** vorliegt. Das ist falsch.[35] § 529 Abs. 1 Nr. 1 ZPO postuliert eine grundsätzliche **Bindung an die vom Erstgericht festgestellten Tatsachen, nicht aber an die vom Erstgericht aus diesen Tatsachen gezogenen Wertungen oder Schlussfolgerungen.** D.h., die **Schmerzensgeldentscheidung** kann durch das Berufungsgericht aufgrund einer eigenen Ermessensentscheidung abgeändert werden.[36] Die Schmerzensgeldentscheidung muss das Berufungsgericht überzeugen; es darf sich nicht auf die Überprüfung von Ermessensfehlern beschränken.[37] Gleiches gilt für die Auslegung von Willenserklärungen. Eine lediglich mögliche, aber nicht überzeugende Auslegung ist für das Berufungsgericht nicht bindend.[38] Das ist in der Praxis vor allen Dingen relevant, als immer wieder gegen den Grundsatz verstoßen wird, dass Willenserklärungen so auszulegen sind, dass sie Sinn geben.[39] Zweifel an der Vollständigkeit oder Richtigkeit der festgestellten Tatsachen bestehen auch dann, wenn das Erstgericht offenkundige oder gerichtsbekannte Tatsachen nicht berücksichtigt.[40] Auch unstreitiges Vorbringen ist in der Berufungsinstanz in jedem Fall zu beachten.[41] Das gilt auch für die **Verjährungseinrede**, wenn die den Verjährungseintritt begründenden Umstände unstrittig sind.[42] 18

Praxistipp 19

Auch präkludiertes Vorbringen ist in der Berufungsinstanz vorzutragen. Bestreitet der Gegner wahrheitswidrig, ist das Vorbringen zwar präkludiert, jedoch kann eine Schadensersatzklage wegen Prozessbetruges in Betracht kommen.

35 Vgl. BGH, Urt. v. 29.6.2016 – VIII ZR 191/15 = NJW 2016, S. 3015, 3017 („unbeschränkte Überprüfung der vorinstanzlichen Vertragsauslegung dahin eröffnet … ob diese bei Würdigung aller dafür im Einzelfall maßgeblichen Umstände sachgerecht erscheint)“.

36 Vgl. BGH. VI ZR 46/05, MittBl. der Arge, VerkR 4/2006, S. 165.

37 Vgl. BGH, Urt. v. 28.3.2006 – VI ZR 46/05 = NJW 2006, S. 1589 ff.

38 Vgl. BGHZ 160, S. 83, 92.

39 Vgl. OLG Hamm, 28 W 95/04, n.v.; BGH, NJW 1998, S. 2966; BGH, NJW 1994, S. 1537 f.; BGH, NJW 1993, S. 1976 ff., Palandt, Komm. zum BGB, 64. Aufl., § 133 BGB Rn 24 f.

40 Vgl. BGH, NJW 2004, S. 2152 f.

41 Vgl. BGH, NJW 2005, S. 291 ff.; OLG Hamm, NJW 2003, S. 2325.

42 Vgl. BGH GSZ 1/08 = NJW 2008, S. 3434 = VersR 2008, S. 1708.

20 Ebenso ist in der Berufungsinstanz Vorbringen ohne Weiteres zulässig, dass bereits vorgebrachten Tatsachenvortrag nur konkretisiert.[43] „Wenn es einen sehr allgemein gehaltenen Vortrag der ersten Instanz konkretisiert oder erstmals substantiiert, ist es neu, nicht aber dann, wenn ein bereits schlüssiges Vorbringen aus der ersten Instanz durch weitere Tatsachenbehauptungen zusätzlich konkretisiert, verdeutlicht oder erläutert wird."[44] Die Abgrenzung, wann nur zulässiger, konkretisierender Vortrag und wann neuer Vortrag vorliegt, dürfte fließend sein.

21 Die Ansicht, dass die **Auslegung von Willenserklärungen** oder **Ermessensentscheidungen** (z.B. zum **Schmerzensgeld** oder zur **Haftungsquote** bei Straßenverkehrsunfällen[45]) oder **Schätzungen** gem. § 287 ZPO[46] vom Berufungsgericht akzeptiert werden müsste, sofern nicht ein revisibler Rechtsfehler vorliegt, ist damit falsch.

22 Anderslautende Entscheidungen[47] sind von der BGH-Rechtsprechung überholt.[48] „Eine Beschränkung der Prüfungskompetenz des BerGer. – entsprechend der des RevGer. – hat der BGH bereits für den Bereich der Vertragsauslegung abgelehnt (BGHZ 160, 83 = NJW 2004, 2751) und darauf hingewiesen, dass im Bereich der rechtlichen Bewertung festgestellter Tatsachen eine Bindung des BerGer. an eine lediglich mögliche, aber nicht überzeugende Wertung der Vorinstanz nicht besteht (BGHZ 160, 83, 92] = NJW 2004, 2751). Die insoweit angestellten Erwägungen gelten für die Überprüfung der Schmerzensgeldbemessung in gleicher Weise (vgl. OLG Brandenburg, VersR 2005, 953, 954; Geisler, jurisPR-BGH ZivilR 33/2004 Anm. 6). Auch nach der Reform des Rechtsmittelrechts hat das BerGer. die erstinstanzliche Schmerzensgeldbemessung auf der Grundlage der nach § 529 ZPO maßgeblichen Tatsachen gem. §§ 513 Abs. 1, 546 ZPO in vollem Umfang darauf zu überprüfen, ob sie überzeugt. Hält das BerGer. sie für zwar vertretbar, letztlich aber bei Berücksichtigung aller Gesichtspunkte nicht für sachlich überzeugend, so darf und muss es nach eigenem Ermessen einen eigenen, dem Einzelfall angemessenen Schmerzensgeldbetrag finden. Das BerGer. darf es nicht dabei belassen, zu prüfen, ob die Bemessung Rechtsfehler enthält, insbesondere ob das Gericht sich mit allen maßgeblichen Umständen ausreichend auseinander gesetzt und um eine angemessene Beziehung der Entschädigung zu Art und Dauer der Verletzungen bemüht hat."[49]

43 Vgl. BGH, NJW-RR 2003, S. 1321 f.; vgl. auch BGH, NJW 2004, S. 2825, 2827.

44 BGHZ 159, S. 245, 251; ständige Rechtsprechung, vgl. z.B. BGH, VII ZR 279/05, IV ZR 24/06, VIII ZR 166/11; BGH, Beschl. v. 26.5.2020 – VIII ZR 64/19 = NZM 2020, S. 607, 610.

45 Vgl. OLG Oldenburg, MDR 2011, S. 1100 f.

46 Vgl. BGH, Urt. v. 12.4.2011 – VI ZR 300/09 = NJW 2011, S. 1947 Rn 22.

47 Vgl. z.B. OLG München, MDR 2004, S. 112 = NJW 2004, S. 959; KG Berlin, MDR 2004, S. 647.

48 Vgl. BGH, NJW 2004, S. 2751 f., NJW 2006, S. 1589, 1592; vgl. auch LG Nürnberg-Fürth, BeckRS 2011, 17189.

49 BGH, Urt. v. 28.3.2006 – VI ZR 46/05 = NJW 2006, S. 1589, 1592.

Die zivilrechtliche Berufungsinstanz ist keine Revisionsinstanz, sondern auch noch Tatsacheninstanz. Das bedeutet, dass auf eine einzige zulässige Berufungsrüge der gesamte Akteninhalt Prozessstoff wird und das Berufungsgericht das erstinstanzliche Ergebnis mit dem gesamten Akteninhalt (auch mit nicht gerügten Gründen) abgleichen und eine nicht überzeugende Entscheidung abändern darf.[50] Das wird vom BGH bestätigt: „Liegt aber eine zulässige Berufung vor, so ist das angefochtene Urteil nicht nur auf Rechtsfehler hin zu überprüfen, vielmehr gehört es gemäß § 513 Abs. 1 ZPO zu den Aufgaben des Berufungsgerichts, das Urteil der Vorinstanz – auch ohne dahingehende Rüge – auf konkrete Anhaltspunkte für Zweifel hinsichtlich der Richtigkeit und Vollständigkeit der getroffenen Tatsachenfeststellungen zu prüfen und etwaige Fehler zu beseitigen (Senat, Urt. v. 12.3.2004, V ZR 257/03, WM 2004, 845, 848). Die dem Berufungsgericht nach Maßgabe des § 529 Abs. 1 Nr. 1 Halbsatz 2 ZPO obliegende Kontrolle der Feststellungen des Erstgerichts […] besteht deshalb unabhängig davon, ob die Berufungsbegründung einen den Anforderungen des § 520 Abs. 2 Satz 2 Nr. 3 ZPO genügenden Angriff gegen diese Feststellungen enthält."[51] 23

Instruktiv hierzu bzw. zum **Prüfungsumfang** ist auch noch folgende Entscheidung in BGHZ 158, 269, 278 ff.: 24

„Danach müssen zwar konkrete Anhaltspunkte im Sinne des § 529 Abs. 1 Nr. 1 Halbsatz 2 ZPO in der Berufungsbegründung bezeichnet werden. Auf solche Umstände wird die Überprüfung durch das Berufungsgericht allerdings nicht beschränkt, sondern lediglich eine Voraussetzung für die Zulässigkeit des Rechtsmittels geregelt (§ 522 Abs. 1 Satz 1 ZPO). Die Notwendigkeit einer Rüge lässt sich dem Wortlaut anderer Gesetzesvorschriften ebenso wenig entnehmen. Sie entspricht auch nicht dem Willen des Gesetzgebers. Nach den Gesetzesmaterialien hat das Berufungsgericht Zweifeln an der Richtigkeit oder Vollständigkeit der erstinstanzlichen Feststellungen selbst dann nachzugehen, wenn es sie unabhängig vom Parteivortrag aufgrund lediglich bei ihm gerichtskundiger Tatsachen gewonnen hat (Begründung zum Regierungsentwurf eines Gesetzes zur Reform des Zivilprozesses, BT-Drucks 14/4722 S. 100). Damit kann und muss das Berufungsgericht erst recht konkrete Anhaltspunkte berücksichtigen, die ihre Grundlage im erstinstanzlichen Vorbringen der Parteien haben, auch wenn das Übergehen dieses Vortrags von dem Berufungskläger nicht zum Gegenstand einer Berufungsrüge gemacht worden ist (Zöller/Gummer/Heßler, ZPO 24. Aufl. § 529 Rn 12). Bemerkt das Berufungsgericht etwa anlässlich der Prüfung sonstiger Berufungsrügen, dass das Eingangsgericht eine für die Beweiswürdigung bedeutsame Tatsache oder ein erhebliches Beweisangebot übergangen hat, dann bestehen auch ohne dahingehende Rüge

50 Vgl. Eichele/Hirtz/Oberheim, Berufung im Zivilprozess, 2. Aufl., S. 205.

51 BGH, V ZR 223/03.

konkrete Anhaltspunkte für Zweifel an der Richtigkeit der entscheidungserheblichen Feststellungen, die das Berufungsgericht gemäß § 529 Abs. 1 Nr. 1 Halbsatz 2 ZPO zu einer erneuten Tatsachenfeststellung verpflichten (a.A. Rimmelspacher NJW-Sonderheft 2. Hannoveraner ZPO-Symposium 2003 S. 11, 16). [..] Dem steht nicht entgegen, dass das erstinstanzliche Gericht hier Parteivorbringen übergangen hat und darin ein Verfahrensfehler in Gestalt der Versagung rechtlichen Gehörs (Art. 103 Abs. 1 GG) oder des Verstoßes gegen § 286 Abs. 1 ZPO (vgl. BGH, Urt. v. 15.3.2000, VIII ZR 31/99, NJW 2000, 2024, 2026) zu sehen ist. Zwar prüft das Berufungsgericht einen Mangel des Verfahrens – soweit er nicht von Amts wegen berücksichtigt werden muss – gemäß § 529 Abs. 2 Satz 1 ZPO nur dann, wenn er gemäß § 520 Abs. 3 Satz 2 Nr. 2 ZPO in der Berufungsbegründung gerügt worden ist. Hierdurch wird jedoch die durch § 529 Abs. 1 Nr. 1 Halbsatz 2 ZPO geregelte tatsächliche Inhaltskontrolle des Berufungsgerichts entgegen einer in der Literatur vertretenen Auffassung (MüKo-ZPO/Rimmelspacher a.a.O. § 520 Rn 53, § 529 Rn 14, 38; ders. NJW 2002, 1897, 1902; ders. NJW-Sonderheft 2. Hannoveraner ZPO-Symposium a.a.O. S. 11, 15; Musielak/Ball a.a.O. § 529 Rn 9, 23; Hinz NZM 2001, 601, 605; Gehrlein MDR 2003, 421, 428) nicht eingeschränkt (Hannich/Meyer-Seitz a.a.O. § 513 Rn 8; § 529 Rn 27, 43; Zöller/Gummer/Heßler a.a.O. § 529 Rn 12; Vorwerk NJW-Sonderheft 2. Hannoveraner ZPO-Symposium a.a.O. S. 4, 6; Gaier NJW 2004, 110, 112). Von der Aufgabe des Berufungsgerichts, konkreten Anhaltspunkten ungeachtet einer Berufungsrüge nachzugehen, macht das Gesetz keine Ausnahme, wenn sich – was ohnehin die weitaus praktischste Fallgestaltung darstellen dürfte – konkrete Anhaltspunkte im Sinne des § 529 Abs. 1 Nr. 1 Halbsatz 2 ZPO aus Verfahrensfehlern des Erstrichters bei der Feststellung des Sachverhalts ergeben. Dies zeigt sich an der Systematik des § 529 ZPO, der mit seinen Absätzen klar zwischen den Aufgaben des Berufungsgerichts bei der Überprüfung des angefochtenen Urteils in tatsächlicher und in rechtlicher Hinsicht trennt (Hannich/Meyer-Seitz a.a.O. § 513 Rn 8, § 529 Rn 27, 43). Für die tatsächliche Inhaltskontrolle ist ausschließlich § 529 Abs. 1 ZPO maßgebend, eine Vermischung mit der in § 529 Abs. 2 ZPO geregelten Rechtsfehlerkontrolle darf mithin selbst dann nicht stattfinden, wenn die fehlerhaften Tatsachenfeststellungen im erstinstanzlichen Urteil auf einem Verfahrensmangel beruhen.“[52]

Hinweis

„Nach der Rechtsprechung des **BGH** gelangt mit dem zulässigen Rechtsmittel grundsätzlich der gesamte aus den Akten ersichtliche Prozessstoff erster Instanz ohne Weiteres in die Berufungsinstanz. Das BerGer. darf also auch schriftsätzlich angekündigtes, entscheidungserhebliches Parteivorbringen berücksichtigen,

52 Std. Rspr. vgl. statt vieler auch BGH, Urt. v. 3.6.2014 – VI ZR 394/13.

das von dem erstinstanzlichen Gericht für unerheblich erachtet worden ist, auch wenn es im Urteilstatbestand keine Erwähnung gefunden hat (BGHZ 158, 259, 309] = NJW 2004, 2152; BGHZ 158, 269, 280ff.] = NJW 2004, 1876).“[53] Wird Tatsachenvortrag oder ein Beweisangebot verfahrensfehlerhaft übergangen, ist jedenfalls bei einer zulässigen Berufung die Angabe der Fundstellen in den Schriftsätzen nicht erforderlich,[54] wohl aber zu empfehlen. Der Prozessbevollmächtigte sollte im Falle des übergangenen Beweisangebots das Beweisangebot wiederholen,[55] die Fundstelle aus der Vorinstanz angeben und das angenommene Beweisergebnis mitteilen.[56] „Die Zurückweisung eines in der Berufungsinstanz wiederholten Beweisangebots mit der Begründung, die Nichterhebung des Beweises sei nicht innerhalb der Berufungsbegründungsfrist beanstandet worden, verletzt daher den Anspruch auf Gewährung rechtlichen Gehörs.“[57]

Wenn sich der Berufungsführer gegen eine ihm nachteilige Beweiswürdigung des erstinstanzlichen Gerichts wendet, so genügt er den Anforderungen an die Zulässigkeit seiner Berufung, wenn er deutlich macht, dass und aus welchen Gründen er die Beweiswürdigung für unrichtig hält; eine noch weitergehende Auseinandersetzung mit der (Beweis-)Würdigung durch das Erstgericht ist grundsätzlich nicht erforderlich und es kommt insoweit auch nicht darauf an, ob die Berufungsbegründung inhaltlich schlüssig ist und begründeten Anlass für eine erneute und vom Erstgericht abweichende Würdigung (Feststellung) gibt. **25**

Liegt eine zulässige Berufung vor, kann das Berufungsgericht auch sonstige Mängel des Ersturteils, die sich aus dem Prozessstoff ergeben, prüfen.[58] Es wird immer wieder verkannt, dass es sich bei der Berufungsinstanz um eine zweite – wenn auch eingeschränkte – Tatsacheninstanz handelt, deren Aufgabe in der Gewinnung einer fehlerfreien und überzeugenden und damit richtigen Entscheidung des Einzelfalls besteht. Wird der Prüfungsumfang vom Berufungsgericht unzulässig auf eine Rechtsfehlerkontrolle verengt, nimmt es die Ausführungen der Prozessbeteiligten nur eingeschränkt zur Kenntnis und verstößt damit gegen Art. 103 Abs. 1 GG.[59]

Auch im Rahmen des § 287 ZPO kann das Berufungsgericht seine Schadens- oder sonstige Schätzung ohne Bindung an das Erstgericht ausüben.[60] **26**

53 BGH, NJW 2007, S. 2414, 2416; vgl. auch BGH, NJW 2004, S. 2152, 2155.

54 Vgl. BGH, NJW 2004, S. 1876, 1878.

55 Vgl. aber BGH, Beschl. v. 21.11.2011 – IV ZR 216/09.

56 Vgl. Doukoff, Mandatshandbuch Zivilrechtliche Berufung, Rn 670 ff. m.w.N.

57 BGH, Beschl. v. 28.4.2020 – VI ZR 347/19 = NJW-RR 2020, S. 822.

58 Vgl. BGH, Beschl. v. 13.9.2012 – III ZB 24/12 = NJW 2012, S. 3581 ff.; BGH, Beschl. vom 11.3.2014 – VI ZB 22/13 = NJW-RR 2014, S. 760 f.

59 Vgl. BGH, Beschl. v. 4.9.2019 – VII ZR 69/17 = NJW-RR2019, S. 1343 ff.

60 Prütting/Gehrlein/Laumen, ZPO, § 287 Rn 21 m.w.N.

27 Spielt ein Gesichtspunkt für das erstinstanzliche Gericht keine Rolle, kann weder von der Kläger- noch von der Beklagtenseite eine weitergehende Substantiierung verlangt werden. Entsprechender Vortrag ist damit in zweiter Instanz möglich, wenn sich dort die Relevanz des Gesichtspunktes zeigt.[61]

II. Beweiskraft des Tatbestandes

28 Dem Tatbestand kommt (wohl) **keine negative Beweiskraft** zu. Hierzu teilt der BGH mit:

> *„Das Berufungsgericht ist an der Berücksichtigung des übergangenen Vorbringens nicht deshalb gehindert gewesen, weil dieser Vortrag weder durch eine Darstellung im Tatbestand noch durch eine § 313 Abs. 2 Satz 2 ZPO genügende Bezugnahme (vgl. BGH, Urt. v. 18.2.1954, IV ZR 126/53, LM § 295 ZPO Nr. 9) in dem erstinstanzlichen Urteil Erwähnung gefunden hat.*
>
> *α) Die auf § 314 ZPO gestützte Annahme, dass nicht erwähnte Angriffs- und Verteidigungsmittel auch tatsächlich unterblieben sind (negative Beweiskraft des Tatbestandes), wäre nur dann gerechtfertigt, wenn das Parteivorbringen in dem Urteilstatbestand vollständig wiedergegeben werden müsste. Nur dann könnte, nämlich von dem Fehlen einer Darstellung auf das Fehlen entsprechenden Vortrags geschlossen werden. Eine vollständige Wiedergabe des Parteivorbringens kann aber nicht mehr zu den Funktionen des Urteilstatbestandes zählen, nachdem sich das Gesetz in § 313 Abs. 2 ZPO mit einer ‚knappen' Darstellung nur des ‚wesentlichen Inhalts' der vorgebrachten Angriffs- und Verteidigungsmittel begnügt (MüKo-ZPO/Wenzel a.a.O. § 559 Rn 7; Musielak/Ball a.a.O. § 529 Rn 7; § 559 Rn 17; ders. in Festschrift für Geiß 2000, S. 3, 20; Fischer DRiZ 1994, 461, 462 f.; Crückeberg MDR 2003, 199, 200; Gaier NJW 2004, 110, 111; Rixecker NJW 2004, 705, 708; a.A. Rimmelspacher NJW-Sonderheft 2. Hannoveraner ZPO-Symposium a.a.O. S. 11, 13). Dies hängt eng zusammen mit der Aufgabe der ursprünglichen Konzeption des Zivilprozesses als ein rein mündliches Verfahren, nach der ein mündlicher Vortrag weder durch ein Verlesen noch durch eine Bezugnahme auf Schriftsätze ersetzt werden konnte (§ 128 Abs. 3 Satz 1 CPO 1877/§ 137 Abs. 3 Satz 1 CPO 1900). Wurde hiernach ausschließlich das mündlich Vorgetragene zum Prozessstoff, so konnte dieser nicht durch den Inhalt der Schriftsätze, sondern allein durch den – tunlichst vollständigen – Urteilstatbestand nachgewiesen werden. Insbesondere seit der gänzlichen Aufgabe des Bezugnahmeverbots durch die Neufassung des § 137 Abs. 3 Satz 1 ZPO (RGBl I 1924, 135) stehen indessen die vorbereitenden Schriftsätze ebenfalls zum Nachweis des Parteivorbringens zur Verfügung. Da mit der Antragstellung und der mündlichen Verhandlung im Zweifel eine Be-*

61 Vgl. OLG München, 13 U 4287/10 (dort Ziffer II.5.), n.V.

zugnahme der Parteien auf den Inhalt der zur Vorbereitung vorgelegten Schriftstücke verbunden ist (BGH, Urt. v. 28.11.2001, IV ZR 309/00, NJW-RR 2002, 381 m.w.Nachw.), ergibt sich der Prozessstoff auch aus dem Inhalt der Gerichtsakten. Der Bundesgerichtshof hat bereits vor dem Hintergrund dieser Überlegung – wenn auch ohne ausdrückliche Aufgabe der Rechtsprechung zur negativen Beweiskraft – auf entsprechende Revisionsrüge Vorbringen berücksichtigt, das im Tatbestand nicht erwähnt war (BGH, Urt. v. 16.6.1992, XI ZR 166/91, NJW 1992, 2148, 2149; Urt. v. 7.12.1995, III ZR 141/93, NJW-RR 1996, 379; vgl. auch Urt. v. 28.11.2001, IV ZR 309/00 a.a.O.). Allein mit dem Hinweis auf die negative Beweiskraft des Urteilstatbestandes kann mithin Parteivorbringen, das sich aus den vorbereitenden Schriftsätzen ergibt, in den Rechtsmittelverfahren nicht unberücksichtigt bleiben. Hingegen bleibt die negative Beweiskraft für solche Angriffs- und Verteidigungsmittel von Bedeutung, die in der mündlichen Verhandlung ohne vorherige Ankündigung in einem vorbereitenden Schriftsatz vorgebracht werden (Ball in Festschrift für Geiß 2000 S. 3, 20).“[62]

Hinweis **29**

Ob sich alle Zivilsenate des BGH an diese Rechtsprechung halten, ist ungeklärt,[63] aber es scheint, als ob sich seit 2004 insofern eine gefestigte Rechtsprechung entwickelt hat, nach der die negative Beweiskraft für schriftsätzlich vorbereitetes Vorbringen weggefallen ist, für genuin mündliches, nicht schriftsätzlich vorbereitetes Vorbringen aber fortbesteht.[64] Die frühere Rechtsprechung meinte: „Allerdings hat die Rechtsprechung bisher dem Urteilstatbestand aufgrund des § 314 ZPO auch negative Beweiskraft hinsichtlich des mündlichen Parteivorbringens beigelegt. Danach soll der Tatbestand nicht nur Beweis dafür erbringen, dass das, was in ihm als Parteivortrag wiedergegeben wird, tatsächlich vorgetragen worden ist, sondern auch beweisen, dass von den Parteien nichts behauptet worden ist, was nicht aus dem Tatbestand ersichtlich ist (Senat, Urt. v. 25.5.1984, V ZR 199/82, NJW 1984, 2463, insoweit in BGHZ 91, 282 nicht abgedruckt; BGH, Urt. v. 27.5.1981, IVa ZR 55/80, NJW 1981, 1848; Urt. v. 3.11.1982, IVa ZR 39/81, NJW 1983, 885, 886 m.w.Nachw.; Urt. v. 16.5.1990, IV ZR 64/89, NJW-RR 1990, 1269). Dieser bereits vom Reichsgericht (RGZ 4, 418, 420; RG JW 1887, 38; 1896, 72; 1897, 52, 53) vertretenen Auffassung ist das Bundesverwaltungsgericht beigetreten (BVerwG, Beschl. v. 13.4.1989, 1 B 21/89 m.w. Nachw.).“[65] Das bedingt eine anwaltliche Pflicht zur Überprüfung des Urteilstatbestandes.

62 BGHZ 158, S. 269, 280 ff. = V ZR 257/03.

63 Vgl. Doukoff, Mandatshandbuch Zivilrechtliche Berufung, Rn 110 ff. m.w.N.

64 Vgl. Zöller/ZPO, 36. Aufl., § 314 Rn 5.

65 BGHZ 158, S. 269, 282 = V ZR 257/03.

30 Ein Tatbestandsberichtigungsantrag ist daher jedenfalls erforderlich, bei

- **fehlerhafter** Wiedergabe von Parteivorbringen oder für schriftsätzlich nicht angekündigtes Vorbringen in der mündlichen Verhandlung.[66] Eine fehlerhafte Wiedergabe von Parteivorbringen liegt insbesondere bei einem Widerspruch zwischen Parteivorbringen und Wiedergabe im Tatbestand vor (z.B. Behandlung von unstrittigem als strittig und umgekehrt).[67]
- Sofern in der Vorauflage vertreten wurde, dass aus Gründen anwaltlicher Vorsicht ein Tatbestandsberichtigungsantrag erforderlich wäre, wenn Angriffs- oder Verteidigungsmittel im Tatbestand des Urteils – auch nicht durch Bezugnahme – erwähnt werden, kann möglicherweise „übervorsichtig" erscheinen. Schädlich wäre er auf keinen Fall: Denn andernfalls wäre das im Tatbestand übergangene Angriffs- oder Verteidigungsmittel (ggf.) neu im Sinne von § 531 Abs. 2 ZPO.[68] Eine Bezugnahme auf „die gewechselten Schriftsätze" oder „den Akteninhalt" ist nach einer Ansicht unwirksam, während es nach anderer Ansicht ohnehin keiner Bezugnahme mehr bedarf.[69] Ob der Tatbestandsberichtigungsantrag in diesem Fall daher begründet ist, kann nicht prognostiziert werden. Gleichwohl kann auch der unbegründete Tatbestandsberichtigungsantrag Zweifel an der Richtigkeit und Vollständigkeit der festgestellten Tatsachen wecken.[70]

III. Die Verfahrensrüge der Nichterörterung des Beweisergebnisses

31 Wer das Recht in seiner Gesamtheit betrachtet, kennt aus der Revision die **Verfahrensrüge**. Eine solche existiert auch im zivilgerichtlichen Berufungsverfahren.

32 Sehr praxisrelevant ist die Verfahrensrüge der Verletzung der §§ 285 Abs. 1, 279 Abs. 3 Halbsatz 2 ZPO.

33 *Praxistipp*

„Nach §§ 285 Abs. 1, 278 Abs. 2 Satz 2 ZPO [a.F. = 279 Abs. 3 HS 2] ist über das Ergebnis der Beweisaufnahme zu verhandeln und der Sach- und Streitstand erneut mit den Parteien zu erörtern. Ein Verstoß gegen diese Bestimmungen ist – schon im Blick auf die damit regelmäßig verbundene Verletzung des rechtlichen Gehörs nach Art. 103 Abs. 1 GG – grundsätzlich als Verfahrensfehler anzusehen (BGH, Urt. v. 26.4.1989 – I ZR 220/87 – NJW 1990, 121 unter II 2 a). Im Protokoll findet sich kein Hinweis darauf, dass die Parteien streitig zum Beweisergebnis verhandelt haben. Damit steht der Verstoß gegen §§ 285 Abs. 1, 278

66 Vgl. Eichele/Hirtz/Oberheim, Berufung im Zivilprozess, 2. Aufl., S. 202 ff.
67 Vgl. BGHZ 140, S. 335, 339, vgl. auch BGH, NJW 2001, S. 448 f. und MDR 2007, S. 853.
68 Vgl. Doukoff, Mandatshandbuch Zivilrechtliche Berufung, Rn 112 m.w.N.
69 Vgl. Prütting/Gehrlein/Thole, ZPO, § 313 Rn 12 m.w.N.
70 Vgl. Doukoff, Mandatshandbuch Zivilrechtliche Berufung, Rn 115 m.w.N.

Abs. 2 Satz 2 ZPO fest (§§ 165, 160 Abs. 2 ZPO)."[71] „Ein solcher Fehler begründet die Revision bereits dann, wenn die angefochtene Entscheidung auf ihm beruhen kann."[72]

Die gängigen Floskeln im Protokoll „den Parteien wurde Gelegenheit gegeben, zum Beweisergebnis Stellung zu nehmen" oder „die Parteien verhandeln über das Beweisergebnis" stellen keine Protokollierung[73] der Erörterung des Beweisergebnisses des Gerichts gem. § 279 Abs. 3 HS 2 ZPO dar.[74] 34

Der Berufungsführer muss[75] jedenfalls in der Berufungsschrift noch darlegen, dass er, wenn ihm Gelegenheit zu einer Stellungnahme zum Beweisergebnis gegeben worden wäre, noch den Gesichtspunkt X oder den Beweisantrag Y mit dem Beweisergebnis Z vorgetragen hätte, mit dem sich das Gericht auseinandersetzen und ggf. die Beweisaufnahme ergänzen hätte müssen. 35

Praxistipp 36

Die Anträge sollten in dieser Situation nicht wiederholt werden, da damit eine Heilung des Verfahrensmangels gem. § 295 ZPO eintreten könnte.[76]

Weil die Verhandlung über das Beweisergebnis von eminenter Wichtigkeit ist, kann die Partei im Einzelfall sogar ein Recht auf Vertagung oder Nachlassen eines beweiswürdigenden Schriftsatzes haben.[77] 37

„Die Prozessbeteiligten sollen nach einer Beweisaufnahme möglichst im gleichen Termin deren Ergebnis erörtern und zur Sache verhandeln, § 279 Abs. 3, § 285 Abs. 1, § 370 Abs. 1 ZPO. Der Anspruch auf Gewährung rechtlichen Gehörs kann aber im Anschluss an eine Beweisaufnahme die Vertagung oder die Gewährung einer Schriftsatzfrist zum Beweisergebnis gebieten, wenn von einer Partei eine umfassende sofortige Stellungnahme nicht erwartet werden kann, weil sie verständigerweise Zeit braucht, um – in Kenntnis der Sitzungsnieder-

71 BGH, IV ZR 264/99; ebenso BGH VI ZR 307/04; aktuell: BGH, NJW 2012, S. 2354.

72 BGH, NJW 1990, S. 121 f.

73 Die als wesentlicher Vorgang der Verhandlung gem. § 160 Abs. 2 ZPO erfolgen muss. Andernfalls gilt die Vorschrift als nicht beachtet, vgl. Prütting/Gehrlein/Geisler, ZPO, § 279 Rn 4 f.; vgl. auch Gehrlein, Erste Erfahrungen mit der reformierten ZPO- Erstinstanzliches Verfahren und Berufung, MDR 2003, S. 421, 423.

74 So z.B. die ständige Rechtsprechung des 10. Zivilsenats des OLG München; vgl. hierzu auch Doukoff, Mandatshandbuch Zivilrechtliche Berufung, Rn 81 ff. m.w.N.

75 Für die zivilgerichtliche Revision fordert Egon Schneider auch noch den Vortrag, dass sich der Betroffene um Gehör bemüht hat, vgl. Schneider, Verhandlung über das Beweisergebnis, MDR 2001, S. 781 f. Dem ist nicht zuzustimmen. Der Verweis von Schneider auf § 90 Abs. 2 BVerfGG ist für die Verfassungsbeschwerde als außerordentlicher Rechtsbehelf zutreffend, aber nicht für einen ordentlichen Rechtsbehelf, in dem geringere Anforderungen gelten sollten.

76 Vgl. Prütting/Gehrlein/Deppenkemper, ZPO, § 295 Rn 10.

77 Vgl. BGH, NJW 1984, S. 1823 = VI RZ 220/82 und MDR 1991, S. 343.

schrift – angemessen vorzutragen. Das kann etwa nach einer komplexen Beweisaufnahme oder nach einer umfassenden Erörterung des Gutachtens der Fall sein (Zöller/Greger, ZPO, 28. Aufl., § 285 Rn 2; Musielak/Foerste, ZPO, 8. Aufl., § 285 Rn 2 und § 280 Rn 7 jeweils m.w.N.) oder auch dann, wenn der Sachverständige in seinen mündlichen Ausführungen neue und ausführlichere Beurteilungen gegenüber dem bisherigen Gutachten abgegeben hat (BGH, Beschl. v. 30.11.2010 VI ZR 25/09, NJW-RR 2011, 428 Rn 5; Urt. v. 13.2.2001 – VI ZR 272/99, NJW 2001, 2796, 2797; vgl. auch BGH, Beschl. v. 18.12.2008 – VII ZR 200/06, BauR 2009, 681 Rn 7 = NZBau 2009, 244 = ZfBR 2009, 349; Beschl. v. 15.10.2009 – VII ZR 2/09, BauR 2010, 246 Rn 4 = ZfBR 2010, 130).“[78]

38 Dieser Gesichtspunkt überschneidet sich in der Praxis mit der Pflicht zur Wiedereröffnung des Verfahrens.

39 Auch durch eine Verfahrensrüge der Verletzung des § 156 ZPO kann eine Bindungswirkung an erstinstanzlich festgestellte Tatsachen ggf. umgangen werden. Zeigt sich, dass die bisherige Verhandlung lückenhaft war, ist diese wieder zu eröffnen und ein Zeuge ggf. zu einer Präzisierung anzuhalten.[79] Wird z.B. ein Sachverständiger, ohne dass er vorher ein den Parteien zur kritischen Würdigung zugängliches schriftliches Gutachten erstattet hat, in der mündlichen Verhandlung zu schwierigen Sachfragen ausführlich gehört, muss jede Partei – bei schwierigen Sachfragen[80] –, soll ihr das rechtliche Gehör nicht verkürzt werden, Gelegenheit erhalten, sich nach Vorliegen des Protokolls über die Beweisaufnahme gegebenenfalls anderweitig sachverständig beraten zu lassen und zum Beweisergebnis Stellung zu nehmen, so dass auf entsprechenden Schriftsatz die Verhandlung wieder zu eröffnen ist.[81] Als Kehrseite hat die Partei sogar einen Anspruch auf Einräumung einer beweiswürdigenden Schriftsatzfrist mit der Möglichkeit weiterer Einwendungen.[82] Das gilt auch dann, wenn die Beweisaufnahme ein unvorhersehbares Ereignis zu Tage gebracht hat, zu dem eine Rücksprache mit der nicht erschienenen Partei nötig ist.[83]

40 Selbst wenn der Gutachter zuvor umfangreiche schriftliche Ausführungen erstattet hat, in seiner Anhörung aber eine weitere, bisher nicht erwähnte Sachdarstellung vorträgt, darf das Gericht diesen Vortrag nicht ohne Weiteres als bewiesen ansehen. Vielmehr muss das Gericht sodann gem. § 139 Abs. 1 ZPO auf diesen neuen Umstand hinweisen und den Parteien Gelegenheit zur Stellungnahme und Ergänzung

78 BGH, VII ZR 184/09.

79 Vgl. BGH, NJW 2001, S. 826 f.

80 Wobei das Kriterium nicht eng auszulegen ist, und auch bei für den Fachmann „trivialen“ Fragen vorliegt, vgl. Doukoff, Mandatshandbuch Zivilrechtliche Berufung, Rn 419.

81 Vgl. BGH, NJW 2009, S. 2604 ff.; BGH, VI ZR 25/09.

82 Vgl. BGH, NJW 1991, S. 1547 f.

83 Vgl. OLG Koblenz, NJW-RR 1991, S. 1087.

ihres tatsächlichen Vorbringens einschließlich der Bezeichnung von Beweismitteln geben.[84]

Liegt in erster Instanz z.B. ein Sachverständigengutachten vor, so kann die Partei in 2. Instanz noch Einwendungen erheben, die sich aufgrund eines erst jetzt eingeholten Privatgutachtens ergeben, aber es **sollten** bereits in 1. Instanz selbst formulierte Einwände gegen das Gutachten erfolgen.[85] Sehr instruktiv hierzu ist die Entscheidung des BGH vom vom 21.12.2006 – VII ZR 279/05: 41

„Das BerGer. führt aus, der Bekl. sei gem. §§ 529 Abs. 1, 531 Abs. 2 ZPO mit Einwendungen ausgeschlossen, die auf dem Ergebnis des Privatgutachtens beruhten. Der Bekl. habe Einwendungen gegen das gerichtliche Sachverständigengutachten bereits in erster Instanz vorbringen müssen. Er sei im selbstständigen Beweisverfahren und im Rahmen der ergänzenden Anhörung des Sachverständigen vor dem LG zum Sachverständigengutachten gehört worden, ohne Einwendungen vorzubringen. Er habe keine Gründe vorgebracht, weshalb die Überprüfung des gerichtlichen Sachverständigengutachtens durch einen Privatgutachter während des Laufs des erstinstanzlichen Verfahrens nicht möglich gewesen sei. Das BerGer. hat verfahrensfehlerhaft angenommen, der Bekl. sei mit Einwendungen gegen das gerichtliche Sachverständigengutachten in der Berufungsinstanz gem. §§ 529 Abs. 1, 531 Abs. 2 Nr. 3 ZPO ausgeschlossen, die auf dem nach Erlass des erstinstanzlichen Urteils eingeholten Privatgutachten beruhen. Damit hat es zugleich in entscheidungserheblicher Weise den Anspruch des Bekl. auf Gewährung rechtlichen Gehörs (Art. 103 Abs. 1 GG) verletzt. Die vom Bekl. in der Berufungsinstanz unter Hinweis auf das nachträglich eingeholte Privatgutachten erhobenen Einwendungen sind nicht als neues Angriffsmittel i.S. der §§ 529 Abs. 1 Nr. 2, 531 Abs. 2 ZPO zu bewerten. Um neues Vorbringen handelt es sich, wenn dieses sehr allgemein gehaltenen Vortrag der ersten Instanz konkretisiert und erstmals substanziiert, nicht jedoch, wenn ein bereits schlüssiges Vorbringen aus der ersten Instanz durch weitere Tatsachenbehauptungen zusätzlich konkretisiert, verdeutlicht oder erläutert wird [m.w.N]. Der Bekl. hat in der Berufungsinstanz gegen das gerichtliche Sachverständigengutachten keine in diesem Sinne neuen Einwendungen erhoben, sondern sein erstinstanzliches Vorbringen lediglich ergänzt und erläutert. Er hat in erster Instanz beanstandet, dass die gelieferte Klappbahn nicht den Vorgaben der Ausschreibung entspreche und die aufgetretenen Mängel auf Verarbeitungsfehler der mit der Ausführung der Arbeiten beauftragten Firma M zurückzuführen seien. In der Berufungsinstanz hat er unter Bezugnahme auf die Ausführungen des von ihm beauftragten Privatgutachters die Art der Verarbeitungsfehler im Einzelnen dargelegt sowie die Umstände bezeichnet, die

84 Vgl. BGH, VI ZR 25/09.

85 Vgl. BGH, NJW 2004, S. 2825 ff.

die Annahme nahelegen, dass für die Sanierung fehlerhaftes und nicht dem Leistungsverzeichnis entsprechendes Material verwendet worden ist. Im Übrigen durfte das BerGer. die vorgebrachten Einwendungen gegen das gerichtliche Sachverständigengutachten schon deshalb nicht als verspätet zurückweisen, weil dem Bekl. keine Nachlässigkeit zur Last fällt (§ 531 Abs. 2 Nr. 3 ZPO). Eine Partei ist nicht verpflichtet, bereits in erster Instanz Einwendungen gegen ein Gerichtsgutachten unter Beifügung eines Privatgutachtens oder gestützt auf sachverständigen Rat vorzubringen [m.w.N.]. Dieser Grundsatz findet außer bei medizinischen Fachfragen auch bei Fallgestaltungen Anwendung, in denen ein Erfolg versprechender Parteivortrag fachspezifische Fragen betrifft und besondere Sachkunde erfordert [m.w.N.]. Der Bekl. war danach nicht gehalten, zur Erhebung fachlich fundierter Einwendungen bereits in erster Instanz einen privaten Sachverständigen zu beauftragen. Die Ermittlung der Umstände, die für den Mangel ursächlich gewesen sind, erfordert besonderes Fachwissen, das sich eine Partei in der Regel nur durch Hinzuziehung eines Sachverständigen verschaffen kann. Eine Partei ist auch dann nicht gehindert, sich zur Ergänzung ihres Sachvortrags eines anerkannten Sachverständigen zu bedienen, wenn sie selbst über Fachkenntnisse verfügt. Der in der unzulässigen Zurückweisung des Vorbringens liegende Verstoß des BerGer. gegen Art. 103 Abs. 1 GG ist entscheidungserheblich. Das BerGer. hat sich mit den auf das Privatgutachten gestützten Einwendungen des Bekl. nicht auseinandergesetzt. Es kann daher nicht ausgeschlossen werden, dass es anders entschieden hätte, wenn es die vom Bekl. in der Berufungsinstanz erhobenen Einwendungen berücksichtigt hätte.“[86]

42 Hat der Sachverständige sein Gutachten bereits vorher schriftlich übersandt und hat die Partei entsprechende Einwendungen erhoben, ist die Partei in der dann folgenden mündlichen Erörterung i.d.R. dem gerichtlich bestellten Sachverständigen nicht mehr gewachsen. Mit anderen Worten: Der gerichtlich bestellte Sachverständige verteidigt sein bisheriges Gutachtenergebnis meist – mit Zähnen und Klauen – und die Partei ist sachlich und fachlich i.d.R. nicht in der Lage, das Gericht von ihren Bedenken gegen das Gutachten zu überzeugen.

43 Als Ausweg verbleibt für die Partei die Möglichkeit, einen eigenen Privatgutachter in der Verhandlung zu stellen und diesem das Fragerecht (an den Gerichtssachverständigen) zu übertragen.[87] „Es ist jeder Partei unbenommen, die fehlende eigene Sachkunde in der mündlichen Verhandlung dadurch auszugleichen, dass sie sich ei-

86 BGH, NJW 2007, S. 1531, 1532.

87 Vgl. BGH, VersR 69, S. 70: „Die förmliche Anhörung eines Privatsachverständigen ist nach der Rechtsprechung des erkennenden Senats freilich nicht veranlasst […], doch kann die Partei den Privatsachverständigen jedenfalls zu ihrer Unterstützung in der mündlichen Verhandlung hinzuziehen und sich von ihm bei der Fragestellung beraten lassen, falls sie ihm nicht ohnehin ihr Fragerecht überträgt […].“; BGH, NJW-RR 2019, Beschl. v. 14.10.2008 – VI ZR 7/08 = S. 409, 410 Ziffer 8.

nes Privatgutachters als Erklärungs-, Befragungs- und Darlegungshelfers bedient."[88] „Zutreffend hat der Richter auch Äußerungen des fachkundigen Beraters der Partei zugelassen. Es wäre nicht nur eine unnötige Förmelei und eine Zeitvergeudung für alle Beteiligte, wenn man fordern würde, die Partei müsse jeweils Unterbrechung der Beweisaufnahme erwirken, damit sie sich in der Pause fachkundig beraten lassen kann, um sodann bei Fortsetzung der Beweisaufnahme sachlich und fachlich richtige Fragen stellen oder solche Hinweise geben zu können. Es wäre vor allem eine ungerechtfertigte Beeinträchtigung des rechtlichen Gehörs der Partei, die stets Gefahr laufen würde, bei der Übermittlung des sachkundigen Rats mangels eigener Sachkunde Fehler zu machen. Gerade im vorliegenden Rechtsstreit, in dem der gerichtlich beauftragte Gutachter zu einer völlig anderen Beurteilung gelangt als der vom Kl. beauftragte Privatgutachter, wäre der Kl. durch ein solches Verfahren in der Wahrnehmung seiner Rechte unangemessen beeinträchtigt."[89]

Praxistipp 44

Liegt nicht nur eine Diskrepanz in den Schlussfolgerungen vor, sondern auch in dem Vorliegen der Anknüpfungstatsachen, ist der Privatsachverständige als sachverständiger Zeuge zu laden und zu hören.[90]

Ebenso wie sich die Partei in der mündlichen Verhandlung eines Privatgutachters 45
bedienen und diesem ihr Fragerecht übertragen kann, kann die Partei zur Ortsbesichtigung einen Privatgutachter „mitbringen".[91] „Gemäß dem Grundsatz des rechtlichen Gehörs (Art. 103 Abs. 1 GG, Art. 91 Abs. 1 BayVerf) ist jedoch jede Partei berechtigt, zu allen beweisrechtlich erheblichen Terminen anwesend zu sein. Dies ist insbesondere dann der Fall, wenn für die Begutachtung, wie zuvor ausgeführt, nicht lediglich eine bloße Besichtigung erforderlich ist, sondern der Sachverständige auch am Objekt selbst Untersuchungen vornehmen muß. Gerade in einer Bausache ist es von ausschlaggebender Bedeutung, ob der Sachverständige z.B. die zutreffenden Bauteile freilegt oder tatsächlich die maßgeblichen Proben mitnimmt. Der hier beauftragte Sachverständige hat dem Gericht ... auch kundgetan, daß für eine ordnungsgemäße Gutachtenserstattung die Teilnahme der Parteien am Ortstermin erforderlich sei. Damit ist ein diesbezügliches Anwesenheitsrecht beider Parteien zu bejahen. Dieses erstreckt sich auch auf den von einer Partei i.S.d. § 141 Abs. 3 S. 2 ZPO bevollmächtigten Vertreter [m.w.N.]."[92]

88 OLG Karlsruhe, zfs 2003, S. 510.

89 OLG München, MDR 1989, S. 71; ähnlich für den Fall der Teilnahme am Augenschein, OLG München, Beschl. v. 25.2.1988 – 28 W 994/88 = NJW-RR 1988, S. 1534.

90 Vgl. OLG Karlsruhe, zfs 2003, S. 510; BGH, NJW 2005, S. 3071, 3073.

91 Vgl. Bayerlein in: Praxishandbuch Sachverständigenrecht, 4. Aufl., § 15 Rn 69 m.w.N.

92 OLG München, Urt. v. 3.11.1983 – 24 U 185/83 = NJW 1984, S. 807 f.

§ 31 Das Geständnis

Inhalt

A. Allgemeines

„Ein Geständnis ist, soweit es nicht verfahrensrechtlich bindet (vgl. z.B. §§ 288, 290 ZPO), nur auf den ersten Anschein ein sehr starkes Beweismittel.“[1] „Tatsächlich ist ein Geständnis heute – zu Recht – theoretisch kaum etwas wert; faktisch gilt es – zu Unrecht! – weiterhin als Königsweg des Beweises.“[2] Ein **falsches Geständnis** stellt eine **Hauptfehlerquelle** des Strafprozesses dar.[3] Das liegt gegenwärtig an der sog. **Sanktionsschere**, d.h. ein mildes Urteil bei Vorliegen eines Geständnisses, anderenfalls einer (langjährigen) Haftstrafe. **Die Sanktionsschere ist rechtlich unzulässig, kommt aber immer wieder vor**. Es liegt dann auch ein Verstoß gegen § 136a StPO vor. BGHSt 1, S. 105 f. teilt uns mit: „Denn die geltende Verfahrensordnung sieht um der Wahrheitsfindung willen davon ab, den Schuldigen zum Geständnis zu verpflichten oder gar durch Androhung von Nachteilen – wie härtere Strafe und Nich- 1

1 Bayerlein in: Praxishandbuch Sachverständigenrecht, 4. Aufl., § 11 Rn 30.

2 Fischer, Im Recht, S. 317.

3 Vgl. Gudjonsson, The Psychology of Interrogations and Confessions, S. 160 ff. m.w.N.

tanrechnung der Untersuchungshaft – auf ihn einen Druck nach dieser Richtung auszuüben. Darum ist es unzulässig, den geständigen Verbrecher nur seines Geständnisses wegen milder und den leugnenden Verbrecher nur seines Leugnens wegen härter zu bestrafen, weil eine solche schematische Berücksichtigung von Geständnis oder Leugnen im Ergebnis als unzulässiger Druck auf den Angeklagten wirken könnte (§ 136a StPO)."

2 Die Sanktionsschere hat zur Folge, dass das hierauf abgegebene Geständnis unverwertbar ist.[4] Daneben begründet der mit der Sanktionsschere drohende Richter die Besorgnis der Befangenheit.[5] Trotz des gesetzlich nun in §§ 257b und 257c StPO geregelten Deals, bleibt unklar, wann eine Sanktionsschere vorliegt. In der Praxis werden Strafrabatte zwischen 20 % und 50 % berichtet.[6]

3 Der Strafrabatt für ein ausgedealtes Geständnis löst sich dogmatisch von bekannten Strafzumessungserwägungen, zumal „Schuldeinsicht und Reue" im Falle des Deals regelmäßig nicht vorliegen. Faktisch wird allein die Arbeitsentlastung für die Justiz belohnt.[7] Von BGHSt 43, S. 195, 209 erfahren wir: „Zwar wird ein Geständnis dann nicht wesentlich strafmildernd berücksichtigt werden, wenn es ersichtlich nicht aus einem echten Reue- und Schuldgefühl heraus abgelegt worden ist, sondern auf ‚erdrückenden Beweisen beruht' (BGH bei Detter NStZ 1990, 221). So liegt der Fall aber bei einem im Rahmen einer Verständigung abgelegten Geständnis in der Regel nicht. Zudem sind Schuldeinsicht und Reue subjektive Empfindungen des Angeklagten, die objektiv schwer messbar sind und durchaus auch bei einem Geständnis aufgrund einer Absprache vorliegen können; auch in diesem Fall bekennt sich der Angeklagte zu seiner Tat und fördert das Prozessziel des Rechtsfriedens (Schäfer, Verhandlungen des 58. DJT Bd. II L 58 f.; Widmaier, Verhandlungen des 58. DJT Bd. II L 40). Es erscheint im Übrigen fraglich, ob es überhaupt möglich ist, aus dem Prozessverhalten des Angeklagten für ihn nachteilige sichere Schlüsse auf seine Einstellung zur Tat zu ziehen. Auch für die Strafzumessung gilt uneingeschränkt der Zweifelsgrundsatz, so dass jeweils von der für den Angeklagten günstigsten Möglichkeit auszugehen ist, die nach den gesamten Umständen in Betracht kommt (BGH, Beschl. vom 7.12.1995 – 4 StR 688/95 m.w.N., s.a. Böttcher, Verhandlungen des 58. DJT Bd. II L 19; Hanack StV 1987, 500, 503). Außerdem kann ein Geständnis dem Angeklagten auch als Beitrag zur Sachaufklärung und Verfahrensabkürzung zugutegehalten werden (Niemöller StV 1990, 34, 36)."

4 Vgl. BGHR StPO § 136a Abs. 1 Zwang 7 = 3 StR 411/04: In der Revisionsbegründung ist daher u.A. exakt darzustellen und zu rügen, vom wem (z.B. des Staatsanwaltes) die rechtsstaatswidrige Beeinträchtigung der Willensfreiheit ausgegangen ist. Ein Widerspruch in der Verhandlung ist hier nicht nötig, vgl. Meyer-Goßner, Komm. zur StPO, 51. Aufl., § 136a, Rn 33.

5 Vgl. BGH, NStZ 2008, S. 170 ff.

6 Vgl. BeckOK/StPO-Eschelbach, § 257c Rn 14.

7 Vgl. BeckOK/StPO-Eschelbach, § 257c Rn 20 ff. m.w.N.

Wasserburg/Eschelbach berichteten bereits vor mehr als 20 Jahren von der immer größer werdenden Sanktionsschere, die zunehmend Druck auf die Verteidigung ausübt.[8] Dieser Drohung kann auch ein Unschuldiger ohne Weiteres angesichts der Struktur des deutschen Strafprozesses nachgeben.[9] Gerade wenn der Angeklagte befürchtet, einem voreingenommenen Richter gegenüberzustehen, sieht er sich in nicht wenigen Fällen genötigt, ein (wahres oder falsches) Geständnis abzulegen, um sich wenigstens Strafrabatt bzw. eine Strafobergrenze „einzukaufen".[10] Eine Zeugin erstattet erst nach Jahren Anzeige: „Die Liste der Anklagepunkte ist lang wie selten in einem Strafprozess: Freiheitsberaubung, Menschenhandel, gefährliche Körperverletzung, Nötigung, Vergewaltigung und versuchte räuberische Erpressung [...]. ‚Das alles ist erlogen und erstunken', schimpft der Angeklagte [...]. Richter W. nimmt ihm gleich den Wind aus den Segeln und erinnert ihn daran, welche Strafandrohungen auf jeden einzelnen Anklagepunkt steht [...]. Helmuth S. wird nachdenklich angesichts der Warnung und bittet um eine Unterbrechung. Danach legt er ein Geständnis ab [...]. Die Strafe ist bereits vorab ausgehandelt: Zwei Jahre, die ‚mit viel gutem Willen', so die Staatsanwältin in ihrem Antrag, zur Bewährung ausgesetzt werde. ‚Sie haben viel Glück gehabt', sagt Richter W., ohne Geständnis hätte die Strafe leicht fünf Jahre betragen können."[11] 4

Praxistipp 5

„Schon in der Vergangenheit wurde von Tatrichtern nicht selten die Verteidigungsstrategie der bedingungslosen Unterwerfung unter Hinweis auf die zur Verfügung stehende Sanktionsschere gefordert. Diese spezifische Perversion der deutschen Absprachepraxis wird nun durch die Neuregelung phänomenologisch zementiert. Denn anders als in den USA, wo Absprachen primär zwischen der Staatsanwaltschaft und dem Verteidiger durchgeführt werden, ist das erkennende Gericht der entscheidende Verhandlungspartner. Ein fairer Interessenausgleich ist aber, wie alle soziologischen Untersuchungen zur so genannten Verhandlungsgerechtigkeit erwiesen haben, ausgeschlossen, wenn zwischen den Verhandlungspartnern ein zu großes Machtgefälle besteht. So liegen die Dinge hier: Der Richter tritt dem Angeklagten und seinem Verteidiger wegen der erheblichen Spannbreiten der gesetzlichen Strafrahmen praktisch ohne jede Begrenzung gegenüber."[12]

8 Vgl. Wasserburg/Eschelbach, Die Wiederaufnahme des Verfahrens propter nova als Rechtsschutzmittel, GA 2003, S. 335, 340 m.w.N.

9 Vgl. Eschelbach, Absprachenpraxis versus Wiederaufnahme des Verfahrens, HRRS 2008, S. 190, 199.

10 Vgl. Beulke/Witzigmann, Anm. zu BGH, 1 StR 323/08, StV 2009, S. 394 ff.

11 „Bizarre Beziehung endet vor dem Richter", SZ v. 21./22.5.2008, S. 50 (Autor Alexander Krug).

12 Neuhaus, Der Abbau von Bürgerrechten im Strafverfahren seit 1989, ZAP Sonderheft zum 20-jährigen Jubiläum, S. 54, 58.

6 Drohungen mit der **Sanktionsschere** kommen auch von Seiten der **Staatsanwaltschaft** vor. Erfolgt auf eine solche Drohung (im Falle eines Geständnisses würde der Staatsanwalt eine Freiheitsstrafe von drei Jahren und sechs Monaten beantragen, andernfalls sechs bis sieben Jahre) ein Geständnis, dann ist dieses unverwertbar.[13]

7 Einen anderen Fall der Ausübung unzulässigen Drucks behandelt der BGH in der Entscheidung 4 StR 84/04, in der die Strafkammer mit U-Haft drohte, falls der Angeklagte kein Geständnis ablegen sollte. Auch ein solchermaßen zustande gekommenes Geständnis ist unverwertbar gem. § 136a Abs. 1 Satz 3 StPO.[14]

8 Zu der immer wieder vorkommenden Drohung mit der Sanktionsschere teilt der Große Senat für Strafsachen mit: „Die Differenz zwischen der absprachegemäßen und der bei einem ‚streitigen Verfahren' zu erwartenden Sanktion darf nicht so groß sein (‚Sanktionsschere'), dass sie strafzumessungsrechtlich unvertretbar und mit einer angemessenen Strafmilderung wegen eines Geständnisses nicht mehr erklärbar ist. Dies gilt sowohl für den Fall, dass die ohne Absprache in Aussicht gestellte Sanktion das vertretbare Maß überschreitet, so dass der Angeklagte inakzeptablem Druck ausgesetzt wird (vgl. BGH StV 2004, 470), als auch für den Fall, dass das Ergebnis des Strafnachlasses unterhalb der Grenze dessen liegt, was noch als schuldangemessene Sanktion hingenommen werden kann."[15] Der Strafnachlass dürfte daher höchstens 20 % betragen,[16] nach anderer Ansicht zwischen 20 % und 33 %.[17]

9 Liegt ein (wahres oder – nicht auf den ersten Blick erkennbares – falsches) Geständnis vor, werden Angeklagte i.d.R. verurteilt.[18] Bemerkenswerterweise hat sich der Gesetzgeber zur Qualität des ausgedealten Geständnisses im Sinne des § 257c StPO nicht geäußert.[19] Ein „schlankes Geständnis" dürfte de jure nicht ausreichen gem. § 257c Abs. 1 Satz 2 StPO. Ein pauschales Geständnis, das die gemachten Vorhalte bestätigt, ggf. verbunden mit nicht nachprüfbaren Punkten, ist wertlos.[20]

10 Der BGH forderte bereits vor Kodifizierung der Verständigung (**theoretisch**), dass sich der Richter von der Richtigkeit des Geständnisses überzeugen muss und es nicht genügt, dass das Geständnis lediglich unwiderlegt ist.[21] Faktisch sind mit einem (auch noch so schlanken) Geständnis die Würfel gefallen. Einem Widerruf des Geständnisses pflegt man nicht zu glauben. Dass eine Verständigung (= Deal) eine

13 Vgl. BGH 3 StR 411/04 = BGHR StPO § 136a Abs. 1 Zwang 7.

14 Vgl. BGHR StPO § 136a Abs. 1 Zwang 6 = StV 2004, S. 636.

15 BGHSt 50, S. 40, 50.

16 Vgl. BeckOK/StPO-Eschelbach, § 257c Rn 24.

17 Vgl. Altenhain/Hagemeier/Haimerl, Die Vorschläge zur gesetzlichen Urteilsabsprachen im Lichte aktueller rechtstatsächlicher Erkenntnisse, NStZ 2007, S. 71, 78.

18 Milne/Bull, Psychologie der Vernehmung, S. 87 m.w.N.

19 Vgl. BeckOK/StPO-Eschelbach, § 257c Rn 21.

20 Vgl. Schwarz in: Bender/Häcker/Schwarz, Tatsachenfeststellung vor Gericht, 6. Aufl., Rn 1295.

21 Vgl. BGH, 2 StR 249/92, n.v.; vgl. auch BGH, NStZ 1994, S. 597; BGH, StV 1996, S. 214; BGH, NStZ 1999, S. 92; BGH, NStZ 2003, S. 383.

besondere **Anreiz- und Verlockungssituation** für ein (ggf. falsches) Geständnis darstellt, kann nicht bestritten werden.[22] Deswegen gilt: Das im Zusammenhang mit der Zusage einer Strafobergrenze abgegebene Geständnis in der – die Grundlage der richterlichen Überzeugung über Schuld oder Unschuld und die daran zu knüpfenden Folgen bildenden – Hauptverhandlung ist auf seine Richtigkeit zu überprüfen, denn eine solche Zusage kann den Angeklagten zur Abgabe eines (teilweise) falschen Geständnisses veranlassen."[23] Auch die bloße Überprüfung an Hand der Aktenlage reicht jedenfalls dann nicht, wenn sich der Angeklagte über seinen Verteidiger verschriftet zur Sache geständig einlässt, ohne weitergehende Nachfragen der Verfahrensbeteiligten zu beantworten. Dann darf sich das Tatgericht seine Überzeugung von der Richtigkeit des Geständnisses nicht allein durch dessen Abgleich mit der Aktenlage verschaffen.[24]

Es wurde bereits bei Einführung der Vorschrift (§ 257c StPO) im Jahre 2007 bezweifelt, dass die Praxis **schlanke Geständnisse** nicht mehr akzeptieren wird.[25] Faktisch hat sich vermutlich wenig geändert.[26] Speziell zur **Sanktionsschere** ist folgender Befund festzustellen: „Das zentrale Problem im Gefolge der gesetzesfernen Urteilsabsprachepraxis liegt darin, dass mehr denn je der **favor iudicis** durch ein oft zu unsachlicher Milde des Richters bewegendes konsensuales Verteidigungsverhalten oder die richterliche Verärgerung über eine als Konflikt empfundene kämpferische Verteidigung für das Ergebnis der Strafbemessung von Bedeutung sind, ohne dass dies einer effektiven Kontrolle unterliegt. So ist nicht selten aus Urteilsgründen zu erahnen, aber kaum jemals zu beweisen, dass Angeklagte für ein unangenehmes Verteidigerverhalten besonders bestraft werden [m.w.N.]. Umgekehrt führt unterwürfiges Prozessverhalten bisweilen zu unsachlicher Milde. Das Verbot der Öffnung einer **Sanktionsschere** [m.w.N.] bleibt wirkungslos [m.w.N.]. Dies gilt jedenfalls solange unklar bliebt, welcher Spielraum genutzt wurde [m.w.N.]. Die Ausnutzung von Unklarheiten und vagen Andeutungen bleibt in der Praxis eine scharfe Waffe im Kampf um Konsens oder Konflikt [m.w.N.]. Auch die Regeln für eine Verständigungsordnung in § 257c StPO liefern kein effektives Mittel der Kontrolle."[27] 11

Auch wenn das Geständnis widerrufen wird, tritt faktisch eine Umkehr der Beweislast ein.[28] Erfolgt die Verurteilung allein aufgrund eines „schlanken Geständnisses" 12

22 Vgl. BVerfG, NJW 2013, S. 1058, 1063

23 BVerfG, NJW 2013, S. 1058, 1069.

24 Vgl. BGH, NStZ 2014, S. 170.

25 Vgl. BeckOK/StPO-Eschelbach, § 257c, Rn 23 ff.

26 Vgl. BGH StV 2012, 134; BGH NStZ-RR 2012, 52; BGH, Beschl. v. 1.3.20211 – 1 StR 52/11; kritischer aber: BVerfG NJW 2024, 1113 Rn 51 ff.

27 Satzger/StGB/Eschelbach, 6. Aufl., § 46, Rn 19.

28 Vgl. Stern, Der Geständniswiderruf als forensisches Erkenntnisproblem, StV 1990, S. 563 f.

wird der Angeklagte – rechtsstaatswidrig – zum Objekt des Verfahrens in einer substanzarmen Hauptverhandlung.[29] Die Fälle, in denen falsche Geständnisse entlarvt werden, sind i.d.R. nicht der besseren Einsicht des übergeordneten Richters, sondern dem schlichten Zufall zu verdanken. So z.B., wenn das vermeintliche Mordopfer nach Jahren unversehrt auftaucht.

13 Ein Beispiel aus neuerer Zeit liefert der Fall Rupp. Dem Haupttäter Matthias E. und seinen Mittätern wird verminderte Intelligenz attestiert. Matthias E. legt ein – später widerrufenes – Geständnis ab, den Rupp erschlagen, zerstückelt und die Leichenteile auf dem Hof des Rupp den Hunden zum Fraß gegeben zu haben. Die Justiz geht von einer perfekten Planung und Durchführung der Tat aus, denn es lassen sich keine Spuren finden. Nach der Verurteilung der Angeklagten, wird die äußerlich unversehrte Leiche des Rupp in seinem Auto in der Donau gefunden. Der leitende Oberstaatsanwalt schließt eine Wiederaufnahme des Verfahrens aus.[30] Bei dieser Einschätzung bleibt die Staatsanwaltschaft auch, nachdem die rechtsmedizinische Untersuchung der Wasserleiche keine Spuren von äußerer Gewalteinwirkung aufweist, folglich jede Einzelheit des Geständnisses falsch war.[31] Dieser Fall zeigt, dass die Justiz „kratzt und beißt", um ein Fehlurteil nicht einzuräumen und wie restriktiv die Wiederaufnahmepraxis gehandhabt wird.[32] Auch in diesem Evidenzfall konnte eine Wiederaufnahme erst durch das übergeordnete Oberlandesgericht erreicht werden. Fischer bezeichnet diesen Fall mit Recht als maximalen Skandal der Strafjustiz, der zur skurrilen Fußnote herunter definiert werde, ohne das Menetekel zu erkennen, dass sich in ihm offenbare.[33] Wie viele Fälle des „maximalen Skandals der Strafjustiz" es in Deutschland gibt, ist unerforscht und kann auch nicht verlässlich erforscht werden.

14 Andere Fälle, in denen sich die Falschheit des Geständnisses zeigt, wären, wenn ein Dritter nachträglich als zweifelsfreier Täter überführt wird (so im Fall Günter Kaufmann) oder der Verurteilte im Nachhinein ein Alibi nachweisen kann.[34] Der Schauspieler Günter Kaufmann wurde im Jahr 2002 wegen versuchter schwerer räuberischer Erpressung mit Todesfolge zu einer Freiheitsstrafe von 15 Jahren aufgrund eines falschen Geständnisses verurteilt. Die wahren Täter wurden drei Jahre später rein durch Zufall ermittelt.

29 Vgl. Wasserburg/Eschelbach, Die Wiederaufnahme des Verfahrens propter nova als Rechtsschutzmittel, GA 2003, S. 335, 341.

30 Vgl. Der Tote aus dem Schlamm, SZ vom 12.3.2009, S. 37 (Autor Stefan Mayr).

31 Vgl. Wasserleiche ohne Spuren, SZ vom 21.4.2009, S. 33 (Autor Stefan Mayr).

32 Vgl. Eschelbach, Feststellungen in Festschrift für Widmaier zum 70. Geburtstag, S. 138 ff., vgl. BeckOK/StPO-Eschelbach, § 261 StPO, Rn 4, 33.2, 67.

33 Vgl. Fischer, Im Recht, S. 317.

34 Vgl. Stern, Der Geständniswiderruf als forensisches Erkenntnisproblem, StV 1990, S. 563 f.

Ein Geständnis kann aus verschiedenen Gründen falsch sein,[35] z.B. aus „taktischen“ Gründen.[36] Das liegt v.a. dann nahe, wenn der Tatsachenverteidiger aufgrund offizieller oder inoffizieller Kontaktaufnahme mit dem Gericht prognostiziert, der Angeklagte wird vom Tatrichter ohnehin verurteilt und eine Revision als erfolglos einschätzt.[37] 15

Die **Wahrscheinlichkeit** eines falschen Geständnisses kann u.U. durch die sog. **Gudjonsson-Fragebögen** abgeschätzt werden, sodass es für den Verteidiger ratsam sein kann, einen entsprechend ausgebildeten Rechtspsychologen zu konsultieren und als Sachverständigen in den Prozess einzuführen.[38] 16

> *Hinweis*
>
> Auch ein Aussagepsychologe der sich mit dem Geständnis bzw. Widerruf des Geständnisses beschäftigt, kann Risikofaktoren für ein falsches Geständnis identifizieren, z.B.
> - „Eine Vernehmungsperson, die schon im **Besitz der** (vermeintlichen) **Wahrheit** ist und nur noch diese Wahrheit hören will.
> - Das ständige und **wiederholte Nachfragen** über eine längere Zeit, meist über Wochen und Monate.
> - Eine **suggestive** Befragungstechnik.
> - Die **Drucksituation** aus einer intellektuellen Überlegenheit oder emotionalen Abhängigkeit heraus.
> - Und die **Solidarisierung** mit dem Beschuldigten, z.B. indem man seine Tatmotive gutheißt.“[39]

Es lässt sich damit Folgendes festhalten: 17

„Selbst ein Geständnis[40] bietet nämlich keine Gewähr für die sachliche Richtigkeit der Verurteilung. Die Zahl falscher Geständnisse ist höher als es meist angenommen wird.[41] Bei den Drohungen und Verlockungen der Absprachenpraxis nähert sie sich sogar der 50 %-Marke,[42] so dass abgesprochene Urteile trotz des Geständnisses fast mit gleicher Wahrscheinlichkeit richtig oder falsch sein können. Der 18

35 Vgl. Graf/StPO/Eschelbach, § 261 Rn 12.1 ff. m.w.N.

36 Vgl. BeckOK/StPO-Eschelbach, § 261 StPO, Rn 13.

37 Vgl. hierzu O.u.– offensichtlich unbegründet – Zwischenruf von Gisela Friedrichsen in Legal Tribune Online, http://www.lto.de/de/html/nachrichten/518/Offensichtlich-unbegruendet-/.

38 V.a. zum Nachweis, dass der Mandant suggestionsanfällig oder fügsam ist, vgl. Gudjonsson, The Psychology of Interrogations and Confessions, S. 294, 360 ff., 408.

39 So im Fall des LG Bonn, Urt. v. 21.12.2016, Az.: 21 Ks – 920 Js 887/12 – 2/16.

40 Im Original folgendes Zitat: Zum Geständnis als Beweisgrundlage *Hauer* Geständnis und Absprache, 2007, S. 174 ff.

41 Im Original folgendes Zitat: Zu den Ursachen BeckOK/*Eschelbach*, StPO § 261 Rn 12 ff.

42 Im Original folgendes Zitat: Die Quote falscher Geständnisse liegt in normalen Situationen bereits mindestens etwa bei 7 %; sie steigt schon im Experiment beim Angebot eines „Deals“ auf 43 %; *Volbert/Böhm* in: Volbert/Steller (Hrsg.), Handbuch der Rechtspsychologie, 2008, 253 (259).

Schluss von einem Geständnis auf die Glaubwürdigkeit des Angeklagten ist zudem ein Trugschluss,[43] der sich in Fällen der ‚Absprachen zu Lasten Dritter' oder der Kronzeugenbehandlung von Mitbeschuldigten fatal auswirken kann, weil er irreversibel falsche Ergebnisse produziert."[44] Hinzuweisen ist darauf, die in Laborversuchen ermittelten Werte für falsche Geständnisse immer nur ein Schätzversuch sein können. Die genaue Anzahl falscher Geständnisse ist genauso unbekannt wie die Anzahl von Fehlurteilen. Es ist deswegen hier nicht nötig, zu definieren, wann ein falsches Geständnis vorliegt und wann ein Fehlurteil.

19 Relevant werden kann in jedem Fall, dass das Geständnis aufgrund unfairer Vernehmungsbedingungen erzielt worden ist. Einen Anhaltspunkt hierfür bietet die sog. PACE-Gesetzgebung in Großbritannien.[45] Hiernach müssen dem Verhafteten binnen 24 Stunden acht Stunden ununterbrochene Ruhe zugebilligt werden. Pro zwei Stunden[46] Vernehmung hat eine 15-minütige Pause zu erfolgen. Essenspausen müssen mindestens 45 Minuten dauern. Entgegen dem deutschen Recht werden Vernehmungen dort i.d.R. auf Tonband aufgezeichnet.[47] Grund dieser PACE-Gesetzgebung waren öffentlich gewordene Fehlurteile und daraus folgende Untersuchungen, um die Fehlergeneigtheit des Strafprozesses auszumerzen.

B. Die Reid-Methode

20 **Liegt ein Geständnis des Mandanten vor, so sind die Chancen, das Gericht von einer gegenteiligen Version zu überzeugen, gering**. Lohnend kann jedoch sein, die genauen Umstände des Geständnisses zu hinterfragen. Bis Mitte der 80er Jahre gab es – soweit ersichtlich – weltweit keine Richtlinien für die effektive Vernehmung von Beschuldigten/Zeugen. 1986 erschien ein einflussreiches Werk von Inbau/Reid/Buckley mit dem Titel Criminal Interrogation and Confessions,[48] in dem Polizeibeamten Hinweise gegeben wurden, wie ein Geständnis erzielt werden könne.[49] Zwar hat die dahinterstehende Beratungsfirma angeblich seit 2004 keine deutschen

43 Im Original folgendes Zitat: Wimmer ZStW 50 (1930), 537 (543).

44 Eschelbach, Wiederaufnahmefragen in Festschrift für Stöckel zum 70. Geburtstag, S. 199, 213.

45 Im deutschen Recht besteht kein Grenzwert für die Vernehmungsdauer, Pause etc. Das hat zu Vernehmungen bis 3 Uhr morgens oder nach 41 Stunden ohne Schlaf geführt, vgl. Maisch, Forensisch-psychologische Aspekte von Verstößen gegen § 136a StPO im Ermittlungsverfahren, StV 1990, S. 314, 319, 321 m.w.N., ein Geständnis, das nach 30 Stunden ohne Schlaf abgegeben wurde, dürfte unverwertbar sein, vgl. BGH, BGHSt 13, S. 60 f.

46 Auch nach einer BKA-Studie zeigen sich nach zwei Stunden, Konzentrationsstörungen, Missverständnisse, Aussagewidersprüche etc. Maisch, Forensisch-psychologische Aspekte von Verstößen gegen § 136a StPO im Ermittlungsverfahren, StV 1990, S. 314, 320 m.w.N.

47 Vgl. Gudjonsson, The Psychology of Interrogations and Confessions, S. 250.

48 Die erste Aufl. erschien bereits 1962 von Inbau/Reid.

49 Vgl. Milne/Bull, Psychologie der Vernehmung, S. 11.

Kunden mehr,[50] es ist jedoch nicht nur nicht auszuschließen, sondern wahrscheinlich, dass auch deutsche Beamte immer noch nach den dortigen Grundsätzen arbeiten.[51] In Deutschland haben Berufsvertreter der Kriminalpolizei zutreffend auf die mangelhafte Vernehmungsausbildung hingewiesen, aber noch im Jahre 2001 die Vorzüge der Reid-Methode gepriesen.[52] Das zeigt zudem der Fall Günther Kaufmann. Der ermittelnde Kriminalbeamte war dort von der Schuld Kaufmanns überzeugt: „Er setzt ihn unter Druck. Vielleicht war es ja kein Mord, vielleicht nur Totschlag? Oder Körperverletzung mit Todesfolge? Dann müsse jetzt aber ein Geständnis her! Nach fünf Stunden hat W.[53] den Beschuldigten weich geklopft; Kaufmann sagte den denkwürdigen Satz: ‚Sie kriegen jetzt ein Geständnis von einem, der es nicht war.“[54] Der Polizeibeamte W war so fair, dass er auch diesen Satz protokolliert hatte. Das Gericht hatte dennoch keinen Zweifel an der Glaubhaftigkeit des Geständnisses und verurteilte Kaufmann.

Die Grundsätze der Reid-Methode sind hoch manipulativ und suggestiv und dementsprechende Geständnisse als solche wertlos.[55] Die meisten Handbücher zur Vernehmungsführung unterschätzen die Möglichkeit falscher Geständnisse. Selbst in dem hochmanipulativen Werk von Inbau/Reid/Buckley wird die theoretische Möglichkeit falscher Geständnisse zwar erwähnt, aber keine Verbindung zu den in vorherigen Kapiteln dargestellten Vernehmungsmethoden gesehen.[56] Der amerikanische Polizeiausbilder Dillingham wendet jedenfalls Teile der Reid-Methode an. Er erkennt, dass es durch suggestive Vernehmungsmethoden grundsätzlich möglich sei, von nahezu jeder Person ein falsches Geständnis zu erlangen. Gleichwohl verzichtet auch er nicht auf suggestive Methoden, sondern will aus dem Widerstand auf die Suggestionen abschätzen, ob der Vernommene schuldig oder unschuldig ist.[57] Nachdem Hunderttausende Beamte weltweit in der Reid-Methode[58] un- 21

50 Vgl. Hermanutz/Litzcke, Vernehmung in Theorie und Praxis, S. 70.

51 Auch Deutsche Beamte sind mit den entspr. Prinzipien vertraut, vgl. Hermanutz/Litzcke, Vernehmung in Theorie und Praxis, S. 237, ebenso haben englische Beamte nie eine offizielle Unterweisung in diesen Prinzipien erhalten, aber nach einer Studie von 1980 dennoch verwandt, vgl. Gudjonsson, The Psychology of Interrogations and Confessions, S. 41.

52 Vgl. Brockmann, Beschuldigtenvernehmung in: Handbuch der Rechtspsychologie, S. 249.

53 Name liegt dem Autor vor u. ist in der Originalquelle genannt.

54 Kaufmanns Erzählungen, SZ v. 24.1.2005, S. 3 (Autor Hans Holzhaider).

55 Vgl. Gudjonsson, The Psychology of Interrogations and Confessions, S. 21; vgl. auch Milne/Bull, Psychologie der Vernehmung, S. 12 m.w.N., Bedenken gegen diese Vernehmungsmethode hatte auch der US-Supreme Court bereits im Jahre 1966 geäußert, vgl. Gudjonsson, The Psychology of Interrogations and Confessions, S. 25 m.w.N.

56 Vgl. Gudjonsson, The Psychology of Interrogations and Confessions, S. 9, 11.

57 Vgl. Dillingham, Dissecting Pinocchio, S. 98 f.

58 Andere Autoren berichten von der Integrated Interrogation Technique, die der Sache nach identisch ist, vgl. Gordon/Fleisher, Effective Interviewing & Interrogations Techniques, S. 117 ff.

terrichtet wurden[59] bzw. Teile davon allgemeiner Verhörspraxis entsprechen, soll diese kurz dargestellt werden.

Die Reid-Methode besteht aus neun Stufen, um ein Geständnis zu erhalten:

I. Direkte positive Konfrontation

22 Dem Verdächtigen ist mit absoluter Gewissheit zu eröffnen, dass er oder sie die vorgeworfene Tat begangen hat. Das soll der Beamte auch dann eröffnen, wenn er keine greifbaren Beweise hat. Als Faustregel soll nun gelten, dass der Unschuldige sofort unterbrechen würde, während der Schuldige abwarten würde, welche Beweise präsentiert werden würden.[60] Es kann einer Verhörstechnik entsprechen, mittels einer List so zu tun, als ob Beweise vorliegen würden. Beispiele wären: In der Akte des Betroffenen ein Blatt mit der Aufschrift „Zeugenaussagen" nur halb einzuordnen, so dass dem Betroffenen suggeriert wird, es gäbe bereits eine Zeugenaussage zu seinem Nachteil, auch wenn das Blatt leer ist.[61] Auch wird davon berichtet, dass Dritte in das Verhörszimmer während der Vernehmung gelangen und dem Vernehmer dann ein sichtbares Zeichen geben, um zu suggerieren, dass der Dritte ein Beweismittel gegen den Vernommenen ist.[62]

II. Vorgabe von Möglichkeiten des „warum" und „wie"

23 Der Vernehmende soll nun dem Vernommenen verschiedene Möglichkeiten vorgeben, wie die Tat moralisch gerechtfertigt und die Schuld des Betroffenen reduziert werden kann (z.B. dass der Vernommene kein Verbrecher sei, sondern ein anständiger Mensch, der einem Kredithai Geld zurückzahlen musste, der anderenfalls gedroht hatte, den Betroffenen zu töten. Wenn das der Fall wäre, wäre der Vernommene ja kein Dieb mehr, oder andere Personen in der Situation hätten viel schlimmere Dinge getan, oder „wahrscheinlich waren Sie betrunken" oder „dass es Notwehr war," oder „vortäuschen, dass Komplize X bereits gestanden hat"[63] etc.).[64] Wenn der Vernommene an einer der Möglichkeiten Interesse zeigt, soll diese ausgebaut werden.[65]

59 Vgl. Gudjonsson, The Psychology of Interrogations and Confessions, S. 7.

60 Vgl. Gordon/Fleisher, Effective Interviewing & Interrogations Techniques, S. 119, vgl. Dillingham, Dissecting Pinocchio, S. 90 f.

61 Vgl. Dillingham, Dissecting Pinocchio, S. 80.

62 Vgl. Dillingham, Dissecting Pinocchio, S. 88.

63 Vgl. Gudjonsson, The Psychology of Interrogations and Confessions, S. 14 ff., Hinweis: Im Mordfall Sedlmayr wurde dem Verdächtigen suggeriert, sein Bruder hätte bereits gestanden und den Verdächtigen des Mordes bezichtigt.

64 Vgl. Dillingham, Dissecting Pinocchio, S. 96.

65 Vgl. Gordon/Fleisher, Effective Interviewing & Interrogations Techniques, S. 120.

Bereits hier liegt auf der Hand, dass die Methode zu falschen Geständnissen führt.[66]

> *Hinweis*
>
> Diese Methode der **Minimierung** ist nicht typisch für die Reid-Methode, sondern möglicherweise eine allgemeine Verhörtechnik von Verhörbeamten,[67] jedenfalls wurde sie in dem Fall Günther Kaufmann angewendet (s.o.). Nach einer Dokumentation der ARD (Die größten Kriminalfälle" – Das falsche Geständnis des Günther Kaufmann) zu diesem Fall soll der Mordermittler W. sogar der beste Beamte der Münchner Kriminalpolizei gewesen sein und bis dahin eine Fehlerquote von 0 aufgewiesen haben.

III. Nichtgestattung von Widerspruch

Wenn der Vernommene den Tatvorwurf leugnet, soll dieser Widerspruch dem Vernommenen nicht gestattet werden. D.h., er ist verbal und körpersprachlich (z.B. Abwinken) an der weiteren Fortführung seines Widerspruchs zu hindern.[68] 24

IV. Übergehen von Einwänden

Als Faustregel soll hier gelten, dass Unschuldige mehr die Tat als solche verneinen, während der Schuldige Gründe für die Unschuld geben würde. Diese Einwände sollen jedoch zerstreut und widerlegt werden. Der Vernommene würde nun empfinden, dass er auf verlorenem Posten steht, und beginnen, sich zurückzuziehen.[69] Hierbei könne auch das Selbstvertrauen des Betroffenen zerstört werden, auch mit (rein hypothetischen) Fragen, z.B. „was würde passieren, wenn wir Beweismittel X finden würden" etc.[70] 25

V. Wiedererlangung und Erhalt der Aufmerksamkeit des Beschuldigten

Der Vernehmende solle nun eine sprachliche und körpersprachliche Nähe zum Beschuldigten aufbauen (z.B. diesen mit dem Vornamen ansprechen, näher rücken, ihn sanft berühren etc.).[71] 26

66 Vgl. Gudjonsson, The Psychology of Interrogations and Confessions, S. 16 m. einem realen Fallnachweis.

67 Vgl. Hartley/Karinch, How to spot a Liar, S. 144.

68 Vgl. Gudjonsson, The Psychology of Interrogations and Confessions, S. 17; vgl. auch Gordon/Fleisher, Effective Interviewing & Interrogations Techniques, S. 119.

69 Vgl. Gudjonsson, The Psychology of Interrogations and Confessions, S. 18.

70 Vgl. Gordon/Fleisher, Effective Interviewing & Interrogations Techniques, S. 120.

71 Vgl. Gudjonsson, The Psychology of Interrogations and Confessions, S. 18.

VI. Verarbeitung des passiven Zustandes des Beschuldigten

27 Der Vernehmende soll nun Sympathie und Verständnis für den Beschuldigten zeigen, an dessen Verantwortungsbewusstsein, religiöse Gefühle, Moralvorstellungen etc. appellieren, um zu gestehen.[72] Dem Vernommenen kann sogar erklärt werden, dass wir in einer Gesellschaft leben, die Geständige und Leugnende völlig unterschiedlich bestraft.[73] Dem Betroffenen können hier sogar Komplimente gemacht werden, um zu demonstrieren, dass er grundsätzlich ein „guter Mensch" sei, was anerkannt würde, nur hier einen „kleinen Fehler" gemacht habe etc.[74]

VII. Vorgabe von Alternativen

28 Dem Vernommenen sollten nun Alternativen vorgegeben werden, wie sich die Tat nach Meinung des Vernehmenden ereignet hat.

Auch hier ist offensichtlich, dass der Vernommene nun in die mildere Tatversion gedrängt wird, wenn er sich zwischen verschiedenen Tatversionen entscheiden soll, obwohl er tatsächlich keine davon begangen hat.[75]

29 Die Autoren der Reid-Methode sind hier bemerkenswert naiv, wenn sie formulieren:

> *„More to the point, no innocent suspect, with a normal intelligence and mental capacity, would acknowledge committing a crime merely because the investigator contrasted a less desirable circumstance to a more desirable one and encouraged the suspect to accept it (p. 365)."[76] Das ist durch die forensische Realität schlicht widerlegt.*

30 *Hinweis*

Die Vorgabe einer noch ungünstigeren Alternative als die tatsächlich vermutete, ist nicht spezifisch für die Reid-Methode, sondern auch davon losgelöst (weit) verbreitet.[77]

VIII. Hervorlockung von weiteren tatspezifischen Details

31 Nun soll der Vernehmende mit dem Vernommenen **allein sein** und von dem Vernommenen weitere Details hervorlocken.[78] Das wäre ein sehr starkes Indiz gegen

72 Vgl. Gudjonsson, The Psychology of Interrogations and Confessions, S. 18.
73 Vgl. Gordon/Fleisher, Effective Interviewing & Interrogations Techniques, S. 121.
74 Vgl. Gordon/Fleisher, Effective Interviewing & Interrogations Techniques, S. 121.
75 Vgl. Gudjonsson, The Psychology of Interrogations and Confessions, S. 19.
76 Gudjonsson, The Psychology of Interrogations and Confessions, S. 20 m. Zitat Inbau/Reid/Buckle, Criminal Interrogations and Confessions, S. 365.
77 Vgl. Hartley/Karinch, How to spot a Liar, S. 145.
78 Vgl. Gudjonsson, The Psychology of Interrogations and Confessions, S. 20.

den Vernommenen, wenn er spezifisches Täterwissen hervorbringt (vgl. im deutschen Recht § 45 Abs. 2 Satz 2 RiStBV). Das ist aber nur dann so, wenn die Informationen tatsächlich spezifisches Täterwissen offenbart. In der Praxis kommt es immer wieder vor, dass die entsprechenden „täterspezifischen Informationen" von dem Vernehmungsbeamten oder Dritten mitgeteilt wurden. Die Möglichkeit **unabsichtlicher Kontamination täterspezifischen Wissens** wird von Polizeibeamten regelmäßig geleugnet.[79] Gleichwohl hat Gudjonsson Fälle nachgewiesen, in denen spezifisches Täterwissen der Polizei nicht einmal aktenkundig war, aber gleichwohl von der Polizei dem Vernommenen verbal/nonverbal mitgeteilt wurde.[80] Auch in der deutschen Rechtspraxis wird „Täterwissen" systematisch überschätzt.[81]

Idealerweise sollte das Geständnis dann zu dem Auffinden weiterer Beweismittel führen.[82] Teilweise berichtet der Geständige auch nur von Details, wie er sich die Tat vorstellt.[83] Interessanterweise sprechen sich die Autoren Inbau/Reid/Buckley auch **gegen** Videoaufzeichnungen aus.[84] 32

Allgemein wird die Gefahr des Vorliegens eines falschen Geständnisses von den Vernehmungsbeamten zu gering geschätzt, obwohl gerade der Übereifer des Vernehmungsbeamten, der meint, den Schuldigen bereits gefunden zu haben, eine Hauptursache von falschen Geständnissen ist.[85] 33

Für den Verteidiger interessant ist, dass sogar verdeckte Ermittler nach der **Reid-Methode** arbeiten können (vgl. hierzu auch den Mordfall Walter Sedlmayr in § 19 Rn 17 ff. der Vorauflage). Das ist wichtig, um den Beweiswert des angeblich gegenüber dem verdeckten Ermittler abgegebenen Geständnisses zu ermitteln. 34

Das kann wie folgt geschehen: Der verdeckte Ermittler gibt oft vor, selbst Mitglied einer kriminellen Organisation zu sein bzw. selbst gravierende Straftaten begangen zu haben. Um das Vertrauen des Verdächtigen zu gewinnen, wird dieser von dem verdeckten Ermittler in illegale Handlungen einbezogen (z.B. Drogenverkäufe, Einbrüche etc.). Später wird dem Verdächtigen dann ein Fortkommen in der kriminellen Organisation in Aussicht gestellt. Die Organisation könne dem Verdächtigen durch deren Einfluss/Verbindungen auch helfen, dessen Problem zu lösen. Bei dem Mitglied XY, das in ähnlicher Situation wie der Verdächtige war, habe die Organisation bereits erfolgreich geholfen. Damit man auch dem Verdächtigen helfen könne, sei es aber erforderlich, dass der Verdächtige die vorgeworfene Tat gegenüber der 35

79 Vgl. Gudjonsson, The Psychology of Interrogations and Confessions, S. 624.

80 Vgl. Gudjonsson, The Psychology of Interrogations and Confessions, S. 523 ff.

81 Vgl. Graf/StPO/Eschelbach, § 261 Rn 13.3. m.w.N.

82 Vgl. Costanzo/Leo, Research and Expert Testimony on Interrogations and Confessions in Expert Psychological Testimony for the courts, S. 69, 87.

83 Vgl. Costanzo/Leo, Research and Expert Testimony on Interrogations and Confessions in Expert Psychological Testimony for the courts, S. 69, 72.

84 Vgl. Gudjonsson, The Psychology of Interrogations and Confessions, S. 21.

85 Vgl. Milne/Bull, Psychologie der Vernehmung, S. 115 m.w.N.

Organisation gestehe. Ein instruktives Beispiel von der Arbeitsweise verdeckter Ermittler gibt Gudjonsson, The Psychology of Interrogations and Confessions, auf S. 573 ff. Auch im deutschen Recht versuchen verdeckte Ermittler oft, sich das Vertrauen des Beschuldigten durch die Anstiftung und gemeinsame Begehung illegaler Handlungen zu erschleichen.[86]

IX. Erhalt eines schriftlichen Geständnisses

36 Sodann ist von dem Vernommenen ein schriftliches Geständnis zu erhalten.

Beispiele der Vernehmung mit abschließendem Geständnis einer Person nach dieser Methode finden sich für einen vermeintlich Schuldigen in Gordon, Nathan/ Fleisher, William; Effective Interviewing & Interrogation Techniques, S. 123 ff. und für einen definitv Unschuldigen in Gudjonsson, The Psychology of Interrogation and Confessions, S. 574 ff.

C. Exkurs 1: Wert einer Tonbandaufnahme

37 Richter sind weltweit grundsätzlich von der **integeren Arbeitsweise der Polizei** und der **Richtigkeit von deren Ergebnissen überzeugt**.[87] Es besteht eine Voreingenommenheit zugunsten der Polizei, sodass Polizeibeamte zutreffend als privilegierte Zeugen betrachtet werden.[88] Stern berichtet aus der deutschen Praxis, dass der unlautere Beamte, der Haftverschonungs- oder Nichtverfolgungszusagen trifft, die vermeintliche Beweislage zulasten des Beschuldigten bewusst dramatisiert (z.B. ein Mittäter sei geständig, es seien Tat- bzw. Überführungszeugen vorhanden, der Beschuldigte sei eindeutig identifiziert etc.), meist ungeschoren davon kommt.[89]

38 Diverse Justizirrtümer auf der Grundlage falscher Geständnisse und Polizeiarbeit in Großbritannien führten bereits 1981 zu einer Königlichen Kommission zum Strafverfahren (Royal Commision on Criminal Procedure). Ergebnis dieser Kommission war 1984 (Gesetzeskraft 1986) die Einführung eines Verfahrensgesetzes zur Beweisgewinnung (Police and Criminal Evidence Act = PACE). Wesentlicher Inhalt von PACE ist,

- die umfassende Belehrung des Vernommenen (v.a. bei Festgenommenen der Hinweis auf die jederzeitige Möglichkeit eines kostenfreien Rechtsbeistandes, das Recht eine Person des eigenen Vertrauens von der Festnahme zu informieren) und der Hinweis auf das Schweigerecht.

86 Vgl. Weiler, Grundlagen und Grenzen des polizeilichen Einsatzes von Vertrauenspersonen im Strafverfahren, S. 38 f. m.w.N.

87 Vgl. Gudjonsson, The Psychology of Interrogations and Confessions, S. 617.

88 Vgl. Geipel, Die geheimen contra legem Regeln im ordentlichen Prozess, AnwBl 2005, S. 784, 786 m.w.N.

89 Vgl. Stern, Der Geständniswiderruf als forensisches Erkenntnisproblem, StV 1990, S. 563.

- Pro 24 Stunden ist dem Festgenommenen eine Ruhepause von mindestens acht Stunden zu gewähren, ebenso eine jeweils mindestens 15-minütige Pause pro zwei Stunden Vernehmung und Mahlzeitpausen von mindestens 45 Minuten[90]
- **Tonbandaufnahme** aller Vernehmungen.[91]

V.a. die Tonbandaufnahme der Vernehmung führt dazu, dass das Geständnis auf mehr beruht, als dem schlichten Wort des Vernehmenden und dessen Versicherung, die relevanten Vorschriften eingehalten zu haben.[92] Der Disput zwischen dem Vernommenen und Vernehmenden über die Art der Fragen, Ausübung des Drucks und Freiwilligkeit ist a priori sinnlos, da dem Beschuldigten regelmäßig nicht geglaubt wird.[93] 39

Hinweis 40

In der englischen Wissenschaft ist mittlerweile anerkannt, dass die Tonbandaufnahme nicht nur der Sicherheit des Beschuldigten vor unrechtmäßiger Behandlung und abgenötigten Geständnissen dient, sondern auch der Sicherheit des Justizsystems vor Ansehensverlust aufgrund falscher Beschuldigung der vernehmenden Beamten.[94] Durch den Einsatz der Tonbandaufnahme konnte in Großbritannien ein Rückgang von manipulativen Vernehmungstechniken beobachtet werden, während die Geständnisquote nicht wesentlich zurückging.[95]

Gudjonsson teilt mit, dass der **englische Wille, Fehlurteile zu verringern**, zu einem gerechteren und verantwortungsvolleren Justizsystem geführt hätte. Andere Rechtssysteme sollten ebenfalls den Mut haben, deren **Schwachstellen** zu analysieren und zu beseitigen und sodann den Mut und den Willen, die notwendigen Änderungen einzuführen.[96] 41

Für einen Rechtsstaat vorbildlich kann für England Folgendes konstatiert werden: „Die Gesetzgebung in England hat sich bemüht, die für falsche Geständnisse verantwortlichen Faktoren zu minimieren. Vor allem die Verpflichtung, alle Vernehmungen von Tatverdächtigen auf Tonband aufzunehmen, hat manipulatives Verhalten zu einer kontrollierbaren Größe gemacht. Nun gilt es, diese Verpflichtung auf 42

90 Nach einer amerikanischen Studie ergab sich eine durchschnittliche Vernehmungsdauer von 16,3 Stunden, die zu falschen Geständnissen führte, vgl. Costanzo/Leo, Research and Expert Testimony on Interrogations and Confessions in Expert Psychological Testimony for the courts, S. 69, 87 m.w.N.

91 Vgl. Gudjonsson, The Psychology of Interrogations and Confessions, S. 249, das ist auch in bestimmten US-Bundesstaaten bereits Standard, vgl. Costanzo/Leo, Research and Expert Testimony on Interrogations and Confessions in Expert Psychological Testimony for the courts, S. 69, 90.

92 Vgl. Gudjonsson, The Psychology of Interrogations and Confessions, S. 22 m.w.N.

93 Vgl. Gudjonsson, The Psychology of Interrogations and Confessions, S. 618.

94 Vgl. Gudjonsson, The Psychology of Interrogations and Confessions, S. 22.

95 Vgl. Gudjonsson, The Psychology of Interrogations and Confessions, S. 620; vgl. auch Milne/Bull, Psychologie der Vernehmung, S. 85 ff. m.w.N.

96 Vgl. Gudjonsson, The Psychology of Interrogations and Confessions, S. 627.

die Vernehmung von Zeugen und Opfern auszudehnen und das Prinzip auf andere Länder zu übertragen.“[97]

43 Betont werden muss die Wichtigkeit der Aufnahme **aller** Vernehmungen. Aus amerikanischen Untersuchungen ist bekannt, dass anderenfalls bestimmte Aufnahmen „verloren gehen“ oder es nur zu einer selektiven Übergabe von speziellen Aufnahmen kommt, die ein falsches Bild zeichnen.[98]

44 Das Problem verloren gegangener Unterlagen ist kein speziell amerikanisches Problem. Im Mordfall Sedlmayr, der in den Vorauflagen noch berichtet wurde, wurden dem Verurteilten, der immer noch an Belegen und Hinweisen für seine Unschuld suchte, nach mehreren Jahren diverse Verfahrensakten aus seinem Haftraum entfernt. Begründung hierfür war die angebliche Übersichtlichkeit des Haftraums und Verringerung der Brandgefahr. Das BVerfG stellte – im Widerspruch zu den vorherigen Instanzen – unter dem Az.: 2 BvR 1454/98 fest, dass die Entfernung der Akten verfassungswidrig war und zurückzugeben seien. Seit der Entscheidung des BVerfG sind die Akten z.T. „unauffindbar verloren“.

45 Selbstverständlich können durch Tonbandaufnahme nicht alle Justizirrtümer oder abgenötigte Geständnisse vermieden werden. Insb. kann ein Teil des unzulässigen Drucks auf den zu Vernehmenden in den nicht aufgenommenen Vorspann der Vernehmung verlagert werden oder durch Spitzel etc. in der Haftzelle entsprechender Druck aufgebaut werden.[99] Gleichwohl hat die Einführung von **PACE** in Großbritannien zu einer **erheblichen Verbesserung der Situation** geführt und manipulative und nötigende Vernehmungen sind beträchtlich reduziert worden, wobei die allgemeine Geständnisquote gleich geblieben ist.[100]

46 Interessanterweise ist die Geständnisquote in Großbritannien sogar höher als in USA, obwohl die dortigen Vernommenen einen wesentlich geringeren Schutz vor manipulativer, suggestiver und nötigender Vernehmung genießen.[101] **Gudjonsson** bezeichnet die englische Rechtsprechung daher als vorbildlich für andere Länder.[102] Hinzuweisen ist aber, dass selbst in Großbritannien die Reid-Methode bei gravierenden Fällen immer noch angewandt wird und durch die PACE-Gesetzgebung nicht so rückläufig ist, wie in anderen Kriminalitätsbereichen.[103]

97 Milne/Bull, Psychologie der Vernehmung, S. 121.
98 Vgl. Gudjonsson, The Psychology of Interrogations and Confessions, S. 23.
99 Vgl. Gudjonsson, The Psychology of Interrogations and Confessions, S. 24.
100 Vgl. Gudjonsson, The Psychology of Interrogations and Confessions, S. 620.
101 Vgl. Gudjonsson, The Psychology of Interrogations and Confessions, S. 622 f.
102 Vgl. Gudjonsson, The Psychology of Interrogations and Confessions, S. 627.
103 Vgl. Gudjonsson, The Psychology of Interrogations and Confessions, S. 114.

Hinweis 47

Weltweit besteht eine Allianz zwischen Richterstand und Polizei. D.h., polizeiliche Fehler oder Unzulänglichkeiten werden nur widerwillig zur Kenntnis genommen und falls ein Missstand offensichtlich ist, besteht eine nur geringe Motivation aus diesem für die Zukunft zu lernen. Der Richterstand sollte daher alle Fälle unparteiisch und offen für neue Erkenntnisse beurteilen.[104] Hinzuweisen ist darauf, dass schriftliche Transkripte von Tonbandaufzeichnungen manchmal nicht mit dem übereinstimmen, was wirklich gesagt wurde.[105]

D. Exkurs 2: Psychologische Prozesse während einer polizeilichen Vernehmung bzw. der Ermittler als Fehlerquelle

Eine der Grundannahmen der Reid-Methode ist, dass die Nervosität eines Schuldigen und Unschuldigen während der Vernehmung unterschiedlich ist. D.h., die Nervosität reduziert sich beim Unschuldigen im Verlauf der Vernehmung. Das dürfte in den meisten Fällen zutreffend sein, hängt jedoch von dem Charakter der Vernehmung ab. Auch die Nervosität eines Unschuldigen wird sich nicht legen, wenn er – wie bei der Reid-Methode – permanent mit Vorwürfen und Suggestionen konfrontiert wird.[106] Einer der Hauptfehler der Reid-Methode liegt darin, dass der Vernehmende nicht an den Aussagen des Vernommenen interessiert ist, sofern sie nicht in seine aufgrund des vorläufigen Ermittlungsstandes passende Überzeugung von der Schuld des Vernommenen passt.[107] Auch ohne Anwendung der Reid-Methode steht der Verdächtigte bereits einem Vernehmungsbeamten gegenüber, der sich bereits oft (freilich abhängig vom Stadium der Vernehmung) ein Vorurteil von der Schuld des erst zu Vernehmenden gemacht hat.[108] Ebenso hat der Vernehmende in der Regel bereits ein Skript im Kopf, wie die Tat gelaufen sein muss. Das wiederum führt dazu, dass Informationen, die dem Vorurteil und dem Skript entsprechen, be- 48

104 Vgl. Gudjonsson, The Psychology of Interrogations and Confessions, S. 617.

105 Vgl. Gudjonsson, The Psychology of Interrogations and Confessions, S. 85, 114; vgl. zum Parallelproblem des Nichtübereinstimmens von schriftlichen Abschriften von Telefonüberwachungsmaßnahmen, Geipel, Die geheimen contra legem Regeln im ordentlichen Prozess, AnwBl 2006, S. 784, 786.

106 Vgl. Gudjonsson, The Psychology of Interrogations and Confessions, S. 25 f.

107 Vgl. Gudjonsson, The Psychology of Interrogations and Confessions, S. 29.

108 Vgl. Milne/Bull, Psychologie der Vernehmung, S. 87, das gilt auch für den Richter; vgl. Schünemann, Der Richter im Strafverfahren als manipulierter Dritter? Zur empirischen Bestätigung von Perseveranz- und Schulterschlusseffekt, StV 2000, S. 163 ff.

vorzugt bewertet, d.h. schriftlich niedergelegt und überbetont werden und widersprechende Details angepasst oder ausgefiltert werden.[109] „In dem Versuch, Hinweise, die nicht zu dem Skript passen, zu unterdrücken, neigt er außerdem dazu, den Verlauf der Vernehmung stark zu kontrollieren. Dies macht sich u.a. durch ungeeignete Fragen (z.B. Suggestivfragen), Unterbrechungen und fehlende Pausen bemerkbar. Mit anderen Worten: Er zeigt genau das Verhalten, das man in ‚typischen' Vernehmungen in vielen Ländern beobachten kann – und auch in England und Wales vor 1992 beobachten konnte [...].“[110]

49 Hinzu kommt der Gedächtnisverlust zwischen wörtlicher Vernehmung und schriftlicher Fixierung. Selbst wenn die schriftliche Fixierung im unmittelbaren Anschluss an die Vernehmung erfolgt, werden ca. 1/3 weniger Informationen niedergelegt.[111] Auch dieser Informationsverlust ist empirisch nachweisbar.

50 *Hinweis*

„McLean (1992) bat 16 erfahrene Polizistinnen und Polizisten, Zeugenvernehmungen auf Audiokassette aufzuzeichnen und die dazu gehörenden schriftlichen Protokolle einzureichen. Die schriftlichen Protokolle zeigten beträchtliche Auslassungen von durchaus wichtigen Details. Nicht eines der Protokolle enthielt alle relevanten Informationen; im Durchschnitt fielen 14 relevante Informationen unter den Tisch. Jedes vierte Protokoll enthielt außerdem mindestens eine Information, die in direktem Gegensatz zu dem stand, was die befragte Person tatsächlich gesagt hatte.“[112]

51 Auch aus der deutschen Rechtspraxis wird berichtet, dass die Voreingenommenheit des Rechtsanwenders eine schwerwiegende Gefahr für ein wahrheitsgemäßes Geständnis ist.[113]

52 Aussagesteuerungen und Aussageverfälschungen durch bewusste oder unbewusste polizeiliche Suggestionen sind in der deutschen Rechtspraxis gut belegt, ohne dass dies zu einer Änderung der Praxis geführt hätte.

53 Der Vernommene erhält Informationen oder sog. Detailwissen oft erst durch Vorhaltfragen.[114] Übernimmt der Vernommene den Vorhalt oder widerspricht und

109 Vgl. Milne/Bull, Psychologie der Vernehmung, S. 37, vgl. auch Shepherd/Milne, Full and faithful: ensuring quality practice and integrity of outcome in witness interviews, in Analysing Witness Testimony, S. 126 f., vgl. auch der deutsche Beitrag des Human- u. Verhaltenswissenschaftlers Maisch, Forensisch-psychologische Aspekte von Verstößen gegen § 136a StPO im Ermittlungsverfahren, StV 1990, S. 314 ff.

110 Milne/Bull, Psychologie der Vernehmung, S. 40.

111 Vgl. Milne/Bull, Psychologie der Vernehmung, S. 39 m.w.N.

112 Milne/Bull, Psychologie der Vernehmung, S. 40.

113 Vgl. Stern, Der Geständniswiderruf als forensisches Erkenntnisproblem, StV 1990, S. 563 ff.

114 Vgl. Stern, Der Geständniswiderruf als forensisches Erkenntnisproblem, StV 1990, S. 563, 565, vgl. auch Schlothauer, Das falsche Geständnis – ein Prozessbericht, StV 1981, S. 39 f.

wendet Typisches ein, wird dies oft als „spezifisches Täterwissen“ gewertet.[115] „Dadurch kann im konkreten Fall eine fast perfekt erscheinende Übereinstimmung mit anderen Beweismitteln entstehen.“[116]

Hinweis 54

Dem auch sonst nicht seltenen Hinweis darauf, dass der Geständige Tatsachen beigebracht habe, die nur der Täter habe wissen können, ist mit Skepsis zu begegnen, wenn nicht mit Sicherheit ausgeschlossen werden kann, dass dieses vermeintliche Täterwissen durch Kontamination erhalten wurde.[117]

„Solange Geständnisse nicht authentisch aufgezeichnet werden, wird sich in keinem Fall sicher ausschließen lassen, dass dieses oder jenes Geständnisdetail, das dem Stand der Ermittlungen entsprach, im Wege des Vorhalts ins Protokoll gelangt ist.“[118] 55

„Vor diesem Hintergrund ist es fast schon ein Wunder, dass Zeugenaussagen überhaupt als zuverlässig angesehen werden. Dennoch gibt es keinen Grund zum Pessimismus. In dem Versuch, vielen dieser Probleme entgegenzuwirken, hat die Psychologie neue Techniken entwickelt, auf deren Grundlage sich – zumindest in einigen Ländern [v.a. Großbritannien] – die Vernehmungspraxis radikal geändert hat.“[119] 56

E. Exkurs 3: Anhaltspunkte für ein falsches Geständnis

Einen Anhaltspunkt für ein falsches Geständnis kann es darstellen, wenn das Motiv für das Geständnis nicht offengelegt wird. **Wird das Geständnis beim Haftrichter wiederholt, stellt es einen schweren Kunstfehler dar, wenn der ursprüngliche Geständnisbeamte ebenfalls anwesend war**. 57

Beispiel 58

Es wird der Mörder einer Anhalterin gesucht. Nach Jahren wird ein Bekannter und insgeheim Verdächtiger vernommen. Der Bekannte teilt – verständlicherweise – mit, dass er sich nach der langen Zeit nicht mehr erinnern könne, wo er an dem Tattag war. In einer späteren Vernehmung „glaubt“ der Vernommene nunmehr, eine bestimmte Fahrt unternommen zu haben. Später kann mithilfe des Beamten genaue Fahrtroute und der zeitliche Ablauf rekonstruiert werden. Das wiederum führt dazu, dass der Vernommene dem Mädchen begegnet sein

115 Vgl. Stern, Der Geständniswiderruf als forensisches Erkenntnisproblem, StV 1990, S. 563, 568.

116 Maisch, Forensisch-psychologische Aspekte von Verstößen gegen § 136a StPO im Ermittlungsverfahren, StV 1990, S. 314, 318.

117 Peters, Anm. zu BGH, 2. StR 301/86, StV 1987, S. 375 f.

118 Stern, Der Geständniswiderruf als forensisches Erkenntnisproblem, StV 1990, S. 568.

119 Milne/Bull, Psychologie der Vernehmung, S. 41.

muss. Das leugnet der Vernommene. In einer späteren Vernehmung räumt der Angeklagte ein, die Frau mitgenommen und „versehentlich“ getötet zu haben.

59 In einem solchen Fall fällt auf, dass der Vernommene sich nicht auf nahe liegendes Vergessen beruft, sondern sich mit zunehmenden Vernehmungen in immer tiefere Spekulationen/Zugeständnisse begibt. Es muss daher genau rekonstruiert werden, ob der Vernommene dem polizeilichen Druck/Suggestionen nachgegeben hat oder sein Gewissen erleichterte.[120]

60 Die gleichen Vorbehalte gegen die Richtigkeit eines Geständnisses müssen bestehen, wenn das Geständnis übertrieben genau und detailliert ist. So z.B., wenn ein vermuteter Affekttäter die genaue Anzahl der Messerstiche gesteht, oder die genaue Kleidung des Opfers bei einer nächtlichen Tat beschreiben kann.[121] Anzeichen eines wahren Geständnisses sind, dass Geständnismotiv, Anlass, Zeitpunkt und Form psychologisch stimmig nachvollziehbar werden.[122]

61 *Hinweis*

„Der Rechtsanwender kann sich vor bewussten oder ungewollten polizeilichen Irreführungen vorbeugend am wirksamsten schützen, wenn er gesteigerte Anforderungen an die Protokollierungstechnik stellt. Jedes Geständnisprotokoll, das nicht höchsten Authentizitätsansprüchen genügt, um die lückenlose Rekonstruktion der Geständnisentstehung zu ermöglichen, sollte als Überführungsmittel konsequent zurückgewiesen werden. Verstöße gegen § 45 Abs. 2 RiStBV stellen einen durchgreifenden Mangel dar.“[123]

62 Ist der Vernehmungsbeamte bereits von der Täterschaft des Vernommenen und einem bestimmten Tathergang überzeugt, ist die Gefahr eines „suggerierten“ Geständnisses groß. „Ein solcher den Vernehmenden beherrschender Gedanke verstärkt den Vernehmungsdruck auf den Vernommenen durch den Vernehmenden. Die Überzeugung des einen schwächt die Widerstandskraft des anderen.“[124]

63 Hinzuweisen ist noch darauf, dass **falsche Geständnisse** nicht nur in **konfrontativen Vernehmungen** vorkommen, sondern auch in einem **freundlichen oder günstigen Vernehmungsklima.**[125] Das gilt besonders, wenn die polizeiliche Vernehmung in ein atmosphärisches Wechselbad („guter Polizist – böser Polizist“[126]) eingebettet ist.[127]

120 Vgl. Stern, Der Geständniswiderruf als forensisches Erkenntnisproblem, StV 1990, S. 563, 567.
121 Vgl. Stern, Der Geständniswiderruf als forensisches Erkenntnisproblem, StV 1990, S. 563, 568.
122 Vgl. Stern, Der Geständniswiderruf als forensisches Erkenntnisproblem, StV 1990, S. 563, 569.
123 Stern, Der Geständniswiderruf als forensisches Erkenntnisproblem, StV 1990, S. 563, 565.
124 Anm. Peters zu BGH, 2, StR 301/86, StV 1987, S. 375 f.
125 Vgl. Peters, Anmerkung zu BGH, 2. StR 301/86, StV 1987, S. 375 f.
126 Eine derartige Rollenteilung von zwei Beamten ist bei polizeilichen Vernehmungen nicht selten, vgl. Bild-Zeitung München v. 24.8.2006. S. 17.
127 Vgl. Steffen, Der Geständniswiderruf als forensisches Erkenntnisproblem, StV 1990, S. 563, 565.

§ 32 Justizirrtümer

Inhalt

A. Allgemeines

Es ist nicht verwunderlich, dass Justizirrtümer passieren. Verwunderlich ist aber, dass weltweit nur **wenige Studien** zu diesem Thema existieren.[1] 1

Auf dieser unsicheren Tatsachengrundlage ergibt ein Überblick Folgendes: Hauptgründe für **Justizirrtümer** sind **Falschaussagen von Zeugen,falsche Geständnisse**

1 Vgl. Gudjonsson,The Psychology of Interrogations and Confessions, S. 159.

und falsche Sachverständigengutachten.[2] In der Gruppe der falschen Zeugenaussagen betreffen fehlerhafte Identifizierungen den größten Teil.[3] Auch im Bereich der Sexualdelikte dürfte die Dunkelziffer falscher Verurteilungen hoch sein, zumal es in diesem Bereich dem Opfer gestattet ist, oft als einziger Zeuge in eigener Sache aufzutreten.[4] Sofern Verschärfungen im Sexualstrafrecht (z.B. im Jahre 2016) aufgrund des Art. 36 der Konvention des Europarats zur Bekämpfung von Gewalt gegen Frauen und von häuslicher Gewalt diskutiert werden, ist vor einer Einseitigkeit der Diskussion zu warnen. In den letzten Jahren oder Jahrzehnten hat sich eine deutliche Akzentverschiebung und Opferzentrierung ergeben. Die Gesellschaft begreift sich zunehmend vulnerabler, und es werden zunehmend (angebliche) Strafbarkeitslücken ausgemacht, die oftmals nur tatsächliche Beweisprobleme sind. Der Begriff der Vulnerablen durchzieht mittlerweile ganze Personengruppen, z.B. Sexarbeiterinnen, Opfer sexualisierter Gewalt, Geflüchtete, Transgender, arme Länder etc.[5] Derartige Vulnerabilitätsannahmen führen insgesamt zu bedeutsamen Werteverschiebungen, die zu einer Vielzahl an Gesetzesänderungen geführt haben.[6] In vielen Fällen hat es sich aber nicht um wirkliche Strafbarkeitslücken gehandelt, sondern (nur) um faktische Beweisschwierigkeiten.

Die Frage, wie viele unschuldig Verurteilte hinzukommen, wenn den Opferverbänden gefolgt würde, ist unbekannt und wird regelmäßig ausgeklammert. Zur Diskussion 2016 meinte Thomas Fischer: „Aber auf jeweils drei Fälle der solcherart zusätzlich verurteilten ‚Täter' käme dann mit derselben Wahrscheinlichkeit ein unschuldig Verurteilter. Denn auch die Fehlerquote würde stark ansteigen. Die unschuldig Verurteilten wären nicht minder Opfer: unsere."[7]

2 Selbst wenn der Angeklagte ein Alibi hat, wird i.d.R. nicht den Alibizeugen geglaubt, sondern vermeintlich objektiven Sachverständigengutachten. Beispiele finden sich bei Neuhaus, Kriminaltechnik in Brüssow/Gatzweiler/Krekeler/Mehle/Pauly, Strafverteidigung in der Praxis, 4. Aufl. § 29 Rn 20. Auch der Fall Monika De Montgazon zeigt, dass offizielle Sachverständigengutachten zu oft zu unkritisch hingenommen werden, und von der Verteidigung in Auftrag gegebene Sachverständigengutachten zu Unrecht nicht gefolgt wird, vgl. zu dem Fall De Montgazon die Berichterstattung im Internet z.B. http://www.berlinkriminell.de/2/gericht_akt231.htm oder http://www.stern.de/panorama/:Justizopfer-888-Tage-Haft/616807.html. Auch Hamm/Hassemer/Pauly teilen zutreffend mit, dass von der Verteidigung selbst geladenen Zeugen und Sachverständige von Seiten des Gerichts mit deutlichen Vorbehalten entgegengetreten wird. Man könne nicht unbedingt davon ausgehen, dass deren Ausführungen im Rahmen der Beweiswürdigung nachhaltige Berücksichtigung fänden, vgl. Hamm/Hassemer/Pauly, Beweisantragsrecht, 2. Aufl., Rn 440 m.w.N.

3 Vgl. Gudjonsson, The Psychology of Interrogations and Confessions, S. 160 m.w.N.

4 Vgl. Interview mit Prof. Dr. Rainer Hamm, http://www.zeit.de/2004/50/Laura_Interview?page=2.

5 Vgl. Rostalski, Die vulnerable Gesellschaft, S. 8 m.w.N.

6 Vgl. Rostalski, Die vulnerable Gesellschaft, S. 14, 172.

7 Fischer, Im Recht, S. 225.

B. Identifikationen und Gegenüberstellungen

Die **Identifikation durch Zeugen** ist höchst irrtumsanfällig. Es werden **Fehlerquoten von 72 %** berichtet, die sich durch sequenzielle Gegenüberstellungen auf 44 % absenken lassen.[8] In Dänemark wurde daher vorgeschlagen, den Beweiswert durch Identifikationen gesetzlich zu beschränken.[9] Ist der Beobachter alkoholisiert, sinkt die Verlässlichkeit der Identifizierung weiter, und zwar deutlich ab einer BAK von 0,6 ‰, und ab 1,2 ‰ waren nur noch maximal 14 % der Identifizierungen korrekt.[10] 2

In der Praxis kommt oft der Fall vor, dass Zeugen den Angeklagten in einer staatsanwaltschaftlichen oder polizeilichen Gegenüberstellung identifiziert haben. Für die Beweiswürdigung entscheidend ist hier die **erste Identifizierung** und nicht, ob der Zeuge im Gerichtssaal den Angeklagten erneut identifiziert.[11] Eine wiederholte Wiedererkennung ist nach dem Stand der psychologischen Forschung ohne irgendeinen Beweiswert,[12] da nicht mehr unterschieden werden kann, ob sich der Zeuge an das **Erinnerungsbild** bei der Tat oder an das **überlagerte Erinnerungsbild** bei der ersten Gegenüberstellung erinnert.[13] Hinzu kommt ein sog. **Selbstfestlegungs-Effekt**, wenn der Zeuge den Angeklagten bereits auf einem vorhergehenden Lichtbild „identifiziert" hat, von dem der Zeuge im Allgemeinen nur schwer abrückt.[14] Allein auf ein „wiederholtes Wiedererkennen" kann eine Verurteilung nicht gestützt werden.[15] Insgesamt leiden vor allem Polizeibeamte an einer Selbstüberschätzung, in dem Vertrauen in die Richtigkeit der eigenen Identifizierung, obwohl deren tatsächliche Identifizierungsrichtigkeit nicht höher liegt als bei anderen Personen.[16] 3

8 Vgl. Artkämper, Fehlerquellen bei Gegenüberstellungen und anderen (Wahl) Identifizierungsmaßnahmen, StRR 2007, S. 210 m.w.N.

9 Vgl. Gräns, Das Risiko materiell fehlerhafter Urteile, S. 99 m.w.N.

10 Vgl. Schwarz in: Bender/Häcker/Schwarz, Tatsachenfeststellung vor Gericht, 6. Aufl., Rn 1433.

11 Vgl. Bender/Nack/Treuer, Tatsachenfeststellung vor Gericht, 3. Aufl., Rn 1233.

12 Die Rechtsprechung spricht meist nur von einem wesentlich geminderten Beweiswert, vgl. BGH, DAR 1976, S. 94, keinen Beweiswert nimmt jedoch das LG Münster nach sachverständiger Beratung an, vgl. LG Münster, 15 Ns 632 Js 23/01 n.v.

13 Vgl. Geipel, Die wiederholte Wiedererkennung an Hand eines Lichtbildes, DAR 2005, S. 476 ff.; vgl. auch Odenthal, Die Gegenüberstellung im Strafverfahren, 3. Aufl., S. 27 f.

14 Vgl. Bender/Nack/Treuer, Tatsachenfeststellung vor Gericht, 3. Aufl., Rn 1229.

15 Vgl. Burhoff, Handbuch für das strafrechtliche Ermittlungsverfahren, 4. Aufl., Rn 866, das Urteil müsste nämlich erkennen lassen, aufgrund welcher Umstände es im konkreten Fall ausgeschlossen ist, dass das wiederholte Wiedererkennen durch die Lichtbildvorlage beeinflusst ist, vgl. BGH, NStZ 1996, S. 350 f.; vgl. auch BGH, NStZ 1998, S. 266 f.; vgl. auch OLG Hamm, 1 Ss 1018/01, n.v.

16 Vgl. Schwarz in: Bender/Häcker/Schwarz, Tatsachenfeststellung vor Gericht, 6. Aufl., Rn 1433 m.w.N.

4 *Praxistipp*

Die Frage, ob man den Angeklagten als Täter wiedererkenne, ist ungeeignet gem. § 241 Abs. 1 StPO.[17] Der Frage bzw. der Durchführung des „wiederholten Wiedererkennens" in der Hauptverhandlung ist zu widersprechen und gegen die Anordnung des Vorsitzenden ein Gerichtsbeschluss gem. § 238 Abs. 2 StPO zu beantragen.[18]

5 Wesentlich ist, dass die erste Gegenüberstellung **„fair"** war. Das kann experimentalpsychologisch (durch die Verteidigung) überprüft werden. Probanden wird die schriftliche Täterbeschreibung gegeben und sodann die Fotos der für die Gegenüberstellung verwendeten Personen. Identifizieren die Probanden nun – mehr als nach dem Zufallsprinzip zu erwarten – den Verdächtigen, so war die Vergleichsgruppe nicht „fair", d.h. lege artis zusammengesetzt. Eine echte Auswahlentscheidung wurde dem Zeugen dann offensichtlich nicht mehr abverlangt, denn der Verdächtige wird dann sogar von Personen „erkannt", die ihn nie gesehen haben.[19] Durch die schlichte Durchführung eines solchen **„Eigenexperiments"** i.V.m. einem entsprechendem Beweisantrag auf Erholung eines Sachverständigengutachtens kann der Beweiswert der Identifizierung oft erheblich nach unten korrigiert werden, denn **nicht** Lege-artis-Gegenüberstellungen kommen in der Praxis erschreckend oft vor.[20]

6 Eine ggf. unfaire Gegenüberstellung kann auch noch durch folgendes Realexperiment nachgewiesen werden (sofern eine Videoaufzeichnung vorliegt, was in Deutschland kaum der Fall sein dürfte; dem Verfasser ist in 30-jähriger praktischer Tätigkeit – hauptsächlich vor bayerischen Gerichten – kein einziger Fall einer Videoaufzeichnung der Gegenüberstellung bekannt. Ggf. gibt es in anderen Bundesländern eine andere Praxis):

7 Den Probanden wird nur mitgeteilt, dass sich in der Gruppe ein Verdächtiger einer schweren Straftat befindet. Identifizieren nun die Probanden, die den Verdächtigen noch nie gesehen haben, den Verdächtigen mit einer höheren Quote als nach dem Zufallsprinzip zu erwarten ist, so ist nachgewiesen, dass die Identifizierung mehr aufgrund verbaler und nonverbaler Signale erfolgte, die die Mitglieder der Vergleichsgruppe nicht zeigten. Auch der zu Unrecht Verdächtige befindet sich in einer **Stresssituation** und gibt daher verbale/nonverbale Signale von sich, die auf ihn schlicht deswegen als Täter hindeuten, da bei der Vergleichsgruppe derartige Sig-

17 Vgl. Malek, Verteidigung in der Hauptverhandlung, 2. Aufl. Rn 419; vgl. auch Burhoff, Handbuch der strafrechtlichen Hauptverhandlung, 2. Aufl., Rn 514; Budde, Anm. zu AG Unna, StrVert. 1982, S. 110 f.

18 Vgl. Artkämper, Fehlerquellen bei Gegenüberstellungen und anderen (Wahl) Identifizierungsmaßnahmen, StRR 2007, S. 210, 215.

19 Vgl. Odenthal, Die Gegenüberstellung im Strafverfahren, 3. Aufl., S. 40 f. m.w.N.

20 Vgl. Odenthal, Die Gegenüberstellung im Strafverfahren, 3. Aufl., S. 33.

nale völlig fehlen (z.B. wenn die Vergleichsgruppe aus Beamten in Zivilkleidung[21] besteht).

Praxistipp 8

Eine unfaire Gegenüberstellung oder suggestive Wirkungen auf den Zeugen kann der Verteidiger oft durch eigene Experimente nachweisen und/oder dementsprechende Beweisanträge stellen. „Für das Strafverfahren bedeutet dies, dass es allein darauf ankommt, dass das Wiedererkennen durch suggestive Einflüsse verfälscht worden sein kann; ob es im Einzelfall verfälscht worden ist, entzieht sich wissenschaftlichen Erkenntnismöglichkeiten.“[22]

Zu beachten ist weiterhin, dass bei einer **positiven Identifizierung** oft mit einem **besonderen Training des Zeugen** (z.B. Bankangestellter, Polizeibeamte) argumentiert wird. Das ist falsch. Derartige Zeugen erkennen den Täter nicht besser oder schlechter als sonstige Zeugen.[23] Jedenfalls gibt es dafür keinen Beleg, sondern nur eine Kompetenzillusion. 9

Ist sich der Zeuge subjektiv 100 % sicher, den Richtigen identifiziert zu haben, ist auch dieses subjektive Empfinden kein Bewertungskriterium.[24] Konnte ein Zeuge eine ihm vorher unbekannte Person nur (relativ) kurze Zeit beobachten, darf sich der Tatrichter nicht ohne Weiteres auf die subjektive Gewissheit des Zeugen beim Wiedererkennen verlassen, sondern muss aufgrund objektiver Kriterien nachprüfen, welche Beweisqualität dieses Wiedererkennen hat und dies in den Urteilsgründen nachvollziehbar darlegen.[25]

Speziell bei **anthropologischen Vergleichsgutachten**[26] gilt, dass diese kein standardisiertes Verfahren darstellen.[27] Der aus der Literatur berichtete unkritische Umgang der Gerichte mit Gutachten setzt sich hier fort. Die „Standards für die anthropologische Identifikation lebender Personen aufgrund von Bilddokumenten“ weisen ausdrücklich darauf hin, dass „die unkritische Übernahme [...] einer ver- 10

21 Vgl. Köhnken, Zum Beweiswert von Identifizierungen durch Augenzeugen – Eine methodische Analyse, Forensia 1984, S. 1 ff.; vgl. auch Gniech/Stadler, Die Wahlgegenüberstellung – Methodische Probleme des kriminalistischen Wiedererkennungsexperiments, StV 1981, S. 565 ff.

22 Odenthal, Die Gegenüberstellung im Strafverfahren, 3. Aufl., S. 32.

23 Vgl. Bender/Nack/Treuer, Tatsachenfeststellung vor Gericht, 3. Aufl., Rn 1182, 1192.

24 Vgl. Nöldeke, Zum Wiedererkennen des Tatverdächtigen bei Gegenüberstellungen und Bildvorlage, NStZ 1982, S. 193 f.; vgl. aber Bender/Nack/Treuer, Tatsachenfeststellung vor Gericht, 3. Aufl., Rn 1195 (geringfügiger Zusammenhang).

25 Vgl. für den Zivilprozess z.B. OLG Saarbrücken, Urt. v. 6.9.2018 – 4 U 9/18 = NJW-RR 2019, S. 85, 89 ff. und für den Strafprozess, BGH, StraFo 2017, S. 111 f.

26 Vgl. Geipel/Spies, Verteidigungshinweise zum Umgang mit anthropologischen Vergleichsgutachten, StRR 2007, S. 216 ff.

27 Vgl. BGH, NZV 2006, S. 160 ff.

meintlich sicheren wissenschaftlichen Identifikation eine Hauptursache von Fehlurteilen ist."[28] Nach diesen Standards gilt: „Stets ist die Identitätswahrscheinlichkeit einzuschätzen. Sie ist abhängig von der Zahl der einbeziehbaren Merkmale und deren Häufigkeit in der Bevölkerung [...]. Bei der Kombination von Wahrscheinlichkeiten sind die einschlägigen mathematischen Regeln einzuhalten, also z.B. Anwendung von Bayesschen Theorems bei korrelierten und der Multiplikationsregel bei unkorrelierten Merkmalen etc."[29] In der Praxis wird jedoch genau hiergegen oft verstoßen. Weder wird abstrakt der verwandte Rechenweg (Theorem von Bayes oder Multiplikationsregel) noch wird eine konkrete Berechnung (mit den jeweiligen Zahlen) offengelegt. Von einem Gutachter ist zu fordern, dass „er für eine große Zahl von Merkmalen eine für einen geografischen Raum repräsentative **Datenbank** anlegt und auswertet,"[30] um abzuschätzen, mit welcher Wahrscheinlichkeit ein bestimmtes Merkmal in der Bevölkerung vorkommt.[31]

11 In diesem Sinne hat das OLG Bamberg ausgeführt:

> *„Erfolgt die Identifizierung auf der Grundlage eines anthropologischen Vergleichsgutachtens, darf sich das Gericht dem nicht einfach anschließen. Will es dem Ergebnis der Sachverständigenbegutachtung ohne Angabe eigener Erwägungen folgen, so müssen in den Urteilsgründen wenigstens die wesentlichen Anknüpfungstatsachen und Darlegungen des Sachverständigen wiedergegeben werden. Dazu gehören naturgemäß die von dem Sachverständigen herausgearbeiteten deskriptiven morphologischen Merkmale und die vergleichenden Erwägungen bzgl. der entsprechenden Merkmale des Täters und die vergleichenden Erwägungen bzgl. der entsprechenden Merkmale des Betroffenen. Darzulegen ist auch, auf welches biostatistische Vergleichsmaterial sich die von dem Sachverständigen vorgenommene Wahrscheinlichkeitsberechnung stützt (vgl. OLG Bamberg, Beschluss v. 2.6.2007, Az.: 2 Ss OWI 639/06). Hier hat sich die Tatrichterin damit begnügt, die vom Sachverständigen festgestellten Merkmale aufzuzählen. [...] Die bloße Angabe statistischer Werte genügt nicht. Die Tatrichterin muss vielmehr darlegen, welche der festgestellten Merkmale in der Gesamtbevölkerung nur selten vorkommen und deshalb die Identifizierung erlauben."*[32]

28 Standards für die anthropologische Identifikation lebender Personen aufgrund von Bilddokumenten, NStZ 1999, S. 230 f.

29 Standards für die anthropologische Identifikation lebender Personen aufgrund von Bilddokumenten, NStZ 1999, S. 230 f.

30 Niemitz, Zur Methodik der anthropologisch-biometrischen Begutachtung einzelner Tatfotos und Videoaufzeichnungen, NZV 2006, S. 130, 132 f.

31 Vgl. hierzu auch BGH, StV 1991, S. 369.

32 OLG Bamberg, 2 Ss OWi 903/07, n.v.

Oder in einer anderen Entscheidung:

„Um dem Rechtsbeschwerdegericht die Überprüfung der Schlüssigkeit des Gutachtens und seines Beweiswertes zu ermöglichen, hätte deshalb zunächst dargelegt werden müssen, auf welche und wie viele übereinstimmende metrische und deskriptive Körpermerkmale der Sachverständige sich bei seiner Bewertung gestützt und auf welche Art und Weise er diese Übereinstimmungen ermittelt hat (BGH NStZ 2000, 106 f.; NZV 2006, 160 f.; OLG Bamberg NZV 2008, 211 f.; OLG Hamm DAR 2008, 395 ff. = NStZ-RR 2008, 287 f.; StV 2010, 124 ff.; OLG Oldenburg NZV 2009, 52 ff.; OLG Jena NStZ-RR 2009, 116; vgl. zuletzt wohl auch OLG Koblenz NZV 2010, 212 f.). Des Weiteren hätte es Ausführungen dazu bedurft, welche Häufigkeit hinsichtlich der jeweils übereinstimmenden Merkmale der Wahrscheinlichkeitsberechnung zugrunde gelegt und wie sie ermittelt worden ist (BGH NStZ 2000, 106 f.; in BGH NZV 2006, 106 f. offen gelassen; OLG Hamm StV 2010, 124 ff. = StraFo 2009, 109 f.; OLG Jena a.a.O.). Denn diesen Angaben kommt Bedeutung bei der Beurteilung des Beweiswertes der von dem Sachverständigen getroffenen Wahrscheinlichkeitsaussage zu (Knußmann StV 1993, 127 ff.; AGIB in der Fassung vom Mai 2008 Ziffer 11, OLG Hamm StV 2010 124 ff.; OLG Jena a.a.O.). Dem steht nicht entgegen (so aber OLG Hamm DAR 2008, 399 ff.; OLG Oldenburg a.a.O.), dass zwischen den Klassifizierungen von Einzelmerkmalen ein gleitender Übergang besteht, weswegen in der Regel keine genauen Angaben über die Häufigkeit der Merkmale in der Bevölkerung, der die zu identifizierende Person angehört, gemacht werden können (Knußmann NStZ 1991 175 ff.; BGH NZV 2006, 160 f.) und dass daher der Gutachter häufig auf Schätzungen aufgrund seiner Sachkenntnis angewiesen sein wird.“[33]

Das entspricht der Rechtsprechung des Bundesgerichtshofs: 12

*„Um dem **Senat** die Überprüfung der Schlüssigkeit des Gutachtens und seines Beweiswertes zu ermöglichen, hätte zunächst dargelegt werden müssen, auf welche und wieviele übereinstimmende metrische Körpermerkmale der Sachverständige sich bei seiner Bewertung gestützt und auf welche Art und Weise er diese Übereinstimmungen ermittelt hat. Auch fehlen Ausführungen im Urteil, aufgrund welcher Berechnungen der Sachverständige zu dem Ergebnis gelangt ist, dass der Angekl. mit einer Sicherheit von 96,7–98,8 % der Täter ist. Dem Urteil ist nicht zu entnehmen, auf welches biostatistische Vergleichsmaterial sich die Wahrscheinlichkeitsberechnung stützt (vgl. zu dem Problem der Merkmalshäufigkeit und zur Berechnung **Knußmann**, NStZ 1991, 175 f.; zum gleichgelagerten Problem bei der DNA-Analyse **BGHSt** 38, 320 = NJW 1992, 2976 = NStZ 1992, 554; BGHR StPO § 261 Identifizierung 11), d.h. ob dieses Vergleichsmaterial im Hinblick auf die Bevölkerungsabgrenzung, die Größe*

33 OLG Bamberg, 3 Ss OWi 378/10.

des Probandenkreises und das wegen der Akzeleration der Bevölkerung bedeutsamer Alter der Untersuchung repräsentativ ist, also das Vorkommen des einzelnen Merkmals in der männlichen Bevölkerung zur Tatzeit zutreffend widerspiegelt, oder ob es sich nur um mehr oder weniger genaue, den Beweiswert der Wahrscheinlichkeitsaussage relativierende Anhaltswerte handelt (Standards für die anthropologische Identifikation lebender Personen aufgrund von Bilddokumenten NStZ 1999, 230; ***Knußmann****, NStZ 1991, 175, 177).“*[34]

13 Diese Darstellungsanforderungen dürften dem Stand der OLG-Rechtsprechung nicht mehr unbedingt entsprechen,[35] denn aktuell begnügen sich diverse Judikate mit rein verbalen Umschreibungen/Einschätzungen von Sachverständigen.[36] Im Übrigen verfügen die wenigsten Gutachter über entsprechende Datenbanken bzw. oft werden die Werte im Gutachten nicht mitgeteilt.[37] Sollte dies doch einmal anders sein, **so stellt sich die Frage, welchen Sicherheitsabschlag der Sachverständige angenommen hat**. Ein Sicherheitsabschlag ist deshalb nötig, da hinsichtlich der entsprechenden Merkmale (z.B. „konvexer Nasenrücken“) ein gleitender Übergang besteht, sodass keine genauen Angaben über die Häufigkeit in der Bevölkerung gemacht werden können.[38] **Der Grundsatz „im Zweifel für den Angeklagten“ erfordert eine weite Sicherheitsspanne**.[39]

34 BGH, Urt. v. 27.10.1999 – 3 StR 241/99 = NStZ 2000, S. 106 f.

35 Vgl. Thüringer OLG, zfs 2009, S. 228 f.; OLG Celle, NZV 2002, S. 472; Thüringer OLG, 1 Ss 217/05; OLG Braunschweig, NStZ-RR 2007, S. 180; BGH, NStZ 1991, S. 596 und NStZ 2000, S. 106 f.

36 Das OLG Hamm (NStZ-RR 2008, S. 287 f.) hat in diesem Sinne angenommen, dass die entsprechenden Häufigkeitsverteilungen in den Urteilsgründen nicht mitgeteilt werden brauchen, da dies nicht möglich sei. Dem ist nicht zuzustimmen. Wenn es nicht genügend Sachverständige mit entsprechendem biostatistischen Vergleichsmaterial gibt, schlägt dies auf den dann geringeren Beweiswert des Gutachtens durch, nicht aber auf eine Verringerung der Darstellungsanforderungen im Urteil. Ggf. muss das Gutachten dann als wertlos betrachtet werden. Keinesfalls kann sich aber umgekehrt ein (nahezu) wertloses Gutachten durch Verringerung der Darstellungsanforderungen der rationalen Überprüfbarkeit entziehen. Auch das OLG Hamm geht davon aus, dass der Rechenweg angegeben werden muss, wenn in einem Gutachten ein konkreter Wahrscheinlichkeitsgrad von 75–80 % genannt wird (vgl. OLG Hamm, StV 2010, S. 124 f.). Fälle, in denen es zu bedauerlichen Fehlidentifikationen durch Sachverständige gekommen ist, werden jedem forensisch erfahrenen Verteidiger aus eigener Erfahrung bekannt sein. Selbst der Laie kennt mittlerweile den Fall, dass ein -renommierter-Gerichtsgutachter in der ZDF-Sendung „Wetten dass“ nur eine Identifikationsrate erreichte, die er durch reines Raten (hier sogar weniger als 50 %) ebenfalls erreicht hätte (vgl. hierzu auch Berichte in „Der Spiegel“ v. 2.6.2001 und „Focus“ Nr. 32 v. 6.8.2001). Der richtige Schluss müsste daher sein, dem Gutachter erst recht kritisch gegenüber zu stehen, nicht aber unkritisch (vgl. hierzu auch „Der Tagesspiegel“ v. 2.12.2007).

37 Vgl. hierzu BGH, NStZ 2000, S. 106 f. u. BGH, StV 1994, S. 580 zur DNA-Analyse; vgl. OLG Jena, DAR 2006, S. 223 ff.; vgl. auch OLG Braunschweig, StV 2000, S. 546.

38 Vgl. BGH, NZV 2006, S. 160 m.w.N.

39 Vgl. Knußmann, Zur Wahrscheinlichkeitsaussage im morphologischen Gutachten, NStZ, 1991, S. 175 f.; vgl. Niemitz, Zur Methodik der anthropologisch-biometrischen Begutachtung einzelner Tatfotos und Videoaufzeichnungen, NZV 2006, S. 130, 132.

Wichtig ist die Entscheidung des KG, Beschl. v. 10.08.2017 – 3 Ws (B) 202/17 – 162 Ss 113/17, die festhält:

> *„Enthält das anthropologische Sachverständigengutachten – wie im vorliegenden Fall – keine Wahrscheinlichkeitsberechnung, so muss das Urteil, da den einzelnen morphologischen Merkmalen jeweils eine unterschiedliche Beweisbedeutung zuteil wird, Ausführungen dazu enthalten, welchen der festgestellten Übereinstimmungen – gegebenenfalls in Kombination mit anderen festgestellten Merkmalen – eine besondere Beweisbedeutung zukommt, das heißt, welche Aussagekraft der Sachverständige den Übereinstimmungen zumisst und wie er die jeweilige Übereinstimmung bei der Beurteilung der Identität gewichtet hat.“*

Das OLG Frankfurt am Main hat (soweit ersichtlich erstmas) einen anthropologischen Gutachter zur Zahlung von Schadensersatz in Höhe von ca. 150.000 EUR verurteilt, der ein grob fehlerhaftes Identitätsgutachten erstellte, woraufhin der Angeklagte zu Unrecht verurteilt wurde und 2.186 Tage inhaftiert war.[40] **14**

Das OLG hat insb. folgende Umstände als fahrlässig angesehen: **15**

- Der Gutacher hat die von ihm verwendete Prädikatsklasse „mit sehr großer Wahrscheinlichkeit“ nicht näher erläutert, insb. die in dem Prädikat enthaltenen Unsicherheitsintervalle nicht kenntlich gemacht.
- Weiter hat der Gutachter eine sog. Vorselektion vorgenommen, d.h. eine Auswahl des vermeintlichen Täters mit dem Angeklagten aufgrund auffallender optischer Ähnlichkeit.

Tatsächlich sei für ein lege artis Gutachten der Schwerpunkt auf **Ausschlusskriterien** zu legen, nicht aber auf **Ähnlichkeitsmerkmale**. Grob fahrlässig sei nach Meinung des OLG, dass der Gutachter geäußert habe, dass für ihn an der Täterschaft keinerlei Zweifel bestünden, obwohl ihm bewusst gewesen sein musste, **dass Identitätsgutachten immer nur Schätzungen sind, die zudem auf einer sehr subjektiven Interpretation gründen**. Diesen Fall der grob fahrlässigen Gutachtenserstellung nahm das OLG an, obwohl der Sachverständige letztendlich eine Prozentzahl von 98,5 % nannte und mitteilte, dass eine Restunsicherheit verbleibe, was rein mathematische Gründe habe. **16**

40 Vgl. OLG Frankfurt am Main, 2.10.2007 – 19 U 8/07 n.v.

17 Konkret ging es um den Angeklagten Donald S. und einen Vergleich mit einem Bild einer Überwachungskamera:

Obiges Foto aus bayernpress_nr62695 „Bankräuber", Foto mit freundlicher Genehmigung der bayernpress newsfoto GmbH

Obiges Foto aus bayernpress_nr62698 Donald S., Foto mit freundlicher Genehmigung der bayernpress newsfoto GmbH

18 Weiter ist für die Verteidigung zu beachten, dass der Beschuldigte nach dem **nemo tenetur-Prinzip** nicht verpflichtet ist, aktiv an der Anfertigung einer Vergleichsfotografie mitzuwirken.[41] Zwangsmaßnahmen wären im Owi-Bereich grundsätzlich un-

41 Vgl. BGH, NStZ 2004, S. 392 ff.

zulässig, sodass jedenfalls in diesem Bereich eine Vergleichsfotografie und damit eine Identifizierung ggf. verhindert werden kann.[42] Das LG Hagen meint:

> *„Abschließend muss der jeweilige Eingriff auch in angemessenem Verhältnis zur Schwere der Tat und der Stärke des Tatverdachts stehen. In Ordnungswidrigkeitenverfahren ist der Grundsatz der Verhältnismäßigkeit von ganz erheblicher Bedeutung. Bei der Abwägung zwischen den durch eine Ermittlungsmaßnahme beeinträchtigten Grundrechten und dem Verfolgungsinteresse des Staates ist zu berücksichtigen, dass der Vorwurf einer Ordnungswidrigkeit stets weniger schwer wiegt als der einer Straftat. Es ist bei der Angemessenheitsprüfung auch zu bedenken, dass im Bußgeldverfahren das öffentliche Interesse an der Ahndung auf Grund der Nichtgeltung des Legalitätsprinzips niedriger ist als im Strafverfahren. Daher ist im Bußgeldverfahren von Eingriffsbefugnissen in der Regel nach den Wertungen des Gesetzgebers zurückhaltender Gebrauch zu machen.“*[43]

Andererseits meint das OLG Stuttgart:

> *„In Literatur und Rechtsprechung ist anerkannt, dass für das Bußgeldverfahren § 81b StPO über § 46 Abs. 1 OWiG zumindest in bedeutenderen Sachen – insbesondere dann, wenn die Verhängung eines Fahrverbotes wie im vorliegenden Fall im Raum steht – Anwendung finden kann. Erkennungsdienstliche Maßnahmen zur Identifizierung sind in diesem Fall vom Betroffenen zu dulden und können erforderlichenfalls auch mit unmittelbarem Zwang durchgesetzt werden.“*[44]

Damit zeigt sich auch hier einmal mehr die unendliche Weite der Rechtsprechung. Es ist trotz eines aus der Verfassung fließenden Grundsatzes der Verhältnismäßigkeit nicht möglich, abzuschätzen, welcher staatliche Eingriff unverhältnismäßig ist. Ist unmittelbarer Zwang, um ein Fahrverbot aufgrund einer Geschwindigkeitsüberschreitung von 31 km/h innerorts und außerorts ab 41 km/h durchzusetzen, wirklich noch verhältnismäßig?

Ein für den Angeklagten negativer Beweiswert aufgrund der Weigerung, aktiv an der Sachaufklärung mitzuwirken, darf daraus jedenfalls nicht entstehen.[45]

> *Hinweis* 19
>
> „Das Verbot des Zwangs zur Selbstbelastung bedeutet, dass im Rahmen des Strafverfahrens niemand gezwungen werden darf, sich durch seine eigene Aus-

42 Geipel/Spies, Verteidigungshinweise zum Umgang mit anthropologischen Vergleichsgutachten, StRR 2007, S. 216 ff.

43 Landgericht Hagen Beschl. v. 17.12.2018, Az.: 46 Qs 85/18.

44 Oberlandesgericht Stuttgart Beschl. v. 26.08.2014, Az.: 4 Ss 225/14.

45 Vgl. BeckOK/StPO-Eschelbach, § 261 StPO, Rn 16 m.w.N.

sage einer Straftat zu bezichtigen oder zu seiner Überführung aktiv beizutragen (vgl. BVerfGE 109, 279, 324; 56, 37,49)."[46]

20 Ein interessanter und zugleich beispielhafter Fall spielte sich vor dem Amtsgericht Rosenheim ab (Az.: 8 Owi 460 Js 12293/09). Der polizeiliche Sachbearbeiter hielt in einem Aktenvermerk fest, dass der (unschuldige) Betroffene „eindeutig" der Täter/Fahrer sei. Der (ständig) vom Gericht beauftragte Sachverständige legte – ohne Offenlegung des Rechenwegs oder konkreter Wahrscheinlichkeitswerte – die dritthöchste Stufe („Identität hoch wahrscheinlich") fest, nachdem sich der (unschuldige) Betroffene in exakt der gleichen Pose und Winkel wie in dem (hier nicht abgedruckten) Tatfoto fotografieren ließ.

Der wahre Fahrer:

46 BGH, StraFo 2009, S. 371, 373.

Die „hoch wahrscheinlich identische“ Person:

© Claudia Spies

In der Pose und im Winkel wie auf dem Tatbild:

© Claudia Spies

C. Vorliegen eines DNA-, Faser- oder ähnlichen Gutachtens

I. Allgemeines

Ein Fall kann sich so oder ähnlich in einem Landgericht zutragen: 21

„‚Damit sind Sie überführt!', sagt der Vorsitzende Richter des Landgerichts. ‚Ich würde Ihnen empfehlen zu gestehen. Das wirkt sich nämlich strafmildernd aus.' In einem Gespräch unter vier Augen mit der Anwältin des Angeklagten ergänzt er: ‚Die Beweislast ist erdrückend. Ihr Mandant hat keine Chance. Bei einem Geständnis könnten wir ihn mit fünfzehn Jahren davonkommen lassen. Ohne Geständnis bekommt er mindestens zwanzig. Sprechen Sie doch mal mit ihm.' Die Anwältin verspricht, mit ihrem Mandanten zu sprechen, und fügt hinzu: ‚Ich sehe aber keine Chance, ihn zu überzeugen. Er behauptet immer wieder, er sei es nicht gewesen. Und ich habe es ihm bis heute auch geglaubt. Ich kann mir auch jetzt noch nicht vorstellen, dass er es war.' Der Richter erwidert: ‚Die DNA-Analyse beweist es doch! Die Chance, dass die Übereinstimmung seiner DNA zufällig ist, beträgt ungefähr 1 : 1.000.000, sagen die Wissenschaftler. Weniger Zweifel an einem Urteil kann kein Mensch erwarten!' Die Anwältin gibt zu bedenken, dass dies doch eine Umkehr der Beweislast sei, aber der Richter schüttelt nur verständnislos den Kopf: ‚Werte Frau Kollegin. Wir haben ihn doch überführt. Der DNA-Test beweist, dass es sein Sperma war. Wie ist denn sonst sein Sperma in den Slip des Opfers gekommen? Das soll Ihr Mandant mir bitte mal erklären.'"[47]

Hat der Richter Recht?

22 „Die Frage des Beweiswertes kriminaltechnischer Gutachten ist in der bundesrepublikanischen juristischen Literatur und der Rechtsprechung der Obergerichte geradezu stiefmütterlich behandelt worden. Dies ist erstaunlich und unverständlich zugleich […]."[48] „Speziell unter den juristischen Fachleuten ist oft eine nahezu unkritische Haltung gegenüber kriminaltechnischen Ergebnissen zu finden […]."[49] Die Gutgläubigkeit der Tatrichter gegenüber vom Gericht bzw. von der Staatsanwaltschaft beauftragten Gutachten ist ein zeitloses Phänomen. Nur sehr vereinzelt lassen sich – im Kampf um die Unschuld nach Rechtskraft – erfolgreiche Schadensersatzklagen gegen Sachverständige nachweisen.[50] Diese Problematik betrifft nicht nur die per se fehleranfälligen psychologischen und psychiatrischen Gutachten, bei denen es sich bereits im Ansatz nicht um eine „exakte Wissenschaft" handelt, sondern auch um Gutachten der Rechtsmedizin in anderen Bereichen. Ein besonders erschreckendes Beispiel ist der sog. **Genditzki**-Fall, zu dem das BVerfG eine Verletzung des allg. Justizgewährungsanspruchs aufgrund unerfüllbarer und unzumutbarer Bedingungen bzgl. eines Wiederaufnahmeantrags feststellte.[51] Erst nach 13 Jahren Haft und einem Freispruch im Wiederaufnahmeverfahren meinte das LG, das zuvor die Wiederaufnahme abgelehnt hatte: Das Gericht geht davon aus, dass die alte Frau, für deren angebliche Ermordung Genditzki im Gefängnis saß, keinem

47 Dubben/Beck-Bornholdt, Mit an Wahrscheinlichkeit grenzender Sicherheit, Logisches Denken und Zufall, S. 46 f.

48 Steinke, Der Beweiswert forensischer Gutachten, NStZ 1994, S. 16.

49 Hellmiß, Interpretation und Einbeziehung von kriminaltechnischen Gutachten in die Urteilsfindung – Gedanken über ein grundsätzliches Problem und Vorschläge für eine Vorgehensweise –, NStZ 1992, S. 24.

50 Vgl. z.B. für aussagepsychologische Gutachten BGH, Urt. v. 24.10.2019 – III ZR 141/18 und BGH, Beschluss vom 30.08.2018 – III ZR 363/17.

51 Vgl. BVerfG, Beschl. v. 4.12.2023 – 2 BvR 1699/22.

Verbrechen zum Opfer fiel und dass sie „infolge eines Unfallgeschehens zu Tode kam“. Ein solcher Unfall sei nach den Ausführungen von Sachverständigen im Prozess „nicht nur möglich, sondern wahrscheinlich“. Ein Tötungsdelikt sei zwar „denktheoretisch möglich“, es gebe aber „keine tatsächlichen Anhaltspunkte“ dafür.[52] Eine tragische Rolle spielte in der ersten Verurteilung ein Gutachten der Rechtsmedizin München.

Auf einer Jahrestagung der Deutschen Gesellschaft für Kriminalistik in der Führungsakademie der Polizei in Münster-Hiltrup wurde im Jahre 2004 folgender Fall zur Diskussion gestellt (der Fall „*Sarah*“): Eine Frau wurde sexuell missbraucht und getötet. Ein DNA-Test des gefundenen Spermas ergibt eine Übereinstimmung mit der DNA des Angeklagten. Die Wahrscheinlichkeit für eine zufällige Übereinstimmung beträgt 1:1.000.000. Ist der Angeklagte mit einer Wahrscheinlichkeit von 23

- 100 %
- ca. 99,9 %
- ca. 50 %
- 0 %
- alles ist möglich.

der Täter?

Die am häufigsten gegebene Antwort war ca. 99,9 %.[53] Überlegen Sie, ob auch Sie diese Antwort gegeben hätten!

Oft kann die **Wortwahl** eines Sachverständigen das Beweisergebnis entscheidend beeinflussen: 24

Teilt ein Sachverständigengutachten mit, „wenn der Verdächtige unschuldig wäre, betrüge die Wahrscheinlichkeit, dass die Haarproben nicht unterschieden werden könnten, nur 2 %“[54] oder teilt ein anderes Sachverständigengutachten mit: „Anhand der Übereinstimmung der Merkmale in den untersuchten DNA-Polymorphosen von Sperma-Spur und Blut könne mit einer Wahrscheinlichkeit von 99,86 % festgestellt werden, dass der Angeklagte der Verursacher des Spermas aus der Scheide (der Geschädigten) sei,“[55] so ist auf eine Darstellung in Häufigkeiten zu bestehen. Wird die Merkmalswahrscheinlichkeit so ausgedrückt, dass es 12.450mal wahrscheinlicher ist, dass die Spur von dem Angeklagten stammt als von einem Unbekannten, sollte der Anwalt darlegen, dass dies auf eine Person pro 12.450 Angehörigen der Population zutrifft.[56] 25

52 Vgl. Redaktion des Beck-Verlags zu LG München I, Urt. v. 7.7.2023 – 1 Ks 121 Js 158369/19.

53 Vgl. Dubben/Beck-Bornholdt, Mit an Wahrscheinlichkeit grenzender Sicherheit, Logisches Denken und Zufall, S. 47.

54 Schweizer, Kognitive Täuschungen vor Gericht, Dissertation Universität Zürich, S. 135.

55 So in dem Fall BGH, NJW 1992, S. 2996 f.

56 Vgl. Robertson/Vignaux, Interpreting evidence, S. 53 f.

26 Die schlichte **Merkmalswahrscheinlichkeit** hat nämlich noch nicht unbedingt etwas mit der **Belastungswahrscheinlichkeit** zu tun. Das wäre nur dann der Fall, wenn die Ausgangswahrscheinlichkeit 50 % betrüge.[57]

27 Wenn die Probe des Angeklagten mit der zu vergleichenden Probe (z.B. Haare mit der DNA des Beschuldigten) des inkriminierten Beweisstücks übereinstimmt und die Merkmale dieser Probe in 2 % der Bevölkerung vorkommen, wäre der staatsanwaltschaftlich orientierte Leser geneigt, die Wahrscheinlichkeit der Schuld des Angeklagten mit 98 % zu bewerten (sog. prosecutor's fallacy). Der Verteidiger hingegen wäre geneigt, vorzutragen, dass 2 % der Bevölkerung mehr als Hunderttausend Personen beträgt, sodass in einer solch großen Gruppe ein Hinweis auf den Angeklagten bedeutungslos ist (sog. defense attorney's fallacy). Der Denkfehler liegt hier darin, die Merkmalswahrscheinlichkeit mit der Belastungswahrscheinlichkeit gleichzusetzen. Die **Belastungswahrscheinlichkeit** kann nur dann festgestellt werden, wenn die **Ausgangswahrscheinlichkeit** (sog. A-priori-Wahrscheinlichkeit, Anfangswahrscheinlichkeit) der Schuld des Angeklagten berücksichtigt wird.[58]

28 Besteht die Verteidigung daher auf einer **Häufigkeitsangabe**, so kann der Schluss von Merkmalswahrscheinlichkeit auf Belastungswahrscheinlichkeit vermieden werden. Es muss also dargestellt werden,

> *„nur 2 % aller Menschen haben Haare, die sich mikroskopisch nicht von den Haaren des Täters unterscheiden lassen. In einer Stadt mit einer Million Einwohner sind dies rund 20.000 Personen.“*[59]

29 Eine derartige Darstellung würde – zur Vermeidung von Fehlurteilen – auch einem Appell der schweizerischen Wissenschaft an die Rechtsprechenden folgen.[60] Die Praxis zeigt, dass die gerichtliche Beweiswürdigung zu wenig beachtet, welche Schlussfolgerungen in einzelnen Fällen aufgrund derartiger Gutachten zu ziehen sind.[61]

30 *Beispiel 1*

Ein Täter, der in einem Einkaufszentrum nach Ladenschluss ein Restaurant in Brand gesteckt hatte, wurde von einer Überwachungskamera gefilmt. Es handelte sich um einen Mann mittleren Alters mit Brille und Oberlippenbart. Der Mann trug eine schwarze Lederjacke und Baseballkappe sowie Jeans und Turnschuhe einer bestimmten Marke. In der Hand hielt der Mann einen Geißfuß.

57 Vgl. Nack, Revisibilität der Beweiswürdigung, StV 2002, S. 558 ff., 564.

58 Vgl. Thompson/Cole, Psychological Aspects of Forensic Identification Evidence, in Expert Psychological Testimony for the courts, S. 33, 54 m.w.N.; vgl. auch Nack, Revisibilität der Beweiswürdigung, StV 2002, S. 558, 564.

59 Schweizer, Kognitive Täuschungen vor Gericht, Dissertation Universität Zürich, S. 135.

60 Vgl. Taroni/Mangin/Bär, Die Interpretation des Beweiswerts von DNA-Untersuchungen in sachverständigen Gutachten, Schweizerische Zeitschrift für Strafrecht, 1999, S. 439 ff., S. 440 f.

61 Vgl. Gräns, Das Risiko materiell fehlerhafter Urteile, S. 138.

Unterstellt man einerseits, dass die einzelnen Merkmale statistisch voneinander unabhängig sind und nimmt man mit Walder/Hansjakob andererseits folgende Häufigkeitsverteilung in der Bevölkerung an,

Mann	50 %
mittleren Alters	50 %
Brillenträger	70 % (bei mittlerem Alter)
Oberlippenbart	50 % (bei Männern)
Besitzer einer Lederjacke	70 %
– davon schwarz	70 %
Besitzer einer Baseballkappe	60 %
Jeans	100 %
Turnschuhe dieser Marke	5 %
Besitzer eines Geißfußes	3 %,

so käme man nach Walder/Hansjakob durch Multiplikation der o.g. Wahrscheinlichkeiten auf eine Wahrscheinlichkeit des zufälligen Vorliegens all dieser Merkmale von 0,0038 %. Walder/Hansjakob teilen zwar mit, dass die Berechnung grob vereinfacht ist und bei bestimmten Merkmalen (z.B. „Lederjacke" und „Baseballkappe") die statistische Unabhängigkeit nicht gegeben sein könnte, sodass insofern eine Multiplikation ausscheide, aber das Endergebnis würde eine gewisse Plausibilität beanspruchen.[62] Kriminalisten übersehen in der Praxis immer wieder, dass die **Merkmalswahrscheinlichkeit** nicht mit der **Belastungswahrscheinlichkeit gleich gesetzt** werden kann.[63] O.g. Wahrscheinlichkeit bedeutet nur, dass bei 1.000.000 Personen die o.g. Kombination bei 38 Personen vorliegt.

Beispiel 2 31

An einem Tatort werden drei (**voneinander unabhängige**[64]) DNA-Merkmale gefunden. Jedes dieser Merkmale kommt mit einer Wahrscheinlichkeit von 10 % in der Bevölkerung vor. Die Wahrscheinlichkeit, dass alle drei Merkmale **zufällig** zusammen vorkommen, d.h., wenn sie nicht vom Täter stammen (Merkmalswahrscheinlichkeit), somit

$$10\ \% \times 10\ \% \times 10\ \% = 0{,}1\ \%\ \text{beträgt.}$$

62 Die Produktregel führt zu einem irreführenden und überzogenen Ergebnis, wenn die Merkmale nicht voneinander unabhänging sind und/oder „überlappende" Gruppen berücksichtigt werden – vgl. Colmez/Schneps, Wahrscheinlich Mord, S. 59 ff., 84 ff.

63 Vgl. hierzu ein weiteres Beispiel von Walder/Hansjakob, Kriminalistisches Denken, 7. Aufl., S. 78 f., 216 f.

64 Andernfalls wäre die Produktregel als solche bereits unzulässig, vgl. BGH, StV 1992, S. 312; vgl. auch BGHSt 38. S. 320 ff.

Scheinbar folgerichtig könnte man nun annehmen, dass die Wahrscheinlichkeit, dass die Person X mit diesen drei DNA-Merkmalen der Täter ist, somit

100 % – 0,1 % = 99,9 % beträgt.

Würde man nun annehmen, dass diese aus der Merkmalswahrscheinlichkeit geschlossenen 99,9 % für eine Verurteilung ausreichend sind, so würde man den aus der Literatur bekannten Denkfehler des Prosecutor's fallacy bzw. base rate neglect begehen.[65]

32 Diese Merkmalswahrscheinlichkeit kann nicht die Belastungswahrscheinlichkeit, also die Wahrscheinlichkeit, dass der Betroffene mit diesen drei Merkmalen auch der Täter ist, sein. Das wird durch folgende Überlegung klar. Führte man z.B. eine DNA-Reihenuntersuchung durch, so erhielte man bei 100.000 untersuchten Personen 100 „Treffer". D.h., man müsste jede dieser 100 so ermittelten Personen verurteilen, denn bei jeder läge die vermeintliche Belastungswahrscheinlichkeit von 99,9 % vor. Das kann ersichtlich nicht richtig sein.[66] Hätte man 1.000.000 Personen untersucht, so hätte man 1.000 „Treffer" erhalten.

33 *Hinweis*

Es ist daher nicht zu fragen, wie wahrscheinlich es ist, dass eine bestimmte Merkmalskombination zufällig in der Bevölkerung vorkommt, sondern wie wahrscheinlich es ist, dass der Inhaber einer bestimmte Merkmalskombination der Verursacher ist.[67] Setzt der Tatrichter eine Merkmalskombination von 3 % mit 1: 30.000 gleich, liegt ohnehin ein revisibler Fehler vor.[68]

34 Diese Belastungswahrscheinlichkeit kann nur festgestellt werden, wenn man die Ausgangswahrscheinlichkeit (Wahrscheinlichkeit, dass der Beschuldigte der Täter ist, ohne Kenntnis der weiteren Indizien) kennt. Im Falle der Reihenuntersuchung von 100.000 Personen wäre das 1 zu 100.000 bzw. bei der Untersuchung von 10.000.000 Personen wäre das 1 zu 10.000.000. Ein Sachverständiger kann sich immer nur zu Merkmalswahrscheinlichkeiten äußern, niemals zur Wahrscheinlichkeit des Zutreffens oder Nicht-Zutreffens der Tathypothese.[69] Das Problem der Ausgangs- oder Anfangswahrscheinlichkeit ist bei DNA-Analysen mittlerweile entschärft, denn die Seltenheit von Merkmalskombinationen liegt mittlerweile im Milliardenbereich und oft sogar noch darüber.[70]

65 Vgl. Bender/Nack/Treuer, Tatsachenfeststellung vor Gericht, 3. Aufl., Rn 613 ff., 642 ff. m.w.N.
66 Vgl. Bender/Nack/Treuer, Tatsachenfeststellung vor Gericht, 3. Aufl., Rn 645.
67 Vgl. Bender/Nack/Treuer, Tatsachenfeststellung vor Gericht, 3. Aufl., Rn 642; vgl. auch BGH, StV 1992, S. 312, 455.
68 Vgl. BGH, StV 1996, S. 583.
69 Vgl. Robertson/Vignaux, Interpreting Evidence, S. 21.
70 Vgl. Bender/Häcker/Schwarz, Tatsachenfeststellung vor Gericht, 6. Aufl., Rn 697.

Wird der Täter nicht per Zufall (Reihenuntersuchung) ermittelt, sondern aufgrund anderer Beweismittel (z.B. eine Frau bezichtigte den Mann X der Vergewaltigung) und erst daraufhin wird die DNA-Untersuchung bei X durchgeführt, so beträgt die Anfangswahrscheinlichkeit m.E. 50 % (die Aussage der Frau kann genauso richtig wie falsch sein). In dem Fall der Anfangswahrscheinlichkeit von 50 % beträgt die Belastungswahrscheinlichkeit in dem o.g. Beispielsfall tatsächlich 99,9 %.[71] 35

In den meisten forensisch relevanten Fällen, in denen bereits ein Indiz auf die Beweistatsache hindeutet (Indiz des ersten Verdachts), sollte der Beweiswert dieses Indizes als Anfangswahrscheinlichkeit verwendet werden.[72] In vielen Fällen wird man daher eine Anfangswahrscheinlichkeit von 50 % annehmen können (das Indiz kann richtigerweise oder fälschlicherweise auf die Beweistatsache hindeuten). 36

Hinweis 37

Die Seltenheit von Merkmalskombinationen in DNA-Gutachten bewegen sich heute oft im **Milliarden**bereich, sodass die Anfangswahrscheinlichkeit in diesen Gutachten ggf. vernachlässigt werden[73] und als alleiniges Beweismittel ausreichen kann,[74] mithin die Bayes-Statistik in diesem Bereich an Bedeutung verloren hat.[75] Liegt eine derart hohe Beweiskraft vor, gilt: „It should require an enormous amount of evidence (such as an absolutely unshakeable alibi) to make one believe that these two samples did not come from the same person.“[76] „Für die Darstellung des Ergebnisses einer auf einer molekulargenetischen Vergleichsuntersuchung beruhenden Wahrscheinlichkeitsberechnung ist in der Rechtsprechung des **BGH** für erforderlich gehalten worden, dass der Tatrichter mitteilt, wie viele Systeme untersucht wurden, ob diese unabhängig voneinander vererbbar sind (und mithin die Produktregel anwendbar ist), ob und inwieweit sich Übereinstimmungen in den untersuchten Systemen ergeben haben, mit welcher Wahrscheinlichkeit die festgestellte Merkmalskombination zu erwarten ist und, sofern der Angekl. einer fremden Ethnie angehört, inwieweit dieser Umstand bei der Auswahl der Vergleichspopulation von Bedeutung war [m.w.N.] Soweit damit bislang stets ausdrückliche Ausführungen zur unabhängigen Vererbbarkeit der untersuchten Merkmalsysteme verlangt worden sind, hält der **Senat** hieran für die in der Praxis vorkommenden Regelfälle der DNA-Vergleichsuntersuchung, die keine Besonderheiten in der forensischen Fragestellung aufweisen, nicht fest (...). Zu den Regelfällen der DNA-Analyse gehört ins-

71 Vgl. BGH, BGHSt 38, S. 320.

72 Vgl. Bender/Nack/Treuer, Tatsachenfeststellung vor Gericht, 3. Aufl., Rn 658.

73 Vgl. Bender/Nack/Treuer, Tatsachenfeststellung vor Gericht, 3. Aufl., Rn 652, vgl. hierzu auch BGH, 1 StR 722/08.

74 Vgl. BGH, NJW 2013, S. 2612 ff.

75 Vgl. De Vries, Einführung in die Kriminalistik für die Strafrechtspraxis, Rn 307.

76 Robertson/Vignaux, Interpreting Evidence, S. 60.

besondere die Vergleichsuntersuchung von an Gegenständen gesicherten unspezifischen Tatortspuren. Lediglich in speziellen Fallkonstellationen – z.B. bei Mischspuren von Mitspurenverursachern verschiedenen Geschlechts bei Sexualdelikten oder bei schlechtem Spurenmaterial in Fällen der Exhumierung – besteht aus forensischer Sicht die Notwendigkeit, ergänzende molekulargenetische Untersuchungen durchzuführen, bei denen über die 16 genannten Merkmale hinaus weitere autosomale Merkmalsysteme oder DNA-Marker, die auf den Geschlechtschromosomen des menschlichen Genoms lokalisiert sind, zur Anwendung kommen"[77] Das gilt aber nur dann, wenn die DNA-Analyse de lege artis erfolgt ist. Das ist – in der BRD – nicht immer so. Tatsächlich sind eklatante Fehlerquellen und Ansatzpunkte der Verteidigung zu finden, die sachgerecht nur nach entsprechender Einarbeitung in die Problematik ausgeübt werden können.[78]

Es darf also nicht übersehen werden, dass die DNA-Analyse für viele Fälle eine Lösung darstellt, aber ihrerseits Kern eines Problems sein kann. Insbesondere lassen sich Fälle nachweisen, die durch DNA-Analysen zur Entlastung Unschuldiger geführt haben, aber ebenso Fälle, in denen Unschuldige durch falsche DNA-Analysen zu Schuldigen wurden.[79] Laborfehler sind bei der Ermittlung der Werte immer zu bedenken, aber die Fehlerquote eines Labors in der Vergangenheit sagt nichts darüber aus, mit welcher Wahrscheinlichkeit ein Laborfehler bei der konkreten Beweisprobe vorgelegen hat.[80]

38 Im April 1998 wurde in Deutschland die sog. DNA-Analyse-Datei (DAD) beim Bundeskriminalamt eingeführt. Kommt es zu einem Spur-Person- bzw. Person-Spur-Treffer in der DAD, wird ein Ermittlungsverfahren gegen die Person eingeleitet, deren Muster in der DAD gespeichert ist. Entscheidend ist aber gerade nicht die Wahrscheinlichkeit der Häufigkeit der Merkmale in der Population, sondern die Wahrscheinlichkeit eines „zufälligen" Datenbanktreffers. Je größer die Datenbank, desto größer die Wahrscheinlichkeit eines zufälligen Treffers. Gibt es eine Spur (S) von einem konkret Tatverdächtigen, der als Spurenleger nicht ausgeschlossen werden kann, stehen sich folgende Hypothesen gegenüber: Einmal, dass die Spur vom Tatverdächtigen stammt und einmal, dass die Spur von einer unbekannten Person aus der relevanten Bevölkerungsgruppe stammt. Der Beweiswert der Spur wird

77 BGH, Urt. v. 5.6.2014 – 4 StR 439/13 = NStZ 2014, S. 477 f. Innerhalb der europäischen Bevölkerungsgruppe (sog. Kaukasier) sind Unterschiede in der biostatistischen Häufigkeitsverteilung klein und vernachlässigbar, nicht jedoch bei anderen klar abgrenzbaren kontinentalen Hauptgruppen (Ostasiaten, Afrikaner) – vgl. Schneider/Anslinger/Eckert/Fimmers/Schneider, Erläuterungen zu den wissenschaftlichen Grundlagen biostatistischer Wahrscheinlichkeitsberechnungen im Rahmen von DNA-Spurengutachten, NStZ 2013, S. 693, 696.

78 Vgl. Neuhaus, Anmerkung zu BGH 1 StR 722/08, StraFo 2010, S. 344 ff. m.w.N.

79 Vgl. Neuhaus, Anmerkung zu BGH 1 StR 722/08, StraFo 2010, S. 344 f. m.w.N.

80 Vgl. Robertson/Vignaux, Interpreting Evidence, S. 101 f.

dann auf der Basis des sog. Likelihood-Quotienten (vgl. näher hierzu § 9 Rdn 79 ff.) gebildet. Im Falle der Datenbankrecherche, also ohne einen konkret Tatverdächtigen, stellt sich die Frage, ob die Person aus der Datenbank die Spur gesetzt hat oder eine unbekannte Person, die nicht in der Datenbank erfasst ist. Hier stehen sich zwei Hypothesen gegenüber, nämlich einmal, wie hoch die Wahrscheinlichkeit für die vorgefundene Merkmalskombination unter der Annahme, dass eine beliebige Person aus der Datenbank der Spurenleger ist und einmal, wie groß die Wahrscheinlichkeit für die beobachtete Merkmalskombination unter der Annahme, eine beliebige Person aus der Vergleichspopulation ist der Spurenleger, ist, so dass der Beweiswert des DNA-Treffers ohne konkreten Tatverdächtigen sich wiederum aus dem Likelihood-Quotienten der beiden Wahrscheinlichkeiten bemisst.[81] Die relevanten Fragen und Berechnungen kann allerdings kaum ein Verteidiger aus eigener Sachkenntnis beurteilen, so dass die Konsultation eines eigenen Sachverständigen unabdingbar ist.[82] Stammt der Beschuldigte aus einer Subpopulation (z.B. indianischer, französischer und italienischer Abstammung), könnte man meinen, dass keine Bestimmung der Merkmalswahrscheinlichkeit möglich ist, solange nicht für diese Vergleichsgruppe statistisches Material vorliegt. Das aber ist falsch, denn die Fragen, die in Relation zu setzen sind, lauten: Wie hoch ist die Wahrscheinlichkeit, dass das gefundene Merkmal vom Täter stammt und wie hoch ist die Wahrscheinlichkeit, dass das Merkmal nicht vom Täter, sondern von einer (zufälligen) anderen Person stammt. Hierfür ist die Frage der Charakteristiken des Beschuldigten nicht relevant.[83] Besonderes Augenmerk verdient die Frage der genetischen Charakteristiken des Beschuldigten nur bei der Frage des möglichen Ausschlusses seiner Täterschaft bzw. dann, wenn der Verdächtige nach Augenzeugenberichten einer bestimmten Ethnie zugehörig sein soll (dann wird es auf die Merkmale der ethnischen Population des nach dem Augenzeugenbericht Verdächtigen ankommen).[84]

Auch sonst kann die Wortwahl in einem Sachverständigengutachten zwischen Sieg oder Niederlage entscheiden. Es macht einen Unterschied, ob der Sachverständige formuliert, dass Beweismittel X eine Bestätigung der Täterschaft nicht erbringen kann oder ob der Sachverständige formuliert, dass die Spur vom Angeklagten stammen kann.[85] 39

81 Vgl. Schneider/Schneider/Fimmers/Brinkmann, Allgemeine Empfehlungen der Spurenkommission zur statistischen Bewertung von DNA-Datenbank-Treffern, NStZ 2010, S. 433 ff.

82 Vgl. hierzu den „Fall Diana Sylvester: „Ein ‚Cold Hit' bei Colmez/Schneps, Wahrscheinlich Mord, S. 131 ff.

83 Vgl. Robertson/Vignaux, Interpreting Evidence, S. 131.

84 Vgl. Robertson/Vignaux, Interpreting Evidence, S. 43, 72.

85 Vgl. Neuhaus, Kriminaltechnik in Brüssow/Gatzweiler/Krekeler/Mehle/Pauly, Strafverteidigung in der Praxis, 4. Aufl. § 29 Rn 19.

40 Zurück zum o.g. Fall „*Sarah*" und dem Eingangsbeispiel des überzeugten Richters. Der Fall zeigt, dass das identische DNA-Ergebnis zu diametral widersprechenden Ergebnissen führen kann, je nachdem welche **Ausgangsbedingungen** herrschen.

41 Der Teil der Beamte, der im o.g. Fall von „100 %" ausging, hätte Recht, wenn sich der Mord z.B. auf einer Yacht ereignet hätte, auf der nachweislich nur zwei weitere Männer waren, deren DNA mit der gefundenen DNA allerdings nicht übereinstimmte. Damit bliebe nur der Angeklagte als Täter übrig, d.h., dessen Täterschaft ist **gewiss** (= 100 %[86]), obwohl die Merkmalswahrscheinlichkeit geringer ist.

42 Umgekehrt kann die Täterwahrscheinlichkeit aber auch **ausgeschlossen** sein (= 0 %[87] betragen). Das wäre dann der Fall, wenn der konkrete Angeklagte aufgrund eines Datenabgleichs aus der DNA-Datei des Bundeskriminalamtes erfolgte und die Tat auf einer Yacht in der Nordsee passierte, der Angeklagte sich aber zur Tatzeit sicher in München aufgehalten hat.

43 *Hinweis*

In diesen beiden Fallalternativen kommen wir bei diesen Ausgangsbedingungen zu **eindeutigen Ergebnissen**, da wir eine deterministische Logik im Sinne einer Wenn-dann-Verknüpfung und eines Ausschlussverfahrens angewandt haben. In den relevanteren Bereichen der Wahrscheinlichkeitslogik irren wir hingegen häufig.[88]

44 Auch eine Täterwahrscheinlichkeit von 50 % ist denkbar. Wäre der Mord in Neuseeland passiert und hätte Neuseeland vier Millionen Einwohner, davon zwei Millionen Männer und kämen hiervon altersmäßig nur die Hälfte der männlichen Einwohner als Täter in Betracht, hätten wir eine Million denkbarer Täter. D.h., einer von diesen eine Million Männern hätte **zufällig** die DNA-Übereinstimmung und der Täter hätte zwingend die DNA-Übereinstimmung. Bei dem Angeklagten weiß man daher nicht, ob er derjenige ist, bei dem diese Übereinstimmung nur zufällig vorlag, oder derjenige, bei dem diese Übereinstimmung zwingend (da Täter) vorliegt. Damit besteht nur eine Täterwahrscheinlichkeit des Angeklagten von 50 %.[89]

86 Der theoretische Einwand, dass es eine 100 %ige Wahrscheinlichkeit faktisch nicht gibt, soll hier unberücksichtigt bleiben. Die Gewissheit wird sich 100 % als Grenzwert annähern, vgl. Dubben/Beck-Bornholdt, Mit an Wahrscheinlichkeit grenzender Sicherheit, Logisches Denken und Zufall, 3. Aufl., S. 31, 48.

87 Der theoretische Einwand, dass es eine 0 %ige Wahrscheinlichkeit faktisch nicht gibt, soll hier unberücksichtigt bleiben. Der sichere Ausschluss des Angeklagten als Täter wird sich der Täterwahrscheinlichkeit von 0 % als Grenzwert annähern. Vgl. Dubben/Beck-Bornholdt, Mit an Wahrscheinlichkeit grenzender Sicherheit, Logisches Denken und Zufall, 3. Aufl., S. 48.

88 Vgl. Dubben/Beck-Bornholdt, Mit an Wahrscheinlichkeit grenzender Sicherheit, Logisches Denken und Zufall, 3. Aufl., S. 49.

89 Vgl. Dubben/Beck-Bornholdt, Mit an Wahrscheinlichkeit grenzender Sicherheit, Logisches Denken und Zufall, 3. Aufl., S. 49.

Gegenprobe durch den Einsatz in das *Theorem von Bayes*:

$$\frac{1:1000000(1-(1:1000000))}{(1:1000000(1-(1:1000000)))+((999999:1000000)\cdot(1:1000000))}=0{,}5$$

45 Auch eine Täterwahrscheinlichkeit von 1 % ist denkbar. Geht man davon aus, dass die Europäische Union ca. 400.000.000 Einwohner hat, wovon die Hälfte Männer sind und hiervon wiederum die Hälfte altermäßig als potentielle Täter in Betracht kommt, so hätte man 100.000.000 potentiell Verdächtigte. Bei 100 hiervon würde eine zufällige Übereinstimmung der DNA vorliegen und bei dem wahren Täter eine zwingende Übereinstimmung. Der Angeklagte wäre damit nur mit einer Wahrscheinlichkeit von 1 : 100 der Täter.[90]

46 Ein kritischer Umgang mit vermeintlich eindeutigen Sachbeweisen ist angezeigt. Überträgt man die DNA-Problematik bzw. Berücksichtigung der Ausgangswahrscheinlichkeit in ein für Juristen greifbares Beispiel wird der Grundgedanke klar:

Ein rosaroter Rolls-Royce überfährt in Hamburg einen Passanten. Der Angeklagte wohnt in Hamburg und hat einen rosaroten Rolls-Royce. Ist dessen Fahrzeug deshalb das Tatfahrzeug?

Nein, natürlich nicht. Hier wird jeder Kriminalist/Jurist fragen, wie viele rosarote Rolls-Royce es im Hamburger Umland noch gibt, wie viele in Deutschland etc.

Stellt man nun fest, dass es in Deutschland z.B. 80 rosarote Rolls -Royce gibt, so wird jeder Beurteiler folgern, dass das Fahrzeug des Angeklagten nur als eines von achtzig als Tatfahrzeug in Betracht kommt.[91]

47 Es ist immer zu prüfen und ggf. zu erörtern, welche tragfähigen Schlüsse aus einer aufgefundenen Spur überhaupt gezogen werden können,[92] d.h. z.B., ob eine Spur nur durch unmittelbaren Körperkontakt oder auch durch (Weiter-)Übertragung, sog. Sekundärübertragung, verursacht worden sein kann[93] und unter welchen Umständen ein Spurenträger an seinen Auffindeort gelangt ist, also die Spur auch bei anderer Gelegenheit als der Tat gesetzt werden konnte.[94]

48 *Hinweis*

Zwischen Untersuchungsergebnissen der Kern-DNA und einer mitochondrialen DNA-Analyse (mtDNA) gibt es einen gravierenden Unterschied. Der Beweiswert der mitochondrialen DNA-Analyse ist wesentlich geringer als der einer

90 Vgl. Dubben/Beck-Bornholdt, Mit an Wahrscheinlichkeit grenzender Sicherheit, Logisches Denken und Zufall, 3. Aufl., S. 50.

91 Vgl. Dubben/Beck-Bornholdt, Mit an Wahrscheinlichkeit grenzender Sicherheit, Logisches Denken und Zufall, 3. Aufl., S. 51 f.

92 Vgl. KK-StPO/Ott, 7. Aufl., § 261 Rn 31 f.

93 Vgl. BGH, Urt. v. 16.8.2012 – 3 StR 180/12 = NStZ-RR 2013, S. 20 f.

94 Vgl. BGH, Beschl. v. 23.10.2012 – 1 StR 377/12 = NStZ 2013, S. 179.

Kern-DNA-Analyse.[95] Der Fortschritt der Technik bei DNA-Gutachten ist rasant. Eine verlässliche Beurteilung des Beweiswertes ist ohne einschlägige Literatur nicht möglich, so dass der anwaltliche Vertreter in diesem Bereich unbedingt die einschlägige Spezialliteratur und sämtliche Entscheidungen (die hier nur bruchstückhaft dargestellt sind) zu dieser Problematik konsultieren muss bzw. noch besser, einen eigenen Sachverständigen beauftragen sollte.

Insgesamt gilt: Die Rechtsprechung des BGH zum Beweiswert von DNA-Gutachten hat eine deutliche Entwicklung durchgemacht, und zwar von einer **statistischen Aussage**, die eine Würdigung aller Beweisumstände nicht überflüssig macht und deren Beweiswert stets kritisch zu würdigen sei,[96] dahin, dass eine Verurteilung allein aufgrund einer DNA-Spur möglich und eine statistische Gewissheit nicht erforderlich sei[97] und keine Ausführungen zur unabhängigen Vererblichkeit der Merkmalsysteme mehr erforderlich sind.[98]

49 In dem Mordfall Weimar attestierte der BGH dem verurteilenden LG, dass es die Indizien „sorgfältig und nachvollziehbar" gewürdigt habe.[99] Gleichwohl wird Monika Weimar nach neun Jahren aus der Haft entlassen und in einem Wiederaufnahmeverfahren freigesprochen. **Der Fall Weimar ist ein Schulbeispiel, wie voreilige Hypothesen vermeintlich neutrale Sachbeweise verfälschen können**. Monika Weimar und ihr Ehemann Reinhard Weimar waren a priori gleichermaßen verdächtig, ihre Kinder getötet zu haben. Ein Vorurteil gegen einen der beiden führte zu einem Nachlassen der Ermittlungstätigkeit gegen den anderen.[100] Dass die Ermittlungstätigkeit und Interpretation der Beweise oft von der Vorerwartung des Untersuchenden abhängen, wurde in dem Mordfall Weimar eindrucksvoll bestätigt. „Und da viele Beweisanzeichen einer Bewertung bedürfen, ehe sie Grundlage von Schlussfolgerungen werden, wurde die Aufklärung des Mordfalles Weimar zum Glaubenskrieg, an dem sich phasenweise alle – Kriminalbeamte, Staatsanwälte, Verteidiger und auch Richter – beteiligten."[101] In diesem Fall beantragte Staatsanwalt S. den Erlass eines Haftbefehls gegen den Ehemann Reinhard Weimar, der vom AG und LG Fulda zurückgewiesen wird. Mitglieder der Kriminalpolizei B.H. verwenden sich für die Ablösung von Staatsanwalt S. Der Nachfolger von S. beantragt und erhält umgehend einen Haftbefehl gegen Monika Weimar.

95 Vgl. BGH, 1 StR 597/08.

96 Vgl. BGHSt 37, S. 157; BGHSt 38, S. 320.

97 Vgl. BGHSt 58, S. 212.

98 Vgl. BGH, NStZ 2022, S. 698.

99 Vgl. BGH, NJW 1989, S. 1741, 1744; Gleiches behauptete das BVerfG, 31.1.2000 – 2 BvR 1284/99 vom Erstgericht im Mordfall Walter Sedlmayr.

100 Vgl. Strate, Der Mordfall Weimar Kraft und Gefahren des Sachbeweises, S. 4, http//www.strate.net.

101 Strate, Der Mordfall Weimar Kraft und Gefahren des Sachbeweises, S. 4, unter http//www.strate.net.

Hinweis 50

Gutachten der Bundes- und Landeskriminalämter können gem. § 256 I StPO verlesen werden. Gleichwohl empfiehlt sich die persönliche Anhörung des Sachverständigen. Neuhaus teilt mit, dass sich z.B. ein DNA-Gutachter bei der Anhörung um den Faktor von ca. 1 Million korrigieren musste.[102] Derartige menschliche Fehler können immer vorkommen, auch wenn der Beweiswert der DNA-Gutachten insgesamt erheblich gestiegen ist (s.o.). Gegen die Anordnung der Verlesung eines Gutachtens des Vorsitzenden, kann die **Beanstandung nach § 238 Abs. 2 StPO** mit dem Ziel, einen Gerichtsbeschluss über die Zulässigkeit der Verlesung herbeizuführen, erhoben werden.

Die grundsätzlichen Unzuverlässigkeiten des Zeugenbeweises (Irrtum, Nachlässigkeit, Vorurteilsbildung, ggf. auch die Lüge) können auch beim Sachverständigenbeweis vorkommen. Meist handelt es sich bei dem sog. Sachbeweis um eine Kombination der Beweismittel Zeuge, Sachverständiger und Augenschein.[103] 51

II. Fehler in der Auswahl des Vergleichsmaterials

Im Mordfall Weimar sollten aus den Fasern an den Körpern und Kleidern der Kinder und der Übereinstimmung mit den Kleidern des Täters Indizien gewonnen werden. Im Zuge dieser Ermittlungen wurden Zeugen allein danach gefragt, welche Kleidungsstücke Monika am Tattag trug. Folgerichtig wurden von Monika 27 Kleidungsstücke sichergestellt, von deren Ehemann aber nur drei Kleidungsstücke, die dieser am Tattag ohnehin nicht getragen hatte. **Aufgrund dieser unrichtigen Auswahl des Vergleichsmaterials** konnten die an den Kindern gefundenen Faserspuren nur der Mutter zugeordnet werden. Da die Kinder täglich mit ihrem Vater Kontakt hatten, lag damit ein Ergebnis auf der Hand, das nicht richtig sein konnte.[104] Der Fehler fiel offensichtlich auch dem BGH nicht auf. 52

Zum Hintergrund:

Monika Weimar, die Mutter der getöteten Mädchen, wurde im Januar 1988 erstmals rechtskräftig zu lebenslanger Haft verurteilt, was der BGH 1988 bestätigte. 1995 ordnete das OLG Frankfurt a.M. die Wiederaufnahme an, und das Gießener LG sprach Monika Weimar im April 1997 frei. Dieser Freispruch wurde von dem BGH aufgehoben, der die Sache im November 1998 an das LG Frankfurt a.M. zurückverwiesen hatte. Dieses verhängte 1999 erneut eine lebenslange Freiheitsstrafe, und die Revision gegen dieses Urteil wurde im August 2000 verworfen.

102 Vgl. Neuhaus, Kriminaltechnik in Brüssow/Gatzweiler/Krekeler/Mehle/Pauly, Strafverteidigung in der Praxis, 4. Aufl. § 29 Rn 14.

103 Vgl. Neuhaus, Kriminaltechnik in Brüssow/Gatzweiler/Krekeler/Mehle/Pauly, Strafverteidigung in der Praxis, 4. Aufl. § 29 Rn 14 f.

104 Vgl. Strate, Der Mordfall Weimar Kraft und Gefahren des Sachbeweises, S. 5 f.

III. Fehler bei der Sicherung der Faserspuren

53 Monika Weimar gab an, dass sie die Kinder leblos in deren Betten gefunden habe. Tatsächlich wurden in der Bettwäsche aber keine bzw. (zu wenige) Fasern gefunden, als dass diese Behauptung stimmen kann. Hierbei wurde jedoch nicht beachtet, dass die Bettwäsche erst elf Tage nach der Vermisstenmeldung sichergestellt wurde. Da in den gegenständlichen Sommermonaten häufig gelüftet wird, wurde nicht berücksichtigt, dass Luftbewegungen Fasern wandern und verschwinden lassen kann. Hinzu kam, dass die sichergestellten Teile ohne zwischengelegtes Isoliermaterial zusammengepackt transportiert wurden. Obwohl damit Faserübertragungen von einem Wäschestück auf das andere nahe lagen, wurden nur Ausschnitte analysiert.[105]

IV. Fehlen von Fasern bei Unterstellung der Tathypothese

54 Im Mordfall Weimar führten **Fasergutachten** nicht nur zur Verurteilung von Monika Weimar, sondern im **Wiederaufnahmeverfahren** zu deren Freispruch.[106] Würde die ursprüngliche Urteilsvariante nämlich zutreffen, hätten sich (durch das Tragen der Leichen) verdichtete Faserspuren finden lassen müssen, die tatsächlich nicht gefunden wurden.[107] Hinzu kam, dass bei Unterstellung des ursprünglich gerichtlich festgestellten Zeitablaufs die Kinder anderthalb Stunden im Freien gespielt hätten, bevor sie auf ihren Mörder getroffen sind. Widersprüchlich hierzu war jedoch der Befund, dass keine Sandspuren an der Kleidung der Kinder am Tattag gefunden wurden. An der Kleidung der Kinder vom Vortag, als diese ebenfalls analog im Freien spielten, wurden aber sehr wohl Sandspuren gefunden.[108]

Auch dieser Fall zeigt pars pro toto die Problematik der freien Beweiswürdigung mit dem Wechsel von Verurteilung zu Freispruch und zurück.

Speziell zu Fasergutachten dürfte immer noch der Zustand herrschen, den der BGH 1993 so umschrieb, dass bei der Bewertung von Faserspurenbildern Wahrscheinlichkeitsrechnungen wegen fehlender Statistiken über Merkmalshäufigkeiten derzeit nicht möglich sind.[109]

V. Merkmalswahrscheinlichkeit ungleich Belastungswahrscheinlichkeit

55 In Prozessen kann man immer noch den Fehler der Gleichsetzung der Merkmals- mit der Belastungswahrscheinlichkeit beobachten (s.o.). Zum besseren Verständnis soll eine weitere Ergänzung erfolgen.

105 Vgl. Strate, Der Mordfall Weimar Kraft und Gefahren des Sachbeweises, S. 7 ff.
106 Vgl. Strate, Der Mordfall Weimar Kraft und Gefahren des Sachbeweises, S. 9.
107 Vgl. Strate, Der Mordfall Weimar Kraft und Gefahren des Sachbeweises, S. 9.
108 Vgl. Strate, Der Mordfall Weimar Kraft und Gefahren des Sachbeweises, S. 16.
109 Vgl. BGH, 22.10.1993 – 2 StR 459/93.

An der Kleidung des Angeklagten werden Blutspuren des Opfers gefunden. Aufgrund der bekannten Häufigkeitsverteilung in der Bevölkerung teilt ein Sachverständiger mit, dass die Wahrscheinlichkeit, dass die gefundene Blutgruppe an der Kleidung des Angeklagten sein kann, wenn er nicht der Täter ist, 15,69 % beträgt (die Blutspuren wären dann von einer dritten Person verursacht, die zufällig die gleiche Blutgruppe, wie das Opfer hatte). 56

Weiter wurden an dem Opfer Blutspuren gefunden, die der Blutgruppe des Angeklagten entsprachen. Aufgrund der bekannten Häufigkeitsverteilung in der Bevölkerung teilt ein Sachverständiger mit, dass die Wahrscheinlichkeit, dass die gefundene Blutgruppe an dem Opfer, wenn der Angeklagte nicht der Täter ist, 17,27 % beträgt (die Blutspuren wären dann von einer dritten Person verursacht, die zufällig die gleiche Blutgruppe wie der Angeklagte hatte). 57

Die Wahrscheinlichkeit, dass beide Spuren zusammen **zufällig** (ohne Tat des Angeklagten, d.h. beide Spuren von dritten Spurenträgern gesetzt) vorliegen, beurteilt sich nach der Produktregel der Wahrscheinlichkeitstheorie. 58

D.h.: 15,96 % × 17,27 % = 2,7 %.

Scheidet man die Wahrscheinlichkeit der zufälligerweise identischen Spurenverursachung durch Dritte aus, ergäbe sich damit laut Sachverständigem eine Wahrscheinlichkeit, dass der Angeklagte der Täter ist, von 97,3 % (100 % ./. 2,7 %).

In dem realen Fall stellte sich heraus, dass der Angeklagte 100 km vom Tatort entfernt war.[110]

Hinweis 59

Der Subtraktionsansatz – 100 % minus Zufallswahrscheinlichkeit – wird von Sachverständigen immer wieder gemacht,[111] ist aber falsch.[112]

Die **Belastungswahrscheinlichkeit** hängt nicht nur von der **Merkmalswahrscheinlichkeit**, sondern auch noch von der **Anfangswahrscheinlichkeit** ab. Daher ist die Subtraktion 100 % minus gemäß der Produktregel gefundenen zufälligen Merkmalswahrscheinlichkeit für den Richter unzulässig. Hinzu kommt, dass das Sachverständigengutachten nur ein Indiz unter vielen ist.[113] 60

110 Vgl. Büchter/Henn, Elementare Stochastik, 2. Aufl., S. 229 f. m.w.N.

111 Der BGH teilt mit, dass der Sachverständige so rechnen darf, nicht aber der Richter, vgl. BGH, BGHSt 38, S. 320.

112 „unsinnig“, so Büchter/Henn, Elementare Stochastik, 2. Aufl., S. 230.

113 Vgl. Bender/Nack/Treuer, Tatsachenfeststellung vor Gericht, 3. Aufl., Rn 646 ff.

VI. Ein weiteres Rechtsprechungsbeispiel

61 Von BGH, StV 1996, S. 251 ff. können wir Folgendes entnehmen:[114]

„aa) Bei der Untersuchung auf Material- und Einfärbungsidentität der Fasern ist zu erörtern und darzustellen, ob sich diese mit den angewendeten Untersuchungsmethoden lediglich nicht unterscheiden lassen (Gruppenidentität) oder ob sie aus dem gleichen, möglicherweise sogar – worauf besonders zu achten ist – demselben Herstellungsprozess stammen.

bb) Darüber hinaus ist zu prüfen, ob die Tatort- und Vergleichsspuren zusätzlich besondere Merkmale, etwa eine Verschmutzung, aufweisen, die eine weitere zusätzliche Zuordnung ermöglichen.

cc) Schließlich hat der Tatrichter eine Gesamtwürdigung der Faserspurkombinationen im Hinblick darauf vorzunehmen, ob eine solche Kombination ein ‚charakteristisches Faserbild' darstellt. Dabei kommt es auch auf die Zahl der Fasern und insbes. auf etwa vorhandene Überkreuzungsspuren an."

D. Vorliegen eines naturwissenschaftlichen Gutachtens (DNA, Daktyloskopie, Ballistik)

62 In der Praxis wird üblicherweise angenommen, dass Gutachten zur Identifikation hinsichtlich der Daktyloskopie oder Übereinstimmung der **DNA** wissenschaftlich zu 100 % objektiv sind. Tatsächlich ist dies nicht so. Auch DNA-Testergebnisse produzieren oft Ergebnisse, die zweideutig und offen für persönliche Interpretationen sind.

63 Insgesamt ist bei wissenschaftlichen Gutachten zu beobachten, dass die Standards, um die Übereinstimmung des Beweismittels mit den zu vergleichenden Proben zu beurteilen, vage und schwammig formuliert sind. Das Endurteil hängt mehr von der **subjektiven Sicht** des Beurteilers als von **festgelegten Standards** ab. Bei ballistischen Gutachten gibt es z.B. gar keine Standards, um nachzuweisen, dass eine Kugel aus einer bestimmten Waffe abgeschossen wurde. Nachdem die Vergleichsobjekte nie zu 100 % übereinstimmen, obliegt es ausschließlich dem Beurteiler, die vorhandenen Unterschiede als relevant oder irrelevant zu beurteilen.[115] Es handelt sich bei ballistischen Gutachten nicht um standardisierte Gutachten, d.h. um Gutachten, deren Verfahrensablauf einheitlich geregelt ist und deren Objektivität, Gültigkeit und Zuverlässigkeit allgemein anerkannt sind.[116]

Gleiches gilt für **Fingerabdrücke**. Zwei Fingerabdrücke – auch von demselben Finger – sind nie zu 100 % identisch. Auch hier obliegt es rein der subjektiven Einschät-

114 Vgl. auch BGH, StV 1994, S. 114.

115 Vgl. Robertson/Vignaux, Interpreting Evidence, S. 151 ff.

116 Vgl. hierzu BGH. NStZ 2011, S. 171.

zung des Beurteilers, ob die gefundenen Abweichungen bei unterstellter Identität unerklärlich oder erklärlich sind.[117] Bei daktyloskopischen Gutachten gibt es darüber hinaus auch keine statistisch abgesicherten Daten, um die Seltenheit bestimmter Merkmale oder Merkmalskombinationen festzustellen. Folglich ist die Beurteilung, dass die gefundene Spur zufällig von einer dritten Person verursacht worden sein kann, nicht möglich und wird in daktyloskopischen Gutachten – anders als in DNA-Gutachten – gar nicht mehr dargestellt.

Die deutsche Rechtsprechung geht bei daktyloskopischen Gutachten grundsätzlich davon aus, dass es sich um ein **allgemein anerkanntes und weithin standardisiertes Verfahren** handelt.[118]

> *Hinweis* 64
>
> Nach den europäischen Fingerabdruckstandards muss als Schwellenwert eine Übereinstimmung von acht (teilweise sogar von 16) Merkmalen bestehen. Für diese Schwellenwerte, die zudem von Land zu Land variieren können,[119] gibt es jedoch keine empirisch abgesicherte Basis. In Deutschland sollen **mindestens zwölf anatomische Merkmale** – oder acht Merkmale und ein übereinstimmendes Grundmuster zur Beurteilung vorliegen. Teilweise waren sogar fälschlich positive Identifikationen auch bei den höchsten Schwellenwerten zu beobachten. Ein Schwellenwert von acht Merkmalen bedeutet die Wahrscheinlichkeit einer zufälligen Übereinstimmung von 100 Millionen zu 1 und ist damit pe se hoch beweiskräftig. Allerding sind selbst zwei Fingerabdrücke derselben Person nie völlig identisch (Kraft des Aufdrucks, Schweiß etc.). Der Sachverständige vergleicht damit regelmäßig nur „Eindrücke" der Identität. Wichtiger als eine Angleichung der zahlenmäßigen Kriterien wäre damit eine Gegenprobe durch mindestens einen zweiten, wenn nicht dritten Beurteiler.[120] In der deutschen Literatur gibt es deswegen **kritische Stimmen**, die insbesondere bei Tatortspuren die Einordnung als standardisiertes Messverfahren ablehnen.[121]

Die amerikanisch-englische Wissenschaft lehnt die Festlegung bestimmter Schwel- 65
lenwerte als unwissenschaftlich ab, muss sich jedoch – ebenfalls unwissenschaftlich – auf die subjektive Einschätzung des Beurteilers verlassen.

Es lässt sich also festhalten, dass auch die Ergebnisse **sog. wissenschaftlicher Gut-** 66
achten zu einem Großteil von der **Subjektivität** des Beurteilers abhängen. Die Ein-

117 Vgl. Thompson/Cole, Psychological Aspects of Forensic Identification Evidence, in Expert Psychological Testimony for the courts, S. 33 ff.

118 Vgl. BGH, Urt. v. 11.06.1952 – 3 StR 229/52; bestätigt in BGHSt 39, S. 291, 297 ff.

119 In Deutschland u. der Schweiz reichen zwölf übereinstimmende Merkmale, in Dänemark genügen zehn, während in Italien 17 übereinstimmende Merkmale vorliegen müssen, vgl. Walder/Hansjakob, Kriminalistisches Denken, 7. Aufl., S. 73.

120 Vgl. Robertson/Vignaux, Interpreting Evidence, S. 139 ff.

121 Vgl. de Vries, „Ketzerische Bemerkungen zur Daktyloskopie, StRR 2013, S. 417 ff.

schätzung des Beurteilers dürfte sich dann in der Frage an sich selbst reduzieren, „glaube ich, dass er es war?“[122] In empirischen Studien wurde nachgewiesen, dass die Einschätzung des Beurteilers nicht nur von dem objektiv zu begutachtenden Material abhängt, sondern auch von emotional aufwühlende Informationen (z.B. Fotografien oder grafische Schilderungen von Gewaltdelikten) oder der Kenntnis von sonstigen Beweismitteln.[123] Mangels statistischer Daten steckt der Sachverständige in einem Dilemma, wenn er die Wahrscheinlichkeit der Übereinstimmung der zu beurteilenden Proben angibt. Tatsächlich kann er diese Wahrscheinlichkeit – mit Ausnahme bestimmter DNA-Gutachten – gar nicht exakt angeben. Nimmt er dann einen Sicherheitszuschlag vor und gibt die Wahrscheinlichkeit der Identität mit z.B. nur 99 % an, kann es passieren, dass das Gericht dessen Ergebnis insgesamt als unwissenschaftlich verwirft. Daher ist in der Praxis immer wieder zu beobachten, dass der wissenschaftliche Gutachter die Wahrscheinlichkeit der Übereinstimmung der zu beurteilenden Proben mit 100 % angibt, obwohl das wissenschaftlich absurd ist.[124]

67 Im Übrigen ist in der Rechtsprechung eine Widersprüchlichkeit festzustellen. Zum einen haben Gerichte teilweise ausgeführt, dass der Wert von DNA-Gutachten wissenschaftlich wertlos ist, wenn die Wahrscheinlichkeit der zufälligen Übereinstimmung nicht dargestellt wird. Zum anderen wird das Fehlen dieser Darstellung bei sonstigen Identifikations-Gutachten regelmäßig hingenommen[125] und dem Tatrichter dann eine besondere Verantwortung zur „kritischen Überprüfung“ auferlegt. Das ist rechtlich nicht zu beanstanden, allerdings hat die Praxis die „kritische Überprüfung“ zu einer faktisch „unkritischen Überprüfung“ in vielen Fällen entarten lassen. Das zeigt alleine schon die – nicht mehr nachvollziehbare – Seltenheit, mit der Zweit- oder Obergutachten in Auftrag gegeben werden. In der mehr als 30-jährigen Praxis des Autors, die nicht repräsentativ sein muss, hat sich kein Fall ergeben, in dem das Gericht einen Zwei- oder Obergutachter involviert hatte.

68 Falsche wissenschaftliche Identifikationen (DNA, Fingerabdrücke, Gebissvergleiche, ballistische Gutachten) kommen in der Praxis – entgegen der landläufigen Meinung – tatsächlich vor.[126] Gleichwohl werden Gutachten von Seiten des Gerichts regelmäßig unkritisch hingenommen. D.h., es werden von Seiten des Gerichts kaum kritische Fragen zur Spurensicherung, zum Ablauf der Untersuchung und zu biosta-

122 Vgl. Thompson/Cole, Psychological Aspects of Forensic Identification Evidence, in Expert Psychological Testimony for the courts, S. 33, 51.

123 Vgl. Thompson/Cole, Psychological Aspects of Forensic Identification Evidence, in Expert Psychological Testimony for the courts, S. 33, 38 f.

124 Vgl. Thompson/Cole, Psychological Aspects of Forensic Identification Evidence, in Expert Psychological Testimony for the courts, S. 33, 46.

125 Vgl. Thompson/Cole, Psychological Aspects of Forensic Identification Evidence, in Expert Psychological Testimony for the courts, S. 33, 48.

126 Vgl. Thompson/Cole, Psychological Aspects of Forensic Identification Evidence, in Expert Psychological Testimony for the courts, S. 33, 49 ff.

tistischen Berechnungen gestellt, obwohl es Sache des Gerichts wäre, die sachgerechte Durchführung und Untersuchung und Einhaltung der Untersuchungsbedingungen zu überprüfen (st. Rspr. BGHSt 6, 70, 74 ff.).[127] **Für die Verteidigung ist daher immer wieder zu prüfen, ob nicht ein eigenes Gutachten in Auftrag gegeben wird**.

E. Vorliegen eines aussagepsychologischen Gutachtens

Methodologisch richtig ist z.B. ein Gutachten, das wie folgt vorgeht: 69

Neben der Aussagezuverlässigkeit sind die Aussagetüchtigkeit[128] und die Aussagequalität zu behandeln.[129] Bei **aussagepsychologischen Gutachten** hat der Sachverständige zunächst von einer **Nullhypothese** auszugehen, d.h., von der Annahme, die Aussage sei unwahr. Zur Prüfung dieser Hypothese hat der Sachverständige weitere **Alternativhypothesen** aufzustellen. Diese Alternativthesen bestehen aus realistisch erscheinenden Erklärungsmöglichkeiten für eine falsche Aussage.[130] Denkbare Alternativhypothesen (die die Aussagezuverlässigkeit betreffen) wären die

- **Fantasiehypothese**, d.h., die Annahme, dass die Aussage der Fantasie entspringt. Diese wäre bei unterstellter Aussagetüchtigkeit und hoher allgemeiner Aussagequalität zu verneinen.
- **Induktionshypothese**, d.h., die Annahme, dass die Aussage durch eine dritte Person induziert, d.h., bewusst[131] eingeredet wurde. Kriterien hierfür wären die Aussagetüchtigkeit, die spezifische Aussagequalität, d.h., Eigenständigkeit der Aussage und die Aussagezuverlässigkeit. Bei der Aussagezuverlässigkeit wäre v.a. eine Motivationsanalyse und eine Rekonstruktion der Aussagegenese durchzuführen.
- **Wahrnehmungsübertragungshypothese**, d.h., die Annahme, dass das berichtete Geschehen zwar wahrgenommen wurde, aber fälschlich auf die eigene Person übertragen wurde. Neben der Aussagetüchtigkeit wäre hier eine spezifische Aussagequalität (v.a. multimodale Wahrnehmungen) zu prüfen.[132]
- **Personenübertragungshypothese**, d.h., die Annahme, dass der Sachverhalt fälschlich auf den Betroffenen übertragen wurde. Das kann v.a. dann der Fall sein, wenn vermutet werden kann, dass die Zeugin Viktimisierungserfahrungen

127 Vgl. Keller, Der genetische Fingerabdruck, S. 12.

128 Z.B. Intelligenzdefizite, Gedächtnis- und Wahrnehmungsstörung aufgrund von Hirnschädigungen oder toxischer Einflüsse (Drogen, Alkohol, Medikamente) oder auch affektive Erregung, vgl. Herbst, Glaubhaftigkeitsdiagnostik in Zeugenaussagen, S. 15 m.w.N.

129 Vgl. Herbst, Glaubhaftigkeitsdiagnostik in Zeugenaussagen, S. 13 m.w.N.

130 Vgl. BGH, NJW 1999, S. 2746.

131 Vgl. Greuel, Wirklichkeit – Erinnerung – Aussage, S. 264.

132 Vgl. Greuel, Wirklichkeit – Erinnerung – Aussage, S. 266.

hat. Auch hier wäre neben der Aussagetüchtigkeit die Aussagequalität, v.a. Individualverflechtungen zu prüfen.[133]

- **Suggestionshypothese**, d.h., die Annahme, dass der Sachverhalt unbewusst durch Dritte suggestiv verfälscht wurde. Genauerer Prüfung bedürfte hier die Aussagequalität und Aussagezuverlässigkeit, d.h., v.a. eine Motivationsanalyse und eine Rekonstruktion der Aussagegenese.[134] Suggestionen sind v.a. dann möglich, wenn die befragte Person über das Geschehen unsicher ist und die Suggestion von dem Aussagenden nicht erkannt wird und davon ausgeht, eine Antwort liefern zu müssen, bzw. dass das Gegenüber eine positive Antwort erwartet.[135]

Hinweis:

Die Aussageanalyse kann wertvolle Hinweise liefern, um eine Induktions- oder Suggestionshypothese zu verifizieren oder zu widerlegen. Ansonsten ist der Hinweis auf die „Aussagequalität" wenig zuverlässig (vgl. in diesem Werk umfassend § 24). Entgegen der h.A. sollten derartige Gutachten nicht „Gutachten" genannt werden, und vor allem niemals ein Gutachten nur eines Aussagepsychologen vorliegen, sondern mindestens eine second opinion. Das bedeutet: Die internationale Kritik an der forensischen Verlässlichkeit der Methode ist berechtigt, wird in Deutschland aber weitgehend ausgeblendet.

70 Bis auf Weiteres bleibt die Methode damit das dominierende, aber auch das am stärksten angefochtene Instrument der forensisch-psychologischen Glaubhaftigkeitsbegutachtung in Deutschland. Der Prozessbevollmächtigte hat großen Wert auf die **Offenlegung der geprüften Alternativhypothesen** zu legen. Oft besteht die Gefahr, dass die Alternativhypothesen keiner selbstkritischen Prüfung unterzogen wurden, sondern von Anfang an nur die Hypothesen, die mit den impliziten Erwartungen des Gutachters in Einklang stehen, gebildet wurden. D.h., erwartungskonträre Informationen haben oft keine faktische Auftretenswahrscheinlichkeit.[136]

71 Vor dieser Gefahr wird in der psychologischen Forschung immer wieder gewarnt.[137] Diese Gefahr stellt sich vor allem deshalb, weil durch eine Exploration in nicht wenigen Fällen ein Näheverhältnis zum Untersuchten eintritt, wie Nedopil für psychiatrische Sachverständige ausgeführt hat: „In der Psychiatrie ist eine Exploration ohne die Aufnahme einer Beziehung mit dem Explorierten nicht möglich. Diese Beziehungsaufnahme oder Interaktion, die zwangsläufig der Arzt-Patienten-Bezie-

133 Vgl. Greuel, Wirklichkeit – Erinnerung – Aussage, S. 266 f.

134 Vgl. Greuel, Wirklichkeit – Erinnerung – Aussage, S. 263, 265.

135 Vgl. Greuel, Wirklichkeit – Erinnerung – Aussage, S. 142, 267.

136 Vgl. Jansen/Kluck, Unter Kontrolle: Aussagepsychologische Gutachten, Praxis der Rechtspsychologie, Sonderheft 1 – Glaubhaftigkeitsbegutachtung – 2000, S. 89 ff.

137 Vgl. Wegener, Die Entwicklung der experimentellen Aussagepsychologie, in Psychologie der Zeugenaussage, S. 13 ff., 20 m.w.N.

hung sehr nahe kommt, ist für eine psychiatrische Diagnosefindung, für eine prognostische Einschätzung und auch für eine adäquate therapeutische oder pädagogische Empfehlung unvermeidlich. Grundvoraussetzung für eine psychiatrische Exploration sind seitens des Psychiaters Empathie und Zuwendung. Wie man es auch immer dreht und wendet, wird somit jede Exploration zu einer Arzt-Klienten oder Probanden- oder Patienten-Interaktion – auch wenn ihr Ergebnis vor Gericht Verwendung findet. Insofern bleibt dem psychiatrischen Gutachter trotz der gerichtlich auferlegten Gehilfenrolle eine ärztliche Identität; er kann seine ärztliche Rollenidentifikation nicht abgeben."[138]

Erst wenn die Alternativthesen verworfen werden müssen, weil die Analyse der Aussage ergibt, dass die Aussage von hinreichender Qualität ist, sodass die Unwahrhypothese nicht aufrecht erhalten werden kann, gilt das Gegenteil der Unwahrhypothese, d.h., dass es sich um eine wahre Aussage handelt.[139] Für den Prozessbevollmächtigten ergibt sich in diesem Bereich ein großer Argumentationsspielraum, denn eine **Analyse von Glaubwürdigkeitsgutachten** hat ergeben, dass das dortige Vorgehen in nahezu 50 % der Fälle nicht **lege artis** ist.[140] Die Aussagegenese ist v.a. dann zu prüfen, wenn es nicht zu einer unverzüglichen Anzeigeerstattung kommt und suggestive Befragungen oder Gespräche nicht auszuschließen sind.[141] 72

Die Untersuchung von *Karl Peters* warnt bei der Glaubwürdigkeitsprüfung vor allem vor der Nichtberücksichtigung des Einflusses Dritter durch Überredung, Druck, Suggestion und Anpassung.[142] 73

„Die Gefahr der Beeinflussung liegt nahe, wenn die Anzeige Familienstreitigkeiten entspringt: Es kann selbstverständlich die Möglichkeit bestehen, dass diese Streitigkeit gerade aus dem dem Stiefvater oder Vater vorgeworfenen Verhalten entstanden, und dass die Anzeige durch die Ehefrau oder Verwandte aus der Sorge für das Wohl des Kindes gemacht worden ist. Daß die Anzeige nicht aus anderen Motiven (z.B. Beseitigung des Mannes, Rache an dem Beschuldigten) erfolgte, muss jedoch sichergestellt sein."[143]

Auch vor der Nichtberücksichtigung von **Gruppenverhältnissen** warnt *Peters*: 74
„Aussagen von jungen Menschen, die in persönlicher Weise miteinander verbunden sind: Geschwister, Spielkameraden, Schulgemeinschaft bedürfen einer aufeinander bezogenen Prüfung. Es ist sowohl zu klären, warum andere Gruppenangehörige die von dem Einen oder Anderen aufgestellten Behauptungen nicht bestätigen können,

138 Nedopil, Verständnisschwierigkeiten zwischen dem Juristen und dem psychiatrischen Sachverständigen, NStZ 1999, S. 433, 435.

139 Vgl. BGH, NJW 1999, S. 2746.

140 Vgl. Busse/Volbert, Glaubwürdigkeitsgutachten in Strafverfahren wegen sexuellen Missbrauchs, S. 133 ff. in Psychologie der Zeugenaussage.

141 Vgl. Jansen, Zeuge und Aussagepsychologie, Rn 119.

142 Vgl. Peters, Fehlerquellen im Strafprozess, Bd. 2, S. 151.

143 Peters, Fehlerquellen im Strafprozess, Bd. 2, S. 152.

als auch, wie es zu den übereinstimmenden Aussagen der Gruppenangehörigen kommt. Einerseits kann der Sachverhalt so liegen, dass auch andere Gruppenangehörige die behauptete Beobachtung hätten machen müssen. Andererseits ist aber auch bei gleichlautenden Erklärungen denkbar, dass die Übereinstimmung auf gegenseitiger Suggestion oder sonstigen gegenseitigen Beeinflussungen beruht.“[144] Diese Ausführungen sind nicht nur auf junge Menschen bezogen, sondern auf alle Menschen verallgemeinerbar.

75 Suggestionen können vor allen Dingen auch durch unzulängliche Vernehmungen, die eine Erwartungs-, Ablenkungs-, oder Zwangssituation herbeiführen können, entstehen,[145] so dass die Gefahr besteht, dass sich der Vernommene schlicht dem von der Vernehmungsperson vorgestelltem Vorgang anpasst oder dass bei der endgültigen Aussage in der Hauptverhandlung nicht mehr der Vorgang selbst, sondern die letzte Aussage in der Erinnerung ist.[146]

76 Darüber hinaus warnt *Peters* vor der **Nichterkennung oder Nichtberücksichtigung des Aussagemotivs**. Hier gilt es zu beachten, dass eine Aussage aus Gründen des Selbstschutzes falsch sein kann, wobei dies auch die Furcht vor einem Ansehensverlust in der Öffentlichkeit sein kann. „Die Angst vor dem Prestigeverlust ist eine häufige Ursache für falsche Angaben. Der Zeuge möchte sich nicht durch die Erklärung, dass seine frühere Bekundung falsch war, eine Blöße geben.“[147] Weiter kann eine Aussage aus Eifersucht oder Abneigung falsch sein, aus unerwiderter Zuneigung oder auch aus unerfüllten Wünschen oder dem Versuch der Hebung des Selbstgefühls.[148]

77 „Zuweilen finden sich in den später aufgehobenen Urteilen Formulierungen wie: das Kind oder die Jugendliche könne einen derartigen Vorgang nicht erfinden. Sie könnten nicht so schlecht sein, zu Unrecht den Beschuldigten einer Freiheitsstrafe zuzuführen. Die junge Zeugin sei trotz eindringlicher Ermahnung bei ihrer Belastung geblieben und habe unverändert an ihrer Aussage festgehalten. Solche Erwägungen begründen keinen Beweis. Sie setzen zunächst einmal genaue Kenntnis der Persönlichkeit voraus, an der es häufig fehlt. Die Erfindung derartiger Vorgänge ist selbst für ein Kind etwa von neun Jahren ab nicht schwierig. Die Kenntnisse über sexuelle Vorgänge sind bis in die Reihen der Kinder nicht selten weiter verbreitet, als die Gerichte es annehmen. Es besteht die Möglichkeit der Übertragung anderweitiger Erlebnisse auf den vorliegenden konkreten Fall […]. Es wäre auch notwendig zu wissen, welchen Einflüssen der junge Zeuge vor seiner Aussage unterliegt und ob er in der Lage ist, von einer einmal gemachten Aussage wieder abzugehen.

144 Peters, Fehlerquellen im Strafprozess, Bd. 2, S. 153.
145 Vgl. Peters, Fehlerquellen im Strafprozess, Bd. 2, S. 151.
146 Vgl. Peters, Fehlerquellen im Strafprozess, Bd. 2, S. 157 f.
147 De Vries, Einführung in die Kriminalistik für die Strafrechtspraxis, Rn 343.
148 Vgl. Peters, Fehlerquellen im Strafprozess, Bd. 2, S. 156 f.

Der Widerruf einer belastenden Aussage ist zudem vielen Zweifeln und Befragungen ausgesetzt. Gericht, Staatsanwalt, Verteidiger, Angeklagter, Gutachter, Presse und sonstige Öffentlichkeit befassen sich mit dem Widerruf in vielfach bedrängender Weise. Meist wird dem Widerruf Skepsis entgegengebracht. Er bedeutet Unzuverlässigkeit. So muss mit dem Beharren auf einer einmal gemachten Aussage in aller Regel gerechnet werden. Der Richter wird sich darüber klar sein müssen, dass Überlegungen, wie sie vorstehend angeführt worden sind, als allgemeine Beweisregel keinerlei Indizwirkung haben.“[149]

Hinweis 78

Ein Grundfehler ist es, Indizien einen Beweiswert zuzusprechen, den sie nicht haben. Wenn objektive Feststellungen getroffen werden, so muss ihre Verknüpfung mit dem Beschuldigten bzw. der Tat ermittelt werden. Wenn z.B. auf einem Bettlaken Spermaflecken gefunden werden, sind diese nur dann beweiserheblich, wenn sich erweisen lässt, dass sie nicht von einem anderen (einvernehmlichen) Verkehr herrühren.[150]

Zu beachten ist, dass in **Glaubwürdigkeitsgutachten** oft Tests zur Überprüfung der **Fantasiefähigkeit/Suggestibilität** durchgeführt werden. In Gutachten ist dann oft zu lesen, dass der Proband nach dem Testergebnis wenig fantasiefähig/suggestionsanfällig ist, sodass ein Fantasieprodukt/Suggestion auch im vorliegenden Fall auszuschließen ist. Diese Schlussfolgerung ist jedoch falsch. Zum einen ist es der Wissenschaft nicht gelungen, einen **Suggestionstest** zu entwickeln, mit dem die **Suggestionsanfälligkeit** oder **Suggestionswiderstandsfähigkeit** generalisierend getestet werden kann.[151] Eine solche Suggestionsprobe besteht darin, dem Probanden während der Exploration einige irreführende Fragen zu stellen, um zu sehen, ob der Proband die (falsche) irreführende Information aufnimmt. Da dies nicht zum Kerngeschehen, sondern zum Randgeschehen erfolgen muss, um keine ggf. beschädigte Aussage zu evozieren, ist das Suggestionsergebnis wiederum nichtssagend, weil bei Kindern zum Randgeschehen naturgemäß eine höhere Suggestibilität besteht als zum Kerngeschehen.[152] Zum anderen ist eine „Fantasieprobe“ in keiner Form publiziert[153] und ein Testergebnis hinsichtlich einer bestimmten Art oder eines Ausmaßes eines bestimmten Ereignisses ermöglicht keinen Rückschluss auf ein anderes Ereignis.[154] „Persönliche Dispositionen können allenfalls moderierende Einflüsse 79

149 Peters, Fehlerquellen im Strafprozess, Bd. 2, S. 161 f.
150 Vgl. Peters, Fehlerquellen im Strafprozess, Bd. 2, S. 160.
151 Vgl. Jansen, Zeuge und Aussagepsychologie, Rn 353 m.w.N.
152 Vgl. Vrij, Detecting Lies and Deceit, 2. Aufl., S. 242 m.w.N.
153 Vgl. Jansen, Zeuge und Aussagepsychologie, Rn 350.
154 Vgl. Jansen, Zeuge und Aussagepsychologie, Rn 347.

darstellen, sind aber keine Voraussetzungen für das Entstehen von Suggestionen."[155]

80 Es ist in der psychologischen Forschung gegenwärtig nur möglich, potenzielle Suggestionseinflüsse festzustellen, nicht jedoch, ob die Suggestion wirksam geworden ist. Zwar gibt es keinen Schwellenwert, wann eine Aussage „kaputt suggeriert" ist, jedoch kann bei einer Vielzahl suggestiver Einflüsse oder bei hoch suggestiver Befragung eine lege artis Schlussfolgerung nur noch darin bestehen, die konkrete Aussage als nicht mehr begutachtungsfähig einzustufen.[156]

Gleiches gilt für sog. **Gedächtnistests**. Das Gedächtnis für autobiografische Ereignisse lässt sich nicht mit Standardtests überprüfen.[157]

81 Problematisch ist ebenfalls ein Sachverhalt, in dem sich der Tatrichter nicht die eigene Kompetenz zur Lösung des Falles zutraut und einen Sachverständigen hinzuzieht, aber dann von dem Sachverständigen abweicht und damit nachträglich sich doch die eigene Sachkompetenz zugetraut hat.[158] Das ist freilich dann unproblematisch, wenn der Tatrichter das Gutachten nur als ein Indiz von mehreren bewertet und dann aufgrund der anderen Indizien, d.h. der Abwägung aller Indizien, zu einem anderen Ergebnis als der Sachverständige kommt.

F. Problematische Statistikbeweise und allgemeine Hinweise (Geschlechterdiskriminierung, Todesengel, schwarze Schwäne)

82 Benachteiligungen aus Gründen der Rasse oder wegen der ethnischen Herkunft, des Geschlechts, der Religion oder Weltanschauung, einer Behinderung, des Alters oder der sexuellen Identität sind unzulässig (AGG). Der Nachweis ist ggf. einfach zu führen, wenn Äußerungen oder Fragen des Arbeitgebers oder entscheidungsbefugten Vertreters vorliegen oder Stellenausschreibungen im Widerspruch zu § 11 AGG. Liegen derartige Verlautbarungen aber nicht vor, ist der Nachweis einer Diskriminierung schwierig zu führen, denn niemand kann in das Bewusstsein eines anderen eindringen und erfahren, was er oder sie wirklich denkt.[159] Eine entsprechende Diskriminierungsbehauptung kann man damit i.d.R. nur dann beweisen, wenn man den Einzelfall (zu dem keine Verlautbarungen vorliegen) beiseiteschiebt und

155 Steller, Psychologische Diagnostik – Menschenkenntnis oder angewandte Wissenschaft? S. 1 ff., 9 in Psychologische Begutachtung im Strafverfahren.

156 Vgl. Greuel, Suggestibilität und Aussagezuverlässigkeit, in Psychologie der Zeugenaussage, S. 211 ff., 215–217.

157 Vgl. Jansen, Zeuge und Aussagepsychologie, Rn 355.

158 Vgl. Panhuysen, Die Untersuchung des Zeugen auf seine Glaubwürdigkeit, S. 52.

159 Vgl. Colmez/Scheps, Wahrscheinlich Mord, S. 167.

sich auf den Nachweis eines regelmäßig wiederholten Verhaltensmusters konzentriert.[160]

Statistische Daten können grds. ein Indiz für eine Diskriminierung sein. Die Gesetzesbegründung zum AGG teilt uns mit, dass „auch die Ergebnisse von Statistiken (…) im Rahmen der richterlichen Würdigung des Sachverhalts einen tatsächlichen Anhaltspunkt“ darstellen können.[161]

An einer Universität könnten z.B. folgende Daten (eines Jahres) bekannt sein.[162]

	Promotionsbewerber	**akzeptierte Bewerber**
Männer	8442	3738 = 44 %
Frauen	4321	1494 = 35 %

Hinweis 83

Für dieses Ungleichgewicht könnte es einen plausiblen, also nicht auf Diskriminierung beruhenden Grund geben, nämlich, wenn man annehmen könnte, dass Männer bessere Bewerbungen einreichen oder bessere Studenten wären. Das wird man ausschließen können,[163] soll aber dazu mahnen, statistische Verzerrungen zu prüfen. Selbst wenn es keinen offensichtlichen Grund gibt, der die statistische Verzerrung erklären kann, kann eine statistische Schwankung ganz natürlich eintreten. Auch ein Ereignis, das selten und höchst unwahrscheinlich ist (**schwarzer Schwan**), kann dennoch ganz natürlich auftreten.[164] In der Statistik wird dieser Wert durch den sog. **P-Wert** ermittelt. Das zeigt, dass selbst vermeintlich einfach anmutende statistische Daten nicht ohne Weiteres beurteilt werden können.

Von Zeit zu Zeit werden Fälle der sog. **Todesenge**l bekannt. Wenn eine bestimmte Krankenschwester oder ein bestimmter Pfleger Dienst hat, kommt es zu einer Häufung an Komplikationen und Todesfällen. Irgendwann gibt es zu viele Vorfälle, so dass man nicht mehr an einen Zufall glauben mag. 84

Liegen für eine bestimmte Krankenschwester (z.B. der Fall: *Lucia de Berk*) folgende Daten vor, wäre das beunruhigend, aber noch nicht ausreichend:[165]

160 Vgl. Colmez/Scheps, Wahrscheinlich Mord, S. 168.
161 BT-Dr 16/1780, S. 47.
162 Fall nach Colmez/Scheps, Wahrscheinlich Mord, S. 171.
163 Vgl. Colmez/Scheps, Wahrscheinlich Mord, S. 171.
164 Der Begriff „schwarzer Schwan“ wurde in dem Buch des Publizisten und Börsenhändlers Nassim Nicolas Taleb geprägt.
165 Vgl. Colmez/Scheps, Wahrscheinlich Mord, S. 191 ff.

Pflegeschichten	ohne Zwischenfall	mit Zwischenfall	Gesamt
ohne Lucia	887	0	887
mit Lucia	134	8	142
Gesamt	1021	8	1029

85 Das Resultat könnte verzerrt sein, wenn Lucia eine besonders unfähige Krankenschwester wäre, oder sie systematisch besonders kranken Patienten zugeteilt wurde, oder sie hauptsächlich in Nachtschichten gearbeitet hätte, in denen ohnehin mehr Patienten sterben, oder eine andere Krankenschwester ebenso gleichzeitig anwesend war, oder jemand einen falschen Verdacht auf Lucia legen wollte.[166] „Wenn wir eine Liste der Tausenden von Pflegekräften in einem Land zusammenstellen, mitsamt der Zahl der Todesfälle, bei denen sie jeweils anwesend waren, dann werden wir zwangsläufig eine unglückliche Krankenschwester finden, die am unteren Ende der Liste steht, mit einer ungewöhnlich großen Zahl von Todesfällen im Vergleich zu ihren Kolleginnen."[167]

Hinweis

Negative Eigenschaften, z.B. fachliche Schwächen, werden von Angeklagten oft fälschlich geleugnet, obwohl sie sich im Einzelfall günstig auswirken würden.

86 Wichtig ist damit immer, dass statistische Beweise vollständig und fundiert sind, d.h. vor allem, ob die richtige Vergleichsgruppe einbezogen ist (vgl. hierzu auch § 9 Rdn 82 ff.). Im Bereich des AGG ergibt sich eine unterschiedliche Geschlechterverteilung nicht unbedingt aus einer Diskriminierung, sondern aus unterschiedlichen Präferenzen der Gruppenmitglieder. Frauen sind in Ingenieurs- oder IT-Berufen oder am Bau unterrepräsentiert, in anderen überrepräsentiert, z.B. Grundschullehrer.[168] In türkischen Schnellimbissen sind türkische Arbeitnehmer über- und andere Ethnien unterrepräsentiert, ohne dass sich eine Indizwirkung ableiten lässt.[169] Das bedeutet: Die statistische Variabilität der einzelnen Daten ist oft schwer zu beurteilen. Welche Folgerung ergibt sich für ein Unternehmen, das 1000 Mitarbeiter hat. Hiervon sind 70 % Frauen (700). Auf der 2. Führungsebene beträgt der Frauenanteil 30 % und auf der 1. Führungsebene 20 %? In der gesamten Privatwirtschaft beträgt der Frauenanteil jedoch nur 45 %, auf der 2. Führungsebene 12 % und auf der 1. Führungsebene 4 %.[170] Dieses Beispiel soll zur Vorsicht im Umgang mit statistischen Daten mahnen.

166 Vgl. Colmez/Scheps, Wahrscheinlich Mord, S. 195.

167 Colmez/Scheps, Wahrscheinlich Mord, S. 192.

168 Vgl. Bayreuther, „Quotenbeweis" im Diskriminierungsrecht, NJW 2009, S. 806 f. m.w.N.

169 Vgl. MüKO/BGB, 7. Aufl., § 22 AGG, Rn 15.

170 Vgl. Bayreuther, „Quotenbeweis" im Diskriminierungsrecht, NJW 2009, S. 806 f. m.w.N.

§ 33 Prozesstaktisch besonders relevante Situationen im Zivil- und Strafverfahren

Inhalt

A. Fahrlässigkeitsvorwürfe und Abgrenzung zum bedingten Vorsatz

1 Bei der Abgrenzung „Vorsatz“ versus „Fahrlässigkeit“ liegt eine Problematik darin, dass aus **äußeren Umständen auf innere Einstellungen geschlossen** wird. Wichtig ist daher immer eine Gesamtschau aller Indizien,[1] insbesondere die Beachtung der Indizien gegen bedingten Vorsatz (Gegenindizien[2]), wie z.B. hohe Alkoholisie-

1 Vgl. die Beispiele bei De Vries, Einführung in die Kriminalistik, Rn 357 m.w.N. und Schneider, Anmerkung zu BGH, Beschl. v. 28.6.2005 – 3 StR 195/05 = NStZ 2005, S. 629 ff.

2 Std. Rspr, vgl. z.B. BGH, Beschl. v. 2.2.2010 – 3 StR 558/09 = NStZ 2010, S. 511: „Der Tatrichter muss deshalb in seine Erwägungen alle Umstände einbeziehen, die einem solchen Ergebnis entgegenstehen können [m.w.N.].“

rung,[3] Affekttat oder spontane Aktion,[4] kein Beweggrund für die Tat[5] oder das Nachtatverhalten.[6] Die Schlüsse aus diesen Indizien müssen darüber hinaus nicht zwingend, sondern nur denkgesetzlich möglich sein.[7]

Bei der Verteidigung gegen Fahrlässigkeitsvorwürfe spielt insb. die **Voraussehbarkeit** eine entscheidende Rolle. Sowohl im Zivilrecht als auch im Strafrecht ist eine Verantwortung wegen Fahrlässigkeit nur dann gegeben, wenn der Erfolg voraussehbar war. Gerade in diesem Bereich kommt es zu einem der eklatantesten Phänomene der Wahrnehmungsverzerrungen. 2

„In der Rückschau überschätzen Menschen ständig, was vorhersehbar war [...]. Menschen meinen, dass andere den Ausgang eines Ereignisses viel besser hätten vorhersehen müssen, als dies tatsächlich der Fall war.“[8]

Dieser in der psychologischen Forschung bekannte **Rückschaufehler (hindsight bias)** führt in der Gerichtspraxis dazu, die tatsächliche ex ante Voraussehbarkeit eher zu bejahen, als es objektiv gerechtfertigt ist. 3

Je gravierender die Folgen, desto eher werden diese in der Rückschau als voraussehbar betrachtet. Auch wenn Versuchspersonen ausdrücklich darauf hingewiesen werden, nicht die Ex-post-, sondern die Ex-ante-Perspektive zu bewerten, bleibt die Wahrnehmungsverzerrung in der oben dargestellten Richtung bestehen.[9] 4

Diesem Rückschaufehler unterliegen – wie alle Menschen – auch Richter. Das gilt sogar in den Bereichen, in denen Richter Experten sind, nämlich in der Beurteilung von Erfolgsaussichten eines Prozesses. Es ist einleuchtend, dass die Erfolgswahrscheinlichkeit als Ex-ante-Größe nicht von dem tatsächlichen Ausgang des Verfahrens abhängt. Wird den Richtern z.B. der tatsächliche Ausgang des Verfahrens bekannt gegeben, so beurteilen selbst die untersuchten Richter die Ex-ante-Erfolgswahrscheinlichkeit signifikant anders, als wenn der tatsächliche Ausgang nicht bekannt gegeben wird.[10] Mit anderen Worten: Das nachträgliche Wissen vom tatsächlichen Verlauf führt auch bei Richtern zu einer Wahrnehmungsverzerrung. 5

„Ist erst einmal der Ausgang eines Ereignisses bekannt, wird mit diesem Wissen die vorausgegangene Geschichte konsistent uminterpretiert. Ein Verhalten, das im All- 6

3 Vgl. BGH, Urt. v. 25.10.2005 – 4 StR 185/05 = NStZ-RR 2006, S. 11 ff.

4 Vgl. BGH, Urt. v. 25. 11. 2010 – 3 StR 364/10 = NStZ-RR 2011, S. 73 ff.; BGH, Urt. v. 17.12.2009 – 4 StR 424/09 = NStZ 2010, S. 571.

5 Vgl. BGH, Beschl. v. 27.8.2013 – 2 StR 148/13 = NStZ 2014, S. 35; BGH, Beschl. v. 10.7.2007 – 3 StR 233/07 = NStZ-RR 2007, S. 307 f.

6 Vgl. BGH, Beschl. v. 6.3.2008 – 5 StR 192/07 = NStZ 2008, S. 453 f.

7 Vgl. Dallinger, Aus der Rechtsprechung des Bundesgerichtshofes in Strafsachen, MDR 1970, S. 197 f.

8 Fischhoff, For Those Condemned to Study the Past: Heuristics and Biases in Hindsight, in: Judgement Under Uncertainty: Heuristics and Biases, S. 335 bis 354, 341 zitiert nach Schweizer, Kognitive Täuschungen vor Gericht, Universität Zürich, S. 209.

9 Vgl. Schweizer, Kognitive Täuschungen vor Gericht, Universität Zürich, S. 209 ff.

10 Vgl. Schweizer, Kognitive Täuschungen vor Gericht, Universität Zürich, S. 215 ff. m.w.N.

gemeinen als adäquat angesehen wird, wird mit dem Wissen um den negativen Ausgang als unangemessen bewertet."[11]

Dementsprechend erscheint es in der Natur der menschlichen Psyche zu liegen, umso eher bedingten Vorsatz anzunehmen, je mehr das tatsächliche Ereignis (wie vor Gericht meist) bekannt ist und umso gravierender die Folgen waren.

7 In der Schweiz wurden zwei Raser, die sich ein Autorennen lieferten, bei dem es zu einem tödlichen Unfall kam, wegen bedingten Vorsatzes verurteilt.[12]

8 Richtig ist aber: „Wer einen tiefergelegten VW Corrado VR 6 mit verdunkelter Heckscheibe und Doppelauspuff fährt, will sein Auto bei einem Unfall nicht verschrotten. Er vertraut – zweifellos fälschlicherweise, aber Selbstüberschätzung ist ein verbreitetes Phänomen [...] – darauf, dass er sein Fahrzeug beherrscht [...]. Er erkennt wohl, dass zu hohe Geschwindigkeit generell gefährlich ist, aber ihm wird natürlich nichts passieren, weil er sein Auto beherrscht."[13] Die Rechtsprechung sieht das anders bzw. deren Formel hilft nicht weiter:

> *„Bedingter Tötungsvorsatz ist gegeben, wenn der Täter den Tod als mögliche, nicht ganz fernliegende Folge seines Handelns erkennt (Wissenselement) und dies billigt oder sich um des erstrebten Zieles Willen zumindest mit dem Eintritt des Todes eines anderen Menschen abfindet, mag ihm der Erfolgseintritt auch gleichgültig oder an sich unerwünscht sein (Willenselement). Bewusste Fahrlässigkeit liegt dagegen vor, wenn der Täter mit der als möglich erkannten Tatbestandsverwirklichung nicht einverstanden ist und er ernsthaft und nicht nur vage darauf vertraut, der tatbestandliche Erfolg werde nicht eintreten."*[14]

9 Der Rückschaufehler ist bei allen Delikten, die Fahrlässigkeit oder sogar bedingten Vorsatz voraussetzen, naheliegend.

I. Konkurstatbestände

10 Liegen gleich viele Hinweise auf einen Konkurs vor, wie auch, dass der Konkurs noch abgewendet werden kann, so beeinflusst die Bekanntgabe des tatsächlichen Ergebnisses (Konkurs eingetreten oder nicht) die Expertenmeinung über die Vor-

11 Vgl. Sczesny/Krauel, Ergebnisse psychologischer Forschung zu Vergewaltigung, MschrKrim, 1996, S. 338, 350.

12 Vgl. Schweizerische Bundesgerichtsentscheidung BGE 130 IV 58, zitiert nach Schweizer, Kognitive Täuschungen vor Gericht, Universität Zürich, S. 207.

13 Schweizer, Kognitive Täuschungen vor Gericht, Universität Zürich, S. 208.

14 BGH, Urt. v. 1.3.2018 – 4 StR 399/17 = BGHSt 63, S. 88; vgl. hierzu auch die akzeptierte Verurteilung wegen Mordes, BGH, Beschl. v. 26.3.2025 – 4 StR 487/24.

hersehbarkeit des Konkurses.[15] Nach einer anderen Studie haftet der Sorgfältige damit genauso wie der Sorglose. Ist der Erfolg genügend schwerwiegend, kommt es (nahezu) nur auf diesen Erfolg an.[16] Bereits Tschadek, der frühere österreichische Justizminister, hatte schon 1958 auf diesen Fehler aus eigener Erfahrung hingewiesen: „Ich habe in einem Kriminalfall ein Gutachten gesehen, in dem der Wirtschaftssachverständige den genauen Zeitpunkt angibt, in dem der Ausgleich anzumelden gewesen wäre. Der Sachverständige fügte aber hinzu, dass bei Gelingen einer versuchten Transaktion unter Umständen der Betrieb gerettet worden wäre. Daß der Versuch ein Fehlschlag war, führte zu der Feststellung der Fahrlässigkeit. Man wird sicherlich über die Frage, wann man ein Risiko auf sich nehmen darf und wann nicht mehr, niemals zu einer eindeutigen Auffassung gelangen. Hier gilt es vor allem die Person des Beschuldigten zu erfassen und aus seinem bisherigen Verhalten den Schluß ableiten, ob er subjektiv noch im guten Glauben war, sein Unternehmen in Ordnung bringen zu können, oder ob wirklich fahrlässiges oder gar schon betrügerisches Manöver vorlag [...]. Im Strafrecht muß man also auch beim Wirtschaftsdelikt in erste Linie den Menschen sehen und man kann sich daher auf die Gutachten der Buchsachverständigen niemals ganz verlassen."[17]

II. Behandlungsfehler

1. Durchführung einer „zu riskanten Operation"

Wird einem Arzt der Vorwurf der Durchführung einer zu riskanten Operation gemacht, so zeigen Studien, dass die Entscheidung pro Operation (obwohl die Wahrscheinlichkeit von letalen Komplikationen nur 8 % betrug), umso eher als falsch erachtet wurde, wenn der Patient in der Tat an diesen Komplikationen verstarb.[18] 11

2. Übersehen einer Diagnose

Kennen Versuchspersonen die tatsächliche Diagnose, so beurteilen sie die Ex-ante-Diagnostizierbarkeit signifikant anders, als wenn sie die Diagnose nicht kennen.[19] 12

15 Vgl. Schweizer, Kognitive Täuschungen vor Gericht, Universität Zürich, S. 215 m.w.N.

16 Vgl. Kathodus, The Effects of Audit Quality and Consequence Severity on Juror Evaluations of Auditor Responsibility for Plaintiff Losses, The Accounting Review 2000, S. 327 bis 341, zitiert nach Schweizer, Kognitive Täuschungen vor Gericht, Universität Zürich, S. 216 Fn 1029.

17 Tschadek, Der Beweis, S. 49.

18 Vgl. Baron/Hershey, Outcome Bias in Decision Evaluations, Journal of Personality and Social Psychology 1989, S. 569 bis 579, zitiert nach Schweizer, Kognitive Täuschungen vor Gericht, Universität Zürich, S. 211 Fn 991.

19 Vgl. Harley/Carlsen/Loftus, The „saw-it-all-along" effect: Demonstrations of Visual Hindsight Bias, Journal of Experimental Psychology: Learning, Memory and Cognition 2004, S. 960 bis 968, zitiert nach Schweizer, Kognitive Täuschungen vor Gericht, Universität Zürich, S. 212 Fn 1005, 1006.

13 Wer nach bestimmten Dingen sucht, übersieht leicht andere Anomalien. Das zeigt ein Versuch von Trafton Drew von der Harvard Medical School in Boston (USA). Erfahrenen Radiologen wurde ein CT-Scan einer Lunge gezeigt, und die Ärzte sollten nach kleinen weißen Krebsknoten Ausschau halten und sie per Mausklick markieren. Nur vier der 24 Radiologen entdeckten auch einen in die Scans montierten Comic-Gorilla (das betr. Bild lässt sich leicht im Internet über den Suchbegriff „CT Scan Dancing Gorilla" finden). Das bedeutet, dass beim Verdacht auf eine bestimmte Krankheit andere Anomalien leicht übersehen werden können. Das aber wäre ggf. nicht mehr fahrlässig, sondern eine Konsequenz der unvollständigen menschlichen Wahrnehmung. Bei einer fordernden Aufgabe wird selbst Überauffälliges leicht übersehen (sog. **Unaufmerksamkeitsblindheit** = das Phänomen, dass Menschen unerwartete Objekte oder Ereignisse im direkten Sichtfeld übersehen, wenn ihre Aufmerksamkeit intensiv auf eine andere Aufgabe fokussiert ist). Die Blickerfassungsauswertung des Experiments zeigte zudem, dass zwölf der 20 „Unaufmerksamkeitsblinden" direkt auf den Gorilla geschaut hatten.[20]

3. Erstellen einer Fehldiagnose

14 Stehen mehrere Diagnosen zur Auswahl, so führt die nachträgliche Kenntnis von der tatsächlichen Diagnose zu einer signifikant anderen Beurteilung der Ex-ante-Diagnose.[21]

15 *Hinweis*

Gerichtlich bestellte Sachverständige sprechen ärztliche Behandlungsfehler oft nur sehr zurückhaltend an.[22] Abweichenden Privatgutachten kommt daher große Bedeutung zu,[23] allerdings besteht auch hier die gerichtliche Tendenz dem Gerichtsgutachter zu folgen und das abweichende Privatgutachten nicht kritisch genug zu würdigen.

III. Strafbarkeit des Verteidigers

16 Besonders großzügig ist die Rechtsprechung bei möglichen Straftaten des Verteidigers im Prozess. Regelmäßig wird einem Verteidiger, der dem Gericht zweifelhafte Beweismittel präsentiert, unterstellt, er habe strafbares Verhalten nicht billigend in Kauf genommen. Es liege allenfalls Fahrlässigkeit vor, denn der Verteidiger habe

20 Vgl. Drew et al, The Invisible Gorilla Strikes Again- Sustained Inattentional Blindness in Expert Observers, psychology online, July 17, 2013.

21 Vgl. Arkes/Wortmann/Saville/Harkness, Hindsight Bias Among Physicians Weighing the Likelihood of Diagnoses, Journal of Applied Psychology, 1981, S. 252 bis 254, zitiert nach Schweizer, Kognitive Täuschungen vor Gericht, Universität Zürich, S. 214 Fn 1018.

22 Vgl. BGH, NJW 1999, S. 3410.

23 Vgl. BGH, NJW 1996, S. 1597.

die Präsentation der Beweismittel in der Regel mit dem inneren Vorbehalt versehen, das Gericht werde die Beweismittel kritisch prüfen und deren Zweifelhaftigkeit nicht übersehen.[24] Der BGH stellt damit bei Verteidigern hohe Anforderungen an den Nachweis des voluntativen Vorsatzelements.[25]

B. Rechtmäßigkeit von Maßnahmen

Auch bei der Frage, ob eine bestimmte Maßnahme rechtmäßig war, hängt die Beantwortung von der **unzulässigen Kenntnis** des tatsächlichen Ausgangs ab. Wird z.B. bei einer Hausdurchsuchung inkriminiertes Material gefunden, wird die Maßnahme von 92 % der Probanden als rechtmäßig erachtet, während nur 42 % die Maßnahme rechtmäßig ansehen, wenn kein belastendes Material gefunden wird.[26] Das bedeutet: Die Kenntnis des Ergebnisses kann die eigene Ex-ante-Meinung in der Rückschau ändern. 17

Ein besonderes Problem stellt in der Praxis das Vorliegen einer **Notwehrsituation** dar. Zwar müsste der Angeklagte im Strafrecht gem. dem In-dubio-Grundsatz freigesprochen werden, wenn eine Notwehrhandlung nicht ausgeschlossen werden kann,[27] jedoch wird das Notwehrrecht in nicht wenigen Fällen durch lebensfremde tatrichterliche Unterstellungen ausgehöhlt. Z.B. unterstellt der Tatrichter, dass die konkrete Maßnahme nicht erforderlich im Sinn von § 32 StGB war und verweist den Angeklagten auf angeblich mildere Maßnahmen, die dieser hätte durchführen müssen und können. U.a. wird Angeklagten angesonnen, einen Angreifer nur wegzustoßen, eine Waffe zur Drohung zu zeigen, nur drohende Stichbewegungen mit einem Messer zu machen etc., um einen Angriff zu beenden. All das kann richtig sein, aber auch falsch. Meist handelt es sich um schlichte Spekulationen. 18

Dass diese Alternativmaßnahmen den Angriff u.U. nicht sicher beendet hätten und tatsächlich sogar die Gefahr der Eskalation hätten bedeuten können (auf ein Wegschieben folgt ein Zurückschlagen des Geschobenen, auf das Zeigen einer Waffe durch den Angegriffenen folgt ein Hervorholen einer Waffe durch den Angreifer, etc.), wird in nicht wenigen Fällen systematisch ausgeblendet. 19

Das bedeutet, dass das Merkmal der Erforderlichkeit einer Abwehrhandlung und das Aufstellen von möglichen milderen Alternativmaßnahmen von Tatrichtern aus 20

24 Vgl. BGH, BGHSt 38, S. 345, 350 f.; vgl. auch BGH, BGHSt 46, S. 53, 59.

25 Beulke, Der Umfang und die Grenzen erlaubter Strafverteidigertätigkeit, JR 1994, S. 116 ff.

26 Vgl. Kagehiro/Taylor/Laufer/Harlandt, Hindsight Bias and Third Party Consentors to Warrantless Police Searches, Law and Human Behavior 1991, S. 305 bis 314, zitiert nach Schweizer, Kognitive Täuschungen vor Gericht, Universität Zürich, S. 218 Fn 1040.

27 Vgl. BGH, NStZ 1999, S. 32 f.; für das Zivilrecht ist die Entscheidung BGH, VI ZR 132/06 instruktiv.

der – urteilsverzerrenden – Retrospektive erfolgt, und Tatrichtern für derartigen Alternativüberlegungen in nicht wenigen Fällen die Sachkompetenz fehlt.[28]

21 Kaum ein Tatrichter war jemals in der Situation eines Angegriffenen oder hat jemals durch eine eigene Notwehrhandlung einen Angriff abwehren müssen. Selbst sog. Kampfsportexperten haben und hatten einen erschreckend geringen Kenntnisstand hinsichtlich des Nutzens bestimmter Verteidigungstechniken und Verteidigungsdisziplinen (Karate, Kung-Fu etc.). Das zeigen die Erfahrungen und Beobachtungen der Vale-Tudo-Wettkämpfe in Brasilien bzw. der Ultimate Fighting Championships in U.S.A. Selbst ausgebildeten Kampfsportlern, die alle Träger eines schwarzen Gürtels waren, war es i.d.R. nicht möglich, primitivste Angriffe sicher oder schulmäßig abzuwehren.[29]

Revisionsrechtlich kann hinsichtlich Spekulationen hinsichtlich einer milderen Maßnahme ein Fehler darin liegen, wenn z.B.

- **falsche Erfahrungssätze** über menschliches Verhalten in Konfliktsituationen angenommen werden,
- **auf Ausweichmöglichkeiten** ohne nachvollziehbare Begründung verwiesen wird,
- **lückenhafte Feststellungen** zur Kampflage zum Zeitpunkt der Verteidigungshandlung bestehen.

22 Zutreffend sind die Ausführungen des 1. Strafsenats zu einem Notwehr-Fall mit Würgegriff/Schwitzkasten. Erkennt ein Angeklagter, dass sein Kontrahent im Würgegriff ist und sich nicht mehr wehrt, nimmt er aber an, dieser könne oder würde nur simulieren, und lockert den Griff deswegen nicht, stellt sich die Frage nach einer fahrlässigen Tötung.[30] Das Simulieren von Bewusstlosigkeit konnte bei den o.g. Veranstaltungen als „Taktik“, so dass weitere Notwehr geboten wäre, selbst von hochprofessionellen Athleten nicht oder kaum beobachtet werden.

23 *Praxistipp*

Dass es für den Angeklagten kein milderes Mittel als das in der konkreten Situation gewählte gab, sollte die Verteidigung durch einen (eigenen) Sachverständigen einführen.[31]

28 Vgl. hierzu umfassend Erb, Zur Aushöhlung des Notwehrrechts durch lebensfremde tatrichterlich Unterstellungen, NStZ 2011, S. 186 ff.

29 Die früheren Veranstaltungen (bis ca. Mitte der neunziger Jahre des letzten Jahrhunderts) geben ein genaueres Bild als die aktuellen. Das liegt daran, dass damals im Wesentlichen nur Amateure teilnahmen, während die aktuellen Teilnehmer hochbezahlte Berufsathleten sind.

30 Vgl. BGH, Beschl. vom 21.8.2013 – 1 StR 449/13 = NJW 2014, S. 1121 ff.

31 Vgl. Erb, Zur Aushöhlung des Notwehrrechts durch lebensfremde tatrichterlich Unterstellungen, NStZ 2011, S. 186 ff.

C. Erfordernis zusätzlicher Sicherheitsmaßnahmen

Auch hier kann die Kenntnis des tatsächlichen Ausgangs eines Verfahrens die Anforderung an die **verkehrsübliche Sorgfalt** verschieben. 24

Ist tatsächlich ein Unfall eingetreten, so hielten z.B. 67 % der Versuchspersonen zusätzliche Sicherungsmaßnahmen für eine bestimmte Eisenbahnstrecke für erforderlich, während dies ohne Kenntnis des Unfalls nur 33 % waren.[32]

Diese Wahrnehmungsverzerrung tritt sogar dann ein, wenn der Eintritt des Erfolges nicht durch menschliches Handeln, sondern durch Naturkatastrophen (z.B. eine Flut) verursacht wird. In einer Vorschau halten z.B. nur 24 % zusätzliche Sicherungsmaßnahmen für erforderlich, aber nach Kenntnis einer tatsächlichen Flut mit Sachschäden teilen 57 % mit, dass das Unterlassen zusätzlicher Sicherungsmaßnahmen fahrlässig gewesen ist.[33]

Überhaupt verkennen Sie – als Mensch, aber vor allem als Jurist – vermutlich (evolutionsbedingt) die Bedeutung des Zufalls.[34] Dass ein bestimmtes Ereignis keine bestimmte Ursache hat, sondern ein Zufallsereignis ist, ist intuitiv oft schwer nachzuvollziehen. „Zufallsprozesse erzeugen viele Folgen, die Menschen davon überzeugen, dass der Prozess keineswegs zufällig ist.“[35] Anders formuliert: „Wir lehnen nur allzu bereitwillig die Ansicht ab, dass ein Großteil dessen, was wir im Leben sehen, Zufallscharakter hat.“[36] 25

D. Konsequenzen für die anwaltliche Praxis

In Anbetracht dieser Umstände erscheint es daher konsequent, wann immer möglich, bereits bei Gericht darauf zu drängen, dass dem Gerichtssachverständigen nur die Informationen bekannt werden, die der damals handelnden Person bekannt waren.[37] Gleichwohl wird dies einerseits praktisch in den meisten Fällen nicht durchführbar sein, und andererseits wird der beauftragte Gerichtsgutachter allein schon wegen des gerichtlichen Gutachtensauftrags besonders sensibilisiert sein. 26

32 Vgl. Hastie/Schadke/Payne,Juror Judgements in Civil Cases. Hindsight Effects on Judgements of Liability for Punitive Damages, Law and Human Behavior 1999, S. 567 bis 613, zitiert nach Schweizer, Kognitive Täuschungen vor Gericht, Universität Zürich, 2005, S. 217 f. Fn 1036, 1037.

33 Vgl. Kamin/Rachlinski,Ex Post Not Ex ante: Determining Liability in Hindsight, Law and Human Behavior 1995, S. 89 bis 104, zitiert nach Schweizer, Kognitive Täuschungen vor Gericht, Universität Zürich, S. 217 Fn 1031.

34 Vgl. Kahneman, Schnelles Denken, Langsames Denken, S. 147.

35 Kahneman, Schnelles Denken, Langsames Denken, S. 147.

36 Kahneman, Schnelles Denken, Langsames Denken, S. 149.

37 Vgl. Arkes/Wortmann/Saville/Harkness, Hindsight Bias Among Physicians Weighing the Likelihood of Diagnoses, Journal of Applied Psychology, 1981, S. 252 bis 254, zitiert nach Schweizer, Kognitive Täuschungen vor Gericht, Universität Zürich, S. 214 Fn 1018.

27 *Praxistipp*

Für den anwaltlichen Vertreter kann es hilfreich sein, einerseits auf das psychologische Phänomen dieses „hindsight bias" hinzuweisen und andererseits einen eigenen Gutachter zu beauftragen, der eben nur die ex ante verfügbaren Informationen erhält bzw. Experimente mit verschiedenen Probandengruppen durchführt. Nämlich einer Gruppe, der nur die zum Zeitpunkt der Tat vorhandenen Informationen gegeben werden und einer Gruppe, die neben diesen Informationen das Ergebnis der Tat mitgeteilt bekommt und einer dritten Gruppe, die zusätzlich angewiesen wird, ihr Ergebnis nicht durch das nachträgliche Ergebnis verzerren zu lassen.[38]

28 Die Präsentation von derartigen eigenen Ergebnissen kann hilfreich sein, denn auch wenn allgemein bekannt ist, dass das Wissen um das tatsächliche Ergebnis zu einer Wahrnehmungsverzerrung führen **kann**, wird dies in der Praxis bei Anwendung auf den konkreten Fall in nicht wenigen Fällen unterschätzt oder ausgeschlossen. Das Phänomen wirkt unbewusst. D.h., der Beurteiler kann sich der Wirkung um dieses Phänomen oft nicht entziehen, auch wenn er von der abstrakten Kenntnis des Einflusses weiß.[39]

29 In jedem Fall sollte die Verteidigung darauf drängen, dass in dem gerichtlichen Gutachtensauftrag der Sachverständige auch aufgefordert wird, Anhaltspunkte für die ex ante möglichen Fehldiagnosen (d.h. alternative Diagnosen) zu benennen. Dadurch kann die o.g. Wahrnehmungsverzerrung reduziert werden.[40]

30 Als Folge dieses **Rückschaufehlers** wird von den Gerichten jedenfalls die Fahrlässigkeit oft bejaht.[41] Reicht in Strafsachen der Strafrahmen für die Fahrlässigkeit nicht aus (also bei Delikten mit gravierenden Folgen), **wird oft bedenkenlos statt Fahrlässigkeit bedingter Vorsatz angenommen**. Zutreffend erkannte daher das Obergericht des Kantons Zürich einmal, dass es konsequenter wäre, die Strafrahmen für Fahrlässigkeit anzuheben, statt die Grenze zwischen Fahrlässigkeit und Vorsatz zunehmend zu verwischen.[42]

38 Vgl. Kahneman, Schnelles Denken, Langsames Denken, S. 252 f.

39 Vgl. Harley/Carlsen/Loftus, The „saw-it-all-along" effect: Demonstrations of Visual Hindsight Bias, Journal of Experimental Psychology: Learning, Memory and Cognition 2004, S. 960 bis 968, 966, zitiert nach Schweizer, Kognitive Täuschungen vor Gericht, Universität Zürich, S. 213 Fn 1007.

40 Arkes/Faust/Guilmette/Hart, Eliminating the Hindsight Bias, Journal of Applied Psychology 1988, S. 305 bis 307, zitiert nach Schweizer, Kognitive Täuschungen vor Gericht, Universität Zürich, S. 215 Fn 1019 der zitiert aus. Hawkins/Hastie, Hindsight: Biased Judgements of Past Events After the Outcomes Are Known, Psychological Bulletin 1990, S. 311 bis 327.

41 Zutreffend Schweizer, Kognitive Täuschungen vor Gericht, Universität Zürich, S. 225.

42 Vgl. Schweizer, Kognitive Täuschungen vor Gericht, Universität Zürich, S. 207 m. Verweis auf Tages-Anzeiger v. 17.12.2004, S. 13.

Hinweis 31

Die Betrachtung aus der Rückschau ist „ein Rezept, den Rückschaufehler mit Sicherheit immer zu begehen."[43]

Tatsächlich kommt es jedoch auf eine Ex-ante-Prognose an. 32

Beispiel

Schert ein Reitpferd beim Reitunterricht zweimal aus, lässt es sich aber jeweils wieder beruhigen, kann der Gedanke, dass kein Schaden passieren werde, da sich das Pferd selbst beim Ausscheren wieder beruhigen lässt, wie die vorhergehenden zwei Mal zeigen, genauso richtig sein wie der gegenteilige Gedanke, dass der Reitlehrer damit rechnen musste, dass sich das Pferd nicht mehr beruhigen lassen wird.[44]

Hier wird der Schluss, dass man Vertrauen durfte, dass nichts geschehen werde, **ex ante** genauso überzeugend sein, wie dass man nicht darauf vertrauen durfte, dass kein Erfolg eintritt.

E. Delikte aufgrund dienstlicher Anweisung oder aufgrund Gruppenzwanges

Grundsätzlich hat der Tatrichter die Kompetenz, eine Aussage eigenständig zu beurteilen, wenn der Aussagende keine „psychischen Auffälligkeiten" aufweist. Für die anwaltliche Praxis ist hieran problematisch, dass es diesbezüglich nur Einzelfallentscheidungen gibt und abgesehen von Extremfällen kaum jemand vorab verlässlich festlegen kann, wann eine solche **„psychische Auffälligkeit"** besteht.[45] Tatsächlich kann auch das Vorhandensein von externen Faktoren wie eine dienstliche Anweisung, Gruppenzwang etc. eine psychische Ausnahmesituation hervorrufen, die von Laien nicht mehr beurteilt werden kann. Ein Experiment von Milgram kann das verdeutlichen: 33

Milgram befahl seinen Versuchspersonen nachdrücklich, schmerzhafte und potenziell tödliche Elektroschocks einer weiteren Versuchsperson zu verabreichen, die in Schmerzen aufschrie und (vermeintlich) bewusstlos wurde bzw. starb. Tatsächlich gehorchten $^2/_3$ der Versuchspersonen dieser Anordnung vollständig, obwohl nur ein Prozent der Beurteiler ex ante davon ausgingen, in einer ähnlichen Situation die Anordnung voll zu befolgen. Vor dem Experiment schätzten Psychiater sogar, dass allenfalls **ein Promille der Probanden** die Anordnung vollständig befolgen würde. 34

43 Schweizer, Kognitive Täuschungen vor Gericht, Universität Zürich, S. 229.

44 Vgl. Schweizer, Kognitive Täuschungen vor Gericht, Universität Zürich, S. 227.

45 Vgl. Nack, Revisibilität der Beweiswürdigung (2. Teil), StV 2002, 558; vgl. Jansen, Zeuge und Aussagepsychologie, Rn 74 m.w.N.; vgl. BGH, StV 1993, S. 567.

Das Experiment zeigt, dass der Einfluss von externen Faktoren wie Gehorsam, Gruppenzwang etc. von Laien nicht immer verlässlich abgeschätzt werden kann, also eine sachverständige Beratung erfordern kann.[46]

Spezifische höchstrichterliche Entscheidungen, die „Gruppenzwang“ oder „dienstliche Anweisungen“ als eigenständigen, immer sachverständig abzuklärenden Komplex benennen, lassen sich in der einschlägigen Rechtsprechung nicht isoliert als „Pflichtfall“ im Sinne eines starren Erfahrungssatzes nachweisen. Gruppendruck, Solidarisierungseffekte oder Konformitätsdruck sind typische Gegenstände der Aussagepsychologie und beschäftigen sich mit derartigen Einflussfaktoren auf die Aussage.

Geht es nicht um die Aussage, sondern wird geltend gemacht, der Angeklagte habe unter massivem Gruppen- oder Befehlsdruck eine erhebliche Einschränkung seiner Steuerungsfähigkeit erlitten, kann die Situation derjenigen bei komplexen Sucht- und Persönlichkeitsstörungen angenähert sein. Die positive Feststellung einer schuldfähigkeitsrelevanten Störung oder außergewöhnlichen Beeinflussbarkeit wird dann regelmäßig nur mit sachverständiger Hilfe rechtlich tragfähig begründbar sein.

F. Unterlassungsdelikte im häuslichen Bereich und Haustyrannenmord

35 In der anwaltlichen Praxis kann sich der Fall finden, dass einer Mutter der Vorwurf gemacht wird, sie habe die Misshandlungen des Kindes durch ihren Lebensgefährten durch Unterlassen gefördert/begangen/geduldet. In dieser Konstellation steckt das sog. **battered woman syndrome**. Es handelt sich hierbei um ein Phänomen, dass Frauen, die durch ihren Lebensgefährten misshandelt werden, den Zustand der Hilflosigkeit verinnerlichen, d.h., dem Misshandler nicht entgegentreten können, das Gefühl der Abhängigkeit von diesem erlangen und sich der Situation des Missbrauchs nicht entziehen können. Auch diese **psychische Ausnahmesituation** kann ohne sachverständige Beratung nicht aufgeklärt werden.[47] Insgesamt kann festgehalten werden, dass die Frage der Abgrenzung von einen „normalen“ und einem „anormalen“ Zeugen/Angeklagten/Partei äußerst schwer zu treffen ist.[48]

36 Diese Problematik kann sich auch dann stellen, wenn eine Frau lange Zeit von ihrem Lebensgefährten misshandelt wird und diesen dann außerhalb einer konkreten

46 Vgl. Mackay/Colman/Thornton, The Admissibility of expert psychological and psychiatric testimony, in Analysing Witness Testimony, S. 321, 325 m.w.N.

47 Vgl. Mackay/Colman/Thornton, The Admissibility of expert psychological and psychiatric testimony, in Analysing Witness Testimony, S. 321, 326.

48 Vgl. Mackay/Colman/Thornton, The Admissibility of expert psychological and psychiatric testimony, in Analysing Witness Testimony, S. 321, 323 f.

Notwehrsituation tötet **(sog. Haustyrannenmord)**, sich jedoch gleichwohl auf Notwehr beruft.

Vorab ist festzuhalten, dass sich die Notwehrvorschriften aus den Sachverhalten entwickelten, in die typischerweise Männer involviert waren und einen einmaligen Angriff voraussetzten (z.B. Wirtshausschlägerei, Einbruch).[49] Der Tatrichter kann sich in derartigen Situationen einerseits eine Notwehrsituation mangels unmittelbaren Angriffs nicht vorstellen und andererseits oft nicht nachvollziehen, warum die Frau in einer derartigen Partnerschaft verweilt. Hier gilt es jedoch zu wissen, dass sich derartige Beziehungen oft nach der **Zyklus-Theorie der Gewalt** verhalten. Zu Beginn der Beziehung kommt es nur zu leichten Übergriffen. Mit zunehmender Dauer werden die Übergriffe heftiger und gipfeln in schwersten Übergriffen. In der dritten Phase wiederum würde der Täter seine abgöttische Liebe und Besserung schwören. Schließlich wiederholt sich dieser Zyklus.[50] Mit zunehmender Wiederholung dieser Zyklen findet sich die Frau schließlich damit ab, dass sie hilflos ist und nichts dagegen tun kann. Hinzu kommt meist eine finanzielle Abhängigkeit von dem Mann, befürchtete Isolation von Freunden und Familie und die nur schwer zu erhaltende Hilfe durch die Polizei, die allenfalls in akuten Phasen eingreifen kann, nicht aber bei latent schwelenden Angriffen.[51] Ohne sachverständige Beratung kann hier in der Regel nicht nachvollzogen werden, warum die Frau glaubte, in unmittelbarer Gefahr gewesen zu sein.[52] Folgerichtig lassen US-Gerichte bereits zu diesem Themenkomplex psychologische Sachverständige weitgehend zu.[53] Der BGH hatte den Fall entschieden, in dem eine jahrelang misshandelte Frau ihren schlafenden Ehemann mit einem Revolver erschoss. Der BGH qualifiziert die Situation als von dem Ehemann ausgehende **Dauergefahr** für Leib und Leben der Angeklagten und der Kinder und betont, dass eine gegenwärtige Gefahr i.S.v. § 35 Abs. 1 StGB auch bei einer solchen Dauergefahr vorliegen kann, selbst wenn der „Tyrann" im Tatzeitpunkt schläft und rügte, dass das LG einen **entschuldigenden Notstand (§ 35 StGB)** nicht geprüft hat, obwohl sich dies nach den Feststellungen „aufdrängte", und stellt klar, dass bei Tötung eines äußerst gewalttätigen Familientyrannen grundsätzlich die Voraussetzungen des entschuldigenden Notstands zu prüfen sind.[54] 37

49 Vgl. Schuller/Jenkins, Expert Evidence Pertaining to Battered Women: Limitations and Reconceptualizations, in Expert Psychological Testimony for the courts, S. 203, 205.

50 Vgl. Schuller/Jenkins, Expert Evidence Pertaining to Battered Women: Limitations and Reconceptualizations, in Expert Psychological Testimony for the courts, S. 203, 207.

51 Vgl. Schuller/Jenkins, Expert Evidence Pertaining to Battered Women: Limitations and Reconceptualizations, in Expert Psychological Testimony for the courts, S. 203, 211.

52 Vgl. Schuller/Jenkins, Expert Evidence Pertaining to Battered Women: Limitations and Reconceptualizations, in Expert Psychological Testimony for the courts, S. 203, 208 f.

53 Vgl. Schuller/Jenkins, Expert Evidence Pertaining to Battered Women: Limitations and Reconceptualizations, in Expert Psychological Testimony for the courts, S. 203.

54 Vgl. BGH, NStZ 2003, S. 482.

Obwohl die Tötung eines Schlafenden den klassischen Fall der Heimtücke darstellt, vertreten gewichtige Stimmen im deutschen Recht eine restriktive Auslegung beim Haustyrannenmord.[55] In einem Beschluss des BGH zu § 213 StGB (minder schwerer Fall des Totschlags) wurde beanstandet, dass das Landgericht die vielfachen Misshandlungen und Todesdrohungen des Ehemanns gegenüber der Angeklagten nicht ausreichend in die Strafzumessung einbezogen hatte.[56]

38 Welke meint, den Schlaf des Haustyrannen als „kurzfristiges Abflauen" des ununterbrochenen Gewaltkreislaufs aufzufassen.[57] Diskussionswürdig ist bei dem klassischen Rechtfertigungsgrund der **Notwehr**, inwiefern nicht mildere Mittel (Frauenhaus, gerichtliche Hilfe) zur Verfügung standen. Wenn sich die Frau in einer „ausweglosen Situation" sah, könnte dies auf den sog. **Putativnotstand** hindeuten. Auch der vermeidbare Putativnotstand kann zu einer Strafmilderung führen.

39 Denkbar ist weiter, dass die jahrelange Misshandlung zu einem psychischen Zustand geführt hat, in dem die Schuldfähigkeit, gem. § 21 StGB eingeschränkt ist. Weiter kann die Verhängung einer lebenslangen Freiheitsstrafe – trotz Vorliegen der gesetzlichen Voraussetzungen – unverhältnismäßig sein.[58]

Das deutsche Recht hat bisher keinen eigenständigen dogmatischen Ansatz zum „battered woman syndrome" als rechtliche Figur entwickelt; vielmehr werden psychologische Aspekte in die bestehenden Institute (Notwehr, Notstand, Schuldfähigkeit, Strafzumessung) integriert.

G. Delikte gegen die sexuelle Selbstbestimmung

40 In der gegenwärtigen Rechtspraxis wird mutmaßlichen Geschädigten einer Sexualstraftat vom Gericht **besonderes Vertrauen** zugesprochen.[59] Derartige Zeugen wurden bereits als „privilegierte Zeugen" bezeichnet.[60] Auch bei per Glaubwürdigkeitsgutachten festgestellter Zweifelhaftigkeit der einzigen Belastungszeugin erfolgen nicht immer Freisprüche, sondern manchmal Einstellungen nach § 153a StPO.[61] Das muss nicht verkehrt sein, denn es gibt selbstverständlich keinen Zwang des Gerichts, dem Gutachten zu folgen. Freilich erfordert ein richterliches Abweichen von einem Gutachten einen erhöhten Begründungsaufwand.

55 Vgl. Barton, Einführung in die Strafverteidigung, S. 232 ff. m.w.N.

56 Vgl. BGH, Beschl. v. 20.10.1987 – 1 StR 484/87.

57 Vgl. Welcke, Der Haustyrannenmord im deutschen Straftatsystem, ZRP 2004, S. 15 ff., 19.

58 Vgl. Barton, Einführung in die Strafverteidigung, S. 232 ff. m.w.N.

59 Vgl. Geipel, Die Verteidigung bei Straftaten gegen die sexuelle Selbstbestimmung, StV 2008, S. 271 ff.

60 So Meyer-Mews, Die „in dubio contra reo" Rechtsprechung bei Aussage gegen Aussage Delikten, NJW 2000, S. 916, 917.

61 Vgl. Busse/Volbert, Glaubwürdigkeitsgutachten in Strafverfahren wegen sexuellen Missbrauchs, S. 131 ff. in, Psychologie der Zeugenaussage.

In der Praxis kommt es in Sexualstraftaten in nicht wenigen Fällen zu der „Empfehlung“ des Gerichts an den Angeklagten, noch vor der Beweisaufnahme ein Geständnis abzulegen. Damit würde dem Opfer eine belastende Aussage erspart, sodass dies erheblich strafmildernd berücksichtigt werden würde. Dieser Umgang mit Belastungszeugen ist falsch. „Für das Auftreten von verfahrensverursachten langfristigen Schädigungen gibt es keine Anhaltspunkte.“[62] Tatsächlich ist es so, dass einerseits die subjektive Belastungseinschätzung durch die Vernehmung von Opferzeugen nur geringfügig höher als die Belastungseinschätzung von sonstigen Zeugen ist und andererseits ein Verzicht auf die Aussage dem Verarbeitungsprozess sogar mehr im Wege stehen kann als ihm nützen.[63] Gleichwohl muss der Gedanke des „Ersparens einer Aussage“ nicht falsch sein.

Genaue statistische Zahlen über die **Anzahl der Falschbezichtigungen** liegen nicht 41
vor. Aus einer deutschen Auswertung von Burgheim/Friese ergibt sich die Zahl 19,6 %.[64] **Amerikanische Studien gehen von 41 % bzw. von 50 % aus.**[65] Die genaue Anzahl der Falschbezichtigung wird nicht festgestellt werden können. Fest steht aber, dass es sich um ein Delikt handelt, bei dem Falschbezichtigungen (sehr) häufig vorkommen. Tatsächlich werden auch Quoten im unteren einstelligen Prozentbereich geschätzt und angenommen, dass die Falschbezichtigungsquote nicht höher wäre als bei anderen Delikten. Letzteres erscheint kaum plausibel,[66] denn gerade im Sexualstrafrecht gibt es weit mehr Motive für Falschaussagen und weit weniger Gefahr überführt zu werden (Aussage gegen Aussage als typische Konstellation) als in anderen Bereichen.

Motive der Falschbezichtigungen waren nach der deutschen Studie

- aus einem Gefühl der Vereinsamung oder Vernachlässigung heraus der Versuch, Aufmerksamkeit zu erwecken (18,2 %)
- offensichtliche psychische Erkrankungen oder Substanzenmissbrauch (18,2 %)
- Rache (16,4 %)
- Verschleierung eines Liebesverhältnisses (12,7 %)
- Eifersucht oder Reaktion auf eine Zurückweisung (7,3 %)
- Tatsächliche oder befürchtete Schwangerschaft (3,6 %)
- Erklärung für eine verspätete Heimkehr (3,6 %)
- kein besonderes Motiv erkennbar (20 %).[67]

62 Volbert, Verbesserungen durch Videovernehmungen, S. 158, in Verfahrensgerechtigkeit und Zeugenbeweis.

63 Vgl. Volbert, Verbesserungen durch Videovernehmungen, S. 156 f., in Verfahrensgerechtigkeit und Zeugenbeweis.

64 Vgl. Burgheim/Friese, Unterscheidungsmerkmale realer und vorgetäuschter Sexualdelikte, Kriminalistik, 2006, S. 510, 512.

65 Vgl. Boakes, Complaints of sexual misconduct, S. 108 ff. in Analysing Witness Testimony.

66 Vgl. Satzger u.a./StGB, 6. Aufl., § 46a, Rn 15 m.w.N.

67 Vgl. Burgheim/Friese, Unterscheidungsmerkmale realer und vorgetäuschter Sexualdelikte, Kriminalistik, 2006, S. 510, 514 f.

Nach der amerikanischen Studie war häufigstes Motiv

- eine Rechtfertigung für die Konsequenzen eines einvernehmlichen Geschlechtsverkehrs zu haben (50 %),
- Rache gegenüber einem zurückweisenden Mann (25 %) und
- schlussendlich der Versuch, Sympathien hervorzurufen.[68]

Von besonderer Bedeutung ist es, zu wissen, dass

- das Anzeigeverhalten, d.h. die Dauer bis zur Anzeigeerstattung kein Unterscheidungskriterium zwischen tatsächlichen und vorgetäuschten Vergewaltigungen ist (durchschnittlich vergeht mehr als ein Monat, bis es zur Anzeige kommt).[69]
- Bei den Falschbezichtigungen werden orale oder anale Handlungen in der Regel gar nicht beschrieben und manuelle selten. Bei einer Falschbezichtigung wird in 64 % der Fälle von einer vollen Penetration berichtet, während diese bei wahrer Schilderung nur in 38 % der Fälle vorkommt.[70]
- Genitalverletzungen kommen in 29,1 % der Falschbezichtigungen vor, aber nur in 7,3 % der wahren Schilderungen. D.h., Frauen, die eine Vergewaltigung vorgeben, versuchen dies oft durch selbst beigefügte Verletzungen zu untermauern. Diese Verletzungen werden bei Falschbezichtigungen mit einer partiellen Bewusstlosigkeit/Erinnerungsverlust erklärt bzw. meist handelt es sich um Schnittverletzungen, Kratzer, Rötungen von gleichförmiger Struktur an leicht zugänglichen Stellen, die meist auf der der Arbeitshand gegenüberliegende Seite sind. Bei realen Fällen handelt es sich dagegen meist um stumpfe Formen der Gewalteinwirkung (Unterblutungen, Prellungen, Abschürfungen, Platzwunden) oder Folgen längerer Gewalteinwirkung (Stauungsblutungen im Gesicht und der Bereich der Augenbindehäute).[71]
- Im Bereich des Sexualstrafrechts sind Personen mit Persönlichkeitsstörungen häufig vertreten und stellen eine besondere Herausforderung dar, da hier ein Motiv einer Falschbezichtigung in der Persönlichkeitsstörung als solcher liegen kann. „Bei der *dissozialen Persönlichkeitsstörung* sind es v.a. manipulative Tendenzen, die sich auf das motivationale Gefüge auswirken und zu einer erhöhten Bereitschaft führen können, eine falsche belastende Aussage zu machen. Bei der histrionischen Persönlichkeitsstörung sind es Dramatisierungstendenzen, das Verlangen im Mittelpunkt zu stehen, eine starke Selbstbezogenheit sowie eine erhöhte Suggestibilität, die Einfluss auf die Aussagestruktur und -qualität

68 Vgl. Boakes, Complaints of sexual misconduct, S. 109 f. in Analysing Witness Testimony.

69 Vgl. Burgheim/Friese, Unterscheidungsmerkmale realer und vorgetäuschter Sexualdelikte, Kriminalistik, 2006, S. 510, 512.

70 Vgl. Burgheim/Friese, Unterscheidungsmerkmale realer und vorgetäuschter Sexualdelikte, Kriminalistik, 2006, S. 510, 513.

71 Vgl. Burgheim/Friese, Unterscheidungsmerkmale realer und vorgetäuschter Sexualdelikte, Kriminalistik, 2006, S. 510, 514.

haben. Bei der *emotional instabilen Persönlichkeitsstörung* spielen im gegebenen Kontext nicht nur die potenziellen Beeinträchtigungen der Realitätskontrolle eine Rolle, wobei Aussagen, die auf Sinnestäuschungen oder illusionären Verkennungen basieren, unter dem Aspekt der fehlenden oder beeinträchtigten Aussagetüchtigkeit zu diskutieren wären; problematisch ist vielmehr auch die Tendenz zu selbstschädigendem Verhalten, die auch im Einnehmen einer Opferrolle Ausdruck findet, was wiederum Auswirkungen auf die Wahrnehmung von Situationen und die Darstellung von Erlebnissen haben kann [m.w.N.].“[72] Aussagen von Personen mit Borderline-Persönlichkeitsstörungen sind besonders schwer zu beurteilen. Es handelt sich hier um einen Unterfall der emotional instabilen Persönlichkeitsstörungen, die sogar Selbstschädigungen **als „Waffe“** einsetzen.[73]

- Eine besondere Quelle für Falschbezichtigungen stellt im Bereich des Sexualstrafrechts das Gefühl, nicht mehr zurückzukönnen, dar. Hierzu kommt es nicht nur durch ursprüngliche Falschbelastungen gegenüber den Behörden, sondern auch durch Aussagen im Privatkreis mit der Behauptung, keine Anzeige erstatten zu wollen, die aber dann doch in eine Anzeige mündet. „Nach einmal – aus welchen Gründen auch immer – gemachten falschen Angaben liefert eine Motivation zur **Aufrechterhaltung** der Falschaussage das **Gefühl, nicht mehr zurückzukönnen**. Dieses Gefühl wird einerseits gespeist aus der Peinlichkeit und dem Gesichtsverlust, die das Eingestehen bisher falscher Angaben mit sich bringen würde. Andererseits wird es gespeist aus Sorge um die tatsächlichen – wirtschaftlichen, emotionalen – Folgen eines solchen Eingeständnisses sowohl im persönlichen Umfeld als auch u.U. von staatlicher Seite (Ermittlungen wegen falscher Verdächtigungen/versuchter Strafvereitelung uÄ). Dabei kann dieses Motiv **extreme Stärke** entwickeln.“[74]
- „Besonderes Augenmerk ist in diesem Zusammenhang darauf zu richten, dass für – mögliche – **Opferzeugen** die Aussage von erheblicher wirtschaftlicher Bedeutung sein kann: Das ist augenfällig, wenn bereits ein Adhäsionsverfahren geführt wird; weniger auffällig dagegen, wenn während des Strafprozesses noch mit keinem Wort davon die Rede ist, dass das mutmaßliche Opfer den mutmaßlichen Täter später etwa auf Schmerzensgeld in Anspruch nehmen könnte.“[75] In diesem Zusammenhang dürfen auch die Implikationen für das Verhältnis Angeklagter versus Opferzeuge für ein nachfolgendes Familienverfahren nicht ignoriert oder verkannt werden. Der Streit um „das Kind“ bzw. Sorgerecht dürfte

72 Volbert/Steller, Die Begutachtung der Glaubhaftigkeit, S. 683, 693 in: Venzlaff/Foerster/Dreßnig/Habermeyer, Psychiatrische Begutachtung, 6. Aufl.

73 Vgl. Madea, Rechtsmedizin, 3. Aufl. S. 539.

74 Bender/Häcker/Schwarz, Tatsachenfeststellung vor Gericht, 6. Aufl., Rn 313.

75 Bender/Häcker/Schwarz, Tatsachenfeststellung vor Gericht, 6. Aufl., Rn 319.

eines der stärksten Motive für Falschbezichtigungen oder für fehlerhafte Wahrnehmungen bzw. Uminterpretationen sein.

42 In Strafsachen gegen die sexuelle Selbstbestimmung wird oft eine posttraumatische Belastungsreaktion als Beleg für die Glaubhaftigkeit der Aussage des Opfers angesehen. Das ist falsch. Eine derartige Belastungsreaktion korreliert mit traumatischen Vorerfahrungen (z.B. körperliche Misshandlungen, Beobachtungen häuslicher Gewalt), nicht aber mit sexuellem Missbrauch.[76] Das heißt nicht, dass eine Straftat gegen die sexuelle Selbstbestimmung nicht zu einer posttraumatischen Belastungsreaktion führen kann. Eine PTBS (posttraumatische Belastungsstörung) entsteht als **verzögerte oder protrahierte Reaktion** auf ein belastendes Ereignis außergewöhnlicher Bedrohung – hierzu zählen ausdrücklich Vergewaltigung und andere schwere Sexualdelikte, aber hierfür gibt es keinen Automatismus.

Im Übrigen liegt die Gefahr eines **Zirkelschlusses** nahe, wenn der Missbrauch durch eine posttraumatische Belastungsreaktion als Beleg des Missbrauchs gesehen wird, denn dann wird der Missbrauch vorausgesetzt, der erst bewiesen werden muss. „Das Trauma hat stattgefunden, weil die Zeugin traumatisiert ist, und die Zeugin ist traumatisiert, weil sie das entsprechende Trauma erlebt hat."[77] Weiter gilt, dass eine **Borderline-Persönlichkeitsstörung**, die ebenso wie die posttraumatische Belastungsstörung ein Trauma als Ursache voraussetzt, **schwer** von einer posttraumatischen Belastungsstörung **abzugrenzen** ist, weil sie ähnliche Symptome zeigen kann.

H. Vorliegen eines Anscheinsbeweises

43 Der **Anscheinsbeweis** ist aus der Praxis **nicht wegzudenken**.[78] Umso erstaunter müssen wir zur Kenntnis nehmen, dass die **Rechtsnatur** des Anscheinsbeweises immer noch nicht zufriedenstellend geklärt ist.[79] Hilfreich kann der Ansatz von Schneider/van den Hövel sein, dass man beim Indizienbeweis von individuellen Sachlagen, d.h. aus konkreten Gründen auf die Haupttatsache schließt, während man beim Anscheinsbeweis von typischen Fallgestaltungen, d.h. aus abstrakten Gründen auf die Haupttatsache schließt.[80]

44 Ungeklärt ist weiter, ob der Anscheinsbeweis die objektive Beweislast verändert oder der Beweiswürdigung zuzurechnen ist.

76 Vgl. Greuel/Offe/Fabian/Wetzels/Fabian/Offe/Stadler, Glaubhaftigkeit der Zeugenaussage, S. 220 m.w.N.

77 Steller/Böhm, Fünfzig Jahre Rechtsprechung des BGH zur Aussagepsychologie, S. 37, 44 in: Fabian/Nowara (Hrsg.) Neue Wege und Konzepte in der Rechtspsychologie, Band 3.

78 Vgl. die diversen Konstellationen des Anscheinsbeweises bei Schneider/Thiel, Zivilprozesssuales Beweisrecht: Grundlagen und Fehlerquellen, Rn 184 ff.

79 Vgl. Zöller, Komm. zur ZPO, 36. Aufl., Vor § 284 Rn 29.

80 Vgl. van den Hövel, Richterliche Arbeitstechnik, S. 85.

Bei der Bejahung des Anscheinsbeweises kommt es meist zu einer Zur-Kenntnisnahme des unstrittigen Sachverhalts aber nicht zu einer Würdigung des Beweismittels. Das legt einerseits die Annahme nahe, dass faktisch die Beweislast geändert wird.[81] Umgekehrt lässt sich aber nicht leugnen, dass der Richter durch die Anwendung der zugrundeliegenden Erfahrungssätze zu einer Überzeugung und damit zum Beweis kommt, so dass jedenfalls eine Nähe zu einer Beweiswürdigungsregel besteht.[82] Es wird also unterstellt, dass der zu beurteilende Fall so abgelaufen ist, wie es der Erfahrung entspricht, wobei einzelne Lücken im Sachverhalt offen bleiben können, sofern der zugrundeliegende Erfahrungssatz insgesamt dadurch nicht ins Wanken gerät.[83] Nach zutreffender Ansicht wird jedenfalls die objektive Beweislast nicht verändert, sondern vielmehr eine Regel für die Beweiswürdigung vorgegeben.[84]

Eine ungeklärte Frage ist, ob durch die Anwendung eines Anscheinsbeweises das Beweismaß reduziert wird. Das dürfte zutreffend sein. In der Entscheidung des BGH, NJW 1987, S. 2876 f. teilt der BGH mit: „Die Annahme, es entspreche nicht der Lebenserfahrung, dass alle geplanten Straftaten auch tatsächlich ausgeführt würden, besagt nichts. Schon allein die ohne Auftrag des Inhabers der Vervielfältigungs- und Verbreitungsrechte erfolgte Herstellung und Veräußerung der Schallplattenhüllen begründet eine – für die Annahme eines Anscheinsbeweises **grundsätzlich ausreichende – erhebliche Wahrscheinlichkeit** [Hervorheb. d. d. Verf.] dafür, dass es nicht bei bloßen Vorbereitungshandlungen geblieben ist."[85] 45

Lepa teilt mit, dass dieses Spannungsverhältnis des Anscheinsbeweises zwischen der dogmatischen Herleitung einerseits und der Bedeutung in der Praxis andererseits nicht verwunderlich sei, denn der Anscheinsbeweis sei von der Rechtsprechung lediglich mit dem Ziel geschaffen, befriedigende Prozessergebnisse zu ermöglichen.[86] Der Zweck der Rechtsfigur des Anscheinsbeweises liegt in der Überwindung von Beweisschwierigkeiten im Ursachenzusammenhang, wenn sich nicht völlig ausschließen lässt, dass auch andere als die nach typischem Geschehensablauf wahrscheinlichen Ursachen in Betracht kommen.[87] Das wird vor allem bei der Verletzung von Unfallverhütungsvorschriften und Gesetzen naheliegend sein, wenn die Schutzvorschrift gerade den Schutz vor der konkreten Verletzung bezweckt.[88] Der 46

81 Vgl. Peters, Die Beweislast, MDR 1949, S. 66 f.

82 Prütting/Gehrlein/Laumen gehen tatsächlich von einer Beweiswürdigungsregel aus, vgl. Prütting/Gehrlein/Laumen, ZPO § 286 Rn 26.

83 Vgl. Berg-Winters, Der Anscheinsbeweis im Arzthaftungsrecht, S. 15.

84 Vgl. Baumgärtel/Prütting, Handbuch der Beweislast, Grundlagen, § 8 Rn 27.

85 Prütting/Gehrlein/Laumen wollen diese Entscheidung aber als Beleg verwenden, dass es bei der Anwendung des Anscheinsbeweises zu keiner Beweismaßreduzierung kommt, vgl. Prütting/Gehrlein/Laumen, ZPO, § 286 Rn 26.

86 Vgl. Lepa, Beweiserleichterungen im Haftpflichtrecht, NZV 1992, S. 129 ff.

87 Vgl. BGH, Urt. v. 10.4.2014 – VII ZR 254/13.

88 Vgl. OLG München, Urt. v. 25.3.1988 – 14 U 414/87 = NJW-RR 1989, S. 1371.

Anscheinsbeweis kommt nicht in Betracht, wenn der konkrete Hergang durch Zeugenaussagen geklärt werden kann,[89] von zwei Möglichkeiten eine nur wahrscheinlicher ist[90] oder zwei typische Geschehensabläufe in Betracht kommen, der Schädiger aber nur für einen haftet[91] oder andere Ursachen ernstlich in Betracht kommen[92] (z.B. Zurückrollen eines Kfz versus Auffahren auf ein stehendes Kfz[93]).

47 Die im Wesentlichen gesicherten Ergebnisse zum Anscheinsbeweis können wie folgt zusammengefasst werden:

Liegt ein Anscheinsbeweis vor, d.h. ein **typischer Geschehensablauf**, aus dem auf einen Ursachenzusammenhang zwischen

- feststehendem Geschehensablauf und eingetretenem Erfolg (Anscheinsbeweis der Kausalität),
- aber auch aus einem feststehenden Erfolg auf eine bestimmte Ursache (z.B., ob der Betreffende den Sicherheitsgurt angelegt hatte oder nicht[94]) geschlossen werden kann,[95]
- d.h., ein bestimmter Tatbestand nach der Lebenserfahrung auf eine bestimmte Ursache für den Eintritt eines bestimmten Erfolgs hinweist, wobei die Wahrscheinlichkeit eines solchen Kausalverlaufs sehr groß sein muss,[96]

so braucht nicht der Beweis des Gegenteils geführt zu werden, sondern der Anscheinsbeweis braucht nur **erschüttert** zu werden.[97] „Dabei sind als typische Geschehnisabläufe solche Tatbestände anzusehen, bei denen eine ohne weiteres naheliegende Erklärung nach der allgemeinen Lebenserfahrung zu finden ist [m.w.N.], und bei denen angesichts des typischen Charakters die konkreten Umstände des Einzelfalles für die tatsächliche Beurteilung ohne Belang sind [m.w.N.].“[98] „Der Anscheinsbeweis führt nach ständiger Rechtsprechung nicht zu einer Umkehr der Beweislast, sondern macht den **Gegenbeweis** [Hervorheb. d. d. Verf.] nötig, wenn

89 Vgl. OLG Köln, Urt. v. 8.6.1977 – 2 U 21/77 = VersR 1977, S. 939.

90 Vgl. OLG Hamm, Urt. v. 10.2.1994 – 27 U 198/93 = VersR 1995, S. 187.

91 Vgl. LG München I, VersR 1970, S. 144.

92 Vgl. OLG Düsseldorf, Urt. v. 14.4.1994 – 10 U 154/93 = NJW-RR 1995, S. 1086 ff.

93 Vgl. OLG Hamm, Urt. v. 21.3.2001 – 13 U 216/00 = MDR 2001, S. 866 f.

94 Vgl. BGH, VersR 1991, S. 195 f.

95 Der BGH teilt zu dieser Konstellation in NJW 1991, S. 230 f. mit: „In der Rechtsprechung ist nun aber auch seit langem anerkannt, dass mittels eines Anscheinsbeweises nicht nur von einem feststehenden Verhalten auf den Zusammenhang mit einem eingetretenen Erfolg, sondern auch umgekehrt von einem eingetretenen Erfolg auf ein bestimmtes Verhalten als Ursache geschlossen werden kann (so ausdr. Senat, BGH, NJW 1956, 1638 = LM § 286 (C) ZPO Nr. 26 = VersR 1956, 577; Senat, VersR 1965, 772; auch E. Schneider, Beweis und Beweiswürdigung, 4. Aufl. (1987), Rn 242).“

96 Vgl. BGH, Urt. v. 10.4.2014 – VII ZR 254/13.

97 Das gilt aber dann nicht, wenn die Erschütterung des Anscheinsbeweises aufgrund Beweisvereitelung nicht möglich ist, vgl. BGH, NJW 1998, S. 79 ff., vgl. zur Erschütterung des Anscheinsbeweises, Baumgärtel/Laumen, Handbuch der Beweislast, Grundlagen, § 3 Rn 54 m.w.N., die die Erschütterung des Anscheinsbeweises zutreffend als Beispiel für die konkrete Beweisführungslast verstehen.

98 BGH, Urt. v. 10.1.1951 – II ZR 27/50 = NJW 1953, S. 360.

der Gegner eine atypische Folge behauptet (vgl. BGH, NJW 1952, 217; 1972, 1131).“[99]

Hinweis 48

Der **Gegenbeweis** darf nicht mit dem **Beweis des Gegenteils** verwechselt werden. Beim Beweis des Gegenteils handelt es sich um einen Hauptbeweis, und es muss dieses Gegenteil voll bewiesen werden,[100] während beim Gegenbeweis die Feststellungen insgesamt unsicher werden, d.h. der Hauptbeweis erschüttert wird.[101]

Der Anscheinsbeweis kann aber nur dann erschüttert werden, wenn die ernsthafte 49
Möglichkeit eines anderen Verlaufs dargelegt und voll bewiesen ist. Die abstrakte Möglichkeit anderer Ursachen reicht hierfür nicht, denn bei der von dem Anscheinsbeweis vorausgesetzten Typizität besteht immer die denkbare Möglichkeit eines anderen Geschehensablaufs.[102] Die Möglichkeit des Anders-Seins, d.h. eines atypischen Geschehensablaufs, gehört zum Anscheinsbeweis.[103] „Die Funktion dieser Beweiserleichterung, den Anspruchsteller vom Vortrag konkreter – ihm zumeist unbekannter – Einzelheiten des Kausalverlaufs zu entlasten, würde nicht unbeträchtlich entwertet, wenn dem Anspruchsteller abverlangt würde, als Teil des typischen Lebenssachverhalts vorzutragen und zu beweisen, dass bestimmte Einzelheiten, welche die Gegenseite zum Kausalverlauf vorträgt, unrichtig seien. Der Anscheinsbeweis unterscheidet sich von Feststellungen nach allgemeinen Beweisregeln gerade dadurch, dass der konkrete Geschehensablauf nicht festgestellt zu werden braucht, weil von einem typischen Hergang ausgegangen werden kann, solange nicht von dem Gegner Tatsachen bewiesen werden, die den Anschein entkräften.“[104]

Praxistipp 50

Der Anwalt, gegen dessen Partei der Anscheinsbeweis spricht, kann versuchen, möglichst viele Details darzulegen und zu beweisen, sodass der konkrete Fall keine Typizität mehr aufweist.[105] Die Abgrenzung, ob das Vorliegen oder Nichtvorliegen eines bestimmten Umstandes zur Grundlage des Anscheinsbeweises

99 BGH, NJW 1987, 2876 f.

100 Vgl. Thomas/Putzo, Komm. zur ZPO, 46. Aufl., Vorbem. § 284 Rn 9.

101 Vgl. Thomas/Putzo, Komm. zur ZPO, 46. Aufl., Vorbem. § 284 Rn 8.

102 Vgl. Maaß, Anwaltstätigkeit im Beweisverfahren der Zivilprozessordnung, S. 37 ff.

103 Vgl. Lepa, Beweiserleichterungen im Haftpflichtrecht, NZV 1992, S. 129 f.

104 BGH, Urt. v. 19.1.2010 – VI ZR 33/09 = NJW 2010, S. 1072 f.

105 Vgl. Maaß, Anwaltstätigkeit im Beweisverfahren der Zivilprozessordnung, S. 38; vgl. auch BGH, VersR 1986, S. 343 f.; vgl. auch BGH, VersR 1996, S. 772 f.; vgl. auch Lepa, Beweiserleichterungen im Haftpflichtrecht, NZV 1992, S. 129, 131.

gehört oder ob damit nicht vielmehr ein Anscheinsbeweis erschüttert werden kann, kann im Einzelfall schwierig zu treffen sein.[106]

51 Die Frage, ob ein **Anscheinsbeweis greift**, unterliegt der revisionsrechtlichen Prüfung[107] und damit auch einem möglichen Wechsel der entsprechenden Rechtsansicht.[108] Die Anknüpfungsgrundlagen hat derjenige darzulegen und mit dem Beweismaß des § 286 Abs. 1 ZPO zu beweisen, der sich auf die Anscheinsbeweislage beruft.[109] Bei der Anwendung des Anscheinsbeweises ist grundsätzlich Zurückhaltung geboten, weil er es erlaubt, bei typischen Geschehensabläufen aufgrund allgemeiner Erfahrungssätze auf einen ursächlichen Zusammenhang oder ein schuldhaftes Verhalten zu schließen, ohne dass im konkreten Fall die Ursache bzw. das Verschulden festgestellt ist,[110] aber umgekehrt ist der Tatrichter auch gehalten zu prüfen, ob ein noch nicht von der höchstrichterlichen Rechtsprechung bereits vorformulierter Anscheinsbeweis anwendbar ist, weil der gerade zu beurteilende Fall die für den Anscheinsbeweis erforderliche Typizität aufweist.[111]

52 Ein Anscheinsbeweis kann aber auch **bei seltenen Fallgestaltungen** in Betracht (sog. **Individualanscheinsbeweis**[112]) kommen, nicht jedoch bei (nahezu) **singulären Ereignissen**. Das ist strittig und im Einzelnen ungeklärt.

53 *Beispiel*

Eine Person stürzt. Es ist fraglich, ob die Person gestürzt ist und sich dadurch eine Gehirnblutung zugezogen hat oder ob die Person zuvor eine Gehirnblutung (intercerebrale Massenblutung) erlitten hat und dadurch gestürzt ist. Medizinische Sachverständige erklären hierzu, dass es praktisch ausgeschlossen ist, dass die festgestellte Hirnblutung Folge des Sturzes sei. Die Hirnblutung müsse daher zeitlich zuvor erfolgt sein. Die Möglichkeit des gleichzeitigen Zusammentreffens der Hirnblutung mit dem Sturz sei nur eine theoretische Möglichkeit. Der BGH teilt hierzu mit, dass es an einer allgemeinen Lebenserfahrung für sol-

106 Vgl. Deutsch, Die Entscheidung des BGH zur Aids-Haftung, NJW 1991, S. 1937 ff.

107 Vgl. BGH, NJW 1984, S. 432 f., BGH, NJW 2005, S. 2395 ff.; BGH, Urt. v. 5.2.2009 – IX ZR 6/06 = NJW 2009, S. 1591 ff; BGH, Urt. v. 29.1.2016 – VI ZR 179/15 = NJW 2016, S. 1100; BGH, Urt. v. 13.12.2016 – VI ZR 32/16; OLG München, Urt. v. 23.1.2015 – 10 U 299/14 = NJW 2015, S. 1892 ff.

108 So wird ein Anscheinsbeweis jetzt entgegen früherer Rechtsprechung nicht mehr für den Nachweis des Inhalts einer Sendung in den Fällen angenommen, in denen das zu befördernde Gut dem Frachtführer in einem verschlossenen Behältnis übergeben worden und in dessen Obhut verloren gegangen war (vgl. BGH, Urt. v. 13.9.2012 – I ZR 14/11 = NJW-RR 2013, S. 813 f.).

109 Vgl. Urt. v. 13.12.2016 – VI ZR 32/16 = NJW 2017, S. 1177 ff.; OLG München, Beschl. v. 12.7.2017 – 10 U 1526/17.

110 Vgl. BGH, VI ZR 177/10.

111 Vgl. BGH, Urt. v. 10.4.2014 – VII ZR 254/13 = NJW-RR 2014, S. 1115 f. (für Leitungswasserschäden anlässlich von Trockenestrich- und Parkettverlegarbeiten).

112 Vgl. hierzu Geipel, Der Vollbeweis durch das Unwahrscheinliche, zfs 2007, S. 363 ff. m.w.N.

che Fälle fehle, folglich auch kein Anscheinsbeweis für die Alternative der vor dem Sturz erlittenen Gehirnblutung in Betracht käme.[113]

Ein Abgrenzungskriterium zwischen seltenen Fällen, die einen Anscheinsbeweis eröffnen können und (nahezu) singulären Fällen, die keinen Anscheinsbeweis eröffnen, wurde bisher weder von der Rechtsprechung noch von der Wissenschaft herausgebildet. Bei o.g. Fall hat die Rechtsprechung die Anwendung eines Anscheinsbeweises verneint. Bei Fällen, die ähnlich selten oder sogar (nahezu) singulär sein dürften, hat die Rechtsprechung jedoch die Anwendung eines Anscheinsbeweises bejaht, z.B. beim Nichtschwimmerfall,[114] beim Gurkenfall[115] oder bei den Lues I[116] und II[117]-Fällen. Auch das RG hatte in seltenen (oder einmaligen) Fällen aus der Lebenserfahrung einen Anscheinsbeweis geschlossen. In RGZ 130, S. 16 schloss das RG z.B. aufgrund einer jahrzehntelangen Duldung der Verbreitung eines urheberrechtlich geschützten Werkes auf einen ordnungsgemäßen und vollständigen Erwerb der Rechte. Auch im Hühnerpestfall beanstandete der BGH die Annahme eines Anscheinsbeweises nicht. Der Tierarzt H. impft die Hühner des Bauern R. gegen Hühnerpest. Danach bricht dort die Hühnerpest aus. Ebenso impft H. die Hühner des G. und bei drei weiteren Bauern aus derselben Charge des Impfstoffes. Auch dort bricht die Hühnerpest aus. Ein Sachverständigengutachten ergibt, dass in einigen Flaschen des Impfstoffes aus der Charge, aber eben nicht in allen, noch aktive Viren festgestellt wurden. Der Fall ist sicher (nahezu) singulär, aber gleichwohl wendet der BGH – zu Recht – einen Anscheinsbeweis an.[118] „Wenn das Berufungsgericht bei solch auffälligem Zusammentreffen den ursächlichen Zusammenhang schon nach den Grundsätzen über den Anscheinsbeweis für bewiesen angesehen hat, so unterliegt das entgegen den Angriffen der Revision keinen Bedenken. Für den Nachweis der Kausalität kommt es hier nur darauf an, dass die Charge ALD 210 die Hühnerpest verursacht hatte – nicht auch auf die weitere Frage, wie dies im Einzelnen zu erklären ist."[119] 54

Bei Anwendung des Anscheinsbeweises in o.g. Fall handelt es sich um einen atypischen und seltenen Sachverhalt und um eine Beweiswürdigung rein aufgrund von Wahrscheinlichkeitsüberlegungen, also um eine Verurteilung, bei der sich die Verurteilungsgrundlage auf gemutmaßte Wahrscheinlichkeiten reduziert.[120] Aktuellere Beispielsfälle ergeben sich u.a. bei der Haftung für (seltene) Nebenwirkungen eines Medikaments oder bei der angenommenen Kausalität für Brand- und Explosions- 55

113 Vgl. BGH, NJW-RR 1988, S. 789 f.
114 Vgl. BGH, NJW 1954, S. 1119.
115 Vgl. BGH, BGHZ 17, S. 191 ff.
116 Vgl. BGH, BGHZ 11, S. 227.
117 Vgl. BGH, VersR 1957, S. 252.
118 Vgl. BGH, NJW 1969, S. 269 ff.
119 BGH, NJW 1969, S. 269, 274.
120 Anmerkung Wassermeyer zu BGH, Urt. v. 3.2.1954 – VI ZR 332/52 = NJW 1954, S. 1119.

ursachen oder Stürze.[121] Der Kausalitätsbeweis der Nebenwirkung und der Medikamenteneinnahme kann sich aus einem Anscheinsbeweis ergeben, auch wenn das Eintreten der Nebenwirkung selten, also atypisch ist.[122] Die entsprechenden Beweisergebnisse der Rechtsprechung müssen nicht falsch sein, aber die theoretischen Voraussetzungen des Anscheinsbeweises (typischer Sachverhalt) sind mit der praktischen Handhabung nicht widerspruchsfrei in Einklang zu bringen.

56 Die Rechtsprechung hat die Formel des typischen Sachverhalts für die Anwendung des Anscheinsbeweises nie aufgegeben, aber tatsächlich wendet die Rechtsprechung den Anscheinsbeweis auch in (nahezu) singulären Ereignissen an (Individualanscheinsbeweis[123]) oder auf Ereignisse, in denen der Wahrscheinlichkeitswert auf statistisch geringen Wahrscheinlichkeitswerten beruht[124] oder sogar gänzlich ohne Anschein (Anscheinsbeweis ohne Anschein).[125]

Faktisch handelt es sich um einen sog. **Individualanscheinsbeweis**. Die Rechtsprechung hat den Begriff „Individualanscheinsbeweis" selbst – soweit ersichtlich – **nicht als eigenständige Kategorie positiv normiert**, aber sie **praktiziert** nach der Auswertung der Literatur und Kommentierung Fälle, die unter diesem Stichwort zusammengefasst werden.

57 Im Trampolinfall geht der BGH von einem Anscheinsbeweis aus, dass der unterlassene Hinweis des Trampolinbetreibers auf die besondere Verletzungsgefahr bei Saltosprüngen zu einer Kausalität von der Verletzung der Hinweispflicht und dem Erfolg führt. Wäre der Hinweis erfolgt, so bestehe, laut dem BGH eine „tatsächliche Vermutung", dass sich die Personen hinweisgerecht verhalten und von dem Sprung Abstand genommen hätte.[126] Ob es einen solchen Anscheinsbeweis wirklich gibt, ist fraglich.[127] In jedem Fall ist auch dieser Sachverhalt nahezu singulär, zumal die Verkehrssicherungspflicht darin bestand, die Ausführung **schwieriger Sprünge** wie insbesondere Salti zu verbieten oder zumindest über deren mögliche gravierenden Folgen eindeutig und eindringlich aufzuklären.

58 Ein Anscheinsbeweis besteht auch bei der **Verletzung von Dokumentations- und Befundsicherheitspflichten**. Es besteht insofern die Vermutung, dass nicht dokumentierte Maßnahmen auch nicht vorgenommen worden sind.[128]

121 Vgl. Greger, Praxis und Dogmatik des Anscheinsbeweises, VersR 1980, S. 1091 f.

122 Vgl. BGH, NJW 2007, S. 2767 ff.

123 Vgl. Kegel, Der Individualanscheinsbeweis und die Verteilung der Beweislast, in: FS Kronstein (1967), S. 321, 343 ff.

124 Vgl. Musielak, Festgabe 50 Jahre BGH, 2000, Bd. 3, S. 193, 198 ff.

125 Vgl. Jungmann, Der Anscheinsbeweis ohne ersten Anschein, ZZP 120 (2007), S. 459, 461 ff.

126 Vgl. BGH, NJW 2008, S. 3775 ff.

127 Verneinend, Weser, Verkehrssicherung: Kein Kinderspiel, NJW 2008, S. 3761, 3763.

128 Vgl. BGHZ 99, S. 391, 396 f.; vgl. auch Baumgärtel/Prütting, Handbuch der Beweislast, 2. Aufl., Grundlagen, § 19 Rn 32 m.w.N.

Auch soll ein Anscheinsbeweis bestehen, wenn ein tödliches Herzversagen eines Kraftfahrers auf einen 40 Minuten zuvor eingetretenen Schock aufgrund eines durch einen Lkw hochgewirbelten Steins, der die Windschutzscheibe des Kraftfahrers zertrümmerte, zurückzuführen ist.[129] Auch im Falle der Rechts- und Steuerberaterhaftung besteht ein Anwendungsbereich des Anscheinsbeweises für den Ursachenzusammenhang zwischen Pflichtverletzung und Kausalität, d.h. es gilt die Vermutung, dass der Mandant beratungsgemäß gehandelt hätte, wenn nach der Lebenserfahrung bei vertragsgemäßer Leistung des Beraters lediglich ein bestimmtes Verhalten nahegelegen hätte, mithin nur eine (einzige) Entscheidung sinnvoll erschienen wäre.[130] 59

Gleichwohl besteht eine **gewisse Beliebigkeit**, ob der konkrete Fall häufig genug vorkommt, um den Anwendungsbereich eines Anscheinsbeweises bzw. eines Schlusses aus der Lebenserfahrung zu eröffnen **oder** nicht.[131] Lepa teilt mit, dass es insofern auf die Lebenserfahrung des Richters ankomme, was ein „erträgliches Risiko" sei.[132] 60

Eine dogmatisch hochinteressante Entscheidung für die Unterscheidung zwischen seltenen Fällen, die keinen Anscheinsbeweis eröffnen, und typischen Fällen, die den Anwendungsbereich des Anscheinsbeweises doch eröffnen, bietet BGH, VIII ZR 148/67. Im Sachverhalt ging es darum, dass die Felge eines Autoreifens eine Delle verursachte, die wiederum dazu führte, dass Luft aus dem Reifen entwich. Fraglich war, ob ein Unfall während eines Überholmanövers auf diesem Umstand beruhte. Der Sachverständige meinte, dass dieser Mangel geeignet war, den Unfall herbeizuführen. Das Berufungsgericht meinte: „Der Fall, dass eine Felge eine Eindellung aufweise, sei verhältnismäßig selten. Irgendwelche Regeln allgemeiner Art über den Kausalzusammenhang zwischen einer solchen Beschädigung eines Rades und einem Unfall, wie er hier vorliege, bestünden nicht."[133] 61

Der BGH teilt mit: 62

> *„Die Anwendung des Anscheinsbeweises kann nicht mit der Begründung verneint werden, es komme selten vor, dass eine Felge eine Eindellung der hier beschriebenen Art aufweist. Entscheidend ist vielmehr, dass eine solche Eindellung das Entweichen von Luft aus dem Reifen bei einem Überholvorgang der geschilderten Art ermöglicht. Dann ist es auch ein typischer Geschehensablauf,*

129 Vgl. BGH, VersR 1972, S. 582; vgl. BGH, VersR 1974, S. 1030.

130 Vgl. BGH, Urt. v. 30.9.1993 – IX ZR 73/93 = NJW 1993, S. 3259 ff.; bestätigt von BGH, Beschl. vom 15.5.2014 – IX ZR 267/12.

131 Vgl. Geipel/Nill/Aalberts, Der Indizien- und Anscheinsbeweis in der Prozesspraxis, ZAP Nr. 10 v. 15.5.2008, S. 557 ff. (Fach 13 S. 1503 ff.).

132 Vgl. Lepa, Beweiserleichterungen im Haftpflichtrecht, NZV 1992, S. 129 f.

133 Zitiert nach BGH, NJW 1969, S. 1708 f.

wenn bei einem solchen Überholvorgang die Luft aus dem Reifen entwichen ist.“[134]

63 Zur **Typizität** führt der BGH expressis verbis aus:

„Dabei sind typische Geschehensabläufe solche Tatbestände, bei denen eine ohne weiteres naheliegende Erklärung nach der allgemeinen Lebenserfahrung zu finden ist (RG DR 1942, 1516; BGH NJW 1951, 360) und bei denen angesichts des typischen Charakters die konkreten Umstände des Einzelfalles für die tatsächliche Beurteilung ohne Belang sind (RGZ 134, 242; BGH a.a.O.).“[135]

64 Das ist exakt die Lehre vom **Individualanscheinsbeweis**:

„Neben dem Anscheinsbeweis durch typischen Geschehensablauf steht ein Anscheinsbeweis aufgrund besonderer Umstände des Falles. Man kann ihn Individualanscheinsbeweis nennen […]. Zwar sind die besonderen Umstände, die ihn tragen selten (untypisch, unwahrscheinlich). Aber wenn sie gegeben sind, dann ist es wieder meist so.“[136] Mit anderen Worten: Wenn nichts anderes ersichtlich ist, ist die am nächsten liegende Ursache wiederum die wahrscheinlichste und insofern typisch. Die Frage, wie oft der zu beurteilende Fall absolut vorkommt, ist irrelevant und denkfehlerhaft.[137] Anscheinend stellt auch der BGH nicht auf die absolute Zahl der Fälle ab, die zur Anwendung eines Anscheinsbeweises führen können, sondern teilt stattdessen mit: „Typizität bedeutet in diesem Zusammenhang allerdings nur, dass der Kausalverlauf so häufig vorkommen muss, dass die Wahrscheinlichkeit, einen solchen Fall vor sich zu haben, sehr groß ist […].“[138] Gemeint ist damit die Wahrscheinlichkeit im mathematischen Sinn, also relative Häufigkeit.[139] Wenn eine Erkrankung zu 20 % auf infiziertes Blut und zu 80 % auf Insektenstiche oder weitere Ursachen in den Tropen zurückgeht, so ist die Verursachung durch die Transfusion typisch, wenn es keinen Aufenthalt in den Tropen gegeben hat.[140] Entscheidend ist damit die Einordnung des zu beurteilenden Falls in eine Vergleichs- oder Bezugsgruppe, wobei keine Regeln für die Größe der Bezugsgruppe bestehen,[141] so dass die Wahrscheinlichkeit eines seltenen Falls beurteilt wird, wenn für den „Normal- bzw. Alternativfall“ keine Hinweise vorliegen.[142]

134 BGH, NJW 1969, S. 1708 f.

135 BGH, NJW 1969, S. 1708 f.

136 Kegel, Der Individualanscheinsbeweis und die Verteilung der Beweislast in: Festschrift für Kronstein, S. 321, 343.

137 Vgl. Geipel, Der Vollbeweis durch das Unwahrscheinliche? zfs, 2007, S. 363, 366 m.w.N.

138 BGH, NJW 2010, S. 1072 f.

139 Vgl. Berg-Winters, Der Anscheinsbeweis im Arzthaftungsrecht, S. 21.

140 Vgl. Weber, Der Kausalitätsbeweis im Ziviprozeß, S. 244 f.

141 Vgl. Berg-Winters, Der Anscheinsbeweis im Arzthaftungsrecht, S. 23 f.

142 Vgl. Berg-Winters, Der Anscheinsbeweis im Arzthaftungsrecht, S. 66.

Hinweis 65

Der BGH geht auch in jüngerer Rechtsprechung faktisch von einem **Individualanscheinsbeweis** aus. Das zeigt der absolut seltene Fall des Brandes in einer Scheune nach dem Hantieren mit einem Feuerzeug. Aber wenn dieser seltene Fall vorliegt, ist es meist wieder so, wie prima facie vermutet. „Bereits bei der Bestimmung des typischen Lebenssachverhalts darf nicht unberücksichtigt bleiben, dass für andere Ursachen als die, die der Geschädigte vorgetragen hat, keine Anhaltspunkte bestehen. Dementsprechend hat der erkennende Senat entschieden, dass dann, wenn bei einem bestimmten Erfolg für eine Ursache feste Anhaltspunkte bestehen, die diese Ursache als möglich erscheinen lassen, während für andere in Frage kommende Ursachen solche Anhaltspunkte tatsächlicher Art völlig fehlen, der Beweis des ersten Anscheins für die erste Ursache spricht (vgl. BGHZ 11, 227, 230; Senatsurteil BGHZ 172, 1, 6). Kommt der in Anspruch Genommene als Verursacher eines schädigenden Erfolgs in Betracht, ist von dem festgestellten Erfolg aus rückblickend auch zu fragen, welche Anhaltspunkte für das Vorhandensein etwaiger anderer möglicher Ursachen bestehen (vgl. BGHZ 11, 227, 230; Senatsurteile BGHZ 114, 284, 290; 163, 209, 212 f.). Denn wenn eine gefährliche Handlung in Frage steht, die allgemein geeignet sein kann, den schädigenden Erfolg herbeizuführen, und wenn dieser Erfolg in unmittelbarem zeitlichem Zusammenhang mit der Vornahme der gefährlichen Handlung eingetreten ist, kann bei der Beantwortung der Frage, ob eine den Anscheinsbeweis rechtfertigende typische Situation vorlag, nicht unberücksichtigt bleiben, ob konkrete Anhaltspunkte für eine andere Ursache ersichtlich sind.“[143]

Ein Anscheinsbeweis kommt grundsätzlich nicht in Betracht, wenn es um **individuelle menschliche Willensentschlüsse**[144] geht (z.B. Freitod[145] oder vorsätzliche Verwirklichung einer Straftat[146]). Allerdings führt nicht jede individuelle Verhaltensweise zum Ausschluss eines Anscheinsbeweises: 66

„Nach der Rechtsprechung des BGH soll es allerdings grundsätzlich keinen Anscheinsbeweis für individuelle Verhaltensweisen von Menschen in bestimmten Lebenslagen geben (BGHZ 31, 351 (357) = NJW 1960, 818 = LM § 586 ZPO Nr. 5; BGHZ 100, 214 (216) = NJW 1987, 1944 = LM § 180a VVG Nr. 1; BGH, LM § 286 (C) ZPO Nr. 42a; NJW 1968, 2139 = LM § 123 BGB Nr. 38; NJW 1983, 1548 (1551) = LM § 242 (Bd) BGB Nr. 27). Ob an dieser Auffassung, die im Schrifttum teilweise bekämpft wird (Lepa, in: Festschr. für Merz,

143 BGH, MDR 2010, S. 440 f.

144 Vgl. BGH, NJW 1993, S. 3259 f., Ausnahmen in BGH, NJW 1958, S. 177; BGH, NJW 1962, S. 1099; BGH, NJW 1967, S. 1222; BGH, NJW 1974, S. 795 f.

145 Vgl. BGH, BGHZ 100, S. 214, 216.

146 Vgl. BGH, VersR 2002, S. 613 ff.

S. 387 (399); Prütting, Karlsruher Forum 1989, S. 13; Walter, ZZP 90, 270 (278 f.)), festzuhalten ist, bedarf hier keiner Entscheidung. Der BGH hat diesen Rechtssatz schon in der Vergangenheit als eine Regel verstanden, die Ausnahmen zulässt, und daher in einzelnen Entscheidungen persönliche Willensmomente aufgrund eines Anscheinsbeweises bejaht (vgl. BGH, NJW 1958, 177 = LM § 123 BGB Nr. 16; NJW 1962, 1099 (1100) = LM § 138 (Cb) BGB Nr. 13; NJW 1967, 1222 (1223) = LM § 123 BGB Nr. 35; NJW 1974, 795 (796) = LM § 86a HGB Nr. 4)."[147]

67 Auch kommt ein Anscheinsbeweis für die Beurteilung von **grober Fahrlässigkeit** nicht in Betracht, denn bei der personalen Seite der groben Fahrlässigkeit lässt sich keine Typizität feststellen.[148] Mit dem Anscheinsbeweis lassen sich überdies nur Geschehensabläufe feststellen, nicht aber **Zustände** oder **Rechtsverhältnisse** (z.B. Fahruntüchtigkeit, Täterschaft, Haltereigenschaft).[149]

68 Verursacht ein alkoholisierter[150] Autofahrer (BAK von 1,44 ‰[151]) einen Unfall, so spricht ein Anscheinsbeweis dafür, dass der Unfall auf der alkoholbedingten Minderung der Aufmerksamkeit und Reaktionsfähigkeit beruht. Das gilt analog unterhalb der Grenze der absoluten Fahruntüchtigkeit, wenn alkoholbedingte Fahrfehler feststehen.[152] Das gilt aber dann nicht, wenn sich der Unfall unter Umständen ereignete, die auch ein nüchterner Fahrer nicht hätte meistern können,[153] vor allem, wenn gegen den Unfallgegner ein festgestelltes oder über einen zu seinen Lasten wirkenden Anscheinsbeweis erschlossenes Verschulden wirkt. Ob diese (ernsthafte) Möglichkeit aber von dem „Alkoholisierten" darzulegen und zu beweisen ist,[154] ist strittig. Wenn es sich um eine Entkräftung des Anscheinsbeweises handelt, wäre sie vom Alkoholisierten darzulegen und zu beweisen. Ist der Anscheinsbeweis gegen den Alkoholisierten dann aber erst eröffnet, wenn sich der Unfall in einer Verkehrslage unter Umständen ereignet, die ein nüchterner Fahrer hätte meistern kön-

147 BGH, NJW 1993, S. 3259 f.

148 Vgl. BGH, VersR 1974, S. 593 f.

149 Vgl. Lepa, Beweiserleichterungen im Haftpflichtrecht, NZV 1992, S. 129 f. m.w.N.

150 Vgl. zur Beteiligung von Betrunkenen, BGH, NJW 1976, S. 897; BGH, NJW-RR 1986, S. 323; Hoffmann, NZV 1997, S. 57.

151 Jetzt 1,1 ‰, vgl. BGH, VersR 1986, S. 141; BGH, NZV 1992, S. 27; BGH, NZV 1988, S. 17; vgl. Lepa, Beweiserleichterungen im Haftpflichtrecht, NZV 1992, S. 129, 132.

152 Vgl. Lepa, Beweiserleichterungen im Haftpflichtrecht, NZV 1992, S. 129, 132; vgl. auch BGH, NZV 1988, S. 17.

153 Vgl. BGH, VersR 1965, S. 81 f.; vgl. auch BGH, VersR 1966, S. 585 f.; vgl. auch BGH, VersR 1963, S. 357 f.

154 Das legt der Verweis von Lepa (NZV 1992, S. 129, 132 – Fn 41) auf BGH, VersR 1959, S. 1034, 1036 nahe; tatsächlich geht es in dieser Entscheidung (Urt. v. 6.10.1959 – VI ZR 191/58) aber nicht um einen alkoholbedingten Unfall.

nen,[155] ist von demjenigen darzulegen und zu beweisen, dass eine solche Konstellation auch tatsächlich vorgelegen hat, der den Anscheinsbeweis für sich beansprucht. Letztgenannte Ansicht ist richtig: „Nach ständiger Rechtsprechung des BGH spricht der Beweis des ersten Anscheins für die Ursächlichkeit der Trunkenheit, wenn sich der Unfall in einer Verkehrslage und unter Umständen ereignet, die ein nüchterner Fahrer hätte meistern können [m.w.N.].“[156]

Die Anwendung des Anscheinsbeweises wird in der Praxis immer wieder infrage gestellt, indem die Gegenpartei Umstände anführt, wie es anders gewesen sein könnte (z.B. gleichzeitiges Zusammentreffen eines Schlaganfalls mit einem Sturz,[157] Anlegung des Sicherheitsgurtes, aber Versagen der Zugeinrichtung etc.[158] 69

All das mag theoretisch zutreffen, nur ist es Sache der Gegenpartei, diese Umstände konkret darzulegen und zu beweisen.[159] Durch Schätzungen/Wertungen von Zeugen kann ein Anscheinsbeweis grundsätzlich nicht widerlegt werden.[160] 70

Um den **Anscheinsbeweis zu entkräften**, ist es allerdings nicht nötig, darzulegen und zu beweisen, dass sich der Sachverhalt **tatsächlich** anders zugetragen hat, sondern **es genügt die – bewiesene – ernsthafte (reale) Möglichkeit, dass sich der Sachverhalt anders zugetragen haben kann**, als prima facie unterstellt.[161] 71

Beispiel 72

Kommt ein Kraftfahrer auf die Gegenfahrbahn, so spricht ein Prima-facie-Beweis für dessen Verschulden. Diesen Verschuldensvorwurf kann der Kraftfahrer einerseits entkräften, wenn er darlegt und beweist, dass er tatsächlich wegen eines anderen, entgegenkommenden Kraftfahrers ausgewichen ist, aber auch dann, wenn er nur die **ernsthafte (reale) Möglichkeit** nachweist, dass er wegen eines entgegenkommenden Kraftfahrers ausgewichen ist.[162] In der Praxis wird oft falsch formuliert, „aufgrund des gegen sie [die Partei] sprechenden Anscheinsbeweises hatte sie insoweit den Vollbeweis zu führen.“[163] Es muss per Vollbeweis nicht ein anderer Verlauf bewiesen werden, sondern lediglich die **ernsthafte (reale) Möglichkeit** eines anderen Verlaufs.

155 Vgl. BGH, Urt. v. 10.1.1995 – VI ZR 247/94 = NJW 1995, S. 1029 ff.; ebenso OLG München, Urt. vom 23.1.2015 – 10 U 299/14 (zur Kollision eines Linksabbiegers mit einem Linksüberholer mit interessanten Ausführungen zur unklaren Verkehrslage) = NJW 2015, S. 1895 ff.

156 BGH, Urt. v. 10.1.1995 – VI ZR 247/94 = NJW 1995, S. 1029 ff.

157 Vgl. BGH, NJW-RR 1988, S. 789 f.

158 Vgl. BGH, VersR 1991, S. 195 f.

159 Vgl. BGH, VersR 1991, S. 195 f.; vgl. auch BGH, VersR 1959, S. 1034, 1036.

160 Vgl. AG München, 332 C 15758/04 n.v.

161 Vgl. BGH, V ZR 49/65.

162 Vgl. BGH, VersR 1996, S. 772 f.

163 LG München, I 19 O 8249/06 n.V.

73 Richtig ist aber wieder, dass diesbezüglich offene Fragen und Unklarheiten zu Lasten der Partei gehen, die einen Anscheinsbeweis entkräften will.[164]

Dieser Nachweis der **ernsthaften Möglichkeit** kann sich daraus ergeben, dass eine kurze Strecke weiter ein anderer Kraftfahrer ebenfalls durch einen entgegenkommenden Kraftfahrer gezwungen wurde, auf die Gegenfahrbahn auszuweichen.[165]

74 Der BGH ist in letzter Zeit von der dogmatisch zweiaktigen Prüfung (Typizität und Entkräftung) abgerückt und bewertet den gesamten Sachverhalt mittlerweile umfassend. Je mehr Details bekannt und bewiesen sind, desto mehr verliert der Sachverhalt an Typizität, sodass die Grundsätze des Anscheinsbeweises nicht mehr greifen und sich die Frage der Erschütterung nicht mehr stellt.[166]

75 Wegen der besonderen **Praxisrelevanz soll der Anscheinsbeweis des „Auffahrens“** hier ausdrücklich dargestellt werden:

Fährt ein Autofahrer auf ein anderes Kfz auf, so spricht der Anscheinsbeweis gegen den Auffahrenden. Das gilt aber nur, wenn zwar jedenfalls eine Teilüberdeckung von Heck und Front, aber kein Schräganstoß[167] vorliegt. Dieser Anscheinsbeweis setzt innerorts auch nicht den Nachweis voraus, dass der Auffahrende eine gewisse Zeit hinter dem Vordermann gefahren ist.[168] Die reine Behauptung des Auffahrenden, der Gegner sei unmittelbar davor in seine Fahrspur gewechselt, lässt – auch auf Autobahnen – den Anscheinsbeweis zu Lasten des Auffahrenden nicht entfallen.[169] Die Behauptung des Auffahrenden, der Vorausfahrende habe zuvor die Spur gewechselt, führt nicht dazu, dass der Vorausfahrende beweisen muss, dass der Spurwechsel nicht stattgefunden hat. Der angebliche Spurwechsel kann mangels Anbeweis auch nicht durch eine Parteieinvernahme gem. § 448 ZPO geführt werden.[170] Ist ein Fahrstreifenwechsel unstrittig, aber strittig, ob sich das Auffahren in engem zeitlichem (z.B. fünf Sekunden)[171] und örtlichem Zusammenhang mit dem Spurwechsel ereignet hat[172] bzw. der Auffahrende über einen ausreichenden Zeitraum Gelegenheit hatte, sich nach einem Fahrstreifenwechsel des Vordermannes hierauf einzustellen, ist auf Autobahnen i.d.R. von einer hälftigen Schadensteilung auszugehen.[173] Das heißt, einen Anscheinsbeweis gegen den Auffahrenden gibt es nicht,

164 Vgl. LG München, I 19 O 8249/06 n.V.

165 Vgl. BGH, VersR 1986, S. 141 f.

166 Vgl. Lepa, Typische Probleme im Haftpflichtprozess, Rn 167 ff.

167 Vgl. BGH, VI ZR 15/10.

168 Vgl. OLG Saarbrücken, MDR 2009, S. 1336 f.; KG, Beschl vom 20.11.2013 – 22 U 72/13 = NJW-RR 2014, S. 809; anders auf Autobahnen, vgl. BGH, NJW 2012, S. 608 ff.

169 Vgl. BGH, Urt. v. 13.12.2016 – VI ZR 32/16.

170 Vgl. BGH, Urt. v. 13.12.2016 – VI ZR 32/16.

171 Vgl. KG, NJW-Spezial 2010, S. 555.

172 Str. vgl. OLG Saarbrücken, NJW-RR 2010, S. 323 ff.

173 Vgl. BGH, VI ZR 15/10; BGH, VI ZR 177/10 = NJW 2012, S. 608 ff.; OLG München, Urt. v. 9.2.2022 – 10 U 1962/21.

wenn feststeht, dass vor dem Auffahren ein Spurwechsel des vorausfahrenden Fahrzeugs stattgefunden hat, der Sachverhalt aber im Übrigen nicht aufklärbar ist und sowohl die Möglichkeit besteht, dass der Führer des vorausfahrenden Fahrzeugs unter Verstoß gegen § 7 Abs. 5 StVO den Fahrstreifenwechsel durchgeführt hat, als auch die Möglichkeit, dass der Auffahrunfall auf eine verspätete Reaktion des auffahrenden Fahrers zurückzuführen ist.[174]

Diese Grundsätze können auf den innerstädtischen Verkehr nicht übertragen werden. **76** Innerstädtisch kann regelmäßig angenommen werden, dass ein vollständig abgeschlossener Fahrstreifenwechsel etwas mehr als drei Sekunden benötigt und nach der Hälfte der Zeit ein Fahrstreifenwechsel des Vordermannes erkennbar ist, auch wenn dieser nicht blinkt. Das bedeutet, dass bei längsachsenparallelen Kollisionen regelmäßig und typisch der Auffahrer keinen ausreichenden Sicherheitsabstand eingehalten und/oder zu schnell gefahren ist und/oder auf eine Geschwindigkeitsverminderung des Vordermannes zu spät reagiert hat, auch wenn nur eine Teilüberdeckung vorliegt.[175] Anders als bei Autobahnunfällen genügt das Vorliegen eines Spurwechsels in einem gewissen Zusammenhang nicht, um den gegen den Auffahrer (bei voller oder teilweiser Überdeckung) gerichteten Anscheinsbeweis zu erschüttern, sondern nur der Nachweis der ernsthaften Möglichkeit eines Spurwechsels **in engem zeitlichen und örtlichen Zusammenhang** mit dem Auffahren.

Liegt jedoch innerorts eine (erlaubte) hohe Geschwindigkeitsdifferenz der Fahrzeu- **77** ge vor, d.h., ist dargelegt und bewiesen, dass der Vorausfahrende sehr viel langsamer ist, kann trotz längsachsenparalleler Kollision dem Auffahrenden nicht genügend Zeit zum Abbremsen verbleiben. Hier ist die Anwendung des Anscheinsbeweises gegen den Auffahrenden nicht statthaft, denn es ist nicht „irgendwie" so, dass der Auffahrende schuld ist, sondern es kann zwar so sein, aber es kann auch so sein, dass der Hintermann selbst durch eine Anpassungsbremsung keinen ausreichenden Sicherheitsabstand mehr aufbauen konnte.[176]

Der Anscheinsbeweis besteht auch dann, wenn das andere Fahrzeug bei Dunkelheit **78** unbeleuchtet abgestellt war oder der Vorausfahrende den Eindruck erweckt hat, er werde die Gelbphase nicht beachten und durchfahren.[177] Der Anscheinsbeweis wird aber erschüttert, wenn die ernsthafte Möglichkeit nachgewiesen wird, dass das andere Fahrzeug so kurz vor der Kollision in die Fahrbahn gefahren ist, dass dem Auffahrenden keine Möglichkeit zur Reaktion blieb.[178]

174 Vgl. OLG München, Urt. v. 9.2.2022 – 10 U 1962/21.

175 Vgl. z.B. OLG München, Urt. v. 4.9.2009 – 10 U 3291/09 = Beck RS 2009, 26394.

176 Vgl. Seitz/Büchel/Lippold, Becksches Richter-Handbuch, 3. Aufl., B. XI. Rn 53.

177 Vgl. BGH, VersR 1969, S. 859 f.

178 Vgl. BGH, VersR 1964, S. 263 f.; vgl. Lepa, Beweiserleichterungen im Haftpflichtrecht, NZV 1992, S. 129, 131.

79 Ist strittig, ob der Vordermann zurückgerollt ist oder auf den Vordermann aufgefahren wurde, liegt jedoch eine ungeklärte Konstellation, aber kein Anwendungsbereich des Anscheinsbeweises vor.[179]

80 Weiter wird der Anscheinsbeweis erschüttert, wenn der Vorausfahrende ruckartig stehen geblieben ist,[180] denn der Nachfolgende kann bei der Bemessung seines Abstandes den vollen Weg der Notbremsung des Vorausfahrenden einkalkulieren.[181] Der Anscheinsbeweis ist damit entkräftet, wenn der Vorausfahrende seinerseits auf ein Hindernis auffährt, denn dadurch wurde der Bremsweg verkürzt.[182] Der Anscheinsbeweis ist auch dann nicht anwendbar, wenn es sich um den Fall des **Kettenauffahrens** handelt, denn dann fehlt es an der Typizität. Es lässt sich bei den mittleren Fahrzeugen meist nicht mehr feststellen, wer aufgefahren und wer aufgeschoben worden ist.[183] Auch gegen den zuletzt Auffahrenden spricht der Anscheinsbeweis nur, wenn feststeht, dass das vorausfahrende Fahrzeug rechtzeitig zum Stehen gekommen ist, und nicht seinerseits durch Auffahren den Anhalteweg verkürzt hat.[184]

81 *Hinweis*

Ein Anscheinsbeweis kommt nicht in Betracht, wenn der Gegenpartei vorsätzlich oder fahrlässig die Möglichkeit der Widerlegung vereitelt wurde;[185] freilich wird hier wieder viel vom Einzelfall abhängen.

I. Widerlegung eines Indizienbeweises

82 **Die Erkenntnis, dass nahezu jeder Beweis ein Indizienbeweis ist, setzt sich mehr und mehr durch.**[186]

83 Allgemein gilt: „Der Tatrichter muss und darf bei einem Indizienbeweis vor der Beweiserhebung prüfen, ob die vorgetragenen Indizien – ihre Richtigkeit unterstellt –

179 Vgl. OLG Hamm, NJW-Spezial, 2010, S. 297 f.

180 Vgl. OLG München, Urt. vom 14.2.2014 – 10 U 3074/13.

181 Vgl. BGH, VersR 1987, S. 358, 360.

182 Versicherer weisen in derartigen Fällen oft darauf hin, dass das Kfz des zuerst Auffahrenden bereits durch das eigene Auffahren einen Totalschaden erlitten habe, sodass durch das nachfolgende Auffahren kein weiterer Schaden entstanden ist. Der BGH vertritt hierzu eine Schadensschätzung gem. § 287 ZPO, vgl. BGH, VersR 1973, S. 1283 f. (Haftung in dem Verhältnis in dem der Heckschaden zum Gesamtschaden steht). Wirkt sich die Bremswegverkürzung weder in der haftungsbegründenden, noch haftungsausfüllenden Kausalität aus, führt diese auch nicht zu einem Mitverschulden, vgl. OLG Karlsruhe, 1 U 74/09.

183 Vgl. Lepa, Beweiserleichterungen im Haftpflichtrecht, NZV 1992, S. 129, 132; vgl. auch OLG Nürnberg, DAR 1982, S. 126.

184 Vgl. OLG Hamm, Urt. v. 6.2.2014 = NJW 2014, S. 3790 f.

185 Vgl. BGH, NJW 1998, S. 79.

186 Vgl. Dencker, Geständnis im Strafprozess, ZStW 1990, S. 51 ff. (69).

ihn von der Wahrheit der Haupttatsache überzeugen würden, ob der Indizienbeweis also schlüssig ist [m.w.N.]. Deshalb stellt es keinen Verfahrensfehler dar, wenn der Tatrichter von der beantragten Beweiserhebung absieht, weil die unter Beweis gestellten Hilfstatsachen für den Nachweis der Haupttatsache nach seiner Überzeugung nicht ausreichen. Werden mehrere Hilfstatsachen vorgetragen, die jeweils für sich allein betrachtet keine sicheren Rückschlüsse auf die Haupttatsache zulassen, ist vom Tatrichter aber auch zu prüfen, ob die Hilfstatsachen in einer Gesamtschau, ggf. im Zusammenhang mit dem übrigen Prozessstoff, geeignet sind, ihn von der beweisbedürftigen Behauptung zu überzeugen [m.w.N.].“[187] Wird einem Indiz aber eine Beweiswirkung zugewiesen, die es nicht hat, liegt ein revisibler Rechtsfehler vor.[188] Das könnte mit dem Rechtssatz kollidieren, dass Tatrichter grundsätzlich darin frei ist, welche Beweiskraft er Indizien im einzelnen und in einer Gesamtschau für seine Überzeugungsbildung beimißt. Einen Rechtsfehler stellt es deswegen nur dann dar, wenn der Tatrichter die Ambivalenz nicht sieht oder dem Indiz eine Beweiswirkung zumisst, die es nicht haben **kann.**[189]

Ob ein belastendes/entlastendes oder neutrales Indiz vorliegt, wird vonseiten des Gerichts und der Anwaltschaft oft unterschiedlich beurteilt. Das bedeutet: Die bloße „Überzeugungsbildung“ ist Sache des Tatrichters. Sobald aber einem Indiz eine Beweiswirkung zugeschrieben wird, die es logisch nicht haben kann (insbesondere unter Nichtbeachtung seiner Ambivalenz), überschreitet der Tatrichter die Grenzen der freien Beweiswürdigung.

Ein Indiz soll den Schluss auf das (Nicht-)Vorliegen eines Tatbestandsmerkmals ermöglichen.[190] Indizien liegen nach Greger dann vor, „wenn diese nur geeignet sind, logische Rückschlüsse auf den unmittelbaren Beweistatbestand – bestärkend oder entkräftend – zu ziehen.“[191] In der Praxis ist dieser **logische Schluss** problematisch. 84

> *Hinweis* 85
>
> Ein Indiz liegt dann vor, wenn es das Vorhandensein der zu beweisenden Tatsache beeinflusst. D.h., die **Wahrscheinlichkeit** (P) des Eintretens der **Haupttatsache** (H) wird davon beeinflusst, dass zuvor (= unter der Bedingung) das **Indiz** (I) eingetreten ist.[192]

187 BGH, Urt. v. 30.6.2017 – V ZR 232/16 = NJW-RR 2018, S. 15, 17.

188 Vgl. BGH, MDR 1991, S. 993.

189 Vgl. BGH, Urt. v. 24.4.2001 – VI ZR 36/00; BGH, Urt. v. 23.1.2025, Az.: III ZR 371/23.

190 Vgl. Thomas/Putzo, Komm. zur ZPO, 46. Aufl., Vorbem. zu § 284 Rn 11.

191 Zöller, Komm. zur ZPO, 36. Aufl., § 286 Rn 9a.

192 Vgl. Bender/Nack/Treuer, Tatsachenfeststellung vor Gericht, 3. Aufl., Rn 677 f.

86 „Die Definition des Indizes entspricht der Definition der bedingten Wahrscheinlichkeit in der Wahrscheinlichkeitstheorie."[193] Das wird wahrscheinlichkeitstheoretisch durch folgenden Term ausgedrückt: P'(H\I).[194]

Die **bedingten Wahrscheinlichkeiten** werden in der gerichtlichen Praxis immer wieder verwechselt.

87 Fall 1: Ist Haschisch ein Indiz für späteren Heroinkonsum?

Laut einem Polizeibericht hatten 60 % aller Heroinabhängigen Haschisch konsumiert, bevor sie heroinsüchtig wurden. Der zugrundeliegende Polizeibericht stützte sich auf eine Stichprobe von 300 Personen. Von diesen 300 Personen hatten 96 Haschisch geraucht, zehn waren heroinsüchtig und bei sechs Personen traf beides zu. D.h., von **zehn** Heroinsüchtigen hatten **sechs** zuvor Haschisch geraucht.

88 Ein deutscher Innenminister ist der Meinung, dass Haschischkonsum ein Indiz für späteren Heroinkonsum sei, denn er folgert intuitiv, dass ein Haschischkonsument später mit 60 %iger Wahrscheinlichkeit (P) heroinsüchtig wird. Ist das richtig?

89 Fall 2: Ist der Schläger ein Mörder?

Ein Mann schlägt seine Frau. Wenig später wird die Frau ermordet. Der Verteidiger teilt mit, dass es statistisch erwiesen ist, dass nur 1 ‰ der Männer, die ihre Frau schlagen, diese später auch ermorden. Folglich sei der konkrete Mann mit einer Wahrscheinlichkeit von

100 % ./. 1 ‰ = 99,9 % unschuldig.

Ist das zutreffend?

Mit anderen Worten: Ist Haschischkonsum ein Indiz für späteren Rauschgiftkonsum (Fall 1) und ist die „Schlägereigenschaft" ein Indiz für eine spätere Tötung (Fall 2)?

90 ■ **Antwort zu Fall 1:**

Der Innenminister hat Unrecht. Er hat die bedingten Wahrscheinlichkeiten verwechselt. Genau genommen hat er verwechselt, was Indiz und was Haupttatsache ist. Es gibt die Wahrscheinlichkeit P_2, dass jemand Haschischkonsument war und heroinsüchtig wird. Diese beträgt in der Tat 60 %. D.h., von zehn Heroinsüchtigen hatten sechs zuvor Haschisch geraucht, sodass die entsprechende Wahrscheinlichkeit mit 60 % vermutet werden kann.

D.h. P_2 = P (Haschischkonsument/heroinsüchtig) = 6/10 = 60 %

Die entscheidende Frage war jedoch, ob Haschischkonsum ein Indiz für spätere Heroinabhängigkeit ist, also die Wahrscheinlichkeit P_1 der Heroinsucht (= Haupttatsa-

193 Bender/Nack/Treuer, Tatsachenfeststellung vor Gericht, 3. Aufl., Rn 677.

194 Vgl. Bender/Nack/Treuer, Tatsachenfeststellung vor Gericht, 3. Aufl., Rn 678.

che) unter der Bedingung (Voraussetzung) des Haschischkonsums (= Indiz). Dies traf nur bei sechs von 96 Personen (= 6,25 %) zu.

P_1 = P (heroinsüchtig/Haschischkonsument) = 6/96 = 6,25 %[195]

Fraglich ist aber, ob Haschischkonsum nicht doch ein (schwaches) Indiz für einen späteren Heroinkonsum sein kann. Die Lösung orientiert sich an der folgenden Antwort zu Fall 2.

- **Antwort zu Fall 2:** 91

Der Verteidiger hat Unrecht. Auch er verwechselt die bedingten Wahrscheinlichkeiten. Die Wahrscheinlichkeit, dass ein Mord der Ehefrau vorliegt, wenn zuvor ein Schlagen der Ehefrau vorgelegen hat, beträgt in der Tat 1 ‰.

D.h. P_1 = P (Mörder/Schläger) = 1/1.000 = 1 ‰.

Fraglich war jedoch, wie wahrscheinlich es ist, dass eine Frau zuerst geschlagen wurde, und danach ermordet wird, also

P_2 = P (Schläger/Mörder) ist.

Insofern liegt kein Zahlenmaterial vor. Entscheidend für die Indizwirkung war aber die umgekehrte Fragestellung. Es ist irrelevant, wie oft die Haupttatsache unter der Bedingung, dass das Indiz vorliegt, gegeben ist. Entscheidend ist die Frage, wie oft das Indiz vorliegt, wenn die Haupttatsache gegeben ist.

Also P (Indiz/Haupttatsache) statt P (Haupttatsache/Indiz).

Zum belastenden Indiz wird das Indiz nur, wenn es öfter vorliegt, wenn die Haupttatsache gegeben ist, als wenn es vorliegt, wenn die Nichthaupttatsache gegeben ist (also: P (Indiz/Haupttatsache) größer als P (Indiz/Nichthaupttatsache)).

Welche Wahrscheinlichkeit ist größer? D.h.,

- wenn ein Ehefrauenmord (Haupttatsache) gegeben ist, in wie viel Prozent der Fälle wurde die Frau davor von ihrem Mann geschlagen (Indiz)?
- wenn ein Ehefrauenmord nicht gegeben ist (Nichthaupttatsache), in wie viel Prozent der Fälle wurde die Frau davor von ihrem Mann geschlagen (Indiz)?

Wir wollen annehmen, dass nur die wenigsten Schläger zum Mörder werden, aber gleichwohl wird es prozentual häufig vorkommen, dass eine letztendlich von ihrem Ehemann ermordete Frau zuvor auch von ihrem Ehemann geschlagen wurde. Das dürfte in dieser Fragestellung der Normalfall sein, da sich die Situation bis zum Mord „hochschaukelt". Demgegenüber wird es nicht der Normalfall sein, dass eine Frau schlicht geschlagen wird. Damit ist die „Schlägereigenschaft" ein belastendes Indiz.[196] 92

195 Vgl. Büchter/Henn, Elementare Stochastik, 2. Aufl., S. 223.

196 Vgl. Bender/Nack/Treuer, Tatsachenfeststellung vor Gericht, 3. Aufl., Rn 599.

J. Befangenheitsantrag ja oder nein

93 Es war bereits ein Grundsatz des kanonischen Rechts, dass der Amtsträger auch den (nur) bösen Schein zu meiden habe („ut scandulum evitetur"). Ob sich das geltende Recht daran hält, ist angesichts der geringen Erfolgsquote von Ablehnungsgesuchen zu bezweifeln.[197] Die Praxis des gerichtlichen Umgangs mit Befangenheitsanträgen ist aus rechtsstaatlicher Sicht ineffektiv. „Über die Ablehnung eines Richters als befangen entscheidet weder der abgelehnte Richter selbst noch die Person, die ihn abgelehnt hat, sondern bis auf seltene Ausnahmen ein anderer Spruchkörper, *ohne* den abgelehnten Richter. An der kritischen Distanz solcher Beschlüsse ließe sich, im Durchschnitt, zweifellos noch arbeiten. Manche sind vom Bemühen getragen, dem abgelehnten Kollegen nicht wehzutun. Bevor Sie das nun aber für ganz und gar verwerflich halten und die gute alte Krähentheorie auspacken, stellen Sie sich, lieber Leser [...] einfach vor, Sie seien aufgefordert, ein Gutachten über Fehler von Kollegen zu schreiben, mit denen Sie seit zehn Jahren zusammenarbeiten und weitere zehn Jahre zusammenarbeiten möchten. Gar nicht so einfach!"[198]

94 Der Anwalt trifft oft auf einen Richter, der befangen erscheint. Gleichwohl schreckt der Anwalt davor zurück, einen Befangenheitsantrag zu stellen, denn die Erfolgsaussichten sind einerseits gering und andererseits nimmt der Anwalt an, dass der Richter spätestens jetzt befangen sein wird.[199] Gleichwohl ist der Befangenheitsantrag eher zu stellen (dazu sogleich).

95 Zu dem Parallelproblem eines befangenen Geschworenen stellt die durch den O.J. Simpson-Prozess zu Weltruhm gelangte Psychologin Jo-Ellan Dimitrius fest: „I've seen many a lawyer accept a juror who is openly hostile to his case because he believed the juror would be swayed by his eloquence. But I've seldom seen that transformation take place. After watching thousands of people make decisions, I've learned it's a lot easier to change the way you think about a person than to change the way a person thinks."[200]

96 Praktisch kann die Ermessensfrage an den Anwalt, ob er einen Befangenheitsantrag stellt, auf Null reduziert sein.[201] Ein Vorsitzender hat für den Fall, dass kein Geständnis erfolgt, die **Sanktionsschere** geöffnet und Sicherungsverwahrung angedroht. Die strafrechtliche Revision gegen die Verurteilung mit Sicherungsverwahrung wegen Verstoßes gegen das faire Verfahren wird vom BGH zurückgewiesen, da der Verteidiger einen Befangenheitsantrag hätte stellen müssen.[202]

197 Vgl. Schneider, Erfolglose Richterablehnung im Zivilprozeß?, NJW 1996, S. 2285 f.

198 Fischer, Im Recht, S. 295.

199 Vgl. Prechtel, Erfolgreiche Taktik im Zivilprozess, 3. Aufl., S. 368.

200 Dimitrius/Mazzarella, reading people, S. 22.

201 Vgl. Barton, Einführung in die Strafverteidigung, S. 145.

202 Vgl. BGH, StV 2005, S. 372.

Dahs meint, in der Prozesspraxis Folgendes beobachtet zu haben: Es scheint, als ob auch der abgelehnte Befangenheitsantrag dem Mandanten eher nützt. Das Gericht wird durch einen abgelehnten Befangenheitsantrag psychologisch herausgefordert, darzulegen, dass die Ablehnung des Befangenheitsantrags zu Recht geschah. D.h., das Gericht wird sich bemühen, den Eindruck zu erwecken, dem Mandanten gegenüber nicht negativ eingestellt zu sein. Das wiederum führt zu einer Überkompensation in die andere Richtung, sodass das Gericht dem Mandanten tendenziell eher entgegenkommt.[203] Ebenso Schnabl: „Der Richter, dem man die Befürchtung mangelnder Unvoreingenommenheit im Wege der Befangenheitsablehnung sachlich vor Augen führt, wird vor diesem Hintergrund vielleicht doch eher bereit sein, seine eigene Unvoreingenommenheit zu hinterfragen und im Zuge dessen die eigene Entscheidung noch einmal grundlegend objektiv zu überprüfen."[204] 97

Sogar ein Richter des BVerfG beschreibt dieses Phänomen: „Es gibt bei Richtern das Problem der ‚inneren Befangenheit'. Es kann nämlich, wenn sie sich gerade sehr bemühen, nicht voreingenommen zu sein, vorkommen, dass das in die andere Richtung umschlägt. Sie sind dann auch da nimmer so frei [...] Dann bekommt womöglich einer eine vorteilhafte Entscheidung, der sie gar nicht verdient hat."[205] 98

Schnabl teilt zum zutreffend mit, dass die statistische Erfolgsquote von Anhörungsrügen gem. § 321a ZPO gegen Null geht. Das liege v.a. daran, dass sie beim iudex a quo einzulegen ist. Der iudex a quo habe bewusst oder unbewusst wenig Neigung, einen einmal gemachten Fehler einzugestehen oder eine einmal fehlerhaft gebildete Rechtsauffassung zu revidieren. Mit dieser bewussten oder unbewussten psychischen Gesetzmäßigkeit lasse sich die faktische Erfolglosigkeit der Rüge in Übereinstimmung bringen. Zutreffend hatte zuvor bereits Voßkuhle mitgeteilt, dass bei realistischer Betrachtungsweise nicht erwartet werden kann, dass der iudex a quo seine falschen rechtlichen oder arbeitsstrategischen Überlegungen ändert oder neu in die Sachprüfung einsteigt.[206] Mit dem Gebot effektiven Rechtsschutzes sei das (nach Schnabl) nicht zu vereinbaren. Daher sei § 42 Abs. 2 ZPO verfassungskonform auszulegen. 99

> *Hinweis* 100
>
> Im Ergebnis sei (nach Schnabl) die Anhörungsrüge (wenn eine solche in Betracht kommt) mit der Befangenheitsablehnung zu kombinieren.[207] Diese An-

203 Vgl. Dahs, Handbuch des Strafverteidigers, 7. Aufl., Rn 198.

204 Vgl. Schnabl, Die Kombination von Anhörungsrüge und Befangenheitsablehnung, ZAP vom 3.9.2008, S. 971, 975.

205 Zitiert nach Kranenpohl, Hinter dem Schleier des Beratungsgeheimnisses, S. 463.

206 Vgl. Voßkuhle, Bruch mit einem Dogma: Die Verfassung garantiert Rechtsschutz gegen den Richter, NJW 2003, S. 2193, 2197.

207 Vgl. Schnabl, Die Kombination von Anhörungsrüge und Befangenheitsablehnung, ZAP vom 3.9.2008, S. 971 ff.

sicht von Schnabl ist zutreffend, allerdings ist die Rechtsprechung anderer Ansicht. Es kann daher keinen Sinn machen, eine Anhörungsrüge mit einem sinnlosen Befangenheitsantrag zu verbinden. Da die Anhörungsrüge am Ende des Verfahrens **nach der Endentscheidung** steht, kann die Partei auch psychologisch jetzt keinen Vorteil mehr aus einem Befangenheitsantrag ziehen.

101 Dennoch: Der iudex a quo kann als Richter in eigener Sache nicht unbefangen entscheiden. Das mag künftig unter dem Blickwinkel des Gebots der Effektivität des Rechtsschutzes aus Art. 19 Abs. 4, 20 Abs. 3 GG und der Neutralitätsgarantie aus Art. 101 Abs. 1 Satz 2 GG im Rahmen einer mittelbaren Rechtssatzverfassungsbeschwerde beanstandet werden, wozu aber der Grundsatz der Subsidiarität der Verfassungsbeschwerde zu beachten und das Problem im Ausgangsverfahren zu thematisieren ist.

102 In nicht wenigen Fällen ergibt sich die Ursache des Befangenheitsantrags aus dem gerichtlichen Streben nach eigener Arbeitsentlastung. Beispielhaft hierfür ist der oft willkürliche und skandalöse Umgang mit § 522 Abs. 2 ZPO.[208] Das *BVerfG* hat in seiner zweiten Plenumsentscheidung festgehalten, dass es verfassungswidrig ist, eine Norm als Mittel der Selbststeuerung der Arbeitslast einzusetzen.[209]

103 Die gelegentlich geäußerte These, dass wahre Strafverteidigung ohne Anbringung eines Befangenheitsantrages nicht möglich sei, ist sicher falsch[210] und wird der weit überwiegenden Anzahl der „fairen" Richter nicht gerecht.[211]

104 Richtig ist aber auch folgendes Zitat des BVerfG:

> *„Die entscheidende Frage ist nun nicht, ob der Richter […] wirklich parteilich oder befangen ist oder sich selbst für befangen hält, sondern ob bei vernünftiger Würdigung aller Umstände [der Betroffene] Anlass hat, an der Unvoreingenommenheit und objektiven Einstellung des Richters zu zweifeln."*[212]

105 *Praxistipp*

Wer mit einem Befangenheitsantrag zögert, hat auch die Möglichkeit, um eine Unterbrechung der Verhandlung zu bitten, da man sich mit dem Mandanten besprechen und ggf. einen **unaufschiebbaren Antrag** formulieren müsse. Die meisten Richter dürften diesen Wink mit dem Zaunpfahl verstehen und in der Ver-

208 Vgl. BVerfG NJW 2005, S. 1931.

209 Vgl. BVerfGE 54, S. 277 ff.

210 Vgl. Barton, Einführung in die Praxis des Strafverfahrens, S. 270.

211 Nichtsdestotrotz ist das deutsche Strafverfahren per se unfair u. zulasten des Angeklagten ausgerichtet. Diese systembedingte Unfairness hat aber nichts mit der Persönlichkeit des einzelnen Richters zu tun.

212 BVerfGE 35, S. 246, 253.

handlungspause eine künftig entspannte Verhandlungsatmosphäre – auch ohne Befangenheitsantrag – signalisieren.[213]

In der Praxis versuchen die abgelehnten Richter über Befangenheitsanträge unter dem Deckmantel des Rechtsmissbrauchs in diversen Fällen selbst zu entscheiden. Das kann das Grundrecht auf den gesetzlichen Richter verletzen und willkürlich sein.[214] Wenn auch nur geringfügig auf den Verfahrensgegenstand einzugehen ist, scheidet eine Selbstentscheidung des abgelehnten Richters, der das Ablehnungsgesuch als unzulässig verwirft, aus,[215] sofern der Antrag nicht gerade während der mündlichen Verhandlung gestellt wird und die Entscheidung über den Ablehnungsantrag eine Vertagung erfordern würde gem. § 47 Abs. 2 ZPO. Eine Selbstentscheidung des abgelehnten Richters über ein Befangenheitsgesuch ist im Zivilverfahren **nur** zulässig, wenn 106

1. das Gesuch offensichtlich unzulässig/rechtsmissbräuchlich oder gänzlich untauglich ist,
2. seine Verwerfung ohne jede inhaltliche Prüfung und ohne Eingehen auf Verfahrensstoff oder eigenes Verhalten erfolgt,
3. es sich also um eine bloße Formalentscheidung handelt.

Ähnlich ist dies im Strafprozess. Eine Selbstentscheidung kommt nur bei 107

- gänzlich untauglichen oder klar rechtsmissbräuchlichen Gesuchen,
- reiner Formalentscheidung (Unzulässigkeit/Verspätung/Verschleppungsabsicht),
- ohne irgendeine inhaltliche Prüfung der Ablehnungsgründe oder des eigenen Verhaltens in Betracht (§ 26a StPO).

Nach § 47 Abs. 1 ZPO muss sich der abgelehnte Richter **bis zur rechtskräftigen Erledigung** des Ablehnungsgesuchs jeder Amtstätigkeit im Verfahren enthalten und kann nur solche Handlungen vorzunehmen, die keinen Aufschub gestatten. Das gilt im Grundsatz auch im Strafprozess, allerdings bestimmt § 29 Abs. 2 StPO: „Die Durchführung der Hauptverhandlung gestattet keinen Aufschub; sie findet bis zur Entscheidung über das Ablehnungsgesuch unter Mitwirkung des abgelehnten Richters statt.“ Anders ist dies im Zivilverfahren, dort kann allenfalls **der Termin** fort-

213 Vgl. Barton, Einführung in die Praxis des Strafverfahrens, S. 265.

214 Vgl. BVerfG, NJW 2007, S. 3771.

215 Vgl. BVerfGK Bd. 11, S. 442 (vgl. auch BVerfGK Bd. 8, Beschluss Nr. 69); vgl. Krehl in Jahn/Krehl/Löffelmann/Güntge, Die Verfassungsbeschwerde in Strafsachen, Rn 496 f.

gesetzt werden, denn § 47 Abs. 2 ZPO bestimmt: „Wird ein Richter während der Verhandlung abgelehnt und würde die Entscheidung über die Ablehnung eine Vertagung der Verhandlung erfordern, so kann der Termin unter Mitwirkung des abgelehnten Richters fortgesetzt werden."

108 Über die Erfolgsquote eines Ablehnungsgesuchs sollte sich der Prozessbevollmächtigte keinen Illusionen hingeben. Faktisch ist eine „Kameraderie und Berufskumpanei"[216] zu beobachten. Das gilt vor allem, wenn Richter desselben Gerichts über das vorgeworfene Fehlerverhalten eines Kollegen zu urteilen haben.[217] Auch sonst wird die Befangenheitsrüge von Gerichten durch die beliebig verwendbare Leerformel mit dem Hinweis auf einen eingebildeten „objektiven, vernünftigen Dritten" abgewehrt, der in der konkreten Situation – gerade anders als die Partei – angeblich keinen Anlass hätte, an der Unvoreingenommenheit des Richters zu zweifeln.[218]

109 *Hinweis*

Auch gegen die Endentscheidung im Verfahren der Richterablehnung ist die Anhörungsrüge bei Verstößen gegen das rechtliche Gehört statthaft. Ob gegen die Endentscheidung im Richterablehnungsverfahren auch die Verfassungsbeschwerde statthaft ist, ist problematisch und vom Einzelfall abhängig. Hierzu wird auf die verfassungsprozessuale Spezialliteratur verwiesen.

110 Problematisch ist, dass Verfahrensverstöße oder fehlerhafte Rechtsanwendung keinen Grund zur Besorgnis der Befangenheit liefern. Das ist aber dann anders, wenn sich die praktizierte Verfahrensweise so weit von dem üblicherweise praktizierten Verfahren löst, dass sich der Eindruck einer sachwidrigen Behandlung aufdrängt oder sich Rechtsfehler häufen.[219] Anders formuliert: „(...) grobe, insbesondere objektiv willkürliche oder auf Missachtung grundlegender Verfahrensrechte von Prozessbeteiligten beruhende Verstöße gegen das Verfahrensrecht können aus der Sicht eines Angeklagten die Befangenheit eines Richters begründen (BGH, Beschl. vom 4.10.1984 – 4 StR 429/84)."[220]

111 In diesen Fällen kann auch der Tatbestand der **Rechtsbeugung** naheliegen. Einer Strafanzeige wegen des Verdachts der Rechtsbeugung dürften die meisten Richter

216 Diese Ausdrücke wurde von der Regierung des Landes Baden-Württemberg im Gesetzesantrag v. 26.3.2003, BR-Dr 186/03; aufgegangen in BT-Dr 15/1471 zur Reform des § 77 DRiG benutzt. Freilich sollte einem entsprechenden Eindruck nur entgegengewirkt werden. Konkret ging es um die Ergänzung der Dienstgerichte um anwaltliche Beisitzer. Der Vorwurf wurde zwar von allen Parteien zurückgewiesen. Aber gleichwohl hat Wittreck (Anwälte als Richter über Richter? NJW 2004, S. 3011, 3014) mit folgender Formulierung Recht: „Hier drängt sich für den unbefangenen Betrachter ein klein wenig die alte Weisheit auf, dass, wer die Wahrheit sage, ein schnelles Pferd haben müsse."

217 Vgl. Schneider, Erfolglose Richterablehnung im Zivilprozess?, NJW 1996, S. 2285 f.

218 Vgl. Schneider, Erfolglose Richterablehnung im Zivilprozess?, NJW 1996, S. 2285 f.

219 Vgl. OLG München, 10 W 2059/08; OLG Schleswig, NJW 1994, S. 1227.

220 BGH, Beschl. Vom 18.11.2008, 1 StR 541/08, Rn 33.

entspannt entgegen sehen. Das liegt einerseits an den hohen Hürden im subjektiven Tatbestand, die dazu führten, dass sich selbst Verurteilungen willfähriger Richter und Staatsanwälte, die das Recht in Zeiten der NS-Diktatur pervertierten, nur sehr selten finden lassen und von einem vollständigen Scheitern der Aufarbeitung von Justizunrecht durch die bundesdeutsche Rechtsprechung gesprochen werden muss.[221]

Derzeit sind die Anforderungen an den subjektiven Tatbestand weniger streng, denn der BGH meint: „Der Senat verkennt nicht, dass Maßstäbe, wie sie in der Bundesrepublik Deutschland bei der Beurteilung von Nazijuristen angewandt worden sind, weit weniger streng waren.“[222] Diese Auslegung des Gesetzes, die zu einer Freispruch-Justiz für rechtsbeugende Richter geführt hat, war mit dem Gesetz unvereinbar, gleichwohl wurde sie vorgenommen.[223] Auch aktuell ist es faktisch unmöglich, einen Richter eines Kollegialgerichts wegen Rechtsbeugung zu verurteilen, denn das richterliche **Beratungsgeheimnis** stellt eine unüberwindliche Hürde dar.[224] Durchgreifende Gründe für die Aufrechterhaltung des Beratungsgeheimnisses gibt es – nach der guten Erfahrung der Einführung der **dissenting opinion** beim Bundesverfassungsgericht – nicht mehr.[225] 112

Praxistipp 113

Um einem Befangenheitsantrag besonderen Nachdruck zu verleihen, kann folgender Textbaustein hilfreich sein. „Das Vorgehen der abgelehnten Richter ist riskant: … Verstöße gegen das Verfahrensrecht … sind, …, für sich nicht geeignet, konkret fassbare Vorteile oder Nachteile für einen Verfahrensbeteiligten auszulösen. Dennoch kommt Rechtsbeugung dann in Betracht, wenn der Richter dabei nicht lediglich die abstrakte Gefahr einer falschen Endentscheidung schafft, sondern durch sein Verhalten einen Vor- oder Nachteil … dadurch herbeiführt, dass er die konkrete Gefahr einer falschen Entscheidung begründet. Eine solche Gefahr muss dem eingetretenen Vorteil oder Nachteil gleichgestellt werden, weil § 336 StGB [= § 339 n.F.] auch die fehlerhafte Leitung einer Rechtssache unter Strafe stellt und damit deutlich macht, dass ein endgültiger Vorteil oder Nachteil nicht eintreten muss. …Eine … konkrete Gefahr falscher Rechtsanwendung besteht jedenfalls dann, wenn ein Richter in rechtlich fehler-

221 Vgl. das komplette Werk von Müller, Furchtbare mit umfassenden Nachweisen; vgl. auch Lamprecht, Lesarten für Rechtsbeugung, NJW 1994, S. 562 ff.; Spendel, Rechtsbeugung durch Rechtsprechung, S. 17.

222 BGHSt 41, S. 317, 329.

223 Vgl. umfassend Scholderer, Rechtsbeugung im demokratischen Rechtsstaat.

224 Das OLG Naumburg hat in einem Beschl. v. 6.10.2008 – 1 Ws 504/07 eine sehr umstrittene Entscheidung getroffen und gemeint, dass die Pflicht zur Wahrung des Beratungsgeheimnisses nicht absolut gelte und bei einem überwiegenden Interesse an der Aufklärung eines schwerwiegenden Tatvorwurfs eine Ausnahme zugelassen werden könnte.

225 Vgl. zum ganzen umfassend Lamprecht, Fragwürdige Schweigepflicht, ZRP 2010, S. 117 ff.

hafter Weise eine Zuständigkeit an sich zieht, weil er … außerhalb des Verfahrens liegende Motive verfolgt. Das gleiche gilt, wenn er aus solchen Motiven die Anhörung der Gegenpartei unterlässt' (BGHSt 42, 343, 351)."

114 In diesem Zusammenhang soll auch der **Zwang zum Vergleich** nicht unerwähnt bleiben. Sicher wird es keinen Grundsatz in Form von „Wer sich nicht vergleicht, verliert" geben, aber dennoch kommen gerichtliche Vergleichsbemühungen, die nötigenden Charakter haben, vor.

115 Die folgenden Ausführungen des BGH von 1966 sind aktuell immer noch zutreffend, aber werden von der Richterschaft faktisch oft nicht befolgt: „Das Gericht soll an sich schon nicht unter allen Umständen und mit allen Mitteln auf einen Vergleich hinwirken; *Rosenberg* (Lehrbuch, 9. Aufl., § 58 II 6, S. 270) hebt zutreffend hervor, dass sich der Richter, der allzu sehr auf einen Vergleich drängt, dem Verdacht aussetzt, er scheue die Mühen der Findung und Abfassung des Urteils, und dass daher das Gericht bei seinen Vergleichsversuchen Takt und Vorsicht walten lassen müsse."[226]

In Ausnahmefällen kann dieser Zwang die Besorgnis der Befangenheit auslösen.[227]

116 Von besonderer Praxisrelevanz ist immer wieder die **verweigerte Terminsverlegung**. Eine teilweise von Gerichten praktizierte Kleinlichkeit ist rational kaum nachvollziehbar, denn eine Verlegung macht i.d.R. deutlich weniger Arbeit als ein ohne Not vom Zaun gebrochener Streit.[228] Auch wenn es keinen Anspruch auf eine Terminsverlegung gibt, gibt es doch einen Anspruch auf pflichtgemäße Ermessensausübung.[229] Im Zweifel gebührt dem Verteidigungsinteresse Vorrang.[230] Gerade in Umfangsverfahren ist es sogar angezeigt, eine Terminabsprache zu versuchen.[231] „Wird, wie hier, die Ablehnung auf prozessuales Verhalten des Richters gestützt (Terminierung zur Unzeit; Ablehnung möglicher weiterer Verlegungsanträge), so kann ein solches Verhalten, solange sich der Richter im Rahmen seiner Befugnisse hält, nicht Gegenstand eines Misstrauens gegenüber dem Richter sein. Dabei kommt es nicht darauf an, ob insoweit getroffene Entscheidungen rechtlich fehlerhaft sind (*Meyer-Goßner*, § 24 Rn 14). Verfahrensverstöße allein sind grundsätzlich kein Ablehnungsgrund. Lediglich wenn das prozessuale Vorgehen des Richters einer ausreichenden gesetzlichen Grundlage in der Weise entbehrt, dass die der richterlichen Tätigkeit gesetzten Schranken missachtet und in der Verfassung wurzeln-

226 BGH, NJW 1966, S. 2399 f.

227 Vgl. Knauss, Der „Zwang" zur gütlichen Einigung – Für eine Reform des § 278 ZPO, ZRP 2009, S. 206 ff. m.w.N.

228 Vgl. Hillenbrand, Der Terminsverlegungsantrag im Strafverfahren, ZAP Fach 22, S. 831 ff. = ZAP Nr. 2/2015, S. 99 ff.

229 Vgl. BGH, Beschl. v. 9.11.2006 – 1 StR 474/06 = NStZ- RR 2007, S. 81 ff.

230 Vgl. OLG München, Beschl. v. 8.9.2005 – 5 St RR 66/05 = NStZ-RR 2006, S. 20 ff.

231 Vgl. BGH, Beschl. v. 14.7.2010 – 1 StR 123/10 = NStZ-RR 2010, S. 312 ff.

de elementare Regeln zum Schutz der Grundrechte verletzt worden sind, oder das Vorgehen des Richters den Anschein der Willkür erweckt, kann von einem üblichen, hinzunehmenden Verfahrensfehler nicht mehr gesprochen werden (BayObLGSt 2001, 111, 114 = NStZ-RR 2002, 77 L) [...] Die Verlegung des Termins auf einen Zeitpunkt, der eine Abreise zur Nachtzeit erfordert oder eine mit zusätzlichen Kosten verbundene Übernachtung für Verteidiger und Betroffenen erforderlich macht, sowie die Mitteilung, dass dieser Termin nicht mehr verlegt werde, stellen eine willkürliche Ermessensentscheidung dar. [..] Zwar liegt die Terminsbestimmung grundsätzlich im pflichtgemäßen Ermessen des Vorsitzenden. Er hat auch das Recht, die anfallenden Sachen auf die verfügbaren Sitzungstage zu verteilen, wie es eine zweckmäßige Erledigung der Geschäfte erfordert. Bei der Ermessensausübung müssen außer der Belastung des Gerichts und dem Gebot der Verfahrensbeschleunigung aber auch die Interessen der Beteiligten berücksichtigt werden (*Meyer-Goßner*, § 213 Rn 6). Dies folgt schon aus Nr. 116 III 3 RiStBV: ‚Sind an einer Verhandlung Personen beteiligt, die außerhalb des Sitzungsortes wohnen, so sind auch die Verkehrsverhältnisse zu berücksichtigen.' Keinesfalls gebietet – wie das *AG* meint – der Gleichbehandlungsgrundsatz die bislang praktizierte Bestimmung der Terminsstunde ohne Rücksicht auf Anreiseweg und -zeit. Nur gleiche Sachverhalte sind nach Art. 3 Abs. 1 GG gleich zu behandeln. Dass zwischen ortsansässigen und auswärtigen Prozessbeteiligten – was den zeitlichen und finanziellen Aufwand für die Anreise anlangt – ein sachlicher und damit bedeutsamer Unterschied besteht, steht außer Frage."[232]

Praxistipp **117**

In engen Ausnahmefällen nimmt die h.M. eine Zulässigkeit der strafprozessualen Beschwerde gegen eine verweigerte Terminsverlegung an. Damit kann ggf. der Befangenheitsantrag als „Notbehelf" verhindert werden.[233]

Die Arbeitsüberlastung eines Prozessbevollmächtigten ist im Zivilverfahren ein erheblicher Verlegungsgrund. „Der bloße Hinweis auf eine solche Arbeitsüberlastung reicht zur Feststellung eines erheblichen Grundes im Sinne von § 224 Abs. 2 und § 519 Abs. 2 S. 3 ZPO aus, ohne dass es einer weiteren Substantiierung bedarf."[234] „Vor diesem Hintergrund kann die Verweigerung einer beantragten Terminsverlegung ausnahmsweise dann ein Misstrauen in die Unparteilichkeit des Richters begründen, wenn erhebliche Gründe für die Terminsverlegung offensichtlich vorliegen, die Zurückweisung des Antrags für die betreffende Partei schlechthin unzumutbar wäre und somit deren Grundrecht auf rechtliches Gehör verletzte oder sich aus der Ablehnung der Terminsverlegung der Eindruck einer sachwidrigen Benach- **118**

232 OLG Bamberg, NJW 2006, S. 2341 f.

233 Vgl. Burhoff, Handbuch für das strafrechtliche Ermittlungsverfahren, 6. Aufl., Rn 2787 m.w.N.

234 BVerfGK Bd. 11, Beschl. Nr. 51.

teiligung einer Partei aufdrängt (vgl. z.B. BGH NJW 2006, 2492, 2429 [BGH 6.4.2006 – V ZB 194/05], Tz. 31; OLG Hamm MDR 2010, 1282).“[235]

119 Im Falle der Verhinderung des Bevollmächtigten, wird die beantragte Terminsverlegung oft mit dem Hinweis unterlassen, dass sich die Partei von einem anderen Anwalt (ggf. derselben Kanzlei) vertreten lassen könnte. Auch das ist rechtswidrig, ja sogar willkürlich.[236] „Es bedarf in diesem Zusammenhang keiner weiteren Ausführung, dass ein auf (gegebenenfalls glaubhaft gemachte) Verhinderung gestützter Terminsverlegungsantrag eines Prozessbevollmächtigten – von eiligen Ausnahmefällen einmal abgesehen – nicht mit der Begründung abgelehnt werden darf, den Termin könne ein anderes Mitglied der Sozietät wahrnehmen, erst recht nicht mit der Begründung, es könne für die Wahrnehmung des Termins ein Verhandlungs- oder Beweisanwalt als Untervertreter (i.S.d. §§ 53, 54 BRAGO) beauftragt werden. Ein derartiges Ansinnen für einen beim Prozessgericht stattfindenden Termin stellt sich für eine Partei grundsätzlich als unzumutbar dar.“[237] „Eine geplante Urlaubsreise des Prozessbevollmächtigten einer Partei ist regelmäßig ein erheblicher Grund für eine Terminsverlegung nach § 227 Abs. 1 ZPO, insbesondere, wenn der Prozessbevollmächtigte als Einzelanwalt tätig ist und eine Vertretung durch einen Sozius nicht in Betracht kommt, und erst Recht, wenn die betreffende Reise bereits gebucht ist (…). Ein erst kurz vor dem Termin gestellter Verlegungsantrag kann auch dann, wenn das Gericht den Termin bei rechtzeitiger Antragstellung hätte verlegen müssen, im Hinblick auf das Beschleunigungsgebot in pflichtgemäßer Ermessensausübung des Gerichts zurückgewiesen werden, wenn Verhandlungstermine schon mehrfach verlegt worden sind und ein weiterer Verlegungsantrag rechtsmissbräuchlich allein in der Absicht gestellt wird, den Prozess zu verschleppen. Eine Verzögerungsabsicht, die im Einzelfall den Vorwurf des Rechtsmissbrauchs rechtfertigen könnte, kann sich dabei insbesondere aus dem vorausgegangenen Prozessverhalten der Partei oder ihres Prozessbevollmächtigten ergeben. Die Zurückweisung des Verlegungsantrags ist aber dann ermessensfehlerhaft, wenn sie ausreichende Gründe nicht erkennen lässt.“[238] Instruktiv zur Terminskollision: „Die persönliche Verhinderung des Prozessbevollmächtigten wegen anderweitiger Verpflichtungen, insbesondere wegen beruflich wahrzunehmender Termine, ist regelmäßig ein erheblicher Grund i.S.d. § 227 Abs. 1 ZPO, weil die vertretene Partei erwarten darf, im Termin von demjenigen Anwalt vertreten zu werden, der die Sachbearbeitung des Mandats übernommen hat und ihr Vertrauen genießt [m.wN.] (…). Die Erfolgsaussicht eines Antrags auf Terminverlegung hängt nicht davon ab, in welchem Prozessstadium der die Verhinderung geltend machende Prozessbevollmächtigte die Vertretung der Partei übernommen hat. Jeder Partei steht das Recht zur freien Rechts-

235 Vgl. OLG Hamm, Beschl. v. 19.7.2013 – 32 W 10/13.

236 Vgl. OLG Koblenz, StV 2010, S. 477.

237 OLG Schleswig, NJW 1994, S. 1227.

238 BGH, Urt. v. 24.1.2019 – VII ZR 123/18.

anwaltswahl zu. Auch im Falle eines schon anberaumten Verhandlungstermins ist die Partei nicht gehalten, die Auswahl ihres Prozessbevollmächtigten danach vorzunehmen, ob dieser in der Lage ist, genau diesen Verhandlungstermin wahrzunehmen, soweit sichergestellt ist, dass er eine zeitnahe Vertretung gewährleisten kann. Ebenfalls ohne Einfluss auf die Ermessensentscheidung nach § 227 Abs. 1 ZPO ist der Zeitpunkt, zu dem der Terminverlegungsantrag gestellt wird. Liegt ein erheblicher Grund vor, steht der Terminverlegung – von den Fällen des Rechtsmissbrauchs abgesehen – nicht entgegen, dass der Antrag erst kurz vor dem Termin gestellt wird [m.w.N.]. Die Terminverlegung war nicht ausgeschlossen, weil der Termin bereits mehrfach verlegt werden musste. Allerdings kommt dem Beschleunigungsgebot erhöhtes Gewicht zu, was in die Ermessensentscheidung über die weitere Terminverlegung neben den übrigen Umständen des Einzelfalls, beispielsweise der Art des kollidierenden Termins und des Zeitpunkts seiner Bestimmung, die Besonderheiten der Mandatsbeziehung, die Möglichkeit, den kollidierenden Termin verlegen oder einen der Termine durch einen Vertreter wahrnehmen zu lassen, einzubeziehen ist [m.w.N.]."[239]

Das gilt auch, wenn kein Anwaltszwang besteht, denn das Recht, sich von einem Anwalt vertreten zu lassen, gehört zum grundrechtlich geschützten Bereich des Art. 2 Abs. 1 GG.[240] **120**

Im Straf- und Ordnungswidrigkeitenverfahren ist die **Krankheit** des Mandanten immer wieder problematisch. „Danach ist der Betr. nicht erst dann entschuldigt, wenn er verhandlungsunfähig ist, sondern schon, wenn ihm wegen einer Erkrankung die Teilnahme an der Hauptverhandlung nicht zugemutet werden kann. In aller Regel wird dabei die Vorlage eines zeitnahen ärztlichen Attestes ausreichen. Erscheint dem Gericht das Attest nicht aussagekräftig genug oder hat es Zweifel an der Richtigkeit der bescheinigten Erkrankung, so hat es sich im Freibeweisverfahren, gegebenenfalls durch telefonische Nachfrage beim behandelnden Arzt, die erforderliche Aufklärung zu verschaffen. Denn es kommt im Ergebnis darauf an, ob der Betr. genügend entschuldigt ist, nicht, ob er sich in ausreichendem Maße entschuldigt hat [m.w.N.]."[241] „Wird als Entschuldigungsgrund eine Erkrankung geltend gemacht, ist für seine Schlüssigkeit die Darlegung eines behandlungsbedürftigen und/oder Arbeitsunfähigkeit bewirkenden krankheitswertigen Zustandes erforderlich, aber auch ausreichend. Geschieht dies durch die (gleichzeitige) Vorlage einer ärztlichen Bescheinigung, braucht aus dieser die Art der Erkrankung jedenfalls so lange nicht zu entnehmen sein, als Gründe dafür, dass die Bescheinigung als erwiesen falsch oder sonst als offensichtlich unrichtig anzusehen sein könnte oder nicht von dem bezeichneten Aussteller herrührt, fehlen [m.w.N.]. Der Begriff der „genügenden Ent- **121**

239 BGH, Beschl. v. 23.6.2022 – VII ZB 58/21 = NJW-RR 2022, S. 1361.

240 Vgl. BVerfGE 37, S. 67, 77; 45, S. 272, 295.

241 OLG Karlsruhe, Beschl. v. 7.9.1994 – 3 Ss 44/94 = NJW 1995, S. 2571.

schuldigung“ darf nicht eng ausgelegt werden. Denn § 329 Abs. 1 StPO enthält eine Ausnahme von dem Grundsatz, dass ohne den Angeklagten nicht verhandelt werden darf. Die Regelung birgt nicht nur die Gefahr eines sachlich unrichtigen Urteils in sich, sondern auch, dass dem Angeklagten das ihm nach Art. 103 Abs. 1 GG verfassungsrechtlich verbürgte rechtliche Gehör entzogen wird…Die Entschuldigung ist ‚genügend', wenn die abzuwägenden Belange des Angeklagten einerseits und seine öffentlich-rechtliche Erscheinenspflicht andererseits den Entschuldigungsgrund als triftig erscheinen lassen. Entscheidend ist nicht, ob sich der Angeklagte genügend entschuldigt hat, sondern ob er (objektiv) genügend entschuldigt ist. Den Angeklagten trifft daher hinsichtlich des Entschuldigungsgrundes keine Pflicht zur Glaubhaftmachung oder gar zu einem lückenlosen Nachweis. Vielmehr muss das Gericht, wenn ein konkreter Hinweis auf einen Entschuldigungsgrund vorliegt, dem im Rahmen seiner Aufklärungspflicht nachgehen. Bloße Zweifel an einer ‚genügenden Entschuldigung' dürfen nicht zulasten des Angeklagten gehen.“[242]

122 *Praxistipp*

Bei kurzfristigen Erkrankungen des Verteidigers genügt eine anwaltliche Versicherung. Eine weitergehende Glaubhaftmachung kann grds. nicht verlangt werden.[243]

123 In der Praxis ist auch immer daran zu denken, dass im Verfahren nach einem Strafbefehl der Angeklagte sich durch einen mit Vollmacht versehenen Verteidiger vertreten lassen, und der Verteidiger diese schriftliche Vollmacht aufgrund mündlicher Ermächtigung sogar selbst unterzeichnen kann.[244] Auch an die Möglichkeit der Entbindung vom persönlichen Erscheinen in den Fällen des § 233 StPO ist zu denken. Das Fehlen einer schriftlichen Anwaltsvollmacht darf jedenfalls im Verwaltungsprozess nur dann von Amts wegen berücksichtigt werden, wenn begründete Zweifel am Auftrag bestehen. Auch dann ist aber eine ausreichende Frist zur Vorlage zu gewähren.[245]

242 OLG, Bamberg, Beschl. v. 6.3.2013 – 3 Ss 20/13 = BeckRS 2013, 05395.

243 Vgl. Krumm, Terminierung, Verhinderung und Terminsverlegung, StV 2012, S. 177 m.w.N.

244 Vgl. OLG Dresden, Beschl. v. 21.8.2012; vgl. zur Revision auch Hillenbrand, Der Terminsverlegungsantrag im Strafverfahren, ZAP Fach 22, S. 831 ff. = ZAP Nr. 2/2015, S. 99 ff.

245 Vgl. BVerfG, Beschl. v. 18.2.2022 – 1 BvR 305/21.

K. Problematische Zeugenaussagen (Polizeibeamte, Beifahrer, Mitbeschuldigte, Interessierte)

I. Die Beamtenaussage

In der strafrechtlichen Praxis ist immer wieder zu beobachten, eine **Beamtenaussage** für eine Verurteilung in Routineverkehrsstrafsachen – oder Ordnungswidrigkeiten ausreichen zu lassen. 124

„Vor Gericht wurde ein Polizeibeamter gefragt, wie häufig ein bestimmter Autofahrer über den Mittelstreifen gefahren sei. Er antwortete: ‚Zwei- bis dreimal.' Später stellte sich heraus, dass an dieser Stelle überhaupt kein Mittelstreifen vorhanden gewesen war.“[246]

In einem anderen Fall will der Beamte einen auf ihn Zufahrenden (also eine kurze Beobachtungszeit durch eine Scheibe eines sich bewegenden Ziels) nicht anhand eines **aktuellen** Fotos identifizieren können, wohl aber an Hand eines daraufhin eingeholten **13 Jahre alten** Fotos zweifelsfrei identifiziert haben.[247] 125

In wieder einem anderen Fall will ein Beamter aus einer Beobachtungssituation aus 30 Meter Entfernung erkannt haben, ob der Autofahrer auf der dem Polizisten abgewandten Gesichtsseite ein Handy gehalten hat. Auch hier ist es eine Erkenntnis der Wahrnehmungspsychologie, dass Polizeibeamte bei der Bekundung ihrer Wahrnehmung bei alltäglichen Verkehrsverstößen keine tatsächliche Erinnerung haben können. Es kann grds. nur das wiedergegeben werden, was typisch für einen solchen Verkehrsverstoß ist bzw. was in der Akte schriftlich fixiert und vor der Vernehmung gelesen wurde[248] (dann nur Erinnerung an die Erinnerung[249]). 126

Weiter ist in der psychologischen Forschung anerkannt, dass die Wahrnehmung wesentlich von der eigenen Erwartung, dem Wunsch und der Schlussfolgerung, wie es gewesen sein muss, abhängt.[250] Das heißt, die Wahrnehmung ist ein aktiver, aber unbewusster Vorgang, bei dem jeder Mensch – jedenfalls in Teilbereichen[251] – einerseits etwas anderes wahrnimmt und andererseits die Wahrnehmung durch das eigene Prisma der Persönlichkeit mit individuellen Erwartungen, Wünschen und Schlussfolgerung fließt.[252] 127

246 Füllgrabe, Irrtum und Lüge, S. 11 f.

247 Vgl. Geipel, Die (wiederholte) Wiedererkennung anhand eines Lichtbildes, DAR 2005, S. 476 f.

248 Vgl. Bender/Nack, Tatsachenfeststellung vor Gericht, 2. Aufl., Rn 142; Wendler, Wie ähnlich war der Unfall?, S. 91.

249 Vgl. Schneider, Beweis und Beweiswürdigung, 5. Aufl., Rn 986; vgl. auch OLG Dresden, 13 U 600/01 n.V., Döhring, Die Erforschung des Sachverhalts im Prozess, S. 106; vgl. Bürkle, Richterliche Alltagstheorien im Bereich des Zivilrechts, S. 112 m.w.N.

250 Vgl. Bender/Nack, Tatsachenfeststellung vor Gericht, 2. Aufl., Rn 81 ff.

251 Jede Wahrnehmung ist selektiv, vgl. Einmahl, Zeugenirrtum und Beweismaß im Zivilprozeß, NJW 2001, S. 469 ff.

252 Altavilla, Forensische Psychologie, Bd. II, Die Psychologie der Strafprozessbeteiligten, S. 213.

128 **Man könnte annehmen, dass Beamte durch ihre Übung und Erfahrung „bessere" Zeugen sind. Das ist falsch.** Diverse Studien bestätigen, dass entsprechende Beamte durch ihre Erfahrung öfter Dinge erkennen, die eine unerfahrene oder nicht sensibilisierte Person nicht wahrnehmen würde, aber ebenso öfter Dinge sehen, die nicht passiert sind. Das ist die Konsequenz, derzufolge die Wahrnehmung aufgrund Erwartungen, Wünschen etc. verfälscht wird. „Jeder mögliche Gewinn durch den langjährigen Erwerb von Fähigkeiten bezüglich Wahrnehmung und Gedächtnis wird ausgeglichen durch das Aufbauen von Wissen, Stereotypen, Einstellungen und Werten, durch die Ereignisse wahrgenommen und gespeichert werden."[253] Von dem Landgerichtsdirektor Hellwig erfuhren wir bereits 1951: „Der Polizeibeamte wird daher, ohne daß ihm daraus ein Vorwurf gemacht werden kann, dem Beschuldigten gegenüber mitunter einseitig eingestellt sein, kann sich aus dieser Befangenheit zugunsten des Beschuldigten dann nicht mehr herausfinden, sieht diejenigen Momente, die gegen die Richtigkeit seiner Annahme sprechen, nicht, oder wertet sie doch nicht genügend und verrennt sich schließlich so in sein Vorurteil, daß er nicht mehr ein noch aus weiß und böses Unheil anrichtet […] Während die Staatsanwaltschaft, die Beweise erhebt, indem sie selbst Ermittlungen anstellt, Zeugen oder den Beschuldigten vernimmt, wohl durchweg von dem ernsthaften Streben geleitet sein wird, die Wahrheit zu ermitteln, nicht nur einseitig die den Beschuldigten belastenden Momente hervorzuheben, sondern auch die entlastenden festzustellen und richtig zu würdigen, besteht die Gefahr, dass dieses Bestreben bei der Polizei nicht immer in dem gleichen Maße vorherrschen wird […] So ist es denn verständlich, dass der Polizeibeamte durchschnittlich mehr in der Gefahr ist, in einseitiger Weise gegen den Beschuldigten eingestellt zu sein als der Staatsanwalt oder gar der Richter, und dass er bei den Vernehmungen mitunter das Hauptgewicht darauf legt, den vermeintlich oder auch den wirklich Schuldigen zu überführen. Ich bin mir sehr wohl klar, dass diese Charakteristik des Polizeibeamten keineswegs auf alle Polizeibeamten zutrifft, oder auch nur auf die große Mehrzahl. […] Jeder erfahrene Richter kennt solche Fälle, in denen Polizeibeamte aus einer gewissen Befangenheit heraus gehandelt, entlastende Umstände nicht genügend beachtet und in unzulässiger Weise zum Geständnis gedrängt haben."[254]

129 **Der unkritische Umgang mit der Beamtenaussage ist daher aufzugeben**, gleichwohl ist dem Beamten als professionellem Zeugen, der sich durch Aktenstudium auf seine Vernehmung vorbereiten kann, ein Vertrauensvorschuss sicher.[255] Eine Beamtenaussage ist a priori genauso zuverlässig wie eine sonstige Aussage. Es ist daher eine unzulässige Beweisregel, wenn das Gericht folgert, dass Beamte in der konkreten Verkehrslage nur solche Verstöße zur Anzeige brächten, die tatsächlich

253 Füllgrabe, Irrtum und Lüge, S. 34.

254 Hellwig, Psychologie und Vernehmungstechnik, S. 20 ff.

255 Vgl. De Vries, Einführung in die Kriminalistik für die Strafrechtspraxis, Rn 343.

begangen worden sind.[256] Es muss immer geklärt werden, ob und inwieweit ein Irrtum ausgeschlossen ist. Es ist daher nötig, die konkrete Beobachtungssituation aufzuklären.[257] Ein Augenschein oder ein wahrnehmungspsychologisches Gutachten wird aber nur in gravierenden Fällen in Betracht kommen.[258]

Es wurde bereits von dem Befund der Dipl.-Psychologin **Maibach** berichtet, dass es **keinen Berufszweig** gibt, in dem so viel **gelogen** wird und werden muss wie bei der Polizei.[259] Weiter wurde dargelegt, dass Polizeibeamte bei reinen Routinefällen i.d.R. gar keine Erinnerung mehr haben können[260] und aufgrund der in dem Polizeikorps herrschenden Erwartungen, Vorurteile und des Gruppenzwangs (Gruppengeistes) die Voraussetzungen für eine unbefangene Wiedergabe und Beurteilung besonders schlecht sind.[261] 130

Hinweis

Inwiefern derartige – ältere – Befunde immer noch zutreffend sind, kann schwer abgeschätzt werden. Insgesamt wird das rechtstatsächliche Geschehen in Deutschland kaum erforscht. Grds. ist jeder Zeugenaussage, die unter wahrnehmungsverzerrenden Einflüssen erfolgt, eine Skepsis entgegen zu bringen und das Ergebnis der Aussage mit den Erkenntnissen über die Wahrnehmung und Erinnerung abzugleichen.

Trotz dieser grundsätzlichen Bedenken gegen eine unvoreingenommene Wiedergabe werden Polizeibeamte als besonders glaubwürdige Zeugen eingestuft.[262] Ein eindrucksvolles Beispiel wird in der SZ v. 25.9.2007 auf S. 6 geschildert: 131

„Wenn drei Polizisten bezeugen, sie hätten einen Demonstranten festgenommen, weil dieser sich gesetzeswidrig vermummt habe, der Mann habe sich darüber hinaus mit gezielten Fußtritten gegen die Beine eines der Beamten zur Wehr gesetzt, weshalb man ihn mit einem Faustschlag habe zur Räson bringen müssen – dann hat der Angeklagte in der Regel keine Chance. Er kann beteuern, so viel er will, er sei gar nicht vermummt gewesen, er kann auf seine ärztlich festgestellten Verletzungen verweisen, die mit einem einzigen Faustschlag nur

256 Vgl. BGH, NJW 1969, S. 443; vgl. BGH, NJW 1969, S. 1727.

257 Vgl. OLG Düsseldorf, DAR 1999, S. 274.

258 Vgl. BGH, NJW 1970, S. 573, 574.

259 Vgl. Razzia im Lotterladen, Der Spiegel, Heft 13/99, S. 38 ff.

260 Vgl. Bender/Nack, Tatsachenfeststellung vor Gericht, 2. Aufl., Rn 140 ff., vgl. Bender/Nack/Treuer, Tatsachenfeststellung vor Gericht, 3. Aufl., Rn 147, 1290.

261 Vgl. Bender/Nack, Tatsachenfeststellung vor Gericht, 2. Aufl., Rn 87 bis 109; vgl. auch Schneider, Praxis der neuen ZPO, 2. Aufl., Rn 34 ff.; vgl. Bender/Nack/Treuer, Tatsachenfeststellung vor Gericht, 3. Aufl., Rn 1296 ff.

262 Vgl. Geipel, Die (wiederholte) Widererkennung anhand eines Lichtbilds, DAR 2005, S. 476 ff.

schwer in Einklang zu bringen sind – gegen die Aussagen von drei Polizisten ist vor Gericht kein Kraut gewachsen."[263]

132 Der Polizeimeister A. bekundete die Vermummung. Von den Schlägen habe er nichts mitbekommen, da er mit der Absicherung der Festnahme beschäftigt war. Kollege G. teilte mit, dass der Angeklagte gegen den Polizeibeamten K. getreten habe und er (G.) deswegen einen Faustschlag gegen den Angeklagten führte, um dessen Widerstand zu brechen. Der Beamte K. konnte sich an das Treten nicht mehr erinnern. Nachdem der Angeklagte verurteilt wurde, entdeckt er per Zufall Fotos von der Demonstration im Internet, die seine Unschuld und Falschaussagen der drei Beamten belegten. Die Berufungsverhandlung vor dem LG Berlin fand am 2.5.2006 statt. Der Angeklagte wurde wegen erwiesener Unschuld freigesprochen.[264] „Von Rechts wegen hätte der Staatsanwalt nun gegen die drei Polizeibeamte ermitteln müssen – wegen Falschaussage und wegen Körperverletzung im Amt. Als nichts dergleichen geschah, erstattete Felix K. Strafanzeige. Ein weiteres Jahr ging ins Land, dann stellte die Staatsanwaltschaft das Ermittlungsverfahren ein. [...] Mangels Wortprotokoll bleibt daher im Dunkeln, was genau der Beschuldigte K. gesagt hat. Es liegt nur das vor, was das LG als Inhalt seiner Aussage verstanden haben will."[265]

133 *Praxistipp*

Der Beamte sollte gefragt werden, ob er sich die Akte und/oder seine Aufzeichnungen vor der Verhandlung durchgelesen hat. Die Frage ist ohne Weiteres zulässig und notwendig.[266] Der Beamte wird dies in der Regel bejahen. Das führt zu der Frage, warum es der Beamte nötig hat, seine Aufzeichnungen durchzulesen und an was er sich erinnert. An die Aufzeichnung oder an den Vorfall? Das führt zu einer besonderen Beweiswürdigungs- und Begründungsproblematik, ob Beamte immer nur zweifelsfrei vorgefallene Tatbestände zur Anzeige bringen etc.[267] Weiter ist zu fragen, ob der Beamte die Angelegenheit mit anderen besprochen hat und ggf. warum.[268] Das führt zu der Problematik der „gemeinsamen Besprechung". „Die Aussage eines Zeugen, der das Ereignis zuvor in der Gruppe besprochen hat, ist weniger zuverlässig."[269]

134 Kann sich der Beamte an den Vorfall konkret nicht mehr erinnern, teilt er aber mit, er würde unter den von dem Angeklagten geschilderten Umständen den Vorfall

263 Erst der Zufall bringt den Freispruch, SZ v. 25.9.2007, S. 6 (Autor Hans Holzhaider).

264 Vgl. Erst der Zufall bringt den Freispruch, SZ v. 25.9.2007, S. 6 (Autor Hans Holzhaider).

265 Erst der Zufall bringt den Freispruch, SZ v. 25.9.2007, S. 6 (Autor Hans Holzhaider).

266 Vgl. BGH, BGHSt 3, S. 281, vgl. Bender/Nack/Treuer, Tatsachenfeststellung vor Gericht, 3. Aufl., Rn 1305.

267 Vgl. BGH, NJW 1969, S. 443.

268 Vgl. Bender/Nack/Treuer, Tatsachenfeststellung vor Gericht, 3. Aufl., Rn 1298 f., 1306.

269 Nack, Verteidigung bei der Glaubwürdigkeitsbeurteilung von Aussagen, StV 1994, S. 560.

nicht angezeigt haben, stellt die Anzeige/Aktenvermerk lediglich ein Indiz dar. Die Indizwirkung hängt davon ab, inwieweit ein Irrtum auszuschließen ist. Dies ist vom Tatrichter zu erfragen.[270] Es genügt jedenfalls nicht, dass der Beamte einfach auf die von ihm erstattete Anzeige Bezug nimmt, bei fehlender Erinnerung sinngemäß nur die Zuverlässigkeit der eigenen Protokollierung bekräftigt[271] oder einen glaubwürdigen Eindruck vermittelt. „Allein die Mitteilung, ein Polizeibeamter zeige bei der konkreten Verkehrslage nur dann an, wenn einwandfrei ein Verstoß gegen das Überholverbot vorgelegen habe, ist nicht ausreichend. Auch bei Polizeibeamten kommt es immer wieder zu objektiven Fehlleistungen, die nicht auf bösem Willen beruhen. Gerade abstrakte Verkehrsübertretungen können bei dem Anzeigenden dazu führen, daß Wahrnehmung und Wertung ineinander übergehen. Deshalb ist es Aufgabe des Verkehrsrichters, sich im Einzelnen darlegen zu lassen, welcher genaue Vorgang der Anzeige zugrunde gelegen hat und wo und wie der Polizeibeamte seine Feststellung getroffen haben will. Erst dadurch wird der Richter in die Lage versetzt, im Rahmen der Beweiswürdigung zu prüfen, ob die den Vorwurf begründenden Tatsachen überzeugend dargetan sind. Nur so kann auch das Revisionsgericht überprüfen, ob die Tatsachenfeststellungen und die Beweiswürdigung Rechtsfehler enthalten. Übernimmt aber der Amtsrichter ein Ergebnis polizeilicher Feststellung, an dessen Einzelheiten sich der Zeuge nicht mehr erinnern kann, so wird die erforderliche richterliche Wertung ersetzt durch eine nicht nachprüfbare Wertung eines Exekutivbeamten.“[272]

Praxistipp 135

Zur Feststellung eines qualifizierten Rotlichtverstoßes reicht es nicht aus, sich allein auf die Bekundungen des Beamten zu stützen, dass die Ampel bereits zwei Sekunden rot gezeigt habe.[273]

Erforderlich ist in der Regel, dass sich der Beamte noch an weitere Einzelheiten des 136
Einsatzes erinnert, auch wenn keine konkrete Erinnerung an den einzelnen Fall vorliegt.[274] Das kann z.B. dann der Fall sein, wenn eine konkrete Vorgehensweise zugrunde lag, die Schätzfehler ausschließen sollte.[275] Im Urteil müssen die konkrete Verkehrssituation und konkrete Tatsachen dargestellt werden, aus denen sich die Dauer der Rotlichtphase zum Zeitpunkt des Überfahrens ergibt und einer gericht-

270 Vgl. BGH, NJW 1970, S. 573 f.; vgl. BGH, NJW 1970. S. 1558 f.; vgl. auch OLG Köln, NJW 1969, S. 1727.

271 Vgl. BGHSt 14, S. 310, für Ermittlungsrichter gelten die gleichen Grundsätze, vgl. BGH, StV 1994, S. 413.

272 OLG Köln, Urt. v. 12.11.1968 – Ss 463/68 = NJW 1969, S. 443.

273 Vgl. BayObLG, DAR 2002, S. 520 f.

274 Vgl. OLG Düsseldorf, DAR 1999, S. 274; vgl. OLG Köln, NJW 1969, S. 1727; vgl. OLG Hamm, VersR 2002, S. 76.

275 Vgl. BayObLG, DAR 2002, S. 520 f.

lichen Überprüfung zugänglich sind (z.B. nach welcher Methode die Zeitschätzung vorgenommen wurde, in welchem Abstand, der Beobachtungsanlass etc.). Bloße Schätzungen sind wegen der Unzulänglichkeit des menschlichen Zeitgefühls unzuverlässig und fehlerbehaftet.[276]

137 Instruktiv zur Feststellung eines qualifizierten Rotlichtverstoßes durch Schätzungen des Beamten ist die Entscheidung des OLG Hamm vom 12.3.2009 – 3 Ss Owi 55/09:

> *„Grundsätzlich kann – jedenfalls bei einer gezielten Ampelüberwachung – die Feststellung eines qualifizierten Rotlichtverstoßes aufgrund der Schätzung von Polizeibeamten festgestellt werden, wenn der Polizeibeamte durch Zählen (‚einundzwanzig, zweiundzwanzig') zu einer Schätzung gelangt, wonach die Rotlichtphase bei Überfahren der Haltelinie schon mindestens 2 Sekunden andauerte. Diese Schätzung muss aber für das Tatgericht und das Rechtsbeschwerdegericht überprüfbar sein. Deswegen muss das tatrichterliche Urteil Feststellungen dazu enthalten, nach welcher Methode die Zeit geschätzt wurde und Angaben zum Ablauf des Rotlichtverstoßes, zur Entfernung des Fahrzeugs, zur Lichtzeichenanlage und zu einer ggf. vorhandenen Haltelinie treffen (OLGe Hamm Beschl. v. 24.9.2007 – 3 SsOWi 620/07 und NZV 2002, 577; Düsseldorf VRS 93, 462, 463 f.; Hamburg NZV 2005, 209, 210; sowie Köln VRS 106, 214, 215; vgl. auch OLG Jena Beschl. v. 29.10.2003 – 1 Ss 138/03, juris) […] Bei einer gezielten Rotlichtüberwachung ist den tätigen Polizeibeamten bekannt, worauf es ankommt. Ihre Wahrnehmung ist daher entsprechend geschärft. Kommen sie durch Zählen (‚einundzwanzig, zweiundzwanzig') zu dem Schätzergebnis, dass die Rotlichtphase schon 2 Sekunden andauerte, so bleiben keine vernünftigen Zweifel, dass die Rotphase jedenfalls mehr als 1 Sekunde andauerte. Etwaigen Schätzungenauigkeiten wird durch das Erfordernis, dass durch die Methode des Nachzählens mindestens eine Rotphase von 2 Sekunden (jede der gedanklich ausgesprochenen Zahlen ‚einundzwanzig, zweiundzwanzig' entspricht bei normaler Sprechgeschwindigkeit – wenigstens – einer Sekunde) geschätzt werden muss, hinreichend Rechnung getragen. Da die Polizeibeamten bei einer gezielten Rotlichtüberwachung wissen, worauf es ankommt, ist ausgeschlossen, dass sie schon vor Umspringen der Ampelanlage auf ‚rot' zu zählen beginnen."*[277]

138 Der Entscheidung ist nicht zuzustimmen. Da Beamte durch die Aufdeckung besonders vieler Verstöße in der Hierarchie nach oben kommen können, kann eine „normale Sprechgeschwindigkeit" gerade nicht per se unterstellt werden. In kritischen Fällen ist vielmehr eine schnelle Sprechgeschwindigkeit möglich, um eine Tat aufgedeckt zu haben und sich selbst zu belohnen. Dass das Zählen von zwei Zahlen

276 Vgl. OLG Hamm, zfs 2008, S. 111 f.; OLG Hamburg, NZV 2005, S. 209 f.; OLG Köln, NJW 2004, S. 3439, jeweils m.w.N.

277 Vgl. OLG Hamm, NStZ 2009, S. 712.

eine Überschreitung von einer Sekunde beweist, ist deswegen zweifelhaft, weil der Zählbeginn auch schon geringfügig vor dem Umschalten begonnen haben kann oder der Beamte beim Umschalten zu zählen anfängt und nun einen Wagen sieht, der dann allerdings auch schon (geringfügig) vor dem Umschalten eingefahren sein kann und für den Beamten nur der Eindruck entstanden sein kann, der Wagen müsse nach dem Umschalten eingefahren sein. Jedenfalls sind Versuche zur Zuverlässigkeit dieser Schätzung und der Dauer der Blickzuwendung in dieser Konstellation nicht bekannt. Richtig war daher die bis dahin geltende Ansicht des OLG Hamm, dass auch bei gezielter Ampelüberwachung eine Schätzung durch Zählen grds. nicht ausreiche.[278] Freilich kann und konnte es Situationen geben, in denen die Zählung durchaus einen ausreichenden Beweiswert liefert, z.B. eine schon lange bestehende Rotlichtphase etc. Richtig ist, dass eine kritische Würdigung des Beweiswertes geboten ist, wenn durch Zeugenbeweis und ohne technische Hilfsmittel ein qualifizierter Rotlichtverstoß bewiesen werden soll.[279]

Bei einer nicht gezielten Rotlichtüberwachung bedarf es im Urteil klarer und erschöpfender Angaben zur Entfernung des Fahrzeugs zum Einmündungsbereich der Lichtzeichenanlage und ggf. einer Haltelinie sowie zum Zeitablauf und der Geschwindigkeit des Fahrzeugs.[280] Es gibt keinen Erfahrungssatz dergestalt, dass Polizeibeamte nur solche Fälle zur Anzeige bringen, die tatsächlich begangen worden sind. Eine solche Beweiswürdigung ist rechtsfehlerhaft.[281] Bei Rotlichtverstößen kommt der Unterscheidung von gezielten Rotlichtüberwachungen und nicht gezielten Feststellungen erhebliches Gewicht zu.[282] 139

Praxistipp

In der Praxis wird oft einem irgendwie geäußerten Eindruck eines Beamten (z.B. der Beamte habe den Eindruck gehabt, dass der Beschuldigte eine Durchsuchung verhindern wollte), ein Beweiswert zugesprochen. „Der vom LG gegen den Angeklagten angeführte ‚Eindruck' der Beamten [...] hat wegen der Verwurzelung derartiger Eindrücke in subjektiven Vorstellungen des Beobachters und wegen der Unschärfe der Aussage selbst, kaum Beweiswert."[283]

In der Praxis kommt es häufig vor, dass sich der Beschuldigte auf sein **Schweigerecht** beruft, der Ermittlungsbeamte aber trotzdem weiter „nachfragt". Das ist un- 140

278 Vgl. OLG Hamm, NZV 2001, S. 177 f.

279 Vgl. KG Berlin, Beschl. v. 1.7.2021, Az.: 3 Ws (B) 167/21 – 122 Ss 79/21.

280 Vgl. OLG Hamm, zfs 2008, S. 111 f.

281 Vgl. OLG Köln, NJW 1969, S. 443.

282 Vgl. Burhoff, Praktische Fragen zum Rotlichtverstoß im verkehrsrechtlichen Mandat, ZAP 2016, S. 407 ff. = Fach 9 S. 919 ff.

283 BGH, StV 1993, S. 509, 510.

zulässig.[284] Meist entsteht dann Streit, wann der Beschuldigte eine bestimmte Äußerung getroffen hat. Bevor er sich auf sein Schweigerecht berufen hat oder danach? Regelmäßig führt der Ermittlungsbeamte aus, dass dies davor geschah, während der Beschuldigte das Gegenteil behauptet. Jedenfalls zeigt die Praxis immer wieder, dass **Vernehmungsbeamte das Schweigerecht nicht akzeptieren** und über Umwege doch eine Aussage hervorlocken wollen. In einem Lehrbuch zur Kriminalistik wird Beamten sogar empfohlen, weiter nachzufragen, da es kaum einem Beschuldigten gelänge, konsequent zu schweigen. Der Beamte soll nach dieser kriminalistischen Anleitung zur Person fragen. Dadurch könne auch der „schwer Zugängliche" in ein Gespräch verwickelt und zu Äußerungen zur Sache verleitet werden.[285] Die fortlaufende „Prüfung" der Aussagebereitschaft einer verweigerungsberechtigten Person wirkt auf deren Willensentschließung ein.[286]

141 In dem Fall BGHSt 38, S. 372 teilte ein Beschuldigter mit, er wolle Angaben zur Sache machen, sich davor aber mit einem Anwalt beraten. Der Vernehmungsbeamte verwehrte dies mit der Begründung, dass der Beschuldigte selbst wissen müsse, ob er aussagen wolle. Ein Anwalt könne ihm bei dieser Frage nicht helfen.

Der BGH meinte, dass die Vernehmung sofort zu unterbrechen sei, wenn der Beschuldigte mit einem Anwalt sprechen will. Anderenfalls liege ein Verwertungsverbot hinsichtlich der gleichwohl gemachten Angaben vor.[287]

142 *Praxistipp*

Wulf hat in einer empirischen Untersuchung festgestellt, dass in 71 % der untersuchten Fälle die polizeiliche Beschuldigtenbelehrung zu spät oder gar nicht erfolgte.[288] Ob dies immer noch gilt, kann mangels Forschung hierzu nicht gesagt werden.

143 Wer annimmt, dass in der polizeilichen Arbeit keine Fehler/Schlampereien passieren, ist getäuscht. Man sollte annehmen, dass in Kapitalverbrechen die polizeiliche Arbeit besonders sorgfältig und gründlich durchgeführt wird. Tatsächlich ist dies nicht immer der Fall. „Die Warnungen [vor unabsichtlicher Spurenveränderung] sind nutzlos. Es gab (nach früheren Erfahrungen des Autors) noch selten ein Kapitalverbrechen, bei dessen Aufklärung nicht auch die Tatort-Fingerabdrücke eines Polizeifunktionärs ausgeschieden werden mussten. Besonders erhebend ist es, wenn

284 Vgl. BGH, NJW 2006, S. 1008, vgl. hierzu auch Burhoff, Verfahrenstipps und Hinweise für Strafverteidiger II/2006, ZAP Nr. 14 v. 19.7.2006, S. 769 ff. (Fach 22 R S. 441 ff.).

285 Vgl. Walder/Hansjakob, Kriminalistisches Denken, 7. Aufl., S. 111 f.

286 Vgl. BGH, StraFo 2009, S. 374 f.

287 Noch ungeklärt ist, welche Hilfe Polizeibeamte bei dem Wunsch nach Verteidigerkonsultation leisten müssen (Übergabe eines Telefonbuchs, Hinweis auf anwaltlichen Notdienst etc.) und ob in jedem Fall ein Verwertungsverbot folgt, vgl. hierzu BGH, BGHSt 42, S. 15 einerseits, aber BGH, BGHSt 42, S. 170 andererseits.

288 Vgl. Bender/Nack/Treuer, Tatsachenfeststellung vor Gericht, 3. Aufl., Rn 969.

schließlich eine nicht identifizierte Spur übrig bleibt, die ‚vermutlich vom Täter' stammt, und sich nach Tagen herausstellt, dass sich auch der im Rapport nicht erwähnte Beamte N am Tatort aufgehalten hat und es seine Fingerabdrücke sind."[289]

Hinweis 144

Auch wenn schlampige Akten nicht unüblich sind, bedarf es weiterer Aufklärung, warum sich Beamte, die mit zahlreichen Verfahren befasst sind, nach mehr als acht Monaten übereinstimmend an den genauen Wortlaut einer Äußerung erinnern, die sie offenbar nicht so wichtig hielten, um einen sofortigen Aktenvermerk zu fertigen.[290]

Aus der polizeilichen Praxis ist der Einsatz von Vertrauenspersonen (V-Personen) nicht wegzudenken. Die Anonymität der Vertrauensperson wird meist nicht gelüftet. Bei der **Vertrauensperson** handelt es sich um eine Person, die oft schon Kontakte in die Kreise des Tatverdächtigen hat und daher aus diesem Grund eigentlich gerade **kein Vertrauen verdient**.[291] Bleibt die V-Person anonym, ist eine Verurteilung allein aufgrund deren Angaben nicht möglich.[292] Wird die Identität preisgegeben, begegnet selbst die Tatsache, dass die V-Person vorbestraft ist, keinen besonderen Bedenken. Regelmäßig wird dann argumentiert, dass es keinen Erfahrungssatz gibt, demzufolge vorbestrafte Personen öfter die Unwahrheit sagen als unbestrafte Bürger (das ist wohl richtig, kann aber trotzdem nicht unbeachtet bleiben). Benennt der Angeklagte jedoch einen Entlastungszeugen, wird dessen Aussage wegen seiner Vorbestrafung in der Regel besonders kritisch geprüft. Es wird daher in der Praxis mit doppeltem Maß gemessen. Jedenfalls ist anerkannt, dass die Angaben von V-Personen dann zweifelbehaftet, d.h. besonders kritisch zu prüfen sind, wenn 145

- gegen die V-Person Ermittlungen im Bereich der eingesetzten Delikte laufen
- die V-Person von Weisungen des Führungsoffiziers stark abgewichen ist
- die V-Person im Laufe des Verfahrens widersprüchliche Darstellungen abgegeben hat
- die V-Person einem Beteiligten die Flucht ermöglicht hat
- die V-Person bereits in früheren Zeiten unzutreffende Angaben gemacht oder Vereinbarungen nicht eingehalten hat
- Angaben der V-Person mit objektiven Beweismitteln nicht zu vereinbaren sind
- die V-Person wegen eines Aussagedelikts vorbestraft ist.[293]

289 Walder/Hansjakob, Kriminalistisches Denken, 7. Aufl., S. 128 f.

290 Vgl. BGH, StV 1993, S. 509 f.

291 Vgl. Walder/Hansjakob, Kriminalistisches Denken, 7. Aufl., S. 156.

292 Vgl. Körner, Die Glaubwürdigkeit und die Strafbarkeit von V-Personen – die Strafbarkeit der provozierten Tat, StV 1982, S. 382, 385 f. m.w.N.

293 Vgl. Körner, Die Glaubwürdigkeit und die Strafbarkeit von V-Personen – die Strafbarkeit der provozierten Tat, StV 1982, S. 382, 386.

Gleichwohl sollte die Verteidigung genau abwägen, ob Fragen an die Führungsperson, die in diese Richtung zielen, sinnvoll sind. In der Regel diskreditieren die Verfolgungsorgane eigene Belastungszeugen nicht. Der erfolglose Versuch der Diskreditierung wird gerne als Bestätigung der Glaubwürdigkeit der V-Person interpretiert.

146 Auch sonst sind Aussagen von V-Personen „besonders kritisch" zu prüfen. Es gelten folgende Grundsätze:

Angaben einer (insbesondere anonymen) V-Person haben einen **eingeschränkten Beweiswert** und sind „äußerst sorgfältig und zurückhaltend" zu würdigen, vor allem, wenn sie nur mittelbar – über den V-Person-Führer als Zeugen vom Hörensagen – in die Hauptverhandlung eingeführt werden. Handelt es sich um Angaben, die über einen Polizeibeamten als Zeugen vom Hörensagen eingeführt werden, ist nach ständiger BGH-Rechtsprechung eine **besondere Vorsicht** geboten; Feststellungen dürfen regelmäßig nur dann hierauf gestützt werden, wenn die Angaben durch andere wichtige Beweisanzeichen bestätigt sind. Der EGMR verlangt bei der Verwertung anonymer Informanten eine Würdigung „mit extremer Vorsicht".[294]

147 Eine Bekämpfung der Glaubhaftigkeit der Angaben von V-Personen wird wegen behördlicher Geheimhaltungsinteressen, ungenügender Dokumentation des V-Mann-Einsatzes und unvollständigen V-Mann-Aussagen in den Akten oft nur dann möglich sein, wenn sich der Angeklagte äußert. Ob das gegen den Nemo-tenetur-se-ipsum-accusare-Grundsatz verstößt, ist noch ungeklärt. **Provokationen durch den V-Mann zu (gemeinsamen) kriminellen Taten** oder vermeintlich belastenden Handlungen (z.B. Fluchtversuch) kommen in der Praxis nicht selten vor, ergeben sich jedoch **meist nicht aus den Akten**.[295]

148 *Praxistipp*

Das der Strafprozessordnung zugrundeliegende Prinzip der Aktenwahrheit[296] und Aktenvollständigkeit[297] ist in nicht wenigen Fällen verletzt.[298] „Das Prinzip der Aktenvollständigkeit gilt nicht mehr, seit Aktenbestände aus Vorermittlungsverfahren sowie Spurenakten unerkennbar ausgesondert werden und heimliche Ermittlungsmethoden nicht stets in den Akten offen gelegt werden. Ferner ist der Akteninhalt einseitig unter dem Blickwinkel der Verdachtshypo-

294 Vgl. EGMR vom 11. September 2006 Sapunarescu ./.Deutschland, Nr. 22007/03, StraFo 2007, 107 f.

295 Vgl. Weiler, Grundlagen und Grenzen des polizeilichen Einsatzes von Vertrauenspersonen im Strafverfahren, S. 37 ff.

296 Vgl. hierzu auch den Fall des BGH 4 StR 436/09, in dem der Angeklagte tatsächlich observiert wurde, aus den Akten sich jedoch ein „Zufallsfund" anlässlich einer Routineverkehrskontrolle ergab.

297 Vgl. LG Berlin, StV 1986, S. 96 f.

298 Vgl. Eschelbach, Absprachenpraxis versus Wiederaufnahme des Verfahrens, HRRS 2008, S. 190, 192.

these zusammengetragen worden. Meist fehlt dort die Beachtung der Nullhypothese oder von Alternativhypothesen.“[299]

Bei der strafrechtlichen Beurteilung von Beamtenaussagen taucht in Bezug auf Routinehandlungen eine bemerkenswerte Diskrepanz zu zivilrechtlichen Beurteilungen auf. Bei der strafrechtlichen Würdigung wird die Behauptung des Beamten an die eigene Erinnerung regelmäßig unkommentiert übernommen, obwohl eine tatsächliche Erinnerung an Routinefälle fern liegt. Im Zivilrecht wird die Schwierigkeit, sich an Routinehandlungen zu erinnern, erkannt. 149

Ein Beispiel stellt die Rechtsprechung im Arzthaftungsrecht zur Erinnerung an ein Aufklärungsgespräch dar. Dort ist grds. anerkannt und unproblematisch, wenn der Arzt einräumt, keine konkrete Erinnerung mehr an das Aufklärungsgespräch zu haben. 150

Gleichwohl bleibt der Arzt nicht beweisfällig, denn dann hilft ihm die sog. „Immer-so-Rechtsprechung“. Hiernach gilt: 151

„Für den Nachweis einer ordnungsgemäßen Aufklärung ist nicht unbedingt erforderlich, dass sich der Arzt an das konkrete Aufklärungsgespräch (Ort, Umstände, genauer Inhalt) erinnert. Angesichts der Vielzahl von Informations- und Aufklärungsgesprächen, die Ärzte täglich führen, kann dies nicht erwartet werden. Da an den vom Arzt zu führenden Nachweis der ordnungsgemäßen Aufklärung keine unbilligen oder übertriebenen Anforderungen zu stellen sind, darf das Gericht seine Überzeugungsbildung gem. § 286 ZPO auf die Angaben des Arztes über eine erfolgte Risikoaufklärung stützen, wenn seine Darstellung in sich schlüssig und ‚einiger‘ Beweis für ein Aufklärungsgespräch erbracht ist. Dies gilt auch dann, wenn der Arzt erklärt, ihm sei das strittige Aufklärungsgespräch nicht im Gedächtnis geblieben. Einen wesentlichen Anhaltspunkt für die Tatsache, dass ein Aufklärungsgespräch stattgefunden hat, gibt dabei das von dem Arzt und dem Patienten unterzeichnete Formular, mit dem der Patient sein Einverständnis zu dem ärztlichen Eingriff gegeben hat [m.w.N.]. Dieses Formular ist – sowohl in positiver als auch in negativer Hinsicht [m.w.N.] – zugleich ein Indiz für den Inhalt des Aufklärungsgesprächs.“[300]

Der Arzt (oder das Krankenhauspersonal) verteidigt sich also mit der Aussage, er/sie habe zwar **keine konkrete Erinnerung** an den Einzelfall, aber: 152

- man mache es „**immer so**“,
- nach einem **fest eingeübten Standardablauf**,

und deshalb sei mit hoher Wahrscheinlichkeit auch im konkreten Fall so vorgegangen worden.

299 BeckOK/StPO-Eschelbach, § 257c Rn 8.1.
300 BGH, Urteil vom 28.1.2014 – VI ZR 143/13 = NJW 2014, S. 1527.

153 Das reicht für den Nachweis der ordnungsgemäßen Aufklärung, wenn keine Dokumentationsmängel oder sonstige Auffälligkeiten vorliegen. Bei der Beamtenaussage im Strafprozess reicht es aber nicht, wenn der Beamte nur erklären würde, er mache es „immer so", habe aber sonst keine Erinnerung. Das bedeutet, dass die Konsequenzen der Rechtsprechung für den Beamten eine Tendenz haben, im Strafprozess auch dann eine konkrete Erinnerung vorzugeben, obwohl eine solche nicht besteht, sondern nur der Akteninhalt als eigene Erinnerung ausgegeben wird.

II. Die Beifahreraussage

1. Allgemeines

154 **Der BGH hat festgestellt, dass Urteile, die der sog. Beifahrerrechtsprechung folgen, bereits im Ansatz gegen § 286 ZPO verstoßen.**[301] Die überwiegende Praxis hatte zuvor die Regel herausgearbeitet, Besatzungsmitgliedern von Schiffen oder Beifahrern wegen eines möglichen Solidarisierungseffekts nur dann Beweiswert zuzusprechen, wenn die Aussage durch sonstige Beweise bestätigt wurde.[302]

155 Widemann stellt in seinem Aufsatz „Würdigung der Aussagen von Fahrern und Insassen von unfallbeteiligten Kraftfahrzeugen im Lichte der Rechtsprechung und Literatur" die extreme Gegenthese auf, dass der Tatrichter trotz intuitiver Zweifel eine Zeugenaussage (auch von beteiligten) Zeugen zugrunde legen müsse, sofern diese nicht in sich oder mit anderen Beweisergebnissen widersprüchlich sei.[303] Diese These ist falsch. Einerseits stellt das eine unzulässige Beweisregel[304] und andererseits einen Verstoß gegen Denkgesetze dar.

2. Zur unzulässigen Beweisregel

156 Vor mittlerweile 20 Jahren hat Reinecke festgestellt, dass es in der Praxis eine „geheime" Beweisregel geben müsse, die da lautet, einem Zeugen ist grundsätzlich zu glauben, sofern nicht gewichtige Anhaltspunkte dagegen sprechen.[305] Dieser Befund war eine Bestandsaufnahme der Rechtswirklichkeit, der zufolge, wenn nur ein Zeuge zur Verfügung stand, diesem Zeugen in ca. 97 % der Fälle geglaubt wurde.[306] Reinecke hatte diese Regel zu Recht noch als „geheime" Beweisregel bezeichnet. Dies deshalb, da jedwede Beweisregel gegen § 286 ZPO und den Grundsatz der „freien Beweiswürdigung" (= keine Beweisregeln) verstoßen hätte. Wide-

301 Vgl. BGH, NJW 1988, S. 566 f.

302 Vgl. Lepa, Typische Probleme im Haftpflichtprozess, Rn 134.

303 Vgl. Widemann, Würdigung der Aussagen von Fahrern und Insassen von unfallbeteiligten Kraftfahrzeugen im Lichte der Rechtsprechung und Literatur, DAR 2006, S. 355 f.

304 Vgl. Baumgärtel, Beweislastpraxis im Privatrecht, S. 28.

305 Vgl. Reinecke, Die Krise der freien Beweiswürdigung im Zivilprozeß oder Über die Schwierigkeit, einem Zeugen nicht zu glauben, MDR 1986, S. 630 ff.

306 Vgl. Bürkle, Richterliche Alltagstheorien im Bereich des Zivilrechts, S. 169.

mann hat m.E. eine „offene“ Beweisregel aufgestellt und verstößt damit gegen § 286 ZPO.

Insoweit ist ein kurzer Blick in die Geschichte der „freien Beweiswürdigung“ angezeigt (vgl. hierzu umfassend § 2). Montesquieu pries in Frankreich die Vorzüge der englischen Prozesse, bei denen eine zwölfköpfige Jury zu entscheiden hatte, ob die Tat bewiesen war. Frankreich übernahm im Zuge der Revolution (1789) das Jury-Prinzip, um so die „schreckliche richterliche Gewalt“ zu beseitigen.[307] Robespierre setzte sich für die sog. „negative Beweistheorie“ ein, der zufolge die bisherigen Beweisregeln in Kraft blieben, aber der Richter nur dann verurteilen dürfe, wenn er zusätzlich die subjektive Gewissheit hätte. Das hieße: „Man muss das Vertrauen, das man den legalen Beweisen schuldet, mit dem vereinigen, das die intime Überzeugung des Richters verdient.“[308] 157

In Deutschland stellte sich nicht primär die Frage, ob die freie Beweiswürdigung in Deutschland einzuführen sei, sondern ob Schwurgerichte eingeführt werden sollten, denn nur Geschworenen könne man zur Vermeidung von Willkür eine Loslösung von Beweisregeln gestatten.[309] 158

In Deutschland setzte sich v.a. aufgrund der Ausführungen von Savignys die freie Beweiswürdigung durch, wobei davon ausgegangen wurde, dass bisherige Beweisregeln als Regeln der Erfahrung ohnehin weiter gelten würden und eine Prüfung der Entscheidungsgründe durch den „Appellationsrichter“ als wesentlich und unerlässlich vorausgesetzt wurde.[310] Weiter wurde davon ausgegangen, dass die freie Überzeugung kein schlichtes Meinen sei, sondern sich rational durch Abwägen der erheblichen Punkte gewinnen lassen würde. „Sie [Ergebnis der freien Beweiswürdigung] kann namentlich nicht in der Überzeugung selbst liegen, sonst hätte der Mensch bei sich und bei Andern nur zu untersuchen, ob er oder ob der Andere überzeugt sey [...]. Das Prüfen und Abwägen dieser Gründe ist aber ein Geschäft des Verstandes.“[311] „Wir glauben, Wahrheit gefunden zu haben, wenn wir unsere Vorstellungen von dem in Frage stehenden Gegenstande übereinstimmend mit dem Gegenstande ansehen [...]. In der Wahrheit [liegt] selbst eine Kraft, mit welcher sie einen notwendigen Eindruck auf alle Menschen macht, und dass es gewisse Wege der Erforschung giebt, welche auf jeden Menschen den nämlichen Eindruck ma- 159

307 Vgl. Küper, Die Richteridee der Strafprozessordnung und ihre geschichtlichen Grundlagen, S. 44 ff. u. 169 ff.

308 Nobili, Il Principio del libero convincimento del giudice, Milano, 1974, zitiert nach, Walter, Freie Beweiswürdigung, S. 68 Fn 44.

309 Vgl. Walter, Freie Beweiswürdigung, S. 69.

310 Vgl. von Savigny, Über Schwurgerichte und Beweistheorie im Strafprozesse, GA 1958, S. 469, 485, zitiert nach Walter, Freie Beweiswürdigung, S. 73.

311 Vgl. Jarcke, Bemerkungen über die Lehre vom unvollständigen Beweis, vornehmlich in Bezug auf die außerordentlichen Straftaten, Neues Archiv des Criminalrechts, 1826, S. 100 f., zitiert nach Walter, Freie Beweiswürdigung, S. 72 Fn 68, 69.

chen und ihm gleichsam unwiderstehlich die Überzeugung aufdrängen, dass eine gewisse Thatsache wahr sei."[312]

160 Im Strafprozess wurde dann die Verordnung v. 17.7.1846 für das Kammergericht und Kriminalgericht zu Berlin mit ihrer Postulierung der freien Beweiswürdigung bald Allgemeingut in allen Ländern: „Die bestehenden gesetzlichen Vorschriften über das Verfahren bei der Aufnahme der Beweise, insbesondere auch darüber, welche Personen als Zeugen vernommen und vereidet werden dürfen, bleiben ferner maßgebend. Dagegen treten die bisherigen positiven Regeln über die Wirkung der Beweise außer Anwendung. Der erkennende Richter hat fortan unter genauer Prüfung aller Beweise für die Anklage und Vertheidigung nach seiner freien, aus dem Inbegriff der vor ihm erfolgten Verhandlung geschöpften Überzeugung zu entscheiden, ob der Angeklagte schuldig oder nicht schuldig sei. Er ist aber verpflichtet, die Gründe, welche ihn dabei geleitet haben, in dem Urtheile anzugeben."[313]

161 In dritter Lesung erfolgte dann am 21.12.1876 der § 259 der Civilprozeßordnung mit folgendem Wortlaut: „Das Gericht hat unter Berücksichtigung des gesamten Inhalts der Verhandlung und des Ergebnisses einer etwaigen Beweisaufnahme nach freier Überzeugung zu entscheiden, ob eine thatsächliche Behauptung für wahr oder nicht wahr zu erachten sei. In dem Urtheile sind die Gründe anzugeben, welche für die richterliche Überzeugung leitend gewesen sind."

162 Die Erklärung, wie in Deutschland so schnell auch Richtern die Möglichkeit der freien Beweiswürdig in § 259 Civilprozeßordnung[314] eingeräumt wurde, obwohl man dies ohne Machtmissbrauch einige Jahre zuvor allenfalls Geschworenen zutraute, liegt in der Auslegung des Begriffs „freie Beweiswürdigung." Es wurde ein „Mittelweg" zwischen legaler Beweistheorie und Geschworenengerichten mit intime conviction eingeschlagen.[315] Das Verständnis der gesetzlichen Beweistheorie hatte sich verändert. Gesetzliche Beweisregeln seien Erfahrungsregeln, die jeder besonnene und gewissenhafte Richter ohnehin beachten würde.[316] Es erschien damals als Fortschritt, denn die Schwäche der positiven Beweistheorie wurde damit überwunden. Der Richter konnte nunmehr auch dann verurteilen, wenn der Tatnachweis nach Reflexion und Schlussfolgerung offensichtlich war, aber eine solche Beweisregel noch nicht positiv ausformuliert war. Ein Gegensatz zwischen dem Prinzip der freien Beweiswürdigung und der gesetzlichen Beweistheorie wurde nur

312 Mittermaier, Die Lehre vom Beweis im deutschen Strafprozesse nach der Fortbildung durch Gerichtsgebrauch und deutsche Gesetzbücher in Vergleichung mit den Ansichten des englischen und französischen Strafverfahrens, S. 65 f., zitiert nach Walter, Freie Beweiswürdigung, S. 73 Fn 73, 74.

313 Walter, Freie Beweiswürdigung, S. 74.

314 Bzw. der Verordnung v. 17.7.1846 oder dem § 260 RStPO.

315 Vgl. Küper, Historische Bemerkungen zu „freien Beweiswürdigung" im Strafprozess, S. 23, 33 m.w.N.

316 Vgl. Küper, Historische Bemerkungen zu „freien Beweiswürdigung" im Strafprozess, S. 23, 38.

noch als Gradunterschied empfunden.[317] Das heißt: Die freie Beweiswürdigung wurde schlussendlich so interpretiert, dass die früheren positiven Beweisregeln als Grundsätze verstanden wurden, die jeder besonnene Richter immanent ohnehin mit zu berücksichtigen hätte.

Undenkbar (aufgrund Erfahrungswissens vorhergehender Generationen) wäre damals gewesen, aufgrund der Aussage nur eines Zeugen (Aussage gegen Aussage) und der Meinung nur eines Tatrichters, obwohl andere Tatrichter gezweifelt hätten, zu verurteilen.[318] **163**

Wer also – wie Widemann – fordert, dass der Tatrichter verurteilen kann und muss, wenn die Aussage nur eines Zeugen in sich stimmig und nicht in Widerspruch zu anderen objektiven Anhaltspunkten steht, stellt eine Beweisregel, nämlich, einem Zeugen grundsätzlich zu glauben, auf, die es nicht gibt.[319] **164**

Die These von Widemann, „der Richter kann und darf keinesfalls einer Zeugenaussage die Beweiskraft absprechen, weil er kraft eigener Intuition Vorbehalte gegen die Richtigkeit des parteiischen Zeugen hegt,“[320] ist richtig. Kein Richter darf kraft „eigener“ Intuition entscheiden, denn dann wäre die Beweiswürdigung nur noch ein subjektives Meinen, Glauben und Raten. Das wird auch von niemandem vertreten.[321] **165**

Offensichtlich hat Widemann aber gemeint, dass der Richter eine Zeugenaussage auch dann zugrunde legen müsse, wenn er nicht von dieser überzeugt ist. Das ist falsch. Wenn der Richter an einer Beifahreraussage zweifelt, so zweifelt er nicht – wie Widemann meint – kraft „eigener“ Intuition, sondern kraft „Erfahrungssätzen“, **166**

317 Vgl. Küper, Historische Bemerkungen zu „freien Beweiswürdigung“ im Strafprozess, S. 23, 39 ff. m.w.N.

318 Vgl. Schmidt, Grundsätze der freien richterlichen Beweiswürdigung im Strafprozessrecht, S. 64; vgl. S. Herdegen, Die Überprüfung der tatsächlichen Feststellungen durch das Revisionsgericht aufgrund der Sachrüge, StV 1992, S. 527, 529; vgl. auch Fezer, Tatrichterlicher Erkenntnisprozess – Freiheit der Beweiswürdigung, StV 1995, S. 95 (klassische Beweisregeln als Erfahrungsschatz u. damit immanenter Maßstab).

319 Vgl. Foerste, Parteiische Zeugen im Zivilprozess, NJW 2001, S. 321, 323.

320 So Widemann, Würdigung der Aussagen von Fahrern und Insassen von unfallbeteiligten Kraftfahrzeugen im Lichte der Rechtsprechung und Literatur, DAR 2006, S. 356.

321 Vgl. Baumgärtel, Beweislastpraxis im Privatrecht, S. 28, unklar bleibt die Auffassung von Meyke, Die Funktion der Zeugenaussage im Zivilprozess, NJW 1989, S. 2032 ff. Einerseits teilt Meyke mit, dass der Richter einer eindeutigen Zeugenaussage die Beweiskraft nicht absprechen dürfe, wenn er keinen mit der Prozessordnung in Einklang stehenden Grund nennen kann. Andererseits teilt Meyke mit, dass der Richter nicht die Beweiskraft der Zeugenaussagen bei besonderen Personengruppen an besondere weitere Bedingungen knüpfen darf. Ein Erfahrungssatz ist aber ein mit der Prozessordnung in Einklang stehender Grund. Entgegen Meyke wird die Zeugenaussage bei Beifahrern etc. auch nicht an besondere weitere Bedingungen geknüpft, denn für die Zeugenaussage gibt es nur eine einzige Bedingung: Die Aussage muss überzeugen. Dass die Aussage eines unbeteiligten Zeugen eher überzeugt als die Aussage eines Beteiligten, liegt auf der Hand, stellt aber keine besondere weitere Bedingung dar.

die der Richter bei jeder Beweiswürdigung zu beachten hat.[322] Es entspricht nun einmal der Erfahrung von Verkehrsspezialrichtern, dass Fahrer – sofern es zum Prozess kommt – grundsätzlich die Schuld von sich weisen und bei dem Gegner suchen und Beifahrer regelmäßig die Schilderung des eigenen Fahrers zu bestätigen pflegen.[323]

167 Es sind zudem Erfahrungssätze der Wahrnehmungspsychologie, dass Wahrnehmungs- und Erinnerungsverzerrungen bei Insassenaussagen wahrscheinlich sind.[324] Aus einem Lehrbuch der forensischen Psychologie ist Folgendes bekannt: „Ich habe es als Verkehrsrichter fast nie erlebt, dass der Insasse eines Wagens als Zeuge irgendetwas zum Nachteil ‚seines' Fahrers ausgesagt hätte. Das kommt praktisch nicht vor. Es kann jemand der größte Verkehrsrowdy sein und einwandfrei einen Unfall verschulden – wenn er einen Beifahrer mitnimmt, dann hat er einen Zeugen! Der Zeuge nimmt Partei und schlägt sich für ihn in die Schanze."[325]

168 **Bei der richterlichen Würdigung darf nicht übersehen werden, dass nicht jeder scheinbar unbeteiligte Zeuge auch emotional unbeteiligt ist.** „Man beobachtet Solidarisierungseffekte bei Insassen in Autobussen oder Straßenbahnzügen mit dem ‚eigenen' Fahrer. Fußgänger, die sich durch einen der beiden Unfallbeteiligten gefährdet fühlen, nehmen gegen diesen Stellung, indem sie etwa die Geschwindigkeit besonders hoch angeben. Auch die Gespräche nach einem Unfall, die Aggressivität eines der Lenker den anderen gegenüber führen zu Polarisierung. Bekanntlich bieten sich Zeugen meist demjenigen an, von dessen Unschuld sie überzeugt sind und wollen ihm helfen."[326] Hinzu kommt, dass der gemeinsame Wahrnehmungsaustausch (Besprechung), der üblicherweise zwischen Insassen eines Fahrzeugs vorgenommen wird, oft zu einer untrennbaren Vermischung von eigener Wahrnehmung und Mitteilung von anderen führt.[327]

322 VVgl. Thomas/Putzo, Komm. zur ZPO, 46. Aufl., § 286 Rn 2.

323 Vgl. LG Weiden, VersR 1972, S. 1036; vgl. auch AG München, NJW 1987, S. 1425 f.: „das Gericht hat es auch noch nie erlebt, dass jemals ein Fahrer, der als Zeuge oder Partei vernommen wurde, eigenes Fehlverhalten eingeräumt oder zugestanden hätte. [...] Aus dem vorstehend Gesagten vermag nun der unbefangene Leser des Urteils schon unschwer zu erkennen, was die Zeugenaussage eines Fahrers eines unfallbeteiligten Fahrzeuges vor Gericht wert ist, nämlich gar nichts." Ebenso Reinecke, Ende der Beifahrerrechtsprechung?, MDR 1989, S. 114 ff.

324 Vgl. Tschadek, Der Beweis, S. 16 f.; vgl. Arntzen, Psychologie der Zeugenaussage, 3. Aufl., S. 34; vgl. auch Einmahl, Zeugenirrtum und Beweismaß im Zivilprozess, NJW 2001, S. 469 ff. m.w.N.; vgl. auch Kirchhoff, Der Verkehrsunfall im Zivilprozess – Von der Schwierigkeit, Zeugen zu glauben – MDR 1999, S. 1473 ff. m.w.N.

325 Undeutsch, Handbuch der forensischen Psychologie, 11. Bd., S. 109 m.w.N.

326 Wielke, Verkehrsunfall: Würdigung „falscher" Zeugenaussagen, DAR 2002, S. 551, 553.

327 Vgl. Wielke, Verkehrsunfall: Würdigung „falscher" Zeugenaussagen, DAR 2002, S. 551, 553.

Die Rechtsprechung einer spezialisierten Abteilung der Münchner Justiz geht daher von Folgendem aus: 169

„Das Gericht kann hier mangels weiterer Beweismittel im Nachhinein nicht ausreichend sicher feststellen, welcher der jeweiligen Fahrer [auch wenn ein Fahrer Partei, ein anderer Zeuge ist] den Unfallhergang richtiger in Erinnerung und geschildert hat.“[328]

„Hierbei ist jedoch zu berücksichtigen, dass es sich bei der Zeugin um eine Beifahrerin im Klägerfahrzeug zum Unfallzeitpunkt gehandelt hat. Das Gericht, das ausschließlich mit den zivilrechtlichen Folgen von Verkehrsunfällen befasst ist, erlebt es aber in praktisch allen Fällen, dass Beifahrer immer die Unfalldarstellung ihres eigenen Fahrers zu bestätigen pflegen. Dies mag daran liegen, dass Beifahrer weniger auf das Verkehrsgeschehen achten und daher nach einem Unfall ganz unbewusst eigene Beobachtungen mit demjenigen vermengen, was ihnen der Fahrer über den Unfallhergang erzählt.“[329]

„Dem Gericht ist aus einer Vielzahl von ähnlichen und gleichgelagerten Fällen bekannt, dass ein Unfallereignis plötzlich und unerwartet eintritt und Insassen zumeist überfordert sind, ein Unfallereignis nachträglich unvoreingenommen und objektiv zu schildern.“[330]

„Auch dessen Bekundungen konnte wegen seiner Parteinähe als Beifahrer und Cousin des Beklagten zu 2) nicht mit der erforderlichen Sicherheit gefolgt werden, weil weitere objektive Anhaltspunkte für die Richtigkeit fehlten.“[331]

3. Zum Verstoß gegen Denkgesetze

Auch in der deutschen Rechtsprechung wird niemand an folgender Weisheit zweifeln und diese als Allgemeingut betrachten: 170

„Je unwahrscheinlicher die Tatsachenbehauptung einer Partei, desto höhere Anforderungen darf das Gericht an den Beweis der behaupteten Tatsachen stellen.“[332]

Mit dieser Weisheit ist als Denkgesetz (das der Tatrichter immer zu beachten hat) das Prinzip des Theorems von Bayes angesprochen.[333] In einer Formel gebracht lautet das Denkmodel wie folgt.[334] 171

328 AG München, Urt. v. 6.6.2005 – 331 C 31584/05, n.v.

329 AG München, 342 C 19827/01, n.v.

330 AG München, 331 C 40017/03, n.v.

331 AG München, 343 C 11234/04 n.v.

332 Guldener, Beweiswürdigung und Beweislast nach schweizerischem Zivilprozessrecht, 3. Aufl., S. 322, zitiert nach Schweizer, Kognitive Täuschungen vor Gericht, Dissertation Universität Zürich, 2005, S. 144 Fn 722 m.w.N.

333 Vgl. Schweizer, Kognitive Täuschungen vor Gericht, Dissertation Universität Zürich, S. 145.

334 Vgl. Bender/Nack, Tatsachenfeststellung vor Gericht, 2. Aufl., Rn 401.

172

	Anfangswahrscheinlichkeit, dass Haupttatsache vorliegt	x	Wahrscheinlichkeit, dass Indiz bei der Haupttatsache vorliegt
Endwahrscheinlichkeit =			
	Anfangswahrscheinlichkeit, dass die Haupttatsache vorliegt × Wahrscheinlichkeit, dass Indiz bei der Haupttatsache vorliegt	+	Anfangswahrscheinlichkeit, dass die Haupttatsache nicht vorliegt × Wahrscheinlichkeit, dass Indiz bei der Nichthaupttatsache vorliegt

a) Universelle Geltung dieses Denkgesetzes

173 Es entspricht dem aktuellen Stand der deutschen Wissenschaft das Theorem von Bayes anzuwenden (vgl. hierzu umfassend in diesem Werk § 9 Rdn 51 ff.). Die prinzipielle Geltung des Theorems von Bayes ist z.B. auch in der juristischen Literatur der USA anerkannt.[335] Strittig ist in der Wissenschaft nur, ob das Theorem mit konkreten Werten beziffert werden muss oder nur als Denkmodell gilt.[336] Die Rechtsprechung behandelt das Problem sehr selten und lehnt grds. sowohl eine konkrete Berechnung[337] als auch eine Kontrollberechnung mit geschätzten Werten ab.

b) Folgerungen aus dem Denkmodell

174 Wie sich aus dem Denkmodell ergibt, hängt die Endwahrscheinlichkeit der zu beweisenden Tatsache von der Anfangswahrscheinlichkeit und der Indizwahrscheinlichkeit ab. Das heißt, je höher die Anfangswahrscheinlichkeit für eine bestimmte Haupttatsache ist, desto geringere Beweiskraft muss das jeweilige Indiz haben, um einen Beweis führen zu können. Oder umgekehrt formuliert, je niedriger die Anfangswahrscheinlichkeit für die Haupttatsache ist, desto größer muss die Beweiskraft des Indizes sein, um den Beweis führen zu können.

aa) Theoretische Vorüberlegung

175 Da auch die Zeugenaussage nur ein Indiz für die Haupttatsache ist (der Zeuge kann sich irren, lügen, falsch verstanden worden sein, sich falsch ausgedrückt haben

335 Vgl. Tribe, Havard Law Review 84 (1971) S. 1329, 1330 Fn 2; Kornstein, Journal of Legal Studies, 5 (1976) S. 121 ff., beide zitiert nach Nell, Wahrscheinlichkeitsurteile in juristischen Entscheidungen, S. 53 Fn 67; Rüßmann in Koch/Rüßmann, Juristische Begründungslehre, S. 324 f. meint, das Theorem von Bayes durch sein Urnenbeispiel zu diskreditieren, indem das Theorem eine hohe Wahrscheinlichkeit für ein unmögliches Ereignis anzeige. Das ist falsch, denn Rüßmann errechnet m.E. die (unmögliche) Wahrscheinlichkeit für das Vorliegen des Elements A u. B bei Vorliegen von C, statt die (hohe) Wahrscheinlichkeit des Vorliegens des Elements A bei Vorliegen der Elemente B u. C.

336 Vgl. Schweizer, Kognitive Täuschungen vor Gericht, Dissertation Universität Zürich, S. 150 m.w.N.

337 Eine Ausnahme wird bei Berechnungen von Sachverständigen gemacht, die über genügend Datenmaterial verfügen, z.B. Vaterschaftsfeststellungen.

etc.), kann die Beweiskraft dieses Indizes nach dem Theorem von Bayes ermittelt werden. Mit diesem soll die Wahrscheinlichkeit einer subjektiv richtigen Aussage ermittelt werden. D.h., die Anfangswahrscheinlichkeit einer subjektiv richtigen Aussage ist mit den aus der Aussagepsychologie bekannten Aussagekriterien als weitere Indizien innerhalb des Indizes „Aussage“ abzuwägen. Da mit den Aussagekriterien[338] nur die subjektive Richtigkeit ermittelt werden kann, d.h., der Irrtum vorbehalten bleibt,[339] muss für die Zwecke des Gerichts nicht nur eine subjektiv wahre Aussage (keine Lüge) vorliegen, sondern auch eine objektiv richtige Aussage (kein Irrtum). Eine objektiv richtige Aussage liegt nur dann vor, wenn folgendes Stufenverhältnis beachtet wird, d.h., wenn der Zeuge

1. richtig beobachtet hat,
2. die Beobachtung richtig im Gedächtnis gespeichert und erinnert hat (diese Stufe könnte auch in zwei Stufen unterteilt werden),
3. sich richtig ausgedrückt und
4. der Richter den Zeugen richtig verstanden hat.[340]

Für das Denkmodell hat dies folgende Konsequenzen: 176

Der Beweiswert der subjektiv richtigen Zeugenaussage ist gedanklich nach dem Theorem von Bayes zu ermitteln (Ausgangswahrscheinlichkeit für eine subjektiv wahre Aussage und Aussagekriterien). Dieses Ergebnis muss gemäß der Produktregel[341] multipliziert werden mit:

- x Wahrscheinlichkeit, dass der Zeuge richtig beobachtet hat (Wahrnehmung)
- x Wahrscheinlichkeit, dass der Zeuge richtig im Gedächtnis gespeichert hat (Erinnerung)
- x Wahrscheinlichkeit, dass der Zeuge sich richtig ausgedrückt hat
- x Wahrscheinlichkeit, dass der Richter den Zeugen richtig verstanden hat,

338 Realitätskriterien und Fantasiesignale, vgl. Stadler, Realitätskriterien und Wirklichkeitskriterien, in Psychologie der Zeugenaussage, S. 59; vgl. auch Bender/Nack, Tatsachenfeststellung vor Gericht, 2. Aufl., Rn 305 ff. Diese Aussagekriterien (wohl nur die Realitätskriterien) gelten lt. BGH als grds. empirisch überprüft u. voneinander unabhängig, vgl. BGH, NJW 1999, S. 2746, 2748, sodass sie in das Theorem eingesetzt werden können, vgl. auch Bender, Merkmalskombinationen in Aussagen, S. 151 ff.; vgl. auch Greuel/Offe/Fabian/Wetzels/Fabian/Offe/Stadler, Glaubhaftigkeit der Zeugenaussage, S. 133 ff. m.w.N.

339 Vgl. Greuel/Offe/Fabian/Wetzels/Fabian/Offe/Stadler, Glaubhaftigkeit der Zeugenaussage, S. 9, die den Begriff „Realkennzeichen“ statt Realitätskriterium bevorzugen, um darzustellen, dass es sich um „so etwas wie eine objektiv ‚wahre‘, d.h. mit der Realität zum gegebenen Zeitpunkt übereinstimmende *Aussagemöglichkeit*“ handelt.

340 Vgl. Nack, Der Indizienbeweis, MDR 1986, S. 366, 369.

341 „Stehen die Indizien nämlich in einem Stufenverhältnis – das Indiz 1. Stufe wird durch ein Indiz der 2. Stufe bewiesen usw. – so nimmt die Beweiskraft des Schlusses auf die Haupttatsache ab,“ so Nack, Der Indizienbeweis, MDR 1986, S. 366, 369. Folglich nimmt der Gesamtbeweiswert als Ergebnis der Multiplikation der einzelnen Beweiswerte (Wahrscheinlichkeiten) ab, vgl. Ekelöf, Beweiswert in Festschrift für Baur, S. 352.

um die Endwahrscheinlichkeit einer nicht nur subjektiv wahren, sondern auch objektiv richtigen Aussage zu ermitteln (vgl. hierzu umfassend § 9 Rdn 175 ff.).

Mit **Aussagekriterien** sind hier immer die Realkennzeichen und Phantasiesignale gemeint, aber auch sonstige immanente Eigenarten der Aussage und ihrer Präsentation, die der Richter in der konkreten Würdigung beachten möchte.

bb) Praktische Folgerungen aus dem Denkmodell

177 Blendet man die geringen Wahrscheinlichkeiten des unrichtigen Ausdrückens oder unrichtigen Verstehens für die Zwecke dieser Überlegung aus, so wird klar, dass mit jedem potenziellen Wahrnehmungs- oder Erinnerungsfehler eine umso höhere Anfangswahrscheinlichkeit der subjektiv wahren Aussage bzw. umso beweiskräftigere Aussagekriterien zur Erbringung des erforderlichen Beweismaßes notwendig sind (vgl. hierzu umfassend § 7 Rdn 16 ff.). Hinzu kommt, dass die meisten Umstände, die einen Wahrnehmungs- oder Erinnerungsfehler fördern, auch die Anfangswahrscheinlichkeit einer subjektiv richtigen Aussage verringern. Das kann am Beispiel der Sympathie/Antipathie verdeutlicht werden. Der Zeuge sieht die Szene oft so, wie er sie nach seinen Sympathien und Antipathien abgespielt sehen möchte.[342] Bei Ehefrauen ist in der Regel aufgrund deren Sympathie sowohl die Anfangswahrscheinlichkeit einer subjektiv wahren Aussage (keine Lüge) reduziert als auch die Wahrscheinlichkeit einer richtigen Wahrnehmung und Erinnerung. Im Bereich des Verkehrsunfalls gilt a priori (also ohne Berücksichtigung der Aussagekriterien), dass bei der Beifahreraussage die Wahrnehmung und Erinnerung[343] wegen unbewusst ablaufender Phänomene a priori unzuverlässig ist (v.a. wegen des psychologischen Phänomens der emotionalen Überlagerung, des Ausfüllungs-, Schlussfolgerungs-, Überlagerungs- und des Solidarisierungseffekts[344]).

178 Juristisch wurde wegen dieser Unzuverlässigkeit bereits gefordert, das Beweismaß einer Insassenaussage de lege ferenda zu senken[345] bzw. Beweislastentscheidungen zu treffen.[346]

179 Ist die Wahrscheinlichkeit der unrichtigen Wahrnehmung und Erinnerung hoch, so kann diese Beeinträchtigung des Beweiswerts der Zeugenaussage nach dem Denkmodell (theoretisch) nur durch eine umso höhere Anfangswahrscheinlichkeit der subjektiven Richtigkeit der Aussage und/oder umso beweiskräftigere Aussagekriterien ausgeglichen werden.

342 Vgl. Schneider, Beweis und Beweiswürdigung, 5. Aufl., Rn 982.

343 Eine klare Trennung der Umstände, die Wahrnehmungs- u. Erinnerungsfehlern erzeugen, ist nicht möglich. Die Punkte überschneiden sich, vgl. Bender/Nack, Tatsachenfeststellung vor Gericht, 2. Aufl., Rn 110.

344 Vgl. Einmahl, Zeugenirrtum und Beweismaß im Zivilprozess, NJW. 2001, S. 469 ff.

345 Vgl. Einmahl, Zeugenirrtum und Beweismaß im Zivilprozess, NJW 2001, S. 469, 475.

346 Vgl. Kirchhoff, Der Verkehrsunfall im Zivilprozess – Von der Schwierigkeit, Zeugen zu glauben – MDR 1999, S. 1473, 1479.

Da niemand annehmen kann, dass Beifahrer a priori wesentlich weniger lügen als sonstige Zeugen, folglich deren Anfangswahrscheinlichkeit einer subjektiv richtigen Aussage nicht höher ist als die Aussage eines sonstigen Zeugen, kann die Beeinträchtigung der Wahrnehmung und Erinnerung (praktisch) nur durch umso beweiskräftigere Aussagekriterien ausgeglichen werden. 180

Damit ergibt sich die Konsequenz, dass die Forderung der herrschenden Praxis richtig ist, umso **höhere Anforderungen an die Aussage** (hier die Aussagekriterien) zu legen, je **unwahrscheinlicher** die A-priori-Korrektheit der Aussage ist. Weiter ergibt sich hieraus die Richtigkeit der h. Rspr. (jedenfalls von Verkehrsspezialabteilungen), hohe Anforderungen an eine Beifahreraussage zu stellen, da in der aussagepsychologischen Wissenschaft allgemein anerkannt ist, dass bei einer Insassenaussage die Voraussetzungen einer zutreffenden Wahrnehmung und Erinnerung schlecht sind. 181

4. Vereinbarkeit mit der BGH-Rechtsprechung oder Konsequenzen für die Praxis

Eine Fahrer- oder Beifahreraussage zugrunde zu legen, nur weil diese nicht in sich oder mit anderen Beweismitteln widersprüchlich ist, stellt eine Beweisregel auf, die es nicht gibt. Diese Beweisregel würde überdies gegen Denkgesetze verstoßen, denn an eine Aussage, die nach dem Erkenntnisstand der aussagepsychologischen Wissenschaften a priori unzuverlässig ist, sind umso höhere Anforderungen zu stellen, um diese zugrunde zu legen, und nicht reine Widerspruchslosigkeit. 182

Die **Widerspruchslosigkeit** ist nämlich – entgegen der Praxis mancher Gerichte – kein Kriterium für die Richtigkeit der Aussage. Der Nicht-Widerspruch wird nur dann zu einem Kriterium, „[...] wenn bei einem Phantasiegebilde Widersprüche zu erwarten gewesen wären.“[347] Bei den denkbar einfachen Sachverhalten in der Praxis („wer hatte grün, wer wechselte den Fahrstreifen, wie hoch war die Geschwindigkeit, Entfernung“ etc.) kann dem Nichtwiderspruch daher keine Bedeutung zukommen, da auch der intellektuell nur schwach begabte Zeuge derartig simple Konstellation („wir fuhren mit × km/h, wir hatten grün“ etc.) widerspruchsfrei schildern kann. 183

Zutreffend daher das OLG Düsseldorf: „Es erscheint nicht ausgeschlossen, dass sich der Zeuge B als an dem Unfall beteiligter Kraftfahrzeugführer selbst entlasten will und auch die weitere Tatzeugin N als befreundete Beifahrerin keine unbefangene Aussage gemacht hat. In einem solchen Fall reicht es zur Widerlegung der Einlassung des Betroffenen, er sei bei grün in die Kreuzung eingefahren, nicht aus, dass 184

347 Bender/Nack, Tatsachenfeststellung vor Gericht, 2. Aufl., Rn 285.

das Gericht die Zeugenaussagen zur Geschwindigkeit und zum grünen Ampellicht für das gegnerische Fahrzeug wiedergegeben hat.“[348]

185 Dementsprechend ist die bisherige zivilgerichtliche Praxis von Verkehrsspezialrichtern richtig (da hohe Irrtumsanfälligkeit bei der Wahrnehmung und Erinnerung), die Aussage von Beifahrern oder Fahrern in der Regel nicht zugrunde zu legen. Das ist mit der Entscheidung des BGH in NJW 1988, S. 566 f. vereinbar, denn nach dieser Entscheidung ist nur das Absprechen jeglichen Beweiswerts einer Fahrer-/Beifahreraussage von vorneherein unzulässig. Auch das ist richtig, denn eine Beweisregel, dass ein Fahrer/Beifahrer immer die Unwahrheit sagt, gibt es eben auch nicht.

186 Es ist also richtig und nach dem Denkmodell von Bayes geradezu gefordert, einen Fahrer/Beifahrer zu vernehmen, dessen Aussage wegen dessen geringer A-priori-Wahrscheinlichkeit der Richtigkeit aber nur dann zugrunde zu legen, wenn in dessen Aussage dementsprechend viele bzw. gewichtige Kriterien für die subjektive Richtigkeit gegeben sind.[349]

187 Nichts anderes besagt die o.g. Entscheidung des BGH, die gemeinhin als Absage an die Beifahrerrechtsprechung verstanden wurde. Es heißt in der Entscheidung ausdrücklich: „Dabei gilt es, nach Wahrhaftigkeits- und Unwahrheitskriterien im Aussageverhalten und in dem Inhalt sowie der Struktur der Aussage selbst zu suchen.“[350] Sucht man aber dementsprechende Kriterien, so wird man diese regelmäßig nicht finden bzw. nur in dem Maße finden, wie sie auch bei unterstellt unwahren Aussagen vorkommen. Dies deshalb, da einerseits der weitaus häufigste Fall des Irrtums mit den Aussagekriterien gar nicht aufdeckbar ist und andererseits der unterstellt gelogene Teil aufgrund der Kürze des Sachverhalts (z.B. welche Farbe hatte die Ampel?) nicht aufgedeckt werden kann.[351]

188 Dem reinen Nicht-Widerspruch kommt jedenfalls kein Beweiswert zu. Die überwiegende Praxis der zivilrechtlichen Verkehrsspezialgerichte verfährt daher zu Recht so, den Insassen zwar zu vernehmen, aber dessen Aussage grundsätzlich nicht zugrunde zu legen, es sei denn, diese Aussage ist aufgrund diverser Kriterien wirklich überzeugend, und nicht nur möglich oder plausibel.

189 **Die Praxis der Strafgerichte ist tendenziell anders und versieht Aussagen unfallbeteiligter Zeugen grundsätzlich mit einem höheren Beweiswert.**[352] Diese Praxis befolgt – in Teilen immer noch – die geheime Beweisregel, die es eben nicht gibt,

348 OLG Düsseldorf, zfs 1998, S. 195 f.

349 Ebenso bereits Greger, Ein Zeuge ist kein Zeuge, NZV 1988, S. 13.

350 BGH, NJW 1988, S. 566 f.

351 Vgl. Arntzen, Psychologie der Zeugenaussage, System der Glaubwürdigkeitsmerkmale, 3. Aufl., S. 41, Bender/Nack, Tatsachenfeststellung vor Gericht, 2. Aufl., Rn 347.

352 So auch Widermann, Würdigung der Aussagen von Fahrern und Insassen von unfallbeteiligten Kraftfahrzeugen im Lichte der Rechtsprechung und Literatur, DAR 2006, S. 355.

einem Zeugen grundsätzlich zu glauben,[353] und verstößt gegen Denkgesetze, da sie die niedrige A-priori-Wahrscheinlichkeit der Richtigkeit einer solchen Aussage aufgrund unbewusst ablaufender psychologischer Phänomene[354] nicht beachtet. Dementsprechend ist in derartigen Verfahren oft ein irrationeller Wettlauf um die erste Anzeige zu beobachten. Einem Beschuldigten wird grundsätzlich nicht geglaubt. Das heißt: „Den Angaben eines Beschuldigten pflegt man, soweit sie nicht etwa ein Geständnis enthalten, (berechtigterweise) mit Argwohn zu begegnen. Zeugenbekundungen werden dagegen oft ohne jedes Misstrauen hingenommen."[355] **Folgerichtig tritt im Strafverfahren contra legem oft ein Wettlauf um die erste Anzeige ein**, denn, „leider scheinen sich Staatsanwälte immer wieder von der Illusion leiten zu lassen, dass der erste Anzeigeerstatter ein glaubwürdiger Zeuge ist, der Zweitanzeigende jedoch ein Beschuldigter, dem nicht geglaubt werden darf."[356]

Auch hier ist die Forderung des BGH eindeutig, den Aussagen eines Zeugen auch **190**
nicht im Ansatz höheres Gewicht beizumessen als den Angaben des Angeklagten.[357] Das wird in der Praxis zu wenig beachtet.

5. Fazit

Die zivilgerichtliche Praxis, eine Beifahreraussage grundsätzlich nicht zugrunde zu **191**
legen, es sei denn, die Aussage ist aufgrund diverser Kriterien überzeugend, ist zutreffend. Die (weit verbreitete) strafrechtliche Praxis, Aussagen nur aufgrund der Stellung der Person im Verfahren (z.B. Zeuge oder Angeklagter) bzw. der Stellung des Zeugen (z.B. Polizeibeamter oder nicht) mit anderem Gewicht zu versehen, ist unzutreffend. Entscheidend ist immer das Zusammenspiel zwischen der A-priori-Richtigkeit der Aussage und den Aussagekriterien, die sich in der Aussage als solcher finden lassen. Schlichte Nicht-Widersprüchlichkeit ist in der Regel kein ausreichendes Kriterium, um einer Aussage zu folgen. Der Tatrichter darf daher die Vernehmung eines Insassen nicht vorab mit dem Hinweis auf dessen Unzuverlässigkeit

353 Vgl. Reinecke, Die Krise der freien Beweiswürdigung im Zivilprozess oder Über die Schwierigkeit, einem Zeugen nicht zu glauben, MDR 1986, S. 630 ff.

354 Vgl. Einmahl, Zeugenirrtum und Beweismaß im Zivilprozess, NJW 2001, S. 469, 472 f.

355 Döhring, Die Erforschung des Sachverhalts im Prozess, S. 92.

356 Leipold/Kuhn, Das Mandat in Verkehrsstrafsachen, Rn 29.

357 Vgl. BGH, NStZ 2004, S. 635 f., ist der Zeuge auch noch Nebenkläger so stellt sich die Frage, weshalb es im Strafrecht gestattet ist, von dem elementaren Rechtssatz, dass derjenige, der einem anderen etwas vorwerfe, dieses beweisen können müsse, und zwar nicht nur dadurch, dass er es selbst behauptet, abzuweichen, vgl. Hamm, Zur Revisibilität der Beweiswürdigung in Fällen von Aussage gegen Aussage, StraFo 2000, S. 253, 255, Die Prozessrolle, ob Zeuge oder Angeklagter, hängt oft nur vom Zufall ab, vgl. BGH, StV 1997, S. 172, gleichwohl ist in der Praxis immer wieder zu beobachten, dass die Zeugenaussage wesentlich mehr gilt, als die Angeklagtenaussage, vgl. Peters, Karl, Gutachten zum 46. Juristentag, S. 137, das gilt sogar dann, wenn ein Mitbeschuldigter durch Verfahrenstrennung zum Zeugen getauscht wurde, vgl. Lenckner, Mitbeschuldigter und Zeuge, in Festschrift für Karl Peters, S. 332, 338.

ablehnen. Wird der Zeuge vernommen, kann und darf (sonst Verstoß gegen Erfahrungssätze und Denkgesetze) der Tatrichter der Beifahreraussage nicht folgen, sofern nicht ausreichend viele oder gewichtige Kriterien vorliegen, um zu überzeugen.

192 *Hinweis*

Schneider teilt allgemein zur Würdigung einer Zeugenaussage zutreffend mit: „Einem Zeugen ist zu glauben, wenn genügend Beweisumstände erkennbar sind, die für die Wahrheit seiner Aussage sprechen.“[358]

193 Mit anderen Worten: „Entgegen vielfacher fehlerhafter Praxis [...]. Die Überzeugungsbildung des Richters verläuft vielmehr so, dass alle naheliegenden Bedenken gegen den Wahrheitsgehalt einer Aussage eliminiert werden. Beweiskräftig (überzeugend) ist die Aussage nur, wenn alle ernsthaft in Betracht kommenden Fehlerquellen ausgeschlossen werden können [...]. Eine Aussage ist überzeugend, wenn sie durch positive Umstände gestützt wird. Das Fehlen negativer Umstände reicht nicht aus.“[359]

194 Auch Reinecke, der frühere Vorsitzende des BAG, meint: „Es entspricht gesichertem Erfahrungswissen, dass Beifahrer von Privatfahrzeugen als Zeugen vor Gericht viel häufiger die Unwahrheit sagen als der Durchschnitt aller Zeugen. Dieser Erfahrungssatz darf jedoch bei der Beweiswürdigung nicht schematisch und starr verwendet werden […] Die Beweiswürdigung hat zwar so individuell wie möglich zu sein. Gleichwohl sind die Tatsachengerichte – nach Ausschöpfung aller Möglichkeiten zur Individualisierung der Beweisaufnahme – keinesfalls verpflichtet, den Beifahrer-Zeugen zu glauben, wenn es keine konkreten Anhaltspunkte für die Unrichtigkeit der Aussage gibt. Auch in solchen Fällen kann den dargestellten Erfahrungssätzen durchaus prozessentscheidende Wirkung zukommen. Berücksichtigt man diese Erfahrungssätze nicht, so läuft das auf eine völlig unkritische Haltung gegenüber Zeugenaussagen hinaus. Dies wäre der Wahrheitsfindung viel schädlicher, als es eine auch starrere Handhabung der bisherigen ‚Beifahrerrechtsprechung' sein könnte.“[360]

6. Beweiswürdigender Musterschriftsatz zur Beifahreraussage (§§ 279 Abs. 3, 285 ZPO)

195 „Insbesondere ist es nicht zu beanstanden, dass das Amtsgericht der Aussage der Zeugin Musterfrau kein entscheidendes Gewicht beigemessen hat. Insofern war die Zeugin Musterfrau nämlich nicht nur Beifahrerin, sondern auch Knallzeugin.

358 Schneider/Thiel, Zivilprozesssuales Beweisrecht: Grundlagen und Fehlerquellen, Rn 342.
359 Schneider/Thiel, Zivilprozesssuales Beweisrecht: Grundlagen und Fehlerquellen, Rn 403 ff.
360 Reinecke, Ende der Beifahrerrechtsprechung?, MDR 1989, S. 115.

Sowohl nach der Unfallschilderung des Klägers als auch nach der Unfallschilderung der Beklagten näherte sich das Kfz der Beklagten von hinten an das klägerische Fahrzeug, einerlei, ob dieses nach links abbog (Beklagtenschilderung) oder schlicht anfuhr (Klägerschilderung). Nachdem der Beifahrer jedoch nicht nach hinten schaut, sondern nach vorne, konnte die Beifahrerin Musterfrau erst durch den Kollisionsknall auf den Unfall aufmerksam werden. Dann ist es aber wahrnehmungspsychologisch unmöglich, dass die **Knallzeugin** – wie behauptet, mitbekommen hat, dass der Kläger den linken Blinker betätigte. Insofern kann auf die wahrnehmungspsychologische Literatur verwiesen werden, und wie folgt zitiert werden:

‚Man schätzt, dass der Mensch pro Sekunde 10.000 Sinneswahrnehmungen aufnimmt. Der Mensch muss selektieren, da sein Gehirn sonst augenblicklich zusammenbrechen würde. Die Selektion erfolgt über das Interesse. Nur das, was im Augenblick der Wahrnehmung interessiert, wird weitergeleitet. Der unaufmerksame Fahrer mag zwar etwas wahrgenommen, aber nicht verarbeitet haben, weil er zu diesem Zeitpunkt mit seinen Gedanken, d.h., seinem Interesse, woanders war. Beim Beifahrer ist die Wahrscheinlichkeit einer entsprechenden Wahrnehmungsbereitschaft noch geringer als beim Fahrer. Der Beifahrer hat in der Regel keinen besonderen Anlass, sich mit der Verkehrslage zu befassen, da er nicht am Steuer sitzt. Er wird seine Aufmerksamkeit daher meist noch später auf die relevanten Tatsachen richten als der Fahrzeugführer’ (Einmahl, Zeugenirrtum und Beweismaß, NJW 2001, S. 468 ff.).

Nach diesen wissenschaftlichen Erkenntnissen ist es nicht plausibel, dass die Beifahrerin Musterfrau bemerkt haben will, dass der Kläger den Blinker gesetzt hatte (vgl. deren Zeugenvernehmung S. X), da dies die Beifahrerin vor der Kollision naturgemäß nicht interessierte. Folglich kommt der Aussage der Zeugin Musterfrau keinerlei entscheidende Bedeutung mehr zu, da sich deren Angaben offensichtlich aus den wahrnehmungspsychologischen Phänomenen der **Ausfüllung und Schlussfolgerung bzw. der Beeinflussung durch Dritte bzw. emotionalen Überlagerungen erklären**:

‚In der Regel wird der Unfallhergang vor der Vernehmung des Zeugen im Prozess mit anderen mehrfach erörtert (unmittelbar nach dem Unfall, vor dem Prozess). Hier kann es zu gegenseitigen verfälschenden Beeinflussungen kommen’ (Einmahl, Zeugenirrtum und Beweismaß, NJW 2001, S. 472).

Dies gilt auch für die bestrittene, aber von der Zeugin Musterfrau bestätigte Behauptung des angeblichen Schuldeingeständnisses des Beklagten zu 1). Offensichtlich ist bei der Zeugin Musterfrau der wahrnehmungsverfälschende Gesichtspunkt der Ausfüllung und Schlussfolgerung, der emotionalen Überlagerung und der Beeinflussung durch Dritte (vgl. Einmahl, Zeugenirrtum NJW 2001, S. 472) bereits dergestalt weit fortgeschritten, dass sie Dinge zugunsten des Klägers als eigene Wahrnehmung behauptet (Blinker setzen), die sie wahrnehmungspsychologisch kaum wahrgenommen haben kann (vgl. z.B. Bender/Nack Tatsachenfeststellung vor Gericht, 2. Aufl., Rn 62). Aufgrund dieser Tatsache kann das Gericht ein etwaiges Urteil zur Anerkenntnis der Schuld durch den Beklagten zu 1) auch nicht auf deren alleinige Aussage stützen, zumal auch die emotionale Nähe der Zeugin Musterfrau zum Kläger gegeben ist. Zwar ist diese nicht dessen Ehefrau, aber dessen Freundin (Lebensgefährtin) und unfallbeteiligte Beifahrerin, so dass von daher erst recht die Gefahr der emotionalen Überlagerung besteht."

III. Angaben eines Mitbeschuldigten

196 In der Praxis kommt **Angaben eines Mitbeschuldigten große Bedeutung** bei. Einerseits sind viele Sachverhalte ohne Angaben eines Mitbeschuldigten nicht aufklärbar, aber andererseits sind derartige Angaben nur mit größter Vorsicht zu bewerten. In der Praxis wird jedoch oft (falsch) so argumentiert, dass die Angaben des Mitbeschuldigten glaubhaft seien, da sich der Aussagende damit auch selbst belastet habe.[361] Das ist kein zuverlässiges Bewertungskriterium, denn in der Regel erkauft oder erhofft sich der Aussagende einen Strafrabatt (vgl. hierzu v.a. § 31 BtMG). Laut Bender/Nack/Treuer soll der BGH bei derartigen Belastungszeugen sehr streng sein.[362] Das bedeutet, dass die Beweiswürdigung sehr schwierig ist, denn das Motiv, sich selbst Vorteile zu verschaffen, liegt in der Regel auf der Hand gem. § 46b StGB, § 31 BtMG.[363] Daraus folgt, dass die nicht fernliegende Gefahr besteht, dass sich der Aussagende Vorteile verspricht, auch wenn er einen Unschuldigen belastet.[364] Das bedeutet: Die Tatsache der Strafmilderung für den Zeugen ist im Urteil erkennbar und kritisch zu würdigen.[365] Gleiches gilt, wenn die Angaben des Mitbeschuldigten aufgrund eines Deals zustande gekommen sind. Auch in diesem Fall ist das Zustandekommen und der Inhalt des Deals im Urteil so zu würdigen, dass eine Überprüfung durch das Revisionsgericht möglich ist.[366]

197 *Hinweis*

Schweigt das strafgerichtliche Urteil hierzu, ist für das Revisionsverfahren eine Verfahrensrüge (Aufklärungsrüge) zu erheben.[367]

198 In der Praxis wird bei Belastung durch den Mitangeklagten und Einräumung der eigenen Tatbeteiligung durch den Aussagenden oft argumentiert, dass „keinerlei Anhaltspunkte gegeben seien, ‚weshalb der Zeuge S. in diesem Punkte die Unwahr-

361 Vgl. Jansen, Zeuge und Aussagepsychologie, Rn 488.

362 Vgl. Bender/Nack/Treuer, Tatsachenfeststellung vor Gericht, 3. Aufl., Rn 1122; vgl. auch BGH, StV 1995, S. 62.

363 Vgl. De Vries, Einführung in die Kriminalistik für die Strafrechtspraxis, Rn 343.

364 Vgl. BGH, StV 2005, S. 253.

365 Vgl. BGH, Beschl. v. 26.11.2013 – 3 StR 217/13 = NStZ-RR 2014, S. 115 ff.

366 Vgl. BGH, NStZ 2003, S. 383.

367 Vgl. Widmaier/Nack, MAH Strafverteidigung, 1. Aufl. § 33 Rn 4 f.

heit gesagt haben sollte, zumal er selbst dadurch in seinem eigenen Verfahren, das er zu erwarten hat, keinerlei Vorteile hätte'".[368] Hierbei wird übersehen, dass der Aussagende zwar seine Beteiligung einräumt, aber dies für ihn dennoch Vorteile haben kann. Zum Beispiel dann, wenn er dadurch seine eigene Beteiligung in einem günstigeren Licht erscheinen lassen kann.[369]

Hinweis 199

Die Aussage eines Kronzeugen ist die Personifikation des Schachers im Strafverfahren. Der Verbrecher wird zum Kaufmann und der Strafprozess erhält das kaufmännische Element „do ut des".[370] Hat der Zeuge ein Geständnis abgelegt, das auf einem Deal beruhte und entspricht die jetzige Zeugenbekundung dem Geständnis, muss für die Glaubhaftigkeit das **Zustandekommen und der Inhalt des Deals** in einer für das Revisionsgericht nachprüfbaren Weise gewürdigt werden.[371]

Ein Beweisantrag auf Vernehmung des Verteidigers des damaligen Angeklagten zur Frage des Obs und des Inhalts eines Deals darf nicht wegen Gerichtskundigkeit abgelehnt werden.[372]

Belastet eine Person den Angeklagten, nachdem der Vernehmungsbeamte mitteilt: „Dein Vater hat Dich ganz schön in die Scheiße geritten", muss sich das Tatgericht mit der Möglichkeit einer deswegen erfolgten Falschbezichtigung extensiv auseinandersetzen.[373] Derartige Fälle sind in der Praxis nicht selten. Der Auskunftsperson wird vorgegaukelt, X. habe sie „hineingeritten", um dadurch eine Belastung des X. hervorzulocken.

In diesen „Vorgaukelungsfällen" ist das Falschbelastungsrisiko sehr hoch und erfordert besondere Erörterung.

Das gilt auch, wenn sich der Belastungszeuge Vorteile des § 31 BtMG verdienen will[374] oder dessen Aussage auf eigene Vorteile oder die Abwehr weiterer Beschuldigungen ausgerichtet ist.[375] Das gilt auch dann, wenn mit der Aussage möglicherweise andere Hintermänner gedeckt werden sollen.[376] Erklärt ein Mitangeklagter nach seiner Aussage zur Sache über seinen Verteidiger, keine weiteren Fragen mehr zu beantworten, muss sich der Tatrichter damit auseinandersetzen, ob dieses 200

368 BGH, StV 1983, S. 496.

369 Vgl. BGH, StV 1983, S. 496.

370 Vgl. „Der Verbrecher als Kaufmann" SZ v. 13./14.4.2006, S. 4 (Autor Heribert Prantl).

371 Vgl. BGHSt 48, S. 161 und BGH 1 StR 370/07, ZAP EN-Nr. 359/2008, vgl. auch BeckOK/StPO-Eschelbach, § 261 StPO Rn 15.

372 Vgl. BGH, NStZ-RR 2007, S. 116 ff.

373 Vgl. BGH, StV 1993, S. 509 f.

374 Vgl. BGH, StV 2004, S. 578 f.

375 Vgl. BGH, 5 StR 267/04 n.v.

376 Vgl. BGH, StV 2000, S. 243.

Aussageverhalten Anlass zu Zweifeln an der Glaubhaftigkeit der bisher gemachten Aussage gibt.[377]

201 Ist der Aussagende noch nicht abgeurteilt, sondern ist dessen Verfahren selbst noch anhängig, so wird der **Beweiswert der Aussage** als solcher sehr gering sein, denn neben o.g. Motiven kommt hinzu, dass der Aussagende den Mitbeschuldigten nur deshalb möglicherweise belastet, um sich selbst in ein möglichst günstiges Licht zu rücken, d.h., sich Hoffnungen macht, dadurch seine eigene Position zu verbessern.[378] Das ist auch bei noch nicht abgeurteilten, aber voll geständigen Beteiligten zu beobachten, die sich durch ein Geständnis und aktive Aufklärung und Überführung eines weiteren Täters wesentliche Strafmilderungsgesichtspunkte erkaufen wollen.[379]

Selbst wenn der Aussagende bereits rechtskräftig verurteilt wurde, ist das keine Gewähr für die Richtigkeit der Aussage. Zwar kann der Aussagende durch eine Falschaussage keine Verbesserung seiner eigenen Situation mehr herbeiführen, aber Verbitterung des Aussagenden gegen den durch ihn Belasteten, die Hinterhältigkeit, einem Unschuldigen schaden zu wollen, tatsächliche oder vermeintliche Revanche gegen den Belasteten, von dem sich der Aussagende hereingelegt fühlt, oder die Ansicht, der Belastete sei bisher zu „günstig" weggekommen, führen oft zu Aussageverfälschungen.[380]

202 Ist der Aussagende bereits rechtskräftig freigesprochen, darf nicht außer Acht gelassen werden, dass der Aussagende einen anderen oft aus Machthunger, Schadenfreude, Neid, verletztem Stolz oder Rachegefühl schädigen kann.[381]

203 Bei Aussagen von **U-Häftlingen** ist bekannt, dass die erste Aussage mit der eine andere Person belastet wird, in vielen Fällen nicht die erste Aussage überhaupt ist. Davor kann es viele Aussagen des U-Häftlings gegeben haben, in denen er diese andere Person nicht belastet hat. Weiter wird in der Praxis berichtet, dass Abschriften von Abhörmaßnahmen oft entlastende Umstände nicht enthalten. Nimmt das Tatgericht an, dass aus einer Telefonüberwachung gewonnene, verschlüsselte Begriffe („Kranken", „Ding", „Wagen", „TIR", „Unfall") sich auf einen Drogenerwerb und Transport beziehen, hat es das fremdsprachliche Telefonat wörtlich aufzuklären und übersetzen zu lassen. „Seiner (des Gerichts) Aufgabe, sich selbst – wenn auch mit Hilfe von Sachverständigen – von der Bedeutung der gesprochenen Worte eine Meinung zu bilden, konnte es nicht dadurch gerecht werden, dass es le-

377 Vgl. BGH, StV 2001, S. 387.

378 Vgl. Döhring, Die Erforschung des Sachverhalts im Prozess, S. 153.

379 Vgl. Döhring, Die Erforschung des Sachverhalts im Prozess, S. 154.

380 Vgl. Döhring, Die Erforschung des Sachverhalts im Prozess, S. 152/153; vgl. auch BGH, NStZ-RR 2002, S. 146.

381 Vgl. Döhring, Die Erforschung des Sachverhalts im Prozess, S. 153.

diglich den wesentlichen Inhalt übersetzen ließ. Damit hat es nur davon Kenntnis erlangt, was die Dolmetscher als wesentlichen Inhalt betrachteten."[382]

Bei Aussagen aus der U-Haft bestehen v.a. folgende Problempunkte:

Der Aussagende kann ein **eigenes Interesse** daran haben, andere zu belasten, um sich Vorteile zu verschaffen (z.B. Strafmilderung, bessere Haftentscheidung). Die Untersuchungshaft ist eine erhebliche Belastung, in der ggf. auch unter dem Eindruck einer möglichen **kurzfristigen Haftentlassung** Aussagen erfolgen können. Solche Vorteilserwartungen (z.B. Entlassung bei Kooperation) beeinflussen die **Aussagemotivation** und sind bei der Glaubhaftigkeitsprüfung zwingend zu berücksichtigen. Aussagen aus der U-Haft müssen deswegen einer **erhöhten Skepsis** unterliegen, weil sie besonders anfällig für strategische oder opportunistische Belastungen sind.

Es stellen sich u.a. folgende Fragen: **204**

- Wann, in welcher Situation und unter welchen Umständen kam es zur belastenden Aussage (z.B. direkt nach Verhaftung, in U-Haft, nach Gesprächen mit Polizei/Staatsanwaltschaft)?
- Gab es Vorstufen oder spätere Änderungen, Zurücknahmen, Steigerungen?
- Welche **erkennbaren Interessen** hat die aussagende Person (Strafmilderung, Haftentlassung, „Deal", Rache, Abwälzung der Verantwortung)?[383]

All diese Überlegungen führen dazu, den Beweiswert einer Aussage eines in **U-Haft befindlichen Mitbeteiligten a priori nur gering einzuschätzen**. Zum einen ist hier das Bedürfnis, sich selbst eine günstige Position zu verschaffen, besonders groß. Zum anderen ist der Aussagende hier den verschiedensten Einflussmöglichkeiten der Staatsanwaltschaft, d.h. den „Deal-Angeboten" ausgeliefert. Ist die Verfolgungsbehörde von der Existenz weiterer Mittäter überzeugt, kommt es in der Praxis durchaus zu der Absprache,[384] den Aussagenden sofort aus der U-Haft zu entlassen, wenn er ein volles Geständnis ablegt. Ein volles Geständnis impliziert aber nach der Erwartung des Vernehmenden die Nennung und Belastung weiterer Mittäter. D.h., der Aussagende passt sich lediglich der Erwartung des Vernehmenden an.[385]

Allgemein darf der Wert von **Geständniserklärungen** daher nicht überschätzt werden.[386] Zu dieser Konzession ist der Aussagende umso mehr geneigt, je länger er in **205**

382 BGH, NStZ 1985, S. 466.

383 Vgl. Malek, Die neue Kronzeugenregelung und ihre Auswirkungen auf die Praxis der Strafverteidigung, StV 2010, S. 200 ff.

384 Sei es direkt oder sei es indirekt durch den sog. „Pygmalioneffekt", vgl. hierzu Bender/Nack Tatsachenfeststellung vor Gericht, 2. Aufl., Rn 106, 698, 892.

385 Vgl. Bender/Nack, Tatsachenfeststellung vor Gericht, 2. Aufl., Rn 106.

386 Vgl. Döhring, Die Erforschung des Sachverhalts im Prozess, S. 193 m.w.N.

U-Haft ist,[387] „denn es muss dann allzu sehr damit gerechnet werden, dass der Beschuldigte der Wahrheit zuwider gesteht, lediglich um seine Freiheit zu erlangen."[388] Das bedeutet: Die Annahme, der natürliche Egoismus verhindere, dass jemand der Wahrheit zuwider seine Beteiligung an einer strafbaren Handlung anerkennt, stimmt dann nicht, wenn entweder der Selbsterhaltungstrieb aus irgendeinem Grund[389] nicht zur Geltung kommt[390] und erst recht nicht, wenn der Selbsterhaltungstrieb geradezu eine wahrheitswidrige Aussage fordert.

206 Ebenso gibt es Fälle der falschen Selbstbezichtigung, die lediglich aus Rache erfolgen. D.h., mit der Selbstbezichtigung schadet man zwar sich selbst, aber auch einer dritten Person.[391]

207 Daraus folgt:

Eine belastende Aussage eines in U-Haft befindlichen Mitbeteiligten ist mit derartig **hohen psychologischen Unwägbarkeiten belastet**, dass ihr nur dann entscheidender Beweiswert zukommen kann, wenn die Aussage durch andere objektive Gesichtspunkte bestätigt wird. Dies auch deshalb, weil auch die Aussageanalyse in diesen Fällen oft keine eindeutigen Ergebnisse produzieren kann, denn der Aussagende hat das Ergebnis in der Regel tatsächlich gehabt, nur ggf. mit einer anderen Person, zu einer anderen Zeit oder an einem anderen Ort. Der Aussagende kann also ohne Weiteres eine schwer aufzudeckende gewollte Kontamination,[392] d.h. eine Teilvertauschung[393] betreiben. Scheinbar ebenso Füllgrabe: „Besonders problematisch ist im Zusammenhang mit Konformität [...] auch die Tatsache, dass überführte Täter, die als Zeugen (z.B. Kronzeugen) fungieren, von der Justiz für ihre Identifizierung eines Täters belohnt werden."[394]

208 Überhaupt ist zu beachten, dass auch in rechtsstaatlichen Ländern mit strengen Beweisregeln Ermittlungsbehörden im festen Glauben an die Täterschaft Scheinindizien arrangieren, um zu dem scheinbar gerechten Urteil zu kommen.[395] In diesem

387 Vgl. Ufer/Ufer, in Ziegert (Hrsg.), Grundlagen der Strafverteidigung, S. 122.

388 Döhring, Die Erforschung des Sachverhalts im Prozess, S. 214.

389 Z.B. wegen Ruhmsucht, Genugtuung, materieller Gewinn in späterer Zeit; vgl. Döhring, Die Erforschung des Sachverhalts im Prozess, S. 243, oder auch wegen Depressivität; vgl. Döhring, Die Erforschung des Sachverhalts im Prozess, S. 247.

390 Vgl. Döhring, Die Erforschung des Sachverhalts im Prozess, S. 242/243.

391 Vgl. Tschadek, Der Beweis, S. 10.

392 Vgl. Bender/Nack, Tatsachenfeststellung vor Gericht, 2. Aufl., Rn 272.

393 Vgl. Döhring, Die Erforschung des Sachverhalts im Prozess, S. 104.

394 Füllgrabe, Irrtum und Lüge, S. 24.

395 Vgl. Döhring, Die Erforschung des Sachverhalts im Prozess, S. 389; vgl. hierzu auch Bender/Nack, Tatsachenfeststellung vor Gericht, 2. Aufl., Rn 874 ff.

Sinne hat der **Supreme Court** der USA festgestellt, dass **alle Aussagen von Inhaftierten** potenziell **abgenötigter Natur** sind.[396]

Hinweis 209

Hat der Aussagende zeitlich zuvor bereits eine belastende Aussage gegen eine weitere Person gemacht, so stellt diese Aussage eine Zwangsjacke[397] für den Aussagenden dar. Korrigiert der Aussagende in der Hauptverhandlung seine ursprüngliche wahrheitswidrige Aussage, so muss der Aussagende einerseits befürchten, seine jetzige Korrektur erscheint unwahr,[398] sodass der Aussagende dann weitere strafrechtliche Maßnahmen (Verdacht der jetzigen Falschaussage) gegen sich befürchten muss. Oder aber der Aussagende kann erklären, dass seine jetzige Aussage wahr ist, sodass der Aussagende ebenfalls weitere strafrechtliche Maßnahmen gegen sich befürchten muss, da er dann bei der primären Aussage falsch ausgesagt hat (z.B. Verdacht der falschen Verdächtigung). Das bedeutet oft: Der vermeintlich einzige Ausweg aus dieser Zwickmühle besteht für den Aussagenden darin, die primäre Aussage wahrheitswidrig zu bestätigen. Hierzu hat der Aussagende auch allen Grund, denn er kann davon ausgehen, dann wegen seiner vermeintlichen Konstanz, seiner Selbstbelastung, seinem Geständnis etc. als glaubwürdig zu erscheinen. Immerhin wurde der Aussagende gegen den Mitbeschuldigten von der Staatsanwaltschaft sogar noch als (glaubwürdiger) Zeuge benannt und vorgeladen. Hinzu kommt, dass der Aussagende durch seine erste Aussage ggf. noch „belohnt" wurde (Entlassung aus U-Haft, Strafmilderung).

Grundsätzlich sind Akten wahrheitsgemäß und vollständig.[399] Das gilt aber nicht immer.[400] Es ist problematisch, dass eingestellte Verfahren gem. §§ 154, 154a StPO nicht unbedingt aus den Akten ersichtlich sind. Denn wenn die Einstellung aufgrund von Beweisproblemen (z.B. Unzuverlässigkeit der Belastungsangaben) erfolgte, wäre dies für die Verteidigung, die mit dem nämlichen Belastungszeugen konfrontiert ist, wichtig.[401] 210

Gerade bei U-Häftlingen werden die Akten nicht immer vollständig und wahrheitsgemäß geführt. Es kommt in der Praxis häufig vor, dass der Staatsanwalt/Verneh-

396 Vgl. Schneckloth versus Bustamonte, 412 US 218, zitiert nach Gudjonsson, The Psychology of Interrogation and Confessions, S. 25.

397 Vgl. zum Einfluss einer primären Aussage auf die folgenden auch Altavilla, Forensische Psychologie, Bd. II, Die Psychologie der Strafprozessbeteiligten, S. 205 ff.

398 Vgl. Altavilla, Forensische Psychologie, Bd. II, Die Psychologie der Strafprozessbeteiligten, S. 211.

399 Vgl. LG Berlin, StV 1986, S. 96 f.

400 Vgl. Barton, Einführung in die Strafverteidigung, S. 193; vgl. auch Schünemann, Zeugenbeweis auf dünnem Eis, in Festschrift für Lutz Meyer-Goßner zum 65. Geburtstag, S. 385, 402.

401 Vgl. Eschelbach, Absprachenpraxis versus Wiederaufnahme des Verfahrens, HRRS 4/2008, S. 190, 193.

mungsbeamte den Inhaftierten mehrfach aufsucht, um eine bestimmte Aussage zu erhalten (z.B. Nennung von Komplizen).

211 Die Aussagen, in denen der Häftling schlicht mitteilt, es gebe keine weiteren Komplizen, werden oft nicht in die Akte aufgenommen. Erst wenn der U-Häftling eine **konkrete Person** belastet, wird mit dieser Aussage eine vollständig neue Akte angelegt, in der diese Aussage als vermeintlich erste Aussage erscheint.

212 Es ist daher unbedingt abzuklären, ob der Aussagende in anderen Verfahren ebenfalls als Zeuge zur Verfügung steht. Die Akteneinsicht hat sich auf alle Verfahren zu beziehen, in denen der Zeuge gegen mehrere Beschuldigte Angaben gemacht hat. Die Glaubwürdigkeit der Aussage eines Zeugen kann nur bei einer Gesamtwürdigung aller Aussagen erfolgen.[402]

213 Der Verteidiger sollte daher immer hellhörig werden, wenn ein U-Häftling oder ein Beschuldigter Angaben zum **eigenen Mandanten** macht und sich diese als erste Aussage in der jeweiligen Akte befindet. Gleiches gilt bei dem Vermerk „dienstlich wurde bekannt“.[403]

214 Teilweise kommen auch **vollständige Aktenmanipulationen** vor. Einem Steuerfahnder wird unterstellt, er habe Blätter aus der Akte entfernt, durch andere ersetzt und Umnummerierungen der Blattzahlen vorgenommen: „Die Vertreterin des Finanzamts versucht zu retten, was zu retten ist, aber das ist nicht viel: Es komme immer wieder mal vor, dass Akten verändert werden. Wo das ursprüngliche Blatt 086 hingekommen ist, kann man sich auch nicht erklären‘ […].“[404]

215 Ein anderes reales Beispiel zur Aktenmanipulation:

Vor einem bayerischen Amtsgericht wird der Einspruch gegen einen Bußgeldbescheid verhandelt. Es handelt sich um einen Hauptverhandlungstermin, zu dem eine Zeugeneinvernahme stattfinden soll. Der Verteidiger erfährt von der Krankheit des Zeugen und faxt die Krankmeldung an das Gericht mit dem Hinweis, dass die Verhandlung vertagt werden möge, da der heute Termin zur Beweisaufnahme angesichts des Nichterscheinens des Zeugen keinen Sinn mache. Das Fax geht bei Gericht ein und erhält eine bestimmte Blattzahl. Die erkennende Richterin beginnt die Verhandlung und verwirft den Einspruch, da weder Angeklagter noch Verteidiger noch Zeuge erschienen seien. Das Hauptverhandlungsprotokoll beginnt mit einer **späteren Blattzahl** als das gefaxte Attest mit Verteidigerschreiben. Nachdem der Verteidiger Rechtsmittel einlegt und erneut um Akteneinsicht ersucht, werden die Blätter umnummeriert. Das Protokoll bekommt nun eine frühere Blattzahl, während das Verteidigerschreiben mit Attest nun eine spätere Blattzahl bekommt. Damit wird der Eindruck erweckt, das Schreiben sei erst nach der Hauptverhand-

402 Vgl. Widmaier/Schlothauer, MAH, 2. Aufl., § 3 Rn 35 m.w.N.

403 Vgl. Widmaier/Schlothauer, MAH, 2. Aufl., § 3 Rn 35 m.w.N.

404 Das Geheimnis der goldenen Maske, SZ vom 2.4.2008, S. 47 (Autor Stephan Handel).

lung zu den Akten gelangt. Auf Beschwerde des Verteidigers teilten die Richterin und der Gerichtspräsident mit, dass es bedauerlich sei, dass es zu einer Umnummerierung gekommen sei. Die Richterin habe diese jedenfalls nicht angeordnet oder selbst vorgenommen. Es müsse sich um ein Versehen der Geschäftsstelle handeln! Welche Art von Versehen dem zugrunde liegt, lasse sich leider nicht mehr aufklären.

Eine Verurteilung allein aufgrund der Angaben eines Mitbeschuldigten ist jedenfalls dann nicht möglich, wenn dieser den Angeklagten jedenfalls vorsätzlich (teilweise) zu Unrecht belastet hat. Erfolgt die Falschbelastung irrtümlich, ist zu erörtern, ob bzw. wie sich der Irrtum auf den verbleibenden Aussageteil auswirken kann.[405] 216

In den meisten US-Bundesstaaten ist eine Verurteilung aufgrund der Aussage eines Mitbeschuldigten nicht möglich, sondern nur, wenn die Aussage durch andere – außerhalb der Aussage liegende – Indizien bestätigt wurde.[406] Auch der nordirische Court of Apeal hatte rechtsstaatliche Bedenken, in einem Strafverfahren einen Dritten allein aufgrund der Aussage eines Kronzeugen zu verurteilen. Der Anreiz zur Lüge sei für einen Kronzeugen so groß, dass die für eine Verurteilung erforderliche Gewissheit grundsätzlich nicht erreicht werden könne, wenn nur die Aussage des Kronzeugen vorliege.[407] Die Aussage des Kronzeugen ist auch deshalb so „gefährlich", da der Kronzeuge aufgrund seiner Stellung Detailkenntnisse hat.[408] Zudem belastet sich der Kronzeuge in der Regel selbst. Daraus folgt: Die Aussage des Kronzeugen erscheint nach der gängigen Gerichtspraxis prima facie glaubhaft. Gleichwohl lehrt die Erfahrung, dass Kronzeugenaussagen oft falsch sind.[409] Aufgrund der Involvierung des Kronzeugen in die Tat ist es für diesen nicht besonders schwierig bzw. durch die Aussageanalyse nicht oder kaum aufdeckbar, wenn der Kronzeuge nur Personen austauscht oder Tatbeiträge verschiebt. Wenn der Zeuge für eine falsche Aussage sogar noch belohnt wird, gilt nach Peters Folgendes: „Falschaussagen sind geradezu vorprogrammiert, wenn der Vernommene sich Vorteile von der Aussage verspricht."[410] 217

405 Vgl. BGH, MDR 1990, S. 1069; BGH, 2 StR 466/89 n.v.; BGH, StV 2000, S. 599 f.; BGH, StV 1998, S. 580.

406 Vgl. Denny, Der Kronzeuge unter besonderer Berücksichtigung der Erfahrungen mit Kronzeugen in Nordirland, ZStW 103 (1991) S. 271, 303.

407 Vgl. Denny, Der Kronzeuge unter besonderer Berücksichtigung der Erfahrungen mit Kronzeugen in Nordirland, ZStW 103 (1991) S. 271, 298, 301.

408 Vgl. Denny, Der Kronzeuge unter besonderer Berücksichtigung der Erfahrungen mit Kronzeugen in Nordirland, ZStW 103 (1991) S. 271, 303.

409 Vgl. Denny, Der Kronzeuge unter besonderer Berücksichtigung der Erfahrungen mit Kronzeugen in Nordirland, ZStW 103 (1991) S. 271, 295 ff. m.w.N.

410 Peters, Strafprozess, 4. Aufl., S. 403 f.

Es ist daher eine weitere Einschränkung der freien Beweiswürdigung dahingehend zu fordern, dass Aussagen eines Mitbeschuldigten nur dann zur Verurteilung ausreichen, wenn die Aussage durch gewichtige, außerhalb der Aussage liegende Gründe bestätigt wurde. Entsprechende gewichtige Gründe liegen nicht vor, wenn diese nur auf die Tat als solche hindeuten, sondern nur, wenn sie darauf hindeuten, dass diese konkrete Tat auch vom Angeklagten begangen wurde,[411] dass es also „dieser da“[412] war.[413]

IV. Angaben von am Prozessausgang Interessierten

218 „Der Wille zur Wahrheit wird wohl am ehesten geschwächt durch das Angehörigenverhältnis zu einer Partei (seelische Bindung) sowie durch das wirtschaftliche Interesse am Ausgang eines Rechtsstreits (vermögensrechtliche Bindung).“[414]

219 Bei Aussagen von am Prozessausgang Interessierten ist einerseits zu beachten, dass es bei diesen Personen in der Regel zu gemeinsamen Besprechungen zwischen Partei und Zeuge und ggf. zwischen den Zeugen untereinander gekommen ist. Das birgt große Gefahren für die Wahrheitsfindung mit sich, da in vielen Fällen eine „gemeinsame Erinnerung“ durch die gemeinsame Besprechung rekonstruiert, aber letztendlich nur schlussgefolgert wird.

220 Zudem besteht die Gefahr, dass sich das dominanteste Mitglied der „Besprechungsgruppe“ mit seiner Ansicht durchsetzt. Bei diesen Zeugen ist bereits die Wahrnehmung beeinflusst. Dies ergibt sich aus der Selbstbeeinflussung, also dem Wunsch, etwas zu sehen oder gerade erlebt zu haben.[415] Das bedeutet, dass die Sympathie für eine bestimmte Person per se eine erhebliche Gefahr für eine ungetrübte Wahrnehmung darstellt.[416]

411 Vgl. Denny, Der Kronzeuge unter besonderer Berücksichtigung der Erfahrungen mit Kronzeugen in Nordirland, ZStW 103 (1991) S. 271, 294 f. m.w.N.

412 Vgl. Bung, Zweites Opferrechtsreformgesetz: Vom Opferschutz zur Opferermächtigung, StV 2009, S. 430 ff.

413 Vgl. Denny, Der Kronzeuge unter besonderer Berücksichtigung der Erfahrungen mit Kronzeugen in Nordirland, ZStW 103 (1991) S. 271, 303 ff. m.w.N.

414 Van den Hövel, Richterliche Arbeitstechnik, S. 121.

415 Vgl. Bender/Nack, Tatsachenfeststellung vor Gericht, 2. Aufl., Rn 99, die Abgrenzung zur Wahrnehmungsverfälschung aufgrund eines Vorurteils, dürfte m.E. nicht leicht zu ziehen sein.

416 Vgl. Schneider, Beweis und Beweiswürdigung, 5. Aufl., Rn 982; vgl. Trankell, Der Realitätsgehalt von Zeugenaussagen, S. 18/19, ein aktuelles Beispiel kann dem Endspiel der Fußballweltmeisterschaft 2006 entnommen werden. Der Franzose Zinedine Zidane versetzt einem Gegenspieler einen Kopfstoß. Selbst ohne die genauen Hintergründe der Tat zu kennen, glauben 52 % der Franzosen die Tat zu verstehen u. 61 % wollen Zidane die Tat sogar nachsehen. Dieses Ergebnis ist nur durch Sympathie möglich, da die genauen Hintergründe ja unbekannt waren (Quelle: Vox-Videotext S. 203 v. 11.7.2006).

Die Praxis tritt Bekundungen von am Prozessausgang interessierten daher zu Recht kritisch entgegen.[417]

Zutreffend wird in der Praxis wie folgt argumentiert: 221

„Es ist ein Zeichen allgemein menschlicher Schwäche im Falle eines Unfalls die Schuld daran grundsätzlich beim Gegner zu suchen und sich vor jedweder Verantwortung reinzuwaschen.“[418]

„Da dieser [der Zeuge] ein erhebliches Eigeninteresse an einem positiven Ausgang des Verfahrens für die Klägerin hat, kann seiner Aussage keine streitentscheidende Bedeutung beigemessen werden.“[419]

In der Praxis sind Angaben eines gegnerischen Fahrers von besonderer Bedeutung. 222
Das AG München hatte hierzu mitgeteilt, was in der Sache zu pauschal ist, aber einen wahren Kern beinhaltet:

„Das Gericht war in seiner bisherigen Praxis schon mit ca. 2.000 Straßenverkehrsunfällen beschäftigt und hat es noch niemals erlebt, dass jemals einer der beteiligten Fahrer schuld gewesen wäre […] Das Gericht hat es auch noch nie erlebt, dass jemals ein Fahrer, der als Zeuge oder Partei vernommen wurde, eigenes Fehlverhalten eingeräumt oder zugestanden hätte. Wenn dies tatsächlich passieren sollte, dann müsste man schlicht und einfach von einem Wunder sprechen. Wunder kommen aber in der Regel nur in Lourdes vor, wenn beispielsweise ein Blinder wieder sehen kann oder ein Lahmer wieder gehen kann, oder aber in Fatima, wenn sich während der Papstmesse eine weiße Taube auf den Kopf des Papstes setzt, und sogar in den dortigen Gegenden sind Wunder ziemlich selten, in deutschen Gerichtssälen passieren sie so gut wie nie, am allerwenigsten in den Sitzungssälen des AG München [...] Vielleicht liegt die Tatsache, dass trotz der Unfehlbarkeit aller Autofahrer gleichwohl so viele Verkehrsunfälle passieren, schlicht und einfach daran, dass unsere Gesetze so schlecht sind. Dies hinwiederum wäre allerdings kein Wunder. Aus dem vorstehend Gesagten vermag nun der unbefangene Leser des Urteils schon unschwer zu erkennen, was die Zeugenaussage eines Fahrers eines unfallbeteiligten Fahrzeuges vor Gericht wert ist: nämlich gar nichts.“[420]

In der Praxis wird in gerichtlichen Beweiswürdigungen immer wieder begründet, 223
warum die Angaben der Auskunftsperson nicht widerlegt sind. Damit wird das „Pferd von hinten aufgezäumt“. Es muss nicht dargelegt werden, dass die **Angaben der Auskunftsperson nicht widerlegt sind**, sondern vielmehr muss positiv begründet werden, dass und warum die Angaben der Auskunftsperson glaubhaft sind.

417 Vgl. für Ehegatten z.B. Schneider, Beweis und Beweiswürdigung, 5. Aufl., Rn 1054.

418 AG München, 344 C 25003/03 n.v.

419 AG München, 344 C 18777/05 n.v.

420 AG München, NJW 1987, S. 1425 f.

224 *Hinweis*

Jedenfalls bei **widersprechenden** Angaben der Auskunftspersonen ist die Glaubhaftigkeit einer Aussage nach den Grundsätzen der Aussagepsychologie **positiv** zu begründen. Ist der Aussageumfang für eine Aussageanalyse zu gering, kann das Gericht ggf. auf andere Umstände, z.B. die Neutralität oder anderweitig erkennbare Objektivität, entscheidend abstellen.[421] Freilich tritt dann in vielen Fällen faktisch eine Beweismaßreduzierung ein. Auch wenn es theoretisch nur ein Einheitsbeweismaß im Rahmen von §§ 286 ZPO, 261 StGB gibt, arbeitet die Praxis seit jeher mit einem variablen Beweismaß.[422]

225 Geht es z.B. um eine Vertrauensperson der Polizei, die in der Verhandlung nicht vernommen wird, sondern nur deren Führungsbeamte, so genügt die richterliche Begründung, dass die Angaben der Vertrauensperson durch eine „Vielzahl an Kriterien" gestützt wurde und „sich im Laufe der Hauptverhandlung in keinem einzigen Punkt das Gegenteil zu der Darstellung der Vertrauensperson herausgestellt" habe, in der Regel nicht für eine Verurteilung.

226 Das gilt insb., wenn sich im Rahmen der Hauptverhandlung die Notwendigkeit der Nachvernehmung der Vertrauensperson ergibt, die zu Modifikationen der Schilderung und ihrer Ergänzung durch zahlreiche Details geführt hat. Das Gericht darf sich nicht darauf beschränken, dass und warum es die Angaben der Vertrauensperson als nicht widerlegt betrachtet, sondern muss nachprüfbar darlegen, dass und warum es die Angaben der Vertrauensperson durch ein oder mehrere andere Beweismittel, die auf eine Beteiligung des Angeklagten hindeuten, bestätigt werden.[423]

227 Schünemann hatte bereits berichtet, dass der **Eid** einen **schlimmen Anachronismus** im deutschen Strafverfahren darstellt,[424] so dass der Beweiswert nicht verstärkt werden kann, wenn die Aussage beeidet wird.

228 Die heutige Stellung von sog. **Opferzeugen** stelle hingegen einen ungerechtfertigten Gegenpol zu diesem Anachronismus dar. **Theoretisch** darf die Aussage eines Opferzeugen nicht im Ansatz mit höherem Gewicht bemessen werden als die Angaben des Angeklagten.[425] In der Praxis kommt dem Opferzeugen jedoch eminentes Gewicht zu.[426] Hamm stellt die Frage, weshalb es im Strafrecht gestattet ist, von dem elementaren Rechtssatz, dass derjenige, der einem anderen etwas vorwerfe,

421 Vgl. OLG Karlsruhe, NJW-RR 1998, S. 789 f.

422 Vgl. Bender/Nack, Tatsachenfeststellung vor Gericht, 2. Aufl., Rn 373.

423 Vgl. BGH, StV 2000, S. 603 f.

424 Schünemann, Zeugenbeweis auf dünnem Eis, in Festschrift für Lutz Meyer-Goßner zum 65. Geburtstag, S. 385, 393.

425 Vgl. BGH, NStZ 2004, S. 635 f.

426 Vgl. Peters, Gutachten zum 46. Juristentag, S. 137.

dieses beweisen können müsse, und zwar nicht nur dadurch, dass er es selbst behauptet, abzuweichen.[427]

Da die zugrunde liegenden psychischen Phänomene der Bevorzugung von Opferzeugen robust sind, bleibt der Anwaltschaft im gegenwärtigen Stadium nur übrig, **229**

- auf die Rechtsprechung des BGH, der zufolge die Aussagen a priori gleich gewichtet werden müssen,[428] hinzuweisen und
- mithilfe der aussagepsychologischen Kriterien, aber auch aus deren Grenzen, herauszuarbeiten, dass die Opferaussage nicht glaubhafter als die Angeklagtenaussage ist bzw. aus sonstigen Gründen nicht überzeugend sein kann.

Insgesamt gilt bei Auskunftspersonen, die ein **Nähe- bzw. Eigeninteresse** am Ausgang des Verfahrens haben:

Die Rechtsprechung erkennt an, dass nach der Lebenserfahrung bei bestimmten Zeugen (z.B. Beifahrer, Verwandte, Freunde, Mitarbeiter, wirtschaftlich stark Interessierte) die Wahrscheinlichkeit einer Falschaussage sowohl auf der Ebene des Irrtums als auch auf der Ebene der Lüge höher sein kann als bei neutralen Zeugen. Das gilt selbstverständlich auch – entgegen einer political correctness – bei Opferzeugen. Das muss im Rahmen der Beweiswürdigung berücksichtigt werden, darf aber nicht dazu führen, derartigen Aussagen regelhaft jeglichen Beweiswert abzusprechen.

L. Vorliegen eines Sachverständigengutachtens oder eigene Sachkunde des Gerichts

Eine Besonderheit stellen vom Gericht oder der Staatsanwaltschaft beauftragte Gutachten dar. Immer gilt: **230**

> *„Wenn hinsichtlich einer entscheidungserheblichen Frage ein gerichtlich angeordnetes Sachverständigengutachten vorliegt, entscheidet sich fast ausnahmslos danach der Prozess.“*[429] *Das ist bemerkenswert, da in nicht wenigen Fällen nicht die Qualität des Gutachtens den Prozess entscheidet, sondern die Person des Sachverständigen.*[430] *Das ist nachvollziehbar, da das Gericht durch die Einholung des Gutachtens i.d.R. zu erkennen gibt, nicht genügend eigene Sachkunde zu besitzen. Würde das Gericht dem Gutachten nicht folgen, müsste es seine abweichende Haltung begründen und darlegen, dass es genügend eigene*

427 Vgl. Hamm, Zur Revisibilität der Beweiswürdigung in Fällen von Aussage gegen Aussage, StraFo 2000, S. 253, 255.

428 Vgl. BGH, NStZ 2004, S. 635 f.

429 Prechtel, Entkräftung eines Sachverständigengutachtens, ZAP vom 27.3.2008, S. 361.

430 Vgl. Prechtel, Entkräftung eines Sachverständigengutachtens, ZAP vom 27.3.2008, S. 361.

Sachkunde hat, um die strittige Frage zuverlässig kraft eigener Wertung zu beantworten.[431] *Das wird in den seltensten Fällen möglich sein und kann zu einem Gehörsverstoß führen: „Ein Gehörsverstoß liegt dabei auch dann vor, wenn sich das Gericht über die einer Partei günstigen sachverständigen Beurteilungen mit Erwägungen hinwegsetzt, die Fachwissen voraussetzen, ohne hierzu ein (weiteres) Sachverständigengutachten einzuholen oder eigene besondere Sachkunde auszuweisen [m.w.N.].“*[432]

Freilich gilt, dass das Gericht auf die Aufklärung von Widersprüchen und die Ergänzung von Lücken in den Ausführungen des gerichtlichen Sachverständigen hinzuwirken hat.[433]

Der gerichtliche Glaube an die Richtigkeit des Ergebnisses eines vom Gericht beauftragten Gutachters besteht selbst dann fort, wenn die betreffende Gutachtendisziplin nur eingeschränkt wissenschaftlichen Standards entspricht oder sich deutlich von einer sog. „exakten Wissenschaft“ entfernt hat.

Es leuchtet ein, dass der Richter Fragen der Medizin, der Bautechnik oder der Molekulargenetik nicht einmal im Ansatz eigenständig beurteilen kann. Anders verhält es sich bei familien- oder aussagepsychologischen Gutachten. Hier verfügt der Tatrichter grundsätzlich über eigene fachliche Beurteilungsansätze; nur ausnahmsweise fehlt ihm insoweit die erforderliche Kompetenz.

Gleichwohl gibt es keinen empirischen Beleg dafür, dass Tatrichter in der Praxis schlechtere Ergebnisse erzielen als Aussage- oder Familienpsychologen bei der Beurteilung der entscheidungserheblichen Fragen.[434] Vor diesem Hintergrund erscheint die häufig zu beobachtende weitgehende Nichtkritik an entsprechenden Gutachten erklärungsbedürftig.

Wer diese Einschätzung bezweifelt, muss sich fragen, welchen Irrtümern die Psychologie in den letzten 100 Jahren unterlegen ist. Ferner stellt sich die Frage, ob in anderen Rechtsordnungen, in denen das Gutachterwesen weniger ausgeprägt ist und kritischer bewertet wird, tatsächlich schlechtere Ergebnisse erzielt werden. Soweit ersichtlich, existieren hierzu keine belastbaren Studien. Gleichwohl liegt ein

431 Vgl. BGH, NJW 2001, S. 2791, vgl. auch BGH, NJW 1989, S. 2948 = VersR 1985, S. 758, vgl. auch BGH, NJW 1997, S. 1446.

432 BGH, Beschl. v. 29.8.2018 – VII ZR 195/14 = NJW-RR 2018, S. 1287 f.

433 Vgl. BGH, Urt. v. 16.1.2001 – VI ZR 408/99 = NJW 2001, S. 1787 ff.

434 Für den **Aussagepsychologen**: vgl. Fischer, Aussagewahrheit und Glaubhaftigkeitsbegutachtung – Anmerkungen zum Beweiswert von Glaubhaftigkeitsgutachten im Strafverfahren, S. 191, 206 ff. in: Schöch u.a. (Hrsg.), Strafverteidigung, Revision und die gesamten Strafrechtswissenschaften, Festschrift für Gunter Widmaier zum 70. Geburtstag. Für den **Familienpsychologen** ergibt sich dies fast von selbst. Zum einen ist es eine bemerkenswerte Anmaßung, zu entscheiden, ob dieser Vater mit seinen Schwächen und Stärken oder jene Mutter mit ihren Stärken und Defiziten besser für das Kindeswohl ist. In Evidenzfällen wird das Ergebnis klar sein, aber in den forensisch strittigen Fällen kann weder der Psychologe noch der Tatrichter zu einem sicheren oder auch nur relativ sicheren Urteil kommen, was „besser“ ist.

vergleichbares Ergebnis wie bei den PISA-Studien nicht fern. Danach war das deutsche Schulsystem – entgegen der verbreiteten Selbstwahrnehmung – nicht eines der besten der Welt, sondern allenfalls durchschnittlich.

Es gibt eine Fülle an **Irrtümern aus der Psychologie**, z.B.: 231

Früherer Irrtum	Heute
Aussagen bilden Erlebnisse möglichst **objektiv und unverzerrt** ab.	Erinnerungen sind **rekonstruktiv**
Nervosität = Lüge; Blickvermeidung = Schuld	Keine verlässlichen nonverbalen Lügenindikatoren
Suggestion fällt auf	Suggestion wirkt oft **subtil und unbewusst**; selbst gut gemeinte Fragen können verzerren
Menschen haben feste, situationsunabhängige Eigenschaften (z.B. ehrlich / aggressiv)	Verhalten ist stark **kontextabhängig**, kleine situative Faktoren können Verhalten massiv verändern
Verhalten sei **entweder fast nur genetisch oder fast nur sozial gelernt**	**Wechselwirkung (Interaktion)** ist entscheidend
Erinnerungen funktionieren wie eine Kamera	Erinnerungen sind **rekonstruktiv und manipulierbar**
Unbewusste Triebe (v. a. Sexualität) erklären nahezu alles Verhalten (v.a. Sigmund Freud)	kaum empirisch überprüfbar; oft nicht falsifizierbar
In der älteren (rechts-)psychologischen und kriminologischen Literatur finden sich tatsächlich Vorurteile, die Frauen und pubertierende Mädchen – insbesondere im Sexualbereich – als weniger glaubwürdig erscheinen ließen	Geschlecht oder Menstruationsstatus spielen für die Glaubhaftigkeit **keine** eigenständige negative Rolle

Mittlerweile ist die Kritik am übermäßigen Vertrauen in Expertenintuition Bestandteil einer international etablierten Forschungsrichtung. So hat Philip Tetlock in umfangreichen Untersuchungen gezeigt, dass Expertenprognosen politischer und sozialer Entwicklungen häufig kaum besser sind als Zufall und teilweise sogar schlechter abschneiden als einfache heuristische Modelle. Daraus folgt, dass besondere Expertise nicht notwendig mit einer besonderen Prognosefähigkeit einhergeht.[435] 232

In Fällen von Gutachten aus nicht exakten Wissenschaften sollte der Tatrichter dem Gutachten nicht lediglich folgen, sondern es einer eigenständigen und kritischen Würdigung unterziehen, und zwar nicht nur rhetorisch, sondern tatsächlich. Dies

435 Vgl. Tetlock, Expert Political Judgement: How good is it? How can we know?, 2006.

gilt insbesondere deshalb, weil derartige Gutachten regelmäßig lediglich ein Indiz unter mehreren darstellen.

233 Anders als bei nicht exakten Wissenschaften ist es nachvollziehbar und in der gerichtlichen Praxis kaum vermeidbar, dass das Gericht die Wertungen eines gerichtlich eingeholten Sachverständigengutachtens – insbesondere aus dem Bereich sog. „exakter Wissenschaften" – weitgehend übernimmt, sofern diese für das Gericht nicht ohne Weiteres überprüfbar sind.

Problematisch ist jedoch die teilweise zu beobachtende Zurückhaltung, ein sog. Obergutachten[436] einzuholen. Diese Praxis ist dogmatisch nicht überzeugend. Denn sowohl im Zivilprozess als auch im Strafverfahren gilt der Grundsatz der freien Beweiswürdigung (§ 286 ZPO, § 261 StPO), der das Gericht verpflichtet, die Überzeugungsbildung eigenverantwortlich und kritisch vorzunehmen.

Im Zivilverfahren ist die Zurückhaltung gegenüber Obergutachten insbesondere dann schwer zu rechtfertigen, wenn die Parteien die Kosten eines weiteren Gutachtens tragen und damit eine Aufklärung des Sachverhalts ohne erhebliche Belastung des Gerichts möglich wäre. Im Strafverfahren gilt dies erst recht, wenn es um beweisintensive und entscheidungserhebliche Fragen geht, die für Schuld- oder Freispruch von zentraler Bedeutung sind.

Die pauschale Ablehnung eines Obergutachtens kann daher zu einer faktischen Reduzierung der gerichtlichen Kontrollintensität führen und steht in einem Spannungsverhältnis zum Amtsermittlungsgrundsatz (§ 244 Abs. 2 StPO) sowie zur Pflicht zur erschöpfenden Beweiswürdigung.

234 *Hinweis*

Es entspricht allgemeiner Erfahrung, dass z.B. medizinische Sachverständige Behandlungsfehler nur mit Zurückhaltung ansprechen oder fälschlich als unvermeidbar bezeichnen.[437] Ebenso entspricht es allg. Erfahrung, dass es sog. „Hausgutachter" gibt. Der forensisch erfahrene Praktiker weiß in nicht wenigen Fällen bereits bei Fassung des Beweisbeschlusses und Benennung des Sachverständigen, wie das Gutachtensergebnis ausgeht.

235 In der **zivilgerichtlichen Praxis** kommt der Fall häufig vor, dass das Gericht ein Sachverständigengutachten einholt und dieses zu anderen Ergebnissen als ein zuvor übergebenes oder später nachgereichtes Privatgutachten kommt. **Der Tatrichter hat regelmäßig keine große Bereitschaft, sich mit dem abweichenden Privatgutachten auseinanderzusetzen**. Gleichwohl hat das Gericht dieses abweichende Privatgutachten zu würdigen.[438] Zwar handelt es sich bei einem Privatgutachten zivil-

436 Die ZPO kennt den Begriff nicht, vgl. Thomas/Putzo, Komm. zur ZPO, 46. Aufl., § 412 Rn 3 m.w.N. zur Pflicht ein Obergutachten einzuholen.

437 Vgl. Steffen/Pauge, Arzthaftungsrecht, Rn 615 m.w.N.

438 Vgl. BGH, NJW 1982, S. 2874 f.

prozessual um qualifizierten, substantiierten Parteivortrag,[439] der zudem als Urkundenbeweis eingeführt ist,[440] jedoch hat sich das Gericht damit ebenso sorgfältig auseinanderzusetzen wie bei einem abweichenden gerichtlichen Gutachten.[441] Ein Privatgutachten kann nicht als Sachverständigengutachten, sondern lediglich als urkundlich belegter Parteivortrag verwertet werden und steht einer sachverständigen Beweisaufnahme nur bei Zustimmung beider Parteien gleich.[442]

Hinweis 236

Es stellt eine Verletzung des Anspruchs auf rechtliches Gehör dar, wenn ein Privatgutachten zu deutlich anderen Ergebnissen kommt, aber hierauf nicht oder nur „kurzerhand" eingegangen wird.[443] Auch darf sich das Gericht mangels eigener Sachkunde nicht mit einer eigenen Interpretation der Ausführungen über Widersprüche hinwegsetzen, sondern hat die Widersprüche durch eine gezielte Befragung aufzuklären.[444]

Eine Pflicht zur Einholung eines „Obergutachtens" besteht nur dann, wenn der Gutachter von unzutreffenden tatsächlichen Erwägungen ausgegangen ist, wenn es inhaltlich widersprüchlich ist oder der „Obergutachter" über überlegene Forschungsmittel verfügt.[445] Das wird naturgemäß selten der Fall sein. Öfter wird der Fall vorkommen, dass das Gerichtsgutachten vorliegt und die Partei sodann ein Privatgutachten anfertigen lässt, das zu abweichenden Ergebnissen kommt.[446] Wenn diese nicht von vornherein widerlegbar sind,[447] oder es sich um einen „schwierigen Fall" handelt,[448] wird das Gericht (theoretisch) gehalten sein, ein weiteres Gutachten einzuholen.[449] Das liegt daran, dass sich das Gericht mit abweichenden Privat- 237

439 BGH, VersR 1993, S. 899; OLG Hamm, Urt. v. 27.2.2014 – 6 U 147/13 = MDR 2014, S. 959.

440 BGH, NJW 1985, S. 1399, 1401: „Es trifft zu, daß vorhandene Fachgutachten, seien es von der Partei vorgelegte Privatgutachten, seien es in anderen Verfahren erstattete Gutachten, in den Prozeß eingeführt und dann im Wege des Urkundenbeweise auch in die Beweiswürdigung und die Überzeugungsbildung des Gerichtes einbezogen werden können. Wenn aber eine Partei, wie hier geschehen, Einwendungen gegen die Person des Verfassers des Gutachtens und gegen Inhalt und Qualität seiner Ausführungen erhebt und dafür auch noch Beweis antritt, darf ihr dieser Beweis nicht dadurch abgeschnitten werden, daß das Gericht das Gegenteil bereits durch die vorliegenden Urkunden für bewiesen hält. In der Regel wird dem Gericht die eigene Sachkunde fehlen, um die Berechtigung von Angriffen gegen schriftliche gutachterliche Äußerungen beurteilen zu können."

441 Vgl. BGH, VersR 1981, S. 752; vgl. auch BGH, VersR 2001, S. 525 f. m.w.N.; BGH, Beschl. v. 11.11.2014 – VI ZR 76/13 = NJW 2015, S. 411 ff.

442 Vgl. BGH, Urt. v. 29.9.1993 – VIII ZR 62/92 = NJW-RR 1994, S. 255 ff.

443 Vgl. BVerfG, NJW 1997, S. 122.

444 Vgl. BGH, Urt. v. 27.3.2001 – VI ZR 18/00 = NJW 2001, S. 2791 ff.

445 Vgl. BGH, VersR 1980, S. 533.

446 Vgl. zur Kostenerstattungspflicht Zöller, Komm. Zur ZPO, § 91 Rn 13 „Privatgutachten".

447 Vgl. BGH, VersR 1985, S. 188.

448 Vgl. BGH, NJW 1986, S. 1930.

449 Vgl. BGH, NJW 1986, S. 1930; BGH, NJW-RR 2007, S. 212.

gutachten ebenso sorgfältig auseinanderzusetzen hat, wie bei der abweichenden Stellungnahme eines vom Gericht bestellten Gutachters.[450]

238 Das wiederum bedeutet, dass das Gericht die **Widersprüche zwischen Privatgutachten und gerichtlich eingeholtem Gutachten** von Amts wegen ausräumen **muss.**[451] Die Begründung im Urteil muss erkennen lassen, aufgrund welcher Erwägungen sich das Gericht ein Urteil gebildet hat.[452] Insbesondere darf der Tatrichter den Streit der Sachverständigen nicht dadurch entscheiden, dass er ohne einleuchtende und logisch nachvollziehbare Begründung einem von ihnen den Vorzug gibt.[453]

Zutreffend weist Prechtel auf Folgendes hin: „Zur Erfüllung dieser strengen Voraussetzungen dürfte dem Gericht meist die erforderliche Sachkunde fehlen, so dass die Einholung eines **zweiten Gutachtens** häufig unumgänglich sein wird, sofern die noch offenen Fragen nicht bereits durch die Anhörung des Sachverständigen geklärt werden konnten."[454]

239 „Die Problematik der Ausdeutung und Auswertung eines Gutachtens drängt sich besonders deutlich dann auf, wenn der Richter über einander widersprechende Gutachten entscheiden muss. Eine im Grunde paradoxe Situation: Der nichtsachverständige Richter soll über einen Meinungsstreit von Sachverständigen entscheiden. Er kann sich dieser Entscheidung aber nicht entziehen, weil er die Verantwortung für das Urteil trägt. Der Richter wird zunächst festzustellen haben, wie weit die Ansichten der Sachverständigen übereinstimmen, wo und aus welchen Gründen die Meinungen auseinander gehen. Die Gründe des Auseinandergehens der Meinungen können sehr verschieden sein. Es kann sein, dass die Gutachter von verschiedenen Sachverhalten ausgehen. Dann ist es Aufgabe des Richters, die Gutachter zu veranlassen, ihr Gutachten auf die verschiedenen Sachverhalte abzustellen, die nach der Beweislage in Betracht kommen können [...] Häufig wird es sich um verschiedene Arbeitsmethoden handeln. Dann muß sich das Gericht über die Arbeitsmethoden, ihre Verschiedenheit und ihren Wert klar werden. Ist unter den vorhandenen Gutachtern eine Klärung der Methodenfrage nicht zu erreichen, aber auch mit sonstigen Mitteln in der Hauptverhandlung nicht herbeizuführen, so muß das Gericht einen weiteren Gutachter hören, dessen Auftrag sich aber auf die Methodenfrage beschränken kann. Eine weitere Möglichkeit des Abweichens der Meinungen voneinander kann sich aus der Verschiedenheit der Beobachtung oder der Verschiedenheit der Bewertung einheitlicher Beobachtungen ergeben. Bei der Ver-

450 Vgl. BGH, VersR 1980, S. 533; BGH, NJW 1998, S. 2735; BGH, NJW 1992, S. 1459.

451 Vgl. BGH, VersR 1986, S. 476; BGH NJW 1987, S. 442; BGH, NJW 1992, S. 2991; BGH NJW-RR 1993, S. 1002; BGH, NJW 1994, S. 2419; BGH, NJW 1997, S. 1639; BGH, Beschl. vom 21.3.2013 – V ZR 204/12; BGH, Urt. v. 11.11.2014 – VI ZR 76/13 = NJW 2015, S. 411 f.

452 Vgl. BGH, VersR 1961, S. 67.

453 Vgl. BGH, Urt. v. 11.11.2014 – VI ZR 76/13 = NJW 2015, S. 411 f.

454 Prechtel, Entkräftung eines Sachverständigengutachtens, ZAP vom 27.3.2008, S. 361, 370.

schiedenheit der Beobachtung kann ein Fehler in der Untersuchung vorliegen. Der Fehler kann wiederum sehr mannigfaltig sein. Er kann von der Verwechslung und Vertauschung des Untersuchungsgegenstandes über die fehlerhafte und ungenügende Untersuchungsanordnung bis zur ungenügenden Vorbildung des Gutachters gehen. Das Gericht muss klären, ob ein solcher Fehler festzustellen ist. Bestehen hinsichtlich der festgestellten Beobachtungen keine Zweifel, so können die Bewertungen der Sachverständigen auseinander gehen. Verhältnismäßig einfach ist die Entscheidung für das Gericht dann, wenn zur Bewertung des Befundes besondere Kenntnisse, Erfahrungen oder Mittel erforderlich sind, über die einer der Sachverständigen nicht verfügt. Es gibt aber auch Fälle, in denen die Meinungsverschiedenheiten für das Gericht nicht aufklärbar sind."[455]

Besonders problematisch sind Sachverständigengutachten zum Personalbeweis (z.B. zur Schuldunfähigkeit, Glaubwürdigkeit et cetera). „Das Material [der von Peters untersuchten Wiederaufnahmefälle] enthält Fälle, in denen es für den Juristen ebenso wenig wie für einen Psychiater eindeutig erklärbar ist, ob die Beurteilung der Schuldunfähigkeit richtig oder falsch ist. Es ist auch nicht möglich, in allen Fällen entgegengesetzter Gutachten dem einen oder dem anderen den Vorrang zu geben. Die Ursache dieses mißlichen Ergebnisses liegt darin, dass der Übergang von Gesundheit zu Krankheit fließend ist. Es ist bei den psychiatrischen Grenzfällen eben anders als bei der Feststellung von Sachgegebenheiten, die nur so oder so liegen können. Hinzu kommt, dass das psychiatrische Gutachten notwendigerweise auf Einfühlungen und Wertungen beruht, die objektiv nicht mehr auflösbar sind."[456] 240

In der Entscheidung IV ZR 57/08 weist der BGH auf Folgendes hin: „Zweckmäßigerweise hat das Gericht den Sachverständigen unter Gegenüberstellung mit dem Privatgutachter anzuhören, um dann entscheiden zu können, wieweit es den Ausführungen des Sachverständigen folgen will (BGH VersR 1981, 576 unter II 1b)."[457] Kommt es nicht zu einer **Gegenüberstellung des Privatgutachters** mit dem gerichtlich beauftragten Sachverständigen, kann die Partei wohl in der Anhörung des gerichtlich beauftragten Sachverständigen dem Privatgutachter die Parteirechte übertragen (Gehörsvermittlung durch Dritte).[458] 241

> *Praxistipp* 242
>
> Ob ein zweites Gutachten einzuholen ist, hat das Gericht selbstständig zu prüfen, jedoch empfiehlt sich ein ausdrücklicher Antrag.[459] Die unkritische Über-

455 Peters, Fehlerquellen im Strafprozeß, Bd. 2, S. 173 f.

456 Peters, Fehlerquellen im Strafprozeß, Bd. 2, S. 137.

457 BGH, zfs 2009, S. 522 f.

458 Das dürfte die Konsequenz des Anspruchs aus Art. 103 Abs. 1 GG sein, vgl. BVerfGE 83, S. 24, 36.

459 Vgl. Prechtel, Entkräftung eines Sachverständigengutachtens, ZAP Nr. 7 v. 27.3.2008, S. 361, 368.

nahme des gerichtlichen Gutachtens als „überzeugend" scheidet aus[460] und kann sogar einen Verstoß gegen Art. 103 GG darstellen.[461] Das gilt vor allem dann, wenn das Urteil auf das widersprechende (deutlich abweichende) Ergebnis eines Privatgutachtens nicht eingeht.[462] Faktisch wird sich in diesen Fällen manchmal die Befangenheit des gerichtlich bestellten Sachverständigen herausstellen, die durch einen **Befangenheitsantrag** gem. § 406 ZPO geltend zu machen ist.[463] Die gerichtliche Übernahme eines Sachverständigengutachtens aufgrund der beruflichen Stellung lässt sich ggf. auf eine unzulässige Beweisregel zurückführen. Es gibt aber keinen Erfahrungssatz, demzufolge der als gerichtlich tätig gewordene Arzt aufgrund seiner Stellung als Sachverständiger zu einer zuverlässigeren Beurteilung kommt als ein anderer Arzt.[464]

243 Auch wenn die o.g. Rechtsgrundsätze klar sind, ist die Einholung eines Obergutachtens der (sehr) seltene Ausnahmefall. Praktisch wird der Gerichtssachverständige beauftragt, sich mit den Einwendungen aus dem Privatgutachten auseinanderzusetzen, der dann regelmäßig sein Ergebnis verteidigt. Das klingt dann meist plausibel, aber unbekannt bleibt, wie oft es wirklich plausibel ist. Der Partei ist grds. zu raten, von ihrem Recht auf Ladung des Sachverständigen zur Erläuterung des Gutachtens zu bestehen gem. § 411 Abs. 3 ZPO. Diesem Antrag muss das Gericht grds. stattgeben.[465] Anderenfalls würde sogar ein verfassungsrechtlicher Gehörsverstoß vorliegen.[466] Ob das Gericht einen Erläuterungsbedarf sieht, ist irrelevant.[467] „Dem Antrag einer Partei auf Ladung des Sachverständigen zur Erläuterung seines schriftlichen Gutachtens hat das Gericht grundsätzlich zu entsprechen, auch wenn es das schriftliche Gutachten für überzeugend hält und selbst keinen weiteren Erläuterungsbedarf sieht. Die Partei hat zur Gewährleistung des rechtlichen Gehörs nach §§ 397, 402 ZPO einen Anspruch darauf, dass sie dem Sachverständigen die Fragen, die sie zur Erläuterung der Sache für erforderlich hält, zur mündlichen Beantwortung vorlegen kann (BGH, Urt. v. 7.10.1997 – VI ZR 252/96, NJW 1998, 162, unter II 2 a; Beschl. v. 22.5.2007 – VI ZR 233/06, NJW-RR 2007, 1294, Tz. 3, st. Rspr.). Beschränkungen des Antragsrechts können sich allenfalls aus dem [...] Gesichtspunkt des Rechtsmissbrauchs oder der Prozessverschleppung ergeben (BGH, Urt. v. 29.10.2002 – VI ZR 353/01, NJW-RR 2003, 208, unter II 1). Das Berufungs-

460 Vgl. OLG Zweibrücken, NJW-RR 1999, S. 1156.

461 Vgl. BVerfG, NJW 1997, S. 122.

462 Vgl. BVerfG, NJW 1997, S. 122 f.

463 Vgl. Prechtel, Entkräftung eines Sachverständigengutachtens, ZAP Nr. 7 v. 27.3.2008, S. 361, 366 ff.

464 Vgl. hierzu Schneider/Thiel, Zivilprozessuales Beweisrecht, Rn 487 m.w.N.

465 Vgl. BGH, VersR 1997, S. 509; BGH, Urt. v. 1.2.2002 – V ZR 361/00 = NJW-RR 2002, S. 1147; BVerwG, Beschl. v. 16.7.2007 – 2 B 55/07; BVerfG, Beschl. v. 17.1.2012 – 1 BvR 2728/10 = NJW 2012, S. 1346; BVerfG, Beschl. v. 6.3.2013 – 2 BvR 2918/12 = NJW-RR 2013, S. 626 f.

466 Vgl. BVerfG, NJW-RR 1996, S. 183; BGH, NJW-RR 2009, S. 1361.

467 Vgl. BGH, zfs 2009, S. 520 f. = IV ZR 211/05 m.w.N.

gericht durfte die Anhörung des Sachverständigen daher nicht mit der Begründung ablehnen, die von der Beklagten gestellte Frage sei schon im (erstinstanzlichen) Gutachten des Sachverständigen beantwortet worden."[468] Eine entsprechende Fristsetzung muss zudem unmissverständlich sein.[469]

Die Partei muss allerdings gem. § 411 Abs. 4 ZPO angeben, „in welche Richtung sie durch ihre Fragen weitere Aufklärung wünscht". Die zu stellenden Fragen müssen aber nicht im Voraus formuliert werden.[470] 244

Hinweis 245

Erfahrungsgemäß ist eine Korrektur des bisherigen Ergebnisses nicht zu erwarten. Gerichtlich bestellte Sachverständige revidieren ihre ursprünglichen Feststellungen kaum.[471] Das allgemeine Verdikt über wissenschaftliche Kontroversen von Kahneman ist sicher zutreffend und auf Sachverständige verallgemeinerbar: „Kontroversen unter Fachleuten bringen die schlechtesten Seiten der akademischen Welt zum Vorschein. Wissenschaftsmagazine veröffentlichen gelegentlich einen Schlagabtausch unter Forschern, der oftmals damit beginnt, dass jemand die Forschung eines anderen kritisiert, gefolgt von einer Erwiderung und einer Gegenerwiderung. [...] Die Antworten machen gegenüber einer harschen Kritik nur selten Zugeständnisse und es ist wohl noch nie vorgekommen, dass eine Gegenerwiderung einräumt, dass die ursprüngliche Kritik verfehlt oder in irgendeiner Weise irrig gewesen sei."[472]

In der Schweiz fand 1998 eine Evaluation von medizinischen Sachverständigengutachten statt. Das Ergebnis war, dass 35 % der Gutachten einwandfrei, 36 % lückenhaft und 29 % schwer mangelhaft waren.[473] Eine schweizerische Paralleluntersuchung aus dem Jahre 2006 reproduzierte diese Ergebnisse, d.h. 5 % wurden als perfekt, 46 % als tauglich, 19 % als mangelhaft und 30 % als untauglich eingestuft.[474] Eine Folgestudie zwischen 2006 und 2009 aus der Schweiz ergab folgendes Ergebnis: „Erstaunlicherweise hat unsere Literaturrecherche (Medline/PubMed) ergeben, dass sich sowohl im deutsch-, als auch angelsächsischen Sprachraum nur wenige Unterlagen zur Gutachtenqualität per se oder zur Beurteilung der Qualität von Gutachten finden. Insbesondere konnte kein validiertes Instrument zur Prü- 246

468 BGH, VIII ZR 295/08.

469 Vgl. BGH, Urt. v. 22.5.2001 – VI ZR 268/00 = NJW-RR 2001, S. 1431.

470 Std. Rspr., vgl. z.B. BGH VI ZR 233/06, VI ZR 353/01, VIII ZR 295/08 und BGH, VersR 2003, S. 926 f., VersR 2006, S. 950 f.

471 Vgl. Doukoff, Mandatshandbuch Zivilrechtliche Berufung, Rn 366 m.w.N.

472 Kahneman, Schnelles Denken, Langsames Denken, S. 289.

473 Vgl. Meine, Die ärztliche Unfallbegutachtung in der Schweiz – Erfüllt sie die heutigen Qualitätsanforderungen? Swiss Surg 1998, S. 53 ff.

474 Vgl. Ludwig, Qualität fachärztlicher Gutachten im Bereich der sozialen Unfallversicherung, Medizinische Mitteilungen (SUVA) 2006, S. 5 ff.

fung der Gutachtenqualität (Raster) identifiziert werden, nach dem Gutachten systematisch evaluiert werden könnten [...] Die Detailanalyse der 97 repräsentativen Gutachten zeigt bezüglich Gesamtbewertung ein Resultat von 22.7 % qualitativ ungenügenden, 48.4 % qualitativ genügenden bis guten und 28.9 % qualitativ sehr guten Expertisen. Damit zeigt sich deutlich, dass grosse Qualitätsdiskrepanzen bei der medizinischen Begutachtung in der Schweiz bestehen, und dass mit über 22 % ungenügenden Gutachten die in den Vorstudien aufgezeigten und in den Medien kommunizierten Mängel im schweizerischen Gutachterwesen belegbar sind. Die Mängel der Gutachten betreffen weniger den formalen Aufbau, sondern fussen in erster Linie in oberflächlichen und unvollständigen Befunderhebungen und in mangelhafter versicherungsmedizinischer Diskussion und Begründung der Schlussfolgerungen. Ersteres lässt darauf schliessen, dass für Begutachtungen zu wenig Zeit aufgewendet wird, letzteres deutet auf mangelnde Qualifikation und Expertise in den spezifischen Anforderungen der Gutachtenserstellung hin. Signifikante Qualitätsunterschiede ergaben sich im analysierten Kollektiv hinsichtlich der Zahl der involvierten Fachdisziplinen (polydisziplinäre Gutachten waren schlechter als monodisziplinäre), Sprachherkunft (deutschsprachige Gutachten waren signifikant schlechter als romanische (italienische und französische) und Schwierigkeitsgrad (je schwieriger ein Gutachten eingestuft wurde, desto höher wurde seine Qualität bewertet).“[475]

247 Es ist kaum anzunehmen, dass sich in Deutschland ein anderes Bild ergäbe. Bezeichnenderweise hatte Karl Peters als Ergebnis seiner Untersuchungen zu (strafrechtlichen) Wiederaufnahmeverfahren in der BRD bereits 1972 folgendes Fazit gezogen: „Das Problem des irrenden Gutachters ist weder erst heute entstanden noch heute bereits überwunden. Der Fortschritt der Kriminalistik mit den grundlegenden Wissengebieten mag dazu führen, dass frühere Fehler heute nicht mehr vorkommen. Das hindert aber nicht, dass dieser Fortschritt zugleich auch neue Fehlerquellen eröffnet. Da fehlerhafte Gutachten nicht nur durch den Umfang des allgemeinen und speziellen Sachwissens, sondern auch durch die im Großen und Ganzen gleichbleibenden menschlichen Verhaltensweisen bestimmt werden, ist das Problem des fehlerhaften Gutachtens überzeitlich. Es bleibt verwunderlich, dass trotz des umfangreichen älteren Schrifttums zum Fehlurteil und speziell zum Gutachterirrtum [...] die Juristen von der Problematik so wenig Kenntnis genommen haben.“[476]

248 „In vielen Gerichtsverfahren, besonders in Prozessen bezüglich Verkehrsunfällen, Arzthaftung oder Berufsunfähigkeitsversicherungen, dient das Gutachten eines/einer Sachverständigen als Grundlage für die richterliche Entscheidung. Sowohl in Medienberichten als auch in zahlreichen Beschwerden beim Petitionsausschuss des Deutschen Bundestages gibt es Berichte über Gefälligkeitsgutachten, die nicht die

475 Stöhr/Bollag/Auerbach/Eichler/Imhof/Gyr, Gutachtensqualität in der Schweiz: Ergebnisse einer Studie, im Internet veröffentlicht unter http://www.unispital-basel.ch/fileadmin/unispitalbaselch/Bereiche/Medizin/Asim/Angebot/Forschung/Tagungsband_Sozialrechtstage.pdf.

476 Peters, Fehlerquellen im Strafprozess, Bd. 2, S. 178.

hohen Kriterien der Unparteilichkeit und Unabhängigkeit der medizinischen Begutachtung genügen. Versicherungsgesellschaften, die teils Weltkonzerne sind, verfügen über andere finanzielle Ressourcen und Netzwerke als die privaten Geschädigten. Zudem haben die Geschädigten grundsätzlich ein Interesse an einer raschen Schadensregulierung, die Versicherer profitieren davon, die Verfahren in die Länge zu ziehen – oft so lange, bis der Geschädigte aufgibt und sich auf einen von der Versicherung diktierten Vergleich einlässt. Hier besteht ein grundsätzliches Ungleichgewicht. Eine regelmäßig angewendete Methode der Beeinflussung von Gutachterinnen und Gutachtern funktioniert über Aufträge bzw. den Entzug von Aufträgen. So ist in dem NDR-Beitrag ‚Nein-Sager – wenn Versicherungen nicht zahlen' vom 4.9.2012 berichtet worden, dass Gutachterinnen und Gutachter mit außergerichtlichen Aufträgen 400.000 bis 1.250.000 EUR pro Jahr verdienen. Auf diese Aufträge müssten sie verzichten, wenn sie als gerichtlich bestellte Gutachter gegen die Interessen der Versicherung handelten. Diese Zusammenhänge sind für die einzelnen Gerichte jedoch schwer zu erkennen. Es geht nicht um Einzelfälle, sondern offenbar um Strukturen, die sicherstellen, dass immer wieder Gutachterinnen und Gutachter Gefälligkeitsgutachten erstellen (vgl. z.B. Dr. Hugo Lanz, Zweiklassenrecht durch Gutachterkauf, Zeitschrift für Rechtspolitik, 1996; Bericht in der taz vom 11.11.2005, ‚Die Macht der Sachverständigen' u.a.). Es bleibt den Gerichten überlassen, parteiische Gutachten als solche zu entlarven und nicht im Versicherungsprozess zu verwenden. Mitunter müssen sie den Sachverhalt nicht durch, sondern gegen ein vorliegendes Gutachten aufklären."[477]

Eine Studie des Münsteraner Instituts für Rechtsmedizin hat 1997 ergeben, dass bei 249
der **Leichenschau durch Ärzte** zahlreiche nicht natürliche Todesfälle nicht entdeckt wurden. Die Daten hierzu stammten aus 23 deutschen rechtsmedizinischen Instituten, die etwa drei Viertel der gerichtlichen Obduktionen in Deutschland durchführen. Selbst bei verhaltener Schätzung ist von einer Zahl von wenigstens 1.200 unerkannten Tötungsdelikten und 11.000 unerkannten nicht-natürlichen Todesfällen aufgrund unterbliebener oder mangelhafter Obduktion auszugehen, was größenordnungsmäßig einer Dunkelziffer von etwa 1:1 entspricht, d.h. auf jedes erkannte vorsätzliche Tötungsdelikt kommt ein unerkanntes.[478] Andere Autoren gehen von Dunkelziffern von 1:3 bis 1:7, bei Kindstötungen sogar von 1:10 aus.[479]

Eine weitere rechtsmedizinische Studie aus dem Jahre 1997 verglich die Zahl tödli- 250
cher Kindsmisshandlungen in Westdeutschland mit denen im Gebiet der ehemali-

477 So zutreffend die Anfrage der Abgeordneten Bunge, Remmers, Weinberg, Golze, Korte, Dittrich, Kipping, Petermann, Ploetz, Sitte, Stüber, Wunderlich, Zimmermann, Neskovic, Bundestag-Drucksache 17/12673.

478 Vgl. Brinkmann/Banaschak/Bratzke/et al.: Fehlleistungen bei der Leichenschau in der Bundesrepublik Deutschland: Ergebnisse einer multizentrischen Studie (I), (II), Arch Kriminol 1997; S. 1–12, 65–74.

479 Vgl. Stern, Verteidigung in Mord- und Totschlagsverfahren, Rn 4 m.w.N.

gen DDR in den Jahren 1985 bis 1990. In Ostdeutschland wurden alle verstorbenen Kinder bis zum 16. Lebensjahr aufgrund einer Anordnung obduziert, und es zeigte sich eine fast doppelt so hohe relative Häufigkeit nicht natürlicher Todesfälle in Ostdeutschland gegenüber Westdeutschland. Die naheliegendste Erklärung hierfür ist eine entsprechend hohe Dunkelziffer in Westdeutschland aufgrund einer viel geringeren Obduktionsfrequenz.[480]

Eine **Analyse von Glaubwürdigkeitsgutachten** hat ergeben, dass das dortige Vorgehen in nahezu 50 % der Fälle nicht de **lege artis** ist.[481]

251 Einen Anhaltspunkt für die gebotene kritische Überprüfung kann das Urteil des OLG München vom 13.5.2011 – 10 U 3951/10 geben: „Das angefochtene Urteil lässt auch nicht erkennen, dass der Erstrichter die vorgelegten Sachverständigengutachten ernsthaft geprüft hat. Seine Entscheidungsgründe beschränken sich auf eine Zusammenfassung der Aussagen der Sachverständigen, ohne diese auf ihre Richtigkeit zu prüfen. Ein Sachverständigengutachten unterliegt aber grundsätzlich der freien Beweiswürdigung nach § 286 Abs. 1 ZPO [...] Dabei hat das Gutachten eines vom Gericht ernannten Sachverständigen keinen ‚Anschein der Richtigkeit' für sich, der von einer Prozesspartei entkräftet werden müsste [m.w.N.]. Das Gericht muss deshalb Gutachten gerichtlich bestellter Sachverständiger sorgfältig und kritisch würdigen [m.w.N.]. Dies gilt insbesondere hinsichtlich

- der Einhaltung formaler Standards,
- der vollständigen Verwertung der vom Gericht vorgegebenen Anknüpfungs- oder Befundtatsachen [m.w.N.]
- der Gesetzmäßigkeit der Befunderhebung [m.w.N.],
- der dem Gutachten zugrunde liegenden juristischen Vorstellungen [m.w.N.], insbesondere auch des zugrunde gelegten, in verschiedenen Rechtsgebieten auch noch sehr unterschiedlichen Kausalitätsbegriffs und Beweismaßes [m.w.N.],
- der Widerspruchsfreiheit (innere Logik) und Schlüssigkeit (Plausibilität) der Argumentation [m.w.N.]."[482]
- Ein lohnenswerter Prüfungspunkt kann die Frage der Gutachtenserstellung sein. Der gerichtlich bestellte Sachverständige hat das Gutachten in eigener Verantwortung selbst anzufertigen, gem. § 407a Abs. 2 ZPO. In diversen Fällen wird dies – unzulässigerweise – delegiert.

252 Zuvor hatte Karl Peters die Ursachen der falschen Gutachten wie folgt zusammengefasst: Mangelnde Materialbeschaffung, unklare Fragestellung an den Sachverständigen, mangelnde Feststellungen durch den Sachverständigen, Verkennung der

480 Vgl. Vock, Tödliche Kindesmisshandlung (durch physische Gewalteinwirkung) in der Bundesrepublik Deutschland im Zeitraum 1.1.1985 bis 2.10.1990, Arch Kriminol. 1999, S. 73 ff.

481 Vgl. Busse/Volbert, Glaubwürdigkeitsgutachten in Strafverfahren wegen sexuellen Missbrauchs, S. 133 ff. in Psychologie der Zeugenaussage.

482 OLG München, Urt. vom 13.5.2011 – 10 U 3951/10 = NJW 2011, S. 3729 f.

Schwierigkeit einer gutachtlichen Äußerung, ungenügende Sachkenntnis des Sachverständigen, voreilige Schlüsse und Hypothesen.[483]

Hinweis 253

„Eine ungenügende kritische Einstellung des Gerichts gegenüber einem Gutachter kann sich leicht dann ergeben, wenn Gericht und Gutachter in ständiger Zusammenarbeit stehen. Abgesehen von der Gefahr eines Aufeinandereinspielens und einer gegenseitigen Abhängigkeit liegt es nahe, den Gutachter auch dort noch für zuständig zu erachten, wo in Wirklichkeit Grenzen erreicht sind."[484] In der Praxis sind die Fälle nicht selten, in denen die beteiligten Juristen nur die Zusammenfassung des Gutachtens lesen.[485] Der „gerichtsbekannt sorgfältige/zuverlässige/gerichtserfahrene Sachverständige" sollte daher eher Mahnung als Qualitätsmerkmal sein.

Ähnlich unkritisch wie Sachverständigengutachten werden ärztliche **Atteste** in der Praxis behandelt. Folgender Befund aus der Schweiz ist auf Deutschland ohne Weiteres übertragbar: „Obwohl es vermutungsweise eine relativ hohe Dunkelzahl von Gefälligkeitszeugnissen gibt, ist dies in der Praxis selten mit rechtlichen Konsequenzen verbunden [...] In einem Zivilverfahren stellt ein ärztliches Zeugnis eine Parteibehauptung dar, die der freien richterlichen Beweiswürdigung unterliegt. Der Nachweis, dass ein ausgestelltes Attest unzutreffend ist, ist mit großem Aufwand verbunden [...] Selbst wenn erhebliche Zweifel am Wahrheitsgehalt eines Arztzeugnisses bestehen, kann der Arzt bei Fehlen eines klaren Beweises regelmäßig mit großem Vertrauen rechnen. Wird ein weiteres Zeugnis eingeholt, erfolgt dies in der Regel zu einem späteren Zeitpunkt. In der Zwischenzeit ändern sich die Verhältnisse vielfach, was möglicherweise zu einer anderen Beurteilung bzw. Diagnose führt. Eine exakte Beurteilung, ob die damalige Wertung unter den früheren Umständen richtig bzw. falsch war, ist oftmals nicht mehr möglich. Hinzu kommt die bis zu einem gewissen Grad verständliche Haltung der Ärzte, auch eine eher ungewöhnliche Beurteilung von Berufskollegen nur mit äusserster Zurückhaltung als falsch bzw. unwahr zu bezeichnen."[486] Richtigerweise reicht das alleinige ärztliche Attest im Zivilverfahren i.d.R. nicht, um einen Gesundheitsschaden zu beweisen. 254

Immer muss beachtet werden, dass das Gerichtsgutachten nur ein Teil der Beweisführung ist. Regelmäßig stehen Sachverständigengutachten nicht isoliert, sondern neben Zeugenaussagen und Parteiangaben (Beschuldigtenangaben) und ggf. weiteren Sachverständigengutachten. Das konkrete Gerichtsgutachten muss daher als 255

483 Vgl. Peters, Fehlerquellen im Strafprozess, Bd. 2, S. 164 ff.

484 Peters, Fehlerquellen im Strafprozess, Bd. 2, S. 169.

485 Vgl. Bayerlein, Praxis-Handbuch Sachverständigenrecht, 4. Aufl., Kap. 22, Rn 10.

486 Mitteilung der Lebensversicherer an die Schweizer Ärzteschaft, Beilage der Schweizerischen Ärztzeitung Nr. 27 vom 4.7.2001, S. 25.

Glied der Beweisführung erkannt werden,[487] bei dem prima facie sowohl die Unrichtigkeit des Gutachtens als auch die Unrichtigkeit der ggf. widersprechenden sonstigen Beweisergebnisse gleich wahrscheinlich ist.

256 Die Partei kann in jedem Fall „ihren" Sachverständigen in der Zivilverhandlung stellen und ihm das Fragerecht (an den Gerichtssachverständigen) übertragen. Im Strafverfahren ist diese Konstellation etwas schwieriger. Der Sachverständige muss hier von der Verteidigung geladen werden (§ 220 StPO i.V.m. § 38 StPO), sodass er als präsentes Beweismittel gilt und nach § 245 Abs. 2 StPO zu hören ist, sofern kein Ablehnungsgrund aus dem „Missbrauchskatalog" des § 245 Abs. 2 S. 2, 3 StPO vorliegt. Entgegen einem verbreiteten Missverständnis handelt es sich dabei jedoch nicht um einen Sachverständigen der Verteidigung, sondern um einen solchen des Gerichts, der dieselben Anwesenheits- und Fragerechte wie ein gerichtlich geladener Sachverständiger hat.[488]

257 Die mündlichen Erläuterungen des Sachverständigen müssen im Zivilverfahren im Sitzungsprotokoll oder in einem Berichterstattervermerk festgehalten werden, sonst liegt ein unverzichtbarer Verfahrensmangel vor, denn nur dann kann nämlich das Revisionsgericht (im Zivilverfahren) prüfen, ob die Aussage zutreffend berücksichtigt ist,[489] was im Strafverfahren aufgrund des nicht vorhandenen Wortprotokolls und des Rekonstruktionsverbotes bemerkenswerterweise gerade nicht der Fall ist.

258 In der Praxis wird in nicht wenigen Fällen um Wertschätzungen (z.B. Wert eines Grundstücks, ortsübliche Vergleichsmiete) gestritten. Der Sachverständige hat seine Befundtatsachen vollständig offenzulegen (z.B. Mietpreis und Adressen der Vergleichswohnungen) und kann sich i.d.R. nicht hinter der „Privatsphäre Dritter" verstecken.[490] Ebenso wenig können „Geschäftsgeheimnisse" dazu führen, dass wesentliche Grundlagen des Gutachtens nicht offengelegt werden. „Die Verwertung der unter diesen Umständen zustande gekommenen Sachverständigengutachten entsprach nicht dem Recht der Klägerin auf rechtliches Gehör (Art. 103 Abs. 1 GG) und der Vorschrift des § 286 ZPO, nach der das Gericht verpflichtet ist, Gutachten gerichtlicher Sachverständiger sorgfältig und kritisch zu würdigen (vgl. z.B. BGH, Urt. v. 9.5.1989 – VI ZR 268/88, NJW 1989, 2948). Die Erfüllung dieser Pflicht setzt voraus, dass der Gutachter die wesentlichen tatsächlichen Grundlagen seines Gutachtens offenlegt (vgl. BGH, Urt. v. 12.6.1963 – IV ZR 12/63, LM ZPO § 144 Nr. 4). Andernfalls ist sein Gutachten grundsätzlich unverwertbar (vgl. Baumbach/Lauterbach/Albers/Hartmann, ZPO 50. Aufl. § 286 Anm. 3C)."[491]

487 Vgl. Peters, Fehlerquellen im Strafprozess, Bd. 2, S. 176.

488 Vgl. Widmaier, Zur Rechtsstellung des nach §§ 220, 38 StPO vom verteidiger geladenen Sachverständigen, StV 1985, S. 526 ff.

489 BGH, Urt. v. 21.4.1993 – XII ZR 126/91 = NJW-RR 1993, S. 1034 f.

490 Vgl. BVerfG, NJW 1995, S. 40.

491 BGHZ 116, S. 47, 58.

Das BVerfG führt zutreffend aus: 259

„Das Rechtsstaatsprinzip gewährleistet in bürgerlichen Rechtsstreitigkeiten elementare Verfahrensregeln, die für einen fairen Prozess und einen wirkungsvollen Rechtsschutz unerlässlich sind. Dazu gehört, dass das Gericht die Richtigkeit bestrittener Tatsachen nicht ohne hinreichende Prüfung bejaht. Das gilt grundsätzlich auch für konkrete Befundtatsachen, auf deren Feststellung ein Sachverständiger sein Gutachten gestützt hat. Den Parteien muss dabei die Möglichkeit gegeben werden, an dieser Prüfung mitzuwirken. Dazu müssen auch ihnen die konkreten Befundtatsachen, die das Gericht durch Übernahme des Sachverständigengutachtens verwerten will, zugänglich sein [...] Eine dem Rechtsstaatsprinzip genügende Urteilsgrundlage fehlt jedoch, wenn der Richter einem Sachverständigengutachten, dessen Befundtatsachen bestritten sind, ohne nähere Prüfung dieser Tatsachen folgt und sich ohne weiteres darauf verlässt, dass die vom Sachverständigen zugrunde gelegten und nicht im Einzelnen konkretisierten tatsächlichen Feststellungen richtig sind [...] Zur Nachprüfung eines Sachverständigengutachtens kann die Kenntnis der einzelnen tatsächlichen Umstände, die der Sachverständige selbst erhoben und seinem Gutachten zugrunde gelegt hat, unentbehrlich sein. In einem solchen Fall ist die Offenlegung dieser Tatsachen aus rechtsstaatlichen Gründen regelmäßig geboten. Ist der Sachverständige dazu nicht bereit, darf sein Gutachten nicht verwertet werden."[492]

Hat das Gericht gar kein schriftliches Gutachten eingeholt, sondern erstattet der Sachverständige sein **Gutachten mündlich**, gilt – **im Zivilprozess** – Folgendes. Der Parteivertreter hat in jedem Fall in einem – nachgelassenen oder nicht nachgelassenen – Schriftsatz Einwendungen gegen das Gutachten vorzutragen. „Denn wenn, wie im Streitfall, ein Sachverständiger, ohne dass er vorher ein den Parteien zur kritischen Würdigung zugängliches schriftliches Gutachten erstattet hat, in der mündlichen Verhandlung zu schwierigen Sachfragen ausführlich gehört wird, muss jede Partei, soll ihr das rechtliche Gehör nicht verkürzt werden, Gelegenheit erhalten, sich nach Vorliegen des Protokolls über die Beweisaufnahme gegebenenfalls anderweitig sachverständig beraten zu lassen und zum Beweisergebnis Stellung zu nehmen (vgl. Senatsbeschluss vom 12.1.1982 – VI ZR 41/81 – VersR 1982, 371; Senatsurteil vom 3.6.1986 – VI ZR 95/85 – VersR 1986, 1079 f.; Musielak/Huber, ZPO, 6. Aufl. § 411 Rn 2; Saenger/Eichele, ZPO, 2. Aufl., § 411 Rn 6)."[493] Wird das nicht beachtet, liegt ein Verfahrensfehler vor, so dass das Berufungsgericht nicht an die tatsächlichen Feststellungen gebunden ist, gem. § 529 Abs. 1 Nr. 1 ZPO. 260

Jedenfalls im Arzthaftungsprozess muß die medizinisch nicht sachkundige Partei auch Gelegenheit erhalten, zu einem mündlich erstatteten Gutachten, das gegenüber einem früheren schriftlichen Gutachten neue und ausführliche Beurteilungen 261

492 BVerfGE 91, S. 176, 181 ff.

493 BGH, VI ZR 275/08.

enthält, nochmals – gegebenenfalls nach sachverständiger Beratung – Stellung zu nehmen.[494]

262 Der nicht nachgelassene Schriftsatz führt ggf. zu einer Pflicht, die mündliche Verhandlung wieder zu eröffnen.[495]

263 *Hinweis*

Die Partei des Zivilverfahrens hat einen höheren Rechtsschutzstandard gegen Gerichtsgutachten als im Strafverfahren. Das leuchtet nicht ein und ist eine Besonderheit des – **im Grundsatz unfair ausgestatteten** – deutschen Strafverfahrens, in dem von Verfahrensbalance keine Rede sein kann.

264 Oft wird in der Praxis gar kein Sachverständigengutachten eingeholt, sondern das Gericht entscheidet aufgrund „**eigener Sachkunde**". Hat der Richter durch andere Gutachten aus vergleichbaren Fällen einen bestimmten Erfahrungssatz gewonnen, dann muss er ihn in den Prozess einführen. Sonst liegt ein Verstoß gegen § 286 ZPO vor.[496] Im Übrigen muss der Richter seine Sachkunde in den Urteilsgründen nachvollziehbar darlegen, wenn er ohne Sachverständigengutachten entscheidet.[497] Hierzu teilt der BGH mit: „Ein Gericht ist nur befugt, einen angebotenen Sachverständigenbeweis nicht zu erheben, wenn es für die Streitfrage über die hinreichende eigene Sachkunde verfügt (st. Rspr.: BGH, NJW-RR 1997, 1108 m.w.Nachw. = ZfBR 1997, 240 = BauR 1997, 692). Eine Entscheidung aufgrund beanspruchter eigener Sachkunde ist nur dann verfahrensrechtlich zulässig, wenn das Gericht vor der Entscheidung den Parteien Gelegenheit gibt, zu der beanspruchten eigenen Sachkunde Stellung zu nehmen, und wenn das Gericht die eigene Sachkunde im Urteil ausweist (BGH, NJW-RR 1997, 1108 = ZfBR 1997, 240 = BauR 1997, 692)."[498]

265 *Praxistipp*

Der allgemeine Verweis auf langjährige Erfahrung mit einer Vielzahl an gleichgelagerten Verfahren reicht nicht.[499] Das Absehen von einem Sachverständigenbeweis aufgrund eigener Sachkunde des Gerichts setzt voraus, dass die Parteien auf diese Sachkunde hingewiesen wurden und Gelegenheit zur Stellungnahme hatten.[500] Andernfalls liegt ein Verstoß gegen Art. 103 Abs. 1 GG vor.[501]

494 Vgl. BGH, Urt. v. 17.4.1984 – VI ZR 220/82 = NJW 1984, S. 1823 ff.
495 Vgl. BGH, NJW 2009, S. 2604 ff.; BGH, VI ZR 25/09.
496 Vgl. BGH, LM § 286 (B) Nr. 23.
497 Vgl. BGH, VersR 1977, S. 767 f.; BGH, MDR 1997, S. 779; vgl. auch BGH, NJW 1993, S. 2378 für medizinische Sachkunde.
498 BGH, NJW-RR 2000, S. 1547 f.; BGH, Beschl. v. 12.3.2024 – VI ZR 283/21 = NJW-RR 2024, S. 547.
499 Vgl. BGH, NJW-RR 1997, 1108.
500 Vgl. BGH, NJW-RR 2000, S. 1547.
501 Vgl. BGH, VersR 2007, S. 1008 f.; BVerfG, Beschl. v. 17.9.2020 – 2 BvR 1605/16 = NJW 2021, S. 50.

266 Auch die reine **Bezugnahme auf ein vorgerichtliches Privatgutachten** ist i.d.R. unzulässig. Ggf. kann dies aber im Wege der Schadensschätzung nach § 287 ZPO wegen der dort vorgesehenen Beweiserleichterungen ausreichen.[502]

267 Für eine Beweisführung im **Strengbeweisverfahren** (§ 286 ZPO) reicht dies aber nicht, denn ein Privatgutachten ist nur **substantiierter Parteivortrag**. „Der Tatrichter darf ein Privatgutachten zwar durchaus verwerten, hierbei aber nicht außer Acht lassen, dass es sich grundsätzlich nicht um ein Beweismittel i.S.d. §§ 355 ff. ZPO, sondern um (qualifizierten) substantiierten Parteivortrag handelt (vgl. Senat, VersR 1981, 576, 577; NJW 1992, 1459 = LM H. 9/1992 § 286 (E) ZPO Nr. 22 m. w. Nachw.); eine eigene Beweisaufnahme des Gerichts, insbesondere die Einholung eines gerichtlichen Sachverständigengutachtens, wird durch ein Privatgutachten allenfalls dann entbehrlich gemacht, wenn der Tatrichter allein schon aufgrund dieses substantiierten Parteivortrags ohne Rechtsfehler zu einer zuverlässigen Beantwortung der Beweisfrage gelangen kann (vgl. BGH, VersR 1987, 1007, 1008; 1989, 587; BGHRZPO § 402 ZPO Privatgutachten 1). Als Sachverständigengutachten im Sinne eines Beweismittels kann ein Privatgutachten nur mit Zustimmung beider Parteien herangezogen werden (vgl. BGH, NJW 1986, 3077, 3079 = LM Art. Art. 1 GG Nr. 38).“[503] D.h., „eine Beweiserhebung ist auch nicht deshalb entbehrlich, weil die unter Beweis gestellten Tatsachen durch ein Privatgutachten belegt sind, dessen Richtigkeit der Gegner bestreitet, ohne die Unzulänglichkeit des Gutachtens substanziiert darzulegen.“[504]

268 Auch in **Strafverfahren** ist zu beobachten, dass gerichtlich beauftragte Sachverständige regelmäßig an ihrem Gutachtensergebnis festhalten, selbst wenn sie Fehler bei der Gutachtenserstellung einräumen müssen. Werden Sachverständige von der Verteidigung eingeführt, wird diesen von Seiten des Gerichts meist mit großem Misstrauen begegnet.

269 Ein instruktives Beispiel liefert der Fall der „kleinen Laura“. Der Vater (Stefan H.) der viereinhalb Monate alten Laura wird angeklagt, sein Kind erstickt zu haben. Die Anklage stützt sich auf ein Gutachten der Münchner Rechtsmedizin. Die Verteidigung hat ein Gutachten eines Münsteraner Rechtsmediziners eingeholt. Dieses ergab nach einer feingeweblichen Untersuchung der sichergestellten Organe einen plötzlichen Kindstod, ausgelöst durch eine Lungenentzündung. Der Münchner Rechtsmediziner teilt mit, dass er zwar keine feingewebliche Untersuchung vorgenommen habe, was ein Fehler sei, aber an seinem Ergebnis nichts ändere. Ob-

502 Vgl. BGH, VersR 1989, S. 1056 f. unter lit. 2 am Ende, vgl. auch OLG München – 10 U 2378/05; vgl. zum Nachweis der Haftungsbegründung aber BGH, NJW 1985, S. 1399, 1401.

503 BGH, NJW 1993, S. 2382 f.; ebenso: BGH, NJW 2009, S. 2894; VersR 1992, S. 722 unter II.2.; NJW 1982, 2874 f.; NJW-RR 2008, 1252 f.; NJW-RR 2009, 112 ff.; Thomas/Putzo, ZPO, 32. Aufl., Vor. § 402 Rn 5 m.w.N.; HK-ZPO/Eichele, 3. Aufl., Vor. § 402 Rn 2; Musielak, ZPO, 9. Aufl., § 402 Rn 5 m.w.N.; Zöller, ZPO, 29. Aufl, § 402 Rn 2.

504 BGH, Beschl. v. 28.7.2020 – VI ZR 300/18 = NJW-RR 2020, S. 1320, Rn 13.

wohl kein Motiv für eine Tötung ersichtlich ist, erhebt die Staatsanwaltschaft trotzdem Anklage und beantragt eine Haftstrafe von sieben Jahren. Das Gericht spricht frei. Die Staatsanwaltschaft kündigt sodann Revision gegen das Urteil an.[505] Die Presse formuliert zutreffend wie folgt: „In Deggendorf hat sich ein Fall zugetragen, der einerseits Vertrauen in die Urteilsfähigkeit eines Gerichts schafft, andererseits aber alle Zutaten eines Justizskandals hat. Dabei steht zum einen die hohe Reputation des Münchner Instituts für Rechtsmedizin auf dem Spiel. Zum anderen geht es um die Frage, ob sich Tatverdächtige auf die Neutralität der Deggendorfer Staatsanwaltschaft verlassen dürfen."[506]

270 *Hinweis*

Dieses Pressezitat ist insofern verallgemeinerbar, als sich Tatverdächtige zwar manchmal auf die Neutralität der Staatsanwaltschaft verlassen können, manchmal aber nicht.[507] Hierzu ein anderes Pressezitat: „Im Strafprozess hingegen ist der Gegner die Staatsanwaltschaft, und auch wenn das immer wieder dementiert wird, so gibt es doch eine gewisse Nähe zwischen ihr und dem Gericht."[508] Damit sind die im deutschen Strafprozess gut erforschten, aber unfairen Perseveranz- und Schulterschlusseffekte angesprochen.

M. Möglichkeit der nur teilweisen Widerlegung der Gegenpartei und Nachbesserungen des Sachverhalts

271 In vielen Fällen steht – auch im Zivilprozess – **Aussage gegen Aussage**. Gegebenenfalls gibt es noch einige schwache Indizien zugunsten einer Partei. Der Rechtsstreit erscheint damit für den beweisbelasteten Kläger a priori aussichtslos. Das ist aber falsch, denn in nicht wenigen Fällen wird der Kläger den Beklagten jedenfalls in einem zentralen Punkt widerlegen, d.h. der Lüge überführen können. Kann eine Partei jedoch in einem zentralen Punkt der Lüge überführt werden, während die andere Partei nicht gelogen hat, ist dieser Umstand in der Beweiswürdigung zu beachten.

272 Die Tatsache der „krassen Lüge" dürfte in der Beweiswürdigung dazu führen, dass der lügenden Partei auch hinsichtlich der sonstigen zentralen Punkte nicht geglaubt werden kann, sofern die abweichende Parteischilderung plausibel erscheint, so dass diese zugrunde zu legen ist.

505 Vgl. die Artikel in der Süddeutschen Zeitung „Im Zweifel für die Anklage" v. 21.1.2005, S. 47 (Autor Rolf Thym) u. „Totschlag war plötzlicher Kindstod" v. 20.7.2005, S. 44.

506 „Im Zweifel für die Anklage", SZ v. 21.1.2005, S. 47 (Autor Rolf Thym).

507 Vgl. hierzu den gesamten Teil I dieses Handbuchs m. umfangreichen Nachweisen.

508 „Die Einwürfe des Advokaten" SZ v. 11.1.2005, S. 3 (Autor Stephan Handel).

Aus dem Anleitungsbuch zur richterlichen Arbeitstechnik von van den Hövel kann folgendes eindrucksvolle Beispiel entnommen werden. 273

Der 86-jährige Kläger trägt vor, seinem Neffen zwei Mal je 5.000 EUR als Darlehen gegeben zu haben. Leider habe er jedoch die Quittungen hinsichtlich der Hingabe der Gelder verlegt. Der Neffe erwidert, er habe nie Gelder erhalten oder Quittungen ausgestellt. Nunmehr findet der Kläger eine entsprechende Quittung. Der Neffe trägt nun vor, das Geld bereits zurückgezahlt zu haben.

Mit anderen Worten: Der klägerische Vortrag war jedenfalls hinsichtlich eines Darlehens zutreffend, während der Beklagte insofern mindestens einmal gelogen hatte. In einer Gesamtwürdigung wird man daher – bei sonst unterstellter Plausibilität – dem Kläger auch hinsichtlich dessen weitergehender Aussage (§§ 141, 448 ZPO) folgen müssen, denn die anderslautende Beklagtenaussage ist durch die jedenfalls nachweislich falsche Teilaussage diskreditiert.[509]

Zwar ist der Satz, wer einmal lügt, dem glaubt man nicht, als solcher nicht richtig, da es auch nachvollziehbare Motive für eine Lüge gibt, aber in diesem Fall gibt es für die Lüge unter Geltung der Wahrheitspflicht des § 138 Abs. 1 ZPO gerade kein nachvollziehbares Motiv der Lüge. Allgemein gilt: 274

> *„Nach § 286 Abs. 1 ZPO hat das Gericht unter Berücksichtigung des gesamten Inhalts der Verhandlungen und des Ergebnisses einer etwaigen Beweisaufnahme nach freier Überzeugung zu entscheiden, ob eine tatsächliche Behauptung für wahr oder nicht wahr zu erachten ist. Grundlage der Würdigung ist der gesamte Inhalt der Verhandlung, Art, Zusammenhang und Zeitpunkt des Vorbringens, Handlungen, Unterlassungen, ggf. eine Verletzung der Wahrheitspflicht, eine ggf. vorliegende Beweisvereitelung, der persönliche Eindruck von den Prozeßbeteiligten und ihren Vertretern einschließlich einer Beweisaufnahme, all dies ggf. auch unter Einbeziehung von Erfahrungssätzen wie der Verkehrssitte oder einschlägigen Handelsgebräuchen. Eine Beweislastenentscheidung scheidet aus, wenn aus Rechtsgründen eine Beweisaufnahme nicht stattfindet, das Gericht aber aufgrund der anderen o.g. Umständen von der Wahrheit der Tatsachenbehauptung einer Partei überzeugt ist.“*[510]

Davon zu trennen ist eine reine Korrektur/Änderung/Ergänzung eines Vortrages, der gerade keine Lüge, sondern nur eine Nachlässigkeit/einen Irrtum/eine Vereinfachung darstellte, denn auch eine Partei darf sich irren und ihren früheren Vortrag mit nachvollziehbaren Gründen berichtigen.[511] „Auch eine Korrektur der Aussage beinhaltet nicht a priori den Verdacht der bewusst unrichtigen Aussage; wir alle kor- 275

509 Vgl. van den Hövel, Richterliche Arbeitstechnik, S. 57.

510 LAG Thüringen, Urteil vom 19.1.1999 – 5 Sa 895/97.

511 Vgl. van den Hövel, Richterliche Arbeitstechnik, S. 58.

rigieren ständig Aussagen, weil wir nachdenken und uns gelegentlich sukzessiv erinnern."[512]

„Allerdings kann nicht jeder unzutreffende Parteivortrag als ‚Lüge' bezeichnet werden. Die Wahrnehmung eines Geschehens ist generell nicht unbeeinflusst vom äußeren und inneren Standpunkt des Wahrnehmenden. Gleiches gilt für Erinnerung und Wiedergabe, zumal in einem von starker Polarität geprägten Verhältnis, wie es zwischen Prozessparteien häufig besteht. Wenn sich das Gericht nach den Regeln des Prozessrechts in §§ 138, 286 ZPO die – rechtlich bindende, aber um deswillen nicht der Gefahr des Irrtums enthobene – Überzeugung bildet, ein bestimmter Sachverhalt habe sich so und nicht anders zugetragen, ist damit die frühere, möglicherweise abweichende Darstellung einer Partei nicht zugleich als gezielte Irreführung des Gerichts oder der Gegenpartei ausgewiesen. Es bedarf vielmehr besonderer Anhaltspunkte, um einen solchen – schweren – Vorwurf zu begründen (BAG 10.06.2010 – 2 AZR 541/09, juris, Rn 57)."[513]

276 Änderungen, Ergänzungen oder Korrekturen haben ihren Grund oft darin, dass Anwälte aus Vorsorge bereits Tatsachen (vorsorglich) bestreiten, ohne mit der Mandantschaft Rücksprache gehalten zu haben[514] oder bestimmte Dinge bis dato schlicht für unwesentlich gehalten haben.

277 Es ist gerade Sinn und Zweck der anwaltlichen Aufgabe, dem Gericht nicht jeden Mandantenvortrag ungefiltert zu übermitteln, sondern diesen zu sammeln, zu ordnen und zu filtern, so dass der anwaltliche Vortrag naturgemäß immer nur eine subjektive – unvollständige – Auswahl des von dem Anwalt für relevant erachteten Vortrags ist.[515]

278 *Hinweis*

Es ist eine Mär, dass jeder anwaltliche Schriftsatz mit der Partei besprochen ist. In der Praxis ist das Gegenteil der Fall. Beachtet man richterliche Pensen und anwaltliche Fallbearbeitungszahlen, so fallen tausende Schriftstücke jährlich an, von denen nur der geringste Teil persönlich mit dem Mandanten besprochen werden kann. „Nicht wenige Schwierigkeiten und Unstimmigkeiten gehen darauf zurück, dass Richter keine Vorstellung von den Problemen haben, denen Anwälte ausgesetzt sind. Ruhiges Arbeiten ist tagsüber kaum möglich. Unentwegt rufen Mandanten an. Die meisten wollen nur wissen, wie es in ihrer Sache stehe, ob es etwas Neues gebe, wann – und wie! – das Gericht entscheiden werde und so fort. Fehlinformationen der Mandanten stoßen eine bereits eingereichte

512 Van den Hövel, Richterliche Arbeitstechnik, S. 119 f.
513 LAG Niedersachsen, Urt. v. 6.10.2021, Az.: 13 Sa 1199/20.
514 Vgl. van den Hövel, Richterliche Arbeitstechnik, S. 58.
515 Vgl. Mertlins, Substantiierung im Zivilprozess, NJ 2009, S. 441 f.

schriftsätzliche Begründung um, die berichtigt werden muss. Am Terminstag stiehlt ständiges Warten dem Anwalt die Zeit [...] Richter kennen die Schattenseiten des Berufs nicht. Das Einkommen der Anwälte überschätzen sie maßlos. Miete, technische Geräte, Personal, Versorgungswerk, Kammerbeiträge, Haftpflichtversicherung, Krankenversicherung – damit haben sie nichts zu tun. Das regelt und übernimmt für sie ihr Arbeitgeber."[516]

N. Richterliche Tendenz des Haltens um jeden Preis

I. Allgemeines

Das Sprichwort sagt: vor Gericht und auf hoher See ist man in Gottes Hand. Dem professionell tätigen Juristen fällt es zu Beginn seiner Berufstätigkeit vermutlich schwer, dieses Sprichwort als wahr zu erachten. Gleichwohl wird jeder Anwalt im Laufe seines Berufslebens schlicht falsche und unhaltbare Urteile erhalten, die in der Rechtsmittelinstanz nach seiner Einschätzung sicher abgeändert werden müssten. In nicht wenigen Fällen stellt sich diese Prognose als falsch heraus. D.h. das unhaltbare Urteil wird wider Erwarten von der Rechtsmittelinstanz doch „gehalten". Das kann entweder an einer unprofessionellen anwaltlichen Mandatsbearbeitung und Prognoseeinschätzung oder an einer richterlichen Attitüde des „Haltens um jeden Preis" liegen. **279**

Der Anteil der professionell agierenden Rechtsmittelanwälte darf keinesfalls überschätzt werden. Handwerkliche Fehler kommen auf Anwaltsseite immer wieder vor. Gleichwohl sind auch Senate und Kammern, die öfter „Unhaltbare" halten, als sog. „*Oli-Kahn*-Senate bzw. -Kammern" in der Anwaltschaft bekannt.[517] Das ist einerseits unproblematisch, wenn das Halten des Urteils für den Rechtsmittelführer nachvollziehbar begründet werden kann, aber andererseits höchst problematisch, wenn es an einer nachvollziehbaren Begründung durch das Rechtsmittelgericht mangelt. **280**

Wesentlich für die Akzeptanz eines Urteils und eines Gerichts ist die Wahrnehmung durch den Rechtsunterworfenen, fair behandelt worden zu sein. Erkenntnisse der Forschung zur **Verfahrensgerechtigkeit** legen nahe, dass ein Angeklagter oder die unterlegene Partei auch ein negatives Ergebnis akzeptiert, wenn er oder sie das Gefühl hat, dass der Richter nicht anders entscheiden konnte und fair war. Das kann der Verfasser aus unzählbaren Zivil- und Strafprozessen bestätigen. Der frühere Leiter des Wiener Sicherheitsbüros formuliert treffend: „Ich treffe heute noch Menschen, die ich einst eingesperrt habe und denen ich immer noch in die Augen sehen kann, da sie nicht von mir enttäuscht wurden, weil das, was im Verfahren durch- **281**

516 Schneider, ZAP Kolumne (Schattenseiten des Anwaltsberufs), ZAP 2011, S. 1075.

517 Vgl. hierzu O.u.– offensichtlich unbegründet – Zwischenruf von Gisela Friedrichsen in Legal Tribune Online unter http://www.lto.de/de/html/nachrichten/518/Offensichtlich-unbegruendet-/.

geführt wurde, korrekt und von diesem persönlichen Respekt getragen war. Das geht soweit, dass einige Täter sogar Briefe oder Postkarten nach ihrer Haftentlassung an mich sandten – einer sogar, bevor er sich tötete."[518]

282 Das Bedürfnis nach fairer Behandlung ist zentral für die Würde und das Selbstwertgefühl des Rechtsunterworfenen.[519]

In nicht wenigen Fällen scheint es aber, als ob Richter sich weniger dem Grundsatz der Fairness verpflichtet fühlen, sondern nach anderen (kryptischen) Kriterien urteilen.

Speziell bei landgerichtlichen (zivilgerichtlichen) Berufungsurteilen ist relativ häufig eine geringe Bearbeitungstiefe zu beobachten.[520] Was „häufig" genau bedeutet, kann zahlenmäßig nicht einmal geschätzt werden. Richtig ist, dass die meisten Richter sich um ein korrektes und faires Urteil bemühen. Allerdings gibt es auch Fälle, in denen der Rechtsunterworfene schlicht abgekanzelt wird. Dieser Anteil ist zahlenmäßig in keinem Fall vernachlässigbar.

283 Ein persönliches Bonmot soll dies verdeutlichen: Der Verfasser kannte einen Vorsitzenden des LG München I, der ein eifriger Einsender von Urteilen an die „Schmerzensgeldtabelle" war. Dieser Vorsitzende war so gerne Jurist, dass er vor seiner Pensionierung den bayerischen Ministerpräsidenten bat, mit einer Sondererlaubnis weiterarbeiten zu dürfen. Der Vorteil für den Staat würde darin liegen, dass er dann nur seinen Sold erhielte. Ginge er aber in Pension, würde er Pension und sein Nachfolger Besoldung erhalten, sodass der Staat zwei Mal bezahlen müsste. Der Ministerpräsident bestand auf der Pensionierung des Vorsitzenden, der sich dann als Anwalt niederließ. Nach einiger Zeit fragte der Verfasser den mittlerweile als Anwalt tätigen Vorsitzenden, wie ihm nun das Anwaltsleben gefallen würde. Der Vorsitzende erwiderte: Als ich noch Richter war, dachte ich, wir hätten eines der besten Rechtssysteme der Welt, als Anwalt denke ich, wir haben eines der schlechtesten.

II. Die richterliche Attitüde

284 Schünemann hat für den Bereich des Strafrechts darauf hingewiesen, dass die Frage, ob Richter mehr nach ihren eigenen Attitüden als nach dogmatischen Argumenten urteilen, einen ganzen Wissenschaftszweig beschäftigt hatte, der mittlerweile ad acta gelegt wurde.[521] Nach der Konzeption des Revisionsrechts waren tatrichterliche Feststellungen und Beweiswürdigungen grundsätzlich der revisionsrechtlichen

518 Edelbacher/Herrnstadt, Sie haben das Recht zu schweigen, S. 115 f.

519 Vgl. Bierbrauer/Klinger, Verfahrensgerechtigkeit, S. 507 ff. in: Volbert/Steller – Hrsg.– Handbuch der Rechtspsychologie.

520 Vgl. Doukoff, Mandatshandbuch Zivilrechtliche Berufung, Rn 5.

521 Vgl. Schünemann, Richterbezogene Attitüdenforschung und der Indikator des qualifizierten Begründungsfehlers, FS Mehle 2009, S. 613 ff.

Kontrolle entzogen. Das hat zu groben Rechtsschutzlücken geführt, so dass das Rechtsmittel der strafprozessualen Revision gesetzlich reformiert werden sollte. Im Jahre 1964 kam es zu einer „kleinen" strafprozessualen Reform, die „klein" genannt wurde, da eine „große" Reform, die sich u.a. mit der revisionsrechtlichen Kontrolle der Feststellungen und Beweiswürdigungen beschäftigen sollte, noch folgen würde. Nachdem der BGH aber durch die sog. „erweiterte Revision" begonnen hatte, auf diesen vormals unkontrollierten Bereich zuzugreifen, wurden diese Reformbemühungen der 70er Jahre des letzten Jahrhunderts nicht mehr weiter verfolgt.[522]

Dass die Hoffnungen, die in die **erweiterte Revision** gesetzt wurden, erfüllt wurden, **285**
muss stark bezweifelt werden. Aus einer statistischen Auswertung von Barton erfahren wir, dass z.B. im Jahr 2005 auf die „erweiterte Revision" hin nur eine einzige Angeklagtenrevision beim 1. Strafsenat erfolgreich war, während beim 5. Strafsenat 14 derartige Angeklagtenrevisionen erfolgreich waren.[523] Bereits diese absolut geringe Zahl (1 bzw. 14) zeigt, dass die erweiterte Revision einerseits kein Ersatz für eine fehlende zweite Tatsacheninstanz sein kann und andererseits, dass es Unterschiede in der Handhabung der Kriterien zwischen den Senaten gibt. Zum 1.6.2008 kam es überdies zu einem Wechsel der Steuerstrafzuständigkeit vom 5. Senat auf den 1. Senat des BGHs. Schünemann wagte im Jahre 2009 probeweise eine kühne Prognose, dass sich eine ggf. bestehende **angeklagtenunfreundliche Attitüde** des 1. Senats in einer Verschärfung der Rechtsprechung in Steuerstrafsachen zeigen würde.[524] Diese Prognose von Schünemann hat sich im Jahre 2010 mit einer deutlich strengeren Handhabung von Steuerstraftaten bestätigt.[525] Das zeigt, dass es immer grobe Unterschiede in der Rechtsanwendung gibt und geben kann, die in der Sache nicht gerechtfertigt sind, sondern sich durch persönliche richterliche Attitüden erklären.

VRiBGH [a.D] Fischer hat die durch Beschluss entschiedenen Revisionen (§ 349 **286**
Abs. 2 und 4 StPO) des BGH der Jahre 2008–2012 ausgewertet. Er kommt zu folgendem Ergebnis:

> *„Diese [seine] Tabelle gibt – unter anderem – Ergebnisse wieder, die seit einigen Jahren für Unruhe unter Strafverteidigern und Tatgerichten sorgen. Die außerordentlich hohe Spreizung der Verwerfungen als ‚offensichtlich unbegründet' gem. § 349 Abs. 2 StPO zwischen 93 % (**1. Strafsenat**) und 73 % (**3. Strafsenat**) ist durch Zufall gar nicht und in der Sache nur schwer zu erklären. Das gilt*

522 Vgl. das gesamte Werk von Fezer, Die erweiterte Revision – Legitimierung der Rechtswirklichkeit? –.

523 Vgl. Barton, Die erweiterte Revision in der Rechtsprechung des Bundesgerichtshofes, S. 333, 350 in: FS Fezer 2008.

524 Vgl. Schünemann, Richterbezogene Attitüdenforschung und der Indikator des qualifizierten Begründungsfehlers, FS Mehle 2009, S. 613, 615.

525 Vgl. Wessing/Biesgen, Der 1. Strafsenat des BGH und das Steuerstrafrecht, NJW 2010, S. 2689 ff.

auch für die Spreizung der Aufhebungsquote (bei Komplettaufhebungen gem. § 349 Abs. 4 StPO) zwischen 0,9 % und 5,7 %, also um das Sechsfache. Eklatant sind auch die Unterschiede in den Anteilen der Teilaufhebungen gem. § 349 Abs. 2 und § 349 Abs. 4 StPO (kombiniert): Im Bezirk des ***3. Strafsenats*** *hat man als Angeklagter eine um das dreieinhalbfache höhere Chance als im Bezirk des* ***1. Strafsenats****, dass die eigene Revision zumindest einen Teilerfolg hat; in den Bezirken der übrigen* ***Senate*** *ist die Chance immerhin noch um deutlich mehr als das Doppelte höher. Diese Ergebnisse sprechen gegen die gelegentlich zu hörende Annahme, die Ergebnisse der Revisionsverfahren glichen sich über längere Zeiträume mit gewissen Schwankungen einander an. Vielmehr kommt es ersichtlich – jedenfalls auch – auf den Senat an, der entscheidet. Die Unterschiede beruhen – erklärtermaßen*[526] *zumindest auch – auf einer unterschiedlichen rechtspolitischen Einstellung der* ***Senate*** *zum Rechtsmittel der Revision und zur Aufgabe des Revisionsgerichts. Gelegentlich wird zur Begründung der Spreizung angeführt, es sei die* ***Qualität*** *der aus den jeweiligen Zuständigkeits-Bezirken stammenden Gerichtsentscheidungen objektiv so unterschiedlich, dass sich dies in den Ergebnissen der Revisionen (nur) abbilde. Danach sollen badenwürttembergische und bayerische Gerichtsverfahren und Urteile im Durchschnitt um das Dreifache „besser" sein als solche aus Nordrhein-Westfalen oder Niedersachsen. Eine solche Theorie ist weder beweisbar noch nahe liegend. Ihr widerspricht vor allem, dass sich nach dem Wechsel von Zuständigkeiten zwischen einzelnen Strafsenaten die oben genannten Quoten alsbald auch in den jeweils neu übernommenen Bezirken eingestellt haben, und zwar in beide Richtungen. Es sind somit nicht die Landgerichte, die die Quote der erfolgreichen Revisionen bestimmen, sondern die BGH-Senate."*[527]

287 Es sind keine Gründe ersichtlich, dass dieser strafrechtliche Befund der **richterlichen Attitüde**, die das Ergebnis beeinflusst, nicht auf den Zivilprozess verallgemeinerbar ist. Hierzu braucht nur auf den höchst unterschiedlichen Umgang mit § 522 Abs. 2 ZPO verwiesen zu werden.[528] Wenn in einzelnen OLG-Bezirken von dieser Möglichkeit in 5,25 % der Fälle, in anderen aber in mehr als 50 % der Fälle von § 522 Abs. 2 ZPO Gebrauch gemacht wird, belegt dies entweder die Anwendung der Norm zur eigenen Arbeitsentlastung oder jedenfalls unterschiedliche Anforderungen an die tatbestandlichen Voraussetzungen der identischen Norm.[529]

526 Im Original folgende Fußnote: Auf Tagungen und bei anderen Gelegenheiten erfährt man von albernen Selbst-Beschreibungen etwa als „*Olli-Kahn-Senat*" („hält alles!"); es wird auch von Tatrichtern berichtet, die sich rühmen, sie könnten sich auf „ihren" *Senat* unter allen Umständen „verlassen". Selbst wenn solchen Behauptungen einiges an (unpassender) Schaumschlägerei zugrunde liegen mag, sind sie dem Ansehen der Justiz nicht zuträglich.

527 Fischer, Der Einfluss des Berichterstatters auf die Ergebnisse strafrechtlicher Revisionsverfahren, NStZ 2013, S. 425, 428 f.

528 Vgl. Reinelt, Die unendliche Geschichte, § 522 Abs. 2 ZPO, ZRP 2009, S. 203 ff.

529 Vgl. Doukoff, Mandatshandbuch Zivilrechtliche Berufung, Rn 723 m.w.N.

Sowohl die eigene Arbeitsentlastung als auch unterschiedliche Anforderungen sind jedoch direktes Spiegelbild einer dahinterstehenden richterlichen Attitüde, die auch das „**Halten um jeden Preis**" sein kann. Ausdrücklich teilt der Vorsitzende Richter am OLG München Stackmann völlig zu Recht mit: „Tatsächlich lässt sich [...] feststellen, dass die zivilgerichtliche Judikatur eine Tendenz hat, an einmal gefundenen Positionen festzuhalten [...]."[530] 288

Die Tendenz des Haltens um jeden Preis wird ganz besonders deutlich, wenn man die vorhandenen, aber oft unangreifbaren und absurden Begründungsversuche für die Verwerfung von **Wiederaufnahmeanträgen** – sogar in Evidenzfällen – zur Kenntnis nimmt.[531] 289

Hinweis 290

Ein Missbrauch des Rechts findet (in extremen) Einzelfällen durch Verteidiger statt, aber auch – das wird immer wieder übersehen – durch Richter.[532] Die höchstrichterliche These, dass eine Änderung des **anwaltlichen Ethos** Argumente für Änderungen einer Rechtsprechung seien,[533] ist gänzlich falsch.[534] Die richterliche Attitüde des Haltens um jeden Preis sollte auch dem **richterlichen Berufsethos** fremd sein. Hierzu gehören namentlich die sorgfältige Ermittlung der Tatsachengrundlagen und das Bemühen um ein (auch) materiell richtiges und gerechtes Urteil.[535] Insbesondere hat der Richter geschworen, der Wahrheit zu dienen (§ 38 Abs. 1 DRiG). Das Dogma der Überlastung des Richters ist (im Zivilprozess) angesichts sinkender Berufungszahlen und exzessiver

530 Stackmann, Richterliche Selbstkontrolle und Verfahrenswirklichkeit im Zivilprozess, Jus 2005, S. 495, 496.

531 Vgl. Graf/StPO/Eschelbach, § 261 Rn 18.2. und 6.2. mit einem Extrembeispiel; weitere Extrembeispiele siehe Rückert, Unrecht im Namen des Volkes, S. 191 ff., Harry Wörz, http://www.harrywoerz.de/ und derJustizspuk um den Bauern Rupp. Im Fall Rupp wurden die Angeklagten wegen Erschlagen, Zersägen der Leiche und Verfüttern der Leichenteile an die Hunde verurteilt. Selbst das Auffinden der ertrunkenen, aber sonst unversehrten Leiche führte nicht zu einem unproblematischen Wiederaufnahmeverfahren, sondern erst durch das übergeordnete OLG (vgl. OLG München 3 Ws 109–122/10). Das führt zu dem Fazit: Selbst in Evidenzfällen ist eine Wiederaufnahme allenfalls durch das übergeordnete OLG faktisch denkbar (so kam es zu Wiederaufnahmeverfahren nicht durch das LG Mannheim, sondern das OLG Karlsruhe im Fall Wörz, nicht durch das LG Landshut, sondern durch das OLG München im Fall Rupp und nicht durch das LG Osnabrück, sondern durch das OLG Oldenburg –1 Ws 355/06 und 1 Ws 463/07 – in dem von Rückert geschilderten Fall). All diese krassen Fehlurteile wurden von der Revision nicht entdeckt; die Fälle Wörz und Rupp wurden vor dem 1. Strafsenat des BGH – dem Kahn-Senat, d.h. dem Titan, der alles hält – (so Gisela Friedrichsen im Internet unter http://www.lto.de/de/html/nachrichten/518/Offensichtlich-unbegruendet-/) verhandelt und waren erfolglos (Az.: 1 StR 527/05 und 1 StR 394/98).

532 Vgl. Meyer, JR 1980, S. 219 f.

533 So der Große Senat für Strafsachen in seiner Entscheidung zur Rügeverkümmerung, BGHSt. 51, S. 298, 313.

534 Vgl. Widmaier, Quo vadis, Revision? Revision, wohin gehst Du?, StraFo 2010, S. 310 f.

535 Vgl. van den Hövel, Richterliche Arbeitstechnik, 4. Aufl., S. V.

Übertragungen auf den Einzelrichter nicht unbedingt zutreffend.[536] Freilich arbeiten viele Richter oft (weit) überobligatorisch. Aber auch der nur pflichtgemäß arbeitende Richter kann nicht – bei Wahrung seines Ethos – Quantität vor Qualität setzen. Die richterliche Unabhängigkeit ist gerade ein Freibrief, **Qualität statt Quantität** zu beachten, statt qualitativ schlechte Urteile auf Überlastung zu schieben.

III. Die praktische Handhabung des Haltens um jeden Preis

291 Rechtstechnisch geschieht der Einfluss dieser Attitüde entweder durch Sachverhaltsverdrehungen durch das Rechtsmittelgericht oder durch schlichte Fiktionen.

292 In der Praxis sind vor allem zwei Formeln (v.a. bei Angriffen gegen die Beweiswürdigung) vorherrschend, die sich auf jeden beliebigen Fall – je nach Bedarf – anwenden lassen:

- Rügt der zivilgerichtliche Berufungsführer, dass Entscheidungserhebliches nicht gewürdigt wurde, so wird diesem in nicht wenigen Fällen entgegnet, dass sich der entsprechende Punkt zwar nicht expressis verbis, aber aus den sonstigen Umständen ergebe und somit doch gewürdigt wurde (sog. „**Ergebensfälle**"). Wäre das aber so, so hätte das auch dem Berufungsführer auffallen müssen, statt eine dann sinnlose Berufung einzulegen. Es ist offensichtlich, dass das Argument, dass der Punkt zwar hätte genannt werden müssen, aber sich aus den Umständen ergäbe, dem Belieben Tür und Tor öffnet. Auch diese Begründung erfolgt contra legem, denn § 286 Abs. 1 Satz 2 ZPO verlangt, dass die wesentlichen Gründe *anzugeben* sind und nicht, dass sich diese Gründe aus anderen Gründen mehr oder weniger vermuten lassen.
- Rügt der zivilgerichtliche Berufungsführer, dass bestimmte in den Entscheidungsgründen niedergelegten Punkte einen Rechtsfehler aufweisen, so wird diesem oft entgegnet, dass dieser Punkt kein entscheidendes Gewicht – trotz seiner expressis verbis Ausführung – hatte, sondern lediglich „der Abrundung diente" (sog. „**Abrundungsfälle**"). Damit können die ausdrücklich vorliegenden Entscheidungsgründe – je nach Bedarf – als lediglich der Abrundung dienend und damit eigentlich irrelevant erachtet werden oder nicht.
- In der Praxis kommt ebenso vor, dass das Berufungsgericht ein vom Erstgericht gefundenes Ergebnis mit anderen Gründen rechtfertigt. Das ist nicht zu beanstanden, denn das angefochtene Urteil muss auf einem behaupteten Fehler beruhen (§ 561 ZPO für die Revision und § 513 ZPO für die Berufung).
- Ist dem Berufungsverfahren aber ein Zulassungsverfahren vorgeschaltet (§§ 124, 124a VwGO), darf das Berufungsgericht nicht auf andere Gründe entscheidungstragend abstellen, die nicht ohne Weiteres auf der Hand liegen und deren

536 Vgl. Reinelt, Kurzer Prozess, ZAP Kolumne, ZAP, 2010, S. 1083 f.

Heranziehung deshalb über den mit Blick auf den eingeschränkten Zweck des Zulassungsverfahrens von ihm vernünftigerweise zu leistenden Prüfungsumfang hinausgeht.[537]

Diese Konstellationen führen zu einer contra-legem entwickelten Regel, wonach in sogenannten „Abrundungsfällen“ aus den Entscheidungsgründen hervorgehende Gesichtspunkte entgegen §§ 286 Abs. 1 Satz 2, 313 Abs. 3 ZPO nicht als tragend („beruhend“ bzw. „leitend“) qualifiziert werden. Umgekehrt wird in „Ergebnisfällen“ die Nichtberücksichtigung entscheidungserheblicher Erwägungen ebenfalls nicht als Verstoß gegen die genannten Normen gewertet. 293

Die Rechtsprechung arbeitet hierbei mit teilweise wenig transparenten Begründungsmustern, etwa der Annahme, ein Gesichtspunkt sei „noch“ hinreichend berücksichtigt oder aus den Gründen erkennbar.

Die Abgrenzung zwischen hinreichender und nicht mehr hinreichender Berücksichtigung bleibt weitgehend der Bewertung des Rechtsmittelgerichts überlassen, soweit es sich nicht um Evidenzfälle handelt.

IV. Rechtliche Kritik

1. Begründungspflichten und rechtliches Gehör

„Das Gebot des rechtlichen Gehörs verpflichtet das Gericht, die Ausführungen der Prozessbeteiligten zur Kenntnis zu nehmen und in Erwägung zu ziehen. Art. 103 Abs. 1 GG ist allerdings erst verletzt, wenn sich im Einzelfall klar ergibt, dass das Gericht dieser Pflicht nicht nachgekommen ist. Denn grundsätzlich geht das Bundesverfassungsgericht davon aus, dass die Gerichte das von ihnen entgegengenommene Parteivorbringen zur Kenntnis genommen und in Erwägung gezogen haben. Sie sind dabei nicht verpflichtet, sich mit jedem Vorbringen in den Entscheidungsgründen ausdrücklich zu befassen, namentlich nicht bei letztinstanzlichen, mit ordentlichen Rechtsmitteln nicht mehr angreifbaren Entscheidungen. Deshalb müssen, damit das Bundesverfassungsgericht einen Verstoß gegen Art. 103 Abs. 1 GG feststellen kann, im Einzelfall besondere Umstände deutlich machen, dass tatsächliches Vorbringen eines Beteiligten entweder überhaupt nicht zur Kenntnis genommen oder doch bei der Entscheidung nicht erwogen worden ist (vgl. BVerfGE 65, 293, 295; 70, 288, 293). Geht das Gericht auf den wesentlichen Kern des Tatsachenvortrags einer Partei zu einer Frage, die für das Verfahren von zentraler Bedeutung ist, in den Entscheidungsgründen nicht ein, so lässt dies auf die Nichtberücksichtigung des Vertrags schließen, sofern er nicht nach dem Rechtsstandpunkt des Gerichts unerheblich oder aber offensichtlich unsubstantiiert war (vgl. auch BVerfGE 47, 182, 189).“[538] „Das Maß der Erörterungspflicht des Gerichts wird dabei nicht 294

537 Vgl. BVerfG, Beschl. v. 9.6.2016 – 1 BvR 2453/12.

538 BVerfGE 54, S. 43, 46; 58, S. 353, 357; 86, S. 133, 145 f.; 96, S. 205, 216.

nur durch die Bedeutung des Vortrags der Beteiligten für das Verfahren bestimmt (vgl. BVerfGE 86, 133, 146), sondern auch durch die Schwere eines zur Überprüfung gestellten Grundrechtseingriffs."[539] Allein der Umstand, dass sich die Gründe einer Entscheidung mit einem bestimmten Gesichtspunkt nicht ausdrücklich auseinander setzen, rechtfertigt aber nicht die Annahme, das Gericht habe diesen Gesichtspunkt bei seiner Entscheidung nicht erwogen. Vielmehr bedarf es hierzu besonderer Umstände.[540]

295 „Die wesentlichen, der Rechtsverfolgung und Rechtsverteidigung dienenden Tatsachen müssen jedenfalls in den Entscheidungsgründen verarbeitet werden [...]."[541] Ebenso die Kammerrechtsprechung des BVerfG: „Der Anspruch auf rechtliches Gehör verpflichtet ein Gericht nicht, jedes Vorbringen der Beteiligten in den Gründen der Entscheidung ausdrücklich zu bescheiden. Der wesentliche, der Rechtsverfolgung und Rechtsverteidigung dienende Vortrag muss aber in den Entscheidungsgründen verarbeitet werden."[542]

296 *Hinweis*

Dieses Verständnis von Art. 103 Abs. 1 GG entspricht der ständigen Rechtsprechung des BVerfG. Das Gericht muss Äußerungen nicht nur ermöglichen, sondern auch zur Kenntnis nehmen und in Erwägung ziehen.[543] „Die an der Entscheidung beteiligten Richter haben ‚über den Hergang bei der Beratung und Abstimmung' zu schweigen (§ 43 DRiG). [...] Zur Überprüfung der Gewährung rechtlichen Gehörs steht deshalb nur die **Begründung der Entscheidung** des Gerichts zur Verfügung [...]. Das erfordert zwar nicht eine lückenlose Darstellung der Begründung hinsichtlich aller nur denkbaren Aspekte, aber jedenfalls bezüglich der Überlegungen des Gerichts zu den wesentlichen, der Rechtsverfolgung und Rechtsverteidigung dienenden Tatsachenbehauptungen und Erwägungen der Verfahrensbeteiligten.[544]"[545]

539 BVerfG 2 BvR 1621/03 Rn 14.

540 Vgl. BVerfG RdL 2004, S. 68; BGHZ 3, S. 162, 175; 154, S. 288, 300 = NJW 2003, S. 1943, 1947; OLG München, Beschl. v. 25.11.2005 –10 U 2378/05 und v. 23.10.2006 –10 U 3590/06 sowie Urt. v. 6.10.2006 –10 U 1963/06.

541 BVerfG, NJW 1990, S. 3191 f.

542 BVerfGK 2, S. 290, 294.

543 Vgl. BVerfGE 11, S. 218, 220; 14, S. 320, 323; 18, S. 380, 383; 21, S. 46, 48; 21, S. 102, 103 f.; 22, S. 267, 273; 27, S. 248, 251; 47, S. 182, 187; 49, S. 212, 215; 50, S. 32, 35; 53, S. 219, 222; 54, S. 43, 45; 54, S. 86, 91; 54, S. 117, 123; 58, S. 353, 356; 60, S. 1, 5; 60, S. 96, 99; 60, S. 247, 249; 60, S. 250, 252; 61, S. 119, 122; 62, S. 347, 352; 63, S. 80, 85; 63, S. 177, 179 f.; 64, S. 135, 144; 65, S. 293, 295; 65, S. 305, 307; 66, S. 260, 263; 67, S. 39, 41; 69, S. 141, 143; 69, S. 145, 148; 69, S. 233, 246; 70, S. 93, 100; 83, S. 24, 35; 96, S. 205, 216; 105, S. 279, 311.

544 Im Original folgendes Zitat: BVerfGE 47, 182, 189; 54, 43, 46; Voßen [Die Rechtsprechung des Bundesverfassungsgerichts zur Rechtsweggarantie des Art. 19 Abs. 4 GG, den Verfahrensgarantien nach Art. 101 Abs. 1 Satz 2 GG, Art. 103 Abs. 1 GG und zum Prozessrecht der Fachgerichte, 2002] S. 449.

545 Widmaier/Eschelbach, MAH, § 28 Rn 144.

2. Anwaltliche Gegenstrategien

Angesichts immer wieder vorkommender Rechtsverstöße von Rechtsmittelgerichten besteht eine Gegenstrategie in der schlichten **Prozessvermeidung**. Der Befund des Richters des Bundesverfassungsgerichts, Geiger, von 1982 gilt nicht in allen Fällen, aber in vielen heute mehr denn je: „Es ist für die unmittelbar Beteiligten objektiv nicht mehr möglich, den Ausgang eines Rechtsstreits zu kalkulieren. [...] Das genaue Ergebnis ist schlechthin unberechenbar geworden. [...] Führe möglichst keinen Prozess; der außergerichtliche Vergleich oder das Knobeln erledigt den Streit allemal rascher, billiger und im Zweifel ebenso gerecht wie ein Urteil.“[546] 297

Wer sich mit dieser traurigen Rechtswirklichkeit nicht abfinden will, kann versuchen, durch präzise juristische Argumentation ein positives Ergebnis zu erzielen. 298

a) Zur Sachverhaltsverdrehung

Sachverhaltsverdrehungen stellen eine eklatante Form des Gehörsverstoßes dar, sofern diese nicht bereits gegen das Willkürverbot verstoßen.[547] Geschieht dieser in einer unanfechtbaren Entscheidung durch das Rechtsmittelgericht, ist die Anhörungsrüge trotz der nicht existenten Erfolgsquote zu erheben. 299

> *Praxistipp* 300
>
> Die Anhörungsrüge ist beim iudex a quo einzulegen. Sofern es sich nicht um einen „Pannenfall“ handelt, geht die Erfolgsquote gegen Null.[548]

Zutreffend hatte zuvor bereits *Voßkuhle* mitgeteilt, dass bei realistischer Betrachtungsweise nicht erwartet werden kann, dass der iudex a quo seine falschen rechtlichen oder arbeitsstrategischen Überlegungen ändert oder neu in die Sachprüfung einsteigt.[549] Mit dem Gebot effektiven Rechtsschutzes ist das nicht zu vereinbaren. 301

Die Konsequenz müsste sein, das **Anhörungsrügenkonzept** als gescheitert anzusehen. Zum einen ist und kann in dieser Konstellation keine Entlastung für das BVerfG eintreten[550] und zum anderen sind Rechtsbehelfe an den iudex a quo a priori ineffektiv.[551] Hat der iudex a quo gleichsam als Verfassungsrichter in eigener Sache über verfassungsrechtliche Beanstandungen gegen seine eigene letztinstanzli- 302

546 Geiger, Die Rolle des Richters unter den gegenwärtigen Bedingungen unserer freiheitlich-rechtsstaatlichen Demokratie, DRiZ 1982, S. 321, 325.

547 Vgl. Eschelbach/Geipel/Weiler, Anhörungsrügen, StV 2010, S. 325, 331.

548 Vgl. Eschelbach/Geipel/Weiler, Anhörungsrügen, StV 2010, S. 325 m.w.N.

549 Vgl. Voßkuhle, Bruch mit einem Dogma: Die Verfassung garantiert Rechtsschutz gegen den Richter, NJW 2003, S. 2193, 2197.

550 Vgl. Eschelbach/Geipel/Weiler, Anhörungsrügen, StV 2010, S. 325 m.w.N.

551 Vgl. Schneider, Gehörsrüge des § 321a ZPO – Anhörungsrüge, Ausnahmeberufung, Ausnahmebeschwerde, Willkürverbot, MDR 2006, S. 969 ff. m.w.N.; Eschelbach/Geipel/Weiler, Anhörungsrügen, StV 2010, S. 325 f. m.w.N. Doukoff, Mandatshandbuch Zivilrechtliche Berufung, Rn 68 a.E.

che Entscheidung zu befinden, dann kann er schlechterdings nicht neutral und in der Sache unabhängig entscheiden. Das wurde im Plenarbeschluss übersehen, weil sich dieser auf die unproblematische Frage der „**Pannenkorrekturen**" im Bereich des Art. 103 Abs. 1 GG konzentrierte.

303 Wird erwogen, auch Rügen bezüglich der Verletzung anderer Grundrechte oder grundrechtsgleicher Rechte außer Art. 103 Abs. 1 GG zum Gegenstand eines Sonderrechtsbehelfs zu machen, wie die Verletzung des Freiheitsrechts, des Fairnessgrundsatzes oder des Willkürverbots, dann wird sogleich deutlich, dass hierüber nicht der iudex a quo, dem eine solche Rechtsverletzung vorgeworfen wird, neutral entscheiden kann. Art. 101 Abs. 1 Satz 2 garantiert zudem den unparteiischen Richter.[552]

304 Zur Vermeidung einer Verletzung von Art. 101 Abs. 1 Satz 2 GG hätten die Fachgerichte konsequenterweise ihre **Geschäftsverteilungspläne** und Mitwirkungsgrundsätze dahin zu ändern, dass nicht diejenigen Richter, welche die angegriffene Entscheidung erlassen haben, zur Entscheidung über die Anhörungsrüge sowie über weitere Grundrechtsrügen berufen sind. Ist eine Regelung in Geschäftsverteilungsplänen und Mitwirkungsgrundsätzen verfassungswidrig, dann besteht ein Änderungsanlass. Das zuständige Selbstverwaltungsgremium hat dann gegebenenfalls auch im laufenden Geschäftsjahr die Möglichkeit und die Pflicht zur Neuregelung. Der zuständige Spruchkörper kann das Präsidium anrufen. Die Möglichkeit der Änderung besteht sodann durchaus. Dass sie nicht erwünscht ist und einigen Aufwand bereitet, bleibt ohne Belang, wenn die Beachtung der Art. 97, 101 Abs. 1 Satz 2 GG gewährleistet werden soll. Daneben ist auch noch Art. 103 Abs. 1 GG verletzt, da der faktisch befangene Richter das seinem Vorurteil entgegengesetzte Vorbringen nicht ernsthaft in Betracht zieht.[553]

305 Ein weiterer Ansatzpunkt bietet sich durch eine verfassungskonforme Auslegung des § 42 Abs. 2 ZPO dergestalt an, dass Grund zur Besorgnis der Befangenheit bei Rechtsmitteln zum iudex a quo besteht.

306 *Praxistipp*

Zwar wäre es richtig, die Anhörungsrüge mit dem Befangenheitsablehnungsantrag zu kombinieren,[554] aber die Rechtsprechung zieht diese Konsequenz nicht.

307 Der iudex a quo kann als Richter in eigener Sache nicht unbefangen entscheiden. Das mag künftig unter dem Blickwinkel des Gebots der Effektivität des Rechts-

552 Vgl. BVerfGE 21, S. 139, 146; 89, S. 28, 36; BVerfG, NJW 1998, S. 369, 370; 2001, S. 3533 f.; 2007, S. 1670, 1671 f.

553 Vgl. Widmaier/Eschelbach, MAH, § 28 Rn 153 m.w.N.

554 Vgl. Schnabl, Die Kombination von Anhörungsrüge und Befangenheitsablehnung, ZAP vom 3.9.2008, S. 971 ff.

schutzes aus Art. 19 Abs. 4, 20 Abs. 3 GG und der Neutralitätsgarantie aus Art. 101 Abs. 1 Satz 2 GG im Rahmen einer mittelbaren Rechtssatzverfassungsbeschwerde beanstandet werden, wozu aber der Grundsatz der Subsidiarität der Verfassungsbeschwerde zu beachten und das Problem im Ausgangsverfahren zu thematisieren ist.

In nicht wenigen Fällen ergibt sich die Ursache des Befangenheitsantrags aus dem 308
gerichtlichen Streben nach eigener Arbeitsentlastung. Beispielhaft hierfür ist der oft willkürliche und skandalöse Umgang mit § 522 Abs. 2 ZPO.[555]

> *Hinweis* 309
>
> Das BVerfG hat in seiner zweiten Plenumsentscheidung festgehalten, dass es verfassungswidrig ist, eine Norm als Mittel der Selbststeuerung der Arbeitslast einzusetzen.[556]

Wird die Anhörungsrüge erhoben, sollten aus Gründen anwaltlicher Vorsicht auch 310
alle ggf. weiteren Grundrechtsrügen analog § 321a ZPO oder hilfsweise aufgrund einer Gegenvorstellung erhoben werden.

Die Anhörungsrüge nach § 321a ZPO, § 152a VwGO, § 44 FamFG, § 78a ArbGG usw. ist nach ständiger Rechtsprechung allerdings ausschließlich dazu da, Verletzungen des Anspruchs auf rechtliches Gehör (Art. 103 Abs. 1 GG) zu rügen. Zwar war die Statthaftigkeit anderer Grundrechtsrügen aufgrund einer Gegenvorstellung oder analoger Anwendung der Vorschriften der Gehörsrüge umstritten,[557] aber die Rechtsprechung hat sich dagegen entschieden.[558]

Das schließt zusätzliche weitere Grundrechtsrüge – hilfsweise Gegenvorstellung – aber nicht aus, nachdem das BVerfG mitgeteilt hat, dass ein Fachgericht bei einer zulässigen und begründeten Anhörungsrüge auch berechtigt sei, sich zugleich mit sonstigen Grundrechtsrügen zu befassen.[559] Das heißt:

> *„Zwar ist das Gericht bei Einlegung einer zulässigen Anhörungsrüge berechtigt, auch mit der Gehörsverletzung ‚konkurrierende' Grundrechtsverstöße in dem Umfang, als diese denselben Streitgegenstand betreffen wie die geltend gemachte Gehörsverletzung, zu prüfen und ihnen gegebenenfalls abzuhelfen (BVerfG NJW 2005, 3059 f.; NJW 2013, 3506/3507 f.; Zöller/Vollkommer § 321a Rn 13a und Rn 19), so dass es angezeigt ist, die sonstigen Grundrechts-*

555 Vgl. BVerfG NJW 2005, S. 1931.

556 Vgl. BVerfGE 54, S. 277 ff.

557 Vgl. BVerfGE 122, S. 190, 200; vgl. auch Eschelbach/Geipel/Weiler, Anhörungsrügen, StV 2010, S. 325, 331 f. m.w.N.; Kleine-Cosack, Verfassungsbeschwerden und Menschenrechtsbeschwerden, 2. Aufl., Rn 377, 384, 399 ff. m.w.N.; Reichart, Revision und Verfassungsbeschwerde, S. 86; verneinend Zuck, Die Zurückweisung der Berufung durch Beschluss, NJW 2010, S. 1860, 1862.

558 Vgl. z.B. BGH, Urt. v. 14.4.2016, Az.: IX ZR 197/15.

559 Vgl. BVerfG, NStZ-RR 2008, S. 28 m.w.N.

verstöße zugleich mit der Gehörsrüge geltend zu machen. Dies rechtfertigt jedoch nicht die Annahme, die behaupteten sonstigen Grundrechtsverletzungen würden einen eigenständigen Rechtsbehelf analog § 321a ZPO eröffnen. Ihre Prüfung setzt vielmehr eine zulässige Gehörsrüge voraus."[560]

Hinzu kommt, dass die Grenze zwischen Gehörsverletzungen und Verstößen gegen das Willkürverbot fließend sein kann.[561]

311 Die gleichzeitige Geltendmachung der zulässigen und begründeten Anhörungsrüge mit weiteren Grundrechtsrügen bedeutet auch, dass jedenfalls insoweit dem Grundsatz der verfassungsprozessualen Substantiierung – im Ausgangsverfahren – Rechnung getragen worden ist.

b) Zur Interpretation der Entscheidungsgründe

312 Die o.g. „Ergebens- bzw. Abrundungsfälle" haben gemein, dass das Rechtsmittelgericht eine eigene Interpretation der Entscheidungsgründe vornimmt. Die Entscheidungsgründe dienen dazu, dass die Betroffenen ebenso wie die Rechtsmittelinstanz, die Entscheidung nachvollziehen können[562] und insbesondere der Unterlegene überzeugt wird.[563]

313 Auch wenn sich der Tatrichter im Urteil nicht mit jedem denkbaren Gesichtspunkt, jeder Behauptung und jeder Zeugenaussage ausdrücklich oder gar ausführlich auseinandersetzen muss,[564] so dienen die Entscheidungsgründe doch dazu, dass die Betroffenen ebenso wie die Rechtsmittelinstanz die Entscheidung nachvollziehen können und insbesondere der Unterlegene überzeugt wird.[565]

314 Der springende Punkt ist das Tatbestandsmerkmal „leitende" Gründe. Es muss einerseits erkennbar werden, dass der Parteivortrag erfasst und in Betracht gezogen wurde und eine Auseinandersetzung mit dem Beweiswert eines Beweismittels erfolgt ist.[566] Diese Auseinandersetzung muss auch individuell und argumentativ

560 OLG München, Beschl. v. 9.1.2017 – 34 SchH 13/16.

561 Vgl. BayVerfGH, NJW 2005, S. 3771 f.

562 Vgl. Prütting/Gehrlein/Thole, ZPO, 1. Aufl., § 313 Rn 15.

563 Vgl. Zöller, ZPO, 26. Aufl. § 313 Rn 19.

564 Vgl. RGZ 156, S. 314, 315; BGHZ 3, S. 162, 175; 154, S. 288, 300 = NJW 2003, S. 1943, 1947; BGH NJW 1987,S. 1557, 1558; BAG NZA 2003,S. 483, 484, NZA 2005, S. 652, 653 = MDR 2005, S. 1008; OLG München, Beschl. v. 25.11.2005–10 U 2378/05 und v. 23.10.2006–10 U 3590/06; KG zfs 2007, S. 202, 204; VRS 112 [2007] S. 328, 330; NZV 2009, 3S. 90, 391 = VersR 2009, S. 1557, 1558.

565 Vgl. Zöller, ZPO, 26. Aufl. § 313 Rn 19.

566 Vgl. Zöller, ZPO, 26. Aufl. § 286 Rn 21.

sein.[567] Erforderlich ist nur, dass sich aus den Gründen ergibt, dass eine sachgerechte Beurteilung i.S.v. § 286 Abs. 1 Satz 1 ZPO überhaupt stattgefunden hat.[568]

Wenn nur die Rechtsmittelinstanz kraft eigenständiger Interpretation die Entschei- **315**
dung nachvollziehen kann, nicht aber der verständige Rechtsmittelführer, liegt ein Verstoß gegen § 313 Abs. 1 Nr. 6, Abs. 3 ZPO vor. Dieser Verstoß dürfte in nicht wenigen der „*Ergebens- bzw. Abrundungsfälle*" vorliegen.

Insgesamt ist der Unprognostizierbarkeit Tür und Tor geöffnet, denn „ob eine Ent- **316**
scheidungsbegründung angemessen ist, kann nicht abstrakt bestimmt werden, sondern hängt von den tatsächlichen und rechtlichen Gegebenheiten des Einzelfalls ab."[569] Damit könnte man sich freilich noch abfinden. Tatsächlich hängt die Entscheidung jedoch gerade nicht allein von den tatsächlichen und rechtlichen Gegebenheiten des Einzelfalls ab, sondern maßgeblich von der Richterpersönlichkeit, dem Begründungsaufwand und dem schlichten Entscheidungswollen.

Das bedeutet: Wenn Subjektivität und Unprognostizierbarkeit bereits in der Eingangsinstanz in vielen Fällen unvermeidbar sind, sollte jedenfalls die Rechtsmittelinstanz einen strengeren Maßstab anlegen und vorrangig nach Gründen suchen, die Entscheidung zu beanstanden, anstatt solche, die sie stützen.

Kann die Entscheidung auch unter diesen Voraussetzungen aufrechterhalten werden, dann handelt es sich um eine tatsächlich überzeugende Entscheidung, die auch vom Unterlegenen guten Gewissens akzeptiert werden kann.

> *Hinweis* **317**
>
> Von einem Richter des BVerfG erfahren wir, dass für eine Befriedigungsfunktion entscheidend sei, dass gerade derjenige, der unterliegt, sich jedenfalls in der Sachverhaltsdarstellung und Begründung einer Entscheidung wiederfinden müsse, damit er nicht auf die Idee komme, seine Argumente seien übersehen worden.[570]

567 Vgl. BGH NJW 1988, S. 566; OLG Oldenburg OLGR 1997, S. 206, 207 für die Würdigung eines Sachverständigengutachtens; Schneider MDR 1998, S. 997, 1000 f.; Pukall, Der Zivilprozess in der Praxis, 6. Aufl. 2006, Rn 876.

568 Vgl. RG JW 1911, S. 946; 1912, S. 754; BGH, NJW 1988, S. 566; NJW 1994, S. 3295, 3297 zu § 287 ZPO: „Es muß eine Begründung vorhanden sein, „die wenigstens in groben Zügen sichtbar macht, dass die beachtlichen Tatsachen berücksichtigt und vertretbar gewertet worden sind", insoweit in BGHZ 126, S. 217, 219 nicht abgedruckt; BAGE 5, S. 221, 224; NZA 2003, S. 483, 484; OLG München, Beschl. v. 25.11.2005–10 U 2378/05 und v. 23.10.2006–10 U 3590/06; KG zfs 2007, S. 202, 204; Thomas/Putzo, ZPO, 31. Aufl., § 286 Rn 5.

569 BayVerfGH, NJW 2005, S. 3771 f.

570 Vgl. Kranenpohl, Hinter dem Schleier des Beratungsgeheimnisses, S. 322.

V. Fazit

318 **Unprognostizierbarkeit ist gleichbedeutend mit Willkür** und mit dem Rechtsstaatsprinzip nicht zu vereinbaren: „Die Prophezeiung, wie ein Gericht sich verhalten wird, und nichts anderes und Anspruchsvolleres ist es, was wir unter Recht verstehen“[571]

Jedweder Einschränkung des gerichtlichen Rechtsschutzes sollte die Anwaltschaft daher vehement entgegentreten, denn zu erheblichen Verfahrensverletzungen kommt es vor allem dann, wenn gerade kein Rechtsmittel vorgesehen ist.[572]

Der Befund des Richters des Bundesverfassungsgerichts, Geiger, wonach Verfahren nicht geführt, sondern vielmehr „geknobelt“ werden, ist besorgniserregend und erweist sich – in nicht wenigen Fällen – als zutreffend.

Dies wirft zugleich ein bezeichnendes Licht auf die Anwaltschaft in Deutschland und ihre Interessenvertretung, die es nicht geschafft hat, seit Jahrzehnten bestehenden rechtsstaatliche Defizite abzustellen (z.B. kein Wortprotokoll im Strafprozess, keine zweite Instanz in gravierenden Strafsachen, defizitäre Kontrolle der Revisionsinstanz im Zivil- und Strafrecht). Statt eines von Kollegialität geprägten Selbstverständnisses dominiert vielfach ein ausgeprägtes Konkurrenzdenken unter den Kollegen.

319 Bundeskanzler a.D. *Helmut Schmidt* fällte ein vernichtendes Urteil über die durch Gesetz erzwungene Mitgliedschaft in handwerklichen Kammern, welche zugleich Tarifpartner sind. Es sei die „aus dem Mittelalter überkommene reinste Form des Zwangskartells.“[573] Ob ein ähnlich vernichtendes Verdikt über die Berufsvertretungen der Rechtsanwälte zu treffen ist, möge der Leser selbst entscheiden und z.B. einen Vergleich zur Durchsetzungsmacht der Ärzteorganisationen ziehen.

320 Es müsste geballter Widerstand gegen beschnittene und ineffektive Rechtsmittel herrschen. Das ist aber nicht zu beobachten. Ob in der Anwaltschaft die Kardinaltugenden der Gerechtigkeit und Tapferkeit noch genügend vertreten sind, darf bezweifelt werden. Tapferkeit setzt *Helmut Schmidt* heutzutage mit Standfestigkeit oder Zivilcourage gleich. Diese sei besonders geboten, „wo es um die Verteidigung des als richtig und notwendig Erkannten geht.“[574]

571 Cardozo, Lebendiges Recht, S. 30 nach Herdegen, Tatgericht und Revisionsgericht – insbesondere die Kontrolle verfahrensrechtlicher Entscheidungen, S. 68, in: Beweisantragsrecht, Beweiswürdigung, strafprozessuale Revision.

572 Vgl. umfassend Schneider, Der Niedergang des Rechtsstaates in: FS für Christian Richter II).

573 Schmidt, Außer Dienst, S. 230.

574 Schmidt, Außer Dienst, S. 295.

O. Vorliegen einer strafgerichtlichen Verurteilung im Zivilprozess

Liegt ein strafrechtliches Urteil vor, entfaltet dies für den nachfolgenden Zivilprozess zwar keine bindende Wirkung (vgl. § 14 Abs. 2 Nr. 1 EGZPO a.F.),[575] aber gleichwohl stellt ein vorangegangenes Strafurteil (jedenfalls richterpsychologisch) ein erhebliches Präjudiz dar.[576] In der untergerichtlichen Praxis scheint zudem die Vorstellung vorzuherrschen, „nach Vorliegen rechtskräftiger Verurteilung ließen sich die Zivilverfahren relativ einfach lösen", was freilich rechtsirrig ist, da jede Auseinandersetzung mit § 14 Abs. 2 Nr. 1 EGZPO fehlt.[577] Richtig ist, dass eine entsprechende Verurteilung ein Indiz ist. Daher ist es wie jedes andere Indiz zu werten und **kritisch zu würdigen**.[578] Falsch ist die gelegentlich in der Rechtsprechung geäußerte These, einer strafgerichtlichen Verurteilung sei i.d.R. zu folgen, sofern nicht gewichtige Gründe für deren Unrichtigkeit vorgebracht werden.[579] Das ist ein glatter – sogar revisibler Verstoß – gegen § 286 ZPO, da damit eine unzulässige Beweiswürdigungsregel aufgestellt wurde (s.u.). 321

Hinweis

Selbst ohne Vorliegen einer strafgerichtlichen Verurteilung darf nicht übersehen werden, dass die zivilrechtliche Geltendmachung von Ansprüchen aus unerlaubter Handlung ggf. das Vorliegen von **Vorsatz** voraussetzt (z.B. § 823 Abs. 2 BGB i.V.m. § 266a StGB). Hiernach hat der Anspruchsteller alle Tatbestandsvoraussetzungen darzulegen und zu beweisen, ggf. auch den (bedingten) Vorsatz. Das gilt auch, wenn die objektive Pflichtwidrigkeit feststeht. Der in Anspruch Genommene hat allerdings eine sekundäre Darlegungslast.[580]

Der Laie geht davon aus, dass der wahre Sachverhalt im Strafprozess besser aufgeklärt werden kann als im Zivilverfahren. Diese Annahme ist nicht gerechtfertigt[581] und stellt eine **schlichte Leerformel**[582] dar. Auch wenn über die Zwecke des 322

575 Vgl. LG Köln NStZ-RR 2009, 182 f.; s.a. OLG München Urt. vom 30.1.2008 – 20 U 4202/07 – in juris; umfassend Völzmann, Die Bindungswirkung von Strafurteilen im Zivilprozess, Diss. Köln 2006.

576 Vgl. zur Problematik umfassend, Geipel, Das Strafurteil im Zivilprozess: neue Chance oder neue Gefahr, ZAP 2013, Heft 21, S. 1101 ff. = Fach 13 S. 1898 ff.

577 So zutreffend OLG München, Beschl. v. 18.3.2008 –10 W 1000/08 = NJW-RR 2008, S. 1091 ff.

578 Die Behauptung und Erforderlichkeit der „kritischen Würdigung" dürfte allgemeine Ansicht sein, vgl. z.B. BAG, Urt. v. 23.10.2014 – 2 AZR 865/13 = NJW 2015, S. 651 m.w.N., und wird vor allen Dingen von den Gerichten behauptet, die dem Strafurteil „blind" folgen.

579 So z.B. KG, MDR 2010, S. 265 f. m.w.N.

580 BGH, Urt. v. 3.5.2016 – II ZR 311/14.

581 Vgl. Geipel, Der überlegene Zivilprozess und die bedeutungslose Tatsache, ZAP vom 29.3.2012, S. 331 ff. = Fach 13 S. 1777.

582 So ausdrücklich OLG München, Beschl. v. 18.3.2008 –10 W 1000/08 = NJW-RR 2008, S. 1091 ff. und OLG Düsseldorf, Beschl. v. 20.6.1980 – 4 W 34/80 = NJW 1980, S. 2534.

Zivilprozesses keine Einigkeit herrscht, kann nicht bestritten werden, dass die Wahrheitsfindung insoweit einen Zivilprozessrechtszweck darstellt, als dies unentbehrlich für die Verwirklichung des materiellen Rechts und die Gewährung des Rechtsfriedens ist.[583] Die Beweismittel und Beweisantragsablehnungsgründe sind im Zivil- und Strafprozess identisch. Allerdings herrscht im Strafverfahren der Untersuchungsrundsatz mit der Möglichkeit zwangsweiser Beschaffung von Beweismitteln, während im Zivilverfahren die Dispositions- und Verhandlungsmaxime gilt. Nachdem auch im Zivilprozess Beweismittel bei Dritten zwangsweise beschafft werden können (§§ 142–144 ZPO), eine Zeugnispflicht besteht und sich aus Beweisvereitelungen der Parteien Schlüsse und Folgerungen ergeben können, ist der Zivilprozess nicht per se schlechter geeignet, den „wahren Sachverhalt" zu ermitteln, sofern es nicht auf heimliche Ermittlungsmaßnahmen ankommt (z.B. Telefonüberwachung). Abgesehen von dieser strafrechtsspezifischen Beweismittelgewinnung ist der Strafprozess aufgrund immanenter Schwächen (Schulterschluss-, Perseveranzeffekte, nur eine einzige Tatsacheninstanz bei Straftaten, die beim LG beginnen) gerade nicht besser zur Wahrheitsfindung geeignet. Das dennoch bestehende Vorurteil zugunsten des Strafprozesses führt zu Beweisrechtsverstößen.

323 Die Beweisrechtsverstöße, die in der Praxis vorkommen, um die strafrechtliche Verurteilung als Beweis der Tat als solcher zugrunde zu legen, sind Legion. Hierzu zwei reale Beispiele:

„Dieses Bestreiten [der Tat] ist unbehelflich bzw. widerlegt dadurch, dass der Kläger vorgetragen hat, dass X. wegen der Tat rechtskräftig […] verurteilt wurde. Dieses hat die Beklagte nicht bestritten! Im Übrigen ist das erkennende Gericht davon überzeugt, [dass X. die Tat begangen hat, sonst wäre er schließlich nicht vom Amtsgericht München gerade deswegen rechtskräftig verurteilt worden. Eine Beweisaufnahme hierüber verbot sich also."[584]

324 *Das Gericht geht davon aus, „dass dann, wenn ein Strafurteil im Zivilprozess vorgetragen wird, dies die Darlegungslast des Gegners erheblich erhöht. Kommt der Gegner seiner Darlegungslast nicht nach, ist der im Strafurteil festgestellte Sachverhalt auch im Zivilverfahren zugrunde zu legen und vom Zivilrichter eigenständig zu würdigen [und führt zu einer] 'quasi Beweislastumkehr' zugunsten desjenigen, welcher sich im Zivilverfahren auf die Feststellungen eines rechtskräftigen Strafurteils bezieht [das bedeutet, dass] nun der Beklagte dezidiert darlegen müsste, warum der in den Strafurteilen festgestellte Sachverhalt sich hier nicht sich so zugetragen haben dürfte. Diesbezüglich sind keine vom Beklagten bezeichneten Beweismittel vorhanden. Das Gericht ist demnach auch aktuell nicht der Ansicht,*

583 Diakonis, Grundfragen der Beweiserhebung von Amts wegen im Zivilprozess, S. 44.

584 So wörtlich das LG München I, 23 O 6623/99.

dass es auf eine Einvernahme der von der Klägerseite benannten Zeugin K. ankommt.“[585]

Auch wenn im Strafverfahren bereits ein Sachverständigengutachten vorliegt, darf dies im Zivilverfahren nicht umstandslos verwertet werden. Entscheidend sind die Anknüpfungstatsachen, die das Zivilgericht dem Sachverständigen vorzugeben hat gem. § 404a Abs. 3 ZPO.[586] **325**

Eine Bindungswirkung bezüglich der Urteilsfeststellungen besteht allenfalls innerhalb desselben Instanzenzuges. Ein Revisionsgericht ist an die Feststellungen der Tatsacheninstanz im selben Instanzenzug innerprozessual gebunden. Eine Bindung außerhalb desselben Prozesses besteht dagegen – rechtlich unstreitig[587] – nicht.[588] Das gilt z.B. auch für die Frage, ob abhängige Beschäftigung oder Scheinselbstständigkeit vorliegt zwischen Sozial- und Straf- oder Sozial- oder Arbeitsgerichtsbarkeit.[589] **326**

Urteilsfeststellungen erwachsen generell nach der heute vorherrschenden Rechtskraftlehre nicht in Rechtskraft. Sie binden erst recht nicht ein Gericht einer anderen Gerichtsbarkeit. Daher ist ein Zivilgericht an ein Strafurteil von Rechts wegen nicht gebunden.[590] Der Zivilrichter hat seine Überzeugung vielmehr eigenverantwortlich zu bilden (Art. 97, 101 Abs. 1 Satz 2, 103 Abs. 1 GG; Art. 6 Abs. 1 Satz 1 EMRK; Art. 14 Abs. 2 Nr. 1 EGZPO; § 286 ZPO). Der historische Gesetzgeber der Reichsjustizgesetze hatte die Frage eindeutig dahin entschieden, dass keine Bindung des Zivilrichters an das Strafurteil besteht.[591] Der Gesetzgeber des 1. Justizmodernisierungsgesetzes und des Justizbeschleunigungsgesetzes hatte über Änderungen nachgedacht (§§ 286 Abs. 3, 415a ZPO-Entwurf), die aber jeweils gerade nicht Gesetz geworden sind.[592] Demnach ist es derzeit in Gesetzgebung, Rechtsprechung und Literatur unbestritten, dass Zivilgerichte an strafgerichtliche Urteile nicht gebunden, sondern in ihrer Beweiswürdigung frei sind. Eine Bindungswirkung wäre zudem hinsichtlich ihres Umfangs unklar; hier wäre zu prüfen, ob sie sich nur auf den De- **327**

585 So das LG München I, 3 O 14616/10 in einem Schadensersatzverfahren wegen sexuellen Missbrauchs. Dass der Beklagte gar nicht anders kann, als schlicht bestreiten, liegt auf der Hand. Es ist für den Beklagten unmöglich, unter Beweis zu stellen, dass er die Klägerin sexuell nicht missbraucht hat.

586 Vgl. OLG München, Urt. v. 17.12.2010 – 10 U 1753/10 (BeckRS 2011, 00097).

587 Beachte aber die gesetzlich angeordnete Bindungswirkung des § 108 SGB VII zur Frage, ob ein Versicherungsfall im Sinne der gesetzlichen Unfallversicherung vorliegt, in welchem Umfang Leistungen zu erbringen sind und ob der Unfallversicherungsträger zuständig ist.

588 Vgl. Welp, Strafurteile als Beweismittel im Strafprozess, in: Festschrift für Egon Müller, 2008, S. 765 ff. m.w.N.

589 Vgl. Körner, Haftungsrisiko Sozialversicherung -Beitragsrechtliche Folgen der Schwarzarbeit, NJW 2014, S. 584 ff.

590 Vgl. LG Köln NStZ-RR 2009, 182 f.; s.a. OLG München Urt. vom 30.1.2008 – 20 U 4202/07 – juris.

591 Vgl. Völzmann, Die Bindungswirkung von Strafurteilen im Zivilprozess, Diss. Köln 2006, S. 25 ff.

592 Vgl. Beulke in: Festschrift für Friedrich-Christian Schroeder, 2006, S. 663 ff.; Völzmann, Die Bindungswirkung von Strafurteilen im Zivilprozess, Diss. 2006, S. 26.

liktstatbestand und/oder auch die Schädigungsfolge beziehen sollte, die nach dem Strafurteil ausgeschlossen ist. Eine Bindungswirkung würde auch in das Beweissystem des Zivilprozesses nicht passen. Ferner wäre sie mit dem Binnenregresssystem des Zivilprozesses mit seiner Möglichkeit einer Streitverkündung unvereinbar.[593] Das Fehlen einer Bindungswirkung de lege lata wird ferner aus der Möglichkeit eines Adhäsionsverfahrens deutlich.

328 Ein Adhäsionsverfahren wäre rechtlich entbehrlich, wenn das Strafurteil hinsichtlich seiner Feststellungen für einen anschließenden Zivilprozess ohne weiteres verbindlich wäre. Ein deliktisch Geschädigter hat aber die Möglichkeit, einen Antrag im Adhäsionsverfahren zu stellen und ein kombiniertes Strafurteil mit zivilrechtlichem Titel herbeizuführen; versäumt er dies, dann muss er im Zivilprozess autonom klagen und trägt dort die Darlegungs- und Beweislast nach den üblichen Regeln. Das Strafurteil ist gerade nicht bindend, sondern lediglich ein – freilich zu beachtendes – Indiz, das aber nicht zu einer „quasi Beweislastumkehr" führt.

329 Der BGH sagt hierzu ausdrücklich:

> *„Eine Bindung des Zivilrichters an strafgerichtliche Urteile ist mit der das Zivilprozessrecht beherrschenden freien Beweiswürdigung nicht vereinbar (Stein/Jonas/Schlosser, ZPO, 22. Aufl., § 14 EGZPO Rn 3). Aus diesem Grund setzt § 14 Abs. 2 Nr. 1 EGZPO [a.F.] anderslautende landesrechtliche Prozessvorschriften außer Kraft. Der Zivilrichter muss sich seine Überzeugung grundsätzlich selbst bilden und ist regelmäßig auch nicht an einzelne Tatsachenfeststellungen eines Strafurteils gebunden. Allerdings darf er bei engem rechtlichem und sachlichem Zusammenhang von Zivil- und Strafverfahren rechtskräftige Strafurteile nicht völlig unberücksichtigt lassen, er ist vielmehr gehalten, sich mit den Feststellungen auseinanderzusetzen, die für seine eigene Beweiswürdigung relevant sind (BGHR EGZPO § 14 Abs. 2 Nr. 1 – Strafurteil 1; BAG, NJW 1999, 82 unter II 2b).“*[594]

330 Eine zivilgerichtliche **Verurteilung nur aufgrund des im Wege des Urkundsbeweises eingeführten Strafurteils** ohne Ausschöpfung der im Zivilprozess angebotenen Beweismittel ist jedenfalls unzulässig. Hierzu sagt der Bundesgerichtshof: „Allerdings ist es zulässig, die Akten eines anderen Rechtsstreits als Beweisurkunde heranzuziehen und die Beweisprotokolle aus dem früheren Verfahren sowie die tatsächlichen Feststellungen des dortigen Urteils zu verwerten (vgl. BGH, WM 1973, 560 f.). Deshalb stellt auch ein rechtskräftiges Strafurteil grundsätzlich eine Beweisurkunde dar, auf die der Tatrichter seine Überzeugung stützen kann. Ob für die Verwertung eines Strafurteils, das in abgekürzter Form und daher ohne Beweiswürdigung ergangen ist (§ 267 Abs. 4 StPO), etwas anderes zu gelten hat, kann hier offenbleiben. Der Umstand, daß die Akten eines anderen Rechtsstreits als Beweis-

593 Vgl. Völzmann, Die Bindungswirkung von Strafurteilen im Zivilprozess, Diss. 2006, S. 32.

594 BGH, Beschl. v. 16.3. 2005 – IV ZR 140/04 = NJW-RR 2005, S. 1024 f.

urkunde herangezogen werden können, rechtfertigt es jedenfalls nicht, die zum Beweis des Gegenteils angebotenen Beweise nicht zu erheben. Dadurch würde der Grundsatz der Unmittelbarkeit der Beweisaufnahme verletzt (vgl. Senat, WM 1982, 926 f.). Verlangt die Partei, daß die von ihr benannten Zeugen vernommen werden, kann dies nicht unter Hinweis auf deren Aussagen im Strafprozeß oder auf die Feststellungen im Strafurteil abgelehnt werden (vgl. BGH, VersR 1970, 322 f.). Der persönliche Eindruck von den Zeugen, die Anwesenheit der Parteien, das ihnen eingeräumte Fragerecht sowie die Möglichkeit und Zulässigkeit der Gegenüberstellung von Zeugen bieten eine Gewähr für die Ermittlung der Wahrheit, die dem Urkundenbeweis mangelt (vgl. BGHZ 7, 116, 122 = NJW 1952, 1171).“[595]

Auch das BAG bestätigt diese Grundsätze: 331

„Außerdem darf die Vernehmung von Zeugen nicht unter Hinweis auf die strafgerichtlichen Feststellungen abgelehnt werden (BGH, Urt. v. 14.2.1967 – VI ZR 139/65; OLG Köln, Urt. v. 11.1.1991 – 19 U 105/90). Eine Verwertung der früheren, im Strafurteil wiedergegebenen Aussagen im Wege des Urkundenbeweises an Stelle der beantragten Anhörung ist unzulässig, wenn eine Partei zum Zwecke des unmittelbaren Beweises die Vernehmung des Zeugen verlangt (BAG, NJW 2008, 540 Rn 20; BGH, NJW 1995, 2856 [zu II 2 a]). Schließlich muss sich das Zivilgericht grundsätzlich einen persönlichen Eindruck von einem Zeugen verschaffen, wenn es auf dessen (Un-)Glaubwürdigkeit abstellen möchte. Etwas anderes gilt nur dann, wenn die für die Würdigung maßgeblichen Umstände in den Akten festgehalten worden sind und die Parteien Gelegenheit hatten, sich dazu zu erklären (BGH, NJW 1995, 2856 [zu II 2 b]).“[596]

Entgegen einer vereinzelten Rechtsprechung der Oberlandesgerichte und auch des 332
Bundesgerichtshofs[597] bestehen auch keine erhöhten Substantiierungsanforderungen, um die Indizwirkung des Strafurteils zu beseitigen.[598] Das ist dogmatisch nicht begründbar, verstößt gegen den Grundsatz der freien Beweiswürdigung (§ 286 Abs. 2 ZPO) und der weiteren Rechtsprechung des Bundesgerichtshofs zu diesem Thema. Diese besagt:

„Verfehlt ist die Ansicht des BerGer., der Bekl. hätte im Einzelnen darlegen müssen, welche Feststellungen des Strafurteils er angreifen wolle und aus welchen Gründen welche im Strafverfahren vernommenen Zeugen als unglaubwürdig anzusehen seien. Wird die Vernehmung eines Zeugen beantragt, der bereits im Strafver-

595 BGH, Urt. v. 6.6.1988 – II ZR 332/87 = NJW-RR 1988, S. 1527 f., ebenso Zöller, 28. Aufl. § 14 EGZPO, Rn 2 m.w.N.; Prütting/Gehrlein, ZPO, § 14 EGZPO, Rn 2 m.w.N.

596 BAG, Urt. v. 23.10.2014 – 2 AZR 865/13 = NJW 2015, S. 651 f.

597 Vgl. BGH, Beschl. v. 24.1.2012 – VI ZR 132/10.

598 Vgl. OLG Zweibrücken, Urt. v. 1.7.2010 – 4 U 7/10; ähnlich bereits OLG Zweibrücken, Beschl. v. 11.8.2009 = MDR 2009, S. 1242; OLG München, Beschl. v. 16.4.2007 – 9 U 3865/06, anders und zutreffend wiederum ebenso OLG München, Beschl. vom 18.3.2008 –10 W 1000/08 = NJW-RR 2008, S. 1091 ff.; KG, MDR 2010, S. 265 f.

fahren vernommen worden ist, so handelt es sich nicht um eine wiederholte Vernehmung i.S.d. § 398 ZPO, sondern um den erstmaligen Beweisantritt im Zivilprozeß (vgl. BGHZ 7, 116, 122 = NJW 1952, 1171; BGH, VersR 1970, 322 f.).“[599] Insbesondere gilt, dass ein wirksames Bestreiten der vorgeworfenen Tat, wegen derer eine strafgerichtliche Verurteilung erfolgt ist, nicht voraussetzt, dass den in Bezug genommenen strafgerichtlichen Feststellungen ein spiegelbildlich, in gleicher Weise geschlossener Entwurf des Gesamtgeschehens entgegensetzt wird, sondern es genügt, einzelne, den vom Anspruchsteller geltend gemachten Anspruch tragende Behauptungen bzw. Feststellungen herausgreifen und diese zu bestreiten. Ebenso ist der Tatrichter nicht berechtigt, von der Erhebung erheblicher, gegenbeweislich angebotener Beweise abzusehen, weil bereits eine strafgerichtliche Verurteilung vorliegt.[600]

333 Selbst wenn die Darlegungsanforderungen erhöht sind, dürfen diese nicht überspannt werden. Für den Fall einer Täuschungshandlung gilt beispielhaft die Verpflichtung zum substantiierten Bestreiten, nicht aber zum Bestreiten in allen Einzelheiten:

> *„Wie ausgeführt hat das BerGer. die Täuschungshandlung des Bekl. darin gesehen, dass er dem vormaligen Geschäftsführer der Kl. im Gespräch vom 8.12.2008 wahrheitswidrig vorgespiegelt habe, dass er aufgrund seiner guten Kontakte in der Lage sei, der Kl. Fördermittel zu verschaffen, dass Voraussetzung für die Erlangung der Fördergelder nur noch der Abschluss des Beratungsvertrags und die Zahlung der Initialpauschale bis Ende 2008 sei und dass die Zahlung der Initialpauschale lediglich einen durchlaufenden Posten für die Kl. darstelle, weil die Europäische Union Verwaltungskosten bei einem positiven Fördermittelbescheid erstatte. Genau diese Behauptungen hatte der Bekl. – was die Nichtzulassungsbeschwerde zutreffend aufzeigt – aber bestritten. So hatte er vorgetragen, bei dem Gespräch nur die Aufgabe gehabt zu haben, Auskunft zu allgemeinen Förderrichtlinien zu geben, dies im Außenverhältnis auch so dargestellt und nur allgemeine Informationen gegeben zu haben. Weiter hatte er angegeben, nicht behauptet zu haben, dass er aufgrund besonders guter Kontakte zu den Entscheidungsträgern der Europäischen Union in der Lage sei, der Kl. Fördermittel zu verschaffen, und die Fördergelder darüber hinaus auch nicht zugesagt zu haben. Schließlich hatte er ausgeführt, nicht behauptet zu haben, dass eventuelle Beraterkosten von den Institutionen der Europäischen Union erstattet würden. Dieses Bestreiten ist wirksam. Der Bekl. hat damit klar zum Ausdruck gebracht, die ihm in dem von der Kl. in Bezug genommenen Strafurteil vorgeworfenen, strafrechtlich relevanten Äußerungen nicht getätigt zu haben. Auch hat er – darüber hinaus – dargelegt, was tatsächlich In-*

599 BGH, Urt. v. 6.6.1988 – II ZR 332/87 = NJW-RR 1988, S. 1527 f.

600 Vgl. BGH, Beschl. vom 25.9.2018 – VI ZR 443/16 = NJW-RR 2018, S. 1534 f.

halt seiner Aussagen gewesen sein soll, nämlich allgemeine Auskünfte zu Förderrichtlinien. Weitergehender Ausführungen bedurfte es für ein wirksames Bestreiten der Täuschungshandlung nicht. Dass der Bekl. – wie das BerGer. ausführt – nicht dargelegt hat, welche konkreten ‚allgemeinen Informationen' gegeben worden sein sollen, warum er als Professor Dr. ‚von' B. aufgetreten sei, warum er in einer gemieteten Oberklasselimousine samt Fahrer angereist sei und warum er den damaligen Geschäftsführer der Kl. auf dessen Mitgliedschaft im ‚Rotary-Club' angesprochen habe, ist insoweit unerheblich und kann erst im Rahmen der Beweiswürdigung Bedeutung erlangen."[601]

Bei einem Geständnis im Strafprozess liegen die Dinge etwas anders, denn dann trifft den Anspruchsgegner eine gesteigerte Erwiderungslast, in deren Rahmen er konkrete Umstände für die von ihm behauptete Unwahrheit seines im Strafverfahren abgelegten Geständnisses darlegen muss. Hat er insoweit substantiiert vorgetragen, obliegt dem Anspruchsteller der Beweis der Richtigkeit des Geständnisses.[602] 334

Das bedeutet als Ergebnis: In der Praxis wird den Feststellungen eines rechtskräftigen Strafurteils häufig gefolgt, **wenn keine gewichtigen Gründe gegen deren Richtigkeit vorgetragen werden**.[603] Der BGH betont aber, dass es mit der freien Beweiswürdigung unvereinbar ist, strafgerichtlichen Feststellungen „in der Regel" zu folgen und die Beweislast faktisch umzudrehen; die Beweislast bleibt beim Anspruchsteller.[604]

601 BGH, Beschl. v. 25.9.2018 – VI ZR 443/16 = MDR 2019, S. 120.

602 BGH, Urt. v. 26.8.2021 – III ZR 189/19.

603 Vgl. z.B. OLG Koblenz, Urt. v. 25.4.2023, Az.: 3 U 88/22.

604 Vgl. BGH, Urt. v. 26.8.2021 – III ZR 189/19.

§ 34 Entscheidungsmechanismen in Vergleichsverhandlungen

Inhalt

A. Einleitung

Wegen der gegenwärtigen **Unprognostizierbarkeit der Beweiswürdigung bietet sich oft ein Vergleich an**. 1

In den USA gab es in den zwanziger und dreißiger Jahren eine Bewegung der sog. **Rechtsrealisten** (legal realists), die erkannten, dass **forensisch relevante Entscheidungen** unter Unsicherheit getroffen würden. Entscheidungen unter Nichtwissen stellen regelmäßig nur Wahrscheinlichkeitsurteile dar.[1] Entscheider würden Urteils- 2

1 Vgl. Hamm/Hassemer/Pauly, Beweisantragsrecht, 2. Aufl., Rn 154.

heuristiken, also Faustformeln, die die eigene Entscheidung vereinfachen, verwenden. Daher müsse **den psychologischen Abläufen** und dem **sozialen Kontext** in einer Verhandlung wesentlich mehr Gewicht zugesprochen werden. Gleiches hat bereits die **deutsche Freirechtsschule** zu Beginn des letzten Jahrhunderts gefordert.[2]

3 Dieser Forderung der amerikanischen Rechtsrealisten und deutschen Freirechtsschule sollen diese Ausführungen nachkommen. D.h., wenn **bekannt** ist, nach welchen **Urteilsheuristiken** sich Menschen entscheiden, **können diese zu eigenen Gunsten manipuliert werden**. Das wiederum kann dazu führen, dass das Gegenüber mehr nachgibt als man selbst und der Vergleich damit zu eigenen Gunsten beeinflusst wird. Je „mehr" der Andere nachgibt, desto weniger müssen Sie nachgeben. D.h., das Nachgeben des einen ist als Kehrseite das Nicht-Nachgeben des anderen.

4 Liest man Lehrbücher zu Prozesstaktik, dann findet man dort Binsenweisheiten, die dem Praktiker nicht weiterhelfen.

5 Rinsche (RA beim OLG Hamm) teilt in seinem Lehrbuch zur Prozesstaktik mit, dass seriöse Anwälte nicht würdelos feilschen und drohen sollten.[3]

Das ist sicher richtig, aber hilft nicht weiter.

6 Schon besser sind die Ausführungen von **Richter Prechtel**, der in seinem Lehrbuch ausführt, **dass der Kläger möglichst viel fordern und der Beklagte möglichst viel bestreiten sollte**.[4]

Diese Ausführungen sind besser, weil sie dem Praktiker wenigstens einen **gewissen Anhaltspunkt** geben, in welche Richtung er sich zu verhalten hat, um ein gutes Ergebnis zu erzielen.

7 Die OLG-Richter Gottwald und Treuer teilen uns mit, dass man für Vergleichsverhandlungen am besten **Strukturen** hinsichtlich

- der Sache,
- der Personen und
- der Zeit, die man für die Verhandlung benötigt, bildet.[5]

Sodann soll man die Sach- von der Beziehungsebene trennen und Gewinnmöglichkeiten für beide Beteiligte ausfindig machen.[6]

Auch das ist richtig, denn in der Entscheidungsforschung ist bekannt, dass **Win-win-Situationen** bevorzugt werden. Leider sind Win-win-Situationen in der forensischen Praxis **selten**.

2 Vgl. Geipel/Nilll, Erkenntnisse der Wirtschaftswissenschaften als Taktik der Vergleichsverhandlung, zfs 2007, S. 6 f.

3 Vgl. Rinsche, Prozesstaktik, 4. Aufl., S. 146.

4 Vgl. Prechtel, Erfolgreiche Taktik im Zivilprozess, 3. Aufl., S. 500.

5 Vgl. Gottwald/Treuer, Verhandeln und Vergleichen im Zivilprozess, 2. Aufl., S. 20 ff.

6 Vgl. Gottwald/Treuer, Verhandeln und Vergleichen im Zivilprozess, 2. Aufl., S. 35.

Gehen wir von der Definition des Vergleichs aus: 8

§ 779 BGB definiert den Vergleich im juristischen Sinne wie folgt:

> **§ 779 BGB**
>
> (1) Ein Vertrag, durch den ein **Streit** oder die **Ungewissheit** der Parteien über ein Rechtsverhältnis im Wege **gegenseitigen Nachgebens** beseitigt wird (Vergleich), ist unwirksam, wenn [...]
>
> (2) Der Ungewissheit über ein Rechtsverhältnis steht es gleich, wenn die **Verwirklichung** eines Anspruchs **unsicher** ist.

Wesentlich ist also, dass **Ungewissheit** besteht 9

- entweder in der Tatsachengrundlage (= Ungewissheit über ein Rechtsverhältnis, Abs. 1)
- oder bei bekannter Tatsachengrundlage (= Unsicherheit hinsichtlich der Verwirklichung, Abs. 2)

oder ein Streit (= widerstreitende Interessen) und damit erneut Ungewissheit, wer seine Interessen besser durchsetzen können wird.

In **allen Fällen** müssen die Parteien, damit man von einem Vergleich sprechen kann, **gegenseitig nachgeben**.

B. Entscheidungsheuristiken

I. Allgemeines

Das altgriechische Wort „heuriskein“ bedeutet „finden“. Unter „Heuristik“ wird 10 die Aufstellung von Regeln und methodischen Anweisungen verstanden, um zu neuen Erkenntnissen zu kommen.

Das Wissen, wie sich Menschen in bestimmten Situationen entscheiden, ist nicht auf die typische Situation vor Gericht beschränkt, sondern gilt allgemein.

Wesentlich bei einem Vergleich war das „gegenseitige Nachgeben“. In diesem Sinne werden Vergleiche nicht nur vor Gericht oder in juristischen Sachverhalten geschlossen, sondern fast täglich.

Man schließt Vergleiche 11

- mit dem Ehepartner, wohin man in Urlaub fährt (der Mann will einen Abenteuerurlaub, die Frau einen Wellnessurlaub),
- mit den Kindern (wann das Licht ausgemacht wird etc.),
- mit Kunden (man will Produkt A verkaufen, Kunde will gar kein Produkt oder Produkt B).

Entscheidungsheuristiken kommen vor 12

- in der **typischen Situation** vor Gericht,
- in der Abwägung, **ob man einen Prozess führen soll**,
- in **sozialen Kontexten** (Verkaufsverhandlungen, privaten Diskussionen etc.).

13 Die Entscheidungsforschung sagt uns, nach welchen Mustern sich Menschen entscheiden.

Gegenstand der Entscheidungsforschung sind Situationen, in denen **eine Person sich zwischen mindestens zwei Optionen präferenziell entscheidet**. D.h., dass eine Person eine Option gegenüber einer anderen oder mehreren anderen vorzieht.

14 Die **Entscheidung** (= gewählte Option) kann ein **aktives Tun** sein (man sagt zu vorgegeben Alternativen ja oder nein, oder man wählt aktiv eine andere Alternative) oder ein **Unterlassen** (man entscheidet sich in dem Sinne, etwas nicht zu tun).[7]

15 Der Entscheidungsprozess beginnt entweder damit, dass eine Person erkennt, dass es mindestens zwei Optionen gibt. Oder der Prozess beginnt damit, dass eine Person eine Diskrepanz zwischen dem gegebenen und dem erwünschten Zustand wahrnimmt und dadurch zur Suche veranlasst wird, welche Handlungsalternative diese Diskrepanz überbrückt.[8]

16 In der Entscheidungsforschung sind Entscheidungstheorien bekannt. Es gibt

a) normative (präskriptive) Entscheidungstheorien (wie sollte man sich entscheiden), wenn man bestimmte Grundpostulate rationalen Denkens für richtig hält und
b) empirische (deskriptive) Entscheidungstheorien (wie entscheidet man sich tatsächlich).[9]

II. Die Homo-Oeconomicus-Annahme

17 **Wie sollte man sich entscheiden?** Man könnte annehmen, dass man sich so entscheiden sollte, dass man den größtmöglichen Nutzen hat. Jemand, der sich stets so entscheidet, dass er den größten Nutzen hat, ist der sog. Homo Oeconomicus.

Als Problem taucht hierbei auf, dass Entscheidungen in der realen Welt unter Unsicherheit erfolgen. D.h., niemand kann exakt in die Zukunft blicken und wissen, was genau passieren und welcher Nutzen entstehen wird.

18 Als Lösung wurde die **Expected Utility Theory** bzw. **Subjective Expected Utility Theory** (Wahl der Alternative, die den höchsten subjektiv **erwarteten** Nutzen bringt) vorgeschlagen.[10]

Wie kann ein Nutzen erwartet werden? Man **bewertet** die Wahrscheinlichkeit, mit der ein Nutzen eintreten wird.

■ **Fall 1: Die Urlaubsreise**

Wie entscheiden Sie sich (Sie können das Spiel jedes Jahr wiederholen),

7 Vgl. Jungermann/Pfister/Fischer, Die Psychologie der Entscheidung, 2. Aufl., S. 3.
8 Vgl. Jungermann/Pfister/Fischer, Die Psychologie der Entscheidung, 2. Aufl., S. 4.
9 Vgl. Jungermann/Pfister/Fischer, Die Psychologie der Entscheidung, 2. Aufl., S. 6.
10 Vgl. Jungermann/Pfister/Fischer, Die Psychologie der Entscheidung, 2. Aufl., S. 201 ff.

a) Sie haben die sichere Chance, eine einwöchige Reise zu gewinnen, oder
b) Sie haben eine 50 % Chance, eine dreiwöchige Reise zu gewinnen.

Sie werden sich wahrscheinlich – wie die Mehrzahl der Probanden – für die sichere, aber unlogische Alternative a) entschieden haben, obwohl der Erwartungsnutzenwert der Alternative b) höher ist (0,5 × 3,0 Wochen = 1,5 Wochen).[11]

■ **Fall 2: Die Zahlung (Sie stehen oft vor folgendem Problem)**

Wenn Sie sich zwischen folgenden Optionen entscheiden müssen, wie entscheiden Sie sich:

a) Sie erhalten ein Vergleichsangebot, das Sie zur Zahlung von 3.000 EUR verpflichtet.
b) Sie lehnen den Vergleich ab und müssen damit rechnen, mit einer Wahrscheinlichkeit von 80 % zu einer Zahlung von 4.000 EUR verurteilt zu werden.

Die Probanden, die sich im **Fall 1** für die sichere Alternative a) entschieden haben (eine Woche Urlaubsreise), obwohl der Erwartungsnutzenwert der Alternative b) **größer** war, werden sich im **Fall 2** für die **un**sichere Lösung b) entscheiden, obwohl der Erwartungsnutzenwert geringer ist, da eine höhere Zahlung befürchtet werden muss [80 % × 4.000 EUR = 3.200 EUR].[12] 19

Daraus folgt: 20

Die Homo Oeconomicus Annahme stimmt mit der Realität nicht überein.

Statt des Homo Oeconomicus gibt es den Homo Psychologicus. Das gilt auch und vor allen Dingen, wenn es um Geld geht.

> *„Die Börse reagiert gerade mal zu zehn Prozent auf Fakten. Alles andere ist Psychologie."*
>
> *(André Kostolany)*

Ihr Gegenüber wird sich wahrscheinlich nicht rational entscheiden, sondern nach folgenden Regeln:

■ **Deskriptive Entscheidungsregel 1:**

Ihr Gegenüber wird sich nach dem **Certainty-Effekt** entscheiden. D.h., positiv wahrgenommene Alternativen werden bevorzugt, wenn diese mit **Sicherheit** eintreten. Auch wenn andere Alternativen einen höheren erwarteten Nutzen haben. Das Gegenüber ist risikoavers im Bereich potenzieller Gewinne.

11 Vgl. Geipel/Nill, Erkenntnisse der Wirtschaftswissenschaften als Taktik der Vergleichsverhandlung, zfs 2007, S. 6 f.

12 Vgl. Geipel/Nill, Erkenntnisse der Wirtschaftswissenschaften als Taktik der Vergleichsverhandlung, zfs 2007, S. 6.

- **Deskriptive Entscheidungsregel 2:**

Ebenso wird sich Ihr Gegenüber nach dem **Reflection-Effekt** entscheiden. D.h., negativ eintretende Konsequenzen (Zahlungen, Verluste) die mit **Unsicherheit** eintreten, werden bevorzugt, auch wenn diese zu einem wirtschaftlich ungünstigeren Ergebnis führen. Das Gegenüber ist risikogeneigt im Bereich potenzieller Verluste.

C. Manipulationsmöglichkeiten

21 Was halten Sie von folgendem Alltag aus der Gerichtspraxis?

Das Gericht beginnt die Verhandlung und führt in den Sach- und Streitstand ein.

Nunmehr fragt es die Parteien: „Hat es Sinn, Ihnen einen Vergleichsvorschlag zu machen?"

Der Parteivertreter antwortet: „Gerichtliche Vorschläge hören wir uns immer an."

Von dieser Konstellation ist abzuraten. Das Gericht macht bereits inhaltliche Vorgaben, von denen jedenfalls die Partei, zu deren Gunsten der Vergleichsvorschlag geht, in der Regel gar nicht oder nur marginal abweichen wird.[13]

Besser wäre die Antwort des Parteivertreters: „Wir sind grds. vergleichsgeneigt. Ich habe die Sache mit der Mandantschaft vorbesprochen und ein Vergleich unter einem Betrag X kommt nicht in Frage."

22 Es handelt sich hier um die manipulative „Ich-kann-nicht-anders-Technik" und die Gegenpartei wird jeden Betrag unter X als „Gewinn" sehen.[14]

Wie können Sie nun taktisch vorgehen, d.h., Ihr Gegenüber manipulieren und so erreichen, dass der andere „mehr" nachgibt.

23 *Beispiel*

Die meisten Frauen legen Wert auf das gemeinsame Feiern des Hochzeitstages. Die meisten Männer sind diesbezüglich eher unromantisch. Als erfolgreicher Anwalt/Richter sind Sie beruflich sehr eingespannt und nur höchst selten vor 20.00 Uhr zu Hause. Ihre Frau will aber schon um 18.00 Uhr in einem Lokal den Hochzeitstag feiern. Wie kann Ihre Frau dies am wahrscheinlichsten erreichen?

a) Ihre Frau **bittet** Sie, **pünktlich** um 17.00 Uhr zu Hause zu sein, damit Sie Zeit haben, sich umzuziehen und loszufahren?
b) Ihre Frau will schon um 14.30 Uhr Kaffee trinken und dann abends weiter in das Lokal ziehen? Sie **bittet** Sie daher, bereits nach der Mittagspause nach Hause zu kommen?

Welche Alternative führt mit größerer Wahrscheinlichkeit zum Ziel der Frau (Essen um 18.00 Uhr)?

13 Vgl. Hauenschild, Strategien des Anwalts beim zivilgerichtlichen Vergleich, AnwBl 1998, S. 252 f.
14 Vgl. Gottwald/Treuer, Verhandeln und Vergleichen im Zivilprozess, 2. Aufl., S. 124.

Eindeutig Alternative b). Die Erklärung hierfür ergibt sich aus dem sog. Ankereffekt.

I. Manipulation durch den Ankereffekt

Eine wesentliche Erkenntnis der Entscheidungsforschung (hier der **Prospect Theorie)** ist die Verankerung und Anpassung. 24

Fragt man Probanden, was das Produkt der Zahlen 1, 2, 3, 4, 5, 6, 7, 8, 9 und 10 ist, so erhält man als Durchschnitt eine Schätzung von 150.

Fragt man aber umgekehrt (mathematisch spielt es keine Rolle), was das Produkt der Zahlen 10, 9, 8, 7, 6, 5, 4, 3, 2 und 1 ist, so erhält man als Durchschnitt eine Schätzung von 900, **also ein um mehrere hundert Prozent abweichendes Ergebnis**.

Der **Unterschied lässt sich dadurch erklären**, dass man im ersten Fall als **Startwert** eine **1** hat, während man im zweiten Fall als **Startwert** eine **10** hat. Dadurch wurde bereits ein **Anker** gesetzt, der die weitere Bewertung beeinflusst.

Entsprechende Anker können auch durch Vorgaben gesetzt werden, die mit der Sache nichts zu tun haben. Versuchspersonen wurden vor ein Glücksrad gesetzt, das „zufällig" bei der Zahl 65 stehen blieb. Dann fragte man nach dem Anteil afrikanischer Staaten bei der UNO. Als Antwort wurde 45 % gegeben. Lässt man das Glücksrad aber „zufällig" bei 10 stehen und fragt identisch, so erhält man als Antwort 25 %, also ein statistisch signifikant abweichendes Ergebnis. D.h., selbst von Reizvorgaben, die mit dem Fall nichts zu tun haben, geht ein Ankereffekt aus, der das Ergebnis in die Richtung des Ankers zieht.[15] 25

Taktik zum Ankereffekt: Wenn Sie Ihren bestmöglichen Gewinn oder höchstmöglichen Schaden unter idealen/schlechtesten Bedingungen beschreiben, fällt es Ihrem Gegenüber schwer, den wahrscheinlichen Gewinn/Schaden unter realen Umständen einzuschätzen. Dessen Schätzung wird unbewusst in Richtung des Ankers gezogen. 26

D.h., stellen Sie Ihrem Gegenüber – je nachdem in welche Richtung dessen Einschätzung gezogen werden soll –, den größtmöglichen Gewinn unter idealen Voraussetzungen bzw. den größtmöglichen Verlust unter schlechtesten Bedingungen dar.

Wenn der schlechtestmögliche Fall bzw. bestmögliche Fall unter idealen bzw. schlechtesten Bedingungen beschrieben wird, ist es hilfreich, diese **Bedingungen ausdrücklich zu nennen, auch wenn sie Selbstverständlichkeiten darstellen**. 27

Im Prozess bedeutet dies, möglichst viel zu verlangen. Das gilt v.a. bei Klagen, die im Endergebnis von einer Schätzung (§ 287 ZPO, ob ein Schaden entstanden ist 28

15 Vgl. Jungermann/Pfister/Fischer, Die Psychologie der Entscheidung, 2. Aufl., S. 174 f.

und wie hoch er ist, auch bei § 252 BGB „wahrscheinlicher Gewinn“) oder einem richterlichen Ermessen (Schmerzensgeld) abhängen. Verlangt der Kläger $ 300.000,– Schmerzensgeld, erhält er im Schnitt $ 188.462,–. Verlangt er aber $ 700.000,–, so erhält er im Schnitt $ 400.000,–. Auch europäische Berufsrichter lassen sich von dem Klageantrag leiten. In der konkreten Vergleichsverhandlung bedeutet dies, nicht auf ein Vergleichsangebot des Richters oder des Gegenübers zu warten, sondern selbst das erste Vergleichsangebot abzugeben.[16]

29 Der Beobachtung aus der Praxis von Richter Prechtel, möglichst viel zu verlangen, entspricht der Ankereffekt.

30 Damit von einem Vergleichsangebot gesprochen werden kann, reicht es aber nicht, wenn Sie Ihre Maximalforderung bekannt geben, sondern gleichzeitig müssen Sie Ihren „Rabatt“ („gegenseitiges Nachgeben“) darstellen.

31 Aus Ihrem eigenen Entscheidungsverhalten werden Sie wissen, dass es erfolgversprechender ist, einen hohen Produktpreis zu nennen und einen entsprechenden Nachlass zu gewähren, statt einen von Anfang an reduzierten Preis. Es ist günstiger, ein Produkt zum Preis von 33.000 EUR anzubieten und gleichzeitig einen Nachlass von 3.000 EUR auszuweisen, als das Produkt von Anfang an nur mit 30.000 EUR auszuweisen. Der Empfänger nimmt den Preisnachlass von 3.000 EUR, wenn er gesondert ausgewiesen wird, als relativen Gewinn wahr. D.h., er hat **vermeintlich** etwas im Wert von 33.000 EUR für 30.000 EUR erhalten.

32 Um dem Gegenüber das Gefühl eines **relativen Gewinns** zu geben, muss der „**Rabatt**“, damit er wahrgenommen wird, **gesondert ausgewiesen** werden.

33 **Ihre Forderung besteht im Zivilrecht regelmäßig aus der Hauptsache, Zinsen und Kosten**.

Aber wie weisen Sie den „Rabatt“ (Ihr Nachgeben) gesondert aus? Geben Sie jeweils einen gesonderten Rabatt auf die Hauptsache, auf die Kosten und auf die Zinsen oder nur einen Gesamtrabatt?

16 Vgl. Geipel/Nill, Erkenntnisse der Wirtschaftswissenschaften als Taktik der Vergleichsverhandlung, zfs 2007, S. 9.

Denkbar sind folgende Darstellungen: 34

35

	entbündelte Gesamtforderung und Rabatt gebündelt	gebündelte Gesamtforderung und Rabatt gebündelt	entbündelte Gesamtforderung und Rabatt entbündelt	gebündelte Gesamtforderung und Rabatt entbündelt
Hauptsache	30.000 EUR		30.000 EUR aber Rabatt 1.500 EUR	Rabatt 1.500 EUR
Zinsen	300 EUR		300 EUR, aber Rabatt 150 EUR	Rabatt 150 EUR
Kosten	200 EUR		200 EUR aber Rabatt 100 EUR	Rabatt 100 EUR
Total	Rabatt ./. 1.750 EUR	35.000 EUR ./. 1.750 EUR Rabatt		35.000 EUR
Vergleichsforderung	33.250 EUR	33.250 EUR	33.250 EUR	33.250 EUR

Es hat sich herausgestellt, dass bei einer gebündelten Gesamtforderung, aber entbündelten Rabatten die besten Ergebnisse erzielt werden. D.h., die **maximal mögliche Gesamtforderung** als Anker nennen und sodann auf einzelne Positionen Abschläge gewähren.[17] Insgesamt gilt als gesichert, dass hohe Anker, die das Urteil heraufsetzen sollen, ausgeprägter wirken als niedrige Anker,[18] wobei sich die Wirkung abschwächt, wenn der Anker zu extrem ist.[19] 36

Ihr Vergleichsangebot muss also lauten:

> *Formulierungsbeispiel*
>
> Ein Vergleich unter dem Betrag X (Anker) kommt nicht in Betracht. Wir könnten uns vorstellen, von der Hauptforderung EUR Y, auf die Zinsen EUR Z und auf die Kosten EUR W nachzulassen (entbündelte Rabatte), sodass nur noch der Betrag C verbleibt.

II. Manipulation durch manipulierte Wahrscheinlichkeitsschätzungen

Weiter können Sie erreichen, dass der Gegner umso mehr nachgibt, je schlechter er seine eigenen Obsiegenswahrscheinlichkeiten und je höher er Ihre Obsiegenswahr- 37

17 Vgl. von Nitzsch, Prospect Theory und Käuferverhalten, Die Betriebswirtschaft, 1998, S. 622 ff.

18 Vgl. Nickolaus, Ankereffekte im Strafprozess, S. 45 m.w.N.

19 Vgl. Nickolaus, Ankereffekte im Strafprozess, S. 59 m.w.N

scheinlichkeiten einschätzt. **Die Besonderheit des forensisch relevanten Vergleichs liegt – wie erwähnt – in dem Phänomen der Entscheidung unter Unsicherheit**.

38 Damit ist gemeint, dass für den Entscheider die möglichen Konsequenzen der gewählten Option unsicher sind, weil die Konsequenzen auch von anderen, von ihm nicht zu kontrollierenden Umständen (z.B. Urteil des Gerichts, Ergebnis des Sachverständigengutachtens) abhängen. D.h., die Konsequenzen jeder Entscheidung werden immer erst nach der Entscheidung bekannt.

39 Diese Unsicherheit wird verbal oft wie folgt ausgedrückt:

- „wahrscheinlich“,
- „vielleicht“,
- „möglicherweise“,
- „es könnte sein, dass“,
- „ich glaube nicht, dass“,
- „ich bin überzeugt, dass“,
- „ich bin nicht sicher, dass“,
- „man muss damit rechnen, dass“.

40 Je nach Kontext spricht man auch von:

- „oft“,
- „gelegentlich“,
- „häufig“,
- „fast nie“,
- „selten“.[20]

41 Problematisch ist, dass verbale Ausdrücke missverständlich sind und sogar der gleiche Ausdruck von Situation zu Situation verschieden verstanden wird.

Eine Person X versteht unter dem Begriff „wahrscheinlich“ einen numerischen Bereich zwischen 75 % und 95 %, während eine Person Y eine Wahrscheinlichkeit von über 50 % annimmt.

42 Wenn Sie den Satz hören, „Fotomodelle sind häufig sehr schöne Menschen“, würden Sie dem Wort **„häufig“** wohl einen numerischen Wert zwischen 75 % und 95 % zuordnen.

43 Wenn Sie jedoch lesen, dass in Nepal häufig Flugzeuge abstürzen, welchen numerischen Wert würden Sie nun dem Wort **„häufig“** zuordnen? Wohl kaum einen Bereich zwischen 75 % und 95 %, d.h., nahezu jedes Flugzeug stürzt in Nepal ab, sondern vielleicht einen Wert von 2 % bis 5 %.[21]

44 Wann immer Menschen Entscheidungssituationen unter Unsicherheit erleben oder beurteilen müssen, so bewerten sie die entsprechenden Wahrscheinlichkeiten intui-

20 Vgl. Jungermann/Pfister/Fischer, Die Psychologie der Entscheidung, 2. Aufl., S. 158.

21 Vgl. Jungermann/Pfister/Fischer, Die Psychologie der Entscheidung, 2. Aufl., S. 161 f.

tiv. Diese können bekannt sein. **Wenn die Wahrscheinlichkeiten bekannt sind, so entscheidet man sich unter Risiko.** Nach der wissenschaftlichen Wahrscheinlichkeitslehre wird der objektive (relative, mathematische, statistische, frequentistische) Wahrscheinlichkeitsbegriff als Grenzwert der relativen Häufigkeit verstanden, mit dem ein bestimmter Einzelfall in einer unendlichen Abfolge gleicher Situationen vorkommt.[22]

Ein Beispiel ist das Würfeln mit einem „normalen" Würfel (mit den Zahlen 1–6). 45
Man wird jeder Zahl die gleichen Chancen einräumen. Das gilt aber nur dann, wenn Sie genügend oft gewürfelt haben. Wenn Sie nur **sechs Mal** würfeln, werden Sie oft zwei Mal eine drei, zwei Mal eine vier und ein Mal eine zwei und ein Mal eine eins, aber keine 5 oder 6 gewürfelt haben. Wenn Sie genügend oft würfeln, wird sich herausstellen, dass in der Tat jede Zahl gleich oft gewürfelt wurde[23] oder beim Zahlenlotto jede Kombination alle ca. 14.000.000-mal vorkommt.

Mit **wachsender Häufigkeit** der Versuche stabilisiert sich die **relative Häufigkeit** eines beobachteten Ereignisses. Es handelt sich hier um das Gesetz der großen Zahlen. 46

Die meisten Ereignisse, die Menschen beurteilen und in denen sie sich entscheiden sollen, sind aber nicht wiederholbar oder nicht genügend oft wiederholbar.[24] 47

- Ein Fußballfan urteilt, dass Bayern München diese Saison zu 90 % Meister wird. Selbst wenn man unterstellt, dass es keine Zu- und Abgänge in der Bundesliga gibt, wäre die Situation in der nächsten Saison wieder anders und nicht wiederholbar. Die Verletzungsausfälle sind unbekannt, die Leistungsträger sind ein Jahr älter und damit besser oder schlechter. Wie auch immer, die konkrete Situation ist nicht wiederholbar.
- Die Wahrscheinlichkeit für ein starkes Erdbeben in San Francisco innerhalb der nächsten sieben Jahre liegt bei 32 %.
- Die Regenwahrscheinlichkeit liegt morgen bei 32 %.

Sind zwar die Umweltzustände bekannt, die die Aussage beeinflussen, aber nicht die konkreten Werte, so entscheidet man sich **unter Unsicherheit**. 48

Wenn die Wahrscheinlichkeiten mangels Wiederholbarkeit unbekannt sind, dann bemüht man sich intuitiv, subjektiv Wahrscheinlichkeiten, d.h. lediglich **subjektive Wahrscheinlichkeitseinschätzungen,** zu bilden.[25] 49

Die Professoren Kahneman und Tversky haben die sog. **Prospect Theorie** entwickelt, um menschliches Entscheidungsverhalten zu erklären und zu prognostizieren. Mit dieser Theorie sollte den empirischen Befunden Rechnung getragen werden, 50

22 Vgl. z.B. Popper, Logik der Forschung, 6. Aufl., S. 107, 111.
23 Vgl. Büchter/Henn, Elementare Stochastik, 2. Aufl., S. 167, 174.
24 Vgl. Büchter/Henn, Elementare Stochastik, 2. Aufl., S. 166.
25 Vgl. Büchter/Henn, Elementare Stochastik, 2. Aufl., S. 179 ff.

die mit der klassischen Theorie der Maximierung des subjektiv erwarteten Nutzens nicht vereinbar sind. Kahneman erhielt für seine Arbeiten 2002 den Nobelpreis. Tversky war 2002 bereits verstorben.

51 Nach der **Prospect Theorie** verläuft der Entscheidungsprozess zwei Phasen.

- **Phase 1:**

Sie nehmen Informationen auf, d.h., Reize werden nach bestimmten Regeln enkodiert, transformiert und mental repräsentiert.

Informationen stellen also einen externen Input dar, der über Wahrnehmung zu Encoding führt.

Weder die Wahrnehmung noch das Encoding, d.h. das Speichern neuer Informationen, entspricht einem computerähnlichen Einprägungsprozess, der das Neue objektiv im Gedächtnis abbildet. Vielmehr hängt das Speichern vom vorhandenen Vorwissen, der Motivation, der Emotionslage und der Umgebung ab.

- **Phase 2:**

Die insofern aufbereiteten Optionen werden dann evaluiert, d.h., es wird für jede Option ein bestimmter subjektiver Wert bestimmt und die entsprechende Option mit dem so vermeintlich höchsten subjektiven Wert gewählt.[26]

52 Manipulationen der Wahrscheinlichkeitsschätzung des Gegenübers können in Phase 2, d.h. bei der Evaluierung des subjektiven Wertes, vorgenommen werden.

53 Der Gegner wird umso mehr nachgeben, je geringer er seine eigene **Obsiegenswahrscheinlichkeit** einschätzt und/oder je höher er seine eigene **Verlustwahrscheinlichkeit** einschätzt.

54 Traditionell wurde angenommen, dass die Erwartungswahrscheinlichkeit von der Bewertung der Konsequenzen, d.h. ob diese positiv oder negativ sind, unabhängig ist.

Neuere Forschungsergebnisse legen allerdings nahe, dass Wahrscheinlichkeiten hinsichtlich positiv wahrgenommener Konsequenzen (Obsiegen, Gewinn) überschätzt und hinsichtlich negativ wahrgenommener Konsequenzen (Verlust) unterschätzt werden.

Wahrscheinlichkeiten werden überschätzt, wenn sie in ein Schema passen.

55 Auf dem Campus einer Universität begegnet Ihnen ein Student, der ein schwarzes Aktenköfferchen und einen Anzug und Krawatte trägt.

Für wie wahrscheinlich halten Sie es, dass es sich um einen Studenten der Betriebswirtschaft handelt bzw. wie wahrscheinlich ist es, dass es sich um einen Studenten der Germanistik handelt?

26 Vgl. Jungermann/Pfister/Fischer, Die Psychologie der Entscheidung, 2. Aufl., S. 230.

Die Wahrscheinlichkeitsbewertung erfolgt nun intuitiv mit einem **Vergleich** des typischen Betriebswirtschaftsstudenten bzw. des typischen Germanistikstudenten. Demnach passt die Beschreibung eher zu einem typischen Betriebswirtschaftsstudenten, die Beschreibung ist repräsentativer. Tatsächlich kann man aber gar keine Wahrscheinlichkeitsaussage treffen, wenn man nicht die A-priori-Ausgangswahrscheinlichkeiten kennt, d.h., wie das Verhältnis der Germanistik- zu den Betriebswirtschaftsstudenten ist. Denn wenn wesentlich mehr Germanistikstudenten vorhanden sind, ist es a priori viel wahrscheinlicher, dass der konkrete Student ein Germanistikstudent ist.[27]

■ Exkurs: Beweis für o.g. Aussage 56

Auf dem Campus gibt es nur zwei Fakultäten. Die betriebswirtschaftliche Fakultät stellt 15 % der Studenten, während die germanistische Fakultät 85 % der Studenten stellt. Aufgrund Ihrer Erfahrung vermuten Sie, dass 80 % der Betriebswirtschaftsstudenten einen Anzug und Aktenkoffer tragen, aber nur 20 % der Germanistikstudenten. Wie hoch ist die Wahrscheinlichkeit, dass es sich bei dem Studenten um einen Betriebswirtschaftsstudenten gehandelt hat? Die meisten Leser würden 80 % ansetzen.[28] Das wäre naheliegend, aber falsch.[29]

Die wahrscheinlichkeitstheoretische Formel (Theorem von Bayes) lautet wie folgt:

$$P(B|A) = \frac{P(B|A) \cdot P(A)}{P(B|A) \cdot P(A) + P(B|A^C) \cdot (1 - P(A))}$$

P (A) = die Wahrscheinlichkeit des Eintretens von A (Betriebswirtschaftsstudent)

P (A\B) = die Wahrscheinlichkeit des Eintretens von A (Betriebswirtschaftsstudent), wenn B schon eingetreten (Tragen von Anzug und Aktenkoffer) ist

P (B\A) = die Wahrscheinlichkeit des Eintretens von B (Tragen von Anzug und Aktenkoffer), wenn A schon eingetreten ist

A^C = das Komplement (die Negation von A, sprich „non A" = Germanistikstudent)

P (B\A$^{C)}$ = die Wahrscheinlichkeit des Eintretens von B (Tragen von Anzug und Aktenkoffer), wenn non A (= Germanistikstudent) schon eingetreten ist

$$P(A|B) = \frac{80\% \cdot 15\%}{(80\% \cdot 15\%) + (20\% \times 85\%)} = 41\%$$

27 Vgl. Jungermann/Pfister/Fischer, Die Psychologie der Entscheidung, 2. Aufl., S. 170 f.

28 Vgl. Tversky/Kahneman, Causal schemes in judgements under uncertainty, in: Fishbein (Hrsg.), Progress in social psychology, S. 49, 72; vgl. auch Lyon/Slovic, Dominance of Accuracy Information and Neglect of Base-rate in Probability Estimates, Acta Psychologica 1976, S. 287 bis 298; vgl. auch Bar-Hillel, The base Rate fallacy in Probability Judgements, Acta Psychologica 1979, S. 211 bis 230, 220.

29 Der Fall ist dem Beispiel in der Dissertation von Mark Schweizer, Kognitive Täuschungen vor Gericht, Universität Zürich, S. 124 nachgebildet.

Würde die Anfangswahrscheinlichkeit allerdings 50 % betragen, so ergäben sich in der Tat die intuitiv geschätzten 80 %, also ein signifikant anderes Ergebnis.

57 Linda ist 31 Jahre alt, intelligent und lebt alleine. Sie hat Philosophie studiert und sich auf der Universität in Fragen sozialer Benachteiligungen und anderer sozialer Probleme engagiert. Sie nahm auch an Anti-Kernkraftwerks-Demonstrationen teil. Welche Aussage ist Ihrer Meinung nach wahrscheinlicher:

A:	Linda ist eine Bankangestellte.
B:	Linda ist eine Bankangestellte und in der Frauenbewegung aktiv.

Die meisten Versuchspersonen halten Alternative B für wahrscheinlicher. Das ist ein logischer Fehler, denn die Menge der Leute, die Bankangestellte und in der Frauenbewegung aktiv sind, kann nicht größer sein als die Menge der Bankangestellten überhaupt.

Dies erklärt sich wie folgt: Die Beschreibung von „Linda" ist repräsentativer für eine Bankangestellte und Feministin, sodass die Repräsentativität mit Wahrscheinlichkeit verwechselt wird.[30]

58 ■ **Exkurs: Verkaufsgespräch**

In Experimenten, in denen Probanden beliebige Aktien kaufen konnten, wurde nachgewiesen, dass Probanden überproportional häufig Aktien wählten, die einen längeren Abwärtstrend hinter sich hatten.

Wenn Aktienkurse lange gefallen sind, rechnen Käufer tendenziell a priori allein schon deswegen mit steigenden Kursen. **Eben weil es in das Schema passt**, dass auf sinkende Kurse steigende Kurse folgen.

Das bedeutet folgende taktische Empfehlung: Wenn Sie eine **Kaufentscheidung** zwischen verschiedenen Aktien beeinflussen wollen, empfehlen Sie Aktien, deren Kurse längere Zeit gefallen sind.

Ein Schema kann auch noch durch Daten aus der Vergangenheit hergestellt werden.

Die Analysten des Fonds A lagen bei deren Prognose die letzten beiden Jahre falsch. Die Analysten des Fonds B lagen bei deren Prognose die letzten beiden Jahre richtig.

Die Erwartung der meisten Probanden geht in diesem Fall dahin, der Prognose des Fonds B zu vertrauen.

Daraus folgt die Manipulation durch Herstellen eines plausiblen Schemas:

Als letzte Möglichkeit der Herstellung eines Schemas, wenn Ihnen nichts einfällt, kann die Behauptung genügen, „Ihr Fall ist kein Einzelfall. In diesen Fällen machen wir das immer so."

30 Vgl. Jungermann/Pfister/Fischer, Die Psychologie der Entscheidung, 2. Aufl., S. 172.

Damit ist für Ihr Gegenüber ein Schema hergestellt und er muss intuitiv die Wahrscheinlichkeiten zu Ihren Gunsten neu bewerten.

Ihr Vergleichsvorschlag müsste also lauten: „Ein Vergleich unter dem Betrag X (Anker) kommt nicht in Betracht. Wir könnten uns vorstellen, von der Hauptforderung Y EUR, auf die Zinsen Z EUR und auf die Kosten W EUR nachzulassen (entbündelte Rabatte), sodass nur noch der Betrag C verbliebe. Ihr Fall ist kein Einzelfall. In diesen Fällen machen wir das immer so.“ (**Schema**)

Die **manipulative Wirkung** kann noch dadurch **erhöht** werden, wenn tatsächlich zwei oder drei Urteile oder Unterlagen von vergleichbaren Fällen beigelegt werden. 59

Auch hier zeigen Versuche, dass Menschen ihre Wahrscheinlichkeitseinschätzungen entgegen dem Postulat der großen Zahl, bereits nach dem **Gesetz der kleinen Zahl verändern**. D.h., auch kleine Stichproben etc., die wahrscheinlichkeitstheoretisch bedeutungslos sind, verändern die subjektive Wahrscheinlichkeitsschätzung. 60

Empirisch wurde weiter nachgewiesen, dass Menschen etwas wahrscheinlicher halten, für das eine **Kausalität** hergestellt wurde. 61

Wie wahrscheinlich ist es, dass es im nächsten Jahr in Kalifornien ein Erdbeben geben wird, bei dem mindestens 1.000 Menschen umkommen, bzw. wie wahrscheinlich ist es, dass es im nächsten Jahr in Kalifornien ein Erdbeben und eine Flut geben wird, wobei mindestens 1.000 Menschen umkommen werden? 62

Die Wahrscheinlichkeit wird im zweiten Fall immer höher eingeschätzt, obwohl sie tatsächlich niedriger ist. Darüber hinaus wird die Wahrscheinlichkeitseinschätzung durch die vermeintliche Kausalität manipuliert. Verknüpfungen erscheinen immer dann plausibel, wenn ein kausaler Zusammenhang konstruiert wird. D.h., ein Ereignis wird als Ursache des anderen gesetzt. Je plausibler diese vermeintliche Kausalität ist, desto höher wird die Wahrscheinlichkeit für das gemeinsame Eintreten eingeschätzt.[31] 63

Manipulation durch Herstellen einer Kausalität. Wenn Sie oben als Schema mitgeteilt haben, „Ihr Fall ist kein Einzelfall. In diesen Fällen machen wir das (Vorschlag X) immer so,“ so sollte jetzt eine kausale Verknüpfung erfolgen. Die kausale Verknüpfung kann in der Art erfolgen, dass man sich an die Vorgaben einer „Autorität“ halten muss. Z.B., „weil wir eine andere Lösung von unserem Vorstand, unserer Rechtsabteilung, dem übergeordneten Gericht nicht ‚durch' bekommen.“ 64

Wenn Sie sich auf die **Vorgaben einer Autorität** berufen, beeinflussen Sie damit automatisch die Entscheidung des Gegenübers.[32] 65

31 Vgl. Jungermann/Pfister/Fischer, Die Psychologie der Entscheidung, 2. Aufl., S. 186.

32 Vgl. Bender/Nack, Tatsachenfeststellung vor Gericht, 2. Aufl., Rn 107; vgl. Loftus, Eyewitness Testimony, S. 98.

Beispiel 1

Prof. Dr. Alexander Nill von der University of Nevada (Las Vegas) berichtete während mehrerer Gastvorlesungen an der Universität München von folgendem Experiment:

Die Studenten wurden zur Analyse folgender Aussage[33] und zur Antwort, ob man der Aussage eher zustimmen oder diese eher ablehnen würde, aufgefordert:

„In den heutigen Märkten hängt der Erfolg eines Unternehmens davon ab, ob es gelingt, innovative Produkte mit höchster Qualität Kunden anbieten zu können, nicht aber von Werbemaßnahmen. Werbung führt zu einer Verschwendung volkswirtschaftlicher Ressourcen. Anstelle von Werbung wäre es sinnvoller, Geld für Forschung und Entwicklung auszugeben, um bessere und innovativere Produkte herstellen zu können."

Einer Hälfte der Studenten wurde als Quelle der Aussage „Bill Gates, Gründer von Microsoft", genannt, während der anderen Hälfte als Quelle der Aussage „Gregor Gysi, Anführer der PDS", vorgegeben wurde.

Das Ergebnis war, dass die Studenten, denen Bill Gates als Urheber der Aussage vorgegeben wurde, zu ca. 75 % der Aussage zugestimmt haben, während die anderen, denen Gregor Gysi als Quelle genannt wurde, nur zu 15 % zustimmten.

Beispiel 2

„In einem Versuch projizierte man jeweils vier senkrechte Linien von unterschiedlicher Länge auf eine Leinwand. Eine dieser Linien bestimmte man als Standardgröße. Die Versuchspersonen hatten die Aufgabe, diejenigen Linien auszusuchen, die der Standardgröße am nächsten kamen. Als Versuchspersonen suchte man sich 34 gleichrangige Angestellte eines Betriebes aus. Man ordnete jedem von ihnen eine Gruppe von drei Angestellten des gleichen Betriebs zu, die ihnen entweder unmittelbar über- oder untergeordnet waren. Man hatte die 3 Über- bzw. Untergeordneten angewiesen, in 16 von 20 Schätzungen einstimmig falsche Antworten zu geben, bei der 1., 2., 10., und 11. Schätzung hingegen richtige. Ergebnis: Die Angestellten, die mit Vorgesetzten in einer Gruppe waren, zeigten eine wesentlich stärkere Neigung, sich deren offenkundig falschen Schätzungen anzuschließen als die Angestellten zusammen mit Untergebenen (aus: Leu und Werner in Bender 1971, S. 132)".[34]

33 Die erfunden war, wobei die Studenten dies allerdings nicht wussten. Den Studenten wurde die Aussage als Originalzitat vorgestellt.

34 Bender/Nack, Tatsachenfeststellung vor Gericht, 2. Aufl., Rn 107.

Empirisch wurde nachgewiesen, dass Personen eine präzisere Aussage bzw. Aussage mit kleinerem Intervall eher glauben als einer größeren, die die kleinere mitenthält. Wenn die größere Aussage die kleinere Aussage mitenthält, ist die Wahrscheinlichkeit, dass die Aussage mit dem größeren Intervall richtig ist, jedoch höher. Tatsächlich nehmen Menschen aber genau das Gegenteil an. 66

Beispiel

Wie viel EUR Entwicklungshilfe schätzen Sie, dass die BRD jährlich ausgibt? Die Antwortalternative zwischen 20.000.000 EUR und 25.000.000 EUR wird eher für wahrgenommen als die Aussage zwischen 20.000.000 EUR und 40.000.000 EUR.

Manipulation bei Begründung der Ankerthese. Wenn Sie ihre Ankerthese näher begründen, so teilen Sie mit, dass Sie bei Bewertung Ihres Gewinns/Verlusts/Obsiegenswahrscheinlichkeit etc. von z.B. 90–95 % ausgegangen sind. Vermeiden Sie daher verbale Wahrscheinlichkeitsangaben oder große numerische Intervalle.

Ihr Vergleichsvorschlag könnte folgendermaßen weiterentwickelt werden: „Ein Vergleich unter dem Betrag X (**Anker**) kommt nicht in Betracht. Wir könnten uns vorstellen, von der Hauptforderung Y EUR, auf die Zinsen Z EUR und auf die Kosten W EUR nachzulassen (**entbündelte Rabatte**), sodass nur noch der Betrag C verbliebe. Ihr Fall ist kein Einzelfall. In diesen Fällen machen wir das immer so (**Schema**). Wir bekommen das sonst von unserer Rechtsabteilung, die die Judikatur umfassend ausgewertet hat (**Kompetenz**), nicht genehmigt (**kausale Verknüpfung**). Hierbei sind wir von einer Obsiegenswahrscheinlichkeit von 90–95 % ausgegangen (**präzise Aussage**)."

D. Manipulation durch die Art der Darstellung

I. Verlustaversion

Aus der **Prospect Theorie** können wir menschliches Entscheidungsverhalten grafisch wie folgt darstellen: 67

Allg. Wertfunktion der Prospect Theorie[35]

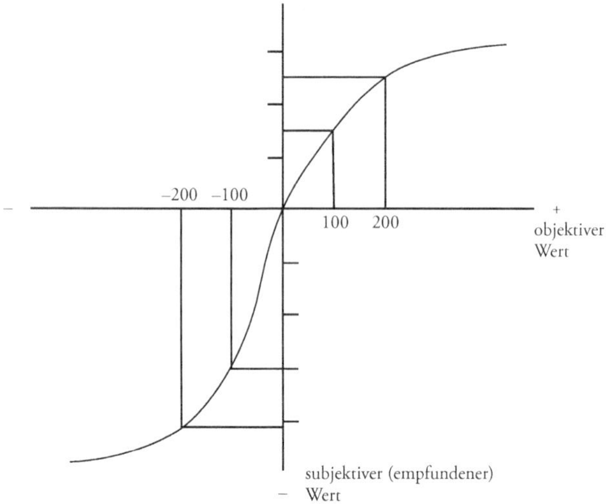

Die Kurve verläuft nicht linear, sondern gekrümmt. Diese Krümmung bedeutet, dass der Unterschied zwischen 0 EUR und 100 EUR subjektiv größer empfunden wird als der Unterschied zwischen 1.000 EUR und 1.100 EUR.[36] Der Knick am Nullpunkt und die konkave Führung im Bereich objektiv positiver Werte (Gewinne) bedeutet, dass bei geringen objektiven Beträgen die Kurve steil ansteigt. D.h., die **subjektive Einschätzung des Wertes** wächst schneller als der objektive Wert und flacht mit zunehmendem objektivem Wert immer mehr ab. Im Bereich der objektiven Verluste verläuft die Wertfunktion konvex und steiler als im Bereich der Gewinne. D.h., der Verlust von 100 (bzw. 200) wird stärker empfunden als der Wert eines entsprechenden Gewinns von 100 (200).[37]

Der Verlust wird überproportional stark empfunden, sodass Menschen Verluste vermeiden wollen und deswegen ein Risiko zur Vermeidung des Verlustes eingehen.

68 Ein weiteres Beispiel:

69 **Fall 2: Die Zahlung**

Wenn Sie sich zwischen folgenden Optionen entscheiden müssen,

70 a) Sie erhalten ein Vergleichsangebot, das Sie zur Zahlung von 3.000 EUR verpflichtet oder

35 Übernommen von Schweitzer, Kognitive Täuschungen vor Gericht, Dissertation Zürich, S. 57.

36 Vgl. Schweitzer, Kognitive Täuschungen vor Gericht, Dissertation Zürich, S. 57.

37 Vgl. Jungermann/Pfister/Fischer, Die Psychologie der Entscheidung, 2. Aufl., S. 224 f.

b) Sie müssen damit rechnen, mit einer Wahrscheinlichkeit von 80 % zu einer Zahlung von 4.000 EUR verurteilt zu werden, hat sich die Mehrzahl der Probanden für die riskante Lösung b) entschieden. Man ging das Risiko ein, höchstwahrscheinlich (80 %) sogar 4.000 EUR zahlen zu müssen, statt die sichere Zahlung von 3.000 EUR zu akzeptieren.

Ein weiterer empirischer Beleg: 71

Einer Hälfte von Versuchspersonen wird ein Gut geschenkt, z.B. ein Becher mit einem Logo der Akademie, bei der man eine Fortbildung besucht hat, während die andere Hälfte der Versuchspersonen keinen Becher erhält. Fragt man nun diejenigen, die keinen Becher erhalten haben, welchen Betrag diese zahlen würden, um den Becher zu erhalten und diejenigen, die den Becher erhalten haben, für welchen Betrag sie den Becher verkaufen würden, so zeigt sich im Experiment, dass der verlangte Preis rund zweimal so hoch ist, wie der gebotene Preis. D.h., der Verkauf des Bechers wird als Verlust empfunden und daher zweimal so stark gewichtet wie der Gewinn (Erwerb) des Bechers.

Warum Verluste doppelt so stark empfunden werden wie korrespondierende Gewinne, ist psychologisch nicht ganz geklärt. Eine evolutionstheoretische Erklärung wäre, dass Verluste manchmal den Tod und damit die Nichtweitergabe der Gene bedeuteten, während Gewinne die Wahrscheinlichkeit, die eigenen Gene weitergeben zu können, nicht in gleichem Maße erhöhten. Studien zeigen, dass Tiere wesentlich härter kämpfen, um ein Revier zu verteidigen, als ein neues zu erobern. Das ist insofern sinnvoll, als die Überlebenswahrscheinlichkeit in einem bekannten Revier wesentlich besser ist als in einem neu eroberten Revier, in dem man mit den Unzulänglichkeiten nicht vertraut ist. Es müssen die Kosten der Informationssuche erst investiert werden, weshalb der Wert des neuen Reviers geringer ist.[38] 72

Tatsächlich zeigt die forensische Praxis, dass sich Beklagte zu ihrem eigenen Schaden risikogeneigt verhalten. D.h., in der Mehrzahl der Fälle fällt das Urteil wesentlich schlechter aus, als die Beklagten vergleichsweise noch akzeptiert hätten.[39] Der abgelehnte Vergleich hätte den Beklagten genutzt. 73

II. Der Framing Effect oder Invariance Effect

Einer Gruppe von Versuchspersonen wurde ein Medikament vorgestellt, das bei einer spezifischen Krebsart in 50 % der Fälle ein **Erfolg** ist. 74

Fragt man nun:

- „Wie effektiv schätzen Sie dieses Medikament ein?"
- „Mit welcher Wahrscheinlichkeit würden Sie dieses Medikament einsetzen, wenn Sie selbst Arzt wären?"

38 Vgl. Jungermann/Pfister/Fischer, Die Psychologie der Entscheidung, 2. Aufl., S. 69 ff.

39 Vgl. Geipel/Nill, Erkenntnisse der Wirtschaftswissenschaften als Taktik der Vergleichsverhandlung, zfs 2007, S. 6 m.w.N.

- „Mit welcher Wahrscheinlichkeit würden Sie das Medikament einem erkrankten Familienangehörigen empfehlen?"

so müsste man die identischen Ergebnisse erhalten, wenn man den Versuchspersonen mitteilt, dass ein neues Medikament existiert, das bei einer spezifischen Krebsart in 50 % der Fälle ein **Misserfolg** ist und fragt:

- „Wie effektiv schätzen Sie dieses Medikament ein?"
- „Mit welcher Wahrscheinlichkeit würden Sie dieses Medikament einsetzen, wenn Sie selbst Arzt wären?"
- „Mit welcher Wahrscheinlichkeit würden Sie das Medikament einem erkrankten Familienangehörigen empfehlen?"

75 Gleichwohl unterscheiden sich die Antworten erheblich.[40] Das ist insofern bemerkenswert, als die eine **Alternative** immer die **logische Kehrseite** der anderen Alternative ist. Das wird unmittelbar einleuchtend, wenn man bei medizinischen Fragen, z.B. Überlebens- und Sterbewahrscheinlichkeiten darstellt. Es entscheiden sich immer mehr Personen für eine bestimmte Alternative, wenn ihnen die Überlebenswahrscheinlichkeit genannt wird statt der Sterbewahrscheinlichkeit. Das gilt selbst bei Ärzten und Fachpersonal.[41]

76 Auch diese Ergebnisse stellen **robuste menschliche Phänomene** dar, dass man nur durch die Art der Darstellung, d.h. hier die Wortwahl oder Darstellung der Konsequenzen, erheblich unterschiedliche Ergebnisse erhält.

77 *Beispiel 1*

Stellen Sie sich vor, Sie sind Gesundheitsminister und der Vogelgrippevirus ist nun so mutiert, dass 600 genetisch anfällige Menschen sterben werden. Sie haben nun mehrere Präventionsprogramme zur Verfügung.

a) Programm A: Wenn Sie dieses einsetzen, werden 200 Menschen gerettet.
b) Programm B: Wenn Sie dieses einsetzen, werden mit einer Wahrscheinlichkeit von $^1/_3$ 600 Menschen gerettet, mit einer Wahrscheinlichkeit von $^2/_3$ wird niemand gerettet.

Die meisten Personen entscheiden sich für Alternative A.

Nun gibt es noch zwei weitere neu entwickelte Medikamente:

c) Medikament C: Wenn Sie dieses einsetzen, werden 400 Menschen sterben.
d) Medikament D: Wenn Sie dieses einsetzen, wird mit einer Wahrscheinlichkeit von $^1/_3$ niemand sterben, mit einer Wahrscheinlichkeit von $^2/_3$ aber 600 Menschen sterben.

Hier entscheiden sich die meisten Menschen für Alternative D.

40 Vgl. Jungermann/Pfister/Fischer, Die Psychologie der Entscheidung, 2. Aufl., S. 215 f.

41 Vgl. Geipel/Nill, Erkenntnisse der Wirtschaftswissenschaften als Taktik der Vergleichsverhandlung, zfs 2007, S. 6, 9 m.w.N.

Wie kommt das? Sind denn die Alternativen A (200 Menschen werden gerettet) und C (400 von 600 Menschen sterben) nicht gleichwertig? Warum entscheiden sich Menschen einmal für die sichere Rettung von 200 Menschen, ein anderes Mal aber für die unsichere Variante, dass mit einer Wahrscheinlichkeit von $^1/_3$ niemand gerettet wird? 78

Durch die Wortwahl „sterben" oder „gerettet" wird ein Referenzpunkt gebildet, von dem die Konsequenzen als Verlust (sterben) bzw. als Gewinn (Rettung) gesehen werden.[42]

Manipulation durch die Wortwahl: Dem Gegenüber ist damit immer zu erklären, wie viel er durch die Alternative **gewinnt**, d.h., was er **spart**, nie was sie kostet.

> *Beispiel 2* 79
>
> Der (damalige) Verteidigungsminister Jung teilt mit, dass er im Falle eines Terrorangriffs in der Art des 11. Septembers das Flugzeug mit den Passagieren abschießen lassen würde. Der Minister erhält aufgrund dieser Äußerungen ein verheerendes Medienecho und kann seinen Rücktritt nur mit Mühe vermeiden. Der Fehler des Ministers lag in der Art der Darstellung. Er teilte nur mit, was seine Maßnahme „kostet", zu welchen „Verlusten" sie führt, nicht aber welcher Gewinn daraus entsteht.

Selbst wenn Versuchspersonen aufgefordert werden, über die Entscheidung, die sie im Rahmen des **Framing Effekts** getroffen haben, nachzudenken, verringert dies den Effekt nicht. 80

Weiter ist aus Versuchen bekannt, dass die meisten Menschen zwar direkte Verluste scheuen, aber bereit sind, den Verlust zu akzeptieren, wenn er als Versicherungsbeitrag aufgefasst wird. Das gilt auch bei völlig sinnlosen Versicherungen, z.B. der Insassenunfallversicherung.[43] 81

Erweiterte Manipulation durch die Wortwahl: **Dem Gegenüber ist damit zu erklären, wie viel er durch die Alternative gewinnt, d.h., was er spart, nie, was sie kostet** und – wenn möglich – dessen hierdurch erlangte **Sicherheit** mitzuteilen, z.B. als Sicherheit vor künftiger Inanspruchnahme, Sicherheit vor höherer Inanspruchnahme etc. 82

Derartige Informationen sind expressis verbis auch dann mitzuteilen, wenn es sich um Selbstverständlichkeiten handelt. 83

Ihr Vergleichsvorschlag könnte folgendermaßen **weiterentwickelt** werden: „Ein Vergleich unter dem Betrag X (**Anker**) kommt nicht in Betracht. Wir könnten uns vorstellen, von der Hauptforderung Y EUR, auf die Zinsen Z EUR und auf die Kosten W EUR nachzulassen (**entbündelte Rabatte**), sodass nur noch der Betrag C

42 Vgl. Jungermann/Pfister/Fischer, Die Psychologie der Entscheidung, 2. Aufl., S. 233 f.

43 Vgl. Jungermann/Pfister/Fischer, Die Psychologie der Entscheidung, 2. Aufl., S. 232 m.w.N.

verbliebe. Ihr Fall ist kein Einzelfall. In diesen Fällen machen wir das immer so (**Schema**). Wir bekommen das sonst von unserer Rechtsabteilung, die die Judikatur umfassend ausgewertet hat (**Kompetenz**), nicht genehmigt (**kausale Verknüpfung**). Hierbei sind wir von einer Obsiegenswahrscheinlichkeit von 90–95 % ausgegangen (**präzise Aussage**). Damit **sparen** Sie noch XY EUR und haben **Sicherheit**, mit keinen weiteren oder höheren Forderungen behelligt zu werden.

84 In einem Experiment wurden Probanden gefragt, welchen Preis sie für eine Krankenversicherung bezahlen würden, die bei **Krankheit und Unfall** eintritt. Eine Vergleichsgruppe wurde befragt, welchen Preis sie für die Krankenversicherung bezahlen würde, die **gleich aus welchem Grund** eintritt. Paradoxerweise war die Gruppe, der die Selbstverständlichkeit Krankheit und Unfall genannt wurde, zur Zahlung eines höheren Betrages bereit. Man nimmt an, dass durch die explizite Erwähnung an solche Fälle gedacht wird, d.h., die Aufmerksamkeit auf das Problem gerichtet wird, sodass die entsprechenden Wahrscheinlichkeiten überschätzt werden. **Nach der sog. Stützungstheorie werden Wahrscheinlichkeiten nicht Ereignissen zugeschrieben, sondern Beschreibungen von Ereignissen.**

85 D.h., die subjektive Wahrscheinlichkeitseinschätzung wird durch die Unterstützung (= Evidenz), die die Bewertung gerade erhält, bestimmt. D.h. unterschiedliche Beschreibungen führen zu unterschiedlichen Wahrscheinlichkeitseinschätzungen und damit zu unterschiedlichen Entscheidungen.[44]

86 Fragt man, wie wahrscheinlich es ist, dass Bayern München gegen Dortmund gewinnt bzw. dass Bayern München nicht gewinnt, so erhält man für Gewinn einen Wahrscheinlichkeitswert von 65 % und für Nicht-Gewinnen von 35 %. Fragt man jedoch anders und will Wahrscheinlichkeitseinschätzungen für Gewinnen, Unentschieden und das Verlieren von Bayern München wissen, so sprechen sich nur noch 55 % für Gewinn aus, 25 % für Unentschieden und 20 % für Niederlage. D.h., eine **ausdrücklich genannte Alternative**, die selbstverständlich schon in der vorhergehenden Alternative mitenthalten war, **beeinflusst das Ergebnis.**[45]

Sprechen Sie daher Selbstverständlichkeiten, was Ihr Gegenüber spart, welche Sicherheiten er erhält etc., ausdrücklich an.

E. Der status quo bias

87 Die o.g. Forschungsergebnisse wurden durch die Theorie des status quo bias[46] gestärkt.

44 Vgl. Jungermann/Pfister/Fischer, Die Psychologie der Entscheidung, 2. Aufl., S. 180 m.w.N.

45 Vgl. Jungermann/Pfister/Fischer, Die Psychologie der Entscheidung, 2. Aufl., S. 181.

46 Vgl. Jungermann/Pfister/Fischer, Die Psychologie der Entscheidung, 2. Aufl., S. 316 ff.

■ **Beispielfall: Die Erbschaft**

Stellen Sie sich vor, Sie haben überraschend von einem Onkel aus Amerika eine erhebliche Summe Geld geerbt. Es gibt nun zwei Anlagemöglichkeiten:

- Kauf von Aktien der Firma SOLIDO, die mit einer Wahrscheinlichkeit von 50 % zu einem Gewinn von 30 % führen, aber mit einer Wahrscheinlichkeit von 30 % zu einem Verlust von 20 %.
- Kauf von Aktien der Firma RISIKO, die mit einer Wahrscheinlichkeit von 40 % einen Gewinn von 100 % bringen, aber mit einer Wahrscheinlichkeit von 30 % zu einem Verlust von 40 % führen.

Die Mehrheit der Probanden (60 %) entschließt sich hier zum Kauf von SOLIDO Aktien.

D.h. die SOLIDO Aktien werden als „besser" empfunden. Nachdem die SOLIDO Aktien „besser" sind, müssten sich auch bei folgender Alternative die Mehrheit der Probanden für die SOLIDO Aktien entscheiden.

Sie haben von Ihrem Onkel dessen Vermögen geerbt, das in SOLIDO Aktien angelegt ist.

Wie entscheiden Sie sich?

- Behalten der SOLIDO Aktien oder
- Verkauf der SOLIDO Aktien und Kauf von RISIKO Aktien?

Nachdem die SOLIDO Aktien „besser" sind, müsste die Mehrheit die SOLIDO Aktien behalten. Tatsächlich behalten auch 63 % die SOLIDO Aktien, also ein statistisch nicht signifikant (60 % bzw. 63 %) abweichendes Ergebnis.

Daher müsste nun die folgenden Alternativen zu einem analogen Ergebnis führen:

Sie haben von Ihrem Onkel bereits dessen Vermögen in RISIKO Aktien geerbt.

Man müsste annehmen, dass dann die RISIKO-Aktien eher verkauft und stattdessen SOLIDO Aktien gekauft werden, da doch die SOLIDO Aktien als „besser" empfunden wurden.

Wie entscheiden Sie sich nun:

- Behalten Sie die RISIKO-Aktien oder
- verkaufen Sie die RISIKO-Aktien und kaufen stattdessen die SOLIDO Aktien?

Nunmehr kaufen nur noch 44 % die SOLIDO Aktien, die doch zuvor als „besser" (60 % bzw. 63 %) bewertet wurden. Also ein statistisch signifikant abweichendes Ergebnis.

Die Mehrzahl der Probanden (56 %) wählt jetzt die „schlechteren" RISIKO Aktien.

Das ist damit zu erklären, dass die Aufgabe des status quo per se unattraktiv erscheint und es daher eines weit über das objektiv gerechtfertigte Maß hinausgehenden Reizes bedarf, um Personen zur Aufgabe des status quo zu bewegen. 88

89 Es existiert ein status quo bias. Menschen tendieren dazu, den status quo aufrecht zu erhalten, auch wenn die Konsequenzen der Aufgabe oder Veränderung des status quo besser wären.

Manipulation durch Zahlungsmodalitäten: Statt der Gegenseite etwas zu nehmen (sofortige Bezahlung), ist die Gegenseite von zukünftigen Erhöhungen, Gewinnen etc. auszuschließen. Sie erhalten daher tendenziell die besten Ergebnisse, wenn Sie nicht auf sofortige Bezahlung bestehen, sondern Abtretung von zukünftigen Ansprüchen (Lohn, Dividenden, Sicherungsübereignungen etc.). Die Gegenseite kann daher einerseits den status quo aufrechterhalten und hat vermeintlich einen Verlust vermieden.

F. Manipulation durch Rechtfertigung

90 Sie haben im Herbst eine Prüfung gemacht. Sie sind nun erschöpft und wissen nicht, ob Sie die Prüfung bestanden haben. Falls Sie durchgefallen sind, müssen Sie die Prüfung in einigen Monaten wiederholen. Unerwartet haben Sie die Möglichkeit, eine 5-Tages-Reise nach Mallorca zu einem besonders günstigen Preis zu machen.[47]

91 Würden Sie

a) das Ticket kaufen,
b) das Ticket nicht kaufen,
c) eine Gebühr von 10 EUR zahlen, um sich die Option des günstigen Preises zu sichern, bis Sie wissen, ob Sie durchgefallen sind?

32 % würden das Ticket kaufen, 7 % würden nicht kaufen und **61 % würden die Entscheidung aufschieben**.

92 Nun wird das Szenario so abgewandelt, dass Sie bereits wissen, dass Sie durchgefallen sind bzw. nicht durchgefallen sind. Nun entscheiden sich mehr als die Hälfte für den Kauf des Tickets (54 %, wenn Sie wussten, dass sie bestanden hatten), bzw. 57 % (wenn Sie wussten, dass sie nicht bestanden hatten). Die Möglichkeit der Aufschiebung wird nur noch von 30 % bzw. 31 % gewählt.

D.h., die Mehrheit will fahren, wenn sie bestanden hatte, etwa um sich zu belohnen, aber die Mehrheit will auch fahren, wenn sie nicht bestanden hatte, etwa um Kraft für die neue Prüfung zu sammeln.

Das Merkwürdige ist, dass man immer fahren will, egal ob man bestanden hat oder nicht. Warum macht es nun einen Unterschied, wenn man nicht weiß, ob man bestanden hat, wo man doch sowieso fahren will?

93 **Beide Argumente (einmal belohnen, andererseits Kraft sammeln) sind gleichermaßen plausibel**. Weiß man jedoch nicht, welche Alternative eintreten wird, so weiß man auch nicht, welcher Grund (Kraft sammeln oder belohnen) greift. Solan-

47 Vgl. Jungermann/Pfister/Fischer, Die Psychologie der Entscheidung, 2. Aufl., S. 313f.

ge also keine Rechtfertigung für eine Entscheidung bekannt ist, wird die Entscheidung tendenziell eher aufgeschoben.

Taktik bei Vergleichsverhandlung: dem Gegenüber immer eine **Rechtfertigung** für die von ihnen gewünschte Option geben.

Die Rechtfertigung für den Gegner kann in der Praxis oft darin liegen, dass nicht 94
weiter geprüft wird, ob z.B. ein Eingehungsbetrug oder eine Insolvenzverschleppung vorliegt.

In der Praxis dürfte fast bei jedem Schuldner, der fällige Raten nicht bedient, Zahlungsunfähigkeit im Sinne der InsO vorliegen.

Der BGH hat in einem Urteil (Az.: IX ZR 123/04) eine **Definition der Zahlungs-** 95
unfähigkeit gegeben. Zahlungsunfähig ist in der Regel, wer

- über einen Zeitraum von drei Wochen
- mindestens 10 % seiner fälligen Verbindlichkeiten nicht begleichen kann, sofern nicht ausnahmsweise mit an Sicherheit grenzender Wahrscheinlichkeit zu erwarten ist, dass die Liquiditätslücke demnächst vollständig oder fast vollständig beseitigt werden wird und den Gläubigern ein Zuwarten nach den besonderen Umständen des Einzelfalls zuzumuten ist.

„Nach § 17 Abs. 2 InsO ist der Schuldner zahlungsunfähig, wenn er nicht in der 96
Lage ist, die fälligen Zahlungspflichten zu erfüllen. Entscheidend ist allein der Zeitpunkt der Fälligkeit einer Forderung, der nur durch eine Stundungsvereinbarung hinausgeschoben werden kann. Von der Zahlungsunfähigkeit abzugrenzen ist die bloße Zahlungsstockung, das heißt der kurzfristig behebbare Mangel an flüssigen Mitteln. Dieser muss in einem Zeitraum von maximal drei Wochen zu beseitigen sein, da eine kreditwürdige Person in der Lage ist, sich binnen dieser Frist die benötigten Beträge darlehensweise zu beschaffen. Sonst liegt Zahlungsunfähigkeit vor (BGH, NStZ 2007, 643 = BGHR GmbHG § 64 Abs. 1 Zahlungsfähigkeit 2 m. w. Nachw.). Die Feststellung derselben erfolgt in der Regel durch die so genannte betriebswirtschaftliche Methode. Dies setzt eine stichtagsbezogene Gegenüberstellung der fälligen Verbindlichkeiten einerseits und der zu ihrer Tilgung vorhandenen oder kurzfristig herbeizuschaffenden Mittel andererseits voraus (BGH, NJW 2000, 154 = NZG 2000, 307; NStZ 2003, 546). Zur Abgrenzung von der bloßen Zahlungsstockung ist diese Methode um eine Prognose darüber zu ergänzen, ob innerhalb der Drei-Wochen-Frist mit der Wiederherstellung der Zahlungsfähigkeit hinreichend sicher zu rechnen ist, etwa durch Kredite, Zuführung von Eigenkapital, Einnahmen aus dem normalen Geschäftsbetrieb oder der Veräußerung von Vermögensgegenständen. Das geschieht durch eine Finanzplanrechnung, aus der sich die hinreichend konkret zu erwartenden Einnahmen und Ausgaben der nächsten 21 Tage ergeben (vgl. hierzu im Einzelnen Graf/Jäger/Wittig/Otte, Wirtschafts- u. SteuerstrafR, 2011, § 15a InsO Rn 65 f. m. w. Nachw.). Die Zahlungsunfähigkeit i.S.d. § 17 Abs. 2 InsO kann aber auch durch so genannte wirtschaftskriminalistische Beweisanzeichen belegt werden (wirtschaftskriminalistische Methode; vgl. hierzu BGH, NJW 2000, 154

= NZG 2000, 307). Als wirtschaftskriminalistische Warnzeichen kommen unter anderem in Betracht die ausdrückliche Erklärung, nicht zahlen zu können, das Ignorieren von Rechnungen und Mahnungen, gescheiterte Vollstreckungsversuche, Nichtzahlung von Löhnen und Gehältern, der Sozialversicherungsabgaben oder der sonstigen Betriebskosten, Scheck- und Wechselproteste oder Insolvenzanträge von Gläubigern (vgl. zu den Krisensignalen im Einzelnen auch Achenbach/Ransiek/Wegner, Hdb. WirtschaftsstrafR, 3. Aufl., Teil 7 Kap. 1 Rn 93; Graf/Jäger/Wittig/Otte, § 15a InsO Rn 68 m. w. Nachw.).“[48]

97 Für den Nachweis der **Zahlungseinstellung** bei der Kongruenzanfechtung können vor allem folgende Indizien (die ggf. auch alleine für den Nachweis ausreichen, vgl. BGH, Urt. vom 30.6.2011 – IX ZR 134/10) verwendet werden (nachfolgende Tabelle aus *Huber*, Indiztatsachen und ihre Beweiskraft im insolvenzrechtlichen Anfechtungsprozess, ZinsO 2012, S. 53, 55).

Indiztatsache	**Bewertung**
beträchtliche Zahlungsrückstände	„regelmäßig ein Indiz“
jahrelanges Nichtbegleichen von Sozialversicherungsbeiträgen	„erhebliches Beweisanzeichen“
Nicht- sowie schleppende Zahlung von Steuerforderungen	„zusätzliches Indiz“
vor sich Herschieben eines Forderungsrückstands	zur Bewertung dieser Indiztatsache sagt der Senat nichts, sondern nur, das Indiz widerlege die Annahme des Berufungsgerichts zu einer „geringfügigen Liquiditätslücke“
verschiedene Vollstreckungsverfahren	„legen Schlussfolgerung auf Zahlungseinstellung nahe“
Nichteinlösung eines Schecks mangels Deckung	„manifestiert Indiz“
Nichteinhaltung einer Ratenzahlungsvereinbarung mit dem Finanzamt	„gestattet Schluss auf …“

98 *Hinweis*

Im Rahmen der zivilrechtlichen Insolvenzanfechtung liegt keine Prognoseentscheidung zugrunde, sondern ein anderer Maßstab, nämlich eine rückblickende Betrachtung unter Berücksichtigung der weiteren wirtschaftlichen Entwicklung. Bei der Frage der Verletzung der Insolvenzantragspflicht ist aber gerade eine prognostische Entscheidung erforderlich, die nur entweder über die sog. betriebswirtschaftliche Methode (Gegenüberstellung der fälligen Verbindlichkeiten einerseits und der zu ihrer Tilgung vorhandenen oder kurzfristig herbei-

48 BGH, Urt. v. 21.8.2013 – 1 StR 665/12 = NJW 2014, S. 164 f.

zuschaffenden Mittel andererseits) oder über die o.g. kriminalistischen Beweisanzeichen festgestellt werden kann, keinesfalls aber aus der alleinigen Tatsache, dass im fraglichen Zeitraum Verbindlichkeiten bestanden, die bis zur Insolvenzverfahrenseröffnung nicht mehr beglichen worden sind.[49]

In den meisten Fällen liegt dann auch der **Tatbestand** des **Eingehungsbetruges** nahe. Die Hoffnung, bei Fälligkeit, doch noch zahlen zu können, schließt den Vorsatz bei Vertragsschluss nicht aus. 99

Der BGH hat in wistra 1993, 265 formuliert: 100

„Richtig ist, dass […] der Schädigungsvorsatz beim Darlehensbetrug nicht deshalb wegfällt, weil der Täter beabsichtigt oder glaubt, den endgültigen Schaden abwenden zu können. Dies beruht darauf, dass Bezugsgegenstand solcher Absichten, Hoffnungen oder Erwartungen lediglich die strafrechtlich unbeachtliche Wiedergutmachung eines bereits mit der Kreditgewährung entstandenen Schadens ist.“

Ihr Vergleichsvorschlag könnte folgendermaßen **weiterentwickelt** werden: „Ein Vergleich unter dem Betrag X (**Anker**) kommt nicht in Betracht. Wir könnten uns vorstellen, von der Hauptforderung Y EUR, auf die Zinsen Z EUR und auf die Kosten W EUR nachzulassen (**entbündelte Rabatte**), sodass nur noch der Betrag C verbliebe. Ihr Fall ist kein Einzelfall. In diesen Fällen machen wir das immer so (**Schema**). Wir bekommen das sonst von unserer Rechtsabteilung, die die Judikatur umfassend ausgewertet hat (**Kompetenz**), nicht genehmigt (**kausale Verknüpfung**). Hierbei sind wir von einer Obsiegenswahrscheinlichkeit von 90–95 % ausgegangen (**präzise Aussage**). Damit **sparen** Sie XY EUR und haben Sicherheit vor weiteren Forderungen. Durch den Vergleich stellt sich von unserer Seite auch nicht mehr die Frage, ob ein Eingehungsbetrug oder eine Insolvenzverschleppung vorliegt (**Rechtfertigung für Vergleich**). 101

G. Manipulation durch die Menge der Vergleichsoptionen

Hinsichtlich des Ankereffekts wurde mitgeteilt, dass es kontraproduktiv ist, die Gegenseite oder das Gericht das erste Vergleichsangebot machen zu lassen. Menschliches Entscheiden kann nicht nur durch einen Anker beeinflusst werden, sondern auch durch die Menge der zur Disposition gestellten Vergleichsoptionen. 102

Sie wollen einen neuen Computer:

Es gibt Computer X mit einem großen Arbeitsspeicher, aber kleiner Festplatte.

Weiter gibt es Computer Y mit einem kleinen Arbeitsspeicher, aber großer Festplatte.

49 Vgl. BGH, Urt. v. 21.8.2013 – 1 StR 665/12 = NJW 2014, S. 164 f.

Wie entscheiden Sie sich? Wahrscheinlich haben Sie keine klare Präferenz.

Gibt es nun Computer Z, dessen Arbeitsspeicher genauso groß ist, wie der von Computer X, aber eine noch kleinere Festplatte hat, so entscheiden Sie sich für Computer X.

Computer Z ist auf jeden Fall schlechter, sollte also bei der Entscheidung gar keine Rolle spielen.

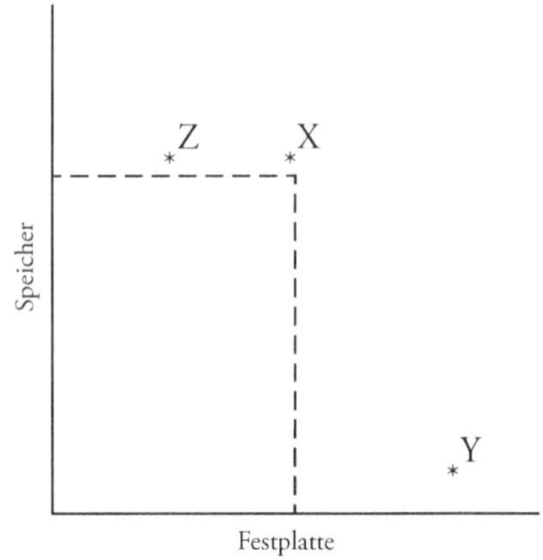

Grafik nachgebildet aus Jungermann, Helmut et al., Die Psychologier der Entscheidung, aaO., S. 310

103 Es ist schwer erklärbar, warum die Wahl zwischen zwei Optionen (hier Computer Y oder Computer X) von dem Hinzutreten einer dritten Alternative (hier Computer Z), die klar gegenüber einer Alternative (hier Computer X) schlechter ist, abhängt.

104 Die Antwort liegt in dem **Kompromiss- oder Attraktions-Effekt**. Es wurde relativ die Attraktion von X erhöht, denn X ist in jedem Fall besser als Z. D.h., X stellt den Kompromiss zwischen Z und Y dar.[50]

Der Kompromisseffekt ist nicht nur dann gegeben, wenn die neu hinzutretende Alternative schlechter ist als die gewünschte, sondern auch wenn sie extremer ist.

105 Es gibt die Produkte Y und Z. Z ist bzgl. Attribut 1 besser als Y, aber Y ist bzgl. Attribut 2 besser als Z. In diesem Fall entscheiden sich ca. die Hälfte für Z oder Y. Tritt nun die Variante X hinzu, die hinsichtlich Attribut 2 wesentlich besser ist als die anderen beiden Alternativen, hinsichtlich Attribut 1 aber wesentlich schlechter als die anderen beiden Alternativen, so lässt sich nicht sagen, dass die Alternative X schlechter ist (tatsächlich ist sie ja nur auf einer Ebene schlechter, auf einer anderen

50 Vgl. Jungermann/Pfister/Fischer, Die Psychologie der Entscheidung, 2. Aufl., S. 309 f.

aber viel besser). Gleichwohl erscheint die Alternative Y wiederum als Kompromiss und wird dann von den meisten Versuchspersonen gewählt.[51]

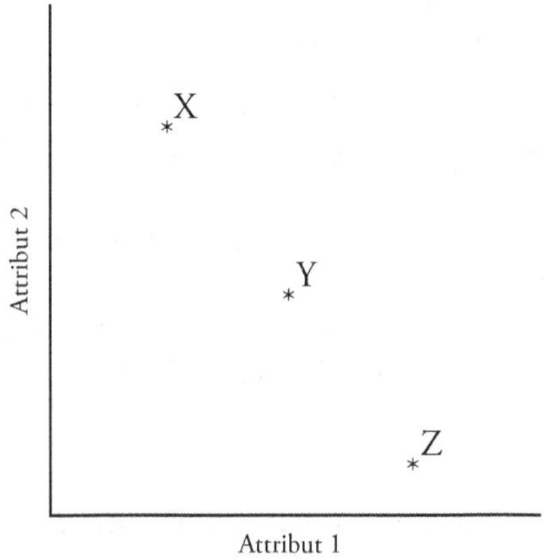

Grafik nachgebildet aus Jungermann, Helmut et al.,
Die Psychologier der Entscheidung, aaO., S. 312

Beispiel 106

Sie wollen einen CD-Player kaufen, haben sich aber noch nicht für ein Modell entschieden. Sie kommen an einem Geschäft vorbei, das eine 1-Tages-Aktion durchführt, d.h. nur heute bekommen Sie einen SONY CD-Player zu dem günstigen Preis von 99 EUR.

Variante A: Sie kaufen den SONY.

Variante B: Sie warten, um mehr Informationen über die verschiedenen Modelle zu bekommen.

66 % der Versuchspersonen wollen den SONY sofort kaufen und 34 % weitere Informationen abwarten.

Bleiben die Bedingungen unverändert und wird zudem ein Spitzenmodell von AIWA zu einem Preis von 169 EUR angeboten, so gibt es folgende Alternativen:

Variante A 1: Sie kaufen den SONY.

Variante B 1: Sie warten, um mehr Informationen über die verschiedenen Modelle zu bekommen.

Variante C 1: Sie kaufen den AIWA.

In diesem Fall kaufen nicht mehr 66 % den SONY, sondern nur noch 27 %. Fast die Hälfte (46 %) wollte nun abwarten. Warum? Der SONY Player ist derselbe

51 Vgl. Jungermann/Pfister/Fischer, Die Psychologie der Entscheidung, 2. Aufl., S. 312.

geblieben, aber dessen **Attraktivität merklich gesunken**. Zum einen stellt die Alternative abzuwarten erneut einen Kompromiss dar und zum anderen wird zum Pro-Argument für den SONY (günstiger Preis) nun auch noch ein Contra-Argument (schlechtere Qualität) augenfällig.[52]

Manipulation durch Vorgabe von drei Alternativen. Die Option, von der man möchte, dass sie von der Gegenseite gewählt wird, sollte einen Kompromiss der anderen beiden Alternativen darstellen.

107 Die Vorgabe der drei Alternativen kann mit dem Ankereffekt (maximal mögliche Forderung) kollidieren.

Für die Praxis ist es trotzdem manchmal möglich, die Alternativen in Nebenpunkten aufzustellen, die üblicherweise beim Vergleichsschluss nicht oder zu wenig bedacht werden.

H. Vorgabe der Wahl oder Zurückweisung einer Option

108 Wenn Sie **außergerichtliche Vergleichsverhandlungen** führen müssen, **können Sie die Wahrscheinlichkeitseinschätzung der Gegenseite durch die Informationsdarbietung manipulieren**. Das wiederum setzt eine grundlegende Vorbereitung voraus. Nach einer Umfrage des Hernstein Instituts für Management und Leadership in Wien bereiten sich 34 % der Manager auf eine einstündige Verhandlung mehr als 30 Minuten vor. Die Mehrheit glaubt mit weniger Zeit auszukommen. 8 % der Manager wollen sogar mit weniger als zehn Minuten Vorbereitungszeit auskommen.[53]

Folgende Punkte der Informationsdarbietung beeinflussen das Entscheidungsverhalten wesentlich.[54]

I. Konkretheit

109 Werden Informationen lediglich implizit gegeben, die erst erschlossen werden müssen, werden diese in ihren Konsequenzen nicht erkannt. Nennen Sie daher auch Selbstverständliches.

II. Übersichtlichkeit

110 Werden Informationen über Optionen nur verstreut vorgebracht, werden sie weniger leicht für die Entscheidung verwendet. Verwenden Sie daher Tabellen, Skizzen etc., wenn dies möglich ist.

52 Vgl. Jungermann/Pfister/Fischer, Die Psychologie der Entscheidung, 2. Aufl., S. 311.
53 Vgl. Wer argumentiert, verliert, in Wirtschaftswoche v. 24.9.2007, S. 136 ff.
54 Vgl. Jungermann/Pfister/Fischer, Die Psychologie der Entscheidung, 2. Aufl., S. 282 f.

III. Anzahl der Informationen

Auswirkungen auf das Entscheidungsverhalten hat es auch, wenn mehrere Informationen gegeben werden. Wenn eine Alternative auf vielen Attributen gut aussieht, schließt man daraus, dass sie auch auf einem Attribut gut aussieht, das nicht erwähnt wurde. 111

Von Elternteilen ist Folgendes bekannt:[55]

Elternteil A	**Elternteil B**
durchschnittliches Einkommen	überdurchschnittliches Einkommen
normale Gesundheit	kleinere Gesundheitsprobleme
durchschnittliche Arbeitsbelastung	viele berufliche Reisen
normale Beziehung zum Kind	sehr enge Beziehung zum Kind
stabiles soziales Leben	sehr aktives Sozialleben

Bei der Frage, wem würden Sie das Sorgerecht zusprechen, sprachen sich 64 % für Elternteil B aus.

D.h. 36 % würden Elternteil B das Sorgerecht **nicht** zusprechen. Fragt man nun logisch umgekehrt, wem würden Sie das Sorgerecht nicht zusprechen, müsste man erwarten, dass sich eben 36 % für Elternteil B entscheiden.

Tatsächlich entscheiden sich dann aber nicht nur 36 % gegen Elternteil B, sondern statistisch signifikant davon abweichend 55 %. Wie lässt sich diese Abweichung bei inhaltlich identischen Fragen erklären?

Geht es um die bejahende Wahl einer Option, wird primär nach Pro-Argumenten gesucht. Geht es hingegen um eine verneinende Wahl wird primär nach Contra-Argumenten gesucht. Es ist plausibel, eine Zurückweisung mit Contra-Argumenten innerlich zu begründen, während es plausibel ist, eine bejahende Option mit Pro-Argumenten zu begründen. Es wird also nur die **Teilmenge der Argumente** bevorzugt, die der Frage am besten entspricht. Es entsteht also eine **Begründungskompatibilität** zwischen Antwortziel und genutzter Information. 112

D.h., wenn es für verschiedene Entscheidungen **Pro- und Contra-Argumente** gibt, kann durch die Wahl der Frage (positive Frage oder negative Frage) die Entscheidung manipuliert werden.

Praxistipp 113

Stellen Sie daher mindestens zwei Alternativen vor und nennen Sie für beide Alternativen Pro- und Contra-Argumente. Nennen Sie aber mehr Pro-Argumente bei der Option, die von Ihnen bevorzugt wird und fragen Sie positiv, welches Angebot Ihr Gegenüber annehmen möchte.

55 Vgl. Jungermann/Pfister/Fischer, Die Psychologie der Entscheidung, 2. Aufl., S. 315 m.w.N.

§ 35 Die Beweiswürdigung in der ZPO-Revision

Inhalt

A. Allgemeines

1 Die meisten Praktiker wissen, dass die Revisionsinstanz eine reine Rechtsinstanz, aber keine Tatsacheninstanz ist. Nur die wenigsten wissen aber, dass auch (schwere) Fehler – unabhängig von der Beschwerdesumme – nicht (mehr) revisibel sind.[1]

2 Durch die Umgestaltung des Revisionsrechts 2002 führt nicht (mehr) jeder frühere revisible Rechtsfehler zur Aufhebung durch die Revisionsinstanz, weil zuvor die Revision zugelassen werden muss (entweder vom Berufungsgericht oder vom Revisionsgericht aufgrund einer Nichtzulassungsbeschwerde gem. § 543 Abs. 1 ZPO). Durch die Reform wurde die Wertrevision abgeschafft und das Modell der Zulassungsrevision eingeführt. Entgegen dem früheren Recht kann nun auch das LG als Berufungsgericht die Revision zum BGH zulassen. Dadurch sollte eine größere Bandbreite der zu lösenden Rechtsfragen vor den Bundesgerichtshof gelangen, was nach altem Recht nicht der Fall war. Die Streitwerte in diversen praxisrelevanten Rechtsgebieten (z.B. Reisevertragsrecht, Wohnraummietrecht) waren für Berufungen zum OLG und damit für Revisionen zum BGH i.d.R. zu gering und der Rechtsentscheid lief praktisch leer (im Zeitraum von 22 Jahren gab es nur 32 entsprechende Entscheidungen durch den BGH).[2]

1 Dies sollte von Seiten des Gesetzgebers korrigiert werden: Waclawik, Aufruhr im Auenland: Was wird aus der Nichtzulassungsbeschwerde NJW 2016, S. 1639, 1642 f.

2 Vgl. Traut, Der Zugang zur Revision in Zivilsachen, S. 9, 228 f. m.w.N.

Hinweis 3

Die Berufungsgerichte werten auch die begründungslose Zurückweisung bzw. formelhafte Zurückweisung der Nichtzulassungsbeschwerde als Beleg für die Richtigkeit ihrer Urteile, obwohl sie das gerade nicht sind,[3] sondern nur die Feststellung, dass kein Zulassungsgrund vorliegt. Die Frage der Fehlerhaftigkeit des Urteils bleibt damit ungeprüft. Mangels rechtstatsächlicher Forschung kann die Fehlerquote von Berufungsurteilen nur geschätzt werden. Auf Plausibilitätsniveau geschätzt, ist eine Fehlerquote von etwa 33 % der Berufungsurteile zu erwarten (vgl. oben, § 3 Rdn 54 ff., 67).[4]

Vor der ZPO-Reform 2002 war die Revision gegen Urteile der Oberlandesgerichte gem. § 546 ZPO a.F. statthaft, wenn sie entweder zugelassen wurde (Zulassungsrevision) oder die Beschwerdegrenze von 60.000 DM überschritten war (Wertrevision). War diese Grenze überschritten, musste die Revision jedoch angenommen werden gem. § 554b ZPO a.F. Diese Annahmevorschrift ist entfallen, d.h. es gibt überhaupt keine Wertrevision mehr, sondern nur noch die Zulassungsrevision. 4

Ist die Revision zugelassen,[5] liegen die Zulassungsvoraussetzungen nach Meinung des Revisionsgerichts jedoch nicht vor, kann sie durch einstimmigen Beschluss gemäß § 552a ZPO zurückgewiesen werden, sofern sie keine Aussicht auf Erfolg hat. 5

Zwar ist die Verbreiterung des Wirkungsfeldes zu begrüßen, obgleich dies auch zu einer Überflutung mit Bagatellfragen geführt hat (z.B. zu Betriebskostenabrechnungen oder Dekorationsklauseln), aber die Abschaffung der Wertrevision hat auch gravierende Nachteile. Vor allem ist zu beachten, dass auch bei hohen Streitwerten revisible Rechtsfehler, insbesondere Verfahrensfehler, nicht als solches beanstandet werden können.Damit ist das gesamte Beweisrecht, zu dem wegen unzulänglicher oder fehlerhafter Beweiserhebungen durch die Oberlandesgerichte so viele aufhebende und zurückverweisende Urteile des Bundesgerichtshofs ergangen sind, seiner Kontrolle so gut wie völlig entzogen worden.“[6] Ein weiterer wesentlicher Nachteil ist, dass die Oberlandesgerichte als Berufungsgerichte fast nur noch in Ausnahmefällen Revisionen zulassen. Das entspricht dem menschlichen Verhalten, eigene Entscheidungen, die man als richtig erachtet, der Überprüfung zu entziehen.[7] Das war bereits vor der ZPO-Reform 2002 allgemein bekannt und die sehr

3 Vgl. Winter, Die Nichtzulassungsbeschwerde – ein Scheinrechtsmittel, NJW 2016, S. 922 ff.; Diese Wahrnehmungsverzerrung gilt auch in Strafsachen, vgl. Paeffgen/Wasserburg, Geheimnisse des Systems der Kontrolle, GA 2012, S. 535 f.

4 Vgl. Winter, Die Nichtzulassungsbeschwerde – ein Scheinrechtsmittel, NJW 2016, S. 922 f., 925.

5 Was für das Revisionsgericht bindend ist, vgl. BGH, Beschl. v. 19.6.1963 – Ib ZB 7/62 = GRUR 1964, S. 26.

6 Vgl. Schneider, Praxis der neuen ZPO, 2. Aufl., Rn 1032.

7 Vgl. Reinelt, Richterliche Selbst-Präjudikation, ZAP Kolumne 2009, S. 211.

zurückhaltende Zulassungspraxis der OLG sollte durch eine weitere Definition des Begriffs der „grundsätzlichen Bedeutung" beschränkt werden.[8]

6 *Hinweis*

„Die offensichtliche Unrichtigkeit eines Urteils ist allein kein hinreichender Grund, die Revision zuzulassen."[9] Eine Fehlentscheidung im Einzelfall reicht für die Revisionszulassung selbst dann nicht aus, wenn sie offensichtlich oder von Gewicht ist.[10] Auch Fehler, die im Revisionsverfahren von Amts wegen die Aufhebung des Urteils begründen würden (z.B. beim Fehlen tatbestandlicher Darstellungen im Berufungsurteil und Verwerfung der Berufung als unzulässig), stellen keinen Zulassungsgrund dar.[11] Sogar „schwere und offensichtliche Rechtsfehler" begründen die Zulassung der Revision nicht.[12]

7 Diese Reduktion der Revisionsinstanz ist verfassungsrechtlich bedenklich. Zum einen weist Nassall auf Folgendes hin:

> *„Mit der – durch die Konturlosigkeit der Zulassungskriterien – kodifizierten Absicht des Gesetzgebers, den Rahmen der Zulassungsgründe zur Sicherung einer maximalen Wirkungsbreite des BGH offen zu lassen, ist jeder Versuch, die Revisionszulassung auf einen abgeschlossenen Kreis bestimmter Fallgruppen beschränken zu wollen, unvereinbar. Die Senate des BGH, die diesen Versuch unternehmen, begeben sich der Möglichkeit des Eingreifens in den außerhalb dieses Kreises liegenden Fällen; sie signalisieren den Vorinstanzen, dass sie in diesen anderen Fällen die höchstrichterliche Korrektur einer fehlerhaften Entscheidung nicht zu befürchten haben. Das aber wollte der Gesetzgeber gerade vermeiden: Das Schwert der Rechtsmittelzulassung durch den BGH sollte über allen Entscheidungen der Instanzgerichte schweben."*[13]

8 Zum anderen hat das BVerfG festgestellt, dass es einen auf Dauer aus rechtsstaatlicher Sicht schwer hinnehmbaren Zustand bedeuten würde, wenn offenkundige Verfahrensfehler oder absolute Revisionsgründe nicht zur Revisionszulassung führen.[14] Das Plenum des BVerfG hatte festgestellt: „Das Grundanliegen, das mit der Einrichtung von gerichtlichen Rechtsbehelfssystemen im weitesten Sinne verfolgt zu werden pflegt, ist zum einen, eine tendenziell bessere Gewähr der Einzelfallgerechtigkeit, das heißt – gemessen am jeweils anzuwendenden Recht – der Richtigkeit ge-

8 Vgl. BT-Drucks 14/4722, S. 104.

9 BGH, NJW 2003, S. 831.

10 Vgl. BGH, NJW 2003, S. 754 f.

11 Vgl. BGH, Beschl. vom 19.9.2014 – V ZR 290/13; das ist freilich im Hinblick auf die aus Art. 103 Abs. 1 GG folgende Berücksichtigungspflicht, für deren Überprüfung gerade der Tatbestand dienen soll, nicht unbedenklich.

12 Vgl. BGH, Beschl. vom 1.10.2002 – XI ZR 71/02 = BGHZ 152, S. 182, 188 f. = NJW 2003, S. 65.

13 Nassall, Irrwege. Wege. Die Rechtsmittelzulassung durch den BGH, NJW 2003, S. 1345, 1348.

14 BVerfG, Beschl. v. 26.3.2001 – 1 BvR 383/00 = NJW 2001, S. 2161, 2163.

richtlicher Entscheidungen zu erzielen, und zum anderen die Einheitlichkeit der Rechtsprechung, darunter auch der richterlichen Rechtsfortbildung, und dadurch die Einheit der Rechtsordnung institutionell zu sichern. Denn die Einheit der Rechtsordnung ist im Kern bedroht, wenn gleiches Recht ungleich gesprochen wird.“[15]

Da das Berufungsgericht hinsichtlich der Zulassung kein Ermessen hat, sondern bei Vorliegen der in § 543 Abs. 2 ZPO genannten Voraussetzungen die Zulassung von Amts wegen aussprechen muss, können mit der Nichtzulassungsbeschwerde gemäß § 544 ZPO keine weitergehenden Zulassungsgründe geltend gemacht werden. Vielmehr kann lediglich die (fälschliche) Verneinung der Voraussetzungen des § 543 Abs. 2 ZPO gerügt werden, sofern der Beschwerdewert von 25.000 EUR überschritten ist oder die Berufung als unzulässig verworfen wurde (§ 544 Abs. 2 ZPO; vormals: § 26 Nr. 8 EGZPO). Die Gerichte, auch die obersten Gerichtshöfe des Bundes, haben zwar bei der Beurteilung eines Revisionszulassungsgrundes (mit Ausnahme der absoluten Revisionsgründe des § 547 Nr. 1 bis 5 ZPO) keinen Ermessens-, wohl aber einen Beurteilungsspielraum, so dass in den wenigsten Fällen eine sichere Prognose hierüber möglich ist. Das gilt insbesondere, als jedenfalls die obersten Gerichtshöfe auch die „Ressourcenschonung“ im Blick haben.[16] 9

Eine Ausnahme hinsichtlich des Beschwerdewerts (nicht hinsichtlich der Zulassung als solcher) besteht lediglich dann, wenn die Berufung als unzulässig verworfen worden ist. Dann ist im Falle der Verwerfung durch Beschluss die Rechtsbeschwerde statthaft gemäß § 522 Abs. 1 Satz 4 ZPO und im Falle der Verwerfung durch Urteil die Nichtzulassungsbeschwerde, wobei freilich die Zulassungsgründe vorliegen müssen gem. §§ 574 Abs. 2, 543 Abs. 2 ZPO.

Hinweis 10

Lediglich im Falle eines 2. Versäumnisurteils des Berufungsgerichts ist die Revision ohne Zulassung und Erreichen eines bestimmten Beschwerdewertes statthaft, wobei die Revision nur darauf gestützt werden kann, dass ein Fall der schuldhaften Versäumung nicht vorgelegen hat.[17]

Nachdem sich die Zulassungsgründe auf entweder eine grundsätzliche Bedeutung der Rechtssache (§ 543 Abs. 2 Nr. 1) oder die Fortbildung des Rechts (§ 543 Abs. 2 Nr. 2 Alt. 1) oder die Sicherung einer einheitlichen Rechtsprechung (§ 543 Abs. 2 Nr. 2 Alt. 2) reduzieren, sind auch grundsätzlich revisible Rechtsfehler, d.h. vor allem schwere Verfahrensfehler mangels Zulässigkeit der Revision als solche unangreifbar, denn diese haben i.d.R. nur individuelle, aber keine grundsätzliche Bedeu- 11

15 BVerfGE 54, S. 277, 291.

16 Vgl. Nassall, Nichtzulassungsbeschwerde und Revision, Rn 612 f.

17 Vgl. BGH, NJW – RR 2008, S. 876 f.

tung.[18] Das ist bedenklich, denn ein ordnungsgemäßes Gerichtsverfahren ist das Minimum dessen, was die Parteien vom Gericht erwarten können[19] und dennoch führen auch wesentliche Verfahrensmängel nicht per se zur Revisionszulassung.[20] Die Ausklammerung von nach früherem Recht revisiblen, aber konkret irreversiblen Verfahrensfehlern ist systematisch befremdlich, weil die Freiheit der Beweiswürdigung (§ 286 ZPO) nur deshalb verantwortbar ist, weil als Korrektiv ein detailliert geregeltes Beweisrecht gegenübersteht.[21]

Der Begriff „Revision" ist für das Rechtsmittel damit nicht ganz richtig, wenn mit ihm eine prüfende Wiederdurchsicht (lat. revisio) bezeichnet wird. Freilich war das Wort für das nämliche Rechtsmittel noch nie korrekt. Es wurde auch nur gewählt, weil man einen besseren Ausdruck nicht zu finden vermochte.[22]

Hinweis

Die Nichtbeanstandung eines Urteils durch das Revisionsgericht bedeutet keineswegs eine attestierte Richtigkeit oder Fehlerfreiheit der Entscheidung, sondern lediglich – wenn auch immerhin – deren Nichtaufhebung im Rahmen des revisionsrechtlichen Prüfungsprogramms. Dies gilt unabhängig vom Vorliegen eines Rechtsfehlers: entweder mangels Vorliegens eines Revisionszulassungsgrundes oder – im Falle der Zulassung der Revision – aufgrund des Fehlens revisibler Rechtsfehler oder wegen nicht formgerecht erhobener Rügen trotz möglicherweise bestehender revisibler Fehler.

Es wäre bereits im Ansatz verfehlt, die Misserfolgsquote von Revisionen als Erfolgsquote der tatrichterlichen Entscheidungen im Sinne materieller Richtigkeit oder Gerechtigkeit zu missverstehen.

Die Erfolgsquote von Rechtsmitteln hängt wesentlich davon ab, was, wie und aufgrund welcher formellen Anforderungen kontrolliert wird.[23] Deutlich auch der BGH: „Die offensichtliche Unrichtigkeit eines Urteils ist allein kein hinreichender Grund, die Revision zuzulassen."[24]

18 Vgl. Schneider, Praxis der neuen ZPO, Rn 1032, 1036.

19 Vgl. Traut, Der Zugang zur Revision in Zivilsachen, S. 46 m.w.N.

20 Vgl. BGH, NJW 2002, S. 2957 ff.

21 Vgl. Dallmeyer, Beweisführung im Strengbeweisverfahren, S. 99. Das gilt erst recht im Zivilverfahren, als dort das Beweisrecht noch detaillierter als im Strafverfahren geregelt ist.

22 Vgl. Traut, Der Zugang zur Revision in Zivilsachen, S. 15 m.w.N.

23 Vgl. Reichart, Revision und Verfassungsbeschwerde in Strafsachen, S. 1 ff.

24 BGH, NJW 2003, S. 831.

B. Zulassungsgründe

I. Grundsätzliche Bedeutung der Rechtssache

Die grundsätzliche Bedeutung der Rechtssache gem. § 543 Abs. 2 Nr. 1 ZPO bedeutet jedenfalls, dass die offensichtliche Unrichtigkeit eines Urteils allein kein hinreichender Grund ist, die Revision zuzulassen,[25] sondern vielmehr: „Nach der ständigen Rechtsprechung des **BGH** hat eine Rechtssache grundsätzliche Bedeutung, wenn sie eine entscheidungserhebliche, klärungsbedürftige und klärungsfähige Rechtsfrage aufwirft, die sich in einer unbestimmten Vielzahl von Fällen stellen kann und deswegen das abstrakte Interesse der Allgemeinheit an der einheitlichen Entwicklung und Handhabung des Rechts berührt, d.h. allgemein von Bedeutung ist [m.w.N.]."[26] Nach einer anderen Definition liegt eine grundsätzliche Bedeutung auch dann vor, „wenn die für die Beurteilung des Streitfalls maßgebliche Rechtsfrage das Interesse der Allgemeinheit an der einheitlichen Entwicklung und Handhabung des Rechts berührt."[27] Lässt der Einzelrichter die Rechtsbeschwerde wegen grundsätzlicher Bedeutung zu, ist diese Entscheidung wegen Verstoßes gegen den gesetzlichen Richter aufzuheben, denn bei grundsätzlicher Bedeutung ist die Sache an das Kollegialorgan zu übertragen gem. § 568 ZPO.[28] „Klärungsbedürftig ist eine Rechtsfrage dann, wenn sie zweifelhaft ist, also über Umfang und Bedeutung einer Rechtsvorschrift Unklarheiten bestehen. Derartige Unklarheiten bestehen unter anderem dann, wenn die Rechtsfrage vom Bundesgerichtshof bisher nicht entschieden ist und von einigen Oberlandesgerichten unterschiedlich beantwortet wird oder wenn in der Literatur unterschiedliche Meinungen vertreten werden (BGH, Beschl. v. 13.10.2021 – VII ZR 164/21, juris Rn 12 m.w.N.)."[29] Eine grundsätzliche Bedeutung liegt allerdings nicht vor, wenn sie vom BGH bislang noch nicht entschieden worden ist, in der Rechtsprechung der Oberlandesgerichte aber einhellig beantwortet wird und die hierzu in der Literatur vertretenen abweichenden Meinungen vereinzelt geblieben sind.[30] 12

25 Vgl. BGH, NJW 2003, S. 831.

26 BGH, Beschl. v. 8.2.2010 – II ZR 156/09 = NJW-RR 2010, S. 978; BGH, Hinweisbeschluss vom 16.10.2018 – II ZR 70/16, Rn 27; BGH, Beschl. v. 20.3.2018, II ZR 239/16, Rn 10; BGH, Beschl. v. 22.9.2015, Rn 2.

27 BFH, Beschl. v. 21.9. 2009 – VI B 31/09 = NJW 2010, S. 2384; ähnlich BGH, Beschl. v. 11.5.2004 – XI ZB 39/03 = NJW 2004, S. 2222 f.; BAG, Beschl. v. 20.5.2008 – 9 AZN 1258/07 = NJW 2008, S. 2364.

28 Vgl. BGH, Beschl. v. 19.12.2018 – VII ZB 45/18.

29 BGH, Beschl. v. 23.2.2022 –IV ZR 150/20 unter III.1.b.

30 Vgl. BGH, Beschl. v. 20.3.2019 – XII ZB 544/18 = NJW-RR 2019, S. 1153 f.

13 Im Einzelnen:

§ 543 Abs. 2 Nr. 1 ZPO	Grundsatzbedeutung
Entscheidungserhebliche Rechtsfrage	Die zu klärende Rechtsfrage (also nicht Tatfrage) des revisiblen Rechts[31] kann dem materiellen oder dem Verfahrensrecht entstammen[32] und sogar die Auslegung von AGB (keine Rechtsnormen)[33] betreffen, wenn diese im Bereich verschiedener Berufungsgerichte verwendet werden.[34]
Klärungsbedürftige Frage	Eine klärungsbedürftige Frage **setzt nicht zwingend einen Streit voraus,** sie kann sich auch ohne Streit in Literatur oder Rechtsprechung aus ihrem Gewicht für die beteiligten Verkehrskreise ergeben.[35] Liegt ein Streit vor, muss dieser dargelegt werden.[36] Aber **vereinzelte Stimmen** in der Literatur versus übereinstimmende Rechtsprechung der Oberlandesgerichte führen nicht zur Grundsatzbedeutung; vor allem dann nicht, wenn diese Bedenken nicht nachvollziehbar sind.[37] Umgekehrt führt aber auch die **bereits erfolgte Beantwortung** durch den BGH nicht zu einer Verneinung der Grundsatzbedeutung, weil dadurch eine Rechtserstarrung eintreten könnte.[38] Liegt eine bereits erfolgte Beantwortung von (anderen) obersten Bundesgerichten[39] vor, muss dargelegt werden, aus welchen Gründen, in welchem Umfang und von welcher Seite die

31 Vgl. Nassall, Revision und Rechtsbeschwerde, Rn 631.

32 Vgl. Traut, Der Zugang zur Revision in Zivilsachen, S. 121 f. m.w.N.

33 Diese sind – obwohl keine Rechtsnormen – vom Revisionsgericht grds. voll überprüfbar, vgl. BGH, Urt. v. 29.6.2016 – VIII ZR 191/15 = NJW 2016, S. 3015, 3017.

34 Vgl. BGH, Urt. v. 5.7.2005 – X ZR 60/04.

35 Vgl. BGH, Beschl. v. 18.9.2003 – V ZB 9/03 = NJW 2003, S. 3765 ff.

36 Vgl. BGH, NJW 2004, S. 2222 ff.

37 Vgl. BGH, NJW-RR 2010, S. 978 ff.

38 Vgl. Zöller, Komm. zur ZPO, 36. Aufl., § 543 Rn 11. Ebenso BVerfG, Beschl. v. 28.6.2012 – 1 BvR 2952/08 = WM 2013, S. 15: „Hat der Bundesgerichtshof eine Rechtsfrage bereits geklärt, kann sich weiterer Klärungsbedarf ergeben, wenn neue Argumente ins Feld geführt werden können, die den Bundesgerichtshof zu einer Überprüfung seiner Auffassung veranlassen könnten.“

39 Das ist grds. ausreichend, vgl. BVerwG, Beschl. v. 16.11.2007 – 9 B 36/07 = NJW 2008, S. 601.

§ 543 Abs. 2 Nr. 1 ZPO	Grundsatzbedeutung
	betreffende Rechtsfrage umstritten ist.[40] Das Fehlen einer höchstrichterlichen Rechtsprechung führt nicht per se zur Klärungsbedürftigkeit. Vielmehr ist erforderlich, dass ihre Beantwortung zu Zweifeln Anlass gibt,[41] d.h., sich die aufgeworfene Rechtsfrage nicht auf der Grundlage der vorhandenen Rechtsprechung und mit Hilfe der üblichen Regeln sachgerechter Gesetzesinterpretation beantworten lässt.[42]
Klärungsfähige Frage	Die Antwort auf die Frage muss sich so formulieren lassen, dass sie auf andere Fälle verallgemeinerbar ist, d.h. durch das Aufstellen **abstrakt-genereller Regeln**[43] oder plastisch eine Leitsatzfähigkeit darstellen.[44] Die zu beurteilende Frage muss **verallgemeinerbar** sein und sich nicht in einer Würdigung der konkreten Einzelfallumstände erschöpfen.[45]
Für eine unbestimmte Vielzahl von weiteren Fällen	Geht es nur um eine Würdigung konkreter Einzelfallumstände, lässt sich der Sachverhalt gerade nicht auf eine unbestimmte Vielzahl an Fällen übertragen, liegt eine Grundsatzbedeutung nicht vor.[46] Aber: „Geht es nicht um die Klärung einer für eine Vielzahl von Fällen bedeutsamen Rechtsfrage, so kommt einer Sache grundsätzliche Bedeutung auch dann zu, wenn andere Auswirkungen des Rechtsstreits, insbesondere dessen tatsächliches oder wirtschaftliches Gewicht, nicht nur für die Vermögensinteressen der Parteien, sondern auch für die Allgemeinheit von besonderer Bedeutung sind [m.w.N.].“[47] Die Bedeutung

40 Vgl. BGH, NJW 2003, S. 1943 f.; in der Literatur vereinzelt gebliebene Kritiken oder nicht nachvollziehbar begründete Kritiken, sind in diesem Zusammenhang unbeachtlich, vgl. BGH, Beschl. v. 19.7.2016 – II ZB 3/16 = NJW-RR 2016, S. 1529 f.

41 Vgl. BFH, Beschl. v. 12.5.2010 – IV B 19/09.

42 Vgl. BVerwG, Beschl. v. 24.8.1999 – 4 B 72/99: Ähnlich: BAG, Beschl. v. 5.2.2005 – 9 AZN 982/04 = NJW 2005, S. 1531 f.: „Sie ist jedoch dann nicht klärungsbedürftig, wenn sie so einfach zu beantworten ist, dass divergierende Entscheidungen der Landesarbeitsgerichte nicht zu erwarten sind.“

43 Vgl. Traut, Der Zugang zur Revision in Zivilsachen, S. 123.

44 Vgl. Prütting, Die Zulassung der Revision, S. 158.

45 Vgl. BGH, NJW 2002, S. 3029 ff.

46 Vgl. BGH, NJW 2002, S. 3029 ff.

47 BGHZ 154, S. 288, 292; vgl. auch BGH, NJW 2004, S. 2222 ff.

§ 543 Abs. 2 Nr. 1 ZPO	Grundsatzbedeutung
	für die Allgemeinheit ist in der Beschwerdebegründung darzulegen.[48] Dem Kriterium der „Vielzahl von Fällen“ kommt keine hohe Bedeutung bei, denn bereits durch das Aufstellen abstrakt-genereller Regeln kann sich diese Frage in weiteren Fällen stellen. Eine verlässliche Prognose hinsichtlich der Anzahl der künftigen Fälle ist kaum möglich.[49]

14 Die o.g. Punkte müssen in der Nichtzulassungsbeschwerdebegründung dargelegt werden.[50] Freilich kann sich die Grundsatzbedeutung einer Rechtsfrage, auch wenn sich an ihr kein Streit in Rechtsprechung oder Literatur entzündet hat, aus ihrem Gewicht für die beteiligten Verkehrskreise ergeben, so dass sich es dann keiner besonderen Darlegung der Klärungsbedürftigkeit, der Klärungsfähigkeit und der über den Einzelfall hinausgehenden Bedeutung der Sache bedarf, wenn sich dies unmittelbar aus dem Prozessrechtsverhältnis ergibt.[51]

Wenn eine besondere Bedeutung für die Allgemeinheit vorliegt, sind weitere Ausführungen zur Klärungsbedürftigkeit, Klärungsfähigkeit und der über den Einzelfall hinausgehenden Bedeutung der Sache oder einem Meinungsstreit in Rechtsprechung und Literatur entbehrlich, wenn der entscheidungserheblichen Rechtsfrage bereits wegen ihres Gewichts für die beteiligten Verkehrskreise grundsätzliche Bedeutung zukommt.[52] Das bedeutet: „Um dies [den Zulassungsgrund] ordnungsgemäß darzutun, ist es grundsätzlich erforderlich, die durch die angefochtene Entscheidung aufgeworfene Rechtsfrage konkret zu benennen sowie ihre Klärungsbedürftigkeit und Bedeutung für eine unbestimmte Vielzahl von Fällen im Einzelnen aufzuzeigen bzw. die Auswirkungen des Rechtsstreits auf die Allgemeinheit und das sich daraus ergebende Bedürfnis für ein korrigierendes Eingreifen des *BGH* darzustellen [m.w.N.]. In Bezug auf die aufgeworfene Rechtsfrage sind insbesondere auch Ausführungen dazu erforderlich, aus welchen Gründen, in welchem Umfang und von welcher Seite diese umstritten ist [m.w.N.]. An die Darlegung sind aber dann keine besonderen Anforderungen zu stellen, wenn die zu beantwortende Rechtsfrage sowie ihre Entscheidungserheblichkeit sich unmittelbar aus dem Prozessrechtsverhältnis ergeben; zur Klärungsbedürftigkeit, Klärungsfähigkeit und der über den Einzelfall hinausgehenden Bedeutung der Sache ist ein Hinweis auf Streit in Rechtsprechung und Literatur entbehrlich, wenn der entscheidungserheblichen

48 Vgl. BGH, NJW 2004, S. 2222 ff.

49 Vgl. Traut, Der Zugang zur Revision in Zivilsachen, S. 123 ff.; vgl. Nassall, Revision und Rechtsbeschwerde, Rn 632 ff. m.w.N.

50 Vgl. BGH, MDR 2003, S. 822 f.

51 Vgl. BGH, Beschl. v. 18.9.2003 – V ZB 9/03 = NJW 2003, S. 3765.

52 Vgl. BGH, Beschl. v. 11.5.2004 – XI ZB 39/03 = NJW 2004, S. 2222 f.

Rechtsfrage bereits wegen ihres Gewichts für die beteiligten Verkehrskreise grundsätzliche Bedeutung zukommt [m.w.N.].“[53]

Hinweis

Die entscheidungserhebliche Rechtsfrage von grundsätzlicher Bedeutung ist regelmäßig so konkret zu formulieren, dass sie mit „Ja“ oder mit „Nein“ beantwortet werden kann; das schließt im Einzelfall eine differenzierte Formulierung nicht aus. Unzulässig ist eine Fragestellung, deren Beantwortung von den Umständen des Einzelfalls abhängt und damit auf die Antwort „Kann sein“ hinausläuft.[54]

Die Entscheidungserheblichkeit kann in der Praxis nicht nur dann kritisch werden, wenn ein anderer rechtlicher Gesichtspunkt die Entscheidung – losgelöst von der Zulassungsfrage – trägt, sondern auch dann, wenn die Entscheidung auf mehreren Rechtsfehlern beruht, für mindestens einen davon aber kein öffentliches Interesse im Sinne der Zulassungsgründe dargelegt ist oder wenn mehrere Rechtsfehler zu einer im Ergebnis richtigen Entscheidung führen.[55] Das heißt: „An der Entscheidungserheblichkeit der zu klärenden Rechtsfrage fehlt es, wenn die angegriffene Entscheidung aus anderen Gründen richtig ist, die ihrerseits keine Zulässigkeit der Rechtsbeschwerde begründen.“[56]

Hinweis 15

Auch wenn die klärungsfähige Frage von der Vorinstanz nicht gesehen wurde oder noch nicht Gegenstand eines Meinungsstreits ist, kann sie dennoch im Ausnahmefall klärungsbedürftig sein.[57] Grds. aber gilt, dass sich die Vorinstanz mit der Rechtsfrage befasst und beantwortet haben muss.[58] Daran fehlt es, wenn eine Rechtsfrage nur richtigerweise beantwortet werden hätte müssen[59] oder wenn sich die Beantwortung einer Rechtsfrage vermeintlich auf den Boden der obergerichtlichen Rechtsprechung stellt, diese aber falsch beantwortet.[60] Eine verfassungskonforme Auslegung des Zulassungsgrundes ist dann geboten, wenn zum Zeitpunkt der Einlegung der Nichtzulassungsbeschwerde die Rechtslage

53 BGH, Beschl. v. 11.5.2004 – XI ZB 39/03 = NJW 2004, S. 2222 f.

54 Vgl. BAG, Beschl. v. 23.1.2007 – 9 AZN 792/06 = NJW 2007, S. 1165.

55 Vgl. BGH, MDR 2004, S. 226; NJW 2004, S. 1167 f.; a.A. Zöller/Heßler, a.a.O., § 543 Rn 6a; Traut, a.a.O., S. 104 m.w.N.

56 BGH, Beschl. v. 8.11.2012 – IX ZB 120/11 = WM 2013, S. 45 f.

57 Vgl. BVerfG, Beschl. v. 4.11.2008 – 1 BvR 2587/06 = NJW 2009, S. 572 f.

58 Vgl. BAG, Beschl. v. 15.10.2012 – 5 AZN 1958/12 = NJW 2013, S. 413.

59 Vgl. BAG, Beschl. v. 13.6.2006 – 9 AZN 226/06 = NJW 2006, S. 3371.

60 Vgl. Nasall, Revision und Nichtzulassungsbeschwerde, Rn 616 m.w.N.

noch nicht geklärt war, dann aber zwischenzeitlich in anderer Sache eine Klärung erfolgt.[61]

II. Fortbildung des Rechts

16 *„Die Fortbildung des Rechts (§ 543 Abs. 2 Nr. 2 Alt. 1 ZPO) erfordert eine Entscheidung des RevGer nur dann, wenn der Einzelfall Veranlassung gibt, Leitsätze für die Auslegung von Gesetzesbestimmungen des materiellen oder formellen Rechts aufzustellen oder Gesetzeslücken auszufüllen. Hierzu besteht nur dann Anlass, wenn es für die rechtliche Beurteilung typischer oder verallgemeinerungsfähiger Lebenssachverhalte an einer richtungsweisenden Orientierungshilfe ganz oder teilweise fehlt […].“*[62] ***„Es ist allgemein anerkannt, dass eine Rechtsfrage, die Übergangsrecht oder auslaufendes Recht betrifft, in aller Regel keine grundsätzliche Bedeutung hat [m.w.N.]. Anderes gilt nur dann, wenn die Klärung für einen nicht überschaubaren Personenkreis in nicht absehbarer Zukunft von Bedeutung ist.“***[63] *Dieser Zulassungsgrund ist damit ein Unterfall des Zulassungsgrundes der grundsätzlichen Bedeutung.*[64]

III. Sicherung einer einheitlichen Rechtsprechung

17 Während es sich bei dem Zulassungsgrund der grundsätzlichen Bedeutung oder der Fortbildung des Rechts um sich stellende, aber **offene Rechtsfragen** handelt, können **Fehler des Gerichts** nur über den Zulassungsgrund der Sicherung einer einheitlichen Rechtsprechung beanstandet werden, gem. § 543 Abs. 2 Nr. 2 Alt. 2 ZPO. Dieser Zulassungsgrund ist der praktisch ergiebigste, der zudem in verschiedene Fallgruppen unterteilt werden kann. Zwar ist richtig, dass jede fehlerhafte Gerichtsentscheidung (Divergenz im weiten Sinne) unabhängig vom Vorliegen einer Divergenz im (engen) Sinne einer Rechtssatzabweichung oder einer Wiederholungs- oder Nachahmungsgefahr die Einheitlichkeit der Rechtsprechung stört, weil sie auf einer Rechtsanwendung beruht, die von derjenigen aller übrigen, das Recht richtig anwendenden Gerichte abweicht, aber dennoch führt dies nicht zur Revisionszulassung, denn diese weite Auslegung würde wiederum die Funktionsfähigkeit des BGH in Frage stellen.[65] Letzteres ist freilich nur dann richtig, wenn es keine Wertgrenze gibt. Allgemein gilt: „Die Revision ist zur Sicherung der Einheitlichkeit der Rechtsprechung unter dem Gesichtspunkt der Divergenz zuzulassen, wenn in der

61 Vgl. BVerfG, Beschl. v. 10.4.2008/1 BvR 1440/07 = NJW 2008, S. 2493 ff.

62 BGH, Beschl. v. 25.3.2003 – VI ZR 355/02 = NJW-RR 2003, S. 1074; BGH, Hinweisbeschluss vom 16.10.2018 – II ZR 70/16, Rn 28; BGH, Beschl. v. 23.1.2018 – II ZR 74/16, Rn 12.

63 BGH, NJW-RR 2006, S. 1719; vgl. auch BGH, Hinweisbeschl. v. 11.3.2015 – VII ZR 270/14 = NJW 2015, S. 1875 f.

64 Vgl. BGH, Beschl. v. 22.10.2009 – IX ZB 50/09 = WM 2010, S. 237 f.

65 Vgl. BGHZ 154, S. 288, 298.

Entscheidung des BerGer. ein abstrakter Rechtssatz aufgestellt wird, der von einem in anderen Entscheidungen eines höheren oder eines gleichgeordneten Gerichts aufgestellten abstrakten Rechtssatz abweicht, und die angegriffene Entscheidung auf dieser Abweichung beruht".[66]

Daher führen nur die folgenden Fallgruppen zur Revisionszulassung: 18

Divergenz im engen Sinne	Das heißt: „Wenn in der angefochtenen Entscheidung ein abstrakter Rechtssatz aufgestellt wird, der von einem in anderen Entscheidungen eines höheren oder eines gleichgeordneten Gerichts aufgestellten abstrakten Rechtssatz abweicht [...], um eine Divergenz ordnungsgemäß darzulegen, ist es erforderlich, die Vorentscheidung, zu der die Divergenz geltend gemacht wird, konkret zu benennen und zu zitieren, die angeblich divergierenden entscheidungserheblichen abstrakten Rechtssätze aus dieser Vorentscheidung und aus der angefochtenen Entscheidung herauszustellen sowie vorzutragen, inwiefern diese nicht übereinstimmen."[67] „Eine Abweichung in diesem Sinne liegt nur vor, wenn die anzufechtende Entscheidung ein und dieselbe Rechtsfrage anders beantwortet als die Vergleichsentscheidung, mithin einen Rechtssatz aufstellt, der sich mit einem in der Vergleichsentscheidung aufgestellten und diese tragenden Rechtssatz nicht deckt."[68] Der unterschiedliche Ausgang von identischen Ausgangsverfahren aufgrund konkret anderer Einzelfallentscheidungen (z.B. Indizienbewertungen) begründet keine Divergenz.[69] Der Unterschied darf nicht in unterschiedlichen Sachverhalten liegen, sondern bei gleich gelagerten Sachverhalten in der unterschiedlichen Beantwortung ein- und derselben Rechtsfrage.[70] Die Abweichung muss also jeweils in **tragenden, entscheidungserheblichen** Rechtssätzen liegen.[71] Es ist nicht unbedingt erforderlich, dass der Rechtssatz in der angefochtenen Entscheidung

66 BGH, Hinweisbeschluss vom 16.10.2018 – II ZR 70/16, Rn 17; BGH, Hinweisbeschluss vom 9.7.2007 – II ZR 95/06, Rn 2; BGH, Beschl. v. 27.3.2003 – V ZR 291/02 unter II.3.a.

67 BGH, Beschl. vom 1.10.2002 – XI ZR 71/02 = NJW 2003, S. 65 (sog. „Obersatzvergleich"); BGH, Beschl. v. 4.7.2002 – V ZR 75/02 = NJW 2002, S. 2957; BGH, Beschl. v. 29.5.2002 – V ZB 11/02 = NJW 2002, S. 2473.

68 BGH, NJW 2003, S. 1943, 1945.

69 Vgl. BGH, MDR 2004, S. 168.

70 Vgl. BGH, Beschl. vom 5.11.2002 – VI ZB 40/02 = NJW 2003, S. 437.

71 Vgl. BGHZ 154, S. 288, 292.

	ausdrücklich formuliert werden muss, sondern es reicht, wenn dieser konkludent vorliegt („zugrunde liegen").[72] Das ist freilich schwierig darzulegen, wenn man weiter fordert, „dass zwingende Anhaltspunkte für das Aufstellen eines verdeckten Rechtssatzes vorhanden sein müssen"[73] oder im Ergebnis „eindeutig ein Rechtssatz aufgestellt" worden sein muss[74] bzw. sich deutlich aus dem gedanklichen Zusammenhang der Entscheidungsgründe des Urteils entnehmen lassen muss.[75] Nach einem Teil der Rechtsprechung muss zudem auch bei einer Divergenz im engen Sinne eine Wiederholungsgefahr hinzukommen,[76] wobei freilich abstrakte Rechtssätze stets übertragbar sind und damit Wiederholungsgefahr indizieren.[77]
Die Gefahr der Entstehung schwer erträglicher Unterschiede in der Rechtsprechung	Es muss sich um einen **symptomatischen** Rechtsfehler handeln, d.h. „wenn ein Gericht in einer bestimmten Rechtsfrage in ständiger Praxis[78] [die dem Revisionsgericht in der Nichtzulassungsbeschwerdebegründung mitgeteilt werden muss][79] eine höchstrichterliche Rechtsprechung nicht berücksichtigt"[80] oder einen Fehler begeht, der die Gefahr der **Wiederholung** oder **Nachahmung**[81] durch andere Gerichte in sich trägt.[82] Die Gefahr der Wiederholung oder

72 BGH, Beschl. v. 5.11.2002 – VI ZB 40/02 = NJW 2003, S. 437. Deutlich: „nicht notwendig geschriebenen Obersätze", vgl. BGH, Beschl. vom 23.3.2011 – IX ZR 212/08 = NJW 2011, S. 2443. „Hinweis: Reicht ein nur konkludenter Rechtssatz nicht für die Divergenz, dann kann er ggf. für die Wiederholungs- oder Nachahmungsgefahr reichen (vgl. a.a.O.).

73 BAG, Beschl. v. 18.4.2004 – 9 AZN 653/03; BGH, Beschl. v. 7.7.2011 – IX ZR 190/09: „erlaubt dies nicht den sicheren Schluss, das Berufungsgericht habe einen von den anerkannten Auslegungsgrundsätzen abweichenden Rechtssatz aufstellen wollen. Eine Obersatzabweichung liegt nur dann vor, wenn sich aus dem Berufungsurteil ein falscher Rechtssatz zwingend erschließen lässt, weil nur so die Abgrenzung zur lediglich fehlerhaften Rechtsanwendung möglich ist."

74 Vgl. BSG, Beschl. v. 27.1.1999 – B 4 RA 131/98 B.

75 Vgl. BFH, Beschl. v. 6.12.2012 – III B 220/11.

76 Vgl. BGH, NJW 2003, S. 2319 f.; NJW 2003, S. 3783 f.

77 Vgl. Gaier, NJW-Sonderheft, 2. Hannoveraner ZPO-Symposion 20.9.2003, S. 18, 21.

78 Diese ständige Praxis muss dem Revisionsgericht in der Nichtzulassungsbeschwerdebegründung aber mitgeteilt werden, vgl. BGH, Beschl. v. 18.3.2004 – V ZR 222/03 = NJW 2004, S. 1960 f.

79 Vgl. BGH, NJW 2004, S. 1960.

80 BGH, NJW 2002, S. 2473 f.

81 Eine Flucht in die Begrifflichkeit stellt Nassall fest (vgl. Nassall, Irrwege. Wege. Die Rechtsmittelzulassung durch den BGH, NJW 2003, S. 1345, 1347).

82 Vgl. BGH, Beschl. v. 1.10.2002 – XI ZR 71/02 NJW 2003, S. 65 ff.; BGH, Beschl.vom 31.10.2002 – V ZR 100/02 = NJW 2003, S. 754 f.

	Nachahmung liegt dann vor, wenn sich die Begründung des Berufungsgerichts verallgemeinern lässt und eine nicht unerhebliche Anzahl an Fällen zu erwarten ist, auf die sich die Begründung übertragen lässt.[83] Der **unrichtige Obersatz** muss zwar nicht formuliert, wohl aber erkennbar sein. Ist er das, sind weitere Darlegungen zur Begründung nicht mehr erforderlich, denn konkrete Anhaltspunkte für eine Wiederholungs- oder Nachahmungsgefahr können sich auch daraus ergeben, dass das Berufungsgericht bei seiner Begründung erkennbar von einem – nicht formulierten – unrichtigen Obersatz ausgeht.[84] Liegt ein **grundlegendes Missverständnis** der höchstrichterlichen Rechtsprechung vor, begründet auch das die Wiederholungsgefahr.[85] Das kann auch bei absoluten Revisionsgründen im Sinne des § 547 Nr. 1 bis 4 ZPO der Fall sein.[86]
Beruhen des Berufungsurteils auf einem Rechtsfehler, der geeignet ist, das Vertrauen in die Rechtsprechung zu beschädigen.	Das ist dann der Fall, wenn die Berufungsentscheidung willkürlich ist oder auf einer Verletzung der Verfahrensgrundrechte des Beschwerdeführers beruht.[87]
Verletzung von Verfahrensgrundrechten	Die Gesetzesbegründung geht von einer Revisionszulassung in den Fällen aus, „in denen Verfahrensgrundrechte, namentlich die Grundrechte auf Gewährung des rechtlichen Gehörs und auf ein objektiv willkürfreies Verfahren, verletzt sind."[88]

Der Zulassungsgrund der Sicherung einer einheitlichen Rechtsprechung liegt zudem nur dann vor, wenn der Rechtsfehler des Berufungsgerichts entscheidungserheblich und klärungsfähig ist.[89] Das bedeutet, dass sogar dann, wenn ein Verfassungsverstoß vorliegt, die Entscheidung aber trotz des Verfassungsverstoßes richtig 19

83 Vgl. BGH, Beschl. vom 31.10.2002 – V ZR 100/02 NJW 2003, S. 754.

84 Vgl. BGH, NJW 2004, S. 1960 f.; ein strengerer Maßstab ist freilich denkbar, denn diese Entscheidung wird in Abgrenzung zu BGHZ 152, 182 = NJW 2003, S. 65 formuliert.

85 Vgl. BGH, Beschl. v. 8.9.2004 – V ZR 260/03 = NJW 2005, S. 154 f.

86 Vgl. BGH, MDR 2007, S. 1213 f.

87 Vgl. BGH, NJW 2003, S. 1943 ff.; NJW 2005, S. 153 f.; Hinweis: Der XI. Senat hatte diese Fallgruppe als Frage von grundsätzlicher Bedeutung aufgefasst (vgl. BGH, NJW 2003, S. 65 ff.) und ist dann von dieser Rechtsprechung abgewichen (vgl. BGH, NJW 2004, S. 2222 f.).

88 BT-Drucks 14/4722, S. 14.

89 Vgl. Traut, Der Zugang zur Revision in Zivilsachen, S. 184.

ist, – sogar bei mehreren Rechtsfehlern[90] – eine Zulassung nicht in Betracht kommt.[91]

IV. Verfassungsverstöße

20 Einfache Rechtsfehler reichen für eine Revisionszulassung damit nicht aus, selbst wenn sie offensichtlich oder von Gewicht sind (s.o.).[92] Verfassungsverstöße führen aber (theoretisch) zu einer Revisionszulassung, die in der Praxis freilich erst durch eine Nichtzulassungsbeschwerde erkämpft werden muss. Allerdings gilt auch hier der Grundsatz der Subsidiarität. „Der Subsidiaritätsgrundsatz fordert, dass ein Beteiligter über das Gebot der Erschöpfung des Rechtswegs im engeren Sinne hinaus alle nach Lage der Sache zur Verfügung stehenden prozessualen Möglichkeiten ergreifen muss, um eine Korrektur der geltend gemachten Grundrechtsverletzung zu erwirken oder eine solche zu verhindern (st. Rspr.; vgl. nur BGH, Urteile vom 9.2.2011 – VIII ZR 285/09, WuM 2011, 178 Rn 10; vom 14.6.2018 – III ZR 54/17, BGHZ 219, 77 Rn 37; vom 18.11.2020 – VIII ZR 123/20, NJW-RR 2021, 76 Rn 67; Beschlüsse vom 28.3.2019 – IX ZR 147/18, ZInsO 2019, 1026 Rn 4; vom 28.1.2020 – VIII ZR 57/19, NJW 2020, 1740 Rn 15; jeweils m.w.N.). Dieser Grundsatz ist nicht auf das Verhältnis zwischen Verfassungs- und Fachgerichtsbarkeit beschränkt, sondern gilt auch im Nichtzulassungsbeschwerde- und Revisionsverfahren (vgl. BGH, Beschl. v. 28.1.2020 – VIII ZR 57/19, NJW 2020, 1740 Rn 15). Denn einer Revision kommt bei der Verletzung von Verfahrensgrundrechten auch die Funktion zu, präsumtiv erfolgreiche Verfassungsbeschwerden vermeidbar zu machen. Daher sind für ihre Beurteilung die gleichen Voraussetzungen maßgebend, die nach der Rechtsprechung des Bundesverfassungsgerichts zum Erfolg einer Verfassungsbeschwerde führten (vgl. BGH, Beschl. v. 27.3.2003 – V ZR 291/02, BGHZ 154, 288, 296 f.). Nichts Anderes kann für das Rechtsbeschwerdeverfahren gelten (vgl. BGH, Beschl. v. 15.7.2015 – IV ZB 10/15, VersR 2016, 137 Rn 7).“[93]

21 *Hinweis*

Auch Verfassungsverstöße des Berufungsgerichts führen nur dann zur Revisionszulassung, wenn insofern eine Entscheidungserheblichkeit vorliegt. Das ist bei der Rechtsbeschwerde gem. § 574 Abs. 2 Nr. 2 ZPO anders, wobei die mangelnde Entscheidungserheblichkeit dort innerhalb der Begründungstation, also nicht innerhalb der Zulässigkeitsstation zu prüfen ist.[94]

90 Vgl. BGH, NJW 2004, S. 1167 f.

91 Vgl. BGH, NJW 2003, S. 3205 f.; a.A. Traut, Der Zugang zur Revision in Zivilsachen, S. 185, der auf die Unterscheidung zwischen der Zulassung zur Revision und dem Revisionsverfahren als solchem unterscheidet. Im Revisionsverfahren gilt freilich wiederum § 561 ZPO.

92 Vgl. BGH, NJW 2003, S. 754 ff.; NJW 2003, S. 831 ff.

93 BGH, Beschl. v. 14.9.2021 –VI ZB 30/19.

94 Vgl. BGH, NJW 2004, S. 367 f.

1. Gehörsverletzungen

a) Allgemeines

Durch das Anhörungsrügengesetz, das auf die Plenarentscheidung des BVerfG v. 30.4.2003 (1 PvU 1/02 = BVerfGE 107, S. 395 ff.) zurückgeht und eine fachgerichtliche Abhilfemöglichkeit bei entscheidungserheblichen Verletzungen des rechtlichen Gehörs forderte, wurde im Dezember 2004 § 544 Abs. 7 ZPO [jetzt: § 544 Abs. 9] eingeführt. Diese Vorschrift ermöglicht dem Beschwerdeführer, dass der BGH der hierauf gestützten Beschwerden ohne Revisionshauptverhandlung durch Beschluss stattgibt und das Berufungsurteil aufhebt und zurückverweist. 22

b) Äußerungsrecht

Im Zivil- wie auch im Strafprozess bedeutet der Grundsatz des rechtlichen Gehörs, dass sich die Partei zu jeder dem Gericht unterbreiteten Stellungnahme (in tatsächlicher und rechtlicher Sicht) der Gegenseite äußern können muss. Dieses Recht steht jeder Person zu (Inländer, Ausländer, natürliche oder juristische Person).[95] „Nach Art. 103 Abs. 1 GG darf ein Gericht seiner Entscheidung Tatsachen und Beweisergebnisse nicht zugrunde legen, zu denen sich die Beteiligten nicht vorher äußern konnten (BVerfGE 13, 132, 145). Das Gericht ist insgesamt dafür verantwortlich, daß das Gebot des rechtlichen Gehörs eingehalten wird. Auf ein Verschulden kommt es dabei nicht an [m.w.N.].“[96] Die Partei muss auch nicht von sich aus nachforschen, ob von der Gegenpartei Schriftsätze etc. eingereicht oder Anträge gestellt wurden.[97] 23

c) Hinweispflichten

Eine Art. 103 Abs. 1 GG genügende Gewährung rechtlichen Gehörs setzt voraus, dass die Verfahrensbeteiligten zu erkennen vermögen, auf welchen Tatsachenvortrag es für die Entscheidung ankommen kann. Sie müssen sich bei Anwendung der gebotenen Sorgfalt über den gesamten Verfahrensstoff informieren können (vgl. BVerfGE 84, 188, 190; 86, 133, 144). Auch dienstliche Äußerungen dürfen nicht zurückgehalten werden (vgl. BVerfGE 10, 274, 282; 24, 56, 62).“[98] 24

Ein Anspruch auf ein Rechtsgespräch besteht im **Strafprozess** nach h.A. grds. nicht, sondern nur in Ausnahmefällen. „Dabei kann es in besonderen Fällen geboten sein, die Verfahrensbeteiligten auf eine Rechtsauffassung hinzuweisen, die das Gericht seiner Entscheidung zugrunde legen will.“[99] „Eine dem verfassungsrechtlichen Anspruch genügende Gewährung rechtlichen Gehörs setzt auch voraus, daß der Ver- 25

95 Vgl. BVerfGE 12, S. 6 ff.
96 BVerfGE 50, S. 381, 385; BVerfG, StraFO 2010, S. 63 f.
97 BVerfGE 50, S. 381, 385; BVerfG, StraFO 2010, S. 63 f.
98 BVerfGE 89, S. 28, 35; BVerfG, StraFO 2010, S. 63 f.
99 BVerfGE 98, S. 218, 263.

fahrensbeteiligte bei Anwendung der von ihm zu verlangenden Sorgfalt zu erkennen vermag, auf welchen Tatsachenvortrag es für die Entscheidung ankommen kann. Art. 103 Abs. 1 GG verlangt zwar grundsätzlich nicht, daß das Gericht vor der Entscheidung auf seine Rechtsauffassung hinweist (vgl. BVerfGE 74, 1, 6); ihm ist auch keine allgemeine Frage- und Aufklärungspflicht des Richters zu entnehmen (vgl. BVerfGE 66, 116, 147). Es kommt jedoch im Ergebnis der Verhinderung eines Vortrags gleich, wenn das Gericht ohne vorherigen Hinweis Anforderungen an den Sachvortrag stellt, mit denen auch ein gewissenhafter und kundiger Prozessbeteiligter – selbst unter Berücksichtigung der Vielfalt vertretbarer Rechtsauffassungen – nach dem bisherigen Prozessverlauf nicht zu rechnen brauchte.“[100]

26 *Hinweis*

In der amtlichen Entscheidungssammlung des BVerfG finden sich diverse Entscheidungen zu Art. 103 Abs. 1 GG, die zu strafprozessualen Sachverhalten ergangen sind. Eine Übertragung der entsprechenden Leitsätze auf zivilprozessuale Sachverhalte ist nicht ohne Weiteres zulässig, denn die ZPO gebietet teilweise doch eine allgemeine Frage- und Aufklärungspflicht (§§ 139, 278 Abs. 2 Satz 2, 279 Abs. 3, 285 ZPO), deren einfach-rechtliche Verletzung auch eine Verletzung des rechtlichen Gehörs darstellen kann.[101] Verstöße gegen §§ 279 Abs. 3, 285 Abs. 1 ZPO stellen regelmäßig eine Verletzung von Art. 103 Abs. 1 GG dar.[102]

27 *„Wird dem Rechtsstreit durch eine erstmals von dem Gericht angeführte Rechtsansicht eine Wendung gegeben, mit welcher der betroffene Beteiligte auch unter Berücksichtigung der Vielfalt vertretbarer Rechtsauffassungen nach dem Gang des bisherigen Verfahrens nicht zu rechnen brauchte, so hat das Gericht auf seine Rechtsauffassung hinzuweisen und eine Möglichkeit zur Stellungnahme zu eröffnen (vgl. BVerfGE 84, 188, 191; 86, 13, 144; 98, 21, 263).“*[103]

28 Das Gericht darf sich also nicht widersprüchlich verhalten[104] und i.d.R.[105] nicht ohne weiteren Hinweis von einer im gerichtlichen Hinweis erteilten Rechtsauffassung abweichen. Der Tatrichter darf auch nicht durch das Unterlassen von Hinweisen den Eindruck erwecken, der bisherige Sachvortrag sei ausreichend.[106]

100 BVerfGE 84, S. 188, 190.

101 Vgl. BVerfG, NJW 1987, S. 2003.

102 Vgl. BGH, NJW 1990, S. 121 f.; Urt. vom 26.9.2007 – IV ZR 145/07.

103 BVerfG, Beschl. v. 27.1.2006 – 1 BvQ 4/06 = NvWZ 2006, S. 586.

104 Vgl. BVerfG, Beschl. v. 6.4.1998 – 1 BvR 2194/97 = NJW 1988, S. 2044 f.

105 Vgl. BGH, Beschl. v. 16.6.2011 – X ZB 3/10 m.w.N.

106 Vgl. BGH, Urt. v. 14.10.2004 – VII ZR 180/03.

Hinweis 29

Im Falle der Rüge des Art. 103 Abs. 1 GG muss i.d.R. dargestellt werden, was bei rechtzeitiger Gehörsgewährung mit welchem Ergebnis vorgetragen worden wäre.[107]

Eine **Überraschungsentscheidung** liegt dann vor, wenn das Gericht ohne Hinweis von einer bisher geäußerten Rechtsansicht abrückt oder einen anderen Sacherhalt zugrunde legt.[108] Darunter dürfte auch der Fall gefasst werden, wenn das Gericht eine unrichtige Endentscheidung trifft, weil es eine **tatsächlich nicht abgegebene prozessuale Erklärung** der betroffenen Partei (z.B. Rücknahme der Rechtsbeschwerde) unterstellt, weil die Partei angesichts des Fehlens einer solchen Erklärung zu den dann ausgesprochenen Rechtsfolgen hätte angehört werden müssen.[109] Überraschungsentscheidungen verletzen den Gehörsanspruch, weil die Partei keine Gelegenheit erhält, auf den für sie unerwarteten Gesichtspunkt zu reagieren (etwa klarzustellen, dass keine derartige prozessuale Erklärung vorliegt).

d) Präklusion

„Präklusionsvorschriften sind mit Art. 103 Abs. 1 GG vereinbar, wenn die betroffene Partei ausreichend Gelegenheit hatte, sich in allen für sie wichtigen Punkten zur Sache zu äußern, dies aber aus von ihr zu vertretenden Gründen versäumt hat (vgl. BVerfGE 36, 92; 55, 72 95).“[110] 30

Eine Präklusion ohne Verschulden ist nicht möglich.[111] Das bedeutet, dass es eine Partei aus von – allein – ihr zu vertretenden Gründen versäumt haben muss, sich zu äußern, um eine Anwendung der Präklusionsvorschriften zu rechtfertigen.[112] „Das Bundesverfassungsgericht hat in seiner Rechtsprechung zu den zivilprozessualen Präklusionsvorschriften stets herausgestellt, daß eine Zurückweisung von Vorbringen ohne vorwerfbares Verhalten der präkludierten Partei mit dem Anspruch auf Gewährung rechtlichen Gehörs unvereinbar ist. Der Ausschluß verspäteten Vorbringens setzt als folgenschwere Einschränkung des rechtlichen Gehörs voraus, daß die betroffene Partei hinreichend Gelegenheit hatte, sich in allen für sie wichtigen Punkten zur Sache zu äußern, diese Gelegenheit aber schuldhaft ungenutzt verstreichen ließ“.[113] 31

107 Vgl. Rieß, Revision, in: Brüssow/Gatzweiler/Krekeler/Mehle, Strafverteidigung in der Praxis, 4. Aufl. § 13 Rn 236 m.w.N.

108 Vgl. Krehl, in: Jahn/Krehl/Löffelmann/Güntge, Die Verfassungsbeschwerde in Strafsachen, Rn 471 m.w.N.

109 BGH, Beschl. v. 21.9.2021 – KZB 16/21.

110 BVerfGE 69, S. 126, 137.

111 Vgl. BVerfGE 75, S. 183, 191; BVerfG, NJW 1992, S. 678 f.

112 Vgl. BVerfGE 36, S. 92, 98.

113 BVerfGE 75, S. 183, 191.

„Das Bundesverfassungsgericht hat es bisher ausdrücklich offengelassen, ob die fehlerhafte Anwendung einer einfachrechtlichen Präklusionsvorschrift stets eine Verletzung des Anspruchs auf Gewährung rechtlichen Gehörs darstellt (BVerfGE 54, 117, 124; 66, 260, 264; 69, 126, 136; 69, 145, 149). Es hat jedoch wiederholt betont, daß diese Vorschriften strengen Ausnahmecharakter haben, weil sie sich zwangsläufig nachteilig auf das Bemühen um eine materiell richtige Entscheidung auswirken (BVerfGE 55, 72, 94) und einschneidende Folgen für die säumige Partei nach sich ziehen (BVerfGE 59, 330, 334; 60, 1, 6; 62, 249, 254; 63, 177, 180; 67, 39, 41; 69, 145, 149). Das legt es nahe, die Auslegung und Anwendung dieser das rechtliche Gehör beschränkenden Vorschriften durch die Fachgerichte einer strengeren verfassungsgerichtlichen Kontrolle zu unterziehen, als dies üblicherweise bei der Anwendung einfachen Rechts geschieht. Dies ist schon wegen der Intensität des Eingriffs bei einer Präklusion geboten. Dem entspricht es, daß die verfassungsrechtliche Überprüfung nach der bisherigen Rechtsprechung über eine bloße Willkürkontrolle hinausgehen muß. So hat das Bundesverfassungsgericht Art. 103 Abs. 1 GG jedenfalls dann als verletzt angesehen, wenn die Rechtsanwendung offenkundig unrichtig war (BVerfGE 69, 145, 149) […] So ist eine Präklusion dann als ein Verstoß gegen den Anspruch auf Gewährung rechtlichen Gehörs beurteilt worden, wenn richterliches Fehlverhalten, namentlich eine unzulängliche Verfahrensleitung oder eine Verletzung der gerichtlichen Fürsorgepflicht, die Verzögerung mitverursacht hatte […] Als verfassungswidrig wurde auch die mißbräuchliche Anwendung einer Präklusionsvorschrift bewertet, wobei der Mißbrauch in der Zurückweisung trotz erkennbar unzureichender Terminvorbereitung gesehen wurde (BVerfGE 69, 126, 139 im Anschluß an BGHZ 86, 31, 39).“[114]

32 In nicht wenigen Fällen führt die Prozessleitung der Gerichte mit Zurückweisung von (angeblich) verspätetem Vortrag zu einer **Überbeschleunigung**. Zur verfassungswidrigen Überbeschleunigung kommt es u.a., wenn:

- Vorbringen in sog. **Sammelterminen** wegen Verspätung zurückgewiesen wird. „Soweit das Gericht einen frühen ersten Termin als Durchlauftermin geplant und auch abgehalten hat, läßt sich indessen der Ausschluß von Angriffs- und Verteidigungsmitteln nicht mehr mit Art. 103 Abs. 1 GG vereinbaren. Wenn das Gericht eine zur Streitentscheidung geeignete Verfahrensvorbereitung für den frühen ersten Termin erkennbar nicht getroffen hat, so liegt in der Zurückweisung von Vorbringen der Mißbrauch einer Präklusionsvorschrift (vgl. BGHZ 86, 31, 39), der gleichzeitig eine Verletzung des Anspruchs der Partei auf rechtliches Gehör darstellt.“[115]

114 BVerfGE 75, S. 302, 312 f. Auch der Bayerische Verfassungsgerichtshof geht in ständiger Rechtsprechung von einer strengeren verfassungsgerichtlichen Kontrolle aus, vgl. z.B. BayVerfG Vf. 46-VI-99, Urt. v. 30.3.2001.

115 BVerfG 69, S. 126, 139.

- **Fristsetzungen unklar** sind. „Den Parteien und ihren Prozeßbevollmächtigten können die schwerwiegenden Folgen der Versäumung richterlicher Erklärungsfristen nur dann zugemutet werden, wenn über Beginn und Ende der jeweiligen Frist bereits zu Beginn der Frist Gewißheit besteht (BGHZ 76, 236, 239 f.). Fehlt es daran, so ist die Ausschlußfrist nicht wirksam gesetzt, so daß keine Präklusionswirkung eintreten kann. Wenn das Gericht unter diesen Umständen gleichwohl das Vorbringen eines Beteiligten wegen Fristversäumnis nicht zuläßt, schränkt es das rechtliche Gehör in einer vom Gesetz nicht mehr gedeckten Weise ein und verstößt damit gegen Art. 103 Abs. 1 GG [...] Im Streitfall war die Fristsetzung nach § 275 Abs. 1 Satz 1 ZPO in sich widersprüchlich, weil in der Ladung zunächst eine Frist von drei Wochen, am Ende aber von zwei Wochen gesetzt wurde. Dieser Widerspruch war geeignet, Verwirrung über die Dauer der gesetzten Frist herbeizuführen. Eine derartig unklare Fristsetzung führt ebenso wie die Verwendung eines irreführenden Ladungsformulars (OLG Oldenburg, NJW 1980, S. 295) oder ein Verstoß gegen die in § 277 Abs. 2 ZPO normierte Belehrungspflicht (OLG Düsseldorf, NJW 1978, S. 2203) dazu, daß § 296 Abs. 1 ZPO nicht angewendet werden darf [...].“[116]
- Bei der Anwendung des **absoluten Verzögerungsbegriffs**: „Die Zulässigkeit einer Präklusion wird verfassungsrechtlich erst problematisch, wenn sich ohne weitere Erwägungen aufdrängt, daß dieselbe Verzögerung auch bei rechtzeitigem Vorbringen eingetreten wäre. Einerseits kann es nicht Sinn der der Beschleunigung dienenden Präklusionsvorschriften sein, das Gericht mit schwierigen Prognosen über hypothetische Kausalverläufe zu belasten und damit weitere Verzögerungen zu bewirken; diese Vorschriften dürfen aber andererseits auch nicht dazu benutzt werden, verspätetes Vorbringen auszuschließen, wenn ohne jeden Aufwand erkennbar ist, daß die Pflichtwidrigkeit – die Verspätung allein – nicht kausal für eine Verzögerung ist. In diesen Fällen ist die Präklusion rechtsmißbräuchlich, denn sie dient erkennbar nicht dem mit ihr verfolgten Zweck (diesem Ergebnis neigt offenbar auch der Bundesgerichtshof zu, BGHZ 86, 31, 39).“[117] Ob ohne jeden Aufwand erkennbar ist, dass dieselbe Verzögerung auch bei rechtzeitigem Vortrag eingetreten wäre, kann sich ggf. aus einer dienstlichen Stellungnahme des Richters ergeben.[118]
- Bei dem gerichtlichen **Unterlassen**, Säumnisfolgen durch die gerichtliche **Prozessförderungspflicht** auszugleichen. „Denn der Verstoß des Landgerichts gegen Art. 103 Abs. 1 GG liegt bereits allein darin begründet, daß es eine Verzögerung der Erledigung des Rechtsstreits bejaht hat, obwohl es diese ohne weiteres durch zumutbare und damit prozeßrechtlich gebotene Maßnahmen der Terminsvorbereitung gemäß §§ 523, 273 Abs. 2 Nr. 4 ZPO hätte abwenden können [...]

116 BVerfGE 60, S. 1, 6 f.

117 BVerfGE 75, S. 302, 315 f.

118 Vgl. Deubner, Anm. zu BVerfG, Beschl. vom 5.5.1987 – 1 BvR 903/85, NJW 1987, S. 2736.

Nach der Rechtsprechung des Bundesgerichtshofs ist dem Gericht die Vernehmung mehrerer Zeugen zu einem eingegrenzten Beweisthema im Rahmen eines Verhandlungstermins stets zuzumuten. Dabei stellt es keine nennenswerte Verzögerung des Verfahrens dar, wenn vier oder sogar sechs Zeugen zu vernehmen sind (vgl. BGH, VersR 1991, 1172, 1174 m.w.N.; BVerfGE 81, 264, 271). [...] Sind Richter wegen der Zahl der anhängigen Sachen nicht in der Lage, vermeidbare Verzögerungen zu verhindern, mag dies den einzelnen Richter vom Vorwurf unzulänglicher Sachbearbeitung befreien. Der in der Sphäre des Staates liegende Grund für die zögerliche Behandlung des Verfahrens darf aber nicht über den Begriff der Zumutbarkeit auf die in erster Instanz säumige Partei abgewälzt werden (BVerfGE 81, 264, 272)."[119]

- Allgemein bei **mitursächlichem richterlichen Fehlverhalten**: „Das Bundesverfassungsgericht hat mehrfach entschieden, daß eine Präklusion jedenfalls dann nicht mit dem Anspruch auf Gewährung rechtlichen Gehörs zu vereinbaren ist, wenn richterliches Fehlverhalten, namentlich eine unzulängliche Verfahrensleitung oder eine Verletzung der gerichtlichen Fürsorgepflicht, die Verzögerung mitverursacht hatte (vgl. BVerfGE 51, 188, 192; 60, 1, 6; 75, 302, 313)."[120] Auch die Verletzung von § 139 ZPO kann zu einer unzulänglichen Verfahrensleitung führen. „Im vorliegenden Fall beruhte aber die Verspätung des Vorbringens in erster Instanz, [...] auch auf richterlichem Fehlverhalten. Sie durfte daher nicht zum Ausschluß des Vorbringens führen. Den Richter trifft eine Prozeßförderungs- und eine Fürsorgepflicht gegenüber den Parteien. Er muß dahin wirken, daß sie sich über alle erheblichen Tatsachen vollständig und rechtzeitig erklären (vgl. §§ 139 und 273 Abs. 1 Satz 2 ZPO)."[121]
- Ein besonderes Ärgernis stellen in der Praxis immer wieder gerichtliche Zurückweisungen von „nachträglichem", d.h. während des Prozesses entstandenen Vortrags dar. „Der Beklagte hat danach ‚seine Verteidigungsmittel vorzubringen, soweit es nach der Prozeßlage einer sorgfältigen und auf Verfahrensförderung bedachten Prozeßführung entspricht'. Damit ist klargestellt, daß nicht jeder irgendwie mit der Sache zusammenhängende Gesichtspunkt oder gar alles auch nur eventuell im Prozeßverlauf erheblich Werdende von vornherein in das Verfahren eingeführt werden muß (vgl. Begründung des Regierungsentwurfs zur Vereinfachungsnovelle, BT-Drucks 7/2729, S. 38). Eine unangemessene, von der Sache nicht gebotene Ausweitung des Prozeßstoffs könnte sogar zur Verzögerung des Rechtsstreits führen, die eigentliche Problematik verdunkeln und damit die Zielvorstellungen des Gesetzgebers ernsthaft in Frage stellen. Im Übrigen lassen sich durchaus anerkennenswerte Gründe finden, die eine Partei veranlassen können, bestimmte Gesichtspunkte zunächst nicht anzusprechen, bis

119 BVerfG 1 BvR 2486/97 Rn 2 ff.

120 BVerfGE 81, S. 264, 273.

121 BVerfG, NJW 1987, S. 2003.

die fortschreitende Entwicklung des Prozesses oder eine Aufforderung des Gerichts deren Einführung unumgänglich machen. Die Prozeßförderungspflicht der Parteien zwingt nicht zum Verzicht auf jegliche Prozeßtaktik; unterbunden werden soll lediglich ein Prozeßverhalten, das vornehmlich der Verzögerung und Verschleppung dient (BT-Drucks a.a.O., S. 37/38).“[122] Oder anders: „Hatte aber im Einzelfall die betroffene Partei keinerlei Veranlassung, von der prozessualen Bedeutung eines bestimmten Angriffs- oder Verteidigungsmittels auszugehen, so verstößt das Gericht gegen Art. 103 Abs. 1 GG, wenn es gleichwohl § 528 Abs. 1 Satz 1 ZPO [a.F.] anwendet.“[123]

Hinweis 33

Bevor es zu einer Präklusion kommt, ist die Partei auf die in Betracht gezogene Präklusion hinzuweisen.[124] Die Auslegung und Anwendung der Präklusionsvorschriften muss der höchstrichterlichen Auslegung entsprechen. „Weicht ein Gericht bei einer Präklusionsentscheidung von den Normen des einfachen Rechts in der Auslegung ab, die sie durch die höchstrichterliche Rechtsprechung gewonnen haben, obliegt es ihm darzulegen, daß dies mit verfassungsrechtlichen Anforderungen vereinbar ist.“[125] Oder anders: „Ferner ist nach ständiger höchstrichterlicher Rechtsprechung die Verletzung des Anspruchs einer Partei auf rechtliches Gehör zu bejahen, wenn das Gericht von ihr vorgebrachte Angriffs- oder Verteidigungsmittel in offenkundig fehlerhafter Anwendung einer Präklusionsvorschrift zu Unrecht für ausgeschlossen erachtet [m.w.N.[.“[126]

e) Übergehen von Beweisanträgen oder nur scheinbare Berücksichtigung

„Nach der ständigen Rechtsprechung des Bundesverfassungsgerichts bietet zwar Art. 103 Abs. 1 GG keinen Schutz dagegen, dass ein angebotener Beweis aus Gründen des formellen oder materiellen Rechts nicht erhoben wird. Die Nichtberücksichtigung eines erheblichen Beweisangebotes verstößt jedoch dann gegen Art. 103 Abs. 1 GG, wenn sie im Prozessrecht keine Stütze mehr findet (BVerfGE 50, 32, 36; 65, 305, 307; 69, 141, 144; 69, 145, 148).“[127] Die Nichterhebung angebotener Beweise,[128] vor allem das Übersehen von Beweisangeboten,[129] das Übergehen von Beweisangeboten mangels angeblicher Substantiierung[130] und die gerichtliche Selekti- 34

122 BVerfGE 54, S. 117, 126 f.
123 BVerfGE 62, S. 249, 255.
124 Vgl. Zöller, ZPO, 28. Aufl., § 296 Rn 32 m.w.N.
125 BVerfGE 81, S. 97, 106.
126 BGH, Beschl. v. 29.8.2018 – VII ZR 195/14 = NJW-RR 2018, S. 1287 f.
127 BVerfG, 2 BvR 22/93; BGH, Beschl. v. 12.5.2009 – VI ZR 275/08 Rn 2 m.w.N.
128 Vgl. BVerfGE 50, S. 32 ff.
129 Vgl. BVerfGE 60, S. 247 ff.
130 Vgl. BGH, Beschl. v. II ZR 121/07.

on von angebotenen Beweisen statt der vollständigen Abarbeitung,[131] verletzen Art. 103 Abs. 1 GG. Das gilt auch, wenn der beantragte Beweis „höchst unökonomisch" ist. Es gilt der Grundsatz der Erschöpfung der Beweismittel.[132] Auch steht es dem Gericht nicht zu, eine Auswahl von benannten Zeugen zu treffen, ohne dass es hierfür Gründe des formellen oder materiellen Rechts gibt.[133]

In nicht wenigen Fällen wird ein Vorbringen zwar in den Entscheidungsgründen zur Kenntnis genommen, aber nicht sachgerecht. „Das Gebot rechtlichen Gehörs (Art. 103 Abs. 1 GG) verpflichtet das Gericht, die Ausführungen der Parteien zur Kenntnis zu nehmen und bei seiner Entscheidung in Erwägung zu ziehen. Dieses Gebot verpflichtet das Gericht unter anderem dazu, den wesentlichen Kern des Vorbringens der Partei zu erfassen und – soweit er eine zentrale Frage des jeweiligen Verfahrens betrifft – in den Gründen zu bescheiden. Von einer Verletzung dieser Pflicht ist auszugehen, wenn die Begründung der Entscheidung des Gerichts nur den Schluss zulässt, dass sie auf einer allenfalls den äußeren Wortlaut, aber nicht den Sinn des Vortrags der Partei erfassenden Wahrnehmung beruht", z.B. wenn angenommen wird, dass ein konkreter Beweisantritt nur eine abstrakte Behauptung untermauern sollte (hier: Vortrag und Beweisantritt zu einer illegalen Abschalteinrichtung in einem Fahrzeug mit Dieselmotor EA189).[134] Das gilt auch, wenn der Inhalt eines von einer Partei vorgelegten Befundberichts in einer Arzthaftungssache vom Gericht in den Entscheidungsgründen uminterpretiert wird.[135] Wird der Inhalt einer in Bezug genommenen Anlage falsch wiedergegeben oder ignoriert, kann eine Verletzung des Anspruchs auf rechtliches Gehör festgestellt werden, wenn sich aus den besonderen Umständen des einzelnen Falles deutlich ergibt, dass das Gericht Vorbringen entweder überhaupt nicht zur Kenntnis genommen oder bei seiner Entscheidung nicht in Erwägung gezogen hat. Dies ist dann der Fall, wenn das Gericht diesen Vortrag bei seiner Entscheidung näher begründen hätte müssen, wenn er berücksichtigt worden wäre.[136]

Hinweis

Wird eine Berufung als **unzulässig verworfen**, gelten (hilfsweise) Ausführungen des Berufungsgerichts zur Sache für die Revisionsinstanz grundsätzlich als nicht geschrieben.[137]

131 Vgl. BVerfGE 60, S. 250 ff.

132 Vgl. BVerfGE 50, 32, 36.

133 Vgl. BVerfGE 60, S. 250, 252.

134 Vgl. BGH, Beschl. v. 13.4.2021 – VI ZR 493/19.

135 Vgl. BGH, Beschl. v. 13.4.2021 – VI ZR 498/19.

136 Vgl. Beschl. v. 23.3.2021 – VI ZR 1110/20.

137 Vgl. BGH, Beschl. v. 13.4.2021 – VI ZB 50/19; Ausnahme aber: BGH, Urt. v. 19.11.1998 – IX ZR 152/98, NJW 1999, 724, 725; v. 23.10.1998 – LwZR 3/98, NJW 1999, 794, 795; jeweils m.w.N.

f) Abweichende Würdigungen von Zeugenaussagen ohne erneute Vernehmung

Die abweichende Würdigung einer Zeugenaussage ohne erneute Vernehmung durch das Berufungsgericht[138] – was zudem rechtzeitig vor dem Termin mitgeteilt werden müsste –,[139] verletzt Art. 103 Abs. 1 GG, sofern es um Umstände der Glaubwürdigkeit der Aussage geht, nicht um Umstände der Glaubhaftigkeit. „Die nochmalige Vernehmung eines Zeugen kann nur dann unterbleiben, wenn sich das Rechtsmittelgericht auf solche Umstände stützt, die weder die Urteilsfähigkeit, das Erinnerungsvermögen oder die Wahrheitsliebe des Zeugen noch die **Vollständigkeit** oder Widerspruchsfreiheit seiner Aussage betreffen [m.w.N.]“[140] Das bedeutet, für Umstände, die die **Glaubhaftigkeit** der Aussage betreffen, also den Inhalt der Aussage, für den der persönliche Eindruck irrelevant ist, kann das Gericht ohne Weiteres auf das Protokoll zurückgreifen.[141] 35

„Hat das erstinstanzliche Gericht von zwei sich widersprechenden Zeugenaussagen keiner geglaubt, so kann das Berufungsgericht nicht ohne erneute Vernehmung dem einen Zeugen deshalb glauben, weil es den anderen Zeugen wegen Widersprüchen und Unvollständigkeiten in seiner Bekundung, die es aus dem Prozeßstoff herleiten will, für unglaubwürdig hält.“[142]

Die nochmalige Vernehmung vor dem Berufungsgericht muss auch dann erfolgen, wenn das Berufungsgericht der Aussage eine andere Tragweite, ein anderes Gewicht oder eine vom Wortsinn abweichende Auslegung geben will oder wenn es die protokollierten Angaben des Zeugen für zu vage und präzisierungsbedürftig hält.[143] Das gilt auch bei Sachverständigen.[144]

138 Vgl. BVerfG, NJW 2011, S. 49 f.; NJW 2003, S. 2524 f.

139 Vgl. BVerfG, NJW 2003, S. 2524.

140 Vgl. BGH, Urt. v. nn IV ZR 130/05; BGH, Urt. v. 12.12.2019 – III ZR 198/19: „Die erneute Vernehmung kann ausnahmsweise dann unterbleiben, wenn sich das BerGer. auf Umstände stützt, die weder die Urteilsfähigkeit, das Erinnerungsvermögen oder die Wahrheitsliebe des Zeugen noch die Vollständigkeit oder Widerspruchsfreiheit seiner Aussage betreffen, und es die Zeugenaussage deshalb ohne Verstoß gegen das Verbot vorweggenommener Beweiswürdigung bewerten kann, weil es keines persönlichen Eindrucks von dem Zeugen bedarf [m.w.N.];“ BGH, Beschl. v. 2.8.2017 – VII ZR 155/15 = NJW-RR 2017, S. 1101.

141 Vgl. BGH, NJW-RR 2009, S. 1291; BGH, VersR 1985, S. 341; BGH, Beschl. v. 27.4.2021 – VI ZR 845/20 = NJW-RR 2021, S. 1074 f.

142 BGH, Urt. v. 19.6.1991 – VIII ZR 116/90 = NJW 1991, S. 3285.

143 Vgl. BVerfG, NJW 2005, S. 1487; BGH, MDR 2011, S. 1133; BGH, Beschl. v. 21.10.2020 – XII ZR 114/19.

144 Vgl. BGH, BGH, Beschl. v. 14.7.2020 – VI ZR 468/19.

g) Begründungspflicht

36 *„Das Gebot des rechtlichen Gehörs verpflichtet das Gericht, die Ausführungen der Prozeßbeteiligten zur Kenntnis zu nehmen und in Erwägung zu ziehen. Art. 103 Abs. 1 GG ist allerdings erst verletzt, wenn sich im Einzelfall klar ergibt, daß das Gericht dieser Pflicht nicht nachgekommen ist. Denn grundsätzlich geht das Bundesverfassungsgericht davon aus, daß die Gerichte das von ihnen entgegengenommene Parteivorbringen zur Kenntnis genommen und in Erwägung gezogen haben. Sie sind dabei nicht verpflichtet, sich mit jedem Vorbringen in den Entscheidungsgründen ausdrücklich zu befassen, namentlich nicht bei letztinstanzlichen, mit ordentlichen Rechtsmitteln nicht mehr angreifbaren Entscheidungen. Deshalb müssen, damit das Bundesverfassungsgericht einen Verstoß gegen Art. 103 Abs. 1 GG feststellen kann, im Einzelfall besondere Umstände deutlich machen, daß tatsächliches Vorbringen eines Beteiligten entweder überhaupt nicht zur Kenntnis genommen oder doch bei der Entscheidung nicht erwogen worden ist (vgl. BVerfGE 65, 293, 295; 70, 288, 293). Geht das Gericht auf den wesentlichen Kern des Tatsachenvortrags einer Partei zu einer Frage, die für das Verfahren von zentraler Bedeutung ist, in den Entscheidungsgründen nicht ein, so läßt dies auf die Nichtberücksichtigung des Vortrags schließen, sofern er nicht nach dem Rechtsstandpunkt des Gerichts unerheblich oder aber offensichtlich unsubstantiiert war (vgl. auch BVerfGE 47, 182, 189).“*[145]

37 „Das Maß der Erörterungspflicht des Gerichts wird dabei nicht nur durch die Bedeutung des Vortrags der Beteiligten für das Verfahren bestimmt (vgl. BVerfGE 86, 133, 146), sondern auch durch die Schwere eines zur Überprüfung gestellten Grundrechtseingriffs.“[146] „Die wesentlichen, der Rechtsverfolgung und Rechtsverteidigung dienenden Tatsachen müssen jedenfalls in den Entscheidungsgründen verarbeitet werden […].“[147] Ebenso die Kammerrechtsprechung des BVerfG: „Der Anspruch auf rechtliches Gehör verpflichtet ein Gericht nicht, jedes Vorbringen der Beteiligten in den Gründen der Entscheidung ausdrücklich zu bescheiden. Der wesentliche, der Rechtsverfolgung und Rechtsverteidigung dienende Vortrag muss aber in den Entscheidungsgründen verarbeitet werden.“[148] Das liegt z.B. dann nicht vor, wenn die Begründung nur den Schluss zulässt, dass die Entscheidung auf einer allenfalls den äußeren Wortlaut, nicht aber den Sinn des Vortrags erfassenden Wahrnehmung beruht,[149] denn dann ergibt sich, dass das Berufungsgericht den Vor-

145 BVerfGE 54, S. 43, 46; 58, S. 353, 357; 86, S. 133, 145 f.; 96, S. 205, 216; vgl. auch BayVerfGH, Vf. 8-VI-02, Urt. v. 6.2.2003; BayVerfGH, Vf. 73-VI-02, Urt. v. 19.8.2003; BayVerfGH, Vf. 54-VI-94, Urt. v. 9.1.1996.

146 BVerfG 2 BvR 1621/03 Rn 14.

147 BVerfG, NJW 1990, S. 3191 f.; BGH, Beschl. v. 8.6.2021 –VI ZR 1272/20 m.w.N.

148 BVerfGK 2, S. 290, 294.

149 Vgl. BGH, NJW- RR 2009, S. 178; BGH, NJW 2009, S. 2137.

trag allenfalls unzureichend zur Kenntnis genommen und tatsächlich nicht berücksichtigt hat.[150]

38 Das Gericht muss Äußerungen nicht nur ermöglichen, sondern auch zur Kenntnis nehmen und in Erwägung ziehen.[151]

39 *Hinweis*

„Ein Gericht muss sich mit dem Parteivortrag und (erst recht) mit dem den Vortrag stützenden bisherigen Beweisergebnis auch inhaltlich auseinandersetzen und darf sich über den Vortrag nicht durch die Verwendung von Leerformeln hinwegsetzen. Eine richterliche Würdigung des Parteivortrages, die auf den wesentlichen Kern des Vorbringens überhaupt nicht eingeht, ist im Hinblick auf die Anforderungen aus dem Verfahrensgrundrecht nach Art. 103 Abs. 1 GG nicht anders zu behandeln als ein kommentarloses Übergehen des Vortrags (vgl. BGH, Beschl. v. 21.5.2007, II ZB 266/04, NJW-RR 2007, 1409).“[152] „[Die] sich auf die Verwendung von Leerformeln beschränkende, nur scheinbar das Parteivorbringen würdigende Verfahrensweise stellt sich als Weigerung des BerGer. dar, in der nach Art. 103 Abs. 1 GG gebotenen Weise den Parteivortrag zur Kenntnis zu nehmen und sich mit ihm inhaltlich auseinander zu setzen; sie ist deswegen nicht anders zu behandeln als ein kommentarloses Übergehen des Klägervortrags.“[153]

h) Überspanntes Beweismaß

40 Das Recht auf rechtliches Gehör ist auch dann verletzt, wenn das Gericht ein überspanntes Beweismaß anlegt. Dies ist insbesondere in zwei Fallkonstellationen der Fall: zum einen, wenn an die Beweisführung (nahezu) unerfüllbare Anforderungen gestellt werden, etwa indem nahezu unumstößliche Gewissheit verlangt wird; zum anderen, wenn es zu einer Verwechslung der Beweismaßstäbe des § 286 Abs. 1 ZPO und des § 287 Abs. 1 ZPO kommt.[154] „Das Gericht darf keine unerfüllbaren Beweisanforderungen stellten und keine unumstößliche Gewissheit bei der Prüfung verlangen, ob eine Behauptung wahr und erwiesen ist. Vielmehr darf und muss sich

150 Vgl. BGH, Beschl. vom 11.5.2021 – 1206/20 als das Berufungsgericht aufgrund eines nicht richtig erfassten Vortrags ein Beweisangebot als offensichtlich ungeeignet zurückgewiesen hat.

151 Vgl. BVerfGE 11, S. 218, 220; 14, S. 320, 323; 18, S. 380, 383; 21, S. 46, 48; 21, S. 102, 103 f.; 22, S. 267, 273; 27, S. 248, 251; 47, S. 182, 187; 49, S. 212, 215; 50, S. 32, 35; 53, S. 219, 222; 54, S. 43, 45; 54, S. 86, 91; 54, S. 117, 123; 58, S. 353, 356; 60, S. 1, 5; 60, S. 96, 99; 60, S. 247, 249; 60, S. 250, 252; 61, S. 119, 122; 62, S. 347, 352; 63, S. 80, 85; 63, S. 177, 179 f.; 64, S. 135, 144; 65, S. 293, 295; 65, S. 305, 307; 66, S. 260, 263; 67, S. 39, 41; 69, S. 141, 143; 69, S. 145, 148; 69, S. 233, 246; 70, S. 93, 100; 83, S. 24, 35; 96, S. 205, 216; 105, S. 279, 311.

152 BGH, Beschl. v. 10.1.2008 – V ZR 81/07 – Rn 11; BGH, Beschl. v. 12.3.2019 – VI ZR 435/18 = NJW 2019, S. 1754 f.; BGH, Beschl. v. 7.11.2017 – VI ZR 173/17.

153 BGH, Beschl. v. 21.5.2007 – II ZR 266/04 Rn 5 = NJW-RR 2007, S. 1409.

154 Vgl. BGH, Beschl. v. 20.9.2016 – VI ZR 432/15.

der Richter in tatsächlich zweifelhaften Fällen mit einem für das praktische Leben brauchbaren Grad von Gewissheit begnügen, der den Zweifeln Schweigen gebietet, ohne sie völlig auszuschließen [m.w.N.]. [...] Diese Grundsätze hat das BerGer. nicht hinreichend beachtet. Seine Beurteilung beruht auf einer lückenhaften Beweiswürdigung. Zudem hat das BerGer. die Anforderungen an die richterliche Überzeugung überspannt; seine Ausführungen lassen besorgen, dass es entgegen den genannten Maßstäben den Beweis nur aufgrund fernliegender, theoretischer Zweifel als nicht erbracht angesehen hat."[155]

i) Überspannte Anforderungen an die Substantiierungspflicht

41 Werden die Anforderungen an einen erforderlichen Vortrag überspannt, liegt sowohl ein Verstoß gegen § 286 ZPO als auch ein Verstoß gegen Art. 103 Abs. 1 GG vor.

Hierzu folgende Entscheidung:

> *„Das BerGer. hat den Vortrag der Kl. zur Schadenshöhe für unsubstanziiert erachtet [...] Damit hat das BerGer. die Anforderungen an die Substanziierung verfahrensfehlerhaft überspannt und sich der Erkenntnis verschlossen, dass nach ständiger höchstrichterlicher Rechtsprechung eine Partei ihrer Darlegungslast genügt, wenn sie Tatsachen vorträgt, die in Verbindung mit einem Rechtssatz geeignet sind, das geltend gemachte Recht als in ihrer Person entstanden erscheinen zu lassen. Genügt das Parteivorbringen diesen Anforderungen an die Substanziierung, kann der Vortrag weiterer Einzeltatsachen nicht verlangt werden [m.w.N.] Es ist vielmehr Sache des Tatrichters, in die Beweisaufnahme einzutreten, dabei gegebenenfalls die benannten Zeugen nach weiteren Einzelheiten zu befragen bzw. einem Sachverständigen die beweiserheblichen Streitfragen zu unterbreiten."*[156]

Oder anders:

> *„[Das Gericht] hat sich der Erkenntnis verschlossen, dass eine Partei ihrer Darlegungslast bereits genügt, wenn sie Tatsachen vorträgt, die in Verbindung mit einem Rechtssatz geeignet sind, das geltend gemachte Recht als in ihrer Person entstanden erscheinen zu lassen, und hat den Vortrag weiterer Einzelheiten verlangt. Eine solche nur scheinbar das Parteivorbringen würdigende Verfahrensweise stellt sich als Weigerung des Berufungsgerichts dar, in der nach Art. 103 Abs. 1 GG gebotenen Weise den Parteivortrag zur Kenntnis zu nehmen und sich mit ihm inhaltlich auseinanderzusetzen; sie ist deswegen nicht anders*

155 BGH, Urt. v. 6.5.2015 – VIII ZR 161/14 = NJW 2015, S. 2111, 2112.

156 BGH, NJW 2008, 3361 f.; vgl. bereits BGH, NJW 1969, 1708 f.

zu behandeln als ein kommentarloses Übergehen des Klägervortrags [m.w.N.].“[157]

j) Reduktion des berufungsrechtlichen Prüfungsumfangs

„Bei der Berufungsinstanz handelt es sich daher um eine zweite – wenn auch eingeschränkte – Tatsacheninstanz, deren Aufgabe in der Gewinnung einer fehlerfreien und überzeugenden und damit richtigen Entscheidung des Einzelfalls besteht [m.w.N.]. Daher hat das BerGer. die erstinstanzliche Überzeugungsbildung nicht nur auf Rechtsfehler zu überprüfen [m.w.N.].“[158] Wird dieser Prüfungsumfang verkannt, wird das dazugehörige Parteivorbringen nur eingeschränkt in die Prüfung einbezogen, so liegt ein Gehörsverstoß vor.[159] 42

2. Willkürverstöße

Ein Willkürverstoß liegt dann vor, „wenn eine fehlerhafte Rechtsanwendung durch die Gerichte bei verständiger Würdigung der das Grundgesetz beherrschenden Gedanken nicht mehr verständlich ist und sich daher der Schluß aufdrängt, daß sie auf sachfremden Erwägungen beruht.“[160] 43

Das wäre aber „zu kurz gesprungen“, denn Willkür auf die Annahme von sachfremden Erwägungen zu reduzieren, würde den Rechts- und Grundrechtsschutz erheblich verkürzen. Das haben die Richter des BVerfG Stein und Rupp-von Brünneck in ihrem Sondervotum zu BVerfGE 30, S. 173 ff. (Beschl. v. 24.2.1971 – 1 BvR 435/68) überzeugend dargestellt. „Würde in Fällen wie dem vorliegenden [...] die Prüfungszuständigkeit des Bundesverfassungsgerichts auf eine eng begrenzte Kontrolle beschränkt sein, nämlich darauf, ob die Gerichte den Einfluß der Grundrechte überhaupt erkannt, ihn berücksichtigt und das allgemeine Willkürverbot nicht verletzt haben [...], dann würde das Bundesverfassungsgericht seiner Aufgabe, Hüter der Grundrechte auf allen Rechtsgebieten zu sein, nicht gerecht werden[161] [...] „die in der Senatsentscheidung konzedierte Prüfung auf Willkür hat keine Bedeutung, weil auf sachfremden Erwägungen beruhende Gerichtsentscheidungen so gut wie nie vorkommen. Hierin läge eine evidente Verkürzung des bisherigen Grundrechtsschutzes: Bei solchen Prüfungsmaßstäben hätten weder das Lüth-Urteil selbst [...] noch die Entscheidungen im Schmid-Spiegel-Fall, im Falle des Tonjägerverbandes oder zur Freiheit der Information aus DDR-Zeitungen [...] ergehen können, um nur einige markante Beispiele für die zahlreichen Entscheidungen zu nennen, in de- 44

157 BGH, Beschl. v. 22.6.2009 – II ZR 143/08 = NJW 2009, S. 2598 f.; vgl. BGH, Beschl. v. 15.12.2016 – IX ZR 224/15 = NJW-RR 2017, S. 175 und BGH, Beschl. v. 16.4.2015 – IX ZR 195/14 = NJW-RR 2015, S. 829; BGH, Beschl. v. 24.9.2013 – II ZR 291/11 – Rn 16.

158 BGH, Beschl. v. 4.9.2019 – VII ZR 69/17, Rn 11 = NJW-RR 2019, S. 1343 f.

159 Vgl. BGH, Beschl. v. 4.9.2019 – VII ZR 69/17 = NJW-RR 2019, S. 1343 f.

160 BVerfGE 55, S. 72, 89 S. m.w.N.; 81, S. 132, 137.

161 Sondervotum Stein BVerfGE 30, S. 173, 201 f.

nen das Gericht unter Prüfung der konkreten Umstände des Einzelfalles einen Grundrechtsverstoß bejaht hat [m.w.N.].“[162]

45 Folgerichtig wurde die Willkürannahme wesentlich erweitert. Willkür liegt dann vor, wenn eine offensichtlich einschlägige Norm nicht berücksichtigt oder der Inhalt einer Norm in krasser Weise missdeutet wird.[163] Das bedeutet, dass ein einfachrechtlicher Verstoß dann zum Willkürverstoß wird, wenn er evident, krass oder offenkundig ist.[164]

46 Das wird in vielen Fällen dann der Fall sein, wenn die unterlegene Partei hierauf bereits hingewiesen hatte. Dann aber stellt sich primär die Frage nach einer Gehörsverletzung. Bereits die Abgrenzung zwischen dem Gebot des effektiven Rechtsschutzes, dem Willkürverbot,[165] dem Justizgewährungsanspruch und dem fairen Verfahren[166] ist im Einzelfall schwierig bis unmöglich.[167] Teilweise prüft das BVerfG den Grundsatz des rechtlichen Gehörs „in Verbindung mit der Rechtsprechung zur rechtsstaatsgemäßen Ausgestaltung des Verfahrens“.[168] Sangmeister hat zutreffend eine Unprognostizierbarkeit und Austauschbarkeit der Prüfungsmaßstäbe des Art. 3 Abs. 1 GG und Art. 103 Abs. 1 GG beschrieben. Insbesondere sei das Wesen des Wesens, d.h. der Kern des in der richterlichen Begründung nicht zu übergehenden Vortrags, ungeklärt.[169] In nicht wenigen Fällen würde das BVerfG eine Verletzung von Art. 3 Abs. 1 GG und Art. 103 Abs. 1 GG feststellen, um in der Aufhebung einer Entscheidung „ganz sicher zu gehen“.[170]

Der BGH geht davon aus, dass Willkür auch dann vorliegt, wenn „die Rechtsauslegung oder Rechtsanwendung [...] sich so weit von den gesetzlichen Grundlagen entfernt, dass sie unter keinem denkbaren Aspekt vertretbar und in diesem Sinne evident fehlerhaft ist.“[171] Das deckt sich mit der neueren Rechtsprechung des BVerfG, die einen Willkürverstoß auch dann annimmt, wenn die angegriffene Gerichtsentscheidung „bei verständiger Würdigung der das Grundgesetz beherrschenden Gedanken nicht mehr verständlich erscheint und offensichtlich unhaltbar ist.[172]

162 Sondervotum Rupp-von Brünneck BVerfGE 30, S. 173, 221.

163 Vgl. BVerfGE 96, S. 189, 203.

164 Vgl. Lechner/Zuck, BVerfGG, 6. Aufl., § 90 Rn 101 m.w.N.

165 Vgl. BVerfGE 54, S. 117, 126.

166 Vgl. BVerfGE 54, S. 117, 126.

167 Vgl. Zuck, Anwalt oder Gericht – wer sichert das rechtliche Gehör?, AnwBl. 2006, S. 773, 777; Bretschneider, Die Rechtsprechung des Bayerischen Verfassungsgerichtshofs zum rechtlichen Gehör, S. 25.

168 BVerfGE 55, S. 72, 93.

169 Vgl. Sangmeister, Öfters totgesagt bringt langes Leben – doch noch ein (kleiner) Hoffnungsschimmer für die Anhörungsrüge, NJW 2007, S. 2363 ff.

170 Vgl. Sangmeister, Öfters totgesagt bringt langes Leben – doch noch ein (kleiner) Hoffnungsschimmer für die Anhörungsrüge, NJW 2007 S. 2363, 2368 (Fn 76).

171 Vgl. BGHZ 154, S. 288, 296.

172 BVerfG, NJW 2001, S. 3533.

Hinweis 47

„Dabei enthält die verfassungsgerichtliche Feststellung von Willkür keinen subjektiven Schuldvorwurf, sondern will in einem objektiven Sinne verstanden sein; nicht subjektive Willkür führt zur Feststellung der Verfassungswidrigkeit, sondern die tatsächliche und eindeutige Unangemessenheit einer Maßnahme im Verhältnis zu der tatsächlichen Situation, deren sie Herr werden soll [m.w.N.].“[173]

3. Justizgewährungsanspruch bzw. effektiver Rechtsschutz

48 Kann ein Rechtsmittel nicht (wirklich) genutzt werden, sei es, weil es vom Fachgericht nicht zugelassen wird (z.B. Zulassung der Revision oder Berufung, Zurückweisung der Nichtzulassungsbeschwerde[174]) bzw. mit seiner Entscheidung die gebotene Anfechtbarkeit seiner eigenen Entscheidung verhindert (z.B. die frühere Beschlusszurückweisung gem. § 522 Abs. 2 ZPO, gegen die keine Nichtzulassungsbeschwerde möglich war) oder überhöhte Anforderungen an die Zulässigkeitsstation stellt (z.B. bei der Begründung von Wiedereinsetzungsgesuchen[175]), kann der Anspruch auf effektiven Rechtsschutz[176] betroffen sein.

49 Der Anspruch auf effektiven Rechtsschutz gegen Akte der öffentlichen Gewalt ergibt sich aus Art. 19 Abs. 4 GG bzw. Art. 2 Abs. 1 GG i.V.m. dem Rechtsstaatsprinzip.[177] Bei einem Rechtsschutz gegen richterliche Akte soll jedoch nicht Art. 19 Abs. 4 GG einschlägig sein,[178] sondern – nach der Plenarentscheidung 1 PBvU 1/02 – Art. 2 Abs. 1 GG i.V.m. dem Rechtsstaatsprinzip (Art. 20 Abs. 3 GG), aus dem der allg. Justizgewährungsanspruch abgeleitet werde.[179] Nach einer unzutreffenden, aber noch herrschenden Ansicht soll Art. 19 Abs. 4 GG Rechtsschutz durch den Richter, aber nicht gegen den Richter gewähren. Das ist rhetorisch interessant, lässt sich aber angesichts der Entstehungsgeschichte des GG kaum tragfähig begründen und ist auch aus Angst vor einem Rechtsweg ad infinitum nicht geboten.[180] „Die rechtsschutzstarke Gesamtkonzeption des Art. 19 Abs. 4 GG fordert vielmehr die

173 BVerfGE 62, S. 189, 192.

174 Vgl. BVerfG, NJW 2011, S. 2276 f.

175 Vgl. BGH, NJW 2004, S. 367 f.

176 Vgl. BVerfGE 35, S. 382 ff.; 40, S. 272 ff.; 42, S. 64 ff.

177 Vgl. BVerfG, NJW 2001, S. 214 f.

178 Art. 19 Abs. 4 GG soll einer teleologischen Reduktion bedürfen, vgl. Maunz/Schmidt-Bleibtreu/Klein/Bethge, Kommentar zum BVerfGG, Stand. 34. EL., § 90 Rn 176 m.w.N.

179 Vgl. BVerfGE 107, S. 395, 401.

180 Vgl. Krugmann, Die Rechtsweggarantie des GG – Zum Gebot eines qualitativen Rechtsschutzes, ZRP 2001, S. 306 f. m.w.N.; Maunz/Schmidt-Bleibtreu/Klein/Bethge, Kommentar zum BVerfGG, Stand. 34. EL., § 90, Rn 179 m.w.N. („juristisch immer schon etwas schief“).

Integration des Richters in das verfassungsrechtliche Rechtsschutz- und Kontrollsystem."[181] Diese dogmatische Konstruktion bewirkt eine Rechtsschutzlücke, wenn Art. 19 Abs. 4 GG auf spruchrichterlich tätige Akte nicht anwendbar ist, die sodann durch den allg. Justizgewährungsanspruch geschlossen werden muss.[182]

50 Art. 19 Abs. 4 GG stellt eine Grundsatznorm für die gesamte Rechtsordnung dar, der überragende Bedeutung beikommt.[183] Das Gericht darf insbesondere ein gegebenes Rechtsmittel nicht ineffektiv machen und leerlaufen lassen.[184] „Dieses Gebot [des effektiven Rechtsschutzes] richtet sich sowohl an den die Verfahrensordnung ausgestaltenden Gesetzgeber als auch an den sie anwendenden Richter. Er muß das Verfahrensrecht in einer Weise auslegen und anwenden, die dem Gebot effektiven Rechtsschutzes Rechnung trägt."[185] „Das Rechtsstaatsgebot verbietet es dem Gericht, bei der Auslegung und Anwendung der verfahrensrechtlichen Vorschriften den Zugang zu den in den Verfahrensordnungen eingeräumten Instanzen von Voraussetzungen abhängig zu machen, die unerfüllbar oder unzumutbar sind oder den Zugang in einer Weise erschweren, die aus Sachgründen nicht mehr zu rechtfertigen ist."[186]

51 *„Danach haben die staatlichen Organe nicht nur die Pflicht, die materiellen Grundrechte zu beachten, sie müßten ihnen auch durch eine entsprechende Verfahrensgestaltung Wirksamkeit verschaffen. Wenn das Verfahrensrecht nicht auf die Effektuierung der Grundrechte ausgerichtet sei, könne deren substantieller Gehalt beeinträchtigt werden. Im Grunde sei ein ordnungsgemäßes Verfahren die einzige Möglichkeit, Grundrechte durchzusetzen oder wirksam zu gewährleisten. Dies zwinge die staatlichen Organe zu einer grundrechtskonformen Auslegung und Handhabung der Verfahrensvorschriften."[187] Oder ähnlich: „Dem Verfahrensrecht kommt hierbei eine wesentliche Rolle zu. Es dient nicht nur dem Ziel, einen geordneten Verfahrensgang zu sichern, sondern ist im grundrechtlich relevanten Bereich auch das Mittel, im konkreten Fall dem Grundrechtsträger zu seinem verfassungsmäßigen Recht zu verhelfen. Demgemäß muß das Verfahrensrecht im Blick auf die Grundrechte ausgelegt und an-*

181 Voßkuhle, Erosionserscheinungen des zivilprozessualen Rechtsmittelsystems, NJW 1995, S. 1377, 1383.

182 Vgl. Voßkuhle, Bruch mit einem Dogma. Die Verfassung garantiert Rechtsschutz gegen den Richter, NJW 2003, S. 2193, 2196.

183 Vgl. BVerfGE 58, S. 1, 40 m.w.N.

184 Vgl. BVerfGE 117, S. 244, 268; 104, S. 220, 231 f.; 96, S. 27, 39; 7, S. 88, 99; BVerfG NJW 2005, S. 1999, 2001 f.; 2006, S. 40; 2006, S. 136, 137.; NJW-RR 2006, S. 1 f.; 2 BvR 2354/04; 2 BvR 866/06; 1 BvR 3078/07.

185 BVerfGE 97, S. 298, 315.

186 BVerfG, NJW 2005, S. 1999, 2001 m.w.N.; vgl. auch BVerfGE 74, S. 228, 234; 77, S. 275, 284; 78, S. 88, 99; vgl. auch BayVerfGH Vf-1-VI-91, Urt. v. 23.10.1992.

187 BVerfGE 53, S. 30, 72.

gewendet werden. Bei mehreren Auslegungsmöglichkeiten ist diejenige zu wählen, die dem Gericht ermöglicht, die Grundrechte der Verfahrensbeteiligten durchzusetzen und zu verwirklichen."[188]

Das wird besonders bei Fragen der **Wiedereinsetzung in den vorigen Stand** relevant. 52
„Nach gefestigter Rechtsprechung des Bundesgerichtshofs [...] dient das Rechtsinstitut der Wiedereinsetzung in den vorigen Stand in besonderer Weise dazu, den Rechtsschutz und das rechtliche Gehör zu garantieren. Daher gebieten es die Verfahrensgrundrechte auf Gewährung wirkungsvollen Rechtsschutzes (Art. 2 Abs. 1 GG i.V.m. dem Rechtsstaatsprinzip) und auf rechtliches Gehör (Art. 103 Abs. 1 GG), den Zugang zu den Gerichten und den in den Verfahrensordnungen vorgesehenen Instanzen nicht in unzumutbarer, aus Sachgründen nicht mehr zu rechtfertigender Weise zu erschweren (vgl. auch BVerfGE 88, 118, 123 ff.)."[189] „Das Rechtsmittelgericht darf ein von der jeweiligen Prozessordnung eröffnetes Rechtsmittel nicht ineffektiv machen und für den Beschwerdeführer leerlaufen lassen (vgl. BVerfGE 96, 27, 39; 104, 220, 232), indem es den Zugang zur weiteren Instanz in unzumutbarer, aus Sachgründen nicht mehr zu rechtfertigender Weise erschwert (vgl. BVerfGE 40, 272, 274 f.; 41, 23, 26; 41, 323, 326 f.; 44, 302, 305 f.; 49, 329, 341; 77, 275, 284). Eine solche ungerechtfertigte Erschwerung des Zugangs ist es, wenn dem Bürger, der ein befristetes Rechtsmittel einlegt, die Wiedereinsetzung in den vorigen Stand aus Gründen versagt wird, die er nicht zu vertreten hat (vgl. BVerfGE 41, 23, 26)."[190] Ein Nachschieben von Mitteln der Glaubhaftmachung ist bis zum Erlass einer rechtskräftigen Entscheidung möglich (vgl. BVerfGE 41, 332 ff.). Im Zivilprozess hat das Gericht hierauf gem. § 139 ZPO ggf. hinzuweisen.[191]

Auch die **Auslegung von Prozesshandlungen** hat diesen Grundsatz zu beachten.[192] 53
„Im Zweifel ist dasjenige gewollt, was nach den Maßstäben der Rechtsordnung vernünftig ist und dem recht verstandenen Interesse entspricht, wobei nicht unter allen Umständen am buchstäblichen Sinn der Wortwahl festzuhalten ist. Art. 19 Abs. 4 GG verpflichtet das den Zulassungsantrag prüfende Gericht nämlich dazu, den Vortrag des jeweiligen Antragstellers angemessen zu würdigen und durch sachgerechte Auslegung selbstständig zu ermitteln, welche Zulassungsgründe der Sache nach geltend gemacht werden und welche Einwände welchen Zulassungsgründen zuzuord-

188 BVerfG, NJW 1979, S. 538.

189 BGH, XII ZB 129/09.

190 BVerfG, 2 BvR 430/03.

191 Vgl. BGH, NJW 2007, S. 3069 f.; NJW-RR 2012, S. 509 ff.

192 Vgl. den Fall BVerfGE 71, S. 202 ff., wo nach Meinung des Rechtsmittelgerichts nicht klar gewesen wäre, wer gegen wen Berufung eingelegt hatte; vgl. auch BGH, Beschl. vom 22.5.1995 – II ZB 2/95 = NJW-RR 1995, S. 1183 ff.; BGH, Beschl. vom 29.11.2001 – II ZB 13/01 = NJW-RR 2002, S. 646 ff.; BGH, Urt. vom 14.2.2002 – VII ZR 363/01 = NJW-RR 2002, S. 1074 (fehlerhafte Bezeichnung als Berufungsbeklagter); BGH, Beschl. vom 22.1.2002 – VI ZB 51/01 = NJW 2002, S. 1352 ff. (Auslegung als Berufung).

nen sind (vgl. BVerfG, Beschluss der 3. Kammer des Ersten Senats vom 24.8.2010 – 1 BvR 2309/09, juris, Rn 13; vgl. insoweit auch BVerfGK 5, 369, 375 f.). Erst dann, wenn aus einer nicht auf einzelne Zulassungsgründe zugeschnittenen Begründung auch durch Auslegung nicht eindeutig ermittelt werden kann, auf welchen Zulassungsgrund der Antrag gestützt wird, stellt die Verwerfung des Antrags als unzulässig keine unzumutbare Erschwerung des Zugangs zur Berufungsinstanz dar (vgl. BVerfG, Beschluss der 3. Kammer des Ersten Senats vom 24.8.2010, a.a.O., Rn 13).“[193]

4. Recht auf den gesetzlichen Richter

54 Fälle unterlassener Vorlagen, z.B. an das BVerfG gem. Art. 100 GG,[194] an den EuGH[195] oder an den Großen Senat des entsprechenden Bundesgerichts,[196] verletzen das Recht auf den gesetzlichen Richter, wobei zusätzlich die Rüge der Verletzung des Art. 3 Abs. 1 GG (Willkürverbot)[197] und vorrangig die Rüge der Verletzung des allg. Justizgewährungsanspruchs bzw. des Rechts auf effektiven Rechtsschutz zu erheben ist.[198]

55 In nicht wenigen Fällen liegt eine Verletzung dieser **Vorlagepflicht**[199] auch bei der Verletzung der **Zulassungspflicht** vor. „Das Landgericht hätte die Rechtsbeschwerde gegen den Beschl. v. (...) sowohl wegen grundsätzlicher Bedeutung als auch zur Sicherung einer einheitlichen Rechtsprechung nach § 574 Abs. 3 Satz 1 ZPO zulassen müssen. Das Landgericht hat ohne Sachgrund von einer Zulassung abgesehen und auf diese Weise den Zugang zur Rechtsmittelinstanz unzumutbar erschwert. Eine Rechtssache hat grundsätzliche Bedeutung im Sinne des § 574 Abs. 2 Nr. 1 ZPO, wenn sie eine klärungsbedürftige Rechtsfrage aufwirft, die sich in einer unbestimmten Vielzahl weiterer Fälle stellen kann und deshalb das abstrakte Interesse der Allgemeinheit an der einheitlichen Entwicklung und Handhabung des Rechts berührt, oder wenn andere Auswirkungen des Rechtsstreits auf die Allgemeinheit deren Interessen in besonderem Maße berühren (...).“[200]

5. Prozesstaktische Hinweise

56 Diese Ausführungen verdeutlichen Folgendes: Einerseits können revisible Rechtsfehler vorliegen, die zwar schwerwiegend, offenkundig oder eindeutig sind, gleich-

193 BVerfG, 1 BvR 2011/10 Rn 25.
194 Vgl. BVerfGE 117, S. 330, 356.
195 Vgl. BVerfGE 82, S. 159, 194 f.
196 Vgl. BVerfG, NJW 1995, 2914.
197 Vgl. BVerfGK, Bd. 13, Beschl. Nr. 65.
198 Vgl. BVerfG, 1 BvR 381/10.
199 Vgl. BVerfGK, Bd. 2, Beschl. Nr. 34, 38, 39, 40; Bd. 8, Beschl. Nr. 62; Bd. 14, Beschl.Nr. 13, 23, 32, 33.
200 BVerfG, Beschl. v. 8.12.2010 – 1 BvR 381/10.

wohl aber mangels Zulassung nicht zur revisionsgerichtlichen Überprüfung gelangen. Andererseits ist bereits für den in den Tatsacheninstanzen, zu denen auch die Berufung zählt, tätigen Rechtsvertreter eine vertiefte Befassung mit den Verfahrensgrundrechten geboten. Hierdurch können Revisionszulassungsgründe herausgearbeitet werden, wobei Verstöße gegen das rechtliche Gehör regelmäßig von besonderem Gewicht sind.

Hinweis 57

Für den in den Tatsacheninstanzen tätigen Rechtsvertreter bedeutet dies, nach dem aus dem Strafprozess bekannten sog. **Unauffälligkeitsprinzip**[201] zweierlei. Der anwaltliche Vertreter sollte nur selten „unauffällig" sein, in der Hoffnung, das Gericht dann einen Fehler begeht, der zur Urteilsaufhebung führen wird, sondern „auffällig". Das bedeutet: Zum einen sind Beweisanträge klar und präzise zu stellen, aber einer vertieften rechtlichen Argumentation oder Zitierung höchstrichterlicher Entscheidungen bedarf es zum anderen grundsätzlich nicht.

Vermutet der Prozessbevollmächtigte, dass er mit einer vertieften Argumentation 58 den Fall gewinnen kann, z.B. bei einem reinen Versehen oder Vergessen des Gerichts, spricht nichts gegen eine solche Zitierung höchstrichterlicher Entscheidungen. Sind die Würfel aber nach der Einschätzung des Prozessbevollmächtigten bereits gefallen, ist es sinnvoller, das Gericht seine Fehler machen zu lassen und auf die Hilfe durch den BGH zu hoffen. Hier ist es wichtig zu wissen, dass ein Beweisantrag zwar (auch konkludent) zurückgenommen werden kann,[202] aber grundsätzlich kann weder die bloße Nichtverlesung eines schriftlichen Beweisantrages noch ein Stillschweigen bei noch ausstehender Beweisaufnahme als Verzicht behandelt werden darf. Nur wenn nach entsprechender Fragestellung des Gerichts vernünftigerweise nicht mehr zu erwarten ist, dass die Partei noch an ihrem Beweisantrag festhält, kommt ein konkludenter Verzicht in Frage.[203] Offene Hinweise oder Zitate aus der höchstrichterlichen Rechtsprechung an die Tatgerichte bewirken aufgrund des von Reinelt zutreffend beschriebenen Phänomens der richterlichen Selbst-Präjudikation (meist) ohnehin nichts mehr.[204] Fragen, ob weitere Beweiserhebungen gewünscht werden, müssen aber beantwortet werden.

201 Das ist ein Ausdruck von Widmaier, MAH Strafverteidigung, § 9 Rn 7.
202 Vgl. BGH, NJW 1969, S. 1112.
203 Vgl. BGH, NJW-RR 1987, S. 1403 f.
204 Vgl. Reinelt, Richterliche Selbst-Präjudikation, ZAP-Kolumne 2009, S. 211 f.

V. Revisible Rechtsverletzung

1. Allgemeines

59 Wenn die Revision zugelassen ist, prüft das Revisionsgericht nur, ob die Entscheidung auf einer Rechtsverletzung beruht, wobei die fehlerhafte Beurteilung der Zuständigkeit durch das Erstgericht nicht mehr geprüft werden kann gemäß § 545 ZPO.

60 Eine Rechtsverletzung liegt vor, wenn eine Rechtsnorm nicht oder nicht richtig angewendet worden ist (§ 546 ZPO). Das Revisionsgericht entscheidet grundsätzlich nur Rechtsfragen, nicht Tatfragen. Das Revisionsgericht ist deshalb auch an die tatsächlichen Feststellungen der Instanzgerichte gebunden, z.B. ob eine Behauptung wahr oder nicht wahr ist, sofern nicht gerade auf diese Feststellung ein zulässiger Revisionsangriff erhoben ist gemäß § 559 Abs. 2 ZPO.

61 In diesem Zusammenhang ist es erforderlich, sich den Rechtsanwendungssyllogismus zu verdeutlichen. Die Rechtsanwendung erfolgt in der Aufstellung einer ersten Prämisse, d.h. in dem Aufstellen eines Obersatzes und dem Anwenden eines Gesetzes. Sodann muss eine zweite Prämisse (Untersatz) aufgestellt werden, d.h. die Feststellung des relevanten Sachverhalts (Untersatz). Schließlich erfolgt die Konklusion, d.h. das Schließen durch die Anwendung der Rechtsfolge.[205]

62 Der Rechtsanwendungssyllogismus und mögliche revisible Fehler:

Erste Prämisse (Obersatz)	Tatbestandsmerkmale des Gesetzes[206]	Revisible Rechtsfehler in der falschen Auslegung des Gesetzes oder Übersehen einer anzuwendenden Norm.[207]
Zweite Prämisse (Untersatz)	Die Tatbestandsmerkmale liegen vor	(Begrenzt) revisible Rechtsfehler in der fehlerhaften Anwendung auf dem Weg zur Feststellung (Verstöße gegen Beweisrecht, z.B. unterlassene Beweiserhebung oder Verstöße gegen Beweisverwertungen) und falsche oder unterlassene Anwendung von Denk- oder Erfahrungsgesetzen.[208]

205 Vgl. Schneider/Schnapp, Logik für Juristen, 6. Aufl., S. 4; Hainmüller, Der Anscheinsbeweis und die Fahrlässigkeitstat im heutigen deutschen Schadensersatzprozess, S. 16 m.w.N.

206 Hierunter fallen Gesetze, Rechtsverordnungen, Gewohnheitsrecht, u.U. auch AGB, Vereinssatzungen, Gesellschaftsverträge von Publikums-KG, Satzung eines e.V., etc. (vgl. Zöller, Komm. zur ZPO, 36. Aufl., § 546 Rn 5).

207 Vgl. Zöller, Komm. zur ZPO, 36. Aufl., § 546 Rn 7.

208 Vgl. Zöller, Komm. zur ZPO, 36. Aufl., § 546 Rn 7.

Konklusion	Die Rechtsfolge des Gesetzes	Fehlerhafte oder unterlassene Anwendung von Schlussregeln.[209]

Die Tatsachenfeststellung durch das Tatgericht ist nur beschränkt, die Anwendung der Erfahrungssätze aber voll revisbel, denn die Rechtsprechung behandelt Erfahrungssätze als „Normen der Lebenserfahrung" wie Rechtssätze.[210] Das bedeutet weiter, dass der Tatrichter die Erfahrungssätze entweder kraft eigener Sachkunde beurteilen kann oder andernfalls ein Sachverständigengutachten einholen muss, auch wenn sich keine Partei darauf bezogen hat.[211] Ggf. kann der Richter auch im Wege des Freibeweises die nötigen Erkundigungen selbst durchführen.[212] Das Gericht darf z.B. selbst Recherchen durchführen, Auskünfte einholen und Fachliteratur auswerten, um fachspezifisches Erfahrungswissen festzustellen, muss dies aber offenlegen, damit die Parteien dazu Stellung nehmen können.[213] Bei komplexen, fachwissenschaftlichen Erfahrungssätzen kann das Ermessen des Gerichts dahin „reduziert" sein, dass ein Strengbeweis (insb. Sachverständiger) erforderlich ist. 63

„Erfahrungssätze sind Normen (Regeln), die aus **allgemeiner Lebenserfahrung oder aus besonderer Fachkunde** durch langwährende Beobachtung gleichartiger Tatsachen und Geschehnisse gewonnen sind und zum Maßstab der Beurteilung gleichartiger Tatsachen und Geschehnisse dienen [...] Nicht notwendig handelt es sich dabei um wissenschaftliche Erkenntnisse; auch die praktische Erfahrung des Handwerkers, ja die Alltagserfahrung von jedermann sind Quellen von Erfahrungssätzen [...] Erfahrungssätze können den Rang von Naturgesetzen haben (z.B. die Erkenntnis, dass Reibung Wärme erzeugt). Sie müssen diesen Grad von Sicherheit jedoch nicht erreichen, um dem Richter als Maßstab zur Beurteilung von Tatsachen zu dienen. Sie können auch ohne diesen Rang für die Überzeugungsbildung des Richters bedeutsam sein."[214] Das Revisionsgericht kann aufgrund der Gleichschaltung mit Rechtsnormen voll überprüfen, ob ein nicht bestehender Erfahrungssatz angewendet oder ein bestehender Erfahrungssatz nicht angewendet worden ist oder ob und in welchem Umfang ein Erfahrungssatz Beweiskraft hat.[215] 64

Schon vor mehr als 100 Jahren hat der große Prozessualist Friedrich Stein Erfahrungssätze entweder in Definitionen oder in hypothetische Sätze, welche die unter gewissen Voraussetzungen zu erwartende Folge aussprechen würden, eingeteilt.[216] 65

209 Vgl. Zöller, Komm. zur ZPO, 36. Aufl., § 546 Rn 7.
210 Vgl. Bayerlein, in: Praxishandbuch Sachverständigenrecht, 4. Aufl., § 16 Rn 12.
211 Vgl. BGH, Urt. vom 2.10.2003 – ZR 150/01 = NJW 2004, S. 1163 f.
212 Vgl. Bayerlein, in: Praxishandbuch Sachverständigenrecht, 4. Aufl., § 16 Rn 15.
213 Vgl. bereits BGH, Urt. v. 20.6.1968 – IX ZR 182/66.
214 Vgl. Bayerlein, in: Praxishandbuch Sachverständigenrecht, 4. Aufl., § 16 Rn 1 ff.
215 Vgl. Bayerlein, in: Praxishandbuch Sachverständigenrecht, 4. Aufl., § 16 Rn 14.
216 Vgl. Stein, Das private Wissen des Richters, S. 19.

Ein Erfahrungssatz entsteht durch die Induktion, d.h. durch die Ableitung aus der Erfahrung, dass sich früher in einer Reihe von Fällen Bedingung und Folge, Subjekt und Prädikat des logischen Urteils, in bestimmter Weise verbunden haben und hieraus die Erwartung abgeleitet wird, dass sich die gleiche Folgeerscheinung wiederholen werden wird. Das aber genügt freilich nicht für die Aufstellung eines Erfahrungssatzes, sondern allenfalls für ein plurales Urteil.[217] „Mit dem Urtheile, dass A und B und C und noch 20 Andere sich in bestimmter Weise benommen, etwa als Verwandte des Angeklagten ihr Zeugnis bewusst oder unbewusst zugunsten desselben abgegeben haben, ist an sich noch gar nichts gewonnen als das ‚plurale' Urtheil über diese 23 Menschen [...] Erst indem wir diese Fälle als Anwendungen einer Regel denken und diese selbst aufstellen, die dann neben den einzelnen Beobachtungsfällen und über ihnen ein selbstständiges Dasein führt und uns zu der Erwartung berechtigt, dass künftige noch nicht beobachtete Fälle mit dem beobachteten gleich verlaufen werden. Erst damit gelangen wir zu dem allgemeinen Satz, dass Menschen in bestimmter Lage sich in bestimmter Weise verhalten."[218]

66 *Hinweis*

Die Anzahl der Beobachtungsfälle ist gleichgültig. Manche Erfahrungssätze können trotz millionenfacher Beobachtung nicht aufgestellt werden, für andere reicht ein einziger Beobachtungsfall zum Rang wissenschaftlicher Wahrheit.[219]

67 Das bedeutet für die konkrete Praxis, dass, immer wenn der Richter davon ausgeht, dass das Übliche, Gebräuchliche oder Gewöhnliche vorliegt, er einen Induktionsschluss zieht und einen Erfahrungssatz mit Erwartungswirkung für neue Fälle formuliert.[220]

68 *Hinweis*

Nur Tatsachen, nicht aber Erfahrungssätze können offenkundig sein.[221] Können die Erfahrungssätze nicht ohne Weiteres bei den Beteiligten vorausgesetzt werden, hat das Gericht vor Erlass der Entscheidung diese mitzuteilen.[222] Die herrschende Auffassung in Rechtsprechung und Literatur verlangt, dass offenkundige Tatsachen in die mündliche Verhandlung eingeführt werden (durch Gericht oder Partei), damit die Parteien sie erkennen und ggf. bestreiten oder dazu vortragen können.[223]

217 Vgl. Stein, Das private Wissen des Richters, S. 19 f.
218 Stein, Das private Wissen des Richters, S. 20.
219 Vgl. Stein, Das private Wissen des Richters, S. 21.
220 Vgl. Stein, Das private Wissen des Richters, S. 23.
221 Vgl. BGH, Urt. v. 2.10.2003 – I ZR 150/01 = NJW 2004, S. 1163 f.
222 Vgl. Bayerlein, in: Praxishandbuch Sachverständigenrecht, 4. Aufl., § 16 Rn 16.
223 Vgl. Schneider, Die Klage im Zivilprozess, 3. Aufl., Rn 2034.

„Allgemein anerkannte Regeln der Technik“ stellen in keinem Fall einen Satz der Lebenserfahrung dergestalt dar, dass entsprechend errichtete Dienste oder Werke mangelfrei sind, sondern allenfalls als vertragsrechtlich vereinbarte Mindeststandards.[224] Selbst wenn die anerkannten Regeln der Technik eingehalten wurden, kann sich trotzdem ein Sachmangel ergeben. 69

Ob ein **Sachmangel** vorliegt, ist im Wege eines Dreischritts zu prüfen. Vorrangig ist die expressis verbis vereinbarte Beschaffenheitsvereinbarung im Vertrag (**1. Schritt**). Kommt insofern kein eindeutiges Ergebnis zustande, ist durch Auslegung des Vertrages die Beschaffenheitsvereinbarung zu ermitteln (**2. Schritt**). Das wird insbesondere im Baurecht vorkommen: „Leistungsbeschreibungen in Bauträgerverträgen sind nicht abschließend. Viele Details der Ausführung sind in ihnen nicht erwähnt oder genauer beschrieben. Daraus, dass ein bestimmtes Ausführungsdetail nicht erwähnt ist, kann nicht ohne Weiteres geschlossen werden, dass es nicht geschuldet ist. Vielmehr muss unter Berücksichtigung der gesamten Umstände des Vertrags geprüft werden, ob eine bestimmte Qualität der Ausführung stillschweigend vereinbart ist. Entsprechende Qualitätsanforderungen können sich nicht nur aus dem Vertragstext, sondern auch aus sonstigen vertragsbegleitenden Umständen, den konkreten Verhältnissen des Bauwerks und seines Umfelds, dem qualitativen Zuschnitt, dem architektonischen Anspruch und der Zweckbestimmung des Gebäudes ergeben [m.w.N.]. Entspricht das versprochene Bauwerk dem üblichen Qualitäts- und Komfortstandard, kann der Besteller in der Regel auch die Ausführung nicht näher beschriebener Details in diesem Standard verlangen, und muss sich nicht mit einem Mindeststandard zufriedengeben [m.w.N.].“[225] 70

Nur wenn durch Auslegung kein Ergebnis möglich ist, gelten die allgemein anerkannten Regeln der Technik als vereinbarter Mindeststandard (**3. Schritt**).[226] Selbst wenn diese allgemein anerkannten Regeln der Technik beachtet werden, kann sich dennoch ein mangelhaftes Werk ergeben. Dieser Fall wird häufig dann vorkommen, wenn die Ursachen eines Fehlers und damit die Möglichkeit zu seiner Vermeidung erst aufgrund des Fortschritts der Wissenschaft und Technik erkannt werden.[227] Auch ein Werk, das den anerkannten Regeln der Technik entspricht, ist mangelhaft, wenn es die ausdrücklich oder konkludent vereinbarte Beschaffenheit nicht erreicht (z.B. höherer Schallschutz, besondere Optik, Komfort) oder den nach dem Vertrag vorausgesetzten oder erkennbaren besonderen Verwendungszweck nicht erfüllt oder funktional untauglich ist oder Norm bei Abnahme nicht mehr den anerkann- 71

224 Vgl. Bayerlein, in: Praxishandbuch Sachverständigenrecht, 4. Aufl., § 16 Rn 24.

225 BGH, Urt. v. 21.11.2013 – VII ZR 275/12 = NJW 2014, S. 620.

226 Vgl. Bayerlein, in: Praxishandbuch Sachverständigenrecht, 4. Aufl., § 16 Rn 26 ff.; BGH, Urt. v. 14.5.1998 – VII ZR 184/97 = NJW 1998, S. 2814 f.

227 Vgl. OLG Frankfurt am Main, Urt. v. 27.5.1981 – 17 U 82/80 = NJW 1983, S. 456 ff.

ten Regeln der Technik entspricht.[228] Auch ungeschriebene und anerkannte technische Regeln sind genauso maßgeblich wie geschriebene.

72 *Hinweis*

DIN-Normen können die anerkannten Regeln der Technik wiedergeben oder hinter diesen zurückbleiben.[229] In Sachverständigengutachten wird oft mitgeteilt, dass keine „normgemäßen Angaben" vorliegen bzw., dass es kein Regelwerk gibt. Das lässt aber offen, ob es nicht ungeschriebene anerkannte Regeln der Technik gibt.[230]

2. Verfahrensrüge

73 Ein Revisionsangriff kann in der Erhebung einer Verfahrensrüge liegen. Das Revisionsgericht kann nämlich **den Weg** zur Feststellung der Tatfrage auf Rechtsfehler prüfen.[231] Erforderlich ist eine Verfahrensrüge gem. § 551 Abs. 3 Nr. 2b ZPO. Nur im Rahmen einer Verfahrensrüge erfolgt die Überprüfung des Verfahrens, gem. § 557 Abs. 3 Satz 2 ZPO, sofern es sich nicht um einen von Amts wegen zu beachtenden Verfahrensverstoß handelt. Andernfalls ist der BGH an das mangelhafte Verfahren gebunden.[232] Räumt das Gesetz dem Tatgericht ein Ermessen bei dem Weg zum Ziel ein (z.B. die Entscheidung über die Vernehmung einer Partei nach § 448 ZPO), kann dies revisionsrechtlich nur dahingehend geprüft werden, ob die rechtlichen Voraussetzungen verkannt oder das Ermessen fehlerhaft ausgeübt worden ist.[233]

74 Praktisch relevant sind vor allem folgende Konstellationen:

a) Fehlerhafte Auswertung beigezogener Akten (Verstoß gegen Art. 103 Abs. 1 GG, § 286 ZPO)

75 In nicht wenigen Fällen werden Akten aus anderen Verfahren beigezogen. Soll gerügt werden, dass diese mangelhaft ausgewertet wurden, muss dargelegt werden, welche Aktenstelle nicht hinreichend berücksichtigt wurde und inwiefern das Urteil auf dem Mangel beruht.[234]

228 Vgl. z.B. OLG Hamm, Urt. v. 27.9.2012 – I-17 U 170/11.
229 Vgl. BGH, Urt. v. 14.5.1998 – VII ZR 184/97 = NJW 1988, S. 2814 f.
230 BGH, Urt. v. 21.11.2013 – VII ZR 275/12 = NJW 2014, S. 620 f.
231 Vgl. Zöller, Komm. zur ZPO, 36. Aufl. § 546 Rn 1.
232 Vgl. Zöller, Komm. zur ZPO, 36. Aufl. § 557 Rn 11.
233 Vgl. BGH, Urt. v. 14.5.2013 – VI ZR 325/11 = NJW 2013, S. 2601 f.
234 Vgl. Zöller, Komm. zur ZPO, 36. Aufl. § 551 Rn 14.

b) Übergangene Beweisangebote (Verstoß gegen Art. 103 Abs. 1 GG, § 286 ZPO)

76 Wenn Beweisangebote übergangen worden sind, ist die Stelle des Schriftsatzes zu bezeichnen, in der sich das Beweisangebot befindet, sowie Beweisthema und Beweismittel, das Beruhen der Entscheidung auf diesem Übergehen und die Darstellung des Beweisantrages als tatsächlichen Beweisantrag im Gegensatz zu für einen Beweisantrag nicht ausreichenden Tatsachenbehauptungen.[235] Das sollte vorsichtshalber dazu nötigen, das Ergebnis der unterlassenen Beweiserhebungen zu behaupten, d.h. darzustellen, was z.B. die nicht gehörten Zeugen gesagt hätten, welches Ergebnis das nicht erholte Sachverständigengutachten gehabt hätte etc.[236] „Die Entscheidung über die Vernehmung einer Partei nach § 448 ZPO steht im Ermessen des Tatrichters und ist im Revisionsverfahren nur darauf nachprüfbar, ob die rechtlichen Voraussetzungen verkannt worden sind oder das Ermessen rechtsfehlerhaft ausgeübt worden ist [m.w.N.]....Voraussetzung für eine Parteivernehmung der beweisbelasteten Partei ist, dass bereits eine gewisse Wahrscheinlichkeit für die Richtigkeit der bestrittenen Behauptung erbracht ist und das Gericht durch die Parteivernehmung die Ausräumung seiner restlichen Zweifel erwartet."[237] In der Rechtspraxis kommt es vor allem bei überspannten Substantiierungsanforderungen zu einer Nichterhebung der angebotenen Beweise.

77 Art. 103 Abs. 1 GG in Verbindung mit den Grundsätzen der Zivilprozessordnung gebietet die Berücksichtigung erheblicher Beweisanträge aufgrund eines hinreichend substantiierten Vortrags. Die Nichtberücksichtigung eines solchen Beweisangebots verstößt gegen Art. 103 Abs. 1 GG, wenn sie im Prozessrecht keine Stütze findet.[238] „Soweit es um die Beurteilung der Entscheidungserheblichkeit und Beweisbedürftigkeit des Tatsachenvortrags einer Partei geht – als fachrechtliche Eingangsvoraussetzung für die Berücksichtigung von Beweisantritten –, genügt eine Partei nach ständiger höchstrichterlicher Rechtsprechung ihrer Darlegungslast und trägt entsprechend hinreichend substantiiert vor, wenn sie Tatsachen anführt, die in Verbindung mit einem Rechtssatz geeignet sind, das geltend gemachte Recht als in ihrer Person entstanden erscheinen zu lassen. Dabei ist unerheblich, wie wahrscheinlich ihre Darstellung ist, und ob sie auf eigenem Wissen oder einer Schlussfolgerung aus Indizien besteht. Der Pflicht zur Substantiierung ist mithin nur dann nicht genügt, wenn das Gericht aufgrund der Darstellung nicht beurteilen kann, ob

235 Vgl. BAG, NJW 2008, S. 540 f.

236 Vgl. BAG, NJW 2008, S. 540, 542 f.

237 BGH, Urt. v. 30.9.2014 – VI ZR 443/13 = NJW 2015, S. 74, 76.

238 Vgl. BVerfG, Beschl. v. 24.1.2012 – 1 BvR 1819/16 unter IV.1. m.w.N; BGH, Beschl. v. 16.11.2016 – VII ZR 23/14, Rz. 8 m.w.N.

die gesetzlichen Voraussetzungen der an eine Behauptung geknüpften Rechtsfolgen erfüllt sind."[239]

c) Nicht erteilte Hinweise (Verstoß gegen Art. 103 Abs. 1 GG, §§ 286, 139, 278 ZPO)

78 Werden unterlassene Hinweise gerügt, muss angegeben werden, auf welche unterlassene Fragestellung oder welchen nicht aufgeklärten Gesichtspunkt sich der Hinweis beziehen hätte müssen und wie im Falle des rechtzeitig erteilten Hinweises darauf reagiert worden wäre. Das findet seine Grenze dort, wo dieser Vortrag nicht oder nur eingeschränkt möglich oder nicht zumutbar ist, etwa wenn die Partei keine Kenntnis eines Umstands hat. Die Partei muss grds. nur insoweit vortragen, als sie aus eigener Kenntnis dazu in der Lage ist.[240]

d) Wiedereinsetzungsgewährung

79 *„Es kann dahinstehen, ob und in welchem Umfang die Entscheidung, ob Wiedereinsetzung in den vorigen Stand gem. § 236 Abs. 2 Halbs. 2 ZPO zu gewähren ist, im – nur einer beschränkten Nachprüfung des RevGer unterliegenden – Ermessen des Gerichts liegt [m.w.N.]. Nachprüfbar ist in jedem Fall, ob das BerGer im Rahmen seines Ermessens alle wesentlichen festgestellten Tatsachen berücksichtigt hat [m.w.N.]."*[241]

e) Beruhensprüfung

80 Seit der Entscheidung RGZ 118, S. 384 ff. beruht die Entscheidung auf dem Verfahrensmangel, „wenn wenigstens die Möglichkeit gegeben ist, dass ohne die Gesetzesverletzung anders erkannt worden wäre", d.h. wenn die Möglichkeit des Anders-Entscheidens nicht ausgeschlossen werden kann.[242]

Daraus folgt, dass auf falschen obiter dicta die Entscheidung nicht beruhen kann, sondern nur auf falschem ratio decidendi (tragender Entscheidungsgrund). Ratio decidendi ist alles, was nicht hinweggedacht werden kann, ohne dass sich dann die Entscheidung ändert, während für obiter dicta kennzeichnend ist, dass sich die Entscheidung nicht ändert, auch wenn man diese hinwegdenkt.[243]

239 BVerfG, Beschl. v. 24.1.2012 – 1 BvR 1819/16, unter IV.1 m.w.N.; BGH, Urt. v. 25.7.2005 – II ZR 199/03 = DStR 2005, S. 1782 f.

240 Vgl. BVerfG, Beschl.v. 26.2.2019 – 1 BvR 1264/17 = NJW 2019, S. 1433 f.

241 BGH, Urt. v. 20.3.2013 – III ZR 168/12, NJW-RR 2013, S. 692 f.

242 Vgl. BVerfGE 7, S. 239, 241; BVerfGE 29, S. 340, 344.

243 Vgl. Zöller, Komm. zur ZPO, 36. Aufl. § 546 Rn 7.

3. Sachrüge

a) Allgemeines

Mit der Sachrüge ist die Festlegung der 1. Prämisse, d.h. des Obersatzes uneingeschränkt nachprüfbar. Sachrüge bedeutet, dass der Mangel aus dem Urteil als solchem ersichtlich ist, während bei der Verfahrensrüge weitere außerhalb des Urteils liegende Umstände herangezogen werden müssen.[244] 81

Zwar muss auch die Sachrüge – im Gegensatz zur strafprozessualen Revision – substantiiert begründet werden (§ 551 Abs. 3 Nr. 2a ZPO), aber sobald eine einzige hinreichend begründete Sachrüge oder eine einzige zulässige Verfahrensrüge vorliegt, erfolgt die sachlich-rechtliche Prüfung uneingeschränkt (§ 557 Abs. 3 ZPO).[245] Die **Revisionsanträge** begrenzen den äußeren Rahmen der Prüfung (§ 557 Abs. 1 ZPO). Innerhalb dieses Rahmens erfolgt die Sachprüfung (Sachrüge) nicht nur auf die gerügten Punkte, sondern materiellrechtlich umfassend; das Revisionsgericht ist an die geltend gemachten Revisionsgründe nicht gebunden (§ 557 Abs. 3 S. 1 ZPO).

Die tatsächlichen Feststellungen der Instanzgerichte können auch – freilich nur eingeschränkt – über die Sachrüge angegriffen werden, denn das Revisionsgericht ist an die Tatsachenfeststellungen grds. gebunden (§ 559 ZPO). Eine konkrete Tatsachenfeststellung muss deswegen mit einer zulässigen und begründeten Verfahrensrüge (z.B. Verstoß gegen § 286 ZPO, § 139 ZPO, Art. 103 Abs. 1 GG) angegriffen werden, damit insoweit die Bindung entfällt.

Die Frage, ob ein **Anscheinsbeweis** eingreift[246] oder wie die **Beweislast** zu beurteilen ist, ist eine voll revisible Rechtsfrage.[247]

Hinzuweisen ist in diesem Zusammenhang auf ein immer noch gültiges Zitat von *Egon Schneider* aus dem Jahren 1982:

> *„Der Streit darüber, ob die Beweislastregeln dem materiellen oder dem prozessualen Recht zuzuweisen sind, wird wohl nie völlig beigelegt werden. Überwiegend wird heute angenommen, daß eine einseitige Zuordnung nicht möglich ist. Es kommt vielmehr darauf an, wie derjenige Rechtssatz zu qualifizieren ist, dessen tatsächliche Voraussetzungen der Richter festzustellen hat. Rosenberg (Beweislast, 5. Aufl. 1965, S. 81) hat mit der ihm eigenen Prägnanz formuliert: ‚Die Beweislastnormen gehören zu demselben Rechtsgebiete wie der Rechtssatz, dessen Voraussetzungen die streitigen Tatsachen begründen sollen.' Das ist auch die Auffassung Musielaks (Grundlagen der Beweislast im Zivilprozeß,*

244 Vgl. Zöller, Komm. zur ZPO, 36. Aufl., § 551 Rn 10.

245 Vgl. Zöller, Komm. zur ZPO, 36. Aufl., § 551 Rn 13.

246 Vgl. BGH, Urt. v. 4.10.1983 – VI ZR 98/82 = NJW 1984, S. 432; BGH, Urt. v. 2.12.1986 – VI ZR 252/85 = NJW 1987, S. 1694 ff.; BGH, Urt. v. 18.5.2005 – VIII ZR 368/03 = NJW 2005, S. 2395, 2397; BGH, Urt. v. 5.2.2009 – IX ZR 6/06 = NJW 2009, S. 1591 f.

247 Vgl. Zöller, Komm. zur ZPO, 36. Aufl. § 546 Rn 13; BGH, Urt. v. 13.12.2016 – VI ZR 32/16; BGH, Urt. v. 26.1.2016 – VI ZR 179/15 = NJW 2016, S. 1100.

1975, S. 30). Überzeugend ist diese Einordnung deshalb, weil Beweislastvorschriften letztlich nur eine Ergänzung des festzustellenden Rechtssatzes sind, nämlich dem Richter eine Anweisung für den Fall geben, daß er sich keine Überzeugung vom Vorhandensein oder Fehlen bestimmter Tatsachen bilden kann (non liquet). Anders wäre es auch nicht zu verstehen, daß die Parteien die Beweislast vertraglich regeln dürfen. Das ist nur möglich, wenn und soweit es sich um eine ihrer Dispositionsfreiheit unterliegende Materie handelt, also grundsätzlich nur im Bereich des materiellen Rechts (BGH, MDR 1965, 461, 462).“[248]

82 *Hinweis*

Das Bestehen oder Nicht-Bestehen einer Verkehrssitte oder eines Handelsbrauchs behandelt die Rechtsprechung i.d.R. als Tatfrage.[249]

83 Fehler im Bereich der Tatsachenfeststellung betreffen den Bereich der Festlegung der 2. Prämisse, d.h. den Untersatz oder die Konklusion als solche. Nachdem die Revision unter anderem die einheitliche Handhabung des Rechts gewährleisten soll, soll es in der Revisionsinstanz nicht auf die zwangsläufig individuelle Feststellung einmaliger Tatsachen ankommen.[250] Das bedeutet aber auch, dass immer dort, wo es nicht um die Einmaligkeit der Tatsachenfeststellung, sondern um einheitlich anzuwendende Regeln geht, das Revisionsgericht wiederum zur Prüfung befugt sein muss,[251] sofern die Revision zugelassen ist. In allen Fällen ist immer zu beachten, dass die Rüge, dass relevante Feststellungen fehlen oder zu Unrecht in das Verfahren gelangt sind, nur über eine Verfahrensrüge geltend gemacht werden kann.[252]

b) Auslegungen von Verträgen, Prozesshandlungen und Äußerungen

aa) Rechtsgeschäftliche Willenserklärungen

84 Die individuelle Auslegung von Willenserklärungen ist Sache des Tatrichters, aber ob die gesetzlichen Auslegungsregeln (vor allem, ob die Auslegungsregeln gem. §§ 133, 157 BGB ausreichend berücksichtigt wurden[253]), Denkgesetze, Erfahrungsvorschriften oder gesetzlichen Vorschriften beachtet worden sind, prüft das Revisionsgericht im Rahmen der Sachrüge.[254] Das heißt, die Auslegung des Tatrichters kann „vom RevGer. nur eingeschränkt daraufhin überprüft werden, ob gesetzliche

248 Schneider, Anmerkung zu OLG Düsseldorf, Urt. v. 30.4.1981 – 18 U 238/80, MDR 1982, S. 502.

249 Vgl. BGH, NJW-RR 1990, S. 586 f.; a.A. Zöller, Komm. zur ZPO, 36. Aufl. § 546 Rn 5a.

250 Vgl. Zöller, Komm. zur ZPO, 36. Aufl. § 546 Rn 1.

251 Vgl. a.a.O.

252 Vgl. BGH, NJW-RR 1990, S. 455 f.

253 Vgl. BGH, Urt. v. 12.10.2012 – V ZR 222/11; NJW 1992, S. 2080, 2082.

254 Vgl. BGH, Urt. v. 15.12.1994 – VII ZR 140/93 = NJW-RR 1995, S. 722; BGH, NJW 1992, S. 1067 f.; NJW-RR 1990, S. 455 f.; NJW 1957, S. 791; vgl. bereits: RGZ 133, S. 16, 19.

oder allgemein anerkannte Auslegungsregeln, die Denkgesetze oder allgemeine Erfahrungssätze verletzt sind oder wesentlicher Auslegungsstoff außer Acht gelassen worden ist oder die Auslegung auf mit der Revision gerügten Verfahrensfehlern beruht (stRspr; Senat, NJW-RR 2015, 264 = NZM 2015, 79 Rn 37 m.w.N.). Dies gilt auch für Prozesserklärungen, soweit es deren materiell-rechtlichen Inhalt betrifft (BGH, Beschl. v. 7.9.2011 - XII ZR 114/10 = BeckRS 2011, 24127 Rn 15 m.w.N.).“[255] „Zu den allgemein anerkannten Auslegungsgrundsätzen, deren Einhaltung das RevGer. nachzuprüfen hat, gehört insbesondere, dass der Tatrichter von ihm selbst festgestellte wesentliche Tatsachen bei der Auslegung gebührend berücksichtigt [m.w.N.].“[256] Im Übrigen ist in erster Linie maßgebend, wie der Erklärungsempfänger die Erklärung verstehen durfte,[257] wobei für die Auslegung nur solche Umstände heranzuziehen sind, die dem Erklärungsempfänger bekannt oder erkennbar waren.[258] Das bedeutet als revisionsrechtlich überprüfbarer Auslegungsgrundsatz: Für die Auslegung einer empfangsbedürftigen Willenserklärung ist maßgebend, wie diese vom Erklärungsempfänger nach Treu und Glauben und nach der Verkehrsauffassung verstanden werden mußte [m.w.N.].“[259] Diese Grundsätze gelten auch bei der Beurteilung der Frage, ob überhaupt eine Willenserklärung vorliegt.[260]

Ebenso wie grundsätzlich die Auslegung Sache des Tatrichters ist, ist die Feststellung, ob eine Verkehrssite existiert, Sache des Tatrichters.[261] 85

Der Tatrichter hat bei der Auslegung folgende **allgemeine Grundsätze** zu befolgen, die revisionsrechtlich überprüft werden können, denn ein Verstoß gegen anerkannte Auslegungsgrundsätze ist unter anderem dann gegeben, wenn nicht alle für die Auslegung wesentlichen Tatsachen berücksichtigt worden sind.[262] 86

255 BGH, Urt. v. 10.6.2015 – VIII ZR 99/14 = NJW 2015, S. 2324.
256 BGH, Urt. v. 5.10.2006 – III ZR 166/05 = NJW 2006, S. 3777.
257 Vgl. BGH, Urt. v. 24.2.1988 – VIII ZR 145/87 = NJW 1988, S. 1378.
258 Vgl. BGH, Urt. v. 5.10.2006 – III ZR 166/05 = NJW 2006, S. 3777.
259 BGH, Urt. v. 5.7.1990 – IX ZR 10/90 = NJW 1990, S. 3206.
260 Vgl. bereits BGH, Urt. v. 22.6.1956 – I ZR 198/54 = NJW 1956, S. 1313.
261 Vgl. BGH, Urt. v. 30.3.1990 – V ZR 113/89 = NJW 1990, S. 1724.
262 Vgl. BGH, Urt. v. 7.3.2006 – VI ZR 54/05 = NJW 2006, S. 1511 ff.

Wortlaut	Begleitumstände	Interessenlage	Treu und Glauben
Jede Auslegung hat vom Wortlaut auszugehen, d.h. grds. vom allgemeinen Sprachgebrauch.[263] Vorranging ist allerdings der Sinn in dem beteiligten Verkehrskreis.[264] Ebenfalls gehen mündliche Erläuterungen vor.[265]	„In einem zweiten Auslegungsschritt sind sodann die außerhalb des Erklärungsakts liegenden Begleitumstände in die Auslegung einzubeziehen, soweit sie einen Schluss auf den Sinngehalt der Erklärung zulassen."[266] Nachträgliche Äußerungen können grds. nicht zur Auslegung einer Willenserklärung herangezogen werden, wohl aber dann, wenn sich hieraus Rückschlüsse auf den tatsächlichen Willen und das tatsächliche Verständnis der an dem Rechtsgeschäft Beteiligten zum Zeitpunkt der Erklärung ableiten lassen.[267] Zu berücksichtigen sind, u.U. auch die Entstehungsgeschichte der Vereinbarung, sofern Entwürfe oder Vorbesprechungen erfolgt sind.[268]	„Nach anerkannten Grundsätzen muß die Auslegung … auch dem mit dem Vertrag verfolgten Zweck [m.w.N.] und der Interessenlage der Vertragsparteien [m.w.N.] Rechnung tragen."[269] Weiter kommt es für die Auslegung entscheidend darauf an, was verständige und redliche Vertragspartner vereinbaren würden, wobei nur beachtet werden kann, welche Ziele redliche Geschäftspartner verfolgen.[270] Der Tatrichter hat sich um eine Auslegung zu bemühen, die nach beiden Seiten hin interessengerecht ist.[271]	Grundsätzlich ist davon auszugehen, dass die Parteien ein wirksames Rechtsgeschäft gewollt haben („im Zweifel auf eine den Vertragszweck nicht gefährdende Gestaltung"),[272] dass ein vernünftiges Ziel verfolgt wird,[273] jede Norm Bedeutung haben soll,[274] die Regelung widerspruchsfrei sein soll[275] und nichts Unredliches angestrebt wird.[276]

263 Vgl. BGH, Urt. v. 10.12.1992 – I ZR 186/90 = NJW 1993, S. 721.

264 Vgl. BGH, Urt. v. 12.12.2000 – XI ZR 72/00 = NJW 2001, S. 1344 f.

265 Vgl. BGH, Urt. v. 19.11.1981 – VII ZR 238/80 = NJW 1982, S. 377.

266 BGH, Urt. v. 19.1.2000 – VIII ZR 275/98 = NJW-RR 2000, S. 1002.

267 Vgl. BGH, Urt. v. 24.6.1988 – V ZR 49/87 = NJW 1988, S. 2878; vgl. auch BGH, Urt. v. 29.10.1996 – XI ZR 319/95 = NJW-RR 1997, S. 238.

268 Vgl. BGH, Urt. v. 13.3.2003 – IX ZR 199/00 = NJW 2003, S. 2235 f.

269 BGH, Urt. v. 29.5.1991 – XII ZR 119/90 = NJW-RR 1991, S. 1102.

270 BGH, Urt. v. 17.2.1993 – VIII ZR 37/92 = NJW 1993, S. 1381.

271 Vgl. BGH, Urt. v. 2.7.1992 – I ZR 181/90 = NJW-RR 1992, S. 1386.

272 Vgl. BGH, Urt. v. 26.9.2002 – I ZR 44/00 = NJW 2003, S. 819.

273 Vgl. BGH, Urt. v. 14.3.2003 – V ZR 278/01 = NJW-RR 2003, S. 1136.

274 Vgl. BGH, Urt. v. 18.5.1998 – II ZR 19 – 97 = NJW 1998, S. 2966: „Deshalb ist einer möglichen Auslegung der Vorzug zu geben, bei welcher der Vertragsnorm eine tatsächliche Bedeutung zukommt, wenn sich diese Norm ansonsten als (teilweise) sinnlos erweisen würde."

275 Vgl. BGH, Urt. v. 14.3.2003 – V ZR 278/01 = NJW-RR 2003, S. 1136.

276 Vgl. statt vieler Palandt/Ellenberger, 73. Aufl., § 133 Rn 26 m.w.N.

Eine weitere, vom Revisionsgericht überprüfbare Auslegungsregel wäre, dass bei der Auslegung von Willenserklärungen auf die **Umstände bei Vertragsschluss** abzustellen ist,[277] d.h. insbesondere, dass bei der interessengerechten Auslegung das beiderseitige Interesse der Parteien[278] **zum Zeitpunkt der Abgabe der Willenserklärungen** maßgeblich ist, nicht zum Zeitpunkt der richterlichen Entscheidung.[279] „Der Erklärende muss keine Rechtskenntnisse haben und braucht daher auch keine klaren Vorstellungen von den Rechtsfolgen zu besitzen. Rechtliche Einzelheiten sind den Parteien vielmehr gewöhnlich unbekannt; die Kenntnis der rechtlichen Details gehört nicht zu ihrem Rechtsfolgewillen.[280] Es ist vielmehr Sache der richterlichen Auslegung, die rechtliche Bedeutung, die einer Willenserklärung nach Inhalt und Zweckbestimmung in solchen Fällen zukommt, zu ermitteln und festzustellen [m.w.N.]."[281] An die tatrichterliche Annahme eines stillschweigenden **Verzichts auf Schadensersatz** wegen vorgetäuschtem Eigenbedarf sind – als revisionsrechtlich überprüfbarer Grundsatz – strenge Anforderungen zu stellen und der Verzichtswille muss – auch unter Berücksichtigung sämtlicher Umstände – unmissverständlich sein.[282] 87

Hinweis 88

Besonderheiten gelten bei **formbedürftigen Willenserklärungen** und **Vertragsurkunden**. „Bei formbedürftigen Erklärungen kommt allerdings hinzu, daß außerhalb einer Urkunde liegende Umstände bei der Auslegung nur zu berücksichtigen sind, wenn der aus ihnen ermittelte rechtsgeschäftliche Wille in der Urkunde einen wenn auch nur unvollkommenen Ausdruck gefunden hat [m.w.N.]."[283] Bei Vertragsurkunden gilt der Grundsatz der Vollständigkeit und Richtigkeit der in der Urkunde aufgenommenen Erklärungen. Das bedeutet, einerseits, dass die Beweislast für außerhalb der Urkunde liegende Umstände die Partei trifft, die sich auf sie beruft und andererseits, dass diese Umstände zur Auslegung nur dann genutzt werden können, wenn sie bewiesen sind.[284] Ob diese Umstände richtig ermittelt worden sind oder nicht, kann ggf. durch eine Verfahrensrüge angegriffen werden.[285] Diese Vermutung erstreckt sich aber nur auf die vollständige und richtige Wiedergabe der getroffenen Vereinbarungen. Dagegen gilt sie nicht für eine etwa erteilte Information oder Aufklärung, denn eine solche bedarf nicht der (notariellen) Beurkundung und nimmt daher an der

277 Vgl. BGH, Urt. v. 24.2.2000 – I ZR 141/97 = NJW 2000, S. 3212 f.
278 Vgl. BGH, Urt. v. 10.10.2002 – I ZR 193/00 = NJW 2003, S. 664 ff.
279 Vgl. BGH, Urt. v. 10.7.1998 – V ZR 360–96 = NJW 1998, S. 3268 ff.
280 Im Original folgendes Zitat: vgl. Soergel/Hefermehl, vor § 116 Rn 19).
281 BGH, Urt. v. 22.11.2013 – V ZR 161/12 = NJW 2014, S. 622, 624.
282 Vgl. BGH, Urt. v. 10.6.2015 – VIII ZR 99/14 = NJW 2015, S. 2324 f.
283 BGH, Urt. v. 23.2.1987 – II ZR 183/86 = NJW 198, S. 2437.
284 Vgl. BGH, Urt. v. 5.2.1999 – V ZR 353 – 97 = NJW 1999, S. 1702.
285 Vgl. BGH, Urt. v. 5.2.1999 – V ZR 353 – 97 = NJW 1999, S. 1702.

Vermutung der Vollständigkeit und Richtigkeit der (notariellen) Urkunde nicht teil.[286] Der schriftlichen Vertragsurkunde kommt daher allenfalls eine mehr oder minder große indizielle Bedeutung für die Beweisführung der Nichtoffenbarung zu.[287]

89 *„Ob wegen der Eindeutigkeit des Wortlauts überhaupt eine Auslegungsfähigkeit besteht oder nicht, ist keine Tat- sondern eine Rechtsfrage.*[288] *Zu beachten ist auch, dass jeder Auslegung der* ***übereinstimmende Parteiwille*** *vorgeht.*[289] *Bei der* ***ergänzenden Auslegung*** *ist einerseits zu beachten, dass sich die Orientierung nicht an der gesetzlichen Risikoverteilung zu orientieren hat, „sondern an den hypothetischen rechtsgeschäftlichen Willen der Vertragsparteien anknüpfen [muss]. Dieser ist anhand der vertraglichen Regelungen zu ermitteln und im Hinblick auf die auszufüllende Lücke fortzuentwickeln.“*[290]

90 Das bedeutet: „Nach gefestigter Rechtsprechung des Bundesgerichthofs ist bei der ergänzenden Auslegung darauf abzustellen, was die Parteien bei einer angemessenen Abwägung ihrer Interessen nach Treu und Glauben als redliche Vertragspartner vereinbart hätten, wenn sie den von ihnen nicht geregelten Fall bedacht hätten [m.w.N.]. Dabei ist zunächst an den Vertrag selbst anzuknüpfen; die darin enthaltenen Regelungen und Wertungen, sein Sinn und Zweck sind Ausgangspunkt der Vertragsergänzung. Sie findet ihre Grenze an dem im – wenn auch lückenhaften – Vertrag zum Ausdruck gekommenen Parteiwillen; sie darf daher nicht zu einer Abänderung oder Erweiterung des Vertragsgegenstandes führen und sie muss in dem Vertrag auch eine Stütze finden.“[291]

91 Bei der ergänzenden Auslegung von Verträgen nach **Wegfall einer AGB-Klausel** ist Folgendes zu beachten: „Sind AGB nicht Vertragsbestandteil geworden oder unwirksam, so bleibt der Vertrag grundsätzlich nach § 306 Abs. 1 BGB im Übrigen wirksam und richtet sich sein Inhalt gem. § 306 Abs. 2 BGB nach den gesetzlichen Vorschriften. Dazu zählen zwar auch die Bestimmungen der §§ 157, 133 BGB über die ergänzende Vertragsauslegung (BGHZ 90, 69,75 = NJW 1984, 1177 zu der Vorgängerregelung in § 6 Abs. 2 AGBG). Eine ergänzende Vertragsauslegung kommt aber nur dann in Betracht, wenn sich die mit dem Wegfall einer unwirksamen Klausel entstehende Lücke nicht durch dispositives Gesetzesrecht füllen lässt und dies zu einem Ergebnis führt, das den beiderseitigen Interessen nicht mehr in vertretbarer Weise Rechnung trägt, sondern das Vertragsgefüge völlig einseitig zugunsten

286 Vgl. BGH, Urt. v. 30.4.2003 – V ZR 100/02 = NJW 2003, S. 2380, 2382.

287 Vgl. BGH, Urt. v. 6.3.2020 –V ZR 2/19.

288 Vgl. BGH, NJW 1960, S. 959, 961.

289 Vgl. BGH, Urt. v. 7.12.2001 - V ZR 65/01 = NJW 2002, S. 1038 f.

290 BGH, Urt. v. 12.10.2012 – V ZR 222/11, NJW-RR 2013, 494.

291 BGH, Urt. v. 12.10.2012 – V ZR 222/11, NJW-RR 2013, 494.

des Kunden verschiebt (BGHZ 90 69, 77 f. = NJW 1984, 1177; BGHZ 137, 1153, 157 = NJW 1998, 450)."[292]

Ein ähnliches Problem stellt sich bei unwirksamen **Befristungen**. Das führt nicht automatisch zur gesetzlichen Regelung, sondern ggf. zu einem beiderseitig vereinbarten Kündigungsverzicht für die angenommene Vertragslaufzeit. „Vielmehr ist durch die Unwirksamkeit der von den Parteien gewollten Regelung eine planwidrige Vertragslücke entstanden. Wie der **Senat** nach Erlass des Berufungsurteils entschieden hat, ist die Lücke in derartigen Fällen im Wege der ergänzenden Vertragsauslegung (§§ 133, 157 BGB) unter Berücksichtigung dessen zu schließen, was die Parteien redlicherweise vereinbart hätten, wenn ihnen die Unwirksamkeit der vereinbarten Vertragsbestimmung bekannt gewesen wäre."[293] 92

Bei der **Auslegung von Protokollen** einer Aussage muss zur Festlegung des Beweiswertes eine „sorgfältige Prüfung" erfolgen: „Welchen Beweiswert der Richter einer in einer Urkunde festgehaltenen Erklärung für deren inhaltliche Richtigkeit beimisst, unterliegt zwar seiner freien Beweiswürdigung."[294] „Das gilt auch für die polizeiliche oder richterliche Niederschrift einer Zeugenaussage in einem anderen Verfahren. Der Richter kann, wie sich aus dem Prinzip der freien Beweiswürdigung ergibt, seine Überzeugung letztlich auch aus einer solchen Aussage gewinnen. Doch setzt dies eine sorgfältige Prüfung des Beweiswertes der früheren Aussage voraus [...]"[295] Dass wesentliches Auslegungsmaterial außer Acht gelassen wurde,[296] ist ggf. durch eine Verfahrensrüge darzustellen (s.o.). 93

bb) Auslegung von AGB

„Die vom BerGer. vorgenommene Auslegung der formularmäßigen Vertragsstrafenvereinbarung unterliegt der uneingeschränkten revisionsrechtlichen Nachprüfung, da bei Allgemeinen Geschäftsbedingungen ungeachtet der Frage, ob sie über den räumlichen Bezirk des BerGer. hinaus Verwendung finden, ein Bedürfnis nach einheitlicher Handhabung besteht [m.w.N.] Allgemeine Geschäftsbedingungen sind – ausgehend von den Verständnismöglichkeiten eines rechtlich nicht vorgebildeten durchschnittlichen Vertragspartners – einheitlich so auszulegen, wie sie von verständigen und redlichen Vertragspartnern unter Abwägung der Interessen der normalerweise beteiligten Kreise verstanden werden [m.w.N.]"[297] „Allgemeine Versicherungsbedingungen sind nach gefestigter Rechtsprechung des Senats so auszulegen, wie ein durchschnittlicher Versicherungsnehmer sie bei verständiger Würdigung, 94

292 BGH, Urt. v. 14.7.2010 – VIII ZR 246/08 = NJW 2011, S. 50, 54; BGH, Urt. v. 15.1.2014 – VIII ZR 80/13.

293 BGH, Versäumnisurt. v. 11.12.2013 – VIII ZR 235/12 = NZM 2014, S. 235 f.

294 BGH, Urt. v. 17.4.1986 – III ZR 215/84 – NJW 1986, 3086.

295 BGH, Urt. v. 13.6.1995 – VI ZR 233/94.

296 Vgl. BGH, Urt. v. 10.10.2002 – I ZR 193/00 = NJW 2003, S. 664 ff.

297 BGH, Urt. v. 20.6.2013 – VII ZR 82/12 = NJW 2013, S. 2583 f.

aufmerksamer Durchsicht und Berücksichtigung des erkennbaren Sinnzusammenhangs verstehen muss. Dabei kommt es auf die Verständnismöglichkeiten eines Versicherungsnehmers ohne versicherungsrechtliche Spezialkenntnisse und damit auch auf seine Interessen an [m.w.N.],"[298] wobei dem Versicherungsnehmer die Entstehungsgeschichte der Norm i.d.R. unbekannt ist, so dass zunächst von dem Wortlaut der Klausel auszugehen ist.[299]

95 Gibt es in einem Vertrag eine Ankreuzoption dem Grunde und der Höhe nach, kann aus dem Ausfüllen zur Höhe nach, nicht geschlossen werden, dass dann auch eine Vereinbarung dem Grunde nach gewollt sei. „Ein solches Verständnis ist nicht unsinnig oder widersprüchlich, wie das BerGer. gemeint hat. Wenn der Klauselverwender eine solche Formulargestaltung wählt, muss er sich grundsätzlich daran messen lassen und dafür sorgen, dass das vorgesehene Feld angekreuzt wird, wenn er dessen Inhalt als gültig behandelt wissen will. Das vorgesehene Kästchen hat die Bekl. aber nicht ausgefüllt. Dies legt den Schluss nahe, dass von der Option einer Vertragsstrafe kein Gebrauch gemacht werden sollte und diese Bedingung deshalb nicht in den Vertrag eingebracht worden ist (§ 305 Abs. 1 Satz 1 BGB)."[300] Selbst nachträgliche Erklärungen in Abnahmeerklärungen mit dem Vorbehalt, eine Vertragsstrafe zu fordern, setzen diese voraus, aber begründen sie nicht, so dass auch ein zeitnaher Widerspruch nicht erforderlich ist. Ebenso verhält es sich, bei Auftragsschreiben, die deklaratorisch auf ein Klauselwerk verweisen.[301]

cc) Auslegung von Prozesshandlungen

96 Prozessuale Willenserklärungen kann das Revisionsgericht uneingeschränkt selbst auslegen und nachprüfen.[302] Hierbei gilt der Grundsatz, dass eine Partei mit ihrer Prozesshandlung das bezweckt, was nach Maßstäben der Rechtsordnung vernünftig ist und ihrer recht verstandenen Interessenlage entspricht.[303] Im Zweifel ist also dasjenige gewollt, was nach den Maßstäben der Rechtsordnung vernünftig ist und der wohlverstandenen Interessenlage entspricht.[304] Daher kann ein Wiedereinsetzungsantrag z.B. auch konkludent gestellt sein.[305]

298 BGH, Urt. v. 19.12.2012 – IV ZR 21/11NJW-RR 2013, S. 406; BGH, Urt. v. 4.3.2015 – IV ZR 128/14 – NJW 2015, S. 2338 f.

299 Vgl. BGH, Urt. v. 19.6.2013 – IV ZR 228/12 = NJW-RR 2013, S. 1252 f.

300 BGH, Urt. v. 20.6.2013 – VII ZR 82/12 = NJW 2013, S. 2583 f.

301 Vgl. BGH, Urt. v. 20.6.2013 – VII ZR 82/12 = NJW 2013, S. 2583 f.

302 Vgl. BGH, Urt. v. 22.1.2015 – VII ZR 353/12 m.w.N.

303 Vgl. BGH, Urt. v. 20.6.2013 – VII ZR 71/11 = MDR 2013, S. 1155 f.

304 Vgl. BGH, Urt. v. 1.8.2013 – VII ZR 268/11 = NJW 2014. S. 155 f.; BGH, Urt. v. 14.11.2014 – V ZR 118/13 = NJW 2015, S. 619 ff.

305 Vgl. BGH, Beschl. v. 12.6.2019 – XII ZB 432/18 = MDR 2019, S. 1299 f.

dd) Abgrenzung Meinungsäußerungen von Tatsachenbehauptungen

„Ob eine Äußerung als Tatsachenbehauptung oder als Werturteil einzustufen ist, ist eine Rechtsfrage, welche vom RevGer. uneingeschränkt zu überprüfen ist.“[306] 97

c) Überprüfung unbestimmter Rechtsbegriffe

In nicht wenigen Fällen besteht ein weites Ermessen der Tatgerichte (z.B. Treu und Glauben, Mitverschulden,[307] billige Entschädigung, Zumutbarkeit, Angemessenheit, endgültige Erfüllungsverweigerung, Schadensschätzung nach § 287 ZPO, grobe Fahrlässigkeit etc.). „Die Würdigung, ob ein Rechtsgeschäft gegen die guten Sitten verstößt, ist eine Rechtsfrage, die der Nachprüfung im Wege der Revision unterliegt [m.w.N.].“[308] Auch die revisionsrechtliche Überprüfungsmöglichkeit der Anwendung des § 287 ZPO entspricht derjenigen des § 286 ZPO, denn § 287 ZPO stellt lediglich geringere Anforderungen an das Maß für eine Überzeugungsbildung des Tatrichters, ist aber hinsichtlich der revisionsrechtlichen Überprüfung keinen anderen Maßstäben als die Überzeugungsbildung im Rahmen des § 286 ZPO unterworfen.[309] 98

Vom Revisionsgericht ist insofern nur überprüfbar, ob der Rechtsbegriff als solcher verkannt wurde, alle wesentlichen Umstände berücksichtigt wurden oder die Abwägung gegen Denkgesetze oder allg. Erfahrungssätze verstößt.[310] Beispiele wären die Erfahrungssätze, dass grobe Fahrlässigkeit, die einen gutgläubigen Erwerb ausschließt, dann vorliegt, wenn ein Kfz ohne Übergabe und Prüfung der Zulassungsbescheinigung Teil II (Fahrzeugbrief) erworben wird[311] oder arglistiges Verschweigen nicht vorliegt, wenn der Mangel ohne Weiteres ersichtlich ist.[312] „In aller Regel ist es erforderlich, nicht nur zur objektiven Schwere der Pflichtverletzung, sondern auch zur subjektiven (personalen) Seite konkrete Feststellungen zu treffen [m.w.N.]. Auch bei der Verletzung beruflicher Kardinalpflichten gilt grundsätzlich nichts Anderes. Zur Feststellung eines subjektiv unentschuldbaren Pflichtverstoßes ist es erforderlich, subjektive Besonderheiten, die unter Zugrundelegung des Sachvortrags der Parteien den Schädiger entlasten könnten, auszuschließen. Den Ausschluss hat grundsätzlich der Geschädigte darzulegen und zu beweisen. Steht der Geschädigte allerdings außerhalb des von ihm darzulegenden Geschehensablaufs und kennt er die maßgebenden Tatsachen nicht näher, während sie dem Schädiger bekannt sind 99

306 BGH, Urt. v. 16. 11. 2004 – VI ZR 298/03 = NJW 2005, S. 279, 282.

307 Vgl. z.B. BGH, Urt. v. 20.6.2013 – VII ZR 4/12 = MDR 2013, S. 1158 f.

308 BGH, Urt. v. 12.4.2016 – XI ZR 305/14 = NJW 2016, S. 2662 f.

309 Vgl. BGH, Urt. v. 13.8.2013 – VI ZR 389/12 = NJW 2014, S. 300 f.

310 Vgl. Zöller, Komm. zur ZPO, 36. Aufl., § 546 Rn 12; vgl. BGH, Urt. v. 15.11.2001 – I ZR 158/99 = NJW 2002, S. 3106 ff.; BGH, Urt. v. 9.12.2008 – VI ZR 277/07 = NJW 2009, S. 993, 997.

311 BGH, Urt. v. 13.9.2006 – VIII ZR 184/05 = NJW 2006, S. 3488.

312 BGH, Urt. v. 12.11.2010 – V ZR 181/09 = NJW 2011, S. 1280 f.

und ihm ergänzende Angaben zuzumuten sind, so trifft diesen ausnahmsweise eine Substanziierungslast hinsichtlich etwaiger Entschuldigungsgründe."[313]

100 Speziell bei der Frage des **Mitverschuldens** gilt folgender Prüfungsmaßstab: „Die Entscheidung über eine Haftungsverteilung im Rahmen des § 254 BGB ist allerdings grundsätzlich Sache des Tatrichters und im Revisionsverfahren nur darauf zu überprüfen, ob dieser alle in Betracht kommenden Umstände vollständig und richtig berücksichtigt und der Abwägung rechtlich zulässige Erwägungen zugrunde gelegt hat [m.w.N.]. Es darf nur schuldhaftes Verhalten verwertet werden, von dem feststeht, dass es zu dem Schaden oder zu dem Schadensumfang beigetragen hat [m.w.N.]. Nach der ständigen Rechtsprechung des Bundesgerichtshofs ist außerdem in erster Linie das Maß der Verursachung von Belang, in dem die Beteiligten zur Schadensentstehung beigetragen haben [m.w.N.]. Die unter diesem Gesichtspunkt vorzunehmende Abwägung kann zwar bei besonderen Fallgestaltungen zu dem Ergebnis führen, dass einer der Beteiligten allein für den Schaden aufkommen muss [m.w.N.], eine vollständige Überbürdung des Schadens auf einen der Beteiligten ist aber unter dem Gesichtspunkt der Mitverursachung nur ausnahmsweise in Betracht zu ziehen [m.w.N.]."[314]

101 Bei der Frage der **Billigkeit im Sinne von § 315 BGB** ist von folgendem Kontrollmaßstab auszugehen: „Die tatrichterlichen Ausführungen zur Anwendung von § 315 BGB im konkreten Fall können vom RevGer. nur darauf überprüft werden, ob das BerGer. den Begriff der Billigkeit verkannt, ob es die gesetzlichen Grenzen seines Ermessens überschritten oder von dem Ermessen in einer dem Zweck der Ermächtigung nicht entsprechenden Weise Gebrauch gemacht hat und ob es von einem rechtlich unzutreffenden Ansatz ausgegangen ist, der ihm den Zugang zu einer fehlerfreien Ermessensentscheidung versperrt hat [m.w.N.]."[315]

d) Überprüfung der Beweiswürdigung und Verstöße gegen § 286 ZPO

aa) Allgemeines

102 Das Tatgericht kann zu einem bestimmten Auslegungsergebnis (z.B. Inhalt einer Willenserklärung) oder einer Rechtsfolge (grobe Fahrlässigkeit) unter Verstoß gegen § 286 ZPO kommen. Der Fehler liegt eindeutig auf verfahrensrechtlichem Gebiet mit der Notwendigkeit einer Verfahrensrüge, wenn Hinweise nicht erteilt oder Beweisangebote übergangen oder fehlerhaft Akten beigezogen wurden (s.o.).

103 *Hinweis*

Problematisch wird der Fall, wenn gegen das Gebot der umfassenden Würdigung verstoßen wird, sich die nicht gewürdigten Umstände aber nicht aus der

313 BGH, Urt. v. 27.7.2016 – VI ZR 322/15 = NJW-RR 2017, S. 147.

314 BGH, Urt. v. 28.4.2015 – VI ZR 206/14 = VersR 2015, S. 767.

315 BGH, Urt. v. 19.11.2008 – VIII ZR 138/07 = NJW 2009, S. 502, 505.

Urteilsurkunde ergeben. In diesem Fall muss der übergangene Tatsachenvortrag fristgerecht unter Angabe der Fundstelle in den Schriftsätzen in den Tatsacheninstanzen genau bezeichnet werden.[316]

bb) Verstoß gegen Denkgesetze

Die Beweiswürdigung als solche kann nur darauf geprüft werden, ob sie in sich widersprüchlich ist, gegen **Denkgesetze** oder **Erfahrungssätze**[317] verstößt oder **wesentliche Teile** des Beweisergebnisses unberücksichtigt lässt.[318] „Die Würdigung der Beweise ist grundsätzlich dem Tatrichter vorbehalten, an dessen Feststellungen das Revisionsgericht gemäß § 559 Abs. 2 ZPO gebunden ist. Dieses kann lediglich nachprüfen, ob sich der Tatrichter entsprechend dem Gebot des § 286 ZPO mit dem Prozessstoff und den Beweisergebnissen umfassend und widerspruchsfrei auseinandergesetzt hat, die Beweiswürdigung also vollständig und rechtlich möglich ist und nicht gegen Denkgesetze und Erfahrungssätze verstößt [m.w.N.].“[319] 104

Wird Indizien eine **Indizwirkung** zugemessen, die sie nicht haben, oder die Ambivalenz von Indizien verkannt, liegt ein revisibler Rechtsfehler vor.[320] „Ein Verstoß gegen die Denkgesetze liegt u.a. dann vor, wenn der Tatrichter Indiztatsachen, die sich zwanglos mit dem gegensätzlichen Vortrag beider Parteien vereinbaren lassen, nur als mit dem Vortrag einer Partei für vereinbar hält, also in ihrer Ambivalenz nicht erkennt oder ihnen Indizwirkungen zuerkennt, die sie nicht haben können.“[321] 105

Hinweis 106

Eine Entscheidung, die der Logik entbehrt, macht sie schlechterdings unverständlich und im Ergebnis eindeutig sachwidrig und damit sogar willkürlich.[322]

316 Vgl. BGHZ 14, S. 205, 209 f.

317 Ob der Richter die Erfahrungssätze kennt, selbst ermittelt oder durch einen Sachverständigen ermitteln lässt, beurteilt sich danach, ob der Richter insofern eigenes Wissen hat. Welche Erfahrungssätze der Richter kennt und wie er diese ermittelt hat, hat er den Parteien aber zuvor mitzuteilen (vgl. BGHZ 66, S. 62, 69). Die Annahme eines nicht begründbaren Erfahrungssatzes stellt einen revisiblen Rechtsfehler dar (vgl. BGH, Urt. v. 3.8.1982 – 1 StR 371/82 = MDR 1982, S. 946).

318 Std. Rspr. vgl. nur BGH, Urt. v. 20.5.2014 – VI ZR 187/13 = NJW RR 2014, S. 1118, 1120; BGH, Beschl. v. 14.1.2014 – VI ZR 340/13 = NJW-RR 2014, S. 1147 f.; BGH, Urt. v. 20.12.2011 – VI ZR 309/10; BGH, Urt. v. 10.7.2012 – VI ZR 341/10 = BGHZ 194, S. 26; Zöller, Komm. zur ZPO, 36. Aufl., § 546 Rn 13.

319 BGH, Urt. v. 16.4.2013 – VI ZR 44/12 = NJW 2014, 71.

320 Vgl. BGH, NJW 1991, S. 1894 f.; BGH, Urt. v. 14.1.1993 – IX ZR 238/91 = NJW 1993, S. 935, 938.

321 BGH, NJW 1991, S. 1894 f.; BGH, Urt. v. 24.4.2001 – VI ZR 36/00 = NJW 2001, S. 2880, 2882.

322 BVerfGE 70, S. 93, 98.

cc) Verstoß gegen Erfahrungssätze

107 Ein Verstoß gegen einen Erfahrungssatz liegt auch dann vor, wenn ein für eine bestimmte Sachverhaltskonstellation aufgestellter Erfahrungssatz auf eine andere Sachverhaltskonstellation angewendet wird.[323]

108 Ob ein Erfahrungssatz überhaupt besteht und welchen Inhalt er hat, unterliegt der **vollen revisionsgerichtlichen Kontrolle**.[324] Nicht revisibel ist dagegen, **welchen Beweiswert** der Tatrichter einem Erfahrungssatz im konkreten Einzelfall beimisst; diese Würdigung bleibt Teil der grds. irrevisiblen tatrichterlichen Beweiswürdigung

109 Geht es um ärztliche Behandlungsfehler kann vom Revisionsgericht auch geprüft werden, ob der Begriff des **medizinischen Standards** verkannt hat.[325]

dd) Umfassende Gesamtwürdigung

110 Auch wenn der Tatrichter grundsätzlich frei ist, welchen Wert er welchen Indizien beimisst, hat er **alle Umstände** zu berücksichtigen und die wesentlichen Gründe in seiner Urteilsbegründung anzugeben.[326] „Er [der Tatrichter] hat sodann die von der Kl. angeführten besonderen Umstände, aus denen sie ihren klagebegründenden Vortrag herleitet, vollständig und verfahrensrechtlich einwandfrei zu ermitteln und alle Beweisanzeichen erschöpfend zu würdigen [m.w.N.].“[327]

Oder anders:

> *„Sind nämlich – wie im Streitfall – mehrere Tatsachen vorgetragen, die zum Teil feststehen und denen jeweils indizielle Bedeutung zukommt, so muß das Gericht alle Umstände zusätzlich in einer Gesamtschau würdigen, ob sich die beweisbedürftige Tatsache aus der Gesamtheit und dem Zusammenwirken der einzelnen Umstände ergibt (BGH, Urt. v. 15.6.1994 – IV ZR 126/93, VersR 1994, 1054, 1055; BGH, Urt. v. 24.1.1996 – IV ZR 270/94, NJW-RR 1996, 665, 666). Aus revisionsrechtlicher Sicht steht es dem Tatrichter zwar frei, welchen Beweiswert er den Indizien einzeln und in der Gesamtschau für seine Überzeugungsbildung beimißt und welche Schlüsse er daraus zieht. Das Revisionsgericht kann aber überprüfen, ob das Berufungsgericht bei der Würdigung alle Einzelumstände beachtet hat, denen im Zusammenhang mit dem übrigen Sachverhalt indizielle Bedeutung zukommt (BGH, Urt. v. 15.6.1994, a.a.O.; BGH, Urt. v. 24.1.1996, a.a.O.), ob die Tatsacheninstanz die Relevanz von Indiztatsachen erkannt hat, ob die unter Beweis gestellten Indiztatsachen auch aufgeklärt worden sind (BGH, Urt. v. 29.6.1982 – VI ZR 206/80, NJW 1982, 2747, 2748)*

323 Vgl. BGH, Urt. v. 21.1.2016 – IX ZR 84/13 = NJW-RR 2016, S. 369 f.

324 Vgl. BGH, Urt. v. 21.1.2000 – V ZR 327/98.

325 Vgl. BGH, Urt. v. 24.2.2015 – VI ZR 106/13 = NJW 2015, S. 1601 ff.

326 Vgl. BGH, NJW 1991, S. 1894 f.

327 BGH, Urt. v. 14.10.2003 – VI ZR 425/02 = NJW-RR 2004, S. 425 f. m.w.N.; Urt. v. 4.7.1989 – VI ZR 309/88 = NJW 1989, S. 2947.

und ob das Berufungsgericht überhaupt eine Gesamtwürdigung aller relevanten Umstände vorgenommen hat (BGH, Urt. v. 4.7.1989 – VI ZR 309/88, NJW 1989, 2947; BGH, Urt. v. 24.1.1996, a.a.O.).“[328]

Rein formelhafte Wendungen genügen hierbei nicht.[329]

ee) Unzulässigkeit oder Unbegründetheit des Anspruchs

Ist den Entscheidungsgründen nicht zu entnehmen, ob der Antrag als unzulässig oder unbegründet zurückgewiesen wurde, liegt sogar der absolute Revisionsgrund des § 547 Nr. 6 ZPO vor:[330] **111**

„*Danach ist eine Entscheidung dann ‚nicht mit Gründen versehen', wenn aus ihr nicht zu erkennen ist, welche tatsächlichen Feststellungen und welche rechtlichen Erwägungen für die getroffene Entscheidung maßgebend waren. Der Tatbestand der fehlenden Begründung ist also ohne Weiteres gegeben, wenn dem Tenor der Entscheidung überhaupt keine Gründe beigegeben sind. (Hierauf wollte das RG noch in der Entscheidung JW 07, 482 die Anwendung des § 551 Nr. 7 ZPO beschränken.) Der ‚fehlenden' Begründung gleichzusetzen ist der Fall, daß zwar Gründe vorhanden sind, diese aber ganz unverständlich und verworren sind, so daß sie in Wirklichkeit nicht erkennen lassen, welche Überlegungen für die Entscheidung maßgebend waren (RG, JW 06, 721). Das ist auch dann der Fall, wenn die Gründe sachlich inhaltlos sind und sich auf leere Redensarten oder einfach auf die Wiedergabe des Gesetzestextes beschränken [m.w.N.]. Nicht mit Gründen versehen ist eine Entscheidung aber nicht nur, wenn sie als solche überhaupt nicht begründet ist, sondern bereits auch dann, wenn auf einzelne Ansprüche im Sinne der §§ 145, 322 ZPO oder auf einzelne selbstständige Angriffs- und Verteidigungsmittel im Sinne der §§ 146, 303 ZPO überhaupt nicht eingegangen ist [m.w.N.]. Ansprüche und selbstständige Angriffs- und Verteidigungsmittel (Klagegründe, Einwendungen, Einreden, Repliken, Dupliken usw.) dürfen in den Gründen nicht übergangen werden. Man muß die für das Gericht bei der Entscheidung über die einzelnen Angriffs- und Verteidigungsmittel maßgebenden rechtlichen Gesichtspunkte erkennen können. Ein Mangel im Sinne des § 551 Nr. 7 ZPO kann schließlich auch dann vorliegen, wenn die Beweiswürdigung* ***vollständig*** *fehlt.*“[331]

328 BGH, Urt. v. 29.6.2004 – X ZR 203/01 = GRUR 2004, 936.

329 BGH, Urt. v. 18.6.1998 – IX ZR 311/95 = NJW 1998, S. 2969, 2971.

330 Vgl. BGH, NJW-RR 1993, S. 706.

331 BGHZ, 39, S. 333 ff. = NJW 1962, S. 2272 f.

ff) Erkennen von Beweisnot

112 *Hinweis*

In Fällen der Beweisnot ist die Vorschrift des § 448 ZPO, deren Verletzung teils mit der Sachrüge bzw. im Falle der Nichterhebung mit der Verfahrensrüge gerügt werden muss, zu beachten. „Befindet sich die beweisbelastete Partei in Beweisnot, beantragt sie Parteivernehmung und spricht für die Richtigkeit ihres Vortrags eine gewisse Wahrscheinlichkeit, muß das Gericht in nachprüfbarer Weise darlegen, weshalb es von der Parteivernehmung abgesehen hat. Andernfalls kann nicht davon ausgegangen werden, daß es von seinem ihm nach § 448 ZPO eingeräumten Ermessen überhaupt Gebrauch gemacht hat (BGHR ZPO § 448 – Ermessensgrenzen 2 = MDR 1987, 1006; vgl. auch BGH LM ZPO § 448 Nr. 2). Verneint das Gericht die Wahrscheinlichkeit der Beweistatsache und lehnt es deshalb die Parteivernehmung ab, so müssen seine Feststellungen in einer § 286 ZPO genügenden Weise getroffen sein. Die Beweisnot führt allerdings nicht dazu, daß an die Behauptung der beweisbelasteten Partei nur ein geminderter Wahrscheinlichkeitsmaßstab anzulegen wäre. Auch ein unverschuldeter Mangel an Beweismitteln rechtfertigt keine Vergünstigung ggüb. der anderen Partei. Wohl aber sind an die Gründe, mit denen der Tatrichter die Wahrscheinlichkeit der Behauptung verneint, erhöhte Anforderungen zu stellen. Sie müssen erkennen lassen, daß sich das Gericht der Beweisnot der Partei bewußt war. Mit dem Prozeßstoff und vorhandenen Beweisergebnissen müssen sie sich umfassend und widerspruchsfrei auseinandersetzen. Besondere Bedeutung kommt dabei, da das Wahrscheinlichkeitsurteil auf Indizien beruht, der erschöpfenden Würdigung aller Beweisanzeichen zu (BGHR ZPO § 286 – Indizienbeweis).“[332]

gg) Gewechselter Parteivortrag

113 *„Dass eine Partei ihr Vorbringen im Laufe des Rechtsstreits modifiziert, macht das neue Vorbringen nicht unerheblich. Die Tatsache der Änderung kann jedoch im Rahmen der richterlichen Tatsachenwürdigung berücksichtigt und bewertet werden.“*[333]

hh) Fehlen jeglicher innerer Wahrscheinlichkeit

114 Fehlt dem Sachvortrag einer Partei jegliche innere Wahrscheinlichkeit, muss sich das Gericht damit in den Urteilsgründen auseinandersetzen.[334]

332 BGH, MDR 1990, S. 705 f.

333 BGH, Urt. v. 12.12.2001 – X ZR 141/00 = NJW 2002, S. 1276 f.

334 Vgl. BGH, Urt. v. 22.11.1994 – XI ZR 219/93 = NJW 1995, S. 966 ff.

ii) Übergehen von Widersprüchen

115 Werden Widersprüche von Zeugen oder Sachverständigen oder Parteien übergangen oder bagatellisiert, liegt ebenfalls ein Verstoß gegen § 286 Abs. 1 ZPO vor.[335] Widersprüche eines Zeugen zwischen Angaben in der ersten Instanz und der zweiten Instanz können nicht durch einen wie auch immer gearteten persönlichen Eindruck bagatellisiert werden.[336] Sachverständigengutachten sind kritisch auf ihre Vollständigkeit und Widerspruchsfreiheit zu würdigen, und zwar sowohl hinsichtlich Widersprüchen zwischen einzelnen Erklärungen desselben Sachverständigen wie auch hinsichtlich Widersprüchen zwischen Äußerungen mehrerer Sachverständiger, selbst wenn es dabei um Privatgutachten geht.[337]

jj) Beurteilung der Glaubwürdigkeit ohne unmittelbaren Eindruck

116 Dieser Rechtsfehler kommt z.B. dann vor, wenn das Berufungsgericht die Zeugenaussage anders würdigen will als die erste Instanz, ohne den Zeugen erneut zu vernehmen. „Die nochmalige Vernehmung eines Zeugen kann nämlich allenfalls dann unterbleiben, wenn sich das Rechtsmittelgericht auf solche Umstände stützt, die weder die Urteilsfähigkeit, das Erinnerungsvermögen oder die Wahrheitsliebe des Zeugen noch die Vollständigkeit oder Widerspruchsfreiheit seiner Aussage betreffen."[338]

kk) Annahme nicht existenter Beweisregeln

117 „Eine Sachverhaltsfeststellung, bei der das Gericht meint, durch eine unzulässige Beweisregel gebunden zu sein, verstößt gegen das Gebot freier Beweiswürdigung [m.w.N.]."[339]

335 Vgl. BGH, Urt. v. 22.11.1994 – XI ZR 219/93 = NJW 1995, S. 966 ff.

336 Vgl. BGH, Urt. v. 22.11.1994 – XI ZR 219/93 = NJW 1995, S. 966 ff.

337 Vgl. BGH, Urt. v. 9.1.1996 – VI ZR 70/95 = NJW 1996, S. 1597 f.; Urt. v. 10.5.1994 – VI ZR 192/93 = NJW 1994, S. 2419 ff.

338 BGH, Urt. v. 19.6.1991 – VIII ZR 116/90 = NJW 1991, S. 3285 f.; BVerfG, Beschl. v. 14.9.2010 – 2 BvR 2638/09 = NJW 2011, S. 49 ff.

339 BVerwG, Beschl. v. 16.1.2006 – 8 B 81/05 m.w.N.

§ 36 Die Beweiswürdigung in der StPO-Revision

Inhalt

A. Allgemeines

1 Die Beweiswürdigungskontrolle in der Revisionsinstanz ergibt ein trauriges Bild. Über den Zweck der Revision wird berichtet, dass dieser nicht in der Prüfung der Richtigkeit der tatrichterlichen Entscheidung über Schuld und Strafe besteht.[1] Es ist sogar strittig, ob jedenfalls die Vertretbarkeit der Entscheidung[2] oder die Herbeiführung einer gerechten Entscheidung im Einzelfall[3] zur revisionsgerichtlichen Kontrolle gehört. Eine Bindung des Revisionsgerichts an die Tatsachenfeststellung des Tatgerichts soll sogar dann bestehen, wenn die Tatsachenfeststellungen unrichtig sind, solange sie ohne Rechtsfehler zustande gekommen sind.[4] Daneben wird die Verantwortung bei der Rechtsfortbildung betont. Ob und welche Zwecke ggf. gleichwertig nebeneinanderstehen, ist ebenfalls umstritten.[5]

2 Dass eine ggf. vertretbare, aber unrichtige Entscheidung weder gerecht noch der Rechtseinheit dienen kann, bedarf keiner weiteren Erörterung. Durch die großen Maschen des Sicherheitsnetzes[6] fallen die meisten Revisionen.[7] Besonders bedeutsam wird das in der Frage der Beweiswürdigung. Von zivilrechtlichen Beweiswürdigungen wird berichtet, dass diese fast immer so oder anders ausgehen können.[8] Selbstverständlich gilt dies nicht in Evidenzfällen, die sinnvollerweise nur in eine Richtung entschieden werden können, sondern nur in den unzähligen forensisch relevanten Zweifelfällen. Diesen Befund wird man auf strafrichterliche Beweiswürdi-

1 Vgl. Schmitt/Köhler, Komm. zur StPO, 68. Aufl., Vorbem. § 333 Rn 2 m.w.N.
2 Sogar das ist strittig, vgl. Schmitt/Köhler, Komm. zur StPO, 68. Aufl., Vorbem. § 333 Rn 2 m.w.N.
3 Vgl. Schmitt/Köhler, Komm. zur StPO, 68. Aufl., Vorbem. § 333 Rn 4 m.w.N.
4 Vgl. Dahs/Dahs, Die Revision in Strafsachen, 7. Aufl., Rn 392 m.w.N.
5 Vgl. LR-StPO/Franke, 26. Aufl., Vor § 333 Rn 7 m.w.N.
6 Ausdruck von Widmaier.
7 Vgl. z.B. Dahs/Dahs, Die Revision in Strafsachen, 7. Aufl., Rn 1.
8 Vgl. Greger, Tatsachenfeststellung durch das Berufungsgericht – ein Menetekel aus Karlsruhe, NJW 2003, S. 2882 f.

gungen ohne Weiteres übertragen können. Die Beliebigkeit des Ergebnisses, d.h. des Urteils, das über Schuld oder Unschuld entscheidet, ist für sich kein zu beanstandender Rechtsfehler. Der BGH meint: „Allein dass ein bestimmtes Ergebnis nicht fern liegt, schließt jedoch nicht aus, dass der Tatrichter im Einzelfall auch rechtsfehlerfrei zu einem anderen Ergebnis kommen kann [m.w.N.]."[9] Wenn es dem Tatrichter freisteht, Beweisanzeichen, die sich bei erster Betrachtung als ambivalent darstellen und – je nach Bewertung im Einzelfall – sowohl zugunsten als auch zulasten des Angeklagten rechtlich zulässige Schlüsse ermöglichen, lediglich als „rechtlich vertretbar" zu würdigen, und das Revisionsgericht dies hinzunehmen hat,[10] so wird offenkundig, dass das Beweismaß einer (intersubjektiv nachvollziehbaren) hohen Wahrscheinlichkeit nicht eingehalten werden muss.

Noch richtig meint Strauch, dass es zwar nicht den „wahren Sacherhalt" gäbe, wohl 3
aber den „richtig ermittelten". Ebenso gäbe es zwar nicht die einzig zwingende rechtliche Beurteilung, wohl aber die nach Sach- und Rechtslage und Prozesssituation „konkret richtige Entscheidung".[11] All das wäre zu schön, um wahr zu sein. Tatsächlich gibt es in der gegenwärtigen Praxis weder den „richtig ermittelten" Sachverhalt noch „die konkret richtige Entscheidung". Sowohl die richtige Ermittlung als auch die richtige Entscheidung hängen zu einem großen Maße von rein subjektiven Komponenten ab. Der eine Richter versucht Zweifeln grds. nachzugehen, der andere blockt sie ab. Was den einen Richter zur Beweisaufnahme drängt, drängt den anderen trotz Beweisantrags nicht im Mindesten. Wenn der eine Richter verurteilt, der andere aber bei gleich gelagertem Fall nicht, ist das eben nicht die „konkret richtige Entscheidung", sondern eine Besonderheit des Rechtssystems. Das ist ggf. in einem von Richtern beherrschten Rechtssystem nicht zu ändern und u.U. auch positiv, aber die Ineffektivität der Kontrolle ist in diesem Umfeld besonders problematisch. Deswegen müssten in einem Rechtsstaat zwar nicht perfekte, aber jedenfalls effektive Sicherheitsvorkehrungen vor einem Fehlurteil zu Lasten des Angeklagten bestehen. Das ist in Deutschland im Bereich der Beweiswürdigung im Strafprozess bei Fällen, die beim LG beginnen, nicht der Fall.

Richtigerweise hält Strauch auch fest: 4

> *„Eine Sachverhaltsfeststellung, die revisionsrechtlich nicht zu beanstanden ist, kann gleichwohl falsch sein, weil sie auf gravierenden Fehleinschätzungen beruht."*[12]

Dieses Problem wird sich aber nicht – wie Strauch offenbar meint – durch einen Richter, der reflektiert, wie er zu seiner Entscheidung gekommen ist,[13] lösen, denn

9 BGH, Urt. v. 3.6.2008 – 1 StR 59/08; ebenso BGH, Urt. v. 18.3.2009 – 1 StR 549/08.
10 Vgl. BGH, Urt. v. 27.7.2017 – 3 StR 172/17 = NStZ 2018, S. 37.
11 Vgl. Strauch, Richterliche Urteilsfindung, S. 113.
12 Strauch, Richterliche Urteilsfindung, S. 124.
13 Vgl. Strauch, Richterliche Urteilsfindung, S. 124.

es geht nicht um mangelnde Reflexion, sondern um systembedingte und unbewusste Wahrnehmungsverzerrungen und die Absenz einer effektiven Kontrolle.

5 Es ist bemerkenswert, dass sich der frühere Senatspräsident des BGH *Jagusch* – soweit ersichtlich – erst dann kritisch gegenüber dem Stand der Revisionsrechtsprechung äußerte, als er sich fragen lassen musste, wie sich ein Revisionsrichter fühle, der mit seiner Stimme mitwirkte, eine Revision als unbegründet zu verwerfen und sich im Nachhinein die Unrichtigkeit des rechtskräftig gewordenen Urteils herausstellte.[14]

6 Hingewiesen werden muss darauf, dass der Grundsatz „**in dubio pro reo**“ kaum praktische Bedeutung erlangt, denn er ist keine Beweisregel, sondern eine Entscheidungsregel. Er besagt gerade nicht, dass der Richter freisprechen muss, wenn „man“ zweifeln müsste, sondern nur, dass der Richter freisprechen muss, wenn er selbst zweifelt. Revisionsrechtlich kann ein Verstoß hiergegen nur dann eine Rolle spielen, wenn der Tatsachenzweifel des Tatrichters trotz dessen Verurteilung aus der Urteilsurkunde ersichtlich ist, was kaum vorkommt.[15]

Bemerkenswert ist auch, dass *Karl Peters* in der zweiten Auflage seines Lehrbuchs die freie (ungebundene) tatrichterliche Beweiswürdigung verteidigte,[16] sich dann aber in späteren Auflagen von seiner früheren Meinung distanzierte und,[17] da der Willkür Tür und Tor geöffnet sei,[18] ein „objektives Fundament“ forderte. *Peters* kam aufgrund seiner Fehlurteilsforschung als „unausweichliche Konsequenz“ zu diesem Meinungsumschwung.[19] Zur Erinnerung: Die Entstehung der Reichsjustizgesetze belegt, dass auch gegen die Urteile der Strafkammern die Berufung (Appellation) mit einer vollen Kontrolle der Beweiswürdigung gegeben sein sollte, diese jedoch durch die Einführung der Geschworenengerichte hinfällig wurde. D.h. der politische Preis, mit dem der Verzicht auf das Rechtsmittel der Berufung erkauft wurde, war die Einführung der Geschworenengerichte,[20] so dass der Angeklagte durch die große Zahl der Geschworenen ausreichend gegen ein Fehlurteil geschützt sein sollte. Letztere wurden durch die Emminger-Reformen 1924 abgeschafft, so dass die zuvor bestehende „Geschäftsgrundlage“ zur Abschirmung der Tatfrage vom Revisionsgericht verloren gegangen ist,[21] ohne dass – bis heute – ein Ausgleich dafür stattgefunden hat.

14 Vgl. Jagusch, Die Revision in Strafsachen – ausreichende Rechtsgarantie, NJW 1971, S. 2009.

15 Vgl. Graf-StPO/Eschelbach, 2. Aufl., § 261 Rn 44 ff.

16 Vgl. Peters, Strafprozeß, Ein Lehrbuch, 2. Aufl., S. 408.

17 Vgl. Peters, Strafprozeß, Ein Lehrbuch, 2. Aufl., S. 301 ff.

18 Vgl. Peters, Strafprozeß, Ein Lehrbuch, 2. Aufl., S. 298.

19 Vgl. Peters, Strafprozeß, Ein Lehrbuch, 2. Aufl., S. 477.

20 Vgl. Rieß, Über das Schwurgericht im Deutschen Strafprozess, S. 473 ff., 494, in Schöch/Satzger/Ignor/Knauer (Hrsg.), FS Widmaier zum 70. Geburtstag.

21 Vgl. Frisch, Wandel der Revision als Ausdruck geistigen und gesellschaftlichen Wandels, S. 353, 357 in: Weßlau/Wohlers (Hrsg.), FS Fezer zum 70. Geburtstag.

Den **Stand der Lehre** zu dem vom Revisionsgericht zu beachtenden Beweismaß wird man so zusammenfassen können, dass Tatrichter nur aufgrund einer rational nachvollziehbaren Beweisgrundlage ihre subjektiv sichere Überzeugung von der Schuld des Angeklagten gewinnen und die Grundlagen hierfür im Urteil darstellen müssen.[22] Eine lediglich subjektive Überzeugung des Tatrichters reiche nach der gefestigten Rechtsprechung der Strafsenate des Bundesgerichtshofes nicht aus.[23] Erforderlich sei eine objektiv hohe Wahrscheinlichkeit der Richtigkeit des Beweisergebnisses.[24] Der Verweis auf diese „objektiv hohe Wahrscheinlichkeit" ist praktisch leerlaufend, da zugleich betont wird, dass das Revisionsgericht es auch hinnimmt, wenn eine andere Beurteilung näher gelegen hätte[25] oder andere Tatrichter zu einer anderen Auffassung gelangt wären.[26] 7

Hinweis

Die überwiegende Kommentarliteratur referiert die Rechtsprechung und verbindet inhaltlich unvereinbare Aussagen, ohne sich des inneren Widerspruchs bewusst zu sein. Wenn andere Tatrichter gezweifelt hätten oder eine andere Beurteilung näher gelegen hätte, dann sind prima facie diese Ergebnisse **objektiv** mit größerer Wahrscheinlichkeit richtig als das entgegengesetzte Ergebnis des einzelnen Tatgerichts. Die Wahrheit wird nur selten ausgesprochen, denn diese bedeutet, dass die Revisionskontrolle bei der Rechtsschutzgewährung auf halbem Wege stehenbleibt und im Ergebnis nur die Simulation einer effektiven Rechtsschutzmöglichkeit liefert, die sodann den falschen Eindruck erweckt, dass revisionsgerichtlich überprüfte Urteile regelmäßig sachlich zutreffend seien.[27]

Herdegen hielt 1987 fest: 8

„Nicht selten, viel zu häufig sogar, stoßen wir in Urteilen von Strafkammern auf Vermutungen ohne Anhaltspunkte, auf ‚Überzeugtsein' ohne argumentative Grundlage, auf ‚Entkräftung' von Indizien durch ‚Wortzauber' (…), auf ‚Problembewältigung' durch Verwendung vager oder unpassender Begriffe oder durch Wahl einer falschen Abstraktionsebene,"[28] so dass er meinte, dass die Rechtsprechung zur nicht tragfähigen Beweisgrundlage umfangreich und

22 Vgl. Graf-StPO/Eschelbach, 2. Aufl. Rn 31 m.w.N.; Schmitt/Köhler, Komm. zur StPO, 68. Aufl., § 261 Rn 2 m.w.N.

23 Vgl. Bender/Nack/Treuer, Tatsachenfeststellung vor Gericht, Rn 573.

24 Vgl. KK-StPO/Tiemann, 9. Aufl. 2023, StPO § 261 Rn 214; MüKoStPO/Bartel, StPO, 2. Aufl., § 261 Rn 78; Schmitt/Köhler, Komm. zur StPO, 68. Aufl., § 261, Rn 2 m.w.N., vgl. zum Ganzen auch Deppenkemper, Beweiswürdigung als Mittel prozessualer Wahrheitserkenntnis, S. 370 ff. m.w.N.

25 Vgl. MüKoStPO/Bartel, StPO, 2. Aufl., § 261 Rn 78.

26 KK-StPO/Tiemann, 9. Aufl. 2023, StPO § 261 Rn 214.

27 Vgl. BeckOK StPO/Eschelbach, 59. Ed. 1.4.2026, StPO § 261 Rn 75.

28 Herdegen, Bemerkungen zur Beweiswürdigung, NStZ 1987, S. 193, 197.

instruktiv sei.[29] *Mit der aktuellen Realität hat dies freilich nicht (mehr) viel zu tun. Zwar ist der erstgenannte Befund immer noch richtig, nicht aber der zweitgenannte Befund zur Rechtsprechung zur nicht tragfähigen Befundgrundlage. Dies ist seit mehr als ca. dreißig Jahren weder instruktiv noch umfangreich. „Als Beispiel mögen eine Vielzahl von Entscheidungen aus der jüngeren Vergangenheit dienen, die gebetsmühlenartig darauf hinweisen, die Beweiswürdigung sei nicht zu beanstanden: der Tatrichter habe – was ausreichend sei – mögliche Schlüsse gezogen, zwingend bräuchten sie nicht zu sein. Diese Formulierung – die sich im Übrigen in jeder zweiten Antragsschrift des Generalbundesanwalts findet, die sich mit Fragen zur Beweiswürdigung zu befassen hat –, schleicht über die vom Bundesverfassungsgericht in Bezug genommene Rechtsprechung hinweg, wonach – über den Umstand hinaus, dass die Schlussfolgerungen möglich sind – zusätzlich erforderlich ist, dass die Entscheidung auf einer tragfähigen Beweisgrundlage aufbaut, die die objektiv hohe Wahrscheinlichkeit der Richtigkeit des Beweisergebnisses ergibt. Die Beachtung dieses Erfordernisses, das sich heute in den Gründen von Entscheidungen des Bundesgerichtshofs nur noch ganz vereinzelt als zu beachtender Maßstab befindet, hätte so mancher Entscheidung in der Vergangenheit eine andere Richtung geben können.“*[30] *Das bedeutet, dass die Revisionsgerichte sogar Verurteilungen hinnehmen, deren Richtigkeit ihnen selbst nicht einmal „überwiegend wahrscheinlich“ erscheint,*[31] *weil „eine abweichende Würdigung der Beweise möglich oder gar naheliegend gewesen wäre“.*[32] *Mit anderen Worten: Fast jeder Angriff auf die tatrichterliche Überzeugung kann scheitern, wenn man als Rechtsregel behauptet: „Darauf, ob das Revisionsgericht die Beweise abweichend gewürdigt hätte oder eine solche abweichende Würdigung näher gelegen hätte, kommt es nicht an.“*[33]

9 Eine solche Regel kann rechtstechnisch richtig sein, allerdings kann dann das Einhalten der angeblich rechtlich ebenso geschuldeten objektiv hohen Wahrscheinlichkeit nicht gewährleistet werden.

Es bleibt dabei: Die überwiegende revisionsrechtliche Kommentierung und Rechtsprechung verbindet gegensätzliche Aussagen, ohne diesen inneren Widerspruch aufzulösen.

29 Vgl. Herdegen, Bemerkungen zur Beweiswürdigung, NStZ 1987, S. 193, 197.

30 Krehl, Beweis und Revision, S. 115, 120 in: Fischer (Hrsg.), Beweis.

31 Vgl. König, Unbefangenheit, S. 41, 55 in: Fischer/Hoven (Hrsg.) Verdacht.

32 Std. Rspr. vgl. z.B. BGH, Urteil vom 10.3.2016 – 3 StR 483/15.

33 MüKoStPO/Bartel, 2. Aufl. 2024, StPO § 261 Rn 421.

Völlig richtig hält *Krehl* deswegen fest: 10

> *„Ich habe aber auch Zweifel, ob die dem gegenüber gestellte Position des sich auf der Kontrolle weit zurückziehenden Revisionsrichters noch die effektive Kontrolle tatrichterlicher Beweiswürdigung gewährleistet."*[34]

Bemerkenswert ist zudem, dass lange Zeit (fast) unbemerkt geblieben ist, dass derartige Formeln im Einzelfall wenig helfen, solange nicht in einem definitorischen Schritt vorab geklärt wird, was „objektiv hohe Wahrscheinlichkeit" bedeutet und wie dieses Beweismaß konkret festgestellt wird. Formulierungen der Rechtsprechung, die auf „Wahrscheinlichkeiten" abstellen, den Begriff aber nicht weiter auflösen, finden sich bereits in frühen zivil- und strafgerichtlichen Reichsgerichtsentscheidungen (vgl. hierzu insbesondere die Ausführungen unter § 6). 11

Um eine entsprechende Präzisierung bemühte man sich verstärkt in den 80er Jahren des letzten Jahrhunderts.

Eine **definitorische Präzisierung** durch konkrete Prozentzahlen oder Zahlenbereiche wurde z.B. von *Huber*[35] und *Bender*[36] hinsichtlich der Parallelnorm zu § 261 StPO (§ 286 ZPO) im Bereich des Zivilrechts versucht. Im Bereich des Strafrechts haben sich z.B. *Hoyer*[37] und ich in diesem Werk (vgl. hierzu die Ausführungen unter § 7) um eine zahlenmäßige Präzisierung bemüht. 12

Der anzustellende **Denkprozess zur konkreten Feststellung** der nach dem Beweismaß erforderlichen Wahrscheinlichkeit wurde als konkrete Anwendung wahrscheinlichkeitstheoretischer Berechnungen näher von *Schreiber*,[38] *Ekelöf*[39] *Bourmistrov-Jüttner*[40] und mir (vgl. hierzu insbesondere § 9 und § 12) untersucht. 13

Abstrakt wurde der **Denkprozess** bei der Indizienbeweiswürdigung vor allem von *Bender* und *Nack* dargestellt.[41] 14

Trotz dieser Bemühungen ist immer noch der Zustand zu konstatieren, der von *Alsberg* bereits 1930 ausgemacht wurde: 15

> *„Auf keinem Rechtsgebiet ragt ein einzelnes Problem so hervor, wie auf dem Gebiet des Strafprozesses das Beweisproblem. Es ist schlechterdings das Zen-*

34 Krehl, Beweis und Revision, S. 115, 126 in: Fischer (Hrsg.), Beweis.

35 Vgl. Huber, Das Beweismaß in Zivilsachen, S. 114.

36 Vgl. Bender, Das Beweismaß. Festschrift für Fritz Baur, S. 258.

37 Vgl. Hoyer, Beweiswürdigungsfreiheit und „in dubio pro reo", ZStW 1993, S. 523, 540 f.

38 Vgl. Schreiber, Theorie des Beweiswerts für Beweismittel im Zivilprozeß.

39 Vgl. Ekelöf, Beweiswürdigung, Beweislast und Beweis des ersten Anscheins, ZZP 75, S. 294 ff., ders., Beweiswert, in: Festschrift für Fritz Baur, S. 343 ff.

40 Vgl. Bourmistrov-Jüttner, Subjektive Wahrscheinlichkeitstheorie und rationale Entscheidungstheorie in Anwendung auf die Rechtspraxis.

41 Das Werk liegt mittlerweile in 4. Auflage vor (nunmehr von Bender/Nack/Treuer); vgl. auch Nack, Indizienbeweisführung und Denkgesetze, NJW 1983, S. 1035 ff., ders., Der Indizienbeweis, MDR 1986, S. 366 ff., vgl. auch Bender/Nack, Grundzüge einer allg. Beweislehre, DRiZ 1980, S. 121 ff.

tralproblem des Strafprozesses und als prozessuales Problem zugleich ein einzigartiges […].“[42]

16 Nachdem im strafrechtlichen Revisionsrecht das Postulat vom **Verbot der Rekonstruktion der Beweisaufnahme** immer noch gilt, hat *Eschelbach* auf markante Rechtsschutzlücken aufmerksam gemacht.[43] Diese Rechtsschutzlücken lassen sich mit dem Grundsatz des rechtlichen Gehörs und dem Anspruch auf Rechtsschutzgewährleistung nur schwerlich in Einklang bringen.[44] Völlig zutreffend lastet *Eschelbach* sowohl dem Gesetzgeber als auch dem Bundesverfassungsgericht schwere Versäumnisse an, denn beide hätten übersehen, dass der zwischenzeitliche revisionsrichterliche Beweismaßstab der objektiv hohen Wahrscheinlichkeit mittlerweile überholt ist, weil dieser Beweismaßstab in der fachgerichtlichen Rspr. meist schon nicht mehr praktiziert wird.[45]

17 *Hinweis*

Das sog. **Rekonstruktionsverbot** besagt, dass ein Gegenbeweis gegen die Feststellung zur Schuld- und Straffrage nicht zulässig ist. Es besagt nicht, dass eine Rekonstruktion über den Ablauf der Hauptverhandlung oder einer Form der Beweisaufnahme hinaus nicht möglich ist. Insofern kommt es durchaus zu Ermittlungen des Revisionsgerichts, sofern dies etwa zur Klärung eines Verfahrensablaufs und damit zum Beweis eines Verfahrensfehlers notwendig ist.[46]

18 Von *Deckers* erfahren wir:

„Der Strafprozess ist ein reformierter Inquisitionsprozess mit allen damit verbundenen nachteiligen Folgen für die Strafverteidigung – und die große Reform ist ausgeblieben. Stattdessen belegen viele Novellen der Strafprozessordnung nur das institutionelle Misstrauen gegen den Beschuldigten und seine Verteidigung. […] Es ist vor allem dieser Übergang der Beweisführungslast vom Staatsanwalt auf den Vorsitzenden und das Gericht, der dem deutschen Strafprozesssystem den inquisitorischen Charakter einprägt und der weitere Verfahrensaufgaben – namentlich das Fragerecht, die Sachleitung mit dem Bestimmungsrecht über die Reihenfolge der Beweiserhebung, die Entscheidung über die Zulassung von der Verteidigung präsentierter Beweismittel, die Bestimmung über das Beweisprogramm insgesamt, die Auswahl der Sachverständigen – sachzwanghaft nach sich zieht. Völlig zu Recht

42 Max Alsberg im Vorwort zur ersten Auflage des später von Nüsse und Meyer fortgeführten Werks „Der Beweisantrag im Strafprozeß“, so abgedr. in Alsberg/Nüse/Meyer, Der Beweisantrag im Strafprozeß, 5. Aufl. 1983, S. VII.

43 Vgl. Eschelbach, Feststellungen, in: Festschrift für Gunter Widmaier zum 70. Geburtstag, S. 136.

44 Vgl. BeckOK StPO/Eschelbach, 59. Ed. 1.4.2026, StPO § 261 Rn 71 ff., 80 ff.

45 Vgl. BeckOK StPO/Eschelbach, 59. Ed. 1.4.2026, StPO § 261 Rn 82.

46 Vgl. LR-StPO/Franke, 26. Aufl., § 337 Rn 50.

wird in historischer Kommentierung in Löwe-Rosenberg postuliert, dass es in diesem System für die Verteidigung keine Waffengleichheit geben kann[47].“[48]

Bemerkenswert ist Folgendes: 19

Die Rüge der **Aktenwidrigkeit**, d.h. der Widerspruch zwischen Urteilsgründen und Akteninhalt, wäre oft begründet, aber gleichwohl ist die Rüge als solche unzulässig.[49] *Dahs/Dahs* teilen mit, dass dieser Mangel **eventuell** (!) mit einer Aufklärungsrüge oder der Rüge der Verletzung des § 261 StPO gerügt werden kann.[50] Das wird – wie sich aus der Formulierung „eventuell“ ergibt – in der Tat im Einzelfall möglich sein, meist aber nicht. In jedem Fall ist die Erfolgsquote gering.[51] Selbst Auszüge aus dem Zentralregister, aufgrund derer Vorstrafen festgestellt oder nicht festgestellt worden sind, können nicht gegen die Urteilsfeststellungen verwendet werden. Wenn der Tatrichter allerdings Feststellungen getroffen hat, dessen Gegenteil sich aus den Urkunden in den Akten ergibt, dann hat er entweder diese Urkunde entgegen § 244 Abs. 2 StPO nicht benutzt oder sie doch benutzt und dann entgegen § 261 StPO ihren Inhalt eindeutig falsch wiedergegeben.[52]

Rechtstechnisch wird dies so begründet, dass der Inhalt der Akten – wegen des Erfordernisses eines Transfers der darin enthaltenen Erkenntnisse in die Hauptverhandlung – für das tatgerichtliche Urteil keine unmittelbare Relevanz habe, denn beweisrechtliche Grundlage sei allein der **Inbegriff der Hauptverhandlung**.[53] Genau diesen Inbegriff der Hauptverhandlung rekonstruiert das Revisionsgericht aufgrund des richterrechtlich geschaffenen **Rekonstruktionsverbots** aber nicht, so dass die Kontrolle faktisch leer läuft.

Sofern immer wieder behauptet wird, die Rekonstruktion der tatgerichtlichen Hauptverhandlung durch das Revisionsgericht sei nicht zulässig, weil dies der *Ordnung des Revisionsverfahrens* widerspreche,[54] wird dieser Satz auch durch jahrzehntelanges Wiederholen nicht richtiger. Der Begriff des Rekonstruktionsverbots taucht in der zivilprozessualen Revision nicht auf. Im Zivilverfahren gibt es zwar eine Bindung an die tatrichterlichen Feststellungen, sofern keine durchgreifende Verfahrensrüge vorliegt (§ 559 ZPO). Das heißt, dass diese Bindung nicht besteht, wenn z.B. ein Gehörsverstoß vorliegt (Art. 103 Abs. 1 GG). Um diesen festzustellen, „rekonstruiert“ der Zivilsenat selbstverständlich die Hauptverhandlung. Es ist erstaunlich, dass der Verstoß gegen Art. 103 Abs. 1 GG in der zivilprozessualen Re- 20

47 Im Orig. folgende Fn: vgl. Löwe-Rosenberg, 21. Aufl. 1977, Ergänzungsband, Einl. S. 2.

48 Deckers, 25 Jahre Strafverteidigung im Gegenwind, AnwBl. 2009, S. 241 f.

49 Vgl. LR-StPO/Franke, 26. Aufl., § 337 Rn 79; vgl. Eschelbach, in: Satzger/Schmitt/Widmaier (Hrsg.), Komm. zum StGB, § 46a Rn 15.

50 Vgl. Dahs/Dahs, Die Revision in Strafsachen, 7. Aufl., Rn 92.

51 Vgl. MüKoStPO/Bartel, 2. Aufl. 2024, StPO § 261 Rn 444.

52 Vgl. LR-StPO/Franke, 26. Aufl., § 337 Rn 79 m.w.N.

53 Vgl. MüKoStPO/Bartel, 2. Aufl. 2024, StPO § 261 Rn 443.

54 Vgl. z.B. BGH, Beschluss vom 23.8.2012 – 1 StR 389/12 = NStZ 2013, 98.

vision, vor allem im Nichtzulassungsbeschwerdeverfahren, der dominierende Aufhebungsgrund ist (§ 544 Abs. 9 ZPO), aber dieser Verstoß in der strafprozessualen Revision keine Rolle spielt.

Das bedeutet: Es gibt eine Vielzahl an Fällen, in denen Zivilgerichte Parteivorbringen nicht gebührend berücksichtigen und würdigen, was in der zivilprozessualen Revision erfolgreich beanstandet werden kann und wird, aber keine Fälle, in denen dieser Gehörsverstoß Strafgerichten passieren soll.

Dieses Ergebnis ist nicht nachvollziehbar. Daher noch einmal: In der **Zivilrevision** (und parallelen Verfahren) wird bei der Geltendmachung eines Gehörsverstoßes anhand des Akteninhalts geprüft, ob entscheidungserhebliches Vorbringen übergangen wurde. Im **Strafverfahren** wird eine vergleichbare Rekonstruktion – über Urteil und Protokoll hinaus – mit dem Hinweis auf die „Ordnung des Revisionsverfahrens“ weitgehend blockiert.

> *Hinweis*
>
> Das ist **verfassungsrechtlich nicht nachvollziehbar**, weil Art. 103 Abs. 1 GG und Art. 19 Abs. 4 GG effektiven Rechtsschutz verlangen und das Strafverfahren hier strukturell schwächer ausgestattet ist.

21 Ähnlich verhält es sich mit der Rüge der **Verhandlungswidrigkeit,** d.h. mit der Rüge, der Urteilsinhalt stimmt mit dem Inhalt der Hauptverhandlung nicht überein.[55] Auch diese Rüge wäre in nicht wenigen Fällen zutreffend, wenn es sie gäbe und nicht von der Rechtsprechung per se als unzulässig betrachtet werden würde.[56]

22 *Hamm* stellt die „peinliche Frage“, warum trotz **Fortschritten in der Rechtsprechung** an der Kontrolle der Beweiswürdigung letztlich immer noch nichts geändert wurde.[57]

23 Jedenfalls sind schematische Beweiswürdigungen zu vermeiden, insbesondere Überbewertungen der persönlichen Glaubwürdigkeit bzw. Unglaubwürdigkeit von Auskunftspersonen. Ebenfalls sind unkritische Übernahmen von Sachverständigen zu vermeiden.[58] Bestreitende Einlassungen des Angeklagten für die es keinen Be-

55 Vgl. Dahs/Dahs, Die Revision in Strafsachen, 7. Aufl., Rn 93.

56 Vgl. Eschelbach, in: Satzger/Schmitt/Widmaier (Hrsg.), Komm. zum StGB, § 46a, Rn 15; vgl. Dahs/Dahs, Die Revision in Strafsachen, 7. Aufl., Rn 93, vgl. Widmaier/Widmaier/Norouzi, MAH, Strafverteidigung, 2. Aufl., § 9 Rn 104; vgl. auch Eschelbach, Anklageschrift, Eröffnungsbeschluss und Urteil als Angriffspunkt der Verteidigung, Rn 66, in: Handbuch für den Strafverteidiger (Hrsg. Bockemühl), 4. Aufl.; vgl. auch Junker, Beweisantragsrecht im Strafprozess, Rn 196; vgl. auch Neuhaus, Revision, in: Brüssow/Gatzweiler/Krekeler/Mehle, Strafverteidigung in der Praxis, 4. Aufl., § 13 Rn 28; vgl. auch Schlothauer, StV 1992, S. 133, 138.

57 Vgl. Hamm, Zur Revisibilität der Beweiswürdigung in Fällen von Aussage gegen Aussage, StraFO 2000, S. 253, 257.

58 Vgl. Graf-StPO/Eschelbach, 2. Aufl. § 261 Rn 10.2 –10.4.

leg gibt, müssen zwar nicht als unwiderlegt hingenommen werden,[59] dürfen andererseits aber nicht vorschnell als Schutzbehauptung abgekanzelt werden.[60] Ebenso ist das Geständnis nicht ex ante glaubhafter als der Geständniswiderruf.[61] Besondere Vorsicht ist bei der Annahme von Täterwissen zu wahren, denn dieses wird in nicht wenigen Fällen erst durch „informatorische Vorgespräche“ oder nicht protokollierte Vernehmungen oder Vernehmungsteile erzeugt.[62]

Praxistipp 24

Die aussagepsychologische Begutachtung **des Angeklagten** oder kriminologische Exploration geht i.d.R. weit über das hinaus, was Strafgerichte bei der Persönlichkeitserforschung leisten können. Diese Begutachtungen können ein erhebliches Indiz für die Unschuld des Angeklagten sein,[63] denn an die Einlassung des Angeklagten sind die gleichen Anforderungen wie an die Bewertung sonstiger Beweismittel zu stellen.[64]

B. Der Beweis der Verfahrensrüge

Aus der Begründung der Revisionsschrift muss hervorgehen, ob das Urteil wegen Verletzung einer Rechtsnorm über das Verfahren oder wegen Verletzung einer anderen Rechtsnorm angefochten wird gem. § 344 Abs. 2 Satz 1 StPO. Ein Irrtum in der Bezeichnung ist unschädlich, wenn sich der tatsächlich gemeinte Inhalt aus der Begründung erkennen lässt.[65] Es ist also z.B. denkbar, eine expressis verbis erhobene Sachrüge als Verfahrensrüge auszulegen, sofern die Voraussetzungen des § 344 Abs. 2 Satz 1 StPO erfüllt sind.[66] 25

Eine Verfahrensrüge kann nur dann Erfolg versprechend sein, wenn **der Beschwerdeführer** durch die falsche Anwendung oder Nichtanwendung einer Rechtsnorm über das Verfahren beschwert ist. Es handelt sich hierbei um Normen, die den Weg betreffen, auf dem der Richter zur Urteilsfindung berufen wurde oder gelangt ist, z.B. die Berücksichtigung rechtsstaatswidriger Verfahrensverzögerungen oder eine Verletzung des § 257c. Die Verständigung auf eine Punktstrafe kann aber ggf. mit der Sachrüge beanstandet werden.[67] Es gibt allerdings kein allgemeines Recht des 26

59 Vgl. BGH, NStZ 2007, S. 266.

60 Vgl. Graf-StPO/Eschelbach, 2. Aufl., § 261 Rn 12 m.w.N.

61 Graf-StPO/Eschelbach, a.a.O.

62 A.a.O., Graf-StPO/Eschelbach, § 261 Rn 13.2.

63 A.a.O., Graf-StPO/Eschelbach, § 261 Rn 13.4.

64 Vgl. BGH, Urt. v. 21.10.2004 – 3 StR 226/04 = NStZ-RR 2005, S. 45 f.

65 Vgl. LR-StPO/Hanack, 25. Aufl., § 344 Rn 72 m.w.N.

66 Vgl. BGH, NJW 2007, S. 92, 95 f. = 1 StR 180/06 und 1 StR 392/06 bei Sander/Cirener, Die Zulässigkeit von Verfahrensrügen in der Rechtsprechung des BGH, NStZ-RR 2008, S. 1 ff.

67 Vgl. LR-StPO/Franke, 26. Aufl., § 337 Rn 41.

Angeklagten, jedes prozessordnungswidrige Verhalten zu rügen, so dass der Angeklagte in seinem **Rechtskreis** betroffen sein muss, z.B. bei Beweisanträgen von Mitangeklagten sich diesen angeschlossen haben oder sich aus den Umständen ergeben muss, dass er mit diesen einverstanden war und erwarten durfte, dass das Gericht diese auch zu seinen Gunsten würdigen würde.[68]

27 Das ist dann der Fall, wenn der Verfahrensverstoß ihn unmittelbar selbst betrifft. Geht es um Verfahrensakte, die unmittelbar andere Beteiligte (z.B. Mitangeklagte) betroffen haben, ist der Beschwerdeführer beschwert, wenn das hierdurch erzielte Ergebnis auch gegen ihn verwendet wurde.[69] Nach einer **restriktiven Rechtsprechungslinie** genügt die bloße Interessenverbundenheit nicht.[70] Demjeingen, der sich dem Beweisantrag nicht angeschlossen hat, bleibt hiernach **nur die Aufklärungsrüge**.

Die Angabe der verletzten Gesetzesvorschrift ist nicht nötig, ein Irrtum daher unschädlich.[71]

28 Nach Berichten aus der Praxis soll nicht einmal jede zweite Verfahrensrüge formgerecht begründet sein.[72] Insgesamt beträgt die Erfolgsquote von Verfahrensrügen weniger als 1 %.[73] Die Verfahrensrüge ist trotz in vielen Fällen eindeutigen Wortlauts durch richterrechtliche Gestaltung „immer enger und steiniger" geworden.[74]

29 *Hinweis*

Der BGH verlangt stets Einzelrügen, wenn nicht aus demselben Sachverhalt gleichsam idealiter konkurrierende Verletzungen mehrerer Prozessrechtsnormen resultieren. „Es genügt den Anforderungen an einen ordnungsgemäßen Revisionsvortrag (§ 344 Abs. 2 Satz 2 StPO) nicht, wenn Aktenbestandteile und Ausschnitte aus dem Hauptverhandlungsprotokoll […] ‚der Einfachheit halber in chronologischer Reihenfolge und nicht nach Rügen getrennt überreicht werden'. Es ist nicht Aufgabe des Revisionsgerichts, sich aus einem Aktenkonvolut denkbare Verfahrensfehler selbst herauszusuchen und den dazu möglicherweise passenden Verfahrenstatsachen zuzuordnen."[75]

30 Die formgerechte Begründung von Verfahrensverstößen kann auch an einem **widersprüchlichen Vortrag** scheitern. Mit einer Rüge wird eine Maßnahme des Tat-

68 Vgl. a.a.O., Rn 67 ff.

69 Vgl. LR-StPO/Hanack, 25. Aufl., § 337 Rn 93 ff. m.w.N.

70 Vgl. BGH, StraFo 2011, S. 280 f.; BGH, StV 2011, S. 711.

71 Vgl. a.a.O., § 344 Rn 72 m.w.N.

72 Vgl. Nack, Aufhebungspraxis der Strafsenate des BGH, NStZ 1997, S. 153.

73 Vgl. Barton, Die Revisionsrechtsprechung des BGH in Strafsachen, S. 144 und Nack, Aufhebungspraxis der Strafsenate des BGH, NStZ 1997, S. 153, 159, Tab. 20 u. 21.

74 Vgl. LR-StPO/Franke, 26. Aufl., vor § 333 Rn 1 m.w.N.

75 BGH, 2 StR 42/10.

gerichts gerügt, andererseits wird die gerügte Maßnahme unter einem anderen Gesichtspunkt geradezu eingefordert. Der BGH könnte annehmen, dass das Rügerecht verwirkt ist[76] oder dass miteinander nicht zu vereinbarender Revisionsvortrag vorliegt, der auf die unzulässige Aufforderung an das Revisionsgericht hinauslaufe, in irgendeine Richtung zu prüfen, ob ein Verfahrensverstoß vorliegt.[77]

Die Abgrenzung von Verfahrensverstößen und Verstößen gegen das sachliche Recht ist im Einzelfall schwierig zu treffen.[78]

Verfahrensverstöße sind nach einer Ansicht solche Verstöße, die sich nicht allein aus dem Urteil ergeben. Sachlich-rechtliche Verstöße sollen nach h.M. solche Verstöße sein, die sich alleine aus dem Urteil ergeben.[79] Nach der abweichenden Ansicht von *Schäfer* hilft diese Unterscheidung nicht weiter. Nach *Schäfer* sind sachlich-rechtliche Verstöße solche, die das Urteil materiell zwingend falsch machen, während Verstöße gegen das Verfahrensrecht das Urteil materiell nicht unbedingt falsch machen.[80] Nach Ansicht der Rechtsprechung sind Verfahrensverstöße solche Verstöße gegen Rechtsnormen, „die bestimmen, auf welchem Weg der Richter zur Urteilsfindung berufen und gelangt ist, während alle anderen Vorschriften dem sachlichen Recht angehören.“[81] Verfahrensrechtliche Vorschriften bestimmen den prozessualen Weg, während sachlichrechtliche Vorschriften die Urteilsfindung (Beweiswürdigung, Subsumtion, Strafzumessung) selbst betreffen.[82] 31

Der Verfahrensverstoß ist definitiv zu behaupten und nicht als fraglich („wahrscheinlich“, „nicht auszuschließen“ etc.[83]) darzustellen. Formuliert der Revisionsführer, „ausweislich des Protokolls ist dem Angeklagten das rechtliche Wort nicht gewährt worden“, ist das nicht lege artis.[84] Aus Gründen anwaltlicher Vorsicht sollte auf das Protokoll gar nicht verwiesen werden, sondern schlicht die im Protokoll niedergelegten Fakten wiedergegeben werden. Damit wird das Problem, dass der Revisionsführer faktisch eine **Protokollrüge** erhebt („das Protokoll ist falsch“) um- 32

76 Vgl. BGH, StV 2009, S. 66.

77 So der Fall BGH, NStZ-RR 2006, S. 181, 183.

78 Vgl. LR-StPO/Hanack, 25. Aufl., § 337 Rn 3.

79 Vgl. Wilhelm, „Verdeckte Gesetzesverstöße“ in der Revision: Zur Revisibilität der fehlerhaften oder unvollständigen Mitteilung der Ergebnisse der Beweisaufnahme in der Urteilsschrift, ZStW 117 (2005), S. 152 m.w.N.

80 Vgl. Schäfer, Die Abgrenzung der Verfahrensrüge von der Sachrüge, Festschrift für Riess, S. 479 ff.

81 BGHSt 19, S. 273, 275; vgl. LR-StPO/Hanack, 25. Aufl., § 337 Rn 66.

82 Vgl. Vogelsang, Die Bedeutung erfolgreicher Verfahrensrügen für das nachfolgende Urteil, S. 11 f. m.w.N.

83 Vgl. BGH, 12.8.1999 – 3 StR 277/99 bei Miebach/Sander, Die Zulässigkeit von Verfahrensrügen in der Rechtsprechung des BGH, NStZ-RR 2000, S. 1 ff.

84 Vgl. Rieß, Revision, in: Brüssow/Gatzweiler/Krekeler/Mehle, Strafverteidigung in der Praxis, 4. Aufl., § 13 Rn 146 m.w.N.; vgl. auch Dahs/Dahs, Die Revision in Strafsachen, 7. Aufl., Rn 491 mit Hinweis auf OLG Hamm, StraFo 1997, S. 210. In der Entscheidung des BGH, 12.1.2005 – 2 StR 138/04 = NStZ 2005, S. 281 wurde die Formulierung aber als unschädlich angesehen.

gangen. Das Urteil beruht nie auf dem Protokoll, sondern immer nur auf dem Inbegriff der Hauptverhandlung.[85]

33 *Hinweis*

Es darf also nicht dargestellt werden, „ausweislich des Protokolls vom X ist der Zeuge Y nicht über sein Zeugnisverweigerungsrecht belehrt worden", sondern vielmehr: „Der Zeuge X **ist** (= positive Behauptung des tatsächlichen Verstoßes)[86] über sein Zeugnisverweigerungsrecht nicht belehrt worden".[87]

34 Die revisionsrechtliche Verfahrensrüge kann nur dann durchschlagen, wenn der Verfahrensverstoß **voll bewiesen** ist.[88] Zweifel hieran gehen zu Lasten des Revisionsführers.[89] Das ist freilich bedenklich, wenn die Unaufklärbarkeit in Gründen liegt, die der Justiz zuzuordnen ist.[90]

Lediglich bei Verfahrenshindernissen soll der In-dubio-pro-reo-Grundsatz gelten (aber wieder nicht bzgl. der Verhandlungsunfähigkeit).[91] Die Verfahrensrüge ist **zulässig**, wenn die behaupteten Tatsachen einen Verfahrensmangel darstellen würden. Die Rüge ist **begründet**, wenn der Tatsachenvortrag insofern zutreffend ist, oder, sofern der In-dubio-pro-reo-Grundsatz anwendbar ist, nicht widerlegt werden kann.[92] Der Revisionsführer muss zum Beweis eines Verfahrensfehlers weder konkrete Beweismittel benennen[93] noch die Aktenstellen konkret bezeichnen.[94] Vielmehr ist das Revisionsgericht von sich aus verpflichtet, den behaupteten Verfahrensfehler aufzuklären.[95] Eine Ausnahme besteht bei bestimmten Rügearten. Bei der Aufklärungsrüge ist die Benennung von Beweismitteln und des erwarteten Beweisergebnisses zwingende Zulässigkeitsvoraussetzung. Wird die fehlerhafte Ablehnung eines Beweisantrags gerügt, muss der Revisionsführer jedenfalls den Wortlaut des Antrags und die Ablehnungsgründe mitteilen und die weiteren Tatsachen darlegen, aus denen sich die Fehlerhaftigkeit der Ablehnung ergibt.

85 Vgl. Dahs/Dahs, Die Revision in Strafsachen, 7. Aufl., Rn 491.

86 Die rügebegründende Tatsache muss bestimmt behauptet werden, vgl. Rieß, Revision, in: Brüssow/Gatzweiler/Krekeler/Mehle, Strafverteidigung in der Praxis, 4. Aufl., § 13 Rn 145.

87 Vgl. Dahs/Dahs, Die Revision in Strafsachen, 7. Aufl., Rn 471.

88 Vgl. Vgl. LR-StPO/Franke, 26. Aufl., § 337 Rn 45, 51.

89 Vgl. BGHSt 16, S. 164, 167: „Was das Ergebnis der Prüfung [im Freibeweisverfahren] angeht, so gilt hier der Grundsatz ‚in dubio pro reo' nicht. Verfahrensfehler müssen nachgewiesen werden."

90 Vgl. LR-StPO/Franke, 26. Aufl., Rn 51 m.w.N.

91 Vgl. Dahs/Dahs, Die Revision in Strafsachen, 7. Aufl., Rn 485 m.w.N.

92 Vgl. Rieß, Revision, in: Brüssow/Gatzweiler/Krekeler/Mehle, Strafverteidigung in der Praxis, 4. Aufl., § 13 Rn 237.

93 Vgl. BGH, NStZ 2007, S. 235.

94 Vgl. BGH, NStZ-RR 2003, S. 334.

95 Vgl. BGHSt 16, S. 164, 166 m.w.N.

Zum Beweis einer Verfahrensrüge steht dem Revisionsgericht auch der **Freibeweis** offen, sofern nicht die **absolute Beweiskraft des Protokolls** oder das sog. **Rekonstruktionsverbot** dagegen steht.[96] Damit findet eine Beweisaufnahme vor dem Revisionsgericht durchaus statt, nämlich zum Beweis von Verfahrensverstößen, Verfahrenshindernissen und zu Erfahrungssätzen.[97]

Soweit der Verfahrensfehler eine wesentliche Förmlichkeit der Hauptverhandlung gem. § 273 Abs. 1 StPO betrifft, ist ausschließlich das Hauptverhandlungsprotokoll[98] oder das Urteil Beweisgrundlage, denn das Protokoll und die Gründe müssen als eine Einheit verstanden werden.[99] Der Fall kann z.B. dann relevant werden, wenn im Protokoll eine bestimmte Verbescheidung des Beweisantrags festgehalten ist, das Urteil aber von einem anderen Verbescheidungsgrund ausgeht,[100] d.h., die weiteren Ausführungen hierzu rechtlich zu beanstanden sind.[101] Werden Ablehnungsgründe **erst in den Urteilsgründen ergänzt oder neu eingeführt**, liegt regelmäßig ein **Verfahrensfehler** vor (Verstoß gegen § 244 Abs. 6 i.V.m. §§ 34, 35 StPO).[102] 35

Der Freibeweis ermöglicht eine Beweiserhebung (auch) mit anderen als in der StPO vorgesehenen Beweismitteln und/oder nach einem anderen als in der StPO vorgesehenen Verfahren. Das vorherrschende Mittel in der Praxis dürften insoweit „dienstliche Erklärungen" der beteiligten Richter sein.[103] Das Revisionsgericht kann aber z.B. bei der Aufklärungsrüge gem. § 244 Abs. 2 StPO auch eigene Zeugenvernehmungen, Sachverständigenbefragungen, Augenscheine durchführen oder auf den Akteninhalt zugreifen.[104] 36

In diesem Zusammenhang (Nachweis eines Verfahrensfehlers) kann das Revisionsgericht durchaus die **Hauptverhandlung rekonstruieren**.[105]

Dennoch scheitert der Beweis des Verfahrensfehlers oft. „Dem Nachweis nichtprotokollpflichtiger Verfahrensvorgänge, auf die sich die Revision zur Begründung von Verfahrensverstößen gem. § 344 Abs. 2 Satz 2 StPO uneingeschränkt stützen darf, stellen sich deshalb häufig unüberwindliche Schwierigkeiten entgegen. Denn der 37

96 Vgl. BGHSt 11, S. 213, 215: allerdings mit dem Hinweis: „Denn der Freibeweis scheitert meist daran, daß ausreichende Unterlagen für eine Würdigung durch das Revisionsgericht fehlen."

97 Vgl. LR-StPO/Franke, 26. Aufl., § 337 Rn 1.

98 Vgl. LR-StPO/Franke, 26. Aufl., § 337 Rn 46.

99 Vgl. LR-StPO/Franke, 26. Aufl., § 337 Rn 48.

100 Vgl. LR-StPO/Hanack, 25. Aufl., § 337 Rn 73.

101 Vgl. LR-StPO/Franke, 26. Aufl., § 337 Rn 48.

102 Vgl. BGH, Beschl. v. 22.3.1994, 5 StR 8/94.

103 Vgl. Schmitt/Köhler, Komm. zur StPO, 68. Aufl., § 244 Rn 7, 9 m.w.N.

104 Vgl. LR-StPO/Franke, 26. Aufl., § 337 Rn 49.

105 Vgl. LR-StPO/Hanack, 25. Aufl., § 337 Rn 75.

Freibeweis scheitert meist daran, daß ausreichende Unterlagen für eine Würdigung durch das Revisionsgericht fehlen."[106]

38 *Hinweis*

Die Aufklärung von Verfahrensrügen ist dort nicht möglich, wo sie zu einer Wiederholung oder Ergänzung der tatrichterlichen Beweisaufnahme führen müsste, die auf einen Gegenbeweis gegen die im Urteil festgestellten Ergebnisse der Beweisaufnahme in der Schuld- und Rechtsfolgenfrage hinauslaufen würde.[107]

C. Der Inbegriff der Verhandlung

I. Allgemeines

39 § 261 StPO bestimmt, dass über das Ergebnis der Beweisaufnahme das Gericht nach seiner freien, aus dem **Inbegriff der Verhandlung** geschöpften Überzeugung entscheidet. Jede Verwertung von Erkenntnissen, die nicht aus dem Inbegriff der Verhandlung stammen, verstößt damit gegen § 261 StPO. Damit sind **Tatortbesichtigungen** während der Urteilsberatung[108] oder **„Auffrischungen des Gedächtnisses"** durch Erörterungen mit Beweispersonen nach der Hauptverhandlung, aber vor oder während der Urteilsberatung bedenklich.[109]

40 *Hinweis*

Wird das Urteil auf Umstände gestützt, die nicht zum Inbegriff der mündlichen Verhandlung gehören, liegt verfassungsrechtlich ein Gehörs- und sogar ein Willkürverstoß nahe.[110]

II. Privates Wissen

41 Privates Wissen des Richters[111] ist unverwertbar und kann nur für einen Vorhalt verwendet werden, wobei dann wiederum nur die Antwort auf den Vorhalt verwertet werden darf.[112]

106 BGHSt 11, S. 213, 215.
107 Vgl. LR-StPO/Franke, 26. Aufl., § 337 Rn 52.
108 Vgl. Meyer-Goßner/Schmitt/StPO, 55. Aufl., § 261 Rn 3.
109 Vgl. Graf-StPO/Eschelbach, 2. Aufl., § 261 Rn 20.
110 Vgl. BVerfG, NJW 1994, S. 1210 f.
111 Vgl. zum privaten Augenschein während einer Hauptverhandlung BGH, Beschl. v. 13.2.2013 – 2 StR 556/12 = NStZ 2013, S. 357.
112 Vgl. Karlsruher Kommentar/StPO, 7. Aufl., § 261 Rn 10.

III. Dienstliches Wissen

42 Auch dienstliches Wissen (z.B. aus einem Parallelverfahren oder der **Kenntnis des Akteninhalts**) kann als solches nicht verwertet werden, sondern muss prozessordnungsgemäß durch eine entsprechende Beweisaufnahme in die Hauptverhandlung eingeführt werden, z.B. durch die **Vernehmung** der Auskunftsperson bzw. die (erneute) Vernehmung des Zeugen oder des Sachverständigen oder im Falle einer vorübergehenden Abtrennung der Verhandlung durch die Wiederholung des den Angeklagten betreffenden Verhandlungsteils.[113] Der BGH[114] hat entschieden, dass **schuldrelevante Wahrnehmungen** eines beauftragten Richters (Eindruck von der Glaubwürdigkeit eines Zeugen bei einer Auslandsvernehmung), die nur im Wege einer **dienstlichen Erklärung** mitgeteilt werden, **nicht verwertet** werden dürfen; die Verwertung verstößt gegen § 261 StPO.

43 Der Inhalt einer Urkunde kann entweder durch **Verlesen** oder durch das **Selbstleseverfahren** oder – bei knappen Textpassagen – durch einen **Vorhalt** in die Hauptverhandlung eingeführt werden:

> *„Nach § 249 Abs. 1 StPO müssen zwar Urkunden und andere als Beweismittel dienende Schriftstücke in der Hauptverhandlung verlesen werden. Anstatt diesen Urkundenbeweis zu erheben, darf das Gericht aber nach der st. Rspr. des* ***BGH*** *den Inhalt eines Schriftstücks grundsätzlich auch in anderer Weise, besonders dadurch feststellen, daß es das Schriftstück dem Angekl. oder Zeugen vorhält und mit ihnen erörtert. Alsdann bildet allerdings nicht die Urkunde selbst die Grundlage der Urteilsfindung, sondern nur die bestätigende Erklärung, die von der Auskunftsperson auf diesen Vorhalt hin abgegeben worden ist. Aus dem Wortlaut des Schriftstücks können deshalb in diesem Fall keine Beweisschlüsse gezogen werden. Seine wörtliche Wiedergabe in den Urteilsgründen wäre nicht nur irreführend, sondern verstieße auch gegen § 261 StPO, weil der Wortlaut nicht Gegenstand der Beweisaufnahme war. Im Allgemeinen werden freilich auch keine Bedenken gegen die Feststellung des Wortlauts kurzer und leicht faßlicher Schriftstücke durch solche Vorhaltungen und demgemäß auch ihre wörtliche Aufnahme in das Urt. erhoben werden können, falls sich kein Zweifel an der Erinnerungstreue der darüber vernommenen Auskunftsperson ergeben sollte. Ein solcher Ersatz des möglichen Urkundenbeweises ist indes, selbst wenn er nur zur Feststellung des Inhalts eines Schriftstücks dienen soll, nach der Ansicht des Senats ausgeschlossen, wenn es sich um ein längeres Schriftstück oder um ein solches handelt, das sprachlich oder inhaltlich schwer zu verstehen ist.“*[115]

113 Vgl. Karlsruher Kommentar/StPO, 7. Aufl. § 261 Rn 9.

114 5 StR 312/99, BGHSt 45, 354.

115 BGH, Urt. v. 24.10.1957 – 4 StR 320/57 = BGHSt 11, S. 159, 161.

IV. Offenkundige und gerichtskundige Tatsachen

44 „Nach der st.Rspr. des BVerfG darf ein Gericht seiner Entscheidung auch keine Tatsachen und Beweisergebnisse zugrunde legen, ohne den Parteien vorher Gelegenheit zu geben, sich zu ihnen zu äußern.“[116] **Offenkundige** oder **gerichtskundige Tatsachen** müssen zwar zum Gegenstand der mündlichen Verhandlung gemacht werden, müssen aber nicht bewiesen werden.[117] „Die Frage, ob Beweis erhoben werden muss, hat aber mit der Frage, ob eine Tatsache verwertet werden darf, nichts zu tun; dass eine Tatsache gerichtskundig ist, enthebt das Gericht nicht der Pflicht, die ihm bekannte Tatsache, wenn es sie verwerten will, in den Prozess einzuführen (vgl. BVerfGE 10, 177, 183). Die Gelegenheit, einen Gegenbeweis anzutreten, darf der Partei nicht abgeschnitten werden (BVerfG, Beschl. der 1. Kammer des Zweiten Senats v. 29.8.1995 – 2 BvR 175/95 Rn 27).“[118] „Offenkundig sind zunächst die allgemein bekannten Tatsachen. Darunter sind solche Vorgänge zu verstehen, von denen verständige Menschen regelmäßig Kenntnis haben oder über die sie sich aus zuverlässigen Quellen ohne besondere Fachkunde sicher unterrichten können. Diese Allgemeinkundigkeit braucht nicht in allen Landesteilen vorhanden zu sein; sie kann sich auch auf einen begrenzten Kreis von Personen oder eine bestimmte Ortschaft beschränken, wie z.B. hinsichtlich der besonderen Verkehrsverhältnisse in einer Gemeinde.“[119] Allgemeinkundige Tatsachen werden vom Revisionsgericht auf die Sachrüge hin berücksichtigt.[120] „Gerichtskundig sind Tatsachen, die dem Richter kraft seines Amtes, z.B. aus früheren Prozessen, bekannt geworden sind. Die Gerichtskundigkeit ist ein Unterfall der Offenkundigkeit.“[121] Auf offenkundige oder gerichtskundige Tatsachen muss zur Vermeidung einer Überraschungsentscheidung damit lediglich hingewiesen werden,[122] wobei es sich hierbei nicht um eine wesentliche Förmlichkeit handelt, deren Beachtung das Protokoll ersichtlich machen muss.[123]

45 *Hinweis*

Dadurch darf es aber nicht zu einer Aushöhlung des § 261 StPO kommen. Das heißt, alle unmittelbar erheblichen Tatsachen, die Einzelheiten der Tatausführung betreffen, sind stets in der Hauptverhandlung aufzuklären, ebenso mittelbare Beweisergebnisse, die auf komplexen, ausschließlich auf den Einzelfall be-

116 BVerfG, Beschl. v. 17.9.2020 – 2 BvR 1605/16, Rn 15 = r+s 2021, S. 302.
117 Vgl. bereits BGHZ 31, S. 45 und BGHSt 6, S. 292.
118 BVerfG, Beschl. v. 17.9.2020 – 2 BvR 1605/16, Rn 15 = r+s 2021, S. 302.
119 BGH, Urt. v. 14.7.1954 – 6 StR 180/54 = NJW 1954, S 1656 ff.
120 Vgl. LR-StPO/Franke, 26. Aufl., § 337 Rn 12, 77.
121 BVerfG, Beschl. v. 29.8.1995 – 2 BvR 175/95 = NJW-RR 1996, S. 183 f.
122 Vgl. BGH, Urt. v. 14.7.1954 – 6 StR 180/54 = NJW 1954, S 1656 ff.; BGH, Beschl. v. 21.10.1997 – 5 StR 356/97 = NStZ 1998, S. 98 f.
123 Vgl. BGHSt 36, S. 354, 357 ff.

zogenen Wahrnehmungen eines Richters beruhen und die für die Überführung des Angeklagten von wesentlicher Bedeutung sind.[124]

V. Anknüpfungstatsachen des Sachverständigen

Im Bereich des Sachverständigenbeweises passieren oft revisible Rechtsfehler. Es ist in der Praxis immer wieder zu beobachten, dass gerichtlich bestellte Sachverständige nicht nur die vom Gericht mitgeteilten Befundtatsachen bewerten, sondern **eigene Ermittlungen** anstellen. 46

Ermittelt der Sachverständige auf diese Weise weitere Tatsachen, ist die weitere Verwertung problematisch. Handelt es sich um Tatsachen, die der Sachverständige nur aufgrund seiner Sachkunde zuverlässig erkennen kann, kann das Ergebnis verwertet werden.[125] Handelt es sich jedoch um Tatsachen, die das Gericht selbst mit den gerichtlich zur Verfügung stehenden Beweis- und Erkenntnismitteln feststellen könnte, darf der Sachverständige diese nicht ohne Weiteres als Befundtatsachen verwerten. Vielmehr müssen diese Anknüpfungstatsachen (**Zusatztatsachen**) erst in die Hauptverhandlung eingeführt werden, damit sie nach § 261 StPO aus deren Inbegriff geschöpft und auch dem Gutachten zugrunde gelegt werden dürfen. 47

„Bekundungen eines Sachverständigen über das, was ihm der zu begutachtende Zeuge (oder Angekl.) oder eine dritte Auskunftsperson auf Befragen außerhalb der Hauptverhandlung über das Tatgeschehen mitgeteilt hat, dürfen in jedem Falle, also auch dann, wenn sie keine neuen oder anderen Aussagen widersprechenden Tatsachen zum Gegenstand haben, nur dann der Urteilsfindung zugrunde gelegt werden, wenn der Sachverständige insoweit – falls zulässig (vgl. BGHSt. 13, 1 = NJW 59, 828 Rechtssatz 2) – als **Zeuge** gehört und vereidigt worden ist. Entscheidend für die Notwendigkeit der Vernehmung des Sachverständigen als Zeuge ist nur, ob er (vom Hörensagen) Beweiserhebliches zum Tatgeschehen bekundet. Das kann nicht nur dann der Fall sein, wenn seine Aussage neue, von anderen Zeugen nicht oder anders bekundete Einzelheiten enthält, sondern auch dann, wenn sie mit anderen Aussagen übereinstimmt, gleichwohl aber vom Richter mit zur Überzeugungsbildung herangezogen wird.“[126] 48

„Bei den Tatsachen, auf denen ein Sachverständiger sein Gutachten aufbaut, den ‚**Anknüpfungstatsachen**‘, sind zwei Gruppen zu unterscheiden: solche, die nur er aufgrund seiner Sachkunde erkennen kann, und solche, die auch das Gericht mit den ihm zur Verfügung stehenden Erkenntnis- und Beweismitteln feststellen könnte. Die zur ersten Gruppe gehörenden Tatsachen, z.B. die von einem medizinischen Sachverständigen aufgrund ärztlicher Untersuchung oder ärztlicher Eingriffe ge- 49

124 Vgl. BGH, Urt. v. 9.12.1999 – 5 StR 312/99 = NJW 2000, S. 1204 ff.

125 Vgl. BGHSt 9, S. 292 ff.; vgl. auch BGHSt 18, S. 107 ff.

126 BGH, Urt. v. 18.9.1959 – 4 StR 208/59 = NJW 1959, S. 2222 f.

machten Feststellungen, die sogenannten **Befundtatsachen**, können durch die gutachtlichen Ausführungen des Sachverständigen in die Hauptverhandlung eingeführt und vom Gericht verwertet werden (BGHSt. 9, 292 = NJW 56, 1526). Wenn aber der Gutachter, was besonders bei psychologischen Sachverständigen vorzukommen pflegt, bei seiner Untersuchung außerdem erhebliche, z.B. das Tatgeschehen betreffende Tatsachen dadurch erfährt, daß er die Auskunftsperson oder bei Glaubwürdigkeitsgutachten den zu begutachtenden Zeugen befragt, so tut er dies nicht aufgrund einer **fachkundigen** Untersuchung, sondern mit Mitteln, deren sich auch das nicht fachkundige Gericht bedienen kann. Diese letzteren vom Sachverständigen ermittelten Tatsachen (**Zusatztatsachen**) müssen in zulässiger Weise in die Hauptverhandlung eingeführt werden, etwa durch Vernehmung des Gutachters und (oder) des von ihm Begutachteten als Zeugen [m.w.N.], sofern es für das Gutachten oder aus anderen Gründen auf derartige Tatsachen ankommt."[127] Allerdings kann der Sachverständige **Befundtatsachen** (Angaben, die der Sachverständige im Rahmen der Exploration benötigt und mit Hilfe seiner besonderen Sachkunde erhebt, etwa für eine Schuldfähigkeits- oder Glaubwürdigkeitsbegutachtung) **als Sachverständiger** schildern; hier ist eine zusätzliche Vernehmung „als Zeuge" nicht zwingend nötig.[128]

50 Erforderlich ist bei den **Zusatztatsachen**, dass insoweit der Sachverständige als mittelbarer Zeuge vernommen wird[129] und i.d.R. eine direkte Aufklärung durch das sachnächste Beweismittel (z.B. Befragung der Zeugin, die der Sachverständige befragt hatte).[130] „Ob in erster Linie oder neben der mittelbaren Beweisperson diejenige Person zu vernehmen ist, welche die festzustellenden Tatsachen unmittelbar wahrgenommen hat, ist nicht eine aus § 250 StPO zu beantwortende, sondern eine Frage der Aufklärungspflicht nach § 244 Abs. 2 StPO und der Beweiswürdigung nach § 261 StPO (BGHSt 17, 382, 384). Für den Sachverständigenbeweis gilt allerdings nach der ständigen Rechtsprechung des Bundesgerichtshofes eine Besonderheit. Hiernach dürfen Tatsachen, zu deren Ermittlung und Wahrnehmung keine besondere Sachkunde erforderlich ist, die vielmehr auch das Gericht mit den ihm zur Verfügung stehenden Erkenntnis- und Beweismitteln unmittelbar feststellen könnte (sog. Zusatztatsachen), nicht ohne weitere Beweisaufnahme aus dem Gutachten des Sachverständigen übernommen werden."[131]

127 BGH, Urt. v. 26.10.1962 – 4 StR 318/62 = NJW 1963, S. 401.

128 Vgl. z.B. BGH, Beschl. v. 10.11.1998 – 5 StR 505/98.

129 Bei der Frage, ob der Sachverständige als Zeuge vernommen wurde, hat das RG sogar den Inhalt der Aussage – trotz Rekonstruktionsverbotes – rekonstruiert, als der Beschwerdeführer gerügt hatte, der als Zeuge vernommene Sachverständige sei nicht vereidigt worden, vgl. LR-StPO/Hanack, 25. Aufl., § 337 Rn 30, 33; 42, 160; 43, 438 (mit Verweis auf RGSt).

130 Vgl. BGHSt 18, S. 107 ff.

131 BGHSt 22, S. 268, 270 f.

„Dabei kann es rechtlich keinen Unterschied machen, ob der Sachverständige solche belastenden Umstände durch Befragen Dritter oder des zu Untersuchenden ‚ermittelt' hatte. In beiden Fällen macht er seine Wahrnehmungen nicht eigentlich kraft Sachkunde, sondern durch Heranziehung des Wissens von Auskunftspersonen, das gemäß den Grundsätzen der Unmittelbarkeit und der Parteiöffentlichkeit des Beweisverfahrens (§§ 261, 250, 240, 257 StPO) regelmäßig vom erkennenden Gericht selbst in der Hauptverhandlung in Anwesenheit und unter Mitwirkung der Prozeßbeteiligten als maßgebliche Urteilsgrundlage gewonnen werden muß. Demgemäß konnte der Sachverständige über die von ihm erforschten Belastungstatsachen allenfalls als Zeuge aussagen, und zwar als Zeuge ‚vom Hörensagen', der dem Gericht ursprünglich fremdes Wissen jetzt als eigenes vermittelt (BGHSt 6, 209 ff.)."[132] Im Falle der Exploration eines Probanden soll der Sachverständige die hierzu gemachten Angaben aufgrund seines besonderen Fachwissens, zu der auch die Fragetechnik und Beobachtungsgabe gehören, machen, so dass die Vernehmung als Sachverständiger ausreicht.[133] 51

Ob das Urteil darauf beruht, hängt davon ab, ob ausgeschlossen werden kann, dass der Sachverständige, wenn er als Zeuge vernommen worden wäre, seine Aussage geändert hätte[134] oder dass das sachnähere Beweismittel ein anderes Ergebnis erbracht hätte. „Zwar hat der *BGH* im Einzelfall entschieden, ein Urteil beruhe nicht auf der fehlenden Vereidigung eines Sachverständigen auch als Zeugen, wenn ausgeschlossen werden könne, daß der Sachverständige, wäre er als Zeuge gehört und vereidigt worden, seine Aussage geändert hätte (*BGH* NStZ 1985, 135; 1986, 323; vgl. auch *BGH* NJW 1986, 1999, 2000 f.). Diese Fälle, auf welche der GBA verweist, zeichnen sich jedoch dadurch aus, daß der Sachverständige jedenfalls über eigene Wahrnehmungen bei der Befragung oder Untersuchung einer Person berichtete. Dagegen hat im vorliegenden Fall der Sachverständige Wahrnehmungen Dritter referiert und zur Grundlage seines Gutachtens gemacht."[135] In diesen Fällen ist die Beruhensfrage genau zu prüfen, denn seit dem 1. Justizmodernisierungsgesetz ist die **Nichtvereidigung des Zeugen seit 1.9.2004 der Regelfall**; vereidigt wird nur, wenn das Gericht dies wegen der Bedeutung der Aussage oder zur Herbeiführung einer wahren Aussage für erforderlich hält (§ 59 Abs. 1 StPO). Auch bei dem Sachverständigen ist die **Nichtvereidigung der Regelfall**; die Vereidigung steht im Ermessen des Gerichts (§ 79 Abs. 1 StPO). 52

Eine Ausnahme gilt wiederum dann, wenn sich das Gericht anderweitig von der Richtigkeit dieser so ermittelten Zusatztatsachen überzeugt hat.[136] Hat der Sach- 53

132 BGHSt 13, S. 1, 3.

133 Vgl. z.B. BGH, Beschl. v. 10.11.1998 – 5 StR 505/98 m.w.N.

134 Vgl. Schmitt/Köhler, Komm. zur StPO, 68. Aufl., § 79 Rn 13 m.w.N.; vgl. auch BGH, StraFO 2010, S. 193 = 5 StR 528/09.

135 BGH, StV 1993, S. 169 f. = 1 StR 633/92.

136 Vgl. BGHSt 11, S. 97.

verständige Zusatztatsachen durch Befragung eines Zeugen ermittelt, der von seinem Zeugnisverweigerungsrecht Gebrauch macht, dürfen diese Zusatztatsachen nicht verwertet werden,[137] d.h., dass der Sachverständige insofern weder als Zeuge noch als Sachverständiger vernommen werden darf.[138] Das gilt auch dann, wenn der Sachverständige in einem anderen Verfahren (z.B. einem Sorgerechtsverfahren) tätig wurde.[139] Wird der Zeuge in der Hauptverhandlung nicht vernommen, aber ist unklar, ob der Zeuge von seinem Zeugnisverweigerungsrecht Gebrauch macht, kann ggf. auch eine Umgehung des § 252 StPO gerügt werden.

> *„Bei einer solchen Fallgestaltung [Vernehmung durch den Sachverständigen] wäre – schon im Hinblick auf § 252 StPO – eine Verwertung dessen, was der Vater des Beschuldigten gegenüber Dr. R. geäußert hat, nur dann zulässig gewesen, wenn feststünde, daß der Vater, wäre er in der Hauptverhandlung als Zeuge vernommen worden, von seinem Zeugnisverweigerungsrecht keinen Gebrauch gemacht haben würde (vgl. BGHSt 13, 1, 4; 25, 176, 177 m.w. Nachw.).“*[140]

Das gilt dann wiederum nicht, wenn das Gericht bereits unabhängig von den Bekundungen des Sachverständigen von dieser Zusatztatsache überzeugt ist. Dann kann sie dem Gutachten wieder zugrunde gelegt werden.[141]

VI. Exkurs zum Sachverständigenbeweis

54 Zum Sachverständigenbeweis bestimmt der BGH, dass der Tatrichter die wesentlichen Anknüpfungstatsachen und Schlussfolgerungen sowie seine eigenen Erwägungen dazu im Urteil darzulegen hat,[142] um dem Revisionsgericht die Nachprüfung zu ermöglichen.[143] Andernfalls ist sachliches Recht verletzt und es gilt: „Dadurch ist dem Senat verwehrt, nachzuprüfen, ob die Erwägungen, mit denen die Kammer ihre vom Sachverständigen abweichende Auffassung begründet, für sich hinreichen, die sonst nicht näher erörterte Sachkunde des Gerichts zu belegen (BGHSt 12, 18, 20; BGH, VRS 21, 289).“[144] Es reicht damit auch nicht, das Gutachten als „überzeugend“ oder „einleuchtend“ wiederzugeben.[145]

137 Vgl. BGHSt 13, S. 1; vgl. auch BGHSt 13, S. 250.

138 Vgl. BGHSt 13, S. 1; vgl. BGHSt 13, S. 250; vgl. BGHSt 18, S. 107 ff.; vgl. BGHSt 36, S. 217, 219 und BGHSt 36, S. 384 ff.

139 Vgl. BGHSt 36, S. 384 ff.

140 BGHR, § 344 Abs. 2 Satz 2 Belehrung 1 = 1 StR 338/95, diese Entscheidung ist auch für die Rügeanforderungen wichtig.

141 Vgl. BGHSt 18, S. 107 ff.

142 Vgl. bereits BGHSt 7, S. 238; BGHSt 8, S. 113, 118; BGHSt 12, S. 311 f.; vgl. auch BGH, StV 1998, S. 362 = 3 StR 558/97.

143 Vgl. BGH, NStZ 2007, S. 538; NStZ-RR 1996, S. 233; StV 1994, S. 359 f.; StV 1993, S. 235.

144 BGH, StV 1981, S. 113 f. = 4 StR 570/80.

145 Vgl. BGH, NStZ 1982, S. 342 = 1 StR 534/81.

Hinweis 55

Bei der Begründung einer Revisionsrüge ist besondere Sorgfalt aufzuwenden, wenn ein Sachverständigenbeweisantrag nach Ansicht des Revisionsführers nicht richtig behandelt wurde, aber jedenfalls ein Sachverständiger vernommen worden ist. In der Revisionsbegründung ist ggf. darzulegen, dass der angehörte Sachverständige das Beweisthema X betraf und mithin einem anderen Beweisthema zugeordnet war.[146]

Vertritt ein am Verfahren nicht beteiligter Sachverständiger eine andere Auffassung als der gehörte Sachverständige bleibt diese Divergenz als solche i.d.R. folgenlos. „Vielmehr unternimmt der Beschwerdeführer damit lediglich den in der Revisionsinstanz untauglichen Versuch, die dem Tatrichter vorbehaltene Würdigung der erhobenen Beweise durch eine eigene Bewertung zu ersetzen. Der Verteidigung hätte es offengestanden, nach §§ 220, 245 Abs. 2 StPO nötigenfalls einen weiteren [..] Sachverständigen in die Hauptverhandlung einzuführen [...]. Daß die Verteidigung dies unterlassen hat, kann nicht im Nachhinein einen Verfahrensfehler des Landgerichts begründen."[147] 56

In der Praxis kann z.B. der Fall vorkommen, dass in BtM-Verfahren ein Gutachten hinsichtlich der Wirkstoffanteile in den Akten ist. Gleichwohl kommt es weder zu einer Verlesung nach § 256 StPO noch zu einer Vernehmung des Sachverständigen. Darin liegt ein Verstoß gegen § 261 StPO (Inbegriff der Hauptverhandlung), wenn freibeweislich[148] festgestellt wird, dass auch anderen vernommenen Personen (Polizeibeamte) insofern nicht wenigstens ein Vorhalt gemacht wurde.[149] Das ist freilich ein Fall, in dem es – zu Lasten des Angeklagten – zu einer Rekonstruktion der Hauptverhandlung kommt, die nach traditionellem Verständnis doch gerade der Ordnung des Revisionsverfahrens widersprechen soll. Hier soll sie aber wiederum zulässig sein. Das zeigt, dass die Argumentation mit der sog. Ordnung des Revisionsverfahrens nicht nur falsch ist (s.o.), sondern sogar unschlüssig angewendet wird. 57

Teilt das Urteil mit, dass der vernommene Sachverständige X. das im Urteil umfassend zitierte Gutachten erstellt hat, findet sich in der Urteilsurkunde aber kein Hinweis, dass der Sachverständige den Inhalt bestätigte, noch ein Hinweis im Protokoll, dass das Gutachten verlesen wurde, so deutet dies i.d.R. darauf hin, dass der Wortlaut zwar verwertet, aber nicht in die Hauptverhandlung eingeführt wurde. Das gilt insbesondere, wenn der zitierte Teil sprachlich so komplex und umfangreich ist, 58

146 Vgl. BGHR, StPO, § 344 Abs. 2 Satz 2 Beweisantragsrecht 7.

147 BGHR, StPO, § 261 Sachverständiger 7.

148 Der BGH hat hier dienstliche Stellungnahmen des Berichterstatters eingeholt. Damit wurde eine eigentlich unzulässige Rekonstruktion der Beweisaufnahme vorgenommen.

149 Vgl. BGH, StV 2001, S. 667 ff. = 2 StR 449/00.

dass nach der Lebenserfahrung ausgeschlossen werden kann, dass dieser aus der Erinnerung – auch auf Vorhalt – heraus wiedergegeben werden kann.[150]

59 *Hinweis*

Bei der Begründung der entsprechenden Rüge ist aus Gründen anwaltlicher Vorsicht vorzutragen, dass der entsprechende Inhalt weder durch Vorhalt noch durch Erklärung des Angeklagten in die Hauptverhandlung noch durch Selbstleseverfahren noch durch sonstige prozessordnungsgemäße Weise eingeführt worden ist. „Es ist von Verfassungs wegen nicht zu beanstanden, wenn das Revisionsgericht für eine den Anforderungen des § 344 Abs. 2 Satz 2 StPO genügende Rüge der Verwertung des Inhalts einer in der Hauptverhandlung nicht verlesenen Urkunde (§ 261 StPO) regelmäßig den Vortrag fordert, dass der Urkundeninhalt auch nicht in sonstiger prozessordnungsgemäßer Weise in die Hauptverhandlung eingeführt worden ist.“[151]

60 Für die Verteidigung ist es wichtig zu wissen, „dass ein Sachverständiger auch dann zur Wahrheitsfindung beitragen kann, wenn er zwar keine sicheren und eindeutigen Schlüsse zu ziehen vermag, seine Schlußfolgerungen die zu beweisenden Tatsachen aber mehr oder weniger wahrscheinlich machen [...].“[152] In diesem Sinn kann es nach dem aktuellen Stand der Forschung – und entgegen der bisherigen grob fehlerhaften Rechtsprechung – sogar angezeigt sein, einen Beweisantrag auf Durchführung einer **polygraphischen Untersuchung** zu stellen bzw. eine Selbstladung eines Sachverständigen vorzunehmen, der eine entsprechende Untersuchung durchgeführt hatte.[153] Beim sog. Kontrollfragentest (KFT) werden relevante Fragen direkt zum Tatgeschehen gestellt und Kontrollfragen zu Fragen, die von der in Frage stehenden Tat verschieden sind, aber dennoch juristisch oder gesellschaftlich pönalisiert sind bzw. negativ bewertet werden. Es wird versucht, dass die Probanden die Kontrollfragen wahrheitswidrig verneinen. Die physiologischen Reaktionen würden von wahren Tätern bei relevanten Fragen größeren Signalcharakter haben, während Unschuldige bei Kontrollfragen mehr Reaktionen zeigen würden. Beim Tatwissenstest (TWT) soll der Täter indirekt ermittelt werden. Hierbei werden Details abgefragt, von denen nur der Täter wissen kann, dass sie mit der Tat in Zusammenhang stehen. Der wahre Täter würde dies erkennen, der Unschuldige nicht, so dass sich hieraus unterschiedliche physiologische Reaktionen erklären würden.

150 Vgl. BGH, StV 2000, S. 655 ff. = 2 StR 190/00.

151 BVerfG, NStZ 2005, S. 522 = 2 BvR 656/99, 657/99 u. 683/99.

152 BGHSt 41, S. 206, 215.

153 Vgl. Putzke/Scheinfeld, Entlastungsbeweis: polygraphische Untersuchung, StraFO 2010, S. 58 ff.; **anders die höchstrichterliche Rechtsprechung**, die eine polygraphische Untersuchung zu Unrecht als untaugliches Beweismittel ansieht (vgl. BVerwG, Beschl. v. 31.7.2014 – 2 B 20/14 = NVwZ-RR 2014, S. 887 ff.; BGH, Beschl. v. 30.11.2010 – 1 StR 509/10 = NStZ 2011, S. 474 ff.; BGH, Beschl. v. 25.6.2003 – VI ZR 327/02 = NJW 2003, S. 2527 ff.).

Eine Auswertung diverser Feld- und Laborstudien ergibt folgende Trefferquoten.[154]

	Schuldige richtig erkannt	Schuldige falsch nicht erkannt	Unschuldige richtig erkannt	Unschuldige falsch nicht erkannt
Laborstudien	94,0 % (KFT) 80,0 % (TWT)	6,0 % (KFT) 20,0 % (TWT)	80,1 % (KFT) 96,6 % (TWT)	19,4 % (KFT) 3,4 % (TWT)
Feldstudien	93,5 % (KFT) 51,7 % (TWT)	6,5 % (KFT) 48,4 % (TWT)	73,7 % (KFT) 97,7 % (TWT)	26,3 % (KFT) 2,4 % (TWT)

Sogar die Aufklärungspflicht kann es gebieten, einen Sachverständigen zu hören, 61
der über Methoden oder Verfahren verfügt, die noch nicht allgemein anerkannt sind.[155] Bei noch nicht allgemein anerkannten Methoden oder Verfahren muss sich der Tatrichter aber des kritischen Beweiswerts bewusst sein. Es ist zu besorgen, dass der Tatrichter diese kritische Würdigung unterlassen hat, wenn er formuliert,[156] dass die Methode „weit überwiegend anerkannt" sei, wenn dies tatsächlich nicht der Fall ist.[157] Lehnt das Gericht einen Beweisantrag auf Vernehmung eines Sachverständigen ab, weil der Sachverständige „nur Schlüsse auf dem untersten Wahrscheinlichkeitsgrad treffen kann", stellt diese Begründung einen revisiblen Rechtsfehler dar, denn ein insofern geringer Beweiswert steht der völligen Ungeeignetheit im Sinne von § 244 Abs. 3 Satz 2 StPO nicht gleich.[158] Ebenso ist es, wenn das Tatgericht den Beweisantrag wegen völliger Ungeeignetheit zurückweist, weil der Sachverständige „keine Schlussfolgerungen mit überwiegender Wahrscheinlichkeit" der behaupteten Beweistatsache machen kann. „Ein Sachverständiger ist aber schon dann ein geeignetes Beweismittel, wenn er zwar keine sicheren und eindeutigen Schlüsse ziehen kann, seine Folgerung aber die unter Beweis gestellte Behauptung als mehr oder weniger wahrscheinlich erscheinen lassen und das Gutachten Einfluss auf die Überzeugungsbildung des Gerichts haben kann (vgl. BGH StV 1997, 338 m.w.N)."[159]

Nach diesen Grundsätzen – wenn sie denn wirklich gelten würden – müsste der po- 62
lygraphische Sachverständige mindestens einen indiziellen Beweiswert haben, was die höchstrichterliche Rechtsprechung aber kontrafaktisch verneint.

154 Vgl. Wehner, Erhebung und Beurteilung von Tatverdächtigenaussagen, S. 26 ff. m.w.N.

155 Vgl. BGHSt 41, S. 206, 215, vgl. auch BGH, NStZ 1998, S. 528 = 3 StR 129/98.

156 Damit liegt wohl auch ein Verstoß gegen §§ 261, 267 StPO vor.

157 Vgl. BGH, StV 1994, S. 227 = NStZ 1994, S. 250 = 5 StR 620/93.

158 Vgl. BGH, StV 1993, S. 508, vgl. auch BGH, StV 1997, S. 338 = NStZ-RR 1997, S. 304 = 4 StR 45/97, vgl. auch BGH, StV 1990, S. 7 = BGHR StPO § 244 Abs. 3 Satz 2 Ungeeignetheit 6 = 5 StR 278/89, vgl. auch BGH, StV 1990, S. 246 = 5 StR 119/90, vgl. auch BGH, NStZ 1984, S. 564 = 5 StR 359/84, vgl. auch BGH, NStZ 1995, S. 97 f. = 1 StR 86/94.

159 BGH, NStZ 2007, S. 476 f. = 4 StR 66/07.

63 Insofern steht dem Tatgericht wegen des Verbots der Vorwegnahme der Beweiswürdigung auch kein Ermessensspielraum zu.[160] „Eine unzulässige Beweisantizipation liegt vor, wenn der von einer Partei angebotene Beweis nicht erhoben wird, weil das Gericht dem unter Beweis gestellten Vorbringen wegen seiner bereits gewonnenen Überzeugung kein Gewicht mehr beimisst."[161] Teilt das Gericht in dem ablehnenden Beschluss mit, dass aus dem beantragten Gutachten keine sichereren Schlüsse gezogen werden könnten, lässt es damit offen, dass auch nicht sichere Schlüsse gezogen werden können und somit eine ggf. auch nur wenig wahrscheinliche Geeignetheit, aber keine völlige Ungeeignetheit für die Beweisfrage vorliegt.[162]

64 *Hinweis*

Die Rechtsprechung behandelt den Polygraphen damit zu Unrecht und im Gegensatz zur Rechtspraxis diverser anderer Staaten als ein völlig untaugliches Beweismittel. Richtig ist, dass eine polygraphische Untersuchung, die zwar nicht absolut sichere Erkenntnisse liefert, gleichwohl ein Indiz darstellen kann.[163]

65 **Folgt das Tatgericht dem Sachverständigen nicht**, bedarf es im Urteil weiterer Darlegungen, warum es sich, obwohl es den Rat eines Sachverständigen für erforderlich gehalten hatte, nun doch eigene Sachkunde zutraut, um von dem Sachverständigengutachten abzuweichen.[164]

> *„Hat das Tatgericht ein solches Gutachten eingeholt, ist es zwar nicht gehindert, von diesem abzuweichen, da es stets nur eine Grundlage der eigenen Überzeugungsbildung sein kann. Auch muss das Tatgericht nicht in jedem Fall, in dem es von dem Gutachten des in der Hauptverhandlung gehörten Sachverständigen abweichen will, einen weiteren Sachverständigen hinzuziehen. Voraussetzung ist aber, dass es die für die abweichende Beurteilung erforderliche Sachkunde besitzt, selbst wenn es erst durch das Gutachten genügend sachkundig geworden ist, um die Beweisfrage beurteilen zu können [m.w.N.]."*[165] *„Allerdings ist der Tatrichter berechtigt und verpflichtet, ein Sachverständigengutachten selbstständig zu beurteilen. Wenn er aber eine Frage, für die er glaubte, des Rates eines Sachverständigen zu bedürfen, im Widerspruch zu dessen Auffassung entscheiden will, muß er die Darlegungen des Sachverständigen im einzelnen wiedergeben und seine Gegenansicht so begründen, daß dem Revisionsgericht eine Nachprüfung ermöglicht wird; dabei müssen die Urteilsgründe eine*

160 Vgl. BGH, NStZ 1984, S. 564 = 5 StR 359/84.

161 BGH, Beschl. v. 11.5.2021 – VI ZR 1206/20.

162 Vgl. BGH, VRS 47, S. 19 = 4 StR 12/74.

163 Vgl. Putzke/Scheinfeld/Klein/Undeutsch, Polygraphische Untersuchungen im Strafprozess, ZStW 121, S. 607 ff.

164 Vgl. LR-StPO/Franke, 26. Aufl., § 337 Rn 113 m.w.N.

165 BGH, Urt. v. 12.12.2018 – 5 StR 385/18.

genügende Sachkunde des Gerichts ausweisen (BGHSt 8, 113, 117; 12, 18, 20; BGH, Urt. v. 29.5.1970 – 3 StR 60/70 – bei Dallinger MDR 1970, 732; GA 1977, 275).“[166]

Hinweis

Diese grds. verständliche Rechtsprechung wird im Falle von aussagepsychologischen Gutachten allerdings faktisch in ihr Gegenteil verkehrt, wenn Tatrichter praktisch immer den Gutachtensergebnissen folgen. Das aussagepsychologische Gutachten, das die Glaubhaftigkeit der Angaben der Belastungszeugin bewertet, ist nur ein Indiz. Das bedeutet, dass der Tatrichter von den Ergebnissen des Gutachtens gar nicht abweichen muss, wenn er die Angaben des Angeklagten als gleich plausibel einschätzt und deswegen zum Freispruch kommt. Weiter sind die Ausführungen des BGH zur nachzuweisenden Sachkunde des nicht folgenden Tatrichters im Falle von aussagepsychologischen Gutachten fehlerhaft, denn die Trefferquote derartiger Gutachten beträgt nicht mehr als 70 %. Dann aber kann gerade kein Zwang für den Tatrichter bestehen, eine bessere Sachkunde nachzuweisen, wenn er dem Gutachten nicht folgt, sondern es müsste genügen, auf den **begrenzten Beweiswert** derartiger Gutachten hinzuweisen, um ihnen nicht zu folgen.

Eine strafrechtlich ungeklärte Frage ist, ob der Angeklagte einen Anspruch auf ein schriftliches **Vorgutachten** hat. Der 2. Strafsenat des BGH scheint diese Frage verneinen zu wollen.[167] Diese Ansicht dürfte aber mit dem Grundsatz des rechtlichen Gehörs und dessen Interpretation durch die Zivilsenate des BGH nur schwer miteinander in Einklang zu bringen sein.[168] Zivilprozessual gilt: „Denn wenn, wie im Streitfall, ein Sachverständiger, ohne dass er vorher ein den Parteien zur kritischen Würdigung zugängliches schriftliches Gutachten erstattet hat, in der mündlichen Verhandlung zu schwierigen Sachfragen ausführlich gehört wird, muss jede Partei, soll ihr das rechtliche Gehör nicht verkürzt werden, Gelegenheit erhalten, sich nach Vorliegen des Protokolls über die Beweisaufnahme gegebenenfalls anderweitig sachverständig beraten zu lassen und zum Beweisergebnis Stellung zu nehmen (vgl. Senatsbeschluss vom 12.1.1982 – VI ZR 41/81 – VersR 1982, 371; Senatsurteil vom 3.6.1986 – VI ZR 95/85 – VersR 1986, 1079 f.; Musielak/Huber, ZPO, 6. Aufl. § 411 Rn 2; Saenger/Eichele, ZPO, 2. Aufl., § 411 Rn 6).“[169] 66

166 BGH, StV 1984, S. 241 f. = 1 StR 44/84; vgl. auch BGH, NStZ 2006, S. 511 = Beschl. v. 28.3.2006 – 4 StR 575/05; NStZ 2005, S. 628 ff. = Urt. v. 16.6.2005 – 5 StR 464/04.

167 Vgl. BGH, Beschl. v. 8.7.2009 – 2 StR 54/09 = NStZ 2009, S. 582 f.; offen gelassen von BGH, Beschl. v. 12.2.2008 – 1 StR 649/07 = NStZ 2008, S. 418 ff.

168 Vgl. auch Anmerkung von Deckers zu BGH, Beschl. v. 8.7.2009 – 2 StR 54/09 und den Hinweis auf den Fair-Trial-Grundsatz, StV 2009, S. 6 ff.

169 BGH, VI ZR 275/08.

67 *Hinweis*

Der Tatsachenverteidiger hat daher ein schriftliches Vorgutachten anzufordern und ggf. die Beanstandung nach § 238 Abs. 2 StPO durchzuführen.[170]

68 Lehnt **das Gericht** ein beantragtes Sachverständigengutachten unter Hinweis auf seine **eigene Sachkunde** ab, muss es seine eigene Sachkunde hinreichend deutlich machen, wobei der Tatrichter in Grenzfällen eher zu viel als zu wenig tun muss.[171] Hat der Tatrichter die Sachkunde nicht, verstößt die Nichteinholung eines Sachverständigengutachtens sowohl gegen § 244 Abs. 2 StPO als auch auf die Sachrüge hin gegen § 261 StPO.[172] „Besitzt der Richter das nötige Fachwissen zur Beantwortung der Beweisfrage, so ist zwar gleichgültig, aus welcher Quelle er die Sachkunde besitzt. Es kann sich um Spezialwissen handeln, das er beruflich oder außerberuflich – auch durch Fachliteratur – erworben hat. Er muß jedoch grundsätzlich die Quelle seines Wissens angeben, wenn ohne diese Angabe das Bestehen der Sachkunde nicht verständlich ist (vgl. *Alsberg/Nüse/Meyer*, a.a.O., S. 716). Die Berechtigung seiner Annahme, er sei selbst sachkundig, muß das Gericht in den Urteilsgründen plausibel machen, wenn es *mehr als Allgemeinwissen* in Anspruch nimmt (s. KK-*Herdegen*, a.a.O.). [...] Hat das Gericht in dem Beschluß, mit dem ein Beweisantrag wegen eigener Sachkunde abgelehnt worden ist, hinreichend erläutert, wieso es sich die zur Beurteilung der Beweisfrage erforderliche Sachkunde zutraut, so bedarf es zwar im Urteil dazu keiner weiteren Ausführungen. Der Ablehnungsbeschluß der *StrK* enthält jedoch ebenfalls keine Angaben zur Quelle ihres Wissens. Ungenügende eigene Sachkunde und unzulängliche Dokumentation des eigenen Wissens in den Urteilsgründen sind zwar zu unterscheiden. Ein Darstellungsmangel zwingt indessen zu der Folgerung, daß dem Gericht die von ihm in Anspruch genommene Sachkunde fehlte (s. KK-*Herdegen*, a.a.O., m.w.N.).“[173]

69 *Hinweis*

Bei selbst geladenen Sachverständigen gem. § 245 Abs. 2 StPO ist eine Ablehnung wegen eigener Sachkunde nicht möglich.[174] Wenn der Sachverständige von der Verteidigung nach §§ 220, 38, 245 Abs. 2 StPO ordnungsgemäß geladen wurde, im Termin erscheint und vorbereitet ist, dann ist eine Ablehnung eines entsprechenden Beweisantrags nur unter den speziellen, engen Gründen des § 245 Abs. 2 S. 2, 3 StPO zulässig (Missbrauch, völlige Ungeeignetheit etc.).

170 Vgl. Burhoff, Verfahrenstipps und Hinweise für Strafverteidiger (I/2010), ZAP vom 17.2.2010, S. 177, 183 (Fach 22 R S. 633).

171 Vgl. BGH, Beschl. v. 29.10.1996 – 4 StR 508/96 = NStZ-RR 1997, S. 106.

172 Vgl. LR-StPO/Franke, 26. Aufl., § 337 Rn 113 m.w.N.

173 OLG Düsseldorf, StV 1991, S. 554.

174 Vgl. LR-StPO/Gollwitzer, 25. Aufl., § 245 Rn 65.

Eine andere Problematik kann sich stellen, wenn sich in einer bestimmten Fachrichtung **divergierende „Schulen"** gegenüberstehen und das Gericht den Sachverständigen auswählt, der vermutlich zu einem für den Angeklagten ungünstigen Ergebnis kommen wird. Die reine Tatsache, dass zu einer bestimmten Frage in Sachverständigenkreisen keine Einigkeit herrscht (z.B. ob bestimmte Holzschutzmittel Gesundheitsschäden hervorrufen), führt nicht dazu, dass auch der Tatrichter von einem non liquet ausgehen muss.[175] In diesem Fall bestehen im Bereich der **Beweiswürdigung allerdings besondere Darstellungsanforderungen** im Urteil. D.h. das Tatgericht hat im Urteil die Aussagen beider „Schulen" darzustellen.[176] Erfolgt das nicht, müsste das Urteil bereits aufgrund der allg. Sachrüge aufgehoben werden, wenn der „Schulenstreit" als solcher aus dem Urteilstext erkennbar wird. Das Revisionsgericht muss durch eine Darstellung des Streitstandes in der Lage sein, zu überprüfen, ob eine Abwägung der für und gegen die Methode sprechenden Umstände stattgefunden hat.[177] Das Gleiche gilt, wenn das Gericht einem Sachverständigen mit dessen Schlussfolgerungen Methoden und Verfahren folgt, diese jedoch (noch) nicht allgemein anerkannt sind. Das Tatgericht muss sich dann mit möglichen Zweifeln und Kritik gegen dieses von ihm zugrundegelegte Verfahren auseinandersetzen.[178] Das Tatgericht muss das „Revisionsgericht durch Darstellung des Streitstandes in die Lage versetzen, zu überprüfen, ob die Abwägung der für und gegen die Methoden oder Erkenntnisse sprechenden Gesichtspunkte rechtsfehlerfrei stattgefunden hat […] Er [der Tatrichter] hat in den Urteilsgründen alle Tatsachen mitzuteilen, die das Revisionsgericht benötigt, um die Schlüssigkeit des umstrittenen Gutachtens und seine Vereinbarkeit mit gesicherten Erkenntnissen der Wissenschaft zu überprüfen."[179] „Bei der Bewertung voneinander abweichender Gutachten ist es erforderlich, dass der Tatrichter die wesentlichen Anknüpfungstatsachen und Darlegungen der Sachverständigen im Urteil wiedergibt, also die wesentlichen tatsächlichen Grundlagen, an die die Schlussfolgerungen eines Gutachtens anknüpfen, und die Schlussfolgerungen selbst wenigstens soweit im Urteil mitteilt, als dies zum Verständnis der Gutachten und zur Beurteilung ihrer gedanklichen Schlüssigkeit für das Revisionsgericht erforderlich ist".[180] Das bedeutet, dass das Gericht ausführen muss, wie sich die Sachverständigen zu den Ausführungen des jeweils anderen Gutachtens verhalten haben.[181] 70

175 Vgl. BGH, StV 1997, S. 124 ff.; vgl. auch BGH, StV 1990, S. 446 f., mit Anm. Samson, Probleme strafrechtlicher Produkthaftung, StV 1991, S. 182 f. und Hamm, Der strafprozessuale Beweis der Kausalität und seine revisionsrechtliche Überprüfung, StV 1997, S. 159 ff.

176 Vgl. BGHSt 41, S. 206, 216 f.

177 Vgl. Schmitt/Köhler, Komm. zur StPO, 68. Aufl., § 267 Rn 13 m.w.N.

178 Vgl. BGH, NStZ 1998, S. 528 f. = 3 StR 129/98.

179 BGHSt 41, S. 206, 216 f.

180 BGH, Urt. v. 22.1.2019 – 1 StR 445/18 = NJW 2019, S. 946.

181 So der redaktionelle Leitsatz zu BGH, Urt. v. 22.1.2019 – 1 StR 445/18 = NJW 2019, S. 946.

71 *Hinweis*

Für die Verteidigung kann sich ein Beweisantrag auf Vernehmung eines Sachverständigen zur Zuverlässigkeit der angewandten Methode des ersten Sachverständigen empfehlen.[182]

72 Revisionsrechtlich relevant kann der Hinweis sein, dass manchmal unterstellt wird, dass Sachverständige der Bundes- und Landeskriminalämter über bessere Forschungsmittel verfügen. Wird als weiteres Gutachten das Gutachten eines BKA oder LKA beantragt, kann auch die Aufklärungsrüge erfolgreich sein. „Der Angeklagte beantragte die Anhörung eines weiteren Sachverständigen des Bundeskriminalamtes. Dieses verfügt, wie allgemein bekannt, über hervorragende technische Mittel und Einrichtungen und hat Mitarbeiter, die große Erfahrung bei der Aufklärung von Straftaten besitzen. Es liegt nahe, daß ein solcher Sachverständiger nicht nur eine besondere Sachkunde besitzt, sondern daß ihm auch überlegene Forschungsmittel zur Verfügung stehen, die denen eines privaten Sachverständigen überlegen sind. Die Strafkammer musste daher feststellen, über welche Forschungsmittel der vernommene [private] Sachverständige und über welche ein Sachverständiger des Bundeskriminalamts verfügt; sie konnte erst dann prüfen, ob die Forschungsmittel des benannten weiteren Sachverständigen des Bundeskriminalamts nicht überlegen sind. Daß sie dies getan hat, läßt die rein formelhafte Begründung des Ablehnungsbeschlusses nicht ersehen […] Selbst wenn das Gericht die Anhörung eines weiteren Sachverständigen nach § 244 Abs. 4 Satz 2 StPO rechtlich fehlerfrei ablehnt und daher eine Verfahrensrüge insoweit keinen Erfolg hat, kann doch unter Umständen in der Unterlassung der Heranziehung eines weiteren Sachverständigen eine Verletzung der Aufklärungspflicht liegen und dieser Verfahrensfehler zur Aufhebung des Urteils führen.“[183]

73 Aus Gründen anwaltlicher Vorsicht sollte bereits im Beweisantrag der Sachverständige der der Verteidigung günstigen Schule namentlich benannt und dargelegt werden, weshalb dieser konkrete Sachverständige beauftragt werden sollte. Wird das vom Gericht abgelehnt, sollte dieser Sachverständige gem. § 245 Abs. 2 StPO als selbst geladenes Beweismittel in das Verfahren eingeführt werden.[184] „Da der Richter den Sachverständigen bestellt, können Staatsanwaltschaft und Angeklagter die Anhörung eines bestimmten Sachverständigen nur durch Selbstladung und Beweisantrag nach §§ 220, 245 StPO erreichen.“[185] Gericht und Staatsanwaltschaft sollten **„vorinformiert“** werden, damit sie ihr Fragerecht effektiv ausüben können. § 245 Abs. 2 StPO bezieht sich auf die vom Angeklagten oder der Staatsanwaltschaft vorgeladenen und auch erschienenen Zeugen und Sachverständigen sowie auf die sons-

182 Vgl. BGH, NStZ 1998, S. 526 = 3 StR 129/98.

183 BGHSt 10, S. 116, 118.

184 Vgl. Hamm/Hassemer/Pauly, Beweisantragsrecht, 2. Aufl., Rn 212.

185 BGHSt 44, S. 26, 32.

tigen herbeigeschafften Beweismittel. Für das *Herbeischaffen* gibt es keine gesetzlichen Regeln. Es genügt, dass ein Beweisgegenstand in der Hauptverhandlung formlos gebrauchsfähig vorgelegt wird, der allerdings durch den nötigen Beweisantrag individualisiert werden muss.[186] Im Übrigen ist unerheblich, ob die Entschädigung gem. § 220 Abs. 2 StPO hinterlegt ist.[187] Dem Gericht muss allerdings die **Ladung** nachgewiesen werden.[188] Unerheblich ist wiederum, ob die Ladung rechtzeitig erfolgte, solange der Sachverständige in der Hauptverhandlung erscheint.[189] Dem selbst geladenen Sachverständigen darf der Zugang zu den notwendigen Anknüpfungstatsachen nicht verwehrt werden,[190] solange dies nicht zu einer Verzögerung[191] der Hauptverhandlung führt.[192]

Hinweis 74

Der von der Verteidigung geladene Sachverständige wird immer wieder als „Sachverständiger der Verteidigung" bezeichnet. Das ist falsch. Jeder in der Hauptverhandlung vernommene Sachverständige ist ein „Sachverständiger des Gerichts".[193] Es ist nicht gerechtfertigt, gegenüber Privatgutachtern durchweg Argwohn zu hegen.[194]

Der von dem Verteidiger geladene Sachverständige muss zur Erstattung seines Gutachtens in der Hauptverhandlung vorbereitet sein und dieses in der Hauptverhandlung erstatten können.[195] Bei einem frühzeitigen Antrag und Beschluss gemäß § 245 Abs. 2 StPO sind die notwendigen Unterlagen dem Sachverständigen zur Vorbereitung einer Gutachtenerstattung vom Gericht zur Verfügung zu stellen.[196] Davor muss der Verteidiger diese über sein Akteneinsichtsrecht dem Sachverständigen zukommen lassen.[197] 75

Die Aktenweitergabe mit kinderpornographischen Schriften durch einen Verteidiger an einen Sachverständigen kann problematisch werden, ist aber vom Tat-

186 Vgl. KK-StPO/Krehl, 9. Aufl. 2023, StPO § 245 Rn 25.

187 Vgl. LR-StPO/Gollwitzer, 25. Aufl., § 245 Rn 48.

188 Vgl. LR-StPO/Gollwitzer, 25. Aufl., § 245 Rn 48.

189 Vgl. LR-StPO/Gollwitzer, 25. Aufl., § 245 Rn 57.

190 Vgl. Hamm/Hassemer/Pauly, Beweisantragsrecht, 2. Aufl., Rn 441.

191 Kurzfristige Unterbrechungen und Vertagungen sind nach Detter, Der von der Verteidigung geladene Sachverständige (Problem des § 245 Abs. 2 StPO) in Festschrift für Hannskarl Salger, S. 231, 241 unschädlich. Insofern zustimmend Hamm/Hassemer/Pauly, Beweisantragsrecht, 2. Aufl., Rn 456.

192 Vgl. BGHR, StPO, § 245 Abs. 2 Beweismittel 1.

193 Vgl. Widmaier, Zur Rechtsstellung des nach §§ 220, 38 StPO vom Verteidiger geladenen Sachverständigen, StV 1985, S. 526 f.

194 Vgl. De Vries, Einführung in die Kriminalistik für die Strafrechtspraxis, Rn 316.

195 Vgl. BGHSt 43, S. 171, 173.

196 Vgl. BGH, Urt. v. 12.2.1998, Az.: 1 StR 588/97; vgl. Widmaier, Zur Rechtsstellung des nach §§ 220, 38 StPO vom Verteidiger geladenen Sachverständigen, StV 1985, S. 526 f.

197 Vgl. KK-StPO/Krehl, 9. Aufl. 2023, StPO § 245 Rn 24.

bestandsausschluss des § 184b Abs. 5 StGB gedeckt, soweit dies nach dem hierfür maßgeblichen Gutachtenauftrag zur Wahrnehmung der Verteidigungsaufgabe erforderlich ist.[198] Es muss sich hierbei nicht um einen anerkannten Sachverständigen handeln, sondern es ist ausreichend, dass derjenige, der von der Verteidigung beauftragt wird, über eine berufliche Qualifikation verfügt, die es ermöglicht, den ihm von der Verteidigung erteilten Auftrag sachgerecht zu bearbeiten.[199]

76 Auch wenn der selbst geladene Sachverständige zu eigenen Untersuchungen zeitlich nicht mehr in der Lage ist, kann er ein präsentes Beweismittel sein, um die Ausführungen eines anderen Sachverständigen anhand seines Kontrollwissens zu prüfen.[200] Zutreffend hat bereits das RG mitgeteilt: „Zudem läßt sich nicht wohl in Zweifel ziehen, daß gerade auch die Vernehmung des einen Sachverständigen in Gegenwart des anderen für die Aufklärung des Sachverhalts von Nutzen sein kann.“[201] Im Zivilverfahren kann die Partei die Ausübung ihres **Fragerechts** an den gerichtlich bestellten Sachverständigen **übertragen**:[202]

> *„Zutreffend hat der Richter auch Äußerungen des fachkundigen Beraters der Partei zugelassen. Es wäre nicht nur eine unnötige Förmelei und eine Zeitvergeudung für alle Beteiligten, wenn man fordern würde, die Partei müsse jeweils Unterbrechung der Beweisaufnahme erwirken, damit sie sich in der Pause fachkundig beraten lassen kann, um sodann bei Fortsetzung der Beweisaufnahme sachlich und fachlich richtige Fragen stellen oder solche Hinweise geben zu können. Es wäre vor allem eine ungerechtfertigte Beeinträchtigung des rechtlichen Gehörs der Partei, die stets Gefahr laufen würde, bei der Übermittlung des sachkundigen Rats mangels eigener Sachkunde Fehler zu machen. Gerade im vorliegenden Rechtsstreit, in dem der gerichtlich beauftragte Gutachter zu einer völlig anderen Beurteilung gelangt als der vom Kl. beauftragte Privatgutachter, wäre der Kl. durch ein solches Verfahren in der Wahrnehmung seiner Rechte unangemessen beeinträchtigt.“*[203]

77 Im Strafverfahren ergibt sich für diese Funktion des Sachverständigen als „**Erklärungshelfer**“ kein Bedürfnis, denn nach einem Beschluss gem. § 245 Abs. 2 StPO hat der selbst geladene Sachverständige die gleichen **Anwesenheits- und Fragerechte** in der mündlichen Verhandlung – wie alle anderen Sachverständigen – gem. § 80 StPO.[204]

198 Vgl. BGH, Urt. v. 19.3.2014 – 2 StR 445/13.
199 Vgl. OLG Frankfurt am Main, Beschl. v. 2.11.2012, Az.: 2 WS 114/12.
200 Vgl. LR-StPO/Gollwitzer, 25. Aufl., § 245 Rn 21.
201 RGSt 10, S. 161.
202 Vgl. BGH, VersR 2009, S. 69 f.; OLG Karlsruhe, zfs 2005, S. 510; OLG München, MDR 1989, S. 71.
203 OLG München, MDR 1989, S. 71.
204 Vgl. BGH, Urt. v. 12.2.1998, Az.: 1 StR 588/97.

Hinweis

Verweigert ein Angeklagter dem gerichtlich bestellten Sachverständigen die (psychiatrische/psychologische) Untersuchung, so verfügt ein weiterer Sachverständiger nicht deswegen über überlegene Forschungsmittel, weil sich der Angeklagte von diesem untersuchen lassen würde, denn dann hätte es der Angeklagte in der Hand, nur den *„Sachverständigen seines Vertrauens"* bestellen zu lassen mit allen sich daraus ergebenden Folgen, die sich aus der Verlagerung der von Amts wegen durchzuführenden Aufklärung des Sachverhalts durch das Gericht auf einen vom Angeklagten ausgewählten Gutachter ergäben.[205]

Der Tatsachenverteidiger wird daher in jedem Fall auf das Erscheinen des Sachverständigen hinweisen, die Ladungsverfügung übergeben und einen entsprechenden Beweisantrag stellen. Das Gesetz gewährt einen unbedingten Beweiserhebungsanspruch, der nur unter den Voraussetzungen des § 245 Abs. 2 StPO zurückgewiesen werden kann. Verzögerungen in der Verbescheidung des Antrags lassen den Beweiserhebungsanspruch aus §§ 220, 245 Abs. 2 StPO in der Praxis manchmal leer laufen.[206] **78**

Dem vom Verteidiger geladenen Sachverständigen ist auf Anordnung des Vorsitzenden gem. § 126 Abs. 2 Satz 3 StPO i.V.m. § 119 StPO sogar ein Besuch in der JVA – zu denselben Konditionen wie anderen Sachverständigen – zu genehmigen, um den Angeklagten begutachten und explorieren zu können.[207]

Wird der von der Verteidigung geladene Sachverständige nicht vernommen, sind im Rahmen der revisionsrechtlichen Begründung der Verletzung des § 245 StPO wiederum spezielle Begründungserfordernisse zu beachten (v.a. Angabe des Inhalts der Ladungsverfügung).[208] **79**

Der Tatsachenverteidiger kann sich nicht darauf verlassen, dass „divergierende Schulen" im Urteil ausreichend dargestellt und gewürdigt werden oder eine Aufhebung allein aufgrund der Sachrüge erfolgt.

Hinweis **80**

Im angelsächsischen Strafprozess soll eine „second opinion" bei bedeutungsvollen oder schwierigen Fragen die Regel sein.[209] Wird der Angeklagte zur Frage der Sachverständigenauswahl nicht gehört, kann in gravierenden Fällen ein aus

205 Vgl. BGH, Urt. v. 12.2.1998, Az.: 1 StR 588/97.

206 Vgl. Widmaier, Zur Rechtsstellung des nach §§ 220, 38 StPO vom Verteidiger geladenen Sachverständigen, StV 1985, S. 526 ff.

207 Vgl. Widmaier, Zur Rechtsstellung des nach §§ 220, 38 StPO vom Verteidiger geladenen Sachverständigen, StV 1985, S. 526, 528.

208 Vgl. Dahs/Dahs, Die Revision im Strafprozess, 7. Aufl., Rn 356; vgl. aber auch BVerfG 2 BvR 656/99, 2 BvR 657/99, 2 BvR 683/99; vgl. auch LR-StPO/Gollwitzer, 25. Aufl., § 245 Rn 89 ff.

209 Vgl. Deckers, Der strafprozessuale Beweisantrag, S. 48 m.w.N.

Art. 103 Abs. 1 GG abgeleitetes Beweisverwertungsverbot hinsichtlich der Ausführungen des bereits beauftragten Sachverständigen bestehen.

81 In der BRD herrscht ein beängstigendes Schweigen gegenüber der Problematik falscher Sachverständigengutachten. Das ist insofern bemerkenswert, als einerseits *Peters* bereits 1972 in seiner grundlegenden Fehlurteilsforschung die Problematik der falschen Sachverständigengutachten als erhebliche Ursache von Fehlurteilen herausgearbeitet hat[210] und andererseits der deutsche Philosoph *Popper* die regelmäßige Vorläufigkeit wissenschaftlicher Ergebnisse betont hat.[211] *Neuhaus* meint zu Recht: „Die Bundesrepublik befindet sich keinesfalls bei allen Disziplinen in Forschung und Entwicklung an der Spitze."[212] Kriminalistik und Kriminaltechnik wird an den inländischen Universitäten nicht gelehrt. Die Ausbildung kann insofern als besorgniserregend vernachlässigt bezeichnet werden. Der letzte entsprechende Studiengang wurde mangels Bedarf 1994 eingestellt.[213] Die Problematik der fehlenden „second opinion" stellt sich im deutschen Recht auch deswegen als besonderes Problem dar, weil das Gericht Sachverständige gerne nach der Devise „bekannt und bewährt" auswählt. In nicht allzu seltenen Fällen werden diejenigen Sachverständigen vom Gericht ausgewählt, „deren Tendenzen sie [die Tatrichter] bereits zu kennen meinen – und nur wenige Gerichte haben die Größe, sich mit einem möglichst breiten Spektrum an Sachverständigen auseinanderzusetzen."[214] Umgekehrt wird in der Praxis beobachtet: „Der **regelmäßig für das Gericht arbeitende Gutachter** erliegt manchmal der Versuchung, bei einer Stellungnahme allzu sehr darauf Rücksicht zu nehmen, auf welches Ergebnis seiner Meinung nach der Auftraggeber hinaus will."[215]

Dem rechtstheoretischen Anspruch des kritischen Umgangs mit einem Sachverständigengutachten kommt die Praxis in vielen Fällen nicht nach. Im Gegenteil: Die „Bekannt- und Bewährtheit" des Sachverständigen führt eher zu einem Vertrauensvorschuss und einer Betriebsblindheit, statt zu einem kritischen Umgang.[216] Das wurde durch eine Untersuchung bestätigt. Deren Fazit lautet:

210 Vgl. Peters, Fehlerquellen im Strafprozess, S. 117 ff.

211 Vgl. Popper, Logik der Forschung, 8. Aufl., (1984), S. 225.

212 Neuhaus, Kriminaltechnik, in: Brüssow/Gatzweiler/Krekeler/Mehle, Strafverteidigung in der Praxis, 4. Aufl. § 29 Rn 10.

213 Vgl. Neuhaus, Kriminaltechnik in Brüssow/Gatzweiler/Krekeler/Mehle, Strafverteidigung in der Praxis, 4. Aufl. § 29 Rn 10 f. m.w.N.

214 Nedopil, Verständnisschwierigkeiten zwischen dem Juristen und dem psychiatrischen Sachverständigen, NStZ 1999, S. 433, 435.

215 De Vries, Einführung die Kriminalistik für die Strafrechtspraxis, Rn 314.

216 Vgl. Neuhaus, Kriminaltechnik in Brüssow/Gatzweiler/Krekeler/Mehle, Strafverteidigung in der Praxis, 4. Aufl. § 29 Rn 25 f.

Hinweis 82

„Es geschehen Fehler, aber es fehlt offensichtlich an der Analyse und Beseitigung der Fehlerursachen. Man vermisst eine angemessene Fehlerkultur. Eine zentrale und nicht selten auch mitursächliche Rolle bei den bekannt gewordenen Fehlurteilen des Rechtssystems spielen medizinische und psychologische Gutachten.“[217] Das dürfte immer noch richtig sein, wird aber – eben wegen der nicht angemessenen Fehlerkultur – kaum erforscht.

Der ablehnenden Haltung gegenüber einer **second opinion** liegt ein überkommenes Bild von der Fähigkeit des Richters zugrunde. Nach diesem überkommenen Bild, von dem die StPO ausgeht, könne dem Richter durch das Gutachten die erforderliche Sachkunde vermittelt werden, damit dieser eigenverantwortlich entscheidet.[218] In vielen Bereichen ist der Sachverständige jedoch bereits faktisch an die Stelle des Gerichts getreten.[219] Mangels richterlicher Sachkenntnis wird das Gutachtensergebnis schlicht mit juristischer Urteilsrhetorik[220] versehen und übernommen.[221] Verzichtet das Urteil allerdings auf diese „Urteilsrhetorik“, d.h. die Wiedergabe und eigene Würdigung des Sachverständigengutachtens (oft ohnehin nur pro forma), sondern schließt es sich schlicht dem „überzeugenden“ Gutachten an, ist die Sachrüge begründet.[222] 83

Nachdem das zweite Gutachten – jedenfalls wenn es von der Verteidigung beantragt wird – regelmäßig den Zweck verfolgt, dem Tatrichter darzulegen, dass das erste Gutachten gerade nicht das Gegenteil der behaupteten Tatsache ergab, ist die gleichwohl mögliche Ablehnung gem. § 244 Abs. 4 Satz 2 1. Halbs. StPO ein gesetzlich zulässiger, aber bedenklicher Fall der Beweisantizipation.[223] Im Zivilprozess hat die Partei einen anderen – weit besseren – Stand. Wenn im Beweisaufnahmetermin schwierige Sachfragen durch einen Sachverständigen beantwortet werden, muss einer Partei Gelegenheit gegeben werden, die Erklärungen des Sachverständigen ggf. durch Erholung eines Privatgutachtens zu entkräften. In Zivilsachen wird 84

217 Jordan/Gresser, Wie unabhängig sind Gutachter, DS 2014, S. 71.

218 Vgl. Hamm/Hassemer/Pauly, Beweisantragsrecht, 2. Aufl., Rn 386.

219 Das ist umso besorgniserregender, als in nicht wenigen Fällen der **Person des Sachverständigen „prozessentscheidende Weichenstellung“** zukommt, vgl. für den Bereich des Zivilrechts: Prechtel, Entkräftung eines Sachverständigengutachtens, ZAP vom 27.3.2008, S. 361.

220 Oft wird mit stereotypen Leerformeln gearbeitet, z.B., dass das Gutachten überzeugend und widerspruchsfrei sei und der Sachverständige X gerichtsbekannt zuverlässig und kompetent ist. Vgl. für den Bereich des Zivilrechts, Prechtel, Entkräftung eines Sachverständigengutachtens, ZAP vom 27.3.2008, S. 361.

221 Vgl. Hamm/Hassemer/Pauly, Beweisantragsrecht, 2. Aufl., Rn 384, diese Praxis ist auch im Zivilrecht zu beobachten: „Wenn hinsichtlich einer entscheidungserheblichen Frage ein gerichtlich angeordnetes Sachverständigengutachten vorliegt, entscheidet sich fast ausnahmslos danach der Prozess“, so zutreffend: Prechtel, Entkräftung eines Sachverständigengutachtens, ZAP vom 27.3.2008, S. 361.

222 Vgl. Dahs/Dahs, Die Revision im Strafprozess, 7. Aufl., Rn 281 m.w.N.

223 Vgl. Hamm/Hassemer/Pauly, Beweisantragsrecht, 2. Aufl., Rn 165.

ein Verstoß hiergegen als Verstoß gegen Art. 103 Abs. 1 GG und den Grundsatz der Waffengleichheit gewertet. Dort heißt es zum Beispiel:

„Dazu gehört es, einer medizinisch nicht sachkundigen Partei Gelegenheit zu geben, zu dem mündlich erstatteten Gutachten eines Sachverständigen über schwierige medizinische Fragen nach Vorliegen des Vernehmungsprotokolls nochmals Stellung zu nehmen, nachdem sie sich etwa selbst anderweitig sachverständig hat beraten lassen (Senat, NJW 1982, 1335 = VersR 1982, 371). Andernfalls wäre sie in den meisten Fällen nicht in der Lage, dem Sachverständigen etwaige abweichende medizinische Lehrmeinungen vorzuhalten, auf mögliche Lücken der Begutachtung hinzuweisen und etwaige Widersprüche im Gutachten aufzuzeigen. Der Senat hat in dem angeführten Beschluß ferner schon darauf hingewiesen, daß der Partei dieses Recht zu einer fundierten Stellungnahme nach Kenntnis der schriftlichen Protokolle nicht deswegen genommen werden darf, weil sie die maßgeblichen medizinischen Fakten schon vor der Verhandlung gekannt habe und schon vorher die erforderlichen Informationen hätte einholen können, um dem Sachverständigen sachkundige Fragen zu stellen und aus der Kenntnis medizinischer Fakten heraus Vorbehalte zu machen. Vielmehr darf die Partei, von der grundsätzlich nicht der Vortrag speziellen medizinischen Fachwissens gefordert werden kann, abwarten, wie die Stellungnahme des gerichtlichen Sachverständigen ausfällt, insbesondere welche fachlichen Ansichten er vertritt und wie er sie begründet. Sie kann das vorher nicht wissen, wenn kein gründliches schriftliches Gutachten vorliegt, und sie muß nicht vorsorglich Privatgutachten einholen (was sich gleichwohl im Einzelfall empfehlen kann), um sich auf jede Eventualität im medizinischen Fachgespräch vorzubereiten, deren Bedeutung sie vorher noch gar nicht erkennen kann.“[224]

85 *Hinweis*

Statt eines kompletten Zweitgutachtens kann ggf. auch ein „methodenkritisches Gutachten“ zur Widerlegung des bisherigen Gutachtensergebnisses beantragt werden.[225] Die Verteidigung hat faktisch regelmäßig keine Möglichkeit, ein weiteres Gutachten zu erlangen. Als einzige realistische Option verbleibt die Selbstladung eines Sachverständigen.

VII. Das Rekonstruktionsverbot

86 Geht es nicht um einen Verfahrensfehler, sondern um die Überprüfung der konkreten Beweiswürdigung, scheitert diese i.d.R. an dem revisionsrechtlichen Postulat des **Verbots der Rekonstruktion der Beweisaufnahme**.[226]

224 Vgl. BGH, NJW 1994, S. 1923; vgl. auch BGH, Beschl. v. 28.7.2011 – VII ZR 184/09 = NJW 2011, 3040.

225 Vgl. BGH, Beschl. v. 27.1.2010 – 2 StR 535/09 = NStZ 2010, S. 405 ff.

226 Vgl. BGHSt 17, S. 351.

Hinweis 87

Das revisionsrechtliche Verbot der Rekonstruktion der Beweisaufnahme wird immer wieder kritisiert. Systematisch lässt sich dieses Verbot in der BGH-Rechtsprechung nicht durchhalten.[227] In diversen Einzelfallentscheidungen wurde die Beweisaufnahme rekonstruiert. Ingesamt hält die Rechtsprechung an diesem Postulat fest,[228] ohne die Abgrenzungsprobleme zur erforderlichen Rekonstruktion der Hauptverhandlung zum Nachweis eines Verfahrensfehlers aufzuklären, was möglicherweise auch gar nicht möglich ist, nachdem dieses Verbot zu der Entwicklung der §§ 244 Abs. 2 und 261 seit 1877 nicht passt.[229]

Abgesehen von der schlagwortartigen Behauptung des Rekonstruktionsverbots hat sich noch keine zufriedenstellende, dogmatische Begründung oder Systematik herausarbeiten lassen, wann eine Rekonstruktion der Hauptverhandlung zulässig ist (oft im Rahmen einer Rüge des § 265 StPO) und wann nicht.[230] Jedenfalls führt dieses Verbot dazu, dass das Revisionsgericht schwerwiegende Mängel des tatrichterlichen Verfahrens nicht aufklären kann, und es ist – wie der Vergleich mit dem Zivilverfahren zeigt – unzutreffend, dies mit der „Ordnung des Revisionsverfahrens" zu begründen. 88

Auch im Zivilverfahren darf Entscheidungsgrundlage nur das sein, was Gegenstand der mündlichen Verhandlung war. Schriftsätze dienen primär der Ankündigung des mündlichen Vortrags; sie ersetzen ihn nicht (§ 137 ZPO). Allerdings liegt in der vorbehaltlosen Antragstellung regelmäßig eine stillschweigende Bezugnahme auf den bis dahin schriftsätzlich gehaltenen Vortrag. Auf diesem Weg kann das Revisionsgericht prüfen, ob etwa eine konkret gerügte Gehörsverletzung – beispielsweise die Nichtberücksichtigung eines bestimmten Schriftsatzes oder Arguments – durch das Tatgericht vorliegt. 89

Im Strafprozess ist dies anders. Selbst eine ausdrückliche Bezugnahme auf einen bestimmten Schriftsatz, der die Argumente des Angeklagten zusammenfasst, oder sogar die Übergabe eines solchen Schriftsatzes in der mündlichen Verhandlung führt nicht dazu, dass dessen Inhalt mit den Urteilsgründen abgeglichen wird. Ob der wesentliche Kern des Verteidigungsvorbringens zu einer zentralen Frage des Verfahrens berücksichtigt wurde – was nach Art. 103 Abs. 1 GG erforderlich wäre –, wird aufgrund des Schlagworts des Rekonstruktionsverbots nicht überprüft. 90

227 Vgl. Rieß, Revision, in: Brüssow/Gatzweiler/Krekeler/Mehle, Strafverteidigung in der Praxis, 4. Aufl., § 13 Rn 246 m.w.N.

228 Vgl. Neuhaus, Revision, in: Brüssow/Gatzweiler/Krekeler/Mehle, Strafverteidigung in der Praxis, 4. Aufl. § 13 Rn 60 m.w.N.; vgl. auch Herdegen, Die Überprüfung der tatsächlichen Feststellungen durch das Revisionsgericht aufgrund der Verfahrensfüge, StV 1992, S. 591 ff.

229 Vgl. LR-StPO/Franke, 26. Aufl., § 337 Rn 53 m.w.N.

230 Vgl. LR-StPO/Hanack, 25. Aufl., § 337 Rn 77a.

91 Ein markantes Beispiel stellt der folgende Fall dar:

„Nach der Vernehmung einer Zeugin gaben sie [die Verteidiger] eine umfangreiche, schriftlich fixierte Erklärung ab [gem. § 257 II StPO], in der sie niederlegten, was die Zeugin nach ihrer Auffassung bekundet hatte, verbunden mit der Aufforderung an das Gericht, ihnen Hinweis zu erteilen, wenn sie nach dessen Ansicht irren sollten. Das Gericht gab keinen Hinweis. Es verurteilte. Und stützte sein Urteil auf angebliche Bekundungen der Zeugin, die denen, die sie nach Auffassung der Verteidigung gemacht hatte, in wesentlichen Punkten widersprachen.“[231]

Das Gericht verurteilte (ohne Hinweis) und gab der Zeugenerklärung im Urteil einen anderen Inhalt als sich aus der Verteidigererklärung ergab. Was die Zeugin tatsächlich ausgesagt hat und ob alles Wesentliche berücksichtigt wurde, bleibt daher unklar.

Der BGH beanstandete dies nicht. Er argumentierte, eine abweichende Auffassung würde zu einem gesetzlich nicht vorgesehenen „Zwischenverfahren“ führen, in dem sich der Tatrichter zu Inhalt und Ergebnis einzelner Beweiserhebungen äußern müsste. Dies widerspreche den Prinzipien des § 261 StPO sowie dem Grundsatz der Mündlichkeit und Unmittelbarkeit. Der Tatrichter habe erst in der Urteilsberatung darüber zu entscheiden, wie er einzelne Beweismittel würdigt.[232]

92 Diese Auffassung überzeugt nicht. Auch im Zivilverfahren trifft der Tatrichter seine endgültige Würdigung der Beweismittel erst im Urteil. Gleichwohl ist eine vorläufige Erörterung nicht nur zulässig, sondern nach der ZPO sogar geboten (§§ 279 Abs. 3, 285 Abs. 1 ZPO). Dass hierdurch gegen die Grundsätze des § 286 ZPO – die denjenigen des § 261 StPO entsprechen – verstoßen würde, ein unzulässiges Zwischenverfahren entstünde oder der Grundsatz der Mündlichkeit und Unmittelbarkeit beeinträchtigt würde, ist weder ersichtlich noch jemals überzeugend geltend gemacht worden.

93 Selbst wenn der Angeklagte seine Einlassung schriftlich niederlegt, verliest und anschließend als Anlage zum Protokoll übergibt, wird nur der entsprechende mündliche Vortrag Gegenstand der Hauptverhandlung. Diesen hat der Tatrichter in den Urteilsgründen wiederzugeben und zu würdigen. Eine revisionsgerichtliche Kontrolle der Richtigkeit dieser Wiedergabe ist jedoch aufgrund des Rekonstruktionsverbots ausgeschlossen.[233]

Das Gericht ist nicht einmal verpflichtet, ein solches Schriftstück als Anlage zum Protokoll zu nehmen; die wörtliche Wiedergabe im Urteil soll sogar die Gefahr eines Verstoßes gegen § 261 StPO begründen.[234] Der Angeklagte kann eine verbind-

231 König, Die Verteidigung in der Hauptverhandlung, in: Ziegert (Hrsg.), Grundlagen der Strafverteidigung, S. 155, 212.

232 Vgl. BGH, JZ 1998, S. 53 f. = StV 1997, S. 561.

233 Vgl. BGH, NStZ 2004, S. 163.

234 Vgl. BGH, Beschl. v. 6.11.2018 – 4 StR 226/18.

liche schriftliche Fixierung seiner Einlassung auch nicht dadurch erreichen, dass er sie dem Gericht übergibt und deren Verlesung beantragt.[235]

Der Inhalt der Einlassung des Angeklagten kann wegen des Verbots der Rekonstruktion der Hauptverhandlung im Revisionsverfahren nicht anders als durch ihre Wiedergabe im tatgerichtlichen Urteil erwiesen werden. Dies gilt auch dann, wenn der Verteidiger die Erklärung mit Zustimmung des Angeklagten schriftlich abgegeben hat.[236] Daran hält der BGH durch ständige Wiederholung fest: „An einer am Wortlaut der Verteidigererklärung ausgerichteten Richtigkeitskontrolle sieht sich der Senat wegen des Verbots der Rekonstruktion der Hauptverhandlung im Revisionsverfahren gehindert. Der genaue Wortlaut wäre nur im Falle der förmlichen Verlesung der Erklärung im Wege des Urkundenbeweises Maßstab der Überprüfung der Beweiswürdigung gewesen [m.w.N.] Eine entsprechende Anordnung ist nicht ergangen und musste auch nicht ergehen, denn die Vernehmung eines Angekl. zur Sache nach § 243 Abs. 5 Satz 2 StPO unter Verweis auf § 136 Abs. 2 StPO erfolgt grundsätzlich mündlich und kann nicht durch die Verlesung einer Erklärung des Angekl. durch das Gericht ersetzt werden.“[237] 94

Im Ergebnis bedeutet dies, dass der im Zivilprozess zentrale Zulassungsgrund der Gehörsverletzung (Art. 103 Abs. 1 GG) im Strafprozess praktisch nicht wirksam gerügt werden kann. 95

Das **Rekonstruktionsverbot** besagt vor allem, „die Revision kann grundsätzlich nicht mit der Behauptung gehört werden, das Tatgericht habe sich mit einer bestimmten Aussage einer Beweisperson nicht auseinandergesetzt, wenn diese Aussage sich nicht aus dem Urteil selbst ergibt.“[238] 96

„Was die Geschädigte auf den Vorhalt ihrer – von der Revision nur teilweise mitgeteilten – polizeilichen Vernehmung bekundet hat, steht nicht fest. Die Rekonstruktion der Beweisaufnahme ist dem Revisionsgericht versagt (BGHSt 15, 347; 17, 351, 352; 21, 149; 28, 384; 29, 18, 20; 31, 139, 140; BGH NJW 1984, 1245, 1246; BGH NStZ 1990, 35; BGH StV 1992, 549; BGHR StPO § 261 Inbegriff 14). Allenfalls dann, wenn das Revisionsgericht mit den Mitteln des Revisionsrecht das Beweisergebnis zum Zeitpunkt der Urteilsfällung feststellen könnte, weil es durch Rückgriff auf objektive Grundlagen, insbesondere Urkunden und Abbildungen, den Beweisgehalt des Beweismittels unmittelbar selbst erschließen kann, könnte das prozessuale Geschehen vom Revisionsgericht überprüft werden (BGH StV 1991, 549; 1993, 114; BGHR StPO § 261 Inbegriff 6, 22, 30). Diese Möglichkeit

235 Vgl. BGH, NStZ 2000, S. 439.

236 Vgl. BGH, Beschluss vom 1.10.2022 – 1 StR 326/22.

237 BGH, Urt. vom 24.10.2024 – 4 StR 249/24.

238 Vgl. BGH, NJW 92, 2840 f. = 2.6.1992 – 1 StR 182/92.

scheidet jedoch aus, wenn es wie vorliegend um die Äußerung eines in der Hauptverhandlung vernommenen Zeugen geht."[239]

Schäfer teilt mit, dass Überprüfungen der tatrichterlichen Feststellungen durch das Revisionsgericht nur dann möglich sind, wenn dies mit den „Mitteln des Revisionsrechts" bzw. „dem Freibeweis" zuverlässig möglich ist.[240] Dies ist danach nur der Fall, „[wenn] sich der Beweisgehalt des Beweismittels unmittelbar objektiv und nicht erst nach wertendem Erkenntnisvorgang erschließt."[241]

97 Rekonstruierbar (per dienstlicher Äußerungen etc.) wäre die Frage, nach dem **äußeren Ablauf**[242] der Hauptverhandlung, d.h. die **Form der Beweisaufnahme**[243] (nicht das Ergebnis).[244]

98 Das Rekonstruktionsverbot ist inhaltlich umstritten,[245] da es gesetzlich nicht normiert ist. Ein Vergleich der doch stattfindenden Rekonstruktion der Hauptverhandlung[246] im Rahmen eines behaupteten Verstoßes gegen § 265 Abs. 1, 4 StPO versus dem Postulat des Rekonstruktionsverbotes bei der Beweisaufnahme macht eine dogmatisch zufriedenstellende Lösung schwierig[247] bzw. unmöglich. *Wahl* meint: „Letzte Klarheit darüber, wann infolge des Verbots der Rekonstruktion der Beweisaufnahme keine Kontrollmöglichkeit besteht und wann dies ausnahmsweise doch der Fall ist, liefert die Rechtsprechung nicht."[248] Faktisch wird die Hauptverhandlung auch dann rekonstruiert, wenn die Abweichung der Urteilsgründe mit **protokollierten Aussagen gem. § 273 Abs. 3 StPO**[249] oder verlesenen Urkunden festgestellt wird.[250]

239 BGH, NStZ 1997, S. 296 = 4.2.1997 – 5 StR 606/96.

240 Vgl. auch BGH, NStZ 1997, 296 = 4.2.1997 – 5 StR 606/96.

241 Schäfer, Freie Beweiswürdigung und revisionsrechtliche Kontrolle, StV 1995, S. 147, 156.

242 Im Gegensatz zur inhaltlichen Rekonstruktion, vgl. Neuhaus, Rekonstruktionsverbot und Aufklärungsrüge, StraFo 2004, S. 407, 409.

243 Vgl. LR-StPO/Franke, 26. Aufl., § 337 Rn 50.

244 Vgl. BGHSt 22, S. 26; vgl. Neuhaus, Rekonstruktionsverbot und Aufklärungsrüge, StraFo 2004, S. 407, 409.

245 Vgl. Fezer, Rechtsprechung des Bundesgerichtshofes zum Strafverfahrensrecht, JZ 1996, S. 655, 665 m.w.N.

246 Vgl. BGH, NStZ 1985, S. 325, vgl. auch BGHSt 28, S. 196 ff.

247 Vgl. Ziegert, Die prozessuale Wahlfeststellung, StV 1996, S. 279, 281; vgl. auch Neuhaus, Rekonstruktionsverbot und Aufklärungsrüge, StraFo 2004, S. 407 f.

248 Wahl, Prüfung der Verletzung rechtlichen Gehörs durch das Revisionsgericht, in: Festschrift für Gerhard Schäfer zum 65. Geburtstag, S. 73.

249 Zumal Protokoll und Urteil das Ergebnis der Hauptverhandlung nicht unterschiedlich dokumentieren können; vgl. LR-StPO/Franke, 26. Aufl., § 337 Rn 62.

250 Vgl. Fezer, Rechtsprechung des Bundesgerichtshofes zum Strafverfahrensrecht, JZ 1996, S. 655, 665.

Hinweis 99

Eine Divergenz zwischen Urteilsinhalt und dem wesentlichen Inhalt einer Aussage gem. § 273 Abs. 2 StPO führt nach h.A. nicht ohne Weiteres zu einem Verstoß gegen § 261 StPO. Das lässt sich nicht ohne Weiteres begründen.[251]

Manchmal wird gemeint: 100

> *„In Wirklichkeit wird sie [Rekonstruktion] dort zugelassen, wo die Beweismöglichkeit einfach ist.“*[252]

Das ist allerdings nicht richtig, denn der Inhalt einer schriftlich übergebenen Einlassung oder auch der Brief eines Zeugen an das Gericht, was der wesentliche Inhalt seiner Aussage war, könnte sogar besonders einfach mit den Urteilsgründen abgeglichen werden. Dennoch lässt die Rechtsprechung dies nicht zu.

Die Beweisaufnahme bzw. Hauptverhandlung wird bzw. kann z.B. in folgenden Konstellationen (doch) rekonstruiert werden.[253] „Aus dem Verbot der Rekonstruktion wird so stellenweise ein Gebot der Rekonstruktion“:[254] 101

- Wird der Staatsanwalt als Zeuge vernommen und hält er den Schlussvortrag, muss der Revisionsführer mitteilen, ob sich der plädierende Staatsanwalt mit seiner eigenen Aussage würdigend befasst hat,[255] denn ein als Zeuge in der Hauptverhandlung vernommener Staatsanwalt darf seine eigene Zeugenaussage nicht im Rahmen der weiteren Sitzungsvertretung würdigen.[256] Der Staatsanwalt ist nur dann nicht von der weiteren Mitwirkung gem. § 22 Nr. 5 analog ausgeschlossen, wenn sich die Aufgabenwahrnehmung inhaltlich von der Bewertung der eigenen Aussage trennen lässt.[257]
- Wird die Vernehmung eines bereits vernommenen Zeugen in einem Beweisantrag begehrt, muss der Revisionsführer angeben, zu welchem Beweisthema („dass und wozu“) der Zeuge bereits gehört wurde.[258]
- Wird ein Beweisantrag wegen Verschleppungsabsicht zurückgewiesen, muss in der Revisionsbegründung der Verlauf der Hauptverhandlung dargestellt werden.
- Ebenso wird im Falle der Verwertung gerichtskundiger Tatsachen geprüft, ob das Tatgericht einen Hinweis auf die Tatsache gegeben hat.

251 Vgl. LR-StPO/Franke, 26. Aufl., § 337 Rn 62 m.w.N.

252 Fezer, Rechtsprechung des Bundesgerichtshofes zum Strafverfahrensrecht, JZ 1996, S. 655, 665.

253 Vgl. hierzu umfassend Pauly, Mündlichkeit der Hauptverhandlung und Revisionsrecht, in: FS für Hamm zum 65. Geburtstag, S. 557, 564 ff. m.w.N. und LR-StPO/Hanack, 25. Aufl., § 337 Rn 77 ff.

254 Pauly, Mündlichkeit der Hauptverhandlung und Revisionsrecht, in: FS für Hamm zum 65. Geburtstag, S. 557, 564.

255 Vgl. BGH, NStZ 2007, S. 419 f.

256 Vgl. BGH, Beschl. v. 31.7.2018 – 1 StR 382/17 = wistra 2019, S. 113 f.

257 Vgl. BGH, Beschl. v. 31.7.2018 – 1 StR 382/17.

258 Vgl. BGH, Beschl. v. 1.6.2015 – 4 StR 21/15.

- War der Angeklagte zu Recht abwesend (vgl. § 338 Nr. 5 StPO), muss der Inhalt weiterer Verfahrensvorgänge mitgeteilt werden, die von der zugrundeliegenden Anordnung gem. § 247 StPO nicht gedeckt waren, um darzulegen, dass dies ein **wesentlicher Vorgang** war.
- Auch die Rüge, dass der Angeklagte nicht ausreichend unterrichtet wurde gem. § 247 Satz 4 StPO, erfordert eine Rekonstruktion des Inhalts der Unterrichtung. Wird die Entlassung eines Zeugen gem. § 248 StPO gerügt, erfordert dies den Vortrag, welche relevanten Fragen und Vorhalte aufgrund der vorzeitigen Entlassung unterblieben sind.
- Im Falle unterbliebener Hinweise gem. § 265 StPO wird die Hauptverhandlung insofern rekonstruiert, ob dem Revisionsführer die bestimmte Tatsache nicht doch bekannt sein konnte.
- Wird ein Verstoß gegen § 136a StPO gerügt, reicht es im Einzelfall nicht aus, zu rügen, dass die (unverwertbare) Aussage durch unzulässige Vorhalte in die Hauptverhandlung eingeführt wurde, sondern der Revisionsführer muss noch mitteilen, welche Angaben er auf diese Vorhalte gemacht hatte. Damit wird die Hauptverhandlung hinsichtlich des Inhalts der Aussage des Vernehmungsbeamten und der Vorhalte und Antworten des Angeklagten auf die unverwertbare Aussage rekonstruiert.
- Kommt es in der Beweisaufnahme zu einem unzulässigen Vorhalt des Vorsitzenden,[259] muss auch hier eine Rekonstruktion möglich sein, sofern es nicht zu einem Gegenbeweis gegen die Urteilsfeststellungen kommt, sondern die Form der Beweisaufnahme betrifft.[260]
- Wird ein Widerspruch zu **verlesenen Urkunden** aller Art (Vernehmungsprotokollen, gem. § 256 verlesbaren Berichten, Sachverständigengutachten), auf die sich das Urteil stützt, gerügt, wird auch insofern die Beweisaufnahme rekonstruiert. Der Widerspruch muss „offen" bzw. „eindeutig" sein, d.h. einen eindeutig anderen Inhalt haben als in den Urteilsgründen angegeben.[261] Das heißt unterschiedliche, vertretbare Auslegungen begründen keinen Widerspruch.[262] Das bedeutet, dass für eine Auslegung kein Raum sein darf, um eine Rekonstruktion zu ermöglichen.[263] Nach diesen Grundsätzen müsste auch ein **Widerspruch zwischen Abbildungen**, auf die der Tatrichter gem. § 267 Abs. 1 Satz 3 wegen der Einzelheiten[264] verweist, beurteilt werden. Dieser Widerspruch kann als Verstoß gegen § 261 StPO festgestellt werden, wenn die Abbildung einen eindeutig

259 Der Tatsachenverteidiger darf hier § 238 Abs. II StPO nicht übersehen.

260 Vgl. LR-StPO/Franke, 26. Aufl., § 337 Rn 50 m.w.N.

261 Vgl. LR-StPO/Franke, 26. Aufl., § 337 Rn 56 m.w.N.

262 Vgl. LR-StPO/Hanack, 25. Aufl., § 337 Rn 81.

263 Vgl. LR-StPO/Franke, 26. Aufl., § 337 Rn 57 m.w.N.

264 Das Urteil muss grds. in den Begriffen der Sprache die für erwiesen erachteten Tatsachen mitteilen, so dass Gedankengang und Meinung des Tatrichters deutlich und verständlich werden, vgl. LR-StPO/Franke, 26. Aufl., § 337 Rn 109.

anderen Inhalt hat oder für Beweiszwecke überhaupt nicht ergiebig ist.[265] Keinesfalls darf die Wertung des Tatgerichts durch eine eigene Wertung des Revisionsgerichts ersetzt werden. Gleiches gilt, wenn eine Abbildung in den Urteilstext inkorporiert wird.[266]

- Weiter lassen sich Entscheidungen nachweisen, in denen von einer Unzulässigkeit der Rüge ausgegangen wurde, da der Rügevortrag unwahr sei. Ob der Rügevortrag unwahr ist, wurde ebenfalls durch eine Rekonstruktion der Beweisaufnahme festgestellt (z.B. dienstliche Erklärung, dass der Sachverstände während der Einvernahme der Zeugin X. anwesend war, in der die von dem Gutachter laut Rügevortrag zu berücksichtigenden schriftlichen Erklärungen erläutert wurden).[267]
- Bei Aufklärungsrüge muss ggf. der Inhalt der vernommenen Zeugenaussage mitgeteilt werden, um festzustellen, ob Anlass zu weiterer Aufklärung bestand.[268]
- Wird gerügt, der Tatrichter habe entgegen § 267 Abs. 2 einen in der Verhandlung behaupteten besonderen Umstand nicht berücksichtigt, kommt eine Rekonstruktion des mutmaßlichen Prozessablaufs in Betracht.[269]
- Ebenso wurde eine Rekonstruktion des Inhalts der Aussage zugelassen, wenn gerügt worden war, dass ein nach § 79 unvereidigt gebliebener Sachverständiger auch Zeugenaussagen gemacht hatte, auf denen das Urteil beruhe, sei aber nicht als Zeuge vereidigt worden.[270]

Zutreffend hält *Pauly* fest: **102**

> *„Es mag dahinstehen, ob der Ausdehnung der Zulässigkeitsanforderungen ausnahmslos zu folgen ist. Solange jedoch die Rechtsprechung aus § 344 Abs. 2 Satz 2 StPO derartige Anforderungen ableitet, verhält sie sich widersprüchlich, wenn sie gleichzeitig bei Verfahrensrügen, die auf eine Verletzung der §§ 244 Abs. 2 und 261 StPO gestützt sind, einen Rückgriff auf mündlich geäußerte Inhalte der Hauptverhandlung regelmäßig ablehnt."*[271]

Die Rechtsprechung zum Rekonstruktionsverbot bedarf der Überprüfung. Im Ergebnis führt sie dazu, dass in nicht geringer Zahl die Einhaltung der §§ 244 Abs. 2 und 261 StPO revisionsrechtlich gar nicht überprüft werden kann.[272]

265 Vgl. LR-StPO/Franke, 26. Aufl., § 337 Rn 61 m.w.N.
266 Vgl. a.a.O., Rn 81 m.w.N.
267 Vgl. BGH, 1 StR 202/05 bei Sander, Die Zulässigkeit von Verfahrensrügen in der Rechtsprechung des BGH, NStZ-RR 2006, S. 33 ff.
268 Vgl. BGH, Beschl. v. 23.11.2004 – KRB 23/04 = NJW 2005, S. 1381 f.
269 Vgl. LR-StPO/Franke, 26. Aufl., § 337 Rn 50 m.w.N.
270 Vgl. a.a.O.
271 Pauly, Mündlichkeit der Hauptverhandlung und Revisionsrecht, in: FS für Hamm zum 65. Geburtstag, S. 557, 564, 571.
272 Vgl. a.a.O., S. 557, 564, 572.

103 *Hinweis*

„Die – im Einzelnen recht unterschiedliche – Begründung der herrschenden Meinung, daß eine Vermutung für das ordnungsgemäße Prozedieren des Tatrichters spreche, der Grundsatz in dubio pro reo nicht gelte,[273] die Revisionsinstanz das Urteil also nur aufheben könne, wenn sie vom Vorliegen des Verfahrensfehlers überzeugt sei, entspricht in dieser Allgemeinheit kaum dem rechtsstaatlichen Gedanken von der Justizförmigkeit des Verfahrens, für das gerade die Justizorgane die Verantwortung tragen."[274]

104 Das Rekonstruktionsverbot kann dazu führen, dass schwerwiegende Mängel des tatrichterlichen Verfahrens nicht aufgeklärt werden, ohne dass mit der (erweiterten[275]) Sachrüge ein ausreichendes Äquivalent geschaffen ist.[276] Die Rüge, der Tatrichter habe ein Beweismittel nicht ausgeschöpft, z.B. bestimmte Fragen oder Vorhalte an Zeugen oder Sachverständige unterlassen, ist grds. unzulässig.[277]

105 Ob das Rekonstruktionsverbot angesichts der daraus resultierenden Ineffektivität der Revisionsinstanz im praktisch wichtigsten Fehlurteilsbereich (Tatsachenfeststellung) verfassungsgemäß ist, muss bezweifelt werden.[278] Das BVerfG führt aus: „Aufgabe des Strafprozesses ist es, den Strafanspruch des Staates um des Schutzes der Rechtsgüter Einzelner und der Allgemeinheit willen in einem justizförmigen Verfahren durchzusetzen und dem mit Strafe Bedrohten eine wirksame Sicherung seiner Grundrechte zu gewährleisten. Der Strafprozess hat das aus der Würde des Menschen als eigenverantwortlich handelnder Person abgeleitete Prinzip, dass keine Strafe ohne Schuld verhängt werden darf (vgl. BVerfGE 80, 244, 255; 95, 96, 140), zu sichern **und entsprechende verfahrensrechtliche Vorkehrungen bereitzustellen** [Hervorh. d. Verf.]. Zentrales Anliegen des Strafprozesses ist die Ermittlung des wahren Sachverhalts, ohne den sich das materielle Schuldprinzip nicht verwirklichen lässt. Verfahrensrechtliche Gestaltungen, die der Ermittlung der Wahrheit und somit einem gerechten Urteil entgegenstehen, können, soweit sie verfassungsrechtlich nicht anderweit erfasst werden, jedenfalls den Anspruch des Beschuldigten auf ein faires Verfahren berühren (vgl. BVerfGE 57, 250, 275; 118,

273 Im Orig. folgendes Zit.: „Was an sich richtig ist."; s. oben Rn 14 (Stree, In dubio pro reo, 1962, S. 82; a.A.: Beling, Revision wegen Verletzung einer Rechtsnorm über das Verfahren im Strafprozeß, in: FS für Binding (1911), S. 420, der dann ohne Weiteres Aufhebung und Zurückverweisung für erforderlich hält).

274 LR-StPO/Hanack, 25. Aufl., § 337 Rn 75.

275 Die Sachrüge hat sich von der Konzeption des historischen Gesetzgebers in weiten Bereichen zu Recht gelöst.

276 Vgl. LR-StPO/Hanack, 25. Aufl., § 337 Rn 79.

277 Vgl. LR-StPO/Franke, 26. Aufl., § 337 Rn 59.

278 Vgl. Graf-StPO/Eschelbach, 2. Aufl., § 261 Rn 68 ff.; BeckOK StPO/Eschelbach, 59. Ed. 1.4.2026, StPO § 261 Rn 72–72.6.

212, 231)."[279] Als **gesetzliche Aufgabe des Revisionsgerichts** sieht das BVerfG zudem, für „eine materiell gerechte Endentscheidung im Strafverfahren zu sorgen."[280]

Dieser verfassungsrechtlich notwendigen Aufgabe kommen die Revisionsgerichte durch selbst bestimmte Grenzen und Begriffsjuristerei in vielen Fällen nicht nach.

Hinweis 106

Revisionsrügen können nicht an Bedingungen geknüpft werden, also auch nicht an die Bedingung, dass die zuvor erhobenen Rügen nicht durchgreifen.[281]

VIII. Die Herrschaft des Tatrichters über Tatsachen

Hinweis 107

„Die Herrschaft des Tatrichters über die Tatsachen ist für den Verteidiger nach derzeit geltendem Recht unbezwingbar."[282]

Es hat immer wieder Versuche der Verteidigung gegeben, die nahezu unbeschränk- 108
te Tatsachenherrschaft des Tatrichters einzudämmen und Missverständnissen sowie aus Sicht der Verteidigung gravierenden Auslassungen in den Urteilsgründen vorzubeugen.

Hierzu ist zum einen auf die oben dargestellten Entscheidungen zu verweisen, die darauf abzielten, die Einlassung des Angeklagten in einer überprüfbaren Weise zu dokumentieren. Zum anderen ist die Praxis hervorzuheben, durch schriftlich fixierte Erklärungen der Verteidigung festzuhalten, welchen Inhalt eine Zeugenaussage nach ihrer Auffassung hatte, verbunden mit der ausdrücklichen Aufforderung an das Gericht, auf etwaige Abweichungen hinzuweisen.

Dass der BGH es gleichwohl nicht beanstandet, wenn das Tatgericht ohne einen sol- 109
chen Hinweis verurteilt und seiner Entscheidung ein diametral abweichendes Verständnis zugrunde legt,[283] verdeutlicht die strukturelle Schwäche der revisionsgerichtlichen Kontrolle. Im Ergebnis wird der Verteidigung damit jede effektive Möglichkeit genommen, Abweichungen zwischen dem tatsächlichen Inhalt der Beweisaufnahme und dessen Darstellung in den Urteilsgründen aufzudecken und erfolgreich zu rügen.

279 BVerfG, 9.10.2007 – 2 BvR 2044/07,
280 BVerfG, 9.10.2007 – 2 BvR 1447/05, Rn 110.
281 Vgl. LR-StPO/Hanack, 25. Aufl., § 344 Rn 69 m.w.N.
282 König, Die Verteidigung in der Hauptverhandlung, in: Ziegert (Hrsg.), Grundlagen der Strafverteidigung, S. 155, 213.
283 Vgl. BGH, JZ 1998, S. 53 f. = StV 1997, S. 561.

110 *Herdegen* hat diese Entscheidung im Ergebnis und der Begründung zwar verteidigt, jedoch als Korrelat mitgeteilt, dass subjektive Beweiswürdigungstheorien[284] nicht ausreichten.[285] „Dieses Korrelat (= objektive Beweismaßtheorien) besteht heute jedoch (fast) nicht mehr.“[286]

Herdegen bezeichnet es als „eigenartig“, dass nach einem Teil der BGH-Rechtsprechung Schlussfolgerungen für eine Verurteilung ausreichen können, sofern diese nicht gegen Denkgesetze verstießen und nach dem Stand unseres Erfahrungswissens „nur möglich“ seien. Richtig sei ein objektives Beweismaß, das auf „hohe Wahrscheinlichkeit“ abstelle. Mit der Sachrüge müsse sich das Revisionsgericht und die Verteidigung fragen, „[…] ob die Argumentation die Qualität aufweist, die das Beweismaß verlangt.“[287]

111 Abgesehen davon, dass dieses Beweismaß heute nur noch selten praktiziert wird, verkennt Herdegen, dass eine „hohe Wahrscheinlichkeit“ bereits deshalb nicht erreicht werden kann, weil sie auf einer möglicherweise fehlerhaften Tatsachengrundlage beruht („der Zeuge hat X gesagt“). Bereits wenn der Inhalt einer Zeugenaussage umstritten ist, ist es a priori ebenso wahrscheinlich, dass sich entweder die Verteidigung oder das Gericht in ihrer Wahrnehmung irren. Es besteht damit im Ausgangspunkt lediglich eine 50 : 50-Chance, dass das Urteil von einem zutreffenden Sachverhalt ausgeht. Eine gerichtliche Schlussfolgerung kann unter diesen Bedingungen kein Ergebnis mit „hoher Wahrscheinlichkeit“ begründen.

112 Dieses Problem lässt sich nur vermeiden, wenn man unterstellt, dass das tatrichterliche Urteil den gesamten relevanten Beweisstoff vollständig und zutreffend wiedergibt. Genau diese Annahme steht jedoch im Widerspruch zum aktuellen erkenntnispsychologischen Befund.

Denn: „Daß Verfahrensbeteiligte mit unterschiedlichen Interessenlagen, Perspektiven, Vorverständnissen dieselbe Beweisaufnahme in wesentlichen Punkten unterschiedlich wahrnehmen und verarbeiten, ist dagegen wahrnehmungspsychologisch eine Banalität. Eine Banalität mit fatalen Konsequenzen. Auf dem Rücken des Angeklagten wird aneinander vorbeigeredet und -entschieden.“[288]

113 Die unbewusste Verfälschung des Inhalts der Hauptverhandlung aufgrund Perseveranz, Inertia- und Schulterschlusseffekte ist eine wissenschaftliche Banalität, so dass die angenommene Erörterung aller für und gegen den Angeklagten sprechenden Umstände im Urteil in einer unbekannten Vielzahl an Fällen nicht zutrifft oder

284 Vgl. zum Beweismaß und den diversen Beweiswürdigungstheorien: Geipel, Handbuch der Beweiswürdigung, S. 63 ff.

285 Vgl. Herdegen, Anm. zu BGH, Beschl. v. 3.9.1997 – 5 Str 237/97 = JZ 1998, S. 53 f. = StV 1997, S. 561.

286 Vgl. Krehl, Beweis und Revision, S. 115, 120 in: Fischer (Hrsg.), Beweis; BeckOK StPO/Eschelbach, 59. Ed. 1.4.2026, StPO § 261 Rn 82.

287 Herdegen, Anm. zu BGH, Beschl. v. 3.9.1997 – 5 Str 237/97 = JZ 1998, S. 53 f. = StV 1997, S. 561.

288 König, Anm. zu BGH, Beschl. v. 3.9.1997 – 5 Str 237/97 = JZ 1998, S. 53 f. = StV 1997, S. 561.

auch nur zutreffen kann. Das Dokumentationsdefizit der Hauptverhandlung ist aus wissenschaftlicher Sicht nicht mehr nachvollziehbar,[289] fügt sich aber nahtlos in die Beobachtung von *Fischer/Krehl*, derzufolge es eine **bornierte Hemmung der Rechtsprechung** gibt, selbst Allgemeingut der popularisierten Kommunikationswissenschaft zur Kenntnis zu nehmen.[290]

Hinzu kommt, dass die Annahme, der Tatrichter würde erst in der Urteilsberatung darüber befinden, wie er einzelne Beweismittel einschätze, nur theoretisch richtig ist, praktisch aber nicht. „Es ist ja nicht so, daß der Tatrichter erst am Ende der Beweisaufnahme aus dem insgesamt dann ausgebreiteten Material seine Folgerungen zieht, der Prozeß der Überzeugungsbildung setzt vielmehr schon viel früher ein und verläuft somit parallel zur weiteren Beweisaufnahme. So ist es möglich [und sogar wahrscheinlich], daß sich der Tatrichter bereits eine feste Meinung gebildet hat, die ihn daran hindert, die Beweisaufnahme auf weitere Beweismittel zu erstrecken, das Material der benutzten Beweismittel voll auszuschöpfen, auf Hinweise in den Akten oder auf Vorbringen und Anträge der Beteiligten sorgfältig einzugehen oder das Gesamtbild des Materials dahingehend zu überprüfen."[291] **114**

Völlig zutreffend meinte *Fezer* schon vor 50 Jahren, dass dieser „Fehler" dem Rechtsmittelrichter i.d.R. nicht erkennbar wird.[292] Da sich daran bis heute nichts geändert hat, kann durchaus von einer „bornierten Hemmung" gesprochen werden.

Dass es der Anwaltschaft insgesamt nicht gelungen ist, einen verfassungsrechtlich unbedenklichen Strafprozess durchzusetzen, offenbart zudem die mangelnde Durchsetzungskraft der Standesorganisation.

Mit beachtlichen Gründen kritisiert *König* die o.g. Entscheidung des BGH. Die Gefahr des (ggf. ausufernden) Zwischenverfahrens stelle sich hiernach nicht, denn die Alternative, dass Verteidiger die Sicht des Gerichts antizipieren oder Beweisergebnisse festschreiben wollten, bestehe in „kunstvollen Beweisanträgen oder Beanstandungen der Sachleitung". Deren Formulierungen und Verbescheidungen seien jedoch wesentlich aufwändiger. Im Übrigen seien richterliche Hinweispflichten, die die StPO originär nicht vorsehe, auch zu anderen Problemkreisen entwickelt worden. Aus Art. 103 Abs. 1 GG folge nach *Königs* Auffassung eine richterliche Hinweispflicht jedenfalls dann, wenn Angeklagter und Verteidigung ausdrücklich um einen Hinweis bäten, wenn sie irren sollten. Andernfalls läge eine Überraschungsentscheidung vor.[293] **115**

289 Vgl. Graf-StPO/Eschelbach, 2. Aufl., § 261 Rn 33.

290 Vgl. Fischer/Krehl, Strafrechtliche Revision, „Vieraugenprinzip", gesetzlicher Richter und rechtliches Gehör, in: StV 2012, S. 550, 555.

291 Fezer, Möglichkeiten einer Reform der Revision in Strafsachen, S. 45.

292 Vgl. Fezer, Möglichkeiten einer Reform der Revision in Strafsachen, S. 46.

293 Vgl. König, Anmerkung zu BGH, Beschl. v. 3.9.1997 – 5 Str 237/97 = JZ 1998, S. 53 f. = StV 1997, S. 561.

116 *Hinweis*

Der BGH hat in seiner o.g. Entscheidung keine Ausführungen zu Art. 103 Abs. 1 GG gemacht.

117 Auch Mitschriften von **Parlamentsstenografen**, die im Widerspruch zu den Urteilsgründen stehen, sind de lege lata revisionsrechtlich **irrelevant**. Das gilt auch dann, wenn diese Mitschriften als Anlage zum Protokoll genommen werden oder sonst Eingang in die Verfahrensakten (z.B. durch Übersendung an den Vorsitzenden) finden.[294] Auch zu Protokoll gelangte Erklärungen nach § 257 StPO sind selbst bei krassem Widerspruch zu den Urteilsgründen revisionsrechtlich unerheblich.[295] Dasselbe gilt für schriftliche Plädoyers oder Ausführungen zur Beweiswürdigung.[296]

IX. Die Beweiswürdigung im Rahmen der Sachrüge

1. Allgemeines

118 Die Beweiswürdigung ist „frei", d.h. an keine gesetzlichen Regeln gebunden. Das stellt einerseits einen Fortschritt gegenüber den früheren starren Beweisregeln dar, andererseits einen Rückschritt, weil sie zu unterschiedlicher Handhabung und einer primär intuitiven statt einer rational nachvollziehbaren Entscheidung führt. Die Beweiswürdigung des Tatrichters kann mit der Sachrüge – nur begrenzt – überprüft werden, was eine markante Rechtsschutzlücke offenbart.[297] Bei der Beweiswürdigung handelt es sich um eine richterliche Aufgabe (Art. 92 GG), die als Beschwörformel zu einer ureigenen[298] bzw. ureigensten Aufgabe[299] geworden ist. Einen sachlichen Grund für diese sprachliche Überhöhung[300] gibt es nicht, denn die Beweiswürdigung ist zwar die praktisch wichtigste, aber gerade keine juristische, sondern eine historisch-detektivische-psychologische Aufgabe, für die der Jurist gerade nicht ausgebildet ist. Diese Thesen enthalten daher eine Fiktion, so dass die konkrete Beweiswürdigung nach überkommenen, aber wissenschaftlich meist wertlosen Begründungsmustern verläuft.[301] Nach der Rechtsprechung ist nicht nur eine Würdigung der einzelnen Beweismittel/Indizien notwendig, sondern auch noch eine umfassende Gesamtabwägung. In ständiger Rechtsprechung heißt es: „In der Beweiswürdigung muss sich der Tatrichter mit den festgestellten Indizien auseinander-

294 Vgl. Widmaier/Widmaier, MAH, Strafverteidigung, § 9 Rn 114.
295 Vgl. Widmaier/Widmaier, MAH, Strafverteidigung, § 9 Rn 120.
296 Vgl. Widmaier/Widmaier, MAH, Strafverteidigung, § 9 Rn 122 f.
297 Vgl. Graf-StPO/Eschelbach, 2. Aufl., Vorbem. zu § 261.
298 Vgl. BGH, NStZ 2004, S. 630 f.
299 Vgl. BGH, NStZ-RR 2007, S. 195 f.
300 Vgl. Graf-StPO/Eschelbach, 2. Aufl., § 261 Rn 1.1.
301 Vgl. Graf-StPO/Eschelbach, 2. Aufl., § 261 Rn 7 f.

setzen, die geeignet sind, das Beweisergebnis zu Gunsten oder zu Ungunsten des Angeklagten zu beeinflussen. Dabei dürfen die Indizien nicht nur isoliert betrachtet werden, sie müssen vielmehr in eine umfassende Gesamtwürdigung aller bedeutsamen Umstände eingebracht werden."[302] Revisionsanfällig ist dies allerdings kaum, denn es bleibt völlig offen, wie dies (genau) geschehen soll.[303]

Hinweis 119

Möglicherweise werden Beschwörformeln gebraucht, um die Schwächen der Tatsachenfeststellung – jedenfalls bei nur einer Instanz – zu verdecken. Bereits das Verhältnis des Tatrichters zu gerichtlichen Sachverständigen mutet wie die Quadratur des Kreises an. Der Tatrichter ist von Rechts wegen gezwungen, Sachverständigengutachten zu Fragen einzuholen, zu denen er selbst nicht sachkundig ist. Sodann hat er den Sachverständigen als (de jure) Gehilfen zu leiten und dessen Ergebnis kritisch zu überprüfen. Wie das mangels eigener Sachkunde möglich sein soll, erschließt sich nicht unmittelbar. Warum methodische Vorgaben für Sachverständige (z.B. sog. Nullhypothese) nicht für Tatrichter gelten sollen,[304] erschließt sich ebenfalls nicht ohne Weiteres.[305]

Dem Tatrichter kommt die Aufgabe zu, wie ein Detektiv und Historiker und – sofern es um subjektive Vorstellungen geht – wie ein Psychologe, einen Vorgang in der objektiven Vergangenheit und subjektiven Psyche des Angeklagten zu erforschen,[306] denn die **materielle Wahrheit** ist aus verfassungsrechtlichen Gründen (Schuldgrundsatz, Menschenwürde, Verhältnismäßigkeitsprinzip) das oberste Prozessziel des Strafverfahrens.[307] Diese Wahrheitssuche soll in der Hauptverhandlung von Rechts wegen ihren Höhepunkt erfahren.[308] Das ist freilich nur ein normatives Dogma, das weder empirisch, noch naturwissenschaftlich begründbar ist,[309] und angesichts der Existenz von Perseveranz-, Inertia- und Schulterschlusseffekten[310] in einer unbekannten Anzahl falsch sein muss. 120

Prüfungsgrundlage der Sachrüge ist das Urteil und die Abbildungen, auf die das Urteil gem. § 267 Abs. 1 Satz 3 StPO verweist.[311] Wird parallel eine (zulässige) Verfah- 121

302 Vgl. z.B. BGH, NStZ-RR 2015, S. 146.

303 Vgl. Mengler, Die lückenhafte Beweiswürdigung im tatgerichtlichen Urteil, S. 105.

304 Vgl. BGHR, § 261, Sachverständiger 9; Fischer, in: FS Widmaier 2008, S. 191, 213; a.A. OLG Nürnberg, NJW 2010, S. 3793; OLG Stuttgart, NJW 2006, S. 3506 f.

305 Vgl. Graf-StPO/Eschelbach, 2. Aufl., § 261 Rn 6, 18 m.w.N.

306 Vgl. Zur Wahrheitserforschung als wichtigste Aufgabe im Prozess bereits: Döhring, Die Erforschung des Sachverhalts im Prozess, S. 1 ff.

307 Vgl. BVerfGE 57, S. 250, 275.

308 Vgl. BVerfGE 86, S. 288, 318.

309 Vgl. Graf-StPO/Eschelbach, 2. Aufl., § 261 Rn 8.

310 Vgl. Schünemann, Der Richter im Strafverfahren als manipulierter Dritter, StV 2000, S. 159 ff.

311 Vgl. BGHSt 35, S. 238, 241 = NJW 1988, S. 3161.

rensrüge erhoben, sind dem Revisionsgericht aber auch insofern prüfbare Verfahrensumstände zur Kenntnis gelangt.[312] Um zu vermeiden, dass die erhobene allg. Sachrüge als unzulässig angesehen wird, da sie sich nur gegen die Tatsachenfeststellung und Beweiswürdigung wende, sollte bei Erhebung der allg. Sachrüge („ich rüge die Verletzung sachlichen Rechts") immer der **Zusatz** erklärt werden, dass die allg. Sachrüge nicht auf die nachfolgenden Ausführungen beschränkt ist („zur Ergänzung, nicht zur Erläuterung der Sachrüge").[313] Da die rechtzeitig erhobene Sachrüge gar keiner Begründung bedarf, können weitere Ausführungen auch nicht verfristet sein. Bezugnahmen (z.B. auf Revisionsbegründungen Mitangeklagter oder eingeholter Rechtsgutachten) sind – anders als bei der Verfahrensrüge – daher grds. zulässig.[314] Die zulässige Erhebung der Sachrüge setzt nicht voraus, dass sie ausdrücklich als solche bezeichnet wird. Es genügt vielmehr, wenn das Revisionsvorbringen eindeutig ergibt, dass die Überprüfung des Urteils in sachlich-rechtlicher Hinsicht begehrt wird. Deswegen ist eine zusätzliche Bezugnahme auf Revisionsbegründungen anderer (Mitangeklagter, Nebenkläger, StA) **unschädlich**, aber rechtlich nicht erforderlich.

122 *Hinweis*

Unbeachtlich ist die mündliche Urteilsbegründung,[315] der **Inhalt des Hauptverhandlungsprotokolls** sowie Urteilsberichtigungen oder -ergänzungen außerhalb von § 267 Abs. 4 S. 3 StPO und sonstiger **Akteninhalt**.[316]

123 Das Bedürfnis, dass das Rechtsmittelgericht auch auf die (fehlerträchtigen[317]) tatsächlichen Feststellungen des Tatgerichts zugreifen kann, besteht seit Erlass der StPO von 1877. Bereits 1974 teilte *Fezer* – heute immer noch zutreffend – mit:

> *„Die Forderung, daß der Tatsachenfeststellung im Strafprozeß größere Sorgfalt gewidmet werden müsse, weil hier die Fehlergefahren und die Auswirkungen des Fehlers ungleich größer seien als bei der Rechtsanwendung,[318] wird heute allenthalben erhoben."*[319]

124 Das Reichsgericht und der BGH sahen und sehen sich daher mit Aufgaben konfrontiert, die ihnen gesetzlich nicht zugedacht waren. Die Problematik wurde letztmals zu Beginn der 70er Jahre des letzten Jahrhunderts virulent, als Rechtsmittelreformentwürfe der Strafrechtskommission des Deutschen Richterbundes, Leitsät-

312 Vgl. BGH, StV 1993, S. 176.
313 Vgl. LR-StPO/Hanack, 25. Aufl., § 344 Rn 93.
314 Vgl. LR-StPO/Hanack, 25. Aufl., § 344 Rn 90.
315 Vgl. BGHSt 7, S. 363, 370.
316 Vgl. BeckOK StPO/Wiedner, 59. Ed. 1.10.2025, StPO § 337 Rn 117.
317 Vgl. hierzu die Fehlurteilsforschung von Peters, Fehlerquellen im Strafprozeß, 1. u. 2. Band.
318 Im Original folgende Fußnote: Vgl. Peters, Fehlerquellen, 2. Bd., S. V.
319 Fezer, Möglichkeiten einer Reform der Revision in Strafsachen, S. 47.

ze des Strafrechtsausschusses der Bundesrechtsanwaltskammer und der sog. Arbeitsgruppe A des Bundes und der Länder vorlagen.[320] Wesentliches Anliegen der Reformvorschläge war es, einen zusätzlichen Revisionsgrund der „schwerwiegenden Bedenken“ einzuführen. Hierzu sollte das Revisionsgericht – je nach Vorschlag mehr oder weniger ausgeprägt – auch auf die Akten und das Hauptverhandlungsprotokoll zurückgreifen können.[321]

Fezer hatte bereits 1974 mitgeteilt, dass große Forschungslücken im Bereich der **tatsächlichen Prüfungspraxis** der Revisionsgerichte bestünden.[322] Dieser Befund ist auch heute noch zutreffend. Zwar hatte *Fezer* eine Inhaltsanalyse der Entscheidungen eines Jahres (1970) der unveröffentlichten BGH-Entscheidungen durchgeführt[323] und *Barton* die Revisionsrechtsprechung der Jahre 1981 bis 1996 näher untersucht,[324] aber gleichwohl fehlt bis zum heutigen Tage eine umfassende Analyse und logisch konsequente Aufgliederung der gängigen Formeln, dass die Beweiswürdigung nicht unklar, lückenhaft oder widersprüchlich sein dürfe oder mit Denkgesetzen oder gesichertem Erfahrungswissen in Einklang stehen muss. 125

Der entsprechende Textbaustein lautet so (oder ähnlich): Ein Rechtsfehler (§ 337 Abs. 1 StPO) liegt nur vor, wenn die Beweiswürdigung lückenhaft, unklar oder widersprüchlich ist, mit den Denkgesetzen oder gesichertem Erfahrungswissen nicht in Einklang steht, wenn sie sich auf nicht existierende Erfahrungssätze stützt oder sich so weit von einer Tatsachengrundlage entfernt, dass sich die gezogenen Schlussfolgerungen letztlich als reine Vermutung erweisen.[325] 126

Ein vom Revisionsgericht nachprüfbarer Verstoß gegen Erfahrungssätze kann damit darin liegen, dass das Gericht bestehende Erfahrungssätze ohne hinreichenden Grund missachtet[326] oder, umgekehrt zu Unrecht einen allgemeingültigen, nicht begründbaren Erfahrungssatz annimmt.[327] Die Schwäche liegt darin, dass damit nur *gesicherte* Erfahrungssätze, also insbesondere gesicherte wissenschaftliche Erkenntnisse gemeint sind (z.B. die Blutgruppenbestimmung oder die Grenze der absoluten alkoholbedingten Fahruntauglichkeit).

Was mit der Formel, dass die Beweiswürdigung nicht widersprüchlich, unklar oder lückenhaft sein dürfe,[328] genau gemeint ist, ist in der Praxis oft nicht klar, sondern vielfach der Interpretation zugänglich. Eindeutig sind die Fälle, in denen der **Erfah-** 127

320 Vgl. Fezer, Möglichkeiten einer Reform der Revision in Strafsachen, S. 1, 4; die jeweiligen Entwürfe sind auf S. 301 ff. bei Fezer a.a.O. abgedruckt.

321 Vgl. Fezer, Möglichkeiten einer Reform der Revision in Strafsachen, S. 12.

322 Vgl. Fezer, Möglichkeiten einer Reform der Revision in Strafsachen, S. 12, 38.

323 Vgl. Fezer, Die erweiterte Revision-Legitimierung der Rechtswirklichkeit?

324 Vgl. Barton, Die Rechtsprechung des BGH in Strafsachen.

325 Statt vieler: BGH, Beschluss vom 14.4.2020 – 5 StR 14/20.

326 Vgl. BGHSt 29, S. 18, 20; BGH, NStZ-RR 2010, S. 182 f.

327 Vgl. BGHSt 39, S. 291, 294; BGH, NStZ 1982, 478.

328 Vgl. Fezer, Möglichkeiten einer Reform der Revision in Strafsachen, S. 63.

rungssatz allgemeingültig ist, d.h. wo er keine Ausnahme zulässt und mit an Sicherheit grenzender Wahrscheinlichkeit gilt. Legt der Richter keinen solchen zugrunde oder nimmt er irrtümlich einen solchen an, so liegt ein Rechtsfehler vor.[329] Problematisch sind die **Erfahrungssätze des täglichen Lebens**, die den regelmäßigen Ablauf der Dinge beschreiben, aber nicht ausnahmslos gelten (z.B. Verkehrssitte, Brauch, Verkehrsauffassung, typisches Verhalten, typische Wirkung etc.). Insofern kann revisionsrechtlich überprüft werden, ob der Tatrichter den Erfahrungssatz irrig für zwingend gehalten hat oder ob der Tatrichter von einem solchen Erfahrungssatz ohne Grund abgewichen ist oder einen solchen Erfahrungssatz irrig nicht als Beweisanzeichen berücksichtigt hat.[330]

128 Für die Verteidigung sind diejenigen Fälle problematisch, in denen fraglich ist, ob das zur Verurteilung erforderliche **Beweismaß** erreicht ist. Die Problematik entzündet sich an dem nicht aufklärbaren Widerspruch in der Rechtsprechung des Bundesgerichtshofs, der im Rechtsstaat inakzeptabel wirkt,[331] dass einerseits das Beweismaß der **hohen Wahrscheinlichkeit** der Richtigkeit des festgestellten Sachverhalts mit der Wirklichkeit erreicht sein muss,[332] aber andererseits Verurteilungen vom Bundesgerichtshof nicht beanstandet werden, in denen eine andere, dem Angeklagten günstigere Version sogar naheliegender gewesen wäre.[333]

Wenn eine andere Version näher liegt, kann von einer hohen Wahrscheinlichkeit der gegenteiligen Version keine Rede mehr sein. Der Bundesgerichtshof hat den Satz, dass die tatrichterlichen Schlussfolgerungen nicht einmal überwiegend wahrscheinlich sein müssen, (leider) nie ausdrücklich aufgegeben.[334]

129 Auch in diesem Bereich ist die Rechtsprechung nicht frei von Widersprüchen:

„Selbst lebensfremd erscheinende Feststellungen sind durch das Revisionsgericht hinzunehmen, denn die Wahrscheinlichkeit eines Geschehensablaufes bildet – anders als etwa beim zivilrechtlichen Beweis ersten Anscheins – keinen Maßstab für die Beweiswürdigung im Strafprozess [m.w.N.]“.[335] „Auf eine größere oder überwiegende Wahrscheinlichkeit kommt es dabei entgegen der Meinung der Beschwer-

329 Vgl. LR-StPO/Franke, 26. Aufl., § 337 Rn 143 ff. m.w.N.

330 Vgl. LR-StPO/Franke, 26. Aufl., § 337 Rn 147 ff. m.w.N.

331 Vgl. Graf-StPO/Eschelbach, 2. Aufl., § 261 Rn 31.

332 Vgl. KK-StPO/Tiemann, 9. Aufl. 2023, StPO § 261 Rn 11.

333 Vgl. BGH, NStZ-RR 2009, S. 248 = 18.3.2009 – 1 StR 549/08; vgl. auch BGH, NStZ 1998, S. 369; vgl. BGH, NJW 2005, S. 2322, 2326; vgl. BGH, MDR 1951, S. 117 f.; vgl. BGHSt 26, S. 56, 63: „Sie [die Beschwerdeführer] verkennen vor allem, daß die Schlüsse des Tatrichters nur möglich, aber keineswegs zwingend zu sein brauchen; auf eine größere oder überwiegende Wahrscheinlichkeit kommt es dabei entgegen der Meinung der Beschwerdeführer nicht an […]“, vgl. hierzu aber auch Dahs/Dahs, Die Revision im Strafprozess, 7. Aufl., Rn 424 m.w.N.

334 Vgl. Herdegen, Strafrichterliche Aufklärungspflicht und Beweiswürdigung, NJW 2003, S. 3513, 3515.

335 BeckOK StPO/Wiedner, 59. Ed. 1.10.2025, StPO § 337 Rn 131.

deführer nicht an […]“.[336] Aber andererseits dürfe der Tatrichter fernliegende oder unbewiesene Tatvarianten nicht zugrunde legen. Speziell zur Anwendung des In-dubio-Grundsatzes, der zwar nur eine Entscheidungs-, aber keine Beweisregel ist, meint der BGH:

> *„Wenn sichere Feststellungen zu Einzelheiten des inneren oder äußeren Geschehens trotz Ausschöpfung aller verfügbaren Beweismittel und Beweisanzeichen nicht getroffen werden können, so darf sich das nicht zu Lasten des Angekl. auswirken. Es ist vielmehr von der für den Angekl. günstigsten Möglichkeit auszugehen, die nach den gesamten Umständen in Betracht kommt.“*[337]

Richtig ist (nach einem Teil der Rechtsprechung) aber auch das Gegenteil: „Dabei hat das Revisionsgericht die tatrichterliche Überzeugungsbildung selbst dann hinzunehmen, wenn eine andere Beurteilung näher gelegen hätte oder überzeugender gewesen wäre (vgl. BGH Urt. v. 5.12.2013 – 4 StR 371/13 = NStZ-RR 2014, 87; v. 15.12.2015 – 1 StR 236/15 Rn 18 und v. 22.11.2016 –1 StR 194/16 Rn 14; s. auch BGH Urt. v. 12.5.2016 – 4 StR 569/15 Rn 26; LR-StPO/*Sander* 26. Aufl., § 261 Rn 182 m.w.N.).“[338]

Hinweis **130**

Es ist fraglich, ob bei Verurteilungen, bei denen eine gegenteilige Beurteilung naheliegend, ggf. sogar wahrscheinlicher oder sogar überwiegend wahrscheinlicher gewesen wäre oder ein anderer Tatrichter gezweifelt hätte, die dogmatische Unterscheidung zwischen Beweismaß und Beweiswürdigung erkannt und eingehalten wurde. Aus einer zivilrechtlichen Entscheidung können wir folgenden – zutreffenden und verallgemeinerungsfähigen – Gedanken entnehmen: „Ließen sich diese Zweifel [die der BGH aufgrund der Beweiskraft der mitgeteilten Indizien hatte] überwinden, so dränge die Revision durch, dass das Ber.Ger. das von § 286 ZPO geforderte Beweismaß, dessen Einhaltung der revisionsrechtlichen Kontrolle unterliegt […], verkannt hat […].“[339] Wäre das zu erreichende Beweismaß nur die subjektive Überzeugung des Tatrichters, läge in diesen Fällen kein Rechtsfehler vor. Die Widersprüchlichkeit folgt aus den verschiedenen Beweismaßstäben, die der BGH vertritt.

Bekannt sind auch Entscheidungen, denen zufolge sich der Tatrichter mit einem na- **131**
heliegenden anderweitigen Geschehensablauf befassen muss. „Doch hat sich der Tatrichter, wenn mehrere Möglichkeiten gleichermaßen in Betracht kommen, auch mit den Möglichkeiten auseinanderzusetzen, die nach Sachlage mit den festgestellten Beweistatsachen nicht weniger gut zu vereinbaren sind als die von ihm für er-

336 BGHSt 26, S. 56, 63.
337 BGH, Urteil vom 26.8.2004 – 4 StR 236/04.
338 BGH, Urt. v. 12.1.2017 – 1 StR 394/16 = NStZ 2017, S. 714 f.
339 BGH, NJW 1999, S. 486, 488.

wiesen erachtete Möglichkeit (BGHSt 25, 365, 367; BGH, Urt. v. 30.11.1976 – 1 StR 394176 – bei Holtz MDR 1977, 284; BGH, Urt. v. 1.12.1981 – 1 StR 499/81 [= StV 1982, 59]). Eine Beweiswürdigung, die diesen Grundsatz nicht beachtet, muß als rechtsfehlerhaft beanstandet werden (BGHSt 16, 208, 212; 12, 311, 316).“[340]

Befasst sich das Urteil mit einer naheliegenden anderen Möglichkeit nicht, liegt ein Darlegungsmangel vor. Problematisch ist allerdings der Nachweis dieses Darlegungsmangels, sofern er sich nicht aus dem Urteil ergibt. Ein Leitsatz aus BGHSt 12, 311 lautet:

„Gibt der Strafrichter die für seine Überzeugungsbildung verwerteten Beweisanzeichen in den Urteilsgründen an, so muß er sie im Urteil lückenlos zusammenfügen und unter allen für ihre Beurteilung maßgeblichen Gesichtspunkten würdigen.“

132 Selbst wenn sich der Tatrichter mit einer naheliegenden anderweitigen Möglichkeit befasst, aber nicht genügend entkräftet, liegt nach einem Teil der höchstrichterlichen Rechtsprechung nur ein (ggf. schwerer) Verdacht vor, aber keine Verurteilungsgrundlage.[341] Auch das ist wiederum mit anderen Entscheidungen, denen zufolge der Tatrichter auch dann verurteilen dürfe, wenn eine andere, dem Angeklagten günstigere Version sogar naheliegender gewesen wäre,[342] nicht ohne Weiteres vereinbar.

Ein regelmäßig verwendeter Textbaustein lautet:

„Wenn sichere Feststellungen zu Einzelheiten des inneren oder äußeren Geschehens trotz Ausschöpfung aller verfügbaren Beweismittel und Beweisanzeichen nicht getroffen werden können, so darf sich das nicht zu Lasten des Angekl. auswirken. Es ist vielmehr von der für den Angekl. günstigsten Möglichkeit auszugehen, die nach den gesamten Umständen in Betracht kommt [m.w.N.].“[343]

133 *Hinweis*

Eine andere Möglichkeit ist naheliegend, wenn sie sich ohne weitere Darlegung ebenso gut mit der Variante des Tatrichters wie mit einer dem Angeklagten günstigeren Variante vereinbaren lässt.[344]

340 BGH, StV 1983, S. 359 = 19.5.1983 – 1 StR 640/82.

341 Vgl. BGH, StV 2000, S. 243; vgl. auch BGH, StV 1998, S. 117.

342 Vgl. BeckOK StPO/Wiedner, 59. Ed. 1.10.2025, StPO § 337 Rn 137; vgl. auch BGH, NStZ 1998, S. 369; vgl. BGH, NJW 2005, S. 2322, 2326; vgl. hierzu aber auch Dahs/Dahs, die Revision im Strafprozess, Rn 424 m.w.N. Zu dieser (Beweismaß-) Problematik finden sich diverse Entscheidungen, die miteinander nicht in Einklang zu bringen sind, s. hierzu umfassend oben § 6.

343 BGH, NStZ 2005, S. 85, 86.

344 Vgl. BGH, 14.9.1993 – 1 StR 450/03; BGH, NStZ 1990, S. 501; BGH, StV 1992, S. 261; BGH, NStZ 2005, S. 85 f.; BGH, NStZ 1987, S. 474.

Um in die tatrichterliche Beweiswürdigung nicht einzugreifen, argumentiert der BGH z.B. wie folgt: 134

„Die Beweiswürdigung ist Sache des Tatrichters, es kommt nicht darauf an, ob das Revisionsgericht die angefallenen Erkenntnisse anders gewürdigt hätte. Das Revisionsgericht hat nur zu prüfen, ob die Beweiswürdigung rechtsfehlerhaft ist. Dies ist – von dem hier nicht einschlägigen Gesichtspunkt überspannter Anforderungen an die Überzeugungsbildung abgesehen – im Wesentlichen nur der Fall, wenn die Beweiswürdigung in sich widersprüchlich, lückenhaft oder unklar ist, oder gegen die Denkgesetze oder gesichertes Erfahrungswissen verstößt (st. Rspr., vgl. zusammenfassend: Schoreit in KK, 5. Aufl., § 261 Rn 51 m. zahlr. Nachw.).“[345]

Das ist problematisch, da Unklarheiten, Lücken oder Widersprüche zugunsten oder zu Ungunsten des Angeklagten ohne Weiteres vorliegen können, aus dem Urteil jedoch nicht ersichtlich werden. Die revisionsrechtlich überprüfbaren „überspannten Anforderungen an die Überzeugungsbildung“ können nur zu Lasten des Angeklagten wirken. Damit scheint es, dass die revisionsgerichtliche Überprüfung im Falle eines Freispruchs strenger ist als bei einer Verurteilung, wobei diese gelegentlich geäußerte Behauptung oder Andeutung unzutreffend sein soll.[346] Ob es sich wirklich um eine unzutreffende Behauptung oder Andeutung handelt, ist zweifelhaft. 135

Dogmatisch handelt es sich bei diesem Rechtsfehler jedenfalls um eine Verkennung des Beweismaßes. Geht der Tatrichter von einem zu hohen Beweismaß aus, ist das Urteil rechtsfehlerhaft und kann zu Lasten des Angeklagten aufgehoben werden. Geht der Tatrichter umgekehrt von einem zu niedrigen Beweismaß aus, ist auch das ein Rechtsfehler, der über die Rüge der Verkennung der erforderlichen „objektiv hohen Wahrscheinlichkeit“ bzw. der „Lebenserfahrung“ (siehe sogleich unten) revisibel gemacht werden kann, aber gerade dieses Beweismaß gibt es aktuell kaum noch. 136

137

Beweismaßfehler zugunsten des Angeklagten	Beweismaßfehler zu Ungunsten des Angeklagten
Überspannte Anforderungen an die Überzeugungsbildung	Verfehlung der objektiv erforderlichen hohen Wahrscheinlichkeit

Tatsächlich gibt es aktuell vor allem Entscheidungen des Bundesgerichtshofs, die ausschließlich auf die subjektive Überzeugung des Tatrichters abstellen (sog. **subjektive Theorie**). Eine Grundentscheidung derzufolge reine Möglichkeitsschlüsse des Tatrichters ausreichen, findet sich in BGHSt 10, 208 ff. Auch in jüngerer Zeit finden sich Entscheidungen denen zufolge „die bloße Unwahrscheinlichkeit eines 138

345 BGH, Urt. v. 12.6.2007 – 1 StR 73/07.

346 Vgl. LR-StPO/Franke, 26. Aufl., § 337 Rn 131.

vom Tatrichter festgestellten Geschehens, führt für sich allein ebenso wenig zur Rechtsfehlerhaftigkeit, wie der Umstand, dass abweichende Feststellungen möglich gewesen wären."[347] Bei diesen Entscheidungen handelt es sich um eine „**extrem subjektivistische Beweiswürdigungstheorie**".[348] *Herdegen* hat dargelegt, dass der Bundesgerichtshof mit weiteren und miteinander nicht zu vereinbarenden Beweiswürdigungstheorien arbeitet.[349] Darüber hinaus hatte *Herdegen* bereits 1999 die subjektivistische Beweiswürdigungstheorie als in der Sache weitgehend preisgegeben bezeichnet.[350] Das dürfte zu schnell gedacht sein, denn es finden sich in jüngerer Zeit immer wieder Begründungen/Textbausteine, die der Sache nach die Fortführung der subjektivistischen Beweiswürdigungstheorien darstellen.[351] Die Überwindung der subjektivistischen Theorie, die *Schlothauer* noch im Jahre 2000 beobachtete,[352] ist aktuell nicht überwunden, sondern vielmehr ist das Gegenteil festzustellen. Sowohl die „überspannten Anforderungen an die Überzeugungsbildung" als auch die „Notwendigkeit der objektiv hohen Wahrscheinlichkeit" stellen zwar Absagen an die sog. subjektive Theorie dar, aber dennoch fällt auf, dass zwar die „überspannten Anforderungen an die Überzeugungsbildung" vom BGH nach wie vor geprüft werden, aber die Kehrseite, nämlich das Erfordernis des Erreichens einer „objektiv hohen Wahrscheinlichkeit", kaum noch.[353]

> *„Die Überbetonung der Freiheit der Beweiswürdigung ist eine* ***gefährliche Fehlurteilsquelle****. Sie führt auch dazu, dass bei objektiv gleicher Beweislage ohne Rechtsfehler das eine Gericht verurteilen und das andere freisprechen kann, ohne dass das Ergebnis von demselben Revisionsgericht zwingend beanstandet wird."*[354]

139 Auch *Neuhaus* hat mitgeteilt, dass die subjektivistische Theorie nicht überzeugen könne, da eine Überzeugung, die sich auf eine reine Möglichkeit stützt, keinen höheren Grad an Beweiskraft haben kann.[355] Daneben vertritt der Bundesgerichtshof

347 BGH, NStZ 2001, S. 491 f.

348 Vgl. Herdegen, Die Beweiswürdigungstheorien des Bundesgerichtshofes, in: Festschrift für Hanack, 1999, S. 311, 315.

349 Vgl. Herdegen, Strafrichterliche Aufklärungspflicht und Beweiswürdigung, NJW 2003, S. 3513 f.

350 Vgl. Herdegen, Die Beweiswürdigungstheorien des Bundesgerichtshofes, in: Festschrift für Hanack, 1999, S. 311, 323. Neuhaus tritt dem bei: vgl. Neuhaus, Revision, in: Brüssow/Gatzweiler/Krekeler/Mehle, Strafverteidigung in der Praxis, 4. Aufl., § 13 Rn 71 m.w.N.

351 Vgl. nur BGH, NStZ 2001, S. 491 f., vgl. zu dem Wechsel in den diversen Beweiswürdigungstheorien auch § 6 in diesem Werk.

352 Vgl. Schlothauer, Das Revisionsrecht in der Krise, StraFO 2000, S. 288.

353 Vgl. Widmaier, Qua vadis Revision, StraFo 2010, S. 310, 316; Graf-StPO/Eschelbach, 2. Aufl. § 261 Rn 1: „inzwischen wieder zugunsten einer nahezu unbeschränkten Würdigungsfreiheit relativiert worden"; Krehl, Beweis und Revision, S. 115, 126 in: Fischer (Hrsg.), Beweis; vgl. BeckOK StPO/Eschelbach, 59. Ed. 1.4.2026, StPO § 261 Rn 82.

354 Graf-StPO/Eschelbach, 2. Aufl., § 261 Rn 31.

355 Vgl. Neuhaus, Revision, in: Brüssow/Gatzweiler/Krekeler/Mehle, Strafverteidigung in der Praxis, 4. Aufl., § 13 Rn 49.

auch die Beweiswürdigungstheorie der Lebenserfahrung[356] oder der „hohen Wahrscheinlichkeit",[357] wobei immer unprognostizierbar bleibt, welche Theorie im konkreten Fall angewendet werden wird.

Gegen die Theorie, die auf eine „Lebenserfahrung" abstelle, lasse sich einwenden, dass diese nicht definiert ist.[358] Lediglich die Theorie, die auf eine „hohe Wahrscheinlichkeit" abstelle, helfe, Fehlurteile als bedrückendstes Phänomen der Strafrechtspflege zu vermeiden und eröffne einen Bereich argumentativer Begründung.[359] **140**

Zu welch bedrückenden tatrichterlichen Verurteilungen es bei Anwendung der subjektiven Theorie kommen kann, zeigt der sog. **Pistazieneisfall**. Das Kind A. wird durch mit Arsenik vergiftetes **Pistazieneis** getötet. Die Patentante, die an dem Tattag bis 22.00 Uhr das Kind beaufsichtigte, wird angeklagt. Die Eltern des Kindes oder ein unbekannter Produkterpresser kämen laut LG mangels Motivs als Täter nicht in Betracht. Nach dem Tod des Kindes gingen beim Hersteller des Eises und der Vertriebsfirma zwar Erpresserbriefe ein, die laut LG mit der Tötung jedoch nicht in Zusammenhang stünden. **141**

142

In freier Beweiswürdigung gewertete Umstände	Angeklagte	Eltern	Produkterpresser
Als der das Kind behandelnde Arzt mitteilt, dass das Kind auf die Intensivstation verlegt wird, zieht das LG kraft freier Beweiswürdigung folgende Schlüsse:	Die Angeklagte verhält sich „betont unauffällig", nimmt einen Tierarztbesuch wahr, aber berichtet dem Tierarzt nicht von der Krankheit des Kindes. Das seien Indizien, dass die Angeklagte das Patenkind doch nicht geliebt habe.	Die Eltern sehen die Einlieferung in die Intensivstation als gutes Zeichen. Das sei als Zweckoptimismus nachvollziehbar.	

356 Vgl. Herdegen, Die Beweiswürdigungstheorien des Bundesgerichtshofes, in: Festschrift für Hanack, 1999, S. 311, 320.

357 Vgl. Herdegen, Die Beweiswürdigungstheorien des Bundesgerichtshofes, in: Festschrift für Hanack, 1999, S. 311, 323 ff.

358 Vgl. Neuhaus, Revision, in: Brüssow/Gatzweiler/Krekeler/Mehle, Strafverteidigung in der Praxis, 4. Aufl., § 13 Rn 44, 50.

359 Vgl. Neuhaus, Revision, in: Brüssow/Gatzweiler/Krekeler/Mehle, Strafverteidigung in der Praxis, 4. Aufl., § 13 Rn 51.

In freier Beweiswürdigung gewertete Umstände	Angeklagte	Eltern	Produkterpresser
Das Verhalten auf der Trauerfeier veranlasst das LG zu weiteren Schlüssen.	Die Angeklagte habe sich unangemessen lautstark geäußert und sei sehr rasch zur Tagesordnung übergegangen.	Die Sachlichkeit der Trauerrede des Vaters erscheint dem LG aufgrund seiner tief religiösen Einstellung plausibel.	
Das Verhalten gegenüber den ermittelnden Polizeibeamten wertet das LG wie folgt.	Da die Angeklagte den Beamten angeboten habe, ihre Handtasche mitnehmen zu können, sei dies eine auffällige Vorwärtsverteidigung.	Demgegenüber habe sich die Mutter sehr kooperativ gezeigt, und den Beamten angeboten, alles, was das Kind gegessen habe, mitzunehmen.	
Hinsichtlich der Liebe des Kindes mutmaßt die Kammer wie folgt:	Trotz Erbeinsetzung habe die Angeklagte das Kind nicht geliebt. Ihre dem äußeren Anschein gegebene Zuneigung sei nur gespielt gewesen.	Zwar sei die Mutter sehr streng zu dem Kind und nörglerisch gewesen, deren Liebe zu ihrem Kind stehe jedoch außer Frage.	
Der toxikologische Sachverständige hält es für eher wahrscheinlich, dass das Gift erst nach 22.00 Uhr zugeführt wurde. Damit würde die Angeklagte als Täterin ausscheiden.	Das LG folgt dem Sachverständigen nicht. Da das Kind bereits vor 22.00 Uhr gespuckt habe. Kraft freier Beweiswürdigung führt das LG dieses Spucken auf die beginnende Vergiftung, nicht aber auf übermäßigen Eisgenuss zurück.	Käme es erst nach 22.00 Uhr zur Giftzuführung, wären die Eltern die Täter, was kraft freier Beweiswürdigung absurd sei.	

In freier Beweiswürdigung gewertete Umstände	Angeklagte	Eltern	Produkterpresser
Die Mutter leidet an multipler Sklerose. Sie verweigert eine Entbindung von der Schweigepflicht ihres Hausarztes und eine psychiatrische Untersuchung.		Einen psychotischen Schub der Mutter mit einem für Laien unerkennbaren geordneten Wahn schließt das LG aus, da sich hierfür keine Anhaltspunkte ergeben haben.	
Eingang von Briefen eines Produkterpressers beim Hersteller und Lieferanten des Eises nach der Tatbegehung.			Eine Täterschaft des Produkterpressers sei nur eine denktheoretische Fallgestaltung. Dem Erpresser käme es nur auf das erpresste Geld an. Eine Tötung oder Schädigung von Personen wolle er gerade nicht. In Deutschland sei kein Fall bekannt, bei dem jemand durch einen Produkterpresser körperlich zu Schaden gekommen sei.

Besonders bemerkenswert ist, dass die Angeklagte schon einmal wegen dieses Sachverhalts verurteilt wurde. Der BGH hob die erste Verurteilung bereits aufgrund falscher Beweiswürdigung auf: „Hatten aber mehrere Personen ohne (feststellbares) Motiv die Möglichkeit zur Vergiftung, so sind an jeden die gleichen Prüfungsanforderungen zu stellen.“[360] 143

Trotz dieses deutlichen Hinweises des BGH führte die erneute Hauptverhandlung kraft freier Beweiswürdigung wieder zu dem identischen Fehler: „Das Tatgericht legt gleichwohl in einseitiger Weise verschiedene Maßstäbe an die Prüfung der Tä- 144

360 BGH, Urt. v. 31.7.1996 – StR 247/96 = StV 1 1997, S. 62.

terschaft der Eltern des Tatopfers einerseits und an der Angekl. andererseits an [...]. Demgegenüber wird Gleichartiges auf Seiten der Eltern als plausibel, nachvollziehbar u.a. qualifiziert."[361]

145 Der Entscheidung des BGH ist uneingeschränkt zuzustimmen. Sämtliche gegen die Angeklagte angeführte Indizien sind ohne irgendeinen belastenden Beweiswert.[362]

Der Kernsatz des BGH, der die Angeklagte daraufhin selbst freisprach, lautet:

> *„Bei dieser Sachlage fehlt endgültig eine objektiv hohe Wahrscheinlichkeit der Tatbegehung durch die Angekl., die aber nach der Rechtsprechung des BGH Voraussetzung für eine Verurteilung wäre [...] und nicht allein durch die, für die Verurteilung freilich zusätzlich erforderliche, subjektive richterliche Überzeugung ersetzt werden kann. Deshalb kann von Rechts wegen eine sichere Überzeugung von der Täterschaft der Angekl. nicht gewonnen werden."*[363]

146 Bemerkenswert ist, dass anderslautende Entscheidungen des BGH, denen zufolge eine Verurteilung nicht mit der Revision beanstandet werden kann, obwohl andere Möglichkeiten näher gelegen hätten,[364] in der Praxis ebenso (und sogar erst recht) akzeptiert werden. Es scheint, als ob der BGH sich von dem Beweismaß der hohen Wahrscheinlichkeit wieder abwendet hat. Jedenfalls sind Entscheidungen, die Verurteilungen wegen Nichterreichung dieses Beweismaßes aufheben,[365] seit den 90er Jahren des letzten Jahrhunderts wieder (viel) seltener geworden. Das verwundert, da das BVerfG – soweit ersichtlich – erstmals 2003 unterstellte, dass der BGH dieses Beweismaß anwenden würde[366] und dies 2008 wiederholte. Eine Auseinandersetzung damit, dass dieses Beweismaß allenfalls auf einen Teil der Rechtsprechung zutrifft, fehlte in der Entscheidung des BVerfG völlig.[367]

Auch *Schäfer* stellt fest: „[...] die in langer Rechtsprechungstradition gewachsene Kontrolldichte entbehrt derzeit noch eines in der Begründung einheitlichen Konzepts."[368]

361 BGH, Urt. v. 19.1.1999 – 1 StR 171/98 = NJW 1999, S. 1562.

362 Vgl. zur abstrakten Beweiskraft eines Indizes: Geipel, Handbuch der Beweiswürdigung, S. 174 ff., 193 ff. jeweils m.w.N.

363 BGH, Urt. v. 19.1.1999 – 1 StR 171/98 = NJW 1999, S. 1564.

364 Vgl. BGH, NStZ 1998, S. 369; vgl. BGH, NJW 2005, S. 2322, 2326; vgl. auch BGH, MDR 1951, S. 117 f.: vgl. hierzu aber auch Dahs/Dahs, die Revision im Strafprozess, 7. Aufl., Rn 424 m.w.N.

365 Vgl. BGH, Urt. v. 24.3.2000 – 3 StR 585/99, BGH, Urt. v. 1.4.1998 – 2 StR 682/97, BGH, Urt. v. 8.11.1996 – 2 StR 534/96, BGH, Urt. v. 14.4.1993 – 3 StR 604/92, BGH, Urt. v. 24.11.1992 – 5 StR 456/92, BGH, Urt. v. 13.8.1991 – 5 StR 231/91, BGH, Urt. v. 29.7.1991 – 5 StR 278/91.

366 Vgl. BVerfG 2, BvR 2045/02.

367 Vgl. BVerfG 2, BvR 2067/07.

368 Vgl. Schäfer, Gerhard, Freie Beweiswürdigung und revisionsrechtliche Kontrolle, StV 1995, S. 147, 149.

Praxistipp 147

Jede Revisionsbegründung, die sich gegen die Beweiswürdigung wendet, sollte formulieren, dass die Sachrüge nicht auf die nachstehenden Punkte beschränkt ist und die nachfolgende Begründung zur Ergänzung, nicht zur Erläuterung der Sachrüge erfolgt. Damit kann bereits im Vorfeld vermieden werden, dass die Rüge als ggf. unzulässig erachtet wird.[369]

148 Wegen der völligen Unprognostizierbarkeit von Revisionsrügen gegen die „tatrichterliche Beweiswürdigung" bietet sich ggf. eine **gemeinsame Revisionsbegründung** mehrerer Revisionsverteidiger an.[370] Wesentlich ist, dass diese von allen Verteidigern unterschrieben ist und jeder Verteidiger den vollen Inhalt für seinen Mandanten verantwortet,[371] sofern das Vorbringen inhaltlich nicht spezifisch auf einen Angeklagten bezogen ist oder der Schriftsatz – gegebenenfalls durch entsprechende Anpassungen eines übernommenen Textes – erforderliche Konkretisierungen in Bezug auf den jeweiligen Revisionsführer erkennen lässt. Die schlichte Übernahme eines ersichtlich auf einen anderen Angeklagten zugeschnittenen Textes durch den Verteidiger eines Mitangeklagten ohne erforderliche Modifikationen in Bezug auf den eigenen Mandanten ist dagegen nicht gestattet und führt zur Unzulässigkeit der Revision.[372] Praktisch wird aber doch jeder Verteidiger eine eigene Revisionsschrift erstellen, obwohl eine gemeinsame Revisionsschrift ggf. sachgerechter wäre.[373] „Wenn mehrere Mitangeklagte dieselbe Verfahrensrüge erheben, die Darstellung aber nur in der Revisionsbegründung des einen, nicht in derjenigen des anderen Angekl. den strengen Anforderungen des § 344 II 2 StPO genügt, so kann das deshalb selbst bei sachlich einheitlichem Schuldspruch zur „gespaltenen" Aufhebung des Urteils führen. Die daraus folgende Notwendigkeit, auch gleichlautende Verfahrensrügen für jeden von mehreren revisionsführenden Mitangeklagten selbstständig und umfassend vorzutragen, führt nicht selten zu erheblicher Aktenaufblähung, die seltsam erscheinen mag, wenn die Verteidiger mehrerer Angeklagter inhaltsgleiche oder gar wortidentische Schriftsätze einreichen."[374]

149 Tauschen sich die Verteidiger gegenseitig aus und bestätigen sich gegenseitig selbst, kann dies einen nicht zu unterschätzenden psychologischen Vorteil bieten. Zwar darf die Erfolgswahrscheinlichkeit von Angriffen gegen die Beweiswürdigung nicht

369 Vgl. Rieß, Revision, in: Brüssow/Gatzweiler/Krekeler/Mehle, Strafverteidigung in der Praxis, 4. Aufl., § 13 Rn 141 m.w.N.

370 Das ist kein Rechtsargument, sondern nur ein psychologisches.

371 Vgl. Rieß, Revision, in: Brüssow/Gatzweiler/Krekeler/Mehle, Strafverteidigung in der Praxis, 4. Aufl., § 13 Rn 154 m.w.N.; vgl. hierzu auch die konkreten Hinweise in der Anmerkung: Widmaier zu BGH 1 StR 449/97, NStZ 1998, S. 99.

372 Vgl. BGH, Beschl. v. 18.05.2022, Az.: 3 StR 181/21.

373 Vgl. BGH, Urt. v. 12.8.1997 – 1 StR 449/97 = NStZ 1998, S. 99; vgl. auch BGH, Beschl. v. 10.1.2006 – 1 StR 527/05 = wistra 2006, S. 235 f.

374 Anm. Widmaier zu BGH, Urt. v. 12.8.1997 – 1 StR 449/97 = NStZ 1998, S. 99.

überschätzt werden, gleichwohl handelt es sich um eine geschuldete Verteidigeraufgabe.[375]

150 *Hinweis*

Bei mehreren Revisionsführern wirken Verletzungen des Beweisantragsrechts auch für denjenigen, der die Rüge nicht erhoben hat bzw. sich der Rüge nicht angeschlossen hat,[376] wenn die Aufklärung auch in seinem Interesse lag.[377] Die Vernehmung eines präsenten Beweismittels im Sinne von § 245 Abs. 2 StPO kann jeder Verfahrensbeteiligte zur Wahrung seiner Interessen beantragen.[378]

2. Abgrenzung der Tatsachenfeststellung von Rechtsfragen

151 Angesichts der de lege lata geltenden grds. Bindung des Revisionsgerichts an die Tatsachenfeststellung des Tatrichters nimmt die Unterscheidung von Rechtsfragen und Tatsachenfeststellungen einen besonderen Stellenwert ein. Rechtfragen unterliegen nicht der bindenden Wertung des Tatrichters, sondern können vom Revisionsgericht frei beurteilt werden. Die Trennung von Rechts- und Tatsachenfragen ist sprachlich einfach, kann praktisch aber schwierig sein.[379] Geht es um die Auslegung von Äußerungen, Urkunden, bildlichen Darstellungen etc. ist zu unterscheiden. Die Auslegung setzt vorrangig die Feststellung eines bestimmten Sachverhalts voraus (= grds. nicht überprüfbare Tatsachenfeststellung des Tatrichters). Hieran schließt sich die Auslegung an. Von BGHSt 21, S. 371 f. erfahren wir hinsichtlich dieser Zweiteilung Folgendes: „Die Auslegung mündlicher wie schriftlicher Erklärungen ist Sache des Tatrichters; ein Verstoß gegen Sprach- oder Denkgesetze ist in der vom Landgericht vorgenommenen Würdigung nicht zu finden. Auch tragen die getroffenen Feststellungen den Schuldspruch.“ Eine vertretbare Auslegung bindet das Revisionsgericht, auch wenn eine andere Auslegung – nach Meinung des Revisionsgerichts – wahrscheinlicher ist.[380]

152 Die Auslegung ist damit grds. irrevisibel. Revisibel ist aber, ob der Tatrichter die **anerkannten Auslegungsregeln** angewendet hat.[381]

Die Revisibilität von unbestimmten Rechtsbegriffen hängt eng damit zusammen.[382] In nicht wenigen Fällen enthält das Gesetz **unbestimmte Rechtsbegriffe** (z.B. Verwerflichkeit im Sinne von § 240 StGB, Erforderlichkeit im Sinne von § 32 StGB, „ur-

375 Vgl. Neuhaus, Revision, in: Brüssow/Gatzweiler/Krekeler/Mehle, Strafverteidigung in der Praxis, 4. Aufl., § 13 Rn 68.

376 Das wird im Regelfall allerdings passieren, vgl. Junker, Beweisantragsrecht im Strafprozess, S. 50.

377 Vgl. BGHSt 32, S. 10; vgl. auch LR-StPO/Hanack, 25. Aufl., § 337 Rn 94.

378 Vgl. LR-StPO/Gollwitzer, 25. Aufl., § 245 Rn 56.

379 Vgl. Dahs/Dahs, Die Revision im Strafprozess, 7. Aufl., Rn 393 m.w.N.

380 Vgl. LR-StPO/Hanack, 25. Aufl., § 337 Rn 118 m.w.N.

381 Vgl. KK-StPO/Gericke, 9. Aufl. 2023, StPO § 337 Rn 19.

382 Vgl. hierzu LR-StPO/Hanack, 25. Aufl., § 337 Rn 113 ff.

sächlicher Zusammenhang“, Voraussehbarkeit des Erfolgs beim Fahrlässigkeitdelikt etc.). Der unbestimmte Rechtsbegriff kann nur durch eine Wertung des Tatrichters ausgefüllt werden. Hierbei wird dem Tatrichter ein weiter Ermessensspielraum zugebilligt.[383] Wann dieser Beurteilungsspielraum überschritten ist, ist wiederum kaum prognostizierbar.[384]

Das Revisionsgericht kann dann eingreifen, wenn: 153

- die tatsächlichen im Urteil mitgeteilten Feststellungen zu gering sind, um den Schluss des Tatrichters nachvollziehen zu können,
- oder der Tatrichter Auslegungsgrundsätze nicht beachtet,
- oder er den abstrakten Wertungsmaßstab verkannt hat.[385] Das wird bei einer „unvertretbaren“ Auslegung der Fall sein;[386] was aber vertretbar und was unvertretbar ist, ist nur in Evidenzfällen vorhersehbar, nicht aber in der forensischen Realität.
- Ein revisibler Verstoß liegt auch dann vor, wenn der Tatrichter von mehreren Auslegungsmöglichkeiten nur eine geprüft oder eine andere naheliegende Deutungsmöglichkeit nicht beachtet hat.

Hinweis 154

Diese nur begrenzte Revisibilität steht in der Kritik. Ein Unterschied zwischen voll revisiblen normativen Tatbestandsmerkmalen und nur eingeschränkt revisiblen unbestimmten Rechtsbegriffen lässt sich in der Praxis in nicht wenigen Fällen nur schwer bis gar nicht feststellen.[387] „Die angedeuteten Unterschiedlichkeiten der Rechtsprechung mögen berechtigt gewesen sein, solange die Revisionsgerichte vom Tatrichter eine genaue Angabe der wesentlichen oder naheliegenden tatsächlichen Umstände nicht forderten und die Anforderungen an die Sachverhaltsdarstellung im tatrichterlichen Urteil gering hielten. Im Zeichen einer Praxis, die anders verfährt [...], ist die beschränkte Revisibilität der unbestimmten Begriffe nicht mehr einsehbar.“[388]

Richtig ist: „Unter dem Aspekt der Gewährleistung einer **einheitlichen Rechtsprechung** sind die Revisionsgerichte im Bereich der unbestimmten Begriffe im Ausgangspunkt besonders gefordert. Sie haben daher, auch wenn unterschiedliche Verständnisse oder Fallentscheidungen durchaus vertretbar sein mögen, immer dann einzugreifen, wenn die Billigung bzw. Nichtbeanstandung vertretbarer

383 Vgl. KK-StPO/Gericke, 9. Aufl. 2023, StPO § 337 Rn 31; vgl. auch Dahs/Dahs, Die Revision im Strafprozess, 7. Aufl., Rn 394 m.w.N.

384 Vgl. MüKoStPO/Knauer/Kudlich, 2. Aufl. 2024, StPO § 337 Rn 10 ff.

385 Vgl. Dahs/Dahs, Die Revision im Strafprozess, 7. Aufl., Rn 394 m.w.N.

386 Vgl. BeckOK StPO/Wiedner, 59. Ed. 1.10.2025, StPO § 337 Rn. 67.

387 Vgl. LR-StPO/Hanack, 25. Aufl., § 337 Rn 116.

388 LR-StPO/Hanack, 25. Aufl., § 337 Rn 116.

Ergebnisse zu einem Nebeneinander erkennbar unterschiedlicher rechtlicher Würdigungen führen würde.“[389]

3. Die Darstellungs- bzw. Erörterungsrüge

a) Grundsätzliches

155 Die Revision kann unzulässig sein, wenn man Rechtsfehler allein aufgrund eines anderen als des festgestellten Sachverhalts nachzuweisen versucht.[390] Die nach § 268 Abs. 2 StPO **mündlich** mitgeteilten Urteilsgründe sind niemals maßgebend.[391]

156 Es verspricht viel, wenn man wie folgt ausführt:

> *„Die schriftlichen Urteilsgründe sollen die* ***Verfahrensbeteiligten*** *von der Richtigkeit der getroffenen Entscheidung überzeugen und dokumentieren, dass das Urteil auf einer* ***rationalen, verstandesmäßig einsehbaren Grundlage*** *unter Berücksichtigung des Vorbringens des Angeklagten gefällt worden ist. Die anfechtungsberechtigten Verfahrensbeteiligten sollen außerdem anhand der schriftlichen Urteilsgründe die* ***Erfolgsaussichten eines Rechtsmittels*** *prüfen und auf dieser Grundlage eine sachgerechte Entscheidung über die Frage der Urteilsanfechtung, ggf. auch über ihren Umfang, treffen können. Darüber hinaus dient das Erfordernis schriftlicher Urteilsbegründung – wie jedes Begründungserfordernis – der* ***Eigenkontrolle des Gerichts*** *(vgl. BVerfG BeckRS 2017, 123193; Güntge in SSW-StPO Rn 2; Velten in SK-StPO § 267 Rn 3). Der Zwang zur Entscheidungsbegründung kann die Rationalität der tatgerichtlichen Entscheidung fördern (Schlüchter GA 1994, 397, (435)). Die schriftlichen Urteilsgründe schaffen schließlich die Möglichkeit, das tatrichterliche Urteil einer* ***effektiven Rechtsfehlerkontrolle*** *in der Revision zu unterziehen [m.w.N.].“*[392]

157 Theoretisch ist hiergegen nichts zu erinnern. Praktisch bleiben diese Ausführungen jedoch weitgehend wirkungslos, da die rational nachvollziehbare Grundlage infolge der revisionsrechtlichen Einschränkung des Beweismaßes der objektiv hohen Wahrscheinlichkeit gerade nicht durchgängig gewährleistet ist.

Tatsächlich erweist sich dies weniger als Instrument effektiver Kontrolle denn als Anleitung zur revisionssicheren Abfassung von Urteilen.

In der Praxis zeigen vielmehr die mündlichen Urteilsgründe häufig deutlicher die tragenden Erwägungen der Entscheidung als die nachträglich formulierten schriftlichen Gründe, die ersichtlich unter dem Eindruck möglicher revisionsgerichtlicher

389 SK-StPO, Wolter, 5. Aufl., § 337 Rn 112.

390 Vgl. LR-StPO/Franke, 26. Aufl., § 337 Rn 1.

391 Vgl. LR-StPO/Franke, 26. Aufl., § 337 Rn 76.

392 KK-StPO/Bartel, 9. Aufl. 2023, StPO § 267 Rn 1.

Überprüfung stehen. Es ist grds, nicht nachweisbar, ob die Urteilsgründe die Erwägungen tatsächlich wiedergeben, aus denen der Tatrichter bei der Beratung zum Urteilsspruch gekommen ist.[393]

Erfahrene Verteidiger kennen zahlreiche Fälle, in denen Tatrichter in der mündlichen Begründung noch Umstände zu Lasten des Angeklagten herangezogen haben, die in den schriftlichen Urteilsgründen keine Erwähnung mehr finden, weil sie als rechtlich angreifbar erscheinen mussten (etwa das Leugnen der Tat oder das Verteidigungsverhalten).

In nicht wenigen Fällen kann die grds. unangreifbare Tatsachenfeststellung des Richters dennoch zu Fall gebracht werden, wenn die **Darstellung oder Erörterung** in den Urteilsgründen nicht den (teilweise widersprüchlichen) höchstrichterlichen Vorgaben entspricht. Die Vorgaben hierzu lassen sich nur unvollständig aus § 267 StPO entnehmen.[394] Der Akteninhalt ist insofern bedeutungslos, denn der Mangel muss sich aus der Urteilsurkunde ergeben.[395] § 267 Abs. 1 Satz 2 StPO stellt darüber hinaus nur eine „Sollvorschrift" dar, auf die die Revision – nach der gesetzgeberischen Intention – nicht gestützt werden kann.[396] **158**

Die Revisionsgerichte akzeptieren grds. keinen tatrichterlich festgestellten Sachverhalt, der sich denkgesetzlich nicht ereignet haben kann oder allgemeinen Erfahrungssätzen widerspricht. Kontrolliert wird aber nicht das tatsächlich historische Geschehen, sondern nur die Darstellung der Feststellungen in der Urteilsurkunde im Hinblick auf ihre Tragfähigkeit als Voraussetzung und Grundlage der Rechtsanwendung, so dass der Begriff „Darstellungsrüge" zutreffend ist.[397] Diese starke Anknüpfung an den Urteilstext führt wohl auch dazu, dass sachlich richtige Urteile aufgehoben werden, während sachliche falsche Urteile unbeanstandet bleiben.[398] Es handelt sich hierbei um eine richterrechtlich entwickelte Methode, die mit den Vorstellungen des historischen Gesetzgebers nicht in Einklang steht, so dass durchaus von einer „erweiterten Revision" gesprochen werden kann.[399]

Die Urteilsgründe müssen **in sich geschlossen** sein. „Dies erfordert eine in sich geschlossene Darstellung aller äußeren und der damit im Zusammenhang stehenden inneren Tatsachen, damit erkennbar wird, auf welcher Grundlage der Tatrichter die rechtliche Beurteilung vorgenommen hat. Unklare und unübersichtliche Feststellungen, die insbesondere nicht zwischen der Feststellung zum Tatgeschehen, der Beweiswürdigung und der rechtlichen Würdigung unterscheiden, stellen einen sach- **159**

393 Vgl. KK-StPO/Bartel, 9. Aufl. 2023, StPO § 267 Rn 97.
394 Vgl. BeckOK-/Peglau, § 267 Rn 9.
395 Vgl. LR-StPO/Franke, 26. Aufl., § 337 Rn 75, 78.
396 Vgl. LR-StPO/Hanack, 25. Aufl., § 337 Rn 120, 125.
397 Vgl. LR-StPO/Franke, 26. Aufl., Vor § 333 Rn 4.
398 Vgl. LR-StPO/Franke, 26. Aufl., Vor § 333 Rn 11.
399 Vgl. LR-StPO/Franke, 26. Aufl., § 337 Rn 98, 101.

lichrechtlichen Fehler des Urteils dar."[400] Dies deshalb, da andernfalls das Revisionsgericht nicht in der Lage ist, die Subsumtion der Tatsachen unter das Gesetz auf ihre Richtigkeit zu prüfen.[401]

160 *Hinweis*

Ob die Tatsachenfeststellung als solche richtig oder falsch ist, unterliegt nicht der revisionsgerichtlichen Prüfung.[402] „Die Zahl der Urteile, die auch Revisionsrichtern nach der Urteilslektüre als bedenklich erscheinen, aber mangels greifbaren Rechtsfehlers nicht beanstandet werden, ist weder besonders groß noch sehr gering. Die Formulierung in den Beschlussformularen, dass die Revisionsverwerfung nach § 349 Abs. 2 erfolge, weil die Nachprüfung ‚keinen Rechtsfehler zum Nachteil des Beschwerdeführers' ergeben habe, ist vielfach unzutreffend, weil sie praktisch unreflektiert durch Verwendung desselben Beschlussformulars auch gebraucht wird, wenn zwar Rechtsfehler erkannt, aber das Beruhen des Urteils hierauf verneint wird oder Verfahrensrügen aufgrund strenger Maßstäbe als unzulässig bewertet werden. Selbst hinter einer Verwerfung der Revision als ‚offensichtlich unbegründet' verbirgt sich nicht selten ein Fall, in dem tatsächliche Bedenken gegen die sachliche Richtigkeit der Beweiswürdigung angemeldet werden könnten, aber kein durchgreifender Rechtsfehler vorliegt."[403]

161 Mit einer gewissen Erfolgswahrscheinlichkeit lässt sich rügen, dass das Urteil in den Feststellungen eine Lücke enthält bzw. naheliegende andere Möglichkeiten außer Acht lässt, die Feststellungen also unvollständig sind.[404] „Miteinander verglichen werden alle Sätze eines Urteils, gleich welche Funktion sie haben. Lassen sich solche Sätze nicht miteinander vereinbaren, so liegt ein Revisionsgrund nicht nur dann vor, wenn sie denkgesetzlich nicht zusammenpassen, sondern schon, wenn sie andere [naheliegende] Möglichkeiten offenlassen."[405] Werden naheliegende Möglichkeiten nicht erörtert, lässt das besorgen, dass das Tatgericht sie nicht erkannt hat.[406] Eine tatrichterliche Beweiswürdigung, die nicht erschöpfend ist, ist rechtsfehlerhaft.[407] Ein Beispiel kann darin liegen, dass nach der Einlassung des Angeklagten eine Notwehrlage nahelag, das Tatgericht in der Strafzumessung aber nur erwähnte,

400 BGH, Beschl. v. 4.5.1990 – 3 StR 72/90 = NStZ 1990, S. 496.
401 Vgl. LR-StPO/Franke, 26. Aufl., § 337, Rn 114 ff. m.w.N.
402 Vgl. LR-StPO/Franke, 26. Aufl., § 337 Rn 105.
403 BeckOK StPO/Eschelbach, 59. Ed. 1.4.2026, StPO § 261 Rn 9.4.
404 Vgl. Barton, Die Revisionsrechtsprechung des BGH in Strafsachen, S. 145, vgl. hierzu auch die Aufstellung bei Rieß, Über Aufhebungsgründe in Revisionsentscheidungen des Bundesgerichtshofes, NStZ 1982, S. 49, 51.
405 Fezer, Die erweiterte Revision – Legitimierung der Rechtswirklichkeit?, S. 18.
406 Vgl. BGH, Urt. v. 15.11.1991 – 2 StR 499/91 = StV 1992, S. 97.
407 Vgl. BGHR, Urt. v. 22.4.1987 – 3 StR 141/87 = StPO, § 261, Beweiswürdigung 2.

dass der Angeklagte unwiderlegt „provoziert“ wurde, aber die Notwehrlage nicht erörtert. Dementsprechend bestanden Zweifel, ob die festgestellten Tatumstände erschöpfend gewürdigt wurden.[408]

Mit dem Postulat der vollständigen Feststellungen scheint die Forderung nach einer erschöpfenden bzw. umfassenden Beweiswürdigung zu korrespondieren. Ein oft verwendeter Textbaustein lautet z.B. wie folgt:

> *„Die Beweiswürdigung ist Sache des Tatgerichts (§ 261 StPO). Die revisionsrechtliche Überprüfung beschränkt sich darauf, ob diesem bei der Beweiswürdigung Rechtsfehler unterlaufen sind. Das ist in sachlich-rechtlicher Hinsicht etwa dann der Fall, wenn die Erwägungen in sich widersprüchlich, unklar oder lückenhaft sind oder wenn sie gegen Denkgesetze oder gesicherte Erfahrungssätze verstoßen.“*[409]

Gleichwohl sind bestimmte Entscheidungen mit diesem Postulat nicht ohne Weiteres in Einklang zu bringen. Verhält sich das Gericht nämlich nicht zu bestimmten Beweismitteln, kann daraus nicht geschlossen werden, dass es nicht benutzt worden ist.[410] Bereits 1953 hatte der BGH formuliert: „Aus dem Schweigen der Gründe zu einem Beweisgeschehen in der Hauptverhandlung kann nicht geschlossen werden, der Tatrichter habe diese ungewürdigt gelassen und somit seine Überzeugung nicht aus dem Gesamtinhalt der Verhandlung geschöpft.“[411]

> *Hinweis* 162
>
> Umgekehrt lassen sich Entscheidungen nachweisen, in denen aus dem Schweigen der Urteilsgründe schon darauf geschlossen wurde, dass z.B. eine verlesene Urkunde nicht verwertet und damit gegen § 261 StPO mit der Pflicht zur umfassenden Würdigung des Beweisergebnisses verstoßen worden war. Ein solcher Schluss ist nur zulässig, wenn für das Revisionsgericht erkennbar ist, dass der in der Urkunde fixierte Umstand zum Zeitpunkt der Urteilsfällung noch erheblich war.[412]

In jedem Fall muss die Beweiswürdigung eine Gesamtwürdigung aller festgestellten Tatsachen enthalten.[413] Aus einer Vielzahl an Judikaten entnehmen wir, dass die Beweise erschöpfend zu würdigen sind und das Urteil erkennen lassen muss, dass es Umstände, die geeignet sind, die Entscheidung in die eine oder andere Richtung zu 163

408 Vgl. BGH, Urt. v. 29.9.1970 – 1 StR 290/70, in: Fezer, Die erweiterte Revision – Legitimierung der Rechtswirklichkeit?, S. 85 f.

409 Vgl. statt vieler BGH, Beschl. v. 19.02.2025 – 6 StR 685/24.

410 Vgl. BGH, StV 1991, S. 340; vgl. auch BGH, NStZ-RR 2001, S. 174.

411 BGH, NJW 1951, S. 533.

412 Vgl. LR-StPO/Franke, 26. Aufl., § 337 Rn 58 m.w.N.

413 Vgl. BGH, MDR 1974, S. 548; vgl. auch BGH, NStZ 1993, S. 501.

beeinflussen, erkannt und in seine Überlegung einbezogen hat.[414] Wesentliche beweiserhebliche Umstände muss der Tatrichter in den Gründen erörtern.[415] Das gilt auch für „auf der Hand" liegende alternative Fallgestaltungen.[416] Die „Beweiswürdigung leidet an einem sachlich-rechtlichen Mangel: sie ist lückenhaft, weil sie die Auseinandersetzung mit wesentlichen Umständen vermissen läßt, deren Erörterung sich aufdrängte [...] Seinem [des Tatrichters] Urteil muß jedoch bedenkenfrei entnommen werden können, daß er bei seiner Prüfung keinen wesentlichen Gesichtspunkt außer acht gelassen hat, der geeignet sein könnte, das Beweisergebnis zu beeinflussen (vgl. z.B. BGH, Urt. v. 30.1.1980 – 2 StR 758/79)."[417]

164 Die Frage, wann eine Nichterörterung einen Mangel darstellt und wann nicht, lässt sich nicht zufriedenstellend lösen. *Niemöller* meint: „Der Umfang der Darlegungspflicht ist im übrigen streitig – die Rechtsprechung des BGH bietet kein einheitliches Bild. Einerseits wird betont, der Tatrichter sei nicht verpflichtet, in den Urteilsgründen alle benutzten Beweismittel anzuführen, sämtliche (möglicherweise) beweiserheblichen Umstände, die seine Überzeugung begründen oder ihr entgegenstehen, lückenlos darzulegen und sich mit ihnen auseinanderzusetzen.[418] Andererseits gibt es Entscheidungen, in denen genau dies mit Nachdruck verlangt wird.[419] Der Widerspruch ist nicht auflösbar, aber erklärlich. Denn letztlich spiegeln sich in der Darlegungspflicht des Tatrichters nur die Prüfungsmaßstäbe des Revisionsgerichts: was das Revisionsgericht nachprüfen will, muß das Urteil nachprüfbar machen."[420]

Jedenfalls ist die Verletzung des Gebots der umfassenden und erschöpfenden Würdigung mangels umfassender Dokumentationspflicht und des Rekonstruktionsverbots in vielen Fällen nicht beweisbar.[421]

165 *Hinweis*

Es kann mit Art. 103 Abs. 1 GG kollidieren, wenn relevanter Beweisstoff in den Urteilsgründen unerwähnt bleibt. Im Zivilverfahren tritt dieser Fall häufig auf,

414 Vgl. BGH, Urt. v. 19.10.2000 – 1 StR 439/00 = NStZ 2001, S. 161; vgl. auch BGH, StV 1989, S. 423 = BGHR StPO § 261 Inbegriff der Verhandlung 15 = 1 StR 559/88, vgl. auch BGHSt 29, S. 18, 20, vgl. auch BGHR StPO § 261 Inbegriff der Verhandlung 7, vgl. auch BGH, StV 1988, S. 371 = 4 StR 73/88, vgl. auch BGH, StV 1988, S. 190 = BGHR StPO § 261 Überzeugungsbildung 7 = 2 StR 551/87, vgl. auch BGHR StPO § 261 Beweiswürdigung, unzureichende 6 = 4 StR 164/87, vgl. auch BGH, StV 1986, S. 421 = 4 StR 210/86; BGH, Beschl. v. 14.3.1989 – 1 StR 19/89 = StV 1989, S. 423.

415 Vgl. BGH, StV 1989, S. 423 = 1 StR 559/88, vgl. auch BGH, StV 1991, S. 549 = 5 StR 354/91, vgl. BGHR StPO § 261 Beweiswürdigung, unzureichende 5 = 2 StR 614/86.

416 Vgl. BGHR – 4 StR 164/87, StPO, § 261, Beweiswürdigung, unzureichende 6=.

417 BGH, – 2 StR 622/80StV 1981, S. 114 =.

418 Im Original folgende Fn: BGH, MDR 1979, 637 f.; Urt. v. 19.1.1984 – 4 StR 730/83.

419 Im Original folgende Fn: BGH, Urt. v. 1.2.1984 – 2 StR 623/83 u. 21.3.1984 – 2 StR 778/83.

420 Niemöller, Die strafrichterliche Beweiswürdigung in der neueren Rechtsprechung des Bundesgerichtshofs, StV 1984, S. 431 f.

421 Vgl. Fezer, Möglichkeiten einer Reform der Revision in Strafsachen, S. 137.

im Strafverfahren hingegen vermeintlich (fast) nie. Es ist befremdlich, dass ein spezifischer Rechtsfehler – der Gehörsverstoß – bei den Zivilsenaten des BGH eine maßgebliche Rolle spielt, bei den Strafsenaten hingegen kaum. Dass Art. 103 Abs. 1 GG lediglich im Zivilverfahren Geltung beanspruchen könnte, ist nie ernsthaft vertreten worden. Dass Gehörsverstöße im Strafverfahren (fast) nie zur Aufhebung eines Urteils führen, deutet auf ein grundrechtswidriges Kontrollsystem hin, das zumindest im Hinblick auf Art. 103 Abs. 1 GG weitgehend leerlauft.

Tatsächlich liegt hierin ein verfassungswidriger Zustand (Art. 19 Abs. 4 GG, Art. 101 Abs. 1 GG), dessen Überwindung ein Dokumentationsgebot erfordern würde – anstelle eines Rekonstruktionsverbots.[422] „Alle Prämissen der These vom Rekonstruktionsverbot sind demnach zweifelhaft. Wird allerdings die Tür zur revisionsgerichtlichen Beweiskontrolle einen Spalt weit geöffnet, kann sie auch nicht mehr teilweise verschlossen bleiben; diese Erkenntnis erklärt den hartnäckigen Widerstand gegen eine Renovierung des Gebäudes der Beweiskontrolle. Die Leistungsgrenzen der Revisionsinstanz stellen nur ein praktisches Hindernis dar, solange eine Inhaltsaufzeichnung der Hauptverhandlung fehlt. Ein rechtlicher Hinderungsgrund für einen weiter gehenden Freibeweis ist daraus aber nicht zu entnehmen."[423]

Bei der Darstellungs- bzw. Erörterungsrüge handelt es sich um eine eigenständige richterrechtlich entwickelte Methode, auf die tatrichterlichen Feststellungen und Würdigungen zuzugreifen.[424] „Entstanden ist sie aus dem richterlichen Bemühen, die Revision, wenn auch auf der abstrakten Grundlage der Urteilsurkunde, im Interesse einer richtigen Entscheidung [...] zur Kontrolle der tatrichterlichen Feststellungen nutzbar zu machen."[425] 166

Das Urteil muss grds. aus sich heraus verständlich sein.[426] Die Darstellung muss ergeben, dass die Merkmale des subjektiven und objektiven Tatbestandes vorliegen. „Der Tatrichter hat die Urteilsgründe nach einer vorausgegangenen rechtlichen Subsumtion so abzufassen, dass sie in einer jeden Zweifel ausschließenden Weise erkennen lassen, welche der festgestellten Tatsachen den einzelnen objektiven und subjektiven Tatbestandsmerkmalen zuzuordnen sind und sie ausfüllen können und welchen gesetzlichen Tatbestand das Gericht daher für erfüllt angesehen und bei der Bemessung der Rechtsfolgen zugrunde gelegt hat."[427] Weiter muss die Darstel-

422 Vgl. Norouzi in Strafverteidigervereinigungen, Wehe dem, der beschuldigt wird, Ergebnisse des 34. Strafverteidigertages 2011, S. 215, 220 ff.

423 BeckOK StPO/Eschelbach, 59. Ed. 1.4.2026, StPO § 261 Rn 72.2.

424 Vgl. LR-StPO/Hanack, 25. Aufl., § 337 Rn 124 f.

425 LR-StPO/Hanack, 25. Aufl., § 337 Rn 125.

426 Vgl. bereits RGSt 4, S. 367, 370; vgl. auch RGSt 62, S. 216, RGSt 66, S. 8; vgl. auch BGHSt 30, S. 225, 227.

427 BGH, NStZ-RR 2008, S. 83.

lung übersichtlich sein. Üblicherweise erfolgt in der Darstellung im Urteil eine Trennung in die Komplexe Feststellungen, Beweiswürdigung und Rechtsfolgen. Wird ein bestimmter Punkt in dem „falschen" Komplex abgehandelt, stellt dies nicht unbedingt einen revisiblen Fehler dar.[428]

167 Ergeben sich aus **dem Urteil naheliegende andere Möglichkeiten**,[429] müssen auch diese in den Gründen mitabgehandelt werden.[430] Andernfalls ist das Gebot der umfassenden Beweiswürdigung verletzt.[431] In der Praxis kommt diese Rüge oft dann vor, wenn es sich um eine Belastung durch einen Mitangeklagten gehandelt hat. Hierbei wird oft übersehen, dass der Mitangeklagte den wahren Abnehmer von Betäubungsmitteln decken[432] oder sich selbst in den Genuss von § 31 BtMG bringen will.[433] Setzt sich das Urteil mit einer naheliegenden Frage gar nicht auseinander, liegt ein Fall der **vollständigen Lücke** vor.[434] Allgemein formuliert: eine Lücke liegt vor, wenn sich das Tatgericht mit „**beweisrelevanten entlastenden, fehlerfrei festgestellten Umständen nicht hinreichend auseinandergesetzt und es unterlassen [hat], prägende Umstände der Gesamttaten näher zu würdigen** (vgl. BGHSt 14, 162 [164 f.] = NJW 1960, 1397; BGH, NStZ 2009, 401 [403]; Brause, NStZ 2007, 505 [506])."[435]

168 Problematisch bzw. unmöglich wird die Rüge der fehlenden Darstellung der geforderten naheliegenden anderen Möglichkeit dann, wenn sich diese naheliegende andere Möglichkeit nicht aus dem Urteilstext ergibt. Das OLG Hamm hatte zu dieser Problematik mitgeteilt: „Dieses Ergebnis mag der Nebenklägerin [Revisionsführerin] unbillig erscheinen, es ergibt sich aber zwingend aus den nur beschränkten Möglichkeiten des Revisionsgerichts, das angefochtene Urteil zu überprüfen."[436] Die Rechtsprechung, dass ein Erörterungsmangel im Sinne des § 261 StPO nur dann vorliege, wenn sich der zu erörternde Umstand aus dem Urteil selbst ergebe,

428 Vgl. BGHR, § 267 Abs. 1 Satz 1 Festst. 1, ein revisibler Fehler wurde bei in den Urteilsgründen **verstreuten** tatsächlichen Feststellungen gesehen, BGHR, StPO, § 267 Abs. 1 Satz 1 Sachdarstellung 2. Zugelassen wird es aber, wenn sich einzelne Feststellungen in der Beweiswürdigung finden, vgl. Meyer-Goßner/Schmitt, StPO, 57. Aufl., § 267 Rn 3. Das soll aber dann unzulässig sein, wenn es sich um Kernfeststellungen handelt, vgl. Dahs/Dahs, Die Revision im Strafprozess, 7. Aufl., Rn 398.

429 Diese Möglichkeit kann auch im Vorliegen einer günstigeren Alternative, z.B. nur Versuch statt Vollendung oder im Vorliegen eines Rechtfertigungs- oder Entschuldigungsgrundes liegen, vgl. Dahs/Dahs, Die Revision im Strafprozess, 7. Aufl., Rn 411 m.w.N.

430 Vgl. BGHSt 12, S. 311, 316 f., vgl. BGHSt 14, S. 162 ff.

431 Vgl. KK-StPO/Tiemann, 9. Aufl. 2023, StPO § 261 Rn 56 ff.

432 Vgl. BGH, StV 1992, S. 97 f. = 15.11.1991 – 2 StR 499/91.

433 Vgl. BGH, StV 1992, S. 98 = 23.10.1991 – 5 StR 455/91.

434 Vgl. Kudlich, Anm. zu BGH 3.6.2008 –1 StR 59/08, StV 2009, S. 511, 515.

435 Vgl. BGH, NStZ-RR 2009, S. 377 = 18.8.2009 – 5 StR 278/09.

436 OLG Hamm, NJW 1970, S. 69. Das OLG wies noch darauf hin, dass sich dieses Ergebnis in dem zu beurteilenden Einzelfall durch entsprechende Beweisanträge vermeiden hätte lassen.

aber dort nicht ausgeräumt sei,[437] wendet **faktisch den Mangel zu einem Trumpf gegen den Angeklagten**.[438]

Es ist bemerkenswert, wenn der BGH vorgibt: 169

> „Die schriftlichen Urteilsgründe dienen, wie der *Senat* schon wiederholt zu bemerken Anlass hatte, weder der Darstellung eines bis in verästelte Einzelheiten aufzuarbeitenden ‚Gesamtgeschehens' noch der Nacherzählung des Ablaufs der Ermittlungen oder des Gangs der Hauptverhandlung. Es ist Aufgabe des Richters, Wesentliches von Unwesentlichem zu unterscheiden und die Begründung seiner Entscheidungen so zu fassen, dass der Leser die wesentlichen, die Entscheidung tragenden tatsächlichen Feststellungen und rechtlichen Erwägungen ohne aufwändige eigene Bemühungen erkennen kann. Urteilsgründe sollen weder allgemeine ‚Stimmungsbilder' zeichnen noch das RevGer. im Detail darüber unterrichten, welche Ergebnisse sämtliche im Hauptverhandlungsprotokoll verzeichneten Beweiserhebungen gehabt haben."[439]

Das erscheint zunächst einleuchtend, wirft bei näherer Betrachtung jedoch Zweifel auf, da damit lediglich die Stringenz der schriftlichen Urteilsgründe verlangt wird, die von den tatsächlichen oder mündlich mitgeteilten Entscheidungsgründen abweichen können.

Dass Tatrichter ihre Urteile revisionssicher gestalten wollen, versteht sich von selbst. Gleichwohl können Umstände, die objektiv Zweifel an der Richtigkeit des Urteils begründen würden, bewusst unerwähnt bleiben. Dies ist selten, kommt jedoch vor. 170

Die weitaus größere Gefahr für die revisionsgerichtliche Kontrolle liegt jedoch nicht im bewussten Verschweigen von Zweifelsgründen, sondern in unbewussten Darstellungsverzerrungen.[440] Diese resultieren etwa aus Perseveranz-, Inertia- und Schulterschlusseffekten, aus einer Orientierung an der Aktenlage, einer Überbewertung der Verdachtshypothese sowie aus anhaltenden Dissonanzreduktionen. Es handelt sich hierbei um empirisch nachgewiesene und unbestreitbare Effekte, die auf den Tatrichter einwirken,[441] von der Rechtsprechung im gegenwärtigen Kontrollsystem jedoch weitgehend unberücksichtigt bleiben.

> *Hinweis* 171
>
> Die bewusste oder unbewusste Darstellungsverzerrung durch das Weglassen von Umständen, die objektive Zweifel hervorrufen könnten, stellte einen groben Gehörsverstoß dar, der durch das Fehlen einer Dokumentation der Haupt-

437 Vgl. BGH, NJW 1992, S. 2840 f. = 2.6.1992 – 1 StR 182/92.
438 Vgl. Neuhaus, Rekonstruktionsverbot und Alternativrüge, StraFo 2004, S. 407.
439 BGH, NStZ 2007, S. 720.
440 Vgl. Graf-StPO/Eschelbach, 2. Aufl. § 261 Rn 9.1.
441 Vgl. BeckOK StPO/Eschelbach, 59. Ed. 1.4.2026, StPO § 261 Rn 75.4.

verhandlung, dem Rekonstruktionsverbot und dem Fehlen einer zweiten Instanz revisionsrechtlich unangreifbar ist. Das bedeutet, dass der *Bestand des angefochtenen Urteils* weniger von seiner sachlichen Richtigkeit abhängt, als vielmehr von der *Art und Weise seiner Formulierung*.[442]

172 *Fezer* meinte bereits vor mehreren Jahrzehnten, dass der Gesetzgeber der Reichsstrafprozessordnung von 1877 mit der Revision als einzigem Rechtmittel im Bereich der mittleren bis schweren Kriminalität ein untaugliches Rechtsmittelsystem geschaffen hatte.[443] Die Notwendigkeit der Überprüfung der tatsächlichen Urteilsgrundlage sei in den siebziger Jahren des letzten Jahrhunderts längst zur unumstrittenen Kenntnis geworden. Rechtspolitische Diskussionen zur Erstreckung der revisionsrechtlichen Prüfung auf die Tatsachenfeststellung und Beweiswürdigung waren insofern obsolet,[444] als die Rechtsprechung selbst bereits begonnen hatte, mit der Darstellungsrüge auf die Feststellungen als Urteilsgrundlage zuzugreifen.[445] Zwar ist damit mehr revisibel geworden, die Quote erfolgreicher Revisionen ist aber trotzdem nicht gestiegen.[446] Die Hoffnungen auf die Darstellungsrüge, um in tatrichterliche Beweiswürdigungen einzugreifen, haben die in sie gesetzten Erwartungen nicht erfüllt. Das zeigt eine beispielhafte Auswertung von Revisionsentscheidungen des Bundesgerichtshofs des Jahres 2005.

173 Dort hatte beim 1. Strafsenat nur eine einzige hierauf gestützte Revision eines Angeklagten Erfolg. Beim 2. Strafsenat hatten drei hierauf gestützte Angeklagtenrevisionen Erfolg, beim 3. Strafsenat fünf, beim 4. Strafsenat 13 und beim 5. Strafsenat 14.[447]

Weiter fällt es schwer, eine Systematik der erforderlichen Darstellungen im Urteil oder bei den revisionsrechtlichen Rügemöglichkeiten im Bereich der Tatsachenfeststellungen herauszuarbeiten. *Barton* hält fest: „Solange der erweiterten Revision eine methodisch überzeugende Grundlage fehlt, werden latente Wirkungskräfte nicht vollständig zu bannen sein und wird die Darstellungskontrolle deshalb mit der

442 Vgl. BeckOK StPO/Eschelbach, 59. Ed. 1.4.2026, StPO § 261 Rn 36.2. m.w.N.

443 Vgl. Fezer, Pragmatismus und Formalismus in der revisionsgerichtlichen Rechtsprechung, in: Festschrift für Hanack zum 70. Geburtstag, S. 332.

444 Ob nicht primär finanzpolitische Erwägungen die Reformbemühungen erstickten, kann diesseits nicht beurteilt werden. Jedenfalls hatte Fuhrmann auf den erhöhten Personal- und Finanzbedarf bei einer Erweiterung der Berufung oder Änderungen im Rechtsmittelzug hingewiesen, vgl. Fuhrman, Die Apellation als Rechtsmittel für eine beschränkte Tatsachennachprüfung in einem dreistufigen Gerichtsaufbau, ZStW 1985 (1973), S. 45, 50 ff.

445 Vgl. Fezer, Pragmatismus und Formalismus in der revisionsgerichtlichen Rechtsprechung, S. 333 m.w.N. in Festschrift für Hanack zum 70. Geburtstag.

446 Vgl. Hamm, Tendenzen der revisionsgerichtlichen Rechtsprechung aus anwaltlicher Sicht, StV 1987, S. 262; ebenso Vgl. LR-StPO/Franke, 26. Aufl., Vor 333 Rn 9 m.w.N.

447 Vgl. Barton, Die erweiterte Revision in der Rechtsprechung des Bundesgerichtshofes, in: FS Fezer (2008), S. 333, 350.

Gefahr uneinheitlicher und inhaltlich fragwürdiger Entscheidungsstandards verbunden bleiben."[448]

Auch *Hanack* spricht von einem insgesamt recht verwirrenden Bild.[449] In der Schusskanalentscheidung hat der 2. Strafsenat des BGH das Urteil auf die Sachrüge (ohne dass sich aus dem Urteil eine Lücke ergab) wegen Verstoßes gegen die Aufklärungspflicht aufgehoben. Das Urteil bezog sich auf das in der Hauptverhandlung erstattete Gutachten von Dr. L. und den angeblich dort mitgeteilten Schusskanal von links oben nach rechts unten. Aus dem vorgerichtlichen Gutachten des Dr. L war jedoch ein Schusskanal in horizontaler Ebene von vorne links nach hinten rechts verzeichnet. Aus dem Schweigen der Urteilsgründe solle sich schließen lassen, dass auch ein Vorhalt zur Aufklärung des Widerspruches nicht erfolgt sei („hätte das Tatgericht sich dieses Aufklärungsmittels zur Behebung des Widerspruchs bedient, so wären der Vorhalt und seine Beantwortung angesichts der Bedeutung des Widerspruchs in den Urteilsgründen nicht übergangen worden").[450] Der 5. Senat lässt offen, ob dieser Rechtsprechung zu folgen ist und hält die Entscheidung des 2. Strafsenats für einen Sonderfall.[451] Auch der 1. Strafsenat hat sich kritisch geäußert.[452] In diesem Bereich kommt es zu Überschneidungen der Darstellungsrüge, der Aufklärungsrüge und der **alternativen Rüge**.[453] 174

Fezer teilt zur Darstellungsrüge Folgendes mit: 175

> *„Demgegenüber habe ich den Eindruck, daß die wirkliche Prüfungsmethode über diese rechtliche Kontrolle eines fremden Beweiswürdigungsvorganges hinausgegangen und damit durchaus systemüberschreitend ist. Letztendlich beurteilen die Revisionsgerichte – was so natürlich nicht offengelegt wird – auf ganz pragmatische und formlose Weise selbst die Richtigkeit der tatsächlichen Grundlagen einer Entscheidung, soweit dies in einem schriftlichen Verfahren überhaupt möglich ist. Es findet also eine eigene Beurteilung der Sache selbst statt, die wiederum maßgebend ist für die rechtliche Bewertung des (fremden) Würdigungsvorgangs. Der Revisionsrichter (der in der Regel selbst lange Jahre Tatrichter gewesen ist) legt an das im tatrichterlichen Urteil geschilderte Ge-*

448 Barton, Die erweiterte Revision in der Rechtsprechung des Bundesgerichtshofes, in: FS Fezer (2008), S. 333, 352.

449 Vgl. LR-StPO/Hanack, 25. Aufl., Rn 124, 127, 130.

450 Vgl. BGH, StV 1991, S. 500 = NStZ 1991, S. 448 = 2 StR 68/91.

451 Vgl. BGH, NJW 1992, S. 2838 ff. = NStZ 1992, S. 599 ff. = 5 StR 74/92.

452 Vgl. BGH, NJW 1992, S. 2840 ff. = 1 StR 182/92.

453 Mit der alternativen Rüge wird gerügt, dass der Tatrichter entweder nachweisbaren Prozessstoff übergangen hat (Verstoß gegen § 261 StPO) oder nicht ausgeschöpft hat (Verstoß gegen § 244 Abs. 2 StPO). Diese Rüge ist i.d.R unzulässig; vgl. LR-StPO/Franke, 26. Aufl., Rn 60 m.w.N.

> *schehen und dessen Beweisgrundlage den Maßstab der eigenen speziellen forensischen und der allgemeinen Lebenserfahrung an. [...] Ob Darstellungslücken und -mängel zur Aufhebung führen, hängt vielfach*[454] *von dem eigenen Überzeugungsbildungsprozeß des Revisionsrichters in der Sache selbst ab und weniger davon, ob der Tatrichter bestimmten formalen Begründungsanforderungen gerecht geworden ist.*[455] *Dies hat zur [...] Folge, daß ein und dieselbe Auffälligkeit in der Darstellung im einen Fall zur Aufhebung führt und im anderen Fall nicht".*[456]

176 Auch *Barton* kommt im Jahre 2008 nach seiner Analyse zu demselben Ergebnis:

> *„Eine exakte Trennlinie zwischen irrevisibler tatrichterlicher Beweiswürdigung einerseits und zulässiger revisibler Rechtskontrolle andererseits lässt sich den vom BGH entschiedenen Fällen nicht entnehmen. Es gibt nach wie vor Bereiche, auf die das Revisionsgericht den Zugriff erstrecken kann, sei es, dass es die Formel verwendet, wonach eine rechtsfehlerhafte tatrichterliche Beweiswürdigung keinen Bestand haben dürfe, oder sei es, dass es die Kontrolle einfach faktisch vornimmt. Es gibt aber auch parallel dazu die Gegenformel, wonach die Beweiswürdigung grundsätzlich Sache des Tatrichters sei und das Revisionsgericht diese regelmäßig hinzunehmen habe. Wann die Regel gilt bzw. wann eine Ausnahme vorgenommen werden darf, ist ungeklärt. Es ist dem Revisionsgericht also möglich, identische Sachverhalte im Ergebnis unterschiedlich zu behandeln."*[457]

Besonders problematisch ist folgender Satz des BGH in dem Urt. v. 13.11.2008 – 3 StR 403/08:

> *„Denn die fehlende Erwähnung einer Indiztatsache in einem bestimmten Beweiszusammenhang begründet nur dann eine revisionsrechtlich relevante Lücke, wenn sie nach ihrer Beweisbedeutung zwingend ausdrücklich zu erörtern war (BGH NJW 2005 [2322, 2326])."*[458]

Kriterien, wann etwas **zwingend** zu erörtern ist, fehlen hingegen in den meisten Fällen des Indizienbeweises. Den Satz wird man allerdings nicht verallgemeinern können (meist ist von naheliegend etc. die Rede). Er ist im Rahmen eines vom BGH

454 Im Original folgende Fn: „Es gibt natürlich auch immer wieder Fälle einer evidenten Darstellungslücke, die für sich genommen (also nicht nur angesichts inhaltlicher Bedenken) Anlaß für eine revisionsgerichtliche Beanstandung bieten muss (sozusagen nach dem Motto: „So geht es nun wirklich nicht")." Ich halte solche Fälle eher für Ausnahmen.

455 Im Original folgende Fn: vgl. dazu auch Fezer Möglichkeiten einer Reform der Revision in Strafsachen, 1975, S. 183 f.

456 Fezer, Pragmatismus und Formalismus in der revisionsgerichtlichen Rechtsprechung, in: Festschrift für Hanack zum 70. Geburtstag, S. 336.

457 Barton, Die erweiterte Revision in der Rechtsprechung des Bundesgerichtshofes, in: FS Fezer (2008), S. 333, 345.

458 BGH, NStZ 2009, S. 497 f. = 13.11.2008 – 3 StR 403/08.

unbeanstandeten Freispruchs erfolgt und gilt wohl nur für freisprechende Urteile, wie der Verweis auf BGH, NJW 2005, 2322, 2326 zeigt. Dort heißt es:

> *„Insbesondere bei einem Freispruch aus subjektiven Gründen ist es nicht in allen Fällen erforderlich, den äußeren Tatbestand umfassend aufzuklären und festzustellen, sofern nur die Urteilsgründe die tatsächlichen oder rechtlichen Überlegungen soweit verdeutlichen, dass sie umfassender revisionsgerichtlicher Prüfung offen stehen (vgl. BGH, GA 1974, 61; NJW 1980, 2423).“*[459]

Auch *Hanack* stellt Folgendes fest:

> *„Problematisch ist weiter die* ***mangelnde Abgrenzbarkeit*** *und damit* ***Berechenbarkeit****, die mit der revisionsgerichtlichen Kontrolle von Schlüssigkeit und Überzeugungskraft der tatsächlichen Feststellungen und ihrer Würdigung anhand der schriftlichen Urteilsgründe notwendig verbunden ist […] Denn sie hängt nicht nur in der bedenklichsten Weise vom Geschick der tatrichterlichen Darstellung ab […] Abhängig ist sie vor allem auch von den Anforderungen, die das Revisionsgericht selbst stellt. Diese Anforderungen aber sind – unbeschadet der verbalen Anerkennung der freien richterlichen Überzeugung – bei der Vielgestaltigkeit der Lebenssachverhalte und ihres Beweises jedenfalls in kritischeren Fällen, so etwa beim Indizienbeweis oder der Feststellung innerer Tatsachen, in ihren Möglichkeiten nahezu unerschöpflich und nicht logisch begrenzbar. Die Revisionsgerichte haben zwar gewisse typische Zugriffskriterien entwickelt; aber diese sind, insbesondere wohl bei der Prüfung auf mögliche Lücken, ihrer Natur nach vage genug, eröffnen jedenfalls einen weiten Spielraum, in dem das Revisionsgericht eingreifen oder nicht eingreifen kann. Auf die Folgen und den Preis, der damit für die Berechenbarkeit, Klarheit und Einheitlichkeit des Revisionsrechts verbunden ist, ist schon hingewiesen worden […].“*[460]

So begrüßenswert es ist, dass der BGH im Sinne der Einzelfallgerechtigkeit eigentlich verschlossene Feststellungen pragmatisch beanstandet, so wenig kann diese **Unprognostizierbarkeit** aus wissenschaftlicher Sicht befriedigen. Das gilt insbesondere auch deshalb, als auch die Rechtsprechung gegenläufigen Tendenzen unterliegt. Zu bestimmten Zeiten werden tatrichterliche Entscheidungen beanstandet, bei denen das Beweismaß der hohen Wahrscheinlichkeit nach Einschätzung des Revisionsgerichts nicht gegeben ist, während zu anderen Zeiten die Einhaltung dieses Beweismaßes nicht gefordert wird und tatrichterliche Feststellungen unbeanstandet bleiben, obwohl dem Angeklagten günstigere Feststellungen sogar wahrscheinlicher 177

459 BGH, Urt. v. 9.6.2005 – 3 StR 269/04 = NJW 2005, S. 2322, 2326.

460 LR-StPO/Hanack, 25. Aufl., Rn 130.

gewesen wären.[461] Es lassen sich sogar revisionsrechtliche Entscheidungen nachweisen, die tatrichterliche Verurteilungen auch dann nicht beanstanden, wenn die zugrundeliegenden Feststellungen „lebensfremd“ erscheinen.[462]

178 *Hinweis*

Nach diesseitiger Auffassung lässt sich das Gebot umfassender Beweiswürdigung mit dem Verbot der Rekonstruktion der Beweisaufnahme sowie der Nichtoffenbarungspflicht sämtlicher erhobener Beweise nur theoretisch, nicht jedoch praktisch vereinbaren – insbesondere mangels effektiver Kontrolle.[463] Dies begegnet erheblichen verfassungsrechtlichen Bedenken, namentlich im Hinblick auf das Willkürverbot, das Rechtsstaatsprinzip, den Anspruch auf effektiven Rechtsschutz sowie auf rechtliches Gehör.[464]

179 Aus rechtswissenschaftlicher Sicht ist folgender Ist-Zustand höchst unbefriedigend:

- **Fall 1:** Der Revisionsführer stellt eine **offene** Darstellungslücke der Tatbestandsmerkmale fest, da ein bestimmter Umstand im Urteil nicht erwähnt wird. Der Erfolg der Rüge ist nicht garantiert, da der BGH – nach seinen eigenen Entscheidungen (z.B. StV 1991, S. 340, NStZ-RR 2001, S. 174) – entgegenhalten kann, dass hieraus nicht geschlossen werden könne, dass dieser Umstand in der Beweiswürdigung übersehen worden sei. Daher *Fezer*: „Da offenbar Tatbestandsmerkmale ‚stillschweigend‘ festgestellt werden können (der BGH erweckt in den Revisionsentscheidungen immer wieder den Eindruck, als könne er nicht ausdrücklich getroffene Feststellungen auch dem ‚Urteilszusammenhang‘ entnehmen […]).“[465]
- **Fall 2:** Stellt der Revisionsführer eine Lücke aufgrund der **Beweismittel**, die im Urteil ausdrücklich genannt werden, fest („Diese Feststellungen beruhen auf … [es folgt die Nennung der jeweiligen Beweismittel]“), weil das vom Revisionsführer vermisste Beweisergebnis des konkret genannten Beweismittels sodann nicht mehr erwähnt wird, so kann dem Revisionsführer entgegengehalten werden, dass sich zwar die Beweisaufnahme auf diese Beweismittel erstreckt habe, nicht aber, dass diese auch Bedeutung erlangt hätten.[466] „Soweit die Revision ihre Rüge aus § 261 StPO etwa auch damit begründen will, daß Dr. S. bei den in der Hauptverhandlung benutzten Beweismitteln nicht mitaufgeführt ist, kann

461 Vgl. z.B. BGH, NStZ 1998, S. 369; BGH, NJW 2005, S. 2322, 2326.

462 Vgl. BGH, NStZ-RR 2003, S. 371.

463 Vgl. Graf-StPO/Eschelbach, 2. Aufl., § 261 Rn 10; BeckOK StPO/Eschelbach, 59. Ed. 1.4.2026, StPO § 261 Rn 80 ff.

464 Vgl. Eschelbach, Feststellungen, in: Festschrift für Gunter Widmaier zum 70. Geburtstag, S. 132 ff.

465 Vgl. hierzu auch Fezer, Die erweiterte Revision – Legitimierung der Rechtswirklichkeit?, S. 24 f.: „Da offenbar Tatbestandsmerkmale ‚stillschweigend‘ festgestellt werden können (der BGH erweckt in den Revisionsentscheidungen immer wieder den Eindruck, als könne er nicht ausdrücklich getroffene Feststellungen auch dem ‚Urteilszusammenhang‘ entnehmen […]).“

466 Vgl. BGH bei Dallinger, MDR 1972, S. 17; vgl. auch BGH, NJW 1951, S. 325.

sie ebenfalls nicht durchdringen. Diese in Urteilen formelhafte Aufzählung besagt für sich allein nicht mehr, als daß sich die Beweisaufnahme jedenfalls auch auf die vermerkten Beweismittel erstreckt hat."[467]

Fazit:

Es entsteht ein Zustand struktureller Beliebigkeit. Sowohl das Unterlassen der Erwähnung eines Umstands als auch die Nichtmitteilung eines Beweisergebnisses lassen sich im Einzelfall als rechtlich unerheblich relativieren.[468] Damit droht jeder revisionsrechtliche Angriff – unabhängig davon, ob er an Darstellungsdefizite bei Tatbestandsmerkmalen oder Beweisergebnissen anknüpft – ins Leere zu laufen: Nicht Mitgeteiltes kann gleichwohl berücksichtigt worden sein, ausdrücklich Mitgeteiltes hingegen als bedeutungslos qualifiziert werden.[469]

Gleichwohl besteht der BGH – theoretisch – darauf, dass die Beweiswürdigung umfassend sein müsse. Ein häufig verwendeter Textbaustein in Revisionsentscheidungen lautet: „Der Tatrichter muss sich mit allen festgestellten Umständen auseinandersetzen, die den Angeklagten be- oder entlasten (BGHR, StPO, § 261 Beweiswürdigung 2)."[470] **180**

Fezer meint zu dieser Widersprüchlichkeit, dass es sich nicht um einen Widerspruch, sondern um konkrete Einzelheiten der konkreten Würdigungssituation handeln würde.[471] Das ist insofern zutreffend, als es in der Tat immer um den konkreten Fall geht, aber nach wie vor unbefriedigend, wenn für den jetzt zu beurteilenden Einzelfall keine Prognose abgegeben werden kann. Die Frage, ob die Darstellung des Urteils für die revisionsgerichtliche Prüfung eine ausreichende oder schlüssige Grundlage bietet, stößt auf besonders offene Grenzen[472] und ist eindeutig zu verneinen.

Niemöller stellt zu Recht fest:

> *„Vom Begriff der Lücke will ich nicht viel Aufhebens machen. Die Methodologen, vornehmlich aus dem zivilistischen Lager, haben uns vor Zeiten erklärt, daß darunter eine ‚planwidrige Unvollständigkeit' zu verstehen sei (Canaris). Das ist formal präzise, aber materiell unergiebig. Interessanter ist: Wer macht den Plan, wonach dies beurteilt wird, und wie sieht er aus? Was man vermißt, hängt davon ab, was man erwartet. So läuft denn letztlich alles auf die Frage hinaus, welche Anforderungen an die tatrichterliche Beweiswürdigung zu stel-*

467 BGH, GA 1969, S. 280 = 4 StR 166/67.

468 Vgl. hierzu aber wieder den Fall BGH, 20.1.1970 – 5 StR 632/69 in: Fezer, Die erweiterte Revision – Legitimierung der Rechtswirklichkeit?, S. 71 f.

469 Vgl. zum Parallelproblem bei der zivilrechtlichen Berufung: Geipel, Die geheimen contra-legem-Regeln im ordentlichen Prozess, AnwBl. 2006, S. 787.

470 Vgl. BGH, 4 StR 301/08, 4 StR 306/07, 4 StR 172/02, 4 StR 583/01.

471 Vgl. Fezer, Pragmatismus und Formalismus in der revisionsgerichtlichen Rechtsprechung, in: Festschrift für Hanack zum 70. Geburtstag, S. 337.

472 Vgl. LR-StPO/Hanack, 25. Aufl., § 337 Rn 5.

len sind – und von wem. Es ist klar, daß die Definitionsmacht insoweit bei den Revisionsgerichten liegt.“[473]

181 Bereits 1974 hatte *Fezer* – heute immer noch zutreffend – mitgeteilt, dass die gängige Kommentarliteratur hinsichtlich der Sachrüge verwirrend sei. Hinweise fänden sich in den Kommentierungen zu §§ 337, 261 und 267 StPO, wobei sich die verschiedenen Aussagen ein und desselben Kommentators nicht ohne Weiteres vereinbaren lassen würden. Die Verwirrung würde sogar steigen, wenn verschiedene Kommentare verglichen würden.[474] Exakte Grenzen für die Revisibilität ließen sich nicht finden.[475] „Der Einsatz der Darstellungsrüge als Mittel zum Zweck der Aufhebung hat es zwar möglich gemacht, die Revision für die Anforderungen, die an ein erstes Rechtsmittel in Strafsachen zu stellen sind, wenigstens einigermaßen auszugestalten. Aber allgemeingültige, von der konkreten Entscheidung losgelöste Maßstäbe lassen sich nicht aufstellen.“[476] Dementsprechend gibt es auch keinen objektiv-generellen Maßstab für das Prüfungsprogramm des Revisionsgerichts.[477]

182 *Praxisbeispiele*

In dem Mordfall *Walter Sedlmayr*[478] (der in den Vorauflagen noch mit dem Originalurteil dargestellt wurde) musste sich der Beschwerdeführer eine „besonders sorgfältige Beweiswürdigung“ des Tatgerichts entgegenhalten lassen, ebenso wie im Mordfall *Monika Weimar* eine „sorgfältige und nachvollziehbare“. Gleichwohl weiß im Mordfall *Weimar*[479] niemand, welches Urteil denn nun objektiv richtig ist. Das erste (Verurteilung), das zweite (Freispruch) oder das dritte (Verurteilung). Im Fall *Sedlmayr* ist die „besonders sorgfältige Beweiswürdigung“ sicher falsch, denn der Verteidigung lag ein Schriftverkehr der Kriminalpolizei vor, demzufolge weitere Mittäter bekannt, die Ermittlung jedoch für die Öffentlichkeit abgeschlossen seien. Das Erstgericht hatte exakt diese Möglichkeit ausgeschlossen. In dem Mordfall *Vera Brühne*[480] macht der frühere Senatspräsident des BGH *Jagusch* folgende Mängel im Urteil aus. Nichterörterung naheliegender Umstände (Tatortzugang, Tatzeit), Denkfehler (vermisstes zweites Geschoß), Urteilswidersprüche (blauer Brief), Verstoß gegen die Amtsaufklärungspflicht, Nichteinhaltung einer Wahrunterstellung, Leerformeln (Alibiwiderlegung, Charakterisierung des Spitzels, von dessen Aussagetüchtigkeit und

473 Niemöller, Die strafrichterliche Beweiswürdigung in der neueren Rechtsprechung des Bundesgerichtshofs, StV 1984, S. 431, 436.

474 Vgl. Fezer, Möglichkeiten einer Reform der Revision in Strafsachen, S. 65.

475 Vgl. Fezer, Möglichkeiten einer Reform der Revision in Strafsachen, S. 172.

476 Fezer, Möglichkeiten einer Reform der Revision in Strafsachen, S. 172.

477 Vgl. Fezer, Möglichkeiten einer Reform der Revision in Strafsachen, S. 174 f.

478 Ein bekannter deutscher Volksschauspieler, Fernsehregisseur und Autor, der 1990 ermordet wurde.

479 Ein Kriminalfall aus dem Jahr 1986, der bis Ende der 1990er Jahre großes Interesse von Seiten der deutschen Medien erfuhr.

480 Einer der bekanntesten Kriminalfälle der Nachkriegszeit.

Glaubwürdigkeit und die Beweiswürdigung den Spitzel betreffend), Verkennung der Ambivalenz der Beweiswerte von Indizien (Kalendereintragung, Türschloss, Tatmotiv).[481] Gleichwohl verlief die Revision erfolglos. „Und wenn das alles nichts hilft, dann ist dem Leser vielleicht ein Trost, daß auch dem Verfasser [Sarstedt], der drei Jahre Mitglied eines Strafsenats beim Oberlandesgericht, 26 Jahre Mitglied eines Strafsenats beim Bundesgerichtshof, davon mehr als 21 Jahre als Vorsitzender, und 24 Jahre Mitglied des Großen Strafsenats gewesen ist, Revisionen durch Beschluß als offensichtlich unbegründet verworfen worden sind, von denen er das nicht einmal für möglich gehalten hätte. Gelegentlich ist ihm nur die Vermutung zurückgeblieben, daß Begründungen für diese Entscheidung sich eben nicht hätten schreiben lassen."[482]

Alsberg bereits vor 100 Jahren: **183**

„Die Rechtsprechung des Reichsgerichts ist so oft völlig unberechenbar. Selbst derjenige, dem die Revision keine ‚Geheimlehre'[483] ist, kann nur selten die Aufhebung eines Urteils in der Revisionsinstanz mit Sicherheit voraussagen."[484]

Hinweis **184**

„Was bei dem einen Senat zu einem Erfolg führt, muß dies bei dem anderen noch lange nicht[485]."[486] Für z.B. das Jahr 2005 hat *Barton* nachgewiesen, dass beim 1. Strafsenat nur eine einzige Angeklagtenrevision unter dem Blickwinkel der Darstellungsrüge erfolgreich war, beim 5. Strafsenat jedoch 14.[487] „Erneut erscheint es nicht überzeugend diese zum Teil gravierenden Diskrepanzen allein damit erklären zu wollen, dass die Fälle des einen Senats sich grundlegend von denen der anderen unterscheiden würden. Es liegt näher zu vermuten, dass sich

481 Vgl. Jagusch, Lehren eines Mordprozesses, NJW 1971, S. 2198 ff.

482 Sarstedt/Hamm, Die Revision in Strafsachen, 5. Aufl., Rn 463, zit. n. Barton, Die Revisionsrechtsprechung des BGH in Strafsachen, Fn 486.

483 Im Orig. folgendes Zit.: „So nennt sie Dr. Martin Drucker in seinem Vortrag über ‚Die Verteidigung nach dem Entwurf der Strafprozessordnung, Leipzig 1909, S. 11, und er fügt hinzu, dass ‚die Strafsenate am Reichsgericht wohl täglich konstatieren, wie selten unter den Rechtsanwälten die Revisionsingenieure sind'. Diese Meinung entspricht durchaus den Tatsachen. Die Aufhebung der Urteile in der Revisionsinstanz hängt in der Regel lediglich davon ab, dass einerseits der Richter nicht mit dem nötigen Geschick die juristisch gefährlichen Klippen umschifft, und andererseits der Verteidiger die Revisionsrügen mit einer besonders der Praxis des Reichsgerichts angepassten Geschicklichkeit aufbaut. Die erheblichsten Angriffspunkte können, wenn sie nicht richtig ausgenutzt werden, bedeutungslos bleiben. Wer möchte wohl einen Rechtszustand, bei dem die Aufhebung eines vielleicht völlig ungerechten Urteils von derartigen Zufälligkeiten abhängt, als einen idealen bezeichnen?"

484 Alsberg, Justizirrtum und Wiederaufnahme, S. 44.

485 Im Orig. folgende Fn: So auch Detter, a.a.O., Fn 8 [Ausbau und Rechtskontrolle tatrichterlicher Beweiswürdigung und Strafzumessung, in: Geiß u.a. (Hrsg.), 50 Jahre Bundesgerichtshof, 2000, S. 679].

486 Barton, Kennzeichen und Effekte der modernen Revisionsrechtsprechung, StV 2004, S. 332, 336.

487 Vgl. Barton, Die erweiterte Revision in der Rechtsprechung des Bundesgerichtshofes, in: FS Fezer (2008), S. 333, 344.

die Senate im Grad der Zurückhaltung, was den Zugriff auf die tatrichterliche Beweiswürdigung betrifft, unterscheiden. Was dem einen Senat als gänzlich unhaltbare und zwingend korrekturbedürftige Beweiswürdigung erscheint, wird von anderen offenbar noch hingenommen."[488] Die Beliebigkeit der Ergebnisse besteht weiterhin fort, auch wenn neuere Untersuchungen fehlen und ggf. eine Diskrepanz des 1. Strafsenats zu den anderen Senaten nicht mehr besteht. Jedenfalls war der 1. Strafsenat unter dem Vorsitz von *Armin Nack* (2002–2013) landläufig als „Oli-Kahn-Senat" bekannt. Dies war eine Anspielung auf den Torhüter *Oliver Kahn*, der auch unhaltbare Bälle gehalten hatte. Das muss wiederum verwundern, denn gerade *Armin Nack* war als Mitautor des Werks „Tatsachenfeststellung vor Gericht" einer der führenden Protagonisten des Beweismaßes der objektiv hohen Wahrscheinlichkeit.

185 Weshalb hatte ein nicht vorbestrafter Angeklagter eine 3,4-mal höhere Erfolgswahrscheinlichkeit seiner Revision?[489] Offensichtlich, weil sich auch der Revisionsrichter von einem wahrnehmungsverzerrenden **Ankereffekt** beeinflussen lässt.[490]

Hat *Cardozo* mit folgender These womöglich doch Recht? „Die Prophezeiung, wie ein Gericht sich verhalten wird, und nichts anderes und Anspruchsvolleres ist es, was wir unter Recht verstehen."[491]

Auch *Fezer* leugnet die Folgen dieser dezidiert einzelfallorientierten und rügeunabhängigen revisionsgerichtlichen Kontrolle nicht: „Der Revisionsführer läuft immer Gefahr, daß ihm vorgehalten wird, er setze unzulässigerweise seine eigene Würdigung an die Stelle der tatrichterlichen Würdigung. Wer darf derlei dem Revisionsgericht vorbehalten?"[492]

„Das Anknüpfen an die Darstellungen ist deshalb so schwierig, weil die Frage des Maßstabes nicht gelöst ist: Wer rügt, daß eine Darstellung unvollständig ist, muß auch angeben können, daß und warum eine vollständigere Darstellung notwendig gewesen wäre."[493]

488 Barton, Die erweiterte Revision in der Rechtsprechung des Bundesgerichtshofes, S. 333, 351 in FS Fezer (2008).

489 Vgl. Barton, Kennzeichen und Effekte der modernen Revisionsrechtsprechung, StV 2004, S. 332, 337.

490 Vgl. Ehlers, „Zwar ist Justitia blind [...]", Psychologie heute, April 2004, S. 62 f.

491 Cardozo, Lebendiges Recht, S. 30 in Herdegen, Tatgericht und Revisionsgericht – insbesondere die Kontrolle verfahrensrechtlicher Entscheidungen, S. 68, in: Beweisantragsrecht, Beweiswürdigung, strafprozessuale Revision.

492 Fezer, Pragmatismus und Formalismus in der revisionsgerichtlichen Rechtsprechung, in: FS für Hanack zum 70. Geburtstag, S. 337.

493 Fezer, Möglichkeiten einer Reform der Revision in Strafsachen, S. 164.

Mit anderen Worten:

> *„Der Rügegrund der ‚nicht erschöpfenden Würdigung der dargestellten Tatsachen' entbehrt also der klaren Konturen. Da jeder formale Maßstab für den Umfang der Darlegung fehlt, können Lücken immer gerügt werden, gleich ob jegliche Beweisaufnahme fehlt, ob sie vollständig vorhanden ist oder ob sich der Tatrichter zwischen diesen Extremen bewegt […] Die ‚Lücke' ist im jeweiligen tatrichterlichen Urteil also nicht der eigentlich zwingende Grund der Aufhebung, sondern nur das Mittel für den Revisionsrichter, seine anders motivierte Überzeugung der Aufhebungsbedürftigkeit zu begründen.“*[494]

Weil Lücken immer gerügt werden können, hat die Rüge – im Gegensatz zu sonstigen Rügen, die die Beweiswürdigung betreffen – in der Rechtswirklichkeit eine gewisse Erfolgswahrscheinlichkeit.[495] Auch *Jähnke* teilt mit: „Der Erörterungsmangel oder, was damit identisch ist, die Darstellungsrüge, hat die anderen Kategorien nahezu verdrängt […].“[496]

Zur Klarstellung: Beanstandet wird nicht der Eingriff des BGH zugunsten der Einzelfallgerechtigkeit als solcher, sondern dessen relative Seltenheit. Diese beruht insbesondere auf dem Rekonstruktionsverbot sowie auf der unzureichenden Beachtung des Beweismaßes der „objektiv hohen Wahrscheinlichkeit“ in einem System mit nur einer Tatsacheninstanz. Die daraus resultierenden Fehlurteilsrisiken werden von Gesetzgebung und Rechtsprechung bislang weitgehend ignoriert.[497]

Entsprechende generalklauselartige **Textbausteine**, um doch in die tatrichterliche Beweiswürdigung einzugreifen, wären die Folgenden (in diesen Entscheidungen wird der Sache nach das Beweismaß der hohen Wahrscheinlichkeit eingefordert bzw. ein „hohes Maß an Beweisdichte“[498]): 186

„Die Überzeugungsbildung kann vom Revisionsgericht jedoch dann beanstandet werden, wenn der Tatrichter den festgestellten Sachverhalt nicht erschöpfend gewürdigt hat, wenn die Beweiswürdigung unklar, widersprüchlich oder lückenhaft ist, gegen Denkgesetze oder gesicherte Erfahrungssätze verstößt, oder wenn an die zur Verurteilung erforderliche Gewissheit übertriebene Anforderungen gestellt werden.“[499]

494 Fezer, Möglichkeiten einer Reform der Revision in Strafsachen, S. 166.

495 Vgl. Barton, Die Revisionsrechtsprechung des BGH in Strafsachen, S. 145.

496 Jähnke, Über die Befugnis des Revisionsgerichts zur Nachprüfung der tatrichterlichen Beweiswürdigung, in: FS für Hanack zum 70. Geburtstag, S. 355, 365.

497 Vgl. BeckOK StPO/Eschelbach, 59. Ed. 1.4.2026, StPO § 261 Rn 75–75.5.

498 Vgl. Schäfer, Freie Beweiswürdigung und revisionsrechtliche Kontrolle, StV 1995, S. 147, 150 m.w.N.

499 BGH, NJW 1982, S. 2882 = NStZ 1982, S. 478 = 1 StR 371/82; vgl. auch BGH, NStZ 1999, S. 205 = 3 StR 334/98; vgl. BGH, StV 1986, S. 421 = 4 StR 210/86, vgl. auch BGH, NJW 1982, S. 2882 = NStZ 1982, S. 478 = 1 StR 371/82.

„Um dem Revisionsgericht die Nachprüfung zu ermöglichen, müssen die Urteilsgründe erkennen lassen, daß die Beweiswürdigung auf einer tragfähigen, verstandesmäßig einsichtigen Tatsachengrundlage beruht und daß die vom Gericht gezogene Schlußfolgerung nicht etwa nur eine Annahme ist oder sich als bloße Vermutung erweist, die letztlich nicht mehr als einen Verdacht zu begründen vermag […].“[500]

„Das RevGer. ist jedoch ausnahmsweise dann nicht an die tatrichterliche Überzeugung gebunden, wenn sich die Schlußfolgerung so sehr von einer festen Tatsachengrundlage entfernt, daß sie letztlich nur eine Annahme ist oder sich als bloße Vermutung erweist, die nicht mehr als einen Verdacht zu begründen vermag (vgl. BGH, NStZ 1981, 33; BGHR, StPO, § 261 Vermutung 8 und 11 m.w.Nachw.; Hürxthal, in: KK-StPO, 3. Aufl., § 261 Rn 45).“[501]

187 *Hinweis*

Um den Angeklagten doch verurteilen zu können, ist es nicht wenigen Fällen so, dass das Tatgericht entlastende Indizien durch Spekulationen wegargumentiert. Es handelt sich dann aber um unzulässige Schlüsse (für die nicht der mindeste Anhaltspunkt festgestellt wurde) aus dem Nichts (Ausdruck von *Niemöller*).[502] Für den Tatrichter ist es revisionsrechtlich oft sicherer – und dessen ist man sich bewusst –, entlastende Umstände entweder nicht zu erörtern oder ihnen lediglich ein geringes Gewicht beizumessen.

188 „Die zur richterlichen Überzeugung erforderliche persönliche Gewissheit des Richters setzt objektive Grundlagen voraus. Diese müssen aus rationalen Gründen den Schluß erlauben, daß das festgestellte Geschehen mit hoher Wahrscheinlichkeit mit der Wirklichkeit übereinstimmt.“[503]

500 BGH, NStZ 1982, S. 478 = 4 StR 183/82, vgl. auch BGH; NStZ 1981, S. 33 = 3 StR 204/80, vgl. auch BGH, StV 2000, S. 67 = 2 StR 373/99, vgl. auch BGHR StPO § 261 Überzeugungsbildung 26 und Vermutung 11, vgl. auch BGH, NStZ 1997, S. 377 = 2 StR 534/96, vgl. auch BGHR StPO § 261 Identifizierung 6, vgl. auch BGH, NStZ 1990, S. 501 = 3 StR 448/89, vgl. auch BGH, NStZ 1986, S. 373 = 2 StR 115/86, vgl. auch BGH, NStZ 1982, S. 478 = 4 StR 183/82, vgl. auch BGH, NStZ 1981, S. 33 = 3 Str 204/80, vgl. auch BGH, StV 2001, S. 440 0 5 StR 20/00, vgl. auch BGH, StV 1999, S. 7 = 1 StR 306/98, vgl. auch BGH, StV 1994, S. 580 = 3 StR 225/94, vgl. auch BGH, NStZ 1984, S. 180 = 4 StR 375/83, vgl. BGH, NStZ 1983, S. 277 = 1 StR 823/82, vgl. auch in jüngerer Zeit BGH, NStZ-RR 2009, S. 351 = 3 StR 259/09.

501 BGH, NStZ-RR 1996, S. 202 = 4 StR 442/95.

502 Vgl. Niemöller, Die strafrichterliche Beweiswürdigung in der neueren Rechtsprechung des Bundesgerichtshofs, StV 1984, S. 431, 434 und BGH 2 StR 553/83.

503 Vgl. BGH, NStZ 1997, S. 377 = 2 StR 534/96, vgl. auch BGHR StPO § 261 Identifizierung 6 und Vermutung 11, vgl. auch BGH, StV 1992, S. 6 = 2 StR 17/91, vgl. auch BGHR StPO § 261 Überzeugungsbildung 7 = 2 StR 551/87, vgl. BGH, StV 1990, S. 534 = NStZ 1990, S. 603 = BGHR StPO § 261 Mitangeklagte 1 = 2 StR 324/99, vgl. auch BGH, StV 1990, S. 99 = 2 StR 182/89, vgl. BGH, StV 1988, S. 190 = NStZ 1988, S. 236 = MDR 1988, S. 425 = BGHR StPO § 261 Überzeugungsbildung 7 = 2 StR 551/87, vgl. auch BGH, NJW 1980, S. 2423 f., vgl. auch BGH, NStZ 1982, S. 478 f = 1 StR 371/82.

„Bei dieser Sachlage fehlt endgültig eine objektiv hohe Wahrscheinlichkeit der Tatbegehung [...], die aber nach der Rechtsprrechung des BGH Voraussetzung für eine Verurteilung wäre (BGHR StPO § 261 Identifizierung 6; BGH, StV 1993, 510 [511]; StV 1995, 453; NStZ 1988, 236 [237]; BGH, bei *Kusch*; NStZ 1997, 377; BGH, Beschl. v. 29.7.1991 – 5 StR 278/91; Urt. v. 13.8.1991 – 5 StR 231/91; Urt. v. 14.4.1993 – 3 StR 604/92) und nicht allein durch die, für die Verurteilung zusätzlich erforderliche, subjektive richterliche Überzeugung ersetzt werden kann.“[504]

„Im übrigen ist ein Tatrichter verpflichtet, den festgestellten Sachverhalt, soweit er bestimmte Schlüsse zugunsten oder zu ungunsten des Angeklagten nahelegt, in den Entscheidungsgründen erschöpfend zu würdigen.“[505] „Er muss aber die Beweise erschöpfend würdigen, um eine rechtsfehlerfreie Grundlage für die Verurteilung zu schaffen [...] Eine rechtsfehlerfreie Beweiswürdigung ist dann nicht gegeben, wenn der Tatrichter sich nicht mit allen wesentlichen für und gegen den Angeklagten sprechenden Umständen auseinandergesetzt hat (BGHSt 14, 162, 164/165; BGR StPO § 261 Beweiswürdigung, unzureichende 5 und 6; BGHR StGB § 177 Abs. 1 Beweiswürdigung 4)“.[506]

„Seinem [des Tatrichters] Urteil muß jedoch bedenkenfrei entnommen werden können, daß er bei seiner Prüfung keinen wesentlichen Gesichtspunkt außer acht gelassen hat, der geeignet sein könnte, das Beweisergebnis zu beeinflussen (vgl. z.B. BGH Urt. v. 30.1.1980 – 2 StR 758/79).“[507]

„Der Senat bemerkt, dass er mit seinen Darlegungen nicht in die freie Beweiswürdigung eingreift. Er bekräftigt lediglich den sich von selbst verstehenden Grundsatz, daß, wenn mehrere Möglichkeiten gleichermaßen in Betracht kommen, Gründe für die vom Tatgericht angenommene Möglichkeit aufgezeigt werden müssen, die es gestatten, ihr den Vorzug zu geben.“[508]

Hinweis 189

So sehr diese Entscheidungen im Interesse der Einzelfallgerechtigkeit zu begrüßen sind, so sehr offenbart sich aus der Perspektive von Gleichheit und Vorhersehbarkeit ein strukturelles Defizit: Eine tragfähige, nachvollziehbare Begründung dafür, warum die maßgebliche Wahrscheinlichkeit im Einzelfall als erreicht oder verfehlt angesehen wird, fehlt in der Rechtsprechung regelmäßig.

504 NJW 1999, S. 156, 1564 = 1 StR 171/98 = „Pistazieneisfall“.

505 BGH, GA 1974, S. 61 = 1 StR 658/71.

506 BGH, NStZ 2000, S. 48 = 2 StR 218/99, vgl. auch BGH, StV 1989, S. 423 = BGHR StPO § 261 Inbegriff der Verhandlung = 1 StR 559/88, vgl. auch BGHR StPO § 261 Inbegriff der Verhandlung = 7, vgl. auch BGHSt 29, S. 18, 20, vgl. auch BGHR StPO § 261 Indizien 2 = 2 StR 134/87, vgl. auch BGHR StPO § 261 Indizien 1 = 2 StR 98/86, vgl. auch vgl. auch BGHR, StPO, § 261 Beweiswürdigung, unzureichende 5 = 2 StR 614/86.

507 BGH, StV 1981, S. 114 = 2 StR 622/80.

508 Vgl. BGH, StV 1982, S. 59 = 1 StR 499/81, vgl. auch BGHSt 12, S. 311, 316 = 4 StR 399/58, vgl. auch BGH, MDR 1980, S. 631 bei Holtz = 3 StR 18/80.

Dies mag teilweise unvermeidbar sein, da eine objektive Wahrscheinlichkeitsfeststellung dem Tat- wie auch dem Revisionsrichter nur in Ausnahmefällen möglich ist. Nicht hinnehmbar bleibt jedoch die fehlende Vorhersehbarkeit der Anforderungen, insbesondere wann das – zu Recht von Schäfer geforderte – „hohe Maß an Beweisdichte“[509] als erfüllt gilt.

190 Weitere Formulierungen der Revisionsgerichte für insofern aufhebende Urteile wären,

> *„es sei nicht ausreichend (einwandfrei) dargetan (festgestellt, erörtert, geprüft) daß...; Feststellungen seien unzulänglich oder unzureichend oder unvollständig oder nicht klar [...], würden fehlen bzw. die Verurteilung nicht tragen, [...]. Den bisherigen Feststellungen könne nicht entnommen werden, daß...[...], das Revisionsgericht könne nicht zuverlässig beurteilen bzw. nicht nachprüfen, habe keine ausreichende Grundlage o.ä. [...], ein Tatbestand sei nicht einwandfrei rechtlich nachgewiesen [...] Die ‚Erwägung' des Landgerichts [sei] nicht durch ‚tatsächliche Feststellungen belegt', genüge der Hinweis auf das Ergebnis oder den Eindruck der Hauptverhandlung nicht, seien die Urteilsausführungen zu allgemein gehalten, als daß sie eine sicherere Grundlage für die Beurteilung abgeben könnten, [...], lasse eine ‚Wendung', ‚verschiedene Deutungen' zu, reichten zu einer ‚Annahme' die im Urteil getroffenen Feststellungen nicht aus.“*[510]

191 Weiter hat *Fezer* folgende sprachlichen Formulierungen nachgewiesen,

> *„daß der Tatrichter hätte ‚prüfen' [...] oder ‚begründen'[..] oder ‚näher erörtern', ‚darlegen', ‚sich befassen' oder ‚mitteilen' müssen [...], daß (nähere) Feststellungen fehlen bzw. ‚es ihrer bedurft hätte' [...], daß eine Feststellung nicht ‚ausreiche', daß dem Urteil nicht zu entnehmen sei, daß nicht klar zutage liege oder daß nicht ausreichend erörtert sei [...], bei den ‚besonderen Umständen des Falles', der ‚besonderen Lage' oder ‚Sachlage' [...], ‚unter Berücksichtigung der Tatsache', ‚unter diesem Blickwinkel', ‚im Hinblick auf', ‚angesichts', ‚schon daraus, daß' [...], nähere Feststellungen seien nötig ‚um so mehr, als', ‚schon deswegen, weil' [...], ‚da zudem' [..], ‚zumal' [..], ‚denn an anderer Stelle des Urteils heißt es'[...], ‚die Feststellungen lassen die Möglichkeit offen' [..], das Urteil in dieser Weise auszulegen, sei ‚um so weniger angänglich, als' [...].“*[511]

192 Weitere Formulierungen wären,

> *„das Urteil trifft in dieser Richtung jedoch keine Feststellungen. Infolgedessen kann die Entscheidung des Tatrichters nicht nachgeprüft werden [...] Gegentei-*

509 Vgl. Schäfer, Freie Beweiswürdigung und revisionsrechtliche Kontrolle, StV 1995, S. 147, 150 m.w.N.

510 Fezer, Die erweiterte Revision – Legitimierung der Rechtswirklichkeit?, S. 24.

511 Fezer, Die erweiterte Revision – Legitimierung der Rechtswirklichkeit?, S. 28.

lige Feststellungen sind bisher nicht getroffen worden […]“,[512] *„es ist daher möglich – jedenfalls ist das Gegenteil nicht festgestellt – […],*[513] *Das Revisionsgericht kann aufgrund des im Urteil festgestellten Sachverhalts nicht zuverlässig beurteilen […]. Dem Urteil ist nicht zu entnehmen […]. Es läßt vielmehr die Möglichkeit offen […]“.*[514]

Auch wenn die Untersuchung von *Fezer* mehrere Jahrzehnte alt ist, ist das Ergebnis eindeutig und zeitlos: **193**

Angesichts der extremen Weite und Flexibilität der nachgewiesenen sprachlichen Möglichkeiten sowie der Tatsache, dass der BGH darauf verzichtet, eine nähere Begründung für die von ihm beanspruchten Prüfungsergebnisse sowie deren Möglichkeiten und Grenzen zu geben,[515] ist der Befund zutreffend, dass der BGH über Mittel und Wege verfügt, jedes Urteil aufzuheben, wenn er dies will.[516] Dies wird er – losgelöst von Verfahrensfragen – jedoch nur dann tun, wenn er mit den tatsächlichen Feststellungen im Urteil nicht einverstanden ist[517] oder weitgehend darauf verzichtet, diese kritisch zu überprüfen.

Im Zusammenhang mit dem Streit um den sogenannten „Doppelvorsitz“ in den Strafsenaten des BGH sind recht konkret Zahlen und Annahmen zur Arbeitsbelastung eines Vorsitzenden eines Strafsenats öffentlich diskutiert sowie in Rechtsprechung und Literatur dokumentiert worden. Das Ergebnis ist, dass bereits das reguläre Pensum eines Vorsitzenden kaum zu bewältigen ist, sofern er tatsächlich die Akte bzw. das „Senatsheft“ (Urteil, Revisionsbegründung(en), Stellungnahmen und Anträge im Revisionsverfahren) vollständig lesen würde. Im Falle eines Doppelvorsitzes ist dies realistischerweise nicht mehr zu leisten.[518] Es handelt sich freilich lediglich um Gerüchte, wenn kolportiert wird, dass bestimmte Revisionsrichter Ausführungen zur Beweiswürdigung gar nicht lesen, sondern lediglich überfliegen. Denkbar wäre eine solche Form der Arbeitsentlastung gleichwohl in jedem Fall. **194**

Hinweis

Der 2. Strafsenat stellte in seinem Beschluss vom 11.1.2012 (2 StR 346/11) fest, dass er nicht ordnungsgemäß besetzt sei, weil der Geschäftsverteilungsplan mit der Zuweisung desselben Vorsitzenden (Dr. E.) für den 2. und 4. Strafsenat mit

512 BGH, 4.11.1970 – 2 StR 383/70, in: Fezer, Die erweiterte Revision – Legitimierung der Rechtswirklichkeit?, S. 123.

513 BGH, 3.12.1970 – 4 StR 484/70, in: Fezer, Die erweiterte Revision – Legitimierung der Rechtswirklichkeit?, S. 143.

514 BGH, 7.7.1970 – 5 StR 329/70, in: Fezer, Die erweiterte Revision – Legitimierung der Rechtswirklichkeit?, S. 149.

515 Vgl. Fezer, Die erweiterte Revision – Legitimierung der Rechtswirklichkeit?, S. 28.

516 Vgl. Barton, Die Revisionsrechtsprechung des BGH in Strafsachen, S. 7.

517 Vgl. Fezer, Die erweiterte Revision – Legitimierung der Rechtswirklichkeit?, S. 21, 26, 42, 55.

518 Vgl. Fischer/Eschelbach/Krehl, Das Zehn-Augen-Prinzip, StV 2013, S. 395 ff.

Art. 101 Abs. 1 Satz 2 GG unvereinbar sei. Das BVerfG hat eine Verletzung von Art. 101 Abs. 1 Satz 2 GG im Ergebnis verneint und dies mit einer aus hiesiger Sicht problematischen Begründung gestützt. Es betonte, dass im Kollegialorgan alle Mitglieder vollständig über den Sach- und Streitstand informiert sein müssten, jedoch zwischen der Pflicht zur vollständigen Information („ob") und der Art und Weise der Informationsgewinnung zu unterscheiden sei. Der Richter bzw. Vorsitzende könne die Akten zwar selbst lesen, sich aber ebenso umfassend informieren, wenn ihm der Akteninhalt durch einen Berichterstatter vorgetragen werde.[519] Diese Gleichsetzung ist zweifelhaft. Denn es erscheint fernliegend, dass eine mündliche Zusammenfassung eine dem Eigenstudium gleichwertige Informationsdichte erreichen kann. Die Ausführungen des BVerfG geben insoweit Anlass zur Kritik, denn sie setzt voraus, dass eine sekundäre Informationsvermittlung (Berichterstattung) funktional äquivalent zur eigenen Aktenlektüre ist – eine Annahme, die empirisch kaum haltbar ist und die tatsächliche Entscheidungsrealität **eher idealisiert als beschreibt**.

Weiter zum fehlenden Maßstab:

„So wie im Hinblick auf den Gesamteindruck der Urteilsdarstellungen die oben analysierten Urteile aufgehoben worden sind, so werden aus demselben Grund auch Urteile bestätigt, obwohl in Einzelpunkten die Darstellung unvollständig ist: Was fehlt oder keinen Sinn gibt, ergänzt der BGH aus dem ‚Zusammenhang der Urteilsgründe' (während er sonst diesen Zusammenhang dazu benutzt, eine Lücke relevant zu machen)."[520]

In diesem Sinne der Unprognostizierbarkeit sind die folgenden Hinweise zu verstehen.

b) Innere Tatsachen

195 Liegt ein Darstellungsmangel vor, wird dieser bei erhobener Sachrüge von Amts wegen mitgeprüft. Gleichwohl empfehlen sich elaborierte Ausführungen. Das gilt insbesondere hinsichtlich der Darstellung von sog. **inneren Tatsachen**. Das Vorliegen des **Vorsatzes** muss im Urteil auch dann dargestellt werden, wenn der Wortlaut des angewendeten Strafgesetzes den Vorsatz nicht ausdrücklich erwähnt oder ein Tatbestandsirrtum nicht geltend gemacht wurde.[521]

Speziell bei Tötungsdelikten bedarf die Begründung des Vorsatzes besonderer Ausführungen. „Angesichts der hohen Hemmschwelle gegenüber einer Tötung ist jedoch immer auch die Möglichkeit in Betracht zu ziehen, daß der Täter die Gefahr der Tötung nicht erkannt oder jedenfalls darauf vertraut hat, ein solcher Erfolg wer-

519 Vgl. BVerfG, Beschl. v. 23.5.2012, Az.: 2 BvR 610/12.

520 Fezer, Die erweiterte Revision – Legitimierung der Rechtswirklichkeit, S. 50.

521 Vgl. BGHSt 5, S. 143.

de nicht eintreten. Der Schluß auf bedingten Tötungsvorsatz ist daher nur dann rechtsfehlerfrei, wenn der Tatrichter in seine Erwägungen alle Umstände einbezogen hat, die ein solches Ergebnis in Frage stellen (st. Rspr.; vgl. BGHR § 212 I Vorsatz, bedingter 30 m.w.N).“[522]

Besondere Begründungsanforderungen können im Falle der Abgrenzung des **bedingten Vorsatzes** von der bewussten Fahrlässigkeit bestehen,[523] vor allem, wenn dieser nach der Lebenserfahrung nicht auf der Hand liegt. 196

> *„Beide Schuldformen unterscheiden sich lediglich darin, daß der bewußt fahrlässig Handelnde mit der als möglich erkannten Folge nicht einverstanden ist und deshalb auf ihren Nichteintritt vertraut, während der bedingt vorsätzlich Handelnde mit dem Eintreten des schädlichen Erfolges in der Weise einverstanden ist, daß er ihn billigend in Kauf nimmt oder daß er sich wenigstens mit der Tatbestandsverwirklichung abfindet [m.w.N.]. Da die Grenzen dieser beiden Schuldformen eng beieinanderliegen, müssen die Merkmale der inneren Tatseite besonders sorgfältig durch tatsächliche Feststellungen belegt und dabei insb. die Rechtsbegriffe Vorsatz und Fahrlässigkeit in ihre tatsächlichen Bestandteile aufgelöst werden.“*[524]

Insbesondere sind die äußeren Umstände, die einem bedingten Vorsatz entgegenstehen, zu würdigen. Dabei ist darzulegen, welche Vorstellungen sich der Angeklagte unter Berücksichtigung dieser Umstände über den voraussichtlichen Ablauf des Geschehens gemacht hat.[525] „Wird die Annahme eines bedingten Vorsatzes erwogen, so muß immer geprüft werden, ob nicht nur bewußte Fahrlässigkeit vorliegt.[526] Beide Schuldformen grenzen eng aneinander; sie unterscheiden sich lediglich darin, daß der bewußt fahrlässig Handelnde mit der als möglich erkannten Folge nicht einverstanden ist und deshalb auf ihren Nichteintritt vertraut, während der bedingt vorsätzlich Handelnde mit dem Eintreten des schädlichen Erfolges in dem Sinne einverstanden ist, daß er ihn billigend in Kauf nimmt.[527] Das Bewußtsein von der möglichen Tatbestandsverwirklichung ist also in gleicher Weise Voraussetzung sowohl des bedingten Vorsatzes als auch der bewußten Fahrlässigkeit.[528] Daher muß der Tatrichter im Urteil zu erkennen geben, daß er beide möglichen Schuldformen gesehen und geprüft hat.[529] Insbesondere kann nicht allein aus der objektiven Gefährlichkeit des äußeren Verhaltens des Täters auf die billigende Inkaufnahme des

522 Vgl. BGH, Beschl. v. 19.7.1994 – 4 StR 348/94 = NStZ 1994, S. 585 f.

523 Vgl. BGHSt 51, S. 100; vgl. auch BGHR, StGB, § 266 Abs. 1 Vors. 7.

524 BGH, NStZ 1987, S. 362, 363.

525 Vgl. BGH, 27.10.1970 – 1 StR 351/70, in: Fezer, Die erweiterte Revision – Legitimierung der Rechtswirklichkeit?, S. 105 f.

526 Im Original folgendes Zitat: Beschl. v. 17.1.1984 – 4 StR 748/83.

527 Im Original folgendes Zitat: Urt. v. 30.11.1983 – 3 StR 421/83.

528 Im Original folgendes Zitat: Beschl. v. 30.11.1983 – 3 StR 319/83.

529 Im Original folgendes Zitat: Urt. v. 30.11.1983 – 3 StR 421/83.

Erfolgs geschlossen werden.[530] Es genügt somit nicht zu sagen, ‚wer so handelt wie der Angeklagte, der nimmt den Erfolg in Kauf', vielmehr kommt es auf die Vorstellungen des Täters an. So liegt es bei äußerst gefährlichen Gewalthandlungen zwar nahe, daß der Täter auch mit der Möglichkeit, das Opfer könne dabei zu Tode kommen, rechnet und, weil er gleichwohl sein gefährliches Handeln fortsetzt, auch diesen Erfolg billigend in Kauf nimmt, doch muß dies nicht immer so sein. Da vor dem Tötungsvorsatz eine viel höhere Hemmschwelle steht als vor dem Gefährdungsvorsatz, kann es auch so liegen, daß der Täter den Tötungserfolg als möglich vorausgesehen und dennoch ernsthaft, nicht nur vage, darauf vertraut hat, er werde nicht eintreten.[531]"[532]

Entscheidend ist damit auch bei objektiv gefährlichen Handlungen immer die Trennung von Wissen und Wollen. „Auch wenn dem Angeklagten bewusst gewesen ist, dass man durch Würgen einen Menschen töten könne, belegt dies nur das Wissen um die allgemeine Gefährlichkeit eines solchen Angriffs gegen den Hals eines Menschen [m.w.N.]. Daraus lässt sich indes nicht ohne weiteres herleiten, dass der Angeklagte in der konkreten Tatsituation auch tatsächlich mit der Möglichkeit rechnete, die Nebenklägerin könne zu Tode kommen, und er dies in seine Überlegungen mit einbezog. Es ist durchaus möglich, dass der Angeklagte zwar alle Umstände kannte, ohne sich indes in der konkreten Situation bewusst zu sein, dass sein Vorgehen zum Tode des Opfers führen könne."[533]

197 Die Umschreibung in den Urteilsgründen zur subjektiven Vorstellungswelt der Angeklagten mit „notfalls" ist oft nicht eindeutig. Ist damit nur ausgedrückt, was dem Angeklagten denkbar war und als ferne Möglichkeit nur beiläufig vorgeschwebt hatte oder ein darüber hinausgehendes Willenselement?[534]

198 *Hinweis*

Es muss genau zwischen dem Kennen und Wollen und dem Kennenmüssen und Kennenkönnen unterschieden werden. Vorsätzlich (auch bedingt) kann nämlich nur derjenige handeln, der tatsächlich „erkennt und will" und nicht derjenige, der nur erkennen hätte können und müssen.[535]

199 Beim Tatbestand des Raubes kann z.B. der erforderliche Vorsatz problematisch sein. Das Urteil darf die Möglichkeit, dass die durch vorausgehende Gewalt ge-

530 Im Original folgendes Zitat: Urt. v. 11.1.1984 – 2 StR 615/83.

531 Im Original folgendes Zitat: Urt. v. 7.6.1983 – 4 StR 51/83; Beschl. v. 23.6.1983 – 4 StR 293/83, NStZ 1984, 19.

532 Meyer-Goßner/Schmitt, Typische materiell-rechtliche Fehler in Strafurteilen aus revisionsrechtlicher Sicht, NStZ 1986, S. 49.

533 BGH, Urt. v. 8.12.2016 – 1 StR 344/16.

534 Vgl. BGH, 28.4.1970 – 1 StR 38/70, in: Fezer, Die erweiterte Revision – Legitimierung der Rechtswirklichkeit?, S. 96, 98.

535 Vgl. LR-StPO/Gollwitzer, 25. Aufl., § 267 Rn 42.

schaffene hilflose Lage des Opfers nur ausgenutzt wurde, nicht offenlassen. Die Urteilsgründe müssen sich also – sofern sich das nicht von selbst versteht – im subjektiven Tatbestand mit der Verknüpfung der Gewaltanwendung und der Wegnahme befassen.[536]

Ist **Absicht** erforderlich, kann die Hilfserwägung, dass jedenfalls bedingter Vorsatz vorlag, den Eindruck erwecken, dass das Tatgericht gerade nicht von der Absicht überzeugt war.[537] **200**

Auch bei Merkmalen des **objektiven Tatbestandes** darf kein Zweifel verbleiben:

> *„Die Ausführungen […] lassen es jedoch als möglich erscheinen, daß die Strafkammer von einem unzutreffenden Begriff dieses Tatbestandsmerkmals ausgegangen ist. Jedenfalls reichen die insoweit getroffenen Feststellungen nicht aus […].“*[538]

Ändert sich die materiell-rechtliche Beurteilung je nach der Sachgestaltung im Einzelfall, muss der Tatrichter alle Umstände erörtern und im Einzelnen darlegen.[539]

Tatsachen, die sich nicht von selbst verstehen, müssen dargelegt werden. Das gilt **201**
insbesondere, wenn ein **Irrtum** oder das **Fehlen des Unrechtsbewusstseins** nahelag, auch wenn sich der Angeklagte hierauf nicht berufen hatte.[540] „Der Tatrichter muß sich in einem solchen Fall deshalb in der Regel mit der Möglichkeit eines solchen Irrtums ausdrücklich auseinandersetzen. Im vorliegenden Fall hat das LG die Irrtumsfrage zwar angesprochen. Mit der von ihm gegebenen Begründung kann aber nicht ausgeschlossen werden, daß der Täter im Tatbestandsirrtum handelte. Sollte der neue Tatrichter eine besonders schwere Körperverletzung gem. §§ 224, 225 StGB a.F. als erwiesen ansehen, so wird ein etwaiger vermeidbarer Verbotsirrtum der Angekl. sowohl bei der Strafrahmenwahl als auch im Rahmen der Strafzumessung im engeren Sinne zu berücksichtigen sein.“[541] „[Es] ist zu prüfen, ob dem Angekl. ein Irrtum über erhebliche Tatumstände unterlaufen ist. Konnte er aufgrund eines Tatirrtums von der Erforderlichkeit der Schußabgabe ausgehen, würde gemäß § 16 StGB der Tötungsvorsatz entfallen. Auch hierzu verhält sich das Urteil ebensowenig wie zu einem möglichen Verbotsirrtum.“[542]

536 Vgl. BGH, 24.6.1970 – 2 StR 226/70, in: Fezer, Die erweiterte Revision – Legitimierung der Rechtswirklichkeit?, S. 120.
537 Vgl. LR-StPO/Gollwitzer, 25. Aufl., § 267 Rn 42.
538 BGH, 1 StR 160/69, in: Fezer, Die erweiterte Revision – Legitimierung der Rechtswirklichkeit?, S. 93.
539 Vgl. BGH, 13.5.1970 – 1 StR 160/69, in: Fezer, Die erweiterte Revision – Legitimierung der Rechtswirklichkeit?, S. 93 f.
540 Vgl. Dahs/Dahs, Die Revision im Strafprozess, 7. Aufl., Rn 399.
541 BGH, StV 2004, S. 371, 373 = 4.10.1999 – 5 StR 712/98.
542 BGH, StV 1995, S. 463 f. = 15.11.1994 – 3 StR 393/94, vgl. auch OLG Frankfurt StV 1992, S. 162 ff., vgl. auch OLG Stuttgart, StV 2007, S. 192 ff.

202 Die Problematik der unzureichenden Darlegungen wird insbesondere problematisch, wenn sich die nahe liegende andere Möglichkeit nicht aus dem Urteil ergibt. Zwar ist eine Aufklärungsrüge möglich, jedoch ist die Erfolgswahrscheinlichkeit gering. In nicht wenigen Fällen verbleibt de lege lata eine markante Rechtsschutzlücke.[543]

„Ist ein Versuch bejaht worden, so muß in jedem Fall überlegt werden, ob § 24 StGB (Rücktritt) eingreift. Dies wird erstaunlich oft übersehen [...] Entscheidende Vorfrage für die Beurteilung der Strafbarkeit ist, ob ein unbeendeter oder ein beendeter Versuch vorliegt, da sich danach die an den Täter zu stellenden Anforderungen richten. Beim unbeendeten Versuch genügt bloße Untätigkeit, beim beendeten Versuch muß der Täter hingegen den Eintritt des Erfolgs durch aktives Tun zu verhindern suchen [...] Für die Abgrenzung kommt es entscheidend auf die Vorstellung des Täters an, nämlich ob er seiner Auffassung nach alles zur Vollendung der Tat Erforderliche getan hat. Rechnet er mit einer nicht nur entfernten Möglichkeit, daß das bereits Getane ausreicht, so ist beendeter Versuch gegeben[544] [...] Für die Frage der Freiwilligkeit des Rücktritts ist entscheidend, ob aus der Sicht des Täters ein für ihn zwingendes Hindernis vorliegt oder ob er noch Herr seiner Entschlüsse geblieben ist. Kommen mehrere Rücktrittsgründe in Betracht, so ist ein strafbefreiender Rücktritt nur dann ausgeschlossen, wenn jeder der denkbaren Beweggründe zur Annahme der Unfreiwilligkeit führt, wobei Zweifel an der Freiwilligkeit grundsätzlich zugunsten des Angeklagten zu lösen sind[545].“[546]

203 Geht es um die Freiwilligkeit eines strafbefreienden Rücktritts, erscheint es – jedenfalls ohne weitergehende Begründung – widersprüchlich, von Unfreiwilligkeit auszugehen, wenn der Täter den Widerstand des Opfers unmittelbar vor der Tat in besonders brutaler Weise gebrochen hat, später jedoch allein aufgrund eines nur noch geringen Restwiderstands zu der Einsicht gelangt sein soll, sein weiteres Vorgehen sei aussichtslos gewesen.[547]

Auch das Nachtatverhalten kann im Rahmen der Prüfung der Freiwilligkeit eine eigenständig zu erörternde Bedeutung erlangen.[548]

543 Vgl. Eschelbach, Feststellungen, in: Festschrift für Gunter Widmaier zum 70. Geburtstag, S. 132 ff.

544 Im Original folgendes Zitat: Urt. v. 4.8.1983 – 4 StR 314/83.

545 Im Original folgendes Zitat: Urt. v. 25.1.1984 – 3 StR 481/83.

546 Meyer-Goßner/Schmitt, Typische materiell-rechtliche Fehler in Strafurteilen aus revisionsrechtlicher Sicht, NStZ 1986, S. 49 f.

547 Vgl. BGH, 8.7.1970 – 2 StR 81/70, in: Fezer, Die erweiterte Revision – Legitimierung der Rechtswirklichkeit?, S. 118.

548 Vgl. BGH, 14.10.1970 – 2 StR 371/70, in: Fezer, Die erweiterte Revision – Legitimierung der Rechtswirklichkeit?, S. 122 f.

c) Exkurs zum Bestimmtheitsgebot

Liegt ein Verbotsirrtum nahe, beruht dies in nicht wenigen Fällen darauf, dass der Handelnde die Strafbarkeit seines Verhaltens nicht erkennen konnte. Dies kann etwa auf einer umstrittenen oder bislang ungeklärten Rechtslage beruhen; unter Umständen hat selbst der Generalbundesanwalt eine Strafbarkeit nicht angenommen. 204

Bejaht der BGH gleichwohl die Strafbarkeit, stellt sich die Frage, ob dies ohne Weiteres mit den Maßstäben des § 17 StGB bzw. Art. 103 Abs. 2 GG vereinbar ist.

Eine Verurteilung kollidiert in diesem Fall bereits abstrakt mit Art. 103 Abs. 2 GG. Nicht nur der rechtsanwendende Richter muss eine Strafbarkeit ex ante erkennen können, sondern Jedermann.[549] „Jedermann soll vorhersehen können, welches Verhalten verboten und mit Strafe bedroht ist. [...] Das schließt nicht eine Verwendung von Begriffen aus, die in besonderem Maße der Deutung durch den Richter bedürfen. Auch im Strafrecht steht der Gesetzgeber vor der Notwendigkeit, der Vielgestaltigkeit des Lebens Rechnung zu tragen. Wegen der Allgemeinheit und Abstraktheit von Strafnormen ist es ferner unvermeidlich, daß in Grenzfällen zweifelhaft sein kann, ob ein Verhalten schon oder noch unter den gesetzlichen Tatbestand fällt oder nicht. Jedenfalls im Regelfall muß der Normadressat aber anhand der gesetzlichen Regelung voraussehen können, ob ein Verhalten strafbar ist. In Grenzfällen ist auf diese Weise für ihn wenigstens das Risiko einer Bestrafung erkennbar."[550] 205

„Art. 103 II GG sorgt zugleich dafür, dass im Bereich des Strafrechts mit seinen weit reichenden Folgen für den Einzelnen allein der Gesetzgeber abstrakt-generell über die Strafbarkeit entscheidet (vgl. BVerfGE 75, 329 [341] = NJW 1987, 3175; BVerfGE 78, 374 [382] = NJW 1989, 1663; BVerfGE 95, 96 [131] = NJW 1997, 929). **Er darf diese Entscheidung nicht der Strafjustiz überlassen** [Hervorh. d. Verf.]. Das Verfassungsgebot der Gesetzesbestimmtheit schließt allerdings die Verwendung von Begriffen, die in besonderem Maße der Deutung durch den Richter bedürfen, nicht generell aus. Auch im Strafrecht steht der Gesetzgeber vor der Notwendigkeit, der Vielgestaltigkeit des Lebens Rechnung tragen zu müssen (vgl. BVerfGE 96, 68 [97f.] = NJW 1998, 50). Generalklauseln oder unbestimmte, wertausfüllungsbedürftige Begriffe sind im Strafrecht allerdings **nur dann** [Hervorh. d. Verf.] verfassungsrechtlich unbedenklich, wenn die Norm eine zuverlässige Grundlage für ihre Auslegung und Anwendung bietet oder wenn sie eine gefestigte Rechtsprechung übernimmt und damit aus dieser Rechtsprechung hinreichende Bestimmtheit gewinnt (vgl. BVerfGE 45, 363 [371 f.] = NJW 1977, 1815; BVerfGE 48, 48 [56 f.] = NJW 1978, 1423; BVerfGE 86, 288 [311] = NJW 1992, 2947)."[551] 206

549 Vgl. BVerfGE 87, S. 209, 224.

550 BVerfG, NJW 1993, S. 1457 f.

551 BVerfG, NJW 2003, S. 1030.

207 Unterschiedliche Rechtsansichten sind nur dann verfassungsrechtlich unbedenklich, „wenn und solange der konkrete Normadressat – […] anhand einer gefestigten Rechtsprechung das Risiko einer möglichen Bestrafung hinreichend sicher voraussehen kann.“[552]

208 *Hinweis*

Die Ausführungen des BVerfG zum Bestimmtheitsgebot mögen dogmatisch stimmig erscheinen, verfehlen jedoch teilweise die Realität. Denn es existieren Fälle, in denen die Strafbarkeit für den Normadressaten nicht vorhersehbar war. Gespaltene richterliche Voten sind insoweit ein aufschlussreiches Indiz: Wo selbst Richter uneins sind, liegt die Annahme mangelnder Bestimmtheit nahe – ein Befund, der aufgrund des Beratungsgeheimnisses im Verborgenen bleibt.

Vor diesem Hintergrund erscheint zweifelhaft, ob das Bundesverfassungsgericht seiner Kontrollfunktion im Strafprozess stets gerecht wird. Die strukturelle Begrenzung auf eine Tatsacheninstanz bei gleichzeitiger Anfälligkeit für kognitive Verzerrungen zulasten des Angeklagten begründet eine a priori angelegte Schieflage. Hinzu tritt, dass das Gericht beim Postulat einer „objektiv hohen Wahrscheinlichkeit“ offenbar von einem idealisierten Entscheidungsmodell ausgeht, das mit der tatsächlichen Entscheidungsrealität kaum vereinbar ist. Auch die Annahme, Revisionsrichter könnten unabhängig vom Informationsweg stets vollständig informiert sein, überzeugt nicht.

Insgesamt ergibt sich das Bild eines Systems, das in seiner gegenwärtigen Ausgestaltung weder den Anforderungen an transparente und vorhersehbare Entscheidungsmaßstäbe noch an eine effektive Kontrolle tatrichterlicher Entscheidungen vollständig gerecht wird. Die Annahme eines rational durchstrukturierten und konsistent angewendeten Kontrollsystems erweist sich damit in wesentlichen Teilen als normatives Ideal, das mit der Rechtswirklichkeit nur begrenzt übereinstimmt. Eine Weiterentwicklung des Systems – etwa durch erhöhte Dokumentationsanforderungen und klarere revisionsrechtliche Maßstäbe – erscheint vor diesem Hintergrund geboten.

d) Einlassung des Angeklagten

209 In den Urteilsgründen müssen Tatort, Tatzeit und die zur Identifizierung der Tat erforderlichen Angaben niedergelegt sein.[553] Weiter entspricht es dem Standard der Revisionsgerichte, dass die **Einlassung des Angeklagten** wiedergeben werden muss.

„Die sachlich-rechtliche Begründungspflicht umfasst auch die Verpflichtung, die Einlassung des Angekl. jedenfalls in ihrem wesentlichen Inhalt wiederzuge-

552 BVerfG, NJW 2003, S. 1030 f.

553 Vgl. LR-StPO/Hanack, 25. Aufl., Rn 135.

ben. Dies gilt auch in Fällen, in denen der Angekl. ein Geständnis ablegt [m.w.N.], denn ein Geständnis enthebt den Tatrichter nicht von seiner Pflicht, dieses einer kritischen Prüfung auf Plausibilität und Tragfähigkeit hin zu unterziehen und zu den sonstigen Beweismitteln in Beziehung zu setzen. Legt der Tatrichter das Geständnis des Angekl. seinen Feststellungen in vollem Umfange zu Grunde, weil er es für glaubhaft erachtet, so ist er zwar grundsätzlich nicht verpflichtet, es in den Urteilsgründen in allen seinen Einzelheiten zu dokumentieren, um dem RevGer. eine Kontrolle seiner Entscheidung zu ermöglichen. Es kann vielmehr – je nach den Umständen des Einzelfalls – genügen, auf die Feststellungen Bezug zu nehmen. Erforderlich ist außerdem, dass der Tatrichter in den Urteilsgründen für das RevGer. nachvollziehbar darlegt und begründet, aus welchen Gründen er das Geständnis des Angekl. für glaubhaft erachtet. Decken sich die Angaben des Angekl. mit sonstigen Beweisergebnissen und stützt der Tatrichter seine Überzeugung von der Glaubhaftigkeit des Geständnisses auch auf diese Beweisergebnisse, so ist er zu deren jedenfalls gedrängter Wiedergabe verpflichtet, da anderenfalls eine revisionsgerichtliche Überprüfung seiner Überzeugungsbildung nicht möglich ist. Diese Maßstäbe gelten auch in Fällen, in denen der Angekl. im Rahmen einer Verfahrensverständigung ein Geständnis ablegt.“[554]

Das Revisionsgericht kann über den Inhalt der Einlassung nicht selbst Beweis erheben. Um diese Einlassung vor Verfälschungen zu schützen, sind Tatsachenverteidiger zunehmend dazu übergegangen, Einlassungen des Angeklagten schriftlich zu fixieren und zu verlesen bzw. dem Gericht mit dem Antrag zu übergeben, sie gemäß § 249 StPO zu verlesen. Dieser Versuch, die Einlassung vor Verfälschungen zu schützen, ist jedoch durch die höchstrichterliche Rechtsprechung gescheitert. Revisibel wäre lediglich ein Abweichen der Urteilsgründe vom Inhalt einer nach § 249 StPO verlesenen Urkunde. Allerdings ist „ein Gericht grundsätzlich nicht verpflichtet ist, die schriftliche Einlassung eines Angekl. als Urkunde zu verlesen, da seine mündliche Vernehmung nicht durch die gerichtliche Verlesung einer schriftlichen Erklärung ersetzt werden kann (BGH, NStZ 2000, 439). Denn nach § 243 Abs. 4 Satz 2 StPO erfolgt die Vernehmung eines Angekl. zur Sache nach Maßgabe des § 136 Abs. 2 StPO, also grundsätzlich durch mündliche Befragung und mündliche Antworten (BGH, NStZ 2004, 392 m.w.N).“[555] 210

Ein Abweichen von der als Anlage zum Protokoll gegebenen und vom Verteidiger selbst verlesenen Urkunde ist revisionsrechtlich unbeachtlich,[556] denn „dadurch ist über den Wortlaut der Erklärung kein Beweis erhoben und dieser damit nicht zum Inbegriff der Hauptverhandlung geworden. Vielmehr wurde Gegenstand der 211

554 BGH, NStZ-RR 2016, S. 147.

555 BGH, Beschl. v. 27.2.2007 – 3 StR 38/07 = NStZ 2007, S. 349.

556 Vgl. BGH, NStZ 1990, S. 35.

Hauptverhandlung lediglich der mündliche Vortrag durch den Verteidiger und die zustimmende Erklärung des Angekl. Eine Überprüfung, ob die zusammenfassende Darstellung dieser Einlassung in den Urteilsgründen zutreffend und vollständig ist, ist dem **Senat** ohne Rekonstruktion der Hauptverhandlung nicht möglich."[557]

212 Sodann muss bei einem bestreitenden Angeklagte dargestellt werden, warum die Angaben des Zeugen und nicht des Angeklagten Glauben geschenkt wird bzw. warum die Einlassung des Angeklagten als widerlegt angesehen wird.[558] Das bedeutet, dass die Einlassung des Angeklagten ist **wie jedes andere Beweismittel** zu würdigen ist.[559] Kann die **Einlassung nicht widerlegt** werden, muss sie zwar grds. gem. dem Grundsatz „in dubio pro reo" so behandelt werden, als sei sie wahr,[560] allerdings bedeutet dies nicht, dass jede unwiderlegte Einlassung hingenommen werden muss. „Der Tatrichter darf eine Einlassung, für deren Wahrheitsgehalt keine zureichenden Anhaltspunkte bestehen, nicht ohne Weiteres als unwiderlegt seiner Entscheidung zugrunde legen. Vielmehr muss er sich seine Überzeugung von deren Richtigkeit oder Unrichtigkeit aufgrund des gesamten Ergebnisses der Beweisaufnahme bilden."[561] Oder anders: „Es ist weder im Hinblick auf den Zweifelssatz noch sonst geboten, zugunsten des Angekl. Tatvarianten zu unterstellen, für deren Vorliegen keine zureichenden Anhaltspunkte erbracht sind (BGHSt 51, 324 m.w.N.). Dies gilt umso mehr dann, wenn – wie hier – objektive Beweisanzeichen festgestellt sind, die mit Gewicht gegen die Richtigkeit der Einlassung des Angekl. sprechen."[562] Ein **wechselndes** Einlassungsverhalten – insbesondere die Anpassung an im Laufe des Verfahrens zutage tretende Beweisanzeichen – ist in der Beweiswürdigung besonders sorgfältig zu berücksichtigen.[563] Gleiches gilt für Einlassungen, die nicht unmittelbar durch den Angeklagten, sondern ausschließlich über den Verteidiger erfolgen; ihnen kommt regelmäßig ein geringerer Beweiswert zu.[564]

213 Eine Einlassung des Angeklagten liegt nur in den Fällen des § 243 Abs. 4 Satz 2 StPO vor bzw. bei ggf. bei Erklärungen gem. §§ 257, 258 StPO. Tatsachenbehaup-

557 BGH, Beschl. v. 27.2.2007 – 3 StR 38/07 = NStZ 2007, S. 349.

558 Vgl. OLG Düsseldorf, VRS 1966, S. 36.

559 Vgl. BGH, Beschl. v. 27.9.2012 – 2 StR 349/12 = NStZ-RR 2013, S. 51.

560 Vgl. Niemöller, Die strafrichterliche Beweiswürdigung in der neueren Rechtsprechung des Bundesgerichtshofs, StV 1984, S. 431, 439.

561 BGH, Urt. v. 21.10.2004 – 3 StR 226/04 = NStZ-RR 2005, S. 45 f.; ebenso BGH, Beschl. v. 20.12.2006 – 1 StR 576/06 = NStZ 2007, S. 266.

562 BGH, Urt. v. 28.1.2009 – 2 StR 531/08 = NStZ 2009, S. 285.

563 Vgl. BGH, Urt. v. 12.8.2009 – 2 StR 165/09 = NStZ-RR 2009, S. 349 f.; BGH, Urt. v. 6.11.2003 – 4 StR 270/03 = NStZ-RR 2004, S. 88.

564 Vgl. BGH, Beschl. v. 30.10.2007 – 3 StR 410/07 = NStZ 2008, S. 476 f.

tungen im Rahmen von Beweisanträgen stellen lediglich prozessuale Erklärungen, aber keine (versteckte) Einlassung dar.[565]

Sacherklärungen des Verteidigers stellen kein Beweismittel dar, das verwertet werden könnte, solange der Angeklagte nicht erklärt, diese bestätigen zu wollen[566] oder sonst ausnahmsweise eine Zurechnung möglich ist. Der Verteidiger ist nämlich weder Vertreter des Angeklagten (Ausnahme: §§ 234, 329, 350, 387, 411 StPO) noch Auskunftsperson im Strengbeweisverfahren, sondern könnte allenfalls im Rahmen einer förmlichen Vernehmung Zeuge vom Hörensagen werden.[567] Es handelt sich damit i.d.R. nur um anwaltliche Spekulationen zum Sachverhalt und nicht um dem Angeklagten zurechenbare Erklärungen.[568]

Anders ist dies, wenn der Verteidiger in der Hauptverhandlung in Anwesenheit seines Mandanten, der selbst keine Angaben zur Sache macht, für diesen Erklärungen zur Sache abgibt.[569] Das gilt jedenfalls, wenn in einer jeden Zweifel ausschließenden Weise feststeht, dass der Angeklagte die Erklärung seines Verteidigers als seine eigene Einlassung verstanden wissen will. „Bei einer solchen Sachlage ist vielmehr der Verteidiger oder der Angeklagte von dem Vorsitzenden zu befragen, ob die von dem Verteidiger abgegebene Erklärung als Einlassung des Angeklagten anzusehen sei. Ferner ist darauf hinzuweisen, dass die Erklärung in diesem Fall zum Gegenstand der Beweiswürdigung gemacht werde. Nur wenn der Verteidiger und/oder der Angeklagte die Frage bejahen, darf die Erklärung des Verteidigers zum Gegenstand der Beweiswürdigung gemacht werden. Verneint der Verteidiger oder widerspricht der Angeklagte, so darf die Erklärung nicht als Beweismittel verwertet werden."[570] 214

Hinweis 215

In der Praxis kommt es in nicht wenigen Fällen vor, dass sich der Angeklagte nicht zur Sache eingelassen hat. Gleichwohl rekurrieren die Urteilsgründe auf eine Einlassung des Angeklagten. Das stellt einen Verstoß gegen § 261 StPO dar. In der Revisionsbegründung muss gem. § 344 Abs. 2 Satz 2 StPO vorgetragen werden, dass auch der Verteidiger keine dem Angeklagten zurechenbare Erklärung abgegeben hat.[571] Hat sich der Angeklagte später zu anderen Tatkomplexen eingelassen, ist in der Revisionsbegründung vorsorglich mitzuteilen,

565 Vgl. BGH, 20.9.2007 – 1 StR 385/07 = NStZ-RR 2008, S. 21 f. m.w.N.; vgl. zur Abgrenzung von Verteidigererklärungen und Einlassungen des Angeklagten auch BGH, NStZ 2006, 408 und OLG Saarbrücken, NStZ 2006, 182.

566 Vgl. zur Abgrenzung von Verteidigererklärungen und Einlassungen des Angeklagten auch BGH, NStZ 2006, 408 und OLG Saarbrücken, NStZ 2006, 182.

567 Vgl. Graf-StPO/Eschelbach, 2. Aufl., § 261 Rn 16 m.w.N.

568 Vgl. BGH, 12.4.2000 – 1 StR 623/99 = NStZ 2000, S. 495 f.

569 Vgl. BGH, StV 1998, S. 59; vgl. aber auch BGH, StV 1993, S. 623.

570 OLG Saarbrücken, Beschl. v. 14.9.2005, Az.: Ss 29/2005 (38/05).

571 Vgl. BayObLG, NStZ 2003, S. 388 = 29.8.2002 – 1 ObOWi 317/02.

dass sich diese Einlassung auf irrelevante Tatvorwürfe bezog (z.B. später eingestellte Taten).[572] Ebenso kommt der umgekehrte Fall vor, dass der Tatrichter die Einlassung nicht verwertet, obwohl sich der Angeklagte eingelassen hatte. Eine (auch spätere) Einlassung des Angeklagten oder eine Erklärung nach §§ 257, 258 StPO müsste aus dem Protokoll ersichtlich sein.[573] Das heißt: Erklärungen nach den jeweiligen Beweiserhebungen gehören nicht zu den wesentlichen Förmlichkeiten der Hauptverhandlung und sind nicht protokollierungspflichtig. Anders ist dies, wenn ein Angeklagter, der sich bisher nicht geäußert hat, im Rahmen seines Erklärungsrechts nach § 257 erstmals Angaben zur Sache macht; dann ist diese Tatsache als wesentliche Förmlichkeit zu Protokoll zu nehmen.[574]

e) Geständige Einlassung

216 Ein Geständnis stellt grundsätzlich einen Strafmilderungsgrund dar, auch wenn die dahinterstehende innere Motivation des Angeklagten häufig nicht zuverlässig überprüfbar ist. Dies gilt mit Einschränkungen selbst für taktische oder auf Verständigungen nach § 257c StPO beruhende Geständnisse. Begründet wird dies damit, dass ein Geständnis – insbesondere nach vorherigem Schweigen oder Bestreiten – regelmäßig eine gewisse innere Überwindung erfordert und positive Rückschlüsse auf die Persönlichkeit zulassen kann. Zudem trägt es unabhängig von seiner Motivation zur Wiederherstellung des Rechtsfriedens, zur Genugtuung der Opfer sowie zur Verfahrensbeschleunigung bei.[575]

217 Ob sich ein glaubhaftes Geständnis auch auf den inneren Tatbestand bezieht, kann eine zu erörternde Frage darstellen.[576] „Zwar ist ein Geständnis, das aufgrund einer verfahrensbeendenden Absprache abgegeben wurde, nicht von vornherein unglaubhaft. Dies ist im Grundsatz auch bei einer von den Verteidigern vorformulierten, vom Angekl. lediglich pauschal übernommenen Erklärung nicht ausgeschlossen. Allerdings bedürfen von anderen für Angeklagte vorformulierte und von diesen nur summarisch bestätigte Geständnisse generell besonders kritischer Betrachtung hinsichtlich ihrer Substanz, ihrer Übereinstimmung mit dem Ermittlungsergebnis sowie dahingehend, ob sie wirklich als von dem jeweiligen Angeklagten stammend, als von diesem akzeptiert angesehen werden können. Legt der Angeklagte ein Geständnis ab, so soll er dies im Grundsatz mit eigenen Worten tun (vgl. auch RiStBV Nr. 45 II), gegebenenfalls ergänzend zu der von seinem Verteidi-

572 Vgl. BGH, StV 2008, S. 235 f. = 10.8.2007 – 2 StR 204/07.

573 Vgl. BGH, StV 2000, S. 123 ff. = NStZ 2000, S. 217 ff. = 4 StR 370/99, vgl. auch BGH, StV 1992, S. 1 f. = 3 StR 338/91.

574 Vgl. BGH, NJW 96, S. 533; BGH, NStZ 2000, S. 217.

575 Vgl. Schäfer/Sander/van Gemmeren Strafzumessung, 7. Aufl. 2024, Rn 679 m.w.N.

576 Vgl. BGH, 15.1.1970 – 4 StR 528/69, in: Fezer, Die erweiterte Revision – Legitimierung der Rechtswirklichkeit?, S. 124 ff.

ger verlesenen Erklärung. Auch insoweit gilt jedoch der Grundsatz der freien richterlichen Überzeugungsbildung."[577]

Vor allem bei taktisch motivierten Geständnissen im Rahmen einer Absprache bedarf dieses der gerichtlichen Überprüfung Bei der richterlichen Überprüfung reicht ein Formalgeständnis („schlankes Geständnis") grundsätzlich nicht. Der Richter muss sich trotz Geständnisses von der Richtigkeit überzeugen.[578] „Das deutsche Strafprozessrecht wird von dem Grundsatz beherrscht, dass die Gerichte von Amts wegen den wahren Sachverhalt aufzuklären haben (§ 244 Abs. 2 StPO). Auf dieser Grundlage (§ 261 StPO) ist der Schuldspruch zu treffen und sind die entsprechenden Rechtsfolgen festzusetzen. Dieser Grundsatz darf – schon wegen der Gesetzesbindung des Richters (Art. 20 Abs. 3 GG) – nicht dem Interesse an einer einfachen und schnellstmöglichen Erledigung des Verfahrens geopfert werden (vgl. BGH NStZ-RR 2007, 307, 309). Es ist daher unzulässig, dem Urteil einen Sachverhalt zugrunde zu legen, der nicht auf einer Überzeugungsbildung unter vollständiger Ausschöpfung des Beweismaterials beruht. Dies gilt auch dann, wenn sich der Angekl. im Rahmen einer Verfahrensabsprache geständig zeigt. Allein seine Bereitschaft, wegen eines bestimmten Sachverhalts eine Strafe hinzunehmen, die das gerichtlich zugesagte Höchstmaß nicht überschreitet, entbindet das Gericht nicht von der Pflicht zur Aufklärung und Darlegung des Sachverhalts, soweit dies für den Tatbestand der dem Angekl. vorgeworfenen Gesetzesverletzung erforderlich ist. Es ist deshalb stets zu untersuchen, ob das abgelegte Geständnis mit dem Ermittlungsergebnis zu vereinbaren ist, ob es in sich stimmig ist und ob es die getroffenen Feststellungen trägt [m.w.N.]."[579] 218

„Lässt sich der Angekl. verschriftet über seinen Verteidiger zur Sache geständig ein, ohne weitergehende Nachfragen der Verfahrensbeteiligten zu beantworten, darf sich das Tatgericht seine Überzeugung von der Richtigkeit des Geständnisses nicht allein durch dessen Abgleich mit der Aktenlage verschaffen."[580]

Hinweis

Massendelikte, z.B. Betrug zum Nachteil von 662 Aktienkäufern, sind nicht geständnisfähig.[581] Die Beweisaufnahme kann freilich auf wenige, typische Zeu-

577 BGH, 6.11.2007 – 1 StR 370/07 = NJW 2008, S. 1749 f.

578 Vgl. BGH, Beschl. v. 13.6.2007 – 3 StR 162/07 = NStZ 2008, S. 54.

579 BGH, 11.12.2008 – 3 StR 21/08 = NStZ 2009, S. 467.

580 BGH, Beschl. v. 5.11.2013 – 2 StR 265/13 = NStZ 2014, S. 170; BGH, Urt. v. 26.1.2006 – 3 StR 415/02 = NStZ-RR 2006, S. 187.

581 Vgl. De Vries, Einführung in die Kriminalistik für die Strafrechtspraxis, Rn 253.

gen beschränkt werden.[582] Eine Beschränkung der Verfolgung auf bestimmte Taten kann auch noch durch den GBA in der Revisionsinstanz erfolgen.[583]

219 In der Rechtsprechung kommt es nicht selten zu sogenannten Geständnisfällen, in denen der Angeklagte seine **Täterschaft gegenüber einem Dritten eingeräumt** haben soll. Bestreitet der Angeklagte ein solches angebliches Geständnis, liegt kein Geständnis im prozessualen Sinne vor; vielmehr beruht die Belastung allein auf der Aussage eines Zeugen, der ein entsprechendes Gespräch mit dem Angeklagten behauptet.

Derartige Konstellationen treten insbesondere bei Angehörigen, Mitangeklagten, Mitgefangenen oder V-Leuten auf. In diesen Fällen muss die Beweiswürdigung in den Urteilsgründen nachvollziehbar erkennen lassen, aus welchem Anlass und unter welchen Umständen das angebliche Geständnis erfolgt sein soll und welche konkreten Einzelheiten mitgeteilt wurden. Insbesondere ist darzustellen, ob die Angaben spezifisches Täterwissen enthalten. Fehlt es hieran, ist dem Revisionsgericht die revisionsrechtliche Überprüfung der Beweiswürdigung entzogen, insbesondere die Kontrolle, ob eine zutreffende oder möglicherweise unzutreffende Belastung des Angeklagten zugrunde liegt.[584]

Der Tatrichter hat sich deshalb erkennbar mit möglichen Motiven für ein Falschgeständnis auseinanderzusetzen; andernfalls erweist sich die Beweiswürdigung als lückenhaft und damit rechtsfehlerhaft.

f) Falschbelastungsmotiv und Absprachen zu Lasten Dritter

220 Ein naheliegendes **Falschbelastungsmotiv** eines Zeugen kann nicht deswegen ausgeschlossen werden, weil er mit dem Angeklagten wieder in Eintracht lebt und in der Hauptverhandlung von seinem Zeugnisverweigerungsrecht Gebrauch gemacht hat. Der Schluss, eine Falschbelastung könne ausgeschlossen werden, denn nachdem der Zeuge nun mit dem Angeklagten versöhnt sei, hätte es nahegelegen, die Angaben in der Hauptverhandlung zu korrigieren, wenn sie falsch gewesen wären, statt von einem Zeugnisverweigerungsrecht Gebrauch zu machen, ist falsch. Diese Argumentation übersieht, dass der Zeuge damit einräumen müsste, sich bei der ersten falschen Aussage strafbar gemacht zu haben.[585]

582 Vgl. BGH, Urt. v. 22.11.2013 – 3 StR 162/13 = NStZ 2014, S. 215 ff.; BGH, Urt. v. 22.5.2014 – 4 StR 430/13 = NStZ 2014, S. 459 f.; BGH, Beschl. v. 17.6.2014 – 2 StR 658/13 = NStZ 2014, S. 644.

583 Vgl. BGH, Urt. v. 22.5.2014 – 4 StR 430/13 = NStZ 2014, S. 459 f.

584 Vgl. zur Problematik des falschen Geständnisses als Quelle vieler Fehlurteile Eschelbach, Absprachenpraxis versus Wiederaufnahme des Verfahrens, HRRS 4/2008, S. 190, 196 ff. m.w.N.

585 Vgl. BGH, StV 2002, S. 4 ff. = NStZ 2000, S. 546 = 23.5.2000 – 5 StR 142/00.

***Absprachen zu Lasten Dritter** erfordern eine besonders sorgfältige Beweiswürdigung und Darstellung:* 221

„Bei der Verurteilung eines Angekl. aufgrund von Geständnissen der Mitangeklagten, die Gegenstand einer verfahrensbeendenden Absprache sind, muss die Glaubhaftigkeit dieser Geständnisse in einer für das RevGer. nachprüfbaren Weise gewürdigt werden. Dazu gehören insbesondere das Zustandekommen und der Inhalt der Absprache. Denn bei dieser Sachlage besteht u.a. die Gefahr, dass die Mitangeklagten den Nichtgeständigen zu Unrecht belasten, weil sie sich dadurch für die eigene Verteidigung Vorteile versprechen. Dieses Problem besteht überall dort, wo ‚Aufklärungsgehilfen' Vorteile gewährt werden, etwa bei der Kronzeugenregelung oder der Strafmilderung nach § 31 BtMG. In einem solchen Fall ist das Gericht zum einen zu besonderer Rücksichtnahme auf die Verteidigungsinteressen des nicht geständigen Angekl. verpflichtet, zum anderen hat der Tatrichter die Geständnisse der anderen Angeklagten kritisch zu würdigen (so zutr. Kuckein/Pfister in FS aus Anlass des 50-jährigen Bestehens des BGH, S. 641, 657 m.w.N). Maßgeblich für die Bewertung ist die Entstehungs- und Entwicklungsgeschichte der Geständnisse. Dies schließt auch das Zustandekommen, den Inhalt und gegebenenfalls das Scheitern einer verfahrensbeendenden Absprache mit ein. Nur so kann das RevGer. überprüfen, dass sich die geständigen Angeklagten durch ein Geständnis gegen die Zusage einer – im Einzelfall nicht schuldangemessenen – Strafe nicht nur eigene Vorteile verschafft, sondern sich auch zu Lasten des nicht geständigen Angekl. eingelassen haben. Fehlen solche Darlegungen in den Urteilsgründen, so kann dies ein sachlich-rechtlicher Fehler sein. Dessen ungeachtet bleibt es bei der Verpflichtung, die Absprache in die Hauptverhandlung einzuführen und im Hauptverhandlungsprotokoll festzuhalten (BGHSt 43, 195, 205 f. = NJW 1998, 86 = NStZ 1998, 31).“[586]

„Dies schließt auch das Zustandekommen, den Inhalt – einschließlich der Zusagen der StA zu Einstellungen nach § 154 StPO – und gegebenenfalls das Scheitern einer verfahrensbeendenden Absprache mit ein. Nur so kann das RevGer. überprüfen, dass sich die geständigen Angeklagten durch ein Geständnis gegen die Zusage einer – im Einzelfall nicht schuldangemessenen – Strafe nicht nur eigene Vorteile verschafft, sondern sich auch zutreffend eingelassen haben. Für den hier vorliegenden Fall, dass der geständige frühere Mitangekl. nach rechtskräftigem Abschluss seines Verfahrens als Zeuge gehört wird, gilt nichts anderes.“[587] 222

586 BGH, Beschl. v. 15.1.2003 – 1 StR 464/02 = NStZ 2003, S. 383.
587 BGH, Beschl. v. 6.11.2007 – 1 StR 370/07 = NJW 2008, S. 1749, 1751.

g) Übernahme von Wertungen der Ermittlungsbeamten

223 Die unkritische **Übernahme** von **Wertungen von Ermittlungsbeamten** ist in der tatrichterlichen Praxis nicht unüblich. Wertungen von Ermittlungsbeamten, z.B. zur Glaubhaftigkeit von Zeugenaussagen, werden oft schlicht übernommen. Eine schlichte Übernahme der Ansicht des Ermittlungsbeamten ist unzulässig. Erforderlich ist jeweils eine eigene Würdigung des Tatrichters.[588]

Insofern ist die Praxis höchst bedenklich:

> *„Zeugen haben nicht über Wertungen zu berichten; das wäre funktional Aufgabe von Sachverständigen. Ermittlungsbeamte haben nicht gleichsam ein* ***Plädoyer im Sinne der Anklagehypothese*** *zu halten. Wenn auf diese* ***Weise im Gewand einer Beweiserhebung*** *die Anklagehypothese begründet wird, werden alle Richter und Schöffen frühzeitig in sachwidriger Weise beeinflusst. Die Tatsache, dass dies* ***nicht mit einer Missbrauchsabsicht*** *geschieht [m.w.N.], ist ebenso selbstverständlich wie die Tatsache, dass kein Strafrichter bewusst ein falsches Urteil fällen will; darauf kommt es aber nicht an."*[589]

h) Materieller Ermessensspielraum des Tatrichters, Auslegung von Erklärungen und Teileinstellungen

224 Beansprucht der Tatrichter ein Ermessen für sich, muss er erkennen lassen, dass er sich der Möglichkeit einer Ermessensentscheidung überhaupt bewusst war. Andernfalls „hat der Tatrichter eine Ermessensentscheidung in Wahrheit nicht getroffen."[590] Das Revisionsgericht kann auch überprüfen, ob der Tatrichter sein Ermessen rechtsfehlerhaft ausgeübt hat, was nicht nur bei einem Missbrauch und Willkür der Fall ist, sondern auch, wenn der Tatrichter Rechtsbegriffe verkannt, wesentliche Umstände nicht beachtet oder unzulässige Ermessenserwägungen angestellt hat. Sein eigenes Ermessen darf das Revisionsgericht allerdings nicht an die Stelle des Ermessens des Tatrichters setzen.[591]

Die gleichen Grundsätze gelten für die **Auslegung von Äußerungen und Urkunden**, denn auch dieser Vorgang geht der Rechtsanwendung vor. Neben den Umständen fehlerhafter Ermessensausübung darf der Tatrichter nicht nur eine Auslegungsmöglichkeit prüfen, wenn es mehrere gibt oder allgemeine Auslegungsregeln missachten. Eine solche allg. Auslegungsregel ist, dass bei nicht eindeutigem Wortlaut der Sinn zu ermitteln ist und sich dieser auch aus Nebenumständen, vor

588 Vgl. BGH, NStZ-RR 2007, S. 150 f.

589 BeckOK StPO/Eschelbach, 59. Ed. 1.4.2026, StPO § 261 Rn 65.

590 BGHSt 22, 266 f. = 4 StR 412/68; vgl. allgemein zu Nachweisen eines Ermessensfehlers bei Verfahrensrügen: LR-StPO/Hanack, 25. Aufl., § 337 Rn 87 ff.

591 Vgl. LR-StPO/Franke, 26. Aufl., § 337 Rn 63 m.w.N.

allem dem Zusammenhang und Zweck der Äußerung ergibt, wobei die örtlichen und sozialen Umstände ebenfalls zu beachten sind.[592]

„Bei einer – wie hier – auf Indizien gestützten Verurteilung kann ein Erörterungsmangel gegeben sein, sofern für die **Teileinstellung** nicht ausschließlich prozessökonomische Erwägungen ausschlaggebend waren und eine **etwaige Beweisbedeutung** nicht wenigstens angesprochen wird (vgl. BGH, StV 1998, 580 [582]; 2001, 552; 2002, 637 [639]).“[593] Das heißt: „Beruhen mehrere Tatvorwürfe auf den belastenden Angaben eines Zeugen und stellt das Tatgericht das Verfahren wegen eines Teils dieser Vorwürfe nach § 154 Abs. 2 StPO ein, kann den Gründen für die Teileinstellung des Verfahrens nach der Rechtsprechung des BGH Bedeutung für die Beweiswürdigung zu den verbleibenden Vorwürfen insbesondere hinsichtlich der Frage der Glaubhaftigkeit der Bekundungen des Belastungszeugen zukommen. Ist dies nach der konkret gegebenen Beweissituation der Fall, ist der Tatrichter aus Gründen sachlichen Rechts gehalten, die Gründe für die Teileinstellung im Urteil mitzuteilen und sich mit deren Beweisbedeutung auseinanderzusetzen.“[594] 225

X. Analyse der allgemeinen Beweiswürdigungsanforderungen

Zur Kommentarliteratur hatte *Fezer* bereits vor 50 Jahren mitgeteilt: „Der konkrete Anwendungsbereich der Denkgesetze und Erfahrungssätze wird nicht ganz klar, ebenso nicht der der Anforderungen an Klarheit, Widerspruchslosigkeit und Lückenlosigkeit der Feststellungen. Auch das Verhältnis zwischen diesen beiden ‚Rügen' bleibt undeutlich.“[595] Das sei allerdings nur vordergründig ein Darstellungsproblem des jeweiligen Kommentators. „Bleibt unklar, an welche Bereiche des tatrichterlichen Erkenntnisprozesses der Revisionsrichter anknüpfen kann und an welche nicht, so kommt dies auch in der Form der Kommentierung zum Ausdruck.“[596] Dieser Befund aus dem Jahre 1974 gilt auch heute noch.[597] 226

1. Verstoß gegen Denkgesetze

Ein Verstoß gegen Denkgesetze stellt einen sachlich-rechtlichen Mangel dar,[598] obwohl es sich hierbei nicht um Rechtssätze handelt, sondern diese dem Recht zeitlich und begrifflich vorausgehen. Ein Verstoß hiergegen führt zur fehlerhaften Anwen- 227

592 Vgl. LR-StPO/Franke, 26. Aufl., § 337 Rn 92 f. m.w.N.

593 BGH, NStZ-RR 2009, S. 377 = 18.8.2009 – 5 StR 278/09.

594 BGH, NStZ 2018, S. 618.

595 Fezer, Möglichkeiten einer Reform der Revision in Strafsachen, S. 71.

596 Fezer, Möglichkeiten einer Reform der Revision in Strafsachen, S. 65.

597 Vgl. zur verwirrenden Erörterung im Schrifttum auch heute noch zutreffend: Fezer, Die erweiterte Revision – Legitimierung der Rechtswirklichkeit?, S. 2 ff. m.w.N.

598 Vgl. BeckOK StPO/Wiedner, 59. Ed. 1.10.2025, StPO § 337 Rn 152; wobei das BVerwG von einem Verfahrensmangel ausgeht, vgl. z.B. BVerwG, Urt. v. 19.1.1990 – 4 C 28/89; BVerwG, Beschl. v. 20.5.2003 – 8 B 36/03; BVerwG, Urt. v. 11.2.2014 – 8 C 49/12.

dung von Rechtsnormen.[599] Wirkliche Verstöße gegen Denkgesetze (Rechenfehler, naturgesetzlich unmögliche Folgerungen, Zirkel – oder Kreisschlüsse) sind in der Praxis selten.[600]

Ein Verstoß gegen Denkgesetze setzt voraus, dass sich der gerügte Verstoß auf die tatsächliche Würdigung bezieht und nicht die rechtliche Subsumtion betrifft. Ein Tatsachengericht hat nicht schon dann gegen Denkgesetze verstoßen, wenn es nach Meinung des Beschwerdeführers unrichtige oder fern liegende Schlüsse gezogen hat; ebenso wenig genügen objektiv nicht überzeugende oder gar unwahrscheinliche Schlussfolgerungen; es muss sich vielmehr um einen aus Gründen der Logik schlechthin unmöglichen Schluss handeln.[601] Ein relevantes Beispiel eines (unlogischen) Zirkelschlusses liegt in folgender Konstellation:

Der Angeklagte bestreitet die Schilderung des minderjährigen Zeugen. Das LG meint:

> *„Nach den Bekundungen der vernommenen Zeugen besteht zunächst kein vernünftiger Zweifel daran, daß F. K. sich aus eigenem Entschluß seiner Großmutter anvertraut hat und demnach denknotwendig nicht von dieser oder seiner Mutter zu einer entsprechenden Falschaussage angestiftet oder inspiriert worden ist. Die dem zugrundeliegende logische Verknüpfung folgt daraus, daß F. sich im Fall einer etwaigen Anstiftung zur Falschbeschuldigung nicht seiner Großmutter anvertraut haben kann, und umgekehrt, d.h. falls er sich anvertraut hat, nicht von seiner Mutter und Großmutter angestiftet bzw. inspiriert worden sein kann. Denn anderenfalls müßte er der Großmutter und dann auch seiner Mutter ein von ihm bislang als Geheimnis behandeltes Ereignis berichtet haben, das ihm gerade von diesen Personen eingeredet worden war. Diese Möglichkeit aber ist denknotwendig auszuschließen. Daraus wiederum folgt, daß F. im Fall einer Anstiftung zur Falschbeschuldigung nicht nur wahrheitswidrig von sexuellen Übergriffen des Angeklagten berichtet hätte, sondern darüber hinaus – wie im übrigen auch seine Mutter und Großmutter – insoweit gelogen haben müßte, als er von dem vertraulichen Gespräch mit seiner Großmutter berichtete."*

Der BGH beanstandet hier die Beweiswürdigung zu Recht:

> *„Diese Darlegungen begründen die Gefahr, daß das Landgericht einem Zirkelschluß erlegen ist; denn es meint, ‚zwingende', ‚logische', ‚denknotwendige'*

599 Vgl. LR-StPO/Franke, 26. Aufl., § 337 Rn 11.

600 So bereits Fezer im Jahre 1974: vgl. Fezer, Möglichkeiten einer Reform der Revision in Strafsachen, S. 113. Dieser Befund wird von Barton bestätigt, vgl. Barton, Die Revisionsrechtsprechung des BGH in Strafsachen, S. 145, der anhand einer Aktenanalyse eine Trefferquote von 0 % ausweist. Gleichwohl kommt der Fehler (selten) vor, vgl. hierzu die Daten von Rieß, Über Aufhebungsgründe in Revisionsentscheidungen des Bundesgerichtshofes, NstZ 1982, S. 49, 51.

601 Vgl. BVerwG, Beschl. vom 20.5.2003 – 8 B 36/03.

Schlüsse zu ziehen, begründet in Wahrheit aber nur die Glaubwürdigkeit des kindlichen Zeugen mit der Glaubhaftigkeit seiner eigenen Bekundungen. Damit leidet die Beweiswürdigung an einem durchgreifenden Mangel.“[602]

Damit wird das, was erst zu beweisen ist, aus sich selbst heraus bewiesen und stellt – wie der BGH meint – einen Zirkelschluss dar. Ein Zirkelschluss liegt vor, wenn die als Beweisanzeichen für die Glaubhaftigkeit einer Aussage herangeführten Gründe aus Angaben der Auskunftsperson selbst folgen.[603] „Die Beweiswürdigung beruht auf einem Kreisschluß, wenn im Urteil ausgeführt ist, das Gericht habe keine überzeugenden Motive für eine falsche Beschuldigung des Angeklagten durch einen Zeugen feststellen können, für den von dem Angeklagten behaupteten Beweggrund für eine falsche Belastung gebe es keinerlei Anhaltspunkte, da der Zeuge sowohl gegenüber der Polizei als auch in der Hauptverhandlung diesen Beweggrund glaubhaft in Abrede gestellt habe. Damit hat das Gericht die Glaubwürdigkeit des Zeugen allein mit der Glaubhaftigkeit seiner eigenen Bekundungen begründet.“[604]

Dieser Zirkelschluss kommt auch dann vor, wenn das Tatgericht zur Stützung der Angaben des Zeugen dessen bekundetes Leiden wegen der Tat verwertet. 228

Beispiel 229

„Die Symptome der bei der Zeugin festgestellten psychischen Erkrankung sprächen für die Wahrheit ihrer Schilderung, da sie sonst ‚nicht nur in der Sache' selbst hätte lügen, sondern zudem auch noch psychische Schwierigkeiten hätte vortäuschen müssen. Diese Erwägung ist zirkelschlüssig, denn sie setzt schon voraus, daß die psychischen Störungen der Zeugin als Folge der angekl. Taten entstanden sind, für deren Begehung sie das LG umgekehrt als Indiz werten will. Es ist aber nicht erkennbar, worauf die Annahme gestützt ist, die aufgrund eines verlesenen ‚Attests' eines nicht näher bezeichneten Arztes festgestellten Symptome seien als Folge von Sexualstraftaten entstanden.“[605]

Was aber wäre, wenn Mutter oder Großmutter eine geoffenbarte Selbstaussage bestätigen würden und sich das Urteil hierzu verhält?[606] Der Tatrichter hätte dann die höchstrichterlichen Vorgaben zur Beachtung der Entstehungsgeschichte der Aussage eingehalten.[607] Zu erörtern wäre dann, ob und warum ein Komplott ausgeschlossen ist. Ist ein **Komplott** naheliegend, kann ggf. eine **Lagertheorie** beachtet werden. Diese würde bedeuten, dass die Aussage mehrerer (vermeintlicher) Kom- 230

602 Vgl. BGH, StV 1996, S. 366 f. = 5.3.1996 – 4 StR 54/96.

603 Vgl. KG, StV 1986, S. 469.

604 BGH, = StV 1984, S. 190 (LS) = 18.1.1984 – 2 StR 419/83.

605 BGH, StV 2008, S. 238 = 23.1.2008 – 2 StR 555/07.

606 Vgl. zur besonderen Problematik der Aussage-Gegen-Aussage-Situation: Meyer-Mews, Die „in dubio contra reo“-Rechtsprechung bei Aussage-gegen-Aussage-Delikten, NJW 2000, S. 916 ff.

607 Vgl. z.B. BGH, StV 1994, S. 227 = 17.2.1994 – 1 StR 723/93.

plotteure nicht mehr Gewicht hätte als die Aussage eines einzigen. In diesem Sinne verhält sich auch das OLG Karlsruhe zu Zeugenaussagen, die im gleichen „Lager" stehen.[608]

Ob es sich hier wirklich um einen Zirkelschluss gehandelt hat, ist fraglich. Es ist gerade das Wesen der Beurteilung der Glaubhaftigkeit der Angaben eines Zeugen, dass die Glaubhaftigkeit mit Angaben des Zeugen beurteilt wird. Ein Zirkelschluss läge dann vor, wenn aus den Elementen der Aussage geschlossen würde, diese seien wahr, weil der Zeuge glaubwürdig ist. Ein Zirkelschluss läge auch vor, wenn man annimmt, die Aussage ist glaubhaft, weil sie glaubhafte Teile enthält. Was „glaubhaft" ist, würde dabei nie eigenständig begründet.

231 Ein anderes Beispiel eines Zirkelschlusses liegt dann vor, wenn das Gericht die Angaben eines Zeugen vom Hörensagen durch die Angaben eines anderen Zeugen bestätigt sieht, jedoch nicht ausgeschlossen werden kann, dass der anonym gebliebene Zeuge, der über den Zeugen vom Hörensagen in den Prozess eingeführt wurde, und der andere Zeuge personenidentisch ist. Dann wäre die Glaubwürdigkeit des Zeugen mit seinen eigenen Angaben zirkulär begründet worden.[609]

232 Ein Landgericht verurteilt den Angeklagten und ist von dessen Einbruchs-Täterschaft überzeugt. Zur Beweiswürdigung führt es aus, dass der Angeklagte durch den Zeugen A. beobachtet wurde und der Zeuge B. Details von dem angeblichen Täter erfahren hatte, wie der Einbruch durchgeführt wurde. Beide Aussagen stimmten im Wesentlichen überein. Der BGH teilt mit, dass die Einzelheiten, die der Zeuge B. bekundete und mit der Aussage von A. übereinstimmten, auch von einem anderen als dem Angeklagten erfahren haben kann, sodass das Zusammenwirken der beiden Aussagen keinen verstärkten Beweis für die Täterschaft des Angeklagten ergab. Das wäre hinsichtlich der Aussage des Zeugen B. nur dann möglich, wenn man die Täterschaft des Angeklagten voraussetzte, was aber durch die Zeugenaussagen erst bewiesen werden sollte.[610]

233 *Hinweis*

Kein Zirkelschluss liegt freilich vor, wenn aus der Struktur einer Aussage, insbesondere dem Vorliegen von Realitätskriterien oder der Bestätigung eines Aussageteils durch andere Beweismittel oder dem Verhalten der Aussageperson bei der Befragung auf deren Wahrheitsgehalt geschlossen wird. Die Aussageanalyse ist **idealerweise** durch die Nullhypothese gerade so aufgebaut, dass sie keinen Zirkelschluss bildet. Damit ist der logische Startpunkt nicht, „die Aussage ist glaubhaft, weil ihre Teile glaubhaft sind", sondern „wir nehmen zunächst

608 Vgl. OLG Karlsruhe, StraFO 2005, S. 250.

609 Vgl. BGH, StV 1990, S 291 = 1 StR 129/90.

610 Vgl. BGH, 5 StR 617/70, in: Fezer, Die erweiterte Revision – Legitimierung der Rechtswirklichkeit?, S. 59.

die Unwahrheit an und prüfen, ob es genügend Qualitätsmerkmale gibt, die diese Unwahrhypothese widerlegen." Die Realkennzeichen sollen dann keine „Glaubhaftigkeit der Teile" sein, sondern **externe Qualitätsmerkmale**, weil diese nach empirischen Erkenntnissen mit höherer Wahrscheinlichkeit bei erlebnisbasierten Berichten als bei erfundenen vorkommen sollen.

Die Glaubhaftigkeit der Angaben eines in der Hauptverhandlung vernommenen Belastungszeugen wird mit der Konstanz von dessen Angaben begründet. Frühere Aussagen sind aber weder verlesen noch sind die Verhörspersonen als Zeugen vernommen worden. Damit liegt ein Verstoß gegen § 261 StPO vor. Entweder sind die früheren Aussagen nicht ordnungsgemäß in die Hauptverhandlung eingeführt worden oder der Zeuge hat sie auf einen Vorhalt lediglich bestätigt. Im letztgenannten Fall hätte das Tatgericht die erst zu beweisende Glaubhaftigkeit der Angaben des Zeugen mit seinen eigenen Angaben (Antworten auf den Vorhalt) zirkulär begründet.[611] **234**

Wo ein Denkfehler im Revisionsurteil behauptet wurde, handelte es sich in der älteren Rechtsprechung (vor 1974) meist **235**

- um eine unzulässige Verallgemeinerung[612] oder um
- das Nichterörtern anderer Möglichkeiten.[613]

Ein Beispiel kann der Entscheidung des BGH, vom 4.2.1970 – 2 StR 535/69 entnommen werden: **236**

> *„Weil der Handflächenabdruck unmittelbar an der Einbruchstelle nicht vom Angeklagten stammt und ausgeschlossen werden muss, daß die Tat von einem anderen begangen worden ist, drängt es sich auf zu versuchen, die Handflächenabdrücke der Tankstellenangehörigen und des Zeugen vergleichend heranzuziehen. Das Ergebnis dieser Vergleiche kann möglicherweise die Beweiswürdigung entscheidend beeinflussen."*[614]

Damit geht es i.d.R. nicht um einen Verstoß gegen die Logik, sondern darum, dass der Tatrichter Schlussfolgerungen gezogen hat, mit denen der Revisionsrichter nicht einverstanden ist. Faktisch beanstandet der Revisionsrichter i.d.R., dass aufgrund der Urteilsgründe eine andere Schlussfolgerung auch möglich ist, die der Tatrichter jedoch nicht erörtert.[615] Damit rückt der Fehler in die Nähe der Darstellungsrüge.[616] **237**

611 Vgl. BGHR, StPO, § 261 Inbegriff der Verhandlung 10; vgl. auch OLG Stuttgart, StV 1990, S. 257 und OLG Hamburg, StV 1992, S. 102.

612 Vgl. Fezer, Möglichkeiten einer Reform der Revision in Strafsachen, S. 100 ff. m.w.N.

613 Vgl. Fezer, Möglichkeiten einer Reform der Revision in Strafsachen, S. 105 ff. m.w.N.

614 Fezer, Die erweiterte Revision – Legitimierung der Rechtswirklichkeit?, S. 59.

615 Vgl. Fezer, Möglichkeiten einer Reform der Revision in Strafsachen, S. 104, 107, 114.

616 Vgl. Fezer, Möglichkeiten einer Reform der Revision in Strafsachen, S. 107.

Ein Denkfehler wird vom Revisionsgericht auch behauptet,

- wenn widersprüchliche Feststellungen im Urteil vorhanden sind[617] oder
- Unbewiesenes zur Grundlage von Schlussfolgerungen gemacht wurde.[618]

Widersprüchliche Feststellungen finden sich in der tatrichterlichen Urteilskonstruktion, in der bestimmte Feststellungen einerseits als vorhanden und andererseits als nicht zugrunde legbar genannt werden. Rechtsdogmatisch würde in diesen Fällen und ebenso in der Verwendung von unbewiesenen Tatsachen ein Verstoß gegen den Satz in dubio pro reo näher liegen,[619] der allerdings nur eine Entscheidungs- keine Beweisregel ist. Ein Beispiel kann darin liegen, dass das Tatgericht an den Aussagen des Belastungszeugen keinerlei Zweifel hat, aber trotz dessen Aussagen teilweise freispricht.[620] Ebenso liegt ein Denkfehler vor, wenn das Tatgericht von einem möglichen Geschehensablauf ausgeht, der den für erwiesen erachteten Tatsachen jedoch widerspricht.[621]

Fezer teilte bereits 1974 mit, dass Denkfehler in der neueren Rechtsprechung praktisch keine Rolle mehr spielen würden.[622] Das wurde durch die jüngere Untersuchung von *Barton*, die für diesen Bereich eine Erfolgsquote von 0 % aufweist, bestätigt.[623] Im Jahre 2005 z.B. gab es beim BGH eine Urteilsaufhebung (Az.: 2 StR 310/04) wegen eines Verstoßes gegen Denk – und Erfahrungssätze.[624] Auch aktuell kommt ein Verstoß gegen Denkgesetze kaum vor. Es ist äußerst selten, dass dem Tatrichter ein derartiger Fehler unbemerkt unterläuft.

2. Verstoß gegen Erfahrungssätze

238 Auch der Verstoß gegen Erfahrungssätze stellt einen sachlich-rechtlichen Mangel dar. Vergleicht man die aktuelle Kommentarliteratur zu dieser Frage, wird man den Befund von *Fezer*, demzufolge die Abgrenzung zum Verstoß gegen Denkgesetze oder das Verhältnis von wissenschaftlichen Erkenntnissen und Sätzen der allgemeinen Lebenserfahrung nicht immer mit der nötigen Schärfe vollzogen wird, immer noch bestätigen müssen.[625] Irreführend[626] wird z.B. von zu beachtenden Sätzen all-

617 Vgl. Fezer, Möglichkeiten einer Reform der Revision in Strafsachen, S. 108 ff. m.w.N. Die Erfolgsquote der Rüge beträgt ausweislich des Datenmaterials von Barton 0 %, vgl. Barton, Die Revisionsrechtsprechung des BGH in Strafsachen, S. 145.

618 Vgl. Fezer, Möglichkeiten einer Reform der Revision in Strafsachen, S. 111 ff. m.w.N.

619 Vgl. Fezer, Möglichkeiten einer Reform der Revision in Strafsachen, S. 113.

620 Vgl. BGH, StV 1981, S. 236 = 23.7.1985 – 5 StR 374/85.

621 Vgl. BGHSt 19, S. 33 ff.

622 Vgl. Fezer, Möglichkeiten einer Reform der Revision in Strafsachen, S. 113.

623 Vgl. Barton, Die Revisionsrechtsprechung des BGH in Strafsachen, S. 145.

624 Vgl. Barton, Die erweiterte Revision in der Rechtsprechung des Bundesgerichtshofes, in: FS Fezer (2008), S. 333, 340 f.

625 Vgl. Fezer, Möglichkeiten einer Reform der Revision in Strafsachen, S. 115 m.w.N.

626 Vgl. Fezer, Möglichkeiten einer Reform der Revision in Strafsachen, S. 116.

gemeiner Lebenserfahrung und von wissenschaftlichen Erkenntnissen berichtet, die keine Ausnahmen zulassen und Folgerungen mit an Sicherheit grenzender Wahrscheinlichkeit ermöglichten.[627] Sätze aufgrund von allgemeiner Lebenserfahrung gelten jedoch gerade meist nicht ausnahmslos. Gleichwohl sind auch Verstöße gegen die allgemeine Lebenserfahrung[628] (manchmal, je nachdem, welches Beweismaß das Revisionsgericht anwendet) revisibel.[629] „Es gibt eine Vielzahl von Erfahrungsregeln, die mehr oder weniger hohe Wahrscheinlichkeiten ausdrücken und dadurch zwar keine zwingenden Schlussfolgerungen erlauben, wohl aber die konkrete Möglichkeit eines bestimmten Sachverhalts unterstreichen. Diese Wahrscheinlichkeitsaussagen können auf wissenschaftlichen Erkenntnissen beruhen, aber auch aus anderen Berufs- und Lebensbereichen herrühren und kriminalistische oder forensische Erfahrungsregeln enthalten."[630]

Sofern Erfahrungssätze keine wissenschaftlich begründeten Wahrscheinlichkeiten enthalten, sondern nur kriminalistische oder forensische Erfahrungsregeln sind, handelt es sich um **Indizien**, die das Gericht seiner Überzeugungsbildung zugrunde legen darf und muss. Das Tatgericht muss erkennen lassen, dass es lediglich einen Erfahrungssatz mit einer widerlegbaren **Wahrscheinlichkeitsaussage** zur Anwendung bringt und anhand weiterer Beweisanzeichen prüfen, ob der Erfahrungssatz im konkreten Fall als **entkräftet oder bestätigt** angesehen werden kann.[631] Wie überzeugend die Entkräftung oder Bestätigung sein muss, hängt wiederum von dem nicht vorhersehbaren Beweismaß ab. **239**

627 In der Regel werden erbkundliche oder Blutgruppengutachten oder medizinische Erfahrungen zur Bestimmung/Rückrechnung des Blutalkoholgehalts genannt, vgl. BGHSt 5, S. 34, 36; BGHSt 6, S. 70, 72, BGHSt 25, S. 246, 248.

628 Vgl. hierzu Sommer, Lebenserfahrung. Gedanken über ein Kriterium richterlicher Lebenserfahrung, in: FS für Peter Ries, S. 585 ff.

629 Vgl. BeckOK StPO/Wiedner, 59. Ed. 1.10.2025, StPO § 337 Rn 152; vgl. auch Fezer, Möglichkeiten einer Reform der Revision in Strafsachen, S. 116 f.; vgl. auch BGH 1 StR 583/69 in Fezer, Die erweiterte Revision – Legitimierung der Rechtswirklichkeit?, S. 152: „Diese Würdigung ist jedoch dem Tatrichter vorbehalten (§ 261 StPO). Widersprüche mit der allgemeinen Lebenserfahrung oder Verstöße gegen die Denkgesetze sind ihm dabei nicht unterlaufen." Vgl. auch BGH, 1 StR 606/69, 1 StR 621/69, 1 StR 193/70, 1 StR 229/70, 1 StR 304/70, 2 StR 630/69, 4 StR 272/68, 4 StR 141/70, 4 StR 241/70, 4 StR 108/70, alle in: Fezer, Die erweiterte Revision – Legitimierung der Rechtswirklichkeit?, S. 153 ff., vgl. auch BGHZ 2, S. 82, 85: „Erfahrungssätze des Lebens sind hinsichtlich ihres Beweiswertes von verschiedener Stärke […]." Auch aus den Materialien zur CPO können wir entnehmen, dass die allg. Lebenserfahrung unentbehrliche Beweisregeln liefere, die die Freiheit der Beweiswürdigung beschränke. Wer das missachte, verletze das Gesetz, da er sich eine Freiheit anmaße, die er nicht habe, so Hahn, Materialien zur CPO, S. 276. Ebenso BGH, NJW 1998, S. 2736 f. für den Bereich des Zivilrechts. „Der Tatrichter ist zwar grundsätzlich frei darin, welche Beweiskraft er Indizien im Einzelnen und in einer Gesamtschau für seine Überzeugung beimißt. Revisionsrechtlich ist seine Würdigung aber darauf zu überprüfen, ob er […] nicht gegen Denkgesetze oder Erfahrungswerte verstoßen hat […]."

630 Graf-StPO/Eschelbach, 2. Aufl., § 261 Rn 38.

631 Vgl. KK-StPO/Tiemann, 9. Aufl. 2023, StPO § 261 Rn 54.

240 Um nahezu jede tatrichterliche Überzeugung irreversibel zu machen, weist die Rechtsprechung auf Folgendes hin:

> *„Für die Beantwortung der Schuldfrage kommt es allein darauf an, ob der Tatrichter die Überzeugung von einem bestimmten Sachverhalt erlangen kann oder nicht. Der Begriff der Überzeugung schließt die Möglichkeit eines anderen, auch gegenteiligen Sachverhalts nicht aus; vielmehr gehört es gerade zu ihrem Wesen, dass sie sehr häufig objektiv möglichen Zweifeln ausgesetzt ist. Der Tatrichter ist aber nicht gehindert, an sich mögliche, wenn auch nicht zwingende Folgerungen aus bestimmten Tatsachen zu ziehen. Sie müssen allerdings tragfähig sein.“*[632]

Wann eine Überzeugung zwar Zweifeln ausgesetzt ist, aber noch „tragfähig“ ist, bleibt letztlich unklar.[633]

241 In diesem Sinne hat der BGH ausgeführt, dass ein Urteil gegen § 261 StPO verstößt, wenn es gegen Erfahrungen der Zeugenpsychologie verstößt oder die sich hieraus ergebenden Gesichtspunkte unberücksichtigt lässt.[634]

242 *Hinweis*

Bereits ein Leitsatz des Reichsgerichts lautet: „Tatsächliche Annahmen, die der Lebenserfahrung widersprechen, sind für das Revisionsgericht nicht bindend.“[635] Ebenso kann man die erforderliche Beachtung der Lebenserfahrung aus BGHSt 17, S. 382, 385 entnehmen: „Eine andere, von der Revision ersichtlich ebenfalls aufgeworfene Frage ist aber, ob das Gericht sich bei seiner Beweiswürdigung der ihm nach § 261 StPO gesetzten Grenzen der Freiheit seiner Überzeugungsbildung bewußt gewesen ist und sie gewahrt hat. Das hätte es nicht, wenn es sich mit den Erfahrungen des Lebens [...] in Widerspruch gesetzt oder die sich hieraus ergebenden Gesichtspunkte unberücksichtigt gelassen hätte (vgl. BGHSt 6, 70).“ Aus BGHSt 6, S. 70, 72 entnehmen wir: „Er [der Tatrichter] ist unter die Gesetze des Denkens und der Erfahrung gestellt und hat diese Gesetze bei der Feststellung von Tatsachen zu beachten. Diese Gesetze sind Normen des ungeschriebenen Rechts. Ihre Nichtbeachtung ist Verletzung des Gesetzes im Sinne des § 337 StPO und kann die Revision begründen [...]“

243 Legt der im Urteil zugrunde gelegte Sachverhalt nach der **allgemeinen Lebenserfahrung** einen anderen (gegenteiligen) Schluss nahe, wird das Revisionsgericht

632 BGH, NStZ-RR 2004, S. 238.

633 Ebenso Mengler, Die lückenhafte Beweiswürdigung im tatgerichtlichen Urteil, S. 82; Kraatz, Der Einfluss der Erfahrung auf tatrichterliche Sachverhaltsfeststellungen, S. 11; Sommer, Lebenserfahrung, Gedanken über ein Kriterium richterlicher Beweiswürdigung, S. 585, 587 in: Hanack/Hilger/Mele/Widmaier (Hrsg.), Festschrift für Peter Rieß zum 70. Geburtstag.

634 Vgl. BGHSt 17, S. 382, 385.

635 RG, JW 1932, S. 422.

dies vielleicht beanstanden, sofern der Tatrichter nicht darlegt, warum der von ihm gezogene Schluss zutreffend ist.[636] Legt er dies dar, steht die allgemeine Lebenserfahrung dem tatrichterlichen Schluss nicht mehr entgegen, da Schlüsse aus der allgemeinen Lebenserfahrung eben nicht ausnahmslos gelten. Der Fehler wird damit primär in der Darstellung der Urteilsgründe liegen. Folgerichtig spielt auch der Revisionsgrund des Verstoßes gegen Erfahrungssätze keine große Rolle mehr.[637]

Geht der Tatrichter von einem Erfahrungssatz aus, den es nicht gibt, stellt dies einen sachlich-rechtlichen Mangel dar.[638] Ein Beispielsfall hierzu: 244

> *„Der unzutreffende Ansatzpunkt wird etwa in der Erwägung deutlich, für die Glaubhaftigkeit der Einlassung des Angekl. spreche die Konstanz seiner Schilderung des Kerngeschehens. Tatsächlich beschränkte sich, wie die umfangreiche Darstellung der verschiedenen im Verfahrensverlauf gegebenen Einlassungen des Angekl. zeigt, diese Kostanz im Wesentlichen auf die Behauptung, nicht er, sondern P hatte den M getötet. Der bloßen Konstanz des Bestreitens eines Beschuldigten kommt das vom LG genommene Gewicht in der Regel nicht zu.*“[639]

Ein anderes Beispiel wäre, einer Zeugenaussage (ohne nähere Darlegung der Aussage im Urteil) jeglichen Beweiswert abzusprechen, weil der Zeuge „aus dem Kreis um die Angeklagten“ stammt.[640] Auch wenn das Tatgericht einen Beweisantrag mit unzutreffenden medizinischen Ausführungen ablehnt, kann das Tatgericht ggf. von einem unzutreffenden medizinischen Erfahrungssatz ausgehen. Auch das wäre u.U. im Rahmen der Sachrüge überprüfbar.[641] Ob es einen bestimmten Erfahrungssatz gibt, kann das Revisionsgericht im Wege des Freibeweises prüfen.[642]

In nicht wenigen Fällen wird der **mehrfache Verdacht** gegen den Angeklagten als Nachweis/Indiz seiner Täterschaft gesehen. Das ist falsch. Gleichwohl kommt der Fehler oft vor (semper aliquid haeret). Auch drei oder mehrere „knappe Fehlschüsse“ ergeben keinen Treffer. Einen Satz der Lebenserfahrung, dass an einem Verdacht etwas dran sein muss, gibt es nicht. „Für die neue Hauptverhandlung weist der *Senat* auf folgendes hin: Die Berücksichtigung des Umstands, daß der Angeklagte ‚bereits wegen eines weiteren Tatvorwurfs erneut in Untersuchungshaft sitzt‘, läßt besorgen, der Tatrichter könne bei der Entscheidung nach § 56 Abs. 1 StGB einen bloßen Verdacht zum Nachteil des Angekl. berücksichtigt haben.“[643] Zwar 245

636 Vgl. Fezer, Möglichkeiten einer Reform der Revision in Strafsachen, S. 117.

637 Auch hier ergibt sich eine Erfolgsquote der Rüge von 0 % auf Basis des von Barton ausgewerteten Materials, vgl. Barton, Die Revisionsrechtsprechung des BGH in Strafsachen, S. 145.

638 Vgl. BGHSt 7, S. 82 f.; vgl. auch BGH, StV 1993, S. 116 = 20.3.1992 – 2 StR 627/91.

639 Vgl. BGH, NStZ 2001, S. 491 ff. = 17.1.2001 – 2 StR 437/00.

640 Vgl. BGH, StV 1985, S. 356 = 13.3.1985 – 3 StR 15/85.

641 Vgl. BGH, NStZ 2001, S. 333 = 6.12.2000 – 1 StR 500/00.

642 Vgl. bereits OLG Braunschweig, Urteil vom 29.4.1955 – Ss 251/54, NJW 1955, S. 1201.

643 BGH, StV 1993, S. 458 f. = 24.6.1993 – 5 StR 350/93.

könnte die Tatsache, dass der Angeklagte früher vergleichbare Fälle begangen[644] hat, ein Indiz für eine weitere Tatbegehung sein, aber nur, wenn diese Taten feststünden, denn eine Indiztatsache muss **feststehen**,[645] wenn sie als belastender Umstand gewertet werden soll.[646] Dieser Fehler der Verwertung von unbewiesenen Taten kommt vor allem vor, wenn hinsichtlich dieser anderen Taten keine Entscheidungen vorliegen oder diese eingestellt worden waren oder wenn diese letztlich „nicht widerlegt" sind.[647]

In diesem Zusammenhang ist der manchmal in polizeilichen Ermittlungsakten befindliche Vermerk, „der Beschuldigte ist bereits x-mal polizeilich in Erscheinung getreten," gefährlich.

246 Gleiches gilt, wenn sich der Verdacht gegen den Angeklagten nicht aus dessen mehrfacher Verdächtigung an inkriminierten Taten ergibt, sondern aus der **Persönlichkeit des Angeklagten**, dem „man das zutraut" bzw. „ihm das ähnlich sieht".[648] Etwas anderes gilt aber dann, wenn aus anderen – bereits abgeurteilten – Taten Rückschlüsse gezogen werden, auch wenn noch keine Rechtskraft eingetreten ist. In dieser Konstellation sind Schlüsse zu Lasten des Angeklagten wiederum zulässig.[649]

247 Sollen **Vorstrafen** oder die finanzielle Situation des Angeklagten gegen ihn zum Tatnachweis verwertet werden, ist besondere Vorsicht angezeigt: „Im vorliegenden Fall erfaßt der dargelegte Mangel aber nicht nur den Rechtsfolgenausspruch, sondern auch den Schuldspruch; denn es kann nicht ausgeschlossen werden, daß den Vorstrafen des Angekl. – trotz der auf ein bloßes Zusatzargument hinweisenden Formulierung: ‚*Letztlich* spricht auch das Vorleben des Angekl. in strafrechtlicher Hinsicht dafür, daß...' entscheidendes Gewicht für die Annahme des Betrugsvorsatzes beigemessen worden ist. Darauf deutet der Umstand hin, daß die zur Begründung des Vorsatzes herangezogenen ‚äußeren Umstände und Geschehensabläufe' – ohne nähere Darlegung ihrer inneren Bezüge zu den abgeurteilten Taten – für sich allein keine ausreichend tragfähige Grundlage für die Annahme abgeben, der Angekl. habe in jedem Einzelfall und mit von vornherein gefaßtem Betrugsvorsatz ge-

644 Vgl. BGH, Urt. v. 9.11.2011 – 5 StR 328/11 = NStZ-RR 2012, S. 84, 86.

645 Eine Bindungswirkung für den neuen Tatrichter besteht allerdings nicht: „Feststellungen rechtskräftiger Urteile zum Tatgeschehen oder zur Strafzumessung binden zwar den neuen Tatrichter nicht, können aber im Wege des Urkundenbeweises eingeführt und verwertet werden. Dabei kann der jetzige Tatrichter bei seiner Beweiswürdigung zumindest die Tatsache mitverwerten, dass der Richter eines anderen Verfahrens zu einem bestimmten Beweisergebnis gekommen ist, das für das jetzige Verfahren von Bedeutung ist" (BGH, Beschl. v. 17.11.2000 – 3 StR 389/00 = NStZ-RR 2001, S. 138 f.).

646 Vgl. BGH, Beschl. v. 21.4.2016 – 2 StR 435/15.

647 Vgl. LR-StPO/Franke, 26. Aufl., § 337 Rn 142 m.w.N.

648 Vgl. Niemöller, Die strafrichterliche Beweiswürdigung in der neueren Rechtsprechung des Bundesgerichtshofs, StV 1984, S. 431, 434.

649 Vgl. BGHSt 34, S. 209 ff. = 30.10.1986 – 4 StR 499/86.

handelt. Das gleiche gilt für den aus der ‚Vermögenslosigkeit des Angekl. im Tatzeitraum' gezogenen Schluß auf vorsätzliches Handeln, da die Vermögenslosigkeit als solche keinen zwingenden Rückschluß auf eine generelle Betrugsabsicht des Angekl. erlaubt. Angesichts der nicht hinreichenden Überzeugungskraft der angeführten Gesichtspunkte drängt sich die Annahme auf, daß die Lücken der Beweisführung zur subjektiven Tatseite durch die Heranziehung der Vorstrafen und des ihnen innewohnenden indiziellen Beweiswertes für die Vorsätzlichkeit neuer einschlägiger Taten geschlossen worden ist."[650]

3. Widersprüchliche, unklare oder unvollständige Feststellungen

Liegen Widersprüche, Unklarheiten oder lückenhafte Feststellungen im Urteil vor, **248** stellt dies einen sachlich-rechtlichen Mangel dar. Der lediglich theoretisch denkbare Sonderfall, dass die Urteilsgründe derart unübersichtlich oder fragmentarisch sind, dass nicht mehr erkennbar ist, von welchem Sachverhalt der Tatrichter ausgegangen ist, oder dass sich Feststellungen und Beweiswürdigung nicht mehr zuverlässig voneinander trennen lassen, bleibt für die vorliegende Betrachtung außer Ansatz. Dieser Fall ist in der Rechtspraxis allenfalls marginal anzutreffen und besitzt daher nahezu keinen eigenständigen Anwendungsbereich.[651]

Aufhebende Revisionsentscheidungen lassen sich dann finden, wenn die Urteils- **249** gründe sich widersprechen und der Tatrichter diesen Widerspruch nicht auflöst. Die Beweiswürdigung bleibt dann unklar, denn das Revisionsgericht kann nicht prüfen, ob die richterliche Überzeugungsbildung rechtlich einwandfrei war oder gegen Denk- oder Erfahrungssätze verstößt.[652] Teilt das Gericht z.B. mit, dass dem Angeklagten aufgrund der Umstände X mildernde Umstände zuzubilligen seien, aber aus denselben Gründen der Angeklagte mit einer empfindlichen Gefängnisstrafe belegt werden muss, ist diese Erwägung nicht verständlich.[653] Ähnlich liegt es, wenn strafschärfend berücksichtigt wird, dass die festgestellte Tat einen mit erhöhter Strafe bedrohten Grundtatbestand darstellt. Damit wird die Verwirklichung des Tatbestandes als solches strafschärfend bewertet.[654] Im Falle eines abgebrochenen Sexualdeliktes ist es widersprüchlich, wenn die Strafkammer die Aussage des Opfers damit wiedergibt, dass der Angeklagte es aufgefordert habe, die Strumpfhose auszuziehen, in der Beweiswürdigung aber mitgeteilt wird, der Angeklagte habe das Opfer aufgefordert, Strumpfhose und Schlüpfer auszuziehen. Das Revisionsgericht kann in diesem Fall nicht beurteilen, ob die Strafkammer von einem unrich-

650 Vgl. OLG Koblenz, StV 1994, S. 291 f.

651 Vgl. Barton, Die Revisionsrechtsprechung des BGH in Strafsachen, S. 145.

652 Vgl. BGHSt 3, 213 ff.; vgl. auch BGH, StV 2000, S. 599 = 16.2.2000 – 3 StR 28/00.

653 Vgl. BGH, 23.1.1970 – 2 StR 618/69 in: Fezer, Die erweiterte Revision – Legitimierung der Rechtswirklichkeit?, S. 61.

654 Vgl. BGH, 27.2.1970 – 2 StR 23/70 in: Fezer, Die erweiterte Revision – Legitimierung der Rechtswirklichkeit?, S. 61.

tigen Sachverhalt ausgegangen ist und der Angeklagte tatsächlich nicht nur die Absicht hatte, irgendwelche unzüchtige Handlungen vorzunehmen, sondern auch den Geschlechtsverkehr auszuüben.[655]

Widersprüchlich wäre es auch, wenn dem Angeklagten in der Strafzumessung ein Hang zur Begehung von Eigentumsdelikten unterstellt wird, aber andererseits festgestellt ist, dass der Angeklagte an den letzten Diebeszügen nur unter dem Druck der übrigen Bandenmitglieder teilnahm.[656]

250 Nicht miteinander zu vereinbaren sind die Feststellungen zum Vorliegen eines Angsteffektes oder einer psychischen Ausnahmesituation, wenn andererseits von einer symptomatischen oder skrupellosen Tat ausgegangen wird.[657]

251 In der Strafzumessung ist es widersprüchlich, wenn der Angeklagten einerseits ein starrer Charakter mit vielleicht guten Absichten, aber unzutreffenden Anschauungen unterstellt wird, aber andererseits vorliegende Uneinsichtigkeit und Halsstarrigkeit strafschärfend gewertet wird.[658] „Gerade die Uneinsichtigkeit, Unbelehrbarkeit und Rechthaberei können auf ihrer möglicherweise altersbedingten charakterlichen Starrheit und Schwerfälligkeit beruhen."[659]

Nicht miteinander in Einklang zu bringen wären auch Feststellungen, denen zufolge sich der Angeklagte etwa gegen 1:00 Uhr nachts im Clubgebäude X aufgehalten habe, aber bis gegen etwa 1:00 Uhr in der Gastwirtschaft Y. war, sofern nicht mitgeteilt wird, wie weit der Ort X von Y. entfernt ist.[660]

252 Zur Abgrenzung des Vorsatzes bei Körperverletzungen und Totschlag kann es entscheidend auf die Wucht der geführten Schläge ankommen. In diesem Zusammenhang lässt es sich nicht miteinander vereinbaren, dass die Hammerspitze einerseits 2 cm tief in den Kopf des Geschädigten eingedrungen, aber andererseits vom Schädeldach abgerutscht sei.[661]

655 Vgl. BGH, 24.11.1970 – 1 StR 544/70 in: Fezer, Die erweiterte Revision – Legitimierung der Rechtswirklichkeit?, S. 64.

656 Vgl. BGH, 23.3.1970 – 2 StR 343/69 in: Fezer, Die erweiterte Revision – Legitimierung der Rechtswirklichkeit?, S. 66.

657 Vgl. BGH, 14.1.1970 – 2 StR 554/69 und 18.6.1970 – 2 StR 599/69 in: Fezer, Die erweiterte Revision – Legitimierung der Rechtswirklichkeit?, S. 67.

658 Vgl. BGH, 18.2.1970 – 2 StR 630/69 in: Fezer, Die erweiterte Revision – Legitimierung der Rechtswirklichkeit?, S. 68.

659 BGH, 18.2.1970 – 2 StR 630/69 in: Fezer, Die erweiterte Revision – Legitimierung der Rechtswirklichkeit?, S. 68.

660 Vgl. BGH, 29.4.1970 – 2 StR 76/70 in: Fezer, Die erweiterte Revision – Legitimierung der Rechtswirklichkeit?, S. 68.

661 Vgl. BGH, 15.7.1970 – 2 StR 145/70 in: Fezer, Die erweiterte Revision – Legitimierung der Rechtswirklichkeit?, S. 69.

Widersprüchlich ist es in der Beweiswürdigung auch, mitzuteilen, „schließlich kommt Beweisergebnis X hinzu“, aber andererseits mitzuteilen, „Beweisergebnis X sei nicht entscheidend“.[662] 253

Ein Widerspruch liegt auch darin, dass eine „erhebliche“ Vorstrafe strafschärfend gewertet wird, sofern es sich um eine einmalige Geldstrafe gehandelt hat.[663]

Widersprüchlich ist es z.B. auch, wenn zwei unmaskierte Täter das Opfer überfallen und die Strafkammer den Verzicht auf eine Maskierung damit begründet, dass die Täter davon ausgegangen seien, das Opfer durch Drohungen von einer Strafanzeige abhalten zu können, wenn die Opferaussage lautet, dass der eine Täter den Angeklagten Giovanni oder Gianni genannt habe, während der Angeklagte Giuseppe heißt und das Tatgericht insofern ausführt, dass das Opfer durch die falsche Anrede bezüglich der Identität des Täters getäuscht werden sollte. *Niemöller* trägt hierzu vor: „Das geht nicht zusammen[664].“[665]

Ein nicht aufgeklärter Widerspruch kann auch darin liegen, dass der Tatrichter aus bestimmten Umständen Schlussfolgerungen zieht, jedoch insofern nach der Lebenserfahrung naheliegende andere Wertungen auch denkbar gewesen wären, aber der Tatrichter nicht mitteilt, warum er gerade zu seiner Wertung gekommen ist. Das würde nahelegen, dass sich der Tatrichter gar nicht bewusst war, dass andere Schlussfolgerungen ebenso denkbar waren und er somit irrig die von ihm angenommene Möglichkeit als die einzig in Betracht kommende Alternative angesehen hat.[666] Ebenso kann es einen nicht aufgeklärten Widerspruch darstellen, dass sich aus den Urteilsgründen eine andere (naheliegende) Sachverhaltsalternative gab, aber das Tatgericht hierauf nicht eingegangen ist.[667] „Der ‚vernünftige Zweifel‘ hat seine Grundlage in rationaler Argumentation, welche die Indizien, die zugunsten des Angeklagten sprechen, vollständig und in ihren sachverhaltsbedeutsamen Aspekten erfaßt. Wo er Platz greift, ist das für eine Verurteilung erforderliche Beweismaß der hohen Wahrscheinlichkeit nicht zu erreichen.“[668] 254

662 Vgl. BGH, 20.1.1970 – 5 StR 632/69 in: Fezer, Die erweiterte Revision – Legitimierung der Rechtswirklichkeit?, S. 71 f.

663 Vgl. BGH, 9.9.1970 – 2 StR 329/70 in: Fezer, Die erweiterte Revision – Legitimierung der Rechtswirklichkeit?, S. 122.

664 Im Orig. folgende Fn: BGH, NStZ 1982, 342 Nr. 28 = StrVert 1982, 343.

665 Niemöller, Die strafrichterliche Beweiswürdigung in der neueren Rechtsprechung des Bundesgerichtshofs, StV 1984, S. 431, 435 f.

666 Vgl. KG, VRS 30, S. 384.

667 Vgl. Fezer, Möglichkeiten einer Reform der Revision in Strafsachen, S. 147 f., 163.

668 BGH, StV 1988, S. 190, StV 1990, S. 533 f. = NStZ 1990, S. 603 = BGHR, StPO, § 261 Mitangeklagte 1 = 27.7.1990 – 2 StR 324/90, vgl. auch BGH, StV 1990, S. 99 = 19.7.1989 – 2 StR 182/89, vgl. auch BGH, NStZ 1992, S. 48, BGH, NStZ 1998, S. 275, NStZ 1990, S. 402, StV 1991, S. 452, StV 1993, S. 510 f., 1997, S. 62 f., NJW 1990, S. 2073 f., NJW 1992, S. 921, 923, NJW 1999, S. 1562.

255 **Typische Begründungsmuster** für diesen Revisionsgrund lauten:

„Es fehlen weitere Feststellungen, die Angabe von Beweismitteln und Beweisgründen, der Tatrichter setzt sich mit festgestellten Tatsachen nicht näher auseinander oder würdigt sie nicht, andere Möglichkeiten hätten gleich nahe gelegen etc."[669] *„Er [der Tatrichter] erfüllt aber nicht seine Aufgabe, die Beweise nicht nur denkgesetzlich richtig und widerspruchsfrei, sondern auch erschöpfend zu würdigen, wenn er von mehreren naheliegenden tatsächlichen Möglichkeiten nur eine in Betracht zieht und die anderen außer acht läßt."*[670]

256 Die meisten Fälle lassen sich kaum von den o.g. sachlich-rechtlichen Fehlern des Verstoßes gegen Denkgesetze und Erfahrungssätze abgrenzen. „Die Entscheidungen möchten sich allerdings von dieser Bindung an die Überprüfung des Beweiswürdigungs**vorganges** lösen und unmittelbar an die Darstellung anknüpfen,[671] aber das gelingt nicht ganz, da keine von ihnen die Verbindung mit Denk- und Erfahrungsverstößen beiseite lassen kann."[672] Die tatrichterlichen Folgerungen sind damit zwar grds. möglich, jedoch ergibt sich aus den Urteilsgründen, dass die Richtigkeit der gezogenen Folgerungen in Frage steht.[673]

Gleichwohl hat die Rüge der lückenhaften Beweiswürdigung eine über die Verletzung der Denk- und Erfahrungssätze hinausgehende Bedeutung. „Über die Rüge, diese Würdigung sei unvollständig, nimmt das Revisionsgericht selbst detaillierte Beurteilungen des konkreten Falles vor und beanstandet vor allem auch bisweilen die Unvollständigkeit des Beweismaterials selbst."[674] „Allerdings ergibt sich im Bereich der Rüge einer Lückenhaftigkeit der Beweiswürdigung ein erheblicher **Deutungsspielraum**, der das **Ergebnis der revisionsgerichtlichen Überprüfung unwägbar** erscheinen lässt. Beratungen der Revisionsgerichte umfassen zu einem nicht unerheblichen Teil die Diskussion darüber, ob Urteilsgründe eine Lücke aufweisen oder ob dem Text an einer bestimmten Stelle oder in der Gesamtschau der Urteilsgründe zu entnehmen ist, dass vom Tatgericht alles Wesentliche bedacht worden war."[675]

4. Weitere Beispiele von Verstößen gegen § 261 StPO

257 Die Fallgruppen der widersprüchlichen, lückenhaften oder unvollständigen Feststellungen lassen sich von den Verstößen gegen Denkgesetze oder Erfahrungssätze

669 Fezer, Möglichkeiten einer Reform der Revision in Strafsachen, S. 154.

670 BGHSt 25, S. 365, 367.

671 Im Orig. folgende Fn: In E 65 werden E 51 und E 52 denn auch nicht als Beispiel für Denkfehler, sondern für „unklare Beweiswürdigung" zitiert.

672 Fezer, Möglichkeiten einer Reform der Revision in Strafsachen, S. 155.

673 Vgl. Fezer, Möglichkeiten einer Reform der Revision in Strafsachen, S. 163.

674 A.a.O., S. 156.

675 Graf-StPO/Eschelbach, 2. Aufl., § 261 Rn 40.

meist nicht streng voneinander abgrenzen. In allen Fällen handelt es sich um Verstöße gegen § 261 StPO. Hierzu lassen sich – ohne Anspruch auf Vollständigkeit – folgende Beispiele nachweisen:

- Ein revisibles Beispiel liefert der Fall BGHSt 3, 213 ff. Der Tatrichter hat mehrere Zeugenaussagen im Urteil angeführt, die sich jedoch widersprechen. Hält das Tatgericht diese für miteinander vereinbar, ohne hierfür eine Begründung zu geben, liegt eine unklare Beweiswürdigung vor. Das Gleiche gilt, wenn sich der Tatrichter bei mehreren scheinbar widersprechenden Aussagen für eine entscheidet, aber die hiervon abweichenden Aussagen nicht würdigt.[676]
- Kommt der Tatrichter zur Überzeugung, es habe vollendeter Beischlaf stattgefunden, obwohl eine Universitätsfrauenklinik bescheinigt, dass das Mädchen noch keinen Geschlechtsverkehr gehabt habe, liegt eine lückenhafte Beweiswürdigung vor, wenn das Gericht seine Überzeugung nicht näher nachvollziehbar begründet.[677]
- Die Problematik kann sich auch im subjektiven Tatbestand stellen, wenn das Gericht aufgrund eines bestimmten Verhaltens des Angeklagten Rückschlüsse auf dessen innere Tatseite zieht. Lässt das Verhalten des Angeklagten bzw. die Feststellungen mehrere Deutungsmöglichkeiten zu, muss der Tatrichter auch diese andere Möglichkeit erörtern und darlegen.[678] Stellte der Tatrichter ausdrücklich mehrere Motive des Angeklagten fest, ohne die jeweils anderen widerlegen zu können, muss er sich gem. dem Zweifelssatz für die dem Angeklagten günstigste Alternative entscheiden.[679] Das kann z.B. dann relevant werden, wenn das Tatgericht von einem Mord ausgeht, um das Geld des Opfers zu erhalten, während der Angeklagte einen Totschlag behauptet und mitteilt, das Opfer aus Wut und Zorn über soeben erlittene Kränkungen getötet zu haben.[680]
- Will der Tatrichter aus der zeitlich späten Stellung eines Beweisantrages Schlüsse zu Lasten des Angeklagten ziehen, besteht die Besorgnis, dass er prozessual zulässiges Verhalten zu Lasten des Angeklagten wertet.[681] Naheliegende und unverfängliche Erklärungsgründe müssen daher im Urteil ausgeräumt werden, andernfalls ist die Beweiswürdigung nicht lückenlos.[682]
- Hat ein Angeklagter in BtM-Sachen erkennbar Aufklärungshilfe geleistet, muss sich das Urteil zur Anwendung des § 31 BtMG verhalten. Andernfalls ist nicht auszuschließen, dass der Tatrichter bei Anwendung des § 31 BtMG zu niedrigeren Einzel- und einer verringerten Gesamtstrafe gekommen wäre. Das Ergebnis

676 Vgl. BGHSt 25, S. 285 ff.

677 Vgl. BGHSt 14, S. 163 ff. Das Beispiel mag antiquiert erscheinen. Leider ist es das nicht, wie die bei Rückert, Unrecht im Namen des Volkes, geschilderten Fälle zeigen.

678 Vgl. BGHSt. 18, S. 204, 206.

679 Vgl. BGH, StV 2001, S. 666 = 9.5.2001 – 2 StR 123/01.

680 Vgl. BGH, StV 1996, S. 81 = 4.9.1995 – 4 StR 480/95.

681 Vgl. BGHR, StPO, § 261 Aussageverhalten 13.

682 Vgl. BGH, NStZ 2002, S. 161 ff. = 23.10.2001 – 1 StR 415/01.

der Beweisaufnahme war in diesem Fall nicht erschöpfend gewürdigt. Dass der Angeklagte Aufklärungshilfe geleistet hatte, stand aufgrund der Verlesung (§ 274 StPO) der geständigen Aussagen im Ermittlungsverfahren fest.[683]

- Hält das Tatgericht den Zeugen für glaubwürdig, weil er sich bei seinen Angaben auch selbst belastet hat,[684] muss das Urteil darlegen, ob der Zeuge dadurch in dem gegen ihn gerichteten Verfahren in den Genuss der Strafmilderung des § 31 BtMG kommen wollte.[685] Für die Verteidigung kann sich in diesen Fällen ggf. ein weiterer Ansatzpunkt ergeben, wenn der Angeklagte laut Zeugen erhebliche Drogenmengen erhalten haben soll, der Zeuge den Absatz bzw. Verbleib aber nicht erklären kann.[686]
- Kommt es auf den exakten Wortlaut einer Urkunde an, stellt die Nichtverlesung einen Verstoß gegen §§ 261, 249 StPO dar. Ein Vorhalt an einen Zeugen reicht insofern nicht aus, denn aufgrund des **Vorhalts** wird nur die Erklärung der Person Beweisgegenstand, nicht aber die Urkunde, auf deren exakten Wortlaut es ankommt.[687] Der Hinweis im Protokoll, dass eine Urkunde in Augenschein genommen wurde, beweist nicht, dass diese verlesen wurde.[688] Die wörtliche Wiedergabe von Schriftstücken ohne Hinweis auf bestätigende Aussagen von Zeugen deutet i.d.R. darauf hin, dass der Wortlaut selbst zum Zwecke des Beweises verwertet wurde.[689]
- Vermeintlich eindeutige DNA-Ergebnisse (z.B. Vergleich der Identität einer am Tatort gefundenen Blutspur mit der DNA des Angeklagten) werden in Verbindung mit einer Lüge des Angeklagten gerne zum alleinigen Beweis der Schuld genommen. Leugnet der Angeklagte z.B. jemals in der Wohnung des Opfers gewesen zu sein, wird aber Blut des Angeklagten dort gefunden, ist eine tatgerichtliche Verurteilung allein anhand dieser Faktenlage nicht selten. Das ist falsch, denn einerseits ist der Wahrscheinlichkeitswert der DNA-Analyse nur ein Indiz, aber für einen Tatnachweis nicht ohne Weiteres ausreichend.[690] ies kann mittlerweile anders sein. Es kommt auf den genauen Beweiswert der DNA-Analyse an und darauf, was genau aus einer Übereinstimmung von Spuren gefolgert werden soll. Andererseits ermöglicht auch die nachgewiesene Lüge des Angeklagten keinen hinreichend sicheren Schluss auf dessen Täterschaft.[691] „Bei der Würdi-

683 Vgl. BGH, StV 2002, S. 120 ff = NStZ 2002, S. 47 ff. = 6.9.2001 – 3 StR 285/01.
684 Vgl. zum schwachen Kriterium der Selbstbelastung: Geipel, Handbuch der Beweiswürdigung, S. 605 f. m.w.N.
685 Vgl. BGH, StV 1992, S 98 = 23.10.1991 – 5 StR 455/91.
686 Vgl. BGH, StV 1992, S 98 = 23.10.1991 – 5 StR 455/91.
687 Vgl. BGH, StV 2000, S. 655 ff. = NStZ 2001, S. 161 ff. = 30.8.2000 – 2 StR 85/00.
688 Vgl. BGH, StV 1999, S. 359 ff. = NStZ 1999, S. 324 ff. = 13.4.1999 – 1 StR 107/99.
689 Vgl. BGH, StV 1999, S. 359 ff. = NStZ 1999, S. 324 ff. = 13.4.1999 – 1 StR 107/99 m. Verweis auf BGHSt 11, S. 159, 161 f.
690 Vgl. BGHSt 38, S. 320 ff.
691 Vgl. BGHSt 41, S. 153 ff.

gung einer widerlegten Einlassung ist zu beachten, daß ein Angekl. meinen kann, seine Lage durch falsche Angaben verbessern zu können."[692] Deshalb lassen sie regelmäßig keine tragfähigen Schlüsse darauf zu, was sich wirklich ereignet hat. Der Angeklagte kann z.B. tatsächlich in der Wohnung des Opfers gewesen sein und dies leugnen, weil er mit dem Fall nicht in Verbindung gebracht werden will, aber nach wie vor nicht der Täter sein. Das Urteil müsste sich daher dazu verhalten, wie alt die gefundenen DNA-Spuren sind und ob **andere unverfängliche Alternativen für die Lüge ausgeschlossen werden können**.[693] Aus demselben Grund können auch grds. aus einem **Fluchtversuch**[694] oder einer **gescheiterten Notwehrbehauptung bzw. einer widerlegten Einlassung**[695] keine Schlüsse zu Lasten des Angeklagten gezogen werden. Gerade in Sexualstraftaten ist es nicht selten, dass selbst ein einvernehmlicher Geschlechtsverkehr anfänglich geleugnet wird.[696]

- Deutlich zur **nachgewiesenen Lüge des Angeklagten**: „Der Bundesgerichtshof hat mehrfach darauf hingewiesen, daß für widerlegt erachtete Behauptungen eines Angeklagten nicht Grundlage für eine Verurteilung sein können, ähnlich wie das Scheitern eines Alibis noch kein Beweis für seine Schuld ist. Lügen des Angeklagten lassen sich nur mit Vorsicht als Beweisanzeichen für strafrechtliche Schuld verwerten, weil auch ein Unschuldiger vor Gericht Zuflucht zur Lüge nehmen kann und ein solches Verhalten nicht ohne weiteres tragfähige Rückschlüsse darauf gestattet, was sich in Wirklichkeit ereignet hat (BGH StV 1985, 356; BGH, Urt. v. 24.9.1963 – und vom 18.3.1986 – 5 StR 74/86; BGH StV 82, 158)."[697]
- Gegen das **Nemo-tenetur-Prinzip** wird in der Praxis häufig verstoßen, z.B. wenn aus der Weigerung an einer Speichelprobe mitzuwirken, der Beauftragung eines Anwalts, der Verweigerung der Entbindung von der Schweigepflicht[698] Schlussfolgerungen zu Lasten des Angeklagten gezogen werden.[699] Ebenso darf aus dem **Verzicht auf den Antritt eines Entlastungsbeweises** nichts zu Lasten des Angeklagten geschlossen werden.[700]

692 BGH, 2.10.1996 – 2 StR 332/96 = StV 1997, S. 291 f.

693 Vgl. BGH, StV 2001, S. 439 ff. = NStZ 2000, S. 549 ff. = 17.5.2000 – 3 StR 161/00.

694 Vgl. BGH, NStZ 2008, S. 303 = 14.11.2007 – 2 StR 308/07.

695 Vgl. BGH, NStZ-RR 2011, S. 318 = 22.6.2011 – 5 StR 165/11.

696 Vgl. Loddenkemper, Revisibilität tatrichterlicher Zeugenbeurteilungen, S. 81 m.w.N.; BGH, StV 1992, S. 557 = Beschl. vom 16.11.1991 – 4 StR 555/91.

697 BGH, StV 1994, S. 175 f. = 17.12.1993 – 2 StR 666/93.

698 Vgl. BGH, NJW 2000, S. 1962.

699 Vgl. BGHSt 45, S. 367 = NJW 2000, S. 1962 = StV 2000, S. 293 = NStZ 2000, S. 386 = 19.1.2000 – 3 StR 531/99.

700 Vgl. BGHSt 41, S. 153 ff.

Hinweis

Behauptet ein Angeklagter entlastende Umstände aufgrund eines Beratungsgesprächs mit einem Rechtsanwalt und entbindet er diesen nicht von dessen Schweigepflicht, kann das zu seinen Lasten verwertet werden, denn in diesem Fall macht sich der Angeklagte mit der Angabe eines bestimmten Gesprächsinhalts selbst zum Beweismittel, das der kritischen Würdigung des Tatrichters unterliegt. Dieser kann dabei berücksichtigen, dass die Einlassung des Angeklagten – letztlich als Folge der fehlenden Entbindungserklärung – durch andere Beweismittel nicht bestätigt worden ist.[701]

- Nimmt ein (mögliches) Vergewaltigungsopfer an einer Therapie des „begleiteten Wiedererlebens" teil, muss sich das Gericht mit einer ggf. **suggestiven Beeinflussung** der Opferaussage auseinandersetzen.[702] Die nähere Erörterung ist auch dann erforderlich, wenn das Opfer zuerst eine Vergewaltigung durch einen anderen Täter zu einem anderen Zeitpunkt offenbart und erst später eine Vergewaltigung durch den Angeklagten.[703]
- Das Gericht darf zwar von einer **Mindestanzahl an Taten** ausgehen, jedoch darf der Tatrichter keine Hochrechnung aufgrund ungenauer Angaben der Zeugin vornehmen. Ist es zu mehreren gleichartigen Taten gekommen, wird es nach längerer Zeit zu einer Verwischung der einzelnen Tatfrequenzen in der Erinnerung der Zeugin kommen. Das darf jedoch nicht dazu führen, dass das Gericht z.B. von 40 Taten ausgeht, obwohl 35 Taten ebenso denkbar wären. Das heißt, das Gericht muss darlegen, **warum es gerade von der abgeurteilten Mindestanzahl** an Taten ausgeht.[704] Das bedeutet, dass das Gericht mit dem erforderlichen Beweismaß von jeder einzelnen der abgeurteilten Taten überzeugt sein und dies im Urteil zu erkennen geben muss.[705] Hieraus können einerseits rechtliche und andererseits tatsächlich schwierige Fallgestaltungen resultieren. Auf der einen Seite dürfen die Verteidigungsrechte und die Unschuldsvermutung nicht außer Acht gelassen werden.[706] Je vager die angelastete Tatschilderung und je weniger spezifiziert der Tatzeitpunkt ist, desto schwieriger wird die Ausübung der Verteidigungsrechte. Kann sich der Angeklagte gegenüber einem konkreten Tatzeitpunkt z.B. noch mit einem Alibibeweis verteidigen, kann er dies bei mindestens 70 Taten, die jeweils an einem Samstag begangen sein sollen, nicht mehr, wenn der angeklagte Tatzeitraum 145 Samstage umfasst. Auch wenn eine genaue Indi-

701 Vgl. BGSt. 20, S. 298, 301.

702 Vgl. BGH, NStZ-RR 1999, S. 1088 = 25.11.1998 – 2 StR 496/98.

703 Vgl. BGH, NStZ-RR 1999, S. 1088 = 25.11.1998 – 2 StR 496/98.

704 Vgl. BGH, StV 1998, S. 472 ff. = 12.11.1997 – 3 StR 559/97.

705 Vgl. BGH, StV 1999, S. 137 = 22.10.1998 – 3 StR 267/98; vgl. auch BGH, StV 1996, S. 6 = 13.7.1995 – 4 StR 339/95; vgl. auch BGH, StV 1994, S. 361 = NStZ 1994 = S. 352 = 25.3.1994 – 3 StR 18/94; wobei in diesen Entscheidungen ein sachlich-rechtlicher Verstoß gegen § 267 StPO angenommen wurde.

706 Vgl. BGH, NStZ 1994, S. 352 f.

vidualisierung hinsichtlich exakter Tatzeit und exaktem Geschehensablauf in manchen Fällen nicht möglich sein wird (damit ist gleichzeitig ein Alibibeweis bedenklicherweise zu Lasten des Angeklagten ausgeschlossen),[707] muss der Tatrichter darlegen, dass er von jeder der individuellen Straftaten überzeugt ist. Der Tatrichter darf nur von den sicher feststellbaren Einzelakten ausgehen.[708] Im Urteil sind daher möglichst genaue Daten zum Tatzeitpunkt bzw. -zeitraum,[709] den Tatorten und den Modalitäten erforderlich.[710] Der Angeklagte muss in die Möglichkeit versetzt werden, sich gegen den Vorwurf zu verteidigen.[711] Andernfalls ist eine Verurteilung mit rechtsstaatlichen Grundsätzen nicht zu vereinbaren. Das gilt vor allem dann, wenn die Wiedergabe der Taten so farblos ist, dass sie sich von der Wiedergabe des gesetzlichen Tatbestandes kaum unterscheidet.[712] Es muss erkennbar werden, welche bestimmten Taten von der Verurteilung erfasst werden.[713] Sprachliche Hinweise auf eine – unzulässige – faktisch nicht existente Verteidigungsmöglichkeit geben Formulierungen wie: der Angeklagte hat „auch", „bevorzugt", mittels einer „weiteren Methode" gehandelt.[714] Gleiches gilt für alternative Tatmodalitäten, „der Angeklagte hat „sein Glied meist seitlich **oder** [Hervorh. d. Verf.] auf dem Mädchen liegend in dessen Scheide eingeführt" oder sprachliche Wendungen wie „häufig", „gelegentlich", „mindestens einmal im Monat".[715] Auf nur unbestimmte Feststellungen darf eine Verurteilung nicht gestützt werden.[716] „Je weniger konkrete Tatsachen zum Schuldvorwurf bekannt sind, desto fraglicher wird es, ob der Richter von der Tat im festgestellten Umfang überhaupt überzeugt sein kann. Es besteht die Gefahr, daß er sich [unzulässigerweise] im Wesentlichen nur auf Vermutungen stützt."[717] Ist das Tatgeschehen weder im Detail exakt eingegrenzt noch nach Ort und Zeit bestimmt, kann eine Verurteilung nicht erfolgen. Das gilt auch dann, wenn das Gericht von der am wenigsten belastenden Alternative ausgeht, ohne sich hierüber eine nähere Vorstellung zu bilden.[718]

707 Vgl. BGH, NStZ 1995, S. 245 = 4 StR 648/94.

708 Vgl. BGHR, StPO, § 261 Vermutung 2 = 4 StR 313/87.

709 Die zeitliche Einordnung ist i.d.R. nötig, vgl. BGH, NStZ 1999, S. 208 = 2 StR 445/98.

710 Vgl. BGHSt 42, S. 107 ff. = StV 1996, S. 363 ff. = NStZ 1996, S. 349 ff.; vgl. auch BGH, NStZ 1993, S. 35 = 3 StR 364/92.

711 Vgl. BGH, NStZ 1994, S. 555 = 2 StR 250/94.

712 Vgl. BGH, StV 1993, S. 508 = BGHR, StPO, § 267 Abs. 1 Satz 1 Mindestfeststellungen 3 = 4 StR 237/93.

713 Vgl. BGH, StV 1991, S. 245 = StPO § 267 Abs. 1 Satz 1 Mindestfeststellungen 1 = 2 StR 536/90.

714 Vgl. BGH, NStZ 1994, S. 555 = 2 StR 250/94.

715 Vgl. BGH, StV 1994, S. 361 = NStZ 1994 = S. 352 = 3 StR 18/94 (sachlich-rechtlicher Verstoß gegen § 267 I StPO).

716 Vgl. BGH, NStZ 1995, S. 204 = 2 StR 411/94.

717 Vgl. BGH, StV 1994, S. 175 = 2 StR 666/93; vgl. auch BGHR, StPO, § 267 Abs. I S. 1 Mindestfeststellungen 1.

718 Vgl. BGH, StV 1994, S. 114 = 2 StR 434/93.

Die Überzeugung, dass „etwas“ geschehen ist, ohne sichere Überzeugung, was sich im Einzelnen zugetragen hat, entzieht einem Schuldspruch die Grundlage.[719]

- Für die Verteidigung kann der Fall relevant werden, dass das Tatgericht dem Belastungszeugen folgt, gleichwohl **diverse Anhaltspunkte für die Unrichtigkeit** dessen Aussage gegeben sind. In diesen Fällen kann die Gesamtheit der Fragwürdigkeiten im Rahmen einer Gesamtschau zu durchgreifenden Zweifeln Anlass geben.[720] Diese Gesamtschau wird in nicht wenigen Fällen nicht eingehalten. Mit anderen Worten: Das Urteil muss erkennen lassen, dass zwar jede einzelne Fragwürdigkeit für sich erklärbar ist, die Häufung der Fragwürdigkeiten aber dennoch nicht in einer Gesamtschau zu Zweifeln führt.[721] Ein bemerkenswerter Fall wird in BGH, StV 1994, S. 6 (Beschl. v. 21.9.1993 – 4 StR 413/93) geschildert. Dort hatte sich die Belastungszeugin vorgerichtlich selbst der Tötung des Opfers bezichtigt. In der Hauptverhandlung belastete sie den Angeklagten als vermeintlichen Alleintäter. Die Strafkammer verurteilte den Angeklagten im Wege der freien Beweiswürdigung, da sich aus den Ausführungen der Zeugin nur entnehmen lasse, dass diese in irgendeiner Form möglicherweise an dem Tötungsdelikt beteiligt war. Dementsprechend teilte die Kammer mit, sie habe die Aussage der Zeugin in keiner Weise zum Nachteil des Angeklagten gewertet. In freier Beweiswürdigung zieht die Kammer jedoch Schlüsse auf die Täterschaft des Angeklagten. Gegen den Angeklagten sprach, dass er ein falsches Alibi angab, die Tatzeit nach hinten verlegte, sich an der Beseitigung der Leiche beteiligt hatte und nicht unverzüglich die Polizei verständigte, als er den Tod des Opfers feststellte. Der BGH beanstandete u.a., dass die Kammer die naheliegende Alternative, dass die Zeugin die Alleintäterin war, nicht erörterte. Deren Selbstbezichtigung dürfe nicht eliminiert werden, sondern müsse in einer Gesamtabwägung aufgehen.
- Erfolgt die Identifizierung des Täters durch einen **Stimmvergleich**, muss dies den Grundsätzen der Wahlgegenüberstellung entsprechen.[722]
- Können sich Beamte übereinstimmend nach mehr als acht Monaten **an den genauen Wortlaut** einer belastenden Äußerung erinnern, die nicht so wichtig erschien, als dass sie zu einem Aktenvermerk führte, kann dies nicht mit „schlampiger Aktenführung“ hinweg diskutiert werden, sondern bedarf weiterer Erklärung.[723]

719 Vgl. BGHR, StPO, § 267 Abs. 1 Satz 1 Beweisergebnis 3 = 1 StR 199/87.

720 Vgl. BGH, StV 1997, S. 513 ff. = 2 StR 140/97 m.w.N.

721 Vgl. BGH, StV 1990, S. 99 = 19.7.1989 – 2 StR 182/89, vgl. auch BGH, StV 1988, S. 511 = BGHR, StPO, § 261, Zeuge 3 = 16.12.1987 – 2 StR 495/87; vgl. auch BGH, StV 1987, S. 238 = BGHR, StPO, § 261 Indizien 1 = 3.7.1986 – 2 StR 98/86.

722 Vgl. BGHSt 40, S. 66, 68 ff.

723 Vgl. BGH, StV 1993, S. 509 = 31.3.1993 – 2 StR 6/93.

- Der In-dubio-pro-reo-Grundsatz wird immer wieder verletzt.[724] Bei mehreren Angeklagten ist für den jeweiligen Angeklagten jeweils die günstigste Alternative anzuwenden, auch wenn dies zu einander ausschließenden Alternativen führt.[725] Geht der Tatrichter davon aus, dass „nichts dafür ersichtlich sei, dass die Version des Angeklagten zutreffe“, ist zu besorgen, dass der Tatrichter verkannt hat, dass den Angeklagten keine Beweislast trifft.[726] Gleiches gilt, wenn der Tatrichter die Version des Angeklagten für „nicht widerlegt“ hält.[727] Der Grundsatz wird auch verletzt, wenn sich der Tatrichter auf Tatsachen stützt, die er für nicht widerlegbar oder nur für **wahrscheinlich gegeben** hält.[728] Verbleibt nach den Feststellungen des Tatrichters eine ebenfalls mögliche Version, die dem Angeklagten aber günstiger ist, ist diese zugrundezulegen, auch wenn sich der Angeklagte hierauf nicht berufen hatte. Der Schluss, daß diese günstigere Version nicht vorlag, nachdem sich der Angeklagte hierauf nicht berufen hatte, ist nicht ohne Weiteres zulässig.[729] „Dem Angeklagten darf kein Nachteil daraus erwachsen, daß er die Tat bestreitet und damit nicht in der Lage ist, Umstände vorzutragen, die sich strafmildernd auswirken können. Deshalb ist in solchen Fällen von der für den Angeklagten günstigsten Möglichkeit auszugehen, die nach den gesamten Umständen in Betracht kommt.“[730] Der In-dubio-Grundsatz wird öfter verletzt als es den Anschein hat. Allerdings kann dies nur selten nachgewiesen werden, weil es sich nur um eine Entscheidungs- und keine Beweisregel handelt. Infolgedessen kann der Tatrichter seinen Zweifel bei einer schwierigen Beweislage
- Macht ein Zeuge in der Hauptverhandlung im Kerngeschehen **abweichende Angaben** und belastet den Angeklagten aktuell weniger als vorgerichtlich, wird dies in der Praxis oft als Beleg für dessen Glaubwürdigkeit gesehen. Das Urteil erörtert sodann in nicht wenigen Fällen, warum die vorhergehenden, darüber hinausgehenden Belastungen verständlich waren und der Zeuge in der Hauptverhandlung (endlich) die Wahrheit gesagt und keinen „Belastungseifer“ gezeigt habe.[731] In nicht wenigen Fällen übersieht das Urteil jedoch, darzustellen, dass nicht ausgeschlossen werden kann, dass der Zeuge den Angeklagten nur deswegen noch teilweise belastet hat, um nicht gänzlich von den falschen, vorher-

724 Vgl. zur Reichweite dieses Grundsatzes LR-StPO/Gollwitzer, 25. Aufl., § 261 Rn 118 m.w.N.
725 Vgl. BGH, StV 1992, S. 260 = 1 StR 787/91, vgl. auch BGH, StV 1996, S. 81 = 1 StR 523/94.
726 Vgl. BGH, StV 1986, S. 186 = 25.1.1983 – 5 StR 782/82.
727 Vgl. LR-StPO/Gollwitzer, 25. Aufl., § 261 Rn 112 m.w.N.
728 Vgl. a.a.O., Rn 104 m.w.N.
729 Vgl. BGH, StV 1986, S. 5 f. = 15.5.1985 – 2 StR 149/85.
730 Vgl. BGH, StV 1990, S. 9 = 8.9.1989 – 2 StR 392/89.
731 Zwar kann es das Kriterium des **deutlich hervortretenden Belastungseifers** geben (vgl. BGH, Beschl. v. 17.4.1991, Az.: 3 StR 107/9), aber nicht das Kriterium des **fehlenden Belastungseifers** als Glaubhaftigkeitskriterium.

gehenden Angaben abzurücken.[732] Es ist also eine nicht fernliegende Möglichkeit, dass ein Zeuge seine früheren falschen Angaben aus Angst vor Nachteilen in der Hauptverhandlung noch teilweise aufrecht erhält.[733]

- Erklärt das Tatgericht, dass bei mehreren Schilderungen die Vorwürfe jedenfalls **im Kerngeschehen konstant** geblieben sind, müssen die jeweiligen Aussagen im Urteil wiedergegeben werden. Andernfalls gilt: „Dem Revisionsgericht bleibt damit die Möglichkeit versagt, zu überprüfen, ob das Landgericht den Begriff des Kernbereichs zutreffend verwendet hat [...].“[734] Grundsätzlich gilt, dass das Tatgericht bei abweichenden Bekundungen eines Zeugen mitteilen muss, in welchen Punkten die Aussagen konstant, widersprüchlich oder ungenau waren und was das Gericht als Kern- und was als Randbereich aufgefasst hat. Andernfalls kann das Revisionsgericht nicht überprüfen, ob die Erwägungen und Bewertungen des Tatgerichts rechtsfehlerfrei waren.[735]
- Aus einem Urteil, das auf Revision der Staatsanwaltschaft erging, können wir entnehmen, dass die **Verkennung von Beweiswert und Beweiseignung** dazu führt, dass die erforderliche Gesamtabwägung nicht erfolgt ist. Es wurden Bilder der Überwachungskamera gefertigt, die die Körpergröße der Täterin mit 165 cm und einer Toleranz von ± 1 cm wiedergeben. Weiter wurde ein Haar der Täterin gefunden, dessen Struktur auf ca. 5 % der Bevölkerung zutrifft. Beide Kriterien treffen auch auf die Angeklagte zu. Das Tatgericht teilt mit, es handle sich im Grunde „um bewertungsneutrale Umstände.“ Der BGH widerspricht und teilt zutreffend mit, dass es sich um echte Belastungsindizien handeln würde,[736] da der Täterkreis verengt werden würde, ohne die Angeklagte auszuschließen.[737] Diese zutreffende Argumentation wird dann allerdings auch umgekehrt gelten. Verkennt das Tatgericht einen entlastenden Beweiswert eines Indizes, kann von einer Gesamtabwägung de lege artis keine Rede mehr sein. Eine **Fehlbewertung der Beweiskraft** von Indizien kann dann vorliegen, wenn z.B. auf Blutspuren abgestellt wird, das Alter der Blutspuren jedoch nicht mitgeteilt wird. Ein gewichtiges Indiz können diese Blutspuren dann sein, wenn diese in engem zeitlichem Zusammenhang zur Tat stehen.[738] Hierzu ein weiterer Beispielsfall: Der Angeklagte ist der Vergewaltigung bezichtigt. Er teilt mit, er habe am Vortag der angeblichen Tat noch einvernehmlichen Geschlechtsverkehr mit der Zeugin in seiner Wohnung gehabt, was diese jedoch bestreitet. Der Angeklagte stimmt der Beschlagnahme des Bettlakens zu. Auf diesem wird Scheidensekret gefun-

732 Vgl. BGH, StV 1992, S. 149 = 2 StR 504/91, vgl. auch BGH, StV 1992, S. 2 = 2 StR 248/91.

733 Vgl. BGH, StV 1990, S. 534 = NStZ 1990, S. 603 = 18.4.1990 – 2 StR 324/90.

734 Vgl. BGH, StV 1992, S. 6 = 20.9.1991 – 2 StR 17/91.

735 Vgl. BGH, StV 1992, S. 555 = 26.2.1992 – 3 StR 33/92.

736 Vgl. zum Beweiswert von Indizien: Geipel, Handbuch der Beweiswürdigung, S. 174 ff., 183 ff. jew. m.w.N.

737 Vgl. BGH, StV 1991, S. 339 ff. = NStZ 1991, S. 596 ff. = 8.3.1991 – 8.3.1991 – 2 StR 619/90.

738 Vgl. BGH, StV 2001, S. 439 = NStZ 2000, S. 549 = 17.5.2000 – 3 StR 161/00.

den, das der Zeugin (aber auch 30 % aller weiteren Frauen) zugeordnet werden kann. Das LG spricht diesem Umstand keinerlei entlastenden Beweiswert zu. Der BGH beanstandet auch dies, zumal der Angeklagte bei Übergabe des Bettlakens das Testergebnis nicht vorab wissen konnte.[739]

- In nicht wenigen Fällen geht das Tatgericht von einer dem Angeklagten vermeintlich günstigsten Version aus. Es scheint, als ob das Tatgericht den Zweifelssatz zugunsten des Angeklagten angewandt hat. Gleichwohl kann auch diese „günstigste Version" für den Angeklagten belastend sein. Ein Verstoß gegen § 261 StPO liegt dann vor, wenn sich das Gericht von den verschiedenen Versionen nicht überzeugen kann, aber „nur" von der Einlassung des Angeklagten als „günstigsten Version" ausgeht. Der Tatrichter darf für die Verurteilung wesentliche Umstände aber gerade nicht auf Feststellungen gründen, von denen er nicht überzeugt ist. Die reine Einlassung des Angeklagten, für dessen Richtigkeit oder Unrichtigkeit es keine weiteren Beweise gibt, darf nicht zur Grundlage der Verurteilung gemacht werden.[740] Eine Verurteilung auf wahldeutiger Tatsachengrundlage ist in Grenzen aber grds. möglich.[741]
- Geht das Tatgericht davon aus, dass die eigene Einlassung den Angeklagten am meisten belaste und ihn verdächtig mache, kann auch dies – ohne weitere Darlegung – einen Verstoß gegen § 261 StPO darstellen.[742]
- Ebenso verstößt es gegen § 261 StPO im Sinne von widersprüchlichen Feststellungen, wenn die Einlassung des Angeklagten, z.B. im Rahmen der Verneinung eines Rechtfertigungsgrundes, zu dessen Nachteil gewertet wird und ein hiervon abweichendes Tatgeschehen, z.B. im Rahmen der Feststellung der Schuld, ebenfalls zum Nachteil des Angeklagten gewertet wird.[743]

739 Vgl. BGHR, StPO, § 261 Beweiswürdigung 1 = 22.4.1987 – 3 StR 141/87. Der BGH hat faktisch das Verflechtungsangebot des Angeklagten als für diesen sprechenden, aber im Urteil unerörterten Umstand angesehen. Das ist aber allenfalls ein sehr schwaches Indiz, vgl. Geipel, Handbuch der Beweiswürdigung, S. 693 ff. Besser wäre u.E. gewesen, die Häufigkeitsverteilung des gefundenen Scheidensekrets als solche mit einem schwach entlastendem Beweiswert zu versehen.

740 Vgl. BGH, StV 1987, S. 378 = 22.1.1986 – 3 StR 474/85; vgl. auch BGH, NStZ 1981, S. 33 = 14.7.1988 – 3 StR 204/88; vgl. zur Problematik des (falschen) Geständnisses: Geipel, S. 614 ff., 945 ff. jew. m.w.N.; vgl. auch Eschelbach, Absprachepraxis versus Wiederaufnahme des Verfahrens, HRRS 4/2008, S. 190, 196 m.w.N.

741 Vgl. BGH, NJW 1957, S. 1886 f.; vgl. auch BGH, StV 1987, S. 378 = 22.1.1986 – 3 StR 474/85; vgl. auch BGH, NStZ 1981, S. 33 = 2.7.1980 – 3 StR 204/80.

742 Vgl. BGH, StV 1985, S. 356 = 13.3.1985 – 3 StR 15/85, auch aus einer widerlegten Einlassung kann grds. nichts zu Lasten des Angeklagten geschlossen werden, vgl. BGHSt 25, 285, 287.

743 Vgl. BGH, 7.10.1970 – 2 StR 249/70 in: Fezer, Die erweiterte Revision – Legitimierung der Rechtswirklichkeit?, S. 70.

- Der Tatrichter darf sich nicht **steuerrechtlichen Beweislastregeln** anschließen,[744] wohl aber im Steuerrecht üblichen **Schätzmethoden** zur Feststellung der Besteuerungsgrundlagen.[745]
- Fällt es einer Opferzeugin schwer, über das Vorgefallene zu sprechen und kann diese entsprechende Fragen und Vorhalte nur durch Kopfnicken und Kopfschütteln beantworten, sind die Fragen und Vorhalte detailliert darzustellen.[746]

258 *Hinweis*

Es lassen sich auch Aufhebungen nachweisen, in denen auf eine konkrete Fallgruppe des Rechtsfehlers verzichtet wird und in einem Obersatz die Fallgruppen des Widerspruchs, der Lücke und des Verstoßes gegen Denkgesetze zusammen genannt werden,[747] aber dann keine konkrete Zuordnung des Fehlers erfolgt (z.B. vier im Jahre 2005). Ebenso lassen sich Entscheidungen nachweisen (z.B. 21 im Jahre 2005), in denen weder ein Obersatz als normative Herleitung des Fehlers genannt wird noch eine Zuordnung zu einer anerkannten Fehlergruppe erfolgt.[748]

5. Beispiele von Verstößen gegen § 267 StPO

259 Die o.g. Ausführungen haben gezeigt, dass sich Verstöße gegen § 261 StPO oft nicht von der unzureichenden Darstellung der Urteilsgründe abgrenzen lassen. Beide Vorschriften (§§ 261, 267 StPO) überdecken sich. Die Rechtsprechung betont teils den einen, teils den anderen Gesichtspunkt.[749] Daher ist es wichtig, auch einen Überblick über die Anforderungen des § 267 StPO zu haben. „Denn wenn das Gericht jene Tatsachen – entsprechend dieser Bestimmung – im Urteil angibt, so ist auch dieser Teil der Urteilsgründe nach allgemeinen revisionsrechtlichen Verfahrensgrundsätzen daraufhin zu überprüfen, ob die vom Tatrichter – sei es auch in Anlehnung an ein Sachverständigengutachten – gezogenen Schlußfolgerungen denkgesetzlich möglich sind und mit den Erfahrungen des täglichen Lebens sowie den Ergebnissen der Wissenschaft im Einklang stehen. Die verwerteten Beweisanzeichen müssen daher in solchem Falle im Urteil lückenlos zusammengefügt und unter allen für ihre Beurteilung maßgeblichen Gesichtspunkten vom Tatrichter gewürdigt werden, damit ersichtlich ist, ob der Schuldbeweis schlüssig erbracht ist und alle gleich naheliegenden Deutungsmöglichkeiten für und gegen den Angeklagten geprüft

744 Vgl. BGH, NStZ-RR 1997, S. 374 f. = 5.8.1997 – 5 StR 210/97.
745 Vgl. BGH, wistra 1995, S. 67.
746 Vgl. BGH, StV 1999, S. 470 = NStZ 1999, S. 472 = 20.4.1999 – 5 StR 148/99.
747 Z.B. BGH, 12.7.2005 – 1 StR 65/05.
748 Vgl. Barton, Die erweiterte Revision in der Rechtsprechung des Bundesgerichtshofes, in: FS Fezer (2008), S. 333, 342 f.
749 Vgl. LR-StPO/Gollwitzer, 25. Aufl., § 261 Rn 6 m.w.N.

worden sind."[750] Ob diese Entscheidung seinerzeit durch das „denn wenn" eine mehr oder weniger versteckte Anweisung an die Tatrichter war,[751] Beweisanzeichen im Urteil wegzulassen, kann hier dahinstehen. Eine **Begründungspflicht** ergibt sich nach heute anerkannter Meinung aus Art. 20 Abs. 3 GG. Adressat des Urteils ist primär der Angeklagte, der bei staatlichen Eingriffen – wie einer strafgerichtlichen Verurteilung – einen Anspruch darauf hat, die Gründe hierfür zu erfahren.

Hinweis 260

Eine isolierte Rüge der Verletzung des § 267 StPO (gem. Wortlaut nur „Soll-Vorschrift"!) sollte vermieden werden.[752] Es sollte immer die allg. Sachrüge miterhoben werden.[753]

- Die Rüge des sachlich-rechtlichen Verstoßes gegen § 261 StPO, aber auch gegen § 267 StPO, ist begründet, wenn lediglich formelhafte Wendungen oder allgemeine Ausdrücke statt Tatsachen geschildert werden. Rechtsbegriffe, die nicht allgemein geläufig sind, müssen in tatsächliche Vorgänge aufgelöst werden.[754]
- Erfolgen im tatrichterlichen Urteil Bezugnahmen, sind revisible Verstöße nicht selten. Ein sachlich-rechtlicher Verstoß gegen §§ 261, 267 StPO kommt dann vor, wenn der Tatrichter eine unzulässige Bezugnahme auf Schriftstücke bzw. Erkenntnisquellen außerhalb der Urteilsgründe, z.B. auf wörtlich protokollierte Aussagen, vornimmt. Das Revisionsgericht wird dann i.d.R. nicht prüfen können, ob die Beweiswürdigung zu diesem Punkt anerkannten Grundsätzen entspricht. Würdigungen des Tatrichters sind ohne Kenntnis des Aussageinhalts i.d.R. nicht nachvollziehbar.[755] Das Urteil muss aus sich heraus verständlich sein.[756] Bezugnahmen auf frühere, aufgehobene Urteile mit dem Hinweis, dass die neue Hauptverhandlung zu demselben Ergebnis geführt habe, sind unzulässig.[757] Gleiches gilt für Verweise auf Feststellungen des in einem anderen Ver-

750 BGHSt 12, S. 311, 315.

751 So Baldus, Ehrengabe für Heusinger, 1968, S. 385 ff., zit. n. Wagner, Die Beweiswürdigungspflicht im tatrichterlichen Urteil im Falle der Verurteilung, ZStW 106 (1994), S. 259, 271 Fn 73.

752 Dieses Verständnis dürfte heute nicht mehr zutreffend sein. Tatsächlich hat sich wohl richtergewohnheitsrechtlich ein anderes Verständnis herausgebildet, vgl. LR-StPO/Gollwitzer, 25. Aufl., § 261 Rn 48. Hamm hält einen Verstoß gegen § 267 StPO für einen Verfahrensfehler. Er wird zwar auf die Sachrüge hin aufgehoben, da der Mangel allein aus dem Urteil ersichtlich ist, aber gleichwohl handele es sich nicht um einen sachlichrechtlichen Fehler (vgl. Hamm, Der strafprozessuale Beweis der Kausalität und seine revisionsrechtliche Überprüfung, StV 1997, S. 159 f.).

753 Vgl. LR-StPO/Hanack, 25. Aufl., Rn 131 (neben der Sachbeschwerde ist die Rüge der Verletzung des § 267 ohne Bedeutung).

754 Vgl. OLG Celle, NJW 1966, S. 2324; vgl. auch BGH, NStZ 2000, S. 607 f. = 29.6.2000 – 4 StR 190/00.

755 Vgl. BGH, NStZ-RR 2000, S. 304 = 5.4.2000 – 3 StR 58/00.

756 Vgl. BGHSt 30, S. 225, 227.

757 Vgl BGH, NStZ 2000, S. 441 = 29.3.2000 – 2 StR 71/00.

fahren ergangenen Urteils.[758] Auch bei Strafzumessungserwägungen darf nicht auf Erwägungen des Vorderrichters Bezug genommen werden.[759] Bei einer Aufhebung im Schuldspruch müssen Feststellungen zu den persönlichen Verhältnissen vom Tatrichter neu getroffen werden.[760]

- Liegt ein Sachverständigengutachten vor, entspricht es ständiger Rechtsprechung, dass die Anknüpfungstatsachen und Schlussfolgerungen im Urteil wiedergegeben werden müssen, um dem Revisionsgericht die gebotene Nachprüfung zu ermöglichen.[761] Der konkrete Umfang der Darlegung kann erneut nicht abstrakt vorher bestimmt werden, sondern bestimmt sich nach der konkreten Beweislage und Bedeutung des Falles, sowie danach, ob es sich um ein standardisiertes Verfahren handelt. Besondere Darstellungsanforderungen bestehen z.B. bei sog. Fasergutachten.[762] Gleiches gilt bei Haaridentitätsgutachten,[763] anthropologischen Vergleichsgutachten[764] und DNA-Analysen[765] bei Mischspuren, wobei hier i.d.R. dargelegt werden muss, auf Basis welches biostatistischen Vergleichsmaterials und auf welchem Weg der Sachverständige zu seiner Einschätzung gekommen ist.[766] „Die biostatistische Wahrscheinlichkeitsberechnung ist in Bezug auf DNA-Einzelspuren standardisiert, so dass es einer Darstellung der Anzahl der untersuchten Merkmalssysteme und der Anzahl der diesbezüglichen Übereinstimmungen nicht mehr bedarf. Das Tatgericht genügt den Darlegungsanforderungen, wenn es das Gutachtenergebnis in Form der biostatistischen Wahrscheinlichkeitsaussage in numerischer Form mitteilt, da diese die beiden übrigen bisherigen Anforderungen widerspiegelt."[767]
  Folgt das Tatgericht einem Gutachten, dessen wissenschaftliche Validität (noch) umstritten ist, muss der Tatrichter den Beweiswert kritisch würdigen und den Stand der Kritik darlegen.[768]
- Teilt das Gericht als Ergebnis eines Sachverständigengutachtens eine dementsprechend „wahrscheinliche Ursache" mit und stützt sich das Gericht zur „Absicherung" auf ein methodisch umstrittenes Gutachten, kann dem Urteil entnom-

758 Vgl. BGH, NStZ 1992, S. 49 = 24.9.1991 – 1 StR 382/91.

759 Vgl. BGHR, StPO, § 267 Abs. 3 Satz 1 Strafzumessung 7 = 18.5.1988 – 2 StR 166/88.

760 Vgl. BGHSt 24, S. 274 ff.

761 Vgl. BGHSt 12, S. 311, 314 f., vgl. BGHSt 7, S, 238, vgl. auch BGH, StV 1997, S. 63 = 24.4.1996 – 3 StR 131/96, vgl. auch BGH, StV 1991, S. 339 = NStZ 1991, S. 596 = 20.3.1991 – 2 StR 610/90.

762 Vgl. BGH, StV 1996, S. 251 = 28.11.1995 – 5 StR 459/95, vgl. auch BGH, StV 1994, S. 114 = 22.10.1993 – 2 StR 459/93, vgl. hierzu auch Geipel, Handbuch der Beweiswürdigung, S. 964 ff. m.w.N.

763 Vgl. BGH, StV 1992, S. 312 = 5.2.1992 – 5 StR 677/91.

764 Vgl. Geipel, Handbuch der Beweiswürdigung, S. 960 ff. m.w.N.

765 Vgl. BGHSt 38, S. 320 ff.

766 Vgl. BGH, NJW 2000, S. 135 = NStZ 2000, S. 106 = StV 2000, S. 125 = 3 StR 241/99.

767 BGH, Beschluss vom 28.8.2018 – 5 StR 50/17 = NJW2018, S. 3192.

768 Vgl. BGH, NStZ 1998, S. 528 f. = 15.4.1998 – 3 StR 129/98, vgl. BGH, NJW 2000, S. 135 = NStZ 2000, S. 106 = StV 2000, S. 125 = 27.10.1999 – 3 StR 241/99, vgl. BGHSt 41, S. 206, 215; vgl. auch BGH, NStZ 1994, S. 250.

men werden, dass es ohne diese Absicherung nicht zu einer Verurteilung gelangt wäre. Damit ist im Urteil darzulegen, dass der kritische Beweiswert des methodisch umstrittenen Gutachtens vom Tatgericht erkannt wurde.[769]

- Liegt die Annahme eines minder schweren Falles nahe, hat sich das Urteil hierzu zu verhalten.[770] Die Floskel, dass „ein minder schwerer Fall nicht vorliegt", genügt nicht.[771]
- Allgemein **muss** das Urteil Umstände erörtern, die die Strafbarkeit ausschließen, vermindern oder erhöhen gem. § 267 Abs. 2 StPO. Werden solche Umstände in der Hauptverhandlung behauptet, müssen sie im Urteil erörtert werden, auch wenn sie das Gericht andernfalls nicht zu entsprechenden Feststellungen gedrängt hätten. Eine Behauptung kann auch nur konkludent erfolgen, ohne den jeweiligen Umstand konkret zu benennen.[772]

  Der **Nachweis der Behauptung** kann allerdings in den meisten Fällen aufgrund des Rekonstruktionsverbotes nicht geführt werden. „Zwar gehört das Behaupten solcher Umstände, wenn es nicht ein Teil eines in der Hauptverhandlung gestellten Antrags ist, nicht zu den wesentlichen Förmlichkeiten im Sinne des § 274 StPO. Das Revisionsgericht kann aber darüber, was die in der Hauptverhandlung vernommenen Personen zur Schuld- oder Rechtsfolgenfrage ausgesagt haben, nicht nur bei der Prüfung der Sachbeschwerde, sondern auch zur Prüfung einer sich auf die Tatsachenfeststellung beziehenden Verfahrensrüge keine eigenen Beweise erheben (BGHSt 17, 351, 352; 21, 149, 151; 29, 18, 20). Das würde auf eine (teilweise) Wiederholung der tatrichterlichen Verhandlung hinauslaufen und damit der Ordnung des Revisionsverfahrens widersprechen."[773] Aber auch wenn der entsprechende Umstand nicht „behauptet" wird, hat das Tatgericht diesen Umstand zu erörtern, wenn dies naheliegt und andernfalls die sachliche Richtigkeit der Entscheidung nicht nachgeprüft werden kann.[774] Insbesondere darf nicht zweifelhaft bleiben, ob das Gericht eine sich aufdrängende Rechtsfrage erkannt und beurteilt hat.[775]
- Hinsichtlich der Erörterung von **Vorstrafen** im Urteil lassen sich ebenfalls keine allgemein gültigen Regeln aufstellen. Wird eine Vorstrafe strafschärfend verwertet, muss immer beachtet werden, ob nicht bereits gem. § 51 Abs. 1 BZRG ein Verwertungsverbot besteht.[776]

769 Vgl. BGH, StV 1994, S. 227 = NStZ 1994, S. 250 = 12.1.1994 – 5 StR 620/93.
770 Vgl. BGH, StV 1999, S. 137 = 18.11.1998 – 1 StR 525/98.
771 Vgl. LR-StPO/Gollwitzer, 25. Aufl., § 267 Rn 69 m.w.N.
772 Vgl. LR-StPO/Gollwitzer, 25. Aufl., § 267 Rn 67 m.w.N.
773 BGHSt 31, S. 139 f.
774 Vgl. LR-StPO/Gollwitzer, 25. Aufl., § 267 Rn 72 m.w.N.
775 Vgl. LR-StPO/Gollwitzer, 25. Aufl., § 267 Rn 67 m.w.N.
776 Vgl. Meyer-Goßner/Schmitt, Hinweise zur Abfassung des Strafurteils aus revisionsrechtlicher Sicht, NStZ 1988, S. 529 ff. m. Hinw. auf BGH, 4 StR 561/86, 4 StR 659/86, 1 StR 127/88.

- Wird die **Aussage der Belastungszeugin** nicht dargestellt, sondern nur mitgeteilt, z.B. „die Feststellungen zum Sachverhalt ...beruhen auf ihrer Aussage... Sie hat den Hergang so geschildert, wie er festgestellt worden ist," so reicht dies nicht aus und stellt einen sachlich-rechtlichen Mangel dar.[777] Gleiches gilt, wenn die Aussage der Geschädigten als „sachlich", „detailliert" und „zusammenhängend" bezeichnet wird, ohne die Aussage im Einzelnen wiederzugeben.[778]
- Erfolgt die Verurteilung wegen einer Fahrlässigkeitstat, kann die **Nichterörterung eines Mitverschuldens** des Opfers einen sachlich-rechtlichen Mangel darstellen. Diese Erörterung muss erfolgen, wenn nach den Urteilsgründen ein nicht nur geringes Mitverschulden naheliegt oder klar ersichtlich ist, dass sich der Tatrichter dieses Umstandes möglicherweise nicht bewusst war.[779]

6. Fazit zu Verstößen gegen §§ 261, 267 StPO

261 Die Verletzungen sachlichen Rechts in Form der lückenhaften, widersprüchlichen, unklaren Feststellungen, des Verstoßes gegen Denkgesetze und Erfahrungssätze überschneiden sich in vielen Fällen und lassen sich oft nicht eindeutig voneinander abgrenzen. Ebenso ist nicht klar, ob es sich um zusätzliche Rügegründe zur Darstellungsrüge handelt oder in einer allg. Darstellungsrüge aufgehen, deren Systematik wieder nicht vollständig erschlossen ist. Diese mangelnde Systematik liegt primär in der unvollständigen Darstellungspflicht des § 267 Abs. 1 StPO. Da die unvollständige Darstellung als solche nicht revisibel ist und war, aber von jeher ein Bedürfnis bestand, auch auf die eigentlich freie tatrichterliche Beweiswürdigung Einfluss zu nehmen, mussten die tatsächlichen Feststellungen als Ergebnis des Beweiswürdigungsvorganges angesehen werden. In diesem Ergebnis mussten wiederum Elemente mit Normcharakter (z.B. Denkgesetze) entdeckt werden, um eine Aufhebung gem. § 337 StPO zu ermöglichen. Wurde insofern ein die freie Beweiswürdigung beschränkender Normcharakter festgelegt, war es über den Umweg der Darstellungsrüge möglich, auszusprechen, dass die Darstellung nicht erkennen lasse, ob die entsprechenden Normen tatsächlich beachtet worden seien.[780] „Deswegen können weder die Erläuterungswerke noch die in der Praxis aufgestellten Grundsätze ein zutreffendes Bild für die Praxis vermitteln."[781]

262 Faktisch handelt es sich um Fälle der „**Verdachtsaufhebung**" (Ausdruck von Schmid). Es ist nicht klar, dass ein sachlich-rechtlicher Fehler vorliegt, es besteht nur der entsprechende Verdacht.[782]

777 Vgl. BGH, NStZ 1985, S. 563 = 3.7.1985 – 2 StR 881/85, vgl. auch BGH, StV 1994, S. 359 = 26.1.1994 – 3 StR 629/93.

778 Vgl. BGH, StV 1994, S. 358 = 24.11.1993 – 3 StR 517/93.

779 Vgl. BGHSt 3, S. 218.

780 Vgl. Fezer, Möglichkeiten einer Reform der Revision in Strafsachen, S. 170 f.

781 Fezer, Möglichkeiten einer Reform der Revision in Strafsachen, S. 172.

782 Vgl. Schmid, Der Revisionsrichter als Tatrichter, ZStW 85 (1973), S. 360, 376 Fn 35.

Der BGH hält jedenfalls an folgendem Grundsatz fest:

> *„Dort, wo ein Umstand, der zu einer anderen Schlußfolgerung führen könnte, weder in die Urteilsfeststellungen aufgenommen worden ist noch sonst irgendwie anklingt und damit die Gesamtfeststellungen in ihrer Geschlossenheit nicht beeinträchtigt, kann weder gerügt werden, der Umstand sei nicht gewürdigt, noch kann gerügt werden, eine andere naheliegende Möglichkeit sei nicht erörtert worden.“*[783]

Die Problematik kann wie folgt zusammengefasst werden:

> *„Dort, wo die Urteilsgründe in sich schlüssig sind und der Fehler des tatrichterlichen Urteils bereits darin liegt, daß zu wenig Beweismaterial in der Hauptverhandlung ausgebreitet war, kann das Revisionsgericht mit Hilfe der Sachrüge nicht eingreifen, solange ihm als Erkenntnisgrundlage nur die Urteilsgründe zur Verfügung stehen.“*[784]

Diesseits wird nicht der Umstand bemängelt, dass das Revisionsgericht durch generalklauselartige Textbausteine in die tatrichterliche Beweiswürdigung eingreifen kann, sondern vielmehr, dass diese Eingriffsmöglichkeit i.d.R. vom rhetorischen Geschick des Urteilsverfassers abhängt. Mit anderen Worten: Der Urteilsverfasser kann in den meisten Fällen faktisch selbst bestimmen, ob und inwiefern er sich vom Revisionsgericht überprüfen lassen will.

Damit sind weite und durch psychologische Phänomene (Perseveranz- und Schul- **263**
terschlusseffekt) zu Lasten des Angeklagten wirkende Bereiche tatrichterlicher Tätigkeit der revisionsgerichtlichen Kontrolle entzogen.[785]

Hinweis **264**

Ob eine Verfahrensrüge des Verstoßes gegen § 267 Abs. 1 Satz 2 StPO neben der Sachrüge möglich bzw. einen praktischen Anwendungsbereich hat, ist ungeklärt.[786] Gemäß dem Prinzip des sichersten Wegs, sollte ein entsprechender Vortrag innerhalb der 1-monatigen Begründungsfrist und in der Klarheit des § 344 Abs. 2 Satz 2 StPO erfolgen. Gleiches gilt, wenn ein Umstand des § 267 Abs. 2 StPO in der Hauptverhandlung behauptet wurde, aber aus den Urteilsgründen nicht ersichtlich ist.[787]

783 Fezer, Möglichkeiten einer Reform der Revision in Strafsachen, S. 163.
784 Fezer, Möglichkeiten einer Reform der Revision in Strafsachen, S. 165.
785 Vgl. Fezer, Die erweiterte Revision – Legitimierung der Rechtswirklichkeit, S. 49.
786 Vgl. LR-StPO/Gollwitzer, 25. Aufl., § 267 Rn 164 m.w.N.
787 Vgl. LR-StPO/Gollwitzer, 25. Aufl., § 267 Rn 168 m.w.N.

XI. Besondere Beweiswürdigungsanforderungen

1. Allgemeines

265 Die höchstrichterliche Rechtsprechung geht nach wie vor vom **Dogma der freien Beweiswürdigung** aus. Nachdem bei Einführung der freien Beweiswürdigung bestehende Beweisregeln abgeschafft wurden, dürfe und müsse der Tatrichter ohne Bindung an Beweisregeln entscheiden. Eine rechtshistorische Betrachtung zeigt, dass es zu sinuskurvenartigen Wechseln zwischen freier Beweiswürdigung und legalen Beweistheorien gekommen ist. Auch ein Blick in die *jüngere* Geschichte zeigt, dass (aktuell) ohne Beweisregeln nicht auszukommen ist. Von *Sarstedt* hatten wir bereits 1968 erfahren: „vielmehr kommen diese Beweisregeln, wie so vieles Bedeutende auf dem Gebiet des Rechts, fast unbemerkt, Schritt für Schritt, von Fall zu Fall, wie einer, der viel Zeit hat, und in mancherlei Verkleidungen. Sie wachsen langsam als das Ergebnis einer natürlichen, einer nicht aufzuhaltenden Entwicklung. Gewiß ist sie auch noch nicht abgeschlossen.“[788]

266 Faktisch gibt es aktuell bereits diverse Beweisregeln.[789] Die Rechtsprechung vermeidet den Begriff der „Beweisregel“ und spricht statt dessen von „besonders gründlichen/vorsichtigen Beweiswürdigungen“, „von besonders kritischer Prüfung“, „besonders sorgfältiger Beweiswürdigung“, „besonders hohen Anforderungen an die Beweiswürdigung“, „besonders gründlicher Abwägung“ etc., die in bestimmten Konstellationen nötig sind. Von *Pfister* erfahren wir, dass der Unterschied zwischen einer gründlichen und einer besonders gründlichen Beweiswürdigung nicht verallgemeinerbar sei. Selbst Entscheidungen, die wie Beweisregeln klingen würden,[790] dürften so nicht verstanden werden, da dies ein Systembruch wäre.[791]

267 Die Vermeidung des Begriffs „Beweisregeln“ führt dazu, dass bei jedem Angeklagten theoretisch der Grundsatz der gründlichen Beweiswürdigung gilt („lückenlos“, „umfassend“).[792] In besonderen tatsächlichen Konstellationen soll aber wiederum eine besonders gründliche Beweiswürdigung nötig sein. Offen bleibt, was bei einer ohnehin umfassenden Beweiswürdigung noch „gründlicher“ gemacht werden muss. Und daneben sollen in bestimmten Konstellationen noch einmal gesteigerte Anforderungen an die Beweiswürdigung bestehen, wenn sich z.B. in der Konstellation

788 Sarstedt, Beweisregeln im Strafprozeß, S. 171, 173.

789 Vgl. Geipel, Handbuch der Beweiswürdigung, S. 161 ff. m.w.N.

790 Zum Beispiel kann die bewusst unwahre Aussage des einzigen Belastungszeugen eine Verurteilung nur dann stützen, wenn sie durch gewichtige Umstände außerhalb der Aussage belegt ist, vgl. BGHSt 44, S. 153, 159.

791 Vgl. Pfister, Die Prüfung der Glaubhaftigkeit einer Aussage, in: Die Erhebung von Zeugenaussagen im Strafprozess (hrsg. v. Deckers/Köhnken), 2. Aufl., S. 114 m.w.N.

792 Vgl. Schmitt/Köhler, Komm. zur StPO, 68. Aufl., § 261 Rn 2a, 5.

Aussage gegen Aussage die Unwahrheit eines Aussageteils des einzigen Belastungszeugen herausstellt.[793]

Hinweis 268

Diese Unterscheidung zwischen umfassenden, besonders gründlichen und noch einmal gesteigerten Begründungsanforderungen ist einerseits nicht handhabbar und andererseits ohne Rechtsgrundlage. Aus § 261 StPO lässt sich diese Unterscheidung nicht entnehmen.[794]

Der Unterschied zwischen „normalen“ Beweiswürdigungen und den für diese Kon- 269
stellationen „besonderen“ Beweiswürdigungen ist tatsächlich und rechtlich nur schwer zu erklären. Denkbar ist, dass es entgegen den Beteuerungen aus der Praxis kein Einheitsbeweismaß gibt, sondern ein variables.[795] Kann es dann aber auf das Vorliegen von besonderen tatsächlichen Konstellationen ankommen (z.B. Aussage gegen Aussage) oder sollte es nicht auf die Schwere des Delikts ankommen? Hat nicht etwa ein Angeklagter eines Mordprozesses, der von lebenslanger Freiheitsstrafe bedroht wird, Anspruch auf die bestmögliche und gründlichste Beweiswürdigung, auch wenn die zur Vorsicht mahnenden besonderen tatsächlichen Konstellationen (z.B. wiederholtes Wiedererkennen, Zeuge vom Hörensagen, Aussage gegen Aussage) nicht vorliegen?

Die eine besonders gründliche Beweiswürdigung auslösenden Konstellationen sol- 270
len im Folgenden näher analysiert werden. Hinzuweisen ist vorab, dass das Tatgericht darlegen muss, sich dieser besonderen Anforderungen bewusst gewesen zu sein, andernfalls bestünde die Gefahr, dass diese besonderen Anforderungen verkannt wurden.[796]

2. (Wiederholtes) Wiedererkennen

Speziell zu fragwürdigen Identifizierungen lassen sich diverse aufhebende Revisi- 271
onsurteile finden. Ist es zu einer Nicht-lege-artis-Gegenüberstellung gekommen, kann die daraufhin erfolgte Identifizierung i.d.R. nicht zu einer Verurteilung ausreichen. Der Fehler der Nicht-lege-artis Gegenüberstellung ist i.d.R. kaum wieder gut zu machen.[797] Das gilt auch dann, wenn weitere schwache Indizien hinzukommen (Bekanntschaft mit dem Haupttäter, einschlägige Vorstrafen, zutreffende Täterbeschreibung hinsichtlich Statur und „kurzen hellen Haaren“).[798] Identifiziert der

793 Vgl. BeckOK-StPO/Eschelbach, § 261 Rn 47 ff.

794 Vgl. hierzu auch Zuck, Das Recht der Verfassungsbeschwerde, 3. Aufl., 1140 ff. zum Parallelproblem des strengen Maßstabes bei § 32 BVerfGG.

795 Vgl. Bender/Nack, Tatsachenfeststellung vor Gericht, 2. Aufl., Rn 373.

796 Vgl. BGH, StV 1983, S. 403 = 2.8.1983 – 5 StR 152/83, vgl. auch BGH, NStZ 1983, S. 133 = 25.11.1982 – 4 StR 564/82.

797 Vgl. BGHSt 16, S. 204, 206.

798 Vgl. BGH, NStZ-RR 1997, S. 377 ff. = 8.11.1996 – 2 StR 534/96.

Zeuge den Angeklagten aufgrund „seiner hellen Augenbrauen, seiner Statur und seiner Sprache“, sind weitere Darlegungen zur Zuverlässigkeit dieser Merkmale notwendig.[799] Das gilt auch dann, wenn das Tatgericht zwar mitteilt, sich des beschränkten Beweiswerts der Nicht-lege-artis-Gegenüberstellung erkannt zu haben,[800] aber gleichwohl aufgrund einer detaillierten Täterbeschreibung durch den Zeugen, die in wesentlichen Punkten nicht auf den Angeklagten zutrifft, von einer positiven Identifizierung ausgeht.

272 Die Tatsache, dass eine Täterbeschreibung nicht zum Angeklagten passt, kann auch durch Erklärungsversuche, worauf die Irrtümer des Zeugen zurückgeführt werden können, nicht geändert werden.[801] Identifiziert der Zeuge zuerst A, dann aber B, so mag es ein erhebliches Indiz sein, wenn die Täterbeschreibung auf B zutrifft. Das gilt aber dann nicht, wenn – was das Urteil darlegen müsste – die Beschreibung auch auf A zutrifft oder sich A und B ähnlich sehen. Sehen sich A oder B nicht ähnlich, muss im Urteil dargelegt werden, warum die Identifizierung von B verlässlich ist, nachdem zuerst A identifiziert wurde.[802] Näherer Darlegung bedarf es, warum ein Zeuge den Angeklagten in der Hauptverhandlung nicht erkannt hat, obwohl der Angeklagte so aussah wie am Tattag, wohl aber auf einem älteren Lichtbild und der Angeklagte sein Aussehen zwischenzeitlich erheblich verändert hatte.[803] Hingewiesen werden muss darauf, dass entgegen alltagspsychologischen Annahmen, Identifizierungsaussagen von Polizeibeamten kein höherer Beweiswert als Aussagen von Laien zukommt.[804]

273 Widersprüchlich wäre es, wenn Zeugen im Ermittlungsverfahren eine Täterbeschreibung abgeben, den Angeklagten aber weder in der Hauptverhandlung noch bei einer polizeilichen Gegenüberstellung identifizieren können und dies vom Tatgericht damit begründet wird, dass die Zeugen in der Verhandlung angegeben haben, den Täter nicht genau gesehen zu haben. Gleichwohl stimme die ursprüngliche Täterbeschreibung mit dem Angeklagten überein. Der BGH teilt hierzu mit: Entweder die Zeugin hat den Täter so genau gesehen, dass sie ihn detailliert beschreiben oder wesentliche Einzelheiten seines Äußeren mitteilen konnte oder sie hat ihm so wenig Aufmerksamkeit geschenkt, dass sie ihn von Anfang an nicht identifizieren konnte. Da das eine das andere ausschließe, könne die Personenbeschrei-

799 Vgl. BGHR, StPO, § 261 Identifizierung 6.

800 Wann das Tatgericht insofern nähere Ausführungen machen muss, lässt sich der Entscheidung des BGH, NStZ 1997, S. 355 f. = 4.3.1997 – 1 StR 778/96 entnehmen.

801 Vgl. BGH, NStZ 1982, S. 342 = 17.3.1982 – 2 StR 793/81.

802 Vgl. BGH, StV 1981, S. 114 = 17.12.1980 – 2 StR 622/80.

803 Vgl. BGH, StV 1981, S. 55 = 7.11.1980 – 2 StR 522/80.

804 Vgl. Sporer, Verfahrensfehler und Justizirrtümer: Kognitive und soziale Erklärungsansätze, S. 163, 187 m.w.N. in: Deckers/Köhnken (Hrsg.), Die Erhebung und Bewertung von Zeugenaussagen im Strafprozess, 4. Band.

bung nicht zu Lasten des Angeklagten gewertet werden.[805] Aus demselben Grund können Beweisanträge, denen zufolge der Angeklagte am Tattag anders aussah als in der Personenbeschreibung des Zeugen bzw. dem Vergleichslichtbild, nicht als bedeutungslos übergangen werden. Es geht nicht darum, dass der Zeuge den Angeklagten angeblich an den unstrittig noch übereinstimmenden Merkmalen identifizieren kann, sondern darum, ob dem Zeugen die deutlich sichtbare (behauptete) Abweichung nicht hätte auffallen müssen bzw. warum die Erinnerung des Zeugen zuverlässig sein kann, wenn ihm die Abweichung nicht aufgefallen ist.[806]

Das Wiedererkennen einer Person durch eine andere ist grundsätzlich von zweifelhaftem Beweiswert.[807] In Dänemark wurde sogar vorgeschlagen, den Beweiswert des Wiedererkennens gesetzlich zu beschränken.[808] In Deutschland muss das tatrichterliche Urteil erkennen lassen, dass es sich des beschränkten Beweiswerts eines wiederholten Wiedererkennens[809] oder eines Erkennens nach einer nicht lege artis erfolgten Gegenüberstellung bewusst ist.[810] Andernfalls liegt ein sachlich-rechtlicher Fehler vor. Teilt der Tatrichter ausdrücklich mit, sich der Problematik bewusst gewesen zu sein und die entsprechenden Beweise besonders sorgfältig gewürdigt zu haben, ist dies grds. revisionsrechtlich unangreifbar, auch wenn tatsächlich keine besonders sorgfältige Prüfung durchgeführt wurde[811] oder auch nur durchgeführt werden konnte, denn der denkbare Wahrnehmungs- bzw. Erinnerungsfehler kann weder ausgeschlossen noch quantifiziert werden.[812] „Es ist logisch nicht zu trennen, ob beim zweiten ‚Wiedererkennen' die tatverdächtig Person lediglich deshalb ‚erkannt' wird, weil ihr Foto zuvor als Einzelbild bereits vorgelegt worden war, oder in der Kartei oder einer ersten Lichtbildvorlage enthalten war […] Wird die Person beim zweiten Mal erneut ‚erkannt', kann dies ja lediglich einen Selbstfestlegungseffekt 274

805 Vgl. BGH, 14.4.1970 – 5 StR 21/70 in: Fezer, Die erweiterte Revision – Legitimierung der Rechtswirklichkeit?, S. 73.

806 Vgl. BGH, StV 1981, S. 165 = 5.2.1981 – 1 StR 603/80.

807 Vgl. BeckOK-StPO/Eschelbach, § 261 Rn 48; vgl. auch Geipel, Handbuch der Beweiswürdigung, S. 392 ff, 627 ff., 958 ff.; vgl. auch BeckOK-StPO/Wiedner, § 337 StPO, Rn 98.2 m.w.N

808 Vgl. Gräns, Das Risiko materiell fehlerhafter Urteile, S. 99 m.w.N.

809 Die Rechtsprechung spricht von dem „eingeschränkten Beweiswert", während die psychologische Forschung von keinem Beweiswert ausgeht, vgl. Geipel, Handbuch der Beweiswürdigung, S. 639, 958.

810 Dieser Fehler kann nicht mehr wiedergutgemacht werden, vgl. BGHSt 16, S. 204; vgl. auch Bender/Nack/Treuer, Tatsachenfeststellung vor Gericht, 3. Aufl., Rn 1174.

811 Vgl. Sommer, Lebenserfahrung, Gedanken über ein Kriterium richterlicher Lebenserfahrung, in: FS für Peter Ries, 2002, S. 585, 599.

812 Vgl. Sporer, Verfahrensfehler und Justizirrtümer: Kognitive und soziale Erklärungsansätze, S. 163, 183 m.w.N. in: Deckers/Köhnken (Hrsg.), Die Erhebung und Bewertung von Zeugenaussagen im Strafprozess, 4. Band.

auf die frühere Entscheidung bedeuten."[813] Hinzu kommt ein weiteres Fehlerpotential, nämlich dann, wenn dem Zeugen ein Feedback auf seine Identifizierungsleistung gegeben wurde, denn dadurch kann die subjektive Sicherheit des Zeugen derart erhöht werden, dass sie keinen Beweiswert mehr hat.[814] Das ist auch deshalb von Bedeutung, weil die subjektive Sicherheit der Aussageperson bezüglich der Tathergangsbeschreibung keinen Hinweis auf eine bessere Richtigkeit liefert, während bei positiven Identifizierungsaussagen ein solcher Zusammenhang schon besteht.[815]

275 Denkbar ist, dass der BGH diese restriktive Praxis in Zukunft aufgibt und den Beweiswert von Nicht-lege-artis-Wiedererkennungen grds. nicht mehr genügen lässt, sofern keine weiteren Indizien vorhanden waren.[816] Das würde eine Annäherung an die Anforderungen an den „**Zeugen vom Hörensagen**" bedeuten.

Erstes Wiedererkennen	**Wiederholtes Wiedererkennen**	**Folge**
Ja	Keine Erörterung	Erörterungsmangel[817]
Nein	Nein	Keine Verurteilung auf dieser Tatsachengrundlage

813 Sporer, Verfahrensfehler und Justizirrtümer: Kognitive und soziale Erklärungsansätze, S. 163, 1783 f. m.w.N. in: Deckers/Köhnken (Hrsg.), Die Erhebung und Bewertung von Zeugenaussagen im Strafprozess, 4. Band.

814 Vgl. Sporer, Verfahrensfehler und Justizirrtümer: Kognitive und soziale Erklärungsansätze, S. 163, 180 in: Deckers/Köhnken (Hrsg.), Die Erhebung und Bewertung von Zeugenaussagen im Strafprozess, 4. Band.

815 Vgl. Sporer, Verfahrensfehler und Justizirrtümer: Kognitive und soziale Erklärungsansätze, S. 163, 186 m.w.N. in: Deckers/Köhnken (Hrsg.), Die Erhebung und Bewertung von Zeugenaussagen im Strafprozess, 4. Band.

816 Vgl. Widmaier/Nack, MAH Strafverteidigung, S. 1305, unter Hinweis auf BGH, StV 1996, S. 649.

817 Vgl. OLG Koblenz, NStZ-RR, 2001, S. 110 f.

Erstes Wiedererkennen	Wiederholtes Wiedererkennen	Folge
Nein	Ja	Kein nennenswerter Beweiswert mehr.[818] Im Urteil müsste dargelegt werden, dass die Wiedererkennung nicht auf der Wirkung der „Anklagebank" beruht.[819] Das gilt auch, wenn sich der Zeuge bei dem ersten Wiedererkennen unsicher war, nun aber den Angeklagten „einwandfrei" erkennt.[820]
Ja	Nein	Ein zu erörternder Umstand, der gegen die Zuverlässigkeit der ersten Identifizierung spricht.[821]
Ja	Ja	Verurteilung möglich, wenn der Zeuge über ein detailreiches Erinnerungsbild[822] bei der ersten Identifizierung verfügt. Diese Umstände sind im Urteil näher darzulegen, nicht die Umstände des letzten Wiedererkennens.[823] Beim letzten Wiedererkennen ist der eingeschränkte Beweiswert (v.a. **Selbstfestlegungseffekt**[824]) zu erörtern

Würdigt der Tatrichter **das wiederholte Wiederkennen** als zusätzliches Indiz (neben weiteren) und kommt dadurch in einer Gesamtschau der gesamten Indizien zu dem Schluss der Täterschaft des Angeklagten, ist dies ein revisibler Rechtsfehler. Ein völlig wertloses Beweismittel (wiederholtes Wiedererkennen) kann den ande- **276**

818 Vgl. LG Gera, StV 2000, S. 610 f.

819 Eine sichere Wiedererkennung wird i.d.R. nicht vorliegen, vgl. BGH, NStZ 2003, S. 493 f.: vgl. BeckOK-StPO/Eschelbach, § 261 Rn 50 f.; vgl. auch BGHR, StPO, § 261 Identifizierung 3 = 3.2.1987 – 1 StR 644/86.

820 Vgl. Vgl. Odenthal, Die Gegenüberstellung zum Zwecke des Wiedererkennens, NStZ, 1985, S. 433, 437 m.w.N.

821 Vgl. BGH StV 1997, S. 454, StV 2005, S. 421.

822 Vgl. OLG Frankfurt, NStZ-RR, 1999, S. 365 f.

823 Vgl. Bender/Nack/Treuer, Tatsachenfeststellung vor Gericht, 3. Aufl., Rn 1233.

824 Vgl. Bender/Nack/Treuer, Tatsachenfeststellung vor Gericht, 3. Aufl., Rn 1229.

ren Beweismitteln (sonstige Indizien) auch in einer Gesamtschau keinen höheren Beweiswert zukommen lassen.[825]

277 In der Darstellung wird man erwarten müssen,[826] dass der Tatrichter sowohl die ursprüngliche **Täterbeschreibung** als auch die Übereinstimmung bzw. Abweichungen hiervon als unverzichtbares Indiz wiedergibt.[827] Eine Diskrepanz zwischen Aussehen und Beschreibung muss erörtert werden.[828] Gleiches gilt, wenn zuvor eine völlig andere Täterbeschreibung abgegeben wurde.[829]

Trifft die Täterbeschreibung auf eine Vielzahl von Personen zu, ist das ohne jedes Gewicht.[830] Enthält die Täterbeschreibung Eigentümlichkeiten, wäre auch dies ohne Beweiswert, wenn ein konkret benannter Alternativtäter diese Eigentümlichkeiten ebenso aufweist.[831]

278 *Hinweis*

Stehen mehrere Zeugen zur Identifizierung zur Verfügung, muss das Urteil das Identifizierungsergebnis aller Zeugen wiedergeben.[832]

279 Um zu versuchen, die Problematik des „wiederholten Wiedererkennens" festzuschreiben und den Tatrichter zu Ausführungen hierzu zu drängen, ist dem Tatsachenverteidiger ggf. ein Beweisantrag dergestalt zu empfehlen, dass der Beamte X zum Beweis der Tatsache benannt wird, dass der Zeuge Y den Angeklagten A bereits in einer früheren Gegenüberstellung am Z-Tag identifiziert bzw. nicht identifiziert hat.

280 Ist es zu einer Einzelgegenüberstellung gekommen und hat der Zeuge zuerst eine detaillierte Täterbeschreibung (Nasenform, Körpergröße, Sprache) abgegeben, die der Person des Angeklagten widerspricht, verkennt eine Beweiswürdigung, die dieser Irrtümer als erklärlich hinweg diskutiert, den eingeschränkten Beweiswert der Einzelgegenüberstellung.[833]

281 Ist es im Ermittlungsverfahren nur zu einer **Einzelgegenüberstellung oder Einzellichtbildvorlage**[834] gekommen, muss sich das Urteil zu dem insofern **eingeschränk-**

825 Vgl. Odenthal, Die Gegenüberstellung zum Zwecke des Wiedererkennens, NStZ, 1985, S. 433, 437 m.w.N., a.A., aber die überwiegende Rechtsprechung BGHSt 16, 204, 205; LM StPO, § 261 Nr. 36; BGH, StV 1995, S. 452 f.; BGH, NStZ 1997, S. 355; BGH, NStZ 1998, S. 266 f.

826 Instruktiv: BGH, Beschl. v. 1.10.2008 – 5 StR 439/08 = NStZ 2009, S. 283 f.

827 Vgl. Odenthal, Die Gegenüberstellung zum Zwecke des Wiedererkennens, NStZ, 1985, S. 433, 437.

828 Vgl. BGH, NStZ 1982, S. 342.

829 Vgl. auch BGHR, StPO, § 261 Identifizierung 10 = 4 StR 142/94.

830 Vgl. Odenthal, Die Gegenüberstellung zum Zwecke des Wiedererkennens, NStZ, 1985, S. 433, 437, damit ist die Frage nach der abstrakten Beweiskraft eines Indizes angesprochen.

831 Vgl. BGH, StV 1981, S. 114.

832 Vgl. BGH, StV 1981, S. 114; BGH, Beschl. v. 21.7.2009 – 5 StR 235/09 = NStZ 2010, S. 53 f.

833 Vgl. BGH, NStZ 1982, S. 342 = 17.3.1982 – 2 StR 793/81.

834 Vgl. BGH, 9.11.2011 – 1 StR 524/11 = NStZ 2012, S. 172.

ten Beweiswert verhalten.[835] Auch hier ist dem Tatsachenverteidiger ein Beweisantrag auf Vernehmung des Beamten X, dass der Zeuge Y den Angeklagten A im Rahmen einer Einzelgegenüberstellung am Z-Tag identifiziert hat, zu empfehlen.

Das Urteil wird sich daher auch zur **Beobachtungssituation** bei der Tat und ggf. der möglichen Verfälschung der Erinnerung durch suggestive Einflüsse (z.B. durch Phantombilder in der Presse, Lichtbildvorlagen des Angeklagten) verhalten müssen.[836] 282

> *Hinweis* 283
>
> Jedweder Umstand, der gegen die Zuverlässigkeit der Identifizierung spricht, ist vom Tatsachenverteidiger durch entsprechende Beweisanträge geltend zu machen.

3. Zeuge vom Hörensagen

Der Zeuge vom Hörensagen kommt in der Praxis in zwei Konstellationen vor.[837] 284
Zum einen wird von Verteidigern ein Zeuge in den Prozess eingeführt, dem die nicht mehr greifbare Person X. etwas Entlastendes berichtet habe. Die Rechtsprechung steht einem solchen „Entlastungsbeweis" zu Recht skeptisch gegenüber. Der Zeuge vom Hörensagen kommt aber auch als **Belastungszeuge** vor. Namentlich Polizei oder Strafverfolgungsorgane offenbaren die Identität des eigentlichen (anonymen) Zeugen Y nicht, sondern wollen diesen Zeugen durch eine Vernehmung derjenigen Person „einführen", der gegenüber Y bestimmte Angaben gemacht hat.

Nach der ständigen Rechtsprechung kann eine Verurteilung auf die Angaben eines 285
Zeugen vom Hörensagen nicht gestützt werden, sofern dessen Aussagen nicht durch andere **gewichtige** Gesichtspunkte außerhalb der Aussage bestätigt werden.[838] Das wiederum bedeutet, dass nicht jedes Detail der Angaben des Zeugen durch andere Indizien abgesichert werden muss, v.a. nicht solche, die sich nur auf den Schuldumfang beziehen.[839]

Bender/Nack/Treuer meinen, dass eine Bestätigung durch andere Umstände nur dann zuverlässig erfolgen kann, wenn die Vernehmung des Zeugen durch den Zeugen vom Hörensagen de lege artis erfolgte. Konkret bedeutet das, dass die Zweitei-

835 Vgl. Odenthal, Die Gegenüberstellung zum Zwecke des Wiedererkennens, NStZ, 1985, S. 433, 437 m.w.N.

836 Vgl. Odenthal, Die Gegenüberstellung zum Zwecke des Wiedererkennens, NStZ, 1985, S. 433, 438 m.w.N.

837 Auch im Zivilverfahren sollen an den Zeugen vom Hörensagen „hohe Anforderungen" gestellt werden, vgl. BGH, Urt. v. 6.10.2016 – VII ZR 185/13 = NJW 2017, S. 386, 388,

838 Vgl. Bender/Nack/Treuer, Tatsachenfeststellung vor Gericht, 3. Aufl., Rn 1340 ff.

839 Vgl. BGH, NStZ 2007, S. 103.

lung von Bericht und Verhör beachtet werden muss und Fragen, Vorhalte und die Antworten hierauf möglichst wörtlich protokolliert werden sollten.[840]

286 Für das Tatgericht genügt es nicht, darzulegen, dass die Angaben des Zeugen vom Hörensagen bei einem bestreitenden Angeklagten nicht widerlegt sind, sondern das Tatgericht muss **positiv darlegen**, dass die nach Meinung des Gerichts glaubwürdige Aussage durch ein oder mehrere weitere Beweismittel bestätigt wurde. Diese Bestätigung muss die Tat des Angeklagten betreffen, nicht Taten von Mitangeklagten.[841]

4. Aussage gegen Aussage

a) Darstellungsanforderungen

287 In der Konstellation Aussage gegen Aussage bestehen einerseits besondere **Darstellungsanforderungen**. Das bedeutet, dass der wesentliche Inhalt der Aussage zusammenhängend und in sich geschlossen dargestellt werden muss. Die Entstehungsgeschichte und Entwicklung der Aussage muss nachvollziehbar mitgeteilt werden,[842] sofern dies für die Glaubhaftigkeit relevant ist. Das wird in Fällen sexuellen Missbrauchs grds. der Fall sein.[843] Weiter wird dies in den Fällen relevant, in denen der Tatrichter auf die Konstanz der Aussage abstellt. Dann müssen die verschiedenen Schilderungen und die vorhandene Konstanz bzw. ggf. Abweichungen im Urteil dargestellt werden.[844] Formulierungen wie die Aussagen seien „im wesentlichen konstant" oder „hinreichend konstant"[845] oder „die Zeugin habe derartige Details nicht ohne reales Erlebnis berichten können", müssen in den Urteilsgründen hinreichend belegt werden,[846] zumal die **Inkonstanz** regelmäßig ein gewichtiges Indiz gegen die Glaubhaftigkeit der Angaben darstellt.[847] Andernfalls ist die revisionsrechtliche Überprüfung der Kriterien nicht möglich.[848] Auch wenn nicht mit Konstanz, sondern mit nachvollziehbaren Übertreibungen, Widersprüche und Unvollständigkeiten im Urteil argumentiert wird, muss das Revisionsgericht durch entsprechende Wiedergabe in den Urteilsgründen in die Lage versetzt werden, zu prüfen, ob diese

840 Vgl. Bender/Nack/Treuer, Tatsachenfeststellung vor Gericht, 3. Aufl., Rn 1354 f.

841 Vgl. BGH, StV 2000, S. 603 ff. = 7.6.2000 – 3 StR 84/00.

842 Vgl. BGH, Beschl. v. 17.9.2009 – 4 StR 174/09 = NStZ 2010, S. 228 f.

843 Vgl. BGH, StV 2001, S. 551 ff. = NStZ 2000, S. 496 ff. = 23.5.2000 – 1 StR 156/00; vgl. auch BGH, StV 1999, S. 307 ff. = 2 StR 49/98; vgl. auch BGH, StV 1998, S. 250 ff. = 17.12.1997 – 2 StR 591/97, n.V.; vgl. auch BGH, NStZ 1995, S. 558 = 16.5.1995 – 4 StR 237/95, aber auch in anderen Fällen, vgl. den Brandstiftungsfall in BGH, StV 1991, S. 409 = 17.4.1991 – 3 StR 107/91.

844 Vgl. Bender/Nack/Treuer, Tatsachenfeststellung vor Gericht, 3. Aufl., Rn 1358 f., vgl. BGH, StV 2008, S. 237 f. = 2 StR 258/07.

845 Vgl. BGH, NStZ 2009, S: 106 f. = 17.9.2008 – 5 StR 276/08.

846 Vgl. BGH, NStZ 2009, S. 107 = 17.8.2008 – 5 StR 284/08.

847 Vgl. BGH, 25.1.2011 – 5 StR 418/10 = BeckRS 2011, 04353.

848 Vgl. BGH, StV 2001, S. 551 = NStZ 2000, S. 496 = 23.5.2000 – 1 StR 156/00.

Übertreibungen, Widersprüche und Unvollständigkeiten tatsächlich irrelevant waren.[849] Man wird folgendes Zitat verallgemeinern können:

> *„Zu den für die Glaubwürdigkeit eines Belastungszeugen und die Glaubwürdigkeit seiner Angaben wesentlichen Gesichtspunkten gehört aber insbesondere auch die Frage, wie sich die Aussage des Zeugen im Laufe des Verfahrens entwickelt hat, ob und in welchen Punkten er sich in Widersprüche verstrickt hat und gegebenenfalls in welchen Teilen seine Angaben sich als unrichtig oder im Sinne deutlichen Belastungseifers als übertrieben herausgestellt haben.“*[850]

Ein weiterer Anwendungsfall liegt vor, wenn ein Zusammenhang mit familiären Auseinandersetzungen nicht von vornherein auszuschließen ist[851] oder sich der Belastungszeuge selbst der früheren Falschaussage bezichtigt hat. Es ist gerade kein Beleg für die Wahrheitsliebe von Zeugen, wenn diese in der Hauptverhandlung weniger Vorwürfe aufrecht erhalten als noch im Ermittlungsverfahren. Vielmehr ist dies ein Beleg für mangelnde Aussagekonstanz.[852] Ist es vor Beginn der strafrechtlichen Ermittlungen zu „privaten Befragungen“ gekommen, sind die Erkenntnisquellen zur Aussageentstehung auszuschöpfen[853] und die Aussagemotivation kritisch zu prüfen. Weiter müsste in diesen Fällen abgeklärt werden, inwiefern es zu suggestiven Einflüssen im Rahmen dieser privaten Befragungen gekommen ist, so dass ursprüngliche Erinnerungsinhalte ggf. durch Suggestionen[854] überschrieben worden sind.[855] Kommt ein anderer Täter in Betracht, dessen Handlungen auf den Angeklagten projiziert werden, hat das Urteil darzustellen, ob und inwiefern sich Verdachtsmomente in Richtung dieses anderen Täters ergeben haben.[856] 288

Hinweis 289

Die Konstellation „Aussage gegen Aussage“ ist freilich nicht auf Sexualstraftaten beschränkt, sondern liegt auch bei Mitangeklagten[857] oder informellen Kronzeugen vor[858] und sogar dann, wenn sich der Angeklagte nicht zur Sache

849 Vgl. BGH, StV 1991, S. 409 = 17.4.1991 – 3 StR 107/91.

850 BGH, StV 1991, S. 409 = 17.4.1991 – 3 StR 107/91.

851 Vgl. BGH, NStZ 1999, S. 45 = 10.9.1998 – 1 StR 476/98, vgl. auch BGH, StV 1994, S. 227 = 17.2.1994 – 1 StR 723/93.

852 Vgl. BGH, StV 1998, S. 362 ff. = 5.11.1997 — 3 StR 558/97.

853 Vgl. BGH, NStZ 1995, S. 558; vgl. auch BGH, StV 2001, S. 551 = NStZ 2000, S. 496 = 23.5.2000 – 1 StR 156/00.

854 Die Kriterien der Aussageanalyse sind dann nicht mehr anwendbar, vgl. hierzu BGHSt 45, S. 164.

855 Vgl. BGH, StV 2001, S. 551 = NStZ 2000, S. 496 = 23.5.2000 – 1 StR 156/00, vgl. auch BGHSt 45, S. 164.

856 Vgl. BGH, StV 1997, S. 513 ff. = 18.6.1997 – 2 StR 140/97.

857 Vgl. BGH, 17.1.2002 – 3 StR 417/01 = NStZ-RR 2002, S. 146 f.

858 Vgl. Graf-StPO/Eschelbach, 2. Aufl. § 261 Rn 55 m.w.N.

eingelassen hat, der Aussage eines einzigen Belastungszeugen aber entscheidendes Gewicht beigemessen wird.[859]

b) Beweiswürdigungsanforderungen

290 Zusätzlich bestehen **besondere Beweiswürdigungsanforderungen,** die sich von den besonderen Darstellungsanforderungen meist nur gedanklich streng trennen lassen. Der Tatrichter muss erkennen lassen, dass er alle Umstände, die sein Urteil beeinflussen können, erkannt und gewürdigt hat.[860] Die Beweiswürdigung muss i.d.R. eine Realkennzeichenanalyse enthalten.[861] Diese kann aber nur dann erfolgen, wenn das Urteil die Zeugenaussage in ihren Einzelheiten darstellt.[862] „Zwar braucht der Tatrichter grundsätzlich im Urteil Zeugenaussagen nicht in Einzelheiten wiederzugeben. Erforderlich ist dies aber dann, wenn bei einem im Übrigen nicht eindeutigen Beweisergebnis einer Aussage entscheidende Bedeutung zukommt und dem Revisionsgericht ohne Kenntnis von deren wesentlichem Inhalt die Prüfung verwehrt ist, ob im Rahmen der Beweiswürdigung alle wesentlichen Gesichtspunkte beachtet worden sind. In Fällen dieser Art muß zumindest der entscheidende Teil der Aussage in das Urteil aufgenommen werden (vgl. BGH, Beschl. v. 21.9.1984 – 2 StR 481/84; Urt. v. 18.12.1981 – 2 StR 417/81).“[863] In den Urteilsgründen ist im Zusammenhang darzustellen, was die Auskunftsperson bei Offenbarungen gegenüber Dritten vor Anzeigeerstattung,[864] früheren Vernehmungen, ggf. beim Sachverständigen und in der Hauptverhandlung ausgesagt hat, um dem Revisionsgericht eine Überprüfung der Beweiswürdigung, insbesondere der Aussagekonstanz, zu ermöglichen.[865] Das gilt insbesondere für alle Umstände, die die Belastungsaussage in Teil- oder Randbereichen in Frage stellen können.[866] Nahelie-

859 Vgl. BGH, 6.12.2012 – 4 StR 360/12 = NStZ 2013, S. 180 f.

860 Das ist ein typischer Textbaustein, vgl. BGHSt 45, S. 153 ff. = StV 1998, S. 5980, ff. = NStZ 1999, S. 43 ff. = NJW 1998, S. 3788 ff. = 29.7.1998 – 1 StR 94/98 m.w.N.; vgl. auch BGH, NStZ 2001, S. 161 = 19.10.2000 – 1 StR 439/00, vgl. auch BGH, NStZ-RR 1999, S. 108 = 25.11.1998 – 2 StR 496/98; vgl. auch BGHR, StPO, § 261 Beweiswürdigung 1 und 14; vgl. auch BGH, StV 1999, S. 306 = NStZ 1999, S. 45 = 10.9.1998 – 1 StR 476/98, vgl. auch BGH, StV 1998, S. 250 = 17.12.1997 – 2 StR 591/97, vgl. auch BGH, StV 1998, S. 362 = 5.11.1997 – 3 StR 558/97, vgl. auch BGH, StV 1997, S. 513 = 18.6.1997 – 2 StR 140/97, vgl. BGH, StV 1997, S. 63 = 24.4.1996 – 3 StR 131/96, vgl. auch BGH, StV 1994, S. 526 = 3.2.1993 – 2 StR 531/92, vgl. auch BGH, StV 1992, S. 97 = 15.11.1991 – StR 499/91, vgl. auch BGHR, StPO, § 261 Mitangeklagte 2; vgl. auch BGH, StV 1990, S. 99 = 19.7.1989 – 2 StR 182/89, Beweiswürdigung 1, vgl. auch BGH, StV 1991, S. 409 = 17.4.1991 – 3 StR 107/91.

861 Vgl. BGH, StV 2002, S. 14 ff. = NStZ 2000, S. 551 = 30.5.2000 – 1 StR 610/99.

862 Vgl. für andere Konstellationen als Aussage gegen Aussage aber BGH (1StR 223/06): „Es ist regelmäßig untunlich, die Zeugenaussagen der Reihe nach und in ihren Einzelheiten mitzuteilen (vergleiche etwa BGH, NStZ 1998, 51 m.w.N.).“

863 BGH, STV 1986, S. 6 = 3.7.1985 – 2 StR 188/85.

864 Vgl. BGH, Beschl. vom 15.2.2016 – 5 StR 599/15 = StV 2016, S. 5 f.

865 Vgl. BGH, Beschl. vom 25.2.2016 – 2 StR 308/15 = StV 2016, S. 4 f.

866 Vgl. Bender/Nack/Treuer, Tatsachenfeststellung vor Gericht, 3. Aufl., Rn 1360 f.

gende Falschbelastungsmotive (z.B. aufgrund einer Borderlinestörung) müssen erörtert, d.h. konkretisiert und fallbezogen überprüft werden,[867] ebenso wie etwaige suggestive Einflüsse.[868] „In Fällen der vorliegenden Art läßt sich die Zuverlässigkeit der Belastungsaussage des einzigen Tatzeugen in der Regel nur dann beurteilen – insbesondere kann nur so die Hypothese einer bewußten Falschbeschuldigung ausgeschlossen werden –, wenn der Inhalt der Aussage einer Analyse unterzogen werden kann (sog. Aussageanalyse, grundlegend dazu BGHSt 45, 164). Zentral dafür ist die Detailliertheit der Aussage. Eine Aussage kann mittels der Aussageanalyse nur dann als glaubhaft beurteilt werden, wenn sie signifikante Realitätskriterien aufweist. In Bezug auf das Fragerecht muß dabei den Detailkriterien besondere Aufmerksamkeit geschenkt werden, namentlich den Realkennzeichen, die eine Verflechtung mit objektivierbaren zeitlichen und örtlichen Umständen belegen."[869] Hierbei ist aber auch zu beachten, „dass gerade dann, wenn die Vorwürfe im Rahmen einer bestehenden sexuellen Beziehung zwischen Täter und Opfer erhoben werden, bei der emotionale Erlebnisse und neutrales Randgeschehen ohne weiteres aus neutralen Erlebniswahrnehmungen generierbar sind, vorhandene Realkennzeichen, die sonst auf eine erlebnisfundierte Schilderung hindeuten, im konkreten Fall wenig aussagekräftig insbesondere dafür sein können, ob ein früheres Einverständnis mit dem Geschlechtsverkehr bestanden haben kann."[870] Neben diesen Übertragungsfällen, stellen sog. Scheinerinnerungen ein besonderes Beweisproblem dar. „Geht ein Psychotherapeut davon aus, dass den Beschwerden einer Patientin verdrängte Erinnerungen zugrunde liegen, kann die Therapie im Versuch der Rückgewinnung solcher Erinnerungen bestehen. Wenn dabei auch nach sexuellem Missbrauch geforscht wird, kann eine Scheinerinnerung daran entstehen (vgl. Köhnken in Müller/Schlothauer [Hrsg.], Münchener Anwaltshandbuch Strafverteidigung, 2. Aufl. § 61 Rn 24; Mack Kriminalistik 2014, 459, 461; Steller NJW-Sonderheft für G. Schäfer, 2002, S. 69, 70; Volbert Beurteilung von Aussagen über Traumata, 2004, S. 105 ff.). Das Vorliegen von Pseudoerinnerungen kann im Einzelfall nicht durch einen Hinweis auf die Aussagequalität der Zeugenaussagen widerlegt werden. Scheinerinnerungen können nämlich auch Merkmale aufweisen, die Realkennzeichen eines Erlebnisberichts entsprechen (vgl. Steller in Volbert/Steller, Handbuch der Rechtspsychologie, 2008, S. 300, 306; Rolinski in FS-Kühne, 2013, S. 297, 303). Eine sichere Verneinung von Pseudoerinnerungen setzt namentlich voraus, dass entweder suggestive Einflüsse ausgeschlossen werden oder weitere Beweise ange-

867 Vgl. BGH, Beschl. vom 25.2.2016 – 2 StR 308/15 = StV 2016, S. 4 f.

868 Vgl. BGH, Beschl. vom 15.2.2016 – 5 StR 599/15 = StV 2016, S. 5 f.

869 BGHSt 46, S. 93, 102.; vgl. zur Beweiswürdigung bei Detailarmut einer Zeugenaussage bei einer „subdepressiven Persönlichkeit" auch BGH, Beschl. vom 12.4.2016 – 2 StR 423715 = StV 2016, S. 9.

870 BGH, Beschl. vom 25.2.2016 – 2 StR 308/15 = StV 2016, S. 4 f.

führt werden, mit denen die Richtigkeit der Zeugenaussage belegt werden kann."[871]

291 Kommt es zu einer Abweichung im Kerngeschehen, ist dies ein (auch zu erörterndes) Indiz, das Zweifel an der Glaubwürdigkeit der Auskunftsperson und damit an der Glaubhaftigkeit der Angaben begründen kann.[872] Umgekehrt versteht sich auch nicht von selbst, warum eine allein im Hinblick auf das Kerngeschehen der Vergewaltigung bestehende Aussagekonstanz zur Widerlegung der Unwahrhypothese beitragen kann.[873] Die Annahme einer hohen Aussagekonstanz ist rechtsfehlerhaft, wenn nicht erkennbar berücksichtigt wird, „dass durch Vorlesen des Protokolls über die erste polizeiliche Vernehmung und die eigene Lektüre des Protokolls über die zweite polizeiliche Vernehmung durch die Nebenklägerin beim Ermittlungsrichter Einfluss auf deren Erinnerung genommen wurde. Eine Erinnerung an selbst erlebtes Geschehen und die Erinnerung an den Inhalt einer Äußerung hierüber kann sich nach einer derartigen Konfrontation mit Vernehmungsprotokollen so vermischt haben, dass bei späteren Befragungen eine Unterscheidung erschwert oder unmöglich gemacht wurde. Praktisch jede Aktivierung des Gedächtnisinhalts führt schließlich auch zu dessen Konsolidierung (vgl. Köhnken in Widmaier/ Müller/Schlothauer, Münchener Anwaltshandbuch Strafverteidigung, 2. Aufl., § 61 Rn 90). Das bedeutet, dass erläutert werden muss, worin gegebenenfalls eine von der Protokollverlesung und Eigenlektüre unbeeinflusste Konstanz verschiedener Aussagen der Nebenklägerin gesehen wurde und welche Bedeutung ihrer Konfrontation mit dem Inhalt der früheren Angaben für die späteren Angaben bei der Exploration und der Zeugenvernehmung in der Hauptverhandlung zuzumessen ist.[874]

292 Um einen nicht erörterten Umstand revisionsrechtlich angreifen zu können, muss sich dieser entweder aus dem Urteil (dann allg. Sachrüge) oder u.U. aus einer Verfahrensrüge[875] (in der Praxis meist ein Verstoß gegen das Beweisantragsrecht oder eine Aufklärungsrüge – falls diese möglich ist) ergeben.

293 *Hinweis*

Nach einer zutreffenden Entscheidung des OLG Karlsruhe kann eine der Aussage-gegen-Aussage-Konstellation vergleichbare Situation auch dann vorliegen, wenn die Aussage des Angeklagten gegen mehrere Zeugenaussagen steht, die jedoch demselben Lager zuzurechnen sind.[876]

871 BGH, Urt. vom 20.5.2015 – 2 StR 455714 = StV 2016, S. 9 f.

872 Vgl. BGH, StV 1999, S. 136 ff. = 12.11.1998 – 4 StR 511/98, vgl. auch BGH, StV 1999, S. 307 ff. = 25.3.1998 – 2 StR 49/98, vgl. auch BGH, StV 1998, S. 250 ff. = 17.12.1997 – 2 StR 591/97.

873 Vgl. BGH, Beschl. v. 25.2.2016 – 2 StR 308/15 = StV 2016, S. 4 f.

874 Vgl. BGH, Beschl. v. 12.4.2014 – 2 StR 423/14 = StV 2006, S. 9 f.

875 Vgl. Schäfer, Die Abgrenzung der Verfahrensrüge von der Sachrüge, FS für Riess, S. 486 f.

876 Vgl. OLG Karlsruhe, StraFO 2005, S. 250.

294 Noch einmal **erhöhte Beweiswürdigungsanforderungen** bestehen dann, wenn sich die Unwahrheit eines Aussageteils (teilweise[877]) herausgestellt hat,[878] der Belastungsaussage teilweise aus sonstigen Gründen (Einstellungen) nicht gefolgt wird,[879] wenn der Belastungszeuge in anderem Zusammenhang vor Gericht bereits falsch ausgesagt hat,[880] wenn sich der Zeuge selbst einer früheren Falschaussage bezichtigt,[881] in einem wesentlichen Punkt von seiner früheren Schilderung abweicht[882] oder nicht erklärbare Erinnerungslücken geltend macht.[883] Ein solcher Hinweis mit entsprechender Erörterungspflicht kann dem Urteil (ggf. i.V.m. der Anklageschrift[884]) bereits dann entnommen werden, wenn es heißt, „im übrigen war der Angeklagte aus tatsächlichen Gründen freizusprechen."[885] Ein Hinweis hierauf kann sich auch dann ergeben, wenn wegen anderer Vorwürfe das Verfahren abgetrennt wurde.[886] Im Falle von Teileinstellungen nach § 154 Abs. 2 StPO müssen deren Gründe mitgeteilt werden.[887]

295 Hat sich die Unwahrheit hinsichtlich einzelner Taten oder Tatmodalitäten herausgestellt, kann eine Verurteilung nur erfolgen, wenn gewichtige Gründe außerhalb der Aussage für deren Glaubhaftigkeit vorliegen. Das muss sich aus den Urteilsgründen ergeben.[888] Erfolgen trotz anfänglich vollumfänglicher Belastungsaussage Teileinstellungen oder Teilfreisprüche, muss plausibel dargelegt werden, dass dies nicht auf den verbleibenden Teil durchschlägt.[889] Das heißt, es müssten außerhalb der Zeugenaussage liegende Gründe vorliegen, aufgrund derer man der Aussage

877 Vgl. BGHR StPO § 261 Zeuge 8 = 25.9.1990 – 1 StR 483/90.

878 Vgl. BGH, StV 2004, S. 59 f.; vgl. auch BGH, StV 1999, S. 304, vgl. BGH, StV 1998, S. 250 ff., vgl. BGH, StV 1990, S. 534, vgl. auch BGH, StV 1985, S. 92, vgl. auch BGH NJW 1999, S. 802, 804: „Allein auf Angaben des einzigen Belastungszeugen, dessen Aussage in einem wesentlichen Detail als bewußt falsch anzusehen ist, kann eine Verurteilung nicht gestützt werden". Vgl. BGH, NStZ 2001, S. 161 = 19.10.2000 – 1 StR 439/00: „Dann muss der Tatrichter jedenfalls regelmäßig außerhalb der Zeugenaussage liegende gewichtige Gründe nennen, die es ihm ermöglichen, der Zeugenaussage im Übrigen dennoch zu glauben." Vgl. auch BGH, NStZ 2000, S. 496 ff. = 10.5.2000 – 1 StR 181/00.

879 Vgl. Bender/Nack/Treuer, Tatsachenfeststellung vor Gericht, 3. Aufl., Rn 1365; vgl. BGHSt 44, S. 153, 159; vgl. auch BGH, NJW 1996, S. 206; vgl. StV 1998, S. 469.

880 Vgl. BGH, StV 1991, S. 405.

881 Vgl. BGH, 24.10.2002 – 1 StR 314/02 = NStZ 2003, S. 164 f.

882 Vgl. BGH, 10.10.2012 – 5 StR 316/12 = NStZ 2013, S. 57 f.

883 Vgl. BGH, 23.8.2012 – 4 StR 305/12 = NStZ-RR 2012, S. 383 f.

884 Hiervon kann das Revisionsgericht bereits aufgrund der von Amts wegen zu prüfenden Verfahrensvoraussetzungen Kenntnis nehmen, vgl. BGH, StV 1996, S. 365 = 21.3.1996 – 4 StR 79/96.

885 Vgl. BGH, StV 1996, S. 365 = 21.3.1996 – 4 StR 79/96.

886 Vgl. BGH, StV 1999, S. 307 ff. = 25.3.1998 – 2 StR 49/98.

887 Vgl. BGH, 10.6.2008 – 5 StR 143/08 = NStZ 2008, S. 581 f.

888 Vgl. Bender/Nack/Treuer, Tatsachenfeststellung vor Gericht, 3. Aufl., Rn 1362.

889 Vgl. BGH, NStZ-RR 2003, S. 332.

im Übrigen dennoch glauben könne.[890] Im Urteil darf die Möglichkeit gezielter Falschbezichtigung – auch von Dritten –[891] nicht offen bleiben.[892]

296 Die Situation der Aussage-gegen-Aussage-Konstellation liegt nicht nur beim gänzlichen Fehlen weiterer Beweismittel vor, sondern auch dann, wenn sich weitere Beweismittel sowohl mit der Schilderung des Opfers als auch mit der des Angeklagten in Einklang bringen lassen.[893]

297 *Hinweis*

Das Behaupten der Belastungszeugin von psychischen Beeinträchtigungen durch die Tat kann zutreffend oder falsch sein. Diese Beeinträchtigung kann entweder Folge der Tat oder Ursache einer Falschbezichtigung sein. Entsprechende bestätigende Angaben von weiteren Zeugen zu diesen Beeinträchtigungen werden ebenso wie Opferangaben hinsichtlich ihres Werts systematisch überschätzt. Die Praxis verkennt, dass das Vorgeben bestimmter Beeinträchtigungen nach einem Missbrauch gerade zu einer guten Lüge gehört, ebenso wie die Produktion selbst gefertigter Beweise (z.B. Tagebucheinträge).[894] Wenn Selbstverletzungen von Opferzeuginnen als Beleg für einen Missbrauchsbericht angesehen werden, ist dies zweifelhaft, denn hierbei kann es sich gerade um ein typisches Symptom einer Borderline-Störung handeln,[895] die wiederum Ursache einer Falschbezichtigung sein kann.[896]

5. Angaben eines Mitbeschuldigten

298 Sagt ein Mitbeschuldigter gegen den anderen mit belastendem Inhalt aus, ist als naheliegendes Motiv der Falschaussage die Erwartung einer eigenen milderen Strafe im Urteil zu erörtern. Der Tatrichter muss auch hier erkennen lassen, dass er alle Umstände erkannt und berücksichtigt hat, die seine Entscheidung beeinflussen können.[897] Erforderlich ist also auch hier eine besonders sorgfältige Beweiswürdigung.[898] Die Rechtswirklichkeit sieht anders aus. „[Sog.] ‚Kronzeugen', die für die Belastung eines anderen besonders belohnt werden, haben ein besonders starkes

890 Vgl. BGHSt 41, S. 153 ff. = NJW 1998, S. 3788 ff. = StV 1998, S. 580 ff. = NStZ 1999, S. 43 ff. = 29.7.1998 – 1 StR 94/98.

891 Vgl. BGH, Beschl. v. 15.2.2016 – 5 StR 599/15 = StV 2016, S. 5 f.

892 Vgl. BGH, StV 2002, S. 14 = NStZ 2000, S. 551 ff. = 30.5.2000 – 1 StR 610/99.

893 Vgl. BGH, StV 1991, S. 2 = BGHR, StPO, § 261 Mitangeklagte 2 = 3.5.1991 – 3 StR 112/91.

894 Vgl. hierzu das Beispiel bei Graf-StPO/Eschelbach, 2. Aufl. § 261 Rn 60.5.; vgl. Schwenn, Merkmale eines Fehlurteils. Forensische Psychiatrie, Psychologie, Kriminologie, Nov. 2013, S. 258, 260 und Geipel, in: Miebach/Hohmann, Die Wiederaufnahme in Strafsachen, Teil A, Rn 147 ff. m.w.N.

895 Zur Notwendigkeit der aussagepsychologischen Begutachtung BGH, Beschl. v. 28.10.2009 – 5 StR 419/09 = NStZ 2010, S. 100 f.

896 Vgl. Graf-StPO/Eschelbach, 2. Aufl., § 261 Rn 57.1. f.

897 Vgl. Bender/Nack/Treuer, Tatsachenfeststellung vor Gericht, 3. Aufl., Rn 1121 f.

898 Vgl. BGH, Beschluss vom 22.9.2011 – 2 StR 263/11 = NStZ-RR 2012, S. 52.

Falschaussagemotiv. Tatsächlich wird in der Praxis einem kooperativen Mitangeklagten oftmals ohne Weiteres geglaubt, weil es in das taktische Konzept der Strafverfolgungsorgane passt und Arbeitserleichterung verspricht (vgl. BGH, Beschl v. 16.7.2009 – 5 StR 84/09). Ein unliebsames Bestreiten des von dem Kronzeugen belasteten anderen Beschuldigten findet dagegen kaum noch Gehör, weil es nicht in das vorgeprägte Bild der Verdachtshypothese passt. Dem belasteten Dritten bleibt danach nur die Unterwerfung unter die Absprachenbedingungen, wenn er eine strengere Bestrafung für seine Tatverleugnung vermeiden will (Beispiel bei Eschelbach, in: FS Stöckel 2010, 199, 215 ff.). Auch das hat mit Wahrheitserforschung im überkommenen Sinn wenig gemein."[899]

In Betäubungsmittelsachen muss beachtet werden, dass der Zeuge als Tatbeteiligter **299** in dem Bestreben, gemäß § 31 BtMG selbst eine Strafmilderung zu erlangen, unwahre Angaben gemacht haben könnte. Auch die Tatsache, dass er im Zeitpunkt seiner Aussage in der Hauptverhandlung gegen den jetzigen Angeklagten bereits rechtskräftig verurteilt war, räumt die Möglichkeit, dass sein Aussageverhalten von dieser Motivation weiterhin beeinflusst war, nicht ohne Weiteres aus, denn auch durch die eigene rechtskräftige Verurteilung des Zeugen liegt nahe, dass die den Angeklagten belastenden Angaben bereits vor jener Verurteilung gemacht worden waren. Dann aber konnte ein Motiv, mögliche frühere unwahre Angaben aufrechtzuerhalten, darin liegen, dass der Zeuge eine (zusätzliche) Bestrafung zumindest wegen falscher Anschuldigung vermeiden wollte.[900] Allgemein gilt: Bei Zeugen, die einen anderen belasten und zugleich Vorteile im Sinne von § 31 Satz 1 Nr. 1 BtMG oder § 46b StGB, einschließlich der Verschonung von Untersuchungshaft, erstreben,[901] besteht eine erhöhte Gefahr dafür, dass dieser Belastungszeuge den Angeklagten insgesamt zu Unrecht oder jedenfalls zu stark belastet haben könnte, ohne dass dies durch ergänzende Befragung in der Hauptverhandlung überprüft werden kann. Allein durch sorgfältige Analyse des Aussageinhalts und Überprüfung der Aussagekonstanz kann in einer solchen Konstellation eine möglicherweise zu Unrecht erfolgende oder zu weit gehende Belastung eines anderen nicht ausreichend ausgeschlossen werden. Die allgemeinen Glaubwürdigkeitskriterien erweisen sich in derartigen Fällen, etwa im Hinblick auf die Möglichkeit des „Kronzeugen", nur die Person eines weiteren Beteiligten im Rahmen der Schilderung eines im Übrigen selbst erlebten Geschehens falsch zu bezeichnen, um dadurch seine eigene größere Tatbeteiligung oder die Beteiligung eines Dritten zu vertuschen, als unzureichend. Der Aufklärungsgehilfe kann in dieser Situation ein schlüssiges Gesamtbild auch

899 Graf-StPO/Eschelbach, 2. Aufl., § 257c Rn 10.2.
900 Vgl. BGH, Beschl. v. 12.8.1992 – 3 StR 335/92 = StV 1992, S. 55.
901 Vgl. BGH, Beschl. v. 7.7.2004 – 5 StR 71/04 = StV 2004, S. 578, 579.

dann erzeugen, wenn er nur einen Personentausch vornimmt.[902] Mit dieser naheliegenden Gefahr muss sich der Tatrichter auseinandersetzen.[903]

300 Auch die vermeintliche Selbstbelastung eines Tatbeteiligten ist – unabhängig von der generellen Schwäche dieses Kriteriums – häufig nur ein Scheinindiz. Räumt der Mitangeklagte lediglich Umstände ein, die ohnehin feststehen, belastet er sich nicht ernsthaft. Vielmehr kann er durch die Belastung einer anderen Person, etwa als Auftraggeber, seinen eigenen Tatbeitrag relativieren und beispielsweise den Vorwurf des Handeltreibens mit Betäubungsmitteln auf eine bloße Beihilfe reduzieren. Dies führt regelmäßig zu einer erheblichen Entlastung statt zu einer Belastung.[904]

301 In nicht wenigen Fällen wird das Tatgericht „pauschal" ein Falschbelastungsmotiv verneinen.

Ein Beispiel:

> *„Die Glaubwürdigkeit des Zeugen S. schließt das LG einmal aus der Konstanz seiner Aussage, zum anderen daraus, daß keinerlei Anhaltspunkte gegeben seien, weshalb der Zeuge S. in diesem Punkte die Unwahrheit gesagt haben sollte, zumal er selbst dadurch in seinem eigenen Verfahren, das er zu erwarten hat,* ***keinerlei Vorteile*** *[Hervorh. d. Verf.] hätte. Diese Beweiswürdigung muß aus Rechtsgründen beanstandet werden. Die Angaben des Zeugen S. liefen sowohl in diesem Punkt als auch hinsichtlich des sich anschließenden Tatgeschehens darauf hinaus, er habe dem Angekl. zwar das Heroin geliefert, sei jedoch an den Geschäften mit dem Abnehmer nicht beteiligt gewesen. Es liegt auf der Hand, daß dieses Vorbringen geeignet ist, seine Beteiligung an der Tat in einem günstigeren Licht erscheinen zu lassen, denn damit würde die Abwicklung des Geschäfts allein in die Verantwortung des Angekl. fallen. Daraus konnte S. in seinem eigenen Verfahren durchaus Vorteile erwarten, denn er erscheint als Tatbeteiligter, der selbst wenig Kontakte besaß und solche Geschäfte allein gar nicht abwickeln konnte. Die gegenteilige Beurteilung des LG läßt sich mit den allgemeinen Grundsätzen strafrechtlicher Bewertung nicht in Einklang bringen."*[905]

Die Aussage eines Mitangeklagten/Mitbeschuldigten/Kronzeugen darf gerade nicht wie eine „normale" Zeugenaussage gewürdigt werden: „Der Vernehmung eines Mitangeklagten kommt nicht dieselbe Bedeutung zu wie der Vernehmung eines Zeugen. Beide Aussagen erfordern vielmehr eine unterschiedliche Bewertung."[906]

902 Vgl. BGH, Beschl. v. 13.9.2011 – 5 StR 308/11; BGH, Beschl. v. 20.6.2016 – 2 StR 539/15.

903 Vgl. BGH, Beschl. v. 26.11.2013 – 3 StR 217/13 = NStZ-RR 2014, S. 115.

904 Vgl. BGH, Beschl. v. 17.1.2002 – 3 StR 417/01 = NStZ-RR 2002, S. 146 f.

905 BGH, StV 1983, S. 496 = 23.8.1983 – 1 StR 488/83.

906 BGH, StV 1981, S. 2 (Ls.) = 11.9.1981 – 2 StR 519/81.

In nicht wenigen Fällen wird zudem die Konstellation Aussage gegen Aussage mit den entsprechenden Darlegungs- und Beweiswürdigungsanforderungen vorliegen.[907] Dann gilt vor allem: „Bei Fallkonstellationen, in denen das Gericht der Aussage des einzigen Belastungszeugen oder der belastenden Einlassung des Mitangeklagten nur teilweise folgt und es in anderen Teilen Zweifel an dessen Darstellung hat oder diese sogar für widerlegt hält, kann den belastenden Angaben dieses einzigen Zeugen oder Mitangeklagten nur dann gefolgt werden, wenn das Tatgericht alle Umstände, die die Entscheidung beeinflussen können, erkannt und in seine Überlegungen einbezogen hat; regelmäßig ist dabei zudem zu verlangen, dass es außerhalb der Aussage oder Einlassung im Urteil darzulegende Gründe von erheblichem Gewicht gibt, die für die Glaubhaftigkeit der belastenden Angaben sprechen."[908] 302

Liegt der Aussage des Mitbeschuldigten ein Deal zugrunde, muss das Zustandekommen und der Inhalt des Deals so gewürdigt werden, dass diese Umstände für das Revisionsgericht nachprüfbar sind.[909] Der Beweisantrag auf Vernehmung des damaligen Verteidigers hinsichtlich des Deals und des Inhalts darf nicht wegen Gerichtskundigkeit als unzulässig abgelehnt werden.[910]

Hinweis 303

Gerade bei Angaben von Mitbeschuldigten kann die Stellung von Beweisanträgen und entsprechenden Verfahrensrügen geboten sein, um dem Revisionsgericht die maßgeblichen Umstände des Vorprozesses oder eines abgetrennten Verfahrensteils zugänglich zu machen und revisionsrechtlich festzuhalten bzw. Ergebnisse festzuschreiben und so vor Verfälschung zu schützen.

Den Angaben eines materiell Mitbeschuldigten wohnt – unabhängig von einer gemeinsamen Anklage oder einer Verfahrensabtrennung[911] – regelmäßig ein gewisses Austauschverhältnis im Sinne des *do ut des* inne.[912] 304

Den einem Mitbeschuldigten immanenten Anreiz zur Falschbelastung fasst Denny wie folgt zusammen:[913]

907 Vgl. BGH, StV 2000, S. 599 ff. = 16.2.2000 – 3 StR 28/00.

908 BGH, Beschl. v. 10.10.2018 – 1 StR 438/18.

909 Vgl. BGHSt 48, S. 161 und BGH, 6.11.2007 – 1 StR 370/07, ZAP EN-Nr. 359/2008.

910 Vgl. BGH, NStZ-RR 2007, S. 116 ff.

911 Auch bei einer getrennten Verfolgung gelten dieselben Beweiswürdigungs- und Darstellungsregeln, vgl. BGH, NStZ-RR 1997, S. 105.

912 Vgl. Prantl, Der Verbrecher als Kaufmann, SZ v. 13./14.4.2006, S. 4.

913 Vgl. Denny, Der Kronzeuge unter besonderer Berücksichtigung der Erfahrungen mit Kronzeugen in Nordirland, ZStW 103 (1991), S. 271, 290 ff. m.w.N.

Motiv/Ziel	Im Sinne der Lüge folgerichtiges Verhalten
Straffreiheit	Belastung eines anderen oder eines Unschuldigen, statt der eigenen Person
Strafmilderung	Belastung eines anderen oder eines Unschuldigen insgesamt oder Verschiebung von Tatbeiträgen
Frühzeitige Entlassung	Belastung eines anderen oder Unschuldigen insgesamt oder Verschiebung von Tatbeiträgen

305 Folgende **Wechselwirkung** dürfte unbestreitbar sein:

Je attraktiver die Aussage des Mitbeschuldigten, desto näher kommt der Mitbeschuldigte seinem Ziel.

Je mehr Tatbeiträge bekannt oder Mittäter überführt werden, desto attraktiver ist die Aussage des Mitbeschuldigten. Das kann einerseits dazu führen, dass der Mitbeschuldigte ein in der Szene gehörtes Gerücht als Faktum ausgibt oder die Personen bezichtigt, die die Polizei ohnehin verdächtigt. In nicht wenigen Fällen ist die Polizei von der Existenz von weiteren Verdächtigen überzeugt, gegen die sie noch keine oder hinreichende Beweise hat, so dass sich der Mitbeschuldigte der Erwartungshaltung des Vernehmenden anpasst.[914]

306 Wegen der Problematik der Angaben von Mitbeschuldigten muss sich der Tatrichter i.d.R. zu Angaben von Mitangeklagten im Haupt- und Ermittlungsverhalten äußern. Das gilt auch dann, wenn eine Prozesstrennung erfolgte.[915] In diesen Fällen müssen grds. die Angaben des Mitangeklagten im Ermittlungsverfahren und in der Hauptverhandlung sowie die Entwicklung der Aussagen[916] geschlossen und ausreichend substantiiert dargelegt werden. Andernfalls wird eine revisionsrechtliche Kontrolle, ob die tatrichterliche Beweiswürdigung rechtsfehlerfrei war, nicht möglich sein. Erforderlich ist i.d.R. die Darlegung, ob der Tatrichter alle Umstände, die die Entscheidung beeinflussen können, erkannt und in seine Überlegungen einbezogen hat und in besonderem Maße eine „Gesamtwürdigung" vorgenommen hat.[917]

307 Sind weitere Ermittlungsverfahren anhängig, in denen sich die Mitangeklagten gegenseitig beschuldigen, ist dies zu berücksichtigen und im Urteil darzulegen. Es ist möglich, dass der Mitangeklagte den Angeklagten im anderen Verfahren bereits zu Unrecht belastet hat, sodass dieser Umstand zu würdigen ist. Ebenso kann der jetzi-

914 Vgl. Denny, Der Kronzeuge unter besonderer Berücksichtigung der Erfahrungen mit Kronzeugen in Nordirland, ZStW 103 (1991), S. 271, 291; vgl. auch Geipel, Handbuch der Beweiswürdigung, S. 1016.

915 Vgl. BGH, wistra 2008, S. 22.

916 Mit der erforderlichen Ausführlichkeit: vgl. BGH, StV 1994, S. 227.

917 Vgl. BGH, StV 2000, S. 599 = 16.2.2000 – 3 StR 28/00.

ge Angeklagte den Mitangeklagten dort zu Recht oder Unrecht belastet haben, woraus sich ein Motiv für eine Falschbezichtigung durch den Mitangeklagten ergeben kann.[918]

Dem in der Praxis vielfach angewandten Kriterium der Selbstbelastung kann in nicht wenigen Fällen kein ausreichender Indizwert beigemessen werden. Das Urteil hat regelmäßig die nicht fernliegende Möglichkeit zu erörtern, dass der Mitangeklagte die Flucht nach vorne antritt und dem Angeklagten die Hauptschuld zuweist.[919] 308

Widersprüche zwischen den Angaben des Mitbeschuldigten in verschiedenen Vernehmungen oder gegenüber Zeugenangaben sind für die Glaubhaftigkeitsprüfung wesentlich und bedürfen einer näheren Würdigung:[920] 309

> *„Hier wäre es insbes. erforderlich gewesen, auf die Entstehung der – offensichtlich bezüglich der Mittäter divergierenden – Aussagen S. einzugehen (vgl. zuletzt BGH StV 1999, 473 m.w.N.) und darzulegen, weshalb der Aussagewechsel, überzeugend und nachvollziehbar' war. Die knappe Würdigung, S. schildere selbst Erlebtes, ist gerade in Zusammenhang mit dem Aussagewechsel nicht ausreichend.“*[921]

Selbst wenn es zu keinen Widersprüchen kommt, ist folgender Umstand zu beachten: „Es wird bei der Prüfung der Glaubhaftigkeit der belastenden Angaben durch den Mittäter – auch im Falle übereinstimmender Tatschilderung durch das Tatopfer – der Gesichtspunkt zu bedenken sein, dass der Mittäter insoweit lediglich selbsterlebtes Tatgeschehen bekundet, aus dem sich für die Mitwirkung eines bestimmten Mittäters regelmäßig keine glaubhaftigkeitssteigernden Umstände ergeben (vgl. BGH, StraFo 2007, 294 m.w.N.).“[922] „Von zentraler Bedeutung war, ob das *LG* die Hypothese ausschließen konnte, daß S. zwar durchaus detailreich ein sonst reales Geschehen schilderte, allerdings mit Details, die er genauso gut als tatsächlich erlebt wiedergeben konnte, wenn A. überhaupt nicht oder anders beteiligt war.“[923] 310

Eine mögliche Verschiebung der Tatbeiträge oder Auswechslung der Täter ist i.d.R. eine – zu erörternde – naheliegende andere Möglichkeit: „Die aufgezeigten Unklarheiten und Lücken in den Urteilsfeststellungen begründen zugleich einen sachlichrechtlichen Mangel. Sie lassen darüber hinaus die Erwägung als unzureichend erscheinen, B. habe bei seinen sämtlichen Vernehmungen kontinuierlich und widerspruchslos das Verhalten des Angeklagten W. geschildert; seine Darstellung sei im

918 Vgl. BGH, StV 1997, S. 401 ff. = BGHR StPO § 261 Überzeugungsbildung 28 = 24.4.1997 – 1 StR 103/97.

919 Vgl. BGH, StV 1991, S. 451 = BGHR, StPO, § 261 Mitangeklagte 2 = 3.5.1991 – 3 StR 112/91.

920 Vgl. BGH, StV 2008, S. 231 f. = 6.2.2008 – 5 StR 597/07.

921 BGH, StV 2000, S. 243 f. = 22.12.1999 – 5 StR 552/99.

922 BGH, StV 2008, S. 231 f. = 6.2.2008 – 5 StR 597/07.

923 BGH, StV 2000, S. 243 f. = 22.12.1999 – 5 StR 552/99.

Wesentlichen durch die von Frau W. vor der Polizei gemachten Aussagen bestätigt worden. Denn im Falle einer Tatbeteiligung B.s könnte seine kontinuierliche und widerspruchslose Schilderung auch darauf beruhen, daß er sich von vornherein und später gleichbleibend auf Kosten des Angeklagten zu entlasten versuchte. Entsprechendes könnte für die Aussage der Frau W. gelten, die mit B. befreundet war und zusammenlebte, den Angeklagten aber nur als den ‚F. P.' kannte. Auf der Grundlage der bisherigen Feststellungen war auch diese Möglichkeit naheliegend und erörterungsbedürftig."[924]

Vor allem, wenn das Gericht der Aussage des einzigen Belastungszeugen oder der belastenden Einlassung des Mitangeklagten nur teilweise folgt und es in anderen Teilen Zweifel an dessen Darstellung hat oder diese sogar für widerlegt hält, ist regelmäßig zu verlangen, dass es außerhalb der Aussage oder Einlassung Gründe von erheblichem Gewicht gibt, die für die Glaubhaftigkeit der belastenden Angaben sprechen, die in den Urteilsgründen darzulegen sind.[925]

311 Geprüft werden muss auch, ob es zu einer Falschbelastung deshalb kommt, um ggf. einen anderen Mittäter zu decken.[926]

312 *Hinweis*

Nordirland war über viele Jahrzehnte von Terrorismus geprägt. Um diese Problematik einzudämmen, sollte Kronzeugenregelungen ein erhebliches Gewicht beigemessen werden. Der nordirische Court of Appeal kam zu dem Ergebnis, dass die Aussage eines Kronzeugen allein aus rechtsstaatlichen Gründen grundsätzlich nicht ausreichen kann. Der Kronzeuge habe einen derart starken Anreiz zur Lüge, dass das erforderliche Beweismaß für eine Verurteilung in einem Strafverfahren ohne weitere bestätigende Beweismittel nicht erreicht werden könne.[927] Dies entspricht auch dem Verständnis der meisten US-Bundesstaaten.[928]

XII. Bereits bestehende Beweisregeln

1. Allgemeines

313 Obwohl die Rechtsprechung nach wie vor am Postulat der freien Beweiswürdigung festhält, ist gleichwohl in Einzelbereichen ein Rückweg zur Verrechtlichung festzustellen. Kommt es im Verfahren zu Einstellungen, können derartig ausgeklam-

924 BGH, StV 1982, S. 254 f. = 5.2.1982 – 2 StR 611/81.

925 Vgl. BGH, Beschl. v, 10.10.2018 – 1 StR 438/18 = NJW 2019, S. 945.

926 Vgl. BGH, StV 1992, S. 97 f. = 15.11.1991 – 2 StR 499/91.

927 Vgl. Denny, Der Kronzeuge unter besonderer Berücksichtigung der Erfahrungen mit Kronzeugen in Nordirland, ZStW 103 (1991), S. 271, 298, 301.

928 Vgl. Denny, Der Kronzeuge unter besonderer Berücksichtigung der Erfahrungen mit Kronzeugen in Nordirland, ZStW 103 (1991) S. 271, 303.

merte Taten oder Tatteile ggf. als Belastungsindizien berücksichtigt werden. Das gilt aber nur, wenn das Gericht insofern einen Hinweis erteilt.[929] Dieser erforderliche Hinweis kann noch als Ausgestaltung des Verfahrens statt eines Eingriffs in die freie Beweiswürdigung aufgefasst werden.

Eingriffe in die freie Beweiswürdigung wurden jedoch (mit Recht) vollzogen. Das hat dazu geführt, dass de jure in bestimmten Konstellationen eine Verurteilung entweder gar nicht möglich ist oder nur bei Hinzutreten von besonders zu begründenden Umständen. „Die Überzeugungsbildung hat sich an einer Fülle von informellen Beweisregeln auszurichten, an die der Tatrichter zwar nicht gebunden ist, die er aber – dem Revisionsgericht erkennbar (!) – in seinem Würdigungsvorgang berücksichtigen muß (vgl. i.e. Fezer, StV 1995, 95, 97 m.w.N.).“[930] 314

Die freie Beweiswürdigung (im Sinne der subjektiven Theorie) ist insofern faktisch eingeschränkt, auch wenn die zugrunde liegenden Konstellationen nicht als Beweisregeln, sondern als Beweiswürdigungsregeln oder Darstellungsanforderungen etc. semantisch bezeichnet werden. Wird dagegen verstoßen, kann das Urteil mit der Sachrüge erfolgreich angefochten werden (sofern sich der Mangel aus der Urteilslektüre ergibt). 315

Tatsächliche Eingriffe in die Beweiswürdigung, d.h., losgelöst von der Darstellung, kommen – teils als Beweisregeln, teils aus übergeordnetem Recht – vor allem in folgenden Konstellationen vor.

2. Der schweigende Angeklagte und der Nemo-tenetur-Grundsatz

a) Allgemeines

Aus dem Schweigen des Angeklagten dürfen keine Schlüsse zu Lasten des Angeklagten gezogen werden, egal wie sehr der Tatrichter von der Schuld des Angeklagten subjektiv überzeugt ist.[931] Wird hiergegen verstoßen, ist der Mangel mit der Sachrüge geltend zu machen.[932] Das Schweigerecht des Angeklagten ist auch verfassungsrechtlich verbürgt:[933] 316

„Der Grundsatz, daß niemand im Strafverfahren gegen sich selbst auszusagen braucht, also ein Schweigerecht hat, gehört zu den anerkannten Prinzipien des Strafprozesses (BVerfGE 56, 37, 43; BGHSt 14, 358, 364). Er hat in Art. 14

929 Vgl. BGHSt 31, S. 302, ein Hinweis ist wiederum dann nicht möglich, wenn kein Vertrauenstatbestand gegenüber dem Angeklagten bestand, vgl. BGH, NStZ 2004, S. 277.

930 Fezer, Rechtsprechung des Bundesgerichtshofes zum Strafverfahrensrecht, JZ 1996, S. 655, 660.

931 Vgl. BVerfG, NStZ 1995, S. 555; st. Rspr. des BGH, vgl. statt vieler: BGHSt 25, S. 365, 368.

932 Vgl. LR-StPO/Hanack, 25. Aufl., § 337 Rn 68 (obwohl es sich um einen typischen Verfahrensfehler handelt; vgl. auch BGHSt 25, S. 100, 102 für den Fall des Verstoßes gegen § 49 I BZRG: „Im Kern betrifft das Verbot gleichwohl nicht das Verfahren. Es handelt sich nicht – zumindest nicht in erster Linie – um eine Norm, die bestimmt, ‚auf welchem Wege der Richter zur Urteilsfindung berufen' ist (vgl. BGHSt 19, 273, 275) […].“ a.A. aber BGHSt 32, S. 140.

933 Vgl. BVerfGE 56, S. 37, 49; vgl. auch BGH, JZ 1992, S. 918, 920 m.w.N.

Abs. 3g des Internationalen Pakts über bürgerliche und politische Rechte vom 19.12.1966 (BGBl 1973 II S. 1533) positiven Ausdruck gefunden. Die Anerkennung dieses Schweigerechtes entspricht der Achtung vor der Menschenwürde (vgl. BVerfGE 38, 105, 113). Sie schützt das Persönlichkeitsrecht des Beschuldigten und ist notwendiger Bestandteil eines fairen Verfahrens (BGHSt 25, 325, 330). Wer durch eine Vorschrift, die außerhalb des Straf- und Strafprozeßrechts liegt, zu einer Erklärung verpflichtet ist, mit der er sich eines strafbaren Verhaltens bezichtigt, wird im Strafprozeß mit Rücksicht auf den genannten Grundsatz dadurch geschützt, daß seine Angaben nicht gegen seinen Willen verwertet werden dürfen (BVerfGE 56, 37 ff.; BGHSt 37, 340, 343)."[934] *„Verweigert ein Angeklagter als Zeuge im Verfahren gegen einen Dritten die Auskunft auf eine Frage, die den Kern des Tatvorwurfs in dem gegen ihn selbst gerichteten Strafverfahren betrifft, darf der später erkennende Richter keine diesem nachteilige Schlüsse aus der Auskunftsverweigerung ziehen.*"[935]

317 *Hinweis*

Auch wenn aus dem Schweigen de jure keine nachteiligen Schlüsse gezogen werden dürfen, bewirkt dies freilich eine erhebliche Suggestivwirkung zu Lasten des Angeklagten.[936] Unzulässige Schlüsse aus dem Schweigen von Angeklagten und Zeugen stellen typische Verfahrensfehler dar, dennoch werden diese oft der Sachrüge zugeordnet.[937]

318 „Nach dem Grundsatz ‚nemo tenetur se ipsum prodere' braucht niemand im Strafverfahren gegen sich selbst auszusagen, §§ 136 Abs. 1 Satz 2, 243 Abs. 4 Satz 1 StPO. Macht er von diesem Schweigerecht Gebrauch, so darf dies nicht zu seinem Nachteil verwertet werden (vgl. BGHSt 38, 302, 305 = NStZ 1992, 448 = NJW 1992, 2304). Ebenso wie ein Angeklagter nicht zur Sache aussagen muss, ist er grundsätzlich auch nicht verpflichtet, aktiv zur Sachaufklärung beizutragen (BGHSt 34, 324, 326 = NStZ 1987, 373 = NJW 1987, 2027). Für den zur Sache schweigenden Angeklagten ist anerkannt, dass weder aus seinem Schweigen noch aus seinem sonstigen prozessualen Verhalten wie der Verweigerung einer Mitwirkung an der Sachaufklärung ein belastendes Indiz hergeleitet werden darf [m.w.N.]."[938]

319 Bereits die richterliche Frage nach dem Grund des Schweigens ist unzulässig.[939] Allerdings dürfen aus einem **Teilschweigen** sehr wohl zu Lasten des Angeklagten Schlüsse gezogen werden.[940] Ein Teilschweigen liegt auch vor, wenn sich der Ange-

934 BGH, StV 1992, S. 212 f. = 27.2.1992 – 5 StR 190/91.

935 OLG Stuttgart, 2.2.1981 – 3 Ss (23) 953/80 = NStZ 1981, 272 f.

936 Vgl. Salditt, Das letzte Wort des schweigenden Angeklagten, in: FS Samson 2010, S. 699, 701.

937 Vgl. LR-StPO/Franke, 26. Aufl., § 337 Rn 43, 100.

938 BGH, 19.1.2000 – 3 StR 531/99 = NJW 2000, S. 1962 f.

939 Vgl. Günther, JR 1978, S. 94.

940 Vgl. BGHSt 20, S. 298 = JR 1966, S. 351.

klagte im Ermittlungsverfahren eingelassen hatte, aber in der Hauptverhandlung schweigt.[941]

Verfassungsrechtlich unbedenklich ist die Verwertung von **Äußerungen des Beschuldigten in einem anderen Verfahren** (z.B. gegenüber seiner eigenen Haftpflichtversicherung).[942] 320

Hinweis 321

Das außerprozessuale Schweigen eines späteren Beschuldigten darf dagegen zu seinem Nachteil verwertet werden; allerdings gibt es keinen Erfahrungssatz, dass sich der Unschuldige immer mit Nachdruck gegen Vorwürfe verteidige. „Für das Schweigen einer mit einem Tatvorwurf konfrontierten Person kann es auch andere Gründe als den der Täterschaft geben; es gibt Menschen, die schon das bloße Aussprechen eines Verdachts so verwirrt, daß sie sich nicht anders benehmen, als wenn die erhobenen Beschuldigungen zu Recht beständen (A. Hellwig, Psychologie und Vernehmungstechnik bei Tatbestandsermittlungen, 4. Aufl. (1951), S. 42)."[943]

Ein **Beweisverbot** besteht jedoch, wenn die außerprozessuale Erklärung durch staatliche Sanktionen erzwungen werden kann (z.B. bei Insolvenzschuldnern oder Schuldnern in der Einzelzwangsvollstreckung).[944] 322

b) Der vollschweigende Angeklagte

Ein **Vollschweigen** liegt auch in folgenden Konstellationen vor.[945] 323

- Der Angeklagte bestreitet die Täterschaft allgemein,[946] z.B.: Er habe die Tat nicht begangen,[947] er habe mit dem Vorfall nichts zu tun,[948] oder erklärt ausschließlich, er wolle helfen, die Vorwürfe aufzuklären.[949] Gleiches gilt, wenn der Angeklagte erklärt, dass ein Verwandter das Kfz gefahren sei,[950] Verjährung oder ein anderes Verfahrenshindernis bestehe.[951]
- Der Angeklagte bezeichnet sich als unschuldig.[952]

941 Vgl. BGH, NStZ-RR 2010, S: 53 = 5.11.2009 – 3 StR 309/09.
942 Vgl. BVerfG, 7.7.1995 – 2 BvR 1778/94 = NStZ 1995, S. 599 ff.
943 OLG Karlsruhe, 6.9.1988 – 1 Ss 68/88 = NStZ 1989, S. 287 ff. mit zustimmender Anmerkung Rogall.
944 Vgl. BVerfGE 56, S. 37; § 97 Abs. 1 Satz 3 InsO.
945 Vgl. hierzu umfassend Schmitt/Köhler, Komm. zur StPO, 68. Aufl., Rn 16 f. m.w.N.
946 Vgl. BGHSt 38, S. 302, 307 m.w.N.
947 Vgl. BGHSt 34, S. 324, 326.
948 Vgl. BGH, NStZ 2007, S. 417.
949 Vgl. BGH, NStZ 1997, S. 147.
950 Vgl. OLG Stuttgart, VRS 69, S. 295.
951 Vgl. Bay ObLG, StV 1982, S. 258.
952 Vgl. OLG Hamburg, MDR 1976, S. 864.

- Der Angeklagte begleitet die Beweiserhebung mit Mimik und Gestik, was nicht zu seinen Lasten verwertet werden darf.[953]
- Der Verteidiger stellt Beweisanträge[954] oder der Angeklagte gibt bloße Prozesserklärungen ab.[955] Es ist nicht möglich, Beweisanträge als „Ausführungen zur Sache mit Einlassungscharakter" anzusehen.[956] Auch Erklärungen des Verteidigers zur Sache stellen keine Einlassung des Angeklagten dar, sofern sie der Angeklagte nicht bestätigt.[957] Anders ist dies, wenn der Verteidiger bevollmächtigt ist[958] und in diesem Zusammenhang z.B. den Tatvorwurf einräumt, aber keine Fragen beantworten will,[959] oder der Verteidiger eine schriftliche Äußerung des Angeklagten verliest und der Angeklagte nicht widerspricht.[960]
- Schweigt der Angeklagte anfänglich und macht erst später Ausführungen zur Sache, darf dies nicht zu seinem Nachteil verwertet werden.[961] Auch der umgekehrte Fall darf nicht zu seinem Nachteil verwertet werden: „Ein solcher Fall des ‚Teilschweigens' liegt aber nicht schon dann vor, wenn der Angekl. im Vorverfahren Angaben macht, in der Hauptverhandlung aber nicht zur Sache aussagt. Auch in diesem Fall wäre bei Verwertung der früheren Angaben das Aussageverweigerungsrecht in seinem Wesenskern berührt, die nach § 243 Abs. 4 S. 2 StPO vorgesehene Belehrung wäre irreführend (vgl. BGH bei Dallinger MDR 1971, 18)."[962]
- Teilt der Angeklagte mit, er müsse sich die Sache zuerst überlegen, bevor er eine Einlassung geben würde (die dann nicht kommt), liegt darin weder ein Geständnis noch ein Teilschweigen.[963]
- Die häufig anzutreffende tatrichterliche Argumentation, „wäre der Angeklagte wirklich unschuldig, so würde er dies oder jenes tun oder sagen", legt nahe, dass das Tatgericht den nemo tenetur-Grundsatz verkannt hat.[964]
- Auch wenn der Angeklagte lediglich vorangegangenen **Alkoholgenuss** bestreitet,[965] steht diese Einlassung einem Vollschweigen gleich.[966] Gleiches gilt wenn

953 Vgl. BGH, StV 1993, S. 458 = 24.6.1993 – 5 StR 350/93.

954 Vgl. BGH, NStZ 2000, S. 495.

955 Vgl. BGH, StraFO 2008, S. 79.

956 Vgl. BGH, StV 1990, S. 394 = NStZ 1990, S. 447 = 29.5.1990 – 4 StR 118/90.

957 Vgl. BGHSt 39, S. 305.

958 Vgl. BGH, 28.6.2005 – 3 StR 176/05 = NStZ 2005, S. 703 f.

959 Vgl. BGH, 22.3.1994 – 1 StR 100/94 = NStZ 1994, S. 352.

960 Vgl. BGH, 6.4.1994 – 2 StR 76/94 = NStZ 1994, S. 449.

961 Vgl. BGHSt 38, S. 302, 305; vgl. auch BGH, StV 1989, S. 383 = 23.11.1998 – 2 StR 619/88, vgl. auch BGHR, StPO, § 261 Aussageverhalten 4.

962 OLG Zweibrücken, StV 1986, S. 290.

963 Vgl. BGH, StV 1997, S. 6 ff. = 17.7.1996 – 17.7.1996 – 3 StR 248/96.

964 Vgl. BGH, StV 1997, S. 6 ff. = 17.7.1996 – 3 StR 248/96.

965 Vgl. hierzu umfassend: Geipel, Handbuch der Beweiswürdigung, S. 610 ff.

966 Vgl. OLG Düsseldrof, MDR 1988, S. 796.

der Angeklagte lediglich einräumt, sich wegen seines Alkoholgenusses an nichts mehr erinnern zu können, der Vorwurf sei aber zutreffend. Auch das führt zur rechtlichen Behandlung als Vollschweigen.[967]

Hinweis 324

Tatsächliche Erklärungen des Verteidigers eines schweigenden Angeklagten sind nicht zu Lasten des Angeklagten verwertbar, sofern der Angeklagte diese nicht genehmigt.[968] Anders ist dies bei Verteidigererklärungen in Vollmacht des Angeklagten (z.B. Einräumung des Anklagevorwurfs aber keine weiteren Angaben[969] oder Verlesung einer schriftlichen Erklärung des Angeklagten in Anwesenheit des nicht widersprechenden Angeklagten[970]).

Ist der jetzige Angeklagte in einem anderen, den gleichen Komplex betreffenden Verfahren als Zeuge vernommen worden und hat er von seinem Auskunftsverweigerungsrecht gem. § 55 StPO Gebrauch gemacht, sind Schlüsse zu Lasten des jetzigen Angeklagten in seinem eigenen Verfahren unzulässig.[971] 325

c) Der teilschweigende Angeklagte

Aus einem **Teilschweigen** sind Schlüsse zu Lasten des Angeklagten möglich.[972] Problematisch ist jedoch im Einzelfall, wann ein (nachteiliges) Teilschweigen vorliegt. Von einem Teilschweigen kann nur dann gesprochen werden, wenn 326

- die gemachten Angaben substantiell sind, d.h. nicht nur fragmentarisch.[973]
- D.h. der Angeklagte muss in einigen Teilbereichen an der Aufklärung mitgewirkt haben,[974] dann aber hinsichtlich anderer Teile der Sachaufklärung aus unerklärlichen Gründen schweigen (z.B. Verschweigen von Umständen, keine Beantwortung von Fragen,[975] keine Zugänglichmachung von benannten Beweismitteln[976]).

967 Vgl. OLG Hamm, VRS 112, S. 119.

968 Vgl. BGH, NStZ 1994, S. 184; vgl. auch BGH, NStZ 1990, S. 447.

969 Vgl. BGH, NStZ 1994, S. 352.

970 Vgl. BGH, NStZ 1994, S. 449.

971 Vgl. BGHSt 38, S. 302: Der Revisionsführer muss diesen Umstand mit einer Verfahrensrüge geltend machen, vgl. Schäfer, Die Abgrenzung der Verfahrensrüge von der Sachrüge, FS für Riess, S. 485.

972 Vgl. BGHSt 20, S. 298.

973 Vgl. BGH, NJW 2002, S. 2260.

974 Vgl. BGH, NStZ-RR 2005, S 147.

975 Vgl. OLG Celle, NJW 1974, S. 202.

976 Vgl. BGHSt 20, S. 298, 300; anders bei einem vollschweigenden Angeklagten, hier darf der Verzicht auf den Antritt eines Entlastungsbeweises nicht zu dessen Lasten gewertet werden, vgl. BGHSt 41, S. 153 ff.

„Macht ein Angeklagter Angaben zur Sache, wobei er einen bestimmten Punkt eines einheitlichen Geschehens von sich aus verschweigt, dürfen daraus für ihn nachteilige Schlüsse gezogen werden. Die Schlussfolgerung ist jedoch nur dann berechtigt, wenn nach den Umständen Äußerungen zu diesem Punkt zu erwarten gewesen wären, andere mögliche Ursachen des Verschweigens ausgeschlossen werden können und die gemachten Angaben nicht ersichtlich fragmentarischer Natur sind.“[977]

Kann sich der Angeklagte (glaubhaft) nicht erinnern, liegt kein Fall des Teilschweigens vor.[978]

Ein Teilschweigen liegt auch nicht vor, wenn sich der Angeklagte nur zu einzelnen von mehreren Taten im Sinne von § 264 StPO äußert.[979]

3. Der schweigende Zeuge

327 Schweigt der Zeuge ganz oder teilweise, berechtigt oder unberechtigt, ist die Rechtslage kompliziert. Strittig ist auch, ob ein ggf. erfolgter Verstoß des Tatrichters mit der Sachrüge oder einer Verfahrensrüge geltend zu machen ist.[980] Aus Sicherheitsgründen ist daher – wann immer möglich – zusätzlich eine Verfahrensrüge zu erheben.

977 Vgl. BGH, Urt. v. 18.4.2002 – 3 StR 370/01 = NJW 2002, S. 2260, vgl. auch Schmitt/Köhler, Komm. zur StPO, 68. Aufl., § 261 Rn 17 m.w.N.

978 Vgl. OLG Hamm, NJW 1974, S. 249.

979 Vgl. BGH, NStZ 2000, S. 494 ff.; vgl. auch BGHSt 32, S. 140, 145.

980 Vgl. Dahs/Dahs, Die Revision im Strafprozess, 7. Aufl., Rn 431 m.w.N., vgl. auch LR-StPO/Hanack, 25. Aufl., § 337 Rn 68, 127 und LR-StPO/Franke, 26. Aufl. § 337, Rn 100.

Grund des Vollschweigens	**Folge**
§ 52 StPO[981]	Ein Schluss zu Lasten des Angeklagten ist nicht möglich.[982] Auch dann nicht, wenn der Zeuge zunächst ausgesagt hat, dann in der Hauptverhandlung aber schweigt.[983] Geht es nicht um das Schweigen, sondern um das Nichterwähnen von Umständen (z.B. keine Alibibehauptung bei der ersten Vernehmung) sind Rückschlüsse zulässig.[984] Auffälligkeiten im Verhalten (Zeuge zwinkert dem Angeklagten zu) sind ebenfalls nicht zu verwerten; macht der Zeuge nur unwesentliche Angaben zur Tat und beruft sich auf sein Zeugnisverweigerungsrecht, liegt ein Fall des Vollschweigens vor.[985]
§ 53 StPO[986]	Ein Schluss zu Lasten des Angeklagten ist nicht möglich, auch wenn sich der Angeklagte weigert, den Zeugen von der Schweigepflicht zu entbinden.[987] Nur in eng begrenzten Sonderfällen wie BGHSt 20, 298 – wenn der Angeklagte sich bereits ausführlich auf den Inhalt eines vertraulichen Gesprächs berufen und sich damit selbst zum Beweismittel gemacht hat – kann die Weigerung zur Entbindung als Indiz gegen die Glaubhaftigkeit **gerade dieser konkreten Einlassung** verwertet werden.

981 Sofern kein Irrtum des Zeugen ersichtlich ist, reicht die schriftliche Mitteilung des Zeugen an das Gericht, von seinem Aussageverweigerungsrecht Gebrauch zu machen, vgl. BGHSt 21, S. 12 ff. = NJW 1966, S. 742 = 2.2.1966 – 2 StR 471/65, vgl. auch zur Mitteilung des Auslandszeugen an die deutsche Botschaft BGH StV 1982, S. 209 f. = 22.12.1981 – 5 StR 662/81.

982 Vgl. BGH, StV 1997, S. 171; vgl. auch BGH, StV 2002, S. 4 ff. = NStZ 2000, S. 546 ff. = 23.5.2000 – 5 StR 142/00, der unzulässige Schluss stellt einen Verstoß gegen § 261 StPO dar und wird auf die Sachrüge beachtet. Ein daneben bestehender Verstoß gegen § 52 StPO kann nur mit einer Verfahrensrüge geltend gemacht werden. Ein Verstoß gegen § 261 StPO würde auch dann vorliegen, wenn zu Lasten des Angeklagten gewertet würde, dass der Zeuge nicht schon zu einem früheren Zeitpunkt Angaben gemacht hat, vgl. BGH, StV 1989, S. 383 = 1.3.1989 – 2 StR 590/88, vgl. auch BGH, MDR 1979, S. 1040; vgl. auch BGH, StV 1987, S. 51 f. Hat der Zeuge den Angeklagten zuerst belastet, dann entlastet und in der Hauptverhandlung von dem Aussageverweigerungsrecht Gebrauch gemacht, ist die Folgerung, dass der Zeuge bei wahrheitsgemäßer Aussage den Angeklagten belastet hätte und dies aus Angst vor Repressalien nicht habe tun wollen, unzulässig, vgl. BGH, StV 1981, S. 57 f.

983 Vgl. BGH, 16.7.1991 – 1 StR 377/91 = StV 1991, S. 450.

984 Vgl. BGHSt 34, S. 324, 327.

985 Vgl. De Vries, Einführung in die Kriminalistik für die Strafrechtspraxis, Rn 345 m.w.N.

986 Auch das Anbahnungsverhältnis unterliegt bereits dem Schweigegebot (z.B. mit welchem Pkw, Begleiter etc. der Angeklagte in die Praxis kam), vgl. BGHSt 33, S. 148 ff.

987 Vgl. BGHSt 45, S. 367 = NJW 2000, 1962 = StV 2000, S. 293 = NStZ 2000, S. 386 = 19.1.2000 – 3 StR 531/99. Allein schon die Frage, ob der Angeklagte bei dem Zeugen in Behandlung war, unterliegt dem Schweigegebot, vgl. BGHSt 45, S. 363 ff. = NJW 2000, S. 1426 ff. = StV 2000, S. 234 ff. = 22.12.1999 – 3 StR 401/99.

Grund des Vollschweigens	Folge
§ 54 StPO	Rechtlich ist ein Schluss zu Lasten des Angeklagten nicht ausgeschlossen, praktisch aber meist doch. Die Versagung der Genehmigung kann gewürdigt werden, die versagte Beweistatsache darf aber nicht als wahr unterstellt werden.[988] Die Entscheidung der Behörde über die Aussagegenehmigung muss den verfassungsrechtlichen Anforderungen (insb. an Begründung und Abwägung zwischen Staatswohl und Verteidigungsinteressen) genügen; andernfalls kann eine Verwertung zuungunsten des Angeklagten unzulässig sein.[989] Maßgeblich sind hier die allgemeinen Grenzen der freien Beweiswürdigung und des Fair-Trial-Gebots, nicht ein spezifischer Sperreffekt der Norm.
§ 55 StPO	Schlüsse zugunsten des Angeklagten liegen nahe.[990] Schlüsse zu Lasten des Angeklagten sind rechtlich nicht ausgeschlossen.[991] Das Gericht muss die Motive erforschen, warum die Beantwortung einzelner Fragen verweigert wird.[992]

328 Macht der Zeuge **unberechtigt** keine Angaben, kann dieser Umstand in die Beweiswürdigung einbezogen werden.[993] Beruft sich der Zeuge auf sein Zeugnisverweigerungsrecht, nachdem er in der Hauptverhandlung Angaben gemacht hat, bleiben die Angaben verwertbar,[994] allerdings wäre es verfahrensfehlerhaft, aus der Zeugnisverweigerung eines Angehörigen i.S. des § 52 StPO für den Angeklagten nachteilige Schlüsse zu ziehen.[995] Das Zeugnisverweigerungsrecht nach § 52 StPO, das der Angehörige eines Beschuldigten im Verfahren gegen einen (nichtangehörigen) Mitbeschuldigten aufgrund früherer prozessualer Gemeinsamkeit hat, **erlischt**, wenn das gegen den angehörigen Beschuldigten geführte Verfahren **rechtskräftig abgeschlossen** ist; dies gilt **auch hinsichtlich solcher Tatvorwürfe**, für die das Verfahren gemäß § 154 Abs. 1 oder 2 StPO eingestellt worden ist, so dass nur das Verfahren gegen den nichtangehörigen Mitbeschuldigten verbleibt.[996]

988 Vgl. Graf-StPO/Huber, 2. Aufl., § 54 Rn 24.
989 Vgl. BVerfG, Beschl. v. 26.5.1981 – 2 BvR 215/81.
990 Vgl. BGH, StV 1984, S. 233 = 14.2.1984 – 5 StR 895/83, vgl. auch BGH, 14.2.1984 – 5 StR 895/83.
991 Hat sich der Angeklagte in einem früheren nicht gegen ihn gerichteten Verfahren auf § 55 StPO berufen, darf dies nicht zu seinen Lasten gewertet werden, vgl. BGHSt 38, S. 302.
992 Vgl. BGH, 14.2.1984 – 5 StR 895/93 = StV 1984, S. 233.
993 Vgl. BGH, NJW 1966, S. 211.
994 Vgl. BGH, StV 1984, S. 326 = 12.4.1984 – 4 StR 229/84.
995 Vgl. BGH, NStZ-RR 1998, S. 277 = Beschl. v. 10.3.1998 – 1 StR 12/98.
996 Vgl. BGH, NStZ 2009, S. 515 = 30.4.2009 – 1 StR 745/08.

Macht der Zeuge **berechtigt** keine Angaben (mehr), darf ein **unterschiedliches Aussageverhalten**, z.B. keine Angaben im Ermittlungsverfahren, sondern nur in der Hauptverhandlung oder umgekehrt, nicht zu Lasten des Angeklagten gewertet werden.[997] Anders liegt der Fall, wenn sich der Zeuge nur selektiv äußert, d.h. teilweise Angaben macht und teilweise schweigt,[998] oder Angaben zur Sache macht, aber eine Überprüfung seiner Angaben verweigert. „Die Frage, ob die Schilderung eines Zeugen zutrifft, läßt sich generell nur bei Berücksichtigung seines gesamten Verhaltens im Prozeß beantworten und nicht isoliert nur bei Wertung der Informationen, die er dem Gericht zur Verfügung stellen will.“[999] 329

Hinweis 330

Selbst wenn der Zeuge erklärt, den Angeklagten nicht belasten zu wollen[1000] oder nicht gegen den Ehemann arbeiten zu wollen,[1001] ist dies nicht zu Lasten des Angeklagten verwertbar. Gleiches gilt, wenn der Zeuge Angaben zu Punkten, die für die Beurteilung der Tatfrage ohne Bedeutung sind, macht, dann jedoch von seinem Zeugnisverweigerungsrecht Gebrauch macht.[1002]

Der **Inhalt der Zeugenaussage** (z.B. keine Alibiaussage in der ersten Vernehmung des Zeugen) darf aber sehr wohl zu Lasten des Angeklagten gewertet werden.[1003] 331

Macht der Zeuge kein Zeugnis- oder Auskunftsverweigerungsrecht geltend, aber gleichwohl nur teilweise Angaben (z.B. **keine Beantwortung von Fragen**, Vorhalten etc.), kann dies in die Beweiswürdigung einfließen.[1004]

Macht ein Zeuge von seinen Zeugnisverweigerungsrecht gem. § 52 StPO Gebrauch und wird in der Revision gerügt, dass über **Spontanäußerungen** kein Beweis erhoben wurde, bestehen besondere Rügeanforderungen (erforderlich ist u.a. der genaue Inhalt und die näheren Umstände der früheren Angaben in der Revisionsbegründung).[1005]

Hinweis 332

Billigt das Tatgericht dem Zeugen irrig das Auskunftsverweigerungsrecht gem. § 55 StPO zu, hat die Verteidigung dies zur Vermeidung einer Rügepräklusion

997 Vgl. BGH, StV 1991, S. 450; vgl. auch BGH, JR 1988, S. 78; vgl. auch BGH, StV 1987, S. 188 = BGHR, StPO, § 261 Aussageverhalte 2 = 21.11.1986 – 2 StR 473/86, vgl. auch BGH, StV 1987, S. 51 = 23.10.1986 – 4 StR 569/86.

998 Vgl. BGHSt 32, S. 140, 142.

999 Vgl. BGHSt 32, S. 140, 143, vgl. auch BGH, JR 1985, S. 70.

1000 Vgl. OLG Köln, VRS 57, S. 425.

1001 Vgl. BGH, MDR 1981, S. 157 = 22.10.1980 – 2 StR 612/80.

1002 Vgl. BGH, JR 1981, S. 432.

1003 Vgl. BGH, JR 1988, S. 78, das wäre bei Angaben des Angeklagten grds. nicht möglich.

1004 Vgl. BGH, JR 1985, S. 70.

1005 Vgl. BGHR, StPO, § 344 Abs. 2 Satz 2 Beweisantragsrecht 5 = 25.3.1998 – 3 StR 686/97.

zu beanstanden.[1006] Das bedeutet: Will die Verteidigung später in der Revision rügen, dass einem Zeugen **zu Unrecht** ein Auskunftsverweigerungsrecht nach § 55 StPO zugebilligt wurde, muss sie **grundsätzlich bereits in der Hauptverhandlung** die Entscheidung rügen (Anrufung des Gerichts nach § 238 Abs. 2 StPO).

4. Weitere existente Beweis- und Beweiswürdigungsregeln

333 Räumt der Angeklagte die **Haltereigenschaft** ein, **darf nicht** auf die Fahrereigenschaft geschlossen werden.[1007] Diese Einlassung steht dem Vollschweigen gleich.[1008]

Ist der Zeuge **psychisch auffällig**, ist ggf. ein Glaubwürdigkeitsgutachten zu erholen, wobei hier keine allgemein gültigen Aussagen möglich sind. Die Rechtsprechung zur psychischen Auffälligkeit ist streng kasuistisch.

Ist der Angeklagte der **Lüge** (= i.d.R. widerlegte Einlassung[1009]) überführt[1010] oder hat sogar ein ggf. **falsches Alibi** gegeben[1011] oder liefert einen **Entlastungsbeweis zeitlich erst spät**,[1012] so sind Schlüsse zu seinen Lasten i.d.R. nicht möglich.[1013] Gleiches gilt, wenn der Angeklagte kein Alibi vorgibt, sondern nur mitteilt, nicht mehr zu wissen, wo er zur fraglichen Zeit war.[1014] Auch aus einem Fluchtversuch lässt sich nichts zu Lasten des Angeklagten ableiten. Ebenso wenig lässt sich aus

1006 Vgl. BGH, NStZ 2007, S. 231.

1007 Vgl. BGHSt 25, S. 365.

1008 Vgl. BVerfG, NJW 1994, S. 847.

1009 Vgl. BGH, StV 1994, S. 175 = 17.12.1993 – 2 StR 666/93 m.w.N.

1010 Ggf. auch der mehrfachen Lüge oder jeweils angepasster Einlassungen, vgl. BGH, NStZ 1986, S. 325 = 18.3.1986 – 5 StR 74/86; BGH, NStZ 1997, S. 96; NStZ-RR 2001, S. 118; NStZ 2001, 318 f.

1011 Vgl. OLG Hamm, zfs 2003, S 257 f.; BGH, StV 1986, S. 369, 371: „Insoweit lassen falsche Angaben, mit denen der Angeklagte sich zu entlasten sucht, regelmäßig keine tragfähigen Schlüsse darauf zu, was sich wirklich ereignet hat."; ebenso BGH, NStZ 1997, S. 96; und BGH, StV 1982, S. 158 f.: „[...] aus einem fehlgeschlagenen Alibibeweis lässt sich nichts ‚für eine Täterschaft des Angeklagten' herleiten."; vgl. auch BGH, StV 1985, S. 356 f. und BGH, StV 1985, S. 401: „Lügen, mit denen er sich verteidigen darf [...] lassen sich nur mit Vorsicht als Beweisanzeichen für strafrechtliche Schuld verwerten, weil auch ein Unschuldiger vor Gericht Zuflucht zur Lüge nehmen kann und ein solches Verhalten nicht ohne weiteres tragfähige Rückschlüsse darauf gestattet, was sich in Wirklichkeit ereignet hat," ebenso BGH, NStZ 1983, S. 422 f. vgl. auch BGHR, StPO, § 261 Aussageverhalten 5. In der Praxis führt der gescheiterte Alibibeweis nach der immer noch zutreffenden Ansicht von Peters (Fehlerquellen im Strafprozeß, 2. Bd., S. 31) aber wenigstens unterbewusst immer wieder zu einem weiteren negativen Moment in der Beweislage gegen den Beschuldigten.

1012 Vgl. BGH, NStZ 2002, S. 161; allerdings darf berücksichtigt werden, dass der Entlastungszeuge seine Aussage ggf. auf das bisherige Beweisergebnis einrichten konnte, vgl. auch BGH, 6.9.2001 – 3 StR 302/01. Das gilt auch bei einer Alibibehauptung im letzten Wort (vgl. BGH, NStZ 2002, S. 160).

1013 Vgl. BGH, StV 1997, S. 291 f. = NStZ 1997, S. 96 f. = 2.10.1996 – 2 StR 332/96 m.w.N., vgl. auch BGH, StV 1994, S. 175 = 24.3.1993 – 2 StR 666/93.

1014 Vgl. BGH, StV 1995, S. 510.

dem Versuch des Angeklagten, ein (falsches) Alibi zu erhalten, i.d.R. ein Schluss zu dessen Lasten ziehen, denn es liegt nahe, dass sich auch ein Unschuldiger zur Abwendung eines unbegründeten Verdachts um ein (falsches) Alibi bemühen kann.[1015] Anders liegt der Fall, wenn sich aus dem Versuch, ein falsches Alibi zu erhalten, **spezifisches Täterwissen** ergibt, so dass es sich um eine **Vorwegverteidigung** und ein starkes Belastungsindiz handeln kann. „Für den Beweiswert der **erlogenen Alibibehauptung** war nämlich erörterungsbedürftig, zu welchem Zeitpunkt und aus welchen Gründen die Zeugin sich zu der falschen Alibibehauptung veranlasst sah. Gerade diese Fragen sind aber entscheidend dafür, ob ihrer Alibibehauptung **Wissen** hinsichtlich der Tatzeit zugrunde lag, welches ihr der Angekl. dann vermitteln konnte, **wenn er selbst der Täter** war."[1016]

Hinweis 334

Das Alibi des Angeklagten darf nicht dadurch entwertet werden, dass angenommen wird, der Belastungszeuge habe sich im Datum lediglich geirrt. Die Anwendung des Zweifelssatzes legt nahe, dass der Belastungszeuge das genannte Datum auch gemeint hat. Ohne nachvollziehbare Begründung, dass und warum das Tatgericht aus rationalen, einsichtigen und ernsthaften Gründen die Feststellung der hohen Wahrscheinlichkeit des Irrtums des Belastungszeugen annimmt, kann keine Verurteilung erfolgen.[1017]

Ein **Wechsel in der Einlassung** kann aber wohl zu Lasten des Angeklagten gewertet werden:[1018] 335

- Hat der Richter **private oder dienstliche Kenntnis** von der zu beweisenden Tatsache oder Kenntnis aufgrund anderer Verfahren, darf dies nicht gewürdigt[1019] werden. Das so erlangte Wissen (z.B. Kenntnis einer Örtlichkeit) kann jedoch für einen Vorhalt genutzt werden.[1020] Der Richter kann diese Kenntnis auch nicht verwerten, in dem er diese in der Hauptverhandlung bekanntgibt, denn er kann nicht auch Zeuge sein.[1021] Eine Ausnahme besteht nur hinsichtlich offenkundiger oder gerichtskundiger Tatsachen, die jedoch zum Gegenstand der Verhandlung gemacht werden müssen.[1022]

1015 Vgl. BGH, StV 1984, S. 495 = 11.7.1984 – 2 StR 177/84.
1016 BGH, 1.2.2011 – 1 StR 408/10 = NStZ-RR 2010, S. 184 f.
1017 Vgl. BGH, StV 1992, S. 6 = 20.9.1991 – 2 StR 17/91.
1018 Vgl. BGH, 5.11.2009 – 3 StR 309/09 = NStZ-RR 2010, S. 53.
1019 Wohl aber dürfen insofern Vorhalte gemacht werden.
1020 Vgl. LR-StPO/Gollwitzer, 25. Aufl., § 261 Rn 18.
1021 Vgl. LR-StPO/Gollwitzer, 25. Aufl., § 261 Rn 24.
1022 Vgl. BGH, NStZ 1995, S. 246; vgl. auch BVerfGE 48, S. 206, 209, vgl. BGHSt 6, S. 292.

- Der Tatrichter darf den Angaben eines Zeugen im Ansatz kein höheres Gewicht beimessen als den Angaben des Angeklagten.[1023] Dagegen wird in der Praxis immer wieder verstoßen.
- Aus der allgemeinen Glaubwürdigkeit kann nicht auf die spezielle Glaubwürdigkeit (= Glaubhaftigkeit) geschlossen werden.[1024]
- Bezichtigt ein Zeuge den Angeklagten in gewichtigen Punkten fälschlich, darf das nicht als unbedeutendes Randgeschehen behandelt werden.[1025]
- Kommt ein Sachverständigengutachten zu dem Ergebnis „hohe Wahrscheinlichkeit" obwohl nach der Terminologie des Gutachtens darüber hinausgehende Wahrscheinlichkeitsgrade möglich sind (z.B. „mit größter Wahrscheinlichkeit") kann eine Verurteilung grds. nicht erfolgen, sofern keine weiteren Beweismittel hinzutreten.[1026]
- Das Zeugnis eines Zeugen vom Hörensagen ist für eine Verurteilung nicht ausreichend. Es müssen zusätzliche, außerhalb der Aussage liegende wichtige Beweisanzeichen hinzukommen.[1027]
- Gleiches gilt bei Verkürzungen der Beweisgrundlage durch Maßnahmen der Exekutive (Sperrung von Beweismaterial oder Zeugen),[1028] oder wenn es auf die Aussage eines V-Mannes ankommt.[1029] „Kann der Angeklagte sein durch Art. 6 Abs. 3 lit. D EMRK garantiertes Recht, Fragen an den Belastungszeugen zu stellen oder stellen zu lassen, nicht ausüben, weil diesem ein weitgehendes oder umfassendes Auskunftsverweigerungsrecht zugestanden wird, muss dieser Umstand schon deshalb bei der Beweiswürdigung hinreichend bedacht werden, weil die durch Vernehmung der Verhörsperson eingeführte Aussage bei Fehlen

1023 Vgl. BGH, NStZ 2004, S. 635 f., Ist der Zeuge auch noch **Nebenkläger** so stellt sich die Frage, weshalb es im Strafrecht gestattet ist, von dem elementaren Rechtssatz, dass derjenige, der einem anderen etwas vorwerfe, dieses beweisen können müsse und zwar nicht nur dadurch, dass er es selbst behauptet, abzuweichen, vgl. Hamm, Zur Revisibilität der Beweiswürdigung in Fällen von Aussage gegen Aussage, StraFO 2000, S. 253, 255; Die Prozessrolle, ob Zeuge oder Angeklagter, hängt oft nur vom Zufall ab, vgl. BGH, StV 1997, S. 172; gleichwohl ist in der Praxis immer wieder zu beobachten, dass die Zeugenaussage wesentlich mehr gilt als die Angeklagtenaussage, vgl. Peters, Gutachten zum 46. Juristentag, S. 137; das gilt sogar dann, wenn ein Mitbeschuldigter durch Verfahrenstrennung zum Zeugen getauscht wurde, vgl. Lenckner, Mitbeschuldigter und Zeuge, in: FS für Karl Peters, S. 332, 338.

1024 Vgl. BGH, StV 1994, S. 64.

1025 Vgl. BGH, StV 1998, S. 469 f.; BGH, StV 1996, S. 582.

1026 Vgl. BGH, NStZ 1982, S. 478.

1027 Vgl. BGH, NStZ-RR 2002, S. 176; vgl. auch BGH, NStZ 1994, S. 502; BGH, NStZ 2002, S. 656.

1028 Vgl. BGH, NJW 2004, S. 1259 ff.

1029 Sei es, weil die Exekutive die Identität nicht aufdeckt oder sei es, weil die Persönlichkeit von V-Leuten häufig sehr problematisch ist, vgl. Schäfer, Freie Beweiswürdigung und revisionsrechtliche Kontrolle, StV 1995, S. 147, 152 m.w.N.

eines kontradiktorischen Verhörs (§ 69 Abs. 2 StPO) nur beschränkt hinterfragt und vervollständigt werden kann."[1030]

- Macht der Angeklagte von einem zulässigen Verteidigungsverhalten Gebrauch, darf dies nicht strafschärfend gewertet werden. Das gilt auch dann, wenn dadurch z.B. jugendliche Zeugen zu einer für diese belastenden Zeugenaussage veranlasst werden.[1031]

1030 BGH, Beschl. v. 7.7.2004 – 5 StR 71/04 = NStZ 2004, S. 691 f.; BGH, Beschl. v. 17.3.2009 – 4 StR 662/08 = NStZ -RR 2009, S. 212.

1031 Vgl. BGHSt 1, S. 342.

§ 37 Der Richter – objektive Entscheidungsfindung und anwaltliche Strategien

Inhalt

A. Law in books versus law in action

„Wie tauglich ist ein Familienrichter, dessen eigene Ehe mit einer Kampfentscheidung zu Ende gegangen ist? Auf wessen Seite steht ein Mietrichter, der mehrere Wohnhäuser geerbt hat? Beurteilt ein Verkehrsrichter, der mit dem Porsche vorfährt, einen Unfall anders als sein Kollege, der immer mit dem Fahrrad zum Dienst kommt? Oder anders: Lässt sich überhaupt verhindern, dass Biografie und Weltanschauung des Richters auf seine Urteile durchschlagen?“[1] 1

1 Lamprecht, Die Lebenslüge der Juristen, S. 9.

Wer diese Fragen stellt, kennt bereits die Antwort. Selbstverständlich beeinflusst die eigene Biografie und Weltanschauung das richterliche Urteil. Es ist eine triviale Erkenntnis, dass bereits die Wahrnehmung, also noch vor einer bewussten Verarbeitung und Entscheidung, von den jeweils individuellen – auch unbewussten – Wünschen, Motiven, Befürchtungen, Erfahrungen, also dem **Prisma** der eigenen Persönlichkeit, abhängt.[2]

2 Die richterliche Subjektivität als (mit-)entscheidender Faktor ist jedem Praktiker bekannt, wird aber nicht kritisch genug hinterfragt und von der Anwaltschaft nicht genügend beachtet. Vor mehr als einem halben Jahrhundert (1966) hat *Hainmüller* in einer bemerkenswerten Arbeit zum Anscheinsbeweis und zur Fahrlässigkeitstat im „heutigen deutschen Schadenersatzprozess" mitgeteilt, dass richterliche Überzeugung in vielem letztlich irrational und von der persönlichen Veranlagung und Einstellung des jeweiligen Gerichts abhängig ist. Zum Nachweis hat er Fundstellen bei *Baumbach-Lauterbach*, *Wassermeyer*, *Drefahl* und *Kollhosser* genannt.[3]

3 Triviale Beispiele offenbaren den Widerspruch zwischen dem law in books und dem law in action. Nach ständiger Rechtsprechung soll es für die Auslegung einer Willenserklärung auf den objektiven Empfängerhorizont ankommen, bei der Frage eines Sittenverstoßes auf das Anstandsgefühl aller billig und gerecht Denkenden und bei der groben Fahrlässigkeit auf dasjenige, was jedem einleuchtet. Tatsächlich kommt es auf den subjektiven Richterhorizont, das Anstandsgefühl des konkret zur Entscheidung berufenen Richters oder auf dasjenige an, was dem Richter einleuchtet oder nicht einleuchtet. Die vermeintlich objektiv bestehende Entscheidungsgrundlage reduziert sich praktisch auf die Meinung eines einzelnen Richters oder Richterkollegiums.

Das ist bedenklich, denn das Grundgesetz hat den Rechtsstaat, nicht den Richterstaat erschaffen.[4]

4 Aktuell wird dies zu wenig beachtet, denn wenn das allgemein bekannt und/oder beachtet werden würde, würde sich vermutlich eine Handlungs-, mindestens aber eine Beobachtungspflicht seitens des Gesetzgebers ergeben. Stattdessen findet teilweise ein völliges Ignorieren und Verkennen von verfahrenspsychologischen Wahrheiten statt, wie bspw. bei der Einführung der völlig ineffektiven Anhörungsrüge zum iudex a quo. Es muss zudem befremden, wenn Richter des Bundesgerichtshofs der Rechtsprechung eine bornierte Hemmung attestieren, selbst trivialste Erkenntnisse der populären Kommunikationswissenschaft zur Kenntnis zu nehmen.[5]

2 Vgl. Altavilla, Forensische Psychologie, Bd. II, Die Psychologie der Strafprozessbeteiligten, S. 213.

3 Vgl. Hainmüller, Der Anscheinsbeweis und die Fahrlässigkeitstat im heutigen deutschen Schadensersatzprozeß, S. 38 m.w.N.

4 Vgl. Stern, Das Staatsrecht der Bundesrepublik Deutschland, Bd. 1, 2. Aufl., S. 801.

5 Vgl. Fischer/Krehl, Strafrechtliche Revision, „Vieraugenprinzip", gesetzlicher Richter und rechtliches Gehör, StV 2012, S. 550, 555.

Es ist daher richtig, dass es keinen (alleinverbindlichen) Einsatz der Vernunft und keinen Richter gibt, der nicht durch seine Persönlichkeit geprägt ist, aber es ist falsch, dass dies durch die Professionalität der Berufsausübung und Einbettung der konkreten Entscheidung in eine Entscheidungskette als ausgeglichen gilt.[6] 5

Deswegen sollte der anwaltliche Praktiker Mittel und Wege einsetzen, um der richterlichen Subjektivität objektive Argumente entgegenzusetzen. Das erfolgt in der Praxis zu selten. Genauso wie der Richter seine Sicht der Dinge als Ansicht eines objektiven Dritten lediglich behauptet, stellen Kläger- und Beklagtenvertreter ihre jeweilige Ansicht als objektive Sicht dar. Damit steht nur Behauptung gegen Behauptung, ohne dass die jeweilige Behauptung durch objektive Kriterien unterstützt wird.

B. Der unsichtbare Dritte in der Rechtsprechung

Unter den Rechtsunterworfenen dürfte Einigkeit bestehen, dass richterliche Subjektivität einerseits erwünscht ist, um dem Einzelfall gerecht zu werden, andererseits aber ebenso unerwünscht, weil die Grenze zur Weltfremdheit oder Willkür schnell überschritten sein kann. 6

Methodisch soll die Subjektivität der Rechtsfindung vermieden werden, indem bestimmte Tatbestandsmerkmale objektiv formuliert werden. Das geschieht durch die Rechtsfigur des objektiven Dritten. Dieser objektive Dritte begegnet uns teils als Tatbestandsmerkmal, z.B. als „ordentlicher Kaufmann“ in § 347 HGB, als „ordentlicher Geschäftsmann“ in § 43 GmbHG oder als „ordentlicher und gewissenhafter Geschäftsleiter“ in § 93 AktG, und teils als Auslegungskonstrukt der Rechtsprechung, z.B. im objektiven Fahrlässigkeitsbegriff des § 276 BGB oder im Besorgnisbegriff des § 42 Abs. 1 ZPO. Als erforderlich im Sinne von § 249 Abs. 2 Satz 1 BGB sind die Aufwendungen anzusehen, die ein verständiger, wirtschaftlich denkender Mensch in der Lage des Geschädigten machen würde.[7] 7

Der Dritte wird nicht immer als Dritter formuliert oder erkannt, ist aber dennoch Dritter, weil er sich zwischen eine adversielle Zweierbeziehung schiebt, so zwischen Kläger und Beklagtem oder Ablehnenden und Abgelehntem.[8] Dieser objektive Dritte erscheint in unzähligen Konstellationen. Bereits 1982 hatte *Eckert* 28 verschiedene Formulierungen für ein- und dasselbe Phänomen gefunden[9] (z.B. als durchschnittlicher oder durchschnittlich verständiger Verbraucher, besonnener und gewissenhafter Mensch, redlicher Vertragspartner), wobei der Dritte alles sein 8

6 So aber Lechner/Zuck, BVerfGG, 7. Aufl., Einl., Rn 40.

7 Std. Rspr., vgl. nur BGH, Urt. v. 11.2.2014 – VI ZR 225/13 = zfs 2014, S. 388 m.w.N.

8 Vgl. Barnert, Der eingebildete Dritte, S. 13.

9 Vgl. Eckert, Der objektive Beobachter in der Rechtsprechung des Bundesgerichtshofs in Zivilsachen, S. 17, 50, 133.

kann, z.B. Käufer, Mieter, Rechtsanwalt, Fernsehzuschauer etc. Mittlerweile kann er sogar „objektiver E-Bay-Benutzer“ sein.[10]

C. Einzelfälle

I. Verschulden

9 Sofern der Gesetzgeber nicht eine Gefährdungshaftung eingeführt hat, soll eine Haftung nur bei Verschulden in Betracht kommen. Das Verschuldenserfordernis soll sogar „ein höheres juristisches Axiom“ sein,[11] und jedenfalls der Gradmesser, der den Rechtsfall vom Zufall scheidet.[12] Schuldhaftes Handeln setzt Vorsatz oder Fahrlässigkeit voraus gem. § 276 BGB.

1. Vorsatz

10 Vorsatz wird gewöhnlich als das Wissen und Wollen der Tat definiert. Zum Vorsatz gehört ein Wissens- und ein Wollenselement. Der Handelnde muss die Umstände, auf die sich der Vorsatz bezieht, gekannt bzw. vorausgesehen und in sein Wollen aufgenommen haben.[13]

11 Der Vorsatz muss sich i.d.R. nur auf die Rechtsgutverletzung (Haftungsbegründung), nicht auf den eingetretenen Schaden (Haftungsausfüllung) beziehen.[14] Bei einer Haftung aus § 826 BGB,[15] der Entsperrung des Haftungsprivilegs der §§ 104–106 SGB VII[16] oder der Arbeitnehmerhaftung bei einer „betrieblich veranlassten“ Schädigung gegenüber dem Arbeitgeber[17] muss sich der Vorsatz allerdings auch auf den Schaden beziehen. Ebenso bei der vorsätzlichen Herbeiführung eines Versicherungsfalles (§ 103 VVG).[18]

12 In der Praxis wesentlich und besonders schwierig ist die Abgrenzung von bedingtem Vorsatz zu bewusster Fahrlässigkeit.

10 Vgl. Barnert, Der eingebildete Dritte, S. 30 f. m.w.N.

11 Motive zum BGG, Band II S. 28.

12 Vgl. Barnert, Der eingebildete Dritte, S. 113.

13 Vgl. BGH, Urt. v. 20.12.2011 – VI ZR 309/10 = NJW-RR 2012, S. 404.

14 Vgl. Palandt/Grüneberg, 72. Aufl., § 276 Rn 10.

15 Vgl. BGH, Urt. v. 20.11.1990 – VI ZR 6/90 = NJW 1991, S. 634, 636: „[…] nicht […] den genauen Kausalverlauf und den Umfang des Schadens, […] jedoch die gesamten Schadensfolgen […] sowie die Richtung und die Art des Schadens.“

16 Vgl. BGH, Urt. v. 11.2.2003 – VI ZR 34/02 = NJW 2003, S. 1605 ff.

17 Vgl. BAG, Urt. v. 18.4.2002 – 8 AZR 348/01 = NZA 2003, S. 37 ff.

18 Vgl. OLG Karlsruhe, Beschl. v. 13.12.2013 – 9 U 27/13 = NJW-RR 2014, S. 1125 f.

Bedingter Vorsatz	Bewusster Fahrlässigkeit
Wenn der Handelnde die relevanten Umstände jedenfalls für möglich gehalten und billigend in Kauf genommen hat, d.h. mit dem Erfolg für den Fall seines Eintritts einverstanden ist,[19] liegt bedingter Vorsatz vor.	Bei der bewussten Fahrlässigkeit erkennt der Handelnde die Erfolgsmöglichkeit, unterlässt allerdings Sicherungsvorkehrungen im Vertrauen auf den Nichteintritt des Erfolgs.[20]

13 Entgegen aller rhetorischen Beteuerungen ist eine Abgrenzung des bedingten Vorsatzes von der bewussten Fahrlässigkeit in der Praxis nicht möglich. Es hilft wenig, wenn der BGH formuliert: „Von vorsätzlichem Handeln ist auszugehen, wenn der Schädiger so leichtfertig gehandelt hat, dass er eine Schädigung des anderen Teils in Kauf genommen haben muss."[21] Denn wann „er" eine Schädigung des anderen Teils in Kauf genommen haben muss, bleibt im Einzelfall unklar. Hinzu kommt, dass regelmäßig aus Indizien gefolgert wird, ob er den Erfolg gebilligt oder darauf vertraut hat, dass dieser nicht eintreten wird.

14 Ein wesentliches Indiz ist regelmäßig die Gefährlichkeit der Situation. „Die Annahme von Billigung liegt nahe, wenn der Täter sein Vorhaben trotz starker Gefährdung des betroffenen Rechtsguts durchführt, ohne auf einen glücklichen Ausgang und überhaupt das Nichtvorliegen des objektiven Tatbestandes vertrauen zu können, und wenn er es dem Zufall überlässt, ob sich die von ihm erkannte Gefahr verwirklicht oder nicht [m.w.N.]. In Kauf nimmt der Täter auch einen an sich unerwünschten Erfolg, mit dessen möglichen Eintritt er sich aber abfindet; anders ist es, wenn der Täter ernsthaft – nicht nur vage – darauf vertraut, dass der Erfolg nicht eintritt [m.w.N.]."[22]

15 Derartige Umschreibungen, die weitgehend für den Bereich der Tötungsdelikte entwickelt worden sind, gleichwohl auch im Zivilrecht angewendet werden, können allerdings nicht formelhaft auf Fälle offener, mehrdeutiger Geschehen angewendet werden.[23] Das bedeutet, dass der Grad der Wahrscheinlichkeit eines Erfolgseintritts allein kein Kriterium für die Entscheidung der Frage sein kann, ob der Betroffene mit dem Erfolg auch einverstanden war. Es kommt vielmehr immer auf die Umstände des Einzelfalls an, bei denen insbesondere die **Motive** und die **Interessenlage** des Angeklagten zu beachten sind.[24]

19 Vgl. BAG, Urt. v. 18.4.2002 – 8 AZR 348/01 = NZA 2003, S. 37 ff.

20 Vgl. BGH, Urt. v. 17.4.1997 – I ZR 131/95 = NJW-RR 1998, S. 34.

21 BGH, Urt. v. 6.5.2008 – XI ZR 56/07 = NJW 2008, S. 2245, 2249.

22 BGH, Urt. v. 13.12.2001 – VII ZR 305/99 = NJW-RR 2002, S. 740 f.

23 Vgl. für das Strafverfahren z.B. BGH, Urt. v. 6.4.2000 – 1 StR 280/99 = NJW 2000, S. 2364 ff. m.w.N. und für das Zivilverfahren z.B. BGH, Urt. v. 20.12.2011 – VI ZR 309/10 = NJW-RR 2012, S. 404 ff. m.w.N.

24 Vgl. BGH, Urt. v. 6.4.2000 – 1 StR 280/99 = NJW 2000, S. 2364 ff.

16 Wann auf einen glücklichen Ausgang vertraut werden kann, entscheidet wiederum der fiktive Dritte. Es ist nicht richtig, dass auf die Figur des Dritten bei vorsätzlichem Handeln verzichtet werden könnte, da der vorsätzlich Handelnde mit Niemandem und mit keinem Leitbild verglichen würde.[25]

Beispiel

Wenn ein Raser mit 220 km/h durch die Innenstadt einer Großstadt fährt, nimmt er dann billigend in Kauf, einen Unfall zu verursachen, oder vertraut er darauf, dass es nicht dazu kommt? Wenn kein Unfall passiert, werden die meisten Leser der Annahme sein, dass der Raser darauf vertraut hat, ohne Unfall zum Ziel zu gelangen; kollidiert der Raser aber mit einem Fußgänger, der an den Folgen des Unfalls verstirbt, wird das Verdikt in (bedingten) Vorsatz umschlagen. „Für die Prüfung, ob ein Unfallgeschehen mit tödlichen Folgen vom bedingten Vorsatz des Täters umfasst war, kommt es daher darauf an, ob er den konkreten Geschehensablauf als möglich erkannt und die damit einhergehende Eigengefahr hingenommen hat. Ist dies der Fall und verwirklicht sich dieses Geschehen, ist es für die Prüfung der Vorsatzfrage unerheblich, ob er weitere Geschehensabläufe, die aus seiner Sicht mit einer höheren und deshalb von ihm nicht gebilligten Eigengefahr verbunden waren, ebenfalls für möglich erachtet hat.“[26] Der BGH hält es für eine „realitätsferne“ Argumentationen, wonach ein Fahrer bei innerorts ca. 120 km/h ernsthaft darauf vertrauen könne, dass ein erkannter Kollisionsverlauf für Fußgänger folgenlos bleibe.[27]

17 Damit ist der **Rückschaufehler** angesprochen. Dieser, „Ich-wusste-es-die-ganze-Zeit-Effekt“ ist in der psychologischen Forschung als Ursache erheblicher Urteilsverzerrungen wohl bekannt und macht es fast unmöglich, eine Entscheidung im Hinblick auf die Überzeugung, als die Entscheidung getroffen wurde, sachgerecht zu beurteilen.[28] Der **Rückschaufehler (Hindsight Bias)** beschreibt die psychologische Tendenz, ein eingetretenes Ergebnis im Nachhinein als vorhersehbarer und naheliegender zu bewerten, als es ex ante tatsächlich war. Der Betrachter überschätzt dabei regelmäßig die Vorhersehbarkeit eines Ereignisses, weil er bereits weiß, wie es ausgegangen ist. Das Tatgericht darf seine Überzeugungsbildung nicht dadurch verzerren lassen, dass es das spätere Ergebnis (z.B. Eintritt eines Schadens oder einer Tatfolge) unbewusst in die Bewertung der damaligen Erkenntnislage hineinprojiziert.

Entscheidend ist vielmehr die **ex-ante-Perspektive**: Maßgeblich ist, welche Erkenntnisse und Bewertungsspielräume dem Täter bzw. den Beteiligten **zum Zeit-**

25 So aber Barnert, Der eingebildete Dritte, S. 114 f.

26 BGH, Urt. v. 18.6.2020 – 4 StR 482/19; vgl. auch BGH, Beschl. v. 26.3.2025 – 4 StR 487/24.

27 Vgl. BGH, Beschluss vom 26.3.2025 – 4 StR 487/24.

28 Vgl. Kahneman, Schnelles Denken, langsames Denken, S. 252; s.o. § 34 Rn 1 ff.

punkt der Handlung zur Verfügung standen. Eine nachträgliche Erfolgsbetrachtung darf nicht dazu führen, dass ein Verhalten als naheliegend oder zwingend fehlerhaft bewertet wird, obwohl es aus damaliger Sicht auch plausibel anders hätte eingeschätzt werden können.

2. Fahrlässigkeit

Die Vorhersehbarkeit einer Gefahr[29] und Vermeidbarkeit des Erfolgs sind Voraussetzung des Fahrlässigkeitsvorwurfs.[30] 18

Einfache Fahrlässigkeit	Grobe Fahrlässigkeit
Wenn die relevanten Tatumstände lediglich objektiv erkennbar waren und der Handelnde sie hätte kennen können oder kennen müssen, liegt Fahrlässigkeit vor.	Grob fahrlässig handelt, wer die im Verkehr erforderliche Sorgfalt nach den gesamten Umständen in ungewöhnlich hohem Maße verletzt und unbeachtet lässt, was im gegebenen Fall jedem hätte einleuchten müssen. Im Gegensatz zum rein objektiven Maßstab bei einfacher Fahrlässigkeit sind bei grober Fahrlässigkeit auch subjektive Umstände zu berücksichtigen. Es kommt also nicht nur darauf an, was von einem durchschnittlichen den Anforderungen entsprechenden Angehörigen des jeweiligen Verkehrskreises in der jeweiligen Situation erwartet werden konnte, wozu auch gehört, ob die Gefahr erkennbar und der Erfolg vorhersehbar und vermeidbar war; abzustellen ist auch darauf, ob der Schädigende nach seinen individuellen Fähigkeiten die objektiv gebotene Sorgfalt erkennen und erbringen konnte.[31] Es muss eine auch subjektiv schlechthin unentschuldbare Pflichtverletzung vorliegen, die das in § 276 Abs. 2 BGB bestimmte Maß erheblich überschreitet.[32]

Sofern keine unvorhergesehenen Naturkatastrophen oder Fälle höherer Gewalt eintreten, wird nahezu jede Gefahr bei genügend großer Phantasie vorhersehbar sein. Das bedeutet, dass ein allgemeines Verbot, andere nicht zu gefährden, unrealistisch ist oder dass eine Verkehrssicherung, die jede Schädigung ausschließt, im 19

29 Vgl. BGH, Urt. v. 14.3.2006 – X ZR 46/04 = NJW-RR 2006, S. 965 f.

30 Vgl. Palandt/Grüneberg, 72. Aufl., § 276 Rn 20 f.

31 Vgl. BAG, Urt. v. 18.4.2002 – 8 AZR 348/01 = NZA 2003, S. 37 ff.

32 Vgl. BGH, Urt. v. 18.2.2014 – VI ZR 51/13 = zfs 2014, S. 441 ff.

praktischen Leben nicht erreichbar ist, so dass eine Gefahr deshalb erst dann haftungsbegründend wird, wenn sich für ein sachkundiges Urteil die „naheliegende Möglichkeit“ ergibt, dass Rechtsgüter anderer verletzt werden können.[33]

20 Im Zivilrecht herrscht ein objektiv-abstrakter Fahrlässigkeitsbegriff, d.h. ein Abgleich, ob das fragliche Handeln als solches als missbiligenswert und intolerabel, also als sorgfalts- oder verkehrswidrig einzustufen ist oder nicht.[34] Damit ist eine Berufung auf individuell mangelnde Kenntnisse und fehlende Erfahrungen ausgeschlossen[35] z.B. auf mangelnde Verstandeskraft, Geschicklichkeit, Ausbildung, Fachwissen, altersbedingte Einschränkungen oder Überbeanspruchungen.[36] Umgekehrt werden die Sorgfaltsanforderungen aber bei besonderen Kenntnissen und Fähigkeiten des Schuldners erhöht.[37]

Der Grund hierfür ist der Vertrauensschutz, denn im Rechtsverkehr muss sich jeder grundsätzlich darauf verlassen dürfen, dass der andere die für die Erfüllung seiner Pflichten erforderlichen Fähigkeiten und Kenntnisse besitzt.[38]

„Gefordert wird mithin die Beachtung der Sorgfalt, die der gesunde normale Verkehr von einem ordentlichen Menschen in der konkreten Lage erwartet. Dabei ist grundsätzlich auf die Verhältnisse des in Betracht kommenden Verkehrskreises Rücksicht zu nehmen, mithin auf das Maß von Umsicht und Sorgfalt, das nach dem Urteil besonnener und gewissenhafter Angehöriger dieses Kreises von dem in seinem Rahmen Handelnden zu fordern ist.“[39]

21 Der Maßstab des „ordentlichen Menschen“ oder die oben erwähnte „naheliegende Möglichkeit“ eröffnet den Einzugsbereich des Dritten. Der „ordentliche Mensch in der konkreten Lage“ kann wiederum alles sein, z.B. Kaufmann, Geschäftsmann, Facharzt, Assistenzarzt, Bauherr, Handwerksmeister, Berufsanfänger, Auszubildender, Hausfrau etc.[40] Das Abstellen auf den ordentlichen Menschen in der konkreten Lage, z.B. einen Berufsanfänger, stellt zwar keinen Widerspruch zum objektiv-abstrakten Fahrlässigkeitsbegriff dar, da es auf das objektiv-abstrakte Verhalten in dieser (speziellen) Gruppe ankommt, wohl aber eine gewisse Einschränkung in subjektiver Hinsicht, da es auf den Personenkreis der Beteiligten in der konkreten Lage (Fehlverhalten in einer unverschuldeten Gefahrenlage[41]) ankommt.[42] Auch bei Kindern und Jugendlichen kommt es nicht auf die Fähigkeiten des konkreten Ju-

33 Vgl. BGH, Urt. v. 31.10.2006 – VI ZR 223/05 = NJW 2007, S. 762 f.

34 Vgl. Barnert, Der eingebildete Dritte, S. 117 f.

35 Vgl. BGH, Urt. v. 27.3.2003 – IX ZR 399/99 = NJW 2003, S. 2022, 2024.

36 Vgl. Palandt/Grüneberg, § 276 Rn 15 m.w.N.

37 Vgl. Palandt/Grüneberg, § 276 Rn 15 m.w.N.

38 Vgl. Palandt/Grüneberg, § 276 Rn 15 m.w.N.

39 BGH, Urt. v. 15.11.1971 – VIII ZR 62/70 = NJW 1972, S. 150 f.

40 Vgl. Palandt/Grüneberg, 72. Aufl., § 276 Rn 17 m.w.N.

41 Vgl. BGH, Urt. v. 16.3.1976 – VI ZR 62/75 = NJW 1976, S. 1504 m.w.N.

42 Vgl. BGHZ 5, S. 318 ff.

gendlichen an, sondern auf den allgemeinen Stand der Entwicklung dieser Altersgruppe, wobei auch gegenüber Kindern und Jugendlichen der Beweis des ersten Anscheins möglich ist.[43] Der Dritte kann schlicht als „Der Tüchtige“ bezeichnet werden.[44] Fahrlässig handelt, wer nicht leistet, „was ‚ein Tüchtiger’ in gleicher Stellung und Lage an Kenntnissen, Einsicht, Bestimmbarkeit und Reaktion mit der Folge pflichtgemäßen und daher schädigungsfreien Handelns erbracht hätte.“[45]

Hinweis

Durch das Abstellen auf den Personenkreis der Beteiligten erfolgt im Einzelfall einmal eine Verringerung und ein anderes Mal eine Erhöhung der Sorgfaltsanforderungen. An untergeordnete Mitarbeiter können einerseits nicht dieselben Anforderungen gestellt werden wie an leitende,[46] aber umgekehrt liegt z.B. gerade bei Berufsanfängern nahe, den fachkundigen – aber gerade unterlassenen – Rat eines erfahrenen Kollegen einzuholen.[47] Prozessrechtlich kann aus Anfängerhandeln unter Umständen sogar eine Beweislastumkehr eintreten.[48]

Anhaltspunkte können sich bei Vorliegen von Regelwerken (DIN-Normen, StVO, 22
Sportregeln) ergeben.[49] DIN-Normen können allerdings die anerkannten Regeln der Technik wiedergeben oder aber hinter diesen zurückbleiben.[50] In Sachverständigengutachten wird oft mitgeteilt, dass keine „normgemäßen Angaben“ vorliegen oder dass es kein Regelwerk gibt. Das lässt aber offen, ob es nicht ungeschriebene anerkannte Regeln der Technik gibt.[51]

Auch bei **Fehleinschätzungen der Rechtslage** kommt ein Verschulden in Betracht. 23
„Nach ständiger Rechtsprechung sind an das Vorliegen eines unverschuldeten Rechtsirrtums strenge Maßstäbe anzulegen, wobei der Schuldner die Rechtslage sorgfältig prüfen, soweit erforderlich, Rechtsrat einholen und die höchstrichterliche Rechtsprechung sorgfältig beachten muss [m.w.N.].“[52] Bemerkenswert ist, dass das Vertrauen auf die Rechtsansicht eines Oberlandesgerichts nicht unbedingt entschuldigt.[53] Das ist dann nachvollziehbar, wenn es anderslautende Entscheidungen eines anderen Kollegialgerichts gibt, denn dann existiert lediglich ein Patt, oder wenn die

43 Vgl. BGH, Urt. v. 10.3.1970 – VI ZR 182/68 = NJW 1970, S. 1038 ff.

44 Vgl. Hainmüller, Der Anscheinsbeweis und die Fahrlässigkeitstat im heutigen deutschen Schadensersatzprozeß, Fn 5, S. 119.

45 Hainmüller, Der Anscheinsbeweis und die Fahrlässigkeitstat im heutigen deutschen Schadensersatzprozeß, S. 121.

46 Vgl. BGH, Urt. v. 28.4.1987 – VI ZR 127/86 = NJW 1988, S. 48 f.

47 Vgl. z.B. BGH, Urt. v. 26.4.1988 – VI ZR 246/86 = NJW 1988, S. 2298, 2300.

48 Vgl. BGH, Urt. v. 10.3.1992 – VI ZR 64/91 = NJW 1992, S. 1560 ff.

49 Vgl. Palandt/Grüneberg, 72. Aufl., § 276 Rn 18 m.w.N.

50 Vgl. BGH, Urt. v. 14.5.1998 – VII ZR 184/97 = NJW 1988, S. 2814 f.

51 BGH, Urt. v. 21.11.2013 – VII ZR 275/12 = NJW 2014, S. 620 f.

52 BGH, Urt. v. 4.7.2001 – VIII ZR 279/00 = NJW 2001, S. 3114 f.

53 Vgl. BGH, Urt. v. 18.4.1974 – KZR 6/73 = NJW 1074, S. 1903, 1905.

Beurteilung auch von einer Beweisfrage abhängt.[54] Nicht mehr ganz nachvollziehbar ist dieser Sorgfaltsmaßstab aber dann, wenn die sog. **Kollegialgerichts-Richtlinie** im Amtshaftungsrecht beachtet wird. Hiernach trifft einen Amtsträger i.d.R. kein Verschulden, wenn ein mit mehreren Rechtskundigen besetztes Kollegialgericht die Amtstätigkeit als objektiv rechtmäßig angesehen hat.[55] Das hierfür vorgebrachte Argument, dass ein Beamter nicht klüger sein muss als ein Kollegialgericht, ist nicht von der Hand zu weisen. Warum diese Argumentation nicht auf einen Bürger übertragbar sein soll, erschließt sich nicht unbedingt.

II. Verkehrssicherungspflichten

24 Eine Verkehrssicherungspflicht, die alle Schäden ausschließt, ist undenkbar. Der „objektive Dritte" begegnet uns in diesem Bereich mehrfach. „Nach ständiger Rechtsprechung des **BGH** ist derjenige, der eine Gefahrenlage – gleich welcher Art – schafft, grundsätzlich verpflichtet, die notwendigen und zumutbaren Vorkehrungen zu treffen, um eine Schädigung anderer möglichst zu verhindern [m.w.N.]. Die rechtlich gebotene Verkehrssicherung umfasst diejenigen Maßnahmen, die ein umsichtiger und verständiger, in vernünftigen Grenzen vorsichtiger Mensch für notwendig und ausreichend hält, um andere vor Schäden zu bewahren."[56] Niemand kann allerdings verlässlich vorhersagen, was „notwendig und zumutbar" ist bzw., was ein „umsichtiger und verständiger, in vernünftigen Grenzen vorsichtiger Mensch für notwendig und ausreichend hält." Die weiteren Versuche der Rechtsprechung, diesen Maßstab prognostizierbar zu machen, helfen nicht weiter, sondern sind tautologisch und vergrößern die Unbestimmtheit, wenn es sodann heißt, „daher reicht es anerkanntermaßen aus, diejenigen Sicherheitsvorkehrungen zu treffen, die ein verständiger, umsichtiger, vorsichtiger und gewissenhafter Angehöriger der betroffenen Verkehrskreise [...] für ausreichend halten darf, um andere Personen [...] vor Schäden zu bewahren, und die den Umständen nach zuzumuten sind; Voraussetzung für eine Verkehrssicherungspflicht ist, dass sich vorausschauend für ein sachkundiges Urteil die naheliegende Gefahr ergibt, dass Rechtsgüter anderer verletzt werden können [m.w.N.]."[57]

III. Auslegungsmaximen

1. Allgemeine Auslegung

25 Der Dritte legt nicht nur fest, wie gehandelt werden musste oder durfte, sondern auch, wie etwas verstanden werden musste oder durfte, mithin, wie (empfangs-

54 Vgl. BGH, Urt. v. 6.12.2006 – IV ZR 34/05 = NJW-RR 2007, S. 382 f.

55 Vgl. BGH, Beschl. v. 19.12.1991 – III ZR 9/91 = NJW-RR 1992, S. 919 f.

56 BGH, Urt. v. 2.3.2010 – VI ZR 223/09 = NJW 2010, S. 1976.

57 BGH, Urt. v. 2.3.2010 – VI ZR 223/09 = NJW 2010, S. 1976.

bedürftige) Erklärungen/Verträge auszulegen sind. Nach ständiger Rechtsprechung sind diese so auszulegen, wie sie der Erklärungsempfänger nach Treu und Glauben unter Berücksichtigung der Verkehrssitte verstehen musste.[58] Es kommt damit auf den sog. objektiven Erklärungswert an, darauf also, wie sich die Erklärung nach Treu und Glauben für den Empfänger darstellt.[59]

Teilweise kommt es auf einen verallgemeinerten Dritten an, z.B. auf den wirtschaftlich informierten und interessierten Zuschauer/Hörer/Leser,[60] den bilanzkundigen Leser,[61] den Anleger, „der zwar eine Bilanz zu lesen versteht, aber nicht unbedingt mit der in eingeweihten Kreisen gebräuchlichen Schlüsselsprache vertraut zu sein braucht,"[62] den flüchtigen Verbraucher,[63] den pflichtbewussten und gewissenhaft durchschnittlichen Schuldner,[64] denjenigen Verbraucher, der sich mit der betreffenden situationsbedingten Aufmerksamkeit zuwendet,[65] den unvoreingenommenen Durchschnittsleser,[66] das Verständnis eines unvoreingenommenen und verständigen Publikums.[67] 26

2. Ergänzende Vertragsauslegung

Im Falle der ergänzenden Vertragsauslegung ist entscheidend, wie der Dritte die vertragliche Lücke geschlossen hätte, d.h. was gewollt worden wäre oder gewollt werden würde.[68] „Im Gegensatz zu den Grundsätzen über das Fehlen oder den Wegfall der Geschäftsgrundlage (§ 313 BGB), die einer Anpassung des Gewollten an die Wirklichkeit oder dessen Liquidation bei Scheitern der Anpassung dienen, geht es bei der ergänzenden Vertragsauslegung, auch soweit sie durch nachträgliche Umstände veranlasst ist, darum, den in dem Vereinbarten zu Tage tretenden Planvorstellungen zum Durchbruch zu verhelfen. Ihr Ansatzpunkt besteht daher in der Ermittlung dessen, was die Parteien (bei angemessener Abwägung ihrer Interessen und als redliche Vertragspartner) zur Schließung der Lücke selbst unternommen hätten."[69] Die Anwendung der Grundsätze der ergänzenden Vertragsauslegung nötigt zu einem mehrfachen Einsatz des Dritten, der hier die Interessen der Parteien als redlicher Vertragspartner abwägt. Dieser wird bei der ergänzenden Vertragsaus- 27

58 Vgl. BGH, Urt. v. 5.7.1990 – IX ZR 10/90 = NJW 1990, S. 3206.
59 Vgl. bereits BGH, Urt. v. 5.10.1961 – VII ZR 207/60 = NJW 1961, S. 2251, 2253.
60 Vgl. z.B. OLG München, Urt. v. 10.12.2003 – 21 U 2392/03 = NJW 2004, S. 224 ff.
61 Vgl. BGH, Urt. v. 16.12.2004 – 1 StR 420/03 = BGHSt 49, S. 381, 391.
62 BGH, Urt. v. 12.7.1982 – II ZR 175/81 = NJW 1982, S. 2823 ff.
63 Vgl. BGH, Urt. v. 22.10.1992 – I ZR 284/90 = NJW-RR 1993, S: 226 f.
64 Vgl. BGH, Urt. v. 9.7.1992 – IX ZR 209/91 = NJW 1992, S. 3237, 3239.
65 Vgl. BGH, Urt. v. 16.12.2004 – I ZR 222/02 = GRUR 2005, S. 438, 440.
66 Vgl. BGH, Urt. v. 16.11.2004 – VI ZR 298/03 = NJW 2005, S. 279, 281.
67 Vgl. BGH, Urt. v. 25.11.2003 – VI ZR 226/02 = NJW 2004, S. 598 f.
68 Vgl. Barnert, Der eingebildete Dritte, S. 202.
69 BGH, Versäumnisurt. v. 14.11.2003 – V ZR 346/02 = NJW-RR 2004, S. 554.

legung in verschiedenen Stufen mehrfach benötigt: Einmal zur Feststellung einer planwidrigen Lücke, sodann zur Feststellung des Nachrangs des dispositiven Rechts und schlussendlich für den hypothetischen Parteiwillen.[70]

3. Korrektive

28 Ein Rechtsgeschäft ist sittenwidrig, wenn es gegen das Anstandsgefühl aller billig und gerecht Denkenden verstößt gem. § 138 Abs. 1 BGB. Das klingt gut, denn das, was alle „billig und gerecht" empfinden, kann nicht falsch sein. Interessanterweise behauptet die Rechtsprechung aber nur, dass ein sittenwidriges Verhalten vorliegt oder eben nicht vorliegt, bleibt jedoch **den Weg zur Ermittlung dessen, was alle billig und gerecht Denkenden in der konkreten Fallgestaltung empfinden, schuldig**. Der Rechtsunterworfene hat sich mit der schlichten Behauptung zu begnügen. Gleiches gilt für § 242 BGB. Der Grundsatz von Treu und Glauben setzt der Rechtsausübung eine Schranke, wenn sie untragbar ist, d.h. **zu rechtlich und tatsächlich offensichtlich untragbaren Ergebnissen führt**.[71]

29 Für einen sog. **Schockschaden**[72] wird nur bei „ausreichendem Anlass" Ersatz geschuldet. Was ein solcher ausreichender Anlass ist, legt wiederum der Dritte fest. Gleiches gilt bei den sog. **Herausforderungsfällen**, bei denen eine Haftung nur dann in Betracht kommt, wenn die Antwort auf die Herausforderung nicht eine ungewöhnliche Reaktion darstellt. Was ungewöhnlich ist, legt der Dritte fest. Geht es um seelische Erschütterungen wie Trauer oder seelischer Schmerz, denen Betroffene beim Tod oder einer schweren Verletzung eines Angehörigen erfahrungsgemäß ausgesetzt sind, ist (nicht mehr) erforderlich, dass sie über die gesundheitlichen Beeinträchtigungen hinausgehen, denen Betroffene beim Tod oder einer schweren Verletzung eines nahen Angehörigen in der Regel ausgesetzt sind, sondern es genügt die pathologisch fassbare psychische Beeinträchtigung (Krankheitswert), sofern der Zurechnungszusammenhang, der bei psychischen Beeinträchtigungen einer gesonderten Prüfung bedarf, gegeben ist.[73] Ungereimtheiten haben sich durch das sog. **Angehörigenschmerzensgeld** (§ 844 Abs. 3 BGB) weitgehend erledigt, das als eigenständiges Hinterbliebenengeld ohne Krankheitsnachweis konstruiert ist.

30 Im Bereich von **Nachbarschaftsfragen** i.R.v. § 906 BGB kam es ursprünglich auf den „normalen" Menschen an,[74] mittlerweile aber auf den „verständigen Durchschnittsmenschen", der veränderte gesellschaftliche Wertvorstellungen mitberücksichtigt.[75]

70 Vgl. Palandt/Ellenberger, 73. Aufl., § 157 Rn 3 ff.
71 Vgl. Palandt/Grüneberg, 73. Aufl., § 242 Rn 2.
72 Der nicht auf Unfallereignisse begrenzt ist, vgl. BGH, Urt. v. 21.5.2019 – VI ZR 299/17.
73 Vgl. BGH, Urt. v. 6.12.2022 – VI ZR 168/21.
74 Vgl. exemplarisch BGHZ 10, S. 102 ff.
75 Vgl. BGHZ 120, S. 239 ff.

D. Demaskierung des Dritten

Mit den diversen Umschreibungen, in denen uns der Dritte in der täglichen Rechtspraxis begegnet, wird zum Ausdruck gebracht, wie es sein sollte, d.h. es handelt sich um vom Richter normativ gemachte Annahmen unter der „Larve von Bericht und Beschreibung".[76] *Eckert* äußerte 1982 die schon damals nicht neue Vermutung, dass sich hinter dem Dritten niemand anderes verbirgt als der Richter selbst.[77] 31

Eckert ist daher in Folgendem zuzustimmen: „Der objektive Beobachter' ist kein anderer als der Richter selbst. Dieser gibt seine – notwendig persönlichen – Überzeugungen als die eines ‚objektiven Beobachters' aus. Der ‚objektive Beobachter' kann daher seine Aufgabe, richterlichen Wertungen einen unparteiischen Charakter zu verschaffen, nicht erfüllen. Daneben kann die Verwendung des ‚objektiven Beobachters' die Entscheidung nicht konsensfähiger und so die ihnen zugrunde liegenden Wertungen allgemein gültiger machen. Dazu müssten die ‚objektiven Beobachter' ihre Begründungen offenlegen. Die Wertungen des Richters erscheinen als Tatsachen, seine Deutungen als Wahrnehmungen. Die Argumentation unter Berufung auf den ‚objektiven Beobachter' ist also nicht rational überprüf- und kritisierbar. Der ‚objektive Beobachter' erhöht folglich nicht die Rationalität, sondern die Irrationalität richterlicher Entscheidungsfindung. Seine subjektiven Überzeugungen werden zur Grundlage der an die Partei gerichteten Mitteilung, was sie als Recht hinzunehmen haben."[78] 32

Nicht richtig ist hingegen die Annahme *Eckerts*, dass die Verwendung der Kunstfigur des Dritten die richterliche Wertungstätigkeit nicht legitimieren könne und der Richter sich mit seiner Hilfe der Bindung an das Gesetz und dem Parteiwillen entziehen würde.[79] Richtig ist nämlich, was *Kaufmann* beschrieben hat: 33

> *„Unsere heutige Unsicherheit – Rechtsunsicherheit – rührt in erster Linie nicht daher, dass die Gesetze begrifflich schlechter gefasst wären als ehedem; wir sind vielmehr der hinter den Gesetzesbegriffen stehenden Typen nicht mehr sicher! Wir wissen nicht mehr so recht, was ein ‚ordentlicher Kaufmann', ein ‚vorbildlicher Familienvater' ist... Die überkommenen Typen und Gestalten haben weitgehend ihre überzeugende Kraft eingebüßt. Des Gesetzgebers Aufgabe ist es, […] Typen zu beschreiben […]. Aber es ist unmöglich, einen Typus genau*

76 Vgl. Barnert, Der eingebildete Dritte, S. 23.

77 Vgl. Eckert, Der objektive Beobachter in der Rechtsprechung des Bundesgerichtshofs in Zivilsachen, S. 21.

78 Eckert, Der objektive Beobachter in der Rechtsprechung des Bundesgerichtshofs in Zivilsachen, S. 131.

79 Eckert, Der objektive Beobachter in der Rechtsprechung des Bundesgerichtshofs in Zivilsachen, S. 21, 131.

zu beschreiben; die Beschreibung kann sich dem Typus immer nur annähern, nie wird er bis in die letzten Feinheiten erfasst."[80]

Daraus folgt, dass dort, wo der Gesetzgeber nicht beschreibt, der Richter beschreibt und als Vehikel den Dritten nutzt.[81]

E. Der gute Richter versus den Halbgott

34 Wenn die Subjektivität des Richters damit unvermeidlich ist, kann diese zwischen zwei Polen wandern. Es kann sich um den „guten Richter" handeln, von dem der große Prozessualist *Adolf Baumbach* 1933 mitgeteilt hat, dass dieser aus ungefähr jedem Gesetz etwas Gutes oder wenigstens etwas Erträgliches macht,[82] oder es kann sich um den Richter handeln, den der ebenso große Prozessualist *Bernd Schünemann* als „gottähnlich" im Jahre 2015 bezeichnet hat. *Schünemann* hat sich freilich auf den deutschen Strafrichter bezogen, nicht auf den deutschen Zivilrichter.[83]

35 Auch wenn der eine oder andere Praktiker den gottähnlichen Zivilrichter zu kennen glaubt, handelt es sich jedenfalls um ein seltenes Phänomen. Das liegt daran, dass im Strafprozess bei Verfahren, die beim Landgericht beginnen, keine effektive Tatsachenkontrolle erfolgt,[84] während im Zivilverfahren eine Berufungsinstanz zur Tatsachenkontrolle noch existiert. Mit anderen Worten: Die Kontrollmöglichkeit im Instanzenzug hat im Zivilverfahren den gottähnlichen Richter als bedeutendes Problem verhindert.

Nichtsdestotrotz kann die Subjektivität Gefahren begründen, denen der anwaltliche Vertreter vorbeugen kann.

F. Folgerungen

36 In der Praxis verwundert es, wie wenig argumentativ die Parteienvertreter die angebliche Meinung des Dritten rational nachvollziehbar unterstützen oder widerlegen, mithin für eine Objektivierung sorgen.

I. Zusammenarbeit mit Wirtschaftswissenschaftlern

37 Eine solche Methode wäre bei Verkehrssicherungspflichtverletzungen die sog. Kosten-Nutzen-Analyse, um den Umfang der erforderlichen Sorgfalt zu bestimmen. Der US-amerikanische Richter *Learned Hand* hat bereits 1947 zur Bestimmung des Fahrlässigkeitsvorwurfs die Auffassung vertreten, dass fahrlässig derjenige han-

80 Kaufmann, Analogie und Natur der Sache, S. 49.
81 Vgl. Barnert, Der eingebildete Dritte, S. 50.
82 Vgl. Baumbach, DJZ 1933, Sp. 1459.
83 Vgl. Schünemann, Überfordert die Komplexität die Wirklichkeit der Juristen, wistra 2015, S. 161 ff.
84 Vgl. Paeffgen/Wasserburg, Geheimnisse des Systems der Kontrolle, GA 2012, S. 535 ff.

delt, der sich scheut, Risikovermeidungskosten zu investieren, die geringer sind als der Erwartungswert entsprechender Schäden. Der Erwartungswert des Schadens stellt vereinfacht die Höhe des möglichen Schadens bei seinem Eintritt multipliziert mit der Wahrscheinlichkeit seines Eintritts dar.[85]

Diese **ökonomische Analyse des Rechts** ist auch im deutschen Recht anwendbar.[86] 38
Freilich hängt der Erwartungswert des Schadens von Schätzungen ab. Das sollte aber kein Grund sein, entsprechende Ausführungen nicht zu machen, denn wer über Schätzgrundlagen diskutiert, weiß wenigstens, worüber er diskutiert, statt weitgehend substanzlos auf das Urteil des fiktiven Dritten zu vertrauen. Das setzt im Prozess, bspw. durch vorgerichtlich eingeholte Sachverständigengutachten, die interdisziplinäre Zusammenarbeit mit Vertretern anderer Wissenschaften (Volkswirte, Betriebswirte, Mathematiker, Statistiker) voraus, die in der derzeitigen Praxis kaum beobachtet wird. *Kuhn* kommt in ihrer Dissertation aus dem Jahre 2004 (Der effizientorientierte Fahrlässigkeitsbegriff in der Rechtsprechung westlicher Staaten, S. 76 ff.) zu dem Ergebnis, dass der BGH die erforderlichen Sorgfaltsvorkehrungen an das Ausmaß der Gefahr knüpft und es in den meisten dieser Fälle um die Frage geht, ob der Handelnde bestimmte finanzielle Aufwendungen zur Schadensvorsorge hätte treffen müssen. Lägen die getroffenen Maßnahmen bzw. die aufgewendeten Kosten unterhalb des Umfangs, den die drohende Gefahr, die sich aus der Höhe des möglichen Schadens und der Wahrscheinlichkeit seines Eintritts zusammensetzt, gebiete, so sei Fahrlässigkeit gegeben.

Das stellt die Frage, wie die Höhe des möglichen Schadens und die Wahrscheinlich- 39
keit seines Eintritts intersubjektiv diskutierbar gemacht werden kann. Aus dem weltweit am weitest verbreiteten Lehrbuch zur Volkswirtschaftslehre von *Mankiw/ Taylor* (Gesamtauflage: 5 Millionen; Grundzüge der Volkswirtschaftslehre, 5. Aufl., S. 284 ff.) lässt sich folgendes Beispiel entnehmen („Wie viel zählt ein Menschenleben?"):

> *Beispiel*
>
> Wäre es aus Gründen der Verkehrssicherungspflicht erforderlich, an einer Kreuzung, die durch ein Stopp- bzw. Vorfahrtsschild geregelt ist, eine Ampelanlage aufzubauen? Von anderen Fällen weiß man, dass sich dadurch die Wahrscheinlichkeit eines tödlichen Unfalls von 1,6 % auf 1,1 % reduziert. Die Ampelanlage kostet allerdings 10.000 EUR. Diese Kosten können dann in eine rationale Argumentation eingebracht werden, wenn auf der anderen Seite der Wert eines Menschenlebens taxiert wird. Die Annahme, dass ein Menschenleben unbezahlbar ist, führt nicht weiter, denn wir treffen tagtäglich Entscheidungen, die unser Leben riskieren, um nur ein wenig Zeit oder Geld einzuspa-

85 Vgl. MüKO/BGB/Grundmann, 6. Aufl., § 276 Rn 62 m.w.N.

86 Vgl. Palandt/Grüneberg, 72. Aufl., § 276 Rn 20; BeckOK BGB/Unberath BGB § 276 Rn 25; aber strittig, vgl. MüKO/BGB/Grundmann, 6. Aufl., § 276 Rn 60 ff. m.w.N.

ren. Es sind daher verschiedene Berechnungsformen für den Wert eines Menschenlebens rational nachvollziehbar (z.B. auf welches Lebenseinkommen kommt der durchschnittliche Mensch, wie hoch ist die durchschnittlich vereinbarte Lebensversicherungssumme für den Todesfall etc.), aber wichtig ist, dass der Vorteil der Ampelanlage 0,5 % beträgt und eine Entscheidung dann rational nachvollziehbar ist, wenn der Erwartungswert des Nutzens die Kosten übersteigt. Der Erwartungswert des Nutzens beträgt 0,5 % x Wert eines Menschenlebens. Wenn dieser höher als die Kosten (10.000 EUR) sein muss, bedeutet das, dass der abstrakte Wert eines Menschenlebens höher als 10.000 : 0,005 (0,5 %) sein muss (somit höher als 2.000.000 EUR). Ob oder dass ein Menschenleben vom Verkehrssicherungspflichtigen höher oder geringer als mit 2.000.000 EUR taxiert werden kann oder muss, ist nach wie vor eine subjektive Entscheidung. Damit bleibt auch die Entscheidung, ob es erforderlich ist, die Ampelanlage zu bauen, nach wie vor subjektiv, aber sie wird nun **intersubjektiv diskutierbar**. Würde die Ampelanlage 50.000 EUR kosten, müsste man den Wert eines Menschlebens mit 10.000.000 EUR einstellen.

40 Das Beispiel sollte lediglich zeigen, dass die aus anderen Disziplinen bekannten Kosten-Nutzen-Erwägungen durchaus auch in der Rechtspraxis verwendet werden können und die eigene Entscheidung rational nachvollziehbar machen können. Die entsprechende Kosten-Nutzen-Analyse darf allerdings nie dazu führen, dass die Anforderungen, die allgemein üblich sind oder den anerkannten Regeln der Technik entsprechen, unterschritten werden.[87] Freilich lässt sich in der Rechtsprechung auch eine weitgehende Irrelevanz der nötigen Kosten nachweisen.[88]

41 Begriffe wie „erforderlich“, „zumutbar“ oder „Verkehrssicherheit“ sind klassisch offen. Die Kosten-Nutzen-Logik übersetzt sie in ein nachvollziehbares Schema:

- Kosten der Maßnahme
- Eintrittswahrscheinlichkeit des Schadens
- Schadenshöhe

so dass aus einer reinen Wertung (*„war erforderlich“* oder *„war nicht erforderlich“*) eine **vergleichbare Abwägung** wird und das Gericht seine Entscheidung über **Parameter** begründen kann. Auch wenn die Ausgangswerte (z.B. Schadenshöhe oder Wahrscheinlichkeit) geschätzt werden müssen, wird die Entscheidung **diskursfähig**.

87 Vgl. BGH, Urt. v. 23.7.2009 – VII ZR 165/08 = NJW 2009, 3157.

88 Vgl. BGH, Urt. v. 29.11.1983 – VI ZR 117/82 = NJW 1984, S. 801 (wo aber immerhin eine empirische Basis zur Häufigkeit vorlag).

II. Meinungsumfragen, Gutachten zur empirischen Basis

Ebenso erfolgen Darlegungen zur rationalen Begründung, zu welchem Ergebnis der Dritte kommen soll, z.B. zur Frage, wie oft sich entsprechende Schadensfälle schon ereignet haben oder welche Sicherungsmaßnahmen Mitkonkurrenten unternehmen oder **wer ebenso wie der Geschädigte bzw. der Schädiger handelt**, soweit ersichtlich, zu selten. 42

Dieser Mangel könnte u.a. durch Umfragen in den relevanten Kreisen behoben werden. Das ist die Konsequenz dessen, dass der BGH bei Verletzungen der Verkehrssicherungspflichten z.B. auf die in dem entsprechenden Bereich herrschende Verkehrsauffassung abstellt,[89] diese aber sodann meist nicht selbst ermittelt, sondern schlicht als eingehalten oder nicht eingehalten behauptet.

III. Beweisantragsrecht

Allerdings gilt für das Beweisantragsrecht: 43

> *„Ermittelt der Richter das Verständnis des Verkehrs ohne sachverständige Hilfe, dann tut er dies nicht, weil die Verkehrsauffassung offenkundig wäre und deswegen keines Beweises bedürfte, sondern weil er davon ausgeht, aufgrund eigenen Erfahrungswissens selbst über die erforderliche Sachkunde zu verfügen. Ob diese Beurteilung zutrifft, bestimmt sich grundsätzlich nach den Regeln, die auch sonst bei der Frage gelten, ob ein Gericht auf die Einholung eines Sachverständigengutachtens verzichten und stattdessen aufgrund eigener Sachkunde entscheiden kann [...] Hat das BerGer. das Verständnis des Verkehrs ohne Inanspruchnahme sachverständiger Hilfe beurteilt, obwohl es selbst nicht hinreichend sachkundig ist, oder hat es eine mögliche, aber keineswegs selbstverständliche eigene Sachkunde nicht dargelegt, handelt es sich um einen Verfahrensfehler nach § 286 ZPO, der im Revisionsverfahren uneingeschränkt gerügt werden kann [...] Gehören die entscheidenden Richter selbst zu den angesprochenen Verkehrskreisen, bedarf es im Allgemeinen keines durch eine Meinungsumfrage untermauerten Sachverständigengutachtens, um das Verständnis des Verkehrs zu ermitteln.“*[90]

IV. Lösungsvorschlag für die anwaltliche Praxis

Die hier vorgeschlagene, vorgerichtliche interdisziplinäre Zusammenarbeit mit Vertretern anderer Disziplinen kommt freilich nur in geeigneten Ausnahmefällen vor. 44

Das Hauptargument hiergegen sind die dafür anfallenden Kosten und der Arbeitsaufwand. Das ist zutreffend, ignoriert aber eine in der Anwaltschaft weitgehend un-

89 Vgl. BGH, Urt. v. 2.3.2010 – VI ZR 223/09 = NJW 2010, S. 1976.
90 BGH, Urt. v. 2.10.2003 – I ZR 150/01 = NJW 2004, 1163 f.

bekannte Möglichkeit der Erzeugung geeigneter Tatsachengrundlagen, nämlich die Vergabe geeigneter Fragestellungen und Untersuchungen als Dissertationen, Master- oder Bachelor-Arbeiten. Ein vor allem im süddeutschen Raum regelmäßig vor Gericht auftretender Sachverständiger offenbart in entsprechenden Anwaltsfortbildungen regelmäßig, dass er zu dieser oder jener Fragestellung Forschungsarbeiten bei seinen Studenten und Doktoranden in Auftrag gegeben hat oder geben wird. Es gibt daher ein entsprechendes Forschungsinteresse. Das zeigt sich auch bei der medizinischen Dissertation von *Jordan*, die ein juristisches Thema, nämlich die Abhängigkeit der gerichtlich bestellten Sachverständigen vom Gericht und die sich daraus ergebenden Gefahren, behandelt.[91]

Wenn entsprechende Arbeiten vom Parteivertreter vorgelegt werden, handelt es sich um qualifizierten, urkundlich belegten Parteivortrag, mit dem sich das Gericht in den Urteilsgründen sorgfältig und kritisch auseinandersetzen muss.[92] Das wiederum kann den Ausschlag bei der richterlichen Entscheidungsfindung geben.

45 Die ökonomische Analyse des Rechts („Law and Economics“) ist in Deutschland zwar als wissenschaftlicher Ansatz etabliert und innerhalb der Rechtswissenschaft anerkannt, hat jedoch in der richterlichen Entscheidungsbegründung bislang keinen systematischen Eingang gefunden. Die Rechtsprechung operiert weiterhin überwiegend mit normativen, teilweise typisierten Wertungsbegriffen, ohne ökonomische Rationalitätsparameter ausdrücklich zu explizieren.

Vor diesem Hintergrund kommt der Anwaltschaft eine vermittelnde Funktion zu. Sie ist gehalten, in geeigneten Fällen ökonomische Argumentationsstrukturen – insbesondere Kosten-Nutzen-Abwägungen und Risikoanalysen – in den Prozess einzuführen, um die richterliche Entscheidungsfindung um zusätzliche, rational überprüfbare Kriterien zu ergänzen.

Dies eröffnet die Möglichkeit, richterliche Wertungen nicht zu ersetzen, aber durch intersubjektiv nachvollziehbare Entscheidungsparameter zu strukturieren und damit die argumentative Transparenz und Begründungsqualität gerichtlicher Entscheidungen zu erhöhen.

91 Vgl. Jordan/Gresser, Wie unabhängig sind Gutachter? In: Der Sachverständige 4 2014, S. 71 ff.

92 Vgl. BGH, Urt. v. 20.10.2000 – VI ZR 10/00 = NJW 2001, S. 77 f.

Stichwortverzeichnis

fette Zahlen = Paragrafen, magere Zahlen = Randnummern